GROSSES WÖRTERBUCH

ENGLISCH

Englisch–Deutsch
Deutsch–Englisch

Compact Verlag

Bisher sind in dieser Reihe erschienen:

- ◆ Großes Wörterbuch Englisch
- ◆ Großes Wörterbuch Französisch
- ◆ Großes Wörterbuch Spanisch
- ◆ Großes Wörterbuch Italienisch
- ◆ Großes Wörterbuch Deutsch Rechtschreibung
- ◆ Großes Wörterbuch Deutsch Fremdwörter

Chefredaktion: Dr. Angela Sendlinger
Redaktion: Patrizia Ginocchio
Produktion: Wolfram Friedrich
Umschlaggestaltung: Inga Koch

ISBN 978-3-8174-7791-3
7277912

Besuchen Sie uns im Internet: www.compactverlag.de

Angabe des ersten und letzten Stichworteintrages der Seite

B

Alphabetisches Daumenregister

batch [bætʃ] *sb* Stoß *m*, Ladung *f*
bated ['beɪtɪd] *adj with ~ breath* mit angehaltenem Atem
bath [bɑːθ] *sb* Bad *n*
bathe [beɪð] *v* baden
bathing suit ['beɪðɪŋ suːt] *sb* Badeanzug *m*
bathing trunks ['beɪðɪŋ trʌŋks] *pl* Badehose *f*
bathroom ['bɑːθrʊm] *sb 1.* Toilette *f*, WC *n*; *2. (with bathtub)* Badezimmer *n*
battle ['bætl] *v 1.* kämpfen, fechten, streiten; *sb 2. MIL* Schlacht *f*; *3. (fig)* Kampf *m*
battlement ['bætlmənt] *sb* Zinne *f*
batty ['bætɪ] *adj (fam: crazy)* verrückt, meschugge
bawdy ['bɔːdɪ] *adj* derb
bawl [bɔːl] *v 1. (cry)* heulen; *2. (an order)* brüllen; *3. ~ out (scold)* ausschimpfen
bay¹ [beɪ] *sb* Bucht *f*
bay² [beɪ] *sb keep s.o. at ~* sich jdn vom Leibe halten; *keep sth at ~* etw unter Kontrolle halten
bay³ [beɪ] *v* bellen

be [biː] *v irr 1.* sein; *She wants to ~ an engineer.* Sie möchte Ingenieurin werden. *2. (passive voice)* werden; *I was told* mir wurde gesagt, man sagte mir; *3. (~ situated)* sein, sich befinden, liegen; *4. (exist)* sein, existieren, bestehen; *5. (~ prevalent)* herrschen; *6. to ~ to* sollen

beach [biːtʃ] *sb* Strand *m*
beacon ['biːkən] *sb* Leuchtfeuer *n*
bead [biːd] *sb 1.* Perle *f*; *2. draw a ~ on sth* auf etw zielen
beaker ['biːkə] *sb* Becher *m*
beam [biːm] *v 1.* strahlen; *~ at s.o.* jdn anstrahlen; *2. (a TV programme)* ausstrahlen; *sb 3.* Balken *m*; *4. (of light)* Strahl *m*
bean [biːn] *sb* Bohne *f*; *spill the ~s about sth (fam)* etw ausplaudern
beanpole ['biːnpəʊl] *sb (fig: skinny person)* Bohnenstange *f*
bear¹ [bɛə] *v irr 1. (carry)* tragen; *2. ~ in mind* berücksichtigen; *3. (a child)* gebären; *4. (endure)* leiden, ertragen, aushalten; *5. This ~s watching.* Das muss man im Auge behalten. *6. (head in a direction)* sich halten; *~ left* sich links halten
• bear down *v irr ~ on (approach)* zuhalten auf
• bear with *v irr* tolerieren, etw durchgehen lassen; *Please ~ me!* Bitte habt Geduld mit mir!

Stilangaben in Kursivschrift

Hochgestellte Ziffern unterscheiden gleich geschriebene Stichwörter mit unterschiedlicher Bedeutung

Kästen markieren den Grundwortschatz

Englische Anwendungsbeispiele und Wendungen in Kursivschrift

Deutsche Übersetzung der Redewendungen und idiomatischen Ausdrücke

Kennzeichnung unregelmäßiger Verben

Blaue Punkte kennzeichnen Phrasal Verb Einträge

Inhaltsverzeichnis

Informationen für den Benutzer

In diesem Wörterbuch wird dem Benutzer mit 200.000 aktuellen Angaben zu rund 80.000 Stichwörtern der schnelle Zugriff auf den umfassenden Wortschatz der modernen Fach- und Alltagssprache ermöglicht.

Gliederung der Stichwörter

Abkürzungen, die einer längeren Erläuterung oder mehrerer Übersetzungen bedürfen (z. B. OK) werden als Stichwörter aufgeführt – andere gängige Abkürzungen befinden sich im Anhang auf den Seiten 820–823.

Wörter die gleich lauten, aber eine unterschiedliche Bedeutung haben, werden mit hochgestellten Zahlen gekennzeichnet. Der Grundwortschatz ist in beiden Sprachrichtungen durch eine Umrahmung des Eintrags kenntlich gemacht.

Um einen raschen Zugriff auf das gesuchte Wort zu ermöglichen, steht jedes Stichwort als eigener Eintrag. So stehen z. B. *afternoon* und *afterwards* nicht zusammen mit *after* in einem Abschnitt, sondern sind selbstständige Stichwörter mit Lautschriftangabe.

Bei unregelmäßiger Bildung der Femininform von Substantiven (z. B. *nobleman/noblewoman, Bauer/Bäuerin*) und bei Bildung der Femininform durch Ersetzen der Maskulinendung (z. B. *actor/actress*, *Zeuge/Zeugin*) erhält das feminine Substantiv meist einen eigenen Eintrag.

Adverbien im Englischen, die von einem Adjektiv abgeleitet werden, werden nicht als einzelne Einträge aufgeführt, es sei denn die adverbiale Bedeutung unterscheidet sich von der adjektivischen. Die Bildung der englischen Adverbien kann im Anhang nachgelesen werden.

Alphabetisierung

Die blau gedruckten Stichwörter sind streng alphabetisch geordnet: Getrennt geschriebene und durch Bindestrich getrennte Stichwörter werden dabei behandelt, als würden sie zusammengeschrieben. Nur die „phrasal verbs“ (häufig benutzte Zusammensetzungen von Verben mit Präpositionen oder Adverbien im Englischen, z. B. *give up*) stehen der Übersichtlichkeit halber direkt nach dem entsprechenden Verb und sind mit einem Punkt (•) gekennzeichnet.

Die Buchstaben ä, ö, ü, à usw. werden wie a, o, u, a usw. alphabetisiert; ß wird wie ss eingeordnet.

Einige Stichwörter werden durch zusätzliche Informationen in Klammern genauer bestimmt (z. B. Angabe der Endung der Femininform). Diese Klammerergänzungen werden bei der Alphabetisierung jedoch nicht berücksichtigt.

Aufbau eines Eintrages

Innerhalb eines Stichworteintrages wird das blau gedruckte Stichwort nicht wiederholt, sondern durch eine Tilde (~) ersetzt, es sei denn, es steht in einer Form, die eine andere Schreibweise nach sich zieht. Im Eintrag *book* z. B. steht statt *books* einfach *~s*, bei *Buch* ist die Pluralform *Bücher* ausgeschrieben. Diese Ausnahme bezieht sich auch auf die Großschreibung eines sonst kleingeschriebenen Wortes (z. B. am Satzanfang einer Wendung). Die Tilde bezieht sich nie auf eventuelle Klammerergänzungen im Stichwort.

Die einzelnen Übersetzungen eines Stichwortes sind nach Wortart und Häufigkeit geordnet. Bedeutungsgleiche (synonyme) Übersetzungen werden durch Kommata voneinander getrennt. Nicht bedeutungsgleiche Übersetzungen werden entsprechend der Häufigkeit ihrer Verwendung durchnummeriert und mit Strichpunkt abgetrennt.

Englische Verben werden in diesem Buch im Infinitiv ohne *to* aufgeführt. Eine Ausnahme bilden Wendungen mit *to be*, z. B. *to be in hiding.*

Sind Auslassungszeichen (...) direkt an ein Wort angehängt, bedeutet dies, dass das Wort als Teil einer Zusammensetzung wiedergegeben wird.

> Beispiel:
> **south** [saʊθ] *adj* südlich, Süd...
> Neben der Übersetzung *südlich* sind auch Wortzusammensetzungen mit *Süd...* möglich (z. B. *Süddeutschland*, *Südafrika* usw.).

Lautschrift

Der Stichwortangabe folgt jeweils in eckigen Klammern die dazugehörige Aussprache. Die Lautschrift richtet sich nach der international gebräuchlichen Phonetik. Eine Übersicht über die Lautschriftzeichen befindet sich auf Seite VIII. Das Betonungszeichen (ˈ) steht jeweils vor der Silbe, die betont werden muss. Die Lautschrift einsilbiger Wörter enthält kein Betonungszeichen, die Aussprache eines englischen Stichwortes orientiert sich an der britischen Hochsprache ("Received Pronunciation").

Steht in einem Eintrag eine zusätzliche Lautschriftangabe, bedeutet dies, dass alle folgenden Bedeutungen entsprechend dieser Phonetikangabe ausgesprochen werden.

Wortart

Nach Stichwort und Lautschrift wird die Wortart des blau gedruckten Stichwortes in abgekürzter Form angegeben. Sie ist kursiv gedruckt. Die Abkürzungen werden auf Seite VII erläutert. Gibt es für ein Stichwort mehrere Bedeutungen mit unterschiedlichen Wortarten, so werden diese durch Strichpunkte voneinander getrennt aufgeführt.

Hat ein Stichwort sowohl eine maskuline als auch eine feminine Form oder werden für ein Wort zwei unterschiedliche Genera gleich häufig verwendet, so stehen die entsprechenden Angaben kursiv hinter dem betreffenden Wort.

Alle unregelmäßigen Verben sind mit der Abkürzung *v irr* gekennzeichnet. Die unregelmäßigen Formen der Verben beider Sprachen werden im Anhang (Seiten 804–807 sowie 816–819) aufgeführt. Aufgelistet werden ausschließlich die Formen des Stammverbs (für die Formen zu *repay* sieht man unter *pay* nach, die Formen zu *mitkommen* stehen bei *kommen*).

Redewendungen

Die zahlreichen Wendungen und sprichwörtlichen Redensarten sind dem bedeutungstragenden Wort der Wendung – in der Regel dem Substantiv – zugeordnet.

Britisches und amerikanisches Englisch

Wichtige Unterschiede und Unregelmäßigkeiten in der Rechtschreibung werden aufgeführt (z. B. *kerb/curb*). Ob Wörter oder Wortformen nur im britischen (*UK*) oder nur im amerikanischen Englisch (*US*) gebräuchlich sind, wird hinter dem Wort gekennzeichnet.

Können Verben sowohl mit *-ise* als auch mit *-ize* geschrieben werden (z. B. *realise/realize*, *critisise/critisize*), ist in diesem Buch lediglich die Schreibweise *-ize* angeben.

Anhang

Die Kurzgrammatiken im Anhang ermöglichen es auch Anfängern, den vorhandenen Wortschatz stilsicher anzuwenden. So findet der Benutzer schnell eine Antwort auf jedes grundlegende grammatische Problem.

Abkürzungen

adj	Adjektiv
adv	Adverb
AGR	Landwirtschaft
ANAT	Anatomie
art	Artikel
ART	Kunst
ASTR	Astronomie
BIO	Biologie
BOT	Botanik
CHEM	Chemie
CINE	Film
dem	demonstrativ
ECO	Wirtschaft
etw	etwas
f	weiblich
fam	umgangssprachlich
fig	bildlich
FIN	Finanzwelt
FOTO	Fotografie
GAST	Gastronomie
GEO	Geographie
GEOL	Geologie
GRAMM	Grammatik
HIST	Geschichte
INFORM	Informatik
interj	Interjektion
interr	interrogativ
irr	unregelmäßig
jdm	jemandem
jdn	jemanden
jds	jemandes
jmd	jemand
JUR	Recht
konj	Konjunktion
LING	Linguistik
LIT	Literatur
m	männlich
MATH	Mathematik
MED	Medizin
MET	Metallurgie
METEO	Meteorologie
MIL	Militär
MIN	Bergbau/Mineralogie
MUS	Musik
n	Neutrum
NAUT	Schiffahrt
num	Zahlwort
o.s.	oneself
PHYS	Physik
pl	Plural
POL	Politik
pref	Präfix
prep	Präposition
pron	Pronomen
PSYCH	Psychologie
rel	relativ
REL	Religion
sb	Substantiv
s.o.	someone
sth	something
SPORT	Sport
TECH	Technik
TEL	Kommunikationswesen
THEAT	Theater
UK	britisches Englisch
US	amerikanisches Englisch
v	Verb
ZOOL	Zoologie

Lautschrift

Konsonanten

Baum	b	big	Post, ab	p	pass
mich	ç		Rand	r	road
denn	d	day	nass, besser	s	sun, cellar
fünf, vier	f	fish, photo	Schule, Sturm	ʃ	shot
gut	g	get	Tisch, Sand	t	tap
Hemd	h	hat		θ	think
ja, Million	j	yes		ð	that
Kind	k	keep, cat	Weg	v	vote
Lob	l	life		w	wish
mir	m	me	lachen	x	
nein	n	no, knit	sein	z	zoo, is
links, lang	ŋ	hang	Genie	ʒ	pleasure

Vokale

blass	a	
Bahn, Saal	aː	
	ɑː	jar, heart
	æ	back
egal	e	yes
weh, See	eː	
hätte, fett	ɛ	
Säge	ɛː	
gefallen	ə	above
	ɜː	turn, whirl
ist	ɪ	if
Diamant	i	
Liebe	iː	be, meet
Moral	o	
Boot, Tod	oː	
von	ɔ	
	ɔː	short, warm
	ɒ	dog
ökonomisch	ø	
Öl	øː	
völlig	œ	
Zunge	u	
Zug	uː	blue, mood
	ʊ	put, hood, would
	ʌ	run, shove
Stück	y	
Typ	yː	

Diphthonge

heiß	aɪ	by, buy, lie
Maus	au	
	aʊ	round, now
	eɪ	late, day
	ɛə	chair, stare
	əʊ	mow, go
	ɪə	near, here
neu, Häuser	ɔy	
	ɔɪ	joy, boil
	ʊə	sure, pure

Nasale (nur bei Fremdwörtern)

Orange	ɑ̃	fiancée
Cousin	ɛ̃	
Saison	ɔ̃	bouillon

Englisch – Deutsch

A

a [eɪ, ə] *art 1.* ein/eine; *prep 2. (per)* pro
aback [ə'bæk] *adv taken ~* bestürzt
abandon [ə'bændən] *v 1. (leave, leave behind)* verlassen; *2. (a plan)* aufgeben; *3. (relinquish)* preisgeben; *4. (an animal)* aussetzen; *sb 5. with ~* mit Leib und Seele
abandoned [ə'bændənd] *adj* verlassen
abandonment [ə'bændənmənt] *sb 1.* Überlassung *f; 2. (of a plan)* Aufgabe *f; 3. (of a claim)* Verzicht *m; 4. ECO* Abandon *m*
abase [ə'beɪs] *v* demütigen, erniedrigen
abash [ə'bæʃ] *v* verunsichern
abashed [ə'bæʃt] *adj* beschämt
abate [ə'beɪt] *v* nachlassen, abflauen
abbacy ['æbəsɪ] *sb* Abtsamt *n*
abbey ['æbɪ] *sb REL* Abtei *f*
abbot ['æbət] *sb REL* Abt *m*
abbreviate [ə'briːvɪeɪt] *v (a word)* abkürzen
abbreviation [əbriːvɪ'eɪʃən] *sb (of a word)* Abkürzung *f*
abdicate ['æbdɪkeɪt] *v (monarch) POL* abdanken
abdication [æbdɪ'keɪʃən] *sb (of a monarch) POL* Abdankung *f*
abduct [əb'dʌkt] *v* entführen
abduction [əb'dʌkʃən] *sb* Entführung *f*
aberrant [ə'berənt] *adj* anormal
aberration [æbə'reɪʃən] *sb 1.* Abweichung *f; 2. (mental)* Verirrung *f*
abet [ə'bet] *v aid and ~* Beihilfe leisten
abeyance [ə'beɪəns] *sb* Überholtsein *n; in ~* nicht in Gebrauch
abhor [əb'hɔː] *v* verabscheuen
abhorrence [əb'hɒrəns] *sb* Abscheu *m*
abhorrent [əb'hɒrənt] *adj* abscheulich
abide [ə'baɪd] *v irr ~ by* sich halten an
abiding [ə'baɪdɪŋ] *adj* dauerhaft, beständig
ability [ə'bɪlɪtɪ] *sb* Fähigkeit *f,* Befähigung *f,* Können *n*
abject ['æbdʒekt] *adj 1. (sunk to a low condition)* elend, niedrig; *2. (grovelling)* kriecherisch
ablaze [ə'bleɪz] *adj* in Flammen

> **able** ['eɪbl] *adj 1.* fähig; *2. to be ~ to do sth* etw können, imstande sein, etw zu tun; *(to be in a position to do sth)* in der Lage sein, zu tun; *3. (gifted)* begabt; *4. (efficient)* tüchtig

abloom [ə'bluːm] *adj* blühend
ablution [ə'bluːʃən] *sb* Waschung *f*
aboard [ə'bɔːd] *adv* an Bord; *All ~!* Alles an Bord! *(fam)* Alles einsteigen!
abode [ə'bəʊd] *sb* Aufenthalt *m*
abolish [ə'bɒlɪʃ] *v* abschaffen, aufheben
abolition [æbə'lɪʃən] *sb* Abschaffung *f*
abominable [ə'bɒmɪnəbl] *adj* abscheulich, grässlich
abomination [əbɒmɪ'neɪʃən] *sb* Gegenstand des Abscheus *m*
aboriginal [æbə'rɪdʒɪnl] *adj* primitiv, ursprünglich, indigen, eingeboren
aborigine [æbə'rɪdʒɪniː] *sb* Ureinwohner *m*
Aborigine [æbə'rɪdʒɪniː] *sb* australischer Ureinwohner *m*
abort [ə'bɔːt] *v MED* abtreiben
abortion [ə'bɔːʃən] *sb 1. (operation) MED* Abtreibung *f,* Schwangerschaftsabbruch *m; 2. (miscarriage) MED* Abort *m,* Fehlgeburt *f*
abortive [ə'bɔːtɪv] *adj* misslungen
abound [ə'baʊnd] *v* reichlich vorhanden sein; *~ with* wimmeln von

> **about** [ə'baʊt] *adv 1. (approximately)* ungefähr, etwa; *2. (round, around)* herum, umher; *leave things lying ~* Sachen herumliegen lassen; *to be up and ~* wieder auf den Beinen sein; *3. to be ~ to do sth* im Begriff sein, etw zu tun; *prep 4. (all round)* um, um ... herum; *5. (concerning)* über, von; *What is it ~?* Worum handelt es sich? *6. (around a certain time)* gegen, um

about turn [ə'baʊt tɜːn] *sb* Wendung um 180 Grad *f,* Kehrtwendung *f*
above [ə'bʌv] *prep 1.* über, oberhalb; *2. (with motion)* über; *3. (fig)* über; *~ all* vor allem; *~ average* überdurchschnittlich; *get ~ o.s.* eingebildet sein; *not be ~ doing sth* sich nicht zu gut sein, etw zu tun; *over and ~ sth* über etw hinaus; *adv 4. (overhead)* oben; *5. (in a higher position)* darüber; *adj 6. (~mentioned)* oben genannt, oben erwähnt
above-mentioned [ə'bʌvmenʃənd] *adj* obenerwähnt
abrasive [ə'breɪsɪv] *adj (person)* aufreibend
abreast [ə'brest] *adv 1.* nebeneinander; *2. (fig) keep ~ of sth* auf dem Laufenden bleiben
abridge [ə'brɪdʒ] *v* kürzen, abkürzen
abroad [ə'brɔːd] *adv 1. (in another country)* im Ausland; *2. (to another country)* ins Ausland
abruption [ə'brʌpʃən] *sb* Abbruch *m*

A

absence ['æbsəns] *sb 1.* Abwesenheit *f,* Fehlzeiten *f/pl; 2. (lack)* Fehlen *n,* Mangel *m; 3. leave of ~* Beurlaubung *f*
absent ['æbsənt] *adj* abwesend
absentee [æbsən'tiː] *sb* Abwesende(r) *m/f; ~ ballot (US)* Briefwahl *f*
absent-minded ['æbsənt'maɪndɪd] *adj 1. (habitually forgetful)* zerstreut; *2. (lost in thought)* geistesabwesend, gedankenverloren
absent-mindedness [æbsənt'maɪndɪdnɪs] *sb* Geistesabwesenheit *f*
absolute ['æbsəluːt] *adj 1.* absolut, unbedingt, unbeschränkt; *~ zero* absoluter Nullpunkt *m; ~ humidity* absolute Feuchtigkeit *f; ~ majority* absolute Mehrheit *f; ~ monarchy POL* absolute Monarchie *f; 2. (utter)* völlig, vollkommen
absolutely ['æbsəluːtlɪ] *adv 1.* unbedingt, völlig, durchaus; *~ necessary* unumgänglich; *interj 2.* genau
absolution [æbsə'luːʃən] *sb REL* Absolution *f*
absolve [əb'zɒlv] *v REL* lossprechen
absorb [əb'zɔːb] *v 1.* absorbieren, aufsaugen; *2. (knowledge)* aufnehmen
absorbed [əb'zɔːbd] *adj (fig)* versunken
absorbent [əb'zɔːbənt] *adj* absorbierend
absorbing [əb'sɔːbɪŋ] *adj (fig)* fesselnd, packend
absorption [əb'zɔːpʃən] *sb 1.* Absorption *f,* Aufsaugung *f; 2.* intensive Beschäftigung *f*
abstain [əb'steɪn] *v ~ from sth* sich etw enthalten, etw lassen, sich etw versagen
abstention [əb'stenʃən] *sb 1.* Enthaltung *f; 2. (from voting)* Stimmenthaltung *f*
abstract ['æbstrækt] *adj 1.* abstrakt; *2.* gegenstandslos; *sb 3. (summary)* Abriss *m*
absurd [əb'sɜːd] *adj* absurd, unsinnig, lächerlich
absurdity [əb'sɜːdɪtɪ] *sb 1. (something absurd)* Absurdität *f,* Unding *n,* Unsinn *m; 2. (nonsense)* Unsinn *m*
abundance [ə'bʌndəns] *sb* Fülle *f,* Reichtum *m; in ~* in Hülle und Fülle
abuse [ə'bjuːz] *v 1.* missbrauchen, misshandeln, falsch anwenden; *2. (insult)* beschimpfen; [ə'bjuːs] *sb 3.* Missbrauch *m; 4. ~ of authority* Amtsmissbrauch *m; 5. (insults)* Beschimpfungen *pl*
abyss [ə'bɪs] *sb* Abgrund *m*
academic [ækə'demɪk] *adj 1.* akademisch; *2. (intellectual)* wissenschaftlich; *sb 3.* Dozent(in) *m/f,* Akademiker(in) *m/f*
academy [ə'kædemɪ] *sb* Akademie *f*
accede [æk'siːd] *v 1. (agree)* zustimmen; *(reluctantly)* einwilligen; *2. ~ to the throne* den Thron besteigen
accelerate [æk'seləreɪt] *v* beschleunigen
accelerator [æk'seləreɪtə] *sb 1.* Gaspedal *n; 2. ECO* Akzelerator *m*
accent ['æksent] *sb 1.* Akzent *m; 2. (~ed syllable)* Betonung *f*
accented ['æksentɪd] *adj speak ~ English* Englisch mit Akzent sprechen
accentuate [æk'sentjʊeɪt] *v 1. (emphasize)* hervorheben, hervortreten lassen; *2. (a syllable, a note)* betonen, akzentuieren

accept [ək'sept] *v 1.* annehmen, akzeptieren; *sb ECO 2. (a fact)* hinnehmen; *3. (receive, take receipt of)* entgegennehmen; *4. (agree to)* annehmen; *5. (responsibility)* übernehmen; *6. (s.o.)* aufnehmen

accepted [ək'septɪd] *adj* allgemein anerkannt, landläufig
access ['ækses] *sb 1.* Zugang *m,* Zutritt *m; 2. INFORM* Zugriff *m*
accessible [æk'sesəbl] *adj* zugänglich, erreichbar
accession [æk'seʃən] *sb* Thronbesteigung *f; ~ to power* Machtübernahme *f*
accessory [æk'sesərɪ] *sb 1. JUR* Mitschuldige(r) *m/f,* Mitwisser(in) *m/f,* Helfershelfer(in) *m/f; 2. (to an outfit)* Accessoires *pl*
accident ['æksɪdənt] *sb 1.* Unfall *m,* Unglück *n; by ~* aus Versehen; *meet with an ~* verunglücken; *~-prevention rules* Unfallverhütungsvorschriften; *2. (chance)* Zufall *m; by ~* durch Zufall
accidental [æksɪ'dentl] *adj* zufällig
acclaim [ə'kleɪm] *sb 1.* Beifall *m; v 2.* feiern
acclamation [æklə'meɪʃən] *sb* Beifallsrufe *pl,* Beifallskundgebung *f*
acclimatize [ə'klaɪmətaɪz] *v* sich akklimatisieren, sich eingewöhnen, sich einleben
accolade ['ækəʊleɪd] *sb (fig)* Lob *n*
accommodate [ə'kɒmədeɪt] *v 1.* sich anpassen, sich umstellen; *~ o.s. to sth* sich einer Sache anpassen; *2. (give s.o. lodging)* unterbringen
accommodating [ə'kɒmədeɪtɪŋ] *adj* anpassungsfähig, gefällig, entgegenkommend
accompaniment [ə'kʌmpənɪmənt] *sb 1.* Beiwerk *n; 2. MUS* Begleitung *f*
accompany [ə'kʌmpənɪ] *v* begleiten
accomplice [ə'kɒmplɪs] *sb* Komplize/Komplizin *m/f,* Mittäter(in) *m/f*

accomplish [ə'kɒmplɪʃ] *v 1. (achieve)* schaffen, leisten; *2. (a task)* bewältigen, vollbringen, verrichten
accord [ə'kɔːd] *sb (fig)* Einstimmigkeit *f; of one's own ~* von selbst
accordance [ə'kɔːdəns] *sb in ~ with* entsprechend, gemäß; *to be in ~ with* entsprechen
according [ə'kɔːdɪŋ] *prep 1. ~ to (as stated by)* laut; *2. ~ to (in accordance with)* nach, gemäß; *~ to plan* planmäßig; *3. ~ to (depending on)* je nach
accordingly [ə'kɔːdɪŋlɪ] *adv* dementsprechend, demgemäß, danach
accost [ə'kɒst] *v* ansprechen
account [ə'kaʊnt] *v 1. ~ for (substantiate) FIN* belegen; *2. ~ for (explain)* erklären; *sb 3. (at a bank, at a firm) ECO* Konto *n; ~ for reimbursements of expenses* Aufwandsausgleichskonto; *~ in foreign currency* Fremdwährungskonto; *4. (report)* Erzählung *f,* Bericht *m; 5. (explanation)* Rechenschaft *f; 6. on ~ of* wegen, aufgrund, in Anbetracht; *on no ~* keinesfalls; *7. take sth into ~* etw berücksichtigen
accountable [ə'kaʊntəbl] *adj* verantwortlich, *hold s.o. ~ for sth* jdn für etw verantwortlich machen
accountancy [ə'kaʊntənsɪ] *sb* Buchhaltung *f,* Buchführung *f*
account balance [ə'kaʊntbæləns] *sb* Kontostand *m*
accredit [ə'kredɪt] *v 1. (a representative)* akkreditieren; *2. (US: a school)* anerkennen
accretion [ə'kriːʃən] *sb 1. (growth)* Zunahme *f,* Wachstum *n; 2. (growing together)* Verschmelzung *f*
accrue [ə'kruː] *v 1.* sich ansammeln; *2. (interest) FIN* auflaufen
accumulate [ə'kjuːmjʊleɪt] *v 1. (amass)* ansammeln, anhäufen, häufen
accumulation [əkjuːmjʊ'leɪʃən] *sb* Ansammlung *f,* Anhäufung *f,* Häufung *f*
accumulator [ə'kjuːmjʊleɪtə] *sb TECH* Akku *m*
accurate ['ækjʊrɪt] *adj* genau, exakt
accursed [ə'kɜːst] *adj* verflucht
accusal [ə'kjuːzl] *sb* Anklage *f*
accuse [ə'kjuːz] *v 1. JUR* anklagen; *2. ~ of* beschuldigen; *~ s.o. of sth* jdn beschuldigen, etw getan zu haben
accuser [ə'kjuːzə] *sb JUR* Ankläger(in) *m/f*
accustom [ə'kʌstəm] *v 1. ~ o.s. to sth* sich an etw gewöhnen; *2. ~ s.o. to sth* jdm etw angewöhnen
ace [eɪs] *sb 1. (card)* Ass *n; hold all the ~s (fam)* alle Trümpfe in der Hand halten; *2. (unreturned serve) SPORT* Ass *n; 3. (expert)* Ass *n; adj 4.* Spitzen...
ache [eɪk] *v 1.* schmerzen, wehtun; *sb 2.* Schmerz *m*
achievable [ə'tʃiːvəbl] *adj* realisierbar
achieve [ə'tʃiːv] *v 1.* vollbringen, leisten; *2. (reach)* erreichen, erlangen, erzielen
acid ['æsɪd] *sb 1.* Säure *f; 2. (fam: narcotic)* Acid *n; adj 3.* beißend
acidic [ə'sɪdɪk] *adj* sauer
acknowledge [ək'nɒlɪdʒ] *v 1.* anerkennen; *2. (admit)* eingestehen, zugeben; *3. (confirm)* bestätigen
acknowledgement [ək'nɒlɪdʒmənt] *sb 1.* Anerkennung *f; 2. (confirmation)* Bestätigung *f*
acorn [eɪ'kɔːn] *sb* Eichel *f*
acoustic [ə'kuːstɪk] *adj* akustisch
acquaint [ə'kweɪnt] *v 1. (with a plan)* informieren; *2. ~ s.o. with sth* jdn mit etw bekannt machen
acquaintance [ə'kweɪntəns] *sb 1. (person)* Bekannte(r) *m/f; 2. (with s.o.)* Bekanntschaft *f; 3. (fig: ~ with sth)* Kenntnis *f*
acquainted [ə'kweɪntɪd] *adj 1. to be ~ with* kennen, vertraut sein mit; *2. get ~ with* sich bekannt machen mit, kennen lernen
acquiesce [ækwiː'es] *v 1.* einwilligen; *2.* hinnehmen, dulden
acquire [ə'kwaɪə] *v 1.* erwerben, erlangen, anschaffen *(fam); 2. (purchase)* ankaufen; *3. (skills, knowledge)* sich aneignen
acquisition [ækwɪ'zɪʃən] *sb 1.* Erwerb *m,* Anschaffung *f; 2. (purchase)* Ankauf *m,* Kauf *m; 3. (through conquest)* Eroberung *f*
acquit [ə'kwɪt] *v JUR* freisprechen
acquittal [ə'kwɪtl] *sb JUR* Freispruch *m*
acre ['eɪkə] *sb (unit)* Morgen *m*
acrimony ['ækrɪmənɪ] *sb 1. (of a remark)* Schärfe *f; 2. (of a person)* Verbitterung *f*
across [ə'krɒs] *prep 1. (the street)* quer über; *adv 2. (to the other side)* hinüber; *3. (from the other side)* herüber; *4. (measurement)* breit; *put sth ~* etw vermitteln

act [ækt] *v 1. (function)* handeln, tätig sein; *~ upon sth, ~ on sth* aufgrund von etw handeln; *2. (behave)* sich verhalten, *(a certain way)* sich gebärden; *3. ~ for (~ on behalf of)* vertreten; *4. THEAT* spielen; *He's only ~ing. (fig)* Er tut nur so. *sb 5.* Tat *f,* Akt *m,* Handlung *f; to be in the ~ of doing something* gerade dabei sein, etw zu tun; *6. THEAT* Akt *m; 7. get one's ~ together (fam)* sich am Riemen reißen; *8. Acts pl REL* die Apostelgeschichte *f*

A

act up *v* Theater machen, sich aufspielen, sich danebenbenehmen
acting ['æktɪŋ] *sb 1. THEAT* Schauspielkunst *f; adj 2. (president, director)* stellvertretend

action ['ækʃən] *sb 1.* Tat *f,* Handlung *f,* Aktion *f; 2. (measure)* Maßnahme *f; 3. MIL* Einsatz *m,* Gefecht *n; out of ~* außer Gefecht; *put s.o. out of ~ (fig)* jdn außer Gefecht setzen; *missing in ~* vermisst; *4. (exciting events)* Action *f (fam)*

activate ['æktɪveɪt] *v* aktivieren, in Betrieb setzen
active ['æktɪv] *adj 1.* aktiv, emsig; *2. (lively)* lebendig, lebhaft, rege; *3. (person, volcano)* tätig; *4. (bustling)* betriebsam, geschäftig; *5. (enterprising)* rührig
activity [æk'tɪvɪtɪ] *sb 1.* Tätigkeit *f; 2.* Aktivität *f; 4. (goings-on, hustle and bustle)* Treiben *n,* Betrieb *m; 3. (mental ~, pastime)* Betätigung *f*
actor ['æktə] *sb* Schauspieler *m,* Darsteller *m*
actress ['æktrɪs] *sb* Schauspielerin *f*
actual ['æktjʊəl] *adj 1.* eigentlich; *2. (real)* tatsächlich, wirklich, effektiv
actualise ['æktʃʊəlaɪz] *v* verwirklichen
actuality [æktjʊ'ælɪtɪ] *sb in ~* in der Tat
actually ['æktjʊəlɪ] *adv 1. (in a reply)* eigentlich, in der Tat; *2. (really and truly)* tatsächlich, wirklich
actuate ['æktʃʊeɪt] *v* bedienen, antreiben, anreizen
acute [ə'kjuːt] *adj 1. (shortage, pain, appendicitis)* akut; *2. (of mind)* scharfsinnig, messerscharf; *3. MATH* spitz
ad [æd] *sb (fam: advertisement)* Anzeige *f*
adage ['ædɪdʒ] *sb* Sprichwort *n*
adapt [ə'dæpt] *v 1. ~ o.s.* sich anpassen, sich einstellen; *2. ~ sth* angleichen, anpassen, umstellen; *3. MUS* arrangieren; *4. TECH* umstellen, umrüsten; *5. ~ for the screen CINE* verfilmen
adaptation [ædæp'teɪʃən] *sb* Anpassung *f,* Umstellung *f,* Einstellung *f*
adaptor [ə'dæptə] *sb TECH* Adapter *m*
add [æd] *v 1.* hinzufügen, anfügen, anschließen; *2. (contribute)* beitragen; *3. (numbers)* addieren, summieren; *4. CHEM* beimischen; *5. ~ up to* betragen, sich belaufen auf; *6. ~ up* zusammenziehen, zusammenzählen; *7. ~ on (to a building)* ausbauen
added ['ædɪd] *adj* zusätzlich
addict ['ædɪkt] *sb* Süchtige(r) *m/f*
addicted [ə'dɪktɪd] *adj* süchtig
addiction [ə'dɪkʃən] *sb* Sucht *f*
addition [ə'dɪʃən] *sb 1.* Zusatz *m,* Beigabe *f; 2. in ~* außerdem, zusätzlich; *3. MATH*
additional [ə'dɪʃənl] *adj* zusätzlich, weiter, nachträglich

address [ə'dres] *v 1. (a letter)* adressieren; *2. (speak to)* ansprechen; *3. ~ o.s. to* sich wenden an; *sb 4. (where one lives)* Adresse *f,* Anschrift *f; 5. (speech)* Ansprache *f; 6. (to a jury) JUR* Plädoyer *n*

address book [ə'dresbʊk] *sb* Adressbuch *n*
addressee [ædre'siː] *sb* Adressat *m*
adept [ə'dept] *adj* geschickt
adeptness ['ædeptnes] *sb* Können
adequacy ['ædɪkwəsɪ] *sb* Angemessenheit *f*
adequate ['ædɪkwɪt] *adj* adäquat
adhere [əd'hɪə] *v 1. ~ to* kleben, haften; *2. ~ to (a rule)* einhalten; *3. ~ to (a course of action)* beibehalten
adherent [əd'hɪərənt] *sb* Anhänger *m*
adhesive [əd'hiːsɪv] *sb 1.* Klebstoff *m; adj 2.* klebend
adhesive tape [əd'hiːsɪv teɪp] *sb* Klebeband *n,* Klebstreifen *m*
adjacent [ə'dʒeɪsənt] *adj 1. (next to each other)* aneinander grenzend; *2. (next to sth)* angrenzend
adjoin [ə'dʒɔɪn] *v 1.* aneinander grenzen; *2. (sth)* angrenzen
adjourn [ə'dʒɜːn] *v 1. (stop for the time being)* vertagen; *2. (to another place)* sich begeben; *3. (end for good) (US)* beenden
adjournment [ə'dʒɜːnmənt] *sb 1.* Vertagung *f; 2. (within a day)* Unterbrechung *f*
adjudicate [ə'dʒuːdɪkeɪt] *v 1. (judge)* entscheiden; *2. (declare)* erklären
adjudicator [ə'dʒuːdɪkeɪtə] *sb* Preisrichter *m,* Schiedsrichter *m*
adjunct ['ædʒʌŋkt] *sb 1. (thing)* Zugabe *f,* Anhängsel *n; 2. (person)* Mitarbeiter(in) *m/f,* Assistent(in) *m/f*
adjust [ə'dʒʌst] *v 1. (a device)* einstellen, regulieren, justieren; *2. (rearrange)* umstellen; *3. (alter)* verstellen; *4. ~ to* sich einstellen auf, sich anpassen an; *5. (settle differences)* schlichten; *6. (coordinate)* abstimmen
adjustment [ə'dʒʌstmənt] *sb 1. (to sth)* Anpassung *f; 2. (of a device)* Einstellung *f,* Regulierung *f; 3. (coordination)* Abstimmung *f,* Koordination *f*
administer [əd'mɪnɪstə] *v 1. (run a business)* verwalten; *2. (give)* erteilen; *3. (medicine) MED* eingeben; *4. ~ an oath* vereidigen

administration [ədmɪnɪs'treɪʃən] *sb* 1. Verwaltung *f;* 2. *(government) POL* Regierung *f*
administrator [əd'mɪnɪstreɪtə] *sb* Verwalter(in) *m/f,* Verwaltungsbeamte(r) *m/f*
admirable ['ædmərəbl] *adj* 1. *(praiseworthy)* bewundernswert; 2. *(excellent)* vortrefflich
admiration [ædmə'reɪʃən] *sb* Bewunderung *f*
admire [əd'maɪə] *v* 1. bewundern; 2. *(express admiration)* verehren
admissible [əd'mɪsəbl] *adj* zulässig
admission [əd'mɪʃən] *sb* 1. *(entry)* Zutritt *m;* 2. *(as a member)* Aufnahme *f;* 3. *(price of ~)* Eintritt *m;* 4. *(confession)* Zugeben *n*
admissive [əd'mɪsɪv] *adj* bereit, etw oder jdn zuzulassen
admit [əd'mɪt] *v* 1. *(acknowledge)* zugeben, bekennen, zugestehen; 2. *(as a member)* aufnehmen, zulassen; 3. *(let in)* einlassen; 4. *(recognize as valid)* anerkennen; 5. *(to hospital)* einweisen
admittedly [əd'mɪtɪdlɪ] *adv* zugegebenermaßen, zwar
admonish [əd'mɒnɪʃ] *v* 1. *(reprove)* ermahnen, tadeln; 2. *(warn)* mahnen
admonition [ædmə'nɪʃən] *sb* 1. *(reproach)* Ermahnung *f;* 2. *(warning)* Mahnung *f,* Warnung *f,* Verwarnung *f*
ado [ə'du:] *sb* Wirbel *m,* Getue *n*
adolescent [ædə'lesnt] *adj* 1. jugendlich; *sb* 2. Jugendliche(r) *m/f,* Heranwachsender *m*/Heranwachsende *f*
adopt [ə'dɒpt] *v* 1. *(a child)* adoptieren; 2. *(fig)* übernehmen, annehmen, zu Eigen machen; 3. *(a law) POL* annehmen
adorable [ə'dɔ:rəbl] *adj* entzückend
adoration [ædə'reɪʃən] *sb* Anbetung *f,* Verehrung *f*
adore [ə'dɔ:] *v* 1. *(worship)* anbeten; 2. *(to be fond of)* lieb haben; 3. *(go wild over)* schwärmen für
adrift [ə'drɪft] *adj* dahintreibend, ziellos; *set sth ~* etwas losmachen
adulate ['ædjʊleɪt] *v* schmeicheln
adulation [ædjʊ'leɪʃən] *sb* Schmeichelei *f*
adulatory ['ædjʊleɪtərɪ] *adj* schmeichlerisch
adult ['ædʌlt] *sb* 1. Erwachsene(r) *m/f; adj* 2. erwachsen
adulterate [ə'dʌltəreɪt] *v* 1. *(corrupt, contaminate)* verderben; 2. *(food)* panschen, verfälschen
adulteration [ədʌltə'reɪʃən] *sb* Verfälschung *f*
adulterer [ə'dʌltərə] *sb* Ehebrecher *m*
adulthood [ə'dʌlthʊd] *sb* Erwachsensein *n*
advance [əd'vɑ:ns] *v* 1. fortschreiten, vordringen, vorankommen; 2. *~ upon* herankommen an; 3. *(to be promoted)* aufsteigen; 4. *(further sth)* fördern; 5. *(promote s.o.)* befördern; *sb* 6. *(moving forward)* Vorstoß *m;* 7. *(of money)* Vorschuss *m;* 8. *(amorous)* Annäherungsversuch *m; make ~s to s.o.* sich an jdn heranmachen; 9. *in ~* im Voraus

> **advantage** [əd'vɑ:ntɪdʒ] *sb* 1. Vorteil *m,* Vorzug *m; take ~ of sth* etw ausnutzen; 2. *(use)* Nutzen *m;* 3. *(point in one's favour)* Pluspunkt *m;* 4. *(a lead over s.o.)* Vorsprung *m;* 5. *(in tennis) SPORT* Vorteil *m*

advantageous [ædvən'teɪdʒəs] *adj* vorteilhaft, günstig
advent ['ædvənt] *sb* Kommen *n*
adventure [əd'ventʃə] *sb* Abenteuer *n*
adventuresome [əd'ventʃəsʌm] *adj* 1. abenteuerlich, verwegen; 2. *(audacious)* wagemutig
adventurous [əd'ventʃərəs] *adj* 1. abenteuerlich; 2. *(person)* abenteuerlustig
adversarial [ædvə'sɛərɪəl] *adj* feindlich
adversary ['ædvəsərɪ] *sb* Gegner(in) *m/f*
adverse ['ædvɜ:s] *adj* ungünstig, widrig
adversity [əd'vɜ:sɪtɪ] *sb* Unglück *n*
advertence [əd'vɜ:təns] *sb* Aufmerksamkeit *f*
advertent ['ædvɜ:tent] *adj* aufmerksam
advertise ['ædvətaɪz] *v* 1. Werbung machen für, anzeigen, ankündigen; 2. *(place an advertisement)* inserieren; *~ a vacancy* eine Stelle ausschreiben; 3. *(promote)* werben für
advertisement [əd'vɜ:tɪzmənt] *sb* 1. Werbung *f,* Reklame *f;* 2. *(in the newspaper)* Anzeige *f,* Inserat *n;* 3. *(announcement)* Bekanntmachung *f,* Ankündigung *f;* 4. *an ~ for sth (fig: a fine representative)* ein Aushängeschild *n*
advertiser ['ædvətaɪzə] *sb* 1. *(in a paper)* Anzeigenkunde/Anzeigenkundin *m/f;* 2. *(on television)* Werbekunde/Werbekundin *m/f*
advice [əd'vaɪs] *sb* 1. Rat *m; take s.o.'s ~* jds Rat folgen; *give s.o. some ~* jdm einen Rat geben; *piece of ~* Ratschlag *m;* 2. *(counsel)* Beratung *f*
advisable [əd'vaɪzəbl] *adj* ratsam
advise [əd'vaɪz] *v* 1. *(give advice)* raten, anraten, *(professionally)* beraten, empfehlen; 2. *~ against* abraten; 3. *(inform)* verständigen, benachrichtigen
advocacy ['ædvəkəsɪ] *sb* Fürsprache *f*

A

advocate ['ædvəkeɪt] *v* *1.* verfechten, befürworten; ['ædvəkɪt] *sb* *2.* Verfechter(in) *m/f,* Befürworter(in) *m/f,* Fürsprecher(in) *m/f*
aerate ['ɛəreɪt] *v* belüften, lüften
aerodynamic [ɛərəʊdaɪ'næmɪk] *adj* aerodynamisch
aeronautics [ɛərə'nɔːtɪks] *sb* Luftfahrt *f*
aeroplane ['ɛərəʊpleɪn] *sb* Flugzeug *n*
aerosol can ['ɛərəsɒl kæn] *sb* Spraydose *f*
aesthesia [iːs'θiːzɪə] *sb* Empfindlichkeit *f,* Sensibilität *f*
aesthetic [iːs'θetɪk] *adj* ästhetisch
aesthetics [iːs'θetɪks] *sb* Ästhetik *f*
afar [ə'fɑː] *sb from ~* aus der Ferne
affable ['æfəbəl] *adj* umgänglich
affair [ə'fɛə] *sb* *1. (matter)* Angelegenheit *f,* Sache *f;* *2. (love ~)* Affäre *f*
affect [ə'fekt] *v* *1. (concern)* betreffen, angehen; *2. (influence)* sich auswirken; *3. (emotionally)* rühren, bewegen, nahe gehen; *4. (feign)* vortäuschen
affectation [æfek'teɪʃən] *sb* Verstellung *f,* Vortäuschung *f*
affected [ə'fektɪd] *adj (put-on: person, accent, behaviour)* affektiert, gekünstelt, geziert
affection [ə'fekʃən] *sb* Liebe *f,* Zuneigung *f,* Zärtlichkeit *f*
affectionate [ə'fekʃənɪt] *adj* zärtlich, liebevoll, anhänglich
affiliation [əfɪlɪ'eɪʃən] *sb* *1.* Zugehörigkeit *f;* *2. POL* Anschluss *m*
affinity [ə'fɪnɪtɪ] *sb (liking)* Neigung *f; an ~ for* eine Neigung zu
affirm [ə'fɜːm] *v* *1.* versichern, *(forcefully, solemnly)* beteuern; *2. (answer in the affirmative)* bejahen
affirmation [æfə'meɪʃən] *sb* Versicherung *f,* Beteuerung *f*
affix [ə'fɪks] *v* befestigen, anheften, anfügen
afflict [ə'flɪkt] *v* plagen, heimsuchen
affliction [ə'flɪkʃən] *sb* *1.* Bedrängnis *f,* Heimsuchung *f;* *2. MED* Gebrechen *n*
affluence ['æflʊəns] *sb* Wohlstand *m,* Reichtum *m*
affluent ['æflʊənt] *adj* wohlhabend, reich
afford [ə'fɔːd] *v* *1.* sich leisten; *2. (provide)* bieten
affordable [ə'fɔːdəbl] *adj* erschwinglich
affront [ə'frʌnt] *v* beleidigen
afield [ə'fiːld] *adv far ~* weit entfernt
afire [ə'faɪə] *adj* brennend
aflame [ə'fleɪm] *adj* in Flammen
afloat [ə'fləʊt] *adj* *1.* schwimmend; *2. (rumour)* in Umlauf
aflutter [ə'flʌtə] *adj* nervös, aufgeregt
aforementioned [əfɔː'menʃənd] *adj* oben genannt, oben erwähnt
aforesaid [ə'fɔːsed] *adj* zuvor gesagt, bereits erwähnt
aforethought [ə'fɔːθɔːt] *adj* mit Vorbedacht; *malice ~* in böswilliger Absicht

afraid [ə'freɪd] *adj to be ~* Angst haben, sich fürchten; *to be ~ to do sth* sich scheuen, etw zu tun; *I'm ~ not.* Leider nicht.

afresh [ə'freʃ] *adv* von vorne, von neuem
Africa ['æfrɪkə] *sb GEO* Afrika *n*
African ['æfrɪkən] *sb* *1.* Afrikaner(in) *m/f;* *adj* *2.* afrikanisch
after ['ɑːftə] *prep* *1.* nach; *~ all* schließlich, immerhin; *adv to be ~ s.o. (fig)* jdm hinterherlaufen; *konj* *2.* nachdem; *adv* *3. (afterwards)* dann, nachher, danach; *4. (behind)* hinterher
afterglow ['æːftəgləʊ] *sb* Abendrot *n*
afterlife ['æːftəlaɪf] *sb* Leben nach dem Tod *n*
aftermath ['ɑːftəmæθ] *sb* *1.* Nachspiel *n;* *2. (effects)* Nachwirkungen *pl*

afternoon [ɑːftə'nuːn] *sb* Nachmittag *m*

afters ['ɑːftəz] *sb (fam) (UK)* Dessert *n,* Nachtisch *m*
aftershock ['ɑːftəʃɒk] *sb* Nachbeben *n*
aftertaste ['ɑːftəteɪst] *sb* Nachgeschmack *m*
afterthought ['ɑːftəθɔːt] *sb* nachträglicher Einfall *m; add sth as an ~* etw hinzufügen
afterwards ['ɑːftəwədz] *adv* danach
afterworld ['ɑːftəwɜːld] *sb* Jenseits *n*

again [ə'gen] *adv* *1.* wieder, nochmals, erneut; *~ and ~* immer wieder; *now and ~* hin und wieder, ab und zu; *then ~ (on the other hand)* andererseits; *half ~ as much* eineinhalbmal so viel; *konj* *2. (moreover)* ferner

against [ə'genst] *prep* *1. (right next to, making contact with)* gegen, direkt an; *2. (contrary to, versus)* gegen, wider, entgegen; *~ one another* gegeneinander; *3. (compared with)* gegenüber; *as ~* im Vergleich zu
agape [ə'geɪp] *adj* weit offen, aufgerissen

age [eɪdʒ] *v* *1.* altern; *sb* *2.* Alter *n; come of ~* mündig werden, volljährig werden; *3. (era)* Zeitalter *n,* Zeit *f; in this day and ~* heutzutage

aged [eɪdʒd] *adj* bejahrt, betagt
agency ['eɪdʒənsɪ] *sb* *1.* Agentur *f;* *2. (government ~)* Amt *n,* Behörde *f*
agent ['eɪdʒənt] *sb* *1.* Agent(in) *m/f,* Makler(in) *m/f,* Vermittler(in) *m/f;* *2. (representati-*

ve) Stellvertreter(in) *m/f; 3. (intelligence ~) POL* Agent(in) *m/f*

age-old ['eɪdʒəʊld] *adj* uralt, überkommen

aggravate ['ægrəveɪt] *v 1. (make angry)* ärgern, reizen; *2. (make worse)* verschlimmern

aggression [ə'greʃən] *sb* Aggression *f*

aggressive [ə'gresɪv] *adj 1.* aggressiv; *2. (pushy)* aufdringlich; *3. (physically)* angriffslustig

aghast [ə'gɑːst] *adj* entsetzt, entgeistert

agile ['ædʒaɪl] *adj* flink, behende, gelenkig

agility [ə'dʒɪlɪtɪ] *sb* Behendigkeit *f,* Flinkheit *f*

ago [ə'gəʊ] *adv* her, vor; *two years ~* vor zwei Jahren; *long ~* vor langer Zeit

agonize ['ægənaɪz] *v ~ over* sich quälen mit

agony ['ægənɪ] *sb* Qual *f,* Pein *f,* Leid *n*

agrarian [ə'grɛərɪən] *adj* landwirtschaftlich

agree [ə'griː] *v 1.* übereinstimmen; *2. (express ~ment)* zustimmen; *3. (come to an ~ment)* sich einigen, vereinbaren, sich absprechen; *4. ~ to, ~ with (approve, consent to)* billigen, einwilligen, auf etw eingehen; *5.* zusammen passen, sich vertragen; *It didn't ~ with me.* Es ist mir nicht bekommen.

agreeable [ə'griːəbl] *adj 1.* angenehm, gefällig, wohltuend; *to be ~ to sth* mit etw einverstanden sein; *2. (good-natured)* nett

agreed [ə'griːd] *adj* vereinbart

agreement [ə'griːmənt] *sb 1.* Vereinbarung *f,* Übereinkunft *f,* Verständigung *f; come to an ~* übereinkommen, sich einigen; *2. (being in ~)* Einverständnis *n 3. (consent)* Einwilligung *f,* Zustimmung *f; 4. POL* Abkommen *n*

agricultural [ægrɪ'kʌltʃərəl] *adj AGR* landwirtschaftlich

ahead [ə'hed] *adv* voraus, vorn; *get ~* Karriere machen; *look ~* in die Zukunft blicken; *keep one step ~ of s.o.* jdm einen Schritt voraus sein

ahold [ə'həʊld] *adj grab ~ of sth* etw packen

aid [eɪd] *v 1.* helfen, unterstützen, beistehen; *2. ~ and abet JUR* Beihilfe leisten; *sb 3.* Hilfe *f,* Aushilfe *f,* Mithilfe *f; come to s.o.'s ~* jdm zu Hilfe kommen; *4. (item)* Hilfsmittel *n*

aide [eɪd] *sb* Assistent(in) *m/f,* Helfer(in) *m/f*

ail [eɪl] *v* kränkeln; *What ~s you?* Was hast du denn?

ailment ['eɪlmənt] *sb MED* Gebrechen *n*

aim [eɪm] *v 1. ~ at* zielen auf, abzielen auf; *2. ~ at sth (fig)* etw bezwecken, nach etw trachten; *sb 3.* Richtung *f; 4. (goal)* Ziel *n,* Zweck *m*

air [ɛə] *v 1. (~ out)* lüften; *2. (broadcast)* senden; *sb 3.* Luft *f; clear the ~ (fig)* die Luft bereinigen; *to be up in the ~* in den Sternen stehen, ungewiss sein; *walk on ~* auf Wolken schweben; *4. (affected manner)* Allüre *f; put on ~s, give o.s. ~s* sich zieren, vornehm tun; *~s and graces* Allüren *f; 5. (demeanour)* Auftreten *n,* Miene *f*

aircraft ['ɛəkrɑːft] *sb* Flugzeug *n*

airfield ['ɛəfiːld] *sb* Flugplatz *m*

air force ['ɛəfɔːs] *sb MIL* Luftwaffe *f*

air gun ['ɛəgʌn] *sb* Luftgewehr *n*

airhead ['ɛəhed] *sb (fam)* Dummkopf *m*

airlift ['ɛəlɪft] *sb MIL* Luftbrücke *f*

airman ['ɛəmən] *sb* Flieger *m*

airplane ['ɛəpleɪn] *sb* Flugzeug *n*

air pocket ['ɛəpɒkɪt] *sb* Luftloch *n*

air pollution ['ɛəpəluːʃən] *sb* Luftverschmutzung *f*

airy ['ɛərɪ] *adj 1. (room, garment)* luftig; *2. (person)* eingebildet, arrogant

aisle [aɪl] *sb* Gang *m*

ajar [ə'dʒɑː] *adj (door)* angelehnt

akin [ə'kɪn] *adj (fig) to be ~ to sth* etw ähnlich sein

alacrity [ə'lækrɪtɪ] *sb* Bereitwilligkeit *f*

alarm [ə'lɑːm] *v 1. (warn)* alarmieren; *2. (frighten)* erschrecken, ängstigen; *sb 3.* Alarm *m,* Warnsignal *n; 4. (device)* Alarmanlage *f; 5. (surprise)* Schreck *m*

alarm clock [ə'lɑːm klɒk] *sb* Wecker *m*

alas [ə'læs] *interj* leider!

albeit [ɔːl'biːɪt] *konj* wenn auch, obgleich

alcohol ['ælkəhɒl] *sb* Alkohol *m*

alcoholic [ælkə'hɒlɪk] *adj 1.* alkoholisch; *sb 2.* Alkoholiker(in) *m/f*

alcoholism ['ælkəhɒlɪzəm] *sb MED* Alkoholismus *m*

alderman ['ɔːldəmən] *sb* Ratsherr *m*

aleatory ['eɪlɪətərɪ] *adj* aleatorisch, zufällig

alert [ə'lɜːt] *v 1.* warnen; *~ s.o. to sth* jdn auf etw aufmerksam machen; *adj 2.* munter, wachsam, rege; *sb 3. (state of readiness)* Alarmbereitschaft *f; 4. (signal)* Alarm *m*

alertness [ə'lɜːtnɪs] *sb* Wachsamkeit *f*

A-Levels ['eɪlevlz] *pl (UK)* Abitur *n*

alias ['eɪlɪəs] *adv 1.* alias; *sb 2.* Deckname *m*

alibi ['ælɪbaɪ] *sb* Alibi *n*

alien ['eɪlɪən] *adj 1. (from another country)* ausländisch; *2. (fig)* andersartig; *3. (from outer space)* außerirdisch; *sb 4. (foreigner)* Ausländer(in) *m/f; 5. (from outer space)* außerirdisches Wesen *n*

A

alienate ['eɪlɪəneɪt] *v* entfremden
alienation [eɪlɪə'neɪʃən] *sb* Entfremdung *f*
alight [ə'laɪt] *v* absteigen, aussteigen
align [ə'laɪn] *v* ausrichten
alike [ə'laɪk] *adv* gleich, sehr ähnlich
aliment ['ælɪmənt] *sb* Lebensmittel *n*
alimony ['ælɪməunɪ] *sb* Unterhalt *m*
aliterate [eɪ'lɪtərɪt] *sb* Analphabet(in) *m/f*, ungebildete Person *f*
alive [ə'laɪv] *adj 1.* lebend, am Leben; *2. (lively)* lebendig; *~ and kicking (fam)* gesund und munter; *adv 3. to be ~ with* wimmeln von

all [ɔːl] *adj 1.* all, sämtlich, ganz; *~ of a sudden* ganz plötzlich; *~ over (everywhere)* überall; *~ over (finished)* alles aus; *~ day* den ganzen Tag; *~ right* in Ordnung; *~ alone* ganz allein; *~ along* die ganze Zeit; *today of ~ days* ausgerechnet heute; *2. ~ kinds of, ~ sorts of* allerlei, allerhand; *adv 3. ~ round, ~ the way round* überall, ringsumher, ringsherum; *4. ~ the same* trotzdem, immerhin; *5. ~ right* in Ordnung; *pron 6.* alles; *It's ~ the same to me.* Das ist mir ganz gleich. *~ in ~* alles in allem, insgesamt; *first of ~* zuerst; *7. (everybody)* alle

all right [ɔːl'raɪt] *adj 1.* in Ordnung; *adv 2. He's doing ~.* Ihm geht es gut. *3. (expressing emphasis)* schon; *He is a good actor, ~.* Er ist schon ein guter Schauspieler. *interj 4.* Gut!
All-American [ɔːlə'merɪkən] *adj 1.* typisch amerikanisch; *2. SPORT* beste(r,s) amerikanische(r,s)
all-clear [ɔːl'klɪə] *sb* Entwarnung *f*
all-day ['ɔːldeɪ] *adj* ganztägig
allegation [ælɪ'geɪʃən] *sb* Behauptung *f*
allege [ə'ledʒ] *v* behaupten
alleged [ə'ledʒd] *adj* angeblich, vermeintlich
allegiance [ə'liːdʒəns] *sb* Treue *f*
alleviate [ə'liːvɪeɪt] *v* erleichtern, mildern
alleviation [əliːvɪ'eɪʃən] *sb* Erleichterung *f*, Linderung *f*
alley ['ælɪ] *sb* Gasse *f*
alliance [ə'laɪəns] *sb 1.* Verbindung *f; 2. (in historical contexts)* Allianz *f; 3. POL* Bund *m*, Bündnis *n*
all-important ['ɔːlɪmpɔːtənt] *adj* äußerst wichtig
all-nighter [ɔːl'naɪtə] *sb We pulled an ~. (fam)* Wir haben die Nacht durchgemacht.
allocate ['æləkeɪt] *v* verteilen, zuweisen
allot [ə'lɒt] *v* verteilen, zuweisen
all-out ['ɔːlaut] *adj* total, uneingeschränkt
all-over ['ɔːləuvə] *adj* durchgehend
allow [ə'lau] *v 1.* erlauben, gestatten, zulassen; *to be ~ed to do sth* etw tun dürfen; *2. (grant)* gewähren, gönnen, bewilligen; *3. ~ for* berücksichtigen
allowable [ə'lauəbl] *adj* erlaubt, zulässig
allowance [ə'lauəns] *sb 1. (pocket money)* Taschengeld *n*, Zuschuss *m; 2. (supplement to salary)* Gehaltszulage *f*, Zuschuss *m; 3. (ration)* Ration *f; 4. (paid by the state)* Beihilfe *f; 5. (permission)* Bewilligung *f; 6. make ~s pl* Nachsicht üben
all-terrain vehicle ['ɔːltəreɪn 'viːɪkl] *sb* Geländewagen *m*
all-time ['ɔːltaɪm] *adj* aller Zeiten
allude [ə'luːd] *v ~ to* anspielen
allure [ə'ljuə] *v 1.* verlocken, locken, anziehen; *sb 2.* Anziehungskraft *f*, Reiz *m*
ally [ə'laɪ] *v 1. ~ o.s. with* sich verbünden mit; ['ælaɪ] *sb 2.* Verbündete(r) m/f.
almighty [ɔːl'maɪtɪ] *adj 1.* allmächtig; *sb 2. the ~ REL* der Allmächtige *m*
almost ['ɔːlməust] *adv* fast, beinahe
alone [ə'ləun] *adj 1.* allein, einsam; *Leave me ~!* Lass mich in Ruhe! *2. let ~ (much less)* geschweige denn
along [ə'lɒŋ] *prep 1.* entlang, längs; *adv 2. all ~* die ganze Zeit; *3.* entlang, längs; *4. (onwards)* vorwärts, weiter; *5. I'll be ~ in a minute.* Ich komme gleich. *6. go ~ with sth* etw zustimmen, bei etw mitmachen; *7. bring s.o. ~* jdn mitbringen; *~ with* zusammen mit
alongside [əlɒŋsaɪd] *prep 1.* neben, längsseits; *adv 2.* daneben
aloof [ə'luːf] *adj* distanziert, zurückhaltend
aloud [ə'laud] *adv* laut

already [ɔːl'redɪ] *adv* schon, bereits

also ['ɔːlsəu] *adv* auch, ebenfalls, außerdem
alter ['ɔːltə] *v* ändern, verändern, umändern
alteration [ɔːltə'reɪʃən] *sb 1.* Änderung *f*, Veränderung *f*, Abänderung *f; 2. ~s pl (to a building)* Umbau *m*
alternant [ɔːl'tɜːnənt] *adj* abwechselnd
alternate ['ɔːltəneɪt] *v 1. ~ with s.o.* sich abwechseln, ablösen; *2. ~ sth* abwechseln lassen, wechseln; [ɔl'tɜːnɪt] *adj 3.* miteinander abwechselnd; *on ~ days* jeden zweiten Tag; *4. (alternative)* alternativ
alternation [ɔːltə'neɪʃən] *sb* Abwechslung *f*, Wechsel *m*
alternative [ɔːl'tɜːnətɪv] *adj 1.* alternativ; *sb 2. (choice)* Alternative *f*, Wahl *f; I have no other ~.* Ich habe keine andere Wahl. *3. (substitute)* Ersatz *m*

alternatively [ɔːl'tɜːnətɪvlɪ] *adv* wahlweise, als Alternative, als andere Möglichkeit
although [ɔːl'ðəʊ] *konj* obwohl, obschon
altitude ['æltɪtjuːd] *sb* Höhe *f*
altogether [ɔːltə'geðə] *adv 1. (all in all)* insgesamt, zusammen; *2. (completely)* völlig

always ['ɔːlweɪz] *adv 1.* immer, stets; *2. (every time)* jedesmal; *3. (constantly)* ständig; *4. (at any time)* jederzeit

amass [ə'mæs] *v* anhäufen
amaze [ə'meɪz] *v* erstaunen, in Erstaunen versetzen; *to be ~d* staunen, sich wundern
amazement [ə'meɪzmənt] *sb* Erstaunen *n,* Staunen *n,* Verblüffung *f*
amazing [ə'meɪzɪŋ] *adj* erstaunlich, verblüffend, toll *(fam)*
ambassador [æm'bæsədə] *sb 1. POL* Botschafter *m; 2. (envoy) POL* Abgesandte(r) *m/f*
amber ['æmbə] *adj (~-coloured)* bernsteinfarben
ambience ['æmbɪəns] *sb* Atmosphäre *f*
ambiguity [æmbɪ'gjʊɪtɪ] *sb* Zweideutigkeit *f*
ambiguous [æm'bɪgjʊəs] *adj* zweideutig
ambition [æm'bɪʃən] *sb 1. (ambitious nature)* Ehrgeiz *m; 2. (a specific desire)* Ambition *f*
ambitious [æm'bɪʃəs] *adj* ehrgeizig
amble ['æmbl] *v* umherschlendern
ambulate ['æmbjʊleɪt] *v* herumwandern
ambush ['æmbʊʃ] *v 1. ~ s.o.* jdn aus dem Hinterhalt überfallen; *sb 2.* Hinterhalt *m*
amenable [ə'miːnəbl] *adj* zugänglich
amend [ə'mend] *v 1. (text, a law)* ändern, abändern; *2. (add)* ergänzen
amends [ə'mendz] *pl* Wiedergutmachung *f; make ~ for sth* etw wiedergutmachen
amiable ['eɪmjəbl] *adj* liebenswürdig
amicable ['æmɪkəbl] *adj* freundlich
amid [ə'mɪd] *prep* inmitten, mitten in
ammunition [æmjʊ'nɪʃən] *sb* Munition *f*
among [ə'mʌŋ] *prep* unter, zwischen; *~ themselves* unter sich
amorous ['æmərəs] *adj 1.* zärtlich; *2. (in love)* verliebt
amortization [əmɔːtɪ'zeɪʃən] *sb ECO* Amortisierung *f,* Tilgung *f*
amount [ə'maʊnt] *v 1. ~ to* sich belaufen auf, betragen, ausmachen; *sb 2. (of money)* Betrag *m,* Summe *f,* Geldbetrag *m; 3. (quantity)* Menge *f,* Quantität *f*
ample ['æmpl] *adj* reichlich
amplify ['æmplɪfaɪ] *v 1. TECH* verstärken; *2. (be more specific)* näher erläutern
amplitude ['æmplɪtjuːd] *sb* Weite *f,* Fülle *f*
amply ['æmplɪ] *adv* reichlich
amuse [ə'mjuːz] *v 1.* belustigen, unterhalten; *2. ~ o.s.* sich unterhalten, sich vergnügen
amusement [ə'mjuːzmənt] *sb* Unterhaltung *f,* Vergnügen *n,* Spaß *m*
amusing [ə'mjʊːzɪŋ] *adj* amüsant, witzig
an [æn, ən] *art 1.* ein, eine(r,s); *prep 2. (per)* pro
analyse ['ænəlaɪz] *v* analysieren
analysis [ə'nælɪsɪs] *sb* Analyse *f*
ancestor ['ænsestə] *sb* Vorfahr *m,* Ahne *m*
ancestry ['ænsɪstrɪ] *sb* Abstammung *f*
anchor ['æŋkə] *v 1.* ankern; *sb 2.* Anker *m*
anchorage ['æŋkərɪdʒ] *sb 1. (place for anchoring)* Ankerplatz *m,* Liegeplatz *m; 2. (fees)* Liegegebühren *pl*
anchorman ['æŋkəmæn] *sb (TV)* Moderator *m*
ancient ['eɪnʃənt] *adj* alt, altertümlich, antik
ancillary [æn'sɪlərɪ] *adj* zweitrangig; *~ services* Hilfsdienste *pl*

and [ænd] *konj* und; *~ so forth* und so weiter

anew [ə'njuː] *adv* aufs Neue, von Neuem
angel ['eɪndʒəl] *sb* Engel *m*
angelic [æn'dʒelɪk] *adj* engelhaft
anger ['æŋgə] *sb* Ärger *m,* Zorn *m,* Wut *f*
angle ['æŋgl] *sb 1. MATH* Winkel *m; 2. at an ~* schräg, schief; *3. (perspective)* Standpunkt *m,* Gesichtspunkt *m*
angler ['æŋglə] *sb* Angler *m*
Anglican ['æŋglɪkən] *adj REL* anglikanisch
anglicize ['æŋglɪsaɪz] *v* anglisieren
angry ['æŋgrɪ] *adj* böse, zornig, ärgerlich; *to be ~ about sth* sich über etw ärgern
angst [ɑːŋst] *sb* Angst *f*
angst-ridden ['ɑːŋstrɪdən] *adj* von Ängsten geplagt
anguish ['æŋgwɪʃ] *sb* Qual *f,* Angst *f*
angular ['æŋgjʊlə] *adj* winklig, eckig, kantig

animal ['ænɪməl] *sb* Tier *n*

animate ['ænɪmeɪt] *v (enliven)* beleben
animation [ænɪ'meɪʃən] *sb (lively quality)* Lebhaftigkeit *f,* Belebung *f*
animator ['ænɪmeɪtə] *sb* Zeichner von Trickfilmen *m*
animosity [ænɪ'mɒsɪtɪ] *sb* Feindseligkeit *f*
anise ['ænɪs] *sb* Anis *m*
ankle ['æŋkl] *sb ANAT* Knöchel *m,* Fußgelenk *n*

annals ['ænəlz] *pl* Annalen *pl*
annex [ə'neks] *v 1. POL* annektieren; ['æneks] *sb 2. (building extension)* Anbau *m; 3. (to a document)* Anhang *m*
annexation [ænek'seɪʃən] *sb POL* Annexion *f*
annihilate [ə'naɪəleɪt] *v 1.* vernichten; *2. (fig)* zunichte machen
anniversary [ænɪ'vɜːsərɪ] *sb 1.* Jubiläum *n; 2. (day)* Jahrestag *m*
annotation [ænəʊ'teɪʃən] *sb* Anmerkung *f*
announce [ə'naʊns] *v 1.* ankündigen, bekannt geben; *2. (on the radio)* ansagen
annoy [ə'nɔɪ] *v* ärgern, belästigen, reizen
annoyance [ə'nɔɪəns] *sb 1. (an ~)* Störung *f*, Belästigung *f; 2. (annoyed state)* Ärger *m*
annual ['ænjʊəl] *adj* jährlich, alljährlich
annuity [ə'njuːɪtɪ] *sb* Rente *f*, Jahreszahlung *f*
annul [ə'nʌl] *v 1.* annullieren; *2. (a law)* aufheben; *3. (a will)* umstoßen
anoint [ə'nɔɪnt] *v 1.* salben; *2. (fig) ~ one's successor* seinen Nachfolger bestimmen
anomalous [ə'nɒmələs] *adj* anomal
anomaly [ə'nɒməlɪ] *sb* Anomalie *f*
anon [ə'nɒn] *adv* alsbald, kurz darauf
another [ə'nʌðə] *adj 1.* ein anderer/eine andere/ein anderes, ein weiterer/eine weitere/ein weiteres; *2. (yet ~)* noch ein, noch eine(r)

> **answer** ['ɑːnsə] *v 1.* antworten, beantworten; *2. ~ for sth* etw verantworten; *sb 3.* Antwort *f; 4. (solution)* Lösung *f*

ant [ænt] *sb ZOOL* Ameise *f; have ~s in one's pants (fam)* Hummeln im Hintern haben
antecedent [æntɪ'siːdənt] *sb 1. GRAMM* Beziehungswort *n; 2.* Vorläufer *m (fig)*
antediluvian [æntɪdɪ'luːvɪən] *adj* vorsintflutlich
anterior [æn'tɪərɪə] *adj* vorhergehend
anti-abortionist [æntɪə'bɔːʃənɪst] *sb* Abtreibungsgegner *m*
anticipant [æn'tɪsɪpənt] *adj* in Erwartung, wartend auf
anticipate [æn'tɪsɪpeɪt] *v 1.* voraussehen, vorausahnen; *2. (expect)* erwarten; *3. (act sooner)* vorwegnehmen, zuvorkommen, vorgreifen
anticipation [æntɪsɪ'peɪʃən] *sb* Vorfreude *f*, Erwartung *f*
anti-clockwise ['æntɪ'klɒkwaɪz] *adv (UK)* entgegen dem Uhrzeigersinn
antics ['æntɪks] *pl* Marotten *pl*, Eskapaden *pl*, Mätzchen *pl (fam)*
antidote ['æntɪdəʊt] *sb* Gegenmittel *n*
antiperspirant [æntɪ'pɜːspərənt] *sb* Antitranspirant *n; ~ spray* Antitranspirant-Spray *n*
antiquarian [æntɪ'kwɛərɪən] *adj 1. (books)* antiquarisch; *2. (pertaining to study of antiquities)* sich mit dem Altertum befassend
antiquated ['æntɪkweɪtɪd] *adj* veraltet
antique [æn'tiːk] *adj 1.* antik; *sb 2. ~s pl* Antiquitäten *pl*
antiquities [æn'tɪkwɪtiːz] *pl HIST* Altertümer *pl*
antiquity [æn'tɪkwɪtɪ] *sb HIST* Antike *f*
anti-Semitism [æntɪ'semɪtɪzm] *sb* Antisemitismus *m*
antler ['æntlə] *sb ZOOL* Geweihsprosse *f; ~s* Geweih *n*
antsy ['æntsɪ] *adj* wuselig *(fam)*
anvil ['ænvɪl] *m TECH* Amboss *m*
anxiety [æŋ'zaɪətɪ] *sb 1. (fear)* Angst *f; 2. (concern)* Besorgnis *f*, Unruhe *f; 3. MED* Angstgefühl *n*, Beklemmung *f*
anxious ['æŋkʃəs] *adj 1.* ängstlich, bange, unruhig; *2. (for sth)* begierig, sehnsuchtsvoll
any ['enɪ] *adj 1.* irgendein(e), irgendwelche, etwas; *not ~* kein/keine; *2. (no matter which)* jede(r,s); *pron 3. Do you have ~?* Haben Sie welche? *if ~ of you can speak English* wenn einer von euch Englisch sprechen kann; *There are few if ~.* Es gibt nur wenige, wenn überhaupt welche. *adv 4. Don't you want ~ more coffee?* Willst du keinen Kaffee mehr? *Can't this car go ~ faster?* Kann dieses Auto nicht schneller fahren? *I don't do that ~ more.* Das mache ich nicht mehr.
anybody ['enɪbɒdɪ] *pron* irgendjemand, jemand; *everybody who's ~* alles, was Rang und Namen hat *(fam)*
anyhow ['enɪhaʊ] *adv* sowieso, ohnehin, jedenfalls
anyone ['enɪwʌn] *adj* irgendjemand, jemand
anything ['enɪθɪŋ] *adj* irgendetwas, etwas
anyway ['enɪweɪ] *adv* sowieso, ohnehin, jedenfalls
anywhere ['enɪwɛə] *adv* irgendwo, irgendwohin
apart [ə'pɑːt] *adv 1.* auseinander, entzwei; *2. (separate)* einzeln, für sich; *3. tell sth ~* etw auseinanderhalten, etw unterscheiden; *4. (to one side)* abseits, beiseite; *5. ~ from* abgesehen von, bis auf; *~ from that (in addition)* darüberhinaus, ansonsten; *adj 6. a breed ~* eine besondere Sorte
apartheid [ə'pɑːtaɪd] *sb POL* Apartheid *f*

apartment [ə'pɑːtmənt] *sb 1. (US)* Wohnung *f,* Mietwohnung *f,* Etagenwohnung *f; 2. (UK: suite of rooms)* Appartement *n; 3. (UK: single room)* Einzelzimmer *n*
ape [eɪp] *sb 1. ZOOL* Affe *m; v 2.* nachäffen; *adj 3. go ~ (fam)* durchdrehen
apex ['eɪpeks] *sb 1.* Gipfel *m,* Spitze *f; 2. (fig)* Höhepunkt *m*
apiece [ə'piːs] *adv* je, pro Stück
aplomb [ə'plɒm] *sb (fig)* Selbstsicherheit *f*
apologize [ə'pɒlədʒaɪz] *v* sich entschuldigen; *~ to s.o. for sth* jdn für etw um Verzeihung bitten
apology [ə'pɒlədʒɪ] *sb* Abbitte *f*
apoplectic [æpə'plektɪk] *adj to be ~* vor Wut platzen *(fig)*
apostle [ə'pɒsl] *sb REL* Apostel *m*
apostrophe [ə'pɒstrəfɪ] *sb GRAMM* Apostroph *m*
apothecary [ə'pɒθɪkərɪ] *sb* Apotheker(in) *m/f*
appal(l) [ə'pɔːl] *v* entsetzen
appalling [ə'pɔːlɪŋ] *adj* entsetzlich
apparel [ə'pærəl] *sb* Kleidung *f*
apparent [ə'pærənt] *adj 1.* scheinbar, anscheinend; *2. (obvious)* offensichtlich
apparition [æpə'rɪʃən] *sb* Gespenst *n,* Geist *m,* Erscheinung *f*
appeal [ə'piːl] *v 1. (apply for support)* appellieren, sich wenden an, auffordern; *~ to s.o. for sth* jdn dringend um etw bitten; *2. ~ to* gefallen, zusagen, ansprechen; *3. (contest)* Berufung einlegen, anfechten; *sb 4.* Aufruf *m; 5. (power of attraction)* Anziehungskraft *f,* Reiz *m; 6. JUR* Berufung *f,* Rechtsbeschwerde *f, (actual trial)* Revision *f*
appear [ə'pɪə] *v 1.* erscheinen; *2. (seem)* scheinen, aussehen, vorkommen; *3. (suddenly)* auftauchen; *4. (on stage)* auftreten; *5. (be published)* erscheinen, herauskommen; *6. (come to light)* zum Vorschein kommen
appearance [ə'pɪərəns] *sb 1.* Erscheinen *n,* Auftritt *m; 2. (way sth seems)* Anschein *m,* Schein *m; 3. (look)* Aussehen *n,* Ansehen *n,* Äußeres *n*
appease [ə'piːz] *v* Zugeständnisse machen, besänftigen
appeasement [ə'piːzmənt] *sb POL* Beschwichtigungspolitik *f*
appellation [æpə'leɪʃən] *sb* Bezeichnung *f*
append [ə'pend] *v* hinzufügen
appertain [æpə'teɪn] *v* jdm zustehen
appetite ['æpɪtaɪt] *sb 1.* Appetit *m; 2. (fig: desire)* Lust *f,* Verlangen *n*
applaud [ə'plɔːd] *v* klatschen

apple ['æpl] *sb BOT* Apfel *m*

appliance [ə'plaɪəns] *sb* Gerät *n,* Vorrichtung *f*
applicable [ə'plɪkəbl] *adj* anwendbar, zutreffend
application [æplɪ'keɪʃən] *sb 1.* Antrag *m,* Bewerbung *f,* Gesuch *n; letter of ~* Bewerbungsschreiben *n; 2. (use)* Verwendung *f,* Anwendung *f; 3. (software ~) INFORM* Anwendungsprogramm *n*
apply [ə'plaɪ] *v 1. (be in effect)* zutreffen, gelten; *2. (make an application)* sich bewerben, beantragen, anmelden; *3. (spread on)* auftragen; *(lotion)* eincremen; *4. (put to use)* anwenden, verwenden
appoint [ə'pɔɪnt] *v 1.* ernennen, bestellen, einsetzen; *2. (arrange, fix)* bestimmen
appointment [ə'pɔɪntmənt] *sb 1. (arranged meeting)* Termin *m,* Verabredung *f; 2. (to office)* Ernennung *f,* Berufung *f,* Bestellung *f*
apportion [ə'pɔːʃən] *v* aufteilen, verteilen
appose [ə'pəʊz] *v* nebeneinander stellen
appraise [ə'preɪz] *v* abschätzen, einschätzen, beurteilen
appreciable [ə'priːʃɪəbl] *adj* beträchtlich
appreciate [ə'priːʃɪeɪt] *v 1.* schätzen, würdigen; *2. (be aware of)* erkennen
appreciation [ə'priːʃɪ'eɪʃən] *sb 1. (esteem)* Wertschätzung *f,* Würdigung *f; 2. (understanding)* Verständnis *n*
appreciative [ə'priːʃɪətɪv] *adj 1. (grateful)* dankbar; *2. (understanding)* verständnisvoll
apprehend [æprɪ'hend] *v* ergreifen, festnehmen
apprehensible [æprɪ'hensɪbl] *adj* verständlich, begreiflich
apprehension [æprɪ'henʃən] *sb 1. (fear)* Befürchtung *f; 2. (arrest)* Festnahme *f*
apprehensive [æprɪ'hensɪv] *adj* ängstlich
apprentice [ə'prentɪs] *sb* Lehrling *m,* Auszubildende(r) *m/f*
apprise [ə'praɪz] *v ~ s.o. of sth* jdn von etw in Kenntnis setzen
approach [ə'prəʊtʃ] *v 1.* sich nähern, sich annähern, nahen; *2. (~ a person)* angehen; *3. (fig: in quality)* herankommen; *4. (fig: the end)* entgegengehen; *sb 5.* Herannahen *n,* Anzug *m; 6. (road)* Zufahrt *f,* Auffahrt *f,* Einfahrt *f; 7. (by an airplane)* Anflug *m; 8. (method)* Ansatz *m,* Haltung *f; 9. (to a person)* Annäherungsversuch *m; 10. (approximation)* Annäherung *f*
approbation [æprə'beɪʃən] *sb* Billigung *f,* Genehmigung *f,* Bestätigung *f*

A

appropriate [ə'prəʊprɪeɪt] *v 1.* zuweisen, bestimmen; *2. ~ sth (for o.s.)* sich etw aneignen; [ə'prəʊprɪɪt] *adj 3. (suitable)* passend, geeignet, angemessen; *4. (relevant)* entsprechend, zuständig
approval [ə'pruːvəl] *sb 1.* Beifall *m,* Anklang *m; 2. (consent)* Genehmigungf
approve [ə'pruːv] *v 1.* billigen, genehmigen, zustimmen; *2. ~ of* gutheißen, billigen; *~ of sth* von etw etw halten; *~ of s.o.* von jdm etw halten
approximate [ə'prɒksɪmɪt] *adj* ungefähr, annähernd
approximation [əprɒksɪ'meɪʃən] *sb* Annäherung *f*
April ['eɪprɪl] *sb* April *m; ~ Fool's Day* der 1. April
apron ['eɪprən] *sb 1.* Schürze *f; 2. (of an airport)* Vorfeld *n; 3. THEAT* Vorbühne *f*
apt [æpt] *adj 1.* passend, angebracht, *(remark)* treffend; *2. (mentally quick)* gelehrig, begabt; *3. (liable)* geneigt; *to be ~ to do sth* dazu neigen, etw zu tun
aptitude ['æptɪtjuːd] *sb* Befähigung
aptness ['æptnɪs] *sb* Angemessenheit *f,* Tauglichkeit *f*
Aquarius [ə'kwɛərɪəs] *sb ASTR* Wassermann *m*
arable ['ærəbl] *adj AGR* anbaufähig
arbitrary ['ɑːbɪtrərɪ] *adj* willkürlich
arbitrate ['ɑːbɪtreɪt] *v* schlichten
arc [ɑːk] *sb* Bogen *m*
arcane [ɑː'keɪn] *adj* obskur
arch [ɑːtʃ] *v 1. (one's back)* krümmen; *adj* Erz... *v 2. (one's eyebrows)* heben, hochziehen; *sb 3.* Bogen *m*
archangel ['ɑːkeɪndʒəl] *sb REL* Erzengel *m*
arched [ɑːtʃt] *adj 1.* gewölbt, gebogen; *2. (back)* krumm
archer ['ɑːtʃə] *sb* Bogenschütze *m*
architect ['ɑːkɪtekt] *sb* Architekt(in) *m/f*
archive ['ɑːkaɪv] *sb* Archiv *n*
ardent ['ɑːdənt] *adj* inbrünstig,heftig
ardour ['ɑːdə] *sb* Inbrunst *f,* Glut *f*
arduous ['ɑːdjʊəs] *adj* anstrengend, mühsam, beschwerlich
area ['ɛərɪə] *sb 1.* Gebiet *n,* Raum *m; 2. (vicinity)* Gegend *f,* Umkreis *m; 3. (grounds)* Gelände *n; 4. (measure)* Fläche *f; 5. (of town)* Gegend *f,* Viertel *n,* Bezirk *m; 6. (fig)* Bereich *m,* Gebiet *n*
area code ['ɛərɪəkəʊd] *sb (US) TEL* Vorwahl *f*
arguably ['ɑːgjʊəblɪ] *adv* wohl
argue ['ɑːgjuː] *v 1.* streiten; *(with one another)* sich streiten; *Don't ~ (with me)!* Keine Widerrede! *2. (a case)* diskutieren, erörtern
argument ['ɑːgjʊmənt] *sb 1.* Wortstreit *m,* Streit *m,* Auseinandersetzung *f; 2. (reason)* Argument *n, (line of reasoning)* Beweisführung *f; 3. (discussion)* Diskussion *f*
argumentative [ɑːgjʊ'mentətɪv] *adj* streitsüchtig
arid ['ærɪd] *adj* dürr, trocken
Aries ['ɛəriːz] *sb ASTR* Widder *m*
arise [ə'raɪz] *v irr 1.* entstehen, sich ergeben, aufkommen; *2. (get up)* sich erheben, aufstehen; *3. (clouds of dust)* sich bilden, entstehen; *4. ~ from* stammen von
aristocracy [ærɪs'tɔkrəsɪ] *sb 1. (system)* Aristokratie *f; 2. (class)* Adel *m*
arithmetic [ə'rɪθmətɪk] *sb 1.* Arithmetik *f,* Rechnen *n; 2. (calculation)* Rechnung *f*
ark [ɑːk] *sb 1.* Arche *f; 2. Ark of the Covenant REL* Bundeslade *f*

> **arm** [ɑːm] *v 1.* bewaffnen, ausrüsten; *2. ~ o.s. (fig: prepare o.s.)* sich wappnen; *3. MIL* aufrüsten; *sb 4. ANAT* Arm *m; keep s.o. at ~'s length* jdn auf Distanz halten; *~ in ~* Arm in Arm; *within ~'s reach* in Reichweite; *twist s.o.'s ~* jdm die Pistole auf die Brust setzen *(fig)*; *5. ~s pl (weapons)* Waffen *pl; bear ~s* Waffen tragen; *up in ~s* auf den Barrikaden, empört

Armageddon [ɑːmə'gedn] *sb* Entscheidungskampf *m,* globale Katastrophe *f*
armament ['ɑːməmənt] *sb (weapon) MIL* Ausrüstung *f*
armature ['ɑːmətjʊə] *sb TECH* Anker *m*
armour ['ɑːmə] *sb 1.* Rüstung *f; suit of ~* Rüstung; *2. (tank divisions) MIL* Panzertruppen *pl; 3. ZOOL* Panzer *m,* Schutzpanzer *m*
armoury ['ɑːmərɪ] *sb* Arsenal *n*
armpit ['ɑːmpɪt] *sb ANAT* Achselhöhle *f*
army ['ɑːmɪ] *sb* Armee *f,* Militär *n,* Heer *n*

> **around** [ə'raʊnd] *adv 1.* herum; *all the way ~* ringsherum; *all ~* auf allen Seiten; *the other way ~ (fam)* anders rum; *prep 2.* um; *3. (circling ~)* um ... herum; *4. (approximately)* ungefähr, etwa; *5. (~ a certain time)* gegen

arouse [ə'raʊz] *v 1. (wake s.o. up)* wecken; *2. (fig: excite)* erregen
arraign [ə'reɪn] *v to be ~ed JUR* angeklagt werden
arrange [ə'reɪndʒ] *v 1. (see to)* arrangieren, einfädeln, dafür sorgen; *3. (with s.o.)* verein-

A

baren, ausmachen, absprechen; *2. (set in order)* ordnen, regeln, einrichten; *4. ~ for* veranlassen
arrangement [ə'reɪndʒmənt] *sb 1. (agreement)* Vereinbarung *f*, Abmachung *f*, Absprache *f*; *2. (order)* Ordnung *f*, Anordnung *f*, Gliederung *f*; *3. (working out, setting up)* Einrichtung *f*, Zusammenstellung *f*
arrant ['ærənt] *adj* komplett, vollständig
array [ə'reɪ] *sb (collection)* Aufgebot *n*, Ansammlung *f*, Menge *f*
arrears [ə'rɪəz] *pl* Rückstände *pl*; *in ~* im Rückstand
arrest [ə'rest] *v 1.* festnehmen, *(with a warrant)* verhaften; *sb 2.* Festnahme *f*, *(with warrant)* Verhaftung *f*
arrival [ə'raɪvəl] *sb 1.* Ankunft *f*, Anreise *f*; *2. (of a train, of a ship)* Einfahrt *f*, Ankunft *f*
arrive [ə'raɪv] *v 1.* ankommen, eintreffen, anreisen; *2. ~ at (a decision)* gelangen zu; *3. (letter)* eingehen
arrogance ['ærəgəns] *sb* Arroganz *f*, Überheblichkeit *f*, Anmaßung *f*
arrogant ['ærəgənt] *adj* arrogant, überheblich, anmaßend
arrow ['ærəʊ] *sb 1.* Pfeil *m*; *straight as an ~* kerzengerade; *2. ~s pl (fam: darts) (UK)* Darts *n*
arrow-head ['ærəʊhed] *sb* Pfeilspitze *f*
arse [ɑːs] *sb (fam) (UK)* Arsch *m*
arson ['ɑːsən] *sb JUR* Brandstiftung *f*
art [ɑːt] *sb* Kunst *f*; *the ~s* die schönen Künste *pl*; *~s and crafts* Kunstgewerbe *n*
artery ['ɑːtərɪ] *sb 1. ANAT* Arterie *f*, Pulsader *f*, Schlagader *f*; *2. (road)* Verkehrsader *f*
artful ['ɑːtfʊl] *adj* gewitzt, raffiniert
article ['ɑːtɪkl] *sb 1. (item)* Gegenstand *m*; *~ of clothing* Kleidungsstück *n*; *2. (in a newspaper)* Artikel *m*, Beitrag *m*; *3. LING* Artikel *m*; *4. (in a contract)* Paragraph *m*; *5. ~s of incorporation* Satzung *f*; *6. ECO* Ware *f*, Artikel *m*
articulate [ɑː'tɪkjʊleɪt] *v 1. (put into words)* ausdrücken, formulieren; *2. (pronounce) LING* artikulieren; [ɑː'tɪkjʊlɪt] *adj 3. (well-spoken person)* sich klar ausdrückend; *4. (sentence)* klar
articulation [ɑːtɪkjʊ'leɪʃən] *sb 1. LING* Aussprache *f*, Artikulation *f*, Verständlichkeit *f*; *2.* Aneinanderfügung *f*; *3. TECH* Gelenk *n*
artifice ['ɑːtɪfɪs] *sb* List *f*, Ränke *pl*
artificial [ɑːtɪ'fɪʃəl] *adj 1.* künstlich, Kunst..., unecht; *2. (faked)* gekünstelt, unecht
artist ['ɑːtɪst] *sb* Künstler(in) *m/f*
artiste [ɑː'tiːst] *sb* Künstler(in) *m/f*
artistic [ɑː'tɪstɪk] *adj* künstlerisch
artistry ['ɑːtɪstrɪ] *sb* Kunst *f*
artless ['ɑːtlɪs] *adj* kunstlos
Art Nouveau [ɑːnuː'vəʊ] *sb ART* Jugendstil *m*
arty ['ɑːtɪ] *adj (fam)* Künstler...

as [æz] *konj 1. (at the same time ~)* als, während, indem; *2. (since)* da; *adv 3. (manner)* wie; *Do ~ you please.* Machen Sie, was Sie wollen. *4. ~ yet* bislang, bisher; *5. ~ it is (anyway)* ohnehin; *6. ~ it were* sozusagen; *7. ~ well* auch, ebenfalls; *8. ~ well ~ (in addition to)* sowie; *9. (comparison)* wie; *~ usual* wie üblich; *three times ~ big* dreimal so groß; *10. ~ ... ~* so ... wie; *11. ~ far ~* soweit; *~ far ~ I am concerned (for my part)* meinerseits; *(for all I care)* meinetwegen; *12. ~ follows* folgendermaßen; *13. ~ for you* was dich betrifft; *prep 14. (in the form of, in the role of)* als

ascend [ə'send] *v* steigen, aufsteigen
ascendancy [ə'sendənsɪ] *sb* Vormacht *f*
ascendant [ə'sendənt] *adj* herrschend
ascension [ə'senʃən] *sb* Aufstieg *m*, Emporsteigen *n*
Ascension Day [ə'senʃən deɪ] *sb REL* Christi Himmelfahrt *f*
ascent [ə'sent] *sb 1.* Aufstieg *m*, Anstieg *m*; *2. (slope)* Steigung *f*; *3. (of a star) ASTR* Aufgangspunkt *m*
ascertain [æsə'teɪn] *v* ermitteln,
ascetic [ə'setɪk] *sb* Asket(in) *m/f*
asceticism [ə'setɪsɪzəm] *sb* Askese *f*
ascribe [ə'skraɪb] *v ~ sth to sth* etw etw zuschreiben
asexual [eɪ'seksjʊəl] *adj* ungeschlechtlich, geschlechtslos
ash [æʃ] *sb* Asche *f*
ashamed [ə'ʃeɪmd] *adj* beschämt
ash-blond ['æʃblɒnd] *adj* aschblond
ashen ['æʃən] *adj* aschfahl
ashore [ə'ʃɔː] *adv go ~* an Land gehen
ashtray ['æʃtreɪ] *sb* Aschenbecher *m*
Ash Wednesday [æʃ 'wenzdeɪ] *sb REL* Aschermittwoch *m*
ashy ['æʃɪ] *adj* mit Asche bedeckt
aside [ə'saɪd] *adv 1.* beiseite, zur Seite, seitwärts; *lay ~ one's worries* seine Sorgen hinter sich lassen; *2. ~ from (US)* außer; *sb 3.* Nebenbemerkung *f*
asinine ['æsɪnaɪn] *adj* idiotisch

ask [ɑːsk] *v 1.* fragen; *~ a question* eine Frage stellen; *If you ~ me...* Wenn Sie mich fragen... *~ after s.o.* nach jdm fragen; *2. ~ for* bitten um; *~ for trouble* Streit suchen, Schwierigkeiten heraufbeschwören; *to be ~ing for it*

A

(fam) es nicht anders wollen; *3. (require, demand)* verlangen, fordern

• **ask around** *v* herumfragen, sich umhören
• **ask in** *v* herein bitten
askance [ə'skæns] *adv look ~ at s.o.* jdn ungläubig ansehen
askew [ə'skjuː] *adj* schief, schräg
asleep [ə'sliːp] *adj to be ~* schlafen; *fall ~* einschlafen
asocial [eɪ'səʊʃəl] *adj* unsozial, ungesellig
aspect ['æspekt] *sb (of a matter)* Aspekt *m,* Gesichtspunkt *m,* Seite *f*
asperity [ə'sperɪtɪ] *sb* Schroffheit *f*
aspirant ['æspɪrənt] *sb* Anwärter(in) *m/f*
aspiration [æspɪ'reɪʃən] *sb* Streben *n,* Ehrgeiz *m*
aspire [ə'spaɪə] *v ~ to sth* nach etw streben, etw erstreben, nach etw trachten
ass [æs] *sb 1.* Esel *m; 2. (fig)* Dummkopf *m; 3. (US)* Arsch *m (fam)*
assail [ə'seɪl] *v* überfallen, angreifen
assailant [ə'seɪlənt] *sb* Angreifer *m*
assassin [ə'sæsɪn] *sb* Meuchelmörder(in) *m/f*
assassinate [ə'sæsɪneɪt] *v* ermorden
assassination [əsæsɪ'neɪʃən] *sb* Meuchelmord *m,* geglücktes Attentat *n,* Ermordung *f; ~ attempt* Mordanschlag *m,* Attentat *n*
assault [ə'sɔːlt] *v 1.* angreifen, überfallen, anfallen; *2. (sexually)* sich vergehen an; *sb 3.* Überfall *m,* Angriff *m*
assay [ə'seɪ] *v* ausprobieren, prüfen
assemble [ə'sembl] *v 1. (come together, convene)* sich versammeln, sich ansammeln, zusammentreten; *2. (bring people together)* zusammenrufen, versammeln; *(~ a team)* zusammenstellen; *3. (an object)* zusammenbauen, montieren
assembly [ə'semblɪ] *sb 1.* Versammlung *f; 2. (of an object)* Zusammenbau *m,* Montage *f*
assembly line [ə'semblɪ laɪn] *sb* Fließband *n,* Montageband *n*
assemblyman [ə'semblɪmən] *sb POL* Abgeordneter *m*
assent [ə'sent] *sb* Zustimmung *f,* Zusage *f*
assert [ə'sɜːt] *v 1.* behaupten, beteuern; *2. ~ o.s.* sich behaupten, sich durchsetzen
assertion [ə'sɜːʃən] *sb* Behauptung *f*
assertive [ə'sɜːtɪv] *adj* bestimmt
assess [ə'ses] *v* bewerten, einschätzen
assessment [ə'sesmənt] *sb* Beurteilung *f*
assessor [ə'sesə] *sb* Beisitzer(in) *m/f,* Steuereinschätzer(in) *m/f*

asset ['æset] *sb 1.* Vermögenswert *m; 2. (fig)* Vorzug *m,* Plus *n,* Vorteil *m*
assets ['æsets] *pl 1.* Vermögen *n,* Guthaben *n,* Güter *pl; 2. (on a balance sheet) FIN* Aktiva *pl*
assiduity [æsɪ'djuːɪtɪ] *sb* Fleiß *m*
assiduous [ə'sɪdjʊəs] *adj* fleißig, strebsam
assign [ə'saɪn] *v 1. (a task)* anweisen, zuweisen; *2. (someone to a task)* beauftragen, aufgeben; *3. (sth to a purpose)* bestimmen; *4. (classify)* zuordnen; *5. JUR* übereignen, übertragen
assignation [æsɪg'neɪʃən] *sb* Treffen *n,* Rendezvous *n*
assignee [æsaɪ'niː] *sb JUR* Assignat(in) *m/f*
assignment [ə'saɪnmənt] *sb 1. (instruction)* Anweisung *f; 2. (assigned task)* Aufgabe *f,* Auftrag *m; 3. (allotment)* Zuordnung *f,* Zuteilung *f; 4. JUR* Übertragung *f,* Abtretung *f*
assimilate [ə'sɪmɪleɪt] *v* aufnehmen
assimilation [əsɪmɪ'leɪʃən] *sb* Aufnahme *f*
assist [ə'sɪst] *v 1.* helfen; *2. (support)* unterstützen; *sb 3. (in basketball) SPORT* Vorlage *f*
assistance [ə'sɪstəns] *sb* Hilfe *f,* Unterstützung *f,* Beistand *m*
assize [ə'saɪz] *sb JUR* Geschworene(r) *m/f*
associate [ə'səʊsɪɪt] *sb 1.* Kollege/Kollegin *m/f,* Mitarbeiter(in) *m/f; 2. (partner in a firm)* Gesellschafter(in) *m/f;* [ə'səʊʃɪeɪt] *v 3. ~ with s.o.* mit jdm Umgang haben, mit jdm verkehren; *4. ~ sth with sth* etw mit etw assoziieren
association [əsəʊsɪ'eɪʃən] *sb 1.* Vereinigung *f,* Gemeinschaft *f; 2. articles of ~* Gesellschaftsvertrag *m; 3. (club)* Verein *m,* Verband *m; 4. (cooperation)* Zusammenarbeit *f; 5. (associating with s.o.)* Umgang *m*
assort [ə'sɔːt] *v* sortieren
assorted [ə'sɔːtɪd] *adj 1.* gemischt
assortment [ə'sɔːtmənt] *sb* Sortiment
assuage [ə'sweɪdʒ] *v* mildern, besänftigen
assume [ə'sjuːm] *v 1.* annehmen; *2. (presuppose)* davon ausgehen, voraussetzen; *3. (take over)* übernehmen
assumed name [ə'sjuːmd neɪm] *sb* Pseudonym *n*
assuming [ə'sjuːmɪŋ] *adj* überheblich
assumption [ə'sʌmpʃən] *sb 1.* Annahme *f; 2. (presupposition)* Voraussetzung *f; 3. (of office)* Übernahme *f*
Assumption [ə'sʌmpʃən] *sb REL* Mariä Himmelfahrt *f*
assurance [ə'ʃʊərəns] *sb 1. (act of assuring)* Versicherung *f,* Zusicherung *f; I gave him my ~ that ...* Ich versicherte ihm, dass ... *2. (confi-*

dence) Zuversicht *f,* Sicherheitsgefühl *n; 3. (UK: insurance)* Lebensversicherung *f*
assure [ə'ʃʊə] *v 1. ~ s.o. of sth* jdn einer Sache versichern, jdm etw zusichern; *~ s.o. that ...* jdm versichern, dass ... *2. (ensure)* sichern; *rest ~d* Gewissheit haben, sich sicher sein
assured [ə'ʃʊəd] *adj* sicher, selbstsicher
astatic [æ'stætɪk] *adj* veränderlich
astonish [əs'tɒnɪʃ] *v* erstaunen
astonishment [ə'stɒnɪʃmənt] *sb* Erstaunen *n,* Staunen *n,* Verwunderung *f*
astray [ə'streɪ] *adv go ~* vom Weg abkommen, *(fig)* auf Abwege geraten; *lead s.o. ~ (fig)* jdn irreführen
astride [ə'straɪd] *prep* rittlings auf
astute [ə'stjuːt] *adj* schlau, scharfsinnig
asunder [ə'sʌndə] *adj to be torn ~* hin- und hergerissen sein
asylum [ə'saɪləm] *sb 1.* Asyl *n; 2. (insane ~)* Irrenanstalt *f*

at [æt] *prep 1. (position)* an, bei, zu; *~ home* zu Hause; *~ university* an der Universität; *2. (toward)* auf, nach, gegen; *3. ~ all* überhaupt, gar; *not ~ all* gar nicht, überhaupt nicht; *4. (a certain time)* um; *5. ~-sign INFORM* at-Symbol

atmosphere ['ætməsfɪə] *sb 1. (Earth's)* Atmosphäre *f; 2. (fig: mood)* Stimmung *f*
atomic [ə'tɒmɪk] *adj* atomar, atomisch
atomizer ['ætəmaɪzə] *sb* Zerstäuber *m*
atone [ə'təʊn] *v ~ for* büßen für
atonement [ə'təʊnmənt] *sb* Buße *f,* Wiedergutmachung *f*
atop [ə'tɒp] *prep* oben auf
atrocious [ə'trəʊʃəs] *adj* scheußlich
atrocity [ə'trɒsɪtɪ] *sb 1.* Scheußlichkeit *f; 2. (atrocious act)* Gräueltat *f,* Untat *f*
attach [ə'tætʃ] *v 1.* befestigen, anheften; *2. to be ~ed to s.o. (fig)* an jdm hängen; *3. (connect up)* anschließen; *4. JUR* beschlagnahmen
attachment [ə'tætʃmənt] *sb 1.* Befestigung *f,* Anschluss *m; 2. (fondness)* Anhänglichkeit *f; 3. (to a tradition, to a country)* Verbundenheit *f; 4. (accessory)* Zubehörteil *n,* Zusatzteil *n; 5. JUR* Beschlagnahme *f,* Pfändung *f,* dinglicher Arrest *m, 6. INFORM* Attachment *n,* Anlage *f*
attack [ə'tæk] *v 1.* angreifen; *2. (ambush, mug)* überfallen, anfallen; *3. (a task)* in Angriff nehmen; *sb 4.* Angriff *m; 5. (fig)* Angriff *m,* Attacke *f; 6. MED* Anfall *m*
attain [ə'teɪn] *v* erreichen, erzielen
attaint [ə'teɪnt] *v* für vogelfrei erklären
attempt [ə'tempt] *v 1.* versuchen; *2. (undertake)* unternehmen; *sb 3.* Bemühung *f*
attend [ə'tend] *v 1. (be present)* anwesend sein; *2. (school, church)* besuchen
• **attend to** *v 1. (see to)* sich kümmern um, erledigen, sorgen für; *2. (serve)* bedienen, betreuen, abfertigen; *3. (heed)* beachten
attendance [ə'tendəns] *sb 1.* Anwesenheit *f,* Beteiligung *f,* Besuch *m; 2. (number present)* Teilnehmerzahl *f, (spectators)* Besucherzahl *f*

attention [ə'tenʃən] *sb 1.* Aufmerksamkeit *f,* Beachtung *f; pay ~ to sth* etw beachten; *Pay ~!* Pass auf! *2. stand at ~ MIL* stillstehen

attentive [ə'tentɪv] *adj* achtsam, aufmerksam
attenuate [ə'tenjʊeɪt] *v (reduce)* mildern
attest [ə'test] *v 1.* beglaubigen, bescheinigen; *2. ~ to* bezeugen
attestation [ætes'teɪʃən] *sb 1. (act of attesting)* Beglaubigung *f,* Bescheinigung *f; 2. (document)* Bescheinigung *f,* Attest *n*
attic ['ætɪk] *sb* Dachboden *m,* Speicher *m*
attire [ə'taɪə] *sb* Aufmachung *f,* Aufzug *m,* Kleidung *f*
attitude ['ætɪtjuːd] *sb 1. (way of thinking)* Einstellung *f; 2. (manner)* Haltung *f,* Verhalten *n; 3. (pose)* Stellung *f,* Haltung *f,* Pose *f*
attorney [ə'tɜːnɪ] *sb 1.* Anwalt/Anwältin *m/f,* Rechtsanwalt/Rechtsanwältin *m/f; 2. power of ~* Vollmacht *f; 3. (authorized representative) JUR* Bevollmächtigte(r) *m/f*
attract [ə'trækt] *v 1.* anziehen; *2.* anziehen *(fig); ~ s.o.'s attention* jds Aufmerksamkeit erregen; *~ customers* Kunden gewinnen; *to be ~ed by sth* von etw angelockt werden
attraction [ə'trækʃən] *sb 1.* Anziehungskraft *f; 2. (appeal)* Anziehungskraft *f,* Reiz *m*
attribute [ə'trɪbjuːt] *v 1.* zuschreiben, beimessen; ['ætrɪbjuːt] *sb 2.* Eigenschaft *f,* Attribut *n*
attrition [ə'trɪʃən] *sb* Reibung *f,* Zermürbung *f*
attune [ə'tjuːn] *v* anpassen, auf etw einstellen
auburn ['ɔːbn] *sb* Rotbraun *n*
auction ['ɔːkʃən] *v 1.* versteigern; *sb 2.* Auktion *f,* Versteigerung *f*
audacious [ɔː'deɪʃəs] *adj 1. (bold)* kühn, verwegen; *2. (impudent)* dreist, keck
audacity [ɔː'dæsɪtɪ] *sb 1. (impudence)* Dreistigkeit *f,* Unverschämtheit *f; 2. (daring)* Kühnheit *f,* Verwegenheit *f*
audible ['ɔːdɪbl] *adj* hörbar, vernehmbar
audience ['ɔːdɪəns] *sb 1.* Publikum *n, (watching)* Zuschauer *pl, (listening)* Zuhörer *pl; 2. (formal interview)* Audienz *f*

audit ['ɔːdɪt] *v 1. FIN* prüfen; *sb 2. ECO* Buchprüfung *f, (final ~)* Abschlussprüfung *f*
audition [ɔː'dɪʃən] *sb 1. (by an actor)* Vorsprechprobe *f,* Vorsprechen *n; (by a singer)* Vorsingen *n; (by a musician)* Vorspielen *n; v 2. (actor)* vorsprechen; *(singer)* vorsingen; *(musician)* vorspielen; *3. (~ s.o.)* vorsprechen/vorsingen/vorspielen lassen
auditor ['ɔːdɪtə] *sb* Wirtschaftsprüfer *m,* Rechnungsprüfer *m*
augment [ɔːg'ment] *v 1. (strengthen)* verstärken; *2. (increase)* vergrößern
augur ['ɔːgə] *sb 1. HIST* Augur *m; v 2. That doesn't ~ well.* Das bedeutet nichts Gutes.
august [ə'gʌst] *adj* verehrenswert, erhaben
August ['ɔːgəst] *sb* August *m*

aunt [ɑːnt] *sb* Tante *f*

auntie ['ɑːntɪ] *sb (fam)* Tantchen *n*
aurora [ɔː'rɔːrə] *sb ASTR* Polarlicht *n*
aurous ['ɔːrəs] *adj* golden, goldhaltig
auspice ['ɔːspɪs] *sb* Schirmherrschaft *f; under the ~s of* unter der Schirmherrschaft von
auspicious [ɔːs'pɪʃəs] *adj* viel versprechend, günstig, verheißungsvoll
austere [ɒs'tɪə] *adj 1.* streng; *2. (room)* karg
austerity [ɒs'terɪtɪ] *sb* Einschränkung *f,* Einfachheit *f*
Australia [ɒs'treɪlɪə] *sb GEO* Australien *n*
Australian [ɒs'treɪlɪən] *adj 1.* australisch; *sb 2.* Australier(in) *m/f*
autarky ['ɔːtɑkɪ] *sb* Autarkie *f*
authentic [ɔː'θentɪk] *adj* authentisch, echt
authenticate [ɔː'θentɪkeɪt] *v* beglaubigen
authentication [ɔːθentɪ'keɪʃən] *sb* Beglaubigung *f*
author ['ɔːθə] *sb 1.* Autor(in) *m/f,* Schriftsteller(in) *m/f, (of a study, of a report)* Verfasser(in) *m/f; 2. (fig)* Urheber(in) *m/f*
authoritarian [ɔːθɒrɪ'tɛərɪən] *adj* autoritär
authoritative [ɔː'θɒrɪteɪtɪv] *adj 1. (having authority)* maßgeblich; *2. (inspiring respect)* Respekt einflößend
authority [ɔː'θɒrɪtɪ] *sb 1. (power)* Autorität *f, (of a ruler)* Staatsgewalt *f; authorities pl* Obrigkeit *f; 2. (entitlement)* Befugnis *f, (specifically dedicated)* Vollmacht *f; 3. (government, government department)* Amt *n,* Behörde *f; 4. (an expert)* Sachverständige(r) *m/f,* Fachmann *m; 5. (respected expertise)* Glaubwürdigkeit *f; speak with ~* mit der Autorität des Sachkundigen sprechen
authorization [ɔːθəraɪ'zeɪʃən] *sb 1.* Ermächtigung *f,* Genehmigung *f,* Berechtigung *f; 2. (delegation of authority)* Bevollmächtigung *f,* Mandat *n*
authorize ['ɔːθəraɪz] *v 1.* ermächtigen, genehmigen, berechtigen; *2. (delegate authority)* bevollmächtigen
authorized ['ɔːθəraɪzd] *adj* berechtigt, befugt
authorship ['ɔːθəʃɪp] *sb* Urheberschaft *f*
autism ['ɔːtɪzəm] *sb MED* Autismus *m*
auto ['ɔːtəʊ] *sb* Auto *n*
autobiography [ɔːtəbaɪ'ɒgrəfɪ] *sb LIT* Autobiographie *f*
autochanger ['ɔːtəʊtʃeɪndʒə] *sb TECH* Plattenwechsler *m*
autocracy [ɔː'tɒkrəsɪ] *sb POL* Alleinherrschaft *f*
Autocue ['ɔːtəʊkjuː] *sb TELE* Teleprompter *m*
autodestruct [ɔːtəʊdɪ'strʌkt] *adj* selbstzerstörend; *~ mechanism* Selbstzerstörungsmechanismus *m*
autograph ['ɔːtəgrɑːf] *sb* Autogramm *n*
automate ['ɔːtəmeɪt] *v* automatisieren
automatic [ɔːtə'mætɪk] *adj* automatisch
automatic teller machine [ɔːtə'mætɪk 'teləməʃiːn] *sb (ATM) (US)* Geldautomat *m*
automation [ɔːtə'meɪʃən] *sb TECH* Automation *f*
automaton [ɔː'tɒmətən] *sb* Roboter *m,* Automat *m*
automobile ['ɔːtəməbiːl] *sb* Auto *n,* Automobil *n*
automotive [ɔːtə'məʊtɪv] *adj (related to automobiles)* Kraftfahrzeug...
autonomous [ɔː'tɒnəməs] *adj* autonom
autonomy [ɔː'tɒnəmɪ] *sb* Autonomie *f*

autumn ['ɔːtəm] *sb* Herbst *m*

autumnal [ɔː'tʌmnəl] *adj* herbstlich
auxiliary [ɔːg'zɪlɪerɪ] *adj* mitwirkend, Hilfs...,
avail [ə'veɪl] *v ~ o.s. of sth* sich etw zu Nutze machen
available [ə'veɪləbl] *adj 1.* verfügbar, vorhanden, zu habend; *2. (not busy)* abkömmlich; *3. (to be bought)* erhältlich, *(from a supplier)* lieferbar, *(in stock)* vorrätig
avalanche ['ævəlɑːnʃ] *sb* Lawine *f*
avarice ['ævərɪs] *sb* Habgier *f,* Geiz *m*
avaricious [ævə'rɪʃəs] *adj* habgierig, geizig
avenge [ə'vendʒ] *v* rächen
avenger [ə'vendʒə] *sb* Rächer *m*

avenue ['ævənjuː] *sb* 1. Allee *f,* Straße *f;* 2. *(of approach)* Zugang *m*
aver [ə'vɜː] *v* beteuern, betonen
average ['ævərɪdʒ] *adj* 1. durchschnittlich; 2. *(ordinary)* mittelmäßig, mittlere(r,s); *sb* 3. Durchschnitt *m; on the ~* durchschnittlich
averse [ə'vɜːs] *adj* abgeneigt; *He is ~ to doing that.* Es ist ihm zuwider, das zu tun.
aversion [ə'vɜːʃən] *sb* Abneigung *f,* Widerwille *m,* Abscheu *m*
aversive [ə'vɜːsɪv] *adj* abweisend
avert [ə'vɜːt] *v* 1. *(fig)* verhüten, abwehren, abwenden; 2. *(turn away)* abwenden
aviary ['eɪvɪərɪ] *sb* Volière *f,* Vogelhaus *n*
aviate ['eɪvɪeɪt] *v* fliegen
aviation [eɪvɪ'eɪʃən] *sb* Luftfahrt *f*
avid ['ævɪd] *adj* 1. begeistert, eifrig; 2. *(desirous)* gierig
avocation [ævəʊ'keɪʃən] *sb* Berufung *f*
avoid [ə'vɔɪd] *v* vermeiden, ausweichen
avow [ə'vaʊ] *v* offen bekennen
avowal [ə'vaʊəl] *sb* Bekenntnis *n*
avulsion [ə'vʌlʃən] *sb* Abreißen *n*
await [ə'weɪt] *v* 1. erwarten; 2. *(impend)* bevorstehen; 3. *(wait for)* abwarten, harren
awake [ə'weɪk] *v irr* 1. aufwachen, erwachen; 2. *(wake s.o. up)* aufwecken, wecken; *adj* 3. wach; 4. *(fig)* munter, wachsam
awaken [ə'weɪkən] *v* 1. aufwachen, erwachen; 2. *(awake s.o., wake s.o. up)* aufwecken
award [ə'wɔːd] *v* 1. zuerkennen; 2. *(present an ~)* verleihen; *sb* 3. Auszeichnung *f,* Preis *m,* Prämie *f;* 4. *(bestowment)* Verleihung *f*
aware [ə'wɛə] *adj* 1. bewusst; 2. *(attentive)* aufmerksam; 3. *to be ~ of sth* etw wissen, sich einer Sache bewusst sein; 4. *make s.o. ~ of sth* jdm etw bewusst machen
awareness [ə'wɛənɪs] *sb* Bewusstsein *n*
awash [ə'wɒʃ] *adj* 1. *~ with...* voller... *adv* 2. überspült, unter Wasser stehend
away [ə'weɪ] *adv* 1. weg, fort, hinweg; 2. *(gone)* fort, abwesend; 3. *(at a distance)* weg; *six kilometres ~* sechs Kilometer entfernt von hier; 4. *right ~* sofort, auf der Stelle; 5. *do ~ with (get rid of)* beseitigen; *(abolish)* abschaffen, aufheben; *(fam: kill)* umbringen
awe [ɔː] *sb* 1. Ehrfurcht *f;* *v* 2. Ehrfurcht einflößen
awesome ['ɔːsəm] *adj* Ehrfurcht gebietend, eindrucksvoll
awestruck ['ɔːstrʌk] *adj* ehrfürchtig
awful ['ɔːfəl] *adj* furchtbar, schrecklich
awhile [ə'waɪl] *adv* eine Weile
awkward ['ɔːkwəd] *adj* 1. *(clumsy)* ungeschickt, unbeholfen, tölpelhaft; 2. *(situation)* peinlich, *(compromising)* verfänglich
awning ['ɔːnɪŋ] *sb* Markise *f*
awry [ə'raɪ] *adj* schief
axe [æks] *v* 1. *(fig)* streichen, abbauen, *(s.o.)* entlassen; *sb* 2. Axt *f*

B

B

babble ['bæbl] *v 1.* plappern; *2. (stream)* plätschern
babe [beɪb] *sb 1. (infant)* kleines Kind *n; 2. (US: slang form of address)* Schätzchen *n, (man to man)* Mann *m (fam)*
baby ['beɪbɪ] *sb* Baby *n*
babysit ['beɪbɪsɪt] *v irr* babysitten; *I babysat yesterday. (fam)* Ich war gestern beim Babysitten.
bachelor ['bætʃələ] *sb* Junggeselle *m*

back [bæk] *sb 1. (person's)* Rücken *m; turn one's ~ on s.o. (fig)* jdm den Rücken kehren, sich von jdm abwenden; *get off s.o.'s ~ (fig)* jdn in Ruhe lassen; *go behind s.o.'s ~* jdn hintergehen; *2. (of sth)* Rückseite *f,* Kehrseite *f; 3. ~ of the hand* Handrücken *m; like the ~ of my hand* wie meine Westentasche; *4. (~rest)* Lehne *f,* Rückenlehne *f; adv 5.* zurück, rückwärts, wieder zurück; *~ and forth* hin und her; *adj 6.* hintere(r,s); *v 7. (support)* unterstützen; *8. (bet on)* setzen auf; *9. (a car: drive backwards)* zurückfahren; *10. (~ out, ~ down)* kneifen, sich drücken

• back up *v 1. (drive backwards)* rückwärts fahren; *2. (support s.o.)* unterstützen; *(side with s.o. verbally)* Schützenhilfe leisten
back-ache ['bækeɪk] *sb MED* Rückenschmerzen *pl*
backbiting ['bækbaɪtɪŋ] *sb* Verleumdung *f*
backbone ['bækbəʊn] *sb* Rückgrat *n*
backbreaker ['bækbreɪkə] *sb* Schinder *m*
back-breaking ['bækbreɪkɪŋ] *adj* mörderisch *(fam)*
back burner [bæk 'bɜːnə] *sb 1.* hintere Kochplatte *f; 2. (fig) put sth on the ~* etw zurückstellen
backchat ['bæktʃæt] *sb (fam: backtalk)* Widerrede *f*
backcomb ['bækkəʊm] *v* toupieren
back-country ['bækkʌntrɪ] *sb* Provinz *f*
backdate [bæk'deɪt] *v* zurückdatieren
back door [bæk dɔː] *sb 1.* Hintertür *f; 2. (fig)* Hintertürchen *n*
backfield ['bækfiːld] *sb* Rückraum *m*
backfire ['bækfaɪə] *v 1.* fehlzünden; *2. (fig)* ins Auge gehen
background ['bækgraʊnd] *sb 1.* Hintergrund *m; 2. (of a person)* Werdegang *m,* Herkunft *f*
backhanded [bæk'hændɪd] *adj 1.* mit der Rückhand; *2. (fig)* zweischneidig
backhander [bæk'hændə] *sb (fam: bribe)* Schmiergeld *n*
backing ['bækɪŋ] *sb 1. (support)* Unterstützung *f,* Rückhalt *m,* Rückendeckung *f; 2. (for wallpaper)* Rückenbeschichtung *f*
backlash ['bæklæʃ] *sb* Gegenreaktion *f*
back-light ['bæklaɪt] *sb* Gegenlicht *n*
backlog ['bæklɒg] *sb* Rückstand *m*
backpack ['bækpæk] *sb* Rucksack *m*
back passage [bæk 'pæsɪdʒ] *sb* Gang an der Rückseite des Gebäudes *m,* Gang, der zur Rückseite des Gebäudes führt *m*
back pay [bæk peɪ] *sb* Nachzahlung *f*
back-pedal ['bækpedəl] *v 1. (on a bicycle)* rückwärts treten; *2. (run backwards)* rückwärts laufen
back seat [bæk siːt] *sb* Rücksitz *m; take a ~ (fig)* in den Hintergrund treten, jdm den Vortritt lassen
back-seat driver ['bæksiːt 'draɪvə] *sb (fam)* Besserwisser *m*
backside ['bæksaɪd] *sb (fam)* Hintern *m*
back-slapping ['bækslæpɪŋ] *sb* Schulterklopfen *n*
backspace ['bækspeɪs] *sb* Rücktaste *f*
backstairs ['bækstɛəz] *adj* Hintertreppe *f*
backstreet [bæk'striːt] *sb* Seitenstraße *f*
backstroke ['bækstrəʊk] *sb* Rückenschwimmen *n*
backtalk ['bæktɔːk] *sb (fam)* Widerrede *f*
back-to-back ['bæktə'bæk] *adj (consecutive)* aufeinander folgend
backtrack ['bæktræk] *sb* denselben Weg zurückgehen
backward ['bækwəd] *adj 1.* rückwärts gerichtet; *2. (fam)* rückständig; *3. (fam: retarded)* zurückgeblieben
backwards ['bækwədz] *adv 1.* rückwärts, zurück; *2. (fam)* umgekehrt, verkehrt herum; *3. bend over ~ (fig)* sich übergroße Mühe geben, sich einen abbrechen
backwater ['bækwɔːtə] *sb* Stauwasser *n,* totes Wasser *n*
back yard [bæk jɑːd] *sb 1.* Hinterhof *m; 2. (US)* Garten hinter dem Haus *m; in your own ~ (fig)* vor deiner eigenen Tür
bacon ['beɪkən] *sb GAST* Speck *m*
bacteria [bæk'tɪərɪə] *sb* Bakterie *f*

B

bad [bæd] *adj 1.* schlecht; *to be ~ at sth* etw schlecht können; *go from ~ to worse* immer schlechter werden; *make the best of a ~ job* das Beste aus einer Situation machen; *Not ~!* Nicht übel! *2. (deplorable)* schlimm; *3. (serious)* schwer, schlimm, arg; *4. (spoiled food)* schlecht, verdorben, faul; *5. (wicked)* böse, übel, *(misbehaved)* ungezogen; *6. (cheque)* ungedeckt; *7. (smell)* schlecht, übel; *8. (news)* schlecht, schlimm; *9. (sick)* unwohl, krank; *10. want sth ~ly* etw dringend brauchen, etw unbedingt haben wollen

badge [bædʒ] *sb 1.* Abzeichen *n; (policeman's)* Dienstmarke *f; 2. (fig)* Kennzeichen *n*
bad-mouth ['bædmaʊθ] *v ~ s.o. (US)* jdn schlecht machen
bad-tempered [bæd'tempəd] *adj 1.* übellaunig; *2. (in a bad mood)* schlecht gelaunt
baffle ['bæfl] *v* verblüffen

bag [bæg] *sb* Tüte *f,* Sack *m,* Tasche *f, (with drawstrings)* Beutel *m; in the ~ (fig)* so gut wie sicher; *That's not my ~.* Das ist nicht mein Bier. *old ~ (fam: woman)* alte Schachtel *f; ~ and baggage (fig)* Kind und Kegel

bagel ['beɪgəl] *sb* ringförmiges Brötchen *n*
bagful ['bægfʊl] *sb a ~* ein Sack voll
baggage ['bægɪdʒ] *sb* Gepäck *n*
baggy [bægɪ] *adj* ausgebeult
bag lady ['bægleɪdɪ] *sb* Pennerin *f*
bagpipes ['bægpaɪps] *pl* Dudelsack *m*
bail¹ [beɪl] *sb JUR* Kaution *f; out on ~* gegen Kaution auf freiem Fuß
bail² [beɪl] *v 1. ~ out (jump)* abspringen; *2. ~ s.o. out (of a tight spot)* jdm aus der Patsche helfen; *3. ~ s.o. out (of jail)* Kaution stellen für jdn
bailiff ['beɪlɪf] *sb JUR* Gerichtsvollzieher *m*
bailiwick ['beɪlɪwɪk] *sb (fig)* Steckenpferd *n*
bait [beɪt] *sb 1.* Köder *m; v 2. (torment)* quälen
bake [beɪk] *v* backen
baker ['beɪkə] *sb* Bäcker *m*
baker's dozen ['beɪkəz 'dʌzn] *sb a ~* dreizehn
bakery ['beɪkərɪ] *sb* Bäckerei *f*
balance ['bæləns] *sb 1.* Gleichgewicht *n,* Ausgeglichenheit *f,* Ausgleich *m; throw s.o. off ~ (fig)* jdn aus dem Gleichgewicht bringen; *2. (remainder)* Rest *m; FIN* Restbetrag *m; 3. (account ~) ECO* Saldo *m; 4. ~ carried forward FIN* Übertrag *m; 5. ~ of payments FIN* Zahlungsbilanz *f; 6. ~ of trade FIN* Handelsbilanz *f; 7. (scales)* Waage *f; v 8. (person)* balancieren; *9. (remain ~d)* Gleichgewicht halten; *10. (to be ~d) FIN* ausgeglichen sein; *11. (bring into ~)* ausbalancieren, ins Gleichgewicht bringen; *12. (~ the accounts, ~ the budget) FIN* ausgleichen; *13. (a wheel) TECH* auswuchten
balanced ['bælənst] *adj* ausgewogen
balance-sheet ['bæləns ʃiːt] *sb FIN* Bilanz *f,* Handelsbilanz *f*
balcony ['bælkənɪ] *sb* Balkon *m*
bald [bɔːld] *adj* kahl, glatzköpfig
balderdash ['bɔːldədæʃ] *sb* Gewäsch *n*
bald-headed [bɔːld 'hedɪd] *adj* glatzköpfig
balding ['bɔːldɪŋ] *adj* kahl werdend
bale¹ [beɪl] *sb ~ of hay* Heubündel *n*
bale² [beɪl] *v 1. ~ out (water)* ausschöpfen; *2. ~ out (of an aircraft)* abspringen
balk [bɔːk] *v 1. (horse)* scheuen; *2. (fig) ~ at sth* vor etw zurückschrecken

ball¹ [bɔːl] *sb 1.* Ball *m,* Kugel *f; on the ~ (fam)* auf Draht; *set the ~ rolling* den Stein ins Rollen bringen; *keep the ~ rolling* etw in Gang halten; *have a ~* einen Mordsspaß haben; *play ~ (fig)* mitspielen; *2. (of wool)* Knäuel *n; 3. ~ of the foot ANAT* Ballen *m; 4. ~s pl (fam: testicles)* Eier *pl; 5. ~ and chain* Fußkette mit Eisenkugel

ball² [bɔːl] *sb (dance)* Ball *m*
ballet ['bæleɪ] *sb THEAT* Ballett *n*
ball-game ['bɔːlgeɪm] *sb* Ballspiel *n; That's a whole new ~.* Das ist eine ganz andere Sache.
balloon [bə'luːn] *sb 1.* Ballon *m; 2. (toy)* Luftballon *m; 3. (hot air ~)* Heißluftballon *m*
ballot ['bælət] *sb* Stimmzettel *m*
ball-point pen ['bɔːlpɔɪnt pen] *sb* Kugelschreiber *m,* Kuli *m (fam)*
ballroom ['bɔːlruːm] *sb* Ballsaal *m*
ballsy ['bɔːlzɪ] *adj 1. (fam: courageous) (US)* mutig, entschlossen; *2. (fam: ridiculous)* unsinnig, lächerlich
ballyhoo ['bælɪhuː] *sb (fam)* Tamtam *n*
balm [bɑːm] *sb* Balsam *m*
balmy ['bɑːmɪ] *adj* wohlriechend, lind
balsam ['bɔːlsəm] *sb* Balsam *m*
Baltic Sea ['bɔːltɪksiː] *sb GEO* Ostsee *f*
bamboozle [bæm'buːzl] *v 1. (fam: trick)* reinlegen; *2. (confuse)* durcheinander bringen, verwirren, verblüffen
ban [bæn] *v 1.* verbieten; *sb 2.* Verbot *n,* Sperre *f*
banana [bə'nɑːnə] *sb 1.* Banane *f; 2. go ~s (fam)* verrückt werden
band¹ [bænd] *sb 1. (group)* Schar *f, (of robbers)* Bande *f; 2. (musicians)* Kapelle *f,* Band *f; (at a formal dance)* Tanzorchester *n*

band² [bænd] *sb (strip)* Band *n*, Schnur *f*
band-aid ['bændeɪd] *sb* Heftpflaster *n*
bandana [bæn'dænə] *sb* buntes Halstuch *n*
bandstand ['bændstænd] *sb* Podium *f*
bandwagon ['bændwægən] *sb (US)* Festwagen *m; to jump on the ~* sich an etw dranhängen
bandy¹ ['bændɪ] *v ~ sth about (fig: a rumour)* etw weitererzählen
bandy² ['bændɪ] *adj* krumm, schief
bane [beɪn] *sb* Fluch *m*, Bann *m; the ~ of my existence* der Fluch meines Lebens
bang [bæŋ] *v 1. (thump)* knallen; *~ one's head against* sich den Kopf anschlagen an; *2. (engine)* krachen; *3. (fam: have sex)* bumsen; *sb 4. (noise)* Knall *m; 5. ~s pl (hair)* Pony *m; adj 6. ~ on (fam) (UK)* goldrichtig, haargenau
• **bang up** *v (fam: throw in jail) (UK)* einbuchten
banger ['bæŋə] *sb 1. (UK: firework)* Knallkörper *m; 2. (UK: sausage)* Wurst *f*
bangle ['bæŋgl] *sb 1. (worn on the arm)* Armreif *m; 2. (worn on the leg)* Fußreif *m*
banish ['bænɪʃ] *v* verbannen, ausweisen
banishment ['bænɪʃmənt] *sb* Verbannung *f*, Ausweisung *f*
banisters ['bænɪstəz] *pl* Geländer *n*
bank¹ [bæŋk] *sb 1. FIN* Bank *f; v 2. ~ on* seine Hoffnung setzen auf
bank² [bæŋk] *sb 1. (of a river)* Ufer *n; 2. (slope)* Böschung *f*
bank account ['bæŋk ə'kaʊnt] *sb FIN* Bankkonto *n*
bankbook ['bæŋkbʊk] *sb* Kontobuch *n*
banker's order ['bæŋkəzɔːdə] *sb FIN* Dauerauftrag *m*
bank holiday ['bæŋkhɒlɪdeɪ] *sb* gesetzlicher Feiertag *m*
bank rate [bæŋk reɪt] *sb* Diskontsatz *m*
bank robbery ['bæŋkrɒbərɪ] *sb* Banküberfall *m*
bankroll ['bæŋkrəʊl] *sb 1.* Bündel Banknoten *n; v 2. (fam)* der Geldgeber sein für
bankrupt ['bæŋkrʌpt] *adj* bankrott
bank statement ['bæŋksteɪtmənt] *sb* Kontoauszug *m*
banns [bænz] *pl* Aufgebot *n*
banter ['bæntə] *v* scherzen
baptize [bæp'taɪz] *v REL* taufen
bar [bɑː] *v 1. (a door)* verriegeln; *2. (~ up) (a window)* vergittern; *3. (prohibit)* ausschließen, verbieten; *sb 4. (rod)* Stange *f; 5. (of a cage, on a window)* Gitterstab *m; 6. (on a door)* Riegel *m; 7. ~s pl (of a prison)* Gitter *n; behind ~s* hinter Gittern, hinter schwedischen Gardinen; *8. (of soap)* Stück *n; 9. candy ~ (US)* Schokoladenriegel *m; 10. (place that serves drinks)* Kneipe *f*, Lokal *n*, Bar *f; 11. (counter)* Theke *f*, Ausschank *m; 12. MUS* Takt *m*
barb [bɑːb] *sb 1.* Stachel *m*, Spitze *f; 2. (fig: remark)* spitze Bemerkung *f*
barbarian [bɑː'bɛərɪən] *sb* Barbar *m*
barbed wire [bɑːbd'waɪə] *sb* Stacheldraht *m*
barber ['bɑːbə] *sb* Herrenfriseur *m*
barbican ['bɑːbɪkən] *sb* Außenwerk *n*, Vorwerk *n*, Wachturm *m*
bar chart [bɑː tʃɑːt] *sb* Balkendiagramm *n*
bare [bɛə] *adj 1.* nackt, bloß; *2. (tree, countryside)* kahl; *3. (wire)* blank; *v 4. ~ one's heart* sein Herz ausschütten; *~ one's teeth* die Zähne zeigen
barefaced ['bɛəfeɪst] *adj (lie)* dreist
barefoot ['bɛəfʊt] *adv* barfuß
barely ['bɛəlɪ] *adv* kaum, knapp, gerade noch
barfly ['bɑːflaɪ] *sb (fam)* Nachtschwärmer *m*
bargain ['bɑːgɪn] *v 1.* feilschen, handeln; *2. ~ for (expect)* rechnen mit, erwarten; *sb 3. (transaction)* Handel *m*, Geschäft *n*, Abkommen *n; drive a hard ~* hart feilschen; *strike a ~* sich einigen; *4. (sth bought at a ~ price)* Gelegenheitskauf *m; 5. (lower-than-usual price)* preiswertes Angebot *n*
bargain-hunter ['bɑːgənhʌntə] *sb* Schnäppchenjäger *m*
barge [bɑːdʒ] *sb 1.* Lastkahn *m; v 2. ~ in* hineinplatzen; *3. ~ in (interrupt)* dazwischenplatzen *(fam)*
bargepole ['bɑːdʒpəʊl] *sb* Bootsstange *f; I wouldn't touch it with a ~. (fam)* Das würde ich nicht einmal mit der Kneifzange anfassen.
bark¹ [bɑːk] *v 1.* bellen, kläffen; *~ up the wrong tree* auf dem falschen Dampfer sein; *sb 2.* Bellen *n*, Gebell *n; His ~ is worse than his bite.* Bellende Hunde beißen nicht.
bark² [bɑːk] *sb BOT* Baumrinde *f*
barking ['bɑːkɪŋ] *adv ~ mad (fam)* total verrückt
barley ['bɑːlɪ] *sb BOT* Gerste *f*
barleycorn ['bɑːlɪkɔːn] *sb* Gerstenkorn *n*
barn [bɑːn] *sb* Scheune *f*
barnstorming ['bɑːnstɔːmɪŋ] *sb* Tingeln in der Provinz *n*
barnyard [bɑː njɑːd] *sb* Bauernhof *m*
baron ['bærən] *sb* Baron *m*
baroness ['bærənɪs] *sb* Baroness *f*
barrack ['bærək] *v (fam) (UK)* auspfeifen, ausbuhen

barracks ['bærəks] *pl 1. MIL* Kaserne *f; 2.* Mietskaserne *f*
barrage ['bærɑːʒ] *sb 1. (fig)* Hagel *m; 2. MIL* Sperrfeuer *n*
barrel ['bærəl] *sb 1.* Fass *n,* Tonne *f; 2. (of a gun)* Gewehrlauf *m*
barrel-chested ['bærəltʃestɪd] *adj* breitbrüstig
barrel organ ['bærəlɔːgən] *sb* Drehorgel *f*
barren ['bærən] *adj 1.* unfruchtbar; *2. (bare, empty)* kahl, dürr
barricade ['bærɪkeɪd] *v 1.* versperren, sperren; *2. ~ off* absperren; *sb 3.* Barrikade *f*
barrier ['bærɪə] *sb* Schranke *f,* Barriere *f,* Sperre *f*
barring ['bɑːrɪŋ] *prep* falls ... nicht, außer
barrister ['bærɪstə] *sb* Rechtsanwalt *m*
barrow ['bærəʊ] *sb* Karren *m*
barter ['bɑːtə] *v 1.* tauschen; *sb 2.* Tauschhandel *m,* Tausch *m*
base[1] [beɪs] *v 1. (locate)* stationieren; *The firm is ~d in Leeds.* Die Firma hat ihren Sitz in Leeds. *2. ~ on* stützen auf; *(hopes)* setzen auf; *(theory)* basieren auf; *to be ~d on sth (fig)* sich auf etw stützen; *sb 3.* Unterteil *m,* Fuß *m,* Basis *f; 4. (of operations)* Stützpunkt *m,* Basis *f; 5. CHEM* Base *f; 6. MATH* Grundlinie *f; (of a solid)* Grundfläche *f*
base[2] [beɪs] *adj* gemein, niederträchtig
baseless ['beɪslɪs] *adj* grundlos
baseline ['beɪslaɪn] *sb* Grundlinie *f*
basement ['beɪsmənt] *sb* Keller *m*
baseness ['beɪsnɪs] *sb* Gemeinheit *f,* Niederträchtigkeit *f,* Niedertracht *f*
base year [beɪs jɪə] *sb* Vergleichsjahr *n*
bash [bæʃ] *v 1.* heftig schlagen; *sb 2. (party)* Party *f*
bashful ['bæʃfʊl] *adj* schüchtern, scheu
basic ['beɪsɪk] *adj 1.* grundlegend, grundsätzlich, fundamental; *2. (essential)* wesentlich; *3. (sketchy)* elementar
basically ['beɪsɪklɪ] *adv* grundsätzlich
basin ['beɪsɪn] *sb 1.* Becken *n; 2. (of a fountain)* Bassin *n*
basis ['beɪsɪs] *sb* Grundlage *f,* Fundament *n*
bask [bɑːsk] *v 1. (~ in the sun)* ein Sonnenbad nehmen; *2. (fig)* sich sonnen
basket ['bɑːskɪt] *sb* Korb *m*
basket-case ['bɑːskɪtkeɪs] *sb (US) to be a ~* mit den Nerven am Ende sein
bastard ['bɑːstəd] *sb 1. (fam: illegitimate child)* Bastard *m,* uneheliches Kind *n; 2. (fam: as an insult to any person)* Mistkerl *m*
bastardize ['bɑːstədaɪz] *v* verfälschen
batch [bætʃ] *sb* Stoß *m,* Ladung *f*
bated ['beɪtɪd] *adj with ~ breath* mit angehaltenem Atem
bath [bɑːθ] *sb* Bad *n*
bathe [beɪð] *v* baden
bathing suit ['beɪðɪŋ suːt] *sb* Badeanzug *m*
bathing trunks ['beɪðɪŋ trʌŋks] *pl* Badehose *f*
bathroom ['bɑːθrʊm] *sb 1.* Toilette *f,* WC *n; 2. (with bathtub)* Badezimmer *n*
battle ['bætl] *v 1.* kämpfen, fechten, streiten; *sb 2. MIL* Schlacht *f; 3. (fig)* Kampf *m*
battlement ['bætlmənt] *sb* Zinne *f*
batty ['bætɪ] *adj (fam: crazy)* verrückt, meschugge
bawdy ['bɔːdɪ] *adj* derb
bawl [bɔːl] *v 1. (cry)* heulen; *2. (an order)* brüllen; *3. ~ out (scold)* ausschimpfen
bay[1] [beɪ] *sb* Bucht *f*
bay[2] [beɪ] *sb keep s.o. at ~* sich jdn vom Leibe halten; *keep sth at ~* etw unter Kontrolle halten
bay[3] [beɪ] *v* bellen

> **be** [biː] *v irr 1.* sein; *She wants to ~ an engineer.* Sie möchte Ingenieurin werden. *2. (passive voice)* werden; *I was told* mir wurde gesagt, man sagte mir; *3. (~ situated)* sein, sich befinden, liegen; *4. (exist)* sein, existieren, bestehen; *5. (~ prevalent)* herrschen; *6. to ~ to* sollen

beach [biːtʃ] *sb* Strand *m*
beacon ['biːkən] *sb* Leuchtfeuer *n*
bead [biːd] *sb 1.* Perle *f; 2. draw a ~ on sth* auf etw zielen
beaker ['biːkə] *sb* Becher *m*
beam [biːm] *v 1.* strahlen; *~ at s.o.* jdn anstrahlen; *2. (a TV programme)* ausstrahlen; *sb 3.* Balken *m; 4. (of light)* Strahl *m*
bean [biːn] *sb* Bohne *f; spill the ~s about sth (fam)* etw ausplaudern
beanpole ['biːnpəʊl] *sb (fig: skinny person)* Bohnenstange *f*
bear[1] [bɛə] *v irr 1. (carry)* tragen; *2. ~ in mind* berücksichtigen; *3. (a child)* gebären; *4. (endure)* leiden, ertragen, aushalten; *5. This ~s watching.* Das muss man im Auge behalten. *6. (head in a direction)* sich halten; *~ left* sich links halten
• **bear down** *v irr ~ on (approach)* zuhalten auf
• **bear with** *v irr* tolerieren, etw durchgehen lassen; *Please ~ me!* Bitte habt Geduld mit mir!

bear² [bɛə] *sb 1. ZOOL* Bär *m; 2. FIN* Baissespekulant *m*
bearable ['bɛərəbl] *adj* erträglich
beard [bɪəd] *sb* Bart *m*
bearer ['bɛərə] *sb 1. (of a message, of a cheque)* Überbringer *m; 2. (of a document)* Inhaber *m; 3. (carrier)* Träger *m*
bearing ['bɛərɪŋ] *sb 1. (posture)* Haltung *f; 2. (behaviour)* Verhalten; *3. (direction)* Richtung *f; (fig)* Orientierung *f; get one's ~s* sich orientieren; *lose one's ~s* die Orientierung verlieren; *4. (connection)* Bezug *m; 5. (influence)* Auswirkung *f; 6. TECH* Lager *n*
beast [biːst] *sb 1. (animal)* Tier *n,* Vieh *n,* Bestie *f; 2. (fig: person)* Biest *n,* Bestie *f*
beastly ['biːstlɪ] *adj 1. (awful)* mies, lausig, garstig; *2. (behaviour)* gemein, brutal

beat [biːt] *sb 1.* Schlag *m; (repeated ~ing)* Schlagen *n; 2. (patrol)* Runde *f; adj 3. (exhausted)* kaputt; *v irr 4. (heart)* klopfen; *5. (sth)* schlagen; *Beats me!* Keine Ahnung! *6. (a carpet)* klopfen; *7. (hammer metal)* hämmern; *8. (a drum) MUS* trommeln; *9. (~ up eggs)* schlagen; *10. (defeat)* schlagen, besiegen; *11. (s.o. to sth)* zuvorkommen; *12. (surpass)* überbieten; *13. ~ it (fam)* abhauen; *Beat it!* Hau ab!

• **beat down** *v irr 1. (rain)* herunterprasseln, *(sun)* herunterbrennen; *2. (one's opposition)* kleinkriegen, niederschlagen; *3. (prices)* herunterdrücken
• **beat up** *v beat s.o. up* jdn verprügeln, jdn zusammenschlagen
beaten ['biːtn] *adj* gebahnt, befestigt; *off the ~ path* abgelegen
beatify [biː'ætɪfaɪ] *v REL* selig sprechen
beating ['biːtɪŋ] *sb 1. (defeat)* Schlappe *f; 2. (series of blows)* Prügel *pl*
beatitude [biː'ætɪtjuːd] *sb REL* Seligkeit *f*
beauteous ['bjuːtɪəs] *adj* wunderschön, prachtvoll
beautician [bjuː'tɪʃən] *sb* Kosmetikerin *f*
beautiful ['bjuːtɪfʊl] *adj* schön
beauty ['bjuːtɪ] *sb* Schönheit *f*

because [biː'kɒz] *konj 1.* weil, da, denn; *prep 2. ~ of* wegen, infolge von

beck [bek] *sb* Wink *m; to be at someone's ~ and call* zu jds voller Verfügung stehen
beckon ['bekən] *v* heranwinken

become [bɪ'kʌm] *v irr 1.* werden; *2. (befit)* sich schicken für; *3. ~ of s.o. (happen to s.o.)* aus jdm werden

becoming [bɪ'kʌmɪŋ] *adj 1. (flattering)* kleidsam; *2. (proper)* geziemend, schicklich

bed [bed] *sb 1.* Bett *n; get up on the wrong side of the ~ (fig)* mit dem linken Fuß zuerst aufstehen; *2. (flower ~)* Beet *n; 3. (of a river)* Bett *n; 4. (of ore)* Lager *n; 5. (of a lorry)* Pritsche *f; v 6. (fam: have sex with)* beischlafen

bed and breakfast [bedənd'brekfəst] *sb* Frühstückspension *f*
bedazzle [bɪ'dæzl] *v* blenden
bedding ['bedɪŋ] *sb 1. (bedclothes)* Bettzeug *n; 2. (litter)* Streu *f*
bedding plant ['bedɪŋ plɑːnt] *sb* Setzling *m*
bedevil [bɪ'devɪl] *v* erschweren
bedfellow ['bedfeləʊ] *sb strange ~s* eine eigenartige Kombination *f*
bedraggle [bɪ'drægl] *v* durchnässen, beschmutzen
bedridden ['bedrɪdən] *adj* bettlägerig
bedrock ['bedrɒk] *sb* Grundgestein *n*
bed-wetting ['bedwetɪŋ] *sb* Bettnässen *n*
bee [biː] *sb ZOOL* Biene *f; as busy as a ~* fleißig wie eine Ameise
beech [biːtʃ] *sb BOT* Buche *f*
beefy ['biːfɪ] *adj (fam)* bullig
beehive ['biːhaɪv] *sb* Bienenstock *m*
beekeeper ['biːkiːpə] *sb* Imker *m*
beep [biːp] *v* piepsen
beer [bɪə] *sb* Bier *n, (glass of ~)* Glas Bier *n*
beeswax ['biːzwæks] *sb* Bienenwachs *n; None of your ~! (fam)* Das geht dich nichts an!
beetle ['biːtl] *sb ZOOL* Käfer *m*
beetle-browed ['biːtəlbraʊd] *adj* mit zusammengewachsenen Augenbrauen
beetroot ['biːtruːt] *sb* rote Bete *f*
befall [bɪ'fɔːl] *v irr ~ s.o.* jdm widerfahren, über jdn hereinbrechen, jdm zustoßen
befit [bɪ'fɪt] *v* sich ziemen für

before [bɪ'fɔː] *konj 1.* ehe, bevor; *prep 2. (in front of)* vor; *3.* vor, früher als; *4. (in the presence of)* vor, in Gegenwart von; *adv 5.* schon, zuvor, vorher

beforehand [bɪ'fɔːhænd] *adv* im Voraus, zuvor, vorher
befriend [bɪ'frend] *v ~ s.o.* sich mit jdm anfreunden
befuddle [bɪ'fʌdl] *v* durcheinander bringen
beg [beg] *v* betteln; *~ s.o. for sth* jdn um etw anflehen
beget [bɪ'get] *v irr 1.* zeugen; *2. (fig)* hervorbringen
beggar ['begə] *sb* Bettler *m*

begin [bɪ'gɪn] *v irr* anfangen, starten

begone [bɪ'gɒn] *interj* hinweg, fort
begrudge [bɪ'grʌdʒ] *v* missgönnen
beguile [bɪ'gaɪl] *v* betören
behalf [bɪ'hɑːf] *sb on ~ of* im Namen von; *(as an authorized representative of)* im Auftrag von
behave [bɪ'heɪv] *v 1. (act)* sich benehmen, sich verhalten, sich gebärden; *2. (~ properly)* sich (anständig) benehmen
behead [bɪ'hed] *v* köpfen, enthaupten
behest [bɪ'hest] *v at s.o.'s ~* auf jds Geheiß

behind [bɪ'haɪnd] *prep 1.* hinter; *adv 2. (at the rear)* hinten; *3. (~ this, ~ it)* dahinter; *from ~* von hinten; *stay ~* zurückbleiben; *4. (in school, ~ the times)* zurück; *sb 5. (fam: rear end)* Hintern *m*

behold [bɪ'həʊld] *v irr* erblicken
beholden [bɪ'həʊldn] *adj* verpflichtet
behoove [bɪ'huːv] *v* obliegen
being ['biːɪŋ] *sb 1. (creature)* Wesen *n; 2. (existence)* Dasein *n*
belabour [bɪ'leɪbə] *v* bearbeiten
belated [bɪ'leɪtɪd] *adj* verspätet
belch [beltʃ] *v* aufstoßen, rülpsen
beleaguer [bɪ'liːgə] *v* belagern
belfry ['belfrɪ] *sb* Glockenturm *m,* Glockenstube *f; have bats in the ~ (fam)* einen Sprung in der Schüssel haben
belie [bɪ'laɪ] *v* Lügen strafen, entkräften
belief [bɪ'liːf] *sb 1. (firm opinion)* Überzeugung *f,* Glaube *m; 2. REL* Glaube *m*
believe [bɪ'liːv] *v* glauben; *~ in* glauben an
belittle [bɪ'lɪtl] *v* herabsetzen, herabwürdigen, verkleinern
bell [bel] *sb 1.* Glocke *f; 2. (door~, school ~)* Klingel *f*
bellicose ['belɪkəʊs] *adj* kriegerisch, kämpferisch, streitsüchtig
belligerence [bɪ'lɪdʒərəns] *sb* Kriegslust *f,* Streitsucht *f*
bell-jar ['beldʒɑː] *sb* Glasglocke *f*
bellow ['beləʊ] *v* brüllen
belly ['belɪ] *sb* Bauch *m*
bellyful ['belɪfʊl] *sb* Ladung *f; I've had a ~. (fig)* Ich habe die Nase voll.
belong [bɪ'lɒŋ] *v 1.* gehören; *~ together* zusammengehören; *2. ~ to (a club)* angehören; *3. (fit)* dazugehören
belongings [bɪ'lɒŋɪŋz] *pl* Habe *f,* Besitz *m,* Eigentum *n*
beloved [bɪ'lʌvɪd] *adj 1.* geliebt; *sb 2.* Geliebte(r) *m/f*
below [bɪ'ləʊ] *prep 1.* unterhalb, unter; *ten ~ (fam)* minus zehn Grad; *adv 2.* unten; *3. (underneath)* darunter
belt [belt] *sb 1.* Gürtel *m; hit s.o. below the ~* jdm einen Tiefschlag versetzen; *tighten one's ~* den Gürtel enger schnallen; *get sth under one's ~ (fam)* sich etw reinziehen; *2. (strap)* Gurt *m; 3. TECH* Riemen *m; v 4. ~ s.o. (fam)* jdm einen Schlag versetzen
• belt up *v (fam)* die Klappe halten
bemoan [bɪ'məʊn] *v* beklagen, beweinen
bemuse [bɪ'mjuːz] *v* verwirren
bench [bentʃ] *sb 1.* Bank *f; 2. SPORT* Reservebank *f; 3. JUR* Richterbank *f*
benchmark ['bentʃmɑːk] *sb 1. (fig)* Maßstab *m,* Richtschnur *f; 2. TECH* Höhenfestpunkt *m*
bend [bend] *v irr 1. (river)* eine Kurve machen; *2. ~ over, ~ down* sich bücken; *3. (fig: submit)* sich beugen; *4. (sth)* biegen, krümmen; *~ the knee* das Knie beugen; *~ out of shape* verbiegen; *sb 5.* Biegung *f,* Krümmung *f; 6. (in a road)* Kurve *f; 7. go round the ~ (fig)* verrückt werden
beneath [bɪ'niːθ] *prep 1.* unter, unterhalb; *adv 2.* darunter
benediction [benɪ'dɪkʃən] *sb* Segen *m*
benefactor ['benɪfæktə] *sb* Wohltäter *m*
beneficial [benɪ'fɪʃəl] *adj* nützlich, gut
beneficiary [benɪ'fɪʃərɪ] *sb* Nutznießer *m,* Begünstigte(r) *m/f*
benefit ['benɪfɪt] *v 1. (from sth)* Nutzen ziehen, profitieren, gewinnen; *2. (~ s.o., ~ sth)* gut tun; *sb 3.* Vorteil *m,* Nutzen *m,* Gewinn *m; give s.o. the ~ of the doubt* im Zweifelsfalle zu jds Gunsten entscheiden; *4. (charity event)* Benefizveranstaltung *f; 5. (insurance ~)* Leistung *f,* Unterstützung *f*
benevolence [bɪ'nevələns] *sb* Wohlwollen *n,* Güte *f*
benighted [bɪ'naɪtɪd] *adj* unwissend
benign [bɪ'naɪn] *adj 1.* gütig; *2. MED* gutartig
benignant [bɪ'nɪgnənt] *adj* mildtätig
bent [bent] *adj 1.* krumm; *2. ~ on* versessen auf
bequeath [bɪ'kwiːð] *v 1.* vermachen; *2. (a tradition)* vererben
bequest [bɪ'kwest] *sb 1.* Vermächtnis *n; 2. (to a museum)* Stiftung *f*
berate [bɪ'reɪt] *v* schelten
bereave [bɪ'riːv] *v* berauben, entreißen
bereaved [bɪ'riːvd] *adj* leidtragend, hinterblieben
bereavement [bɪ'riːvmənt] *sb* schmerzlicher Verlust *m*

bereft [bɪ'reft] *adj to be ~ of sth* etw beraubt sein
berry ['berɪ] *sb BOT* Beere *f*
berth [bɜːθ] *sb 1. (on a ship)* Koje *f; 2. (on a train)* Bett (im Schlafwagen) *n; 3. give s.o. a wide ~* um jdn einen Bogen machen
beseech [bɪ'siːtʃ] *v* anflehen, flehen
beset [bɪ'set] *v irr* bedrängen, überkommen, befallen

beside [bɪ'saɪd] *prep* neben; *to be ~ o.s.* außer sich sein

besides [bɪ'saɪdz] *adv 1.* außerdem, sonst, obendrein; *prep 2.* außer
besiege [bɪ'siːdʒ] *v* bestürmen, bedrängen
besotted [bɪ'sɒtɪd] *adj* berauscht, besessen
bespoke [bɪ'spəʊk] *adj (UK)* nach Maß angefertigt

best [best] *adj 1.* beste(r,s); *at ~* höchstens, bestenfalls; *adv 2.* am Besten; *I'd ~ be going.* Es wäre das Beste, ich ginge. *sb 3. the ~* der/die/das Beste; *have the ~ of both worlds* die Vorteile beider Möglichkeiten gleichzeitig genießen; *to be all for the ~* zu jds Besten sein; *get the ~ of s.o.* jdn besiegen; *All the ~!* Alles Gute! *do one's ~* sein Bestes geben; *v 4. (surpass)* übertreffen; *5. (defeat)* schlagen

bestial ['bestɪəl] *adj* tierisch, grausam
best man [best mæn] *sb (at a wedding)* Trauzeuge des Bräutigams *m*
bestow [bɪ'stəʊ] *v* schenken, erweisen
bestseller [best'selə] *sb* Bestseller *m*
bet [bet] *v irr 1.* wetten; *sb 2.* Wette *f; the best ~* das Sicherste
betray [bɪ'treɪ] *v 1.* verraten; *2. (secrets)* preisgeben
betrothal [bɪ'trəʊðəl] *sb* Verlobung *f*
better ['betə] *adj 1.* besser; *sb 2. get the ~ of s.o.* jdn unterkriegen
betterment ['betəmənt] *sb* Verbesserung *f,* Wertsteigerung *f*

between [bɪ'twiːn] *prep 1.* zwischen; *~ us, ~ you and me* unter uns; *adv 2. in ~* dazwischen, zwischendurch

betweentimes [bɪ'twiːntaɪmz] *adv* in der Zwischenzeit
betwixt [bɪ'twɪkst] *prep* zwischen
beverage ['bevərɪdʒ] *sb* Getränk *n*
bevy ['bevɪ] *sb* Schwarm *m,* Schar *f*
bewail [bɪ'weɪl] *v* beklagen, betrauern
beware [bɪ'wɛə] *v Beware!* Geben Sie acht! *~ of dog* Warnung vor dem Hunde
bewilder [bɪ'wɪldə] *v* verwirren, verblüffen
bewitch [bɪ'wɪtʃ] *v 1.* verzaubern; *2. (fig)* bezaubern
beyond [bɪ'jɒnd] *prep* jenseits, über ... hinaus; *~ repair* nicht mehr zu reparieren; *~ belief* unglaublich; *live ~ one's means* über seine Verhältnisse leben; *That's ~ me!* Das ist mir zu hoch! *He lives at the back of ~. (fam)* Er wohnt da, wo sich Fuchs und Hase gute Nacht sagen.
biannual [baɪ'ænjʊəl] *adj* zweimal pro Jahr, halbjährlich
bias(s)ed ['baɪəst] *adj* voreingenommen, befangen, parteiisch
bib [bɪb] *sb* Lätzchen *n*
bibcock ['bɪbkɒk] *sb TECH* Zapfhahn *m*
Bible ['baɪbl] *sb* Bibel *f*
biblical ['bɪblɪkəl] *adj REL* biblisch
bicentenary [baɪsen'tiːnərɪ] *sb* Zweihundertjahrfeier *f*
bicker ['bɪkə] *v 1.* sich zanken; *2. (complain)* keifen

bicycle ['baɪsɪkl] *sb* Fahrrad *n,* Zweirad *n*

bid [bɪd] *v irr 1.* bieten; *~ s.o. farewell* jdm Lebewohl sagen; *sb 2.* Angebot *n; (at an auction)* Gebot *n; 3. (attempt)* Versuch *m*
bide [baɪd] *v irr* verweilen; *to ~ one's time* den richtigen Augenblick abwarten
biennial [baɪ'enɪəl] *adj* zweijährlich
bier [bɪə] *sb* Bahre *f*

big [bɪg] *adj 1.* groß; *That's really ~ of you.* Das ist sehr anständig von dir. *adv 2. talk ~ (fam)* angeben

bigamy ['bɪgəmɪ] *sb* Bigamie *f*
big-headed [bɪg'hedɪd] *adj* eingebildet
bight [baɪt] *sb GEO* Bucht *f*
bigot ['bɪgət] *sb* engstirniger Mensch *m*
big time ['bɪgtaɪm] *sb 1. the ~ (fam)* das oberste Niveau *n; to hit the ~* ganz groß rauskommen; *adv 2. (fam) (US)* ordentlich, voll; *You messed up ~.* Du hast ganz große Scheiße gebaut.
big-time ['bɪgtaɪm] *adj (fam)* hoch, groß, bedeutend
big top ['bɪgtɒp] *sb* Hauptzelt *n*
bigwig ['bɪgwɪg] *sb (fam)* Bonze *m*
bike [baɪk] *sb 1. (fam)* Rad *n; 2. (motor~)* Maschine *f*
bilateral [baɪ'lætərəl] *adj* zweiseitig, bilateral, beiderseitig
bilious ['bɪlɪəs] *adj (fig)* reizbar
bill[1] [bɪl] *v 1. (charge)* in Rechnung stellen; *sb 2.* Rechnung *f,* Abrechnung *f; 3. (US: bank-*

note) Banknote *f,* Geldschein *m; 4. POL* Gesetzentwurf *m,* Gesetzesvorlage *f; 5. ~ of sale* Verkaufsurkunde; *6. give s.o. a clean ~ of health* jdm gute Gesundheit bescheinigen
bill² [bɪl] *sb ZOOL* Schnabel *m*
billboard ['bɪlbɔːd] *sb* Reklametafel *f*
billet ['bɪlɪt] *v MIL* einquartieren
billfold ['bɪlfəʊld] *sb (US)* Brieftasche *f*
billing ['bɪlɪŋ] *sb THEAT* Reklame *f; to receive top ~* an erster Stelle genannt werden
billion ['bɪlɪən] *sb 1. (UK: a million millions)* Billion *f; 2. (US: a thousand millions)* Milliarde *f*
billionaire [bɪljən'ɛə] *sb (US)* Milliardär *m*
billow ['bɪləʊ] *v* sich blähen, sich bauschen
billy goat ['bɪlɪ gəʊt] *sb* Ziegenbock *m*
bimbo ['bɪmbəʊ] *sb (fam)* Flittchen *n*
bin [bɪn] *sb* Kasten *m,* Tonne *f*
binary ['baɪnərɪ] *adj* binär
bind [baɪnd] *v irr 1.* binden; *2. (oblige)* verpflichten; *3. (a book)* einbinden; *4. (a person)* fesseln, binden
binder ['baɪndə] *sb (for papers)* Hefter *m,* Aktendeckel *m*
binding ['baɪndɪŋ] *adj 1.* verbindlich, bindend, verpflichtend; *sb 2. (of a book)* Bucheinband *m,* Einband *m; 3. (for skis)* Skibindung *f*
binman ['bɪnmæn] *sb* Müllmann *m*
binoculars [bɪ'nɒkjʊləz] *pl* Fernglas *n*
biology [baɪ'ɒlədʒɪ] *sb* Biologie *f*

bird [bɜːd] *sb 1.* Vogel *m; A little ~ told me.* Mein kleiner Finger hat es mir gesagt. *That's for the ~s.* Das ist für die Katz. *kill two ~s with one stone* zwei Fliegen mit einer Klappe schlagen; *2. (UK: girl) (fam)* Biene *f*

bird-brained ['bɜːdbreɪnd] *adj (fam)* schwachköpfig
biro ['baɪərəʊ] *sb (UK)* Kuli *m (fam),* Kugelschreiber *m*
birth [bɜːθ] *sb 1.* Geburt *f; give ~* entbinden; *give ~ to* gebären, zur Welt bringen; *He's German by ~.* Er ist gebürtiger Deutscher. *2. (parentage)* Abstammung *f,* Herkunft *f*

birthday ['bɜːθdeɪ] *sb* Geburtstag *m; Happy Birthday!* Herzlichen Glückwunsch zum Geburtstag! *in one's ~ suit* im Adamskostüm

birthday suit ['bɜːθdeɪ suːt] *sb (fam)* Adamskostüm *n*
birthmark ['bɜːθmɑːk] *sb* Muttermal *n*
birthplace ['bɜːθpleɪs] *sb* Geburtsort *m*
birth rate [bɜːθ reɪt] *sb* Geburtenrate *f*
birthright ['bɜːθraɪt] *sb* Geburtsrecht *n*
bisect [baɪ'sekt] *v MATH* halbieren
bishop ['bɪʃəp] *sb 1.* Bischof *m; 2. (in chess)* Läufer *m*
bishopric ['bɪʃəprɪk] *sb REL* Bistum *n*

bit [bɪt] *sb 1.* Stückchen *n,* Stück *n; ~ by ~* stückweise, Stück für Stück *every ~ as good as ...* genauso gut wie ... *2. (section)* Teil; *do one's ~ (fam)* seinen Teil erledigen; *3. (UK: coin)* Münze *f; 4. (US) two ~s* 25 Cent; *5. a ~* etwas, ein bisschen, ein wenig; *quite a ~* ziemlich viel

bitch [bɪtʃ] *sb 1. (fam: woman)* Hexe *f; 2. ZOOL* Hündin *f; v 3. (fam)* meckern
bitchy ['bɪtʃɪ] *adj* gehässig, gemein
bite [baɪt] *v irr 1.* beißen; *Once bitten, twice shy.* Ein gebranntes Kind scheut das Feuer. *2. ~ back a remark* sich eine Bemerkung verkneifen; *3. (insect)* stechen; *sb 4.* Biss *m; 5. (mouthful)* Bissen *m,* Happen *m; 6. (insect ~)* Stich *m*
biting ['baɪtɪŋ] *adj 1.* beißend; *2. (remark)* bissig, spitz
bitter ['bɪtə] *adj 1.* bitter; *to the ~ end* bis zum bitteren Ende *2. (cold)* bitterkalt, eisig; *3. (person)* verbittert; *4. (taste)* bitter, herb
bitty ['bɪtɪ] *adj* zusammengestoppelt
bivouac ['bɪvʊæk] *sb* Biwak *n*
black [blæk] *adj 1.* schwarz; *in ~ and white* schwarz auf weiß; *~ mark* Tadel *m,* Verweis *m; sb 2. (person)* Schwarze(r) *m/f; v 3. ~ out* das Bewusstsein verlieren, ohnmächtig werden
blackball ['blækbɔːl] *v (fam)* ausschließen
blackberry ['blækberɪ] *sb* Brombeere *f*
blackbird ['blækbɜːd] *sb ZOOL* Amsel *f*
blackboard ['blækbɔːd] *sb* Tafel *f,* Wandtafel *f, (in a classroom)* Schultafel *f*
black book [blæk bʊk] *sb* schwarze Liste *f; to be in s.o.'s ~s* bei jdm schlecht angeschrieben sein
black box [blæk bɒks] *sb* Flugschreiber *m*
blackcurrant ['blækkʌrənt] *sb BOT* schwarze Johannisbeere *f*
black eye [blæk aɪ] *sb (fig)* blaues Auge *n*
blackguard ['blækgɑːd] *sb* Halunke *m*
blackhead ['blækhed] *sb MED* Mitesser *m*
blackmail ['blækmeɪl] *v 1. ~ s.o.* jdn erpressen; *sb 2.* Erpressung *f*
blacksmith ['blæksmɪθ] *sb* Schmied *m*
black spot [blæk spɒt] *sb* Gefahrenstelle *f*
bladder ['blædə] *sb ANAT* Blase *f*
blade [bleɪd] *sb 1. (of a weapon)* Klinge *f; 2. ~ of grass BOT* Halm *m; v 3. SPORT* inlineskaten

blame [bleɪm] *v 1.* tadeln, Vorwürfe machen, beschuldigen; *She has only herself to ~.* Das hat sie sich selbst zuzuschreiben. *to be to ~* schuld sein; *sb 2.* Schuld *f; (censure)* Tadel *m; lay the ~ on s.o.* jdm die Schuld in die Schuhe schieben

blanch [blɑːntʃ] *v 1. (person)* erbleichen, blass werden; *2. (vegetables)* blanchieren

bland [blænd] *adj 1.* glatt; *2. (taste)* fade; *3. (lacking distinction)* nichts sagend

blank [blæŋk] *sb 1. (~ cartridge)* Platzpatrone *f; 2. (document)* Formular *n, (in a document)* leerer Raum *m; 3. draw a ~* eine Niete ziehen, nicht weiterkommen; *adj 4.* leer; *My mind went ~.* Ich hatte einen Blackout. *(fam) 5. (expressionless)* ausdruckslos; *6. FIN* Blanko...

blanket ['blæŋkɪt] *sb 1.* Bettdecke *f; 2. a wet ~ (fig)* ein Spielverderber; *adj 3.* alles einschließend, umfassend, pauschal

blare [blɛə] *v (radio)* plärren, *(trumpet)* schmettern, *(horn)* laut hupen

blarney ['blɑːnɪ] *sb* Schmeichelei *f*

blasphemy ['blæsfəmɪ] *sb REL* Gotteslästerung *f*

blast [blɑːst] *v 1. (with explosive)* sprengen; *2. (fig: sharply criticize)* vernichtend kritisieren; *3. ~ off* in den Weltraum schießen; *sb 4. (explosion)* Explosion *f; 5. (with dynamite)* Sprengung *f,* Sprengladung *f; 6. (of wind)* Windstoß *m; 7. (of noise)* Schmettern *n; interj 8.* Verdammt!

blast-off ['blɑːstɒf] *sb* Abschuss *m*

blatant ['bleɪtənt] *adj 1.* offenkundig, offensichtlich; *2. (error)* eklatant, krass

blather ['blæðə] *v* schwatzen, quatschen

blaze [bleɪz] *v 1.* lodern, brennen; *sb 2.* Feuer *n,* Glut *f*

blazon ['bleɪzn] *v* verkünden

bleach [bliːtʃ] *v 1.* bleichen, entfärben; *sb 2.* Bleichmittel *n*

bleak [bliːk] *adj 1.* kahl, öde; *2. (fig)* trostlos, freudlos; *3. (weather)* rau

bleary ['blɪərɪ] *adj* trübe, verschwommen

bleat [bliːt] *v (goat)* meckern; *(sheep, calf)* blöken

bleed [bliːd] *v irr* bluten

blemish ['blemɪʃ] *sb 1.* Makel *m,* Schönheitsfehler *m; 2. (fig)* Schandfleck *m,* Mangel *m*

blench [blɛntʃ] *v* bleich werden, erbleichen

blend [blend] *sb 1.* Mischung *f; v 2.* vermengen, vermischen, verschmelzen

bless [bles] *v* segnen

blessed ['blesɪd] *adj REL* selig; *Blessed Virgin REL* Heilige Jungfrau *f*

blessing ['blesɪŋ] *sb* Segen *m*

blight [blaɪt] *sb* Schatten *m,* Fluch *m*

blighter ['blaɪtə] *sb (fam) (UK)* mieser Kerl *m,* Luder *n*

Blighty ['blaɪtɪ] *sb (England)* die Heimat *f*

blind [blaɪnd] *v 1.* blenden; *adj 2.* blind; *turn a ~ eye to s.o.* bei jdm ein Auge zudrücken; *3. (curve)* unübersichtlich; *sb 4. (sun~)* Markise *f*

blink [blɪŋk] *v 1.* zwinkern, blinzeln; *2. (light)* blinken

blip [blɪp] *sb* Leuchtpunkt auf einem Radarschirm *m*

bliss [blɪs] *sb 1.* Freude *f; 2. REL* Glückseligkeit *f*

blister ['blɪstə] *sb (on skin, on paint)* Blase *f*

blithering ['blɪðərɪŋ] *adj* blödsinnig

blitz [blɪts] *sb* Blitzkrieg *m*

blizzard ['blɪzəd] *sb* Schneesturm *m*

bloat [bləʊt] *v* aufblasen, anschwellen lassen

blob [blɒb] *sb* Tropfen *m,* Klecks *m*

bloc [blɒk] *sb* Block *m*

block [blɒk] *v 1.* blockieren, sperren, versperren; *2. (credit) FIN* sperren; *3. SPORT* abblocken; *4. ~ off* absperren, abriegeln; *sb 5.* Block *m,* Klotz *m; 6. (US: of houses)* Häuserblock *m; ten ~s in that direction* zehn Straßen weiter in diese Richtung

blockage ['blɒkɪdʒ] *sb* Blockierung *f,* Verstopfung *f*

blockbuster ['blɒkbʌstə] *sb* Knüller *m*

blockhead ['blɒkhed] *sb (fam)* Holzkopf *m*

block party ['blɒkpɑːtɪ] *sb* Straßenparty *f*

blocky ['blɒkɪ] *adj* kräftig, stämmig

bloke [bləʊk] *sb (UK)* Kerl *m,* Typ *m*

blond(e) [blɒnd] *adj* blond

blood [blʌd] *sb* Blut *n; bad ~* böses Blut; *related by ~* blutsverwandt; *give ~* Blut spenden; *in cold ~* kaltblütig

blood-and-guts [blʌd ənd gʌts] *adj* intensiv

bloodcurdling ['blʌdkɜːdlɪŋ] *adj* Grauen erregend

blood donor ['blʌddəʊnə] *sb* Blutspender *m*

bloodletting ['blʌdletɪŋ] *sb (fig)* Blutbad *m*

bloodline ['blʌdlaɪn] *sb* Abstammung *f*

bloodshed ['blʌdʃed] *sb* Blutvergießen *n*

bloodshot ['blʌdʃɒt] *adj* blutunterlaufen

bloodsucker ['blʌdsʌkə] *sb 1.* Blutegel *m; 2. (fig)* Blutsauger *m*

bloody ['blʌdɪ] *adj 1.* blutig; *2. (fig) (UK)* verdammt

bloom [bluːm] *v 1.* blühen, aufblühen; *sb 2.* Blüte *f*

bloomers ['bluːməz] *sb (fam)* Pumphose *f*
blooming ['bluːmɪŋ] *adj 1.* blühend; *2. (fig) (UK)* verflixt
blooper ['bluːpə] *sb (US)* Fauxpas *m*
blossom ['blɒsəm] *v 1.* blühen; *sb 2.* Blüte *f*
blot [blɒt] *sb* Fleck *m,* Klecks
blotch [blɒtʃ] *sb* Klecks *m,* Fleck *m*
blotter ['blɒtə] *sb* Löschpapier *n*
blouse [blaʊz] *sb* Bluse *f*
blow[1] [bləʊ] *v irr 1.* blasen, wehen; *2. (money)* verpulvern; *3. ~ a fuse* eine Sicherung durchbrennen; *4. ~ one's nose* sich schnäuzen; *5. (fam: mess up)* verkorksen, vermasseln; *6. (a whistle) SPORT* pfeifen; *7. ~ hot and cold* sein Fähnchen nach dem Wind drehen
• **blow away** *v irr 1.* wegfliegen; *2. (fam: kill)* wegpusten
• **blow in** *v irr (fam: person)* hereinschneien
• **blow out** *v irr* auspusten
• **blow over** *v irr (pass)* sich legen, vorbeigehen, vorübergehen
• **blow up** *v irr 1. (to be exploded)* explodieren; *2. (cause to explode)* sprengen; *3. (fill with air)* aufblasen; *4. (photo)* vergrößern; *5. (fig)* die Beherrschung verlieren, in die Luft gehen
blow[2] [bləʊ] *sb* Schlag *m,* Hieb *m,* Stoß *m*
blow-by-blow ['bləʊbaɪbləʊ] *adj (fig)* bis ins Detail
blow-dry ['bləʊdraɪ] *v* föhnen
blubber ['blʌbə] *v 1.* heulen, flennen; *sb 2.* Walfischspeck *m*
bludgeon ['blʌdʒən] *v* verprügeln

blue [bluː] *adj 1.* blau; *until you're ~ in the face* bis Sie schwarz werden *feel ~* trübsinnig sein, niedergeschlagen sein; *sb 2. like a bolt from the ~* wie ein Blitz aus heiterem Himmel; *3. the ~s pl* Melancholie *f; 4. ~s MUS* Blues *m*

blueberry ['bluːberɪ] *sb BOT* Heidelbeere *f*
blue-collar worker ['bluːkɒlə 'wɜːkə] *sb* Arbeiter *m*
blue helmet [bluː 'helmɪt] *sb (United Nations soldier) POL* Blauhelm *m*
blue moon [bluː muːn] *sb once in a ~* alle heiligen Zeiten einmal
blueprint ['bluːprɪnt] *sb 1.* Blaupause *f; 2. (fig)* Entwurf *m*
bluff[1] [blʌf] *v 1.* bluffen; *sb 2.* Bluff *m*
bluff[2] [blʌf] *sp 1. GEOL* Felsvorsprung *m; 2. (headland) GEOL* Kliff *n*
blunder ['blʌndə] *sb* dummer Fehler *m*
blunt [blʌnt] *v 1.* abstumpfen; *adj 2.* stumpf; *3. (brutally frank)* schonungslos

blur [blɜː] *v 1.* trüben, verschwommen machen; *sb 2.* Trübung *f,* Fleck *m*
blurb [blɜːb] *sb* Klappentext *m*
blurt [blɜːt] *v ~ out* herausplatzen mit
blush [blʌʃ] *v* rot werden, erröten
bluster ['blʌstə] *v* toben
boar [bɔː] *sb ZOOL* Eber *m*
board [bɔːd] *v 1. (train, bus)* einsteigen in; *(ship, plane)* besteigen; *2. (cover with boards)* mit Brettern verkleiden; *sb 3.* Brett *n; 4. (meals)* Verpflegung *f; room and ~, bed and ~* Unterkunft mit Verpflegung *f; 5. INFORM* Platine *f; 6. (~ of directors) ECO* Vorstand *m,* Direktorium *n,* Verwaltungsrat *m; He is on the ~.* Er gehört dem Vorstand an. *7. on ~* an Bord; *8. across the ~* generell, allgemein; *9. above ~* ehrlich, mit offenen Karten
boarder ['bɔːdə] *sb* Mieter *m*
boarding ['bɔːdɪŋ] *sb (the provision of board)* Kost *f,* Verpflegung *f*
boardroom ['bɔːdruːm] *sb* Sitzungssaal *m*
boardwalk ['bɔːdwɔːk] *sb (US)* Holzsteg *m*
boast [bəʊst] *v 1. ~ about* prahlen mit, sich brüsten mit, tönen von; *sb 2.* Prahlerei *f*
boat [bəʊt] *sb* Boot *n; (rowing ~)* Kahn *m; (fam: ship)* Schiff *n; miss the ~ (fig)* den Anschluss verpassen
bob [bɒb] *sb (UK: shilling) (fam)* Schilling *m*
bobbin ['bɒbɪn] *sb* Spule *f,* Rolle *f*
bobble ['bɒbl] *sb* abrupte Bewegung *f*
bobby pin ['bɒbɪpɪn] *sb* Haarklemme *f*
bode [bəʊd] *v* bedeuten, ahnen lassen; *That doesn't ~ well.* Das bedeutet nichts Gutes.
bodge [bɒdʒ] *v (fam)* pfuschen, murksen
bodice ['bɒdɪs] *sb* Mieder *n*
bodiless ['bɒdɪlɪs] *adj* körperlos
bodily harm ['bɒdɪlɪ hɑːm] *sb JUR* Körperverletzung *f*

body ['bɒdɪ] *sb 1.* Körper *m,* Leib *m; the ~ of Christ* der Leib des Herrn; *2. (dead ~)* Leiche *f; 3. (main ~)* Hauptteil *m; 4. (group of people)* Gruppe *f,* Gesellschaft *f; (administrative)* Körperschaft *f; 5. (~work) (of a car) TECH* Karosserie *f; 6. (of an airplane)* Rumpf *m; 7. CHEM, PHYS, MATH* Körper *m*

body bag ['bɒdɪbæg] *sb* Leichensack *m*
body blow ['bɒdɪbləʊ] *sb* Körpertreffer *m*
body count ['bɒdɪ kaʊnt] *sb* Zählung der Verluste *f*
bodyguard ['bɒdɪgɑːd] *sb* Leibwächter *m*
bodywork ['bɒdɪwɜːk] *sb* Karosserie *f*
bog [bɒg] *sb 1.* Sumpf *m; 2. (UK: toilet)* Klo *n (fam); v 3. get ~ged down (fig)* sich festfahren

B

bogey ['bəʊgɪ] *sb* Kobold *m*
boggle ['bɒgl] *v It ~s the mind.* Das ist ja kaum zu fassen.
bogus ['bəʊgəs] *adj* unecht, falsch
bohemian [bəʊ'hiːmɪən] *adj (fig)* zur Bohem gehörend, unbürgerlich
boil[1] [bɔɪl] *v 1.* kochen, sieden; *2. (~ sth)* kochen, kochen lassen; *3. ~ over* überkochen; *sb 4. bring to the ~, bring to a ~* aufkochen lassen
•boil down *v ~ to sth (fig)* auf etw hinauslaufen
boil[2] [bɔɪl] *sb MED* Furunkel *m*
boiled ['bɔɪld] *adj* gekocht; *~ sweet (UK)* Bonbon *n*
boiler suit ['bɔɪlə suːt] *sb (UK)* Blaumann *m*
boisterous ['bɔɪstərəs] *adj* ausgelassen
bold [bəʊld] *adj 1.* kühn, mutig, verwegen; *2. (impudent)* dreist, vermessen; *3. (daring)* gewagt, wagemutig
bollix ['bɒlɪks] *v ~ up* vermasseln
bolster ['bəʊlstə] *v* stärken, verstärken
bolt [bəʊlt] *v 1. (run away)* durchbrennen, ausreißen, davonlaufen; *2. (a door)* verriegeln; *sb 3. TECH* Bolzen *m,* Schraube *f; 4. (on a door)* Riegel *m; 5. (of lightning)* Blitzstrahl *m; like a ~ out of the blue (fam)* wie ein Blitz aus heiterem Himmel; *~ upright* kerzengerade
•bolt down *v bolt sth down* etw hinunterschlingen
bomb [bɒm] *v 1. MIL* bombardieren; *2. (US: fail)* ein Flop sein *(fam)*, danebengehen; *3.* Bombe *f; sb 4. (US: failure)* Durchfall *m (fam)*; *m 5. (UK: success)* Bombenerfolg *m*
bombard [bɒm'bɑːd] *v* bombardieren, beschießen
bombastic [bɒm'bæstɪk] *adj* schwülstig
bomb bay [bɒm beɪ] *sb* Bombenschacht *m*
bombshell ['bɒmʃel] *sb (fig)* Bombe *f,* plötzliche Überraschung *f; a blonde ~* eine blonde Sexbombe
bona fide ['bəʊnə 'faɪdɪ] *adj* echt
bond [bɒnd] *sb 1. ~s pl (chains)* Fesseln *pl; 2. FIN* Obligation *f,* festverzinsliches Wertpapier *n; 3. CHEM* Bindung *f; 4. (fig)* Band *n*
bondage ['bɒndɪdʒ] *sb* Sklaverei *f,* Leibeigenschaft *f*
bonded ['bɒndɪd] *adj* unter Zollverschluss
bonding ['bɒndɪŋ] *sb* Prägung *f*
bond paper ['bɒndpeɪpə] *sb* Hochqualitätspapier *n*

bone [bəʊn] *sb 1.* Knochen *m,* Bein *n; have a ~ to pick with s.o.* mit jdm ein Hühnchen zu rupfen haben; *I feel it in my ~s.* Ich spüre es in den Knochen. *make no ~s about sth* kein Hehl aus etw machen; *2. ~ of contention* Zankapfel *m,* Streitobjekt *n,* Stein des Anstoßes *m*

bone china [bəʊn 'tʃaɪnə] *sb* feines Porzellan *n*
bone-dry [bəʊn draɪ] *adj* staubtrocken
bonehead ['bəʊnhed] *sb (fam: idiot)* Dummkopf *m*
bone-idle [bəʊn 'aɪdl] *adj* stinkfaul
boneyard ['bəʊnjɑːd] *sb* Friedhof *m*
bonfire ['bɒnfaɪə] *sb 1.* Feuer *n; 2. (for a celebration)* Freudenfeuer *n*
bonhomie ['bɒnɒmiː] *sb* Gutmütigkeit *f,* Jovialität *f*
bonkers ['bɒŋkəz] *adj (fam)* meschugge; *go ~* überschnappen
bonnet ['bɒnɪt] *sb 1. (woman's)* Haube *f; (baby's)* Häubchen *n; (in Scotland: man's ~)* Mütze *f; 2. have a bee in one's ~* eine fixe Idee haben; *3. (UK: of a car)* Motorhaube *f*
bonny ['bɒnɪ] *adj* hübsch, schön
bony ['bəʊnɪ] *adj (person)* klapperdürr, knochig
boo [buː] *v 1. (s.o.)* ausbuhen; *sb 2.* Buhruf *m*
boob [buːb] *sb 1. (UK: mistake)* Schnitzer *m; 2. (fam: woman's breast)* Brust *f; 3. (fam: person)* Trottel *m*
boo-boo ['buːbuː] *sb 1. (mistake)* Schnitzer *m; 2. (scratch)* Aua *n,* Wehwehchen *n*
booby hatch ['buːbɪ hætʃ] *sb (fig) the ~* die Klapsmühle *f*
booby trap ['buːbɪ træp] *sb* getarnte Falle *f*
boodle ['buːdl] *sb 1. (fig: things)* Klimbim *m,* Sums *m; 2. (fig: persons)* Bagage *f,* Haufen *m*

book [bʊk] *v 1. (reserve)* buchen, reservieren, vorbestellen; *to be ~ed up* ausgebucht sein; *2. (a traffic offender)* aufschreiben; *sb 3.* Buch *n; in my ~* wie ich es sehe; *throw the ~ at s.o.* jdn verdonnern *(fam)*; *by the ~* ganz korrekt; *a closed ~ (fig)* ein Buch mit sieben Siegeln; *an open ~ (fig)* ein offenes Buch; *4. ~s pl FIN* Bücher *pl; keep the ~s* die Bücher führen

bookish ['bʊkɪʃ] *adj 1. (given to reading)* büchernärrisch; *2. (not acquainted with real life)* lebensfremd
bookkeeping ['bʊkkiːpɪŋ] *sb* Buchhaltung *f*

B

booklet ['bʊklɪt] *sb* Broschüre *f*, Büchlein *n*
bookmark ['bʊkmɑːk] *sb* 1. Lesezeichen *n;* 2. *INFORM* Bookmark *n*
boom [buːm] *v* 1. dröhnen,2. *(prosper)* einen Aufschwung nehmen; *Business is ~ing.* Das Geschäft blüht. *sb* 3. *(upswing)* Aufschwung *m*, Boom *m;* 4. *(sound)* Dröhnen *n*, Donnern *n*
boomerang ['buːməræŋ] *sb* Bumerang *m*
boon [buːn] *sb* Wohltat *f*, Segen *m; to be a ~ to sth* ein Segen für etw sein
boondoggle ['buːndɒgl] *sb (useless project)* Zeitverschwendung *f*
boost [buːst] *v* 1. fördern; 2. *(production)* ankurbeln; *sb* 3. Auftrieb *m; give s.o. a ~* jdm Auftrieb geben
boot [buːt] *sb* 1. Stiefel *m; get the ~ (fam)* rausgeschmissen werden; *too big for one's ~s (fig)* größenwahnsinnig; *The ~ is on the other foot.* Das Blatt hat sich gewendet. 2. *(UK: of a car)* Kofferraum *m; v* 3. *~ s.o. out* jdn hinauswerfen
boot camp ['buːtkæmp] *sb* Trainingslager *n*
booth [buːθ] *sb* 1. Stand *m*, Bude *f;* 2. *(in a restaurant)* Nische *f*
bootlace ['buːtleɪs] *sb* Schnürsenkel *m*
bootlegger ['buːtlegə] *sb*Schmuggler *m*
bootless ['buːtlɪs] *adj* sinnlos, vergebens
boot sale [buːt seɪl] *sb (UK)* Trödelmarkt *m*
bootstrap ['buːtstræp] *sb* Schuhband *n; pull o.s. up by one's ~s* sich an den eigenen Haaren aus dem Sumpf ziehen
booty ['buːtɪ] *sb* Beute *f*
boo-word ['buːwɜːd] *sb (fam)* unanständiges Wort *n*
booze [buːz] *v* 1. *(fam)* saufen, bechern; *sb* 2. Schnaps *m*, Alkohol *m*
border ['bɔːdə] *sb* 1. *(between countries, boundary)* Grenze *f;* 2. *(edge)* Rand *m;* 3. *(edging)* Einfassung *f*, Umrandung *f*, Leiste *f; v* 4. grenzen; 5. *~ on* grenzen an; 6. *(line the edges of)* begrenzen; 7. *(put a border on)* einfassen
borderline ['bɔːdəlaɪn] *adj* an der Grenze
bore [bɔː] *v* 1. langweilen; *~ stiff, ~ to tears, ~ to death* anöden, zu Tode langweilen; 2. *TECH* bohren; *sb* 3. *to be a ~* langweilig sein, *(person)* ein Langweiler sein
boreal ['bɔːrɪəl] *adj GEO* nördlich
bored [bɔːd] *adj* gelangweilt; *to be ~* sich langweilen
borehole ['bɔːhəʊl] *sb* Bohrloch *n*
borer ['bɔːrə] *sb* Bohrer *m*
boresome ['bɔːsəm] *adj* langweilig
boring ['bɔːrɪŋ] *adj* langweilig

born [bɔːn] *adj* geboren; *to be ~* geboren werden

borough ['bʌrə] *sb* Stadtbezirk *m*, Wahlbezirk *m*, Verwaltungsbezirk *m*
borrow ['bɒrəʊ] *v* borgen, sich leihen, sich entleihen
borstal ['bɔːstəl] *sb JUR* Erziehungsanstalt *f*, Erziehungsheim *n*
bosket ['bɒskɪt] *sb* Dickicht *n*
bosom ['bʊzəm] *sb* Busen *m*, Brust *f*
botany ['bɒtənɪ] *sb* Botanik *f*
botch [bɒtʃ] *v (fam)* verpfuschen, pfuschen

both [bəʊθ] *pron* 1. beide; *adj* 2. beide; *adv* 3. *~ ... and ...* sowohl ... als (auch) ...

bother ['bɒðə] *v* 1. *~ about* sich kümmern um; 2. *(s.o.)* stören, belästigen, ärgern; *He can't be ~ed with it.* Er kann sich nicht damit abgeben. *sb* 3. Ärger *m*, Plage *f*, Schererei *f*
bothersome ['bɒðəsəm] *adj* lästig, nervig
bottle ['bɒtl] *v* 1. in Flaschen abfüllen; *sb* 2. Flasche *f*
bottleneck ['bɒtlnek] *sb (fig)* Engpass *m*

bottom ['bɒtəm] *sb* 1. *(of a glass, of a box)* Boden *m; The ~ has fallen out of the market.* Der Markt ist zusammengebrochen. *Bottoms up! (fam)* Auf Ex! 2. *(the lowest part)* der unterste Teil *m; from the ~ of my heart* aus tiefstem Herzen; 3. *(underside)* Unterseite *f;* 4. *(of a canyon, of the sea)* Grund *m;* 5. *(fam: buttocks)* Hintern *m*, Po *m;* 6. *to be at the ~ of sth* einer Sache zugrunde liegen, dahinterstecken; *get to the ~ of sth* einer Sache auf den Grund gehen, hinter etw kommen; 7. *hit ~ (fam)* am Boden sein; *v* 8. *~ out* auf dem Tiefpunkt sein, den tiefsten Stand erreicht haben

bottom line ['bɒtəm laɪn] *sb* 1. *FIN* Saldo *m;* 2. *(fig)* Ergebnis *n*, Resultat *n*
bough [baʊ] *sb* Ast *m*
boulder ['bəʊldə] *sb* Geröllblock *m*
bounce [baʊns] *v* 1. aufprallen; 2. *(bound)* springen; 3. *(cheque)* platzen; 4. *~ off* abprallen; 5. *(sth)* prellen; *sb* 6. *(one ~)* Aufprall *m;* 7. *(bouncing power)* Sprungkraft *f*
• **bounce back** *v (fig)* sich sofort wieder erholen
bouncer ['baʊnsə] *sb (US)* Türsteher *m*, Rausschmeißer (im Nachtlokal) *m*
bound[1] [baʊnd] *v* 1. *(leap)* springen, hüpfen; *sb* 2. *(leap)* Sprung *m*
bound[2] [baʊnd] *adj* 1. gebunden; 2. *It was ~ to happen.* Es musste so kommen.

B

bound[3] [baʊnd] *adj ~ for* unterwegs nach
boundary ['baʊndərɪ] *sb* Grenze *f*
boundless ['baʊndlɪs] *adj* grenzenlos, unbegrenzt, uferlos
bounteous ['baʊntɪəs] *adj* großzügig
bountiful ['baʊntɪfʊl] *adj* freigebig
bounty ['baʊntɪ] *sb* Kopfgeld *n*
bout [baʊt] *sb 1.* Kampf *m; 2. (of illness) MED* Anfall *m*
bow[1] [bəʊ] *sb 1. (that shoots arrows)* Bogen *m; 2. (knot)* Schleife *f*
bow[2] [baʊ] *sb (of a ship) NAUT* Bug *m*
bow[3] [baʊ] *v 1.* sich verbeugen, sich verneigen; *2. (fig: ~ to pressure)* beugen; *3. (one's head)* senken, neigen; *sb 4. (with one's body)* Verbeugung *f,* Verneigung *f*
• **bow out** *v (leave)* sich verabschieden
bowdlerize ['bəʊdləraɪz] *v* zensieren
bowed [baʊd] *adj* gebeugt
bowel ['baʊəl] *sb ANAT* Eingeweide *n*
bowel movement ['baʊəlmuːvmənt] *sb MED* Stuhlgang *m*
bower ['baʊə] *sb* Laube *f*
bowknot ['bəʊnɒt] *sb* fester Knoten *m*
bowl [bəʊl] *v 1.* rollen, werfen; *~ over* umwerfen; *2. (US: go bowling)* Bowling spielen; *sb 3.* Schüssel *f; 4. (for punch)* Bowle *f*
bow-legged ['bəʊlegɪd] *adj* O-beinig
bowler ['bəʊlə] *sb 1. (hat)* Melone *f; 2. SPORT* Bowlingspieler *m; 3. (in cricket) SPORT* Werfer *m*
bowstring ['bəʊstrɪŋ] *sb* Bogensehne *f*
bow tie [bəʊ taɪ] *sb* Fliege *f*
box[1] [bɒks] *v SPORT* boxen
box[2] [bɒks] *v 1. (put in boxes)* verpacken; *sb 2.* Kasten *m,* Kiste *f; 3. (made of thin cardboard)* Schachtel *f; 4. (housing) TECH* Gehäuse *n; 5. THEAT* Loge *f*
boxboard ['bɒksbɔːd] *sb* Wellpappe *f*
Boxing Day ['bɒksɪŋ deɪ] *sb* der zweite Weihnachtsfeiertag *m*
box number ['bɒksnʌmbə] *sb* Postfach *n*
box office ['bɒksɒfɪs] *sb* Theaterkasse *f,* Kinokasse *f; a ~ success* ein Kassenschlager *m*
boxroom ['bɒksruːm] *sb* Abstellraum *m*
box score ['bɒksskɔː] *sb SPORT* Spielbericht *m*
box spring [bɒks sprɪŋ] *sb* Bettfeder *f*
boxwood ['bɒkswʊd] *sb* Buchsbaumholz *n*

boy [bɔɪ] *sb* Knabe *m,* Junge *m,* Bursche *m*

boycott ['bɔɪkɒt] *sb 1.* Boykott *m; v 2.* boykottieren
boyfriend ['bɔɪfrend] *sb* Freund *m*
boyhood ['bɔɪhʊd] *sb* Kindheit (eines Jungen) *f*
boyish ['bɔɪɪʃ] *adj 1.* jungenhaft; *2. (woman)* knabenhaft, burschikos
boy scout [bɔɪ skaʊt] *sb* Pfadfinder *m*
bra [brɑː] *sb (fam)* BH *m,* Büstenhalter *m*
brace [breɪs] *v ~ o.s. for sth (fig)* sich auf etw gefasst machen
bracelet ['breɪslɪt] *sb* Armband *n*
braces ['breɪsɪz] *pl 1. (UK)* Hosenträger *m; 2. (for teeth)* Zahnspange *f*
bracing ['breɪsɪŋ] *adj* belebend, anregend
bracket ['brækɪt] *sb 1. (symbol)* Klammer *f; 2. (hardware)* Winkelträger *m; 3. (group)* Klasse *f,* Stufe *f*
bracketing ['brækɪtɪŋ] *sb* Gitterwerk *n*
brag [bræg] *v* prahlen, angeben
braid [breɪd] *v 1.* flechten; *sb 2. (of hair)* Zopf *m; 3. (trimming)* Borte *f*
brain [breɪn] *sb ANAT* Gehirn *n,* Hirn *n; have ~s (fam: to be smart)* etw im Kopf haben
brainchild ['breɪntʃaɪld] *sb* Geistesprodukt *n*
brain dead ['breɪnded] *adj* gehirntot
brainless ['breɪnlɪs] *adj* hirnlos
brainpower ['breɪnpaʊə] *sb* geistige Kraft *f*
brainstorm ['breɪnstɔːm] *sb* Geistesblitz *m*
brains trust [breɪnz trʌst] *sb* Expertenausschuss *m*
brain-teaser ['breɪntiːzə] *sb* Denksportaufgabe *f*
brainwashing ['breɪnwɒʃɪŋ] *sb* Gehirnwäsche *f*
brainy ['breɪnɪ] *adj (fam)* clever, schlau
braise [breɪz] *v GAST* schmoren
brake [breɪk] *v 1.* bremsen; *sb 2.* Bremse *f*
bran [bræn] *sb* Kleie *f*
branch [brɑːntʃ] *sb 1.* Zweig *m; 2. (point where sth ~es)* Abzweigung *f; 3. (growing straight from the trunk)* Ast *m; 4. (area)* Zweig *m,* Sparte *f,* Branche *f; 5. (~ office)* Filiale *f,* Zweigstelle *f; v 6. ~ off (road)* abzweigen; *7. ~ out* sich ausdehnen
brand [brænd] *v 1. (fig: stigmatize)* brandmarken; *sb 2. (name)* Marke *f,* Schutzmarke *f; 3. (kind)* Sorte *f; 4. (on cattle)* Brandzeichen *n*
brandish ['brændɪʃ] *v* schwingen
brash [bræʃ] *adj* nassforsch, forsch
brass [brɑːs] *sb 1. MET* Messing *n*; *2. (fam) MIL* hohe Offiziere *pl*
brassard ['bræsɑːd] *sb* Armbinde *f*
brassy ['bræsɪ] *adj* dreist
brat [bræt] *sb* Balg *n,* Gör *n*
brattice ['brætɪs] *sb* Verschalung *f*

bravado [brə'vɑːdəʊ] *sb* gespielte Tapferkeit
brave [breɪv] *adj* tapfer, mutig
bravery ['breɪvərɪ] *sb* Tapferkeit *f*, Mut *m*
brawl [brɔːl] *sb* 1. Schlägerei *f*, Keilerei *f*; *v* 2. sich schlagen
brawn [brɔːn] *sb* gut entwickelte Muskulatur *f*, Muskelkraft *f*
bray [breɪ] *v* schreien, wiehern
braze [breɪz] *v* löten
brazen ['breɪzn] *adj* unverschämt, dreist
breach [briːtʃ] *v* 1. *(a contract)* brechen, verletzen; 2. *(defences)* durchbrechen; *sb* 3. Übertretung *f*, Verstoß *m*, Verletzung *f*; *~ of the peace* Friedensbruch *m*; *~ of trust* Vertrauensbruch *m*; *~ of contract* Vertragsbruch *m*; 4. *(of defences)* Bresche *f*, Lücke *f*

bread [bred] *sb* 1. Brot *n*; *break ~ (fig)* das Brot brechen; *v* 2. *(US) GAST* panieren

breadboard ['bredbɔːd] *sb* Brotschneidebrett *n*
breadline ['bredlaɪn] *sb* Schlange vor einer Lebensmittelausgabestelle *f*; *on the ~* am Existenzminimum
breadth [bredθ] *sb* Breite *f*, Weite *f*
breadthways ['bredθweɪz] *adv* in der Breite, der Breite nach

break [breɪk] *v irr* 1. brechen; *~ s.o.'s heart* jdm das Herz brechen; *~ the news to s.o.* jdm etw eröffnen; *~ with* brechen mit; *~ even* seine Kosten decken; 2. *(glass)* zerbrechen; 3. *(a window)* einschlagen; 4. *(in two)* entzweigehen; 5. *(stop functioning)* kaputtgehen; *(put out of working order)* kaputtmachen; 7. *~ a habit* sich etw abgewöhnen; 8. *~ new ground* Neuland betreten; *sb* 9. Bruch *m*; *~ of day* Tagesanbruch *m*; 10. *(pause)* Pause *f*; *take a ~* Pause machen; 11. *(US: opportunity)* Chance *f*, Gelegenheit *f*; *give s.o. a ~ (fam)* jdm eine Chance geben; *Bad ~! (fam)* Pech!

• **break apart** *v irr* auseinander brechen
• **break down** *v irr* 1. *(machine)* versagen, stehen bleiben; 2. *(cry, have a breakdown)* zusammenbrechen
• **break in** *v irr* 1. *(enter illegally)* einbrechen; 2. *(a horse)* zureiten; 3. *(shoes)* einlaufen
• **break off** *v irr* abbrechen
• **break open** *v irr (sth)* aufbrechen, aufschlagen, erbrechen
• **break out** *v irr* ausbrechen; *I broke out in a cold sweat.* Mir brach der Angstschweiß aus.
• **break through** *v irr* durchbrechen
• **break up** *v irr* 1. *(fig: couple)* Schluss machen; 2. *(sth)* zerbrechen, zerkleinern, zerschlagen; 3. *Break it up! (fig)* Auseinander!
breakable ['breɪkəbl] *adj* zerbrechlich
breakage ['breɪkɪdʒ] *sb* 1. Bruch *m*; 2. *(damage)* Bruchschaden *m*
breakaway ['breɪkəweɪ] *sb* Lossagung *f*
breakdown ['breɪkdaʊn] *sb* 1. *(analysis)* Aufgliederung *f*; 2. *(of a machine)* Versagen *n*, Betriebsstörung *f*; 3. *(of a car)* Panne *f*; 4. *MED* Zusammenbruch *m*
breaker ['breɪkə] *sb* Brecher *m*
breakfast ['brekfəst] *sb* 1. Frühstück *n*; *v* 2. frühstücken
break-in ['breɪkɪn] *sb* Einbruch *m*
breaking point ['breɪkɪŋ pɔɪnt] *sb* Festigkeitsgrenze *f*
breakneck ['breɪknek] *adj* halsbrecherisch
breast [brest] *sb* 1. Brust *f*; 2. *(woman's ~)* Brust *f*, Busen *m*
breast-feed ['brestfiːd] *v irr* stillen
breastplate ['brestpleɪt] *sb* Brustplatte *f*
breast-stroke ['breststrəʊk] *sb SPORT* Brustschwimmen *n*

breath [breθ] *sb* 1. Atem *m*; *catch one's ~* Luft holen; *out of ~* außer Atem; *bad ~* Mundgeruch *m*; *say sth under one's ~* etw flüstern; *He's wasting his ~.* Er redet umsonst. *It took my ~ away.* Es verschlug mir den Atem. 2. *(one ~)* Atemzug *m*, Hauch *m*; *take a deep ~* einmal tief atmen

Breathalyzer ['breθəlaɪzə] *sb* Promillemesser *m*
breathe [briːð] *v* atmen; *~ a sigh of relief* erleichtert aufatmen; *~ in* einatmen; *~ out* ausatmen
breathed [brɛθt] *adj* gehaucht
breather ['briːðə] *sb (fam)* Atempause *f*; *take a ~* sich verschnaufen
breathing space ['briːðɪŋ speɪs] *sb* Atempause *f*
breathless ['breθlɪs] *adj* atemlos
breathy ['breθɪ] *adj* gehaucht
breeches ['brɪtʃɪz] *pl* Reithosen *pl*; *to be too big for one's ~ (fig)* ein eingebildeter Tropf sein
breed [briːd] *v irr* 1. *(multiply)* sich vermehren; 2. *(sth)* züchten; 3. *(cause)* verursachen; *sb* 4. Art *f*
breeze [briːz] *sb* 1. Brise *f*, Luftzug *m*, Hauch *m*; 2. *(fam: easy task) (US)* Spaziergang *m*, Kinderspiel *n*
brekky ['brekɪ] *sb (fam)* Frühstück *n*
brethren ['breðrɪn] *pl* Brüder *pl*
brevity ['brevɪtɪ] *sb* Kürze *f*

B

brew [bruː] *v* 1. *(beer)* brauen; 2. *(tea)* kochen; 3. *(trouble)* sich zusammenbrauen
• **brew up** *v (fam: make tea)* Tee machen
brewing ['bruːɪŋ] *sb* Brauen *n*
bribe [braɪb] *v* 1. bestechen, schmieren; *sb* 2. *(money)* Bestechung *f*, Schmiergeld *n*
bribery ['braɪbərɪ] *sb* Bestechung *f*
brick [brɪk] *sb* Ziegel *m*, Backstein *m*; *drop a ~ (fam)* einen Schnitzer machen
bricklayer ['brɪkleɪə] *sb* Maurer *m*
brick red ['brɪkred] *adj* ziegelrot
brickyard ['brɪkjɑːd] *sb* Ziegelei *f*
bridal ['braɪdl] *adj* Braut...
bride [braɪd] *sb* Braut *f*
bridegroom ['braɪdgruːm] *sb* Bräutigam *m*
bridesmaid ['braɪdzmeɪd] *sb* Brautjungfer *f*
bridge [brɪdʒ] *v* 1. *(fig)* überbrücken; *sb* 2. Brücke *f*; *burn one's ~s behind one* alle Brücken hinter sich abbrechen; 3. *(dental) MED* Brücke *f*
bridle ['braɪdl] *sb* Zügel *m*
bridle path ['braɪdl pɑːθ] *sb* Reitpfad *m*
brief [briːf] *v* 1. *~ s.o.* jdn einweisen, jdn instruieren; *adj* 2. kurz; *sb* 3. *JUR* Instruktionen *pl*; 4. *~s pl (underpants)* Slip *m*
briefcase ['briːfkeɪs] *sb* Aktenmappe *f*
briefing ['briːfɪŋ] *sb* vorbereitende Besprechung *f*
brig [brɪg] *sb* 1. *(fam) (US)* Knast *m*; 2. *NAUT* Brigg *f*
brigade [brɪ'geɪd] *sb* 1. *MIL* Brigade *f*; 2. *(fig)* Verein *m (fam)*
brigadier [brɪgə'dɪə] *sb* Brigadegeneral *m*
brigand ['brɪgənd] *sb* Brigant *m*, Räuber *m*
bright [braɪt] *adj* 1. hell; *the ~ lights (fig)* der Glanz *m*; 2. *(intelligent)* klug, schlau, intelligent; 3. *(colours)* leuchtend, lebhaft; 4. *(cheerful)* fröhlich, heiter; 5. *(weather)* klar, heiter
brighten ['braɪtən] *v* aufhellen, aufheitern
bright-eyed ['braɪtaɪd] *adj* mit strahlenden Augen; *~ and bushy-tailed* putzmunter
brightness ['braɪtnɪs] *sb* Helligkeit *f*, Heiterkeit *f*
brilliance ['brɪljəns] *sb* 1. Glanz *m*, Helligkeit *f*; 2. *(mental)* Brillanz *f*, Scharfsinn *m*
brilliant ['brɪljənt] *adj (fig)* glänzend, brillant, genial
brim [brɪm] *sb* Rand *m*
brimful [brɪm'fʊl] *adj* randvoll
brimstone ['brɪmstəʊn] *sb* Schwefel *m*

bring [brɪŋ] *v irr* 1. bringen, mitbringen; 2. *~ o.s. to do sth* sich überwinden, etw zu tun, sich dazu durchringen, etw zu tun; 3. *JUR* bringen; *~ a charge against s.o.* gegen jdn Anklage erheben

• **bring about** *v irr* verursachen, anstiften, bewirken
• **bring along** *v irr* mitbringen
• **bring back** *v irr* zurückbringen
• **bring down** *v irr* 1. herunterbringen; 2. *(lower, reduce)* herabsetzen; 3. *bring s.o. down* jdn zur Strecke bringen
• **bring forward** *v irr FIN* übertragen
• **bring in** *v irr (call in)* einschalten
• **bring off** *v irr* zustande bringen, vollenden
• **bring on** *v irr (cause)* verursachen, heraufbeschwören
• **bring out** *v irr* herausbringen
• **bring over** *v irr (talk around, convince)* überzeugen
• **bring round** *v irr bring s.o. round (to an opinion)* jdn umstimmen, jdn bekehren, jdn herumkriegen *(fam)*
• **bring to** *v irr bring s.o. to* jdn zu Bewusstsein bringen
• **bring up** *v irr* 1. *(children)* aufziehen; *(educate)* erziehen; *to be brought up* aufwachsen; 2. *(a subject)* anschneiden, erwähnen
bring-and-buy-sale [brɪŋ ænd baɪ seɪl] *sb (fam) (UK)* Basar *m*
brink [brɪŋk] *sb* Rand *m*
brinksmanship ['brɪŋksmənʃɪp] *sb POL* riskantes Manövrieren *n*
briquette [brɪ'ket] *sb* Brikett *n*
brisk [brɪsk] *adj* 1. *(pace)* flott, zügig, rasch; 2. *(business)* lebhaft, rege
bristle ['brɪsl] *v* 1. *(with anger)* zornig werden; *sb* 2. *(of a brush)* Borste *f*
bristly ['brɪslɪ] *adj* stachelig
Brit [brɪt] *sb* Brite/Britin *m/f*
Britain ['brɪtn] *sb GEO* Großbritannien *n*
British Isles ['brɪtɪʃ aɪlz] *pl the ~ GEO* die Britischen Inseln *pl*
Briton ['brɪtən] *sb* Brite/Britin *m/f*
Brittanic [brɪ'tænɪk] *adj* bretonisch
Brittany ['brɪtənɪ] *sb GEO* Bretagne *f*
brittle ['brɪtl] *adj* spröde, zerbrechlich
broach [brəʊtʃ] *v (a subject)* anschneiden
broad [brɔːd] *adj* 1. *(spatially)* breit; 2. *(fig)* weit, umfassend; *in ~ daylight* am helllichten Tage; *sb* 3. *(fam: woman) (US)* Weib *n*
B-road ['biːrəʊd] *sb (UK)* untergeordnete Straße *f*
broadcast ['brɔːdkɑːst] *v irr* 1. senden, übertragen; *sb* 2. Übertragung *f*, Sendung *f*

broadcloth ['brɔːdklɒθ] *sb* Baumwollstoff *m*, feiner Wollstoff *m*
broaden ['brɔːdn] *v* verbreitern; *~ one's mind* seinen Horizont erweitern
broad gauge [brɔːd geɪdʒ] *sb (railway)* Breitspur *f*
broad-leaved [brɔːd liːvd] *adj* breitblättrig
broad-minded ['brɔːd'maɪndɪd] *adj* tolerant, großzügig, aufgeschlossen
broadside ['brɔːdsaɪd] *sb 1. NAUT* Breitseite *f; 2. (fig: verbal attack)* Angriff *m*, Attacke *f*
brochure ['brəʊʃʊə] *sb* Broschüre *f*
brogue [brəʊg] *sb* irischer Akzent *m*
broil [brɔɪl] *v (~ sth) GAST* grillen, auf dem Rost braten
broiler ['brɔɪlə] *sb GAST* Broiler *m*, Brathähnchen *n*
broke [brəʊk] *adj (fam)* pleite, blank; *go for ~* alles riskieren
broken ['brəʊkən] *adj* kaputt, zerbrochen, entzwei
broken-down [brəʊkən'daʊn] *adj* kaputt, defekt
broken-hearted [brəʊkən'hɑːtɪd] *adj* untröstlich
broker ['brəʊkə] *v* Makler *m*
brokerage ['brəʊkərɪdʒ] *sb* Maklergeschäft *n*, Maklergebühr *f*, Provision *f*
brolly ['brɒlɪ] *sb (fam: umbrella) (UK)* Regenschirm *m*
bromide ['brəʊmaɪd] *sb (fig: platitude)* Plattitüde *f*, Allgemeinplatz *m*
brooch [brəʊtʃ] *sb* Brosche *f*
brood [bruːd] *v* brüten, grübeln, sinnieren
brooder ['bruːdə] *sb* Brutkasten *m*
broody ['bruːdɪ] *adj (sullen)* grüblerisch, brütend
brook [brʊk] *sb* Bach *m*
broom [bruːm] *sb* Besen *m*, Kehrbesen *m*
broomstick ['bruːmstɪk] *adj* Besenstiel *m*
broth [brɒθ] *sb* Fleischbrühe *f*, Suppe *f*
brothel ['brɒθl] *sb* Bordell *n*

brother ['brʌðə] *sb* Bruder *m*

brotherhood ['brʌðəhʊd] *sb 1.* Brüderlichkeit *f; 2. (association)* Bruderschaft *f*
brother-in-law ['brʌðərɪnlɔː] *sb* Schwager *m*
brouhaha ['bruːhɑːhɑː] *sb* Getue *n*
brow [braʊ] *sb 1. (forehead)* Stirn *f; by the sweat of one's ~* im Schweiße seines Angesichts; *2. (eye~)* Augenbraue *f*
browbeat ['braʊbiːt] *v* einschüchtern

brown [braʊn] *v 1.* bräunen; *2. GAST* anbraten, bräunen; *adj 3.* braun

B

brownie ['braʊnɪ] *sb (US) GAST* Schokoladenschnitte *f*
brownout ['braʊnaʊt] *sb (US)* Verdunkelung *f*
bruise [bruːz] *v 1. (receive a bruise)* einen blauen Fleck bekommen; *2. (s.o.)* einen blauen Fleck geben; *sb 3.* blauer Fleck *m*, Quetschung *f*, Bluterguss *m*
bruiser ['bruːzə] *sb* Schläger *m*, Rowdy *m*
bruit [bruːt] *v* verbreiten
brumal ['bruːməl] *adj* winterlich
brunch [brʌntʃ] *sb* Brunch *m* (spätes, herzhaftes Frühstück)
brunette [bruː'net] *sb* Brünette *f*
brunt [brʌnt] *sb* volle Wucht *f*, Hauptlast *f*
brush [brʌʃ] *v 1.* bürsten; *~ one's teeth* sich die Zähne putzen; *2. (sweep)* kehren; *sb 3.* Bürste *f; 4. (paint ~, shaving ~)* Pinsel *m; 5. (undergrowth)* Unterholz *n; 6. have a ~ with s.o.* mit jdm kurz in Berührung kommen
• **brush against** *v* streifen
• **brush aside** *v* beiseite schieben
• **brush off** *v brush s.o. off* jdn abwimmeln
• **brush up** *v (on sth)* aufpolieren *(fam)*
brushed [brʌʃt] *adj* Velours...
brushmark ['brʌʃmɑːk] *sb* Pinselstrich *m*
brusque [bruːsk] *adj* brüsk, schroff
brutal ['bruːtl] *adj* brutal, unmenschlich
brutality [bruː'tælɪtɪ] *sb* Brutalität *f*
brute [bruːt] *sb* Biest *n*, Unmensch *m*
brutish ['bruːtɪʃ] *adj* viehisch, brutal
bubble ['bʌbl] *sb 1.* Blase *f; 2. ~ and squeak (UK) GAST* Resteeintopf; *v 3.* sprudeln
bubbler ['bʌblə] *sb* Trinkstelle *f*
bubbly ['bʌblɪ] *sb (fam: champagne)* Schampus *m*
buccaneer [bʌkə'nɪə] *sb* Seeräuber *m*
buck [bʌk] *v 1. (horse)* bocken; *sb 2. pass the ~* den Schwarzen Peter zuschieben, abwälzen; *3. (US: dollar)* Dollar *m; 4. (male deer) ZOOL* Bock *m*
• **buck up** *v 1. (come to life)* aufleben; *2. (hurry up)* sich beeilen; *3. (fam) Buck up!* Kopf hoch!
bucket ['bʌkɪt] *sb 1.* Eimer *m*, Kübel *m; kick the ~ (fam)* abkratzen; *v 2. ~ down* gießen, schütten
bucket shop ['bʌkɪt ʃɒp] *sb (fam)* betrügerische Makleragentur *f*
buckle ['bʌkl] *v 1. (fasten a ~)* zuschnallen, anschnallen; *sb 2.* Spange *f*, Schnalle *f*
bucksaw ['bʌksɔː] *sb* Handsäge *f*

B

buck tooth [bʌk tuːθ] *sb ANAT* vorstehender Zahn *m*
bud¹ [bʌd] *v 1.* knospen; *sb 2. BOT* Knospe *f*
bud² [bʌd] *sb (fam: buddy) (US)* Kumpel *m*
budding ['bʌdɪŋ] *adj (fam: artist)* angehend
buddy ['bʌdɪ] *sb 1. (US)* Kumpel *m; 2. (US) Hey, ~!* He, Chef!
budge [bʌdʒ] *v 1. (o.s.)* sich im Geringsten bewegen; *2. (sth, s.o.)* vom Fleck bewegen
budget ['bʌdʒɪt] *v 1. ~ for sth* einplanen, einkalkulieren; *sb 2.* Etat *m,* Budget *n,* Staatshaushalt *m*
budgie ['bʌdʒɪ] *sb (fam: budgerigar)* Wellensittich *m*
buff [bʌf] *sb 1. (enthusiast)* Fan *m,* Fex *m; 2. in the ~* splitternackt; *v 3. TECH* schwabbeln
buffet¹ ['bʊfeɪ] *sb GAST* Büfett *n*
buffet² ['bʌfɪt] *v (knock about)* stoßen
buffeting ['bʌfɪtɪŋ] *sb* Rütteln *n*
buffoon [bə'fuːn] *sb* Hanswurst *m*
bug [bʌg] *v 1. TEL* verwanzen, abhören; *2. (US: bother)* nerven; *sb 3. ZOOL* Wanze *f,* Käfer *m,* Insekt *n; 4. (listening device)* Wanze *f; 5. INFORM* Bug *m,* Fehler *m*
bugbear ['bʌgbɛə] *sb* Schreckgespenst *n*
bugger ['bʌgə] *sb (person)* Kerl *m; (contemptibly: person)* Scheißkerl *m; (fam: thing)* Scheißding *n*
bugging affair ['bʌgɪŋ ə'fɛər] *sb POL* Lauschangriff *m*
buggy ['bʌgɪ] *sb 1.* leichter Pferdewagen *m; 2. (US: baby ~)* Kinderwagen *m*

> **build** [bɪld] *v irr 1.* bauen, erbauen, errichten; *2. (fig: business, career, relationship)* aufbauen; *3. (assemble) TECH* bauen, konstruieren, herstellen; *sb 4.* Körperbau *m,* Statur *f,* Wuchs *m*

• **build in** *v irr* einbauen
• **build into** *v irr 1. (build in)* in etwas hineinbauen; *2. build sth into sth* etw zu etw machen
• **build on** *v irr* anbauen
• **build up** *v irr (fig: publicize)* aufbauen, groß herausstellen
builder ['bɪldə] *sb 1. (worker)* Bauarbeiter *m; 2. (contractor)* Bauunternehmer *m,* Erbauer *m*
building ['bɪldɪŋ] *sb 1.* Gebäude *n,* Bau *m,* Haus *n; 2. (act of constructing)* Bau *m,* Bauen *n,* Errichtung *f*
building block ['bɪldɪŋ blɒk] *sb* Bauklotz *m*
building site ['bɪldɪŋ saɪt] *sb* Baustelle *f,* Bauplatz *m,* Bau *m*
building society ['bɪldɪŋ sə'saɪətɪ] *sb (UK)* Bausparkasse *f*
built-in ['bɪlt'ɪn] *adj* Einbau..., eingebaut
built-up [bɪlt'ʌp] *adj* inszeniert
bulb [bʌlb] *sb 1. BOT* Knolle *f; 2. (light ~)* Glühbirne *f*
bulge [bʌldʒ] *v 1. (~ out)* anschwellen, hervorquellen, voll sein; *sb 2.* Bauchung *f,* Beule *f; 3. the Battle of the Bulge MIL* die Ardennenschlacht *f*
bulk [bʌlk] *sb 1. (size)* Größe *f,* Masse *f; 2. (large shape)* massige Gestalt *f; 3. (large quantity)* Masse *f; 4. (majority)* Großteil *m,* Mehrheit *f*
bulk carrier ['bʌlkkærɪə] *sb NAUT* Frachtschiff *n*
bulky ['bʌlkɪ] *adj 1.* sperrig; *2. (person)* massig
bull [bʊl] *sb 1. ZOOL* Stier *m,* Bulle *m; like a ~ in a china shop* wie ein Elefant im Porzellanladen; *take the ~ by the horns (fig)* den Stier bei den Hörnern packen; *2. FIN* Haussespekulant *m,* Haussier *m*
bulldoze ['bʊldəʊz] *v 1.* planieren; *2. (fig)* erzwingen
bullet ['bʊlɪt] *sb* Kugel *f*
bulletin ['bʊlɪtɪn] *sb* Bericht *m,* Meldung *f*
bulletproof ['bʊlɪtpruːf] *adj* kugelsicher
bullfight ['bʊlfaɪt] *sb* Stierkampf *m*
bull-headed ['bʊlhedɪd] *adj* stur
bullhorn ['bʊlhɔːn] *sb (US)* Lautsprecher *m,* Megaphon *n*
bullion ['bʊljən] *sb 1. (gold)* Goldbarren *m; 2. (silver)* Silberbarren *m*
bullish ['bʊlɪʃ] *adj* optimistisch
bullock ['bʊlək] *sb ZOOL* Ochse *m*
bullring ['bʊlrɪŋ] *sb* Stierkampfarena *f*
bull session ['bʊlseʃən] *sb (US)* spontanes Gruppengespräch *n*
bull's eye ['bʊlzaɪ] *sb (hit)* Volltreffer *m*
bully ['bʊlɪ] *v 1.* schikanieren, *2.* Rabauke *m,*
bullyrag ['bʊlɪræg] *v* schikanieren, trietzen
bulwark ['bʊlwək] *sb* Bollwerk *n*
bum¹ [bʌm] *sb 1. (US)* Gammler *m; 2. (tramp)* Penner *m*
bum² [bʌm] *sb (UK: buttocks)* Po *m*
bum-bag ['bʌmbæg] *sb (UK)* Gürteltasche *f*
bumble ['bʌmbl] *v* sich durchwursteln
bumble bee ['bʌmblbiː] *sb* Hummel *f*
bummer ['bʌmə] *sb (fam: disappointment) That was a real ~.* Das war so ein Pech.
bump [bʌmp] *v 1. (sth)* stoßen, anstoßen, anprallen; *sb 2.* Unebenheit *f; 3. (swelling)* Beule *f; 4. (collision)* heftiger Stoß *m,* Bums *m*
• **bump into** *v ~ s.o.* jdm zufällig begegnen
• **bump off** *v (fam: kill)* abmurksen)

bumper ['bʌmpə] *sb (of a car)* Stoßstange *f*
bumper car ['bʌmpə kɑː] *sb* Autoscooter *m*
bumpkin ['bʌmpkɪn] *sb* Trampel *m; country ~* Landei *n*
bumptious ['bʌmpʃəs] *adj* angeberisch, wichtigtuerisch
bumpy ['bʌmpɪ] *adj* holperig, uneben
bun [bʌn] *sb GAST* Brötchen *n*
bunch [bʌntʃ] *sb 1.* Bündel *n; (of flowers)* Strauß *m; 2. (fam)* Haufen *m; the best of the ~* der Beste von allen; *~es pl (hairstyle)* Rattenschwänze *pl*
bunchy ['bʌntʃɪ] *adj* bauschig
bundle ['bʌndl] *sb 1.* Bündel *n; (fig) ~ of nerves* Nervenbündel *n; v 2.* bündeln
• **bundle up** ['bʌndl'ʌp] *v 1.* bündeln, zusammenraffen; *2. (wrap up warmly)* warm einpacken
bungle ['bʌŋgl] *v* verpfuschen, pfuschen, stümpern
bungler ['bʌŋglə] *sb* Pfuscher *m,* Stümper *m*
bungling ['bʌŋglɪŋ] *adj (attempt)* stümperhaft; *(person)* unfähig
bunk [bʌŋk] *sb* Koje *f,* Bett *n*
bunk bed [bʌŋk bed] *sb* Etagenbett *n*
bunkum ['bʌŋkəm] *sb* Quatsch *m,* Unsinn *m*
buoy [bɔɪ] *sb 1.* Boje *f; v 2.* Auftrieb geben, beleben
buoyancy ['bɔɪənsɪ] *sb 1. (power to float)* Schwimmfähigkeit *f; 2. (cheerfulness)* Lebhaftigkeit *f,* Schwung *m*
burble ['bɜːbl] *v 1. (stream)* plätschern, gurgeln; *2. (person)* quasseln, brabbeln
burden ['bɜːdn] *v 1.* belasten; *~ s.o. with sth* jdm etw aufbürden; *sb 2.* Last *f; 3. (fig)* Belastung *f; 4. (of taxes) FIN* Belastung *f; 5. ~ of proof JUR* Beweislast *f*
bureau ['bjuːrəʊ] *sb 1. (of the government)* Amt *n,* Behörde *f; 2. (UK: desk)* Sekretär *m; (US: chest of drawers)* Kommode *f*
bureaucracy [bjuː'rɒkrəsɪ] *sb* Bürokratie *f*
burgeon ['bɜːdʒən] *v (fig)* aufleben
burgess ['bɜːdʒɪs] *sb* freier Bürger *m*
burglar ['bɜːglə] *sb* Einbrecher *m*
burgle ['bɜːgl] *v* einbrechen in
burial ['berɪəl] *sb* Beerdigung *f,* Begräbnis *n*
burial ground ['berɪəl graʊnd] *sb* Begräbnisstätte *f*
burly ['bɜːlɪ] *adj* stämmig
burn [bɜːn] *v irr 1.* brennen, verbrennen; *2. GAST* anbrennen; *3. (sun)* glühen; *sb 4. MED* Brandwunde *f,* Verbrennung *f*
• **burn down** *v irr* niederbrennen
• **burn off** *v irr* abbrennen
• **burn out** *v irr* ausbrennen; *burn o.s. out (fig)* sich kaputtmachen
• **burn up** *v irr (rocket)* verglühen
burner ['bɜːnə] *sb* Brenner *m*
burning ['bɜːnɪŋ] *adj* brennend, glühend
burnish ['bɜːnɪʃ] *v* polieren
burnt [bɜːnt] *adj* verbrannt, angebrannt
burp [bɜːp] *v 1.* rülpsen; *sb 2.* Rülpser *m (fam)*
burrow ['bʌrəʊ] *v 1.* graben, wühlen; *sb 2. (lair)* Bau *m,* Höhle *f*
bursar ['bɜːsə] *sb* Schatzmeister *m*
burst ['bɜːst] *v irr 1.* bersten, platzen, zerspringen; *~ into tears* in Tränen ausbrechen; *~ out laughing* in Gelächter ausbrechen; *~ with pride* vor Stolz platzen; *2. ~ into flames* in Flammen aufgehen, auflodern; *3. ~ open* sprengen, aufbrechen; *4. ~ in* hineinplatzen; *sb 5. (sudden surge)* Ausbruch *m,* Anfall *m; ~ of laughter* Lachsalve *f; ~ of speed* Spurt *m*
bury ['berɪ] *v 1.* begraben, beerdigen, bestatten; *2. (hide in the earth)* vergraben; *3. (fig)* begraben

bus [bʌs] *sb* Bus *m,* Omnibus *m*

bush [bʊʃ] *sb 1.* Busch *m,* Strauch *m; ~es pl* Gebüsch *n; beat about the ~, beat around the ~ (fam)* wie die Katze um den heißen Brei herumschleichen; *2. the ~ (in Africa)* Busch *m*
bushed [bʊʃt] *adj (fam)* erledigt
bushel ['bʊʃl] *sb* Scheffel *m*
bushwack ['bʊʃwæk] *v (US) ~ s.o.* jdm aus dem Hinterhalt überfallen
bushy ['bʊʃɪ] *adj* buschig

business ['bɪznɪs] *sb 1.* Geschäft *n; He means ~.* Er meint es ernst. *combine ~ with pleasure* das Angenehme mit dem Nützlichen verbinden; *2. (firm)* Geschäft *n,* Betrieb *m,* Unternehmen *n; go out of ~* zumachen; *3. (trade) ECO* Geschäft *n,* Gewerbe *n; 4. (matter)* Sache *f,* Affäre *f,* Angelegenheit *f; That's none of your ~.* Das geht dich nichts an. *get down to ~* zur Sache kommen; *mind one's own ~* sich um die eigenen Angelegenheiten kümmern

businesslike ['bɪznɪslaɪk] *adj* geschäftsmäßig, sachlich, nüchtern
busker [bʌskə] *sb (UK)* Straßenmusikant
busman's holiday ['bʌsmənz 'hɒlɪdeɪ] *sb (fam)* Urlaub voller Arbeit *m*
buss [bʌs] *sb (kiss)* Schmatz *m*
bust[1] [bʌst] *v 1.* kaputtgehen; *sb 2. (fam: failure, dud)* Flasche *f*

B

bust[2] [bʌst] *sb* 1. ART Büste *f;* 2. ANAT Busen *m*
bus terminal [bʌs 'tɜːmɪnəl] *sb* Busbahnhof *m*
bustle ['bʌsl] *sb* Betrieb *m,* Gewühl *n*
bust-up ['bʌstʌp] *sb (fam)* Streit *m,* Auseinandersetzung *f*
busy ['bɪzɪ] *adj* 1. beschäftigt, tätig, emsig; 2. *(telephone line) (US)* TEL besetzt; 3. *(bustling)* betriebsam, emsig, geschäftig; *v* 4. *~ o.s.* sich betätigen; *~ with sth* sich mit etw beschäftigen

but [bʌt] *konj* 1. aber, dagegen, doch; 2. *(~ rather)* sondern; *not only ... ~ also ...* nicht nur ... sondern auch ...; 3. *~ then* immerhin, anderseits; *prep* 4. *(except for)* außer; *it is anything ~ ...* es ist alles andere als ...; *the next ~ one* der/die/das übernächste; *the last ~ one* der/die/das Vorletzte

butch [bʊtʃ] *sb (haircut)* extremer Kurzhaarschnitt *m*
butcher ['bʊtʃə] *v* 1. *(~ an animal)* schlachten; 2. *(~ a person)* abschlachten; *sb* 3. Metzger *m,* Fleischer *m*
butchery ['bʊtʃərɪ] *sb* Gemetzel *n*
butler ['bʌtlə] *sb* Butler *m*
butt [bʌt] *v* 1. mit dem Kopf stoßen; 2. *(fam) ~ in* sich einmischen; *sb* 3. *(of a rifle)* Kolben *m;* 4. *(of a cigarette)* Stummel *m;* 5. *(fam: buttocks)* Hintern *m;* 6. *(of a joke)* Zielscheibe *f*
butter ['bʌtə] *sb* 1. Butter *f; Butter wouldn't melt in her mouth. (fam)* Sie sieht aus, als könne sie kein Wässerchen trüben. *v* 2. *(fam) ~ s.o. up* jdm Honig ums Maul schmieren
butterball ['bʌtəbɔːl] *sb (US: chubby person)* Fettkloß *m*
buttercup ['bʌtəkʌp] *sb* Butterblume *f*
butter-dish ['bʌtədɪʃ] *sb* Butterdose *f*
butterfingers ['bʌtəfɪŋgəz] *sb (fam)* schlechter Fänger *m*
butterfly ['bʌtəflaɪ] *sb* 1. ZOOL Schmetterling *m; have butterflies in one's stomach* ein flaues Gefühl im Magen haben; 2. SPORT Schmetterlingsstil *m*
buttocks ['bʌtəks] *pl* Hinterbacken *pl*
button ['bʌtn] *v* 1. knöpfen, zuknöpfen; *~ one's lip (fam)* die Klappe halten; *sb* 2. *(on clothing)* Knopf *m;* 3. *(push-~)* Taste *f*
buttonhole ['bʌtnhəʊl] *sb* Knopfloch *n*
buxom ['bʌksəm] *adj* drall

buy [baɪ] *v irr* 1. kaufen; 2. *(fam: believe)* abkaufen; *sb* 3. *(fam)* Kauf *m; a good ~* ein günstiger Kauf

• **buy off** *v irr buy s.o. off* jdn abfinden
• **buy out** *v irr* 1. *(s.o.)* auszahlen; 2. *(s.o.'s stock)* aufkaufen
buyer ['baɪə] *sb* Käufer *m,* Abnehmer *m*
buzz [bʌz] *v* 1. *(insect)* summen, brummen; *Buzz off!* Hau ab! *sb* 2. *give s.o. a ~ (fam)* jdn anrufen; *v* 3. *(on an intercom)* mit dem Summer rufen
buzzer ['bʌzə] *sb* Summer *m*
buzzword ['bʌzwɜːd] *sb* Modewort *n*
by [baɪ] *prep* 1. *(near, next to)* bei, an, neben; 2. *(past)* vorbei, vorüber; 3. *(because of)* durch, von; 4. *(a certain method)* per; *~ car* mit dem Auto; *~ air* auf dem Luftwege; *What do you mean ~ that?* Was wollen Sie damit sagen? 5. *(done ~ this person)* von; 6. *~ a certain time* bis; 7. *~ the way* übrigens; *adv* 8. *~ and ~* allmählich, nach und nach; 9. *~ and large* im Großen und Ganzen
bye [baɪ] *interj* tschüss, auf Wiedersehen
bygones ['baɪgɒnz] *pl* Vergangenes *n; to let ~ be ~* die Vergangenheit ruhen lassen
bylaws ['baɪlɔːz] *pl* Satzung *f*
bypass ['baɪpɑːs] *v* 1. *(city)* umfahren; *sb* 2. Umgehungsstraße *f,* Umleitung *f*
by-product ['baɪprɒdʌkt] *sb* Nebenprodukt *n,* Abfallprodukt *n*
by-road ['baɪrəʊd] *sb (UK)* Seitenstraße *f*
bystander ['baɪstændə] *sb* Zuschauer *m*
byte [baɪt] *sb* INFORM Byte *n*
byword ['baɪwɜːd] *sb a ~ for ...* ein Begriff für ...
Byzantine ['bɪzəntiːn] *adj (fig)* kompliziert, verwickelt

C

cab [kæb] *sb* Taxi *n*
cabal [kə'bɑːl] *sb* Kabale *f*
cabana [kə'bænə] *sb* Ferienhäuschen *n*
cabaret ['kæbəreɪ] *sb THEAT* Kabarett *n*
cabbage ['kæbɪdʒ] *sb* Kohl *m*, Kraut *n*
cabbie ['kæbɪ] *sb (fam)* Taxifahrer *m*
caber ['keɪbə] *sb* Stamm *m*, Pfahl *m*
cabin ['kæbɪn] *sb 1.* Hütte *f*, Häuschen *n*; *2. NAUT* Kabine *f*, Kajüte *f*
cabinet ['kæbɪnet] *sb 1.* Schrank *m*; *2. POL* Kabinett *n*
cabinetwork ['kæbɪnɪtwɜːk] *sb* Kabinettstückchen *n*
cable ['keɪbl] *sb 1.* Kabel *n*, Tau *n*, Seil *n*; *v 2.* telegraphieren
cable car ['keɪbl kɑː] *sb* Seilbahn *f*
cable railway ['keɪbl 'reɪlweɪ] *sb* Bergbahn *f*
cableway ['keɪblweɪ] *sb* Seilzug zum Transport von Gegenständen *m*
cache [kæʃ] *sb* Versteck *n*, geheimes Lager *n*
cachet ['kæʃeɪ] *sb 1. (fig)* Prestige *n*; *2. (seal, stamp)* Gütezeichen *n*
cackle ['kækl] *v* gackern
cacography [kæ'kɒgrəfɪ] *sb* Schmiererei *f*
cacophonous [kæ'kɒfənəs] *adj* misstönend
cacophony [kə'kɒfənɪ] *sb* Missklang *m*
cadaver [kə'deɪvə] *sb 1.* Leiche *f*; *2. (of an animal)* Kadaver *m*
caddy ['kædɪ] *sb* Caddie *m*
cadet [kə'det] *sb MIL* Kadett *m*
cadge [kædʒ] *v* schnorren, abstauben
Caesarian section [siː'zɛərɪən 'sekʃən] *sb MED* Kaiserschnitt *m*
caesura [si'zjʊərə] *sb* Zäsur *f*
caffeine ['kæfiːn] *sb* Koffein *n*
cage [keɪdʒ] *sb* Käfig *m*
cagey ['keɪdʒɪ] *adj (fam)* zugeknöpft, verschlossen
cagoule [kə'guːl] *sb* Windbluse *f*
cahoots [kə'huːts] *sb to be in ~ with s.o.* mit jdm unter einer Decke stecken
cairn [kɛən] *sb* Steinhügel *m*
cajole [kə'dʒəʊl] *v ~ s.o. into doing sth* jdn beschwatzen, etw zu tun
cake [keɪk] *sb GAST* Kuchen *m*, Torte *f*; *That takes the ~! (negatively)* Das ist die Höhe! *a piece of ~ (fig)* ein Kinderspiel *n*
cakewalk ['keɪkwɔːk] *sb (fig)* Kinderspiel *n*
calamitous [kə'læmɪtəs] *adj* katastrophal, unheilvoll
calamity [kə'læmɪtɪ] *sb* Katastrophe *f*; *Calamity Jane* Pechmarie *f*
calciferous [kæl'sɪfərəs] *adj* kalkhaltig, kalkbildend
calcify ['kælsɪfaɪ] *v* verkalken
calculable ['kælkjʊləbl] *adj* berechenbar
calculate ['kælkjʊleɪt] *v 1.* rechnen; *2. (sth)* berechnen, ausrechnen, errechnen; *3. (estimate)* kalkulieren
calculated ['kælkjʊleɪtɪd] *adj* berechnet
calculating ['kælkjʊleɪtɪŋ] *adj (fig)* berechnend, kühl überlegend
calculation [kælkjʊ'leɪʃən] *sb* Berechnung *f*, Kalkulation *f*, Rechnung *f*
calculator ['kælkjʊleɪtə] *sb (pocket ~)* Taschenrechner *m*
calculus ['kælkjʊləs] *sb* Differential- und Integralrechnung *f*
calefacient [kælɪ'feɪʃənt] *adj* wärmeerzeugend
calendar ['kælendə] *sb* Kalender *m*
calf [kɑːf] *sb 1. ZOOL* Kalb *n*; *2. ANAT* Wade *f*
calibrate ['kælɪbreɪt] *v TECH* kalibrieren, eichen
calibre ['kælɪbə] *sb* Kaliber *n*
calisthenics *(US) (see "callisthenics")*
calk [kɔːk] *v* durchpausen

call [kɔːl] *sb 1. (telephone ~)* Anruf *m*; *make a ~* telefonieren; *2. (summons)* Aufruf *m*; *to be on ~* Bereitschaftsdienst haben; *3. (by a referee) SPORT* Entscheidung *f*; *4. close ~* knappes Entkommen *n*; *v 5.* rufen; *(on the telephone)* anrufen; *6. (give sth or s.o. a name)* nennen, bezeichnen; *to be ~ed* heißen, sich nennen; *Let's ~ it a day!* Schluss für heute! *7. (a meeting)* einberufen; *8. (a bond) FIN* aufrufen; *9. (a loan)* abrufen

• **call back** *v* zurückrufen
• **call for** *v 1. (demand)* anfordern; *2. ~ s.o. (shout)* nach jdm rufen; *3. (collect s.o.)* jdn abholen
• **call in** *v 1. (troops, the police)* einschalten, hinzuziehen, aufbieten; *2. FIN* einziehen, aus dem Verkehr ziehen
• **call off** *v (cancel)* absagen

•call on *v* *1. (visit)* besuchen, aufsuchen; *2. to be called on (in school)* abgefragt werden, drankommen
•call out *v* ausrufen, herausrufen; *call sth out to s.o.* jdm etw zurufen
•call up *v* *1. MIL* einberufen, einziehen; *2. INFORM* aufrufen
•call upon *v* auffordern, aufrufen
callable ['kɔːləbl] *adj FIN* rückkaufbar, rückforderbar
call-box ['kɔːlbɒks] *sb (UK)* Telefonzelle *f*, Münzfernsprecher *m*
caller ['kɔːlə] *sb* *1. (on the telephone)* Anrufer *m*; *2. (visitor)* Besucher *m*
calling ['kɔːlɪŋ] *sb* Berufung *f*
calling card ['kɔːlɪŋ kɑːd] *sb (fig)* Visitenkarte *f*
callisthenics [kælɪs'θenɪks] *pl* Freiübungen *pl*
call-number ['kɔːlnʌmbə] *sb (UK)* Rufnummer *f*
callous ['kæləs] *adj (fig)* gefühllos, herzlos, kaltschnäuzig
callow ['kæləʊ] *adj* unreif, grün *(fam)*
calm [kɑːm] *v* *1. ~ s.o.* jdn beruhigen, jdn besänftigen; *adj* *2.* ruhig, still, geruhsam; *sb* *3.* Stille *f*, Ruhe *f*; *4. (in the weather)* Windstille *f*, Flaute *f*
•calm down *v (o.s.)* sich beruhigen
calmative ['kɑːmətɪv] *adj* beruhigend
calmness ['kɑːmnɪs] *sb* Ruhe *f*
calorie ['kælərɪ] *sb* Kalorie *f*
calorific [kælə'rɪfɪk] *adj* wärmeerzeugend
calumny ['kæləmnɪ] *sb* Verleumdung *f*
camber ['kæmbə] *sb* Wölbung *f*, Krümmung *f*
camel ['kæml] *sb* Kamel *n*
camera ['kæmərə] *sb* Kamera *f*, Fotoapparat *m*
camera-shy ['kæmərəʃaɪ] *adj* kamerascheu
camisole ['kæmɪsəʊl] *sb* Mieder *n*
camomile ['kæməʊmaɪl] *sb BOT* Kamille *f*
camouflage ['kæməflɑːʒ] *v* *1.* tarnen; *sb* *2.* Tarnung *f*
camp [kæmp] *v* *1.* zelten, campen, kampieren; *sb* *2.* Lager *n*, Lagerplatz *m*, Camp *n*
campaign [kæm'peɪn] *v* *1. (candidate) POL* im Wahlkampf stehen; *2. (supporters)* Wahlwerbung betreiben; *sb* *3. MIL* Feldzug *m*, Kampagne *f*; *4.* Kampagne *f*, Aktion *f*
camper ['kæmpə] *sb* *1. (person)* Camper *m*; *2. (US: motor home)* Wohnmobil *n*; *3. (US: travel trailer)* Wohnwagen *m*
campfire ['kæmpfaɪə] *sb* Lagerfeuer *n*
camping ['kæmpɪŋ] *sb* Camping *n*
campsite ['kæmpsaɪt] *sb* Lagerplatz *m*
campus ['kæmpəs] *sb* *1. (of a university)* Campus *m*, Universitätsgelände *n*; *What's new on ~?* Was gibt's neues an der Uni? *the big man on ~ (US)* der Populärste aller Studenten; *2. (of a school)* Schulgelände *n*
camshaft ['kæmʃɑːft] *sb* Nockenwelle *f*

can[1] [kæn] *v irr* *1. (be able to)* können; *2. (be allowed to)* dürfen, können

can[2] [kæn] *v* *1. (preserve in cans)* in Büchsen konservieren, eindosen; *2. (fam: fire) (US)* rausschmeißen; *sb* *3.* Kanister *m*; *4. (US: tin)* Büchse *f*, Dose *f*, Konservendose *f*
canal [kə'næl] *sb* Kanal *m*
canalize ['kænəlaɪz] *v* kanalisieren
canard [kæ'nɑːd] *sb (false report)* Ente *f*, Falschmeldung *f*
canary [kə'nɛərɪ] *sb* Kanarienvogel *m*
cancan ['kænkæn] *sb* Cancan *m*
cancel ['kænsəl] *v* *1.* streichen, durchstreichen; *~ each other out (fig)* sich gegenseitig aufheben; *2. (a command)* widerrufen, aufheben; *3. (call off)* absagen; *4. (an order for goods)* abbestellen, stornieren; *5. (a contract)* annullieren, kündigen; *6. (ticket, stamp)* entwerten; *7. (an invitation)* zurücknehmen, jdn ausladen; *8. to be ~led* ausfallen, entfallen, nicht stattfinden
cancellation [kænsə'leɪʃən] *sb* *1.* Streichung *f*, Aufhebung *f*, Annullierung *f*; *2. (of a contract)* Kündigung *f*; *3. FIN* Abbestellung *f*, Stornierung *f*
cancer ['kænsə] *sb MED* Krebs *m*
Cancer ['kænsə] *sb (Zodiac sign)* Krebs *m*; *Tropic of ~ GEO* Wendekreis des Krebses *m*
cancer screening ['kænsəskriːnɪŋ] *sb MED* Krebsvorsorge *f*
candelabra [kændɪ'lɑːbrə] *sb* Leuchter *m*, Kandelaber *m*
candid ['kændɪd] *adj* offen, freimütig, ehrlich
candidacy ['kændɪdəsɪ] *sb* Kandidatur *f*
candidate ['kændɪdeɪt] *sb* *1.* Kandidat *m*, Anwärter *m*, Bewerber *m*; *2. (exam ~)* Prüfling *m*
candied ['kændɪd] *adj* kandiert

candle ['kændl] *sb* Kerze *f*; *She can't hold a ~ to him. (fig)* Sie kann ihm nicht das Wasser reichen. *burn the ~ at both ends (fig)* sich Tag und Nacht keine Ruhe gönnen

candlelight ['kændllaɪt] *sb* Kerzenlicht *n*
candlestick ['kændlstɪk] *sb* Kerzenständer *m*, Leuchter *m*
candlewick ['kændlwɪk] *sb* Kerzendocht *m*
candour ['kændə] *sb* Offenheit *f*
candy ['kændɪ] *sb (US)* Süßigkeiten *pl*
candyfloss ['kændɪflɒs] *sb (UK)* Zuckerwatte *f*
cane [keɪn] *sb 1. (stick)* Stock *m*, *(walking stick)* Spazierstock *m*; *2. BOT* Rohr *n*
cane sugar [keɪn 'ʃʊgə] *sb BOT* Rohrzucker *m*
caning ['keɪnɪŋ] *sb* Stockschläge *pl*, Prügel *pl*
canister ['kænɪstə] *sb* Kanister *m*
canned [kænd] *adj 1.* konserviert, Büchsen ..., Dosen ... *2. (fig: artificial)* aus der Konserve
cannibal ['kænɪbəl] *sb* Kannibale *m*, Menschenfresser *m*
cannibalize ['kænɪbəlaɪz] *v* ausschlachten
cannon ['kænən] *sb* Kanone *f*
cannonball ['kænənbɔːl] *sb MIL* Kanonenkugel *f*
canny ['kænɪ] *adj (cunning)* schlau
canoe [kə'nuː] *sb* Kanu *n*
canon ['kænən] *sb REL, MUS* Kanon *m*
canonize ['kænənaɪz] *v REL* heilig sprechen
can opener ['kænəʊpənə] *sb (US)* Büchsenöffner *m*, Dosenöffner *m*
canopy ['kænəpɪ] *sb 1. (over an entrance)* Vordach *n*; *(awning)* Markise *f*; *2. (over a bed)* Baldachin *m*
cant [kænt] *sb (hypocritical phrases)* Heuchelei *f*
cantankerous [kæn'tæŋkərəs] *adj* knurrig, mürrisch
canteen [kæn'tiːn] *sb 1. (restaurant)* Kantine *f*; *2. (flask)* Feldflasche *f*
canter ['kæntə] *sb* Galopp *m*, Kanter *m*
canticle ['kæntɪkl] *sb* Loblied *n*
canvas ['kænvəs] *sb 1.* Segeltuch *n*; *2. (artist's ~)* Leinwand *f*
canvass ['kænvəs] *v* werben
canyon ['kænjən] *sb GEO* Felsschlucht *f*
cap [kæp] *sb 1.* Mütze *f*, Kappe *f*, *(nurse's ~)* Haube *f*; *~ and gown* Barett und Talar; *2. (bottle ~, lid)* Deckel *m*, Verschluss *m*; *3. (of a pen)* Verschlusskappe *f*
capability [keɪpə'bɪlɪtɪ] *sb* Fähigkeit *f*
capable ['keɪpəbl] *adj* fähig, tüchtig; *to be ~ of sth* zu etw fähig sein, zu etw imstande sein, etw können
capacious [kə'peɪʃəs] *adj* weit, geräumig
capacitate [kə'pæsɪteɪt] *v* befähigen
capacitor [kə'pæsɪtə] *sb TECH* Kondensator *m*
capacity [kə'pæsɪtɪ] *sb 1. (ability)* Fähigkeit *f*; *2. (role)* Eigenschaft *f*; *in an advisory ~* in beratender Funktion; *3. (content)* Rauminhalt *m*, Inhalt *m*, Umfang *m*; *4. TECH* Kapazität *f*, Leistung *f*
cape [keɪp] *sb 1.* Cape *n*, Umhang *m*; *2. GEO* Kap *n*
caper ['keɪpə] *sb 1. (escapade)* Eskapade *f*, Streich *m*; *2. GAST* Kaper *f*
capital ['kæpɪtl] *sb 1. (city)* Hauptstadt *f*; *2. FIN* Kapital *n; adj 3. ~ letter* Großbuchstabe *m*
capital crime ['kæpɪtl kraɪm] *sb JUR* Kapitalverbrechen *n*
capital gains tax ['kæpɪtl geɪnz tæks] *sb ECO* Kapitalertragssteuer *f*
capitalism ['kæpɪtəlɪzm] *sb POL* Kapitalismus *m*
capitalist ['kæpɪtəlɪst] *sb* Kapitalist *m*
capitalization [kæpɪtəlaɪ'zeɪʃən] *sb* Kapitalisierung *f*
capitalize ['kæpɪtəlaɪz] *v 1. GRAMM* großschreiben; *2. (fig) ~ on* Kapital schlagen aus
capitally ['kæpɪtəlɪ] *adv* kapital, exzellent
capital market ['kæpɪtəlmɑːkɪt] *sb FIN* Kapitalmarkt *m*
capital punishment ['kæpɪtl 'pʌnɪʃmənt] *sb JUR* Todesstrafe *f*
capital transfer tax ['kæpɪtl 'trɑːnsfə tæks] *sb (UK)* Erbschaftssteuer *f*
capitation [kæpɪ'teɪʃən] *sb* Kopfsteuer *f*
capitulate [kə'pɪtjʊleɪt] *v* kapitulieren
capitulation [kəpɪtjʊ'leɪʃən] *sb* Kapitulation *f*
caprice [kə'priːs] *sb* Laune *f*
capricious [kə'prɪʃəs] *adj* launenhaft, kapriziös
Capricorn ['kæprɪkɔːn] *sb* Steinbock *m*
capsule ['kæpsjuːl] *sb* Kapsel *f*
capsulize ['kæpsjʊlaɪz] *v* zusammenfassen
captain ['kæptɪn] *sb 1.* Kapitän *m*; *2. MIL* Hauptmann *m*
caption ['kæpʃən] *sb* Bildunterschrift *f*, *(subtitle)* Untertitel *m*
captivate ['kæptɪveɪt] *v* bezaubern, faszinieren, gefangen nehmen *(fig)*
captive ['kæptɪv] *sb 1.*Gefangene(r) *m/f; adj 2.* gefangen; *to be held ~* gefangen gehalten
captivity [kæp'tɪvɪtɪ] *sb* Gefangenschaft *f*
captor ['kæptə] *sb* derjenige, der jdn gefangen nimmt

C

C

capture ['kæptʃə] *v 1. (prisoner)* gefangen nehmen; *2. (treasure)* erobern; *3. (a ship)* kapern; *4. (fig) (s.o.'s likeness)* einfangen, *(s.o.'s interest)* erregen; *sb 5.* Eroberung *f*
car [kɑː] *sb* Auto *n*, Wagen *m*
carafe [kə'ræf] *sb* Karaffe *f*
caramel ['kærəməl] *sb* Karamell *m*
caravan ['kærəvæn] *sb 1. (desert ~)* Karawane *f*; *2. (UK: motor vehicle)* Wohnwagen *m*
carbine ['kɑːbaɪn] *sb* Karabiner *m*
carbohydrate [kɑːbəʊ'haɪdreɪt] *sb CHEM* Kohlehydrat *n*
carbon ['kɑːbən] *sb CHEM* Kohlenstoff *m*
carbonation [kɑːbə'neɪʃən] *sb (in a drink)* Kohlensäure *f*
carbon copy ['kɑːbən 'kɒpɪ] *sb* Durchschlag *m*
carbonic acid [kɑː'bɒnɪk 'æsɪd] *sb CHEM* Kohlensäure *f*
carbonize ['kɑːbənaɪz] *v* verkohlen lassen, karbonisieren
carbon paper ['kɑːbənpeɪpə] *sb* Kohlepapier *n*
carbuncle ['kɑːbʌŋkl] *sb* Karbunkel *m*
carburettor ['kɑːbjʊretə] *sb* Vergaser *m*
carcass ['kɑːkəs] *sb 1. (of an animal)* Kadaver *m*; *2. (of a person)* Leiche *f*
carcinogenic [kɑːsɪnə'dʒenɪk] *adj* Krebs erregend, karzinogen
carcinoma [kɑːsɪ'nəʊmə] *sb MED* Karzinom *n*
card [kɑːd] *sb 1.* Karte *f*; *put one's ~s on the table (fig)* seine Karten auf den Tisch legen; *hold all the ~s (fig)* alle Trümpfe in der Hand haben; *play one's ~s right* geschickt taktieren; *2. a queer ~* ein schräger Vogel
cardboard ['kɑːdbɔːd] *sb* Karton *m*, Pappe *f*; *~ box* Pappkarton *m*
card catalogue [kɑːd'kætəlɒg] *sb* Kartei *f*
cardigan ['kɑːdɪgən] *sb* Strickjacke *f*
cardinal ['kɑːdɪnl] *sb 1. REL* Kardinal *m*; *adj 2. ~ virtue* Kardinaltugend *f*
card index ['kɑːdɪndeks] *sb* Kartei *f*
cardphone ['kɑːdfəʊn] *sb* Kartentelefon *n*
care [kɛə] *v 1.* sich sorgen; *2. (mind)* sich etwas daraus machen; *for all I ~* meinetwegen, von mir aus; *I don't ~.* Das ist mir egal. *sb 3.* Sorge *f*, Kummer *m*; *take ~ to do sth* sich bemühen, etw zu tun; *4. (for the elderly, for children)* Fürsorge *f*, Versorgung *f*, Betreuung *f*; *take ~ of s.o.* sich um jdn kümmern; *5. (custody)* Obhut *f*, Gewahrsam *m*; *6. (attention to cleanliness)* Pflege *f*; *7. (carefulness)* Vorsicht *f*, Sorgfalt *f*, Behutsamkeit *f*; *Take ~! (fam)* Mach's gut! *8. take ~ of o.s.* sich um sich selbst kümmern; *(of one's health)* auf sich aufpassen; *9. take ~ of sth* sich um etw kümmern, etw erledigen
• care for *v 1. (look after)* sich kümmern um, versorgen, sorgen für; *2. (keep in good condition)* pflegen
careen [kə'riːn] *v 1. (sway)* hin- und herschwanken; *2. (tilt to one side)* sich auf die Seite legen
career [kə'rɪə] *sb* Karriere *f*, Laufbahn *f*
career girl [kə'rɪə gɜːl] *sb* Karrierefrau *f*
careerist [kə'rɪərɪst] *sb* Karrieremensch *m*
carefree ['kɛəfriː] *adj* sorglos, unbekümmert, unbesorgt
careful ['kɛəfʊl] *adj 1.* sorgfältig, sorgsam, genau; *2. (cautious)* vorsichtig, achtsam; *interj 3.* Achtung!
careless ['kɛəlɪs] *adj* nachlässig, unvorsichtig, leichtsinnig
carelessness ['kɛəlɪsnɪs] *sb* Nachlässigkeit *f*, Unvorsichtigkeit *f*, Leichtsinn *m*
carer ['kɛərə] *sb* Angehöriger eines Sozialberufes *m*
caress [kə'res] *v 1.* liebkosen, streicheln, hätscheln; *sb 2.* Liebkosung *f*; *(~es pl)* Zärtlichkeiten *pl*
caret ['kærɪt] *sb* Einschaltungszeichen *n*
caretaker ['kɛəteɪkə] *sb* Hausmeister *m*
cargo ['kɑːgəʊ] *sb* Ladung *f*, Fracht *f*
caricature ['kærɪkətjʊə] *v 1.* karikieren; *sb 2.* Karikatur *f*
carillon [kə'rɪljən] *pl* Glockenspiel *n*
caring ['kɛərɪŋ] *adj* mitfühlend, einfühlsam
cariole ['kærɪəʊl] *sb* zweirädriger Karren *m*
carjack ['kɑːdʒæk] *v* mit dem Auto entführen
carnage ['kɑːnɪdʒ] *sb* Gemetzel *n*
carnal ['kɑːnl] *adj* fleischlich, körperlich
carnal knowledge ['kɑːnl 'nɒlɪdʒ] *sb JUR* Geschlechtsverkehr *m*
carnation [kɑː'neɪʃən] *sb BOT* Nelke *f*
carnival ['kɑːnɪvəl] *sb* Karneval *m*, Volksfest *n*
carnivore ['kɑːnɪvɔː] *sb ZOOL* Fleischfresser *m*
carnivorous [kɑː'nɪvərəs] *adj* Fleisch fressend
carol ['kærəl] *sb* Lied *n*; *Christmas ~* Weihnachtslied
carotene ['kærətiːn] *sb BIO* Karotin *n*
carotid artery [kə'rɒtɪd 'ɑːtərɪ] *sb ANAT* Halsschlagader *f*

carousel [kærəˈsel] *sb* Karussell *n*
carp [kɑːp] *v 1.* nörgeln, meckern; *sb 2. ZOOL* Karpfen *m*
car park [ˈkɑːpɑːk] *sb* Parkplatz *m*
carpenter [ˈkɑːpɪntə] *sb* Zimmermann *m*; *(for furniture)* Tischler *m*
carpentry [ˈkɑːpɪntrɪ] *sb* Zimmerhandwerk *n*
carpet [ˈkɑːpɪt] *sb* Teppich *m*
carpetbagger [ˈkɑːpɪtbægə] *sb (US) POL* Politiker, der zu einem aussichtsreicheren Wahlkreis umsiedelt *m*
carpeting [ˈkɑːpɪtɪŋ] *sb* Teppiche *pl*
carpet-sweeper [ˈkɑːpɪtswiːpə] *sb* Teppichkehrmaschine *f*
carpet tack [ˈkɑːpɪttæk] *sb* Teppichnagel *m*
carpet tiles [ˈkɑːpɪt taɪlz] *pl* Teppichfliesen *pl*
car phone [kɑː fəʊn] *sb* Autotelefon *n*
carping [ˈkɑːpɪŋ] *adj* nörglerisch
car pool [ˈkɑː puːl] *sb* Fahrgemeinschaft *f*
carrel [ˈkærəl] *sb* Leseraum *m*, Leseecke *f*
carriage [ˈkærɪdʒ] *sb 1. (vehicle)* Kutsche *f*, Wagen *m*; *2. (person's bearing)* Haltung *f*; *3. ~ paid ECO* frachtfrei, franko
carriageway [ˈkærɪdʒweɪ] *sb* Fahrbahn *f*
carrier [ˈkærɪə] *sb 1.* Träger *m*; *2. (shipping firm)* Spediteur *m*
carrier bag [ˈkærɪə bæg] *sb (UK)* Tragetasche *f*
carrier pigeon [ˈkærɪəpɪdʒən] *sb* Brieftaube *f*
carrion [ˈkærɪən] *sb* Aas *n*
carrot [ˈkærət] *sb* Karotte *f*, Möhre *f*, Mohrrübe *f*

carry [ˈkærɪ] *v 1.* tragen; *2. (the cost of sth) FIN* bestreiten; *3. (to be approved) to be carried* durchgehen, genehmigt werden; *4. (have on one's person)* bei sich haben; *5. (ship goods) ECO* befördern; *6. ~ too far* übertreiben; *7. get carried away* die Selbstkontrolle verlieren, sich hinreißen lassen; *8. ~ the day* Sieger sein; *9. ~ weight (fig)* wichtig sein

• **carry forward** *v FIN* vortragen
• **carry off** *v* wegtragen
• **carry on** *v 1.* weitermachen, weiterarbeiten; *Carry on!* Weitermachen! Nur weiter! *2. ~ with s.o. (have an affair)* es mit jdm treiben; *3. (fam: make a scene)* eine Szene machen; *4. (continue a certain thing)* fortsetzen, weiterführen
• **carry out** *v* ausführen, erfüllen
• **carry over** *v FIN* vortragen
• **carry through** *v* zu Ende bringen, durchbringen
carsick [ˈkɑːsɪk] *adj* reisekrank
cart [kɑːt] *sb* Karren *m*, Handwagen *m*; *put the ~ before the horse (fig)* das Pferd am Schwanz aufzäumen
carte blanche [ˈkɑːtˈblɑ̃ʃ] *sb FIN* Blankovollmacht *f*
cartel [kɑːˈtel] *sb ECO* Kartell *n*
cartful [ˈkɑːtfʊl] *sb* Wagenladung *f*
carthorse [ˈkɑːthɔːs] *sb* Zugpferd *n*
cartilage [ˈkɑːtɪlɪdʒ] *sb ANAT* Knorpel *m*
cartload [ˈkɑːtləʊd] *sb* Wagenladung *f*
cartography [kɑːˈtɒgrəfɪ] *sb* Kartographie *f*
carton [ˈkɑːtən] *sb* Karton *m*, Pappschachtel *f*
cartoon [kɑːˈtuːn] *sb 1.* Karikatur *f*; *2. (film, TV)* Zeichentrickfilm *m*
cartoonist [kɑːˈtuːnɪst] *sb 1.* Karikaturist *m*; *2. (film, TV)* Trickzeichner *m*
cartridge [ˈkɑːtrɪdʒ] *sb* Patrone *f*
cartridge pen [ˈkɑːtrɪdʒ pen] *sb* Patronenfüller *m*
cart track [ˈkɑːttræk] *sb* Feldweg *m*
cartwheel [ˈkɑːtwiːl] *sb turn a ~* Rad schlagen
cartwright [ˈkɑːtraɪt] *sb* Wagenbauer *m*
carve [kɑːv] *v 1.* schnitzen; *2. (meat)* tranchieren, aufschneiden
• **carve up** *v* zerschneiden, zerstückeln
carver [ˈkɑːvə] *sb* Tranchiermesser *n*
carvery [ˈkɑːvərɪ] *sb* Schnitzerei *f*, Skulptur *f*
carving [ˈkɑːvɪŋ] *sb* Schnitzerei *f*
cascade [kæsˈkeɪd] *v* kaskadenartig herabfallen
case[1] [keɪs] *sb 1. (matter)* Fall *m*, Sache *f*; *as the ~ may be* je nachdem; *a ~ in point* ein treffendes Beispiel; *in that ~* in dem Falle; *in any ~* jedenfalls; *in each ~* jeweils; *2. in ~* im Falle, falls; *in ~ of* im Falle von; *just in ~* für alle Fälle, nur für den Fall, dass …
case[2] [keɪs] *sb 1. (for glasses, for cigarettes)* Etui *n*; *2. (for a weapon)* Hülse *f*; *3. (for a musical instrument)* Kasten *m*; *4. (briefcase)* Mappe *f*; *5. (casing)* Gehäuse *n*; *6. (packing ~)* Kiste *f*; *7. (display ~)* Vitrine *f*, Schaukasten *m*; *v 8. ~ the joint (fam)* sich den Laden ansehen
casebook [ˈkeɪsbʊk] *sb* Fallsammlung *f*
case history [keɪs ˈhɪstərɪ] *sb MED* Krankengeschichte *f*

C

C

casement ['keɪsmənt] *sb* Flügelfenster *n*

cash [kæʃ] *v 1.* einlösen, einkassieren; *sb 2.* Bargeld *n*; *~ on delivery* per Nachnahme; *to be out of ~* pleite sein, blank sein *(fam)*

•cash in *v 1. (chips)* einlösen; *2. ~ on sth* aus etw Kapital schlagen

cash-and-carry [kæʃ ænd 'kærɪ] *sb* Selbstabholermarkt *m*

cash-box ['kæʃbɒks] *sb* Geldkassette *f*

cash card [kæʃ kɑːd] *sb* Bankautomatenkarte *f*

cash cheque [kæʃ tʃek] *sb (UK) FIN* Barscheck *m*

cash cow [kæʃ kaʊ] *sb* Geschäft, das für ständigen Bargeldnachschub sorgt *n*

cash desk ['kæʃdesk] *sb* Kasse *f*

cashew ['kæʃuː] *sb (nut)* Cashewnuss *f*

cashier [kæ'ʃɪə] *sb* Kassierer *m*; *~'s check (US)* Bankscheck *m*

cashmere [kæʃ'mɪə] *sb* Kaschmir *m*

cash payment [kæʃ 'peɪmənt] *sb FIN* Barzahlung *f*

cash point ['kæʃpɔɪnt] *sb* Kasse *f*

cash register ['kæʃredʒɪstə] *sb* Registrierkasse *f*

casing ['keɪsɪŋ] *sb TECH* Gehäuse *n*, Mantel *m*

cask [kɑːsk] *sb* Fass *n*, hölzerne Tonne *f*

casket ['kɑːskɪt] *sb 1.* Kästchen *n*, Schatulle *f*; *2. (US: coffin)* Sarg *m*

casserole ['kæsərəʊl] *sb* Kasserolle *f*, Schmortopf *m*

cassette [kə'set] *sb* Kassette *f*

cassette recorder [kə'setrɪkɔːdə] *sb* Kassettenrecorder *m*

cassock ['kæsək] *sb* Soutane *f*, Talar *m*

cast [kɑːst] *v irr 1.* werfen; *(a fishing line)* auswerfen; *~ one's vote* seine Stimme abgeben; *2. THEAT* besetzen; *sb 3. (mould)* Gussform *f*; *4. (plaster ~)* Gipsverband *m*

castaway ['kɑːstəweɪ] *sb NAUT* Schiffbrüchige(r) *m/f*

caste [kɑːst] *sb* Kaste *f*

caster ['kɑːstə] *sb* Streuer *m*

castigate ['kæstɪgeɪt] *v (chastise)* geißeln

casting ['kɑːstɪŋ] *sb* Rollenverteilung *f*, Besetzung *f*

casting vote ['kɑːstɪŋ vəʊt] *sb* ausschlaggebende Stimme *f*

cast-iron ['kɑːstaɪən] *adj* gusseisern

castle ['kɑːsl] *sb 1.* Burg *f*, Schloss *n*; *2. (chess piece)* Turm *m*; *v 3. (in chess)* rochieren

castled ['kɑːsld] *adj* befestigt

castor ['kɑːstə] *sb (for condiments)* Streuer *m*

castrate [kæs'treɪt] *v* kastrieren

castration [kæs'treɪʃn] *sb* Kastration *f*

casual ['kæʒʊəl] *adj 1. (attitude)* gleichgültig; *2. (remark)* beiläufig; *3. (acquaintance, glance)* flüchtig; *4. (informal)* salopp, ungezwungen; *~ wear* Freizeitkleidung *f*

casualty ['kæʒjʊltɪ] *sb 1.* Verunglückte(r) *m/f*; *2. MIL* Gefallene(r) *m*

casualty ward ['kæʒjʊltɪ wɔːd] *sb* Unfallstation *f*

casuistry ['kæzjʊɪstrɪ] *sb* Kasuistik *f*

cat [kæt] *sb ZOOL* Katze *f*; *let the ~ out of the bag (fig)* die Katze aus dem Sack lassen; *He thinks he's the ~'s pyjamas.* Er hält sich für was besonderes. *It's raining ~s and dogs.* Es gießt wie mit Kübeln. *Cat got your tongue?* Hat es dir die Sprache verschlagen?

cataclysmic [kætə'klɪzmɪk] *adj (fig)* umwälzend

catacombs ['kætəkəʊmz] *pl* Katakomben *pl*

catalogue ['kætəlɒg] *v 1.* katalogisieren; *sb 2.* Katalog *m*, Verzeichnis *n*

catalyse ['kætəlaɪz] *v* als Katalysator fungieren

catalysis [kə'tælɪsɪs] *sb* Katalyse *f*

catalyst ['kætəlɪst] *sb* Katalysator *m*

catalytic converter [kætə'lɪtɪk kən'vɜːtə] *sb TECH* Katalysator *m*

catapult ['kætəpʌlt] *sb 1.* Katapult *m/n*, Wurfmaschine *f*; *v 2.* schleudern, katapultieren

catastrophe [kə'tæstrəfɪ] *sb* Katastrophe *f*

catboat ['kætbəʊt] *sb* kleines Segelboot *n* (Einmaster)

catcall ['kætkɔːl] *sb* Pfeifen *n*, Buhrufe *pl*

catch [kætʃ] *v irr 1.* fangen, auffangen; *~ s.o.'s eye, ~ s.o.'s attention* jds Aufmerksamkeit auf sich lenken; *2. (~ hold of)* erfassen, greifen; *3. (take by surprise)* erwischen; *~ s.o. in the act* jdn auf frischer Tat ertappen; *(a criminal)* schnappen, erwischen; *4. (a plane, a train, a bus)* erreichen; *5. (fam: understand something said)* mitkriegen; *6. (a disease)* davontragen, zuziehen; *sb 7.* Fang *m*; *8. (latch)* Verriegelung *f*, Riegel *m*; *9. (fastening device)* Verschluss *m*

•catch on *v irr 1. (fam)* schalten, kapieren; *2. (fam: become popular)* Mode werden

• **catch out** *v irr (fam)* reinlegen
• **catch up** *v irr 1. ~ to s.o.* jdn einholen; *2. to be caught up in sth* in etw verwickelt sein; *3. ~ on* nachholen, aufarbeiten
catcher ['kætʃə] *sb* Fänger *m*
catching ['kætʃɪŋ] *adj MED* ansteckend
catchment area ['kætʃmənt 'ɛərɪə] *sb* Einzugsgebiet *n*
catch-phrase ['kætʃ'freɪz] *sb (catchword)* Schlagwort *n*
catchword ['kætʃwɜːd] *sb* Schlagwort *n*
catchy ['kætʃɪ] *adj (tune)* eingängig
catechism ['kætɪkɪzəm] *sb REL* Katechismus *m*
categorial [kætɪ'gɔːrɪəl] *adj* kategorial, die Kategorien betreffend
categorical [kætɪ'gɒrɪkl] *adj* kategorisch
categorize ['kætɪgəraɪz] *v* kategorisieren
category ['kætɪgərɪ] *sb* Kategorie *f*, Klasse *f*, Rubrik *f*
cater ['keɪtə] *v* Speisen und Getränke liefern
caterer ['keɪtərə] *sb* Lieferfirma, die Partys ausrichtet *f*
catering ['keɪtərɪŋ] *sb* Bewirtung *f*, Gastronomie *f*
caterpillar ['kætəpɪlə] *sb ZOOL* Raupe *f*
catfish ['kætfɪʃ] *sb ZOOL* Katzenfisch *m*, Wels *m*
cathartic [kə'θɑːtɪk] *adj* kathartisch
cathedral [kə'θiːdrəl] *sb* Kathedrale *f*, Dom *m*, Münster *n*
catheter ['kæθɪtə] *m MED* Katheter *m*
cathode ['kæθəʊd] *sb* Kathode *f*
Catholic ['kæθəlɪk] *sb 1. REL* Katholik *m*; *adj 2. REL* katholisch
Catholicism [kə'θɒlɪsɪzəm] *sb REL* Katholizismus *m*
catnap ['kætnæp] *sb* Nickerchen *n*
Catseye ['kætsaɪ] *sb (UK)* Murmeln *pl*
catsuit ['kætsuːt] *sb* einteiliger Anzug *m*
catsup *(see "ketchup")*
cattery ['kætərɪ] *sb* Katzenzucht *f*
cattle ['kætl] *sb* Vieh *n*, Rindvieh *n*
cattle-grid ['kætlgrɪd] *sb* Viehtor *n*
catty ['kætɪ] *adj* boshaft, gehässig
catwalk ['kætwɔːk] *sb 1.* Laufplanke *f*; *2. (for models)* Laufsteg *m*
Caucasian [kɔː'keɪzɪən] *adj (white)* europid
caucus ['kɔːkəs] *sb POL* Gremium *n*, Komitee *n*, Ausschuss *m*
cauldron ['kɔːldrən] *sb* großer Kessel *m*
cauliflower ['kɒlɪflaʊə] *sb* Blumenkohl *m*
causal ['kɔːzl] *adj* ursächlich, kausal

cause [kɔːz] *v 1.* verursachen, anstiften, bewirken; *~ s.o. to do sth* jdn veranlassen, etw zu tun; *sb 2.* Ursache *f*; *~ and effect* Ursache und Wirkung; *3. (reason)* Grund *m*, Anlass *m*, Veranlassung *f*; *There's no ~ for alarm.* Es besteht kein Anlass zur Aufregung. *4. (ideal)* Sache *f*; *make common ~ with* gemeinsame Sache machen mit; *lost ~* aussichtslose Sache

causeway ['kɔːzweɪ] *sb* Damm *m*
caustic ['kɔːstɪk] *adj 1. CHEM* kaustisch, ätzend; *2. (fig)* beißend, ätzend
cauterize ['kɔːtəraɪz] *v (a wound) MED* brennen
cautery ['kɔːtərɪ] *sb (substance)* Ätzmittel *n*
caution ['kɔːʃən] *v 1.* warnen; *2. (officially)* verwarnen; *sb 3.* Vorsicht *f*, Behutsamkeit *f*; *4. (warning)* Warnung *f*; *(official ~)* Verwarnung *f*; *interj 5.* Achtung!
cautionary ['kɔːʃənərɪ] *adj* mahnend
cautious ['kɔːʃəs] *adj* vorsichtig, behutsam, bedächtig
cavalcade [kævəl'keɪd] *sb* Kavalkade *f*
cavalier [kævə'lɪə] *sb 1.* Kavalier *m*; *adj 2.* unbekümmert
cavalry ['kævəlrɪ] *sb MIL* Kavallerie *f*, Reiterei *f*
cave [keɪv] *sb 1.* Höhle *f*; *v 2. ~ in* einstürzen; *3. ~ in (fig: yield)* nachgeben
cave-in ['keɪvɪn] *sb* Einsturz *m*
caveman ['keɪvmæn] *sb* Höhlenmensch *m*
cavern ['kævən] *sb* Höhle *f*
cavernous ['kævənəs] *adj* tief, hohl, eingefallen
cavity ['kævɪtɪ] *sb 1.* Hohlraum *m*, Höhlung *f*; *2. (in tooth)* Loch *n*
cavort [kə'vɔːt] *v* toben, herumtollen
cay [kiː] *sb GEO* kleine Insel *f*
cease [siːs] *v 1.* aufhören, enden; *2. (fire, payments)* einstellen
cease-fire ['siːsfaɪə] *sb* Waffenstillstand *m*, Waffenruhe *f*; *(order)* Befehl zur Feuereinstellung *m*
ceaseless ['siːslɪs] *adj* unaufhörlich, pausenlos
cedar ['siːdə] *sb BOT* Zeder *f*
cede [siːd] *v (~ sth)* abtreten
ceiling ['siːlɪŋ] *sb* Decke *f*; *hit the ~ (fam)* an die Decke gehen
celebrate ['selɪbreɪt] *v* feiern, begehen; *(Catholic mass)* zelebrieren

C

celebrated ['selɪbreɪtɪd] *adj* berühmt, gefeiert
celebration [selɪ'breɪʃən] *sb* Fest *n,* Feier *f*
celebrity [sɪ'lebrɪtɪ] *sb* 1. *(person)* Berühmtheit *f,* berühmte Persönlichkeit *f;* 2. *(status)* Berühmtheit *f*
celerity [sɪ'lerɪtɪ] *sb* Geschwindigkeit *f*
celery ['seləri] *sb* BOT Sellerie *m*
celestial [sɪ'lestɪəl] *adj* himmlisch, Himmels…
celibacy ['selɪbəsɪ] *sb* REL Zölibat *n*
celibate ['selɪbət] *adj* keusch, zölibatär
cell [sel] *sb* Zelle *f*
cellar ['selə] *sb* Keller *m*
cellarage ['selərɪdʒ] *sb* 1. *(room)* Kellerraum *m;* 2. *(storage costs)* Lagerkosten *pl*
cellophane ['seləʊfeɪn] *sb* Zellophan *n*
cellular ['seljʊlə] *adj* zellular
cellular phone [seljʊlə'fəʊn] *sb* Funktelefon *n*
cellulite ['seljʊlaɪt] *sb* Orangenhaut *f*
cellulitis [selјʊ'laɪtɪs] *sb* MED Zellgewebsentzündung *f*
cellulose ['seljʊləʊs] *sb* Zellstoff *m,* Zellulose *f*
Celsius ['selsɪəs] *adj* Celsius
Celt [kelt] *sb* Kelte/Keltin *m/f*
Celtic ['seltɪk] *adj* keltisch
cement [sɪ'ment] *v* 1. zementieren; 2. *(fig)* festigen; *sb* 3. Zement *m;* 4. *(concrete)* Beton *m*
cementation [siːmen'teɪʃən] *sb* Zementierung *f*
cemetery ['semɪtrɪ] *sb* Friedhof *m*
cenotaph ['senətɑːf] *sb* Ehrenmal *n,* Mahnmal *n*
censor ['sensə] *v* 1. POL zensieren; *sb* 2. Zensor *m*
censorious [sen'sɔːrɪəs] *adj* kritisch, strafend
censorship ['sensəʃɪp] *sb* POL Zensur *f*
censure ['senʃə] *sb* Tadel *m*
census ['sensəs] *sb* Zensus *m,* Volkszählung *f*
cent [sent] *sb (US)* Cent *m*
centaur ['sentɔː] *sb* Zentaur *m*
centenary [sen'tiːnərɪ] *sb* 1. *(centennial)* hundertster Jahrestag *m,* hundertster Geburtstag *m;* 2. *(century)* Jahrhundert *n*
centennial [sen'tenɪəl] *adj* 1. hundertjährig; *sb* 2. *(US)* Hundertjahrfeier *f*
center *(US: see “centre”)*
centigrade ['sentɪgreɪd] *adj degrees ~* Grad Celsius
centimetre ['sentɪmiːtə] *sb* Zentimeter *m*
centipede ['sentɪpiːd] *sb* Tausendfüßler *m*
central ['sentrəl] *adj* zentral, Zentral…, Haupt…
central heating ['sentrəl 'hiːtɪŋ] *sb* Zentralheizung *f*
centralism ['sentrəlɪzəm] *sb* Zentralismus *m*
centralize ['sentrəlaɪz] *v* zentralisieren
central locking ['sentrəl 'lɒkɪŋ] *sb* TECH Zentralverriegelung *f*
centre ['sentə] *sb* 1. Zentrum *n,* Mittelpunkt *m,* Mitte *f;* *v* 2. *~ on (fig)* sich drehen um
centrefold ['sentəfəʊld] *sb* Seite zum Ausfalten *f*
centrepiece ['sentəpiːs] *sb (fig)* wichtigster Teil *m,* Hauptstück *n*
centre spread ['sentə spred] *sb* Mittelseite *f* (einer Zeitung)
centric ['sentrɪk] *adj* zentral
centrifugal force [sentrɪ'fjʊgəl fɔːs] *sb* PHYS Fliehkraft *f*
centrifuge ['sentrɪfjuːʒ] *sb* Zentrifuge *f*
centrist ['sentrɪst] *sb* politisch in der Mitte stehender Mensch *m*
century ['sentjʊrɪ] *sb* Jahrhundert *n*
ceramic [sɪ'ræmɪk] *sb* Keramik *f*
ceramics [sɪ'ræmɪks] *pl* Keramik *f*
cereal ['sɪərɪəl] *sb* 1. *(breakfast ~)* Frühstücksflocken *pl;* 2. *~s pl* AGR Getreide *n*
cerebral ['serɪbrəl] *adj* 1. Gehirn … 2. *(fig)* intellektuell
ceremonial [serɪ'məʊnɪəl] *adj* zeremoniell
ceremonious [serɪ'məʊnɪəs] *adj* förmlich
ceremony ['serɪmənɪ] *sb* Zeremonie *f,* Feier *f*

> **certain** ['sɜːtən] *adj* 1. *(thing)* sicher, bestimmt, gewiss; 2. *(person)* sicher, überzeugt, gewiss; *make ~* sich vergewissern; *I know for ~.* Ich bin mir ganz sicher. *That's for ~.* Das ist sicher. 3. *(not named)* gewiss; *a ~ Mr. Presley* ein gewisser Herr Presley

certainly ['sɜːtənlɪ] *adv* 1. *(positively)* bestimmt, sicher, natürlich; 2. *(admittedly)* sicherlich, zwar
certainty ['sɜːtəntɪ] *sb* 1. *(sure fact)* Sicherheit *f,* Bestimmtheit *f,* Gewissheit *f;* 2. *(in one's mind)* Überzeugung *f*
certifiable [sɜːtɪ'faɪəbl] *adj* nachweisbar
certificate [sɜ'tɪfɪkɪt] *sb* Bescheinigung *f,* Urkunde *f,* Attest *n*

certification [sɜːtɪfɪ'keɪʃən] *sb* Bescheinigung *f*, Beurkundung *f*, Beglaubigung *f*
certified ['sɜːtɪfaɪd] *adj* bescheinigt, bestätigt, beglaubigt; *~ public accountant* amtlich zugelassener Bücherrevisor
certify ['sɜːtɪfaɪ] *v 1.* bescheinigen, bestätigen; *this is to ~* hiermit wird bescheinigt; *2.* beglaubigen
certitude ['sɜːtɪtjuːd] *sb* Gewissheit *f*, Sicherheit *f*
cessation [se'seɪʃən] *sb* Einstellung *f*, Ende *n*
cession ['seʃən] *sb* Abtretung *f*
cesspool ['sespuːl] *sb 1.* Jauchegrube *f*, Senkgrube *f*; *2. (fig)* Sündenpfuhl *m*
chafe [tʃeɪf] *v ~ at (fig: be annoyed with)* sich ärgern über
chaff [tʃɑːf] *sb AGR* Spreu *f*; *separate the wheat from the ~ (fig)* die Spreu vom Weizen trennen
chaffer ['tʃæfə] *v (haggle, bargain)* handeln, streiten
chagrin [ʃə'grɪn] *sb* Ärger *m*; *to my ~* zu meinem Verdruss
chain [tʃeɪn] *v 1. (sth)* mit einer Kette befestigen; *(door)* durch eine Kette sichern; *2. (s.o., an animal)* anketten; *sb 3.* Kette *f*
chain gang [tʃeɪn gæŋ] *sb* Truppe aneinander geketterter Sträflinge *f*
chain letter ['tʃeɪnletə] *sb* Kettenbrief *m*
chainsaw ['tʃeɪnsɔː] *sb* Kettensäge *f*

> **chair** [tʃɛə] *sb 1.* Stuhl *m*, Sessel *m*; *2. (professorship)* Lehrstuhl *m*; *3. (chairmanship)* Vorsitz *m*

chair-lift ['tʃɛəlɪft] *sb* Sessellift *m*
chairman ['tʃɛəmən] *sb 1.* Vorsitzende(r) *m/f*; *2. (~ of the board) ECO* Vorstandsvorsitzende(r) *m/f*
chalice ['tʃælɪs] *sb* Kelch *m*
chalk [tʃɔːk] *sb 1. (to write with)* Kreide *f*; *2. GEOL* Kreide *f*; *as different as ~ and cheese* grundverschieden; *3. (limestone) GEOL* Kalkstein *m*; *v 4. ~ up (fam)* ankreiden
chalkboard ['tʃɔːkbɔːd] *sb* Tafel *f*; *(in a classroom)* Schultafel *f*
chalkpit ['tʃɔːkpɪt] *sb* Kreidegrube *f*
challenge ['tʃælɪndʒ] *v 1. (s.o.)* herausfordern; *2. (authority)* anfechten; *3. (dispute, take issue with)* anfechten, bestreiten; *4. JUR* anfechten; *5. (make demands on)* fordern, reizen; *sb 6.* Herausforderung *f*; *7. (to reach a goal)* Aufruf *m*, Aufforderung *f*; *8. (to a duel)* Forderung *f*; *9. JUR* Anfechtung *f*
challenger ['tʃælɪndʒə] *sb* Herausforderer *m*
challenging ['tʃælɪndʒɪŋ] *adj* fordernd, herausfordernd
chamber ['tʃeɪmbə] *sb 1. (room)* Raum *m*, Zimmer *n*, Kammer *f*; *2. (of a revolver, of Parliament)* Kammer *f*; *3. (of the heart) ANAT* Herzkammer *f*, Kammer *f*; *4. ~s pl (of a solicitor)* Kanzlei *f*
chamberlain ['tʃeɪmbəlɪn] *sb* Kammerherr *m*
chambermaid ['tʃeɪmbəmeɪd] *sb* Zimmermädchen *n*
chamber music ['tʃeɪmbəmjuːzɪk] *sb* Kammermusik *f*
Chamber of Commerce ['tʃeɪmbərəv 'kɒmɜːs] *sb* Handelskammer *f*
chamber orchestra ['tʃeɪmbə 'ɔːkɪstrə] *sb MUS* Kammerorchester *n*
chameleon [kə'miːlɪən] *sb* Chamäleon *n*
chamois ['ʃæmwɑː] *sb 1. (for cleaning windows)* ein Fensterleder *n*; *2. ZOOL* Gämse *f*
champ [tʃæmp] *v* kauen, mampfen; *~ at the bit* am Zügel zerren
championship ['tʃæmpɪənʃɪp] *sb SPORT* Meisterschaft *f*
chance [tʃɑːns] *sb 1. (possibility)* Chance *f*, Aussicht *f*, Möglichkeit *f*; *by any ~* zufällig; *She doesn't stand a ~.* Sie hat keine Chance. *2. (opportunity)* Chance *f*, Gelegenheit *f*, Möglichkeit *f*; *3. (coincidence)* Zufall *m*; *by ~* zufällig; *game of ~* Glücksspiel *n*; *leave sth to ~* etw dem Zufall überlassen; *4. (risk)* Risiko *n*; *take no ~s* nichts riskieren; *5. game of ~* Glücksspiel *n*; *v 6.* riskieren; *7. ~ upon sth* etw zufällig finden; *adj 8.* zufällig
chancel ['tʃɑːnsəl] *sb ARCH* Chor *m*, Altarraum *m*
chancellery ['tʃɑːnsələrɪ] *sb POL* Kanzleramt *n*
chancellor ['tʃɑːnsələ] *sb POL* Kanzler *m*
Chancellor of the Exchequer ['tʃɑːnsələr əv ðiː ɪks'tʃekə] *sb (UK) POL* Finanzminister *m*
chancellorship ['tʃɑːnsələʃɪp] *sb POL* Kanzleramt *n*
chancery ['tʃɑːnsərɪ] *sb JUR* Amtsvormundschaft *f*
chandelier [ʃændə'lɪə] *sb* Armleuchter *m*, Kronleuchter *m*
chandler ['tʃɑːndlə] *sb* Kerzenmacher *m*
change [tʃeɪndʒ] *v 1. (undergo a ~)* sich ändern, sich verändern; *2. (to another bus, train, plane)* umsteigen; *3. (put on different clothes)*

C

sich umziehen, sich umkleiden; *4. (sth)* ändern, verändern, wandeln; *5. (transform)* verwandeln, umwandeln; *6. (by substitution)* wechseln; ~ *hands* den Besitzer wechseln; ~ *the sheets* die Bettwäsche wechseln; ~ *the subject* das Thema wechseln; ~ *places with s.o.* den Platz mit jdm tauschen; *7. (a tyre)* auswechseln; *8. (money: into smaller denominations)* wechseln; *9. (money: into another currency)* umtauschen; *10. (a baby)* wickeln, trockenlegen; *sb 11.* Veränderung *f*, Änderung *f*; ~ *for the better* Besserung *f*, Verbesserung *f*; *12. (transformation)* Verwandlung *f*; *13. (replacement)* Wechsel *m*; *14. (variety)* Abwechslung *f*; *15. (money)* Wechselgeld *n*; *16. (small ~)* Kleingeld *n*

• change over *v 1. (to a new system)* sich umstellen; *2. (television)* umschalten

changeable ['tʃeɪndʒəbl] *adj* wandelbar, veränderlich

changeful ['tʃeɪndʒfʊl] *adj* veränderlich, wechselhaft

changeover ['tʃeɪndʒəʊvə] *sb* Wechsel *m*, Umstellung *f*

changing-room ['tʃeɪndʒɪŋruːm] *sb* Umkleideraum *m*, Umkleidekabine *f*, Ankleidekabine *f*

channel ['tʃænl] *sb 1. (TV)* Kanal *m*, Programm *n*; *2. (strait)* Rinne *f*; *the English Channel* der Ärmelkanal *m*; *3. official ~s pl* Dienstweg *m*; *v 4. (fig)* lenken

Channel Islands ['tʃænl 'aɪlənds] *sb GEO* Kanalinseln *pl*

channel surfing ['tʃænlsɜːfɪŋ] *sb* Zapping *n*, ständiges Umschalten *n*

Channel Tunnel ['tʃænl 'tʌnl] *sb GEO* Kanaltunnel *m* (unter dem Ärmelkanal)

chant [tʃɑːnt] *v 1. (sth)* rhythmisch rufen; *sb 2.* Gesang *m*; *3. (by sports fans)* Sprechchor *m*

chaos ['keɪɒs] *sb* Chaos *n*, Durcheinander *n*

chaotic [keɪ'ɒtɪk] adj chaotisch

chap [tʃæp] *sb (fam) (UK)* Kerl *m*, Typ *m*, Bursche *m*; *old ~ (fam)* „alter Knabe“

chape [tʃeɪp] *sb* Schuh der Säbelscheide *m*

chapel ['tʃæpəl] *sb REL* Kapelle *f*

chaperon ['ʃæpərəʊn] *sb* Anstandsdame *f*, Anstandswauwau *m (fam)*

chaplain ['tʃæplɪn] *sb REL* Kaplan *m*

chapped [tʃæpt] *adj (lips)* rau

chapter ['tʃæptə] *sb* Kapitel *n*

char [tʃɑː] *v* verkohlen

character ['kærɪktə] *sb 1. (nature of sth)* Charakter *m*; *2. (nature of a person)* Wesen *n*; *It is out of ~.* Es passt nicht. Es ist untypisch. *3. (strength of ~)* Charakter *m*; *4. (fam: fellow)* Typ *m*; *5. (fictional ~)* Figur *f*, Gestalt *f*; *6. INFORM* Zeichen *n*

character assassination ['kærɪktə əsæsɪ'neɪʃn] *sb* Rufmord *m*

characteristic [kærɪktə'rɪstɪk] *adj 1.* charakteristisch, bezeichnend, typisch; *sb 2.* charakteristisches Merkmal *n*, Eigenschaft *f*, Kennzeichen *n*

characterization [kærɪktəraɪ'zeɪʃən] *sb* Beschreibung *f*, Charakterisierung *f*

characterize ['kærɪktəraɪz] *v 1. (describe)* beschreiben; *2. (to be characteristic of)* charakterisieren, kennzeichnen, prägen

character reference ['kærɪktərefərəns] *sb* Leumundszeugnis *n*, Referenz *f*

charade [ʃə'rɑːd] *sb 1.* Scharade *f*; *2. (fig)* Farce *f*

charades [ʃə'rɑːdz] *pl* Scharade *f*

charcoal ['tʃɑːkəʊl] *sb* Holzkohle *f*

charcoal grey ['tʃɑːkəʊl greɪ] *adj* schwarzgrau

charge [tʃɑːdʒ] *v 1. (attack)* stürmen, angreifen; *2. (accuse)* anschuldigen, beschuldigen, bezichtigen; *3. ~ s.o. with a task* jdn mit einer Arbeit beauftragen; *4. (ask in payment)* berechnen, anrechnen; *(set as the price)* fordern; *~ s.o. for sth* jdn mit etw belasten, jdm etw in Rechnung stellen; *5. (arrange to be billed for)* in Rechnung stellen lassen, anschreiben lassen; *~ sth to s.o.* etw auf Rechnung eines anderen kaufen; *6. (a battery)* laden, aufladen; *sb 7. (attack)* Angriff *m*; *sound the ~* zum Angriff blasen; *8. (accusation)* Anschuldigung *f*, Beschuldigung *f*, Belastung *f*; *9. (official accusation) JUR* Anklage *f*; *(in a civil case)* Klage *f*; *press ~s against s.o.* gegen jdn Anzeige erstatten; *10. (fee)* Gebühr *f*; *free of ~* kostenlos; *11. (electric ~)* Ladung *f*; *get a ~ out of sth (fig)* an etw mächtig Spaß haben; *12. (explosive ~)* Sprengladung *f*, Ladung *f*; *13. in ~* verantwortlich; *put s.o. in ~ of sth* jdm die Leitung übertragen; *Who's in ~ here?* Wer ist hier der Verantwortliche? *14. (person in s.o.'s custody)* Schützling *m*

chargeable ['tʃɑːdʒəbl] *adj* zu belastend

charge card [tʃɑːdʒ kɑːd] *sb* Kundenkreditkarte *f*

charger ['tʃɑːdʒə] *sb TECH* Ladegerät *n*

charily ['tʃærɪlɪ] *adv* vorsichtig, sparsam

chariot ['tʃærɪət] *sb* Wagen *m*
charisma [kə'rɪzmə] *sb (fig)* Ausstrahlung *f*, Charisma *n*
charismatic [kæriz'mætɪk] *adj* charismatisch
charitable ['tʃærɪtəbl] *adj 1. (organization)* Wohltätigkeits ..., gemeinnützig, wohltätig; *2. (lenient, not harsh)* freundlich, nachsichtig
charity ['tʃærɪtɪ] *sb 1. (benevolence)* Nächstenliebe *f*; *2. (organization)* karitative Organisation *f*; *3. (philanthropy)* Almosen *pl*
charlatan ['ʃɑːlətən] *sb* Scharlatan *m*
charm [tʃɑːm] *v 1. (delight)* bezaubern, entzücken, reizen; *sb 2.* Charme *m*, Reiz *m*, Anziehungskraft *f*; *3. (object)* Amulett *n*, Talis man *m*
charmed [tʃɑːmd] *adj* bezaubert
charmer ['tsɑːmə] *sb* charmanter Mensch *m*, *(man)* Charmeur *m*
charming ['tʃɑːmɪŋ] *adj* charmant, entzückend, bezaubernd
chart [tʃɑːt] *sb 1.* Tabelle *f*; *2. (map)* Karte *f*; *3. (diagram)* Schaubild *n*
charter ['tʃɑːtə] *v (plane, bus, ship)* mieten
charter flight ['tʃɑːtəflaɪt] *sb* Charterflug *m*
charter member ['tʃɑtə'membə] *sb* Gründungsmitglied *n*
chartist ['tʃɑːtɪst] *sb FIN* jemand, der technische Aktienanalyse durchführt *m*
charwoman ['tʃɑːwʊmən] *sb* Putzfrau *f*
chary ['tʃɛərɪ] *adj* zurückhaltend
chase [tʃeɪs] *v 1.* jagen, verfolgen, *(~ women)* nachlaufen; *2. ~ away* fortjagen, wegjagen, verjagen; *sb 3.* Verfolgungsjagd *f*, *(hunt)* Jagd *f*; *cut to the ~ (fig) (US)* zur Sache kommen
chaser ['tʃeɪsə] *sb 1.* Verfolger *m*; *2. (drink)* ein Drink hinterher *m*, ein weiterer Drink *m*
chasm ['kæzəm] *sb* Kluft *f*, Abgrund *m*
chaste [tʃeɪst] *adj* keusch, unschuldig
chasten ['tʃeɪsn] *v* zur Einsicht bringen
chastise ['tʃæstaɪz] *v* geißeln, tadeln
chastity ['tʃæstɪtɪ] *sb* Keuschheit *f*
chat [tʃæt] *v 1.* plaudern, schwatzen; *2. INFORM* chatten
• **chat up** *v (fam)* anmachen, anquatschen
chateau [ʃæ'təʊ] *sb* Landhaus *n*
chat show [tʃæt ʃəʊ] *sb* Talkshow *f*
chatter ['tʃætə] *v 1. (teeth)* klappern; *2. (talk)* plappern
chatterbox ['tʃætəbɒks] *sb (fam)* Quasselstrippe *f*
chatty ['tʃætɪ] *adj* geschwätzig
chauffeur ['ʃəʊfə] *sb* Fahrer *m*
chauvinism ['ʃəʊvɪnɪzəm] *sb male ~* männlicher Chauvinismus *m*
chauvinist ['ʃəʊvɪnɪst] *sb male ~* männlicher Chauvinist *m*
chauvinistic [ʃəʊvɪ'nɪstɪk] *adj* chauvinistisch

C

cheap [tʃiːp] *adj* billig

cheapen ['tʃiːpn] *v* (preislich) herabsetzen
cheapskate ['tʃiːpskeɪt] *sb (fam)* Geizkragen *m*, Geizhals *m*
cheat [tʃiːt] *v 1.* betrügen, *(in a game)* mogeln; *2. (be unfaithful)* fremdgehen; *3. (in school)* abschreiben; *4. (s.o.)* betrügen; *sb 5.* Betrüger *m*, Schwindler m
cheater ['tʃiːtə] *sb 1.* Betrüger *m*; *2. (in a game, in school)* Mogler *m*
check [tʃek] *v 1. (make sure)* nachprüfen; *(figures)* nachrechnen; *2. (examine)* prüfen, kontrollieren, nachsehen; *3. (US: coat)* abgeben; *4. (hinder)* hemmen; *sb 5. hold in ~* in Schach halten, dämmen; *6. keep sth in ~* etw in Schranken halten, etw zügeln; *7. (examination)* Kontrolle *f*, Überprüfung *f*; *8. (US: cheque)* Scheck *m*; *9. (US: bill)* Rechnung *f*; *10. (US: mark, tick)* Haken *m*
• **check in** *v* sich anmelden, *(at an airport)* einchecken
• **check off** *v* abhaken
• **check out** *v* 1. *(US: of a hotel)* abreisen; 2. *(investigate)* nachprüfen
checked [tʃekt] *adj* kariert
checker ['tʃekə] *sb (cashier)* Kassierer *m*
checkers ['tʃekəz] *sb (US)* Damespiel *n*
checking account ['tʃekɪŋ ə'kaʊnt] *sb (US)* Girokonto *n*
check list ['tʃeklɪst] *sb* Checkliste *f*
checkmate ['tʃekmeɪt] *sb* Schachmatt *n*; *Checkmate!* Matt!
checkpoint ['tʃekpɔɪnt] *sb* Kontrollpunkt *m*
check-up ['tʃekʌp] *sb MED* Untersuchung *f*, Check-up *m*; *(as a follow-up)* Nachuntersuchung *f*
cheek [tʃiːk] *sb* Backe *f*, Wange *f*; *dance ~ to ~* Wange an Wange tanzen
cheeky ['tʃiːkɪ] *adj* frech, dreist, keck
cheep [tʃiːp] *sb* Pieps *m*
cheer [tʃɪə] *v 1.* jubeln, Beifall spenden, jauchzen; *2. ~ for s.o.* jdm zujubeln, jdm Beifall spenden, jdm anfeuernd zurufen; *3. (sth)* bejubeln; *sb 4.* Beifallsruf *m*; *Three ~s for him!* Ein dreifaches Hoch auf ihn! *interj 5. Cheers! (your health)* Prost!

C

• cheer up *v 1. (grow cheerful)* wieder fröhlich werden; *Cheer up!* Kopf hoch! *2. cheer s.o. up* jdn aufheitern
cheerful ['tʃɪəfʊl] *adj* fröhlich, heiter, vergnügt
cheerfulness ['tʃɪəfʊlnɪs] *sb* Heiterkeit *f*, Fröhlichkeit *f*
cheerio ['tʃɪərɪ'əʊ] *interj (UK)* tschüß
cheers [tʃɪəz] *interj* Prost!
cheery ['tʃɪərɪ] *adj* fröhlich, lustig
cheese [tʃiːz] *sb GAST* Käse *m*
cheeseboard ['tʃiːzbɔːd] *sb* Käseplatte *f*
cheesecake ['tʃiːzkeɪk] *sb 1.* Käsekuchen *m*; *adj 2. ~ shots (fam) (US)* Fotos mit Sex-Appeal *pl*
cheese straw ['tʃiːzstrɔː] *sb GAST* Käsestange *f*
cheesy ['tʃiːzɪ] *adj 1.* käsig; *2. (fam: shabby)* mies
cheetah ['tʃiːtə] sb *ZOOL* Gepard *m*
chef [ʃef] *sb* Küchenchef *m*
chemical ['kemɪkəl] *sb 1.* Chemikalie *f*; *adj 2.* chemisch
chemise [ʃə'miːz] *sb* Unterhemd *n*
chemist ['kemɪst] *sb 1. (scientist)* Chemiker *m*; *2. (UK: dispensing ~)* Apotheker *m*
chemistry ['kemɪstrɪ] *sb* Chemie *f*
chemist's shop ['kemɪsts ʃɒp] *sb* Apotheke *f*
cheque [tʃek] *sb (UK)* Scheck *m*; *pay by ~* mit einem Scheck bezahlen
chequered ['tʃekəd] *adj 1.* kariert; *2. (fig: past, career)* bewegt
chequered flag ['tʃekəd flæg] *sb SPORT* Zielfahne *f*
cherish ['tʃerɪʃ] *v 1. (hold dear)* schätzen; 2. *(take care of)* sorgen für
cherry ['tʃerɪ] *sb BOT* Kirsche *f*
cherubic [tʃə'ruːbɪk] *adj (fig)* pausbackig
chess [tʃes] *sb* Schach *n*
chessboard ['tʃesbɔːd] *sb* Schachbrett *n*
chesspiece ['tʃespiːs] *sb* Schachfigur *f*
chess set [tʃes set] *sb* Schachspiel *n*
chest [tʃest] *sb 1. (box, case)* Truhe *f*, Kiste *f*; *2. ~ of drawers* Kommode *f*; *3. ANAT* Brust *f*, Brustkasten *m*; *get sth off one's ~ (fig)* sich etw von der Seele schaffen
chestnut ['tʃesnʌt] *sb* Kastanie *f*
chesty ['tʃestɪ] *adj 1. (hoarse)* rau, heiser; *2. (US: buxom) (fam)* vollbusig
chevron ['ʃevrən] *sb* Winkel *m*
chew [tʃuː] *v* kauen; *~ the fat (fig)* plaudern; *~ over sth (fam)* etw bequatschen; *~ over sth (in one's mind)* sich etw durch den Kopf gehen lassen
chewable ['tʃuːəbl] *adj 1. (intended to be chewed)* zum Kauen; *2. (possible to chew)* kaubar
chewing gum ['tʃuːɪŋ gʌm] *sb* Kaugummi *m*
chewy ['tʃuːɪ] *adj 1. (taffy)* weich; *2. (meat)* zäh
chic [ʃiːk] *adj* schick
chicane [ʃɪ'keɪn] *sb* Schikane *f*
chick [tʃɪk] *sb 1. ZOOL* Küken *n*; *2. (fam: girl)* Biene *f*

chicken ['tʃɪkən] *sb 1.* Huhn *n*; *count one's ~s before they're hatched* den Tag vor dem Abend loben; *adj 2. (fam: cowardly)* feig; *v 3. ~ out* kneifen, den Schwanz einziehen *(fam)*

chicken feed ['tʃɪkən fiːd] *sb 1.* Hühnerfutter *n*; *2. (fam: low pay)* eine lächerliche Summe *f*; *for ~ (fam) (US)* für ein Butterbrot, für 'n Appel und 'n Ei
chicken-pox ['tʃɪkənpɒks] *sb MED* Windpocken *pl*
chicken wire ['tʃɪkənwaɪə] *sb* Hühnerdraht *m*
chide [tʃaɪd] *v irr* schelten, tadeln
chief [tʃiːf] *adj 1.* Haupt... *sb 2.* Leiter *m*, Chef *m*, Anführer *m*; *3. (of a tribe)* Häuptling *m*; *4. (of a family)* Oberhaupt *n*
chief executive officer [tʃiːf ɪg'zekjuːtɪv 'ɒfɪsə] *sb (US)* Generaldirektor *m*
Chief Justice [tʃiːf 'dʒʌstɪs] *sb* Oberrichter *m*; *(US)* Oberster Bundesrichter *m*
chiefly ['tʃiːflɪ] *adv* hauptsächlich, vor allem, besonders
chieftain ['tʃiːftən] *sb* Chef *m*, Häuptling *m*
chignon ['ʃiːnjɒn] *sb* Haarknoten *m*, Chignon *m*

child [tʃaɪld] *sb* Kind *n*; *with ~* schwanger; *~'s play (fig)* ein Kinderspiel *n*

child abuse ['tʃaɪldəbjuːs] *sb* Kindesmisshandlung *f*
child allowance [tʃaɪld ə'laʊəns] *sb* Kinderfreibetrag *m*
child benefit [tʃaɪld'benɪfɪt] *sb* Kindergeld *n*
childbirth ['tʃaɪldbɜːθ] *sb MED* Geburt *f*, Entbindung *f*
childcare ['tʃaɪldkɛə] *sb* Kinderbetreuung *f*
childhood ['tʃaɪldhʊd] *sb* Kindheit *f*
childish ['tʃaɪldɪʃ] *adj* kindisch

childlike ['tʃaɪldlaɪk] *adj* kindlich
child minder ['tʃaɪldmaɪndə] *sb* Tagesmutter *f*, Kinderfrau *f*
child pornography [tʃaɪld pɔː'nɒgrəfɪ] *sb* Kinderpornographie *f*
chili ['tʃɪlɪ] *sb BOT* Chili *m*
chill [tʃɪl] *sb 1. (feeling)* Kaltgefühl *n*; *cast a ~ upon* abkühlen; *2. (in the air)* Frische *f*
chilly ['tʃɪlɪ] *adj* kalt, frostig, kühl
chime [tʃaɪm] *sb 1.* Glockenspiel *n*; *2. (~ of a doorbell)* Läuten *n; v 3. ~ in* einwerfen, übereinstimmen
chimney ['tʃɪmnɪ] *sb* Schornstein *m*, Schlot *m*, Kamin *m*; *smoke like a ~* rauchen wie ein Schlot
chimneypiece ['tʃɪmnɪpiːs] *sb* Kaminsims *m*
chimneypot ['tʃɪmnɪ pɒt] *sb* Schornsteinaufsatz *m*
chimney stack ['tʃɪmnɪ stæk] *sb* Schornstein *m*
chimney-sweep ['tʃɪmnɪ swiːp] *sb* Schornsteinfeger *m*, Kaminkehrer *m*
chimpanzee [tʃɪmpæn'ziː] *sb ZOOL* Schimpanse *m*
chin [tʃɪn] *sb* Kinn *n*; *keep one's ~ up* sich nicht runterkriegen lassen; *take it on the ~ (fig)* eine böse Pleite erleben
china ['tʃaɪnə] *sb* Porzellan *n*
China ['tʃaɪnə] *sb GEO* China *n*
Chinaman ['tʃaɪnəmən] *sb* Chinese *m*
China Sea ['tʃaɪnə'siː] *sb GEO* Chinesisches Meer *n*
Chinatown ['tʃaɪnətaʊn] *sb* Chinesenviertel *n*
chinaware ['tʃaɪnəwɛə] *sb (porcelain)* Porzellan *n*
chine [tʃaɪn] *sb ZOOL* Rückgrat *n*, Wirbelsäule *f*
Chinese [tʃaɪ'niːz] *sb 1. (language)* Chinesisch *n*; *2. (person)* Chinese/Chinesin *m/f; adj 3.* chinesisch
chink [tʃɪŋk] *sb* Riss *m*, Spalte *f*; *the ~ in his armour* sein schwacher Punkt
chinless ['tʃɪnlɪs] *adj* mit fliehendem Kinn
chip [tʃɪp] *v 1. (become ~ped)* angeschlagen werden; *sb 2.* Splitter *m*; *(of wood)* Span *m*; *a ~ off the old block* ganz der Vater; *3. INFORM* Chip *n*; *4. (poker ~)* Chip *m*, Spielmarke *f*; *when the ~s are down* wenn es drauf ankommt; *5. (fig) (US) cash in one's ~s* abkratzen; *6. ~s pl (UK) GAST* Pommes frites *pl*; *7. (US) GAST* Chip *m*
• **chip in** *v* beitragen
chip basket ['tʃɪpbɑːskɪt] *sb* Frittiersieb *n*
chipboard ['tʃɪpbɔːd] *sb* Spanplatte *f*
chipmunk ['tʃɪpmʌŋk] *sb* amerikanisches Erdhörnchen *n*
chiropodist [kɪ'rɒpədɪst] *sb* Fußpfleger *m*
chiropody [kɪ'rɒpədɪ] *sb* Fußpflege *f*
chiropractic [kaɪrə'præktɪk] *sb* Chiropraktik *f*
chiropractor ['kaɪrəpræktə] *sb* Chiropraktiker *m*
chirp [tʃɜːp] *v 1. (birds)* zwitschern; *2. (crickets)* zirpen
chirpy ['tʃɜːpɪ] *adj (fam)* munter, gut drauf
chisel ['tʃɪzl] *sb* Meißel *m*, Beitel *m*
chiselled ['tʃɪzld] *adj* fein gemeißelt, fein geschnitten
chit [tʃɪt] *sb* Gutschein *m*
chit-chat ['tʃɪttʃæt] *sb* Geschwätz *n*, Geplauder *n*
chivalrous ['ʃɪvəlrəs] *adj* ritterlich, galant
chivalry ['ʃɪvəlrɪ] *sb* Ritterlichkeit *f*
chives [tʃaɪvz] *pl GAST* Schnittlauch *m*
chock [tʃɒk] *sb* Bremsklotz *m*
chock-a-block ['tʃɒkəblɒk] *adv* brechend voll, gerammelt voll
chock-full [tʃɒk'fʊl] *adj* knüppelvoll
chocolate ['tʃɒklɪt] *sb* Schokolade *f*
chocolate chip cookie ['tʃɒklɪt tʃɪp 'kʊkɪ] *sb* Plätzchen mit Schokoladenstückchen *n*
choice [tʃɔɪs] *sb 1. (variety to choose from)* Auswahl *f*; *2. (chance to choose, act of choosing)* Wahl *f*; *make a ~, take one's ~* wählen, eine Wahl treffen; *have Hobson's ~* überhaupt keine Wahl haben; *You have no ~.* Sie haben keine andere Wahl. *3. (thing chosen)* Wahl *f*, Option *f*; *adj 4.* vorzüglich, erlesen; *(words)* gewählt
choir ['kwaɪə] *sb* Chor *m*
choke [tʃəʊk] *v 1.* ersticken, sich verschlucken; *~ on* ersticken an; *2. (~ s.o.)* würgen, erwürgen, erdrosseln; *3. ~ back (tears, laughter)* unterdrücken; *4. TECH* drosseln
choked [tʃəʊkt] *adj (fam)* gekränkt, pikiert
choler ['kɒlə] *sb* Zorn *m*, Wut *f*, Ärger *m*
choleric ['kɒlerɪk] *adj* cholerisch
chomp [tʃɒmp] *v* mampfen

choose [tʃuːz] *v irr 1. (make a choice)* wählen; *2. (select sth)* aussuchen, auswählen, wählen

choosy ['tʃuːzɪ] *adj* wählerisch
chop [tʃɒp] *sb 1. (karate)* Karateschlag *m*; *2. GAST* Kotelett *n*; *v 3. (wood)* hacken; *(food)* klein schneiden

C

• **chop down** *v (a tree)* fällen
• **chop off** *v* abhacken, abschlagen
• **chop up** *v* zerhacken, zerkleinern
chop-chop ['tʃɒp'tʃɒp] *interj* hopp, hopp!
chopper ['tʃɒpə] *sb (US: helicopter)* Hubschrauber *m*
chopstick ['tʃɒpstɪk] *sb* Essstäbchen *n*
choral ['kɔːrəl] *adj* Chor ...
chorale [kɒ'rɑːl] *sb MUS* Choral *m*
chord [kɔːd] *sb MUS* Akkord *m*
chore [tʃɔː] *sb 1. ~s pl* Hausarbeit *f*; *2. (fig)* lästige Pflicht *f*; *Trying to finish this book is a real ~.* Es ist sehr mühsam, dieses Buch auszulesen.
chorea [kɒ'rɪə] *sb MED* Veitstanz *m*
choreograph ['kɒrɪəgrɑːf] *v* choreografieren
choric ['kɒrɪk] *adj* Chor ...
chortle ['tʃɔːtl] *v* glucksend lachen
chorus ['kɔːrəs] *sb 1. MUS (refrain)* Refrain *m*; *2. (group)* Chor *m*
chosen ['tʃəʊzn] *adj* auserwählt
Christ [kraɪst] *sb REL* Christus *m*; *before ~ (B.C.)* vor Christi Geburt (v.Chr.)
christen ['krɪsn] *v REL* taufen
Christendom ['krɪsndəm] *sb REL* Christenheit *f*
christening ['krɪsnɪŋ] *sb REL* Taufe *f*
Christian ['krɪstʃən] *sb 1. REL* Christ *m*; *adj 2. REL* christlich
Christianity [krɪstɪ'ænɪtɪ] *sb REL* Christentum *n*
Christian name ['krɪstʃən neɪm] *sb* Vorname *m*
Christmas ['krɪsməs] *sb* Weihnachten *n*
Christmas carol ['krɪsməs 'kærəl] *sb* Weihnachtslied *n*
Christmas Eve ['krɪsməs iːv] *sb* Heiligabend *m*
Christmassy ['krɪsməsɪ] *adj (fam)* (weihnachtlich) aufgeputzt
Christmas tree ['krɪsməs triː] *sb* Weihnachtsbaum *m*, Christbaum *m*
chroma ['krəʊmə] *sb* Farbreinheit *f*
chromatic [krəʊ'mætɪk] *adj* chromatisch
chronic ['krɒnɪk] *adj* chronisch
chronicle ['krɒnɪkl] *sb 1.* Chronik *f*; *v 2.* aufzeichnen
chronograph ['krɒnəgrɑːf] *sb* Chronograph *m*, Zeitmessgerät *m*
chronological [krɒnə'lɒdʒɪkəl] *adj* chronologisch; *~ order* zeitliche Reihenfolge
chronology [krə'nɒlədʒɪ] *sb (timeline)* Zeittafel *f*
chubby ['tʃʌbɪ] *adj* rundlich, pummelig
chuck [tʃʌk] *v (toss)* schmeißen, werfen, pfeffern
• **chuck in** *v (fam)* an den Nagel hängen, das Handtuch werfen
• **chuck out** *v (fam)* rauswerfen, wegwerfen
chuckle ['tʃʌkl] *v* glucksen, lachen
chuff [tʃʌf] *sb* Bauer *m*, Landtrampel *m*
chug [tʃʌg] *sb 1.* Tuckern *n*; *v 2. ~ a beer (fam) (US)* ein Bier in einem Zug austrinken
chum [tʃʌm] *sb (fam)* Kumpel *m*, Kamerad *m*
chummy ['tʃʌmɪ] *adj 1. (with one another)* dick befreundet; *2. (person: overly ~)* plump vertraulich
chump [tʃʌmp] *sb (fam)* Hornochse *m*
chunk [tʃʌŋk] *sb* Klotz *m*, Brocken *m*
chunky ['tʃʌŋkɪ] *adj (object)* klobig
Chunnel ['tʃʌnl] *sb (fam: Channel tunnel)* Kanaltunnel *m*
chunter ['tʃʌntə] *v* murren, grummeln

church [tʃɜːtʃ] *sb* Kirche *f*

churchgoer ['tʃɜːtʃgəʊə] *sb REL* Kirchgänger *m*
churchman ['tʃɜːtʃmən] *sb* Geistlicher *m*
church service ['tʃɜːtʃsɜːvɪs] *sb REL* Gottesdienst *m*
churchwarden ['tʃɜːtʃwɔːdn] *sb (UK)* Gemeindevorsteher *m*
churchyard ['tʃɜːtʃjɑːd] *sb* Kirchhof *m*
churlish ['tʃɜːlɪʃ] *adj* mürrisch, ungehobelt
churn [tʃɜːn] *v 1. (butter)* buttern; *2. (fam: stomach)* den Magen umdrehen
• **churn out** *v (fig)* in großen Mengen produzieren
churning ['tʃɜːnɪŋ] *sb* Buttern *n*
chute [ʃuːt] *sb* Rutsche *f*, Rutschbahn *f*
cider ['saɪdə] *sb* Apfelwein *m*
cigar [sɪ'gɑː] *sb* Zigarre *f*
cigarette [sɪgə'ret] *sb* Zigarette *f*
cigarillo [sɪgə'rɪləʊ] *sb* Zigarillo *m*
cinch [sɪntʃ] *sb (fam) a ~* ein Kinderspiel *n*
cinders ['sɪndəz] *pl* Asche *f*
cine camera ['sɪnɪkæmərə] *sb* Schmalfilmkamera *f*

cinema ['sɪnəmə] *sb 1. CINE* Kino *n*; *2. (films in general) CINE* Film *m*

cinematic [sɪnə'mætɪk] *adj* filmisch
cinematographer [sɪnəmə'tɒgrəfə] *sb CINE* Kameramann *m*
cinereous [sɪ'nɪərɪəs] *adj* aschig, aschfarben
cinnamon ['sɪnəmən] *sb* Zimt *m*

cipher ['saɪfə] *sb (code)* Chiffre *f*, Code *m*

circle ['sɜːkl] *sb 1.* Kreis *m; come full ~* zum Ausgangspunkt zurückkehren; *the inner ~* der innere Kreis; *v 2.* kreisen; *3. (draw a ~ round)* einen Kreis machen um

circuit ['sɜːkɪt] *sb 1. (journey around)* Rundgang *m*, Rundreise *f; 2. (electrical)* Stromkreis *m; (device)* Schaltung *f*

circuit breaker ['sɜːkɪtbreɪkə] *sb TECH* Stromkreisunterbrecher *m*

circuit training ['sɜːkɪttreɪnɪŋ] *sb SPORT* Zirkeltraining *n*

circuity [sə'kjuːɪtɪ] *sb* Weitschweifigkeit *f*, Gewundenheit *f*

circular ['sɜːkjʊlə] *adj 1.* rund, kreisförmig; *sb 2. (advertisement)* Wurfsendung *f*

circular saw ['sɜːkjʊlə sɔː] *sb* Kreissäge *f*

circulate ['sɜːkjʊleɪt] *v 1. (blood, money)* fließen; *2. (news: get around)* in Umlauf sein, kursieren, sich verbreiten; *3. (at a party)* die Runde machen; *4. (spread sth) (a rumour)* in Umlauf setzen; *(a memo)* zirkulieren lassen

circulation [sɜːkjʊ'leɪʃən] *sb 1.* Kreislauf *m*, Zirkulation *f; out of ~* außer Kurs; *She's back in ~. (fam)* Sie mischt wieder mit. *2. (of a rumour)* Verbreitung *f*, Kursieren *n; 3. (number of copies sold)* Auflagenziffer *f*

circulatory system ['sɜːkjʊlətərɪ 'sɪstəm] *sb ANAT* Kreislauf *m*, Blutkreislauf *m*

circumcise ['sɜːkəmsaɪz] *v* beschneiden

circumcision [sɜːkəm'sɪʒən] *sb* Beschneidung *f*

circumference [sɜː'kʌmfərəns] *sb* Umkreis *m*

circumfuse [sɜːkəm'fjuːz] *v* verbreiten, erfüllen

circumnavigate [sɜːkəm'nævɪgeɪt] *v* umschiffen, umsegeln

circumspect [sɜːkəm'spekt] *adj* umsichtig

circumstance ['sɜːkəmstəns] *sb* Umstand *m; under no ~s* auf keinen Fall; *under the ~s* unter diesen Umständen; *~ s pl (financial state)* Vermögensverhältnisse *pl*

circumstantial [sɜːkəm'stænʃəl] *adj ~ evidence JUR* Indizienbeweis *m*

circumvent [sɜːkəm'vent] *v* umgehen

circus ['sɜːkəs] *sb 1.* Zirkus *m; 2. (UK: square)* Platz *m*

cistern ['sɪstən] *sb* Zisterne *f*

citadel ['sɪtədl] *sb* Zitadelle *f*

citation [saɪ'teɪʃən] *sb 1. JUR* Vorladung *f; 2. (honor)* ehrenvolle Erwähnung *f*

cite [saɪt] *v* zitieren, anführen

citizen ['sɪtɪzn] *sb 1.* Bürger *m; 2. (of a country)* Staatsangehörige(r) *m/f*

citizenship ['sɪtɪznʃɪp] *sb* Staatsangehörigkeit *f*

citizens' initiative ['sɪtɪznz ɪ'nɪʃətɪv] *sb POL* Bürgerinitiative *f*

citric ['sɪtrɪk] *adj* Zitrus ..., Zitronen ...

citrus ['sɪtrəs] *sb ~ fruit* Zitrusfrucht *f*

city ['sɪtɪ] *sb* Stadt *f*

city council ['sɪtɪ 'kaʊnsl] *sb* Stadtrat *m*

city hall ['sɪtɪhɔːl] *sb* Rathaus *n*

civic ['sɪvɪk] *adj 1.* städtisch; *2. JUR* bürgerlich

civic centre ['sɪvɪksentə] *sb* Stadtverwaltung *f*

civics ['sɪvɪks] *sb* Staatsbürgerkunde *f*

civil ['sɪvl] *adj 1. (polite)* höflich, manierlich; *2. JUR* zivil, bürgerlich

civil code ['sɪvl kəʊd] *sb JUR* bürgerliches Gesetzbuch *n*

civil defence ['sɪvl dɪ'fens] *sb MIL* Zivilschutz *m*

civil disobedience ['sɪvl dɪsəʊ'biːdɪəns] *sb POL* ziviler Ungehorsam *m*

civil engineer ['sɪvl endʒə'nɪə] *sb* Bauingenieur *m*

civil engineering ['sɪvl endʒə'nɪərɪŋ] *sb* Tiefbau *m*

civilian [sɪ'vɪlɪən] *sb* Zivilist *m*

civility [sɪ'vɪlɪtɪ] *sb* Höflichkeit *f*

civilization [sɪvɪlaɪ'zeɪʃən] *sb* Zivilisation *f*, Kultur *f*

civilized ['sɪvɪlaɪzd] *adj* zivilisiert; *(cultured)* kultiviert

civil law ['sɪvl lɔː] *sb* Zivilrecht *n*

civil liberties ['sɪvl 'lɪbətiːz] *pl* bürgerliche Freiheiten *pl*

civil rights [sɪvl'raɪts] *pl POL* bürgerliche Ehrenrechte *pl*

civil servant ['sɪvl 'sɜːvənt] *sb* Beamte/Beamtin *m/f*, Staatsbeamte *m/f*

civil service ['sɪvl 'sɜːvɪs] *sb MIL* Staatsdienst *m*

civil war [sɪvl'wɔː] *sb* Bürgerkrieg *m*

clack [klæk] *v* klappern

clad [klæd] *adj* gekleidet

claim [kleɪm] *v 1. (assert)* behaupten; *2. (demand)* fordern, Anspruch erheben auf, beanspruchen; *sb 3. (assertion)* Behauptung *f; 4. (demand)* Anspruch *m*, Forderung *f; lay ~ to sth* auf etw Anspruch erheben

claimant ['kleɪmənt] *sb (by application)* Antragsteller *m*

C

clairvoyant [klɛə'vɔɪənt] *adj* hellseherisch
clam [klæm] *sb 1. ZOOL* essbare Muschel *f; v 2. ~ up (fam: say nothing)* keinen Piep sagen, dichthalten
clamant ['kleɪmənt] *adj* lärmend, schreiend
clamber ['klæmbə] *v* klettern
clammy ['klæmɪ] *adj* klamm, feuchtkalt
clamour ['klæmə] *v ~ for sth* nach etw laut schreien
clamp [klæmp] *sb 1.* Klemme *f; v 2. ~ down* einschreiten, durchgreifen
clampdown ['klæmpdaʊn] *sb* Schlag *m*
clan [klæn] *sb* Clan *m,* Sippe *f*
clandestine [klæn'destɪn] *adj* heimlich, verstohlen, geheim
clang [klæŋ] *sb* Klirren *n*
clanger ['klæŋə] *sb (fam)* Entgleisung *f,* Schnitzer *m; drop a ~* ins Fettnäpfchen treten
clangour ['klæŋgə] *sb* Klirren *n,* Dröhnen *n*
clank [klæŋk] *v* klirren
clannish ['klænɪʃ] *adj* in Cliquen zersplittert
clap [klæp] *v (applaud)* Beifall klatschen, applaudieren
• **clap on** *v* aufsetzen
clapboard ['klæpbɔːd] *sb* Schindel *f*
clarification [klærɪfɪ'keɪʃən] *sb* Klärung *f,* Klarstellung *f*
clarify ['klærɪfaɪ] *v* klären
clarinet [klærɪ'net] *sb MUS* Klarinette *f*
clarion ['klærɪən] *sb* Fanfare *f*
clarity ['klærɪtɪ] *sb* Deutlichkeit *f*
clash [klæʃ] *v 1. (collide)* zusammenstoßen, zusammenprallen; *2. (swords)* klirren; *3. (clothes)* nicht zusammenpassen, sich beißen *(fam); 4. (argue)* aneinander geraten; *sb 5.* Zusammenstoß *m,* Kollision *f*
clasp [klɑːsp] *v 1. ~ one's hands* die Hände falten; *~ s.o.'s hand* jds Hand ergreifen; *sb 2. (device)* Spange *f,* Klammer *f*

class [klɑːs] *sb 1. (group)* Klasse *f,* Gruppe *f; 2. (in school)* Klasse *f; 3. (e.g. ~ of 1997)* Jahrgang *m; 4. (social ~)* Klasse *f,* Stand *m,* Rang *m; the ruling ~* die herrschende Klasse; *5. (kind)* Klasse *f,* Sorte *f,* Qualität *f; in a ~ by itself* weitaus das Beste; *6. He's got ~.* Er hat Format.

classic ['klæsɪk] *sb* Klassiker *m; ~s pl (study of the ~s)* Altphilologie *f*
classical ['klæsɪkəl] *adj 1.* klassisch, griechisch-römisch; *2. (education)* humanistisch
classicism ['klæsɪsɪzəm] *sb* Klassik *f,* humanistische Bildung *f*
classification [klæsɪfɪ'keɪʃən] *sb* Klassifizierung *f,* Klassifikation *f,* Einteilung *f*
classified ['klæsɪfaɪd] *adj POL* geheim
classified advertisements ['klæsɪfaɪd əd'vɜːtɪzmənts] *pl* Kleinanzeigen *pl*
classified directory ['klæsɪfaɪd dɪ'rektərɪ] *sb* Branchenverzeichnis *n*
classify ['klæsɪfaɪ] *v* klassifizieren, einteilen, einstufen
classmate ['klɑːsmeɪt] *sb* Mitschüler *m,* Klassenkamerad *m*
classroom ['klɑːsruːm] *sb* Klassenzimmer *n*
classy ['klɑːsɪ] *adj* klasse, nobel, exklusiv
clatter ['klætə] *v* klappern
clause [klɔːz] *sb 1. LING* Satz *m,* Satzteil *m,* Satzglied *n; 2. JUR* Klausel *f*
claw [klɔː] *sb 1. ZOOL* Kralle *f,* Klaue *f; 2. (of a crab)* Schere *f; v 3. ~ sth back* etw zurückerobern, etw zurückerkämpfen, etw wieder zurückholen
clay [kleɪ] *sb* Ton *m,* Lehm *m; feet of ~ (fig)* tönerne Füße
clay court [kleɪ kɔːt] *sb* Hartplatz *m*
clay pigeon [kleɪ 'pɪdʒɪn] *sb* Tontaube *f*
clean [kliːn] *v 1.* sauber machen, reinigen, putzen; *2. (gut)* ausnehmen; *adj 3.* sauber, rein; *4. (not used)* sauber, frisch; *(paper)* unbeschrieben; *5. (fair) SPORT* sauber, fair; *6. (fam) come ~* alles beichten
• **clean off** *v* abwaschen, abputzen
• **clean out** *v (empty)* ausräumen, ausplündern; *(leave penniless)* ausnehmen
• **clean up** *v 1. (tidy)* aufräumen; *2. (clean)* sauber machen
clean-cut [kliːn'kʌt] *adj* gepflegt
cleaner ['kliːnə] *sb* Raumpfleger *m*
cleaner's ['kliːnəz] *sb* Reinigung *f; take s.o. to the ~ (fam)* jdn reinlegen
cleaning lady ['kliːnɪŋleɪdɪ] *sb* Putzfrau *f*
cleanliness ['klenlɪnɪs] *sb* Reinlichkeit *f,* Sauberkeit *f*
cleanse [klenz] *v* reinigen
cleanser ['klenzə] *sb* Putzmittel *n,* Reiniger *m*

clear [klɪə] *adj 1. (visually distinct, in focus)* klar, deutlich; *(photograph)* scharf; *2. (transparent)* klar, durchsichtig; *3. (obvious, evident, understandable)* klar, eindeutig, deutlich; *make o.s. ~* sich klar ausdrücken; *to be ~ to s.o.* jdm klar sein; *as ~ as day (fig)* sonnenklar; *4. (day)* klar, wolkenlos; *5. (open, free)* frei; *keep the roads ~* die Straßen offen halten; *~ of all suspicion* frei von jedem Verdacht; *6. (unblemished)* rein; *with a ~ conscience* mit gutem Gewissen; *7. (sound)* klar, hell, vernehmbar; *8. (completely over, ~ through)* völlig, glatt; *v 9. (remove obstacles from)* reinigen, befreien, räumen; *10. (letter box, dustbin)* leeren; *11. (the table)* abräumen, abdecken; *12. (a slum)* sanieren; *13. ~ one's throat* sich räuspern; *14. (approve)* abfertigen; *15. ~ sth through customs* etw zollamtlich abfertigen; *16. (exonerate)* freisprechen; *~ one's name* seinen Namen reinwaschen; *17. (get over, get past)* knapp vorbeikommen an

• **clear away** *v* wegräumen; *(dishes)* abräumen

• **clear off** *v 1. (debt)* zurückzahlen; *2. (mortgage)* abzahlen; *3. (a backlog of work)* aufarbeiten; *4. (fam: leave)* abhauen *(fam)*

• **clear out** *v 1. (leave)* sich absetzen; *2. (empty sth)* ausräumen

• **clear up** *v 1. (weather)* sich aufklären; *2. (~ a mystery)* aufklären, lösen; *3. (tidy)* aufräumen; *4. (a point, a situation)* klären, bereinigen, ausräumen

clearance ['klɪərəns] *sb 1. (go-ahead)* Freigabe *f; 2. (by customs)* Abfertigung *f; 3. (of a debt)* volle Bezahlung *f; 4. (of a slum)* Sanierung *f*

clearance sale ['klɪərəns seɪl] *sb* Ausverkauf *m,* Räumungsverkauf *m; (end-of-season ~)* Schlussverkauf *m*

clear-cut [klɪə'kʌt] *adj* klar, eindeutig

clear-headed [klɪə'hedɪd] *adj* von scharfem Verstand

clearing ['klɪərɪŋ] *sb (in a forest or jungle)* Lichtung *f*

clearly ['klɪəlɪ] *adv (obviously)* offensichtlich

clear-sighted [klɪə 'saɪtɪd] *adj* scharfsichtig, klarsichtig

cleat [kliːt] *sb (on a shoe)* Stollen *m*

cleavage ['kliːvɪdʒ] *sb* Dekolletee *n*

cleave [kliːv] *v irr* spalten

cleft [kleft] *sb* Spalte *f,* Kluft *f*

clemency ['klemənsɪ] *sb* Nachsicht *f*

clement ['klemənt] *adj* mild, gütig

clementine ['kleməntiːn] *sb BOT* Clementine *f*

clench [klenʃ] *v (fist)* ballen

clergy ['klɜːdʒɪ] *sb REL* Geistlichkeit *f*

clergyman ['klɜːdʒɪmən] *sb REL* Geistliche *m/f,* Pfarrer *m*

cleric ['klerɪk] *sb* Geistlicher *m*

clerical ['klerɪkl] *adj 1.* Büro..., Schreib... *2. REL* geistlich

clerical work ['klerɪkəl wɜːk] *sb* Büroarbeit *f*

clerk [klɑːk] *sb 1. (office ~)* Büroangestellte(r) *m/f; ~ of the court* Urkundsbeamte(r) *m; 2. (US: shop assistant)* Verkäufer/Verkäuferin *m/f*

clever ['klevə] *adj 1. (bright)* schlau, gescheit, gelehrig; *2. (ingenious)* geschickt, klug, raffiniert; *3. (witty)* geistreich

cleverness ['klevənɪs] *sb* Geschicklichkeit *f,* Klugheit *f,* Schläue *f*

cliché ['kliːʃeɪ] *sb* Klischee *n*

click [klɪk] *v 1.* knicken, knacken; *2. (fam: fall into place)* funken

client ['klaɪənt] *sb 1.* Kunde/Kundin *m/f,* Auftraggeber *m; 2. JUR (of a solicitor)* Klient *m; (of a barrister)* Mandant *m*

clientele [kliːɒn'tel] *sb* Kundschaft *f,* Kundenkreis *m*

cliff [klɪf] *sb* Klippe *f,* Felsen *m*

cliffhanger ['klɪfhæŋə] *sb* äußerst spannende Sache *f*

climate ['klaɪmɪt] *sb* Klima *n*

climatology [klaɪmə'tɒlədʒɪ] *sb* Klimakunde *f*

climax ['klaɪmæks] *sb* Höhepunkt *m,* Gipfel *m; (sexual ~)* sexueller Höhepunkt *m*

climb [klaɪm] *v 1.* klettern; *2. (prices)* steigen; *3. (in altitude)* aufsteigen, steigen; *4. (mountain)* klettern, besteigen, erklimmen; *5. ~ up* hinaufsteigen, heraufsteigen; *6. ~ down* herunterklettern, heruntersteigen; *sb 7.* Besteigung *f,* Aufstieg *m*

climb-down ['klaɪmdaʊn] *sb (fig)* Zurückrudern *n*

climber ['klaɪmə] *sb 1. (mountaineer)* Bergsteiger *m; 2. BOT* Kletterpflanze *f,* Schlingpflanze *f*

climbing frame ['klaɪmɪŋ freɪm] *sb* Klettergerüst *n*

clinch ['klɪntʃ] *sb (in boxing)* Clinch *m*

clincher ['klɪntʃə] *sb the ~* das Entscheidede

cling [klɪŋ] *v irr 1. ~ to (hold on tightly to)* sich klammern an, sich festklammern an; *2. ~ to (stick to)* anhaften, haften an, kleben

clingfilm ['klɪŋfɪlm] *sb (UK)* Frischhaltefolie *f*

clinic ['klɪnɪk] *sb* Klinik *f*

C

clinical ['klɪnɪkəl] *adj* klinisch
clink [klɪŋk] *v 1.* klirren; *sb 2. (fam: prison)* Knast *m,* Kittchen *n*
clinker ['klɪŋkə] *sb 1. (brick)* Klinker *m; 2. (incombustible matter)* Schlacke *f*
clip [klɪp] *v 1. (cut out)* ausschneiden; *2. (UK: ~ a ticket)* knipsen; *3. (cut)* scheren; *(fingernails)* schneiden; *sb 4. (fastener)* Klammer *f; 5. (of ammunition)* Ladestreifen *m; 6. (speed)* Tempo *n*
clipboard ['klɪpbɔːd] *sb* Klemmbrett *n*
clip-on ['klɪpɒn] *sb* zum Anklipsen
clipped [klɪpt] *adj* abgerissen, abgehackt
clipper ['klɪpə] *sb NAUT* Klipper *m*
clippers ['klɪpəz] *pl (scissors)* Schere *f*
clipping ['klɪpɪŋ] *sb (US)* Zeitungsausschnitt *m*
clique [kliːk] *sb* Clique *f*
cloak [kləʊk] *sb* Mantel *m,* Umhang *m*
cloak-and-dagger [kləʊkənd'dægə] *adj* geheimnisumwittert
cloakroom ['kləʊkruːm] *sb 1. (for coats)* Garderobe *f; 2. (UK: lavatory)* Waschraum *m*
clobber ['klɒbə] *v* verprügeln

> **clock** [klɒk] *sb 1.* Uhr *f; ten o'clock* zehn Uhr; *round the ~* rund um die Uhr; *against the ~* gegen die Zeit; *v 2. SPORT* stoppen

• **clock off** *v* stempeln (wenn man die Arbeit verlässt)
• **clock on** *v* stempeln (wenn man zur Arbeit kommt)
• **clock up** *v* einheimsen, verbuchen
clockmaker ['klɒkmeɪkə] *sb* Uhrmacher *m*
clockwise ['klɒkwaɪz] *adv* im Uhrzeigersinn
clockwork ['klɒkwɜːk] *sb* Uhrwerk *n; like ~* wie am Schnürchen
clod [klɒd] *sb 1. (person)* Trottel *m; 2. (of dirt)* Scholle *f,* Erdklumpen *m*
clog [klɒg] *v* verstopfen
cloister ['klɔɪstə] *sb REL* Kloster *n*
cloistered ['klɔɪstəd] *adj* abgeschlossen, weltabgeschieden
clone [kləʊn] *sb* Klon *m*
clonk [klɒŋk] *v* hauen, schlagen
close [kləʊs] *adj 1.* nah(e); *~ to the highway* in der Nähe der Landstraße; *~ at hand* nahe bevorstehend; *2. (friends)* eng, fest, vertraut; *They're very ~.* Sie sind eng befreundet. *3. (painstaking)* genau, gründlich; *4. (almost unsuccessful or almost even)* knapp; *That was ~!* Das war knapp! *5. (shave)* glatt; *adv 6.* nah(e), dicht, eng; *~ by* in der Nähe; *v 7. (come nearer)* näher kommen, sich nähern; *8. (sth)* zumachen, schließen, verschließen; *9. (a deal)* abschließen; *10. (bring to an end)* schließen, beendigen; *sb 11.* Ende *n,* Schluss *m; bring to a ~* abschließen/beendigen
• **close down** schließen, einstellen, beenden
• **close in** *1.* sich heranarbeiten; *2. (night)* hereinbrechen
closed [kləʊzd] *adj* geschlossen, zu, gesperrt
closed-circuit [kləʊzd 'sɜːkɪt] *adj ~ television* interne Fernsehanlage *f*
closed-door ['kləʊzd dɔː] *adj* privat; *a ~ meeting* ein Treffen unter Ausschluss der Öffentlichkeit
close-down ['kləʊzdaʊn] *sb* Schließen *n,* Schließung *f,* Stilllegung *f*
close-knit [kləʊs'nɪt] *adj (fig)* engmaschig
close-lipped [kləʊs'lɪpt] *adj* verschwiegen
closeness ['kləʊsnɪs] *sb (nearness)* Nähe *f*
closet ['klɒzɪt] *sb (US)* Schrank *m,* Wandschrank *m*
close-up ['kləʊsʌp] *sb 1. (photograph)* Nahaufnahme *f; 2. (in a film)* Großaufnahme *f*
closing date ['kləʊzɪŋ deɪt] *sb* letzter Termin *m*
closing time ['kləʊzɪŋ taɪm] *sb 1.* Geschäftsschluss *m,* Büroschluss *m,* Ladenschluss *m; 2. (for a pub)* Polizeistunde *f,* Sperrstunde *f*
closure ['kləʊʒə] *sb* Schließung *f,* Schließen *n,* Stilllegung *f*
clot [klɒt] *v 1.* gerinnen, Klumpen bilden; *sb 2. (of blood) MED* Blutgerinnsel *n*
cloth [klɒθ] *sb 1. (material)* Stoff *m; a man of the ~ REL* ein geistlicher Herr; *2. (a ~)* Tuch *n,* Lappen *m*
clothe [kləʊð] *v* bekleiden, anziehen
clothes [kləʊðz] *pl* Kleider *pl,* Kleidung *f*
clotheshorse ['kləʊðzhɔːs] *sb 1.* Wäscheständer *m; 2. (fashion-conscious person)* modischer Mensch *m*
clothesline ['kləʊðzlaɪn] *sb* Wäscheleine *f*
clothes-peg ['kləʊðzpeg] *sb (UK)* Wäscheklammer *f*
clothespin ['kləʊðzpɪn] *sb (US)* Wäscheklammer *f*
clothier ['kləʊðɪə] *sb (clothing shop)* Bekleidungsgeschäft *n*
clothing ['kləʊðɪŋ] *sb* Kleidung *f,* Bekleidung *f*

clotted cream [klɒtɪd'kriːm] *sb (UK)* Sahne *f*

cloud [klaʊd] *v 1.* trüben; *~ the issue* die Sache vernebeln; *sb 2.* Wolke *f; ~ of dust* Staubwolke *f; under a ~* mit angeschlagenem Ruf; *to be on ~ nine (fam)* im siebten Himmel sein; *have one's head in the ~s (permanently)* in höheren Regionen schweben; *(momentarily)* geistesabwesend sein

cloudburst ['klaʊdbɜːst] *sb* Wolkenbruch *m,* Platzregen *m*
cloud-cuckoo-land [klaʊd'kʊkuːlænd] *sb (fam)* Wolkenkuckucksheim *n*
cloudy ['klaʊdɪ] *adj 1.* wolkig, bewölkt; *2. (a liquid)* trüb
clout [klaʊt] *sb* Puff *m,* Schlag *m*
clove [kləʊv] *sb BOT* Gewürznelke *f*
cloven ['kləʊvn] *adj* gespalten
clover ['kləʊvə] *sb BOT* Klee *m; (~leaf)* Kleeblatt *n*
cloverleaf ['kləʊvəliːf] *sb* Kleeblatt *n*
clown [klaʊn] *sb 1.* Clown *m,* Kasper *m,* Hanswurst *m; 2. (in a circus)* Clown *m; v 3. ~ around* herumkaspern, herumblödeln, herumalbern
club [klʌb] *sb 1. (society)* Verein *m,* Klub *m; 2. (weapon)* Keule *f,* Knüppel *m*
clubby ['klʌbɪ] *adj* freundschaftlich, vertraulich
club foot ['klʌb fʊt] *sb* Klumpfuß *m*
cluck [klʌk] *v* glucken, gackern
clue [kluː] *sb* Hinweis *m,* Anhaltspunkt *m,* Spur *f; I don't have a ~.* Ich habe nicht die geringste Ahnung.
clued-up [kluːd'ʌp] *adj (fam)* informiert, unterrichtet
clueless ['kluːlɪs] *adj* ahnungslos
clump [klʌmp] *sb (clod)* Klumpen *m*
clumsiness ['klʌmzɪnɪs] *sb* Ungeschicklichkeit *f,* Plumpheit *f,* Schwerfälligkeit *f,* Unbeholfenheit *f*
clumsy ['klʌmzɪ] *adj 1. (ungainly, uncoordinated)* ungeschickt, plump, unbeholfen; *2. (tactless)* ungeschickt, plump, unbeholfen; *3. (not skillfully done)* schwerfällig, unbeholfen, stümperhaft; *4. (unwieldy)* plump, klobig
clunk [klʌŋk] *sb* dumpfer Schlag *m*
cluster ['klʌstə] *v 1.* sich sammeln, sich drängen; *sb 2.* Gruppe *f,* Haufen *m,* Traube *f*
clutch [klʌtʃ] *v 1. ~ at* greifen nach; *2. (hold tightly)* umklammert halten, festhalten; *3. (grab)* packen, umklammern; *sb 4. (of a car)* Kupplung *f; 5. (grip)* Griff *m*
clutter ['klʌtə] *sb* Unordnung *f,* Durcheinander *n*
coach [kəʊtʃ] *v 1. (a team)* trainieren; *~ s.o. in sth* jdm etw einpauken; *sb 2. SPORT* Trainer *m; 3. (carriage)* Kutsche *f*
coachman ['kəʊtʃmən] *sb* Kutscher *m*
coagulate [kəʊ'ægjʊleɪt] *v* gerinnen
coal [kəʊl] *sb* Kohle *f; haul s.o. over the ~s, rake s.o. over the ~s* jdm eine Standpauke halten; *carry ~s to Newcastle (UK)* Eulen nach Athen tragen
coalface ['kəʊlfeɪs] *sb MIN* Förderstrecke *f*
coalfield ['kəʊlfiːld] *sb* Kohlenrevier *n*
coalition [kəʊə'lɪʃən] *sb 1.* Vereinigung *f; 2. POL* Koalition *f*
coal-mine ['kəʊlmaɪn] *sb* Kohlenbergwerk *n*
coarse [kɔːs] *adj 1. (features)* grob, derb; *2. (texture)* grob, rau; *3. (grains)* grobkörnig
coarse fish [kɔːs fɪʃ] *sb ZOOL* Süßwasserfisch *n*
coarsen ['kɔːsn] *v* gerben, abhärten

coast [kəʊst] *v 1. (bicycle)* im Freilauf fahren; *(car)* im Leerlauf fahren; *2. (fig)* mühelos vorankommen; *sb 3.* Küste *f; the ~ is clear (fam)* die Luft ist rein; *from ~ to ~* von einer Küste zur anderen

coaster ['kəʊstə] *sb (for a drink)* Untersetzer *m,* Bierdeckel *m*
coastline ['kəʊstlaɪn] *sb* Küste *f*
coat [kəʊt] *v 1. (apply a thin layer)* anstreichen; *2. TECH* beschichten; *sb 3. (for outdoors)* Mantel *m; 4. (part of a suit)* Jacke *f,* Jackett *n; 5. (animal's)* Fell *n,* Pelz *m; 6. (layer)* Schicht *f,* Belag *m,* Lage *f*
coated ['kəʊtɪd] *adj* überzogen, beschichtet
coax [kəʊks] *v ~ s.o. into doing sth* jdn beschwatzen, etw zu tun
cob [kɒb] *sb (of corn)* Kolben *m,* Maiskolben *m; corn on the ~* Mais am Kolben *m*
cobbler ['kɒblə] *sb* Schuster *m*
cobblestone ['kɒblstəʊn] *sb* Kopfstein *m*
cobweb ['kɒbweb] *sb 1.* Spinnwebe *f; 2. (network)* Spinnennetz *n*
coccus ['kɒkəs] *sb BIO* Beere *f,* Korn *n*
cochineal [kɒtʃɪ'niːl] *sb* Koschenille *f*
cock [kɒk] *v 1. (a gun)* spannen; *2. (ears)* spitzen; *3. (a cap)* keck aufs Ohr setzen; *sb 4. (rooster)* Hahn *m; ~ of the walk* der Größte
• cock up *v (fam) (UK)* verhauen, versauen
cockatiel [kɒkə'tiːl] *sb ZOOL* Nymphensittich *m*

C

cockatoo ['kɒkətuː] *sb ZOOL* Kakadu *m*
cockerel ['kɒkərəl] *sb* junger Hahn *m*
cockeyed ['kɒkaɪd] *adj 1. (squinting)* schielend; *2. (stupid)* blödsinnig, unsinnig
cockle ['kɒkl] *sb* Herzmuschel *f*
cockleshell ['kɒklʃel] *sb* Nussschale *f,* kleines Boot *n*
cockney ['kɒknɪ] *sb (person)* Cockney *m*
cockroach ['kɒkrəʊtʃ] *sb* Kakerlake *f*
cocky ['kɒkɪ] *adj (fam)* großspurig
cocoa ['kəʊkəʊ] *sb* Kakao *m*
coconut ['kəʊkənʌt] *sb* Kokosnuss *f*
coconut oil ['kəʊkənʌt ɔɪl] *sb* Kokosöl *n*
coconut palm ['kəʊkənʌt pɑːm] *sb BOT* Kokospalme *f*
cocoon [kə'kuːn] *sb* Kokon *m*
cod [kɒd] *sb (~fish) ZOOL* Kabeljau *m,* Dorsch *m*
coddle ['kɒdl] *v* verwöhnen, verhätscheln, umsorgen
code [kəʊd] *v 1.* chiffrieren, verschlüsseln; *2. INFORM* kodieren; *sb 3. (secret ~)* Chiffre *f,* Kode *m; 4. JUR* Gesetzbuch *n,* Kodex *m; 5. (principles)* Kodex *m; ~ of honour* Ehrenkodex *m; 6. INFORM* Code *m*
code name ['kəʊdneɪm] *sb* Deckname *m*
coder ['kəʊdə] *sb* Kodiergerät *n*
codeword ['kəʊdwɜːd] *sb* Kodewort *n,* Kennwort *n*
codger ['kɒdʒə] *sb* alter Kauz *m*
codify ['kɒdɪfaɪ] *v* kodifizieren
codpiece ['kɒdpiːs] *sb* Hosenbeutel *m*
co-ed ['kəʊ'ed] *adj 1.* gemischt, Koedukations... *sb 2. (US)* Studentin einer gemischten Universität *f*
coerce [kəʊ'ɜːs] *v* nötigen, zwingen
coercion [kəʊ'ɜːʃən] *sb* Zwang *m*
coercive [kəʊ'ɜːsɪv] *adj* zwingend
coexist [kəʊɪg'zɪst] *v* koexistieren, nebeneinander bestehen

coffee ['kɒfɪ] *sb* Kaffee *m*

coffee bar ['kɒfɪ bɑː] *sb* Café *n*
coffee pot ['kɒfɪ pɒt] *sb* Kaffeekanne *f*
coffee set ['kɒfɪ set] *sb* Kaffeeservice *n*
coffee shop ['kɒfɪ ʃɒp] *sb (US)* Café *n*
coffee table ['kɒfɪteɪbl] *sb* Couchtisch *m*
coffee-table book ['kɒfɪteɪbl bʊk] *sb* Bildband *m*
coffer ['kɒfə] *sb* Kasten *m,* Truhe *f*
coffin ['kɒfɪn] *sb* Sarg *m*
cog [kɒg] *sb TECH* Zahn *m*
cohabit [kəʊ'hæbɪt] *v* unverheiratet zusammenleben
cohabitation [kəʊhæbɪ'teɪʃən] *sb* eheähnliche Gemeinschaft *f*
cohere [kəʊ'hɪə] *v* zusammenhängen, ein Ganzes bilden, eine Einheit sein
coherent [kəʊ'hɪərənt] *adj* zusammenhängend
cohesion [kəʊ'hiːʒən] *sb* Zusammenhalt *m,* Geschlossenheit *f*
cohort ['kəʊhɔːt] *sb 1. (fam: companion)* Kumpel *m; 2. HIST* Kohorte *f*
coil [kɔɪl] *v 1.* aufwickeln, aufrollen; *~ sth round sth* etw um etw wickeln; *sb 2.* Rolle *f; 3. TECH* Spule *f*
coin [kɔɪn] *sb 1.* Münze *f,* Geldstück *n; the other side of the ~ (fam)* die Kehrseite der Medaille; *pay s.o. back in his own ~ (fig)* es jdm mit gleicher Münze heimzahlen; *v 2.* prägen
coinage ['kɔɪnɪdʒ] *sb* Prägung *f,* Münzen *pl,* Währung *f*
coincide [kəʊɪn'saɪd] *v 1.* zusammentreffen, zusammenfallen; *2. (agree)* übereinstimmen
coincidence [kəʊ'ɪnsɪdəns] *sb 1.* Zufall *m; 2. (occurrence at the same time)* Zusammentreffen *n*
coincidental [kəʊɪnsɪ'dentəl] *adj* zufällig
coin-op ['kɔɪnɒp] *sb (fam: coin-operated machine)* Münzautomat *m*
coke [kəʊk] *sb MIN* Koks *m*
col [kɒl] *sb GEO* Gebirgssattel *m,* Pass *m*
colander ['kɒləndə] *sb* Sieb *n*

cold [kəʊld] *adj 1.* kalt; *~ comfort* ein schwacher Trost; *as ~ as ice* eiskalt; *2. (unfriendly)* kalt, kühl, frostig; *give s.o. the ~ shoulder* jdm die kalte Schulter zeigen; *3. out ~* bewusstlos; *sb 4.* Kälte *f; to be left out in the ~ (fam)* links liegen gelassen werden; *5. MED* Erkältung *f; catch a ~* sich erkälten

cold-blooded [kəʊld'blʌdɪd] *adj* kaltblütig
cold call [kəʊld kɔːl] *sb* Telefonaktion zur Werbung von Neukunden *f*
cold cuts [kəʊld kʌts] *pl* Aufschnitt *m*
cold front ['kəʊldfrʌnt] *sb METEO* Kaltfront *f*
cold-hearted [kəʊld'hɑːtɪd] *adj* kaltherzig
cole [kəʊl] *sb 1. (cabbage) BOT* Kohl *m; 2. (rape) BOT* Raps *m*
coleslaw ['kəʊlslɔː] *sb* Krautsalat *m*
coliseum [kɒlɪ'siːəm] *sb* Sporthalle *f,* Stadion *n*

collaborate [kə'læbəreɪt] *v* zusammenarbeiten, mitarbeiten
collaboration [kəlæbə'reɪʃən] *sb* Zusammenarbeit *f,* Mitarbeit *f*
collaborator [kə'læbəreɪtə] *sb 1. (associate)* Mitarbeiter *m; 2. POL* Kollaborateur/Kollaborateurin *m/f*
collapse [kə'læps] *v 1.* zusammenbrechen; *2. (building)* einstürzen; *3. (lung) MED* zusammenfallen; *4. (fail)* zusammenbrechen, scheitern, versagen; *sb 5. MED* Zusammenbruch *m,* Kollaps *m; 6. (failure)* Zusammenbruch *m,* Scheitern *n,* Untergang *m; 7. (cave-in)* Zusammenbruch *m,* Einsturz *m,* Einbruch *m*
collapsible [kə'læpsəbl] *adj* zusammenklappbar, zusammenfaltbar
collar ['kɒlə] *sb 1.* Kragen *m; hot under the ~* wütend; *2. (dog ~)* Halsband *n; 3. TECH* Manschette *f,* Ring *m*
collarbone ['kɒləbəʊn] *sb ANAT* Schlüsselbein *n*
collate ['kəʊleɪt] *v* zusammenstellen
collateral [kɒ'lætərəl] *sb* zusätzliche Sicherheit *f,* Deckung *f*
collation [kɒ'leɪʃən] *sb 1. (comparison of manuscripts)* Vergleich *m,* Überprüfung *f; 2. (light meal)* kleine Zwischenmahlzeit *f,* Imbiss *m*
collative [kɒ'leɪtɪv] *adj* vergleichend, prüfend
colleague ['kɒliːg] *sb* Kollege/Kollegin *m/f,* Mitarbeiter *m*
collect [kə'lekt] *v 1. (accumulate)* sich ansammeln, sich sammeln; *(dust)* sich absetzen; *2. (get payment)* kassieren, einkassieren; *3. ~ o.s.* sich aufraffen, sich sammeln, sich fassen; *4. (sth)* sammeln; *5. (taxes)* einnehmen, einziehen; *6. (debts)* einziehen; *7. ~ one's thoughts* seine Gedanken zusammennehmen; *8. (fetch)* abholen
collect call [kə'lekt kɔːl] *sb (US)* R-Gespräch *n*
collected [kə'lektɪd] *adj (calm)* gelassen, ruhig, besonnen
collectible [kə'lektəbl] *adj* sammelbar, Sammel...
collection [kə'lekʃən] *sb 1. (stamp ~, coin ~)* Sammlung *f; 2. (line of fashions)* Kollektion *f; 3. (assortment)* Sortiment *n,* Ansammlung *f; 4. (in church) REL* Kollekte *f; 5. (of taxes)* Einziehen *n, (of debts)* Eintreiben *n*
collective [kə'lektɪv] *adj* kollektiv, gesamt
collective agreement [kə'lektɪv ə'griːmənt] *sb ECO* Tarifvertrag *m*
collective bargaining [kə'lektɪv 'bɑːgənɪŋ] *sb ECO* Tarifverhandlungen *pl*
collective farm [kə'lektɪv fɑːm] *sb* landwirtschaftliche Produktionsgenossenschaft *f,* Kolchose *f*
collectively [kə'lektɪvlɪ] *adv* insgesamt, gemeinsam, zusammen
collective security [kə'lektɪv sɪ'kjʊərɪtɪ] *sb POL* kollektive Sicherheit *f*
collective term [kə'lektɪv tɜːm] *sb* Sammelbegriff *m*
collectivity [kɒlek'tɪvɪtɪ] *sb* Kollektiv *n*
collectivize [kə'lektɪvaɪz] *v* kollektivieren
collector [kə'lektə] *sb 1. (of stamps, of coins)* Sammler *m; 2. TECH* Stromabnehmer *m,* Kollektor *m*
collector's item [kə'lektəzaɪtəm] *sb* Sammlerstück *n*

> **college** ['kɒlɪdʒ] *sb 1. (part of a university)* College *n; go to ~* studieren; *2. (fam: university)* Universität *f; 3. (of music, technology, agriculture)* Fachhochschule *f*

collegial [kə'liːdʒɪəl] *adj* College...
collegiate [kə'liːdʒɪɪt] *adj* College...
collet ['kɒlɪt] *sb* Halsband *n*
collide [kə'laɪd] *v* zusammenstoßen, kollidieren, zusammenprallen
colliery ['kɒljərɪ] *sb* Bergwerk *n,* Zeche *f*
colligate ['kɒlɪgeɪt] *v* verbinden
collision [kə'lɪʒən] *sb 1.* Zusammenstoß *m,* Kollision *f; on a ~ course* auf Kollisionskurs; *2. (multi-car pileup)* Massenkarambolage *f*
colloquial [kə'ləʊkwɪəl] *adj* umgangssprachlich
colloquialism [kə'ləʊkwɪəlɪzm] *sb* umgangssprachlicher Ausdruck *m*
colloquy ['kɒləkwɪ] *sb* Besprechung *f,* Konferenz *f*
collude [kə'luːd] *v* auf geheime Absprache hin handeln
collusion [kə'luːʒən] *sb* betrügerisches Einverständnis *n,* geheime Absprache *f*
Colombian [kə'lʌmbɪən] *adj* kolumbisch
colon ['kəʊlən] *sb 1. GRAMM* Doppelpunkt *m; 2. ANAT* Dickdarm *m*
colonel ['kɜːnl] *sb* Oberst *m*
colonial [kə'ləʊnɪəl] *adj* kolonial, Kolonial...
colonialism [kə'ləʊnɪəlɪzm] *sb POL* Kolonialismus *m*
colonist ['kɒlənɪst] *sb* Siedler *m,* Kolonist *m*
colonization [kɒlənaɪ'zeɪʃən] *sb* Kolonisation *f*

C

colonize ['kɒlənaɪz] *v* kolonisieren, besiedeln
colonnade [kɒlə'neɪd] *sb ARCH* Kolonnade *f,* Säulengang *m*
colony ['kɒlənɪ] *sb* Kolonie *f*
colorant ['kʌlərənt] *sb* Farbstoff *m*
coloration [kʌlə'reɪʃən] *sb* Färbung *f,* Farbgebung *f*
colossal [kə'lɒsl] *adj* kolossal, riesig
colossus [kə'lɒsəs] *sb* Koloss *m*

colour ['kʌlə] *v 1.* färben; *sb 2.* Farbe *f; change ~* die Farbe wechseln; *show one's true ~s* sein wahres Gesicht zeigen; *see s.o.'s true ~s* jds wahres Gesicht erkennen; *come through with flying ~s* etw mit Bravour meistern; *3. (skin)* Hautfarbe *f*

colourable ['kʌlərəbl] *adj 1. (plausible)* mutmaßlich; *2. (feigned)* vorgeblich
colour-blind ['kʌləblaɪnd] *adj* farbenblind
coloured ['kʌləd] *adj* farbig, bunt
colourfast ['kʌləfɑːst] *adj* farbecht, waschecht
colourful ['kʌləfʊl] *adj 1.* farbenfreudig, bunt; *2. (fig)* farbig; *(personality)* schillernd
colouring ['kʌlərɪŋ] *sb 1. (complexion)* Gesichtsfarbe *f; 2. (substance)* Farbstoff *m*
colourist ['kʌlərɪst] *sb* Farbkünstler *m*
colourization [kʌlərɪ'zeɪʃən] *sb CINE* Kolorierung *f*
colourize ['kʌləraɪz] *v* kolorieren
colourless ['kʌləlɪs] *adj* farblos
colour scheme ['kʌlə skiːm] *sb* Farbpalette *f,* Farbensemble *n*
colour supplement ['kʌlə 'sʌplɪmənt] *sb* Farbbeilage *f*
colour television ['kʌlə 'teləvɪʒən] *sb 1. (broadcast)* Farbfernsehen *n; 2. (set)* Farbfernseher *m*
coloury ['kʌlərɪ] *adj* farbenfroh
colt [kəʊlt] *sb* Fohlen *n*
colubrine ['kɒljʊbraɪn] *adj* schlangenartig, Schlangen...
column ['kɒləm] *sb 1. ARCH* Säule *f,* Pfeiler *m; 2. (of a newspaper page)* Spalte *f; 3. MIL* Kolonne *f*
columned ['kɒləmd] *adj* mit Säulen versehen
columnist ['kɒləmnɪst] *sb* Kolumnist/Kolumnistin *m/f*
coma ['kəʊmə] *sb MED* Koma *n*
comb [kəʊm] *v 1.* kämmen; *2. (fig: search)* durchkämmen; *sb 3.* Kamm *m*
•comb out *v* aussortieren, entfernen
combat ['kɒmbæt] *v 1. (sth)* bekämpfen, kämpfen gegen; *sb 2.* Kampf *m*
combative ['kɒmbətɪv] *adj* kriegerisch, kämpferisch
combination [kɒmbɪ'neɪʃən] *sb* Kombination *f,* Verknüpfung *f*
combinative ['kɒmbɪneɪtɪv] *adj* kombinierbar
combine [kəm'baɪn] *v 1.* verbinden, vereinigen; ['kɒmbaɪn] *2. sb ECO* Konzern *m*
combust [kəm'bʌst] *v CHEM* verbrennen
combustible [kəm'bʌstɪbl] *adj 1.* brennbar; *sb 2.* Brennstoff *m*
combustion [kəm'bʌstʃən] *sb TECH* Verbrennung *f*
combustor [kəm'bʌstə] *sb TECH* Brennkammer *f*

come [kʌm] *v irr* kommen; *~ what may* komme, was wolle; *Come again?* Wie bitte? *How ~?* Wieso denn?

•come about *v irr* passieren, zustande kommen
•come across *v irr 1. (make an impression)* wirken; *2. (meet)* zufällig treffen, begegnen; *(~ an object)* zufällig finden
•come after *v irr 1. (follow in sequence)* nachkommen; *2. (pursue)* hinterherkommen
•come along *v irr 1. (accompany)* mitkommen; *Come along!* Komm schon! *2. (appear on the scene)* dazukommen, auftauchen, ankommen; *3. (develop)* vorankommen
•come apart *v irr* auseinander fallen
•come at *v irr* anpacken, angehen
•come away *v irr* weggehen
•come back *v irr 1.* zurückkommen, wiederkommen; *2. (fig: make a comeback)* ein Comeback machen; *3. (into memory)* wieder einfallen
•come between *v irr* dazwischenkommen
•come by *v irr 1.* vorbeikommen; *2. ~ sth* etw auftreiben, *(coincidentally)* zu etw kommen
•come down *v irr 1. (rain, snow)* fallen; *2. (prices)* sinken; *3. (stairs)* herunterkommen; *4. (fig)* herunterkommen *(fam)*; *~ in the world* sozial absteigen; *5. ~ with sth* an etw erkranken; *6. ~ to (be a question of)* ankommen auf
•come forward *v irr 1.* hervortreten; *2. (present o.s.)* sich melden
•come from *v irr* kommen aus, stammen aus
•come in *v irr 1. (enter)* hereinkommen; *Come in!* Herein! *2. (arrive)* eingehen, eintref-

fen, ankommen; *3. (tide)* kommen; *4. (come into play) That's where you ~.* Da bist du dran. *That will ~ handy.* Das kann man noch gut gebrauchen. *Where does he ~?* Welche Rolle spielt er dabei? *5. Come in! (please answer)* Bitte melden!

•**come into** *v irr (inherit)* erben; *to ~ money* ein Vermögen erben

•**come of** *v irr* werden aus; *What has ~ him?* Was ist aus ihm geworden?

•**come off** *v irr 1. (take place)* stattfinden; *2. (~ successfully)* erfolgreich verlaufen; *3. (come loose)* abgehen, abspringen; *4. Come off it!* Hör schon auf damit! *5. (~ well, ~ badly)* abschneiden

•**come on** *interj v irr 1.* Komm schon! *(You're lying!)* Na, na! *2. ~ to s.o. (fam: make advances)* jdn anmachen

•**come out** *v irr 1.* herauskommen, heraustreten; *2. (on the market)* erscheinen, herauskommen; *3. MATH* aufgehen

•**come over** *v irr 1. (come by)* vorbeikommen; *Come on over!* Schau doch mal vorbei! *2. What's ~ him?* Was ist denn über den gekommen?

•**come round** *v irr 1. (visitor)* vorbeikommen, vorbeischauen; *2. (change one's opinion)* es sich anders überlegen

•**come through** *v irr (succeed)* es schaffen

•**come to** *v irr 1. (regain consciousness)* wieder zu sich kommen; *2. (total)* betragen, sich belaufen auf, ausmachen; *3. (~ power, ~ s.o.'s ears)* gelangen

•**come up** *v irr 1.* hochkommen, heraufkommen; *2. (fig)* aufsteigen; *~ in the world* es zu etw bringen; *3. (~ for discussion)* angeschnitten werden; *4. ~ with sth* sich etw ausdenken

•**come upon** *v irr* hereinbrechen über

comeback ['kʌmbæk] *sb 1.* Comeback *n; 2. SPORT* Aufholjagd *f; 3. (witty reply)* schlagfertige Antwort *f*

comedian [kə'miːdɪən] *sb* Komiker *m*

comedienne [kəmiːdɪ'en] *sb* Komödiantin *f,* Komikerin *f*

comedown ['kʌmdaʊn] *sb 1.* Abstieg *m; 2. (disappointment)* Enttäuschung *f*

comedy ['kɒmɪdɪ] *sb (a ~)* Komödie *f*

comely ['kʌmlɪ] *adj* lieblich anzusehen, wohlgestaltet

come-on ['kʌmɒn] *sb (fam)* Annäherungsversuch *m*

comeuppance [kʌm'ʌpəns] *sb* wohlverdiente Strafe *f,* die Quittung *f (fam)*

comfort ['kʌmfət] *v 1.* trösten, aufrichten; *sb 2.* Komfort *m,* Bequemlichkeit *f,* Behaglichkeit *f; 3. (consolation)* Trost *m; take ~ from the fact that ...* sich damit trösten, dass ...

comfortable ['kʌmfətəbl] *adj 1.* bequem, komfortabel, behaglich; *2. (well-off)* wohlhabend; *3. feel ~ with sth* sich bei etw wohl fühlen

comforter ['kʌmfətə] *sb 1. (UK: for baby to suck)* Schnuller *m; 2. (US: quilt)* Deckbett *n; 3. (one who consoles)* Tröster *m*

comforting ['kʌmfətɪŋ] *adj* tröstlich

comic ['kɒmɪk] *adj 1.* komisch; *sb 2. (comedian)* Komiker *m*

comical ['kɒmɪkəl] *adj* komisch, witzig

comics ['kɒmɪks] *pl (in the newspaper)* Comics *pl*

comity ['kɒmɪtɪ] *sb* Höflichkeit *f,* gutes Einvernehmen *n*

comma ['kɒmə] *sb* Komma *n*

command [kə'mɑːnd] *v 1. (order)* befehlen, anordnen; *2. (have at one's disposal)* verfügen über, beherrschen; *3. (have control over)* kommandieren; *4. ~ respect* Achtung gebieten; *sb 5. (order)* Befehl *m,* Kommando *n; 6. (authority) MIL* Kommando *n,* Befehlsgewalt *f; take ~* das Kommando übernehmen; *second in ~* zweiter Befehlshaber; *7. (mastery)* Beherrschung *f; have a good ~ of sth* etw gut können

commandant ['kɒməndænt] *sb* Kommandant *m*

commandeer [kɒmən'dɪə] *v (a vehicle)* requirieren

commander [kə'mɑːndə] *sb MIL* Kommandant *m,* Befehlshaber *m*

commanding [kə'mɑːndɪŋ] *adj (presence, tone)* gebieterisch

commanding officer [kə'mɑːndɪŋ 'ɒfɪsə] *sb MIL* befehlshabender Offizier *m*

commandment [kə'mɑːndmənt] *sb REL* Gebot *n; break a ~* gegen ein Gebot verstoßen

commando [kə'mɑːndəʊ] *sb 1. (unit)* Kommandoeinheit *f; 2. (soldier)* Angehöriger einer Kommandoeinheit *m*

commemorate [kə'meməreɪt] *v* gedenken

commemoration [kəmemə'reɪʃən] *sb* Gedenken *n,* Gedächtnisfeier *f*

commence [kə'mens] *v* beginnen

commencement [kə'mensmənt] *sb (at university)* Feier der Verleihung akademischer Grade *f*

C

commend [kə'mend] *v (praise)* loben
commendation [kɒmen'deɪʃən] *sb* Lob *n*
commensurate [kə'mensjʊrɪt] *adj ~ with ...* entsprechend
comment ['kɒment] *v 1. ~ on* sich äußern über, Anmerkungen machen zu, kommentieren; *sb 2.* Bemerkung *f,* Anmerkung *f,* Kommentar *m; No ~!* Kein Kommentar!
commentary ['kɒməntərɪ] *sb* Kommentar *m*
commentate ['kɒmənteɪt] *v* kommentieren
commentator ['kɒmənteɪtə] *sb* Kommentator *m*
commerce ['kɒmɜːs] *sb ECO* Handel *m*
commercial [kə'mɜːʃəl] *adj 1.* kommerziell, kaufmännisch, geschäftlich; *sb 2. (advertisement)* Werbespot *m; ~ television* Werbefernsehen *n*
commercial art [kə'mɜːʃəl ɑːt] *sb* Werbegraphik *f*
commercial break [kə'mɜːʃəl breɪk] *sb* Werbepause *f*
commercialism [kə'mɜːʃəlɪzəm] *sb* Kommerz *m,* Kommerzialisierung *f*
commercialize [kə'mɜːʃəlaɪz] *v* kommerzialisieren, vermarkten
commis ['kɒmɪs] *sb* Beauftragter *m,* Angestellter *m*
commiserate [kə'mɪzəreɪt] *v ~ with* mitfühlen mit
commiseration [kəmɪzə'reɪʃn] *sb* Anteilnahme *f,* Mitgefühl *n*
commissary ['kɒmɪserɪ] *sb (US)* Restaurant *n*
commission [kə'mɪʃən] *v 1. (a person)* beauftragen; *(a thing)* in Auftrag geben; *~ s.o. to do sth* jdn damit beauftragen, etw zu tun; *sb 2. (to do sth)* Auftrag *m; 3. (form of pay)* Provision *f; 4. out of ~* außer Betrieb; *5. (committee)* Kommission *f,* Ausschuss *m*
commissioner [kə'mɪʃənə] *sb* (Regierungs-) Kommissar *m*
commit [kə'mɪt] *v 1. ~ o.s. to* sich festlegen auf; *2. ~ s.o. (to an institution)* jdn in eine Pflegeanstalt einweisen; *~ to memory* auswendig lernen; *3. (sth) (perpetrate)* begehen, verüben
commitment [kə'mɪtmənt] *sb 1. (dedication)* Engagement *n,* Einsatz *m; 2. (obligation)* Verpflichtung *f,* Bindung *f*
committal [kə'mɪtl] *sb* Übergabe *f,* Aushändigung *f*
committed [kə'mɪtɪd] *adj (dedicated)* engagiert
committee [kə'mɪtɪ] *sb* Komitee *n,* Ausschuss *m,* Kommission *f*
commode [kə'məʊd] *sb 1. (chest of drawers)* Kommode *f; 2. (washstand)* Waschtisch *m,* Waschtoilette *f*
commodious [kə'məʊdɪəs] *adj* geräumig
commodities [kə'mɒdɪtɪz] *pl 1. (manufactured ~)* Bedarfsartikel *m; 2. (on the stock exchange)* Rohstoffe *pl*
commodity [kə'mɒdɪtɪ] *sb* Ware *f*

> **common** ['kɒmən] *adj 1. (shared by many)* gemeinsam, allgemein; *it's ~ knowledge* es ist allgemein bekannt; *in ~* gemeinsam; *2. (ordinary)* gewöhnlich; *3. (frequently seen)* üblich, gängig, gebräuchlich; *4. (low-class)* gewöhnlich, grob, gemein; *sb 5. (UK)* Gemeindewiese *f*

commonality [kɒmə'nælɪtɪ] *sb (commoners)* das gewöhnliche Volk *n*
common denominator ['kɒmən dɪ'nɒmɪneɪtə] *sb* gemeinsamer Nenner *m*
commoner ['kɒmənə] *sb* gewöhnlicher Bürger *m*
common knowledge ['kɒmən 'nɒlɪdʒ] *sb to be ~* allgemein bekannt sein
common law ['kɒmən lɔː] *sb JUR* Gewohnheitsrecht *n*
commonly ['kɒmənlɪ] *adv* normalerweise, üblicherweise
Common Market ['kɒmən 'mɑːkɪt] *sb FIN* gemeinsamer Markt *m*
commonplace ['kɒmənpleɪs] *adj* alltäglich
common sense [kɒmən'sens] *sb* gesunder Menschenverstand *m*
commonwealth ['kɒmənwelθ] *sb* Staat *m,* Gemeinwesen *n; Commonwealth of Independent States POL* Gemeinschaft Unabhängiger Staaten *f*
commotion [kə'məʊʃən] *sb 1.* Aufregung *f,* Tumult *m; 2. (noise)* Krach *m*
communicable [kə'mjuːnɪkəbl] *adj (illness) MED* übertragbar, ansteckend
communicate [kə'mjuːnɪkeɪt] *v 1. (with one another)* kommunizieren, sich verständigen; *2. (news, ideas)* vermitteln, mitteilen
communication [kəmjuːnɪ'keɪʃən] *sb 1. (message, letter)* Mitteilung *f; 2. (communicating)* Verständigung *f,* Kommunikation *f*
communicative [kə'mjuːnɪkətɪv] *adj* mitteilsam, gesprächig
communion [kə'mjuːnɪən] *sb 1. REL (Catholic)* Kommunion *f; 2. (Protestant)* Abendmahl *n*

communism ['kɒmjʊnɪzm] *sb POL* Kommunismus *m*
communist ['kɒmjʊnɪst] *sb 1. POL* Kommunist *m; adj 2. POL* kommunistisch
community [kə'mju:nɪtɪ] *sb 1.* Gemeinde *f,* Gemeinschaft *f,* Gemeinwesen *n; 2. the ~* die Allgemeinheit *f*
commutation [kɒmjʊ'teɪʃən] *sb* Ersetzen *n,* Umwandlung *f*
commute [kə'mju:t] *v 1. (travel back and forth)* pendeln; *2. JUR* umwandeln
commuter [kə'mju:tə] *sb* Pendler *m*
compact [kəm'pækt] *adj 1.* kompakt, dicht; ['kɒmpækt] *sb 2. (powder ~)* Kompaktpuderdose *f; 3. (agreement)* Vereinbarung *f*
compact disc ['kɒmpækt dɪsk] *sb* CD *f*
compactify [kəm'pæktɪfaɪ] *v* komprimieren, kompakter gestalten
companion [kəm'pænjən] *sb 1. (person with one)* Begleiter *f; 2. (friend)* Kamerad *m,* Genosse *m,* Gefährte/Gefährtin *m/f*

company ['kʌmpənɪ] *sb 1.* Gesellschaft *f; keep s.o. ~* jdm Gesellschaft leisten; *to be in good ~ (fam)* in guter Gesellschaft sein; *part ~ with* sich trennen von; *2. (firm)* Firma *f,* Unternehmen *n,* Gesellschaft *f; 3. MIL* Kompanie *f; 4. THEAT* Truppe *f*

company outing ['kʌmpənɪ 'aʊtɪŋ] *sb* Betriebsausflug *m*
comparable ['kɒmpərəbl] *adj* vergleichbar
comparatively [kəm'pærətɪvlɪ] *adv* verhältnismäßig
compare [kəm'pɛə] *v* vergleichen; *~d with* im Vergleich zu; *it ~s badly* es schneidet vergleichsweise schlecht ab
comparison [kəm'pærɪsən] *sb* Vergleich *m; in ~ with* im Vergleich zu
compartment [kəm'pɑ:tmənt] *sb 1.* Abteilung *f,* Fach *n; 2. (of a train)* Abteil *n*
compass ['kʌmpəs] *sb 1.* Kompass *m; 2. ~ es pl (for drawing circles)* Zirkel *m*
compassion [kəm'pæʃən] *sb* Mitleid *n,* Erbarmen *n,* Mitgefühl *n*
compassionate [kəm'pæʃənɪt] *adj* mitfühlend, mitleidsvoll
compatibility [kəmpætə'bɪlɪtɪ] *sb 1.* Vereinbarkeit *f; 2. INFORM* Kompatibilität *f; 3. MED* Verträglichkeit *f*
compatible [kəm'pætɪbl] *adj (people)* zueinander passend
compatriot [kəm'pætrɪət] *sb* Landsmann/ Landsmännin *m/f*
compeer ['kɒmpɪə] *sb (equal)* Ebenbürtige(r) *m/f*
compel [kəm'pel] *v* zwingen
compelling [kəm'pelɪŋ] *adj* zwingend, unwiderlegbar, unwiderstehlich
compendious [kəm'pendɪəs] *adj* umfangreich
compensate ['kɒmpenseɪt] *v 1. (recompense) FIN* entschädigen; *2. TECH* ausgleichen; *3. PSYCH* kompensieren; *4. (US: pay in wages)* bezahlen; *5. ~ for (in money, in goods)* ersetzen, vergüten, wettmachen; *~ a loss* jdm einen Verlust ersetzen; *6. ~ for (counterbalance, offset)* ausgleichen
compensation [kɒmpen'seɪʃən] *sb 1. (damages)* Entschädigung *f,* Ersatz *m,* Schadenersatz *m; in ~* als Entschädigung; *2. (settlement) JUR* Abfindung *f; 3. (US: pay)* Vergütung *f,* Entgelt *n; 5. (counterbalance)* Ausgleich *m; 4. PSYCH* Kompensation *f,* Ersatzbefriedigung *f*
compére ['kɒmpɛə] *sb (master of ceremonies)* Conférencier *m*
compete [kəm'pi:t] *v 1.* konkurrieren; *2. ~ with s.o. for sth* mit jdm um etw wetteifern; *3. (contend) SPORT* kämpfen; *~ for the championship* um die Meisterschaft kämpfen; *4. (participate in the competition)* teilnehmen
competent ['kɒmpɪtənt] *adj 1.* fähig, tüchtig; *JUR 2. (responsible)* zuständig; *3. (witness)* zulässig
competition [kɒmpɪ'tɪʃən] *sb 1.* Konkurrenz *f; to be in ~ with s.o.* mit jdm konkurrieren, mit jdm wetteifern; *2. (a ~)* Wettbewerb *m,* Wettkampf *m; 3. (write-in contest)* Preisausschreiben *n*
competitive [kəm'petɪtɪv] *adj 1. (able to hold its own)* konkurrenzfähig, wettbewerbsfähig; *2. (nature, person)* vom Konkurrenzdenken geprägt; *(industry, market)* mit starker Konkurrenz
competitiveness [kəm'petɪtɪvnɪs] *sb (of a thing)* Wettbewerbsfähigkeit *f*
competitor [kəm'petɪtə] *sb 1.* Konkurrent *m,* Gegner *m; 2. SPORT (participant)* Teilnehmer *m,* Wettkämpfer *m*
compilation [kɒmpɪ'leɪʃən] *sb* Zusammenstellung *f,* Sammlung *f*
compile [kəm'paɪl] *v* zusammenstellen
compiler [kəm'paɪlə] *sb* Verfasser *m*
complacency [kəm'pleɪsənsɪ] *sb* Selbstgefälligkeit *f,* Selbstzufriedenheit *f*
complacent [kəm'pleɪsnt] *adj* selbstgefällig, selbstzufrieden

C

complain [kəm'pleɪn] *v* sich beklagen, sich beschweren; ~ *about* klagen über
complainant [kəm'pleɪnənt] *sb JUR* Kläger *m*
complaint [kəm'pleɪnt] *sb 1.* Beschwerde *f,* Klage *f; 2. MED* Beschwerden *pl,* Leiden *n; 3. ECO* Reklamation *f,* Beanstandung *f; 4. JUR* Strafanzeige *f*
complaisance [kəm'pleɪzəns] *sb* Gefälligkeit *f,* Bereitwilligkeit *f*
complement ['kɒmplɪment] *v* ergänzen
complementary [kɒmplɪ'mentərɪ] *adj* ergänzend, Komplementär...

complete [kəm'pliːt] *v 1. (finish)* beenden, abschließen, absolvieren; *2. (a form)* ausfüllen; *3. (make whole)* vervollständigen, ergänzen, vollenden; *adj 4. (finished)* fertig; *5. (entire)* ganz, vollständig, komplett; ~ *with* komplett mit; *6. (utter, absolute)* völlig, total, vollkommen; *7. (with nothing missing, comprehensive)* vollzählig, lückenlos, umfassend

completely [kəm'pliːtlɪ] *adv* völlig, ganz
completeness [kəm'pliːtnɪs] *sb* Vollständigkeit *f,* Vollkommenheit *f*
completion [kəm'pliːʃən] *sb 1. (making whole)* Vervollständigung *f; 2. (finishing)* Vollendung *f,* Beendigung *f,* Abschluss *m*
complex ['kɒmpleks] *adj 1.* kompliziert, verwickelt; *sb 2.* Komplex *m*
complexion [kəm'plekʃən] *sb* Teint *m*
complexity [kəm'pleksɪtɪ] *sb* Komplexität *f,* Kompliziertheit *f,* Vielfalt *f*
compliance [kəm'plaɪəns] *sb 1.* Einhalten *n,* Befolgung *f; 2. (submissiveness)* Willfährigkeit *f,* Nachgiebigkeit *f*
compliant [kəm'plaɪənt] *adj (submissive)* nachgiebig, willfährig, fügsam
complicate ['kɒmplɪkeɪt] *v* komplizieren
complicated ['kɒmplɪkeɪtɪd] *adj* kompliziert
complication [kɒmplɪ'keɪʃən] *sb* Komplikation *f,* Erschwernis *f*
complicity [kəm'plɪsɪtɪ] *sb* Komplizentum *n,* Mittäterschaft *f*
compliment ['kɒmplɪmənt] *sb 1.* Kompliment *n; 2. ~s pl* Grüße *pl*
complimentary [kɒmplɪ'mentərɪ] *adj 1. (free)* kostenlos; *2. (using compliments)* schmeichelhaft
comply [kəm'plaɪ] *v 1. ~ with (a rule)* befolgen; *2. ~ wih (a request)* nachkommen, entsprechen
component [kəm'pəʊnənt] *sb 1.* Bestandteil *m; 2. TECH* Komponente *f,* Bauelement *n*
comportment [kəm'pɔːtmənt] *sb* Verhalten *n*
compose [kəm'pəʊz] *v 1. MUS* komponieren; *2. (a letter)* aufsetzen; *3. (a poem)* verfassen; *4. (~ type)* setzen; *5. to be ~d of* bestehen aus; *6. ~ o.s.* sich sammeln, sich fassen
composed [kəm'pəʊzd] *adj* gelassen, beherrscht
composer [kəm'pəʊzə] *sb 1. MUS* Komponist *m; 2. (of a letter)* Verfasser *m*
composite ['kɒmpəzɪt] *adj* zusammengesetzt
composition [kɒmpə'zɪʃən] *sb 1. (of a letter)* Abfassen *n; (of music)* Komponieren *n; (of a poem)* Verfassen *n; 2. (makeup)* Zusammensetzung *f; 3. CHEM* Verbindung *f; 4. (essay)* Aufsatz *m; 5. MUS* Komposition *f*
compost ['kɒmpɒst] *sb AGR* Kompost *m*
composure [kəm'pəʊʒə] *sb* Fassung *f,* Gelassenheit *f,* Beherrschung *f*
compound [kɒm'paʊnd] *v 1. (make worse)* verschlimmern; ['kɒmpaʊnd] *adj 2.* zusammengesetzt, Verbund... *sb 3. CHEM* Verbindung *f; 4. GRAMM* Kompositum *n; 5. (enclosed area)* Lager *n*
comprehend [kɒmprɪ'hend] *v (understand)* begreifen, verstehen
comprehensible [kɒmprɪ'hensəbl] *adj* verständlich
comprehension [kɒmprɪ'henʃən] *sb 1. (understanding)* Verständnis *n; 2. (capacity to understand)* Fassungsvermögen *n*
comprehensive [kɒmprɪ'hensɪv] *adj* umfassend, ausführlich
comprehensive school [kɒmprɪ'hensɪv skuːl] *sb (UK)* Gesamtschule *f*
compress ['kɒmpres] *sb 1. MED* Kompresse *f,* feuchter Umschlag *m;* [kəm'pres] *v 2. PHYS* verdichten
compressed [kəm'prest] *adj* komprimiert
compressed air [kəm'prest ɛə] *sb* Druckluft *f,* Pressluft *f*
compressible [kəm'presɪbl] *adj* komprimierbar
compression [kəm'preʃən] *sb* Kompression *f,* Druck *m*
compressive [kəm'presɪv] *adj* komprimierend
comprisal [kəm'praɪzl] *sb* Zusammenfassung *f*
comprise [kəm'praɪz] *v* umfassen

compromise ['kɒmprəmaɪz] *sb 1.* Kompromiss *m; v 2. (agree on a compromise)* einen Kompromiss schließen; *3. (put at risk)* kompromittieren, gefährden
compromiser ['kɒmprəmaɪzə] *sb* kompromissbereiter Mensch *m*
compulsion [kəm'pʌlʃən] *sb* Zwang *m*
compulsive [kəm'pʌlsɪv] *adj* zwanghaft
compulsory [kəm'pʌlsərɪ] *adj* obligatorisch, Pflicht...
compunction [kəm'pʌŋkʃən] *sb* Bedenken *pl*, Gewissensbisse *pl*
computation [kɒmpjʊ'teɪʃən] *sb* Berechnung *f*, Kalkulation *f*
compute [kəm'pjuːt] *v 1. (make calculations)* rechnen; *2. (sth)* berechnen, errechnen
computer [kəm'pjuːtə] *sb* Computer *m*, Rechner *m*
comrade ['kɒmrɪd] *sb 1.* Kamerad *m*, Genosse *m; 2. POL* Genosse *m*
comradeship ['kɒmrɪdʃɪp] *sb* Kameradschaft *f*
con [kɒn] *v (swindle)* reinlegen; *~ s.o. into doing sth* jdn durch Schwindel dazu bringen, etw zu tun; *~ s.o. out of* jdn betrügen um
conceal [kən'siːl] *v 1.* verbergen, verheimlichen, verhehlen; *2. (physically)* verstecken
concealment [kən'siːlmənt] *sb (of facts)* Verheimlichung *f*
concede [kən'siːd] *v 1. (capitulate)* kapitulieren, nachgeben; *2. (admit)* zugeben, einräumen, zugestehen
conceit [kən'siːt] *sb* Einbildung *f*, Eingebildetheit *f*
conceivable [kən'siːvəbl] *adj* denkbar, vorstellbar, erdenklich
conceive [kən'siːv] *v 1. (imagine)* sich vorstellen; *2. (a child)* empfangen; *3. (a plan)* sich ausdenken
conceiver [kən'siːvə] *sb* geistiger Schöpfer *m*, Erdenker *m*
concentrate ['kɒnsəntreɪt] *v 1.* konzentrieren; *sb 2.* Konzentrat *n*
concentration [kɒnsən'treɪʃən] *sb 1.* Konzentration *f; 2. CHEM* Konzentration *f*, Dichte *f*
concept ['kɒnsept] *sb* Begriff *m*
conception [kən'sepʃən] *sb 1. (idea)* Auffassung *f*, Vorstellung *f; 2. BIO* Empfängnis *f*
conceptive [kən'septɪv] *adj* gedanklich
conceptual [kən'septjʊəl] *adj* begrifflich
concern [kən'sɜːn] *v 1. ~ o.s. with sth* sich mit etw beschäftigen, sich für etw interessieren; *2. (worry)* beunruhigen; *3. to be ~ed about* sich kümmern um; *4. (to be about)* sich handeln um, gehen um; *5. (affect)* betreffen, angehen, anbelangen; *as far as I'm ~ed* was mich betrifft, meinetwegen; *It doesn't ~ me.* Es geht mich nichts an. *sb 6. (anxiety)* Besorgnis *f; There's no cause for ~.* Es besteht kein Grund zur Sorge. *7. (matter)* Angelegenheit *f; 8. (firm) ECO* Konzern *m*
concerned [kən'sɜːnd] *adj 1. (involved)* betroffen; *2. (anxious)* besorgt, beängstigt
concerning [kən'sɜːnɪŋ] *prep* bezüglich
concert ['kɒnsət] *sb MUS* Konzert *n*
concerted [kən'sɜːtɪd] *adj* konzertiert, gemeinsam
concert party ['kɒnsɜːtpɑːtɪ] *sb ECO* Zusammenschluss mehrerer Firmen zu einem (zweifelhaften) Projekt *m*
concession [kən'seʃən] *sb 1.* Zugeständnis *n*, Konzession *f; 2. ECO* Konzession *f*
concessionary [kən'seʃənərɪ] *adj* in Konzession
conciliate [kən'sɪlɪeɪt] *v 1. (reconcile)* aussöhnen; *2. (placate)* besänftigen
conciliation [kənsɪlɪ'eɪʃən] *sb* Versöhnung *f*
concise [kən'saɪs] *adj* knapp, prägnant
conclude [kən'kluːd] *v 1. (come to an end)* enden, schließen, aufhören; *2. (sth) (bring to an end)* beenden, zu Ende führen, abschließen; *3. (a deal)* abschließen, schließen; *4. (decide)* beschließen, entscheiden; *5. (infer)* schließen, folgern, entnehmen
conclusion [kən'kluːʒən] *sb 1. (end)* Abschluss *m; bring to a ~* zum Abschluss bringen; *2. (inference)* Schlussfolgerung *f*, Schluss *m; draw a ~* einen Schluss ziehen; *jump to ~s* voreilige Schlüsse ziehen
conclusive [kən'kluːsɪv] *adj* entscheidend, überzeugend, schlüssig
concoct [kən'kɒkt] *v 1.* zusammenbrauen; *2. (fig)* aushecken, sich ausdenken
concord ['kɒnkɔːd] *sb* Harmonie
concordance [kən'kɔːdns] *sb* Übereinstimmung *f*
concourse ['kɒŋkɔːs] *sb 1.* Auflauf *m*, Menge *f; 2. (at an airport)* Halle *f*
concrete ['kɒŋkriːt] *sb 1.* Beton *m; adj 2.* betoniert, Beton... *3. (fig)* konkret; *v 4. TECH* betonieren
concretion [kən'kriːʃən] *sb* Konkretisierung *f*, Verwirklichung *f*
concur [kən'kɜː] *v (agree)* übereinstimmen; *(with a statement)* beipflichten
concurrence [kən'kʌrəns] *sb (accordance)* Übereinstimmung *f*

C

concuss [kən'kʌs] *v* erschüttern
concussion [kən'kʌʃən] *sb MED* Gehirnerschütterung *f*
condemn [kən'dem] *v 1.* verurteilen; *2. (fig)* verdammen, verurteilen
condemnation [kɒndem'neɪʃən] *sb 1.* Verurteilung *f; 2. (of a building)* Kondemnation *f*
condemning [kən'demɪŋ] *adj* missbilligend, verurteilend
condensate [kən'denseɪt] *sb* Kondensat *n*
condensation [kɒnden'seɪʃən] *sb 1. CHEM* Kondensation *f; 2. (liquid formed)* Kondenswasser *n*
condense [kən'dens] *v 1. (book, article)* kürzen; *2. CHEM* verdichten, kondensieren
condenser [kən'densə] *sb TECH* Kondensator *m*
condescend [kɒndɪ'send] *v* sich herablassen, gnädigst geruhen
condescending [kɒndɪ'sendɪŋ] *adj* herablassend, gönnerhaft
condescension [kɒndɪ'senʃən] *sb* Herablassung *f,* gönnerhaftes Verhalten *n*
condiment ['kɒndɪmənt] *sb GAST* Gewürz *n*
condition [kən'dɪʃən] *sb 1. (state)* Zustand *m,* Verfassung *f,* Beschaffenheit *f; out of ~* in schlechter Verfassung; *2. SPORT* Kondition *f,* Form *f; 3. (a ~) MED* Leiden *n,* Beschwerden *pl; 4. ~s pl (circumstances)* Umstände *pl,* Verhältnisse *pl,* Lage *f; 5. (stipulation)* Bedingung *f,* Voraussetzung *f,* Kondition *f; on ~ that...* unter der Bedingung, dass... *v 6. (bring into good ~)* in Form bringen; *7. PSYCH* konditionieren
conditioned [kən'dɪʃənd] *adj* bedingt, bestimmt
conditioning [kən'dɪʃənɪŋ] *sb* Konditionierung *f*
condole [kən'dəʊl] *v ~ with s.o.* jdm kondolieren
condolence [kən'dəʊlens] *sb* Beileid *n; offer s.o. one's ~s* jdm sein Beileid aussprechen
condom ['kɒndəm] *sb* Kondom *n*
condominium [kɒndə'mɪnɪəm] *sb* Eigentumswohnung *f*
condonation [kɒndəʊ'neɪʃən] *sb* Vergebung *f,* Schulderlass *m*
condone [kən'dəʊn] *v* dulden
conduce [kən'djuːs] *v* fördern
conduct [kən'dʌkt] *v 1. ~ o.s.* sich benehmen, sich verhalten; *2. (direct)* führen, leiten, verwalten; *3. (guide)* führen; *4. PHYS* leiten; ['kɒndʌkt] *sb 5. (behaviour)* Verhalten *n,* Benehmen *n,* Betragen *n; 6. (management)* Führung *f,* Leitung *f; 7. safe ~* sicheres Geleit *n, (document)* Geleitbrief *m*
conduction [kən'dʌkʃən] *sb* Leitung *f*
conductive [kən'dʌktɪv] *adj PHYS* leitend, leitfähig
conductor [kən'dʌktə] *sb 1. MUS* Dirigent *m; 2. (US: of a train)* Zugführer *m; 3. TECH* Leiter *m*
cone [kəʊn] *sb 1. (for ice cream)* Waffeltüte *f; 2. MATH* Kegel *m; v 3. ~ off (UK)* mit Verkehrskegeln absperren
confabulate [kən'fæbjʊleɪt] *v* plaudern
confection [kən'fekʃən] *sb* Konfekt *n,* Zuckerwerk *n*
confectioner [kən'fekʃənə] *sb* Konditor *m; ~'s sugar (US)* Puderzucker *m*
confectionery [kən'fekʃənərɪ] *sb 1. (shop)* Konditorei *f,* Süßwarengeschäft *n; 2. GAST* Konditorwaren *pl*
confederacy [kən'fedərəsɪ] *sb* Staatenbund *m,* Konföderation *f*
confederate [kən'fedərɪt] *sb* Bündnispartner *m,* Verbündete(r) *m/f*
confederation [kənfedə'reɪʃən] *sb POL 1. (alliance)* Bund *m; 2. (system of government)* Konföderation *f*
confer [kən'fɜː] *v 1. (consult together)* sich beraten, sich besprechen; *2. (bestow)* verleihen, übertragen
conference ['kɒnfərəns] *sb 1.* Konferenz *f,* Besprechung *f,* Sitzung *f; in ~* bei einer Besprechung; *2. (convention)* Tagung *f*
confess [kən'fes] *v 1.* eingestehen, zugeben, gestehen; *2. REL* beichten
confession [kən'feʃən] *sb 1.* Geständnis *n,* Bekenntnis *n,* Eingeständnis *n; 2. REL* Beichte *f*
confessional [kən'feʃənəl] *sb REL* Beichtstuhl *m*
confessor [kən'fesə] *sb* Beichtvater *m*
confidant/confidante [kɒnfɪ'dænt] *sb* Vertrauter/Vertraute *m/f*
confide [kən'faɪd] *v ~ in s.o.* sich jdm anvertrauen
confidence ['kɒnfɪdəns] *sb 1.* Vertrauen *n,* Zutrauen *n; take s.o. into one's ~* jdn ins Vertrauen ziehen; *2. (self-~)* Selbstvertrauen *n*
confidence man ['kɒnfɪdəns mæn] *sb* Schwindler *m,* Betrüger *m,* Bauernfänger *m*
confident ['kɒnfɪdənt] *adj* zuversichtlich, sicher, überzeugt

confidential [kɒnfɪ'denʃəl] *adj* vertraulich, geheim
confidentiality [kɒnfɪdenʃɪ'ælɪtɪ] *sb* Vertraulichkeit *f,* Schweigepflicht *f*
confiding [kən'faɪdɪŋ] *adj* zutraulich, vertrauensvoll
configuration [kənfɪgjʊ'reɪʃən] *sb 1.* Struktur *f,* Gestalt *f,* Bau *m; 2. INFORM* Konfiguration *f*
confine [kən'faɪn] *v 1. ~ o.s. to* sich beschränken auf; *2. (limit)* beschränken, begrenzen; *3. (to a place)* einsperren
confined [kən'faɪnd] *adj (space)* beengt, beschränkt
confinement [kən'faɪnmənt] *sb 1. JUR (imprisonment)* Haft *f,* Arrest *m,* Gefangenschaft *f; solitary ~* Einzelhaft *f; 2. MED* Entbindung *f*
confirm [kən'fɜːm] *v 1.* bestätigen; *2. (one's resolve)* bestärken, bekräftigen; *3. REL* konfirmieren; *(Catholic)* firmen
confirmation [kɒnfə'meɪʃən] *sb 1.* Bestätigung *f; 2. REL* Konfirmation *f; (Catholic) REL* Firmung *f*
confirmed [kən'fɜːmd] *adj* hartnäckig, eingefleischt, unverbesserlich
confiscate ['kɒnfɪskeɪt] *v* beschlagnahmen, einziehen, sicherstellen
confiscation [kɒnfɪs'keɪʃən] *sb* Beschlagnahme *f,* Einziehung *f*
conflagration [kɒnflə'greɪʃən] *sb* Großbrand *m,* Feuersbrunst *f*
conflict ['kɒnflɪkt] *sb 1.* Konflikt *m; ~ of interest* Interessenkonflikt *m;* [kən'flɪkt] *v 2. ~ with sth* zu etw im Widerspruch stehen, etw widersprechen
conflicting [kən'flɪktɪŋ] *adj* widersprüchlich
confluence ['kɒnflʊəns] *sb* Zusammenfluss *m*
conform [kən'fɔːm] *v ~ to (socially)* sich anpassen an; *(a rule)* sich richten nach
conformable [kən'fɔːməbl] *adj* konform, entsprechend, vereinbar mit
conformer [kən'fɔːmə] *sb* Konformist(in) *m/f*
conformity [kən'fɔːmɪtɪ] *sb 1.* Übereinstimmung *f; 2. (social)* Anpassung *f*
confound [kən'faʊnd] *v (baffle)* verblüffen; *~ it!* Verdammt! Verflixt noch mal!
confounded [kən'faʊndɪd] *adj* verflixt, verwünscht, scheußlich
confront [kən'frʌnt] *v 1. ~ s.o. with sth* jdn mit etw konfrontieren; *2. (danger, the enemy)* gegenübertreten; *3. (an issue)* begegnen; *4. (find o.s. facing)* gegenüberstehen
confrontation [kɒnfrən'teɪʃən] *sb 1.* Gegenüberstellung *f,* Konfrontation *f; 2. (argument, clash)* Auseinandersetzung
confuse [kən'fjuːz] *v 1. (bewilder, perplex)* verwirren, durcheinander bringen; *2. (mix up)* verwechseln, durcheinander bringen
confused [kən'fjuːzd] *adj 1. (person)* verwirrt, durcheinander, konfus; *2. (idea, situation)* verworren, wirr, undeutlich
confusion [kən'fjuːʒən] *sb 1. (perplexity)* Verwirrung *f; 2. (mixing up)* Verwechslung *f; 3. (disorder)* Durcheinander *n,* Gewirr *n*
confute [kən'fjuːt] *v* widerlegen
congeal [kən'dʒiːl] *v 1.* erstarren, fest werden, *(get frozen)* gefrieren, *(blood)* gerinnen; *2. (~ sth)* erstarren lassen, fest werden lassen, *(freeze)* einfrieren
congenial [kən'dʒiːnɪəl] *adj (person)* sympathisch, gemütlich, verträglich
congest [kən'dʒest] *v* überfüllen, anfüllen, verstopfen
congestion [kən'dʒestʃən] *sb* Verstopfung *f*
conglomerate [kən'glɒmərɪt] *sb ECO* Konglomerat *n*
conglomeration [kənglɒmə'reɪʃən] *sb* Konglomerat *n,* Ansammlung *f,* Gemisch *n*
congratulate [kən'grætjʊleɪt] *v* gratulieren, beglückwünschen
congratulations [kəngrætjʊ'leɪʃənz] *pl* Glückwunsch *m*
congratulatory [kən'grætjʊlətərɪ] *adj* Glückwunsch...
congregate ['kɒŋgrɪgeɪt] *v* sich versammeln
congregation [kɒŋgrɪ'geɪʃən] *sb REL* Gemeinde *f*
congress ['kɒŋgres] *sb* Kongress *m,* Tagung *f*
Congress ['kɒŋgres] *sb (US)* Kongress *m*
Congressman ['kɒŋgresmən] *sb* Kongressabgeordneter *m*
congruent ['kɒŋgrʊənt] *adj 1. MATH* kongruent; *2. (in agreement, corresponding)* übereinstimmend, sich deckend
congruous ['kɒŋgrʊəs] *adj* übereinstimmend, folgerichtig
conic ['kɒnɪk] *adj* kegelförmig, konisch
conical ['kɒnɪkəl] *adj* kegelförmig, konisch
conjecture [kən'dʒektʃə] *sb* Vermutung *f,*
conjugal ['kɒndʒʊgəl] *adj* ehelich

C

conjugate ['kɒndʒʊgeɪt] *v GRAMM* konjugieren, beugen
conjugation [kɒndʒʊ'geɪʃən] *sb GRAMM* Konjugation *f*
conjunction [kən'dʒʌŋkʃən] *sb GRAMM* Konjunktion *f*
conjunctive [kən'dʒʌŋktɪv] *adj* verbindend, Binde...
conjuncture [kən'dʒʌŋktʃə] *sb* Zusammentreffen *n*
conjure ['kʌndʒə] *v* zaubern; *~ up (fig: memories, images)* heraufbeschwören
conjurer ['kɒndʒərə] *sb* Zauberer/Zauberin *m/f,* Magier *m*
conjuring ['kɒndʒərɪŋ] *sb* Zauberei *f*
conk [kɒŋk] *v 1. ~ out (fam)* den Löffel abgeben; *2. ~ out (faint)* ohnmächtig werden; *3. ~ out (fall asleep)* einpennen
con man ['kɒnmæn] *sb* Schwindler *m,* Betrüger *m,* Bauernfänger *m*
connect [kə'nekt] *v 1.* verbinden, verknüpfen; *2. (~ up) TECH* anschließen; *3. TEL* verbinden; *4. to be ~ed (to be related)* zusammenhängen; *5. (with a blow)* treffen; *6. (to another train)* Anschluss haben
connected [kə'nektɪd] *adj* verbunden, zueinander gehörig
connection [kə'nekʃən] *sb 1.* Verbindung *f; 2. (link, relationship)* Zusammenhang *m,* Beziehung *f; 3. (through acquaintance)* Beziehung *f,* Verbindung *f; have ~s* Beziehungen haben; *4. TECH* Verbindung *f,* Anschluss *m; 5. TEL* Verbindung *f*
connective [kə'nektɪv] *adj* verbindend
connivance [kə'naɪvəns] *sb* stillschweigende Duldung *f*
connive [kə'naɪv] *v* stillschweigend dulden
connoisseur [kɒnə'sɜː] *sb* Kenner *m*
connotation [kɒnə'teɪʃən] *sb* Konnotation *f,* Bedeutung *f*
conquer ['kɒŋkə] *v 1.* erobern, besiegen; *2. (fig: doubts, a disease)* überwinden
conqueror ['kɒŋkərə] *sb* Eroberer *m*
conquest ['kɒŋkwest] *sb* Eroberung *f*
conscience ['kɒnʃəns] *sb* Gewissen *n; guilty ~* schlechtes Gewissen
conscience-stricken ['kɒnʃənsstrɪkən] *adj* schuldbewusst
conscientious [kɒnʃɪ'enʃəs] *adj* gewissenhaft, pflichtbewusst
conscientiousness [kɒnʃɪ'enʃəsnɪs] *sb* Gewissenhaftigkeit *f*
conscientious objector [kɒnʃɪ'enʃəs əb'dʒektə] *sb* Kriegsdienstverweigerer *m*
conscious ['kɒnʃəs] *adj 1.* bewusst; *2. MED* bei Bewusstsein
consciousness ['kɒnʃəsnɪs] *sb* Bewusstsein *n,* Besinnung *f; lose ~* das Bewusstsein verlieren; *regain ~* wieder zu sich kommen
conscription [kən'skrɪpʃən] *sb MIL 1. (universal ~)* Wehrpflicht *f; 2. (conscripting)* Einberufung *f*
consecrate ['kɒnsɪkreɪt] *v REL* weihen
consecration [kɒnsɪ'kreɪʃən] *sb 1. REL* Weihe *f; 2. (in mass) REL* Wandlung *f*
consecutive [kən'sekjʊtɪv] *adj* aufeinander folgend, fortlaufend; *on ten ~ days* zehn Tage hintereinander
consensus [kən'sensəs] *sb* Übereinstimmung *f,* Einigkeit *f*
consent [kən'sent] *v 1.* zustimmen, einwilligen, mit einverstanden sein; *sb 2.* Zustimmung *f,* Einwilligung *f,* Genehmigung *f; age of ~* Mündigkeit *f*
consenting [kən'sentɪŋ] *adj* einverstanden
consequence ['kɒnsɪkwəns] *sb 1. (importance)* Bedeutung *f,* Wichtigkeit *f; It's of no ~.* Das spielt keine Rolle. *2. (effect)* Konsequenz *f,* Folge *f,* Wirkung *f; take the ~s* die Folgen tragen
consequent ['kɒnsɪkwənt] *adj* sich daraus ergebend, daraus folgend
consequential [kɒnsɪ'kwenʃəl] *adj 1.* sich ergebend; *2. (self-important)* angeberisch, überheblich
consequently ['kɒnsɪkwəntlɪ] *konj* infolgedessen, demzufolge, folglich
conservation [kɒnsə'veɪʃən] *sb 1.* Erhaltung *f; 2. (of nature)* Naturschutz *m; 3. (of the environment)* Umweltschutz *m*
conservation area [kɒnsə'veɪʃən 'ɛərɪə] *sb* Naturschutzgebiet *n*
conservationist [kɒnsə'veɪʃənɪst] *sb* Umweltschützer *m*
conservatism [kən'sɜːvətɪzəm] *sb* Konservatismus *m*
conservative [kən'sɜːvətɪv] *adj 1.* konservativ; *2. (cautious)* vorsichtig; *sb 3.* Konservativer *m*
conservator ['kɒnsəveɪtə] *sb* Museumsleiter *m*
conservatory [kən'sɜːvətrɪ] *sb 1. MUS* Musikhochschule *f; 2.* Wintergarten *m*
conserve [kən'sɜːv] *v* konservieren, erhalten, bewahren

consider [kən'sɪdə] *v 1. (reflect upon)* überlegen, nachdenken über, erwägen; *2. (take into account)* denken an, berücksichtigen, bedenken; *all things ~ed* alles in allem; *3. (have in mind)* in Betracht ziehen, erwägen; *4. (deem)* betrachten als, halten für, schätzen

considerable [kən'sɪdərəbl] *adj* beträchtlich, erheblich, beachtlich
considerably [kən'sɪdərəblɪ] *adv 1. (in a comparison)* wesentlich, beträchtlich; *2. (very)* höchst
considerate [kən'sɪdərɪt] *adj* rücksichtsvoll, aufmerksam, fürsorglich
consideration [kənsɪdə'reɪʃən] *sb 1. (deliberation)* Überlegung *f*, Erwägung *f; 2. take sth into ~* etw berücksichtigen; *3. (sth taken into ~)* Erwägung *f*, Faktor *m; 4. (thoughtfulness)* Rücksicht *f*
considered [kən'sɪdəd] *adj* in Betracht gezogen; *all things ~* alles in allem
considering [kən'sɪdərɪŋ] *prep* wenn man bedenkt, im Hinblick auf, angesichts
consign [kən'saɪn] *v 1. ECO* versenden, verschicken; *2. ~ to (commit to)* bestimmen für; *consign sth to the wastepaper basket* etw in den Papierkorb befördern
consignee [kənsaɪ'niː] *sb* Adressat *m*, Empfänger *m*
consignment [kən'saɪnmənt] *sb* Übersendung *f; on ~* in Kommission, *(overseas)* in Konsignation
consist [kən'sɪst] *v ~ of* bestehen aus
consistency [kən'sɪstənsɪ] *sb 1.* Konsequenz *f*, Folgerichtigkeit *f*, Übereinstimmung *f; 2. (of a substance)* Konsistenz *f*
consistent [kən'sɪstənt] *adj* konsequent, gleich bleibend, einheitlich
consistently [kən'sɪstəntlɪ] *adv (constantly)* ständig
consolation [kɒnsə'leɪʃən] *sb 1.* Trost *m*, Trostpflaster *n; 2. (act of consoling)* Tröstung *f*
console1 [kən'səʊl] *v* trösten
console2 ['kɒnsəʊl] *sb (control panel)* Kontrollpult *n*
consolidate [kən'sɒlɪdeɪt] *v (combine)* zusammenlegen, vereinigen
consolidation [kənsɒlɪ'deɪʃən] *sb (bringing together)* Zusammenlegung *f*, Vereinigung *f*, Zusammenschluss *m*
consonance ['kɒnsənəns] *sb* Einklang *m*, Übereinstimmung *f*
conspectus [kən'spektəs] *sb* Überblick *m*
conspicuous [kən'spɪkjʊəs] *adj* auffällig, auffallend, deutlich sichtbar; *to be ~ by one's absence* durch Abwesenheit glänzen
conspiracy [kən'spɪrəsɪ] *sb* Verschwörung *f*, Komplott *n*
conspirator [kən'spɪrətə] *sb* Verschwörer *m*
conspire [kən'spaɪə] *v* sich verschwören
constable ['kʌnstəbl] *sb (UK)* Polizist *m*
constabulary [kən'stæbjʊlərɪ] *sb (UK)* Polizei *f*
constancy ['kɒnstənsɪ] *sb* Beharrlichkeit *f*, Beständigkeit *f*, Konstanz *f*
constant ['kɒnstənt] *adj 1. (unchanging)* gleich bleibend, konstant, fest; *2. (continuous)* andauernd, ständig, unaufhörlich
constantly ['kɒnstəntlɪ] *adv* dauernd, ständig
constellate ['kɒnstɪleɪt] *v* sich konstellieren, sich formieren
constellation [kɒnstə'leɪʃən] *sb* Sternbild *n*, Konstellation *f*
consternate ['kɒnstəneɪt] *v* beunruhigen, entsetzen
consternation [kɒnstɜː'neɪʃən] *sb* Sorge *f*, Bestürzung *f*
constipation [kɒnstɪ'peɪʃən] *sb MED* Verstopfung *f*
constituency [kən'stɪtjʊensɪ] *sb POL* Wahlkreis *m*
constituent [kən'stɪtjʊent] *sb (component)* Bestandteil *m*
constitute ['kɒnstɪtjuːt] *v 1. (make up)* bilden; *2. (amount to)* darstellen
constitution [kɒnstɪ'tjuːʃən] *sb 1. POL* Verfassung *f*, Grundgesetz *n*, Satzung *f; 2. (of a person)* Konstitution *f*, Körperbau *m*
constitutional [kɒnstɪ'tjuːʃənl] *adj 1.* verfassungsmäßig; *sb 2. (walk)* Spaziergang *m*
constitutive ['kɒnstɪtjuːtɪv] *adj* konstituierend
constrain [kən'streɪn] *v* zwingen
constraint [kən'streɪnt] *sb 1. (compulsion)* Zwang *m*, Nötigung *f; 2. (restriction)* Beschränkung *f*
constrict [kən'strɪkt] *v* einschränken
construct [kən'strʌkt] *v 1.* bauen, errichten; *2. (a work of fiction)* aufbauen
construction [kən'strʌkʃən] *sb 1. (constructing)* Bau *m*, Errichtung *f; under ~* im Bau; *2. (of a work of fiction)* Aufbau *m*
construction site [kən'strʌkʃən saɪt] *sb* Baustelle *f*
constructive [kən'strʌktɪv] *adj* konstruktiv

C

C

construe [kən'struː] *v (interpret)* auslegen, auffassen
consult [kən'sʌlt] *v 1.* konsultieren, befragen, um Rat fragen; *~ one's watch* auf die Uhr sehen; *2. (files)* einsehen
consultation [kɒnsəl'teɪʃən] *sb* Beratung *f,* Rücksprache *f*
consume [kən'sjuːm] *v 1. (use up)* verbrauchen, verzehren; *to be ~d with jealousy* von Eifersucht verzehrt werden; *2. (food)* verzehren, konsumieren
consumer [kən'sjuːmə] *sb* Verbraucher *m*
consumerism [kən'sjuːmərɪzəm] *sb* Konsumismus *m*
consummate ['kɒnsʌmeɪt] *v 1. (a marriage)* vollziehen; [kən'sʌmɪt] *2. adj* vollendet
consumption [kən'sʌmpʃən] *sb* Verbrauch *m,* Konsum *m; not fit for human ~* für menschlichen Verzehr ungeeignet
consumptive [kən'sʌmptɪv] *adj* schwindsüchtig

contact ['kɒntækt] *v 1.* sich in Verbindung setzen mit, Kontakt aufnehmen zu; *sb 2. (communication)* Verbindung *f; to be in ~ with s.o.* mit jdm in Verbindung stehen; *lose ~ with s.o.* die Verbindung zu jdm verlieren; *3. (person to ~)* Kontaktperson *f,* Ansprechpartner *m; 4. (useful acquaintance)* Verbindung *f; make ~s* Verbindungen anknüpfen; *5. (touching)* Berührung *f; make ~ with sth* etw berühren

contact lens ['kɒntækt lenz] *sb* Kontaktlinse *f*
contagion [kən'teɪdʒən] *sb MED* Ansteckung *f*
contagious [kən'teɪdʒəs] *adj 1. MED* ansteckend, direkt übertragbar; *2. (fig)* ansteckend
contain [kən'teɪn] *v 1. (have inside)* enthalten, beinhalten; *2. (control) (o.s.)* sich beherrschen; *(opponent)* in Schach halten; *(inflation)* in Grenzen halten; *3. (have room for)* fassen, umfassen
container [kən'teɪnə] *sb 1.* Behälter *m,* Gefäß *n; 2. ECO* Container *m*
containerize [kən'teɪnəraɪz] *v* in Container verpacken
containment [kən'teɪnmənt] *sb* Eindämmung *f,* In-Schach-Halten *n*
contaminate [kən'tæmɪneɪt] *v* verunreinigen, vergiften, verseuchen
contamination [kəntæmɪ'neɪʃən] *sb* Verunreinigung *f,* Verseuchung *f,* Vergiftung *f*
contemplate ['kɒntəmpleɪt] *v* nachdenken über, erwägen, denken an
contemplation [kɒntem'pleɪʃən] *sb* Nachdenken *n,* nachdenkliche Betrachtung *f*
contemplative [kən'templətɪv] *adj* besinnlich
contemporary [kən'tempərərɪ] *adj 1. (present-day)* zeitgenössisch, heutig; *2. (of the same time)* zeitgenössisch, der damaligen Zeit; *sb 3. (of s.o. in the past)* Zeitgenosse *m; 4. (age-wise)* Altersgenosse *m*
contempt [kən'tempt] *sb 1.* Verachtung *f,* Geringschätzung *f; hold in ~* verachten; *beneath ~* unter aller Kritik; *2. ~ of court JUR* Missachtung des Gerichts *f*
contemptible [kən'temptəbl] *adj* verachtenswert, verächtlich
contemptuous [kən'temptjʊəs] *adj* verächtlich, geringschätzig
contend [kən'tend] *v 1. (assert)* behaupten; *2. (compete)* kämpfen
contender [kən'tendə] *sb* Anwärter *m,* Konkurrent *m,* Kandidat *m*
content[1] [kən'tent] *adj 1.* zufrieden; *v 2. ~ o.s. with* sich zufrieden geben mit, sich begnügen mit, sich abfinden mit; *3. (s.o.)* zufrieden stellen; *sb 4. one's heart's ~* nach Herzenslust
content[2] ['kɒntent] *1.* Inhalt *m; ~s pl* Inhalt *m; 2. CHEM* Gehalt *n*
contented [kən'tentɪd] *adj* zufrieden
contention [kən'tenʃən] *sb 1. (dispute)* Streit *m; 2. (argument)* Behauptung *f*
contentious [kən'tenʃəs] *adj 1. (person)* streitsüchtig; *2. (issue)* strittig, umstritten
contentment [kən'tentmənt] *sb* Zufriedenheit *f*
contest[1] [kən'test] *v 1. (dispute)* bestreiten, angreifen; *2. ~ a seat POL* um einen Wahlkreis kämpfen; *3. MIL* kämpfen um; *4. JUR* anfechten;
contest[2] ['kɒntest] *sb 1.* Kampf *m; 2. (a competition)* Wettbewerb *m; 3. SPORT* Wettkampf *m*
contestant [kən'testənt] *sb SPORT* Wettbewerber *m*
context ['kɒntekst] *sb* Zusammenhang *m; out of ~* aus dem Zusammenhang gerissen
contextual [kən'tekstjʊəl] *adj* aus dem Zusammenhang ersichtlich
contexture [kən'tekstʃə] *sb* Aufbau *m,* Gefüge *n*
contiguous [kən'tɪgjʊəs] *adj* aneinander grenzend

continent ['kɒntɪnənt] *sb 1.* Kontinent *m*, Erdteil *m; 2. (mainland)* Festland *n; the Continent (UK)* Kontinentaleuropa *n*
continental quilt [kɒntɪ'nentl kwɪlt] *sb (UK)* Steppdecke *f*
contingence [kən'tɪndʒəns] *sb* Berührung *f*
contingency plan [kən'tɪndʒənsɪ plæn] *sb* Ausweichplan *m*
contingent [kən'tɪndʒənt] *adj 1. ~ upon* abhängig von; *sb 2. (group)* Gruppe *f; 3. MIL* Kontingent *n*
continual [kən'tɪnjʊəl] *adj 1. (frequently recurring)* immer wiederkehrend, häufig, oft wiederholt; *2. (unceasing)* ununterbrochen
continuance [kən'tɪnjʊəns] *sb 1.* Fortbestehen *n*, Fortdauer *f; 2. (duration)* Dauer *f*
continuation [kəntɪnjʊ'eɪʃən] *sb 1.* Fortsetzung *f; 2. (prolonging)* Fortdauer *f*
continuator [kən'tɪnjʊeɪtə] *sb* weiterexistierende Sache oder Person *f*
continue [kən'tɪnjuː] *v 1. ~ to be ...* weiterhin ... bleiben, nach wie vor ... sein; *2. (~ to exist)* andauern, fortbestehen; *3. (weather)* anhalten; *4. (carry on with sth)* weitermachen, fortfahren; *~ in office* im Amt bleiben; *5. (resume)* fortsetzen; *"to be ~d"* Fortsetzung folgt
continuity [kɒntɪ'njuːɪtɪ] *sb 1.* Stetigkeit *f; 2. (of a story)* der rote Faden *m (fam)*
continuous [kən'tɪnjʊəs] *adj 1.* andauernd, ständig, fortwährend; *2. (line)* ununterbrochen, durchgezogen; *3. TECH* kontinuierlich
contort [kən'tɔːt] *v* verziehen, verzerren
contorted [kən'tɔːtɪd] *adj* verzerrt
contortion [kən'tɔːʃən] *sb 1.* Verrenkung *f; 2. (of a face)* Verzerrung *f*
contortionist [kən'tɔːʃənɪst] *sb* Schlangenmensch *m*
contour ['kɒntʊə] *sb* Kontur *f*, Umriss *m*
contraband ['kɒntrəbænd] *sb (goods)* Konterbande *f*, Schmuggelware *f*
contraception [kɒntrə'sepʃən] *sb* Empfängnisverhütung *f*
contraceptive [kɒntrə'septɪv] *adj 1.* empfängnisverhütend; *sb 2. MED* Empfängnisverhütungsmittel *n*, Präservativ *n*
contract [kən'trækt] *v 1. (physically)* sich zusammenziehen, sich verengen; *2. ~ an illness* sich eine Krankheit zuziehen; *3. ~ to do sth* sich vertraglich verpflichten, etw zu tun; *4. ~ sth out ECO* etw außer Haus machen lassen; ['kɒntrækt] *sb 5.* Vertrag *m; to be under ~* unter Vertrag stehen; *6. (order)* Auftrag *m*
contraction [kən'trækʃən] *sb 1.* Zusammenziehung *f; 2. (of one's pupils)* Verengung *f; 3. GRAMM* Kurzform *f*
contractor [kən'træktə] *sb* Auftragnehmer *m*
contractual [kən'træktʃʊəl] *adj* vertraglich, Vertrags...
contracture [kən'træktʃə] *sb MED* Kontraktur *f*, Verkürzung *f*, Schrumpfung *f*
contradict [kɒntrə'dɪkt] *v* widersprechen
contradiction [kɒntrə'dɪkʃən] *sb* Widerspruch *m*, Widerrede *f; ~ in terms* Widerspruch in sich
contradictory [kɒntrə'dɪktərɪ] *adj 1.* widersprechend, gegensätzlich, unvereinbar; *sb 2. (person)* widersprüchlich
contrary ['kɒntrərɪ] *prep 1. ~ to* wider, gegen, entgegen; *adj 2. (conflicting)* gegensätzlich; *3. (opposite)* entgegengesetzt; *sb 4.* Gegenteil *n; on the ~* im Gegenteil
contrast [kən'trɑːst] *v 1. (differ)* im Gegensatz stehen; *(colours)* sich abheben; *2. ~ sth with sth* einen Vergleich anstellen zwischen etw und etw; ['kɒntrɑːst] *sb 3.* Gegensatz *m*, Kontrast *m*
contrasting [kən'trɑːstɪŋ] *adj* gegensätzlich, kontrastierend
contrastive [kən'trɑːstɪv] *adj* gegenüberstellend
contravene [kɒntrə'viːn] *v* gegen etw verstoßen, übertreten
contribute [kən'trɪbjuːt] *v 1.* beitragen; *2. (to charity)* spenden; *3. (food, supplies)* beisteuern; *4. (to be a contributing factor)* mitwirken
contribution [kɒntrɪ'bjuːʃən] *sb 1.* Beitrag *m; make a ~ to sth* einen Beitrag zu etw leisten; *2. (donation)* Spende *f*
contributor [kən'trɪbjʊtə] *sb 1.* Beitragender *m; 2. (to charity)* Spender *m; 3. (to a magazine)* Mitarbeiter *m*
contrite [kən'traɪt] *adj* zerknirscht, reuig
contrition [kən'trɪʃən] *sb* Reue *f*
contrive [kən'traɪv] *v (devise)* ersinnen, sich ausdenken, entwerfen
contriver [kən'traɪvə] *sb* Intrigant/Intrigantin *m/f*

control [kən'trəʊl] *v 1. ~ o.s.* sich beherrschen, sich bezähmen, sich mäßigen; *2. (sth)* Kontrolle haben über, kontrollieren; *3. (regulate)* kontrollieren; *4. (traffic)* regeln; *5. (steer)* steuern, lenken; *6. (keep within limits)* in Schranken halten, in Rahmen halten, beschränken; *sb 7.* Kontrolle *f; get under ~* un-

C

ter Kontrolle bringen; *get out of ~* außer Kontrolle geraten; *8. (authority)* Gewalt *f,* Macht *f,* Herrschaft *f; have no ~ over sth* keinen Einfluss auf etw haben; *9. (check)* Kontrolle *f; 10. (of a situation)* Beherrschung *f; lose ~ of o.s.* die Beherrschung verlieren; *have the situation under ~* Herr der Lage sein; *11. TECH* Steuerung *f; 12. (knob, switch)* Regler *m,* Schalter *m; to be at the ~s* die Steuerung haben; *(fig)* an den Hebeln der Macht sitzen

controllable [kən'trəʊləbl] *adj* kontrollierbar
controlling [kən'trəʊlɪŋ] *adj 1.* beherrschend, dominant; *2. have a ~ interest in sth ECO* eine Mehrheitsbeteiligung an etw besitzen
controversial [kɒntrə'vɜːʃəl] *adj* umstritten, strittig, kontrovers
controversy ['kɒntrəvɜːsɪ] *sb* Streit *m*
controvert ['kɒntrəvɜːt] *v* bestreiten, anfechten
contuse [kən'tjuːz] *v* quetschen, prellen
conundrum [kə'nʌndrəm] *sb* Rätsel *n*
conurbation [kɒnɜː'beɪʃən] *sb* Ballungsgebiet *n,* Ballungsraum *m*
convalesce [kɒnvə'les] *v* genesen
convalescence [kɒnvə'lesəns] *sb* Genesung *f*
convalescent [kɒnvə'lesənt] *sb* Genesende(r) *f/m*
convection [kən'vekʃən] *sb* Konvektion *f*
convector [kən'vektə] *sb* Heizlüfter *m*
convene [kən'viːn] *v 1. (come together)* zusammenkommen, sich versammeln; *2. (call together)* einberufen, versammeln
convener [kən'viːnə] *sb* Einberufer(in) *m/f* (von Versammlungen)
convenience [kən'viːnɪəns] *sb 1.* Annehmlichkeit *f; at your ~* wann es Ihnen passt; *for your ~* zum gefälligen Gebrauch; *2. public ~* öffentliche Toilette *f*
convenient [kən'viːnɪənt] *adj 1.* günstig, passend, geeignet; *~ly located (shop)* verkehrsgünstig; *2. (functional)* brauchbar, praktisch, zweckmäßig
convent ['kɒnvənt] *sb REL* Frauenkloster *n*
convention [kən'venʃən] *sb 1. (conference)* Tagung *f; 2. POL* Konvent *m; (US)* Parteiversammlung *f; 3. (agreement)* Abkommen *n; 4. (social rule)* Konvention *f*
conventional [kən'venʃənl] *adj* herkömmlich, konventionell, üblich
conventionalism [kən'venʃənəlɪzəm] *sb* Konventionalismus *m*
converge [kən'vɜːdʒ] *v 1.* zusammenlaufen, sich einander nähern; *~ on London* von überallher nach London strömen; *2. MATH* konvergieren
convergence [kən'vɜːdʒəns] *sb* Konvergenz *f,* Annäherung *f*
conversant [kən'vɜːsənt] *adj ~ with* vertraut mit

conversation [kɒnvə'seɪʃən] *sb* Gespräch *n,* Unterhaltung *f,* Konversation *f*

converse ['kənvɜːs] *v* sich unterhalten
conversely [kɒn'vɜːslɪ] *adv* umgekehrt
conversion [kən'vɜːʃən] *sb 1.* Umwandlung *f,* Verwandlung *f; 2. (of a buiding)* Umbau *m; 3. TECH (of a device)* Umstellung *f; 4.* Umrechnung *f; 5. REL* Bekehrung *f*
conversion table [kən'vɜːʃən teɪbl] *sb* Umrechnungstabelle *f*
convert [kən'vɜːt] *v 1.* umwandeln, verwandeln; *2. (measures)* umrechnen; *3. TECH* umrüsten, umstellen; *(building)* umbauen; *4. REL* bekehren; *5. FIN* konvertieren, umwandeln; ['kɒnvɜːt] *sb 6. REL* Bekehrter *m; (to another denomination)* Konvertit *m*
convertible [kən'vɜːtɪbl] *sb* Kabriolett *n*
convey [kən'veɪ] *v 1. (transport)* befördern; *2. (an opinion)* vermitteln; *3. (a message)* übermitteln; *4. JUR* übertragen
conveyance [kən'veɪəns] *sb 1. (of a message)* Übermittlung *f; 2. JUR* Übertragung *f*
convict [kən'vɪkt] *v 1.* für schuldig erklären, überführen; ['kɒnvɪkt] *sb 2.* Sträfling *m*
conviction [kən'vɪkʃən] *sb 1. (belief)* Überzeugung *f; courage of one's ~s* Zivilcourage *f; 2. JUR* Verurteilung *f,* Schuldspruch *m,* Überführung *f; previous ~* Vorstrafe *f*
convictive [kən'vɪktɪv] *adj JUR* überzeugend
convince [kən'vɪns] *v* überzeugen
convivial [kən'vɪvɪəl] *adj* gesellig
convocation [kɒnvə'keɪʃən] *sb REL* Versammlung *f*
convolute ['kɒnvəluːt] *adj* aufgerollt, eingerollt
convoluted [kɒnvə'luːtɪd] *adj (fig)* verwickelt, verschlungen, gewunden
convolution [kɒnvə'luːʃən] *sb* Verschlungenheit *f,* Gewundenheit *f*
convolve [kən'vɒlv] *v* zusammenrollen, einrollen

convoy ['kɒnvɔɪ] *sb 1. MIL* Geleit *n; 2. (of lorries)* Lastwagenkolonne *f*
convulsant [kən'vʌlsənt] *adj* erschütternd
convulse [kən'vʌls] *v* erschüttern
convulsion [kən'vʌlʃən] *sb MED* Krampf *m; ~s of laughter* Lachkrämpfe
coo [kuː] *v* gurren

cook [kʊk] *v 1.* kochen, zubereiten; *2. ~ the books (fam)* die Bücher fälschen; *sb 3.* Koch/Köchin *m/f*

• **cook up** *v ~ sth (fig)* sich etw ausdenken, etw erdichten
cooker ['kʊkə] *sb 1.* Kocher *m; 2. (UK: stove)* Herd *m*
cookery ['kʊkərɪ] *sb GAST* Kochen *n,* Kochkunst *f*
cookery-book ['kʊkərɪbʊk] *sb* Kochbuch *n*
cookie ['kʊkɪ] *sb (US) GAST* Keks *m,* Plätzchen *n*
cook shop [kʊk ʃɒp] *sb* Gaststätte *f*
cool [kuːl] *v 1.* abkühlen; *2. (sth)* kühlen; *~ it! (fam)* Reg dich ab! *adj 3. (temperature)* kühl; *4. (fig: unfriendly)* kühl; *5. (calm)* besonnen, gelassen; *6. (fam)* cool; *sb 7. Keep your ~!* Bleib ganz ruhig! *lose one's ~ (US)* aus der Fassung geraten
• **cool down** *v (fig)* sich beruhigen
• **cool off** *v* abkühlen
coolant ['kuːlənt] *sb* Kühlmittel *n*
cooler ['kuːlə] *sb 1.* Kühler *m; 2. (drink) GAST* Bier, das nach einem hochprozentigen Getränk folgt *n; 3. the ~ (fam: jail)* Knast *m,* Kittchen *n*
coop [kuːp] *sb* Hühnerstall *m*
cooperate [kəʊ'ɒpəreɪt] *v* zusammenarbeiten; *(comply)* mitmachen
cooperation [kəʊɒpə'reɪʃən] *sb* Zusammenarbeit *f,* Kooperation *f*
cooperative [kəʊ'ɒpərətɪv] *adj (prepared to comply)* kooperativ, kollegial
cooperative farm [kəʊ'ɒpərətɪv fɑːm] *sb* Genossenschaftsbauernhof *m*
coopt [kəʊ'ɒpt] *v* dazuwählen (durch die Mitglieder eines Gremiums in dasselbe)
coordinate [kəʊ'ɔːdɪneɪt] *v 1.* koordinieren, gleichschalten, aufeinander abstimmen; [kəʊ'ɔːdnɪt] *sb 2.* Koordinate *f*
coordination [kəʊɔːdɪ'neɪʃən] *sb* Koordination *f*
coordinator [kəʊ'ɔːdɪneɪtə] *sb* Koordinator *m*
co-owner ['kəʊəʊnə] *sb* Mitinhaber *m*
cop [kɒp] *sb (fam)* Bulle *m,* Polyp *m*
copartner [kəʊ'pɑːtnə] *sb* Teilhaber *m*
cope [kəʊp] *v ~ with* bewältigen, fertig werden mit, zurechtkommen mit
copier ['kɒpɪə] *sb (machine)* Kopierer *m*
copilot ['kəʊpaɪlət] *sb* Kopilot *m*
copious ['kəʊpɪəs] *adj* reichlich, ausgiebig
cop-out ['kɒpaʊt] *sb (fam: excuse)* Vorwand *m*
copper ['kɒpə] *sb 1. CHEM* Kupfer *n; 2. (fam: policeman)* Polizist *m,* Bulle *m (fam),* Polyp *m (fam)*
copper-bottomed ['kɒpəbɒtəmd] *adj* gesund, lohnend
copperplate ['kɒpəpleɪt] *sb ART* Kupferstich *m*
copulate ['kɒpjʊleɪt] *v* kopulieren
copulation [kɒpjʊ'leɪʃən] *sb* Kopulation *f*
copy ['kɒpɪ] *v 1. (write out again)* abschreiben; *2. (reproduce)* kopieren, nachbilden; *3. (imitate)* nachmachen; *4. (a classmate's work)* abschreiben, spicken; *sb 5.* Kopie *f; 6. (written out separately)* Abschrift *f; 7. (of a photo)* Abzug *m,* Abdruck *m; 8. (of a book, newspaper, or magazine)* Exemplar *n; 9. (text of an advertisement or article)* Text *m*
copybook ['kɒpɪbʊk] *sb* Schönschreibheft *n; blot s.o.'s ~ (fig)* jdn unmöglich machen
copycat ['kɒpɪkæt] *sb (fam)* Nachahmer *m*
copy editor ['kɒpɪedɪtə] *sb* Lektor *m*
copy machine ['kɒpɪməʃiːn] *sb (fam)* Kopierer *m*
copyright ['kɒpɪraɪt] *sb* Copyright *n,* Urheberrecht *n*
copywriter ['kɒpɪraɪtə] *sb* Werbetexter *m*
coquetry ['kəʊkɪtrɪ] *sb* Koketterie *f*
coquette [kəʊ'ket] *sb 1. (girl)* kokettes Mädchen *n; 2. (woman)* kokette Frau *f*
coquettish [kə'ketɪʃ] *adj* kokett
coral ['kɒrəl] *sb ZOOL* Koralle *f*
cord [kɔːd] *sb 1.* Schnur *f,* Strick *m,* Kordel *f; 2. (electrical)* Schnur *f; 3. ~s pl* Kordstoff *m*
cordage ['kɔːdɪdʒ] *sb* Tauwerk *n*
corded ['kɔːdɪd] *adj* gerippt
cordial ['kɔːdjəl] *adj* höflich, aufrichtig, herzlich
cordiality [kɔːdɪ'ælɪtɪ] *sb* Herzlichkeit *f,* Freundlichkeit *f*
cordless ['kɔːdlɪs] *adj* schnurlos
cordon ['kɔːdn] *v ~ off* absperren, abriegeln
core [kɔː] *sb 1.* Kern *m,* Kernhaus *n; to the ~ (fig)* durch und durch; *v 2.* entkernen
cork [kɔːk] *sb 1. (stopper)* Korken *m,* Stöpsel *m; 2. BOT* Kork *m*

C

corked [kɔːkt] *adj* 1. verkorkt; 2. korkelnd
corker ['kɔːkə] *sb (fam: person)* dufte Type *f (fam)*
corkscrew ['kɔːkskruː] *sb* Korkenzieher *m*
cormorant ['kɔːmərənt] *sb ZOOL* Kormoran *m*
corn [kɔːn] *sb* 1. *BOT* Getreide *n*, Korn *n*; 2. *(US) BOT* Mais *m*; 3. *MED* Hühnerauge *n*

corner ['kɔːnə] *v* 1. *(trap)* in die Enge treiben; *~ the market* monopolisieren; *sb* 2. Ecke *f*; *out of the ~ of one's eye* aus dem Augenwinkel; *round the ~* um die Ecke; *drive s.o. into a ~* jdn in die Ecke treiben; 3. *(in a road)* Kurve *f*; 4. *(nook, out-of-the-way place)* Winkel *m*

cornerstone ['kɔːnəstəʊn] *sb* Grundstein *m*, Eckstein *m*
cornerwise ['kɔːnəwaɪz] *adv* diagonal, über Eck
cornet ['kɔːnɪt] *sb (UK: for ice cream)* Eistüte *f*
cornett ['kɔːnet] *sb MUS* Kornett *n*
cornfield ['kɔːnfiːld] *sb* Kornfeld *n*, *(US)* Maisfeld *n*
cornstarch ['kɔːnstɑːtʃ] *sb (US)* Stärkemehl *n*
cornucopia [kɔːnjʊ'kəʊpɪə] *sb (fig)* Fülle *f*
corny ['kɒːnɪ] *adj (fam)* abgedroschen, blöd
corollary [kə'rɒlərɪ] *sb* Folgeerscheinung *f*, Begleiterscheinung *f*
coronation [kɒrə'neɪʃən] *sb* Krönung *f*
coroner ['kɒrənə] *sb* amtlicher Leichenbeschauer *m* (bei nicht eindeutig natürlichen Todesfällen)
coronet ['kɒrənɪt] *sb* Krönchen *n*
corporal[1] ['kɔːpərəl] *sb MIL* Unteroffizier *m*
corporal[2] ['kɔːpərəl] *adj* körperlich
corporal punishment ['kɔːpərəl 'pʌnɪʃmənt] *sb* körperliche Züchtigung *f*
corporate ['kɔːpərɪt] *adj (of a corporation)* korporativ
corporate identity ['kɔːpərɪt aɪ'dentɪtɪ] *sb ECO* Darstellung eines Unternehmens *f*
corporation [kɔːpə'reɪʃən] *sb ECO (UK)* Handelsgesellschaft *f*, *(US)* Aktiengesellschaft *f*
corporeal [kɔː'pɔːrɪəl] *adj* körperlich
corps [kɔː] *sb* Korps *n*
corpse [kɔːps] *sb* Leiche *f*, Leichnam *m*
corpulent ['kɔːpjʊlənt] *adj* beleibt
corpus ['kɔːpəs] *sb* 1. *(important part of sth)* Großteil *m*; 2. *(collection)* Korpus *m*
correct [kə'rekt] *v* 1. korrigieren, verbessern, berichtigen; *Correct me if I'm wrong.* Sie können mich gern berichtigen. *adj* 2. *(right)* richtig; 3. *(suitable)* korrekt
correctable [kə'rektəbl] *adj* korrigierbar
correction [kə'rekʃən] *sb* Verbesserung *f*, Korrektur *f*
correctional facility [kə'rekʃənəl fə'sɪlɪtɪ] *sb* Haftanstalt *f*
correctness [kə'rektnɪs] *sb* Richtigkeit *f*
corrector [kə'rektə] *sb* Korrektor(in) *m/f*
correlate ['kɒrɪleɪt] *v* zu einander in Beziehung bringen
correlation [kɒrɪ'leɪʃən] *sb (relationship)* direkter Zusammenhang *m*
correlative [kɒ'relətɪv] *adj* entsprechend
correspond [kɒrɪs'pɒnd] *v* 1. *(exchange letters)* korrespondieren, in Briefwechsel stehen; 2. *~ to* entsprechen
correspondence [kɒrɪs'pɒndəns] *sb* 1. *(letter writing)* Korrespondenz *f*; 2. *(a ~)* Briefwechsel *m*
correspondent [kɒrɪs'pɒndənt] *sb* 1. *(reporter)* Korrespondent *m*, Berichterstatter *m*; 2. *(letter-writer)* Briefschreiber *m*
corresponding [kɒrɪs'pɒndɪŋ] *adj* entsprechend
corridor ['kɒrɪdə] *sb* Korridor *m*, Gang *m*, Flur *m*
corroborate [kə'rɒbəreɪt] *v* bekräftigen, bestätigen, erhärten
corroborative [kə'rɒbərətɪv] *adj* bestätigend, unterstützend
corrode [kə'rəʊd] *v* angreifen, wegätzen, zerfressen
corrosion [kə'rəʊʒən] *sb* Korrosion *f*
corrugate ['kɒrʊgeɪt] *v* wellen; *~d cardboard* Wellpappe *f*
corrupt [kə'rʌpt] *v* 1. verderben; *adj* 2. verdorben, schlecht; 3. *(bribable)* korrupt
corruptible [kə'rʌptəbl] *adj* bestechlich
corruption [kə'rʌpʃən] *sb* 1. Korruption *f*; 2. *(corrupt nature)* Verworfenheit *f*
corsage [kɔː'sɑːʒ] *sb (bouquet)* Ansteckbukett *n*
corset ['kɔːsɪt] *sb* Korsett *n*
cortège [kɔː'teɪʒ] *sb* 1. *(retinue)* Gefolge *n*; 2. *(at a funeral)* Leichenzug *m*
cortex ['kɔːteks] *sb ANAT* Rinde *f*
cortisone ['kɔːtɪzəʊn] *sb BIO* Kortison *n*
cosine ['kəʊsaɪn] *sb MATH* Kosinus *m*
cosmetic [kɒz'metɪk] *adj* kosmetisch
cosmetician [kɒzmɪ'tɪʃən] *sb* Kosmetiker(in) *m/f*

cosmetics [kɒz'metɪks] *pl* Kosmetik *f*
cosmic ['kɒzmɪk] *adj* kosmisch
cosmology [kɒz'mɒlədʒɪ] *sb ASTR* Kosmologie *f*
cosmonaut ['kɒzmənɔːt] *sb* Kosmonaut(in) *m*
cosmopolitan [kɒzmə'pɒlɪtən] *adj 1.* kosmopolitisch; *sb 2.* Kosmopolit *m*
cosmos ['kɒzmɒs] *sb* Kosmos *m*, Weltall *n*
cossack ['kɒsæk] *sb* Kosak *m*
cosset ['kɒsɪt] *v* verhätscheln

cost [kɒst] *v irr 1.* kosten; *How much does it ~?* Wie viel kostet es? *It'll ~ you. (fam)* Das kostet dich was. *sb 2.* Kosten *pl; at no ~* kostenlos; *3. (fig)* Preis *m; at all ~s, at any ~* um jeden Preis

co-star ['kəʊstɑː] *sb CINE 1.* einer der Hauptdarsteller *m; v 2.* mit jdm zusammenspielen
costly ['kɒstlɪ] *adj* teuer, kostspielig
costume ['kɒstjuːm] *sb* Kostüm *n*
costume jewellery ['kɒstjuːm 'dʒuːəlrɪ] *sb* Modeschmuck *m*
cosy ['kəʊzɪ] *adj* behaglich, gemütlich
cot [kɒt] *sb 1. (for a baby: UK)* Kinderbett *n*, Gitterbett *n; 2. (US)* Feldbett *n*
cottage ['kɒtɪdʒ] *sb* Cottage *n*, Häuschen *n*
cottage hospital ['kɒtɪdʒ 'hɒspɪtl] *sb* einfach ausgestattetes Krankenhaus *n*
cottage industry ['kɒtɪdʒ 'ɪndəstrɪ] *sb* Heimindustrie *f*
cotton ['kɒtn] *sb* Baumwolle *f*
couch [kaʊtʃ] *sb* Couch *f*, Liege *f*
couchette [kuː'ʃet] *sb* Liegewagen *m*
couch potato [kaʊtʃ pə'teɪtəʊ] *sb (fam)* Fernsehglotzer *m*
cough [kɒf] *v 1.* husten; *sb 2.* Husten *m*
• cough up *v 1.* aushusten; *2. (fam: money)* rausrücken
cough mixture ['kɒfmɪkstʃə] *sb* Hustenmedizin *m*
council ['kaʊnsl] *sb REL* Konzil *n*, Kirchenrat *m*
councillor ['kaʊnsɪlə] *sb* Ratsmitglied *n*
councilman ['kaʊnslmən] *sb 1.* Ratsmitglied *n; 2. (town ~)* Stadtrat *m*
council tax ['kaʊnsl tæks] *sb (UK)* Gemeindesteuer *f*
counsel ['kaʊnsl] *sb 1.* Rat *m; v 1.* beraten; *2. (a course of action)* raten; *sb 3. JUR* Anwalt *m; ~ for the defence* Verteidiger *m; ~ for the prosecution* Anklagevertreter *m; 4.* Ratschlag *m*, Rat *m*, Beratung *f*
counselling ['kaʊnsəlɪŋ] *sb* Beratung *f*
counsellor ['kaʊnsələ] *sb* Berater *m*

count [kaʊnt] *sb 1.* Zählung *f; lose ~* sich verzählen; *2. (in boxing) SPORT* Auszählen *n; 3. lose ~ of sth* den Überblick über etw verlieren; *4. (nobleman)* Graf *m; v 5.* zählen; *6. (to be important)* wichtig sein; *that doesn't ~* das zählt nicht; *7. (to be included)* mitgezählt werden, mitgerechnet werden; *8. (consider)* betrachten; *not ~ing* abgesehen von

• count against *v ~ sth* gegen etw sprechen
• count down *v* den Countdown durchführen
• count in *v* mitzählen, mitrechnen; *Count me in!* Ich bin dabei!
• count out *v 1. (money)* abzählen; *2. SPORT* auszählen; *3. (fam) I think we can count him out.* Ich glaube nicht, dass wir mit ihm rechnen können.
countable ['kaʊntəbl] *adj* zählbar
countdown ['kaʊntdaʊn] *sb* Countdown *m*
countenance ['kaʊntɪnəns] *sb* Angesicht *n*, Miene *f*
counter ['kaʊntə] *v 1.* kontern, *(reply)* entgegnen; *sb 2.* Ladentisch *m*, Tresen *m*, Theke *f; under the ~* illegal; *3. TECH* Zähler *m*
counteract [kauntər'ækt] *v 1.* entgegenwirken; *2. (neutralisieren)* neutralisieren
counterbalance [kaʊntə'bæləns] *v* ausgleichen
countercheck ['kaʊntətʃek] *sb* Gegencheck *m*, Gegenkontrolle *f*
counterclockwise [kaʊntə'klɒkwaɪz] *adv (US)* entgegen dem Uhrzeigersinn
counterfeit ['kaʊntəfɪt] *v 1.* fälschen; *sb 2.* Fälschung *f; adj 3.* gefälscht; *~ money* Falschgeld *n*
counterfeiter ['kaʊntəfɪtə] *sb* Fälscher *m*
counterfoil ['kaʊntəfɔɪl] *sb* Kontrollabschnitt *m*
counterintelligence [kaʊntərɪn'telɪdʒəns] *sb MIL* Spionageabwehr *f*
countermand ['kaʊntəmɑːnd] *v* widerrufen, aufheben
counterpart ['kaʊntəpɑːt] *sb 1. (complement)* Gegenstück *n; 2. (equivalent)* Gegenüber *(fam)*
counterpoise ['kaʊntəpɔɪz] *sb 1. (counterbalancing weight)* Gegengewicht *n; 2. (state of being in equilibrium)* Gleichgewicht *n*
counterproductive [kaʊntəprə'dʌktɪv] *adj* das Gegenteil bewirkend

C

counterproposal ['kaʊntəprəpəʊzl] *sb* Gegenvorschlag *m*
counter-revolution [kaʊntərevə'luːʃən] *sb* Konterrevolution *f*, Gegenrevolution *f*
countersign [kaʊntə'saɪn] *v* gegenzeichnen
counterweight ['kaʊntəweɪt] *sb* Gegengewicht *n*
countess ['kaʊntɪs] *sb* Gräfin *f*
countless ['kaʊntlɪs] *adj* zahllos, unzählig

country ['kʌntrɪ] *sb* Land *n*

country bumpkin ['kʌntrɪ 'bʌmpkɪn] *sb (fam)* Bauerntölpel *m (fam)*
country dance [kʌntrɪ'dɑːns] *sb* Volkstanz *m*
countryman ['kʌntrɪmən] *sb* Landsmann *m*
countryside ['kʌntrɪsaɪd] *sb* Land *n*, Landschaft *f*
county ['kaʊntɪ] *sb 1. (UK)* Grafschaft *f; 2. (US)* Landkreis *m*, Kreis *m*, Verwaltungsbezirk *m*
county seat ['kaʊntɪ siːt] *sb (US)* Kreishauptstadt *f*
county town ['kaʊntɪ taʊn] *sb* Hauptstadt einer Grafschaft *f*
coup [kuː] *sb (~ d'état)* Coup *m*, Staatsstreich *m*, Putsch *m*
coup de grâce [kuːdə'grɑːs] *sb* Gnadenstoß *m*
coupe [kuːp] *sb* Coupé *n*
couple ['kʌpl] *v 1.* paaren; *~d with* verbunden mit; *2. TECH* kuppeln; *sb 3.* Paar *n; 4. a ~ (fam: some)* ein paar, einige; *(two)* zwei; *5. (lovers)* Liebespaar *n; 6. (married ~)* Ehepaar *n*
coupling ['kʌplɪŋ] *sb 1. (connection)* Verbindung *f*, Kupplung *f; 2. (mating)* Paarung *f*
coupon ['kuːpɒn] *sb 1. (voucher)* Gutschein *m; 2. FIN* Kupon *m*
courage ['kʌrɪdʒ] *sb* Mut *m*
courageous [kə'reɪdʒəs] *adj* mutig, tapfer
courier ['kʊrɪə] *sb 1.* Eilbote *m; 2. (diplomatic ~)* Kurier *m*
course [kɔːs] *sb 1. (development)* Lauf *m*, Ablauf *m*, Verlauf *m; take its ~* seinen Lauf nehmen; *in due ~* zur gegebenen Zeit; *a matter of ~* eine Selbstverständlichkeit; *2. of ~* natürlich, selbstverständlich; *sb 3. (path)* Kurs *m; 4. (race ~)* Kurs *m*, Piste *f; 5. stay the ~* durchhalten; *6. (direction of travel)* Kurs *m*, Richtung *f; to be off ~* vom Kurs abgekommen sein; *7. ~ of a river* Flusslauf *m; 8. (programme)* Kurs *m*, Lehrgang *m; 9. (of a meal)* Gang *m; main ~* Hauptgericht *n*
coursework ['kɔːswɜːk] *sb* Kursarbeit *f*
court [kɔːt] *v 1. (a woman)* umwerben; *sb 2. (~ of law)* Gericht *n; take s.o. to ~* jdn verklagen; *3. (royal)* Hof *m; 4. SPORT* Platz *m*, Spielfeld *n; The ball's in your ~. (fig)* Jetzt bist du dran.
courteous ['kɜːtɪəs] *adj* höflich
courtesy ['kɜːtəsɪ] *sb* Höflichkeit *f*
court fees [kɔːt fiːz] *pl JUR* Gerichtskosten *pl*
courthouse ['kɔːthaʊs] *sb* Gerichtsgebäude *n*
courtier ['kɔːtɪə] *sb* Höfling *m*
courtly ['kɔːtlɪ] *adj* höflich, galant
court martial [kɔːt 'mɑːʃəl] *sb* Kriegsgericht *n*
court order [kɔːt 'ɔːdə] *sb JUR* Gerichtsbeschluss *m*
courtroom ['kɔːtruːm] *sb* Gerichtssaal *m*
courtship ['kɔːtʃɪp] *sb* Werbung *f*
courtshoe ['kɔːtʃuː] *sb (US)* Pumps *m*
courtyard ['kɔːtjɑːd] *sb* Hof *m*
cousin ['kʌzn] *sb 1. (male)* Cousin *m*, Vetter *m; 2. (female)* Kusine *f*, Base *f*
couth [kuːθ] *adj* freundlich, vertraut
cove [kəʊv] *sb* kleine Bucht *f*
coven ['kʌvn] *sb* Hexenversammlung *f*
covenant ['kʌvənənt] *sb 1.* Vertrag *m; 2. (in the Bible) REL* Bund *m*

cover ['kʌvə] *v 1.* bedecken, zudecken; *2. (re-cover furniture)* beziehen, überziehen; *3. ~ over* überdecken; *4. FIN (a loan, a check)* de-cken; *(costs)* bestreiten; *(insure)* versichern; *5. SPORT* decken; *6. MIL* decken; *7. (hide)* verbergen; *(a mistake)* verdecken; *~ one's tracks* seine Spuren verwischen; *8. ~ up (a mistake, a scandal)* vertuschen; *9. (include)* einschließen, umfassen, enthalten; *10. (a story)* berichten über; *11. (distance)* zurücklegen; *12. ~ for s.o. (protect s.o.)* jdn decken, *(help out)* für jdn einspringen; *13. ~ a lot of ground (travel)* weit herumkommen, *(to be comprehensive)* umfassend sein; *sb 14. (sheet, blanket)* Decke *f; 15. (tarpaulin)* Plane *f; 16. (of a magazine)* Umschlag *m*, Titelseite *f; 17. (of a book)* Einband *m; read sth from ~ to ~* etw von der ersten bis zur letzten Seite lesen; *18. (false identity)* Tarnung *f; blow one's ~* auffliegen *(fam); 19. (lid)* Deckel *m; 20. MIL* Deckung *f; take ~* in Deckung gehen; *21. under separate ~* mit getrennter Post; *22.* Hülle *f*

coverable ['kʌvərəbl] *adj* deckungsfähig

coverage ['kʌvrɪdʒ] *sb 1. (in the media)* Berichterstattung *f; 2. (insurance ~) ECO* Versicherung *f*
covering ['kʌvərɪŋ] *sb 1.* Abdeckung *f,* Verkleidung *f,* Hülle *f; 2. (shelter)* Schutz *m,* Deckung *f*
covering letter ['kʌvərɪŋletə] *sb* Begleitbrief *m*
coverless ['kʌvəles] *adj* ungedeckt
covert ['kʌvət] *adj* heimlich, versteckt, verschleiert
cover-up ['kʌvərʌp] *sb* Vertuschung *f*
covet ['kʌvɪt] *v* begehren
covetous ['kʌvɪtəs] *adj* begehrlich
covin ['kʌvɪn] *sb JUR* geheime Absprache zum Schaden eines Dritten *f,* Komplott *n*
cow [kaʊ] *sb* Kuh *f*
coward ['kaʊəd] *sb* Feigling *m*
cowardice ['kaʊədɪs] *sb* Feigheit *f*
cowardly ['kaʊədlɪ] *adj* feig(e)
cowboy ['kaʊbɔɪ] *sb* Cowboy *m*
cower ['kaʊə] *v 1.* sich ducken; *2. (squatting)* kauern
cowhide ['kaʊhaɪd] *sb* Rindsleder *n*
cowl [kaʊl] *sb* Kapuze *f*
cowlick ['kaʊlɪk] *sb* Tolle *f*
coworker ['kəʊwɜːkə] *sb* Mitarbeiter *m*
cow pat ['kaʊpæt] *sb* Kuhfladen *m*
cox [kɒks] *sb (coxswain) SPORT* Steuermann *m*
coxswain ['kɒksn] *sb* Steuermann *m*
coy [kɔɪ] *adj 1.* scheu, verschämt; *2. (coquettish)* spröde, kokett
crab [kræb] *sb ZOOL* Krabbe *f,* Krebs *m*
crab apple ['kræbæpl] *sb* Holzapfel *m*
crabbed ['kræbɪd] *adj 1. (ill-humoured)* übellaunig, mürrisch; *2. (illegible)* unverständlich, unleserlich
crabber ['kræbə] *sb* Krabbenfischer *m*
crabby ['kræbɪ] *adj* mürrisch
crack [kræk] *sb 1.* Sprung *m,* Riss *m,* Ritze *f; 2. (sound)* Knacks *m,* Knall *m; 3. (gibe)* Stichelei *f; 4. (fam: ~ cocaine)* Crack *n; 5. at the ~ of dawn* bei Tagesanbruch, *(fig: very early)* sehr früh; *v 6. (become ~ed)* zerspringen, springen, Risse bekommen; *8. get ~ing (fam)* Dampf machen, loslegen; *9. (make a ~ in)* einen Sprung machen in; *10. (fig: a safe, a code)* knacken; *11. (make a ~ing sound)* knacken, krachen; *12. (a whip)* knallen mit; *13. (nuts)* knacken; *14. ~ a bottle* eine Flasche köpfen; *15. ~ a joke* einen Witz reißen
• **crack down** *v ~ on* scharf vorgehen gegen
• **crack up** *v 1. (fam: lose one's sanity)* durchdrehen, überschnappen; *2. (fam: with laughter) (US)* sich kaputtlachen
crackbrain ['krækbreɪn] *sb (crazy person)* Schwachkopf *m*
crackdown ['krækdaʊn] *sb ~ on sth* scharfes Vorgehen gegen etw
cracked [krækt] *adj* gesprungen, zersprungen, rissig
crackerjack ['krækədʒæk] *sb (fam)* Superkerl *m*
crackers ['krækəz] *adj (fam) (UK)* ausgeflippt, verrückt
cracking ['krækɪŋ] *adj (fam) (UK)* super, toll; *We had a ~ day out.* Wir hatten einen phantastischen Ausflug.
crackle ['krækl] *v* knattern, knistern
cracknel ['kræknl] *sb GAST* Keks *m*
crackpot ['krækpɒt] *sb (fam)* Spinner *m*
cradle ['kreɪdl] *sb* Wiege *f*
craft [krɑːft] *sb 1. (trade)* Handwerk *n,* Gewerbe *n; 2. (handicraft)* Kunst *f; arts and ~s* Kunstgewerbe *n*
craftsman ['krɑːftsmən] *sb* Handwerker *m*
crafty ['krɑːftɪ] *adj* schlau, raffiniert, listig
cram [kræm] *v 1.* voll stopfen; *2. (fam: study)* pauken, büffeln
crammer ['kræmə] *sb (UK)* Pauker *m*
cramp [kræmp] *sb MED* Krampf *m*
cramped [kræmpt] *adj (space)* eng, beschränkt
crampon ['kræmpən] *sb* Steigeisen *n*
cranberry ['krænbərɪ] *sb* Preiselbeere *f*
crane [kreɪn] *sb 1. TECH* Kran *m; 2. ZOOL* Kranich *m*
crank [kræŋk] *v 1. (~ up)* ankurbeln; *sb 2. TECH* Kurbel *f; 3. (fam: person)* Spinner *m*
cranky ['kræŋkɪ] *adj 1.* verrückt; *2. (US: bad-tempered)* griesgrämig
cranny ['krænɪ] *sb* Ritze *f,* Spalte *f; in every nook and ~* in jedem Winkel
crash [kræʃ] *v 1. (have an accident)* verunglücken, einen Unfall haben; *(plane)* abstürzen; *2. (into one another)* zusammenkrachen; *3. (wreck)* einen Unfall haben mit; *~ a party* uneingeladen zu einer Party kommen; *sb 4.* Unglück *n,* Unfall *m,* Zusammenstoß *m; 5. (airplane ~)* Absturz *m; v 6. (noise)* Krachen *n,* Krach *m*
• **crash out** *v (fam)* irgendwo pennen
crash barrier ['kræʃbærɪə] *sb* Leitplanke *f*
crash helmet ['kræʃhelmɪt] *sb* Sturzhelm *m*

crash-land ['kræʃlænd] *v* eine Bruchlandung machen
crash team [kræʃ tiːm] *sb* Notfallteam *n*
crass [kræs] *adj* krass
crate [kreɪt] *sb* Kiste *f,* Kasten *m*
crater ['kreɪtə] *sb* Krater *m*
cravat [krə'væt] *sb* Halstuch *n*
crave [kreɪv] *v (desire)* sich sehnen nach, begehren
craven ['kreɪvn] *adj* feige
craving ['kreɪvɪŋ] *sb* heftiges Verlangen *n,* Begierde *f,* Gelüste *pl*
craw [krɔː] *sb* Kropf *m*
crawfish ['krɔːfɪʃ] *sb* Languste *f*
crawl [krɔːl] *v 1.* kriechen, krabbeln; *2. to be ~ing with* wimmeln von
crawler ['krɔːlə] *sb (fam: servile person)* Schleimer *m,* Kriecher *m*
crawler lane ['krɔːlə leɪn] *sb (UK)* Kriechspur *f*
crayfish ['kreɪfɪʃ] *sb ZOOL 1. (freshwater)* Flusskrebs *m; 2. (salt-water)* Languste *f*
crayon ['kreɪən] *sb (wax ~)* Wachsstift *m*
craze [kreɪz] *sb (fad)* Fimmel *m,* Masche *f*
crazed [kreɪzd] *adj* durchgedreht
craziness ['kreɪziːnɪs] *sb* Verrücktheit *f,* Wahnsinn *m*
crazy ['kreɪzɪ] *adj 1.* verrückt, wahnsinnig; *go ~* verrückt werden; *2. ~ about* versessen auf, begeistert von
crazy paving ['kreɪzɪ 'peɪvɪŋ] *sb (UK)* Mosaikpflaster *n*
creak [kriːk] *v* knarren, quietschen
creaky ['kriːkɪ] *adj* knarrend, quietschend
cream [kriːm] *sb 1. GAST* Sahne *f,* Rahm *m; 2. (lotion)* Creme *f; 3. (fig: best)* Auslese *f,* Elite *f; v 4. ~ off* abschöpfen; *5. (fig)* absahnen
creamer ['kriːmə] *sb 1. (jug)* Sahnekännchen *n; 2. (machine)* Milchzentrifuge *f*
creamery ['kriːmərɪ] *sb 1.* Molkerei *f; 2. (shop)* Milchhandlung *f*
cream tea [kriːm tiː] *sb* Nachmittagstee *m*
creamy ['kriːmɪ] *adj* sahnig
crease [kriːs] *v 1. (become ~d)* knittern; *2. (make a ~ in) (clothes)* eine Falte machen in, *(paper)* einen Kniff machen in; *3. (unintentionally)* zerknittern, verknittern; *sb 4.* Falte *f,* Kniff *m; 5. (ironed)* Bügelfalte *f*
create [kriː'eɪt] *v* schaffen, verursachen, machen
creation [kriː'eɪʃən] *sb 1. (making)* Schaffung *f,* Verursachung *f,* Erschaffung *f; the Creation* die Schöpfung; *2. (thing created)* Schöpfung *f,* Kreation *f,* Werk *n*
creativity [kriːeɪ'tɪvɪtɪ] *sb* Kreativität *f,* schöpferische Kraft *f*
creator [kriː'eɪtə] *sb* Schöpfer *m*
creature ['kriːtʃə] *sb* Wesen *n,* Lebewesen *n,* Geschöpf *n*
creature comforts ['kriːtʃə 'kʌmfəts] *pl* für das leibliche Wohl sorgende Dinge *pl*
crèche [kreʃ] *sb* Kinderkrippe *f,* Kinderhort *m,* Kinderheim *n*
credence ['kriːdns] *sb* Glaube *m*
credential [krɪ'denʃəl] *sb* Beglaubigungsschreiben *n; ~s pl (papers)* Ausweispapiere *pl*
credibility [kredɪ'bɪlɪtɪ] *sb* Glaubwürdigkeit *f,* Glaubhaftigkeit *f*
credible ['kredɪbl] *adj* glaubwürdig
credit ['kredɪt] *sb 1. FIN* Kredit *m; 2. (balance) FIN* Guthaben *n,* Haben *n; 3. (recognition)* Anerkennung *f; get ~ for* Anerkennung finden für; *take the ~ for sth* das Verdienst für etw in Anspruch nehmen; *4. (honour)* Ehre *f; to be a ~ to s.o.* jdm Ehre machen; *5. ~s pl (opening ~) CINE* Vorspann *m; (closing ~)* Nachspann *m; v 6. FIN* gutschreiben; *7. (attribute)* zuschreiben; *~ s.o. with sth* jdm etw zuschreiben
creditable ['kredɪtəbl] *adj* lobenswert, anerkennenswert
credit account ['kredɪtəkaʊnt] *sb FIN* Kreditkonto *n*
credit rating ['kredɪtreɪtɪŋ] *sb FIN* Kreditwürdigkeit *f*
credit standing ['kredɪtstændɪŋ] *sb FIN* Kreditwürdigkeit *f*
credulous ['kredjʊləs] *adj* leichtgläubig, gutgläubig
creed [kriːd] *sb 1. (set of principles)* Kredo *n; 2. REL* Glaubensbekenntnis *n,* Glaube *m,* Konfession *f*
creek [kriːk] *sb 1. (UK: inlet)* kleine Bucht *f; 2. (US: brook)* Bach *m; to be up the ~ (fam)* in der Klemme sitzen
creel [kriːl] *sb* Korb *m*
creep [kriːp] *v irr 1.* schleichen, kriechen; *~ up on* sich heranschleichen an; *2. (vertically)* sich ranken, klettern; *3. make s.o.'s flesh ~* jdm eine Gänsehaut einjagen; *sb 4. (fam)* Widerling *m,* fieser Typ *m; 5. give s.o. the ~s* jdm Angst und Bange machen
creepy ['kriːpɪ] *adj (fam)* unheimlich
creepy-crawly ['kriːpɪ 'krɔːlɪ] *sb (fam)* Krabbeltierchen *n*
cremate [krɪ'meɪt] *v* einäschern
cremation [krɪ'meɪʃən] *sb* Feuerbestattung *f,* Einäscherung *f*

crematorium [kremə'tɔːrɪəm] *sb* Krematorium *n*
Creole ['kriːəʊl] *sb* Kreole/Kreolin *m/f*
crescent ['kresnt] *sb* Halbmond *m*
crest [krest] *sb* 1. *(of a wave, of a hill)* Kamm *m;* 2. *(coat of arms)* Wappen *n*
crested ['krestɪd] *adj* 1. gekrönt; 2. *(embellished)* verziert
crestfallen ['krestfɔːlən] *adj* niedergeschlagen, geknickt
cretin ['kretɪn] *sb (fig)* Schwachkopf *m*
crevasse [krɪ'væs] *sb* Spalte *f,* Gletscherspalte *f*
crevice ['krevɪs] *sb* Felsspalte *f*
crew [kruː] *sb* Mannschaft *f,* Besatzung *f*
crew cut ['kruːkʌt] *sb* Bürstenschnitt *m*
crew neck ['kruːnek] *sb* enger runder Halsausschnitt *m*
crib [krɪb] *sb* 1. *(cradle)* Krippe *f;* 2. *(US)* Kinderbett *n,* Gitterbett *n; v* 3. *(in school) (fam)* spicken
crib sheet ['krɪbʃiːt] *sb* Spickzettel *m*
crick [krɪk] *sb* Muskelkrampf *m*
crier ['kraɪə] *sb* 1. *(town ~)* Ausrufer *m;* 2. *(officer in court)* Gerichtsdiener *m*
crime [kraɪm] *sb* 1. *(in general)* Verbrechen *pl;* 2. *(a ~)* Straftat *f,* Verbrechen *n*
criminal ['krɪmɪnl] *sb* 1. Kriminelle(r) *m/f,* Verbrecher *m,* Straftäter *m; adj* 2. kriminell, verbrecherisch, strafbar
criminal code ['krɪmɪnl kəʊd] *sb* *JUR* Strafgesetzbuch *n*
criminality [krɪmɪnælɪtɪ] *sb* Kriminalität *f*
criminalize ['krɪmɪnəlaɪz] *v* kriminalisieren
criminal law ['krɪmɪnl lɔː] *sb* *JUR* Strafrecht *n*
criminal offence ['krɪmɪnl ə'fens] *sb* *JUR* strafbare Handlung *f*
criminal record ['krɪmɪnl 'rekɔːd] *sb* *have a ~* *JUR* vorbestraft sein
criminology [krɪmɪ'nɒlədʒɪ] *sb* Kriminologie *f*
crimp [krɪmp] *sb* 1. *put a ~ in sth* etw hemmen, etw behindern; 2. *(waved hair)* mit dem Brenneisen geformte Welle *f*
crimple ['krɪmpl] *v* zerknittern, zerknautschen
crimson ['krɪmzn] *adj* purpurrot
cringe [krɪndʒ] *v* 1. zurückschrecken; 2. *(fig)* schaudern
crinkle ['krɪŋkl] *v* knittern
crinkly ['krɪŋklɪ] *sb (fam: old person)* alter Knacker *m*
cripple ['krɪpl] *v* 1. *(person)* zum Krüppel machen, *(fig)* lähmen; 2. *(machine)* aktionsunfähig machen; *sb* 3. Krüppel *m*
crippling ['krɪplɪŋ] *adj* erdrückend, lähmend
crisis ['kraɪsɪs] *sb* Krise *f*
crisp [krɪsp] *adj* 1. *(bread, bacon)* knusprig; 2. *(air)* frisch; 3. *(remark, manner)* knapp; sb 4. *~s pl (UK)* Kartoffelchips *pl*
crispbread ['krɪspbred] *sb* Knäckebrot *n*
crispness ['krɪspnɪs] *sb* 1. *(food)* Knusprigkeit *f,* Knackigkeit *f,* Frische *f;* 2. *(vivacity)* Frische *f,* Lebendigkeit *f*
crispy ['krɪspɪ] *adj* knusprig
crisscross ['krɪskrɒs] *v* sich kreuzen
criterion [kraɪ'tɪərɪən] *sb* Kriterium *n*
critic ['krɪtɪk] *sb* Kritiker *m*
critical ['krɪtɪkəl] *adj* 1. *(fault-finding)* kritisch; 2. *(crucial)* kritisch, entscheidend; 3. *(dangerous)* kritisch, bedenklich
criticism ['krɪtɪsɪzəm] *sb* Kritik *f*
criticize ['krɪtɪsaɪz] *v* kritisieren
critique [krɪ'tiːk] *sb* Kritik *f*
croak [krəʊk] *v* 1. *(frog)* quaken, *(raven)* krächzen; 2. *(fam: die)* abkratzen
crochet ['krəʊʃeɪ] *v* häkeln
crochet hook ['krəʊʃeɪ hʊk] *sb* Häkelnadel *f*
crockery ['krɒkərɪ] *sb* irdenes Geschirr *n*
crony ['krəʊnɪ] *sb* Kumpan *m*
crook [krʊk] *sb* 1. *(shepherd's)* Hirtenstab *m;* 2. *(thief, swindler)* Gauner *m,* Ganove *m*
crooked ['krʊkɪd] *adj* 1. *(bent)* krumm; 2. *(tilted)* schief; 3. *(dishonest)* betrügerisch
crooner ['kruːnə] *sb (fam)* Schnulzensänger *m*
crop [krɒp] *sb* 1. *AGR* Ernte *f,* Ertrag *m; v* 2. *~ up (fam)* auftauchen, aufkommen
cropper ['krɒpə] *sb* Anbauer *m*
crosier ['krəʊʒə] *sb* Bischofsstab *m*

cross [krɒs] *sb* 1. Kreuz *n; make the sign of the ~* das Kreuzzeichen machen; *v* 2. *(to be ~ed)* sich kreuzen, sich schneiden, sich überschneiden; 3. *(put one across the other)* kreuzen, verschränken; *~ a t* den T-Strich setzen; 4. *BIO* kreuzen; 5. *(go across)* überqueren, überschreiten, durchqueren; *it ~ed my mind* es kam mir in den Sinn; 6. *~ out* ausstreichen, durchstreichen; 7. *(a cheque: UK) FIN* zur Verrechnung ausstellen; *adj* 8. böse, sauer

crossbench ['krɒsbentʃ] *adj (UK)* überparteilich

C

C

crossbow ['krɒsbəʊ] *sb* Armbrust *f*
crossbred ['krɒsbred] *adj* gekreuzt
crosscheck ['krɒstʃek] *v* mehrfach prüfen
cross-country [krɒs'kʌntrɪ] *adv* Querfeldein...
cross-examination [krɒsɪgzæmɪ'neɪʃən] *sb JUR* Kreuzverhör *n*
cross-eyed ['krɒsaɪd] *adj* schielend
crossfire ['krɒsfaɪə] *sb* Kreuzfeuer *n*
crossing ['krɒsɪŋ] *sb 1. (trip across)* Überquerung *f; (on a ship)* Überfahrt *f; 2. (place where one can cross)* Übergang *m; 3. (crossroads)* Kreuzung *f*
cross-legged ['krɒslegd] *adv* mit übereinander geschlagenen Beinen
cross-link ['krɒslɪŋk] *sb* Bindeglied *n*
crossover ['krɒsəʊvə] *sb (track)* Gleiskreuzung *f*
cross-purposes [krɒs'pɜːpəsɪs] *pl to be at ~* einander entgegenarbeiten
crossroads ['krɒsrəʊdz] *sb 1.* Straßenkreuzung *f; 2. (fig)* Scheideweg *m*
cross section ['krɒssekʃən] *sb* Querschnitt *m*
cross-street ['krɒsstriːt] *sb* Querstraße *f*
crosswalk ['krɒswɔːk] *sb (US)* Fußgängerüberweg *m*
crosswise ['krɒswaɪz] *adv* quer
crossword puzzle ['krɒswɜːdpʌzl] *sb* Kreuzworträtsel *n*
crotch [krɒtʃ] *sb 1. (of trousers)* Schritt *m; 2. (part of body) get kicked in the ~* einen Tritt zwischen die Beine bekommen
crotchety ['krɒtʃɪtɪ] *adj (fam)* schlecht gelaunt, schrullenhaft, miesepetrig
crouch [kraʊtʃ] *v 1.* hocken; *2. (in fear)* kauern
crow [krəʊ] *sb 1. ZOOL* Krähe *f; eat ~ (fam)* demütig einen Fehler zugeben; *v 2.* krähen; *3. (fam: boast)* triumphieren
crowd [kraʊd] *sb 1.* Menschenmenge *f; 2. (spectators)* Zuschauermenge *f,* Publikum *n; 3. (crush)* Gedränge *n,* Andrang *m; 4. (clique)* Haufen *m; v 5.* drängen
crowded ['kraʊdɪd] *adj* überfüllt
crown [kraʊn] *sb 1.* Krone *f; v 2.* krönen
crown court [kraʊn kɔːt] *sb (UK) JUR* Schwurgericht *n*
crucial ['kruːʃəl] *adj* entscheidend, kritisch
crucible ['kruːsɪbl] *sb* Schmelztiegel *m*
crucifix ['kruːsɪfɪks] *sb REL* Kruzifix *n*
crucifixion [kruːsɪ'fɪkʃən] *sb REL* Kreuzigung *f*
crucify ['kruːsɪfaɪ] *v* kreuzigen
crude [kruːd] *adj 1. (vulgar)* grob, derb, ordinär; *2. (unsophisticated)* primitiv, grob; *3. (unprocessed)* roh
crudeness ['kruːdnes] *sb* Rohheit *f,* Grobheit *f*
cruel ['krʊəl] *adj* grausam, gemein, unbarmherzig
cruelty ['krʊəltɪ] *sb 1.* Grausamkeit *f; 2. ~ to animals* Tierquälerei *f*
cruise [kruːz] *v 1. (in a ship)* kreuzen; *(in a plane)* fliegen; *(in a car)* fahren; *2. INFORM ~ the internet* surfen; *sb 3.* Kreuzfahrt *f,* Vergnügungsfahrt *f*
cruise control ['kruːzkəntrəʊl] *sb TECH* Geschwindigkeitsregelung *f*
cruiser ['kruːzə] *sb NAUT* Kreuzer *m*
crumb [krʌm] *sb* Krümel *m,* Brösel *m*
crumble ['krʌmbl] *v 1.* zerbröckeln, zerfallen, abbröckeln; *2. (fig)* sich auflösen, schmelzen, schwinden; *sb 3. (cause to ~)* zerkrümeln, zerbröckeln, bröckeln
crummy ['krʌmɪ] *adj (fam)* mies
crumple ['krʌmpl] *v (~ up)* zerknittern, zusammenknüllen
crunch [krʌntʃ] *v 1. (make a ~ing sound)* knirschen, krachen; *sb 2. (sound)* Krachen *n,* Knirschen *n*
crunchy ['krʌntʃɪ] *adj* knusprig
crusade [kruː'seɪd] *sb* Kreuzzug *m*
crush [krʌʃ] *v 1.* zerdrücken, zerquetschen, zermalmen; *2. (to death)* erdrücken; *3. (stones)* zerkleinern; *4. (garlic, ice)* stoßen; *5. (fig)* niederschlagen, vernichten, unterdrücken; *sb 6.* Gedränge *n; 7. (fam: infatuation)* Schwärmerei *f; have a ~ on s.o.* in jdn verknallt sein
crusher ['krʌʃə] *sb 1. (machine)* Brechmaschine *f; 2. (experience)* niederschmetterndes Ereignis *n*
crushing ['krʌʃɪŋ] *adj (fig)* vernichtend
crust [krʌst] *sb* Kruste *f*
crusty ['krʌstɪ] *adj 1. (having a crust)* knusprig; *2. (remark)* hart, scharf, grob
crutch [krʌtʃ] *sb* Krücke *f*
crux [krʌks] *sb the ~* der springende Punkt *m,* der Kern *m*

cry [kraɪ] *v 1. (weep)* weinen; *~ o.s. to sleep* sich in den Schlaf weinen; *2. (call)* rufen; *3. (scream)* schreien; *4. ~ out* aufschreien; *~ sth out to s.o.* jdm etw zuschreien; *sb 5. (call)* Ruf *m; a far ~ from (fig)* weit entfernt von; *6.(scream)* Schrei *m*

crybaby ['kraɪbeɪbɪ] *sb (fam)* Heulsuse *f*

crying ['kraɪɪn] *adj (fig)* schreiend, dringend; *a ~ shame* eine Schande, die zum Himmel schreit
crypt [krɪpt] *sb* Gruft *f*
cryptic ['krɪptɪk] *adj* rätselhaft, hintergründig
crystal ['krɪstl] *sb* Kristall *n*
cub [kʌb] *sb ZOOL* Junge(s) *n*
cube [kju:b] *sb 1.* Würfel *m; 2. (power of three)* dritte Potenz *f*
cubicle ['kju:bɪkl] *sb* Kabine *f*
cubic meter ['kju:bɪk 'mi:tə] *sb* Kubikmeter *m*
cuckoo ['kʊku:] *sb ZOOL* Kuckuck *m*
cuckoo clock ['kʊku:klɒk] *sb* Kuckucksuhr *f*
cucumber ['kju:kʌmbə] *sb* Gurke *f; as cool as a ~* beherrscht, ruhig
cuddle ['kʌdl] *v 1. (~ up)* schmusen, sich kuscheln; *2. (s.o.)* hätscheln, schmusen mit
cuddly ['kʌdlɪ] *adj* knuddelig
cue [kju:] *sb 1. CINE* Zeichen zum Aufnahmebeginn *n; 2. THEAT* Stichwort *n; 3. MUS* Einsatz *m*
cuff [kʌf] *sb (on clothing)* Manschette *f,* Stulpe *f,* Aufschlag *m; off the ~* aus dem Stegreif
cuff-link ['kʌflɪŋk] *sb* Manschettenknopf *m*
cul-de-sac ['kʌldəsæk] *sb* Sackgasse *f*
culinary ['kʌlɪnərɪ] *adj* kulinarisch, Koch...
cull [kʌl] *v* pflücken, sammeln, einsammeln
culminate ['kʌlmɪneɪt] *v ~ in* gipfeln in
culmination [kʌlmɪ'neɪʃən] *sb* Gipfel *m*
culpable ['kʌlpəbl] *adj* schuldig
culprit ['kʌlprɪt] *sb 1.* Schuldiger *m, (fig)* Übeltäter *m; 2. JUR* Täter *m*
cult [kʌlt] *sb* Kult *m*
cultivate ['kʌltɪveɪt] *v 1.* kultivieren, bebauen, anbauen; *2. (fig)* pflegen, kultivieren
cultivated ['kʌltɪveɪtɪd] *adj* kultiviert
cultivation [kʌltɪ'veɪʃən] *sb 1. AGR* Kultivierung *f,* Anbau *m; 2. (fig)* Pflege *f*
cultural ['kʌltʃərəl] *adj* kulturell, Kultur...
culture ['kʌltʃə] *sb* Kultur *f*
cultured ['kʌltʃəd] *adj 1. (person)* kultiviert; *2. (produced artificially)* gezüchtet, Zucht...
culvert ['kʌlvət] *sb* unterirdische Wasserleitung *f,* Abwasserkanal *m*
cumber ['kʌmbə] *v* belasten, erschweren, behindern
cumbersome ['kʌmbəsəm] *adj 1. (style, actions)* schwerfällig; *2. (clothing)* behinderlich
cumulate ['kju:mjʊleɪt] *v* anhäufen
cunning ['kʌnɪŋ] *adj 1. (person)* listig, gerissen, schlau; *2. (idea)* schlau; *sb 3.* Listigkeit *f,* Schlauheit *f*
cup [kʌp] *sb 1.* Tasse *f; 2. (mug, tumbler)* Becher *m; 3. (trophy, goblet)* Pokal *m*
cupboard ['kʌbəd] *sb* Schrank *m, (containing food)* Speiseschrank *m, (containing dishes)* Geschirrschrank *m*
curable ['kjʊərəbl] *adj* heilbar
curate ['kjʊərɪt] *sb REL* Vikar *m,* Kurat *m*
curator [kjʊə'reɪtə] *sb 1. (of a museum)* Kustos eines Museums *m; 2. JUR* Pfleger *m*
curb [kɜ:b] *v 1. (fig)* zügeln, einschränken, bändigen; *sb 2. (US: kerb)* Bordkante *f,* Bordstein *m*
curdle ['kɜ:dl] *v 1. (become ~d)* gerinnen; *2. (~ sth)* gerinnen lassen
curds [kɜ:dz] *pl GAST* Quark *m*
cure [kjʊə] *v 1.* heilen; *sb 2. (fig)* Mittel *n; 3. (remedy) MED* Heilmittel *n; 4. (recovery)* Heilung *f; 5. (at a spa)* Kur *f*
cure-all ['kjʊərɔ:l] *sb* Allheilmittel *n*
curfew ['kɜ:fju:] *sb* Ausgangssperre *f*
curiosity [kjʊərɪ'ɒsɪtɪ] *sb 1.* Neugier *f; 2. (item)* Kuriosität *f,* Rarität *f*
curious ['kjʊərɪəs] *adj 1. (inquisitive)* neugierig, wissbegierig; *2. (odd)* merkwürdig, kurios, seltsam; *~ly enough* merkwürdigerweise
curl [kɜ:l] *sb 1.* Locke *f; v 2.* locken, kräuseln
• **curl up** *v 1.* sich zusammenkuscheln; *2. (animal)* sich zusammenkugeln
curler ['kɜ:lə] *sb* Lockenwickler *m*
curly ['kɜ:lɪ] *adj* lockig, kraus, gelockt
currant ['kʌrənt] *sb* Johannisbeere *f*
currency ['kʌrənsɪ] *sb FIN* Währung *f*
current ['kʌrənt] *adj 1.* gegenwärtig, jetzig, laufend; *sb 2. (of electricity)* Strom *m; 3. (of water)* Strömung *f,* Strom *m; 4. (of air)* Luftstrom *m*
currently ['kʌrəntlɪ] *adv* momentan, zurzeit
curriculum [kə'rɪkjʊləm] *sb* Lehrplan *m*
curriculum vitae [kə'rɪkjʊləm 'vaɪti:] *sb (UK)* Lebenslauf *m*
curry ['kʌrɪ] *v 1. ~ favour with s.o.* sich bei jdm einschmeicheln; *sb 2. GAST* Curry *m/n*
curse [kɜ:s] *v 1. (swear)* fluchen; *2. (put a ~ on)* verfluchen *sb 3.* Fluch *m*
cursed ['kɜ:sɪd] *adj* verflucht, verwünscht
cursive ['kɜ:sɪv] *sb* Kursivschrift *f*
cursory ['kɜ:sərɪ] *adj* oberflächlich
curt [kɜ:t] *adj* kurz, knapp

C

curtail [kɜː'teɪl] *v* kürzen, verkürzen
curtailment [kɜː'teɪlmənt] *sb* Kürzung *f*
curtain ['kɜːtn] *sb* Vorhang *m,* Gardine *f; Now it's ~s!* Jetzt ist der Ofen aus!
curtsy ['kɜːtsɪ] *sb* Knicks *m*
curvaceous [kɜː'veɪʃəs] *adj* kurvenreich
curvature ['kɜːvətʃə] *sb* Krümmung *f*
curve [kɜːv] *sb 1.* Kurve *f; her ~s (fam)* ihre Kurven; *2. (of a river)* Biegung *f; 3. (of an archway)* Bogen *m; 4. (curvature)* Krümmung *f; v 5. (road)* einen Bogen machen
curved [kɜːvd] *adj* krumm, gebogen
cushion ['kʊʃən] *sb 1.* Kissen *n,* Polster *n; v 2. (a fall, an impact)* dämpfen
cushy ['kʊʃɪ] *adj (job)* gemütlich
cuss word [kʌs wɜːd] *sb* Schimpfwort *n*
custard ['kʌstəd] *sb GAST* Pudding *m*
custodian [kʌs'təʊdɪən] *sb 1.* Aufseher *m,* Wächter *m; 2. (fig: of an ideal)* Hüter *m*
custody ['kʌstədɪ] *sb 1. (keeping)* Obhut *f; 2. JUR* Sorgerecht *n; 3. (police detention)* Gewahrsam *m; take into ~* in Gewahrsam nehmen; *protective ~* Schutzhaft *f*
custom ['kʌstəm] *adj 1.* maßgefertigt, spezialgefertigt; *sb 2. (convention)* Sitte *f,* Brauch *m; 3. (habit)* Gewohnheit *f,* Gepflogenheit *f*
customarily ['kʌstəmərɪlɪ] *adv* üblicherweise, herkömmlicherweise
customary ['kʌstəmərɪ] *adj* üblich, gebräuchlich, herkömmlich
customer ['kʌstəmə] *sb 1.* Kunde/Kundin *m/f; 2. (fam: fellow)* Kunde *m*
customs ['kʌstəmz] *pl* Zoll *m*

cut [kʌt] *v irr 1.* schneiden; *~ one's nails* sich die Nägel schneiden; *~ to pieces* zerstückeln; *It ~s both ways.* Das ist ein zweischneidiges Schwert. Das trifft auch umgekehrt zu. *2. (glass, gems) TECH* schleifen; *3. (the grass)* mähen; *4. (~ into)* anschneiden; *5. (carve)* schnitzen; *6. (reduce)* herabsetzen, vermindern, verkürzen; *7. ~ s.o. short* jdn unterbrechen, jdm über den Mund fahren; *8. ~ class (fig)* schwänzen; *sb 9.* Schnitt *m; 10. (of meat)* Stück *n; 11. MED* Schnittwunde *f; 12. (reduction)* Kürzung *f,* Verringerung *f,* Einschränkung *f; 13. (share)* Anteil *m,* Teil *m*

• **cut across** *v irr ~ sth* quer durch etw gehen
• **cut back** *v irr (reduce)* kürzen
• **cut down** *v irr 1. (reduce expenditures)* sich einschränken; *2. (a tree)* fällen
• **cut in** *v irr 1. (interrupt)* sich einschalten; *2. (at a dance)* abklatschen *(fam)*
• **cut off** *v irr* abschneiden, abschlagen
• **cut open** *v irr* aufschneiden
• **cut out** *v irr 1. (remove by cutting)* ausschneiden; *to be ~ for sth* für etw wie geschaffen sein, das Zeug zu etw haben; *2. (stop doing)* aufhören mit
cutback ['kʌtbæk] *sb* Verringerung *f*
cute [kjuːt] *adj (sweet)* süß, niedlich
cutlery ['kʌtlərɪ] *sb (flatware)* Essbesteck *n*
cutlet ['kʌtlɪt] *sb GAST* Schnitzel *n*
cutter ['kʌtə] *sb 1. NAUT* Kutter *m, (US: coastguard ~)* Küstenwachboot *n; 2. TECH* Schneidewerkzeug *n*
cutting ['kʌtɪŋ] *adj 1. (fig: remark)* scharf, spitz, schneidend; *sb 2. (UK: out of a newspaper)* Ausschnitt *m*
cuttlefish ['kʌtlfɪʃ] *sb ZOOL* Tintenfisch *m*
cycle ['saɪkl] *sb 1.* Zyklus *m,* Kreislauf *m; 2. (bicycle)* Rad *n; 3. (fam: motorbike)* Maschine *f (fam); v 4. (ride a bicycle)* Rad fahren
cylinder ['sɪlɪndə] *sb 1.* Zylinder *m; 2. (of a revolver)* Walze *f*
cymbal ['sɪmbl] *sb MUS* Becken *n*
cynic ['sɪnɪk] *sb* Zyniker *m*
cynical ['sɪnɪkl] *adj* zynisch
cypher *(see "cipher")*
cypress ['saɪprɪs] *sb BOT* Zypresse *f*
cyst [sɪst] *sb MED* Zyste *f*
czar [zɑː] *sb* Zar *m*

D

dab [dæb] *v 1.* tupfen, betupfen; *sb 2. (small amount)* Klecks *m*; *adj 3. to be a ~ hand at sth* in etw besonders tüchtig sein
dabble [dæbl] *v ~ in sth (fig)* sich oberflächlich mit etw befassen
dad [dæd] *sb* Vati *m*, Papa *m*; *his ~* sein Vater
daffodil ['dæfədɪl] *sb BOT* gelbe Narzisse *f*, Osterglocke *f*
daffy ['dæfɪ] *adj* verrückt, bekloppt
daft [dɑːft] *adj* bekloppt, verrückt
dagger ['dægə] *sb* Dolch *m*
daily ['deɪlɪ] *adj 1.* täglich; *sb 2. (newspaper)* Tageszeitung *f*
daintiness ['deɪntɪnɪs] *sb* Zierlichkeit *f*
dainty ['deɪntɪ] *adj* zierlich
dairy ['dɛərɪ] *sb* Molkerei *f*
dairyman ['dɛərɪmən] *sb 1. (employee in a dairy)* Melker *m*; *2.* Milchmann *m*
dais ['deɪɪs] *sb* Podium *n*, Estrade *f*
daisy ['deɪzɪ] *sb BOT* Gänseblümchen *n*; *to be pushing up the daisies (fam)* sich die Radieschen von unten betrachten
dale [deɪl] *sb* Tal *n*
dalliance ['dælɪəns] *sb* Tändelei *f*
dally ['dælɪ] *v (waste time)* trödeln, Zeit vertändeln
dam [dæm] *sb 1.* Damm *m*; *2. ~ up v* eindämmen, dämmen
damage ['dæmɪdʒ] *v 1.* schaden, beschädigen, schädigen; *sb 2.* Schaden *m*, Beschädigung *f; 3. ~s pl (compensation for ~s)* Schadenersatz *m*
damask ['dæməsk] *sb 1. (fabric)* Damast *m*; *2. (steel)* Damaszener Stahl *m*
dame [deɪm] *sb (US) (fam)* Weib *n*
damn [dæm] *v 1. REL* verdammen; *2. (condemn)* verurteilen; *interj 3.* verdammt
damnable ['dæmnəbl] *adj* verdammungswürdig
damnation [dæm'neɪʃən] *sb* Verdammung *f*; *Damnation!* Verdammt!
damnatory ['dæmnətərɪ] *adj* verurteilend, verdammend
damned [dæmd] *adj* verdammt
damnedest ['dæmdɪst] *adj (fam) It was the ~ thing.* Es war nicht zu fassen.
damp [dæmp] *adj* feucht
dampen ['dæmpən] *v 1.* anfeuchten, befeuchten; *2. TECH* dämpfen
damper ['dæmpə] *sb* Dämpfer *m*
damping ['dæmpɪŋ] *sb* Dämpfung *f*
damp-proof ['dæmppruːf] *adj* feuchtigkeitsresistent
damsel ['dæmzl] *sb* junges Mädchen *n*, Maid *f*
dance [dɑːns] *v 1.* tanzen; *sb 2.* Tanz *m*
dandelion ['dændɪlaɪən] *sb BOT* Löwenzahn *m*
dander ['dændə] *sb* Ärger *m*, Zorn *m*
dandruff ['dændrəf] *sb* Schuppen *pl*
danger ['deɪndʒə] *sb* Gefahr *f*
dangerous ['deɪndʒərəs] *adj* gefährlich
dangle ['dæŋgl] *v 1.* baumeln, herabhängen; *2. (sth)* schlenkern, baumeln lassen
dank [dæŋk] *adj* feucht, nasskalt
Danube ['dænjuːb] *sb GEO* Donau *f*
dap [dæp] *v 1.* eintauchen; *2. (~ sth)* eintauchen lassen
dapper ['dæpə] *adj* adrett
dapple ['dæpl] *v* sprenkeln

dare [dɛə] *v 1.* es wagen, sich trauen, sich getrauen; *I ~ say* ich glaube wohl; *How ~ you!* Was fällt dir ein! *2. ~ s.o. to do sth* jdn herausfordern, etw zu tun

daredevil ['dɛədevl] *sb* Draufgänger *m*
daring ['dɛərɪŋ] *adj 1.* wagemutig, kühn, verwegen; *2. (deed)* gewagt

dark [dɑːk] *adj 1.* dunkel, finster; *2. (gloomy)* düster; *sb 3. to be in the ~ (fig)* im Dunkeln tappen

darken ['dɑːkən] *v 1.* verdunkeln; *2. (face)* sich verfinstern
darkness ['dɑːknɪs] *sb* Dunkelheit *f*
darkroom ['dɑːkruːm] *sb FOTO* Dunkelkammer *f*
darling ['dɑːlɪŋ] *sb 1. (form of address)* Liebling *m*, Schatz *m*, Schätzchen *n*; *adj 2. (cute)* goldig
darn[1] [dɑːn] *interj (fam)* verflixt
darn[2] [dɑːn] *v ~ socks* Strümpfe stopfen
darning ['dɑːnɪŋ] *sb* Stopfen *n*
dart [dɑːt] *v 1.* flitzen, sausen; *sb 2.* Pfeil *m*, Wurfpfeil *m*
dash [dæʃ] *v 1. (rush)* sausen, stürzen; *~ off a letter* schnell einen Brief schreiben; *2. (throw violently)* schleudern; *~ to pieces* zerschmettern; *~ s.o.'s hopes* jdn enttäuschen, jds Hoffnungen zerschlagen; *Dash it all! (fam)*

D

Verflucht! Verflixt! *sb 3. (punctuation)* Gedankenstrich *m*; *(in Morse code)* Strich *m*
dashing ['dæʃɪŋ] *adj* flott, schneidig
dastardly ['dɑːstədlɪ] *adj* tückisch
data ['deɪtə] *pl* Daten *pl*, Angaben *pl*
data bank ['deɪtəbæŋk] *sb* Datenbank *f*
database ['deɪtəbeɪs] *sb* Datenbank *f*
datable ['deɪtəbl] *adj* datierbar
data carrier ['deɪtə 'kærɪə] *sb* Datenträger *m*
data entry ['deɪtə 'entrɪ] *sb INFORM* Datenerfassung *f*
data processing ['deɪtə 'prəʊsesɪŋ] *sb INFORM* Datenverarbeitung *f*

date[1] [deɪt] *sb 1.* Datum *n*; *to ~* bis heute; *to be up to ~* auf dem neuesten Stand sein; *to be out of ~* veraltet sein; *~ of birth* Geburtsdatum *n*; *international ~ line* Datumsgrenze *f*; *2. (appointment)* Termin *m*; *3. (with girlfriend/boyfriend)* Verabredung *f*, Rendezvous *n*; *(person)* Verabredungspartner/Verabredungspartnerin *m/f*; *v 4.* datieren; *5. (take out on a ~)* ausgehen mit; *(regularly)* gehen mit

date[2] [deɪt] *sb BOT* Dattel *f*
dated ['deɪtɪd] *adj* überholt, altmodisch
dateless ['deɪtlɪs] *adj 1. (undated)* undatiert; *2. (of permanent interest)* zeitlos
daub ['dɔːb] *v 1. (paint)* schmieren, streichen; *2. (a surface)* beschmieren
daubery ['dɔːbərɪ] *sb* Stümperei *f*

daughter ['dɔːtə] *sb* Tochter *f*

daughter-in-law ['dɔːtərɪnlɔː] *sb* Schwiegertochter *f*
daunt [dɔːnt] *v* einschüchtern, entmutigen
daunting ['dɔːntɪŋ] *adj* entmutigend
dauntless ['dɔːntlɪs] *adj* unerschrocken
dawn [dɔːn] *sb 1.* Morgendämmerung *f*, Tagesanbruch *m*, Morgengrauen *n*; *v 2.* dämmern, tagen, anbrechen; *~ on s.o.* jdm dämmern, jdm klar werden

day [deɪ] *sb* Tag *m*; *these ~s* heutzutage; one *of these ~s* irgendwann; *call it a ~* für heute Schluss machen, Feierabend machen; *save the ~* die Lage retten; *the other ~* neulich; *in those ~s* damals; *all ~ (long)* den ganzen Tag; *~ of the week* Wochentag *m*

daybreak ['deɪbreɪk] *sb* Tagesanbruch *m*
daycentre ['deɪsentə] *sb* Tagesstätte *f*
daydream ['deɪdriːm] *sb* Wachtraum *m*, Träumerei *f*
daylight ['deɪlaɪt] *sb* Tageslicht *n; scare the living ~s out of s.o.* jdn zu Tode erschrecken
daylong ['deɪlɔŋ] *adj* ganztägig, den ganzen Tag
day return ['deɪrɪtɜːn] *sb (UK)* Tagesrückfahrkarte *f*
daytime ['deɪtaɪm] *sb in the ~* tagsüber, bei Tage
day-to-day [deɪ tuː deɪ] *adj 1. (daily)* täglich, alltäglich; *2. (not thinking far ahead)* von einem Tag auf den anderen
day trip ['deɪtrɪp] *sb* Tagesausflug *m*
daze [deɪz] *v* betäuben, verwirren, lähmen
dazed [deɪzd] *adj* benommen
dazzle ['dæzl] *v 1.* blenden; *2. (fig)* blenden, verwirren
dazzling ['dæzlɪŋ] *adj* blendend, glänzend
deacon ['diːkən] *sb REL* Diakon *m*
deactivate [diː'æktɪveɪt] *v* außer Betrieb setzen, ausschalten

dead [ded] *adj 1.* tot; *~ and buried (fig)* aus und vorbei, tot und begraben; *to be ~ on one's feet* sich kaum noch auf den Beinen halten können, todmüde sein; *to be ~ to the world* tief und fest schlafen; *over my ~ body* nur über meine Leiche; *2. (plant, limbs)* abgestorben; *adv 3. (absolutely) ~ tired* todmüde; *~ centre* genau in der Mitte; *~ drunk* total betrunken; *~ certain, ~ sure* todsicher; *~ serious* todernst; *4. stop ~* plötzlich stehen bleiben; *to be ~ set on sth* total wild auf etw sein; *5. cut s.o. ~* jdn links liegen lassen; *sb 6. the ~ of winter* der tiefste Winter; *in the ~ of night* mitten in der Nacht

deadbeat ['dedbiːt] *sb (fam: loafer)* Gammler *m*
deaden ['dedn] *v 1. (sound)* dämpfen; *2. (feeling)* abstumpfen; *3. (pain)* mildern
dead end [ded'end] *sb* Sackgasse *f*
deadhead ['dedhed] *sb 1. (owner of a free ticket)* Freikarteninhaber *m; 2.* Schwarzfahrer *m*, blinder Passagier *m*
dead letter [ded 'letə] *sb* unzustellbarer Brief *m*
deadline ['dedlaɪn] *sb* letzter Termin *m*
deadlock ['dedlɒk] *sb* toter Punkt *m*
deadly ['dedlɪ] *adj* tödlich, mörderisch
deadpan ['dedpæn] *adj 1.* mit ausdruckslosem Gesicht; *2. (humour)* trocken
dead weight [ded weɪt] *sb* Totgewicht *n*, Eigengewicht *n*
dead-wood [ded wʊd] *sb (fig)* etw Nutzloses, Ballast *m*

deaf [def] *adj* taub; *fall on ~ ears* kein Gehör finden; *~ and dumb* taubstumm; *turn a ~ ear to sth* sich etw gegenüber taub stellen
deafen ['defn] *v 1. (person)* taub machen, betäuben; *2. (floor, wall)* schalldicht machen
deafening ['defnɪŋ] *adj* ohrenbetäubend
deaf-mute ['defmjuːt] *sb MED* Taubstumme(r) *m/f*
deafness ['defnɪs] *sb MED* Taubheit *f*
deal [diːl] *sb 1.* Geschäft *n*, Handel *m*, Abkommen *n*; *make a ~ with s.o.* mit jdm ein Geschäft machen; *It's a ~!* Abgemacht! *Big ~! (US)* Na und? *no big ~ (US)* keine große Sache; *2. a good ~ (a lot)* eine Menge, ziemlich viel; *v irr 3. (cards)* geben; *4. ~ in sth* mit etw handeln
• **deal with** *v irr 1. (to be concerned with, to be about)* handeln von; *2. (work on)* sich befassen mit, sich kümmern um, in Angriff nehmen; *3. (successfully handle)* erledigen, fertigwerden mit; *4. (do business with)* verhandeln mit, Geschäfte machen mit
dealer ['diːlə] *sb 1.* Händler *m*; *2. (wholesaler) ECO* Großhändler *m*; *3. (of narcotics)* Dealer *m*
dealership ['diːləʃɪp] *sb* Händlerbetrieb *m*
dealing ['diːlɪŋz] *sb ~s pl* Umgang *m*; *have ~s with s.o.* mit jdm zu tun haben
dean [diːn] *sb* Dekan *m*
dear [dɪə] *adj 1. (loved)* lieb, teuer; *2. (lovable)* lieb, süß; *3. ~ me, oh ~* du liebe Zeit, meine Güte, ach je; *4. (in a letter) Dear ...* liebe(r) ..., *(formal)* sehr geehrte(r) ... *sb 5.* Schatz *m*, Liebling *m*; *There's a ~!* Sei so lieb!
dearly ['dɪəlɪ] *adv 1. love s.o. ~* jdn innig lieben; *2. cost s.o. ~* jdn teuer zu stehen kommen
dearth [dɜːθ] *sb* Mangel *m*
death [deθ] *sb* Tod *m*; *He will be the ~ of me. (he annoys me)* Er bringt mich noch ins Grab. *(he's funny)* Er ist einfach zum Totlachen. *put s.o. to ~* jdn hinrichten
deathbed ['deθbed] *sb* Sterbebett *n*
death bell [deθ bel] *sb* Totenglocke *f*
death camp [deθ kæmp] *sb* Vernichtungslager *n*
death cell [deθ sel] *sb* Todeszelle *f*
deathly ['deθlɪ] *adj* tödlich
death penalty ['deθpenəltɪ] *sb JUR* Todesstrafe *f*
debacle [de'bɑːkl] *sb* Debakel *n*
debase [dɪ'beɪs] *v 1. (a person)* demütigen, erniedrigen; *2. (reduce in value)* mindern, herabsetzen, verschlechtern
debatable [dɪ'beɪtəbl] *adj* fraglich
debate [dɪ'beɪt] *sb 1.* Debatte *f*, Diskussion *f*, Erörterung *f*; *v 2.* debattieren, diskutieren
debauch [dɪ'bɔːtʃ] *v* verderben
debauchery [dɪ'bɔːtʃərɪ] *sb* Ausschweifung *f*
debenture [dɪ'bentʃə] *sb ECO* Schuldschein *m*
debilitate [dɪ'bɪlɪteɪt] *v* schwächen
debit ['debɪt] *v 1. FIN* debitieren, belasten; *sb 2. FIN* Soll *n*, Belastung *f*
debouch [dɪ'baʊtʃ] *v* münden, sich ergießen
debris ['debriː] *sb* Trümmer *pl*, Schutt *m*
debt [det] *sb* Schuld *f*; *to be in ~* verschuldet sein; *to be in s.o.'s ~ (fig)* in jds Schuld stehen; *repay a ~* eine Schuld begleichen
debtor ['detə] *sb* Schuldner *m*
debug [diː'bʌg] *v INFORM* von Fehlern befreien
debut ['deɪbjuː] *sb* Debüt *n*
debutante ['debjuːtɑːnt] *sb* Debütantin *f*
decade ['dekeɪd] *sb (ten years)* Jahrzehnt *n*, Dekade *f*
decadence ['dekədəns] *sb* Dekadenz *f*
decadent ['dekədənt] *adj* dekadent
decaffeinated [dɪ'kæfɪneɪtɪd] *adj* koffeinfrei, entkoffeiniert
decant [dɪ'kænt] *v* dekantieren, abgießen, umfüllen
decanter [dɪ'kæntə] *sb* Karaffe *f*
decapitate [dɪ'kæpɪteɪt] *v* enthaupten
decay [dɪ'keɪ] *v 1.* verfallen, zerfallen; *(flesh)* verwesen; *2. (tooth)* schlecht werden, faulen, kariös werden; *3. (food)* verderben, schlecht werden; *4. PHYS* zerfallen; *5. (fig)* verfallen, zerfallen, untergehen; *sb 6.* Verfall *m*, Zerfall *m*
decease [dɪ'siːs] *v JUR* sterben
deceased [dɪ'siːst] *adj 1.* verstorben; *2. the ~ (one person)* der/die Verstorbene *m/f*, *(more than one person)* die Verstorbenen *pl*
deceit [dɪ'siːt] *sb* Betrug *m*, Täuschung *f*
deceitful [dɪ'siːtfʊl] *adj* betrügerisch, falsch, hinterlistig
deceive [dɪ'siːv] *v* täuschen, trügen
decelerate [diː'seləreɪt] *v* verlangsamen
deceleration [diːselə'reɪʃən] *sb* Verlangsamung *f*
December [dɪ'sembə] *sb* Dezember *m*
decency ['diːsənsɪ] *sb* Anstand *m*
decennial [dɪ'senɪəl] *adj 1. (ten years old)* zehnjährig; *2. (every ten years)* im Abstand von zehn Jahren, alle zehn Jahre

decent ['di:sənt] *adj* anständig
decentralization [di:sentrəlaɪ'zeɪʃn] *sb* Dezentralisierung *f*
decentralize [di:'sentrəlaɪz] *v* dezentralisieren
deception [dɪ'sepʃən] *sb* Täuschung *f*
deceptive [dɪ'septɪv] *adj* täuschend, trügerisch, irreführend
decibel ['desɪbel] *sb* Dezibel *n*
decidable [dɪ'saɪdəbl] *adj* entscheidbar
decided [dɪ'saɪdɪd] *adj (clear)* entschieden, deutlich
decidedly [dɪ'saɪdɪdlɪ] *adv* entschieden
decimal ['desɪməl] *sb* Dezimalzahl *f*
decimate ['desɪmeɪt] *v* dezimieren
decimation [desɪ'meɪʃən] *sb* Dezimierung *f*
decimetre ['desɪmi:tə] *sb* Dezimeter *m/n*
decipher [dɪ'saɪfə] *v 1.* entziffern; *2. (fig)* enträtseln, entziffern
decision [dɪ'sɪʒən] *sb* Entscheidung *f*, Entschluss *m*, Beschluss *m*
decision-making [dɪ'sɪʒənmeɪkɪŋ] *sb* Entscheidungsfindung *f*
decisive [dɪ'saɪsɪv] *adj 1. (factor, moment)* entscheidend, ausschlaggebend; *2. (person)* entschlossen, entschieden
decisiveness [dɪ'saɪsɪvnɪs] *sb 1. (of a moment, of an event)* entscheidende Bedeutung *f*; *2. (of a person, of an action)* Bestimmtheit *f*, Entschlossenheit *f*
deck [dek] *sb 1.* Deck *n*; *v 2. ~ out* ausschmücken, schmücken
declarable [dɪ'klɛərəbl] *adj* zu verzollen
declaration [deklə'reɪʃən] *sb* Erklärung *f*
declaratory [dɪ'klærətərɪ] *adj* erklärend
declare [dɪ'klɛə] *v 1.* erklären; *~ war on s.o.* jdm den Krieg erklären; *2. (to customs)* verzollen
declass [di:'klɑ:s] *v* degradieren
declassify [di:'klæsɪfaɪ] *v* freigeben
decline [dɪ'klaɪn] *v 1.* abnehmen; *2. (health)* sich verschlechtern; *3. (significance)* geringer werden; *4. (business, prices)* zurückgehen; *5. (not accept)* ablehnen; *6. GRAMM* deklinieren; *sb 7.* Niedergang *m*, Untergang *m*, Rückgang *m*
decode [dɪ'kəʊd] *v* dekodieren, entschlüsseln, dechiffrieren
décolletage [deɪ'kɒltɑ:ʒ] *sb* Dekolletee *n*
deconstruct [di:kən'strʌkt] *v PHIL* dekonstruieren, sprachlich von Grund auf analysieren
decontaminate [di:kən'tæmɪneɪt] *v* entgiften, dekontaminieren, entseuchen
decontamination [di:kəntæmɪ'neɪʃən] *sb* Entgiftung *f*, Entseuchung *f*
decontrol [di:kən'trəʊl] *v* freigeben
decor ['deɪkɔ:] *sb* Dekor *n*
decorate ['dekəreɪt] *v 1.* schmücken, ausschmücken; *2. (a cake)* verzieren; *3. (an apartment)* einrichten, ausstatten; *4. MIL* dekorieren, auszeichnen
decoration [dekə'reɪʃən] *sb 1.* Schmuck *m*, Dekoration *f*, Verzierung *f*; *2. (act of decorating)* Ausschmückung *f*, Verzierung *f*; *3. MIL* Orden *m*, Dekoration *f*, Auszeichnung *f*
decorator ['dekəreɪtə] *sb (UK: painter)* Maler *m*
decorous ['dekərəs] *adj* schicklich, wohlanständig
decoy ['di:kɔɪ] *sb 1.* Köder *m*; *2. (person)* Lockvogel *m*
decrease [di:'kri:s] *v 1.* abnehmen, sich vermindern, nachlassen; *2. (sth)* verringern, vermindern, reduzieren; ['di:kri:s] *sb 3.* Abnahme *f*, Verminderung *f*, Rückgang *m*
decree [dɪ'kri:] *v 1.* verfügen, verordnen; *sb 2.* Verordnung *f*, Verfügung *f*; *3. (by a king)* Erlass *m*; *4. REL* Dekret *n*; *5. JUR* Urteil *n*
decrepit [dɪ'krepɪt] *adj 1.* altersschwach, klapperig; *2. (building)* baufällig
decry [dɪ'kraɪ] *v* schlecht machen
dedicate ['dedɪkeɪt] *v* weihen, widmen
dedicated ['dedɪkeɪtɪd] *adj (person)* engagiert
dedication [dedɪ'keɪʃən] *sb 1. (quality)* Hingabe *f*; *2. (act)* Einweihung *f*; *3. (in a book)* Widmung *f*
deduce [dɪ'dju:s] *v* folgern, schließen
deduct [dɪ'dʌkt] *v* abziehen, absetzen
deduction [dɪ'dʌkʃən] *sb 1. (conclusion)* Schlussfolgerung *f*; *2. (act of deducing)* Folgern *n*; *3. (from a price)* Nachlass *m*; *4. (from one's wage) ECO* Abzug *m*; *5. (act of deducting)* Abzug *m*, Abziehen *n*
deductive [dɪ'dʌktɪv] *adj* deduktiv, schließend, folgernd
deed [di:d] *sb 1. (action)* Tat *f*, Handlung *f*; *2. (document)* Urkunde *f*
deem [di:m] *v* erachten; *~ s.o. to be sth* jdn für etw erachten, jdn für etw halten

deep [di:p] *adj 1.* tief; *~ in debt* tief verschuldet; *go off the ~ end (fam)* auf die Palme gehen; *~ in thought* in Gedanken vertieft; *~ sleep* tiefer Schlaf, fester Schlaf; *~ space* der äußere Weltraum *m*; *2. (profound)* tiefsinnig

deepen ['diːpən] *v 1.* sich vertiefen, tiefer werden; *2. (sth)* vertiefen
deeply ['diːplɪ] *adv* tief; *drink ~* unmäßig trinken; *~ interested* höchst interessiert
deepness ['diːpnes] *sb* Tiefe *f*, Breite *f*
deep-seated ['diːpsiːtɪd] *adj* eingefleischt
deer [dɪə] *sb ZOOL* Hirsch *m*; *(roe ~)* Reh *n*
deface [dɪ'feɪs] *v* verunstalten
defamation [defə'meɪʃən] *sb* Verleumdung *f*; *~ of character* Rufmord *m*
defamatory [dɪ'fæmətərɪ] adj verleumderisch
defame [dɪ'feɪm] *v* verleumden
default [dɪ'fɔːlt] *sb 1.* Versäumnis *n*, Nichterfüllung *f*; *(failure to pay)* Nichtzahlung *f*; *v 2. ~ on a debt* seine Schuld nicht bezahlen
defeat [dɪ'fiːt] *v 1.* besiegen, schlagen; *(a proposal)* ablehnen; *sb 2. (loss)* Niederlage *f*; *(~ of a bill)* Ablehnung *f*; *3. (of hopes, of plans)* Vereitelung *f*
defecate ['defɪkeɪt] *v* Stuhlgang haben
defect ['diːfekt] *sb* Fehler *m*, Defekt *m*, Mangel *m*; *character ~* Charakterfehler *m*
defection [dɪ'fekʃən] *sb POL* Übertritt *m*, Überlaufen *n*
defective [dɪ'fektɪv] *adj 1.* fehlerhaft, mangelhaft; *2. (machine)* fehlerhaft, schadhaft, defekt
defector [dɪ'fektə] *sb POL* Überläufer *m*
defence [dɪ'fens] *sb* Verteidigung *f*, Schutz *m*, Abwehr *f*
defend [dɪ'fend] *v* verteidigen, schützen; *~ against* verteidigen gegen, schützen vor
defendant [dɪ'fendənt] *sb JUR (in a criminal case)* Angeklagte(r) *m/f*, *(in a civil case)* Beklagte(r) *m/f*
defender [dɪ'fendə] *sb* Verteidiger *m*
defense [dɪ'fens] *sb (US) (see "defence")*
defensible [dɪ'fensɪbl] *adj* vertretbar, zu rechtfertigen
defensive [dɪ'fensɪv] *adj 1.* defensiv; *sb 2.* Defensive *f*, Abwehraktion *f*
defer [dɪ'fɜː] *v 1. (delay)* aufschieben, verschieben; *2. ~ to (submit to)* sich fügen
deference ['defərəns] *sb* Achtung *f*
deferential [defə'renʃəl] *adj* respektvoll
deferment [dɪ'fɜːmənt] *sb* Verschiebung *f*
defiance [dɪ'faɪəns] *sb* Trotz *m*
defiant [dɪ'faɪənt] *adj 1. (rebellious)* trotzig; *2. (provoking)* herausfordernd
deficiency [dɪ'fɪʃənsɪ] *sb 1. (shortage)* Mangel *m*, Fehlen *n*; *2. FIN* Defizit *n*, Fehlbetrag *m*, Ausfall *m*; *3. (defect)* Mangelhaftigkeit *f*, Schwäche *f*
deficient [dɪ'fɪʃənt] *adj* mangelhaft
deficit ['defɪsɪt] *sb* Defizit *n*, Fehlbetrag *m*
defier [dɪ'faɪə] *sb* Herausforderer *m*
defile [dɪ'faɪl] *v 1. (desecrate)* schänden, entweihen; *2. (sully)* verunreinigen
defilement ['diːfaɪlmənt] *sb 1. (desecration)* Besudelung *f*, Schändung *f*; *2. (pollution)* Verunreinigung *f*
define [dɪ'faɪn] *v 1. (a word)* definieren; *2. (explain)* erklären; *3. (show in outline)* betonen; *4. (set)* definieren, bestimmen, festlegen
definite ['defɪnɪt] *adj 1.* bestimmt, klar, deutlich; *2. (concrete)* definitiv, endgültig
definitely ['defɪnɪtlɪ] *adv* bestimmt
definition [defɪ'nɪʃən] *sb 1. (of a word)* Definition *f*; *2. (of a picture)* Bildschärfe *f*; *3. (setting, fixing)* Bestimmung *f*
definitive [dɪ'fɪnɪtɪv] *adj 1.* definitiv, endgültig; *2. (book)* maßgeblich
deflagrate ['defləgreɪt] *v* heftig verbrennen
deflate [diː'fleɪt] *v (sth)* Luft herauslassen
deflation [dɪː'fleɪʃən] *sb* Luftablassen *n*
deflect [dɪ'flekt] *v* ablenken, abfälschen
deflection [dɪ'flekʃən] *sb* Ablenkung *f*
deflower [diː'flaʊə] *v* entjungfern
defoliate [diː'fəʊlɪeɪt] *v* entlauben
deform [dɪ'fɔːm] *v* deformieren, verunstalten, verformen
deformation [diːfɔː'meɪʃən] *sb* Deformation *f*, Verunstaltung *f*, Verformung *f*
deformed [dɪ'fɔːmd] *adj* verunstaltet
deformity [dɪ'fɔːmɪtɪ] *sb* Deformität *f*, Verunstaltung *f*, Missgestalt *f*
defraud [dɪ'frɔːd] *v* betrügen; *~ the revenue (UK)* Steuern hinterziehen
defray [dɪ'freɪ] *v (costs)* tragen, bestreiten
defrayal [dɪ'freɪəl] *sb* Übernahme (von Kosten, von Pflichten) *f*
defrost [diː'frɒst] *v 1. (food)* auftauen; *2. (refrigerator)* abtauen
deft [deft] *adj* gewandt, geschickt, flink
deftness ['deftnes] *sb* Geschicklichkeit *f*
defunct [dɪ'fʌŋkt] *adj* nicht mehr existierend
defuse [dɪ'fjuːz] *v* entschärfen
defy [dɪ'faɪ] *v 1.* trotzen; *~ s.o.* jdm trotzen; *2. (make impossible)* widerstehen, Schwierigkeiten machen; *~ description* jeder Beschreibung spotten; *3. (challenge)* herausfordern
degas [diː'gæs] *v* entgasen
degenerate [dɪ'dʒenəreɪt] *v 1.* degenerieren, entarten, ausarten; [dɪ'dʒenərɪt] *sb 2.* degenerierter Mensch *m*

D

degeneration [dɪdʒenə'reɪʃən] *sb* Degeneration *f*, Entartung *f*
degradable [dɪ'greɪdəbl] *adj* abbaubar
degradation [degrə'deɪʃən] *sb 1.* Erniedrigung *f*, Degradierung *f*; *2. CHEM* Abbau *m*
degrade [dɪ'greɪd] *v* erniedrigen
degrease [diː'griːs] *v* entfetten
degree [dɪ'griː] *sb 1. (unit of measurement)* Grad *m*; *2. (step)* Grad *m*; *by ~s* allmählich; *3. (extent)* Maß *n*; *to some ~* einigermaßen; *4. (academic)* akademischer Grad *m*; *get one's ~* seinen akademischen Grad erhalten; *5. give s.o. the third ~ (fam)* jdn ausquetschen
degust [dɪ'gʌst] *v* kosten, probieren
dehydrate [diː'haɪdreɪt] *v* Wasser entziehen, trocknen
deify ['diːɪfaɪ] *v* vergöttern
deign [deɪn] *v ~ to do sth* sich herablassen, etw zu tun, geruhen, etw zu tun
deity ['diːɪtɪ] *sb REL* Gottheit *f*
deject [dɪ'dʒekt] *v* deprimieren
dejection [dɪ'dʒekʃən] *sb* Niedergeschlagenheit *f*, Trübsinn *m*
delay [dɪ'leɪ] *v 1. (linger, move slowly)* zögern, sich aufhalten; *2. (sth, s.o.) (hold up)* aufhalten, hinhalten; *3. (postpone)* verschieben, aufschieben, hinausschieben; *4. to be ~ed* aufgehalten werden; *sb 5.* Verspätung *f*, Verzögerung *f*, Aufschub *m*
delectable [dɪ'lektəbl] *adj* köstlich
delectation [diːlek'teɪʃən] *sb* Hochgenuss *m*
delegate ['delɪgeɪt] *v 1. (a task)* delegieren, übertragen; *2. (a person)* abordnen, bevollmächtigen; *3.* ['delɪgɪt] *sb POL* Delegierte(r) *m/f*, Bevollmächtigte(r) Vertreter *m*
delete [dɪ'liːt] *v 1.* streichen, ausstreichen, ausradieren; *2. INFORM* löschen
deliberate [dɪ'lɪbəreɪt] *v 1. (ponder)* überlegen, erwägen; [dɪ'lɪbərɪt] *adj 2. (intentional)* absichtlich, bewusst; *3. (cautious)* bedächtig, besonnen; *4. (slow)* bedächtig, gemächlich, langsam
deliberately [dɪ'lɪbərɪtlɪ] *adv* absichtlich, bewusst, mit Vorbedacht
deliberation [dɪlɪbə'reɪʃən] *sb (consideration)* Überlegung *f*
delicacy ['delɪkəsɪ] *sb 1. (delicateness)* Zartheit *f*, Empfindlichkeit *f*; *2. (of a situation)* das Heikle *n*; *3. GAST* Delikatesse *f*
delicate ['delɪkɪt] *adj 1.* zart, zerbrechlich, fein; *~ adjustment* Feineinstellung *f*; *2. (requiring skilful handling)* heikel, delikat; *3. (food)* delikat
delicious [dɪ'lɪʃəs] *adj* köstlich, lecker; *(delightful)* herrlich
delight [dɪ'laɪt] *v 1. ~ in* sich erfreuen an, große Freude haben an; *2. (s.o.)* erfreuen, entzücken; *sb 3.* Vergnügen *n*, Freude *f*, Entzücken *n*
delightful [dɪ'laɪtfʊl] *adj* entzückend, reizend, herrlich
delineate [dɪ'lɪnɪeɪt] *v* schildern, beschreiben, darstellen
delineation [dɪlɪnɪ'eɪʃən] *sb* Schilderung *f*, Beschreibung *f*, Darstellung *f*
delinquency [dɪ'lɪŋkwənsɪ] *sb* Kriminalität *f*
deliquesce [delɪ'kwes] *v* sich verflüssigen
delirious [dɪ'lɪrɪəs] *adj 1.* rasend, wahnsinnig; *2. MED* im Delirium

deliver [dɪ'lɪvə] *v 1.* liefern, zustellen, überbringen; *2. (by car)* ausfahren; *3. (on foot)* austragen; *4. (a message)* überbringen; *5. (~ the post each day)* zustellen; *6. (~ up: hand over)* aushändigen, übergeben, überliefern; *7. MED (child)* zur Welt bringen; *(mother)* entbinden; *8. (rescue)* befreien, retten; *9. (utter) (a speech)* halten; *10. (a verdict)* aussprechen; *11. (an ultimatum)* stellen; *12. (a blow)* versetzen

deliverance [dɪ'lɪvərəns] *sb* Befreiung *f*, Erlösung *f*, Rettung *f*
delivery [dɪ'lɪvərɪ] *sb 1.* Lieferung *f*, Auslieferung *f*, *(of the post)* Zustellung *f*; *2. (of a speech)* Vortragsweise *f*; *3. MED* Entbindung *f*; *4. (of a blow)* Landung *f*
delivery room [dɪ'lɪvərɪ ruːm] *sb MED* Kreißsaal *m*, Entbindungssaal *m*
dell [del] *sb* kleines Tal *n*
delude [dɪ'luːd] *v 1.* täuschen, irreführen; *2. ~ o.s.* sich etw vormachen
deluge ['deljuːdʒ] *v 1.* überschwemmen, überfluten; *sb 2.* große Überschwemmung *f*, *(fig)* Flut *f*; *3. the Deluge REL* die Sintflut *f*
delusion [dɪ'luːʒən] *sb 1.* Illusion *f*, Täuschung *f*, Selbsttäuschung *f*; *labour under a ~* sich täuschen; *2. ~s of grandeur pl* Größenwahn *m*
delusive [dɪ'luːsɪv] *adj* irreführend
delusory [dɪ'luːsərɪ] *adj* trügerisch
delve [delv] *v ~ into* sich vertiefen in
demand [dɪ'mɑːnd] *v 1.* verlangen, fordern; *2. (task)* erfordern, verlangen; *sb 3.* Verlangen *n*, Forderung *f*, Anspruch *m*; *4. ECO* Nachfrage *f*, Bedarf *m*; *5. in ~* gefragt, begehrt

demanding [dɪ'mɑːndɪŋ] *adj* anspruchsvoll, anstrengend
demarcate ['diːmɑːkeɪt] *v* abgrenzen
demarcation [diːmɑː'keɪʃən] *sb* Abgrenzung *f*; *~ line* Demarkationslinie *f*
demean [dɪ'miːn] *v ~ o.s.* sich erniedrigen
demeanour [dɪ'miːnə] *sb* Benehmen *n*, Haltung *f*
dement [dɪ'ment] *v* in den Wahnsinn treiben
demerit [diː'merɪt] *sb (~ mark) (US)* Minuspunkt *m*
demigod ['demɪgɒd] *sb* Halbgott *m*
demilitarize [dɪ'mɪlɪtəraɪz] *v POL* entmilitarisieren
demise [dɪ'maɪz] *sb 1.* Ableben *n*, Tod *m*; *2. (of an institution)* Ende *n*
demobilize [diː'məʊbɪlaɪz] *v* demobilisieren
democracy [dɪ'mɒkrəsɪ] *sb POL* Demokratie *f*
democratic [demə'krætɪk] *adj POL* demokratisch
democratize [dɪ'mɒkrətaɪz] *v* demokratisieren
demographic [demə'græfɪk] *adj* demographisch
demolish [dɪ'mɒlɪʃ] *v 1.* abreißen, abbrechen; *2. (fig)* zunichte machen, vernichten
demolition [demə'lɪʃən] *sb* Abbruch *m*
demon ['diːmən] *sb 1.* Dämon *m*; *2. (fig)* Teufelskerl *m*
demonic [dɪ'mɒnɪk] *adj* dämonisch
demonstrable ['demənstrəbl] *adj* beweisbar, nachweislich
demonstrate ['demənstreɪt] *v 1. (show)* zeigen, beweisen; *2. (~ the operation of sth)* vorführen; *3. POL* demonstrieren
demoralize [dɪ'mɒrəlaɪz] *v* demoralisieren, entmutigen
demote [dɪ'məʊt] *v* degradieren
demulcent [dɪ'mʌlsnt] *adj* lindernd, mildernd
demur [dɪ'mɜː] *v* Bedenken äußern, Einwendungen machen
demure [dɪ'mjʊə] *adj 1. (coy)* spröde; *2. (sober)* nüchtern; *3. (sedate)* gesetzt
den [den] *sb 1. (animal's ~)* Höhle *f*, Bau *m*; *2. (room in a house)* Bude *f*, *(study)* Arbeitszimmer *n*; *3. (fig)* Höhle *f*; *~ of iniquity* Lasterhöhle *f*; *~ of thieves* Räuberhöhle *f*
deniable [dɪ'naɪəbl] *adj* abzuleugnen, zu verneinen
denial [dɪ'naɪəl] *sb 1. (of an accusation)* Verneinung *f*, Leugnen *n*; *(official ~)* Dementi *n*; *2. (refusal)* Ablehnung *f*, Verweigerung *f*, Absage *f*; *3. (disowning)* Verleugnung *f*
denigrate ['denɪgreɪt] *v* verunglimpfen
denomination [dɪnɒmɪ'neɪʃən] *sb 1. REL* Konfession *f*; *2. (of money)* Nennwert *m*
denominative [dɪ'nɒmɪnətɪv] *adj* bezeichnend, benennend
denotation [diːnəʊ'teɪʃən] *sb (of a word)* Bedeutung *f*
denote [dɪ'nəʊt] *v* bedeuten
denounce [dɪ'naʊns] *v* anprangern, verurteilen
dense [dens] *adj 1.* dicht; *(fog)* dick; *2. (fam: stupid)* beschränkt, schwer von Begriff
density ['densɪtɪ] *sb* Dichte *f*
dent [dent] *sb 1.* Beule *f*, Delle *f*; *make a ~ in (fig)* ein Loch reißen in; *v 2. (sth)* einbeulen; *(fig: ~ s.o.'s pride)* anknacksen
dentist ['dentɪst] *sb* Zahnarzt *m*
dentures ['dentʃəz] *pl* Gebiss *n*; *(partial ~)* Zahnprothese *f*
denunciate [dɪ'nʌnsɪeɪt] *v* denunzieren
denunciation [dɪnʌnsɪ'eɪʃən] *sb* Anprangerung *f*, Verurteilung *f*
deny [dɪ'naɪ] *v 1. (an accusation)* bestreiten, leugnen; *2. (refuse)* verweigern; *~ o.s. sth* sich etw versagen; *3. (disown)* verleugnen
depart [dɪ'pɑːt] *v 1.* weggehen; *2. (train, bus)* abfahren; *3. (airplane)* abfliegen; *4. (on a trip)* abreisen; *(by car)* wegfahren; *5. ~ from (deviate from)* abweichen von
departed [dɪ'pɑːtɪd] *adj 1. the ~* die Verstorbenen *pl*; *2. the ~ (one person)* der/die Verstorbene *m/f*
department [dɪ'pɑːtmənt] *sb 1.* Abteilung *f*; *2. POL* Ministerium *n*
department store [dɪ'pɑːtmənt stɔː] *sb* Kaufhaus *n*, Warenhaus *n*
departure [dɪ'pɑːtʃə] *sb 1. (person's)* Weggang *m*, *(on a trip)* Abreise *f*; *2. (of a train, of a bus)* Abfahrt *f*; *3. (of an airplane)* Abflug *m*; *4. (fig: from custom)* Abweichen *n*

> **depend** [dɪ'pend] *v 1. ~ on* abhängen von, ankommen auf; *it all ~s* je nachdem, das kommt ganz darauf an; *2. ~ on (rely on)* sich verlassen auf

dependability [dɪpendə'bɪlɪtɪ] *sb* Zuverlässigkeit *f*
dependence [dɪ'pendəns] *sb 1.* Abhängigkeit *f*; *2. (reliance)* Verlass *m*
dependent [dɪ'pendənt] *adj 1.* abhängig; *sb 2.* Abhängiger *m*

D

D

depict [dɪ'pɪkt] *v* darstellen, beschreiben, schildern
depiction [dɪ'pɪkʃən] *sb* Darstellung *f*, Beschreibung *f*, Schilderung *f*
deplete [dɪ'pliːt] *v 1. (reduce)* vermindern; *2. (exhaust)* erschöpfen; *3. MED* entleeren
depletion [dɪ'pliːʃən] *sb 1. (total ~)* Erschöpfung *f*; *2. (reduction)* Verminderung *f*
deplorable [dɪ'plɔːrəbl] *adj* bedauernswert
deplore [dɪ'plɔː] *v* beklagen
deploy [dɪ'plɔɪ] *v 1. MIL* aufmarschieren lassen, aufstellen; *2. (activate)* einsetzen
deployment [dɪ'plɔɪmənt] *sb 1.* Aufstellung *f*; *2. (activation)* Einsatz *m*
deport [dɪ'pɔːt] *v POL* abschieben
deportee [dɪpɔː'tiː] *sb* Deportierte(r) *m/f*
deportment [dɪ'pɔːtmənt] *sb* Benehmen *n*, Verhalten *n*
depose [dɪ'pəʊz] *v 1. (a king, a president)* entthronen, absetzen; *2. (testify)* bezeugen
deposer [dɪ'pəʊzə] *sb* Zeuge/Zeugin *m/f*
deposit [dɪ'pɒzɪt] *v 1.* absetzen, ablegen; *2. (money)* einzahlen; *sb 3. (to a bank account)* Einzahlung *f*; *4. (returnable security)* Kaution *f*; *5. (bottle ~)* Pfand *n*; *6. (down payment)* Anzahlung *f*; *5. GEOL* Ablagerung *f*
deposit account [dɪ'pɒzɪtəkaʊnt] *sb FIN* Sparkonto *n*
depositary [dɪ'pɒzɪtərɪ] *sb* Treuhänder *m*
deposition [depə'zɪʃən] *sb 1. (testimony)* Aussage unter Eid *f*; *2. (of a king)* Entthronung *f*, Absetzung *f*
deprave [dɪ'preɪv] *v* verderben
depravity [dɪ'prævɪtɪ] *sb* Verderbtheit *f*
deprecate ['deprɪkeɪt] *v* missbilligen
depreciable [dɪ'priːʃəbl] *adj* entwertend
depreciate [dɪ'priːʃɪeɪt] *v 1. (fall in value) FIN* an Kaufkraft verlieren; *2. (sth) FIN* mindern
depreciation [dɪpriːʃɪ'eɪʃən] *sb FIN* Kaufkraftverlust *m*
depredation [deprɪ'deɪʃən] *sb* Verwüstung *f*
depress [dɪ'pres] *v 1. (a person)* deprimieren; *2. (press down)* niederdrücken, drücken
depressed [dɪ'prest] *adj 1.* deprimiert, niedergeschlagen; *2. (industry) ECO* Not leidend; *(market)* schleppend
deprivation [deprɪ'veɪʃən] *sb 1. (depriving)* Beraubung *f*, Entzug *m*; *2. (lack)* Mangel *m*
deprive [dɪ'praɪv] *v 1. to be ~d of sth* etw entbehren müssen; *~d persons* unterprivilegierte Personen; *2. ~ s.o. of sth* jdm etw entziehen, jdm etw vorenthalten
deprived [dɪ'praɪvd] *adj* benachteiligt
depth [depθ] *sb 1.* Tiefe *f*; *get out of one's ~ (fig)* ins Schwimmen geraten; *in the ~s of despair* in tiefster Verzweiflung; *2. ~ of field FOTO* Tiefenschärfe *f*
depurative ['depjʊreɪtɪv] *adj* reinigend
deputize ['depjʊtaɪz] *(s.o.)* ernennen, abordnen
deputy ['depjʊtɪ] *adj 1.* stellvertretend, Vize... *sb 2.* Stellvertreter *m*; *(US: ~ sheriff)* Hilfssheriff *m*
derail [dɪ'reɪl] *v* entgleisen lassen; *to be ~ed* entgleisen
derange [dɪ'reɪndʒ] *v* stören, verwirren
deregulate [diː'regjʊleɪt] *v* freigeben
derelict ['derɪlɪkt] *adj 1. (in one's duties)* pflichtvergessen; *2. (abandoned)* verlassen; *sb 3. (homeless person)* Obdachlose *m/f*
dereliction [derɪ'lɪkʃən] *sb* Vernachlässigung *f*, Versäumen *n*
deride [dɪ'raɪd] *v* verspotten, verhöhnen
derisible [dɪ'rɪzɪbl] *adj* lächerlich
derision [dɪ'rɪʒən] *sb* Hohn *m*, Spott *m*
derisive [dɪ'raɪsɪv] *adj* höhnisch, spöttisch
derisory [dɪ'raɪsərɪ] *adj* höhnisch
derivation [derɪ'veɪʃən] *sb* Ableitung *f*, Abstammung *f*
derive [dɪ'raɪv] *v 1. (satisfaction)* gewinnen; *2. (a word)* ableiten; *3. ~ from* sich ableiten von; *(power)* herkommen von, herrühren von
derogate ['derəgeɪt] *v* beeinträchtigen
derogatory [dɪ'rɒgətərɪ] *adj* abschätzig
desalinate [diː'sælɪneɪt] *v* entsalzen
descend [dɪ'send] *v 1. (move down, get down)* heruntergehen, hinuntergehen; *(from a horse)* absteigen; *2. (lead downward)* heruntergehen, hinuntergehen, herunterführen; *3. (sth)* hinuntergehen, heruntergehen; *~ upon* hereinbrechen über; *(visit)* überfallen; *4. to be ~ed from* abstammen von
descendant [dɪ'sendənt] *sb* Nachkomme *m*
descendent [dɪ'sendənt] *adj 1. (descending from an ancestor)* abstammend; *2. (going down)* absteigend
descent [dɪ'sent] *sb 1. (slope)* Abfall *m*; *2. (going down)* Hinuntergehen *n*, Heruntergehen *n*; *3. (from a mountain)* Abstieg *m*; *4. (of an airplane)* Landung *f*; *5. (moral ~)* Absinken *n*; *6. (ancestry)* Abstammung *f*, Herkunft *f*; *of noble ~* von adliger Abstammung
describe [dɪs'kraɪb] *v 1. (tell about)* beschreiben, schildern; *2. ~ as (call)* bezeichnen als; *3. MATH* beschreiben

description [dɪs'krɪpʃən] *sb* 1. Beschreibung *f*, Schilderung *f*; 2. *(characterization)* Bezeichnung *f*
descriptive [dɪs'krɪptɪv] *adj* *(vivid)* anschaulich
desecrate ['desɪkreɪt] *v* entweihen
desecration [desɪ'kreɪʃən] *sb* Entweihung *f*, Schändung *f*
desert ['dezət] *sb* 1. Wüste *f*; *adj* 2. *(uninhabited)* verlassen, menschenleer; [dɪ'zɜːt] *v* 3. verlassen, im Stich lassen; 4. *MIL* desertieren; *(to the enemy)* überlaufen; 5. *(spouse)* *JUR* böswillig verlassen
deserve [dɪ'zɜːv] *v* verdienen
deserving [dɪ'zɜːvɪŋ] *adj* verdienstvoll
desiccated ['desɪkeɪtɪd] *adj* gedörrt, Trocken... ~ *coconut* getrocknete Kokosnuss
design [dɪ'zaɪn] *v* 1. entwerfen, zeichnen; 2. *(machine, bridge)* konstruieren; 3. *to be ~ed for sth* für etw vorgesehen sein; *sb* 4. *(planning)* Entwurf *m*; *(of a machine, of a bridge)* Konstruktion *f*; 5. *(as a subject)* Design *n*; 6. *(pattern)* Muster *n*; 7. *(intention)* Absicht *f*; *have ~s on sth* es auf etw abgesehen haben; *by ~* absichtlich
designate ['dezɪgneɪt] *v* 1. bestimmen; 2. *(name)* kennzeichnen, bezeichnen
designated ['dezɪgneɪtɪd] *adj* designiert
designation [dezɪg'neɪʃən] *sb* 1. *(name)* Kennzeichnung *f*, Bezeichnung *f*; 2. *(appointment, indication)* Bestimmung *f*
designedly [dɪ'zaɪnɪdlɪ] *adv* vorsätzlich, mit Absicht
designing [dɪ'zaɪnɪŋ] *adj* *(crafty, scheming)* intrigant, hinterhältig
desire [dɪ'zaɪə] *v* 1. wünschen, begehren, wollen; *leave much to be ~d* viel zu wünschen übrig lassen; *sb* 2. Wunsch *m*; 3. *(longing)* Sehnsucht *f*; 4. *(sexual)* Verlangen *n*, Begehren *n*, Begierde *f*
desirous [dɪ'zaɪərəs] *adj* begierig, verlangend
desist [dɪ'zɪst] *v* Abstand nehmen
desk [desk] *sb* 1. Schreibtisch *m*, Pult *n*; 2. *(in a store)* Kasse *f*
desk-bound ['deskbaʊnd] *adj* an den Schreibtisch gefesselt
desk clerk ['deskklɑːk] *sb* *(at a hotel)* Empfangschef *m*
desktop ['desktɒp] *sb* Arbeitsfläche *f*
desolate ['desəlɪt] *adj* 1. verlassen, einsam, öde; 2. *(feeling)* trostlos
desolation [desə'leɪʃən] *sb* 1. Verlassenheit *f*, Verwüstung *f*; 2. *(grief)* Trostlosigkeit *f*
despair [dɪs'pɛə] *v* 1. verzweifeln, alle Hoffnung aufgeben; *sb* 2. Verzweiflung *f*, Hoffnungslosigkeit *f*; *in ~* verzweifelt
despatch [dɪ'spætʃ] *v* verschicken
desperate ['despərɪt] *adj* 1. *(person)* verzweifelt; 2. *(criminal)* zum Äußersten entschlossen; 3. *(situation)* verzweifelt, ausweglos, hoffnungslos; 4. *(urgent)* dringend
desperation [despə'reɪʃən] *sb* Verzweiflung *f*
despicable [dɪs'pɪkəbl] *adj* verachtenswert
despise [dɪs'paɪz] *v* verschmähen
despite [dɪs'paɪt] *prep* trotz
despoil [dɪs'pɔɪl] *v* berauben
despond [dɪ'spɒnd] *v* verzagen
despondency [dɪs'pɒndənsɪ] *sb* Niedergeschlagenheit *f*, Mutlosigkeit *f*
despondent [dɪs'pɒndənt] *adj* kleinmütig
dessert [dɪ'zɜːt] *sb* Nachtisch *m*, Dessert *n*
destabilize [diː'steɪbɪlaɪz] *v* destabilisieren
destination [destɪ'neɪʃən] *sb* 1. Ziel *n*, Bestimmung *f* 2. *(of goods)* Bestimmungsort *m*; 3. *(of a traveller)* Reiseziel *n*
destine ['destɪn] *v* bestimmen
destiny ['destɪnɪ] *sb* Schicksal *n*
destitute ['destɪtjuːt] *adj* 1. mittellos; 2. *(of sth)* ermangelnd, ohne, bar
destitution [destɪ'tjuːʃən] *sb* Elend *n*, Not *n*, Armut *f*
destroy [dɪs'trɔɪ] *v* 1. zerstören, vernichten; 2. *(an animal)* töten; 3. *(vermin)* vertilgen; 4. *(break, make unusable)* ruinieren, kaputtmachen; 5. *(fig: s.o.'s hopes)* zunichte machen; 6. *(fig: s.o.'s reputation)* ruinieren
destruct [dɪ'strʌkt] *v* zerstören
destruction [dɪs'trʌkʃən] *sb* Zerstörung *f*, Vernichtung *f*, Verwüstung *f*
destructive [dɪs'trʌktɪv] *adj* zerstörerisch
destructor [dɪ'strʌktə] *sb* *(incinerator)* Verbrennungsofen *m*
detach [dɪ'tætʃ] *v* 1. *(take off)* abnehmen, ablösen; 2. *(part of a document)* abtrennen; 3. *(unfasten)* loslösen
detachable [dɪ'tætʃəbl] *adj* abnehmbar, abtrennbar
detached [dɪ'tætʃt] *adj* 1. *(house)* Einfamilienhaus *n*; 2. *(fig: aloof)* abgehoben, arrogant
detachment [dɪ'tætʃmənt] *sb* 1. *(separating)* Abtrennung *f*; 2. *(objectivity)* Abstand *m*; 3. *(emotionlessness)* Distanz *f*
detail ['diːteɪl] *v* 1. ausführlich berichten über; *(list)* einzeln aufzählen; *sb* 2. Detail *n*;

D

D

attention to ~ Aufmerksamkeit für das Detail *f*; *in ~* ausführlich, im Einzelnen; *3. (particular)* Einzelheit *f*; *go into ~s* auf Einzelheiten eingehen; *4. (insignificant ~)* unwichtige Einzelheit *f*, Kleinigkeit *f*

detain [dɪ'teɪn] *v 1.* aufhalten, zurückbehalten; *2. JUR* in Haft nehmen

detect [dɪ'tekt] *v 1.* entdecken, herausfinden; *2. (see, notice)* wahrnehmen, feststellen; *(a crime)* aufdecken

detection [dɪ'tekʃən] *sb 1.* Entdeckung *f*, Aufdeckung *f*, Feststellung *f*; *2. (detective work)* Ermittlungsarbeit *f*

detective [dɪ'tektɪv] *sb* Detektiv *m*, *(police ~)* Kriminalbeamte(r) *m/f*

detention [dɪ'tenʃən] *sb 1.* Haft *f*; *(in school)* Nachsitzen *n*; *2. MIL* Arrest *m*; *3. (act)* Festnahme *f*

detention centre [dɪ'tenʃənsentə] *sb* Justizvollzugsanstalt *f*

deter [dɪ'tɜː] *v* abschrecken, abhalten

detergent [dɪ'tɜːdʒənt] *sb* Reinigungsmittel *n*, Waschmittel *n*

deteriorate [dɪ'tɪərɪəreɪt] *v* sich verschlechtern, sich verschlimmern, verderben

deterioration [dɪtɪərɪə'reɪʃən] *sb* Verschlechterung *f*, Verderben *n*

determinable [dɪ'tɜːmɪnəbl] *adj* bestimmbar, entscheidbar

determinant [dɪ'tɜːmɪnənt] *adj* bestimmend, entscheidend

determination [dɪtɜːmɪ'neɪʃən] *sb 1. (resolve)* Entschlossenheit *f*, Bestimmtheit *f*; *2. (determining)* Determinierung *f*; *3. (specifying)* Bestimmung *f*, Festsetzung *f*; *4. (decision)* Entschluss *m*, Beschluss *m*

determine [dɪ'tɜːmɪn] *v 1. (resolve)* sich entschließen, beschließen; *2. (fix, set)* festsetzen, festlegen; *3. (be a decisive factor in)* bestimmen, determinieren; *4. (ascertain)* ermitteln, bestimmen

determined [dɪ'tɜːmɪnd] *adj* entschlossen, fest, entschieden

deterrence [dɪ'terəns] *sb* Abschreckung *f*

deterrent [dɪ'terənt] *adj 1.* abschreckend; *2. sb* Abschreckungsmittel *n*

detest [dɪ'test] *v* verabscheuen, hassen

detestation [diːtes'teɪʃən] *sb* Verabscheuung *f*, Abscheu *f*

dethrone [dɪ'θrəʊn] *v* entthronen

detonate ['detəneɪt] *v 1.* zünden, explodieren; *2. (sth)* explodieren lassen, zur Explosion bringen

detonation [detə'neɪʃən] *sb* Detonation *f*

detonator ['detəneɪtə] *sb* Zündkapsel *f*, Sprengkapsel *f*

detour ['diːtʊə] *v 1. (take a detour)* einen Umweg machen; *2. (sth)* umleiten; *sb 3.* Umweg *m*; *(fig: from a subject)* Abschweifung *f*; *4. (road)* Umgehungsstraße *f*; *5. (detouring of traffic)* Umleitung *f*

detoxicate [diː'tɒksɪkeɪt] *v* entgiften

detoxification centre [diːtɒksɪfɪ'keɪʃən sentə] *sb* Entzugsklinik *f*

detract [dɪ'trækt] *v ~ from sth* etw beeinträchtigen

detraction [dɪ'trækʃən] *sb* Herabsetzung *f*, Heruntermachen *n*

detriment ['detrɪmənt] *sb* Nachteil, *m*, Schaden *m*; *to the ~ of sth* zum Nachteil einer Sache, zum Schaden von etw

detrimental [detrɪ'mentəl] *adj ~ to* schädlich, nachteilig für, abträglich

detrude [dɪ'truːd] *v* wegwerfen, hinauswerfen

deuce [djuːs] *sb 1. (tennis) SPORT* Einstand *m*; *2. (cards)* Zwei *f*; *3. What the ~?* Was zum Teufel?

devaluation [dɪvæljʊ'eɪʃən] *sb FIN* Abwertung *f*

devalue [diː'væljuː] *v FIN* abwerten

devastate ['devəsteɪt] *v* verwüsten

devastation [devəs'teɪʃən] *sb* Verwüstung *f*

develop [dɪ'veləp] *v 1.* sich entwickeln; *2. (sth)* entwickeln; *(~ something already begun)* weiterentwickeln; *3. (a plot of land, a neighbourhood)* erschließen; *4. (an illness)* sich zuziehen, bekommen

developing [dɪ'veləpɪŋ] *adj 1.* sich entwickelnd; *2. ~ country POL* Entwicklungsland *n*

development ['dɪveləpmənt] *sb 1.* Entwicklung *f*, Ausführung *f*, Entfaltung *f*; *2.* Wachstum *n*, Aufbau *m*

deviance ['diːvɪəns] *sb* Abweichung *f*

deviant ['diːvɪənt] *adj* abweichend

deviate ['diːvɪeɪt] *v* abweichen, abgehen

deviation [diːvɪ'eɪʃən] *sb* Abweichen *n*, Abweichung *f*

device [dɪ'vaɪs] *sb 1.* Gerät *n*, Vorrichtung *f*, Apparat *m*; *2. (scheme)* List *f*; *leave s.o. to his own ~s* jdn sich selbst überlassen

devil ['devl] *sb* Teufel *m*; *Speak of the ~!* Wenn man vom Teufel spricht! *a ~ of a job* eine Heidenarbeit; *What the ~?* Was zum Teufel? *poor ~ (fam)* armer Teufel

devilish ['devlɪʃ] *adj* teuflisch
devil-may-care [devlmeɪ'kɛə] *adj* leichtsinnig
devilment ['devlmənt] *sb* Teufelei *f*
devilry ['devlrɪ] *sb 1. (mischief)* grober Unfug *m*; *2. (wickedness)* Verderbtheit *f*; *3. (diabolic magic)* schwarze Magie *f*
devious ['diːvɪəs] *adj 1. (person)* verschlagen; *2. (path)* gewunden
devisal [dɪ'vaɪzl] *sb* Ersinnen *n*
devise [dɪ'vaɪz] *v* ausdenken, erfinden
devitalize [diː'vaɪtəlaɪz] *v* schwächen
devoid [dɪ'vɔɪd] *adj ~ of* bar, ohne
devolution [diːvə'luːʃən] *sb* Übertragung *f*, Übergabe *f*
devolve [dɪ'vɒlv] *v 1. (transfer)* übertragen; *2. (to be transferred)* übergehen auf, zufallen
devote [dɪ'vəʊt] *v 1.* widmen; *2. (resources)* bestimmen
devoted [dɪ'vəʊtɪd] *adj* treu, anhänglich
devotion [dɪ'vəʊʃən] *sb 1.* Hingabe *f*; *(to one's friend, to one's spouse)* Ergebenheit *f*; *2. REL* Andacht *f*; *3. (setting aside)* Bestimmung *f*
devotional [dɪ'vəʊʃənl] *adj* religiös
devour [dɪ'vaʊə] *v 1.* verschlingen, fressen; *2. (fig: a book)* verschlingen
devout [dɪ'vaʊt] *adj REL* fromm, andächtig
dew [djuː] *sb* Tau *m*
dewy ['djuːɪ] *adj 1. (moist)* taufeucht; *2. (fresh)* taufrisch
dexterity [deks'terɪtɪ] *sb* Geschicklichkeit *f*, Gewandtheit *f*
dexterous ['dekstərəs] *adj* gewandt
dextral ['dekstrəl] *adj 1. (side)* rechtsseitig; *2. (right-handed)* rechtshändig
diabolic [daɪə'bɒlɪk] *adj* teuflisch
diabolical [daɪə'bɒlɪkəl] *adj* teuflisch
diagnose ['daɪəgnəʊz] *v* diagnostizieren
diagnosis [daɪəg'nəʊsɪs] *sb* Diagnose *f*
diagonal [daɪ'ægənl] *adj 1.* diagonal, schräg, schräg laufend; *sb 2.* Diagonale *f*
diagram ['daɪəgræm] *v 1.* zeichnen, graphisch darstellen; *sb 2.* Diagramm *n*, Schaubild *n*, Schema *n*
dial [daɪl] *v 1.* wählen; *sb 2. (of a clock)* Zifferblatt *n*; *3. (of a gauge)* Skala *f*; *4. (radio ~)* Skalenscheibe *f*
dialling code ['daɪlɪŋ kəʊd] *sb (UK)* Vorwahl *f*
dialling tone ['daɪlɪŋ təʊn] *sb (UK)* Amtszeichen *n*
dialogue ['daɪəlɒg] *sb* Dialog *m*
diameter [daɪ'æmɪtə] *sb* Durchmesser *m*
diametric [daɪə'metrɪk] *adj (opposed)* diametral entgegengesetzt
diamond ['daɪmənd] *sb 1.* Diamant *m*; *2. (shape)* Raute *f*; *3. (suit of cards)* Karo *n*
diaper ['daɪpə] *sb (US)* Windel *f*
diarrhoea [daɪə'riːə] *sb MED* Durchfall *m*, Diarrhöe *f*
diary ['daɪərɪ] *sb 1. (appointment book)* Terminkalender *m*; *2.* Tagebuch *n*
diatribe ['daɪətraɪb] *sb* , Hetzrede *f*
dibble ['dɪbl] *sb* Pflanzholz *n*, Setzholz *n*
dice [daɪs] *pl* Würfel *pl*
dicker ['dɪkə] *v* feilschen
dictate [dɪk'teɪt] *v 1.* diktieren; *sb 2.* Diktat *n*, Gebot *n*; *the ~s of reason* das Gebot der Vernunft
dictation [dɪk'teɪʃən] *sb* Diktat *n*
dictator [dɪk'teɪtə] *sb POL* Diktator *m*
dictatorial [dɪktə'tɔːrɪəl] *adj* diktatorisch
dictionary ['dɪkʃənrɪ] *sb* Wörterbuch *n*
dictum ['dɪktəm] *sb* Machtspruch *m*

die [daɪ] *v 1.* sterben; *2. (plant)* eingehen; *3. (motor)* absterben; *4. to be dying to do sth* brennend gern etw tun wollen, sich danach sehnen, etw zu tun; *5. (disappear)* vergehen; *(memory)* verschwinden; *(custom)* aussterben; *6. ~ away* schwächer werden; *7. ~ down* schwächer werden, nachlassen; *8. ~ out* aussterben; *sb 9.* Würfel *m*; *10. TECH* Gesenk *n*, Gussform *f*

• **die away** *v* sich legen, sich beruhigen
• **die off** *v (fig)* dahinsterben, verschwinden, nachlassen
• **die out** *v* aussterben
diet ['daɪət] *sb 1.* Nahrung *f*, Ernährung *f*; *2. (special ~)* Diät *f*; *3. (to lose weight)* Schlankheitskur *f*, Diät *f*
differ ['dɪfə] *v 1.* sich unterscheiden; *2. (hold a different opinion)* anderer Meinung sein
difference ['dɪfrəns] *sb 1.* Unterschied *m*; *that makes a ~* das macht was aus; *2. (of opinion)* Meinungsverschiedenheit *f*, Differenz *f*; *3. MATH* Differenz *f*
different ['dɪfrənt] *adj* andere(r,s), anders, verschieden; *~ to/~ from* anders als
differentiate [dɪfə'renʃɪeɪt] *v* unterscheiden
differentiation [dɪfərenʃɪ'eɪʃən] *sb* Unterscheidung *f*, Differenzierung *f*

difficult ['dɪfɪkəlt] *adj* schwierig, schwer

difficulty ['dɪfɪkəltɪ] *sb* Schwierigkeit *f*
diffident ['dɪfɪdənt] *adj* schüchtern, scheu

D

D

diffuse [dɪ'fjuːz] *v* *1.* verbreiten, *(fluid)* ausgießen; *2. CHEM* diffundieren; [dɪ'fjuːs] *adj* *3.* diffus, zerstreut
diffusion [dɪ'fjuːʒən] *sb* Ausbreitung *f*, Verbreitung *f*
dig [dɪg] *v irr* *1.* graben; *2. (a trench, a tunnel)* ausheben; *3. (poke)* bohren; *4. (fam: like)* stehen auf; *5. (fam: understand)* kapieren; *6. (fam: look at)* sich angucken; *sb* *7. (archeological)* Ausgrabung *f*, *(site)* Ausgrabungsstätte *f*
• **dig in** *v irr* *1. (entrench o.s.)* sich eingraben; *2. (fam: have some food)* das Essen reinhauen *(fam)*
• **dig out** *v irr (fam)* ausgraben
• **dig up** *v irr* *1. (earth)* aufwühlen; *2. (a lawn)* umgraben; *3. (find or remove from underground)* ausgraben; *4. (fam: information)* auftun
digest [dɪ'dʒest] *v* *1.* verdauen; ['daɪdʒest] *sb* *2.* Auslese *f*, Auswahl *f*
digestant [dɪ'dʒestənt] *sb* Verdauungsmittel *n*
digestion [dɪ'dʒestʃən] *sb* Verdauung *f*
digestive [dɪ'dʒestɪv] *adj* verdauungsfördernd
digger ['dɪgə] *sb* Bergmann *m*, Goldgräber *m*
digit ['dɪdʒɪt] *sb* *1. MATH* Ziffer *f*, Stelle *f*; *2. ANAT (finger)* Finger *m*; *(toe)* Zehe *f*
digital ['dɪdgɪtəl] *adj* digital
dignified ['dɪgnɪfaɪd] *adj* würdevoll
dignify ['dɪgnɪfaɪ] *v* ehren, auszeichnen
dignitary ['dɪgnɪtərɪ] *sb* Würdenträger *m*
dignity ['dɪgnɪtɪ] *sb* Würde *f*
digress [daɪ'gres] *v* abschweifen
digression [daɪ'greʃən] *sb (fig)* Abschweifung *f*
dike [daɪk] *v* *1.* eindämmen, eindeichen; *sb* *2. (barrier)* Deich *m*, Damm *m*; *3. (channel)* Graben *m*
dilapidated [dɪ'læpɪdeɪtɪd] *adj* verfallen, baufällig
dilapidation [dɪlæpɪ'deɪʃən] *sb* Verfall *m*, Baufälligkeit *f*
dilate ['daɪleɪt] *v (pupils)* sich erweitern
dilatory ['dɪlətərɪ] *adj* dehnend, erweiternd
diligence ['dɪlɪdʒəns] *sb* Fleiß *m*, Eifer *m*
diligent ['dɪlɪdʒənt] *adj* fleißig, eifrig
dilly-dally ['dɪlɪdælɪ] *v* trödeln
dilute [daɪ'luːt] *v* verdünnen, *(fig)* schwächen
dilution [daɪ'luːʃən] *sb* Verdünnung *f*
dim [dɪm] *v* *1. (a light)* verdunkeln, abblenden; *adj* *2. (light)* trüb, schwach; *3. (memory)* verschwommen, schwach; *4. (outline)* undeutlich, unscharf; *5. (fig: future, outlook)* trüb; *6. (fam: stupid)* schwer von Begriff
dime [daɪm] *sb (US)* Zehncentstück *n*; *~ novel* Groschenroman *m*; *It's not worth a ~.* Das ist keinen Heller wert.
dimension [daɪ'menʃən] *sb* *1.* Dimension *f*; *2. (measurement)* Abmessung *f*, Maß *n*; *3. ~s pl* Ausmaß *n*, Umfang *m*, Größe *f*
diminish [dɪ'mɪnɪʃ] *v* *1. (to be ~ed)* sich vermindern, abnehmen; *2. (sth)* verringern, vermindern, verkleinern
diminution [dɪmɪ'njuːʃən] *sb* Verringerung *f*, Abnahme *f*
diminutive [dɪ'mɪnjʊtɪv] *adj* klein, winzig
dimple ['dɪmpl] *sb* *1.* Vertiefung *f*; *2. (on one's cheek or chin)* Grübchen *n*
dimwit ['dɪmwɪt] *sb* Schwachkopf *m*
din [dɪn] *sb* Lärm *m*, Getöse *n*
dine [daɪn] *v* speisen
diner ['daɪnə] *sb* *1. (person dining)* Tischgast *m*; *2. (establishment)* Esslokal *n*
dingbat ['dɪŋbæt] *sb (fam)* Trottel *m*
dingle ['dɪŋgl] *sb* baumbestandene Mulde *f*
dingy ['dɪndʒɪ] *adj* schmuddelig
dining room ['daɪnɪŋ ruːm] *sb* Esszimmer *n*, Speisesaal *m*
dinky ['dɪŋkɪ] *adj* *1. (UK)* schnuckelig; *2. (US: little)* klein
dinner ['dɪnə] *sb* *1.* Abendessen *n*; *2. (lunch)* Mittagessen *n*
dinner jacket ['dɪnədʒækɪt] *sb (UK)* Smoking *m*
dinner service ['dɪnəsɜːvɪs] *sb* Tafelgeschirr *n*
dint [dɪnt] *sb by ~ of* kraft, durch
dip [dɪp] *v* *1. (pointer on a scale)* sich senken, sich neigen; *2. (bread)* tunken; *3. (sth into liquid)* tauchen, eintauchen; *~ one's hand into one's pocket* in die Tasche greifen; *sb* *4. GAST* Dip *m*; *5. (swim)* kurzes Baden *n*
• **dip into** *v* *1.* kurz eintauchen in; *2. (funds)* Reserven angreifen
diploma [dɪp'ləʊmə] *sb* Diplom *n*
diplomacy [dɪp'ləʊməsɪ] *sb POL* Diplomatie *f*
dipsomania [dɪpsəʊ'meɪnɪə] *sb* Trunksucht *f*
dipstick ['dɪpstɪk] *sb* Messstab *m*
dip switch ['dɪpswɪtʃ] *sb TECH* Abblendschalter *m*
dire [daɪə] *adj* grässlich, schrecklich, furchtbar; *to be in ~ need of sth* etw ganz dringend brauchen

direct [dɪ'rekt] *v 1. (aim, address)* richten; *~ s.o.'s attention to sth* jds Aufmerksamkeit auf etw lenken; *2. (order)* anweisen, befehlen; *3. (supervise)* leiten, lenken, führen; *4. (traffic)* regeln; *5. CINE* Regie führen bei; *6. THEAT* inszenieren; *adj 7.* direkt, unmittelbar
direction [dɪ'rekʃən] *sb 1.* Richtung *f*; *sense of ~* Orientierungssinn *m*; *2. (management)* Leitung *f*, Führung *f*; *3. ~s pl* Anweisungen *pl*; *(to get somewhere)* Auskunft *f*; *(for use)* Gebrauchsanweisung *f*; *ask s.o. for ~s (ask the way)* jdn nach dem Weg fragen
directional [dɪ'rekʃənl] *adj* Richtungs..., gerichtet
direction indicator [dɪ'rekʃən 'ɪndɪkeɪtə] *sb* Richtungsanzeiger *m*, Blinker *m*
directive [dɪ'rektɪv] *adj* Vorschrift *f*
directly [dɪ'rektlɪ] *adv 1.* direkt, unmittelbar; *~ opposed* genau entgegengesetzt; *2. (frankly)* direkt; *3. (in just a moment)* sofort, gleich, bald
directory [dɪ'rektərɪ] *sb (telephone ~)* Telefonbuch *n*; *(trade ~)* Branchenverzeichnis *n*
directory enquiries [dɪ'rektərɪ ɪn'kwaɪəriːz] *sb (UK)* Telefonauskunft *f*
dirge [dɜːdʒ] *sb* Klagelied *n*, Trauerlied *n*
dirigible ['dɪrɪdʒəbl] *sb* lenkbares Luftschiff *n*
dirt [dɜːt] *sb 1.* Schmutz *m*, Dreck *m*; *treat s.o. like ~* jdn wie den letzen Dreck behandeln; *throw ~ at s.o. (fig)* jdn mit Schmutz bewerfen; *2. (soil)* Erde *f*; *hit the ~ (fam)* sich zum Boden werfen; *3. (scandal)* Schmutz *m*, schmutzige Wäsche *pl*
dirt-cheap [dɜːt'tʃiːp] *adj* spottbillig
dirt road [dɜːt rəʊd] *sb* unbefestigte Straße *f*

dirty ['dɜːtɪ] *adj 1.* schmutzig, dreckig; *~ work* Drecksarbeit *f*; *give s.o. a ~ look* jdm einen bösen Blick zuwerfen; *2. (obscene)* unanständig, schmutzig; *~ old man* fieser alter Kerl; *3. (despicable)* gemein, niederträchtig; *do the ~ on s.o. (UK)* jdn gemein behandeln; *~ trick* fauler Trick; *4. SPORT* unfair; *v 5.* beschmutzen, verschmutzen

disability [dɪsə'bɪlɪtɪ] *sb (physical ~) MED* Behinderung *f*
disable [dɪs'eɪbl] *v* unbrauchbar machen
disabled [dɪs'eɪbld] *adj 1.* behindert, arbeitsunfähig, erwerbsunfähig; *2. (machine)* unbrauchbar; *3. the ~* die Behinderten *pl*
disabuse [dɪsə'bjuːz] *v ~ s.o. of sth* jdn von etw befreien
disadvantage [dɪsəd'vɑːntɪdʒ] *sb 1.* Nachteil *m*; *v 2. put at a ~* benachteiligen
disaffect [dɪsə'fekt] *v* entfremden
disagree [dɪsə'griː] *v 1.* nicht übereinstimmen; *2. (with a suggestion)* nicht einverstanden sein; *3. ~ with s.o. (food)* jdm nicht bekommen
disagreeable [dɪsə'griːəbl] *adj 1.* unangenehm; *2. (person)* unsympathisch
disagreement [dɪsə'griːmənt] *sb 1.* Uneinigkeit *f*; *2. (discrepancy)* Diskrepanz *f*; *3. (quarrel)* Meinungsverschiedenheit *f*, Streit *m*
disallow [dɪsə'laʊ] *v* nicht anerkennen
disappear [dɪsə'pɪə] *v* verschwinden
disappearance [dɪsə'pɪərəns] *sb* Verschwinden *n*
disappoint [dɪsə'pɔɪnt] *v* enttäuschen
disappointment [dɪsə'pɔɪntmənt] *sb* Enttäuschung *f*
disapproval [dɪsə'pruːvl] *sb (of sth)* Missbilligung *f*
disapprove [dɪsə'pruːv] *v 1.* dagegen sein; *2. ~ of sth* etw missbilligen
disarm [dɪs'ɑːm] *v 1. MIL* abrüsten; *2. (s.o.)* entwaffnen
disarray [dɪsə'reɪ] *sb* Unordnung *f*
disassemble [dɪsə'sembl] *v* auseinander nehmen, zerlegen
disaster [dɪ'zɑːstə] *sb* Unglück *n*, Katastrophe *f*
disastrous [dɪ'zɑːstrəs] *adj* katastrophal, verheerend, unheilvoll
disavow [dɪsə'vaʊ] *v* verleugnen
disband [dɪs'bænd] *v 1.* sich auflösen; *2. (sth)* auflösen
disbelief [dɪsbə'liːf] *sb* Unglaube *m*, Zweifel *m*
disbelieve [dɪsbɪ'liːv] *v* nicht glauben, bezweifeln
disburse [dɪs'bɜːs] *v* auszahlen
disc [dɪsk] *sb 1.* runde Scheibe *f*; *2. ANAT* Bandscheibe *f*; *3. (record)* Schallplatte *f*
discard [dɪ'skɑːd] *v* ablegen, aufgeben, ausrangieren
discern [dɪ'sɜːn] *v* wahrnehmen
discernible [dɪ'sɜːnəbl] *adj* erkennbar
discerning [dɪ'sɜːnɪŋ] *adj* scharf, kritisch
discernment [dɪ'sɜːnmənt] *sb* Urteilsvermögen *n*, Scharfblick *m*
discharge [dɪs'tʃɑːdʒ] *v 1. (let stream out)* ausströmen lassen; *2. MED* ausscheiden, absondern; *3. (electricity)* entladen;*4. (cargo)* löschen; *5. (a patient)* entlassen; *6. MIL* entlassen; *7. JUR* freisprechen, entlasten; *8. (a gun)*

abfeuern; *9. (a debt)* begleichen; ['dɪstʃɑːdʒ] *sb 10. (of electricity)* Entladung *f; 11. (bodily) MED* Ausfluss *m,* Absonderung *f; 12. (dismissal)* Entlassung *f,* Freispruch *m,* Entlastung *f; 13. (papers)* Entlassungspapier *n*

disciple [dɪ'saɪpl] *sb* Jünger *m,* Schüler *m*

discipline ['dɪsɪplɪn] *v 1.* disziplinieren; *sb 2.* Disziplin *f*

disclaim [dɪs'kleɪm] *v* ablehnen

disclaimer [dɪs'kleɪmə] *sb* Dementi *n*

disclose [dɪs'kləʊz] *v 1.* bekannt geben, bekannt machen, offenbaren; *2. (a secret)* aufdecken, enthüllen

disclosure [dɪs'kləʊʒə] *sb* Enthüllung *f,* Bekanntgabe *f,* Verlautbarung *f*

discolour [dɪs'kʌlə] *v 1.* verfärben; *2.* sich verfärben

discolouration [dɪskʌlə'reɪʃən] *sb* Verfärbung *f,* Entfärbung *f*

discomfort [dɪs'kʌmfət] *sb* Unbehagen *n*

disconcert [dɪskən'sɜːt] *v* beunruhigen

disconcerted [dɪskən'sɜːtɪd] *adj* verwirrt

disconnect [dɪskə'nekt] *v 1.* trennen; *2. (utilities)* abstellen; *3. (telephone call)* unterbrechen

disconnection [dɪskə'nekʃən] *sb* Unterbrechung *f*

disconsolate [dɪs'kɒnsəlɪt] *adj* untröstlich, niedergeschlagen

discontent [dɪskən'tent] *sb* Unzufriedenheit *f*

discontented [dɪskən'tentɪd] *adj* unzufrieden

discontentment [dɪskən'tentmənt] *sb* Unzufriedenheit *f*

discontinue [dɪskən'tɪnjuː] *v 1.* aufgeben, abbrechen, aussetzen; *2. (a line of products)* auslaufen lassen; *3. (a subscription)* abbestellen

discontinuity [dɪskɒntɪ'njuːɪtɪ] *sb* mangelnde Kontinuität *f*

discontinuous [dɪskən'tɪnjʊəs] *adj* nicht kontinuierlich

discord ['dɪskɔːd] *sb 1.* Uneinigkeit *f; 2. MUS* Disharmonie *f*

discordant [dɪs'kɔːdnt] *adj* unharmonisch

discount [dɪs'kaʊnt] *v 1. (dismiss, disregard)* unberücksichtigt lassen; *2.* ['dɪskaʊnt] *sb ECO* Preisnachlass *m,* Rabatt *m,* Abschlag *m; sell sth at a ~* etw mit Rabatt verkaufen; *3. FIN* Diskont *m; v 4. (a bill, a note) FIN* diskontieren

discountable [dɪs'kaʊntəbl] *adj* abzugsfähig

discourage [dɪs'kʌrɪdʒ] *v 1.* entmutigen; *2. (deter)* abhalten, *(advances)* zu verhindern suchen; *3. (dissuade) ~ s.o. from doing sth* jdm abraten, etw zu tun; *(successfully)* jdn davon abbringen, etw zu tun

discouraged [dɪs'kʌrɪdʒd] *adj* entmutigt; *(generally)* mutlos

discourse ['dɪskɔːs] *sb (treatise)* Abhandlung *f; (discussion)* Gespräch *n*

discourteous [dɪs'kɜːtɪəs] *adj* unhöflich

discourtesy [dɪs'kɜːtɪsɪ] *sb (to s.o.)* Unhöflichkeit *f*

discover [dɪs'kʌvə] *v 1.* entdecken; *2. (~ a mistake, ~ that sth is missing)* feststellen; *3. (a secret)* herausfinden

discoverer [dɪs'kʌvərə] *sb* Entdecker *m*

discovery [dɪs'kʌvərɪ] *sb* Entdeckung *f*

discredit [dɪs'kredɪt] *v 1.* in Misskredit bringen, in Verruf bringen; *sb 2.* Misskredit *m; 3. to be a ~ to s.o.* eine Schande für jdn sein

discreditable [dɪs'kredɪtəbl] *adj* diskreditierend

discreet [dɪs'kriːt] *adj* diskret, taktvoll, verschwiegen

discreetness [dɪs'kriːtnes] *sb* Diskretion *f*

discrepancy [dɪs'krepənsɪ] *sb* Diskrepanz *f,* Unstimmigkeit *f*

discrepant [dɪ'skrepənt] *adj* abweichend, unterschiedlich

discrete [dɪs'kriːt] *adj* diskret

discretion [dɪs'kreʃən] *sb 1. (tact)* Diskretion *f; 2. (prudence)* Besonnenheit *f; 3. (freedom to decide)* Gutdünken *n,* Ermessen *n; use your own ~* handle nach eigenem Ermessen; *at one's ~* nach Belieben

discriminate [dɪ'skrɪmɪneɪt] *v 1.* unterscheiden; *2. (unfairly)* Unterschiede machen; *~ against s.o.* jdn diskriminieren

discriminating [dɪ'skrɪmɪneɪtɪŋ] *adj* anspruchsvoll, urteilsfähig, kritisch

discrimination [dɪskrɪmɪ'neɪʃən] *sb (differential treatment)* Diskriminierung *f*

discriminatory [dɪ'skrɪmɪnətərɪ] *adj* diskriminierend

discuss [dɪs'kʌs] *v* besprechen, diskutieren, reden über

discussion [dis'kʌʃən] *sb* Diskussion *f,* Erörterung *f, (meeting)* Besprechung *f*

disdain [dɪs'deɪn] *v 1. (s.o.)* verachten; *2. (sth)* verachten, verschmähen; *sb 3.* Verachtung *f,* Geringschätzung *f*

disdainful [dɪs'deɪnfʊl] *adj* geringschätzig

disease [dɪ'ziːz] *sb* Krankheit *f*

diseased [dɪ'zi:zd] *adj MED* krank, *(tissue, cell)* krankhaft
disembark [dɪsɪm'bɑ:k] *v* von Bord gehen
disembodied [dɪsɪm'bɒdɪd] *adj* körperlos
disenchant [dɪsɪn'tʃɑ:nt] *v* ernüchtern
disengage [dɪsɪn'geɪdʒ] *v 1.* loskommen; *2. (from fighting)* sich absetzen; *3. (sth)* loskuppeln, ausschalten; *~ the clutch* auskuppeln
disengagement [dɪsɪn'geɪdʒmənt] *sb* Auflösung *f*, Lösung *f*
disentangle [dɪsɪn'tæŋgl] *v* entwirren
disentwine [dɪsɪn'twaɪn] *v* entwirren
disestablish [dɪsɪ'stæblɪʃ] *v* vom Staat trennen
disfavour [dɪs'feɪvə] *sb* Ungnade *f*, Missfallen *n*; *fall into ~* in Ungnade fallen; *regard with ~* mit Missfallen betrachten
disfigure [dɪs'fɪgə] *v* verunstalten, *(a face)* entstellen
disfigurement [dɪs'fɪgəmənt] *sb* Verunstaltung *f*, Entstellung *f*
disgorge [dɪs'gɔ:dʒ] *v 1.* ausspeien, ausstoßen; *2. (fig)* hergeben
disgrace [dɪs'greɪs] *v 1.* Schande bringen über, Schande machen; *2. ~ o.s.* sich blamieren; *sb 3.* Schande *f*; *fall into ~* in Ungnade fallen; *4. (cause of ~)* Schande *f*, Blamage *f*, Schandfleck *m*
disgraceful [dɪs'greɪsfʊl] *adj* schändlich
disgruntled [dɪs'grʌntld] *adj* verstimmt, unwirsch
disguise [dɪs'gaɪz] *v 1.* unkenntlich machen, verkleiden; *2. (handwriting, a voice)* verstellen; *3. (feelings, the truth)* verhüllen, verbergen, verhehlen; *4. ~ o.s.* sich verkleiden; sb *5.* Verkleidung *f*; *in ~* verkleidet
disgust [dɪs'gʌst] *v 1.* anekeln, anwidern; *2. (anger)* empören; *sb 3.* Ekel *m*; *4. (loathing)* Empörung *f*
dish [dɪʃ] *sb 1.* Schüssel *f*, Platte *f*, Teller *m*; *2. ~es pl (crockery)* Geschirr *n*; *do the ~es (US)* Geschirr spülen; *3. (meal)* Gericht *n*, Speise *f*
• **dish out** *v* austeilen
• **dish up** *v 1.* anrichten, auftragen; *2. (fam: ~ lies, ~ information)* auftischen
dishcloth ['dɪʃklɒθ] *sb* Geschirrtuch *n*
dishearten [dɪs'hɑ:tn] *v* entmutigen
dished [dɪʃt] *adj* nach innen gewölbt
dishevelled [dɪ'ʃevəld] *adj 1.* unordentlich; *2. (hair)* zerzaust
dishonest [dɪs'ɒnɪst] *adj 1.* unehrlich; *2. (scheme)* unlauter
dishonesty [dɪs'ɒnɪstɪ] *sb* Unehrlichkeit *f*
dishonour [dɪs'ɒnə] *v 1.* entehren; *sb 2.* Schande *f*, Unehre *f*
dishonourable [dɪs'ɒnərəbl] *adj* unehrenhaft; *~ discharge* unehrenhafte Entlassung *f*
dishtowel ['dɪʃtaʊəl] *sb* Geschirrtuch *n*
dishwasher ['dɪʃwɒʃə] *sb 1. (machine)* Geschirrspülmaschine *f*; *2. (person)* Tellerwäscher *m*
dishy ['dɪʃɪ] *adj (fam)* schick, toll
disillusion [dɪsɪ'lu:ʒən] *v* ernüchtern, desillusionieren
disillusionment [dɪsɪ'lu:ʒənmənt] *sb* Ernüchterung *f*, Enttäuschung *f*
disillusive [dɪsɪ'lu:sɪv] *adj* ernüchternd, enttäuschend
disinclination [dɪsɪnklɪ'neɪʃən] *sb* Abneigung *f*
disincline [dɪsɪn'klaɪn] *v* gegen etw einnehmen
disinfect [dɪsɪn'fekt] *v* desinfizieren
disinfectant [dɪsɪn'fektənt] *sb* Desinfektionsmittel *n*
disinfection [dɪsɪn'fekʃən] *sb* Desinfektion *f*
disinflation [dɪsɪn'fleɪʃən] *sb* Deflation *f*
disinformation [dɪsɪnfə'meɪʃən] *sb* Desinformation *f*
disingenuous [dɪsɪn'dʒenjʊəs] *adj* unaufrichtig
disinherit [dɪsɪn'herɪt] *v* enterben
disintegrate [dɪs'ɪntɪgreɪt] *v 1. (fall apart, be broken apart)* zerfallen, sich auflösen, auseinander fallen; *2. (sth)* zerfallen lassen, auflösen, zersetzen
disintegration [dɪsɪntɪ'greɪʃən] *sb* Zerfall *m*, Auflösung *f*
disinterest [dɪs'ɪntrɪst] *sb* Desinteresse *n*, Gleichgültigkeit *f*
disinterested [dɪs'ɪntrɪstɪd] *adj 1. (not interested)* desinteressiert; *2. (impartial)* unvoreingenommen
disjoin [dɪs'dʒɔɪn] *v* trennen
disjoint [dɪs'dʒɔɪnt] *v* auseinander nehmen, zerlegen
disjointed [dɪs'dʒɔɪntɪd] *adj* zusammenhangslos
disjunct [dɪs'dʒʌŋkt] *adj* unzusammenhängend
dislike [dɪs'laɪk] *v 1.* nicht mögen; *~ doing sth* etw ungern tun; *sb 2.* Abneigung *f*, Widerwille *m*
dislikeable [dɪs'laɪkəbl] *adj* unsympathisch

D

dislodge [dɪs'lɒdʒ] *v* lösen, losreißen, herausnehmen
disloyal [dɪs'lɔɪəl] *adj* untreu, treulos, verräterisch
disloyalty [dɪs'lɔɪəltɪ] *sb* Untreue *f*, Treulosigkeit *f*
dismal ['dɪzməl] *adj 1.* düster; *2. (failure)* kläglich; *3. (person)* trübselig, trübsinnig
dismantle [dɪs'mæntl] *v 1. (take apart)* zerlegen; *2. (permanently)* demontieren
dismantlement [dɪs'mæntlmənt] *sb* Abbruch *m*, Demontage *f*
dismay [dɪs'meɪ] *v 1.* bestürzen; *sb 2.* Bestürzung *f*, Entsetzen *n*
dismember [dɪs'membə] *v* zerstückeln
dismiss [dɪs'mɪs] *v 1.* entlassen, gehen lassen; *2. (brush aside)* abtun; *(a suggestion)* zurückweisen; *(form one's mind)* verbannen
dismissal [dɪs'mɪsəl] *sb 1.* Entlassung *f*; *2. (brushing aside)* Abtun *n*; *3. (of a case) JUR* Abweisung *f*
dismissive [dɪs'mɪsɪv] *adj* abweisend
dismount [dɪs'maʊnt] *v* absteigen
disobedience [dɪsə'biːdɪəns] *sb 1.* Ungehorsam *m*; *2. civil ~* ziviler Ungehorsam *m*
disobedient [dɪsə'biːdɪənt] *adj* ungehorsam
disobey [dɪsə'beɪ] *v 1. (s.o.)* nicht gehorchen; *2. (a law)* nicht befolgen
disoblige [dɪsə'blaɪdʒ] *v* unfreundlich sein, ungefällig sein
disorder [dɪs'ɔːdə] *sb 1.* Durcheinander *n*; *2. MED* Störung *f*, Erkrankung *f*
disorderly [dɪs'ɔːdəlɪ] *adj 1. (untidy)* unordentlich; *2. (unruly)* aufrührerisch; *3. ~ conduct JUR* ungebührliches Benehmen *n*
disorganize [dɪs'ɔːgənaɪz] *v* auflösen, zerrütten
disorganized [dɪs'ɔːgənaɪzd] *adj* durcheinander, chaotisch, systemlos, unorganisiert
disorient [dɪs'ɔːrɪənt] *v* verwirren
disorientate [dɪs'ɔːrɪenteɪt] *v* desorientieren
disoriented [dɪs'ɔːrɪəntɪd] *adj* verwirrt
disown [dɪs'əʊn] *v 1.* verleugnen; *2. (one's child)* verstoßen
disparage [dɪ'spærɪdʒ] *v* herabsetzen; *(an achievement)* schmälern
disparate ['dɪspərɪt] *adj* unvereinbar, unterschiedlich
disparity [dɪ'spærɪtɪ] *sb* Ungleichheit *f*, Verschiedenheit *f*
dispassionate [dɪs'pæʃənɪt] *adj* leidenschaftslos, gelassen
dispatch [dɪ'spætʃ] *v 1.* senden, schicken, absenden; *2. (deal with)* erledigen; *3. (kill)* töten, ins Jenseits befördern; *sb 4. (promptness)* Eile *f*; *5. (report)* Bericht *m*; *6. (sending)* Versand *m*, Absendung *f*
dispatch case [dɪ'spætʃ keɪs] *sb (UK)* Aktenmappe *f*
dispel [dɪ'spel] *v 1. (fog)* zerstreuen; *2. (fig: doubts)* vertreiben
dispensable [dɪs'pensəbl] *adj* entbehrlich
dispensary [dɪ'spensərɪ] *sb* Arzneimittelausgabe *f*
dispensation [dɪspen'seɪʃən] *sb 1. (handing out)* Verteilung *f*, Ausgabe *f*; *2. (exemption)* Dispens *m*
dispense [dɪs'pens] *v 1.* verteilen, austeilen; *(medication)* abgeben; *2. ~ justice* Recht sprechen; *3. ~ with* verzichten auf
dispenser [dɪs'pensə] *sb (machine)* Automat *m*
dispersal [dɪs'pɜːsəl] *sb* Zerstreuung *f*
dispersant [dɪs'pɜːsənt] *sb* Lösungsmittel *n*
disperse [dɪs'pɜːs] *v 1. (break itself up)* sich zerstreuen; *2. (dispel)* zerstreuen, auflösen; *3. (knowledge, news)* verbreiten
dispersion [dɪ'spɜːʃən] *sb* Zerstreuung *f*
dispirit [dɪ'spɪrɪt] *v* entmutigen
displace [dɪs'pleɪs] *v 1.* verlagern, verdrängen; *~d person* Verschleppte(r) *m/f*; *2. (replace)* ersetzen
displacement [dɪs'pleɪsmənt] *sb 1.* Verlagerung *f*; *2. NAUT* Verdrängung *f*
display [dɪs'pleɪ] *v 1. (show)* zeigen, beweisen; *2. (goods)* ausstellen, auslegen; *sb 3.* Zeigen *n*, Zurschaustellung *f*, Vorführung *f*; *to be on ~* ausgestellt sein; *4. (of goods)* Ausstellung *f*, Auslage *f*; *5. (ostentatious ~)* Aufwand *m*; *6. INFORM* Display *n*
displease [dɪs'pliːz] *v 1.* missfallen, nicht gefallen; *2. (annoy)* verstimmen
displeased [dɪs'pliːzd] *adj* unzufrieden
displeasure [dɪs'pleʒə] *sb* Missfallen *n*
disposable [dɪs'pəʊzəbl] *adj 1. (to be thrown away)* wegwerfbar; *2. (available)* verfügbar; *~ income* verfügbares Einkommen *n*
disposal [dɪs'pəʊzəl] *sb 1. (throwing away)* Wegwerfen *n*; *2. (waste ~ unit)* Müllschlucker *m*; *3. (removal)* Beseitigung *f*; *4. (control)* Verfügungsrecht *n*; *place sth at s.o.'s ~* jdm etw zur Verfügung stellen; *have sth at one's ~* über etw verfügen; *to be at s.o.'s ~* jdm zur Verfügung stehen; *5. (positioning)* Aufstellung *f*

dispose [dɪs'pəʊz] *v* 1. ~ *of (get rid of)* loswerden; *(an opponent)* aus dem Weg schaffen; 2. *(difficulties)* erledigen; 3. ~ *of (have at one's disposal)* verfügen über
disposed [dɪs'pəʊzd] *adj* bereit
disposition [dɪspə'zɪʃən] *sb* 1. *(temperament)* Veranlagung *f*; 2. *(arrangement)* Anordnung *f*
dispossess [dɪspə'zes] *v* enteignen
disproof [dɪs'pru:f] *sb* Gegenbeweis *m*
disproportion [dɪsprə'pɔ:ʃən] *sb* Missverhältnis *n*
disproportionate [dɪsprə'pɔ:ʃənɪt] *adj* unverhältnismäßig
disprove [dɪs'pru:v] *v* widerlegen
disputable [dɪ'spju:təbl] *adj* zweifelhaft, strittig
disputatious [dɪspju:'teɪʃəs] *adj* streitsüchtig, streitlustig
dispute [dɪ'spju:t] *v* 1. *(debate)* disputieren über; 2. *(argue against)* bestreiten, anfechten; 3. *(a claim)* anfechten; *sb* 4. Disput *m*, Kontroverse *f*; *beyond* ~ unzweifelhaft; 5. *(quarrel)* Streit *m*
disqualify [dɪs'kwɒlɪfaɪ] *v* 1. für untauglich erklären; 2. *SPORT* disqualifizieren
disquiet [dɪs'kwaɪət] *sb* Unruhe *f*, Angst *f*
disregard [dɪsrɪ'gɑ:d] *v* 1. nicht beachten, ignorieren; *(authority)* missachten; *sb* 2. Nichtbeachtung *f*, Ignoranz *f*; 3. *(for danger)* Geringschätzung *f*
disreputable [dɪs'repju:təbl] *adj* verrufen, anrüchig
disrepute [dɪsrɪ'pju:t] *sb* schlechter Ruf *m*
disrespect [dɪsrɪs'pekt] *sb* Respektlosigkeit *f*, *(rudeness)* Unhöflichkeit *f*
disrespectable [dɪsrɪ'spektəbl] *adj* nicht respektabel
disrespectful [dɪsrɪs'pektfʊl] *adj* respektlos, *(rude)* unhöflich
disrobe [dɪs'rəʊb] *v* sich entkleiden
disrupt [dɪs'rʌpt] *v* stören, unterbrechen
disruption [dɪs'rʌpʃən] *sb* Störung *f*, Unterbrechung *f*
dissatisfaction [dɪssætɪs'fækʃən] *sb* Unzufriedenheit *f*
dissatisfied [dɪs'sætɪsfaɪd] *adj* unzufrieden
dissatisfy [dɪs'sætɪsfaɪ] *v* nicht zufrieden stellen, missfallen
dissect [dɪ'sekt] *v* 1. sezieren; 2. *(a plant)* präparieren
dissected [dɪ'sektɪd] *adj* gegliedert, zerklüftet
dissection [dɪ'sekʃən] *sb* Zergliederung *f*
dissemble [dɪ'sembl] *v* 1. sich verstellen, heucheln; 2. *(~ sth)* verbergen
disseminate [dɪ'semɪneɪt] *v* verbreiten
dissemination [dɪsemɪ'neɪʃən] *sb* Verbreitung *f*
dissension [dɪ'senʃən] *sb* Meinungsverschiedenheit *f*, Differenz *f*
dissent [dɪ'sent] *v* abweichender Meinung sein
dissenter [dɪ'sentə] *sb* Dissident *m*, Andersdenker *m*
dissentious [dɪ'senʃəs] *adj* streitsüchtig
disservice [dɪs'sɜ:vɪs] *sb do s.o. a* ~ jdm einen schlechten Dienst erweisen
dissever [dɪ'sevə] *v* absondern, spalten
dissidence ['dɪsɪdəns] *sb* Meinungsverschiedenheit *f*, Uneinigkeit *f*
dissimilar [dɪ'sɪmɪlə] *adj* verschieden
dissimilarity [dɪsɪmɪ'lærɪtɪ] *sb* Unterschiedlichkeit *f*, Verschiedenheit *f*
dissipate ['dɪsɪpeɪt] *v* sich auflösen
dissipation [dɪsɪ'peɪʃən] *sb* Zerstreuung *f*, Zersplitterung *f*, Vertreibung *f*
dissociate [dɪ'səʊʃɪeɪt] *v* ~ *o.s. from* sich distanzieren von
dissolution [dɪsə'lu:ʃən] *sb* Auflösung *f*
dissolvable [dɪ'zɒlvəbl] *adj* 1. auflösbar; 2. *(soluble)* löslich
dissolve [dɪ'zɒlv] *v* 1. sich lösen, sich auflösen; 2. *(sth)* auflösen
dissonant ['dɪsənənt] *adj* 1. *(discordant)* dissonant, misstönend; 2. *(incongruous)* unvereinbar, gegensätzlich
dissuade [dɪ'sweɪd] *v* ~ *s.o. from doing sth* jdn davon abbringen, etw zu tun

distance ['dɪstəns] *v* 1. ~ *o.s. from sth* sich von etw distanzieren; *sb* 2. Entfernung *f*, Ferne *f*; *at a* ~ *of ten metres* in zehn Meter Entfernung; *in the* ~ in der Ferne; 3. *(~ covered, ~ to cover)* Strecke *f*, Weg *m*; *within walking* ~ zu Fuß erreichbar; *go the* ~ *(fig)* durchhalten; 4. *(of a race) SPORT* Distanz *f*; 5. *(gap)* Abstand *m*, Distanz *f*, Zwischenraum *m*; *keep one's* ~ Abstand halten; 6. *(fig: avoidance of familiarity)* Distanz *f*; *keep one's* ~ *(fig)* auf Distanz bleiben; *keep s.o. at a* ~ jdn auf Distanz halten

distant ['dɪstənt] *adj* 1. fern, entfernt, weit; 2. *(in time)* fern; 3. *(relationship)* entfernt; 4. *(aloof)* distanziert, kühl, reserviert
distaste [dɪs'teɪst] *sb* Widerwille; ~ *for* Widerwille gegen

distil(l) [dɪ'stɪl] *v* *1.* destillieren; *2. (whisky)* brennen
distillery [dɪ'stɪlərɪ] *sb* Schnapsbrennerei *f*
distinct [dɪs'tɪŋkt] *adj* *1.* deutlich, klar; *2. (noticeable)* spürbar; *3. (characteristic)* ausgeprägt; *4. (different)* verschieden; *5. (separate)* getrennt
distinction [dɪs'tɪŋkʃən] *sb* *1. (difference)* Unterschied *m*; *draw a ~ between, make a ~ between* einen Unterschied machen zwischen; *2. (act of distinguishing)* Unterscheidung *f*; *3. (refinement)* Vornehmheit *f*; *4. (eminence in one's field)* hoher Rang *m*; *5. (award)* Auszeichnung *f*
distinctive [dɪs'tɪŋktɪv] *adj* unverwechselbar, unverkennbar, kennzeichnend
distinctiveness [dɪs'tɪŋktɪvnɪs] *sb* Besonderheit *f*
distinguish [dɪ'stɪŋgwɪʃ] *v* *1. (tell apart)* auseinander halten, unterscheiden; *2. (make out)* erkennen; *3. (make different)* unterscheiden; *to be ~ed by sth* sich durch etw unterscheiden; *4. ~ o.s.* sich auszeichnen
distinguishable [dɪ'stɪŋgwɪʃəbl] *adj* *1. (discernible)* erkennbar; *2. (noticeable)* deutlich; *3. (able to be told apart)* unterscheidbar
distinguished [dɪ'stɪŋgwɪʃt] *adj* *1.* bedeutend, von Rang, berühmt; *2. (refined)* distinguiert, vornehm
distort [dɪs'tɔːt] *v* *1.* verzerren; *2. (words, facts)* verdrehen; *3. (judgement)* trüben
distortion [dɪs'tɔːʃən] *sb* Verzerrung *f*, Verdrehung *f*, Trübung *f*
distract [dɪ'strækt] *v* ablenken
distraction [dɪ'strækʃən] *sb* *1. (interruption)* Ablenkung *f*; *2. (lack of attention)* Unaufmerksamkeit *f*; *3. (anxiety)* Ruhelosigkeit *f*
distraught [dɪ'strɔːt] *adj* verzweifelt, außer sich
distress [dɪ'stres] *v* *1.* peinigen, quälen, beunruhigen; *sb* *2.* Verzweiflung *f*; *3. (grief)* Kummer *m*, Leid *n*, Sorge *f*; *4. (poverty)* Elend *n*, Not *f*; *5. (danger)* Not *f*
distress call [dɪ'stres kɔːl] *sb* Notruf *m*
distress signal [dɪ'stressɪgnəl] *sb* Notsignal *n*
distribute [dɪ'strɪbjuːt] *v* *1.* verteilen, austeilen; *2. (goods) ECO* vertreiben; *3. (dividends) FIN* ausschütten; *4. (films)* verleihen
distribution [dɪstrɪ'bjuːʃən] *sb* *1.* Verteilung *f*, Austeilung *f*; *2. (way sth is distributed)* Einteilung *f*; *3. (of dividends) FIN* Ausschüttung *f*; *4. (of goods) ECO* Vertrieb *m*; *5. CINE* Verleih *m*
distributive [dɪ'strɪbjʊtɪv] *adj* distributiv
distributor [dɪ'strɪbjʊtə] *sb* *1.* Verteiler *m*; *2. (wholesaler)* Großhändler *m*; *3. (of films)* Verleih *m*
district ['dɪstrɪkt] *sb* *1.* Gebiet *n*, Gegend *f*; *2. (of a town)* Stadtteil *m*, Viertel *n*, Bezirk *m*; *3. (administrative ~)* Bezirk *m*, Verwaltungsbezirk *m*
district heating ['dɪstrɪkt 'hiːtɪŋ] *sb* Fernwärme *f*
distrust [dɪs'trʌst] *v* *1.* misstrauen; *sb* *2.* Misstrauen *n*
distrustful [dɪs'trʌstfʊl] *adj* misstrauisch, argwöhnisch
disturb [dɪ'stɜːb] *v* *1. (interrupt, interfere with)* stören; *2. (make uneasy)* beunruhigen
disturbance [dɪ'stɜːbəns] *sb* *1.* Störung *f*; *2. (commotion)* Ruhestörung *f*; *(political, social)* Unruhe *f*; *3. (uneasiness)* Unruhe *f*
disturbed [dɪ'stɜːbd] *adj* *1.* (worried) beunruhigt; *2. (waters)* unruhig; *3. (mentally imbalanced)* geistig gestört
disunite [dɪsjʊ'naɪt] *v* trennen, auseinander bringen
disunity [dɪsj'uːnɪtɪ] *sb* Uneinigkeit *f*
disused [dɪs'juːzd] *adj* nicht mehr benutzt, nicht mehr gebraucht
ditch [dɪtʃ] *v* *1. (fam: cut class) (US)* schwänzen; *2. (fam: get rid of)* wegschmeißen; *(a boyfriend)* den Laufpass geben; *(a plan)* baden gehen lassen; *sb* 3. Graben *m*
ditchwater ['dɪtʃwɔːtə] *sb* fauliges Wasser *n; as dull as ~ (fam)* stinklangweilig
dither ['dɪðə] *v* zaudern
ditty ['dɪtɪ] *sb* Liedchen *n*
dive [daɪv] *v* *1. (into a pool, into a lake)* springen, *(under water)* tauchen, *(submarine)* untertauchen; *2. (like a goalkeeper)* einen Hechtsprung machen; *3. (airplane)* einen Sturzflug machen; *sb* *4. (by a swimmer)* Sprung *m; 5. (by a plane)* Sturzflug *m*
diver ['daɪvə] *sb* Taucher *m*
diverge [daɪ'vɜːdʒ] *v* abweichen; *(two things)* auseinander gehen
divergence [daɪ'vɜːdʒəns] *sb* Abweichung *f*, Auseinandergehen *n*
diverse [dɪ'vɜːs] *adj* unterschiedlich, verschieden
diversion [daɪ'vɜːʒən] *sb* *1. (trick to distract attention)* Ablenkung *f*, Ablenkungsmanöver *n; 2. (pastime)* Zeitvertreib *m; 3. (detouring)* Umleitung *f*
diversity [daɪ'vɜːsɪtɪ] *sb* Vielfalt *f*

divert [daɪ'vɜːt] *v 1. (attention)* ablenken; *2. (traffic)* umleiten; *3. (a conversation)* in eine andere Richtung lenken
diverting [daɪ'vɜːtɪŋ] *adj* unterhaltsam, amüsant
divest [daɪ'vest] *v ~ s.o. of sth* jdn einer Sache entblößen
divide [dɪ'vaɪd] *v 1. (separate)* trennen; *2. MATH* dividieren, teilen; *~ eleven by five* elf durch fünf teilen/dividieren; *3. (~ among)* verteilen; *4. (~ up)* teilen; *(distribute)* aufteilen; *5. (cause disagreement among)* entzweien
divided [dɪ'vaɪdɪd] *adj* geteilt
dividend ['dɪvɪdend] *sb FIN* Dividende *f; pay ~s (fig)* sich bezahlt machen
divider [dɪ'vaɪdə] *sb* Teiler *m*
divination [dɪvɪ'neɪʃən] *sb* Weissagung *f,* Wahrsagung *f*
divine [dɪ'vaɪn] *adj* göttlich
diving bell ['daɪvɪŋ bel] *sb NAUT* Taucherglocke *f*
diving board ['daɪvɪŋ bɔːd] *sb SPORT* Sprungbrett *n*
diving suit ['daɪvɪŋ suːt] *sb* Taucheranzug *m*
divinity [dɪ'vɪnɪtɪ] *sb* Gottheit *f,* göttliches Wesen *n*
divinity school [dɪ'vɪnɪtɪ skuːl] *sb* Priesterseminar *n*
divisible [dɪ'vɪzɪbl] *adj* teilbar
division [dɪ'vɪʒən] *sb 1.* Teilung *f,* Aufteilung *f,* Einteilung *f; 2. MATH* Teilen *n,* Division *f; 3. (part)* Teil *m; 4. (of a firm)* Abteilung *f; 5. SPORT* Liga *f; 6. MIL* Division *f; 7. (that which divides)* Trennung *f; 8. (discord)* Uneinigkeit *f*
divisive [dɪ'vaɪsɪv] *adj to be ~* Uneinigkeit schaffen
divorce [dɪ'vɔːs] *v 1. (s.o.)* sich scheiden lassen von; *get ~d* sich scheiden lassen; *2. (fig)* trennen; *sb 3.* Scheidung *f*
divorcé [dɪvɔː'siː] *sb* Geschiedener *m*
divorced [dɪ'vɔːst] *adj* geschieden
divorcée [dɪvɔː'siː] *sb* Geschiedene *f*
divulge [daɪ'vʌldʒ] *v 1.* preisgeben; *2. (a secret)* ausplaudern
divulsion [daɪ'vʌlʃən] *sb* Auseinanderreißen *n*
divvy ['dɪvɪ] *v ~ up* aufteilen
dizziness ['dɪzɪnɪs] *sb* Schwindel *m*
dizzy ['dɪzɪ] *adj* schwindlig

do [duː] *v irr 1.* tun, machen; *What can I ~ for you?* Was kann ich für Sie tun? *How ~ you ~? (pleased to meet you)* Es freut mich, Sie kennen zu lernen. *Nothing ~ing. (fam)* Nichts zu machen. *2. ~ the dishes (US)* Geschirr spülen; *3. (be suitable)* passen; *4. (be sufficient)* reichen, genügen; *That will ~.* Das genügt. *sb 5. make ~ with sth* sich mit etw behelfen

• **do away** *v irr ~ with sth* etw beseitigen
• **do in** *v irr 1. (fam: kill)* umbringen; *2. (fam: ruin)* fertig machen, ruinieren
• **do up** *v irr 1. (fasten)* zumachen; *2. (a room)* herrichten; *3. (a package)* zusammenpacken; *4. ~ one's face* sich schminken
• **do with** *v irr 1. (potentially use)* gebrauchen können; *2. have to ~* mit ... zu tun haben; *What has that got to ~ it?* Was hat das damit zu tun?
• **do without** *v irr* auskommen ohne, entbehren, verzichten auf
doable ['duːəbl] *adj (fam)* machbar
docile ['dəʊsaɪl] *adj* fügsam, gelehrig
dock [dɒk] *v 1.* anlegen; *2. (a ship) NAUT* docken; *3. (wages)* kürzen; *sb 4.* Dock *n; 5. JUR* Anklagebank *f*
docker ['dɒkə] *sb (UK)* Hafenarbeiter *m*
dockyard ['dɒkjɑːd] *sb* Werft *f*

doctor ['dɒktə] *sb 1. (physician) MED* Arzt *m*/Ärztin *f; 2. (person with a doctorate)* Doktor *m; v 3. (fam: tamper with)* frisieren; *(document)* verfälschen

doctorate ['dɒktərɪt] *sb* Doktorwürde *f*
doctrine ['dɒktrɪn] *sb* Doktrin *f,* Lehre *f*
document ['dɒkjʊmənt] *v 1.* beurkunden, dokumentieren; *sb 2.* Dokument *n,* Urkunde *f,* Unterlage *f*
documentary [dɒkjʊ'mentərɪ] *adj 1.* dokumentarisch, urkundlich; *~ evidence* Urkundenbeweis *m; sb 2. CINE* Dokumentarfilm *m,* Tatsachenfilm *m*
dodge [dɒdʒ] *v 1.* ausweichen, *(tax)* umgehen; *2. (military service)* sich drücken vor
dodger ['dɒdʒə] *sb (person)* Schlawiner *m*
doer ['duːə] *sb* Macher *m*
doff [dɒf] *v ~ one's cap* seinen Hut ziehen

dog [dɒg] *sb* Hund *m; go to the ~s (fam)* vor die Hunde gehen; *lucky ~ (fam)* Glückspilz *m; as sick as a ~* speiübel; *lead a ~s life* ein Hundeleben führen; *a hair of the ~ that bit you (fam)* einen Schluck Alkohol gegen den Kater; *set a ~ on s.o.* einen Hund auf jdn hetzen; *the top ~ (fam)* der große Boss

D

dog-eared ['dɒgɪəd] *adj (page)* mit Eselsohren
dogfight ['dɒgfaɪt] *sb (aerial battle)* Luftkampf *m*
dogged ['dɒgɪd] *adj* verbissen
doggedness ['dɒgɪdnɪs] *sb* Hartnäckigkeit *f*
doggish ['dɒgɪʃ] *adj* mürrisch
doghouse ['dɒghaʊs] *sb* Hundehütte *f; in the ~ (fam) (US)* in Ungnade
dogleg ['dɒgleg] *sb* Knick *m*
dogsbody ['dɒgzbɒdɪ] *sb (UK)* Mädchen für alles *n (fig)*
do-it-yourself ['du:ɪt jɒ'self] *sb* Heimwerken *n,* Hobbybasteln *n*
doldrums ['dɒldrəmz] *pl to be in the ~ (person)* Trübsal blasen; *(business)* in einer Flaute stecken
dole [dəʊl] *sb (fam)* Stempelgeld *n; to be on the ~* stempeln gehen
doleful ['dəʊlfʊl] *sb* traurig, trübselig
doll [dɒl] *sb* Puppe *f*
dolled [dɒld] *adj ~ up (fam)* aufgedonnert
dolorous ['dɒlərəs] *adj* schmerzhaft
dolphin ['dɒlfɪn] *sb ZOOL* Delphin *m*
domain [dəʊ'meɪn] *sb 1.* Domäne *f; 2. INFORM* Domain *f*
dome [dəʊm] *sb* Kuppel *f*
domestic [də'mestɪk] *adj 1.* häuslich; *~ animal* Haustier *n; 2. POL* Innen..., Inland...
domesticated [də'mestɪkeɪtɪd] *adj (person)* häuslich
domestic policy [dɒ'mestɪk 'pɒlɪsɪ] *sb POL* Innenpolitik *f*
domicile ['dəʊmɪsaɪl] *sb* Wohnsitz *m*
dominance ['dɒmɪnæns] *sb POL* Vorherrschaft *f,* Dominanz *f*
dominate ['dɒmɪneɪt] *v* dominieren
domination [dɒmɪ'neɪʃən] *sb* Herrschaft *f*
domineer [dɒmɪ'nɪə] *v* tyrannisieren
dominion [də'mɪnɪən] *sb* Herrschaft *f; (territory)* Herrschaftsgebiet *n*
don [dɒn] *v* anziehen; *(hat)* aufsetzen
donate [dɒʊ'neɪt] *v* schenken, spenden
donation [dɒʊ'neɪʃən] *sb 1. (thing donated)* Spende *f,* Stiftung *f,* Gabe *f; 2. (the act of donating)* Spenden *n,* Stiften *n*
donative ['dɒʊnətɪv] *adj* geschenkt, frei
done [dʌn] *adj* getan, erledigt, fertig
donkey ['dɒŋkɪ] *sb* Esel *m*
donnybrook ['dɒnɪbrʊk] *sb* Handgreiflichkeiten *pl*
donor ['dɒʊnə] *sb* Spender *m,* Stifter *m*
doodle ['du:dl] *v (fam)* Männchen malen
doom [du:m] *v 1.* verurteilen, verdammen; *sb 2.* Schicksal *n; 3. (ruin)* Verhängnis *n,* böses Geschick *n*
doomed [du:md] *adj* verurteilt
doomsday ['du:mzdeɪ] *sb REL* der Jüngste Tag *m*

door [dɔ:] *sb* Tür *f; he lives two ~s down* er wohnt zwei Häuser weiter; *show s.o. the ~ (fam)* jdm die Tür weisen; *from ~ to ~* von Haus zu Haus; *out of ~s* draußen; *behind closed ~s* hinter verschlossenen Türen; *at death's ~* den Tod vor den Augen

doorbell ['dɔ:bel] *sb* Türklingel *f*
doorjamb ['dɔ:dʒæm] *sb* Türpfosten *m*
doornail ['dɔ:neɪl] *sb as dead as a ~* mausetot
doorstop ['dɔ:stɒp] *sb* Türanschlag *m*
doorway ['dɔ:weɪ] *sb 1.* Türöffnung *f; 2. (fig)* Weg *m*
dope [dəʊp] *v 1.* dopen; *sb 2. (drugs)* Stoff *m,* Rauschgift *n; 3. (idiot)* Trottel *m,* Idiot *m; 4. (fam: information)* Information *f*
dopey ['dəʊpɪ] *adj (fam)* benebelt, weggetreten
dork [dɔ:k] *sb (fam)* komische Type *f*
dorky ['dɔ:kɪ] *adj 1. (fam: stupid)* doof, bekloppt; *2. (fam: strange)* seltsam, eigenartig
dormant ['dɔ:mənt] *adj 1.* ruhend; *2. (volcano)* untätig; *3. (energy)* latent
dormitory ['dɔ:mɪtrɪ] *sb (for students)* Studentenwohnheim *n*
dosage ['dəʊsɪdʒ] *sb* Dosierung *f*
dose [dəʊs] *v 1. MED* dosieren; *sb 2. MED* Dosis *f; (fig)* Ration *f*
dosser ['dɒsə] *sb (UK)* Penner *m*
dosshouse ['dɒshaʊs] *sb (fam) (UK)* Absteige *f*
dot [dɒt] *sb 1.* Punkt *m,* Tupfen *m; on the ~* pünktlich; *v 2. (an "i")* mit dem i-Punkt versehen
dotage ['dəʊtɪdʒ] *sb* Senilität *f*
dote [dəʊt] *v ~ on* abgöttisch lieben
dotted ['dɒtɪd] *adj* gepunktet; *sign on the ~ line* auf der gestrichelten Linie unterschreiben
dotty ['dɒtɪ] *adj (batty)* bekloppt *(fam)*

double ['dʌbl] *v 1.* verdoppeln; *adj 2.* doppelt, *(in pairs)* Doppel... *sb 3. (lookalike)* Doppelgänger *m,* Ebenbild *n; 4. (stand-in)* Double *n*

• **double back** *v (person)* kehrtmachen, zurückgehen

• **double up** *v 1. (bend over)* sich krümmen; *2. (with laughter)* sich biegen; *3. (share sth)* etw gemeinsam benutzen
double-breasted [dʌbl 'brestɪd] *adj (jacket)* zweireihig
double chin [dʌbl'tʃɪn] *sb* Doppelkinn *n*
double-cross [dʌbl 'krɒs] *v* hintergehen
double-dealing [dʌbl'diːlɪŋ] *adj* betrügerisch
double-decker ['dʌbldekə] *sb 1.* Doppeldecker *m; 2. (sandwich)* Doppelsandwich *n*
double-jointed [dʌbl'dʒɔɪntɪd] *adj* sehr gelenkig
doubles ['dʌblz] *sb SPORT* Doppel *n*
double-take [dʌbl'teɪk] *sb do a ~* zweimal hingucken müssen
doubt [daʊt] *v 1. (have doubts)* zweifeln; *2. (sth)* bezweifeln; *sb 3.* Zweifel *m; without a ~* zweifellos; *no ~* ohne Zweifel; *to be in ~ (person)* unschlüssig sein
doubtful ['daʊtfʊl] *adj 1. (person)* nicht sicher, zweifelnd; *2. (thing)* zweifelhaft, ungewiss; *3. (of questionable character)* zweifelhaft, fragwürdig
doubtless ['daʊtlɪs] *adv* ohne Zweifel, sicherlich
douche [duːʃ] *sb MED* Spülung *f*
dough [dəʊ] *sb 1.* Teig *m; 2. (fam: money)* Kohle *f*
doughty ['daʊtɪ] *adj* kühn, tapfer
dour [daʊə] *adj 1.* mürrisch; *2. (stern)* streng
douse [daʊs] *v 1.* begießen; *2. (a light)* auslöschen
dove [dʌv] *sb* Taube *f*
dovecote ['dʌvkəʊt] *sb* Taubenschlag *m*
dovetail ['dʌvteɪl] *v* übereinstimmen, ineinander passen
dowager ['daʊədʒə] *sb 1.* adlige Witwe *f; 2. (fig)* reiche ältere Dame *f*
dowdy ['daʊdɪ] *adj* schlampig, unelegant
dowel ['daʊəl] *sb* Dübel *m*

> **down** [daʊn] *adv 1. (movement)* nach unten, abwärts; *(towards the speaker)* herunter, runter *(fam); (away from the speaker)* hinunter, runter *(fam); 2. (position)* unten; *(on the ground)* am Boden; *~ under (fam)* in/nach Australien oder Neuseeland; *3. (as a ~ payment)* als Anzahlung; *prep 4. (along)* entlang; *sb 5. (feathers)* Daunen *pl*

down-and-out [daʊnænd'aʊt] *adj (poor)* heruntergekommen
downcast ['daʊnkɑːst] *adj* niedergeschlagen
downfall ['daʊnfɔːl] *sb 1.* Sturz *m; 2. (fig)* Niedergang *m,* Untergang *m*
downgrade ['daʊngreɪd] *v 1. (s.o.)* degradieren; *2. (sth)* herabsetzen
downhill ['daʊn'hɪl] *adv* abwärts, bergab; *go ~ (fig)* rapide abwärts gehen
download ['daʊnləʊd] *v INFORM* herunterladen, downloaden
down payment [daʊn 'peɪmənt] *sb* Anzahlung *f*
downpour ['daʊnpɔː] *sb* Regenguss *m,* Platzregen *m*
downright ['daʊnraɪt] *adv* ausgesprochen, völlig, total
downside ['daʊnsaɪd] *sb (fam)* Nachteil *m*
downstairs [daʊn'stɛəz] *adv 1. (be ~)* unten; *2. (go ~, come ~)* nach unten; *(from here)* die Treppe hinunter; *(from up there)* die Treppe herunter
downstream [daʊn'striːm] *adv* stromabwärts
downswing ['daʊnswɪŋ] *sb ECO* Abwärtstrend *m*
down-to-earth [daʊntuː'ɜːθ] *adj* mit beiden Beinen auf dem Boden stehend
downtown ['daʊn'taʊn] *sb 1.* Innenstadt *f,* Zentrum *n,* Geschäftsviertel *n; adv 2. (US: go ~/be ~)* in die/in der Innenstadt, ins/im Geschäftsviertel; *adj 3. (US) ~ Chicago* die Innenstadt von Chicago
downtrodden ['daʊntrɒdɪn] *adj* unterdrückt
downward ['daʊnwəd] *adv 1.* abwärts, hinab, hinunter; *adj 2.* sinkend, abfallend
downwind [daʊn'wɪnd] *adv* in Windrichtung
dowry ['daʊrɪ] *sb* Mitgift *f,* Aussteuer *f*
doze [dəʊz] *v* dösen; *~ off* einnicken
dozen ['dʌzn] *sb* Dutzend *n*
drab [dræb] *adj 1.* graubraun; *2. (fig)* trüb
drabble ['dræbl] *v* beschmutzen
draft [drɑːft] *v 1. (draw)* entwerfen, skizzieren; *2. (write)* aufsetzen, abfassen; *3. (US: into the military)* einziehen, einberufen; *4. (fig) (US)* berufen; *sb 5.* Entwurf *m; 6. (group of men) MIL* Sonderkommando *n; 7. (US: conscription) MIL* Einberufung zum Wehrdienst *f; 8. (US: air) (see "draught")*
drag [dræg] *v 1. (lag behind)* hinterherhinken; *2. (one's feet)* schlurfen, *(fig)* die Sache schleifen lassen; *3. (sth)* schleppen, schleifen, ziehen; *sb 4. (fam: on a cigarette)* Zug *m; 5. in ~ (dressed like a woman)* in Frauenkleidung;

D

6. a ~ (fam: sth boring) eine stinklangweilige Sache *f*, eine fade Sache *f*

• **drag in** *v* hineinziehen

• **drag on** *v* sich in die Länge ziehen

• **drag out** *v* in die Länge ziehen

draggle ['drægl] *v* durch den Schmutz ziehen, beschmutzen

dragon ['drægən] *sb* Drache *m*

dragonfly ['drægənflaɪ] *sb* Libelle *f*

drain [dreɪn] *v 1. (flow out)* ablaufen; *2. (liquid)* ableiten; *3. (a glass)* austrinken, leeren; *4. (land, swamps)* entwässern, dränieren; *5. (a reservoir)* trockenlegen; *6. (fig)* aufzehren; *sb 7. (under a sink)* Abfluss *m; (in a gutter)* Gully *m; down the ~ (fig)* im Eimer; *go down the ~ (fig)* vor die Hunde gehen; *8. (~pipe)* Rohr *n; 9. (fig: strain)* Belastung *f*, Beanspruchung *f*

drainage ['dreɪnɪdʒ] *sb 1.* Entwässerung *f; 2. (in a house, in a town)* Kanalisation *f*

draining board ['dreɪnɪŋ bɔːd] *sb (beside a sink)* Ablauf *m*

drainpipe ['dreɪnpaɪp] *sb* Abflussrohr *n*

dram [dræm] *sb (of whisky)* Schluck *m*

dramatics [drə'mætɪks] *pl 1. (producing dramas)* Dramaturgie *f; 2. (dramatic behaviour)* theatralisches Benehmen *n*

dramatist ['dræmətɪst] *sb* Dramatiker *m*

dramatize ['dræmətaɪz] *v* dramatisieren

drape [dreɪp] *v* drapieren; *(a person)* hüllen; *(a window)* mit Vorhängen versehen

draper ['dreɪpə] *sb* Textilkaufmann *m*

drapery ['dreɪpərɪ] *sb 1. (coverings, hangings)* Vorhang *m*, Behang *m; 2. (fabrics collectively)* Textilien *pl*, Stoff *m*

drastic ['dræstɪk] *adj* drastisch

draught [drɑːft] *sb 1. (of air)* Zug *m*, Luftzug *m; There is a ~.* Es zieht. *2. (UK: sip)* Zug *m*, Schluck *m*

draught beer [drɑːft bɪə] *sb* Fassbier *n*

draughtboard ['drɑːftbɔːd] *sb* Damebrett *n* (beim Damespiel)

draughts [drɑːfts] *sb (UK)* Damespiel *n*

draughtsman ['drɑːftsmən] *sb* Zeichner *m*

draughty ['drɑːftɪ] *adj* zugig

draw [drɔː] *v irr 1. (pictures)* zeichnen, malen; *~ a line* eine Linie ziehen; *2. (pull, pull out)* ziehen; *3. (a card)* ziehen, abheben; *4. (money from a bank) ECO* abheben; *5. (a salary)* beziehen; *6. (conclusions)* ziehen; *7. (attract)* anlocken, anziehen; *~ attention to* die Aufmerksamkeit lenken auf; *8. (move by pulling)* ziehen; *(a bolt)* zurückschieben; *(a bow)* spannen; *9. (curtains)* zuziehen; *(open)* aufziehen; *10. ~ s.o. into sth* jdn in eine Sache hineinziehen; *11. ~ one's last breath* seinen letzten Atemzug tun; *sb 12. SPORT* Unentschieden *n; 13. (lottery, raffle)* Ziehung *f*

• **draw back** *v irr* zurückziehen

• **draw in** *v irr 1. (entice)* hineinziehen; *2. (shorten)* kürzer werden; *The nights are starting to ~.* Die Nächte werden kürzer.

• **draw near** *v irr* sich nähern, heranrücken

• **draw out** *v irr 1. (take out)* herausziehen; *2. (prolong)* in die Länge ziehen, hinausziehen

• **draw up** *v irr 1. (stop)* halten, anhalten; *2. (write up, design)* entwerfen, aufsetzen

drawback ['drɔːbæk] *sb* Nachteil *m*

drawbridge ['drɔːbrɪdʒ] *sb* Zugbrücke *f*

drawer [drɔː] *sb (in a desk)* Schublade *f; chest of ~s* Kommode *f; drop one's ~s (fam)* die Hosen herunterlassen

drawing ['drɔːɪŋ] *sb 1. (picture)* Zeichnung *f; 2. (lottery)* Ziehung *f*, Verlosung *f*

drawing-board ['drɔːɪŋ bɔːd] *sb* Reißbrett *n; Back to the ~!* Wir müssen noch einmal von vorn anfangen!

drawing-pin ['drɔːɪŋ pɪn] *sb (UK)* Reißzwecke *f*

drawing room ['drɔːɪŋ ruːm] *sb* Gesellschaftszimmer *n; (in a mansion)* Salon *m*

drawl [drɔːl] *v* schleppend sprechen

drawstring ['drɔːstrɪŋ] *sb* Kordel zum Zuziehen *f*

dray [dreɪ] *sb* Bierwagen *m*

dread [dred] *v 1.* große Angst haben vor, sehr fürchten; *sb 2.* Furcht *f*, Grauen *n*

dreadful ['dredfʊl] *adj* schrecklich

dream [driːm] *1.* Traum *m; v irr 2.* träumen

• **dream up** *v irr* sich ausdenken

dreamy ['driːmɪ] *adj 1.* verträumt; *2. (fig: lovely)* traumhaft

dreariness ['drɪərɪnɪs] *sb* Trübseligkeit *f*, Trostlosigkeit *f*

dreary ['drɪərɪ] *adj* langweilig, fade; *(weather)* trostlos

dredge [dredʒ] *v 1. ~ up* mit dem Schleppnetz heraufholen; *2. (fig: facts)* ausgraben

dredger ['dredʒə] *sb 1. (machine)* Bagger *m; 2. (caster)* Streuer *m*

dregs [dregz] *pl 1.* Bodensatz *m; 2. (fig: of society)* Abschaum *m*

drench [drentʃ] *v* durchnässen

dress [dres] *v 1. (o.s.)* sich anziehen, sich kleiden; *2. (s.o.)* anziehen, ankleiden, bekleiden; *3. GAST (a salad)* anmachen; *(a meal)* anrichten; *(poultry)* bratfertig machen; *4. MED* verbinden; *5. (decorate)* schmücken; *(a shop window)* dekorieren; *6. MIL (~ ranks)* sich ausrichten; *sb 7. (woman's)* Kleid *n; 8. (clothing, way of dressing)* Kleidung *f*

• **dress up** *v 1. (put on nice clothes)* sich fein machen, sich schön anziehen; *2. (disguise o.s.)* sich verkleiden; *~ as sth* sich als etw verkleiden

dressage ['dresɑːʒ] *sb* Dressur *f*

dress coat [dres kəʊt] *sb* Frack *m*

dresser ['dresə] *sb (US: dressing-table)* Frisierkommode *f*

dressing ['dresɪŋ] *sb 1. (salad ~)* Dressing *n,* Salatsoße *f; 2. (bandage) MED* Verband *m*

dressing-gown ['dresɪŋgaʊn] *sb* Morgenrock *m*

dressing-table ['dresɪŋteɪbl] *sb* Frisierkommode *f*

dressmaker ['dresmeɪkə] *sb* Damenschneider *m*

dress rehearsal [dres rɪ'hɜːsəl] *sb* Generalprobe *f*

dress suit ['dressuːt] *sb* Abendanzug *m*

dressy ['dresɪ] *adj* elegant

dribble ['drɪbl] *v 1.* tropfen; *2. (out of one's mouth)* sabbern; *3. SPORT* dribbeln

dried [draɪd] *adj* getrocknet; *(fruit)* Dörr...

drift [drɪft] *v 1.* treiben; *(sand)* wehen; *2. (fig: in life)* sich treiben lassen; *sb 3.* Strömung *f; 4. (off course)* Abtrift *f; 5. (mass of ~ed snow or sand)* Verwehung *f; 6. (fig: meaning)* Richtung *f,* Tendenz *f*

drift net [drɪft net] *sb* Treibnetz *n*

driftwood ['drɪftwʊd] *sb* Treibholz *n*

drill [drɪl] *v 1. (use a drill)* bohren; *2. (train, put through exercises)* drillen; *sb 3. (tool)* Bohrer *m; 4. AGR* Furche *f; 5. (machine)* Drillmaschine *f; 6. (practice)* Drill *m*

drink [drɪŋk] *v irr 1.* trinken; *sb 2.* Getränk *n; food and ~* Essen und Getränke; *3. (single alcoholic beverage)* Drink *m,* Glas *n; have a ~ with s.o.* mit jdm ein Glas trinken

• **drink up** *v irr* austrinken

drip [drɪp] *v 1.* tropfen; *to 2. to be ~ping with (fig)* triefen vor; *sb 3. (drop)* Tropfen *m; (sound)* Tropfen *n; 4. MED* Infusionsapparat *m,* Tropf *m*

dripping ['drɪpɪŋ] *sb GAST* Bratenfett *n*

drive [draɪv] *v irr 1. (a vehicle, in a vehicle)* fahren; *2. (impel, propel)* treiben; *3. (a nail)* einschlagen; *4. (power sth)* antreiben, betreiben; *5. (force to work hard)* hetzen, hart hernehmen; *6. (cause to become)* treiben; *~ s.o. crazy (fam)* jdn verrückt machen; *~ s.o. to despair* jdn zur Verzweiflung bringen; *7. What are you driving at?* Worauf willst du hinaus? *sb 8. (journey)* Fahrt *f; 9. (~way)* Einfahrt *f,* Zufahrt *f,* Auffahrt *f; 10. (campaign)* Aktion *f; 11. TECH* Antrieb *m; 12. (fam: forward gear) put a car in ~* den Vorwärtsgang einlegen; *13. INFORM* Laufwerk *n; 14. (motivation, energy)* Tatkraft *f,* Schwung *m,* Dynamik *f; 15. (inner impulse) PSYCH* Trieb *m*

• **drive away** *v irr 1. (car, in a car)* wegfahren; *2. (chase away)* vertreiben, verjagen; *3. (fig: suspicions)* zerstreuen

• **drive back** *v irr 1. (cause to retreat)* zurückdrängen; *2. (car)* zurückfahren

• **drive in** *v irr 1. (a nail)* einschlagen; *2. (car, with a car)* hineinfahren

• **drive off** *v irr 1. (car, in a car)* wegfahren, abfahren; *2. (chase away)* vertreiben

drive-by shooting [draɪvbaɪ'ʃuːtɪŋ] *sb* Attentat aus einem vorbeifahrenden Auto *n*

drivel ['drɪvl] *sb 1.* Blödsinn *m,* Gefasel *n; v 2.* Unsinn reden, faseln

driver ['draɪvə] *sb 1.* Fahrer *m; 2. (UK: of a locomotive)* Führer *m*

driver's license ['draɪvəzlaɪsəns] *sb (US)* Führerschein *m*

driver's seat ['draɪvəzsiːt] *sb 1.* Fahrersitz *m; 2. in the ~ (fig)* am Ruder

driveway ['draɪvweɪ] *sb* Auffahrt *f*

driving ['draɪvɪŋ] *adj 1. (fig: force)* treibend; *2. (fig: rain)* peitschend

driving licence ['draɪvɪŋlaɪsəns] *sb (UK)* Führerschein *m*

drizzle ['drɪzl] *sb 1.* Nieselregen *m,* Sprühregen *m; v 2.* nieseln

droll [drɒʊl] *adj* drollig, spaßig

drollery ['drɒʊlərɪ] *sb* Schwank *m,* Spaß *m*

drone [drəʊn] *v 1. (~ on)* eintönig reden, leiern; *sb 2. ZOOL* Drohne *f*

drool [druːl] *v* sabbern

droop [druːp] *v* schlaff herabhängen; *(shoulders)* hängen; *(eyelids)* herunterhängen

droopy ['druːpɪ] *adj* schlaff, herabhängend

drop [drɒp] *v 1. (fall)* fallen, herunterfallen; *2. (fall in ~s)* tropfen; *3. (decrease)* sinken; *4. (let fall)* fallen lassen; *5. ~ s.o. (fig)* jdn fallen lassen; *6. (a bomb)* abwerfen; *7. (send sprawl-*

D

D

ing) zu Fall bringen; *8. (casually mention)* fallen lassen; *(a hint)* machen; *~ s.o. a line* jdm ein paar Zeilen schreiben; *9. (omit)* auslassen; *10. (give up)* aufgeben; *(a subject)* fallen lassen; *11. Drop it!* Lass das! *12. ~ dead* tot umfallen; *Drop dead! (fam)* Scher dich zum Teufel! *sb 13. (fall)* Sturz *m,* Fall *m; 14. (decrease)* Rückgang *m,* Abfall *m; 15. (difference in level)* Höhenunterschied *m; 16. (of liquid)* Tropfen *m*

• drop away *v* nachlassen, weniger werden

• drop by *v* vorbeikommen

• drop in *v* unerwartet vorbeikommen

• drop off *v 1. (diminish)* zurückgehen, nachlassen; *~ to sleep* einschlafen, *(for a nap)* einnicken; *2. (deliver sth or s.o.)* absetzen

• drop out *v 1. ~ of school* die Schule abbrechen; *2. (fig)* aussteigen

drop-dead ['drɒpdɛd] *adj (fam)* umwerfend

drop-off ['drɒpɒf] *sb* Rückgang *m; Our sales have experienced a ~.* Unser Umsatz ist zurückgegangen.

dropout ['drɒpaʊt] *sb 1. (from school)* Schulabbrecher *m; 2. (from society)* Dropout *m,* Aussteiger *m*

dropper ['drɒpə] *sb* Pipette *f*

drought [draʊt] *sb* Dürre *f*

drove [drəʊv] *sb* Herde *f, (fig: of people)* Schar *f*

drown [draʊn] *v* ertrinken, *(~ s.o.)* ertränken; *~ one's sorrows* seine Sorgen ertränken

• drown out *v* übertönen; *(a speaker)* niederschreien

drowsy ['draʊzɪ] *adj* schläfrig; *(after sleep)* verschlafen

drub [drʌb] *v 1.* verprügeln; *2. (fig: opposing team)* in die Pfanne hauen

drubbing ['drʌbɪŋ] *sb* Prügel *pl*

drudge [drʌdʒ] *v* schuften

drudgery ['drʌdʒərɪ] *sb* Schinderei *f*

drug [drʌg] *v 1.* betäuben; *(food or drink)* ein Betäubungsmittel beimischen; *MED* Medikamente geben; *sb 2. MED* Medikament *n,* Arzneimittel *n; 3. (illegal narcotic)* Rauschgift *n,* Droge *f; to be on ~s* drogensüchtig sein; *take ~s* Drogen nehmen

drug-addicted ['drʌgədɪktɪd] *adj* drogensüchtig, rauschgiftsüchtig

drug dealer ['drʌgdi:lə] *sb* Rauschgifthändler *m,* Dealer *m*

druggist ['drʌgɪst] *sb (US)* Apotheker *m*

drugstore ['drʌgstɔ:] *sb 1.* Apotheke *f; 2. (selling more than just pharmaceuticals)* Drugstore *m*

drug traffic ['drʌgtræfɪk] *sb* Rauschgifthandel *m*

druid ['dru:ɪd] *sb* Druide *m*

drum [drʌm] *v 1.* trommeln; *~ sth into s.o.* jdm etw einhämmern; *sb 2. MUS* Trommel *f; 3. the ~s pl MUS* Schlagzeug *n; 4. (container)* Tonne *f*

• drum up *v* zusammentrommeln

drumstick ['drʌmstɪk] *sb 1. MUS* Trommelschlägel *m; 2. GAST* Keule *f*

drunk [drʌŋk] *adj* betrunken

drunkard ['drʌŋkəd] *sb* Säufer *m*

drunken ['drʌŋkən] *adj* betrunken

dry [draɪ] *v 1.* trocknen; *2. (~ dishes, ~ one's hands)* abtrocknen; *adj 3.* trocken; *run ~* austrocknen

• dry out *v* austrocknen

• dry up *v 1.* austrocknen; *2. (moisture)* trocknen; *3. (fig)* versiegen

dry-clean ['draɪkli:n] *v* chemisch reinigen

dryer ['draɪə] *sb 1. (for clothes)* Wäschetrockner *m; 2. (hair ~)* Föhn *m; 3. (overhead hair ~ in a salon)* Trockenhaube *f*

dryness ['draɪnɪs] *sb* Trockenheit *f*

dry run [draɪ rʌn] *sb* Probe *f*

dual ['djʊəl] *adj* doppelt, Doppel..., Zwei...

duality [dju:'ælɪtɪ] *sb* Dualität *f*

dub [dʌb] *v 1. (fig: name)* titulieren, nennen; *2. (sound)* synchronisieren

dubbing ['dʌbɪŋ] *sb CINE* Synchronisation *f*

dubious ['dju:bɪəs] *adj 1. (uncertain)* zweifelhaft, ungewiss; *(doubting)* zweifelnd; *2. (questionable)* zweifelhaft, fragwürdig

dubitable ['dju:bɪtəbl] *adj* zweifelhaft

duchess ['dʌtʃɪs] *sb* Herzogin *f*

duchy ['dʌtʃɪ] *sb* Herzogtum *n*

duck [dʌk] *sb 1.* Ente *f; like water off a ~'s back* ohne sichtbaren Erfolg; *v 2.* sich ducken; *3. (fig: avoid)* ausweichen; *4. (push under water)* untertauchen

duct [dʌkt] *sb 1.* Röhre *f,* Leitung *f; 2. ANAT* Röhre *f,* Kanal *m*

ductile ['dʌktaɪl] *adj MET* dehnbar, streckbar, schmiedbar

dud [dʌd] *sb* Blindgänger *m*

dude [dju:d] *sb (fam: guy)* Kerl *m*

due [dju:] *adj 1. (owed)* fällig; *2. (expected)* fällig, erwartet; *in ~ time* zur rechten Zeit; *3. (suitable)* gebührend, angemessen, geziemend; *4. ~ to (fam: because of)* aufgrund, infolge von; *sb 5. Give him his ~.* Das muss man ihm lassen.

due date ['dju:deɪt] *sb* Fälligkeitstag *m*

duel ['djʊəl] *sb 1.* Duell *n,* Zweikampf *m; v 2.* duellieren
dues [djuːz] *pl* Gebühren *pl*
duke [djuːk] *sb* Herzog *m*
dukes [djuːks] *pl (fists)* Fäuste *pl*
dulcet ['dʌlsɪt] *adj* wohlklingend, melodisch; *~ tones* liebliche Stimme
dull [dʌl] *adj 1. (boring)* langweilig, lahm; *2. (blunted)* stumpf; *4. (pain, sound)* dumpf; *3. (~-witted)* langsam, schwerfällig, schwer von Begriff; *5. (colour)* trüb; *6. (eyes)* glanzlos, trübe; *v 7. (blunt)* stumpf machen; *8. (the senses)* trüben, schwächen; *(the mind)* abstumpfen; *9. (pain)* betäuben
dullness ['dʌlnɪs] *sb 1. (of a blade)* Stumpfheit *f; 2. (of a colour)* Trübheit *f; 3. (boring quality)* Langweiligkeit *f*
duly ['djuːlɪ] *adv 1. (according to regulations)* ordnungsgemäß; *2. (properly)* gebührend
dumb [dʌm] *adj 1.* stumm; *2. (fam: stupid)* doof, dumm, blöd
dumbfounded ['dʌmfaʊndɪd] *adj* sprachlos, verblüfft
dumbstruck ['dʌmstrʌk] *adj* wie vom Schlag getroffen
dumbwaiter ['dʌmweɪtə] *sb* Speisenaufzug *m*
dummy ['dʌmɪ] *sb 1. (fool)* Dummkopf *m; 2. (sham object)* Attrappe *f; 3. (mannequin for clothes)* Kleiderpuppe *f,* Schaufensterpuppe *f; 4. (UK: for a baby)* Schnuller *m*
dump [dʌmp] *v 1.* abladen; *2. (fam: ~ a boyfriend/girlfriend)* abschieben; *sb 3. (place for trash)* Müllabladeplatz *m; to be down in the ~s* am Boden sein; *4. (fam: hovel)* Bruchbude *f,* Dreckloch *n*
dumpling ['dʌmplɪŋ] *sb GAST* Kloß *m,* Knödel *m*
dumpy ['dʌmpɪ] *adj* pummelig, untersetzt
dunce [dʌns] *sb* Dummkopf *m*
dunderhead ['dʌndəhed] *sb (fool)* Dummkopf *m*
dune [djuːn] *sb* Düne *f*
dung [dʌŋ] *sb* Mist *m,* Dung *m,* Dünger *m*
dungeon ['dʌndʒən] *sb* Kerker *m,* Burgverlies *n*
dunk [dʌŋk] *v 1.* eintunken; *2. SPORT* ein Dunking machen; *sb 3. SPORT* Dunking *n*
dupe [djuːp] *v* reinlegen, betrügen, überlisten
duplex ['djuːpleks] *sb* Zweifamilienhaus *n*
duplicate ['djuːplɪkeɪt] *v 1. (one copy)* kopieren; *(multiple copies)* vervielfältigen; *2. (an action)* wiederholen; ['djuːplɪkɪt] *sb 3.* Duplikat *n,* Kopie *f,* Doppel *n*
duplication [djuːplɪ'keɪʃən] *sb 1. (one copy)* Kopieren *n, (multiple copies)* Vervielfältigung *f; 2. (of an action)* Wiederholung *f*
duplicity [djuː'plɪsɪtɪ] *sb* Doppelspiel *n*
durability [djuːrə'bɪlɪtɪ] *sb 1.* Dauer *f; 2. (of metal)* Widerstandsfähigkeit *f; 3. (of goods)* Haltbarkeit *f*
durable ['djʊərəbl] *adj 1. (metal)* widerstandsfähig; *2. (material, goods)* haltbar; *3. (friendship)* dauerhaft
durable goods ['djʊərəbl gʊdz] *pl* Gebrauchsgüter *pl*
duration [djʊ'reɪʃən] *sb* Länge *f,* Dauer *f*
duress [djʊə'res] *sb under ~* unter Zwang
during ['djʊrɪŋ] *prep* während
dusk [dʌsk] *sb* Dämmerung *f*
dusky ['dʌskɪ] *adj* dämmerig

> **dust** [dʌst] *v 1.* abstauben; *sb 2.* Staub *m; bite the ~ (fam)* ins Gras beißen

dustbin ['dʌstbɪn] *sb (UK)* Mülltonne *f,* Mülleimer *m*
dustcart ['dʌstkɑːt] *sb* Müllwagen *m*
duster ['dʌstə] *sb* Staubtuch *n,* Putzlappen *m*
dust jacket ['dʌstdʒækɪt] *sb* Umschlag *m,* Schutzumschlag *m*
dustman ['dʌstmən] *sb (UK)* Müllmann *m*
dustpan ['dʌstpæn] *sb* Kehrschaufel *f*
dustsheet ['dʌstʃiːt] *sb (UK)* Möbelhülle *f*
dust storm [dʌst stɔːm] *sb* Staubsturm *m*
dusty ['dʌstɪ] *adj* staubig
Dutch [dʌtʃ] *adj* holländisch, niederländisch; *go ~ (fam)* getrennte Kasse machen; *~ courage* angetrunkener Mut
Dutchman ['dʌtʃmən] *sb* Holländer *m,* Niederländer *m*
dutiable ['djuːtɪəbl] *adj* zollpflichtig
dutiful ['djuːtɪfʊl] *adj* pflichtbewusst
duty ['djuːtɪ] *sb 1.* Pflicht *f; 2. (task)* Aufgabe *f,* Pflicht *f; 3. (working hours)* Dienst *m; on ~* Dienst habend; *to be off ~* dienstfrei haben; *4. (tax)* Zoll *m*
duty-free [djuːtɪ'friː] *adj* zollfrei
duvet ['duːveɪ] *sb* Daunendecke *f*
dwarf [dwɔːf] *v 1.* klein erscheinen lassen, in den Schatten stellen; *sb 2.* Zwerg *m*
dweeb [dwiːb] *sb (fam)* Streber *m*
dwell [dwel] *v irr (live)* wohnen, leben
• dwell on *v irr* verweilen bei
dwelling ['dwelɪŋ] *sb* Wohnung *f*
dwindle ['dwɪndl] *v* abnehmen, schwinden
dye [daɪ] *v 1.* färben; *sb 2.* Farbstoff *m; (for hair)* Haarfärbemittel *n*

D

E

each [iːtʃ] *adj 1.* jede(r,s); *~ and every one* jeder Einzelne; *pron 2. ~ other* sich, einander; *adv 3.* je; *The postcards are $1 ~.* Die Postkarten kosten je $1.

eager ['iːgə] *adj* eifrig, begierig; *(full of anticipation)* gespannt

eagerness ['iːgənɪs] *sb* Eifer *m*

eagle ['iːgl] *sb ZOOL* Adler *m*

ear [ɪə] *sb 1.* Ohr *n; to be all ~s* ganz Ohr sein; *have s.o.'s ~* jds Vertrauen genießen; *up to one's ~s (fam)* bis über die Ohren; *not believe one's ~s* seinen Ohren nicht trauen; *give ~ to s.o.* jdm Gehör schenken; *turn a deaf ~ to s.o.* nicht auf jdn hören; *keep an ~ to the ground* Augen und Ohren offen halten; *play it by ~* je nach Lage der Dinge entscheiden; *go in one ~ and out the other* zum einen Ohr hinein und zum anderen wieder hinaus gehen; *2. BOT (of maize)* Kolben *m, (of grain)* Ähre *f*

earful ['ɪəfʊl] *sb get an ~ (be reprimanded)* wüst beschimpft werden

earhole ['ɪəhəʊl] *sb* Ohrloch *n*

earl [ɜːl] *sb* Graf *m*

earldom ['ɜːldəm] *sb HIST* Grafschaft *f*

earliness ['ɜːlɪnɪs] *sb* frühes Kommen *n,* frühes Erscheinen *n*

earlobe ['ɪələʊb] *sb ANAT* Ohrläppchen *n*

early ['ɜːlɪ] *adj 1.* früh, frühzeitig; *2. (too ~)* zu früh, vorzeitig

early bird ['ɜːlɪ bɜːd] *sb (fam)* Frühaufsteher *m*

earmark ['ɪəmɑːk] *v (set aside)* bestimmen, vorsehen

earmuffs ['ɪəmʌfs] *pl* Ohrenschützer *pl*

earn [ɜːn] *v 1.* verdienen; *2. (interest) FIN* bringen

earnest ['ɜːnɪst] *adj 1. (sincere)* ernstlich, ehrlich, aufrichtig; *2. (serious)* ernsthaft

earning power ['ɜːnɪŋpaʊə] *sb* Verdienstchancen *pl*

earnings ['ɜːnɪŋz] *sb 1.* Verdienst *m; 2. (of a business)* Einnahmen *pl*

earphones ['ɪəfəʊnz] *pl* Kopfhörer *pl*

earpiece ['ɪəpiːs] *sb (of a phone)* Hörer *m*

earring ['ɪərɪŋ] *sb* Ohrring *m*

earshot ['ɪəʃɒt] *sb* Hörweite *f*

ear-splitting ['ɪəsplɪtɪŋ] *adj* ohrenzerreißend

earth [ɜːθ] *sb (ground, soil)* Erde *f*

earthbound ['ɜːθbaʊnd] *adj 1. (attached to earth)* erdgebunden; *2. (headed for earth)* in Richtung Erde unterwegs

earthenware ['ɜːθənwɛə] *sb* Töpferwaren *pl,* Tongeschirr *n*

earthly ['ɜːθlɪ] *adj* irdisch, weltlich; *I have no ~ idea. (fam)* Ich habe keinen blassen Schimmer.

earthquake ['ɜːθkweɪk] *sb* Erdbeben *n*

earth-shaking ['ɜːθʃeɪkɪŋ] *adj* welterschütternd

earth tone [ɜːθ təʊn] *sb* Erdfarbe *f*

earthworm ['ɜːθwɜːm] *sb* Regenwurm *m*

earthy ['ɜːθɪ] *adj* erdig

earwig ['ɪəwɪg] *sb* Ohrwurm *m*

ease [iːz] *sb 1.* Behagen *n; ill at ~* unbehaglich; *2. (easiness)* Leichtigkeit *f; 3. at ~* ruhig, entspannt, behaglich; *v 4. (loosen)* lockern, nachlassen; *(pressure)* verringern; *5. (pain)* hindern; *6. (one's mind)* erleichtern

•ease off *v 1.* nachlassen; *2. (slow down)* langsamer werden

easel ['iːzl] *sb* Staffelei *f*

easement ['iːzmənt] *sb (of property)* Nutzungsrecht *n*

easily ['iːzɪlɪ] *adv 1. (without difficulty)* leicht, mühelos, glatt; *2. (without a doubt)* gut und gerne, bei weitem

east [iːst] *sb 1.* Osten *m; adj 2.* östlich, Ost... *adv 3.* nach Osten, ostwärts

eastbound ['iːstbaʊnd] *adj* nach Osten unterwegs

Easter ['iːstə] *sb* Ostern *n*

Easter Bunny ['iːstəbʌnɪ] *sb* Osterhase *m*

Easter lily ['iːstəlɪlɪ] *sb BOT* Osterglocke *f*

easterly ['iːstəlɪ] *adj* östlich, Ost...

eastern ['iːstən] *adj* östlich, Ost...

eastward ['iːstwəd] *adj* Richtung Osten

easy ['iːzɪ] *adj 1.* leicht, einfach; *Take it ~!* Immer mit der Ruhe! *2. (comfortable)* bequem, behaglich; *3. (manner)* ungezwungen, zwanglos; *Easy does it!* Vorsicht! *adv 4. go ~ on s.o.* mit jdm nicht allzu hart sein

easy chair ['iːzɪ tʃɛə] *sb* Sessel *m*

easy-going [iːzɪ'gəʊɪŋ] *adj* unbekümmert, gelassen
easy street ['iːzɪ striːt] *sb to be on ~* sein Schäfchen im Trockenen haben

eat [iːt] *v irr 1. (person)* essen; *2. (animal)* fressen; *3. ~ one's words* seine Worte zurücknehmen

• **eat out** *v irr (at a restaurant)* Essen gehen
• **eat up** *v irr* aufessen, *(animal)* auffressen
eatable ['iːtəbl] *adj* essbar, genießbar
eavesdrop ['iːvzdrɒp] *v 1.* heimlich lauschen; *2. ~ on s.o.* jdn belauschen
ebb [eb] *v 1.* zurückgehen; *sb 2.* Ebbe *f; 3. ~ and flow* Ebbe und Flut *f,* Auf und Ab *n*
• **ebb away** *v* abebben
ebon ['ebən] *adj 1. (black)* scwarz; *2. (made of ebony)* aus Ebenholz
ebony ['ebənɪ] *sb* Ebenholz *n*
ebullient [ɪ'bʌlɪənt] *adj* übersprudelnd
eccentric [ɪk'sentrɪk] *adj 1.* exzentrisch; *sb 2.* Exzentriker *m*
eccentricity [eksen'trɪsɪtɪ] *sb* Exzentrizität *f*
ecclesiastical [ɪkliːzɪ'æstɪkəl] *adj* kirchlich, geistlich
echelon ['eʃəlɒn] *sb* Rang *m,* Stufe *f*
echo ['ekəʊ] *v 1. (sounds)* widerhallen; *2. (room)* hallen; *3. (repeat s.o.'s words)* jdm etw nachbeten; *sb 4.* Echo *n*
eclectic [ɪ'klektɪk] *adj* eklektisch
eclipse [ɪ'klɪps] *v 1.* verfinstern; in den Schatten stellen; *sb 2. ~ of the moon* Mondfinsternis *f; 3. ~ of the sun* Sonnenfinsternis *f*
ecological [iːkəʊ'lɒdʒɪkəl] *adj* ökologisch
ecologist [ɪ'kɒlədʒɪst] *sb* Ökologe/Ökologin *m/f,* Umweltschützer *m*
ecology [ɪ'kɒlədʒɪ] *sb* Ökologie *f*
economic [iːkə'nɒmɪk] *adj* wirtschaftlich, ökonomisch, Wirtschafts...
economical [iːkə'nɒmɪkəl] *adj* wirtschaftlich, sparsam
economics [iːkə'nɒmɪks] *sb (subject)* Volkswirtschaft *f,* Wirtschaftswissenschaften *pl*
economist [iː'kɒnəmɪst] *sb* Volkswirtschaftler *m*
economize [iː'kɒnəmaɪz] *v* sparen
economy [iː'kɒnəmɪ] *sb 1. (system)* Wirtschaft *f; 2. (thrift)* Sparsamkeit *f; 3. (measure to save money)* Einsparung *f*
ecstasy ['ekstəsɪ] *sb* Ekstase *f,* Verzückung *f,* Rausch *m*
ecstatic [eks'tætɪk] *adj* verzückt
ecumenical [iːkjʊ'menɪkl] *adj* ökumenisch
eczema ['eksɪmə] *sb MED* Ekzem *n*
edge [edʒ] *sb 1. (border, margin)* Rand *m,* Kante *f; the ~ of a lake* das Ufer des Sees; *2. (cutting ~)* Schneide *f; 3. (advantage)* Vorteil *m; 4. to be on ~* nervös sein; *set one's teeth on ~* durch Mark und Bein gehen; *v 5. ~ away* sich davonstehlen; *6. ~ up to sth* sich an etw heranmachen; *7. (put a border on)* besetzen, einfassen; *8. (sharpen)* schärfen, schleifen

E

• **edge out** *v* um Haaresbreite schlagen
edging ['edʒɪŋ] *sb* Einfassung *f*
edgy ['edʒɪ] *adj* nervös, gereizt
edible ['edɪbl] *adj* essbar, genießbar
edict ['iːdɪkt] *sb* Erlass *m*
edification [edɪfɪ'keɪʃən] *sb* Erbauung *f*
edifice ['edɪfɪs] *sb* Gebäude *n*
edify ['edɪfaɪ] *v* erbauen, aufrichten
edit ['edɪt] *v 1. (text)* redigieren; *2. (film, tape)* schneiden, cutten, montieren; *3. (serve as editor of)* herausgeben
edition [ɪ'dɪʃən] *sb 1.* Ausgabe *f,* Edition *f; 2. (printing)* Auflage *f*
editor ['edɪtə] *sb 1.* Redakteur/Redakteurin *m/f; 2. (film)* Cutter *m*
editorial [edɪ'tɔːrɪəl] *adj 1.* redaktionell, Redaktions...; *sb 2.* Leitartikel *m*
editor-in-chief ['edɪtərɪn'tʃiːf] *sb* Chefredakteur/Chefredakteurin *m/f*
educate ['edjʊkeɪt] *v* erziehen, unterrichten, ausbilden
education [edjʊ'keɪʃən] *sb 1.* Erziehung *f,* Ausbildung *f,* Bildung *f; 2. (the science of ~)* Pädagogik *f,* Erziehungswissenschaft *f*
educational [edjʊ'keɪʃənl] *adj 1. (pertaining to education)* erzieherisch, pädagogisch; *2. (experience)* lehrreich
educator ['edjʊkeɪtə] *sb* Pädagoge/Pädagogin *m/f,* Erzieher *m*
eel [iːl] *sb ZOOL* Aal *m*
eerie ['ɪərɪ] *adj* unheimlich, schaurig; *(atmosphere)* gespenstisch
eeriness ['iːriːnɪs] *sb* Unheimlichkeit *f*
efface [ɪ'feɪs] *v* löschen, auslöschen

effect [ɪ'fekt] *v 1.* bewirken, zustande bringen; *sb 2. (result)* Wirkung *f,* Effekt *m,* Folge *f; have an ~ on* wirken auf; *3. (repercussion)* Auswirkung *f; 4. (impression)* Wirkung *f,* Effekt *m; 5. (force, validity)* Kraft *f,* Gültigkeit *f; come into ~* in Kraft treten; *in ~* in Kraft, gültig; *6. personal ~s* persönliche Habe *f*

effective [ɪ'fektɪv] *adj 1. (getting results)* wirksam, erfolgreich, wirkungsvoll; *2. (impressive)* wirkungsvoll, effektvoll; *3. (in effect)* gültig, in Kraft, rechtskräftig; *4. (real)* effektiv, tatsächlich, wirklich
effectiveness [ɪ'fektɪvnɪs] *sb* Wirksamkeit *f*
effectivity [efek'tɪvɪtɪ] *sb* Effektivität *f*, Wirksamkeit *f*

effectual [ɪ'fektjʊəl] *adj* wirksam
effectuate [ɪ'fektjʊeɪt] *v* bewirken
effeminate [ɪ'femɪnɪt] *adj* unmännlich, weibisch
effervescent [efə'vesnt] *adj* schäumend, sprudelnd; übersprudelnd
effete [e'fiːt] *adj* schwach
efficacy ['efɪkəsɪ] *sb* Wirksamkeit *f*
efficiency [ɪ'fɪʃənsɪ] *sb 1. (of a person)* Tüchtigkeit *f*, Fähigkeit *f*; *2. (of a method)* Effizienz *f*; *3. (of a machine, of a firm)* Leistungsfähigkeit *f*
efficient [ɪ'fɪʃənt] *adj 1. (person)* tüchtig, fähig, effizient; *2. (method)* effizient; *3. (machine, firm)* leistungsfähig
effigy ['efɪdʒɪ] *sb* Bildnis *n*; *burn s.o. in ~* jdn symbolisch verbrennen
effluence ['eflʊəns] *sb* Abwasser *n*
effluent ['eflʊənt] *sb* Ausfluss *m*, Abwasser *n*
effort ['efət] *sb 1. (attempt)* Bemühung *f*, Versuch *m*; *a pretty poor ~* eine ziemlich schwache Leistung; *2. (work, strain)* Anstrengung *f*, Mühe *f*, Einsatz *m*
effortless ['efətlɪs] *adj* mühelos, leicht
effrontery [ɪ'frʌntərɪ] *sb (impudence)* Unverschämtheit *f*
effulgent [ɪ'fʌldʒənt] *adj* strahlend, glänzend
effuse [ɪ'fjuːz] *v 1. (pour out)* ausgießen; *2. (exude)* ausströmen
effusive [ɪ'fjuːsɪv] *adj* überschwänglich
e.g. [iː dʒiː] *adv (exempli gratia)* z.B. (zum Beispiel)
egalitarian [ɪgælɪ'tɛərɪən] *adj* egalitär

> **egg** [eg] *sb 1.* Ei *n*; *put all one's ~s in one basket* alles auf eine Karte setzen; *a bad ~* ein übler Kerl; *as sure as ~s is ~s* so sicher wie das Amen in der Kirche; *v 2. ~ on* anstacheln

egghead ['eghed] *sb* Eierkopf *m* , Intellektueller *m*
eggplant ['egplɑːnt] *sb* Aubergine *f*
egg-shaped ['egʃeɪpt] *adj* eiförmig
egg-white ['egwaɪt] *sb* Eiweiß *n*
egg yolk ['egjəʊk] *sb* Eidotter *m*, Eigelb *n*
ego ['iːgəʊ] *sb 1.* Selbstbewusstsein *n*, Selbstgefühl *n*; *2. PSYCH* Ich *n*, Selbst *n*
egoistic [iːgəʊ'ɪstɪk] *adj* egoistisch
egotism ['iːgəʊtɪzm] *sb* Egoismus *m*, Ichbezogenheit *f*
egregious [ɪ'griːdʒəs] *adj* ungeheuerlich
eight [eɪt] *num* acht
eighteen [eɪ'tiːn] *num* achtzehn
eighth [eɪtθ] *adj 1.* achte(r,s); *sb 2. (fraction)* Achtel *n*
eighty ['eɪtɪ] *num* achtzig
Eire ['ɛərə] *sb GEO* Irland *n*

> **either** ['aɪðə] *konj 1. ~ ... or ...* entweder ... oder ... *adj 2. (one or the other)* eine(r,s); *3. (both)* jede(r,s), beide; *on ~ side* auf beiden Seiten; *adv 4.* auch nicht; *He doesn't know a word of German, and he can't speak French ~.* Er kann kein Wort Deutsch, und Französisch kann er auch nicht.

ejaculate [ɪ'dʒækjʊleɪt] *v* ejakulieren
eject [ɪ'dʒekt] *v 1.* ausstoßen, auswerfen; *2. (throw s.o. out)* hinauswerfen; *~ from* hinauswerfen aus
ejection [ɪ'dʒekʃən] *sb 1.* Ausstoßung *f*, Hinauswurf *m*; *2. (from a match) SPORT* Platzverweis *m*
eke [iːk] *v ~ out a living* sich durchschlagen; *~ out a victory* sehr knapp gewinnen
elaborate [ɪ'læbəreɪt] *v 1. (describe in detail)* ausführen; *2. (work out)* ausarbeiten; [ɪ'læbərɪt] *adj 3. (plan)* ausgeklügelt; *(meal)* üppig; *4. (design)* kunstvoll, kompliziert
elapse [ɪ'læps] *v* vergehen, verstreichen; *(deadline)* ablaufen
elasticity [iːlæs'tɪsɪtɪ] *sb* Elastizität *f*
elate [ɪ'leɪt] *v* begeistern
elation [ɪ'leɪʃən] *sb* Hochstimmung *f*
elbow ['elbəʊ] *v 1. (s.o.)* mit dem Ellbogen stoßen; *~ one's way through* sich durchdrängen; *sb 2.* Ellbogen *m*, Ellenbogen *m*; *3. (in a road, in a pipe)* Knie *n*
elbow-room ['elbəʊ ruːm] *sb* Ellbogenfreiheit *f*
elder ['eldə] *adj 1.* ältere(r,s); *sb 2. (of a tribe)* Älteste(r) *m/f*; *3. (person to be respected)* Respektperson *f*
elderberry ['eldəberɪ] *sb* Holunderbeere *f*
elderly ['eldəlɪ] *adj* ältlich
eldest ['eldɪst] *adj* älteste(r,s)
elect [ɪ'lekt] *v 1. POL* wählen; *2. ~ to do sth*sich dazu entschließen, etw zu tun

election [ɪ'lekʃən] *sb POL* Wahl *f*
electioneering [ɪlekʃə'nɪərɪŋ] *sb POL* Wahlkampfarbeit *f*
elective [ɪ'lektɪv] *adj 1. hold ~ office* ein gewähltes Amt bekleiden; *sb 2. (US: subject)* Wahlfach *n*
electorate [ɪ'lektərət] *sb POL* Wählerschaft *f,* Wähler *pl*
electric [ɪ'lektrɪk] *adj 1.* elektrisch; *2.* spannungsgeladen
electrical [ɪ'lektrɪkəl] *adj* elektrisch
electrical engineering [ɪ'lektrɪkəl endʒɪ'nɪərɪŋ] *sb* Elektrotechnik *f*
electrician [ɪlek'trɪʃən] *sb* Elektriker *m,* Elektrotechniker *m*
electricity [ɪlek'trɪsɪtɪ] *sb* Elektrizität *f*
electric storm [ɪ'lektrɪk stɔːm] *sb* Gewitter *n*
electrify [ɪ'lektrɪfaɪ] *v 1.* elektrifizieren; *2. (fig: thrill)* elektrisieren
electronics [ɪlek'trɒnɪks] *sb* Elektronik *f*
elegance ['elɪgəns] *sb* Eleganz *f*
elegant ['elɪgənt] *adj* elegant
element ['elɪmənt] *sb 1.* Element *n; ~ of uncertainty* Unsicherheitsfaktor *m; ~ of surprise* Überraschungsmoment *n; to be in one's ~* in seinem Element sein; *2. (component)* Bestandteil *m*
elemental [elɪ'mentl] *adj* elementar
elementary [elɪ'mentərɪ] *adj* elementar
elementary school [elɪ'mentərɪ skuːl] *sb* Grundschule *f*
elephant ['eləfənt] *sb* Elefant *m*
elephantine ['eləfəntaɪn] *adj* gewaltig
elevate ['elɪveɪt] *v* heben
elevation [elɪ'veɪʃən] *sb 1. (above sea level)* Höhe *f; 2. (elevating)* Hochheben *n; 3. (to a higher rank)* Erhebung *f,* Beförderung *f*
elevator ['elɪveɪtə] *sb 1. (US)* Fahrstuhl *m,* Lift *m,* Aufzug *m; 2. TECH* Hebewerk *n; (grain ~)* Getreidesilo *m*
eleven [ɪ'levn] *num* elf
eleventh-hour [ɪ'levnθ 'aʊə] *adj an ~ bid to save the company* ein Versuch um fünf Minuten vor zwölf, die Firma zu retten
elf [elf] *sb* Elf *m*/Elfe *f*
elicit [ɪ'lɪsɪt] *v* entlocken
elide [ɪ'laɪd] *v (abridge)* weglassen
eligibility [elɪdʒə'bɪlɪtɪ] *sb* Berechtigung *f*
eligible ['elɪdʒəbl] *adj* in Frage kommend, berechtigt; *(for membership)* aufnahmeberechtigt
eliminate [ɪ'lɪmɪneɪt] *v 1.* ausschließen, ausschalten; *2. MED* ausscheiden
elimination [ɪlɪmɪ'neɪʃən] *sb* Ausschluss *m,* Ausschaltung *f,* Eliminierung *f; by a process of ~* durch negative Auslese
elite [eɪ'liːt] *sb* Elite *f*
elocution [elə'kjuːʃən] *sb* Sprechtechnik *f,* Vortragskunst *f*
elongated ['iːlɒŋgeɪtɪd] *adj 1. (shape)* länglich; *2. (made longer)* verlängert
elongation [iːlɒŋ'geɪʃən] *sb (extension)* Verlängerung *f*
eloquence ['eləkwəns] *sb* Redegewandtheit *f*

else [els] *adv 1.* andere(r,s); *everybody ~* alle anderen; *put sth above all ~* etw vor alles andere stellen; *2. (further)* sonst, außerdem; *Anything ~?* Sonst noch etwas? *3. or ~* sonst, oder, wenn nicht; *... or ~! (threateningly)* ... sonst passiert was!

elsewhere ['elswɛə] *adv* woanders, anderswo; *(to somewhere else)* anderswohin
elucidate [ɪ'luːsɪdeɪt] *v 1.* erklären; *2. (a mystery)* aufhellen, aufklären
elucidation [ɪluːsɪ'deɪʃən] *sb* Erklärung *f,* Aufhellung *f,* Aufklärung *f*
elude [ɪ'luːd] *v* entkommen, sich entziehen
elusive [ɪ'luːsɪv] *adj 1.* schwer zu fangen; *2. (concept)* schwer fassbar; *3. (happiness)* unerreichbar
elusory [ɪ'luːsərɪ] *adj (deceptive)* trügerisch
eluviation [ɪluːvɪ'eɪʃən] *sb* Auswaschung *f,* Ausspülung *f*
emaciated [ɪ'meɪsɪeɪtɪd] *adj* abgemagert, ausgezehrt
e-mail ['iːmeɪl] *sb INFORM* E-Mail *n,* elektronische Post *f*
emanate ['eməneɪt] *v 1. ~ from* ausgehen von; *2. ~ from (gas, smell)* ausströmen von; *3. ~ from (light)* ausstrahlen von
emanation [emə'neɪʃən] *sb* Ausstrahlung *f,* Ausströmen *n*
emancipate [ɪ'mænsɪpeɪt] *v ~ o.s.* sich emanzipieren
emancipation [ɪmænsɪ'peɪʃən] *sb 1.* Emanzipation *f; 2. (of slaves)* Freilassung *f*
embalm [ɪm'bɑːm] *v* einbalsamieren
embank [ɪm'bæŋk] *v* eindämmen, eindeichen
embankment [ɪm'bæŋkmənt] *sb 1.* Böschung *f; 2. (holding back water)* Damm *m*
embark [ɪm'bɑːk] *v 1.* einschiffen; *(goods)* verladen; *2. ~ on sth* etw unternehmen, etw anfangen, etw beginnen

E

embarrass [ɪm'bærəs] *v* in Verlegenheit bringen, in eine peinliche Lage versetzen
embassy ['embəsɪ] *sb POL* Botschaft *f*
embattled [ɪm'bætld] *adj 1. (ready to fight)* kampfbereit, verteidungsbereit; *2. (mired in controversy)* in einer misslichen Lage
embellish [ɪm'belɪʃ] *v 1.* verschönern, schmücken, verzieren; *2.* ausschmücken; *(the truth)* beschönigen
embers ['embəz] *pl 1. (coal)* glühende Kohle *pl; 2. (ashes)* glühende Asche *pl*
embezzle [ɪm'bezl] *v* veruntreuen, unterschlagen
embittered [ɪm'bɪtəd] *adj (person)* verbittert
emblazon [ɪm'bleɪzən] *v (a name)* hervorheben
emblem ['embləm] *sb* Emblem *n,* Symbol *n,* Abzeichen *n*
embody [ɪm'bɒdɪ] *v 1.* verkörpern; *2. (one's thoughts)* ausdrücken
embossed [ɪm'bɒst] *adj* geprägt
embrace [ɪm'breɪs] *v 1.* umarmen, in die Arme schließen; *2. (fig: a philosophy)* annehmen; *3. (include)* umfassen, erfassen; *sb 4.* Umarmung *f*
embroider [ɪm'brɔɪdə] *v 1. (a design)* sticken; *2. (cloth)* besticken; *3. (fig: facts)* ausschmücken
embroidery [ɪm'brɔɪdərɪ] *sb* Stickerei *f*
embroil [ɪm'brɔɪl] *v ~ in* verwickeln in, hineinziehen in
emerald ['emərəld] *sb MIN* Smaragd *m*
Emerald Isle ['emərəld aɪl] *sb the ~* die Grüne Insel *f* (Irland)
emerge [ɪ'mɜːdʒ] *v 1.* auftauchen; *2. (truth)* herauskommen, sich herausstellen; *3. ~ from* hervorkommen aus, herauskommen aus
emergence [ɪ'mɜːdʒəns] *sb* Auftauchen *n,* Entstehen *n; his ~ as a premier violinist* sein Aufstieg als erstklassiger Geiger
emergency [ɪ'mɜːdʒənsɪ] *sb* Notfall *m,* Not *f,* Notlage *f*
emergent [ɪ'mɜːdʒənt] *adj* jung, aufstrebend
emersion [ɪ'mɜːʃən] *sb* Austreten *n*
emetic [ɪ'metɪk] *sb* Brechmittel *n*
emigrant ['emɪgrənt] *sb* Auswanderer *m,* Emigrant/Emigrantin *m/f*
emigrate ['emɪgreɪt] *v* emigrieren, auswandern
eminence ['emɪnəns] *sb (distinction)* hohes Ansehen *n*
eminent ['emɪnənt] *adj (person)* berühmt
eminently ['emɪnəntlɪ] *adv* ganz besonders, ausgesprochen
emission [ɪ'mɪʃən] *sb 1.* Ausstrahlung *f; 2. (of rays, of fumes)* Emission *f; 3. MED* Ausfluss *m*
emissive [ɪ'mɪsɪv] *adj* ausstrahlend
emit [ɪ'mɪt] *v* ausstrahlen, ausstoßen
emotion [ɪ'məʊʃən] *sb 1. (feeling)* Gefühl *n,* Emotion *f,* Gefühlsregung *f; 2. (state of intense ~)* Gemütsbewegung *f*
emotional [ɪ'məʊʃənl] *adj 1.* emotional, emotionell; *(character)* leicht erregbar; *2. (experience)* erregend
emotionally [ɪ'məʊʃnəlɪ] *adv ~ disturbed* seelisch gestört
emotive [ɪ'məʊtɪv] *adj* gefühlsbetont, emotional
empathize ['empəθaɪz] *v* sich einfühlen; *~ with* sich einfühlen in
empathy ['empəθɪ] *sb* Einfühlungsvermögen *n,* Empathie *f*
emperor ['empərə] *sb* Kaiser *m*
emphasis ['emfəsɪs] *sb 1.* Betonung *f,* Gewicht *n,* Nachdruck *m; 2. (on a syllable)* Betonung *f*
emphasize ['emfəsaɪz] *v* betonen, hervorheben, unterstreichen
emphatic [ɪm'fætɪk] *adj* nachdrücklich, entschieden
empire ['empaɪə] *sb* Reich *n,* Imperium *m; the British Empire* das Britische Weltreich *n*
empirical [em'pɪrɪkəl] *adj* empirisch
employ [ɪm'plɔɪ] *v 1.* beschäftigen; *(take on)* anstellen; *2. (use)* anwenden, einsetzen, verwenden
employed [ɪm'plɔɪd] *adj* berufstätig, beschäftigt
employee [emplɔɪ'iː] *sb* Arbeitnehmer *m,* Angestellte(r) *m/f*
employer [ɪm'plɔɪə] *sb* Arbeitgeber *m*
employment [ɪm'plɔɪmənt] *sb 1.* Arbeit *f,* Stellung *f,* Beschäftigung *f; 2. (employing)* Beschäftigung *f; (taking on)* Anstellung *f; 3. (use)* Anwendung *f,* Verwendung *f,* Einsatz *m*
employment exchange [ɪm'plɔɪmənt ɪks'tʃeɪndʒ] *sb (UK)* Arbeitsamt *n*
empower [ɪm'paʊə] *v* bevollmächtigen
empress ['emprɪs] *sb* Kaiserin *f*
emptiness ['emptɪnɪs] *sb 1.* Leere *f; 2. (state of ~)* Leerheit *f*
empty ['emptɪ] *adj 1.* leer; *v 2. (water: flow out)* auslaufen, *(street)* sich leeren; *~ into (river)* sich ergießen in; *3. (sth)* leeren; *4. (a box)* ausräumen

emulate ['emjʊleɪt] *v* nacheifern
emulsify [ɪ'mʌlsɪfaɪ] *v* emulgieren
emulsion [ɪ'mʌlʃən] *sb* Emulsion *f*
enable [ɪ'neɪbl] *v 1. (sth)* ermöglichen, möglich machen; *2. ~ s.o. to do sth* jdn befähigen, etw zu tun, es jdm ermöglichen, etw zu tun, es jdm möglich machen, etw zu tun
enact [ɪ'nækt] *v 1. (a law)* erlassen; *2. (a play)* aufführen
enamel [ɪ'næməl] *sb 1.* Email *n; 2. (of the tooth)* Zahnschmelz *m; 3. (paint)* Emaillack *m*
enamoured [ɪ'næməd] *adj to be ~ of sth* von etw angetan sein, von etw begeistert sein
encage [ɪn'keɪdʒ] *v* einsperren, einschließen
encampment [ɪn'kæmpmənt] *sb* Lager *n*
encapsulate [ɪn'kæpsjʊleɪt] *v 1.* einkapseln; *2.* sich abkapseln
encase [ɪn'keɪs] *v* einhüllen
enchant [ɪn'tʃɑːnt] *v 1.* verzaubern; *2.* bezaubern, entzücken
enchanted [ɪn'tʃɑːntɪd] *adj* verzaubert
encipher [ɪn'saɪfə] *v* verschlüsseln, chiffrieren, kodieren
encircle [ɪn'sɜːkl] *v 1.* umgeben, umfassen; *2. MIL* einkreisen
enclose [ɪn'kləʊz] *v 1. (shut in)* einschließen; *2. (surround)* umgeben; *3. (in a package)* beilegen, beifügen
enclosed [ɪn'kləʊzd] *adv (in a package)* anbei, beiliegend, in der Anlage; *please find ~ ...* in der Anlage erhalten Sie ...
enclosure [ɪn'kləʊʒə] *sb 1. (in a package)* Anlage *f; 2. (enclosed area)* eingezäuntes Grundstück *n; 3. (fence)* Zaun *m; 4. (wall)* Mauer *f; 5. (enclosing)* Umzäunung *f*
encode [ɪn'kəʊd] *v* verschlüsseln, chiffrieren, kodieren
encompass [ɪn'kʌmpəs] *v* umfassen
encounter [ɪn'kaʊntə] *v 1.* treffen; *2. (a person)* begegnen; *3. (problems, the enemy)* stoßen auf; *sb 4.* Begegnung *f,* Treffen *n; 5. MIL* Zusammenstoß *m*
encourage [ɪn'kʌrɪdʒ] *v 1.* ermutigen, ermuntern; *2. (bad habits)* unterstützen; *3. (a project)* fördern
encouragement [ɪn'kʌrɪdʒmənt] *sb* Ermutigung *f,* Ermunterung *f,* Unterstüzung *f*
encouraging [ɪn'kʌrɪdʒɪŋ] *adj* ermutigend; *(promising)* viel versprechend
encroach [ɪn'krəʊtʃ] *v ~ upon* übergreifen, in Anspruch nehmen
encroachment [ɪn'krəʊtʃmənt] *sb* Vordringen *n*
encrust [ɪn'krʌst] *v 1. (with mud)* überkrusten, verkrusten; *2. (with ice, with pearls)* überziehen
encryption [ɪn'krɪpʃən] *sb* Kodierung *f*
encumber [ɪn'kʌmbə] *v* beladen, belasten
encyclical [ɪn'sɪklɪkəl] *sb REL* Enzyklika *f*
encyclopaedia [ɪnsaɪkləʊ'piːdɪə] *sb* Enzyklopädie *f,* Lexikon *n*

end [end] *v 1.* enden; *2. (sth)* beenden; *sb 3.* Ende *n; put an ~ to sth* einer Sache ein Ende bereiten; *come to a bad ~* ein böses Ende nehmen; *meet one's ~* den Tod finden; *make ~s meet (fam)* durchkommen; *in the ~* schließlich, am Ende; *4. on ~ (consecutive)* ununterbrochen; *5. (standing on ~)* hochkant; *for hours on ~* stundenlang; *My hair stood on ~.* Die Haare standen mir zu Berge. *6. (purpose)* Zweck *m,* Ziel *n; the ~ justifies the means* der Zweck heiligt die Mittel

• **end up** *v ~ in* enden mit, enden in
endanger [ɪn'deɪnʒə] *v* gefährden
endear [ɪn'dɪə] *v ~ o.s. to s.o.* jds Zuneigung gewinnen
endeavour [ɪn'devə] *v 1.* sich bemühen; *(try)* versuchen; *sb 2.* Bemühung *f,* Bestreben *n,* Anstrengung *f*
ending ['endɪŋ] *sb 1.* Ende *n,* Schluss *m; 2. LING* Endung *f*
endless ['endlɪs] *adj 1.* endlos, unendlich; *2. (countless)* zahllos
endmost ['endməʊst] *adj* entfernteste(r,s), am weitesten entfernt
endorse [ɪn'dɔːs] *v 1. (approve of)* billigen, gutheißen; *2. (a cheque)* auf der Rückseite unterzeichnen, indossieren; *3. (UK: a driving licence)* eine Strafe vermerken auf
endorsement [ɪn'dɔːsmənt] *sb 1. (approval)* Billigung *f; 2. (on a cheque)* Indossament *n; 3. (UK: on a driving licence)* Strafvermerk auf dem Führerschein *m*
endow [ɪn'daʊ] *v 1.* stiften, eine Stiftung machen an; *2. ~ s.o. with sth* jdm etw schenken
endowment [ɪn'daʊmənt] *sb (university's)* Stiftung *f*
endurable [ɪn'djʊərəbl] *adj* erträglich
endurance [ɪn'djʊərəns] *sb* Durchhaltevermögen *n,* Ausdauer *f*
endure [ɪn'djʊə] *v 1. (continue to exist)* andauern, fortdauern, fortbestehen; *2. ~ sth (put up with)* ertragen, aushalten; *3. (suffer)* leiden, erleiden

E

E

enduring [ɪn'djʊrɪŋ] *adj* andauernd, fortdauernd, dauerhaft
endways ['endweɪz] *adv* mit dem Ende voran
enemy ['enɪmɪ] *sb 1.* Feind *m,* Gegner *m; adj 2.* feindlich
energetic [enə'dʒetɪk] *adj* energisch, tatkräftig; *(active)* aktiv
energize ['enədʒaɪz] *v* Antrieb geben
energizer ['enədʒaɪzə] *sb* Energiequelle *f*
energy ['enədʒɪ] *sb* Energie *f*
enervate ['enəveɪt] *v* entkräften, schwächen; *(mentally)* entnerven
enervation [enə'veɪʃən] *sb* Schwäche *f,* Abgespanntheit *f*
enface [ɪn'feɪs] *v* stempeln, schreiben, drucken (auf die Vorderseite von etw)
enfold [ɪn'fəʊld] *v* einhüllen, umhüllen
enforce [ɪn'fɔːs] *v* durchführen
enforcement [ɪn'fɔːsmənt] *sb* Durchführung *f*
enforcer [ɪn'fɔːsə] *sb* Vollzieher *m*

> **engage** [ɪn'geɪdʒ] *v 1. ~ in sth* sich an etw beteiligen, sich mit etw beschäftigen; *2. (an enemy)* angreifen; *3. ~ s.o. in conversation* jdn in ein Gespräch verwickeln; *4. (employ)* anstellen, einstellen; *5. (rent)* mieten; *6. (gears) TECH* ineinander greifen lassen; *~ the clutch* kuppeln

engaged [ɪn'geɪdʒd] *adj 1. get ~* sich verloben; *2. (UK: in use, not available)* besetzt
engagement [ɪn'geɪdʒmənt] *sb 1. (betrothal)* Verlobung *f; 2. (job)* Anstellung *f,* Stellung *f; 3. MIL* Kampf *m,* Gefecht *n; 4. (appointment)* Verabredung *f; 5. (booking for a performer)* Engagement *n*
engaging [ɪn'geɪdʒɪŋ] *adj* gewinnend
engender [ɪn'dʒendə] *v* erzeugen
engine ['endʒɪn] *sb 1.* Maschine *f; 2. (of a car, of a plane)* Motor *m; 3. (locomotive)* Lokomotive *f*
engine driver ['endʒɪndraɪvə] *sb* Lokomotivführer *m*
engineer [endʒɪ'nɪə] *sb 1.* Ingenieur *m,* Techniker *m; v 2.* konstruieren; *3.* einfädeln, organisieren, in die Wege leiten
engineering [endʒɪ'nɪərɪŋ] *sb* Technik *f,* Ingenieurwesen *n*
England ['ɪŋglənd] *sb* England *n*
English ['ɪŋglɪʃ] *adj 1.* englisch; *sb 2. (language)* Englisch *n*; *3. (people) the ~ pl* die Engländer *pl*
English Channel ['ɪŋglɪʃ 'tʃænl] *sb* Ärmelkanal *m*
engrave [ɪn'greɪv] *v* eingravieren, einmeißeln; *(in wood)* einschnitzen
engross [ɪn'grəʊs] *v* mit Beschlag belegen, gefangen nehmen
engrossed [ɪn'grəʊst] *adj* versunken, vertieft
engrossing [ɪn'grəʊsɪŋ] *adj* faszinierend
engulf [ɪn'gʌlf] *v* verschlingen
enhance [ɪn'hɑːns] *v* erhöhen, steigern
enhancement [ɪn'hɑːnsmənt] *sb* Erhöung *f,* Steigerung *f*
enhancer [ɪn'hɑːnsə] *sb* Verstärker *m*
enigma [ɪ'nɪgmə] *sb* Rätsel *n*
enigmatic [enɪg'mætɪk] *adj* rätselhaft
enjoin [ɪn'dʒɔɪn] *v JUR* durch gerichtliche Verfügung untersagen
enjoy [ɪn'dʒɔɪ] *v 1.* genießen, Freude haben an; *He ~s playing basketball.* Er spielt gern Basketball. *2. ~ o.s.* sich amüsieren; *3. (have)* sich erfreuen, genießen, haben
enjoyable [ɪn'dʒɔɪəbl] *adj* unterhaltsam, amüsant, angenehm
enjoyment [ɪn'dʒɔɪmənt] *sb 1.* Genuss *m,* Vergnügen *n,* Gefallen *n; 2. (ownership)* Genuss *m*
enkindle [ɪn'kɪndl] *v* entzünden, entflammen, entfachen
enlarge [ɪn'lɑːdʒ] *v 1. (grow)* sich vergrößern, sich ausdehnen, sich erweitern; *2. ~ upon sth* sich über etw genauer äußern; *3. (sth)* vergrößern, ausdehnen, erweitern
enlighten [ɪn'laɪtn] *v* aufklären, erleuchten
enlightened [ɪn'laɪtnd] *adj* aufgeklärt, erleuchtet
enlightenment [ɪn'laɪtnmənt] *sb* Aufklärung *f,* Erleuchtung *f*
Enlightenment [ɪn'laɪtnmənt] *sb (Age of ~) HIST* Aufklärung *f*
enlist [ɪn'lɪst] *v 1.* sich melden; *2. (s.o.)* einziehen, einstellen; gewinnen
enlistment [ɪn'lɪstmənt] *sb* Anwerbung *f,* Einstellung *f*
enmity ['enmɪtɪ] *sb* Feindseligkeit *f*
ennoble ['ennəʊbl] *v* adeln
enormity [ɪ'nɔːmɪtɪ] *sb* Enormität *f,* Ungeheuerlichkeit *f*

> **enough** [ɪ'nʌf] *adj 1.* genug, genügend, ausreichend; *adv 2.* genug, genügend; *(quite)* recht; *oddly ~* sonderbarerweise; *sure ~* tatsächlich; *that's not good ~* das reicht nicht; *Enough is ~!* Schluss damit! Jetzt reicht's!

enquire [ɪn'kwaɪə] *v (see "inquire")*

enrage [ɪn'reɪdʒ] *v* wütend machen
enrich [ɪn'rɪtʃ] *v* bereichern; *(with nutrients)* anreichern
enrobe [ɪn'rəʊb] *v* sich kleiden, sich gewanden
enrol [ɪn'rəʊl] *v 1.* sich einschreiben, sich anmelden; *(at university)* sich immatrikulieren; *2. (s.o.)* einschreiben, aufnehmen
enroller [ɪn'rəʊlə] *sb* Anwerber *m*
enrolment [ɪn'rəʊlmənt] *sb 1.* Einschreibung *f,* Anmeldung *f,* Immatrikulation *f; 2. (number of students)* Studentenzahl *f,* Schülerzahl *f*
enroot [ɪn'ru:t] *v* verwurzeln
ensconce [ɪn'skɒns] *v ~ o.s.* sich bequem machen; *His latest novel is firmly ~d atop the bestseller list.* Sein neuester Roman steht unangefochten an der Spitze der Bestsellerliste.
enshrine [ɪn'ʃraɪn] *v (into a hall of fame)* einführen
enshroud [ɪn'ʃraʊd] *v* einhüllen, verhüllen
ensign ['ensɪn] *sb (flag)* Fahne *f,* Flagge *f*
enslave [ɪn'sleɪv] *v* zum Sklaven machen
ensnare [ɪn'snɛə] *v 1.* in einer Schlinge fangen; *2.* umgarnen
ensue [ɪn'sju:] *v* folgen
en suite [ɑ̃ swi:t] *adv 1.* hintereinander, aufeinander folgend; *adj 2. an ~ room* Zimmer *n* mit (eigenem) Bad
ensure [ɪn'ʃʊə] *v 1.* sicherstellen, sichern; *2. ~ that (make sure that)* dafür sorgen, dass
entail [ɪn'teɪl] *v* mit sich bringen, nach sich ziehen; *(necessitate)* erforderlich machen
entailment [ɪn'teɪlmənt] *sb* Fideikommiss *n,* unveräußerliches Erbe *n*
entangle [ɪn'tæŋgl] *v 1. (snare)* verfangen; *(get tangled)* verwirren; *2.* verstricken
entanglement [ɪn'tæŋglmənt] *sb 1.* Verfangen *n; 2. (tangle)* Durcheinander *n; 3.* Verwicklung *f*
enter ['entə] *v 1. (seen from outside)* hineingehen; *(seen from inside)* hereinkommen; eintreten; *2. (sth) (seen from outside)* hineingehen in, *(seen from inside)* hereinkommen in, *(walk into)* eintreten in; *3. (a contest, a race) (sign up)* melden; *(participate in)* sich beteiligen an; *4. (penetrate sth)* eindringen in; *5. (a country)* einreisen; *6. (write down)* eintragen; *7. (join)* eintreten in; *8. THEAT* auftreten; *9. INFORM* eingeben
• **enter into** *v 1. ~ sth* etw eingehen, sich auf etw einlassen; *2. (talks)* aufnehmen; *3. (figure in)* eine Rolle spielen bei
enterprise ['entəpraɪz] *sb 1. (an undertaking, a firm)* Unternehmen *n; (in general)* Unternehmertum *n; free ~* freies Unternehmertum; *2. (enterprising nature)* Initiative *f,* Unternehmungsgeist *m*
enterprising ['entəpraɪzɪŋ] *adj* unternehmungslustig
entertain [entə'teɪn] *v 1.* unterhalten, amüsieren; *2. (as a host)* Gäste haben; *3. (host s.o.)* einladen; *(to a meal)* bewirten; *4. (thoughts)* sich tragen mit, *(fear, hope, doubt)* hegen, *(a suggestion)* in Erwägung ziehen
entertainment [entə'teɪnmənt] *sb* Unterhaltung *f; (of guests)* Bewirtung *f*
enthral [ɪn'θrɔ:l] *v* begeistern, fesseln, bezaubern
enthused [ɪn'θju:zd] *adj* begeistert
enthusiasm [ɪn'θju:zɪæzəm] *sb* Begeisterung *f,* Enthusiasmus *m*
enthusiastic [ɪnθju:zɪ'æstɪk] *adj* enthusiastisch, begeistert
entice [ɪn'taɪs] *v 1.* locken; *2. (lead astray)* verführen, verleiten, verlocken
enticement [ɪn'taɪsmənt] *sb 1. (act of enticing)* Lockung *f; 2. (leading astray)* Verführung *f; 3. (lure)* Verlockung *f,* Anreiz *m*
entire [ɪn'taɪə] *adj 1.* ganz, gesamt, voll; *2. (undamaged)* ganz, unbeschädigt
entirely [ɪn'taɪəlɪ] *adv* ganz, völlig
entirety [ɪn'taɪətɪ] *sb* Gesamtheit *f,* Ganze *n; in its ~* in seiner Gesamtheit
entitle [ɪn'taɪtl] *v 1.* betiteln; *2. ~ to (authorize)* berechtigen zu, ein Anrecht geben auf
entitlement [ɪn'taɪtlmənt] *sb* Berechtigung *f,* Anspruch *m*
entity ['entɪtɪ] *sb* Wesen *n*
entomb [ɪn'tu:m] *v* begraben, beerdigen
entourage [ɒntʊ'rɑ:ʒ] *sb* Gefolge *n*
entrails ['entreɪlz] *pl ANAT* Eingeweide *pl*
entrain [ɪn'treɪn] *v* einsteigen
entrainment [ɪn'treɪnmənt] *sb* Verladung in Eisenbahnwaggons *f*
entrance[1] ['entrəns] *sb 1.* Eingang *m; 2. (for vehicles)* Einfahrt *f; 3. (entering)* Eintritt *m; 4. (admission)* Eintritt *m; 5. THEAT* Auftritt *m*
entrance[2] [ɪn'trɑ:ns] *v* in Verzückung versetzen
entrance examination ['entrəns ɪgzæmɪ'neɪʃən] *sb* Aufnahmeprüfung *f*
entrancement [ɪn'trɑ:nsmənt] *sb* Verzückung *f,* Trance *f*
entrancing [ɪn'trɑ:nsɪŋ] *adj* hinreißend, bezaubernd
entrant ['entrənt] *sb* Teilnehmer *m*

E

E

entrap [ɪn'træp] *v* verführen, verleiten
entrapment [ɪn'træpmənt] *sb* Verleitung *f*
entreat [ɪn'triːt] *v* anflehen
entreaty [ɪn'triːtɪ] *sb* flehentliche Bitte *f*
entrée ['ɔntreɪ] *sb GAST* Hauptgericht *n*
entrench [ɪn'trentʃ] *v 1.* sich verschanzen; *2.* sich festsetzen
entrenched [ɪn'trentʃt] *adj* festgesetzt, verwurzelt
entrenchment [ɪn'trentʃmənt] *sb* Verschanzung *f*
entrepôt ['ɑ̃trəpəʊ] *sb 1. (warehouse)* Lagerhalle *f; 2. (port)* Umschlaghafen *m*
entrepreneur [ɑ̃ntrəprə'nɜː] *sb* Unternehmer *m*
entrust [ɪn'trʌst] *v 1.* anvertrauen; *2. ~ s.o. with a task* jdn mit einer Aufgabe betreuen
entry ['entrɪ] *sb 1.* Eintritt *m, (by car)* Einfahrt *f; 2. (into a country)* Einreise *f; 3. (way in)* Eingang *m; (for vehicles)* Einfahrt *f; 4. (notation)* Eintrag *m; (act of entering)* Eintragung *f; 5. (in a dictionary)* Stichwort *n; 6. ECO* Buchung *f*
entry form ['entrɪ fɔːm] *sb* Anmeldeformular *n*
entry-level ['entrɪlevl] *adj* Einstiegs...
entwine [ɪn'twaɪn] *v* ineinander schlingen
enumerate [ɪ'njuːməreɪt] *v* aufzählen
enumerator [ɪ'njuːməreɪtə] *sb* Zähler *m*
enunciable [ɪ'nʌnsɪəbl] *adj* definierbar
enunciate [ɪ'nʌnsɪeɪt] *v* aussprechen
envelop [ɪn'veləp] *v* einwickeln, einhüllen
envelope ['envələʊp] *sb* Umschlag *m*
enviable ['envɪəbl] *adj* beneidenswert, zu beneiden
envious ['envɪəs] *adj* neidisch
environment [ɪn'vaɪərənmənt] *sb 1.* Umgebung *f,* Milieu *n; 2. (nature)* Umwelt *f*
environmentalist [ɪnvaɪrən'mentəlɪst] *sb* Umweltschützer *m*
environs [ɪn'vaɪərənz] *pl* Umgebung *f*
envisage [ɪn'vɪzɪdʒ] *v* ins Auge fassen
envision [ɪn'vɪʒən] *v ~ sth* sich etw vorstellen
envoy ['envɔɪ] *sb POL* Gesandte(r) *m/f*
envy ['envɪ] *v 1.* beneiden; *sb 2.* Neid *m*
enwind [ɪn'waɪnd] *v* einrollen
enwrap [ɪn'ræp] *v* einwickeln, einhüllen
ephemeral [ɪ'femərəl] *adj* ephemer, flüchtig, kurzlebig
epic ['epɪk] *adj 1.* episch; *(book, film)* monumental; heldenhaft; *sb 2.* Epos *n*
epicentre ['epɪsentə] *sb* Epizentrum *n;* Mittelpunkt *m*
epicure ['epɪkjʊə] *sb* Genießer *m,* Feinschmecker *m*
epigraph ['epɪgrɑːf] *sb 1. (in a book)* Epigraph *n,* Sinnspruch *m; 2. (inscription)* Inschrift *f*
episode ['epɪsəʊd] *sb 1. (incident)* Episode *f,* Vorfall *m; 2. (of a fictional story)* Folge *f,* Fortsetzung *f*
epistemology [ɪpɪstə'mɒlədʒɪ] *sb* Erkenntnistheorie *f*
epistle [ɪ'pɪsl] *sb* Epistel *f*
epitaph ['epɪtɑːf] *sb* Grabinschrift *f*
epithet ['epɪθet] *sb 1.* Beiname *m; 2. (derogatory)* Schimpfname *m*
epitome [ɪ'pɪtəmɪ] *sb* Inbegriff *m*
epitomize [ɪ'pɪtəmaɪz] *v* verkörpern
epoch ['iːpɒk] *sb* Epoche *f,* Zeitalter *n*
eponymous [ɪ'pɒnɪməs] *adj The Nacho Men have released an ~ album.* Die „Nacho Men“ haben eine Platte gleichen Namens herausgebracht.
equable ['ekwəbl] *adj* gleichmäßig, ausgeglichen

equal ['iːkwəl] *v 1.* gleichen, *(match)* gleichkommen; *adj 2.* gleich; *all other things being ~* unter sonst gleichen Umständen; *sb 3.* Gleichgestellte(r) *m/f; He is without ~.* Er sucht seinesgleichen.

equality [iː'kwɒlɪtɪ] *sb* Gleichheit *f*
equalization [iːkwəlaɪ'zeɪʃən] *sb* Ausgleich *m*
equalize ['iːkwəlaɪz] *v* ausgleichen
equally ['iːkwəlɪ] *adv* ebenso, genauso, gleich
equanimity [ekwə'nɪmɪtɪ] *sb* Gleichmut *m*
equate [ɪ'kweɪt] *v ~ sth with sth* etw mit etw gleichsetzen
equation [ɪ'kweɪʒən] *sb* Gleichung *f*
equator [ɪ'kweɪtə] *sb GEO* Äquator *m*
equidistant [iːkwɪ'dɪstənt] *adj* in gleichem Abstand, gleich weit entfernt
equilateral [iːkwɪ'lætərəl] *adj ~ triangle MATH* gleichseitiges Dreieck *n*
equilibrant [ɪ'kwɪlɪbrənt] *sb* Ausgleich *m,* Ausgleichsgewicht *n*
equilibrate [iːkwɪ'laɪbreɪt] *v* ausgleichen, ins Gleichgewicht bringen
equilibrium [iːkwɪ'lɪbrɪəm] *sb* Gleichgewicht *n*
equip [ɪ'kwɪp] *v 1.* ausrüsten, austatten, einrichten; *2. to be ~ped with* verfügen über, ausgestattet sein mit

equipment [ɪ'kwɪpmənt] *sb 1.* Ausrüstung *f; 2. (appliances)* Geräte *pl,* Anlagen *pl,* Apparatur *f; 3. (equipping)* Ausrüstung *f*
equipoise ['ekwɪpɔɪz] *sb 1. (counterpoise)* Gegengewicht *n; 2. (equilibrium)* Gleichgewicht *n*
equitable ['ekwɪtəbl] *adj* fair, gerecht
equity ['ekwɪtɪ] *sb 1.* Billigkeit *f,* Gerechtigkeit *f; 2. ECO* Eigenkapital *n*
equivalent [ɪ'kwɪvələnt] *adj 1.* gleichwertig, äquivalent; *(corresponding)* entsprechend; *sb 2.* Äquivalent *n,* Entsprechung *f; (counterpart)* Gegenstück *n; 3. (monetary ~)* Gegenwert *m*
equivocal [ɪ'kwɪvəkəl] *adj 1. (behaviour)* zweideutig; *2. (words)* doppeldeutig; *3. (outcome)* nicht eindeutig
equivocate [ɪ'kwɪvəkeɪt] *v* ausweichen
equivocation [ɪkwɪvə'keɪʃən] *sb* Ausflucht *f,* doppeldeutige Antwort *f*
era ['ɪərə] *sb* Ära *f,* Epoche *f,* Zeitalter *n*
eradicate [ɪ'rædɪkeɪt] *v* ausrotten
eradication [ɪrædɪ'keɪʃən] *sb* Ausrottung *f,* Vernichtung *f*
erasable [ɪ'reɪsəbl] *adj* zu löschen
erase [ɪ'reɪz] *v 1.* ausradieren; *2. (fig: from memory)* auslöschen, streichen; *3. INFORM* löschen
eraser [ɪ'reɪzə] *sb* Radiergummi *m; (for a blackboard)* Schwamm *m*
erasure [ɪ'reɪʒə] *sb* Auslöschen *n,* Ausradieren *n; (thing erased)* ausradierte Stelle *f*
ere [eɪr] *prep* ehe, bevor
erect [ɪ'rekt] *v 1.* bauen, erbauen, errichten; *adj 2.* aufrecht, gerade; *3. (penis)* erigiert
erection [ɪ'rekʃən] *sb 1. (erecting)* Errichtung *f,* Aufrichtung *f,* Bau *m; 2. (physiological)* Erektion *f*
erode [ɪ'rəʊd] *v 1. (acid)* ätzen; *2. (rust)* wegfressen; *3. GEOL* auswaschen
erogenous [ɪ'rɒdʒɪnəs] *adj* erogen
erosion [ɪ'rəʊʒən] *sb 1. (by acid)* Ätzung *f; 2. GEOL* Erosion *f; 3.* Aushöhlung *f*
erotic [ɪ'rɒtɪk] *adj* erotisch
eroticism [ɪ'rɒtɪsɪzəm] *sb* Erotik *f*
err [ɜː] *v (to be mistaken)* sich irren
errand ['erənd] *sb 1.* Besorgung *f; 2. (to deliver a message)* Botengang *m; 3. (task)* Auftrag *m*
errand boy ['erənd bɔɪ] *sb* Laufbursche *m*
erratic [ɪ'rætɪk] *adj 1.* unberechenbar, unregelmäßig, ungleichmäßig; *2. (person)* unberechenbar; *(moods)* schwankend
erroneous [ɪ'rəʊnɪəs] *adj* irrig, irrtümlich, unrichtig
error ['erə] *sb* Irrtum *m,* Fehler *m,* Versehen *n; ~ of omission* Unterlassungssünde *f*
erstwhile ['ɜːstwaɪl] *adj* einstig, ehemalig
erudite ['erədaɪt] *adj* gelehrt, belesen
erudition [erə'dɪʃən] *sb* Gelehrsamkeit *f*
erupt [ɪ'rʌpt] *v 1.* ausbrechen; *2. (person)* einen Wutausbruch haben; *3. (rash)* zum Vorschein kommmen
eruption [ɪ'rʌpʃən] *sb* Ausbruch *m; (of rage)* Wutausbruch *m; (of a rash)* Hautausschlag *m*
eruptive [ɪ'rʌptɪv] *adj* stürmisch, explosiv
escalator ['eskəleɪtə] *sb* Rolltreppe *f*

escape [ɪs'keɪp] *v 1.* flüchten, entfliehen; *2. (break out)* ausbrechen; *3. (from pursuers)* entkommen; *4. (get off)* davonkommen; *5. (gas, liquid)* ausströmen; *6. (sth)(a fate)* entgehen; *7. Her name ~s me.* Ihr Name ist mir entfallen. *sb 8.* Flucht *f; 9. (breakout)* Ausbruch *m; 10. (gas, liquid)* Ausströmen

escape hatch [ɪs'keɪp hætʃ] *sb 1. (of a plane)* Notausstieg *m; (of a ship)* Notluke *f; 2.* Schlupfloch *n*
escapist [ɪs'keɪpɪst] *adj* angenehm unrealistisch
escapologist [eskə'pɒlədʒɪst] *sb (escape artist)* Entfesselungskünstler *m*
eschew [ɪs'tʃuː] *v* scheuen
escort [ɪ'skɔːt] *v 1.* begleiten, *MIL* eskortieren; ['eskɔːt] *sb 2. (one person)* Begleiter *m; 3. (several people)* Geleit *n; 4. MIL* Eskorte *f*
escrow ['eskrəʊ] *sb* Urkunde, die ein Treuhänder nur dann überreichen soll, wenn eine Bedingung erfüllt wird *f*
especially [ɪs'peʃəlɪ] *adv* besonders
espionage ['espɪənɑːʒ] *sb* Spionage *f*
espouse [ɪ'spaʊz] *v* eintreten für
espy [ɪ'spaɪ] *v* erspähen, erblicken
esquire ['eskwaɪə] *sb (title of respect) Robert Smith ~* Herr Robert Smith
essay ['eseɪ] *sb* Essay *n,* Abhandlung *f,* Aufsatz *m*
essence ['esəns] *sb 1.* Wesen *n,* das Wesentliche *n,* Kern *m; 2. CHEM, GAST, PHIL* Essenz *f*
essential [ɪ'senʃəl] *adj 1. (necessary, important)* notwendig, absolut erforderlich, unentbehrlich; *2. (basic)* wesentlich; *sb 3. the ~s* das Wesentliche *n,* das Wichtigste *n*
establish [ɪ'stæblɪʃ] *v 1. (found)* gründen; *2. (a government)* bilden; *3. (a religion)* stiften; *4. (order)* schaffen, wiederherstellen; *5. (relations)* herstellen, aufnehmen; *6. (power, a*

E

E

reputation) sich verschaffen; *7. (determine)* ermitteln, feststellen; *8. (prove)* beweisen, nachweisen; *9. ~ o.s.* sich etablieren

established [ɪ'stæblɪʃt] *adj 1.* bestehend; *2. (fact)* feststehend, *(truth)* akzeptiert, *(procedure)* anerkannt

establishment [ɪ'stæblɪʃmənt] *sb 1. (institution)* Institution *f,* Anstalt *f; 2. the Establishment* das Establishment *n; 3. (founding)* Gründung *f; 4. (of relations)* Herstellung *f; 5. (of power, of a religion)* Stiftung *f; 6. (determining)* Ermittlung *f; 7. (proving)* Beweis *m*

estate [ɪ'steɪt] *sb 1. (possessions)* Besitz *m,* Eigentum *n; 2. (land)* Gut *n; 3. (dead person's)* Nachlass *m,* Erbmasse *f; 4. (rank)* Stand *m; the fourth ~* die Presse *f*

estate agent [ɪ'steɪt 'eɪdʒənt] *sb (UK)* Immobilienmakler *m*

estate car [ɪ'steɪt kɑː] *sb (UK)* Kombifahrzeug *n*

esteem [ɪs'tiːm] *sb 1.* Wertschätzung *f,* Achtung *f; hold s.o. in high ~* jdn hoch schätzen; *v 2. (think highly of)* hoch schätzen, schätzen; *my ~ed colleague* mein verehrter Herr Kollege

esteemed [ɪs'tiːmd] *adj* angesehen, hoch geschätzt

estimable ['estɪməbl] *adj* achtenswert, schätzenswert

estimate ['estɪmeɪt] *v 1.* schätzen; ['estɪmət] *sb 2.* Schätzung *f; rough ~* grober Überschlag; *3. (of cost)* Kostenvoranschlag *m*

estimation [estɪ'meɪʃən] *sb 1.* Einschätzung *f; in my ~* meiner Einschätzung nach; *2. (esteem)* Achtung *f*

estranged [ɪ'streɪndʒd] *sb (spouse)* getrennt lebend; *They are ~.* Sie haben sich auseinander gelebt.

estrangement [ɪ'streɪndʒmənt] *sb* Entfremdung *f*

estuary ['estjʊərɪ] *sb* Mündung *f*

etch [etʃ] *v* ätzen; *(in metal)* radieren; *(in copper)* kupferstechen; *It was ~ed in his memory.* Es hatte sich in sein Gedächtnis eingeprägt.

etching ['etʃɪŋ] *sb (picture)* Ätzung *f,* Radierung *f,* Kupferstich *m*

eternal [ɪ'tɜːnl] *adj* ewig

eternity [ɪ'tɜːnɪtɪ] *sb* Ewigkeit *f*

ether ['iːθə] *sb CHEM* Äther *m*

ethereal [ɪ'θɪərɪəl] *adj* ätherisch

ethical ['eθɪkəl] *adj (values)* ethisch; *(conduct)* sittlich

ethics ['eθɪks] *pl 1. (morality)* Moral *f; 2. PHIL* Ethik *f*

ethnic ['eθnɪk] *adj* ethnisch, völkisch; *~ German* Volksdeutscher *m*/Volksdeutsche *f; ~ joke* Witz auf Kosten einer bestimmten Volksgruppe *m*

ethnology [eθ'nɒlədʒɪ] *sb* Ethnologie *f,* vergleichende Völkerkunde *f*

ethology [ɪ'θɒlədʒɪ] *sb 1. (the study of human character)* Persönlichkeitsforschung *f; 2. (the study of animal behaviour)* Ethologie *f,* Tierverhaltensforschung *f*

ethos ['iːθɒs] *sb* Ethos *n,* Gesinnung *f*

etymology [etɪ'mɒlədʒɪ] *sb LING* Etymologie *f*

eulogize ['juːlədʒaɪz] *v* loben, rühmen

eulogy ['juːlədʒɪ] *sb* Lobrede *f; (written)* Lobschrift *f*

eunuch ['juːnək] *sb* Eunuch *m*

euphemize ['juːfɪmaɪz] *v* beschönigen

euphony ['juːfənɪ] *sb* Wohlklang *m*

euphoria [juː'fɔːrɪə] *sb* Euphorie *f*

euphoric [juː'fɒrɪk] *adj* euphorisch

euro ['jʊərəʊ] *sb FIN* Euro *m*

eurocurrency ['jʊərəʊkʌrənsɪ] *sb FIN* Eurowährung *f*

Europe ['jʊərəp] *sb* Europa *n*

European [jʊərə'pɪən] *sb 1.* Europäer *m; adj 2.* europäisch

European Community [jʊərə'pɪən kə'mjuːnɪtɪ] *sb POL* Europäische Gemeinschaft *f*

evacuate [ɪ'vækjʊeɪt] *v 1. (leave)* räumen; *2. (people)* evakuieren; *(place)* räumen; *3. MED* entleeren

evacuation [ɪvækjʊ'eɪʃən] *sb 1. (clearing) (of people)* Evakuierung *f; (of a place)* Räumung *f; 2. (leaving)* Räumung *f; 3. MED* Entleerung *f*

evade [ɪ'veɪd] *v 1. (a blow, a question, a glance)* ausweichen; *2. (pursuers)* entkommen; *3. (taxes)* hinterziehen; *4. (an obligation)* sich entziehen

evaluate [ɪ'væljʊeɪt] *v 1.* bewerten, beurteilen, einschätzen; *2. (monetary value)* schätzen

evaluation [ɪvæljʊ'eɪʃn] *sb 1.* Bewertung *f,* Beurteilung *f,* Einschätzung *f; 2. (of monetary value)* Schätzung *f*

evaluative [ɪ'væljʊətɪv] *adj* bewertend

evanescent [evə'nesnt] *adj 1. (fleeting)* schwindend; *2. (fragile)* fein, zart

evangelical [iːvæn'dʒelɪkəl] *adj REL* evangelisch

evangelism [ɪ'vændʒɪlɪzm] *sb* Verkündigung (des Evangeliums) *f*
evangelist [iː'vændʒɪlɪst] *sb* Prediger *m*
evaporate [ɪ'væpəreɪt] *v 1.* verdampfen, verdunsten; *2.* verfliegen, sich in nichts auflösen; *(hopes)* schwinden
evaporated milk [ɪ'væpəreɪtɪd mɪlk] *sb* Kondensmilch *f*
evaporation [ɪvæpə'reɪʃən] *sb* Verdampfung *f*
evasion [ɪ'veɪʒən] *sb* Ausweichen *n,* Ausflucht *f*
evasive [ɪ'veɪsɪv] *adj 1.* ausweichend; *2. (hard to catch)* schwer zu fangen
eve [iːv] *sb* Vorabend *m*

even ['iːvən] *adv 1.* sogar, selbst, auch; *2. ~ now* selbst jetzt, noch jetzt; *(at this moment)* gerade jetzt; *3. ~ if, ~ though* selbst wenn, wenn auch; *4. not ~* nicht einmal; *5. (at that moment)* gerade, eben; *6. ~ so* dennoch, trotzdem, immerhin; *adj 7. (surface)* eben, flach; *8. (regular)* gleichmäßig; *(temper)* ausgeglichen; *(pulse)* regelmäßig; *9. (number)* gerade; *10. (quantities)* gleich; *11. (exact)* genau; *12. ~ with (at the same height as)* in gleicher Höhe mit; *13. (all debts paid)* ausgeglichen; *to be ~ with s.o. (owe s.o. nothing)* mit jdm quitt sein; *14. get ~ with s.o. (get revenge)* es jdm heimzahlen; *v 15. (the score of a game) SPORT* ausgleichen; *16. (a surface)* glatt machen

• **even out** *v* ausgleichen, ebnen
even-handed [iːvən'hændɪd] *adj* gerecht, unparteiisch
even-handedness ['iːvən 'hændɪdnɪs] *sb* Gerechtigkeit *f*

evening ['iːvnɪŋ] *sb* Abend *m; Good ~!* Guten Abend!

evening class ['iːvnɪŋ klɑːs] *sb* Abendschule *f*
evenly ['iːvənlɪ] *adv* gleichmäßig
event [ɪ'vent] *sb 1.* Ereignis *n,* Vorfall *m,* Begebenheit *f; 2. (case)* Fall *m; in any ~* auf jeden Fall; *3. (planned function)* Veranstaltung *f; 4. SPORT* Wettkampf *m*
even-tempered [iːvən'tempəd] *adj* ausgeglichen, ruhig
eventful [ɪ'ventfʊl] *adj* ereignisreich; *(life)* bewegt
eventuality [ɪventʃʊ'ælɪtɪ] *sb* Möglichkeit *f,* Eventualität *f*
eventually [ɪ'ventʃʊəlɪ] *adv* schließlich

ever ['evə] *adv 1.* je, jemals; *2. (of all time)* aller Zeiten; *3. (more each time)* immer; *~ larger* immer größer; *4. ~ since* seitdem; *5. ~ so* sehr

evergreen ['evəgriːn] *sb* Nadelbaum *m*
everlasting [evə'lɑːstɪŋ] *adj 1.* immer während; *2. REL* ewig
evermore [evə'mɔː] *adv* immer, stets

every ['evrɪ] *adj 1.* jede(r,s), alle; *~ third day* jeden dritten Tag; *~ three days* alle drei Tage; *~ time* jedes Mal; *2. ~ now and then, ~ so often* gelegentlich, hin und wieder; *3. ~ other (~ second one)* jeder Zweite, *(all other)* jeder andere

everybody ['evrɪbɒdɪ] *pron* jeder, alle
everyday ['evrɪdeɪ] *adj* alltäglich
everyone ['evrɪwʌn] *pron* jeder, alle
everything ['evrɪθɪŋ] *pron* alles
everywhere ['evrɪwɛə] *adv 1.* überall; *2. (toward every direction)* überallhin
evict [ɪ'vɪkt] *v* zur Räumung zwingen
eviction [ɪ'vɪkʃən] *sb* Ausweisung *f*
evidence ['evɪdəns] *sb 1.* Beweis *m,* Beweise *pl; 2. in ~* sichtbar, offensichtlich; *3. JUR* Beweismaterial *n; (physical piece of ~)* Beweisstück *n; 4. (testimony)* Aussage *f; give ~ for JUR* aussagen für
evident ['evɪdənt] *adj* offensichtlich, klar, offenbar
evil ['iːvl] *adj 1.* böse, übel; *2. (reputation, influence)* schlecht; *sb 3.* Böse *n,* Übel *n; the lesser of two ~s* das geringere Übel
evildoer ['iːvlduːə] *sb* Übeltäter *m*
evil-minded [iːvl'maɪndɪd] *adj* bösartig, übel gesinnt
evilness ['iːvlnɪs] *sb* Bosheit *f*
eviscerate [ɪ'vɪsəreɪt] *v* ausnehmen
evocation [evə'keɪʃən] *sb* Herbeirufen *n,* Beschwörung *f*
evocative [ɪ'vɒkətɪv] *adj* erinnernd an
evoke [ɪ'vəʊk] *v 1.* herbeirufen; *2.* hervorrufen
evolution [evə'luːʃən] *sb 1.* Entwicklung *f; 2. BIO* Evolution *f*
evolve [ɪ'vɒlv] *v* sich entwickeln
ewe [juː] *sb* Mutterschaf *n*
ex [eks] *adj 1. (as a prefix)* ehemalig, Ex-...; *sb 2. (fam: ~-husband or ~-wife)* Verflossene(r) *m/f*
exacerbate [ɪg'zæsəbeɪt] *v 1. (a situation)* verschlimmern; *2. (s.o.)* verärgern

E

exact [ɪg'zækt] *adj 1.* genau, exakt; *to be ~* um genau zu sein; *v 2.* fordern, verlangen; *3. (payment)* eintreiben
exacting [ɪg'zæktɪŋ] *adj* anspruchsvoll, streng
exactitude [ɪg'zæktɪtjuːd] *sb (exactness)* Genauigkeit *f*
exactly [ɪg'zæktlɪ] *adv 1.* genau, exakt; *interj 2.* genau, ganz recht
exactness [ɪg'zæktnɪs] *sb* Genauigkeit *f*
exaggerate [ɪg'zædʒəreɪt] *v* übertreiben
exalt [ɪg'zɔːlt] *v 1.* preisen; *2. (in rank)* erheben
exaltation [egzɔːl'teɪʃən] *sb* Begeisterung *f,* Ekstase *f*
exam [ɪg'zæm] *sb* Prüfung *f*
examination [ɪgzæmɪ'neɪʃən] *sb 1. (close consideration)* Untersuchung *f; 2. (inspection)* Prüfung *f,* Untersuchung *f,* Kontrolle *f; 3. MED* Untersuchung *f; 4. (in school)* Prüfung *f,* Examen *n; 5. JUR* Verhör *n, (in a civil case)* Vernehmung *f*
examine [ɪg'zæmɪn] *v 1.* untersuchen, prüfen; *2. (inspect)* kontrollieren; *3. MED* untersuchen; *4. JUR* verhören, vernehmen

> **example** [ɪg'zɑːmpl] *sb* Beispiel *n; for ~* zum Beispiel; *set a good ~* ein gutes Beispiel geben; *make an ~ of s.o.* an jdm ein Exempel statuieren

exasperate [ɪg'zɑːspəreɪt] *v* ärgern, zur Verzweiflung bringen
excavate ['ekskəveɪt] *v 1.* ausschachten, *(with a machine)* ausbaggern; *2. (an archaeological site)* ausgraben
excavation [ekskə'veɪʃən] *sb 1. (of a tunnel)* Graben *n; 2. (of an archaeological site)* Ausgrabung *f*
exceed [ɪk'siːd] *v 1.* überschreiten, übersteigen; *2. (expectations)* übertreffen
exceedingly [ɪk'siːdɪŋlɪ] *adv* überaus, äußerst
excel [ɪk'sel] *v 1.* sich auszeichnen, hervorragen; *2. (surpass)* übertreffen
excellence ['eksələns] *sb (high quality)* Vortrefflichkeit *f*
excellent ['eksələnt] *adj* ausgezeichnet, vorzüglich, hervorragend
except [ɪk'sept] *v 1.* ausnehmen; *prep 2.* außer, ausgenommen; *~ for* abgesehen von, bis auf
exception [ɪk'sepʃən] *sb 1.* Ausnahme *f; make an ~ for s.o.* eine Ausnahme für jdn machen; *without ~* ohne Ausnahme; *2. take ~ to* Anstoß nehmen an
exceptionable [ɪk'sepʃənəbl] *adj* außergewöhnlich
exceptional [ɪk'sepʃənl] *adj* außergewöhnlich, Ausnahme...
exceptionally [ɪk'sepʃənəlɪ] *adv 1. (extremely)* äußerst, außergewöhnlich; *2. (as an exception)* ausnahmsweise
excess [ɪk'ses] *sb 1.* Übermaß *n; 2. ~es pl* Exzesse *pl,* Ausschweifungen *pl,* Ausschreitungen *pl; 3. (remainder)* Überschuss *m; in ~ of* mehr als
excessively [ɪk'sesɪvlɪ] *adv 1. (to excess)* übermäßig; *2. (too)* allzu; *3. (extremely)* äußerst

> **exchange** [ɪks'tʃeɪndʒ] *v 1.* tauschen; *2. (letters, glances, words)* wechseln; *3. (currency)* wechseln, umtauschen; *4. (ideas, stories)* austauschen; *~ for* austauschen gegen, umtauschen gegen, vertauschen mit; *sb 5.* Tausch *m,* Austausch *m; in ~ for* gegen; *6. (trade-in)* Umtausch *m; 7. (of words)* Wortwechsel *m; 8. (act of exchanging) FIN* Wechseln *n; bill of ~* Wechsel *m; 9. (place)* Wechselstube *f; 10. (Stock Exchange)* Börse *f; 11. (telephone ~)* Fernvermittlungsstelle *f; (switchboard)* Telefonzentrale *f*

exchequer [ɪks'tʃekə] *sb (UK)* Schatzamt *n,* Fiskus *m,* Staatskasse *f*
excisable [ɪk'saɪzəbl] *adj* steuerpflichtig
excise tax ['eksaɪz tæks] *sb* Verbrauchssteuer *f*
excitable [ɪk'saɪtəbl] *adj* erregbar, nervös
excitant [ɪk'saɪtnt] *adj* anregend, stimulierend
excitation [eksaɪ'teɪʃən] *sb* Aufregung *f,* Erregung *f*
excite [ɪk'saɪt] *v 1.* aufregen; *2. (passion, appetite, imagination)* erregen; *3. (interest, curiosity)* wecken; *4. (make enthusiastic)* begeistern
excited [ɪk'saɪtɪd] *adj* aufgeregt
excitement [ɪk'saɪtmənt] *sb* Aufregung *f,* Erregung *f*
exciting [ɪk'saɪtɪŋ] *adj 1.* aufregend; *2. (story)* spannend; *3. (sexually)* erregend
exclaim [ɪks'kleɪm] *v* ausrufen
exclamation [ekskla'meɪʃən] *sb* Ausruf *m,* Schrei *m*
exclamation mark [ekskla'meɪʃən mɑːk] *sb* Ausrufezeichen *n*
exclude [ɪk'skluːd] *v* ausschließen
excluded [ɪk'skluːdɪd] *adj* ausgenommen, ausgeschlossen

exclusion [ɪks'kluːʒən] *sb* Ausschluss *m; to the ~ of* unter Ausschluss von
exclusive [ɪk'skluːsɪv] *adj 1. (sole)* ausschließlich, einzig, alleinig; *2. (fashionable)* vornehm; *3. (group)* exklusiv
exclusively [ɪk'skluːsɪvlɪ] *adv* ausschließlich, nur
excoriate [ɪks'kɒrɪeɪt] *v* geißeln
excrete [ɪk'skriːt] *v MED* absondern, ausscheiden
excruciating [ɪks'kruːʃɪeɪtɪŋ] *adj* qualvoll, heftig
exculpate ['ekskʌlpeɪt] *v* rechtfertigen, freisprechen
excursion [ɪks'kɜːʒən] *sb 1.* Ausflug *m; 2. (detour)* Abstecher *m*
excusable [ɪks'kjuːzəbl] *adj* verzeihlich

excuse [ɪk'skjuːz] *v 1.* entschuldigen; *2. (pardon)* verzeihen; *3. ~ o.s.* sich entschuldigen; *4. Excuse me ... (to get attention)* Entschuldigen Sie ..., *(sorry)* Verzeihung! *(I must go)* Entschuldigen Sie mich bitte. [ɪk'skjuːs] *sb 5. (pretext)* Ausrede *f,* Entschuldigung *f,* Vorwand *m; 6. make (up) ~s (for o.s.)* sich herausreden; *(for s.o.)* jdn herausreden; *7. (justification)* Entschuldigung *f; there is no ~ for ...* ... ist nicht zu entschuldigen

execrable ['eksɪkrəbl] *adj* scheußlich
execrate ['eksɪkreɪt] *v* verwünschen
execute ['eksɪkjuːt] *v 1. (a criminal)* hinrichten; *2. (a task)* ausführen, erfüllen
execution [eksɪ'kjuːʃən] *sb 1. (of a criminal)* Hinrichtung *f; 2. (of a task)* Durchführung *f,* Ausführung *f,* Erfüllung *f*
executor [ɪg'zekjʊtə] *sb (of a will) JUR* Testamentsvollstrecker *m*
exemplary [ɪg'zemplərɪ] *adj* vorbildlich, beispielhaft
exemplify [ɪg'zemplɪfaɪ] *v ~ sth* für etw als Beispiel dienen
exempt [ɪg'zempt] *v* befreien
exercise ['eksəsaɪz] *v 1. (use)* ausüben, geltend machen, anwenden; *2. (one's body, one's mind)* üben, trainieren; *sb 3. (use)* Ausübung *f,* Gebrauch *m,* Anwendung *f; 4. (physical ~)* Übung *f; get some ~* sich etw Bewegung verschaffen; *5. (drill)* Übung *f*
exert [ɪg'zɜːt] *v 1.* ausüben, aufbieten, anwenden; *2. ~ o.s.* sich anstrengen
exertion [ɪg'zɜːʃən] *sb 1.* Anwendung *f,* Einsatz *m,* Aufgebot *n; 2. (effort)* Anstrengung *f*
exfoliate [eks'fəʊlɪeɪt] *v* abblättern
exhale [eks'heɪl] *v (breathe out)* ausatmen
exhaust [ɪg'zɔːst] *v 1.* erschöpfen; *2. (supplies)* aufbrauchen; *3. (a subject)* erschöpfend behandeln; *sb 4. TECH* Auspuff *m; 5. (gases)* Auspuffgase *pl*
exhaustion [ɪg'zɔːstʃən] *sb* Erschöpfung *f*
exhaustive [ɪg'zɔːstɪv] *adj* erschöpfend
exhibit [ɪg'zɪbɪt] *v 1. (merchandise)* ausstellen, auslegen; *2. (a quality)* zeigen, beweisen; *sb 3. JUR* Beweisstück *n*
exhibition [eksɪ'bɪʃən] *sb 1.* Ausstellung *f,* Schau *f; 2.* Zurschaustellung *f; 3. (act of showing)* Vorführung *f*
exhilarate [ɪg'zɪləreɪt] *v* erheitern
exhilarating [ɪg'zɪləreɪtɪŋ] *adj* berauschend, erfrischend
exhort [ɪg'zɔːt] *v* ermahnen
exhortation [egzɔː'teɪʃən] *sb (urging)* Aufforderung *f,* Anspornung *f*
exhume [egz'hjuːm] *v* exhumieren
exigent ['eksɪdʒənt] *adj 1. (pressing)* dringend; *2. (demanding)* anspruchsvoll
exile ['eksaɪl] *v 1.* verbannen; *sb 2. (state of ~)* Exil *n,* Verbannung *f; 3. (person)* Verbannte(r) *m/f*
exist [ɪg'zɪst] *v 1.* existieren, bestehen, vorhanden sein; *2. (live)* existieren, leben
existence [ɪg'zɪstəns] *sb 1.* Existenz *f,* Bestehen *n,* Vorhandensein *n; call into ~* ins Leben rufen; *2. (life)* Existenz *f,* Leben *n,* Dasein *n; a miserable ~* ein trostloses Dasein
exit ['egzɪt] *v 1. THEAT* abgehen, abtreten; *2. (US: sth)* verlassen; *sb 3. (leaving)* Abgang *m; make one's ~* abgehen, abtreten; *4. (from a country)* Ausreise *f; 5. (way out)* Ausgang *m; 6. (for vehicles)* Ausfahrt *f*
exit poll ['egzɪt pəʊl] *sb POL* Umfrage bei den Wählern nach der Stimmabgabe *f*
exonerate [ɪg'zɒnəreɪt] *v* entlasten, befreien, entbinden
exorable ['eksərəbl] *adj* beeinflussbar
exorbitant [ɪg'zɔːbɪtənt] *adj* maßlos, übertrieben, unverschämt
exotic [ɪg'zɒtɪk] *adj* exotisch, fremdländisch
expand [ɪk'spænd] *v 1. PHYS* sich ausdehnen, expandieren; *2. ECO* expandieren, sich ausweiten; *(production)* zunehmen; *3. (cause to ~)* ausdehnen, expandieren, ausweiten
expanse [ɪk'spæns] *sb* weite Fläche *f,* Weite *f*
expansion [ɪks'pænʃən] *sb* Ausdehnung *f,* Expansion *f,* Ausweitung *f*

expansionist [ɪks'pænʃənɪst] *adj* expansionistisch

expansive [ɪks'pænsɪv] *adj (person)* mitteilsam

expatriate [eks'peɪtrɪət] *sb* im Ausland Lebende(r) *m/f*

expect [ɪk'spekt] *v 1.* erwarten; *2. ~ sth of s.o.* etw von jdm erwarten; *3. (suppose)* denken, glauben

expectant [ɪk'spektənt] *adj 1.* erwartungsvoll; *2. (mother)* werdend

expectation [ekspek'teɪʃən] *sb* Erwartung *f*

expectorate [ɪk'spektəreɪt] *v* spucken

expedient [ɪks'piːdɪənt] *adj* zweckmäßig, praktisch, vorteilhaft

expedite ['ekspɪdaɪt] *v* beschleunigen

expel [ɪks'pel] *v 1.* vertreiben; *2. (from school, from a country)* ausweisen; *3. (gas, liquid)* ausstoßen

expend [ɪk'spend] *v 1.* verwenden; *2. (energy)* aufwenden; *3. (money)* ausgeben

expenditure [ɪks'pendɪtʃə] *sb 1.* Ausgabe *f; 2. (money spent)* Ausgaben *pl; 3. (time, energy)* Aufwand *m*

expense [ɪk'spens] *sb 1.* Kosten *pl; at my ~* auf meine Kosten; *spare no ~* keine Kosten scheuen; *at great ~* mit großen Kosten; *2. ~s pl (business ~, travel ~)* Spesen *pl*

expensive [ɪk'spensɪv] *adj* teuer

experience [ɪk'spɪərɪəns] *v 1.* erleben, erfahren; *2. (feel)* empfinden; *sb 3.* Erfahrung *f; 4. (event experienced)* Erlebnis *n*

experienced [ɪk'spɪərɪənst] *adj* erfahren, routiniert

experimentation [ɪksperɪmən'teɪʃən] *sb* Experimentieren *n*

expert ['ekspɜːt] *adj 1.* erfahren, geschickt, fachmännisch; *sb 2.* Sachverständige(r) *m/f,* Experte/Expertin *m/f,* Fachmann/Fachfrau *m/f*

expertly ['ekspɜːtlɪ] *adv* meisterhaft, gekonnt, geschickt

expire [ɪk'spaɪə] *v 1.* ablaufen, ungültig werden; *2. (die)* sein Leben aushauchen, verscheiden

expired [ɪks'paɪəd] *adj* ungültig, abgelaufen

expiry date [əks'paɪrɪ deɪt] *sb (UK)* Verfallsdatum *n*

explain [ɪk'spleɪn] *v 1.* erklären; *2. (a mystery)* aufklären; *3. ~ o.s.* sich rechtfertigen

explanation [eksplə'neɪʃən] *sb 1.* Erklärung *f,* Erläuterung *f,* Aufklärung *f; 2. (justification)* Erklärung *f,* Rechtfertigung *f*

explanatory [ɪk'splænətrɪ] *adj* erklärend, erläuternd

expletive [ɪk'spliːtɪv] *sb (swear word)* Fluch *m,* Kraftausdruck *m*

explicate ['eksplɪkeɪt] *v* erläutern

explicit [ɪks'plɪsɪt] *adj* klar, ausdrücklich

explode [ɪks'pləʊd] *v 1.* explodieren; *2. (sth)* sprengen, zur Explosion bringen, explodieren lassen; *3. (fig: a theory)* widerlegen; *~ a myth* eine Illusion zerstören

exploit [eks'plɔɪt] *v 1.* ausbeuten, ausnutzen; *2. (commercially)* verwerten

exploitation [eksplɔɪ'teɪʃən] *sb* Ausbeutung *f,* Ausnutzung *f,* Verwertung *f*

exploration [eksplɔː'reɪʃən] *sb 1.* Erforschung *f,* Erkundung *f; 2. (of a topic)* Erforschung *f,* Untersuchung *f*

explore [ɪk'splɔː] *v 1.* erforschen, erkunden; *2. (a question)* erforschen, untersuchen

explosion [ɪk'spləʊʒən] *sb* Explosion *f*

explosive [ɪk'spləʊsɪv] *adj 1.* explosiv; *sb 2.* Sprengstoff *m*

export [ɪk'spɔːt] *v 1.* exportieren, ausführen; ['ekspɔːt] *sb 2.* Export *m,* Ausfuhr *f*

expose [ɪk'spəʊz] *v 1. (leave vulnerable)* aussetzen; *2. (uncover)* freilegen; *3. (wrongdoing)* aufdecken, enthüllen; *4. (a criminal, an impostor)* entlarven; *5. FOTO* belichten

exposition [ekspə'zɪʃən] *sb 1. (explanation)* Darlegung *f,* Erklärung *f; 2. (of text)* Erläuterung *f; 3. (exhibition)* Ausstellung *f,* Schau *f*

express [ɪk'spres] *v 1.* ausdrücken; *adj 2.* ausdrücklich, bestimmt; *for the ~ purpose* eigens zu dem Zweck; *sb 3.* Schnellzug *m*

expression [ɪk'spreʃən] *sb 1. (of an opinion, of a feeling)* Äußerung *f,* Ausdruck *m; 2. (phrase)* Ausdruck *m; 3. (facial ~)* Gesichtsausdruck *m; 4. (expressive quality) ART* Ausdruck *m*

expressionless [ɪks'preʃənlɪs] *adj* ausdruckslos

expressive [ɪk'spresɪv] *adj* ausdrucksvoll

expressway [ɪk'spresweɪ] *sb* Schnellstraße *f*

expropriate [ɪks'prəʊprɪeɪt] *v POL* enteignen

expulsion [ɪks'pʌlʃən] *sb 1.* Vertreibung *f; 2. (from a school)* Verweis *m; 3. (from a country)* Ausweisung *f*

expulsive [ɪk'spʌlsɪv] *adj* austreibend, vertreibend
expunge [ɪk'spʌndʒ] *v* streichen, löschen
expurgate ['ekspəgeɪt] *v* reinigen
exquisite [ɪk'skwɪzɪt] *adj* vorzüglich
extant ['ekstənt] *adj* existent, vorhanden
extemporaneous [ɪkstempə'reɪnɪəs] *adj* unvorbereitet, aus dem Stegreif, improvisiert
extend [ɪks'tend] *v 1. (reach, stretch)* sich ausdehnen, sich erstrecken, reichen; *2. (one's arms, one's hand)* ausstrecken; *3. (verbally)* erweisen, aussprechen; *4. (prolong)* verlängern; *5. (enlarge, expand)* ausdehnen, erweitern, vergrößern; *6. (a house)* ausbauen; *7. (a wire)* spannen, ziehen
extended [ɪk'stendɪd] *adj* ausgedehnt
extensive [ɪks'tensɪv] *adj 1. (damage)* beträchtlich; *2. (operations, alterations, research)* umfangreich; *3. (knowledge)* umfassend, umfangreich
extent [ɪk'stent] *sb 1. (degree)* Grad *m,* Maß *n; to some ~* einigermaßen; *to a certain ~* in gewissem Maße; *to what ~* inwieweit; *2. (scope)* Umfang *m,* Ausmaß *n; 3. (size)* Ausdehnung *f*
extenuate [ɪk'stenjʊeɪt] *v* mildern
exterior [ɪk'stɪərɪə] *adj 1.* äußere(r,s); *sb 2.* das Äußere *n*
exterminate [eks'tɜːmɪneɪt] *v 1.* ausrotten; *2. (pests)* vertilgen
extermination [ekstɜːmɪ'neɪʃən] *sb* Ausrottung *f,* Vertilgung *f*
extinct [ɪks'tɪŋkt] *adj 1. (volcano)* erloschen; *become ~* erlöschen; *2. (species) BIO* ausgestorben; *become ~* aussterben; *3. (race, empire)* untergegangen
extinction [ɪks'tɪŋkʃən] *sb (of a species)* Aussterben *n*
extinguish [ɪk'stɪŋgwɪʃ] *v 1.* löschen, auslöschen; *2. (hopes)* zerstören
extirpate ['ekstəpeɪt] *v* ausrotten
extol [ɪk'stəʊl] *v* preisen, rühmen
extort [ɪk'stɔːt] *v* erpressen
extortion [ɪks'tɔːʃən] *sb* Erpressung *f*
extortionist [ɪks'tɔːʃənɪst] *sb* Erpresser *m*
extra ['ekstrə] *adj 1.* zusätzlich, Extra..., Sonder...; *make an ~ effort* sich besonders anstrengen; *adv 2. (especially)* extra, besonders; *3. (costing ~)* gesondert berechnet, extra berechnet; *sb 4. CINE* Statist *m; 5. (perquisite)* Zusatzleistung *f; 6. (feature of a car)* Extra *n*
extract [ɪk'strækt] *v 1.* herausziehen, herausholen; *2. (from the body)* entfernen; *3. (a tooth)* ziehen; *4. (permission, a promise)* abringen, abnehmen, entlocken; *5. MIN* gewinnen; ['ekstrækt] *sb 6.* Extrakt *m; 7. (from a book)* Auszug *m*
extradite ['ekstrədaɪt] *v JUR* ausliefern
extraneous [ɪk'streɪnɪəs] *adj 1.* unwesentlich; *2. (foreign)* fremd
extraordinary [ɪk'strɔːdnrɪ] *adj 1.* außerordentlich; *2. (odd)* ungewöhnlich, merkwürdig, seltsam
extrasensory [ekstrə'sensərɪ] *adj* außersinnlich
extreme [ɪk'striːm] *adj 1.* äußerste(r,s); *with ~ pleasure* mit größtem Vergnügen; *2. (demands, rudeness)* maßlos; *3. (drastic)* extrem; *sb 4.* Extrem *n; (far end)* äußerstes Ende *n; carry sth to an ~* etw zu weit treiben; *5. (too far)* Übertriebenheit *f*
extremely [ɪk'striːmlɪ] *adv* äußerst, höchst
extremity [ɪk'stremɪtɪ] *sb 1. (distress)* Not *f; 2. (furthest point)* äußerstes Ende *n; 3. (utmost degree)* höchster Grad *m; 4. extremities pl ANAT* Gliedmaßen *pl,* Extremitäten *pl*
extricate ['ekstrɪkeɪt] *v 1.* herausziehen, befreien; *2. ~ o.s.* sich befreien
extrinsic [ek'strɪnsɪk] *adj* äußerlich
extrusion [ɪk'struːʒən] *sb* Verdrängung *f,* Vertreibung *f*
extrusive [ɪk'struːsɪv] *adj* vertreibend
exuberant [ɪg'zuːbərənt] *adj* ausgelassen, überschwänglich
exude [ɪg'zjuːd] *v* ausstrahlen
exult [ɪg'zʌlt] *v* jubeln, triumphieren
exultant [ɪg'zʌltənt] *sb* jubelnd
exultation [egzʌl'teɪʃən] *sb* Jubel *m*
exuviate [ɪg'zjuːvɪeɪt] *v BIO* sich häuten, abwerfen

eye [aɪ] *sb 1.* Auge *n; an ~ for an ~* Auge um Auge; *see ~ to ~ with s.o.* mit jdm einer Meinung sein; *give s.o. the ~* jdm einen einladenden Blick werfen; *have an ~ for* einen Sinn haben für; *keep an ~ on* ein Auge haben auf; *keep one's ~s peeled* die Augen offen halten; *keep an ~ out for sth* nach etw Ausschau halten; *set ~s on sth* etw sehen; *catch s.o's ~* jds Aufmerksamkeit auf sich lenken; *close one's ~s to sth* die Augen vor etw verschließen; *with an ~ to* mit Rücksicht auf; *cry one's ~s out* sich die Augen ausweinen

eyesight ['aɪsaɪt] *sb* Sehkraft *f; bad ~* schlechte Augen
eyewitness ['aɪwɪtnɪs] *sb* Augenzeuge/Augenzeugin *m/f*

E

F

fable ['feɪbl] *sb* Fabel *f*
fabled ['feɪbld] *adj* legendär
fabric ['fæbrɪk] *sb 1. (textile)* Stoff *m,* Gewebe *n; 2. (structure)* Struktur *f*
fabricate ['fæbrɪkeɪt] *v 1. (a story)* erfinden; *2. (manufacture)* fabrizieren, herstellen
fabrication [fæbrɪ'keɪʃən] *sb (invented story)* Erfindung *f,* Märchen *n (fam)*
fabulous ['fæbjʊləs] *adj* sagenhaft
façade [fə'sɑːd] *sb* Fassade *f*

face [feɪs] *v 1. (to be opposite)* gegenüber sein, gegenüberstehen, gegenüberliegen; *2. (window: to be situated)* gehen nach; *3. (have to deal with)* rechnen müssen mit; *let's ~ it* seien wir ehrlich; *to be ~d with sth* mit etw konfrontiert werden; *4. (bravely confront)* gegenübertreten, *(a situation)* sich stellen; *sb 5.* Gesicht *n; lose ~* das Gesicht verlieren; *save ~* das Gesicht wahren; *show one's ~* sich blicken lassen; *~ to ~* von Angesicht zu Angesicht, Auge in Auge; *say sth to s.o.'s ~* jdm etw ins Gesicht sagen; *in the ~ of death* im Angesicht des Todes; *fall flat on one's ~ (fam)* auf die Nase fallen; *6. on the ~ of it* allem Anschein nach, so, wie es aussieht; *7. (expression)* Gesichtsausdruck *m,* Gesicht *n,* Miene *f; make a ~* das Gesicht verziehen; *pull a ~* Grimassen schneiden; *keep a straight ~* ernst bleiben; *8. (of a mountain)* Wand *f; 9. (of a clock)* Zifferblatt *n*

•**face off** *v (fig)(US) The two faced off.* Die zwei traten zu einer Machtprobe an.
•**face up** *v ~ to a failure* einer Niederlage ins Gesicht sehen
face cloth [feɪs klɒθ] *sb* Waschlappen *m*
faceless ['feɪslɪs] *adj (fig)* unbekannt, anonym
facet ['fæsɪt] *sb 1.* Facette *f; 2. (fig)* Seite *f*
facetious [fæ'siːʃəs] *adj* scherzhaft
face-to-face ['feɪstuː'feɪs] *adj 1.* persönlich; *2. (confrontation)* direkt; *3. ~ with* gegenüber, Auge in Auge mit
face value [feɪs 'væljuː] *sb FIN* Nennwert *m; take sth at ~ (fig)* etw für bare Münze nehmen
facial ['feɪʃəl] *adj* Gesichts...
facies ['feɪsɪiːz] *sb* Erscheinungsbild *n*
facile ['fæsaɪl] *adj 1. (easy)* leicht, einfach; *2. (fluent)* flüssig
facilitate [fæ'sɪlɪteɪt] *v* erleichtern, fördern
facilitation [fæsɪlɪ'teɪʃən] *sb* Erleichterung *f*
facility [fæ'sɪlɪtɪ] *sb 1. (building)* Anlage *f; 2. (ease)* Leichtigkeit *f*
facing ['feɪsɪŋ] *sb* Verkleidung *f,* Verblendung *f*

fact [fækt] *sb 1.* Tatsache *f; as a matter of ~* eigentlich, sogar; *know for a ~ that …* ganz genau wissen, dass …; *the ~ of the matter is* Tatsache ist; *in ~* tatsächlich, in der Tat; *in point of ~* eigentlich, *(in reality)* in Wirklichkeit; *2. (reality)* Wirklichkeit *f,* Wahrheit *f,* Realität *f; ~ and fiction* Dichtung und Wahrheit; *3. the ~s of life* sexuelle Aufklärung *f; (tough reality)* harte Wirklichkeit *f; 4. (historical)* Faktum *n*

faction ['fækʃən] *sb 1.* Interessengruppe *f; 2. POL* Faktion *f*
factor ['fæktə] *sb 1.* Faktor *m; v 2. ~ in* mit berücksichtigen
factoring ['fæktərɪŋ] *sb* Finanzierung von Forderungen *f*
factory ['fæktərɪ] *sb* Fabrik *f,* Werk *n*
factual ['fæktjʊəl] *adj* sachlich
faculty ['fækəltɪ] *sb 1. (ability)* Fähigkeit *f,* Vermögen *n,* Kraft *f; mental faculties* Geisteskräfte *pl; 2. (of a university)* Fakultät *f*
fad [fæd] *sb* Masche *f*
faddish ['fædɪʃ] *adj* vorübergehend
fade [feɪd] *v 1.* verblassen, *(completely)* verbleichen; *2. (fig) (beauty)* verwelken; *(hope, strength)* schwinden; *(memory)* verblassen
•**fade away** *v 1. (sound)* verklingen; *2. (pain)* abklingen; *3. (memories)* verblassen
•**fade in** *v CINE* allmählich einblenden
•**fade out** *v (sth)* abblenden
faeces ['fiːsiːz] *sb* Kot *m*
fag [fæg] *sb 1. (UK: cigarette) (fam)* Kippe *f; 2. (UK: drudgery) (fam)* Plackerei *f; 3. (US: homosexual) (fam)* Schwuler *m*
faggot ['fægət] *sb 1. (UK)* Frikadelle aus Innereien *f; 2. (fam: homosexual)* Schwuler *m*
fail [feɪl] *v 1.* versagen, scheitern, misslingen; *if all else ~s* wenn alle Stricke reißen; *I ~ to see why* ich sehe nicht ein, warum; *2. (hearing, eyesight)* nachlassen; *3. (be cut off)* ausfallen; *4. ~ to do sth* etw nicht tun;

(neglect) es versäumen, etw zu tun; *5. (an exam)* durchfallen; *6. (s.o.) (let down)* im Stich lassen; *(disappoint)* enttäuschen; *7. (give a ~ing grade)* durchfallen lassen; *sb 8. without ~* garantiert, ganz bestimmt

failing ['feɪlɪŋ] *sb* Schwäche *f*

fail-safe ['feɪlseɪf] *adj* abgesichert

failure ['feɪljə] *sb 1.* Misserfolg *m,* Fehlschlag *m,* Scheitern *n; 2. (breakdown)* Ausfall *m,* Versagen *n,* Störung *f; 3. (unsuccessful thing)* Misserfolg *m,* Reinfall *m,* Pleite *f; 4. (person)* Versager *m; 5. (to do sth)* Versäumnis *n,* Unterlassung *f*

faint [feɪnt] *v 1.* ohnmächtig werden; *adj 2.* schwach; *(colour, memory)* blass; *(sound, hope)* leise; *sb 3.* Ohnmacht *f*

faint-hearted [feɪnt'hɑːtɪd] *adj* feige, furchtsam, zaghaft

faintness ['feɪntnɪs] *sb* Schwäche *f*

fair [fɛə] *adj 1. (just)* gerecht, fair; *~ and square* anständig; *2. (reasonable amount, reasonable degree)* ziemlich; *3. (OK, so-so)* mittelmäßig; *4. (hair)* blond; *the ~ sex* das schöne Geschlecht; *5. (skin)* hell; *6. (sky)* heiter; *7. (day)* schön; *8. Fair enough! (fam)* Einverstanden! *sb 9.* Volksfest *n; (market)* Jahrmarkt *m; 10. (trade show)* Messe *f*

fair game [fɛə'geɪm] *sb 1. (fig)* Freiwild *n; 2. (in hunting)* jagbares Wild *n*

fairgrounds ['fɛəgraʊndz] *pl* Festplatz *m*

fairish ['fɛərɪʃ] *adj* passabel

fairly ['fɛəlɪ] *adv (rather)* ziemlich

fair-minded ['fɛəmaɪndɪd] *adj* gerecht

fairness ['fɛənɪs] *sb* Gerechtigkeit *f*

fairy ['fɛərɪ] *sb 1.* Fee *f,* Elfe *f; 2. (fam: homosexual)* Schwuler *m*

fairy lights ['fɛərɪ laɪts] *pl* bunte Lichter *pl*

fairy tale ['fɛərɪ teɪl] *sb* Märchen *n*

faith [feɪθ] *sb 1.* Vertrauen *n,* Glaube *m; have ~ in s.o.* jdm vertrauen; *have ~ in sth* Vertrauen in etw haben; *2. REL* Glaube *m; 3. (sincerity)* Treue *f*

faithful ['feɪθfʊl] *adj 1.* treu; *2. (accurate)* getreu, wahrheitsgetreu, genau

faithfulness ['feɪθfʊlnɪs] *sb 1. (sincerity)* Treue *f; 2. (accuracy)* Genauigkeit *f; 3. (to the original)* Originaltreue *f*

fake [feɪk] *v 1.* vortäuschen, fingieren; *2. (forge)* fälschen; *3. (a move) SPORT* antäuschen; *sb 4.* Fälschung *f; 5. (jewel)* Imitation *f; adj 6.* falsch, vorgetäuscht, gefälscht

fakery ['feɪkərɪ] *sb* Angeberei *f*

falcon ['fɔːlkən] *sb ZOOL* Falke *m*

falconry ['fɔːlkənrɪ] *sb* Falknerei *f*

fall [fɔːl] *v irr 1.* fallen, stürzen; *2. (decrease)* fallen, sinken, abnehmen; *3. (hang down)* fallen; *4. ~ under (a category)* gehören in, fallen in; *5. (become) ~ asleep* einschlafen; *~ ill* krank werden; *sb 6.* Fall *m,* Sturz *m; 7. (decline)* Untergang *m,* Niedergang *m; 8. (decrease)* Fallen *n,* Sinken *n,* Abnahme *f; 9. (US: autumn)* Herbst *m*

• **fall apart** *v irr* auseinander fallen

• **fall back** *v irr 1. (retreat)* zurückweichen; *2. ~ on, ~ upon* zurückgreifen auf

• **fall behind** *v irr* zurückbleiben

• **fall down** *v irr 1. (person)* hinfallen; *(from a height)* hinunterfallen; *2. (thing)* herunterfallen, hinunterfallen; *3. (collapse)* einstürzen; *4. ~ on the job* etw nicht richtig machen, mit etw nicht zurechtkommen

• **fall for** *v irr 1. (to be duped by)* hereinfallen auf; *2. ~ s.o.* sich in jdn verknallen

• **fall in** *v irr 1.* hineinfallen; *2. MIL* antreten; *3. (one soldier) MIL* ins Glied zurücktreten

• **fall off** *v irr 1. (decrease)* zurückgehen, abnehmen, nachlassen; *2. (come off, come loose)* abfallen, abtrünnig werden

• **fall out** *v irr 1. (hair)* ausfallen; *2. MIL* wegtreten; *3. (of a window)* herausfallen; *4. ~ with s.o.* sich mit jdm zerstreiten

• **fall over** *v irr 1. (fall down)* hinfallen; *(thing)* umkippen; *2. (trip over)* fallen über

• **fall through** *v irr (fam)* ins Wasser fallen

fallacious [fə'leɪʃəs] *adj (argument)* trügerisch

fallacy ['fæləsɪ] *sb* Trugschluss *m,* Irrtum *m*

fallible ['fælɪbl] *adj* fehlbar

fallout ['fɔːlaʊt] *sb 1.* radioaktiver Niederschlag *m; 2. (fig)* Auswirkung *f*

fallow ['fæləʊ] *adj* brachliegend

false [fɔːls] *adj 1.* falsch; *2. (artificial)* falsch, künstlich

falsehood ['fɔːlshʊd] *sb* Unwahrheit *f*

falsification [fɔːlsɪfɪ'keɪʃən] *sb* Fälschung *f,* Verfälschung *f*

falsify ['fɔːlsɪfaɪ] *v* fälschen, verfälschen

falter ['fɔːltə] *v 1.* zögern; *2. (in speaking)* stocken; *3. (stagger)* schwanken

fame [feɪm] *sb* Ruhm *m,* Berühmtheit *f*

familial [fə'mɪlɪəl] *adj* familiär, Familien...

familiar [fə'mɪlɪə] *adj 1.* bekannt, gewohnt, vertraut; *to be ~ with sth* etw gut kennen; *2. (friendly)* familiär

familiarity [fəmɪlɪ'ærɪtɪ] *sb (with a subject)* Vertrautheit *f*
familiarize [fə'mɪlɪəraɪz] *v ~ o.s. with sth* sich mit etw vertraut machen

family ['fæmɪlɪ] *sb* Familie *f*

famine ['fæmɪn] *sb* Hungersnot *f*
famished ['fæmɪʃt] *adj (fig: very hungry)* ausgehungert
famous ['feɪməs] *adj* berühmt
fan [fæn] *v 1. (s.o.)* Luft zufächeln; *2. (fig: sth)* anfachen; *sb 3. (hand-held)* Fächer *m; 4. (mechanical)* Ventilator *m,* Lüfter *m; 5. (enthusiast, supporter)* Fan *m*
fancied ['fænsɪd] *adj (imagined)* eingebildet, imaginär
fancier ['fænsɪə] *sb* Liebhaber *m*
fanciful ['fænsɪfʊl] *adj 1. (person)* phantasiereich; *2. (story)* phantastisch
fancy ['fænsɪ] *v 1. (imagine)* meinen, sich einbilden, glauben; *Fancy that!* So was! Denk mal an! *2. ~ o.s. sth* sich für etw halten; *3.(like)* gern haben, mögen; *adj 4.* verziert, fein, kunstvoll; *sb 5. (liking)* Vorliebe *f,* Gefallen *n; take a ~ to sth* an etw Gefallen finden; *6. (imagination)* Phantasie *f*
fancy-free [fænsɪ'friː] *adj* frei und ungebunden
fancy goods ['fænsɪ gʊdz] *pl* Nippes *pl*
fang [fæŋ] *sb 1. (of a beast of prey)* Fang *m; 2. (of a snake)* Giftzahn *m*
fanlight ['fænlaɪt] *sb* Oberlicht *n*
fantasize ['fæntəsaɪz] *v ~ about* phantasieren von
fantastic [fæn'tæstɪk] *adj 1. (wonderful)* toll; *2. (improbable)* unwahrscheinlich
fantasy ['fæntəsɪ] *sb* Phantasie *f*

far [fɑː] *adj 1.* fern, weit entfernt, weit; *2. (farther away of two)* weiter entfernt; *the ~ side* die andere Seite; *at the ~ end* am anderen Ende; *adv 3.* weit; *~ be it from me to …* es liegt mir fern, zu …; *by ~* weitaus, bei weitem; *Far from it!* Weit gefehlt! *4. as ~ as* so weit, insofern als; *(spatially)* bis; *I'll come with you as ~ as the door.* Ich komme bis zur Tür mit. *as ~ as I'm concerned* was mich betrifft; *5. ~ away, ~ off* weit entfernt, weit weg; *6. ~ and away* bei weitem, mit Abstand, weitaus

faraway [fɑːrə'weɪ] *adj 1.* weit entfernt; *2. (fig: dreamy)* verträumt
farce [fɑːs] *sb 1.* Posse *f; 2. (fig)* Farce *f*
farcical ['fɑːsɪkəl] *adj 1.* possenhaft; *2. (fig)* absurd
fare [fɛə] *v 1.* ergehen; *How did he ~?* Wie ist es ihm ergangen? *sb 2. bus ~, train ~ (charge)* Fahrpreis *m; (money)* Fahrgeld *n; 3. air ~* Flugpreis *m; 4. (food)* Kost *f*
far-fetched [fɑː'fetʃt] *adj* weit hergeholt, an den Haaren herbeigezogen
far-flung [fɑː'flʌŋ] *adj* weit ausgedehnt
farm [fɑːm] *sb 1.* Bauernhof *m,* Gutshof *m,* Gut *n; v 2. (land)* bebauen
•farm out *v* in bezahlte Pflege geben, unterbringen
farmer [fɑːmə] *sb* Bauer *m,* Landwirt *m*
farmhouse ['fɑːmhaʊs] *sb* Bauernhaus *n*
farming ['fɑːmɪŋ] *sb* Landwirtschaft *f*
farmland ['fɑːmlænd] *sb* Ackerland *n*
farmyard ['fɑːmjɑːd] *sb* Hof eines bäuerlichen Betriebes *m*
far-off ['fɑːrɒf] *adj* weit entfernt
far-reaching [fɑː'riːtʃɪŋ] *adj* weitreichend
far-sighted [fɑː'saɪtɪd] *adj 1. MED* weitsichtig; *2. (fig)* weit blickend
fart [fɑːt] *sb (fam)* Furz *m*
farther ['fɑːðə] *adv* weiter, entfernter
farthermost ['fɑːðəməʊst] *adj* äußerste(r,s)
farthest ['fɑːðɪst] *adv* am weitesten
farthing ['fɑːðɪŋ] *sb* Farthing *m* (Münze)
fascia ['feɪsɪə] *sb (instrument panel)* Armaturenbrett *n*
fascinate ['fæsɪneɪt] *v* faszinieren, begeistern, bezaubern
fascination [fæsɪ'neɪʃən] *sb* Faszination *f,* Bezauberung *f*
fascism ['fæʃɪzəm] *sb* Faschismus *m*
fascist ['fæʃɪst] *adj* faschistisch
fashion ['fæʃən] *v 1.* bilden, formen, gestalten; *sb 2. (manner)* Art *f,* Weise *f; 3. (custom)* Sitte *f,* Brauch *m; 4. (in clothing, style)* Mode *f; 5. after a ~* gewissermaßen
fashionable ['fæʃənəbl] *adj* modisch

fast [fɑːst] *v 1.* fasten; *adj 2. (quick, speedy)* schnell; *pull a ~ one on s.o. (fam)* jdn reinlegen; *3. to be ~ (clock)* vorgehen; *4. (woman)* flott, leichtlebig; *5. (secure)* fest, befestigt; *to be ~ friends* gute Freunde sein; *to be ~ asleep* fest schlafen

fasten ['fɑːsn] *v 1. (to be closed, close)* sich schließen lassen; *2. (sth)* festmachen, befestigen; *3. (buttons)* zumachen; *4. (seat belt)* anschnallen; *5. (fig) ~ on (eyes)* heften auf; *(attention)* richten auf; *6. ~ together* miteinander verbinden

fastener ['fɑːsnə] *sb* Verschluss *m*
fastening ['fɑːsnɪŋ] *sb* Verschluss *m*
fast food [fɑːst'fuːd] *sb* Fast Food *n*
fast-forward [fɑːst'fɔːwəd] *v* vorspulen
fastidious [fæs'tɪdɪəs] *adj* anspruchsvoll, penibel, pingelig *(fam)*
fast lane ['fɑːstleɪn] *sb* Überholspur *f*
fast track ['fɑːsttræk] *sb (fig) to be on the ~* auf der Überholspur sein
fat [fæt] *adj 1.* dick, fett; *a ~ chance (fam)* herzlich wenig Aussicht; *2. GAST* fett; *sb 3.* Fett *n*
fatal ['feɪtl] *adj* tödlich
fatalism ['feɪtəlɪzəm] *sb* Fatalismus *m*
fatalistic [feɪtə'lɪstɪk] *adj* fatalistisch
fatality [feɪ'tælɪtɪ] *sb* Todesfall *m*
fate [feɪt] *sb* Schicksal *n; seal s.o.'s ~* jds Schicksal besiegeln
fated ['feɪtɪd] *adj (destined)* vom Schicksal bestimmt
fateful ['feɪtfʊl] *adj 1.* schicksalhaft; *2. (disastrous)* verhängnisvoll

father ['fɑːðə] *v 1. (a child)* zeugen; *sb 2.* Vater *m; 3. (priest) REL* Pater *m*

Father Christmas ['fɑːðə 'krɪsməs] *sb* der Weihnachtsmann *m*
fatherhood ['fɑːðəhʊd] *sb* Vaterschaft *f*
father-in-law ['fɑːðərɪnlɔː] *sb* Schwiegervater *m*
fatherland ['fɑːðəlænd] *sb* Heimat *f,* Vaterland *n*
fatherless ['fɑːðəlɪs] *adj* vaterlos
fatherly ['fɑːðəlɪ] *adj* väterlich
fathom ['fæðəm] *v 1. (fig: understand)* ermessen; *sb 2. NAUT* Faden *m*
fatigue [fə'tiːg] *v 1.* ermüden; *sb 2.* Ermüdung *f,* Erschöpfung *f; 3. TECH* Ermüdung *f*
fatso ['fætsəʊ] *sb (fam)* Dickwanst *m*
fatten ['fætn] *v 1.* mästen; *2. (become fat) (person)* dick werden; *(animal)* fett werden
fatty ['fætɪ] *adj* fett
fatty acid ['fætɪ 'æsɪd] *sb* Fettsäure *f*
fatuity [fə'tjuːɪtɪ] *sb* Albernheit *f*
fatuous ['fatjʊəs] *adj* töricht, albern
faucet ['fɔːsɪt] *sb (US)* Hahn *m,* Wasserhahn *m*
fault [fɔːlt] *v 1.* bemängeln; *sb 2.* Schuld *f; to be at ~* schuldig sein, die Schuld tragen; *Whose ~ is it?* Wer ist schuld? *3. (mistake, defect)* Fehler *m,* Defekt *m,* Mangel *m; 4. find ~ with* etw auszusetzen haben an; *5. generous to a ~* übermäßig großzügig
faultless ['fɔːltlɪs] *adj* tadellos, fehlerfrei
faulty ['fɔːltɪ] *adj* defekt, fehlerhaft
favour ['feɪvə] *v 1. (show partiality to s.o.)* begünstigen; *2. (prefer)* bevorzugen; *~ sth over sth* etw einer Sache vorziehen; *3. (to be in ~ of)* für gut halten; *4. (to be ~able for)* begünstigen; *sb 5. (act of kindness)* Gefallen *m,* Gefälligkeit *f; do s.o. a ~* jdm einen Gefallen tun; *ask a ~ of s.o.* jdn um einen Gefallen bitten; *6. (goodwill)* Gunst *f; stand high in s.o.'s ~s* bei jdm hoch im Kurs stehen; *7. in ~ of* zugunsten von; *to be in ~ of sth* für etw sein; *decide in ~ of sth* sich für jdn entscheiden; *8. out of ~* in Ungnade, *(no longer widely popular)* nicht mehr beliebt; *9. (partiality)* Begünstigung *f,* Bevorzugung *f*
favourable ['feɪvərəbl] *adj 1.* günstig, vorteilhaft; *2. (affirmative)* positiv, zustimmend
favourite ['feɪvərɪt] *adj 1.* Lieblings... *sb 2.* Liebling *m; 3. (pejorative)* Günstling *m; 4. SPORT* Favorit *m*
favouritism ['feɪvərɪtɪzm] *sb* Günstlingswirtschaft *f*
fawn [fɔːn] *sb 1. ZOOL* Hirschkalb *n,* Rehkitz *n; v 2. ~ over* scharwenzeln um
fax [fæks] *sb 1. (facsimile transmission)* Fax *n,* Telefax *n; v 2.* faxen
faze [feɪz] *v (fam)(US)* verdattern
fear [fɪə] *v 1.* fürchten, befürchten; *Never ~!* Keine Angst! *sb 2.* Angst *f,* Furcht *f; 3. (of God)* Scheu *f,* Ehrfurcht *f*
fearful ['fɪəfʊl] *adj 1.* angsterfüllt, furchtsam; *2. (fam: terrible)* furchtbar, schrecklich
fearless ['fɪəlɪs] *adj* unerschrocken
fearsome ['fɪəsəm] *adj* Furcht erregend
feasible ['fiːzəbl] *adj* möglich, machbar
feast [fiːst] *v 1.* ein Festgelage halten; *2. ~ on sth* sich an etw gütlich tun, in etw schwelgen; *(fig)* sich an etw weiden; *~ one's eyes on sth* seine Augen an etw weiden; *sb 3. REL* Fest *n; 4.* Festmahl *n,* Festessen *n*
feat [fiːt] *sb* Leistung *f,* Großtat *f*

feather ['feðə] *sb 1.* Feder *f; as light as a ~* federleicht; *v 2. ~ one's nest* seine Schäfchen ins Trockene bringen

feathering ['feðrɪŋ] *sb* Gefieder *n*
feature ['fiːtʃə] *v 1.* bringen, zeigen; *sb 2. (characteristic)* Merkmal *n,* Kennzeichen *n,* Eigenschaft *f; 3. (facial)* Gesichtszug *m; 4. (story)* Feature *n, (radio, TV)* Dokumentarbericht *m; 5. CINE* Spielfilm *m; 6. (main attraction)* Hauptattraktion *f*
February ['februərɪ] *sb* Februar *m*

feckless ['feklɪs] *adj* schwach
feculent ['fekjʊlənt] *adj* schmutzig
fecund ['fiːkənd] *adj* fruchtbar
fed [fed] *sb the ~s (fam) (US)* das FBI *n*
federal ['fedərəl] *adj 1.* Bundes... *2. (system)* föderativ
federalism ['fedərəlɪzəm] *sb* Föderalismus *m*
Federal Republic of Germany ['fedərəl rɪ'pʌblɪk əv 'dʒɜːmənɪ] *sb the ~ POL* die Bundesrepublik Deutschland *f*
federation [fedə'reɪʃən] *sb* Föderation *f,* Bund *m*
fee [fiː] *sb 1.* Gebühr *f; 2. (lawyer's ~)* Honorar *n; 3. (membership ~)* Beitrag *m*
feeble ['fiːbl] *adj* schwach
feebleness ['fiːblnɪs] *sb* Schwäche *f*
feed [fiːd] *v irr 1.* füttern; *2. (provide food for)* verpflegen; *3. (a family)* ernähren; *4. (a machine)* speisen, versorgen; *5. (insert)* eingeben; *6. to be fed up* die Nase voll haben; *7. (eat) (animal)* fressen; *(fam: person)* futtern; *sb 8. (food for animals)* Futter *n*
feedback ['fiːdbæk] *sb 1. TECH* Feedback *n,* Rückkopplung *f; 2. (fig)* Feedback *n*

feel [fiːl] *v irr 1. (perceive o.s. to be)* sich fühlen; *2. ~ like doing sth* Lust haben, etw zu tun; *3. (think)* meinen; *4. (by touching)* fühlen; *5. (to the touch)* sich anfühlen; *6. (physically sense)* fühlen, spüren; *7. (to be affected by)* leiden unter, empfinden; *sb 8. (the way sth ~s when touched)* Gefühl *n; 9. (intuitive ~)* Gefühl *n,* feiner Instinkt *m*

•feel for *v irr 1. ~ sth (grope for sth)* nach etw tasten; *2. (sympathize with)* mitfühlen mit, Mitgefühl haben mit
feeling ['fiːlɪŋ] *sb 1.* Gefühl *n; 2. (opinion)* Meinung *f,* Ansicht *f; 3. (impression)* Gefühl *n,* Eindruck *m*
feign [feɪn] *v* vortäuschen, simulieren
feint [feɪnt] *sb* Finte *f*
felicitate [fɪ'lɪsɪteɪt] *v* beglückwünschen
felicitations [fəlɪsɪ'teɪʃənz] *pl* Glückwunsch *m*
felicitous [fɪ'lɪsɪtəs] *adj* treffend
fell [fel] *v 1. (a tree)* fällen; *2. (an opponent)* niederstrecken; *adj 3. at one ~ swoop* plötzlich, auf einmal
fellow ['feləʊ] *sb 1.* Kerl *m,* Bursche *m,* Typ *m; 2. (comrade)* Kamerad *m; 3. (at university)* Fellow *m; adj 4.* Mit...; *~ man* Mitmensch *m*
fellowship ['feləʊʃɪp] *sb* Kameradschaft *f,* Gemeinschaft *f*
felon ['felən] *sb JUR* Schwerverbrecher *m*
felony ['felənɪ] *sb* schweres Verbrechen *n*
felt [felt] *sb* Filz *m*
felt-tipped pen ['felttɪpt'pen] *sb* Filzstift *m,* Filzschreiber *m*
female ['fiːmeɪl] *adj 1.* weiblich; *sb 2. (fam: woman)* Weib *n,* Weibsbild *n; 3. (animal)* Weibchen *n*
feminine ['femɪnɪn] *adj* feminin, weiblich
femininity [femɪ'nɪnɪtɪ] *sb* Weiblichkeit *f*
feminism ['femɪnɪzm] *sb* Feminismus *m*
feminist ['femɪnɪst] *sb* Feministin *f,* Frauenrechtlerin *f*
fen [fen] *sb* Moor *n*
fence [fens] *sb 1.* Zaun *m; sit on the ~ (fig)* zwischen zwei Stühlen sitzen; *2. (reseller of stolen goods)* Hehler *m; v 3. (stolen goods)* hehlen; *4. SPORT* fechten
•fence in *v* umzäunen, einzäunen; *fence s.o. in (fig)* jds Freiheit einengen
fencer ['fensə] *sb* Fechter *m*
fend [fend] *v ~ for o.s.* sich allein durchschlagen
•fend off *v* abwehren
fender ['fendə] *sb (of a car)* Kotflügel *m*
feral ['fɪərəl] *adj* wild, ungezähmt
ferment [fə'ment] *v 1.* gären; *2. (sth)* in Gärung bringen; *3. (fig)* anwachsen lassen
fermentation [fɜːmen'teɪʃən] *sb* Gärung *f*
fern [fɜːn] *sb BOT* Farn *m*
ferocious [fə'rəʊʃəs] *adj 1.* wild, grimmig; *2. (vehement)* heftig
ferocity [fə'rɒsɪtɪ] *sb* Bösartigkeit *f*
ferret ['ferɪt] *sb 1. ZOOL* Frettchen *n; v 2. ~ out* aufspüren, aufstöbern
ferry ['ferɪ] *sb 1.* Fähre *f; v 2. (across water)* übersetzen; *3. (fig)* befördern
fertile ['fɜːtaɪl] *adj* fruchtbar
fertility [fə'tɪlɪtɪ] *sb* Fruchtbarkeit *f*
fertilize ['fɜːtɪlaɪz] *v 1. BIO* befruchten; *2. AGR* düngen
fervent ['fɜːvənt] *adj* leidenschaftlich, inbrünstig, glühend
fervour ['fɜːvə] *sb (intensity of feeling)* Inbrunst *f,* Leidenschaft *f*
fester ['festə] *v 1.* eitern, schwären; *2. (fig: resentment)* nagen
festive ['festɪv] *adj* festlich
festivity [fes'tɪvɪtɪ] *sb* Feststimmung *f*
festoon [fe'stuːn] *sb* Girlande *f*
fetch [fetʃ] *v 1. (pick up, collect)* abholen; *2. (go get)* holen, herbeiholen, herbringen
fetching ['fetʃɪŋ] *adj 1.* reizend; *2. (smile)* gewinnend

fête [feɪt] *sb* Fest *n*
feud [fjuːd] *v 1.* sich befehden; *sb 2.* Fehde *f*
fever ['fiːvə] *sb* Fieber *n*
feverish ['fiːvrɪʃ] *adj 1.* fiebernd, fieberkrank, fiebrig; *adv 2. (fig)* fieberhaft

few [fjuː] *pron 1. a ~* einige, ein paar; *2. quite a ~* ziemlich viele; *adj 3.* wenige; *to be ~* selten sein; *every ~ days* alle paar Tage; *~ and far between* dünn gesät

fey [feɪ] *adj 1.* todgeweiht; *2. (supernatural)* übersinnlich
fez [fez] *sb* Fes *m*
fiancé/fiancée [fɪ'ɑ̃ːnseɪ] *sb* Verlobter/Verlobte *m/f*
fib [fɪb] *v 1.* schwindeln, flunkern; *sb 2.* kleine Lüge *f,* Schwindelei *f,* Flunkerei *f*
fibre ['faɪbə] *sb 1.* Faser *f; 2. (structure)* Struktur *f; 3. moral ~* Rückgrat *n (fig)*
fickle ['fɪkl] *adj* unbeständig, launisch
fiction ['fɪkʃən] *sb 1.* Erzählliteratur *f,* Prosaliteratur *f,* Belletristik *f; 2. (make-believe, invention)* Erfindung *f,* Dichtung *f*
fictional ['fɪkʃənl] *adj* erdichtet, erfunden
fictitious [fɪk'tɪʃəs] *adj 1.* fiktiv, frei erfunden; *2. (false)* falsch
fiddle ['fɪdl] *sb 1. MUS* Fiedel *f,* Geige *f; play second ~ (fig)* die zweite Geige spielen; *as fit as a ~ (fam)* kerngesund; *2. (UK: swindle)* Schiebung *f,* Betrug *m,* Schwindel *m; v 3. ~ with sth (try to improve sth)* an etw herumbasteln; *(in an annoying manner, with no purpose)* an etw herumfummeln
fiddlesticks ['fɪdlstɪks] *interj* Unsinn!
fidelity [fɪ'delɪtɪ] *sb 1.* Treue *f; 2. (precision)* Genauigkeit *f*
fidget ['fɪdʒɪt] *v* zappeln
field [fiːld] *sb 1.* Feld *n; play the ~ (fam)* sich keine Chance entgehen lassen; *2. (of grass)* Wiese *f; 3. SPORT* Platz *m,* Spielfeld *n; 4. (profession, ~ of study)* Gebiet *n,* Fach *n,* Bereich *m; 5. the ~ (for a salesman)* Außendienst *m; 6. ~ of vision* Blickfeld *n,* Gesichtsfeld *n; v 7. (a ball)* auffangen und zurückwerfen; *8. (a team)* aufs Feld schicken; *9. (fig: questions)* für Fragen zur Verfügung stehen
field day ['fiːlddeɪ] *sb have a ~* seinen großen Tag haben
field glasses ['fiːldglɑːsɪz] *pl* Fernglas *n*
field work ['fiːldwɜːk] *sb 1.* Feldarbeit *f; 2. (for a salesman)* Außendienst *m*
fiend [fiːnd] *sb 1.* Teufel *m; 2. (enthusiast)* Fanatiker *m; 3. (dope ~)* Süchtiger *m*
fiendish ['fiːndɪʃ] *adj* teuflisch
fierce [fɪəs] *adj 1.* wild, grimmig; *2. (competition)* scharf
fiery ['faɪərɪ] *adj* feurig, glühend, brennend
fifteen [fɪf'tiːn] *num* fünfzehn
fifty ['fɪftɪ] *num* fünfzig
fig [fɪg] *sb BOT* Feige *f*

fight [faɪt] *v irr 1.* kämpfen; *~ it out* es untereinander ausfechten; *go down ~ing* bis zum bitteren Ende kämpfen; *2. (exchange blows)* sich prügeln, sich schlagen, raufen; *3. (verbally)* sich streiten, sich zanken; *4. (s.o.)* kämpfen gegen, kämpfen mit; *5. (exchange blows with s.o.)* sich schlagen mit, sich prügeln mit; *6. (box against) SPORT* boxen gegen; *7. (oppose)* bekämpfen, ankämpfen gegen; *sb 8.* Kampf *m; 9. (fist ~)* Schlägerei *f,* Prügelei *f,* Rauferei *f; 10. (boxing match) SPORT* Boxkampf *m; 11. (argument)* Streit *m; 12. (~ing spirit)* Kampfgeist *m*

•fight back *v irr 1. (physically)* zurückschlagen; *2. MIL* Widerstand leisten; *3. (in an argument)* sich wehren; *4. (tears)* unterdrücken
•fight off *v irr* abwehren, *(a cold)* bekämpfen
fighter ['faɪtə] *sb 1. (person)* Kämpfer *m, (by nature)* Schläger *m; 2. (boxer)* Boxer *m; 3. (~ plane) MIL* Jagdflugzeug *n,* Jäger *m*
figment ['fɪgmənt] *sb ~ of the imagination* reine Einbildung *f*
figuration [fɪgə'reɪʃən] *sb* Darstellung *f*
figurative ['fɪgjʊrətɪv] *adj* bildlich, übertragen
figure ['fɪgə] *v 1. (fam: make sense)* passen; *That ~s.* Das hätte ich mir denken können. *2. (have its place)* eine Rolle spielen; *3. (US: reckon)* glauben, schätzen; *4. ~ on sth (US)* mit etw rechnen; *sb 5. (human form)* Gestalt *f, (shapeliness)* Figur *f; cut a fine ~* gut aussehen, elegant aussehen; *6. (character)* Persönlichkeit *f; a public ~* eine Persönlichkeit des öffentlichen Lebens; *7. ~ of speech* Redewendung *f; 8. (number)* Zahl *f; (digit)* Ziffer *f; (sum)* Summe *f; 9. (geometric)* Figur *f; 10. ART* Figur *f*
•figure out *v 1. (understand)* begreifen, kapieren; *2. (calculate)* ausrechnen; *3. (deduce)* herausfinden; *4. (guess)* erraten
figurehead ['figəhed] *sb* Galionsfigur *f*
figure-skater ['fɪgəskeɪtə] *sb SPORT* Eiskunstläufer *m*

F

figure-skating ['fɪgəskeɪtɪŋ] *sb* SPORT Eiskunstlauf *m*
filament ['fɪləmənt] *sb* Faden *m,* Faser *f*
filch [fɪltʃ] *v* klauen *(fam)*
file[1] [faɪl] *v* 1. *(put in files)* ablegen, abheften, einordnen; 2. *(a petition, a claim)* einreichen, erheben; *sb* 3. *(row)* Reihe *f*; *in single ~* im Gänsemarsch; 4. Akte *f; on ~* bei den Akten; 5. *(holder)* Aktenordner *m,* Aktenhefter *m,* Sammelmappe *f;* 6. INFORM Datei *f,* Datenblock mit Adresse *m*
•file in *v* hereinmarschieren, nacheinander hereinkommen
file[2] [faɪl] *sb* 1. *(tool)* Feile *f; v* 2. *(rub smooth)* feilen
file card ['faɪlkɑːd] *sb* Karteikarte *f*
filigree ['fɪlɪgriː] *sb* Filigranarbeit *f*
filing cabinet ['faɪlɪŋkæbɪnet] *sb* Aktenschrank *m*
filings ['faɪlɪŋz] *pl* Späne *pl*
fill [fɪl] *v* 1. füllen; 2. *(a job opening)* besetzen, *(take a job opening)* einnehmen; 3. *(a tooth)* füllen, plombieren; 4. *(a pipe)* stopfen; 5. *(permeate)* erfüllen; *sb* 6. *eat one's ~* sich satt essen; *have had one's ~ of sth (fig)* von etw die Nase voll haben
•fill in *v* 1. *~ for s.o.* für jdn einspringen; 2. *(a form)* ausfüllen, *(information)* eintragen; 3. *fill s.o. in on sth* jdn ins Bild setzen; 4. *(a hole)* auffüllen
•fill out *v* 1. *(in shape)* fülliger werden; *(face)* voller werden; 2. *(a form)* ausfüllen
filler ['fɪlə] *sb* Füllstoff *m,* Füllmaterial *n*
fillet ['fɪlɪt] *sb* 1. *(meat)* Filet *n;* 2. *(ribbon)* schmales Band *n*
filling ['fɪlɪŋ] *sb* 1. *(for a tooth)* Plombe *f,* Füllung *f;* 2. GAST Füllung *f; adj* 3. sättigend
film [fɪlm] *v* 1. filmen, drehen; *(adapt for the screen)* verfilmen; *sb* 2. Film *m;* 3. *(thin layer)* Film *m,* Schicht *f; (on the eye)* Schleier *m;* 4. *(membrane)* Membrane *f,* Häutchen *n*
filter ['fɪltə] *v* 1. *~ through (light)* durchscheinen; *(liquid, sound)* durchsickern; 2. *(sth)* filtern; *sb* 3. Filter *m;* 4. *(UK: for traffic)* grüner Pfeil *m*
filth [fɪlθ] *sb* 1. Schmutz *m,* Dreck *m;* 2. *(fig)* Schweinerei *f;* 3. *(disreputable people)* Dreckspack *n*, Abschaum *m*
filthy ['fɪlθɪ] *adj* 1. schmutzig, dreckig; *~ rich (fam)* stinkreich; 2. *(obscene)* unanständig, schweinisch
filtration [fɪl'treɪʃən] *sb* Filtrierung *f*
finable ['faɪnəbl] *adj* ordnungswidrig
finagle [fɪ'neɪgl] *v* ergaunern
final ['faɪnl] *adj* 1. *(last)* letzte(r,s); 2. *(definite)* endgültig; *sb* 3. SPORT Endspiel *n*
finale [fɪ'nɑːlɪ] *sb* 1. Finale *n;* 2. THEAT Schlussszene *f*
finality [faɪ'nælɪtɪ] *sb* 1. Endgültigkeit *f;* 2. *(peremptoriness of one's voice)* Entschiedenheit *f*
finalize ['faɪnəlaɪz] *v* endgültig abschließen, endgültig festlegen; *(wording)* endgültige Form geben
finally ['faɪnəlɪ] *adv* 1. *(at long last)* endlich; 2. *(lastly)* schließlich, zum Schluss; 3. *(eventually)* schließlich; 4. *(definitely)* endgültig
finance ['faɪnæns] *v* 1. finanzieren; *sb* 2. Finanz *f,* Finanzwesen *n;* 3. *~s pl* Finanzen *pl,* Vermögenslage *f,* Finanzlage *f*
financial [faɪ'nænʃəl] *adj* finanziell, Finanz..., Wirtschafts...
financial policy [faɪ'nænʃəl 'pɒlɪsɪ] *sb* POL Geldpolitik *f*
financial statement [faɪ'nænʃəl 'steɪtmənt] *sb* FIN Bilanz *f*
financial year [fɪ'nænʃəl jɪə] *sb (UK)* FIN Geschäftsjahr *n,* Rechnungsjahr *n*
financier [faɪ'nænsɪə] *sb* Finanzier *m*
financing ['faɪnænsɪŋ] *sb* Finanzierung *f*
finch [fɪntʃ] *sb* ZOOL Fink *m*

find [faɪnd] *v irr* 1. finden; 2. *(locate and provide)* besorgen; 3. *to be found* vorkommen, zu finden sein; 4. *~ o.s. (in a certain situation)* sich befinden; 5. *(ascertain, notice)* feststellen, herausfinden; 6. *(consider to be)* finden, empfinden; 7. JUR befinden für, erklären für; *sb* 8. Fund *m,* Entdeckung *f*

•find out *v irr* 1. herausfinden; 2. *find s.o. out* jdn erwischen, jdn ertappen
finder ['faɪndə] *sb* Finder *m*
finder's fee ['faɪndəz fiː] *sb* Finderlohn *m*
finding ['faɪndɪŋ] *sb* 1. Fund *m,* Entdeckung *f;* 2. JUR Urteilsspruch *m; pl* 3. *~s* MED Befund *m*
fine[1] [faɪn] *adj* 1. fein; 2. *(very good)* fein, prächtig, großartig; 3. *(elegant)* fein, vornehm, elegant; 4. *(OK)* in Ordnung, gut
fine[2] [faɪn] *v* 1. mit einer Geldstrafe belegen; *sb* 2. Geldstrafe *f,* Bußgeld *n*
finely ['faɪnlɪ] *adv* fein, dünn
fineness ['faɪnnɪs] *sb* Feinheit *f*
fine print [faɪn'prɪnt] *sb the ~* das Kleingedruckte *n*
finery ['faɪnərɪ] *sb* 1. Pracht *f;* 2. *(clothes)* Staat *m,* Aufputz *m*
fine-tune [faɪn'tjuːn] *v* feinabstimmen

finger ['fɪŋgə] *sb 1.* Finger *m; cross one's ~s (fig)* die Daumen halten; *put one's ~ on sth* den Kern der Sache treffen; *He won't lift a ~.* Er macht keinen Finger krumm. *v 2.* herumfingern an; *3. (US: accuse)* verpfeifen

fingered ['fɪŋgəd] *adj* ... ~ mit ... Fingern

fingering ['fɪŋgərɪŋ] *sb 1. (touching)* Befingern *n; 2. (yarn)* Strumpfwol-le *f*

fingermark ['fɪŋgəmɑːk] *sb* Fingerabdruck *m,* Fingerspur *f*

fingernail ['fɪŋgəneɪl] *sb* Fingernagel *m*

fingerprints ['fɪŋgəprɪnts] *pl* Fingerabdrücke *pl*

fingertip ['fɪŋgətɪp] *sb* Fingerspitze *f*

finicky ['fɪnɪkɪ] *adj* schwer zufrieden zu stellen, wählerisch, pingelig *(fam)*

finish ['fɪnɪʃ] *v 1. (come to an end)* enden, zu Ende gehen; *2. SPORT* das Ziel erreichen; *~ fourth* Vierter werden, den vierten Platz belegen; *3. (sth)* beenden, abschließen; *4. (complete)* vollenden, beendigen, fertig stellen; *~ (reading) a book* ein Buch zu Ende lesen; *5. (give ~ to)* den letzten Schliff geben; *(furniture)* polieren; *sb 6. (end)* Ende *n,* Schluss *m; 7. SPORT* Finish *n; (line)* Ziel *n; 8. (of an object)* Ausführung *f; (polish)* Politur *f; (paintwork)* Lack *m*

• **finish off** *v 1. (end)* enden, schließen, aufhören; *2. (kill)* erledigen; *(a wounded animal)* den Gnadenstoß geben

finished ['fɪnɪʃt] *adj 1. (done)* fertig; *2. (exhausted, ruined)* erledigt; *3. (woodwork, metal)* fertig bearbeitet; *(polished)* poliert; *(varnished)* lackiert

finite ['faɪnaɪt] *adj* begrenzt

fir [fɜː] *sb BOT* Tanne *f*

fire [faɪə] *v 1. (fam: dismiss)* feuern *(fam)*; *2. (a gun)* abschießen; *(a shot)* abfeuern; *(a rocket)* zünden; *3. Fire away!* Schieß los! *4. (pottery)* brennen; *sb 5.* Feuer *n; build a ~* Feuer machen; *play with ~ (fig)* mit dem Feuer spielen; *6. (house ~, forest ~)* Brand *m; catch ~* in Brand geraten; *set on ~* anzünden; *7. line of ~* Schusslinie *f*

fire alarm ['faɪərəlɑːm] *sb 1.* Feueralarm *m; 2. (device)* Feuermelder *m*

firearm ['faɪərɑːm] *sb* Schusswaffe *f,* Feuerwaffe *f*

fireball ['faɪəbɔːl] *sb 1.* Feuerball *m; 2. (fig: energetic person)* Energiebündel *n*

fire brigade ['faɪəbrɪgeɪd] *sb* Feuerwehr *f*

firecracker ['faɪəkrækə] *sb* Knallkörper *m*

fire extinguisher ['faɪərɪkstɪŋgwɪʃə] *sb* Feuerlöscher *m*

fire-fighter ['faɪəfaɪtə] *sb (fireman)* Feuerwehrmann *m*

firefly ['faɪəflaɪ] *sb* Leuchtkäfer *m,* Glühwürmchen *n*

fireguard ['faɪəgɑːd] *sb* Kamingitter *n*

fireman ['faɪəmən] *sb* Feuerwehrmann *m*

fireplace ['faɪəpleɪs] *sb* Kamin *m*

fireplug ['faɪəplʌg] *sb* Hydrant *m*

fireproof ['faɪəpruːf] *adj* feuerfest, feuersicher

firestorm ['faɪəstɔːm] *sb* Feuersturm *m*

firewood ['faɪəwʊd] *sb* Brennholz *n*

fireworks ['faɪəwɜːks] *pl* Feuerwerk *n*

firing ['faɪərɪŋ] *sb 1. (fuel)* Brennmaterial *n; 2. (baking ceramics or glass)* Brennen *n*

firm [fɜːm] *adj 1.* fest; *sb 2.* Firma *f,* Unternehmen *n,* Betrieb *m*

firmness ['fɜːmnɪs] *sb* Festigkeit *f*

first [fɜːst] *adj 1.* erste(r,s); *adv 2.* zuerst, *(before anyone else)* als Erster; *head ~* Kopf voraus; *3. (~ of all)* als Erstes, zunächst; *4. (in reciting a list)* erstens; *5. at ~* zuerst, anfangs, zunächst; *6. (rather)* lieber, eher

first aid [fɜːst'eɪd] *sb* erste Hilfe *f*

first-born [fɜːst bɔːn] *adj* erstgeboren

firstly ['fɜːstlɪ] *adv* erstens, zuerst einmal

first name [fɜːst neɪm] *sb* Vorname *m*

first-rate ['fɜːstreɪt] *adj* erstklassig, prima

fiscal policy ['fɪskəl 'pɒlɪsɪ] *sb POL* Finanzpolitik *f*

fish [fɪʃ] *sb 1.* Fisch *m; feel like a ~ out of water* sich fehl am Platze fühlen; *have other ~ to fry* Wichtigeres zu tun haben; *a queer ~* ein komischer Kauz *m; v 2.* fischen; *(with a rod)* angeln; *(~ a river)* abfischen; *~ for sth* nach etw angeln; *3. ~ out* hervorholen, hervorkramen; *4. ~ for* angeln auf; *(fig: ~ for compliments)* fischen nach; *(fig: ~ for information)* aus sein auf

fisherman ['fɪʃəmən] *sb 1.* Fischer *m; 2. (amateur)* Angler *m*

fish farm [fɪʃ fɑːm] *sb* Fischzucht *f*

fish finger ['fɪʃfɪŋgə] *sb* Fischstäbchen *n*

fishing ['fɪʃɪŋ] *sb* Fischen *n,* Angeln *n*

fishing rod ['fɪʃɪŋ rɒd] *sb* Angelrute *f*

fish-monger's ['fɪʃmɒŋgəz] *sb* Fischgeschäft *n*

fishy ['fɪʃɪ] *adj (suspicious)* verdächtig, faul

fission ['fɪʃən] *sb PHYS* Spaltung *f*

fissure ['fɪʃə] *sb* Riss *m,* Spalte *f,* Sprung *m*

fist [fɪst] *sb* Faust *f*

fisticuffs ['fɪstɪkʌfs] *pl* Handgreiflichkeiten *pl*
fit [fɪt] *v irr 1.* passen; *2. (match)* entsprechen; *3. (sth)* passen auf; *(key)* passen in; *(clothes)* passen; *v 4. (attach)* anbringen, montieren; *5. ~ with (provide with)* ausstatten mit; *adj 6. (healthy)* gesund, fit; *keep ~* sich fit halten; *7. (for sth; capable of sth)* fähig, tauglich; *8. (suited for)* geeignet; *sb 9. (of clothes)* Passform *f; 10. MED* Anfall *m; have a ~ (fam)* einen Wutanfall bekommen; *~ of laughter* Lachkrampf *m*

•**fit in** *v 1. (with sth)* passen, dazupassen, hineinpassen; *2. (find time in one's schedule for)* einen Termin geben
•**fit out** *v* ausrüsten, ausstatten
fitful ['fɪtfʊl] *adj 1.* unbeständig; *2. (sleep)* unruhig
fitment ['fɪtmənt] *sb* Ausstattung *f,* Einrichtung *f*
fitness ['fɪtnɪs] *sb 1. (for a job)* Eignung *f; 2. (physical ~)* Fitness *f*
fitted ['fɪtɪd] *adj* auf Maß gearbeitet
fitter ['fɪtə] *sb TECH* Monteur *m; (for machines)* Schlosser *m; (of pipes)* Installateur *m*
fitting ['fɪtɪŋ] *adj 1.* passend, geeignet, angemessen; *sb 2. (trying on)* Anprobe *f; 3. ~s pl* Beschläge *pl,* Zubehör *n*
fitting room ['fɪtɪŋ ruːm] *sb (in a shop)* Anproberaum *m,* Umkleideraum *m*
five [faɪv] *num* fünf
fiver ['faɪvə] *sb (fam)* Fünfpfundschein *m*
fix [fɪks] *v 1. (make firm)* befestigen, festmachen, anheften; *2. (set, decide)* festsetzen, festlegen, bestimmen; *3. (attention, gaze)* richten, heften; *4. (arrange)* arrangieren; *5. (a sporting event)* manipulieren; *6. (repair)* reparieren, in Ordnung bringen; *7. (prepare) (a drink)* mixen; *(a meal)* zubereiten; *8. FOTO* fixieren; *sb 9. (difficult situation)* Klemme *f,* Patsche *f; to be in a ~* in der Klemme sitzen, in der Patsche sitzen; *10. (~ed fight, ~ed race)* Schiebung *f,* Bestechung *f*
fixed [fɪkst] *adj 1.* fest; *2. (smile, gaze)* starr
fixing ['fɪksɪŋ] *sb 1.* Befestigung *f,* Befestigen *n; 2. (fig)* Festsetzen *n*
fixture ['fɪkstʃə] *sb 1.* feste Anlage *f,* Installationsteil *m; (lighting ~)* Beleuchtungskörper *m; to be a ~ (fig: person)* zum Inventar gehören; *2. (UK) SPORT* Spiel *n*
fizz [fɪz] *v* sprudeln
fizzle ['fɪzl] *v (~ out)* verpuffen
flabbergasted ['flæbəgɑːstɪd] *adj (fam)* platt, verblüfft
flabby ['flæbɪ] *adj (stomach)* wabbelig
flaccid ['flæksɪd] *adj* schlaff
flag [flæg] *sb 1.* Fahne *f; 2. (of a country)* Flagge *f; v 3. (slacken)* erlahmen, nachlassen
•**flag down** *v* anhalten
flagellate ['flædʒəleɪt] *v* geißeln
flagon ['flægən] *sb 1. (bottle)* Weinflasche *f; 2. (jug)* Krug *m*
flagpole ['flægpəʊl] *sb* Fahnenstange *f*
flagrant ['fleɪgrənt] *adj* krass, eklatant
flagship ['flægʃɪp] *sb* Flaggschiff *n*
flagstaff ['flægstɑːf] *sb* Fahnenmast *m,* Flaggenmast *m*
flagstone ['flægstəʊn] *sb* Steinplatte *f*
flail [fleɪl] *v ~ one's arms* mit den Armen fuchteln
flair [flɛə] *sb 1. (stylishness)* Flair *n; 2. (talent)* Talent *n; 3. (sense for sth)* Gespür *n*
flak [flæk] *sb 1. MIL* Flakfeuer *n; 2. (fig)* Zunder *m (fam)*
flake [fleɪk] *sb 1.* Flocke *f; 2. (of paint)* Splitter *m; 3. (of skin)* Schuppe *f*
flaky ['fleɪkɪ] *adj 1. (crust)* blättrig; *2. (skin)* schuppig; *3. (paint)* brüchig; *4. (fam: person) (US)* verschroben
flam [flæm] *sb* Falschheit *f,* Täuschung *f*
flambeau ['flæmbəʊ] *sb* Fackel *f*
flamboyance [flæm'bɔɪəns] *sb* Extravaganz *f*
flamboyant [flæm'bɔɪənt] *adj (person)* extravagant
flame [fleɪm] *sb* Flamme *f*
flameproof ['fleɪmpruːf] *adj* feuerfest
flaming ['fleɪmɪŋ] *adj (fam: damned) (UK)* verdammt
flammable ['flæməbl] *adj* feuergefährlich, leicht entzündlich
flank [flæŋk] *v 1.* flankieren; *sb 2.* Flanke *f; (of a building)* Seite *f*
flap [flæp] *v 1. (wings)* schlagen, *(sails)* flattern; *sb 2.* Klappe *f; 3. (fam: commotion)* Aufregung *f*
flapjack ['flæpdʒæk] *sb (fam: pancake)* Pfannkuchen *m*
flare [flɛə] *sb 1. (signal)* Leuchtsignal *n; 2. (shot from a gun)* Leuchtrakete *f; v 3. (nostrils)* sich blähen; *4. (match)* aufleuchten
•**flare up** *v 1. (fighting)* ausbrechen; *2. (situation)* auflodern, aufflackern; *3. (anger)* zum Ausbruch kommen
flares [flɛəz] *pl (fam) (UK)* Schlaghosen *pl*
flash [flæʃ] *v 1.* blinken, blitzen; *2. (move quickly)* sich blitzartig bewegen, sausen, flitzen; *3. (a light)* aufleuchten lassen; *(a mes-*

sage) blinken; *~ s.o. a glance* jdm einen Blick zuwerfen; *4. (quickly show)* kurz zeigen; *5. (show off)* zur Schau tragen, protzen mit; *sb 6.* Aufblitzen *n,* Aufleuchten *n; (of lightning)* Blitz *m; 7. in a ~ (fig)* blitzschnell, im Nu; *8. ~ in the pan* Eintagsfliege *f,* Strohfeuer *m; 9. (of headlights)* Lichthupe *f; 10. FOTO* Blitzlicht *n; 11. news ~* Kurzmeldung *f*

• flash back *v 1. ~ to CINE* zurückblenden auf; *2. (fig)* sich zurückversetzen in

flashback ['flæʃbæk] *sb* Rückblende *f*

flashlight ['flæʃlaɪt] *sb (US)* Taschenlampe *f*

flash point ['flæʃpɔɪnt] *sb CHEM* Flammpunkt *m*

flashy ['flæʃɪ] *adj* protzig

flask [flɑːsk] *sb (pocket ~)* Flachmann *m*

flat [flæt] *adj 1.* flach, eben, platt; *2. (drink)* schal, abgestanden; *3. (~ on the ground)* hingestreckt, flach am Boden liegend; *knock s.o. ~* jdn umhauen; *4. (refusal)* glatt, deutlich; *5. (market) ECO* lau, lahm, lustlos; *6. (rate)* Pauschal...; *~ fee* Pauschalgebühr *f; adv 7.* platt; *~ broke* total pleite; *in five seconds ~* in genau fünf Sekunden; *in nothing ~* blitzschnell; *8. fall ~* der Länge nach hinfallen; *(fig: fail)* danebengehen; *sb 9. (of a hand)* Fläche *f; 10. (of a blade)* flache Seite *f; 11. (dwelling)(UK)* Wohnung *f; 12. GEOL* Ebene *f; 13. (~ tyre)* Panne *f*

flatmate ['flætmeɪt] *sb* Mitbewohner *m*

flatten [flætn] *v 1.* flachmachen; *2. (ground)* einebnen; *3. (metal)* flach hämmern; *4. ~ o.s. against the wall* sich gegen die Wand drücken

flatter ['flætə] *v* schmeicheln

flattery ['flætərɪ] *sb* Schmeichelei *f*

flattish ['flætɪʃ] *adj* ziemlich flach

flaunt [flɔːnt] *v (sth)* protzen mit

flavour ['fleɪvə] *sb 1.* Geschmack *m; (fig)* Beigeschmack *m; v 2.* Geschmack geben

flavouring ['fleɪvərɪŋ] *sb* Geschmacksstoff *m,* Aromastoff *m*

flaw [flɔː] *sb 1.* Fehler *m; 2. (fig)* Mangel *m*

flawed [flɔːd] *adj* fehlerhaft

flawless ['flɔːlɪs] *adj 1.* fehlerlos, einwandfrei, tadellos; *2. (complexion)* makellos; *3. (gem)* lupenrein

flay [fleɪ] *v 1. (skin an animal)* abhäuten; *2. (whip)* auspeitschen; *3. (fig: with criticism)* kein gutes Haar lassen an

flea [fliː] *sb* Floh *m*

flea-bitten ['fliːbɪtn] *adj (fig)* vergammelt

fleck [flek] *sb 1. (of dust)* Teilchen *n; 2. (speckle of mud or paint)* Spritzer *m*

fledgling ['fledʒlɪŋ] *sb 1. ZOOL* Jungvogel *m; adj 2. (fig) the ~ company* das junge Unternehmen

flee [fliː] *v irr 1.* fliehen, flüchten; *~ from sth* vor etw fliehen, vor etw flüchten; *2. (a country)* fliehen aus

fleece [fliːs] *sb 1.* Vlies *n,* Schaffell *n; v 2. (fig) ~ s.o.* jdn schröpfen

fleet [fliːt] *sb NAUT* Flotte *f*

fleeting ['fliːtɪŋ] *adj 1.* flüchtig; *2. (beauty)* vergänglich

flesh [fleʃ] *sb* Fleisch *n; in the ~* höchstpersönlich, leibhaftig, in Person

fleshy ['fleʃɪ] *adj* fleischig

flex [fleks] *v 1. (knees)* beugen; *2. ~ one's muscles* die Muskeln anspannen, seine Muskeln spielen lassen

flexibility [fleksɪ'bɪlɪtɪ] *sb 1.* Biegsamkeit *f,* Elastizität *f; 2. (fig)* Flexibilität *f*

flexible ['fleksəbl] *adj 1.* biegsam, elastisch; *2. (fig)* flexibel

flexion ['flekʃən] *sb* Beugung *f,* Flexion *f*

flexitime ['fleksɪtaɪm] *sb* Gleitzeit *f*

flick [flɪk] *v 1. (~ away a speck)* wegschnipsen; *2. (~ a switch)* anknipsen; *sb 3. (of a tail)* kurzer Schlag *m; ~ of the wrist* schnelle Drehung des Handgelenks; *4. (with a finger)* Schnipsen *n*

flicker ['flɪkə] *v 1.* flackern, flimmern; *(eyelid)* zucken; *2.* Flackern *n,* Flimmern *n, (of an eyelid)* Zucken *n; 3. a ~ of hope* ein Hoffnungsschimmer *m*

flight [flaɪt] *sb 1.* Flug *m; 2. (of birds, of insects) ZOOL* Schwarm *m; 3. (act of fleeing)* Flucht *f; take ~* die Flucht ergreifen; *4. (of stairs)* Treppe *f*

flightless ['flaɪtlɪs] *adj* flugunfähig

flighty ['flaɪtɪ] *adj 1. (empty-headed)* leichtsinnig, gedankenlos; *2. (fickle)* flatterhaft, launisch

flim-flam ['flɪmflæm] *sb* fauler Zauber *m,* faule Tricks *pl*

flimsy ['flɪmzɪ] *adj 1.* dünn, leicht, schwach; *2. (fig: excuse)* fadenscheinig

flinch [flɪntʃ] *v* zurückzucken, *(fig)* zurückschrecken

fling [flɪŋ] *v irr 1.* schleudern, werfen; *~ open a door* eine Tür aufreißen; *~ o.s. at s.o. (fig)* sich jdm an den Hals werfen; *sb 2.* Wurf *m; have one's ~* sich austoben; *3.* Anlauf *m*

flint ['flɪnt] *sb* Feuerstein *m,* Flint *m*

flinty ['flɪntɪ] *adj (person)* hartherzig, unerbittlich

flip [flɪp] *v 1. (~ over)* wenden, umdrehen; *2. (fam: lose one's mind) (~ out)* ausflippen, durchdrehen; *sb 3. (somersault)* Salto *m*
•flip through *v (a book)* durchblättern
flippant ['flɪpənt] *adj* schnodderig, frech, leichtfertig
flipper ['flɪpə] *sb 1. ZOOL* Flosse *f; 2. (diver's)* Schwimmflosse *f*
flip side [flɪp saɪd] *sb (of a single record)* B-Seite *f*
flirt [flɜːt] *v 1.* flirten; *~ with an idea* mit einem Gedanken liebäugeln; *~ with disaster* mit dem Feuer spielen; *sb 2.* Flirt *m*
flirtation [flɜː'teɪʃən] *sb* Flirt *m,* Liebelei *f*
flirtatious [flɜː'teɪʃəs] *adj* kokett
float [fləʊt] *v 1.* schwimmen, im Wasser treiben; *2. (in the air)* schweben; *sb 3. (in a parade)* Festwagen *m; 4. (anchored raft)* Floß *n; 5. (on a fishing line)* Schwimmer *m*
floater ['fləʊtə] *sb 1. (drifter)* Mensch, der es nirgends lange aushält *m; 2. (employee reassigned from job to job)* Springer *m/f*
floaty ['fləʊtɪ] *adj* schwimmfähig
flock [flɒk] *v 1.* in Scharen kommen; *~ around s.o.* sich um jdn scharen, sich um jdn drängen; *sb 2. (of sheep, of geese)* Herde *f; 3. (of birds)* Schar *f*
floe [fləʊ] *sb* Treibeis *n,* Eisscholle *f*
flog [flɒg] *v* prügeln, schlagen; *(a criminal)* auspeitschen
flood [flʌd] *v 1.* überschwemmen, überfluten; *~ the market (fig)* den Markt überschwemmen; *sb 2.* Flut *f; 3. (disaster)* Überschwemmung *f*

floor [flɔː] *sb 1.* Boden *m,* Fußboden *m; 2. dance ~* Tanzfläche *f; 3. (storey)* Stock *m,* Stockwerk *n,* Geschoss *n; on the second ~ (UK)* im zweiten Stock, *(US)* im ersten Stock; *4. (minimum)* Minimum *n*

floorage ['flɔːrɪdʒ] *sb* Bodenfläche *f*
floorboard ['flɔːbɔːd] *sb* Diele *f*
floored [flɔːd] *adj (speechless)* sprachlos
floor lamp ['flɔːlæmp] *sb* Stehlampe *f*
floor plan ['flɔːplæn] *sb* Grundriss *m* (eines Stockwerks)
floor space ['flɔːspeɪs] *sb* Bodenfläche *f*
floozie ['fluːzɪ] *sb (fam)* Flittchen *n*
flop [flɒp] *v 1. (into a chair)* sich plumpsen lassen; *2. (fish)* zappeln; *3. (fam: fail)* danebengehen; *sb 4. (failure)* Flop *m (fam); 5. (person)* Niete *f*
floppy ['flɒpɪ] *adj* schlaff, schlapp
flora ['flɔːrə] *sb* Flora *f*
floral ['flɔːrəl] *adj* Blumen..., Blüten...
floret ['flɔːrɪt] *sb (small flower)* Blümchen *n*
floss [flɒs] *sb dental ~* Zahnseide *f*
flotation [fləʊ'teɪʃən] *sb* Schwimmen *n,* Schweben *n*
flounce [flaʊns] *v* herumstolzieren
flounder ['flaʊndə] *sb 1. ZOOL* Flunder *f; v 2. (fig)* ins Schwimmen kommen
flour ['flaʊə] *sb* Mehl *n*
flourish ['flʌrɪʃ] *v 1.* gedeihen, blühen, florieren; *2. (wave about)* schwenken; *sb 3. (curve)* Schnörkel *m; 4. (movement)* schwungvolle Bewegung *f; 5. MUS* Fanfare *f*
flout [flaʊt] *v* missachten
flow [fləʊ] *v 1.* fließen; *2. (tears)* strömen; *3. ~ into* münden; *4. ~ out of* herausströmen aus; *5. (prose)* flüssig sein; *sb 6.* Fluss *m*

flower ['flaʊə] *sb 1.* Blume *f; 2. (blossom)* Blüte *f; v 3.* blühen

flowered ['flaʊəd] *adj* geblümt
flowery ['flaʊərɪ] *adj 1.* blumenreich, geblümt; *2. (fig)* blumig
flowing ['fləʊɪŋ] *adj 1.* fließend; *2. (hair)* wallend; *3. (style)* flüssig
flu [fluː] *sb (fam)* Grippe *f*
fluctuate ['flʌktjʊeɪt] *v* schwanken
fluctuation [flʌktjʊ'eɪʃən] *sb 1.* Schwankung *f; 2. (fig)* Schwanken *n*
flue [fluː] *sb* Rauchfang *m*
fluency ['fluːənsɪ] *sb (of style)* Flüssigkeit *f; No one knew about her ~ in French.* Keiner wusste, dass Sie fließend Französisch sprach.
fluent ['fluːənt] *adj* fließend
fluff [flʌf] *sb* Staubflocke *f,* Flusen *pl*
fluffy ['flʌfɪ] *adj 1.* flaumig; *2. (toy)* kuschelig
fluid ['fluːɪd] *adj 1.* flüssig; *2. (drawing)* fließend; *sb 3.* Flüssigkeit *f*
fluidity [fluː'ɪdɪtɪ] *sb* Flüssigkeit *f*
fluke [fluːk] *sb* Dusel *m*
flummox ['flʌməks] *v* durcheinander bringen, aus der Fassung bringen
flunk [flʌŋk] *v (fam: receive a failing grade)* durchrasseln
flunky ['flʌŋkɪ] *sb* Lakai *m*
fluorescent [flʊə'resnt] *adj* fluoreszierend, schillernd
flurry ['flʌrɪ] *sb 1. (of snow)* Gestöber *n; 2. (of activity)* Hektik *f*
flush [flʌʃ] *v 1. (face)* rot werden, rot anlaufen; *2. (toilet)* spülen; *~ down* hinunterspülen; *sb 3. (of a toilet)* Spülung *f; 4. (of excitement)* Welle *f; 5. (poker)* Flush *m; adj 6.* bündig; *~ against* direkt an

•flush out *v 1.* ausspülen; *2. (fig)* aufstöbern
flustered ['flʌstəd] *adj* durcheinander
flute [fluːt] *sb MUS* Flöte *f*
flutist ['fluːtɪst] *sb* Flötist(in) *m/f*
flutter ['flʌtə] *v 1.* flattern; *2. (one's eyelashes)* klimpern
flux [flʌks] *sb (change)* Fluss *m; in a state of ~* im Fluss

fly [flaɪ] *v irr 1.* fliegen; *2. (flag)* wehen; *3. (move quickly)* sausen, fliegen; *4. (fig: time)* verfliegen, fliegen; *5. ~ into a rage* in Wut geraten; *6. (a flag)* wehen lassen, *(hoist)* hissen; *sb 7. ZOOL* Fliege *f; I would like to be a ~ on the wall.* Da würde ich gern Mäuschen spielen. *8. (on trousers)* Schlitz *m,* Hosenschlitz *m*

•fly away *v irr* wegfliegen, fortfliegen
•fly in *v irr* einfliegen
fly-by-night [flaɪbaɪ'naɪt] *adj (business)* zweifelhaft, windig
flying saucer ['flaɪɪŋ 'sɔːsə] *sb* fliegende Untertasse *f*
flying squad ['flaɪɪŋ skwɒd] *sb (UK)* Überfallkommando *n*
flypaper ['flaɪpeɪpə] *sb* Fliegenfänger *m*
flyswatter ['flaɪswɒtə] *sb* Fliegenklatsche *f,* Fliegenklappe *f*
foam [fəʊm] *v 1.* schäumen; *~ at the mouth (fig)* schäumen vor Wut; *sb 2.* Schaum *m*
foamy ['fəʊmɪ] *adj* schäumend
fob [fɒb] *sb 1.* Uhrtasche *f; v 2. ~ s.o. off* jdn abspeisen
focal ['fəʊkəl] *adj ~ point* Brennpunkt *m*
focus ['fəʊkəs] *v 1. ~ on* sich konzentrieren auf, sich richten auf; *2. (sth) (camera)* einstellen; *(light rays)* bündeln; *sb 3. FOTO* Brennpunkt *m; 4. (fig)* Mittelpunkt *m; 5. in ~ FOTO (camera)* eingestellt, *(photo)* scharf
fodder ['fɒdə] *sb* Futter *n*
foe [fəʊ] *sb* Feind *m*
fog [fɒg] *sb 1.* Nebel *m; v 2. ~ up, ~ over* beschlagen
fogey ['fəʊgɪ] *sb* alter Kauz *m*
foggy ['fɒgɪ] *adj 1.* neblig; *2. (fig)* unklar
foible ['fɔɪbl] *sb* kleine Schwäche *f*
foil [fɔɪl] *v 1.* vereiteln, durchkreuzen; *~ s.o.* jdm einen Strich durch die Rechnung machen; *sb 2.* Folie *f*
foist [fɔɪst] *v 1. ~ sth on s.o.* jdm etw andrehen; *2. (a task)* etw auf jdn abschieben
fold[1] [fəʊld] *v 1.* falten, zusammenfalten; *2. (close down)* eingehen; *3. (one's arms)* verschränken; *sb 4.* Falte *f*
•fold back *v ~ sth back* etw zurückschlagen
•fold down *v 1.* umbiegen, kniffen; *2. (a seat in a theatre)* herunterklappen
•fold in *v (wrap in)* einschlagen in
•fold over *v 1.* umknicken; *2. (blanket)* umschlagen
•fold up *v 1.* zusammenfalten; *2. (blanket)* zusammenlegen
fold[2] [fəʊld] *sb (enclosure)* Pferch *m*
foldaway ['fəʊldəweɪ] *adj* zusammenklappbar, zusammenlegbar
folder ['fəʊldə] *sb 1.* Aktendeckel *m,* Mappe *f,* Schnellhefter *m; 2. (brochure)* Faltblatt *n*
folding ['fəʊldɪŋ] *adj* zusammenklappbar, zusammenlegbar, Klapp...
foliage ['fəʊlɪɪdʒ] *sb* Laub *n,* Blätter *pl*
folk [fəʊk] *pl* Leute *pl; ~s* Leute *pl; my ~s* meine Eltern
folklore ['fəʊklɔː] *sb* Folklore *f,* Volkskunde *f*
folk music ['fəʊkmjuːzɪk] *sb* Volksmusik *f,* Folkmusik *f*
folksy ['fəʊksɪ] *adj* gesellig

follow ['fɒləʊ] *v 1.* folgen; *as ~s* folgendermaßen, wie folgt; *2. (logically)* folgen, sich ergeben; *It ~s from this ...* Hieraus folgt ... *It doesn't ~!* Das ist nicht unbedingt so! *3. (advice)* befolgen, folgen; *4. (pursue)* folgen, verfolgen; *5. (take an interest in) (news, a TV show, the progress of sth)* verfolgen; *(sports)* sich interessieren für; *6. (understand)* folgen, mitkommen *(fam)*

•follow through *v (a plan)* zu Ende verfolgen, durchziehen
•follow up *v (take further action on)* nachgehen
following ['fɒləʊɪŋ] *prep 1.* im Anschluss an, nach; *sb 2. (followers)* Anhängerschaft *f,* Gefolgschaft *f; adj 3.* folgend
follow-up ['fɒləʊʌp] *sb 1.* Weiterfolgen *n,* Weiterführen *n; 2. a ~ letter* ein Nachfassschreiben *n*
folly ['fɒlɪ] *sb* Verrücktheit *f,* Torheit *f*
foment [fə'ment] *v* schüren, anheizen
fond [fɒnd] *adj 1. (loving)* zärtlich, liebevoll; *2. (wish)* sehnlich; *3. to be ~ of* mögen, gern haben
fondant ['fɒndənt] *sb GAST* Fondant *m*
fondle ['fɒndl] *v* streicheln, hätscheln
food [fuːd] *sb* Essen *n,* Nahrung *f, (for animals)* Futter *n*
foodstuff ['fuːdstʌf] *sb* Nahrungsmittel *n,* Nährstoff *m*

F

fool [fuːl] *sb 1.* Narr *m*/Närrin *f,* Dummkopf *m,* Idiot *m*/Idiotin *f; make a ~ of s.o.* jdn blamieren, jdn zum Narren machen; *make a ~ of o.s.* sich blamieren, sich lächerlich machen; *She's nobody's ~.* Sie lässt sich nichts vormachen; *v 2. (trick)* hereinlegen, täuschen; *3. ~ around, ~ about* herumalbern; *(waste time)* herumtrödeln

foolery ['fuːlərɪ] *sb* Albernheit *f*
foolhardy ['fuːlhɑːdɪ] *adj* tollkühn
foolish ['fuːlɪʃ] *adj* dumm, töricht
foolishness ['fuːlɪʃnɪs] *sb* Torheit *f*
foolproof ['fuːlpruːf] *adj 1.* todsicher; *2. (idiot proof)* idiotensicher, narrensicher

foot [fʊt] *sb 1.* Fuß *m; on ~* zu Fuß; *My ~!* Quatsch! *set ~ in* eintreten in; *jump to one's feet* aufspringen; *have one's feet on the ground (fig)* mit beiden Beinen auf dem Boden stehen; *land on one's feet (fig)* auf die Beine fallen; *to be back on one's feet (fig)* wieder auf den Beinen sein; *get cold feet* kalte Füße bekommen; *put one's ~ down (fig)* ein Machtwort sprechen, *(forbid)* es strikt verbieten; *put one's ~ in it (fig)* ins Fettnäpfchen treten; *v 2. (~ the bill)* bezahlen, begleichen

footage ['fʊtɪdʒ] *sb (length)* Filmmaterial *n*
football ['fʊtbɔːl] *sb 1. (game)* Fußball *m; 2. (US)* American Football *m; 3. (ball)* Fußball *m; 4. (US: ball)* Football *m*
footbridge ['fʊtbrɪdʒ] *sb* Fußgängerbrücke *f*
footfall ['fʊtfɔːl] *sb* Schritt *m* (Geräusch)
foothills ['fʊthɪlz] *pl* Gebirgsausläufer *pl*
foothold ['fʊthəʊld] *sb 1.* Stand *m,* Halt *m; 2. (fig)* sichere Ausgangsposition *f,* Halt *m,* Stütze *f*
footing ['fʊtɪŋ] *sb 1.* Stand *m,* Halt *m; lose one's ~* den Halt verlieren; *2. (fig)* Basis *f; on equal ~* auf gleicher Basis
footlights ['fʊtlaɪts] *pl THEAT* Rampenlicht *n*
footloose ['fʊtluːs] *adj* ungebunden
footman ['fʊtmən] *sb* Diener *m,* Lakai *m*
footmark ['fʊtmɑːk] *sb* Fußspur *f,* Fußabdruck *m*
footwear ['fʊtwɛə] *sb* Schuhe *pl*
footwork ['fʊtwɜːk] *sb* Beinarbeit *f*

for [fɔː] *prep 1.* für; *What ~?* Wozu? *What did you do that ~?* Warum hast du das getan? *~ and against* für und wider; *go ~ a walk* spazieren gehen; *2. (in a trade ~)* gegen, für; *3. (a purpose)* für, zu, um; *4. (a period of time)* seit, *(during)* während, *(future)* für; *~ a week* eine Woche; *~ weeks* wochenlang; *5. ~ ever* für immer, für alle Zeit; *6. (toward)* nach; *7. (because of)* aus, wegen; *to be famous ~ ...* wegen ... berühmt sein; *~ this reason* aus diesem Grund; *8. (in spite of)* trotz; *~ all that* trotz alledem; *konj 9.* denn

forage ['fɒrɪdʒ] *v 1.* nach Nahrung suchen; *2. (fig) ~ for* herumkramen nach
foray ['fɒreɪ] *sb (fig)* Exkurs *m*
forbear [fɔː'bɛə] *v* verzichten auf, sich enthalten
forbearance [fɔː'bɛərəns] *sb* Nachsicht *f*
forbearing [fɔː'bɛərɪŋ] *adj* nachsichtig
forbid [fə'bɪd] *v irr 1.* verbieten, untersagen; *2. (make impossible)* unmöglich machen, ausschließen; *God ~!* Gott behüte!
forbidden [fə'bɪdn] *adj* verboten
forbidding [fə'bɪdɪŋ] *adj* bedrohlich, düster, streng
force [fɔːs] *v 1.* zwingen; *~ s.o.'s hand* jdn zwingen; *~ a smile* gezwungen lächeln; *2. (obtain by ~)* erzwingen; *3. (~ open)* aufbrechen; *4. ~ sth on s.o.* jdm etw aufdrängen; *(conditions)* jdm etw auferlegen; *sb 5.* Kraft *f,* Macht *f; ~ of habit* Macht der Gewohnheit *f; 6. armed ~s pl MIL* Streitkräfte *pl; join ~s* sich zusammentun; *7. (of impact)* Wucht *f; 8. in ~ (applicable)* in Kraft, geltend; *9. in ~ (in numbers)* in großer Menge, in großer Zahl; *10. (of character)* Stärke *f; 11. (coercion)* Gewalt *f; by ~* gewaltsam, durch Gewalt
• force down *v 1. (prices) ECO* drücken; *2. (food)* hinunterwürgen; *3. (an aeroplane)* zur Landung zwingen
force-fed ['fɔːsfed] *adj* zwangsernährt
forceful ['fɔːsfʊl] *adj 1. (person)* energisch, kraftvoll; *2. (argument)* wirkungsvoll
force majeure [fɔːs mɑː'ʒɜː] *sb JUR* höhere Gewalt *f*
forceps ['fɔːseps] *pl* Zange *f*
forcible ['fɔːsɪbl] *adj (entry)* gewaltsam
ford [fɔːd] *sb* Furt *f*
fore [fɔː] *sb 1. come to the ~* ins Blickfeld geraten, in den Vordergrund treten; *adj 2.* vordere(r,s)
forearm ['fɔːrɑːm] *sb* Unterarm *m*
foreboding [fɔː'bəʊdɪŋ] *sb 1. (omen)* Omen *n; 2. (feeling)* böse Ahnung *f*
forecast ['fɔːkɑːst] *v 1.* vorhersagen, voraussagen; *sb 2.* Voraussage *f,* Prognose *f*

forefather ['fɔːfɑːðə] *sb* Ahn *m*, Vorfahr *m*
forefinger ['fɔːfɪŋgə] *sb* Zeigefinger *m*
forego [fɔː'gəʊ] *v irr* verzichten auf; *It was a ~ne conclusion.* Es stand von vornherein fest.
foreground ['fɔːgraʊnd] *sb* Vordergrund *m*
forehead ['fɔːhed] *sb ANAT* Stirn *f*
foreign ['fɒrən] *adj 1.* ausländisch; *2. (strange)* fremd
foreign affairs ['fɒrən ə'fɛəz] *pl POL* Außenpolitik *f*
foreign currency ['fɒrən 'kʌrənsɪ] *sb FIN* Devisen *pl*
foreigner ['fɒrənə] *sb* Ausländer *m*
Foreign Ministry ['fɒrən 'mɪnɪstɪ] *sb POL* Außenministerium *n*
Foreign Secretary ['fɒrən 'sekrətrɪ] *sb POL* Außenminister *m*
foreman ['fɔːmən] *sb 1. (of a construction crew)* Polier *m; 2. (of a jury)* Obmann *m*
foremost ['fɔːməʊst] *adj* erste(r,s), vorderste(r,s); *(person)* führend; *first and ~* zuallererst
foreplay ['fɔːpleɪ] *sb* sexuelles Vorspiel *n*
forerunner ['fɔːrʌnə] *sb* Vorläufer *m*
foresee [fɔː'siː] *v irr* voraussehen
foreshadow [fɔː'ʃædəʊ] *v* ahnen lassen
foresight ['fɔːsaɪt] *sb* Weitblick *m*
foreskin ['fɔːskɪn] *sb ANAT* Vorhaut *f*
forest ['fɒrɪst] *sb* Wald *m*, Forst *m*
forestall [fɔː'stɔːl] *v (s.o.)* zuvorkommen
forester ['fɒːrɪstə] *sb* Förster *m*
forestry ['fɒːrɪstrɪ] *sb* Forstwirtschaft *f*
foretaste ['fɔːteɪst] *sb* Vorgeschmack *m*
foretell [fɔː'tel] *v irr* voraussagen
forethought ['fɔːθɔːt] *sb* Voraussicht *f*
forever [fər'evə] *adv 1. (constantly)* immer, ständig; *2. (US: for ever)* für alle Zeit
forewarn [fɔː'wɔːn] *v* vorher warnen
foreword ['fɔːwəd] *sb* Vorwort *n*
forfeit ['fɔːfɪt] *v JUR* verwirken
forge [fɔːdʒ] *v 1. (metal, a bond, a friendship)* schmieden; *2. ~ ahead* vorwärts kommen; *3. (counterfeit)* fälschen; *sb 4. (workshop)* Schmiede *f; 5. (furnace)* Esse *f*
forgery ['fɔːdʒərɪ] *sb 1. (result)* Fälschung *f; 2. (act)* Fälschen *n*

> **forget** [fə'get] *v irr 1.* vergessen; *~ about* vergessen; *2. ~ o.s. (behave improperly)* sich vergessen, aus der Rolle fallen; *3. Forget it!* Vergiss es! Schon gut! *(there's no chance of that)* Das kannst du vergessen.

forgetful [fə'getfʊl] *adj 1.* vergesslich; *2. (negligent)* achtlos
forgetfulness [fə'getfʊlnɪs] *sb* Vergesslichkeit *f*, Achtlosigkeit *f*
forgettable [fə'getəbl] *adj* nicht beachtlich
forgivable [fə'gɪvəbl] *adj* verzeihlich, entschuldbar
forgive [fə'gɪv] *v irr 1.* verzeihen, vergeben; *2. (a debt)* erlassen
forgiveness [fə'gɪvnɪs] *sb 1.* Verzeihung *f*, Vergebung *f; 2. (quality)* Versöhnlichkeit *f*
forgiving [fə'gɪvɪŋ] *adj* versöhnlich
forgo [fɔː'gəʊ] *v irr* verzichten auf
forgotten [fɔː'gɒtn] *adj* vergessen
fork [fɔːk] *sb 1.* Gabel *f; 2. (in a road)* Gabelung *f; v 3.* sich gabeln
• **fork over** *v (fam: money)* blechen
forked [fɔːkt] *adj* gegabelt, gespalten
fork-lift ['fɔːklɪft] *sb* Gabelstapler *m*
forlorn [fə'lɔːn] *adj (person)* einsam und verlassen

> **form** [fɔːm] *v 1. (come into being)* sich bilden; *(idea)* Gestalt annehmen; *2. (take the shape of)* bilden; *3. (shape)* formen, gestalten; *4. (a plan)* ausdenken, fassen; *5. (develop)* entwickeln; *(an opinion)* sich bilden; *(an impression)* gewinnen; *6. (found, set up)* gründen; *(a government)* bilden; *7. (a friendship)* knüpfen, schließen; *8. (constitute)* bilden; *sb 9.* Form *f; a ~ of punishment* eine Art der Bestrafung; *it's bad ~* es schickt sich nicht; *take ~* Form nehmen; *10. (document)* Formular *n*, Vordruck *m; 11. (class) (UK)* Klasse *f*

formal ['fɔːməl] *adj* formell, förmlich
formality [fɔː'mælɪtɪ] *sb 1.* Förmlichkeit *f; 2. (a ~)* Formalität *f*
formalize ['fɔːməlaɪz] *v* formalisieren
formal wear ['fɔːməl wɛə] *sb* Gesellschaftskleidung *f*
format ['fɔːmæt] *v 1. INFORM* formatieren; *sb 2. (of a programme)* Struktur *f*
formation [fɔː'meɪʃən] *sb 1. (forming)* Bildung *f*, Formung *f*, Gestaltung *f; 2. (arrangement of troops, planes, players)* Formation *f; 3. GEOL* Formation *f*
formative ['fɔːmətɪv] *adj ~ years* Entwicklungsjahre *pl*
former ['fɔːmə] *adj 1. (onetime, previous)* früher, ehemalig, vorig; *2. (first-mentioned)* erstere(r,s), erstgenannte(r,s)
formerly ['fɔːməlɪ] *adv* früher
formidable ['fɔːmɪdəbl] *adj 1. (considerable)* beachtlich, ernst zu nehmend; *2. (ob-*

F

stacle, task) gewaltig, ungeheuer, enorm; *3. (fearsome)* Furcht erregend, schrecklich
formless ['fɔːmlɪs] *adj* formlos
formula ['fɔːmjʊlə] *sb* Formel *f*
formulary ['fɔːmjʊlərɪ] *sb* Formelsammlung *f*
formulate ['fɔːmjʊleɪt] *v* formulieren
fornicate ['fɔːnɪkeɪt] *v* unerlaubten Geschlechtsverkehr haben
forsake [fə'seɪk] *v irr 1. (give up)* aufgeben; *2. (abandon)* im Stich lassen
fort [fɔːt] *sb* Fort *n*

F

forte ['fɔːteɪ] *sb* Stärke *f*
forth [fɔːθ] *adv 1. (out into view)* hervor, vor, her; *back and ~* hin und her; *2. (toward outside)* hinaus; *3. (forward)* voran, vorwärts; *4. (further)* weiter; *from this day ~* von diesem Tag an; *and so ~* und so weiter; *5. hold ~* lang reden
forthcoming [fɔːθ'kʌmɪŋ] *adj 1.* bevorstehend, kommend; *to be ~* erfolgen; *2. (communicative)* mitteilsam
forthright ['fɔːθraɪt] *adj* geradeheraus
forthwith ['fɔːθwɪθ] *adv* unverzüglich
fortify ['fɔːtɪfaɪ] *v 1. MIL* befestigen; *2. (a person)* bestärken; *3. (food)* anreichern
fortitude ['fɔːtɪtjuːd] *sb* Kraft *f*
fortnight ['fɔːtnaɪt] *sb* vierzehn Tage *pl*
fortress ['fɔːtrɪs] *sb* Festung *f*
fortuitous [fɔː'tjuːɪtəs] *adj* zufällig
fortuity [fɔː'tjuːɪtɪ] *sb* Zufall *m,* Zufälligkeit *f*
fortunate ['fɔːtʃənɪt] *adj* glücklich
fortunately ['fɔːtʃənɪtlɪ] *adv* glücklicherweise, zum Glück
fortune ['fɔːtʃən] *sb 1. (luck)* Glück *n,* glücklicher Zufall *m; by sheer good ~* rein zufällig; *2. (fate)* Schicksal *n,* Geschick *n; tell ~s* wahrsagen; *3. (money)* Vermögen *n; make a ~* ein Vermögen verdienen
fortune-teller ['fɔːtʃəntelə] *sb* Wahrsagerin *f; (man)* Wahrsager *m*
forty ['fɔːtɪ] *num* vierzig

forward ['fɔːwəd] *adv 1.* vorwärts, *(to the front, to a particular point)* nach vorn; *come ~* sich melden; *from this day ~* von jetzt an; *look ~ to sth* sich auf etw freuen; *adj 2. (in front)* vordere(r,s); *3. (behaviour)* dreist; *v 4. (send on)* nachsenden; *5. (dispatch)* befördern; *sb 6. SPORT* Stürmer *m, (in basketball)* Flügelspieler *m*

forwarder ['fɔːwədə] *sb 1.* Absender *m; 2. (freight ~)* Spediteur *m*
forwarding ['fɔːwədɪŋ] *sb* Versand *m*
forwarding agent ['fɔːwədɪŋeɪdʒənt] *sb* Spediteur *m*
forwardness ['fɔːwədnɪs] *sb* Dreistigkeit *f,* Frechheit *f*
forwards ['fɔːwədz] *adv* vorwärts
fossil ['fɒsl] *sb 1.* Fossil *n; 2. (fam: old person)* verknöcherter Mensch *m*
foster ['fɒstə] *v 1.* fördern; *2. (a hope)* hegen
fosterage ['fɒstərɪdʒ] *sb 1. (child)* Pflegekindschaft *f; 2. (parents)* Pflegeelternschaft *f*
foul [faʊl] *adj 1. (smell)* übel, schlecht; *2. (air)* schlecht, stinkig; *3. (weather, mood)* ekelhaft, mies; *4. (language)* unflätig, schmutzig; *5. (breath)* übel riechend; *sb 6. SPORT* Foul *n,* Regelverstoß *m; v 7. (make dirty)* verschmutzen; *8. SPORT* foulen
• **foul up** *v (fam: botch)* verpfuschen
foulness ['faʊlnɪs] *sb 1. (filth)* Schmutz *m,* Dreck *m; 2. (wickedness)* Gemeinheit *f,* Schändlichkeit *f*
foul play [faʊl pleɪ] *sb (in a murder)* unnatürlicher Tod *m*
found [faʊnd] *v 1.* gründen; *2. to be ~ed on* beruhen auf, sich stützen auf; *3. (an object) TECH* gießen
foundation [faʊn'deɪʃən] *sb 1. (founding)* Gründung *f,* Errichtung *f; 2. (institution)* Stiftung *f; 3. (of a building) ARCH* Fundament *n,* Grundmauer *f; 4. (fig: basis)* Grundlage *f,* Basis *f*
fountain ['faʊntɪn] *sb 1.* Brunnen *m; 2. (fig: source)* Quelle *f; 3. (jet, spurt)* Fontäne *f*
four [fɔː] *num* vier; *to be on all ~s* auf allen vieren gehen; *to be on all ~s with (correspond to)* übereinstimmen mit
four-eyes ['fɔːraɪz] *sb (fam)* Brillenschlange *f (fam)*
fourfold ['fɔːfəʊld] *adj* vierfach
four-poster ['fɔːpəʊstə] *sb* Himmelbett *n*
foursome ['fɔːsəm] *sb 1.* Quartett *n; 2. (for golf) SPORT* Vierer *m*
foursquare [fɔː'skwɛə] *adv (firmly established)* fest
fourteen [fɔː'tiːn] *num* vierzehn
fowl [faʊl] *sb ZOOL* Geflügel *n; neither fish nor ~ (fig)* weder Fisch noch Fleisch
fox [fɒks] *sb ZOOL* Fuchs *m; smart as a ~* schlau wie ein Fuchs
foxy ['fɒksɪ] *adj 1. (sly)* gerissen; *2. (lady)(US)* scharf
foyer ['fɔɪeɪ] *sb* Foyer *n*
fracas ['frækɑː] *sb* Aufruhr *m*

fraction ['frækʃən] *sb 1. MATH* Bruch *m; 2. (fig)* Bruchteil *m*
fractional ['frækʃənl] *adj (insignificant)* unbedeutend, minimal
fractious ['frækʃəs] *adj* zänkisch, reizbar
fracture ['frækt∫ə] *v 1.* brechen; *sb 2.* Bruch
fragile ['frædʒaɪl] *adj 1.* zerbrechlich; *"~, handle with care"* „Vorsicht, zerbrechlich"; *2. TECH* brüchig; *3. (fig)* schwach; *(health)* anfällig; *(person)* gebrechlich
fragment ['frægmənt] *sb 1.* Bruchstück *n; 2. (shard)* Scherbe *f; 3. (an unfinished work)* Fragment *n*
fragrance ['freɪgrəns] *sb* Duft *m*
frail [freɪl] *adj 1.* zart; *2. (old person)* gebrechlich; *3. (health)* anfällig
frailty ['freɪltɪ] *sb* Schwäche *f*
frame [freɪm] *v 1. ~ s.o. for sth (fam)* jdm etw anhängen *(fam)*; *2. (a picture)* rahmen; *3. (draw up)* entwerfen; *sb 4.* Rahmen *m; 5. ~ of mind* Stimmung *f,* Verfassung *f; 6. CINE* Einzelbild *n; 7. (person's)* Körperbau *m; 8. (of a comic strip)* Bild *n; 9. ~s (of glasses) pl* Rahmen *m,* Gestell *n*
framework ['freɪmwɜːk] *sb 1. ARCH* Fachwerk *n,* Gebälk *n; 2. (fig)* Rahmen *m,* Gefüge *n,* System *n*
franchise ['frænt∫aɪz] *sb 1. ECO* Konzession *f; 2. POL* Wahlrecht *n*
frank [fræŋk] *adj 1.* offen, ehrlich; *to be perfectly ~ ...* ehrlich gesagt ...; *sb 2. (fam: sausage) GAST* Würstchen *n*
frankly ['fræŋklɪ] *adv (to be honest)* ehrlich gesagt, offen gestanden
frankness ['fræŋknɪs] *sb* Offenheit *f,* Ehrlichkeit *f*
frantic ['fræntɪk] *adj 1. (effort, scream)* verzweifelt; *2. (activity)* rasend; *3. (desire)* übersteigert
fraternity [frə'tɜːnɪtɪ] *sb 1. (spirit of ~)* Brüderlichkeit *f; 2. (group with a common interest)* Zunft *f; 3. (US)* Studentenverbindung
fraud [frɔːd] *sb 1.* Betrug *m; 2. (person)* Schwindler *m*
fraught [frɔːt] *adj* geladen; *~ with meaning* bedeutungsschwer; *~ with tension* spannungsgeladen
fray [freɪ] *v 1. (sth)* ausfransen, durchscheuern, abnutzen; *Tempers began to ~.* Die Gemüter begannen sich zu erhitzen. *sb 2.* Schlägerei *f; 3. MIL* Kampf *m*
frazzle ['fræzl] *v (fam)* fertig machen
freckle ['frekl] *sb* Sommersprosse *f*

free [friː] *v 1.* befreien; *2. (release)* freilassen; *3. (a knot, a tangle, a snag)* lösen; *adj 4.* frei; *you're ~ to ...* Sie können ruhig ...; *adv 5. (~ of charge)* kostenlos, frei, gratis; *get sth ~* etw umsonst bekommen

freebie ['friːbiː] *sb* etwas Kostenloses *n*
freedom ['friːdəm] *sb* Freiheit *f*
freeway ['friːweɪ] *sb (US)* Autobahn *f*
freeze [friːz] *v irr 1. (become frozen)* frieren; *(liquid)* gefrieren; *(lake)* zufrieren; *2. ~ to death* erfrieren; *3. (keep still)* in der Bewegung erstarren; *Freeze!* Keine Bewegung! *4. (assets) FIN* festlegen; *5. (wages)* stoppen; *6. GAST* einfrieren; *sb 7.* Frost *m,* Kälte *f; 8. (stoppage, halt)* Stopp *m*
freezer ['friːzə] *sb 1. (compartment of a refrigerator)* Gefrierfach *n,* Eisfach *n,* Tiefkühlfach *n; 2. (~ chest)* Gefriertruhe *f*
freight [freɪt] *sb 1. (goods transported)* Fracht *f,* Frachtgut *n,* Ladung *f; 2. (charge) ECO* Fracht *f,* Frachtgebühr *f*
freighter ['freɪtə] *sb NAUT* Frachter *m,* Frachtschiff *n*
French [frent∫] *adj 1.* französisch; *sb 2.* Französisch *n*
french fries ['frent∫fraɪz] *pl (US) GAST* Pommes frites *pl*
French kiss [frent∫'kɪs] *sb* Zungenkuss *m*
Frenchwoman ['frent∫wʊmən] *sb* Französin *f*
frenzied ['frenzɪd] *adj 1.* wahnsinnig; *2. (activity, applause)* rasend
frenzy ['frenzɪ] *sb* Wahnsinn *m,* Raserei *f*
frequency ['friːkwənsɪ] *sb 1.* Häufigkeit *f; 2. (broadcasting ~) PHYS* Frequenz *f*
frequent ['friːkwənt] *adj* häufig
fresh [fre∫] *adj 1.* frisch; *~ water* Süßwasser *n; 2. (arrival, ideas, supplies, paper)* neu; *make a ~ start* neu anfangen; *3. ~ from* direkt aus, direkt von, frisch aus; *4. (cheeky)* frech, pampig *(fam)*
freshen ['fre∫ən] *v 1. ~ up (o.s.)* sich frisch machen; *2. ~ a drink* nachschenken
fresher ['fre∫ə] *sb (UK)* Erstsemester *n* (Studienanfänger)
freshness ['fre∫nɪs] *sb* Frische *f,* Neuheit *f*
fret [fret] *v (worry)* sich Sorgen machen
fretful ['fretfʊl] *adj 1.* besorgt; *2. (peevish)* quengelig
fretted ['fretɪd] *adj ART* durchbrochen
friable ['fraɪəbl] *adj* bröcklig, krümelig
friar ['fraɪə] *sb* Mönch *m*

F

friction ['frɪkʃən] *sb 1. PHYS* Reibung *f,* Friktion *f; 2. (fam)* Reibungen *pl,* Reiberei *f,* Spannung *f*
Friday ['fraɪdeɪ] *sb* Freitag *m*
fridge [frɪdʒ] *sb (fam: refrigerator)* Kühlschrank *m*

friend [frend] *sb 1.* Freund/Freundin *m/f 2. (acquaintance)* Bekannte(r) *m/f; 3. make ~s with s.o.* mit jdm Freundschaft schließen

friendly ['frendlɪ] *adj* freundlich, freundschaftlich
friendship ['frendʃɪp] *sb* Freundschaft *f*
fright [fraɪt] *sb* Schreck *m*
frighten ['fraɪtn] *v 1.* Angst machen; *2. (startle)* erschrecken; *3. (thought)* ängstigen
• frighten away *v 1.* abschrecken; *2. (deliberately)* verscheuchen
frightful ['fraɪtfʊl] *adj* furchtbar
frigid ['frɪdʒɪd] *adj 1.* kalt, kühl, frostig; *2. (sexually)* frigid
frills [frɪlz] *pl* überflüssige Extras *pl,* Kinkerlitzchen *pl (fam)*
fringe [frɪndʒ] *sb 1. (on a garment)* Franse *f,* Besatz *m; 2. (fig: periphery)* Rand *m; 3. (UK)* Pony *m (*Haarschnitt)
frippery ['frɪpərɪ] *sb* Flitter *m*
frisk [frɪsk] *v (search)* durchsuchen, filzen
frisky ['frɪskɪ] *adj* lebhaft, munter
fritter ['frɪtə] *sb 1. GAST* Teigtasche mit Fruchtfüllung *f; v 2. ~ away (fam)* verplempern, vergeuden
frizzle ['frɪzl] *v 1. (curl)* eindrehen, kräuseln; *2. (fry)* brutzeln
frizzy ['frɪzɪ] *adj (hair)* kraus
fro [frəʊ] *adv to and ~* hin und her
frock [frɒk] *sb 1.* Kleid *n; 2. (monk's ~)* Kutte *f*
frog [frɒg] *sb* Frosch *m; have a ~ in one's throat* einen Frosch im Hals haben
frogman ['frɒgmən] *sb* Froschmann *m*
frolic ['frɒlɪk] *v* herumtollen, herumtoben

from [frɒm] *prep 1.* von; *~ ... until ...* von ... bis ...; *different ~* anders als; *ten miles ~ Leeds* zehn Meilen von Leeds entfernt; *~ now on* ab jetzt; *Where did you get that ~?* Wo haben Sie das her? *2. (place of origin)* aus; *the man ~ Manchester* der Mann aus Manchester; *3. (out of)* aus

front [frʌnt] *sb 1.* Vorderseite *f; 2. (forward part)* Vorderteil *n; 3. ARCH* Fassade *f,* Vorderfront *f; 4. (outward appearance)* Fassade *f (fig); 5. (for criminal activity)* Tarnung *f,* Fassade *f; 6. (military, weather)* Front *f; 7. in ~* vorne; *8. in ~ of* vor; *9. up ~* vorne; *(toward the front)* nach vorne; *adj 10.* vorderste(r,s), vordere(r,s); *(page, row)* ers-te(r,s)
frontage ['frʌntɪdʒ] *sb* Vordersei-te *f*
frontier [frʌn'tɪə] *sb* Grenze *f*
frontispiece ['frʌntɪspiːs] *sb* Titelbild *n*
front page [frʌntpeɪdʒ] *sb* Titelseite *f*
front-runner ['frʌntrʌnə] *sb (favourite)* Favorit *m*/Favoritin *f*
frost [frɒst] *sb 1.* Frost *m; 2. (on the ground)* Reif *m; 3. Jack Frost* Väterchen Frost *n*
frostbite ['frɒstbaɪt] *sb* Erfrierung *f*
frostbitten ['frɒstbɪtən] *adj* erfroren
frosted ['frɒstɪd] *adj* bereift, überfroren
frosty ['frɒstɪ] *adj* frostig
froth [frɒθ] *v* schäumen
frown [fraʊn] *sb 1.* Stirnrunzeln *n; v 2.* die Stirn runzeln
frowsty ['fraʊstɪ] *adj* muffig
frozen ['frəʊzn] *adj 1.* gefroren; *(food)* tiefgekühlt; *2. (wages) ECO* eingefroren
fructuous ['frʌktjʊəs] *adj* fruchtbar
frugal ['fruːgəl] *adj 1.* sparsam, genügsam; *2. (meal)* einfach
frugality [fruː'gælɪtɪ] *sb 1.* Sparsamkeit *f,* Genügsamkeit *f; 2.* Einfachheit *f*
fruit [fruːt] *sb 1. (in general)* Obst *n; 2. (one ~)* Frucht *f; 3. (fig)* Frucht *f*
fruitful ['fruːtfʊl] *adj* fruchtbar
fruition [fruː'ɪʃən] *sb* Erfüllung *f,* Verwirklichung *f; come to ~* sich verwirklichen
fruity ['fruːtɪ] *adj* fruchtig; *have a ~ taste* nach Obst schmecken
frump [frʌmp] *sb* Vogelscheuche *f,* Schlampe *f*
frustrate [frʌ'streɪt] *v 1. ~ s.o.* jdn frustrieren; *2. (plans)* vereiteln
frustration [frʌ'streɪʃən] *sb 1. (feeling)* Frustration *f; 2. (thwarting)* Vereitelung *f*
fry [fraɪ] *v 1. GAST* braten; *sb 2. small ~* kleine Fische *pl; (children)* kleines Gemüse *n*
fryer ['fraɪə] *sb 1. (pan)* Bratpfanne *f; 2. (suitable for frying)* Bratgut *n*
fudge [fʌdʒ] *sb 1. GAST* eine Art Fondant *m; v 2. (cheat slightly)* schummeln
fuel [fjʊəl] *sb 1.* Brennstoff *m; (for a plane, for a spacecraft)* Treibstoff *m; 2. (petrol)* Benzin *n; v 3. (sth) (propel)* antreiben; *4. (a furnace)* mit Brennstoff versorgen; *5. (a ship)* auftanken
fugitive ['fjuːdʒɪtɪv] *adj 1.* flüchtig; *sb 2.* Flüchtling *m*
fulfil [fʊl'fɪl] *v 1.* erfüllen; *2. (a task)* ausführen

fulfilment [fʊl'fɪlmənt] *sb* Erfüllung *f*

full [fʊl] *adj 1.* voll; *~ of o.s.* von sich eingenommen; *2. in ~* ganz, vollständig; *3. (detailed)* ausführlich, genau, vollständig; *4. (skirt)* weitgeschnitten; *5. (had enough to eat)* satt; *adv 6. hit s.o. ~ in the face* jdm mitten ins Gesicht schlagen

full board [fʊl bɔːd] *sb* Vollpension *f*
full-scale ['fʊlskeɪl] *adj 1.* in Originalgröße; *2. (fig)* umfassend, total; *3. (operation)* groß angelegt
full stop [fʊl stɒp] *sb GRAMM* Punkt *m*
full-time ['fʊltaɪm] *adj 1.* ganztägig, Ganztags...; [fʊl'taɪm] *adv 2.* ganztags
fully ['fʊlɪ] *adv* völlig, voll und ganz
fulminate ['fʌlmɪneɪt] *v* donnern, explodieren
fulsome ['fʊlsəm] *adj* widerlich, übertrieben
fumble ['fʌmbl] *v 1. ~ for* tappen nach, suchen nach; *2. ~ with* ungeschickt umgehen mit; *3. ~ around* umhertasten, umhertappen; *4. ~ the ball SPORT* den Ball nicht sicher fangen, den Ball nicht gut festhalten; *sb 5. SPORT* Ballverlust *m*
fume [fjuːm] *v 1. (fig)* wütend sein, kochen *(fam)*; *sb 2. ~s pl* Dämpfe *pl, (of a car)* Abgase *pl*
fumed [fjuːmd] *adj* geräuchert, gebeizt
fumigate ['fjuːmɪgeɪt] *v* ausräuchern
fumigation [fjuːmɪ'geɪʃən] *sb* Desinfektion *f,* Ungezieferbekämpfung *f*

fun [fʌn] *sb 1.* Spaß *m; for the ~ of it* spaßeshalber, zum Spaß; *Have ~!* Viel Spaß! *That sounds like ~.* Das klingt gut. *make ~ of s.o.* sich über jdn lustig machen; *adj 2.* lustig, spaßig

function ['fʌŋkʃən] *v 1.* funktionieren; *sb 2.* Funktion *f; 3. (duties)* Aufgaben *pl,* Pflichten *pl; 4. (official ceremony)* Feier *f*
functional ['fʌŋkʃənl] *adj 1. (in working order)* funktionsfähig; *2. (utilitarian)* zweckmäßig, praktisch
functionary ['fʌŋkʃənərɪ] *sb* Funktionär *m*
fund [fʌnd] *v 1. (put up money for)* das Kapital aufbringen für; *sb 2. FIN* Fonds *m; 3. ~s pl* Mittel *pl,* Gelder *pl; to be short of ~s* knapp bei Kasse sein
funeral ['fjuːnərəl] *sb* Begräbnis *n,* Beerdigung *f,* Bestattung *f*
funfair ['fʌnfɛə] *sb* Volksfest *n*
funicular [fjuː'nɪkjʊlə] *sb* Seilbahn *f*
funk [fʌŋk] *sb 1. (UK: fear)* Bammel *m; 2. (kind of music)* Funk *m*
funky ['fʌŋkɪ] *adj (fam)* irre, verrückt; *(bizarre)* bizarr
funnel ['fʌnl] *v 1. (physically)* leiten; *2. (fig)* schleusen; *sb 3. (for pouring)* Trichter *m*
funny ['fʌnɪ] *adj 1.* lustig, komisch; *2. (strange)* komisch, seltsam
fur [fɜː] *sb 1.* Pelz *m,* Fell *n; 2. (coat)* Pelzmantel *m; 3. (on the tongue) MED* Belag *m*
furbish ['fɜːbɪʃ] *v* polieren
furious ['fjʊərɪəs] *adj 1. (angry)* wütend; *2. (vehement)* heftig; *3. (struggle)* wild
furl [fɜːl] *v* einrollen, zusammenrollen
furnace ['fɜːnɪs] *sb* Hochofen *m*
furnish ['fɜːnɪʃ] *v 1. (equip)* ausstatten, ausrüsten; *2. (a room)* einrichten, ausstatten, möblieren; *3. (provide)* liefern, beschaffen, geben
furniture ['fɜːnɪtʃə] *sb* Möbel *pl; piece of ~* Möbelstück *n*
furred [fɜːd] *adj* belegt, pelzig
furrow ['fʌrəʊ] *v 1. ~ one's brow* die Stirn runzeln; *sb 2.* Furche *f*
further ['fɜːðə] *adj 1.* weiter; *v 2.* fördern
furthermore ['fɜːðəmɔː] *adv* außerdem, überdies, ferner
furtive ['fɜːtɪv] *adj* heimlich, verstohlen
fury ['fjʊərɪ] *sb 1.* Wut *f; 2. (of a struggle, of a wind)* Heftigkeit *f*
fuse [fjuːz] *v 1. MET* verschmelzen; *2. (fig)* verschmelzen, vereinigen; *sb 3. TECH* Sicherung *f; blow a ~* die Sicherung durchbrennen lassen; *4. (of an explosive)* Zündschnur *f*
fusion ['fjuːʒən] *sb PHYS* Fusion *f*
fuss [fʌs] *v 1.* sich unnötig aufregen; *sb 2.* Theater *n; make a ~ about sth* viel Aufhebens um etw machen
futile ['fjuːtaɪl] *adj* nutzlos, sinnlos, vergeblich
futility [fjuː'tɪlɪtɪ] *sb* Nutzlosigkeit *f,* Sinnlosigkeit *f,* Vergeblichkeit *f*

future ['fjuːtʃə] *sb 1.* Zukunft *f; 2. in ~* in Zukunft, künftig; *adj 3.* zukünftig, künftig

futuristic [fjuːtʃə'rɪstɪk] *adj* futuristisch
fuzz [fʌz] *sb 1. (on a boy's chin, on a peach)* Flaum *m; 2. (sound)* Unschärfen *pl; 3. the ~ (fam: the cops)* die Bullen *pl*
fuzzy ['fʌzɪ] *adj 1. (hair)* kraus; *2. (blurry)* verschwommen

F

G

gab [gæb] *v* 1. quasseln; *sb* 2. *have the gift of ~ (fam)* ein gutes Mundwerk haben
gabble ['gæbl] *v* brabbeln
gabby ['gæbɪ] *adj* geschwätzig
gabfest ['gæbfest] *sb (fam) (US)* Quasselei *f*
gable ['geɪbl] *sb* Giebel *m*
gad [gæd] *v ~ about* sich herumtreiben
gadfly ['gædflaɪ] *sb (fig)* Störenfried *m*
gadget ['gædʒɪt] *sb* Vorrichtung *f*, Gerät *n*
gadgetry ['gædʒɪtrɪ] *sb* 1. Vorrichtungen *pl*; 2. *(unnecessary ~)* technische Spielereien *pl*
gaffe [gæf] *sb* Fauxpas *m*
gaffer ['gæfə] *sb* 1. *(foreman)* Vorarbeiter *m*, Boss *m*; 2. *(old man)* Alter *m*, Opa *m*
gag [gæg] *sb* 1. Knebel *m*; 2. *(joke)* Gag *m*
gage [geɪdʒ] *sb* 1. *(challenge)* Herausforderung *f*; 2. *(security)* Pfand *n*
gaggle ['gægl] *sb* Herde *f*
gag order ['gægɔːdə] *sb* Maulkorberlass *m*
gaiety ['geɪɪtɪ] *sb* Heiterkeit *f*
gain [geɪn] *v* 1. gewinnen, erwerben, sich verschaffen; 2. *(profit)* profitieren; 3. *~ weight* an Gewicht zunehmen; 4. *~ (ground) on s.o. (close the gap)* jdm gegenüber aufholen, *(get further ahead)* den Vorsprung zu jdm vergrößern; *sb* 5. *(increase)* Zunahme *f*, Zuwachs *m*; 6. *(advantage)* Vorteil *m*; 7. *ECO* Gewinn *m*, Profit *m*; 8. *ill-gotten ~s* unrechtmäßiger Gewinn *m*, Sündengeld *n (fam)*
gainful ['geɪnfʊl] *adj* Gewinn bringend, einträglich
gainfully ['geɪnfʊlɪ] *adv ~ employed* er
gainings ['geɪnɪŋz] *pl* Gewinn *m*, Verdienst *m*, Einkünfte *pl*
gainsay ['geɪnseɪ] *v* widersprechen, bestreiten
gait [geɪt] *sb* 1. Gang *m*; 2. *(of a horse)* Gangart *f*
gaiter ['geɪtə] *sb* Gamasche *f*
gal [gæl] *sb (fam)* Mädel *n*
galaxy ['gæləksɪ] *sb* Galaxie *f*
gale [geɪl] *sb* Sturm *m*
gall [gɔːl] *sb* 1. *ANAT* Galle *f*; 2. *(fig: impudence)* Frechheit *f*
gallant ['gælənt] *adj (noble, chivalrous)* galant, höflich, ritterlich
galley ['gælɪ] *sb* 1. *(kitchen) NAUT* Kombüse *f*; 2. *(ship) NAUT* Galeere *f*
galley proof ['gælɪ pruːf] *sb* Fahne *f*
Gallic ['gælɪk] *adj* gallisch
galling ['gɔːlɪŋ] *adj* sehr ärgerlich
gallivant [gælɪ'vænt] *v ~ around* sich herumtreiben
gallon ['gælən] *sb (UK: 4.5459 litres/US: 3.7853 liters)* Gallone *f*
gallop ['gæləp] *v* 1. galoppieren; *sb* 2. Galopp *m*
gallows ['gæləʊz] *sb* Galgen *m*
gallstone ['gɔːlstəʊn] *sb* Gallenstein *m*
galoot [gə'luːt] *sb (fam: clumsy fellow) (US)* Tölpel *m*
galore [gə'lɔː] *adv ... ~* jede Menge ...
galoshes [gə'lɒʃɪz] *pl* Gummischuhe *pl*, Galoschen *pl*, Überschuhe *pl*
galvanize ['gælvənaɪz] *v ~ s.o. into action* jdn schlagartig aktiv werden lassen
gambit ['gæmbɪt] *sb* 1. *(in chess)* Gambit *n*; 2. *(fig)* Schachzug *m*
gamble ['gæmbl] *v* 1. um Geld spielen; *~ with sth* etw aufs Spiel setzen; *~ away* verspielen; *~ sth on sth* etw auf etw setzen; 2. *(on the outcome of sth)* wetten; *sb* 3. *(fig)* Risiko *n*
gambler ['gæmblə] *sb* Spieler *m*
gambol ['gæmbl] *sb* Toben *n*, Tollen *n*

> **game** [geɪm] *sb* 1. Spiel *n*; *play ~s with s.o. (fig)* mit jdm sein Spiel treiben; *beat s.o. at his own ~* jdn mit seinen eigenen Waffen schlagen; *give the ~ away (fam)* alles verraten; *play the ~ (fig)* sich an die Spielregeln halten; *The ~ is up.* Das Spiel ist aus. 2. *(sport)* Sport *m*; 3. *(for hunting)* Wild *n*; *adj* 4. *(willing)* bereit

game bird [geɪm bɜːd] *sb* Federwild *n*
gamecock ['geɪmkɒk] *sb* Kampfhahn *m*
gamekeeper ['geɪmkiːpə] *sb* Wildhüter *m*
game park [geɪm pɑːk] *sb* Wildpark *m*
game plan ['geɪmplæn] *sb* 1. Strategie für das Spiel *f*; 2. *(fig)* Strategie *f*
gamesmanship ['geɪmzmənʃɪp] *sb* gerade noch erlaubte Tricks *pl*
gamester ['geɪmstə] *sb* Spieler *m*
gaming ['geɪmɪŋ] *sb* Spielen *n*, Glücksspiel *n*
gammon ['gæmən] *sb GAST* geräucherter Schinken *m*
gammy ['gæmɪ] *adj a ~ leg (fam)* ein lahmes Bein *n*

gamut ['gæmət] *sb run the ~* die ganze Skala durchmachen
gander ['gændə] *sb 1. ZOOL* Gänserich *m; 2. take a ~ at sth* auf etw einen Blick werfen
gang ['gæŋ] *sb 1.* Gruppe *f; 2. (criminals)* Bande *f; 3. (workers)* Trupp *m*
gangland ['gæŋlænd] *sb* die kriminelle Unterwelt *f*
gangly ['gæŋglɪ] *adj* schlaksig
gaol [dʒeɪl] *sb (UK)* Gefängnis *n*
gaoler ['dʒeɪlə] *sb (UK)* Gefängniswärter *m*
gap [gæp] *sb 1.* Lücke *f; 2. (chink)* Spalt *m; 3. (fig: gulf)* Kluft *f; 4. (time)* Zwischenraum *m; 5. (lead)* Vorsprung *m; close the ~* den Vorsprung aufholen
gape [geɪp] *v 1.* den Mund aufreißen, staunen, starren; *2. (chasm)* klaffen, gähnen
gap-toothed ['gæptuːðd] *adj* mit lückenhaftem Gebiss
garage ['gærɑːʒ] *sb 1.* Garage *f; 2. (for repairs)* Reparaturwerkstatt *f*
garage band ['gærɑːʒ bænd] *sb MUS* Amateurrockgruppe *f*
garb [gɑːb] *sb* Kluft *f,* Gewand *n*
garbage ['gɑːbɪdʒ] *sb* Abfall *m,* Müll *m*
garbage can ['gɑːbɪdʒ kæn] *sb (US)* Mülleimer *m,* Mülltonne *f*
garbage chute ['gɑːbɪdʒ ʃuːt] *sb* Müllschlucker *m*
garbageman ['gɑːbɪdʒmæn] *sb* Müllmann *m*
garble ['gɑːbl] *v* durcheinander bringen
garbled ['gɑːbld] *adj* wirr
garden ['gɑːdn] *sb 1.* Garten *m; 2. ~s pl* Gartenanlagen *pl*
gardener ['gɑːdnə] *sb* Gärtner *m*
garden path ['gɑːdən pɑːθ] *sb lead s.o. up the ~ (fig)* jdn an der Nase herumführen
gargantuan [gɑː'gæntjuən] *adj* gewaltig, ungeheuer, enorm
gargle ['gɑːgl] *v* gurgeln
gargoyle ['gɑːgɔɪl] *sb* Wasserspeier *m*
garibaldi ['gærɪbɔːldɪ] *sb* weite Bluse *f*
garish ['gærɪʃ] *adj* grell, knallig, schreiend
garland ['gɑːlənd] *sb* Girlande *f*
garlic ['gɑːlɪk] *sb* Knoblauch *m*
garlicky ['gɑːlɪkɪ] *adj* nach Knoblauch schmeckend, nach Knoblauch riechend, Knoblauch...
garment ['gɑːmənt] *sb* Kleidungsstück *n*
garment bag ['gɑːməntbæg] *sb* Kleidertasche *m*
garner ['gɑːnə] *v 1.* erwerben; *2. (applause)* gewinnen
garnish ['gɑːnɪʃ] *v 1.* verzieren; *2. GAST* garnieren; *sb 3.* Garnierung *f*
garrulous ['gærʊləs] *adj* geschwätzig
garter ['gɑːtə] *sb* Strumpfband *n*
garter belt ['gɑːtə belt] *sb* Hüftgürtel *m*
garter snake ['gɑːtəsneɪk] *sb ZOOL* Ringelnatter *f*
gas [gæs] *sb 1.* Gas *n; 2. (US: petrol)* Benzin *n; get ~* tanken; *step on the ~* Gas geben; *v 3. ~ up (fam) (US)* tanken, auftanken
gaseous ['gæʃəs] *adj* gasförmig
gash [gæʃ] *sb* klaffende Wunde *f,* tiefer Schnitt *m*
gasket ['gæskɪt] *sb* Dichtung *f*
gaslight ['gæslaɪt] *sb* Gaslicht *n*
gas mask ['gæsmɑːsk] *sb* Gasmaske *f*
gas meter ['gæsmiːtə] *sb* Gaszähler *m*
gasoline ['gæsəliːn] *sb (US)* Benzin *n*
gasp [gɑːsp] *v 1. (in surprise)* nach Luft schnappen; *2. (continually)* keuchen; *sb 3.* tiefer Atemzug *m,* Laut des Erstaunens *m*
gas pedal ['gæspedl] *sb (US)* Gaspedal *n*
gate [geɪt] *sb 1.* Tor *n; 2. (garden ~)* Pforte *f; 3. (in an airport)* Flugsteig *m*
gateau ['gætəʊ] *sb GAST* Torte *f*
gate-crasher ['geɪtkræʃə] *sb* uneingeladener Gast *m*
gatefold ['geɪtfəʊld] *sb* ausklappbare Seite *f*
gatehouse ['geɪthaʊs] *sb* Pförtnerhäuschen *n*
gatekeeper ['geɪtkiːpə] *sb* Pförtner *m*
gatepost ['geɪtpəʊst] *sb* Torpfosten *m*
gateway ['geɪtweɪ] *sb* Tor *n*
gather ['gæðə] *v 1. (come together)* sich versammeln; *2. (bring together)* sammeln; *(people)* versammeln; *3. (flowers)* pflücken; *4. (fruit) AGR* ernten; *5. (a harvest)* einbringen; *6. (infer)* schließen, folgern
gathering ['gæðərɪŋ] *sb* Versammlung *f,* Treffen *n; (spontaneous)* Ansammlung *f*
gauche [gəʊʃ] *adj* unbeholfen, ungeschickt
gaudy ['gɔːdɪ] *adj 1.* prächtig, auffällig; *2. (colours)* grell
gauge [geɪdʒ] *sb 1. TECH* Messgerät *n,* Messer *m,* Anzeiger *m; 2. (fig)* Maßstab *m; v 3. TECH* eichen; *4. (fig)* schätzen, abschätzen, beurteilen
gauger ['geɪdʒə] *sb* Eichmeister *m*
gaunt [gɔːnt] *adj (person)* hager
gauntlet ['gɔːntlɪt] *sb* Panzerhandschuh *m,* Reithandschuh *m,* Fechthandschuh *m; throw down the ~ (fig)* den Fehdehandschuh hinwerfen

G

G

gauze [gɔːz] *sb* Gaze *f*, Mull *m*
gavel ['gævəl] *sb* Hammer *m*
gawk [gɔːk] *v* glotzen
gawky ['gɔːkɪ] *adj* schlaksig, staksig
gawp [gɔːp] *v (fam)* glotzen, gaffen
gay [geɪ] *adj 1. (happy)* fröhlich, lustig; *2. (colours)* bunt; *3. (homosexual)* homosexuell, schwul *(fam)*; *sb 4. (homosexual)* Homosexuelle(r) *m/f*, Schwuler *m (fam)*
gaze [geɪz] *v* starren
gazebo [gə'ziːbəʊ] *sb* Laube *f*
gazette [ge'zet] *sb 1. (paper)* Zeitung *f*; *2. (UK: government publication)* Amtsblatt *n*
gear [gɪə] *sb 1. (of a car)* Gang *m*; *put into ~* einen Gang einlegen; *change ~* schalten; *~s pl TECH* Getriebe *n*; *2. (fam: garb)* Kluft *f*; *3. (equipment)* Ausrüstung *f*; *4. (fam: belongings)* Sachen *pl*; *v 5. (~ in) TECH* eingreifen; *6. to be ~ed to sth* auf etw abgestellt sein
• **gear up** *v 1. TECH* hochschalten, in einen höheren Gang schalten; *2. ~ for sth (fig)* sich auf etw einstellen
gear box [gɪə bɒks] *sb TECH* Getriebe *n*
gearing ['gɪərɪŋ] *sb* Auslegung der Gänge *f*, Übersetzung *f*
gear lever ['gɪəliːvə] *sb (UK)* Schalthebel *m*
gear shift [gɪə ʃɪft] *sb (US)* Schalthebel *m*
geek [giːk] *sb* Sonderling *m*
gee whiz [dʒiː'wɪz] *interj* Mann! Na so was!
gee-whiz [dʒiː'wɪz] *adj (US)* blauäugig
geezer ['giːzə] *sb old ~* alter Kauz *m*
gel [dʒel] *sb* Gel *n*
gelation [dʒɪ'leɪʃən] *sb* Frieren *n*
gelding ['geldɪŋ] *sb* kastriertes Tier *n*
gem [dʒem] *sb 1.* Edelstein *m*; *2. (fig)* Juwel *n*, Glanzstück *n*
gemination [dʒemɪ'neɪʃən] *sb* Verdoppelung *f*
gerund ['dʒerənd] *sb* Gerundium *n*
Gemini ['dʒemɪnaɪ] *sb* Zwillinge *pl*; *I'm a ~.* Ich bin Zwilling.
gemstone ['dʒemstəʊn] *sb* Edelstein *m*
gendarme [ʒɒn'dɑːm] *sb* Gendarm *m*
gender ['dʒendə] *sb* Geschlecht *n*, Genus *n*
gender-bender ['dʒendəbendə] *sb 1. (fam: man)* weibischer Typ *m*; *2. (fam: woman)* Mannweib *n*
gender gap ['dʒendə gæp] *sb (fam)* Kluft zwischen den Geschlechtern *f (fig)*
gender-specific ['dʒendə spə'sɪfɪk] *adj* geschlechtsspezifisch
gene [dʒiːn] *sb BIO* Gen *n*, Erbfaktor *m*
gene pool ['dʒiːnpuːl] *sb* Erbmasse *f*
general ['dʒenərəl] *adj 1.* allgemein; *in ~* im Allgemeinen; *the ~ public* die Öffentlichkeit *f*; *sb 2. MIL* General *m*
general education ['dʒenərəl edjʊ'keɪʃən] *sb* Allgemeinbildung *f*
general election ['dʒenərəl ɪ'lekʃən] *sb POL* allgemeine Wahlen *pl*
generalities [dʒenə'rælɪtɪz] *pl* Gemeinplätze *pl*
generalization [dʒenərəlaɪ'zeɪʃən] *sb* Verallgemeinerung *f*
generalize ['dʒenərəlaɪz] *v* verallgemeinern
generally ['dʒenərəlɪ] *adv 1. (usually)* gewöhnlich, meistens; *2. (for the most part)* im Allgemeinen, im Großen und Ganzen
generate ['dʒenəreɪt] *v* erzeugen
generation [dʒenə'reɪʃən] *sb 1.* Generation *f*; *2. (act of generating)* Erzeugung *f*
generation gap [dʒenə'reɪʃən gæp] *sb* Kluft zwischen den Generationen *f*
generative ['dʒenərətɪv] *adj* Zeugungs..., Fortpflanzungs...
generator ['dʒenəreɪtə] *sb* Generator *m*
generic [dʒɪ'nerɪk] *adj* allgemein, generell
generic term [dʒɪ'nerɪk] *sb* Oberbegriff *m*
generosity [dʒenə'rɒsɪtɪ] *sb* Großzügigkeit *f*
generous ['dʒenərəs] *adj 1.* großzügig; *2. (plentiful)* reichlich, üppig
genesis ['dʒenəsɪs] *sb* Genesis *f*, Entstehung *f*
genetic [dʒɪ'netɪk] *adj* genetisch
genetic engineering [dʒɪ'netɪk endʒɪ'nɪərɪŋ] *sb* Genmanipulation *f*
genial ['dʒiːnɪəl] *adj* freundlich
genie ['dʒiːnɪ] *sb 1.* dienstbarer Geist *m*; *2. (evil)* Dschinn *m*
genitals ['dʒenɪtlz] *pl ANAT* Genitalien *pl*, Geschlechtsteile *pl*
genitive ['dʒenɪtɪv] *adj GRAMM* Genitiv...
genocide ['dʒenəʊsaɪd] *sb* Genozid *m*, Völkermord *m*
genre ['ʒɑːnrə] *sb* Gattung *f*, Genre *n*
genteel [dʒen'tiːl] *adj* fein, vornehm
Gentile ['dʒentaɪl] *sb* Nichtjude/Nichtjüdin *m/f*
gentle ['dʒentl] *adj 1.* sanft, leicht, zart; *2. (sound)* leise; *3. (disposition)* sanftmütig, liebenswürdig, freundlich; *4. (hint, reminder)* zart
gentlefolk ['dʒentlfəʊk] *pl* feine Leute *pl*, vornehme Leute *pl*

gentleman ['dʒentlmən] *sb 1.* Gentleman *m; 2. (man)* Herr *m*
gentleman farmer ['dʒentlmən 'fɑːmə] *sb* wohlhabender Farmer *m*
gentlemanly ['dʒentlmənlɪ] *adj (fam)* gentlemanlike, vornehm
gentleness ['dʒentlnɪs] *sb 1.* Sanftheit *f,* Leichtheit *f,* Zartheit *f; 2. (of disposition)* Liebenswürdigkeit *f*
gentrify ['dʒentrɪfaɪ] *v* aufwerten
gentry ['dʒentrɪ] *sb* Landadel *m,* niederer Adel *m*
genuflect ['dʒenjʊflekt] *v* knien
genuine ['dʒenjʊɪn] *adj 1.* echt; *2. (artifact)* authentisch, echt; *3. (offer)* ernsthaft, ernst gemeint; *4. (sympathy, belief)* aufrichtig; *5. (person, laugh)* ungekünstelt
genuineness ['dʒenjʊɪnnɪs] *sb* Echtheit *f*
genus ['dʒiːnəs] *sb* Gattung *f*
geocentric [dʒɪːəʊ'sentrɪk] *adj* geozentrisch
geographer [dʒɪ'ɒgrəfə] *sb* Geograf *m*
geographic [dʒɪə'græfɪk] *adj* geografisch
geography [dʒɪ'ɒgrəfɪ] *sb* Geografie *f,* Erdkunde *f*
geological [dʒɪəʊ'lɒdʒɪkəl] *adj* geologisch
geologist [dʒɪ'ɒlədʒɪst] *sb* Geologe/Geologin *m/f*
geology [dʒɪ'ɒlədʒɪ] *sb* Geologie *f*
geometric [dʒɪə'metrɪk] *adj* geometrisch
geometry [dʒɪ'ɒmɪtrɪ] *sb* Geometrie *f*
geophysics [dʒɪəʊ'fɪzɪks] *sb* Geophysik *f*
geranium [dʒɪ'reɪnɪəm] *sb BOT* Geranie *f*
germ [dʒɜːm] *sb* Keim *m*
German ['dʒɜːmən] *adj 1.* deutsch; *sb 2. (person)* Deutscher/Deutsche *m/f; 3. (language)* Deutsch *n*
Germanic [dʒɜː'mænɪk] *adj* germanisch, deutsch
Germany ['dʒɜːmənɪ] *sb* Deutschland *n*
germinate ['dʒɜːmɪneɪt] *v* keimen
germination [dʒɜːmɪ'neɪʃən] *sb* Keimen *n,* Sprossen *n*
gestate ['dʒesteɪt] *v 1. (to be pregnant)* austragen, schwanger gehen; *2. (conceive an idea)* reifen lassen, entwickeln
gesticulate [dʒes'tɪkjʊleɪt] *v* gestikulieren
gesticulation [dʒestɪkjʊ'leɪʃən] *sb* Gestik *f*
gesture ['dʒestʃə] *v 1.* gestikulieren; *sb 2.* Geste *f*

get [get] *v irr 1. (become)* werden; *2. ~ to know* kennen lernen; *3. (arrive)* kommen; *~ home* nach Hause kommen; *4. ~ going (to be on one's way)* gehen, sich auf den Weg machen; *5. ~ going (gain momentum) TECH* in Gang kommen; *(fig)* in Schwung kommen; *6. ~ to do sth* die Möglichkeit haben, etw zu tun; *7. (receive)* bekommen, kriegen, erhalten; *~ an idea* auf eine Idee kommen; *8. (fetch)* holen; *9. (obtain)* sich besorgen, sich beschaffen, finden; *10. (take, transport)* bringen; *~ sth to s.o.* jdm etw zukommen lassen; *11. (understand)* kapieren, mitbekommen, mitkriegen; *Got it?* Alles klar? *Don't ~ me wrong.* Versteh mich nicht falsch. *12. (catch, hit)* erwischen; *13. (have done)* lassen; *I need to ~ my car fixed.* Ich muss mein Auto reparieren lassen. *14. have got* haben; *I've got to do it.* Ich muss es tun. *15. ~ s.o. to do sth* jdn dazu bringen, etw zu tun

• **get across** *v irr (fam: make clear)* klarmachen
• **get ahead** *v irr* vorankommen, Erfolg haben
• **get along** *v irr 1. (manage)* zurechtkommen, auskommen; *2. ~ with (a person)* auskommen mit; *3. (get going)* gehen, sich auf den Weg machen
• **get around** *v irr 1. (get about) (news)* sich herumsprechen; *(rumour)* sich verbreiten; *2. (circumvent)* herumkommen um, umgehen; *3. ~ to doing sth* dazu kommen etw zu tun
• **get at** *v irr 1. (gain access to)* herankommen an; *2. (fam: mean)* hinauswollen auf; *What are you getting at?* Worauf wollen Sie hinaus?
• **get away** *v irr 1.* wegkommen; *2. (criminal)* entkommen; *3. (from sth)* um etw herumkommen; *4. ~ with* davonkommen mit; *(abscond with)* entkommen mit
• **get back** *v irr 1. (return)* zurückgehen, zurückkommen; *2. ~ at* sich rächen an; *~ at s.o. for sth* jdm etw heimzahlen; *3. ~ to (contact again)* sich wieder in Verbindung setzen mit; *4. (recover)* zurückbekommen
• **get behind** *v irr 1. (support)* unterstützen; *2. ~ with* in Rückstand geraten mit
• **get by** *v irr 1. (manage)* auskommen, klarkommen; *2. (get past)* vorbeikommen, durchkommen
• **get down** *v irr 1. (dismount)* absteigen; *2. ~ to business* zur Sache kommen; *3. (sth) (swallow)* hinunterbringen; *4. Don't let them get you down!* Lass dich von ihnen nicht kleinkriegen!

G

•get even *v irr ~ with s.o.* mit jdm abrechnen, mit jdm quitt werden, es jdm heimzahlen
•get in *v irr 1. (enter)* hineinkommen, hereinkommen; *2. (into a car)* einsteigen; *3. (arrive)* ankommen
•get off *v irr 1. (~ of a bus, ~ a train)* aussteigen; *2. (get away)* loskommen, wegkommen; *3. tell s.o. where to ~ (fam)* jdm die Leviten lesen; *4. (sth)* wegbekommen, abbekommen; *5. (escape punishment)* davonkommen
•get on *v irr 1. (have a good relationship)* sich verstehen, auskommen; *2. ~ with (continue with)* weitermachen mit; *Get on with it!* Nun mach schon!
•get out *v irr 1.* herauskommen, hinauskommen; *2. (of a car)* aussteigen
•get over *v irr (recover from)* hinwegkommen über, sich erholen von
•get through *v irr* durchkommen
•get together *v irr 1.* zusammenkommen; *2. get it together (fam)* sich zusammenreißen
•get up *v irr (stand up, get out of bed)* aufstehen
getaway ['getəweɪ] *sb* Flucht *f,* Entkommen *n*
get-together ['gettəgeðə] *sb* Treffen *n,* Zusammenkunft *f*
get-up ['getʌp] *sb* Aufmachung *f*
geyser ['gaɪzə] *sb* Geysir *m*
ghastly ['gɑːstlɪ] *adj* entsetzlich, grässlich
gherkin ['gɜːkɪn] *sb* Gewürzgurke *f*
ghost [gəʊst] *sb* Geist *m,* Gespenst *n; not the ~ of a chance* nicht die geringste Chance
ghostly ['gəʊstlɪ] *adj* geisterhaft, gespenstisch
giant ['dʒaɪənt] *adj 1.* riesig, riesenhaft; *sb 2.* Riese *m; 3. (fig)* Riese *m,* Koloss *m*
gibber ['dʒɪbə] *v* schwafeln, quasseln
gibberish ['dʒɪbərɪʃ] *sb 1.* Quatsch *m; 2. (language)* Kauderwelsch *n*
gibbet ['dʒɪbɪt] *v* Galgen *m*
gibe [dʒaɪb] *sb* Stichelei *f,* Seitenhieb *m*
giblets ['dʒɪblɪts] *pl GAST* Innereien *pl*
giddiness ['gɪdɪnɪs] *sb 1. (dizziness)* Schwindel *m; 2. (fig)* Leichtfertigkeit *f*
giddy ['gɪdɪ] *adj 1. (dizzy)* schwindlig; *2. (fig)* leichtfertig
giddy-up [gɪdɪ'ʌp] *interj* vorwärts
gift [gɪft] *sb 1.* Geschenk *n,* Gabe *f; 2. (talent)* Begabung *f,* Gabe *f,* Talent *n*
gifted ['gɪftɪd] *adj* begabt, talentiert
gig [gɪg] *sb (fam: concert) MUS* Mucke *f,* Auftritt *m,* Konzert *n*
gigantic [dʒaɪ'gæntɪk] *adj* gigantisch
giggle ['gɪgl] *v* kichern
giggly ['gɪglɪ] *adj* albern
gild [gɪld] *v irr* vergolden
gilder ['gɪldə] *sb (person)* Vergolder *m*
gilding ['gɪldɪŋ] *sb* Vergoldung *f*
gill [gɪl] *sb BIO* Kieme *f*
gillion ['dʒɪljən] *sb (UK)* Milliarde *f*
gilt [gɪlt] *sb* Vergoldung *f*
gimcrack ['dʒɪmkræk] *adj* wertlos, billig
gimlet ['gɪmlɪt] *sb (tool)* Handbohrer *m*
gimmick ['gɪmɪk] *sb* Spielerei *f,* Knüller *m (fam),* Trick *m*
ginger ['dʒɪndʒə] *sb 1. BOT* Ingwer *m; v 2. ~ up* in Schwung bringen, auf Trab bringen
gingerly ['dʒɪnʒəlɪ] *adv* sachte, vorsichtig
gingery ['dʒɪndʒərɪ] *adj 1. (food)* mit Ingwer gewürzt, scharf, würzig; *2. (hair)* rötlich
gipsy ['dʒɪpsɪ] *sb* Zigeuner *m*
gird [gɜːd] *v irr* sich gürten, sich wappnen
girder ['gɜːdə] *sb* Träger *m*
girdle ['gɜːdl] *sb 1. (belt)* Gürtel *m; 2. (corset)* Hüfthalter *m,* Hüftgürtel *m*
girl [gɜːl] *sb* Mädchen *n*
girlfriend ['gɜːlfrend] *sb* Freundin *f*
girl guide ['gɜːlgaɪd] *sb (UK)* Pfadfinderin *f*
girlhood ['gɜːlhʊd] *sb* Kindheit *f*
girlish ['gɜːlɪʃ] *adj* mädchenhaft
giro account ['dʒaɪrəʊ ə'kaʊnt] *sb (UK) ECO* Girokonto *n*
girth [gɜːθ] *sb* Umfang *m*

give [gɪv] *v irr 1.* geben; *2. (as a present)* schenken; *3. (yield, bend)* nachgeben; *4. What ~s?* Was ist los?

•give away *v irr 1.* weggeben; *(as a present)* verschenken; *2. (hand out)* vergeben, verteilen; *3. (fig: a game)* verschenken; *4. give o.s. away* sich verraten, sich verplappern; *5. give s.o. away* jdn verraten; *6. (a secret)* verraten
•give back *v irr* zurückgeben
•give in *v irr 1. (give up, surrender)* aufgeben; *2. (accede)* nachgeben
•give off *v irr 1. (rays)* ausstrahlen; *2. (heat, gas)* abgeben; *3. (a smell)* verbreiten
•give out *v irr 1. (send out)* aussenden, verteilen; *2. (make public)* bekannt machen, herausgeben; *3. (break down)* versagen
•give over *v irr 1. (stop)* aufhören; *2. (entrust)* übergeben, überlassen; *3. give o.s. over to sth* einer Sache verfallen
•give up *v irr 1. (surrender)* aufgeben, abtreten; *2. give o.s. up* sich stellen; *3. (stop doing)* aufhören mit, aufgeben, sein lassen

giveaway ['gɪvəweɪ] *sb 1.* Verraten *n; 2. (gift)* Geschenk *n; 3. (of prizes)* Preisraten *n*
given ['gɪvən] *adj 1.* bestimmt; *2. ~ to* neigend zu; *konj 3. (in view of)* angesichts; *4. (presupposing)* vorausgesetzt
gizmo ['gɪzməʊ] *sb (US)* Dingsbums *n*
glacier ['glæsɪə] *sb* Gletscher *m*
glad [glæd] *adj 1.* froh, erfreut; *to be ~* sich freuen; *2. (news)* froh
gladden ['glædn] *v* erfreuen
glade [gleɪd] *sb* Lichtung *f*
gladly ['glædlɪ] *adv* gern, gerne
glamorize ['glæməraɪz] *v* verherrlichen
glamorous ['glæmərəs] *adj* glanzvoll
glamour ['glæmə] *sb* Glamour *m,* Glanz *m*
glance [glɑːns] *sb 1.* Blick *m; v 2.* blicken, einen Blick werfen; *~ at* blicken auf
•glance off *v 1. (bullet)* abprallen; *2. (light)* reflektieren; *3. (sword)* abgleiten
•glance over *v* überfliegen
•glance through *v* überfliegen
glancing ['glɑːnsɪŋ] *adj a ~ blow* ein Streifschlag
gland [glænd] *sb ANAT* Drüse *f*
glandular ['glændjʊlə] *adj* Drüsen...
glare [glɛə] *v 1. (light)* grell leuchten, grell sein; *2. ~ at s.o.* jdn böse anstarren; *sb 3. (light)* greller Schein *m,* blendendes Licht *n; 4. (stare)* wütender Blick
glaring ['glɛərɪŋ] *adj 1. (light, colour)* grell; *2. (fig: mistake)* krass, eklatant; *3. (fig: injustice)* himmelschreiend, schreiend
glass [glɑːs] *sb 1.* Glas *n; adj 2.* gläsern, Glas...
glasses ['glɑːsɪz] *pl (eye~)* Brille *f*
glassware ['glɑːswɛə] *sb* Glas *n,* Glassachen *pl*
glassworks ['glɑːswɜːks] *sb* Glashütte *f,* Glasfabrik *f*
glassy ['glɑːsɪ] *adj 1. (eyes)* glasig; *2. (surface)* spiegelglatt
glaze [gleɪz] *v 1. (~ over: eyes)* glasig werden; *2. (door, window)* verglasen; *3. TECH* glasieren; *4. GAST* glasieren; *sb 5.* Glasur *f; 6. ART* Lasur *f*
glazier ['gleɪzɪə] *sb* Glaser *m*
glazing ['gleɪzɪŋ] *sb* Verglasung *f; double ~* doppelte Verglasung f
gleam [gliːm] *v 1.* schimmern, glänzen, leuchten; *sb 2.* schwacher Schein *m,* Schimmer *m; the ~ in her eye* das Funkeln ihrer Augen; *3. ~ of hope* Hoffnungsschimmer *m*
glean [gliːn] *v (information)* herausbekommen; *~ sth from sth* etw aus etw entnehmen
glee [gliː] *sb 1.* Freude *f, 2. (malicious)* Schadenfreude *f*
glee club ['gliːklʌb] *sb (US)* Chor *m*
gleeful ['gliːfʊl] *adj 1.* fröhlich; *2. (maliciously)* schadenfroh
glen [glen] *sb* kleines Tal *n,* Bergschlucht *f,* Klamm *f*
glib [glɪb] *adj 1.* zungenfertig, glatt; *2. (superficial)* oberflächlich
glide [glaɪd] *v* gleiten
glider ['glaɪdə] *sb* Segelflugzeug *n*
glimmer ['glɪmə] *sb* Schimmer *m*
glimpse [glɪmps] *v 1.* flüchtig zu sehen bekommen, einen Blick erhaschen von; *sb 2.* flüchtiger Blick *m; 3. (small insight into sth)* flüchtiger Eindruck *m,* kurzer Einblick *m*
glint [glɪnt] *v* glitzern, blinken
glisten ['glɪsn] *v* glitzern, glänzen
glitter ['glɪtə] *v 1.* glitzern, funkeln; *2. (fig)* strahlen, glänzen; *sb 3.* Glitzern *n; 4. (decoration)* Glitzerstaub *m*
glitzy ['glɪtsɪ] *adj* protzig
gloat [gləʊt] *v ~ over* sich großtun mit, *(over s.o.'s misfortune)* sich hämisch freuen über
gloating ['gləʊtɪŋ] *adj 1.* selbstgefällig; *2. (malicious)* hämisch
glob [glɒb] *sb* Klacks *m,* Klumpen *m*
globalization [gləubəlaɪ'zeɪʃən] *sb* Globalisierung *f*
globe [gləʊb] *sb 1. (map)* Globus *m; 2. (sphere)* Kugel *f; 3. the ~ (Earth)* die Erde *f,* der Erdball *m,* die Erdkugel *f*
gloom [gluːm] *sb 1.* Dunkel *n,* Düsterkeit *f; 2. (sadness)* Trübsinn *m,* düstere Stimmung *f*
gloomy ['gluːmɪ] *adj 1.* düster; *2. (feeling)* trübsinnig, pessimistisch
glorification [glɔːrɪfɪ'keɪʃən] *sb* Verherrlichung *f*
glorify ['glɔːrɪfaɪ] *v 1.* verherrlichen; *2. (~ God)* lobpreisen
glorious ['glɔːrɪəs] *adj 1. (marvellous)* herrlich, prächtig, wunderbar; *2. (saint, victory)* glorreich
glory ['glɔːrɪ] *sb 1.* Ruhm *m; 2. (praise)* Ehre *f; 3. (magnificence)* Herrlichkeit *f*
gloss [glɒs] *sb 1.* Glanz *m; v 2. ~ over* beschönigen
glossary ['glɒsərɪ] *sb* Glossar *n*
glossy ['glɒsɪ] *adj* glänzend, schimmernd
glove [glʌv] *sb* Handschuh *m; fit like a ~* wie angegossen passen; *to be hand in ~ with s.o.* mit jdm unter einer Decke stecken

G

glove compartment ['glʌvkəmpɑːtmənt] *sb* Handschuhfach *n*
glow [gləʊ] *v 1.* glühen, leuchten, scheinen; *sb 2.* Glühen *n,* Leuchten *n,* Schein *m*
glower ['glaʊə] *v ~ at s.o.* jdn finster ansehen
glowing ['gləʊɪŋ] *adj 1.* glühend, leuchtend; *2. (fig)* glühend, begeistert; *(account, praise)* überschwänglich
glue [gluː] *v 1.* kleben, leimen; *~d to the spot* angewurzelt; *2. keep one's eyes ~d to sth* etw nicht aus den Augen lassen; *sb 3.* Klebstoff *m,* Leim *m*
glum [glʌm] *adj* bedrückt, niedergeschlagen
glut [glʌt] *v 1. ECO* überschwemmen; *sb 2. ECO* Schwemme *f,* Überangebot *n*
glutton ['glʌtn] *sb (fig)* Vielfraß *m; a ~ for punishment* ein Masochist
gluttonous ['glʌtənəs] *adj* gefräßig
gluttony ['glʌtənɪ] *sb* Gefräßigkeit *f,* Völlerei *f,* Schlemmerei *f*
gnarl [nɑːl] *sb* Astknoten *m*
gnarled [nɑːld] *adj* knorrig
gnash [næʃ] *v ~ one's teeth* mit den Zähnen knirschen
gnat [næt] *sb* Mücke *f,* Stichmücke *f*
gnaw [nɔː] *v 1.* nagen an; *2. (rust)* fressen an; *3. (fig)* quälen, zermürben
gnawing ['nɔːɪŋ] *sb* Quälen *n*

go [gəʊ] *v irr 1.* gehen; *~ for a walk* spazieren gehen; *it ~es without saying* das versteht sich von selbst; *~ against* widerstreben; *Let ~!* Lass los! *Let me ~!* Lass mich los! *Let it ~ at that!* Lass es dabei bewenden! *There you ~ again!* Du fängst ja schon wieder an! *Here we ~ again.* Jetzt geht das schon wieder los. *Go for it!* Versuch's mal! *2. (car)* fahren; *3. (road)* führen; *4. (happen, turn out)* gehen, ausgehen; *How's it ~ing?* Wie geht's? *How did it ~?* Wie war's? *5. (become)* werden; *~ mad* wahnsinnig werden; *6. (belong)* hingehören, hingekommen; *7. (travel)* reisen, fahren; *8. (wear out)* kaputtgehen; *(eyesight, health)* nachlassen; *(brakes)* versagen; *9. (disappear)* verschwinden; *10. to be ~ing to do sth* etw tun werden; *I was going to do it.* Ich wollte es tun. *11. (fam: say)* sagen; *12. to ~ (US: food)* zum Mitnehmen; *sb 13. on the ~* auf Achse; *14. have a ~ at sth (fam)* etw versuchen; *interj 15. Go!* Los!

• go about *v irr (set to work at)* anpacken, in Angriff nehmen
• go after *v irr 1. (follow)* nachfahren, nachgehen; *(by car)* nachfahren; *2. (try for)* streben nach, sich bemühen um
• go ahead *v irr 1. ~ with sth* etw fortsetzen, etw fortführen; *interj 2.* Los! Nur zu!
• go along *v irr 1. (go also)* mitgehen, mitkommen; *2. ~ with sth* sich etw anschließen, mit etw einverstanden sein
• go around *v irr 1. (make a detour)* außen herumgehen; *2. (to be sufficient)* reichen
• go at *v irr ~ each other* aufeinander losgehen
• go back *v irr 1.* zurückgehen; *2. ~ on (a decision)* rückgängig machen; *3. ~ on one's word* sein Wort nicht halten
• go by *v irr 1. (time)* vergehen; *2. (a chance)* vorbeigehen; *3. (~ sth) (to be guided by)* sich richten nach; *(base a decision on)* gehen nach; *4. He goes by the name Dave.* Er hört auf den Namen Dave.
• go down *v irr 1.* hinuntergehen; *~ on one's knees* sich hinknien; *~ in history* in die Geschichte eingehen; *2. (ship, sun)* untergehen; *3. (boxer)* zu Boden gehen; *4. (decrease)* zurückgehen, sinken, fallen; *5. (fam: food)* runterrutschen
• go in *v irr* hineingehen
• go into *v irr 1. (discuss at length)* abhandeln; *2. (a profession)* gehen in
• go off *v irr 1. (gun, bomb)* losgehen; *2. (alarm clock)* klingeln; *3. (take place)* verlaufen
• go on *v irr 1. (continue)* weitermachen, weitergehen; *Go on!* Weiter! *(keep talking)* Fahren Sie fort! *2. (happen)* passieren; *What's going on here?* Was geht hier vor? *3. ~ for (last)* dauern; *4. ~ and on (talk nonstop)* unaufhörlich reden; *5. (lights)* angehen; *6. (to be guided by)* sich richten nach, sich stützen auf
• go out *v irr 1.* hinausgehen; *2. (on the town)* fortgehen; *(on a date)* ausgehen; *3. (pamphlet)* hinausgehen; *4. (to be extinguished)* ausgehen
• go through *v irr 1. (to be approved)* durchgehen; *2. (sth) (search)* durchsuchen; *3. (endure)* durchmachen; *4. (use up)* aufbrauchen; *5. ~ with (actually do)* durchziehen
• go up *v irr* hinaufgehen; *~ in flames* in Flammen aufgehen
• go with *v irr 1. (accompany)* begleiten; *2. ~ s.o. (date regularly)* mit jdm ausgehen, mit jdm gehen; *3. ~ sth (fam: opt for sth)* sich für etw entscheiden
goad [gəʊd] *v* aufreizen; *~ s.o. into sth* jdn zu etw anstacheln

go-ahead ['gəʊəhed] *sb (fam: approval)* grünes Licht *n*
goal [gəʊl] *sb 1. SPORT* Tor *n; 2. (objective)* Ziel *n*
goalie ['gəʊlɪ] *sb (fam) SPORT* Keeper *m,* Schlussmann *m*
goalkeeper ['gəʊlkiːpə] *sb SPORT* Torwart *m,* Torhüter *m*
goal kick ['gəʊlkɪk] *sb SPORT* Abstoß (vom Tor) *m*
goal-tender ['gəʊltendə] *sb* Torwart *m*
goat [gəʊt] *sb ZOOL* Ziege *f; get s.o.'s ~ (fam)* jdn auf die Palme bringen
goatee [gəʊ'tiː] *sb* Spitzbart *m*
goatherd ['gəʊthɜːd] *sb* Ziegenhirte/Ziegenhirtin *m/f*
gob [gɒb] *sb* Klumpen; *~s and ~s of ...* eine ganze Menge ...
gobble ['gɒbl] *v ~ up* verschlingen
gobbledygook ['gɒbldɪguːk] *sb (fam)* Kauderwelsch *n*
go-between ['gəʊbɪtwiːn] *sb* Mittelsmann *m,* Vermittler *m*
goblet ['gɒblɪt] *sb* Pokal *m, (made of glass)* Kelchglas *n*
goblin ['gɒblɪn] *sb* Kobold *m*
gobsmacked ['gɒbsmækt] *adj (fam) (UK)* platt
gobstopper ['gɒbstɒpə] *sb (UK)* Dauerlutscher *m*
god [gɒd] *sb* Gott *m*
God [gɒd] *sb REL* Gott *m; ~ forbid!* Gott behüte! *so help me ~* so wahr mir Gott helfe; *Thank ~.* Gott sei Dank.
godchild ['gɒdtʃaɪld] *sb* Patenkind *n*
goddaughter ['gɒddɔːtə] *sb* Patentochter *f*
goddess ['gɒdɪs] *sb* Göttin *f*
godfather ['gɒdfɑːðə] *sb* Pate *m*
god-fearing ['gɒdfɪərɪŋ] *adj REL* gottesfürchtig
godforsaken ['gɒdfəseɪkən] *adj* gottverlassen
godhood ['gɒdhʊd] *sb* Göttlichkeit *f*
godless ['gɒdlɪs] *adj* gottlos
godly ['gɒdlɪ] *adj REL* fromm
godmother ['gɒdmʌðə] *sb* Patin *f*
godparent ['gɒdpɛərənt] *sb* Pate/Patin *m/f*
godsend ['gɒdsend] *sb* Geschenk des Himmels *n,* Segen *m*
godson ['gɒdsʌn] *sb* Patensohn *m*
gofer ['gəʊfə] *sb (fam)* Mädchen für alles *n*
go-getter ['gəʊgetə] *sb* Draufgänger *m*
goggle-box ['gɒglbɒks] *sb (fam) (UK)* Glotze *f,* Flimmerkiste *f*
goggle-eyed ['gɒgəlaɪd] *adj* glotzäugig
goggles ['gɒglz] *pl* Schutzbrille *f*
go-go ['gəʊgəʊ] *adj (active, lively)* aufgeweckt *(fig)*
going ['gəʊɪŋ] *sb 1. (departure)* Weggehen *n,* Weggang *m; 2. (condition of roads)* Straßenzustand *m*
goings-on [gəʊɪŋz'ɒn] *pl* Vorgänge *pl,* Dinge *pl*
goitre ['gɔɪtə] *sb MED* Kropf *m*
gold [gəʊld] *adj 1.* golden; *sb 2.* Gold *n; 3. (wealth)* Geld *n*
golden ['gəʊldn] *adj 1.*golden; *2. (fig: opportunity)* einmalig
golden parachute ['gəʊldn 'pærəʃuːt] *sb ECO* reichliche Abfindung eines leitenden Angestellten *f*
goldsmith ['gəʊldsmɪθ] *sb* Goldschmied *m*
gold standard ['gəʊldstændəd] *sb ECO* Goldwährung *f*
golf [gɒlf] *sb* Golf *n*
golf cart [gɒlf kɑːt] *sb (vehicle)* Golfkarren *m*
golf club ['gɒlfklʌb] *sb 1. (instrument)* Golfschläger *m; 2. (association)* Golfklub *m*
golf course ['gɒlfkɔːs] *sb* Golfplatz *m*
golfer ['gɒlfə] *sb SPORT* Golfer *m*
gollop ['gɒləp] *v* herunterschlingen
golly ['gɒlɪ] *interj (fam)* Na so was! Mann!
gone [gɒn] *adj 1.* weg, weggegangen, fort; *2. (missing)* verloren, verschwunden; *3. (used up)* weg, verbraucht
goner ['gɒnə] *sb to be a ~ (fam)* erledigt sein

good [gʊd] *adj 1.* gut; *feel ~* sich wohl fühlen; *it's a ~ thing that* es ist gut, dass; *the ~ life* das süße Leben; *as ~ as* so gut wie; *Good morning!* Guten Morgen! *2. (kind)* gut, lieb; *to be ~ to s.o.* lieb zu jdm sein; *3. (well-behaved)* brav *(fam),* artig; *4. (favourable)* gut, günstig; *5. to be ~ for (to be capable of)* fähig sein zu; *~ for nothing* zu nichts nütze; *6. make ~* wieder gutmachen; *7. (considerable)* schön, beträchtlich, gut; *~ money (high wages)* hoher Lohn; *8. in ~ time* alles zu seiner Zeit; *9. (thorough)* gut, gründlich, tüchtig; *have a ~ look at sth* sich etw genau ansehen; *sb 10.* Gute *n; to be up to no ~* etw im Schilde führen; *11. (benefit)* Wohl *n; 12. (use)* Nutzen *m,* Vorteil *m; That won't do any ~.* Das hilft auch nichts. *13. for ~* für immer, endgültig, ein für alle Mal; *14. ~s pl* Güter *pl,* Waren *pl*

G

goodbye [gʊd'baɪ] *interj 1.* auf Wiedersehen; *(said over the telephone)* auf Wiederhören; *say ~ to s.o.* jdm auf Wiedersehen sagen, sich von jdm verabschieden; *sb 2.* Abschied *m*
good-for-nothing ['gʊdfənʌθɪŋ] *sb 1.* Taugenichts *m,* Nichtsnutz *m; adj 2.* nichtsnutzig
Good Friday [gʊd 'fraɪdeɪ] *sb REL* Karfreitag *m*
good-humoured [gʊd'hjuːməd] *adj 1.* gut gelaunt; *2. (by nature)* gutmütig
goodies ['gʊdɪz] *pl* gute Sachen *pl,* Leckerbissen *pl*
good-looker [gʊd'lʊkə] *sb* gut aussehender Mensch *m*
good-looking [gʊd'lʊkɪŋ] *adj* gut aussehend, hübsch, schön
goodly ['gʊdlɪ] *adj* groß, beträchtlich
good-natured [gʊd'neɪtʃəd] *adj* gutmütig, gefällig
goodness ['gʊdnɪs] *sb* Güte *f; Goodness!* Meine Güte! *Thank ~!* Gott sei Dank!
good-sized ['gʊdsaɪzd] *adj* groß
good-tempered [gʊd'tempəd] *adj* gutmütig, gutartig
goodwill [gʊd'wɪl] *sb* Wohlwollen *n*
goody ['gʊdɪ] *interj* toll
gooey [guːɪ] *adj* klebrig
goof [guːf] *v 1. ~ up* vermasseln, vermurksen; *2. ~ off (US)* herumtrödeln
goof-off ['guːfɒf] *sb (US: person)* Drückeberger *m*
goofy ['guːfɪ] *adj* doof
goon [guːn] *sb 1. (idiot)* Idiot *m; 2. (US: thug)* Schlägertyp *m*
goop [guːp] *sb* klebriges Zeug *n,* Papp *m*
goose [guːs] *sb* Gans *f; cook s.o.'s ~ (fig)* jdm die Suppe versalzen
gooseberry ['guːsberɪ] *sb BOT* Stachelbeere *f*
goose bumps ['guːsbʌmps] *pl get ~ (US)* eine Gänsehaut bekommen
goose pimples ['guːspɪmplz] *pl get ~ (UK)* eine Gänsehaut bekommen
goose-step ['guːsstep] *v* in Stechschritt marschieren
gore [gɔː] *sb 1.* geronnenes Blut *n; v 2.* durchbohren, aufspießen
gorge [gɔːdʒ] *v 1. ~ o.s. on sth* sich mit etw voll fressen, etw in sich hineinschlingen; *sb 2.* Schlucht *f*
gorgeous ['gɔːdʒəs] *adj 1.* herrlich, großartig, wunderbar; *2. (woman)* hinreißend
Gorgon ['gɔːgən] *sb* Gorgo *f,* hässliche Frau *f*
gormless ['gɔːmlɪs] *adj (fam) (UK)* doof
gory ['gɔːrɪ] *adj* blutrünstig
gosh [gɒʃ] *interj* Mensch! Mann!
gosling ['gɒzlɪŋ] *sb ZOOL* junge Gans *f,* Gänschen *n*
gospel ['gɒspəl] *sb REL* Evangelium *n*
gossamer ['gɒsəmə] *adj* leicht und zart
gossip ['gɒsɪp] *v 1.* plaudern, schwatzen; *2. (maliciously)* klatschen, tratschen; *sb 3.* Klatsch *m,* Tratsch *m; (chat)* Schwatz *m; 4. (person)* Klatschbase *f*
gothic ['gɒθɪk] *adj* gotisch
gouge [gaʊdʒ] *v 1. ~ s.o.'s eye out* jdm ein Auge ausstechen; *2. ~ s.o. (fam: overcharge)* jdn neppen
gout [gaʊt] *sb MED* Gicht *f*
govern ['gʌvən] *v 1. POL* regieren, verwalten; *2. (determine, influence)* beeinflussen
governance ['gʌvənəns] *sb* Regierung *f,* Herrschaft *f*
governess ['gʌvənɪs] *sb* Gouvernante *f*
government ['gʌvənmənt] *sb POL* Regierung *f*
governmental [gʌvən'mentl] *adj* Regierungs..., Staats..., staatlich
governor ['gʌvənə] *sb 1. (of a state)* Gouverneur *m; 2. (UK: of a bank or prison)* Direktor *m; 3. (UK: sir) (fam)* Chef *m*
gown [gaʊn] *sb 1.* Kleid *n; 2. (evening ~)* Abendkleid *n; 3. (academic ~)* Robe *f; 4. (clergyman's, judge's)* Talar *m; 5. (dressing ~)* Morgenmantel *m*
grab [græb] *v 1.* packen; *2. ~ at sth* nach etw greifen; *3. (nab)* schnappen; *How does that ~ you? (fig)* Wie findest du das? *sb 4.* Griff *m; to be up for ~s* für jeden zu gewinnen sein
grabble ['græbl] *v* tasten
grace [greɪs] *sb 1. (of movement)* Anmut *f,* Grazie *f; 2. social ~s pl* gute Umgangsformen *pl; 3. (mercy)* Gnade *f; by the ~ of God* durch die Gnade Gottes; *4. to be in s.o.'s good ~s* bei jdm gut angeschrieben sein; *5. (until payment is due)* Aufschub *m,* Zahlungsfrist *f; 6. (prayer)* Tischgebet *n; say ~* das Tischgebet sprechen
graceful ['greɪsfʊl] *adj 1.* anmutig; *2. (dancer)* graziös; *3. (compliment)* charmant, reizend
gracefulness ['greɪsfʊlnɪs] *sb* Anmut *f,* Grazie *f*
graceless ['greɪslɪs] *adj* unschicklich
gracile ['græsaɪl] *adj* grazil, zierlich

gracious ['greɪʃəs] *adj 1. (merciful)* gnädig; *2. (kind)* liebenswürdig; *sb 3. (God) Good ~!* Du meine Güte!
gradate [grə'deɪt] *v* abstufen, abtönen
gradation [grə'deɪʃən] *sb* Abstufung *f*
grade [greɪd] *v 1. (mark schoolwork)* benoten; *2. (level)* ebnen; *3. (classify)* klassifizieren, sortieren; *sb 4.* Stufe *f; 5. (quality)* Qualität *f; 6. (mark in school)* Note *f; make the ~* es schaffen; *7. (US: school class)* Klasse *f; 8. (US: gradient)* Gefälle *n*
grader ['greɪdə] *sb* Planiermaschine *f*
grade school ['greɪdskuːl] *sb* Grundschule *f*
gradient ['greɪdɪənt] *sb* Neigung *f*, Steigung *f*, Gefälle *n*
gradin ['greɪdɪn] *sb* Tribüne *f*
gradual ['grædjʊəl] *adj* allmählich, schrittweise, stufenweise
gradually ['grædjʊəlɪ] *adv* nach und nach, allmählich, schrittweise
graft [grɑːft] *v 1. MED* verpflanzen, transplantieren; *sb 2. MED* Transplantat *n; 3. (corruption)* Mauschelei *f*, Schiebung *f*
grafter ['grɑːftə] *sb (UK: hard-working person)* Arbeitstier *n*
grain [greɪn] *sb 1. AGR* Getreide *n*, Korn *n; 2. (of salt, of sand)* Korn *n; 3. (fig)* Spur *f; (of truth)* Körnchen *n; 4. (of wood, of marble)* Maserung *f; 5. (of meat) GAST* Faser *f; 6. against the ~* gegen den Strich
grainless ['greɪnlɪs] *adj* kernlos
grainy ['greɪnɪ] *adj* körnig
gram *sb (US) (see "gramme")*
grammar ['græmə] *sb* Grammatik *f*
grammar school ['græmə skuːl] *sb 1. (UK)* Oberschule *f; 2. (US)* Grundschule *f*
grammatical [grə'mætɪkəl] *adj* grammatisch
grammatology [græmə'tɒlədʒɪ] *sb* Lehre von der Grammatik *f*
gramme [græm] *sb* Gramm *n*
granary ['grænərɪ] *sb* Kornkammer *f*
grand [grænd] *adj 1. (large)* groß; *2. (total, design)* Gesamt... *3. (magnificent)* grandios, großartig; *4. (splendid)* fabelhaft, fantastisch; *sb 5. (fam: thousand)* tausend Pfund/Dollar
grandchild ['grændtʃaɪld] *sb* Enkel *m*
granddad ['grænddæd] *sb* Opa *m*
granddaughter ['grænddɔːtə] *sb* Enkelin *f*
grand duchy ['grænddʌtʃɪ] *sb* Großherzogtum *n*
grand duke ['grænddjuːk] *sb* Großherzog *m*
grandeur ['grændʒə] *sb* Größe *f*, Herrlichkeit *f*, Pracht *f; delusions of ~* Größenwahnsinn *m*
grandfather ['grændfɑːðə] *sb* Großvater *m*
grandfather clock ['grændfɑːðə klɒk] *sb* Standuhr *f*
grandfatherly ['grændfɑːðəlɪ] *adj* großväterlich
grandiloquent [græn'dɪləkwənt] *adj* hochtrabend
grandiose ['grændɪəʊz] *adj* grandios, großartig; *(pompous)* schwülstig
grandma ['grændmɑː] *sb* Oma *f*
grandmother ['grændmʌðə] *sb* Großmutter *f*
grandmotherly ['grændmʌðəlɪ] *adj* großmütterlich
grandnephew ['grændnefjuː] *sb* Großneffe *m*
grandness ['grændnɪs] *sb* Großartigkeit *f*, Pracht *f*
grandniece ['grændniːs] *sb* Großnichte *f*
grandpa ['grændpɑː] *sb* Opa *m*
grandparents ['grændpεərənts] *pl* Großeltern *pl*
grand prize [grænd praɪz] *sb* Hauptgewinn *m*
grandson ['grændsʌn] *sb* Enkel *m*
grandstand ['grændstænd] *sb 1.* Haupttribüne *f; v 2. (US)* sich in Szene setzen, eine Schau abziehen *(fam)*
grange [greɪndʒ] *sb* Farm *f*, Gutshof *m*
granite ['grænɪt] *sb MIN* Granit *m*
graniteware ['grænɪtwεə] *sb* Steingut *n*
granny ['grænɪ] *sb* Oma *f*
granny flat ['grænɪ flæt] *sb (UK)* Einliegerwohnung *f*
granny glasses ['grænɪglɑːsɪz] *pl* Nickelbrille *f*
granola [grə'nəʊlə] *sb (US)* Müsli *n*
grant [grɑːnt] *v 1.* gewähren; *2. (permission)* erteilen; *3. (a request)* stattgeben; *4. (land, pension)* zusprechen, bewilligen; *5. take sth for ~ed* etw als selbstverständlich betrachten; *6. (admit, agree)* zugeben, zugestehen; *sb 7.* Subvention *f; 8. (for studying)* Studienbeihilfe *f*
granular ['grænjʊlə] *adj* körnig
granulate ['grænjʊleɪt] *v* granulieren
granulation [grænjʊ'leɪʃən] *sb* Körnung *f*
granule ['grænjuːl] *sb* Körnchen *n*
grape [greɪp] *sb* Traube *f*, Weintraube *f*, Weinbeere *f*

G

grapevine ['greɪpvaɪn] *sb* Weinstock *m; (of information)* Nachrichtendienst *m; hear sth on the ~* etw gerüchteweise hören
graph [grɑːf] *sb* Diagramm *n,* grafische Darstellung *f*
graphic ['græfɪk] *adj 1.* grafisch; *2. (vivid)* anschaulich, plastisch, lebendig
graphics ['græfɪks] *pl* Grafik *f*
graphology [græ'fɒlədʒɪ] *sb* Grafologie *f,* Handschriftendeutung *f*
graph paper ['grɑːfpeɪpə] *sb* Millimeterpapier *n*
grapple ['græpl] *v* ringen, kämpfen; *~ with a problem* sich mit einem Problem herumschlagen
grappling ['græplɪŋ] *sb* Greifer *m*
grappling iron ['græplɪŋ aɪən] *sb* Haken *m*
grasp [grɑːsp] *v 1. (grab hold of)* ergreifen, packen, fassen; *2. (hold tightly)* festhalten; *3. (understand)* begreifen, erfassen; *4. ~ at sth* nach etw greifen; *sb 5. (hold, clutch)* Griff *m; 6. (understanding)* Verständnis *n; have a good ~ of sth* etw gut beherrschen
grasping ['grɑːspɪŋ] *adj (greedy)* habgierig
grass [grɑːs] *sb 1.* Gras *n; let ~ grow under one's feet* still stehen, nichts tun; *2. (lawn)* Rasen *m; "keep off the ~"* „Betreten des Rasens verboten"; *3. (fam: marijuana)* Gras *n*
grass court [grɑːs kɔːt] *sb SPORT* Rasenplatz *m*
grasshook ['grɑːshʊk] *sb* Sichel *f*
grasshopper ['grɑːshɒpə] *sb* Heuschrecke *f,* Grashüpfer *m*
grassland ['grɑːslænd] *sb* Weide *f*
grass-roots ['grɑːsruːts] *adj* an der Basis, des kleinen Mannes
grassy ['grɑːsɪ] *adj* grasbedeckt, grasbewachsen
grate [greɪt] *v 1. (scrape)* streifen; *(teeth)* knirschen mit; *~ on s.o.* jdm auf die Nerven gehen; *2. GAST* reiben
grateful ['greɪtfʊl] *adj* dankbar
grater ['greɪtə] *sb GAST* Reibe *f,* Raspel *f*
graticule ['grætɪkjuːl] *sb* Koordinatensystem *n*
gratification [grætɪfɪ'keɪʃən] *sb 1.* Befriedigung *f; 2. (pleasure)* Freude *f,* Vergnügen *n*
gratify ['grætɪfaɪ] *v 1. (satisfy)* befriedigen; *2. (give pleasure)* erfreuen
gratifying ['grætɪfaɪɪŋ] *adj* erfreulich
grating ['greɪtɪŋ] *sb* Gitter *n,* Rost *m*
gratis ['grætɪs] *adj* gratis, unentgeltlich
gratitude ['grætɪtjuːd] *sb* Dankbarkeit *f*
gratuitous [grə'tjuːɪtəs] *adj* überflüssig
gratuity [grə'tjuːɪtɪ] *sb 1.* Gratifikation *f; 2. (tip)* Trinkgeld *n*
grave[1] [greɪv] *adj 1.* ernst; *(danger)* groß; *(news)* schlimm; *2. (error)* ernst, gravierend; *3. (serious, important)* schwer
grave[2] [greɪv] *sb* Grab *n; have one foot in the ~* mit einem Bein im Grabe stehen
grave-digger ['greɪvdɪgə] *sb* Totengräber *m*
gravel ['grævəl] *sb* Kies *m*
gravelly ['grævəlɪ] *adj (voice)* rau
gravel-pit ['grævlpɪt] *sb* Kiesgrube *f*
graveness ['greɪvnɪs] *sb* Ernsthaftigkeit *f,* Ernst *m*
gravestone ['greɪvstəʊn] *sb* Grabstein *m*
graveyard ['greɪvjɑːd] *sb* Friedhof *m*
gravitate ['grævɪteɪt] *v ~ toward (fig)* hingezogen werden zu, angezogen werden von
gravitation [grævɪ'teɪʃən] *sb* Gravitation *f,* Schwerkraft *f*
gravy ['greɪvɪ] *sb 1. (sauce)* Soße *f; 2. (juice)* Fleischsaft *m,* Bratensaft *m*
gravy train ['greɪvɪtreɪn] *sb (fam) to be on the ~* leben wie die Made im Speck
gray *adj (US) (see "grey")*
graze [greɪz] *v 1. (cattle)* grasen, weiden; *2. (touch lightly)* streifen; *3. (skin)* abschürfen
grazing ['greɪzɪŋ] *sb* Weide *f,* Weideland *n*
grease [griːs] *sb 1.* Fett *n; 2. (lubricant)* Schmierfett *n; v 3.* fetten, einfetten; *4. TECH* schmieren
grease monkey ['griːsmʌŋkɪ] *sb (fam)* Mechaniker *m*
greaser ['griːsə] *sb 1. (fam: biker)* Motorradrocker *m; 2. (mechanic)* Automechaniker *m*
greasy ['griːsɪ] *adj 1.* fettig, schmierig, ölig; *2. (food)* fett

great [greɪt] *adj 1.* groß; *a ~ many* sehr viele; *in ~ detail* ganz ausführlich; *2. (wonderful, excellent)* prima, wunderbar, großartig; *~ friends* dicke Freunde; *3. to be ~ at sth* etw sehr gut machen; *sb 4. (person)* Größe *f*

great-aunt ['greɪtɑːnt] *sb* Großtante *f*
Great Britain [greɪt 'brɪtn] *sb GEO* Großbritannien *n*
greatcoat ['greɪtkəʊt] *sb* Mantel *m,* Überzieher *m*
great-granddaughter [greɪt'grænddɔːtə] *sb* Urenkelin *f*
great-grandfather [greɪt 'grændfɑːðə] *sb* Urgroßvater *m*

great-grandmother [greɪt'grændmʌðə] *sb* Urgroßmutter *f*
great-grandparents [greɪt'grændpɛərənts] *pl* Urgroßeltern *pl*
great-grandson [greɪt'grændsʌn] *sb* Urenkel *m*
great-hearted [greɪt 'hɑːtɪd] *adj* großherzig
greatly ['greɪtlɪ] *adv* sehr, höchst, außerordentlich
greatness ['greɪtnɪs] *sb* Größe *f*
great-uncle ['greɪtʌŋkl] *sb* Großonkel *m*
greed [griːd] *sb* Gier *f*, Habsucht *f*
greedy ['griːdɪ] *adj* gierig
Greek [griːk] *sb 1. (language)* Griechisch *n; That's ~ to me.* Da verstehe ich nur Bahnhof. Das sind für mich böhmische Dörfer. *2. (person)* Grieche/Griechin *m/f; adj 3.* griechisch

green [griːn] *adj 1.* grün; *~ with envy* blass vor Neid; *give s.o. the ~ light* jdm grünes Licht geben; *sb 2.* Grün *n; 3. (village ~)* Wiese *f; 4. (field for sports)* Rasen *m,* Platz *m; 5. ~s pl GAST* grünes Gemüse *n*

greenbacks ['griːnbæks] *pl (US)* Dollarscheine *pl*
green bean [griːn biːn] *sb* grüne Bohne *f*
green card ['griːnkɑːd] *sb 1. (for motorists)* grüne Versicherungskarte *f; 2. (US: for foreigners)* Arbeits- und Aufenthaltsgenehmigung *f*
greenery ['griːnərɪ] *sb* Grün *n*
green-eyed ['griːnaɪd] *adj 1.* grünäugig; *2. (fig: jealous)* neidisch, missgünstig
greengrocer ['griːngrəʊsə] *sb (UK)* Gemüsehändler *m*
greenhouse ['griːnhaʊs] *sb* Treibhaus *n*, Gewächshaus *n*
greenness ['griːnnɪs] *sb 1.* Grün *n*, Grünes *n; 2. (fig: inexperience)* Unreife *f*, Unerfahrenheit *f*
green room ['griːnruːm] *sb* Garderobe *f*
greenstuff ['griːnstʌf] *sb* Grünfutter *n*, grünes Gemüse *n*
greeny ['griːnɪ] *adj* grünlich
greet [griːt] *v 1. (say hello to)* grüßen; *2. (welcome)* begrüßen; *3. (receive)* empfangen
greeting ['griːtɪŋ] *sb 1.* Gruß *m*, Begrüßung *f; 2. ~s pl* Grüße *pl; (congratulations)* Glückwünsche *pl*
gregarious [grə'gɛərɪəs] *adj* gesellig
gremlin ['gremlɪn] *sb* Kobold *m*
grenade [grɪ'neɪd] *sb* Granate *f*
grenadier [grenə'dɪə] *sb MIL* Grenadier *m*
grey [greɪ] *adj 1.* grau; *2. (outlook)* grau, trüb; *sb 3.* Grau *n; 4. (horse) ZOOL* Grauschimmel *m*
grey area ['greɪɛərɪə] *sb (UK)* Grauzone *f*
greyhound ['greɪhaʊnd] *sb* Windhund *m*
grey matter ['greɪmætə] *sb (fig)* graue Zellen *pl*
grid [grɪd] *sb 1.* Gitter *n; 2. (electricity network)* Verteilernetz *n; 3. (iron ~)* Rost *m*
griddle ['grɪdl] *sb* Backblech *n*
gridiron ['grɪdaɪən] *sb SPORT* American-Football-Spielfeld *n*
gridlock ['grɪdlɒk] *sb* Verkehrsstillstand *m*
grief [griːf] *sb* Gram *m*, Kummer *m*, Leid *n; come to ~* Pech haben; *Good ~!* Meine Güte!
grief-stricken ['griːfstrɪkən] *adj* kummervoll
grievance ['griːvəns] *sb 1.* Klage *f*, Beschwerde *f; 2. (resentment)* Groll *m*
grieve [griːv] *v 1.* bekümmert sein, sich grämen; *2. (s.o.)* betrüben, bekümmern, wehtun
grieving ['griːvɪŋ] *adj* trauernd, betrübt
grievous ['griːvəs] *adj* schwer, schmerzlich; *~ bodily harm JUR* schwerer körperlicher Schaden *m*
griffin ['grɪfɪn] *sb* Greif *m*
grill [grɪl] *v 1.* grillen; *2. (interrogate)* in die Zange nehmen; *sb 3.* Grill *m*, Bratrost *m*
grille [grɪl] *sb 1.* Gitter *n; 2. (of a car)* Kühlergrill *m*
grilled [grɪld] *adj* gegrillt
grim [grɪm] *adj 1.* grimmig; *2. (prospects)* trostlos; *(task)* grauenhaft; *(times, truth)* hart
grimace ['grɪməs] *v 1.* Grimassen machen, Grimassen schneiden; *(with disgust, with pain)* das Gesicht verziehen; *sb 2.* Grimasse *f*
grime [graɪm] *sb* Ruß *m*, Schmutz *m*
grimy ['graɪmɪ] *adj* schmutzig, rußig
grin [grɪn] *v 1.* lächeln, strahlen; *~ and bear it (fam)* in den sauren Apfel beißen; *2. (stupidly, sarcastically)* grinsen; *sb 3.* Lächeln *n*, Strahlen *n; 4. (stupid ~, sarcastic ~)* Grinsen *n*
grind [graɪnd] *v irr 1. (brakes, gears, teeth)* knirschen; *2. (sth)* zerkleinern, zermahlen; *3. (coffee, flour)* mahlen; *4. (a cigarette butt)* bohren; *5. (polish)* schleifen, *(a knife)* wetzen; *6. (turn a handle)* drehen; *sb 7. (fam: the daily ~)* Schufterei *f*
grinder ['graɪndə] *sb* Schleifstein *m*
grindstone ['graɪndstəʊn] *sb keep one's nose to the ~* hart arbeiten
grinning ['grɪnɪŋ] *sb* Zähnefletschen *n*

G

grip [grɪp] *v 1.* packen, ergreifen; *sb 2.* Griff *m,* Halt *m; 3. come to ~s with* sich auseinander setzen mit; *4. get a ~ on o.s.* sich zusammenreißen; *5. (piece of luggage)* Reisetasche *f; 6. (hair ~)* Haarspange *f*
gripe [graɪp] *v (fam)* meckern
gripping ['grɪpɪŋ] *adj* spannend, fesselnd
grisly ['grɪzlɪ] *adj* grässlich
gristle ['grɪsl] *sb* Knorpel *m*
grit [grɪt] *v 1. ~ one's teeth* die Zähne zusammenbeißen; *sb 2.* grober Sand *m; 3. (fig)* Mut *m,* Mumm *m*
gritty ['grɪtɪ] *adj 1.* körnig; *2. (fig)* mutig
grizzled ['grɪzld] *adj* grauhaarig
G
grizzly ['grɪzlɪ] *sb (~ bear)* Grislibär *m*
groan [grəʊn] *v 1. (person)* stöhnen, ächzen; *2. (hinges, planks)* ächzen, knarren; *sb 3.* Stöhnen *n,* Ächzen *n*
groaner ['grəʊnə] *sb (fam: bad joke)* mieser Witz *m*
grocer ['grəʊsə] *sb* Lebensmittelhändler *m*
grocery ['grəʊsərɪ] *sb 1. (~ store)* Lebensmittelgeschäft *n; 2. groceries pl* Lebensmittel *pl*
groin [grɔɪn] *sb ANAT* Leiste *f,* Leistengegend *f*
groom [gru:m] *v 1. ~ o.s.* sich pflegen; *(animals)* sich putzen; *2. (a horse)* striegeln; *3 (prepare s.o.)* aufbauen; *sb 4. (bride~)* Bräutigam *m; 5. (for horses)* Pferdepfleger *m*
grooming ['gru:mɪŋ] *sb* Pflege *f*
groomsman ['gru:mzmən] *sb* Führer des Bräutigams *m*
groove [gru:v] *sb* Rinne *f,* Furche *f; (on a record)* Rille *f*
groovy ['gru:vɪ] *adj (fam)* toll, klasse, stark
grope [grəʊp] *v 1.* tasten; *2. (for words)* suchen; *3. (fam: girlfriend)* befummeln; *4. ~ one's way* sich vorwärts tasten
gross [grəʊs] *adj 1. (total)* brutto, Brutto... *2. (coarse, vulgar)* grob, derb; *3. (flagrant)* krass, grob; *4. (fam: disgusting)* eklig
gross domestic product [grəʊs dɒ'mestɪk 'prɒdʌkt] *sb* Bruttoinlandsprodukt *n*
grossly ['grəʊslɪ] *adv* äußerst, ungeheuer
gross national product [grəʊs 'næʃənl 'prɒdʌkt] *sb ECO* Bruttosozialprodukt *n*
gross profit [grəʊs 'prɒfɪt] *sb ECO* Rohgewinn *m*
gross weight [grəʊs weɪt] *sb* Bruttogewicht *n*
grouch [graʊtʃ] *v 1.* meckern; sb *2. (fam: person)* Miesepeter *m,* Meckerfritze *m*
grouchy ['graʊtʃɪ] *adj* griesgrämig, miesepetrig

ground [graʊnd] *sb 1.* Boden *m; gain ~/lose ~* Boden gewinnen/verlieren; *break new ~ (fig)* Neuland erschließen; *common ~ (fig)* ein gemeinsamer Nenner *m; get off the ~* in Gang kommen, *(get sth off the ~)* in Gang bringen; *hold one's ~, stand one's ~* standhalten, nicht weichen; *2. (field)* Feld *n,* Platz *m; 3. ~s pl (premises)* Gelände *n; 4. ~s pl (coffee ~)* Kaffeesatz *m; 5. (reason)* Grund *m; v 6. (electricity) TECH* erden; *7. to be ~ed in, to be ~ed on* sich gründen auf, sich basieren auf; *to be well ~ed in* bewandert sein in; *8. (a plane)* Startverbot erteilen

ground beef [graʊnd bi:f] *sb GAST* Hackfleisch *n*
groundbreaking ['grəʊndbreɪkɪŋ] *adj (fig) (US)* bahnbrechend
ground floor [graʊnd flɔ:] *sb* Erdgeschoss *n; get in on the ~ (fig)* von Anfang an mit dabei sein
ground glass [graʊnd glɑ:s] *sb* Mattglas *n*
groundhog ['graʊndhɒg] *sb* Waldmurmeltier *n*
grounding ['graʊndɪŋ] *sb* Fundament *n,* Unterbau *m*
groundless ['graʊndlɪs] *adj* grundlos, unbegründet
groundling ['graʊndlɪŋ] *sb* kriechende Pflanze *f,* Bodendecker *m*
ground plan ['graʊndplæn] *sb* Grundriss *m*
ground rule [graʊnd ru:l] *sb* Grundregel *f*
groundsman ['graʊndzmən] *sb SPORT* Platzwart *m*
groundspeed ['graʊndspi:d] *sb* Geschwindigkeit über Grund *f*
groundswell ['graʊndswel] *sb (fig)* Umwälzung *f*
groundwork ['graʊndwɜ:k] *sb (fig)* Grundlage *f*
ground zero [graʊnd 'zi:rəʊ] *sb* Explosionspunkt einer Atom- oder Wasserstoffbombe *m*
group [gru:p] *sb 1.* Gruppe *f; v 2.* gruppieren, anordnen, einordnen; *~ together (in one ~)* zusammentun
group dynamics [gru:p daɪ'næmɪks] *pl* Gruppendynamik *f*
grouping ['gru:pɪŋ] *sb* Anordnung *f*
groupthink ['gru:pθɪŋk] *sb (fam)* Gruppendenken *n*
grouse [graʊs] *sb 1. ZOOL* Waldhuhn *n; v 2.* meckern, nörgeln

grout [graʊt] *sb* Mörtel *m,* Kitt *m*
grove [grəʊv] *sb* Hain *m,* Wäldchen *n*
grovel ['grɒvl] *v* kriechen

grow [grəʊ] *v irr 1.* wachsen, größer werden; *2. (number)* zunehmen; *3. (become)* werden; *4. ~ on s.o.* jdm liebwerden; *5. (sth)* ziehen, anbauen, anpflanzen; *6. ~ one's hair* sich die Haare wachsen lassen

•**grow out** *v irr ~ of sth* aus etw herauswachsen, *(fig)* für etw zu alt werden
•**grow up** *v irr 1.* aufwachsen, heranwachsen; *2. (become an adult)* erwachsen werden
grow bag [grəʊ bæg] *sb* Tüte mit Blumenerde zur Pflanzenaufzucht *f*
grower ['grəʊə] *sb* Züchter *m,*
growing ['grəʊɪŋ] *1. adj* wachsend; *2. (increasing)* zunehmend
growing pains ['grəʊɪŋ peɪnz] *pl* Kinderkrankheiten *pl*
growl [graʊl] *v 1.* knurren; *sb 2.* Knurren *n*
growler ['graʊlə] *sb (person)* Brummbär *m*
grown [grəʊn] *adj* erwachsen, ausgewachsen
grown-up ['grəʊnʌp] *sb* Erwachsene(r) *m/f*
growth [grəʊθ] *sb 1.* Wachstum *n,* Wachsen *n; 2. (of a plant)* Wuchs *m; 3. (increase)* Zunahme *f; 4. (fig: development)* Entwicklung *f; 5. ECO* Zuwachs *m; 6. MED* Gewächs *n,* Tumor *m*
grub [grʌb] *sb (fam: food)* Futter *n*
grubby ['grʌbɪ] *adj* schmuddelig
grudge [grʌdʒ] *sb* Groll *m; bear s.o. a ~, have a ~ against s.o.* einen Groll gegen jdn hegen
grudging ['grʌdʒɪŋ] *adj* widerwillig, ungern
gruel [gruːl] *sb* Haferschleim *m,* Grütze *f*
gruelling ['grʊəlɪŋ] *adj* aufreibend, zermürbend, mörderisch
gruesome ['gruːsəm] *adj* grausig, grauenhaft, schauerlich
gruff [grʌf] *adj* schroff, barsch, ruppig
grumble ['grʌmbl] *v* murren, schimpfen
grumbler ['grʌmblə] *sb* Brummbär *m,* Nörgler *m*
grumbly ['grʌmblɪ] *adj* mürrisch
grump [grʌmp] *v* brummen, murren
grumpy ['grʌmpɪ] *adj* mürrisch
grunge [grʌndʒ] *sb* Grunge *m*
grungy ['grʌndʒɪ] *adj (fam)* schmuddelig
grunt [grʌnt] *v 1.* grunzen; *2. (with exertion, with pain)* ächzen; *3. (a reply)* brummen
grunter ['grʌntə] *sb* Grunzer *m*
guarantee [gærən'tiː] *v 1.* garantieren, Gewähr leisten; *2. (a loan, a debt)* bürgen für; *sb 3.* Garantie *f; 4. (pledge of obligation)* Bürgschaft *f; 5. (deposit, money as a ~)* Kaution *f*
guaranty ['gærəntɪ] *sb* Garantie *f*
guard [gɑːd] *v 1.* bewachen, hüten; *~ against* sich hüten vor; *2. (protect)* schützen; *3. (fig)* behüten, beschützen; *4. SPORT* decken; *sb 5.* Wache *f; to be on ~* auf Wache sein; *stand ~* Wache stehen; *throw s.o. off ~* jdn überrumpeln; *under ~* unter Bewachung; *6. (one person)* Wächter *m, (soldier)* Wachtposten *m; 7. (prison ~)* Gefängniswärter *m; 8. (safety device)* Schutz *m; 9. (UK: rail ~)* Schaffner *m; 10. (in basketball) SPORT* Aufbauspieler *m*
guarded ['gɑːdɪd] *adj 1. (under guard)* bewacht; *2. (cautious)* vorsichtig
guarder ['gɑːdə] *sb* Wächter *m*
guardhouse ['gɑːdhaʊs] *sb 1.* Wachlokal *n; 2. (for detention)* Arrestlokal *n*
guardian ['gɑːdɪən] *sb 1.* Hüter *m,* Wächter *m; 2. JUR* Vormund *m*
guardian angel ['gɑːdɪən 'eɪndʒəl] *sb* Schutzengel *m*
guardianship ['gɑːdɪənʃɪp] *sb* Vormundschaft *f*
guardsman ['gɑːdzmən] *sb* Wache *f,* Wachposten *m*
guess [ges] *v 1.* raten, schätzen; *2. (successfully)* erraten; *3. (suppose)* schätzen, vermuten; *sb 4.* Schätzung *f; That's anybody's ~.* Das weiß niemand. *take a ~* raten, schätzen
guessing game ['gesɪŋgeɪm] *sb (fam)* Ratespiel *n*
guesswork ['geswɜːk] *sb* reine Vermutung *f,* Raterei *f*
guest [gest] *sb* Gast *m; Be my ~!* Aber bitte!
guest house ['gesthaʊs] *sb* Gästehaus *n,* Pension *f*
guff [gʌf] *sb (fam)* freche Widerrede *f*
guffaw [gʌ'fɔː] *v 1.* laut lachen, schallend lachen; *sb 2.* schallendes Lachen *n*
guidance ['gaɪdəns] *sb* Führung *f,* Leitung *f,* Anleitung *f*
guide [gaɪd] *v 1.* führen, leiten, lenken; *sb 2. (person)* Führer *m; 3. (indication)* Anhaltspunkt *m; 4. (model)* Vorbild *n; 5. (manual)* Leitfaden *m,* Handbuch *n; (travel ~)* Führer *m*
guidebook ['gaɪdbʊk] *sb* Führer *m*
guided missile ['gaɪdɪd 'mɪsaɪl] *sb MIL* ferngelenktes Geschoss *n*
guide dog ['gaɪddɒg] *sb* Blindenhund *m*

G

guideline ['gaɪdlaɪn] *sb (fig)* Richtlinie *f*
guidepost ['gaɪdpəʊst] *sb* Wegweiser *m*
guide rail ['gaɪdreɪl] *sb* Führungsschiene *f*
guiding light [gaɪdɪŋ'laɪt] *sb* Leitlicht *n*
guild [gɪld] *sb* Gilde *f,* Zunft *f*
guilder ['gɪldə] *sb FIN* Gulden *m*
guildhall ['gɪldhɔːl] *sb (UK)* Rathaus *n*
guile [gaɪl] *sb* Arglist *f,* Tücke *f*
guilt [gɪlt] *sb* Schuld *f*
guilt trip ['gɪlttrɪp] *sb (fam) (US) lay a ~ on s.o.* jdm einen Schuldkomplex einreden
guilty ['gɪltɪ] *adj 1.* schuldig; *find ~ JUR* für schuldig befinden, für schuldig erklären; *2. (look)* schuldbewusst; *3. a ~ conscience* ein schlechtes Gewissen

G

guinea pig ['gɪnɪ pɪg] *sb 1. ZOOL* Meerschweinchen *n; 2. (fig)* Versuchskaninchen *n*
guise [gaɪz] *sb* Gestalt *f, (fig)* Maske *f*
guitar [gɪ'tɑː] *sb MUS* Gitarre *f*
gulch [gʌltʃ] *sb (US)* Schlucht *f*
gulf [gʌlf] *sb 1. GEO* Golf *m,* Meerbusen *m; 2. (fig: chasm)* Kluft *f*
gull [gʌl] *sb ZOOL* Möwe *f*
gullet ['gʌlɪt] *sb ANAT* Speiseröhre *f,* Kehle *f*
gullible ['gʌlɪbl] *adj* leichtgläubig
gully ['gʌlɪ] *sb 1. (ravine)* Schlucht *f; 2. (channel)* Rinne *f*
gulp [gʌlp] *v 1.* schlucken, würgen; *sb 2.* Schluck *m*
gum [gʌm] *sb 1.* Gummi *n; 2. (glue)* Klebstoff *m; 3. (chewing ~)* Kaugummi *m; 4. ANAT* Zahnfleisch *n; v 5. (apply ~ to)* gummieren
gumboots ['gʌmbuːts] *pl* Gummistiefel *pl*
gumdrop ['gʌmdrɒp] *sb* Weingummi *m*
gumless ['gʌmlɪs] *adj* nicht klebend
gumption ['gʌmpʃən] *sb (sense)* Grips *m*
gum tree ['gʌmtriː] *sb BOT* Gummibaum *m; to be up a ~ (fig)* aufgeschmissen sein
gun [gʌn] *sb 1.* Kanone *f,* Pistole *f,* Revolver *m; jump the ~ (fig)* voreilig handeln; *stick to one's ~s* nicht weihen, nicht nachgeben; *under the ~ (fig)* unter Druck; *2. (rifle)* Gewehr *n; 3. (artillery) MIL* Geschütz *n; 4. to be a big ~ (fam)* ein großes Tier sein; *v 5. ~ down* erschießen, niederschießen; *6. (an engine)* aufheulen lassen
gunfight ['gʌnfaɪt] *sb* Feuergefecht *n,* Schießerei *f*
gunfighter ['gʌnfaɪtə] *sb* Revolverheld *m*
gunfire ['gʌnfaɪə] *sb* Gewehrfeuer *n,* Schüsse *pl*
gunge [gʌndʒ] *sb (UK)* schmieriges Zeug *n,* klebriges Zeug *n*
gung-ho [gʌŋ'həʊ] *adj (fam)* übereifrig
gunk [gʌŋk] *sb (fam)* klebriges Zeug *n*
gun licence ['gʌnlaɪsəns] *sb* Waffenschein *m*
gunman ['gʌnmən] *sb 1.* Bewaffneter *m; 2. (by profession)* Revolverheld *m*
gunny sack ['gʌnɪsæk] *sb* Jutesack *m*
gunplay ['gʌnpleɪ] *sb* Schießerei *f*
gunpoint ['gʌnpɔɪnt] *sb at ~* mit vorgehaltener Schusswaffe
gunpowder ['gʌnpaʊdə] *sb* Schießpulver *n*
gunshot ['gʌnʃɒt] *sb* Kanonenschuss *m,* Gewehrschuss *m*
gunslinger ['gʌnslɪŋə] *sb (US)* Revolverheld *m*
gurgle ['gɜːgl] *v (person)* glucksen; *(liquid)* gluckern
gurney ['gɜːnɪ] *sb (US)* fahrbare Liege für den Krankentransport *f*
gush [gʌʃ] *v 1.* hervorströmen, hervorschießen, hervorquellen; *2. (fam: talk)* schwärmen, sich überschwänglich äußern; *sb 3. (of liquid)* Strahl *m,* Schwall *m*
gussy ['gʌsɪ] *v ~ up (fam)* herausputzen, aufmöbeln
gust [gʌst] *sb (of wind)* Windstoß *m,* Bö *f*
gusty ['gʌstɪ] *adj* böig, stürmisch
gut [gʌt] *v 1. (an animal)* ausnehmen; *2. (fire)* ausbrennen; *sb 3. (paunch)* Bauch *m; 4. ~s pl ANAT* Eingeweide *n; I hate his ~s. (fam)* Ich hasse ihn wie die Pest. *5. ~s pl (fig: courage)* Mumm *m,* Schneid *m; adj 6. (instinctive: reaction, feeling)* instinktiv, leidenschaftlich
gutless ['gʌtlɪs] *adj (fam)* feige
gutsy ['gʌtsɪ] *adj She's ~.* Sie hat Mumm.
gutter ['gʌtə] *sb 1.* Gosse *f,* Rinnstein *m; 2. (on a roof)* Dachrinne *f; 3. (fig)* Gosse *f*
guttersnipe ['gʌtəsnaɪp] *sb* Straßenkind *n*
gutty ['gʌtɪ] *sb (fam: gutsy) (US)* mutig, tapfer
guy [gaɪ] *sb* Typ *m,* Kerl *m*
guzzle ['gʌzl] *v* schlürfen
gymnasium [dʒɪm'neɪzɪəm] *sb* Turnhalle *f*
gymnast ['dʒɪmnæst] *sb SPORT* Turner *m*
gymnastics [dʒɪm'næstɪks] *sb SPORT* Turnen *n,* Gymnastik *f*
gym shoe ['dʒɪmʃuː] *sb* Turnschuh *m*
gyp [dʒɪp] *v* reinlegen *(fam),* übers Ohr hauen
gypsy ['dʒɪpsɪ] *sb* Zigeuner(in) *m/f*
gyrate [dʒaɪə'reɪt] *v* kreisen, sich drehen, wirbeln

H

habit ['hæbɪt] *sb 1.* Gewohnheit *f,* Angewohnheit *f; out of ~* aus Gewohnheit; *make a ~ of sth* etw zur Gewohnheit werden lassen; *break o.s. of a ~* sich etw abgewöhnen; *get into the ~ of doing sth* sich daran gewöhnen, etw zu tun, sich angewöhnen, etw zu tun; *creature of ~* Gewohnheitsmensch *m; 2. (addiction)* Sucht *f; 3. REL* Habit *n*
habitable ['hæbɪtəbl] *adj* bewohnbar
habitant ['hæbɪtnt] *sb* Einwohner *m*
habitation [hæbɪ'teɪʃən] *sb 1. (inhabiting)* Wohnen *n; 2. (home)* Behausung *f*
habit-forming ['hæbɪtfɔːmɪŋ] *adj (drug)* suchterzeugend
habitual [hə'bɪtʃʊəl] *adj* Gewohnheits..., gewohnt, gewohnheitsmäßig
habituate [hə'bɪtjʊeɪt] *v* gewöhnen an
habitus ['hæbɪtəs] *sb* Körperbau *m*
hack [hæk] *v 1.* hacken; *sb 2. (blow)* Hieb *m*
hacking cough ['hækɪŋ kɔːf] *sb* trockener Husten *m*
hacking jacket ['hækɪŋdʒækɪt] *sb* Reitjacke *f*
hackle ['hækl] *sb 1. BIO* Nackengefieder *n; 2. get s.o.'s ~s up* jdn auf die Palme bringen
hackney ['hæknɪ] *sb (horse for driving)* Kutschpferd *n*
hackneyed ['hæknɪd] *adj* abgenutzt, abgedroschen
hacksaw ['hæksɔː] *sb* Metallsäge *f*
haddock ['hædək] *sb ZOOL* Schellfisch *m*
hag [hæg] *sb 1.* Hexe *f; 2. (fig)* Schreckschraube *f*
haggard ['hægəd] *adj* ausgezehrt, verstört, wild
haggle ['hægl] *v* feilschen
haggler ['hæglə] *sb* Feilscher(in) *m/f*
hail[1] [heɪl] *v 1. ~ from* kommen aus, stammen aus; *2. (greet, cheer)* zujubeln, freudig begrüßen; *3. to be ~ed as* gefeiert werden als; *4. (a taxi) (vocally)* rufen; *(by gesturing)* herbeiwinken
hail[2] [heɪl] *v 1.* hageln; *sb 2.* Hagel *m*
hailstone ['heɪlstəʊn] *sb* Hagelkorn *n*
hailstorm ['heɪlstɔːm] *sb* Hagelschauer *m*

hair [hɛə] *sb* Haar *n; do one's ~* sich die Haare machen; *by a ~ (fig)* ganz knapp; *keep one's ~ on (fig)* ruhig Blut bewahren; *split ~s (fig)* Haarspalterei betreiben

hairball ['hɛəbɔːl] *sb* Haarknäuel *n*
haircut ['hɛəkʌt] *sb* Haarschnitt *m; get a ~* sich die Haare schneiden lassen
hairdo ['hɛəduː] *sb* Frisur *f*
hairdresser ['hɛədresə] *sb* Frisör*(in) m/f*
hairgrip ['hɛəgrɪp] *sb* Haarklemme *f*
hairless ['hɛəlɪs] *adj* haarlos, unbehaart
hairline ['hɛəlaɪn] *sb* Haaransatz *m*
hairpiece ['hɛəpiːs] *sb 1. (for men)* Toupet *n; 2. (for women)* Haarteil *n*
hairpin ['hɛəpɪn] *sb* Haarnadel *f; ~ turn* Haarnadelkurve *f*
hair-raising ['hɛərreɪzɪŋ] *adj* haarsträubend
hair's-breadth ['hɛəzbredθ] *sb by a ~* um Haaresbreite, um ein Haar
hair-splitting ['hɛəsplɪtɪŋ] *sb* Haarspalterei *f*
hairy ['hɛərɪ] *adj 1.* haarig, behaart; *2. (fam: precarious)* brenzlig
halcyon ['hælsɪən] *adj ~ days (fig)* Tage glücklicher Ruhe *pl,* glückliche Zeit *f*
hale [heɪl] *adj* gesund, kräftig, rüstig; *~ and hearty* kerngesund, frisch und munter

half [hɑːf] *adj 1.* halb; *adv 2.* halb; *not ~ bad* gar nicht übel; *~ past two* halb drei; *~ a(n) ...* ein halber/eine halbe/ein halbes ...; *3. (almost)* fast; *I ~ thought ...* Ich hätte fast gedacht ...; *sb 4.* Hälfte *f; an hour and a ~* anderthalb Stunden; *too clever by ~* überschlau; *in ~* entzwei; *do things by halves* halbe Sachen machen; *5. SPORT* Halbzeit *f,* Spielhälfte *f*

half-and-half ['hɑːfændhɑːf] *sb* Mischung zu gleichen Teilen *f* (Ale und Porter)
half-baked ['hɑːfbeɪkt] *adj 1. (plan)* nicht durchdacht, blödsinnig; *2. (person)* noch nicht trocken hinter den Ohren
half board [hɑːf bɔːd] *sb* Halbpension *f*
half-breed ['hɑːfbriːd] *sb* Mischling *m*
half-brother ['hɑːfbrʌðə] *sb* Halbbruder *m*
half-caste ['hɑːfkɑːst] *sb* Halbblut *n,* Mischling *m*
half-hearted [hɑːf'hɑːtɪd] *adj* halbherzig
half-hour [hɑːf'aʊə] *sb 1. a ~* eine halbe Stunde *f;* ['hɑːfaʊə] *adj 2.* halbstündig
half-price ['hɑːfpraɪs] *adj* um die Hälfte reduziert

H

half-size ['hɑːfsaɪz] *sb* Zwischengröße *f*
half-timbered house ['hɑːftɪmbədhaʊs] *sb ARCH* Fachwerkhaus *n*
half-time ['hɑːftaɪm] *sb SPORT* Halbzeit *f*
half-truth ['hɑːftruːθ] *sb* Halbwahrheit *f*
halfway [hɑːf'weɪ] *adv 1.* auf halbem Weg, in der Mitte; *meet s.o. ~* jdm auf halbem Weg entgegenkommen; *2. (fairly, somewhat)* halbwegs, einigermaßen, teilweise
halfwit ['hɑːfwɪt] *sb* Schwachsinnige(r) *m/f*
hall [hɔːl] *sb 1. (~way)* Gang *m,* Flur *m,* Korridor *m; 2. (for concerts)* Saal *m; 3. (building)* Halle *f; ~ of fame* Ruhmeshalle *f*
hallmark ['hɔːlmɑːk] *sb (fig)* Kennzeichen *n*
hallow ['hæləʊ] *v* heiligen, anbeten
hallowed ['hæləʊd] *adj* geweiht, heilig

H

hall stand [hɔːl stænd] *sb* Garderobe *f*
hallucinate [hə'luːsɪneɪt] *v* halluzinieren
hallucination [həluːsɪ'neɪʃən] *sb* Halluzination *f*
hallway ['hɔːlweɪ] *sb* Gang *m,* Korridor *m*
halo ['heɪləʊ] *sb* Heiligenschein *m*
halogen ['heɪləʊdʒɪn] *sb* Halogen *n*
halt [hɔːlt] *v 1. (come to a ~)* zum Stillstand kommen, anhalten, stehen bleiben; *2. (s.o.)* anhalten; *sb 3.* Stillstand *m*
halter ['hɔːltə] *sb* Halfter *n*
halting ['hɔːltɪŋ] *adj 1. (verse)* holperig; *2. (speech)* stockend; *3. (walk)* unsicher
halve [hɑːv] *v* halbieren
ham [hæm] *sb 1.* Schinken *m; v 2. ~ it up (fam)* zu dick auftragen
hamburger ['hæmbɜːgə] *sb 1. (sandwich)* Hamburger *m; 2. (patty)* Frikadelle *f; 3. (US: meat)* Rinderhack *n*
hammer ['hæmə] *v 1.* hämmern; *~ sth into s.o.* jdm etw einbläuen; *2. (fam: defeat badly)* eine Schlappe beibringen; *sb 3.* Hammer *m*
• **hammer out** *v 1.* hämmern, schlagen; *2. (dents)* ausbeulen; *3. (fig)* ausarbeiten, aushandeln
hammer drill ['hæmə drɪl] *sb* Schlagbohrer *m*
hammock ['hæmək] *sb* Hängematte *f*
hamper[1] ['hæmpə] *v* behindern, hemmen
hamper[2] ['hæmpə] *sb* Korb *m*
hamstrung ['hæmstrʌŋ] *adj (fig)* gelähmt

hand [hænd] *sb 1.* Hand *f; on ~s and knees* auf allen vieren; *have too much time on one's ~s* zu viel Zeit zur Verfügung haben; *get sth off one's ~s (fig)* etw loswerden; *take sth off s.o.'s ~s* jdm etw abnehmen; *to be close at ~* vor der Tür stehen; *force s.o.'s ~* auf jdn Druck ausüben; *have a ~ in sth* an etw beteiligt sein; *change ~s* den Besitzer wechseln; *try one's ~ at sth* etw versuchen; *well in ~* gut im Griff; *get out of ~* außer Kontrolle geraten *gain the upper ~* die Oberhand gewinnen; *eat out of s.o.'s ~* jdm aus der Hand fressen; *keep one's ~s off sth* die Finger von etw lassen; *lay one's ~s on sth* etw in die Hände bekommen; *shake ~s* sich die Hand geben; *wash one's ~s of sth* nichts mit einer Sache zu tun haben wollen; *It's in your ~s. (fig)* Es liegt in deiner Hand. *2. give s.o. a ~ (help s.o.)* jdm helfen; *(applaud s.o.)* jdm Beifall klatschen; *3. cash in ~* Kassenbestand *m; 4. on the one ~* einerseits; *on the other ~* andererseits, dagegen, dafür; *5. (cards in one's ~)* Karten *pl,* Blatt *n; 6. (of a clock)* Uhrzeiger *m; 7. (worker)* Arbeitskraft *f,* Arbeiter *m; an old ~* ein alter Hase; *v 8.* reichen, geben; *you've got to ~ it to him* das muss man ihm lassen

• **hand back** *v* zurückgeben
• **hand down** *v (fig)* weitergeben
• **hand in** *v* abgeben, einreichen
• **hand on** *v* weitergeben
• **hand out** *v* austeilen, verteilen
• **hand over** *v* übergeben
handbarrow ['hændbærəʊ] *sb* Schubkarre *f*
handbell ['hændbel] *sb* Glocke *f*
handbill ['hændbɪl] *sb* Handzettel *m,* Flugblatt *n*
handbook ['hændbʊk] *sb* Handbuch *n*
handbrake ['hændbreɪk] *sb* Handbremse *f*
handcart ['hændkɑːt] *sb* Handwagen *m*
handcraft ['hændkrɑːft] *sb* Handwerk *n*
handcuff ['hændkʌf] *v* mit Handschellen fesseln
handcuffs ['hændkʌfs] *pl* Handschellen *pl*
handfast ['hændfɑːst] *sb* durch Handschlag besiegeltes Geschäft *n*
handfeed ['hændfiːd] *v irr* von Hand füttern
handful ['hændfʊl] *sb* Hand voll *f*
hand grenade ['hændgrəneɪd] *sb MIL* Handgranate *f*
handgrip ['hændgrɪp] *sb 1.* Griff *m; 2. (grasping)* Händedruck *m*
handicap ['hændɪkæp] *sb 1.* Handikap *n; v 2.* benachteiligen
handicapped ['hændɪkæpt] *adj* behindert
handicraft ['hændɪkrɑːft] *sb* Kunsthandwerk *n*

handily ['hændɪlɪ] *adv (easily)* leicht
handkerchief ['hæŋkətʃɪf] *sb* Taschentuch *n*
handle ['hændl] *v 1. (use hands on)* anfassen, berühren; *2. (work with, deal with)* sich befassen mit, handhaben; *3. (succeed in dealing with)* fertigwerden mit, erledigen; *sb 4.* Griff *m; (of a door)* Klinke *f; (of a cup)* Henkel *m; fly off the ~* aus der Haut fahren, die Beherrschung verlieren
handlebars ['hændlbɑːz] *pl* Lenkstange *f*
handler ['hændlə] *sb 1. (fig: of a politician)* Berater *m; 2. (dog's)* Hundeführer *m*
handling ['hændlɪŋ] *sb 1.* Behandlung *f,* Handhabung *f; 2. ECO* Beförderung *f; 3. (touching)* Anfassen *n,* Berühren *n*
hand-made [hænd meɪd] *adj* handgearbeitet, von Hand gemacht
hand-me-down ['hændmiːdaʊn] *sb* weitergereichtes Kleidungsstück *n*
hand-pick [hænd pɪk] *v (fig)* sorgsam auswählen
handrail ['hændreɪl] *sb* Geländer *n*
handsaw ['hændsɔː] *sb* Handsäge *f*
handset ['hændset] *sb* Telefonhörer *m*
handshake ['hændʃeɪk] *sb* Händedruck *m*
handsome ['hændsəm] *adj 1.* gut aussehend; *2. (considerable)* beträchtlich, ansehnlich, stattlich
handstand ['hændstænd] *sb* Handstand *m*
hand-to-hand ['hændtuːhænd] *adv (combat)* Mann gegen Mann
hand-to-mouth ['hændtuːmaʊθ] *adj* von der Hand in den Mund
handwriting ['hændraɪtɪŋ] *sb* Handschrift *f,* Schrift *f*
handwritten ['hændrɪtən] *adj* handgeschrieben
handy ['hændɪ] *adj 1. (useful)* praktisch; *come in ~* gelegen kommen; *2. (skilled)* geschickt, gewandt; *adv 3. (close at hand)* in der Nähe
handyman ['hændɪmæn] *sb (amateur carpenter, do-it-yourselfer)* Bastler *m*
hang [hæŋ] *v irr 1. (be hanging)* hängen; *(drapes, hair)* fallen; *2. (sth)* hängen; *(a picture)* aufhängen; *3. ~ one's head* den Kopf hängen lassen; *4. ~ o.s.* sich erhängen, sich aufhängen; *sb 5. get the ~ of sth* den Dreh rauskriegen
• **hang around** *v irr 1. (wait)* warten; *2. (loiter)* sich herumtreiben
• **hang back** *v irr 1.* zurückbleiben; *2. (to be reluctant)* sich sperren, zögern
• **hang behind** *v irr* zurückbleiben
• **hang down** *v irr* herunterhängen
• **hang on** *v irr 1.* festhalten; *2. (wait) Hang on!* Halt! Moment!
• **hang out** *v irr 1.* bummeln; *(in a certain place)* sich herumtreiben; *~ with s.o. (fam)* mit jdm verkehren; *2. (a sign)* aushängen
• **hang together** *v irr (argument)* logisch sein, schlüssig sein
• **hang up** *v irr 1. (a telephone)* auflegen, aufhängen; *2. (a picture, a coat)* aufhängen; *3. to be hung up on (fig: to be obsessed by)* einen Komplex haben wegen, besessen sein von
hangdog ['hæŋdɒg] *adj* niedergeschlagen, zerknirscht
hanger ['hæŋə] *sb 1.* Bügel *m,* Kleiderbügel *m; 2. (loop on a garment)* Aufhänger *m*
hanger-on [hæŋər'ɒn] *sb* Anhänger *m*
hanging ['hæŋɪŋ] *sb* Erhängen *n,* Hängen *n*
hangman ['hæŋmæn] *sb* Henker *m*
hangnail ['hæŋneɪl] *sb* Niednagel *m*
hangout ['hæŋaʊt] *sb 1.* Ort, wo jmd sich sehr oft aufhält; *2. (of a group)* Treffpunkt *m; 3. (bar)* Stammlokal *n*
hangover ['hæŋəʊvə] *sb* Kater *m,* Katzenjammer *m*
hank [hæŋk] *sb* Strähne *f,* Strang *m*
hanker ['hæŋkə] *v ~ for sth* sich nach etw sehnen, Verlangen nach etw haben
hankering ['hæŋkərɪŋ] *sb* Verlangen *n*
hanky-panky [hæŋkɪ'pæŋkɪ] *sb 1. (tricks)* Mauscheleien *pl,* Tricks *pl; 2. (sexy behaviour)* Knutscherei *f,* Techtelmechtel *n; (groping)* Gefummel *n*
haphazard [hæp'hæzəd] *adj* willkürlich, planlos
hapless ['hæplɪs] *adj* glücklos
happen ['hæpən] *v 1.* geschehen, passieren, sich ereignen; *~ to (become of)* geschehen mit, passieren, werden aus; *2. (coincidentally)* zufällig geschehen, sich zufällig ergeben; *as it ~s* zufälligerweise; *3. ~ upon, ~ on* zufällig stoßen auf; *(s.o.)* zufällig treffen
happening ['hæpənɪŋ] *sb* Ereignis *n*
happily ['hæpɪlɪ] *adv (fortunately)* glücklicherweise, zum Glück
happiness ['hæpɪnɪs] *sb* Glück *n*

happy ['hæpɪ] *adj 1.* glücklich, froh; *2. (coincidence)* geglückt; *3. (satisfied)* zufrieden

happy-go-lucky [hæpɪgəʊ'lʌkɪ] *adj* unbekümmert, sorglos, leichtfertig

H

harangue [hə'ræŋ] *sb* Rede *f,* *(scolding)* Predigt *f*
harass ['hærəs] *v* belästigen
harassed ['hærəst] *adj* *1.* entnervt, gequält; *2. (exhausted)* mitgenommen
harassment ['hærəsmənt] *sb* *1.* Belästigung *f;* *2. MIL* Störaktion *f*
harbinger ['hɑːbɪndʒə] *sb* Vorbote *m*
harbour ['hɑːbə] *sb* *1.* Hafen *m;* *v* *2. (s.o.)* beherbergen; *3. (suspicions, a grudge)* hegen
harbourage ['hɑːbərɪdʒ] *sb* Zuflucht *f,* Unterschlupf *m,* Schutz *m*

hard [hɑːd] *adj* *1.* hart; *2. ~ cash (fam)* Bares *n;* *3. No ~ feelings?* Du bist nicht sauer? *4. (difficult)* schwer, schwierig; *learn sth the ~ way* aus bitterer Erfahrung lernen; *~ of hearing* schwerhörig; *5. to be ~ on s.o.* jdm arg zusetzen; *6. give s.o. a ~ time* jdm arg zusetzen, jdm das Leben schwer machen

hard-and-fast ['hɑːdænd'fɑːst] *adj* fest, bindend
hardback ['hɑːdbæk] *sb (~ book)* gebundene Ausgabe *f*
hard-boiled ['hɑːdbɔɪld] *adj* *1. (egg)* hart gekocht; *2. (fig)* knallhart
hard core ['hɑːdkɔː] *sb* *the ~* der harte Kern *m*
hard disk [hɑːd dɪsk] *sb INFORM* Festplatte *f*
harden ['hɑːdn] *v* *1.* hart werden; *2. (sth)* härten; *3. (s.o.: physically)* abhärten; *4. (s.o.: emotionally)* verhärten, abstumpfen
hardened ['hɑːdnd] *adj* zäh, abgehärtet, abgebrüht
hardener ['hɑːdnə] *sb* Härter *m,* Härtemittel *n*
hardening ['hɑːdnɪŋ] *sb* *1.* Härten *n,* Härtung *f;* *2. (fig)* Verhärtung *f*
hard hat [hɑːd hæt] *sb (for a construction worker)* Schutzhelm *m*
hard-headed [hɑːd 'hedɪd] *adj* *1. (stubborn)* starrköpfig; *2. (practical)* nüchtern, realistisch
hardhearted [hɑːd 'hɑːtɪd] *adj* hartherzig
hard-hitting [hɑːd 'hɪtɪŋ] *adj* hart, kompromisslos
hard labour [hɑːd 'leɪbə] *sb (forced labour)* Zwangsarbeit *f*
hardly ['hɑːdlɪ] *adv* kaum, fast nicht
hardness ['hɑːdnɪs] *sb* Härte *f*
hard-pressed ['hɑːdprest] *adj* unter starkem Druck stehend; *to be ~ to do sth* sich schwer tun, etw zu tun
hardship ['hɑːdʃɪp] *sb* *1.* Not *f,* Elend *n;* *2. (one ~) JUR* Härte *f*
hard shoulder [hɑːd 'ʃəʊldə] *sb (UK)* Standspur *f*
hard-wearing ['hɑːdwɛərɪŋ] *adj* widerstandsfähig, strapazierfähig
hard wood [hɑːd wʊd] *sb* Hartholz *n*
hard-working [hɑːd'wɜːkɪŋ] *adj* fleißig, leistungsfähig
hardy ['hɑːdɪ] *adj* *1.* zäh, robust; *2. (brave)* kühn; *3. (plant)* winterfest
hare [hɛə] *sb ZOOL* Hase *m*
harebrained ['hɛəbreɪnd] *adj (fam)* hirnverbrannt
harelip ['hɛəlɪp] *sb* Hasenscharte *f*
haricot ['hærɪkəʊ] *sb BOT* Bohne *f*
hark [hɑːk] *v* *1.* horchen, lauschen; *2. ~ back to* zurückkommen auf
harlot ['hɑːlət] *sb* Hure *f,* Metze *f*
harm [hɑːm] *v* *1. (s.o.)* verletzen; *2. (sth)* schaden; *sb* *3.* Schaden *m;* *4. (bodily)* Verletzung *f;* *No ~ done!* Es ist nichts passiert! *out of ~'s way* in Sicherheit; *do ~ to s.o.* jdm schaden, jdm etw antun
harmful ['hɑːmfʊl] *adj* schädlich
harmless ['hɑːmlɪs] *adj* *1.* harmlos, unschädlich, ungefährlich; *2. (person)* harmlos, unschuldig, arglos; *3. (question)* harmlos, unverfänglich
harmonic [hɑː'mɒnɪk] *adj* harmonisch
harmonious [hɑː'məʊnɪəs] *adj* harmonisch
harmonize ['hɑːmənaɪz] *v* harmonieren, zusammenpassen
harmony ['hɑːmənɪ] *sb* Harmonie *f*
harness ['hɑːnɪs] *sb* *1.* Geschirr *n;* *v* *2. (a horse)* anschirren; *3. (fig)* nutzbar machen
harp [hɑːp] *sb* *1. MUS* Harfe *f;* *v* *2. ~ on (fig)* herumreiten auf, dauernd reden von
harpoon [hɑː'puːn] *sb* Harpune *f*
harpsichord ['hɑːpsɪkɔːd] *sb MUS* Cembalo *n*
harpy ['hɑːpɪ] *sb* Harpyie *f,* Hexe *f*
harrow ['hærəʊ] *sb AGR* Egge *f*
harrowing ['hærəʊɪŋ] *adj* erschreckend, quälend
harsh [hɑːʃ] *adj* *1.* hart, rau; *2. (words)* hart, barsch, schroff; *3. (taste)* herb, scharf, sauer; *4. (punishment)* streng
hart [hɑːt] *sb ZOOL* Hirsch *m*
harvest ['hɑːvɪst] *v* *1.* ernten; *sb* *2.* Ernte *f;* *3. (fig)* Ertrag *m,* Früchte *pl*
harvester ['hɑːvɪstə] *sb* Mähmaschine *f,* Erntemaschine *f,* Mähdrescher *m*

has-been ['hæzbɪn] *sb* jmd, der seine Glanzzeit hinter sich hat
hash [hæʃ] *sb 1. GAST* Haschee *n; 2. (fam: hashish)* Hasch *n; 3. make a ~ of sth* etw in den Sand setzen *(fig)*
hassle ['hæsl] *sb (bother)* Mühe *f,* Theater *n (fam)*
haste [heɪst] *sb 1.* Eile *f; Make ~!* Beeil dich! *2. (nervous ~)* Hast *f*
hasten ['heɪsn] *v 1.* sich beeilen; *2. (sth)* beschleunigen
hasty ['heɪstɪ] *adj 1.* eilig, hastig; *2. (rash)* vorschnell, voreilig, übereilt

hat [hæt] *sb* Hut *m; at the drop of a ~* auf der Stelle; *take one's ~ off to s.o.* vor jdm den Hut ziehen.

hatch[1] [hætʃ] *v 1. (come out of the egg)* ausschlüpfen; *2. (fig: a plan)* ausbrüten, aushecken, ausdenken
hatch[2] [hætʃ] *sb 1. (hatchway)* Luke *f; 2. Down the ~! (fig)* Hoch die Tassen! *3. (half-door)* Halbtür *f*
hatchback ['hætʃbæk] *sb (car)* Hecktürmodell *n*
hatchet ['hætʃɪt] *sb* Beil *n; bury the ~* das Kriegsbeil begraben
hatchet man ['hætʃɪt mæn] *sb 1. (killer)* Killer *m; 2. (fig)* Vollstreckungsbeamter *m*
hatchway ['hætʃweɪ] *sb* Luke *f*
hate [heɪt] *v 1.* hassen; *2. ~ to do sth* etw sehr ungern tun; *sb 3.* Hass *m*
hated ['heɪtɪd] *adj* verhasst
hateful ['heɪtfʊl] *adj* abscheulich; *(person)* unausstehlich
hatred ['heɪtrɪd] *sb* Hass *m,* Abscheu *m*
hatter ['hætə] *sb* Hutmacher *m; mad as a ~* völlig durchgedreht
haughtiness ['hɔːtɪnɪs] *sb* Hochmut *m,* Überheblichkeit *f*
haughty ['hɔːtɪ] *adj* überheblich
haul [hɔːl] *v 1.* ziehen, schleppen; v *2. (transport by lorry)* befördern, transportieren; *sb 3. (distance to travel)* Strecke *f; 4. (fig: booty)* Fang *m,* Beute *f*
haulage ['hɔːlɪdʒ] *sb* Spedition *f*
haulier ['hɔːljə] *sb* Schlepper *m*
haunches ['hɔːntʃɪz] *pl* Gesäß *n; to be sitting on one's ~* in der Hocke sitzen
haunt [hɔːnt] *v 1. (ghost)* spuken in; *2. (frequent)* verkehren in; *3. (memory)* nicht mehr aus dem Kopf gehen; *sb 4. (person's)* Lieblingsaufenthalt *m; (pub)* Stammlokal *n; 5. (hideout)* Schlupfwinkel *m*
haunting ['hɔːntɪŋ] *adj (thought)* quälend; *a ~ melody* eine Melodie, die einen verfolgt

have [hæv] *v irr 1.* haben; *~ a child* ein Kind bekommen; *I've been had! (fig)* Man hat mich reingelegt! *He's had it. (fam)* Er ist erledigt. *2. I'll ~ ... (when ordering sth)* Ich hätte gern ...; *3. ... haven't you? ...* nicht wahr? ... oder? ... oder nicht? *4. ~ sth done* etw tun lassen; *5. ~ to do sth* etw tun müssen; *6. (permit)* dulden, zulassen

• **have on** *v irr 1. (clothing)* tragen, anhaben; *2. (plan)* vorhaben; *3. have s.o. on (UK)* jdn auf den Arm nehmen
• **have out** *v irr have it out with s.o.* sich mit jdm auseinander setzen
haven ['heɪvn] *sb 1.* Zufluchtsort *m; 2. (fig) Rome is a ~ for pickpockets.* Rom ist eine Brutstätte der Taschendiebe.
haversack ['hævəsæk] *sb* Proviantttasche *f*
havoc ['hævək] *sb* Verwüstung *f,* Zerstörung *f; (chaos)* Chaos *n; wreak ~ on* verwüsten, zerstören; *(fig)* verheerend wirken auf
hawk [hɔːk] *sb 1. ZOOL* Habicht *m; 2. (falcon)* Falke *m; v 3.* verkaufen, *(door-to-door)* hausieren gehen mit
hawk-eyed ['hɔːkaɪd] *adj* mit Adleraugen
hay [heɪ] *sb* Heu *n; hit the ~ (fam)* sich in die Falle hauen
hay fever ['heɪfiːvə] *sb MED* Heuschnupfen *m*
hayfork ['heɪfɔːk] *sb* Heugabel *f*
haymaker ['heɪmeɪkə] *sb (punch)* Schwinger *m*
haymow ['heɪməʊ] *sb* Heuschober *m*
haystack ['heɪstæk] *sb* Heuhaufen *m; a needle in a ~* eine Stecknadel im Heuhaufen
haywire ['heɪwaɪə] *adj 1. go ~ (machine)* verrückt spielen; *2. go ~ (plan)* durcheinander geraten
hazard ['hæzəd] *v 1.* riskieren, wagen, aufs Spiel setzen; *sb 2. (danger)* Gefahr *f; (risk)* Risiko *n; 3. (golf) SPORT* Hindernis *n*
hazardous ['hæzədəs] *adj* gefährlich, riskant, gewagt
haze [heɪz] *sb 1.* Dunst *m; 2. (fig)* Nebel *m,* Schleier *m*
hazel ['heɪzl] *adj* haselnussbraun
hazelnut ['heɪzlnʌt] *sb BOT* Haselnuss *f*
hazy ['heɪzɪ] *adj 1.* dunstig, diesig; *2. (fig)* verschwommen, nebelhaft

he [hiː] *pron 1.* er; *2. ~ who ...* wer ...; derjenige, der ...; derjenige, welcher ...

H

head [hed] *sb 1.* Kopf *m; to be ~ and shoulders above s.o.* jdm haushoch überlegen sein; *keep one's ~ above water* sich über Wasser halten; *turn s.o.'s ~* jdm den Kopf verdrehen; *talk one's ~ off* sich dumm und dusslig reden; *I could do that standing on my ~.* Das mache ich mit links. *go ~ over heels (fam: fall in love)* sich bis über beiden Ohren verlieben; *go ~ over heels (do a somersault)* einen Purzelbaum schlagen; *Heads! (when tossing a coin)* Kopf! *2. (mind)* Kopf *m,* Verstand *m; keep one's ~* einen kühlen Kopf bewahren; *put ideas into s.o.'s ~* jdm Flausen in den Kopf setzen; *over s.o.'s ~* zu hoch für jdn; *use one's ~* seinen Kopf anstrengen; *3. (leader, boss)* Chef *m,* Leiter *m,* Führer *m; (of a family)* Familienoberhaupt *n; ~ of state* Staatsoberhaupt *n; 4. come to a ~ (fig)* sich zuspitzen; *5. (of foam)* Schaumkrone *f; v 6. (go)* gehen, fahren; *7. (in a direction)* steuern, lenken; *~ for* zugehen auf, steuern auf; *8. (lead)* anführen, führen, an der Spitze stehen von

•**head off** *v 1.* abfangen; *2. (questions)* abbiegen

headache ['hedeɪk] *sb 1. MED* Kopfschmerzen *pl; 2. (fig)* Problem *n;* etwas, das Kopfzerbrechen macht

headband ['hedbænd] *sb* Stirnband *n*

headboard ['hedbɔːd] *adj* Kopfbrett *n*

head-butt ['hedbʌt] *sb* Kopfstoß *m*

head case ['hedkeɪs] *sb (fam)* Verrückte(r) *m/f*

headdress ['heddres] *adj* Kopfschmuck *m*

header ['hedə] *sb SPORT* Kopfball *m*

headfirst ['hed'fɜːst] *adj* kopfüber

headgear ['hedgɪə] *sb 1.* Kopfbedeckung *f; 2. (horse's)* Zaumzeug *n*

heading ['hedɪŋ] *sb 1.* Überschrift *f; 2. (on a letter)* Kopf *m; 3. (in an encyclopaedia)* Stichwort *n; 4. NAUT* Kompasskurs *m*

headland ['hedlənd] *sb* Landzunge *f*

headless ['hedlɪs] *adj* kopflos

headlight ['hedlaɪt] *sb (of a car)* Scheinwerfer *m*

headline ['hedlaɪn] *sb (newspaper ~)* Schlagzeile *f*

headlong ['hedlɒŋ] *adv 1.* kopfüber, mit dem Kopf voran; *2. (fig)* Hals über Kopf

headmaster ['hedmɑːstə] *sb* Schulleiter *m,* Direktor *m*

head office [hed 'ɒfɪs] *sb* Zentrale *f,* Hauptbüro *n,* Hauptgeschäftsstelle *f*

head-on ['hedɒn] *adv* frontal

head-on collision ['hedɒn kə'lɪʒən] *sb* Frontalzusammenstoß *m*

headphones ['hedfəʊnz] *pl* Kopfhörer *m*

headquarters ['hedkwɔːtəz] *sb 1.* Zentrale *f; 2. MIL* Hauptquartier *n*

headrest ['hedrest] *sb* Kopfstütze *f*

['hedset] *sb* Kopfhörer *m*

headstand ['hedstænd] *sb* Kopfstand *m*

head start [hed stɑːt] *sb* Vorsprung *m*

headstone ['hedstəʊn] *sb (of a grave)* Grabstein *m*

headstrong ['hedstrɒŋ] *adj* eigensinnig, halsstarrig

headway ['hedweɪ] *sb make ~* vorankommen, Fortschritte machen

headwind ['hedwɪnd] *sb* Gegenwind *m*

headword ['hedwɜːd] *sb* Anfangswort *n,* Stichwort *n*

heady ['hedɪ] *adj (impetuous)* impulsiv

heal [hiːl] *v* heilen

health [helθ] *sb* Gesundheit *f*

health care ['helθkɛə] *sb* Gesundheitsfürsorge *f; ~ reform* Gesundheitsreform *f*

healthy ['helθɪ] *adj* gesund

heap [hiːp] *v 1.* häufen; *~ praise on s.o.* jdn mit Lob überschütten; *~ insults on s.o.* jdn mit Beschimpfungen überschütten; *a ~ed spoonful* ein gehäufter Löffel; *sb 2.* Haufen *m; 3. (fig)* Haufen *m,* Menge *f*

hear [hɪə] *v irr* hören; *make o.s. heard* sich Gehör verschaffen; *He wouldn't ~ of it.* Er wollte davon gar nichts hören.

•**hear out** *v irr hear s.o. out* jdn ausreden lassen

hearing ['hɪərɪŋ] *sb 1.* Gehör *n; hard of ~* schwerhörig; *2. JUR* Verhandlung *f,* Vernehmung *f; 3. POL* Hearing *n,* Anhörung *f*

hearsay ['hɪəseɪ] *sb* Hörensagen *n*

hearse [hɜːs] *sb* Leichenwagen *m*

heart [hɑːt] *sb 1.* Herz *n; have a change of ~* seine Meinung ändern; *to one's ~'s content* nach Herzenslust; *one's ~'s desire* jds Herzenswunsch *m; Cross my ~!* Hand aufs Herz! *break s.o.'s ~* jdm das Herz brechen; *know sth by ~* etw auswendig wissen; *set one's ~ on* sein Herz hängen an; *take sth to ~* sich etw zu Herzen nehmen; *eat one's ~ out* sich vor Kummer verzehren; *2. (of a matter)* Kern *m,* das Wesentliche *n; 3. after my own ~* nach meinem eigenen Geschmack; *4. lose ~* den Mut verlieren; *5. in the ~ of* inmitten, mitten in, im Herzen

heartache ['hɑːteɪk] *sb* Kummer *m*
heart attack ['hɑːtətæk] *sb* *1.* Herzanfall *m; 2. (thrombosis)* Herzinfarkt *m*
heartbeat ['hɑːtbiːt] *sb* Herzschlag *m*
heartbreak ['hɑːtbreɪk] *sb* Leid *n,* großer Kummer *m*
heartbreaker ['hɑːtbreɪkə] *sb* *1. (man)* Herzensbrecher *m; 2. (woman) She's a ~.* Diese Frau kann einem das Herz brechen. *3. (event)* Schlag *m*
heartbreaking ['hɑːtbreɪkɪŋ] *adj to be ~* einem das Herz brechen
heartbroken ['hɑːtbrəʊkən] *adj* mit gebrochenem Herzen, unglücklich
heartburn ['hɑːtbɜːn] *sb* Sodbrennen *n*
hearten ['hɑːtn] *v* ermutigen
heart failure ['hɑːtfeɪljə] *sb MED* Herzversagen *n*
heartfelt ['hɑːtfelt] *adj* tief empfunden, herzlich
hearth [hɑːθ] *sb* Kamin *m*
hearthstone ['hɑːθstəʊn] *sb* heimischer Herd *m*
heartily ['hɑːtɪlɪ] *adv* herzlich, kräftig
heartland ['hɑːtlænd] *sb* Kernland *n; the industrial ~* die industriellen Ballungszentren
heartless ['hɑːtlɪs] *adj* herzlos, gefühllos
heart-rending ['hɑːtrendɪŋ] *adj* herzzerreißend
heart-searching ['hɑːtsɜːtʃɪŋ] *sb* gründliche Überlegung *f*
heart-throb ['hɑːtθrɒb] *sb* *1. (fam)* Schwarm *m; 2. (throb of a heart)* Herzklopfen *n*
heart-to-heart ['hɑːttuhɑːt] *sb* offenes Gespräch *n*
heartwarming ['hɑːtwɔːmɪŋ] *adj* herzerfreuend
hearty ['hɑːtɪ] *adj* *1.* herzlich; *2. (appetite)* herzhaft; *3. (robust)* kernig
heat [hiːt] *sb* *1.* Hitze *f,* Wärme *f; 2. (fam: pressure)* Druck *m; 3. ZOOL* Brunst *f; on ~, in ~* brünstig; *4. SPORT* Vorlauf *m; v 5. (sth)* erhitzen, heiß machen; *(food)* aufwärmen
• **heat up** *v 1. (become hot)* warm werden, sich erwärmen, sich erhitzen; *2. (heat sth up)* erwärmen, heiß machen, erhitzen
heated ['hiːtɪd] *adj (fig: discussion)* hitzig, erregt
heater ['hiːtə] *sb* Heizgerät *n,* Heizung *f*
heath [hiːθ] *sb* Heide *f*
heathen ['hiːðən] *sb REL* Heide/Heidin *m/f*
heather ['heðə] *sb* Heidekraut *n,* Erika *f*
heating ['hiːtɪŋ] *sb* Heizung *f*
heatproof ['hiːtpruːf] *adj* hitzebeständig
heave [hiːv] *v 1. (chest)* sich heben und senken; *2. (sth) (lift)* hochheben, hochwuchten, hochhieven; *3. (throw)* schmeißen, werfen; *4. (a sigh)* ausstoßen; *5. (fam: vomit)* kotzen, erbrechen; *v irr 6. (an anchor) NAUT* lichten; *sb 7. (throw)* Wurf *m*
heave-ho [hiːv'həʊ] *sb give s.o. the ~* jdn rausschmeißen *(fam)*

heaven ['hevn] *sb REL* Himmel *m; Good ~s!* Du lieber Himmel! *For ~'s sake!* Um Himmels willen! *Thank ~!* Gott sei Dank!

heavenly ['hevnlɪ] *adj 1.* himmlisch; *2. (fig)* himmlisch, traumhaft, wunderbar
heaven-sent ['hevnsent] *adj* vom Himmel gesandt
heavenward ['hevnwəd] *adj* himmelwärts
heavy ['hevɪ] *adj 1.* schwer; *2. (rain, drinker, traffic, beard)* stark; *3. (tread)* schwerfällig
heavy-duty [hevɪ'djuːtɪ] *adj* Hochleistungs..., strapazierfähig
heavy-footed ['hevɪfʊtɪd] *adj* schwerfällig
heavy-handed ['hevɪ 'hændɪd] *adj (rough, boorish)* taktlos, grob
heavy-hearted ['hevɪ 'hɑːtɪd] *adj* mit schwerem Herzen
Hebraic [hɪ'breɪɪk] *adj* hebräisch
Hebrew ['hiːbruː] *adj 1.* hebräisch; *sb 2. LING* Hebräisch *n; 3.* Hebräer *m*
heck [hek] *interj What the ~?* Was zum Teufel? *Ah, what the ~!* Ah, was soll's!
heckle ['hekl] *v (a speaker)* durch Zwischenrufe stören
heckler ['heklə] *sb* Zwischenrufer *m*
hectare ['hektɑː] *sb* Hektar *n/m*
hectic ['hektɪk] *adj* hektisch
hector ['hektə] *v* tyrannisieren, herumkommandieren
hedge [hedʒ] *sb 1.* Hecke *f; v 2. (fig: when answering a question)* ausweichen; *3. ~ one's bets* sich absichern
hedgehog ['hedʒhɒg] *sb* Igel *m*
hedgerow ['hedʒrəʊ] *sb* Hecke *f*
heebie-jeebies [hiːbɪ'dʒiːbɪz] *pl the ~* Gänsehaut *f*
heed [hiːd] *v 1.* beachten, Acht geben auf, Beachtung schenken; *sb 2.* Beachtung *f; pay ~ to, take ~ of* beachten
heedful ['hiːdfʊl] *adj* achtsam
heedless ['hiːdlɪs] *adj* achtlos, unachtsam
heehaw ['hiːhɔː] *interj* I-Ah!
heel [hiːl] *sb 1. ANAT* Ferse *f; on the ~s of sth (fig)* unmittelbar auf etw folgend; *down at*

H

the ~s schäbig, heruntergekommen; *to be head over ~s in love* bis über beide Ohren verliebt sein; *take to one's ~s* die Beine in die Hand nehmen; *2. (of a shoe)* Absatz *m*
heeled [hiːld] *adj (shoe)* mit Absatz
heelpost ['hiːlpəʊst] *sb* Pfosten *m*
heeltap ['hiːltæp] *sb (of a drink)* Neige *f*
hefty ['heftɪ] *adj 1.* schwer; *2. (person)* kräftig; *3. (blow)* saftig *(fam)*
height [haɪt] *sb 1.* Höhe *f; 2. (of a person)* Größe *f; 3. (fig)* Höhe *f,* Gipfel *m*
heighten ['haɪtn] *v (fig)* vergrößern, verstärken, erhöhen
heightener ['haɪtnə] *sb* Erhöhung *f,* Verstärkung *f*
heinous ['heɪnəs] *adj* abscheulich, grässlich
H
heir [ɛə] *sb* Erbe *m*
heirdom ['ɛədəm] *sb* Erbe *n*
heiress ['ɛərɪs] *sb* Erbin *f*
heirloom ['ɛəluːm] *sb* Erbstück *n*
heist [haɪst] *sb 1.* Raubüberfall *m; v 2. (money)* stehlen
hell [hel] *sb* Hölle *f; catch ~* eins aufs Dach kriegen *(fam); give s.o. ~* jdm die Hölle heiß machen *(fam); a ~ of a ...* ein verdammt gu-ter ... *What the ~?* Was zum Teufel? *What the ~!* Was soll's! *Go to ~!* Fahr zur Hölle!
hellbent ['helbent] *adj (fam)* wild entschlossen
hellfire ['helfaɪə] *sb* Höllenfeuer *n,* Höllenqualen *pl*
hellish ['helɪʃ] *adj* höllisch
hello [he'ləʊ] *interj 1.* hallo; *2. (in surprise)* Nanu!
helm [helm] *sb NAUT* Ruder *n,* Steuer *n*
helmet ['helmɪt] *sb* Helm *m*
helmsman ['helmzmən] *sb NAUT* Steuermann *m*
helotry ['helətrɪ] *sb* Leibeigenschaft *f,* Sklaverei *f,* Helotentum *n*

help [help] *v 1.* helfen; *He can't ~ it.* Er kann nichts dafür. *2. ~ o.s. (to sth)* sich bedienen, zugreifen; *3. ~ out* aushelfen; *sb 4.* Hilfe *f; Help!* Hilfe!

helper ['helpə] *sb* Helfer *m; (assistant)* Gehilfe/Gehilfin *m/f*
helpful ['helpfʊl] *adj 1. (person)* behilflich, hilfsbereit; *2. (thing)* nützlich
helpfulness ['helpfʊlnɪs] *sb (of a person)* Hilfsbereitschaft *f*
helping hand [helpɪŋ'hænd] *sb* Unterstützung *f*
helpless ['helplɪs] *adj* hilflos
helplessness ['helplɪsnɪs] *sb* Hilflosigkeit *f*
helpline [help laɪn] *sb* Notrufstelle *f*
helter-skelter [heltə'skeltə] *adj 1.* wirr, wild; *sb 2.* Durcheinander *n*
hem [hem] *sb 1.* Saum *m; v 2. ~ in (fig)* einengen; *3. ~ in MIL* einschließen
he-man ['hiːmæn] *sb* He-Man *m,* sehr männlicher Typ *m*
hemline ['hemlaɪn] *sb* Saum *m*
hemlock ['hemlɒk] *sb* Schierling *m*
hemp [hemp] *sb BOT* Hanf *m*
hen [hen] *sb ZOOL* Henne *f,* Huhn *n*
hence [hens] *adv 1. (thus)* also, daher, deshalb; *2. (from now)* von jetzt an, binnen; *five years ~* in fünf Jahren
henceforth [hens'fɔːθ] *adv* von nun an, fortan, künftig
henchman ['hentʃmən] *sb* Handlanger *m*
henge [hendʒ] *sb* bronzezeitlicher Steinkreis *m*
henhouse ['henhaʊs] *sb* Hühnerstall *m*
hen-party ['henpɑːtɪ] *sb (UK)* Kaffeeklatsch *m*
henpecked ['henpekt] *adj ~ husband (fam)* Pantoffelheld *m*

her [hɜː] *pron 1. (accusative)* sie, *(dative case)* ihr; *adj 2.* ihr(e)

herald ['herəld] *sb 1. HIST* Herold *m; 2. (fig)* Bote *m,* Vorbote *m*
heraldic [he'rældɪk] *adj* heraldisch, Wappen...
heraldry ['herəldrɪ] *sb* Wappenkunde *f*
herb [hɜːb] *sb* Kraut *n*
herd [hɜːd] *sb 1.* Herde *f; 2. (of deer)* Rudel *n; v 3. (drive)* treiben; *~ together* zusammentreiben
herder ['hɜːdə] *sb* Hirte/Hirtin *m/f*
herdsman ['hɜːdzmən] *sb* Hirte *m*
here [hɪə] *adv 1.* hier; *~ and there* hier und da; *That's neither ~ nor there.* Das gehört nicht zur Sache. *Same ~! (fam)* Ich auch! *2. (over to me)* her, hierher, hierhin; *Come ~!* Komm her! *3. Look ~! (fig: Listen to me!)* Na hören Sie mal!
hereabouts ['hɪərəbaʊts] *adv* in dieser Gegend
hereafter [hiːr'ɑːftə] *adv 1.* in Zukunft; *sb 2. the ~* das Jenseits *n*
hereby [hɪə'baɪ] *adv* hierdurch, hiermit
hereditary [hɪ'redɪtərɪ] *adj* erblich, Erb...
heredity [hɪ'redɪtɪ] *sb* Vererbung *f*
heresy ['herəsɪ] *sb* Ketzerei *f*

heretic ['herətɪk] *sb* Ketzer *m*
heretical [hɪ'retɪkəl] *adj* ketzerisch
herewith [hɪə'wɪð] *adv* hierdurch, hiermit
heritable ['herɪtəbl] *adj* erblich, vererbbar
heritage ['herɪtɪdʒ] *sb* Erbe *n*, Erbschaft *f*
hermetic [hɜː'metɪk] *adj* luftdicht
hermit ['hɜːmɪt] *sb* Einsiedler *m*, Eremit *m*
hermitage ['hɜːmɪtɪdʒ] *sb* Einsiedelei *f*
hernia ['hɜːnɪə] *sb MED* Bruch *m*, Hernie *f*
hero ['hɪərəʊ] *sb* Held *m*
heroic [hɪ'rəʊɪk] *adj 1.* heldenhaft, heroisch; *2. (size)* mächtig
heroics [hɪ'rəʊɪks] *pl (deeds)* Heldentaten *pl*
heroine ['herəʊɪn] *sb* Heldin *f*
heroism ['herəʊɪzm] *sb* Heldentum *n*, Heroismus *m*
herring ['herɪŋ] *sb* Hering *m*
hers [hɜːz] *pron* ihrer/ihre/ihres/ihre
herself [hɜː'self] *pron* sich; *she ~* sie selbst
hesitant ['hezɪtənt] *adj* zögernd
hesitate ['hezɪteɪt] *v 1.* zögern, zaudern; *2. (in speaking)* stocken
hesitation [hezɪ'teɪʃən] *sb* Zögern *n*, Zaudern *n*; *without ~* ohne zu zögern
hessian ['heʃən] *sb (~ cloth)* Sackleinwand *f*, Rupfen *m*
het [het] *adj ~ up* aufgeregt
hew [hjuː] *v irr* behauen
hex [heks] *sb put a ~ on s.o.* jdn verhexen
hexad ['heksæd] *sb* Sechsergruppe *f*
heyday ['heɪdeɪ] *sb* Glanzzeit *f*, Blütezeit *f*
hi [haɪ] *interj* Guten Tag! Hallo!
hiatus [haɪ'eɪtəs] *sb* Pause *f*, Unterbrechung *f*
hibernal [haɪ'bɜːnl] *adj* winterlich
hibernate ['haɪbəneɪt] *v* überwintern
hibernation [haɪbə'neɪʃən] *sb ZOOL* Winterschlaf *m*, Überwinterung *f*
hiccup ['hɪkʌp] *sb* Schluckauf *m*; *have the ~s* den Schluckauf haben
hick [hɪk] *sb (fam) (US)* Hinterwäldler *m*
hidden ['hɪdn] *adj* verborgen, geheim
hide[1] [haɪd] *v irr 1.* sich verstecken, sich verbergen; *2. (sth, s.o.)* verstecken, verbergen
hide[2] [haɪd] *sb* Haut *f*, Fell *n*
hide-and-seek [haɪdænd'siːk] *sb* Versteckspiel *n*; *play ~* Versteck spielen
hideaway ['haɪdəweɪ] *sb* Versteck *n*
hideous ['hɪdɪəs] *adj* scheußlich, abscheulich, schrecklich
hideout ['haɪdaʊt] *sb* Versteck *n*
hidey-hole ['haɪdɪhəʊl] *sb (fam)* Schlupfwinkel *m*, Versteck *n*
hiding ['haɪdɪŋ] *sb* Versteck *n*; *to be in ~* sich versteckt halten; *come out of ~* wieder auftauchen; *go into ~* untertauchen
hierarchy ['haɪərɑːkɪ] *sb* Hierarchie *f*

high [haɪ] *adj 1.* hoch, hohe(r,s); *search ~ and low* überall suchen; *the ~ season* die Hochsaison *f*; *It's ~ time that ...* Es wird höchste Zeit, dass ...; *aim ~ (fig)* sich hohe Ziele setzen; *leave s.o. ~ and dry* jdn im Stich lassen; *2. (altitude)* groß; *3. (fam: on drugs)* high; *4. (wind)* stark

highbrow ['haɪbraʊ] *adj* intellektuell, hochgestochen; *(tastes)* anspruchsvoll
high-grade ['haɪgreɪd] *adj* hochwertig
high-handed [haɪ'hændɪd] *adj* anmaßend, selbstherrlich, eigenmächtig
highland ['haɪlənd] *sb* Hochland *n*
highly ['haɪlɪ] *adv 1.* höchst, äußerst, sehr; *2. think ~ of s.o.* jdn bewundern, viel von jdm halten
High Mass [haɪ mæs] *sb REL* Hochamt *n*
high-minded ['haɪmaɪndɪd] *adj* hochherzig
high-pitched ['haɪpɪtʃt] *adj* hoch
high point ['haɪpɔɪnt] *sb* Höhepunkt *m*
high-powered ['haɪpaʊəd] *adj* leistungsfähig, stark
high-priced ['haɪpraɪst] *adj* teuer
high-rise ['haɪraɪz] *sb* Hochhaus *n*
highroad ['haɪrəʊd] *sb (UK)* Hauptstraße *f*
high school ['haɪskuːl] *sb (US)* Highschool *f*, Oberschule *f*
high-spirited ['haɪspɪrɪtɪd] *adj* lebhaft
high street ['haɪstriːt] *sb* Hauptstraße *f*; *High Street fashion* die letzte Mode
hightail ['haɪteɪl] *v ~ it* schnell abhauen
high tide [haɪ taɪd] *sb* Hochwasser *n*
high treason [haɪ 'triːzn] *sb POL* Hochverrat *m*
highway ['haɪweɪ] *sb* Landstraße *f*; *~s and byways* Straßen und Wege
highwayman ['haɪweɪmən] *sb* Straßenräuber *m*
high wire [haɪ waɪə] *sb* Hochseil *n*
hijack ['haɪdʒæk] *v* entführen
hijacking ['haɪdʒækɪŋ] *sb (of an aircraft)* Flugzeugentführung *f*
hike [haɪk] *v 1.* wandern; *2. ~ up (trousers)* hochziehen; *sb 3.* Wanderung *f*
hiker ['haɪkə] *sb* Wanderer *m*
hilarious [hɪ'lɛərɪəs] *adj* zum Schreien, urkomisch, sehr lustig
hilarity [hɪ'lerɪtɪ] *sb* Komik *f*, Lustigkeit *f*

hill [hɪl] *sb* Hügel *m,* Anhöhe *f,* kleiner Berg *m; as old as the ~s* uralt, steinalt; *to be over the ~ (fig)* seine besten Jahre hinter sich haben
hillbilly ['hɪlbɪlɪ] *sb* Hinterwäldler *m*
hilly ['hɪlɪ] *adj* hügelig
hilt [hɪlt] *sb* Heft *n,* Griff *m; to the ~ (fig)* ganz und gar
him [hɪm] *pron 1. (accusative case)* ihn; *(dative case)* ihm; *2. That's ~!* Das ist er!
himself [hɪm'self] *pron 1.* sich; *2. he ~* er selbst
hind [haɪnd] *adj* hintere(r,s)
hinder ['hɪndə] *v 1.* hindern, hemmen; *2. ~ s.o. from doing sth (prevent)* jdn davon abhalten, etw zu tun
hind leg [haɪnd leg] *sb* Hinterbein *n*

H

hindmost ['haɪndməʊst] *adj* hinterste(r,s)
hindrance ['hɪndrəns] *sb* Behinderung *f*
hindsight ['haɪndsaɪt] *sb (fig)* späte Einsicht
hinge [hɪndʒ] *sb 1.* Scharnier *n; 2. (of a door)* Angel *f; v 3. ~ upon, ~ on* abhängen von, ankommen auf
hint [hɪnt] *v 1.* andeuten; *~ at* anspielen auf; *sb 2.* Andeutung *f; drop a ~* eine Andeutung machen; *take a ~* den Wink verstehen; *3. (piece of advice)* Tipp *m,* Hinweis *m; 4. (trace)* Spur *f*
hinting ['hɪntɪŋ] *sb* Andeutung *f*
hip[1] [hɪp] *sb ANAT* Hüfte *f*
hip[2] [hɪp] *adj (fam) to be ~* voll dabei sein *(fam); to be ~ to …* auf dem Laufenden sein über …
hipbone ['hɪpbəʊn] *sb* Hüftknochen *m*
hip flask ['hɪpflɑːsk] *sb* Taschenflasche *f*
hire [haɪə] *v 1.* mieten; *2. (give a job to)* anstellen, engagieren; *NAUT* anheuern; *3. ~ out* vermieten, verleihen; *sb 4. for ~* zu vermieten; *(taxi)* frei
hire-purchase ['haɪəpɜːtʃɪs] *sb (UK)* Ratenkauf *m,* Teilzahlungskauf *m*
hirsute ['hɜːsjuːt] *adj* haarig
his [hɪz] *adj 1.* sein(e); *pron 2.* seiner/seine/seines/seine
Hispanic [hɪs'pænɪk] *adj 1.* spanisch; *2. (Latin American)* lateinamerikanisch
hispid ['hɪspɪd] *adj* borstig, rau
hiss [hɪs] *v 1.* zischen; *2. (~ s.o.)* auszischen
historian [hɪs'tɔːrɪən] *sb* Historiker *m*
historic [hɪs'tɒrɪk] *adj* historisch, geschichtlich bedeutsam
historical [hɪs'tɒrɪkəl] *adj* historisch
history ['hɪstərɪ] *sb 1.* Geschichte *f; 2. (background)* Vorgeschichte *f*
histrionics [hɪstrɪ'ɒnɪks] *pl* Schauspielerei *f*
hit [hɪt] *v irr 1. (strike)* schlagen; *~ the deck* sich zu Boden werfen; *~ the road* sich auf den Weg machen; *2. (target)* treffen; *3. (collide against)* stoßen, rammen; *4. ~ s.o. (occur to s.o.)* jdm aufgehen; *5. (reach)* erreichen; *6. ~ the bottle (fig)* zur Flasche greifen; *7. ~ it off with s.o.* sich gut mit jdm verstehen, mit jdm bestens auskommen; *sb 8. (blow)* Schlag *m; 9. (on target)* Treffer *m; 10. (success)* Erfolg *m; 11. THEAT* Schlager *m,* Knüller *m; 12. (song)* Schlager *m,* Hit *m*
• hit back *v irr* zurückschlagen
• hit on *v irr 1.* stoßen auf; *2. ~ s.o. (fam) (US)* jdn anmachen
hit-and-run [hɪtənd'rʌn] *sb* Unfall mit Fahrerflucht *m*
hitch [hɪtʃ] *v 1. (fasten)* befestigen, festhaken, ankoppeln; *sb 2. (problem, complication)* Haken *m,* Problem *n*
hitch-hike ['hɪtʃhaɪk] *v* trampen
hitch-hiker ['hɪtʃhaɪkə] *sb* Tramper *m*
hither ['hɪðə] *adv* hierher
hitherto [hɪðə'tuː] *adv* bisher, bis jetzt
hit list ['hɪtlɪst] *sb (fam)* Abschussliste *f*
hive [haɪv] *sb ZOOL* Bienenkorb *m,* Bienenstock *m*
hoard [hɔːd] *v 1.* horten, hamstern; *sb 2.* Vorrat *m; 3. (treasure)* Schatz *m*
hoarder ['hɔːdə] *sb* Hamsterer *m*
hoarding ['hɔːdɪŋ] *sb (board fence)* Bretterzaun *m*
hoarse [hɔːs] *adj* heiser
hoarsen ['hɔːsn] *v* rau machen
hoary ['hɔːrɪ] *adj 1. (hair)* ergraut; *2. (person)* alt, ehrwürdig; *3. (clichés)* abgedroschen
hoax [həʊks] *v 1.* hereinlegen; *sb 2.* Streich *m,* Trick *m; (false report)* Ente *f*
hoaxer ['həʊksə] *sb* jmd, der blinden Alarm auslöst *m/f*
hob [hɒb] *sb* Kamineinsatz *m,* Kochfeld *n*
hobble ['hɒbl] *v 1.* humpeln, hinken; *2. (~ s.o.) (fig)* hindern
hobby ['hɒbɪ] *sb* Hobby *n,* Steckenpferd *n,* Liebhaberei *f*
hobby-horse ['hɒbɪ hɔːs] *sb* Steckenpferd *n; ride one's ~* seinem Steckenpferd nachgehen
hobgoblin ['hɒbgɒblɪn] *sb* Kobold *m*
hobnail ['hɒbneɪl] *sb* Schuhnagel *m*
hobnob ['hɒbnɒb] *v 1. ~ with (chat with)* plaudern mit; *2. ~ with (to be chummy with)* auf Du und Du sein mit

hobo ['həʊbəʊ] *sb (US: tramp)* Landstreicher *m*
hock [hɒk] *v (fam)* verpfänden *n*
hodgepodge ['hɒdʒpɒdʒ] *sb* Mischmasch *m (fam)*
hoe [həʊ] *v 1.* hacken; *sb 2.* Hacke *f*
hoedown ['həʊdaʊn] *sb (US)* Schwof *m*
hog [hɒg] *sb 1.* Schwein *n; go whole ~ (fam)* aufs Ganze gehen; *2. (fam: greedy person)* Vielfraß *m; v 3. (fam)* sich aneignen, in Beschlag nehmen; *~ the road (fam)* rücksichtslos in der Mitte fahren
hoggish ['hɒgɪʃ] *adj* schweinisch
Hogmanay [hɒgmə'neɪ] *sb* Sylvester *n*
hogshead ['hɒgzhed] *sb* großes Fass *n*
hogwash ['hɒgwɒʃ] *sb (fam)* Quatsch *m*
hoist [hɔɪst] *v* hochziehen, hochwinden, hieven

hold [həʊld] *v irr 1.* halten; *Hold your fire!* Nicht schießen! *Hold everything!* Sofort aufhören! *2. (one's nose, one's ears)* zuhalten; *3. ~ one's breath* den Atem anhalten; *4. (a passport)* haben; *5. (shares) FIN* besitzen; *6. (contain)* fassen; *(bus, plane)* Platz haben für; *7. (a meeting, a church service)* abhalten; *8. (a party, a concert)* veranstalten; *9. (an office, a post)* innehaben, bekleiden; *10. ~ one's own* sich behaupten; *11. (consider)* halten für; *~ s.o. responsible* jdn verantwortlich machen; *sb 12.* Griff *m; get ~ of s.o. (fig)* jdn erwischen; *get a ~ on s.o.* jdn unter seinen Einfluss bekommen; *grab ~ of sth* etw fassen; *have a good ~ over s.o.* jdn in der Hand haben; *take ~ of sth* etw ergreifen; *13. (in mountaineering)* Halt *m; 14. NAUT* Laderaum *m*

• **hold against** *v irr hold sth against s.o.* jdm etw übel nehmen
• **hold back** *v irr 1.* sich zurückhalten; *2. (sth)* zurückhalten; *3. (a mob)* aufhalten; *4. (tears)* unterdrücken; *5. to be held back (have to repeat a school year)* sitzen bleiben
• **hold forth** *v irr 1.* lang reden; *2. ~ on sth* sich über etw verbreiten
• **hold on** *v irr 1.* sich festhalten; *~ to* festhalten; *2. (endure)* durchhalten; *3. (wait, stop) Hold on!* Moment!
• **hold out** *v irr 1. (refuse to yield)* nicht nachgeben, aushalten; *2. ~ for* bestehen auf; *3. (sth)* ausstrecken
• **hold together** *v irr* zusammenhalten
• **hold up** *v irr 1. (lift up)* hochheben; *2. (delay)* verzögern; *3. (fam: rob)* überfallen; *4. ~ to sth* sich zu etw bekennen; *5. (weather)* sich halten
holdall ['həʊldɔːl] *sb* Reisetasche *f*
holder ['həʊldə] *sb 1. (person)* Besitzer *m,* Inhaber *m; 2. (object)* Halter *m*
holdfast ['həʊldfɑːst] *sb* Klammer *f,* Zwinge *f,* Haken *m*
holding company ['həʊldɪŋkʌmpənɪ] *sb ECO* Dachgesellschaft *f*
holdings ['həʊldɪŋz] *pl* Besitz *m; FIN* Anteile *pl*
hold-up ['həʊldʌp] *sb 1. (robbery)* bewaffneter Überfall *m; 2. (delay)* Verzögerung *f*
hole [həʊl] *sb 1.* Loch *n; pick ~s in sth (fig)* etw kritisieren; *2. (rabbit's or fox's)* Bau *m; 3. (fig: awkward situation)* Klemme *f; v 4. ~ up* sich verkriechen
holiday ['hɒlɪdeɪ] *sb 1.* Feiertag *m; (day off)* freier Tag *m; 2. ~s pl (UK)* Urlaub *m,* Ferien *pl; on ~* im Urlaub
holiness ['həʊlɪnɪs] *sb* Heiligkeit *f; His Holiness (the Pope)* Seine Heiligkeit *f*
hollow ['hɒləʊ] *adj 1.* hohl; *2. (promise)* leer; *3. (victory)* wertlos; *4. (sound)* hohl, dumpf; *sb 5. (in the ground)* Mulde *f; 6. (valley)* Senke *f; 7. (of a tree)* hohler Teil *m*
hollowness ['hɒləʊnɪs] *sb* Hohlheit *f,* Leere *f*
hollow-ware ['hɒləʊwɛə] *sb* Küchengeschirr *n*
holocaust ['hɒləkɔːst] *sb 1.* Inferno *n; 2. The Holocaust* der Holocaust *m*
holy ['həʊlɪ] *adj REL* heilig; *(bread, water, ground)* geweiht
Holy Spirit ['həʊlɪ 'spɪrɪt] *sb the ~* der Heilige Geist *m*
holy water ['həʊlɪwɔːtə] *sb REL* Weihwasser *n*
Holy Week ['həʊlɪ wiːk] *sb* Karwoche *f*
homage ['hɒmɪdʒ] *sb* Huldigung *f; pay ~ to* huldigen

home [həʊm] *sb 1.* Heim *n; feel at ~* sich wie zu Hause fühlen; *a letter from ~* ein Brief von Zuhause; *at ~* zu Hause, daheim; *make o.s. at ~* sich wie zu Hause fühlen; *2. (country)* Heimat *f; 3. ZOOL* Heimat *f; 4. (institution)* Heim *n,* Anstalt *f; 5. hit ~* ins Schwarze treffen; *adv 6.* zu Hause, daheim; *7. (toward ~)* nach Hause, heim; *bring sth ~ to s.o. (fig)* jdm etw klarmachen; *nothing to write ~ about (fam)* nichts Weltbewegendes

homebred ['həʊmbred] *adj* einfach, bodenständig

H

home-brew ['həʊmbruː] *sb* selbst gebrautes Bier *n*
homecoming ['həʊmkʌmɪŋ] *sb (return home)* Heimkehr *f*
home-grown ['həʊmgrəʊn] *adj 1. AGR* selbstangebaut; *2. (fig)* heimisch
homeland ['həʊmlænd] *sb* Heimat *f,* Heimatland *n*
homeless ['həʊmlɪs] *adj* obdachlos
homelike ['həʊmlaɪk] *adj* wie zu Hause, gemütlich
homely ['həʊmlɪ] *adj 1. (UK: homey)* anheimelnd, gemütlich; *2. (US: unattractive)* unansehnlich, unattraktiv
homemade [həʊm'meɪd] *adj 1. (food)* hausgemacht; *2. (object)* selbst gemacht
home match [həʊm mætʃ] *sb SPORT* Heimspiel *n*
Home Office [həʊm 'ɒfɪs] *sb (UK) POL* Innenministerium *n*
homepage ['həʊmpeɪdʒ] *sb INFORM* Homepage *f*
home rule [həʊm ruːl] *sb* Autonomie *f,* Selbstregierung *f*
Home Secretary [həʊm 'sekrətrɪ] *sb (UK) POL* Innenminister *m*
homesick ['həʊmsɪk] *adj to be ~* Heimweh haben
homesickness ['həʊmsɪknɪs] *sb* Heimweh *n*
homespun ['həʊmspʌn] *adj (fig: simple)* einfach
homestead ['həʊmsted] *sb* Heimstätte *f*
home truth [həʊm truːθ] *sb* bittere Wahrheit *f*
homeward ['həʊmwəd] *adj* in Richtung Heimat
homework ['həʊmwɜːk] *sb 1.* Hausaufgaben *pl,* Schulaufgaben *pl; 2. do one's ~ (fig)* sich gründlich vorbereiten
homey ['həʊmɪ] *adj* gemütlich, behaglich
homicidal [hɒmɪ'saɪdl] *adj* gemeingefährlich, mörderisch, Mord...
homicide ['hɒmɪsaɪd] *sb 1.* Tötung *f; 2. (murder)* Mord *m*
homily ['hɒmɪlɪ] *sb* Predigt *f*
honcho ['hɒntʃəʊ] *sb the head ~ (fam)* der Boss *m*
hone [həʊn] *v (skills)* schärfen
honest ['ɒnɪst] *adj 1. (sincere)* ehrlich, offen, aufrichtig; *2. (respectable)* redlich, anständig; *3. (money, profit)* ehrlich verdient
honestly ['ɒnɪstlɪ] *interj 1.* Ehrlich! *2. (in exasperation)* Also ehrlich!
honest-to-goodness ['ɒnɪst tə 'gʊdnɪs] *adj* echt, waschecht
honesty ['ɒnɪstɪ] *sb* Ehrlichkeit *f,* Aufrichtigkeit *f,* Redlichkeit *f*
honey ['hʌnɪ] *sb 1.* Honig *m; 2. (fam: darling)* Schatz *m*
honeybee ['hʌnɪbiː] *sb* Honigbiene *f*
honeycomb ['hʌnɪkəʊm] *sb* Bienenwabe *f*
honeydew ['hʌnɪdjuː] *sb (~ melon)* Honigmelone *f*
honeymoon ['hʌnɪmuːn] *sb 1.* Flitterwochen *pl; 2. (trip)* Hochzeitsreise *f*
honk [hɒŋk] *v (horn)* hupen
honorarium [ɒnə'rɛərɪəm] *sb* Honorar *n*
honorary ['ɒnərerɪ] *adj* Ehren...
honorific [ɒnə'rɪfɪk] *adj* ehrend, Ehren...
honour ['ɒnə] *sb 1.* Ehre *f; word of ~* Ehrenwort *n; guest of ~* Ehrengast *m; a point of ~* Ehrensache *f; 2. Your Honour (judge)* Euer Ehren, *(mayor)* Herr Bürgermeister; *3. (award)* Auszeichnung *f; 4. ~s pl (academic)* besondere Auszeichnung *f; v 5. (a cheque)* annehmen, einlösen; *6. (a credit card)* anerkennen; *7. (a debt)* begleichen; *8. (a commitment)* stehen zu, *(a contract)* erfüllen; *9. (s.o.)* ehren
honourable ['ɒnərəbl] *adj 1.* ehrenhaft, *(discharge)* ehrenvoll; *2. the Honourable ...* der/die Ehrenwerte ...
honourer ['ɒnərə] *sb* Ehrende(r) *m/f*
honourless ['ɒnəlɪs] *adj* ehrlos
honours ['ɒnəz] *pl* Ehrung *f,* Ehrenbezeigung *f*
honours list ['ɒnəz lɪst] *sb (UK)* Liste der Titel- und Rangverleihungen *f*
hood [hʊd] *sb 1.* Kapuze *f; 2. (UK: of a car)* Verdeck *n; 3. (US: of a car)* Motorhaube *f; 4. TECH* Haube *f*
hooded ['hʊdɪd] *adj 1. (garment)* Kapuzen..., mit Kapuze; *2. (robber, thief)* vermummt
hoodlum ['huːdləm] *sb* Rowdy *m,* Rüpel *m; (member of a gang)* Ganove *m*
hoodwink ['hʊdwɪŋk] *v (fam)* reinlegen
hoof [huːf] *sb 1. ZOOL* Huf *m; v 2. ~ it (fam)* zu Fuß gehen
hoofed [huːft] *adj* Huf...
hook [hʊk] *sb 1.* Haken *m; by ~ or by crook* so oder so; *to be off the ~* aus dem Schneider sein *(fam); let s.o. off the ~* jdn verschonen; *v 2. (a fish)* an die Angel bekommen; *3. (fam: a husband)* sich angeln; *4. ~ one's feet around sth* seine Füße um etw schlingen; *5. ~ sth to sth* etw an etw festhaken; *6. ~ sth up (device)* etw anschließen; *(dress)* zuhaken; *(trailer)* an-

koppeln; *7. get ~ed on sth (really like sth)* auf etw stehen *(fam)*; *(drugs)* von etw abhängig werden
hooked [hʊkt] *adj (hook-shaped)* krumm, hakenförmig, Haken...
hooker ['hʊkə] *sb (fam: prostitute) (US)* Nutte *f*
hooknose ['hʊknəʊz] *sb* Hakennase *f*
hooky ['hʊkɪ] *sb play ~ (fam) (US)* schwänzen
hooligan ['huːlɪgən] *sb* Rowdy *m*
hoop [huːp] *sb 1.* Reifen *m; 2. (basketball ~)* Korbring *m*
hooray [hə'reɪ] *interj* hurra
hoot [huːt] *v 1. (derisively)* johlen; *2. (owl)* schreien; *3. (UK: horn)* hupen
hooter ['huːtə] *sb 1. (UK: horn)* Hupe *f; 2. (UK: at a factory)* Sirene *f*
hoover ['huːvə] *v (fam)* Staub saugen
hop¹ [hɒp] *v 1.* hüpfen, hopsen; *~ in (fam)* einsteigen; *~ into bed with s.o.* mit jdm ins Bett steigen; *Hop to it! (fam)* Beweg dich! Mach schnell! *sb 2.* kleiner Sprung *m,* Hüpfer *m; 3. (fam: short aeroplane flight)* Katzensprung *m*
hop² [hɒp] *sb BOT* Hopfen *m*
hope [həʊp] *v 1.* hoffen; *~ for* hoffen auf; *~ for the best* das Beste hoffen; *~ against ~ that ...* trotz allem die Hoffnung nicht aufgeben, dass ...; *sb 2.* Hoffnung *f*
hopeful ['həʊpfʊl] *adj* hoffnungsvoll
hopefully ['həʊpfəlɪ] *adv 1.* hoffnungsvoll; *2. (fam: one hopes, that ...)* hoffentlich
hopeless ['həʊplɪs] *adj 1.* hoffnungslos; *2. (situation)* aussichtslos, hoffnungslos; *3. (incurable: liar, romantic)* unverbesserlich
hopelessness ['həʊplɪsnɪs] *sb* Hoffnungslosigkeit *f*
hopper ['hɒpə] *sb (funnel-shaped vessel)* Einfülltrichter *m*
hopping ['hɒpɪŋ] *adj ~ mad* fuchsteufelswild
hopscotch ['hɒpskɒtʃ] *sb* Himmel-und-Hölle-Spiel *n*
horde [hɔːd] *sb* Horde *f*
horizon [hə'raɪzn] *sb* Horizont *m*
horizontal [hɒrɪ'zɒntl] *adj* waagrecht, horizontal
horn [hɔːn] *sb 1. ZOOL* Horn *n; ~s pl (deer's)* Geweih *n; 2. MUS* Horn *n; blow one's own ~* sich selbst auf die Schulter klopfen; *3. (of a car)* Hupe *f*
horny ['hɔːnɪ] *adj (fam)* geil, scharf
horrendous [hɒ'rendəs] *adj* schrecklich
horrible ['hɒrɪbl] *adj* fürchterlich, schrecklich
horribly ['hɒrɪblɪ] *adv* schrecklich, fürchterlich, entsetzlich
horrid ['hɒrɪd] *adj* scheußlich, fürchterlich, schrecklich
horrific [hɒ'rɪfɪk] *adj* entsetzlich, schrecklich
horrify ['hɒrɪfaɪ] *v* entsetzen
horror ['hɒrə] *sb 1.* Grauen *n,* Entsetzen *n; 2. (horrifying thing)* Gräuel *m,* Schrecken *m; adj 3. CINE* Horror...
horse [hɔːs] *sb 1.* Pferd *n; eat like a ~ (fam)* fressen wie ein Scheunendrescher; *straight from the ~'s mouth* aus berufenem Mund; *Now that's a ~ of a different colour.* Aber das ist wieder was anderes. *v 2. ~ around (fam)* herumblödeln
horseback ['hɔːsbæk] *sb on ~* zu Pferd
horsefly ['hɔːsflaɪ] *sb ZOOL* Bremse *f,* Pferdebremse *f*
horsepower ['hɔːspaʊə] *sb* Pferdestärke *f*
horse race [hɔːs reɪs] *sb* Pferderennen *n*
horseradish ['hɔːsrædɪʃ] *sb BOT* Meerrettich *m*
horse sense ['hɔːssens] *sb* gesunder Menschenverstand *m*
horseshoe ['hɔːsʃuː] *sb* Hufeisen *n*
horsy ['hɔːsɪ] *adj (addicted to horses)* pferdeverrückt
horticulture ['hɔːtɪkʌltʃə] *sb* Gartenbau *m*
hose [həʊz] *sb 1.* Schlauch *m; 2. (stockings)* Strümpfe *pl; v 3. ~ down* abspritzen
hospice ['hɒspɪs] *sb* Hospiz *n,* Herberge *f*
hospitable [hɒs'pɪtəbl] *adj 1.* gastfreundlich; *2. (fig: climate)* freundlich
hospital ['hɒspɪtl] *sb* Krankenhaus *n,* Klinik *f,* Hospital *n*
hospitality [hɒspɪ'tælɪtɪ] *sb* Gastfreundschaft *f*
hospitalize ['hɒspɪtəlaɪz] *v* ins Krankenhaus einweisen
host¹ [həʊst] *sb 1.* Gastgeber *m; 2. (at a pub, at a hotel)* Wirt *m; 3. (of a game show)* Moderator *m*
host² [həʊst] *sb (multitude)* Menge *f*
host³ [həʊst] *sb REL* Hostie *f*
hostage ['hɒstɪdʒ] *sb* Geisel *f; take s.o. ~* jdn als Geisel nehmen
hostel ['hɒstəl] *sb* Heim *n; youth ~* Jugendherberge *f*
hostess ['həʊstɪs] *sb 1.* Gastgeberin *f; 2. (in a pub, in a hotel)* Wirtin *f; 3. (at a night club, at an exhibition)* Hostess *f*

H

hostile ['hɒstaɪl] *adj* feindlich; *(look)* feindselig
hostility [hɒs'tɪlɪtɪ] *sb 1.* Feindschaft *f,* Feindseligkeit *f; 2. hostilities pl MIL* Feindseligkeiten *pl*
hot [hɒt] *adj 1.* heiß; *~ off the presses, ~ from the press* gerade erschienen; *~ under the collar (fig)* wütend; *2. (meal, drink)* warm; *3. (spicy)* scharf; *4. (temper)* hitzig; *5. (fam: great)* stark, toll
hotbed ['hɒtbed] *sb (fig)* Brutstätte *f*
hot-blooded [hɒt'blʌdɪd] *adj* heißblütig
hotel [həʊ'tel] *sb* Hotel *n*
hotfoot ['hɒtfʊt] *adv* eilends, schleunigst
hothouse ['hɒthaʊs] *sb* Treibhaus *n*
hotline ['hɒtlaɪn] *sb 1.* Hotline *f; 2. (between heads of government) POL* heißer Draht *m*
hot seat ['hɒtsiːt] *sb (fig)* Schleudersitz *m*
hotshot ['hɒtʃɒt] *sb (fam)* Kanone *f,* Teufelskerl *m,* Draufgänger *m*
hot spot ['hɒtspɒt] *sb* Brandherd *m*
hotspur ['hɒtspɜː] *sb* Heißsporn *m,* Hitzkopf *m*
hot-wire ['hɒtwaɪə] *v (fam: a car)* kurzschließen
hound [haʊnd] *sb 1.* Jagdhund *m; v 2. (fig)* hetzen, jagen, drängen

hour [aʊə] *sb 1.* Stunde *f; for ~s* stundenlang; *five minutes past the ~* fünf Minuten nach voll; *the wee ~s* die frühen Morgenstunden; *every ~ on the ~* jede volle Stunde; *2. ~s pl (business ~)* Öffnungszeiten *pl,* Geschäftszeiten *pl; after ~s* nach Büroschluss, nach Ladenschluss

hourglass ['aʊəglɑːs] *sb* Sanduhr *f*
hourly ['aʊəlɪ] *adj* stündlich; *~ wage* Stundenlohn *m*

house [haʊs] *sb 1.* Haus *n; get on like a ~ on fire* sich auf Anhieb verstehen; *bring the ~ down (fig)* den Saal zum Kochen bringen; *eat s.o. out of ~ and home* jdm die Haare vom Kopf fressen; *2. on the ~* auf Kosten des Hauses; *3. House of Commons (UK) POL* Unterhaus *n; House of Lords (UK)* Oberhaus *n; House of Representatives (US) POL* Abgeordnetenhaus *n;* [haʊz] *v 4.* unterbringen, einbauen

housebound ['haʊsbaʊnd] *adj* ans Haus gefesselt *(fig)*
housebreak ['haʊsbreɪk] *v (US: a dog)* stubenrein machen
housecoat ['haʊskəʊt] *sb* Morgenrock *m,* Bademantel *m*
household ['haʊshəʊld] *sb* Haushalt *m*
household name [haʊshəʊld'neɪm] *sb* gängiger Begriff *m*
housekeeper ['haʊskiːpə] *sb* Haushälterin *f,* Wirtschafterin *f*
housemaster ['haʊsmɑːstə] *sb 1.* Hausvater *m; 2. (of a school) (UK)* Hausaufseher *m*
house organ [haʊs 'ɔːgən] *sb* Hauszeitung *f*
house-proud ['haʊspraʊd] *adj* stolz auf den Zustand des Haushaltes
house rules [haʊs ruːlz] *pl* Hausordnung *f*
house-train ['haʊstreɪn] *v* stubenrein machen
housewife ['haʊswaɪf] *sb* Hausfrau *f*
housing ['haʊzɪŋ] *sb 1. (houses)* Wohnungen *pl; 2. (temporary)* Unterkunft *f; 3. TECH* Gehäuse *n*
hovel ['hɒvəl] *sb* Bruchbude *f,* Loch *n*
hover ['hʌvə] *v 1.* schweben; *2. ~ over s.o. (fig)* jdm nicht von der Seite weichen; *3. (stand around)* herumstehen

how [haʊ] *adv 1.* wie; *How come?* Wieso? *And ~!* Und wie! *How about it?* Wie wär's? *How do you do?* Guten Tag! *2. ~ much* wie viel; *(to what degree)* wie sehr; *How much is it?* Was kostet es?

however [haʊ'evə] *konj 1.* jedoch, doch, dennoch; *adv 2.* egal wie, wie; *However did you manage it?* Wie hast du das bloß geschafft?
howl [haʊl] *v 1.* heulen, jaulen; *2. (person)* brüllen, schreien; *sb 3.* Schrei *m,* Heulen *n*
howler ['haʊlə] *sb* Schnitzer *m (fig),* Hammer *m (fig)*
how-to book [haʊ'tuː bʊk] *sb* Ratgeber *m*
hub [hʌb] *sb 1.* Radnabe *f; 2. (fig)* Mittelpunkt *m,* Zentrum *n*
hubbub ['hʌbʌb] *sb 1.* Stimmengewirr *n; 2. (fuss)* Wirbel *m,* Getue *n*
hubby ['hʌbɪ] *sb (fam: husband)* Männe *m,* Mann *m*
hubris ['hjuːbrɪs] *sb* Anmaßung *f*
huckleberry ['hʌklberɪ] *sb BOT* Heidelbeere *f*
huckster ['hʌkstə] *sb 1. (peddler)* Straßenhändler *m,* Trödler *m; 2. (person preparing advertising)* Werbemensch *m*
huddle ['hʌdl] *v (confer)* die Köpfe zusammenstecken

hue¹ [hjuː] *sb ~ and cry* Zeter und Mordio
hue² [hjuː] *sb (colour)* Farbe *f*, Farbton *m*
huff [hʌf] *sb in a ~* verstimmt, eingeschnappt
huffish ['hʌfɪʃ] *adj* übelnehmerisch
hug [hʌg] *v 1.* umarmen; *2. (keep close to)* sich dicht halten an; *sb 3.* Umarmung *f*
huge [hjuːdʒ] *adj* riesig, gewaltig, enorm
huggable ['hʌgəbl] *adj* knuddelig
hulk [hʌlk] *sb (person)* Koloss *m*
hull [hʌl] *sb 1. NAUT* Rumpf *m; 2. BOT* Hülse *f*
hullaballoo [hʌləbə'luː] *sb* Lärm *m*, Tumult *m*
hullo [hʌ'ləʊ] *interj 1.* hallo; *2. (in surprise)* Nanu!
hum [hʌm] *v 1.* summen; *2. (engine, electrical appliance)* brummen
human ['hjuːmən] *sb 1.* Mensch *m; adj 2.* menschlich; *I'm only ~.* Ich bin auch nur ein Mensch.
human being ['hjuːmən 'biːɪŋ] *sb* Mensch *m*
humane [hjuː'meɪn] *adj* human, menschlich
human interest ['hjuːmən 'ɪntrɪst] *sb* die menschliche Seite *f*
humanitarian [hjuːmænɪ'tɛərɪən] *adj* humanitär
humanity [hjuː'mænɪtɪ] *sb 1. (mankind)* die Menschheit *f; 2. (quality)* Menschlichkeit *f; 3. humanities pl* Geisteswissenschaften *pl*
humanize ['hjuːmənaɪz] *v* humanisieren
humankind [hjuːmən'kaɪnd] *sb* die Menschheit *f*
humanly ['hjuːmənlɪ] *adv* menschlich; *~ possible* menschenmöglich
human nature ['hjuːmən 'neɪtʃə] *sb* menschliche Natur *f*
humanoid ['hjuːmənɔɪd] *adj* menschenähnlich
human race ['hjuːmən reɪs] *sb the ~* das Menschengeschlecht *n*
human rights ['hjuːmən raɪts] *pl* Menschenrechte *pl*
humble ['hʌmbl] *v 1.* demütigen, erniedrigen; *adj 2. (unassuming)* bescheiden; *3. (meek)* demütig; *4. (lowly)* einfach
humble pie [hʌmbl'paɪ] *sb eat ~* Abbitte tun, klein beigeben
humdrum ['hʌmdrʌm] *adj* fade, langweilig
humectant [hjuː'mektənt] *adj* feuchtigkeitsspendend
humid ['hjuːmɪd] *adj* feucht
humidifier [hjuː'mɪdɪfaɪə] *sb* Luftbefeuchter *m*, Verdunster *m*
humidity [hjuː'mɪdɪtɪ] *sb* Feuchtigkeit *f*
humidor ['hjuːmɪdɔː] *sb* Feuchthaltebehälter *m*
humiliate [hjuː'mɪlɪeɪt] *v* demütigen, erniedrigen
humiliating [hjuː'mɪlɪeɪtɪŋ] *adj* demütigend, erniedrigend
humiliation [hjuːmɪlɪ'eɪʃən] *sb* Demütigung *f*, Erniedrigung *f*
humility [hjuː'mɪlɪtɪ] *sb* Demut *f*, Bescheidenheit *f*
hummer ['hʌmə] *sb (fam) (US)* Mordsding *n*
hummingbird ['hʌmɪŋbɜːd] *sb ZOOL* Kolibri *m*
hummock ['hʌmək] *sb* (kleiner) Hügel *m*
humour ['hjuːmə] *sb 1.* Humor *m; 2. (mood)* Stimmung *f*, Laune *f*
humourless ['hjuːməlɪs] *adj* humorlos
humoursome ['hjuːməsəm] *adj* launisch
hump [hʌmp] *sb 1. ANAT* Buckel *m; 2. (camel's) ZOOL* Höcker *m; 3. (hillock)* kleiner Hügel *m*
hunch [hʌntʃ] *sb 1. (fig: feeling, idea)* Gefühl *n*, Ahnung *f; play a ~* einer Intuition folgen; *2. (hump) ANAT* Buckel *m*
hunchback ['hʌntʃbæk] *sb 1. (back)* Buckel *m; 2. (person)* Bucklige(r) *m/f*
hundred ['hʌndrɪd] *num 1.* hundert; *2. ~s and thousands (UK: sweets) GAST* Liebesperlen *pl*
hundredweight ['hʌndrɪdweɪt] *sb* Zentner *m* (UK: 50,8 kg) (US: 45,4 kg)
hung [hʌŋ] *adj 1.* gehängt, aufgehängt; *2. a ~ jury JUR* eine Jury, innerhalb derer sich keine Mehrheit findet
Hungary ['hʌŋgərɪ] *sb GEO* Ungarn *n*
hunger ['hʌŋgə] *v 1.* hungern; *~ for, ~ after* hungern nach; *sb 2.* Hunger *m*
hunger strike ['hʌŋgəstraɪk] *sb* Hungerstreik *m*
hungry ['hʌŋgrɪ] *adj* hungrig; *go ~* hungern; *I'm ~.* Ich habe Hunger.
hunk [hʌŋk] *sb 1. (big piece)* großes Stück *n; 2. (fam: man)* gut gebauter, attraktiver Mann *m*
hunky-dory [hʌŋkɪ'dɔːrɪ] *adj (fam)* in Ordnung
hunt [hʌnt] *v 1.* jagen; *(search)* suchen; *~ s.o. down* jdn zur Strecke bringen; *sb 2.* Jagd *f; (by police)* Fahndung *f*
hunter ['hʌntə] *sb* Jäger *m*

H

hunting ['hʌntɪŋ] *sb* Jagd *f*, Jagen *n*
hunting ground ['hʌntɪŋ graʊnd] *sb* Jagdrevier *n*, Jagdgebiet *n*
hunting licence ['hʌntɪŋlaɪsəns] *sb* Jagdschein *m*
hurdle ['hɜːdl] *v 1.* überspringen; *sb 2.* Hürde *f*
hurdles ['hɜːdlz] *sb (race) SPORT* Hürdenlauf *m*
hurdy-gurdy [hɜːdɪ'gɜːdɪ] *sb* Leierkasten *m*, Drehorgel *f*
hurl [hɜːl] *v* schleudern
hurly-burly ['hɜːlɪ'bɜːlɪ] *sb* Getümmel *n*, Rummel *m*
hurrah [hʊ'rɑː] *interj* hurra!
hurricane ['hʌrɪkeɪn] *sb* Orkan *m*; *(tropical)* Wirbelsturm *m*
hurried ['hʌrɪd] *adj* eilig, hastig, übereilt

hurry ['hʌrɪ] *v 1.* sich beeilen; *~ somewhere* irgendwohin eilen; *Hurry up!* Beeil dich! *2. (s.o.)* antreiben; *3. (sth)* beschleunigen, schneller machen; *(do too quickly)* überstürzen; *~ over sth* etw hastig erledigen; *sb 4.* Hast *f*, Eile *f*; *in a ~* eilig, hastig; *to be in a ~* es eilig haben

hurt [hɜːt] *v irr 1. (to be painful)* schmerzen, wehtun; *2. (s.o.)* wehtun; *(injure)* verletzen; *3. (sth)* schaden; *adj 4.* verletzt; *5. (look)* gekränkt
hurtful ['hɜːtfʊl] *adj* verletzend
hurtle ['hɜːtl] *v* rasen

husband ['hʌzbənd] *sb* Mann *m*, Ehemann *m*, Gatte *m*

husbandry ['hʌzbəndrɪ] *sb (agriculture)* Ackerbau *m*, Landwirtschaft *f*
hush [hʌʃ] *v 1.* zum Schweigen bringen; *Hush!* Pst! *2. ~ sth up* etw vertuschen
hush money ['hʌʃmʌnɪ] *sb (fam)* Schweigegeld *n*
husk [hʌsk] *sb 1.* Schale *f*, Hülse *f*; *(of maize)* Maishülse *f*; *2. (fig)* leere Hülle *f*; *v 3.* enthüllen, schälen
husky ['hʌskɪ] *adj 1. (voice)* heiser; *2. (person)* stämmig
hustings ['hʌstɪŋz] *pl (UK) POL* Wahlveranstaltung *f*, Wahlkampf *m*
hustle ['hʌsl] *v 1. (move quickly)* hasten, sich beeilen; *2. (US: work quickly)* rangehen; *3. (push roughly)* drängeln; *4. ~ sth somewhere* etw rasch wohin schaffen; *5. ~ up (US)* herzaubern *(fam)*; *sb 6.* Hetze *f*, Eile *f*, *(jostling)* Gedränge *n*
hut [hʌt] *sb 1.* Hütte *f*; *2. MIL* Baracke *f*
hutch ['hʌtʃ] *sb* Verschlag *m*, Stall *m*
hydrofoil ['haɪdrəʊfɔɪl] *sb 1. (boat)* Tragflächenboot *n*; *2. (one fin)* Tragfläche *f*
hydrogen ['haɪdrɪdʒən] *sb* Wasserstoff *m*
hydroplane ['haɪdrəʊpleɪn] *sb NAUT* Tragflächenboot *n*
hydroplaning ['haɪdrəʊpleɪnɪŋ] *sb* Aquaplaning *n*
hyena [haɪ'iːnə] *sb ZOOL* Hyäne *f*
hyetal ['haɪɪtl] *adj* Niederschlags...
hygiene ['haɪdʒiːn] *sb* Hygiene *f*; *personal ~* Körperpflege *f*
hygienic [haɪ'dʒiːnɪk] *adj* hygienisch
hymn [hɪm] *sb* Hymne *f*
hymnal ['hɪmnəl] *sb REL* Gesangbuch *n*
hype [haɪp] *v 1. (promote, publicize)* aggressiv propagieren; *sb 2. (publicity)* Publizität *f*, aggressive Propaganda *f*
hyper ['haɪpə] *adj (fam)* übernervös
hyperbole [haɪ'pɜːbəlɪ] *sb* Hyperbel *f*, Übertreibung *f*
hypercritical [haɪpə'krɪtɪkl] *adj* überkritisch
hypermarket ['haɪpəmɑːkɪt] *sb (UK)* Großmarkt *m*, Verbrauchermarkt *m*
hypersensitive [haɪpə'sensɪtɪv] *adj* überempfindlich
hyphen ['haɪfən] *sb* Bindestrich *m*
hypnosis [hɪp'nəʊsɪs] *sb* Hypnose *f*
hypnotic [hɪp'nɒtɪk] *adj 1.* hypnotisch; *2. (hypnotizing)* hypnotisierend
hypnotist ['hɪpnətɪst] *sb* Hypnotiseur *m*
hypnotize ['hɪpnətaɪz] *v* hypnotisieren
hypocrisy [hɪ'pɒkrɪsɪ] *sb* Heuchelei *f*
hypocrite ['hɪpəkrɪt] *sb* Heuchler *m*
hypocritical [hɪpə'krɪtɪkəl] *adj* heuchlerisch
hypothermia [haɪpəʊ'θɜːmɪə] *sb* Unterkühlung *f*, Kältetod *m*
hypothesis [haɪ'pɒθɪsɪs] *sb* Hypothese *f*
hypothetical [haɪpəʊ'θetɪkəl] *adj* hypothetisch
hysteria [hɪs'tɪərɪə] *sb* Hysterie *f*
hysteric [hɪ'sterɪk] *sb 1. (person)* Hysteriker *m*; *2. ~s pl PSYCH* Hysterie *f*
hysterical [hɪs'terɪkəl] *adj 1.* hysterisch; *2. (fam: very funny)* wahnsinnig komisch

I

I [aɪ] *pron* ich

ice [aɪs] *sb 1.* Eis *n; keep sth on ~* eine Sache auf Eis legen; *v 2. ~ over,~ up* zufrieren; *(windscreen)* vereisen
Ice Age ['aɪseɪdʒ] *sb GEOL* Eiszeit *f*
ice-axe [aɪs æks] *sb* Eispickel *m*
ice bag ['aɪsbæg] *sb* Eisbeutel *m*
iceberg ['aɪsbɜːg] *sb* Eisberg *m*
icebox ['aɪsbɒks] *sb 1. (part of a refrigerator)* Eisfach *n; 2. (US: refrigerator)* Eisschrank *m,* Kühlschrank *m*
icebreaker ['aɪsbreɪkə] *sb 1. NAUT* Eisbrecher *m; 2. (fig) His joke was a real ~.* Sein Witz brach das Eis.
ice bucket ['aɪsbʌkɪt] *sb* Eiskühler *m*
ice cap [aɪs kæp] *sb* polare Eiskappe *f*
ice cream ['aɪskriːm] *sb GAST* Eis *n,* Speiseeis *n*
ice cream parlour ['aɪskriːmpɑːlə] *sb* Eisdiele *f*
ice cube ['aɪskjuːb] *sb* Eiswürfel *m*
iced [aɪst] *adj 1. (covered with ice)* vereist; *2. (cooled by means of ice)* geeist, eisgekühlt; *3. (covered with icing) GAST* glasiert
ice hockey ['aɪshɒkɪ] *sb* Eishockey *n*
icelike ['aɪslaɪk] *adj* eisartig
ice lolly [aɪs 'lɒlɪ] *sb (fam)* Eis am Stiel *n*
ice pack [aɪs pæk] *sb 1.* Eisbeutel *m; 2. (pack ice)* Packeis *n*
ice pick ['aɪspɪk] *sb* Eispickel *m*
ice skate ['aɪsskeɪt] *sb* Schlittschuh *m*
ice-skating ['aɪsskeɪtɪŋ] *sb 1.* Schlittschuhlaufen *n; 2. SPORT* Eiskunstlauf *m*
icicle ['aɪsɪkl] *sb* Eiszapfen *m*
icing ['aɪsɪŋ] *sb GAST* Zuckerguss *m*
icy ['aɪsɪ] *adj* eisig

idea [aɪ'dɪə] *sb 1.* Idee *f,* Einfall *m; What's the big ~?* Was soll denn das? *2. (concept)* Vorstellung *f,* Ahnung *f,* Ansicht *f; The very ~!* Na so was! *give s.o. an ~ of ...* jdm eine ungefähre Vorstellung von ... geben.

ideal [aɪ'dɪəl] *adj 1.* ideal; *sb 2.* Ideal *n,* Idealvorstellung *f,* Wunschbild *n*
idealism [aɪ'dɪəlɪzəm] *sb* Idealismus *m*
idealist [aɪ'dɪəlɪst] *sb* Idealist *m*
idealistic [aɪdɪə'lɪstɪk] *adj* idealistisch
idealization [aɪdɪəlaɪ'zeɪʃən] *sb* Idealisierung *f*
idem ['aɪdem] *pron* derselbe
identical [aɪ'dentɪkəl] *adj* identisch, gleich; *~ twins* eineiige Zwillinge
identifiable [aɪdentɪ'faɪəbl] *adj* erkennbar, identifizierbar
identification [aɪdentɪfɪ'keɪʃən] *sb 1.* Identifizierung *f; 2. (proof of identity)* Ausweis *m,* Legitimation *f; 3. (association)* Identifikation *f*
identify [aɪ'dentɪfaɪ] *v 1. (establish the identity of)* identifizieren; *2. (recognize)* erkennen; *3. ~ o.s.* sich ausweisen; *4. ~ with s.o.* sich mit jdm identifizieren
identity [aɪ'dentɪtɪ] *sb 1.* Identität *f; 2. mistaken ~* Personenverwechslung *f*
identity card [aɪ'dentɪtɪ kɑːd] *sb* Personalausweis *m,* Ausweis *m*
idiocy ['ɪdɪəsɪ] *sb* Schwachsinn *m,* Dummheit *f,* Blödheit *f*
idiot ['ɪdɪət] *sb* Idiot *m,* Dummkopf *m*
idiotic [ɪdɪ'ɒtɪk] *adj* idiotisch, dumm, blöd
idle ['aɪdl] *adj 1. (not working)* müßig, untätig; *2. (machine)* stillstehend, außer Betrieb; *3. (lazy)* faul, träge; *4. (speculation)* müßig; *5. (threat, words)* leer; *v 6. (engine)* leer laufen
idleness ['aɪdlnɪs] *sb 1.* Untätigkeit *f; (laziness)* Faulheit *f; 2. (pleasurable)* Muße *f*
idol ['aɪdl] *sb 1.* Götze *m,* Götzenbild *n; 2. (fig)* Idol *n,* Abgott *m*
idolatry [aɪ'dɒlətrɪ] *sb* Abgötterei *f,* Götzendienst *m*
idolization [aɪdəlaɪ'zeɪʃən] *sb* Vergötterung *f*
idolize ['aɪdəlaɪz] *v* abgöttisch verehren, vergöttern, anbeten
idyll ['ɪdɪl] *sb 1.* Idylle *f; 2. (fig)* Idyll *n*
idyllic [ɪ'dɪlɪk] *adj* idyllisch

if [ɪf] *konj 1.* wenn, falls; *~ only* wenn nur; *~ so* wenn ja, wenn dem so ist; *~ need be* nötigenfalls; *2. (whether)* ob; *I don't know ~ she wants to talk to him.* Ich weiß nicht, ob sie mit ihm sprechen will.

iffy ['ɪfɪ] *adj (fam)* fraglich, zweifelhaft
igloo ['ɪgluː] *sb* Iglu *m*
igneous ['ɪgnɪəs] *adj (fiery)* feurig, glühend
ignescent [ɪg'nesnt] *adj* brennbar
ignite [ɪg'naɪt] *v 1.* sich entzünden, Feuer fangen, *(car)* zünden; *2. (sth)* entzünden, anzünden; *(car)* zünden

I

ignition [ɪɡ'nɪʃən] *sb 1.* Anzünden *n,* Entzünden *n; 2. (of a car, of a rocket)* Zündung *f; 3. (fam) leave the key in the ~* den Zündschlüssel stecken lassen; *The key is in the ~.* Der Zündschlüssel steckt.
ignoble [ɪɡ'nəʊbl] *adj* schändlich, unehrenhaft, unwürdig
ignominious [ɪɡnə'mɪnɪəs] *sb* schändlich, blamabel
ignorable [ɪɡ'nɔːrəbl] *adj* zu vernachlässigend
ignoramus [ɪɡnə'reɪməs] *sb* Nichtswisser *m,* Ignorant *m*
ignorance ['ɪɡnərəns] *sb 1.* Unwissenheit *f; 2. (of sth in particular)* Unkenntnis *f*
ignorant ['ɪɡnərənt] *adj 1.* unwissend, ungebildet, ignorant; *2. (of sth in particular)* nicht wissend, nicht kennend
ignore [ɪɡ'nɔː] *v* ignorieren, nicht beachten
ilk [ɪlk] *sb* Art *f,* Sorte *f*

I

ill [ɪl] *adj 1. (sick)* krank; *to be taken ~* erkranken, krank werden; *2. (bad)* schlecht, schlimm, übel; *speak ~ of s.o.* schlecht von jdm sprechen; *~ humour* schlechte Laune; *~ at ease* unbehaglich; *~ feeling (resentment)* Groll *m,* Verbitterung *f*

ill-advised [ɪləd'vaɪzd] *adj* unklug
ill-behaved [ɪlbɪ'heɪvd] *adj* schlecht erzogen, unhöflich
ill-bred [ɪl'bred] *adj* ungezogen
ill-considered [ɪlkən'sɪdəd] *adj* unüberlegt, unbedacht, unklug
illegal [ɪ'liːɡəl] *adj* illegal, ungesetzlich
illegalize [ɪ'liːɡəlaɪz] *v* kriminalisieren
illegible [ɪ'ledʒəbl] *adj* unleserlich
illegitimate [ɪlɪ'dʒɪtɪmɪt] *adj* unrechtmäßig; *(child)* unehelich
ill-fated ['ɪlfeɪtɪd] *adj 1. (destined to fail)* verhängnisvoll, unglückselig; *2. (unlucky)* unglücklich
ill-favoured ['ɪlfeɪvəd] *adj (unattractive)* hässlich, unschön
ill-gotten ['ɪlɡɒtn] *adj ~ gains* unrechtmäßiger Gewinn *m*
ill-humoured ['ɪl'hjuːməd] *adj* übel gelaunt
illicit [ɪ'lɪsɪt] *adj* verboten, illegal
illiteracy [ɪ'lɪtərəsɪ] *sb* Analphabetentum *n*
illiterate [ɪ'lɪtərət] *adj 1.* des Lesens und Schreibens unkundig; *sb 2.* Analphabet/Analphabetin *m/f*
ill-mannered [ɪl'mænəd] *adj* ungehobelt, ungezogen, mit schlechten Umgangsformen
ill-natured ['ɪlneɪtʃəd] *adj* bösartig
illness ['ɪlnɪs] *sb* Krankheit *f*
illogical [ɪ'lɒdʒɪkəl] *adj* unlogisch
ill-timed ['ɪltaɪmd] *adj* ungelegen, unpassend, zeitlich schlecht gewählt
ill-treat ['ɪltriːt] *v* misshandeln
illude [ɪ'luːd] *v* täuschen
illuminant [ɪ'luːmɪnənt] *sb* Leuchtstoff *m,* Lichtquelle *f*
illuminate [ɪ'luːmɪneɪt] *v 1.* erhellen, erleuchten, beleuchten; *2. (fig)* erläutern, erhellen, erklären
illuminating [ɪ'luːmɪneɪtɪŋ] *adj* erhellend, aufschlussreich
illumination [ɪluːmɪ'neɪʃən] *sb 1.* Beleuchtung *f; 2. (fig)* Erläuterung *f*
ill-use [ɪl'juːz] *v* missbrauchen
illusion [ɪ'luːʒən] *sb 1.* Illusion *f; 2. (misperception)* Täuschung *f*
illusionist [ɪ'luːʒənɪst] *sb* Illusionist(in) *m/f*
illusory [ɪ'luːsərɪ] *adj* illusorisch, trügerisch
illustrate ['ɪləstreɪt] *v 1.* illustrieren, bebildern; *2. (fig)* erläutern, veranschaulichen
illustrious [ɪ'lʌstrɪəs] *adj* berühmt, erlaucht, illuster
ill will [ɪl wɪl] *sb* böses Blut *n,* Groll *m,* Feindschaft *f*
image ['ɪmɪdʒ] *sb 1.* Bild *n; 2. (mental ~)* Vorstellung *f,* Bild *n; 3. (sculpted) ART* Standbild *n,* Figur *f; 4. (likeness)* Ebenbild *n,* Abbild *n; 5. (public perception)* Image *n*
imagery ['ɪmɪdʒrɪ] *sb* Metaphorik *f,* Vorstellung *f*
imaginable [ɪ'mædʒɪnəbl] *adj* vorstellbar, denkbar
imaginary [ɪ'mædʒɪnərɪ] *adj* eingebildet, imaginär
imagination [ɪmædʒɪ'neɪʃən] *sb 1.* Fantasie *f,* Vorstellungskraft *f,* Einbildungskraft *f; Use your ~!* Lass dir was einfallen! *2. (self-deceptive)* Einbildung *f*
imaginative [ɪ'mædʒɪnətɪv] *adj* fantasievoll, einfallsreich
imagine [ɪ'mædʒɪn] *v 1.* sich vorstellen, sich denken; *2. (be under the illusion that)* sich einbilden; *3. (suppose)* annehmen, vermuten
imbalance [ɪm'bæləns] *sb* Unausgeglichenheit *f*
imbecile ['ɪmbəsiːl] *sb 1. MED* Schwachsinniger *m; 2. (fam)* Idiot *m,* Blödmann *m,* Dummkopf *m*
imbibe [ɪm'baɪb] *v 1.* einnehmen, trinken; *2. (fig: into the mind)* in sich aufnehmen

imbroglio [ɪm'brəʊlɪəʊ] *sb* verwickelte Lage *f*, Verwicklung *f*
imbue [ɪm'bjuː] *v* erfüllen, durchdringen
imitate ['ɪmɪteɪt] *v* nachahmen, imitieren, nachmachen
imitation [ɪmɪ'teɪʃən] *sb* 1. Imitation *f*, Nachahmung *f*; *adj* 2. unecht, künstlich, Kunst...
immaculate [ɪ'mækjʊlɪt] *adj* 1. untadelig, tadellos, makellos; 2. *REL the Immaculate Conception* die unbefleckte Empfängnis *f*
immature [ɪmə'tjʊə] *adj* unreif
immaturity [ɪmə'tjʊərɪtɪ] *sb* Unreife *f*
immeasurable [ɪ'meʒərəbl] *adj* unermesslich, grenzenlos
immediate [ɪ'miːdɪət] *adj* 1. *(instant)* sofortig, umgehend, unverzüglich; 2. *(vicinity, future)* unmittelbar, nächste(r,s), direkt
immediately [ɪ'miːdɪətlɪ] *adv* 1. *(right away)* sofort, umgehend, unverzüglich; 2. *(directly)* direkt, unmittelbar; *konj* 3. *(UK)* sobald
immedicable [ɪ'medɪkəbl] *adj* unheilbar
immemorial [ɪmə'mɔːrɪəl] *adj since time ~* seit ewigen Zeiten
immerse [ɪ'mɜːs] *v* eintauchen, tauchen, versenken; *to be ~d in sth (fig)* in etw vertieft sein
immigrate ['ɪmɪgreɪt] *v* einwandern, immigrieren; *~ to* einwandern in
imminent ['ɪmɪnənt] *adj* nahe bevorstehend
immobile [ɪ'məʊbaɪl] *adj* unbeweglich
immobilize [ɪ'məʊbɪlaɪz] *v* 1. unbeweglich machen; *(traffic)* lahm legen; 2. *(a broken limb)* ruhig stellen
immoderate [ɪ'mɒdərət] *adj* unmäßig, maßlos, übertrieben
immodest [ɪ'mɒdɪst] *adj* 1. unbescheiden; 2. *(indecent)* unanständig, schamlos
immolate ['ɪməʊleɪt] *v* opfern
immoral [ɪ'mɒrəl] *adj* unmoralisch, unsittlich; *(person)* sittenlos
immorality [ɪmə'rælɪtɪ] *sb* Unmoral *f*
immortal [ɪ'mɔːtl] *adj* unsterblich
immortality [ɪmɔː'tælɪtɪ] *sb* Unsterblichkeit *f*
immovable [ɪ'muːvəbl] *adj* unbeweglich; *(person: steadfast)* fest
immutability [ɪmjuːtə'bɪlɪtɪ] *sb* Unveränderlichkeit *f*, Unwandelbarkeit *f*
immutable [ɪ'mjuːtəbl] *adj* unveränderlich, unwandelbar
imp [ɪmp] *sb* 1. Kobold *m*; 2. Schlingel *m (fam)*
impact ['ɪmpækt] *sb* 1. Aufprall *m*; 2. *(of two moving objects)* Zusammenprall *m*; 3. *(force)* Wucht *f*; 4. *(fig)* Auswirkung *f*; *have an ~ on* sich auswirken auf
impair [ɪm'pɛə] *v* beeinträchtigen, verschlechtern, schaden
impale [ɪm'peɪl] *v* aufspießen
impalpable [ɪm'pælpəbl] *adj* 1. nicht fühlbar; 2. *(fig)* nicht greifbar
impart [ɪm'pɑːt] *v (bestow)* verleihen
impartial [ɪm'pɑːʃəl] *adj* unparteiisch, unvoreingenommen, unbefangen
impassable [ɪm'pɑːsəbl] *adj* unpassierbar, ungangbar
impasse [æm'pɑːs] *sb to have reached an ~* sich festgefahren haben
impassion [ɪm'pæʃən] *v* in Leidenschaft versetzen
impassioned [ɪm'pæʃənd] *adj* leidenschaftlich
impatience [ɪm'peɪʃəns] *sb* Ungeduld *f*
impatient [ɪm'peɪʃənt] *adj* ungeduldig
impeach [ɪm'piːtʃ] *v* 1. anklagen; *(US: a president)* ein Impeachment einleiten gegen; 2. *(challenge)* anzweifeln, infrage stellen
impeachment [ɪm'piːtʃmənt] *sb* 1. *(accusation)* Beschuldigung (wegen Amtsmissbrauchs) *f*; 2. *(calling into question)* Anfechtung *f*
impeccable [ɪm'pekəbl] *adj* untadelig, tadellos
impecunious [ɪmpɪ'kjuːnɪəs] *adj* mittellos, arm
impede [ɪm'piːd] *v* hindern, behindern
impediment [ɪm'pedɪmənt] *sb* 1. Hindernis *n*; 2. *MED* Behinderung *f*; *speech ~* Sprachfehler *m*
impel [ɪm'pel] *v* 1. *(drive on)* treiben; 2. *(force)* nötigen
impend [ɪm'pend] *v* nahe bevorstehen, drohen
impenetrable [ɪm'penɪtrəbl] *adj* 1. undurchdringlich; 2. *(fig: mystery)* unergründlich
imperative [ɪm'perətɪv] *adj* 1. *(absolutely necessary)* dringend notwendig, unerlässlich, unbedingt erforderlich; *sb* 2. *GRAMM* Imperativ *m*, Befehlsform *f*
imperceptible [ɪmpə'septəbl] *adj* 1. nicht wahrnehmbar, unmerklich; 2. *(tiny)* verschwindend klein
imperfect [ɪm'pɜːfɪkt] *adj* 1. unvollkommen, mangelhaft; *(goods)* fehlerhaft; 2. *(incomplete)* unvollständig, unvollkommen; *sb*

I

3. GRAMM Imperfekt *n,* unvollendete Vergangenheit *f*
imperial [ɪm'pɪərɪəl] *adj 1.* kaiserlich, Kaiser... *2. (weights, measures)* englisch
imperil [ɪm'perɪl] *v* gefährden
imperious [ɪm'pɪərɪəs] *sb* herrisch, gebieterisch
imperishable [ɪm'perɪʃəbl] *adj* unvergänglich
impermeable [ɪm'pɜːmɪəbl] *adj* undurchlässig
impersonal [ɪm'pɜːsnl] *adj* unpersönlich
impersonate [ɪm'pɜːsəneɪt] *v 1. (pass o.s. off as)* sich ausgeben als; *2. (for comic purposes)* imitieren, nachahmen
impertinent [ɪm'pɜːtɪnənt] *adj* unverschämt, frech
imperturbable [ɪmpə'tɜːbəbl] *adj* unerschütterlich, gelassen

I

impervious [ɪm'pɜːvɪəs] *adj 1.* undurchdringlich, undurchlässig; *2. ~ to (fig)* unzugänglich für; *(criticism)* unberührt von
impetuous [ɪm'petjʊəs] *adj* ungestüm, stürmisch, hitzig
impetus ['ɪmpɪtəs] *sb 1. PHYS* Stoßkraft *f,* Triebkraft *f,* Schwung *m; 2. (fig)* Antrieb *m,* Anstoß *m,* Schwung *m*
impinge [ɪm'pɪndʒ] *v ~ upon* stoßen gegen
impious ['ɪmpɪəs] *adj 1.* gottlos, ungläubig; *2. (irreverent)* pietätlos
impish ['ɪmpɪʃ] *adj* schelmisch, spitzbübisch, verschmitzt
implacable [ɪm'plækəbl] *adj* unversöhnlich, unerbittlich
implement ['ɪmplɪmənt] *v 1.* durchführen, ausführen; *2. (a law)* anwenden; *sb 3.* Werkzeug *n,* Gerät *n*
implementation [ɪmplɪmen'teɪʃən] *sb* Ausführung *f,* Durchführung *f*
implicate ['ɪmplɪkeɪt] *v ~ s.o. in sth* jdn in etw verwickeln
implication [ɪmplɪ'keɪʃən] *sb 1.* Bedeutung *f; 2. (in a crime)* Verwicklung *f*
implicit [ɪm'plɪsɪt] *adj 1.* inbegriffen, unausgesprochen; *2. (unquestioning)* bedingungslos
implore [ɪm'plɔː] *v* anflehen, beschwören
imply [ɪm'plaɪ] *v 1.* andeuten; *2. (involve)* bedeuten
impolite [ɪmpə'laɪt] *adj* unhöflich
imponent [ɪm'pəʊnənt] *sb* Verpflichtende(r) *m/f*
importance [ɪm'pɔːtəns] *sb* Wichtigkeit *f,* Bedeutung *f*
important [ɪm'pɔːtənt] *adj* wichtig, bedeutend
importation [ɪmpɔː'teɪʃən] *sb* Import *m*
importunate [ɪm'pɔːtjʊnɪt] *adj* aufdringlich
importune [ɪmpɔː'tjuːn] *v* belästigen
impose [ɪm'pəʊz] *v 1. ~ on s.o.* sich jdm aufdrängen, jdm zur Last fallen; *2. (sth) (task, conditions)* auferlegen; *3. (a fine)* verhängen; *4. (a tax)* erheben
imposition [ɪmpə'zɪʃən] *sb ECO* Auferlegung *f,* Verhängung *f,* Erhebung *f*
impossible [ɪm'pɒsəbl] *adj* unmöglich
impost ['ɪmpəʊst] *sb (tax, duty)* Ausgleichsabgabe *f,* Steuer *f,* Einfuhrzoll *m*
impound [ɪm'paʊnd] *v 1.* beschlagnahmen; *2. (a car)* abschleppen lassen
impoverish [ɪm'pɒvərɪʃ] *v* arm machen
impracticable [ɪm'præktɪkəbl] *adj* undurchführbar
impractical [ɪm'præktɪkəl] *adj* unpraktisch
imprecate ['ɪmprɪkeɪt] *v* verwünschen, verfluchen
imprecation [ɪmprɪ'keɪʃən] *sb* Fluch *m,* Verwünschung *f*
imprecise [ɪmprɪ'saɪs] *adj* ungenau
impregnable [ɪm'pregnəbl] *adj (fortress)* uneinnehmbar
impregnate ['ɪmpregneɪt] *v (a woman)* schwängern
impresa [ɪm'preɪzə] *sb* Motto *n,* Wahlspruch *m*
impress [ɪm'pres] *v 1.* beeindrucken, Eindruck machen auf, imponieren; *2. ~ sth on s.o.* jdm etw deutlich klarmachen
impression [ɪm'preʃən] *sb 1.* Eindruck *m; to be under the ~ that ...* den Eindruck haben, dass ...; *2. (humorous impersonation)* Nachahmung *f,* Imitation *f; 3. (wax ~, plaster ~)* Abdruck *m,* Eindruck *m*
impressionable [ɪm'preʃənəbl] *adj* leicht zu beeindrucken, beeinflussbar
impressive [ɪm'presɪv] *adj* eindrucksvoll, beeindruckend, imposant
imprest [ɪm'prest] *sb* Vorschuss *m*
imprint [ɪm'prɪnt] *v 1.* prägen; *2. (fig)* einprägen; ['ɪmprɪnt] *sb 3.* Abdruck *m; 4. (publisher's)* Impressum *n*
imprison [ɪm'prɪzn] *v* inhaftieren
imprisonment [ɪm'prɪznmənt] *sb 1. (imprisoning)* Einsperren *n,* Inhaftierung *f; 2. (state)* Gefangenschaft *f; 3. (sentence) JUR* Freiheitsstrafe *f*

improbability [ɪmprɒbə'bɪlɪtɪ] *sb* Unwahrscheinlichkeit *f*
improbable [ɪm'prɒbəbl] *adj* unwahrscheinlich
improbity [ɪm'prəʊbɪtɪ] *sb* Unredlichkeit *f*, Unehrlichkeit *f*
impromptu [ɪm'prɒmptjuː] *adj* improvisiert, aus dem Stegreif
improper [ɪm'prɒpə] *adj 1. (wrong)* falsch; *2. (unseemly)* unschicklich; *3. (not fitting)* unpassend
impropriety [ɪmprə'praɪɪtɪ] *sb* Ungehörigkeit *f*

improve [ɪm'pruːv] *v 1. (get better)* sich verbessern, sich bessern; *2. ~ upon* übertreffen, besser machen; *3. (sth)* verbessern; *(refine)* verfeinern; *(sth's appearance)* verschönern

improvement [ɪm'pruːvmənt] *sb* Verbesserung *f*, Besserung *f*, Verschönerung *f*
imprudent [ɪm'pruːdənt] *adj* unklug
impudence ['ɪmpjʊdəns] *sb* Unverschämtheit *f*, Frechheit *f*
impudent ['ɪmpjʊdənt] *adj* unverschämt
impugn [ɪm'pjuːn] *v* angreifen, anfechten
impuissant [ɪm'pjuːɪsnt] *adj* schwach
impulse ['ɪmpʌls] *sb 1.* Antrieb *m*, Triebkraft *f*; *2. (fig: thought, urge)* Impuls *m*, plötzliche Regung *f*
impulsion [ɪm'pʌlʃən] *sb* Impuls *m*, Drang *m*, Trieb *m*
impulsive [ɪm'pʌlsɪv] *adj (fig)* impulsiv
impunity [ɪm'pjuːnɪtɪ] *sb* Straffreiheit *f*; *with ~* straflos, ungestraft
impure [ɪm'pjʊə] *adj* unrein, unsauber, verunreinigt
impurity [ɪm'pjʊərɪtɪ] *sb 1.* Unreinheit *f*, *2. TECH, CHEM* Verunreinigung *f*
imputable [ɪm'pjuːtəbl] *adj* zuzuschreiben
impute [ɪm'pjuːt] *v* zuschreiben

in [ɪn] *prep 1.* in; *~ the street* auf der Straße; *~ the sky* am Himmel; *~ here* hier drin; *~ French* auf Französisch; *written ~ pencil* mit Bleistift geschrieben; *three metres ~ length* drei Meter lang; *adj 2. (fam: ~ fashion)* in; *adv 3. (present)* da; *Is Mr Morgan ~?* Ist Herr Morgan da? *4. to be ~ on sth* an einer Sache beteiligt sein; *(on a secret)* über etw Bescheid wissen; *5. to be ~ for it (fam)* dran sein, vor Schwierigkeiten stehen

inability [ɪnə'bɪlɪtɪ] *sb* Unfähigkeit *f*
inaccessible [ɪnæk'sesəbl] *adj* unzugänglich
inaccuracy [ɪn'ækjʊrəsɪ] *sb 1.* Ungenauigkeit *f*; *2. (mistake)* Fehler *m*
inaccurate [ɪn'ækjʊrɪt] *adj 1.* ungenau; *2. (wrong)* falsch
inactivity [ɪnæk'tɪvɪtɪ] *sb* Untätigkeit *f*
inadequacy [ɪn'ædɪkwəsɪ] *sb* Unzulänglichkeit *f*
inadequate [ɪn'ædɪkwət] *adj* unzulänglich, ungenügend
inadmissible [ɪnəd'mɪsəbl] *adj* unzulässig
inadvertence [ɪnəd'vɜːtns] *sb* Unabsichtlichkeit *f*
inadvertent [ɪnəd'vɜːtənt] *adj* unbeabsichtigt, unabsichtlich, versehentlich
inadvisable [ɪnəd'vaɪzəbl] *adj* nicht ratsam, nicht zu empfehlen
inalienable [ɪn'eɪlɪənəbl] *adj* unveräußerlich
inalterable [ɪn'ɔːltərəbl] *adj* unveränderbar, unveränderlich
inane [ɪ'neɪn] *adj* albern, idiotisch
inanimate [ɪn'ænɪmət] *adj* leblos
inanition [ɪnə'nɪʃən] *sb* Auszehrung *f*, Entkräftung *f*
inanity [ɪ'nænɪtɪ] *sb* Idiotie *f (fig)*
inapplicable [ɪn'æplɪkəbl] *adj* nicht zutreffend, ungeeignet, nicht anwendbar
inappreciative [ɪnə'priːʃətɪv] *adj to be ~ of sth* etw nicht zu schätzen wissen
inapprehensive [ɪnæprɪ'hensɪv] *adj* unbesorgt, bedenkenlos
inappropriate [ɪnə'prəʊprɪət] *adj* unpassend; *(action)* unangemessen
inapt [ɪn'æpt] *adj* unfähig, ungeeignet
inarticulate [ɪnɑː'tɪkjʊlɪt] *adj (person)* unfähig, sich deutlich auszudrücken; wenig wortgewandt
inasmuch [ɪnəz'mʌtʃ] *konj ~ as* da, weil; *(to the extent that)* insofern als
inaugurate [ɪ'nɔːgjʊreɪt] *v 1. (an official)* ins Amt einsetzen; *2. (an era)* einleiten; *3. (a building)* einweihen
inauspicious [ɪnɔːs'pɪʃəs] *adj* ungünstig, unheilvoll, drohend
in-between [ɪnbɪ'twiːn] *adj* Mittel..., Zwischen...
inborn ['ɪnbɔːn] *adj* angeboren
inbound ['ɪnbaʊnd] *adj 1. NAUT* einlaufend; *2. (traffic)* stadteinwärts
inbred [ɪn'bred] *adj 1. (innate)* angeboren, vererbt; *2. (from inbreeding)* durch Inzucht erworben

I

I

inbreeding ['ɪnbriːdɪŋ] *sb* Inzucht *f*
incalculable [ɪn'kælkjʊləbl] *adj 1.* unermesslich; *2. (mood)* unberechenbar
incandescent [ɪnkæn'desnt] *adj* weiß glühend, Glüh...
incantation [ɪnkæn'teɪʃən] *sb* Zauberspruch *m,* Zauberformel *f*
incapable [ɪn'keɪpəbl] *adj* unfähig
incapacitate [ɪnkə'pæsɪteɪt] *v* unfähig machen, untauglich machen
incapacitated [ɪnkə'pæsɪteɪtɪd] *adj 1. physically ~* körperlich behindert; *2. (unable to work)* erwerbsunfähig
incapacity [ɪnkə'pæsɪtɪ] *sb* Unfähigkeit *f*
incarcerate [ɪn'kɑːsəreɪt] *v* einsperren
incendiary [ɪn'sendɪərɪ] *adj 1.* Brand..., Feuer...; *2. (fig: seditious)* aufhetzend
incense ['ɪnsens] *sb* Weihrauch *m*
incensed [ɪn'senst] *adj* wütend
incentive [ɪn'sentɪv] *sb* Ansporn *m*
inception [ɪn'sepʃən] *sb* Anfang *m*
inceptive [ɪn'septɪv] *adj* beginnend
incertitude [ɪn'sɜːtɪtjuːd] *sb* Ungewissheit *f,* Unsicherheit *f*
incessant [ɪn'sesnt] *adj* unaufhörlich, unablässig, ständig
inch [ɪntʃ] *sb 1.* Zoll *m; ~ by ~* Zentimeter um Zentimeter; *v 2. ~ forward* sich zentimeterweise vorwärts schieben
inchoate [ɪn'kəʊeɪt] *adj* unvollständig, unausgebildet
incidence ['ɪnsɪdəns] *sb* Auftreten *n,* Vorkommen *n*
incident ['ɪnsɪdənt] *sb 1.* Ereignis *n,* Begebenheit *f,* Vorfall *m; 2. (international ~)* Zwischenfall *m*
incidental [ɪnsɪ'dentl] *adj 1.* beiläufig; *to be ~ to* gehören zu; *2. (unplanned)* zufällig; *3. ~ expenses* Nebenkosten *pl*
incidentally [ɪnsɪ'dentəlɪ] *adv (by the way)* übrigens
incinerate [ɪn'sɪnəreɪt] *v* verbrennen; *(corpse)* einäschern
incineration [ɪnsɪnə'reɪʃən] *sb* Verbrennung *f,* Einäscherung *f*
incipient [ɪn'sɪpɪənt] *adj* anfangend
incise [ɪn'saɪz] *v* einschneiden
incisive [ɪn'saɪsɪv] *adj 1. (style, tone)* prägnant; *2. (criticism)* treffend; *3. (mind)* scharf
incisor [ɪn'saɪsə] *sb ANAT* Schneidezahn *m*
incivility [ɪnsɪ'vɪlɪtɪ] *sb* Unhöflichkeit *f*
inclement [ɪn'klemənt] *adj (weather)* unfreundlich
inclination [ɪnklɪ'neɪʃən] *sb* Neigung *f*
incline [ɪn'klaɪn] *v 1.* neigen; *2. to be ~d to do sth* etw tun wollen; *(have a tendency to do sth)* dazu neigen, etw zu tun; *to be ~d to think that ...* zu der Ansicht neigen, dass ...; *if you feel so ~d.* falls Sie Lust haben; ['ɪnklaɪn] *sb 3.* Neigung *f,* Abhang *m,* Gefälle *n*
include [ɪn'kluːd] *v 1.* einschließen, enthalten, umfassen; *2. (apply to as well)* einschließen, betreffen, gelten für; *3. tax ~d* einschließlich Steuer, inklusive Steuer; *4. (add)* aufnehmen
including [ɪn'kluːdɪŋ] *prep* einschließlich, inklusive
inclusion [ɪn'kluːʒən] *sb* Einbeziehung *f,* Einschluss *m,* Aufnahme *f*
inclusive [ɪn'kluːsɪv] *adj ~ of* einschließlich, inklusive
incoercible [ɪnkəʊ'ɜːsəbl] *adj* nicht erzwingbar
incognito [ɪnkɒg'niːtəʊ] *adv* inkognito
incoherence [ɪnkəʊ'hɪərəns] *sb (of sth)* Zusammenhangslosigkeit *f*
incoherent [ɪnkəʊ'hɪərənt] *adj 1.* zusammenhangslos, wirr; *2. (person)* schwer verständlich
incombustible [ɪnkəm'bʌstəbl] *adj* nicht brennbar, unbrennbar
income ['ɪnkʌm] *sb* Einkommen *n,* Einkünfte *pl*
incoming ['ɪnkʌmɪŋ] *adj 1.* ankommend, hereinkommend; *2. (post)* eingehend
incommode [ɪnkə'məʊd] *v* stören, belästigen
incommunicado [ɪnkəmjʊnɪ'kɑːdəʊ] *adj* nicht erreichbar
incomparable [ɪn'kɒmpərəbl] *adj* unvergleichlich
incompatibility [ɪnkəmpætə'bɪlɪtɪ] *sb* Unvereinbarkeit *f,* Unverträglichkeit *f*
incompatible [ɪnkəm'pætəbl] *adj* unvereinbar; *(drugs, blood groups)* nicht miteinander verträglich
incompetence [ɪn'kɒmpɪtəns] *sb 1.* Unfähigkeit *f,* Untauglichkeit *f; 2. JUR* Unzuständigkeit *f,* Inkompetenz *f*
incompetent [ɪn'kɒmpɪtənt] *adj 1.* unfähig; *(for sth)* untauglich; *2. JUR* nicht zuständig, inkompetent
incomplete [ɪnkəm'pliːt] *adj* unvollständig, unvollendet, unvollkommen
incompliant [ɪnkəm'plaɪənt] *adj* unnachgiebig
incomprehensible [ɪnkɒmprɪ'hensəbl] *adj* unbegreiflich

incomprehension [ɪnkɒmprɪ'henʃən] *sb* Unverständnis *n*
incomprehensive [ɪnkɒmprɪ'hensɪv] *adj* verständnislos
inconclusive [ɪnkən'klu:sɪv] *adj 1.* nicht überzeugend, nicht schlüssig; *2. (action)* ergebnislos
incongruity [ɪnkɒŋ'gru:ɪtɪ] *sb 1.* Nichtübereinstimmung *f; 2. (unsuitability)* Unangemessenheit *f*
incongruous [ɪn'kɒŋgrʊəs] *adj 1.* nicht zueinander passend, nicht übereinstimmend; *(thing to do)* unpassend; *2. (out of place)* fehl am Platz
inconsequential [ɪnkɒnsɪ'kwenʃəl] *adj 1. (unimportant)* unbedeutend, unwichtig; *2. (irrelevant)* nicht zur Sache gehörig, irrelevant
inconsiderable [ɪnkən'sɪdərəbl] *adj* unbedeutend, unerheblich
inconsiderate [ɪnkən'sɪdərət] *adj* rücksichtslos, unbedacht
inconsistent [ɪnkən'sɪstənt] *adj 1. (uneven)* unbeständig; *2. (contradictory)* widersprüchlich
inconsolable [ɪnkən'səʊləbl] *adj* untröstlich
inconspicuous [ɪnkən'spɪkjʊəs] *adj* unauffällig
inconstant [ɪn'kɒnstənt] *adj 1.* unbeständig; *2. (unfaithful)* treulos
inconsumable [ɪnkən'sju:məbl] *adj* ungenießbar
incontestable [ɪnkən'testəbl] *adj* unbestreitbar, unanfechtbar
incontinent [ɪn'kɒntɪnənt] *adj 1. (sexually)* unkeusch; *2. MED* nicht im Stande, etw zurückzuhalten
inconvenience [ɪnkən'vi:nɪəns] *v 1. ~ s.o.* jdm lästig sein, jdm Umstände machen; *sb 2.* Unannehmlichkeit *f,* Lästigkeit *f,* Unbequemlichkeit *f*
inconvenient [ɪnkən'vi:nɪənt] *adj* ungünstig
incorporable [ɪn'kɔ:pərəbl] *adj* integrierbar
incorporate [ɪn'kɔ:pəreɪt] *v 1.* aufnehmen, einbauen, integrieren; *2. (contain)* enthalten, einschließen; *3. ECO* gesellschaftlich organisieren; *(US)* als Aktiengesellschaft eintragen
incorporation [ɪnkɔ:pə'reɪʃən] *sb 1.* Aufnahme *f,* Integration *f; 2. ECO* Gründung *f*
incorporeal [ɪnkɔ:'pɔ:rɪəl] *adj* nicht körperlich, geistig
incorrect [ɪnkə'rekt] *adj 1.* falsch, unrichtig, irrig; *2. (improper)* inkorrekt, ungehörig
incorrigible [ɪn'kɒrɪdʒəbl] *adj* unverbesserlich
incorruptible [ɪnkə'rʌptəbl] *adj (not bribable)* unbestechlich

> **increase** [ɪn'kri:s] *v 1.* zunehmen; *2. (amount, number)* anwachsen; *3. (sales, demand)* steigen; *4. (rage)* sich vergrößern; *5. (difficulties)* sich vermehren; *6. (sth)* vergrößern; *(taxes, price, speed)* erhöhen; *(performance)* steigern; ['ɪnkri:s] *sb 7.* Zunahme *f,* Erhöhung *f,* Steigerung *f*

increasingly [ɪn'kri:sɪŋlɪ] *adv* immer mehr; *it's becoming ~ difficult* es wird immer schwieriger
incredible [ɪn'kredəbl] *adj* unglaublich
incredibly [ɪn'kredəblɪ] *adv (fam: extremely)* unheimlich
incredulous [ɪn'kredjʊləs] *adj* ungläubig
increment ['ɪnkrɪmənt] *sb* Zuwachs *m*
incriminate [ɪn'krɪmɪneɪt] *v JUR* belasten
incubate ['ɪnkjʊbeɪt] *v 1.* brüten; *2. (egg)* ausbrüten; *(bacteria)* züchten; *3. (fig: an idea)* ausbrüten
incubator ['ɪnkjʊbeɪtə] *sb (for babies)* Brutkasten *m, (for bacteria)* Brutschrank *m*
incumbent [ɪn'kʌmbənt] *adj POL* amtierend
incur [ɪn'kɜ:] *v* sich zuziehen, auf sich ziehen; *~ debts* Schulden machen; *~ losses* Verluste erleiden
incurable [ɪn'kjʊərəbl] *adj 1.* unheilbar; *2. (fig)* unverbesserlich
indebted [ɪn'detɪd] *adj to be ~ to s.o. for sth* jdm etw zu verdanken haben, für etw in jds Schuld stehen
indecency [ɪn'di:snsɪ] *sb* Unanständigkeit *f,* Anstößigkeit *f*
indecent [ɪn'di:snt] *adj* unanständig
indecipherable [ɪndɪ'saɪfərəbl] *adj* nicht zu entziffern
indecision [ɪndɪ'sɪʒən] *sb* Unentschlossenheit *f*
indecisive [ɪndɪ'saɪsɪv] *adj 1.* unentschlossen, unschlüssig, schwankend; *2. (battle, argument)* nicht entscheidend
indeed [ɪn'di:d] *adv 1. (really, in fact)* tatsächlich, wirklich, in der Tat; *2. (yes, that's true)* allerdings, aber sicher; *3. (admittedly)* zwar
indefatigable [ɪndɪ'fætɪgəbl] *adj* unermüdlich

indefensible [ɪndɪ'fensəbl] *adj 1. (fig)* nicht zu rechtfertigen, unentschuldbar; *2. MIL* nicht zu verteidigen
indefinite [ɪn'defɪnɪt] *adj 1.* unbestimmt; *2. (vague)* unklar, undeutlich
indemnification [ɪndemnɪfɪ'keɪʃən] *sb 1.* Entschädigung *f; 2. (safeguard)* Absicherung *f; 3. (insurance)* Versicherung *f*
indemnify [ɪn'demnɪfaɪ] *v 1.* entschädigen; *2. (safeguard)* absichern; *3. (insure)* versichern
indemnity [ɪn'demnɪtɪ] *sb 1.* Entschädigung *f; 2. (insurance)* Versicherung *f; 3. (sum)* Entschädigungssumme *f*
indent [ɪn'dent] *v (a line)* einrücken
independence [ɪndɪ'pendəns] *sb 1.* Unabhängigkeit *f; 2. (one person's)* Selbstständigkeit *f*

I

independent [ɪndɪ'pendənt] *adj* unabhängig, selbstständig
in-depth ['ɪndepθ] *adj* eingehend, gründlich
indescribable [ɪndɪs'kraɪbəbl] *adj* unbeschreiblich
indestructible [ɪndɪ'strʌktəbl] *adj* unzerstörbar, unverwüstlich
indeterminate [ɪndɪ'tɜːmɪnət] *adj* unbestimmt, ungewiss; *(meaning)* unklar
India ['ɪndɪə] *sb GEO* Indien *n*
Indian ['ɪndɪən] *sb 1. (from India)* Inder *m; 2. (Native American)* Indianer *m; adj 3. (pertaining to India)* indisch; *4. (Native American)* indianisch
indicate ['ɪndɪkeɪt] *v 1. (mark)* zeigen, bezeichnen, deuten auf; *2. (gesture, express)* andeuten, zeigen, zu verstehen geben; *3. (to be a sign of)* erkennen lassen, hinweisen auf, hindeuten auf
indication [ɪndɪ'keɪʃən] *sb 1. (sign)* Anzeichen *n,* Hinweis *m; 2. (suggestion)* Andeutung *f; 3. (on a gauge)* Anzeige *f*
indicative [ɪn'dɪkətɪv] *adj to be ~ of sth* auf etw hinweisen, auf etw hindeuten, auf etw schließen lassen
indicator ['ɪndɪkeɪtə] *sb 1. (gauge)* Anzeige *f; 2. (needle)* Zeiger *m; 3. CHEM (substance)* Indikator *m*
indict [ɪn'daɪt] *v* anklagen
indictment [ɪn'daɪtmənt] *sb JUR* Anklage *f; (by a grand jury)* Anklagebeschluss *m*
indifference [ɪn'dɪfrəns] *sb 1.* Gleichgültigkeit *f; 2. (mediocrity)* Mittelmäßigkeit *f*
indifferent [ɪn'dɪfrənt] *adj 1.* gleichgültig; *2. (mediocre)* mittelmäßig
indigence ['ɪndɪdʒəns] *sb* Armut *f,* Mittellosigkeit *f*
indigenous [ɪn'dɪdʒɪnəs] *adj* einheimisch
indigent ['ɪndɪdʒənt] *adj* arm, bedürftig, mittellos
indigestible [ɪndɪ'dʒestəbl] *adj* unverdaulich
indigestion [ɪndɪ'dʒestʃən] *sb* Magenverstimmung *f*
indignant [ɪn'dɪgnənt] *adj* empört, ungehalten, entrüstet
indignation [ɪndɪg'neɪʃən] *sb* Empörung *f,* Unwille *m,* Entrüstung *f*
indignity [ɪn'dɪgnɪtɪ] *sb* Demütigung *f*
indirect [ɪndɪ'rekt] *adj 1.* indirekt; *2. (result)* mittelbar
indiscernible [ɪndɪ'sɜːnəbl] *adj* nicht wahrnehmbar, unmerklich
indiscriminate [ɪndɪs'krɪmɪnət] *adj* wahllos, unüberlegt, kritiklos
indispensable [ɪndɪs'pensəbl] *adj* unentbehrlich, unerlässlich; *(obligation)* unbedingt erforderlich
indisposed [ɪndɪs'pəʊzd] *adj* indisponiert
indisputable [ɪndɪ'spjuːtəbl] *adj* unbestreitbar
indistinct [ɪndɪ'stɪŋkt] *adj* unklar, undeutlich
indistinguishable [ɪndɪ'stɪŋgwɪʃəbl] *adj ~ from* nicht zu unterscheiden von
individual [ɪndɪ'vɪdjʊəl] *adj 1.* einzeln; *2. (distinctive)* eigen, individuell; *sb 3.* Einzelne(r) *m/f,* Individuum *n,* Einzelperson *f; 4. (pejorative)* Person *f,* Individuum *n; a scruffy ~* ein ungepflegter Typ
individuality [ɪndɪvɪdjʊ'ælɪtɪ] *sb* Individualität *f,* Eigenart *f*
individualize [ɪndɪ'vɪdjʊəlaɪz] *v* individuell gestalten
individually [ɪndɪ'vɪdjʊəlɪ] *adv 1.* individuell; *2. (separately)* einzeln
indivisible [ɪndɪ'vɪzəbl] *adj* unteilbar
indocile [ɪn'dəʊsaɪl] *adj* unlenksam, ungelehrig
indolent ['ɪndələnt] *adj* träge
indoors [ɪn'dɔːz] *adv* im Hause, zu Hause, drinnen
indubitably [ɪn'djuːbɪtəblɪ] *adv* zweifelsohne, zweifellos
induce [ɪn'djuːs] *v 1. (a reaction)* herbeiführen; *2. (labour, birth)* einleiten; *3. (electrical current)* induzieren; *4. ~ s.o. to do sth (persuade)* jdn veranlassen, etw zu tun/ jdn dazu bewegen, etw zu tun

inducement [ɪn'djuːsmənt] *sb (incentive)* Anreiz *m,* Ansporn *m*
induct [ɪn'dʌkt] *v 1.* einweihen; *2. (US) MIL* einberufen
inductile [ɪn'dʌktaɪl] *adj* unbeugsam, unnachgiebig
induction [ɪn'dʌkʃən] *sb* Induktion *f*
indulge [ɪn'dʌldʒ] *v 1. ~ in sth* sich etw gönnen, sich etw genehmigen; *(a vice)* sich einer Sache hingeben; *2. (s.o.)* nachgeben; *(spoil a child)* verwöhnen
indulgence [ɪn'dʌldʒəns] *sb 1.* Nachgiebigkeit *f,* Nachsicht *f,* Verwöhnung *f; 2. (thing indulged in)* Genuss *m; 3. (Papal ~) HIST, REL* Ablass *m*
indulgent [ɪn'dʌldʒənt] *adj* nachsichtig
industrial [ɪn'dʌstrɪəl] *adj* industriell, Industrie..., Betriebs...
industrial action [ɪn'dʌstrɪəl 'ækʃən] *sb (UK)* Arbeitskampfmaßnahmen *pl*
industrial estate [ɪn'dʌstrɪəl ɪs'teɪt] *sb (UK)* Industriegebiet *n*
industrialism [ɪn'dʌstrɪəlɪzəm] *sb* Industrie *f*
industrialization [ɪndʌstrɪəlaɪ'zeɪʃən] *sb* Industrialisierung *f*
industrious [ɪn'dʌstrɪəs] *adj* fleißig, arbeitsam, emsig
industry ['ɪndəstrɪ] *sb 1.* Industrie *f; 2. (industriousness)* Fleiß *m*
inebriate [ɪn'iːbrɪeɪt] *v* trunken machen, berauschen
inedible [ɪn'edɪbl] *adj* ungenießbar, nicht essbar
ineffective [ɪnɪ'fektɪv] *adj* unwirksam, wirkungslos; *(person)* unfähig
ineffectiveness [ɪnɪ'fektɪvnɪs] *sb* Wirkungslosigkeit *f; (of a person)* Unfähigkeit *f*
ineffectual [ɪnɪ'fektjʊəl] *adj* unwirksam
inefficiency [ɪnɪ'fɪʃənsɪ] *sb 1. (of a method)* Unproduktivität *f; 2. (of a person)* Untüchtigkeit *f; 3. (of a machine, of a company)* Leistungsunfähigkeit *f*
inefficient [ɪnɪ'fɪʃənt] *adj 1. (method)* unproduktiv; *2. (person)* untüchtig; *3. (machine, company)* leistungsunfähig
ineligible [ɪn'elɪdʒəbl] *adj* nicht berechtigt, ohne die nötigen Voraussetzungen
inept [ɪ'nept] *adj* ungeschickt
inequable [ɪn'ekwəbl] *adj* ungleichmäßig, unausgeglichen
inequitable [ɪn'ekwɪtəbl] *adj* ungerecht
ineradicable [ɪnɪ'rædɪkəbl] *adj* unausrottbar, tief verwurzelt
inert [ɪ'nɜːt] *adj 1. (person)* reglos; *2. PHYS* träge
inescapable [ɪnɪs'keɪpəbl] *adj* unvermeidlich
inevitable [ɪn'evɪtəbl] *adj* unvermeidlich
inexact [ɪnɪg'zækt] *adj* ungenau
inexcusable [ɪnɪk'skjuːzəbl] *adj* unverzeihlich
inexorable [ɪn'eksərəbl] *adj* unerbittlich
inexpensive [ɪnɪk'spensɪv] *adj* nicht teuer, billig
inexpert [ɪn'ekspɜːt] *adj* unfachmännisch, laienhaft
inexplicable [ɪnɪks'plɪkəbl] *adj* unerklärlich, unverständlich
inextricable [ɪnɪk'strɪkəbl] *adj* unentwirrbar, unlösbar
infallibility [ɪnfælə'bɪlɪtɪ] *sb* Unfehlbarkeit *f; papal ~ REL* Unfehlbarkeit des Papstes *f*
infallible [ɪn'fælɪbl] *adj* unfehlbar
infamous ['ɪnfəməs] *adj 1. (notorious)* berüchtigt, verrufen; *2. (base)* schändlich, niederträchtig
infamy ['ɪnfəmɪ] *sb 1.* Verrufenheit *f; 2. (baseness)* Niederträchtigkeit *f*
infancy ['ɪnfənsɪ] *sb 1.* frühe Kindheit *f; 2. (fig)* Anfangsstadium *n*
infant ['ɪnfənt] *sb* Säugling *m,* Baby *n,* kleines Kind *n*
infantile ['ɪnfəntaɪl] *adj (childish)* kindisch
infarction [ɪn'fɑːkʃən] *sb MED* Infarkt *m*
infatuated [ɪn'fætjʊeɪtɪd] *adj* vernarrt
infatuation [ɪnfætjʊ'eɪʃən] *sb* Vernarrtheit *f*
infect [ɪn'fekt] *v 1.* anstecken; *2. (a wound)* infizieren
infelicitous [ɪnfɪ'lɪsɪtəs] *adj* unglücklich, unglückselig
infer [ɪn'fɜː] *v* schließen, folgern
inference ['ɪnfərəns] *sb* Schlussfolgerung *f,* Schluss *m*
inferential [ɪnfə'renʃəl] *adj* folgernd
inferior [ɪn'fɪərɪə] *adj 1.* niedriger, geringer, geringwertiger; *to be ~ to s.o.* jdm unterlegen sein; *2. (low-quality)* minderwertig
infernal [ɪn'fɜːnl] *adj 1.* Höllen..., höllisch; *2. (fam: blasted)* verdammt, verteufelt
inferno [ɪn'fɜːnəʊ] *sb* Inferno *n*
infertile [ɪn'fɜːtaɪl] *adj* unfruchtbar
infest [ɪn'fest] *v* befallen, heimsuchen
infestation [ɪnfes'teɪʃən] *sb* Verseuchung *f,* Plage *f*
infidel ['ɪnfɪdəl] *sb* Ungläubige(r) *m/f*
infidelity [ɪnfɪ'delɪtɪ] *sb* Untreue *f*

infighting ['ɪnfaɪtɪŋ] *sb (fig)* interner Machtkampf *m*
infiltrate ['ɪnfɪltreɪt] *v 1. (troops)* infiltrieren; *2. (spies)* einschleusen; *3. (an organization)* unterwandern
infinite ['ɪnfɪnɪt] *adj* unendlich
infinitesimal [ɪnfɪnɪ'tesɪməl] *adj* winzig
infinity [ɪn'fɪnɪtɪ] *sb* Unendlichkeit *f*
infirm [ɪn'fɜːm] *adj* schwach, gebrechlich
infirmary [ɪn'fɜːmərɪ] *sb 1.* Krankenzimmer *n; 2. (hospital)* Krankenhaus *n; 3. MIL* Krankenrevier *n*
infirmity [ɪn'fɜːmɪtɪ] *sb* Schwäche *f,* Invalidität *f*
inflame [ɪn'fleɪm] *v 1.* entzünden; *2. (fig)* reizen
inflammable [ɪn'flæməbl] *adj* feuergefährlich
inflammatory [ɪn'flæmətərɪ] *adj 1. MED* Entzündungs... *2. (fig)* aufrührerisch
inflatable [ɪn'fleɪtəbl] *adj* aufblasbar
inflate [ɪn'fleɪt] *v 1.* sich mit Luft füllen; *2. (with air)* aufpumpen; *(by blowing)* aufblasen; *3. (prices) ECO* hochtreiben
inflation [ɪn'fleɪʃən] *sb 1. ECO* Inflation *f; rate of ~ ECO* Inflationsrate *f; 2. (act of inflating)* Aufpumpen *n,* Aufblasen *n*
inflationary [ɪn'fleɪʃənərɪ] *adj* inflationär
inflect [ɪn'flekt] *v* beugen, biegen
inflection [ɪn'flekʃən] *sb 1.* Flexion *f,* Beugung *f; 2. (of a voice)* Tonfall *m*
inflexible [ɪn'fleksəbl] *adj* unbeugsam
inflict [ɪn'flɪkt] *v 1. (punishment, a fine)* verhängen; *2. (a wound, suffering)* zufügen; *3. ~ o.s. on s.o.* sich jdm aufdrängen
inflow ['ɪnfləʊ] *sb (capital, goods)* Zufluss *m,* Zufuhr *f*
influence ['ɪnflʊəns] *v 1.* beeinflussen; *sb 2.* Einfluss *m*
influential [ɪnflʊ'enʃəl] *adj* einflussreich
influenza [ɪnflʊ'enzə] *sb MED* Grippe *f*
influx ['ɪnflʌks] *sb 1.* Zustrom *m; 2. (of a river)* Mündung *f; 3. (of ideas)* Zufluss *m; 4. ECO* Zufuhr *f*
infomercial [ɪnfəʊ'mɜːʃəl] *sb* Werbesendung *f*
inform [ɪn'fɔːm] *v* benachrichtigen, informieren, mitteilen
informal [ɪn'fɔːməl] *adj 1.* zwanglos, ungezwungen; *2. (meeting, talks)* nicht förmlich, nicht formell, inoffiziell
informant [ɪn'fɔːmənt] *sb* Informant/Informatin *m/f*
information [ɪnfə'meɪʃən] *sb 1.* Information *f; 2. (provided)* Auskunft *f,* Informationen *pl*
informative [ɪn'fɔːmətɪv] *adj 1.* aufschlussreich, informativ; *2. (person)* mitteilsam
informed [ɪn'fɔːmd] *adj (expert)* sachkundig
informer [ɪn'fɔːmə] *sb* Informant *m,* Denunziant *m,* Spitzel *m*
infrequent [ɪn'friːkwənt] *adj* selten
infringe [ɪn'frɪndʒ] *v ~ upon* verstoßen gegen, *(law, copyright)* verletzen; *~ upon s.o.'s rights* in jds Rechte eingreifen
infringement [ɪn'frɪndʒmənt] *sb* Verletzung *f,* Verstoß *m*
infuriate [ɪn'fjʊərɪeɪt] *v* wütend machen
infuse [ɪn'fjuːz] *v (fig)* erfüllen
infuser [ɪn'fjuːzə] *sb (for tea)* Teeei *n*
infusible [ɪn'fjuːzəbl] *adj* unschmelzbar
ingenious [ɪn'dʒiːnɪəs] *adj* genial
ingénue [ænʒeɪ'njuː] *sb THEAT* Naive *f*
ingenuity [ɪndʒɪ'njuːɪtɪ] *sb* Genialität *f; (of a device)* Raffiniertheit *f*
ingenuous [ɪn'dʒenjʊəs] *adj* offen, aufrichtig, unbefangen
ingenuousness [ɪn'dʒenjʊəsnɪs] *sb* Offenheit *f*
ingest [ɪn'dʒest] *v* aufnehmen
ingesta [ɪn'dʒestə] aufgenommene feste und flüssige Nahrung *f*
ingestion [ɪn'dʒestʃən] *sb* Nahrungsaufnahme *f*
ingle ['ɪŋgl] *sb (fireplace)* Kamin *m*
inglenook ['ɪŋglnʊk] *sb (UK)* Kaminecke *f*
inglorious [ɪn'glɔːrɪəs] *adj* unrühmlich
ingoing ['ɪngəʊɪŋ] *adj* eingehend, hereinkommend
ingot ['ɪŋgət] *sb (of gold)* Barren *m*
ingrain [ɪn'greɪn] *v* fest verankern, fest verwurzeln
ingrained [ɪn'greɪnd] *adj 1. (habit)* eingefleischt; *2. (prejudice)* tief verwurzelt
ingratiate [ɪn'greɪʃɪeɪt] *v ~ o.s. with s.o.* sich bei jdm einschmeicheln
ingratiating [ɪn'greɪʃɪeɪtɪŋ] *adj* schmeichlerisch, einnehmend; *an ~ smile* ein gewinnendes Lächeln
ingratitude [ɪn'grætɪtjuːd] *sb* Undankbarkeit *f*
ingredient [ɪn'griːdɪənt] *sb 1.* Bestandteil *m; 2. GAST* Zutat *f*
ingress ['ɪngres] *sb* Eintritt *m,* Zutritt *m*
ingrowing ['ɪngrəʊɪŋ] *adj* eingewachsen
ingrown ['ɪngrəʊn] *adj* eingewachsen

inhabit [ɪn'hæbɪt] *v* bewohnen, wohnen in, leben in
inhabitant [ɪn'hæbɪtənt] *sb 1.* Bewohner *m; 2. (of a city, of a country)* Einwohner *m*
inhale [ɪn'heɪl] *v 1.* einatmen, inhalieren; *2. (in smoking)* Lungenzüge machen
inherent [ɪn'hɪərənt] *adj* innewohnend
inherit [ɪn'herɪt] *v* erben
inheritable [ɪn'herɪtəbl] *adj* erblich
inheritance [ɪn'herɪtəns] *sb 1.* Erbe *n,* Erbschaft *f,* Erbteil *n; 2. BIO* Vererbung *f*
inhibit [ɪn'hɪbɪt] *v* hemmen
inhibited [ɪn'hɪbɪtɪd] *adj* gehemmt
inhibition [ɪnhɪ'bɪʃən] *sb* Hemmung *f*
inhospitable [ɪnhɒs'pɪtəbl] *adj 1.* ungastlich; *2. (climate)* unwirtlich
in-house ['ɪnhaʊs] *adj* intern
inhuman [ɪn'hju:mən] *adj* unmenschlich
inhumane [ɪnhju:'meɪn] *adj* inhuman; *(to people)* menschenunwürdig
inhumanity [ɪnhju:'mænɪtɪ] *sb* Unmenschlichkeit *f*
inimitable [ɪ'nɪmɪtəbl] *adj* unnachahmlich, einzigartig
iniquity [ɪ'nɪkwɪtɪ] *sb 1. (injustice)* Ungerechtigkeit *f; 2. (wicked act)* Missetat *f,* Gräueltat *f*
initial [ɪ'nɪʃəl] *v 1.* mit Initialen unterzeichnen, mit Initialen versehen; *adj 2.* anfänglich, Anfangs..., Ausgangs... *sb 3.* Initiale *f*
initially [ɪ'nɪʃəlɪ] *adv* am Anfang, zu Anfang, anfänglich
initiate [ɪ'nɪʃɪeɪt] *v 1. (sth)* einleiten, beginnen; *2. (into a club)* feierlich aufnehmen; *3. (into a tribe)* initiieren
initiation [ɪnɪʃɪ'eɪʃən] *sb 1.* Einleitung *f,* Beginn *m; 2. (into a club)* Aufnahme *f*
inject [ɪn'dʒekt] *v MED* einspritzen, spritzen; *~ new life into sth (fig)* etw neu beleben
injection [ɪn'dʒekʃən] *sb* Einspritzung *f,* Injektion *f,* Spritze *f*
injunction [ɪn'dʒʌŋkʃən] *sb 1. JUR* gerichtliche Verfügung *f; 2. (against sth)* gerichtlicher Unterlassungsbefehl *m*
injure ['ɪndʒə] *v 1.* verletzen, beschädigen, verwunden; *2. (feelings, pride)* kränken, verletzen; *3. (damage)* schaden
injurious [ɪn'dʒʊərɪəs] *adj* schädlich
injury ['ɪndʒərɪ] *sb 1.* Verletzung *f; 2. (fig)* Kränkung *f; 3. (damage)* Schaden *m*
injustice [ɪn'dʒʌstɪs] *sb* Unrecht *n,* Ungerechtigkeit *f*
ink [ɪŋk] *sb 1.* Tinte *f; 2. ART* Tusche *f; 3. (for publishing)* Druckfarbe *f*
inkling ['ɪŋklɪŋ] *sb* dunkle Ahnung *f*
inkwell ['ɪŋkwel] *sb* Tintenfass *n*
inlaid ['ɪnleɪd] *adj* eingelegt
inland ['ɪnlənd] *adj 1.* Inland...; *adv. 2.* landeinwärts
Inland Revenue ['ɪnlənd 'revənju:] *sb (UK)* Finanzamt *n*
in-laws ['ɪnlɔ:z] *pl* angeheiratete Verwandte *pl; (spouse's parents)* Schwiegereltern *pl*
inlay [ɪn'leɪ] *sb 1. (in a tooth)* Plombe *f,* Zahnfüllung *f; 2.* Intarsia *f; v 3.* auslegen
inlet ['ɪnlet] *sb 1.* Meeresarm *m; 2. (of a river)* Flussarm *m*
inmate ['ɪnmeɪt] *sb* Insasse/Insassin *m/f*
inn [ɪn] *sb* Gasthaus *n,* Wirtshaus *n*
innards ['ɪnədz] *pl 1.* Eingeweide *pl; 2. GAST* Innereien *pl*
innate [ɪ'neɪt] *adj* angeboren, eigen
innately [ɪ'neɪtlɪ] *adv* von Natur aus
inner-city ['ɪnəsɪtɪ] *adj* Innenstadt...
innermost ['ɪnəməʊst] *adj* innerste(r,s)
innocence ['ɪnəsəns] *sb* Unschuld *f*
innocent ['ɪnəsənt] *adj 1.* unschuldig; *2. (mistake)* unabsichtlich
innocuous [ɪ'nɒkjʊəs] *adj* harmlos
innominate [ɪ'nɒmɪnɪt] *adj* namenlos
innovate ['ɪnəveɪt] *v* Neuerungen vornehmen
innovation ['ɪnəveɪʃən] *sb* Innovation *f,* Neuerung *f*
innoxious [ɪ'nɒkʃəs] *adj* unschädlich
innuendo [ɪnjʊ'endəʊ] *sb* versteckte Andeutung *f,* Anspielung *f*
innumerable [ɪ'nju:mərəbl] *adj* unzählig, zahllos
innumerate [ɪ'nju:mərɪt] *adj (UK)* unfähig zu rechnen
inobservance [ɪnəb'zɜ:vəns] *sb 1. (inattention)* Unaufmerksamkeit *f; 2. (inattentiveness)* Nichtbeachtung *f,* Missachtung *f*
inoculate [ɪ'nɒkjʊleɪt] *v* impfen
inoculation [ɪnɒkjʊ'leɪʃən] *sb* Impfung *f*
inoffensive [ɪnə'fensɪv] *adj* harmlos
inofficious [ɪnə'fɪʃəs] *adj* unwirksam
inoperative [ɪn'ɒpərətɪv] *adj (not working)* außer Betrieb, nicht einsatzfähig
inopportune [ɪnɒpə'tju:n] *adj* ungelegen
inordinate [ɪ'nɔ:dɪnət] *adj* unmäßig
inpatient ['ɪnpeɪʃənt] *sb* stationärer Patient/stationäre Patientin *m/f*
inquest ['ɪnkwest] *sb JUR* gerichtliche Untersuchung *f*
inquietude [ɪn'kwaɪɪtju:d] *sb* Unruhe *f*

I

inquire [ɪn'kwaɪə] *v 1. ~ about* sich erkundigen nach, fragen nach; *2. ~ into* untersuchen

inquiry [ɪn'kwaɪərɪ] *sb 1.* Anfrage *f*, Erkundigung *f*, Nachfrage *f*; *2. (investigation)* Untersuchung *f*

inquisitive [ɪn'kwɪzɪtɪv] *adj* neugierig, wissbegierig

inquisitiveness [ɪn'kwɪzɪtɪvnɪs] *sb* Neugier *f*, Wissbegierde *f*

inroads ['ɪnrəʊdz] *pl make ~ into* eindringen in

inrush ['ɪnrʌʃ] *sb* Zustrom *m*

insane [ɪn'seɪn] *adj 1.* geisteskrank, wahnsinnig; *2. (fig)* wahnsinnig, irrsinnig

insanity [ɪn'sænɪtɪ] *sb 1.* Geisteskrankheit *f*, Wahnsinn *m*; *2. (fig)* Wahnsinn *m*, Irrsinn *m*

insatiable [ɪn'seɪʃəbl] *adj* unersättlich

inscribe [ɪn'skraɪb] *v 1. (engrave)* eingravieren; *(in stone)* einmeißeln; *2. (book)* eine Widmung schreiben in

inscription [ɪn'skrɪpʃən] *sb 1.* Inschrift *f*; *2. (in a book)* Widmung *f*

inscrutable [ɪn'skru:təbl] *adj* unergründlich

insecure [ɪnsɪ'kjʊə] *adj* unsicher

insecurity [ɪnsɪ'kjʊərɪtɪ] *sb* Unsicherheit *f*

insensate [ɪn'senseɪt] *adj* gefühllos

insensible [ɪn'sensəbl] *adj* unempfindlich

insensitive [ɪn'sensɪtɪv] *adj 1.* gefühllos; *2. (to pain)* unempfindlich

inseparable [ɪn'sepərəbl] *adj* untrennbar; *(friends)* unzertrennlich

insert [ɪn'sɜ:t] *v 1.* einfügen, einsetzen, einschieben; *2. (stick into)* hineinstecken, stecken; *~ sth into sth* etw in etw stecken; *3. (an advertisement)* setzen; *4. (a coin)* einwerfen; ['ɪnsɜ:t] *sb 5. (in a magazine or newspaper)* Beilage *f*

insertion [ɪn'sɜ:ʃən] *sb* Einfügung *f*, Einsatz *m*, Hineinstecken *n*

inset ['ɪnset] *sb (in a picture)* Eckeinsatz *m*, Nebenbild *n*

inshore ['ɪnʃɔ:] *adj* Küsten...

inside ['ɪn'saɪd] *adj 1.* Innen..., innere(r,s); *prep 2.* in ... (hinein), innerhalb; *adv 3.* innen; *4. (indoors)* drin, drinnen; *5. (toward the inside)* nach innen, hinein, herein; *sb 6.* Innenseite *f*, Innenfläche *f*, innere Seite *f*; *7. ~s pl (fam: stomach)* Eingeweide *pl*

inside out ['ɪnsaɪdaʊt] *adv 1.* das Innere nach außen, umgestülpt; *turn ~* umdrehen; *(search thoroughly)* auf den Kopf stellen; *know sth ~* etw in- und auswendig kennen; *2. (article of clothing)* verkehrt herum, links

insidious [ɪn'sɪdɪəs] *adj* heimtückisch

insidiousness [ɪn'sɪdɪəsnɪs] *sb* Tücke *f*

insight ['ɪnsaɪt] *sb 1.* Verständnis *n*; *2. (an ~)* Einblick *m*

insignificance [ɪnsɪg'nɪfɪkəns] *sb* Bedeutungslosigkeit *f*, Unwichtigkeit *f*, Belanglosigkeit *f*

insignificant [ɪnsɪg'nɪfɪkənt] *adj* bedeutungslos, belanglos, unwichtig

insincere [ɪnsɪn'sɪə] *adj* unaufrichtig

insincerity [ɪnsɪn'serɪtɪ] *sb* Unaufrichtigkeit *f*

insinuate [ɪn'sɪnjʊeɪt] *v 1. (suggest)* versteckt andeuten, anspielen auf; *2. ~ o.s. into s.o.'s favour* sich bei jdm einschmeicheln

insinuation [ɪnsɪnjʊ'eɪʃən] *sb* Anspielung *f*, Andeutung *f*

insipid [ɪn'sɪpɪd] *adj* fade

insipidness [ɪn'sɪpɪdnɪs] *sb* Fadheit *f*, Langweiligkeit *f*

insist [ɪn'sɪst] *v* bestehen; *~ on* bestehen auf

insistence [ɪn'sɪstəns] *sb* Bestehen *n*

insistent [ɪn'sɪstənt] *adj 1.* beharrlich; *2. (demand, tone)* nachdrücklich

insobriety [ɪnsəʊ'braɪɪtɪ] *sb (intemperance)* Unmäßigkeit *f*

insofar [ɪnsəʊ'fɑ:] *konj ~ as* so weit

insolate ['ɪnsəʊleɪt] *v* dem Sonnenlicht aussetzen

insole ['ɪnsəʊl] *sb* Innensohle *f*

insolence ['ɪnsələns] *sb* Unverschämtheit *f*, Frechheit *f*

insolent ['ɪnsələnt] *adj* unverschämt, frech

insolubility [ɪnsɒljʊ'bɪlɪtɪ] *sb 1. (incapability of being dissolved)* Unlöslichkeit *f*; *2. (incapability of being solved)* Unlösbarkeit *f*

insomniac [ɪn'sɒmnɪæk] *sb to be an ~* an Schlaflosigkeit leiden

insomuch [ɪnsəʊ'mʌtʃ] *adv ~ as* insofern als

insouciance [ɪn'su:sɪəns] *sb* Sorglosigkeit *f*

inspect [ɪn'spekt] *v 1.* kontrollieren, prüfen; *2. MIL* inspizieren

inspire [ɪn'spaɪə] *v 1.* inspirieren; *2. (a feeling)* einflößen, erwecken

inspiring [ɪn'spaɪərɪŋ] *adj* anregend, begeisternd, inspirierend

inspirit [ɪn'spɪrɪt] *v* beleben

instability [ɪnstə'bɪlɪtɪ] *sb 1.* Instabilität *f*; *2. (of character)* Labilität *f*

install [ɪn'stɔːl] *v* *1.* einbauen, installieren; *2. (s.o. in office)* einsetzen
installation [ɪnstə'leɪʃən] *sb* *1.* Einbau *m*, Installierung *f*; *2. (in office)* Amtseinsetzung *f*
installment plan [ɪn'stɔːlmənt plæn] *sb* *(US) FIN* Ratenzahlung *f*
instalment [ɪn'stɔːlmənt] *sb* *1. (payment)* Rate *f*; *2. (of a series)* Fortsetzung *f*; *(radio, TV)* Folge *f*
instance ['ɪnstəns] *sb* *1. (example)* Beispiel *n*; *for ~* zum Beispiel; *2. (case)* Fall *m*; *3. JUR* Instanz *f*
instant ['ɪnstənt] *sb* *1.* Augenblick *m*, Moment *m*; *adj* *2.* unmittelbar, sofortig
instantaneous [ɪnstən'teɪnɪəs] *adj* unmittelbar, sofortig; *Death was ~.* Der Tod trat auf der Stelle ein.
instantaneously [ɪnstən'teɪnɪəslɪ] *adv* sofort, unverzüglich
instantiate [ɪn'stænʃɪeɪt] *v* an einem Beispiel darstellen
instantly ['ɪnstəntlɪ] *adv* sofort
instant replay ['ɪnstənt 'riːpleɪ] *sb* Wiederholung *f*
instate [ɪn'steɪt] *v* einsetzen
instead [ɪn'sted] *prep* *1. ~ of* statt, anstatt; *adv* *2.* stattdessen
instep ['ɪnstep] *sb* Rist *m*, Spann *m*
instigate ['ɪnstɪgeɪt] *v* anstiften, anzetteln, anregen
instil [ɪn'stɪl] *v* *(fig)* einflößen, beibringen
instinct ['ɪnstɪŋkt] *sb* Instinkt *m*
institute ['ɪnstɪtjuːt] *v* *1.* einführen, einleiten; *(found)* einrichten; *sb* *2.* Institut *n*; *3. (home)* Anstalt *f*
institutive ['ɪnstɪtjuːtɪv] *adj* einführend, aufbauend, einrichtend
instruct [ɪn'strʌkt] *v* *1.* unterrichten; *2. (tell, direct)* anweisen; *3. (a jury) JUR* instruieren
instruction [ɪn'strʌkʃən] *sb* *1. (order)* Anweisung *f*, Instruktion *f*; *2. ~s pl (for use)* Gebrauchsanweisung *f*; *3. (teaching)* Unterricht *m*
instructive [ɪn'strʌktɪv] *adj* belehrend, lehrreich, aufschlussreich
instructor [ɪn'strʌktə] *sb* Lehrer *m*, Ausbilder *m*
instrument ['ɪnstrumənt] *sb* *1.* Instrument *n*; *2. (fig)* Werkzeug *n*
instrumental [ɪnstru'mentl] *adj* *1. to be ~ in* wesentlich dazu beitragen, dass ..., eine wichtige Rolle spielen bei ...; *2. MUS* Instrumental...
insubordinate [ɪnsə'bɔːdɪnɪt] *adj* aufsässig
insubordination [ɪnsʌbɔːdɪ'neɪʃən] *sb* Ungehorsamkeit *f*, *MIL* Gehorsamsverweigerung *f*
insufferable [ɪn'sʌfərəbl] *adj* unerträglich, unausstehlich
insufficiency [ɪnsə'fɪʃənsɪ] *sb* Unzulänglichkeit *f*
insufficient [ɪnsə'fɪʃənt] *adj* unzulänglich, nicht genügend, ungenügend
insulate ['ɪnsjʊleɪt] *v* *1.* isolieren; *2. (fig)* abschirmen
insulation [ɪnsjʊ'leɪʃən] *sb* Isolierung *f*
insult [ɪn'sʌlt] *v* *1.* beleidigen; *2. (verbally)* beschimpfen, beleidigen; ['ɪnsʌlt] *sb* *3.* Beleidigung *f*, Beschimpfung *f*
insulting [ɪn'sʌltɪŋ] *adj* beleidigend
insuperable [ɪn'suːpərəbl] *adj* unüberwindlich
insurance [ɪn'ʃʊərəns] *sb* Versicherung *f*
insure [ɪn'ʃʊə] *v* versichern
insured [ɪn'ʃʊəd] *adj* versichert
insurgency [ɪn'sɜːdʒənsɪ] *sb* Aufstand *m*
insurgent [ɪn'sɜːdʒənt] *sb* Aufständische(r) *m/f*
insurmountable [ɪnsə'maʊntəbl] *adj (fig)* unüberwindlich
insurrection [ɪnsə'rekʃən] *sb* Aufstand *m*
intact [ɪn'tækt] *adj* intakt, unversehrt
intake ['ɪnteɪk] *sb* *1. (of water, of electricity)* Aufnahme *f*; *2. (of steam)* einströmende Menge *f*; *3. (of food)* Nahrungsaufnahme *f*
intangible [ɪn'tændʒɪbl] *adj* nicht greifbar, unbestimmbar
integrate ['ɪntɪgreɪt] *v* integrieren
intelligence [ɪn'telɪdʒəns] *sb* *1.* Intelligenz *f*; *2. (information)* Informationen *pl*; *3. (~ service) POL* Geheimdienst *f*
intelligible [ɪn'telɪdʒəbl] *adj* verständlich
intemperate [ɪn'tempərɪt] *adj* maßlos
intend [ɪn'tend] *v* *1. (to do sth)* beabsichtigen, fest vorhaben, im Sinne haben; *2. to be ~ed for sth* für etw bestimmt sein
intendant [ɪn'tendənt] *sb* Intendant(in) *m/f*
intended [ɪn'tendɪd] *adj* beabsichtigt, gewünscht, geplant
intense [ɪn'tens] *adj* *1.* intensiv; *2. (person)* konzentriert, ernst
intensification [ɪntensɪfɪ'keɪʃən] *sb* Verstärkung *f*
intensifier [ɪn'tensɪfaɪə] *sb* *TECH* Verstärker *m*
intensify [ɪn'tensɪfaɪ] *v* verstärken
intensity [ɪn'tensɪtɪ] *sb* Intensität *f*
intent [ɪn'tent] *adj* *1. ~ on doing sth* fest

entschlossen sein, etw zu tun; *2. (look)* gespannt, aufmerksam; *sb 3.* Absicht *f*
intention [ɪn'tenʃən] *sb* Absicht *f,* Intention *f,* Vorsatz *m; with good ~s* mit guten Vorsätzen
intentional [ɪn'tenʃənəl] *adj* absichtlich, vorsätzlich
inter [ɪn'tɜː] *v* beisetzen
interact [ɪntər'ækt] *v* aufeinander wirken
intercede [ɪntə'siːd] *v* sich einsetzen
intercept [ɪntə'sept] *v 1.* abfangen; *2. MATH* abschneiden
interchange [ɪntə'tʃeɪndʒ] *v* austauschen, auswechseln, vertauschen
interchangeable [ɪntə'tʃeɪndʒəbl] *adj* austauschbar, auswechselbar
intercom ['ɪntəkɒm] *sb* Gegensprechanlage *f; (in a school)* Lautsprecheranlage *f; (on a plane)* Bordverständigungsanlage *f*

I

interconnect [ɪntəkə'nekt] *v to be ~ed* miteinander verbunden sein; *(fig)* in Zusammenhang miteinander stehen
intercourse ['ɪntəkɔːs] *sb* Verkehr *m*
intercut [ɪntə'kʌt] *v irr CINE* einblenden
interdependent [ɪntədɪ'pendənt] *adj* voneinander abhängig
interest ['ɪntrɪst] *v 1.* interessieren; *sb 2.* Interesse *n; 3. FIN* Zinsen *pl; taxation of ~* Zinsbesteuerung *f; 4. (share, stake)* Anteil *m,* Beteiligung *f*
interested ['ɪntrɪstɪd] *adj* interessiert; *to be ~ in* sich interessieren für
interest-free ['ɪntrɪst'friː] *adj ECO* zinslos
interesting ['ɪntrɪstɪŋ] *adj* interessant
interestingly ['ɪntrɪstɪŋlɪ] *adv ~ enough* interessanterweise
interest rate ['ɪntrɪst reɪt] *sb ECO* Zinssatz *m*
interface ['ɪntəfeɪs] *v sb 1. TECH* Schnittstelle *f; 2. INFORM* Interface *n*
interfacing ['ɪntəfeɪsɪŋ] *sb* Einlage *f*
interfere [ɪntə'fɪə] *v 1.* sich einmischen, dazwischenkommen; *2. ~ with* stören
interference [ɪntə'fɪərəns] *sb 1.* Störung *f; 2. (meddling)* Einmischung *f; 3. run ~ (US) SPORT* den balltragenden Stürmer abschirmen; *4. run ~ (fig)* Schützenhilfe leisten
interim ['ɪntərɪm] *adj 1.* vorläufig, Übergangs..., Interims...; *sb 2.* Zwischenzeit *f*
interior [ɪn'tɪərɪə] *adj 1.* Innen...; *2. (domestic)* Binnen...; *sb 3. the ~* das Innere *n*
interject [ɪntə'dʒekt] *v* einwerfen
interlace [ɪntə'leɪs] *v* verflechten, verschlingen
interlock [ɪntə'lɒk] *v* ineinander greifen
interlocutor [ɪntə'lɒkjʊtə] *sb* Gesprächspartner *m*
interloper ['ɪntələʊpə] *sb* Eindringling *m*
interlude ['ɪntəluːd] *sb 1.* Zwischenspiel *n; 2. (fam: pause)* Pause *f*
intermediary [ɪntə'miːdɪərɪ] *sb* Vermittler *m,* Mittelsmann *m; act as ~* vermitteln
intermediate [ɪntə'miːdɪət] *adj* Zwischen...; *(class in school)* für fortgeschrittene Anfänger
interment [ɪn'tɜːmənt] *sb* Bestattung *f*
interminable [ɪn'tɜːmɪnəbl] *adj* endlos
intermingle [ɪntə'mɪŋgl] *v 1.* sich vermischen; *2. (sth)* vermischen
intermission [ɪntə'mɪʃən] *sb* Pause *f,* Unterbrechung *f*
intermittent [ɪntə'mɪtənt] *adj* periodisch, mit Unterbrechungen
intern ['ɪntɜːn] *sb 1.* Praktikant *m; 2. MED* Assistenzarzt *m*
internal [ɪn'tɜːnl] *adj 1.* innere(r,s); *2. (within an organization)* intern; *3. (within a country)* Innen..., Binnen..., inländisch
internally [ɪn'tɜːnəlɪ] *adv MED bleed ~* innerlich bluten; *not to be taken ~* nur zur äußeren Anwendung
international [ɪntə'næʃnəl] *adj* international
internecine [ɪntə'niːsaɪn] *adj* vernichtend
internment [ɪn'tɜːnmənt] *sb POL* Internierung *f*
internship ['ɪntɜːnʃɪp] *sb 1.* Praktikum *n,* Volontariat *n; 2. MED* Medizinpraktikum *n*
interplay ['ɪntəpleɪ] *sb* Wechselwirkung *f*
interpose [ɪntə'pəʊz] *v 1. (put between, put in)* dazwischenstellen, einwerfen; *2. (intervene)* eingreifen
interpret [ɪn'tɜːprɪt] *v 1. (explain)* auslegen, interpretieren; *2. (a dream)* deuten; *3. (a role, a piece of music)* interpretieren, wiedergeben; *4. (translate orally)* dolmetschen
interpretation [ɪntɜːprɪ'teɪʃən] *sb* Auslegung *f,* Interpretation *f,* Deutung *f*
interpreter [ɪn'tɜːprɪtə] *sb (of languages)* Dolmetscher *m*
interpretive [ɪn'tɜːprɪtɪv] *adj* interpretierend
interracial [ɪntər'reɪʃəl] *adj* zwischen den Rassen
interrogate [ɪn'terəgeɪt] *v* verhören, ausfragen
interrogation [ɪnterə'geɪʃən] *sb* Ausfragen *n,* Vernehmung *f,* Verhör *n*

interrupt [ɪntə'rʌpt] *v 1.* unterbrechen; *2. (disturb)* stören

interruption [ɪntə'rʌpʃən] *sb* Unterbrechung *f,* Störung *f; without ~* ununterbrochen

intersect [ɪntə'sekt] *v 1.* sich kreuzen; *MATH* sich schneiden; *2. (sth)* durchschneiden; *MATH* schneiden

intersection [ɪntə'sekʃən] *sb 1.* Kreuzung *f; 2. MATH* Schnittpunkt *m*

intersperse [ɪntə'spɜːs] *v* einstreuen, hier und da einfügen

intertwine [ɪntə'twaɪn] *v 1.* sich verschlingen; *2. (sth)* verschlingen

interval ['ɪntəvəl] *sb 1.* Abstand *m,* Zwischenzeit *f; 2. MUS* Intervall *n; 3. THEAT* Pause *f*

intervene [ɪntə'viːn] *v 1.* sich einmischen, einschreiten; *(helping)* eingreifen; *2. (event)* dazwischenkommen; *3. (time)* dazwischenliegen; *4. JUR* intervenieren

interview ['ɪntəvjuː] *v 1.* ein Gespräch führen mit; *2. (journalist)* interviewen; *sb 3. (by a journalist)* Interview *n; 4. (formal talk)* Gespräch *n; 5. (job ~)* Vorstellungsgespräch *n*

interweave [ɪntə'wiːv] *v irr* verflechten

intestate [ɪn'testɪt] *adj die ~ JUR* ohne Testament sterben

intimacy ['ɪntɪməsɪ] *sb 1.* Intimität *f; 2. (with a subject)* Vertrautheit *f*

intimate ['ɪntɪmeɪt] *v 1.* andeuten; ['ɪntɪmət] *adj 2. (friend)* eng, vertraut; *3. (sexually)* intim; *4. (knowledge)* gründlich

intimidate [ɪn'tɪmɪdeɪt] *v* einschüchtern

into ['ɪntʊ] *prep 1.* in, in ... hinein; *translate ~ English* ins Englische übersetzen; *divide six ~ nineteen* neunzehn durch sechs teilen; *2. (against)* gegen; *3. (transformation)* zu

intolerable [ɪn'tɒlərəbl] *adj* unerträglich [ɪntə'neɪʃən] *sb* Intonation *f,* Tonfall *m*

intone [ɪn'təʊn] *v* intonieren

intramural [ɪntrə'mjʊərəl] *adj* innerhalb der Universität

intransigent [ɪn'trænsɪdʒənt] *adj* unnachgiebig

intrepid [ɪn'trepɪd] *adj* unerschrocken

intricacy ['ɪntrɪkəsɪ] *sb 1.* Kompliziertheit *f; 2. (one specific ~)* Feinheit *f*

intricate ['ɪntrɪkɪt] *adj* kompliziert

intrigue [ɪn'triːg] *sb* Intrige *f; ~s pl* Machenschaften *pl,* Ränke *pl*

intriguing [ɪn'triːgɪŋ] *adj* faszinierend

intrinsic [ɪn'trɪnsɪk] *adj* innere(r,s), wesentlich, immanent

introduce [ɪntrə'djuːs] *v 1. (s.o.)* vorstellen; *(to a subject)* einführen; *~ o.s.* sich vorstellen; *2. (reforms, a method, a fashion)* einführen; *3. (a bill) POL* einbringen; *4. (an era)* einleiten; *5. (insert)* einführen

introduction [ɪntrə'dʌkʃən] *sb 1. (to a person)* Vorstellung *f; 2. letter of ~* Empfehlungsschreiben *n,* Empfehlungsbrief *m; 3. (of a method)* Einführung *f; 4. (of a bill)* Einbringen *n; 5. (introductory part)* Einleitung *f; 6. (elementary course)* Einführung *f; 7. (insertion)* Einführung *f*

intrude [ɪn'truːd] *v 1.* sich dazwischendrängen; *Am I intruding?* Störe ich? *2. (a remark)* einwerfen

intruder [ɪn'truːdə] *sb* Eindringling *m*

intrusion [ɪn'truːʒən] *sb* Dazwischendrängen *n,* Eindringen *n*

intrusive [ɪn'truːsɪv] *adj* aufdringlich

intuition [ɪntjʊ'ɪʃən] *sb* Intuition *f*

inundate ['ɪnʌndeɪt] *v* überschwemmen

inundation [ɪnʌn'deɪʃən] *sb* Überschwemmung *f,* Flut *f*

inure [ɪ'njʊə] *v (physically)* abhärten

invade [ɪn'veɪd] *v 1. MIL* einfallen, einmarschieren in; *2. (fig)* überlaufen, überschwemmen; *3. (fig: privacy)* eindringen in

invalid [ɪn'vælɪd] *adj 1.* ungültig; *(argument)* nicht stichhaltig; ['ɪnvəlɪd] *2. (sick)* krank; *(disabled)* invalide; *sb 3. (disabled person)* Invalide *m/f; (sick person)* Kranke(r) *m/f*

invalidate [ɪn'vælɪdeɪt] *v* ungültig machen; *(argument, theory)* entkräften

invalidity [ɪnvə'lɪdɪtɪ] *sb* Ungültigkeit *f,* Nichtigkeit *f*

invaluable [ɪn'væljʊəbl] *adj* unschätzbar, unbezahlbar

invariable [ɪn'vɛərɪəbl] *adj* unveränderlich

invariably [ɪn'vɛərɪəblɪ] *adv* stets, ständig

invasion [ɪn'veɪʒən] *sb 1. MIL* Invasion *f,* Einfall *m; 2. (fig)* Eingriff *m*

invective [ɪn'vektɪv] *adj* schmähend

inveigh [ɪn'veɪ] *v ~ against* herziehen über, schimpfen über

inveigle [ɪn'veɪgl] *v ~ s.o. into doing sth* jdn dazu verleiten, etw zu tun

invent [ɪn'vent] *v* erfinden

invention [ɪn'venʃən] *sb 1.* Erfindung *f; 2. (inventiveness)* Erfindungsgabe *f*

inventive [ɪn'ventɪv] *adj 1. (mind)* schöpferisch; *(design)* einfallsreich; *2. (resourceful)* erfinderisch

inventor [ɪn'ventə] *sb* Erfinder *m*

I

inventory ['ɪnvəntrɪ] *sb* Inventar *n*, Bestandsaufnahme *f*; *take an ~ of sth* Inventar von etw aufnehmen
invert [ɪn'vɜːt] *v* umkehren, umdrehen
inverted commas [ɪn'vɜːtɪt 'kɒməz] *pl* *(UK)* Anführungszeichen *pl*
invest [ɪn'vest] *v* investieren; *~ in* sein Geld investieren in
investigate [ɪn'vestɪgeɪt] *v* *1.* nachforschen; *(police)* Ermittlungen anstellen; *2. (sth)* untersuchen, erforschen, überprüfen
investigation [ɪnvestɪ'geɪʃən] *sb* *1.* Untersuchung *f*, Ermittlung *f*, Ermittlungen *pl*; *2. (scientific)* Forschung *f*, Erforschung *f*
investigator [ɪn'vestɪgeɪtə] *sb* *1.* Ermittler *m*; *2. (from the government)* Untersuchungsbeamter *m*; *3. private ~* Privatdetektiv *m*
investment [ɪn'vestmənt] *sb* Investition *f*, Geldanlage *f*
invidious [ɪn'vɪdɪəs] *adj* boshaft, gemein, ungerecht
invigilate [ɪn'vɪdʒɪleɪt] *v* *(UK)* die Aufsicht führen
invigorate [ɪn'vɪgəreɪt] *v* kräftigen, erfrischen
invigorating [ɪn'vɪgəreɪtɪŋ] *adj* *1. (climate)* gesund; *2. (shower)* erfrischend; *3. (tonic)* kräftigend
invincible [ɪn'vɪnsɪbl] *adj* unbesiegbar, unschlagbar, unüberwindlich
inviolable [ɪn'vaɪələbl] *adj* unantastbar, unverletzlich
inviolate [ɪn'vaɪəlɪt] *adj* unverletzt, unberührt
invisible [ɪn'vɪzəbl] *adj* unsichtbar
invitation [ɪnvɪ'teɪʃən] *sb* Einladung *f*
invite [ɪn'vaɪt] *v* *1.* einladen; *2. (ask for)* bitten um; *3. (attract, lead to)* führen zu
• **invite in** *v* hereinbitten
invoke [ɪn'vəʊk] *v* anrufen, anflehen
involuntary [ɪn'vɔləntərɪ] *adj* *1.* unabsichtlich; *2. (reaction)* unwillkürlich; *3. (against one's will)* unfreiwillig

involve [ɪn'vɒlv] *v* *1. (concern)* betreffen; *2. (include)* beteiligen; *3. (entail)* mit sich bringen, zur Folge haben, bedeuten; *4. (entangle)* verwickeln; *~ s.o. in sth* jdn in etw hineinziehen; *5. to be ~d in sth* etw mit etw zu tun haben, an etw beteiligt sein; *to be ~d with s.o. (sexually)* mit jdm ein Verhältnis haben; *6. get ~d in* sich verstricken in

involved [ɪn'vɒlvd] *adj* *(intricate, complicated)* kompliziert, verworren
involvement [ɪn'vɒlvmənt] *sb* *1.* Beteiligung *f*; *2. (commitment)* Engagement *n*
invulnerable [ɪn'vʌlnərəbl] *adj* *1.* unverwundbar, unverletzbar; *2. (fortress)* uneinnehmbar
inward ['ɪnwəd] *adv* *1.* nach innen; *adj* *2.* innere(r,s); *(thoughts)* innerste(r,s)
inwardly ['ɪnwədlɪ] *adv* innerlich, im Stillen
irate [aɪ'reɪt] *adj* zornig
iridescent [ɪrɪ'desnt] *adj* schillernd
irk [ɜːk] *v* ärgern, verdrießen
irksome ['ɜːksəm] *adj* ärgerlich, lästig
iron ['aɪən] *v* *1.* bügeln; *2. ~ out (fig)* ausbügeln; *adj* *3.* eisern; *sb* *4.* Eisen *n*; *strike while the ~ is hot (fig)* das Eisen schmieden, solange es heiß ist; *pump ~ (fam)* Krafttraining betreiben; *5. (for clothes)* Bügeleisen *n*
iron-clad ['aɪənklæd] *adj* *(fig: argument)* unangreifbar, absolut stichhaltig
ironic [aɪ'rɒnɪk] *adj* *1. (person)* ironisch; *2. (situation)* paradox
ironing ['aɪənɪŋ] *sb* Bügeln *n*
ironize ['aɪrənaɪz] *v* ironisch verwenden
ironmongery ['aɪənmɒŋgərɪ] *sb* *(UK)* *1. (shop)* Eisenhandlung *f*; *2. (goods)* Eisenwaren *pl*
iron ore ['aɪən ɔː] *sb* *MIN* Eisenerz *n*
ironware ['aɪənwɛə] *sb* Eisenwaren *pl*
irony ['aɪərənɪ] *sb* Ironie *f*
irrational [ɪ'ræʃənl] *adj* unvernünftig
irrationality [ɪræʃə'nælɪtɪ] *sb* Irrationalität *f*
irreconcilable [ɪrekən'saɪləbl] *adj* unvereinbar; *(hatred, enemy)* unversöhnlich
irredeemable [ɪrɪ'diːməbl] *adj* *1. (bonds) FIN* unkündbar; *2. (currency)* nicht einlösbar; *3. (debt, pawned object)* nicht ablösbar; *4. (fig: sinner)* verloren; *5. (transgression)* unverzeihlich
irrefutable [ɪrɪ'fjuːtəbl] *adj* unwiderlegbar
irregular [ɪ'regjʊlə] *adj* *1.* unregelmäßig; *(shape)* ungleichmäßig; *(surface)* uneben; *2. (conduct)* ungehörig; *3. (contrary to rules)* unvorschriftsmäßig
irregularity [ɪregjʊ'lærɪtɪ] *sb* Unregelmäßigkeit *f*, Ungleichmäßigkeit *f*, Unebenheit *f*
irremovable [ɪrɪ'muːvəbl] *adj* nicht zu entfernen, unbeweglich
irreplaceable [ɪrɪ'pleɪsəbl] *adj* unersetzbar, unersetzlich
irrepressible [ɪrɪ'presəbl] *adj* *(person)* nicht unterzukriegen; *(optimism)* unerschütterlich; *(urge)* unbezähmbar

irreproachable [ɪrɪ'prəʊtʃəbl] *adj* untadelig, einwandfrei, tadellos
irresistible [ɪrɪ'zɪstəbl] *adj* unwiderstehlich
irresolute [ɪ'rezəljuːt] *adj* unentschlossen, schwankend
irrespective [ɪrɪs'pektɪv] *adj ~ of* ungeachtet, abgesehen von
irresponsible [ɪrɪs'pɒnsəbl] *adj 1. (person)* verantwortungslos; *2. (behaviour)* unverantwortlich
irresponsive [ɪrɪ'spɒnsɪv] *adj* unempfindlich, gleichgültig
irretrievable [ɪrɪ'triːvəbl] *adj* unwiederbringlich, unersetzlich
irreverent [ɪ'revərənt] *adj 1.* respektlos, ehrfurchtslos; *2. (toward religion)* pietätlos
irrevocable [ɪ'revəkəbl] *adj* unwiderruflich, endgültig
irrigate ['ɪrɪgeɪt] *v 1. AGR* bewässern; *2. MED* spülen
irrigation [ɪrɪ'geɪʃən] *sb 1. AGR* Bewässerung *f; 2. MED* Spülung *f*
irritability [ɪrɪtə'bɪlɪtɪ] *sb* Reizbarkeit *f*
irritable ['ɪrɪtəbl] *adj 1.* gereizt; *2. (by nature)* reizbar
irritant ['ɪrɪtənt] *adj* entnervend, aufreizend
irritate ['ɪrɪteɪt] *v* ärgern, irritieren; *(deliberately)* reizen
irritation [ɪrɪ'teɪʃən] *sb 1. (state)* Ärger *m; 2. (act)* Ärgern *n; 3. MED* Reizung *f*
irrupt [ɪ'rʌpt] *v* eindringen, einbrechen
island ['aɪlənd] *sb 1.* Insel *f; 2. (traffic ~)* Verkehrsinsel *f*
islander ['aɪləndə] *sb* Inselbewohner *m*
isle [aɪl] *sb* Insel *f*
islet ['aɪlɪt] *sb* Eiland *n,* Inselchen *n*
isolate ['aɪsəʊleɪt] *v 1. (separate)* absondern, isolieren; *2. (cut off)* isolieren; *3. (pinpoint)* herausfinden
isolated ['aɪsəʊleɪtɪd] *adj 1. (single)* einzeln; *2. (remote)* abgelegen; *3. (existence)* zurückgezogen
isolation [aɪsəʊ'leɪʃən] *sb 1. (state)* Isolation *f,* Abgeschiedenheit *f; 2. (act)* Absonderung *f,* Isolierung *f,* Herausfinden *n*
issue ['ɪʃjuː] *v 1. (liquid, gas)* austreten; *(smoke)* herausquellen; *(sound)* herausdringen; *2. (a command)* ausgeben, erteilen; *3. (currency, military equipment)* ausgeben; *4. (documents)* ausstellen; *5. (stamps, a newspaper, a book)* herausgeben; *sb 6. (handing-out)* Ausgabe *f; (thing supplied)* Lieferung *f; 7. (magazine, currency, stamps)* Ausgabe *f; 8. (of documents)* Ausstellung *f; 9. date of ~* Ausstellungsdatum *n, (of stamps)* Ausgabetag *m; 10. (matter)* Frage *f,* Angelegenheit *f; take ~ with s.o. over sth* jdm in etw widersprechen; *make an ~ of sth* etw aufbauschen; *evade the ~* ausweichen; *11. (result)* Ergebnis *n; force the ~* eine Entscheidung erzwingen

it [ɪt] *pron 1.* er/sie/es; *(direct object)* ihn/sie/ es; *(indirect object)* ihm/ihr/ihm; *2. (indefinite subject)* es; *Who is ~?* Wer ist da? *What time is ~?* Wie viel Uhr ist es? *I take ~ that ...* ich nehme an, dass ...; *3. that's ~ (exactly)* Ja, genau! *(I'm fed up)* Jetzt reicht's mir! *(~'s all done)* Das wär's!

italics [aɪ'tælɪks] *pl* Kursivschrift *f*
itch [ɪtʃ] *v 1.* jucken; *2. (fam) I'm ~ing (to do sth)* es juckt mich (, etw zu tun); *sb 3.* Jucken *n,* Juckreiz *m; 4. (fam: urge)* Lust *f*
itchy ['ɪtʃɪ] *adj 1.* juckend; *I've got an ~ trigger finger! (fam)* Es juckt mich abzudrücken! *2. (sweater)* kratzig
item ['aɪtəm] *sb 1. (object, thing)* Stück *n,* Ding *n,* Gegenstand *m; 2. (on an agenda)* Punkt *m; 3. (news ~)* einzelne Nachricht *f; 4. (in an account book) ECO* Posten *m*
itemize ['aɪtəmaɪz] *v* einzeln aufführen, spezifizieren
itinerary [aɪ'tɪnərərɪ] *sb (travelroute)* Reiseroute *f*
itinerate [aɪ'tɪnəreɪt] *v* herumreisen
its [ɪts] *pron 1. (masculine or neutral antecedent)* sein(e); *2. (feminine antecedent)* ihr(e)
itsy-bitsy ['ɪtsɪbɪtsɪ] *adj (fam)* klitzeklein
ivory ['aɪvərɪ] *sb* Elfenbein *n*
ivy ['aɪvɪ] *sb BOT* Efeu *m*

J

jab [dʒæb] *v 1. (with a knife)* stechen; *(with an elbow)* stoßen; *(in boxing)* eine kurze Gerade schlagen; *sb 2. (with a knife, with a needle)* Stich *m; 3. (with an elbow)* Stoß *m; 4. (in boxing)* Jab *m,* kurze Gerade *f*
jabber ['dʒæbə] *v* plappern, quasseln
jack [dʒæk] *sb 1. (card)* Bube *m; 2. ~ of all trades* Hansdampf in allen Gassen *m; 3. (for a car) TECH* Wagenheber *m; v 4. ~ up (a car)* aufbocken; *5. ~ up (fig: prices)* hochtreiben
jacket ['dʒækɪt] *sb 1.* Jacke *f; 2. (blazer)* Jackett *n,* Jacke *f; 3. (of a book)* Buchhülle *f,* Schutzumschlag *m*
jackhammer ['dʒækhæmə] *sb* Presslufthammer *m*
jack-in-the-box ['dʒækɪnðəbɒks] *sb* Kastenteufel *m*
jackknife ['dʒæknaɪf] *v (lorry)* sich quer stellen
jaded ['dʒeɪdɪd] *adj* abgestumpft, stumpfsinnig
jade green [dʒeɪd'griːn] *adj* jadegrün
jag [dʒæg] *sb* Zacke *f*
jagged ['dʒægɪd] *adj* zackig
jail [dʒeɪl] *sb 1.* Gefängnis *n; v 2.* einsperren
jailbird ['dʒeɪlbɜːd] *sb (fam)* Knastbruder *m*
jailbreak ['dʒeɪlbreɪk] *sb* Ausbruch aus dem Gefängnis *m*
jailer ['dʒeɪlə] *sb* Gefängniswärter *m*
jalopy [dʒə'lɒpɪ] *sb* Klapperkiste *f* (Auto)
jam [dʒæm] *v 1. (become stuck) (window)* klemmen; *(gun)* Ladehemmung haben; *2. (cram)* stopfen, hineinzwängen, quetschen; *~med together* zusammengezwängt; *(people)* zusammengedrängt; *3. ~ on the brakes* auf die Bremse treten, eine Vollbremsung machen; *4. (a radio broadcast)* stören; *sb 5. (blockage)* Stauung *f,* Stockung *f; 6. traffic ~* Stau *m; 7. (fig: tight spot)* Klemme *f,* Patsche *f; 8. GAST* Marmelade *f,* Konfitüre *f*
jamb [dʒæm] *sb* Pfosten *m*
jamboree [dʒæmbə'riː] *sb* Fest *n,* Rummel *m (fam)*
jammy ['dʒæmɪ] *adj (fam) (UK)* Glücks...
jam-packed ['dʒæmpækt] *adj (fam)* voll gestopft
jangle ['dʒæŋl] *v 1.* klimpern; *2. (sth)* klimpern mit
janitor ['dʒænɪtə] *sb* Hausmeister *m*
January ['dʒænjʊərɪ] *sb* Januar *m*
jape [dʒeɪp] *sb* Scherz *m,* Streich *m*
jar [dʒɑː] *v 1.* erschüttern, einen Stoß versetzen; *sb 2. (container)* Glas *n,* Topf *m*
jaundiced ['dʒɔːndɪst] *adj (fig)* voreingenommen
jaunt [dʒɔːnt] *sb* Spritztour *f,* Ausflug *m*
jaunty ['dʒɔːntɪ] *adj* unbeschwert, fesch, flott; *with one's hat at a ~ angle* den Hut keck über dem Ohr
jaw [dʒɔː] *sb 1. ANAT* Kiefer *m,* Kinnlade *f; 2. the ~s of death pl (fig)* die Klauen des Todes *pl; v 3. (fam)* quatschen
jawbreaker ['dʒɔːbreɪkə] *sb 1. (sweet)* hartes Bonbon *n; 2. (hard-to-pronounce word)* Zungenbrecher *m*
jay [dʒeɪ] *sb ZOOL* Eichelhäher *m*
jaywalk ['dʒeɪwɔːk] *v* verkehrswidrig über die Straße gehen
jaywalker ['dʒeɪwɔːkə] *sb* unachtsamer Fußgänger *m*
jazz [dʒæz] *sb 1.* Jazz *m; v 2. ~ sth up (fam)* etw aufpeppen
jealous ['dʒeləs] *adj 1.* eifersüchtig; *to be ~ of s.o.* auf jdn eifersüchtig sein; *2. (of s.o.'s success)* missgünstig
jealousy ['dʒeləsɪ] *sb* Eifersucht *f; (of s.o.'s success)* Missgunst *f*
jeepers ['dʒiːpəz] *interj* Mensch! Na so was!
jeer [dʒɪə] *v 1.* spotten, höhnen; *sb 2. (comment)* höhnische Bemerkung *f; 3. (laughter)* hämisches Lachen *n*
jejune [dʒɪ'dʒuːn] *adj* fade
jelly ['dʒelɪ] *sb 1.* Gelee *n; 2. (dessert)(UK) GAST* Grütze *f; 3. (jam)(US) GAST* Marmelade *f*
jeopardy ['dʒepədɪ] *sb* Gefahr *f,* Gefährdung *f*
jerk [dʒɜːk] *v 1.* einen Ruck geben, *(muscle)* zucken; *~ to a stop* ruckartig anhalten; *2. (sth)* ruckweise ziehen, plötzlich reißen; *~ o.s. free* sich losreißen; *sb 3.* Ruck *m; 4. (twitch)* Zuckung *f; 5. (fam: person)* Trottel *m*
jerky ['dʒɜːkɪ] *adj* ruckartig, ruckweise
jersey ['dʒɜːzɪ] *sb 1.* Pullover *m; (cloth)* Jersey *m; 2. SPORT* Trikot *n*
jest [dʒest] *v 1.* scherzen, spaßen, ulken; *sb 2.* Scherz *m,* Spaß *m,* Witz *m*
jester ['dʒestə] *sb (court ~)* Hofnarr *m*

jet black [dʒet blæk] *adj* kohlrabenschwarz
jettison ['dʒetɪsn] *v* über Bord werfen
jetty ['dʒetɪ] *sb (pier) NAUT* Landungsbrücke *f*
Jew [dʒuː] *sb* Jude *m*/Jüdin *f*
jewel ['dʒuːəl] *sb 1.* Juwel *n,* Edelstein *m; 2. (piece of jewellery)* Schmuckstück *n*
jeweller ['dʒuːələ] *sb* Juwelier *m*
Jewish ['dʒuːɪʃ] *adj* jüdisch
jibe [dʒaɪb] *sb* Stichelei *f,* Seitenhieb *m*
jiffy ['dʒɪfɪ] *sb* Augenblick *m; in a ~* im Nu
jig [dʒɪg] *sb* lebhafter Tanz *m; The ~ is up. (fam)* Das Spiel ist aus.
jiggle ['dʒɪgl] *v 1.* wackeln; *2. (sth)* leicht rütteln
jigsaw ['dʒɪgsɔː] *sb* Laubsäge *f*
jilt [dʒɪlt] *v ~ s.o.* jdm den Laufpass geben
jimmy ['dʒɪmɪ] *v (fam)* aufstemmen
jingle ['dʒɪŋgl] *v* klingeln
jingoistic [dʒɪŋgəʊ'ɪstɪk] *adj* chauvinistisch
jinx [dʒɪŋks] *v 1.* verhexen; *sb 2.* Pech *n*
jitters ['dʒɪtəz] *pl the ~* das große Zittern *n*
jive [dʒaɪv] *sb (US: talk)* Gequassel *n*
job [dʒɒb] *sb 1. (employment)* Stelle *f,* Job *m,* Stellung *f; 2. (piece of work)* Arbeit *f; It was quite a ~.* Das war ganz schön schwierig. *to be paid by the ~* pro Auftrag bezahlt werden; *odd ~s pl* Gelegenheitsarbeiten *pl; 3. (responsibility, duty)* Aufgabe *f; That's not my ~.* Dafür bin ich nicht zuständig.
jobless ['dʒɒblɪs] *adj* arbeitslos
jock [dʒɒk] *sb (fam)* Sportler *m*
jockey ['dʒɒkɪ] *sb 1.* Jockey *m; v 2. ~ for position* sich in eine gute Position zu drängeln versuchen, *(fig)* rangeln
jocular ['dʒɒkjʊlə] *adj* lustig, heiter
jodhpurs ['dʒɒdpəz] *pl* Reithose *f*
jog [dʒɒg] *v 1. SPORT* joggen; *2. ~ s.o.'s memory* jds Gedächtnis nachhelfen
john [dʒɒn] *sb 1. (fam)(US: toilet)* Klo *n; 2. (fam)(US: prostitute's customer)* Freier *m*
johnny-come-lately ['dʒɒnɪkʌm 'leɪtlɪ] *sb (US)* Neuankömmling *m*
join [dʒɒɪn] *v 1. (to be attached)* verbunden sein; *2. (become a member of)* Mitglied werden von, eintreten in; *(army)* gehen zu; *3. ~ s.o. in doing sth* etw zusammen mit jdm tun; *4. ~ in* mitmachen; *5. ~ up with s.o.* sich jdm anschließen; *6. (connect)* verbinden; *~ hands* sich die Hand reichen
joiner ['dʒɔɪnə] *sb (craftsman)* Tischler *m,* Schreiner *m*
joint [dʒɔɪnt] *adj 1.* gemeinsam, gemeinschaftlich, Gemeinschafts...; *~ and several* solidarisch; *sb 2. ANAT* Gelenk *n; 3. TECH* Gelenk *n; 4. GAST* Braten *m; 5. (piece of pipe)* Verbindung *f; 6. (fam: place)* Laden *m; 7. (fam: marijuana)* Joint *m*
jointly ['dʒɔɪntlɪ] *adv* gemeinsam

> **joke** [dʒəʊk] *v 1.* Witze machen, scherzen; *sb 2.* Witz *m; 3. (statement not meant seriously)* Scherz *m; to be able to take a ~* einen Spaß verstehen können; *4. (practical ~)* Streich *m,* Schabernack *m*

joker ['dʒəʊkə] *sb 1. (card)* Joker *m; 2.* Spaßvogel *m,* Witzbold *m*
joking ['dʒəʊkɪŋ] *adj* scherzhaft, spaßend
jolly ['dʒɒlɪ] *adj 1.* fröhlich, vergnügt; *adv 2. ~ ... (UK)* ganz schön ...
jolt [dʒəʊlt] *v 1. (sth)* einen Ruck geben; *(fig)* aufrütteln; *sb 2.* Ruck *m; 3. (fig)* Schock *m*
josh [dʒɒʃ] *v* veralbern, veräppeln, verulken
jostle ['dʒɒsl] *v 1.* drängeln; *2. (s.o.)* anrempeln, schubsen
jot [dʒɒt] *v ~ down* schnell hinschreiben
journal ['dʒɜːnl] *sb 1.* Journal *n; 2. (diary)* Tagebuch *n; 3. (magazine)* Zeitschrift *f; 4. (newspaper)* Zeitung *f*
journey ['dʒɜːnɪ] *v 1.* reisen; *sb 2.* Reise *f*
journeyman ['dʒɜːnɪmən] *sb* Geselle *m*
jovial ['dʒəʊvɪəl] *adj* fröhlich
jowls [dʒaʊlz] *pl* Hängebacken *pl*
joy [dʒɔɪ] *sb* Freude *f*
joyful ['dʒɔɪfʊl] *adj* freudig, froh
joyous ['dʒɔɪəs] *adj* freudig, froh
joyride ['dʒɔɪraɪd] *sb* Spritztour *f*
jubilant ['dʒuːbɪlənt] *adj* jubelnd, frohlockend, überglücklich
jubilation [dʒuːbɪ'leɪʃən] *sb* Jubel *m*
jubilee ['dʒuːbɪliː] *sb* Jubiläum *n*
Judaism ['dʒuːdeɪɪzəm] *sb* Judaismus *m*
judge [dʒʌdʒ] *v 1.* urteilen; *2. (sth)* beurteilen; *3. (consider, deem)* halten für, erachten für; *4. (estimate)* einschätzen; *5. (a case) JUR* verhandeln; *sb 6. JUR* Richter *m; 7. The Book of Judges REL* das Buch der Richter; *8. SPORT* Kampfrichter *m; 9. (fig)* Kenner *m; ~ of character* Menschenkenner *m*
judgement ['dʒʌdʒmənt] *sb 1.* Urteil *n,* Beurteilung *f; 2. JUR* Urteil *n,* Gerichtsurteil *n; pass ~ on* ein Urteil fällen über; *3. (estimation)* Einschätzung *f; 4. (ability to judge)* Urteilsvermögen *n; Use your best ~.* Handeln Sie nach Ihrem besten Ermessen. *5. (opinion)* Meinung *f,* Ansicht *f*

J

judicial [dʒuː'dɪʃəl] *adj* *JUR* gerichtlich, Justiz...
judiciary [dʒuː'dɪʃɪərɪ] *sb* Judikative *f*, Gerichtsbarkeit *f*
judicious [dʒuː'dɪʃəs] *adj* klug, vernünftig; *(decision)* wohl überlegt
jug [dʒʌg] *sb* Krug *m*, Kanne *f*
juggle ['dʒʌgl] *v* jonglieren
juggler ['dʒʌglə] *sb* Jongleur *m*
jugular vein ['dʒʌgjʊlə veɪn] *sb* *ANAT* Halsader *f*, Drosselader *f*
juice [dʒuːs] *sb* Saft *m*
juicy ['dʒuːsɪ] *adj* *1.* saftig; *2.* *(fig: story)* pikant
July [dʒuː'laɪ] *sb* Juli *m*
jumble ['dʒʌmbl] *v* *1.* durcheinander werfen; *2.* *(fig: facts)* durcheinander bringen; *sb* *3.* Durcheinander *n*
jumble sale ['dʒʌmbl seɪl] *sb* Flohmarkt *m*, Basar *m*
jumbo ['dʒʌmbəʊ] *adj* riesig

J

jump [dʒʌmp] *v* *1.* springen; *~ for joy* Freudensprünge machen; *2.* *(move suddenly)* zusammenfahren, zusammenzucken; *3.* *(sth)* überspringen; *4.* *(fig: skip)* überspringen, auslassen; *~ the queue* sich vordrängeln; *5.* *~ all over s.o. (fam) (US)* jdn zur Schnecke machen; *6.* *~ at sth* sich auf etw stürzen; *7.* *(fam: assault)* überfallen; *sb* *8.* Sprung *m*, Satz *m*; *9.* *(with a parachute)* Absprung *m*; *10.* *(fig: increase)* Anstieg *m*; *11.* *(hurdle)* Hindernis *n*
•jump in *v* hineinspringen, hereinspringen; *Jump in! (into a car)* Steig ein!
•jump off *v* herunterspringen, *(of a moving vehicle)* abspringen
•jump up *v* hochspringen; *(into a standing position)* aufspringen; *(onto sth)* hinaufspringen
jumper ['dʒʌmpə] *sb* *1.* *(UK: pullover)* Pullover *m*; *2.* *(US: dress)* Trägerkleid *n*
jumping jack ['dʒʌmpɪŋ dʒæk] *sb* Hampelmann *m*
jump-rope ['dʒʌmprəʊp] *sb* Springseil *n*
jump suit ['dʒʌmpsuːt] *sb* Overall *m*
jumpy ['dʒʌmpɪ] *adj* nervös, schreckhaft
junction ['dʒʌnkʃən] *sb* *1.* *(of roads)* Kreuzung *f*; *2.* *(railway ~)* Knotenpunkt *m*; *3.* *(electric)* Anschlussstelle *f*
juncture ['dʒʌŋktʃə] *sb* Zeitpunkt *m*; *at this ~* zu diesem Zeitpunkt
June [dʒuːn] *sb* Juni *m*
jungle ['dʒʌŋgl] *sb* Dschungel *m*, Urwald *m*; *the law of the ~ (fig)* das Gesetz des Dschungels *n*
junior ['dʒuːnɪə] *adj* *1.* jünger; *(officer)* rangniedriger; *sb* *2.* Jüngere(r) *m/f*; *He is seven years my ~.* Er ist sieben Jahre jünger als ich. *3.* *(son with father's first name)* Junior *m*; *4.* *(UK: in primary school)* Grundschüler *m*; *5.* *(UK: in secondary school)* Unterstufenschüler *m*; *6.* *(US: in high school)* Schüler in der elften Klasse; *7.* *(US: in college)* Student im dritten Studienjahr *m*
junk [dʒʌŋk] *sb* *1.* *(discarded objects)* Trödel *m*; *2.* *(fam: trash)* Schund *m*, Schrott *m*
junk bond ['dʒʌŋkbɒnd] *sb* *FIN* niedrig eingestuftes Wertpapier *n*
junket ['dʒʌŋkɪt] *sb* *(press ~)* kostenlose Reise für Journalisten (zu Werbezwecken) *f*
junk mail [dʒʌŋk meɪl] *sb* Reklame *f*
junkyard ['dʒʌŋkjɑːd] *sb* Schrottplatz *m*
jurisdiction [dʒʊərɪs'dɪkʃən] *sb* Zuständigkeitsbereich *m*, Zuständigkeit *f*
juror ['dʒʊərə] *sb* *JUR* Geschworene(r) *m/f*
jury ['dʒʊərɪ] *sb* *1.* *(for a trial)* *JUR* die Geschworenen *pl*, die Schöffen *pl*; *2.* *(for a competition)* Jury *f*

just [dʒʌst] *adv* *1.* *(only)* nur, bloß; *~ in case* nur für den Fall; *~ like that* einfach so; *2.* *(at that moment, at this moment)* gerade; *3.* *(a moment ago)* gerade, eben, soeben; *~ before* kurz bevor, knapp bevor; *~ after* kurz nach, gleich nach; *4.* *~ now (a moment ago)* soeben; *(at this moment)* gerade jetzt; *5.* *(barely)* gerade noch; *6.* *~ about* so ziemlich; *7.* *(absolutely)* einfach, wirklich; *8.* *(exactly)* gerade, genau; *It's ~ my size.* Genau meine Größe. *9.* *~ as* genauso, ebenso; *It's ~ as well.* Es ist vielleicht besser so. *adj* *10.* gerecht, berechtigt

justice ['dʒʌstɪs] *sb* *1.* Gerechtigkeit *f*; *2.* *(system)* Gerichtsbarkeit *f*, Justiz *f*; *3.* *(judge)* Richter *m*
justifiable [dʒʌstɪ'faɪəbl] *adj* zu rechtfertigen, berechtigt, vertretbar
justification [dʒʌstɪfɪ'keɪʃən] *sb* *1.* Rechtfertigung *f*; *2.* *(of type)* Justierung *f*
justify ['dʒʌstɪfaɪ] *v* *1.* rechtfertigen; *2.* *(type)* justieren
just-in-time ['dʒʌstɪntaɪm] *adj* produziert zur sofortigen Auslieferung
jut [dʒʌt] *v* *~ out* vorspringen, herausragen
juvenile ['dʒuːvənaɪl] *adj* *1.* jugendlich; *2.* *(childish)* kindisch; *sb* *3.* Jugendliche(r) *m/f*
juxtapose ['dʒʌkstəpəʊz] *v* nebeneinander stellen

K

kangaroo [kæŋgə'ruː] *sb* Känguru *n*
kangaroo court [kæŋgə'ruː kɔːt] *sb 1.* korruptes Gericht *n; 2. (unofficial court)* inoffizielles Gericht *n*
kanji ['kændʒɪ] *sb* japanische Schrift *f*
kaput [kæ'pʊt] *adj (fam)* kaputt
kayak ['kaɪæk] *sb* Kajak *m/n*
kedge [kedʒ] *v NAUT* verholen, warpen
keel [kiːl] *v 1. ~ over* umkippen; *sb 2. NAUT* Kiel *m; 3. on an even ~ (fig)* im Gleichgewicht, gleichmäßig, ruhig
keelage ['kiːlɪdʒ] *sb NAUT* Hafengebühr *f*
keelhaul ['kiːlhɔːl] *v NAUT* kielholen
keen [kiːn] *adj 1. (edge, eye, ear, wind)* scharf; *2. (interest, feeling)* stark; *3. (hard-working)* eifrig, *(enthusiastic)* begeistert; *4. to be ~ to do sth* sehr scharf darauf sein, etw zu tun; *5. I'm not ~ on it.* Ich lege keinen Wert darauf. Ich mache mir nichts daraus. Ich habe wenig Lust dazu. *6. to be ~ on s.o.* scharf auf jdn sein
keenly ['kiːnlɪ] *adv (acutely)* leidenschaftlich, stark
keenness ['kiːnnɪs] *sb* Begeisterung *f,* starkes Interesse *n,* Eifer *m*

keep [kiːp] *v irr 1. (remain in a certain state) ~ silent* schweigen; *~ calm* ruhig bleiben; *2. ~ doing sth (continue)* etw weiter tun; *(repeatedly)* etw immer wieder tun; *(constantly)* etw dauernd tun; *3. (continue in a certain direction) ~ to the right* sich rechts halten; *4. (retain)* behalten; *~ sth to o.s.* etw für sich behalten; *5. (maintain in a certain state)* halten; *~ s.o. informed* jdn auf dem Laufenden halten; *~ o.s. busy* sich selbst beschäftigen; *~ s.o. waiting* jdn warten lassen; *~ an eye on s.o.* jdn im Auge behalten; *~ one's distance* Abstand halten; *6. (accounts, a diary)* führen; *7. (in a certain place)* aufbewahren; *8. (detain)* aufhalten, zurückhalten; *~ s.o. from doing sth* jdn davon abhalten, etw zu tun; *a kept woman* eine Frau, die ausgehalten wird; *9. (an appointment)* einhalten; *10. (a promise)* halten, einhalten, einlösen; *11. (run a shop, a hotel)* führen; *12. (tend animals)* halten; *13. (save, put aside)* aufheben; *~ a secret* ein Geheimnis bewahren; *sb 14. earn one's ~* seinen Unterhalt verdienen *m*; *15. for ~s pl* für immer

• **keep at** *v irr ~ sth* an etw festhalten, etw weitermachen
• **keep away** *v irr (from s.o., from sth)* wegbleiben
• **keep back** *v irr 1. (from an edge)* zurück bleiben, nicht näherkommen; *2. (a student)* dabehalten
• **keep down** *v irr 1. (remain low)* untenbleiben; *2. (remain quiet) Keep it down!* Beherrsche dich! *3. keep one's food down* sein Essen im Magen behalten (sich nicht übergeben müssen); *4. You can't keep a good man down.* Der Tüchtige setzt sich immer durch.
• **keep from** *v irr ~ doing sth* von etw abhalten, von etw zurückhalten
• **keep in** *v irr* dabehalten, nicht weglassen; *to be kept in after school* nachsitzen müssen
• **keep off** *v irr 1.* wegbleiben, sich fern halten; *"Keep off the Grass"* „Rasen nicht betreten!"; *2. keep s.o. off (of) s.o.* jdn von jdm fern halten
• **keep on** *v irr (continue)* weitermachen, nicht aufhören
• **keep out** *v irr "Keep Out"* „Zutritt verboten"
• **keep to** *v irr ~ o.s.* nicht sehr gesellig sein, ein Einzelgänger sein
• **keep under** *v irr* unterdrücken, unterjochen
• **keep up** *v irr 1. (continue) (rain)* andauern; *(determination)* nicht nachlassen; *2. ~ with s.o.* mit jdm Schritt halten; *~ with the Joneses* sich mit den Nachbarn messen können; *3. (sth)(not stop)* nicht aufhören mit
keeper ['kiːpə] *sb 1. (guard)* Wächter *m,* Aufseher *m; 2. (game~)* Jagdhüter *m; 3. (goalie) SPORT* Torhüter *m,* Torwart *m; 4. (fish)* Fisch, der die gesetzliche Fanggröße erreicht hat *m*
keeperless ['kiːpəlɪs] *adj* ohne Wächter, ohne Aufsicht
keepnet ['kiːpnet] *sb* Netz zur Aufbewahrung lebender Fische *n*
keepsake ['kiːpseɪk] *sb* Andenken *n*
keg [keg] *sb* kleines Fass *n,* Fässchen *n*
keister ['kiːstə] *sb 1. (fam: buttocks) (US)* Hintern *m; 2. (suitcase)* Koffer *m*
kelp [kelp] *sb* Seetang *m*
kemp [kemp] *sb* Kämpe *m*
kempt [kempt] *adj* gekämmt, gepflegt

K

ken [ken] *sb* Horizont *m,* Gesichtskreis *m; in one's ~* in seinem eigenen Umfeld
kennel ['kenl] *sb 1.* Hundezwinger *m; 2. (boarding ~)* Hundeheim *n,* Tierheim *n*
kerb ['kɜːb] *sb* Bordstein *m,* Randstein *m*
kerb crawling ['kɜːbkrɔːlɪŋ] *sb* Straßenstrich *m*
kerb drill ['kɜːbdrɪl] *sb (UK)* Verkehrserziehung *f*
kerbing ['kɜːbɪŋ] *sb* Randsteine *pl*
kerb market ['kɜːbmɑːkɪt] *sb FIN* Nachbörse *f,* Freiverkehr *m*
kerbstone ['kɜːbstəʊn] *sb* Bordstein *m,* Randstein *m*
kerchief ['kɜːtʃɪf] *sb* Kopftuch *n*
kerfuffle [kə'fʌfl] *sb (fam)* Lärm *m*
kernel ['kɜːnl] *sb* Kern *m*
kerosene ['kerəsiːn] *sb* Kerosin *n*
kestrel ['kestrəl] *sb ZOOL* Turmfalke *m*
ketch [ketʃ] *sb NAUT* Ketsch *f*
ketchup ['ketʃəp] *sb* Ketschup *n/m*
kettle ['ketl] *m* Kessel *m; That's a different ~ of fish.* Das ist ganz was anderes.
kettle-drum ['ketldrʌm] *sb MUS* Pauke *f,* Kesselpauke *f*
kevel ['kevl] *sb* Knüppel *m*
kewpie doll ['kjuːpɪ dɒl] *sb (US)* kleine, rundliche Puppe *f*
key [kiː] *sb 1.* Schlüssel *m; 2. (of a typewriter, of a piano)* Taste *f; 3. (explanation of symbols)* Zeichenerklärung *f; 4. MUS* Tonart *f; sing off ~* falsch singen; *v 5. to be ~ed up* angespannt sein, aufgedreht sein
• key in *v* eingeben
• key up *v* aufdrehen
key grip ['kiːgrɪp] *sb (US) CINE* Erster Studioassistent *m*
keyhole ['kiːhəʊl] *sb* Schlüsselloch *n*
keyless ['kiːlɪs] *adj* schlüssellos
key money ['kiːmʌnɪ] *sb (UK)* Provision *f*
keynote ['kiːnəʊt] *sb MUS* Grundton *m*
keynote speaker ['kiːnəʊt 'spiːkə] *sb* Hauptredner *m*
keypad ['kiːpæd] *sb* Tastenfeld *n*
keypunch ['kiːpʌntʃ] *sb* Locher *m*
keystone ['kiːstəʊn] *sb 1. ARCH* Schlussstein *m; 2. (fig)* Grundpfeiler *m*
keystroke ['kiːstrəʊk] *sb* Anschlag *m*
key word [kiː wɜːd] *sb* Schlüsselwort *n*
khaki ['kɑːkɪ] *sb (colour)* Kaki *n*
kibble ['kɪbl] *sb* Trockenfutter *n*
kibitzer ['kɪbɪtsə] *sb* Besserwisser *m*
kibosh [kɪ'bɒʃ] *sb put the ~ on (fam)* ausschalten, kaputtmachen
kick [kɪk] *sb 1.* Tritt *m,* Stoß *m,* Kick *m; get a ~ out of sth (fam)* an etw mächtig Spaß haben; *just for ~s* nur zum Spaß; *v 2.* treten; *I felt like ~ing myself.* Ich hätte mich ohrfeigen können. *3. (baby)* strampeln; *4. (animal)* ausschlagen; *5. (dancer)* das Bein hochwerfen; *6. (s.o.)* treten; *7. (sth)* einen Tritt versetzen; *8. (a ball)* kicken; *9. (a goal)* schießen; *10. ~ a habit (fam)* sich etw abgewöhnen
• kick around *v ~ an idea (fam)* eine Idee diskutieren
• kick out *v (fam)* hinauswerfen
• kick up *v ~ a row (UK)* Krach machen
kickback ['kɪkbæk] *sb* Provision *f*
kicker ['kɪkə] *sb SPORT 1. (in football)* Spieler, der besonders Strafstöße ausführt *m; 2. (in American football)* Spieler, der Feldtore schießt *m*
kick-off ['kɪkɒf] *sb SPORT* Anstoß *m*
kickshaw ['kɪkʃɔː] *sb (delicacy)* Delikatesse *f*
kickstand ['kɪkstænd] *sb (of a bicycle)* Fahrradständer *m*
kick-start ['kɪkstɑːt] *v* anlassen (Motorrad)
kid [kɪd] *v 1. ~ s.o. (tease)* jdn aufziehen; *(deceive)* jdm etw vormachen; *I was only ~ding!* Ich habe nur Spaß gemacht! *sb 2. (fam: child)* Kind *m,* Kleiner *m* / Kleine *f; ~s' stuff* Kinderkram *m; 3. (fam: man) None of the ~s who work for me is over thirty.* Keiner der Burschen, die für mich arbeiten, ist über dreißig Jahre alt. *4. ZOOL* Kitz *n,* Zicklein *n*
kid brother [kɪd 'brʌðə] *sb (fam)* kleiner Bruder *m*
kiddie ['kɪdɪ] *sb (fam)* Kindchen *n*
kiddish ['kɪdɪʃ] *adj* kindisch
kid gloves ['kɪdglʌvz] *pl* Glaceehandschuhe *pl; handle s.o. with ~ (fam)* jdn mit Glaceehandschuhen anfassen, jdn mit Samthandschuhen anfassen
kidlike ['kɪdlaɪk] *adj* kindlich
kidnap ['kɪdnæp] *v* entführen, kidnappen
kidnapper ['kɪdnæpə] *sb* Entführer *m,* Kidnapper *m*
kidnapping ['kɪdnæpɪŋ] *sb* Entführung *f,* Kidnapping *n,* Menschenraub *m*
kidney ['kɪdnɪ] *sb ANAT* Niere *f*
kidney-shaped ['kɪdnɪʃeɪpd] *adj* nierenförmig
kidney stone ['kɪdnɪ stəʊn] *sb MED* Nierenstein *m*
kidology [kɪ'dɒlədʒɪ] *sb (fam)* Bluff *m*
kidskin ['kɪdskɪn] *sb* Ziegenleder *n*

K

kidvid ['kɪdvɪd] *sb (fam: children's programming) (US)* Kinderprogramm *n*
kill [kɪl] *v 1.* töten, umbringen; *dressed to ~ (fam)* aufgetakelt wie eine Fregatte; *~ time* die Zeit totschlagen; *My feet are ~ing me. (fig)* Meine Füße tun mir entsetzlich weh. *2. (hunting)* erlegen; *3. (slaughter)* schlachten; *4. (weeds)* vernichten; *5. (a proposal)* zu Fall bringen; *6. (an engine)* abschalten; *7. (pain)* stillen; *sb 8. (act of ~ing)* Tötung *f; 9. (animal ~ed)* Beute *f*
• kill off *v 1.* vernichten, töten; *2. (a whole race)* ausrotten
killer ['kɪlə] *sb* Mörder *m,* Killer *m*
killing ['kɪlɪŋ] *sb* Töten *n,* Morden *n*
killjoy ['kɪldʒɔɪ] *sb* Spielverderber *m*
kill-time ['kɪltaɪm] *sb* Zeitvertreib
kiln [kɪln] *sb 1.* Ofen *m; 2. (for bricks)* Trockenofen *m*
kilobyte ['kɪləʊbaɪt] *sb* Kilobyte *n*
kilogramme ['kɪləʊgræm] *sb (UK)* Kilogramm *n*
kilohertz ['kɪləʊhɜːts] *sb* Kilohertz *n*
kilometre ['kɪləʊmiːtə] *sb* Kilometer *m; ~s per hour* Stundenkilometer
kilt [kɪlt] *sb* Kilt *m,* Schottenrock *m*
kilted ['kɪltɪd] *adj* einen Kilt tragend
kilter ['kɪltə] *sb 1. to be out of ~ (not working)* kaputt sein; *2. to be out of ~ (out of shape)* nicht in Form sein
kin [kɪn] *sb* Familie *f,* Verwandte *pl,* Verwandtschaft *f; next of ~* nächster Verwandter *m*
kinase ['kaɪneɪz] *sb BIO* Kinasen *pl*

kind [kaɪnd] *sb 1.* Art *f,* Sorte *f; two of a ~* zwei vom selben Schlag; *what ~ of ...* was für ein ... *I know your ~.* Ihre Sorte kenne ich. *sth of the ~* so etwas; *nothing of the ~* nichts dergleichen; *all ~s of* alle möglichen, alle Arten von, *(fam: a whole lot of)* jede Menge; *~ of (somewhat)* irgendwie, ein bisschen; *adj 2.* liebenswürdig, nett, freundlich

kindergarten ['kɪndəgɑːtn] *sb* Kindergarten *m*
kind-hearted [kaɪnd'hɑːtɪd] *adj* gutherzig, gütig
kindle ['kɪndl] *v 1.* brennen; *(fig)* aufflammen; *2. (sth)* anzünden, entzünden; *(fig)* entfachen
kindling ['kɪndlɪŋ] *sb* Anmachholz *n*
kindly ['kaɪndlɪ] *adj 1.* lieb, nett, freundlich; *2. He didn't take ~ to that.* Das hat ihm gar nicht gefallen.
kindness ['kaɪndnɪs] *sb 1.* Freundlichkeit *f,* Liebenswürdigkeit *f; kill s.o. with ~* jdn mit Freundlichkeiten überhäufen; *2. (act of ~)* Gefälligkeit *f*
kindred ['kɪndrɪd] *adj ~ spirit* Gleichgesinnte(r) *m/f*
kindredship ['kɪndrɪdʃɪp] *sb* Verwandtschaft *f*
kinfolk ['kɪnfəʊk] *sb (US)* Verwandtschaft *f*
king [kɪŋ] *sb* König *m*
kingbird ['kɪŋbɜːd] *sb* Königsvogel *m*
kingdom ['kɪŋdəm] *sb 1.* Königreich *n; ~ of heaven* Himmelreich *n; 2. ZOOL* Reich *n*
kingfisher ['kɪŋfɪʃə] *sb ZOOL* Eisvogel *m*
kingly ['kɪŋlɪ] *adj* königlich
king-of-arms [kɪŋɒv'ɑːmz] *sb* erster Wappenherold Englands *m*
kingpin ['kɪŋpɪn] *sb (person)* Boss *m*
kingship ['kɪŋʃɪp] *sb* Königtum *n*
king-sized ['kɪŋsaɪzd] *adj 1.* Riesen... *2. (bed)* extra groß
kink [kɪŋk] *sb (in a rope)* Knick *m*
kinky ['kɪŋkɪ] *adj 1. (hair)* wellig; *2. (sexually)* abartig
kinship ['kɪŋʃɪp] *sb* Verwandtschaft *f*
kinsman ['kɪnzmən] *sb* Verwandter *m*
kinswoman ['kɪnzwʊmən] *sb* Verwandte *f*
kiosk ['kiːɒsk] *sb 1.* Kiosk *m; 2. (telephone ~)* Telefonzelle *f*
kip [kɪp] *v (fam) (UK)* pennen
kipper ['kɪpə] *sb (UK)* Räucherhering *m,* Bückling *m*
kiss [kɪs] *v 1.* küssen; *sb 2.* Kuss *m; the ~ of death* der Todesstoß *m; 3. the ~ of life* Mund-zu-Mund-Beatmung *f*
kissable ['kɪsəbl] *adj* zum Küssen einladend
kissagram ['kɪsəgræm] *sb* durch ein Model übermittelter Geburtstagsgruß *m*
kiss-and-tell ['kɪsændtel] *adj* in den Zeitungen breit getreten; *a ~ interview* ein Interview über eine Liebesaffäre mit einem Prominenten
kiss-curl [kɪskɜːl] *sb* Schmachtlocke *f*
kisser ['kɪsə] *sb 1. (fam: mouth)* Fresse *f,* Schnauze *f; 2. She's a good ~.* Sie kann gut küssen.
kissing gate ['kɪsɪŋ geɪt] *sb* Weidegatter *n*
kit [kɪt] *sb 1. (equipment)* Ausrüstung *f; 2. (box of tools)* Werkzeugkasten *m; 3. (set)* Satz *m, (parts to be assembled)* Bausatz *m; 4. (UK: outfit)* Kluft *f; v 5. ~ out* ausrüsten, ausstatten, einkleiden
kitbag ['kɪtbæg] *sb* Seesack *m*

K

kitchen ['kɪtʃɪn] *sb* Küche *f*
kitchen cabinet ['kɪtʃɪn 'kæbɪnet] *sb* *POL* Küchenkabinett *n*
kitchenette [kɪtʃɪ'net] *sb* Kochnische *f*
kitchen garden ['kɪtʃɪn 'gɑːden] *sb* Küchengarten *m*, Kräutergarten *m*, Gemüsegarten *m*
kitchen police ['kɪtʃɪn pə'liːs] *sb* *(US)* *(fam)* Küchendienst *m*
kitchen sink ['kɪtʃɪn sɪŋk] *sb* Spüle *f*, Spülstein *m*, Ausguss *m*; *everything but the ~* der ganze Krempel
kitchenware ['kɪtʃɪnwɛə] *sb* Küchengeräte *pl*
kite [kaɪt] *sb* Drachen *m*; *Go fly a ~! (fam) (US)* Hau ab und lass mich in Ruhe!
kite flying ['kaɪtflaɪɪn] *sb* *FIN* Wechselreiterei *f*
Kite mark ['kaɪtmɑːk] *sb* *(UK)* dreieckiges Gütezeichen *n*
kith [kɪθ] *sb* Verwandte(r) *m/f*; *~ and kin* Blutsverwandte *pl*
kitsch [kɪtʃ] *sb* Kitsch *m*
kitten ['kɪtn] *sb* *ZOOL* Kätzchen *n*, junge Katze *f*
kittenish ['kɪtnɪʃ] *adj* verspielt, kokett
kitty ['kɪtɪ] *sb* *1. (cat)* Kätzchen *n*, Pussi *f*; *2. (in a card game)* Spielkasse *f*
kiwi ['kiːwiː] *sb* *1. BOT* Kiwi *f*; *2. ZOOL* Kiwi *m*
kiwi fruit ['kiːwiːfruːt] *sb* *BOT* Kiwi *f*
klaxon ['klæksn] *sb* Horn *n*, Hupe *f*
klutz [klʌts] *sb* *(fam)* Tölpel *m*, schwerfälliger Mensch *m*
knack [næk] *sb* *1.* Trick *m*, Kniff *m*; *2. (talent)* Talent *n*, Geschick *n*
knacker ['nækə] *sb* *(of horses)* Abdecker *m*, Schinder *m*
knacker's yard ['nækəz jɑːd] *sb* *(fam)(UK)* Schrottplatz *m*; *ready for the ~* schrottreif
knag [næg] *sb* *(knot in wood)* Astknorren *m*
knapsack ['næpsæk] *sb* Rucksack *m*, Ranzen *m*
knave [neɪv] *sb* Schurke *m*, Spitzbube *m*
knavery ['neɪvərɪ] *sb* Schurkerei *f*, Gaunerei *f*
knead [niːd] *v* *1.* kneten; *2. (muscles)* massieren
kneader ['niːdə] *sb* Teigmaschine *f*
knee [niː] *sb* *1. ANAT* Knie *n*; *v 2.* mit dem Knie stoßen
kneecap ['niːkæp] *sb* *ANAT* Kniescheibe *f*
knee-deep ['niːdiːp] *adj* knietief
knee-high ['niːhaɪ] *adj* kniehoch
kneehole ['niːhəʊl] *sb* Öffnung für die Knie *f*
knee jerk ['niːdʒɜːk] *sb* *(reflex)* Kniesehnenreflex *m*
knee-jerk ['niːdʒɜːk] *adj* reflexartig, automatisch
kneel [niːl] *v irr* *1.* knien; *2. ~ down* sich hinknien, niederknien
knee-length ['niːleŋθ] *adj* knielang, bis zum Knie reichend
kneepad ['niːpæd] *sb* Knieschützer *m*
knees-up ['niːzʌp] *sb* *(fam)* Tanzveranstaltung *f*, Fest *n*
knell [nel] *sb* Totenglocke *f*
knickerbocker glory ['nɪkəbɒkə 'glɔːrɪ] *sb* *GAST* Dessert mit Eiskrem *n*
knickerbockers ['nɪkəbɒkəz] *pl* Knickerbocker *pl*
knickers ['nɪkəz] *pl* Schlüpfer *m*
knick-knack ['nɪknæk] *sb* *(fam)* Kinkerlitzchen *n*

knife [naɪf] *sb* Messer *n*; *go under the ~ (fam)* unters Messer kommen

knife edge [naɪf edʒ] *sb* Messerschneide *f*
knife grinder ['naɪfgraɪndə] *sb* Messerschleifer *m*
knife-point ['naɪfpɔɪnt] *sb* Messerspitze *f*; *at ~* mit vorgehaltenem Messer
knifer ['naɪfə] *sb* Messerstecher *m*
knight [naɪt] *sb* *1.* Ritter *m*; *2. ~ of the road (fam: lorry driver)* Kapitän der Landstraße *m*; *3. (in chess)* Springer *m*
knighthood ['naɪthʊd] *sb* Ritterschaft *f*, Ritterstand *m*
knightly ['naɪtlɪ] *adj* ritterlich
knit [nɪt] *v* *1.* stricken; *2. ~ one's eyebrows* die Stirn runzeln
knittable ['nɪtəbl] *adj* Strick...
knitter ['nɪtə] *sb* Stricker *m*
knitting ['nɪtɪŋ] *sb* Stricken *n*
knitwear ['nɪtwɛə] *sb* Strickwaren *pl*, Wollsachen *pl*
knob [nɒb] *sb* *1. (door~)* runder Griff *m*; *2. (on a radio)* Knopf *m*; *3. (on a walking stick)* Knauf *m*
knobbly ['nɒblɪ] *adj* knorrig, knubbelig
knobby ['nɒbɪ] *adj* *(knees)* knochig
knock [nɒk] *sb* *1. (blow)* Stoß *m*, Schlag *m*; *2. (sound)* Klopfen *n*; *v 3. (at a door)* klopfen; *4. (engine)* klopfen; *5. (one's head)* anschlagen, anstoßen; *6. (strike)* stoßen, *(with sth)* schlagen

• **knock about** *v 1. (mistreat)* herumstoßen, misshandeln; *2. (loiter)* herumlungern, sich herumtreiben
• **knock around** *v 1. (mistreat)* misshandeln, herumstoßen; *2. (loiter)* herumlungern, herumbummeln, herumhängen
• **knock back** *v (fam)* hinter die Binde kippen
• **knock down** *v 1. (an object)* umwerfen; *2. (s.o. by hitting)* niederschlagen; *3. (the price of one's wares)* heruntergehen (mit dem Preis)
• **knock off** *v 1. (quit)* aufhören; *Knock it off!* Hör auf damit! *2. (copy)* imitieren, nachmachen
• **knock out** *v 1. (by hitting)* bewusstlos schlagen, k.o. schlagen; *2. to be knocked out (of a competition)* ausscheiden
• **knock over** *v* umwerfen, umstoßen
knocker ['nɒkə] *sb 1. (on a door)* Türklopfer *m; 2. (critic)* Meckerer *m (fam)*
knock-kneed ['nɒkni:d] *adj* X-beinig
knock-knees ['nɒkni:z] *pl* X-Beine *pl*
knockoff ['nɒkɒf] *sb* Imitation *f*
knock-on ['nɒkɒn] *adj* anstoßend; *a ~ effect* ein Dominoeffekt *m*
knockout ['nɒkaʊt] *sb 1.* Knock-out *m,* K.o. *m; 2. (fam: impressive thing)* tolle Sache *f; 3. (fam: woman)* toll aussehende Frau *f*
knoll [nəʊl] *sb* Hügel *m,* Kuppe *f*
knot [nɒt] *v 1.* einen Knoten machen in; *2. (~ together)* verknoten, verknüpfen; *sb 3.* Knoten *m; tie the ~ (fam)* den Bund fürs Leben schließen
knothole ['nɒthəʊl] *sb* Astloch *n*
knotless ['nɒtlɪs] *adj* ohne Knoten
knotlike ['nɒtlaɪk] *adj* knotig
knotted ['nɒtɪd] *adj* verknotet, knotig
knotting ['nɒtɪŋ] *sb* Knüpfen *n*
knotty ['nɒtɪ] *adj 1. (wood)* knorrig; *2. (fig)* verzwickt, verwickelt
knotwork ['nɒtwɜ:k] *sb* Knüpfarbeit *f*

know [nəʊ] *v irr 1.* wissen, *(facts, details)* kennen; *as far as I ~* so viel ich weiß; *for all I ~* so viel ich weiß; *you ~* weißt du/wissen Sie; *get to ~ s.o.* jdn kennen lernen; *What do you ~!* Na, so was! *let s.o. ~* jdm Bescheid sagen; *before you ~ it* ehe man sich's versieht; *(a language)* können; *2. (recognize)* erkennen; *3. (to be able to distinguish)* entscheiden können; *4. (experience)* erleben; *I have ~n it to happen.* Ich habe das schon erlebt. *sb 5. to be in the ~* Bescheid wissen, im Bilde sein

know-all ['nəʊɔ:l] *sb (fam)* Besserwisser *m,* Schlauberger *m*
know-how ['nəʊhaʊ] *sb* Know-how *n,* Sachkenntnis *f*
knowing ['nəʊɪŋ] *adj* wissend
know-it-all ['nəʊɪtɔ:l] *sb* Besserwisser *m*
knowledge ['nɒlɪdʒ] *sb* Kenntnis *f,* Wissen *n; to the best of my ~* meines Wissens; *not to my ~* nicht dass ich wüsste
knowledgeable ['nɒlɪdʒəbl] *adj* kenntnisreich, gebildet
known [nəʊn] *adj* bekannt; *make ~* bekannt geben
knuckle ['nʌkl] *sb 1. ANAT* Fingerknöchel *m,* Fingergelenk *n; 2. GAST* Haxe *f,* Hachse *f; v 3. ~ down (fam)* sich dahinterklemmen, sich reinhängen; *4. ~ under* nachgeben
knucklebone ['nʌklbəʊn] *sb ANAT* Knöchelbein *n*
knuckle-duster ['nʌkldʌstə] *sb (brass knuckles)* Schlagring *m*
knucklehead ['nʌklhed] *sb (fam)* Idiot *m*
knuckleheaded ['nʌklhedɪd] *adj (fam)* blöde, bescheuert
knuckle joint ['nʌkl dʒɔɪnt] *sb* Knöchelgelenk *n*
knuckle sandwich ['nʌkl 'sændwɪtʃ] *sb (fam)* Fausthieb *m*
knuckly ['nʌklɪ] *adj* zum Knöchel gehörend
knurl [nɜ:l] *v* rändeln, kodieren
koala [kəʊ'ɑ:lə] *sb ZOOL* Koalabär *m*
Kodiak ['kəʊdɪæk] *sb ZOOL* Kodiakbär *m*
koine ['kɔɪni:] *sb LING* Koine *f* (Gemeinsprache)
kook [ku:k] *sb* Spinner *m*
kookaburra ['kʊkəbʌrə] *sb ZOOL* Rieseneisvogel *m*
kooky ['ku:kɪ] *adj (fam)* komisch, verrückt
Koran [kɔ:'rɑ:n] *sb the ~ REL* der Koran *m*
kosher ['kəʊʃə] *adj REL* koscher
kowtow ['kaʊtaʊ] *v ~ to s.o.* vor jdm kriechen
Krugerrand ['kru:gərrænd] *sb FIN* Krügerrand *m,* Krügerrandmünze *f*
kudos ['kju:dɒs] *sb 1. (accolades)* Lob *n; 2. (prestige)* Ansehen *n,* Ehre *f*
kudu ['ku:du:] *sb ZOOL* Kudu *m*
Kufic ['ku:fɪk] *adj HIST* kufisch
kumquat ['kʌmkwɒt] *sb BOT* Kumquat *f*
kurtosis [kə'təʊsɪs] *sb MATH* Kurvenverlauf *m,* Häufigkeitsverteilung *f*
kvetch [kvetʃ] *v (fam: gripe)* nörgeln, quengeln

K

L

lab [læb] *sb (fam)* Labor *n*
label ['leɪbl] *v 1.* etikettieren, mit einem Zettel versehen, mit einem Schildchen versehen; *2. (by writing on)* beschriften, mit einer Aufschrift versehen; *3. (fig)* bezeichnen, abstempeln; *sb 4.* Etikett *n; (sticker)* Aufkleber *m; (on a specimen)* Schild *n; 5. (fam: record company)* Schallplattenfirma *f*
labor *v/sb (US) (see "labour")*
laboratory [lə'bɒrətərɪ] *sb* Laboratorium *n,* Labor *n*
laborious [lə'bɔːrɪəs] *adj 1.* mühsam; *2. (style)* schwerfällig

labour ['leɪbə] *sb 1.* Arbeit *f,* Anstrengung *f,* Mühe *f; 2. (workers)* Arbeiter *pl,* Arbeitskräfte *pl; 3. MED* Wehen *pl; go into ~* die Wehen bekommen; *v 4. (do physical work)* arbeiten; *(work hard)* sich abmühen; *~ over sth* sich mit etw abmühen; *5. (move with difficulty)* sich mühsam fortbewegen, sich quälen

L

laboured ['leɪbəd] *adj* schwerfällig
labourer ['leɪbərə] *sb* Arbeiter *m*
labour exchange ['leɪbərɪktʃeɪndʒ] *sb (UK)* Arbeitsamt *n*
labour pains ['leɪbə peɪnz] *pl* Wehen *pl*
labyrinth ['læbərɪnθ] *sb* Labyrinth *n*
lace [leɪs] *v 1.* schnüren, zubinden; *2. (a drink)* einen Schuss Alkohol zugeben; *sb 3. (material)* Spitze *f; 4. (shoe~)* Schnürsenkel *m*
• lace up *v* zuschnüren, zubinden
lacerant ['læsərənt] *adj* verletzend
lacerate ['læsəreɪt] *v MED* aufreißen, zerfetzen
laceration [læsə'reɪʃən] *sb MED* Fleischwunde *f; (from a blow)* Platzwunde *f; (from a tear)* Risswunde *f*
lack [læk] *v 1.* Mangel haben an, nicht haben, nicht besitzen; *we ~ ...* uns fehlt ...; *he ~s ...* es fehlt ihm ...; *2. to be ~ing* fehlen, nicht vorhanden sein; *sb 3.* Mangel *m*
lackadaisical [lækə'deɪzɪkəl] *adj* lustlos, gelangweilt; *(careless)* lasch
lacklustre ['læklʌstə] *adj 1.* glanzlos; *2. (fig)* farblos
laconic [lə'kɒnɪk] *adj* lakonisch
lacquer ['lækə] *v 1.* lackieren; *sb 2.* Lack *m*
lacquerer ['lækərə] *sb* Lackierer *m*
lacrimal ['lækrɪməl] *adj* Tränen...
lacrimation [lækrɪ'meɪʃən] *sb* Erzeugung von Tränenflüssigkeit *f*
lacy ['leɪsɪ] *adj 1. (made of lace)* Spitzen... *2. (like lace)* spitzenartig
lad [læd] *sb* Junge *m,* Bursche *m*
ladder ['lædə] *sb 1.* Leiter *f; 2. (UK: in a stocking)* Laufmasche *f*
laden ['leɪdn] *adj* beladen
ladies' man ['leɪdiːz mæn] *sb* Frauenheld *m,* Scharmeur *m*
ladies' room ['leɪdiːz ruːm] *sb* Damentoilette *f*
lading ['leɪdɪŋ] *sb* Ladung *f*
ladle ['leɪdl] *v 1.* schöpfen; *sb 2.* Schöpflöffel *m,* Schöpfkelle *f*
lady ['leɪdɪ] *sb 1.* Dame *f; ladies and gentlemen* meine Damen und Herren; *2. (as a title)* Lady *f*
ladybird ['leɪdɪbɜːd] *sb (UK)* Marienkäfer *m*
ladybug ['leɪdɪbʌg] *sb (US)* Marienkäfer *m*
ladykiller ['leɪdɪkɪlə] *sb* Frauenheld *m*
ladylike ['leɪdɪlaɪk] *adj* damenhaft
lag [læg] *v 1. ~ behind* zurückbleiben; *sb 2.* Zeitabstand *m,* Zeitunterschied *m; (delay)* Verzögerung *f*
lager ['lɑːgə] *sb* Lagerbier *n*
lagging ['lægɪŋ] *sb TECH* Verschalung *f*
lagoon [lə'guːn] *sb* Lagune *f*
laid-back [leɪd'bæk] *adj* entspannt
lair [lɛə] *sb* Lager *n; (cave)* Höhle *f; (den)* Bau *m*
laird [lɛəd] *sb* Gutsherr *m*
laity ['leɪɪtɪ] *sb* Laienstand *m,* Laien *pl*

lake [leɪk] *sb* See *m,* Binnensee *m*

lamb [læm] *sb 1. ZOOL* Lamm *n; like ~s to the slaughter* wie ein Lamm zur Schlachtbank; *2. the Lamb of God REL* das Lamm Gottes
lambast [læm'bæst] *v* runterputzen *(fam)*
lame [leɪm] *adj 1.* lahm, hinkend; *2. (fig)* lahm, müde, schwach
lament [lə'ment] *v 1.* klagen, jammern, lamentieren; *2. (sth)* beklagen, beweinen, bejammern; *sb 3.* Klage *f,* Wehklage *f; 4. LIT, MUS* Klagelied *n*
lamentable ['læməntəbl] *adj* beklagenswert, bedauerlich; *(piece of work)* jämmerlich schlecht

lamentation [læmən'teɪʃən] *sb* Jammern *n,* Lamentieren *n,* Klage *f*
lamented [lə'mentɪd] *adj* betrauert
lamp [læmp] *sb 1.* Lampe *f; 2. (in the street)* Laterne *f*
lampoon [læm'puːn] *v* verspotten
lamppost ['læmppəʊst] *sb* Laternenpfahl *m*
lampshade ['læmpʃeɪd] *sb (cover for a lamp)* Lampenschirm *m*
lance [lɑːns] *sb 1.* Lanze *f,* Speer *m; v 2. MED* öffnen, aufschneiden

land [lænd] *sb 1.* Land *n; 2. (property)* Grund und Boden *m,* Land *n,* Grundbesitz *m; 3. (soil)* Boden *m; 4. live off the ~ (by farming)* von den Früchten des Bodens leben; *(by foraging)* sich aus der Natur ernähren; *v 5.* landen; *6. (a fish)* an Land ziehen; *7. (fam: obtain)* kriegen, schnappen, holen; *8. (a blow)* landen

landed ['lændɪd] *adj* über Grundbesitz verfügend
landing ['lændɪŋ] *sb 1.* Landung *f; 2. (on stairs)* Treppenabsatz *m*
landlady ['lændleɪdɪ] *sb* Vermieterin *f*
landlord ['lændlɔːd] *sb* Vermieter *m*
landlubber ['lændlʌbə] *sb (fam) NAUT* Landratte *f*
landmark ['lændmɑːk] *sb 1.* Orientierungspunkt *m; 2. (famous building)* Wahrzeichen *n; 3. (fig)* Markstein *m*
landmass ['lændmæs] *sb* Landmasse *f*
landowner ['lændəʊnə] *sb* Landbesitzer *m*
landscape ['lændskeɪp] *sb* Landschaft *f*
landslide ['lændslaɪd] *sb (US: landslip)* Erdrutsch *m*
landslip ['lændslɪp] *sb (UK)* Erdrutsch *m*
landward ['lændwəd] *adj* zum Festland hin, landwärts
lane [leɪn] *sb 1. (in town)* Gasse *f; 2. (path in the country)* Weg *m; 3. (of a road)* Fahrbahn *f,* Spur *f; 4. (swimming, track and field)* Bahn *f; 5. (shipping route)* Schifffahrtsweg *m*
language ['læŋgwɪdʒ] *sb* Sprache *f; bad ~* unanständige Ausdrücke *pl; strong ~* starke Worte *pl; (bad ~)* derbe Ausdrücke *pl*
languid ['læŋgwɪd] *adj* schwach, matt, schlaff
languish ['læŋgwɪʃ] *v* schmachten
languor ['læŋgə] *sb* Trägheit *f,* Apathie *f*
lanky ['læŋkɪ] *adj* schlaksig
lantern ['læntən] *sb* Laterne *f*
lap [læp] *sb 1. (to sit on)* Schoß *m; live in the ~ of luxury* ein Luxusleben führen; *2. SPORT* Runde *f; v 3. ~ against (waves)* plätschern an; *4. (s.o.) SPORT* überrunden
• **lap up** *v 1.* auflecken; *2. (fam: compliments)* liebend gern hören
lapse [læps] *v 1. (expire)* ablaufen; *2. (friendship)* einschlafen; *3. (decline)* verfallen; *~ into silence* ins Schweigen verfallen; *4. (morally)* fehlen; *sb 5. (of time)* Zeitspanne *f,* Zeitraum *m; 6. (expiration)* Ablauf *m; 7. (of a claim)* Verfall *m; 8. (mistake)* Fehler *m,* Versehen *n; 9. (decline)* Absinken *n,* Abgleiten *n; 10. (moral ~)* Fehltritt *m*
larcenous ['lɑːsənəs] *adj* diebisch
larceny ['lɑːsənɪ] *sb JUR* Diebstahl *m*
lard [lɑːd] *v 1.* spicken; *sb 2.* Schweineschmalz *n*
larder ['lɑːdə] *sb 1. (room)* Speisekammer *f; 2. (cupboard)* Speiseschrank *m*

large [lɑːdʒ] *adj 1.* groß; *~r than life* überlebensgroß; *sb 2. at ~ (roaming free)* auf freiem Fuß; *3. at ~ (in general)* im Allgemeinen

largely ['lɑːdʒlɪ] *adv* größtenteils
largeness ['lɑːdʒnɪs] *sb* Größe *f*
largesse [lɑː'ʒes] *sb* Freigebigkeit *f*
lark [lɑːk] *sb 1. ZOOL* Lerche *f; 2. (bit of fun)* Jux *m,* Spaß *m,* Ulk *m*
larva ['lɑːvə] *sb BIO* Larve *f*
lascivious [lə'sɪvɪəs] *adj* lasziv, lüstern
lash [læʃ] *v 1. (waves) ~ against* peitschen gegen; *2. (whip)* peitschen, auspeitschen; *3. (tie)* festbinden; *~ to* festbinden an; *~ together* zusammenbinden; *sb 4. (stroke of a whip)* Peitschenhieb *m; 5. (eye~)* Wimper *f*
• **lash out** *v 1.* um sich schlagen; *2. ~ at s.o.* auf jdn losschlagen; *3. (verbally)* vom Leder ziehen *(fam)*
lashing ['læʃɪŋ] *sb* Prügel *pl,* Auspeitschen *n,* Auspeitschung *f*
lash-up ['læʃʌp] *sb* Provisorium *n*
lass [læs] *sb* Mädel *n*
lassitude ['læsɪtjuːd] *sb* Trägheit *f*

last[1] [lɑːst] *adj 1.* letzte(r,s); *~ but not least* nicht zuletzt; *~ but one* vorletzte(r,s); *~ night* gestern Nacht/*(in the evening)* gestern Abend; *adv 2. (after all others)* als Letzte(r,s); *3. (the most recent time)* das letzte Mal; *sb 4.* der/ die/das Letzte; *breathe one's ~* seinen letzten Atemzug tun; *That was the ~ we saw of her.* Danach haben wir sie nicht mehr gesehen; *5. at ~* endlich; *at long ~* schließlich und endlich

L

last[2] [lɑːst] *v 1.* dauern; *2. (remain intact)* halten
• last out *v 1. (person)* durchhalten; *2. (food)* ausreichen
last-ditch ['lɑːstdɪtʃ] *adj* in letzter Minute, bis zum Äußersten
last-gasp [lɑːst gɑːsp] *adj* mit letzter Kraft; *a ~ effort* eine letzte Anstrengung *f*
lasting ['lɑːstɪŋ] *adj* dauerhaft, dauernd; *(shame)* anhaltend
lastly ['lɑːstlɪ] *adv* zuletzt, zum Schluss, am Ende
latch [lætʃ] *sb 1.* Riegel *m; v 2.* verriegeln
• latch on *v 1.* sich festhalten; *2. (to s.o.)* sich an jdn hängen; *3. (to an idea)* aufgreifen
latchkey ['lætʃkiː] *sb* Hausschlüssel *m*
latchkey child ['lætʃkiː tʃaɪld] *sb* Schlüsselkind *n*

late [leɪt] *adj 1.* spät; *in the ~ seventies* gegen Ende der Siebzigerjahre; *a man in his ~ forties* ein Endvierziger; *on Friday at the ~st* spätestens am Freitag; *~ in life* im fortgeschrittenen Alter; *It's getting ~.* Es ist schon spät. *2. (deceased)* verstorben; *her ~ husband* ihr verstorbener Ehegatte; *adv 3.* spät; *of ~* in letzer Zeit; *better ~ than never* besser spät als gar nicht

lately ['leɪtlɪ] *adv* in letzter Zeit, neuerdings
lateness ['leɪtnɪs] *sb* Zuspätkommen *n, (of payments, of a train)* Verspätung *f*
later ['leɪtə] *adj 1.* später; *adv 2.* später; *~ on* nachher
latest ['leɪtɪst] *adj 1.* späteste(r,s); *(most recent)* neuste(r,s); *(person)* letzte(r,s); *sb 2. the ~* der/die/das Neueste; *3. at the ~* spätestens
lath [lɑːθ] *sb* Latte *f*
lathe [leɪð] *sb* Drehbank *f*
lather ['lɑːðə] *sb 1.* Schaum *m; 2. in a ~ (fam)* aufgeregt, erhitzt; *v 3. ~ up* Seife zum Schäumen bringen
Latin ['lætɪn] *sb 1. LING* Latein *n; 2. (member of a ~ race)* Südländer *m; 3. (Roman) HIST* Römer *m*
latish ['leɪtɪʃ] *adj* ziemlich spät
latitude ['lætɪtjuːd] *sb 1. GEO* Breitengrad *m; 2. (fig)* Spielraum *m,* Freiheit *f*
latter ['lætə] *adj 1. the ~ part (of a book)* gegen Ende; *the ~ part (of a century)* die zweite Hälfte; *sb 2. the ~* der/die/das Letztere; *the ~* die Letzteren *pl*
latter-day ['lætədeɪ] *adj* modern; *the Latter-Day Saints (Mormons) REL* die Heiligen der letzten Tage
lattice ['lætɪs] *sb* Gitter *n*
laud [lɔːd] *v* loben, preisen
laudatory ['lɔːdətərɪ] *adj* lobend, Belobigungs...

laugh [lɑːf] *v 1.* lachen; *~ at s.o.* jdn auslachen; *~ sth off* etw lachend abtun; *This is no ~ing matter.* Das ist nicht zum Lachen. *2. ~ o.s. silly, ~ one's head off* sich kaputtlachen, sich totlachen; *sb 3.* Lachen *n; just for ~s pl* nur zum Spaß; *have the last ~* am Ende recht behalten; *What a ~!* Ist ja zum Brüllen!

• laugh away *v* lachend übergehen
• laugh off *v* mit einem Lachen abtun
laughable ['lɑːfəbl] *adj* lachhaft
laughter ['lɑːftə] *sb* Lachen *n,* Gelächter *n*
launch [lɒːntʃ] *v 1. (a rocket)* abschießen; *2. NAUT (a lifeboat)* aussetzen; *(a new ship)* vom Stapel lassen; *3. (a product)* auf den Markt bringen, *(with publicity)* lancieren; *4. (a company)* gründen; *sb 5. (of a rocket)* Abschuss *m; 6. (of a new ship)* Stapellauf *m; 7. NAUT (kind of boat)* Barkasse *f*
launcher ['lɔːntʃə] *sb* Abschussvorrichtung *f,* Katapult *n*
launder ['lɔːndə] *v 1.* waschen und bügeln; *2. (fig: money)* waschen
laundrette [lɔːn'dret] *sb* Waschsalon *m*
laundry ['lɔːndrɪ] *sb 1. (clothes to be washed)* schmutzige Wäsche *f;* Wäsche *f; 2. (place)* Wäscherei *f*
laurel ['lɒrəl] *sb 1. BOT* Lorbeer *m; 2. ~ s pl (fig)* Lorbeeren *pl,* Ehren *pl,* Ruhm *m; rest on one's ~s* sich auf seinen Lorbeeren ausruhen
lavatory ['lævətrɪ] *sb* Toilette *f*
lavender ['lævɪndə] *sb (colour)* Lavendel *n*
lavish ['lævɪʃ] *adj 1. (expenditure)* verschwenderisch, *(party)* aufwändig, *(gift)* großzügig; *v 2. ~ sth on s.o.* jdn mit etw überhäufen
lavishness ['lævɪʃnɪs] *sb* Großzügigkeit *f,* Üppigkeit *f,* Verschwendungssucht *f*
law [lɔː] *sb 1.* Gesetz *n; by ~* nach dem Gesetz; *2. (system) JUR* Recht *n; under German ~* nach deutschem Recht; *~ and order* Recht und Ordnung; *lay down the ~* das Sagen haben; *3. (as a study)* Jura *pl*
law-abiding ['lɔːəbaɪdɪŋ] *adj* gesetzestreu
lawbreaker ['lɔːbreɪkə] *sb* Gesetzesbrecher *m*
lawful ['lɔːfʊl] *adj* rechtmäßig
lawman ['lɔːmən] *sb* Gesetzeshüter *m*
lawn [lɔːn] *sb* Rasen *m*

L

lawn mower ['lɔːnməʊə] *sb* Rasenmäher *m*
lawsuit ['lɔːsuːt] *sb JUR* Prozess *m*, Klage *f*
lawyer ['lɔːjə] *sb* Anwalt/Anwältin *m/f*
lax [læks] *adj* locker, schlaff, lässig
laxation [læk'seɪʃən] *sb* Entspannung *f*
lay¹ [leɪ] *v irr 1.* legen; *~ the table* den Tisch decken; *2. (cable, pipes)* verlegen; *3. (a trap)* aufstellen; *~ a trap for s.o.* jdm eine Falle stellen; *4. (plans)* schmieden; *5. (a bet)* abschließen, *(money)* setzen; *adj 6. laid back (fam) (US)* gelassen; *7. to be laid up* das Bett hüten
• **lay down** *v irr 1.* hinlegen; *2. (a burden)* ablegen; *3. (conditions, rules)* festsetzen, festlegen; *~ the law* den Ton angeben
• **lay off** *v irr 1. (worker)* entlassen; *2. (~ doing sth)* aufhören mit, lassen; *3. ~ s.o. (not bother s.o.)* jdn in Ruhe lassen
• **lay out** *v irr 1. (money)* ausgeben; *(invest)* investieren; *2. (design)* anlegen, planen; *3. (a magazine, a newspaper)* das Lay-out machen
lay² [leɪ] *adj* Laien…
lay-by ['leɪbaɪ] *sb 1. (small)* Parkstreifen *m*, Parkbucht *f*; *2. (large)* Rastplatz *m*
layer ['leɪə] *sb* Schicht *f*, Lage *f*
layman ['leɪmən] *sb* Laie *m*
layout ['leɪaʊt] *sb 1.* Anordnung *f*, Anlage *f*, Planung *f*; *2. (of a publication)* Lay-out *n*
laze [leɪz] *v* faulenzen
lazy ['leɪzɪ] *adj* faul, träge
lead¹ [led] *sb 1. (metal)* Blei *n*; *2. (in a pencil)* Grafit *m*

lead² [liːd] *v irr 1.* führen; *~ the way* vorangehen; *2. (street, passage)* führen; *3. (in a race)* in Führung liegen; *4. ~ s.o. to believe that …* jdm den Eindruck vermitteln, dass …, jdn glauben machen, dass …; *sb 5. (position in front)* Führung *f*, Spitze *f*; *take the ~* in Führung gehen, die Führung übernehmen; *(go first)* vorangehen; *6. (distance ahead, time ahead)* Vorsprung *m*; *7. (detective's clue)* Spur *f*; *8. TECH* Leitungskabel *n*; *9. CINE (role)* Hauptrolle *f*; *(person)* Hauptdarsteller *m*; *10. (leash)* Leine *f*

• **lead away** *v irr (prisoner)* abführen
• **lead off** *v irr 1.* den Anfang machen; *2. (lead away)* abführen; *3. ~ with* beginnen mit
• **lead on** *v irr lead s.o. on* jdn ermutigen, jdn aufmuntern
• **lead up** *v irr ~ to* allmählich führen zu; *What are you leading up to?* Worauf wollen Sie hinaus?
leaded ['ledɪd] *adj (petrol)* verbleit
leader ['liːdə] *sb 1.* Führer *m*; *2. (of a project)* Leiter *m*; *3. (of a gang)* Anführer *m*
leadership ['liːdəʃɪp] *sb 1.* Führung *f*, Leitung *f*; *2. (quality)* Führungsqualitäten *pl*
leading light ['liːdɪŋ laɪt] *sb (fig)* Nummer eins *f*
leading question ['liːdɪŋ 'kwestʃən] *sb* Suggestivfrage *f*
lead pencil [led 'pensl] *sb* Bleistift *m*
lead poisoning ['ledpɔɪznɪŋ] *sb* Bleivergiftung *f*
leaf [liːf] *sb 1.* Blatt *n*; *turn over a new ~* einen neuen Anfang machen; *2. (of a table)* Ausziehplatte *f*; *3. (of metal)* Folie *f*; *v 4. ~ through* durchblättern
leaflet ['liːflɪt] *sb* Flugblatt *n*, Handzettel *m*
leafy ['liːfɪ] *adj* grün, belaubt
league [liːg] *sb 1. SPORT* Liga *f*; *2. POL* Bund *m*, Bündnis *n*; *3. to be in ~ with* im Bunde sein mit
leak [liːk] *v 1. (roof, container)* lecken, undicht sein; *2. (liquid)* auslaufen; *(in drops)* tropfen; *3. (gas)* ausströmen, entweichen; *4. (sth)* durchlassen; *(information)* zuspielen; *sb 5. (hole)* undichte Stelle *f*; *(in a container)* Loch *n*; *6. (escape of liquid)* Leck *n*; *spring a ~* ein Leck bekommen; *7. (fig: of information)* Durchsickern von Informationen *n*
leakage ['liːkɪdʒ] *sb 1. (of liquid)* Auslaufen *n*; *2. (of gas)* Ausströmen *n*
leaky ['liːkɪ] *adj* leck, undicht
lean [liːn] *adj 1.* mager; *2. (person)* schlank, schmal; *(unnaturally)* hager; *v irr 3.* lehnen; *4. (rest)* sich lehnen; *5. (to be tilted, to be angling)* sich neigen; *6. ~ toward sth (opinion)* zu etw tendieren, zu etw neigen; *7. (rest sth)* aufstützen
• **lean back** *v irr* sich zurücklehnen
• **lean forward** *v irr* sich vorbeugen
• **lean on** *v irr (fig: put pressure on)* unter Druck setzen
leaning ['liːnɪŋ] *sb* Hang *m*, Neigung *f*
leap [liːp] *v irr 1.* springen; *~ at the chance* die Gelegenheit beim Schopfe packen; *sb 2.* Sprung *m*, Satz *m*
• **leap out** *v irr (colours)* ins Auge springen
leapfrog ['liːpfrɒg] *v 1. (s.o.)* einen Bocksprung machen über; *sb 2.* Bockspringen *n*
leap year ['liːpjɪə] *sb* Schaltjahr *n*
learn [lɜːn] *v irr 1.* lernen; *2. (find out)* hören, erfahren
learner ['lɜːnə] *sb 1.* Anfänger *m*; *2. slow ~* Lernschwache(r) *m/f*

L

lease [liːs] *v 1. (take)* pachten, in Pacht nehmen, mieten; *2. (give)* verpachten, in Pacht geben, vermieten; *sb 3.* Pacht *f,* Miete *f; a new ~ on life (fig)* ein neues Leben; *4. (contract)* Pachtvertrag *m,* Mietvertrag *m*
leasehold ['liːshəʊld] *sb* Pacht *f*
leaseholder ['liːshəʊldə] *sb* Pächter *m*
leash [liːʃ] *sb* Leine *f*
least [liːst] *adj 1.* geringste(r,s), wenigste(r,s); *sb 2. at ~* mindestens, wenigstens; *not in the ~* nicht im Geringsten; *to say the ~* gelinde gesagt, um es milde zu sagen; *That's the ~ of his worries.* Das ist seine geringste Sorge.
leastways ['liːstweɪz] *adv* zumindest
leather ['leðə] *sb* Leder *n*
leathery ['leðərɪ] *adj* lederartig, Leder...

leave [liːv] *v irr 1.* weggehen, *(car, bus, train)* abfahren, *(plane)* abfliegen; *~ for* fahren nach; *2. (depart from)* verlassen; *3. (allow to remain, cause to remain)* lassen; *~ alone* in Ruhe lassen; *~ s.o. cold (fam)* jdn kalt lassen; *~ it at that* es dabei belassen; *4. (a message, a scar)* hinterlassen; *5. (entrust)* überlassen; *6. (after death)* hinterlassen; *(in a will)* vererben; *7. to be left (~ over)* übrig bleiben; *sb 8. (permission)* Erlaubnis *f; 9. (time off)* Urlaub *m; 10. (departure) take one's ~* sich verabschieden; *take ~ of one's senses* den Verstand verlieren

• **leave behind** *v irr 1.* dalassen, zurücklassen; *2. (accidentally)* liegen lassen, stehen lassen; *3. (outstrip)* hinter sich lassen
• **leave off** *v irr (stop)* aufhören; *(work)* einstellen
• **leave out** *v irr (omit)* auslassen, weglassen
lecher ['letʃə] *sb 1.* Wüstling *m,* Lüstling *m; 2. (humorous)* Lustmolch *m*
lecherous ['letʃərəs] *adj* lüstern, geil
lechery ['letʃərɪ] *sb* Wollust *f,* Lüsternheit *f*
lectern ['lektɜːn] *sb* Pult *n*
lecture ['lektʃə] *v 1.* einen Vortrag halten; *(in class)* eine Vorlesung halten; *2. (scold s.o.)* eine Standpauke halten, eine Strafpredigt halten; *sb 3.* Vortrag *m; 4. (in class)* Vorlesung *f; 5. (fig: scolding)* Predigt *f,* Strafpredigt *f*
ledge [ledʒ] *sb 1.* Leiste *f,* Kante *f; 2. (of a window: outside)* Fenstersims *n; (inside)* Fensterbrett *n; 3. (mountain ~)* Vorsprung *m,* Felsvorsprung *m*
leer [lɪə] *v ~ at* anzüglich angrinsen, schielen nach
leery ['lɪərɪ] *adj* misstrauisch, argwöhnisch; *to be ~ of sth* einer Sache gegenüber misstrauisch sein
leeway ['liːweɪ] *sb (fig)* Spielraum *m*

left [left] *adv 1.* links; *adj 2.* linke(r,s); *sb 3. (in boxing)* Linke *f; 4. on the ~* links, auf der linken Seite, linker Hand

left-handed [left'hændɪd] *adj* linkshändig; *a ~ compliment* ein zweifelhaftes Kompliment
left-hander [left'hændə] *sb* Linkshänder *m*
left-luggage office [left'lʌgɪdʒɒfɪs] *sb (UK)* Fundbüro *n*
leftover ['leftəʊvə] *sb 1.* Überbleibsel *n; 2. (from a meal)* Rest *m*
leftwards ['leftwədz] *adv* nach links
left-winger [left'wɪŋə] *sb* Linke(r)
lefty ['leftɪ] *sb (fam)* Linkshänder *m/f*

leg [leg] *sb 1.* Bein *n; to be on one's last ~s* es nicht mehr lange machen; *have not a ~ to stand on* keinerlei Beweise haben; *pull s.o.'s ~ (fam)* jdn auf den Arm nehmen; *2. GAST* Keule *f; 3. (of a race) SPORT* Etappe *f*

legacy ['legəsɪ] *sb 1.* Erbschaft *f,* Vermächtnis *n; 2. (fig)* Erbe *n; (pejorative)* Hinterlassenschaft *f*
legal ['liːgl] *adj 1. (lawful)* legal; *2. (tender, limit)* gesetzlich; *3. (legally valid document, purchase) JUR* rechtsgültig; *4. (relating to the law)* juristisch, rechtlich, Rechts...
legal action ['liːgl 'ækʃən] *sb* Klage *f; take ~ against s.o.* gegen jdn gerichtlich vorgehen
legal aid ['liːgl eɪd] *sb* Rechtshilfe *f*
legality [liː'gælɪtɪ] *sb* Legalität *f,* Gültigkeit *f,* Gesetzlichkeit *f*
legalize ['liːgəlaɪz] *v* legalisieren
legend ['ledʒənd] *sb 1.* Legende *f; 2. (fictitious)* Sage *f*
legendary ['ledʒəndərɪ] *adj* legendär
legged [legd] *adj* ...-~ mit ... Beinen, ...beinig
leggy ['legɪ] *adj* langbeinig
legibility [ledʒə'bɪlɪtɪ] *sb* Lesbarkeit *f*
legible ['ledʒəbl] *adj* leserlich
legislate ['ledʒɪsleɪt] *v 1.* Gesetze erlassen; *2. (sth)* durch Gesetze bewirken, durch Gesetze schaffen
legitimate [lɪ'dʒɪtɪmət] *adj 1. (lawful)* rechtmäßig, legitim; *2. (child)* ehelich; *3. (reasonable)* berechtigt; *4. (excuse)* begründet
legitimize [lɪ'dʒɪtɪmaɪz] *v* legitimieren

L

legless ['leglɪs] *adj 1. (without legs)* ohne Beine; *2. (fam: drunk)* blau, besoffen
legman ['legmən] *sb* Laufbursche *m*
leg-pull ['legpʊl] *sb (fam)* Verarschung *f*
legroom ['legruːm] *sb* Beinfreiheit *f*
legwork ['legwɜːk] *sb* Lauferei *f*
leisure ['leʒə] *sb* Freizeit *f*, Muße *f*
leisurely ['leʒəlɪ] *adj* gemächlich, gemütlich
lemon ['lemən] *sb 1.* Zitrone *f; 2. (colour)* Zitronengelb *n*
lemonade [lemə'neɪd] *sb* Zitronenlimonade *f*
lemony ['lemənɪ] *adj* zitronenartig
lend [lend] *v irr 1.* leihen, verleihen; *2. (fig: give)* verleihen; *~ itself to* sich eignen für
lender ['lendə] *sb FIN* Darlehensgeber *m*
lending library ['lendɪŋlaɪbrərɪ] *sb* Leihbücherei *f*
length [leŋθ] *sb 1.* Länge *f; 2. (~ of time)* Dauer *f; at ~* ausführlich; *3. (section)* Stück *n; 4. go to any ~s (fig)* über Leichen gehen
lengthen ['leŋθən] *v* verlängern; *(clothes)* länger machen
lengthways ['leŋθweɪz] *adv* der Länge nach, längs
lengthwise ['leŋθwaɪz] *adv (US: see "lengthways")*
lengthy ['leŋθɪ] *adj 1.* lang; *2. (overly long)* langwierig, ermüdend lang, übermäßig lang
leniency ['liːnɪənsɪ] *sb* Milde *f*, Nachsicht *f*
lenitive ['lenɪtɪv] *adj* lindernd, Linderungs...
lens [lenz] *sb 1.* Linse *f; 2. (in spectacles)* Glas *n; 3. FOTO (~ itself)* Linse *f; (part of a camera containing the ~)* Objektiv *n*
Lent [lent] *sb REL* Fastenzeit *f*
lentil ['lentl] *sb BOT* Linse *f*
Leo ['liːəʊ] *sb* Löwe *m*
leotard ['lɪətɑːd] *sb* Gymnastikanzug *m*
leper ['lepə] *sb* Aussätzige(r) *m/f*, Leprakranke(r) *m/f*
leprechaun ['leprɪkɔːn] *sb* Kobold *m*
lesbian ['lezbɪən] *adj 1.* lesbisch; *sb 2.* Lesbierin *f*
lesion ['liːʒən] *sb 1. (injury)* Wunde *f*, Verletzung *f; 2. (abnormal change in the body)* krankhafte Veränderung *f*
less [les] *adj 1.* weniger; *adv 2.* weniger; *prep 3.* weniger; *4. ECO* abzüglich
lessen ['lesn] *v 1.* sich verringern, abnehmen, sich vermindern; *2. (sth)* vermindern, verringern, verkleinern; *3. (belittle)* herabsetzen, schmälern

lesson ['lesn] *sb 1. (in school)* Stunde *f; 2. (unit of study)* Lektion *f; 3. ~s pl* Unterricht *m; sb 4. (fig)* Lehre *f; teach s.o. a ~* jdm eine Lektion erteilen; *He has learned his ~.* Er hat seine Lektion gelernt.

lessor ['lesɔː] *sb JUR* Verpächter *m*, Vermieter *m*
lest [lest] *konj 1.* damit ... nicht; *2. (for fear that)* aus Furcht, dass

let [let] *v irr 1.* lassen; *~ s.o. through* jdn durchlassen; *~ s.o. know* jdm Bescheid sagen; *Let's go!* Gehen wir! *2. (UK: hire out)* vermieten; *"to ~"* „zu vermieten"

• **let down** *v irr 1. (lower)* herunterlassen, hinunterlassen; *2. (disappoint)* enttäuschen; *3. (fail to help)* im Stich lassen
• **let go** *v irr 1. (release)* loslassen; *2. (fam: dismiss)* entlassen
• **let in** *v irr 1.* hereinlassen; *2. (water)* durchlassen; *3. let s.o. in on sth* jdn in etw einweihen; *4. let o.s. in for sth* sich auf etw einlassen
• **let off** *v irr 1. (a passenger)* aussteigen lassen; *2. let s.o. off (not punish s.o.)* jdm etw durchgehen lassen; *let s.o. off with a fine* jdn mit einer Geldstrafe davonkommen lassen; *3. (a shot)* abfeuern; *4. (a bomb, a firework)* hochgehen lassen; *5. (vapour)* von sich geben; *6. (gases)* absondern; *7. ~ steam* Dampf ablassen, *(fig)* sich abreagieren
• **let on** *v irr let sth on (allow sth to be apparent)* sich etw anmerken lassen
• **let out** *v irr 1. (a dress)* auslassen, weiter machen; *2. (a yell)* ausstoßen; *3. (allow to go out)* herauslassen, hinauslassen
• **let up** *v irr 1. (ease off)* nachlassen; *2. (cease)* aufhören
letdown ['letdaʊn] *sb (fam)* Enttäuschung *f*
lethal ['liːθəl] *adj* tödlich, todbringend
letter ['letə] *sb 1. (written message)* Brief *m; (official, business)* Schreiben *n; 2. (of the alphabet)* Buchstabe *m; to the ~* buchstabengetreu; *in ~ and in spirit* dem Buchstaben und dem Sinne nach; *3. ~s pl* Literatur *f; man of ~s* Literat *m*
lettuce ['letɪs] *sb* Kopfsalat *m*
levee ['levɪ] *sb* Damm *m*, Deich *m*
level ['levl] *adj 1.* eben; gleichauf; *(at the same height)* auf gleicher Höhe; *2. (voice)* ruhig; *3. (fig)* kühl; *keep a ~ head* einen kühlen Kopf bewahren; *4. do one's ~ best* sein Möglichstes tun; *sb 5. (altitude)* Höhe *f; 6. (standard)* Niveau *n*, Ebene *f; 7. (storey)* Geschoss

L

n; 8. (fig) Ebene *f; 9. on the ~ (fig)* in Ordnung; *10. (device)* Wasserwaage *f; v 11. (ground)* einebnen, ebnen, planieren; *12. (a building)* abreißen; *13. (a weapon)* richten; *~ at* richten auf; *14. (an accusation)* erheben; *~ at* erheben gegen; *15. ~ with s.o. (fam)* zu jdm ehrlich sein; *16. ~ off, ~ out (pilot)* das Flugzeug abfangen; *(after rising)* horizontal fliegen; *17. ~ off, ~ out (plane)* sich fangen; *(plane after rising)* horizontal fliegen; *(fig)* sich einpendeln

level crossing ['levlkrɒsɪŋ] *sb (UK)* Bahnübergang *m*

level-headed [levl'hedɪd] *adj* vernünftig, nüchtern

leveller ['levələ] *sb* Gleichmacher *m*

lever ['liːvə] *sb 1.* Hebel *m; 2. (crowbar)* Brechstange *f; 3. (fig)* Druckmittel *n*

leverage ['liːvərɪdʒ] *sb 1.* Hebelkraft *f,* Hebelwirkung *f; 2. (fig)* Einfluss *m*

leviable ['levɪəbl] *adj* einzuziehen, zu erheben

levitate ['levɪteɪt] *v 1.* schweben; *2. (sth)* schweben lassen

levity ['levɪtɪ] *sb* Leichtfertigkeit *f*

levy ['levɪ] *v 1. (a tax)* erheben; *(a fine)* auferlegen; *2. (troops) MIL* ausheben; *sb 3. (tax) ECO* Steuer *f,* Abgaben *pl; 4. (act of ~ing) ECO* Erhebung *f*

lewd [luːd] *adj 1.* unanständig, schmutzig; *2. (lustful)* lüstern

lewdness ['luːdnɪs] *sb 1. (indecency)* Unanständigkeit *f; 2. (lustfulness)* Lüsternheit *f*

liability [laɪə'bɪlɪtɪ] *sb 1. (burden)* Belastung *f; 2. liabilities pl FIN* Verpflichtungen *pl,* Verbindlichkeiten *pl,* Schulden *pl; assets and liabilities* Aktiva und Passiva *pl; 3. (responsibility)* Haftung *f; 4. (being subject to)* Pflicht *f,* Unterworfensein *n*

liable ['laɪəbl] *adj 1. (likely to be) ~ to ... (person: to do sth)* leicht ... (tun) können, *(to have sth happen to one)* in Gefahr sein, ... zu werden; *2. (subject to)* unterworfen, ausgesetzt; *3. (responsible)* haftbar

liaise [lɪ'eɪz] *v* eine Verbindung herstellen

liaison [liː'eɪzɒn] *sb 1. (working together)* Verbindung *f,* Zusammenarbeit *f; 2. (person)* Verbindungsmann *m; 3. (affair)* Liaison *f*

liar ['laɪə] *sb* Lügner *m*

libations [laɪ'beɪʃənz] *pl* Trinkgelage *n*

libel ['laɪbəl] *sb* Verleumdung *f*

libel(l)ous ['laɪbələs] *adj* verleumderisch

liberal ['lɪbərəl] *adj 1. POL* liberal; *2. (supply)* großzügig; *3. (helping of food)* reichlich; *sb 4. POL* Liberale(r) *m/f*

liberal arts [lɪbərəl'ɑːts] *pl* Geisteswissenschaften *pl*

liberalise ['lɪbərəlaɪz] *v* liberalisieren

liberalism ['lɪbərəlɪzəm] *sb* Liberalität *f*

liberality [lɪbə'rælɪtɪ] *sb* Großzügigkeit *f*

liberate ['lɪbəreɪt] *v* befreien

libertarian [lɪbə'tɛərɪən] *sb* Freidenker *m*

liberty ['lɪbətɪ] *sb* Freiheit *f; take the ~ of doing sth* sich die Freiheit nehmen, etw zu tun; *I am not at ~ to discuss it.* Es ist mir nicht gestattet, darüber zu sprechen.

Libra ['liːbrə] *sb (sign of the Zodiac)* Waage *f*

librarian [laɪ'brɛərɪən] *sb* Bibliothekar(in) *m/f*

library ['laɪbrərɪ] *sb 1. (public)* Bibliothek *f,* Bücherei *f; 2. (private)* Bibliothek *f; 3. (collection of books, of records)* Sammlung *f*

licence ['laɪsəns] *sb 1.* Genehmigung *f,* Erlaubnis *f; 2. ECO* Lizenz *f; 3. (freedom)* Freiheit *f*

licence number ['laɪsənsnʌmbə] *sb* Kraftfahrzeugnummer *f*

license ['laɪsəns] *v 1.* eine Lizenz vergeben an; *2. (a product)* lizensieren, konzessionieren; *(a book)* zur Veröffentlichung freigeben; *sb 3. (US: see "licence")*

licensee [laɪsən'siː] *sb ECO* Konzessionsinhaber *m,* Lizenzinhaber *m*

license plate ['laɪsəns pleɪt] *sb (US)* Nummernschild *n*

licentious [laɪ'senʃəs] *adj* unzüchtig, ausschweifend, lüstern

lick [lɪk] *v 1.* lecken; *2. (fam: defeat)* in die Pfanne hauen; *(a problem)* fertigwerden mit; *sb 3.* Lecken *n*

lickety-split ['lɪkɪtɪ'splɪt] *adv* blitzschnell

licking ['lɪkɪŋ] *sb 1.* Lecken *n; 2. (fam: beating)* Prügel *pl*

lickspittle ['lɪkspɪtl] *sb* Schleimer *m*

licorice ['lɪkərɪʃ] *sb (US: see "liquorice")*

lid [lɪd] *sb 1.* Deckel *m; 2. blow the ~ off sth (fig)* etw verraten; *(disclose sth)* etw aufdecken; *3. flip one's ~ (fam) (US)* plötzlich ausrasten, aus der Haut fahren; *4. (eye~)* Lid *n*

lido ['liːdəʊ] *sb 1. (bathing beach)* Strandbad *n, 2. (pool)* Freibad *n*

lie[1] [laɪ] *v irr 1. (tell a ~)* lügen; *~ to s.o.* jdn anlügen; *sb 2.* Lüge *f; give the ~ to sth* das Gegenteil von etw beweisen

lie[2] [laɪ] *v irr* liegen

• **lie back** *v irr* sich zurücklehnen

• **lie down** *v irr* sich hinlegen

liege [liːdʒ] *sb* Lehnsherr *m*

life [laɪf] *sb 1.* Leben *n; bring s.o. back to ~* jdn wieder beleben; *lose one's ~* ums Leben kommen; *take s.o.'s ~* jdn umbringen; *~ and limb* Leib und Leben; *not for the ~ of me* nicht um alles in der Welt, niemals; *all his ~* sein ganzes Leben lang; *in real ~* in der Realität *f, the good ~* das süße Leben; *come to ~ (fig)* lebendig werden; *have the time of one's ~* einen Mordsspaß haben; *as large as ~* in voller Größe; *for ~* fürs Leben, fürs ganze Leben; *(prison sentence)* lebenslänglich; *It's a matter of ~ and death.* Es geht um Leben oder Tod; *2. TECH* Lebensdauer *f*

lifebelt ['laɪfbelt] *sb (UK)* Rettungsgürtel *m,* Rettungsring *m*

lifeboat ['laɪfbəʊt] *sb* Rettungsboot *n*

life jacket ['laɪfdʒækɪt] *sb* Schwimmweste *f*

lifeline ['laɪflaɪn] *sb 1. (for a drowning person)* Rettungsleine *f; 2. (for a diver)* Signalleine *f*

lifespan ['laɪfspæn] *sb* Leben *n,* Lebensdauer *f*

lifestyle ['laɪfstaɪl] *sb* Lebensstil *m*

life-support ['laɪfsəpɔːt] *adj* lebenserhaltend

lifetime ['laɪftaɪm] *sb 1.* Lebenszeit *f,* Leben *n; the chance of a ~* eine einmalige Chance; *2. TECH, ZOOL* Lebensdauer *f; adj 3.* lebenslänglich, Lebens...

lift [lɪft] *v 1.* hochheben; *(feet, head)* heben; *2. (eyes)* aufschlagen; *3. (fig)* heben; *4. (a restriction)* aufheben; *5. (fam: steal)* mitgehen lassen *(fam)*; *(plagiarize)* klauen; *sb 6. (lifting)* Heben *n; 7. (UK: elevator)* Fahrstuhl *m,* Aufzug *m,* Lift *m; 8. give s.o. a ~ (pep s.o. up)* jdn aufmuntern; *9. give s.o. a ~ (give s.o. a ride)* jdn mitnehmen; *10. TECH* Hub *m*

• lift off *v* abheben

ligature ['lɪgətʃə] *sb* Binde *f,* Band *n*

light¹ [laɪt] *sb 1.* Licht *n; shed ~ on sth (fig)* Licht auf etw werfen; *see the ~ (fig)* erleuchtet werden; *in ~ of ...* in Anbetracht ...; *in a good ~* in günstigem Licht; *throw a new ~ on sth* ein anderes Licht auf etw werfen; *show sth in a different ~* etw in einem anderen Licht erscheinen lassen; *come to ~* ans Tageslicht kommen; *2. (electric ~)* Licht *n,* Lampe *f,* Beleuchtung *f; 3. Have you got a ~?* Haben Sie Feuer? *v irr 4. (sth)* beleuchten, erleuchten; *5. (with flame)* anzünden; *adj 6. (not dark)* hell; *~ blue* hellblau;

• light up *v irr 1.* aufleuchten; *(face)* sich erhellen; *(eyes)* aufleuchten; *2. (illuminate)* beleuchten; *3. (a cigarette)* anzünden

light² [laɪt] *adj 1. (not heavy)* leicht; *make ~ work of sth* etw mit links machen; *2. (punishment)* milde; *3. make ~ of* bagatellisieren, auf die leichte Schulter nehmen

light bulb ['laɪtbʌlb] *sb* Glühbirne *f*

lighten ['laɪtn] *v (sth)* leichter machen

lighter ['laɪtə] *sb (cigarette ~)* Feuerzeug *n*

light-footed [laɪt'fʊtɪd] *adj* leichtfüßig

light-headed [laɪt'hedɪd] *adj 1.* leichtfertig; *2. (dizzy)* schwindelig; *3. (giddy, happy)* ausgelassen

lighthouse ['laɪthaʊs] *sb* Leuchtturm *m*

lightly ['laɪtlɪ] *adv* leicht; *(tread)* leise

lightness ['laɪtnɪs] *sb 1. (illumination)* Helligkeit *f; 2. (in weight)* Leichtheit *f,* Leichtigkeit *f*

lightning ['laɪtnɪŋ] *sb* Blitz *m; struck by ~* vom Blitz getroffen

lightning rod ['laɪtnɪŋ rɒd] *sb* Blitzableiter *m*

light switch ['laɪtswɪtʃ] *sb* Lichtschalter *m*

ligneous ['lɪgnɪəs] *adj* hölzern, verholzt

like¹ [laɪk] *v 1.* mögen; *if you ~* wenn Sie wollen; *I ~ it.* Es gefällt mir. *How do you ~ it?* Wie gefällt es dir? Wie findest du es? *sb 2. (thing ~d, preference)* Geschmack *m*

like² [laɪk] *prep 1.* wie; *to be ~ s.o.* jdm ähnlich sein; *~ mad* wie verrückt; *feel ~ doing sth* Lust haben, etw zu tun; *That's just ~ him.* Das sieht ihm ähnlich. *What does it look ~?* Wie sieht es aus? *It looks ~ rain.* Es sieht nach Regen aus. *What's she ~?* Wie ist sie? *adj 2. (similar)* ähnlich; *3. (the same)* gleich; *sb 4. and the ~* und dergleichen; *his ~* seinesgleichen; *the ~s of you pl* deinesgleichen, euresgleichen

lik(e)able ['laɪkəbl] *adj* sympathisch, liebenswert, nett

likelihood ['laɪklɪhʊd] *sb* Wahrscheinlichkeit *f; in all ~* aller Wahrscheinlichkeit nach

likely ['laɪklɪ] *adj* wahrscheinlich; *A ~ story!* Wer's glaubt, wird selig!

liken ['laɪkən] *v ~ to* vergleichen mit

likeness ['laɪknɪs] *sb 1. (similarity)* Ähnlichkeit *f; 2. (portrait)* Bildnis *n*

likewise ['laɪkwaɪz] *adv* ebenfalls, gleichfalls, ebenso

liking ['laɪkɪŋ] *sb* Vorliebe *f, (for s.o.)* Zuneigung *f; take a ~ to s.o.* an jdm Gefallen finden

L

lilac ['laɪlək] *sb 1. BOT* Flieder *m; 2. (colour)* Lila *n*
lilo ['laɪləʊ] *sb (UK)* Luftmatratze *f*
lilt [lɪlt] *v* trällern
lily ['lɪlɪ] *sb BOT* Lilie *f*
limb [lɪm] *sb 1. ANAT* Glied *n; 2. (of a tree)* Ast *m*
limber ['lɪmbə] *adj 1.* biegsam, geschmeidig; *2. ~ up* Lockerungsübungen machen
lime [laɪm] *sb 1. (~ tree) BOT* Linde *f; 2. (fruit)* Limone *f,* Limonelle *f; 3. CHEM* Kalk *m*
lime green [laɪm gri:n] *adj* hell-grün
limelight ['laɪmlaɪt] *sb* Rampenlicht *n*
limestone ['laɪmstəʊn] *sb* Kalkstein *m*
limey ['laɪmɪ] *sb (fam)* Brite *m*
limit ['lɪmɪt] *v 1.* begrenzen, beschränken, einschränken; *sb 2.* Grenze *f,* Beschränkung *f,* Begrenzung *f; know no ~s pl* keine Grenzen kennen; *"off ~s" pl* Zutritt verboten; *the city ~s* die Stadtgrenzen *pl; That's about the ~. (fam)* Das ist der absolute Hammer.
limitation [lɪmɪ'teɪʃən] *sb 1.* Beschränkung *f,* Einschränkung *f; 2. (limit of s.o.'s or sth's potential)* Grenze *f; 3. (statutory period of ~) JUR* Verjährung *f,* Verjährungsfrist *f*
limitless ['lɪmɪtlɪs] *adj* grenzenlos
limp [lɪmp] *v 1.* hinken, humpeln; *sb 2.* Hinken *n; adj 3. (pliant, flaccid)* schlapp, schlaff; *(flowers)* welk
limpid ['lɪmpɪd] *adj* klar, durchsichtig
limp-wristed [lɪmp'rɪstɪd] *adj* schlapp
line [laɪn] *sb 1.* Linie *f; ~ of vision* Gesichtslinie *f; come into ~ with sth* mit etw übereinstimmen; *behind enemy ~s* hinter den feindlichen Linien; *along these ~s (fig)* in dieser Richtung; *take a hard ~* eine harte Linie verfolgen; *to be along the ~s of ...* so etw wie ... sein; *draw the ~ at (fig)* die Grenze ziehen bei; *to be on the ~ (fig: be at stake)* auf dem Spiel stehen; *2. (of a train, of travel)* Linie *f,* Strecke *f; 3. (straight ~) MATH* Gerade *f; 4. TEL* Leitung *f; Hold the ~!* Bleiben Sie am Apparat! *5. (row)* Reihe *f; step out of ~ (fig)* aus der Reihe tanzen; *6. (US: queue)* Schlange *f; stand in ~* Schlange stehen; *7. (of writing)* Zeile *f; drop s.o. a ~* jdm ein paar Zeilen schreiben; *read between the ~s* zwischen den Zeilen lesen; *8. (of products) ECO* Posten *m; 9. (type of business)* Branche *f,* Fach *n; What's his ~?* Was macht er beruflich? *10. (of questioning)* Richtung *f,* Art und Weise *f; 11. down the ~* in Zukunft; *12. (rope)* Leine *f,* Seil *n; v 13. (clothes)* füttern; *(a pipe)* auskleiden; *14. (a street: stand along a street)* säumen
• line up *v 1. (stand in line)* sich in einer Reihe aufstellen; *2. (queue)* sich anstellen; *3. (objects)* in einer Reihe aufstellen; *4. (people)* antreten lassen; *5. (prepare)* auf die Beine stellen, organisieren, arrangieren
lineable ['laɪnəbl] *adj* zu linieren
lineal ['lɪnɪəl] *adj* geradlinig
lineate ['lɪnɪɪt] *adj* liniert
linen ['lɪnɪn] *sb 1.* Wäsche *f; (table ~)* Tischwäsche *f; 2. (material)* Leinen *n*
liner ['laɪnə] *sb 1. (ship)* Linienschiff *n; 2. (plane)* Linienflugzeug *n*
linesman ['laɪnzmən] *sb SPORT* Linienrichter *m*
lineup ['laɪnʌp] *sb SPORT* Aufstellung *f*
linger ['lɪŋgə] *v 1.* verweilen, sich aufhalten; *2. (doubts)* zurückbleiben; *3. (memory)* bleiben; *4. (illness)* sich hinziehen; *5. (scent)* sich halten
liniment ['lɪnɪmənt] *sb* Einreibemittel *n*
lining ['laɪnɪŋ] *sb (of clothes)* Futter *n*
link [lɪŋk] *v 1.* verbinden; *~ arms* sich unterhaken; *to be ~ed with (fig)* in Zusammenhang stehen mit, zusammenhängen mit; *~ up with s.o.* sich jdm anschließen; *sb 2.* Glied *n; 3. (fig: connection)* Verbindung *f; 4. (cuff ~)* Manschettenknopf *m*
linkage ['lɪŋkɪdʒ] *sb* Verkettung *f*
linkup ['lɪŋkʌp] *sb* Verbindung *f*
lion ['laɪən] *sb* Löwe *m; the ~'s share* der Löwenanteil *m*
lioness ['laɪənɪs] *sb* Löwin *f*
lionize ['laɪənaɪz] *v* feiern, zum Helden machen
lip [lɪp] *sb 1.* Lippe *f; pay ~ service to* ein Lippenbekenntnis ablegen zu; *2. (fig: insolence)* Unverschämtheit *f; 3. (of a cup, of a crater)* Rand *m*
lip-read ['lɪpri:d] *v irr* von den Lippen ablesen
lip service ['lɪpsɜ:vɪs] *sb* Lippenbekenntnis *n*
lipstick ['lɪpstɪk] *sb* Lippenstift *m*
lip-synch ['lɪpsɪŋk] *v (a song)* Play-back singen
liquefy ['lɪkwɪfaɪ] *v 1.* sich verflüssigen; *2. (sth)* verflüssigen
liqueur [lɪ'kjʊə] *sb* Likör *m*
liquid ['lɪkwɪd] *adj 1.* flüssig, Flüssigkeits... *sb 2.* Flüssigkeit *f*
liquidate ['lɪkwɪdeɪt] *v 1. (assets) ECO* flüssig machen; *2. (a debt)* tilgen; *3. (a company) ECO* liquidieren, auflösen; *4. (fam: kill)* liquidieren

liquidation [lɪkwɪ'deɪʃən] *sb* Liquidation *f*, Realisierung *f*, Tilgung *f*
liquidity [lɪ'kwɪdɪtɪ] *sb* 1. flüssiger Zustand *m*; 2. *(of assets)* FIN Liquidität *f*
liquor ['lɪkə] *sb* Spirituosen *pl*, Alkohol *m*
liquorice ['lɪkərɪs] *sb* GAST Lakritze *f*
lisp [lɪsp] *v* 1. lispeln; *sb* 2. Lispeln *n*
lissome ['lɪsəm] *adj* geschmeidig
list[1] [lɪst] *v* 1. in eine Liste eintragen, aufschreiben, notieren; 2. *(verbally)* aufzählen; *sb* 3. Liste *f*, Verzeichnis *n*; *shopping ~* Einkaufszettel *m*
list[2] [lɪst] *sb* NAUT Schlagseite *f*
listen ['lɪsn] *v* hören, zuhören; *~ for sth* auf etw horchen
• **listen in** *v* *(secretly)* mithören
listenable ['lɪsnəbl] *adj* erträglich (anzuhören)
listener ['lɪsnə] *sb* 1. Zuhörer *m*; 2. *(to the radio)* Hörer *m*
listing ['lɪstɪŋ] *sb* Auflistung *f*
listless ['lɪstlɪs] *adj* lustlos, teilnahmslos, matt
list price [lɪst praɪs] *sb* Listenpreis *m*
litany ['lɪtənɪ] *sb* Litanei *f*
liter *sb (US: see "litre")*
literacy ['lɪtərəsɪ] *sb* Fähigkeit, zu lesen und zu schreiben *f*
literal ['lɪtərəl] *adj* wörtlich, buchstäblich
literally ['lɪtərəlɪ] *adv* buchstäblich, wirklich; *(word for word)* wörtlich; *take sth ~* etw wörtlich nehmen
literary ['lɪtərərɪ] *adj* literarisch, Literatur...
literate ['lɪtərɪt] *adj* 1. des Lesens und Schreibens kundig; 2. *(well-educated)* gebildet
literature ['lɪtrətʃə] *sb* 1. Literatur *f*; 2. *(company ~)* Prospekte *pl*
lithe [laɪð] *adj* geschmeidig
litigant ['lɪtɪgənt] *sb* JUR prozessführende Partei *f*
litigate ['lɪtɪgeɪt] *v* prozessieren
litigation [lɪtɪ'geɪʃən] *sb* Rechtsstreit *m*, Prozess *m*
litre ['liːtə] *sb* Liter *m*
litter ['lɪtə] *v* 1. *to be ~ed with* übersät sein mit; *sb* 2. Abfälle *pl*; 3. *cat ~, kitty ~* Kies *m*
litterbug ['lɪtəbʌg] *sb (fam)* Umweltverschmutzer *m*

> **little** ['lɪtl] *adj* 1. klein; *adv* 2. wenig; *~ by ~* nach und nach; 3. *a ~* ein wenig, ein bisschen, etwas; *a ~ bit* ein bisschen; *with a ~ effort* mit etwas Anstrengung

> **live** [laɪv] *adj* 1. lebend; 2. *(broadcast)* live; 3. *(ammunition)* scharf; [lɪv] *v* 4. leben; *~ and let ~* leben und leben lassen; *You have to ~ with it.* Du musst dich damit abfinden. 5. *(reside)* wohnen, leben

• **live down** *v* hinwegkommen über; *It will take a long time for him to live that down.* Das wird ihm noch lange nachhängen.
• **live off** *v* leben von, sich ernähren von; *~ s.o.* auf jds Kosten leben
• **live on** *v ~ sth* sich von etw ernähren
• **live through** *v ~ sth* etw durchmachen
• **live up** *v* 1. *live it up* auf den Putz hauen; 2. *~ to expectations* den Erwartungen entsprechen; *~ to one's reputation* seinem Ruf gerecht werden
liveable ['lɪvəbl] *adj* wohnlich
lived-in ['lɪvdɪn] *adj* gemütlich, behaglich
livelihood ['laɪvlɪhʊd] *sb* Lebensunterhalt *m*, Auskommen *n*
liveliness ['laɪvlɪnɪs] *sb (of a person)* Lebhaftigkeit *f*
lively ['laɪvlɪ] *adj* 1. lebhaft, lebendig; 2. *(pace)* flott
liven [laɪvən] *v* 1. *~ up* in Schwung kommen; 2. *~ up (sth)* beleben
liver ['lɪvə] *sb* Leber *f*
livery ['lɪvərɪ] *sb* Livree *f*
livestock ['laɪvstɒk] *sb* Vieh *n*; *(number of animals)* Viehbestand *m*
live wire [laɪv waɪə] *sb (fam)* Energiebündel *n*
livid ['lɪvɪd] *adj (with rage)* wütend, fuchsteufelswild *(fam)*
living ['lɪvɪŋ] *adj* 1. lebend, lebendig, Lebens... *sb* 2. *the ~ pl* die Lebenden *pl*; 3. *(livelihood)* Lebensunterhalt *m*; *cost of ~* Lebenshaltungskosten *pl*
living room ['lɪvɪŋrʊm] *sb* Wohnzimmer *n*
lizard ['lɪzəd] *sb* ZOOL Eidechse *f*
load [ləʊd] *v* 1. laden, beladen; *~ up* aufladen; 2. *(a camera)* einen Film einlegen; 3. *(fig)* überhäufen; 4. *(fam: dice)* präparieren; *sb* 5. Last *f*; 6. *(cargo)* Ladung *f*, Fracht *f*; 7. *~s of pl (fam)* jede Menge, eine Unmasse *f*; 8. *get a ~ of this (look)* guck dir das mal an; *(listen)* hör dir das mal an
loaded ['ləʊdɪd] *adj* 1. *(gun)* geladen; 2. *(fam: dice)* gezinkt; 3. *(fam: rich)* gespickt; 4. *(fam: drunk)* sternhagelvoll; 5. *a ~ question* eine Fangfrage *f*
loader ['ləʊdə] *sb* Lader *m*, Ladevorrichtung *f*

L

loaf [ləʊf] *v 1. (~ about, ~ around)* bummeln, herumlungern, faulenzen; *sb 2.* Laib *m*
loafer ['ləʊfə] *sb 1. (person)* Faulenzer *m; 2. (US: shoe)* Mokassin *m*
loam [ləʊm] *sb* Lehm *m*
loan [ləʊn] *v 1.* leihen; *sb 2. FIN* Darlehen *n,* Anleihe *f*
loath [ləʊθ] *adj to be ~ to do sth* etw nur sehr ungern tun
loathe [ləʊð] *v* verabscheuen, hassen, nicht ausstehen können
loathing ['ləʊðɪŋ] *sb* Abscheu *m,* Ekel *m*
loathsome ['ləʊðsəm] *adj* widerlich, abscheulich
lob [lɒb] *v 1.* im Bogen werfen; *2. (in tennis) SPORT* lobben
lobe [ləʊb] *sb* Ohrläppchen *n*
local ['ləʊkəl] *adj 1.* örtlich, Orts... *pl 2. ~s (people who live in the area)* Ortsansässige *pl*
locale [ləʊ'kɑːl] *sb* Ort *m*
locality [ləʊ'kælɪtɪ] *sb* Gegend *f*
localize ['ləʊkəlaɪz] *v* lokalisieren
local time ['ləʊkəl taɪm] *sb* Ortszeit *f*
locatable [ləʊ'keɪtəbl] *adj* lokalisierbar
locate [ləʊ'keɪt] *v 1. (find)* ausfindig machen; *2. (place)* unterbringen; *(offices)* einrichten; *3. to be ~d* sich befinden, liegen
location [ləʊ'keɪʃən] *sb 1. (position, site)* Lage *f; 2. CINE* Drehort *m*

lock [lɒk] *v 1.* schließen; *2. (wheels)* blockieren; *3. (gears)* ineinander greifen; *4. (sth)* abschließen, zuschließen, zusperren; *sb 5.* Schloss *n; under ~ and key* hinter Schloss und Riegel; *6. (fam: sure thing) It's a ~.* Todsicher. *7. (hold)* Fesselgriff *m; 8. (of hair)* Locke *f; 9. (canal ~)* Schleuse *f*

• **lock on** *v (radar)* erfassen
• **lock out** *v* aussperren
• **lock up** *v 1.* abschließen; *2. (s.o.)* einsperren
lockage ['lɒkɪdʒ] *sb 1. (lock)* Schleuse *f; 2. (fees)* Schleusengebühr *f*
locker ['lɒkə] *sb* Schließfach *n*
locker room ['lɒkərruːm] *sb 1.* Umkleideraum *m; 2. SPORT* Kabine *f*
locket ['lɒkɪt] *sb* Medaillon *n*
lockout ['lɒkaʊt] *sb (of workers) ECO* Aussperrung *f*
locksmith ['lɒksmɪθ] *sb* Schlosser *m*
locomotion [ləʊkə'məʊʃən] *sb* Fortbewegung *f*
locomotive [ləʊkə'məʊtɪv] *sb (~ engine)* Lokomotive *f*
locus ['ləʊkəs] *sb* Ort *m*
locust ['ləʊkəst] *sb* Heuschrecke *f*
locution [ləʊ'kjuːʃən] *sb* Redewendung *f,* Redensart *f*
lode [ləʊd] *sb MIN* Ader *f*
lodge [lɒdʒ] *v 1. (stay, live)* wohnen; *2. (bullet)* stecken bleiben; *3. (a protest)* einlegen; *4. (house s.o.)* unterbringen; *sb 5. (ski ~, hunting ~)* Hütte *f; 6. (club)* Loge *f*
lodging ['lɒdʒɪŋ] *sb 1.* Unterkunft *f; 2. ~s pl* möbliertes Zimmer *n*
loft [lɒft] *sb 1.* Dachboden *m,* Boden *m,* Speicher *m; 2. (for a choir) ARCH* Empore *f*
lofty ['lɒftɪ] *adj (fig: noble)* hochfliegend
log [lɒg] *sb 1.* Holzklotz *m,* Holzblock *m; (for a fire)* Scheit *n; sleep like a ~ (fig)* schlafen wie ein Murmeltier; *to be as easy as falling off a ~ (fam)* ein Kinderspiel sein; *2. (logbook)* Logbuch *n; v 3. ~ in INFORM* einloggen
logbook ['lɒgbʊk] *sb 1.* Buch *n; sb 2. (ship's)* Logbuch *n; sb 3. (plane's)* Bordbuch *n*
loge [ləʊʒ] *sb* Loge *f*
loggerheads ['lɒgəhedz] *pl 1. to be at ~ with (people)* Streit haben mit; *2. to be at ~ (points of view)* in Widerspruch stehen
logging ['lɒgɪŋ] *sb* Holzfällen *n*
logic ['lɒdʒɪk] *sb* Logik *f*
logical ['lɒdʒɪkəl] *adj 1.* logisch; *2. (conclusion)* folgerichtig
logjam ['lɒgdʒæm] *sb (fig)* toter Punkt *m*
loin [lɔɪn] *sb ANAT* Lende *f*
loincloth ['lɔɪnklɒð] *sb* Lendentuch *n*
loiter ['lɔɪtə] *v 1.* trödeln, bummeln; *2. (in a suspicious manner)* herumlungern, herumstehen, sich herumtreiben
loitering ['lɔɪtərɪŋ] *sb JUR* unberechtigter Aufenthalt *m*
loll [lɒl] *v* herumhängen
lollipop ['lɒlɪpɒp] *sb 1.* Lutscher *m; 2. (UK)* Eis am Stiel *n*
lolly ['lɒlɪ] *sb 1. (lollipop)* Lutscher *m; 2. (fam: money)* Kohle *f,* Mäuse *pl*
lone [ləʊn] *adj* einzeln, einsam; *(only)* einzig
loneliness ['ləʊnlɪnɪs] *sb* Einsamkeit *f*
lonely ['ləʊnlɪ] *adj* einsam
lonely-hearts ['ləʊnlɪhɑːts] *adj* Kontakt...
loner ['ləʊnə] *sb* Einzelgänger *m*
lonesome ['ləʊnsəm] *adj* einsam
lone wolf [ləʊn wʊlf] *sb* Einzelgänger *m*

long [lɒŋ] *adj 1.* lang; *so ~ as* solange; *take a ~ view* über längere Zeit planen; *a ~ memory* ein gutes Gedächtnis; *at ~ last* endlich; *I won't be ~ (in returning).* Ich bin gleich wieder da. ~ *odds* geringe Aussichten; *So ~!* Bis später! Tschüss! *2. (journey)* weit; *adv 3.* lang, lange; ~ *ago* vor langer Zeit; ~ *dead* schon lange tot; *all day* ~ den ganzen Tag; *sb 4. before* ~ bald; *v 5.* ~ *for* sich sehnen nach, herbeisehnen

longevity [lɒn'dʒevɪtɪ] *sb* Langlebigkeit *f*
long-faced ['lɒŋfeɪst] *adj* mit langem Gesicht
long haul [lɒŋ hɔːl] *sb 1. over the* ~ auf lange Sicht; *2. (long distance)* lange Reise *f,* langer Weg *m*
longing ['lɒŋɪŋ] *sb 1.* Sehnsucht *f,* Verlangen *n; adj 2.* sehnsüchtig, verlangend
longish ['lɒŋɪʃ] *adj* ziemlich lang
longitude ['lɒndʒɪtjuːd] *sb* Länge *f*
long jump ['lɒŋdʒʌmp] *sb SPORT* Weitsprung *m*
long-legged ['lɒŋlegɪd] *adj* langbeinig
long-lived ['lɒŋlɪvd] *adj* langlebig
longshoreman ['lɒŋʃɔːmən] *sb (US)* Hafenarbeiter *m*
long shot ['lɒŋʃɒt] *sb 1.* riskante Wette *f; 2. not by a* ~ längst nicht, bei weitem nicht
long-sighted [lɒŋ'saɪtɪd] *adj MED* weitsichtig
long-sleeved ['lɒŋsliːvd] *adj* langärmelig
long-suffering ['lɒŋ'sʌfərɪŋ] *adj* schwer geprüft
long-term ['lɒŋtɜːm] *adj* langfristig, Langzeit...
long-time ['lɒŋtaɪm] *adj* langjährig
longtime ['lɒŋtaɪm] *adj* alt
longways ['lɒŋweɪz] *adv* der Länge nach
long-winded ['lɒŋwɪndɪd] *adj* langatmig
loo [luː] *sb (fam: UK)* Klo *n*

look [lʊk] *v 1.* gucken, schauen, blicken; *2. (seem)* aussehen; ~ *like* aussehen wie; *sb 3. (glance)* Blick *m; Have a* ~ *at this!* Sieh dir das mal an! *4. (appearance)* Aussehen *n; I don't like the* ~ *of it.* Die Sache gefällt mir überhaupt nicht. *5. good ~s pl* gutes Aussehen *n*

• **look after** *v (take care of)* sich kümmern um, sehen nach
• **look at** *v 1.* ansehen, anschauen, angucken; *2. (view, think of)* betrachten, sehen; *3. (take into consideration)* sich überlegen
• **look away** *v* den Blick abwenden
• **look back** *v* ~ *on sth (fig)* auf etw zurückblicken
• **look down** *v* ~ *on* herabsehen auf
• **look for** *v 1.* suchen; *2. (expect)* erwarten
• **look forward** *v* ~ *to* sich freuen auf
• **look in** *v* ~ *on s.o.* bei jdm vorbeischauen
• **look into** *v* untersuchen, prüfen
• **look on** *v 1.* zusehen, zugucken, zuschauen; *2. (deem)* betrachten, ansehen; ~ *s.o. as* jdn betrachten als
• **look out** *v 1. (be alert)* aufpassen, auf der Hut sein; *Look out!* Pass auf! Vorsicht! *2.* ~ *for s.o. (see to s.o.'s well-being)* auf jdn aufpassen; *3.* ~ *for s.o. (look for s.o.)* nach jdm Ausschau halten
• **look over** *v* sich ansehen; *(papers)* durchsehen
• **look round** *v* sich umsehen
• **look through** *v* durchsehen
• **look up** *v 1.* aufsehen, aufblicken; ~ *to s.o. (fig)* zu jdm aufblicken; *2. (improve) Things are looking up.* Es geht bergauf. *3. (a word)* nachschlagen; *4. look s.o. up (pay s.o. a visit)* jdn besuchen
lookalike ['lʊkəlaɪk] *sb* Doppelgänger *m*
look-in ['lʊkɪn] *sb (fam: chance)* Chance *f*
lookout ['lʊkaʊt] *sb* Wache *f*
look-see ['lʊksiː] *sb have a* ~ nachgucken, nachschauen
loom [luːm] *v* sich abzeichnen
loony ['luːnɪ] *adj (fam)* bekloppt, verrückt
loop [luːp] *sb 1.* Schlaufe *f,* Schlinge *f; 2. TECH* Schleife *f*
looper ['luːpə] *sb* Fadenführung *f*
loophole ['luːphəʊl] *sb* Hintertürchen *n*
loopy ['luːpɪ] *adj (fam)* bekloppt
loose [luːs] *adj 1.* locker, *(button)* lose; *(clothing)* weit; *have a* ~ *tongue (fig)* eine lose Zunge haben; *come* ~ *(button)* abgehen; *(handle)* sich lockern; *break* ~ sich losreißen; *turn* ~, *let* ~ frei herumlaufen lassen; *(prisoner)* freilassen; *2. (immoral)* locker, lose
loose change [luːs tʃeɪndʒ] *sb* Kleingeld *n*
loose end [luːs end] *sb* ungelöste Angelegenheit *f; to be at a* ~ nichts mit sich anzufangen wissen
loosen ['luːsn] *v* lösen; *(untie)* lockern
• **loosen up** *v (athlete)* sich auflockern
loot [luːt] *sb 1.* Beute *f; (fam: money)* Kies *m; v 2.* plündern
lop [lɒp] *v* ~ *off* abhacken
lope [ləʊp] *v* mit großen Schritten laufen
lopsided ['lɒpsaɪdɪd] *adj* schief
loquacious [ləʊ'kweɪʃəs] *adj* gesprächig, redselig
lord [lɔːd] *sb 1.* Herr *m; 2. (nobleman)* Lord

L

m; the House of Lords das Oberhaus *n; live like a ~ (fam)* auf großem Fuße leben; *as drunk as a ~ (fam)* sternhagelvoll, stockbesoffen
Lord [lɔːd] *sb REL* Herr *m; the ~'s Prayer* das Vaterunser *n; the ~'s Supper* das heilige Abendmahl; *Good ~!* Ach, du lieber Himmel!
lordly ['lɔːdlɪ] *adj* herrschaftlich, vornehm, prächtig
Lord Mayor [lɔːd 'meɪə] *sb (UK)* Oberbürgermeister *m*
lore [lɔː] *sb* Überlieferungen *pl*
lorry ['lɒrɪ] *sb (UK)* Lastwagen *m*

lose [luːz] *v irr* verlieren; *~ weight* abnehmen

loser ['luːzə] *sb* Verlierer *m*
loss [lɒs] *sb 1.* Verlust *m; to be at a ~ for words* keine Worte finden; *2. SPORT* Niederlage *f*
lossmaker ['lɒsmeɪkə] *sb (UK)* Verlustgeschäft *n*
lost [lɒst] *adj 1.* verloren; *(child)* verschwunden; *~ in thought* gedankenverloren; *get ~* sich verlaufen, sich verirren; *Get ~! (fam)* Verschwinde! *2. (cause)* aussichtslos
lost-and-found [lɒstænd'faʊnd] *sb (US)* Fundbüro *n*
lost property office [lɒst 'prɒpətɪ 'ɒfɪs] *sb* Fundbüro *n*
lot [lɒt] *sb 1. a ~* viel, sehr; *2. a ~, ~s* viel(e), eine Menge; *3. (to be drawn)* Los *n; draw ~s pl* losen, Lose ziehen; *4. (destiny)* Los *n; 5. (quantity) ECO* Posten *m; 6. (property, plot)* Parzelle *f,* Gelände *n; 7. (bunch, group) They're a bad ~.* Das ist ein übles Pack. *That's the ~.* Das ist alles. Das wär's. *the ~* alles, das Ganze
loud [laʊd] *adj 1.* laut; *~ and clear* laut und deutlich; *2. (fig: colour, piece of clothing)* schreiend, auffallend, grell
louden ['laʊdn] *v 1. (make loud)* lauter machen; *2. (become loud)* lauter werden
loud-hailer ['laʊdheɪlə] *sb* Megafon *n*
loudness ['laʊdnɪs] *sb* Lautstärke *f*
loudspeaker [laʊd'spiːkə] *sb* Lautsprecher *m*
lounge [laʊndʒ] *v 1.* faulenzen; *2. ~ about, ~ around* herumliegen, herumsitzen; *(standing)* herumstehen; *sb 3.* Halle *f; (in a hotel)* Gesellschaftsraum *m; (at an airport)* Wartehalle *f*
lounger ['laʊndʒə] *sb* Faulpelz *m*
louse [laʊs] *sb 1. ZOOL* Laus *f; 2. (fig: person)* Dreckskerl *m*
lousy ['laʊzɪ] *adj (fam)* lausig, miserabel
lout [laʊt] *sb* Flegel *m,* Rüpel *m*
loutish ['laʊtɪʃ] *adj* rüpelhaft, flegelhaft
lovable ['lʌvəbl] *adj* liebenswert

love [lʌv] *v 1.* lieben; *sb 2.* Liebe *f; in ~* verliebt; *fall in ~* sich verlieben; *make ~ to s.o. (sexually)* mit jdm schlafen; *not for ~ or money* nicht um viel Geld, keineswegs; *There is no ~ lost between them.* Sie haben nichts füreinander übrig; *3. (thing or person ~d)* Liebe *f; 4. (darling)* Liebling *m,* Schatz *m; 5. Give my ~ to ...* Grüße bitte ... von mir.

love affair ['lʌvəfɛə] *sb* Liebesaffäre *f*
lovebirds ['lʌvbɜːdz] *pl* Turteltauben *pl*
lovebite ['lʌvbaɪt] *sb (fam)* Knutschfleck *m*
love life ['lʌvlaɪf] *sb* Liebesleben *n*
lovelorn ['lʌvlɔːn] *adj* liebeskrank
lovely ['lʌvlɪ] *adj* schön, hübsch
lovesick ['lʌvsɪk] *adj* liebeskrank
loving ['lʌvɪŋ] *adj* liebend, liebevoll

low [ləʊ] *adj 1.* niedrig; *2. (quality)* gering; *3. (birth, rank, form of life)* nieder; *4. (note)* tief; *5. (not loud)* leise; *6. (reserves)* knapp; *7. (mean)* niederträchtig; *8. (trick)* gemein; *adv 9. (fly)* tief; *(aim)* nach unten; *sb 10. (fig)* Tiefpunkt *m,* Tiefstand *m*

lowbrow ['ləʊbraʊ] *adj* geistig anspruchslos; *(person)* ungebildet
low-calorie ['ləʊkælərɪ] *adj* kalorienarm
low-down ['ləʊdaʊn] *adj 1.* gemein, fies; *sb 2. the ~* volle Informationen *pl,* genaue Tatsachen *pl*
lower ['ləʊə] *v 1.* niedriger machen; *2. (voice, price)* senken; *3. (let down)* herunterlassen, hinunterlassen; *4. (standard)* herabsetzen; *adj 5.* untere(r,s), Unter...
lower case ['ləʊə keɪs] *sb* Kleinbuchstaben *pl*
lower class ['ləʊə klɑːs] *sb* Unterschicht *f*
lower house ['ləʊə haʊs] *sb POL* Unterhaus *n*
lowermost ['ləʊəməʊst] *adj* unterste(r,s,)
low-fat ['ləʊfæt] *adj* fettarm
lowland ['ləʊlænd] *sb* Flachland *n,* Tiefland *n*
lowlife ['ləʊlaɪf] *sb (fam)* Dreckskerl *m; ~s pl* Abschaum *m*
low-loader ['ləʊləʊdə] *sb* Tieflader *m*
lowly ['ləʊlɪ] *adj* niedrig, bescheiden
low-minded [ləʊ'maɪndɪd] *adj* gemein, niederträchtig
low-pitched ['ləʊpɪtʃt] *adj* tief

L

low-profile [ləʊ'prəʊfaɪl] *adj* wenig markant
low-rent ['ləʊrent] *adj* minderwertig
loyal ['lɔɪəl] *adj* treu, loyal
lozenge ['lɒzɪndʒ] *sb MED* Pastille *f*
lubber ['lʌbə] *sb* Lümmel *m*
lubricant ['lu:brɪkənt] *sb 1.* Schmiermittel *n; 2. MED* Gleitmittel *n*
lubricate ['lu:brɪkeɪt] *v* schmieren, ölen
lucent ['lu:snt] *adj* glänzend, strahlend
lucid ['lu:sɪd] *adj (clear)* klar

luck [lʌk] *sb* Glück *n; push one's ~* sich auf sein Glück verlassen; *bad ~* Pech *n,* Unglück *n; No such ~!* Schön wär's! *Good ~!* Viel Glück!

luckily ['lʌkɪlɪ] *adv* glücklicherweise
lucky ['lʌkɪ] *adj* glücklich, Glücks...
lucky charm ['lʌkɪ'tʃɑ:m] *sb* Talisman *m,* Glücksbringer *m*
ludicrous ['lu:dɪkrəs] *adj* lächerlich, haarsträubend
ludo ['lu:dəʊ] *sb (UK)* Mensch, ärgere dich nicht *n* (Spiel)
lug [lʌg] *v 1.* schleppen, zerren; *sb 2. big ~ (man)* Schrank *m (fam)*
luggage ['lʌgɪdʒ] *sb* Gepäck *n*
lukewarm ['lʊ:kwɔ:m] *adj 1.* lauwarm; *2. (fig)* lau
lull [lʌl] *sb* Stille *f*
lullaby ['lʌləbaɪ] *sb* Gutenachtlied *n,* Wiegenlied *n*
lumber ['lʌmbə] *sb (timber)* Bauholz *n,* Nutzholz *n*
lumbering ['lʌmbərɪŋ] *adj* schwerfällig
lumberjack ['lʌmbədʒæk] *sb* Holzfäller *m*
lumber jacket ['lʌmbədʒækɪt] *sb* Holzfällerjacke *f*
lumber room ['lʌmbərru:m] *sb* Rumpelkammer *f*
lumberyard ['lʌmbəjɑ:d] *sb* Holzlager *n*
luminary ['lu:mɪnərɪ] *sb (fig: person)* Leuchte *f*
luminescent [lu:mɪ'nesənt] *adj* leuchtend, lumineszierend
lummox ['lʌməks] *sb* Trottel *m*
lump [lʌmp] *sb 1.* Klumpen *m; (of sugar)* Stück *n; have a ~ in one's throat* einen Kloß im Hals haben; *2. (swelling)* Beule *f; (in one's breast)* Knoten *m; v 3. ~ together (judge together)* in einen Topf werfen, über einen Kamm scheren
lumpish ['lʌmpɪʃ] *adj* klobig, schwerfällig
lunacy ['lu:nəsɪ] *sb* Wahnsinn *m,* Irrsinn *m*
lunar ['lu:nə] *adj* Mond..., Lunar...
lunatic ['lu:nətɪk] *sb 1.* Wahnsinnige(r) *m/f,* Irre(r) *m/f; adj 2.* wahnsinnig, irrsinnig, geisteskrank
lunch [lʌntʃ] *sb* Mittagessen *n,* Lunch *m*
luncheon ['lʌntʃən] *sb* Mittagessen *n*
luncheon meat ['lʌntʃən mi:t] *sb* Frühstücksfleisch *n*
lunch hour ['lʌntʃaʊə] *sb* Mittagspause *f*
lunchtime ['lʌntʃtaɪm] *sb (time of day)* Mittagszeit *f*
lung [lʌŋ] *sb ANAT* Lunge *f*
lunge [lʌndʒ] *v* sich stürzen; *~ at* sich stürzen auf
lurch [lɜ:tʃ] *v 1.* taumeln, torkeln; *(ship)* schlingern; *sb 2. leave s.o. in the ~* jdn im Stich lassen
lurcher ['lɜ:tʃə] *sb (dog)* Spürhund *m*
lure [ljʊə] *v 1.* anlocken, ködern; *~ away* fortlocken; *sb 2. (bait)* Köder *m; 3. (fig: appeal)* Verlockung *f*
lurid ['ljʊərɪd] *adj 1. (colour)* grell; *2. (fig: language)* reißerisch
lurk [lɜ:k] *v* lauern
lurking ['lɜ:kɪŋ] *adj* versteckt, lauernd
luscious ['lʌʃəs] *adj 1.* köstlich, lecker; *2. (juicy)* saftig; *(girl)* knackig
lush [lʌʃ] *adj* üppig, saftig
lust [lʌst] *v 1. ~ after, ~ for* gieren nach; *sb 2.* geschlechtliche Begierde *f,* Sinneslust *f; 3. (fig)* Verlangen *n*
lustful ['lʌstfʊl] *adj* lüstern
lustre ['lʌstə] *sb* Glanz *m*
lusty ['lʌstɪ] *adj* lebhaft, schwungvoll
lute [lu:t] *sb MUS* Laute *f*
Lutheran ['lu:θərən] *adj REL 1.* lutherisch; *sb 2.* Lutheraner *m*
luxate ['lʌkseɪt] *v MED* verrenken
luxuriant [lʌg'zjʊərɪənt] *adj* üppig
luxuriate [lʌg'zjʊərɪeɪt] *v* schwelgen
luxurious [lʌg'zjʊərɪəs] *adj* luxuriös, Luxus...
luxury ['lʌkʃərɪ] *sb* Luxus *m*
lye [laɪ] *sb CHEM* Lauge *f*
lymph [lɪmf] *sb* Lymphe *f*
lymph node ['lɪmfnəʊd] *sb* Lymphdrüse *f*
lynch [lɪntʃ] *v* lynchen
lynching ['lɪntʃɪŋ] *sb* Lynchen *n*
lynx [lɪŋks] *sb ZOOL* Luchs *m*
lyric ['lɪrɪk] *sb 1. ~ s pl (of a song)* Text *m; adj 2. LIT* lyrisch
lyrical ['lɪrɪkəl] *adj* lyrisch
lyricist ['lɪrɪsɪst] *sb MUS* Texter *m*
lyric poetry ['lɪrɪk 'pəʊətrɪ] *sb LIT* Lyrik *f*

M

macabre [mə'kɑːbrə] *adj* makaber
macadam [mə'kædəm] *sb* Schotter *m*, Splitt *m*
mace [meɪs] *sb 1. (medieval weapon)* Streitkolben *m; 2. (chemical)* chemische Keule *f*
mace-bearer ['meɪsbɛərə] *sb* Träger des Amtsstabes *m*
machinate ['mækɪneɪt] *v* intrigieren
machinations [mækɪ'neɪʃənz] *pl* Machenschaften *pl*
machine [mə'ʃiːn] *sb 1.* Maschine *f*, Apparat *m; 2. (vending ~)* Automat *m*
machine gun [mə'ʃiːn gʌn] *sb* Maschinengewehr *n*
machinery [mə'ʃiːnərɪ] *sb* Maschinen *pl*, Maschinenpark *m*
machine tool [mə'ʃiːn tuːl] *sb* Werkzeugmaschine *f*
machinist [mə'ʃiːnɪst] *sb 1. (operator) TECH* Maschinist *m; 2. (repairer) TECH* Maschinenschlosser *m*
mackintosh ['mækɪntɒʃ] *sb (coat)* Regenmantel *m*

M

mad [mæd] *adj 1.* wahnsinnig, verrückt; *drive s.o. ~* jdn wahnsinnig machen; *like ~* wie verrückt; *go ~* verrückt werden; *~ about* versessen auf, verrückt nach; *2. (fam: angry)* böse, wütend, sauer

madam ['mædəm] *sb 1.* gnädige Frau *f; 2. (of a brothel)* Bordellwirtin *f*
madcap ['mædkæp] *adj* übermütig
mad cow disease [mæd'kaʊdɪziːz] *sb* Rinderwahnsinn *m*
madden ['mædn] *v 1. (drive crazy)* verrückt machen; *2. (make angry)* ärgern
madhouse ['mædhaʊs] *sb (fig)* Irrenhaus *n*
madly ['mædlɪ] *adv 1.* wie verrückt; *2. (fam)* wahnsinnig; *to be ~ in love* bis über beide Ohren verliebt sein
madman ['mædmən] *sb* Irrer *m*, Verrückter *m*
madness ['mædnɪs] *sb* Wahnsinn *m*
madwoman ['mædwʊmən] *sb* Irre *f*, Verrückte *f*
magazine ['mægəziːn] *sb 1.* Zeitschrift *f*, Magazin *n; 2. (for a gun)* Magazin *n*
magic ['mædʒɪk] *adj 1.* magisch, Wunder..., Zauber...; *sb 2.* Magie *f*, Zauberei *f*
magical ['mædʒɪkəl] *adj* magisch
magician [mə'dʒɪʃən] *sb* Zauberer *m*
magistrate ['mædʒɪstreɪt] *sb* Richter *m*
magnanimous [mæg'nænɪməs] *adj* großmütig, hochherzig
magnate ['mægneɪt] *sb* Magnat *m*
magnet ['mægnɪt] *sb* Magnet *m*
magnetic [mæg'netɪk] *adj* magnetisch
magnetism ['mægnɪtɪzəm] *sb 1.* Magnetismus *m; 2. (fig)* Anziehungskraft *f*
magnetize ['mægnɪtaɪz] *v* magnetisieren
magnification [mægnɪfɪ'keɪʃən] *sb 1. (degree of ~)* Vergrößerung *f; 2. (magnifying)* Vergrößern *n*
magnificence [mæg'nɪfɪsəns] *sb 1.* Großartigkeit *f*, Herrlichkeit *f; 2. (splendour)* Pracht *f*
magnificent [mæg'nɪfɪsənt] *adj* großartig, prächtig, herrlich
magnify ['mægnɪfaɪ] *v 1.* vergrößern; *2. (fig: exaggerate)* aufbauschen
magnifying glass ['mægnɪfaɪɪŋglɑːs] *sb* Vergrößerungsglas *n*, Lupe *f*
magniloquent [mæg'nɪləkwənt] *adj* großsprecherisch
magnitude ['mægnɪtjuːd] *sb 1.* Größe *f; 2. (fig: importance)* Bedeutung *f*
maglev ['mægləv] *sb* Magnetschwebebahn *f*
magus ['meɪgəs] *sb* Zauberer *m*, Magier *m*
mahogany [mə'hɒgənɪ] *sb* Mahagoni *n*
maid [meɪd] *sb 1. (servant)* Dienstmädchen *n; 2. (cleaning woman)* Putzfrau *f; 3. (at a hotel)* Zimmermädchen *n*
maidenly ['meɪdnlɪ] *adj* mädchenhaft
maiden name ['meɪdn neɪm] *sb* Mädchenname *m*
mail [meɪl] *sb 1.* Post *f; by ~* mit der Post; *v 2. (US)* schicken, abschicken
mailbag ['meɪlbæg] *sb* Postsack *m*
mail-coach ['meɪlkəʊtʃ] *sb* Postkutsche *f*
mailing list ['meɪlɪŋ lɪst] *sb* Adressenliste *f*, Versandliste *f*
maillot [mɑː'jəʊ] *sb* Trikot *n*
mailman ['meɪlmæn] *sb (US)* Briefträger *m*
mailshot ['meɪlʃɒt] *sb* Direktwerbung *f*
maim [meɪm] *v* verstümmeln
main [meɪn] *adj 1.* Haupt... *the ~ thing* die Hauptsache *f; sb 2. (water ~) TECH* Hauptleitung *f*
main course [meɪn kɔːs] *sb GAST* Hauptgericht *n*

main deck [meɪn dek] *sb* Hauptdeck *n*
mainland ['meɪnlænd] *sb* Festland *n*
main line [meɪn laɪn] *sb* Hauptstrecke *f*
mainly ['meɪnlɪ] *adv* hauptsächlich, vorwiegend, in erster Linie
mainsail ['meɪnseɪl] *sb NAUT* Großsegel *n*
mainspring ['meɪnsprɪŋ] *sb* Triebfeder *f*
mainstay ['meɪnsteɪ] *sb (fig)* Stütze *f*
mainstream ['meɪnstriːm] *adj* herrschend, vorherrschend
maintain [meɪn'teɪn] *v 1. (order, a relationship)* aufrechterhalten; *(a speed, quality)* beibehalten; *2. (a family)* unterhalten, versorgen; *3. (keep in good condition)* in Stand halten; *(a machine)* warten; *4. (claim, contend)* behaupten
maintainer [meɪn'teɪnə] *sb* für die Wartung Zuständige(r) *m/f*
maintenance ['meɪntənəns] *sb 1.* Aufrechterhaltung *f,* Beibehaltung *f; 2. (keeping in good condition)* Instandhaltung *f,* Wartung *f; 3. (of a family)* Unterhalt *m*
maize [meɪz] *sb (UK) BOT* Mais *m*
majestic [mə'dʒestɪk] *adj* majestätisch
majesty ['mædʒɪstɪ] *sb* Majestät *f*
major ['meɪdʒə] *adj 1.* größer, bedeutend, Haupt... *sb 2. MIL* Major *m; 3. MUS* Dur *n; 4. (US: subject)* Hauptfach *n*
majority [mə'dʒɒrɪtɪ] *sb 1.* Mehrheit *f; 2. (UK) JUR* Volljährigkeit *f*
majuscule ['mædʒəskjuːl] *sb* Majuskel *f,* großer Anfangsbuchstabe *m*

make [meɪk] *v irr 1.* machen; *four plus four ~s eight* vier und vier ist acht; *~ like (fam)* so tun, als ob; *~ o.s. useful* sich nützlich machen; *~ o.s. comfortable* es sich bequem machen; *2. (manufacture)* herstellen; *3. (coffee, tea)* kochen; *4. (a speech)* halten; *5. (peace)* schließen; *6. (arrangements, a choice)* treffen; *7. (cause to do or happen)* lassen; *8. ~ s.o. sth (appoint)* jdn zu etw machen; *9. ~ s.o. do sth (cause)* jdn dazu bringen, etw zu tun, *(force)* jdn zwingen, etw zu tun; *10. (reach, achieve)* schaffen, erreichen; *I don't think I can ~ it tomorrow.* Ich glaube, ich kann morgen nicht kommen. *11. ~ a team (be chosen)* in die Mannschaft aufgenommen werden; *12. (a decision)* treffen, fällen; *13. (earn)* verdienen, *(a profit, a fortune)* machen; *14. What do you ~ of it?* Was hältst du davon? *sb 15.* Marke *f,* Fabrikat *n*

• **make away** *v irr ~ with sth* sich mit etw davonmachen
• **make do** *v irr ~ with sth* mit etw auskommen
• **make for** *v irr 1. (head for)* zugehen auf; *2. (lead to, promote)* führen zu, beitragen zu, förderlich sein
• **make off** *v irr ~ with sth* sich mit etw davonmachen
• **make out** *v irr 1. (get on)* zurechtkommen; *2. (fam: kiss) (US)* knutschen; *3. (write out)* ausstellen; *(a bill)* zusammenstellen; *4. (discern)* ausmachen; *(understand)* verstehen; *5. make sth out to be sth* etw als etw hinstellen
• **make over** *v irr 1. (transfer)* überschreiben, vermachen; *2. (remodel)* umbauen
• **make up** *v irr 1. (after an argument)* sich versöhnen; *2. ~ for sth* etw ausgleichen; *~ for lost time* verlorene Zeit wieder wettmachen; *3. make it up to s.o.* bei jdm etw wieder gutmachen; *(compensate)* jdn für etw entschädigen; *4. (put together)* zurechtmachen; *(a list)* zusammenstellen; *5. (invent)* erfinden, sich ausdenken; *made up* erfunden; *6. (constitute)* bilden; *to be made up of* bestehen aus; *7. ~ one's mind* sich entschließen; *8. (apply make-up to)* schminken; *made up* geschminkt
make-believe [meɪkbɪ'liːv] *sb* Fantasie *f*
makefast ['meɪkfɑːst] *sb* Befestigungspunkt *m*
maker ['meɪkə] *sb 1.* Macher *m; meet one's ~ (fig)* vor seinen Schöpfer treten; *2. ECO* Hersteller *m*
makeshift ['meɪkʃɪft] *adj* behelfsmäßig
make-up ['meɪkʌp] *sb 1. (cosmetics)* Make-up *n,* Schminke *f; put on ~* sich schminken; *(on s.o. else)* schminken; *2. (composition)* Zusammenstellung *f; 3. (character)* Veranlagung *f*
making ['meɪkɪŋ] *sb 1.* Machen *n; (production)* Herstellung *f; 2. the ~s of pl* die Voraussetzungen zu *pl,* das Zeug zu *n*
maladjusted [mælə'dʒʌstɪd] *adj* verhaltensgestört, unangepasst
maladminister [mæləd'mɪnɪstə] *v ECO* schlecht verwalten
maladroit [mælə'drɔɪt] *adj* ungeschickt
malady ['mælədɪ] *sb* Krankheit *f,* Leiden *n*
malaise [mæ'leɪz] *sb* Unbehagen *n*
malapropism ['mæləprɒpɪzm] *sb* Wortverwechslung *f*
malapropos [mælæprə'pəʊ] *adj* unangebracht, fehl am Platze
malarkey [mə'lɑːkɪ] *sb (fam)* Quatsch *m*
malcontent [mælkən'tent] *sb* Unzufriedene(r) *m/f*

M

maldistribution [mældɪstrɪ'bjuːʃən] *sb* schlechte Verteilung *f*
male [meɪl] *adj 1.* männlich; *sb 2. (animal) ZOOL* Männchen *n; 3. (fam: man)* Mann *m*
malediction [mælɪ'dɪkʃən] *sb* Fluch *m*, Verwünschung *f*
malefactor ['mæləfæktə] *sb* Missetäter *m*, Übeltäter *m*
maleficent [mə'lefɪsənt] *adj* bösartig, böswillig
maleness ['meɪlnɪs] *sb* Männlichkeit *f*
malevolence [mə'levələns] *sb* Bosheit *f*, Böswilligkeit *f*
malevolent [mə'levələnt] *adj* böswillig, feindselig
malformation [mælfɔː'meɪʃən] *sb* Missbildung *f*
malfunction [mæl'fʌŋkʃən] *v 1.* versagen, schlecht funktionieren; *sb 2.* Versagen *n*, schlechtes Funktionieren *n; 3. MED* Funktionsstörung *f*
malice ['mælɪs] *sb 1.* Bosheit *f*, Böswilligkeit *f; 2. with ~ aforethought JUR* vorsätzlich
malicious [mə'lɪʃəs] *adj* boshaft, böswillig
malign [mə'laɪn] *v* verleumden, schlecht machen
malignancy [mə'lɪgnənsɪ] *sb* Bosheit *f*, Böswilligkeit *f*, Bösartigkeit *f*
malignant [mə'lɪgnənt] *adj MED* bösartig
malignity [mə'lɪgnɪtɪ] *sb* Bösartigkeit *f*, Böswilligkeit *f*, Bosheit *f*
malinger [mə'lɪŋgə] *v* simulieren, krank spielen
malingerer [mə'lɪŋgərə] *sb* Simulant *m*, Drückeberger *m*
mall [mɔːl] *sb* Promenade *f; shopping ~* Einkaufszentrum *n*
malleability [mælɪə'bɪlɪtɪ] *sb* Formbarkeit *f*, Streckbarkeit *f*
malleable ['mælɪəbl] *adj 1.* formbar; *2. (fig)* gefügig
mallet ['mælɪt] *sb* Holzhammer *m*
malnourished [mæl'nʌrɪʃt] *adj* unterernährt
malnutrition [mælnjʊ'trɪʃən] *sb* Unterernährung *f*
malodorous [mæl'əʊdərəs] *adj* übel riechend
malpractice [mæl'præktɪs] *sb (by a doctor) JUR* Fahrlässigkeit des Arztes *f*
malt [mɔːlt] *sb* Malz *n*
malting ['mɔːltɪŋ] *sb* Mälzen *n*
maltreat [mæl'triːt] *v 1.* schlecht behandeln; *2. (violently)* misshandeln
mammal ['mæməl] *sb ZOOL* Säugetier *n*
mammoth ['mæməθ] *adj 1.* Mammut..., riesig, Riesen...; *sb 2. ZOOL* Mammut *n*
man [mæn] *sb 1.* Mann *m*, Mensch *m; to a ~* bis auf den letzten Mann; *2. (the human race)* der Mensch *m; interj 3. (fam)* Mann! Mensch! *v 4.* besetzen; *(a ship)* bemannen; *(a gun, a pump)* bedienen
manacle ['mænəkəl] *sb ~s pl* Ketten *pl*, Handfesseln *pl*
manacled ['mænəkəld] *adj* mit Ketten gefesselt
manage ['mænɪdʒ] *v 1. (cope)* zurechtkommen, es schaffen; *2. ~ to do sth* es schaffen, etw zu tun; *3. (a task)* bewältigen, zurechtkommen mit; *4. (supervise)* führen, verwalten, leiten; *(a team, a band)* managen; *(a child, an animal)* zurechtkommen mit
manageable ['mænɪdʒəbl] *adj 1.* zu bewältigen; *2. (child, animal)* fügsam
management ['mænɪdʒmənt] *sb 1.* Führung *f*, Verwaltung *f*, Leitung *f; 2. (people) ECO* Geschäftsleitung *f*, Direktion *f*, Betriebsleitung *f*
management consultant ['mænɪdʒmənt kən'sʌltənt] *sb ECO* Unternehmensberater *m*
manager ['mænɪdʒə] *sb 1. ECO* Geschäftsführer *m*, Leiter *m*, Direktor *m; 2. (of a band)* Manager *m; 3. SPORT* Manager *m*, *(coach)* Trainer *m*
manageress ['mænɪdʒəres] *sb ECO* Managerin *f*
managerial [mænə'dʒɪərɪəl] *sb* Führungs..., leitend
managerialism [mænɪ'dʒɪərɪəlɪzəm] *sb* Lehre von der Unternehmensführung *f*
managing ['mænɪdʒɪŋ] *adj* geschäftsführend, leitend, Betriebs...
managing director ['mænɪdʒɪŋ dɪ'rektə] *sb ECO* Generaldirektor *m*, Hauptgeschäftsführer *m*
mandate ['mændeɪt] *sb 1. POL* Mandat *n; 2. (from the Pope)* päpstlicher Entscheid *m*
mandatory ['mændətərɪ] *adj* obligatorisch; *to be ~* Pflicht sein
mandible ['mændɪbl] *sb ANAT* Unterkieferknochen *m*
mandolin ['mændəlɪn] *sb MUS* Mandoline *f*
mane [meɪn] *sb* Mähne *f*
man-eater ['mæniːtə] *sb* Menschenfresser *m*
maned ['meɪnd] *adj* mit Mähne

M

maneuver [mə'nuːvə] *sb/v (US) (see "manoeuvre")*
manger ['meɪndʒə] *sb* Krippe *f*
mangetout [mɑ̃ʒ'tuː] *sb* Zuckererbse *f*
mangle ['mæŋgl] *v (maim)* verstümmeln
mangy ['meɪndʒɪ] *adj 1.* räudig; *2. (fig: hotel)* schäbig
manhandle ['mænhændl] *v* unsanft behandeln
manhole ['mænhəʊl] *sb* Straßenschacht *m*
manhood ['mænhʊd] *sb 1. (state)* Mannesalter *n; 2. (masculinity)* Männlichkeit *f*
man-hour ['mænaʊə] *sb ECO* Arbeitsstunde *f*
manhunt ['mænhʌnt] *sb* Großfahndung *f*
mania ['meɪnɪə] *sb PSYCH* Manie *f*
maniac ['meɪnɪæk] *sb* Wahnsinnige(r) *m/f,* Verrückte(r) *m/f*
manic ['mænɪk] *adj* manisch
manifest ['mænɪfest] *v 1.* zeigen, bekunden; *2. ~ itself* sich zeigen; *adj 3.* offenkundig, offenbar; *sb 4. NAUT* Manifest *n*
manifestation [mænɪfe'steɪʃən] *sb* Äußerung *f,* Anzeichen *n*
manifesto [mænɪ'festəʊ] *sb* Manifest *n*
manifold ['mænɪfəʊld] *adj* vielfältig, vielfach
manifolder ['mænɪfəʊldə] *sb* Vervielfältigungsgerät *n*
manikin ['mænɪkɪn] *sb 1. (little man)* Knirps *m,* Männchen *n; 2. (model)* Schneiderpuppe *f,* Modell *n*
manipulate [mə'nɪpjʊleɪt] *v 1.* manipulieren; *2. (handle, operate)* handhaben; *(a machine)* bedienen
manipulation [mənɪpjʊ'leɪʃən] *sb* Manipulation *f*
manipulative [mə'nɪpjʊlətɪv] *adj* manipulierend
mankind [mæn'kaɪnd] *sb* die Menschheit *f*
manky ['mæŋkɪ] *adj (fam)* schlecht
manly ['mænlɪ] *adj* mannhaft
man-made ['mæn'meɪd] *adj* künstlich
manned [mænd] *adj* bemannt
mannequin ['mænɪkɪn] *sb (clothing dummy)* Schaufensterpuppe *f*
manner ['mænə] *sb 1.* Art *f,* Weise *f,* Art und Weise *f; all ~ of things* alles Mögliche; *2. (behaviour)* Art *f,* Verhalten *n; 3. ~s pl* Benehmen *n,* Umgangsformen *pl,* Manieren *pl*
mannered ['mænəd] *adj ...-~* mit ... Benehmen
mannerism ['mænərɪzm] *sb* Angewohnheit *f,* Eigenheit *f,* Manierismus *m*
mannerless ['mænəlɪs] *adj* unerzogen
mannerly ['mænəlɪ] *adj* artig, gesittet
mannish ['mænɪʃ] *adj* unweiblich, männlich (bei einer Frau)
mansard ['mænsɑːd] *sb* Mansarde *f*
manservant ['mænsɜːvənt] *sb* Diener *m*
mansion ['mænʃən] *sb* Villa *f*
manslaughter ['mænslɔːtə] *sb JUR* Totschlag *m*
mantelpiece ['mæntlpiːs] *sb (mantelshelf)* Kaminsims *m/n*
mantle ['mæntl] *sb* Umhang *m,* Mantel *m*
manual ['mænjʊəl] *adj 1.* mit der Hand, Hand..., manuell; *sb 2.* Handbuch *n*
manufacture [mænjʊ'fæktʃə] *v 1.* herstellen; *2. (fig: a story)* erfinden; *sb 3.* Herstellung *f; 4. (products)* Waren *pl,* Erzeugnisse *pl*
manufacturer [mænjʊ'fæktʃərə] *sb* Hersteller *m*
manufacturing [mænjʊ'fæktʃərɪŋ] *sb* Erzeugung *f,* Herstellung *f*
manure [mə'njʊə] *sb 1.* Dung *m,* Mist *m; 2. (artificial)* Dünger *m*

> **many** ['menɪ] *adj* viel(e); *~ a time* des Öfteren; *as ~* ebenso viel(e)

many-sided [menɪ'saɪdɪd] *adj* vielseitig

> **map** [mæp] *sb 1.* Karte *f,* Landkarte *f; (of a town)* Stadtplan *m; put on the ~* Geltung verschaffen; *v 2. ~ out (fig)* entwerfen

mar [mɑː] *v 1.* beschädigen; *2. (beauty)* verderben; *3. (plans)* stören
maraud [mə'rɔːd] *v* plündern
marauder [mə'rɔːdə] *sb* Plünderer *m*
marble ['mɑːbl] *sb 1.* Marmor *m; 2. (glass ball)* Murmel *f; He's lost his ~s. pl (fam)* Er hat sie nicht mehr alle.
marbling ['mɑːblɪŋ] *sb* Marmorisierung *f*
march [mɑːtʃ] *v 1.* marschieren; *sb 2.* Marsch *m; 3. (demonstration)* Demonstration *f*
March [mɑːtʃ] *sb* März *m*
marcher ['mɑːtʃə] *sb* Demonstrant(in) *m/f*
marching orders ['mɑːtʃɪŋɔːdəz] *pl MIL* Marschbefehl *m*
marchland ['mɑːtʃlænd] *sb* Grenzland *n*
mare [mɛə] *sb ZOOL* Stute *f*
margin ['mɑːdʒɪn] *sb 1. (on a page)* Rand *m; 2. (latitude)* Spielraum *m; ~ of error* Fehlerspielraum *m; 3. TECH* Spielraum *m*
marginal ['mɑːdʒɪnəl] *adj 1. (slight)* geringfügig; *2. (constituency) POL* mit knapper Mehrheit

M

marginalize ['mɑːdʒɪnlaɪz] *v* marginalisieren
marginate ['mɑːdʒɪneɪt] *v* mit einem Rand versehen
marine [mə'riːn] *adj* Meeres..., See...
marital ['mærɪtl] *adj* ehelich
marital status ['mærɪtl 'steɪtəs] *sb* Familienstand *m*

mark [mɑːk] *v* *1. (for identity)* markieren, bezeichnen; *(playing cards)* zinken; *2. (characterize)* kennzeichnen; *3. (schoolwork)* korrigieren; *4. (a football opponent) SPORT* decken; *5. (damage)* beschädigen; *(dirty)* schmutzig machen; *(scratch)* zerkratzen; *sb* *6. (indication)* Zeichen *n; On your ~s!* Auf die Plätze! *7. (spot, stain)* Fleck *m; (scratch)* Kratzer *m; 8. (target)* Ziel *n; 9. (in school)* Note *f*

• mark down *v* *1. (note)* notieren; *2. (prices)* herabsetzen
• mark off *v* *(an area)* abgrenzen
markdown ['mɑːkdaʊn] *sb* *(amount lowered) ECO* Preissenkung *f,* Preisabschlag *m*
market ['mɑːkɪt] *sb* *1.* Markt *m; 2. (demand) ECO* Absatzmarkt *m,* Markt *m; to be in the ~ for* Bedarf haben an; *3. (stock ~) FIN* Börse *f; v 4. ECO* vertreiben
market garden ['mɑːkɪt 'gɑːden] *sb (UK)* Gärtnerei *f*
marketable ['mɑːkɪtəbl] *adj* marktfähig, absatzfähig
marksman ['mɑːksmən] *sb* Schütze *m; (police ~)* Scharfschütze *m*
mark-up ['mɑːkʌp] *sb* *(amount added) ECO* Preiserhöhung *f,* Preisaufschlag *m*
marmalade ['mɑːməleɪd] *sb* Orangenmarmelade *f;* Marmelade *f* aus Zitrusfrüchten
marmoreal [mɑː'mɔːrɪəl] *adj* marmorn, aus Marmor
maroon [mə'ruːn] *v* *1.* aussetzen; *sb 2. (colour)* Kastanienbraun *n; 3. (UK: firework)* Leuchtkugel *f*
marquee [mɑː'kiː] *sb* *1. (tent)* großes Zelt *n; 2. (of a theatre) (US)* Vordach *n; 3. (board listing attractions) (US)* Anzeigentafel *f*
marriage ['mærɪdʒ] *sb* *1. (wedding)* Heirat *f,* Hochzeit *f,* Vermählung *f; related by ~* verschwägert; *2. (state of being married)* Ehe *f*
marriageable ['mærɪdʒəbl] *adj* heiratsfähig
married ['mærɪd] *adj* verheiratet; *~ couple* Ehepaar *n*
marrow ['mærəʊ] *sb ANAT* Mark *n*

marry ['mærɪ] *v* *1.* heiraten; *2. (join couple in marriage)* trauen

• marry off *v* verheiraten
marsh [mɑːʃ] *sb* Sumpf *m*
marshal ['mɑːʃəl] *sb* *1. MIL* Marschall *m; v 2. (troops)* aufstellen; *3. (facts)* ordnen
marshland ['mɑːʃlənd] *sb* Marschland *n*
marshmallow ['mɑːʃmæləʊ] *sb* Marshmallow *n*
marshy ['mɑːʃɪ] *adj* sumpfig, morastig
mart [mɑːt] *sb* Markt *m*
martial ['mɑːʃəl] *adj* kriegerisch, Kriegs...
martial arts [mɑːʃəl'ɑːts] *pl* asiatische Kampfsportarten *pl*
martial law ['mɑːʃəl lɔː] *sb POL* Kriegsrecht *n*
martinet [mɑːtɪ'net] *sb* Zuchtmeister *m*
martyr ['mɑːtə] *sb* Märtyrer *m*
martyrdom ['mɑːtədəm] *sb* Märtyrertum *n*
marvel ['mɑːvəl] *v* *1. ~ at* staunen über; *sb 2.* Wunder *n*
marvellous ['mɑːvələs] *adj* wunderbar, fantastisch, fabelhaft
mascot ['mæskət] *sb* Maskottchen *n*
masculine ['mæskjʊlɪn] *adj* männlich; *(woman)* maskulin
mash [mæʃ] *v* zerdrücken
mashed potatoes [mæʃt pə'teɪtəʊz] *pl* Kartoffelbrei *m*
masher ['mæʃə] *sb* Stampfer *m*
mask [mɑːsk] *v* *1.* maskieren; *2. (one's feelings)* verbergen; *sb 3.* Maske *f*
mason ['meɪsn] *sb* *1.* Steinmetz *m; 2. (freemason)* Freimaurer *m*
masonic [mə'sɒnɪk] *adj* freimaurerisch
masonry ['meɪsənrɪ] *sb* Maurerarbeit *f,* Mauerwerk *n*
masquerade [mæskə'reɪd] *sb* *1.* Maskerade *f; v 2. ~ as* sich maskieren als; *3. ~ as (fig)* sich ausgeben als
mass [mæs] *sb* *1.* Masse *f; 2. (of people)* Menge *f; the ~es pl* die breite Masse; *3. REL* Messe *f; v 4.* sich sammeln, sich massieren; *5. (s.o.)* massieren; *adj 6.* Massen... *~ destruction* Massenvernichtung *f*
massacre ['mæsəkə] *sb* *1.* Gemetzel *n,* Massaker *n; v 2.* niedermetzeln
massive ['mæsɪv] *adj* riesig, enorm
mast [mɑːst] *sb* Mast *m*
master ['mɑːstə] *v* *1.* meistern; *2. (a subject, a technique)* beherrschen; *3. (one's emotions)* bändigen, unter Kontrolle bringen; *sb 4.* Herr *m; 5. (teacher)* Lehrer *m; 6. (employer*

M

of an apprentice) Meister *m; 7. ART* Meister *m; 8. (~ copy)* Original *n; 9. (university degree)* Magister *m*

master class ['mɑːstəklɑːs] *sb 1. (in society)* herrschende Klasse *f; 2. MUS* Meisterklasse *f*

master key ['mɑːstə kiː] *sb* Hauptschlüssel *m,* Generalschlüssel *m*

masterly ['mɑːstəlɪ] *adj* meisterhaft, gekonnt

masterpiece ['mɑːstəpiːs] *sb* Meisterstück *n,* Meisterwerk *n*

masterstroke ['mɑːstəstrəʊk] *sb* Meisterstück *n,* Glanzstück *n*

mastery ['mɑːstərɪ] *sb* Meisterung *f,* Beherrschung *f; (over competitors)* Oberhand *f*

masthead ['mɑːsthed] *sb (of a newspaper)* Impressum *n*

masticate ['mæstɪkeɪt] *v* kauen

mat [mæt] *sb 1.* Matte *f, (of cloth)* Deckchen *n; v 2. (hair)* verfilzen

match [mætʃ] *v 1.* zusammenpassen; *2. ~ o.s. against s.o.* sich mit jdm messen; *3. ~ s.o. against s.o.* jdn gegen jdn aufstellen; *4. (equal)* gleichkommen; *5. (correspond to)* entsprechen, übereinstimmen mit; *sb 6. (corresponding or suitable thing)* Gegenstück *n; to be a good ~* gut zusammenpassen; *7. (equal) meet one's ~* seinen Meister finden; *to be a ~ for s.o.* jdn gewachsen sein; *8. (that produces flame)* Streichholz *n,* Zündholz *m; set a ~ to sth* ein Streichholz an etw halten; *9. SPORT* Wettkampf *m; (team game)* Spiel *n; (tennis)* Match *n*

matchable ['mætʃəbl] *adj* kombinierbar, passend

matchboard ['mætʃbɔːd] *sb* Nut-und-Feder-Brett *n*

matchbox ['mætʃbɒks] *sb* Streichholzschachtel *f*

matchless ['mætʃlɪs] *adj* unvergleichlich, einzigartig

matchmaker ['mætʃmeɪkə] *sb (fam)* Kuppler *m*

matchstick ['mætʃstɪk] *sb* Streichholz *n*

mate [meɪt] *sb 1. ZOOL (male)* Männchen *n; (female)* Weibchen *n; 2. (fam: spouse)* Mann/Frau *m/f; 3. (fam: friend)* Freund *m,* Kamerad *m,* Kumpel *m; 4. (fellow worker)* Arbeitskollege *m,* Kumpel *m; 5. NAUT* Maat *m; 6. (half of a matched pair)* Gegenstück *n*

mateless ['meɪtlɪs] *adj* ohne Partner

material [mə'tɪərɪəl] *sb 1.* Material *n; 2. (cloth)* Stoff *m; 3. (facts)* Stoff *m; 4. ~s pl (files, notes)* Unterlagen *pl; adj 5.* materiell; *6. JUR* wesentlich, erheblich

materialize [mə'tɪərɪəlaɪz] *v 1. (appear)* erscheinen; *2. (become reality)* sich verwirklichen, zu Stande kommen

maternal [mə'tɜːnl] *adj* mütterlich; *~ grandmother* Großmutter mütterlicherseits

maternity [mə'tɜːnɪtɪ] *sb* Mutterschaft *f*

maternity benefit [mə'tɜːnɪtɪbenɪfɪt] *sb* Mutterschaftsgeld *n*

maternity dress [mə'tɜːnɪtɪ dres] *sb* Umstandskleid *n*

maternity leave [mə'tɜːnɪtɪ liːv] *sb* Mutterschaftsurlaub *m*

math [mæθ] *sb (US)* Mathe *f (fam)*

mathematical [mæθə'mætɪkəl] *adj* mathematisch

mathematics [mæθə'mætɪks] *sb* Mathematik *f*

maths [mæθs] *sb (UK)* Mathe *f (fam)*

matriarchy ['meɪtrɪɑːkɪ] *sb* Matriarchat *n*

matricide ['mætrɪsaɪd] *sb 1. (act)* Muttermord *n; 2. (person)* Muttermörder *m*

matriculate [mə'trɪkjʊleɪt] *v* sich immatrikulieren

matriculation [mətrɪkjʊ'leɪʃən] *sb* Immatrikulation *f*

matrimonial [mætrɪ'məʊnɪəl] *adj* ehelich

matrimony ['mætrɪmənɪ] *sb* Ehe *f*

matron ['meɪtrən] *sb 1. (married woman)* Matrone *f; 2. (head nurse)* Oberschwester *f; 3. (of a boarding school)* Hausmutter *f; 4. ~ of honour* verheiratete Brautjungfer *f*

matronly ['meɪtrənlɪ] *adj* matronenhaft

matted ['mætɪd] *adj* verfilzt

matter ['mætə] *v 1.* von Bedeutung sein; *Why should it ~ to you?* Warum sollte dir das etwas ausmachen? *It doesn't ~.* Es macht nichts. *sb 2. (substance)* Materie *f,* Material *n,* Stoff *m; 3. (affair)* Sache *f,* Angelegenheit *f; for that ~* eigentlich; *no laughing ~* nichts zum Lachen; *to make ~s worse pl* was die Sache noch schlimmer macht; *4. (topic)* Thema *n; 5. to be a ~ of* sich handeln um, gehen um; *a ~ of time* eine Frage der Zeit; *6. the ~ (the problem) What's the ~?* Was ist los? *7. No ~!* Macht nichts; *no ~ how ...* egal, wie ...; *no ~ what ...* egal, was ...

matter-of-course ['mætə ɒv kɔːs] *adj* selbstverständlich

matter-of-fact ['mætərəffækt] *adj* nüchtern, sachlich, prosaisch

M

matting ['mætɪŋ] *sb* Mattenbelag *m*, Mattenmaterial *n*
mattress ['mætrɪs] *sb* Matratze *f*
maturate ['mætjʊreɪt] *v* reifen
maturation [mætjʊ'reɪʃən] *sb* Reifung *f*, Reifeprozess *m*
mature [mə'tjʊə] *adj 1.* reif; *(child)* vernünftig; *v 2.* reif werden; *(animal)* auswachsen
maturity [mə'tjʊərɪtɪ] *sb 1.* Reife *f*; *2. FIN* Fälligkeit *f*; *date of ~ FIN* Fälligkeitsdatum *n*
matutinal [mætjʊ'taɪnl] *adj* morgendlich, Morgen...
maudlin ['mɔːdlɪn] *adj* rührselig
maul [mɔːl] *v* übel zurichten
maunder ['mɔːndə] *v 1. (talk)* brabbeln, faseln; *2. (move, act)* sich herumtreiben, herumgammeln
maundy ['mɔːndɪ] *sb REL* Fußwaschung *f*
maven ['meɪvən] *sb* Experte *f*, Kenner *m*
maverick ['mævərɪk] *sb 1.* herrenloses Vieh ohne Brandzeichen *n*; *2. (fig)* Einzelgänger *m*
maw [mɔː] *sb 1. (mouth)* Rachen *m*, Schlund *m*; *2. (stomach)* Magen *m*
mawkish ['mɔːkɪʃ] *adj (fig)* rührselig, süßlich
may [meɪ] *v irr 1.* können; *it might happen* es könnte geschehen; *it ~ be that …* vielleicht, es könnte sein, dass …; *2. (permission)* dürfen; *Yes, you ~.* Ja, Sie dürfen; *3. (wish) May you be happy!* Sei glücklich!
May [meɪ] *sb* Mai *m*
maybe ['meɪbɪ] *adv* vielleicht
mayhem ['meɪhem] *sb* Chaos *n*
mayor [mɛə] *sb* Bürgermeister *m*
maypole ['meɪpəʊl] *sb* Maibaum *m*
maze [meɪz] *sb 1.* Irrgarten *m*; *2. (on paper)* Labyrinth *n*; *3. (fig)* Gewirr *n*
mazy ['meɪzɪ] *adj* labyrinthisch
me [miː] *pron 1. (direct object)* mich; *2. (indirect object)* mir; *3. (fam: I)* ich; *It's ~.* Ich bin's. *Who, ~?* Wer, ich?
mead [miːd] *sb 1. (beverage)* Met *m*, Honigwein *m*; *2. (meadow)* Aue *f*
meadow ['medəʊ] *sb* Wiese *f*
meagre ['miːgə] *adj* dürftig, kärglich, spärlich
meal [miːl] *sb 1.* Mahlzeit *f*; *2. (the food itself)* Essen *n*; *3. (powder)* Mehl *n*
meal ticket ['miːltɪkɪt] *sb (fam)* Garant für ein gesichertes Einkommen *m*
mealy ['miːlɪ] *adj* mehlig
mealy-mouthed ['miːlɪmaʊðd] *adj* leisetreterisch, schönfärberisch

M

mean[1] [miːn] *v irr 1. (signify)* bedeuten, heißen; *2. (have in mind, to be referring to)* meinen; *3. (intend)* beabsichtigen, vorhaben, im Sinn haben; *~ well* es gut meinen; *4. ~ to do sth* etw tun wollen; *(do on purpose)* etw absichtlich tun; *5. (to be serious about)* ernst meinen; *I ~ it!* Das ist mein Ernst! *6. (destine) sth is ~t to be sth* etw soll etw sein; *to be ~t for sth* für etw bestimmt sein

mean[2] [miːn] *adj 1. (vicious)* bösartig; *(look)* gehässig; *2. (small)* gering; *no ~ achievement* keine geringe Leistung; *3. (miserly)* geizig, knauserig; *4. (unkind, spiteful)* gemein; *5. (shabby)* schäbig
mean[3] [miːn] *adj 1. MATH* mittlere(r,s); *sb 2. MATH* Mittel *n*, Mittelwert *m*
meander [mɪ'ændə] *v 1. (stroll)* schlendern; *2. (river)* sich schlängeln, sich winden; *3. (from a subject)* abschweifen
meanie ['miːnɪ] *sb (fam)* Miesling *m*
meaning ['miːnɪŋ] *sb* Bedeutung *f*, Sinn *m*
meaningful ['miːnɪŋfʊl] *adj* sinnvoll, bedeutungsvoll
meanness ['miːnnɪs] *sb 1. (viciousness)* Bösartigkeit *f*; *2. (spitefulness)* Gemeinheit *f*; *3. (stinginess)* Geiz *m*; *4. (shabbiness)* Schäbigkeit *f*
means [miːnz] *sb 1.* Mittel *n*; *a ~ to an end* ein Mittel zum Zweck; *by ~ of* durch; *by all ~* auf alle Fälle; *live beyond one's ~* über seine Verhältnisse leben; *2. by no ~* keineswegs, durchaus nicht; *(under no circumstances)* auf keinen Fall; *pl 3. (wherewithal)* Mittel *pl*; *a man of ~* ein vermögender Mann; *live beyond one's ~* über seine Verhältnisse leben
meantime ['miːntaɪm] *sb in the ~* inzwischen, mittlerweile
meanwhile ['miːnwaɪl] *adv* inzwischen
measles ['miːzlz] *pl MED* Masern *pl*
measly ['miːzlɪ] *adj* mickrig *(fam)*
measurability [meʒərə'bɪlɪtɪ] *sb* Messbarkeit *f*

measure ['meʒə] *v 1.* messen; *It ~s six metres by three.* Es misst sechs mal drei Meter. *2. (sth)* messen, abmessen, *(a room)* ausmessen; *3. ~ s.o. for a suit* bei jdm Maß nehmen für einen Anzug; *sb 4.* Maß *n*; *5. (amount measured)* Menge *f*; *for good ~* obendrein; *6. (fig)* Maßstab *m*; *7. (action, step)* Maßnahme *f*; *take ~s to do sth pl* Maßnahmen ergreifen, etw zu tun; *8. MUS* Takt *m*

•measure off *v* abmessen
•measure out *v* abmessen
•measure up *v ~ to sth (be as good as sth)* an etw herankommen, etw gewachsen sein
measurement ['meʒəmənt] *sb 1. (measure)* Maß *n; 2. (act)* Messung *f*
meat [miːt] *sb 1.* Fleisch *n; 2. (fig: essence)* Substanz *f*
meatball ['miːtbɔːl] *sb* Fleischklößchen *n*
meat grinder ['miːtgraɪndə] *sb* Fleischwolf *m*
meaty ['miːtɪ] *adj 1.* fleischig; *2. (fig)* aussagekräftig, gehaltvoll
mechanic [mɪ'kænɪk] *sb* Mechaniker *m*
mechanical [mɪ'kænɪkəl] *adj* mechanisch
mechanics [mɪ'kænɪks] *sb* Mechanik *f*
mechanism ['mekənɪzəm] *sb* Mechanismus *m*
mechanize ['mekənaɪz] *v* mechanisieren
medal ['medl] *sb* Medaille *f*
medallion [mɪ'dælɪən] *sb* Medaille *f*
meddle ['medl] *v* sich einmischen; *~ with sth* mit etw herumspielen
meddlesome ['medlsəm] *adj* sich dauernd einmischend
meddling ['medlɪŋ] *adj* sich einmischend
media ['miːdɪə] *pl* Medien *pl*
mediate ['miːdɪeɪt] *v* vermitteln
mediation [miːdɪː'eɪʃən] *sb* Vermittlung *f*
medic ['medɪk] *sb* Sanitäter *m*
medical ['medɪkəl] *adj* medizinisch, ärztlich
medical history ['medɪkəl 'hɪstərɪ] *sb (person's)* Krankengeschichte *f*
medicament [me'dɪkəmənt] *sb* Medikament *n*
medicated ['medɪkeɪtɪd] *adj* mit Arzneimittel präpariert
medication [medɪ'keɪʃən] *sb 1.* Medikamente *pl; 2.* medizinische Behandlung *f*
medicinal [me'dɪsɪnl] *adj* heilend; *for ~ purposes* zu medizinischen Zwecken
medicine ['medɪsɪn] *sb 1.* Arznei *f,* Medizin *f; give s.o. a taste of his own ~ (fig)* es jdm mit gleicher Münze zurückzahlen; *2. (field of ~)* Medizin *f*
medicine man ['medɪsɪn mæn] *sb* Medizinmann *m*
medieval [medɪ'iːvəl] *adj* mittelalterlich
mediocre [miːdiː'əʊkə] *adj* mittelmäßig
mediocrity [miːdɪ'ɒkrɪtɪ] *sb* Mittelmäßigkeit *f*
meditate ['medɪteɪt] *v 1.* nachdenken; *2. REL* meditieren
meditation [medɪ'teɪʃən] *sb 1.* Nachdenken *n; 2.* Meditation *f*
meditator ['medɪteɪtə] *sb* Meditierende(r) *m/f*
Mediterranean [medɪtə'reɪnɪən] *sb the ~ (Sea) GEO* das Mittelmeer *n*
medium ['miːdɪəm] *adj 1.* mittlere(r,s); *sb 2. (means)* Mittel *n; 3. (mass ~) (TV, radio, press)* Medium *n; 4. ART* Ausdrucksmittel *n; 5. (spiritualist)* Medium *n; 6. a happy ~* der richtige Mittelweg *m*
medium-sized ['miːdɪəmsaɪzd] *adj* mittelgroß
medley ['medlɪ] *sb 1.* Gemisch *n; 2. MUS* Potpourri *n,* Medley *n; 3. (swimming) SPORT* Lagenstaffel *f*
medulla [me'dʌlə] *sb* Knochenmark *n*
meek [miːk] *adj* sanftmütig
meekness ['miːknɪs] *sb* Sanftmut *f*

meet [miːt] *v irr 1.* sich begegnen; *(by arrangement)* sich treffen; *(committee)* zusammenkommen; *2. (join)* sich treffen, aufeinander stoßen; *(intersect)* sich schneiden; *3. (become acquainted)* sich kennen lernen; *4. (s.o.)* treffen, begegnen; *~ s.o. at the station* jdn von der Bahn abholen; *5. (get to know)* kennen lernen; *pleased to ~ you* sehr erfreut, Sie kennen zu lernen; *6. (expectations, deadline)* erfüllen; *7. (demand)* entsprechen; *8. (expenses)* decken; *9. (an obligation)* nachkommen; *sb 10. (US) SPORT* Meeting *n,* Veranstaltung *f,* Sportfest *n*

•meet with *v irr (experience)* erleben; *(coincidentally)* stoßen auf; *(disaster)* erleiden; *~ success* Erfolg haben; *~ an accident* verunglücken
meeting ['miːtɪŋ] *sb 1.* Begegnung *f,* Zusammentreffen *n; 2. (arranged ~)* Treffen *n; 3. (business ~)* Besprechung *f; (of a committee)* Sitzung *f; 4. (gathering)* Versammlung *f; 5. SPORT* Meeting *n,* Veranstaltung *f*
meeting place ['miːtɪŋ pleɪs] *sb* Treffpunkt *m*
meeting point ['miːtɪŋ pɔɪnt] *sb 1.* Treffpunkt *m; 2. (of lines)* Schnittpunkt *m*
megalomania [megələʊ'meɪnɪə] *sb* Größenwahn *m*
megalomaniac [megələʊ'meɪnɪæk] *sb* Größenwahnsinnige(r) *m/f*
megalopolis [megə'lɒpəlɪs] *sb* Ballungsraum *m,* Ballungsgebiet *n*
melancholic [melən'kɒlɪk] *adj* melancholisch, trübsinnig

M

melancholy ['melənkɒlɪ] *adj* 1. melancholisch, schwermütig; *sb* 2. Melancholie *f*, Schwermut *f*
mellow ['meləʊ] *adj* 1. *(person)* milde, abgeklärt; 2. *(fruit, wine)* ausgereift
melodic [mɪ'lɒdɪk] *adj* melodisch
melodious [mɪ'ləʊdɪəs] *adj* melodisch, wohlklingend
melodize ['melədaɪz] *v MUS* vertonen
melody ['melədɪ] *sb* Melodie *f*
melon ['melən] *sb BOT* Melone *f*
melt [melt] *v* 1. schmelzen, sich auflösen, zergehen; 2. *(fig: person)* dahinschmelzen; 3. *(sth)* schmelzen, lösen; *(butter)* zerlassen; 4. *(fig: s.o.'s heart)* erweichen
• **melt away** *v* 1. wegschmelzen; 2. *(fig: anger)* verfliegen
meltdown ['meltdaʊn] *sb* Kernschmelze *f*
melter ['meltə] *sb* Arbeiter am Schmelzofen *m*
melting ['meltɪŋ] *adj* schmelzend
melting point ['meltɪŋ pɔɪnt] *sb CHEM* Schmelzpunkt *m*
melting pot ['meltɪŋ pɒt] *sb* Schmelztiegel *m*
member ['membə] *sb* 1. Mitglied *n*, Angehörige(r) *m/f*; 2. *ANAT* Glied *n*
Member of Parliament ['membərəv 'pɑːləmənt] *sb (UK) POL* Abgeordnete(r) des Unterhauses *m/f*
membership ['membəʃɪp] *sb* 1. *(status)* Mitgliedschaft *f*, Zugehörigkeit *f*; 2. *(number of members)* Mitgliederzahl *f*; 3. *(fam: members)* Mitglieder *pl*
membership fee ['membəʃɪp fiː] *sb* Mitgliedsbeitrag *m*
membrane ['membreɪn] *sb* Membran *f*, Häutchen *n*
memento [mə'mentəʊ] *sb* Erinnerung *f*, Andenken *n*
memo ['meməʊ] *sb (fam)* Mitteilung *f*; *(to o.s.)* Notiz *f*
memoirs ['memwɑːz] *pl* Memoiren *pl*, Lebenserinnerungen *pl*
memorabilia [memərə'bɪlɪə] *sb* Andenken *pl*
memorable ['memərəbl] *adj* denkwürdig
memorandum [memə'rændəm] *sb* 1. *(to s.o.)* Mitteilung *f*; 2. *(to o.s.)* Aktennotiz *f*, Vermerk *m*
memorial [mɪ'mɔːrɪəl] *adj* 1. Gedächtnis..., Gedenk...; *sb* 2. Denkmal *n*
memorialist [mɪ'mɔːrɪəlɪst] *sb* Memoirenschreiber *m*
memorial service [mɪ'mɔːrɪəl 'sɜːvɪs] *sb* Gedenkgottesdienst *m*
memorize ['meməraɪz] *v* sich einprägen, auswendig lernen; *(a telephone number)* sich merken
memory ['memərɪ] *sb* 1. Gedächtnis *n*, Erinnerung *f*, Erinnerungsvermögen *n*; 2. *(thing remembered)* Erinnerung *f*; 3. *(of a deceased person)* Andenken *n*, Erinnerung *f*; *in ~ of* zum Andenken an; 4. *INFORM* Speicher *m*; *(capacity)* Speicherkapazität *f*
menace ['menɪs] *sb* 1. *(threat)* Bedrohung *f*; 2. *(danger)* drohende Gefahr *f*; *v* 3. bedrohen
menacing ['menɪsɪŋ] *adj* drohend
menagerie [mɪ'nædʒərɪ] *sb* Menagerie *f*, Tierschau *f*
mend [mend] *v* 1. *MED* heilen; 2. *(sth)* reparieren; *(clothes)* ausbessern; *~ one's ways* sich bessern; *sb* 3. *(in fabric)* ausgebesserte Stelle *f*; *(in metal)* Reparatur *f*; 4. *to be on the ~* auf dem Weg der Besserung sein
mendacity [men'dæsɪtɪ] *sb* Verlogenheit *f*, Lügenhaftigkeit *f*
mender ['mendə] *sb* Reparateur *m*
mendicant ['mendɪkənt] *sb* 1. Bettler *m*; 2. *(monk)* Bettelmönch *m*
mending ['mendɪŋ] *sb* Ausbessern *n*, Flicken *n*
menfolk ['menfəʊk] *sb (fam)* Männer *pl*, Mannsleute *pl*
menial ['miːnɪəl] *adj* niedrig
mensal ['mensl] *adj* monatlich
men's room ['menzruːm] *sb* Herrentoilette *f*
mensuration [menʃə'reɪʃən] *sb* Messung *f*, Vermessung *f*
menswear ['menzwɛə] *sb* Herrenbekleidung *f*
mental ['mentl] *adj* geistig, seelisch
mental hospital ['mentl 'hɒspɪtəl] *sb* Nervenheilanstalt *f*
mental illness [mentl'ɪlnɪs] *sb* Geisteskrankheit *f*
mentality [men'tælɪtɪ] *sb* Mentalität *f*
mental patient ['mentlpeɪʃənt] *sb MED* Geisteskranke(r) *m/f*
mention ['menʃən] *v* 1. erwähnen; *Don't ~ it!* Gern geschehen! *not to ~ ...* geschweige denn ... ; *sb* 2. Erwähnung *f*
menu ['menjuː] *sb* 1. Speisekarte *f*; 2. *INFORM* Menü *n*
meow [mɪaʊ] *v* miauen
mephitic [mɪ'fɪtɪk] *adj* übel riechend

M

mercantilism ['mɜːkəntɪlɪzəm] *sb* Merkantilismus *m*
mercenary ['mɜːsɪnərɪ] *sb* Söldner *m*
merchandise ['mɜːtʃəndaɪz] *sb* Ware *f*
merchandising ['mɜːtʃəndaɪzɪŋ] *sb* Merchandising *n*, Verkaufsförderung *f*
merciful ['mɜːsɪfʊl] *adj 1.* barmherzig, gnädig; *2. REL* gnädig
merciless ['mɜːsɪlɪs] *adj* unbarmherzig, erbarmungslos
mercy ['mɜːsɪ] *sb 1.* Barmherzigkeit *f*, Erbarmen *n*, Gnade *f*; *Have ~!* Gnade! Erbarmen! *2. to be at s.o.'s ~* jdm auf Gedeih und Verderb ausgeliefert sein
mere [mɪə] *adj* bloß
merely ['mɪəlɪ] *adv* bloß, nur, lediglich
meretricious [merə'trɪʃəs] *adj 1. (tawdry)* grell, geschmacklos; *2. (deceptive)* trügerisch
merge ['mɜːdʒ] *v 1.* zusammenkommen; *(companies)* fusionieren; *2. (sth)* miteinander vereinen, miteinander verschmelzen; *~ sth with sth* etw mit etw vereinen
merger ['mɜːdʒə] *sb ECO* Fusion *f*
merit ['merɪt] *v 1.* verdienen; *sb 2.* Leistung *f*, Verdienst *n*; *3. (advantage, positive aspect)* Vorzug *m*
meritorious [merɪ'tɔːrɪəs] *adj* lobenswert
mermaid ['mɜːmeɪd] *sb* Nixe *f*, Meerjungfrau *f*
merriment ['merɪmənt] *sb* Heiterkeit *f*, Fröhlichkeit *f*
merry ['merɪ] *adj* fröhlich, vergnügt, lustig
merry-go-round ['merɪgəʊraʊnd] *sb* Karussell *n*
merry-making ['merɪmeɪkɪŋ] *sb* Feiern *n*, Belustigung *f*
mesh [meʃ] *sb 1. (wire ~)* Maschendraht *m*; *v 2. TECH* eingreifen, ineinander greifen
mesmerize ['mezməraɪz] *v* mesmerisieren; *(fig)* faszinieren
mess [mes] *sb 1.* Durcheinander *n*, Unordnung *f*; *make a ~* Unordnung machen; *2. (dirty)* Schweinerei *f (fam)*; *3. (predicament)* Schlamassel *m*, Schwierigkeiten *pl*; *to be in a ~ (fam)* in der Tinte sitzen; *4. make a ~ of sth (botch sth)* etw verpfuschen; *5. MIL* Kasino *n*; *(on a ship)* Messe *f*; *v 6. ~ about, ~ around* herumgammeln; *7. ~ with sth* an etw herumspielen; *8. ~ up* durcheinander bringen; *9. ~ up (bungle)* verpfuschen
message ['mesɪdʒ] *sb* Mitteilung *f*, Nachricht *f*, Botschaft *f*; *get the ~ (fig)* kapieren; *May I take a ~?* Kann ich etw ausrichten?
messenger ['mesɪndʒə] *sb* Bote *m*
messy ['mesɪ] *adj 1. (untidy)* unordentlich; *2. (dirty)* dreckig, schmutzig; *3. (fam: unpleasant)* unschön
metal ['metl] *sb* Metall *n*
metallic [mɪ'tælɪk] *adj* metallisch
metalline ['metəlaɪn] *adj* metallisch, metallhaltig
metalwork ['metlwɜːk] *sb* Metallarbeit *f*
metamorphic [metə'mɔːfɪk] *adj* metamorph
metamorphose [metə'mɔːfəʊz] *v* sich verwandeln
metamorphosis [metə'mɔːfəsɪs] *sb* Metamorphose *f*, Verwandlung *f*
metaphor ['metəfɔː] *sb* Metapher *m*, bildlicher Ausdruck *m*
metaphorical [metə'fɒrɪkəl] *adj* metaphorisch
metaphysical [metə'fɪzɪkəl] *adj* metaphysisch
metastasis [mɪ'tæstəsɪs] *sb 1. BIO* Stoffwechsel *m*; *2. MED* Metastase *f*
meter[1] ['miːtə] *sb 1. (measuring device)* Zähler *m*, Messer *m*, Messgerät *n*; *2. (in a taxi)* Taxameter *n*
meter[2] ['miːtə] *(US: unit of measurement) (see "metre")*
method ['meθəd] *sb* Methode *f*
methodical [mɪ'θɒdɪkəl] *adj* methodisch
meticulous [mɪ'tɪkjʊləs] *adj* sorgfältig, peinlich genau
métier ['meɪtɪeɪ] *sb* Metier *n*
metre ['mɪːtə] *sb* Meter *m/n*
metric ['metrɪk] *sb* metrisch; *the ~ system* das metrische System *n*
metropolis [mɪ'trɒpəlɪs] *sb* Metropole *f*, Weltstadt *f*
metropolitan [metrə'pɒlɪtən] *adj* weltstädtisch, hauptstädtisch
mettle ['metl] *sb* Zähigkeit *f*, Stehvermögen *n*
mews [mjuːz] *sb (UK)* Siedlung *f*
microbe ['maɪkrəʊb] *sb* Mikrobe *f*
microbiology [maɪkrəʊbaɪ'ɒlədʒɪ] *sb* Mikrobiologie *f*
microchip ['maɪkrəʊtʃɪp] *sb* Mikrochip *m*
microcosm ['maɪkrəʊkɒzm] *sb* Mikrokosmos *m*
microphone ['maɪkrəfəʊn] *sb* Mikrofon *n*
microprocessor [maɪkrəʊ'prəʊsesə] *sb INFORM* Mikroprozessor *m*
microscope ['maɪkrəʊskəʊp] *sb* Mikroskop *n*

microscopic [maɪkrə'skɒpɪk] *adj* mikroskopisch, mikroskopisch klein
microsecond ['maɪkrəʊsekənd] *sb* Mikrosekunde *f*
microwavable [maɪkrəʊ'weɪvəbəl] *adj* mikrowellengeeignet
microwave oven ['maɪkrəʊweɪv 'ʌvn] *sb* Mikrowellenherd *m*
midday ['mɪd'deɪ] *sb* Mittag *m*
middle ['mɪdl] *sb 1.* Mitte *f; adj 2.* mittlere(r,s)
middle-aged ['mɪdl'eɪdʒd] *adj* mittleren Alters
Middle Ages ['mɪdl 'eɪdʒɪz] *sb the ~* das Mittelalter *n*
middle class ['mɪdl klɑːs] *sb* Mittelstand *m,* Mittelklasse *f*
middle-class ['mɪdl klɑːs] *adj* bürgerlich, zum Mittelstand gehörig
middleman ['mɪdlmæn] *sb 1.* Mittelsmann *m; 2. ECO* Zwischenhändler *m*
middle name ['mɪdl neɪm] *sb* zweiter Vorname *m*
middle school ['mɪdl skuːl] *sb (UK)* Schule für Kinder zwischen neun und dreizehn Jahren *f*
middleweight ['mɪdlweɪt] *sb SPORT* Mittelgewicht *n,* Mittelgewichtler *m*

M

middling ['mɪdlɪŋ] *adj* mittelmäßig; *fair to ~* mittelprächtig
midge [mɪdʒ] *sb ZOOL* Mücke *f*
midget ['mɪdʒɪt] *sb* kleiner Mensch *m,* Zwerg *m*
midland ['mɪdlənd] *sb* Landesinnere *n*
midmost ['mɪdməʊst] *adj* zentralste(r,s), innerste(r,s)
midnight ['mɪdnaɪt] *sb* Mitternacht *f*
midpoint ['mɪdpɔɪnt] *sb 1. MATH* Mittelpunkt *m; 2. We've reached the ~ of our journey.* Die Hälfte unserer Reise haben wir hinter uns.
midshipman [mɪd'ʃɪpmən] *sb NAUT* Fähnrich zur See *m*
midst [mɪdst] *sb in the ~ of* inmitten
midsummer ['mɪd'sʌmə] *sb* Hochsommer *m,* Mitte des Sommers *f*
midterm ['mɪdtɜːm] *sb* Mitte des Semesters *f*
midway ['mɪdweɪ] *adv ~ through* mitten in; *~ between* in der Mitte zwischen
midweek [mɪd wiːk] *sb* Wochenmitte *f*
midwife ['mɪdwaɪf] *sb* Hebamme *f,* Geburtshelferin *f*
midwifery [mɪd'wɪfərɪ] *sb* Geburtshilfe *f*
midwinter ['mɪdwɪntə] *sb* Mitte des Winters *f*
midyear ['mɪdjɪə] *sb* Mitte des Jahres *f; at ~* Mitte des Jahres
miffed [mɪft] *adj* verärgert
miffy ['mɪfɪ] *adj* mimosenhaft
might [maɪt] *sb 1.* Macht *f,* Gewalt *f; 2. (physical strength)* Kraft *f,* Stärke *f*
mightily ['maɪtɪlɪ] *adv* mächtig, gewaltig, mit Macht
mighty ['maɪtɪ] *adj 1.* mächtig, gewaltig; *high and ~* arrogant; *adv 2. (fam: quite)* mächtig
mignon ['mɪnjɒn] *adj* niedlich, hübsch
migrant ['maɪgrənt] *sb 1. (person)* Wander... *2. (bird)* Zug...
migrate [maɪ'greɪt] *v* abwandern, wandern; *(birds)* ziehen
migration [maɪ'greɪʃən] *sb* Wanderung *f; (of birds)* Zug *m*
mike [maɪk] *sb (fam)* Mikro *n*
mild [maɪld] *adj* mild, sanft, leicht
milden ['maɪldən] *v* mildern
mildew ['mɪldjuː] *sb* Schimmel *m; (on plants)* Mehltau *m*
mildness ['maɪldnɪs] *sb* Milde *f,* Sanftheit *f*
mile [maɪl] *sb* Meile *f*
mileage ['maɪlɪdʒ] *sb 1.* Meilenzahl *f; 2. He got a lot of ~ out of that joke.* Mit dem Witz hatte er immer wieder Erfolg.
mileage indicator ['maɪlɪdʒɪndɪkeɪtə] *sb* Meilenzähler *m*
milepost ['maɪlpəʊst] *sb* Meilenpfosten *m*
milestone ['maɪlstəʊn] *sb* Meilenstein *m*
militant ['mɪlɪtənt] *adj* militant
military ['mɪlɪtərɪ] *adj 1.* militärisch, Militär...; *sb 2. the ~* das Militär *n*
military service ['mɪlɪtərɪ 'sɜːvɪs] *sb* Wehrdienst *m,* Militärdienst *m*
militia [mɪ'lɪʃə] *sb* Miliz *f,* Bürgerwehr *f*
milk [mɪlk] *v 1.* melken; *sb 2.* Milch *f*
milk-float ['mɪlkfləʊt] *sb (UK)* Milchauto *n*
milkmaid ['mɪlkmeɪd] *sb* Milchmädchen *n*
milkman ['mɪlkmæn] *sb* Milchmann *m*
milk tooth [mɪlk tuːθ] *sb* Milchzahn *m*
milky ['mɪlkɪ] *adj* milchig
Milky Way [mɪlkɪ'weɪ] *sb ASTR* Milchstraße *f*
mill [mɪl] *v 1.* mahlen; *(metal, paper)* walzen; *2. ~ about, ~ around* umherlaufen; *sb 3.* Mühle *f; 4. (factory)* Fabrik *f; 5. run of the ~ (fam)* stinknormal
millboard ['mɪlbɔːd] *sb* starke Pappe *f*

millenium ['mɪ'lenɪəm] *sb* Jahrtausend *n*, Millenium *n*
miller ['mɪlə] *sb* Müller *m*
millibar ['mɪlɪbɑː] *sb* Millibar *n*
milligramme ['mɪlɪgræm] *sb (UK)* Milligramm *n*
millilitre ['mɪlɪliːtə] *sb* Milliliter *m/n*
millimetre ['mɪlɪmiːtə] *sb* Millimeter *m*
milliner ['mɪlɪnə] *sb* Hutmacher *m*, Modistin *f*
millinery ['mɪlɪnərɪ] *sb* Modewaren *pl*
milling ['mɪlɪŋ] *sb* Fräsen *n*
million ['mɪljən] *sb* Million *f*
millionaire ['mɪljənɛə] *sb* Millionär(in) *m/f*
millipede ['mɪlɪpiːd] *sb ZOOL* Tausendfüßler *m*
millisecond ['mɪlɪsekənd] *sb* Millisekunde *f*
millstone ['mɪlstəʊn] *sb* Mühlstein *m*
millstream ['mɪlstriːm] *sb* Mühlbach *m*
millwheel ['mɪlwiːl] *sb* Mühlrad *n*
mime [maɪm] *sb (person)* Pantomime *m*
mimic ['mɪmɪk] *v 1.* nachahmen; *(derisively)* nachäffen; *sb 2.* Nachahmer *m*, Imitator *m*
minacious [mɪ'neɪʃəs] *adj* bedrohlich
minatory ['mɪnətərɪ] *adj* drohend, bedrohlich
mince [mɪns] *v 1.* zerhacken, in kleine Stücke zerschneiden; *2. She doesn't ~ words. (fig)* Sie nimmt kein Blatt vor den Mund.
mincemeat ['mɪnsmiːt] *sb 1. GAST* Gehacktes *n; 2. make ~ of sth (fig)* etw zunichte machen
mincing ['mɪnsɪŋ] *adj* geziert, affektiert

mind [maɪnd] *v 1. (object)* etwas dagegen haben; *Do you ~ if ...?* Haben Sie etwas dagegen, wenn ...? *I don't ~.* Ich habe nichts dagegen. *Never ~!* Schon gut! *2. ~ you* allerdings; *3. (~ sth) (look after)* aufpassen auf; *~ your own business* kümmere dich um deine eigenen Dinge; *4. (to be careful of)* aufpassen auf; *Mind the step!* Achtung, Stufe! *sb 5.* Geist *m*, Verstand *m; lose one's ~* den Verstand verlieren, verrückt werden; *He was out of his ~.* Er war wie von Sinnen. *to be in one's right ~* bei vollem Verstand sein; *have an open ~* unvoreingenommen sein; *in one's ~'s eye* vor dem inneren Auge; *6. (thoughts)* Gedanken *pl*, Sinn *m; have sth in ~* etw im Sinne haben, etw vorhaben; *have sth on one's ~* etw auf dem Herzen haben; *have half a ~ to do sth* beinahe Lust haben, etw zu tun; *take s.o.'s ~ off sth* jdn etw vergessen lassen; *keep sth in ~* etw nicht vergessen, an etw denken; *bring sth to ~* etw in Erinnerung rufen; *put sth out of one's ~* sich etw aus dem Kopf schlagen; *read s.o.'s ~* jds Gedanken lesen; *give s.o. a piece of one's ~* jdm gründlich die Meinung sagen; *set one's ~ to sth* sich etw in den Kopf setzen; *7. (opinion)* Meinung *f*, Ansicht *f; make up one's ~* sich entschließen; *change one's ~* seine Meinung ändern; *speak one's ~* seine Meinung äußern; *8. state of ~, frame of ~* Verfassung *f*

mind-blowing ['maɪndbləʊɪŋ] *adj* irre
mind-boggling ['maɪndbɒgəlɪŋ] *adj* irre, kaum zu glauben
mind-expanding ['maɪndɪkspændɪŋ] *adj* bewusstseinserweiternd
mindful ['maɪndfʊl] *adj ~ of* achtsam auf
mindless ['mɪndlɪs] *adj* gedankenlos
mind-numbing ['maɪndnʌmɪŋ] *adj* benebelnd
mind-reader ['maɪndriːdə] *sb* Gedankenleser *m*
mind-set ['maɪndset] *sb* feste Vorstellungen *pl*
mine[1] [maɪn] *v 1. MIN* Bergbau betreiben; *2. (sth)* fördern, abbauen; *3. (put explosive ~s in)* verminen; *sb 4. MIN* Bergwerk *n*, Mine *f*, Grube *f; 5. (explosive) MIL* Mine *f;*
mine[2] [maɪn] *pron* meine(r,s); *a friend of ~* ein Freund von mir
miner ['maɪnə] *sb* Bergarbeiter *m*, Bergmann *m*, Kumpel *m*
mineral water ['mɪnərəlwɔːtə] *sb* Mineralwasser *n*
minesweeper ['maɪnswiːpə] *sb NAUT* Minenräumboot *n*, Minensuchboot *n*
mingle ['mɪŋgl] *v 1.* sich vermischen; *2. (sth)* mischen
miniaturist ['mɪnɪtʃərɪst] *sb* Miniaturenmaler *m*
miniaturize ['mɪnɪtʃəraɪz] *v* verkleinern
minim ['mɪnɪm] *sb MUS* Halbton *m*
minimal ['mɪnɪml] *adj* minimal, Mindest...
minimize ['mɪnɪmaɪz] *v 1.* auf ein Minimum reduzieren, möglichst gering halten; *2. (make light of)* bagatellisieren; *3. (belittle)* schlecht machen
minimum ['mɪnɪməm] *sb 1.* Minimum *n; adj 2.* minimal, mindest, Mindest...
minimum wage ['mɪnɪməm'weɪdʒ] *sb* Mindestlohn *m*

M

mining ['maɪnɪŋ] *sb MIN* Bergbau *m*
minion ['mɪnjən] *sb (toady)* Kriecher *m,* Speichellecker *m*
minister ['mɪnɪstə] *sb 1. REL* Pfarrer *m,* Pastor *m; 2. POL* Minister *m; v 3. ~ to s.o.* sich um jdn kümmern
ministerial [mɪnɪ'stɪərɪəl] *adj* ministeriell, Minister...
ministrant ['mɪnɪstrənt] *adj* dienend
ministration [mɪnɪs'treɪʃən] *sb* Dienst *m,* Amt *n*
ministry ['mɪnɪstrɪ] *sb 1. REL* geistliches Amt *n; 2. POL* Ministerium *n*
mink [mɪŋk] *sb ZOOL* Nerz *m*
minnow ['mɪnəʊ] *sb ZOOL* Elritze *f*
minor ['maɪnə] *adj 1.* kleiner, geringer; *2. (of lesser importance)* unbedeutend, unwichtig; *3. (offence, injuries)* leicht; *sb 4. (US: course of study)* Nebenfach *n; 5. MUS* Moll *n; D-~* d-Moll *n; 6. JUR* Jugendliche(r) *m/f*
minority [maɪ'nɒrɪtɪ] *sb* Minderheit *f*
minster ['mɪnstə] *sb (UK)* Münster *n*
minstrel ['mɪnstrəl] *sb 1.* Spielmann *m; 2. (street ~)* Straßenmusikant *m*
mint[1] [mɪnt] *v 1.* prägen; *sb 2.* Münze *f,* Münzanstalt *f,* Münzstätte *f*
mint[2] [mɪnt] *sb 1. BOT* Minze *f; 2. (sweet)* Pfefferminz *n*

M

mintage ['mɪntɪdʒ] *sb* Münzprägung *f,* Münzgeld *n*
mint condition ['mɪntkən'dɪʃən] *sb* tadelloser Zustand *m*
minuet [mɪnjʊ'et] *sb MUS* Menuett *n*
minus ['maɪnəs] *prep 1.* minus, weniger; *(taxes)* abzüglich; *sb 2.* Minus *n*
minuscule ['mɪnɪskju:l] *adj* winzig
minute[1] ['mɪnɪt] *sb 1.* Minute *f; in a ~ (very soon)* gleich; *2. ~s pl (of a meeting)* Protokoll *n*
minute[2] [maɪ'nju:t] *adj 1. (minuscule)* winzig; *2. (meticulous)* genau
minute hand ['mɪnɪt hænd] *sb* Minutenzeiger *m*
minutely [maɪ'nju:tlɪ] *adv* ganz genau
minx [mɪŋks] *sb* kleines Biest *n (fam)*
miracle ['mɪrəkəl] *sb* Wunder *n*
miraculous [mɪ'rækjʊləs] *adj* übernatürlich, wunderbar
mirador [mɪrə'dɔ:] *sb* Aussichtspunkt *m*
mirage [mɪ'rɑ:ʒ] *sb 1.* Luftspiegelung *f,* Fata Morgana *f; 2. (fig)* Trugbild *n*
mire [maɪə] *v to be ~d in mud* im Schlamm festsitzen; *to be ~d in red tape* im Paragrafendschungel feststecken

mirror ['mɪrə] *sb 1.* Spiegel *m; v 2.* widerspiegeln, spiegeln
mirth [mɜ:θ] *sb* Freude *f,* Fröhlichkeit *f*
misadventure [mɪsəd'ventʃə] *sb* Missgeschick *n*
misalliance [mɪsə'laɪəns] *sb* Mesalliance *f*
misapprehension [mɪsæprɪ'henʃən] *sb* Missverständnis *n; to be under a ~* sich irren
misappropriate [mɪsə'prəʊprɪeɪt] *v* entwenden; *(money)* veruntreuen
misbehave [mɪsbɪ'heɪv] *v 1.* sich schlecht benehmen, sich danebenbenehmen; *2. (child)* ungezogen sein
misbelief [mɪsbɪ'li:f] *sb* Irrglaube *m*
miscalculate [mɪs'kælkjʊleɪt] *v 1.* sich verrechnen; *2. (sth)* falsch berechnen, falsch einschätzen
miscalculation [mɪskælkjʊ'leɪʃən] *sb* Rechenfehler *m*
miscarriage ['mɪskærɪdʒ] *sb 1. MED* Fehlgeburt *f; 2. ~ of justice* Justizirrtum *m*
miscarry ['mɪskærɪ] *v MED* eine Fehlgeburt haben
miscast [mɪs'kɑ:st] *v irr* fehlbesetzen; *to be ~* eine Fehlbesetzung sein
miscellaneous [mɪsɪ'leɪnɪəs] *adj* verschieden, gemischt, divers
mischance [mɪs'tʃɑ:ns] *sb* unglücklicher Zufall *m*
mischief ['mɪstʃɪf] *sb (tricks)* Unfug *m*
mischievous ['mɪstʃɪvəs] *adj (playfully)* spitzbübisch, verschmitzt
miscible ['mɪsɪbl] *adj* mischbar
misconceive [mɪskən'si:v] *v* verkennen, falsch auffassen
misconception [mɪskən'sepʃən] *sb* fälschliche Annahme *f*
misconduct [mɪs'kɒndʌkt] *sb* schlechtes Benehmen *n*
misconstruction [mɪskən'strʌkʃən] *sb* Missdeutung *f,* Fehlinterpretation *f*
misconstrue [mɪskən'stru:] *v* missverstehen, missdeuten, falsch auslegen
miscount [mɪs'kaʊnt] *v (sth)* falsch zählen
miscreant ['mɪskrɪənt] *sb* Bösewicht *m,* Schuft *m*
miscue [mɪs'kju:] *v* sich irren, versagen
misdeal [mɪs'di:l] *v irr* falsch geben, sich vergeben
misdeed [mɪs'di:d] *sb* Missetat *f*
misdemeanour [mɪsdɪ'mi:nə] *sb JUR* Vergehen *n,* minderes Delikt *n*
misdirect [mɪsdɪ'rekt] *v 1. (letter)* falsch adressieren; *2. (effort)* fehlleiten, irreleiten

miser ['maɪzə] *sb (skinflint)* Geizhals *m,* Geizkragen *m*
miserable ['mɪzərəbl] *adj 1. (extremely sad)* unglücklich, traurig; *2. (wretched)* elend, jämmerlich, erbärmlich; *3. feel ~* sich elend fühlen; *4. (contemptible)* miserabel, erbärmlich, jämmerlich; *5. (failure)* kläglich, jämmerlich
miserly ['maɪzəlɪ] *adj* geizig
misery ['mɪzərɪ] *sb 1. (suffering)* Qualen *pl; 2. (wretchedness)* Elend *n; 3. (sadness)* Kummer *m,* Trauer *f*
misfile [mɪs'faɪl] *v* falsch ablegen
misfire [mɪs'faɪə] *v 1. (gun)* versagen; *2. (engine)* fehlzünden; *3. (fig: plan)* fehlschlagen; *(trick)* danebengehen
misfit ['mɪsfɪt] *sb (fig)* Außenseiter *m*
misfortune [mɪs'fɔːtʃən] *sb (ill-fortune)* Missgeschick *n*
misgauge [mɪs'geɪdʒ] *v* falsch einschätzen
misgive [mɪs'gɪv] *v irr (to be apprehensive)* Bedenken haben
misguide [mɪs'gaɪd] *v* irreführen, fehlleiten
mishandle [mɪs'hændl] *v* falsch behandeln, schlecht handhaben
mishap ['mɪshæp] *sb* Unglück *n,* Missgeschick *n*
mishear [mɪs'hɪə] *v irr* falsch hören, sich verhören
misinform [mɪsɪn'fɔːm] *v You were ~ed.* Man hat Sie falsch informiert.
misjudge [mɪs'dʒʌdʒ] *v* falsch einschätzen; *(a person)* falsch beurteilen
misjudgement [mɪs'dʒʌdʒmənt] *sb* Fehleinschätzung *f; (of a person)* falsche Beurteilung *f*
mislabel [mɪs'leɪbl] *v* falsch bezeichnen; *He was ~led a coward.* Man hat ihn zu Unrecht als Feigling abgestempelt.
mislay [mɪs'leɪ] *v irr* verlegen
mislead [mɪs'liːd] *v irr 1.* irreführen; *2. to be misled* sich verleiten lassen
misleading [mɪs'liːdɪŋ] *adj* irreführend
mismatch [mɪs'mætʃ] *v* schlecht zusammenstellen
misplace [mɪs'pleɪs] *v* verlegen
misprint ['mɪsprɪnt] *sb* Druckfehler *m*
mispronounce [mɪsprə'naʊns] *v* falsch aussprechen
misquote [mɪs'kwəʊt] *v* falsch zitieren
misread [mɪs'riːd] *v irr 1.* falsch lesen; *2. (misinterpret)* falsch deuten
misrepresent [mɪsreprɪ'zent] *v* falsch darstellen, ungenau darstellen; *(facts)* verdrehen
misrule [mɪs'ruːl] *v* schlecht regieren

miss [mɪs] *v 1.* nicht treffen, fehlen; *2. (sth)* verpassen, versäumen; *~ the train (fig)* den Zug verpassen; *3. (not hit sth, not find sth)* verfehlen; *4. (overlook)* übersehen; *5. (fail to hear)* nicht mitbekommen; *6. ~ the point* das Wesentliche nicht begreifen; *7. (regret the absence of)* vermissen; *sb 8.* Fehlschuss *m,* Fehltreffer *m; 9. (failure)* Misserfolg *m*

• **miss out** *v (fam)* zu kurz kommen; *~ on sth* etw verpassen
Miss [mɪs] *sb* Fräulein *n, (in modern German usage usually)* Frau *f*; *~ USA 1997* die Miss USA von 1997
missal ['mɪsəl] *sb REL* Messbuch *n*
misshape [mɪs'ʃeɪp] *v* deformieren, hässlich gestalten
misshapen [mɪs'ʃeɪpən] *adj* missgebildet, missgestaltet
missile ['mɪsaɪl] *sb 1. (projectile)* Geschoss *n,* Wurfgeschoss *n; 2. (rocket) MIL* Rakete *f,* Flugkörper *m*
missing ['mɪsɪŋ] *adj 1.* fehlend, weg, nicht da; *to be ~* fehlen; *2. (lost in the wilderness, ~ in action)* vermisst werden
missing link [mɪsɪŋ'lɪŋk] *sb* fehlendes Glied *n*
mission ['mɪʃən] *sb 1.* Auftrag *m; Mission accomplished!* Auftrag ausgeführt! *2. ~ in life* Lebensaufgabe *f; 3. (people on a ~)* Gesandtschaft *f,* Delegation *f; POL* Mission *f; 4. MIL* Einsatz *m; (assignment)* Befehl *m; 5. REL* Mission *f*
missionary ['mɪʃənrɪ] *sb REL* Missionar *m*
missioner ['mɪʃənə] *sb* Gesandte(r) *m/f*
missive ['mɪsɪv] *sb* Schreiben *n*
misspell [mɪs'spel] *v irr* falsch buchstabieren, falsch schreiben
misspelling [mɪs'spelɪŋ] *sb* Rechtschreibfehler *m*
misspend [mɪs'spend] *v irr* vergeuden
misstate [mɪs'steɪt] *v* falsch angeben, falsch darstellen
misstep ['mɪstep] *sb* Fehltritt *m*
missus ['mɪsɪz] *sb (fam) the ~* die bessere Hälfte *f,* die Alte *f (fam)*
mist [mɪst] *sb 1.* Nebel *m; 2. (haze)* Dunst *m; 3. (on a glass)* Beschlag *m*
mistakable [mɪ'steɪkəbl] *adj* missverständlich, leicht zu verwechseln

mistake [mɪs'teɪk] *sb 1.* Fehler *m,* Irrtum *m; by ~* aus Versehen, versehentlich; *make a ~* einen Fehler machen; *(to be ~n)* sich irren; *v irr 2. (misunderstand)* falsch verstehen, missverstehen; *(s.o.'s motives)* verkennen; *3. ~ sth for sth* etw mit etw verwechseln, etw für etw halten

mistime [mɪs'taɪm] *v* zeitlich schlecht planen
mistreat [mɪs'triːt] *v* schlecht behandeln; *(violently)* misshandeln
mistress ['mɪstrɪs] *sb 1. (lover)* Geliebte *f,* Mätresse *f; 2. (feminine word for master)* Herrin *f*
mistrust [mɪs'trʌst] *v 1.* misstrauen; *sb 2.* Misstrauen *n,* Argwohn *m*
misty ['mɪstɪ] *adj 1.* neblig; *2. (hazy)* dunstig; *3. (opaque)* milchig
misunderstanding [mɪsʌndə'stændɪŋ] *sb* Missverständnis *n*
misunderstood [mɪsʌndə'stʊd] *adj* missverstanden
misuse [mɪs'juːz] *v 1.* missbrauchen; *2. (a word)* falsch gebrauchen; *3. (funds)* falsch anwenden; [mɪs'juːs] *sb 4.* Missbrauch *m; 5. (of a word)* falscher Gebrauch *m; 6. (of funds)* falsche Anwendung *f*

M

mite [maɪt] *sb 1. ZOOL* Milbe *f; 2. (fam: small amount)* bisschen *n; 3. (fam: child)* Würmchen *n*
mitigate ['mɪtɪgeɪt] *v* mildern; *(pain)* lindern
mitigation [mɪtɪ'geɪʃən] *sb* Milderung *f,* Linderung *f*
mitre ['maɪtə] *sb* Mitra *f,* Bischofsmütze *f*
mitt [mɪt] *sb 1. SPORT* Baseballhandschuh *m; 2. (fam: hand)* Pfote *f*
mitten ['mɪtn] *sb* Fausthandschuh *m,* Fäustling *m*
mix [mɪks] *v 1. (become ~ed)* sich mischen lassen, sich vermischen; *2. (go together)* zusammenpassen; *3. (sth)* mischen, vermischen; *~ sth into sth* etw unter etw mischen; *4. (dough)* anrühren, mischen; *5. (a drink)* mixen, mischen; *6. (fig)* verbinden; *~ business with pleasure* das Angenehme mit dem Nützlichen verbinden; *sb 7.* Mischung *f*
•mix up *v 1.* vermischen; *2. (get in a muddle)* durcheinander bringen; *3. (confuse with sth else)* verwechseln; *4. to be mixed up in sth* in etw verwickelt sein
mixdown ['mɪksdaʊn] *sb MUS* Abmischen von mehrspurigen Aufnahmen auf Stereo *n*
mixed blessing ['mɪkst'blesɪŋ] *sb a ~* eine zweischneidige Sache *f*
mixed doubles ['mɪkst'dʌblz] *pl SPORT* gemischtes Doppel *n*
mixed marriage [mɪkst 'mærɪdʒ] *sb* Mischehe *f*
mixed-up ['mɪkst'ʌp] *adj* durcheinander
mixer ['mɪksə] *sb 1. (fam: sociable person) He's a good ~.* Er ist sehr gesellig. *2. (soft drink good for mixing) GAST* alkoholfreies Getränk zum Mixen von Cocktails *n; 3. (US: party)* Kennenlernparty *f; 4. TECH* Mischmaschine *f*
mixture ['mɪkstʃə] *sb 1.* Mischung *f; 2. MED* Mixtur *f; 3. GAST* Gemisch *n*
mix-up ['mɪksʌp] *sb* Verwechslung *f*
mnemonic device [nə'mɒnɪk dɪ'vaɪs] *sb* Gedächtnisstütze *f*
moan [məʊn] *v 1.* stöhnen, ächzen; *2. (grumble)* klagen, jammern; *sb 3.* Stöhnen *n,* Ächzen *n*
moaning ['məʊnɪŋ] *sb* Stöhnen *n,* Seufzen *n*
moat [məʊt] *sb* Graben *m; (around a castle)* Burggraben *m*
mob [mɒb] *sb 1.* Horde *f; (violent)* Mob *m; (group of criminals)* Bande *f; v 2.* herfallen über; *(a rock star)* belagern
mobile ['məʊbaɪl] *adj 1.* beweglich; *(object)* fahrbar; *sb 2. TEL* Handy *n*
mobile home ['məʊbɪl həʊm] *sb* Wohnmobil *n*
mobility [məʊ'bɪlɪtɪ] *sb* Beweglichkeit *f*
mobilization [məʊbɪlaɪ'zeɪʃən] *sb MIL* Mobilmachung *f*
mobilize ['məʊbɪlaɪz] *v MIL* mobilmachen
mobocracy [mɒ'bɒkrəsɪ] *sb (fam)* Herrschaft von Verbrecherbanden *f*
mobster ['mɒbstə] *sb (US)* Gangster *m*
mock [mɒk] *v 1.* verspotten; *2. (ridicule by mimicking)* nachäffen; *3. (defy)* trotzen; *adj 4.* Schein..., Pseudo...
mockers ['mɒkəz] *pl (fam) put the ~ on sth* etw vermasseln
mockery ['mɒkərɪ] *sb 1. (mocking)* Spott *m,* Hohn *m; 2. (object of ridicule)* Gespött *n; make a ~ of* zum Gespött machen; *3. (travesty)* Farce *f*
mocking ['mɒkɪŋ] *adj* spöttisch
mockingbird ['mɒkɪŋbɜːd] *sb ZOOL* Spottdrossel *f*
mock-up ['mɒkʌp] *sb* Modell in Originalgröße *n*
mod [mɒd] *sb (UK)* Mod *m,* Ted *m*

modal ['məʊdl] *adj* modal
modality [məʊ'dælɪtɪ] *sb* Modalität *f,* Art und Weise *f*
mode [məʊd] *sb 1. (method)* Weise *f,* Art und Weise *f,* Methode *f; 2. GRAMM* Modus *m*
model ['mɒdl] *sb 1.* Modell *n; 2. (perfect example)* Muster *n; (role ~)* Vorbild *n; 3. (woman)* Mannequin *n,* Model *n; (man)* Model *n; adj 4.* vorbildlich, musterhaft, Muster...; *5. (airplane, railway)* Modell...; *v 6. (make ~s)* modellieren; *7. (pose for an artist)* als Modell arbeiten; *8. (to be a fashion ~)* Model sein; *9. ~ sth on sth* etw nach etw gestalten
moderate ['mɒdəreɪt] *v 1.* mäßigen; ['mɒdərɪt] *adj 2.* gemäßigt, mäßig; *(punishment)* mild; *3. a ~ breeze* eine leichte Brise *f*
modern ['mɒdən] *adj* modern
modernity [mɒ'dɜːnɪtɪ] *sb* Modernität *f*
modernize ['mɒdənaɪz] *v* modernisieren
modernness ['mɒdənnɪs] *sb* Modernität *f*
modest ['mɒdɪst] *adj* bescheiden; *(behaviour)* sittsam; *(chaste, proper)* schamhaft
modesty ['mɒdɪstɪ] *sb* Bescheidenheit *f,* Sittsamkeit *f,* Schamgefühl *n*
modification [mɒdɪfɪ'keɪʃən] *sb* Änderung *f,* Abänderung *f,* Modifizierung *f*
modificative [mɒdɪfɪ'keɪtɪv] *adj* modifizierend, ändernd
modify ['mɒdɪfaɪ] *v* ändern, abändern, modifizieren
modish ['məʊdɪʃ] *adj* modisch, schick
modular ['mɒdjʊlə] *adj* Modular..., aus Einzelelementen bestehend
modulate ['mɒdjʊleɪt] *v* modulieren
modulation [mɒdjʊ'leɪʃən] *sb MUS, TECH* Modulation *f*
module ['mɒdjʊl] *sb 1.* Modul *n; 2. (space capsule)* Raumkapsel *f*
mogul ['məʊgəl] *sb (tycoon)* Magnat *m*
Mohican [məʊ'hiːkən] *sb 1.* Mohikaner *m; 2. the last of the ~s pl (fam)* der letzte Mohikaner; *3. (haircut)* Irokesenschnitt *m*
moist [mɔɪst] *adj* feucht, nass
moisten ['mɔɪsn] *v (sth)* anfeuchten, befeuchten
moisture ['mɔɪstʃə] *sb* Feuchtigkeit *f*
moisturize ['mɔɪstʃəraɪz] *v* befeuchten, Feuchtigkeit spenden
moisturizer ['mɔɪstʃəraɪzə] *sb* Feuchtigkeitskrem *f*
molar ['məʊlə] *sb ANAT* Backenzahn *m*
molasses [mə'læsɪz] *sb* Melasse *f*
mold [məʊld] *(see "mould")*
mole[1] [məʊl] *sb 1. ZOOL* Maulwurf *m; 2. (fam: spy)* Maulwurf *m*
mole[2] [məʊl] *(on one's skin)* Muttermal *n,* Leberfleck *m*
mole[3] [məʊl] *(pier) NAUT* Mole *f*
mole[4] [məʊl] *CHEM* Mol *n*
molecular [məʊ'lekjʊlə] *adj* molekular, Molekular...
molecule ['mɒlɪkjuːl] *sb CHEM* Molekül *n*
molehill ['məʊlhɪl] *sb* Maulwurfshügel *m,* Maulwurfshaufen *m; make a mountain out of a ~* aus einer Mücke einen Elefanten machen
molest [məʊ'lest] *v* belästigen
molestation [məʊles'teɪʃən] *sb* Belästigung *f*
mollify ['mɒlɪfaɪ] *v* beruhigen, besänftigen
mollycoddle ['mɒlɪkɒdl] *v* verhätscheln, verzärteln
molten ['məʊltən] *adj* geschmolzen, flüssig
mom [mɒm] *sb (fam) (US)* Mami *f*
moment ['məʊmənt] *sb 1.* Augenblick *m,* Moment *m; Just a ~!* Einen Augenblick! *~ of truth* Stunde der Wahrheit *f; the ~ (sth happens) ...* sobald (etw passiert) ...; *at the ~* im Augenblick, momentan, gerade; *for the ~* im Augenblick, vorläufig; *2. PHYS* Moment *n*
momentarily [məʊmən'tærɪlɪ] *adv 1.* einen Augenblick lang, für einen Augenblick; *2. (US: very soon)* jeden Augenblick
momentary ['məʊməntærɪ] *adj* kurz, augenblicklich, vorübergehend
momently ['məʊməntlɪ] *adv* von Augenblick zu Augenblick
momentous [məʊ'mentəs] *adj* bedeutsam, bedeutungsvoll
momentum [məʊ'mentəm] *sb 1.* Schwung *m; 2. PHYS* Impuls *m*
monandrous [mɒ'nændrəs] *adj (woman)* nur mit einem Mann verheiratet
monarch ['mɒnək] *sb* Monarch *m,* Herrscher *m*
monarchy ['mɒnəkɪ] *sb* Monarchie *f*
monastery ['mɒnəstrɪ] *sb REL* Kloster *n,* Mönchskloster *n*
monastic [mə'næstɪk] *adj* mönchisch
monasticism [mə'næstɪsɪzəm] *sb* Klosterleben *n*
Monday ['mʌndeɪ] *sb* Montag *m*
mondial ['mɒndɪəl] *adj* mondän, Welt...
monetarism ['mɒnɪtərɪzəm] *sb* Monetarismus *m*
monetary ['mʌnɪtərɪ] *adj* geldlich, Geld...; *POL* Währungs...

M

monetize ['mɒnɪtaɪz] *v* zu Münzen prägen

money ['mʌnɪ] *sb* Geld *n; get one's ~'s worth* etw für sein Geld bekommen; *make ~ (person)* Geld verdienen; *(business)* sich rentieren

moneychanger ['mʌnɪtʃeɪndʒə] *sb 1.* Geldwechsler *m; 2. (machine)* Wechselautomat *m*

money-grubbing ['mʌnɪgrʌbɪŋ] *adj* geldgierig, raffgierig

money-laundering ['mʌnɪlɔːndərɪŋ] *sb* Geldwäsche *f*

moneylender ['mʌnɪlendə] *sb* Geldverleiher *m*

money-maker ['mʌnɪmeɪkə] *sb (product)* Renner *m (fam),* Verkaufserfolg *m*

money market ['mʌnɪ 'mɑːkɪt] *sb FIN* Geldmarkt *m*

money order ['mʌnɪɔːdə] *sb* Postanweisung *f,* Zahlungsanweisung *f*

money spider ['mʌnɪspaɪdə] *sb* kleine Spinne *f* (Glücksbringer)

money-spinner ['mʌnɪspɪnə] *sb* Verkaufsschlager *m*

money supply ['mʌnɪ sə'plaɪ] *sb* Geldvolumen *n*

monger ['mʌŋgə] *sb* Händler *m,* Krämer *m*

mongoose ['mɒnguːs] *sb ZOOL* Mungo *m*

mongrel ['mʌŋgrəl] *sb (dog) ZOOL* Promenadenmischung *f*

mongrelize ['mʌŋgrəlaɪz] *v* kreuzen

monied ['mʌnɪd] *adj* betucht

moniker ['mɒnɪkə] *sb (fam)* Name *m*

monition [məʊ'nɪʃən] *sb* Mahnung *f*

monitor ['mɒnɪtə] *v 1.* überwachen; *(a phone conversation)* abhören; *sb 2. (screen)* Monitor *m; 3. (observer)* Überwacher *m; 4. (in school)* Aufsicht *f*

monitorial [mɒnɪ'tɔːrɪəl] *adj* Kontroll..., Überwachungs...

monitory ['mɒnɪtərɪ] *adj* mahnend

monk [mʌŋk] *sb REL* Mönch *m*

monkey ['mʌŋkɪ] *sb 1. ZOOL* Affe *m; v 2. ~ about, ~ around* herumalbern; *~ about with sth* mit etw herumfummeln

monkey business ['mʌŋkɪbɪznɪs] *sb 1. (questionable activities)* krumme Tour *f,* fauler Zauber *m; 2. (fooling around)* Blödsinn *m,* Unfug *m*

monkey-nut ['mʌŋkɪ nʌt] *sb* Erdnuss *f (fam)*

monkey tricks ['mʌŋkɪ trɪks] *pl (fam)* Unfug *m,* dumme Streiche *pl*

monkey wrench ['mʌŋkɪ rentʃ] *sb TECH* Engländer *m (fam),* Universalschraubenschlüssel *m*

monkhood ['mʌŋkhʊd] *sb REL* Mönchstum *n*

monkish ['mʌŋkɪʃ] *adj* mönchisch

monochrome ['mɒnəkrəʊm] *sb* Einfarbigkeit *f*

monocle ['mɒnəkl] *sb* Monokel *n*

monocular [mɒ'nɒkjʊlə] *adj* einäugig

monopolize [mə'nɒpəlaɪz] *v 1. ECO* monopolisieren; *2. (fig)* mit Beschlag belegen

monopoly [mə'nɒpəlɪ] *sb* Monopol *n*

monorail ['mɒnəʊreɪl] *sb TECH* Einschienenbahn *f*

monosyllabic [mɒnəʊsɪ'læbɪk] *adj* einsilbig

monotone ['mɒnətəʊn] *sb* monotoner Klang *m*

monotonous [mə'nɒtənəs] *adj* eintönig

monotony [mə'nɒtənɪ] *sb* Eintönigkeit *f*

monsoon [mɒn'suːn] *sb* Monsun *m*

monster ['mɒnstə] *sb 1.* Ungeheuer *n,* Monster *n,* Monstrum *n; 2. (cruel person)* Unmensch *m,* Ungeheuer *n; 3. (very large thing)* Ungeheuer *n,* Koloss *m*

monstrosity [mɒns'trɒsɪtɪ] *sb (thing)* Monstrosität *f; (quality)* Ungeheuerlichkeit *f*

monstrous ['mɒnstrəs] *adj (horrible)* grässlich; *(huge)* ungeheuer

montage [mɒn'tɑːʒ] *sb* Montage *f*

montane ['mɒnteɪn] *adj* Gebirgs...

month [mʌnθ] *sb* Monat *m*

monument ['mɒnjʊmənt] *sb 1.* Denkmal *n,* Monument *n; 2. (fig)* Zeugnis *n*

monumental [mɒnjʊ'mentəl] *adj (very significant)* gewaltig; *(error)* kolossal

moo [muː] *v* muhen

mooch [muːtʃ] *v* schnorren

mood [muːd] *sb 1.* Stimmung *f; 2. (of one person)* Laune *f,* Stimmung *f; in a bad ~* schlecht gelaunt; *in a good ~* gut gelaunt

moody ['muːdɪ] *adj 1.* launisch; *2. (sullen)* schlecht gelaunt, übellaunig

moon [muːn] *sb* Mond *m; ask for the ~ (fig)* zu viel verlangen; *once in a blue ~* alle Jubeljahre einmal

moonbeam ['muːnbiːm] *sb* Mondstrahl *m*

mooned [muːnd] *adj* mit einem Halbmond verziert

moon-eyed ['muːnaɪd] *adj (moon-blind)* mondblind

moon-faced ['muːnfeɪsd] *adj* mondgesichtig

M

moonlight ['muːnlaɪt] *sb 1.* Mondlicht *n,* Mondschein *m; v 2. (fam)* nebenher arbeiten
moonlight flit ['muːnlaɪt flɪt] *sb (fam) (UK)* Umzug bei Nacht und Nebel *m*
moonlighting ['muːnlaɪtɪŋ] *sb* Nebenjob (neben hauptberuflicher Tätigkeit) *m*
moonlit ['muːnlɪt] *adj* mondhell
moonraker ['muːnreɪkə] *sb NAUT* Moonraker *m* (kleines Topsegel)
moonrise ['muːnraɪz] *sb* Mondaufgang *m*
moonset ['muːnset] *sb* Monduntergang *m*
moonshine ['muːnʃaɪn] *sb 1.* Mondschein *m; 2. (fig: liquor)* schwarz gebrannter Alkohol *m*
moonstruck ['muːnstrʌk] *adj* mondsüchtig
moony ['muːnɪ] *adj (dreamy)* verträumt
moor [mʊə] *v 1.* festmachen, vertäuen; *sb 2.* Moor *n,* Hochmoor *n,* Heidemoor *n*
moorage ['mʊərɪdʒ] *sb* Ankergebühren *pl*
mooring ['mʊərɪŋ] *sb (place) NAUT* Anlegeplatz *m*
moorland ['mʊələnd] *sb GEOL* Heide *f*
moose [muːs] *sb ZOOL* Elch *m*
moot [muːt] *adj* fraglich und doch unwichtig
mop [mɒp] *v 1.* wischen; *sb 2.* Mopp *m; (fig: of hair)* Wust *m*
• mop up *v 1.* aufwischen; *2. MIL* säubern
mope [məʊp] *v* Trübsal blasen, den Kopf hängen lassen
moped ['məʊped] *sb* Moped *n*
moper ['məʊpə] *sb* Melancholiker *m*
mopy ['məʊpɪ] *adj* trübselig
moral ['mɒrəl] *adj 1.* moralisch, sittlich; *2. (showing good ~s)* sittlich gut, moralisch einwandfrei; *sb 3. (lesson)* Moral *f; 4. ~s pl* Moral *f,* Sitten *pl*
morale [mɒ'rɑːl] *sb* Moral *f,* Stimmung *f*
moralism ['mɒrəlɪzəm] *sb* Moralismus *m*
moralist ['mɒrəlɪst] *sb* Moralist/Moralistin *m/f*
morality [mə'rælɪtɪ] *sb 1.* Sittlichkeit *f; 2. (system of morals)* Moral *f*
moralize ['mɒrəlaɪz] *v* moralisieren
morass [mə'ræs] *sb* Morast *m,* Sumpf *m*
morbid ['mɔːbɪd] *adj 1.* morbid; *2. (humour)* makaber; *3. (pessimistic)* schwarzseherisch
morbidity [mɔː'bɪdɪtɪ] *sb* Krankhaftigkeit *f,* Morbidität *f*
mordacious [mɔː'deɪʃəs] *adj* beißend, ätzend
mordant ['mɔːdnt] *adj* beißend, ätzend

more [mɔː] *adj 1.* mehr, noch mehr; *one ~ day* noch ein Tag/noch einen Tag; *adv 2.* mehr; *~ and ~* immer mehr; *~ and ~ difficult* immer schwieriger; *~ than* mehr als; *once ~* noch einmal; *not any ~* nicht mehr; *~ or less* mehr oder weniger; *pron 3.* mehr, noch mehr; *the ~ ..., the ~ ...* je mehr ..., desto mehr ...

moreish ['mɔːrɪʃ] *adj (fam)* nach mehr verlangen lassend; *This food is very ~.* Von dem Essen kann man gar nicht genug bekommen.
morello [mɒ'reləʊ] *sb BOT* Morelle *f,* Sauerkirsche *f*
moreover [mɔː'rəʊvə] *adv* außerdem, überdies, ferner
morgue [mɔːg] *sb 1.* Leichenschauhaus *n; 2. (of newspaper cuttings)* Archiv *n*
moribund ['mɒrɪbʌnd] *adj* sterbend

morning ['mɔːnɪŋ] *sb* Morgen *m,* Vormittag *m; Good ~!* Guten Morgen!

morning dress ['mɔːnɪŋ dres] *sb (man's)* Stresemann *m* (Gesellschaftsanzug)
morning tea [mɔːnɪŋ'tiː] *sb GAST* Frühstückstee *m*
moron ['mɔːrɒn] *sb 1. MED* Geistesschwache(r) *m/f; 2. (fam)* Trottel *m,* Idiot *m*
moronic [mə'rɒnɪk] *adj 1. (fam)* idiotisch; *2. MED* geistesschwach
morose [mə'rəʊs] *adj* mürrisch, grämlich, verdrießlich
morphine ['mɔːfiːn] *sb* Morphium *n*
morris dance ['mɒrɪs dɑːns] *sb* Moriskentanz *m*
Morse code [mɔːs'kəʊd] *sb* Morsealphabet *n*
morsel ['mɔːsl] *sb* Bissen *m,* Happen *m*
mortal ['mɔːtl] *adj 1.* sterblich; *2. (combat, fear)* tödlich
mortality [mɔː'tælɪtɪ] *sb* Sterblichkeit *f*
mortar ['mɔːtə] *sb 1. (cannon) MIL* Granatwerfer *m; 2. (cement)* Mörtel *m*
mortarboard ['mɔːtəbɔːd] *sb 1.* Mörtelbrett *n; 2. (college cap)* Barett *n*
mortgage ['mɔːgɪdʒ] *sb 1.* Hypothek *f; v 2.* hypothekarisch belasten, eine Hypothek aufnehmen auf
mortgage bond ['mɔːgɪdʒ bɒnd] *sb FIN* Hypothekenpfandbrief *m*
mortgage rate ['mɔːgɪdʒ reɪt] *sb FIN* Hypothekenzins *m*
mortician [mɔː'tɪʃən] *sb (US)* Leichenbestatter *m*

mortification [mɔːtɪfɪ'keɪʃən] *sb* Demütigung *f*, Kränkung *f*
mortify ['mɔːtɪfaɪ] *v* demütigen, kränken, verletzen
mortuary ['mɔːtjʊərɪ] *sb* Leichenhalle *f*
mosaic [məʊ'zeɪɪk] *sb* Mosaik *n*
mosey ['məʊzɪ] *v* 1. *(saunter)* schlendern, bummeln; 2. *(hurry away)* abhauen, verduften
mosque [mɒsk] *sb* Moschee *f*
moss [mɒs] *sb BOT* Moos *n*
most [məʊst] *adj* 1. meiste(r,s), größte(r,s), höchste(r,s); *for the ~ part* im Großen und Ganzen; 2. *(the majority of)* die meisten; *adv* 3. am meisten; *the ~ beautiful …* der/die/das schönste …; *~ of all* am allermeisten; 4. *(very)* äußerst, überaus; *pron* 5. die meisten, das meiste; *sb* 6. *make the ~ of sth* etw voll ausnützen; *(enjoy)* etw gründlich genießen; 7. *at ~, at the ~* höchstens
mostly ['məʊstlɪ] *adv* 1. *(for the most part)* zum größten Teil; 2. *(in most cases)* meistens
motel [məʊ'tel] *sb* Motel *n*
moth [mɒθ] *sb* Motte *f*
mothball ['mɒθbɔːl] *sb* 1. Mottenkugel *f*; *v* 2. einmotten; 3. *(fig: a plan)* auf Eis legen
moth-eaten [mɒθ'iːtən] *adj* mottenzerfressen

M

mother ['mʌðə] *sb* Mutter *f*

motherboard ['mʌðəbɔːd] *sb INFORM* Hauptplatine *f*
mother country ['mʌðə'kʌntrɪ] *sb* Vaterland *n*, Heimat *f*
motherhood ['mʌðəhʊd] *sb* Mutterschaft *f*
mother-in-law ['mʌðərɪnlɔː] *sb* Schwiegermutter *f*
motherland ['mʌðəlænd] *sb* Vaterland *n*, Heimat *f*
motherless ['mʌðəlɪs] *adj* mutterlos
motherly ['mʌðəlɪ] *adj* mütterlich
mother of pearl ['mʌðərəv pɜːl] *sb* Perlmutt *n*
Mother's Day ['mʌðəzdeɪ] *sb* Muttertag *m*
Mother Superior ['mʌðə sʊ'pɪərɪə] *sb REL* Oberin *f*
mother tongue ['mʌðə tʌŋ] *sb* Muttersprache *f*
mothproof ['mɒθpruːf] *adj* mottenfest
mothy ['mɒθɪ] *adj* mottenverseucht, mottenzerfressen
motif [məʊ'tiːf] *sb* Motiv *n*, Muster *n*
motile ['məʊtaɪl] *adj* frei beweglich
motion ['məʊʃən] *v* 1. *~ s.o. to do sth* jdm ein Zeichen geben, dass er etw tun solle; *sb* 2. Bewegung *f*; *go through the ~s of doing sth* etw mechanisch tun; *set in ~* in Gang bringen, in Bewegung setzen; 3. *TECH* Gang *m*; 4. *(proposal)* Antrag *m*
motionless ['məʊʃənlɪs] *adj* bewegungslos, regungslos, unbeweglich
motion picture ['məʊʃən'pɪktʃə] *sb CINE* Film *m*
motion sickness ['məʊʃənsɪknɪs] *sb* Reisekrankheit *f*
motivate ['məʊtɪveɪt] *v* motivieren
motivation [məʊtɪ'veɪʃən] *sb* Motivation *f*
motive power ['məʊtɪv 'paʊə] *sb* Triebkraft *f*
motley ['mɒtlɪ] *adj* bunt
motor ['məʊtə] *sb* 1. Motor *m*; *v* 2. Auto fahren; *adj* 3. Motor…
motorbike ['məʊtəbaɪk] *sb* Motorrad *n*
motorboat ['məʊtəbəʊt] *sb* Motorboot *n*
motorcade ['məʊtəkeɪd] *sb* Autokolonne *f*
motorcar ['məʊtəkɑː] *sb* Kraftwagen *m*, Auto *n*
motorcycle ['məʊtəsaɪkl] *sb* Motorrad *n*
motorist ['məʊtərɪst] *sb* Autofahrer *m*, Kraftfahrer *m*
motorized ['məʊtəraɪzd] *adj* motorisiert
motor oil ['məʊtərɔɪl] *sb* Motoröl *n*
motor vehicle ['məʊtə 'viːhɪkl] *sb* Kraftfahrzeug *n*
motorway ['məʊtəweɪ] *sb (UK)* Autobahn *f*
mottle ['mɒtl] *v* sprenkeln
motto ['mɒtəʊ] *sb* Motto *n*, Wahlspruch *m*; *(personal)* Devise *f*
mould [məʊld] *v* 1. formen; 2. *TECH* gießen, formen, modellieren; *sb* 3. Form *f*; *(for casting)* Gussform *f*; 4. *BOT* Schimmel *m*
mouldability [məʊldə'bɪlɪtɪ] *sb* Formbarkeit *f*
moulder ['məʊldə] *v* formen, gießen
moulding ['məʊldɪŋ] *sb (act of ~)* Formen *n*
mouldy ['məʊldɪ] *adj* schimm(e)lig, verschimmelt
moult [məʊlt] *v ZOOL* 1. *(bird)* sich mausern; 2. *(snake)* sich häuten
mound [maʊnd] *sb* 1. *(of earth)* Hügel *m*; 2. *(pile)* Haufen *m*
mount [maʊnt] *v* 1. *(fig: increase)* wachsen, steigen; 2. *(sth) (climb onto)* besteigen, steigen auf; *(a ladder)* hinaufsteigen; *(stairs)* hinaufgehen; 3. *(put in, put on, stick on)* montieren; *(a picture)* mit einem Passepartout versehen; 4. *(an attack, an expedition)* organisieren; *sb* 5. *(horse)* Pferd *n*

mountable ['maʊntəbl] *adj* zu ersteigen, besteigbar
mountain ['maʊntɪn] *sb* Berg *m; ~s pl* Gebirge *n*
mountaineer [maʊntɪ'nɪə] *sb* Bergsteiger *m*
mountaineering [maʊntɪ'nɪərɪŋ] *sb* Bergsteigen *n*
mountainous ['maʊntɪnəs] *adj* bergig, gebirgig
mountain range ['maʊntɪn reɪndʒ] *sb* Gebirgszug *m,* Gebirgskette *f*
mountebank ['maʊntəbæŋk] *sb* Scharlatan *m*
mount [maʊnt] *v 1. (fig: increase)* wachsen, steigen; *2. (sth) (climb onto)* besteigen, steigen auf; *(a ladder)* hinaufsteigen; *(stairs)* hinaufgehen; *3. (put in, put on, stick on)* montieren; *(a picture)* mit einem Passepartout versehen; *4. (an attack, an expedition)* organisieren; *sb 5. (horse)* Pferd *n*
mountable ['maʊntəbl] *adj* zu ersteigen, besteigbar
mountain ['maʊntɪn] *sb* Berg *m; ~s pl* Gebirge *n*
mountain bike ['maʊntɪn baɪk] *sb* Mountainbike *n*
mountaineer [maʊntɪ'nɪə] *sb* Bergsteiger *m*
mountaineering [maʊntɪ'nɪərɪŋ] *sb* Bergsteigen *n*
mountain lion ['maʊntɪn 'laɪən] *sb ZOOL* Puma *m*
mountainous ['maʊntɪnəs] *adj* bergig, gebirgig
mountain range ['maʊntɪn reɪndʒ] *sb* Gebirgszug *m,* Gebirgskette *f*
mountebank ['maʊntəbæŋk] *sb* Scharlatan *m*
mounted ['maʊntɪd] *adj* beritten
Mountie ['maʊntɪ] *sb* berittener Polizist *m* (in Kanada)
mounting ['maʊntɪŋ] *sb 1. (base, support)* Befestigung *f; 2. (of a picture)* Passepartout *n; 3. (of a machine)* Sockel *m; 4. (of a jewel)* Fassung *f*
mourn [mɔːn] *v 1.* trauern; *2. (s.o.)* trauern um, betrauern; *(s.o.'s death)* beklagen
mourner ['mɔːnə] *sb* Trauernde(r) *m/f,* Leidtragende(r) *m/f*
mournful ['mɔːnfʊl] *adj* traurig, trauervoll
mourning ['mɔːnɪŋ] *sb* Trauer *f*
mourning band ['mɔːnɪŋ bænd] *sb* Trauerflor *m*
mouse [maʊs] *sb 1. ZOOL* Maus *f; 2. INFORM* Maus *f,* Mouse *f*
mouser ['maʊzə] *sb* Mäusefänger *m*
mousetrap ['maʊstræp] *sb* Mausefalle *f*
mousse [muːs] *sb GAST* Mousse *f*
moustache [məs'tɑːʃ] *sb* Schnurrbart *m*
mousy ['maʊsɪ] *adj* farblos, unscheinbar

mouth [maʊθ] *sb 1.* Mund *m; keep one's ~ shut* den Mund halten; *by word of ~* mündlich, durch Mundpropaganda; *have one's heart in one's ~ (fig)* sein Herz auf der Zunge tragen; *put one's foot in one's ~ (fig)* ins Fettnäpfchen treten; *put words into s.o.'s ~* jdm etw in den Mund legen; *2. (of an animal)* Maul *n; 3. (of a river)* Mündung *f; 4. (of a cave)* Öffnung *f; v 5. (articulate soundlessly)* mit den Lippen formen

mouthful ['maʊθfʊl] *sb 1.* Bissen *m,* Brocken *m; 2. (fam: long word)* ellenlanges Wort *n*
mouth-organ ['maʊθɔːgən] *sb MUS* Mundharmonika *f*
mouthpart ['maʊθpɑːt] *sb BIO* Mundfortsatz der Gliederfüßer *m*
mouthpiece ['maʊθpiːs] *sb 1. (of a telephone)* Sprechmuschel *f; 2. (protective) SPORT* Zahnschutz *m; 3. (fig: spokesman)* Sprachrohr *n*
mouth-to-mouth resuscitation ['maʊθtuː'maʊθ rɪsʌsɪ'teɪʃən] *sb* Mund-zu-Mund-Beatmung *f*
mouthwash ['maʊθwɒʃ] *sb* Mundwasser *n*
mouth-watering ['maʊθwɔːtərɪŋ] *adj* lecker
mouthy ['maʊðɪ] *adj* großmäulig
movable ['muːvəbl] *adj* beweglich

move [muːv] *v 1.* sich bewegen; *(vehicle)* fahren; *Don't ~!* Keine Bewegung! *2. (change residences)* umziehen; *3. (go somewhere)* gehen; *4. (fam: act)* handeln, vorgehen; *5. (sth)* bewegen; *6. (put somewhere else)* woanders hinstellen; *7. (transport)* befördern; *8. (a chess piece)* ziehen mit, einen Zug machen mit; *9. (take away)* wegnehmen; *(one's foot)* wegziehen; *10. (transfer)* verlegen; *11. (emotionally)* rühren, bewegen, ergreifen; *12. (propose)* beantragen; *sb 13. (movement)* Bewegung *f; Get a ~ on!* Nun mach schon! *14. (to a different job)* Wechsel *m; 15. (in a game)* Zug *m; It's my ~.* Ich bin dran. *16. (to a new residence)* Umzug *m; 17. (action)* Schritt *m; (measure taken)* Maßnahme *f*

M

• **move in** *v 1. (into a house)* einziehen; *2. (come closer)* sich nähern; *(police)* anrücken; *(arrive on the scene)* auf den Plan treten
• **move on** *v* weitergehen
• **move out** *v 1. (of a house)* ausziehen; *2. (troops)* abziehen; *3. (drive off)* abfahren
• **move over** *v (move to the side)* zur Seite rücken, zur Seite rutschen
• **move up** *v (fig)* aufsteigen
movement ['muːvmənt] *sb 1.* Bewegung *f; 2. MUS* Satz *m*
mover ['muːvə] *sb 1. (person who moves furniture)* Umzugsspediteur *m; 2. ~s and shakers pl (fam)* Leute, die etw bewegen *pl*
movie ['muːvɪ] *sb (US)* Film *m; go to the ~s* ins Kino gehen
movie camera ['muːvɪkæmərə] *sb (US)* Filmkamera *f*
moving ['muːvɪŋ] *adj 1. (emotionally)* ergreifend, bewegend, rührend; *2. (able to move)* beweglich
moving van ['muːvɪŋ væn] *sb* Möbelwagen *m*
mow [məʊ] *v irr 1.* mähen; *2. ~ down (fig)* niedermähen
mower ['məʊə] *sb* Rasenmäher *m*
Mozambique [məʊzæm'biːk] *sb GEO* Mosambik *n*
mozzarella [mɒtsə'relə] *sb GAST* Mozzarella *m*
Mr ['mɪstə] *sb* Herr *m*
Mrs ['mɪsɪz] *sb* Frau *f*
Ms [mɪz] *sb* Frau *f*

much [mʌtʃ] *adj 1.* viel; *how ~* wie viel; *he's not ~ of a ...* er ist kein guter ...; *too ~* zu viel; *nothing ~* nichts besonderes; *as ~ as* soviel wie; *I thought as ~.* Das habe ich mir gedacht. *adv 2.* viel, sehr; *pretty ~* fast; *3. so ~* so viel; *(to such a great degree)* so sehr; *(nothing more than)* nichts als

muchness ['mʌtʃnɪs] *sb* Menge *f; much of a ~ (fam) (UK)* Jacke wie Hose
mucid ['mjuːsɪd] *adj* muffig, verstaubt
mucilage ['mjuːsɪlɪdʒ] *sb* Klebstoff *m,* Schleimstoff *m*
muck [mʌk] *sb 1.* Dreck *m; v 2. ~ about (fam) (UK)* herumhängen, herumlungern; *3. ~ in (fam) (UK)* mit anpacken; *4. ~ up (botch)* verpfuschen
muckraking ['mʌkreɪkɪŋ] *sb* Sensationsmacherei *f (fam)*
mucky ['mʌkɪ] *adj* dreckig, schmutzig
mucus ['mjuːkəs] *sb MED* Schleim *m*
mud [mʌd] *sb* Schlamm *m,* Matsch *m; Here's ~ in your eye!* Zum Wohl! *as clear as ~ (fam)* völlig unklar
mud-bath ['mʌdbɑːθ] *sb* Moorbad *n,* Schlammbad *n*
muddle ['mʌdl] *sb 1.* Durcheinander *n,* Unordnung *f,* Wirrwarr *m; v 2. (~ up)* durcheinander bringen; *3. ~ on* vor sich hinwursteln
muddled ['mʌdld] *adj* konfus, durcheinander
muddlement ['mʌdlmənt] *sb* Verwirrung *f,* Durcheinander *n*
muddler ['mʌdlə] *sb* Tölpel *m,* Trottel *m*
muddling ['mʌdlɪŋ] *adj* verwirrend
muddy ['mʌdɪ] *adj* schmutzig, schlammig
mudguard ['mʌdgɑːd] *sb 1. (on a car)* Kotflügel *m; 2. (on a bicycle)* Schutzblech *n*
mudpack ['mʌdpæk] *sb MED* Schlammpackung *f*
mud pie ['mʌdpaɪ] *sb 1. (of sand or mud)* Sandkuchen *m* (aus Sand, aus Erde)*; 2. (dessert)* Schokoladenkuchen *m*
mudslinging ['mʌdslɪŋɪŋ] *sb* Schlechtmachen *n*
mudstone ['mʌdstəʊn] *sb* Löss *m*
muesli ['mjuːzlɪ] *sb GAST* Müsli *n*
muff [mʌf] *v (botch)* verpatzen
muffin ['mʌfɪn] *sb (UK)* Hefeteigsemmel *f; (US)* kleine Semmel *f*
muffle ['mʌfl] *v (a sound)* dämpfen
muffler ['mʌflə] *sb 1. (scarf)* Schal *m; 2. (for a car) (US) TECH* Auspufftopf *m*
mug [mʌg] *sb 1.* Becher *m; (for beer)* Krug *m; 2. (fam: face)* Fratze *f; 3. (UK: dupe)* Trottel *m; v 4. (attack)* überfallen, niederschlagen und ausrauben; *5. (make faces)* Grimassen schneiden
mugger ['mʌgə] *sb* Straßenräuber *m*
mugging ['mʌgɪŋ] *sb* Raubüberfall *m*
muggins ['mʌgɪnz] *sb (fam) (UK)* Blödmann *m*
muggy ['mʌgɪ] *adj* drückend, schwül
mug shot ['mʌgʃɒt] *sb (fam)* Verbrecherfoto *n*
mulatto [mjuː'lætəʊ] *sb* Mulatte/Mulattin *m/f*
mulberry ['mʌlbərɪ] *sb 1. BOT* Maulbeere *f; 2. (tree) BOT* Maulbeerbaum *m*
mule [mjuːl] *sb* Maultier *n,* Maulesel *m*
mulish ['mjuːlɪʃ] *adj* stur, störrisch
mull¹ [mʌl] *v* erwärmen und wie Glühwein würzen
mull² [mʌl] *v ~ over* nachdenken über
mullion ['mʌlɪən] *sb* Zwischenpfosten *m*

multi [mʌltɪ] *adj* ~... viel..., mehr..., Multi...
multi-coloured ['mʌltɪ'kʌləd] *adj* mehrfarbig
multicultural [mʌltɪ'kʌltʃərəl] *adj* multikulturell
multiethnic [mʌltɪ'eθnɪk] *adj* Vielvölker...
multifarious [mʌltɪ'fɛərɪəs] *adj* mannigfaltig
multifold ['mʌltɪfəʊld] *adj* vielfältig
multiform ['mʌltɪfɔːm] *adj* vielgestaltig
multilateral [mʌltɪ'lætərəl] *adj 1. POL* multilateral; *2. MATH* mehrseitig
multilingual [mʌltɪ'lɪŋgwəl] *adj* mehrsprachig
multimedia [mʌltɪ'miːdɪə] *pl* Multimediatechnik *f*
multimillionaire [mʌltɪ'mɪljənɛə] *sb* Multimillionär *m*
multinational [mʌltɪ'næʃənl] *adj* multinational
multiparty [mʌltɪ'pɑːtɪ] *adj* mit mehreren Parteien; *a ~ system* ein Mehrparteiensystem
multiple ['mʌltɪpl] *adj* mehrfach; *(many)* mehrere
multiple-choice ['mʌltɪpl'tʃɔɪs] *adj* Multiple-choice-...
multiple sclerosis ['mʌltɪpl sklɪ'rəʊsɪs] *sb MED* multiple Sklerose *f*
multiplex ['mʌltɪpleks] *sb* Kino mit mehreren Leinwänden *n*
multiplication [mʌltɪplɪ'keɪʃən] *sb MATH* Multiplikation *f*; *(fig)* Vermehrung *f*
multiply ['mʌltɪplaɪ] *v 1.* sich vermehren, sich vervielfachen; *2. MATH* multiplizieren; *3. (sth)* vermehren, vervielfachen
multipurpose [mʌltɪ'pɜːpəs] *adj* Mehrzweck...
multiracial ['mʌltɪreɪʃəl] *adj* gemischtrassig
multistorey [mʌltɪ'stɔːrɪ] *adj* mehrstöckig
multitasking [mʌltɪ'tɑːskɪŋ] *sb INFORM* Multitasking *n*
multitude ['mʌltɪtjuːd] *sb* Menge *f*; *(a ~, a crowd)* Menschenmenge *f*
multivitamin [mʌltɪ'vaɪtəmɪn] *sb* Multivitaminpräparat *n*
mum [mʌm] *adj 1. keep ~* den Mund halten; *Mum's the word!* Nichts verraten! *sb 2. (fam: mother) (UK)* Mami *f*
mumble ['mʌmbl] *v* murmeln
mumbo jumbo ['mʌmbəʊ 'dʒʌmbəʊ] *sb (gibberish)* Kauderwelsch *n; (superstition)* Hokuspokus *m*
mummify ['mʌmɪfaɪ] *v* mumifizieren
mummy ['mʌmɪ] *sb 1. (corpse)* Mumie *f; 2. (mother) (UK)* Mami *f*, Mama *f*
mumps [mʌmps] *sb MED* Mumps *m*
munch [mʌntʃ] *v (fam)* mampfen
mundane [mʌn'deɪn] *adj 1. (of this world)* weltlich, irdisch; *2. (everyday, humdrum)* banal, nüchtern
Munich ['mjuːnɪk] *sb GEO* München *n*
municipal [mjuː'nɪsɪpəl] *adj* städtisch, Stadt..., kommunal
municipal bonds [mjuː'nɪsɪpəl bɒndz] *pl* Kommunalobligationen *pl*
municipality [mjuːnɪsɪ'pælɪtɪ] *sb POL* Gemeinde *f*
munificent [mjuː'nɪfɪsənt] *adj* großzügig
munitions [mjuː'nɪʃənz] *pl 1. (ammunition)* Munition *f; 2. (war material)* Kriegsmaterial *n*
mural ['mjʊərəl] *sb ART* Wandgemälde *n*
murder ['mɜːdə] *v 1.* ermorden, umbringen; *sb 2.* Mord *m; shout blue ~, scream bloody ~* Zeter und Mordio schreien
murderer ['mɜːdərə] *sb* Mörder *m*
murderous ['mɜːdərəs] *adj* mörderisch
murk [mɜːk] *sb* Düsternis *f*
murky ['mɜːkɪ] *adj* dunkel, düster, trüb
murmur ['mɜːmə] *v 1.* murmeln; *2. (unhappily)* murren; *sb 3.* Murmeln *n; 4. (unhappy)* Murren *n*
muscatel [mʌskə'tel] *sb 1. (wine)* Muskateller *m; 2. (grape)* Muskatellertraube *f*
muscle ['mʌsl] *sb* Muskel *m*
musclebound ['mʌslbaʊnd] *adj 1. to be ~* eine überentwickelte Muskulatur haben; *2. (fam: muscular)* muskulös
muscleman ['mʌslmæn] *sb* Muskelmann *m; (pejorative)* Muskelprotz *m*
Muscovite ['mʌskəvaɪt] *sb* Moskowiter *m*
muscular ['mʌskjʊlə] *adj* Muskel... *(well-muscled)* muskulös
musculature ['mʌskjʊlətʃə] *sb* Muskulatur *f*
muse [mjuːz] *v 1. (think)* nachsinnen; *2. (speak)* grüblerisch sagen
Muse [mjuːz] *sb* Muse *f*
museful ['mjuːzfʊl] *adj* gedankenverloren, nachdenklich
museum [mjuː'zɪəm] *sb* Museum *n*
museum piece [mjuː'zɪəm piːs] *sb* Museumsstück *n*
mush [mʌʃ] *sb* Brei *m; (fig: sentimentality)* Schmalz *n*
mushroom ['mʌʃruːm] *sb BOT 1.* Pilz *m; 2. (button ~)* Champignon *m*

M

mushy ['mʌʃɪ] *adj 1.* matschig; *2. (fig: overly sentimental)* gefühlsduselig
music ['mju:zɪk] *sb* Musik *f; face the ~ (fam)* die Suppe auslöffeln; *set sth to ~* etw vertonen
musical ['mju:zɪkəl] *adj 1.* musikalisch, Musik...; *(tuneful)* melodisch; *sb 2. THEAT* Musical *n*
musical box ['mju:zɪkəl bɒks] *sb (UK)* Spieldose *f*
musical chairs ['mju:zɪkəl tʃɛəz] *sb* Reise nach Jerusalem *f*
musical instrument ['mju:zɪkəl 'ɪnstrəment] *sb* Musikinstrument *n*
music centre ['mju:zɪksentə] *sb* Kompaktanlage *f*
music hall ['mju:zɪk hɔ:l] *sb* Varietee *n*
musician [mju:'zɪʃən] *sb* Musiker *m*
musk [mʌsk] *sb* Moschus *m*
musket ['mʌskɪt] *sb* Muskete *f*
musketeer [mʌskɪ'tɪə] *sb* Musketier *m*
musketry ['mʌskɪtrɪ] *sb* Musketiere *pl*
musky ['mʌskɪ] *adj* moschusartig, Moschus...
Muslim ['mʊzlɪm] *sb 1.* Moslem *m; adj 2.* moslemisch
muslin ['mʌzlɪn] *sb* Musselin *m*

M

muss [mʌs] *v 1.* durcheinander bringen; *2. (hair)* verwuscheln
mussel ['mʌsl] *sb ZOOL* Muschel *f*

must [mʌst] *v 1.* müssen; *sb 2. (fam: necessary thing)* Muss *n; It's a ~.* Es ist ein Muss.

mustache *sb (see "moustache")*
mustang ['mʌstæŋ] *sb ZOOL* Mustang *m*
mustard ['mʌstəd] *sb* Senf *m*
muster ['mʌstə] *v 1.* aufbieten; *2. (all one's strength)* zusammennehmen; *(courage)* fassen; *sb 3. pass ~* gebilligt werden
musty ['mʌstɪ] *adj* muffig
mutant ['mju:tənt] *sb* Mutant *m*
mutate ['mju:teɪt] *v BIO* mutieren
mutation [mju:'teɪʃən] *sb 1. (process)* Veränderung *f; 2. BIO (process)* Mutation *f; 3. (result)* Mutationsprodukt *n*
mute [mju:t] *adj 1.* stumm; *sb 2. (person)* Stumme(r) *m/f; v 3.* dämpfen
mutilate ['mju:tɪleɪt] *v* verstümmeln
mutilation [mju:tɪ'leɪʃən] *sb* Verstümmelung *f*
mutineer [mju:tɪ'nɪə] *sb* Meuterer *m*
mutinous ['mju:tɪnəs] *adj* meuterisch; *(fig)* rebellisch
mutiny ['mju:tɪnɪ] *sb 1.* Meuterei *f; v 2.* meutern
mutism ['mju:tɪzəm] *sb* Mutismus *m*
mutter ['mʌtə] *v 1.* murmeln; *(grumble)* murren; *sb 2.* Gemurmel *n; (grumbling)* Murren *n*
mutton ['mʌtn] *sb GAST* Hammelfleisch *n; ~ dressed as lamb (fam)* auf jung machend
mutual ['mju:tʊəl] *adj 1. (shared)* gemeinsam; *2. (bilateral)* beiderseitig; *3. (reciprocal)* gegenseitig
mutual fund ['mju:tʊəl fʌnd] *sb (US) FIN* Investmentfonds *m*
mutualize ['mju:tʃʊəlaɪz] *v* auf Gegenseitigkeit regeln
muzzle ['mʌzl] *sb 1. ZOOL* Maul *n,* Schnauze *f; 2. (to cover a dog's mouth)* Maulkorb *m; 3. (of a gun)* Mündung *f*
muzzy ['mʌzɪ] *adj* benommen, benebelt
my [maɪ] *pron 1.* mein(e); *interj 2. Oh ~!* Meine Güte!
myalism ['maɪəlɪzəm] *sb* Geheimkult *m,* Voodoo *m*
myocarditis [maɪəʊkɑ:'daɪtɪs] *sb MED* Herzmuskelentzündung *f*
myopia [maɪ'əʊpɪə] *sb MED* Kurzsichtigkeit *f*
myopic [maɪ'ɒpɪk] *adj MED* kurzsichtig
myriad ['mɪrɪəd] *adj* unzählige
myrrh [mɜ:] *sb* Myrre *f*
myself [maɪ'self] *pron 1. (accusative)* mich; *(dative)* mir; *2. (as emphasis)* ich selbst
mysterious [mɪs'tɪərɪəs] *adj* mysteriös, rätselhaft
mystery ['mɪstərɪ] *sb 1.* Geheimnis *n,* Rätsel *n; 2. (~ novel)* Kriminalroman *m; 3. REL* Mysterium *n*
mystery tour ['mɪstərɪ tʊə] *sb* Fahrt mit vorher nicht bekannt gegebenem Reiseziel *f*
mystic ['mɪstɪk] *adj 1.* mystisch; *sb 2.* Mystiker *m*
mystical ['mɪstɪkəl] *adj* mystisch
mystify ['mɪstɪfaɪ] *v (baffle)* verblüffen, verwirren
mystique [mɪ'sti:k] *sb* das Geheimnisvolle
myth [mɪθ] *sb 1. (legend)* Sage *f,* Mythos *m; 2. (fig)* Märchen *n*
mythical ['mɪθɪkəl] *adj 1.* mythisch, sagenhaft; *2. (fig)* erfunden, erdichtet, fiktiv
mythological [mɪθə'lɒdʒɪkəl] *adj* mythologisch
mythology [mɪ'θɒlədʒɪ] *sb* Mythologie *f*
mythos ['maɪθɒs] *sb* Mythos *m*

N

nab [næb] *v* schnappen, erwischen
nadir ['neɪdɪə] *sb (fig)* Tiefpunkt *m*
naff [næf] *adj (fam) (UK)* lahm, blöd
nag [næg] *v 1.* nörgeln; *2. ~ s.o.* jdm zusetzen; *sb 3. (fam: no-good horse)* Gaul *m*
nagger ['nægə] *sb* Nörgler *m*
nagging ['nægɪŋ] *sb* Nörgelei *f*
naïf [nɑːiːf] *sb* Unschuldige(r) *m/f*
nail [neɪl] *sb 1. ANAT* Nagel *m; 2. TECH* Nagel *m; as hard as ~s* knallhart, eisern; *hit the ~ on the head* den Nagel auf den Kopf treffen; *v 3.* nageln; *4. ~ s.o. (fam: nab s.o.)* jdn schnappen
• **nail down** *v 1.* festnageln; *2. (a box)* zunageln; *3. nail s.o. down* jdn festnageln
nail-biting ['neɪlbaɪtɪŋ] *adj* atemberaubend, spannend
nail file ['neɪlfaɪl] *sb* Nagelfeile *f*
naive [naɪ'iːv] *adj* naiv
naked ['neɪkɪd] *adj 1. (person)* nackt, unbekleidet; *2. (blade)* bloß; *3. (countryside)* kahl; *4. (truth)* nackt
nakedness ['neɪkɪdnɪs] *sb* Nacktheit *f*
namby-pamby [næmbɪ'pæmbɪ] *adj* schwach, verweichlicht

> **name** [neɪm] *v 1. (specify)* nennen; *2. (give a ~)* nennen, *(a scientific discovery)* benennen, *(a ship)* taufen; *to be ~d ...* ... heißen; *3. (appoint)* ernennen; *sb 4.* Name *m; What is your ~?* Wie heißen Sie? *My ~ is ...* Ich heiße ... *in the ~ of the law* im Namen des Gesetzes; *call s.o. ~s* jdn beschimpfen; *by the ~ of* namens; *5. (reputation)* Name *m,* Ruf *m; give s.o. a bad ~* jdn in Verruf bringen; *make a ~ for o.s. as* sich einen Namen machen als

nameable ['neɪməbl] *adj* zu benennen
nameless ['neɪmlɪs] *adj 1. (anonymous)* ungenannt; *2. (unknown)* unbekannt; *3. (indescribable)* unbeschreiblich
namely ['neɪmlɪ] *adv* nämlich
name-plate ['neɪmpleɪt] *sb* Namensschild *n; (on a door)* Türschild *n*
namesake ['neɪmseɪk] *sb (male)* Namensvetter *m; (female)* Namensschwester *f*
name tag ['neɪmtæg] *sb* Namensschild *m*
nametape ['neɪmteɪp] *sb* Namensschild (an der Kleidung) *n*
nancy ['nænsɪ] *sb* Schwuler *m*
nanny ['nænɪ] *sb* Kindermädchen *n*
nap [næp] *v 1.* ein Nickerchen machen, ein Schläfchen machen; *to be caught ~ping* kalt erwischt werden; *sb 2.* Nickerchen *n,* Schläfchen *n*
nape [neɪp] *sb ~ of the neck* Genick *n,* Nacken *m*
napkin ['næpkɪn] *sb (table ~)* Serviette *f*
nappe [næp] *sb* Gebirgsscholle *f*
napped [næpd] *adj* genoppt, geraut
nappy ['næpɪ] *sb (UK: fam)* Windel *f*
nark [nɑːk] *v (fam: annoy) (UK)* ärgern
narky ['nɑːkɪ] *adj (fam) (UK)* gereizt
narrate [nə'reɪt] *v* erzählen
narration [nə'reɪʃən] *sb* Erzählung *f*
narrative ['nærətɪv] *adj 1.* erzählend, Erzählungs... *sb 2. (account)* Schilderung *f*
narrator [nə'reɪtə] *sb* Erzähler *m*
narrow ['nærəʊ] *v 1. (become ~er)* enger werden, sich verengen; *2. (sth)* enger machen, verengen; *adj 3.* eng; *(path, hips)* schmal; *4. (victory, escape)* knapp; *5. (interpretation)* eng; *6. (scrutiny)* peinlich genau; *sb 7. ~s pl* Enge *f*
• **narrow down** *v* beschränken; *~ to* beschränken auf
narrow-boat ['nærəʊ bəʊt] *sb* Kahn *m*
narrowcast ['nærəʊkɑːst] *v* Programm für eine bestimmte Zielgruppe senden
narrow gauge ['nærəʊ geɪdʒ] *sb* Schmalspur *f*
narrow-minded [nærəʊ'maɪndɪd] *adj* engstirnig, borniert, kleinlich
narrow-mindedness [nærəʊ'maɪndɪdnɪs] *sb* Engstirnigkeit *f,* Borniertheit *f*
narrowness ['nærəʊnɪs] *sb* Enge *f*
nasal ['neɪzəl] *adj* Nasen..., *(voice)* näselnd
nascent ['næsnt] *adj* entstehend, werdend
nastiness ['nɑːstɪnɪs] *sb* Scheußlichkeit *f,* Abscheulichkeit *f,* Schmutzigkeit *f*
nasty ['nɑːstɪ] *adj 1. (unpleasant)* scheußlich, ekelhaft; *2. (obscene)* schmutzig; *3. (serious)* schwer, böse, schlimm; *He had a ~ fall.* Er ist böse gefallen. *4. (malicious)* boshaft; *5. (person)* gemein
natal ['neɪtl] *adj* Geburts...
nation ['neɪʃən] *sb* Nation *f,* Volk *n*
national ['næʃənl] *adj 1.* national, öffentlich, Landes... *sb 2.* Staatsangehörige(r) *m/f*
national anthem ['næʃənl 'ænθəm] *sb* Nationalhymne *f*

N

national insurance ['næʃənl ɪn'ʃʊərəns] *sb (UK)* Sozialversicherung *f*
nationality [næʃə'nælɪtɪ] *sb* Staatsangehörigkeit *f*, Nationalität *f*
nationalization [næsənəlaɪ'zeɪʃən] *sb* Verstaatlichung *f*
nationalize ['næʃnəlaɪz] *v (an industry) POL* verstaatlichen
national service ['næʃənl 'sɜːvɪs] *sb* Wehrdienst *m*
national status ['næʃənl 'steɪtəs] *sb* Staatsangehörigkeit *f*
nation-state ['neɪʃənsteɪt] *sb POL* Nationalstaat *m*
nationwide [neɪʃən'waɪd] *adj* landesweit
native ['neɪtɪv] *adj 1.* einheimisch, Heimat... *~ speaker* Muttersprachler; *2. (inborn)* angeboren; *sb 3.* Einheimische(r) *m/f; a ~ of Germany* ein gebürtiger Deutscher/eine gebürtige Deutsche; *4. (in a colonial context)* Eingeborene(r) *m/f; 5. (original inhabitant)* Ureinwohner *m*
native country ['neɪtɪv 'kʌntrɪ] *sb* Heimat *f*, Vaterland *n*
native language ['neɪtɪv 'læŋgwɪdʒ] *sb* Muttersprache *f*
native speaker ['neɪtɪv 'spiːkə] *sb* Muttersprachler *m*
natter ['nætə] *v (fam) 1.* quasseln; *2. (gossip)* schwatzen
natty ['nætɪ] *adj* schick
natural ['nætʃrəl] *adj 1.* natürlich, Natur... *die a ~ death* eines natürlichen Todes sterben; *2. (inborn)* angeboren; *sb 3. a ~ (fam) (a perfect match, an ideal situation)* eine klare Sache *f; (a talent)* ein Naturtalent *n*
natural-born [nætʃrəl'bɔːn] *adj* geboren, von Geburt an
natural gas [nætʃrəl'gæs] *sb* Erdgas *n*
naturalist ['nætʃrəlɪst] *sb* Naturforscher *m*
naturalization [nætʃrəlaɪ'zeɪʃən] *sb POL* Naturalisierung *f*, Einbürgerung *f*
naturalize ['nætʃrəlaɪz] *v (s.o.)* einbürgern, naturalisieren
naturally ['nætʃrəlɪ] *adv 1.* natürlich; *2. (by nature)* von Natur aus; *interj 3.* natürlich

nature ['neɪtʃə] *sb 1.* Natur *f; 2. (sort)* Art *f; 3. (inherent qualities of an object)* Beschaffenheit *f; 4. (personality)* Wesen *n; to be second ~ to s.o.* leicht und selbstverständlich für jdn sein

nature reserve ['neɪtʃə rɪ'zɜːv] *sb* Naturschutzgebiet *n*
nature trail ['neɪtʃə treɪl] *sb (path)* Naturlehrpfad *m*
naught [nɔːt] *sb* Null *f*
naughty ['nɔːtɪ] *adj 1.* unanständig, gewagt; *2. (dog)* unartig; *3. (child)* ungezogen
nausea ['nɔːsɪə] *sb 1.* Übelkeit *f*, Brechreiz *m; 2. (fig)* Ekel *m*
nauseate ['nɔːsɪeɪt] *v 1. (s.o.)* anekeln; *2. MED* Übelkeit erregen
nauseating ['nɔːsɪeɪtɪŋ] *adj* Ekel erregend, widerlich
nauseous ['nɔːsɪəs] *adj* Ekel erregend, widerlich
naval ['neɪvəl] *adj* Flotten..., Marine..., See...
nave [neɪv] *sb 1. (of a church)* Schiff *n; 2. (of a wheel)* Nabe *f*
navel ['neɪvəl] *sb ANAT* Nabel *m*
navigable ['nævɪgəbl] *adj* schiffbar
navigate ['nævɪgeɪt] *v 1.* navigieren; *2. (a river)* befahren
navigation [nævɪ'geɪʃən] *sb (navigating)* Navigation *f*
navvy ['nævɪ] *sb (fam) (UK)* Bauarbeiter *m*
navy ['neɪvɪ] *sb* Kriegsmarine *f*
navy yard ['neɪvɪ jɑːd] *sb* Marinewerft *f*
nay [neɪ] *sb* nein; *It was bad, ~, pathetic.* Es war schlecht, ja sogar kläglich.
neap [niːp] *adj (tide)* niedrig

near [nɪə] *v 1.* sich nähern; *~ completion* kurz vor dem Abschluss stehen; *adj 2.* nahe; *in the ~ future* in nächster Zeit, in naher Zukunft; *3. to be ~ at hand* zur Hand sein, in der Nähe sein; *(event)* unmittelbar bevorstehen; *4. (escape)* knapp; *have a ~ miss* knapp davonkommen; *adv 5.* nahe, in der Nähe; *(event)* nahe (bevorstehend); *draw ~* heranrücken; *6. (almost)* fast, beinahe; *prep 7.* nahe an, in der Nähe von; *8. (~ a certain time)* gegen

nearby ['nɪəbaɪ] *adj 1.* nahe gelegen; *adv 2.* in der Nähe, nahe
nearly ['nɪəlɪ] *adv* beinahe, fast
near miss [nɪə'mɪs] *sb* Fast-Erfolg *m*
nearness ['nɪənɪs] *sb* Nähe *f*
nearside ['nɪəsaɪd] *adj (UK)* auf der linken Seite
nearsighted ['nɪə'saɪtəd] *adj* kurzsichtig
neat [niːt] *adj 1. (tidy)* ordentlich, sauber; *2. (trick)* schlau; *3. (pleasing)* hübsch, nett; *4. (fam: excellent) (US)* klasse, prima
neaten ['niːtn] *v* in Ordnung bringen
neatly ['niːtlɪ] *adj* ordentlich, sauber

N

neatness ['niːtnɪs] *sb 1.* Ordentlichkeit *f,* Sauberkeit *f; 2. (pleasing quality)* Nettigkeit *f*
nebulize ['nebjʊlaɪz] *v* trüben, verschwimmen lassen
nebulous ['nebjʊləs] *adj 1.* neblig; *2. (fig)* verschwommen, nebelhaft
necessarily [nesɪ'serɪlɪ] *adv* notwendigerweise; *not ~* nicht unbedingt
necessary ['nesɪsərɪ] *adj 1.* notwendig, nötig, erforderlich; *a ~ evil* ein notwendiges Übel; *if ~* nötigenfalls, wenn nötig; *2. (inevitable)* zwangsläufig; *sb 3. necessaries pl* Notwendigkeiten *pl*
necessitate [nɪ'sesɪteɪt] *v* notwendig machen, erfordern
necessitous [nɪ'sesɪtəs] *adj* armselig
necessity [nɪ'sesɪtɪ] *sb 1.* Notwendigkeit *f; of ~* notwendigerweise; *2. (poverty)* Not *f*
neck [nek] *sb 1. (person's, of a bottle)* Hals *m; to be a ~ in the ~ (fam)* einem auf die Nerven gehen; *stick one's ~ out (fam)* viel riskieren; *~ and ~* Kopf an Kopf; *breathe down s.o.'s ~ (fig)* jdm auf die Finger schauen; *risk one's ~* Kopf und Kragen riskieren; *2. (of a dress)* Ausschnitt *m; v 3. (fam: make out)* knutschen
neckband ['nekbænd] *sb* Halsbund *m,* Kragensteg *m*
neckcloth ['nekklɒθ] *sb* Halstuch *n*
neckerchief ['nekətʃiːf] *sb* Halstuch *n*
necking ['nekɪŋ] *sb (fam)* Knutschen *n,* Necking *n*
necklace ['neklɪs] *sb* Halskette *f*
necklet ['neklɪt] *sb* Halskettchen *n*
neckline ['neklaɪn] *sb* Ausschnitt *m*
necktie ['nektaɪ] *sb* Krawatte *f,* Schlips *m*

need [niːd] *v 1.* brauchen, benötigen; *It ~s to be done.* Es muss gemacht werden. *~ to do sth (have to do sth)* etw tun müssen; *Need I say more?* Mehr brauche ich ja wohl nicht zu sagen. *You ~n't have bothered.* Das war nicht nötig. *sb 2. (necessity)* Notwendigkeit *f; there's no ~ to ...* ... braucht nicht getan werden; *3. (requirement)* Bedürfnis *n,* Bedarf *m; to be in ~ of sth* etw dringend brauchen; *4. (misfortune)* Not *f*

needful ['niːdfʊl] *adj (necessary)* notwendig, nötig
needle ['niːdl] *sb 1.* Nadel *f; v 2. (fig)* sticheln, durch Sticheleien reizen
needlecraft ['niːdlkrɑːft] *sb* Nadelarbeit *f*
needless ['niːdlɪs] *adj* unnötig, überflüssig; *~ to say* selbstverständlich/selbstredend
needlework ['niːdlwɜːk] *sb* Handarbeit *f,* Näherei *f*
needy ['niːdɪ] *adj* bedürftig, Not leidend
ne'er-do-well ['nɛəduːwel] *sb* Tunichtgut *m,* Taugenichts *m*
negate [nɪ'geɪt] *v 1.* zunichte machen; *2. (deny)* verneinen
negation [nɪ'geɪʃən] *sb* Verneinung *f*
negative sign ['negətɪvsaɪn] *sb MATH* Minuszeichen *n*
neglect [nɪ'glekt] *v 1.* vernachlässigen; *2. (an opportunity)* versäumen; *3. (advice)* nicht befolgen; *sb 4.* Vernachlässigung *f; 5. (of a garden)* Verwahrlosung *f; 6. (of a danger, a person, a rule)* Nichtbeachtung *f*
neglectful [nɪ'glektfʊl] *adj* nachlässig, pflichtvergessen
negligence ['neglɪdʒəns] *sb 1.* Nachlässigkeit *f,* Unachtsamkeit *f; 2. JUR* Fahrlässigkeit *f*
negligent ['neglɪdʒənt] *adj 1.* nachlässig, unachtsam; *2. JUR* fahrlässig
negligible ['neglɪdʒəbl] *adj* geringfügig, unbedeutend
negotiable [nɪ'gəʊʃɪəbl] *adj 1. FIN* verkäuflich; *2. It's ~.* Darüber kann verhandelt werden. *3. (street)* befahrbar
negotiate [nɪ'gəʊʃɪeɪt] *v 1.* verhandeln; *2. (sth)* handeln über; *(bring about)* aushandeln; *3. (an obstacle)* überwinden, *(a curve)* nehmen, *(a river)* passieren
negotiation [nɪgəʊʃɪ'eɪʃən] *sb 1.* Verhandlung *f; enter into ~s* in Verhandlungen eintreten; *2. (of an obstacle)* Überwindung *f; (of a curve)* Nehmen *n; (of a river)* Passieren *n*
negotiator [nɪ'gəʊʃɪeɪtə] *sb POL* Unterhändler *m*
neighbour ['neɪbə] *sb 1.* Nachbar *m/* Nachbarin *f; 2. (fellow human being)* Nächste(r) *m/f,* Mitmensch *m; v 3. (sth)* angrenzen an
neighbourhood ['neɪbəhʊd] *sb 1.* Nachbarschaft *f; 2. (district)* Gegend *f,* Viertel *n*
neighbouring ['neɪbərɪŋ] *adj* benachbart, angrenzend
neighbourly ['neɪbəlɪ] *adj* nachbarlich, gutnachbarlich
neither ['naɪðə] *adv 1. ~... nor ...* weder ... noch ... *konj 2.* auch nicht; *He wasn't there and ~ was his sister.* Er war nicht da und seine Schwester auch nicht. *adj/ pron 3.* keine(r,s); *~ of them* keiner von beiden
neo-classical [niːəʊ'klæsɪkəl] *adj* klassizistisch

N

neon sign ['niːɒn saɪn] *sb* Leuchtreklame *f*
neophyte ['niːəʊfaɪt] *sb 1.* Neuling *m; 2. REL* Neubekehrte(r) *f/m, (in the Roman Catholic Church)* neugeweihter Priester *m*
nephew ['nefjuː] *sb* Neffe *m*
nerd [nɜːd] *sb (fam) (US)* langweiliger Streber (in der Schule) *m*
nerve [nɜːv] *sb 1. ANAT* Nerv *m; 2. get on s.o.'s ~s* jdm auf die Nerven gehen; *3. (fam: impudence)* Frechheit *f,* Unverschämtheit *f; 4. (courage)* Mut *m; lose one's ~* die Nerven verlieren; *v 5. ~ o.s.* sich aufraffen
nerveless ['nɜːvlɪs] *adj* gelassen
nerve-racking ['nɜːvrækɪŋ] *adj* nervenaufreibend
nervous ['nɜːvəs] *adj 1.* nervös, aufgeregt; *2. ANAT* Nerven..., nervös; *I am ~ about her.* Mir ist bange um sie.
nervous breakdown ['nɜːvəs 'breɪkdaʊn] *sb* Nervenzusammenbruch *m*
nervousness ['nɜːvəsnɪs] *sb* Nervosität *f*
nervy ['nɜːvɪ] *adj 1. (insolent)* frech, dreist; *2. (nervous)* nervös, unruhig
nest [nest] *v 1.* nisten; *sb 2.* Nest *n*
nest-egg ['nesteg] *sb 1. ZOOL* Nestei *n; 2. (fig)* Notgroschen *m*
nestle ['nesl] *v* es sich bequem machen
net[1] [net] *v 1. (catch in a ~)* mit dem Netz fangen; *(fig: a criminal)* fangen; *sb 2.* Netz *n; 3. (for curtains, for clothing)* Tüll *m*

N

net[2] [net] *adj 1. ECO* netto, Netto..., Rein... *v 2. ECO* netto einbringen, *(in wages)* netto verdienen
nether ['neðə] *adj* untere(r,s)
nethermost ['neðəməʊst] *adj* unterste(r,s)
net income [net 'ɪnkʌm] *sb* Nettoeinkommen *n*
net price [net praɪs] *sb ECO* Nettopreis *m*
netting ['netɪŋ] *sb 1.* Netz *n; 2. (wire ~)* Maschendraht *m*
nettle ['netl] *sb 1. BOT* Brennnessel *f; v 2. (fig)* ärgern, reizen
net weight [net weɪt] *sb* Nettogewicht *n,* Reingewicht *n,* Eigengewicht *n*
network ['netwɜːk] *sb 1.* Netz *n; TECH* Netzwerk *n; 2. (radio, TV)* Sendernetz *n,* Sendergruppe *f*
networker ['netwɜːkə] *sb INFORM* mit dem Computer an ein Netzwerk angeschlossener Heimarbeiter *m*
networking ['netwɜːkɪŋ] *sb 1. INFORM* Rechnerverbund *m; 2. (fam: making contacts)* das Anknüpfen von Beziehungen *n*
neurotic [njʊə'rɒtɪk] *adj* neurotisch
neuter ['njuːtə] *adj 1. GRAMM* sächlich; *v 2. (cat, dog)* kastrieren
neutral ['njuːtrəl] *adj 1.* neutral; *sb 2. (gear)* Leerlauf *m; put the car in ~* den Gang herausnehmen
neutrality [njuː'trælɪtɪ] *sb* Neutralität *f*
neutralize ['njuːtrəlaɪz] *v* neutralisieren

> **never** ['nevə] *adv 1.* nie, niemals; *~ before* noch nie; *2. (not in the least)* durchaus nicht, gar nicht, nicht im Geringsten; *Never fear!* Keine Angst!

never-ending [nevər'endɪŋ] *adj* endlos, nicht enden wollend
nevermore [nevə'mɔː] *adv* nimmermehr, niemals wieder
never-never land ['nevə'nevə lænd] *sb* Traumwelt *f*
nevertheless [nevəðə'les] *konj* dennoch, trotzdem, nichtsdestoweniger

> **new** [njuː] *adj* neu

newborn ['njuːbɔːn] *adj* neugeboren
newcomer ['njuːkʌmə] *sb 1. (beginner)* Neuling *m; 2. (new arrival)* Neuankömmling *m*
newfangled ['njuːfæŋgld] *adj* neumodisch
newfound ['njuːfaʊnd] *adj* neugefunden, neuentdeckt
newish ['njuːɪʃ] *adj* ziemlich neu
newly ['njuːlɪ] *adv* frisch
newlywed ['njuːlɪwed] *sb* Frischvermählte(r) *m/f*
new moon [njuː muːn] *sb* Neumond *m*

> **news** [njuːz] *sb 1.* Neuigkeiten *pl; Is there any ~?* Gibt es etwas Neues? *It's ~ to me.* Das ist mir ganz neu. *2. (report)* Nachricht *f; 3. (in the press, TV, radio)* Nachrichten *pl; make ~* Schlagzeilen machen

news agency ['njuːzeɪdʒənsɪ] *sb* Nachrichtenagentur *f,* Nachrichtenbüro *n*
news agent ['njuːzeɪdʒənt] *sb* Zeitungshändler *m*
newsboy ['njuːzbɔɪ] *sb* Zeitungsjunge *m*
newscast ['njuːzkɑːst] *sb* Nachrichtensendung *f*
newscaster ['njuːzkɑːstə] *sb* Nachrichtensprecher *m*
news flash ['njuːzflæʃ] *sb* Kurzmeldung *f*
newsletter ['njuːzletə] *sb* Rundschreiben *n,* Rundbrief *m*
newspaper ['njuːzpeɪpə] *sb* Zeitung *f*

newsreader ['nju:zri:də] *sb* Nachrichtensprecher *m*
newsroom ['nju:zru:m] *sb* 1. *(of a newspaper)* Nachrichtenredaktion *f;* 2. *(radio, TV)* Nachrichtenzentrale *f*
newsstand ['nju:zstænd] *sb* Zeitungskiosk *m,* Zeitungsstand *m*
newsy ['nju:zɪ] *adj* voller Neuigkeiten
New Year's Day [nju:jɪəz'deɪ] *sb* Neujahrstag *m*
New Year's Eve [nju:jɪəz'i:v] *sb* Silvester *n*
next [nekst] *adj* 1. nächste(r,s); *this time ~ week* nächste Woche um diese Zeit; *week after ~* übernächste Woche; *~ door* nebenan; *Next, please!* Der Nächste bitte! *the ~ best* der/die/das Nächstbeste; *adv* 2. als Nächstes; 3. *~ to* neben, (all but) fast; *~ to last* zweitletzte(r,s); 4. *(the ~ time)* das nächste Mal
next-door [nekst dɔ:] *adj* nebenan
nib [nɪb] *sb (of a pen)* Feder *f*
nibble ['nɪbl] *v* 1. knabbern; 2. *(fig: show interest)* sich interessiert zeigen; 3. *(sth)* knabbern an, nagen; 4. *(bait)* anbeißen
nice [naɪs] *adj* 1. *(personality)* nett, sympathisch; 2. *(pretty)* hübsch, schön; 3. *(good)* gut; 4. *(weather)* schön, gut; 5. *(very) ~ and warm* schön warm; *~ and easy* ganz leicht; 6. *(subtle) ~ distinction* feiner Unterschied
nicely ['naɪslɪ] *adv* nett, gut; *That will do ~.* Das passt ausgezeichnet.
niche [ni:ʃ] *sb* 1. Nische *f;* 2. *(fig: in life)* Platz, wo man hingehört *m*
nick [nɪk] *v* 1. *(give a small cut)* einkerben; *(bullet)* streifen; *sb* 2. *(small cut)* Kerbe *f;* 3. *in the ~ of time* gerade noch rechtzeitig; *v* 4. *(UK: catch)* schnappen; *(arrest)* einsperren; 5. *(UK: steal)* klauen, mitgehen lassen
nickelodeon [nɪkl'əʊdɪən] *sb* Musikautomat *m*
nickname ['nɪkneɪm] *sb* 1. Spitzname *m; v* 2. einen Spitznamen geben, mit einem Spitznamen bezeichnen
niece [ni:s] *sb* Nichte *f*
niffy ['nɪfɪ] *adj (fam) (UK)* muffig
niggardly ['nɪgədlɪ] *adj (person)* knauserig
niggle ['nɪgl] *v* schikanieren, plagen, quälen
nigh [naɪ] *adj* nahe

> **night** [naɪt] *sb* 1. Nacht *f; (evening)* Abend *m; Good ~!* Gute Nacht! *spend the ~* übernachten; *at ~, by ~* bei Nacht, nachts; *eleven o'clock at ~* elf Uhr nachts; *seven o'clock at ~* sieben Uhr abends

nightcap ['naɪtkæp] *sb* 1. Nachtmütze *f;* 2. *(drink)* Schlaftrunk *m*
night-dress ['naɪtdres] *sb* Nachthemd *n*
nightfall ['naɪtfɔ:l] *sb* Einbruch der Dunkelheit *m*
nightgown ['naɪtgaʊn] *sb* Nachthemd *n*
nightingale ['naɪtɪŋgeɪl] *sb ZOOL* Nachtigall *f*
night-light ['naɪtlaɪt] *sb* Nachtlicht *n*
nightly ['naɪtlɪ] *adj* 1. allnächtlich, *(every evening)* allabendlich; *adv* 2. jede Nacht, *(every evening)* jeden Abend
nightmare ['naɪtmɛə] *sb* Albtraum *m*
night school ['naɪtsku:l] *sb* Abendschule *f*
night shift ['naɪtʃɪft] *sb* Nachtschicht *f*
nightshirt ['naɪtʃɜ:t] *sb* Nachthemd *n* (für Männer)
nightspot ['naɪtspɒt] *sb* Nachtlokal *n*
nightstand ['naɪtstænd] *sb (US)* Nachttisch *m*
nightwear ['naɪtwɛə] *sb* Nachtwäsche *f*
nighty ['naɪtɪ] *sb* Nachthemd *n*
nihility [naɪ'hɪlɪtɪ] *sb* Nichtigkeit *f*
nil [nɪl] *sb* Nichts *n,* Null *f*
nimble ['nɪmbl] *adj* 1. *(agile)* gelenkig, wendig, beweglich; 2. *(quick)* flink; 3. *(skilful)* geschickt
nimbleness ['nɪmblnɪs] *sb* Gelenkigkeit *f,* Flinkheit *f,* Geschick *n*
nincompoop ['nɪŋkəmpu:p] *sb* Trottel *m*
nine [naɪn] *num* neun
nine-days' wonder ['naɪndeɪz 'wʌndə] *sb* Eintagsfliege *f*
nineteen ['naɪn'ti:n] *num* neunzehn
ninety ['naɪntɪ] *num* neunzig; *He's in his nineties.* Er ist in den Neunzigern.
ninny ['nɪnɪ] *sb (fam)* Tropf *m,* Dussel *m*
nip [nɪp] *v* 1. *(bite)* zwicken; 2. *(cold)* angreifen; 3. *(UK: dash) (fam)* sausen, flitzen; *sb* 4. *(pinch)* Kneifen *n,* Kniff *m*
nipple ['nɪpl] *sb ANAT* Brustwarze *f*
nippy ['nɪpɪ] *adj* 1. *(weather)* frisch, kühl; 2. *(cold)* beißend
nit-picking ['nɪtpɪkɪŋ] *adj* kleinlich
nitty-gritty [nɪtɪ'grɪtɪ] *sb get down to the ~* zur Sache kommen, bis zum Kern der Sache dringen
nitwit ['nɪtwɪt] *sb* Dummkopf *m,* Schwachkopf *m*

> **no** [nəʊ] *adv* 1. nein; *Oh, ~!* Oh, nein! *~ later than ...* spätestens ...; *adj* 2. kein; *"No Smoking"* „Rauchen verboten"; *in ~ time* im Nu; *sb* 3. Nein *n*

N

nobility [nəʊ'bɪlɪtɪ] *sb 1. (quality)* Adel *m; 2. (people)* die Adligen *pl*
noble ['nəʊbl] *adj 1. (aristocratic)* adlig; *2. (fig)* edel; *3. CHEM* edel, Edel...
nobleman ['nəʊblmən] *sb* Adlige(r) *m*
noblewoman ['nəʊblwʊmən] *sb* Adlige *f*
nobody ['nəʊbədɪ] *pron* niemand, keiner; *~ else* sonst niemand, niemand anders
nocturnal [nɒk'tɜːnl] *adj* nächtlich, Nacht...
nod [nɒd] *v 1.* nicken; *~ off* einnicken *(fam); sb 2.* Nicken *n*
node [nəʊd] *sb* Knoten *m*
nodule ['nɒdjuːl] *sb MED* Knötchen *n*
no-frills [nəʊ'frɪlz] *adj* schlicht, einfach gehalten
nog [nɒg] *sb* Holm *m*
noggin ['nɒgɪn] *sb 1. (fam: head)* Birne *f; 2. (mug)* kleiner Becher *m*
noise [nɔɪz] *sb 1.* Geräusch *n; 2. (loud)* Lärm *m,* Krach *m; make ~* Krach machen
noiseless ['nɔɪzlɪs] *adj* lautlos, geräuschlos, still
noisome ['nɔɪsəm] *adj 1. (disgusting)* widerlich, ekelhaft; *2. (harmful)* gesundheitsschädlich
noisy ['nɔɪzɪ] *adj* geräuschvoll, laut, lärmend
nomad ['nəʊmæd] *sb* Nomade/Nomadin *m/f*
nomadic [nəʊ'mædɪk] *adj* nomadisch
no man's land ['nəʊmænzlænd] *sb* Niemandsland *n*
nom de plume ['nɒmdə'pluːm] *sb* Pseudonym *n,* Schriftstellername *m*
nomenclature ['nəʊmənkletʃə] *sb* Nomenklatur *f*
nominal ['nɒmɪnl] *adj* nominell
nominal value ['nɒmɪnl 'væljuː] *sb* Nennwert *m*
nominate ['nɒmɪneɪt] *v 1.* nominieren, als Kandidat aufstellen; *2. (appoint)* ernennen
nomination [nɒmɪ'neɪʃən] *sb 1.* Nominierung *f,* Kandidatenvorschlag *m; 2. (appointment)* Ernennung *f*
nominative ['nɒmɪnətɪv] *adj GRAMM* Nominativ...
nominee [nɒmɪ'niː] *sb* Kandidat(in) *m/f*
nonagenarian [nəʊnədʒə'nɛərɪən] *sb* Neunzigjährige(r) *m/f*
non-aggression pact [nɒnə'greʃənpækt] *sb* Nichtangriffspakt *m*
non-alcoholic [nɒnælkə'hɒlɪk] *adj* alkoholfrei
non-aligned ['nɒnəlaɪnd] *adj POL* bündnisfrei, blockfrei
nonce [nɒns] *sb for the ~* einstweilen, *(this one time)* für das eine Mal
non-committal [nɒnkə'mɪtl] *adj 1. (person)* zurückhaltend, sich nicht festlegen wollend; *2. (answer)* unverbindlich, nichts sagend
non-compliance [nɒnkəm'plaɪəns] *sb 1. (with rules)* Nichterfüllung *f,* Nichteinhaltung *f; 2. (with orders)* Zuwiderhandeln *n*
nonconformist [nɒnkən'fɔːmɪst] *sb* Nonkonformist *m*
nondenominational [nɒndɪnɒmɪ'neɪʃənl] *adj* bekenntnisfrei, konfessionslos
nondescript ['nɒndɪskrɪpt] *adj 1.* unauffällig; *2. (hard to classify)* unbestimmbar
none [nʌn] *pron 1.* keine(r,s), keine; *~ other than* kein anderer als; *adv 2.* in keiner Weise, keineswegs; *~ too soon* kein bisschen zu früh
nonentity [nɒn'entɪtɪ] *sb 1.* Nichts *n; 2. (person)* Null *f*
nonessential [nɒnɪ'senʃəl] *adj* unwesentlich
nonetheless [nʌnðə'les] *konj* trotzdem, nichtsdestoweniger, dennoch
nonexistent [nɒnɪg'zɪstənt] *adj* nicht existierend, nicht vorhanden
non-fiction ['nɒn'fɪkʃən] *sb ~ book* Sachbuch *n*
nonflammable [nɒn'flæməbl] *adj* nicht entzündbar
non-negotiable [nɒnnɪ'gəʊʃɪəbl] *adj (ticket)* unübertragbar
no-no ['nəʊnəʊ] *sb (fam) That's a ~.* Das ist Tabu.
no-nonsense [nəʊ'nɒnsəns] *adj* nüchtern, sachlich
nonpareil [nɒnpə'reɪ] *adj* unerreicht
non-partisan [nɒn'pɑːtɪzæn] *adj* parteiunabhängig
non-profit-making [nɒn'prɒfɪtmeɪkɪŋ] *adj (UK)* gemeinnützig
nonresident [nɒn'rezɪdənt] *sb* Nichtortsansässige(r) *m/f,* Nichtgebietsansässige(r) *m/f*
nonsense ['nɒnsəns] *sb* Unsinn *m,* Quatsch *m,* Blödsinn *m; talk ~* Quatsch reden
nonsensical [nɒn'sensɪkəl] *adj* unsinnig
non-smoker ['nɒn'sməʊkə] *sb* Nichtraucher *m*
non-smoking [nɒn'sməʊkɪŋ] *adj* Nichtraucher...
nonstop ['nɒn'stɒp] *adj* ohne Halt, pausenlos; *(train)* durchgehend

N

non-verbal [nɒn'vɜːbəl] *adj* nichtverbal, ohne Worte
non-violent [nɒn'vaɪələnt] *adj* gewaltlos
noodle ['nuːdl] *sb* Nudel *f*
nook [nʊk] *sb* Winkel *m,* Ecke *f*
noon [nuːn] *sb* Mittag *m*
no one ['nəʊwʌn] *pron* niemand, keiner
noose [nuːs] *sb* Schlinge *f*
Nordic ['nɔːdɪk] *adj* nordisch
norm [nɔːm] *sb* Norm *f*
normal ['nɔːməl] *adj 1.* normal, üblich; *sb 2.* Normalwert *m*
normalize ['nɔːməlaɪz] *v* normalisieren
normally ['nɔːməlɪ] *adv 1. (usually)* normalerweise, gewöhnlich; *2. (in a normal way)* normal
normative ['nɔːmətɪv] *adj* normativ

north [nɔːθ] *adj 1.* Nord... *adv 2.* nach Norden; *~ of* nördlich von; *sb 3.* Norden *m*

northeast [nɔːθ'iːst] *adj 1.* nordöstlich; *sb 2.* Nordosten *m,* Nordost *m*
northerly ['nɔːðəlɪ] *adj* nördlich
northern ['nɔːðən] *adj* nördlich, Nord...
northern lights ['nɔːðən'laɪts] *pl* Nordlicht *n*
northernmost ['nɔːðənməʊst] *adj* nördlichste(r,s)
northwards ['nɔːθwədz] *adv* Richtung Norden
northwest [nɔːθ'west] *adj 1.* nordwestlich; *sb 2.* Nordwesten *m,* Nordwest *m*

nose [nəʊz] *sb 1.* Nase *f; hold one's ~* sich die Nase zuhalten; *look down one's ~ at s.o.* jdn verachten; *under s.o.'s ~ (fig)* direkt vor jds Nase; *pay through the ~ for sth* einen Haufen Geld für etw hinblättern; *have a good ~ for sth (fig)* einen Riecher für etw haben; *keep one's ~ clean* sich nichts zu Schulden kommen lassen; *thumb one's ~ at s.o.* jdm eine lange Nase machen; *turned-up ~* Stupsnase *f; stick one's ~ into sth (fig)* seine Nase in etw stecken; *as plain as the ~ on your face (fam)* klar wie Kloßbrühe, sonnenklar; *cut off one's ~ to spite one's face* sich ins eigene Fleisch schneiden; *have one's ~ in the air* die Nase hoch tragen; *keep one's ~ out of sth* sich aus einer Sache heraushalten; *follow one's ~ (fam)* immer der Nase nach gehen; *turn one's ~ up at sth* die Nase über etw rümpfen; *v 2. ~ around, ~ about* herumschnüffeln, Nachforschungen anstellen

nosebleed ['nəʊzbliːd] *sb MED* Nasenbluten *n*
nose-dive ['nəʊzdaɪv] *sb 1.* Sturzflug *m; 2. (fig)* Sturz *m,* Ansturz *m; v 3.* einen Sturzflug machen; *4. (fig)* stark zurückgehen, fallen, abstürzen
no-show ['nəʊʃəʊ] *sb* jmd, der nicht erscheint
nostalgia [nɒs'tældʒɪə] *sb* Nostalgie *f*
nostalgic [nɒs'tældʒɪk] *adj* nostalgisch
nostril ['nɒstrɪl] *sb 1.* Nasenloch *n; 2. (of a horse)* Nüster *f*
nosy ['nəʊzɪ] *adj (fam)* neugierig

not [nɒt] *adv 1.* nicht; *2. ~ at all* gar nicht; *Not at all! (you're welcome)* Bitte! *adv 3. ~ a* kein(e)

notability [nəʊtə'bɪlɪtɪ] *sb 1.* Wichtigkeit *f,* Bedeutung *f; 2. (person)* wichtige Persönlichkeit *f*
notable ['nəʊtəbl] *adj 1.* bemerkenswert, beachtenswert; *2. (conspicuous)* auffallend; *(difference)* beträchtlich; *sb 3. (person)* bedeutende Persönlichkeit *f*
notably ['nəʊtəblɪ] *adv 1.* auffallend; *2. (in particular)* vor allem
notarize ['nəʊtəraɪz] *v* notariell beglaubigen
notation [nəʊ'teɪʃən] *sb* Notiz *f,* Anmerkung *f*
notch [nɒtʃ] *v 1.* einkerben; *~ up a success (fam)* einen Erfolg erzielen; *sb 2.* Kerbe *f*
note [nəʊt] *v 1. (pay attention to)* zur Kenntnis nehmen, beachten; *2. (remark)* bemerken; *3. ~ down* notieren, aufschreiben; *sb 4. (commentary)* Anmerkung *f; 5. make a ~ of sth (on paper)* sich etw notieren, etw schriftlich festhalten; *6. pl ~s* Notizen *pl,* Aufzeichnungen *pl; 7. (informal message)* Briefchen *n; 8. (notice) take ~ of sth* etw zur Kenntnis nehmen; *9. (official notation)* Vermerk *m; 10. of ~* bedeutend, erwähnenswert; *11. MUS* Note *f, (sound)* Ton *m; 12. FIN* Note *f,* Schein *m; 13. (tone)* Ton *m,* Klang *m; Her voice had a ~ of desperation.* Aus ihrer Stimme klang Verzweiflung.
notebook ['nəʊtbʊk] *sb* Notizbuch *n*
noted ['nəʊtɪd] *adj* bekannt, berühmt
noteworthy ['nəʊtwɜːðɪ] *adj* bemerkenswert, beachtenswert

nothing ['nʌθɪŋ] *pron 1.* nichts; *~ doing* kommt gar nicht infrage; *~ doing (~ happening)* nichts zu machen; *there is ~ like ...*

N

es geht nichts über ...; *There's ~ to it.* Da ist nichts dabei. *to say ~ of* geschweige denn; *for ~* vergebens, umsonst; *come to ~* sich zerschlagen, zunichte werden; *~ but* nichts als, nur; *~ else* nichts anderes, sonst nichts; *sb 2.* Nichts *n; whisper sweet ~s* Süßholz raspeln

notice ['nəʊtɪs] *v 1.* bemerken, wahrnehmen, feststellen; *sb 2. (attention)* Wahrnehmung *f; take ~ of sth* von etw Notiz nehmen; *escape ~* unbemerkt bleiben; *bring sth to s.o.'s ~* jdm etw zur Kenntnis bringen; *3. (notification)* Bescheid *m,* Benachrichtigung *f, (in writing)* Mitteilung *f; until further ~* bis auf weiteres; *at short ~* kurzfristig; *4. (of quitting a job, of moving out)* Kündigung *f; 5. give s.o. ~ (to an employee, to a tenant)* jdm kündigen, *(to an employer, to a landlord)* bei jdm kündigen; *6. (public announcement)* Bekanntmachung *f*

noticeable ['nəʊtɪsəbl] *adj 1.* erkennbar, wahrnehmbar, auffällig; *2. (emotion)* sichtlich, merklich

notice board ['nəʊtɪs bɔːd] *sb* Anschlagtafel *n*

notifiable ['nəʊtɪfaɪəbl] *adj* meldepflichtig

notification [nəʊtɪfɪ'keɪʃən] *sb* Benachrichtigung *f,* Mitteilung *f,* Meldung *f*

notify ['nəʊtɪfaɪ] *v* benachrichtigen, melden, mitteilen

notion ['nəʊʃən] *sb 1.* Idee *f,* Vorstellung *f,* Begriff *m; 2. (instinctive feeling, vague idea)* Ahnung *f; 3. (intention)* Neigung *f,* Lust *f,* Absicht *f*

notoriety [nəʊtə'raɪətɪ] *sb (infamy)* schlechter Ruf *m*

notorious [nəʊ'tɔːrɪəs] *adj* notorisch, berüchtigt

notwithstanding [nɒtwɪθ'stændɪŋ] *prep 1.* trotz, ungeachtet; *adv 2.* dennoch, trotzdem, nichtsdestotrotz; *konj 3. ~ that* obwohl, obgleich

nougat ['nuːgɑː] *sb GAST* Nugat *m*

nought [nɔːt] *sb 1.* Nichts *n; 2. (number)* Null *f*

noumenon ['nuːmɪnən] *sb* Noumenon *n*

noun [naʊn] *sb* Hauptwort *n,* Substantiv *n*

nounal ['naʊnəl] *adj GRAMM* substantivisch, Substantiv...

nourish ['nʌrɪʃ] *v 1. (s.o.)* nähren, ernähren; *2. (fig)* nähren

nourishing ['nʌrɪʃɪŋ] *adj* nahrhaft, Nähr...

nourishment ['nʌrɪʃmənt] *sb* Ernährung *f; (food)* Nahrung *f*

nouvelle cuisine ['nuːvel kwiː'ziːn] *sb GAST* Nouvelle Cuisine *f*

novel ['nɒvəl] *adj 1.* neu, neuartig; *sb 2.* Roman *m*

novelette [nɒvə'let] *sb 1.* kurzer Roman *m; 2. (trite novel)* Kitschroman *m*

novelist ['nɒvəlɪst] *sb LIT* Romanschriftsteller *m*

novella [nə'velə] *sb* Novelle *f*

novelty ['nɒvəltɪ] *sb 1. (newness)* Neuheit *f; 2. (something new)* etwas Neues

novelty item ['nɒvəltɪaɪtəm] *sb (amusing item)* Scherzartikel *m*

November [nəʊ'vembə] *sb* November *m*

novice ['nɒvɪs] *sb 1.* Neuling *m,* Anfänger *m; 2. REL* Novize *m/*Novizin *f; (in the Bible)* Neubekehrte(r) *m/f*

novocaine ['nəʊvəkeɪn] *sb MED* Novocain *n*

now [naʊ] *adv 1.* jetzt, nun; *up to ~* bis jetzt; *from ~ on* von nun an; *2. (right away)* jetzt, sofort, gleich; *3. (at this very moment)* gerade; *4. (these days)* heute, heutzutage; *5. ~ and then, ~ and again* gelegentlich, ab und zu, von Zeit zu Zeit; *konj 6. ~ that* nun aber, nun da, da nun; *adv 7. just ~* gerade; *8. by ~* mittlerweile, jetzt; *interj 9. ~ then* nun, also

nowadays ['naʊədeɪz] *adv* heutzutage

noway ['nəʊweɪ] *adv* in keinster Weise

nowhere ['nəʊwɛə] *adv* nirgends, nirgendwo; *(with verbs of motion)* nirgendwohin; *get ~ (fig)* nichts erreichen; *from out of ~* aus dem Nichts; *~ near ...* nicht annähernd ... *in the middle of ~* dort, wo sich Fuchs und Hase Gute Nacht sagen

noxious ['nɒkʃəs] *adj* schädlich

nozzle ['nɒzl] *sb* Düse *f*

nuance ['njuːɑːns] *sb 1.* Nuance *f; 2. (of colour)* Schattierung *f*

nub [nʌb] *sb* Stückchen *n,* Klümpchen *n*

nubile ['njuːbaɪl] *adj* heiratsfähig

nuclear ['njuːklɪə] *adj* Kern..., Atom..., nuklear

nuclear bomb ['njuːklɪə bɒm] *sb* Atombombe *f*

nuclear energy ['njuːklɪər 'enədʒɪ] *sb* Atomenergie *f,* Kernenergie *f*

nuclear fission ['njuːklɪə 'fɪʃən] *sb PHYS* Kernspaltung *f*

nuclear-free zone ['njuːklɪə friː zəʊn] *sb* atomwaffenfreie Zone *f*

N

nuclear physics ['nju:klɪə 'fɪzɪks] *sb* Kernphysik *f*
nuclear power ['nju:klɪə 'paʊə] *sb* Atomkraft *f*
nuclear power plant ['nju:klɪə 'paʊə plɑ:nt] *sb* Atomkraftwerk *n*
nuclear reactor ['nju:klɪə rɪ'æktə] *sb* Kernreaktor *m*
nuclear war ['nju:klɪə'wɔ:] *sb MIL* Atomkrieg *m*
nuclear waste ['nju:klɪə'weɪst] *sb* Atomabfall *m,* Atommüll *m*
nuclear weapon ['nju:klɪə 'wepən] *sb* Atomwaffe *f*
nucleus ['nju:klɪəs] *sb* Kern *m*
nude [nju:d] *adj 1.* nackt; *sb 2. ART* Akt *m*
nudeness ['nju:dnɪs] *sb* Nacktheit *f*
nudge [nʌdʒ] *v* anstoßen, stupsen
nudism ['nju:dɪsm] *sb* Freikörperkultur *f,* Nudismus *m*
nudity ['nju:dɪtɪ] *sb* Nacktheit *f*
nugatory ['nju:gətərɪ] *adj* belanglos, nichtig
nugget ['nʌgɪt] *sb 1.* Nugget *n; 2. (of information)* Bröckchen *n*
nuisance ['nju:sns] *sb 1.* Ärgernis *n,* Plage *f,* etwas Lästiges; *What a ~!* Wie ärgerlich! *public ~* öffentliches Ärgernis; *2. (person)* Quälgeist *m,* Nervensäge *f; make a ~ of o.s.* lästig werden
nuke [nju:k] *v (fam) (US)* einen Atomschlag führen gegen, atomar vernichten
null [nʌl] *adj JUR* nichtig, ungültig; *~ and void* null und nichtig, ungültig
nullify ['nʌlɪfaɪ] *v* annullieren, für null und nichtig erklären, ungültig machen
numb [nʌm] *v 1.* betäuben; *(cold)* taub machen; *adj 2.* taub, empfindungslos, gefühllos

number ['nʌmbə] *sb 1.* Zahl *f, (numeral)* Ziffer *f; one of their ~* einer aus ihrer Mitte; *2. (phone ~, house ~)* Nummer *f; It was a wrong ~.* Er war falsch verbunden. *3. (quantity)* Anzahl *f; on a ~ of occasions* des Öfteren; *4. (song)* Nummer *f; 5. Numbers REL* Numeri *pl; v 6.* nummerieren; *7. (amount to)* zählen; *His days are ~ed.* Seine Tage sind gezählt.

number plate ['nʌmbəpleɪt] *sb* Nummernschild *n*
numbness ['nʌmnɪs] *sb 1.* Taubheit *f; 2. (fig)* Benommenheit *f*
numbskull ['nʌmskʌl] *sb* Holzkopf *m*
numeral ['nju:mərəl] *sb* Ziffer *f*
numerary ['nju:mərərɪ] *adj* Zahl...
numerate ['nju:məreɪt] *v* aufzählen
numerical [nju:'merɪkəl] *adj* numerisch
numerous ['nju:mərəs] *adj* zahlreich
nun [nʌn] *sb REL* Nonne *f*
nunnery ['nʌnərɪ] *sb* Nonnenkloster *n*
nuptials ['nʌpʃəlz] *pl* Hochzeit *f*
nurse [nɜ:s] *sb 1.* Krankenschwester *f, (male ~)* Krankenpfleger *m; 2. wet ~* Amme *f; 3. dry ~* Kinderfrau *f,* Kindermädchen *n; v 4. (be breast-fed)* die Brust nehmen; *5. (breastfeed)* stillen; *6. (sth)* pflegen, *(fig: a plan, hopes)* hegen
nursery ['nɜ:sərɪ] *sb 1. (room in a house)* Kinderzimmer *n, (in a hospital)* Säuglingssaal *m, (day ~)* Kindertagesstätte *f; 2. AGR* Gärtnerei *f*
nursery rhyme ['nɜ:sərɪ raɪm] *sb* Kinderreim *m*
nursery school ['nɜ:sərɪ sku:l] *sb* Kindergarten *m*
nursing ['nɜ:sɪŋ] *sb MED (care)* Pflege *f; (profession)* Krankenpflege *f*
nursing home ['nɜ:sɪŋ həʊm] *sb 1.* Pflegeheim *n; 2. (UK)* Privatklinik *f; (maternity hospital)* Entbindungsklinik *f*
nurture ['nɜ:tʃə] *v* nähren; *(fig: feelings)* hegen
nut [nʌt] *sb 1. BOT* Nuss *f; a hard ~ to crack (fig)* eine harte Nuss; *2. (fam: crazy person)* Spinner *m; 3. ~s pl (fam: testicles) (US)* Eier *pl (fam); 4. TECH* Mutter *f,* Schraubenmutter *f; ~s and bolts (fig)* Grundbestandteile
nutcase ['nʌtkeɪs] *sb (fam: crazy person)* Spinner *m*
nutcracker ['nʌtkrækə] *sb* Nussknacker *m*
nutmeg ['nʌtmeg] *sb* Muskat *m,* Muskatnuss *f*
nutrient ['nju:trɪənt] *sb* Nährstoff *m*
nutriment ['nju:trɪmənt] *sb* Nahrung *f*
nutrition [nju:'trɪʃən] *sb* Ernährung *f*
nutritionist [nju:'trɪʃənɪst] *sb* Ernährungswissenschaftler *m*
nutritious [nju:'trɪʃəs] *adj* nahrhaft, nährend
nuts [nʌts] *adj (fam: crazy) to be ~* spinnen; *go ~* durchdrehen; *drive s.o. ~* jdn verrückt machen
nutshell ['nʌtʃel] *sb in a ~ (fam)* kurz gesagt
nuzzle ['nʌzl] *v 1. (dog)* mit der Schnauze reiben an; *2. (person)* mit der Nase reiben an; *~ against s.o.* sich an jdn schmiegen
nylon ['naɪlɒn] *sb 1.* Nylon *n; 2.~s pl (fam)* Nylonstrümpfe *pl*

N

O

oaf [əʊf] *sb* Lümmel *m*, Flegel *m*
oak [əʊk] *sb BOT* Eiche *f*
oaken ['əʊkən] *adj* eichen
oar [ɔː] *sb* Ruder *n; SPORT* Riemen *m*
oarsman ['ɔːzmən] *sb* Ruderer *m*
oasis [əʊ'eɪsɪs] *sb* Oase *f*
oat [əʊt] *sb ~s pl BOT* Hafer *m; sow one's wild ~s (fig)* sich die Hörner abstoßen
oath [əʊθ] *sb 1.* Eid *m*, Schwur *m; to be under ~* unter Eid stehen; *take the ~* vereidigt werden; *put s.o. on ~* jdn vereidigen; *2. (curse)* Fluch *m*
oatmeal ['əʊtmiːl] *sb* Haferflocken *pl*
obdurate ['ɒbdjʊrɪt] *adj* verstockt, halsstarrig, stur
obedience [ə'biːdɪəns] *sb* Gehorsam *m*
obedient [ə'biːdɪənt] *adj 1.* gehorsam; *2. (child, dog)* folgsam
obese [əʊ'biːs] *adj 1. MED* fettleibig; *2. (fig)* fett
obesity [əʊ'biːsɪtɪ] *sb* Fettleibigkeit *f*, Feistheit *f*
obey [ə'beɪ] *v 1.* gehorchen, folgen; *2. (an order)* Folge leisten, befolgen
obfuscate ['ɒbfʌskeɪt] *v* verwirren, trüben
obituary [ə'bɪtjʊərɪ] *sb 1. (article)* Nachruf *m; 2. (advertisement)* Todesanzeige *f*
object[1] ['ɒbdʒɪkt] *sb 1. (thing)* Gegenstand *m*, Ding *n; money is no ~* Geld spielt keine Rolle; *2. (purpose)* Ziel *n*, Zweck *m; 3. GRAMM* Objekt *n; indirect ~* Dativobjekt *n*, indirektes Objekt *n; direct ~* Akkusativobjekt *n;* direktes Objekt *n*; 4. *PHIL* Objekt *n*
object[2] [əb'dʒekt] *v 1.* dagegen sein; *2. (vocally)* protestieren; *3. (raise an objection)* Einwände erheben; *4. ~ to (disapprove of)* missbilligen, beanstanden
objectify [əb'dʒektɪfaɪ] *v* objektivieren
objection [əb'dʒekʃən] *sb 1.* Einwand *m; 2. JUR* Einspruch *m*
objectionable [əb'dʒekʃənəbl] *adj* anstößig, nicht einwandfrei
objective [əb'dʒektɪv] *adj 1.* objektiv, sachlich; *sb 2.* Ziel *n; MIL* Angriffsziel *n; 3. FOTO* Objektiv *n*
objectively [əb'dʒektɪvlɪ] *adv* sachlich
objectiveness [əb'dʒektɪvnɪs] *sb* Objektivität *f*
objectivity [ɒbdʒek'tɪvɪtɪ] *sb ART* Objektivität *f*
objurgate ['ɒbdʒəgeɪt] *v* rügen, tadeln
objurgatory [ɒb'dʒɜːgətərɪ] *adj* tadelnd
oblation [ɒ'bleɪʃən] *sb REL* Opfergabe *f*, Opfer *n*
oblige [ə'blaɪdʒ] *v 1. (do a favour to)* gefällig sein, einen Gefallen tun; *to be ~d to s.o.* jdm sehr verbunden sein; *2. Much ~d!* Herzlichen Dank! *3. (compel)* zwingen; *feel ~d to do sth* sich verpflichtet fühlen, etw zu tun
obliger [ə'blaɪdʒə] *sb* entgegenkommender Mensch *m*
obliging [ə'blaɪdʒɪŋ] *adj* verbindlich, gefällig, zuvorkommend
obligingness [ə'blaɪdʒɪŋnɪs] *sb* Gefälligkeit *f*, Zuvorkommenheit *f*
obligor ['ɒblɪgɔː] *sb JUR* Schuldner *m*
oblique [ə'bliːk] *adj 1.* schief, schräg; *2. (reference)* indirekt
obliquity [ə'blɪkwɪtɪ] *sb* Schiefheit *f*, Schrägheit *f*
obliterate [ə'blɪtəreɪt] *v 1.* vernichten; *2. (efface)* auslöschen; *3. (a memory)* tilgen
obliteration [əblɪtə'reɪʃən] *sb* Auslöschen *n*, Austilgung *f*
oblivion [ə'blɪvɪən] *sb* Vergessenheit *f; sink into ~* in Vergessenheit geraten, in der Versenkung verschwinden
oblivious [ə'blɪvɪəs] *adj to be ~ to sth* sich einer Sache nicht bewusst sein
oblong ['ɒblɒŋ] *adj 1.* länglich; *2. MATH* rechteckig
obnoxious [ɒb'nɒkʃəs] *adj* widerwärtig, widerlich
obscene [əb'siːn] *adj* obszön, unzüchtig
obscenity [ɒb'senɪtɪ] *sb 1.* Unanständigkeit *f*, Zote *f; 2. (word)* Obszönität *f*
obscurant [əb'skjʊərənt] *sb* Feind der Aufklärung *m*, Bildungsfeind *m*
obscure [əb'skjʊə] *adj 1. (little-known)* unbekannt, obskur; *2. (hard to understand)* dunkel, unklar; *v 3.* verdecken
obscureness [əb'skjʊənɪs] *sb* Dunkelheit *f*
obscurity [əb'skjʊərɪtɪ] *sb 1. (state of not being known)* Unbekanntheit *f; sink into ~* in Vergessenheit geraten; *2. (quality of being hard to understand)* Unklarheit *f*
obsequious [əb'siːkwɪəs] *adj* unterwürfig
observability [əbzɜːvə'bɪlɪtɪ] *sb* Erkennbarkeit *f*

observance [əb'zɜːvəns] *sb 1. (of a law)* Befolgung *f,* Beachtung *f; 2. REL* Heilighaltung *f,* Feiern *n*
observant [əb'zəːvənt] *adj (attentive, alert)* aufmerksam, achtsam, wachsam
observation [ɒbzə'veɪʃən] *sb 1.* Beobachtung *f; powers of ~* Beobachtungsgabe *f; 2. (of rules)* Einhalten *n; 3. (statement)* Bemerkung *f*
observational [ɒbzə'veɪʃənəl] *adj* empirisch, auf Grund von Beobachtungen
observatory [əb'zɜːvətrɪ] *sb 1. (for outer space)* Observatorium *n,* Sternwarte *f; 2. (for weather)* Observatorium *n,* Wetterwarte *f*
observe [əb'zɜːv] *v 1. (notice)* bemerken; *2. (watch carefully)* beobachten; *3. (watch a suspect)* überwachen; *4. (remark)* bemerken, feststellen, äußern; *5. (a law, a holiday)* einhalten
obsess [əb'ses] *v to be ~ed by* besessen sein von
obsession [əb'seʃən] *sb 1. (state)* Besessenheit *f; 2. (idea)* fixe Idee *f*
obsessive [əb'sesɪv] *adj* zwanghaft
obsolesce [ɒbsə'les] *v* veralten
obsolescent [ɒbsəʊ'lesənt] *adj* veraltend
obsolete ['ɒbsəliːt] *adj* veraltet, überholt
obsoleteness ['ɒbsəliːtnɪs] *sb* Veraltetsein *n,* Überholtsein *n*
obstacle ['ɒbstəkl] *sb* Hindernis *n*
obstinacy ['ɒbstɪnəsɪ] *sb* Hartnäckigkeit *f,* Eigensinn *m*
obstinate ['ɒbstɪnət] *adj* hartnäckig, eigensinnig
obstreperous [əb'strepərəs] *adj* widerspenstig
obstruct [əb'strʌkt] *v 1. (progress, justice, traffic)* behindern; *(movements)* hemmen; *2. (block intentionally)* versperren; *(unintentionally)* blockieren; *~ s.o.'s view* jdm die Sicht versperren
obstruction [əb'strʌkʃən] *sb 1.* Behinderung *f,* Hemmung *f,* Versperrung *f; 2. (obstacle)* Hindernis *n*
obstructionist [əb'strʌkʃənɪst] *sb* Obstruktionspolitiker *m*
obstructive [əb'strʌktɪv] *adj* behindernd
obstruent ['ɒbstrʊənt] *adj* obstruierend
obtain [əb'teɪn] *v* erlangen, erhalten
obtainable [əb'teɪnəbl] *adj* erhältlich
obtrude [əb'truːd] *v* sich aufdrängen
obtrusive [əb'truːsɪv] *adj* aufdringlich
obtuse [əb'tjuːs] *adj 1. MATH* stumpf; *2. (fig: person)* begriffsstutzig, beschränkt
obvert [ɒb'vɜːt] *v* umkehren
obvious ['ɒbvɪəs] *adj* offensichtlich, klar
obviousness ['ɒbvɪəsnɪs] *sb* Offensichtlichkeit *f*

occasion [ə'keɪʒən] *sb 1. (point in time)* Gelegenheit *f,* Anlass *m; rise to the ~* sich der Lage gewachsen zeigen; *on ~* gelegentlich; *on several ~s* mehrmals; *for the ~* für diese besondere Gelegenheit; *2. sb (opportunity)* Gelegenheit *f; on the ~ of* anlässlich; *3. (reason)* Grund *m,* Anlass *m,* Veranlassung *f; have ~ to* die Veranlassung haben, zu; *v 4.* verursachen

occasional [ə'keɪʒənəl] *adj* gelegentlich
occasionally [ə'keɪʒənəlɪ] *adv* gelegentlich, hin und wieder
occlusion [ə'kluːʒən] *sb* Verschluss *m,* Okklusion *f*
occupancy ['ɒkjʊpənsɪ] *sb* Bewohnen *n,* Wohndauer *f*
occupant ['ɒkjʊpənt] *sb 1. (of a house)* Bewohner *m; 2. (of a car)* Insasse *m; 3. (of a job)* Inhaber *m*
occupation [ɒkjʊ'peɪʃən] *sb 1. (employment)* Beruf *m,* Tätigkeit *f; 2. (pastime)* Beschäftigung *f,* Betätigung *f,* Tätigkeit *f; 3. MIL* Besetzung *f,* Besatzung *f,* Okkupation *f*
occupation troops [ɒkjʊ'peɪʃən truːps] *pl MIL* Besatzungstruppen *pl*
occupied ['ɒkjʊpaɪd] *adj (WC)* besetzt
occupier ['ɒkjʊpaɪə] *sb 1. (of a house)* Bewohner *m; 2. (of a post)* Inhaber *m*
occupy ['ɒkjʊpaɪ] *v 1. (a house)* bewohnen; *2. (a seat)* besetzen; *3. (a room)* belegen; *4. (a post)* innehaben; *5. (time)* in Anspruch nehmen; *6. (busy)* beschäftigen; *7. (move into)* beziehen; *8. MIL* besetzen
occur [ə'kɜː] *v 1. (take place)* sich ereignen, vorkommen, geschehen; *2. (be found)* vorkommen; *3. ~ to s.o.* jdm einfallen
occurrence [ə'kʌrəns] *sb 1. (event)* Ereignis *n,* Vorfall *m,* Vorkommnis *n; 2. (presence)* Vorkommen *n,* Auftreten *n*
ocean ['əʊʃən] *sb 1.* Ozean *m,* Meer *n; 2. (fig)* Meer *n; ~s of* jede Menge
ochre ['əʊkə] *sb* Ocker *m*
o'clock [ə'klɒk] *adv* Uhr; *seven ~* sieben Uhr
October [ɒk'təʊbə] *sb* Oktober *m*
octogenarian [ɒktədʒə'nɛərɪən] *sb* Achtzigjährige(r) *m/f*
octuple ['ɒktjʊpl] *adj* achtfach
octopus ['ɒktəpəs] *sb ZOOL* Krake *f*
odd [ɒd] *adj 1. (number)* ungerade; *2. (pecu-*

O

liar) sonderbar, seltsam, merkwürdig; *3. (irregular)* gelegentlich; *4. (single)* einzeln; *5. (approximately)* etwa; *fifty-~ pounds* etwa fünfzig Pfund, um die fünfzig Pfund; *6. the ~ man out* der Überzählige *m; 7. (left over)* übrig, überzählig, restlich

oddball ['ɒdbɔːl] *sb* seltsamer Mensch *m*

oddity ['ɒdɪtɪ] *sb 1.* Seltsamkeit *f,* Wunderlichkeit *f,* Eigenartigkeit *f; 2. (odd thing)* kuriose Sache *f,* Kuriosität *f; 3. (person)* komischer Kauz *m,* Kuriosität *f*

odd jobs [ɒd'dʒɒbz] *pl* Gelegenheitsarbeiten *pl*

oddly [ɒdlɪ] *adv ~ enough* seltsamerweise, merkwürdigerweise

oddment ['ɒdmənt] *sb* Restposten *m*

odds [ɒdz] *pl 1. (chances for or against)* Chancen *pl; The ~ are in our favour.* Wir haben die besseren Chancen. *The ~ are against you.* Deine Chancen stehen schlecht. *2. (betting ~)* Gewinnquote *f,* Odds *pl; long ~* geringe Gewinnchancen; *take the ~* eine ungleiche Wette eingehen; *The ~ are ten to one.* Die Chancen stehen zehn zu eins. *3. to be at ~ with s.o. over sth* mit jdm in etw nicht einig gehen; *(fam) ~s and ends* Kram *m*

ode [əʊd] *sb* Ode *f*

odious ['əʊdɪəs] *adj 1. (person)* verhasst; *2. (task)* widerlich

odium ['əʊdɪəm] *sb* Hass *m,* Abscheu *m*

odometer [əʊ'dɒmɪtə] *sb* Kilometerzähler *m*

O

odoriferous [əʊdə'rɪfərəs] *adj* wohlriechend, duftend

odorous ['əʊdərəs] *adj* wohlriechend, duftend

odour ['əʊdə] *sb* Geruch *m*

odourless ['əʊdəlɪs] *adj* geruchlos

of [ɒv, əv] *prep 1.* von, *(or genitive case); He died ~ cancer.* Er starb an Krebs. *to be afraid ~* Angst haben vor; *I am proud ~ him.* Ich bin stolz auf ihn. *today ~ all days* ausgerechnet heute; *free ~ charge* kostenlos; *a lad ~ eleven* ein elfjähriger Knabe; *that fool ~ a man* dieser blöde Mensch; *the city ~ Munich* die Stadt München; *~ assistance* behilflich; *there were four ~ us* wir waren zur viert; *one ~ the best* einer der Besten; *What ~ it?* Ja und? *2. (~ a certain material)* aus

off [ɒf] *prep 1.* von; *~ the map* nicht auf der Karte; *fall ~ a horse* vom Pferd fallen; *The house is ~ the road.* Das Haus liegt abseits der Straße. *adv 2. (distant)* entfernt, weg; *Christmas is a week ~.* Bis Weihnachten ist es eine Woche. *a long way ~* weit weg; *3. (on one's way) dash ~* losrennen; *Off we go!* Los! *Off with you!* Fort mit dir! *Where are you ~ to?* Wo gehst du hin? *4. (removal) have one's pants ~* die Hosen ausgezogen haben; *5. (discount) take ten percent ~ the price* zehn Prozent vom Preis abziehen; *6. (not at work)* frei; *take a day ~* sich einen Tag freinehmen; *7. on and ~* mit Unterbrechungen; *adj 8. (substandard)* schlecht; *9. (spoiled, no longer edible) GAST* verdorben, schlecht; *10. (cancelled)* abgesagt, *(deal)* abgeblasen *(fam), (engagement)* gelöst; *11. (not activated: switch, machine)* aus, *(tap)* zu; *12. (deactivated)* ausgeschaltet, *(gas, water)* abgestellt; *13. to be well ~* gut gestellt sein; *14. (from truth, from right answer) You're way ~ there.* Da irrst du dich gewaltig.

offbeat [ɒf'biːt] *adj* ausgefallen, unkonventionell, ungewöhnlich

off-duty [ɒf'djuːtɪ] *adj* dienstfrei

offence [ə'fens] *sb 1. JUR* Straftat *f,* Delikt *n; first ~* erste Straftat; *2. (affront, insult)* Anstoß *m,* Ärgernis *n,* Beleidigung *f; No ~ (meant)!* Nichts für Ungut! *take ~ at sth* wegen etw beleidigt sein; *an ~ against good taste* eine Beleidigung des guten Geschmacks; *3. MIL, SPORT* Angriff *m*

offend [ə'fend] *v (s.o.)* beleidigen, kränken, verletzen; *to be ~ed by sth* sich durch etw beleidigt fühlen

• offend against *v 1.* verstoßen gegen; *2. (God)* sündigen gegen

offender [ə'fendə] *sb* Täter *m,* Übeltäter *m,* Missetäter *m*

offending [ə'fendɪŋ] *adj* beleidigend

offense *sb (US: see "offence")*

offensive [ə'fensɪv] *adj 1. (smell)* übel, widerlich, ekelhaft; *2. (film, book, gesture, language)* anstößig, beleidigend; *3. (attacking)* angreifend, offensiv, Angriffs...; *sb 4.* Offensive *f,* Angriff *m*

offer ['ɒfə] *v 1.* anbieten; *~ to do sth* anbieten, etw zu tun/ sich bereit erklären, etw zu tun; *~ one's hand* jdm die Hand reichen; *2. (an apology, an opinion)* äußern; *3. (a view, a price)* bieten; *~ resistance* Widerstand leisten; *4. (sacrifice)* darbringen; *sb 5.* Angebot *n*

offering ['ɒfərɪŋ] *sb 1.* Spende *f; 2. (to God)* Opfer *n; 3. (fam: play, book)* Vorstellung *f*

offhand [ɒf'hænd] *adv 1.* so ohne weiteres,

aus dem Kopf; *adj 2. (casual)* lässig; *3. (remark)* hingeworfen
offhandedness [ɒf'hændɪdnɪs] *sb* Lässigkeit *f*
office ['ɒfɪs] *sb 1.* Büro *n; (lawyer's)* Kanzlei *f; 2. (public position)* Amt *n; take ~* sein Amt antreten; *in ~* im Amt; *hold ~* im Amt sein; *3. (department)* Abteilung *f; 4. (department of the government)* Behörde *f,* Amt *n; 5. (one location of a business)* Geschäftsstelle *f; 6. good ~s* gute Dienste
office boy ['ɒfɪs bɔɪ] *sb* Laufjunge *m*
officeholder ['ɒfɪshəʊldə] *sb POL* Amtsinhaber *m*
office hours ['ɒfɪsaʊəz] *pl* Dienststunden *pl,* Geschäftszeit *f; (time available for consultation)* Sprechstunden *pl*
officer ['ɒfɪsə] *sb 1. (official)* Beamter/Beamtin *m/f,* Funktionär *m; 2. (of a club)* Vorstandsmitglied *n; 3. (police ~)* Polizist *m,* Polizeibeamte(r) *m; 4. MIL* Offizier *m*
official [ə'fɪʃəl] *adj 1.* offiziell, amtlich; *sb 2.* Beamter/Beamtin *m/f,* Funktionär/Funktionärin *m/f; 3. SPORT* Schiedsrichter *m*
official business [ə'fɪʃəl 'bɪznɪs] *sb "~" (on a letter)* Dienstsache *f*
officialdom [ə'fɪʃəldəm] *sb* Bürokratie *f,* Beamtentum *n*
official secret [ə'fɪʃəl 'siːkrɪt] *sb* Dienstgeheimnis *n,* Amtsgeheimnis *n*
officiary [ə'fɪʃɪərɪ] *sb* Würdenträger *m,* Titelträger *m*
officiate [ə'fɪʃɪeɪt] *v 1.* amtieren, fungieren; *2. ~ a game SPORT* ein Spiel pfeifen
officious [ə'fɪʃəs] *adj* dienstbeflissen, übertrieben diensteifrig
offish ['ɒfɪʃ] *adj (fam)* reserviert, kühl, steif
off key [ɒf'kiː] *adj MUS* falsch
off-licence ['ɒflaɪsəns] *sb (UK)* Wein- und Spirituosenhandlung *f*
off-limits [ɒf 'lɪmɪts] *adj* mit Zugangsbeschränkung
off-load ['ɒfləʊd] *v* ausladen, abladen
off-peak hours ['ɒfpiːk 'aʊəz] *pl* verkehrsschwache Stunden *pl*
off-putting ['ɒfpʊtɪŋ] *adj* abstoßend, abweisend, wenig einladend
off season ['ɒfsiːzn] *sb (in tourism)* Nebensaison *f*
offset ['ɒfset] *v irr 1.* ausgleichen; *(make up for)* aufwiegen; *sb 2. (printing)* Offsetdruck *m; 3. ECO* Ausgleich *m*
offshoot ['ɒfʃuːt] *sb 1. (of a plant)* Ausläufer *m,* Ableger *m; (of a tree)* Schössling *m; 2. (fig) (of a discussion)* Randergebnis *n; (of a family tree)* Nebenlinie *f*
offshore [ɒf'ʃɔː] *adv 1.* in einiger Entfernung von der Küste; *adj 2.* küstennah; *(wind)* ablandig; *~ drilling* Offshorebohrung *f*
offside [ɒf'saɪd] *adv SPORT* abseits; *to be ~* abseits stehen
offspring ['ɒfsprɪŋ] *pl* Nachkommen *pl*
offstage [ɒf'steɪdʒ] *adj* hinter der Bühne, hinter den Kulissen
off-street ['ɒfstriːt] *adj* nicht auf der Straße
off-the-wall ['ɒfðəwɔːl] *adj (fam)* irre, verrückt
off-white [ɒf'waɪt] *adj 1. (greyish)* schmutzig weiß; *2. (yellowish)* ecru

often ['ɒfən] *adv* oft, häufig, oftmals; *more ~ than not* meistens; *every so ~* von Zeit zu Zeit

ogle ['əʊgl] *v* liebäugeln mit
ogre ['əʊgə] *sb 1.* Menschenfresser *m; 2. (fig: person)* Ungeheuer *n*
oil [ɒɪl] *v 1.* ölen, schmieren; *sb 2.* Öl *n; pour ~ on the flames (fig)* Öl ins Feuer gießen; *burn the midnight ~ (fam)* (beim Lernen) lange aufbleiben; *strike ~* Erdöl finden, auf Öl stoßen; *(fig)* einen guten Fund machen
oilcan ['ɔɪlkæn] *sb* Ölkanister *m*
oil change ['ɔɪltʃeɪndʒ] *sb* Ölwechsel *m*
oilcloth ['ɔɪlklɒθ] *sb* Wachstuch *n*
oil drum ['ɔɪldrʌm] *sb* Ölfass *n*
oilfield ['ɔɪlfiːld] *sb* Ölfeld *n*
oilman ['ɔɪlmən] *sb* Ölhändler *m*
oil paint [ɔɪl peɪnt] *sb* Ölfarbe *f*
oil painting ['ɔɪlpeɪntɪŋ] *sb ART 1. (picture)* Ölgemälde *n; 2. (activity)* Ölmalerei *f*
oilskin ['ɔɪlskɪn] *sb* Ölzeug *n*
oil well ['ɔɪlwel] *sb* Ölquelle *f*
oily ['ɔɪlɪ] *adj* fettig, ölig
ointment ['ɔɪntmənt] *sb* Salbe *f; a fly in the ~* ein Haar in der Suppe
OK ['əʊ'keɪ] *interj 1.* okay *(fam); adj 2.* in Ordnung, *(fam)* okay; *That's ~.* Das geht in Ordnung. *v 3. (approve)* genehmigen, gutheißen; *sb 4. (approval)* Zustimmung *f,* Genehmigung *f*
okay ['əʊ'keɪ] *(see "OK")*

old [əʊld] *adj* alt; *three-year-~ (child)* Dreijährige(r) *m; any ~ thing* irgendwas; *grow ~* alt werden

old-established [əʊld ɪs'tæblɪʃd] *adj* alteingesessen, alt

O

olde-worlde ['əʊldwɜːld] *adj* altertümlich
oldfangled ['əʊldfæŋgld] *adj* altmodisch
old-fashioned [əʊld'fæʃənd] *adj* altmodisch
old guard [əʊld'gɑːd] *sb POL* alte Garde *f (fam)*
old hand [əʊld hænd] *sb (fam)* erfahrener Mensch *m,* Veteran *m*
old maid [əʊld'meɪd] *sb* alte Jungfer *f*
old wives' tale [əʊld'waɪvzteɪl] *sb* Ammenmärchen *n*
O level ['əʊlevl] *sb (UK)* Abschluss der Sekundarstufe eins *m; (similar to)* mittlere Reife *f*
olfaction [ɒl'fækʃən] *sb* Geruchssinn *m*
olive ['ɒlɪv] *sb 1.* Olive *f; 2. (colour)* Olive *n*
Olympiad [ə'lɪmpɪæd] *sb* Olympiade *f*
Olympian [ə'lɪmpɪən] *adj* olympisch
Olympic [əʊ'lɪmpɪk] *adj* olympisch
Olympics [əʊ'lɪmpɪks] *pl SPORT* Olympische Spiele *pl*
omen ['əʊmən] *sb* Omen *n,* Zeichen *n*
ominous ['ɒmɪnəs] *adj* verhängnisvoll, unheilvoll, drohend
omissible [əʊ'mɪsɪbl] *adj* zu vernachlässigend
omission [əʊ'mɪʃən] *sb 1. (omitting)* Auslassen *n; 2. (thing left out)* Auslassung *f; 3. (failure to do sth)* Unterlassung *f; sin of ~* Unterlassungssünde *f*
omissive [əʊ'mɪsɪv] *adj* vernachlässigend, weglassend
omit [əʊ'mɪt] *v 1.* auslassen; *2. (not do sth)* es unterlassen, es versäumen
omnibus ['ɒmnɪbəs] *sb (book)* Sammelband *m,* Anthologie *f*
omnicompetent [ɒmnɪ'kɒmpɪtənt] *adj* alleskönnerisch
omnifarious [ɒmnɪ'fɛərɪəs] *adj* aller Art, vielfältig
omnipotent [ɒm'nɪpətənt] *adj* allmächtig
omnipresence [ɒmnɪ'prezəns] *sb* Allgegenwart *f*
omniscient [ɒm'nɪsɪənt] *adj* allwissend

on [ɒn] *prep 1.* auf, an; *a ring ~ her finger* ein Ring am Finger; *~ earth* auf Erden; *~ my left* links von mir; *~ TV* im Fernsehen; *I have no money ~ me.* Ich habe kein Geld bei mir. *~ foot* zu Fuß; *live ~ sth* von etw leben; *to be ~ a pill* eine Pille ständig nehmen; *to be ~ drugs* Drogen nehmen; *What's ~ TV tonight?* Was kommt heute Abend im Fernsehen? *throw sth ~ the floor* etw zu Boden werfen; *This is ~ me. (fam: I'll pay for this.)* Das geht auf meine Rechnung. *He had a scar ~ his face.* Er hatte eine Narbe im Gesicht. *2. (a certain day)* an; *~ Wednesday* Mittwoch, am Mittwoch; *~ Wednesdays* mittwochs; *3. (about, ~ the subject of)* über; *a book ~ Romy Schneider* ein Buch über Romy Schneider; *4. (at the time of)* bei; *~ request* auf Wunsch; *adv 5.* an, auf; *put one's hat ~* seinen Hut aufsetzen; *~ and ~* immer weiter; *from that day ~* von dem Tage an; *and so ~* und so weiter; *adj 6. (switched ~)* an

once [wʌns] *adv 1. (one time)* einmal; *~ and for all* ein für alle Mal; *not ~* kein einziges Mal; *for ~* dieses eine Mal, ausnahmsweise; *~ again, ~ more* noch einmal, erneut; *~ in a while* hin und wieder, ab und zu mal; *2. (in the past)* einmal; *~ upon a time there was ...* es war einmal ... *3. at ~ (right away)* sofort, auf der Stelle, gleich; *4. at ~ (at the same time)* auf einmal, gleichzeitig; *konj 5.* sobald, wenn
once-over [wʌns'əʊvə] *sb 1. give sth the ~ (appraise sth)* etw kurz mustern; *2. give sth the ~ (clean sth) Just give it the ~.* Wisch es bloß mal schnell ab.

one [wʌn] *num 1.* eins; *~ and a half* eineinhalb, anderthalb; *; adj 2.* ein/eine; *~ hundred* einhundert; *~ or two* ein paar, einige; *for ~ thing* zunächst einmal; *3. (indefinite) ~ day* eines Tages; *~ of these days* irgendwann mal; *~ Robert Best* ein gewisser Robert Best; *4. (sole) the ~ way of doing it* die einzige Möglichkeit, es zu tun; *No ~ man could do it.* Niemand konnte es allein tun. *the ~ and only James Brown* der unvergleichliche James Brown; *~ man in ten* jeder Zehnte; *his ~ thought* sein einziger Gedanke; *go s.o. ~ better* es besser machen als jmd; *to be ~ up on s.o.* jdm um eine Nasenlänge voraus sein; *5. not ~ ...* kein Einziger/keine Einzige/kein Einziges ...; *pron 6.* eine(r,s); *the little ~* der/die/das kleine; *He is ~ of us.* Er ist einer von uns. *the last but ~* der Vorletzte; *7. ~ after the other, ~ by ~* einer nach dem Anderen, einzeln; *8. ~ another* einander, sich; *9. the ~ who ...* der, der.../die, die.../das, das..., derjenige, der.../diejenige, die.../dasjenige, das...; *10. (impersonal)* man; *(accusative case)* einen; *(dative case)* einem; *wash ~'s face* sich das Gesicht waschen

one-liner ['wʌnlaɪnə] *sb* prägnante, witzige Bemerkung *f*

O

oneness ['wʌnnɪs] *sb* Einheit *f*, Geschlossenheit *f*, Übereinstimmung *f*
onerous ['ɒnərəs] *adj* schwer, beschwerlich, drückend
one-night stand [wʌnnaɪt'stænd] *sb* *1.* *THEAT* einmaliges Gastspiel *n*; *2.* *(fam: sexual)* erotische Beziehung, die nur eine Nacht dauert
one-off ['wʌnɒf] *sb* etwas Einmaliges *n*
one-piece ['wʌnpi:s] *adj* einteilig
oneself [wʌn'self] *pron* *1.* sich; *(personally)* sich selbst; *2.* *by ~* aus eigener Kraft, von selbst; *(alone)* allein
one-sided [wʌn'saɪdɪd] *adj* *1.* einseitig; *2.* *(not impartial)* parteiisch
one-stop ['wʌnstɒp] *adj* alles an einem Ort
one-time ['wʌntaɪm] *adj* ehemalig
one-to-one [wʌn tu: wʌn] *adj* eins-zu-eins, sich genau entsprechend
one-track ['wʌntræk] *adj* eingleisig; *He has a ~ mind.* Er hat immer nur dasselbe im Kopf.
one-way street ['wʌnweɪ'stri:t] *sb* Einbahnstraße *f*
ongoing ['ɒngəʊɪŋ] *adj* laufend, im Gang befindlich; *(long-term)* andauernd
onion ['ʌnjən] *sb* Zwiebel *f*
onlooker ['ɒnlʊkə] *sb* Zuschauer *m*

only ['əʊnlɪ] *adv* *1.* nur, bloß; *It's ~ three o'clock.* Es ist erst drei Uhr. *not ~ ... but also ...* nicht nur ..., sondern auch ... *if ~* wenn nur; *~ just* gerade, kaum; *~ yesterday* erst gestern; *adj* *2.* einzige(r,s); *an ~ child* ein Einzelkind *n*

onrush ['ɒnrʌʃ] *sb* Ansturm *m*, Einbruch *m*
onset ['ɒnset] *sb* Beginn *m*; *(of illness)* Ausbruch *m*
onto ['ɒntʊ] *prep* auf; *to be ~ sth* hinter etw gekommen sein
onus ['əʊnəs] *sb* Pflicht *f*, Last *f*, Bürde *f*
onward ['ɒnwəd] *adv* *1.* vorwärts, weiter; *adj* *2.* vorwärts schreitend, fortschreitend
oomph [u:mf] *sb* *1.* *(fam: energy)* Enthusiasmus *m*, Energie *f*; *2.* *(fam: sex appeal)* Sexappeal *m*
ooze [u:z] *v* *1.* sickern; *~ charm (fig)* vor Liebenswürdigkeit triefen; *~ out* heraussickern, herausquellen; *sb* *2.* *(mud)* Schlamm *m*
oozy ['u:zɪ] *adj* schlammig, schleimig
opacity [əʊ'pæsɪtɪ] *sb* Deckkraft *f*, Lichtundurchlässigkeit *f*, Undurchsichtigkeit *f*
opaque [əʊ'peɪk] *adj* undurchsichtig, trüb

open ['əʊpən] *v* *1.* sich öffnen, aufgehen; *2.* *~ on to* gehen auf, führen auf; *3.* *(shop)* aufmachen, öffnen; *4.* *(sth)* öffnen, aufmachen; *5.* *(a book, a newspaper)* aufschlagen; *6.* *(start)* beginnen; *(a card game)* eröffnen; *7.* *(trial, exhibition, new business)* eröffnen; *adj* *8.* offen, auf, geöffnet; *~ to the public* für die Öffentlichkeit zugänglich; *The job is still ~.* Die Stelle ist noch frei. *in the ~* im Freien; *to be ~ to suggestions* Vorschlägen gegenüber offen sein; *~ to question* anfechtbar; *9.* *(frank)* offen, aufrichtig; *10.* *(unguarded)* *SPORT* frei; *His teammate was wide ~.* Sein Mitspieler war völlig frei. *sb* *11.* *bring sth into the ~* etw ans Licht bringen; *come into the ~* Farbe bekennen

• **open up** *v* *1.* sich öffnen; *Open up!* Aufmachen! *2.* *(fig: opportunities)* sich eröffnen; *3.* *(sth)* erschließen; *4.* *(unlock)* aufschließen; *5.* *(begin firing)* das Feuer eröffnen, schießen; *6.* *(become familiar)* auftauen; *7.* *(disclose information)* gesprächiger werden; *8.* *(increase speed)* beschleunigen, schneller werden
open-and-shut ['əʊpənənd'ʃʌt] *adj* ganz einfach, sonnenklar
open day ['əʊpən deɪ] *sb* Tag der offenen Tür *m*
open-ended [əʊpən'endɪd] *adj* unbegrenzt
opener ['əʊpənə] *sb* *1.* Öffner *m*; *2.* *(first game of the season)* Eröffnungsspiel *n*
open-eyed ['əʊpənaɪd] *adj* mit weit offenen Augen
open-handed ['əʊpənhændɪd] *adj* *(generous)* freigebig, großzügig
open-hearted ['əʊpənhɑ:tɪd] *adj* offen
opening ['əʊpənɪŋ] *sb* *1.* Öffnen *n*; *2.* *(of discussions, chess ~)* Eröffnung *f*; *3.* *(gap)* Öffnung *f*, *(in a forest)* Lichtung *f*; *4.* *(opportunity)* Möglichkeit *f*; *adj* *5.* erste(r,s), Eröffnungs...
open-minded [əʊpən'maɪndɪd] *adj* aufgeschlossen, vorurteilslos
open-plan ['əʊpən plæn] *adj* ohne Zwischenwände, Großraum...
open sesame ['əʊpən 'sesəmɪ] *interj* Sesam öffne dich
opera ['ɒpərə] *sb* Oper *f*
operant ['ɒpərənt] *adj* wirksam
operate ['ɒpəreɪt] *v* *1.* *(carry on one's business)* operieren; *2.* *(machine)* funktionieren, in Betrieb sein; *3.* *(system, organization)* arbeiten; *4.* *MED* operieren; *5.* *(manage)* betrei-

O

ben, führen; 6. *(a machine) TECH* bedienen; *(a brake, a lever)* betätigen
operating theatre ['ɒpəreɪtɪŋθɪətə] *sb (UK)* Operationssaal *m*
operation [ɒpə'reɪʃən] *sb 1. (control) TECH* Bedienung *f,* Betätigung *f; 2. (running)* Betrieb *m; put out of ~* außer Betrieb setzen; *3. (enterprise)* Unternehmen *n,* Unternehmung *f,* Operation *f; 4. MIL* Operation *f; 5. MED* Operation *f*
operational [ɒpə'reɪʃənəl] *adj 1. (in use)* in Betrieb, im Gebrauch, *MIL* im Einsatz; *2. (ready for use)* betriebsbereit, einsatzfähig; *3. (pertaining to operations) ECO* Betriebs..., *MIL* Einsatz...
operative ['ɒpərətɪv] *adj 1.* wirksam; *(clause)* maßgeblich; *the ~ word* das Wort, auf das es ankommt; *sb 2. (detective)* Detektiv *m, 3. (spy)* Agent/Agentin *m/f*
operativity [ɒpərə'tɪvɪtɪ] *sb* Einsatzbereitschaft *f*
operator ['ɒpəreɪtə] *sb 1. TEL* Vermittlung *f,* Dame/Herr von der Vermittlung *f/m*; *2. (company)* Unternehmer *m; 3. (of a machine)* Bedienungsperson *f,* Arbeiter *m, (of a lift, of a vehicle)* Führer *m; 4. (fam)* Kerl *m; a slick ~* ein gerissener Bursche
operetta [ɒpə'retə] *sb* Operette *f*
ophthalmologist [ɒfθl'mɒlədʒɪst] *sb* Augenarzt/Augenärztin *m/f*
opiate ['əʊpɪɪt] *sb* Opiat *n*

O

opinion [ə'pɪnjən] *sb 1.* Meinung *f,* Ansicht *f; matter of ~* Ansichtssache *f; public ~* die öffentliche Meinung; *have a high ~ of* viel halten von; *in my ~* meiner Meinung nach, meines Erachtens, meiner Ansicht nach; *2. (professional advice)* Gutachten *n; get a second ~ MED* einen zweiten Befund einholen

opinion poll [ə'pɪnjən pəʊl] *sb* Meinungsumfrage *f*
opponent [ə'pəʊnənt] *sb 1.* Gegner *m; 2. (one player) SPORT* Gegenspieler *m*
opportune ['ɒpətjuːn] *adj* günstig, passend, opportun
opportunistic [ɒpətjuː'nɪstɪk] *adj* opportunistisch
opportunity [ɒpə'tjuːnɪtɪ] *sb* Gelegenheit *f,* Möglichkeit *f,* Chance *f*
opposable [ə'pəʊzəbl] *adj ~ thumb BIO* abspreizbarer Daumen *m*
oppose [ə'pəʊz] *v 1. (sth)* sich widersetzen, bekämpfen; *2. (contrast)* gegenüberstellen
opposing [ə'pəʊzɪŋ] *adj 1. (team)* gegnerisch; *2. (army)* feindlich; *3. (viewpoints)* entgegengesetzt
opposite ['ɒpəzɪt] *adj 1. (contrary)* entgegengesetzt; *the ~ sex* das andere Geschlecht *n; 2. (facing)* gegenüberstehend, gegenüberliegend; *adv 3.* gegenüber, auf der anderen Seite; *prep 4.* gegenüber; *5. play ~ s.o. THEAT* als Partner von jdm spielen; *sb 6.* Gegenteil *n*
opposition [ɒpə'zɪʃən] *sb 1.* Widerstand *m,* Opposition *f; 2. (those resisting)* Opposition *f; 3. (contrast)* Gegensatz *m*
oppress [ə'pres] *v 1.* unterdrücken, tyrannisieren; *2. (weigh down)* bedrücken
oppression [ə'preʃən] *sb 1.* Unterdrückung *f,* Tyrannisierung *f; 2. (depression)* Bedrängnis *f,* Bedrücktheit *f*
oppressive [ə'presɪv] *adj 1.* tyrannisch, hart; *2. (fig)* drückend, bedrückend; *(heat)* schwül
opprobrium [ə'prəʊbrɪəm] *sb* Schande *f,* Schmach *f*
oppugn [ə'pjuːn] *v* anfechten, bestreiten
opt [ɒpt] *v ~ for* sich entscheiden für
optician [ɒp'tɪʃən] *sb* Optiker *m*
optics ['ɒptɪks] *sb* Optik *f*
optimal ['ɒptɪməl] *adj* optimal
optimistic [ɒptɪ'mɪstɪk] *adj* optimistisch
option ['ɒpʃən] *sb 1.* Wahl *f; 2. (one possible course of action)* Möglichkeit *f*
opulence ['ɒpjuːləns] *sb* Üppigkeit *f,* Reichtum *m,* Prunk *m*
opulent ['ɒpjʊːlənt] *adj* üppig, prunkvoll

or [ɔː] *konj* oder; *He can't read ~ write.* Er kann weder lesen noch schreiben. *in four ~ five days* in vier bis fünf Tagen

oracle ['ɒrəkl] *sb* Orakel *n*
oral ['ɔːrəl] *adj 1. (verbal)* mündlich; *2. MED* oral, Mund...
orate [ɔː'reɪt] *v* eine Rede halten
oration [ɔː'reɪʃən] *sb* Ansprache *f*
orb [ɔːb] *sb 1.* Kugel *f,* Ball *m; 2. (star)* Gestirn *n*
orbit ['ɔːbɪt] *v 1.* kreisen; *2. (sth)* umkreisen; *sb 3. (path) ASTR* Umlaufbahn *f,* Kreisbahn *f; 4. (one circuit) ASTR* Umkreisung *f; 5. (fig: sphere of influence)* Einflusssphäre *f*
orchard ['ɔːtʃəd] *sb* Obstgarten *m; (commercial)* Obstplantage *f*
orchestra ['ɔːkɪstrə] *sb* Orchester *n*
ordain [ɔː'deɪn] *v 1. (s.o.) REL* ordinieren; *(a priest)* weihen; *2. (destine)* bestimmen, fügen; *3. (decree)* verfügen

ordeal [ɔː'diːl] *sb* Tortur *f,* Martyrium *n;* *(emotional ~)* Qual *f,* Feuerprobe *f*

order ['ɔːdə] *v 1. (place an ~)* bestellen; *2. (place an ~ for)* bestellen, *(~ to be manufactured)* in Auftrag geben; *3. (command)* befehlen, anordnen; *~ in* hereinkommen lassen; *4. (arrange)* ordnen; *sb 5. (sequence)* Reihenfolge *f,* Folge *f,* Ordnung *f; in ~ of priority* je nach Dringlichkeit; *6. (proper state)* Ordnung *f; put sth in ~* etw in Ordnung bringen; *law and ~* Ruhe und Ordnung; *7. (working condition)* Zustand *m; to be out of ~* nicht funktionieren, außer Betrieb sein; *8. (command)* Befehl *m,* Anordnung *f; to be under ~s to do sth* Befehl haben, etw zu tun; *by ~ of* auf Befehl von, im Auftrag von; *9. in ~ to* um ... zu; *10. (procedure at a meeting) a point of ~* eine Verfahrensfrage; *call the meeting to ~* die Versammlung zur Ordnung rufen; *to be the ~ of the day (fig)* an der Tagesordnung sein; *11. (for goods, in a restaurant)* Bestellung *f, (to have sth made)* Auftrag *m; make to ~* auf Bestellung anfertigen; *12. (honour)* Orden *m; 13. (of monks) REL* Orden *m; 14. ~s REL* Weihen *pl,* Priesterweihe *f; 15. (fig: class)* Art *f; of a high ~* von hohem Rang

order form ['ɔːdəfɔːm] *sb* Bestellschein *m*
orderly ['ɔːdəlɪ] *adj 1.* ordentlich; *sb 2. MIL (assistant)* Ordonanz *f; 3. MED* Pfleger *m,* Sanitäter *m*
ordinance ['ɔːdɪnəns] *sb 1.* Verordnung *f; 2. (rite) REL* Ritus *m*
ordinarily ['ɔːdnrɪlɪ] *adv* normalerweise, gewöhnlich
ordinary ['ɔːdɪnərɪ] *adj 1.* gewöhnlich, normal, üblich; *sb 2. out of the ~* außergewöhnlich
ordination [ɔːdɪ'neɪʃən] *sb (of a priest) REL* Priesterweihe *f*
organ ['ɔːgən] *sb 1. ANAT* Organ *n; 2. MUS* Orgel *f*
organic [ɔː'gænɪk] *adj* organisch
organism ['ɔːgənɪzəm] *sb* Organismus *m*
organist ['ɔːgənɪst] *sb MUS* Organist *m*
organization [ɔːgənaɪ'zeɪʃən] *sb* Organisation *f*
organize ['ɔːgənaɪz] *v* organisieren
orgasm ['ɔːgæzəm] *sb* Orgasmus *m*
orgy ['ɔːdʒɪ] *sb* Orgie *f*
orient ['ɔːrɪənt] *v 1. ~ o.s.* sich orientieren; *2. (a map)* einordnen
oriental [ɔːrɪ'entəl] *adj* orientalisch
orientate ['ɔːrɪənteɪt] *v ~ o.s.* sich orientieren
orientation [ɔːrɪən'teɪʃən] *sb 1.* Orientierung *f; 2. (for newcomers)* Einführung *f*
origin ['ɒrɪdʒɪn] *sb 1.* Ursprung *m,* Herkunft *f; 2. (of a person)* Herkunft *f; 3. (source)* Quelle *f*
original [ə'rɪdʒɪnl] *adj 1.* ursprünglich; *2. (version)* original; *3. (creative)* originell; *sb 4.* Original *n*
originality [ərɪdʒɪ'nælɪtɪ] *sb* Originalität *f*
originally [ə'rɪdʒənəlɪ] *adv 1.* ursprünglich; *2. (in an original way)* originell
originate [ə'rɪdʒɪneɪt] *v 1. ~ from* entstehen aus, seinen Ursprung haben in; *2. (sth)* hervorbringen, erzeugen, verursachen
oriole ['ɔːrɪəʊl] *sb ZOOL* Pirol *m*
ornament ['ɔːnəmənt] *sb 1.* Ornament *n; 2. (fig: person)* Zierde *f*
ornate [ɔː'neɪt] *adj 1.* reich verziert; *2. (language)* blumig
ornery ['ɔːnərɪ] *adj* übellaunig
orphan ['ɔːfən] *sb* Waise *f,* Waisenkind *n*
orphanage ['ɔːfənɪdʒ] *sb* Waisenhaus *n*
oscillate ['ɒsɪleɪt] *v* oszillieren, schwingen; *(fig)* schwanken
osculate ['ɒskjuːleɪt] *v 1.* küssen; *2. MATH* oskulieren
ostensible [ɒs'tensəbl] *adj* vorgeblich; *(alleged)* angeblich
ostentation [ɒsten'teɪsən] *sb* Protzigkeit *f*
ostentatious [ɒsten'teɪʃəs] *adj* protzig
ostracize ['ɒstrəsaɪz] *v* ächten
ostrich ['ɒstrɪtʃ] *sb ZOOL* Strauß *m*

other ['ʌðə] *adj 1.* andere(r,s); *~ than* außer; *none ~ than* kein anderer als; *some ... or ~* irgendein ...; *one ~ person* eine weitere Person; *the ~ day* neulich; *2. every ~ (alternate)* jede(r,s) zweite; *pron 3.* andere(r,s)

otherwise ['ʌðəwaɪz] *konj 1.* sonst, andernfalls; *adv 2. (differently)* anders; *(in other respects)* sonst
otherworldly [ʌðə'wɜːldlɪ] *adj* nicht von dieser Welt, entrückt, jenseitsgerichtet
ought to [ɔːt tuː] *v 1. (moral obligation)* sollte(n); *He ~ do it.* Er sollte es tun. *2. (advisability) you ~ see that film* den Film sollten Sie sehen; *3. (probability)* dürfte(n); *and I ~ know* und ich muss es doch wissen
ounce [aʊnts] *sb (28.35 g)* Unze *f*
our [aʊə] *adj* unser
ours ['aʊəz] *pron* unsere(r,s); *a friend of ~* ein Freund von uns

O

ourselves [aʊə'selvz] *pron 1.* uns; *2. (for emphasis)* selbst
oust [aʊst] *v* vertreiben, verdrängen, hinauswerfen
ouster ['aʊstə] *sb 1. JUR* Enteignung *f; 2. (fam)* Rausschmiss *m*

out [aʊt] *adv 1.* außen; *(~ of doors)* draußen; *have it ~ with s.o. (fig)* die Sache mit jdm ausfechten; *hear s.o. ~* jdn bis zum Ende anhören; *~ to do sth* darauf aus, etw zu tun; *two ~ of three* zwei von drei; *2. (indicating motion seen from outside)* heraus, raus *(fam)*; *3. (indicating motion seen from inside)* hinaus, *(fam)* raus; *on the way ~* beim Hinausgehen; *4. to be ~ (not present)* weg sein, nicht da sein; *She's ~ shopping.* Sie ist zum Einkaufen gegangen. *~ and about* unterwegs; *5. (fire, school, ~ of bounds)* aus; *6. (~ of fashion) (fam)* out, passee; *7. (not permissible)* ausgeschlossen; *8. (fam: unconscious)* weg, bewusstlos; *pass ~* ohnmächtig werden; *prep 9.* aus; *v 10. (fam: reveal s.o. is gay)* outen *(fam)*

outback ['aʊtbæk] *sb (Australian ~) GEO* das Hinterland *n*
outbid [aʊt'bɪd] *v irr* überbieten
outboard ['aʊtbɔːd] *adj* Außenbord...
outbound ['aʊtbaʊnd] *adj* auslaufend, ausfahrend
outbreak ['aʊtbreɪk] *sb* Ausbruch *m*
outbuilding ['aʊtbɪldɪŋ] *sb* Nebengebäude *n*
outburst ['aʊtbɜːst] *sb* Ausbruch *m*
outcast ['aʊtkɑːst] *sb (person)* Ausgestoßene(r) *m/f*
outclass [aʊt'klɑːs] *v ~ s.o.* jdm weit überlegen sein, jdn weit übertreffen
outcome ['aʊtkʌm] *sb* Ergebnis *n,* Resultat *n,* Folge *f*
outcry ['aʊtkraɪ] *sb* Aufschrei *m, (public ~)* Protestwelle *f*
outdated [aʊt'deɪtɪd] *adj* überholt
outdistance [aʊt'dɪstəns] *v* hinter sich lassen
outdo [aʊt'duː] *v irr* übertreffen
outdoor ['aʊtdɔː] *adj* Außen..., draußen, Freiluft...
outdoors [aʊt'dɔːz] *adv* draußen, im Freien
outer ['aʊtə] *adj* äußere(r,s), Außen...
outermost ['aʊtəməʊst] *adj* äußerste(r,s)
outfit ['aʊtfɪt] *v 1.* ausrüsten, ausstatten; *sb 2. (equipment)* Ausrüstung *f,* Ausstattung *f; 3. (uniform)* Uniform *f; 4. (clothing ensemble)* Ensemble *n; 5. (fam: organization)* Verein *m,* Laden *m*
outfox [aʊt'fɒks] *v (fam)* überlisten
outgoing [aʊt'gəʊɪŋ] *adj 1.* abgehend; *(tenant)* ausziehend; *(government)* abtretend; *2. (personality)* kontaktfreudig
outgrow [aʊt'grəʊ] *v irr 1.* herauswachsen aus; *2. (a habit)* ablegen
outhouse ['aʊthaʊs] *sb 1.* Seitengebäude *n; 2. (US: toilet)* Außenabort *m*
outlandish [aʊt'lændɪʃ] *adj* seltsam, ausgefallen
outlast [aʊt'lɑːst] *v* länger halten als
outlaw ['aʊtlɔː] *v 1.* für ungesetzlich erklären, verbieten; *sb 2.* Verbrecher *m*
outlay ['aʊtleɪ] *sb* Geldauslage *f*
outlet ['aʊtlet] *sb 1. (electrical ~)* Steckdose *f; 2. (for water)* Abfluss *m; 3. (for gas)* Abzug *m; 4. (for goods) ECO* Absatzmöglichkeit *f; 5. (shop)* Verkaufsstelle *f; 6. (fig: for emotions)* Ventil *n*
outline ['aʊtlaɪn] *v 1.* umreißen; *(fig: summarize)* umreißen; *to be ~d against ...* sich gegen ... abzeichnen; *sb 2.* Umriss *m, (line itself)* Umrisslinie *f*
outlive [aʊt'lɪv] *v* überleben
outlook ['aʊtlʊk] *sb 1. (view)* Aussicht *f,* Ausblick *m,* Blick *m; 2. (attitude)* Einstellung *f,* Anschauung *f; 3. (prospects)* Aussichten *pl*
outlying ['aʊtlaɪɪŋ] *adj (outside of town)* umliegend
outmanoeuvre [aʊtmə'nuːvə] *v* ausmanövrieren
outmatched [aʊt'mætʃt] *adj to be ~* unterlegen sein
outmoded [aʊt'məʊdɪd] *adj* unzeitgemäß, überholt
outnumber [aʊt'nʌmbə] *v* an Zahl übertreffen, zahlenmäßig überlegen sein; *to be ~ed* in der Minderheit sein
out-of-date [aʊtəv'deɪt] *adj* veraltet
out-of-the-way ['aʊtəvðəweɪ] *adj* abgelegen, versteckt
outpatient ['aʊtpeɪʃənt] *sb* ambulanter Patient *m*
outpost ['aʊtpəʊst] *sb* Vorposten *m*
outpouring ['aʊtpɔːrɪŋ] *sb* Erguss *m*
outrage [aʊt'reɪdʒ] *v 1. (s.o.)* empören, entrüsten, schockieren; *2. (sense of decency)* verletzen, beleidigen; ['aʊtreɪdʒ] *sb 3. (feeling of ~)* Empörung *f,* Entrüstung *f; 4. (scandalous thing, indecent thing)* Skandal *m; 5. (atrocity)* Gräueltat *f*

O

outrageous [aʊt'reɪdʒəs] *adj 1.* unerhört, empörend; *(demand)* unverschämt; *2. (attire)* ausgefallen; *3. (cruel)* gräulich
outrigger ['aʊtrɪgə] *sb* Ausleger *m*
outright ['aʊtraɪt] *adj 1.* völlig, gänzlich, total; *adv 2.* glatt; *(at once)* sofort
outrun [aʊt'rʌn] *v irr* schneller laufen als
outset ['aʊtset] *sb* Anfang *m,* Beginn *m; at the ~* am Anfang; *from the ~* von Anfang an
outside ['aʊt'saɪd] *adv 1.* außen; *(of a house, of a vehicle)* draußen; *prep 2.* außerhalb; *3. (apart from)* außer; *adj 4.* Außen..., äußere(r,s); *an ~ chance* eine kleine Chance; *sb 5.* das Äußere *n,* Außenseite *f; at the ~* äußerstenfalls
outsize ['aʊtsaɪz] *adj* übergroß
outskirts ['aʊtskɜːts] *pl (of town)* Stadtrand *m,* Außengebiete *pl,* Randgebiete *pl*
outsmart [aʊt'smɑːt] *v* überlisten
outsole ['aʊtsəʊl] *sb* Außensohle *f*
outsource [aʊt'sɔːs] *v ECO* an Fremdfirmen vergeben
outspoken [aʊt'spəʊkən] *adj* freimütig
outstanding [aʊt'stændɪŋ] *adj 1.* hervorragend, außerordentlich, überragend; *2. (not yet paid) ECO* ausstehend; *3. (not yet done)* unerledigt
outvote [aʊt'vəʊt] *v* überstimmen
outward ['aʊtwəd] *adv 1.* nach außen, auswärts; *adj 2. (outer)* äußere(r,s); *(beauty)* äußerlich; *3. (traffic)* nach außen gerichtet, nach außen führend, Aus...
outwards ['aʊtwədz] *adv* nach außen
outweigh [aʊt'weɪ] *v ~ 1.* mehr wiegen als; *2. (fig)* überwiegen
outwit [aʊt'wɪt] *v* überlisten
outworn ['aʊtwɔːn] *adj* abgetragen
oven ['ʌvn] *sb 1. GAST* Backofen *m; 2. TECH* Ofen *m*

over ['əʊvə] *prep 1.* über; *hit s.o. ~ the head* jdm auf den Kopf schlagen; *~ the phone* am Telefon; *~ and above* zusätzlich; *2. (during)* während; *~ the weekend* übers Wochenende; *adv 3. (on the other side)* drüben; *~ there* da drüben; *4. (across: away from the speaker)* hinüber; *(toward the speaker)* herüber; *5. come ~* vorbeikommen; *6. (again)* wieder, nochmals; *~ and ~* immer wieder; *7. (ended)* zu Ende, vorbei; *~ and done with* aus und vorbei; *8. (left ~)* übrig; *9. all ~ (everywhere)* überall; *from all ~ Europe* aus ganz Europa; *10. turn sth ~* etw herumdrehen; *fall ~* umfallen; *bend ~* sich nach vorn beugen; *11. go ~ sth in detail* etw genau besprechen; *interj 12. (on a walkie-talkie)* Over! *prep 13. ~ and above* zusätzlich zu, außer

overabundance [əʊvərə'bʌndəns] *sb* Überfülle *f*
overachieve [əʊvərə'tʃiːv] *v* besser abschneiden als erwartet
overact [əʊvə'rækt] *v* übertreiben
overage ['əʊvərɪdʒ] *sb 1.* Überschuss *m;* [əʊvər'eɪdʒ] *adj 2.* zu alt
overall [əʊvər'ɔːl] *adj 1. (general)* allgemein; *2.* gesamt, Gesamt...; *adv 3.* insgesamt; *(on the whole)* im Großen und Ganzen; ['əʊvərɔːl] *sb 4. (UK)* Kittel *m*
overbalance [əʊvə'bæləns] *v 1.* aus dem Gleichgewicht kommen, das Gleichgewicht verlieren; *2. (~ sth)* aus dem Gleichgewicht bringen, umwerfen, umstoßen
overbearing [əʊvə'bɛərɪŋ] *adj* anmaßend, herrisch
overbid [əʊvə'bɪd] *v irr 1. (place a higher bid)* überbieten, ein höheres Gebot machen; *2. (in a card game)* überreizen
overblown [əʊvə'bləʊn] *adj (rhetoric)* schwülstig
overboard ['əʊvəbɔːd] *adv NAUT* über Bord
overbook [əʊvə'bʊk] *v* überbelegen
overburden [əʊvə'bɜːdn] *v* überlasten
overcharge [əʊvə'tʃɑːdʒ] *v (s.o.)* zu viel berechnen
overcoat ['əʊvəkəʊt] *sb* Mantel *m,* Überzieher *m*
overcome [əʊvə'kʌm] *v irr 1.* überwinden; *2. (an enemy)* bezwingen
overcrowded [əʊvə'kraʊdɪd] *adj 1.* überfüllt; *2. (overpopulated)* überbevölkert
overdevelop [əʊvədɪ'veləp] *v* überentwickeln
overdo [əʊvə'duː] *v irr* übertreiben
overdose ['əʊvədəʊs] *sb* Überdosis *f*
overdraft ['əʊvədrɑːft] *sb FIN* Kontoüberziehung *f*
overdrawn [əʊvə'drɔːn] *adj (account)* überzogen
overdress [əʊvə'dres] *v* sich zu elegant kleiden
overdrive ['əʊvədraɪv] *sb* Overdrive *m,* Schnellgang *m,* Schongang *m*
overdue [əʊvə'djuː] *adj* überfällig
overeat [əʊvər'iːt] *v irr* zu viel essen, sich überessen

O

overestimate [əʊvər'estɪmeɪt] *v* überschätzen, überbewerten
overexert [əʊvərɪg'zɜːt] *v* überanstrengen
overexertion [əʊvərɪg'zɜːʃən] *sb* Überanstrengung *f*
overexposed [əʊvərɪk'spəʊzd] *adj FOTO* überbelichtet
overflow [əʊvə'fləʊ] *v 1.* überlaufen, überfließen; *(fig)* überquellen; *2. (sth)* überschwemmen; ['əʊvəfləʊ] *sb 3. (outlet)* Überlauf *m; 4. (fig: excess)* Überschuss *m; 5. (overflowing)* Überfließen *n*
overgarment ['əʊvəgɑːmənt] *sb* Überkleidung *f*
overground ['əʊvəgraʊnd] *adj* oberirdisch
overhaul [əʊvə'hɔːl] *v 1. (a machine)* überholen, *(plans)* gründlich überprüfen; ['əʊvəhɔːl] *sb 2.* Überholung *f,* gründliche Überprüfung *f*
overhead [əʊvə'hed] *adv 1.* oben; ['əʊvəhed] *sb 2. ECO* Gemeinkosten *pl,* allgemeine Unkosten *pl*
overhear [əʊvə'hɪə] *v irr* belauschen, zufällig mit anhören
overheat [əʊvə'hiːt] *v (car)* überhitzten
overindulge [əʊvərɪn'dʌldʒ] *v (~ s.o.)* zu viel durchgehen lassen, zu nachgiebig sein
overkill ['əʊvəkɪl] *sb (fig)* Zuviel *n*
overlap [əʊvə'læp] *v 1.* sich überschneiden, sich teilweise decken; ['əʊvəlæp] *sb 2.* Überschneidung *f*
overload [əʊvə'ləʊd] *v 1.* überladen; *(with electricity)* überlasten; ['əʊvələʊd] *sb 2.* Überbelastung *f, (electricity)* Überlastung *f*
overlook [əʊvə'lʊk] *v 1. (not notice)* übersehen, nicht bemerken; *2. (ignore)* hinwegsehen über; *3. (have a view of)* überblicken
overly ['əʊvəlɪ] *adv* übertrieben, allzu
overnice [əʊvə'naɪs] *adj* zu genau, haarspalterisch
overnight [əʊvə'naɪt] *adv 1.* über Nacht; *adj 2.* Nacht..., Übernachtungs...
overpass ['əʊvəpɑːs] *sb* Überführung *f*
overpay [əʊvə'peɪ] *v irr* überbezahlen
overplay [əʊvə'pleɪ] *v 1.* überzogen darstellen; *2. ~ one's hand* sich überschätzen, sich zu viel zumuten
overpower [əʊvə'paʊə] *v* überwältigen
overqualified [əʊvə'kwɒlɪfaɪd] *adj* überqualifiziert
overrate [əʊvə'reɪt] *v* überschätzen
overreach [əʊvə'riːtʃ] *v* sich übernehmen
overreact [əʊvərɪ'ækt] *v* überreagieren
override [əʊvə'raɪd] *v irr 1. (cancel out)* aufheben; *2. (an objection)* ablehnen
overrule [əʊvə'ruːl] *v 1.* ablehnen; *2. (a verdict)* aufheben
overrun [əʊvə'rʌn] *v irr (invade)* einfallen in; *(an enemy position)* überrennen
overseas [əʊvə'siːz] *adv 1.* nach Übersee, in Übersee; *adj 2.* überseeisch, Übersee...
oversee [əʊvə'siː] *v irr* beaufsichtigen
overshadow [əʊvə'ʃædəʊ] *v* überschatten
overshoot [əʊvə'ʃuːt] *v irr* hinausschießen über
oversleep [əʊvə'sliːp] *v irr 1.* sich verschlafen; *2. (sth)* verschlafen
overspend [əʊvə'spend] *v irr* zu viel ausgeben, *overspill* Bevölkerungsüberschuss *m*
overstate [əʊvə'steɪt] *v* übertreiben
overt [əʊ'vɜːt] *adj* offenkundig, offen
overtake [əʊvə'teɪk] *v irr 1. (pass)* überholen; *2. (catch up to)* einholen
overthrow [əʊvə'θrəʊ] *v irr (a government)* stürzen, zu Fall bringen
overtone ['əʊvətəʊn] *sb (fig)* Unterton *m*
overturn [əʊvə'tɜːn] *v 1.* umkippen, umschlagen, umstürzen; *2. (sth)* umkippen, stürzen, umstoßen
overview ['əʊvəvjuː] *sb* Überblick *m*
overweight [əʊvə'weɪt] *adj* übergewichtig
overwhelm [əʊvə'welm] *v 1.* überwältigen; *2. (fig: with work, with praise)* überhäufen, überschütten
overwrought [əʊvə'rɔːt] *adj 1. (person)* überreizt; *2. (style)* verkünstelt
overzealous [əʊvə'zeləs] *adj* übereifrig
owe [əʊ] *v* schulden, schuldig sein; *~ sth to s.o. (have s.o. to thank for sth)* jdm etw verdanken; *owing to* wegen, infolge, dank
owl [aʊl] *sb ZOOL* Eule *f*
own[1] [əʊn] *v 1.* besitzen, haben; *2. (admit)* zugeben, zugestehen, *(recognize)* anerkennen
• **own up** *v (admit)* zugeben, sich bekennen, gestehen
own[2] [əʊn] *adj 1.* eigen; *He's his ~ man.* Er geht seinen eigenen Weg; *pron 2. for reasons of his ~* aus persönlichen Gründen; *Those are my ~.* Die gehören mir. *I have money of my ~.* Ich habe eigenes Geld. *3. on one's ~ (without help)* selbst, *(alone)* allein; *sb 4. get one's ~ back* sich rächen
ownership ['əʊnəʃɪp] *sb* Besitz *m; under new ~* unter neuer Leitung
ox [ɒks] *sb ZOOL* Ochse *m; as strong as an ~* bärenstark
ozone hole ['əʊzəʊn həʊl] *sb* Ozonloch *n*

O

P

pace [peɪs] *v 1. (stride)* schreiten; *2. (measure)* mit Schritten ausmessen; *sb 3. (step)* Schritt *m; (of a horse)* Gangart *f; 4. (speed)* Tempo *n; set the ~* das Tempo vorgeben; *keep ~ with* Schritt halten mit
pacer ['peɪsə] *sb* Schrittmacher *m*
pacey ['peɪsɪ] *adj* schnell
pack [pæk] *v 1.* packen; *send s.o. ~ing* jdn fortjagen; *2. (a container)* voll packen; *3. (a case)* packen; *(things into a case)* einpacken; *4. (cram)* packen; *(a container)* voll stopfen; *5. (soil)* festdrücken; *6. (wrap)* einpacken; *7. (fam: carry) (US)* tragen, dabei haben; *~ one's lunch* sich sein Mittagessen mitnehmen; *8. ~ s.o. off* jdn fortschicken; *sb 9.* Packen *m,* Ballen *m,* Bündel *n; a ~ of lies* ein Haufen Lügen; *10. (packet)* Paket *n; (US: of cigarettes)* Schachtel *f; 11. (group) (of wolves)* Rudel *n; (of submarines)* Gruppe *f; 12. MED* Packung *f*
•pack away *v* wegpacken
•pack in *v 1.* sich hineindrängen; *2. (pack people in)* hineinpferchen in; *3. pack it in (fam)* Schluss machen, aufhören
package ['pækɪdʒ] *v 1.* verpacken; *2. (display to best advantage)* präsentieren; *sb 3.* Paket *n; 4. ECO* Packung *f*
packaging ['pækɪdʒɪŋ] *sb* Verpackung *f*
packed [pækt] *adj* rappelvoll, voll gepackt
packet ['pækɪt] *sb* Paket *n,* Päckchen *n*
pact [pækt] *sb* Pakt *m,* Vertrag *m*
pad [pæd] *v 1.* polstern; *(fig: a speech)* aufblähen; *sb 2. (for comfort)* Polster *n; 3. (for protection)* Schützer *m; 4. (with ink)* Stempelkissen *n; 5. (on an animal's foot)* Ballen *m; 6. (of paper)* Block *m; 7. (fam: residence)* Bude *f*
padded ['pædɪd] *adj 1.* gepolstert; *sb 2. a ~ cell* eine Gummizelle *f*
padding ['pædɪŋ] *sb* Polsterung *f*
paddle ['pædl] *sb 1.* Paddel *n; v 2.* paddeln
paddock ['pædək] *sb* Koppel *f*
paddy[1] ['pædɪ] *sb* ungeschälter Reis *m*
paddy[2] ['pædɪ] *sb (rage)* Koller *m*
padlock ['pædlɔk] *sb 1.* Vorhängeschloss *n; v 2.* mit einem Vorhängeschloss verschließen
pagan ['peɪgən] *sb* Heide/Heidin *m/f*

page [peɪdʒ] *sb 1. (of a book)* Seite *f; take a ~ out of s.o.'s book* es jdm gleichtun, jdn nachahmen; *2. (messenger)* Page *m; v 3. ~ s.o.* jdn ausrufen lassen

pageantry ['pædʒəntrɪ] *sb* Pomp *m*
pageboy ['peɪdʒbɔɪ] *sb 1.* Page *m; 2. (haircut)* Pagenkopf *m*
paid-up [peɪd'ʌp] *adj* bezahlt, beglichen
pain [peɪn] *sb 1.* Schmerz *m; (mental torment)* Qual *f; 2. on ~ of death* bei Todesstrafe *f; 3. ~s pl* Mühe *f; take ~s to do sth* sich Mühe geben, etw zu tun; *v 4.* schmerzen
painful ['peɪnfʊl] *adj 1.* schmerzhaft; *2. (memory)* schmerzlich; *3. (fig: embarrassingly bad)* peinlich
painkiller ['peɪnkɪlə] *sb* schmerzstillendes Mittel *n*
painless ['peɪnlɪs] *adj* schmerzlos, schmerzfrei
painstaking ['peɪnzteɪkɪŋ] *adj* sorgfältig, mühsam
paint [peɪnt] *v 1. ART* malen; *2. (sth)* streichen; *sb 3.* Farbe *f; (on a car)* Lack *m; (makeup)* Schminke *f*
painter ['peɪntə] *sb 1. ART* Maler *m; 2. (of a house)* Anstreicher *m*
painting ['peɪntɪŋ] *sb 1. (picture)* Bild *n,* Gemälde *n; 2. (activity)* Malerei *f*
paintwork ['peɪntwɜːk] *sb* Anstrich *m*

pair [pɛə] *sb 1.* Paar *n; v 2.* paarweise anordnen

pairing ['pɛərɪŋ] *sb* Paarung *f*
pal [pæl] *sb* Kumpel *m (fam),* Freund *m*
palace ['pælɪs] *sb* Palast *m*
palatable ['pælətəbl] *adj* genießbar
palaver [pə'lɑːvə] *sb* Palaver *n*
pale [peɪl] *adj* blass, bleich, fahl
paleface ['peɪlfeɪs] *sb* Bleichgesicht *n*
paleness ['peɪlnɪs] *sb* Blässe *f*
palish ['peɪlɪʃ] *adj* blässlich
pall [pɔːl] *sb 1.* Leichentuch *n; 2. (fig)* trostlose Stimmung *f,* Trauerstimmung *f*
palladium [pə'leɪdɪəm] *sb* Palladium *n*
pallbearer ['pɔːlbɛərə] *sb* Sargträger *m*
pallet ['pælɪt] *sb (for shipping, for storage) TECH* Palette *f*
palliate ['pælɪeɪt] *v* lindern, mildern
pallid ['pælɪd] *adj* blass, farblos
pallor ['pælə] *sb* Blässe *f*
pally ['pælɪ] *adj (fam)* freundlich, kumpelhaft
palm[1] [pɑːm] *sb 1. ANAT* Handfläche *f,* Handteller *m; cross s.o.'s ~ with silver* jdm

Geld geben; *v 2. ~ off (sth)* andrehen; *3. (s.o., with an explanation)* abspeisen
palm² [pɑːm] *sb BOT* Palme *f*
palmistry ['pɑːmɪstrɪ] *sb* Handlesekunst *f*
palmy ['pɑːmɪ] *adj (fig)* glorreich
palpable ['pælpəbl] *adj* greifbar
palpate ['pælpeɪt] *v* fühlen, abtasten
palpitate ['pælpɪteɪt] *v* stark klopfen
paltry ['pɔːltrɪ] *adj* armselig, karg
pamper ['pæmpə] *v* verwöhnen
pan [pæn] *sb 1.* Pfanne *f; v 2. (US: criticize)* verreißen; *3. (camera) CINE* schwenken
• **pan out** *v (fam)* klappen
panacea [pænə'sɪə] *sb* Allheilmittel *n*
panache [pə'næʃ] *sb* Schwung *m,* Pfiff *m*
pander ['pændə] *v ~ to* appellieren an
pane [peɪn] *sb* Glasscheibe *f; window ~* Fensterscheibe *f*
panel ['pænl] *sb 1. (wood)* Holztafel *f; (glass)* Glasscheibe *f; (in a door)* Türfüllung *f; 2. (of switches) TECH* Schalttafel *f,* Kontrolltafel *f; (of a car)* Armaturenbrett *n; 3. (of experts, of interviewers)* Gremium *n; v 4.* täfeln
panel discussion ['pænldɪskʌʃən] *sb* Podiumsdiskussion *f*
panelling ['pænəlɪŋ] *sb* Täfelung *f*
panellist ['pænəlɪst] *sb* Diskussionsteilnehmer *m*
pang [pæŋ] *sb* Stich *m*
panic ['pænɪk] *v 1.* in Panik geraten; *sb 2.* Panik *f*
panicky ['pænɪkɪ] *adj* nervös
panicmonger ['pænɪkmʌŋgə] *sb* Panikmacher *m*
pansy ['pænzɪ] *sb 1. BOT* Stiefmütterchen *n; 2. (fam: homosexual)* Schwuler *m*
pant [pænt] *v 1.* keuchen; *2. (dog)* hecheln
panties ['pæntɪz] *pl (for women)* Damenslip *m*
pantomime ['pæntəmaɪm] *sb 1.* Pantomime *f; 2. (UK)* Weihnachtsmärchen *n*
pantry ['pæntrɪ] *sb* Vorratskammer *f*
pants [pænts] *pl 1. (US: trousers)* Hose *f; 2. (UK: underpants)* Unterhose *f*
pantyhose ['pæntɪhəʊz] *sb* Strumpfhose *f*

paper ['peɪpə] *sb 1.* Papier *n; 2. ~s pl (writings, documents)* Papiere *pl; 3. (scholarly)* Referat *n; 4. (newspaper)* Zeitung *f*

paperback ['peɪpəbæk] *sb (~ book)* Taschenbuch *n*
paperboard ['peɪpəbɔːd] *sb* Pappdeckel *m*
paperboy ['peɪpəbɔɪ] *sb* Zeitungsjunge *m*
paper clip ['peɪpəklɪp] *sb* Büroklammer *f*
paper money ['peɪpə 'mʌnɪ] *sb FIN* Papiergeld *n*
paper plate ['peɪpə'pleɪt] *sb* Pappteller *m*
paper-thin [peɪpə'θɪn] *adj* hauchdünn
paperweight ['peɪpəweɪt] *sb* Briefbeschwerer *m*
par [pɑː] *sb 1.* Gleichheit *f; to be on a ~ with sth* sich mit etw messen können; *below ~ (fig)* unter Niveau *n; up to ~* dem erwarteten Niveau entsprechend; *2. SPORT* Par *n*
parable ['pærəbl] *sb* Parabel *f,* Gleichnis *n*
parabola [pə'ræbələ] *sb MATH* Parabel *f*
parachute ['pærəʃuːt] *sb 1.* Fallschirm *m; v 2.* mit dem Fallschirm abspringen
parachutist ['pærəʃuːtɪst] *sb* Fallschirmspringer *m*
parade [pə'reɪd] *sb 1. (festive procession)* Umzug *m; 2. MIL* Parade *f; v 3. (through a town)* durch die Straßen ziehen; *4. (show off)* zur Schau stellen
paradigm ['pærədaɪm] *sb* Paradigma *n,* Musterbeispiel *n*
paradise ['pærədaɪs] *sb* Paradies *n*
paragon ['pærəgən] *sb* Muster *n; ~ of virtue* Ausbund der Tugend *m*
paragraph ['pærəgrɑːf] *sb* Absatz *m,* Abschnitt *m*
parallel ['pærəlel] *adj 1.* parallel; *2. (situations)* vergleichbar; *sb 3.* Parallele *f; 4. GEO* Breitenkreis *m*
paralleling ['pærəlelɪŋ] *sb* paralleler Verlauf *m*
paralyse ['pærəlaɪz] *v* paralysieren, lähmen; *(fig: industry)* lahm legen; *to be ~d with fear* vor Schreck wie gelähmt sein
paramedic [pærə'medɪk] *sb* Sanitäter *m,* ärztliche(r) Assistent/Assistentin *m/f*
paramount ['pærəmaʊnt] *adj* höchste(r,s), oberste(r,s)
paranoid ['pærənɔɪd] *adj* paranoid
parapet ['pærəpɪt] *sb* Brüstung *f*
paraphernalia [pærəfə'neɪlɪə] *sb* Zubehör *n,* Drum und Dran *n*
paraphrase ['pærəfreɪz] *v* umschreiben, paraphrasieren
paraplegia [pærə'pliːdʒə] *sb MED* Paraplegie *f* (beidseitige Lähmung)
parasite ['pærəsaɪt] *sb* Schmarotzer *m*
parasol ['pærəsɒl] *sb* Sonnenschirm *m*
parboil ['pɑːbɔɪl] *v* halb gar kochen
parcel ['pɑːsl] *sb 1.* Paket *n; 2.* Parzelle *f; a ~ of land* ein Stück Land *n; v 3. ~ out* aufteilen
parcenary ['pɑːsɪnərɪ] *sb* Mitbesitz *m*

P

parch [pɑːtʃ] *v* ausdörren, austrocknen
parched [pɑːtʃt] *adj (lips, throat)* ausgetrocknet; *(land)* verdorrt
parchment ['pɑːtʃmənt] *sb* Pergament *n*
pardon ['pɑːdn] *v 1. JUR* begnadigen; *2. (forgive)* verzeihen, vergeben; *Pardon me!* Verzeihung! *Pardon me?* Wie bitte? *sb 3. JUR* Begnadigung *f; general ~* Amnestie *f; 4. (forgiveness)* Verzeihung *f; 5. I beg your ~ (excuse me, but...)* Verzeihen Sie bitte ..., *(What did you say?)* Wie bitte? *I beg your ~! (outraged)* Erlauben Sie mal!
pardonable ['pɑːdnəbl] *adj* verzeihlich, entschuldbar
pare [pɛə] *v 1. GAST* schälen; *2. ~ down (fig)* einschränken
parent ['pɛərənt] *sb* Elternteil *m; ~s pl* Eltern *pl*
parentage ['pɛərəntɪdʒ] *sb* Herkunft *f*
parental [pə'rentl] *adj* elterlich
parenthood ['pɛərənthʊd] *sb (state of being a parent)* Elternschaft *f*
parenting ['pærəntɪŋ] *sb* das Aufziehen von Kindern *n*
parergon [pær'ɜːgɒn] *sb* Nebenbeschäftigung *f,* Nebenjob *m*
parings ['pɛərɪŋz] *pl* Schalen *pl*
parish ['pærɪʃ] *sb* Gemeinde *f*
parity ['pærɪtɪ] *sb* Gleichheit *f*
park [pɑːk] *sb 1.* Park *m; 2. SPORT* Platz *m; v 3.* parken; *4. (~ a bicycle, put sth down)* abstellen
parkland ['pɑːklænd] *sb* Grünland *n*
parkway ['pɑːkweɪ] *sb* Allee *f,* Chaussee *f*
parky ['pɑːkɪ] *adj (fam)* kühl, frisch
parlance ['pɑːləns] *sb* Sprachgebrauch *m,* Sprache *f*
parlay ['pɑːleɪ] *v 1. (US)* wieder einsetzen; *2. (fig)* ausbauen
parley ['pɑːlɪ] *sb* Verhandlungen *pl*
parliament ['pɑːləmənt] *sb POL* Parlament *n*
parliamentarian [pɑːləmen'tɛərɪən] *sb POL* Parlamentarier *m*
parliamentary [pɑːlə'mentərɪ] *adj POL* parlamentarisch, Parlaments...
parlour ['pɑːlə] *sb 1.* Salon *m; 2. ice-cream ~* Eisdiele *f*
parlous ['pɑːləs] *adj* prekär
parochial [pə'rəʊkɪəl] *adj 1.* parochial, Pfarr..., Gemeinde... *2. (fig)* beschränkt, engstirnig
parochial school [pə'rəʊkɪəl skuːl] *sb (US)* Konfessionsschule *f*
parol ['pærəl] *adj JUR* mündlich
parole [pə'rəʊl] *v 1.* auf Bewährung entlassen; *sb 2.* Bewährung *f*
paroxysm ['pærəksɪzm] *sb* Anfall *m; ~s of rage* Wutanfall *m*
parquet ['pɑːkeɪ] *sb* Parkett *n,* Parkettfußboden *m*
parquetry ['pɑːkɪtrɪ] *sb* Mosaikparkett *n*
parricide ['pærɪsaɪd] *sb 1. (act)* Vatermord *m; 2. (person)* Vatermörder *m*
parrot ['pærət] *sb 1. ZOOL* Papagei *m; v 2.* nachplappern
parry ['pærɪ] *v* parieren, abwehren
parsimonious [pɑːsɪ'məʊnɪəs] *adj* geizig
parsimony ['pɑːsɪmənɪ] *sb* Geiz *m*
parsley ['pɑːslɪ] *sb BOT* Petersilie *f*
parson ['pɑːsn] *sb* Pfarrer *m,* Pastor *m*
parsonage ['pɑːsnɪdʒ] *sb REL* Pfarrhaus *n*

part [pɑːt] *v 1.* sich teilen; *(road)* sich gabeln; *2. (people)* sich trennen; *(temporarily)* auseinander gehen; *~ with sth* sich von etw trennen; *3. (divide)* teilen; *(hair)* scheiteln; *4. (separate)* trennen; *sb 5. (fragment, portion)* Teil *m; for the most ~* hauptsächlich, weitgehend, meistens; *~ of town* Stadtteil *m,* Viertel *n; in ~* teilweise, zum Teil; *6. ~s (area)* Gegend *f; 7. body ~* Körperteil *m; 8. (side, interest, concern)* Seite *f; for his ~* seinerseits, was ihn betrifft; *on the ~ of* seitens, vonseiten; *9. (role)* Rolle *f; take ~ in sth* an etw teilnehmen, bei etw mitmachen; *10. (US: in hair)* Haarscheitel *m; adv 11.* teils, teilweise

partake [pɑː'teɪk] *v irr ~ of (food)* zu sich nehmen
part exchange ['pɑːtɪkstʃeɪndʒ] *sb 1. offer sth in ~* etw in Zahlung geben; *2. take sth in ~* etw in Zahlung nehmen
partial ['pɑːʃəl] *adj 1.* Teil..., teilweise, partiell; *2. (biased) (person)* voreingenommen; *(judgement)* parteiisch; *3. to be ~ to sth* eine besondere Vorliebe haben für etw
partiality [pɑːʃɪ'ælɪtɪ] *sb 1. (liking)* Vorliebe *f; 2. (bias)* Voreingenommenheit *f*
partially ['pɑːʃəlɪ] *adv* teilweise, zum Teil
partible ['pɑːtəbl] *adj* teilbar, trennbar
participant [pɑː'tɪsɪpənt] *sb* Teilnehmer *m*
participate [pɑː'tɪsɪpeɪt] *v* sich beteiligen, teilnehmen
participation [pɑːtɪsɪ'peɪʃən] *sb* Beteiligung *f,* Teilnahme *f*
participle ['pɑːtɪsɪpl] *sb* Partizip *n*

P

particle ['pɑːtɪkl] *sb* Teilchen *n*
particular [pə'tɪkjʊlə] *adj 1. (special)* besondere(r,s), bestimmte(r,s); *this ~ case* dieser spezielle Fall; *2. in ~* besonders, vor allem; *nothing in ~* nichts Bestimmtes, nichts Besonderes; *3. (fussy)* eigen; *(choosy)* wählerisch; *sb 4. ~s pl* Einzelheiten *pl*
particularity [pətɪkjʊ'lærɪtɪ] *sb* Besonderheit *f,* besonderer Umstand *m,* Einzelheit *f*
particularize [pə'tɪkjʊləraɪz] *v* einzeln angeben, detailliert aufführen
particularly [pə'tɪkjʊləlɪ] *adv* besonders, insbesondere
partisan [pɑːtɪ'zæn] *adj 1.* parteiisch, parteilich; *sb 2. MIL* Partisan *m*
partition [pɑː'tɪʃən] *v 1. (a room)* aufteilen; *2. (a country)* teilen; *sb 3. (act)* Teilung *f; 4. (wall)* Trennwand *f*
• **partition off** *v* abteilen, abtrennen
partly ['pɑːtlɪ] *adv* zum Teil, teilweise, teils
partner ['pɑːtnə] *sb 1.* Partner *m; 2. (in crime)* Komplize/Komplizin *m/f; 3. (in a limited company) ECO* Gesellschafter *m*
partway ['pɑːtweɪ] *adv* den halben Weg, halbwegs, teilweise
party ['pɑːtɪ] *sb 1. (celebration)* Fest *n,* Party *f (fam),* Gesellschaft *f; 2. JUR* Partei *f; 3. (participant)* Teilnehmer *m,* Teilhaber *m,* Beteiligte(r) *m/f; a third ~* ein Dritter *m/* eine Dritte *f; 4. (group)* Gruppe *f,* Gesellschaft *f; MIL* Kommando *n; 5. POL* Partei *f*
party line ['pɑːtɪ'laɪn] *sb 1. POL* Parteilinie *f;* ['pɑːtɪlaɪn] *2. TEL* Gemeinschaftsanschluss *m*
party pooper ['pɑːtɪpuːpə] *sb (fam)* Spielverderber *m*

pass [pɑːs] *v 1. (move past)* vorbeigehen, vorbeifahren; *let s.o. ~* jdn vorbeilassen; *let a remark ~* eine Bemerkung durchgehen lassen; *2. (overtake)* überholen; *"no ~ing"* Überholverbot *n; 3. (come to an end, disappear)* vorübergehen, vorbeigehen; *(storm)* vorüberziehen; *4. (move)* gehen; *~ into oblivion* in Vergessenheit geraten; *5. (time)* vergehen; *~ the time* sich die Zeit vertreiben; *6. come to ~* sich begeben; *7. (in a card game)* passen; *8. (move past)* vorbeigehen an, vorbeifahren an; *9. (cross)* überschreiten, überqueren, passieren; *10. (approve) (a law)* verabschieden; *(a motion)* annehmen; *11. JUR (a sentence)* verhängen; *(judgement)* fällen; *12. (exam)* bestehen; *(give a passing note)* bestehen lassen; *13. (the time)* verbringen; *14. (hand to s.o.)* reichen; *15. MED* absondern, ausscheiden; *sb 16. (permit)* Ausweis *m,* Pass *m; 17. MIL* Passierschein *m; 18. (passage)* Pass *m; 19. SPORT* Pass *m; 20. (UK: at university)* Bestehen *n,* Durchkommen *n; 21. (by a plane)* Vorbeifliegen *n; make a ~ at s.o. (fig)* bei jdm Annäherungsversuche machen

• **pass away** *v (die)* entschlafen, hinscheiden
• **pass down** *v (from generation to generation)* weitergeben
• **pass off** *v pass sth off as sth* etw als etw ausgeben
• **pass on** *v 1. (die)* entschlafen, verscheiden; *2. (information)* weitergeben
• **pass out** *v 1. (become unconscious)* in Ohnmacht fallen, umkippen *(fam); 2. (distribute)* austeilen, verteilen
• **pass over** *v (not choose, ignore)* übergehen
• **pass through** *v 1. to be passing through* auf der Durchreise sein; *2. pass sth through sth* etw durch etw führen, etw durch etw leiten
passable ['pɑːsəbl] *adj 1. (road)* befahrbar; *2. (tolerable)* leidlich, passabel
passably ['pɑːsəblɪ] *adv* ziemlich, einigermaßen
passage ['pæsɪdʒ] *sb 1. (going through)* Durchgang *m,* Durchfahrt *f; 2. (voyage)* Überfahrt *f,* Reise *f; 3. (fare)* Überfahrt *f; 4. (of time)* Vergehen *n; 5. (corridor)* Gang *m; 6. (in a book, of a piece of music)* Passage *f; 7. (of a bill) POL* Verabschiedung *f*
passageway ['pæsɪdʒweɪ] *sb* Durchgang *m,* Korridor *m,* Passage *f*
passbook ['pɑːsbʊk] *sb* Sparbuch *n*
passenger ['pæsɪndʒə] *sb 1. (on a bus, in a taxi)* Fahrgast *m; 2. (on a plane, on a ship)* Passagier *m; 3. (on a train)* Reisende(r) *m/f; 4. (in a car)* Mitfahrer *m*
passenger seat ['pæsɪndʒəsiːt] *sb* Beifahrersitz *m*
passer-by [pɑːsə'baɪ] *sb* Passant *m*
passing ['pɑːsɪŋ] *sb 1. in ~* beiläufig; *2. (death)* Hinscheiden *n; 3. (of a law)* Durchgehen *n; adj 4.* vorübergehend, flüchtig; *(remark)* beiläufig
passion ['pæʃən] *sb 1.* Leidenschaft *f; 2. REL, ART, MUS* Passion *f*
passional ['pæʃənl] *adj* aus Leidenschaft, leidenschaftlich
passionate ['pæʃənɪt] *adj* leidenschaftlich
passionless ['pæʃənlɪs] *adj* leidenschaftslos

P

passive ['pæsɪv] *adj 1.* passiv; *sb 2. GRAMM* Passiv *n*
passiveness ['pæsɪvnɪs] *sb* Passivität *f*
passive resistance ['pæsɪv rɪ'zɪstəns] *sb* passiver Widerstand *m*
passive smoking ['pæsɪv 'sməʊkɪŋ] *sb* Passivrauchen *n*
passivism ['pæsɪvɪzəm] *sb* Passivität *f*
passivity [pæ'sɪvɪtɪ] *sb* Passivität *f*
passkey ['pɑːskiː] *sb* Hauptschlüssel *m*
Passover ['pɑːsəʊvə] *sb REL* Passah *n*
passport ['pɑːspɔːt] *sb 1.* Pass *m,* Reisepass *m; 2. (fig)* Schlüssel *m*
password ['pɑːswɜːd] *sb* Kennwort *n,* Losungswort *n,* Parole *f*

past [pɑːst] *adj 1.* vergangene(r,s); *2. (previous)* frühere(r,s); *adv 3.* vorbei, vorüber; *prep 4. (motion)* an ... vorbei; *5. (time)* nach, über; *half ~ nine* halb zehn; *6. (beyond)* über ... hinaus; *I wouldn't put it ~ him. (fam)* Ich würde es ihm schon zutrauen. *sb 7.* Vergangenheit *f; in the ~* früher, in der Vergangenheit

paste [peɪst] *sb 1.* Kleister *m; 2. GAST* Paste *f; 3. (jewellery)* Strass *m; v 4. (affix)* kleben; *5. ~ s.o. (fam: punch)* jdm eins vor den Latz knallen; *6. ~ s.o. (fam: defeat)* jdn in die Pfanne hauen
pasteboard ['peɪstbɔːd] *sb* Karton *m,* Pappe *f*
pastel ['pæstel] *sb 1. (chalk)* Pastellkreide *f; 2. (colour)* Pastellton *m; 3. (drawing)* Pastellzeichnung *f*
pastelist ['pæstlɪst] *sb* Pastellmaler *m*
pastime ['pɑːstaɪm] *sb* Zeitvertreib *m*
pastry ['peɪstrɪ] *sb 1.* Teig *m; 2. (one ~)* Stückchen *n,* Kuchen *m,* Torte *f; pastries pl* Gebäck *n*
past tense [pɑːst tens] *sb* Vergangenheit *f*
pasturage ['pɑːstʃərɪdʒ] *sb* Weide *f*
pasture ['pɑːstʃə] *sb* Weide *f; put out to ~* auf die Weide treiben; *seek greener ~s (fig)* sich nach besseren Möglichkeiten umsehen
pasty ['peɪstɪ] *adj (fig: skin)* käsig
pat [pæt] *v* tätscheln; *~ s.o. on the back* jdm auf die Schulter klopfen
patch [pætʃ] *sb 1. (for mending clothes)* Flicken *m; 2. (small area)* Fleck *m; 3. (of land)* Stück *n; (garden)* Beet *n; v 4.* flicken
• patch up *v 1.* zusammenflicken; *2. (fig: a relationship)* kitten
patchable ['pætʃəbl] *adj* reparierbar
patcher ['pætʃə] *sb* Flickschneider *m*
patchy ['pætʃɪ] *adj* zusammengestückelt, uneinheitlich
pate [peɪt] *sb* Rübe *f (fam),* Birne *f (fam)*
patency ['peɪtnsɪ] *sb* Offenkundigkeit *f*
patent ['peɪtənt] *v 1.* patentieren lassen; *sb 2.* Patent *n*
patent leather ['peɪtənt 'leðə] *sb* Lackleder *n; ~ shoe* Lackschuh *m*
patently ['peɪtntlɪ] *adv* offenkundig
paternal [pə'tɜːnəl] *adj* väterlich
paternalism [pə'tɜːnəlɪzəm] *sb* Bevormundung *f*
paternity [pə'tɜːnɪtɪ] *sb* Vaterschaft *f*
path [pɑːθ] *sb* Pfad *m,* Weg *m*
pathetic [pə'θetɪk] *adj 1. (piteous)* Mitleid erregend; *2. (fam)* erbärmlich, jämmerlich, kläglich
pathfinder ['pɑːθfaɪndə] *sb* Wegbereiter *m*
pathos ['peɪθɒs] *sb* Pathos *n*
pathway ['pɑːθweɪ] *sb* Pfad *m,* Weg *m*
patience ['peɪʃəns] *sb* Geduld *f*
patient ['peɪʃənt] *adj 1.* geduldig; *sb 2.* Patient(in) *m/f*
patio ['pætɪəʊ] *sb 1.* Terrasse *f,* Veranda *f; 2. (courtyard)* Innenhof *m,* Patio *m*
patrial ['peɪtrɪəl] *sb* Nationalist(in) *m/f*
patriot ['peɪtrɪət] *sb* Patriot(in) *m/f*
patriotic [pætrɪ'ɒtɪk] *adj* patriotisch
patriotism ['pætrɪətɪzəm] *sb* Patriotismus *m,* Vaterlandsliebe *f*
patrol [pə'trəʊl] *v 1.* auf Patrouille gehen; *2. (policeman)* eine Streife machen; *3. (watchman)* seine Runden machen; *4. (an area)* patrouillieren; *sb 5.* Streife *f; 6. (by a watchman)* Runde *f; 7. (by a ship)* Patrouille *f; 8. (people patrolling)* Patrouille *f; (of police)* Streife *f*
patrol car [pə'trəʊl kɑː] *sb* Streifenwagen *m*
patron ['peɪtrən] *sb 1.* Patron *m,* Schutzherr *m,* Schirmherr *m; 2. (of an artist)* Förderer *m,* Gönner *m; 3. (customer)* Kunde/Kundin *m/f,* Gast *m*
patronage ['pætrənɪdʒ] *sb* Schirmherrschaft *f*
patronize ['pætrənaɪz] *v 1. (a business)* besuchen; *2. (the arts)* unterstützen, fördern; *3. (treat condescendingly)* gönnerhaft behandeln, herablassend behandeln
patronizing ['pætrənaɪzɪŋ] *adj* gönnerhaft, herablassend
patron saint ['peɪtrən seɪnt] *sb REL* Schutzpatron/Schutzpatronin *m/f*
patter ['pætə] *sb 1. (of feet)* Getrippel *n; 2. (slick talking)* Sprüche *pl*

P

pattern ['pætən] *sb* *1.* Muster *n;* *2.* *(for sewing)* Schnittmuster *n;* *v* *3.* *~ sth after sth* etw nach etw bilden, etw nach etw gestalten
paucity ['pɔːsɪtɪ] *sb* Knappheit *f*
paunch [pɔːntʃ] *sb* *1.* Bauch *m,* Wanst *m;* *2. ZOOL* Pansen *m*
paunchy ['pɔːntʃɪ] *adj* dick
pauper ['pɔːpə] *sb* Arme(r) *m/f*
pauperize ['pɔːpəraɪz] *v* in die Armut treiben
pause [pɔːz] *v* *1.* eine Pause machen; *2.* *(in conversation)* innehalten; *3.* *(hesitate)* zögern; *sb* *4.* Pause *f*
pave [peɪv] *v* *1.* *(a road)* pflastern; *2.* *~ the way for (fig)* den Weg ebnen für
pavement ['peɪvmənt] *sb* *1.* *(UK)* Bürgersteig *m,* Trottoir *n;* *2.* *(US: paved road)* Straße *f;* *3.* *(material)* Pflaster *n*
paving ['peɪvɪŋ] *sb* Belag *m,* Decke *f*
paving stone ['peɪvɪŋstəʊn] *sb* Pflasterstein *m*
paw [pɔː] *sb* *ZOOL* *1.* Pfote *f;* *2.* *(of a bear, of a lion)* Pranke *f,* Tatze *f*
pawn[1] [pɔːn] *sb* *1.* *(chess piece)* Bauer *m;* *2.* *(fig)* Schachfigur *f*
pawn[2] [pɔːn] *v* *1.* verpfänden, versetzen; *sb* *2.* *(thing pawned)* Pfand *n*

pay [peɪ] *v irr* *1.* bezahlen; *(a bill, interest)* zahlen; *~ for* bezahlen für; *2.* *(to be profitable)* sich lohnen; *3.* *~ for (fig: suffer)* bezahlen für, büßen für; *4.* *~ attention* Aufmerksamkeit schenken; *5.* *~ s.o. a visit* jdn besuchen, jdm einen Besuch abstatten; *sb* *6.* Lohn *m;* *(salary)* Gehalt *n;* *MIL* Sold *m*

P

• **pay back** *v irr* *1.* zurückzahlen; *2.* *(a compliment)* erwidern; *3.* *(an insult)* sich revanchieren, heimzahlen
• **pay in** *v irr* einzahlen
• **pay off** *v irr* *1.* *(to be profitable) (fam)* sich lohnen; *2.* *(sth) (a debt)* abbezahlen; *(a mortgage)* ablösen; *3.* *(s.o.) (creditors)* befriedigen; *(workmen)* auszahlen
• **pay up** *v irr* sofort bezahlen; *Pay up!* Los, zahlen!
payable ['peɪəbl] *adj* zahlbar; *(due)* fällig; *make a cheque ~ to s.o.* einen Scheck auf jdn ausstellen
payee [peɪ'iː] *sb* Zahlungsempfänger *m*
payer ['peɪə] *sb* Zahler *m*
payload ['peɪləʊd] *sb* Nutzlast *f*
paymaster ['peɪmɑːstə] *sb* Zahlmeister *m*
payment ['peɪmənt] *sb* *1.* Zahlung *f;* *2.* *(to a person)* Bezahlung *f*
payoff ['peɪɒf] *sb* *1.* *(bribe)* Bestechungsgeld *n;* *2.* *(revenge)* Abrechnung *f;* *3.* *(outcome, climax)* Quittung *f*
pay raise ['peɪreɪz] *sb* *(US)* Lohnerhöhung *f,* Gehaltserhöhung *f*
pay rise ['peɪraɪz] *sb* Lohnerhöhung *f,* Gehaltserhöhung *f*
payroll ['peɪrəʊl] *sb* Lohnliste *f;* *have s.o. on one's ~* jdn beschäftigen
pea [piː] *sb* Erbse *f*
peace [piːs] *sb* *1.* Frieden *m,* Friede *m;* *make ~* Frieden schließen; *make one's ~ with s.o.* sich mit jdm versöhnen; *2.* *(tranquillity)* Ruhe *f;* *~ of mind* Seelenruhe *f;* *3. JUR* öffentliche Ruhe und Ordnung *f*
peaceful ['piːsfʊl] *adj* *1.* friedlich; *2.* *(undisturbed)* ruhig
peacekeeping ['piːskiːpɪŋ] *sb* Friedenserhaltung *f,* Friedenssicherung *f*
peacemaker ['piːsmeɪkə] *sb* *1.* Friedensstifter *m;* *2.* *(fig: revolver)* Revolver *m*
peace treaty ['piːstriːtɪ] *sb* *POL* Friedensvertrag *m*
peach [piːtʃ] *sb* *BOT* Pfirsich *m*
peachy ['piːtʃɪ] *adj* *(fig)* prima
peacock ['piːkɒk] *sb* *ZOOL* Pfau *m*
peak [piːk] *sb* *1.* *(of a mountain)* Gipfel *m;* *2.* *(maximum)* Höhepunkt *m;* *3.* *(sharp point)* Spitze *f;* *v* *4.* den Höchststand erreichen; *adj* *5.* Höchst..., Spitzen...
peaked [piːkt] *adj* spitz
peak hours [piːk aʊəz] *pl* Hauptverkehrszeit *f*
peakish ['piːkɪʃ] *adj* ziemlich spitz
peaky ['piːkɪ] *adj* verhärmt, abgezehrt
peal [piːl] *v* *1.* *(bell)* läuten; *sb* *2.* *(sound of bells)* Glockengeläute *n;* *3.* *(sound of laughter)* schallendes Gelächter *n*
peanut ['piːnʌt] *sb* Erdnuss *f;* *work for ~s (fig)* für einen Apfel und ein Ei arbeiten *(fam)*
pear [pɛə] *sb* Birne *f*
pearl [pɜːl] *sb* Perle *f*
pearler ['pɜːlə] *sb* Perlenzüchter *m*
pearlized ['pɜːlaɪzd] *adj* perlmuttartig
pearly ['pɜːlɪ] *adj* *~ white* perlweiß; *the ~ gates* die Himmelstür
peasant ['pezənt] *sb* (armer) Bauer *m*
peasantry ['pezntrɪ] *sb* Bauernschaft *f*
pebble ['pebl] *sb* Kieselstein *m,* Kiesel *m*
pebble dash ['pebl dæʃ] *sb* Rauputz *m*
peccable ['pekəbl] *adj* sündhaft, sündig
peccadillo [pekə'dɪləʊ] *sb* kleine Sünde *f* *(fam)*

peck [pek] *v 1. (bird)* picken; *sb 2. (kiss)* flüchtiger Kuss *m, Küsschen n; 3. (measure)* Viertelscheffel *m*
peckish ['pekɪʃ] *adj (fam)* hungrig
pectoral ['pektərəl] *sb* Brustmuskel *m*
peculate ['pekjʊleɪt] *v* öffentliche Gelder veruntreuen
peculiar [pɪ'kjuːlɪə] *adj 1. (strange)* seltsam, eigenartig; *2. (special)* eigentümlich
peculiarity [pɪkjʊlɪ'ærɪtɪ] *sb 1. (strangeness)* Eigenartigkeit *f,* Seltsamkeit *f; 2. (unusual feature)* Eigentümlichkeit *f,* Eigenheit *f,* Besonderheit *f*
pedal ['pedl] *v 1.* in die Pedale treten; *sb 2.* Pedal *n,* Fußhebel *m; put the ~ to the metal (fam) (US)* Vollgas geben
peddle ['pedl] *v 1.* hausieren gehen; *2. (sth)* hausieren gehen mit
pedestal ['pedɪstl] *sb* Sockel *m; put s.o. on a ~* jdn in den Himmel heben
pedestrian [pɪ'destrɪən] *sb 1.* Fußgänger *m; adj 2. (fam: mundane)* prosaisch
pedestrianize [pɪ'destrɪənaɪz] *v 1. (convert into a mall)* in eine Fußgängerzone umwandeln; *2. (walk)* zu Fuß gehen
pedigree ['pedɪgriː] *sb* Stammbaum *m*
pedlar ['pedlə] *sb* Hausierer *m*
pee [piː] *v (fam)* pinkeln
peek [piːk] *v 1.* gucken; *sb 2.* flüchtiger Blick *m*
peel [piːl] *v 1. (to be ~ing)* sich schälen; *(paint)* abblättern; *(wallpaper)* sich lösen; *2. (sth)* schälen; *sb 3.* Schale *f*
• peel off *v 1. (from a formation)* ausscheren; *2. (wallpaper)* abziehen; *3. (clothes)* abstreifen
peep [piːp] *v 1. (make a small noise)* piepsen, piepen; *2. (look)* gucken
peephole ['piːphəʊl] *sb* Guckloch *n*
Peeping Tom ['piːpɪŋ tɒm] *sb* Spanner *m (fam),* Voyeur *m*
peer [pɪə] *v 1.* starren; *~ over the wall* über die Mauer spähen; *sb 2.* Gleiche(r) *m/f; He is without ~.* Er sucht seinesgleichen. *3. (nobleman)* Angehörige(r) des Hochadels *m/f*
peerage ['pɪərɪdʒ] *sb* Adel *m*
peerless ['pɪəlɪs] *adj* einzigartig, unvergleichlich
peeve [piːv] *v* ärgern, verärgern
peevish ['piːvɪʃ] *adj* reizbar, übel gelaunt
peg [peg] *v 1.* anpflocken; *2. (fam: prices)* stützen; *sb 3.* Pflock *m; (for a pegboard)* Stift *m; (to hang a hat on)* Haken *m; 4. take s.o. down a ~ or two (fam)* jdm einen Dämpfer aufsetzen
• peg down *v* festpflocken
pegboard ['pegbɔːd] *sb* Lochbrett *n*
pejorative [pɪ'dʒɒrɪtɪv] *adj* abwertend, pejorativ, abschätzig
pelican crossing ['pelɪkənkrɒsɪŋ] *sb* Ampelübergang *m*
pellet ['pelɪt] *sb 1.* Kügelchen *n; 2. (for a gun)* Schrotkorn *n*
pell-mell ['pel'mel] *adv 1. (in a haste)* Hals über Kopf; *2. (in disorder)* durcheinander, wie Kraut und Rüben
pelt[1] [pelt] *v 1. (beat hard)* verhauen, prügeln; *It's ~ing rain.* Es regnet in Strömen. *2. (with rocks)* bewerfen
pelt[2] [pelt] *sb* Pelz *m,* Fell *n*
pelvic ['pelvɪk] *adj* Becken...
pelvis ['pelvɪs] *sb ANAT* Becken *n*
pen[1] [pen] *sb (writing instrument)* Feder *f; (ball-point ~)* Kugelschreiber *m*
pen[2] [pen] *sb (enclosure)* Pferch *m*
penal ['piːnl] *adj* Straf...
penal code ['piːnl kəʊd] *sb JUR* Strafgesetzbuch *n*
penal colony ['piːnl 'kɒlənɪ] *sb* Sträflingskolonie *f*
penal institution ['piːnəl ɪnstɪ'tjuːʃən] *sb JUR* Strafanstalt *f*
penalize ['penəlaɪz] *v 1.* bestrafen; *2. (fig)* benachteiligen
penalty ['penəltɪ] *sb 1.* Strafe *f; 2. (fig: disadvantage)* Nachteil *m*
penance ['penəns] *sb* Buße *f; do ~* Buße tun
pence [pens] *pl* Pence *pl*
penchant ['pɑ̃ʃɑ̃] *sb* Neigung *f,* Hang *m,* Vorliebe *f; a ~ for* eine Vorliebe für
pencil ['pensl] *sb 1.* Bleistift *m; v 2. ~ in* mit Bleistift schreiben
pend [pend] *v 1. (remain unsettled)* offen sein, ungeregelt sein; *2. (hang)* hängen
pendant ['pendənt] *sb* Anhänger *m*
pendent ['pendənt] *adj* hängend, Hänge...
pendulous ['pendjʊləs] *adj* herabhängend, Hänge...
penetrant ['penɪtrənt] *adj* eindringend, penetrant
pen-friend ['penfrend] *sb* Brieffreund(in) *m/f*
peninsula [pɪ'nɪnsjʊlə] *sb* Halbinsel *f*
penitence ['penɪtəns] *sb* Reue *f*
penitent ['penɪtənt] *adj* reuig
penitential [penɪ'tenʃəl] *adj* reumütig, reuig
penitentiary [penɪ'tenʃərɪ] *sb* Strafanstalt *f,* Gefängnis *n*

P

penknife ['pennaɪf] *sb* Taschenmesser *n*
pen name [pen neɪm] *sb* Schriftstellername *m,* Pseudonym *n*
pennant ['penənt] *sb* Wimpel *m*
penniless ['penɪlɪs] *adj* ohne einen Pfennig Geld, mittellos
pennon ['penən] *sb* Wimpel *m*
penny ['penɪ] *sb* Penny *m;* Centstück *n; A ~ for your thoughts!* Woran denkst du gerade?
penny-pincher ['penɪpɪntʃə] *sb (fam)* Pfennigfuchser *m*
penny-wise [penɪ'waɪz] *adj ~ and pound foolish* am falschen Ende sparsam
penology [piː'nɒlədʒɪ] *sb* Kriminalpädagogik *f*
pen pal ['penpæl] *sb* Brieffreund(in) *m/f*
penpusher ['penpʊʃə] *sb* Schreiberling *m,* Bürohengst *m*
pension ['penʃən] *sb* Rente *f; (from an employer)* Pension *f*
pensive ['pensɪv] *adj* nachdenklich, sinnend, gedankenvoll
Pentecost ['pentɪkɒst] *sb REL* Pfingsten *n*
penultimate [pɪ'nʌltɪmɪt] *adj* vorletzte(r,s)
penurious [pɪ'njʊərɪəs] *adj* arm, armselig, dürftig
penury ['penjʊrɪ] *sb* Armut *f,* Not *f,* Mangel *m,* Knappheit *f*

people ['piːpl] *pl 1.* Leute *pl,* Menschen *pl; a thousand ~* tausend Menschen; *she of all ~* ausgerechnet sie; *~ say* man sagt; *sb 2. (race, nation)* Volk *n*

P

people's republic ['piːplz rɪ'pʌblɪk] *sb* Volksrepublik *f*
pep [pep] *sb 1.* Schwung *m; v 2. ~ up* Schwung bringen in; *(person)* munter machen
pepper ['pepə] *sb 1.* Pfeffer *m; v 2.* pfeffern; *3. (fig)* sprenkeln
peppery ['pepərɪ] *adj* gepfeffert
peppy ['pepɪ] *adj (fam)* peppig, fetzig
per [pɜː] *prep* pro; *as ~* gemäß
perceive [pə'siːv] *v* wahrnehmen
per cent [pə'sent] *sb* Prozent *n*
percentage [pə'sentɪdʒ] *sb* Prozentsatz *m; (proportion)* Teil *m; on a ~ basis* prozentual, auf Prozentbasis
perceptible [pə'septɪbl] *adj* wahrnehmbar
perception [pə'sepʃən] *sb 1.* Wahrnehmung *f; 2. (mental image)* Auffassung *f; 3. (perceptiveness)* Einsicht *f*
perceptive [pə'septɪv] *adj (astute)* scharfsinnig
perceptual [pə'septjʊəl] *adj* Wahrnehmungs...
perch [pɜːtʃ] *v 1.* sitzen; *sb 2. (for a bird)* Stange *f; 3. (fig: for a person)* Sitz *m; 4. (fish) ZOOL* Flussbarsch *m*
percolate ['pɜːkəleɪt] *v* durchsickern; *(coffee)* durchlaufen
percussion [pə'kʌʃən] *sb MUS* Schlagzeug *n; ~ instrument* Schlaginstrument *n* Schlagzeuger *m,* Percussionist *m*
per diem [pɜː'daɪem] *sb* Tagegeld *n*
peregrinate ['perɪgrɪneɪt] *v* wandern, reisen
peremptory [pə'remptərɪ] *adj 1.* endgültig; *2. (person)* herrisch; *3. (tone)* gebieterisch
perennial [pə'renɪəl] *adj 1.* ewig, immer während; *2. BOT* perennierend
perfect [pə'fekt] *v 1.* vervollkommnen; *(technology, a process)* perfektionieren; ['pɜːfɪkt] *adj 2.* perfekt, vollendet; *(ideal)* ideal; *3. (complete)* völlig
perfectible [pə'fektəbl] *adj* vervollkommnungsfähig, perfektionierbar
perfectly ['pɜːfɪktlɪ] *adv 1. (flawlessly)* perfekt, vollendet; *2. (utterly)* absolut, vollkommen
perfect tense ['pɜːfɪkt tens] *sb GRAM* Perfekt *n*
perfidious [pə'fɪdɪəs] *adj* verräterisch, falsch, heimtückisch
perforce [pə'fɔːs] *adv* notgedrungen, gezwungenermaßen
perform [pə'fɔːm] *v 1.* leisten; *~ well* eine gute Leistung bringen; *2. THEAT* auftreten; *3. (a task, a duty)* erfüllen; *4. (an operation)* durchführen; *5. (a play) THEAT* aufführen; *6. (a song)* vortragen; *7. (a ritual)* vollziehen
performance [pə'fɔːməns] *sb 1. (carrying out)* Erfüllung *f,* Durchführung *f; 2. (effectiveness)* Leistung *f; 3. (of a film) CINE* Vorstellung *f; 4. (of a play) THEAT* Aufführung *f; 5. (in a role)* Darstellung *f*
perfume ['pɜːfjuːm] *sb* Parfüm *n,* Duft *m*
perfunctory [pə'fʌŋktərɪ] *adj* mechanisch, lustlos, der Form halber
perfuse [pə'fjuːz] *v* ausgießen, verteilen
perhaps [pə'hæps] *adv* vielleicht
peril ['perɪl] *sb* Gefahr *f*
perilous ['perɪləs] *adj* gefährlich
period ['pɪərɪəd] *sb 1.* Periode *f,* Zeit *f; for a ~ of* auf die Dauer von; *2. SPORT* Spielabschnitt *m; (in ice hockey)* Drittel *n; 3. HIST* Zeitalter *n; 4. (menstruation)* Periode *f; 5. GRAMM* Punkt *m*

periodic [pɪərɪ'ɒdɪk] *adj* periodisch
periodical [pɪərɪ'ɒdɪkəl] *sb (magazine)* Zeitschrift *f*
periphery [pə'rɪfərɪ] *sb 1.* Peripherie *f; 2. (fig)* Rand *m*
perish ['perɪʃ] *v 1. (die)* umkommen; *Perish the thought!* Gott behüte! *2. (goods)* verderben; *3. (rubber)* altern
perishable ['perɪʃəbl] *adj (goods)* verderblich
perished ['perɪʃt] *adj (fam)* durchgefroren
perishing ['perɪʃɪŋ] *adj (fam: cold)* eisig
perjury ['pɜːdʒərɪ] *sb JUR* Meineid *m*
perk[1] [pɜːk] *sb (fam: perquisite)* Vergünstigung *f*
perk[2] [pɜːk] *v 1. ~ up* munter werden, aufleben; *2. ~ up (s.o.)* munter machen; *3. ~ up one's ears* die Ohren spitzen
perky ['pɜːkɪ] *adj* kess, keck
perm [pɜːm] *sb (fam)* Dauerwelle *f*
permanent ['pɜːmənənt] *adj 1.* bleibend, permanent; *2. (constant)* ständig
permeability [pɜːmɪə'bɪlɪtɪ] *sb* Durchlässigkeit *f,* Permeabilität *f*
permeable ['pɜːmɪəbl] *adj* durchlässig
permeate ['pɜːmɪeɪt] *v 1.* dringen; *2. (sth)* durchdringen
permissible [pə'mɪsɪbl] *adj* zulässig
permission [pə'mɪʃən] *sb* Erlaubnis *f*
permissive [pə'mɪsɪv] *adj* nachgiebig; *(sexually)* freizügig
permissiveness [pə'mɪsɪvnɪs] *sb 1.* Nachgiebigkeit *f; 2. (sexual ~)* Freizügigkeit *f*
permit [pə'mɪt] *v 1.* erlauben, gestatten; *~ o.s. sth* sich etw erlauben; ['pɜːmɪt] *sb 2.* Genehmigung *f,* Erlaubnis *f*
permutate ['pɜːmjʊteɪt] *v* austauschen, vertauschen
pernicious [pə'nɪʃəs] *adj* verderblich, schädlich
pernickety [pə'nɪkɪtɪ] *adj (fam)* pingelig, pedantisch
perorate ['perəreɪt] *v* große Reden halten
peroration [perə'reɪʃən] *sb* Resümee *n*
perpendicular [pɜːpən'dɪkjʊlə] *adj 1.* senkrecht; *sb 2. MATH* Lot *n,* Senkrechte *f*
perpetrate ['pɜːpɪtreɪt] *v* begehen
perpetual [pə'petjʊəl] *adj* ewig, fortwährend, immer während
perpetuate [pə'petjʊeɪt] *v* verewigen, fortbestehen lassen
perpetuity [pɜːpɪ'tjuːɪtɪ] *sb* Ewigkeit *f*
perplexed [pə'plekst] *adj* verblüfft, verdutzt
perquisite ['pɜːkwɪzɪt] *sb* Vergünstigung *f*
persecute ['pɜːsɪkjuːt] *v* verfolgen
perseverance [pɜːsɪ'vɪərəns] *sb* Ausdauer *f,* Beharrlichkeit *f*
persevere [pɜːsɪ'vɪə] *v* nicht aufgeben
persist [pə'sɪst] *v 1. (to be tenacious)* beharren; *2. (last, continue)* anhalten, fortdauern
persistence [pə'sɪstəns] *sb 1. (tenacity)* Beharrlichkeit *f; 2. (of sth)* Anhalten *n,* Fortdauern *n*
persistent [pə'sɪstənt] *adj 1. (person)* beharrlich; *(obstinate)* hartnäckig; *(importunate)* aufdringlich; *2. (thing)* anhaltend

person ['pɜːsn] *sb* Person *f,* Mensch *m; in ~* persönlich

personable ['pɜːsnəbl] *adj (friendly)* sympathisch
personage ['pɜːsənɪdʒ] *sb* Persönlichkeit *f*
personal ['pəːsənl] *adj* persönlich
personal column ['pɜːsənlkɒləm] *sb* Familienanzeigen *pl*
personal hygiene ['pɜːsənl 'haɪdʒiːn] *sb* Körperpflege *f*
personal injury ['pɜːsənl 'ɪndʒərɪ] *sb JUR* Körperverletzung *f*
personalism ['pɜːsənəlɪzəm] *sb* Personenkult *m*
personality [pɜːsə'nælɪtɪ] *sb* Persönlichkeit *f*
personalize ['pɜːsənəlaɪz] *v ~ sth* etw für jdn anpassen
personate ['pɜːsəneɪt] *v* personifizieren, verkörpern, darstellen
personification [pɜːsɒnɪfɪ'keɪʃən] *sb* Verkörperung *f*
personify [pɜː'sɒnɪfaɪ] *v* verkörpern
personnel [pɜːsə'nel] *sb 1.* Personal *n; 2. (crew)* Besatzung *f*
personnel department [pɜːsə'nel dɪ'pɑːtmənt] *sb* Personalabteilung *f*
perspective [pə'spektɪv] *sb* Perspektive *f*
perspicacious [pɜːspɪ'keɪʃəs] *adj* scharfsinnig
perspicuity [pɜːspɪ'kjuːɪtɪ] *sb* Deutlichkeit *f,* Klarheit *f,* Verständlichkeit *f*
perspicuous [pə'spɪkjʊəs] *adj* deutlich, klar verständlich
perspiration [pɜːspə'reɪʃən] *sb 1. (sweating)* Schwitzen *n; 2. (sweat)* Schweiß *m*
perspiratory [pə'spaɪərətərɪ] *adj (relating to perspiration)* Schweiß...
perspire [pə'spaɪə] *v* schwitzen

P

persuadable [pə'sweɪdəbl] *adj* leicht zu überzeugen, beeinflussbar
persuade [pə'sweɪd] *v* überreden
persuasion [pə'sweɪʒən] *sb 1.* Überredung *f; 2. (belief)* Überzeugung *f*
persuasive [pə'sweɪsɪv] *adj* überzeugend
persuasiveness [pə'sweɪsɪvnɪs] *sb 1. (of an argument)* Überzeugungskraft *f; 2. (of a person)* Überredungskunst *f*
pert [pɜːt] *adj* keck, schnippisch
pertain [pɜː'teɪn] *v ~ to sth* etw betreffen
pertinacious [pɜːtɪ'neɪʃəs] *adj* hartnäckig, beharrlich
pertinent ['pɜːtɪnənt] *adj* zur Sache gehörig, sachdienlich
perturb [pə'tɜːb] *v* beunruhigen, verwirren, stören
perusal [pə'ruːzl] *sb* Durchsicht *f*
peruse [pə'ruːz] *v* durchlesen
pervade [pɜː'veɪd] *v* durchdringen, erfüllen
pervasive [pɜː'veɪsɪv] *adj 1.* überall vorhanden; *2. (odour)* durchdringend
perverse [pə'vɜːs] *adj 1.* pervers, *2. (stubborn)* querköpfig
perversive [pə'vɜːsɪv] *adj* verderblich
pervious ['pɜːvɪəs] *adj* zugänglich, offen
pest [pest] *sb 1. AGR* Schädling *m; 2. (nuisance)* Plage *f; 3. (person)* Quälgeist *m,* Nervensäge *f*
pest control ['pestkəntrəʊl] *sb* Schädlingsbekämpfung *f*
pester ['pestə] *v* plagen, quälen
pesticide ['pestɪsaɪd] *sb* Schädlingsbekämpfungsmittel *n*
pestiferous [pe'stɪfərəs] *adj* verpestet
pestilent ['pestɪlənt] *adj* schädlich, verderblich
pestle ['pesl] *sb* Stößel *m*
pet [pet] *sb 1. (animal)* Haustier *n; v 2.* streicheln; *3. (sexually)* Petting machen mit; *adj 4. (favourite)* Lieblings...
peter ['piːtər] *v ~ out* langsam zu Ende gehen
petition [pə'tɪʃən] *v 1.* bitten, ersuchen, eine Bittschrift einreichen; *~ for divorce* die Scheidungsklage einreichen; *sb 2. JUR* Gesuch *n,* Petition *f,* Bittschrift *f; 3. (list of signatures)* Unterschriftenliste *f*
petitionary [pɪ'tɪʃənrɪ] *adj* bittstellend, antragstellend
petitioner [pɪ'tɪʃənə] *sb* Bittsteller *m,* Antragssteller *m*
pet name [pet neɪm] *sb* Kosename *m*
petrol ['petrəl] *sb (UK)* Benzin *n*
petroleum [pɪ'trəʊlɪəm] *sb* Erdöl *n,* Petroleum *n*
petrol station ['petrəlsteɪʃən] *sb (UK)* Tankstelle *f*
petticoat ['petɪkəʊt] *sb* Unterrock *m*
pettifogging ['petɪfɒgɪŋ] *adj* pedantisch
petty ['petɪ] *adj 1.* geringfügig; *2. (person)* kleinlich, engherzig
petty cash ['petɪ kæʃ] *sb* Portokasse *f*
petulance ['petjʊləns] *sb* Gereiztheit *f*
petulant ['petjʊlənt] *adj* gereizt
pew [pjuː] *sb* Kirchenbank *f*
phantasm ['fæntæzəm] *sb* Hirngespinst *n,* Trugbild *n*
phantom ['fæntəm] *sb 1.* Phantom *n; adj 2.* Phantom...
pharmacist ['fɑːməsɪst] *sb* Apotheker *m*
pharmacy ['fɑːməsɪ] *sb 1. (shop)* Apotheke *f; 2. (science)* Pharmazie *f*
phase [feɪz] *sb 1.* Phase *f; v 2. ~ in* allmählich einführen; *3. ~ out* stufenweise auflösen; *(a product)* auslaufen lassen
phatic ['fætɪk] *adj LING* phatisch
pheasant ['feznt] *sb ZOOL* Fasan *m*
phenomenon [fɪ'nɒmɪnən] *sb 1. (everyday)* Erscheinung *f; 2. (remarkable)* Phänomen *n*
Philistine ['fɪlɪstaɪn] *sb 1.* Philister *m; 2. (fig)* Banause *m; adj 3.* spießbürgerlich
phlegmatic [fleg'mætɪk] *adj* phlegmatisch
phoney ['fəʊnɪ] *adj 1.* unecht, falsch; *2. (story)* erfunden; *3. (forged)* gefälscht; *sb 4. (pretentious person)* Angeber *m*
photogenic [fəʊtəʊ'dʒenɪk] *adj* photogen
photograph ['fəʊtəgrɑːf] *sb 1.* Fotografie *f,* Aufnahme *f,* Lichtbild *n; v 2.* fotografieren, aufnehmen
photographic [fəʊtə'græfɪk] *adj* fotografisch
photography [fə'tɒgrəfɪ] *sb* Fotografie *f*
photosensitive [fəʊtəʊ'sensɪtɪv] *adj* lichtempfindlich
photostat ['fəʊtəʊstæt] *sb* Fotokopie *f*
phrasing ['freɪzɪŋ] *sb* Formulierung *f,* Ausdrucksweise *f*
physical ['fɪzɪkəl] *adj 1. (of the body)* körperlich; *2. (of physics)* physikalisch; *3. (material)* physisch; *sb 4. (check-up)* ärztliche Untersuchung *f*
physician [fɪ'zɪʃən] *sb* Arzt/Ärztin *m/f*
physicist ['fɪzɪsɪst] *sb* Physiker *m*
physics ['fɪzɪks] *sb* Physik *f*
physique [fɪ'ziːk] *sb* Körperbau *m*

pick [pɪk] *v 1. (choose)* wählen, aussuchen; *~ and choose* wählerisch sein; *2. (sth) (select)* wählen, auswählen; *3. (a lock) (fam)* knacken, mit einem Dietrich öffnen; *4. (pull bits off)* zupfen an; *(a scab)* kratzen an; *5. (flowers, fruit)* pflücken; *6. (guitar strings)* zupfen; *7. ~ one's nose* in der Nase bohren; *8. ~ one's teeth* zwischen den Zähnen herumstochern; *9. ~ s.o.'s pocket* jdm die Brieftasche stehlen; *10. ~ a fight* einen Streit vom Zaun brechen; *11. ~ one's way* seinen Weg suchen; *sb 12. (selection)* Auswahl *f; Take your ~!* Suchen Sie sich etwas aus! *have first ~* die erste Wahl haben; *13. (best)* Beste(s) *n; 14. (tool)* Spitzhacke *f,* Pickel *m*

•**pick at** *v 1. (food)* herumstochern in; *2. ~ s.o.* es auf jdn abgesehen haben, auf jdm herumhacken

•**pick on** *v (victimize)* herumhacken auf

•**pick out** *v 1. (choose)* aussuchen, auswählen; *2. (see)* ausmachen, erkennen

•**pick up** *v 1. (improve)* besser werden; *2. (resume)* weitermachen; *~ where one left off* da weitermachen, wo man aufgehört hat; *The wind is picking up.* Der Wind frischt auf. *3. (lift sth)* hochheben; *(lift and hold)* aufheben; *pick o.s. up* aufstehen; *~ the check (fig)* die Rechnung bezahlen; *4. (collect, fetch)* abholen; *5. (fig: a girl)* aufreißen *(fam)*; *6. ~ speed* beschleunigen; *7. (a radio station)* hereinbekommen, reinkriegen *(fam)*; *8. (learn)* lernen; *(skill)* sich aneignen; *(hints, information)* herausbekommen

pickaxe ['pɪkæks] *sb* Spitzhacke *f,* Pickel *m,* Picke *f*

picker ['pɪkə] *sb* Pflücker *m*

picket ['pɪkɪt] *v 1. (sth) (by striking workers)* Streikposten aufstellen vor; *(by demonstrators)* demonstrieren vor; *sb 2.* Streikposten *m*

picket fence ['pɪkɪt fens] *sb* Palisade *f,* Palisadenzaun *m*

picket line ['pɪkɪt laɪn] *sb* Streikpostenkette *f*

pickings ['pɪkɪŋz] *pl* Ausbeute *f*

pickle ['pɪkl] *sb 1. GAST* Essiggurke *f,* Gewürzgurke *f; 2. (vinegar solution)* Essigsoße *f; 3. to be in a ~ (fam)* in der Patsche sitzen *f; v 4. GAST* einlegen; *5. (meat)* pökeln

picklock ['pɪklɒk] *sb 1. (tool)* Dietrich *m; 2. (thief)* Einbrecher *m*

pick-me-up ['pɪkmiːʌp] *sb (drink)* kleine Stärkung *f*

pickpocket ['pɪkpɒkɪt] *sb* Taschendieb *m*

picky ['pɪkɪ] *adj (fam)* wählerisch

picnic ['pɪknɪk] *sb* Picknick *n; It's no ~. (fig)* Es ist kein Honigschlecken.

picnicker ['pɪknɪkə] *sb* jmd, der ein Picknick macht

pictograph ['pɪktəgrɑːf] *sb* Piktogramm *n*

pictorial [pɪk'tɔːrɪəl] *adj 1.* Bild...; *2. (illustrated)* bebildert

picture ['pɪktʃə] *sb 1.* Bild *n; take a ~ of sth* ein Bild von etw machen; *He's out of the ~. (fig)* Er spielt keine Rolle mehr. *2. (painting)* Gemälde *n,* Bild *n; pretty as a ~* bildhübsch; *3. (mental ~)* Vorstellung *f,* Bild *n; I get the ~. (fam)* Ich hab's kapiert. *4. (film)* Film *m; v 5. (imagine)* sich vorstellen; *6. (by drawing)* darstellen; *(in a book)* abbilden

picture tube ['pɪktʃə tjuːb] *sb* Bildröhre *f*

piddle ['pɪdl] *v ~ away* vertrödeln

pidgin ['pɪdʒɪn] *sb ~ English* Pidginenglisch *n*

pie [paɪ] *sb GAST* Pastete *f; as easy as ~ (fam)* kinderleicht; *have one's finger in the ~ (fig)* bei einer Sache mitmischen, die Hand im Spiel haben

piece [piːs] *sb 1.* Stück *n; all in one ~* unversehrt, heil; *2. go to ~s* in Stücke gehen; *(fig)* zusammenbrechen; *3. (part)* Teil *m; 4. (chess ~)* Figur *f; 5. ~ of paper* Blatt *n; 6. (article)* Artikel *m; 7. (coin)* Münze *f; a fifty-cent ~* ein Fünfzig-Cent-Stück *n*; *8. (fam: gun)* Waffe *f; v 9. ~ together* zusammenstückeln

piecemeal ['piːsmiːl] *adv* stückweise

piecework ['piːswɜːk] *sb ECO* Akkordarbeit *f*

pie-eyed ['paɪaɪd] *adj* blau, besoffen

pier [pɪə] *sb 1.* Pier *m/f; 2. (of a bridge)* Pfeiler *m*

pierce [pɪəs] *v 1.* durchbohren, durchstechen; *2. (fig)* durchdringen

piercing ['pɪəsɪŋ] *adj* durchdringend

piety ['paɪətɪ] *sb REL* Frömmigkeit *f*

piffle ['pɪfl] *sb (fam)* Blödsinn *m*

piffling ['pɪflɪŋ] *adj* lächerlich

pig [pɪg] *sb 1. ZOOL* Schwein *n; 2. (fam: greedy person)* Vielfraß *m*

pigeon ['pɪdʒən] *sb ZOOL* Taube *f*

pigeonhole ['pɪdʒənhəʊl] *v 1. (classify)* einordnen; *2. (unfairly)* abstempeln

pigeon-toed ['pɪdʒən təʊd] *adj to be ~* einwärts gerichtete Fußspitzen haben

piggish ['pɪgɪʃ] *adj* schweinisch, saumäßig

piggy ['pɪgɪ] *adj 1. (like a pig)* Schweins...; *2. (greedy)* verfressen

piggyback ['pɪgɪbæk] *adv* huckepack
piggy bank ['pɪgɪ bæŋk] *sb* Sparschwein *n*
pig-headed [pɪg'hedɪd] *adj* dickköpfig, stur
piglet ['pɪglɪt] *sb ZOOL* Ferkel *n*
pigskin ['pɪgskɪn] *sb 1.* Schweinsleder *n; 2. the ~ (football) (US)* das Leder *n,* das Ei *n (fig)*
pigsty ['pɪgstaɪ] *sb* Schweinestall *m*
pigswill ['pɪgswɪl] *sb* Schweinefraß *m*
pigtail ['pɪgteɪl] *sb* Zopf *m*
pike [paɪk] *sb ZOOL* Hecht *m*
pile [paɪl] *sb 1.* Stapel *m,* Stoß *m; 2. (fam: large amount)* Haufen *m,* Menge *f; make one's ~ (fam) (UK)* das nötige Geld machen; *v 3.* stapeln
• **pile in** *v ~ to* hineindrängen in
• **pile up** *v 1.* sich häufen; *2. (sth)* stapeln
pilfer ['pɪlfə] *v* stehlen, klauen
pilferage ['pɪlfərɪdʒ] *sb* Diebstähle *pl,* Diebereien *pl*
pilgrim ['pɪlgrɪm] *sb* Pilger *m*
piling ['paɪlɪŋ] *sb* Träger *pl*
pill [pɪl] *sb* Pille *f,* Tablette *f*
pillage ['pɪlɪdʒ] *v* plündern
pillar ['pɪlə] *sb* Pfeiler *m; (round)* Säule *f; a ~ of society (fig)* eine Stütze der Gesellschaft
pillarbox ['pɪləbɒks] *sb (UK)* Briefkasten *m*
pillion ['pɪljən] *sb* Sattelkissen *n,* Sitz *m*
pillory ['pɪlərɪ] *v* anprangern
pillow ['pɪləʊ] *sb* Kissen *n,* Kopfkissen *n*
pilot ['paɪlət] *v 1. (a plane)* führen; *NAUT* lotsen; *sb 2. (of a plane)* Pilot *m; 3. NAUT* Lotse *m; 4. (~ programme)* Pilotsendung *f*
pilotage ['paɪlətɪdʒ] *sb* Lotsen *n*
piloting ['paɪlətɪŋ] *sb* Navigation *f*
pilot lamp ['paɪlət læmp] *sb TECH* Kontrolllampe *f*
pimp [pɪmp] *sb* Zuhälter *m*
pimple ['pɪmpl] *sb* Pickel *m*
pin [pɪn] *sb 1. (for sewing)* Stecknadel *f; to be on ~s and needles (fam)* ein Kribbeln im Bauch haben; *2. (tie ~, hair ~)* Nadel *f; 3. (small nail)* Stift *m; 4. (badge)* Anstecknadel *f; 5. (brooch)* Brosche *f; 6. TECH* Bolzen *m,* Stift *m; 7. (bowling ~)* Kegel *m; v 8. (s.o.)* festhalten; *9. ~ sth to sth* etw an etw heften; *~ one's hopes on* seine ganze Hoffnung setzen auf
• **pin down** *v (fig)* festnageln, festlegen, festmachen
• **pin up** *v (hair)* aufstecken; *(a notice, a poster)* anheften, anstecken
pinafore ['pɪnəfɔː] *sb* Schürze *f,* Kittel *m*

P

pinball ['pɪnbɔːl] *sb* Flipper *m*
pince-nez ['pɪnsneɪ] *pl* Kneifer *m*
pincers ['pɪnsəz] *pl* Beißzange *f,* Kneifzange *f*
pinch [pɪntʃ] *v 1.* kneifen, zwicken; *(shoe) (to be too tight)* drücken; *2. (fam: steal)* klauen; *3. (fam: arrest)* schnappen; *sb 4.* Kneifen *n,* Zwicken *n; 5. (small amount)* Prise *f; 6. (fam: emergency)* Druck *m,* Not *f*
pinchpenny ['pɪntʃpenɪ] *adj* geizig
pincushion ['pɪnkʊʃən] *sb* Nadelkissen *n*
pine[1] [paɪn] *sb BOT* Kiefer *f,* Pinie *f*
pine[2] [paɪn] *v ~ for* sich sehnen nach
pineal ['pɪnɪəl] *adj* tannenzapfenförmig
pineapple ['paɪnæpl] *sb* Ananas *f*
pinguid ['pɪŋgwɪd] *adj* fettig, ölig
pinhead ['pɪnhed] *sb (fam)* Dummkopf *m*
pinhole ['pɪnhəʊl] *sb* Loch *n*
pinion ['pɪnjən] *sb* Ritzel *n,* Antriebsrad *n*
pink [pɪŋk] *adj 1. (colour)* rosa; *sb 2. BOT* Nelke *f*
pinkie ['pɪŋkɪ] *sb* kleiner Finger *m*
pin money ['pɪnmʌnɪ] *sb* Taschengeld *n,* Nadelgeld *n*
pinnacle ['pɪnəkl] *sb 1.* Gipfel *m,* Spitze *f; 2. (of a building)* Fiale *f*
pinochle ['piːnʌkəl] *sb* Binokel *n*
pinpoint ['pɪnpɔɪnt] *v (identify)* genau festlegen
pinprick ['pɪnprɪk] *sb* Nadelstich *m*
pin-striped ['pɪnstraɪpt] *adj* mit Nadelstreifen
pinstripes ['pɪnstraɪps] *pl* Nadelstreifen *pl*
pint [paɪnt] *sb 1.* Pinte *f; 2. (of beer)* Halbe *f*
pint-sized ['paɪntsaɪzd] *adj* winzig
pin-up ['pɪnʌp] *sb* Pin-up-Foto *n*
pinwheel ['pɪnwiːl] *sb (US)* Windrädchen *n*
pioneer [paɪə'nɪə] *sb 1.* Pionier *m; 2. (fig)* Pionier *m,* Bahnbrecher *m,* Vorkämpfer *m*
pious ['paɪəs] *adj* fromm
pip [pɪp] *sb 1. (spot)* Punkt *m; (on dice)* Auge *n; 2. (disease affecting birds)* Pips *m; 3. (seed)* Kern *m*
pipage ['paɪpɪdʒ] *sb* Leitungen *pl*
pipe [paɪp] *sb 1.* Rohr *n,* Röhre *f,* Leitung *f; 2. (to smoke)* Pfeife *f; Put that in your ~ and smoke it. (fam)* Schreib dir das hinter die Ohren. *3. MUS* Pfeife *f; v 4. (water, oil)* in Rohren leiten; *5. ~d music* Musik aus dem Lautsprecher *f*
• **pipe down** *v (fam)* die Luft anhalten, die Klappe halten
pipe dream ['paɪpdriːm] *sb (fam)* Hirngespinst *n*

piper ['paɪpə] *sb 1.* Pfeifer *m; 2. (player of bagpipes)* Dudelsackspieler *m; 3. (flutist)* Flötenspieler *m*
piping ['paɪpɪŋ] *sb 1. (pipework)* Leitungssystem *n; 2. (band of material)* Paspel *f; 3. MUS (flute)* Flötenspiel *n; (bagpipes)* Dudelsackpfeifen *n*
pipsqueak ['pɪpskwiːk] *sb (fam)* halbe Portion *f,* Würstchen *n*
piquant ['piːkənt] *adj* pikant
pique [piːk] *v* reizen, sticheln, ärgern
pirate ['paɪərɪt] *sb 1. NAUT* Pirat *m,* Seeräuber *m; v 2. (an idea)* stehlen
Pisces ['paɪsiːz] *sb (zodiac sign)* Fisch *m*
piss [pɪs] *v 1. (fam)* pissen; *2. Piss off!* Verpiss dich! *(fam)*
pissed [pɪst] *adj 1. (fam: drunk) (UK)* besoffen; *2. ~ off (US)* sauer, böse
pistachio [pɪ'stɑːʃɪəʊ] *sb* Pistazie *f*
pistol ['pɪstl] *sb* Pistole *f*
piston ['pɪstən] *sb* Kolben *m*
pit[1] [pɪt] *sb 1.* Grube *f; 2. (of one's stomach)* Magengrube *f; 3. (orchestra ~) THEAT* Orchestergraben *m; 4. (UK: for the audience) THEAT* Parkett *n; 5. (for mechanics at an auto race) SPORT* Box *f; v 6. ~ s.o. against s.o.* jdn jdm gegenüberstellen
pit[2] [pɪt] *sb (US: of a cherry)* Stein *m*
pitapat [pɪtə'pæt] *adv* tripptrapp, klippklapp
pitch [pɪtʃ] *v 1. (fall)* fallen, stürzen; *2. (ship)* stampfen; *3. (toss)* werfen; *(hay)* gabeln; *4. (a tent)* aufschlagen; *sb 5. MUS* Tonhöhe *f; (of an instrument)* Tonlage *f; 6. (throw)* Wurf *m; 7. sales ~* Verkaufsmasche *f; 8. (UK: field) SPORT* Spielfeld *n; 9. (UK: for doing business)* Stand *m*
• pitch in *v (fam: help out)* einspringen
pitch-black [pɪtʃblæk] *adj* pechschwarz
pitch-dark [pɪtʃ dɑːk] *adj* stockduster, pechschwarz
pitcher ['pɪtʃə] *sb* Krug *m*
pitchfork ['pɪtʃfɔːk] *sb* Heugabel *f*
pitchman ['pɪtʃmən] *sb 1. (vendor)* Straßenverkäufer *m; 2. (advertising ~)* Werbeträger *m*
piteous ['pɪtɪəs] *adj* Mitleid erregend, kläglich
pitfall ['pɪtfɔːl] *sb* Falle *f,* Fallstrick *m*
pith [pɪθ] *sb* Mark *n,* Kern *m,* Wesen *n*
pith helmet ['pɪθhelmɪt] *sb* Tropenhelm *m*
pithy ['pɪtɪ] *adj (fig)* prägnant
pitiable ['pɪtɪəbl] *adj* bemitleidenswert, bedauernswert
pitiful ['pɪtɪfʊl] *adj 1. (person: full of pity)* mitleidig, mitleidsvoll; *2. (pathetic)* jämmerlich, erbärmlich, kläglich
pitiless ['pɪtɪlɪs] *adj* erbarmungslos
pitsaw ['pɪtsɔː] *sb* Schrotsäge *f,* Längensäge *f*
pit stop ['pɪtstɒp] *sb SPORT* Boxenstop *m*
pittance ['pɪtəns] *sb (a ~)* Hungerlohn *m*
pitter-patter ['pɪtəpætə] *sb* Klappern *n,* Getrappel *n*
pity ['pɪtɪ] *v 1.* bemitleiden, bedauern; *sb 2.* Mitleid *n,* Mitgefühl *n,* Erbarmen *n; take ~ on s.o.* mit jdm Mitleid haben, sich jds erbarmen; *3. (regrettable circumstance)* Jammer *m*
pivot ['pɪvət] *v 1.* sich drehen; *sb 2.* Drehpunkt *m*
pivotal ['pɪvətəl] *adj (fig)* zentral
pixie ['pɪksɪ] *sb* Kobold *m,* Elf *m*
pizza ['piːtsə] *sb* Pizza *f*
placable ['plækəbl] *adj* versöhnlich, nachgiebig
placard ['plækɑːd] *sb* Plakat *n*
placate [plə'keɪt] *v* beschwichtigen, besänftigen
placatory ['plækətərɪ] *adj* besänftigend, beschwichtigend

place [pleɪs] *v 1. (put)* setzen, stellen, legen; *~ trust in s.o.* Vertrauen in jdn setzen; *2. (suspicion)* anhängen; *3. ~ an order* bestellen; *4. (a ball) SPORT* platzieren; *5. (an advertisement)* platzieren; *6. (remember, identify)* einordnen, unterbringen; *sb 7.* Platz *m,* Stelle *f; at our ~* bei uns zu Hause; *Your ~ or mine?* Gehen wir zu dir oder zu mir? *change ~s with s.o.* mit jdm den Platz tauschen; *in the first ~* erstens; *put s.o. in his ~* jdn zurechtweisen; *all over the ~* überall; *lose one's ~ (in a book)* die Seite verblättern; *take the ~ of sth* etw ersetzen; *in ~ of* statt, an Stelle; *Put yourself in my ~.* Versetzen Sie sich in meine Lage. *fall into ~* in Ordnung kommen, klar werden; *take ~* stattfinden; *to be going ~s (fam)* eine Zukunft haben; *8. ~ of business* Arbeitsstelle *f; 9. (first ~, second ~) SPORT* Platz *m; 10. to be out of ~* nicht an der richtigen Stelle sein; *feel out of ~* sich fehl am Platz fühlen, sich nicht wohl fühlen; *to be out of ~ (uncalled-for) (remark)* unangebracht sein; *(person)* fehl am Platze sein; *11. (in a street name)* Platz *m; 12. (town)* Ort *m; from ~ to ~* von Ort zu Ort; *~ of birth* Geburtsort *m*

placebo [plə'siːbəʊ] *sb MED* Placebo *n*

P

place setting ['pleɪssetɪŋ] *sb* Gedeck *n*
placet ['pleɪset] *sb* Placet *n*, Zustimmung *f*
placid ['plæsɪd] *adj* ruhig
placing ['pleɪsɪŋ] *sb FIN* Platzierung *f*
plague [pleɪg] *v 1.* plagen; *sb 2. MED* Seuche *f*, Pest *f*; *avoid s.o. like the ~* jdn meiden wie die Pest; *3. (fig)* Plage *f*
plaice [pleɪs] *sb ZOOL* Scholle *f*
plaid [plæd] *adj* buntkariert
plain [pleɪn] *adj 1. (clear)* klar, deutlich; *2. (straightforward)* klar; *3. (simple)* einfach, schlicht; *4. (person)* unansehnlich; *5. (sheer)* rein; *sb 6.* Ebene *f*, Flachland *n*
plain clothes [pleɪn kləuz] *pl* Zivilkleidung *f*
plainly ['pleɪnlɪ] *adv 1. (clearly)* klar, eindeutig; *2. (obviously)* offensichtlich; *3. (frankly)* offen
plain-spoken ['pleɪnspəukən] *adj* offen, freimütig
plaintiff ['pleɪntɪf] *sb JUR* Kläger *m*
plaintive ['pleɪntɪv] *adj* klagend
plait [pleɪt] *v 1.* flechten; *sb 2.* Zopf *m*
plan [plæn] *sb 1.* Plan *m*; *2. (of a building)* Grundriss *m*; *v 3.* planen; *~ to do sth* vorhaben, etw zu tun
planar ['pleɪnə] *adj* flach, eben
planation [pleɪ'neɪʃən] *sb* Einebnung *f*
plane [pleɪn] *sb 1. (aeroplane)* Flugzeug *n*; *2. MATH* Ebene *f*; *3. (tool) TECH* Hobel *m*; *v 4. TECH* hobeln
planer ['pleɪnə] *sb* Schleifmaschine *f*
planform ['plænfɔːm] *sb* Flugzeugumriss *m*
plangent ['plændʒənt] *adj* getragen, klagend
plank [plæŋk] *sb 1.* Brett *n*; *as thick as two short ~s (fam) (UK)* dumm wie Bohnenstroh *n*; *2. NAUT* Planke *f*; *walk the ~* mit verbundenen Augen über eine Schiffsplanke ins Wasser getrieben werden
planking ['plæŋkɪŋ] *sb* Beplankung *f*, Planken *f*
planned [plænd] *adj* geplant
planning permission ['plænɪŋ pə'mɪʃən] *sb* Baugenehmigung *f*
plant [plɑːnt] *sb 1.* Pflanze *f*; *2. (factory)* Werk *n*; *3. (equipment)* Anlagen *pl*; *v 4.* pflanzen, einpflanzen, anpflanzen; *5. (place in position)* setzen; *(a bomb)* legen; *(a kiss)* drücken; *6. (fig: sth incriminating)* deponieren; *7. (fig: an informer)* einschleusen
plantation [plæn'teɪʃən] *sb* Plantage *f*
planter ['plɑːntə] *sb* Pflanzer *m*, Plantagenbesitzer *m*

P

plaque [plæk] *sb 1. (tablet)* Gedenktafel *f*; *2. (on teeth)* Zahnbelag *m*
plashy ['plæʃɪ] *adj 1. (wet)* nass, sumpfig, morastig; *2. (splashing)* plätschernd, spritzend
plaster ['plɑːstə] *sb 1. (for art, for a cast)* Gips *m*; *2. (for building)* Verputz *m*, Putz *m*; *3. (sticking ~)* Pflaster *n*; *v 4.* verputzen; *~ over a hole* ein Loch zugipsen
plaster cast ['plɑːstə kɑːst] *sb 1.* Gipsabdruck *m*; *2. MED* Gipsverband *m*
plastered ['plɑːstəd] *adj (fam: drunk)* besoffen
plastering ['plɑːstərɪŋ] *sb* Putz *m*
plastic ['plæstɪk] *sb 1.* Kunststoff *m*, Plastik *n*; *adj 2. (made of plastic)* Plastik...; *3. (flexible)* formbar, plastisch
plasticity [plæs'tɪsɪtɪ] *sb* Formbarkeit *f*, Plastizität *f*
plate [pleɪt] *sb 1.* Teller *m*; *2. (warming ~)* Platte *f*; *3. TECH* Platte *f*; *4. (illustration)* Tafel *f*; *v 5. (with gold)* vergolden; *(with nickel)* vernickeln
plateau ['plætəu] *sb* Hochebene *f*
plated ['pleɪtɪd] *adj* metallüberzogen; *(~ with silver)* versilbert; *(~ with gold)* vergoldet
plate glass ['pleɪtglɑːs] *sb* Scheibenglas *n*, Spiegelglas *n*
platen ['plætn] *sb (of a typewriter)* Schreibmaschinenwalze *f*
platform ['plætfɔːm] *sb 1.* Plattform *f*; *2. (railway ~)* Bahnsteig *m*; *3. POL* Parteiprogramm *n*, Plattform *f*
platform diving ['plætfɔːm 'daɪvɪŋ] *sb SPORT* Turmspringen *n*
plating ['pleɪtɪŋ] *sb* Beschichtung mit Metall *f*; *(with silver)* Versilberung *f*; *(with gold)* Vergoldung *f*
platter ['plætə] *sb* Platte *f*; *hand s.o. sth on a silver ~ (fig)* jdm etw auf einem Tablett servieren *n*
platypus ['plætɪpəs] *sb* Schnabeltier *n*
plaudits ['plɔːdɪts] *pl* Beifall *m*
plausible ['plɔːzəbl] *adj* plausibel; *(excuse)* glaubwürdig
plausive ['plɔːzɪv] *adj (plausible)* plausibel

play [pleɪ] *v 1.* spielen; *~ into s.o.'s hands (fig)* jdm in die Hände spielen; *2. ~ around, ~ about* spielen; *adj 3. ~ed out* erschöpft, ausgebrannt; *sb 4.* Spiel *n*; *to be at ~* beim Spielen sein; *come into ~* ins Spiel kommen; *a ~ on words* ein Wortspiel *n*; *5. THEAT* Theaterstück *n*

• **play along** *v* mitspielen
• **play back** *v (a tape)* abspielen
• **play down** *v (fam)* runterspielen
play-acting ['pleɪæktɪŋ] *sb (fam)* Schauspielerei *f*
playbill ['pleɪbɪl] *sb* Theaterprogramm *n*
player ['pleɪə] *sb* Spieler *m*
playful ['pleɪfʊl] *adj* neckisch, schelmisch; *(child, animal)* verspielt
playground ['pleɪgraʊnd] *sb* Spielplatz *m; (schoolyard)* Schulhof *m*
playgroup ['pleɪgru:p] *sb* Spielgruppe *f*
playhouse ['pleɪhaʊs] *sb 1. (for children)* Spielhaus *n; 2. THEAT* Schauspielhaus *n*
playing card ['pleɪɪŋ kɑ:d] *sb* Spielkarte *f*
playing field ['pleɪɪŋ fi:ld] *sb* Sportplatz *m,* Spielplatz *m; level the ~ (fig)* faire Umstände für alle schaffen
playmate ['pleɪmeɪt] *sb* Spielkamerad(in) *m/f*
playoffs ['pleɪɒfs] *pl SPORT* Play-off-Runde *f*
playpen ['pleɪpen] *sb* Laufstall *m,* Laufgitter *n*
playroom ['pleɪru:m] *sb* Spielzimmer *n*
playschool ['pleɪsku:l] *sb* Kindergarten *m*
plaything ['pleɪθɪŋ] *sb (fig)* Spielzeug *n*
playtime ['pleɪtaɪm] *sb* Zeit zum Spielen *f,* Schulpause *f*
playwright ['pleɪraɪt] *sb THEAT* Dramatiker *m*
plea [pli:] *sb 1.* Bitte *f; 2. (excuse)* Begründung *f; 3. JUR* Plädoyer *n*
plead [pli:d] *v 1. (beg)* bitten; *2. JUR ~ not guilty* sich nicht schuldig bekennen; *3. (sth)* vertreten; *~ s.o.'s case* jdn vertreten; *4. (as an excuse)* sich berufen auf
pleading ['pli:dɪŋ] *sb (in Scotland) JUR* Plädoyer *n*
pleasance ['plezəns] *sb (pleasure-ground)* Lustgarten *m*
pleasant ['pleznt] *adj 1.* angenehm; *2. (person)* freundlich
pleasantry ['plezntrɪ] *sb 1. (polite remark)* Höflichkeit *f; 2. (joke)* Scherz *m*

> **please** [pli:z] *interj 1.* bitte; *v 2.* gefallen; *if you ~* wenn ich darum bitten darf; *3. (satisfy)* zufrieden stellen

pleased [pli:zd] *adj* erfreut; *(satisfied)* zufrieden
pleasing ['pli:zɪŋ] *adj* angenehm
pleasurable ['pleʒərəbl] *adj* angenehm
pleasure ['pleʒə] *sb* Vergnügen *n,* Freude *f; take ~ in* Vergnügen finden an; *with ~* sehr gerne
pleat [pli:t] *sb* Falte *f*
pleated ['pli:tɪd] *adj* gefaltet, Falten...
pleb [pleb] *sb (fam)* Prolet/Proletin *m/f*
plebby ['plebɪ] *adj (fam)* proletenhaft
plebeian [plɪ'bi:ən] *adj* plebejisch
plebiscite ['plebɪsaɪt] *sb POL* Plebiszit *n,* Volksabstimmung *f,* Volksentscheid *m*
pledge [pledʒ] *v 1. (promise)* versprechen, zusichern; *2. (pawn, give as collateral)* verpfänden; *sb 3. (promise)* Versprechen *n; 4. (in a pawnshop)* Pfand *n*
pledget ['pledʒɪt] *sb* Wattebausch *m,* Tupfer *m*
pledgor [pled'ʒɔ:] *sb* Pfandschuldner *m,* Verpfänder *m*
plenary ['pli:nərɪ] *adj* Plenar..., Voll...
plenipotentiary [plenɪpə'tenʃərɪ] *sb* Generalbevollmächtigte(r) *m/f*
plenteous ['plentɪəs] *adj* reichlich, üppig, im Überfluss
plentiful ['plentɪfʊl] *adj* reichlich, im Überfluss
plentitude ['plentɪtju:d] *sb* Fülle *f*
plenty ['plentɪ] *sb* eine Menge *f; ~ of* viel, eine Menge
plenum ['pli:nəm] *sb* Plenum *n,* Vollversammlung *f*
plethora ['pleθərə] *sb* Fülle *f*
pliability [plaɪə'bɪlɪtɪ] *sb* Biegsamkeit *f*
pliable ['plaɪəbl] *adj 1.* biegsam; *2. (fig: person)* formbar
pliant ['plaɪənt] *adj 1.* biegsam; *2. (fig: person)* formbar
plicated ['plaɪkeɪtɪd] *adj* gefältelt, plissiert
pliers ['plaɪəz] *pl* Zange *f*
plight [plaɪt] *sb* Notlage *f*
plimsoll ['plɪmsəl] *sb (UK)* Turnschuh *m*
plink [plɪŋk] *sb* Klirren *n*
plod [plɒd] *v* schwerfällig gehen, trotten
plonk [plɒŋk] *v* hinwerfen, hinschmeißen
plonker ['plɒŋkə] *sb (fam: person)* Niete *f*
plop [plɒp] *v (fam) ~ down* plumpsen
plot [plɒt] *v 1. (conspire)* sich verschwören; *2. (plan)* planen; *3. (a story)* ersinnen; *4. (a course)* festlegen; *(draw on a map)* einzeichnen; *5. (a curve)* aufzeichnen; *sb 6. (conspiracy)* Verschwörung *f,* Komplott *n; 7. (of land)* Stück Land *n; (in a garden)* Beet *n; (in a graveyard)* Grabstelle *f; 8. (of a story)* Handlung *f*
plotter ['plɒtə] *sb* Verschwörer *m*
plough [plaʊ] *v 1.* pflügen; *sb 2.* Pflug *m*

P

•plough back *v 1. AGR* unterpflügen; *FIN* reinvestieren
•plough through *v The lorry skidded from the road and ploughed through a fence.* Der Lastwagen schleuderte von der Straße und durchbrach einen Zaun.
ploughman ['plaʊmən] *sb* Pflüger *m*
plover ['plʌvə] *sb ZOOL* Regenpfeifer *m*
plow *v/sb (US: see "plough")*
ploy [plɔɪ] *sb* Trick *m,* Masche *f*
pluck [plʌk] *v 1. (fruit)* pflücken; *(a guitar, eyebrows)* zupfen; *(a chicken)* rupfen; *sb 2. (courage)* Mut *m,* Schneid *m*
plucky ['plʌkɪ] *adj* tapfer, mutig
plug [plʌg] *v 1. (a hole)* verstopfen, zustopfen; *2. (fam: publicize)* Reklame machen für, Schleichwerbung machen für; *3. ~ s.o. (fam: strike)* jdm einen Schlag verpassen; *(shoot)* jdm einen Kugel verpassen; *sb 4. (stopper)* Stöpsel *m; 5. (of chewing tobacco)* Priem *m; 6. (electric)* Stecker *m; 7. (fam: bit of publicity)* Schleichwerbung *f*
•plug in *v* hineinstecken, einstöpseln, anschließen
plughole ['plʌghəʊl] *sb* Abfluss *m*
plum [plʌm] *sb* Pflaume *f,* Zwetschge *f*
plumb [plʌm] *v 1. NAUT* loten; *2. (fig)* ergründen
plumbeous ['plʌmbɪəs] *adj* bleiartig, bleihaltig, bleiern
plumber ['plʌmə] *sb* Installateur *m* (für Wasserleitungen), Klempner *m*
plumbing ['plʌmɪŋ] *sb 1. (work)* Klempnerarbeit *f,* Installateurarbeit *f; 2. (fittings)* Rohrleitung *f,* Wasserleitung *f; (in a bathroom)* sanitäre Einrichtung *f*
plumb line ['plʌmlaɪn] *sb* Senkschnur *f,* Senkblei *n*
plume [pluːm] *sb* Feder *f*
plummet ['plʌmɪt] *v 1.* abstürzen; *2. (fig: sales)* stark zurückgehen
plump [plʌmp] *adj (person)* mollig, rundlich, pummelig
plunder ['plʌndə] *v 1.* plündern; *2. (completely)* ausplündern; *sb 3. (act)* Plünderung *f; 4. (booty)* Beute *f*
plunge [plʌndʒ] *v 1. (dive)* tauchen; *2. ~ o.s. into (studies, preparations)* sich stürzen in; *3. (fall: person, prices)* stürzen; *4. (into water)* tauchen; *5. ~d into darkness* in Dunkelheit getaucht
plunger ['plʌndʒə] *sb (for clearing a drain)* Sauger *m*
plunk [plʌŋk] *v (pluck)* zupfen
•plunk down *v 1. He plunked himself down on the sofa.* Er ließ sich auf das Sofa fallen. *2. (sth)* hinschmeißen; *I had to ~ two hundred marks for that dinner.* Für das Abendessen musste ich zweihundert Mark blechen.
pluperfect ['pluːpɜːfɪkt] *sb GRAMM* Plusquamperfekt *n*
plural ['plʊərəl] *sb 1.* Plural *m; adj 2.* Plural...
pluralism ['plʊərəlɪzəm] *sb* Pluralismus *m*
plurality [plʊə'rælɪtɪ] *sb* Vielfältigkeit *f,* Pluralität *f*
pluralize ['plʊərəlaɪz] *v GRAMM* in den Plural setzen
plus [plʌs] *prep 1.* plus, und; *ECO* zuzüglich; *sb 2. (sign)* Pluszeichen *n; 3. (positive factor)* Pluspunkt *m; 4. (fig: an extra)* Plus *n; adj 5. (fam: more than)* mehr als, über
plush [plʌʃ] *adj* luxuriös
pluvious ['pluːvɪəs] *adj* regnerisch, Regen...
ply [plaɪ] *v (a trade)* ausüben
plywood ['plaɪwʊd] *sb* Sperrholz *n*
p.m. [piː em] *adv (post meridiem)* nachmittags; *11 ~* 23 Uhr
poach [pəʊtʃ] *v (game)* wildern
poacher ['pəʊtʃə] *sb* Wilddieb *m*
PO box [piː'əʊbɒks] *sb* Postfach *n*
pochette [pə'ʃet] *sb* Handtäschchen *n*
pocket ['pɒkɪt] *sb 1.* Tasche *f; 2. (fig: finances)* Geldbeutel *m; to be out of ~* draufzahlen; *3. (in a suitcase)* Fach *n; 4. (small area)* Gebiet *n; ~ of resistance* Widerstandsnest *n; v 5.* einstecken; *(gain)* kassieren
pocketbook ['pɒkɪtbʊk] *sb (handbag)* Handtasche *f*
pocketful ['pɒkɪtfʊl] *sb* eine Tasche voll
pockmarked ['pɒkmɑːkt] *adj* pockennarbig
pod [pɒd] *sb* Hülse *f; (of peas)* Schote *f*
podge [pɒdʒ] *sb (fam)* Pummelchen *n*
podgy ['pɒdʒɪ] *adj (fam)* pummelig
poem ['pəʊəm] *sb* Gedicht *n*
poesy ['pəʊɪzɪ] *sb* Lyrik *f,* Poesie *f*
poet ['pəʊɪt] *sb* Dichter *m,* Poet *m*
poetic [pəʊ'etɪk] *adj* poetisch
poetic justice [pəʊ'etɪk 'dʒʌstɪs] *sb* poetische Gerechtigkeit *f*
poetic licence [pəʊ'etɪk 'laɪsəns] *sb* dichterische Freiheit *f*
poetry ['pəʊɪtrɪ] *sb 1. LIT* Dichtung *f; 2. (fig)* Poesie *f*
po-faced ['pəʊfeɪst] *adj (fam)* grimmig, mürrisch

P

pogo stick ['pəʊgəʊ stɪk] *sb (toy)* Springstock *m*
poignancy ['pɔɪnjənsɪ] *sb* Schmerzlichkeit *f,* Wehmut *f*
poignant ['pɔɪnjənt] *adj* ergreifend

point [pɔɪnt] *v 1. (to be aimed)* gerichtet sein; *2. (indicate)* hinweisen; *3. (by making a motion)* zeigen, deuten; *4. (aim)* richten; *sb 5.* Punkt *m; ~ six percent* null Komma sechs Prozent; *make a ~ of doing sth* darauf bedacht sein, etw zu tun; *up to a ~* bis zu einem gewissen Grad; *in ~ of fact* tatsächlich; *s.o.'s good ~s* jds gute Seiten; *s.o.'s strong ~* jds Stärke; *to be on the ~ of doing sth* kurz davor sein, etw zu tun; *You have a ~ there.* Da haben Sie nicht Unrecht. *The ~ is that ...* Die Sache ist die ...; *a sore ~* ein wunder Punkt; *6. ~ of view* Standpunkt *m,* Gesichtspunkt *m,* Perspektive *f; 7. ~ in time* Zeitpunkt *m; at this ~ (in time)* in diesem Augenblick; *(now)* jetzt; *8. a case in ~* ein einschlägiger Fall *m,* ein Beispiel *n; the case in ~* der vorliegende Fall; *9. (of a chin, of a knife)* Spitze *f; 10. (of a star)* Zacke *f; 11. (purpose)* Zweck *m,* Sinn *m; miss the ~* nicht wissen, worum es geht; *What's the ~?* Was soll's? *There is no ~ in doing that.* Es hat keinen Zweck, das zu tun. *That's not the ~.* Darum geht es nicht. *stick to the ~* bei der Sache bleiben; *beside the ~* unerheblich, nicht zur Sache gehörig; *come to the ~* zum Wesentlichen kommen

• **point out** *v 1.* zeigen auf; *2. point sth out to s.o. (verbally)* jdn auf etw aufmerksam machen, jdn auf etw hinweisen
point-blank [pɔɪnt blæŋk] *adj 1.* direkt; *(refusal)* glatt; *at ~ range* aus kürzester Entfernung; *adv 2.* aus kürzester Entfernung; *(question)* rundheraus
pointed ['pɔɪntɪd] *adj 1.* spitz; *2. (arch)* spitzbogig; *3. (fig: wit, comment)* scharf
pointedness ['pɔɪntɪdnɪs] *sb* Schärfe *f,* Spitze *f*
pointer ['pɔɪntə] *sb 1. (stick)* Zeigestock *m; 2. (on a dial)* Zeiger *m; 3. (tip)* Tipp *m; 4. (dog)* Vorstehhund *m*
pointing ['pɔɪntɪŋ] *sb (renewing a mortar joint)* Ausfugung *f*
pointless ['pɔɪntlɪs] *adj* sinnlos, zwecklos
pointsman ['pɔɪntsmən] *sb* Weichensteller *m*
point-to-point ['pɔɪnttuː'pɔɪnt] *sb (race) SPORT* Geländejagdrennen *n*
pointy ['pɔɪntɪ] *adj* spitz
poise [pɔɪz] *v 1.* balancieren, im Gleichgewicht halten; *~d for* bereit zu; *sb 2. (posture)* Haltung *f; (grace)* Grazie *f; 3. (composure)* sicheres Auftreten *n,* Selbstsicherheit *f*
poised [pɔɪzd] *adj* gelassen, selbstsicher
poison ['pɔɪzn] *v 1.* vergiften; *sb 2.* Gift *n*
poison gas [pɔɪzn'gæs] *sb* Giftgas *n*
poisoning ['pɔɪznɪŋ] *sb* Vergiftung *f*
poke[1] [pəʊk] *v 1. (with a stick)* stoßen; *(with a finger)* stupsen; *~ fun at s.o. (fig)* sich über jdn lustig machen; *2. (one's nose or one's finger somewhere)* stecken; *(one's head somewhere)* vorstrecken; *3. ~ about, ~ around (to be nosy)* stöbern; *(wander aimlessly)* herumbummeln; *4. (make a hole)* bohren; *sb 5. (jab)* Stoß *m,* Schubs *m*
poke[2] [pəʊk] *sb (bag)* Sack *m,* Beutel *m; buy a pig in a ~ (fam)* die Katze im Sack kaufen
poky ['pəʊkɪ] *adj 1. (fam: shabby)* schäbig, heruntergekommen; *2. (dull)* öde
polacre [pəʊ'lɑːkə] *sb HIST* im Mittelmeerraum gebräuchliches Segelschiff *n*
polar ['pəʊlə] *adj* polar
pole[1] [pəʊl] *sb 1.* Stange *f; (for a flag)* Mast *m; 2. (post)* Pfahl *m*
pole[2] [pəʊl] *sb GEO, PHYS, ASTR* Pol *m*
polecat ['pəʊlkæt] *sb 1.* Iltis *m; 2. (skunk)* Skunk *m*
police [pə'liːs] *sb 1.* Polizei *f; v 2.* kontrollieren, überwachen; *adj 3.* polizeilich
policy ['pɒlɪsɪ] *sb 1.* Politik *f; foreign ~* Außenpolitik *f; 2. (principles of conduct)* Verfahrensweise *f,* Politik *f,* Taktik *f; 3. (insurance ~)* Police *f*
policyholder ['pɒlɪsɪhəʊldə] *sb* Versicherungsnehmer *m*
polio ['pəʊlɪəʊ] *sb MED* Polio *f,* Kinderlähmung *f*
polish ['pɒlɪʃ] *v 1.* polieren; *2. (fig)* verfeinern, den letzten Schliff geben; *sb 3. (material) (for furniture)* Politur *f; 4. (for shoes)* Schuhkrem *f; 5. (for fingernails)* Lack *m; 6. (for a floor)* Wachs *n; 7. (shine)* Glanz *m; (of furniture)* Politur *f; 8. (fig: of a person)* Schliff *m (fam)*
• **polish off** *v 1. (fam: food)* verputzen; *(drink)* wegputzen; *2. (fam: work)* wegschaffen
• **polish up** *v* aufpolieren
polishable ['pɒlɪʃəbl] *adj* polierbar
polished ['pɒlɪʃt] *adj (fig: manner)* geschliffen
polisher ['pɒlɪʃə] *sb 1. (person)* Schleifer

P

m/f; 2. *(machine)* Schleifmaschine *f;* *(floor-~)* Bohnermaschine *f*

polite [pə'laɪt] *adj* höflich

politeness [pə'laɪtnɪs] *sb* Höflichkeit *f*

politic ['pɒlɪtɪk] *adj* 1. *(expedient)* zweckmäßig, taktisch klug; 2. *(political)* politisch

political [pə'lɪtɪkl] *adj* politisch

political prisoner [pə'lɪtɪkl 'prɪzənə] *sb* politische(r) Gefangene(r) *m/f*

politician [pɒlɪ'tɪʃən] *sb* Politiker *m*

politicize [pə'lɪtɪsaɪz] *v* politisieren

politics ['pɒlətɪks] *sb* Politik *f*

polity ['pɒlɪtɪ] *sb* politische Ordnung *f,* Staatswesen *n,* Staatsverwaltung *f*

polka dot ['pəʊlkədɒt] *sb* Tupfen *m*

poll [pəʊl] *sb* 1. *(opinion ~)* Umfrage *f;* 2. *(voting)* Abstimmung *f;* 3. *~s pl (voting place)* Wahllokale *pl; go to the ~s* wählen gehen; *v* 4. *(in an opinion ~)* befragen

pollinate ['pɒlɪneɪt] *v* bestäuben

polling ['pəʊlɪŋ] *sb* Wahl *f*

polling station ['pəʊlɪŋsteɪʃən] *sb POL* Wahllokal *n*

pollster ['pəʊlstə] *sb (US)* Meinungsforscher *m*

pollutant [pə'luːtənt] *sb* Schadstoff *m*

pollute [pə'luːt] *v* 1. verschmutzen, verunreinigen; 2. *(fig: morals)* verderben

polluted [pə'luːtɪd] *adj* verschmutzt, verunreinigt, verseucht

pollution [pə'luːʃən] *sb* Verschmutzung *f;* *(of the environment)* Umweltverschmutzung *f*

polo ['pəʊləʊ] *sb SPORT* Polo *n*

polygraph ['pɒlɪgrɑːf] *sb* Lügendetektor *m*

pomade [pə'mɑːd] *sb* Pomade *f*

pomander [pəʊ'mændə] *sb* Duftkugel *f*

pomegranate ['pɒməgrænɪt] *sb BOT* Granatapfel *m*

Pomeranian [pɒmə'reɪnɪən] *sb (dog)* Spitz *m*

pommel horse ['pɒmlhɒːs] *sb SPORT* Seitpferd *n,* Pauschenpferd *n*

pommy ['pɒmɪ] *sb (fam)* Engländer *m*

pomp [pɒmp] *sb* Pomp *m,* Prunk *m*

pomposity [pɒm'pɒsɪtɪ] *sb* Aufgeblasenheit *f,* Wichtigtuerei *f*

pompous ['pɒmpəs] *adj* 1. *(person)* wichtigtuerisch, aufgeblasen; 2. *(style)* schwülstig

ponce [pɒns] *sb (fam)* Zuhälter *m*

pond [pɒnd] *sb* Teich *m*

ponder ['pɒndə] *v* 1. nachdenken; 2. *(sth)* überlegen, nachdenken über, erwägen

ponderous ['pɒndərəs] *adj* schwer, massig

pongy ['pɒŋɪ] *adj (fam) (UK)* stinkend

pontiff ['pɒntɪf] *sb REL* Pontifex *m*

pontificate [pɒn'tɪfɪkeɪt] *v (fig)* dozieren

pooch [puːtʃ] *sb* Hund *m*

poodle ['puːdl] *sb* Pudel *m*

poofter ['puːftə] *sb (fam) (UK)* Schwuler *m*

pooh-pooh ['puːpuː] *v* verächtlich abtun

pool [puːl] *sb* 1. *(of liquid)* Tümpel *m;* 2. *(of rain)* Pfütze *f;* 3. *(of spilt liquid)* Lache *f;* 4. *(man-made)* Becken *n;* 5. *(fund)* Kasse *f;* 6. *the ~s pl (UK)* Toto *m/n* 7. *(US: game similar to billiards)* Poolbilliard *n;* *v* 8. *(combine: resources)* zusammenlegen; *(combine: efforts, knowledge)* vereinigen

> **poor** [pʊə] *adj* 1. arm; 2. *(pitiable)* arm; *You ~ thing!* Du Ärmste(r)! 3. *(not good)* schlecht; 4. *(excuse, performance, health, effort)* schwach

poorhouse ['pʊəhaʊs] *sb* Armenhaus *n*

poorly ['pʊəlɪ] *adv* schlecht

poor mouth ['pʊəmaʊθ] *v ~ s.o.* jdn schlecht machen

pop[1] [pɒp] *v* 1. knallen; *(balloon)* platzen; *(popcorn)* aufplatzen; 2. *(ears)* mit einem Knacken aufgehen; 3. *~ the question (fam)* jdn einen Heiratsantrag machen; 4. *~ pills* Tabletten nehmen; *sb* 5. *(sound)* Knall *m;* 6. *(carbonated drink)* Brause *f,* Limo *f (fam)*; 7. *(fam) three dollars a ~* je drei Dollar

• **pop in** *v (make a short visit)* vorbeischauen, auf einen Sprung vorbeikommen, hereinplatzen

• **pop up** *v (appear suddenly)* auftauchen

pop[2] [pɒp] *sb MUS* Pop *m*

pop[3] [pɒp] *sb (fam: father)* Papa *m*

Pope [pəʊp] *sb REL* Papst *m*

popeyed ['pɒpaɪd] *adj* glotzäugig

popgun ['pɒpgʌn] *sb* Spielzeugpistole *f*

popinjay ['pɒpɪndʒeɪ] *sb* Geck *m,* Laffe *m*

poplar ['pɒplə] *sb BOT* Pappel *f*

popmobility [pɒpməʊ'bɪlɪtɪ] *sb* Aerobicdance *m*

poppet ['pɒpɪt] *sb (darling)* Mäuschen *n,* Schätzchen *n*

poppy ['pɒpɪ] *sb BOT* Mohn *m*

poppycock ['pɒpɪkɒk] *sb* Larifari *n,* Quatsch *m*

populace ['pɒpjʊləs] *sb* the ~ das Volk *n*

popular ['pɒpjʊlə] *adj* 1. *(well-liked)* beliebt; 2. *(with the public)* populär, beliebt; 3. *(prevalent)* weit verbreitet; 4. *(of the people)* Volks...; 5. *(suitable for the general public)* populär; *(book)* populärwissenschaftlich

P

popularity [pɒpjʊ'lærɪtɪ] *sb* Beliebtheit *f*, Popularität *f*
popularize ['pɒpjʊləraɪz] *v* populär machen
popularly ['pɒpjʊləlɪ] *adv* allgemein
populate ['pɒpjʊleɪt] *v* bevölkern
population [pɒpjʊ'leɪʃən] *sb 1.* Bevölkerung *f*, Einwohnerschaft *f*; *2. (number of people)* Bevölkerungszahl *f*
populist ['pɒpjʊlɪst] *sb* Populist(in) *m/f*
populous ['pɒpjʊləs] *adj* dicht besiedelt, dicht bevölkert
porcelain ['pɔːslɪn] *sb* Porzellan *n*
porch [pɔːtʃ] *sb 1. (of a house)* Vorbau *m*, Vordach *n*; *2. (US)* Veranda *f*
porcine ['pɔːsaɪn] *adj* schweineartig
porcupine ['pɔːkjʊpaɪn] *sb ZOOL* Stachelschwein *n*
pore[1] [pɔː] *sb ANAT* Pore *f*
pore[2] [pɔː] *v ~ over* genau studieren; *~ a book* über einem Buch hocken
pork [pɔːk] *sb* Schweinefleisch *n*
porker ['pɔːkə] *sb* Mastschwein *n*
porky ['pɔːkɪ] *adj* fett
porridge ['pɒrɪdʒ] *sb* Haferbrei *m*
port[1] [pɔːt] *sb 1.* Hafen *m*; *2. (city with a ~)* Hafenstadt *f*, Hafen *m*; *3. (left) NAUT* Backbord *n*
port[2] [pɔːt] *sb (~ wine)* Portwein *m*
portable ['pɔːtəbl] *adj* tragbar
portage ['pɔːtɪdʒ] *sb* Transportkosten *pl*, Beförderungskosten *pl*
portal ['pɔːtl] *sb* Portal *n*, Tor *n*
portative ['pɔːtətɪv] *adj* tragbar
portcullis [pɔːt'kʌlɪs] *sb* Fallgatter *n*
portend [pɔː'tend] *v* bedeuten, hindeuten auf
portent ['pɔːtent] *sb* Vorzeichen *n*, Omen *n*
porter ['pɔːtə] *sb 1.* Pförtner *m*; *2. (at a hotel)* Portier *m*, Hoteldiener *m*; *3. (at an airport)* Gepäckträger *m*; *4. (accompanying an expedition)* Träger *m*
porterage ['pɔːtərɪdʒ] *sb* Trägerlohn *m*
portfolio [pɔːt'fəʊlɪəʊ] *sb 1. (folder)* Mappe *f*; *2. (fig) FIN* Portefeuille *n*
porthole ['pɔːthəʊl] *sb NAUT* Bullauge *n*
portico ['pɔːtɪkəʊ] *sb* Säulengang *m*
portion ['pɔːʃən] *sb 1.* Teil *m*; *(share)* Anteil *m*; *2. (of food)* Portion *f*
portly ['pɔːtlɪ] *adj* beleibt
portrait ['pɔːtrɪt] *sb* Porträt *n*
portraiture ['pɔːtrɪtʃə] *sb* Porträtmalerei *f*
portray [pɔː'treɪ] *v 1.* darstellen; *2. (describe)* schildern
portrayal [pɔː'treɪəl] *sb 1.* Darstellung *f*; *2. (description)* Schilderung *f*
pose [pəʊz] *v 1. (for a picture)* posieren; *2. ~ as* sich ausgeben als; *3. (position)* aufstellen; *4. (a question)* stellen; *5. (a problem)* aufwerfen; *(a threat)* darstellen; *sb 6.* Pose *f*
poser ['pəʊzə] *sb (fam)* Angeber *m*
posey ['pəʊzɪ] *adj (fam)* angeberisch
posh [pɒʃ] *adj (fam)* piekfein
posit ['pɒzɪt] *v* postulieren, aufstellen

position [pə'zɪʃən] *v 1.* aufstellen, platzieren; *(soldiers)* postieren; *sb 2.* Position *f*; *to be out of ~* an der falschen Stelle sein; *What ~ do you play?* Auf welcher Position spielst du? *3. (posture)* Haltung *f*, Stellung *f*; *4. (situation)* Lage *f*; *5. (job)* Stelle *f*; *6. (point of view)* Standpunkt *m*, Haltung *f*, Einstellung *f*

positive ['pɒzɪtɪv] *adj 1.* positiv; *2. (certain)* sicher; *3. (fam: definite)* ausgesprochen; *sb 4. FOTO* Positiv *n*
positively ['pɒzɪtɪvlɪ] *adv 1. (definitely)* sicher; *2. (absolutely)* wirklich, echt
poss [pɒs] *v (fam)* drücken, stoßen
posse ['pɒsɪ] *sb (US)* Aufgebot *n*
possess [pə'zes] *v 1.* besitzen, haben; *2. to be ~ed by* besessen sein von; *like a man ~ed* wie ein Besessener
possessed [pə'zest] *adj* besessen
possession [pə'zeʃən] *sb 1. (thing owned)* Besitz *m*; *all my ~s* mein ganzes Hab und Gut *n*; *2. (owning)* Besitz *m*; *take ~ of sth n;* etw in Besitz nehmen; *3. (by demons)* Besessenheit *f*
possessive [pə'zesɪv] *adj 1. GRAMM* possessiv; *2. (fig) (toward belongings)* eigen; *(toward a person)* besitzergreifend
possessor [pə'zesə] *sb* Besitzer *m*
possibility [pɒsə'bɪlɪtɪ] *sb* Möglichkeit *f*

possible ['pɒsəbl] *adj* möglich; *if ~* falls möglich; *make ~* ermöglichen

possibly ['pɒsəblɪ] *adv 1. (perhaps)* vielleicht, möglicherweise; *2. (emphatic) I cannot ~ do this.* Ich kann das unmöglich tun. *She did all she ~ could.* Sie tat, was sie nur konnte. *How can I ~ ...* Wie kann ich nur ...
post [pəʊst] *v 1. (on a wall, on a notice board)* anschlagen; *(fig: announce)* bekannt machen; *2. keep s.o ~ed* jdn auf dem Laufenden halten; *3. (assign)* versetzen; *4. (a guard)* aufstellen; *sb 5. (pole)* Pfosten *m*; *(lamp ~)* Pfahl *m*; *(tall)* Mast *m*; *as deaf as a ~*

P

stocktaub; *6. MIL* Posten *m; 7. (job)* Stelle *f,* Posten *m; 8. (mail)* Post *f; by return of ~* postwendend; *put in the ~ (UK)* aufgeben, mit der Post schicken; *(put in a letter box)* einwerfen

postage ['pəʊstɪdʒ] *sb* Porto *n*

postage due ['pəʊstɪdʒ djuː] *sb* Strafporto *n,* Nachporto *n*

postage stamp ['pəʊstɪdʒ stæmp] *sb* Briefmarke *f*

postal code ['pəʊstəl kəʊd] *sb (UK)* Postleitzahl *f*

postal order ['pəʊstəlɔːdə] *sb (UK)* Postanweisung *f*

postbox ['pəʊstbɒks] *sb* Briefkasten *m*

postcard ['pəʊstkɑːd] *sb* Postkarte *f; (picture ~)* Ansichtskarte *f*

postcode ['pəʊstkəʊd] *sb (UK)* Postleitzahl *f*

postdate [pəʊst'deɪt] *v (a document)* vordatieren

poste restante [pəʊst 'restɑ̃t] *adv* postlagernd

posterior [pɒs'tɪərɪə] *sb* Hinterteil *n*

posterity [pɒs'terɪtɪ] *sb* die Nachwelt *f*

postern ['pɒstən] *sb* Seitenpforte *f*

postfix [pəʊst'fɪks] *v* am Ende anhängen

post-haste [pəʊst'heɪst] *adv* eiligst, schnellstens

posting ['pəʊstɪŋ] *sb* Versetzung *f*

postman ['pəʊstmən] *sb* Postbote *m*

postmark ['pəʊstmɑːk] *sb* Poststempel *m*

post office ['pəʊstɒfɪs] *sb* Postamt *n*

post office box ['pəʊstɒfɪsbɒks] *sb* Postfach *n*

post-paid [pəʊst'peɪd] *adj* frei gemacht, frankiert

postpone [pəʊst'pəʊn] *v* aufschieben; *(for a specified period)* verschieben

postponement [pəʊst'pəʊnmənt] *sb 1.* Aufschub *m; 2. (act of postponing)* Verschiebung *f*

postscript ['pəʊstskrɪpt] *sb 1. (to a letter)* Postskriptum *n; 2. (to a book)* Nachwort *n; 3. (fig: to an affair)* Nachspiel *n*

postulate ['pɒstjʊlɪt] *sb 1.* Postulat *n;* ['pɒstʊleɪt] *v 2.* postulieren

posture ['pɒstʃə] *sb* Haltung *f*

post-war ['pəʊstwɒː] *adj* Nachkriegs...

posy ['pəʊzɪ] *sb* Sträußchen *n*

pot [pɒt] *v 1. (a plant)* eintopfen; *sb 2.* Topf *m; 3. (coffee ~)* Kanne *f; 4. (in a card game)* Topf *m; 5. go to ~ (fig)* kaputtgehen, ins Wasser fallen; *(person)* auf den Hund kommen; *6. (fam: marijuana)* Gras *n*

potable ['pəʊtəbl] *adj* trinkbar

potato [pə'teɪtəʊ] *sb* Kartoffel *f*

pot belly ['pɒtbelɪ] *sb* Schmerbauch *m*

potboiler ['pɒtbɔɪlə] *sb* Trivialroman *m*

potency ['pəʊtənsɪ] *sb 1. (of a drink)* Stärke *f; (of medication)* Wirksamkeit *f; 2. (of an argument)* Stichhaltigkeit *f; 3. (of a man)* Potenz *f*

potent ['pəʊtənt] *adj 1.* stark; *(drug)* wirksam; *2. (argument)* stichhaltig

potential [pəʊ'tenʃəl] *adj 1.* potenziell; *sb 2.* Potenzial *n*

potful ['pɒtfʊl] *sb* Topf *m,* Kanne *f*

pother ['pɒðə] *sb* Aufruhr *m,* Wirbel *m*

pothole ['pɒthəʊl] *sb* Schlagloch *n*

potion ['pəʊʃən] *sb* Trank *m*

potluck ['pɒtlʌk] *sb (fam)* geselliges Beisammensein, zu dem alle Beteiligten selbst etw zu essen mitbringen *n*

pot shot ['pɒtʃɒt] *sb* Schuss aufs Geratewohl *m*

potter ['pɒtə] *sb* Töpfer *m*

potter's wheel ['pɒtəzwiːl] *sb* Töpferscheibe *f*

pottery ['pɒtərɪ] *sb 1.* Töpferei *f; 2. (pots)* Töpferwaren *pl*

potting shed ['pɒtɪŋ ʃed] *sb* Schuppen *m*

potty ['pɒtɪ] *adj (fam)* verrückt

pouch [paʊtʃ] *sb* Beutel *m*

poultry ['pəʊltrɪ] *sb* Geflügel *n*

pounce [paʊns] *v ~ on* sich stürzen auf

pound[1] [paʊnd] *v 1. (to be ~ing)* hämmern; *(heart)* pochen; *(waves)* schlagen; *2. (run with heavy footfalls)* stampfen; *3. (sth)* hämmern; *(meat)* klopfen; *4. (with bombs) MIL* ununterbrochen beschießen

pound[2] [paʊnd] *sb (unit of weight, money)* Pfund *n*

pound[3] [paʊnd] *sb 1. (for stray dogs)* städtischer Hundezwinger *m; 2. (for cars)* Abstellplatz für abgeschleppte Autos *m*

poundage ['paʊndɪdʒ] *sb 1. (weight)* Gewicht in Pfund *n; 2. (fee)* auf Gewichtsbasis errechnete Gebühr *f*

pour [pɒː] *v 1.* strömen; *2. (sth) (liquid)* gießen; *~ money into a project* Geld in ein Projekt pumpen; *3. (powder, a large amount of liquid)* schütten; *4. (a drink)* einschenken

• pour in *v 1.* hereinströmen/hineinströmen; *2. (letters, requests)* in Strömen eintreffen

• pour out *v 1.* herausströmen/hinausströmen; *2. (sth)* ausgießen; *(large quantities, powder)* ausschütten; *3. (fig) pour one's heart out to s.o.* jdm sein Herz ausschütten

pout ['paʊt] *v 1.* einen Schmollmund machen; *2. (sulk)* schmollen
poverty ['pɒvətɪ] *sb* Armut *f*
powder ['paʊdə] *sb 1.* Pulver *n; 2. (cosmetic ~, talcum ~)* Puder *m*
powder keg ['paʊdəkeg] *sb* Pulverfass *n*
powder room ['paʊdə ruːm] *sb the ~* die Damentoilette *f*
powdery ['paʊdərɪ] *adj* pulverig

power [paʊə] *sb 1.* Macht *f; I will do everything in my ~.* Ich werde tun, was in meiner Macht steht. *to be in s.o.'s ~* in jds Gewalt sein; *2. (ability)* Fähigkeit *f; (of speech, of imagination)* Vermögen *n; 3. (of an engine, of loudspeakers) TECH* Leistung *f; 4. (of a lens, of a drug)* Stärke *f; 5. (physical strength)* Kraft *f; 6. (of a blow, of an explosion)* Stärke *f,* Gewalt *f; 7. (electric ~) TECH* Starkstrom *m; 8. (fig: of an argument)* Überzeugungskraft *f; 9. MATH* Potenz *f; v 10. (sth)* antreiben

powerboat ['paʊəbəʊt] *sb* Rennboot *n*
power cut ['paʊə kʌt] *sb 1.* Stromausfall *m; 2. (in wartime)* Stromsperre *f*
power drill ['paʊə drɪl] *sb* Bohrmaschine *f*
power failure ['paʊəfeɪljə] *sb* Stromausfall *m,* Netzausfall *m*
powerful ['paʊəfʊl] *adj 1. (influential)* mächtig, einflussreich; *2. (strong: person, drug, emotions)* stark; *3. (car)* leistungsfähig; *4. (blow)* heftig; *5. (argument)* durchschlagend
powerhouse ['paʊəhaʊs] *sb (fig) (US) SPORT* Bombenmannschaft *f*
powerless ['paʊəlɪs] *adj 1. (without strength)* kraftlos; *2. (without influence, ~ to act)* machtlos
power lunch ['paʊəlʊntʃ] *sb (fam)* Geschäftsessen der Mächtigen *n*
power pack ['paʊə pæk] *sb* Netzteil *n*
power plant ['paʊəplɑːnt] *sb* Kraftwerk *n,* Elektrizitätswerk *n*
power point ['paʊə p'ɪnt] *sb* Steckdose *f*
power politics ['paʊə 'pɒlɪtɪks] *sb* Machtpolitik *f*
pox [pɒks] *sb* Pocken *pl,* Blattern *pl*
poxy ['pɒksɪ] *adj (fam)* ekelhaft
practicable ['præktɪkəbl] *adj* durchführbar
practical ['præktɪkəl] *adj* praktisch
practically ['præktɪkəlɪ] *adv 1.* praktisch; *2. (fam: virtually)* fast
practice ['præktɪs] *v 1. (verb) (US) (see "practise"); sb 2. (rehearsal, trial run)* Probe *f; 3. (repeated exercise)* Übung *f; ~ makes perfect* Übung macht den Meister; *out of ~* aus der Übung; *4. SPORT* Training *n; 5. (action, not theory)* Praxis *f; 6. (habit)* Gewohnheit *f, (custom)* Brauch *m; 7. (business ~)* Verfahrensweise *f; 8. (law ~, medical ~)* Praxis *f*

practise ['præktɪs] *v 1.* üben; *2. (a profession, a religion)* ausüben; *3. (law, medicine)* praktizieren

praise [preɪz] *v 1.* loben; *sb 2.* Lob *n*
praiseworthy ['preɪzwɜːðɪ] *adj* lobenswert
pram [præm] *sb (UK)* Kinderwagen *m*
prance [prɑːns] *v 1.* herumhüpfen; *2. (strut)* stolzieren; *3. (horse)* tänzeln
prancer ['prɑːnsə] *sb* jmd, der herumspringt
prang [præŋ] *sb (fam)* Zusammenstoß *m,* Bruchlandung *f*
prank [præŋk] *sb* Streich *m,* Schabernack *m; play a ~ on s.o.* jdm einen Streich spielen
prankster ['præŋkstə] *sb* jmd, der Streiche spielt
prat [præt] *sb (fam: fool)* Trottel *m*
prate [preɪt] *v* schwafeln, brabbeln
prattle ['prætl] *v* plappern, schwatzen
prawn [prɔːn] *sb ZOOL* Garnele *f*
praxis ['præksɪs] *sb* Praxis *f*
pray [preɪ] *v* beten
prayer [prɛə] *sb* Gebet *n*
prayerful ['prɛəfʊl] *adj* von Gebeten erfüllt
praying mantis ['preɪɪŋ 'mæntɪs] *sb ZOOL* Gottesanbeterin *f*
preach [priːtʃ] *v 1.* predigen; *2. (fig: the advantages of sth)* propagieren
preacher ['priːtʃə] *sb* Prediger *m*
preachment ['priːtʃmənt] *sb* Predigt *f*
preachy ['priːtʃɪ] *adj* moralisierend
prearrange [priːə'reɪndʒ] *v* vorher abmachen, vorher bestimmen
precarious [prɪ'kɛərɪəs] *adj* unsicher; *(dangerous)* gefährlich
precaution [prɪ'kɔːʃən] *sb* Vorsichtsmaßnahme *f; take ~s* Vorsichtsmaßnahmen treffen; *as a ~* vorsichtshalber
precede [prɪ'siːd] *v* vorangehen; *(in importance)* gehen vor
precedence ['presɪdəns] *sb* Vorrang *m; take ~ over* den Vorrang haben vor
precedent ['presɪdənt] *sb* Präzedenzfall *m; without ~* noch nie da gewesen
precedented ['presɪdentɪd] *adj* mit Präzedenzfall
precept ['priːsept] *sb* Regel *f*

P

precinct ['priːsɪŋkt] *sb 1.* Bezirk *m; 2. police ~ (US)* Polizeirevier *n*
precious ['preʃəs] *adj* wertvoll, kostbar, *(stones, metals)* edel
precipice ['presɪpɪs] *sb* Steilhang *m*
precipitant [prɪ'sɪpɪtənt] *adj* hastig
precipitate [prɪ'sɪpɪteɪt] *v 1. (hasten)* beschleunigen; *2. (sth) CHEM* fällen
precipitation [prɪsɪpɪ'teɪʃən] *sb METEO* Niederschlag *m*
precipitous [prɪ'sɪpɪtəs] *adj 1.* steil; *2. (hasty)* überstürzt
precis ['preɪsiː] *sb* Zusammenfassung *f,* Inhaltsangabe *f*
precise [prɪ'saɪs] *adj* genau
precisely [prɪ'saɪslɪ] *adv* genau
precision [prɪ'sɪʒən] *sb* Genauigkeit *f*
preclude [prɪ'kluːd] *v* ausschließen; *~ s.o. from doing sth* jdn daran hindern, etw zu tun
precocious [prɪ'kəʊʃəs] *adj* frühreif; *(in a negative sense)* altklug
preconceive [priːkən'siːv] *v* sich im Voraus eine Meinung bilden
preconception [priːkən'sepʃən] *sb* vorgefasste Meinung *f*
precondition [priːkən'dɪʃən] *sb* Vorbedingung *f,* Voraussetzung *f*
precursor [priː'kɜːsə] *sb* Vorläufer *m,* Vorbote *m*
precursory [prɪ'kɜːsərɪ] *adj* einleitend
predate [priː'deɪt] *v 1. (come before)* vorausgehen; *2. (a document)* zurückdatieren
predator ['predətə] *sb* Raubtier *n; (person)* Plünderer *m*
predecessor ['priːdɪsesə] *sb* Vorgänger *m*
predestined [priː'destɪnd] *adj* prädestiniert
predetermine [priːdɪ'tɜːmɪn] *v 1.* vorher bestimmen, im Voraus festsetzen; *2. (human events)* vorherbestimmen
predicament [prɪ'dɪkəmənt] *sb* Zwangslage *f,* missliche Lage *f*
predicant ['predɪkənt] *adj* predigend
predicate ['predɪkeɪt] *v 1. ~ sth on sth* etw auf etw gründen; ['predɪkɪt] *sb 2. GRAMM* Prädikat *n*
predict [prɪ'dɪkt] *v* vorhersagen, voraussagen
prediction [prɪ'dɪkʃən] *sb* Vorhersage *f,* Voraussage *f*
predispose [priːdɪ'spəʊz] *v* geneigt machen
predisposition [priːdɪspə'zɪʃən] *sb* Neigung *f*
predominant [prɪ'dɒmɪnənt] *adj* vorherrschend, überwiegend
predominantly [prɪ'dɒmɪnəntlɪ] *adv* überwiegend, hauptsächlich
predominate [prɪ'dɒmɪneɪt] *v 1. (numerically)* überwiegen; *2. (feature)* vorherrschen
pre-eminent [priː'emɪnənt] *adj* herausragend
pre-empt [priː'empt] *v* zuvorkommen
pre-emptive [priː'emptɪv] *adj* präventiv, Präventiv...
preen [priːn] *v ~ o.s.* sich putzen
prefabricated [priː'fæbrɪkeɪtɪd] *adj* vorgefertigt, Fertig...
preface ['prefɪs] *v 1. (remarks)* einleiten; *sb 2. (to a book)* Vorwort *n*
prefer [prɪ'fɜː] *v* vorziehen, lieber mögen als, bevorzugen
preferable ['prefərəbl] *adj* vorzuziehen
preference ['prefərəns] *sb 1.* Vorliebe *f; I have no ~.* Mir ist alles recht. *2. (greater favour)* Vorzug *m; show ~ to s.o.* jdn bevorzugen
preferential [prefə'renʃəl] *sb ~ treatment* Vorzugsbehandlung *f*
preferment [prɪ'fɜːmənt] *sb (promotion)* Beförderung *f*
prefix ['priːfɪks] *sb GRAMM* Präfix *n,* Vorsilbe *f*
preformation [priːfɔː'meɪʃən] *sb* Vorgeformtheit *f*
pregnancy ['pregnənsɪ] *sb* Schwangerschaft *f; (of an animal)* Trächtigkeit *f*
pregnant ['pregnənt] *adj 1.* schwanger; *(animal)* trächtig; *2. (fig: remark, pause)* bedeutungsvoll
preheat [priː'hiːt] *v* vorwärmen
prehension [prɪ'henʃən] *sb* Greifen *n*
prejudge [priː'dʒʌdʒ] *v* vorverurteilen
prejudice ['predʒʊdɪs] *v 1.* einnehmen, beeinflussen; *2. (to be detrimental to)* gefährden; *sb 3.* Vorurteil *n; 4. (detriment) JUR* Schaden *m*
prejudiced ['predʒʊdɪst] *adj* voreingenommen
prejudicial [predʒʊ'dɪʃəl] *adj JUR* schädlich
preliminaries [prɪ'lɪmɪnərɪz] *pl 1.* vorbereitende Maßnahmen *pl,* Vorarbeit *f; 2. (introductory portion)* Einleitung *f*
preliminary [prɪ'lɪmɪnərɪ] *adj* Vor..., *(remarks)* einleitend, *(measures)* vorbereitend
prelude ['preljuːd] *sb 1. (fig)* Auftakt *m; 2. MUS* Vorspiel *n*

P

premarital [priː'mærɪtl] *adj* vorehelich
premature ['premətʃʊə] *adj 1.* frühzeitig; *2. (decision)* verfrüht; *3. ~ birth* Frühgeburt *f*
premeditate [prɪː'medɪteɪt] *v* vorsätzlich planen
premier ['premɪə] *adj 1.* führend; *sb 2. POL* Premierminister *m*
premiership ['premjəʃɪp] *sb* Amt des Premierministers *n*
premise ['premɪs] *sb 1. (logical)* Voraussetzung *f; 2. ~s pl* Grundstück *n; (of a school, of a factory)* Gelände *n; (of a shop)* Räumlichkeiten *pl*
premium ['priːmɪəm] *sb 1. (bonus)* Bonus *m,* Prämie *f; 2. (insurance ~)* Prämie *f; 3. (surcharge)* Zuschlag *m; 4. to be at a ~* sehr gesucht sein
premonition [premə'nɪʃən] *sb (feeling)* Vorahnung *f*
prenatal [priː'neɪtl] *adj* vor der Geburt, pränatal
prenuptial agreement [priː'nʌpʃəl ə'griːmənt] *sb* Ehevertrag
preoccupation [priːɒkjʊ'peɪʃən] *sb 1. (thing preoccupied with)* Hauptbeschäftigung *f; 2. ~ with* Beschäftigtsein mit, Vertieftsein in, Inanspruchnahme durch
preoccupied [priː'ɒkjʊpaɪd] *adj* in Gedanken vertieft
preoccupy [priː'ɒkjʊpaɪ] *v* beschäftigen
preordain [priːɔː'deɪn] *v* vorherbestimmen
pre-package [priː'pækɪdʒ] *v* abpacken
preparation [prepə'reɪʃən] *sb* Vorbereitung *f; (of a meal, of medicine)* Zubereitung *f*
preparative [prɪ'pærətɪv] *adj* vorbereitend
preparatory [prɪ'pærətərɪ] *adj* vorbereitend
preparatory school [prɪ'pærətərɪ skuːl] *sb 1. (UK)* Vorbereitungsschule für die Public School *f; 2. (US)* Vorbereitungsschule für die Universität *f*
prepare [prɪ'pɛə] *v 1.* vorbereiten; *2. (a meal, medicine)* zubereiten
prepared [prɪ'pɛəd] *adj* vorbereitet, *(ready)* bereit
prepay [priː'peɪ] *v irr* vorausbezahlen
preponderance [prɪ'pɒndərəns] *sb* Überwiegen *n*
preponderant [prɪ'pɒndərənt] *adj* überwiegend
preponderate [prɪ'pɒndəreɪt] *v* überwiegen
preposition [prepə'zɪʃən] *sb* Präposition *f*
prepositive [priː'pɒzɪtɪv] *adj* Präpositional...
prepossess [priːpə'zes] *v* einnehmen
prepossession [priːpə'zeʃən] *sb* Voreingenommenheit *f,* Vorurteil *n*
preposterous [prɪ'pɒstərəs] *adj* absurd
prepotent [prɪ'pəʊtnt] *adj* dominant, übermächtig
preppy ['prepɪ] *sb* Popper *m*
preproduction [priːprə'dʌkʃən] *sb CINE* Vorproduktionsphase *f*
prequel ['priːkwəl] *sb* Fortsetzung, bei der die Geschichte zeitlich vor der Originalgeschichte spielt *f*
prerequisite [priː'rekwɪzɪt] *adj 1.* erforderlich, notwendig; *sb 2.* Voraussetzung *f,* Vorbedingung *f*
prerogative [prɪ'rɒgətɪv] *sb* Vorrecht *n*
presage ['presɪdʒ] *v* vorher andeuten
presale ['priːseɪl] *sb* Vorverkauf *m*
preschool ['priːskuːl] *sb* Vorschule *f*
prescience ['presɪəns] *sb* vorherige Kenntnis *f,* vorheriges Wissen *n*
prescient ['presɪənt] *adj* vorhersehend, vorherwissend
prescind [prɪ'sɪnd] *v* ausschließen
prescribe [prɪs'kraɪb] *v 1.* vorschreiben; *2. MED* verschreiben
prescript ['priːskrɪpt] *sb* Vorschrift *f*
prescription [prɪs'krɪpʃən] *sb MED* Rezept *n*
prescriptive [prɪ'skrɪptɪv] *adj* normativ
presell [priː'sel] *v irr* im Voraus verkaufen
presence ['prezns] *sb 1.* Gegenwart *f,* Anwesenheit *f; in the ~ of* vor; *2. (bearing)* Auftreten *n,* Haltung *f; 3. ~ of mind* Geistesgegenwart *f; 4. (stage ~)* Ausstrahlung *f*

present [prɪ'zent] *v 1. (put forward)* vorlegen; *2. (introduce)* vorstellen; *3. (offer, provide)* bieten; *4. (hand over)* übergeben, überreichen, *(as a gift)* schenken; *5. ~ itself (an opportunity, a problem)* sich ergeben; ['preznt] *sb 6. (gift)* Geschenk *n; make s.o. a ~ of sth* jdm etw schenken; *7. (~ time, ~ tense)* Gegenwart *f; at ~* zurzeit, im Moment, im Augenblick; *adj 8. (at the ~ time)* gegenwärtig, derzeitig, jetzig; *9. (existing)* vorhanden; *10. (in attendance)* anwesend

presentable [prɪ'zentəbl] *adj* präsentabel
presentation [prezn'teɪʃən] *sb 1. (act of presenting)* Vorlage *f,* Präsentation *f; 2. (handing over)* Überreichung *f; (of an award)* Verleihung *f; 3. (manner of presenting)* Dar-

P

bietung *f*, Präsentation *f*; *4. (of a play, of a programme)* Darbietung *f*, Vorführung *f*; *5. (introduction)* Vorstellung *f*
presentative [prɪ'zentətɪv] *adj* bekannt
present-day ['prezntdeɪ] *adj* heutig, von heute
presentient [prɪ'senʃənt] *adj* ahnend, im Voraus fühlend
presentiment [prɪ'zentɪmənt] *sb* Ahnung *f*, Vorahnung *f*, Vorgefühl *n*
presently ['prezntlɪ] *adv 1. (soon)* bald, gleich; *2. (at present)* zurzeit
presentment [prɪ'zentmənt] *sb* Darstellung *f*, Darbietung *f*
preservation [prezə'veɪʃən] *sb* Erhaltung *f*; *(keeping)* Aufbewahrung *f*
preservative [prɪ'zɜːvətɪv] *sb* Konservierungsmittel *n*
preserve [prɪ'zɜːv] *v 1. (maintain)* erhalten; *2. (a memory, a reputation)* aufrechterhalten; *3. (silence)* bewahren; *4. (keep from harm)* bewahren; *5. (plants, animals)* schützen; *sb 6. (for animals)* Gehege *n*; *7. ~s pl (jam)* Konfitüre *f*
preset [priː'set] *v* vorher einstellen
preshrunk [priː'ʃrʌŋk] *adj* vorgewaschen
preside [prɪ'zaɪd] *v ~ over* den Vorsitz haben über
presidency ['prezɪdənsɪ] *sb 1.* Präsidentschaft *f*; *2. (of a company)* Vorsitz *m*
president ['prezɪdənt] *sb 1.* Präsident/Präsidentin *m/f*; *2. (of a company)* Vorsitzende(r) *m/f*
presider [prɪ'zaɪdə] *sb* Vorsitzende(r) *m/f*
presidio [prɪ'sɪdɪəʊ] *sb* Garnison *f*
presidium [prɪ'sɪdɪəm] *sb* Präsidium *n*

press [pres] *v 1.* drücken; *~ juice out of a lemon* Saft aus einer Zitrone pressen; *2. (a button)* drücken auf; *3. (grapes, flowers)* pressen; *4. ~ down* hinunterdrücken; *5. (iron)* bügeln; *6. (urge)* drängen; *~ a point* auf seinem Punkt bestehen; *7. (importune, harass)* bedrängen; *to be ~ed for time* unter Zeitdruck stehen; *8. ~ ahead with sth, ~ forward with sth* mit etw weitermachen; *sb 9. (squeeze, push)* Druck *m*; *(in weightlifting)* Drücken *n*; *10. (machine)* Presse *f*; *go to ~* in Druck gehen; *11. (media)* Presse *f*; *12. (publishing company)* Verlag *m*

press agency ['preseɪdʒənsɪ] *sb* Presseagentur *f*
press box ['presbɒks] *sb* Pressetribüne *f*
pressie ['prezɪ] *sb (fam)* Geschenk *n*
pressing ['presɪŋ] *adj 1. (urgent)* dringend; *sb 2.* Auflage *f*
pressman ['presmən] *sb* Pressemensch *m*
press release ['presrɪliːs] *sb* Presseverlautbarung *f*
press stud ['presstʌd] *sb* Druckknopf *m*
press time ['prestaɪm] *sb* Redaktionsschluss *m*
press-up ['presʌp] *sb* Liegestütz *m*
pressure ['preʃə] *sb* Druck *m*; *put ~ on s.o.* Druck auf jdn ausüben
pressurize ['preʃəraɪz] *v (a plane's cabin)* auf Normaldruck halten
presswork ['preswɜːk] *sb* Drucken *n*
prestidigitation [prestɪdɪdʒɪ'teɪʃən] *sb* Taschenspielerkunst *f*
prestige [pres'tiːʒ] *sb* Prestige *n*
presumable [prɪ'zjuːməbl] *adj* vermutlich
presume [prɪ'zjuːm] *v 1.* vermuten, annehmen; *2. ~ to do sth* sich erlauben, etw zu tun; *(to be presumptuous)* sich anmaßen
presumption [prɪ'zʌmpʃən] *sb 1.* Vermutung *f*; *2. (arrogance)* Unverschämtheit *f*, Anmaßung *f*
presumptive [prɪ'zʌmptɪv] *adj* mutmaßlich
presumptuous [prɪ'zʌmptjʊəs] *adj* anmaßend
presuppose [priːsə'pəʊz] *v* voraussetzen
presupposing [priːsə'pəʊzɪŋ] *konj* vorausgesetzt
presupposition [priːsʌpə'zɪʃən] *sb* Voraussetzung *f*
pretence [prɪ'tens] *sb 1. (feigning)* Heuchelei *f*; *2. (claim)* Anspruch *m*; *make no ~ to sth* keinen Anspruch auf etw erheben; *3. (pretext)* Vorwand *m*; *under false ~s* unter Vorspiegelung falscher Tatsachen
pretend [prɪ'tend] *v 1. (make believe)* so tun, als ob ...; *2. (feign)* vortäuschen
pretension [prɪ'tenʃən] *sb* Anmaßung *f*
pretentious [prɪ'tenʃəs] *adj 1.* angeberisch; *2. (style)* hochtrabend
pretentiousness [prɪ'tenʃəsnɪs] *sb* Anmaßung *f*, Angeberei *f*, Protzigkeit *f*
preternatural [priːtə'nætʃrəl] *adj* außergewöhnlich
pretext ['priːtekst] *sb* Vorwand *m*

pretty ['prɪtɪ] *adj 1.* hübsch; *a ~ penny* eine hübsche Summe; *to be sitting ~* es gut haben; *adv 2. (fam: rather)* ziemlich; *(fam: very)* ganz; *~ good* recht gut, nicht schlecht

P

pretzel ['pretsl] *sb* Brezel *f*
prevail [prɪ'veɪl] *v 1. (win out)* die Oberhand gewinnen, siegen, sich durchsetzen; *2. (conditions)* herrschen; *3. ~ upon s.o. to do sth* jdn dazu bewegen, etw zu tun
prevailing [prɪ'veɪlɪŋ] *adj* derzeit herrschend
prevalence ['prevələns] *sb* Vorherrschaft *f,* weite Verbreitung *f,* Häufigkeit *f*
prevalent ['prevələnt] *adj* vorherrschend, weit verbreitet
prevaricate [prɪ'værɪkeɪt] *v* Ausflüchte machen
prevarication [prɪværɪ'keɪʃən] *sb* Ausflucht *f,* Ausflüchte *pl*
prevenient [prɪ'viːnɪənt] *adj* vorbeugend
prevent [prɪ'vent] *v* verhindern; *~ s.o. from doing sth* jdn daran hindern, etw zu tun
preventer [prɪ'ventə] *sb* Verhinderer *m*
prevention [prɪ'venʃən] *sb* Verhinderung *f*
preventive [prɪ'ventɪv] *adj 1.* vorbeugend; *sb 2. ~ measure* Präventivmaßnahme *f,* Vorsichtsmaßnahme *f*
preview ['priːvjuː] *sb 1.* Vorschau *f; 2. (of a film: trailer)* Vorschau *f; (entire film seen in advance)* Probeaufführung *f*
previous ['priːvɪəs] *adj 1. (immediately preceding)* vorherig, vorhergehend; *the ~ year* das Jahr davor; *2. (earlier)* früher; *have a ~ engagement* bereits anderweitig verabredet sein; *adv 3. ~ to* vor
previously ['priːvɪəslɪ] *adv* vorher; *(formerly)* früher
pre-war ['priːwɔː] *adj* Vorkriegs...
prey [preɪ] *v 1. ~ upon (by animals)* Beute machen auf; *(by criminals)* als Opfer aussuchen; *sb 2.* Beute *f; beast of ~ ZOOL* Raubtier *n; bird of ~* Raubvogel *m*
preyer ['preɪə] *sb* Räuber *m*

price [praɪs] *v 1. (fix the ~ of sth)* den Preis von etw festsetzen von; *sb 2.* Preis *m*

priceless ['praɪslɪs] *adj 1.* unschätzbar; *2. (fig: person, story)* unbezahlbar
pricey ['praɪsɪ] *adj (fam)* kostspielig
prick [prɪk] *v 1.* stechen, *(a balloon)* anstechen; *2. ~ up one's ears (fig)* die Ohren spitzen; *sb 3.* Stich *m; 4. (fam: penis)* Schwanz *m; 5. (fam: person)* Arsch *m*
pricker ['prɪkə] *sb (instrument)* Ahle *f*
prickle ['prɪkl] *v 1.* stechen; *2. (tingle)* prickeln
prickly ['prɪklɪ] *adj 1.* stachlig, stachelig; *2. (sensation)* stechend
pride [praɪd] *v 1. ~ o.s. on sth* auf etw stolz sein; *sb 2.* Stolz *m; 3. (of lions)* Rudel *n*
prideful ['praɪdfʊl] *adj* stolz
prier ['praɪə] *sb* Schnüffler *m*
priest [priːst] *sb REL* Priester *m,* Geistliche(r) *m/f*
priesthood ['priːsthʊd] *sb* Priestertum *n*
priestly ['priːstlɪ] *adj* priesterlich, Priester...
prig [prɪg] *sb* eitler Pinkel *m (fam)*, selbstgefälliger Pedant *m*
priggish ['prɪgɪʃ] *adj* selbstgefällig
prim [prɪm] *adj ~ and proper* spröde
primacy ['praɪməsɪ] *sb* Vorrang *m,* Vorrangstellung *f*
primal ['praɪməl] *adj 1.* ursprünglich, Ur..., primär; *2. (primitive)* primitiv
primarily ['praɪmərəlɪ] *adv* in erster Linie
primary ['praɪmərɪ] *adj* Haupt...
primary colour ['praɪmərɪ 'kʌlə] *sb* Grundfarbe *f*
primary school ['praɪmərɪskuːl] *sb* Grundschule *f*
prime [praɪm] *adj 1.* Haupt... *2. (excellent)* erstklassig; *sb 3.* Blütezeit *f; in the ~ of life* im besten Alter; *to be past one's ~* die besten Jahre hinter sich haben
prime cost [praɪm kɒst] *sb* Selbstkosten *pl,* Gestehungskosten *pl*
prime meridian [praɪm mə'rɪdɪən] *sb GEO* Nullmeridian *m*
prime minister [praɪm 'mɪnɪstə] *sb POL* Premierminister *m*
prime mover [praɪm 'muːvə] *sb* treibende Kraft *f,* Antriebskraft *f,* Triebfeder *f*
prime number [praɪm 'nʌmbə] *sb MATH* Primzahl *f*
primer ['praɪmə] *sb (book)* Fibel *f*
prime rate [praɪm reɪt] *sb FIN* Sollzinssatz der Geschäftsbanken in den USA für Großkunden *m*
prime time [praɪm taɪm] *sb (US)* Hauptеinschaltzeit *f*
primeval [praɪ'miːvl] *adj* urzeitlich
priming ['praɪmɪŋ] *sb 1. (ignition)* Zündmasse *f,* Zündung *f; 2. (paint)* Grundierung *f*
primogeniture [praɪməʊ'dʒenɪtʃə] *sb* Erstgeburtsrecht *n*
primrose ['prɪmrəʊz] *sb 1. BOT* Primel *f; 2. (colour)* Blassgelb *n*
primp [prɪmp] *v* sich zurechtmachen
primula ['prɪmjʊlə] *sb BOT* Primel *f*
prince [prɪns] *sb 1. (king's son)* Prinz *m; 2. (ruler)* Fürst *m*

princedom ['prɪnsdəm] *sb* Fürstentum *n*
princess ['prɪnses] *sb* Prinzessin *f*
principal ['prɪnsɪpəl] *adj 1.* Haupt..., hauptsächlich; *sb 2. (~ character)* Hauptperson *f; 3. (of a school)* Direktor *m; 4. (of an investment)* Kapital *n, (of debt)* Kreditsumme *f*
principality [prɪnsɪ'pælɪtɪ] *sb POL* Fürstentum *n*
principle ['prɪnsɪpl] *sb* Prinzip *n; It's a matter of ~.* Es geht dabei ums Prinzip.
principled ['prɪnsɪpld] *adj* prinzipientreu
print [prɪnt] *v 1. (a photo)* abziehen; *2. (not write in cursive)* in Druckschrift schreiben; *3. (a book, a design)* drucken; *4. (publish)* veröffentlichen; *sb 5. (picture, publication)* Druck *m; out of ~* vergriffen; *6. (typeface)* Schrift *f; 7. (photo)* Abzug *m; 8. (cotton ~)* bedruckter Kattun *m; 9. (impression)* Abdruck *m*
printable ['prɪntəbl] *adj* druckreif, reproduktionsfähig
printed matter ['prɪntɪd 'mætə] *sb* Drucksache *f*
printmaker ['prɪntmeɪkə] *sb* Grafiker *m*
print-out ['prɪntaʊt] *sb* Ausdruck *m*
print shop ['prɪntʃɒp] *sb* Druckerei *f*
prior ['praɪə] *adj* früher; *~ to* vor
prioritize [praɪ'ɒrɪtaɪz] *v* Priorität einräumen
priority [praɪ'ɒrɪtɪ] *sb* Priorität *f; give ~ to* vordringlich behandeln
prise [praɪz] *v ~ open* aufbrechen
prism ['prɪzm] *sb* Prisma *n*
prison ['prɪzn] *sb* Gefängnis *n*
prisoner ['prɪzənə] *sb* Gefangene(r) *m/f; take s.o. ~* jdn gefangen nehmen
prison sentence ['prɪznsentəns] *sb* Gefängnisstrafe *f*
pristine ['prɪstiːn] *adj 1.* makellos; *2. (original)* ursprünglich
privacy ['praɪvəsɪ] *sb 1.* Zurückgezogenheit *f,* Ruhe *f; in the ~ of one's home* bei sich zu Hause; *invade s.o.'s ~* in jds Privatsphäre eingreifen; *2. (of information)* Heimlichkeit *f,* Geheimhaltung *f*
private ['praɪvɪt] *adj 1.* privat, Privat...; *2. (confidential)* vertraulich; *sb 3. MIL* gemeiner Soldat *m,* einfacher Soldat *m*
private bill ['praɪvɪt bɪl] *sb (UK)* Gesetzesinitiative eines Parlamentsmitglieds *f*
private company ['praɪvɪt 'kʌmpənɪ] *sb* Gesellschaft mit beschränkter Haftung *f*
privately ['praɪvɪtlɪ] *adv 1.* privat; *2. (secretly, unofficially)* persönlich

P

private parts ['praɪvɪt pɑːts] *pl* Geschlechtsteile *pl*
private property ['praɪvɪt 'prɒpətɪ] *sb* Privateigentum *n,* Privatbesitz *m*
private school ['praɪvɪt skuːl] *sb* Privatschule *f*
privation [praɪ'veɪʃən] *sb* Not *f,* Entbehrung *f*
privilege ['prɪvɪlɪdʒ] *sb 1.* Privileg *n; 2. (honour)* Ehre *f*
privity ['prɪvɪtɪ] *sb* Mitwisserschaft *f*
privy ['prɪvɪ] *adj to be ~ to sth* in etw eingeweiht sein

prize [praɪz] *sb 1.* Preis *m; v 2.* schätzen

pro [prəʊ] *sb 1. (fam: professional)* Profi *m; 2. the ~s and cons pl* das Für und Wider *n,* das Pro und Kontra *n*
probability [prɒbə'bɪlɪtɪ] *sb* Wahrscheinlichkeit *f; in all ~* höchstwahrscheinlich, aller Wahrscheinlichkeit nach
probable ['probəbl] *adj* wahrscheinlich
probably ['probəblɪ] *adv* wahrscheinlich
probate ['prəʊbeɪt] *sb* gerichtlich bestätigtes Testament *n*
probation [prə'beɪʃən] *sb 1. (~ period)* Probezeit *f; 2. JUR* Bewährung *f*
probation officer [prə'beɪʃən 'ɒfɪsə] *sb* Bewährungshelfer *m*
probative ['prəʊbətɪv] *adj* als Beweis dienend
probe [prəʊb] *v 1.* suchen, forschen; *2. (sth)* untersuchen, sondieren, erforschen; *sb 3. TECH* Sonde *f; 4. (investigation)* Untersuchung *f*
probity ['prəʊbɪtɪ] *sb* Rechtschaffenheit *f,* Redlichkeit *f*
problem ['prɒbləm] *sb* Problem *n*
procedure [prə'siːdʒə] *sb* Verfahren *n*
proceed [prə'siːd] *v 1. (go)* sich begeben; *"~ with caution"* vorsichtig fahren; *~ on the assumption that ...* davon ausgehen, dass ...; *2. (set about sth)* vorgehen; *~ against s.o. JUR* gegen jdn gerichtlich vorgehen; *3. (continue)* fortfahren; *things are ~ing as usual* alles geht seinen üblichen Gang; *4. (continue to go)* weitergehen; *(by car)* weiterfahren; ['prəʊsiːd] *sb 5. ~s pl* Erlös *m,* Ertrag *m*
proceeding [prə'siːdɪŋ] *sb* Vorgehen *n,* Verfahren *n; ~s pl JUR* Verfahren *n*
process ['prəʊses] *v 1.* verarbeiten; *2. (film)* entwickeln; *3. (an application)* bearbeiten; *sb 4.* Verfahren *n,* Prozess *m; 5. due ~ of law JUR* rechtliches Gehör *n*

processing ['prəʊsesɪŋ] *sb* Verarbeitung *f,* Bearbeitung *f; (of film)* Entwicklung *f*
proclaim [prə'kleɪm] *v* proklamieren, erklären
proclamation [prɒklə'meɪʃən] *sb 1.* Proklamation *f,* Erklärung *f; 2. (act of proclaiming)* Verkündigung *f,* Erklärung *f*
proclamatory [prə'klæmətərɪ] *adj* erklärend, verkündend, proklamierend
proclivity [prəʊ'klɪvɪtɪ] *sb* Neigung *f*
procrastinate [prəʊ'kræstɪneɪt] *v* zaudern
procrastination [prəʊkræstɪ'neɪʃən] *sb* Zaudern *n,* Aufschieben *n*
procreate [prəʊkrɪ'eɪt] *v* zeugen
procreation [prəʊkrɪ'eɪʃən] *sb* Zeugung *f*
proctor ['prɒktə] *sb 1. (of an examination)* Aufsichtsführende(r) bei Prüfungen *m/f; 2. (UK: of an university)* Disziplinarbeamte(r) *m/f; 3. JUR* Anwalt/Anwältin an Spezialgerichten *m/f*
procumbent [prəʊ'kʌmbənt] *adj* auf dem Bauch liegend
procuration [prɒkjʊ'reɪʃən] *sb 1. (procurement)* Beschaffung *f; 2. (power)* Vollmacht *f,* Prokura *f*
procure [prə'kjʊə] *v 1.* beschaffen; *2. (a prostitute)* verkuppeln; *3. (bring about)* herbeiführen
procurement [prə'kjʊəmənt] *sb 1.* Beschaffung *f,* Besorgung *f; 2. (of prostitutes)* Kuppelei *f*
procuring [prə'kjʊərɪŋ] *sb JUR* Kuppelei *f*
prod [prɒd] *v 1.* stoßen; *2. (fig: into action)* anstacheln
prodigal ['prɒdɪgəl] *adj the ~ son* der verlorene Sohn
prodigious [prə'dɪdʒəs] *adj* großartig, wunderbar
prodigy ['prɒdɪdʒɪ] *sb* Wunder; *~child* Wunderkind *n*
produce [prə'djuːs] *v 1.* produzieren, herstellen; *(energy)* erzeugen; *2. (fig: cause)* hervorrufen; *3. (an effect)* erzielen; *4. (a film)* produzieren; *5. THEAT* inszenieren; *6. (bring out)* hervorholen; *(identification)* vorzeigen; *(a witness)* beibringen; ['prɒdjuːs] *sb 7. AGR* Produkte *pl,* Erzeugnis *n*
producer [prə'djuːsə] *sb 1.* Hersteller *m,* Erzeuger *m; 2. CINE* Produzent/Produzentin *m/f*
product ['prɒdʌkt] *sb* Produkt *n*
production [prə'dʌkʃən] *sb ECO* Herstellung *f,* Produktion *f*
production line [prə'dʌkʃən laɪn] *sb* Fließband *n,* Produktionslinie *f*
productive [prə'dʌktɪv] *adj 1.* produktiv; *2. (mine, well)* ergiebig
productivity [prɒdʌk'tɪvɪtɪ] *sb* Produktivität *f*
proem ['prəʊem] *sb LIT* Einleitung *f*
profane [prəʊ'feɪn] *adj 1. (blasphemous)* lästerlich; *2. (secular)* profan
profess [prə'fes] *v 1. (faith)* sich bekennen zu; *2. (ignorance)* zugeben; *3. (innocence)* beteuern; *4. (interest)* bekunden
profession [prə'feʃən] *sb 1. (occupation)* Beruf *m; 2. (declaration)* Erklärung *f,* Beteuerung *f*
professional [prə'feʃənl] *adj 1.* beruflich, Berufs...; *2. (competent, expert)* fachmännisch; *3. (using good business practices)* professionell; *sb 4.* Profi *m*
professionalism [prə'feʃənəlɪzəm] *sb* Professionalismus *m*
profession of faith [prə'feʃən əv feɪθ] *sb REL* Glaubensbekenntnis *n*
professor [prə'fesə] *sb* Professor *m*
professoriate [prɒfɪ'sɔːrɪɪt] *sb 1. (group of professors)* Professorenschaft *f; 2. (post of professor)* Professorenamt *n*
proffer ['prɒfə] *v 1.* bieten; *2. (a remark)* machen; *3. (a suggestion)* vorbringen
proficiency [prə'fɪʃənsɪ] *sb* Fertigkeit *f,* Können *n,* Tüchtigkeit *f*
proficient [prə'fɪʃənt] *adj* tüchtig, fähig; *to be ~ in sth* in etw bewandert sein
profile ['prəʊfaɪl] *sb 1.* Profil *n; 2. (story about s.o.)* Porträt *n; 3. keep a low ~* sich im Hintergrund halten; *v 4. (draw in ~) ART* im Profil darstellen; *5. (in writing)* porträtieren
profit ['prɒfɪt] *v 1.* profitieren, Nutzen ziehen, Gewinn ziehen; *sb 2. ECO* Gewinn *m,* Profit *m; make a ~ on sth* mit etw einen Gewinn machen; *3. (fig)* Nutzen *m,* Vorteil *m*
profitability [prɒfɪtə'bɪlɪtɪ] *sb* Rentabilität *f*
profitable ['prɒfɪtəbl] *adj 1.* rentabel; *2. (advantageous)* vorteilhaft
profiteer [prɒfɪ'tɪə] *v* wuchern, Wucher treiben
profiteering [prɒfɪ'tɪərɪŋ] *sb* Wucher *m,* Wucherei *f*
profligate ['prɒflɪgɪt] *adj 1. (immoral)* verworfen, verderbt, lasterhaft; *2. (extravagant)* verschwenderisch
profound [prə'faʊnd] *adj 1. (deep)* tief; *2. (thought)* tiefsinnig, tief schürfend, tiefgrün-

P

dig; *3. (regret)* tief gehend; *4. (knowledge)* gründlich
profuse [prə'fjuːs] *adj (apologies)* überreichlich
profusely [prə'fjuːslɪ] *adv 1. (thank)* überschwänglich; *2. (sweat)* übermäßig
profusion [prə'fjuːʒən] *sb* Fülle *f*
progenitor [prəʊ'dʒenɪtə] *sb 1.* Vorfahr *m,* Ahn *m; 2. (fig)* Vorläufer *m*
progeny ['prɒdʒɪnɪ] *sb 1.* Nachkommenschaft *f; 2. ZOOL* Jungen *pl*
prognosis [prɒg'nəʊsɪs] *sb* Prognose *f*
programme ['prəʊgræm] *v 1.* programmieren; *(fig: person)* vorprogrammieren; *sb 2.* Programm *n*
progress [prə'gres] *v 1. (make ~)* vorwärts kommen; *2. (develop)* sich entwickeln; *3. (proceed)* weitergehen; ['prəʊgres] *sb 4.* Fortschritt *m; in ~* im Gange; *make ~* Fortschritte machen; *5. (movement forwards)* Fortschreiten *n,* Vorwärtskommen *n*
progression [prə'greʃən] *sb 1. (movement)* Vorwärtsbewegung *f,* Fortbewegung *f; 2. (succession)* Folge *f,* Reihe *f; 3. (taxation)* Progression *f,* Staffelung *f; 4. MATH* Reihe *f,* Progression *f; 5. MUS* Sequenz *f*
progressive [prə'gresɪv] *adj 1. (increasing)* zunehmend; *2. (favouring progress)* progressiv
progressively [prə'gresɪvlɪ] *adv* zunehmend
prohibit [prə'hɪbɪt] *v* verbieten
prohibited [prə'hɪbɪtɪd] *adj* verboten
prohibition [prəʊɪ'bɪʃən] *sb 1.* Verbot *n; 2. (US) HIST* Prohibition *f*
prohibitive [prə'hɪbɪtɪv] *adj* unerschwinglich
project ['prɒdʒekt] *sb 1.* Projekt *n;* [prə'dʒekt] *v 2. (jut out)* hervorragen, hervorspringen; *3. (costs)* überschlagen; *4. (a film, figures)* projizieren; *5. (propel)* abschießen; *~ one's voice* seine Stimme weit tragen lassen
projectile [prə'dʒektaɪl] *sb* Geschoss *n*
projection [prə'dʒekʃən] *sb 1.* Projektion *f; 2. (sticking out)* Vorsprung *m; 3. (prediction)* Vorausplanung *f*
pro-life [prəʊ'laɪf] *adj* gegen die Abtreibung
proliferate [prə'lɪfəreɪt] *v* sich vermehren
prolific [prə'lɪfɪk] *adj* fruchtbar
prolong [prə'lɒŋ] *v* verlängern
prolongation [prəʊlɒŋ'geɪʃən] *sb* Verlängerung *f*
prolusion [prə'luːʒən] *sb* Vorwort *m*
prom [prɒm] *sb 1. (UK: promenade)* Strandpromenade *f; 2. (US: dance)* High-School-Ball *m*
prominence ['prɒmɪnəns] *sb 1. (conspicuousness)* Beliebtheit *f,* Berühmtheit *f; 2. (protuberance)* Vorspringen *n,* Vorragen *n*
prominent ['prɒmɪnənt] *adj 1. (noticeable)* auffallend; *2. (person)* prominent; *3. (projecting)* vorstehend

promise ['prɒmɪs] *v 1.* versprechen; *sb 2.* Versprechen *n; 3. (hope, prospect)* Hoffnung *f,* Aussicht *f*

promising ['prɒmɪsɪŋ] *adj* viel versprechend
promissory note ['prɒmɪsərɪ nəʊt] *sb FIN* Schuldschein *m*
promote [prə'məʊt] *v 1. (in rank)* befördern; *2. (foster)* fördern; *3. (advertise)* werben für; *4. (organize)* veranstalten
promoter [prə'məʊtə] *sb 1.* Förderer *m; 2. (of an event)* Veranstalter *m,* Promoter *m*
promotion [prə'məʊʃən] *sb 1. (to a better job)* Beförderung *f; 2. (fostering)* Förderung *f; 3. (advertising, marketing)* Werbung *f,* Promotion *f; 4. (of an event)* Veranstaltung *f*
prompt [prɒmpt] *adj 1.* prompt, sofortig; *2. (punctual)* pünktlich; *v 3. (help with a speech)* vorsagen; *THEAT* soufflieren; *4. (evoke)* wecken; *5. (motivate)* veranlassen
prompter ['prɒmptə] *sb THEAT* Souffleur/Souffleuse *m/f*
promptitude ['prɒmptɪtjuːd] *sb* Schnelligkeit *f,* Promptheit *f*
promptly ['prɒmptlɪ] *adv* prompt; *(punctually)* pünktlich
promulgate ['prɒməlgeɪt] *v* verkünden, verbreiten
prone [prəʊn] *adj 1. (position)* hingestreckt; *lie ~* auf dem Bauch liegen; *2. to be ~ to do sth* dazu neigen, etw zu tun
prong [prɒŋ] *sb (of a fork)* Zacke *f,* Zinke *f*
pronoun ['prəʊnaʊn] *sb GRAMM* Pronomen *n*
pronounce [prə'naʊns] *v 1. LING* aussprechen; *2. (declare)* erklären für
pronounced [prə'naʊnst] *adj* ausgesprochen, deutlich
pronouncement [prə'naʊnsmənt] *sb 1.* Erklärung *f; 2. (of innocence or guilt)* Verkündung *f*
pronunciation [prənʌnsɪ'eɪʃən] *sb LING* Aussprache *f*

P

proof [pruːf] *sb* 1. Beweis *m;* 2. *(alcohol content)* Alkoholgehalt *m;* 3. *(of a photo)* Probeabzug *m; adj* 4. *(resistant)* fest, sicher
proofread ['pruːfriːd] *v irr* Korrektur lesen
proofreader ['pruːfriːdə] *sb* Korrektor(in) *m/f*
prop[1] [prɒp] *sb* 1. Stütze *f;* 2. *~ up;* stützen; *~ sth up against sth* etw gegen etw lehnen; 3. *~ up (fig: support)* unterstützen, stützen
prop[2] [prɒp] *sb THEAT* Requisit *n*
prop[3] [prɒp] *sb fam: propeller)* Propeller *m*
propagate ['prɒpəgeɪt] *v* 1. fortpflanzen; 2. *(disseminate)* verbreiten
propagator ['prɒpəgeɪtə] *sb* 1. *(reproducer)* Fortpflanzer *m;* 2. *(propagandist)* Verbreiter *m,* Propagandist *m*
propel [prə'pel] *v* treiben, vorwärts treiben
propensity [prə'pensɪtɪ] *sb* Hang *m; ~ for* Hang zu
proper ['prɒpə] *adj* 1. *(seemly)* anständig; 2. *(fitting)* richtig; 3. *(actual)* eigentlich
proper name ['prɒpə neɪm] *sb* Eigenname *m*
propertied ['prɒpətɪd] *adj* besitzend, begütert
property ['prɒpətɪ] *sb* 1. Eigentum *n;* 2. *(house, estate)* Besitz *m;* 3. *(characteristic)* Eigenschaft *f;* 4. *properties pl THEAT* Requisiten *pl*
prophecy ['prɒfɪsɪ] *sb* Prophezeiung *f*
prophesy ['prɒfɪsaɪ] *v* prophezeien
prophylactic [prəʊfɪ'læktɪk] *sb (contraceptive)* Präservativ *n*
propitiate [prə'pɪʃɪeɪt] *v* versöhnlich stimmen, besänftigen
propitiatory [prə'pɪʃɪətərɪ] *adj* versöhnlich, besänftigend
propitious [prə'pɪʃəs] *adj* günstig
proponent [prə'pəʊnənt] *sb* Befürworter *m*
proportion [prə'pɔːʃən] *sb* 1. Verhältnis *n,* Proportion *f; out of all ~* maßlos übertrieben; 2. *(part)* Teil *m;* 3. *(amount in a mixture)* Anteil *m;* 4. *~s pl (size)* Ausmaß *n; v* 5. *(share out)* verteilen; 6. *(size)* proportionieren
proportional [prə'pɔːʃənəl] *adj* proportional; *inversely ~* umgekehrt proportional
proportionate [prə'pɔːʃnɪt] *adj* im richtigen Verhältnis; *to be ~ to sth* etw entsprechen
proposal [prə'pəʊzl] *sb* 1. Vorschlag *m;* 2. *(of marriage)* Antrag *m*
propose [prə'pəʊz] *v* 1. *(make a marriage proposal)* einen Heiratsantrag machen; 2. *(suggest)* vorschlagen; 3. *(intend)* vorhaben
proposer [prə'pəʊzə] *sb* Antragsteller *m*
proposition [prɒpə'zɪʃən] *sb* 1. *(suggestion)* Vorschlag *m;* 2. *(business)* Sache *f,* Unternehmen *n*
propound [prə'paʊnd] *v* darlegen
proprietor [prə'praɪətə] *sb* Besitzer *m*
propriety [prə'praɪətɪ] *sb* 1. Anstand *m;* 2. *(suitability, correctness)* Angemessenheit *f*
propulsion [prə'pʌlʃən] *sb* Antrieb *m*
propulsive [prə'pʌlsɪv] *adj* Antriebs...
pro rata ['prəʊrɑːtə] *adj* anteilmäßig
prorate ['prəʊreɪt] *v (US)* anteilmäßig aufteilen
prosaic [prəʊ'zeɪɪk] *adj* prosaisch
prosaism [prəʊ'zeɪɪzəm] *sb* Prosastil *m*
proscribe [prəʊ'skraɪb] *v* verbieten
proscription [prəʊ'skrɪpʃən] *sb* Ächtung *f,* Verbannung *f*
prose [prəʊz] *sb* Prosa *f*
prosecute ['prɒsɪkjuːt] *v* 1. *(s.o.) JUR* strafrechtlich verfolgen, strafrechtlich belangen; 2. *(carry on)* durchführen
prosecution [prɒsɪ'kjuːʃən] *sb* 1. *JUR* strafrechtliche Verfolgung *f;* 2. *(side)* Anklage *f;* 3. *(carrying out)* Durchführung *f*
prosecutor ['prɒsɪkjuːtə] *sb JUR* Ankläger *m*
proselyte ['prɒsɪlaɪt] *sb* Neubekehrte(r) *m/f,* Proselyt/Proselytin *m/f*
proselytize [prəʊ'selɪtaɪz] *v* bekehren
prospect ['prɒspekt] *sb* Aussicht *f*
prospective [prə'spektɪv] *adj* 1. *(possible)* eventuell; 2. *(future)* künftig
prospector [prə'spektə] *sb* Prospektor *m* (jmd, der nach Bodenschätzen sucht)
prospectus [prə'spektəs] *sb* Prospekt *m*
prosper ['prɒspə] *v* blühen
prosperity [prɒs'perɪtɪ] *sb* Wohlstand *m*
prosperous ['prɒspərəs] *adj* florierend, gut gehend, blühend
prostitute ['prɒstɪtjuːt] *sb* Prostituierte *f; male ~* Strichjunge *m*
prostitution [prɒstɪ'tjuːʃən] *sb* Prostitution *f*
prostrate ['prɒstreɪt] *adj* hingestreckt
prostration [prɒs'treɪʃən] *sb MED* Erschöpfung *f,* Schwäche *f*
prosy ['prəʊzɪ] *adj* prosaisch, banal
protect [prə'tekt] *v* schützen
protectant [prə'tektənt] *sb* Schutz *m,* schützendes Mittel *n*
protection [prə'tekʃən] *sb* Schutz *m*
protective [prə'tektɪv] *adj* beschützend, Schutz...

protector [prə'tektə] *sb 1.* Beschützer *m; 2. (protective wear)* Schutz *m*
protest [prəʊ'test] *v 1.* protestieren; *2. (sth) (dispute)* protestieren gegen; *(affirm, declare)* beteuern; ['prəʊtest] *sb 3.* Protest *m; (demonstration)* Protestkundgebung *f*
Protestant ['prɒtɪstənt] *adj 1. REL* protestantisch; *sb 2. REL* Protestant/Protestantin *m/f*
protestation [prəʊtes'teɪʃən] *sb 1. (affirming)* Beteuerung *f; 2. (protest)* Protest *m*
protester [prə'testə] *sb (demonstrator)* Demonstrant(in) *m/f*
protract [prə'trækt] *v* in die Länge ziehen
protraction [prə'trækʃən] *sb* Verlängerung *f*
protrude [prə'tru:d] *v 1.* vorstehen; *2. (sth)* herausstrecken
protrusion [prə'tru:ʒən] *sb 1. (that which protrudes)* Vorsprung *m; 2. (act)* Vorstehen *n,* Vorspringen *n*
protuberant [prə'tju:bərənt] *adj* vorstehend, vortretend
proud [praʊd] *adj* stolz; *to be ~ of s.o.* stolz auf jdn sein
provable ['pru:vəbl] *adj 1.* beweisbar; *2. (guilt)* nachweisbar
prove [pru:v] *v 1.* beweisen; *~ o.s.* sich bewähren; *2. ~ to be ...* sich als ... erweisen
proven ['pru:vn] *adj* bewährt
provenance ['prɒvɪnəns] *sb* Herkunft *f,* Ursprung *m*
proverb ['prɒvɜ:b] *sb 1.* Sprichwort *n; 2. Proverbs REL* die Sprüche *pl*
P **proverbial** [prə'vɜ:bɪəl] *adj* sprichwörtlich

provide [prə'vaɪd] *v 1.* besorgen, beschaffen, liefern; *2. (an opportunity)* bieten; *3. ~d that ...* vorausgesetzt, dass ...; *4. (make available)* zur Verfügung stellen; *~ s.o. with sth* jdn mit etw versorgen; *5. (see to)* sorgen für

• provide for *v 1. (one's family)* versorgen; *2. (foresee, stipulate)* vorsehen, vorsorgen
providence ['prɒvɪdəns] *sb REL* Vorsehung *f*
provident ['prɒvɪdənt] *adj* vorsorglich, fürsorglich
providential [prɒvɪ'denʃəl] *adj 1. (resulting from divine providence)* durch die göttliche Vorsehung; *2. (fortunate)* glücklich
providing [prə'vaɪdɪŋ] *konj ~ that ...* vorausgesetzt, dass ..., gesetzt den Fall, dass ...
province ['prɒvɪns] *sb 1.* Provinz *f; 2. (fig)* Gebiet *n,* Bereich *m*
provincial [prə'vɪnʃəl] *adj* provinziell; *(in a negative sense)* provinzlerisch
provision [prə'vɪʒən] *sb 1. (supplying)* Bereitstellung *f, (for oneself)* Beschaffung *f; 2. ~s pl (supplies)* Vorräte *pl; 3. ~s pl (food)* Nahrungsmittel *pl; 4. (of a contract)* Bestimmung *f; 5. (arrangement)* Vorkehrung *f; make ~s for sth* Vorkehrungen für etw treffen; *6. (allowance)* Berücksichtigung *f*
provisional [prə'vɪʒənəl] *adj 1.* provisorisch; *2. (measures, legislation)* vorläufig
provisory [prə'vaɪzərɪ] *adj 1. (provisional)* provisorisch, vorläufig; *2. (conditional)* vorbehaltlich
provocation [prɒvə'keɪʃən] *sb* Provokation *f,* Herausforderung *f; at the slightest ~* beim geringsten Anlass
provocative [prə'vɒkətɪv] *adj* herausfordernd
provoke [prə'vəʊk] *v 1.* provozieren, reizen, herausfordern; *2. (a feeling)* erregen; *3. (discussion)* herbeiführen; *4. (criticism)* hervorrufen
provoking [prə'vəʊkɪŋ] *adj 1. (inciting)* provozierend; *2. (vexing)* ärgerlich
provost ['prɒvəst] *sb (of a university)* Dekan *m*
prow [praʊ] *sb NAUT* Bug *m*
prowess ['praʊɪs] *sb* Fähigkeiten *pl,* Können *n*
prowl [praʊl] *v 1.* herumstreichen; *2. (sth)* durchstreifen
prowler ['praʊlə] *sb* sich um Häuser schleichende Gestalt *f*
proximate ['prɒksɪmɪt] *adj* in unmittelbarer Nähe, nächste(r,s)
proximation [prɒksɪ'meɪʃən] *sb* Annäherung *f*
proximity [prɒk'sɪmɪtɪ] *sb* Nähe *f*
proximo ['prɒksɪməʊ] *adv* des nächsten Monats
proxy ['prɒksɪ] *sb 1. (power)* Vollmacht *f; by ~* in Vertretung; *2. (person)* Vertreter *m*
prude [pru:d] *sb to be a ~* prüde sein
prudence ['pru:dəns] *sb* Umsicht *f*
prudent ['pru:dənt] *adj* umsichtig
prudential [pru:'denʃəl] *adj* aus Klugheit
prudery ['pru:dərɪ] *sb* Prüderie *f*
prudish ['pru:dɪʃ] *adj* prüde
prunable ['pru:nəbl] *adj* zu beschneiden
prune¹ [pru:n] *v 1. (a tree)* beschneiden; *(a hedge)* schneiden; *2. (an essay, expenditures)* kürzen
prune² [pru:n] *sb* Backpflaume *f*

pruner ['pruːnə] *sb* Gartenschere *f,* Heckenschere *f*
prurient ['prʊərɪənt] *adj* lüstern
pry[1] [praɪ] *v* neugierig sein, seine Nase stecken in
pry[2] [praɪ] *v ~ open (US)* aufbrechen
prying ['praɪɪŋ] *adj* neugierig
pseudo ['sjuːdəʊ] *adj* Pseudo..., Möchtegern..., affektiert, gewollt
psych [saɪk] *v (fam) ~ up* ermuntern, aufmuntern, aufbauen
psyche ['saɪkɪ] *sb* Psyche *f*
psychic ['saɪkɪk] *sb 1.* Mensch mit übernatürlichen Kräften *m; adj 2.* übersinnlich
psycho ['saɪkəʊ] *sb (fam)* Psychopath *m*
psychology [saɪ'kɒlədʒɪ] *sb 1.* Psychologie *f; 2. (psychological make-up)* Psyche *f*
pub [pʌb] *sb 1.* Pub *n,* Lokal *n; 2. (in the country)* Wirtshaus *n*
pub-crawl ['pʌbkrɔːl] *sb (fam)* Kneipenbummel *m*
pubertal ['pjuːbətl] *adj* pubertär
puberty ['pjuːbətɪ] *sb* Pubertät *f*
pubescent [pjuː'besnt] *adj* pubertierend
pubic bone ['pjuːbɪk bəʊn] *sb ANAT* Schambein *n*
pubic hair ['pjuːbɪk hɛə] *sb* Schamhaar *n*

public ['pʌblɪk] *adj 1.* öffentlich; *in the ~ eye* im Lichte der Öffentlichkeit; *make ~* bekannt machen; *sb 2.* Öffentlichkeit *f; his ~* sein Publikum

public address system ['pʌblɪk ə'dres sɪstəm] *sb* öffentliche Lautsprecheranlage *f*
publican ['pʌblɪkən] *sb (UK)* Gastwirt(in) *m/f*
publication [pʌblɪ'keɪʃən] *sb 1.* Veröffentlichung *f; 2. (thing published)* Publikation *f*
public bar ['pʌblɪk bɑː] *sb (UK)* Schänke *f*
public company ['pʌblɪk 'kʌmpənɪ] *sb ECO* Aktiengesellschaft *f*
public domain ['pʌblɪk dəʊ'meɪn] *sb in the ~* ohne Urheberschutz
public enemy ['pʌblɪk 'enemɪ] *sb* Staatsfeind *m*
public figure ['pʌblɪk 'fɪgə] *sb* Persönlichkeit des öffentlichen Lebens *f*
public holiday ['pʌblɪk 'hɒlɪdeɪ] *sb* gesetzlicher Feiertag *m*
publicize ['pʌblɪsaɪz] *v 1. (make public)* öffentlich bekannt machen; *2. (promote)* Reklame machen für
public law ['pʌblɪk lɔː] *sb* öffentliches Recht *n*
public limited company ['pʌblɪk 'lɪmɪtɪd 'kʌmpənɪ] *sb (UK) ECO* Aktiengesellschaft *f*
public opinion ['pʌblɪk ə'pɪnjən] *sb* die öffentliche Meinung *f*
public school ['pʌblɪk skuːl] *sb 1. (UK)* höhere Privatschule mit Internat *f; 2. (US)* staatliche Schule *f*
public sector ['pʌblɪk 'sektə] *sb POL* öffentlicher Sektor *m*
public servant ['pʌblɪk 'sɜːvənt] *sb* Angestellte(r) im öffentlichen Dienst *m/f*
public transport ['pʌblɪk 'trænspɔːt] *sb* öffentliche Verkehrsmittel *pl*
publish ['pʌblɪʃ] *v 1.* veröffentlichen; *2. (a thesis)* publizieren; *3. (serve as publisher of)* herausgeben
publisher ['pʌblɪʃə] *sb 1. (person)* Verleger *m,* Herausgeber *m; 2. (firm)* Verlag *m*
publishing ['pʌblɪʃɪŋ] *sb (trade)* das Verlagswesen *n*
publishing house ['pʌblɪʃɪŋ haʊs] *sb* Verlag *m*
puce [pjuːs] *adj* braun-rot
puck [pʌk] *sb SPORT* Scheibe *f,* Puck *m*
pucker ['pʌkə] *v 1. (wrinkle)* verziehen, runzeln; *2. ~ up (fam)* die Lippen spitzen (für einen Kuss)
pudding ['pʊdɪŋ] *sb* Pudding *m*
puddle ['pʌdl] *sb* Pfütze *f*
pudency ['pjuːdnsɪ] *sb* Bescheidenheit *f*
pudgy ['pʌdʒɪ] *adj* dicklich
puerile ['pjuːraɪl] *adj* kindisch, infantil
puerility [pjʊə'rɪlɪtɪ] *sb* Kindischsein *n,* Infantilität *f*
puff [pʌf] *v 1. (pant)* schnaufen; *2. (smoke)* ausstoßen; *(a cigar)* paffen *(fam); sb 3.* Schnaufen *n; (on a cigarette)* Zug *m*
• **puff up** *v (swell)* anschwellen
puffin ['pʌfɪn] *sb ZOOL* Papageientaucher *m,* Lund *m*
puffy ['pʌfɪ] *adj* aufgequollen, verschwollen
pugilism ['pjuːdʒɪlɪzəm] *sb* Faustkampf *m*
pugnacious [pʌg'neɪʃəs] *adj* kampflustig
puke [pjuːk] *v (fam)* kotzen
pulchritude ['pʌlkrɪtjuːd] *sb* Schönheit *f*
Pulitzer Prize ['pjuːlɪtsə praɪz] *sb (US)* Pulitzerpreis *m*

pull [pʊl] *v 1.* ziehen; *2. (move)* fahren; *3. (sth)* ziehen; *(tug)* ziehen an; *4. ~ one's punches* verhalten schlagen; *(fig)* sich zurückhalten; *5. (strain a muscle)* zerren; *sb 6. (~ed muscle)* Zerrung *f*

P

• **pull apart** *v (separate)* auseinander ziehen
• **pull away** *v ~ from (increase one's lead on)* sich absetzen von
• **pull back** *v (o.s.)* sich zurückziehen
• **pull down** *v 1.* herunterziehen; *2. (a building)* abreißen
• **pull in** *v 1. (drive in) (to a station)* einfahren; *(to a driveway)* hineinfahren; *2. (fam: earn)* kassieren
• **pull off** *v 1.* abziehen; *(clothes)* ausziehen; *(violently)* abreißen; *2. (fam: succeed at)* schaffen, erreichen
• **pull out** *v 1. (withdraw)* aussteigen *(fam)*; *(troops)* abziehen; *2. (leave: train)* herausfahren; *3. (sth)* herausziehen
• **pull over** *v (to the side of the road)* zur Seite fahren
• **pull through** *v 1.* durchziehen; *2. (fig)* durchbringen
• **pull together** *v pull o.s. together* sich zusammenreißen
• **pull up** *v (stop)* anhalten
pulley ['pʊlɪ] *sb* Rolle *f*
pullover ['pʊləʊvə] *sb* Pullover *m*
pullulate ['pʌljʊleɪt] *v 1.* sprießen, knospen, keimen; *2. (fig)* grassieren, wimmeln von
pull-up ['pʊlʌp] *sb (exercise)* Klimmzug *m*
pulmonic [pʌl'mɒnɪk] *adj* Lungen...
pulp [pʌlp] *sb 1.* Brei *m; beat s.o. to a ~ (fam)* jdn zu Brei schlagen; *2. (of fruit) GAST* Fruchtfleisch *n*
pulpit ['pʊlpɪt] *sb* Kanzel *f*
pulpwood ['pʌlpwʊd] *sb* Zellstoff *m*
pulpy ['pʌlpɪ] *adj* breiig
pulsate [pʌl'seɪt] *v* pulsieren
pulsation [pʌl'seɪʃən] *sb* Pulsieren *n*, Klopfen *n*, Pochen *n*
pulsatory ['pʌlsətərɪ] *adj* pulsierend, pochend
pulse [pʌls] *sb 1. ANAT* Puls *m; 2. PHYS* Impuls *m*
pulverable ['pʌlvərəbl] *adj* pulverisierbar
pulverize ['pʌlvəraɪz] *v 1.* pulverisieren; *2. (fam: defeat)* fertig machen
puma ['pju:mə] *sb ZOOL* Puma *m*
pummel ['pʌml] *v* eintrommeln auf
pump [pʌmp] *v 1.* pumpen; *~ bullets into s.o.* jdn mit Blei voll pumpen *(fam)*; *2. (a stomach)* auspumpen; *~ s.o. for information* jdn aushorchen; *sb 3.* Pumpe *f*
• **pump up** *v (inflate)* aufpumpen
pumpkin ['pʌmpkɪn] *sb* Kürbis *m*
pump room [pʌmp ru:m] *sb* Trinkhalle *f*, Brunnenhaus *n*
pun [pʌn] *sb* Wortspiel *n*
punch [pʌntʃ] *v 1. (strike)* mit der Faust schlagen, boxen; *2. (holes)* stechen, stanzen; *3. (a ticket)* lochen, knipsen; *sb 4. (blow)* Faustschlag *m*, Schlag *m; 5. (tool for making holes)* Locher *m; (for tickets)* Lochzange *f; 6. (drink)* Bowle *f; (hot)* Punsch *m*
punchball ['pʌntʃbɔ:l] *sb* Punchingball
punch bowl ['pʌntʃbəʊl] *sb* Bowle *f*
punch-drunk ['pʌntʃdrʌŋk] *adj* groggy
punch-line ['pʌntʃlaɪn] *sb* Pointe *f*
punchy ['pʌntʃɪ] *adj 1. (vigorous)* flott; *2. (fam: punch-drunk)* durcheinander, benommen
punctilious [pʌŋk'tɪlɪəs] *adj* übergenau
punctual ['pʌŋktjʊəl] *adj* pünktlich
punctuality [pʌŋktjʊ'ælɪtɪ] *sb* Pünktlichkeit *f*
punctuate ['pʌŋktjʊeɪt] *v 1.* Satzzeichen setzen; *2. (emphasize)* betonen, unterstreichen; *3. (interrupt)* unterbrechen
punctuation [pʌŋktjʊ'eɪʃən] *sb* Interpunktion *f*
punctuation mark [pʌŋktjʊ'eɪʃən mɑ:k] *sb* Satzzeichen *n*
puncture ['pʌŋktʃə] *v 1. (tyre)* einen Platten haben; *2. (sth)* stechen in; *(a tyre)* ein Loch machen in; *3. MED* punktieren; *sb 4.* Loch *n; (in skin)* Stich *m; 5. (flat tyre)* Reifenpanne *f*
pundit ['pʌndɪt] *sb 1.* Experte/Expertin *m/f; 2. (columnist)* Kolumnist/Kolumnistin *m/f; 3. HIST* Pandit *m*
pungent ['pʌndʒənt] *adj 1. (smell)* stechend; *2. (taste)* scharf; *3. (remark, satire)* beißend
puniness ['pju:nɪnɪs] *sb* Schwächlichkeit *f*, Mickerigkeit *f*
punish ['pʌnɪʃ] *v 1.* bestrafen; *2. (fam: treat roughly)* strapazieren; *3. (fam: a boxer)* übel zurichten, vorführen
punishable ['pʌnɪʃəbl] *adj* strafbar
punishment ['pʌnɪʃmənt] *sb 1. (penalty)* Strafe *f; 2. (punishing)* Bestrafung *f; 3. (fam) take ~* stark strapaziert werden; *(boxer)* vorgeführt werden
punitive ['pju:nɪtɪv] *adj* bestrafend, Straf...
punk [pʌŋk] *sb 1.* Punk *m; 2. (US: thug, hood)* Ganove *m*
punster ['pʌnstə] *sb* Wortspielmacher *m*
punt [pʌnt] *v 1. ~ a boat* staken; *2. SPORT* den Ball aus der Hand schießen
punter ['pʌntə] *sb 1. (boatman)* Stechkahnfahrer *m; 2. (UK: average person)* Otto Normalverbraucher *m; 3. (in American football)*

SPORT Spieler, der Befreiungsschläge ausführt *m*
puny ['pjuːnɪ] *adj 1. (weak)* schwächlich; *2. (tiny)* winzig
pup [pʌp] *sb 1.* junger Hund *m; 2. (fig: conceited young person)* Schnösel *m*
pupil ['pjuːpl] *sb 1.* Schüler *m; 2. ANAT* Pupille *f*
puppet ['pʌpɪt] *sb* Marionette *f*
puppeteer [pʌpɪ'tɪə] *sb* Puppenspieler *m*
puppy ['pʌpɪ] *sb* junger Hund *m*
purchase ['pɜːtʃɪs] *v 1.* kaufen, erwerben; *sb 2.* Kauf *m,* Anschaffung *f*
purchase price ['pɜːtʃɪs praɪs] *sb* Kaufpreis *m*
pure [pjʊə] *adj* rein
purebred ['pjʊəbred] *adj* reinrassig
purgatory ['pɜːgətərɪ] *sb REL* Fegefeuer *n*
purge [pɜːdʒ] *v 1.* reinigen; *(a body)* entschlacken; *(an organization)* säubern; *sb 2. POL* Säuberung *f,* Säuberungsaktion *f*
purification [pjʊərɪfɪ'keɪʃən] *sb* Reinigung *f*
purify ['pjʊərɪfaɪ] *v* reinigen
purist ['pjʊərɪst] *sb* Purist(in) *m/f*
Puritan ['pjʊərɪtən] *adj* puritanisch
puritanical [pjʊərɪ'tænɪkl] *adj* puritanisch
purity ['pjʊərɪtɪ] *sb* Reinheit *f*
purloin [pɜː'lɔɪn] *v* entwenden
purple ['pɜːpl] *adj 1.* purpurrot, purpurn; *sb 2.* Purpur *m*
purport [pɜː'pɔːt] *v 1. (claim)* vorgeben, behaupten; *2. (mean)* hindeuten auf
purported [pɜː'pɔːtɪd] *adj* vorgeblich
purpose ['pɜːpəs] *sb 1. (aim, goal)* Zweck *m; That defeats the ~.* Das verfehlt den Zweck. *for all practical ~s* praktisch; *2. (intention)* Absicht *f; on ~* absichtlich, mit Absicht
purposeful ['pɜːpəsfʊl] *adj* zielbewusst, entschlossen
purposeless ['pɜːpəslɪs] *adj* zwecklos
purposely ['pɜːpəslɪ] *adv* absichtlich
purr [pɜː] *v* schnurren; *(engine)* summen
purse [pɜːs] *sb 1.* Portemonee *n,* Geldbeutel *m; 2. (US: handbag)* Handtasche *f; 3. (winnings)* Börse *f; v 4. ~ one's lips* die Lippen schürzen
purser ['pɜːsə] *sb* Zahlmeister *m*
pursuance [pə'sjuːəns] *sb* Verfolgung *f,* Ausführung *f*
pursuant [pə'sjuːənt] *adj ~ to JUR* gemäß, laut
pursue [pə'sjuː] *v 1.* verfolgen; *(a girl)* nachlaufen; *2. (carry on)* verfolgen; *(an inquiry)* durchführen; *(studies)* nachgehen
pursuit [pə'sjuːt] *sb 1.* Verfolgung *f; 2. (of pleasure)* Jagd *f; 3. (hobby)* Freizeitbeschäftigung *f,* Zeitvertreib *m; 4. (occupation)* Beschäftigung *f*
purveyor [pə'veɪə] *sb* Lieferant/Lieferantin *m/f*
pus [pʌs] *sb MED* Eiter *m*
push [pʊʃ] *v 1. (in a crowd)* drängen, drängeln; *2. (sth)* schieben; *(violently)* stoßen, schubsen *(fam)*; *3. (a button)* drücken; *4. (s.o.) (put pressure on)* drängen, antreiben; *5. (promote)* propagieren; *sb 6.* Schubs *m, (short)* Stoß *m; 7. MIL* Offensive *f*
• **push away** *v* wegschieben, wegstoßen
• **push back** *v 1.* zurückdrängen, *(with one push)* zurückstoßen; *2. (curtains)* zurückschieben
• **push off** *v 1. (in a boat)* abstoßen; *2. (fam: depart)* abhauen
push-button ['pʊʃbʌtn] *sb* Drucktaste *f,* Druckknopf *m*
pushchair ['pʊʃtʃɛə] *sb* Sportwagen *m*
pushed [pʊʃt] *adj* bedrängt; *~ for time* knapp an Zeit, in Eile
pusher ['pʊʃə] *sb (drug dealer)* Puscher *m,* Dealer *m*
pushover ['pʊʃəʊvə] *sb* leichtes Opfer *n*
push-up ['pʊʃʌp] *sb* Liegestütz *m*
pushy ['pʊʃɪ] *adj* aufdringlich, penetrant
pusillanimous [pjuːsɪ'lænɪməs] *adj* kleinmütig, feige
pussy ['pʊsɪ] *sb 1.* Mieze *f; 2. (fam: woman's genitals)* Muschi *f*
pustule ['pʌstjuːl] *sb MED* Pustel *f*

put [pʊt] *v irr 1.* stellen, setzen; *2. (place)* tun; *~ sth on one's credit card* etw mit der Kreditkarte bezahlen; *3. stay ~ (person)* bleiben, wo man ist, *(object)* festbleiben; *4. (thrust)* stecken; *5. (devote, give over)* setzen; *~ one's mind to it* die Sache in Angriff nehmen; *~ s.o. to work* jdn an die Arbeit setzen; *~ sth to a good use* etw gut verwenden; *~ sth right* etw richtig stellen; *~ an end to sth, ~ a stop to sth* etw ein Ende setzen; *6. (express)* ausdrücken; *(write)* schreiben; *7. (estimate)* schätzen

• **put about** *v irr (information)* verbreiten
• **put aside** *v irr 1.* beiseite legen; *2. (fig: hard feelings)* begraben, vergessen; *3. (save for later, reserve in a shop)* zurücklegen
• **put away** *v irr 1.* einräumen; *(dirty dishes)* wegräumen; *2. (in prison)* einsperren; *3. (fam: an opponent)* ausschalten; *4. (fam: consume)*

P

(food) verdrücken; *(drinks)* wegkippen; *5.* *(save)* zurücklegen

• put back *v irr 1.* *(replace)* zurücktun; *2.* *(postpone)* verschieben

• put by *v irr* zur Seite legen, auf die hohe Kante legen

• put down *v irr 1.* hinlegen, niederlegen, hinstellen; *2.* *(a deposit)* machen; *3.* *(write down)* aufschreiben, notieren; *4.* *(a rebellion)* niederschlagen; *5. ~ to (attribute to)* zuschreiben; *6.* *(belittle)* herabsetzen; *7.* *(a plane)* landen

• put forward *v irr* *(propose)* vorbringen, *(s.o.)* vorschlagen

• put in *v irr 1. ~ for sth* sich um etw bewerben; *2.* *(sth)* hineintun, hineinsetzen, hineinstellen; *~ a good word for s.o.* ein gutes Wort für jdn einlegen; *3.* *(install)* einbauen; *4.* *(insert) (words)* einsetzen, einfügen; *5.* *(a claim, an application)* einreichen; *6.* *(time)* zubringen; *~ an hour's work* eine Stunde arbeiten; *7. ~ an appearance* erscheinen

• put off *v irr 1.* *(postpone)* verschieben; *(a decision)* aufschieben; *2. put s.o. off (by making excuses)* jdn hinhalten; *(repel s.o.)* jdn abstoßen

• put on *v irr 1.* *(clothes)* anziehen; *(a hat, glasses)* aufsetzen; *2. ~ make-up* sich schminken; *3. ~ weight* zunehmen; *4.* *(a facade)* aufsetzen; *5. ~ airs* vornehm tun; *6.* *(a play)* *THEAT* aufführen; *7. ~ a record* eine Platte auflegen; *8. put s.o. on to sth (inform about)* jdm etw vermitteln; *9. put s.o. on (deceive s.o.)* jdn auf den Arm nehmen

P

• put out *v irr 1.* *(~ to sea)* *NAUT* auslaufen; *2.* *(a fire, a candle)* löschen, ausmachen; *3.* *(a cat, a drunk)* vor die Tür setzen; *4.* *(a publication)* herausgeben; *5.* *(stretch out) (foot, hand)* ausstrecken; *6. put s.o. out (inconvenience s.o.)* jdm Umstände bereiten

• put over *v irr* verschieben

• put through *v irr 1.* *(effect)* durchbringen; *2.* *(connect)* durchstellen

• put together *v irr 1.* zusammentun; *put two and two together (fig)* seine Schlüsse ziehen; *2.* *(assemble)* zusammensetzen, zusammenbauen; *3.* *(a book)* zusammenstellen

• put up *v irr 1.* *(stay)* wohnen; *(for one night)* übernachten; *2. ~ with sth* etw dulden, sich etw gefallen lassen; *3.* *(decorations)* aufhängen; *(a poster)* anmachen; *4.* *(erect)* errichten; *5.* *(an umbrella)* aufspannen; *6. ~ resistance* Widerstand leisten; *7. put sth up for sale* etw zum Verkauf anbieten; *8.* *(give s.o. a place to stay)* unterbringen; *9. put s.o. up to sth* jdn zu etw anstiften

• put upon *v irr* ausnutzen

putative ['pjuːtətɪv] *adj* vermeintlich, mutmaßlich

putrefy ['pjuːtrɪfaɪ] *v* verwesen

putrescent [pjuː'tresnt] *adj* verwesend

putrid ['pjuːtrɪd] *adj* *(smell)* faulig

putsch [pʊtʃ] *sb* *POL* Putsch *m*

putt [pʌt] *sb* *SPORT* Putt *m*

putter[1] ['pʌtə] *sb* *SPORT* Putter *m*

putter[2] ['pʌtə] *v* *(US) 1. ~ around* herumtrödeln; *2. ~ around (with sth)* herumhantieren

putty ['pʌtɪ] *sb* Kitt *m; He was ~ in her hands.* Er war Wachs in ihren Händen.

puzzle ['pʌzl] *sb 1.* Rätsel *n; 2.* *(jigsaw ~)* Puzzlespiel *n; v 3. ~ over sth* sich über etw den Kopf zerbrechen; *4.* *(s.o.)* verblüffen

puzzled ['pʌzld] *adj* verdutzt, verblüfft

puzzlement ['pʌzlmənt] *sb* Verblüffung *f,* Verwirrung *f*

puzzler ['pʌzlə] *sb* *(puzzling thing)* schwieriger Fall *m*

puzzling ['pʌzlɪŋ] *adj* rätselhaft

pyjamas [pɪ'dʒɑːməz] *pl* *(UK)* Pyjama *m,* Schlafanzug *m*

pylon ['paɪlɒn] *sb* *(cone)* Pylon *m*

pyramid ['pɪrəmɪd] *sb* Pyramide *f*

pyramidal [pɪ'ræmɪdl] *adj* pyramidenförmig, Pyramiden...

pyramid selling ['pɪrəmɪd 'selɪŋ] *sb* *ECO* das Schneeballsystem *n*

pyre ['paɪə] *sb* Scheiterhaufen *m*

Pyrenees [pɪrə'niːz] *pl* *GEO* Pyrenäen *pl*

pyretic [paɪ'retɪk] *adj* fieberhaft, Fieber...

pyrite ['paɪraɪt] *sb* *GEOL* Pyrit *m,* Schwefelkies *m,* Eisenkies *m*

pyromania [paɪrəʊ'meɪnɪə] *sb* Pyromanie *f*

pyromaniac [paɪrəʊ'meɪnɪək] *sb* Pyromane/Pyromanin *m/f*

pyrostat ['paɪrəustæt] *sb* Feuermelder *m*

pyrotechnics [paɪrəʊ'teknɪks] *pl* Pyrotechnik *f*

Pyrrhic ['pɪrɪk] *adj ~ victory* Pyrrhussieg *m*

python ['paɪθən] *sb* Pythonschlange *f*

Q

Qatar [kæ'tɑː] *sb GEO* Katar *n*
Q-tips ['kjuːtɪps] *pl* Wattestäbchen *pl*
quack [kwæk] *v 1.* quaken; *sb 2. (fam: ~ doctor)* Quacksalber *m*
quackery ['kwækərɪ] *sb* Quacksalberei *f*, Kurpfuscherei *f*
quackish ['kwækɪʃ] *adj* quacksalberisch
quad [kwɒd] *sb 1. (quadrangle)* Hof *m; 2. (quadruplet)* Vierling *m*
quadragenarian [kwɒdrədʒɪ'nɛərɪən] *sb* Vierzigjährige(r) *m/f*
quadrangle ['kwɒdræŋgl] *sb 1. ARCH* viereckiger Hof *m; 2. MATH* Viereck *n*
quadrangular [kwɒ'dræŋgjʊlə] *adj* viereckig
quadrant ['kwɒdrənt] *sb* Quadrant *m*
quadratic [kwɒd'rætɪk] *adj* quadratisch
quadrature ['kwɒdrətʃə] *sb MATH* Quadratur *f*
quadrennial [kwɒ'drenɪəl] *adj 1. (lasting four years)* vierjährig; *2. (every four years)* vierjährlich
quadrennium [kwɒ'drenɪəm] *sb* Vierjahreszeitraum *m*
quadriga [kwɒ'driːgə] *sb* Quadriga *f*
quadrille [kwɒ'drɪl] *sb MUS* Quadrille *f*
quadrillion [kwɒ'drɪlɪən] *sb 1. (UK: 10 to the 24th power)* Quadrillion *f; 2. (US: 10 to the 15th power)* Billiarde *f*
quadrophonics [kwɒdrə'fɒnɪks] *sb* Quadrofonie *f, quadrophong Quadrofonie f*
quadruped ['kwɒdrʊped] *sb BIO* Vierfüßer *m*
quadruple [kwɒd'ruːpl] *v 1. (sth)* vervierfachen; *adj 2.* vierfach
quadruplicate [kwɒ'druːplɪkeɪt] *v* vervierfachen
quaff [kwɒf] *v* schlürfen
quaggy ['kwægɪ] *adj* sumpfig, morastig
quagmire ['kwægmaɪə] *sb* Morast *m*, Sumpf *m*
quail [kweɪl] *sb* Wachtel *f*
quaint [kweɪnt] *adj 1. (picturesque)* malerisch, idyllisch; *2. (pleasantly odd)* drollig, kurios
quake [kweɪk] *v 1. (person)* zittern, beben; *2. (earth)* beben
Quaker ['kweɪkə] *sb REL* Quäker *m*
quaking ['kweɪkɪŋ] *adj* zitternd, bebend
quaky ['kweɪkɪ] *adj* zitterig
qualification [kwɒlɪfɪ'keɪʃən] *sb 1. (suitable skill, suitable quality)* Qualifikation *f*, Voraussetzung *f; 2. (limitation)* Einschränkung *f; 3. (UK: document)* Zeugnis *n*
qualified ['kwɒlɪfaɪd] *adj 1. (person)* qualifiziert, geeignet; *2. (entitled)* berechtigt; *3. (restricted)* bedingt
qualifier ['kwɒlɪfaɪə] *sb 1. SPORT* Qualifizierte(r) *m/f; 2. (qualifying word)* Bestimmungswort *n, (qualifying phrase)* Bestimmungssatz *m*
qualify ['kwɒlɪfaɪ] *v 1. (fulfil requirements)* infrage kommen; *~ for* sich eignen zu; *2. (get a degree)* sich qualifizieren, seine Ausbildung abschließen; *3. SPORT* sich qualifizieren; *4. (a statement: limit)* einschränken, *(modify)* modifizieren; *5. (entitle s.o.)* berechtigen
qualitative ['kwɒlɪteɪtɪv] *adj* qualitativ
quality ['kwɒlɪtɪ] *sb 1. (excellence)* Qualität *f; 2. (characteristic)* Eigenschaft *f; 3. (nature)* Art *f; 4. (degree)* Qualität *f; adj 5. (fam: excellent)* erstklassig
quality control ['kwɒlɪtɪ kən'trəʊl] *sb* Qualitätskontrolle *f*
quality time ['kwɒlɪtɪtaɪm] *sb* intensiv genutzte Zeit *f*
qualm [kwɑːm] *sb* Bedenken *n; have no ~s about doing sth* keine Bedenken haben, etw zu tun
qualmish ['kwɑːmɪʃ] *adj* übel, unwohl
quandary ['kwɒndərɪ] *sb* Zwangslage *f*, Bedrängnis *n; to be in a ~* nicht wissen, was man tun soll
quant [kwɒnt] *sb* Kahnstange *f*
quantal ['kwɒntəl] *adj* stufenweise
quantifier ['kwɒntɪfaɪə] *sb* Quantor *m*
quantify ['kwɒntɪfaɪ] *v* in Zahlen ausdrücken
quantitative ['kwɒntɪtətɪv] *adj* quantitativ
quantity ['kwɒntɪtɪ] *sb 1.* Quantität *f; 2. (amount)* Menge *f; 3. MATH* Größe *f; 4. He's an unknown ~ (fig).* Er ist ein unbeschriebenes Blatt.
quantity discount ['kwɒntɪtɪ 'dɪskaʊnt] *sb ECO* Mengenrabatt *m*
quantize ['kwɒntaɪz] *v* quantifizieren
quantum ['kwɒntəm] *sb PHYS* Quantum *n*
quantum leap [kwɒntəm'liːp] *sb PHYS* Quantensprung *m*

Q

quantum number ['kwɒntəm 'nʌmbə] *sb PHYS* Quantenzahl *f*
quarantine ['kwɒrəntiːn] *v 1.* unter Quarantäne stellen; *sb 2.* Quarantäne *f*
quark [kwɑːk] *sb PHYS* Quark *n*
quarrel ['kwɒrəl] *v 1.* sich streiten; *(have a minor quarrel)* sich zanken; *2. ~ with* etw auszusetzen haben an; *sb 3.* Streit *m,* Zank *m*
quarreller ['kwɒrələ] *sb* Streitsüchtige(r) *m/f*
quarrelling ['kwɒrəlɪŋ] *sb* Streiterei *f*
quarrelsome ['kwɒrəlsʌm] *adj* streitsüchtig
quarry ['kwɒrɪ] *sb 1. (for stones)* Steinbruch *m; 2. (prey)* Beute *f; 3. (fig: thing)* Ziel *n; 4. (fig: person)* Opfer *n*
quart [kwɔːt] *sb (UK: 1.14 litres; US: 0.95 litres)* Quart *n*
quartan ['kwɔːtn] *adj* viertägig, Viertage...

quarter ['kwɔːtə] *sb 1.* Viertel *n; 2. a ~ of an hour* eine Viertelstunde *f; a ~ to three* Viertel vor drei; *a ~ past three* Viertel nach drei; *3. (of a year)* Quartal *n,* Vierteljahr *n; 4. (US: 25 cents)* 25-Centstück *n; 5. (part of town)* Viertel *n; 6. ~s (lodgings)* Quartier *n,* Unterkunft *f,* Wohnung *f; to be confined to ~s* Stubenarrest haben; *7. at close ~s* nahe aufeinander; *to be at close ~s* in der Nähe sein; *8. (mercy)* Schonung *f,* Pardon *m; give no ~* kein Pardon gewähren; *v 9. (lodge)* unterbringen, einquartieren

quarterage ['kwɔːtərɪdʒ] *sb* Quartalsgehalt *n,* Vierteljahreszahlung *f*
quarterback ['kwɔːtəbæk] *sb SPORT* Quarterback *m*
quarter day ['kwɔːtə deɪ] *sb FIN* vierteljährlicher Zahltag *m*
quarterdeck ['kwɔːtədek] *sb NAUT* Achterdeck *n*
quartered ['kwɔːtəd] *adj* geviertelt
quarterfinal ['kwɔːtəfaɪnl] *sb SPORT* Viertelfinale *n*
quarter-hour ['kwɔːtəraʊə] *sb* Viertelstunde *f*
quarterlight ['kwɔːtəlaɪt] *sb (UK)* Dreieckfenster *n,* Ausstellfenster *n*
quarterly ['kwɔːtəlɪ] *adj* vierteljährlich
quartermaster ['kwɔːtəmɑːstə] *sb* Quartiermeister *m*
quarterstaff ['kwɔːtəstɑːf] *sb* Schlagstock *m*
quarter tone ['kwɔːtə təʊn] *sb MUS* Viertelton *m*

Q

quartet [kwɔː'tet] *sb* Quartett *n*
quartile ['kwɔːtaɪl] *sb ASTR* Quadratur *f,* Geviertschein *m*
quarto ['kwɔːtəʊ] *sb MIL* Quartformat *n*
quartz [kwɔːts] *sb MIN* Quarz *m*
quasar ['kweɪzɑː] *sb ASTR* Quasar *m*
quash [kwɒʃ] *v* unterdrücken, niederschlagen
quasi ['kwɑːzɪ] *adv* quasi
quaternary [kwə'tɜːnərɪ] *adj* aus vier Teilen bestehend, quaternär
quaternity [kwə'tɜːnɪtɪ] *sb* Gruppe von vier *f*
quatrain ['kwɒtreɪn] *sb* Vierzeiler *m*
quaver ['kweɪvə] *v 1.* beben, zittern; *2. MUS* Achtelnote *f*
quay [kiː] *sb* Kai *m*
quayage ['kiːɪdʒ] *sb* Kaigebühren *pl*
quayside ['kiːsaɪd] *sb* Kai *m*
queasy ['kwiːzɪ] *adj (sick)* übel; *I feel ~.* Mir ist übel.
queen [kwiːn] *sb 1.* Königin *f; 2. (chess, cards)* Dame *f*
queen bee [kwiːn biː] *sb ZOOL* Bienenkönigin *f*
queenly ['kwiːnlɪ] *adj* königlich
queen mother [kwiːn 'mʌðə] *sb* Königinmutter *f*
queer [kwɪə] *adj 1.* eigenartig, seltsam, komisch; *2. (fam: unwell)* unwohl; *3. (fam: homosexual)* schwul; *sb 4. (fam)* Schwuler *m*
quell [kwel] *v* unterdrücken, ersticken, niederschlagen
quench [kwentʃ] *v* löschen
quenchable ['kwentʃəbl] *adj* löschbar, zu löschen
quencher ['kwentʃə] *sb* Schluck *m*
querulous ['kwerʊləs] *adj 1. (person)* nörglerisch; *2. (tone)* klagend
query ['kwɪərɪ] *sb* Frage *f*
quest [kwest] *sb* Suche *f*

question ['kwestʃən] *sb 1.* Frage *f; to be a ~ of* sich handeln um; *there is no ~ of ...* es ist nicht die Rede davon, dass ...; *that is out of the ~* das kommt nicht infrage; *the matter in ~* die fragliche Angelegenheit; *v 2. (s.o.)* befragen, *(by police)* vernehmen; *(in court)* verhören; *3. (sth)* bezweifeln, *(dispute)* infrage stellen

questioning ['kwestʃənɪŋ] *sb 1. (interrogation)* Verhör *n,* Vernehmung *f; 2. (interview)* Befragung *f; adj 3.* fragend
questionless ['kwestʃənlɪs] *adj* fraglos

question mark ['kwestʃən mɑːk] *sb* Fragezeichen *n*
question master ['kwestʃənmɑːstə] *sb* Quizmaster *m*
questionnaire [kwestʃə'nɛə] *sb* Fragebogen *m*
question time ['kwestʃən taɪm] *sb* Fragestunde *f*

queue [kjuː] *v 1. (~ up)* Schlange stehen, sich anstellen; *sb 2.* Schlange *f*

quibble ['kwɪbl] *v 1. (argue)* sich herumstreiten; *2. (have nit-picking complaints)* spitzfindig sein
quibbler ['kwɪblə] *sb* Haarspalter *m*, Wortverdreher *m*
quiche [kiːʃ] *sb GAST* Quiche *f*

quick [kwɪk] *adj 1. (rapid)* schnell; *2. (~ly done)* kurz, flüchtig; *to be ~ about sth* sich mit etw beeilen; *3. (on one's feet)* flink; *4. (mentally)* schnell von Begriff; *5. (temper)* hitzig, heftig

quicken ['kwɪkən] *v* beschleunigen, beleben
quickie ['kwɪkɪ] *sb (fam)* einer auf die Schnelle *m*
quickness ['kwɪknɪs] *sb* Schnelligkeit *f*, Geschwindigkeit *f*
quicksand ['kwɪksænd] *sb* Treibsand *m*
quick-tempered [kwɪk'tempəd] *adj* jähzornig
quick-witted [kwɪk'wɪtɪd] *adj* aufgeweckt, *(reply)* schlagfertig
quid [kwɪd] *sb (fam) (UK)* Pfund *n*
quid pro quo [kwɪdprəʊ'kwəʊ] *sb* Gegenleistung *f*
quiescent [kwɪ'esnt] *adj* ruhig, still

quiet ['kwaɪət] *v 1.* zur Ruhe bringen; *2. (silence)* zum Schweigen bringen; *3. (make calm)* beruhigen; *adj 4.* ruhig; *5. (voice, music)* leise; *6. (silent)* still

• **quiet down** *v* sich beruhigen
quieten ['kwaɪətn] *v* beruhigen, zur Ruhe bringen
quietness ['kwaɪətnɪs] *sb* Stille *f*, Lautlosigkeit *f*, Ruhe *f*
quietude ['kwaɪətjuːd] *sb* Ruhe *f*, Friede *m*
quiff [kwɪf] *sb (UK: tuft of hair)* Tolle *f*, Stirnlocke *f*
quill [kwɪl] *sb 1. ZOOL* Feder *f*; *2. (porcupine's)* Stachel *m*
quill-pen ['kwɪlpen] *sb* Feder *f*
quilt [kwɪlt] *sb* Steppdecke *f*
quilting ['kwɪltɪŋ] *sb* Steppen *n*, Wattieren *n*
quince [kwɪns] *sb BOT* Quitte *f*
quinine [kwɪ'niːn] *sb MED* Chinin *n*
quintal ['kwɪntl] *sb* Doppelzentner *m*
quintan ['kwɪntən] *adj MED* durch jeden fünften Tag auftretende Anfälle gekennzeichnet
quintessential [kwɪntɪ'senʃəl] *adj the ~ ...* der Inbegriff der/des ...
quintuple [kwɪn'tjuːpl] *adj* fünffach
quintuplets [kwɪn'tjuːplɪts] *pl* Fünflinge *pl*
quintuplicate [kwɪn'tjuːplɪkeɪt] *v* verfünffachen
quip [kwɪp] *v 1.* witzeln; *sb 2.* witziger Einfall *m*, geistreiche Bemerkung *f*, Bonmot *n*
quipster ['kwɪpstə] *sb* schlagfertiger Mensch *m*
quirk [kwɜːk] *sb 1.* Eigenart *f*; *2. (in a negative sense)* Schrulle *f*; *3. (of fate)* Laune *f*
quirky ['kwɜːkɪ] *adj* eigenartig
quit [kwɪt] *v irr 1. (leave one's job)* kündigen; *2. (accept defeat)* aufgeben; *3. (sth) (leave)* verlassen; *4. (a job)* kündigen; *5. (fam: stop)* aufhören mit

quite [kwaɪt] *adv 1. (to some degree)* ziemlich; *~ good* recht gut; *2. (entirely)* ganz, völlig; *3. (truly)* wirklich

quits [kwɪts] *adj 1.* quitt; *2. call it ~* Schluss machen
quittance ['kwɪtns] *sb* Schuldenerlass *m*
quitter ['kwɪtə] *sb* jmd, der schnell aufgibt
quiver ['kwɪvə] *v 1.* zittern; *sb 2. (for arrows) SPORT* Köcher *m*
quivery ['kwɪvərɪ] *adj* zitterig
quiz [kwɪz] *sb 1. (~ show)* Quiz *n*; *2. (US: small test)* Prüfung *f*
quizmaster ['kwɪzmɑːstə] *sb (game-show host)* Quizmaster *m*
quizzical ['kwɪzɪkl] *adj* fragend, zweifelnd
quorum ['kwɒːrəm] *sb POL* Quorum *n*
quota ['kwəʊtə] *sb 1.* Quote *f*; *2. (of goods)* Kontingent *n*
quotation [kwəʊ'teɪʃən] *sb 1. (passage cited)* Zitat *n*; *2. (price ~)* Kostenvoranschlag *m*, Preisangabe *f*; *3. (stock ~)* Börsennotierung *f*
quote [kwəʊt] *v 1.* zitieren; *2. (cite as an example)* anführen; *3. (a price) ECO* nennen; *4. FIN* notieren

Q

R

rabbi ['ræbaɪ] *sb* Rabbiner *m*
rabbit ['ræbɪt] *sb ZOOL 1.* Kaninchen *n; 2. (US)* Hase *m*
rabble ['ræbl] *sb 1.* Pöbel *m; 2. (unruly crowd)* lärmende Menge *f*
rabble-rouser ['ræblraʊzə] *sb* Hetzer *m*
rabid ['ræbɪd] *adj 1. (having rabies)* tollwütig; *2. (fig: fanatical)* fanatisch
rabidity [rə'bɪdɪtɪ] *sb* blinde Wut *f,* Fanatismus *m*
rabies ['reɪbiːz] *sb MED* Tollwut *f*
raccoon [rə'kuːn] *sb* Waschbär *m*
race[1] [reɪs] *v 1. (compete in a ~)* laufen, fahren; *2. (rush)* rasen, jagen, rennen; *3. (engine)* hochdrehen; *4. (pulse)* jagen; *5. (s.o.)* um die Wette laufen mit, um die Wette fahren mit, *SPORT* laufen gegen, fahren gegen; *sb 6.* Rennen *n; SPORT (on foot)* Lauf *m*
race[2] [reɪs] *sb (ethnic group)* Rasse *f; the human ~* das Menschengeschlecht *n,* die Menschen *pl*
racehorse [reɪshɔːs] *sb* Rennpferd *n*
racer ['reɪsə] *sb 1. (person)* Rennfahrer *m; 2. (car)* Rennwagen *m; 3. (horse)* Rennpferd *n*
racetrack ['reɪstræk] *sb* Rennstrecke *f, (for horses)* Pferderennbahn *f*
racial ['reɪʃəl] *adj* Rassen..., rassisch
racial discrimination ['reɪʃəl dɪskrɪmɪ'neɪʃən] *sb* Rassendiskriminierung *f*
racialism ['reɪʃəlɪzəm] *sb* Rassismus *m*
raciness ['reɪsɪnɪs] *sb* Rassigkeit *f*
racing ['reɪsɪŋ] *sb 1. (activity)* Rennen *n; 2. SPORT* Rennsport *m; adj 3.* Renn...
racism ['reɪsɪzəm] *sb* Rassismus *m*
racist ['reɪsɪst] *sb* Rassist *m*
rack [ræk] *sb 1. (frame)* Gestell *n; 2. (stand)* Ständer *m; 3. (torture ~)* Folterbank *f; v 4. ~ one's brains* sich den Kopf zerbrechen
•rack up *v ~ points* Punkte sammeln
racket ['rækɪt] *sb 1. (noise)* Krach *m,* Lärm *m; 2. (shady business)* Schwindelgeschäft *n, (making excessive profit)* Wucher *m; 3. SPORT* Schläger *m*
racketeer [rækɪ'tɪə] *sb* Gangster *m*
racketeering [rækɪ'tɪərɪŋ] *sb* organisierte Erpressung *f*
rackety ['rækɪtɪ] *adj* laut, lärmend
racquet ['rækɪt] *sb* Schläger *m*
racy ['reɪsɪ] *adj 1. (car)* rassig; *2. (US: risqué)* gewagt
raddled ['rædld] *adj (person)* verbraucht
radiant ['reɪdɪənt] *adj* strahlend
radiate ['reɪdɪeɪt] *v* ausstrahlen
radiation [reɪdɪ'eɪʃən] *sb* Ausstrahlung *f*
radiative ['reɪdɪətɪv] *adj* strahlend
radiator ['reɪdɪeɪtə] *sb 1. (heater)* Heizkörper *m; 2. (of a car)* Kühler *m*
radical ['rædɪkəl] *adj 1.* radikal; *sb 2.* Radikale(r) *m/f*
radio ['reɪdɪəʊ] *sb 1. (broadcasting)* Funk *m,* Rundfunk *m; 2. (~ set)* Radio *n*
radio control ['reɪdɪəʊ kən'trəʊl] *sb* Funksteuerung *f*
radish ['rædɪʃ] *sb BOT* Rettich *m*
raffle ['ræfl] *v 1. ~ off* in einer Tombola verlosen; *sb 2.* Tombola *f,* Verlosung *f*
raft [rɑːft] *sb* Floß *n*
rag [ræg] *sb 1.* Lumpen *m,* Fetzen *m; from ~s to riches* von Armut zu Reichtum; *2. (for cleaning)* Lappen *m; 3. ~s pl (fam: clothes)* Klamotten *pl*
ragamuffin ['rægəmʌfɪn] *sb* Gassenkind *n*
ragbag ['rægbæg] *sb 1.* Lumpensack *m; 2. (fig: eclectic collection)* Sammelsurium *n*
rage [reɪdʒ] *v 1.* toben, rasen; *2. (sea)* toben; *sb 3.* Wut *f,* Zorn *m; 4. to be all the ~ (fam)* der letzte Schrei sein
rag fair [ræg fɛə] *sb (UK)* Trödelmarkt *m*
ragged ['rægɪd] *adj 1. (person, clothes)* zerlumpt, abgerissen; *2. (hair)* zottig, strähnig; *3. (edge)* ausgefranst
raid [reɪd] *v 1.* überfallen; *2. (fig)* plündern; *sb 3. MIL* Angriff *m; 4. (police ~)* Razzia *f; 5. (by bandits)* Raubzug *m*
rail [reɪl] *sb 1. (for a train)* Schiene *f,* Gleis *n; travel by ~* mit der Bahn fahren; *2. (for safety)* Geländer *n; v 3. ~ against s.o.* über jdn schimpfen
railing ['reɪlɪŋ] *sb 1.* Geländer *n; 2. NAUT* Reling *f*
railroad ['reɪlrəʊd] *sb (US)* Eisenbahn *f,* Bahn *f*
railway ['reɪlweɪ] *sb* Eisenbahn *f,* Bahn *f*

rain [reɪn] *v 1.* regnen; *sb 2.* Regen *m; as right as ~ (fig)* in guter Verfassung; *3. (fig: of bullets, of punches)* Hagel *m*

rainbow ['reɪnbəʊ] *sb* Regenbogen *m*
raincheck ['reɪntʃek] *sb take a ~ on sth* auf etwas später einmal zurückkommen

rain forest ['reɪnfɒrɪst] *sb* Regenwald *m*
rainproof ['reɪnpruːf] *adj* wasserdicht
rainy ['reɪnɪ] *adj* regnerisch, verregnet
rainy season ['reɪnɪ 'siːzn] *sb* Regenzeit *f*

raise [reɪz] *v 1.* heben, *(blinds, an eyebrow)* hochziehen; *2. (in height)* erhöhen, *(level)* anheben; *3. ~ s.o. from the dead* jdn von den Toten auferwecken; *4. (salary, price)* erhöhen, anheben; *5. (in a card game)* erhöhen; *6. (get together: an army) MIL* auf die Beine stellen; *7. (money)* aufbringen, auftreiben; *8. (a question)* aufwerfen, vorbringen; *9. (an objection)* erheben; *~ one's voice against sth* seine Stimme gegen etw erheben; *10. (build)* errichten; *11. (children)* aufziehen, großziehen; *12. AGR* anbauen; *13. (contact over radio)* Funkverbindung aufnehmen mit; *sb 14. ECO (in salary)* Gehaltserhöhung *f, (in wages)* Lohnerhöhung *f*

raisin ['reɪzən] *sb* Rosine *f*
rake [reɪk] *v 1. (leaves, hay)* harken, rechen; *sb 2.* Rechen *m,* Harke *f*
• **rake in** *v (fam)* einkassieren
• **rake up** *v 1.* zusammenharken; *2. (fig)* auftreiben, zusammenkratzen
rakish ['reɪkɪʃ] *adj* flott, verwegen
rally ['rælɪ] *v 1.* sich sammeln; *2. (regain vigour)* neue Kräfte sammeln; *3. (s.o.) (gather)* versammeln; *4. (motivate)* aufmuntern; *sb 5. (gathering)* Massenversammlung *f; 6. (on the stock market)* Erholung *f; 7. (road race)* Rallye *f*
• **rally round** *v 1.* jdm beistehen, jdn unterstützen; *2. (fig)* sich erholen
ram [ræm] *v 1.* stoßen, *(with great force)* rammen; *sb 2. ZOOL* Widder *m,* Schafbock *m; 3. battering ~ HIST* Sturmbock *m*
ramble ['ræmbl] *v 1. (wander about)* wandern; *2. (fam: in speaking)* drauflosreden
rambling ['ræmblɪŋ] *adj* weitschweifig, weitausholend
rambunctious [ræm'bʌŋkʃəs] *adj* wild, ausgelassen
ramification [ræmɪfɪ'keɪʃən] *sb 1.* Verzweigung *f,* Verästelung *f; 2. (fig) the ~s of sth (fig)* die damit verbundenen Fragen
ramify ['ræmɪfaɪ] *v* sich verzweigen
ramp [ræmp] *sb* Rampe *f, (for loading)* Laderampe *f*
rampage [ræm'peɪdʒ] *v 1.* herumwüten *(fam); sb 2. to be on the ~* randalieren
rampant ['ræmpənt] *adj* zügellos
rampart ['ræmpɑːt] *sb MIL* Wall *m*
ramrod ['ræmrɒd] *v (fam: a proposal)* durchpeitschen
ramshackle ['ræmʃækl] *adj* klapprig
ranch [rɑːntʃ] *sb* Ranch *f*
rancid ['rænsɪd] *adj* ranzig
rancour ['ræŋkə] *sb* Verbitterung *f*
random ['rændəm] *sb 1. at ~* aufs Geratewohl; *adj 2.* ziellos; *3. (chance)* zufällig
range [reɪndʒ] *v 1. ~ from ... to ...* von ... bis ... gehen, *(temperature)* zwischen ... und ... liegen; *sb 2. (distance)* Entfernung *f; at close ~* auf kurze Entfernung; *3. (of a telescope, of a gun)* Reichweite *f; out of ~* außer Schussweite; *4. (of a plane)* Flugbereich *m; 5. ~ of vision* Sichtweite *f; 6. (selection)* Reihe *f,* Auswahl *f; 7. mountain ~* Gebirgskette *f; 8. (fig)* Bereich *m; 9. (cooking stove)* Kochherd *m; 10. (US: grazing land)* Freiland *n; 11. shooting ~* Schießplatz *m*
rangy ['reɪndʒɪ] *adj* langgliedrig
rank[1] [ræŋk] *v 1. ~ among* gehören zu, zählen zu; *2. (sth)* einordnen, *(fig)* zählen; *She is ~ed fourth in the world.* Sie steht an vierter Stelle in der Weltrangliste. *sb 3. MIL* Rang *m; 4. (status)* Stand *m; 5. (row)* Reihe *f; 6. (formation) MIL* Glied
rank[2] [ræŋk] *adj 1. (smell)* übel; *2. (utter)* krass
rankle ['ræŋkl] *v* wurmen *(fam)*
ransack ['rænsæk] *v 1. (plunder)* plündern; *2. (search)* durchwühlen
ransom ['rænsəm] *sb 1. (paying of a ~)* Loskauf *m; 2. (sum)* Lösegeld *n; v 3. (pay a ~)* Lösegeld bezahlen für, freikaufen
rant [rænt] *v 1.* toben; *2. (talk nonsense)* irres Zeug reden; *3. ~ and rave* herumschimpfen
ranting ['ræntɪŋ] *adj* schwülstig
rap [ræp] *v 1.* klopfen; *2. MUS* rappen *(fam); sb 3. (noise, blow)* Klopfen *n; 4.* (fam: *guilt)* Schuld *f, (penalty)* Strafe *f; take the ~* die Schuld zugeschoben kriegen *(fam); 5. beat the ~* sich rauswinden; *6. MUS* Rap *m*
rape [reɪp] *v 1.* vergewaltigen; *sb 2.* Vergewaltigung *f*
rapid ['ræpɪd] *adj 1.* schnell; *pl 2. ~s* Stromschnellen *pl*
rapidity [rə'pɪdɪtɪ] *sb* Schnelligkeit *f*
rapist ['reɪpɪst] *sb* Vergewaltiger *m*
rapport [ræ'pɔː] *sb* Seelenverwandtschaft *f; have a ~ with s.o.* mit jdm gut harmonieren
rapt [ræpt] *adj 1. (engrossed)* versunken, verloren; *2. (enraptured)* hingerissen

R

rapture ['ræptʃə] *sb* Entzücken *n*
rapturous ['ræptʃərəs] *adj* hingerissen
rare[1] [rɛə] *adj 1.* selten; *2. (valuable)* rar
rare[2] [rɛə] *adj (meat)* nicht gar; *(steak)* nicht durchgebraten
rarefy ['rɛərɪfaɪ] *v 1.* sich verdünnen; *2. (sth)* verdünnen
rarely ['reəlɪ] *adv* selten
rarity ['rɛərɪtɪ] *sb* Seltenheit *f,* Rarität *f*
rascal ['rɑːskəl] *sb 1.* Gauner *m; 2. (child)* Schlingel *m,* Frechdachs *m*
rash [ræʃ] *adj 1. (hasty)* übereilt; *2. (ill-considered)* unüberlegt; *3. (person)* unbesonnen; *sb 4. MED* Ausschlag *m*
rasp [rɑːsp] *v 1.* schnarren; *2. (voice)* krächzen; *sb 3. (tool)* Raspel *f*
raspberry ['rɑːzbərɪ] *sb BOT* Himbeere *f*
rat [ræt] *sb 1.* Ratte *f; smell a ~ (fig)* den Braten riechen; *v 2. ~ on s.o. (fam: tell on s.o.)* jdn verpfeifen
rate [reɪt] *v 1. (deserve)* verdienen; *2. ~ among ...* gelten als ..., zählen zu ... *3. (estimate the worth of)* schätzen, einschätzen; *sb 4.* Rate *f,* Ziffer *f; at the ~ of* im Verhältnis von; *at any ~* jedenfalls; *5. (speed)* Tempo *n; 6. (UK: local tax)* Gemeindesteuer *f; 7. FIN* Satz *m; 8. (fixed charge)* Tarif *m; 9. ~ of exchange* Umrechnungskurs *m*
rateable ['reɪtəbl] *adj* steuerpflichtig
rather ['rɑːðə] *adv 1. (more accurately)* vielmehr, eher; *2. (preference)* lieber; *3. (quite)* ziemlich; *4. or ~* genauer gesagt
ratify ['rætɪfaɪ] *v 1.* bestätigen; *2. POL* ratifizieren
rating ['reɪtɪŋ] *sb 1. (assessment)* Schätzung *f; 2. (category)* Klasse *f; 3. ~s pl (radio, TV)* Einschaltquote *f*
ratio ['reɪʃɪəʊ] *sb* Verhältnis *n*
ratiocinate [ræʃɪ'ɒsɪneɪt] *v* reflektieren
ration ['ræʃən] *v 1.* rationieren; *sb 2.* Ration *f; 3. ~s pl* Verpflegung *f,* Lebensmittel *pl*
rational ['ræʃənl] *adj 1. (sensible)* vernünftig; *2. (having reason)* rational
rattle ['rætl] *v 1.* klappern; *2. (gunfire)* knattern; *3. (chains)* rasseln; *4. (sth)* schütteln; *5. (fig: make uneasy)* aus der Fassung bringen, verunsichern; *sb 6. (child's toy)* Rassel *f,* Klapper *f; 7. (sound)* Klappern *n,* Rasseln *n,* Knattern *n*
• **rattle off** *v (words)* herunterrasseln *(fam)*
raucous ['rɔːkəs] *adj* rau, heiser
raunchy ['rɔːntʃɪ] *adj* grob, anstößig
ravage ['rævɪdʒ] *v 1.* verwüsten, verheeren; *2. (plunder)* plündern

rave [reɪv] *v 1.* delirieren, spinnen; *2. ~ about sth* von etw schwärmen
ravel ['rævl] *v 1.* ausfransen, sich auflösen; *2. (~ sth)* auftrennen, aufziehen
raven ['reɪvən] *sb ZOOL* Rabe *m*
ravenous ['rævənəs] *adj 1. (appetite)* gewaltig; *2. (person)* heißhungrig
ravine [rə'viːn] *sb* Schlucht *f,* Klamm *f*
raving ['reɪvɪŋ] *adj* wahnsinnig, verrückt
ravish ['rævɪʃ] *v 1. (enrapture)* entzücken, hinreißen; *2. (carry off by force)* entführen; *3. (rape)* vergewaltigen
ravishing ['rævɪʃɪŋ] *adj* hinreißend
raw [rɔː] *adj 1.* roh, Roh...; *2. get a ~ deal (fam)* schlecht wegkommen; *3. (without skin)* aufgeschunden; *4. (inexperienced)* neu
ray [reɪ] *sb 1.* Strahl *m; 2. a ~ of hope* ein Hoffnungsschimmer *m; 3. ZOOL* Rochen *m*
rayless ['reɪlɪs] *adj* düster
raze [reɪz] *v* zerstören; *~ to the ground* dem Erdboden gleichmachen
razor ['reɪzə] *sb 1.* Rasiermesser *n; 2. (safety ~)* Rasierapparat *m*
re [riː] *prefix 1. ~...* wieder...; *prep 2. (on a letter)* betrifft

reach [riːtʃ] *v 1. ~ for sth* nach etw greifen, nach etw langen; *2. ~ as far as, ~ to* sich erstrecken bis, gehen bis, reichen bis; *3. (sth) (a place)* erreichen, ankommen an, *(a town)* ankommen in; *~ s.o.'s ears* jdm zu Ohren kommen; *4. (a goal, a total)* erreichen; *5. (come up to)* reichen bis zu, gehen bis zu; *6. to be able to ~ sth* an etw heranreichen können, zu etw hingreifen können; *7. (a conclusion, an agreement)* kommen zu, gelangen zu; *sb 8.* Reichweite *f,* Tragweite *f; within easy ~* leicht erreichbar

react [riː'ækt] *v* reagieren; *~ to* reagieren auf

read [riːd] *v irr 1.* lesen; *2. (aloud)* vorlesen; *3. (a meter, a thermometer)* ablesen, sehen auf; *4. (have as its wording)* lauten; *5. (indicate: meter)* anzeigen; *6. (understand: radio transmission)* verstehen; *Do you ~ me?* Können Sie mich verstehen? *7. (UK: for an examination)* vorbereiten

• **read off** *v irr* ablesen
• **read up** *v irr ~ on* nachlesen über, sich informieren über
readability [riːdə'bɪlɪtɪ] *sb* Lesbarkeit *f*
readable ['riːdəbl] *adj 1. (easy to read) This book is ~.* Dieses Buch liest sich gut. *2. (legible)* leserlich, lesbar

R

reader ['riːdə] *sb* 1. Leser *m;* 2. *(UK: at university)* Dozent/Dozentin *m/f;* 3. *publisher's ~* Verlagslektor *m;* 4. *(schoolbook)* Lesebuch *n*

readily ['redɪlɪ] *adv* 1. bereitwillig; 2. *(easily)* leicht

readiness ['redɪnɪs] *sb* 1. Bereitschaft *f;* 2. *(ease)* Leichtigkeit *f*

reading ['riːdɪŋ] *sb* 1. *(act of ~)* Lesen *n;* 2. *(~ matter)* Lektüre *f;* 3. *(recital)* Lesung *f;* 4. *(interpretation)* Interpretation *f;* 5. *(on a meter)* Anzeige *f*

readout ['riːdaʊt] *sb* Anzeige *f*

ready ['redɪ] *adj* 1. bereit, fertig; 2. *(finished)* fertig; 3. *get sth ~* etw fertig machen, etw bereitmachen, *(food, a room)* etw vorbereiten; 4. *get o.s. ~* sich fertig machen, sich bereitmachen; 5. *(prompt)* unverzüglich, prompt; *have a ~ wit* schlagfertig sein; 6. *~ money* jederzeit verfügbares Geld

ready-made ['redɪmeɪd] *adj* gebrauchsfertig, fertig

ready-witted ['redɪwɪtɪd] *adj* schlagfertig

reaffirm [rɪə'fɜːm] *v* 1. nochmals versichern; 2. *(suspicions)* bestätigen

real [rɪəl] *adj* 1. wirklich, wahr; 2. *(genuine)* echt; *adv* 3. *(fam: very) (US)* sehr, äußerst, richtig *(fam)*

real estate ['rɪəlɪsteɪt] *sb* Immobilien *pl*

realign [rɪə'laɪn] *v* umgestalten

reality [riː'ælɪtɪ] *sb* Wirklichkeit *f*

realizable [rɪə'laɪzəbl] *adj* realisierbar

realization [riːəlaɪ'zeɪʃən] *sb* 1. Erkenntnis *f;* 2. *(of a goal, of a plan)* Realisierung *f,* Verwirklichung *f;* 3. *(of assets)* Realisation *f,* Flüssigmachen *n*

realize ['rɪəlaɪz] *v* 1. *(recognize)* einsehen, erkennen; 2. *(achieve)* verwirklichen; 3. *(assets) FIN* realisieren, verflüssigen

really ['rɪəlɪ] *adv* 1. wirklich, tatsächlich; 2. *(quite)* wirklich, echt

realm [relm] *sb* 1. Königreich *n;* 2. *(fig)* Reich *n,* Bereich *m*

realtor ['rɪəltə] *sb* Immobilienmakler *m*

realty ['rɪəltɪ] *sb* Immobilien *pl*

ream [riːm] *v* 1. ausbohren; 2. *(enlarge a hole)* erweitern

reamer ['riːmə] *sb* Ahle *f*

reap [riːp] *v* 1. *AGR* schneiden, ernten, *(a field)* mähen; 2. *(fig: a profit)* ernten

reaper ['riːpə] *sb* 1. *(person who reaps)* Schnitter *m;* 2. *(machine)* Mähmaschine *f*

reappear [rɪə'pɪə] *v* wieder erscheinen

reapply [rɪə'plaɪ] *v* 1. sich erneut bewerben, erneut einen Antrag stellen; 2. *(sth: glue, shampoo)* wieder anwenden

rear[1] [rɪə] *adj* 1. hintere(r,s), Hinter... *sb* 2. hinterer Teil *m; bring up the ~* die Nachhut bilden; 3. *(fam: buttocks)* Hintern *m*

rear[2] [rɪə] *v* 1. *(a child)* aufziehen; 2. *(an animal)* züchten; 3. *~ up (horse)* sich aufbäumen

rearrange [riːə'reɪndʒ] *v* umstellen

rearrangement [riːə'reɪndʒmənt] *sb* Neuordnung *f,* Umgestaltung *f*

reason ['riːzn] *v* 1. *~ with s.o.* vernünftig mit jdm reden; 2. *~ that ...* folgern, dass ...; *sb* 3. *(cause)* Grund *m,* Ursache *f; there is every ~ to believe that ...* alles spricht dafür, dass ...; 4. *(common sense)* Vernunft *f; listen to ~* Vernunft annehmen; *it stands to ~ that ...* es leuchtet ein, dass ...; 5. *(mental powers)* Verstand *m*

reasonable ['riːznəbl] *adj* 1. *(sensible)* vernünftig; 2. *(understanding)* verständig; 3. *(excuse, offer)* akzeptabel; 4. *(price)* angemessen; 5. *(in price)* preiswert

reasonably ['riːznəblɪ] *adv* 1. *(fairly, quite)* ziemlich, leidlich; 2. *(in a reasonable manner)* vernünftig

reasoned ['riːznd] *adj* durchdacht

reasoning ['riːznɪŋ] *sb* Argumentation *f*

reassemble [rɪə'sembl] *v* 1. *(put back together)* wieder zusammenbauen; 2. *(gather again)* sich wieder versammeln

reassign [rɪə'saɪn] *v (s.o.)* versetzen

reassurance [riːə'ʃʊərəns] *sb* 1. *(feeling of security)* Beruhigung *f;* 2. *(renewed confirmation)* nochmalige Versicherung *f*

reassure [riːə'ʃʊə] *v* 1. versichern; 2. *(relieve s.o.'s mind)* beruhigen

reassuring [riːə'ʃʊərɪŋ] *adj* beruhigend

rebate ['riːbeɪt] *sb* 1. *(money back)* Rückvergütung *f,* Rückzahlung *f;* 2. *(discount) ECO* Rabatt *m*

rebel [rɪ'bel] *v* 1. rebellieren; ['rebl] *sb* 2. Rebell/Rebellin *m/f*

rebirth ['riː'bɜːθ] *sb (fig)* Wiedergeburt *f*

reborn [riː'bɔːn] *adj* wieder geboren

rebound [rɪ'baʊnd] *v* 1. zurückprallen, abprallen; ['riːbaʊnd] *sb* 2. *SPORT* Rebound *m*

rebuild [riː'bɪld] *v irr* 1. wieder aufbauen; 2. *(convert)* umbauen

rebuke [rɪ'bjuːk] *v* 1. rügen; *sb* 2. Rüge *f*

rebut [rɪ'bʌt] *v* widerlegen, entkräften

recall [rɪ'kɔːl] *v* 1. *(summon back)* zurückrufen; 2. *(an ambassador)* abberufen; 3. *(remember)* sich erinnern an, sich entsinnen; *sb*

4. *(memory)* Gedächtnis *n; total ~* absolutes Gedächtnis *n*
recallable [rɪ'kɔːləbl] *adj* abrufbar
recant [rɪ'kænt] *v 1.* widerrufen; *2. (sth)* widerrufen, zurücknehmen
recap ['riːkæp] *v* kurz zusammenfassen
recapture [riː'kæptʃə] *v 1.* zurückerobern; *2. (fig: atmosphere)* wieder wach werden lassen
recede [rɪ'siːd] *v (tide)* zurückgehen
receding [rɪ'siːdɪŋ] *adj 1. (hairline)* zurückweichend; *2. (chin)* fliehend
receipt [rɪ'siːt] *sb 1.* Empfang *m; 2. ECO* Eingang *m,* Erhalt *m; 3. (piece of paper)* Quittung *f, (for goods)* Empfangsbestätigung *f; v 4.* quittieren
receive [rɪ'siːv] *v 1.* bekommen, erhalten; *2. (take delivery of)* empfangen; *3. (welcome)* empfangen; *4. (a broadcast)* empfangen
receiver [rɪ'siːvə] *sb 1.* Empfänger *m; 2. TEL* Hörer *m; 3. (in bankruptcy) FIN* Konkursverwalter *m; 4. (of stolen goods)* Hehler *m*
recent ['riːsənt] *adj* kürzlich, neuerlich, neueste(r,s), jüngste(r,s)
recently ['riːsəntlɪ] *adv* kürzlich, neulich, vor kurzem
receptacle [rɪ'septəkl] *sb* Behälter *m*
reception [rɪ'sepʃən] *sb* Empfang *m*
receptive [rɪ'septɪv] *adj (audience)* empfänglich, *(person)* aufnahmefähig; *~ to* empfänglich für
recess ['riːses] *sb 1. (in a wall)* Nische *f; 2. (of Parliament, of Congress) POL* Ferien *pl; 3. (US: in the school day)* Pause *f*
recharge [riː'tʃɑːdʒ] *v* wiederaufladen
recidivism [rɪ'sɪdɪvɪzəm] *sb* Rückfälligkeit *f*
recipe ['resɪpɪ] *sb* Rezept *n,* Kochrezept *n*
recipience [rɪ'sɪpɪəns] *sb* Empfang *m*
recipient [rɪ'sɪpɪənt] *sb* Empfänger *m*
reciprocal [rɪ'sɪprəkəl] *sb 1. MATH* reziproker Wert *m; adj 2.* gegenseitig
reciprocate [rɪ'sɪprəkeɪt] *v 1.* sich revanchieren; *2. (feelings, wishes)* erwidern
reciprocatory [rɪ'sɪprəkətrɪ] *adj* gegenseitig, beidseitig
reciprocity [resɪ'prɒsɪtɪ] *sb* Gegenseitigkeit *f*
recision [rɪ'sɪʒən] *sb* Stornierung *f,* Streichung *f,* Entwertung *f*
recite [rɪ'saɪt] *v 1. (a poem)* vortragen; *2. (facts)* hersagen
reckless ['reklɪs] *adj 1.* leichtsinnig; *2. (driving, driver)* rücksichtslos
reckon ['rekən] *v 1. (calculate)* rechnen; *He's a man to be ~ed with.* Er ist nicht zu unterschätzen. *2. (calculate sth)* berechnen, errechnen; *3. (suppose)* glauben; *4. (estimate)* schätzen; *5. (consider)* einschätzen
reckoning ['rekənɪŋ] *sb 1.* Berechnung *f; 2. the day of ~* der Tag der Abrechnung *m*
reclaim [rɪ'kleɪm] *v 1. (demand back)* zurückfordern; *2. (a lost item)* abholen
recline [rɪ'klaɪn] *v 1. (person)* zurückliegen; *2. (seat)* sich verstellen lassen
recognition [rekəg'nɪʃən] *sb 1. (acknowledgement)* Anerkennung *f; 2. (identification)* Erkennen *n*
recognitive [rɪ'kɒgnɪtɪv] *adj* erkennend
recognize ['rekəgnaɪz] *v 1. (know again)* wieder erkennen; *2. (acknowledge)* anerkennen; *3. (US: allow to speak)* das Wort erteilen; *4. (identify)* erkennen; *5. (realize)* erkennen
recoil [rɪ'kɔɪl] *v 1. (person)* zurückspringen, *(in horror)* zurückschrecken, *(in disgust)* zurückschaudern; *2. (gun)* zurückstoßen; ['riːkɔɪl] *sb 3. (of a gun)* Rückstoß *m*
recollect [rekə'lekt] *v ~ sth* sich an etw erinnern
recollection [rekə'lekʃən] *sb* Erinnerung *f*
recommend [rekə'mend] *v* empfehlen
recommit [riːkə'mɪt] *v* zurückverweisen
recompense ['rekəmpens] *sb 1. (reward)* Belohnung *f; 2. (repayment) JUR* Entschädigung *f*
recompose [riːkəm'pəʊz] *v 1. (rearrange)* umgestalten; *2. (calm)* beruhigen
reconcilable [rekən'saɪləbl] *adj* vereinbar
reconcile ['rekənsaɪl] *v 1. (facts, wishes)* miteinander in Einklang bringen; *2. (people)* versöhnen; *3. become ~d to sth* sich mit etw abfinden
reconciliation [rekənsɪlɪ'eɪʃən] *sb 1. (of facts, of opposites)* Vereinbarung *f; 2. (of people)* Versöhnung *f*
recondite [rɪ'kɒndaɪt] *adj* abstrus, abwegig
recondition [riːkən'dɪʃən] *v* generalüberholen
reconsider [riːkən'sɪdə] *v 1.* nochmals überlegen; *He has ~ed his decision.* Er hat es sich anders überlegt. *2. (a case) JUR* wieder aufnehmen
reconsideration [riːkənsɪdə'reɪʃən] *sb* erneute Betrachtung *f,* Überdenken *n*
reconstruction [riːkən'strʌkʃən] *sb 1. (of a crime)* Rekonstruktion *f; 2. (of a building)* Wiederaufbau *m*

R

record [rɪ'kɔːd] *v 1. (on tape)* aufnehmen; *2. (write down)* aufzeichnen; *(thoughts)* niederschreiben; *3. (register)* eintragen; *by ~ed delivery (UK)* per Einschreiben; *4. (keep minutes of)* protokollieren; *5. (with a camera)* festhalten; *6. (meter: register)* registrieren; ['rekɔːd] *sb 7. MUS* Schallplatte *f*, Platte *f; 8. (account)* Aufzeichnung *f; To set the ~ straight ...* Um das mal klarzustellen ...; *9. (of a meeting)* Protokoll *n; on the ~* offiziell; *off the ~* nicht für die Öffentlichkeit bestimmt; *10. (official document)* Unterlage *f*, Akte *f; 11. (history)* Vorgeschichte *f; police ~* Vorstrafen *pl; 12. SPORT* Rekord *m, (personal ~)* Bestleistung *f*
recount[1] [rɪ'kaʊnt] *v (tell about)* erzählen
recount[2] ['riːkaʊnt] *v 1. (count again)* nachzählen; *sb 2. (of votes) POL* Nachzählung *f*
recoup [rɪ'kuːp] *v (losses)* wieder gutmachen
recourse [rɪ'kɔːs] *sb* Zuflucht *f*
recover [rɪ'kʌvə] *v 1.* sich erholen; *2. (regain consciousness)* wieder zu sich kommen; *3. (goods, a lent item)* zurückbekommen; *4. (a lost item)* wieder finden; *5. (a wreck)* bergen
re-cover [riː'kʌvə] *v 1. (furniture)* überziehen; *2. (a book)* neu einbinden
recovery [rɪ'kʌvərɪ] *sb 1. (of sth)* Wiedererlangung *f; 2. (return to good health)* Genesung *f*, Besserung *f; 3. economic ~ ECO* Konjunkturaufschwung *m*
recreate [riːkrɪ'eɪt] *v (reproduce)* wiederschaffen, neu erschaffen
recreation [rekrɪ'eɪʃən] *sb 1.* Erholung *f*, Entspannung *f; 2. (pastime)* Zeitvertreib *m*
recruit [rɪ'kruːt] *v 1. (members)* werben; *2. (soldiers)* rekrutieren; *sb 3. (to a club)* neues Mitglied *n; 4. MIL* Rekrut *m*
rectify ['rektɪfaɪ] *v* berichtigen, korrigieren
rectitude ['rektɪtjuːd] *sb* Rechtschaffenheit *f*
rector ['rektə] *sb REL* Pfarrer *m*
rectory ['rektərɪ] *sb* Pfarrhaus *n*
recumbent [rɪ'kʌmbənt] *adj* ruhend, liegend
recuperate [rɪ'kuːpəreɪt] *v* sich erholen
recuperation [rɪkuːpə'reɪʃən] *sb* Erholung *f*
recur [rɪ'kɜː] *v 1. (event, problem)* wiederkehren; *2. (theme, sickness)* wieder auftreten; *3. (to be repeated)* sich wiederholen
recurrence [rɪ'kʌrəns] *sb* Wiederkehr
recurrent [rɪ'kʌrənt] *adj* immer wiederkehrend, immer wieder auftretend
recurve [rɪ'kɜːv] *v* zurückbiegen
recycle [riː'saɪkl] *v* wieder verwerten, recyceln

red [red] *adj 1.* rot; *see ~ (fig)* rot sehen; *~ in the face (fig)* verlegen; *sb 2.* Rot *n; 3. to be in the ~ (fig)* in Schulden stecken

redact [rɪ'dækt] *v 1.* herausgeben; *2. (text)* redigieren
redden ['redn] *v 1.* rot werden, sich röten; *2. (~ sth)* rot machen, rot färben
reddish ['redɪʃ] *adj* rötlich
redecorate [riː'dekəreɪt] *v* renovieren
redeem [rɪ'diːm] *v 1. (coupons, a pawned object)* einlösen; *2. (a mortgage)* abzahlen; *3. (a sinner)* erlösen; *4. (a failing)* ausgleichen; *5. (one's reputation)* retten
Redeemer [rɪ'diːmə] *sb the ~ REL* der Erlöser *m*
redefine [riːdɪ'faɪn] *v* neu definieren
redemption [rɪ'demʃən] *sb 1. REL* Erlösung *f; 2. beyond ~ (person, situation)* rettungslos verloren, *(thing)* nicht mehr zu retten; *3. FIN* Abzahlung *f*
redesign [riːdɪ'zaɪn] *v* modifizieren
red-handed [red'hændɪd] *adj catch s.o. ~* jdn auf frischer Tat ertappen
redhead ['redhed] *sb* Rothaarige(r) *m/f*
red herring [red 'herɪŋ] *sb (fig)* falsche Spur *f*
red-hot ['red'hɒt] *adj 1.* rot glühend; *2. (fig: very hot)* glühend heiß; *3. (fig: momentarily very popular)* sehr gefragt
redirect [riːdaɪ'rekt] *v 1. (forward)* nachsenden; *2. (fig: efforts)* neue Richtung geben
red-letter day [red'letədeɪ] *sb* besonderer Tag *m*
redo [riː'duː] *v irr* nochmals tun
redolent ['redələnt] *adj 1. (fragrant)* duftend; *2. (suggestive)* erinnernd
redouble [riː'dʌbl] *v (efforts)* verdoppeln
redoubtable [riː'daʊtəbl] *adj* Ehrfurcht gebietend
redound [rɪ'daʊnd] *v* sich auswirken
redraft ['riːdrɑːft] *sb* neu erstellen, neu entwerfen
redress [rɪ'dres] *v 1. (grievances)* beseitigen; *2. (wrongs)* wieder gutmachen
reduce [rɪ'djuːs] *v 1.* reduzieren; *~ to a common denominator* auf einen gemeinsamen Nenner bringen; *2. (swelling)* verringern; *3. (in rank) MIL* degradieren; *4. (a price, standards)* herabsetzen; *He is ~d to sweeping the streets.* Er ist zum Straßenkehrer herabge-

sunken. *5. (expenses)* kürzen; *6. (scale down)* verkleinern; *7. (in length)* verkürzen

reducible [rɪ'djuːsɪbl] *adj* reduzierbar

reduction [rɪ'dʌkʃən] *sb 1.* Verminderung *f,* Reduzierung *f, (of prices)* Herabsetzung *f; 2. (copy)* Verkleinerung *f*

redundancy [rɪ'dʌndənsɪ] *sb* Überfluss *m,* Üppigkeit *f,* Fülle *f*

redundant [rɪ'dʌndənt] *adj 1.* überflüssig; *2. (UK: worker) ECO* arbeitslos

reek [riːk] *v 1.* stinken; *sb 2.* Gestank *m*

reel [riːl] *v 1.* taumeln, *(drunk)* torkeln; *sb 2. (of film)* Spule *f; 3. (of thread, of fishing line)* Rolle *f*

• **reel in** *v 1.* einrollen; *2. (a fish)* einholen

• **reel off** *v (a list, a poem)* herunterrasseln *(fam)*

refectory [rɪ'fektərɪ] *sb* Speisesaal *m*

refer [rɪ'fɜː] *v 1. (pass)* weiterleiten; *2. ~ s.o. to s.o.* jdn an jdn verweisen, *(to another doctor)* jdn zu jdm überweisen

• **refer to** *v 1. (allude to)* sprechen von; *2. (regard)* sich beziehen auf, *(rule)* gelten für; *3. (consult a book)* nachschauen in

referee [refə'riː] *sb 1. (UK: person giving a reference)* Referenz *f; SPORT 2.* Schiedsrichter *m; (boxing)* Ringrichter*; (wrestling)* Kampfrichter *m*

reference ['refrəns] *sb 1. (mention)* Erwähnung *f,* Hinweis *m; 2. (indirect allusion)* Anspielung *f; 3. (testimonial)* Referenz *f,* Zeugnis *n; 4. (US: person giving a ~)* Referenz *f; 5. (note to the reader)* Verweis *m; 6. with ~ to ...* was ... betrifft, *(in a business letter)* bezüglich

reference book ['refrəns bʊk] *sb* Nachschlagewerk *n*

referral [rɪ'fɜːrəl] *sb (of a patient)* Überweisung *f*

refill [riː'fɪl] *v 1.* nachfüllen; ['riːfɪl] *sb 2. (for a fountain pen, for a lighter)* Nachfüllpatrone *f; (for a ballpoint pen)* Ersatzmine *f; 3. (fam: of a drink) Would you like a ~?* Darf ich nachschenken?

refine [rɪ'faɪn] *v 1. (sugar, oil)* raffinieren; *2. (manners)* verfeinern, kultivieren; *3. (techniques)* verfeinern, verbessern

refined [rɪ'faɪnd] *adj (person)* kultiviert

refinement [rɪ'faɪnmənt] *sb 1. (quality)* Feinheit *f; 2. (process)* Verfeinerung *f, ECO* Raffinieren *n*

refinery [rɪ'faɪnərɪ] *sb* Raffinerie *f*

refinish [riː'fɪnɪʃ] *v* neu polieren

refit [riː'fɪt] *v* neu ausrüsten, neu ausstatten

reflect [rɪ'flekt] *v 1. (contemplate)* nachdenken; *~ on* nachdenken über; *2. (cast back)* reflektieren, zurückwerfen; *3. (mirror)* spiegeln; *4. (fig)* widerspiegeln; *5. ~ on (show sth about)* etw aussagen über, *(unfavourably)* ein schlechtes Licht werfen auf

reflection [rɪ'flekʃən] *sb 1. (reflecting)* Reflexion *f; 2. (image)* Spiegelbild *n; 3. (contemplation)* Betrachtung *f, (consideration)* Überlegung *f; 4. ~s pl (comments, thoughts)* Gedanken *pl,* Betrachtungen *pl; 5. to be a ~ on (show negatively)* ein schlechtes Licht werfen auf

reform [rɪ'fɔːm] *v 1. (sth)* reformieren; *2. (o.s.)* sich bessern; *sb 3.* Reform *f*

refresh [rɪ'freʃ] *v* erfrischen

refrigerate [rɪ'frɪdʒəreɪt] *v* kühlen, *(freeze)* tiefkühlen

refuel [rɪː'fjʊəl] *v* auftanken

refuge ['refjuːdʒ] *sb* Zuflucht *f*

refugee [refjʊ'dʒiː] *sb POL* Flüchtling *m*

refund [rɪ'fʌnd] *v 1.* zurückzahlen, zurückerstatten, *(expenses)* erstatten; ['riːfʌnd] *sb 2.* Rückzahlung *f,* Rückerstattung *f*

refusal [rɪ'fjuːzəl] *sb 1.* Ablehnung *f; 2. have first ~ of sth* etw als Erster angeboten bekommen; *3. (of an order)* Verweigerung *f*

refuse [rɪ'fjuːz] *v 1.* ablehnen, zurückweisen; *I ~ to believe it.* Ich glaube das einfach nicht. *He ~d to be bullied.* Er ließ sich nicht tyrannisieren. *2. (an order)* verweigern; *~ to do sth* sich weigern, etw zu tun; ['refjuːs] *sb 3.* Müll *m*

refutation [refjʊ'teɪʃən] *sb* Widerlegung *f*

refute [rɪ'fjuːt] *v* widerlegen

regain [rɪ'geɪn] *v* wiedererlangen, *(control)* wiedergewinnen; *~ one's strength* wieder zu Kräften kommen

regal ['riːgəl] *adj* königlich

regard [rɪ'gɑːd] *v 1. (consider)* betrachten; *2. (concern)* betreffen; *as ~s ...* was ... betrifft; *with ~ to ...* was ... betrifft, in Bezug auf; *3. (s.o.'s wishes)* berücksichtigen; *sb 4. (respect)* Achtung *f; hold in high ~* in Ehren halten, hoch achten; *5.* Rücksicht *f; have no ~ for s.o.'s feelings* auf jds Gefühle keine Rücksicht nehmen; *6. ~s pl* Gruß *m; Give her my ~s.* Grüße sie von mir.

regardful [rɪ'gɑːdfʊl] *adj* aufmerksam

regarding [rɪ'gɑːdɪŋ] *prep* bezüglich, hinsichtlich, in Bezug auf

regardless [rɪ'gɑːdlɪs] *adj 1. (fam: no matter what happens)* ganz gleich, was passiert; *2. ~ of* ungeachtet, ohne Rücksicht auf; *adv 3. (despite that)* trotzdem

R

regeneration [rɪdʒenə'reɪʃən] *sb* Erneuerung *f,* Neubildung *f,* Regeneration *f*
region ['riːdʒən] *sb 1. (of a country)* Gebiet *n,* Region *f; 2. (administrative ~)* Bezirk *m; 3. (fig)* Bereich *m*
register ['redʒɪstə] *v 1. (at a hotel)* sich anmelden; *2. (for classes)* sich einschreiben; *3. (to vote)* sich eintragen; *4. (sth)* registrieren; *5. (a birth, a trademark)* anmelden, eintragen lassen; *6. (a letter)* als Einschreiben aufgeben; *7. (emotion on one's face)* zeigen, ausdrücken; *8. (fig: a success)* buchen, verzeichnen; *9. (in files)* eintragen, *(a statistic)* erfassen; *10. (meter)* anzeigen; *sb 11. (book)* Register *n; 12. (in a hotel)* Gästebuch *n; 13. MUS* Register *n*
regress [rɪ'gres] *v 1.* sich rückläufig entwickeln; *2. BIO* sich zurückbilden
regret [rɪ'gret] *v 1.* bedauern; *I ~ to say* ich muss leider sagen; *sb 2.* Bedauern *n*
regular ['regjʊlə] *adj 1. (usual, habitual)* normal; *2. (symmetrical)* regelmäßig, *(polygon)* gleichseitig; *3. (taking place at even intervals)* regelmäßig; *4. (accepted)* richtig; *5. (US: gasoline)* bleihaltig; *6. (fam: true)* echt; *You're a ~ comedian.* Du bist aber witzig. *7. MIL* regulär, Berufs...; *sb 8. (~ customer)* Stammkunde *m, (in a pub)* Stammgast *m*
regularly ['regjʊləlɪ] *adv* regelmäßig
rehearse [rɪ'hɜːs] *v* proben
reheat [riː'hiːt] *v* aufwärmen
reign [reɪn] *v 1.* herrschen; *sb 2.* Herrschaft *f*
reimburse [riːɪm'bɜːs] *v 1. (s.o.)* entschädigen; *2. (costs)* zurückerstatten, ersetzen
rein [reɪn] *sb 1.* Zügel *m; take the ~s* die Zügel in die Hand nehmen; *give s.o. free ~* jdm freie Hand lassen; *keep a tight ~ on s.o.* jdn an die Kandare nehmen; *v 2. ~ in* zügeln
reinstate [riːɪn'steɪt] *v 1. (s.o.)* wieder einsetzen; *2. (sth)* wiederherstellen
reiterate [riː'ɪtəreɪt] *v* wiederholen
reject [rɪ'dʒekt] *v 1.* ablehnen; *2. (a suitor)* abweisen; *3. (a possibility, a judgment)* verwerfen; *4. (by a machine)* zurückweisen, nicht annehmen
rejoice [rɪ'dʒɔɪs] *v 1.* sich freuen, jubeln; *2. REL* jauchzen
rejoin [rɪ'dʒɔɪn] *v* sich wieder anschließen
rekindle [riː'kɪndl] *v 1. (sth)* wieder anzünden; *2. (fig)* neu beleben
relapse [rɪ'læps] *v 1.* zurückfallen; *sb 2.* Rückfall *m*
relate [rɪ'leɪt] *v 1.* zusammenhängen; *2. I can ~ to that. (fam)* Davon kann ich ein Lied singen. *3. (recount)* erzählen; *4. (associate)* in Zusammenhang bringen, in Beziehung bringen, verbinden
relative ['relətɪv] *adj 1.* verhältnismäßig, relativ; *~ to* im Verhältnis zu; *2. (respective)* respektiv; *3. ~ to (relevant to)* bezüglich; *sb 4.* Verwandte(r) *m/f*
relatively ['relətɪvlɪ] *adv* verhältnismäßig
relax [rɪ'læks] *v 1.* sich lockern, sich entspannen, *(rest)* sich ausruhen; *2. (calm down)* sich beruhigen; *3. (a rule, one's grip)* lockern; *4. (muscles)* entspannen; *5. (one's effort)* nachlassen in
relay ['riːleɪ] *v 1.* weitergeben, *(a broadcast)* übertragen; *sb 2. SPORT* Staffellauf *m,* Staffelwettbewerb *m; 3. TECH* Relais *n*

release [rɪ'liːs] *v 1. (s.o.)* befreien; *2. (from an obligation)* entbinden; *3. (a prisoner)* freilassen, entlassen; *4. (a new product)* herausbringen; *5. (news)* veröffentlichen; *6. (let go of)* loslassen, *(one's grip)* lösen; *7. (a handbrake)* losmachen; *8. (pressure, steam)* ablassen; *sb 9.* Freilassung *f,* Entbindung *f,* Entlassung *f; 10. (mechanism)* Auslöser *m; 11. (of a new product)* Neuerscheinung *f; 12. (press ~)* Verlautbarung *f*

relent [rɪ'lent] *v* nachgeben, *(pace)* nachlassen
relentless [rɪ'lentlɪs] *adj 1. (pitiless)* erbarmungslos; *2. (unremitting)* unermüdlich, *(efforts)* unaufhörlich
relevance ['reləvəns] *sb* Relevanz *f*
relevant ['reləvənt] *adj* einschlägig, sachdienlich, zur Sache gehörig
reliable [rɪ'laɪəbl] *adj 1.* zuverlässig; *2. (company)* vertrauenswürdig
reliance [rɪ'laɪəns] *sb* Vertrauen *n*
reliant [rɪ'laɪənt] *adj to be ~ on s.o.* angewiesen sein auf, abhängig sein von
relic ['relɪk] *sb 1.* Relikt *n; 2. REL* Reliquie *f; 3. (fam: person)* alter Knochen *m*
relief [rɪ'liːf] *sb 1.* Erleichterung *f; 2. (substitute)* Ablösung *f; 3. (aid)* Hilfe *f; 4. ART* Relief *n*
relieve [rɪ'liːv] *v 1. (s.o.)* erleichtern; *2. (pain)* lindern, *(completely)* stillen; *3. (tension)* abbauen; *4. (take over from)* ablösen; *5. ~ s.o. of sth (coat)* jdm etw abnehmen, *(burden)* jdn von etw befreien, *(command)* jdn einer Sache entheben, *(fig: steal sth from s.o.)* jdn um etw erleichtern; *6. (monotony)* unterbrechen; *7. ~ boredom* Langeweile vertreiben; *8. ~ o.s. (fam: urinate)* sich erleichtern, seine Notdurft verrichten

R

relieved [rɪ'liːvd] *adj* erleichtert
religious [rɪ'lɪdʒəs] *adj 1. (pertaining to religion)* religiös; *2. (having religious beliefs)* gläubig; *3. (pious)* fromm
relinquish [rɪ'lɪŋkwɪʃ] *v 1.* aufgeben; *2. (one's post)* verzichten auf; *3. ~ sth to s.o.* jdm etw überlassen
relish ['relɪʃ] *v 1.* genießen; *sb 2. with great ~* mit großem Vergnügen; *3. GAST* Relish *n*
relive [riː'lɪv] *v* noch einmal erleben
reload [riː'ləʊd] *v 1.* neu beladen; *2. (a gun)* nachladen
relocate [riːləʊ'keɪt] *v 1.* umziehen; *2. (sth)* verlegen
relucent [rɪ'luːsnt] *adj (shining)* strahlend
reluctant [rɪ'lʌktənt] *adj 1. (person)* abgeneigt; *2. (consent)* widerwillig; *3. (hesitant)* zögernd
rely [rɪ'laɪ] *v ~ on* sich verlassen auf
remain [rɪ'meɪn] *v 1.* bleiben; *2. (to be left over)* übrig bleiben
remark [rɪ'mɑːk] *v 1.* bemerken; *2. ~ upon sth* über etw eine Bemerkung machen; *sb 3.* Bemerkung *f*
rematch ['riːmætʃ] *sb* Revanche *f*
remediable [rɪ'miːdɪəbl] *adj* heilbar
remediless ['remɪdɪles] *adj* unheilbar
remedy ['remədɪ] *v 1. MED* heilen; *2. (fig: a fault)* beheben, *(a situation)* bessern; *sb 3.* Mittel *n,* Heilmittel *n*

> **remember** [rɪ'membə] *v 1.* sich erinnern an; *2. (commemorate)* bedenken; *3. (bear in mind)* denken an

remind [rɪ'maɪnd] *v ~ s.o. of sth* jdn an etw erinnern; *That ~s me ...* Dabei fällt mir ein ...
reminiscence [remɪ'nɪsəns] *sb* Erinnerung *f*
remiss [rɪ'mɪs] *adj* nachlässig
remissible [rɪ'mɪsəbl] *adj* verzeihlich
remission [rɪ'mɪʃən] *sb 1. (of a sin) REL* Vergebung *f; 2. MED* Remission *f; 3. (of a sentence) JUR* Straferlass *m*
remit [rɪ'mɪt] *v 1. (send)* überweisen; *2. (pardon)* erlassen, *(a sin)* vergeben
remittal [rɪ'mɪtl] *sb 1. (money)* Überweisung *f; 2. (of an offence) JUR* Erlassen *n,* Erlass *m*
remittance [rɪ'mɪtəns] *sb* Überweisung *f*
remnant ['remnənt] *sb* Rest *m*
remodel [rɪ'mɒdl] *v (a house)* umbauen
remonstrate ['remənstreɪt] *v* protestieren
remorse [rɪ'mɔːs] *sb* Reue *f; feelings of ~* Gewissensbisse *pl*

R

remorseful [rɪ'mɔːsfʊl] *adj* reumütig
remote [rɪ'məʊt] *adj 1. (isolated)* abgelegen; *2. (distant)* fern, entfernt; *3. (connection, resemblance)* entfernt; *4. (past)* fern; *5. (chance)* winzig, gering; *a ~ possibility* eine vage Möglichkeit; *6. (aloof)* unnahbar
remould [riː'məʊld] *v* runderneuern
remount [riː'maʊnt] *v 1. (horse, mountain)* wieder besteigen, wieder aufsteigen; *2. (machine)* wieder aufstellen
removable [rɪ'muːvəbl] *adj* abnehmbar
removal [rɪ'muːvəl] *sb 1.* Entfernung *f,* Abnahme *f, (of an obstacle)* Ausräumung *f; 2. (UK: move from a house)* Umzug *m*
remove [rɪ'muːv] *v 1.* entfernen; *2. (a lid, a hat, a bandage)* abnehmen; *3. ~ one's make-up* sich abschminken; *4. (a piece of clothing)* ablegen; *5. to be far ~d from* weit entfernt sein von; *He's my cousin twice ~d.* Er ist mein Cousin zweiten Grades. *6. (a name from a list)* streichen; *7. (from a container)* herausbringen; *8. (an obstacle)* beseitigen, aus dem Weg räumen
removed [rɪ'muːvd] *adj* entfernt
remunerate [rɪ'mjuːnəreɪt] *v 1. (pay)* bezahlen; *2. (reward)* belohnen
rename [riː'neɪm] *v* umbenennen
rend [rend] *v irr* zerreißen
render ['rendə] *v 1. (make)* machen; *~ sth useless* etw unbrauchbar machen; *2. (interpret: a song, a role)* interpretieren, vortragen; *3. (give: assistance)* leisten, *(homage)* erweisen; *for services ~ed* für geleistete Dienste
rendition [ren'dɪʃən] *sb* Interpretation *f,* Vortrag *m*
renegade ['renɪgeɪd] *sb* Abtrünnige(r) *m/f*
renege [rɪ'neɪg] *v* sein Wort brechen; *~ on* nicht einhalten
renew [rɪ'njuː] *v 1.* erneuern; *2. (an acquaintance, discussions, an attack)* wieder aufnehmen; *3. (a passport)* verlängern
renewal [rɪ'njuːəl] *sb* Erneuerung *f,* Verlängerung *f,* Wiederaufnahme *f*
renounce [rɪ'naʊns] *v 1.* verzichten auf; *2. (religion)* abschwören; *3. (a friend)* verleugnen
renouncement [rɪ'naʊnsmənt] *sb* Verzicht *m,* Aufgabe *f*
renowned [rɪ'naʊnd] *adj* berühmt

> **rent** [rent] *v 1.* mieten, *(a farm)* pachten, *(a TV, a car)* leihen; *2. (~ out)* vermieten, *(a farm)* verpachten, *(a car)* verleihen; *sb 3.* Miete *f, (for a farm)* Pacht *f; for ~ (US)* zu vermieten

renunciation [rɪnʌnsɪ'eɪʃən] *sb 1.* Verzicht *m; 2. (of religion, of the devil)* Abschwören *n; 3. (of a friend)* Verleugnung *f*
reopen [riː'əʊpən] *v 1. (sth)* wieder eröffnen; *2. (negotiations, a case)* wieder aufnehmen
repair [rɪ'pɛə] *v 1.* reparieren; *2. (clothes, a road)* ausbessern; *3. (a tyre)* flicken; *4. (fig: a wrong)* wieder gutmachen; *sb 5.* Reparatur *f,* Ausbesserung *f; damaged beyond ~* nicht mehr zu reparieren; *6. to be in good ~* in gutem Zustand sein
repartition [riːpɑː'tɪʃən] *sb* Aufteilung *f,* Verteilung *f*
repast [riː'pɑːst] *sb* Mahl *n*
repay [riː'peɪ] *v irr 1. (a debt)* abzahlen; *2.* zurückzahlen; *3. (expenses)* erstatten; *4. (fig: kindness)* vergelten; *5. (fig: a visit)* erwidern
repeal [rɪ'piːl] *v* aufheben
repeat [rɪ'piːt] *v 1.* wiederholen; *2. (tell to s.o. else)* weitersagen
repel [rɪ'pel] *v 1. (s.o.'s advance, insects)* abwehren; *2. MIL (an attacker)* zurückschlagen, *(an attack)* abschlagen; *3. (disgust)* abstoßen
repent [rɪ'pent] *v* bereuen
repercussions [riːpə'kʌʃənz] *pl* Rückwirkungen *pl,* Auswirkungen *pl*
replace [rɪ'pleɪs] *v 1. (substitute for, be substituted for)* ersetzen; *2. (put back)* zurücksetzen, zurückstellen, *(on its side)* zurücklegen; *~ the receiver* den Hörer auflegen; *3. (parts)* austauschen, ersetzen
replenish [rɪ'plenɪʃ] *v* ergänzen, *(something empty)* wieder auffüllen
repletion [rɪ'pliːʃən] *sb* Sättigung *f*
reply [rɪ'plaɪ] *v 1.* antworten; *~ to a question* eine Frage beantworten; *sb 2.* Antwort *f*
report [rɪ'pɔːt] *v 1. (announce o.s.)* sich melden; *~ for duty* sich zum Dienst melden; *2. (give a ~)* berichten; *3. (sth)* berichten über; *4. (inform authorities about)* melden; *sb 5.* Bericht *m; 6. (in the media)* Bericht *m,* Reportage *f; 7. (sound of a gun)* Knall *m; 8. (UK: from school)* Schulzeugnis *n*
repose [rɪ'pəʊz] *sb* Ruhe *f*
reposit [rɪ'pɒzɪt] *v 1. (lay back)* zurücklegen; *2. (deposit)* hinterlegen
repository [rɪ'pɒzɪtərɪ] *sb 1. (fig)* Fundgrube *f; 2. (store)* Laden *m,* Magazin *n; 3. (confidant)* Vertrauensperson *f*
reprehend [reprɪ'hend] *v* tadeln
represent [reprɪ'zent] *v 1. (portray)* darstellen; *2. (act for, speak for)* vertreten
representation [reprɪzen'teɪʃən] *sb 1. (portrayal)* Darstellung *f; 2. (representatives)* Vertretung *f*
representative [reprɪ'zentətɪv] *adj 1. (acting for)* vertretend; *2. (typical)* repräsentativ; *3. (symbolic)* symbolisch; *sb 4.* Vertreter *m; 5. (deputy)* Stellvertreter *m; 6. POL* Abgeordnete(r) *m/f; 7. JUR* Bevollmächtigte(r) *m/f*
repress [rɪ'pres] *v 1.* unterdrücken; *2. (a laugh, a sneeze)* zurückhalten; *3. PSYCH* verdrängen
reprieve [rɪ'priːv] *sb 1. JUR* Begnadigung *f; 2. (temporary)* Aufschub *m; 3. (fig)* Gnadenfrist *f*
reprimand ['reprɪmɑːnd] *v 1.* tadeln, einen Verweis erteilen, maßregeln; *sb 2.* Tadel *m; 3. (official)* Verweis *m*
reprisal [rɪ'praɪzəl] *sb* Repressalie *f,* Vergeltungsmaßnahme *f*
reproach [rɪ'prəʊtʃ] *v 1.* Vorwürfe machen; *sb 2.* Vorwurf *m; beyond ~* ohne Tadel
reprobate ['reprəʊbeɪt] *adj* verkommen, verderbt, verwerflich
reproof [rɪ'pruːf] *sb* Zurechtweisung *f,* Tadel *m*
reprove [rɪ'pruːv] *v* tadeln, missbilligen
repudiate [rɪ'pjuːdɪeɪt] *v 1.* nicht anerkennen; *2. (a statement)* zurückweisen; *3. (one's child)* verstoßen
repugnance [rɪ'pʌgnəns] *sb* Abscheu *f*
repugnant [rɪ'pʌgnənt] *adj* widerlich
repulse [rɪ'pʌls] *v (an attacker)* zurückschlagen, *(an attack)* abwehren
repulsion [rɪ'pʌlʃən] *sb* Abscheu *f*
repulsive [rɪ'pʌlsɪv] *adj* abscheulich, widerlich, abstoßend
reputable ['repjʊtəbl] *adj* angesehen, ehrbar, anständig
repute [rɪ'pjuːt] *v 1. to be ~d to be ...* angeblich ... sein sollen, gelten als ...; *sb 2.* Ruf *m; 3. house of ill ~* Bordell *n*
request [rɪ'kwest] *v 1.* bitten um, ersuchen um; *~ s.o. to do sth* jdn bitten, etwas zu tun; *2. (a song)* sich wünschen; *sb 3.* Bitte *f,* Wunsch *m; 4. (official ~)* Ersuchen *n*
require [rɪ'kwaɪə] *v 1. (need)* brauchen, benötigen; *I'll do whatever is ~d.* Ich werde alles Nötige tun. *2. (order)* verlangen, fordern
requisite ['rekwɪzɪt] *adj 1.* erforderlich, notwendig; *sb 2. ~ s pl* Artikel *pl*
requite [rɪ'kwaɪt] *v* rächen, vergelten
rerun [riː'rʌn] *v irr 1.* wiederholen; ['riːrʌn] *sb 2. (of a TV show)* Wiederholung *f*
resale ['riːseɪl] *sb* Wiederverkauf *m*

reschedule [riː'ʃedjuːl] *v* *1.* verlegen; *2. (to an earlier time)* vorverlegen
rescind [rɪ'sɪnd] *v* *1. (a decision)* rückgängig machen; *2. (a law)* aufheben
rescue ['reskjuː] *v* *1.* retten, *(free)* befreien; *sb* *2.* Rettung *f*, *(freeing)* Befreiung *f*
research [rɪ'sɜːtʃ] *v* *1.* forschen, Forschung betreiben; *2. (sth)* erforschen, untersuchen; *sb* *3.* Forschung *f*
resemble [rɪ'zembl] *v* ähneln, gleichen
resent [rɪ'zent] *v* *1. (sth)* übel nehmen, sich ärgern über; *2. (s.o.)* ein Ressentiment haben gegen
reservation [rezə'veɪʃən] *sb* *1. (qualification of opinion)* Vorbehalt *m*; *without ~* ohne Vorbehalt; *2. (booking)* Reservierung *f*, Vorbestellung *f*; *3. (land set aside)* Reservat *n*, *(for animals)* Naturschutzgebiet *n*
reserve [rɪ'zɜːv] *v* *1. (book)* reservieren lassen; *2. (keep)* aufsparen, aufheben; *~ the right to do sth* sich das Recht vorbehalten, etw zu tun; *all rights ~d* alle Rechte vorbehalten; *sb* *3. (store)* Reserve *f*, Vorrat *m*; *in ~* in Reserve; *4. SPORT* Ersatzspieler *m*; *5. the ~s MIL* die Reserveeinheiten *pl*; *6. (coolness)* Zurückhaltung *f*, Reserve *f*
reset [riː'set] *v irr* *1. (a dial)* zurückstellen; *2. INFORM* rücksetzen, zurücksetzen
reshuffle [riː'ʃʌfl] *v* *1. (cards)* neu mischen; *2. (personnel)* umbilden
reside [rɪ'zaɪd] *v* seinen Wohnsitz haben
residence ['rezɪdəns] *sb* *1.* Wohnung *f*; *2. (stay)* Aufenthalt *m*; *3. (place of ~)* Wohnsitz *m*; *take up ~ in* sich niederlassen in
residency ['rezɪdənsɪ] *sb* *1. (residence)* Wohnsitz *m*, Amtssitz *m*; *2. (of a doctor)* Assistenzarztzeit *f*
resident ['rezɪdənt] *sb* *1.* Bewohner *m*, *(of a town)* Einwohner *m*; *2. (in a hotel)* Gast *m*; *3. MED* im Krankenhaus wohnender Arzt *m*; *adj* *4.* ansässig, wohnhaft
resign [rɪ'zaɪn] *v* *1.* kündigen; *2. (from public office, from a committee)* zurücktreten, *(civil servant)* sein Amt niederlegen; *3. (sth) (a post)* zurücktreten von, aufgeben; *4. ~ o.s. to sth* sich mit etw abfinden
resignation [rezɪg'neɪʃən] *sb* *1.* Rücktritt *m*, Kündigung *f*; *2. (state of mind)* Resignation *f*
resigned [rɪ'zaɪnd] *adj* resigniert; *to be ~ to sth* sich mit etw abgefunden haben
resilience [rɪ'zɪlɪəns] *sb* *1.* Elastizität *f*; *2. (fig)* Unverwüstlichkeit *f*
resist [rɪ'zɪst] *v* *1.* Widerstand leisten gegen, sich widersetzen; *2. (a change)* sich sträuben gegen; *3. (temptation)* widerstehen
resistant [rɪ'zɪstənt] *adj (material)* widerstandsfähig, beständig
resistive [rɪ'zɪstɪv] *adj* widerstandsfähig
resistor [rɪ'zɪstə] *sb TECH* Widerstand *m*
resit [riː'sɪt] *v* (eine Prüfung) wiederholen
reskill [riː'skɪl] *v* umschulen
resoluble [rɪ'zɒljʊbl] *adj* lösbar
resolute ['rezəluːt] *adj* *1. (person)* entschlossen, resolut; *2. (thing)* fest
resolution [rezə'luːʃən] *sb* *1. (decision)* Beschluss *m*, Entschluss *m*; *2. (resoluteness)* Entschlossenheit *f*, Bestimmtheit *f*; *3. (of an image) TECH* Rasterung *f*; *4. CHEM, MATH* Auflösung *f*
resolutive [rɪ'zɒljʊtɪv] *adj* lösend
resolvable [rɪ'zɒlvəbl] *adj* lösbar
resolve [rɪ'zɒlv] *v* *1. ~ to do sth (officially)* beschließen, etw zu tun, *(person)* sich entschließen, etw zu tun; *2. (divide up)* auflösen; *3. (a problem)* lösen; *sb* *4. (resoluteness)* Entschlossenheit *f*; *5. (decision)* Entschluss *m*
resolved [rɪ'zɒlvd] *adj* entschlossen
resonate ['rezəneɪt] *v* widerhallen
resort [rɪ'zɔːt] *v* *1. ~ to* zurückgreifen auf, greifen zu; *~ to violence* Gewalt anwenden; *~ to stealing* sich aufs Stehlen verlegen; *sb* *2.* Zuflucht *f*; *as a last ~* als letzter Ausweg; *3. (place)* Ferienort *m*, Urlaubsort *m*
resound [rɪ'zaʊnd] *v* widerhallen, hallen
resounding [rɪ'zaʊndɪŋ] *adj* *1. (laughter)* schallend, *(noise)* widerhallend; *2. (fig)* gewaltig, *(success)* glänzend
resource [rɪ'sɔːs] *sb ~ s pl* Mittel *pl*; *natural ~s pl* Naturschätze *pl*, Reserven *pl*
resourceful [rɪ'sɔːsfʊl] *adj (person)* einfallsreich, findig
respect [rɪs'pekt] *v* *1.* respektieren, achten; *sb* *2.* Respekt *m*, Achtung *f*; *3. (consideration)* Rücksicht *f*; *4. pay one's ~s to s.o.* jdm seine Aufwartung machen; *pay one's last ~s to s.o.* jdm die letzte Ehre erweisen; *5. (aspect)* Hinsicht *f*; *6. with ~ to* in Bezug auf
respectable [rɪs'pektəbl] *adj* *1. (club, neighbourhood, firm)* anständig; *2. (person)* ehrbar; *3. (considerable)* beachtlich; *4. (fairly good)* beträchtlich
respective [rɪs'pektɪv] *adj* jeweilig
respectively [rɪs'pektɪvlɪ] *adv* beziehungsweise; *A and B, ~* A beziehungsweise B
respire [rɪ'spaɪə] *v* atmen
respite ['respaɪt] *sb (rest)* Ruhepause *f*

R

resplendent [rɪ'splendənt] *adj* glänzend
respond [rɪs'pɒnd] *v 1. (answer)* antworten; *2. (react)* reagieren; *3. (machine)* ansprechen
responsibility [rɪspɒnsə'bɪlɪtɪ] *sb 1.* Verantwortung *f; take ~ for* die Verantwortung übernehmen für; *2. (duty)* Verpflichtung *f; 3. (sense of ~)* Verantwortungsgefühl *n*

rest[1] [rest] *v 1.* ruhen, sich ausruhen; *~ up* sich ausruhen; *2. ~ against sth* sich gegen etw stützen, sich gegen etw lehnen; *3. (pause, take a break)* Pause machen; *4. (remain: blame, decision)* liegen; *~ with* liegen bei; *let the matter ~* die Sache auf sich beruhen lassen; *5. ~ on sth* auf etw ruhen, *(argument)* sich stützen auf; *6. (sth) (one's eyes, one's voice)* schonen; *7. ~ sth against sth* etw gegen etw lehnen; *8. ~ sth on sth* etw auf etw stützen; *sb 9.* Ruhe *f; set s.o.'s fears at ~* jdn beschwichtigen; *10. (on holiday)* Erholung *f; 11.* Pause *f; 12. (support)* Stütze *f,* Auflage *f*

rest[2] [rest] *(remainder)* Rest *m; the ~ of the money* das übrige Geld
restaurant ['restərənt] *sb* Restaurant *n,* Gaststätte *f*
restitution [restɪ'tjuːʃən] *sb (reparation)* Entschädigung *f*
restive ['restɪv] *adj* unruhig
restless ['restlɪs] *adj* unruhig
restoration [restə'reɪʃən] *sb 1. (return)* Rückerstattung *f; 2. (to office)* Wiedereinsetzung *f; 3. (of order)* Wiederherstellung; *4. (a work of art)* Restauration *f*
restorative [rɪ'stɒrətɪv] *adj* stärkend
restore [rɪ'stɔː] *v 1. (give back)* zurückgeben, *(bring back)* zurückbringen; *2. (to office)* wieder einsetzen; *3. (a work of art)* restaurieren; *4. (order)* wiederherstellen
restrain [rɪs'treɪn] *v 1.* zurückhalten; *~ s.o. from doing sth* jdn davon abhalten, etw zu tun; *2. (an animal)* bändigen; *3. (emotions)* unterdrücken; *4. (a prisoner)* mit Gewalt festhalten; *5. ~ o.s.* sich beherrschen
restrainer [rɪ'streɪnə] *sb* Verzögerer *m*
restraint [rɪs'treɪnt] *sb 1. (restriction)* Einschränkung *f; 2. (self-~)* Selbstbeherrschung *f*
restrict [rɪs'trɪkt] *v 1.* beschränken; *2. ~ o.s. to* sich beschränken auf
restroom ['restruːm] *sb (US)* Toilette *f*

result [rɪ'zʌlt] *v 1.* sich ergeben, resultieren; *~ from* sich ergeben aus; *~ in* führen zu; *sb 2. (consequence)* Folge *f; as a ~* folglich; *3. (outcome)* Ergebnis *n,* Resultat *n*

resume [rɪ'zjuːm] *v 1.* wieder anfangen; *2. (sth)* wieder aufnehmen, fortsetzen; *(command)* wieder übernehmen
resurgence [rɪ'sɜːdʒəns] *sb* Wiederaufleben *n*
resurrect [rezə'rekt] *v* wieder beleben
resurrection [rezə'rekʃən] *sb REL* Auferstehung *f*
resuscitate [rɪ'sʌsɪteɪt] *v MED* wieder beleben
retail ['riːteɪl] *v 1.* im Einzelhandel verkaufen; *sb 2. (~ trade)* Einzelhandel *m*
retailer ['riːteɪlə] *sb ECO* Einzelhändler *m*
retain [rɪ'teɪn] *v 1.* behalten; *~ water* Wasser speichern; *2. (a custom, flavour)* beibehalten; *3. (~ the services of)* beauftragen
retake [riː'teɪk] *v irr 1. (a test, a scene)* wiederholen; *2. (recapture)* zurückerobern
retaliate [rɪ'tælɪeɪt] *v* sich rächen, Vergeltung üben, *(in battle)* zurückschlagen
retard [rɪ'tɑːd] *v (development)* verlangsamen
retch [retʃ] *v* würgen
retention [rɪ'tenʃən] *sb 1.* Beibehaltung *f; 2. (of water)* Speicherung *f; 3. (of s.o.'s services)* Beauftragung *f*
retentive [rɪ'tentɪv] *adj (of knowledge)* aufnahmefähig
rethink [riː'θɪŋk] *v irr* überdenken
reticence ['retɪsəns] *sb* Zurückhaltung *f*
retinue ['retɪnjuː] *sb* Gefolge *n*
retire [rɪ'taɪə] *v 1.* sich zurückziehen, in Pension gehen, aufhören zu arbeiten; *2. (go to bed)* sich zurückziehen; *3. (s.o.)* pensionieren; *4. (sth)* aus dem Verkehr ziehen
retiring [rɪ'taɪərɪŋ] *adj* zurückhaltend
retort [rɪ'tɔːt] *v 1.* scharf erwidern, entgegnen; *sb 2.* scharfe Erwiderung *f,* Entgegnung *f; 3. CHEM* Retorte *f*
retouch [riː'tʌtʃ] *v* retuschieren
retrace [rɪ'treɪs] *v* zurückverfolgen
retract [rɪ'trækt] *v* zurückziehen
retrench [rɪ'trentʃ] *v* einschränken, kürzen, einsparen
retreat [rɪ'triːt] *v 1. MIL* sich zurückziehen; *sb 2. MIL* Rückzug *m; beat a hasty ~ (fig)* eiligst das Feld räumen
retrial ['riːtraɪəl] *sb* Wiederaufnahmeverfahren *n*
retribution [retrɪ'bjuːʃən] *sb* Vergeltung *f*
retrieval [rɪ'triːvl] *sb* Wiedererlangung *f*
retrieve [rɪ'triːv] *v 1. (get back)* wiederbekommen; *2. (from wreckage)* bergen; *3. (take out)* herausholen

R

return [rɪ'tɜːn] *v 1. (come back)* zurückkommen, zurückkehren, wiederkommen; *2. (go back)* zurückgehen; *3. (feelings)* wiederkommen, wieder auftreten; *4. (give back)* zurückgeben; *5. (a compliment)* erwidern; *6. ~ a verdict of guilty JUR* schuldig sprechen; *7. (refuse)* zurückweisen; *8. (a letter)* zurücksenden, zurückschicken; *9. (put back)* zurückstellen, zurücksetzen; *10. (bring back)* zurückbringen; *11. (profit, interest) FIN* abwerfen; *sb 12. (coming back)* Rückkehr *f,* Wiederkehr *f; by ~ of post (UK)* postwendend; *13. the point of no ~* der Punkt, an dem es kein Zurück mehr gibt; *14. (UK: ~ ticket)* Rückfahrkarte *f; 15. (giving back)* Rückgabe *f; in ~ for* für, gegen; *16. in ~* dafür; *17. (in tennis) SPORT* Rückschlag *m; 18. (bringing back)* Zurückbringen *n; 19. election ~s POL* Wahlergebnisse *pl; sb 20. (profit) FIN* Ertrag *m; 21. (putting back)* Zurückstellen *n*

returnable [rɪ'tɜːnəbl] *adj 1. (purchased item)* umtauschbar; *2. (deposit)* rückzahlbar

returner [rɪ'tɜːnə] *sb (to the work force)* Wiedereinsteiger (ins Berufsleben) *m*

reunification [riːjuːnɪfɪ'keɪʃən] *sb POL* Wiedervereinigung *f*

reunify [riː'juːnɪfaɪ] *v* wieder vereinigen

reunion [riː'juːnjən] *sb 1.* Wiedervereinigung *f; 2. (class ~, family ~)* Treffen *n*

revamp [riː'væmp] *v* auf Vordermann bringen, auf neu machen

reveal [rɪ'viːl] *v 1. (make known)* enthüllen; *2. (betray)* verraten; *3. (make visible)* zum Vorschein bringen, zeigen

revel ['revl] *v 1.* feiern, *(carouse)* zechen; *2. ~ in sth* etw in vollen Zügen genießen, *(gloat)* sich an etw weiden

revelation [revə'leɪʃən] *sb 1.* Enthüllung *f; That was a ~ to me.* Das hat mir die Augen geöffnet. *2. REL* Offenbarung *f*

revenge [rɪ'vendʒ] *sb 1.* Rache *f; take ~ on s.o. for sth* sich an jdm für etw rächen; *2. (in games)* Revanche *f*

revenue ['revənjuː] *sb* Einnahmen *pl*

reverberate [rɪ'vɜːbəreɪt] *v (sound)* widerhallen, hallen

revere [rɪ'vɪə] *v* verehren

reverie ['revərɪ] *sb* Träumerei *f*

reversal [rɪ'vɜːsəl] *sb* Umkehrung *f,* Umschwung *m; ~ of roles* Rollentausch *m; ~ of fortune* Schicksalsschlag *m*

reverse [rɪ'vɜːs] *v 1. (change to the opposite)* umkehren; *~ the charges (UK)* ein R-Gespräch führen; *2. (a decision)* umstoßen; *3. (turn sth around)* umdrehen; *adj 4.* umgekehrt, *(direction)* entgegengesetzt; *sb 5. (back)* Rückseite *f; 6. (opposite)* Gegenteil *n; 7. (of a coin)* Kehrseite *f; 8. (defeat)* Niederlage *f*

revert [rɪ'vɜːt] *v 1. ~ to (a state)* zurückkehren zu, *(a bad state)* zurückfallen in; *2. ~ to (a topic)* zurückkommen auf

revest [riː'vest] *v (reinstate)* wieder einsetzen

review [rɪ'vjuː] *v 1. (a situation)* überprüfen; *2. (re-examine)* erneut prüfen, nochmals prüfen; *3. (look back on)* zurückblicken auf; *4. (a book, a film)* besprechen, rezensieren; *5. (troops)* inspizieren, mustern; *sb 6. (look back)* Rückblick *m; 7. (re-examination)* Prüfung *f,* Nachprüfung *f; 8. (summary)* Überblick *m; 9. (of troops)* Inspektion *f; 10. (magazine)* Zeitschrift *f; 11. (of a book or a film)* Kritik *f,* Rezension *f,* Besprechung *f*

revile [rɪ'vaɪl] *v* schmähen

revise [rɪ'vaɪz] *v 1. (alter)* ändern; *2. (correct)* revidieren, überarbeiten, verbessern

revitalize [riː'vaɪtəlaɪz] *v* neu beleben

revival [rɪ'vaɪvəl] *sb 1. (coming back)* Wiederaufleben *n,* Wiederaufblühen *n; 2. (bringing back)* Wiederbelebung *f, (of a play)* Wiederaufnahme *f; 3. REL* Erweckung *f*

revive [rɪ'vaɪv] *v 1. (regain consciousness)* wieder zu sich kommen; *2. (recover)* sich erholen; *3. (a business)* wieder aufleben; *4. (s.o.)* wieder beleben; *5. (feelings, hopes)* wieder erwecken; *6. (a custom)* wieder einführen

revoke [rɪ'vəʊk] *v 1. (licence)* entziehen; *2. (a decision)* widerrufen; *3. (a law)* aufheben

revolt [rɪ'vəʊlt] *v 1. (rebel)* revoltieren, rebellieren; *~ against* rebellieren gegen; *2. (be disgusted)* sich empören; *3. (s.o.)* abstoßen, anwidern; *4. (make indignant)* empören; *sb 5.* Empörung *f,* Aufstand *m,* Aufruhr *m*

revolution [revə'luːʃən] *sb 1.* Revolution *f; 2. (rotation)* Umdrehung *f; ~s per minute* Drehzahl pro Minute *f; 3. (orbit)* Umlauf *m*

revolve [rɪ'vɒlv] *v 1.* sich drehen; *2. (sth)* drehen

reward [rɪ'wɔːd] *v 1.* belohnen; *sb 2.* Belohnung *f*

rewind [riː'waɪnd] *v irr (tape)* zurückspulen

rhapsodize ['ræpsədaɪz] *v ~ about sth (fig)* von etw schwärmen

rhyme [raɪm] *v 1. LIT* sich reimen; *2. (sth)* reimen; *sb 3.* Reim *m; without ~ or reason* ohne Sinn und Verstand

R

rhythm ['rɪðəm] *sb* Rhythmus *m*
rib [rɪb] *v 1.* necken; *sb 2.* Rippe *f*
riband ['rɪbənd] *sb* Band *n*
ribbon ['rɪbən] *sb 1.* Band *n; 2. (for a typewriter)* Farbband *n; 3. tear to ~s* in Fetzen reißen
rib cage ['rɪbkeɪdʒ] *sb* Brustkorb *m*
rib-tickler ['rɪbtɪklə] *sb* Witz *m*
rice [raɪs] *sb* Reis *m*

rich [rɪtʃ] *adj 1.* reich; *~ in ...* ...reich, reich an ...; *2. (food)* schwer; *3. (sound)* voll; *4. (soil)* fett; *5. (colour)* satt

richness ['rɪtʃnɪs] *sb (of food)* Schwere *f*
rickety ['rɪkɪtɪ] *adj 1. (furniture)* wackelig; *2. (house)* baufällig; *3. (fam: person)* gebrechlich
ricochet ['rɪkəʃeɪ] *v* abprallen
rid [rɪd] *v irr 1. to be ~ of sth* etw los sein; *2. ~ o.s. of sth, get ~ of sth* etw loswerden
riddance ['rɪdəns] *sb Good ~!* Ein Glück, dass wir den/die/das los sind!
ridden ['rɪdn] *adj ...-~* beherrscht von ..., erfüllt von ...
riddle ['rɪdl] *sb* Rätsel *n; speak in ~s* in Rätseln sprechen

ride [raɪd] *v irr 1. (in a vehicle, on a bicycle)* fahren; *2. (on a horse)* reiten; *3. (sth) (a horse)* reiten, *(a bicycle)* fahren; *sb 4. (in a vehicle, on a bicycle)* Fahrt *f; take s.o. for a ~* mit jdm eine Fahrt machen, *(fam: cheat s.o.)* jdn reinlegen; *(fam: kill s.o.)* jdn umbringen; *5. (on a horse)* Ritt *m*

• **ride out** *v irr* überstehen
• **ride up** *v irr (skirt)* hochrutschen
rider ['raɪdə] *sb 1. (of a horse)* Reiter *m; 2. (of a bicycle)* Fahrer *m; 3. (to a contract)* Zusatzklausel *f*
ridge [rɪdʒ] *sb 1. (of mountains)* Rücken *m*, Kamm *m; 2. (raised strip)* Rippe *f; 3. (of a nose)* Rücken *m*
ridiculous [rɪ'dɪkjʊləs] *adj* lächerlich
rife [raɪf] *adj* weit verbreitet, grassierend; *to be ~ with sth* von etw wimmeln
riffle ['rɪfl] *v* durchblättern
riff-raff ['rɪfræf] *sb* Gesindel *n*
rifle ['raɪfl] *sb* Gewehr *n*
rift [rɪft] *sb 1.* Spalte *f*, Spalt *m; 2.* Riss *m*
rig [rɪg] *v (an election)* manipulieren
• **rig up** *v (amateurishly)* zusammenbasteln

right [raɪt] *v 1. (put upright)* aufrichten; *2. (a wrong)* wieder gutmachen; *adj 3. (correct, proper)* richtig; *in one's ~ mind* bei klarem Verstand; *You're quite ~.* Sie haben ganz recht. *4. (opposite of left)* rechte(r,s); *adv 5. (correctly)* richtig; *if I remember ~* wenn ich mich recht erinnere; *6. (opposite of left)* rechts; *7. (directly)* direkt, *(exactly)* genau; *~ in front of you* direkt vor Ihnen; *I'll be ~ with you.* Ich bin gleich da. *8. ~ away* sofort; *9. ~ now (at this very moment)* in diesem Augenblick, *(immediately)* sofort; *10. (all the way)* ganz; *~ in the middle* genau in der Mitte; *sb 11.* Recht *n; ~ and wrong* Recht und Unrecht; *12. set sth to ~s* etw in Ordnung bringen; *13. (to sth)* Anrecht *n*, Anspruch *m*, Recht *n; have a ~ to sth* einen Anspruch auf etw haben; *14. equal ~s pl* Gleichberechtigung *f; 15. in one's own ~* von selber; *16. (not left side)* rechte Seite *f*

righteous ['raɪtʃəs] *adj 1.* rechtschaffen, *(in a negative sense)* selbstgerecht; *2. (indignation)* gerecht
rightful ['raɪtfʊl] *adj* rechtmäßig
right-handed [raɪt'hændɪd] *adj* rechtshändig
rightist ['raɪtɪst] *adj* politisch rechts, konservativ
rightward ['raɪtwəd] *adj* nach rechts
rigid ['rɪdʒɪd] *adj* starr, steif, *(principles)* streng
rigorous ['rɪgərəs] *adj* streng
rile [raɪl] *v* ärgern, reizen
rim [rɪm] *sb 1.* Rand *m; 2.* Felge *f*
ring [rɪŋ] *v irr 1. (small bell)* klingeln; *2. (bells)* läuten; *3. (voice)* klingen; *~ true* wahr klingen; *4. ~ s.o. (call on the telephone) (UK)* jdn anrufen; *sb 5. (sound)* Klang *m; 6. (sound of a bell)* Läuten *n*, Klingeln *n; 7. (fam: telephone call)* Anruf *m; give s.o. a ~* jdn anrufen; *8. (for one's finger)* Ring *m; 9. (circle)* Ring *m; 10. (at a circus)* Manege *f; 11. (for a boxing match)* Ring *m; 12. (of thieves)* Ring *m*
• **ring back** *v irr* zurückrufen
• **ring in** *v irr ~ the new year* das neue Jahr einläuten
• **ring off** *v irr (telephone)* auflegen
• **ring up** *v irr ring s.o. up* jdn anrufen
rinse [rɪns] *v* spülen; *~ down* abspülen
riot ['raɪət] *v 1.* randalieren; *sb 2.* Aufruhr *m*
rip [rɪp] *v 1.* reißen; *2. (sth)* einen Riss machen in, reißen; *sb 3.* Riss *m*
• **rip off** *v 1. (tear off)* abreißen, *(clothes)* herunterreißen; *2. (fam: steal)* klauen, *(a shop)* ausrauben; *rip s.o. off* jdn ausnehmen

R

• **rip open** *v* aufreißen
• **rip up** *v* zerreißen, *(a road)* aufreißen
ripe [raɪp] *adj* reif
ripen ['raɪpən] *v 1.* reifen; *2. (sth)* reifen lassen

rise [raɪz] *v irr 1. (go up)* steigen; *2. (stand up)* aufstehen, sich erheben; *3. (sun, curtain)* aufgehen; *4. (landscape: ascend)* sich erheben; *sb 5. (to power)* Aufstieg *m; 6. (of the sun)* Aufgehen *n; 7. (in ground)* Erhebung *f; 8. (increase)* Anstieg *m,* Steigen *n; 9. (in prices)* Erhöhung *f; 10. give ~ to* verursachen, Anlass geben zu, hervorrufen; *11. get a ~ out of s.o.* jdn auf die Palme bringen *(fam)*

risible ['rɪzɪbl] *adj* lächerlich, lachhaft
risk [rɪsk] *v irr 1.* riskieren; *sb 2.* Risiko *n; calculated ~* kalkuliertes Risiko; *at one's own ~* auf eigene Gefahr; *put at ~* gefährden; *run a ~* ein Risiko eingehen
rival ['raɪvəl] *v 1. (fig: to be a match for)* es aufnehmen mit, gleichkommen; *sb 2.* Rivale/Rivalin *m/f; 3. (competitor) ECO* Konkurrent(in) *m/f*

river ['rɪvə] *sb* Fluss *m; sell s.o. down the ~ (fam)* jdn verraten

rivet ['rɪvɪt] *v 1.* nieten; *2. (fig: attention)* fesseln; *sb 3.* Niete *f*

road [rəʊd] *sb 1.* Straße *f; 2. (fig)* Weg *m*

roam [rəʊm] *v* wandern; *~ about* herumwandern
roar [rɔː] *v 1. (person, animal)* brüllen; *2. (engine)* donnern; *~ past* vorbeibrausen; *the car ~ed up the street* der Wagen donnerte die Straße hinauf; *3. (sea, storm)* toben, *(thunder)* krachen; *sb 3. (person's, animal's)* Brüllen *n,* Gebrüll *n; 4. (of the sea, of a storm)* Toben *n; 5. (of a gun, of an engine)* Donnern *n*
roast [rəʊst] *v 1.* braten; *2. (sth)* braten, *(coffee beans, chestnuts)* rösten; *3. (fam) ~ s.o.* jdn durch den Kakao ziehen *(fam)*; *adj 4.* gebraten; *sb 5.* Braten *m*
rob [rɒb] *v 1. (s.o.)* bestehlen; *2. (a bank, a shop)* ausrauben
robe [rəʊb] *sb 1. (US: dressing gown)* Morgenrock *m, (bathrobe)* Bademantel *m; 2. (ceremonial ~)* Robe *f,* Talar *m*
roberant ['rəʊbərənt] *adj* stärkend
rock[1] [rɒk] *v 1. (violently)* schwanken; *2. (gently)* schaukeln, *(a baby)* wiegen; *3. (shake)* erschüttern; *sb 4. MUS* Rock *m*
rock[2] [rɒk] *sb 1. (material)* Stein *m,* Gestein *n; 2. (one ~)* Fels *m,* Felsen *m, (US: stone)* Stein *m; 3. on the ~s (fam: drink)* mit Eis; *(marriage)* kaputt; *(broke)* pleite
rockery ['rɒkərɪ] *sb* Steingarten *m*
rocket ['rɒkɪt] *sb* Rakete *f*
rock slide ['rɒkslaɪd] *sb* Steinschlag *m*
rocky ['rɒkɪ] *adj* felsig
rod [rɒd] *sb 1.* Stab *m,* Stange *f; 2. (for punishment, for fishing)* Rute *f*
rogue [rəʊg] *sb 1. (scoundrel)* Gauner *m,* Schurke *m; 2. (meant humorously)* Schelm *m,* Schlingel *m,* Spitzbube *m; 3. ZOOL* Einzelgänger *m*
roister ['rɔɪstə] *v* herumtoben
role [rəʊl] *sb* Rolle *f*
roll [rəʊl] *v 1.* rollen, *(from side to side)* schlingern; *2. (sth)* rollen, *(a cigarette)* drehen; *3. (drum)* wirbeln; *sb 4.* Rolle *f; 5. (bread)* Brötchen *n; 6. (list)* Liste *f,* Register *n; 7. (of thunder)* Rollen *n*
• **roll out** *v (dough)* ausrollen
• **roll over** *v 1.* herumrollen, *(car)* umkippen; *2. (person)* sich umdrehen, *(dog)* sich auf den Rücken wälzen; *3. roll sth over* etw umdrehen
• **roll up** *v 1. (a map, cloth)* aufrollen, zusammenrollen; *2. (sleeves)* hochkrempeln
roller-coaster ['rəʊləkəʊstə] *sb* Achterbahn *f*
rollick ['rɒlɪk] *v* herumtoben, herumtollen
rolling ['rəʊlɪŋ] *adj 1. (hills)* hügelig; *2. (waves)* wogend
rolling pin ['rəʊlɪŋ pɪn] *sb* Nudelholz *n*
romance [rəʊ'mæns] *sb 1.* Liebe *f,* Romanze *f; 2. (love story)* Liebesgeschichte *f*
Romance [rəʊ'mæns] *adj ~ languages* romanische Sprachen *pl*
romp [rɒmp] *v 1.* herumtollen, herumtoben; *sb 2.* Tollen *n; 3. SPORT* leichter Sieg *m*

roof [ruːf] *sb 1.* Dach *n; go through the ~ (fig)* an die Decke gehen; *2. (of a car)* Verdeck *n; 3. ~ of the mouth* Gaumen *m*

rook[1] [rʊk] *sb (in chess)* Turm *m*
rook[2] [rʊk] *v (fam)* betrügen
rookery ['rʊkərɪ] *sb BIO* Kolonie *f*
rookie ['rʊkɪ] *sb (fam)* Neuling *m*

room [ruːm] *sb 1.* Zimmer *n,* Raum *m; 2. (ball~)* Saal *m; 3. (space)* Platz *m; make ~ for s.o.* jdm Platz machen; *4. (fig)* Spielraum *m; There is ~ for improvement.* Es ließe sich noch manches besser machen. *v 5. ~ with s.o.* mit jdm eine Wohnung teilen

R

roost [ruːst] *v 1.* sich niederlassen; *sb 2.* Hühnerstange *f*
rooster ['ruːstə] *sb* Hahn *m*
root [ruːt] *sb* Wurzel *f; take ~* Wurzel fassen
rope [rəʊp] *sb 1.* Seil *n; know the ~s* sich auskennen, die Spielregeln kennen; *2. (hangman's)* Strick *m; 3. NAUT* Tau *n*
• rope off *v* mit einem Seil abgrenzen
rose [rəʊz] *sb 1.* Rose *f; 2.* Rosarot *n*
roster ['rɒstə] *sb 1.* Namensliste *f; 2. (of a team) SPORT* Aufstellung *f*
rosy ['rəʊzɪ] *adj 1.* rosa-rot, *(cheeks)* rosig; *2. (fig)* rosig
rot [rɒt] *v 1.* faulen; *2. (corpse)* verwesen; *3. (teeth)* verfaulen; *sb 4. (fam: nonsense)* Quatsch *m,* Blödsinn *m*
rotary ['rəʊtərɪ] *adj* rotierend, Dreh...
rotate ['rəʊteɪt] *v 1.* sich drehen; *2. (sth)* drehen
rote [rəʊt] *sb by ~* auswendig
rotten ['rɒtn] *adj 1.* faul; *2. (wood)* morsch; *3. I feel ~.* Mir ist mies. *4. (fig: corrupt)* verdorben
rough [rʌf] *adj 1. (skin, cloth, voice)* rau; *2. (ground)* uneben, *(road)* holprig; *3. (treatment)* grob, hart; *I had a ~ time.* Es ist mir ziemlich mies gegangen. *4. (sport, match)* hart; *v 5. ~ it (fam)* auf Bequemlichkeit verzichten, primitiv leben, spartanisch hausen
rough-and-ready ['rʌfənd 'redɪ] *adj 1. (person)* grob; *2. (thrown together)* hingeklatscht, zusammengehauen
roughen ['rʌfn] *v 1.* rau werden; *2. (~ sth)* aufrauen
roughly ['rʌflɪ] *adv (about)* ungefähr, etwa

round [raʊnd] *adj 1.* rund; *2. (rotund)* pummelig; *adv 3. look ~* um sich blicken; *turn ~* umdrehen; *order one's car ~* den Wagen vorfahren lassen; *~ and ~* immer rundherum; *all ~* überall; *4. go ~ (spin)* sich drehen; *(make a detour)* außen herumgehen; *(to be sufficient)* reichen; *enough to go ~* genug für alle; *prep 5.* um, um ... herum; *6. ~ about* rundum, ringsum; *sb 7. (of a competition, of talks)* Runde *f; 8. ~s (of a watchman, of a doctor, of a delivery man)* Runde *f; 9. a ~ of applause* Applaus *m,* Beifallssalve *f; 10. (of ammunition)* Ladung *f; 11. (UK: slice)* Scheibe *f; 12. theatre in the ~* Arenatheater *n; 13. MUS* Kanon *m; v 14. (a corner)* gehen um

roundabout ['raʊndəbaʊt] *adj in a ~ way*auf Umwegen; *(speaking)* umständlich
rouse [raʊz] *v 1. (from sleep)* wecken; *2. (stimulate)* bewegen; *3. (hatred, suspicions)* erregen
rousing ['raʊzɪŋ] *adj* mitreißend
(itinerary) Reiseroute *f; 3. (bus service)* Linie *f*
routine [ruː'tiːn] *adj 1. (everyday)* alltäglich, immer gleich bleibend, üblich; *2. (happening on a regular basis)* laufend, regelmäßig, routinemäßig; *sb 3.* Routine *f*
rove [rəʊv] *v* umherwandern
row[1] [rəʊ] *sb (line, rank)* Reihe *f*
row[2] [rəʊ] *v (a boat)* rudern
row[3] [raʊ] *sb 1. (UK: quarrel)* Streit *m; 2. (UK: noise)* Lärm *m,* Krach *m; kick up a ~* Krach schlagen; *v 3. (quarrel)* sich streiten
royal ['rɔɪəl] *adj* königlich
royalty ['rɔɪəltɪ] *sb 1. (people)* königliche Personen *pl; 2. (status)* Königtum *n; 3. royalties pl* Tantiemen *pl; 4. royalties pl (from a patent)* Patentgebühren *pl*
rub [rʌb] *v 1. ~ against* reiben an; *2. (sth)* reiben; *~ shoulders with (fig)* verkehren mit; *~ s.o. the wrong way* jdn irritieren
rubber ['rʌbə] *sb 1.* Gummi *m/n; 2. (UK: eraser)* Radiergummi *m; 3. (in a card game)* Robber *m; 4. (fam: condom)* Pariser *m*
rubbish ['rʌbɪʃ] *sb 1.* Abfall *m,* Abfälle *pl; 2. (household ~)* Müll *m; 3. (fig: item of poor quality)* Mist *m; 4. (fam: nonsense) (UK)* Quatsch *m,* Blödsinn *m*
ruby ['ruːbɪ] *sb* Rubin *m*
rude [ruːd] *adj 1. (impolite)* unhöflich, grob; *2. (indecent)* unanständig; *3. (abrupt)* unsanft
rue [ruː] *v* bereuen
ruffian ['rʌfɪən] *sb* Raufbold *m*
ruffle ['rʌfl] *v 1. (feathers, hair)* zerzausen; *2. (fig: disconcert)* aus der Fassung bringen; *3. (fig: annoy)* irritieren
rugged ['rʌgɪd] *adj 1.* rau; *2. (terrain)* wild; *3. (features)* markig
ruin ['ruːɪn] *v 1.* zerstören; *2. (s.o.'s plans)* zunichte machen; *3. (s.o.'s reputation)* ruinieren; *4. (a party)* verderben; *sb 5. (of a person)* Ruin *m; 6. (destroyed building)* Ruine *f; 7. ~s pl* Ruinen *pl,* Trümmer *pl*

rule [ruːl] *v 1.* herrschen; *2. JUR* entscheiden; *3. (s.o., sth)* beherrschen, *(a land)* regieren; *4. (draw lines on paper)* linieren; *sb 5.* Regel *f; as a ~* in der Regel; *unwritten ~ (fig)* ungeschriebenes Gesetz *n*; *6. (authority, reign)* Herrschaft *f; 7. (for measuring)* Metermaß *n,* Maßstab *m*

• rule out *v (fig: exclude)* ausschließen

ruler ['ruːlə] *sb 1. (measuring stick)* Lineal *n; 2. (one who rules)* Herrscher *m*
ruling ['ruːlɪŋ] *sb 1.* Entscheidung *f; adj 2.* herrschend
rumble ['rʌmbl] *v 1. (thunder)* grollen; *2. (train)* rumpeln; *3. (stomach)* knurren
ruminate ['ruːmɪneɪt] *v (fig) ~ on (brood over)* grübeln über
rummage ['rʌmɪdʒ] *v* herumstöbern, herumwühlen
rumour ['ruːmə] *sb* Gerücht *n; Rumour has it that ...* Es geht das Gerücht um, dass ...; *start a ~* ein Gerücht im Umlauf setzen
rumple ['rʌmpl] *v* zerwühlen, zerzausen
rumply ['rʌmplɪ] *adj* zerknittert, zerwühlt

run [rʌn] *v irr 1.* laufen, rennen; *2. (flee)* davonlaufen, weglaufen, wegrennen; *3. (extend: road)* gehen, führen, *(mountains, wall)* sich ziehen; *the road ~s north and south* die Straße geht nach Norden und Süden; *4. (flow)* laufen; *(river, electricity)* fließen; *5. (colours in the wash)* färben; *6. (roll, slide)* laufen, gleiten; *7. (machine)* laufen; *8. (last for a period of time)* laufen; *9. ~ low, ~ short* knapp werden; *10. ~ dry* versiegen, *(pen)* leer werden; *(fig: resources)* ausgehen; *11. ~ a risk* ein Risiko eingehen; *12. (US: for office)* kandidieren; *~ against s.o.* jds Gegenkandidat sein; *13. (a distance)* laufen, rennen; *14. (make ~)* jagen; *15. (move, glide) ~ one's finger down a list* mit dem Finger eine Liste durchgehen; *~ one's fingers through one's hair* sich mit den Fingern durch die Haare fahren; *16. ~ a bath* ein Bad einlaufen lassen; *17. ~ a temperature* Fieber haben; *18. ~ an errand* eine Besorgung machen; *19. (manage)* führen, leiten; *20. (operate a machine)* betreiben, *(with a person as operator)* bedienen; *sb 21.* Lauf *m; on the ~* auf der Flucht; *22. (journey)* Fahrt *f; 23. (in a plane)* Flug *m; 24. (ski~)* Abfahrt *f; 25. ~ of bad luck* Pechsträhne *f; 26. in the long ~* auf die Dauer; *in the short ~* fürs nächste; *27. have the ~ of a place* einen Ort zur freien Verfügung haben; *28. (in a stocking)* Laufmasche *f*

• run across *v irr 1. (meet)* zufällig treffen; *2. (find sth)* stoßen auf
• run after *v irr (s.o.)* nachlaufen
• run away *v irr 1.* weglaufen, wegrennen; *2. ~ with (win easily)* spielend gewinnen
• run down *v irr 1. (battery)* leer werden; *2. (catch up with)* einholen
• run into *v irr 1. (meet)* zufällig treffen; *2. (collide with)* rennen gegen, fahren gegen; *~ difficulties* Schwierigkeiten bekommen; *3. (river)* in ... münden
• run off *v irr (run away)* wegrennen
• run out *v irr 1. (period of time)* ablaufen; *We're running out of time.* Wir haben nicht mehr viel Zeit. *2. (supplies, money)* ausgehen; *He ran out of money.* Ihm ging das Geld aus. *3. (liquid)* herauslaufen
• run over *v irr 1. (overflow)* überlaufen; *2. (s.o., sth)* überfahren
• run through *v irr (rehearse)* durchgehen, *(a play)* durchspielen, *(look over notes)* durchsehen
runaway ['rʌnəweɪ] *sb (child)* Ausreißer *m*
runny ['rʌnɪ] *adj* flüssig; *I have a ~ nose. (fig)* Meine Nase läuft. *f*
rupture ['rʌptʃə] *v 1.* reißen, zerspringen; *2. (sth)* brechen, zerreißen; *sb 3.* Bruch *m*
ruse [ruːz] *sb* List *f*

rush [rʌʃ] *v 1. (hurry)* eilen; *2. (run)* stürzen; *3. (water)* schießen, stürzen; *blood ~ed to her face* das Blut schoss ihr ins Gesicht; *4. (force s.o. to hurry)* hetzen; *5. (charge at)* stürmen; *6. (do hurriedly)* hastig machen, schnell machen; *7. (move sth rapidly)* schnell wohin bringen, schnell wohin schaffen; *They were ~ed to hospital.* Sie wurden schnellstens ins Krankenhaus gebracht. *sb 8. (hurry)* Eile *f; to be in a ~* es sehr eilig haben; *There's no ~.* Es eilt nicht. *9. (of a crowd)* Andrang *m; 10. (of air)* Stoß *m*

rust [rʌst] *v 1. (get rusty)* rosten, verrosten; *sb 2.* Rost *m*
rustic ['rʌstɪk] *adj 1.* ländlich; *2. (furniture)* rustikal; *3. (in a negative sense)* bäuerlich
rustle ['rʌsl] *v 1.* rascheln, *(skirts)* rauschen;
rusty ['rʌstɪ] *adj 1.* rostig; *2. (fig)* eingerostet; *My German is a bit ~.* Meine Deutschkenntnisse sind etwas eingerostet.
ruthless ['ruːθlɪs] *adj 1.* mitleidlos; *2. (sarcasm, analysis)* schonungslos
rye [raɪ] *sb 1.* Roggenbrot *n; 2. (grain)* Roggen *m*

S

sabre ['seɪbə] *sb* Säbel *m*
sabotage ['sæbətɑːʒ] *v 1.* sabotieren; *sb 2.* Sabotage *f*
sabulous ['sæbjʊləs] *adj* sandig
sac [sæk] *sb* Sack *m,* Beutel *m*
sachet ['sæʃeɪ] *sb* Beutel *m,* Päckchen *n*
sack [sæk] *sb 1.* Sack *m; hit the ~ (fam)* sich in die Falle hauen; *2. get the ~* gefeuert werden; *v 3. (put in ~s)* einsacken; *4. (fam: dismiss)* entlassen; *5. (pillage)* plündern
sacred ['seɪkrɪd] *adj* heilig
sacrifice ['sækrɪfaɪs] *sb 1.* Opfer *n; v 2.* opfern
sacristan ['sækrɪstən] *sb REL* Küster *m*

sad [sæd] *adj 1.* traurig; *2. (fam: pathetically bad)* miserabel

sadden ['sædn] *v (s.o.)* traurig machen
saddle ['sædl] *v 1. (a horse)* satteln; *2. to be ~d with sth (fig)* etw am Hals haben; *sb 3.* Sattel *m; 4. GAST* Rücken *m*
sad-faced ['sædfeɪst] *adj* traurig, betrübt
safe [seɪf] *adj 1.* sicher; *to be on the ~ side* um ganz sicher zu sein; *it is ~ to say* man kann ruhig sagen; *play it ~* auf Nummer Sicher gehen; *2. (not dangerous)* ungefährlich; *3. (unhurt)* unverletzt; *~ and sound* heil und ganz; *4. (protected)* geschützt; *sb 5.* Safe *m,* Tresor *m*
safeguard ['seɪfgɑːd] *v 1.* sicherstellen, *(interests)* schützen; *sb 2.* Schutzmaßnahme *f*
safety ['seɪftɪ] *sb* Sicherheit *f*
sag [sæg] *v 1.* durchhängen, absacken; *2. (gate)* schief hängen; *3. (production)* zurückgehen; *4. (spirits)* sinken
sagacious [sə'geɪʃəs] *adj* weise, klug
Sagittarius [sædʒɪ'tɛərɪəs] *sb* Schütze *m*
sail [seɪl] *v 1.* fahren, *(in a yacht)* segeln; *2. (fig: through the air)* fliegen, *(glide)* gleiten; *3. (a ship)* steuern, *(sailboat)* segeln; *~ the seas* die Meere befahren; *sb 4.* Segel *n; set ~* auslaufen
saint [seɪnt] *sb* Heilige(r) *m/f*
saintly ['seɪntlɪ] *adj* fromm
sake [seɪk] *sb 1. for your ~* deinetwegen/Ihretwegen, *(to please you)* dir zuliebe/Ihnen zuliebe; *2. For Heaven's ~!* Um Gottes willen!
salacious [sə'leɪʃəs] *adj* zotig, obszön
salad ['sæləd] *sb* Salat *m*
salad days ['sæləd deɪz] *pl* Jugend *f*
salaried ['sælərɪd] *adj* angestellt
salary ['sælərɪ] *sb* Gehalt *n*
sale [seɪl] *sb 1.* Verkauf *m; for ~* zu verkaufen; *not for ~* unverkäuflich; *2. (at reduced prices)* Ausverkauf *m; on ~* reduziert; *3. (a transaction)* Geschäft *n,* Abschluss *m; 4. ~s pl (turnover) ECO* Absatz *m; 5. ~s (department)* Verkaufsabteilung *f; I'm in ~s. (fam)* Ich bin im Verkauf.
salient ['seɪlɪənt] *adj 1. (fig)* hervorstechend; *sb 2. MIL* Frontausbuchtung *f*
saliva [sə'laɪvə] *sb* Speichel *m*
salivate ['sælɪveɪt] *v* sabbern, geifern
sally ['sælɪ] *sb* Ausbruch *m,* Hervorbrechen *n*

salt [sɔːlt] *sb* Salz *n; take sth with a grain of ~ (fig)* etw nicht wörtlich nehmen

salubrious [sə'luːbrɪəs] *adj* gesund, heilsam
salutary ['sæljʊtərɪ] *adj* gesund, heilsam
salute [sə'luːt] *v 1.* salutieren; *2. (s.o.)* salutieren vor; *3. (fig)* bewundern, ehren; *4. (sth)* grüßen; *sb 5.* Gruß *m; 6. (shooting of guns)* Salut *m*
salvage ['sælvɪdʒ] *v 1.* bergen; *2. (fig)* retten; *sb 3. (act of salvaging)* Bergung *f; 4. (objects)* Bergungsgut *n*
salvation [sæl'veɪʃən] *sb 1.* Rettung *f; 2. REL* Heil *n*
salve [sælv] *sb* Salbe *f*
salver ['sælvə] *sb* Tablett *n*
salvo ['sælvəʊ] *sb* Salve *f*

same [seɪm] *adj 1. the ~* der/die/das gleiche; *exactly the ~ thing* genau dasselbe; *the ~ as* der/die/das gleiche wie; *pron 2. the ~* der/die/das gleiche; *treat everyone the ~* alle gleich behandeln; *Same to you!* Gleichfalls! *It's all the ~ to me.* Es ist mir gleich.

sameness ['seɪmnɪs] *sb* Eintönigkeit *f*
samey ['seɪmɪ] *adj (fam)* langweilig
sample ['sɑːmpl] *v 1.* probieren, *(food, drink)* kosten; *sb 2. (of blood, of a mineral)* Probe *f; 3. (for tasting)* Kostprobe *f; 4. (example)* Beispiel *n; 5. ECO* Muster *n; 6. (statistical)* Sample *n,* Stichprobe *f*
sanctify ['sæŋktɪfaɪ] *v* heiligen
sanction ['sæŋkʃən] *v 1.* sanktionieren; *sb 2. (punishment)* Sanktion *f; 3. (permission)* Zustimmung *f*
sanctitude ['sæŋktɪtjuːd] *sb* Heiligkeit *f*
sanctuary ['sæŋktjʊərɪ] *sb 1. (refuge)* Zuflucht *f; 2. (holy place)* Heiligtum *n*

sand [sænd] *sb* Sand *m*
sandal ['sændl] *sb* Sandale *f*
sandblast ['sændblɑːst] *v* sandstrahlen
sandbox ['sændbɒks] *sb* Sandkasten *m*
sandy ['sændɪ] *adj 1.* sandig; *2. (hair)* rotblond
sane [seɪn] *adj* geistig gesund
sanguine ['sæŋgwɪn] *adj (confident)* zuversichtlich
sanitary ['sænɪtərɪ] *adj* sanitär
sanitation [sænɪ'teɪʃən] *sb 1. (sanitary measures)* Hygiene *f,* Sanitärwesen *n; 2. (sewage disposal)* Abfallbeseitigung *f*
sanity ['sænɪtɪ] *sb 1.* geistige Gesundheit *f; 2. (sensibleness)* Vernunft *f*
sap [sæp] *sb 1. (from a plant)* Saft *m; v 2. (fig)* untergraben; *3. (strength)* schwächen
sapid ['sæpɪd] *adj* schmackhaft
sapiential [seɪpɪ'enʃəl] *adj* weise
sappy ['sæpɪ] *adj* blöd
sarcasm ['sɑːkæzəm] *sb* Sarkasmus *m*
sarcastic [sɑː'kæstɪk] *adj* sarkastisch
sarky ['sɑːkɪ] *adj (fam) (UK)* sarkastisch
sash [sæʃ] *sb 1.* Schärpe *f; 2. (window ~)* schiebbarer Teil eines Schiebefensters *m*
sashay ['sæʃeɪ] *v* stolzieren
satchel ['sætʃəl] *sb* Schultasche *f,* Schulranzen *m*
satiable ['seɪʃɪəbl] *adj* zu sättigen, zu befriedigen
satiate ['seɪʃɪeɪt] *v* sättigen, befriedigen
satisfaction [sætɪs'fækʃən] *sb 1. (act)* Befriedigung *f; 2. (of conditions)* Erfüllung *f; 3. (state)* Zufriedenheit *f*
satisfactory [sætɪs'fæktərɪ] *adj* ausreichend, akzeptabel, zufrieden stellend
satisfice ['sætɪsfaɪs] *v* zufrieden stellen
satisfy ['sætɪsfaɪ] *v 1.* befriedigen, *(customers)* zufrieden stellen; *2. (convince)* überzeugen; *3. (conditions, a contract)* erfüllen; *4. (s.o.'s. hunger)* sättigen
saturate ['sætʃəreɪt] *v 1. (with liquid)* durchtränken; *2. (a solution, a market)* sättigen
Saturday ['sætədeɪ] *sb* Samstag *m*
saucepan ['sɔːspæn] *sb* Kochtopf *m*
saucer ['sɔːsə] *sb* Untertasse *f*
saucy ['sɔːsɪ] *adj 1. (pert)* kess; *2. (impudent)* frech
saunter ['sɔːntə] *v 1.* schlendern; *sb 2.* Bummel *m*
sausage ['sɒsɪdʒ] *sb GAST* Wurst *f*
savage ['sævɪdʒ] *adj 1.* wild; *2. (person, attack)* brutal; *3. (animal)* gefährlich; *sb 4.* Wilde(r) *m/f*
save [seɪv] *v 1. (rescue)* retten; *God ~ the Queen* Gott schütze die Königin; *2. (prevent)* ersparen; *3. (avoid using up)* sparen, *(ration)* schonen; *4. (keep)* aufheben, aufbewahren, *(money)* sparen; *5. INFORM* speichern; *sb 6. SPORT (by a goalkeeper)* Ballabwehr *f; prep 7.* außer
savings ['seɪvɪŋz] *pl* Ersparnisse *pl*
saviour ['seɪvjə] *sb* Retter *m*
Saviour ['seɪvjə] *sb* Erlöser *m,* Heiland *m*
savour ['seɪvə] *v 1. (sth)* kosten; *2. (enjoy)* genießen
saw [sɔː] *v 1.* sägen; *sb 2. (tool)* Säge *f*

say [seɪ] *v irr 1.* sagen; *No sooner said than done.* Gesagt, getan. *when all is said and done* letzten Endes; *You don't ~!* Was du nicht sagst! *It's easier said than done.* Das ist leichter gesagt als getan. *He's said to be wealthy.* Er soll reich sein. *It goes without ~ing.* Es ist selbstverständlich. *2. (fig: dictionary, clock, horoscope)* sagen; *it ~s in the papers that ...* in den Zeitungen steht, dass ...; *3. ~ a prayer* ein Gebet sprechen; *the rules ~ that* in den Regeln heißt es, dass ...; *4. (suppose)* angenommen ...; *sb 5.* Mitspracherecht *n; have a ~ in sth* etw bei einer Sache zu sagen haben

saying ['seɪɪŋ] *sb* Sprichwort *n*
say-so ['seɪsəʊ] *sb* Wort *n,* Behauptung *f*
scab [skæb] *sb 1. (on a wound)* Schorf *m; 2. (fam: strikebreaker)* Streikbrecher *m*
scabbard ['skæbəd] *sb (sword)* Scheide *f*
scabious ['skeɪbɪəs] *adj* krätzig, räudig
scaffold ['skæfəld] *sb 1.* Gerüst *n; 2. the ~ (execution)* Schafott *n*
scaffolding ['skæfəldɪŋ] *sb* Baugerüst *n*
scalable ['skeɪləbl] *adj* zu ersteigen, ersteigbar
scald [skɔːld] *v 1. ~ o.s.* sich verbrühen; *2. (skin)* verbrühen; *3. (vegetables)* abbrühen; *4. (milk)* abkochen
scalding ['skɔːldɪŋ] *adj* siedend
scale[1] [skeɪl] *sb 1. (indicating a reading)* Skala *f; 2. (measuring instrument)* Messgerät *n; 3. (table, list)* Tabelle *f; He rates films on a ~ of one to ten.* Zur Beurteilung der Filme benutzt er eine Skala von eins bis zehn. *4. MUS* Tonleiter *f; 5. (of a map)* Maßstab *m; 6. (fig)* Umfang *m,* Ausmaß *n; adj 7. (drawing, model)* maßstabsgerecht; *v 8. (climb up)* erklettern
scale[2] [skeɪl] *(for weighing)* Waage *f*
scale[3] [skeɪl] *sb ZOOL* Schuppe *f*
scallop ['skɒləp] *sb ZOOL* Kammmuschel *f,* Jakobsmuschel *f*

S

scalp [skælp] *sb* *1.* Kopfhaut *f;* *2. (Indian trophy)* Skalp *m;* *v* *3.* skalpieren; *4. (US: tickets)* auf dem schwarzen Markt zum höheren Preis verkaufen
scaly ['skeɪlɪ] *adj* schuppig, abblätternd
scam [skæm] *sb (fam)* Betrug *m*
scamp [skæmp] *sb* Frechdachs *m,* Lauser *m*
scamper ['skæmpə] *v* huschen, flitzen
scan [skæn] *v* *1. (text)* überfliegen, flüchtig durchsehen; *2. (the horizon)* absuchen; *3. (an image) INFORM* scannen
scandal ['skændl] *sb* Skandal *m*
scant [skænt] *adj* *1.* wenig; *pay ~ attention to sth* etw kaum beachten; *2. (supply)* spärlich
scanty ['skæntɪ] *adj* *1.* dürftig; *2. (piece of clothing, majority)* knapp; *3. (vegetation)* kärglich
scapegoat ['skeɪpgəʊt] *sb* Sündenbock *m*
scar [skɑː] *sb* *1.* Narbe *f;* *v* *2. MED* eine Narbe hinterlassen auf; *3. (fig)* zeichnen
scarce ['skɛəs] *adj* *1. (not plentiful)* knapp; *2. (rare)* selten
scarcely ['skɛəslɪ] *adv* *1.* kaum; *2. (not really)* wohl kaum
scare ['skɛə] *v* *1.* erschrecken; *2. (worry)* Angst machen; *sb* *3. (fright)* Schrecken *m,* Schreck *m;* *4. (about a bomb, about an epidemic)* Alarm *m;* *5. (hoax)* blinder Alarm *m*
• **scare away** *v* *1.* verscheuchen; *2. (people)* verjagen
scared ['skɛəd] *adj to be ~ of sth* Angst vor etw haben
scaredy-cat ['skɛədɪkæt] *sb (fam)* Angsthase *m*
scarf [skɑːf] *sb* *1.* Schal *m;* *2. (neck ~)* Halstuch *n;* *3. (head ~)* Kopftuch *n*
scarlet ['skɑːlɪt] *adj* scharlachrot
scarper ['skɑːpə] *v (fam) (UK)* abhauen, verduften
scarred ['skɑːd] *adj* narbig
scary ['skɛərɪ] *adj* gruselig, gruslig, schaurig, unheimlich
scat [skæt] *interj* weg, verschwinde
scathing ['skeɪðɪŋ] *adj (criticism)* vernichtend
scatter ['skætə] *v* *1.* sich zerstreuen; *2. (distribute)* verstreuen, *(seeds)* streuen; *3. (disperse)* auseinander treiben, zerstreuen
scattershot ['skætəʃɒt] *adj* wahllos
scatty ['skætɪ] *adj (fam)* schusselig, wirr
scavenge ['skævɪndʒ] *v* erbeuten, ergattern
scenario [sɪ'nɑːrɪəʊ] *sb* *1. THEAT* Szenar *n;* *2. (fig)* Szenario *n*
scene [siːn] *sb* *1. (place)* Schauplatz *m, (of a fictional story)* Ort der Handlung *m;* *set the ~* den Ort des Geschehens beschreiben; *~ of the crime* Tatort *m;* *2. (incident)* Szene *f;* *3. THEAT* Szene *f;* *4. (scenery) THEAT* Bühnenbild *n,* Kulisse *f;* *behind the ~s* hinter den Kulissen; *5. (fig: emotional outburst)* Szene *f;* *make a ~* eine Szene machen
scenery ['siːnərɪ] *sb* *1. (landscape)* Landschaft *f,* Gegend *f;* *2. THEAT* Bühnendekoration *f,* Kulissen *pl;* *3. change of ~ (fig)* Tapetenwechsel *m*
scenic ['siːnɪk] *adj* landschaftlich schön
scent [sent] *sb* *1. (smell)* Duft *m,* Geruch *m;* *2. (perfume)* Parfüm *n;* *3. (track)* Fährte *f;* *throw s.o. off the ~* jdn von der richtigen Spur ablenken, jdm Sand in die Augen streuen; *4. (sense of smell)* Geruchssinn *m*
sceptical ['skeptɪkəl] *adj* skeptisch
schedule ['ʃedjuːl] *v* *1.* planen, *(add to a timetable)* ansetzen; *sb* *2. (list)* Verzeichnis *n;* *3. (timetable)* Plan *m;* *ahead of ~* vor dem planmäßigen Zeitpunkt; *to be behind ~* Verspätung haben; *on ~* planmäßig, pünktlich
scheme [skiːm] *sb* *1. (plan)* Plan *m,* Programm *n;* *(dishonest plan)* Intrige *f;* *2. (system)* System *n;* *3. (combination)* Schema *n;* *v* *4.* Pläne schmieden, intrigieren
scholar ['skɒlə] *sb* *1.* Gelehrte(r) *m/f;* *2. (student)* Student *m;* *3. (pupil)* Schüler *m*
scholarly ['skɒləlɪ] *adj* gelehrt

school[1] [skuːl] *v* *1.* lehren; *sb* *2.* Schule *f, (US: university)* Universität *f;* *3. ~ of thought* geistige Richtung *f*

school[2] [skuːl] *sb ZOOL* Schwarm *m*
school-age ['skuːleɪdʒ] *adj* schulpflichtig
schooling ['skuːlɪŋ] *sb* Ausbildung *f*
schoolwork ['skuːlwɜːk] *sb* Schularbeit *f*
science ['saɪəns] *sb* Wissenschaft *f*
scintilla [sɪn'tɪlə] *sb* Fünkchen *n*
scintillate ['sɪntɪleɪt] *v* funkeln, sprühen
scion ['saɪən] *sb (fig)* Nachfahr *m*
scission ['sɪʃən] *sb* Schnitt *m,* Einschnitt *m*
scissors ['sɪzəz] *pl* Schere *f*
scoff [skɒf] *v* spotten
scold [skəʊld] *v* schelten, ausschimpfen
scoop [skuːp] *sb* *1. (instrument)* Schaufel *f, (for ice-cream)* Portionierer *m;* *2. (portion of ice-cream)* Kugel *f;* *3. (in the press)* Exklusivbericht *m;* *v* *4.* schaufeln
• **scoop out** *v* *1. (take out)* herausschaufeln; *2. (hollow out)* aushöhlen
• **scoop up** *v* aufschaufeln
scooper ['skuːpə] *sb* Schöpfer *m,* Schöpfkelle *f*

scoot [skuːt] *v 1. (dash)* flitzen, sausen; 2. abhauen; 3. *Scoot over!* Rutsch mal rüber!
scooter ['skuːtə] *sb* Roller *m*
scope [skəʊp] *sb 1. (range)* Bereich *m; 2. (extent)* Umfang *m*
scorch [skɔːtʃ] *v (sth)* versengen
scorcher ['skɔːtʃə] *sb 1. (thing)* heiße Zeit *f,* heiße Sache *f; 2. (day)* heißer Tag *m*
score [skɔː] *v 1.* punkten, *(make a goal)* einen Treffer erzielen, *(make one point)* einen Punkt erzielen; *2. (keep ~)* zählen; *3. (sth)* erzielen; *4. (groove)* einkerben, eine Rille machen in; *5. MUS* schreiben; *sb 6. (point total)* Stand *m,*
scorn ['skɔːn] *v 1.* verachten, *(turn down)* verschmähen; *sb 2.* Verachtung *f,* Hohn *m*
Scorpio ['skɔːpɪəʊ] *sb* Skorpion *m*
scorpion ['skɔːpɪən] *sb ZOOL* Skorpion *m*
scotch [skɒtʃ] *v (put an end to)* aus der Welt schaffen, unterbinden
scot-free [skɒt'friː] *adv get off ~* ungeschoren davonkommen
scoundrel ['skaʊndrəl] *sb* Schurke *m,* Schuft *m, (jokingly)* Schlawiner *m*
scour ['skaʊə] *v 1. (a pot)* scheuern; *2. (search)* absuchen *(fam); ~ for* absuchen nach
scourge [skɜːdʒ] *sb 1.* Geißel *f; 2.* Plage *f*
scout [skaʊt] *v 1.* erkunden, auskundschaften; *sb 2. MIL (person)* Kundschafter *m, (plane, ship)* Aufklärer *m; 3. (boy ~)* Pfadfinder *m; 4. (of opposing teams) SPORT* Kundschafter *m,* Spion *m; 5. (talent ~)* Talentsucher *m*
scowl [skaʊl] *v 1.* finster blicken, ein böses Gesicht machen; *sb 2.* ein finsteres Gesicht *n,* ein böses Gesicht *n*
scrabble ['skræbl] *v* herumwühlen
scrag [skræg] *sb (neck)* Hals *m*
scraggly ['skræglɪ] *adj* heruntergekommen, ungepflegt
scraggy ['skrægɪ] *adj* dürr
scram [skræm] *v (fam)* verschwinden, abhauen

scramble ['skræmbl] *v 1. (climb)* klettern;; *~ to one's feet* sich aufrappeln; *2. ~ for sth* sich um etw raufen; *3. (sth)* vermischen; *4. (eggs)* verrühren; *5. (encode: a message, a TV broadcast)* verschlüsseln
scrambled eggs ['skræmbld'egz] *pl* Rührei *n*
scrap [skræp] *v 1. (a vehicle)* verschrotten; *2. (plans)* fallen lassen; *sb 3. (small piece)* Stückchen *n; 4. (of news, of cloth)* Fetzen *m; 5. (of paper)* Schnitzel *m; 6. ~s pl (of a meal)* Reste *pl; 7. (fam: fight)* Balgerei *f, (verbal)* Streiterei *f*

scrapbook ['skræpbʊk] *sb* Sammelalbum *n,* Einklebebuch *n,* Erinnerungsalbum *n*
scrape [skreɪp] *v 1. (grate)* kratzen; *2. (rub)* streifen; *~ against sth* etw streifen; *3. bow and ~* katzbuckeln; *sb 4.* Schramme *f; 5. (sound)* Kratzen *n; 6. (fig) get s.o. out of a ~* jdm aus der Patsche helfen; *get into a ~* in Schwierigkeiten kommen
• **scrape off** *v (sth)* abkratzen
• **scrape together** *v 1. (money)* zusammenkratzen; *2. (people)* zusammenbringen
scraper ['skreɪpə] *sb (tool)* Spachtel *m*
scrap heap [skræp hiːp] Müllhaufen *m,* Schrotthaufen *m; put sth on the ~ (fig)* etw ausrangieren
scrapings ['skreɪpɪŋz] *pl* Reste *pl,* Abfälle *pl*
scrappy ['skræpɪ] *adj (person)* aggressiv
scratch [skrætʃ] *v 1.* kratzen; *2. (leave a ~ on)* zerkratzen; *sb 3. (mark)* Kratzer *m,* Schramme *f; 4. start from ~* ganz von vorne anfangen
• **scratch out** *v (cross out)* ausstreichen
scratch pad [skrætʃ pæd] *sb* Notizblock *m*
scratchy ['skrætʃɪ] *adj 1. (sweater)* kratzig; *2. (sound)* kratzend
scrawl [skrɔːl] *v 1. (sth)* hinkritzeln, hinschmieren; *sb 2.* Kritzelei *f*
scrawny ['skrɔːnɪ] *adj* dürr
scream [skriːm] *v 1.* schreien; *sb 2.* Schrei *m; 3. (of tyres)* Kreischen *n*
screech [skriːtʃ] *v 1. (voice)* kreischen; *2. (brakes)* quietschen
screed [skriːd] *sb (written)* Geschreibsel *n*
screen [skriːn] *v 1. (protect, hide)* abschirmen; *2. (sift)* sieben; *3. (applicants)* überprüfen; *4. (a film)* vorführen; *sb 5. (shield)* Schirm *m; 6. (on a window)* Fliegengitter *n; 7. (sieve)* Sieb *n; 8. (of a television)* Bildschirm *m; 9. CINE* Leinwand *f; 10. (in printing)* Raster *m*
screening ['skriːnɪŋ] *sb 1. (of a film)* Vorführung *f; 2. (of applicants)* Überprüfung *f*
screenplay ['skriːnpleɪ] *sb* Drehbuch *n*
screenwriter ['skriːnraɪtə] *sb* Drehbuchautor *m*
screw [skruː] *sb 1.* Schraube *f; He has a ~ loose. (fig)* Bei ihm ist eine Schraube locker. *2. NAUT* Schiffsschraube *f; v 3.* schrauben; *4. (fam: have sex with)* bumsen; *5. (fam: cheat)* reinlegen
• **screw in** *v (sth)* einschrauben
• **screw on** *v (sth)* anschrauben
• **screw up** *v 1. (fam: make a bad mistake)* Mist bauen; *2. ~ sth (fam)* etw vermasseln; *3. (one's face)* verziehen; *4. ~ one's courage* Mut fassen, allen Mut zusammennehmen

screwball ['skruːbɔːl] *sb* Spinner *m*
screwy ['skruːɪ] *adj (fam)* verrückt, bekloppt
scribble ['skrɪbl] *v 1.* kritzeln; *sb 2.* Gekritzel *n*
scribe [skraɪb] *sb* Schreiber *m*
scrimp [skrɪmp] *v* knausern, sparen
scrip [skrɪp] *sb* Quittung *f*, Schriftstück *n*
script [skrɪpt] *sb 1. (handwriting)* Handschrift *f; 2. THEAT* Text *m; 3. CINE* Drehbuch *n*
scriptural ['skrɪptʃərəl] *adj* biblisch, Bibel...
Scripture ['skrɪptʃə] *sb REL* die Heilige Schrift *f*
scroll [skrəʊl] *sb 1.* Schriftrolle *f; 2. (decoration)* Schnörkel *m*
scrounge [skraʊndʒ] *v ~ around for sth* nach etw herumsuchen
scrounger ['skraʊndʒə] *sb* Schnorrer *m*
scrub [skrʌb] *v 1.* schrubben; *sb 2. (scrubbing)* Schrubben *n; 3. (underwood)* Gestrüpp *n; 4. ~ s pl (backups) SPORT* Ersatzspieler *pl*
scrubber ['skrʌbə] *sb (woman)* Flittchen *n*
scrubby ['skrʌbɪ] *adj* struppig, stoppelig
scrubland ['skrʌblænd] *sb* Buschland *n*
scruff [skrʌf] *sb ~ of the neck* Genick *n*
scruffy ['skrʌfɪ] *adj (fam)* vergammelt
scrum [skrʌm] *sb* Gedränge *n*
scrumptious ['skrʌmpʃəs] *adj (food)* lecker
scrumpy ['skrʌmpɪ] *sb* Apfelmost *m*
scrunch [skrʌntʃ] *v* knirschen
scruple ['skruːpl] *sb* Skrupel *m; have ~s about doing sth* Bedenken haben, etw zu tun
scrupulous ['skruːpjʊləs] *adj 1. (person)* gewissenhaft; *2. (ultra-precise)* peinlich genau
scrutineer [skruːtɪ'nɪə] *sb* Wahlprüfer *m*
scrutinize ['skruːtɪnaɪz] *v* prüfend ansehen
scrutiny ['skruːtɪnɪ] *sb* Untersuchung *f*
scud [skʌd] *v* flitzen, jagen
scuff [skʌf] *v* abwetzen
scuffle ['skʌfl] *v 1.* raufen; *sb 2.* Rauferei *f*
scull [skʌl] *sb 1. (oar)* Skull *n; 2. (boat)* Skullboot *n*
scullery ['skʌlərɪ] *sb (UK)* Spülküche *f*
scullion ['skʌljən] *sb HIST (UK)* Küchenjunge *m*
sculpt [skʌlpt] *v* Bildhauerei betreiben
sculptor ['skʌlptə] *sb* Bildhauer *m*
sculpture ['skʌlptʃə] *sb 1. (art)* Bildhauerkunst *f*, Skulptur *f; 2. (object) ART* Skulptur *f*, Plastik *f*
scum [skʌm] *sb 1.* Schaum *m; 2. (fam: people)* Abschaum *m; 3. (fam: one person)* Dreckskerl *m*
scupper ['skʌpə] *v (UK: ruin)* ruinieren
scurrilous ['skʌrɪləs] *adj* gemein
scurry ['skʌrɪ] *v* huschen
scuttle ['skʌtl] *v 1. (scurry)* hasten, flitzen; *2. (a ship) NAUT* versenken
scythe [saɪð] *sb* Sense *f*

sea [siː] *sb* Meer *n*, See *f; the high ~s* die hohe See; *at ~ (fig)* durcheinander, konfus

seaboard ['siːbɔːd] *sb (US)* Küste *f*
seaborne ['siːbɔːn] *adj* auf dem Seeweg
sea breeze ['siːbriːz] *sb* Seewind *m*
sea dog ['siːdɒg] *sb 1. ZOOL* Seehund *m; 2. (sailor)* alter Seebär *m*
seal[1] [siːl] *v 1.* versiegeln; *2. (gum down)* zukleben; *3. (make airtight)* abdichten; *4. (fig: finalize)* besiegeln; *sb 5.* Siegel *n; 6. (packing, gasket) TECH* Dichtung *f; 7. (on a tank, on a crate)* Plombe *f; 8. (closure)* Verschluss *m*
seal[2] [siːl] *sb ZOOL* Seehund *m*, Robbe *f*
• **seal off** *v* absperren, abriegeln
• **seal up** *v 1.* versiegeln; *2. (tape shut, gum down)* zukleben
sealer ['siːlə] *sb* Robbenfänger *m*
sea level ['siːlevl] *sb* Meeresspiegel *m*
seam [siːm] *sb* Naht *f; bursting at the ~s* zum Bersten voll; *(fig) come apart at the ~s* ausrasten *(fam)*
seamless ['siːmlɪs] *adj* nahtlos
seamstress ['siːmstrɪs] *sb* Näherin *f*
seamy ['siːmɪ] *adj 1. (disreputable)* anrüchig, verkommen; *2. (with a seam)* gesäumt
sear [sɪə] *v 1. (burn)* verbrennen, verschmoren; *2. (burn out)* ausbrennen

search [sɜːtʃ] *v 1.* suchen; *2. (sth)* durchsuchen; *(files, one's memory)* durchforschen; *3. Search me! (fam)* Keine Ahnung! Was weiß ich! Frag mich was Leichteres! *sb 4.* Suche *f; in ~ of* auf der Suche nach; *5. (by authorities)* Durchsuchung *f; 6. (manhunt)* Fahndung *f*

search party ['sɜːtʃpɑːtɪ] *sb* Suchtrupp *m*
season ['siːzn] *sb 1. (of the year)* Jahreszeit *f; 2. (sporting ~, theatrical ~)* Saison *f; 3. in ~ ZOOL* läufig; *v 4. (food)* würzen
seasoned ['siːznd] *adj 1. (experienced)* erfahren; *2. (food)* gewürzt
seasoning ['siːznɪŋ] *sb GAST* Würze *f*

seat [siːt] *sb 1.* Sitzplatz *m*, Sitz *m; take a ~* Platz nehmen; *Have a ~!* Nehmen Sie Platz! *2. (part of a chair)* Sitz *m*, Sitzfläche *f; 3. (of pants)* Hosenboden *m; 4. ~ of government POL* Regierungssitz *m; v 5. (s.o.)* setzen; *the table ~s six* am Tisch ist Platz für sechs Personen; *to be ~ed* sich setzen

S

secede [sɪ'siːd] *v* sich abspalten
seclude [sɪ'kluːd] *v* absondern

second ['sekənd] *sb 1.* Sekunde *f; 2. (fam: moment)* Augenblick *m; 3. ~s (second serving)* Nachschlag *m; adj 4.* zweite(r,s); *on ~ thought* nach reiflicher Überlegung; *adv 5.* zweit..., an zweiter Stelle; *v 6. (a motion)* unterstützen

second-class ['sekənd'klɑːs] *adj 1.* zweitklassig, zweitrangig; *2. (compartment, mail)* zweiter Klasse
second cousin ['sekʌnd 'kʌzɪn] *sb 1. (male)* Kusin zweiten Grades *m*; *2. (female)* Kusine zweiten Grades *f*
second-degree ['sekənddɪ'griː] *adj* zweiten Grades *f*
second floor ['sekənd flɔː] *sb 1. (UK)* zweiter Stock *m; 2. (US)* erster Stock *m*
second-guess [sekənd'ges] *v ~ s.o.* jdn im Nachhinein kritisieren
secondly ['sekəndlɪ] *adv* zweitens
second name ['sekənd neɪm] *sb* Familienname *m*
second-rate ['sekənd'reɪt] *adj* zweitklassig, zweitrangig
second sight [sekənd'saɪt] *sb* Zweites Gesicht *n*
secrecy ['siːkrəsɪ] *sb* Heimlichkeit *f; sworn to ~* zur Verschwiegenheit verpflichtet
secret ['siːkrət] *adj 1.* geheim, Geheim...; *sb 2.* Geheimnis *n*
Secretary of State ['sekrətrɪəv'steɪt] *sb 1. (UK) POL* Minister *m; 2. (US) POL* Außenminister *m*
secretive ['siːkrətɪv] *adj* geheimtuerisch
section ['sekʃən] *sb 1.* Teil *m; 2. (of a book)* Abschnitt *m; 3. (of a law) JUR* Paragraf *m; 4. (of an orange)* Stück *n; 5. (operation) MED* Sektion *f; 6. (diagram)* Schnitt *m*
secure [sɪ'kjʊə] *v 1. (make safe)* sichern; *~ sth from sth* etw gegen etw schützen; *2. (fix)* festmachen; *(a window)* schließen; *3. (obtain)* sich beschaffen; *adj 4.* sicher; *5. (emotionally)* geborgen; *6. (grip, knot)* fest
security [sɪ'kjʊrɪtɪ] *sb 1.* Sicherheit *f; 2. (guarantee)* Bürgschaft *f; 3. (deposit)* Kaution *f; 4. securities pl FIN* Effekten *pl*, Wertpapiere *pl*
sedate [sɪ'deɪt] *adj* ruhig, gelassen
sedentary ['sedntərɪ] *adj* sitzend
sedition [sɪ'dɪʃən] *sb* Aufwiegelung *f*, Verhetzung *f*
seditious [sɪ'dɪʃəs] *adj* aufrührerisch
seduce [sɪ'djuːs] *v* verführen
sedulous ['sedjʊləs] *adj* unermüdlich, unentwegt

see [siː] *v irr 1.* sehen; *We'll ~.* Wir werden mal sehen. *Let me ~ ... (let me think)* Augenblick mal ...; *2. (understand)* verstehen; *3. (check)* nachsehen; *~ that sth is done* dafür sorgen, dass etw geschieht; *4. (sth)* sehen; *See you!* Tschüss! *See you tomorrow!* Bis morgen! *5. if you ~ fit* wenn Sie es für richtig halten; *6. (accompany)* begleiten, bringen; *~ s.o. across the street* jdn über die Straße bringen; *~ s.o. home* jdn nach Hause bringen; *7. (go and look at)* sich ansehen; *8. (receive a visitor)* empfangen; *Mr. Andrews will ~ you now.* Herr Andrews ist jetzt zu sprechen. *9. (imagine)* vorstellen; *10. (experience)* erleben; *~ action* im Einsatz sein; *11. (visit)* besuchen, *(in business)* aufsuchen; *go ~ the doctor* zum Arzt gehen; *12. Long time no ~! (fam)* Lange nicht gesehen!

• **see about** *v irr (attend to)* sich kümmern um
• **see off** *v irr* verabschieden, wegbringen
• **see through** *v irr 1.* durchsehen; *2. (fam: see the true nature of)* durchschauen; *3. see sth through* etw zu Ende führen; *4. see s.o. through sth* jdm über etw hinweghelfen, jdm in einer schwierigen Situation beistehen
• **see to** *v irr* sich kümmern um; *~ it that ...* dafür sorgen, dass ...
seed [siːd] *sb 1.* Samen *m; (poppy ~, sesame ~)* Korn *n; (in fruit)* Kern *m; 2. go to ~ (plant)* in Samen schießen; *go to ~ (fam: person)* herunterkommen
seedbed ['siːdbed] *sb (fig)* Brutstätte *f*
seeder ['siːdə] *sb* Sämaschine *f*
seedling ['siːdlɪŋ] *sb* Sämling *m*
seedy ['siːdɪ] *adj* zwielichtig
seeing ['siːɪŋ] *sb* Sehen *n*
seek [siːk] *v irr* suchen

seem [siːm] *v* scheinen

seeming ['siːmɪŋ] *adj* scheinbar
seemingly ['siːmɪŋlɪ] *adv 1. (perhaps real)* anscheinend; *2. (not real)* scheinbar
seemly ['siːmlɪ] *adj* schicklich
seep [siːp] *v* sickern; *~ through* durchsickern
seethe [siːð] *v 1. (boil)* sieden; *2. (surge)* schäumen; *3. (fam: with anger)* kochen
seething ['siːðɪŋ] *adj* brodelnd, kochend
segment ['segmənt] *sb 1.* Teil *m; 2. (of a circle)* Segment *n; 3. (of an orange)* Stück *n*
seize [siːz] *v 1.* packen, ergreifen; *2. (capture)* einnehmen, *(a building)* besetzen; *(a criminal)* fassen; *(a hostage)* nehmen; *3. (an oppor-*

S

tunity) ergreifen; *4. (power)* an sich reißen; *5. (confiscate)* beschlagnahmen; *6. (fig: by an emotion)* packen, ergreifen; *to be ~d with sth* von etw ergriffen sein

• **seize upon** *v 1. (for criticism)* herausgreifen; *2. (an idea)* sich stürzen auf

seldom ['seldəm] *adv* selten

select [sɪ'lekt] *v 1.* auswählen; *adj 2.* auserwählt, auserlesen, *(exclusive)* exklusiv

self [self] *sb 1.* Selbst *n,* Ich *n; 2. (side of one's personality)* Seite *f*

self-assertive [selfə'sɜːtɪv] *adj a ~ person* ein Mensch, der sich selbst behauptet

self-assured [selfə'ʃʊəd] *adj* selbstsicher

self-centred [self'sentəd] *adj* egozentrisch, ichbezogen

self-confessed [selfkən'fest] *adj* erklärt

self-confident [self'kɒnfɪdənt] *adj* selbstbewusst

self-conscious [self'kɒnʃəs] *adj* befangen

self-contained [selfkən'teɪnd] *adj* unabhängig

self-denial [selfdɪ'naɪəl] *sb* Selbstverleugnung *f*

self-deprecating [self'deprɪkeɪtɪŋ] *adj* bescheiden

self-effacing [selfɪ'feɪsɪŋ] *adj* zurückhaltend

self-employed [selfɪm'plɔɪd] *adj* selbstständig erwerbstätig, freiberuflich

self-esteem [selfɪ'stiːm] *sb* Selbstachtung *f*

self-evident [self'evɪdənt] *adj* selbstverständlich

self-explanatory [selfɪk'splænətərɪ] *adj* ohne Erläuterung verständlich

self-help book [self'helpbʊk] *sb* Ratgeber *m*

self-importance [selfɪm'pɔːtəns] *sb* Aufgeblasenheit *f*

self-important [selfɪm'pɔːtənt] *adj* überheblich

self-indulgent [selfɪn'dʌlgənt] *adj* maßlos, hemmungslos

self-inflicted [selfɪn'flɪktɪd] *adj* selbst auferlegt, selbst zugefügt

self-interest [self 'ɪntrɪst] *sb* Eigennutz *m*

selfish ['selfɪʃ] *adj* selbstsüchtig, egoistisch

self-reliance [selfrɪ'laɪəns] *sb* Selbstvertrauen *n,* Selbstsicherheit *f*

self-reliant [selfrɪ'laɪənt] *adj* selbstbewusst, selbstsicher

self-righteous [self'raɪtʃəs] *adj* selbstgerecht

self-rule [self ruːl] *sb POL* Selbstbestimmung *f,* Selbstverwaltung *f*

selfsame ['selfseɪm] *adj* genau der gleiche/die gleiche/das gleiche

self-serving [self'sɜːvɪŋ] *adj* selbstsüchtig

self-styled ['self'staɪld] *adj* selbst ernannt

self-sufficient [selfsə'fɪʃənt] *adj* unabhängig, *(country)* autark

self-worth [self'wɜːθ] *sb* Selbstwert *m*

sell [sel] *v irr 1. (have sales appeal)* sich verkaufen lassen; *2. (sth)* verkaufen; *3. ~ s.o. on sth (an idea)* jdn von etw überzeugen

• **sell off** *v irr 1.* verkaufen; *2. (quickly, cheaply)* abstoßen

• **sell out** *v irr 1.* alles verkaufen; *2. (fam: artist)* sich verkaufen; *3. (sth)* ausverkaufen, *(one's share)* verkaufen; *sold out* ausverkauft; *4. (fam: betray)* verraten

• **sell up** *v irr* zu Geld machen, ausverkaufen

sell-by date ['selbaɪ deɪt] *sb* Haltbarkeitsdatum *n*

semblance ['sembləns] *sb* Anschein *m*

semen ['siːmən] *sb* Samenflüssigkeit *f*

semiconscious [semɪ'kɒnʃəs] *adj* halb bewusstlos

semidetached [semɪdɪ'tætʃt] *adj* Doppelhaus...

seminar ['semɪnɑː] *sb* Seminar *n*

send [send] *v irr 1.* schicken; *~ s.o. to Coventry* jdn sozial ächten; *2. (propel) ~ sth crashing to the ground* etw zusammenstürzen lassen; *~ s.o. into a rage* jdn wütend machen

• **send away** *v irr 1. ~ for sth* etw kommen lassen, etw anfordern; *2. (s.o., sth)* wegschicken

• **send back** *v irr* zurückschicken, *(food in a restaurant)* zurückgehen lassen

• **send for** *v irr* kommen lassen

• **send in** *v irr 1.* einschicken; *2. (s.o.)* hineinsenden/hereinsenden, *(troops)* einsetzen

• **send off** *v irr (a letter)* abschicken

• **send out** *v irr 1. (emit)* aussenden, *(radiation)* ausstrahlen, *(smoke)* abgeben; *2. (in the post)* verschicken

• **send up** *v irr 1. (a flare)* in die Luft schießen; *2. (a rocket)* hochschießen; *3. (a balloon)* steigen lassen; *4. (fam: parody)* parodieren

sender ['sendə] *sb* Absender *m*

send-off ['sendɒf] *sb* Abschied *m,* Verabschiedung *f*

senior ['siːnɪə] *adj 1.* älterer; *2. (in time of service)* dienstälter; *3. (in rank)* vorgesetzt; *sb 4. (in school)* Oberstufenschüler *m; (US: in college)* Student im vierten Studienjahr *m; (US: in high*

S

school) Schüler im letzten Schuljahr *m; 5. He is two years my ~.* Er ist zwei Jahre älter als ich.
seniority [siːnɪ'ɒrɪtɪ] *sb 1. (length of service)* Dienstalter *n; 2. (age)* Alter *n*

sense [sens] *v 1.* spüren, fühlen; *sb 2.* Sinn *m; ~ of smell/taste/touch* Geruchssinn/Geschmacksinn/Tastsinn; *~ of humour* Sinn für Humor *m; 3. good ~* Vernunft *f; 4. ~s pl (right mind)* Verstand *m; come to one's ~s* zur Besinnung kommen; *bring s.o. to his ~s* jdn zur Besinnung bringen; *5. (feeling)* Gefühl *n; 6. (meaning)* Sinn *m,* Bedeutung *f; It doesn't make ~.* Es ergibt keinen Sinn. *talk ~* vernünftig reden; *in a ~* gewissermaßen; *make ~ of sth* etw begreifen, etw verstehen

sensibilia [sensɪ'bɪlɪə] *sb* Sinneserfahrungen *pl*
sensibility [sensɪ'bɪlɪtɪ] *sb* Empfindsamkeit *f,* Sensibilität *f*
sensible ['sensɪbl] *adj* vernünftig
sensitive ['sensɪtɪv] *adj 1.* empfindlich, *(topic)* heikel; *2. (understanding)* einfühlsam, *(remark, film)* einfühlend
sensual ['sensjʊəl] *adj* sinnlich
sensuous ['sensjʊəs] *adj* sinnlich

sentence ['sentəns] *sb 1. GRAMM* Satz *m; 2. (statement) JUR* Urteil *n; pass ~* das Urteil sprechen; *3. (punishment) JUR* Strafe *f; serve a prison ~* eine Freiheitsstrafe verbüßen; *v 4. JUR* verurteilen

sententious [sen'tenʃəs] *adj* salbungsvoll
sentience ['senʃəns] *sb* Empfindungsvermögen *n*
sentient ['sentɪənt] *adj* empfindungsfähig
sentiment ['sentɪmənt] *sb* Gefühl *n, (sentimentality)* Sentimentalität *f*
sentinel ['sentɪnl] *sb* Wache *f*
separate ['sepəreɪt] *v 1.* sich trennen, auseinander gehen; *2. (sth)* trennen, *(divide up)* aufteilen; ['seprət] *adj 3. (not connected)* getrennt; *4. (different)* verschieden; *5. (individual)* einzeln
September [sep'tembə] *sb* September *m*
septenary ['septɪnərɪ] *adj* in Siebener-Gruppen, in Siebener-Schritten
septennial [sep'tenɪəl] *adj 1. (every seven years)* alle sieben Jahre; *2. (lasting seven years)* sieben Jahre lang
septic ['septɪk] *adj* vereitert, septisch
septuple [sep'tjʊpl] *adj 1.* siebenfach; *v 2.* versiebenfachen

sepulchre ['sepəlkə] *sb* Grabstätte *f*
sequacious [sɪ'kweɪʃəs] *adj* folgsam, bereitwillig folgend
sequel ['siːkwəl] *sb* Folge *f*
sequence ['siːkwəns] *sb 1.* Folge *f; 2. (order)* Reihenfolge *f; 3. CINE* Sequenz *f*
sequester [sɪ'kwestə] *v (a jury)* separieren, absondern
sequestration [siːkwes'treɪʃən] *sb (of property, of assets)* Beschlagnahme *f*
serendipity [serən'dɪpɪtɪ] *sb* Spürsinn *m*
serene [sə'riːn] *adj 1. (person)* gelassen; *2. (sky)* heiter; *3. (sea)* ruhig
sergeant ['sɑːdʒənt] *sb 1. MIL* Feldwebel *m; 2. (police)* Polizeimeister *m*
serial ['sɪərɪəl] *adj 1.* Serien...; *2. (radio programme)* Sendereihe *f*

serious ['sɪərɪəs] *adj 1.* ernst; *2. (person)* ernsthaft, *(subdued)* ernst; *3. (injury, accident, deficiencies)* schwer; *4. (offer)* ernst gemeint

sermon ['sɜːmən] *sb 1.* Predigt *f; 2. (fig)* Moralpredigt *f*
serpent ['sɜːpənt] *sb* Schlange *f*
servant ['sɜːvənt] *sb* Diener *m*
serve [sɜːv] *v 1.* dienen; *~ as* dienen als; *2. (tennis) SPORT* aufschlagen; *3. (sth, s.o.)* dienen; *Dinner is ~d.* Das Essen ist aufgetragen. *It ~s no purpose.* Es hat keinen Zweck. *4. (in a restaurant, in a shop)* bedienen, *(food, drinks)* servieren; *5. (a drink)* einschenken; *6. (communion) REL* ministrieren bei; *7. (a summons) JUR* zustellen; *8. ~ s.o. right* jdm recht geschehen; *It ~s you right!* Das geschieht dir recht! *9. (a prison sentence)* verbüßen; *sb 10. (tennis) SPORT* Aufschlag *m*
• **serve up** *v* servieren
server ['sɜːvə] *sb 1. INFORM* Server *m; 2. (tray)* Servierbrett *n; 3. (fork)* Serviergabel *f; 4. (spoon)* Servierlöffel *m; 5. (for cake)* Tortenheber *m; 6. (in tennis)* Aufschläger *m*
service ['sɜːvɪs] *sb 1.* Dienst *m; I'm at your ~.* Ich stehe Ihnen zur Verfügung. *to be of ~* nützlich sein; *Can I be of ~?* Kann ich Ihnen behilflich sein? *2. (to customers)* Service *m; 3. (in a restaurant, in a shop)* Bedienung *f; 4. REL* Gottesdienst *m; 5. (regular transport, air ~)* Verkehr *m; 6. (operation)* Betrieb *m; 7. (upkeep of machines)* Wartung *f; 8. JUR* Zustellung *f; 9. (tea set)* Service *n; 10. (in tennis) SPORT* Aufschlag *m*
session ['seʃən] *sb 1.* Sitzung *f; 2. (discussion)* Besprechung *f; 3. POL* Legislaturperiode *f; to be in ~* tagen

S

set [set] *v irr 1. (sun)* untergehen; *2. (solidify: cement)* hart werden, fest werden; *(broken bone)* zusammenwachsen; *3. (dye)* farbbeständig werden; *4. (place)* stellen, setzen; *~ the table (US)* den Tisch decken; *5. (a trap)* aufstellen; *6. (a bone)* einrichten; *7. (a gem)* fassen; *8. (type)* setzen; *9. (adjust)* einstellen, *(a clock)* stellen; *10. to be ~ in ... (story)* spielen in ...; *11. (dictate, impose)* festsetzen, festlegen; *12. (arrange a date)* festsetzen, ausmachen; *13. (establish) (a record)* aufstellen; *14. ~ sth in motion* etw in Gang bringen; *~ fire to sth* etw anzünden; *~ to work* sich an die Arbeit machen; *sb 15.* Satz *m; (of cutlery, of underwear)* Garnitur *f; 16. ~ of teeth* Gebiss *n; 17. MATH* Reihe *f, (in ~ theory)* Menge *f; 18. (group of people)* Kreis *m, (in a negative sense)* Klüngel *m; 19. (series)* Reihe *f; 20. SPORT* Satz *m; 21. THEAT* Bühnenbild *n; 22. CINE* Szenenaufbau *m; a report from the ~* ein Bericht vom Drehort; *23. (position, angle)* Stellung *f; adj 24. (prearranged)* bestimmt, festgesetzt; *25. (ready)* fertig, bereit; *all ~* startklar; *26. (rigid)* starr, *(custom)* fest; *27. to be ~ on sth* zu etw fest entschlossen sein

• **set about** *v irr ~ sth* sich an etw machen, etw in Angriff nehmen
• **set against** *v irr 1. (influence)* einnehmen gegen; *2. (compare)* vergleichen
set aside *v irr 1.* beiseite legen; *2. (differences)* beiseite schieben; *3. (time)* einplanen
• **set back** *v irr* zurückstellen
• **set down** *v irr (put down)* hinsetzen
• **set forth** *v irr (theory)* darlegen
• **set in** *v irr 1. (begin)* einsetzen, beginnen; *2. (complications) MED* sich einstellen
• **set off** *v irr 1. (fireworks)* losgehen lassen; *2. (an argument)* auslösen; *3. (on a journey)* sich auf den Weg machen, aufbrechen
• **set on** *v irr* ansetzen auf
• **set out** *v irr (depart)* sich auf den Weg machen, aufbrechen
• **set up** *v irr 1. (sth)* aufstellen; *2. (assemble)* aufbauen; *3. (arrange)* arrangieren, vereinbaren; *4. (establish)* gründen, *(fit out)* einrichten; *5. set s.o. up (fam: trap s.o.)* jdm eine Falle stellen, *(frame s.o.)* jdm etw anhängen
set-aside ['setəsaɪd] *sb* Brache *f*
setting ['setɪŋ] *sb 1. (on a dial)* Einstellung *f; 2. (of a gem)* Fassung *f; 3. (background)* Rahmen *m; 4. (of a story)* Schauplatz *m; 5. (surroundings)* Umgebung *f; 6. (at a table)* Gedeck *n; 7. (of the sun)* Untergang *m*

settle ['setl] *v 1. (in a town)* sich niederlassen, *(as a settler)* sich ansiedeln; *2. (come to rest)* sich niederlassen; *(snow)* liegen bleiben; *(sediment)* sich absetzen, sich setzen; *(dust)* sich legen; *3. ~ out of court* sich vergleichen; *4. (sth) (decide)* entscheiden; *~ for sth* sich mit etw zufrieden geben; *5. (sort out)* erledigen, regeln, klären; *6. (arrange)* vereinbaren, ausmachen *(fam); 7. (land)* besiedeln; *8. (nerves)* beruhigen; *9. (an account)* ausgleichen; *10. (a bill)* begleichen, bezahlen; *11. (a dispute)* beilegen, schlichten

• **settle down** *v 1. (relax)* sich gemütlich machen; *2. (become calm)* sich beruhigen, zur Ruhe kommen, *(excitement)* sich legen; *3. (get married, give up bachelor ways)* sesshaft werden; *4. settle s.o. down (calm s.o.)* jdn beruhigen
• **settle in** *v 1.* sich eingewöhnen; *2. (in a town, in a house)* sich einleben
• **settle on** *v 1. (agree on)* sich einigen auf; *2. (opt for)* sich entscheiden für
• **settle up** *v* bezahlen
• **settle with** *v* abrechnen mit
settlement ['setlmənt] *sb 1. (village)* Siedlung *f,* Niederlassung *f; 2. (act of settling people)* Ansiedlung *f; 3. (sorting out)* Erledigung *f,* Regelung *f; 4. (of a debt)* Begleichung *f; 5. (agreement)* Übereinkommen *n,* Abmachung *f; an out-of court ~* ein außergerichtlicher Vergleich
set-up ['setʌp] *sb 1. (process of setting up)* Aufbau *m; 2. (US: organization)* Laden *m (fam); 3. (trap)* Falle *f*
seven ['sevn] *num* sieben
seventy ['sevntɪ] *num* siebzig
sever ['sevə] *v 1.* abtrennen; *2. (fig: relations)* abbrechen

several ['sevrəl] *pron 1.* einige; *adj 2.* einige

severe [sɪ'vɪə] *adj 1. (punishment, criticism)* hart; *2. (strict)* streng; *3. (intense) (weather)* rau; *4. (pain)* heftig, stark; *5. (drought, illness, injury)* schwer
sew [səʊ] *v irr* nähen; *~ on* annähen
sewage ['sjuːɪdʒ] *sb* Abwasser *n*
sewer ['sjʊə] *sb* Abwasserkanal *m*
sewerage ['sjʊərɪdʒ] *sb* Kanalisation *f*
sex [seks] *sb 1. (gender)* Geschlecht *n; 2. (intercourse)* Sex *m,* Geschlechtsverkehr *m; have ~* Verkehr haben
sex drive ['seksdraɪv] *sb* Sexualtrieb *m*
sexless ['sekslɪs] *adj* geschlechtslos

sexton ['sekstən] *sb* Küster *m*
sextuple [seks'tjʊpl] *adj 1.* sechsfach; *v 2.* versechsfachen
sexual harassment ['seksjʊəl 'hærəsmənt] *sb* sexuelle Belästigung *f*
sexual intercourse ['seksjʊəl 'ɪntəkɔːs] *sb* Geschlechtsverkehr *m*
shabby ['ʃæbɪ] *adj* schäbig
shack [ʃæk] *sb 1.* Hütte *f; v 2. ~ up with s.o. (fam)* mit jdm zusammenziehen
shackle ['ʃækl] *v* fesseln
shade [ʃeɪd] *sb 1.* Schatten *m; 2. (US: blind)* Jalousie *f; 3. (of colour)* Ton *m,* Farbton *m; 4. (fig: of meaning)* Nuance *f; 5. Shades of 1977!* Das erinnert doch sehr an 1977!
shades [ʃeɪdz] *pl (fam: sunglasses)* Sonnenbrille *f*
shading ['ʃeɪdɪŋ] *sb* Schraffierung *f,* Schattierung *f*
shadow ['ʃædəʊ] *sb 1.* Schatten *m; beyond a ~ of a doubt* ohne den geringsten Zweifel; *v 2. (fam: follow)* beschatten
shady ['ʃeɪdɪ] *adj 1.* schattig; *2. (fam: dubious)* zwielichtig, zweifelhaft
shaft [ʃɑːft] *sb 1.* Schaft *m, (of a tool)* Stiel *m; 2. (of a carriage)* Deichsel *f; 3. (of light)* Strahl *m; 4. (of a mine)* Schacht *m*
shaggy ['ʃægɪ] *adj 1. (long-haired)* zottig; *2. (unkempt)* zottelig
shake [ʃeɪk] *v irr 1.* beben; *2. (building)* wackeln; *3. (person, voice)* zittern; *4. (sth)* schütteln; *~ hands with s.o.* jdm die Hand schütteln; *5. (fig: s.o., s.o.'s faith)* erschüttern
• **shake off** *v irr* abschütteln
• **shake up** *v irr 1.* schütteln; *2. (upset s.o.)* erschüttern; *3. (a business: make changes)* umkrempeln
shakedown ['ʃeɪkdaʊn] *sb (US: extortion)* Erpressung *f*
shake-up ['ʃeɪkʌp] *sb* drastische Umbesetzung *f,* drastische Umgruppierung *f*
shaky ['ʃeɪkɪ] *adj 1. (uncertain)* unsicher; *2. (chair)* wackelig; *3. (hand, voice)* zitternd
shale [ʃeɪl] *sb* Schiefer *m*
shall [ʃæl] *v 1. (future) I ~ ...* Ich werde ... *We ~ ...* Wir werden ...; *2. (command)* sollen; *Thou shalt not kill.* Du sollst nicht töten. *3. (proposal) What ~ we do?* Was sollen wir machen?
shallow ['ʃæləʊ] *adj 1.* seicht, *(dish)* flach; *2. (fig)* oberflächlich
sham [ʃæm] *sb 1.* Heuchelei *f; 2. (person)* Scharlatan *m*
shamble ['ʃæmbl] *v* trotten, latschen
shame [ʃeɪm] *v 1.* beschämen; *~ s.o. into doing sth* jdn so beschämen, dass er etw tut; *sb 2. (feeling of ~)* Scham *f; 3. (disgrace)* Schande *f; Shame on you!* Du solltest dich schämen! *4. (pity) What a ~!* Wie schade!
shamrock ['ʃæmrɒk] *sb (leaf)* Kleeblatt *n*
shandy ['ʃændɪ] *sb* Bier mit Limonade *n,* Radler *n*
shanghai ['ʃæŋhaɪ] *v 1.* entführen; *2. (fig)* verleiten, etw Unangenehmes zu tun
shank [ʃæŋk] *sb* Unterschenkel *m*
shantytown ['ʃæntɪtaʊn] *sb* Slumstadt *f*
shape [ʃeɪp] *v 1. (sth)* formen; *sb 2.* Form *f; take ~* Gestalt annehmen; *3. (figure)* Gestalt *f; 4. (state)* Zustand *m; 5. (physical condition)* Kondition *f*
• **shape up** *v (develop)* sich entwickeln
shard [ʃɑːd] *sb (broken piece)* Scherbe *f*
share [ʃɛə] *v 1.* teilen; *~ in sth* an etw teilnehmen; *2. (sth)* teilen; *3. (have in common)* gemeinsam haben; *sb 4.* Anteil *m; have a ~ in sth* an etw teilhaben; *5. FIN* Anteil *m, (in a public limited company)* Aktie *f*
sharecrop ['ʃeəkrɒp] *v* pachten
shark [ʃɑːk] *sb ZOOL* Hai *m,* Haifisch *m*

sharp [ʃɑːp] *adj 1.* scharf; *2. (point)* spitz; *3. (drop)* steil; *4. (mentally)* scharfsinnig, *(in a negative sense)* gerissen; *5. (sound)* durchdringend, schrill; *6. (fam: ~ly dressed)* schick; *7. Look ~!* Zack, zack! *8. MUS (raised a semitone)* um einen Halbton erhöht, *(too high)* zu hoch; *adv 9. (punctually)* pünktlich, genau; *sb 10. MUS* Kreuz *n; C ~* Cis *n; F ~* Fis *n*

sharpen ['ʃɑːpən] *v 1.* schärfen; *2. (a pencil)* spitzen
sharper ['ʃɑːpə] *sb* Gauner *m,* Betrüger *m*
sharpish ['ʃɑːpɪʃ] *adj* eher scharf
sharpness ['ʃɑːpnɪs] *sb* Scharfsinn *m*
sharp-set ['ʃɑːpset] *adj (randy)* scharf
shatter ['ʃætə] *v 1.* zersplittern; *2. (sth)* zerschmettern; *3. (fig: hopes)* zertrümmern; *4. (s.o.) (fam: flabbergast)* erschüttern
shave [ʃeɪv] *v irr 1.* sich rasieren; *2. (one's face)* rasieren; *3. ~ sth off* etw abrasieren; *sb 4.* Rasur *f; a close ~* eine glatte Rasur; *5. That was a close ~. (fig)* Das war knapp.
shaving ['ʃeɪvɪŋ] *sb (slice)* Span *m*
shaw [ʃɔː] *sb* Dickicht *n*
shawl [ʃɔːl] *sb 1. (for one's shoulders)* Umhängetuch *n; 2. (for one's head)* Kopftuch *n*

she [ʃiː] *pron* sie; *~ who ...* diejenige, die ...

sheaf [ʃiːf] *sb* Garbe *f,* Bündel *n*
shear [ʃɪə] *v irr* scheren

S

shearer ['ʃɪərə] *sb* Scherer *m*
shearing ['ʃɪərɪŋ] *adj* Schur *f*
shears [ʃɪəz] *pl* große Schere *f*
sheath [ʃi:θ] *sb (for a blade)* Scheide *f*
sheathe [ʃi:ð] *v 1. (a sword)* in die Scheide stecken; *2. (cover, encase)* umhüllen, verkleiden
shed [ʃed] *v irr 1.* sich haaren; *2. (sth) (hair)* verlieren; *3. (tears, blood)* vergießen; *4. (clothes)* ausziehen; *5. ~ light on sth (fig)* Licht auf etw werfen; *sb 6.* Schuppen *m*
sheen [ʃi:n] *sb* Glanz *m*
sheep [ʃi:p] *sb* Schaf *n; count ~* Schäfchen zählen; *a wolf in ~'s clothing* ein Wolf im Schafspelz
sheepish ['ʃi:pɪʃ] *adj* schüchtern, bescheiden, verlegen
sheepskin ['ʃi:pskɪn] *sb* Schaffell *n*
sheer [ʃɪə] *adj 1. (rock)* senkrecht, steil; *2. (absolute)* rein; *3. (cloth)* hauchdünn

sheet [ʃi:t] *sb 1. (of paper)* Blatt *n, (large)* Bogen *m; 2. (for a bed)* Betttuch *n,* Bettlaken *n; white as a ~ (fig)* kreidebleich; *3. (of ice)* Fläche *f; 4. (of metal)* Blech *n; 5. (of glass)* Scheibe *f*

shelf [ʃelf] *sb 1.* Brett *n,* Bord *n, (in a cupboard)* Fach *n; put sth on the ~ (fig)* etw an den Nagel hängen; *off the ~* von der Stange; *2. (ledge of rock)* Felsvorsprung *f*
shelf life ['ʃelflaɪf] *sb* Lagerfähigkeit *f*
shell [ʃel] *v 1. (remove the ~ from)* schälen, *(peas)* enthülsen; *2. MIL* beschießen; *sb 3.* Schale *f, (of a pea)* Hülse *f; 4. (turtle's, insect's)* Panzer *m; 5. MIL* Granate *f, (US: cartridge)* Patrone *f; 6. (snail's) ZOOL* Haus *n; 7. (of a house)* Rohbau *m; 8. (pastry ~) GAST* Form *f*
• shell out *v (fam: pay)* blechen
shell company ['ʃelkʌmpənɪ] *sb ECO* Briefkastenfirma *f*
shellfish ['ʃelfɪʃ] *sb* Muscheln *pl,* Meeresfrüchte *pl*
shellproof ['ʃelpru:f] *adj* bombensicher
shell shock ['ʃelʃɒk] *sb* Kriegsneurose *f*
shell-shocked ['ʃelʃɒkt] *adj* völlig verstört
shelter ['ʃeltə] *v 1. (s.o.)* schützen; *sb 2. (protection)* Schutz *m; 3. (air raid ~)* Bunker *m; 4. (for the homeless)* Obdachlosenasyl *n; 5. (for overnight)* Obdach *n; 6. (place)* Unterstand *m*
shelve [ʃelv] *v 1. (put on a shelf)* in ein Regal stellen; *2. (fig: a plan)* beiseite legen, zu den Akten legen
shepherd ['ʃepəd] *sb* Schäfer *m,* Hirt *m*
sherbet ['ʃɜ:bət] *sb GAST* Fruchteis *n*
shibboleth ['ʃɪbəleθ] *sb* Parole *f*
shield [ʃi:ld] *v 1.* abschirmen; *2. (protect)* schützen; *sb 3. TECH* Schutz *m; 4. (knight's) HIST* Schild *n*
shielded ['ʃi:ldɪd] *adj* geschützt, abgeschirmt
shift [ʃɪft] *v 1.* sich bewegen; *2. (wind)* umspringen; *3. ~ into third gear* den dritten Gang einlegen; *4. (to another position)* bewegen; *5. (to another place)* verschieben, verlagern; *6. ~ gears* schalten; *sb 7. (work period)* Schicht *f; 8. gear ~* Gangschaltung *f; 9. (typewriter key)* Umschalttaste *f; ~ lock* Umschaltfeststeller *m; 10. (movement) (change of position)* Bewegung *f, (change of place)* Verlegung *f*
shiftiness ['ʃɪftɪnɪs] *sb 1. (dubiosity)* Fragwürdigkeit *f; 2. (evasive behaviour)* ausweichendes Verhalten *n*
shifty ['ʃɪftɪ] *adj* zwielichtig, fragwürdig
shill [ʃɪl] *sb (US) (fam)* Lockvogel *m*
shillelagh [ʃə'leɪlə] *sb* Knüppel *m*
shimmer ['ʃɪmə] *v* schimmern
shin [ʃɪn] *sb (or ~bone)* Schienbein *n; kick s.o. on the ~* jdn vors Schienbein treten
shinbone ['ʃɪnbəʊn] *sb* Schienbein *n*
shindig ['ʃɪndɪg] *sb (fam)* Tanzparty *f*
shindy ['ʃɪndɪ] *sb (fam)* Krach *m,* Radau *m*
shine [ʃaɪn] *v irr 1.* leuchten; *2. (sun, moon)* scheinen; *3. (eyes)* strahlen; *4. (polished surface)* glänzen; *5. (fig: person)* glänzen; *6. (shoes)* polieren; *7. ~ a light on sth* etw beleuchten; *sb 8.* Glanz *m; 9. take a ~ to s.o. (fig)* jdn ins Herz schließen
shiner ['ʃaɪnə] *sb (fam: black eye)* Veilchen *n*
shingle ['ʃɪŋgl] *sb 1.* Schindel *f; 2. (sign) hang out one's ~* ein Geschäft eröffnen
ship [ʃɪp] *v 1. (send)* versenden, befördern, *(grain, coal)* verfrachten; *sb 2.* Schiff *n; His ~ has come in. (fig)* Er hat das große Los gezogen.
shipping line ['ʃɪpɪŋ laɪn] *sb* Reederei *f*
shipshape [ʃɪp'ʃeɪp] *adj* tipptopp, in bester Ordnung
shipwrecked ['ʃɪprekt] *adj* schiffbrüchig
shipyard ['ʃɪpjɑ:d] *sb* Schiffswerft *f*
shire [ʃaɪə] *sb* Grafschaft *f*
shirk [ʃɜ:k] *v* sich drücken vor
shirr [ʃɜ:] *v* kräuseln

shirt [ʃɜ:t] *sb* Hemd *n; lose one's ~ (fam)* alles bis aufs letzte Hemd verlieren

shiver ['ʃɪvə] *v 1.* zittern; *sb 2.* Schauer *m*
shoal [ʃəʊl] *sb 1. (shallow place)* Untiefe *f, (sandbank)* Sandbank *f; 2. (of fish) ZOOL* Schwarm *m*
shock [ʃɒk] *v 1. (outrage)* schockieren; *sb 2.*

S

(electric ~) Schlag *m; 3. (of impact)* Wucht *f; 4. MED* Schock *m; 5. (emotional blow)* Schlag *m*
shoddy ['ʃɒdɪ] *adj 1.* mangelhaft; *2. (work)* schludrig

shoe [ʃuː] *sb* Schuh *m; to be in s.o.'s ~s (fig)* in jds Haut stecken

shoeshine ['ʃuːʃaɪn] *sb* Schuhputzen *n*
shoo [ʃuː] *v* verscheuchen; *Shoo!* Husch!
shoo-in ['ʃuːɪn] *sb He's a ~.* Er wird mit Sicherheit gewinnen.

shoot [ʃuːt] *v irr 1.* schießen; *2. (move) ~ ahead of s.o.* jdm voranstürmen; *pain shot through him* der Schmerz durchzuckte ihn; *3. (sth)* schießen; *~ a gun* eine Kanone abfeuern; *~ a bullet* eine Kugel abfeuern; *4. ~ s.o. dead* jdn erschießen; *5. (questions)* abfeuern; *6. ~ a glance at sth* einen raschen Blick auf etw werfen; *7. CINE* drehen; *8. ~ the rapids* über die Stromschnellen jagen; *sb 9. (hunting)* Jagd *f; 10. BOT* Schössling *m, (of a vine)* Trieb *m*

• **shoot down** *v irr (a plane)* abschießen
• **shoot up** *v irr 1. (hand)* in die Höhe schnellen; *2. (grow rapidly)* schnell wachsen
shoot-out ['ʃuːtaʊt] *sb* Schießerei *f*

shop [ʃɒp] *sb 1.* Laden *m,* Geschäft *n; 2. set up ~* einen Laden eröffnen, ein Geschäft eröffnen; *talk ~* fachsimpeln; *3. closed ~ ECO* Unternehmen mit Gewerkschaftszwang *n; v 4.* einkaufen; *go ~ping* einkaufen gehen

• **shop around** *v* die Preise vergleichen
shop assistant [ʃɒpə'sɪstənt] *sb* Verkäufer *m*
shopkeeper ['ʃɒpkiːpə] *sb* Ladenbesitzer *m*
shoplifter ['ʃɒplɪftə] *sb* Ladendieb/Ladendiebin *m/f*
shopsoiled ['ʃɒpsɔɪld] *adj* angeschmutzt, angestaubt
shop steward ['ʃɒpstjʊəd] *sb* Vertrauensmann *m*
shopworn ['ʃɒpwɔːn] *adj* leicht beschädigt
shore [ʃɔː] *sb 1.* Ufer *n,* Strand *m,* Küste *f; v 2.* stützen
• **shore up** *v 1.* abstützen; *2. (fig)* stützen

short [ʃɔːt] *adj 1.* kurz; *have a ~ temper* leicht aufbrausen; *nothing ~ of* nichts weniger als; *in ~ supply* rar; *to be ~ (not have enough)* zu wenig haben; *~ of cash* knapp bei Kasse; *fall ~ of* nicht erreichen, *(expectations)* nicht entsprechen; *~ of (except)* außer, abgesehen von; *2. (person)* klein; *adv 3. (abruptly)* plötzlich, abrupt

shortage ['ʃɔːtɪdʒ] *sb* Knappheit *f, (of people, of money)* Mangel *m*
short-change [ʃɔːt'tʃeɪndʒ] *v 1. (give too little change)* zu wenig Wechselgeld geben; *2. (fig: swindle)* übers Ohr hauen
short-circuit ['ʃɔːt'sɜːkɪt] *v TECH* kurzschließen
shortcoming ['ʃɔːtkʌmɪŋ] *sb* Unzulänglichkeit *f,* Mangel *m*
short-cut ['ʃɔːtkʌt] *sb 1.* Abkürzung *f; 2. (fig: process)* Schnellverfahren *n*
shorten ['ʃɔːtn] *v 1. (days)* kürzer werden; *2. (sth)* verkürzen; *3. (a dress)* kürzer machen; *4. (text)* kürzen
shortfall ['ʃɔːtfɔːl] *sb* Defizit *n*
shorthand ['ʃɔːthænd] *sb* Kurzschrift *f*
short-handed [ʃɔːt'hændɪd] *adj to be ~* zu wenig Personal haben
shortie ['ʃɔːtɪ] *sb (fam)* kleiner Mann *m*
short-list ['ʃɔːtlɪst] *v* in die engere Wahl ziehen
shortly ['ʃɔːtlɪ] *adv* bald, in Kürze
shortness ['ʃɔːtnɪs] *sb 1.* Kürze *f; 2. (of a person)* Kleinheit *f; 3. ~ of breath* Kurzatmigkeit *f*
short-sighted [ʃɔːt'saɪtɪd] *adj* kurzsichtig
short-tempered [ʃɔːt'tempəd] *adj* reizbar
short-term ['ʃɔːttɜːm] *adj* kurzfristig
short time [ʃɔːt taɪm] *sb* Kurzarbeit *f*
shot [ʃɒt] *sb 1.* Schuss *m; call the ~s (fig)* am Drücker sein *(fam); take a ~ at* schießen auf; *2. (projectile)* Geschoss *n; 3. (pellets)* Schrot *m,* Schrotkugeln *pl; 4. (fam: attempt)* Versuch *m; Give it a ~!* Versuch's mal! *5. (injection)* Spritze *f; (immunization)* Impfung *f; 6. (shotput) SPORT* Kugel *f; 7. (photograph)* Aufnahme *f; 8. CINE* Aufnahme *f*
shotgun ['ʃɒtgʌn] *sb* Schrotflinte *f*
should [ʃʊd] *v 1. (ought to)* sollte/solltest/sollte/solltet/sollten; *2. (conditional)* würde/würdest/würde/würdet/würden; *3. ~ ... (at the start of a phrase of condition)* sollte ... *~ the occasion arise* sollte sich die Gelegenheit ergeben; *4. (rhetorical) and whom ~ I happen to meet but Chad* ausgerechnet Chad ist mir über den Weg gelaufen
shoulder ['ʃəʊldə] *sb 1.* Schulter *f; give s.o. the cold ~* jdm die kalte Schulter zeigen; *have a good head on one's ~s* ein kluger Kopf sein; *2. (of a road)* Seitenstreifen *m; v 3.* schultern; *4. (fig)* auf sich nehmen

S

shout [ʃaʊt] *v 1.* rufen; schreien; *~ at s.o.* jdn anschreien; *2. (sth)* rufen, schreien, *(an order)* brüllen; *sb 3.* Ruf *m; (loud cry)* Schrei *m*

• **shout down** *v* niederschreien
shove [ʃʌv] *v 1.* schubsen *(fam); ~ sth into sth* etw in etw stecken; *sb 2.* Schubs *m,* Stoß *m*
• **shove off** *v 1. (in a boat)* ablegen; *2. (fam: leave)* abschieben
shovel ['ʃʌvl] *sb 1.* Schaufel *f; v 2.* schaufeln

show [ʃəʊ] *v irr 1. (to be visible)* sichtbar sein, *(underwear)* vorsehen; *2. (place third)* platzieren; *3. (sth)* zeigen; *4. (a film)* vorführen; *5. (a pass)* vorzeigen; *6. (prove)* beweisen; *7. (set out on display)* ausstellen; *8.* (indicate) anzeigen; *9. ~ o.s. to be sth* sich als etw erweisen; *sb 10. (appearance)* Schau *f; 11. (display of goods)* Ausstellung *f; 12. (of emotion)* Kundgebung *f; 13. (on television)* Fernsehsendung *f; 14. (performance)* Aufführung *f; run the ~ (fig)* den Laden schmeißen *(fam); 15. Good ~! (UK)* Ausgezeichnet! Bravo! *16. ~ of hands* Handzeichen *n*

• **show off** *v irr 1.* angeben; *2. (flaunt)* angeben mit; *3. (highlight the strengths of)* vorteilhaft wirken lassen
• **show round** *v irr show s.o. round* jdn herumführen
• **show up** *v irr 1. (make an appearance)* auftauchen; *2. show s.o. up (embarrass s.o.)* jdn blamieren
showcase ['ʃəʊkeɪs] *sb 1.* Schaukasten *m; v 2.* ein Schlaglicht werfen auf
shower ['ʃaʊə] *sb 1. (~ bath)* Dusche *f; take a ~* duschen; *2. (of rain)* Schauer *m; 3. (fig: of bullets, of blows)* Hagel *m; v 4. (take a ~)* duschen; *5. (rain down)* prasseln; *6. ~ s.o. with sth* jdn mit etw überschütten, *(blows)* etw auf jdn niederhageln lassen
showerproof ['ʃaʊəpruːf] *adj* regenfest
show-off ['ʃəʊɒf] *sb (fam)* Angeber *m*
showpiece ['ʃəʊpiːs] *sb (fig)* Paradestück *n,* Schaustück *n*
showy ['ʃəʊɪ] *adj* protzig, auffällig
shred [ʃred] *v 1. (sth)* zerkleinern, hobeln, *(paper)* schnitzeln; *2. (tear)* zerreißen; *sb 3.* Fetzen *m,* Stückchen *m,* Schnitzel *m; not a ~ of proof* kein einziger Beweis
shrew [ʃruː] *sb 1. ZOOL* Spitzmaus *f; 2. (fig)* Xanthippe *f*
shrewd [ʃruːd] *adj 1. (person)* klug; *2. (move)* raffiniert, geschickt
shrewish ['ʃruːɪʃ] *adj* boshaft, giftig
shriek [ʃriːk] *v 1.* aufschreien; *2. (sth)* schreien; *sb 3.* Schrei *m*
shrift [ʃrɪft] *sb give s.o. short ~* jdn kurz abfertigen
shrimp [ʃrɪmp] *sb 1.* Garnele *f; 2. (fam: short person)* Knirps *m (fam)*
shrine [ʃraɪn] *sb* Schrein *m*
shrink [ʃrɪŋk] *v irr 1.* schrumpfen; *2. (clothes)* eingehen; *3. (metal)* sich zusammenziehen; *4. ~ from doing sth* davor zurückschrecken, etw zu tun; *5. (sth)* schrumpfen lassen, eingehen lassen; *sb 6. (fam: psychiatrist)* Seelenklempner *m (fam)*
shrivel ['ʃrɪvl] *v ~ up 1.* kleiner werden, schrumpfen; *2. (skin)* runzlig werden
shroud [ʃraʊd] *sb 1.* Leichentuch *n,* Totenhemd *n; v 2.* hüllen, verschleiern
Shrove Tuesday [ʃrəʊv 'tjuːzdɪ] *sb (UK)* Faschingsdienstag *m*
shrub [ʃrʌb] *sb* Busch *m,* Strauch *m*
shrug [ʃrʌg] *v 1. ~ one's shoulders* mit den Achseln zucken; *sb 2.* Achselzucken *n*
• **shrug off** *v shrug sth off* etw abtun
shuck [ʃʌk] *v* enthülsen, schälen
shudder ['ʃʌdə] *v 1.* zittern, *(in fear, in horror)* schaudern; *sb 2.* Zittern *n, (from fear, from horror)* Schauder *m*
shuffle ['ʃʌfl] *v 1. (playing cards)* mischen; *2. ~ one's feet* mit den Füßen scharren
shun [ʃʌn] *v* meiden, *(publicity)* scheuen
shunt [ʃʌnt] *v 1. (turn aside)* beiseite schieben; *2. (get rid of)* loswerden, abschieden; *3. (to another track)* rangieren, verschieben
shunter ['ʃvntə] *sb* Rangierer *m*
shush [ʃʌʃ] *v 1.* zum Schweigen bringen; *interj 2. Shush!* Sch!
shut [ʃʌt] *v irr 1.* schließen; *2. (sth)* zumachen, schließen; *~ s.o. in sth* jdn in etw einschließen; *adj 3.* geschlossen
• **shut down** *v irr* zumachen, schließen
• **shut in** *v irr 1.* einschließen; *2. (lock in)* einsperren
• **shut off** *v irr 1.* abschalten; *2. (sth)* abstellen, ausschalten, abschalten
• **shut out** *v irr 1.* aussperren; *2. (fig: a memory)* unterdrücken; *3. (US: defeat without allowing a score) SPORT* nicht zum Zuge kommen lassen
• **shut up** *v irr 1. (fam)* den Mund halten, die Klappe halten; *Shut up!* Halt den Mund! *2. (silence s.o.)* zum Schweigen bringen, den Mund stopfen
shutdown ['ʃʌtdaʊn] *sb* Stilllegung *f*
shuteye ['ʃʌtaɪ] *sb* Schlaf *m*

S

shutout ['ʃʌtaʊt] *sb* Zu-Null-Spiel *n (fam)*
shutter ['ʃʌtə] *sb 1.* Fensterladen *m; 2. FOTO* Verschluss *m*
shuttle ['ʃʌtl] *sb* Pendelverkehr *m*
shuttlecock ['ʃʌtlkɒk] *sb* Federball *m*
shy [ʃaɪ] *adj 1.* schüchtern, *(animal)* scheu; *v 2. ~ away from sth* vor etw zurückschrecken
shyster ['ʃaɪstə] *sb (fam)* Rechtsverdreher *m,* Winkeladvokat *m*
sib [sɪb] *sb* Blutsverwandte(r) *m/f*
sibilant ['sɪbɪlənt] *adj* zischend, scharf
siblings ['sɪblɪŋz] *pl* Geschwister *pl*

sick [sɪk] *adj 1. to be ~* sich übergeben; *2. (US: ill)* krank; *3. (joke)* geschmacklos; *4. to be ~ of sth (fam)* von etw die Nase voll haben

sickbay ['sɪkbeɪ] *sb* Krankenrevier *n*
sicken ['sɪkn] *v (disgust)* anekeln
sickening ['sɪkənɪŋ] *adj* widerlich, ekelhaft
sickle ['sɪkl] *sb* Sichel *f*
sick-leave ['sɪkliːv] *sb to be on ~* krankgeschrieben sein
side [saɪd] *sb 1.* Seite *f; ~ by ~* nebeneinander; *on the ~ (fig)* nebenher; *the bright ~* die positiven Aspekte; *be on the safe ~* sichergehen; *I'll check it again to be on the safe ~.* Ich werde es nochmals prüfen, um ganz sicher zu sein. *a bit on the ... ~* etwas zu ...; *His speech was a bit on the boring ~.* Seine Rede war schon ein bisschen langweilig. *2. change ~s POL* überlaufen; *3. (of a road)* Straßenrand *m; v 4. ~ with s.o.* jds Partei ergreifen; *adj 5.* Neben..., Seiten...
sidebar ['saɪdbɑː] *sb (US)* Zusatzbericht *m*
sidekick ['saɪdkɪk] *sb* Kumpan *m,* Assistent *m*
sideline ['saɪdlaɪn] *sb 1.* Seitenlinie *f; v 2. (fam) He was ~d by an injury.* Eine Verletzung hat ihn außer Gefecht gesetzt.
sideroad ['saɪdrəʊd] *sb* Nebenstraße *f*
sidestep ['saɪdstep] *v* ausweichen
side street ['saɪdstriːt] *sb* Seitenstraße *f*
sideswipe ['saɪdswaɪp] *sb (blow)* Seitenhieb *m*
sidetrack ['saɪdtræk] *v (fig) (s.o.)* ablenken
side view ['saɪdvjuː] *sb* Seitenansicht *f*
sidewalk ['saɪdwɔːk] *sb (US: pavement)* Bürgersteig *m*
sideways ['saɪdweɪz] *adv* seitwärts
siding ['saɪdɪŋ] *sb (railway track)* Rangiergleis *n,* Abstellgleis *n*
sidle ['saɪdl] *v ~ up to s.o.* sich an jdn heranschleichen
siege [siːdʒ] *sb MIL* Belagerung *f*
sieve [sɪv] *sb* Sieb *n*
sift [sɪft] *v 1.* durchsieben; *2. (fig: evidence, job applications)* sichten
sigh [saɪ] *v 1.* seufzen; *sb 2.* Seufzer *m*
sigher ['saɪə] *sb* Seufzende(r) *m/f*

sight [saɪt] *sb 1. (seeing, glimpse)* Blick *m,* Sicht *f; at first ~* auf den ersten Blick; *~ unseen* unbesehen; *2. (thing seen)* Anblick *m; a ~ for sore eyes* ein erfreulicher Anblick; *3. (the power to see)* Sehvermögen *n; lose one's ~* das Augenlicht verlieren; *4. (range of vision)* Sicht *f; out of ~* außer Sicht; *out of ~, out of mind* aus den Augen, aus dem Sinn; *lose ~ of sth* etw aus den Augen verlieren; *5. (thing worth seeing)* Sehenswürdigkeit *f; 6. look a ~ (fam)* grässlich aussehen; *7. (on a gun)* Visier *n; have sth in one's ~s* etw im Visier haben; *v 8. (sth)* erblicken, *(land)* sichten

sighted ['saɪtɪd] *adj* sehend
sightless ['saɪtlɪs] *adj* blind
sightlines ['saɪtlaɪnz] *pl THEAT* Sichtlinie *f*
sightly ['saɪtlɪ] *adj* ansehnlich
sightseeing ['saɪtsiːɪŋ] *sb* Besichtigungen *pl,* Sightseeing *n*

sign [saɪn] *sb 1. (gesture)* Zeichen *n; make a ~ to s.o.* jdm ein Zeichen geben; *2. ~ of the cross REL* Kreuzzeichen *n; 3. (road ~, shop ~)* Schild *n; 4. (indication)* Anzeichen *n; 5. ~ of life MED* Lebenszeichen *n; 6. (trace)* Spur *f; 7. (proof)* Beweis *m; v 8.* unterschreiben; *9. (a painting)* signieren

• **sign for** *v* den Empfang bestätigen
• **sign in** *v* sich eintragen
• **sign off** *v 1. (letter)* Schluss machen; *2. (broadcast)* sich verabschieden
• **sign on** *v 1.* anheuern; *2. (for unemployment benefits)* sich arbeitslos melden; *3. (~ s.o.) (sign up)* verpflichten, anstellen
• **sign out** *v* sich austragen
• **sign up** *v 1. (for an event)* sich melden; *(for a class)* sich einschreiben; *(by signing a contract)* sich verpflichten; *2. (s.o.)* verpflichten
signal ['sɪgnl] *v 1.* ein Zeichen geben; *(with lights)* blinken; *2. (sth) (a mes-sage)* signalisieren; *3. (indicate)* anzeigen; *(fig: a future event)* ankündigen; *sb 4.* Signal *n; 5. (gesture)* Zeichen *n*
signal box ['sɪgnl bɒks] *sb* Stellwerk *n*
signalman ['sɪgnlmən] *sb* Funker *m*
signatory ['sɪgnətərɪ] *sb 1.* Unterzeichner *m; adj 2.* Signatar...
signature ['sɪgnətʃə] *sb* Unterschrift *f*
signature tune ['sɪgnətʃə tuːn] *sb* Erkennungsmelodie *f*

S

signboard ['saɪnbɔːd] *sb* Schild *n*
signer ['saɪnə] *sb* Unterzeichner *m*
signet ['sɪgnɪt] *sb* Siegel *n*
significant [sɪg'nɪfɪkənt] *adj 1. (important)* wichtig; *2. (considerable)* bedeutend; *3. (meaningful)* bedeutungsvoll
significative [sɪg'nɪfɪkətɪv] *adj* bezeichnend, kennzeichnend
signify ['sɪgnɪfaɪ] *v 1. (mean)* bedeuten; *2. (indicate)* zu verstehen geben
signpost ['saɪnpəʊst] *sb* Wegweiser *m*
silence ['saɪləns] *sb 1.* Stille *f,* Ruhe *f; 2. (absence of talk)* Schweigen *n; v 3.* zum Schweigen bringen
silent ['saɪlənt] *adj 1.* still; *2. (person)* schweigsam; *3. to be ~ (person)* schweigen; *4. (mechanism, steps)* geräuschlos, lautlos
silk [sɪlk] *sb* Seide *f*
silken ['sɪlkən] *adj* seiden, seidig
silky ['sɪlkɪ] *adj* seidig, glatt
sill [sɪl] *sb* Fensterbrett *n,* Fenstersims *m/n*
silliness ['sɪlɪnɪs] *sb* Albernheit *f*
silly ['sɪlɪ] *adj* albern, dumm, doof *(fam); knock s.o. ~* jdm einen harten Schlag versetzen
silly season ['sɪlɪsiːzən] *sb the ~* das Sommerloch *n*
silo ['saɪləʊ] *sb 1. (for grain)* Silo *n; 2. (for a missile) MIL* unterirdische Raketenabschussrampe *f*
silt [sɪlt] *sb* Schwemmsand *m,* Schlick *m*
silver ['sɪlvə] *adj 1.* silbern, Silber... *sb 2.* Silber *n*
silver-tongued ['sɪlvətʌŋd] *adj* redegewandt
silverware ['sɪlvəwɛə] *sb 1.* Silber *n; 2. (US: cutlery)* Besteck *n*
similar ['sɪmɪlə] *adj* ähnlich
similarity [sɪmɪ'lærɪtɪ] *sb* Ähnlichkeit *f*
simile ['sɪmɪlɪ] *sb GRAMM* Gleichnis *n*
similitude [sɪ'mɪlɪtjuːd] *sb* Ähnlichkeit *f*
simmer ['sɪmə] *v 1.* simmern, sieden; *2. (fig: with rage)* kochen; *3. (sth)* simmern lassen, sieden lassen
• **simmer down** *v* sich beruhigen
simper ['sɪmpə] *v 1. (smile in a weak manner)* zurückhaltend lächeln; *2. (in an affected manner)* sich zieren
simpering ['sɪmpərɪŋ] *adj* geziert, albern
simple ['sɪmpl] *adj 1.* einfach; *2. (plain)* schlicht; *3. (~-minded)* einfältig
simpleton ['sɪmpltən] *sb* Einfaltspinsel *m*
simplicity [sɪm'plɪsɪtɪ] *sb* Einfachheit *f; It's ~ itself.* Das ist die einfachste Sache der Welt.
simplify ['sɪmplɪfaɪ] *v* vereinfachen
simplistic [sɪm'plɪstɪk] *adj* simpel
simply ['sɪmplɪ] *adv 1.* einfach; *2. (merely)* nur, bloß
simulate ['sɪmjʊleɪt] *v 1.* simulieren; *2. (feign)* vortäuschen, *(an illness)* simulieren
simultaneous [sɪməl'teɪnɪəs] *adj* gleichzeitig
sin [sɪn] *v 1.* sündigen; *~ against* sündigen gegen; *sb 2.* Sünde *f; live in ~* in wilder Ehe leben

> **since** [sɪns] *prep 1.* seit; *konj 2. (time)* seit, seitdem; *3. (because)* da; *adv 4. (in the meantime)* inzwischen; *5. (~ that time)* seitdem

sincere [sɪn'sɪə] *adj* aufrichtig, *(frank)* offen
sinful ['sɪnfʊl] *adj* sündig, sündhaft
sing [sɪŋ] *v irr* singen; *~ along* mitsingen
singe [sɪndʒ] *v* versengen
single ['sɪŋgl] *adj 1. (only one)* einzige(r,s); *not a ~ one* kein Einziger/keine Einzige/kein Einziges; *2. (not double or triple)* einzeln, Einzel...; *3. (unmarried)* ledig, unverheiratet; *sb 4. (record)* Single *f; 5. (unmarried person)* Single *m; 6. (UK: ticket) (train ticket)* einfache Fahrkarte *f, (plane ticket)* einfaches Flugticket *n; v 7. ~ out* auslesen, *(for a purpose)* bestimmen
single-breasted ['sɪŋglbrestɪd] *adj* einreihig
single file ['sɪŋgl faɪl] *sb* Gänsemarsch *m*
single-handed ['sɪŋgl'hændɪd] *adj* allein
single-minded ['sɪŋgl'maɪndɪd] *adj (person)* zielbewusst, zielstrebig
single-track ['sɪŋgl træk] *adj* einspurig
singly ['sɪŋglɪ] *adv 1. (one after the other)* nacheinander, einzeln; *2. (by o.s.)* allein
singular ['sɪŋgjʊlə] *adj 1. (odd)* sonderbar, eigenartig; *2. GRAMM* im Singular; *sb 3. GRAMM* Singular *m*
singularize ['sɪŋgjʊləraɪz] *v* herausstellen
singularly ['sɪŋgjʊləlɪ] *adv* außerordentlich
sinister ['sɪnɪstə] *adj* finster, unheimlich
sinistral ['sɪnɪstrəl] *adj* linksseitig
sink [sɪŋk] *v irr 1.* sinken; *2. (ship, sun)* untergehen; *3. (ground)* sich senken, *(slope)* abfallen; *4. (sth) (a ship)* versenken; *5. (fam: ruin)* zunichte machen; *We're sunk.* Wir sind erledigt. *(fam); 6. (a post)* einsenken; *7. (a well)* bohren; *8. (one's head, one's voice)* senken; *9. ~ one's teeth into sth* in etw reinbeißen; *10. ~ into sleep* in tiefen Schlaf fallen; *sb 11.* Ausguss *m; (kitchen ~)* Spülbecken *n*
• **sink in** *v irr (words)* ihre Wirkung haben
sinkhole ['sɪnkhəʊl] *sb 1. (hole formed in soluble rock)* Sickerloch *n; 2. (area in which drainage collects)* Abflussloch *n*

S

sinking ['sɪŋkɪŋ] *adj* flau, schwach
sinless ['sɪnlɪs] *adj* ohne Sünde
sinner ['sɪnə] *sb* Sünder *m*
sinuous ['sɪnjʊəs] *adj* gewunden
sip [sɪp] *v (sth)* nippen an, schlürfen
siphon ['saɪfən] *v* absaugen
sir [sɜː] *sb 1.* mein Herr *m; No, ~.* Nein, mein Herr. *Dear Sir or Madam ...* Sehr geehrte Damen und Herren! *2. (knight)* Sir *m*
sire [saɪə] *sb 1. (form of address)* Sire *m,* Majestät *f; 2. ZOOL* Vatertier *n; v 3.* zeugen
sissy ['sɪsɪ] *sb (fam)* Waschlappen *m,* Weichling *m,* Memme *f*

sister ['sɪstə] *sb 1.* Schwester *f; 2. (nun)* Ordensschwester *f; Sister Mary* Schwester Mary

sister-in-law ['sɪstərɪnlɔː] *sb* Schwägerin *f*

sit [sɪt] *v irr 1.* sitzen; *2. (assembly)* tagen; *3. (take a seat)* sich setzen; *4. (to be placed, rest)* stehen

• **sit back** *v irr* sich zurücklehnen
• **sit down** *v irr* sich setzen, sich hinsetzen
• **sit out** *v irr sit sth out* etw aussitzen
• **sit up** *v irr 1. (move so that one sits upright)* sich aufrichten, sich aufsetzen; *2. (not go to bed)* aufbleiben; *~ for s.o.* auf jdn warten
site [saɪt] *sb 1. (of a building)* Lage *f; 2. (of an event)* Schauplatz *m*
situate ['sɪtjʊeɪtɪd] *v to be ~d* liegen
situation [sɪtjʊ'eɪʃən] *sb 1.* Lage *f; 2. (job)* Stelle *f*
situations wanted [sɪtjʊ'eɪʃənz 'wɒntɪd] *pl* Stellengesuche *pl*
six [sɪks] *num* sechs; *~ of one and half a dozen of the other* Jacke wie Hose, gehüpft wie gesprungen; *at ~es and sevens* durcheinander, konfus
sixfold ['sɪksfəʊld] *adj* sechsfach
sixteen ['sɪk'stiːn] *num* sechzehn
sixth form [sɪksθ fɔːm] *sb (UK)* Abschlussklasse *f*
sixth sense [sɪksθ sens] *sb* sechster Sinn *m*
sixty ['sɪkstɪ] *num* sechzig
size [saɪz] *sb 1.* Größe *f; That's about the ~ of it. (fam)* So ist es. *v 2. ~ up* abschätzen
sizzle ['sɪzl] *v* zischen
sizzler ['sɪzlə] *sb (day)* Hitzetag *f*
skate [skeɪt] *v 1. (ice-~)* Schlittschuh laufen; *sb 2. (ice-~)* Schlittschuh *m*
skedaddle [skɪ'dædl] *v* abhauen
skein [skeɪn] *sb 1. (wool)* Strang *m,* Docke *f; 2. (birds)* Schwarm *m*
skeleton ['skelɪtn] *sb* Skelett *n*
skeleton key ['skelɪtnkiː] *sb* Dietrich *m,* Nachschlüssel *m*
sketch [sketʃ] *v 1. (sth)* skizzieren; *sb 2.* Skizze *f; 3. THEAT* Sketsch *m*
• **sketch out** *v 1.* skizzieren; *2. (verbally)* umreißen
sketchbook ['sketʃbʊk] *sb* Skizzenbuch *n*
sketchy ['sketʃɪ] *adj 1. (knowledge, plan)* oberflächlich; *2. (description)* skizzenhaft
skew [skjuː] *v (fig: distort)* verzerren
skewer ['skjuːə] *v* aufspießen
skew-whiff ['skjuːwɪf] *adj (UK)* windschief
ski [skiː] *v 1.* Ski laufen; *sb 2.* Ski *m,* Schi *m*
skid [skɪd] *v 1.* rutschen; *2. (car)* schleudern
skid mark ['skɪdmɑːk] *sb* Bremsspur *f*
skidproof ['skɪdpruːf] *adj* rutschsicher
skier ['skiːə] *sb* Skiläufer *m*
skilful ['skɪlfʊl] *adj* geschickt
skill [skɪl] *sb 1.* Geschick *n; 2. (acquired technique)* Fertigkeit *f; 3. (ability)* Fähigkeit *f*
skim [skɪm] *v 1. (fam: scan)* überfliegen; *2. (remove floating matter)* abschöpfen, *(milk)* entrahmen; *3. (fig: profits)* abschöpfen
skimp [skɪmp] *v* sparen, knausern; *~ on sth* an etw sparen

skin [skɪn] *sb 1.* Haut *f; have a thick ~ (fig)* dickfellig sein; *by the ~ of one's teeth* mit knapper Not; *That's no ~ off my nose.* Das juckt mich nicht. *save one's ~* seine Haut retten; *2. (of fruit)* Schale *f; v 3.* häuten

skin-deep ['skɪndiːp] *adj* oberflächlich
skin-diving ['skɪndaɪvɪŋ] *sb* Tauchen *n* (ohne Taucheranzug)
skinflint ['skɪnflɪnt] *sb* Geizhals *m*
skinny ['skɪnɪ] *adj* dünn, mager
skint [skɪnt] *adj (fam)* pleite
skip [skɪp] *v 1.* hüpfen; *2. (with a rope)* seilspringen; *3. (sth) (omit)* überspringen, auslassen; *4. ~ school* die Schule schwänzen
skipping ['skɪpɪŋ] *sb* Seilhüpfen *n,* Seilspringen *n*
skirmish ['skɜːmɪʃ] *sb* Geplänkel *n*
skirt [skɜːt] *sb 1.* Rock *m; v 2. (avoid)* umgehen
skitter ['skɪtə] *v (slip)* rutschen
skittish ['skɪtɪʃ] *adj 1. (nervous)* ängstlich; *2. (lively)* lebhaft
skittle ['skɪtl] *sb* Kegel *m; play ~s* kegeln
skive [skaɪv] *v (UK)* schwänzen, blaumachen
• **skive off** *v (UK) (fam)* sich drücken
skulk [skʌlk] *v 1. (lurk)* lauern, sich versteckt halten; *2. (move)* schleichen

skulker ['skʌlkə] *sb* Drückeberger *m*
skull [skʌl] *sb* Schädel *m; ~ and crossbones* Totenkopf *m*

sky [skaɪ] *sb* Himmel *m; the ~'s the limit* nach oben sind keine Grenzen gesetzt; *go ~ high* sehr hoch hinaufgehen; *reach for the ~* nach den Sternen greifen

skyjacking ['skaɪdʒækɪŋ] *sb* Flugzeugentführung *f*
skylark ['skaɪlɑːk] *sb ZOOL* Feldlerche *f*
skylight ['skaɪlaɪt] *sb* Dachfenster *n*
skyline ['skaɪlaɪn] *sb 1. (of a city)* Skyline *f,* Silhouette *f; 2. (horizon)* Horizont *m, (of a city)* Silhouette *f*
skyrocket ['skaɪrɒkɪt] *v* in die Höhe schießen
slab [slæb] *sb* Tafel *f,* Platte *f,* Scheibe *f*
slack [slæk] *adj 1. (not tight)* locker; *sb 2. (in rope)* Lose *f; take up the ~* die Lose durchholen; *v 3. ~ off (fam: person)* nachlassen, nachlässig werden
slacken ['slækən] *v 1. (rope)* sich lockern; *2. (market)* abflauen; *3. (speed)* nachlassen
slacks [slæks] *pl* Hose *f*
slag [slæg] *sb 1.* Schlacke *f; 2. (fig: person)* Schlampe *f*
slake [sleɪk] *v ~ one's thirst* seinen Durst löschen
slam [slæm] *v 1. (door)* zuschlagen; *2. ~ on the brakes* auf die Bremse treten; *3. ~ the door* die Tür zuschlagen; *4. (a fist)* knallen; *~ sth down* etw hinknallen; *5. (fam: criticize)* verreißen
slammer ['slæmə] *sb the ~ (fam)* der Knast *m,* das Kittchen *n*
slander ['slɑːndə] *v 1.* verleumden; *sb 2.* Verleumdung *f*
slang [slæŋ] *sb 1.* Slang *m; 2. (used by a certain group)* Jargon *m,* Sondersprache *f*
slant [slɑːnt] *v 1.* schräg sein, sich neigen; *2. (a report)* färben; *sb 3.* Neigung *f,* Schräge *f; 4. (bias)* Tendenz *f,* Färbung *f (fam)*
slap [slæp] *v 1.* schlagen; *~ s.o.'s face* jdn ohrfeigen; *~ s.o. on the back* jdm auf den Rücken klopfen; *sb 2.* Schlag *m,* Klaps *m; a ~ in the face* eine Ohrfeige *f, (fig)* ein Schlag ins Gesicht *m*
slapdash ['slæpdæʃ] *adv* flüchtig, schludrig
slaphappy ['slæphæpɪ] *adj* unbekümmert
slap-up ['slæpʌp] *adj (fam) (UK)* super, toll; *a ~ meal* eine erstklassige Mahlzeit
slash [slæʃ] *v 1.* zerfetzen; *2. (undergrowth)* wegschlagen; *3. (fig: prices)* stark herabsetzen
slat [slæt] *sb* Leiste *f,* Latte *f*
slate [sleɪt] *sb (writing ~)* Tafel *f; wipe the ~ clean (fig)* reinen Tisch machen
slating ['sleɪtɪŋ] *sb (by reviewers)* Verriss *m*
slatternly ['slætənlɪ] *adj* schlampig
slaughter ['slɔːtə] *v 1.* schlachten; *2. (people)* abschlachten; *sb 3.* Schlachten *n; 4. (of people)* Gemetzel *n*
slave [sleɪv] *sb 1.* Sklave/Sklavin *m/f; v 2. ~ away at sth* sich mit etw abschinden
slay [sleɪ] *v irr* töten, erschlagen
sleazebag ['sliːzbæg] *sb (fam: person)* mieser Sack *m*
sleazeball ['sliːzbɔːl] *sb (fam)* Widerling *m*
sleazy ['sliːzɪ] *adj* anrüchig
sled [sled] *sb (US)* Schlitten *m*
sledge [sledʒ] *sb (UK)* Schlitten *m*
sledgehammer ['sledʒhæmə] *sb* Vorschlaghammer *m*
sleek [sliːk] *adj 1. (animal)* geschmeidig; *2. (car)* schnittig

sleep [sliːp] *v irr 1.* schlafen; *~ sth off* etw ausschlafen; *sb 2.* Schlaf *m; go to ~* einschlafen; *I'm not losing any ~ over it. (fig)* Darüber mache ich mir keine großen Sorgen. *3. put an animal to ~* ein Tier einschläfern

• **sleep around** *v irr (fam)* mit vielen Frauen/Männern ins Bett gehen
• **sleep in** *v irr* ausschlafen
• **sleep on** *v irr (a matter)* überschlafen
sleeper ['sliːpə] *sb 1. (coach)* Schlafwagen *m; 2. to be a heavy ~* einen festen Schlaf haben; *to be a light ~* einen leichten Schlaf haben; *3. (fam: dark horse)* Geheimfavorit *m*
sleepwalk ['sliːpwɔːk] *v* schlafwandeln
sleepy ['sliːpɪ] *adj 1.* müde, schläfrig; *2. (town)* verschlafen
sleepyhead ['sliːpɪhed] *sb (fig)* Schlafmütze *f*
sleet [sliːt] *sb* Schneeregen *m*
sleeve [sliːv] *sb 1.* Ärmel *m; have sth up one's ~ (fig)* noch einen Pfeil im Köcher haben; *laugh up one's ~ (fam)* sich ins Fäustchen lachen; *roll up one's ~s* die Ärmel hochkrempeln; *2. (of a record)* Plattenhülle *f*
sleigh [sleɪ] *sb* Pferdeschlitten *m*
sleight [slaɪt] *sb ~ of hand* Fingerfertigkeit *f*
slender ['slendə] *adj 1. (person)* schlank; *2. (waist)* schmal
slew [sluː] *sb a whole ~ of (fam) (US)* ein ganzer Haufen von
slice [slaɪs] *sb 1.* Scheibe *f; v 2. (cut)* durchschneiden; *3. (cut into slices)* in Scheiben schneiden

S

slick [slɪk] *adj 1.* glatt *(fam); 2. (US: slippery)* glatt, schlüpfrig
slide [slaɪd] *v irr 1.* rutschen; *2. (by accident)* ausrutschen; *3. (to be designed to ~)* sich schieben lassen; *4. (sth)* schieben; *5. let sth ~ (fam)* etw vernachlässigen; *sb 6.* Rutschbahn *f; 7. (land~, rock ~)* Rutsch *m; 8. (fig: fall)* Abfall *m; 9. FOTO* Dia *n; 10. (for a microscope)* Objektträger *m; 11. (UK: for hair)* Haarspange *f*
sliding door ['slaɪdɪŋ'dɔːɪ] *sb* Schiebetür *f*
slight [slaɪt] *adj 1. (small)* gering, geringfügig, leicht; *2. (person)* zierlich; *v 3. (s.o.)* kränken; *sb 4.* Kränkung *f*
slightly ['slaɪtlɪ] *adv 1.* etwas, ein kleines bisschen; *2. ~ built* zierlich
slim [slɪm] *adj 1. (person)* schlank; *2. (fig: chance)* gering
slime [slaɪm] *sb* Schleim *m*
slimline ['slɪmlaɪn] *adj* Leuchtstoffröhren...
slimy ['slaɪmɪ] *adj* schleimig
sling [slɪŋ] *v irr 1.* schleudern; *sb 2. (for one's arm)* Schlinge *f*
slink [slɪŋk] *v irr* schleichen
slinky ['slɪŋkɪ] *adj (dress)* verführerisch

slip [slɪp] *v 1.* rutschen; *2. (slide)* gleiten; *~ through one's fingers* durch die Finger schlüpfen; *3. let sth ~* etw fallen lassen; *4. (move quickly)* schlüpfen; *5. ~ into a dress* in ein Kleid schlüpfen; *6. (sth)* schieben; *~ sth into one's pocket* etw in die Tasche gleiten lassen; *7. ~ one's mind* jdm entfallen; *sb 8. (on ice)* Rutsch *m; 9. (mistake)* Versehen *n; make a ~ of the tongue* sich versprechen; *10. (in one's conduct)* Fehltritt *m; 11. give s.o. the ~* jdm entwischen; *12. ~ of paper* Zettel *m; 13. (woman's undergarment)* Unterrock *m*

• **slip away** *v* sich wegschleichen, sich wegstehlen, entwischen; *let an opportunity ~* sich eine Gelegenheit entgehen lassen
• **slip on** *v (clothes)* schlüpfen in
• **slip up** *v* sich vertun, einen Fehler machen
slipcase ['slɪpkeɪs] *sb* Schuber *m*
slipcover ['slɪpkʌvə] *sb* Schonbezug *m* (Knoten)
slippery ['slɪpərɪ] *adj 1.* schlüpfrig, glatt; *(fish)* glitschig; *2. (fam: person)* glatt
slippy ['slɪpɪ] *adj (fam)* flott, zackig
slip road ['slɪprəʊd] *sb (UK)* Zubringerstraße *f*
slipshod ['slɪpʃɒd] *adj (carelessly done)* schludrig
slipstream ['slɪpstriːm] *sb* Windschatten *m*
slip-up ['slɪpʌp] *sb* Fehler *m*
slipway ['slɪpweɪ] *sb* Gleitbahn *f*
slit [slɪt] *v irr 1.* aufschlitzen; *sb 2.* Schlitz *m*
slither ['slɪðə] *v* schlittern, rutschen, gleiten
sliver ['slɪvə] *sb* Splitter *m,* Span *m*
slob [slɒb] *sb (fam)* Schmutzfink *m*
slobber ['slɒbə] *v* geifern
slog [slɒg] *v (walk with an effort)* stapfen
slop [slɒp] *v 1.* überschwappen; *2. (~ sth)* verschütten
slope [sləʊp] *v 1.* sich neigen, geneigt sein; *sb 2. (sloping ground)* Hang *m; 3. (angle)* Neigung *f*
sloppy ['slɒpɪ] *adj (untidy)* schlampig
slosh [slɒʃ] *v 1. (water)* schwappen; *2. (in water)* herumpatschen
slot [slɒt] *sb 1. (opening)* Schlitz *m; (for money)* Einwurf *m; 3. (groove)* Rille *f*
sloth [slɒθ] *sb ZOOL* Faultier *n*
slothful ['slɒθfʊl] *adj* faul, träge
slouch [slaʊtʃ] *v 1. (sitting)* mit hängenden Schultern sitzen; *2. (standing)* mit hängenden Schultern stehen; *Don't ~!* Steh nicht so krumm! *sb 3. (fam) He's an excellent player, but you're no ~ either.* Er ist ein hervorragender Spieler, aber du kannst auch ganz schön mithalten.
slouch hat [slaʊtʃ hæt] *sb* Schlapphut *m*
slough [slʌf] *v ~ off (sth) (fig)* abschütteln
sloven ['slʌvn] *sb* Schlampe *f*
slovenly ['slʌvnlɪ] *adj* schlampig, schludrig

slow [sləʊ] *adj 1.* langsam; *~ly but surely* langsam aber sicher; *2. to be ~ (clock)* nachgehen; *3. (mentally)* schwerfällig, begriffsstutzig; *4.* sich verlangsamen; *(in an activity)* etw langsamer machen; *(driver)* langsamer fahren; *5. (sth)* verlangsamen

slow-witted ['sləʊwɪtɪd] *adj* begriffsstutzig, schwer von Begriff
sludge [slʌdʒ] *sb* Schlamm *m*
sluggard ['slʌgəd] *sb* Faulpelz *m*
sluggish ['slʌgɪʃ] *adj 1. (market, business)* flau; *2. (person)* träge
sluice [sluːs] *sb* Schleuse *f*
slumber ['slʌmbə] *v 1.* schlummern; *sb 2.* Schlummer *m*
slump [slʌmp] *v 1. ~ into a chair* sich in einen Sessel plumpsen lassen *(fam); 2. (prices)* stürzen, fallen; *3. (fig: morale)* sinken; *sb 4. (fall)* plötzlicher Rückgang *m, (in markets)* Sturz *m; 5. (state)* Tiefstand *m*
slur [slɜː] *v 1. ~ one's words* mit schwerer Zunge reden; *sb 2.* Makel *m; 3. (insult)* Beleidigung *f*
slurp [slɜːp] *v* schlürfen

S

slut [slʌt] *sb (fam)* Schlampe *f,* Flittchen *n*
sly [slaɪ] *adj 1.* schlau, listig; *2. (wink)* verschmitzt; *sb 3. on the ~* heimlich
slyness ['slaɪnɪs] *sb* Schlauheit *f,* Listigkeit *f,* Verschmitztheit *f*
smack [smæk] *v 1. ~ s.o.* jdm einen Klaps geben; *sb 2. (slap)* Klaps *m; 3. (sound)* Klatsch *m; adv 4. (fam)* direkt; *v 5. ~ of (fig)* riechen nach
smacker ['smækə] *sb 1. (fam: kiss)* Schmatz *m; 2. (fam: dollar) (US)* Dollar *m*
smacking ['smækɪŋ] *adj* frisch, kräftig

small [smɔːl] *adj 1.* klein; *make s.o. feel ~* jdn beschämen; *sb 2. the ~ of the back ANAT* das Kreuz *n*

small-minded ['smɔːlmaɪndɪd] *adj* engstirnig
small-scale ['smɔːlskeɪl] *adj* in kleinem Maßstab
small-time ['smɔːl'taɪm] *adj* klein, unbedeutend, Schmalspur...
smarmy ['smɑːmɪ] *adj (fam)* schmierig, kriecherisch
smart [smɑːt] *adj 1. (intelligent)* klug, intelligent; *2. (~-looking)* schick, flott; *3. (pace)* flott, rasch; *v 4.* brennen
smart bomb ['smɑːtbɒm] *sb MIL* intelligente Bombe *f*
smart money ['smɑːtmʌnɪ] *sb the ~* das gut angelegte Geld *n*
smarty ['smɑːtɪ] *sb (fam)* Schlaumeier *m,* Schlauberger *m*
smash [smæʃ] *v 1.* zerschlagen, zerbrechen; *2. (crash)* prallen; *3. (sth)* zerschlagen, *(a window)* einschlagen; *4. (an enemy)* vernichtend schlagen; *sb 5. (loud noise)* Krach *m; 6. (blow)* Schlag *m, (tennis)* Schmetterball *m; 7. (crash)* Zusammenstoß *m; 8. (fam: huge success)* Riesenerfolg *m*
smash-and-grab [smæʃ ænd græb] *sb* Schaufenstereinbruch *m*
smashing ['smæʃɪŋ] *adj (fam)* toll, sagenhaft
smattering ['smætərɪŋ] *sb* oberflächliche Kenntnisse *pl; a ~ of* ein bisschen
smear [smɪə] *v 1. (ink, writing)* verwischen; *2. (sth)* beschmieren; *3. ~ s.o.'s reputation* jds Ruf besudeln; *sb 4.* Klecks *m; 5. (fig)* Verleumdung *f,* Beschmutzung *f*
smell [smel] *v irr 1.* riechen; *2. (fam) That ~s!* Das stinkt! *3. (fig) ~ trouble* Ärger kommen sehen; *~ a rat* Lunte riechen, den Braten riechen; *sb 4.* Geruch *m; (stink)* Gestank *m*
smelly ['smelɪ] *adj* übel riechend, stinkend
smidgen ['smɪdʒən] *sb a ~* ein bisschen

smile [smaɪl] *v 1.* lächeln; *~ at s.o.* jdm zulächeln; *~ about sth* über etw lächeln; *sb 2.* Lächeln *n*

smirk [smɜːk] *v 1.* höhnisch grinsen, affektiert lächeln; *sb 2.* Grinsen *n*
smite [smaɪt] *v irr* schlagen
smith [smɪθ] *sb* Schmied *m*
smithereens [smɪðə'riːnz] *pl blow sth to ~* etw in tausend Stücke sprengen
smitten ['smɪtn] *adj (fig)* verknallt
smock [smɒk] *sb* Kittel *m*
smoke [sməʊk] *v 1.* rauchen; *2. (sth) (a cigarette)* rauchen; *3. ~ s.o. out* jdn ausräuchern; *4. (meat, fish) GAST* räuchern; *sb 5.* Rauch *m; 6. (sth to smoke) have a ~* eine rauchen
smokescreen ['sməʊkskriːn] *sb (fig)* Deckmantel *m,* Ablenkungsmanöver *n*
smooch [smuːtʃ] *v (fam)* knutschen
smooth [smuːð] *adj 1.* glatt; *(flight)* ruhig; *2. (drink)* mild; *v 3.* glätten
• **smooth out** *v 1.* glätten; *2. (fig: a difficulty)* ausbügeln *(fam)*
smoothen ['smuːðən] *v* glatt streichen
smoothness ['smuːðnɪs] *sb* Glätte *f,* Gleichmäßigkeit *f,* Weichheit *f*
smother ['smʌðə] *v 1.* ersticken; *2. ~ with, ~ in (cover)* völlig bedecken mit; *~ s.o. in kisses* jdn abküssen
smoulder ['sməʊldə] *v* glimmen, schwelen
smudge [smʌdʒ] *v 1.* verwischen, verschmieren; *2. (a reputation)* besudeln
smug [smʌg] *adj* selbstgefällig
smuggle ['smʌgl] *v* schmuggeln
smut [smʌt] *sb (obscenity)* Schmutz *m*
smutty ['smʌtɪ] *adj* schmutzig
snag [snæg] *sb 1. (underwater)* Baumstumpf *m; 2. (fig)* Haken *m*
snail [sneɪl] *sb* Schnecke *f; at a ~'s pace* im Schneckentempo
snake [sneɪk] *sb* Schlange *f*

snap [snæp] *v 1. (break)* entzweibrechen, *(rope)* reißen; *2. ~ at s.o. (person)* jdn anfahren; *3. ~ to attention* Haltung annehmen; *4. ~ shut* zuschnappen; *5. (sth) (break)* zerbrechen, entzweibrechen; *6. ~ one's fingers* mit den Fingern schnipsen, mit den Fingern schnalzen; *7. (a whip)* knallen mit; *8. (take a photo of)* knipsen; *9. ~ sth into place* etw einschnappen lassen; *sb 10. (fastener)* Druckknopf *m; 11. (sound of sth closing)* Schnappen *n; 12. (sound of sth breaking)* Knacken *n; 13. (sound of ~ping fingers)* Schnippen *n,* Schnalzen *n*

S

• **snap off** *v* abbrechen

snappy ['snæpɪ] *adj 1. (quick)* flott, zackig; *Make it ~!* Und zwar plötzlich! *(fam); 2. (snappish)* bissig

snapshot ['snæpʃɒt] *sb FOTO* Schnappschuss *m*

snare [snɛə] *v 1.* fangen; *sb 2.* Falle *f*

snarl [snɑːl] *v 1.* knurren; *sb 2.* Knurren *n*

snatch [snætʃ] *v 1.* greifen; *2. ~ an opportunity* eine Gelegenheit ergreifen; *3. (fam: steal) (UK)* klauen *(fam); sb 4.* Griff *m; 5. (in weightlifting) SPORT* Reißen *n; 6. ~es pl (bits)* Bruchstücke *pl,* Brocken *pl*

• **snatch away** *v* wegreißen

• **snatch up** *v* schnappen

snazzy ['snæzɪ] *adj* schick, toll

sneak [sniːk] *v 1.* schleichen; *~ in* sich einschleichen; *~ off, ~ away* wegschleichen; *~ a peek at sth* etw heimlich ansehen; *2. (UK: tell tales)* petzen

sneaky ['sniːkɪ] *adj* hinterlistig

sneer ['snɪə] *v 1. (have a ~ on one's face)* spöttisch lächeln; *2. (make a remark)* spotten; *sb 3. (smirk)* spöttisches Lächeln *n; 4. (remark)* spöttische Bemerkung *f*

sneeze [sniːz] *v 1.* niesen; *not to be ~d at (fig)* nicht zu verachten; *sb 2.* Niesen *n*

snick [snɪk] *sb* Kerbe *f*

snicker ['snɪkə] *v* kichern

snide [snaɪd] *adj* höhnisch, abfällig

sniff [snɪf] *v 1.* schniefen; *~ at sth (smell sth)* an etw schnuppern; *2. ~ at sth (disdainfully)* die Nase über etw rümpfen; *3. (dog)* schnüffeln; *4. (sth)* riechen, *(smelling salts)* einziehen; *sb 5.* Schniefen *n; 6. (disdainful)* Naserümpfen *n; 7. (by a dog)* Schnüffeln *n*

sniffle ['snɪfl] *(see "snuffle")*

sniffy ['snɪfɪ] *adj* naserümpfend

snigger ['snɪgə] *v* kichern

snip [snɪp] *v* schnippeln

snipe [snaɪp] *v (shoot from cover)* aus dem Hinterhalt schießen

snippet ['snɪpɪt] *sb* Stückchen *n*

snippy ['snɪpɪ] *adj* schnippisch

snitch [snɪtʃ] *v ~ on s.o.* jdn verpfeifen *(fam)*

snivel ['snɪvl] *v* heulen, flennen

snivelling ['snɪvəlɪŋ] *adj* winselnd

snobbery ['snɒbərɪ] *sb* Snobismus *m*

snobbish ['snɒbɪʃ] *adj (fam)* versnobt

snog [snɒg] *v (fam) (UK)* knutschen

snood [snuːd] *sb* Haarnetz *n*

snooker ['snuːkə] *sb* Billiardspiel *n*

snoop [snuːp] *v 1.* schnüffeln; *~ around* herumschnüffeln; *sb 2.* Schnüffler *m*

snoot [snuːt] *sb (fam: nose)* Riecher *m*

snooty ['snuːtɪ] *adj (fam)* hochnäsig

snooze [snuːz] *v 1.* ein Nickerchen machen; *sb 2. (fam) a ~* ein Nickerchen *n*

snoozer ['snuːzə] *sb* Nickerchen *n*

snore [snɔː] *v* schnarchen

snorkel ['snɔːkl] *sb* Schnorchel *m*

snort [snɔːt] *v* schnauben

snorter ['snɔːtə] *sb (fam)* harte Sache *f*

snot [snɒt] *sb (fam)* Rotz *m*

snotty ['snɒtɪ] *adj (fig: insolent)* patzig

snout [snaʊt] *sb ZOOL* Schnauze *f*

snow [snəʊ] *sb 1.* Schnee *m; as pure as the driven ~ (fig)* unschuldig wie ein Lamm; *v 2.* schneien; *~ed in* eingeschneit

snowbound ['snəʊbaʊnd] *adj* eingeschneit

snow-capped ['snəʊkæpt] *adj* schneebedeckt

snowdrift ['snəʊdrɪft] *sb* Schneewehe *f*

snub [snʌb] *v 1.* brüskieren, schroff abweisen; *2. (not greet)* schneiden; *sb 3.* Brüskierung *f,* schroffe Abweisung *f*

snub-nosed ['snʌbnəʊzd] *adj* stupsnasig

snuff [snʌf] *sb 1.* Schnupftabak *m; v 2. ~ out* auslöschen; *3. ~ out (hopes)* zunichte machen

snuffle ['snʌfl] *v 1.* schniefen; *sb 2.* Schniefen *n*

snuffy ['snʌfɪ] *adj 1.* verschnupft; *2. (cross)* eingeschnappt

snug [snʌg] *adj 1. (cosy)* gemütlich; *2. (tight)* eng

snuggle ['snʌgl] *v* sich kuscheln

so [səʊ] *konj 1. (therefore)* also; *So what?* Na und? *It was necessary, ~ we did it.* Es war nötig, und so taten wir es. *2. (~ that)* damit; *~ as to* damit; *3. (to begin a question or exclamation)* also; *So you're Filipino?* Sie sind also Filipino? *adv 4. (in this way)* so; *~ to speak* sozusagen; *and ~ on* und so weiter; *5. (to this degree)* so, derart, dermaßen; *I'm not ~ sure.* Ich bin gar nicht so sicher. *She was ~ excited that she could hardly speak.* Sie konnte kaum sprechen, so aufgeregt war sie. *6. ~ far (until now)* bis jetzt; *7. So long! (fam)* Tschüss! Mach's gut! *8. (emphatic)* so; *She loves him ~.* Sie liebt ihn sehr. *9. (replacing a longer phrase)* das, es; *I'm afraid ~.* Leider ja. *Is that ~?* Tatsächlich? *I think ~.* Ich glaube schon. *Quite ~!* Genau! *I don't think ~.* Ich glaube nicht. *I told you ~.* Das habe ich dir gleich gesagt. *10. (likewise)* auch; *So do I.* Ich auch. *11. ... or ~ (approximately)* ungefähr ..., etwa ...

S

soak [səʊk] *v* 1. eingeweicht werden; 2. *~ through* durchkommen; 3. *(sth)* einweichen; 4. *(wet)* durchnässen
• **soak up** *v* aufsaugen
soaker ['səʊkə] *sb (sth that soaks)* Sauger *m*
soaking ['səʊkɪŋ] *adv ~ wet* patschnass
soap [səʊp] *sb* Seife *f*
soapsuds ['səʊpsʌdz] *pl* Seifenschaum *m*
soar [sɔː] *v* 1. in die Höhe steigen; *(prices)* in die Höhe schnellen; 2. *(spire)* hochragen; 3. *(glide)* schweben
soarer ['sɔːrə] *sb* Segler *m*
sob [sɒb] *v* 1. schluchzen; *sb* 2. Schluchzer *m*
sobber ['sɒbə] *sb* Schluchzende(r) *m/f*
sober ['səʊbə] *adj* 1. nüchtern; 2. *(matter-of-fact)* sachlich; *v* 3. nüchtern werden; 4. *(s.o.)* nüchtern machen
sobriety [səʊ'braɪətɪ] *sb* Nüchternheit *f*, Schlichtheit *f*
sobriquet ['səʊbrɪkeɪ] *sb* Spitzname *m*
soccer ['sɒkə] *sb (US)* Fußball *m*
sociability [səʊʃə'bɪlɪtɪ] *sb* Geselligkeit *f*
sociable ['səʊʃəbl] *adj* gesellig
social climber ['səʊʃəl 'klaɪmə] *sb* Arrivierte(r) *m/f*
socialize ['səʊʃəlaɪz] *v* 1. *(converse)* sich unterhalten; 2. *(sth) POL* sozialisieren
society [sə'saɪətɪ] *sb* 1. Gesellschaft *f*; 2. *(club)* Verein *m*
sock [sɒk] *sb* 1. Socke *f*, Socken *m*; *v* 2. *(fam: hit)* hauen
socket ['sɒkɪt] *sb* 1. *(electrical ~)* Steckdose *f*; 2. *eye ~ ANAT* Augenhöhle *f*
socko ['sɒkəʊ] *adj (fam) (US)* durchschlagend
sod [sɒd] *sb* 1. Grassode *f*; 2. *(fam) (UK)* Dreckskerl *m*; 3. *the poor ~* der arme Kerl; *v* 4. mit Rosen bedecken; 5. *Sod off! (UK)* Zieh Leine!
sodden ['sɒdn] *adj* durchnässt, durchweicht
soever [səʊ'evə] *adv* auch immer
sofa ['səʊfə] *sb* Sofa *n*

soft [sɒft] *adj* 1. weich; *have a ~ spot for sth* eine Schwäche für etw haben; 2. *(quiet)* leise; 3. *(breeze, light, voice)* sanft; 4. *(skin)* zart; 5. *(person)* verweichlicht; *~ in the head* schwachsinnig

soften ['sɒfn] *v* 1. weich werden; 2. *(sth)* weich machen; 3. *(light, sound)* dämpfen; 4. *(an effect, a reaction)* mildern; *~ the blow (fig)* den Schock mildern
• **soften up** *v* 1. *(become soft)* weich werden; 2. *(sth)* weich machen; 3. *(fig)* nachgiebig stimmen
softly-softly ['sɒftlɪ'sɒftlɪ] *adj* vorsichtig
soft option ['sɒftɒpʃən] *sb* Weg des geringsten Widerstandes *m*
soft-pedal ['sɒftpedl] *v (fig)* mildern
soft-soap ['sɒftsəʊp] *v (fig)* einseifen
soft-spoken ['sɒftspəʊkən] *adj* leise sprechend
soft spot [sɒft spɒt] *sb* schwache Stelle *f*; *have a ~ for* ein Herz haben für
soggy ['sɒgɪ] *adj* 1. durchnässt; 2. *(bread)* klitschig; 3. *(land)* sumpfig
soil [sɔɪl] *sb* 1. Boden *m*, Erde *f*; *v* 2. *(sth)* beschmutzen
soilage ['sɔɪlɪdʒ] *sb* Grünfutter *n*
sojourn ['sɒdʒɜːn] *sb* Aufenthalt *m*
solace ['sɒlɪs] *sb* Trost *m*
solar ['səʊlə] *adj* Sonnen..., Solar...
solarism ['səʊlərɪzm] *sb* Sonnenverehrung *f*
solder ['səʊldə] *v* löten
soldier ['səʊldʒə] *sb* 1. Soldat *m*; *v* 2. *~ on* unbeirrt weitermachen
sole[1] [səʊl] *adj* 1. einzig; 2. alleinig
sole[2] [səʊl] *sb (of the foot, of a shoe)* Sohle *f*
sole[3] [səʊl] *sb ZOOL* Seezunge *f*
sole heir [səʊl ɛə] *sb JUR* Alleinerbe *m*
solemn ['sɒləm] *adj* feierlich, ernst
solemnify [sə'lemnɪfaɪ] *v* feierlich gestalten
solemnize ['sɒləmnaɪz] *v* feierlich begehen
solicit [sə'lɪsɪt] *v* 1. *(prostitute)* Kunden anwerben; 2. *(sth)* erbitten, bitten um; 3. *(a prostitute)* ansprechen
solicitor [sə'lɪsɪtə] *sb (UK)* Rechtsanwalt/Rechtsanwältin *m/f*
solicitous [sə'lɪsɪtəs] *adj* 1. *(anxious)* besorgt, beflissen; 2. *(eager)* eifrig, fürsorglich
solicitude [sə'lɪsɪtjuːd] *sb* Besorgtheit *f*

solid ['sɒlɪd] *adj* 1. *(not liquid)* fest; 2. *(not hollow)* massiv; 3. *(firm, reliable)* solide; 4. *(uninterrupted)* ununterbrochen; *a ~ hour* eine volle Stunde; 5. *(support)* voll

solidify [sə'lɪdɪfaɪ] *v* 1. fest werden; 2. *(sth)* fest werden lassen; 3. *(fig)* festigen
soliloquy [sə'lɪləkwɪ] *sb* 1. Selbstgespräch *n*; 2. *THEAT* Monolog *m*
solitary ['sɒlɪtərɪ] *adj* 1. einzig; 2. einsam
solitary confinement ['sɒlɪtərɪ kən'faɪnmənt] *sb JUR* Einzelhaft *f*
solitude ['sɒlɪtjuːd] *sb* Einsamkeit *f*
solstice ['sɒlstɪs] *sb* Sonnenwende *f*
solution [sə'luːʃən] *sb* Lösung *f*
solve [sɒlv] *v* 1. *(a problem)* lösen; 2. *(a crime)* aufklären; 3. *(a mystery)* enträtseln

S

solvent ['sɒlvənt] *adj ECO* zahlungsfähig
sombre ['sɒmbə] *adj* trüb, düster
sombrous ['sɒmbrəs] *adj* düster

some [sʌm] *adj 1. (with singular nouns)* etwas, ein bisschen; *~ money* etwas Geld; *2. (with plural nouns)* einige, ein paar; *3. (certain)* manche(r,s); *in ~ cases* in manchen Fällen; *4. (indeterminate)* irgendein; *Some girl came by today.* Irgendein Mädchen kam heute vorbei. *~ day* eines Tages, *(~ or other)* irgendwann mal; *5. (quite a bit of)* ziemlich; *quite ~ time* ziemlich lange; *6. (quite a)* vielleicht ein(e); *pron 7. (people)* einige, *(certain people)* manche; *Some say I'm making a mistake.* Einige sagen, ich mache einen Fehler. *8. (referring to plural nouns)* einige, *(certain ones)* manche, *(in questions)* welche; *Would you like ~?* Möchten Sie welche? *9. (referring to singular nouns)* etwas, *(certain amount)* manches, *(in questions)* welche(r,s); *adv 10. (approximately)* ungefähr, etwa, zirka

somebody ['sʌmbədɪ] *pron (see "someone")*
someday ['sʌmdeɪ] *adv* irgendwann
somehow ['sʌmhaʊ] *adv* irgendwie
someone ['sʌmwʌn] *pron 1.* jemand; *~ or other* irgendjemand; *~ else* jemand anders; *2. (accusative case)* jemanden; *3. (dative case)* jemandem
someplace ['sʌmpleɪs] *adv 1. (US: location)* irgendwo; *2. (destination)* irgendwohin
somersault ['sʌməsɔːlt] *sb 1.* Purzelbaum *m; 2. (in gymnastics)* Salto *m*

something ['sʌmθɪŋ] *pron* etwas; *~ special* etwas Besonderes; *or ~ (fam)* oder so was; *~ or other* irgendetwas

sometime ['sʌmtaɪm] *adv 1.* irgendwann; *adj 2.* ehemalig, einstig
sometimes ['sʌmtaɪmz] *adv* manchmal
someway ['sʌmweɪ] *adv* irgendwie
somewhat ['sʌmwɒt] *adv* etwas, ein wenig, ein bisschen
somewhere ['sʌmwɛə] *adv 1. (location)* irgendwo, *(motion)* irgendwohin; *2. ~ else (location)* irgendwo anders, anderswo; *3. ~ else (motion)* irgendwo anders hin, anderswohin
somnambulate [sɒm'næmbjʊleɪt] *v* schlafwandeln
somnolent ['sɒmnələnt] *adj* schläfrig

son [sʌn] *sb 1.* Sohn *m; 2. (as a form of address)* mein Junge

song [sɒŋ] *sb 1.* Lied *n; for a ~* für einen Apfel und ein Ei; *2. (singing)* Gesang *m; break into ~* zu singen anfangen

song and dance ['sɒŋænd'dɑːns] *sb (fig)* Ausrede *f*
songful ['sɒŋfʊl] *adj* musikalisch, melodiös
songster ['sɒŋstə] *sb* Sänger *m*
sonic ['sɒnɪk] *adj* Schall...
sonic boom ['sɒnɪk buːm] *sb* Überschallknall *m*
son-in-law ['sʌnɪnlɔː] *sb* Schwiegersohn *m*
soon [suːn] *adv 1.* bald; *2. (early)* früh; *too ~* zu früh; *3. just as ~ ...* ebenso gern ... tun würden; *I would just as ~ not do it.* Ich würde es lieber nicht tun.
sooner ['suːnə] *adv 1.* früher, eher; *no ~ said than done* gesagt, getan; *2. (indicating preference)* lieber
soot [sʊt] *sb* Ruß *m*
soothe [suːð] *v 1. (a person)* beruhigen; *2. (pain)* lindern
soothing ['suːðɪŋ] *adj 1.* beruhigend; *2. (pain-relieving)* schmerzlindernd; *3. (relaxing)* entspannend
soothsay ['suːθseɪ] *v* wahrsagen
sop [sɒp] *sb 1. (piece of bread, etc.)* Brotstück zum Eintunken *n; 2. (bribe)* Bestechung *f; v 3. ~ up* aufnehmen
sophisticated [sə'fɪstɪkeɪtɪd] *adj 1. (person)* weltklug, kultiviert, weltmännisch; *2. (tastes)* verfeinert, anspruchsvoll; *3. (machine)* hoch entwickelt; *4. (plan)* ausgeklügelt, raffiniert
sophomoric [sɒfə'mɒrɪk] *adj* kindisch
soporific [sɒpə'rɪfɪk] *adj* einschläfernd
sopping ['sɒpɪŋ] *adj* durchnässt, triefend
soppy ['sɒpɪ] *adj* schmalzig, schnulzig
sorbefacient [sɔːbɪ'feɪʃənt] *adj* absorbierend
sordid ['sɔːdɪd] *adj 1.* elend; *2. (crime)* gemein; *3. (story)* trist
sore [sɔː] *adj 1.* weh; *~ muscles* Muskelkater *m; 2. (inflamed)* wund; *a sight for ~ eyes* ein willkommener Anblick; *a ~ point (fig)* ein wunder Punkt; *3. (fig: upset)* sauer, verärgert; *sb 4.* wunde Stelle *f; an open ~* eine offene Wunde
sorely ['sɔːlɪ] *adv* sehr, stark, heftig
sorrow ['sɒrəʊ] *sb 1. (suffering)* Leid *n,* Kummer *m; 2. (regret)* Bedauern *n*

sorry ['sɒrɪ] *interj 1.* Entschuldigung!, Verzeihung! *2. to be ~ about sth* etw bedauern; *I'm ~.* Es tut mir leid. *feel ~ for o.s.* sich

S

selbst bedauern; *I feel ~ for him.* Er tut mir leid. *I am ~ to say* ich muss leider sagen; *adj 3. (pathetic)* jämmerlich, erbärmlich, *(excuse)* faul

sort [sɔːt] *v 1.* sortieren; *sb 2.* Art *f,* Sorte *f; all ~s of things* alles Mögliche; *that ~ of thing* diese Sachen; *nothing of the ~* nichts dergleichen; *3. a ~ of ...* eine Art ..., so ein .../so eine ...; *4. (person) He is a good ~.* Er ist ein anständiger Kerl. *5. out of ~s* nicht ganz auf der Höhe, *(in a bad temper)* schlecht gelaunt; *adv 6. ~ of (fam)* irgendwie

• **sort out** *v (straighten out)* in Ordnung bringen, klären

sortilege ['sɔːtɪlɪdʒ] *sb* Wahrsagen *n*

sot [sɒt] *sb (drunkard)* Säufer *m*

sought-after ['sɔːtɑːftə] *adj* begehrt

soul [səʊl] *sb 1.* Seele *f; 2. There wasn't a ~ to be seen.* Es war keine Menschenseele zu sehen. *3. He's the ~ of generosity.* Er ist die Großzügigkeit selbst. *4. MUS* Soul *m*

sound [saʊnd] *v 1. (have a certain kind of ~)* klingen, sich anhören; *2. (seem)* sich anhören; *3. (make ~s)* erklingen, ertönen; *4. (sth) (a trumpet)* schallen lassen; *5. (an alarm)* läuten; *6. ~ the horn* hupen; *7. (depths) NAUT* loten; *sb 8. (noise)* Geräusch *n; 9. (of a voice, of instruments)* Klang *m; 10. (uttered by a person or animal)* Laut *m; 11. (of a broadcast, of a film)* Ton *m; 12. PHYS* Schall *m; the speed of ~* Schallgeschwindigkeit *f; 13. (impression) I don't like the ~ of it.* Das klingt gar nicht gut. *adj 14. (healthy)* gesund; *15. (company, investment)* solide; *16. (thorough)* tüchtig; *17. (sensible)* vernünftig, *(judgement)* folgerichtig; *18. (logically ~)* stichhaltig

• **sound out** *v 1. (person)* aushorchen; *2. (intentions)* herausbekommen

sound barrier ['saʊndbærɪə] *sb* Schallmauer *f*

soundbox ['saʊndbɒks] *sb* Schallkörper *m*

sounder ['saʊndə] *sb (device for taking soundings)* Lot *n*

sounding ['saʊndɪŋ] *sb* Loten *n,* Peilung *f*

sounding board ['saʊndɪŋbɔːd] *sb (fig: person)* Testperson *f*

soundless ['saʊndlɪs] *adj* lautlos

soundly ['saʊndlɪ] *adv 1. (sleep)* tief; *2. (defeat)* klar

soundman ['saʊndmæn] *sb* Tontechniker *m*

soup [suːp] *sb 1.* Suppe *f; to be in the ~ (fam)* in der Patsche sitzen; *v 2. ~ up (fam: a car) (US)* frisieren *(fam)*

soupy ['suːpɪ] *adj* dicht, dick

sour [saʊə] *adj* sauer

source [sɔːs] *sb 1. (of a river, of information)* Quelle *f; 2. (origin)* Ursprung *m*

sourdough ['saʊədəʊ] *sb* Sauerteig *m*

sourness ['saʊənɪs] *sb 1. (acid taste)* saurer Geschmack *m,* Säuerlichkeit *f; 2. (fig)* Griesgrämigkeit *f,* Bitterkeit *f*

sourpuss ['saʊəpʊs] *sb* Sauertopf *m,* Miesepeter *m*

souse [saʊs] *v 1. (wet)* nassmachen; *2. (pickle)* einlegen, marinieren; *3. (fam: make drunk)* besoffen machen

south [saʊθ] *sb 1.* Süden *m; adj 2.* südlich, Süd... *adv 3.* im Süden; *4. (toward the ~)* nach Süden, *NAUT* südwärts

southerly ['sʌðəlɪ] *adj* südlich

southern ['sʌðən] *adj* südlich; *in ~ Germany* im Süden Deutschlands

southernmost ['sʌðənməʊst] *adj* südlichste(r,s)

southpaw ['saʊθpɔː] *sb (fam)* Linkshänder *m*

southward ['saʊθwəd] *adj* südwärts gerichtet, Richtung Süden

sovereign ['sɒvrɪn] *adj 1. POL* souverän; *sb 2.* Herrscher *m*

sovereignty ['sɒvrəntɪ] *sb 1.* Oberherrschaft *f; 2. (independence)* Souveränität *f*

sow[1] [saʊ] *sb ZOOL* Sau *f*

sow[2] [səʊ] *v irr* säen; *as you ~ so shall you reap (fig)* was der Mensch säet, das wird er ernten

spa [spɑː] *sb 1. (spring)* Quelle *f; 2. (town)* Kurort *m*

space [speɪs] *sb 1.* Raum *m; time and ~* Zeit und Raum; *2. (room)* Platz *m,* Raum *m; take up a lot of ~* viel Platz einnehmen; *3. (outer ~)* der Weltraum *m,* das Weltall *n; 4. (of time)* Zeitraum *m; 5. (distance between two things)* Abstand *m; 6. (empty area)* Platz *m; 7. (between lines)* Zwischenraum *m; 8. (on a form)* Spalte *f*

space bar ['speɪsbɑː] *sb* Leertaste *f*

spacing ['speɪsɪŋ] *sb* Abstand *m; double ~* zweizeiliger Abstand

spacious ['speɪʃəs] *adj* geräumig

spade [speɪd] *sb 1.* Spaten *m; call a ~ a ~ (fam)* die Dinge beim Namen nennen; *2. (on playing cards)* Pik *n*

span [spæn] *v 1.* sich spannen über; *2. (encircle)* umfassen; *3. (in time)* umspannen; *sb 4.* Spannweite *f; 5. (of time)* Zeitspanne *f*

S

spangle ['spæŋgl] *sb* Paillette *f*
spank [spæŋk] *v 1. ~ s.o.* jdm den Hintern versohlen; *2. ~ s.o. (playfully)* jdm auf den Po ein Klaps geben
spanking ['spæŋkɪŋ] *sb give s.o. a ~* jdm den Hintern versohlen
spanner ['spænə] *sb (UK)* Schraubenschlüssel *m; throw a ~ in the works (fig)* quer schießen
spar [spɑː] *v* sparren
spare [spɛə] *v 1. (do without)* entbehren, verzichten auf; *2. ~ s.o. sth* jdm etw ersparen; *Spare me your flimsy excuses.* Ihre fadenscheinigen Ausreden können Sie sich sparen. *3. (use sparingly)* sparen mit; *4. (show mercy to)* verschonen, *(s.o.'s feelings)* schonen; *adj 5.* übrig, überschüssig; *6. (meagre)* dürftig
spark [spɑːk] *v 1.* Funken sprühen; *2. (sth)* entzünden; *3. (fig: an argument)* auslösen; *(fig: interest)* wecken; *sb 4.* Funke *m*
sparkle ['spɑːkl] *v 1.* funkeln; *2. (wine)* perlen; *sb 3.* Funkeln *n*
sparrow ['spærəʊ] *sb ZOOL* Spatz *m,* Sperling *m; eat like a ~ (fam)* essen wie ein Spatz
sparse [spɑːs] *adj* spärlich, *(population)* dünn
spasm ['spæzəm] *sb MED* Krampf *m*
spat [spæt] *sb 1. (quarrel)* Krach *m,* Zank *m; 2. BIO* Muschellaich *m*
spate [speɪt] *sb (fig)* Flut *f,* Schwall *m*
spatial ['speɪʃəl] *adj* räumlich
spatter ['spætə] *v* spritzen
spatula ['spætjʊlə] *sb* Spachtel *m*
spawn [spɔːn] *v (fig)* hervorbringen
spay [speɪ] *v* sterilisieren

speak [spiːk] *v irr 1.* sprechen; *2. (converse)* reden; *~ to s.o.* mit jdm reden, mit jdm sprechen; *nothing to ~ of* nichts Erwähnenswertes; *I'm not on ~ing terms with him.* Ich spreche nicht mit ihm. *3. (make a speech)* eine Rede halten; *4. generally ~ing* im Allgemeinen; *strictly ~ing* genau genommen; *legally ~ing* rechtlich gesehen; *~ing of ...* da wir gerade von ... sprechen; *5. ~ for itself* für sich sprechen, alles sagen; *6. so to ~* sozusagen; *7. (sth)* sagen; *8. ~ a language* eine Sprache sprechen

• **speak up** *v irr (speak louder)* lauter sprechen
speakeasy ['spiːkiːzɪ] *sb* illegale Kneipe *f*
speaker ['spiːkə] *sb 1. (person making a speech)* Redner *m; 2. (of a language)* Sprecher *m; 3. (commentator)* Sprecher *m; 4. (loud~)* Lautsprecher *m*
spear [spɪə] *sb* Speer *m*

special ['speʃəl] *adj 1.* besondere(r,s), Sonder...; *nothing ~* nichts Besonderes; *2. (specific)* bestimmt; *Were you looking for anything ~?* Suchten Sie etwas Bestimmtes? *sb 3. (reduced price)* Sonderangebot *n; 4. (edition)* Sonderausgabe *f; 5. (TV programme)* Sonderprogramm *n; 6. ~ of the day (at a restaurant)* Tagesgericht *n,* Menü *n; 7. (train)* Sonderzug *m*
specialism ['speʃəlɪzəm] *sb* Spezialisierung *f*
specie ['spiːʃiː] *sb* Hartgeld *n,* Münzgeld *n*
species ['spiːʃiːz] *sb BIO* Art *f*
specifiable [spesɪ'faɪəbl] *adj* spezifizierbar
specific [spə'sɪfɪk] *adj 1. (certain)* bestimmt; *2. (precise)* genau; *3. MED, PHYS, CHEM, BIO* spezifisch
specifically [spə'sɪfɪklɪ] *adv 1. (precisely)* genau; *2. (mention)* ausdrücklich
specification [spesɪfɪ'keɪʃən] *sb 1.* Spezifizierung *f; 2. (stipulation)* Bedingung *f; 3. ~s pl (design)* technische Daten *pl,* technische Beschreibung *f*
specify ['spesɪfaɪ] *v 1.* genau angeben; *(reasons)* nennen; *2. (prescribe)* vorschreiben
specimen ['spesɪmɪn] *sb 1.* Exemplar *n; 2. (sample)* Muster *n; 3. (of a bodily fluid)* Probe *f*
speciosity [spiːʃɪ'ɒsɪtɪ] *sb* schöner Schein *m,* Vordergründigkeit *f*
speck [spek] *sb 1.* Fleck *m; 2. (of dust)* Staubkörnchen *n*
speckle ['spekl] *sb* Tupfen *m,* Flecken *m,* Sprenkel *m*
spectacle ['spektəkl] *sb 1.* Schauspiel *n; make a ~ of o.s.* unangenehm auffallen; *2. ~s pl* Brille *f*
spectacular [spek'tækjʊlə] *adj* spektakulär
spectate [spek'teɪt] *v* zuschauen
spectral ['spektrəl] *adj 1. (of ghosts)* geisterhaft, gespenstisch; *2. (of a spectrum)* Spektral...
spectre ['spektə] *sb* Gespenst *n*
specular ['spekjʊlə] *adj* spiegelnd, Spiegel...
speculate ['spekjʊleɪt] *v 1. (conjecture)* Vermutungen anstellen; *I ~ that ...* Ich vermute, dass ...; *2. FIN* spekulieren
speech [spiːtʃ] *sb 1. (ability to speak)* Sprache *f; 2. (act of speaking)* Sprechen *n; 3. (way of speaking)* Sprechweise *f; 4. (oration)* Rede *f; 5. freedom of ~* Redefreiheit *f; 6. part of ~ GRAMM* Wortart *f*
speechify ['spiːtʃɪfaɪ] *v* Reden schwingen, viele Worte machen

speechless ['spiːtʃlɪs] *adj* sprachlos

speed [spiːd] *sb 1.* Geschwindigkeit *f,* *(going fast)* Schnelligkeit *f; at full ~* mit Höchstgeschwindigkeit; *2. (of film)* Lichtempfindlichkeit *f; 3. (of an engine) TECH* Drehzahl *f; 4. (gear)* Gang *m; three-~ bicycle* Fahrrad mit Dreigangschaltung; *v irr 5. ~ off* davonjagen; *(car)* davonbrausen; *6. ~ up* beschleunigen

speeding ['spiːdɪŋ] *sb* Geschwindigkeitsüberschreitung *f*

speed limit ['spiːdlɪmɪt] *sb* Geschwindigkeitsbegrenzung *f,* Tempolimit *n*

speedometer [spɪ'dɒmɪtə] *sb* Geschwindigkeitsmesser *m,* Tachometer *m*

speed trap ['spiːdtræp] *sb* Radarfalle *f*

spell[1] [spel] *v irr 1.* schreiben; *How do you ~ it?* Wie wird es geschrieben? *2. (aloud)* buchstabieren

• spell out *v irr 1.* buchstabieren; *2. (explain)* verdeutlichen, klarmachen

spell[2] [spel] *sb 1. (period)* Weile *f,* Weilchen *n; 2. ~ s.o. (relieve s.o.)* jdn ablösen

spell[3] [spel] *sb (magical ~)* Zauber *m*

spellbinder ['spelbaɪndə] *sb 1. (person)* fesselnde Person *f; 2. (thing)* fesselnde Sache *f*

spellbound ['spelbaʊnd] *adj (fig)* wie verzaubert; *hold s.o. ~* jdn packen

speller ['spelə] *sb to be a bad ~* schlecht in Rechtschreibung sein

spelling ['spelɪŋ] *sb 1.* Rechtschreibung *f,* Orthografie *f; 2. (of a word)* Schreibweise *f*

spend [spend] *v irr 1. (money)* ausgeben; *2. (energy)* verbrauchen; *3. (time: pass)* verbringen, *(time: use)* brauchen

spendthrift ['spendθrɪft] *sb* Verschwender *m*

spent [spent] *adj 1.* verbraucht; *2. (person)* erschöpft

sperm [spɜːm] *sb* Samenflüssigkeit *f*

spew [spjuː] *v 1. ~ out* sich ergießen; *2. ~ out (sth)* ausspeien, ausspucken, auswerfen

sphere [sfɪə] *sb 1.* Kugel *f; 2. (fig)* Bereich *m*

spice [spaɪs] *v 1.* würzen; *sb 2.* Gewürz *n; 3. (fig)* Würze *f*

spick-and-span [spɪkənd'spæn] *adj* blitzsauber, geschniegelt und gebügelt

spicy ['spaɪsɪ] *adj 1.* würzig, stark gewürzt; *2. (story)* pikant

spider ['spaɪdə] *sb* Spinne *f*

spiel [spiːl] *sb 1.* Blabla *n,* Platte *f (fam); 2. (salesman's)* Verkaufsmasche *f*

spiffy ['spɪfɪ] *adj* schick

spigot ['spɪgət] *sb 1.* Zapfen *m; 2. (faucet)* Hahn *m*

spike [spaɪk] *sb 1.* Spitze *f; 2. (on barbed wire)* Stachel *m; 3.* Spike *m*

spiky ['spaɪkɪ] *adj* spitz, stachlig

spile [spaɪl] *sb* Pflock *m,* Pfahl *m*

spill [spɪl] *v irr 1.* verschüttet werden; *2. (sth)* verschütten; *sb 3. (fall)* Sturz *m*

• spill over *v* überlaufen, überfließen

spillage ['spɪlɪdʒ] *sb (spilling)* Verschütten *n,* Vergießen *n*

spillway ['spɪlweɪ] *sb* Überlaufrinne *f*

spin [spɪn] *v irr 1.* sich drehen; *2. (person)* sich plötzlich umdrehen; *3. (yarn, a web)* spinnen; *4. (turn)* drehen; *5. (a top)* drehen lassen; *sb 6. take a car for a ~* mit einem Auto eine Spazierfahrt machen

spinach ['spɪnɪtʃ] *sb* Spinat *m*

spindle ['spɪndl] *sb* Spindel *f*

spindlelegs ['spɪndllegz] *pl* Streichholzbeine *pl*

spindling ['spɪndlɪŋ] *adj* spindeldürr

spindly ['spɪndlɪ] *adj* spindeldürr

spin doctor ['spɪndɒktə] *sb (fam) POL* Assistent eines Politikers, der für dessen öffentliches Ansehen arbeitet

spindrift ['spɪndrɪft] *sb* Gischt *f*

spin-dryer ['spɪndraɪə] *sb* Schleuder *f*

spine [spaɪn] *sb 1. ANAT* Rückgrat *n; 2. (of a book)* Rücken *m*

spine-chilling ['spaɪntʃɪlɪŋ] *adj* gruselig

spinet [spɪ'net] *sb* Spinett *n*

spine-tingling ['spaɪntɪŋglɪŋ] *adj* aufregend

spinner ['spɪnə] *sb* Schleuder *f*

spinney ['spɪnɪ] *sb (UK)* Dickicht *n*

spinning ['spɪnɪŋ] *sb* Spinnen *n*

spin-off ['spɪnɒf] *sb 1.* Nebenprodukt *n; 2. (TV)* Serie, die auf einer bereits etablierten Serie basiert

spinster ['spɪnstə] *sb 1.* Unverheiratete *f; 2. (old maid)* alte Jungfer *f*

spiral ['spaɪrəl] *sb 1.* Spirale *f; adj 2.* spiralförmig

spire [spaɪə] *sb* Turmspitze *f*

spirit ['spɪrɪt] *sb 1.* Geist *m; That's the ~!* Richtig! *2. (enthusiasm)* Schwung *m,* Elan *m; 3. ~s pl (state of mind)* Stimmung *f,* Laune *f; 4. ~s pl (alcohol)* alkoholische Getränke *pl,* Spirituosen *pl; 5. CHEM* Spiritus *m*

spirited ['spɪrɪtɪd] *adj 1.* temperamentvoll; *2. (performance)* lebendig; *3. (defence, speech)* feurig

S

spiritless ['spɪrɪtlɪs] *adj* lustlos, lahm
spirit level ['spɪrɪtlevl] *sb* Wasserwaage *f*
spiritual ['spɪrɪtjʊəl] *adj 1.* geistig; *2. REL* geistlich
spirituous ['spɪrɪtjʊəs] *adj (alcoholic)* alkoholisch
spit[1] [spɪt] *v irr 1.* spucken; *2. to be the ~ting image of s.o.* jdm wie aus dem Gesicht geschnitten sein; *sb 3. (saliva)* Spucke *f; 4. (act of ~ting)* Spucken *n*
• spit out *v irr 1.* ausspucken; *2. (fig: words)* ausstoßen
spit[2] [spɪt] *sb 1. GEO* Landzunge *f; 2. (for cooking)* Bratspieß *m*
spite [spaɪt] *sb 1.* Boshaftigkeit *f,* Gehässigkeit *f; out of ~* aus reiner Boshaftigkeit; *2. in ~ of* trotz; *3. in ~ of o.s.* obwohl man es gar nicht tun wollte
spiteful ['spaɪtfʊl] *adj* gehässig
spitfire ['spɪtfaɪə] *sb (fig: person)* Drachen *m,* Kratzbürste *f*
spitting image ['spɪtɪŋ] *sb (fam)* Ebenbild *n*
spittle ['spɪtəl] *sb* Speichel *m*
splash [splæʃ] *v 1. (liquid)* spritzen; *2. (rain)* klatschen; *3. (when playing)* plantschen; *4. (s.o.)* bespritzen; *5. (sth) (water)* spritzen; *sb 6.* Spritzen *n; 7. (noise)* Platschen *n; 8. (sensation)* Aufsehen *n*
• splash out *v ~ on sth (fam)* viel Geld für etw ausgeben
splashback ['splæʃbæk] *sb* Spritzschutz *m*
splashdown ['splæʃdaʊn] *sb* Landung eines Raumschiffes auf dem Wasser *f*
splasher ['splæʃə] *sb* Schutzblech *n*
splatter ['splætə] *v 1.* spritzen, klecksen; *2. (sth)* spritzen; *3. (with sth)* bespritzen
splatter movie ['splætəmu:vɪ] *sb (fam)* Horrorfilm *m*
splay [spleɪ] *adj* nach außen gestellt
splendid ['splendɪd] *adj* glänzend, großartig
splendour ['splendə] *sb* Pracht *f*
splice [splaɪs] *v 1. (film, tape)* zusammenkleben; *2. (cable)* spleißen
spline [splaɪn] *sb* Nut *f,* Rille *f*
splint [splɪnt] *sb MED* Schiene *f*
splinter ['splɪntə] *v 1.* splittern; *sb 2.* Splitter *m*
split [splɪt] *v irr 1.* entzweibrechen; *2. (trousers)* platzen; *3. (group)* sich spalten; *4. (fam: leave)* abhauen; *5. (physically)* teilen, spalten; *6. (divide)* spalten; *7. (share)* sich teilen; *sb 8.* Riss *m,* Spalt *m; 9. (fig)* Bruch *m; 10. (in a party)* Spaltung *f; 11. banana ~* Bananensplit *m; 12. do the ~s* Spagat machen; *adj 13.* gespalten
• split up *v 1. (lovers)* auseinander gehen; *2. (group)* sich spalten; *3. (sth)* aufteilen, teilen; *4. (an organization)* spalten
splits [splɪts] *sb do the ~* Spagat machen
splitting ['splɪtɪŋ] *adj a ~ headache* rasende Kopfschmerzen *pl*
splodge [splɒdʒ] *sb* Fleck *m,* Klecks *m*
splotch [splɒtʃ] *sb* Fleck *m,* Klecks *m*
splurge [splɜ:dʒ] *v* viel Geld ausgeben
splutter ['splʌtə] *v* zischen, prusten
spoil [spɔɪl] *v irr 1.* verderben; *2. (sth)* verderben; *3. (s.o.)* verwöhnen
spoils [spɔɪlz] *pl* Beute *f*
spoil-sport ['spɔɪlspɔ:t] *sb* Spielverderber *m*
spoke [spəʊk] *sb (of a wheel)* Speiche *f*
spokesman ['spəʊksmən] *sb* Sprecher *m,* Wortführer *m*
sponge [spʌndʒ] *sb 1.* Schwamm *m; v 2. ~ down* abwaschen, abreiben
sponge bag ['spʌndʒbæg] *sb* Kulturbeutel *m*
sponge bath ['spʌndʒbɑ:θ] *sb* Waschen *n* (mit einem Schwamm oder Waschlappen)
sponge cake ['spʌndʒkeɪk] *sb* Biskuitkuchen *m*
sponger ['spʌndʒə] *sb* Schmarotzer *m*
sponsor ['spɒnsə] *v 1.* fördern; *2. (a future member)* bürgen für; *3. (a bill) POL* befürworten; *sb 4.* Förderer *m; 5. (of a future member)* Bürge/Bürgin *m/f; 6. (of a team)* Sponsor *m*
spontaneous [spɒn'teɪnɪəs] *adj* spontan
spoof [spu:f] *sb* Parodie *f*
spook [spu:k] *sb 1.* Gespenst *n; 2. (fam: spy)* Spion *m*
spooky ['spu:kɪ] *adj* unheimlich
spool [spu:l] *sb* Spule *f*
spoon [spu:n] *sb* Löffel *m*
spoor [spʊə] *sb* Fährte *f,* Spur *f*
spore [spɔ:] *sb* Spore *f,* Keim *m*
sport [spɔ:t] *sb 1.* Sport *m; 2. (one kind of ~)* Sportart *f; 3. (fun)* Spaß *m; 4. (fam: person)* anständiger Kerl *m; a good ~* einer, der alles mitmacht, einer, der es nicht übel nimmt, wenn er verliert; *v 5.* stolz tragen, protzen mit; *(a black eye)* herumlaufen mit
sport coat ['spɔ:tkəʊt] *sb* Sakko *m/n*
sportive ['spɔ:tɪv] *adj* sportlich
sports [spɔ:ts] *pl* Sport *m*
spot [spɒt] *v 1. (notice)* erkennen, sehen; *sb 2. (on an animal, on s.o.'s skin)* Fleck *m; 3. (pimple)* Pickel *m; 4. (dot)* Tupfen *m,* Punkt *m; 5. (fig: on one's reputation)* Makel *m; 6. (place)* Stelle *f; on the ~* zur Stelle, *(immediately)* auf der

S

Stelle, *(there and then)* an Ort und Stelle; *7. put s.o. on the ~* jdn in Verlegenheit bringen; *8. a ~ of ... (UK)* ein bisschen ...; *We're in a ~ of bother.* Wir haben Schwierigkeiten. *9. to be in a tight ~* in der Klemme sitzen; *10. a soft ~ (fig)* eine Schwäche *f; 11. (commercial)* Werbespot *m*
spot check ['spɒttʃek] *sb* Stichprobe *f*
spotless ['spɒtlɪs] *adj* makellos
spotted ['spɒtɪd] *adj (animal)* gefleckt
spotty ['spɒtɪ] *adj* fleckig
spousal ['spaʊzl] *adj* ehelich
spouse [spaʊs] *sb 1.* Gatte/Gattin *m/f,* Gemahl/Gemahlin *m/f; 2. JUR* Ehepartner *m*
spout [spaʊt] *sb 1. (for rainwater)* Ausguss *m; 2. (of a kettle)* Schnauze *f; 3. (of a watering can)* Rohr *n; 4. (jet of water)* Wasserstrahl *m; 5. (coming from a whale)* Fontäne *f; v 6. (fam: say)* deklamieren
sprain [spreɪn] *v 1.* verstauchen; *~ one's ankle* den Fuß verstauchen; *sb 2.* Verstauchung *f*
sprawl [sprɔːl] *v 1. (lie)* behaglich ausgestreckt liegen; *send s.o. ~ing* jdn zu Boden strecken; *2. (sit)* behaglich ausgestreckt sitzen; *3. (town)* sich weit ausdehnen
spray [spreɪ] *v 1.* sprühen; *2. (water, mud)* spritzen; *3. (plants)* spritzen; *4. (hair)* sprayen; *5. (water, paint)* sprühen; *sb 6. (for plants, medical ~, hair ~)* Spray *n; 7. (atomizer)* Sprühdose *f; 8. (of the sea)* Gischt *f*
spread [spred] *v irr 1. (fire)* sich ausbreiten; *2. ~ across (extend over)* sich erstrecken über, sich ausdehnen über; *3. (news, disease)* sich verbreiten; *4. (sth)* etw ausbreiten; *5. (legs)* spreizen; *6. (bread with butter)* bestreichen; *7. (butter)* streichen, aufstreichen; *8. (sand, fertilizer)* streuen; *9. (news, a disease, a rumour)* verbreiten; *sb 10. (spreading)* Verbreitung *f; 11. (for bread) GAST* Aufstrich *m; 12. (fam: huge buffet, lots of food)* fürstliches Mahl *n; 13. (fig: range)* Umfang *m; 14. (cover)* Decke *f*
• **spread out** *v irr (people)* sich verteilen
spread-eagled ['sprediːgld] *adj* mit ausgestreckten Armen und Beinen
spreader ['spredə] *sb* Spachtel *m*
spreadsheet ['spredʃiːt] *sb* Tabellenkalkulation *f*
spree [spriː] *sb* Orgie *f,* Welle *f*
sprig [sprɪg] *sb* Zweig *m*
sprightly ['spraɪtlɪ] *adj 1.* lebhaft; *2. (old person)* rüstig

spring [sprɪŋ] *v irr 1. (leap)* springen; *~ to one's feet* aufspringen; *2. (~ forth)* quellen, hervorquellen, *(fire)* sprühen; *3. ~ from (arise)* entstammen; *4. ~ sth on s.o.* jdn mit etw überraschen; *5. ~ a leak* ein Leck bekommen; *sb 6. (season)* Frühling *m; 7. (of water)* Quelle *f; 8. (device)* Feder *f, (in a mattress, in a seat)* Sprungfeder *f; 9. (bounciness)* Elastizität *f; He walked with a ~ in his step.* Er ging mit federnden Schritten. *10. (leap)* Sprung *m*

• **spring up** *v 1. (person)* aufspringen; *2. (fig)* aus dem Boden schießen
spring fever [sprɪŋ 'fiːvə] *sb 1. (energetic feeling)* Frühlingsgefühle *pl; 2. (feeling of laziness)* Frühjahrsmüdigkeit *f*
springtime ['sprɪŋtaɪm] *sb* Frühling *m*
springy ['sprɪŋɪ] *adj* federnd, elastisch
sprinkle ['sprɪŋkl] *v 1. (water)* sprengen; *2. (sth with water)* besprengen; *3. (sugar, salt)* streuen
sprite [spraɪt] *sb* Fee *f,* Elfe *f*
sprocket ['sprɒkɪt] *sb 1.* Zahn *m; 2. (~ wheel)* Zahnrad *n,* Kettenrad *n*
sprout [spraʊt] *v 1. (seed)* treiben; *2. (plant)* sprießen; *3. (from a plant)* hochschießen; *4. (sth)* treiben; *5. (horns)* entwickeln; *6. (fig: a moustache)* sich wachsen lassen; *sb 7.* Spross *m*
spruce[1] [spruːs] *sb BOT* Fichte *f*
spruce[2] [spruːs] *v ~ up 1. (a house)* auf Vordermann bringen *(fam); 2. ~ o.s. up* sein Äußeres pflegen, *(get dressed up)* sich in Schale werfen
spry [spraɪ] *adj (fam)* rüstig
spud [spʌd] *sb (fam: potato)* Kartoffel *f*
spume [spjuːm] *sb* Gischt *f*
spumescent [spjuː'mesnt] *adj* schaumig, schäumend
spunk [spʌŋk] *sb* Mumm *m,* Courage *f*
spunky ['spʌŋkɪ] *adj* lebhaft, draufgängerisch
spur [spɜː] *sb 1.* Sporn *m; 2. (fig)* Ansporn *m; 3. on the ~ of the moment* ganz spontan; *v 4. ~ on* vorantreiben; *5. (fig)* anspornen
spurious ['spjʊərɪəs] *adj* unecht, falsch
spurn [spɜːn] *v* verschmähen
spurt [spɜːt] *v 1. (liquid)* herausspritzen; *sb 2. (of liquid)* Strahl *m; 3. (sudden burst of sth) a ~ of ...* plötzliche(r,s) ...; *4. (acceleration)* Spurt *m*
sputter ['spʌtə] *v* stottern
spy [spaɪ] *sb 1.* Spion *m; v 2.* spionieren; *~ on s.o.* jdm nachspionieren, jdn bespitzeln; *3. (sth)* sehen
• **spy out** *v* auskundschaften
spyglass ['spaɪglɑːs] *sb* Fernglas *n*
spyhole ['spaɪhəʊl] *sb* Guckloch *n,* Spion *m*

S

squab [skwɒb] *sb (young pigeon)* Jungtaube *f*
squabble ['skwɒbl] *sb 1.* Zank *m; v 2.* zanken
squabbling ['skwɒblɪŋ] *sb* Gezänk *n*
squad [skwɒd] *sb 1. MIL* Truppe *f; 2. (police) (special)* Kommando *n, (police department)* Dezernat *n; 3. (team)* Mannschaft *f; 4. (of workers)* Trupp *m*
squad car ['skwɒdkɑː] *sb* Polizeiwagen *m*
squalid ['skwɒlɪd] *adj 1.* verkommen, verwahrlost; *2. (affair)* schmutzig
squalor ['skwɒlə] *sb* Verkommenheit *f,* Verderbtheit *f*
squander ['skwɒndə] *v 1. (money)* vergeuden; *2. (opportunities)* vertun
square [skwɛə] *adj 1.* quadratisch, viereckig; *~ metre* Quadratmeter *m; 2. (chin, shoulders)* eckig; *3. (deal)* gerecht; *4. (meal)* ordentlich; *5. (fam: person)* spießig; *6. to be ~ (debts)* in Ordnung sein; *to be all ~ (not to owe)* quitt sein; *to be all ~ SPORT* gleich stehen; *sb 7.* Quadrat *n; 8. (in a town)* Platz *m; 9. (on a chessboard)* Feld *n; we were back to ~ one* wir müssten wieder von vorne anfangen; *v 10. (a number) MATH* quadrieren; *11. (debts)* begleichen
squash [skwɒʃ] *v 1. (sth)* zerdrücken, zerquetschen; *to be ~ed together* eng zusammengepresst sein; *sb 2. (US) BOT* Kürbis *m; 3. SPORT* Squash *n*
squasher ['skwɒʃə] *sb* Presse *f*
squashy ['skwɒʃɪ] *adj* weich, matschig
squat [skwɒt] *v 1.* hocken, kauern; *2. (live somewhere illegally)* sich illegal ansiedeln, ein Haus besetzen; *adj 3.* gedrungen
squawk [skwɔːk] *v 1.* kreischen; *sb 2.* Kreischen *n*
squeak [skwiːk] *v 1. (hinge, shoes)* quietschen; *2. (mouse)* piepsen; *3. (person)* quieksen; *sb 4.* Quiekser *m,* Piepser *m,* Quietschen *n*
squeaky-clean ['skwiːkɪ kliːn] *adj* blitzsauber
squeal [skwiːl] *v 1. (person)* schreien; *2. (brakes)* kreischen; *3. (pig)* quieksen; *4. (fam: criminal)* singen, *(schoolboy)* petzen; *sb 5.* Schrei *m,* Kreischen *n,* Quieken *n*
squeamish ['skwiːmɪʃ] *adj* leicht angeekelt, empfindlich
squeeze [skwiːz] *v 1. ~ into sth* sich in etw hineinzwängen; *2. ~ through* sich durchzwängen; *3. (sth)* drücken; *4. (a tube, a sponge)* ausdrücken; *5. (an orange)* auspressen; *sb 6.* Drücken *n; 7. (hug)* Umarmung *f; 8. It was a tight ~.* Es war sehr eng.

squelch [skweltʃ] *v (sth)* abwürgen, vernichten, unterdrücken
squelchy ['skweltʃɪ] *adj* glucksend
squib [skwɪb] *sb* Knallfrosch *m*
squid [skwɪd] *sb ZOOL* Tintenfisch *m*
squidgy ['skwɪdʒɪ] *adj* klitschig, matschig
squint [skwɪnt] *v 1.* schielen; *2.* blinzeln; *sb 3. MED* Schielen *n,* Silberblick *m*
squire [skwaɪə] *sb 1. (UK: landowner)* Gutsherr *m; 2. (knight's helper)* Knappe *m; v 3.* begleiten
squirm [skwɜːm] *v* sich winden
squirming ['skwɜːmɪŋ] *adj* sich windend
squirrel ['skwɪrəl] *sb ZOOL* Eichhörnchen *n*
squirt [skwɜːt] *v 1.* spritzen; *sb 2.* Spritzer *m; 3. (fam: little person)* Knirps *m*
squish [skwɪʃ] *v (fam)* zermatschen
stab [stæb] *v 1. (s.o.)* einen Stich versetzen; *~ s.o to death* jdn erstechen; *2. (food)* durchstechen; *sb 3.* Stich *m; take a ~ at sth (fig)* etw probieren
stable ['steɪbl] *adj 1.* stabil; *2. (job)* dauerhaft; *3. (person)* ausgeglichen; *sb 4.* Stall *m; 5. (group of racehorses)* Rennstall *m*
stabling ['steɪblɪŋ] *sb* Stallungen *pl,* Ställe *pl*
stack [stæk] *v 1. (sth)* stapeln; *sb 2.* Stapel *m*
stadium ['steɪdɪəm] *sb* Stadion *n*
staff [stɑːf] *sb 1. (stick)* Stab *m; 2. (personnel)* Personal *n; to be on the ~ of* Mitarbeiter sein bei; *3. (teaching ~)* Lehrkörper *m; 4. Chief of Staff POL* Stabschef *m; 5. (general ~) MIL* Stab *m; v 6.* mit Personal besetzen
stag [stæg] *sb ZOOL* Hirsch *m*
stage [steɪdʒ] *v 1.* inszenieren; *sb 2.* Bühne *f; 3. (of a trip, of a race)* Etappe *f; 4. (phase)* Stadium *n,* Phase *f; 5. (of a rocket)* Stufe *f*
stagehand ['steɪdʒhænd] *sb THEAT* Bühnenarbeiter *m*
stage-manage ['steɪdʒmænɪdʒ] *v* inszenieren
stagger ['stægə] *v 1.* schwanken, *(nearly fall)* taumeln, *(drunkenly)* torkeln; *~ to one's feet* schwankend aufstehen; *2. (s.o.) (fig)* erschüttern; *3. (sth)* versetzt anordnen; *4. (holidays)* staffeln
staging ['steɪdʒɪn] *sb* Inszenierung *f*
stagnation [stæg'neɪʃən] *sb* Stagnieren *n, (of a market)* Stagnation *f*
staid [steɪd] *adj* seriös, nüchtern, ernst
stain [steɪn] *v 1. (make dirty)* beflecken; *2. (colour: glass)* färben; *3. (wood)* beizen; *sb 4.* Fleck *m; 5. (fig)* Makel *m; 6. (colouring)* Färbemittel *n; 7. (for wood)* Beize *f*
stainless ['steɪnlɪs] *adj* rostfrei

S

stair [stɛə] *sb 1. ~s pl* Treppe *f; 2. (step)* Stufe *f*

staircase ['stɛəkeɪs] *sb* Treppe *f,* Treppenhaus *n*

stairhead ['stɛəhed] *sb* oberster Treppenabsatz *m*

stairway ['stɛəweɪ] *sb* Treppe *f*

stairwell ['stɛəwel] *sb* Treppenschacht *m*

stake¹ [steɪk] *v 1. ~ a claim to sth* sich ein Anrecht auf etw sichern; *sb 2. (post)* Pfahl *m*

stake² [steɪk] *sb 1. (financial interest)* Anteil *m; 2. (in gambling)* Einsatz *m; play for high ~s* um einen hohen Einsatz spielen; *to be at ~ (fig)* auf dem Spiel stehen; *v 3. (risk)* setzen

• **stake out** *v (land)* abstecken

stale [steɪl] *adj 1.* alt; *2. (fam: person)* eingerostet; *3. (beer)* abgestanden; *4. (joke)* abgedroschen; *5. (bread)* altbacken; *6. (air)* verbraucht

stalemate ['steɪlmeɪt] *sb* Patt *n*

stalk [stɔːk] *v 1. (walk stiffly)* stolzieren; *2. (sth) (game)* sich anpirschen an, *(a person)* verfolgen; *sb 3. BOT* Stiel *m*

stalky ['stɔːkɪ] *adj* hochaufgeschossen, staksig

stall¹ [stɔːl] *v 1. (delay)* Ausflüchte machen; *~ for time* Zeit schinden; *2. (engine)* absterben; *3. ~ s.o.* jdn hinhalten

stall² [stɔːl] *sb 1.* Stand *m,* Bude *f; 2. REL* Kirchenstuhl *m; 3. ~s pl (UK: in a theatre)* Parkett *n*

stallion ['stæljən] *sb ZOOL* Hengst *m*

stamina ['stæmɪnə] *sb* Durchhaltevermögen *n,* Ausdauer *f*

stammer ['stæmə] *v 1.* stottern; *2. (with embarrassment)* stammeln

stamp [stæmp] *v 1. (walk)* stampfen, *(horse)* aufstampfen; *2. (sth)* stempeln, *(with a machine)* prägen; *3. (one's name)* aufstempeln, aufprägen; *4. (put postage on)* frankieren; *5. ~ s.o. as* stempeln als, kennzeichnen als; *6. ~ one's foot* mit dem Fuß stampfen; *sb 7. (postage ~)* Briefmarke *f; 8. (mark, instrument)* Stempel *m; 9. a man of that ~* ein Mann dieses Schlages

• **stamp out** *v 1. (a fire)* austreten; *2. (fig: an epidemic)* ausrotten

stamping ground ['stæmpɪŋ graʊnd] *sb my old ~s pl (fam)* mein alter Lieblingsaufenthalt *m*

stance [stæns] *sb 1.* Haltung *f,* Einstellung *f; 2. (fig)* Einstellung *f*

stanch [stɑːntʃ] *v* stillen

stanchion ['stænʃən] *sb* Pfosten *m,*

stand [stænd] *v irr 1.* stehen; *as it ~s* so wie die Sache aussieht; *2. (get up)* aufstehen; *3. (to be a certain height)* hoch sein, *(person)* groß sein; *4. (still be valid)* gelten, *(record, decision)* stehen; *5. ~ as a candidate (UK)* kandidieren; *6. ~ to gain a lot* viel gewinnen können; *7. ~ for sth* für etw stehen, etw repräsentieren; *8. ~ together* zusammenhalten; *9. (withstand)* standhalten, *(person)* gewachsen sein; *~ one's ground* sich behaupten; *10. (place sth)* stellen; *11. ~ a chance* eine gute Chance haben; *12. (put up with)* aushalten; *sb 13. (booth, taxi ~)* Stand *m; 14. (piece of furniture, rack)* Ständer *m; 15. (witness ~) (US)* Zeugenstand *m; 16. (~s) SPORT* Zuschauertribüne *f; 17. (fig: on an issue)* Standpunkt *m,* Einstellung *f; take a ~ on sth* zu etw eine Stellung nehmen; *18. (resistance in battle)* Widerstand *m; make a ~* sich widersetzen

• **stand back** *v irr* zurücktreten

• **stand by** *v irr (to be on alert)* sich bereithalten, bereitstehen

• **stand down** *v irr 1.* zurücktreten; *2. JUR* den Zeugenstand verlassen

• **stand for** *v irr 1. (to be a candidate for)* kandidieren für; *2. (put up with)* hinnehmen; *3. (symbolize)* stehen für, symbolisieren; *4. (abbreviation)* stehen für

• **stand in** *v irr ~ for s.o.* für jdn einspringen

• **stand out** *v irr 1. (to be noticeable)* hervorstechen; *2. ~ against sth* sich von etw abheben

• **stand up** *v irr 1. (arise)* aufstehen; *2. (to be standing)* stehen; *3. ~ for sth* für etw eintreten; *4. ~ to s.o.* sich jdm gegenüber behaupten; *5. stand s.o. up (fam: fail to meet s.o)* jdn versetzen, jdn sitzen lassen

standard ['stændəd] *adj 1.* üblich; *2. ECO* handelsüblich, Standard..., Norm... *sb 3.* Norm *f; 4. (monetary) FIN* Standard *m; 5. (criterion)* Maßstab *m; double ~* doppelte Moral *f; 6. (level)* Niveau *n; 7. (one's expectation)* Anforderung *f; 8. (flag)* Fahne *f*

standee [stæn'diː] *sb (US)* Person mit Stehplatz *f*

standfast ['stændfɑːst] *sb* feste Position *f*

stand-in ['stændɪn] *sb* Ersatz *m*

standing ['stændɪŋ] *sb 1. (position)* Rang *m; 2. (duration)* Dauer *f; 3. of long ~* langjährig, alt; *sb 4. (repute)* Ruf *m; adj 5. (established)* ständig, bestehend; *become a ~ joke* sprichwörtlich werden

standing order ['stændɪŋ 'ɔːdə] *sb 1. ECO*

S

Dauerauftrag *m; 2. MIL* Befehl (mit längerfristiger Wirksamkeit)
staple ['steɪpl] *sb 1. (food)* Hauptnahrungsmittel *n; 2. (fastener) (for paper)* Heftklammer *f, (for cables)* Krampe *f*
star [stɑː] *sb 1.* Stern *m; the ~s and stripes* das Sternenbanner *n; 2. (person)* Star *m; v 3.* die Hauptrolle spielen; *4. (s.o.) CINE* jdn in der Hauptrolle zeigen
starboard ['stɑːbəd] *sb NAUT* Steuerbord *n*
starch [stɑːtʃ] *sb* Stärke *f*
starchy ['stɑːtʃɪ] *adj 1. (containing starch)* stärkehaltig; *2. (stiffened with starch)* gestärkt; *3. (formal)* steif, förmlich
star-crossed ['stɑːkrɒst] *adj* unter einem schlechten Stern stehend
stardom ['stɑːdəm] *sb* Berühmtheit *f*
stardust ['stɑːdʌst] *sb* Sternennebel *m*
stare [stɛə] *v 1.* starren; *~ at s.o.* jdn anstarren; *sb 2.* starrer Blick *m*
starfish ['stɑːfɪʃ] *sb ZOOL* Seestern *m*
stargaze ['stɑːgeɪz] *v* tagträumen
stargazing ['stɑːgeɪzɪŋ] *sb 1.* Betrachten der Sterne *n; 2. (astrology)* Sterndeutung *f*
stark [stɑːk] *adj 1.* krass; *2. (landscape)* nackt; *adv 3. ~ naked* splitternackt
starless ['stɑːlɪs] *adj* sternlos
starlight ['stɑːlaɪt] *sb* Sternenlicht *n*
starred [stɑːd] *adj* mit einem Sternchen bezeichnet
starry ['stɑːrɪ] *adj 1.* sternklar; *2. (eyes)* strahlend
starry-eyed ['stɑːrɪaɪd] *adj* blauäugig

start [stɑːt] *v 1.* anfangen, beginnen; *to ~ with* zunächst einmal; *2. (engine)* anspringen; *3. (found)* gründen; *4. (career, argument)* anfangen, beginnen; *5. (a fire)* anzünden; *6. (sth)* anfangen mit; *7. (a car)* starten; *sb 8.* Beginn *m,* Anfang *m; from ~ to finish* von Anfang bis Ende; *9. SPORT* Start *m; 10. (fright)* Auffahren *n,* Zusammenfahren *n,* Zusammenschrecken *n; give s.o. a ~* jdn erschrecken

• **start off** *v 1.* anfangen; *2. (moving)* losgehen; *3. (on a journey)* aufbrechen; *4. (sth)* anfangen
• **start out** *v* anfangen, beginnen
• **start up** *v 1. (move)* aufspringen, hochspringen; *2. (begin)* anfangen
startle ['stɑːtl] *v* erschrecken
starve [stɑːv] *v 1.* hungern; *2. (to death)* verhungern; *3. I'm starving. (fig: I'm hungry)* Ich sterbe vor Hunger. *4. (s.o.)* hungern lassen
stash [stæʃ] *v 1.* verstecken; *sb 2. (fam: stockpile)* Vorrat *m*

state [steɪt] *v 1.* angeben, feststellen, darlegen; *sb 2. POL* Staat *m; 3. (pomp)* Pomp *m; 4. (condition)* Zustand *m; 5. ~ of emergency* Notstand *m; 6. ~ of affairs* Stand *m,* Lage *f*
statecraft ['steɪtkrɑːft] *sb* Staatskunst *f*
statehouse ['steɪthaʊs] *sb* Parlamentsgebäude *n,* Kapitol *n*
stateless ['steɪtlɪs] *adj* staatenlos
stately ['steɪtlɪ] *adj 1. (building)* prächtig; *2. (person)* stattlich; *3. (manner)* gemessen
state-of-the-art ['steɪtəvðiː'ɑːt] *adj* hochmodern
stateroom ['steɪtruːm] *sb* Kabine *f*
stateside ['steɪtsaɪd] *adj* in den Staaten
static ['stætɪk] *adj 1. PHYS* statisch; *sb 2. (TV picture)* Schnee *m (fam); 3. (interfering with reception)* Störung *f*
station ['steɪʃən] *sb 1.* Station *f; the Stations of the Cross* die Stationen des Kreuzweges; *2. (bus ~, train ~)* Bahnhof *m; 3. (radio/TV)* Sender *m; 4. (police ~)* Wache *f; 5. (position)* Platz *m; 6. (in society)* Rang *m; 7. MIL* Posten *m; v 8. (o.s., s.o.)* aufstellen; *9. MIL* stationieren
stationary ['steɪʃənərɪ] *adj 1. to be ~* stillstehen, *(car)* stehen; *2. (not movable)* fest, feststehend
stationer ['steɪʃənə] *sb* Schreibwarenhändler *m*
stationery ['steɪʃənərɪ] *sb 1. (paper)* Briefpapier *n; 2. (writing materials)* Schreibwaren *pl*
statuary ['stætjʊərɪ] *sb* Bildhauerei *f*
statue ['stætjuː] *sb* Statue *f,* Standbild *n*
status ['steɪtəs] *sb 1.* Status *m; 2. marital ~* Familienstand *m*
statute ['stætjuːt] *sb 1. (of the government)* Gesetz *n; 2. (of an organization)* Statut *n*
statutory ['stætjʊtərɪ] *adj* gesetzlich
staunch [stɔːntʃ] *adj* treu
stave [steɪv] *sb 1. (stick)* Knüppel *m; 2. (of a cask)* Daube *f; 3. (of a ladder)* Sprosse *f; v irr 4. ~ off* abwehren; *5. ~ off (delay)* aufschieben

stay [steɪ] *v 1.* bleiben; *2.* wohnen; *sb 3.* Aufenthalt *m; 4. (~ of execution)* Aussetzung *f*

• **stay away** *v 1.* wegbleiben; *2. ~ from s.o.* jdm fernbleiben
stead [sted] *sb in s.o.'s ~* in jds Statt
steadfast ['stedfɑːst] *adj 1.* fest; *2. (person)* standhaft, unerschütterlich
steadiness ['stedɪnɪs] *sb 1.* Festigkeit *f,* Ruhe *f; 2. (reliability)* Zuverlässigkeit *f*
steading ['stedɪŋ] *sb* Baugrundstück *n*
steady ['stedɪ] *adj 1.* fest; *2. (constant)* stän-

S

dig; 3. *(hand, eye, voice)* ruhig; 4. *(ladder)* standfest; 5. *(reliable)* zuverlässig; *v* 6. *(sth) (a boat)* wieder ins Gleichgewicht bringen; 7. *(s.o., s.o.'s nerves)* beruhigen

steal [stiːl] *v irr* 1. stehlen; 2. *~ a glance at s.o.* jdm einen verstohlenen Blick zuwerfen

• **steal away** *v irr* sich davonstehlen

• **steal up** *v irr ~ on s.o.* sich an jdn heranschleichen

stealer ['stiːlə] *sb* Dieb(in) *m/f*

stealth [stelθ] *sb* Heimlichkeit *f*

steam [stiːm] *sb* 1. Dampf *m; let off ~* Dampf ablassen; *at full ~* mit Volldampf; 2. Dunst *m; v* 3. dampfen; 4. *(sth)* dämpfen

• **steam up** *v (glass)* beschlagen

steed [stiːd] *sb* Ross *n*

steel [stiːl] *sb* 1. Stahl *m; v* 2. *~ o.s. (mentally)* sich stählen

steep [stiːp] *adj* 1. steil; 2. *(fam: price)* gepfeffert; *v* 3. eintauchen, einweichen; 4. *(fig) ~ed in tradition* traditionsreich

steer [stɪə] *v* 1. lenken; *~ clear of sth (fig)* etw vermeiden; 2. *NAUT* steuern; *sb* 3. *ZOOL* junger Ochse *m*

stein [staɪn] *sb* Maßkrug *m*

stellar ['stelə] *adj* 1. Sternen...; 2. *(fam: excellent)* brilliant

stellate ['stelɪt] *adj* sternförmig

stelliferous [ste'lɪfərəs] *adj* reich an Sternen

stellify ['stelɪfaɪ] *v* zu den Sternen erheben

stem¹ [stem] *sb* 1. *BOT* Stiel *m, (of a woody plant)* Stamm *m;* 2. *(of a word) LING* Stamm *m;* 3. *(of a pipe)* Hals *m;* 4. *(of a glass)* Stiel *m;* 5. *NAUT* Steven *m; v* 6. *~ from* herrühren von

stem² [stem] *v (stop)* aufhalten, *(tide)* eindämmen, *(bleeding)* stillen

stemmed [stemd] *adj* Stiel...

stench [stentʃ] *sb* Gestank *m*

stencil ['stensl] *sb* 1. Schablone *f;* 2. *(for printing)* Matrize *f*

step [step] *v* 1. treten, gehen; 2. *Step on it! (fam)* Gib Gas! *(fig: hurry up)* Tempo! Beeil dich! *sb* 3. Schritt *m; ~ by ~* schrittweise; *out of ~ with (fig)* nicht in Einklang mit; *watch one's ~* vorsichtig gehen; 4. *(sound of a ~)* Tritt *m;* 5. *(measure)* Schritt *m,* Maßnahme *f; take ~s* Schritte unternehmen; 6. *(in a process)* Stufe *f;* 7. *(stair)* Stufe *f; ~s* Treppe *f*

• **step back** *v* zurücktreten

• **step forward** *v* 1. vortreten; 2. *(fig)* sich melden

• **step in** *v* 1. eintreten; 2. *(fig)* eingreifen

• **step over** *v* übertreten

• **step up** *v (production)* steigern

stepbrother ['stepbrʌðə] *sb* Stiefbruder *m*

stepchild ['steptʃaɪld] *sb* Stiefkind *n*

stepdaughter ['stepdɔːtə] *sb* Stieftochter *f*

stepfather ['stepfɑːðə] *sb* Stiefvater *m*

stepladder ['steplædə] *sb* Trittleiter *f*

stepmother ['stepmʌðə] *sb* Stiefmutter *f*

step-parent ['steppɛərənt] *sb* 1. *(woman)* Stiefmutter *f;* 2. *(man)* Stiefvater *m*

stepping stone ['stepɪŋ stəʊn] *sb* 1. Trittstein *m;* 2. *(fig)* Sprungbrett *n*

stepsister ['stepsɪstə] *sb* Stiefschwester *f*

stepson ['stepsʌn] *sb* Stiefsohn *m*

stepwise ['stepwaɪz] *adj* schrittweise

stern¹ [stɜːn] *adj* streng

stern² [stɜːn] *sb NAUT* Heck *n*

sternutation [stɜːnjʊ'teɪʃən] *sb* Niesen *n*

stevedore ['stiːvədɔː] *sb* Stauer *m,* Schauermann *m*

stewed [stjuːd] *adj* geschmort, gedünstet

stick¹ [stɪk] *sb* 1. Stock *m;* 2. *(twig)* Zweig *m;* 3. *(hockey ~)* Schläger *m;* 4. *(drum ~)* Schlegel *m;* 5. *(of celery, of dynamite)* Stange *f;* 6. *get hold of the wrong end of the ~* etw völlig falsch verstehen

stick² [stɪk] *v irr* 1. *(adhere)* kleben; 2. *(not come open easily)* festsitzen, *(door)* klemmen; 3. *(become caught)* stecken bleiben; 4. *(stay)* bleiben; *~ to* bleiben bei; 5. *(pointed object)* stecken; 6. *(sth) (with glue)* kleben; 7. *(pin)* stecken; 8. *(jab)* stoßen; 9. *(fam: put)* tun; *I stuck it in my pocket.* Ich habe es eingesteckt. 10. *(UK: tolerate)* aushalten; 11. *to be stuck (fam: perplexed)* nicht klarkommen; 12. *to be stuck with sth* etw am Hals haben

• **stick around** *v irr (fam)* dableiben, *(near the speaker)* hier bleiben

• **stick at** *v irr (persist at)* dranbleiben

• **stick by** *v irr* halten zu, stehen zu

• **stick down** *v irr* festkleben, zukleben

• **stick on** *v irr (a label)* aufkleben

• **stick out** *v irr* 1. *(protrude)* vorstehen; 2. *(fig: to be noticeable)* auffallen; 3. *(one's tongue, one's arm)* herausstrecken; 4. *stick sth out (persevere)* etw aushalten, etw durchstehen

• **stick together** *v irr* 1. *(adhere)* zusammenkleben; 2. *(fig: people)* zusammenhalten

• **stick up** *v irr* 1. *(fam: rob)* überfallen; *Stick 'em up!* Hände hoch! 2. *~ for s.o.* jdn unterstützen

sticky ['stɪkɪ] *adj* 1. klebrig; 2. *(weather)* schwül; 3. *(fig: situation)* heikel; 4. *(unpleasant) a ~ end (fam)* ein schreckliches Ende

S

stiff [stɪf] *adj* 1. steif; 2. *(difficult)* schwierig; 3. *(competition, punishment)* hart; 4. *(manner)* steif, formell, gezwungen; *keep a ~ upper lip* kühl bleiben; 5. *(drink, resistance)* stark
stifle ['staɪfl] *v* 1. *(suppress)* unterdrücken; 2. *(suffocate)* ersticken
still[1] [stɪl] *adv* 1. noch, *(for emphasis)* immer noch, *(now as in the past)* nach wie vor; 2. *(nevertheless)* trotzdem; 3. *(even)* noch; *~ better* noch besser; *konj* 4. dennoch, und doch; *adj* 5. *(motionless)* bewegungslos, ruhig; 6. *stand ~* still stehen; *sb* 7. *(photo)* Standfoto *n;* 8. *(~ness)* Stille *f*
still[2] [stɪl] *sb (distilling apparatus)* Destillierapparat *m*
stillage ['stɪlɪdʒ] *sb* Gestell *n*
still birth [stɪl bɜːθ] *sb* Totgeburt *f*
stillborn ['stɪlbɔːn] *adj* tot geboren
stillness ['stɪlnɪs] *sb* Stille *f,* Ruhe *f*
stilt [stɪlt] *sb* Stelze *f*
stilted ['stɪltɪd] *adj (language)* geziert, geschraubt
stimulate ['stɪmjʊleɪt] *v* 1. stimulieren; 2. *(the circulation)* anregen
sting [stɪŋ] *v irr* 1. brennen; 2. *(insect)* stechen; 3. *(fig: remarks)* schmerzen; 4. *(s.o.)* stechen, *(by a jellyfish)* verbrennen; *sb* 5. *(act of stinging)* Stich *m, (by a jellyfish)* Brennen *n;* 6. *(stinging organ)* Stachel *m, (of a jellyfish)* Brennfaden *m*
stinger ['stɪŋə] *sb* 1. *(insect)* stechendes Insekt *n;* 2. *(plant)* stechende Pflanze *f;* 3. *(remark)* beißende Bemerkung *f*
stinginess ['stɪndʒɪnɪs] *sb* Geiz *m*
stingy ['stɪndʒɪ] *adj* geizig, knauserig *(fam)*
stink [stɪŋk] *v irr* 1. stinken; *sb* 2. Gestank *m;* 3. *(fam: fuss)* Stunk *m; raise a ~* Stunk machen
stint [stɪnt] *sb* Schicht *f; Last year he had a ~ as chairman.* Im letzten Jahr war er eine Weile Vorsitzender. *I did my daily ~ on the weights.* Ich machte mein tägliches Gewichttraining.
stipend ['staɪpənd] *sb* Lohn *m*
stipple ['stɪpl] *v* tupfen, hintupfen
stipulate ['stɪpjʊleɪt] *v* 1. *(specify)* festsetzen; 2. *(make a condition)* voraussetzen
stipulation [stɪpjʊ'leɪʃən] *sb* Bedingung *f*
stir [stɜː] *v* 1. *(person)* sich regen; *(animal, object)* sich bewegen; *(feeling)* wach werden; 2. *(liquid)* umrühren; *(mixture)* rühren; 3. *(s.o.)* aufreizen; 4. *(curiosity)* erregen; 5. *(move)* bewegen; *sb* 6. *(excitement)* Aufregung *f; cause a ~* für Aufregung sorgen
• **stir up** *v* 1. *(liquid)* umrühren; 2. *~ trouble* Unruhe stiften
stirrer ['stɜːrə] *sb* Unruhestifter *m*
stirrup ['stɪrəp] *sb* Steigbügel *m*
stitch [stɪtʃ] *v* 1. *(sth)* nähen; 2. *(mend)* zusammenflicken; 3. *MED* vernähen; *sb* 4. Stich *m, (in knitting)* Masche *f; a ~ in time saves nine* gleich getan ist viel gespart; 5. *(pain)* Seitenstechen *n; to be in ~es (fig)* sich totlachen
stitchery ['stɪtʃərɪ] *sb* Näharbeit *f*
stoat [stəʊt] *sb* Wiesel *n*
stock [stɒk] *v* 1. *(a product)* führen; 2. *(a cupboard)* füllen; 3. *(a pond)* mit Fischen besetzen; *sb* 4. *(supply)* Vorrat *m; in ~* vorrätig; *take ~ of the situation* die Lage abschätzen; 5. *ECO* Bestand *m;* 6. *FIN* Aktien *pl;* 7. *GAST* Brühe *f;* 8. *(ethnic)* Stamm *m;* 9. *(of a rifle)* Schaft *m;* 10. Standard...
• **stock up** *v ~ on* sich eindecken mit
stocking ['stɒkɪŋ] *sb* 1. Strumpf *m;* 2. *(knee-length)* Kniestrumpf *m*
stock-in-trade ['stɒkɪn'treɪd] *sb (fig)* Handwerkszeug *n; Risky undertakings are his ~.* Riskante Unterfangen sind seine Spezialität.
stockish ['stɒkɪʃ] *adj (fairly stocky)* ziemlich stämmig
stockist ['stɒkɪst] *sb (UK)* Fachhändler *m*
stockman ['stɒkmən] *sb* Viehzüchter *m*
stock market ['stɒkmɑːkɪt] *sb FIN* Börse *f*
stockpile ['stɒkpaɪl] *sb* 1. Vorrat *m; v* 2. aufstapeln
stockroom ['stɒkruːm] *sb* Lager *n,* Lagerraum *m*
stock-taking ['stɒkteɪkɪŋ] *sb* 1. Inventur *f;* 2. *(fig)* Bestandsaufnahme *f*
stocky ['stɒkɪ] *adj* stämmig
stodgy ['stɒdʒɪ] *adj* mufflig, spießig
stoic ['stəʊɪk] *adj* stoisch
stoke [stəʊk] *v* heizen, schüren
• **stoke up** *v* 1. *(heat)* beheizen; 2. *(eat)* sich satt essen
stoker ['stəʊkə] *sb* Heizer *m*
stolid ['stɒlɪd] *adj* 1. stur; 2. *(in a positive sense)* unerschütterlich

stomach ['stʌmək] *sb* 1. Magen *m;* 2. *(belly)* Bauch *m; v* 3. *(fam)* vertragen

stomp [stɒmp] *v* stampfen
• **stomp out** *v* 1. zertrampeln; 2. *(fig)* niederschlagen
stone [stəʊn] *sb* 1. Stein *m;* 2. *(UK: unit of weight)* 6,35 kg; *v* 3. *(pelt with ~s)* mit Steinen bewerfen; 4. *(fruit)* entkernen
stonemason ['stəʊnmeɪsən] *sb* Steinmetz *m*
stone's-throw ['stəʊnzθrəʊ] *sb a ~ away* nur einen Steinwurf entfernt

S

stonewall ['stəʊnwɔːl] *v* *1. (answer evasively)* ausweichen; *2. POL* Obstruktion treiben
stonework ['stəʊnwɜːk] *sb* Mauerwerk *n*
stonk [stɒŋk] *sb (fam) MIL* Kugelhagel *m*
stony ['stəʊnɪ] *adj 1.* steinig; *2. (fig: gaze)* starr
stooge [stuːdʒ] *sb* Handlanger *m*
stook [stuːk] *sb AGR* Hocke *f*
stool [stuːl] *sb 1.* Hocker *m; 2. (foot~)* Schemel *m; 3. MED* Stuhl *m*
stool pigeon ['stuːlpɪdʒən] *sb (fam: informer)* Spitzel *m*
stoop [stuːp] *v 1.* sich bücken, sich beugen; *sb 2. (US)* Treppe *f*

stop [stɒp] *v 1. (come to a halt)* anhalten; *Stopp!* Halt! *2. (cease)* aufhören; *~ at nothing* vor nichts zurückschrecken; *3. (fighting)* abbrechen; *4. (machine)* nicht mehr laufen, *(clock)* stehen bleiben; *5. (an action)* aufhören mit; *Stop it!* Hör auf damit! *6. (from continuing)* ein Ende machen; *7. (prevent from happening)* verhindern; *8. (prevent from doing)* abhalten; *9. (interrupt temporarily)* unterbrechen; *10. (halt)* anhalten, *(briefly)* aufhalten; *11. (a machine)* abstellen; *12. (payments, production)* einstellen; *13. (a cheque)* sperren; *14. (a ball) SPORT* stoppen; *15. ~ up (block up)* verstopfen, zustopfen; *sb 16.* Stillstand *m; come to a ~* zum Stillstand kommen; *put a ~ to sth* etw ein Ende machen; *17. FOTO* Blende *f; 18. (break)* Pause *f; 19. (bus ~)* Haltestelle *f; 20. (for a train)* Station *f; 21. (stay)* Aufenthalt *m; 22. (UK: punctuation mark)* Punkt *m*

• **stop by** *v* vorbeikommen, vorbeischauen
• **stop off** *v* Halt machen
stopgap ['stɒpgæp] *sb 1.* Notbehelf *m; 2. (person)* Lückenbüßer *m*
stoplight ['stɒplaɪt] *sb 1. (UK)* Bremslicht *n; 2. (US: traffic light)* rotes Licht *n*
stop press ['stɒppres] *sb (UK)* nach Redaktionsschluss eingegangene Meldungen *pl*
stopper ['stɒpə] *sb* Stöpsel *m,* Pfropfen *m*
stopping ['stɒpɪŋ] *sb* Füllung *f,* Plombe *f*
stopwatch ['stɒpwɒtʃ] *sb* Stoppuhr *f*
storage ['stɔːrɪdʒ] *sb 1.* Lagerung *f; put into ~* lagern; *v 2.* Aufbewahrung *f*
store [stɔː] *v 1.* lagern; *(documents)* aufbewahren; *(furniture)* lagern; *sb 2. (large shop)* Geschäft *n; 3. (US: shop)* Laden *m; 4. (storage place)* Lager *n; 5. (supply)* Vorrat *m; 6. to be in ~ for s.o.* jdm bevorstehen; *7. set great ~ by* großen Wert legen auf, viel halten von
storehouse ['stɔːhaʊs] *sb* Lagerhaus *n*
storekeeper ['stɔːkiːpə] *sb* Ladenbesitzer *m*
storeroom ['stɔːruːm] *sb 1.* Lagerraum *m; 2. (for food)* Vorratskammer *f*
storey ['stɔːrɪ] *sb* Stockwerk *n,* Etage *f; on the third ~* im dritten Stock, *(US)* im zweiten Stock; *a three-~ building* ein dreistöckiges Gebäude
stork [stɔːk] *sb ZOOL* Storch *m*
storm [stɔːm] *sb 1.* Sturm *m,* Unwetter *n; 2. take sth by ~* etw im Sturm erobern; *v 3. (move violently)* stürmen; *4. MIL* stürmen

story ['stɔːrɪ] *sb 1.* Geschichte *f; That's another ~. (fig)* Das ist etw ganz anderes. *It's the same old ~. (fig)* Es ist immer das alte Lied. *2. (article)* Artikel *m; 3. (plot)* Handlung *f; 4. (lie)* Märchen *n; 5. (US: of a building) (see "storey")*

stout [staʊt] *adj 1. (strong)* kräftig, stämmig; *2. (door, wall, rope)* stark; *3. (fat)* beleibt; *4. (brave)* tapfer, mannhaft; *5. (denial)* entschieden
stove [stəʊv] *sb* Herd *m*
stow [stəʊ] *v* verladen, verstauen
• **stow away** *v 1.* als blinder Passagier fahren; *2. (sth)* verstauen
stowage ['stəʊɪdʒ] *sb 1. (stowing)* Beladen *n,* Verstauen *n; 2. (charge)* Staugebühr *f*
straddle ['strædl] *v 1. (sth)* mit gespreizten Beinen stehen über; *2. (sitting)* rittlings sitzen auf; *3. (fig: span)* überspannen
straggle ['strægl] *v ~ behind* hinterherzotteln
straggler ['stræglə] *sb* Nachzügler *m*
straight [streɪt] *adj 1.* gerade; *Your tie isn't ~.* Deine Krawatte sitzt schief. *keep a ~ face* das Gesicht nicht verziehen; *2. (hair)* glatt; *3. (whisky)* pur; *4. (frank)* offen, direkt, *(honest)* ehrlich; *5. (continuous)* in Folge; *The team won three ~ matches.* Die Mannschaft gewann drei Spiele in Folge. *6. ~ A's* glatte Einsen; *7. (fam: boringly proper) (person)* spießig; *8. (fam: heterosexual)* heterosexuell; *9. get sth ~ (fig: make sth clear)* etw klarstellen; *adv 10.* gerade; *I can't think ~.* Ich kann nicht richtig denken. *11. go ~* geradeaus gehen; *12. go ~ (fig)* ein ehrliches Leben beginnen; *13. (directly)* direkt; *~ through sth* glatt durch etw; *~ ahead* geradeaus; *give it to s.o. ~* jdm etw klipp und klar sagen; *~ away* sofort
straightaway [streɪtə'weɪ] *adv* direkt
straightedge ['streɪtedʒ] *sb* Lineal *n*
straighten ['streɪtn] *v 1.* gerade stellen, *(by bending)* gerade biegen; *~ one's tie* die Krawatte zurechtrücken; *2. (tidy)* in Ordnung bringen

S

• straighten out *v (put in order)* in Ordnung bringen
• straighten up *v (stand up straight)* sich aufrichten
straightforward [streɪt'fɔːwəd] *adj 1. (not complicated)* einfach; *2. (frank)* offen
straightline ['streɪtlaɪn] *sb* gerade Linie *f*, Gerade *f*
straight man ['streɪtmæn] *sb* Stichwortgeber *m*
strain [streɪn] *v 1. (exert effort)* sich anstrengen; *2. (sth) (put strain on)* belasten; *3. (s.o.'s patience)* überfordern; *4. MED (a muscle)* zerren, *(eyes, heart, back)* überanstrengen, *(an ankle)* verrenken; *5. (stretch)* spannen; *6. (filter)* sieben, *(vegetables)* abgießen; *sb 7.* Belastung *f*, Beanspruchung *f*; *8. (muscle ~) MED* Zerrung *f*; *9. (on one's heart, eyes, back) MED* Überanstrengung *f*; *10. ~s pl (of music)* Klänge *pl*; *11. (breed) (of a virus)* Art *f*, *(of animals)* Rasse *f*, *(of plants)* Sorte *f*; *12. (streak)* Hang *m*, Zug *m*
strainer ['streɪnə] *sb* Sieb *n*
strait [streɪt] *sb* Meerenge *f*, Straße *f*; *in dire ~s (fig)* in einer Notlage
straitjacket ['streɪtdʒækɪt] *sb* Zwangsjacke *f*
strait-laced ['streɪtleɪst] *adj* prüde, sittenstreng
strand[1] [strænd] *v to be ~ed* gestrandet sein
strand[2] [strænd] *sb 1.* Strang *m*; *2. (of hair)* Strähne *f*; *3. (fig: of a story)* Faden *m*
strange [streɪndʒ] *adj 1. (unfamiliar)* fremd, *(activity)* ungewohnt; *2. (peculiar)* seltsam, sonderbar
strangely ['streɪndʒlɪ] *adv ~ enough* seltsamerweise, merkwürdigerweise, komischerweise *(fam)*
strangeness ['streɪndʒnɪs] *sb 1. (oddness)* Seltsamkeit *f*; *2. (unfamiliarity)* Fremdheit *f*
stranger ['streɪndʒə] *sb* Fremde(r) *m/f*; *to be no ~ to sth (fig)* mit etw vertraut sein
strangle ['stræŋgl] *v* erwürgen, erdrosseln
stranglehold ['stræŋglhəʊld] *sb 1.* Würgegriff *m*; *2. (fig)* absolute Machtstellung *f*
strap [stræp] *v 1. ~ sth onto sth* etw auf etw schnallen; *~ o.s. in* sich anschnallen; *~ sth down* etw festschnallen; *sb 2.* Riemen *m*; *3. (shoulder ~)* Träger *m*; *4. (of a watch)* Armband *n*
strap-hanger ['stræphæŋə] *sb* Pendler *m*
strapless ['stræplɪs] *adj* trägerlos
strapline ['stræplaɪn] *sb* Zusatzüberschrift *f*
strapped [stræpt] *adj (fam)* pleite
strapping ['stræpɪŋ] *adj* stramm

stratagem ['strætədʒəm] *sb* List *f*
strategist ['strætədʒɪst] *sb* Stratege *m*
stratification [strætɪfɪ'keɪʃən] *sb* Schichtung *f*, Schichtenbildung *f*
stratiform ['strætɪfɔːm] *adj* schichtenförmig
stratum ['streɪtəm] *sb* Schicht *f*
straw [strɔː] *sb 1.* Stroh *n*; *2. (one stalk)* Strohhalm *m*; *draw ~s* Strohhalme ziehen; *draw the ~* den kürzeren ziehen; *short ~* kürzeres Ende; *That's the last ~! (fig)* Das hat gerade noch gefehlt! *grasp at ~s (fig)* sich an einen Strohhalm klammern; *3. (drinking ~)* Strohhalm *m*, Trinkhalm *m*
strawberry ['strɔːbərɪ] *sb* Erdbeere *f*
strawboard ['strɔːbɔːd] *sb* grober Karton *m*
straw poll [strɔː pəʊl] *sb* Probeabstimmung *f*
stray [streɪ] *v 1.* streunen, sich verirren; *2. (thoughts)* abschweifen; *adj 3. (dog)* streunend; *4. (child, bullet)* verirrt; *sb 5.* streunendes Tier *n*
streak [striːk] *v 1.* flitzen; *2. (sth)* streifen; *sb 3. (strip)* Streifen *m*; *4. (in hair)* Strähne *f*; *5. (of light)* Strahl *m*; *6. (fig: trace)* Spur *f*; *7. (humorous)* Ader *f*; *8. (of meanness)* Zug *m*
streaking ['striːkɪŋ] *sb (fam: running naked)* Flitzen *n*
streaky ['striːkɪ] *adj* streifig
stream [striːm] *v 1.* strömen, fließen; *sb 2. (small river)* Bach *m*; *3. (flow)* Strom *m*
• stream in *v* hereinströmen/hineinströmen
• stream out *v* herausströmen/hinausströmen
streamer ['striːmə] *sb 1.* Wimpel *m*; *2. (made of paper)* Papierschlange *f*
streamline ['striːmlaɪn] *v (fig)* rationalisieren
streamlined ['striːmlaɪnd] *adj 1.* stromlinienförmig; *2. (fig)* rationell

street [striːt] *sb* Straße *f*; *in the ~* auf der Straße; *He lives on Lincoln Street.* Er wohnt in der Lincoln Street. *at ~ level* zu ebener Erde; *the man in the ~ (fig)* der Mann auf der Straße *That's right up your ~. (fig)* Das ist wie geschaffen für dich.

street smart ['striːtsmɑːt] *adj* gewieft, mit allen Wassern gewaschen
streetwise ['striːtwaɪz] *adj* clever
strength [streŋθ] *sb 1.* Stärke *f*; *2. (physical ~)* Kraft *f*; *3. (of a colour)* Intensität *f*
strengthen ['streŋθən] *v 1. (sth)* stärken; *2. (s.o.'s resolve)* bestärken; *3. (a building)* verstärken

strenuous ['strenjʊəs] *adj 1.* anstrengend; *2. (energetic)* energisch

stress [stres] *v 1. (emphasize)* betonen; *2. (a syllable)* betonen; *sb 3. (strain)* Belastung *f,* Stress *m; 4. TECH* Belastung *f,* Beanspruchung *f; 5. (pressure)* Druck *m; 6. (emphasis)* Nachdruck *m; 7. (accent)* Betonung *f*

stretch [stretʃ] *v 1. (elastic)* sich dehnen; *2. (landscape)* sich erstrecken; *3. (person)* sich strecken, sich recken; *~ for sth* nach etw langen; *4. (sth) (pull tight)* spannen; *5. (expand)* dehnen; *6. (a part of one's body)* dehnen; *7. (make go further) (money)* strecken; *(abilities)* bis zum Äußersten fordern; *8. ~ sth (truth, rule)* es mit etw nicht allzu genau nehmen; *sb 9. (of road)* Strecke *f, (of countryside)* Stück *n; 10. (of a journey)* Abschnitt *m; 11. (of time)* Zeitspanne *f,* Zeitraum *m; 12. (stretching)* Strecken *n*

stretcher ['stretʃə] *sb* Tragbahre *f*

stretchy ['stretʃɪ] *adj* elastisch, dehnbar

strew [struː] *v irr* streuen, verstreuen

stricken ['strɪkən] *adj ~ with an illness* von einer Krankheit befallen

strict [strɪkt] *adj 1.* streng; *2. (precise)* genau

strictly ['strɪktlɪ] *adv 1.* streng; *2. (precisely)* genau; *3. (absolutely)* absolut

stricture ['strɪktʃə] *sb (criticism)* Kritik *f,* kritische Bemerkung *f*

stride [straɪd] *sb 1.* langer Schritt *m; 2. take sth in (one's) ~* etw gut verkraften; *v 3.* schreiten *f*

strident ['straɪdənt] *adj 1. (sound)* schrill, grell; *2. (tone of voice)* scharf

stridulous ['strɪdjʊləs] *adj* kratzend

strife [straɪf] *sb* Streit *m*

strike [straɪk] *v irr 1. (clock)* schlagen; *2. (blow, bullet, disaster)* treffen; *3. (disease)* zuschlagen; *4. (employees)* streiken; *5. (sth)* schlagen; *6. (oil, gold)* finden, stoßen auf; *7. (impress)* beeindrucken; *8. ~ fear into s.o.'s heart* jdn mit Angst erfüllen; *9. (occur to)* in den Sinn kommen, auffallen; *10. (camp)* abbrechen; *11. ~ a balance between sth and sth* das richtige Verhältnis von etw zu etw finden; *sb 12. (by workers)* Streik *m,* Ausstand *m; 13. MIL* Angriff *m*

• strike down *v irr* niederschlagen

• strike off *v irr 1. (cancel)* streichen, ausstreichen, entziehen; *2. (print)* drucken

• strike out *v irr 1. (hit out)* zuschlagen; *2. (start afresh)* neu beginnen; *3. ~ for (set out for)* sich aufmachen, aufbrechen

striking ['straɪkɪŋ] *adj (fig)* auffallend, bemerkenswert; *(beauty)* eindrucksvoll

string [strɪŋ] *sb 1.* Schnur *f; 2. pull ~s* Beziehungen spielen lassen; *3. (of a puppet)* Draht *m; 4. the ~s MUS* die Streichinstrumente *pl; 5. (fam: condition)* Bedingung *f; with no ~s attached* ohne Bedingungen; *6. (series)* Reihe *f,* Kette *f; v irr 7. (pearls)* auf eine Schnur aufziehen; *8. (a musical instrument)* mit Saiten bespannen

• string along *v irr string s.o. along (fam)* jdn hinhalten

stringent ['strɪndʒənt] *adj* streng

stringy ['strɪŋɪ] *adj* sehnig, zäh, faserig

strip [strɪp] *v 1.* sich ausziehen; *(for a medical examination)* sich frei machen; *~ to the waist* den Oberkörper frei machen; *2. (do a striptease)* strippen; *3. (a bed)* abziehen; *4. (paint)* abziehen; *(with liquid)* abbeizen; *5. ~ s.o. of a title* jdm seinen Titel aberkennen; *sb 6.* Streifen *m*

stripe [straɪp] *sb* Streifen *m*

strive [straɪv] *v irr 1. ~ to do sth* sich bemühen, etw zu tun; *2. ~ for sth* etw anstreben, nach etw streben

strobe [strəʊb] *sb* stroboskopische Beleuchtung *f*

strobic ['strəʊbɪk] *adj* sich drehend

stroke [strəʊk] *v 1.* streicheln; *sb 2. (caress)* Streicheln *n; 3. (blow, of a clock, in tennis)* Schlag *m; 4. (of a pen)* Strich *m; 5. ~ of luck* Glücksfall *m; 6. ~ of bad luck* Pechsträhne *f; 7. ~ of genius* Geniestreich *m; 8. TECH* Hub *m; 9. MED* Schlaganfall *m*

stroll [strəʊl] *v 1.* schlendern, bummeln; *sb 2.* Spaziergang *m; take a ~* spazieren gehen

stroller ['strəʊlə] *sb (US)* Kinderwagen *m*

strong [strɒŋ] *adj 1.* stark; *2. (physically, expression, voice)* kräftig; *3. (argument)* überzeugend; *4. (measures)* drastisch; *5. (features)* ausgeprägt

strongarm ['strɒŋɑːm] *v 1.* Gewalt anwenden gegen; *adj 2.* gewalttätig

strongbox ['strɒŋbɒks] *sb* Geldkassette *f*

stronghold ['strɒŋhəʊld] *sb 1.* Feste *f; 2. (fig)* Hochburg *f*

strongman ['strɒŋmæn] *sb 1.* starker Mann *m; 2. POL* Diktator *m*

strong point ['strɒŋpɔɪnt] *sb* Stärke *f*

strongroom ['strɒŋruːm] *sb* Tresorraum *m*

strop [strɒp] *sb* Streichriemen *m*

stroppy ['strɒpɪ] *adj (fam)* pampig, aggressiv

structure ['strʌktʃə] *v 1.* strukturieren; *2. (an*

argument) aufbauen, gliedern; *sb 3.* Struktur *f; 4. (of society)* Aufbau *m; 5. (thing built)* Konstruktion *f; 6. (building)* Gebäude *n*
struggle ['strʌgl] *v 1.* kämpfen; *2. (financially)* in Schwierigkeiten sein; *3. (with schoolwork)* sich abmühen mit; *sb 4.* Kampf *m; 5. (effort)* Anstrengung *f,* Streben *n*
strum [strʌm] *v* klimpern
strumpet ['strʌmpɪt] *sb* Dirne *f,* Metze *f*
strung [strʌŋ] *adj* gespannt
strut [strʌt] *v 1.* stolzieren
stub [stʌb] *v 1. ~ one's toe* sich den Zeh stoßen; *2. ~ out (a cigarette)* ausdrücken; *sb 3. (of a candle)* Stummel *m*; *(of a cigarette)* Kippe *f*
stubble ['stʌbl] *sb* Stoppeln *pl*
stubborn ['stʌbən] *adj 1.* hartnäckig, eigensinnig, stur; *2. (thing)* widerspenstig
stubby ['stʌbɪ] *adj* kurz und dick
stucco ['stʌkəʊ] *sb* Stuck *m*
stuck-up ['stʌk'ʌp] *adj* hochnäsig
stud [stʌd] *sb 1. (collar ~)* Kragenknopf *m; 2. (group of horses for breeding)* Gestüt *n; 3. (horse)* Zuchthengst *m*
student ['stjuːdənt] *sb 1. (at university)* Student/Studentin *m/f; 2. (US: pupil)* Schüler/Schülerin *m/f*
studied ['stʌdɪd] *adj* durchdacht, wohl überlegt, bewusst
studio ['stjuːdɪəʊ] *sb 1.* Studio *n; 2. (artist's)* Atelier *n*
studious ['stjuːdɪəs] *adj* fleißig, lernbegierig

study ['stʌdɪ] *v 1.* lernen, *(attend university)* studieren; *2. (sth)* studieren, lernen; *3. (scrutinize)* mustern; *sb 4. (piece of work)* Studie *f; The firm was a ~ in mismanagement. (fig)* Die Firma war ein perfektes Beispiel schlechter Verwaltung. *5. (of a situation)* Untersuchung *f; 6. (of nature)* Beobachtung *f; 7. studies pl* Studium *n; 8. (room)* Arbeitszimmer *n*

stuff [stʌf] *v 1. ~ sth into sth* etw in etw stopfen; *~ sth into an envelope* etw in einen Umschlag stecken; *2.* voll stopfen; *GAST* füllen; *sb 3.* Zeug *n, (belongings)* Sachen *pl; made of the same ~* aus dem gleichen Holz geschnitzt; *4. know one's ~ (fam)* sich in seinen Fach gut auskennen; *5. Stuff and nonsense!* Unsinn!
stuffing ['stʌfɪŋ] *sb* Füllung *f*
stuffy ['stʌfɪ] *adj 1. (person)* spießig; *2. (room)* stickig, muffig
stultify ['stʌltɪfaɪ] *v* verdummen
stultifying ['stʌltɪfaɪɪŋ] *adj* abstumpfend
stumble ['stʌmbl] *v 1.* stolpern; *2. (in speaking)* stocken; *3. ~ on sth, ~ upon sth (fig)* auf etw stoßen
stumbling block ['stʌmblɪŋ blɒk] *sb* Stolperstein *m,* Hindernis *n,* Hürde *f*
stump [stʌmp] *sb 1. (of a tree, of a tooth, of a limb)* Stumpf *m; 2. (of a pencil, of a candle, of a cigar)* Stummel *m*
stumpy ['stʌmpɪ] *adj* stumpfartig, klein und gedrungen
stun [stʌn] *v 1.* betäuben; *2. (fig: surprise)* verblüffen; *3. (fig: shock)* fassungslos machen
stunt [stʌnt] *v 1. ~ s.o.'s growth* jdn im Wachstum hemmen; *sb 2.* Kunststück *n; 3. (publicity ~)* Gag *m; 4. CINE* Stunt *m,* gefährliche Szene *f*
stupefacient [stjuːpɪ'feɪʃɪənt] *sb* Betäubungsmittel *n*
stupefaction [stjuːpɪ'fækʃən] *sb* Verblüffung *f*
stupendous [stjuː'pendəs] *adj 1. (fantastic)* großartig, fantastisch; *2. (enormous)* riesig, enorm
stupid ['stjuːpɪd] *adj 1.* dumm; *2. (fam: foolish, boring)* blöd
stupor ['stjuːpə] *sb 1.* Betäubung *f; 2. MED* Stupor *m*
sturdiness ['stɜːdɪnɪs] *sb* Robustheit *f,* Unerschütterlichkeit *f*
sturdy ['stɜːdɪ] *adj 1. (structure)* stabil, kräftig; *2. (person)* robust, kräftig, stämmig
stutter ['stʌtə] *v* stottern
sty [staɪ] *sb 1.* Schweinestall *m; 2. MED* Gerstenkorn *n*
style [staɪl] *v 1. (hair)* schneiden und frisieren; *2. (designate)* nennen; *sb 3.* Stil *m; 4. (type)* Art *f*
stymie ['staɪmɪ] *v to be ~d (fam)* aufgeschmissen sein
suable ['sjuːəbl] *adj JUR* einklagbar
suave [swɑːv] *adj 1.* kultiviert, höflich; *2. (smooth)* sanft, mild
subatomic [sʌbə'tɒmɪk] *adj* inneratomar
subcategory ['sʌbkætɪgərɪ] *sb* Unterabteilung *f*
subconscious [sʌb'kɒnʃəs] *adj 1.* unterbewusst; *sb 2.* Unterbewusstsein *n*
subdivide [sʌbdɪ'vaɪd] *v* unterteilen
subdivision ['sʌbdɪvɪʒən] *sb 1. (subdividing)* Unterteilung *f; 2. (group)* Unterabteilung *f*
subdue [səb'djuː] *v 1. (people)* unterwerfen; *2. (voice, light, noise)* dämpfen

subject ['sʌbdʒɪkt] *sb 1. (topic, ~ of a pain-*

S

ting) Thema *n,* Gegenstand *m; 2. (of study, of expertise)* Fach *n; 3. GRAMM* Subjekt *n; 4. (of an experiment)* Versuchsobjekt *n, (person)* Versuchsperson *f; 5. (patient)* Patient/Patientin *m/f; 6. POL* Staatsbürger *m, (of a monarch)* Untertan/Untertanin *m/f; adj 7. to be ~ to sth* von etw abhängig sein, *(to law, to s.o.'s will)* einer Sache unterworfen sein; *~ to change without notice* Änderungen vorbehalten; *~ to a fee* gebührenpflichtig; [səb'dʒekt] *v 8. ~ s.o. to sth* jdn einer Sache unterziehen, *(to sth unpleasant)* jdn einer Sache aussetzen

subjection [səb'dʒekʃən] *sb* Unterwerfung *f*
subjective [səb'dʒektɪv] *adj* subjektiv
subject matter ['sʌbdʒɪktmætə] *sb (content)* Inhalt *m*
subjugate ['sʌbdʒʊgeɪt] *v* unterwerfen
subjunctive [səb'dʒʌŋktɪv] *sb GRAMM* Konjunktiv *m*
sublease ['sʌbliːs] *sb* Untervermietung *f,* Unterverpachtung *f*
sublet [sʌb'let] *v* untervermieten
sublimate ['sʌblɪmeɪt] *v* sublimieren
sublime [səb'laɪm] *adj* erhaben; *~ indifference* totale Gleichgültigkeit *f*
subliminal [səb'lɪmɪnəl] *adj* unbewusst
submachine-gun [sʌbmə'ʃiːn gʌn] *sb* leichtes automatisches Gewehr *n*
submarine [sʌbmə'riːn] *sb* U-Boot *n,* Unterseeboot *n*
submerge [səb'mɜːdʒ] *v 1.* tauchen; *2. (sth)* untertauchen; *(flood)* überschwemmen; *It was completely ~d.* Es stand völlig unter Wasser.
submission [səb'mɪʃən] *sb 1. (yielding)* Unterwerfung *f; 2. (obedience)* Ergebung *f; 3. (of documents)* Vorlage *f*
submissive [səb'mɪsɪv] *adj* gehorsam, demütig
submit [səb'mɪt] *v 1.* sich fügen, sich beugen; *2. ~ to sth (s.o.'s orders)* sich einer Sache unterwerfen, *(demands, threats)* einer Sache nachgeben; *3. ~ sth to s.o.* jdm etw vorlegen, bei jdm etw einreichen; *4. ~ sth to sth* etw einer Sache unterziehen; *5. I ~ that ...* ich gebe zu bedenken, dass ...
subordinate [sə'bɔːdnɪt] *sb* Untergebene(r) *m/f*
subpoena [səb'piːnə] *v 1. JUR* vorladen; *sb 2. JUR* Vorladung *f*
subscribe [səb'skraɪb] *v ~ to 1. (a publication)* abonnieren; *2. ~ to an opinion* einer Ansicht beistimmen
subscript ['sʌbskrɪpt] *sb (number)* tiefgestellte Zahl *f*
subsequence ['sʌbsɪkwəns] *sb* nachfolgendes Eintreten *n*
subsequent ['sʌbsɪkwənt] *adj 1.* folgend; *2. (later)* später
subsequently ['sʌbsɪkwəntlɪ] *adv* später, anschließend
subserve [səb'sɜːv] *v* dienen, dienlich sein
subside [səb'saɪd] *v 1. (storm, wind)* nachlassen; *2. (river, flood)* sinken; *3. (anger, noise, fever)* abklingen
subsidence [səb'saɪdns] *sb* Senkung *f,* Absacken *n*
subsidiary [səb'sɪdɪərɪ] *adj 1.* Neben...; *2. ECO* Tochter...; *sb 3. ECO* Tochtergesellschaft *f*
subsidize ['sʌbsɪdaɪz] *v* subventionieren
subsidy ['sʌbsɪdɪ] *sb* Subvention *f*
subsist [səb'sɪst] *v* sich ernähren, leben
subsistence [səb'sɪstəns] *sb 1.* Existenz *f; 2. (means of ~)* Lebensunterhalt *m*
substance ['sʌbstəns] *sb 1.* Substanz *f,* Stoff *m,* Materie *f; 2. (fig: essence)* Kern *m; 3. (fig: meaningful ideas)* Gehalt *m,* Substanz *f; 4. in ~* im Wesentlichen, im Großen und Ganzen
substantial [səb'stænʃəl] *adj 1. (large)* beträchtlich; *2. (contribution, improvement)* wesentlich; *3. (argument)* überzeugend; *4. (real)* wirklich; *5. (meal)* sättigend, reichlich; *6. (solid)* solide; *7. (important)* bedeutend
substantiate [səb'stænʃɪeɪt] *v* begründen
substantive ['sʌbstəntɪv] *sb GRAMM* Substantiv *n*
substation ['sʌbsteɪʃən] *sb (electrical station)* Umspannwerk *n*
substitute ['sʌbstɪtjuːt] *v 1. ~ for s.o.* jdn vertreten, als Ersatz für jdn dienen; *2. ~ A for B* B durch A ersetzen; *The manager substituted Smith for Jones.* Der Trainer wechselte Jones gegen Smith aus. *sb 3.* Ersatz *m; 4. (person)* Vertretung *f; 5. SPORT* Ersatzspieler *m; adj 6.* Ersatz...
substitution [sʌbstɪ'tjuːʃən] *sb* Ersetzen *n,* Einsetzen *n*
subterfuge ['sʌbtəfjuːdʒ] *sb* List *f; resort to ~* zu einer List greifen
subterranean [sʌbtə'reɪnɪən] *adj* unterirdisch
subtitle ['sʌbtaɪtl] *sb 1.* Untertitel *m*
subtle ['sʌtl] *adj 1.* fein; *2.* subtil
subtract [səb'trækt] *v* abziehen
subtraction [səb'trækʃən] *sb 1. MATH* Subtraktion *f; 2. (fig)* Abzug *m*

S

suburb ['sʌbɜːb] *sb* Vorort *m*
suburbia [sə'bɜːbɪə] *sb (fam)* die Vororte *pl*
subvert [səb'vɜːt] *v* unterminieren, zerrütten
subway ['sʌbweɪ] *sb 1. (US)* U-Bahn *f*, Untergrundbahn *f*; *2. (UK)* Unterführung *f*, *(for cars)* Tunnel *m*
succeed [sək'siːd] *v 1.* gelingen, Erfolg haben; *2. ~ s.o.* jdm nachfolgen, jdm folgen, jds Nachfolger werden
success [sək'ses] *sb* Erfolg *m*
succession [sək'seʃən] *sb 1.* Folge *f*, Serie *f*; *in ~* hintereinander, nacheinander; *in rapid ~* in rascher Folge; *sb 2. (within a family)* Erbfolge *f*; *3. (to a post)* Nachfolge *f*; *4. (to a throne)* Thronfolge *f*
succinct [sək'sɪŋkt] *adj* kurz und bündig
succulent ['sʌkjʊlənt] *adj* saftig
succumb [sə'kʌm] *v ~ to sth* einer Sache unterliegen

such [sʌtʃ] *adj 1.* solche(r,s); *there's no ~ thing as ...* so etwas wie ... gibt es nicht; *~ a man* ein solcher Mann; *in ~ a way that* auf solche Weise, dass; *2. ~ as* wie, so wie, wie zum Beispiel; *adv 3.* so, solch; *Such a clever lad!* So ein kluger Junge! *He's ~ a liar.* Er ist solch ein Lügner. *4. Such is life!* So ist das Leben! *pron 5.* dergleichen; *as ~* an sich; *Such as?* Zum Beispiel? *and ~* und dergleichen

suchlike ['sʌtʃlaɪk] *adj* solche(r,s)
suck [sʌk] *v 1.* saugen; *2. (through a straw)* ziehen; *3. (on a lollipop, on a bonbon)* lutschen; *4. (fam) (US) That ~s.* Das ist Scheiße. *5. (sth)* saugen; *6. (a straw, a breast)* saugen an; *7. (one's thumb, a bonbon)* lutschen
• **suck in** *v 1. (cheeks)* einziehen; *2. (breaths)* in tiefen Zügen einatmen
• **suck up** *v ~ to s.o.* jdm schöntun *(fam)*
sucker ['sʌkə] *sb 1. (fam: person)* Dussel *m*; *2. (US: lollipop)* Lutscher *m*; *3. ZOOL* Saugnapf *m*
sucker-punch ['sʌkəpʌntʃ] *v ~ s.o. (US)* jdm einen unerwarteten Schlag versetzen
suckle ['sʌkl] *v* saugen
suckling ['sʌklɪŋ] *sb* Jungtier *n*
suction ['sʌkʃən] *sb 1. (action)* Saugen *n*; *2. (effect)* Saugwirkung *f*; *3. PHYS* Sog *m*
suction cup ['sʌkʃənkʌp] *sb* Saugnapf *m*
sudatory ['sjuːdətərɪ] *adj* schweißtreibend
sudden ['sʌdn] *adj 1.* plötzlich; *2. (drop)* jäh; *3. (unexpected)* unvermutet; *sb 4. all of a ~* plötzlich, ganz plötzlich
suddenly ['sʌdnlɪ] *adv* plötzlich
sudorific [sjuːdə'rɪfɪk] *adj* schweißtreibend
suds [sʌdz] *pl 1.* Seifenwasser *n*, Seifenlauge *f*; *2. (fam: beer) (US)* Bier *n*
sue [suː] *v 1. JUR* klagen, Klage erheben; *~ for divorce* die Scheidung einreichen; *2. ~ s.o. JUR* gegen jdn gerichtlich vorgehen, jdn belangen; *~ s.o. for damages* jdn auf Schadenersatz verklagen
suede [sweɪd] *sb* Wildleder *n*
suet ['suːɪt] *sb* Nierenfett *n*, Nierentalg *m*
suffer ['sʌfə] *v 1.* leiden, *(as punishment)* büßen; *~ from sth* unter etw leiden; *~ from an illness* an einer Krankheit leiden; *2. (sth)* erleiden; *~ a defeat* eine Niederlage einstecken müssen; *3. (tolerate)* dulden
suffice [sə'faɪs] *v* genügen, reichen
suffocate ['sʌfəkeɪt] *v* ersticken
suffrage ['sʌfrɪdʒ] *sb POL* Wahlrecht *n*
suffuse [sə'fjuːz] *v* erfüllen, durchfluten

sugar ['ʃʊgə] *sb* Zucker *m*

suggest [sə'dʒest] *v 1.* vorschlagen; *2. (an explanation)* nahe legen; *3. (indicate)* hindeuten auf, andeuten; *4. (insinuate)* andeuten; *5. (evoke)* denken lassen an; *6. ~ itself* sich anbieten
suggestive [sə'dʒestɪv] *adj 1. to be ~ of* denken lassen an; *2. (having sexual undertones)* zweideutig, schlüpfrig; *(movements)* aufreizend
suicide ['sʊɪsaɪd] *sb 1.* Selbstmord *m*; *commit ~* Selbstmord begehen; *2. (person)* Selbstmörder *m*

suit [suːt] *v 1. (adapt)* anpassen; *2. (to be pleasing to)* passen, gefallen; *3. (to be right for)* geeignet sein für; *4. ~ s.o. (clothes)* jdm gut stehen; *5. Suit yourself!* Wie du willst! *sb 6.* Anzug *m*; *7. (woman's)* Kostüm *n*; *8. JUR* Prozess *m*, Verfahren *n*; *9. (of playing cards)* Farbe *f*; *10. follow ~ (fig)* jds Beispiel folgen, dasselbe tun

suitability [suːtə'bɪlɪtɪ] *sb 1.* Angemessenheit *f*; *2. (of a candidate)* Eignung *f*
suitable ['suːtəbl] *adj 1.* geeignet, passend; *2. (socially appropriate)* angemessen
suitably ['suːtəblɪ] *adv* angemessen; *to be ~ impressed* geziemend beeindruckt sein
suitcase ['suːtkeɪs] *sb* Koffer *m*
suitor ['suːtə] *sb (of a woman)* Verehrer *m*
sulk [sʌlk] *v* schmollen
sulky ['sʌlkɪ] *adj 1.* mürrisch; *2. (child)* schmollend
sullage ['sʌlɪdʒ] *sb (sewage)* Abwasser *n*
sullen ['sʌlən] *adj* mürrisch, verdrossen
sully ['sʌlɪ] *v (fig)* besudeln, beflecken

S

sultry ['sʌltrɪ] *adj 1. (weather)* schwül; *2. (woman)* heißblütig
sum [sʌm] *sb 1.* Summe *f; 2. (of money)* Betrag *m,* Summe *f,* Geldsumme *f; 3. MATH* Rechnung *f; 4. (UK: maths problem) (fam)* Rechenaufgabe *f; v 5. (summarize)* zusammenfassen; *6. (evaluate quickly)* abschätzen; *7. MATH* summieren, zusammenzählen
summarize ['sʌmәraɪz] *v* zusammenfassen
summary ['sʌmәrɪ] *sb 1.* Zusammenfassung *f,* Abriss *m; 2. (of a plot)* kurze Inhaltsangabe *f; adj 3. (immediate)* summarisch; *~ dismissal* fristlose Entlassung
summation [sʌ'meɪʃәn] *sb* Zusammenfassung *f,* Resümee *n*

summer ['sʌmә] *sb* Sommer *m*

summer-weight ['sʌmәweɪt] *adj* sommerlich, Sommer...
summing-up ['sʌmɪŋ ʌp] *sb* Zusammenfassung *f,* Resümee *n*
summit ['sʌmɪt] *sb* Gipfel *m*
summon ['sʌmәn] *v 1.* rufen, kommen lassen, *(a meeting)* einberufen; *2. (strength, courage)* aufbieten, zusammenraffen
summons ['sʌmәnz] *sb JUR* Vorladung *f*
sumptuous ['sʌmptjuәs] *adj* prächtig

sun [sʌn] *sb 1.* Sonne *f; have the ~ in one's eyes* die Sonne genau im Gesicht haben; *v 2. ~ o.s.* sich sonnen

sundae ['sʌndeɪ] *sb (US)* Eisbecher *m*
Sunday ['sʌndeɪ] *sb* Sonntag *m; in one's ~ best* in Sonntagskeidung
sundial [sʌn daɪl] *sb* Sonnenuhr *f*
sundown ['sʌndaʊn] *sb* Sonnenuntergang *m*
sundry ['sʌndrɪ] *adj 1.* verschiedene, diverse; *2. all and ~* alle, Hinz und Kunz
sunken ['sʌŋkәn] *adj* versunken
sunny ['sʌnɪ] *adj* sonnig
sunshine ['sʌnʃaɪn] *sb* Sonnenschein *m; in the ~* in der Sonne
sunspot ['sʌnspɒt] *sb* Sonnenfleck *m*
sunstroke ['sʌnstrәʊk] *sb MED* Sonnenstich *m*
suntan ['sʌntæn] *sb* Bräune *f*
sunward ['sʌnwәd] *adj* sonnenwärts
super ['suːpә] *adj (fam)* super
superable ['suːpәrәbl] *adj* zu überwinden, überwindbar
superb [suː'pɜːb] *adj* vorzüglich
supercharged ['suːpәtʃɑːdʒd] *adj 1. (internal-combustion engine)* hochverdichtet; *2. (tension)* aufgeladen
supercilious [suːpә'sɪlɪәs] *adj* herablassend
super-duper ['suːpәduːpә] *adj (fam)* super, klasse
superficial [suːpә'fɪʃәl] *adj* oberflächlich
superfluous [sʊ'pɜːflʊәs] *adj* überflüssig
supergrass ['suːpәgrɑːs] *sb (fam)* Polizeispitzel *m*
superimpose [suːpәrɪm'pәʊz] *v CINE* einblenden
superintendent [suːpәrɪn'tendәnt] *sb 1.* Leiter *m,* Vorsteher *m,* Direktor *m; 2. (police ~) (UK)* Hauptkommissar *m, (US)* Polizeichef *m*
superior [sʊ'pɪәrɪә] *adj 1. (better)* besser, *(abilities)* überlegen; *2. (excellent)* großartig, hervorragend; *3. (arrogant)* überheblich; *4. (in rank)* höher; *sb 5. (in rank)* Vorgesetze(r) *m/f; 6. to be s.o.'s ~ (in ability)* jdm überlegen sein
superscript ['suːpәskrɪpt] *sb (number)* hoch gestellte Zahl *f*
supersede [suːpә'siːd] *v* ersetzen
supersonic [suːpә'sɒnɪk] *adj* Überschall...
superstitious [suːpә'stɪʃәs] *adj* abergläubisch
supervise ['suːpәvaɪz] *v* beaufsichtigen
supine ['suːpaɪn] *adj to be ~* auf dem Rücken liegen
supper ['sʌpә] *sb* Abendessen *n; have ~* zu Abend essen
supplant [sә'plɑːnt] *v 1.* ersetzen; *2. (by force)* verdrängen
supple ['sʌpl] *adj* geschmeidig
supplement ['sʌplɪmәnt] *v 1.* ergänzen; *sb 2.* Ergänzung *f; 3. (in a newspaper)* Beilage *f; 4. (at the end of a book)* Nachtrag *m*
supply [sә'plaɪ] *v 1.* sorgen für; *2. (goods, public utilities)* liefern; *3. (put at s.o.'s disposal)* stellen; *4. (fuel to a motor) TECH* speisen; *5. ~ s.o. with sth* jdn mit etw versorgen; *6. (s.o.) (with goods) ECO* beliefern; *sb 7. (act of supplying)* Versorgung *f; 8. ~ and demand* Angebot und Nachfrage; *9. (thing supplied)* Lieferung *f; 10. (delivery)* Lieferung *f; 11. (stock)* Vorrat *m; 12. supplies pl (for a journey)* Proviant *m; 13. MIL* Nachschub *m; 14. TECH* Zufuhr *f*
support [sә'pɔːt] *v 1. (a plan)* befürworten; *2. (give moral support to)* beistehen; *3. (physically)* stützen; *4. (one's family)* erhalten; *5. (fig)* unterstützen; *sb 6. (physical)* Stütze *f; 7. (fig)* Unterstützung *f*
supportable [sә'pɔːtәbl] *adj* erträglich
supportive [sә'pɔːtɪv] *adj* unterstützend
suppose [sә'pәʊz] *v 1. (think)* vermuten, glauben, meinen; *2. (assume)* annehmen; *3. I ~ so* stimmt wohl, ja, schon; *4. (imagine)* sich

S

vorstellen; 5. *(to begin a suggestion)* wie wäre es, wenn...; 6. *to be ~d to do sth* etw tun sollen; 7. *to be ~d to be sth* etw angeblich sein sollen; 8. *What's that ~d to mean?* Was soll das heißen?
supposedly [sə'pəʊzɪdlɪ] *adv* angeblich
supposing [sə'pəʊzɪŋ] *konj* angenommen
supposition [sʌpə'zɪʃən] *sb* Annahme *f*
suppress [sə'pres] *v* 1. unterdrücken; 2. *(publication)* verbieten; 3. *(the truth, a scandal)* vertuschen
supremacy [sʊ'preməsɪ] *sb* Vorherrschaft *f, (of the state, of the church)* Oberhoheit *f*
supreme [sʊ'pri:m] *adj* 1. höchste(r,s); 2. *(in rank)* oberste(r,s); 3. *(very great)* äußerste(r,s); 4. *the Supreme Court JUR* das oberste Gericht; *adv* 5. *reign ~* unangefochten herrschen
surcharge ['sɜ:tʃɑ:dʒ] *sb* Zuschlag *m*

sure [ʃʊə] *adj* 1. sicher; *make ~ of sth* sich einer Sache vergewissern; 2. *to be ~, ...* allerdings ...; *adv* 3. *for ~* sicher, gewiss; *interj* 4. Klar! *adv* 5. *She said it would be easy and ~ enough, it was.* Sie sagte, es würde einfach sein, und das war es auch. 6. *(US: certainly) Did you do it? I ~ did!* Hast du es gemacht? Na klar! *That ~ was difficult.* Das war ganz schön schwierig.

sure-fire ['ʃʊəfaɪə] *adj (fam)* todsicher, bombensicher
surely ['ʃʊəlɪ] *adv* 1. bestimmt, sicher; *slowly but ~* langsam aber sicher; 2. *(emphasis)* doch; *Surely you don't believe that!* Das glauben Sie doch nicht im Ernst!
surety ['ʃʊətɪ] *sb* Bürgschaft *f,* Sicherheit *f*
surf [sɜ:f] *v* 1. surfen; *sb* 2. Brandung *f*
surface ['sɜ:fɪs] *v* 1. auftauchen; 2. *(a road)* mit einem Belag versehen; *sb* 3. Fläche *f;* 4. *(exterior)* Oberfläche *f;* 5. *on the ~* äußerlich, oberflächlich betrachtet
surfeit ['sɜ:fɪt] *sb* Übermaß *n*
surge [sɜ:dʒ] *v* 1. wogen; 2. *(mob)* drängen; 3. *(feelings)* aufwallen; *sb* 4. Woge *f,* Welle *f;* 5. *TECH* Spannungsgestoß *m*
surgeon ['sɜ:dʒən] *sb MED* Chirurg/Chirurgin *m/f*
surgery ['sɜ:dʒərɪ] *sb* 1. Chirurgie *f; have ~* operiert werden; 2. *(room) MED* Operationssaal *m;* 3. *(UK: consultation room) MED* Sprechzimmer *n*
surgical ['sɜ:dʒɪkəl] *adj* chirurgisch
surly ['sɜ:lɪ] *adj* verdrießlich, bärbeißig *(fam)*
surmise [sɜ:'maɪz] *v* 1. vermuten; *sb* 2. Vermutung *f*

surmount [sɜ:'maʊnt] *v* überwinden
surname ['sɜ:neɪm] *sb* Nachname *m*
surpass [sɜ:'pɑ:s] *v* übertreffen
surpassing [sɜ:'pɑ:sɪŋ] *adj* unvergleichlich
surplus ['sɜ:pləs] *sb* 1. Überschuss *m; adj* 2. überschüssig
surprise [sə'praɪz] *v* 1. überraschen; 2. *(in an attack)* überrumpeln; *sb* 2. Überraschung *f; take s.o. by ~* jdn überraschen
surrender [sə'rendə] *v* 1. sich ergeben, *(to the police)* sich stellen; 2. *(sth)* übergeben; 3. *(a claim, a post, a hope)* aufgeben; *sb* 4. Kapitulation *f;* 5. *(handing over)* Übergabe *f*
surreptitious [sʌrəp'tɪʃəs] *adj* heimlich
surrogate ['sʌrəgɪt] *adj* 1. Ersatz... *~ mother* Leihmutter *f; sb* 2. Stellvertreter *m*
surround [sə'raʊnd] *v* 1. umgeben; 2. *MIL* umzingeln
surroundings [sə'raʊndɪŋz] *pl* Umgebung *f*
surveillance [sɜ:'veɪləns] *sb* Überwachung *f*
survey [sɜ:'veɪ] *v* 1. *(from a high place)* überblicken; 2. *(fam: poll)* befragen; 3. *(measure)* vermessen; 4. *(appraise)* abschätzen, begutachten; 5. *(study)* untersuchen; ['sɜ:veɪ] *sb* 6. *(overview)* Überblick *m;* 7. *(poll)* Umfrage *f;* 8. *(measuring)* Vermessung *f*
survival [sə'vaɪvəl] *sb* Überleben *n*
survive [sə'vaɪv] *v* 1. überleben; 2. *(objects)* erhalten bleiben; 3. *(custom)* fortbestehen; 4. *(sth)* überleben, überstehen
susceptible [sə'septəbl] *adj* 1. anfällig; 2. *(to s.o.'s charms)* empfänglich; 3. *(sensitive)* empfindlich
susceptive [sə'septɪv] *adj* beeindruckbar, empfänglich
suspect [səs'pekt] *v* 1. verdächtigen; 2. *(think likely)* vermuten; 3. *(have doubts about)* anzweifeln; ['sʌspekt] *sb* 4. Verdächtige(r) *m/f; adj* 5. *(person)* verdächtig; 6. *(thing)* suspekt
suspend [sə'spend] *v* 1. *(hang)* aufhängen; 2. *to be ~ed from sth (hang)* von etw hängen; 3. *(stop)* einstellen; 4. *(delay)* aufschieben; 5. *(s.o.)* suspendieren; 6. *(a member)* zeitweilig ausschließen; 7. *(an athlete) SPORT* sperren
suspended animation [səs'pendɪd ænɪ'meɪʃən] *sb* Scheintod *m*
suspender [sə'spendə] *sb* 1. *(UK) (for socks)* Sockenhalter *m, (for stockings)* Strumpfhalter *m;* 2. *~s pl (US)* Hosenträger *m*

suspense [sə'spens] *sb* Spannung *f*
suspension [sə'spenʃən] *sb 1.* Aufhängung *f; 2. (process)* Aufhängen *n; 3. (stopping)* Einstellung *f; 4. (of a person)* Ausschließen *n, SPORT* Sperrung *f; 5. (of a car)* Radaufhängung *f*
suspension bridge [sə'spenʃən brɪdʒ] *sb* Hängebrücke *f*
suspensive [səs'pensɪv] *adj* aufschiebend, aussetzend
suspensory [səs'pensərɪ] *sb MED* Aufhängebeutel *m*
suspicion [sə'spɪʃən] *sb 1.* Verdacht *m,* Argwohn *m; above ~* über jeden Verdacht erhaben; *2. (fig: trace)* Spur *f*
suss [sʌs] *v ~ sth out* hinter etw kommen
sustain [sə'steɪn] *v 1. (maintain)* erhalten; *2. (an effort)* nicht nachlassen in; *3. (life)* erhalten; *4. (one's family)* unterhalten; *5. (suffer)* erleiden; *6. (an objection) JUR* stattgeben; *objection ~ed* Einspruch stattgegeben
sustenance ['sʌstənəns] *sb* Nahrung *f*
suture ['suːtʃə] *sb MED* Naht *f*
svelte [svelt] *adj* grazil
swab [swɒb] *sb 1. MED* Tupfer *m; 2. (specimen)* Abstrich *m*
swabber ['swɒbə] *sb* Wischer *m,* Mopp *m*
swaddle ['swɒdl] *v* wickeln
swag [swæg] *sb (fam: booty)* Beute *f*
swagger ['swægə] *v 1. (walk)* stolzieren; *2. (act boastfully)* angeben; *sb 3.* Stolzieren *n; 4. (behaviour)* Angeberei *f*
swain [sweɪn] *sb (suitor)* Verehrer *m*
swallow[1] ['swɒləʊ] *v 1.* schlucken; *2. (sth)* schlucken, hinunterschlucken; *~ one's pride* seinen Stolz schlucken; *~ sth whole* etw ganz schlucken; *sb 3.* Schluck *m*
swallow[2] ['swɒləʊ] *sb ZOOL* Schwalbe *f*
swamp [swɒmp] *sb 1.* Sumpf *m; v 2. to be ~ed with sth (fig)* mit etw überhäuft werden
swan [swɒn] *sb ZOOL* Schwan *m*
swank [swæŋk] *v (fam)* angeben, protzen
swap [swɒp] *v 1.* tauschen, *(stories)* austauschen; *~ sth for sth* etw gegen etw austauschen; *sb 2.* Tausch *m*
swap meet [swɒp miːt] *sb* Tauschmesse *f*
swarm [swɔːm] *v 1.* schwärmen; *sb 2.* Schwarm *m; 3. (of people)* Schar *f*
swashbuckler ['swɒʃbʌklə] *sb* verwegener Kerl *m*
swastika ['swɒstɪkə] *sb* Hakenkreuz *n*
swat [swɒt] *v* schlagen, totschlagen
swath [swɑːθ] *sb cut a ~ through* eine Bahn schneiden durch
swathe [sweɪð] *v* wickeln, umwickeln
swatter ['swɒtə] *sb* Fliegenklatsche *f*
sway [sweɪ] *v 1.* schwanken; *2. (trees)* sich wiegen; *3. (boat)* schaukeln; *4. (sth)* schwenken; *5. (s.o.)* beeinflussen; *sb 6. hold ~ over* herrschen über
swear [swɛə] *v 1.* schwören; *2. (curse)* fluchen; *3. (sth)* schwören; *~ s.o. to secrecy* jdn eidlich zur Verschwiegenheit verpflichten
• **swear by** *v (fam)* schwören auf
• **swear in** *v* vereidigen
swearing-in ['swɛərɪŋ'ɪn] *sb* Vereidigung *f*
swear-word ['swɛəwɜːd] *sb* Fluch *m,* Kraftausdruck *m*
sweat [swet] *v 1.* schwitzen; *~ blood (fam)* Blut schwitzen; *sb 2.* Schweiß *m; to be in a cold ~ (fam)* Blut und Wasser schwitzen; *No ~! (fam)* Kein Problem!
sweated ['swetɪd] *adj (worker)* unterbezahlt, ausgebeutet
sweatshop ['swetʃɒp] *sb* Ausbeutungsbetrieb *m*

sweep [swiːp] *v irr 1.* kehren, fegen; *2. (wind, rain)* fegen; *3. (army, war)* stürmen; *4. (water)* fluten; *5. (sth)* kehren, fegen; *~ s.o. off his feet* jds Herz im Sturm erobern; *~ sth aside* beiseite schieben; *6. (scan)* absuchen; *7. (lights)* streichen über; *8. (a minefield)* durchkämmen; *9. (fig: fashion, mood)* überrollen; *10. (fig: a competition)* alles gewinnen bei; *sb 11. (movement)* Schwung *m*

• **sweep along** *v irr sweep sth along* etw mitreißen
• **sweep away** *v irr (sth)* wegfegen, *(flood)* wegspülen, *(an obstacle)* räumen
sweepback ['swiːpbæk] *sb* Pfeilform *f*
sweeper ['swiːpə] *sb* Straßenkehrer *m*
sweeping ['swiːpɪŋ] *adj 1. (gesture)* weitausholend; *2. (changes)* radikal; *3. (statement)* pauschal; *4. (victory)* überragend

sweet [swiːt] *adj 1.* süß; *2. (sound)* wohlklingend; *sb 3. (UK: candy)* Süßigkeit *f; 4. (UK: dessert)* Nachtisch *m*

sweet-talk ['swiːttɔːk] *v* schmeicheln
swell [swel] *v irr 1.* anschwellen; *2. have a ~ed head (fam) (US)* hochnäsig sein, eingebildet sein; *3. (in number)* anwachsen; *4. (sth)* anschwellen lassen; *adj 5. (fam)* prima
swelter ['sweltə] *v (feel oppressed by heat)* vor Hitze vergehen
swerve [swɜːv] *v 1. (person)* abschwenken; *2. (driver, car)* ausschwenken

swift [swɪft] *adj 1.* schnell, rasch; *2. (reply)* prompt
swig [swɪg] *sb* Schluck *m*
swim [swɪm] *v irr 1.* schwimmen; *~ the river* den Fluss durchschwimmen; *my head is ~ming (fig)* mir ist schwindelig; *go ~ming* Schwimmen gehen; *sb 2. go for a ~* schwimmen gehen
swindle ['swɪndl] *v 1. (s.o.)* beschwindeln, betrügen; *sb 2.* Schwindel *m*
swine [swaɪn] *sb* Schwein *n*
swing [swɪŋ] *v irr 1.* schwingen; *~ open* aufgehen; *~ round* sich umdrehen; *~ at s.o.* nach jdm schlagen; *~ from tree to tree* sich von Baum zu Baum schwingen; *2. (hanging object)* baumeln; *3. (person on a ~)* schaukeln; *4. (sth)* schwingen; *~ one's hips* sich in den Hüften wiegen; *5. (above one's head)* schwenken; *6. (turn)* herumschwenken; *7. (fig: influence)* beeinflussen; *sb 8.* Schwung *m; to be in full ~* in vollem im Gange sein; *9. (back and forth)* Schwingen *n; 10. (on a playground, on a veranda)* Schaukel *f; 11. (golf) SPORT* Schwung *m; 12. (boxing) SPORT* Schwinger *m; 13. (kind of music) MUS* Swing *mf*
swipe [swaɪp] *v 1. (strike)* schlagen; *2. (fam: steal)* klauen *(fam); sb 3.* Schlag *m; take a ~ at s.o.* nach jdm schlagen
swirl [swɜːl] *v* wirbeln
swish [swɪʃ] *v* rascheln
switch [swɪtʃ] *v 1.* wechseln; *2. (exchange)* tauschen; *3. (sth) (alter)* wechseln, *(plans)* ändern; *4. (exchange)* tauschen, *(transpose)* vertauschen; *5. (a machine)* schalten, umschalten, *(US: train tracks)* rangieren; *sb 6. (on a control panel)* Schalter *m; 7. (change)* Wechsel *m, (of plan)* Änderung *f, (exchange)* Tausch *m; 8. (stick)* Gerte *f*
• **switch off** *v 1.* ausschalten, abschalten; *2. (gas, water)* abstellen
• **switch on** *v 1.* einschalten, anschalten; *2. (gas, water)* anstellen
switchback ['swɪtʃbæk] *sb* Berg- und Talbahn *f*
switchboard ['swɪtʃbɔːd] *sb 1.* Telefonvermittlung *f; 2. (in an office)* Telefonzentrale *f; 3. (panel)* Schalttafel *f*
swivel ['swɪvl] *v 1.* sich drehen; *2. (sth)* drehen
swivel chair ['swɪvl tʃeə] *sb* Drehstuhl *m*
swollen ['swəʊlən] *adj* geschwollen
swoon [swuːn] *v ~ over s.o. (fig)* wegen jdm beinahe ohnmächtig werden
swoop [swuːp] *v 1. (~ down) (bird)* herabstoßen, *(plane)* im Tiefflug fliegen; *2. ~ down on (attack)* herfallen über; *sb 3. at one fell ~* mit einem Schlag
swoosh [swʊʃ] *v* rauschen, pfeifen
sword [sɔːd] *sb* Schwert *n*
symbol ['sɪmbəl] *sb* Symbol *n,* Zeichen *n,* Sinnbild *n*
symmetry ['sɪmɪtrɪ] *sb* Symmetrie *f*
sympathetic [sɪmpə'θetɪk] *adj 1.* mitfühlend; *2. (understanding)* verständnisvoll; *3. (fam: to a cause)* wohlwollend
sympathize ['sɪmpəθaɪz] *v 1. ~ with (understand, appreciate)* Verständnis haben für; *2. ~ with (feel too)* mitfühlen mit; *3. ~ with (a cause)* sympathisieren mit
sympathy ['sɪmpəθɪ] *sb 1. (understanding)* Verständnis *n; 2. (compassion)* Mitgefühl *n,* Mitleid *n; 3. (agreement)* Sympathie *f*
synarchy ['sɪnəkɪ] *sb* Gemeinschaftsregierung *f*
sync [sɪŋk] *sb to be in ~* übereinstimmen
synchronize ['sɪŋkrənaɪz] *v 1.* abstimmen; *2. (two or more things)* aufeinander abstimmen; *3. (clocks)* gleichstellen; *~ your watches* stimmen Sie Ihre Uhren aufeinander ab
syndicate ['sɪndɪkɪt] *sb 1. (newspaper ~)* Pressezentrale *f; 2. (crime ~)* Ring *m;* ['sɪndɪkeɪt] *v 3. (a column, a cartoon)* an mehrere Zeitungen verkaufen
syndication [sɪndɪ'keɪʃən] *sb 1. (forming of a syndicate)* Syndikatsbildung *f; 2. (in journalism)* bundesweite Veröffentlichung in den Medien *f*
synopsis [sɪ'nɒpsɪs] *sb* Zusammenfassung *f,* Abriss *m*
syntax ['sɪntaks] *sb LING* Syntax *f,* Satzbau *m*
synthesis ['sɪnθɪsɪs] *sb* Synthese *f*
synthesizer ['sɪnθɪsaɪzə] *sb* Synthesizer *m*
synthetic [sɪn'θetɪk] *adj* synthetisch, Kunst...
syphilis ['sɪfɪlɪs] *sb* Syphilis *f*
syringe [sɪ'rɪndʒ] *sb MED* Spritze *f*
syrup ['sɪrəp] *sb* Sirup *m*
syrupy ['sɪrʌpɪ] *adj 1.* sirupartig; *2. (voice)* zuckersüß; *3. (sentimental)* schmalzig
system ['sɪstəm] *sb* System *n*
systematic [sɪstə'mætɪk] *adj* systematisch

T

tab [tæb] *sb 1. (on a file card)* Reiter *m; 2. (on a beer can)* Dosenring *m; 3. (on a collar)* Verschluss *m; 4. keep ~s on s.o.* jdn im Auge behalten; *5. pick up the ~ (US)* die Rechnung bezahlen

table ['teɪbl] *sb 1.* Tisch *m; turn the ~s* den Spieß umdrehen; *the ~s are turned* das Blatt hat sich gewendet; *lay one's cards on the ~* seine Karten auf den Tisch legen; *2. (of figures)* Tabelle *f*

table of contents ['teɪbl əv 'kɒntents] *sb* Inhaltsverzeichnis *n*

tablet ['tæblɪt] *sb 1.* Täfelchen *n; 2. (plaque)* Tafel *f; 3. (of soap)* Stückchen *n; 4.* Notizblock *m; 5. MED* Tablette *f*

tabloid ['tæblɔɪd] *sb 1.* kleinformatige Zeitung *f; 2.* Boulevardzeitung *f*

tacit ['tæsɪt] *adj* stillschweigend

tacitness ['tæsɪtnɪs] *sb* Schweigen *n*

taciturn ['tæsɪtɜːn] *adj 1. (silent)* schweigsam; *2. (of few words)* wortkarg

tack [tæk] *sb 1. (UK: stitch)* Heftstich *m; 2. (US: pin)* Heftzwecke *f; get down to brass ~s* zur Sache kommen; *3. (course) NAUT* Schlag *m; 4. (fig)* Weg *m; try a different ~* es anders versuchen; *v 5. (with a nail)* annageln; *6. (with a pin)* feststecken; *7.* heften; *8. NAUT* kreuzen

• **tack on** *v (fig)* anhängen

tackle ['tækl] *v 1. SPORT* stoppen; *2. (a problem)* anpacken; *3. (a task)* in Angriff nehmen; *sb 4. (fishing gear)* Angelausrüstung *f; 5. (shaving gear)* Rasierzeug *n; 6. SPORT* Tackling *n*

tacky ['tækɪ] *adj 1. (not tasteful)* billig, geschmacklos; *2. (sticky)* klebrig

tact [tækt] *sb* Takt *m*

tactful ['tæktfʊl] *adj* taktvoll

tag [tæg] *sb 1. (label)* Schild *n; 2. (name ~)* Namensschild *n; 3. (with manufacturer's name)* Etikett *n; 4. (game)* Fan-gen *n*

tail [teɪl] *sb 1.* Schwanz *m; turn ~* Reißaus nehmen; *I can't make head or ~ of it.* Daraus werde ich nicht klug. *2. (of a shirt)* Zipfel *m; 3. (of a coat)* Schoß *m; 4. ~s pl (jacket)* Frack *m; v 5. (fam: follow)* beschatten

tailback ['teɪlbæk] *sb (in traffic)* Rückstau *m*

tailgate ['teɪlgeɪt] *v 1. (fam)* zu dicht auffahren; *sb 2. (of a car)* Hecktür *f*

tailor ['teɪlə] *sb* Schneider *m*

tailpiece ['teɪlpiːs] *sb 1.* Anhang *m,* Anhängsel *n; 2. (of a plane)* Heckflosse *f*

tailspin ['teɪlspɪn] *sb* Trudeln *n*

tailwind ['teɪlwɪnd] *sb* Rückenwind *m*

taint [teɪnt] *v 1.* verderben; *to be ~ed with sth (fig)* mit etw behaftet sein; *sb 2.* Makel *m*

take [teɪk] *v irr 1.* nehmen; *~ sth the wrong way* etw falsch auffassen; *~ a chance* ein Risiko eingehen; *Take it from me!* Glaube es mir! *2. (~ along)* mitnehmen; *3. (~ away)* wegnehmen; *4. (~ over)* übernehmen; *5. (measure)* messen; *6. (subscribe to)* beziehen; *7. (transport)* bringen; *8. (seize)* nehmen; *9. (endure) (person)* vertragen, *(object)* aushalten; *to be able to ~ sth* etw vertragen können; *10. (capture)* fangen, *(a town)* einnehmen; *11. (a test, a course)* machen; *12. (a poll)* durchführen; *13. (dictation)* aufnehmen; *14. (assume)* annehmen; *I took him for a German.* Ich hielt ihn für einen Deutschen. *What do you ~ me for?* Wofür halten Sie mich denn? *15. (require)* brauchen, erfordern; *have what it ~s* das gewisse Etwas haben; *16. to be ~n with an idea* von einer Idee angetan sein

• **take after** *v irr* nachschlagen

• **take apart** *v irr* zerlegen

• **take away** *v irr 1.* wegnehmen; *2. ~ from sth* etw schmälern; *3. (a prisoner)* abführen; *4. (subtract)* abziehen; *5. Take it away! (fam: get started)* Los!

• **take back** *v irr 1. (retract)* zurücknehmen; *2. (agree to ~)* zurücknehmen; *3. (get back)* sich zurückgeben lassen; *4. (return)* zurückbringen

• **take down** *v irr 1.* herunternehmen; *2. (a picture)* abhängen; *3. (decorations)* abnehmen; *4. take s.o. down a peg (fam)* jdm einen Dämpfer verpassen; *5. (disassemble)* abbauen; *6. (write down)* aufschreiben, *(a lecture)* mitschreiben

• **take in** *v irr 1. (a stray dog)* zu sich nehmen; *(a refugee)* beherbergen; *2. (observe, note)* überblicken, *(sights)* aufnehmen; *~ a movie* sich einen Film ansehen; *3. (deceive)* hereinlegen; *to be taken in* hereinfallen; *4. (an article of clothing)* enger machen; *5. (money)* einnehmen

• **take off** *v irr 1. (plane)* abheben; *2. (leap)* abspringen; *3. (start to have success)* ankommen; *4. (clothes)* ausziehen; *5. (a hat, a lid)* abnehmen; *6. (a day from work)* frei nehmen; *7. take one's eyes off sth* etw aus den Augen lassen; *8. take s.o.'s mind off sth* jdn von etw ablenken; *9. He was taken off the case.* Er wurde von dem Fall abgezogen.

• **take on** *v irr 1. (undertake)* übernehmen; *2. (an opponent)* antreten gegen; *3. (an aspect)* annehmen; *4. (give a job to)* einstellen

• **take out** *v irr 1. (to dinner, on a date)* ausgehen mit, ausführen; *2. (carry outside)* hinausbringen; *3. ~ sth out on s.o.* etw an jdm abreagieren; *4. (remove)* herausnehmen, *(out of one's pocket)* herausholen, *(surgically)* entfernen; *5. (money from a bank)* abheben; *6. ~ an insurance policy* eine Versicherung abschließen; *7. (eliminate)* beseitigen

• **take over** *v irr 1.* die Leitung übernehmen; *2. POL* an die Macht kommen; *3. (sth)* übernehmen

• **take to** *v irr 1. (take a liking to)* mögen, sympathisch finden; *2. ~ doing sth* anfangen, etw zu tun; *3. (escape to)* sich flüchten in

• **take up** *v irr 1. (start doing as a hobby)* zu seinem Hobby machen; *2. (a cause)* sich einsetzen für; *3. take s.o. up on an offer* von jds Angebot Gebrauch machen; *4. (a challenge, a new job)* annehmen; *5. take sth up with s.o.* etw mit jdm besprechen; *6. (arms, a pen)* greifen zu; *7. (a carpet)* hochnehmen; *8. (space)* einnehmen; *9. (time)* in Anspruch nehmen

taken ['teɪkən] *adj (not vacant)* besetzt

taker ['teɪkə] *sb* Käufer *m*

taking ['teɪkɪŋ] *adj (alluring)* einnehmend, gewinnend

tale [teɪl] *sb 1.* Geschichte *f,* Erzählung *f; 2. tell ~s (snitch on s.o.)* petzen *(fam); 3. tell ~s (lie)* flunkern

talk [tɔːk] *v 1.* reden, sprechen; *~ to s.o.* mit jdm sprechen; *~ to o.s.* Selbstgespräche führen; *Look who's ~ing!* Das sagst ausgerechnet du! *Now you're ~ing!* Das hört sich schon besser an! *2. (discuss)* reden über; *~ politics* über Politik reden; *3. ~ s.o. into doing sth* jdn zu etw überreden; *sb 4.* Gespräch *n; have a ~ with s.o.* mit jdm reden; *5. (~ ing)* Reden *n, (rumour)* Gerede *n; there is ~ of ...* man sagt ..., es heißt ...; *6. (lecture)* Vortrag *m,* Rede *f*

• **talk about** *v* sprechen über; *Talk about a close call!* Das war aber knapp!

• **talk back** *v* widersprechen

• **talk down** *v 1. ~ to s.o.* herablassend mit jdm reden; *2. (silence by talking louder)* niederreden, niederschreien

• **talk out** *v 1. (differences)* ausdiskutieren; *2. talk s.o. out of sth* jdm etw ausreden; *3. talk one's way out of sth* sich aus etw herausreden

• **talk over** *v* besprechen

• **talk round** *v 1. ~ sth* um etw herumreden; *2. talk s.o. round (UK)* jdn umstimmen

• **talk up** *v (promote interest in)* anpreisen

talkative ['tɔːkətɪv] *adj* geschwätzig

talking ['tɔːkɪŋ] *sb* Reden *n,* Sprechen *n; do the ~* für alle sprechen

talking-to ['tɔːkɪŋtuː] *sb* Standpauke *f; give s.o. a ~* jdm eine Standpauke halten

talk show ['tɔːkʃəʊ] *sb* Talkshow *f*

tall [tɔːl] *adj 1. (thing)* hoch; *2. (person)* groß, lang *(fam)*

tally ['tælɪ] *v 1. (correspond)* übereinstimmen; *2. (add up)* zusammenrechnen

tame [teɪm] *v 1.* zähmen, *(a lion)* bändigen; *2. (one's passions)* bezähmen; *adj 3.* zahm

tamp [tæmp] *v* stopfen

tamper ['tæmpə] *v 1. ~ with sth* an etw herumhantieren, *(with a document)* etw verfälschen; *2. ~ with sth (maliciously)* sich an etw zu schaffen machen, mit etw herumhantieren

tan [tæn] *adj 1.* hellbraun; *2. (suntanned)* braun; *sb 3. (suntan)* Bräune *f; v 4.* sich bräunen; *5. ~ s.o.'s hide (fig)* jdn versohlen

tandem ['tændəm] *sb in ~ (fig)* zusammen

tang [tæŋ] *sb 1. (smell)* scharfer Geruch *m; 2. (taste)* starker Geschmack *m*

tanga ['tæŋgə] *sb* Tanga *m*

tangerine [tændʒə'riːn] *sb* Mandarine *f*

tangible ['tændʒəbl] *adj* greifbar, konkret

tangle ['tæŋgl] *v 1. get ~d up* sich verwirren; *2. get ~d up in (become involved in)* verwickelt werden in; *sb 3. (of string)* Gewirr *n*

• **tangle with** *v* aneinander geraten mit

tank [tæŋk] *sb 1. (container)* Tank *m; 2. MIL* Panzer *m,* Tank *m; v 3. ~ up (fam: get drunk) (UK)* tanken, sich voll laufen lassen

tantalize ['tæntəlaɪz] *v* quälen

tantamount ['tæntəmaʊnt] *adj to be ~ to sth* einer Sache gleichkommen

tantrum ['tæntrəm] *sb* Wutanfall *f,* Koller *m*

tap [tæp] *v 1. (touch lightly)* leicht klopfen; *2. (sth)* klopfen; *3. (a keg)* anzapfen, anstechen; *4. (a telephone line)* anzapfen; *5. (fig: markets, resources)* erschließen; *sb 6.* Klaps *m, (at a*

T

door) Klopfen *n;* 7. *(faucet)* Hahn *m;* 8. *(for a keg)* Zapfen *n;* 9. *on ~ (beer)* vom Fass; 10. *on ~ (fig: at one's disposal)* leicht verfügbar

tape [teɪp] *v* 1. *(with adhesive tape)* verkleben, zukleben; 2. *(record)* aufnehmen; *sb* 3. Band *n;* 4. *(adhesive ~)* Klebestreifen *n,* Klebstreifen *n;* 5. *(at a finish line)* SPORT Zielband *n;* 6. *(audio ~)* Tonband *n;* 7. *(fam: cassette)* Kassette *f*

taper ['teɪpə] *v* 1. spitz zulaufen, sich zuspitzen, allmählich dünn werden; 2. *~ off (fig)* langsam zurückgehen, allmählich aufhören; *sb* 3. *(candle)* dünne Kerze *f*

tapis ['tæpiː] *sb* Teppich *m*

taproom ['tæpruːm] *sb* Schankstube *f*

tap water ['tæpwɑːtə] *sb* Leitungswasser *n*

tar [tɑː] *sb* 1. Teer *m;* *v* 2. teeren; *~ and feather* teeren und federn

tardy ['tɑːdɪ] *adj* 1. spät; 2. *(person)* säumig

target ['tɑːgɪt] *sb* 1. Ziel *n;* 2. *(of jokes)* Zielscheibe *f;* 3. SPORT Zielscheibe *f;* *v* 4. zum Ziel setzen, im Visier haben

tariff ['tærɪf] *sb* 1. Zolltarif *m,* Zollgebühr *f;* 2. *(price list)* Preisverzeichnis *n*

tarmac ['tɑːmæk] *sb* 1. Makadam *m,* Asphalt *m;* 2. *(runway)* Rollfeld *n*

tarnish ['tɑːnɪʃ] *v* 1. anlaufen; 2. *(sth)* trüben, matt machen; 3. *(fig: a reputation)* beflecken; *sb* 4. Beschlag *m,* Anlaufen *n*

tarry ['tærɪ] *v* säumen, zögern

tart [tɑːt] *adj* 1. sauer, herb, scharf; *sb* 2. GAST Torte *f,* *(small pastry)* Törtchen *n;* 3. *(fam: prostitute) (UK)* Nutte *f;* 4. *(fam: loose woman) (UK)* Flittchen *n*

task [tɑːsk] *sb* 1. Aufgabe *f;* 2. *take s.o. to ~* jdn zur Rede stellen

taskmaster ['tɑːskmɑːstə] *sb a hard ~* ein strenger Meister

taskwork ['tɑːskwɜːk] *sb* Akkordarbeit *f*

taste [teɪst] *v* 1. schmecken; *~ of sth* nach etw schmecken; 2. *(sth)* schmecken; 3. *(fig: experience)* erleben; 4. *(sample)* versuchen, probieren, kosten; *sb* 5. Geschmack *m;* *matter of ~* Geschmackssache *f;* *in bad ~* geschmacklos; *in good ~* geschmackvoll; 6. *(sample)* Kostprobe *f;* 7. *(fig: of sth to come)* Vorgeschmack *m*

tasty ['teɪstɪ] *adj* schmackhaft

tattle ['tætl] *v* petzen

tattletale ['tætlteɪl] *sb* Petze *f*

tatty ['tætɪ] *adj* schäbig

taunt [tɔːnt] *v* 1. verspotten; *sb* 2. spöttische Bemerkung *f*

Taurus ['tɔːrəs] *sb* Stier *m*

taut [tɔːt] *adj* 1. straff, gespannt; 2. *(nerves)* angespannt

tavern ['tævɜːn] *sb* 1. *(pub, in modern times)* Gaststätte *f;* 2. HIST Schänke *f*

tawdry ['tɔːdrɪ] *adj* geschmacklos

tawny ['tɔːnɪ] *sb* *(colour)* Gelbbraun *n,* Goldbraun *n*

tax [tæks] *sb* 1. Steuer *f;* *v* 2. *(s.o., sth)* besteuern; 3. *(fig)* strapazieren, *(one's patience, one's strength)* auf eine harte Probe stellen

taxable ['tæksəbl] *adj* FIN steuerpflichtig

taxation [tæk'seɪʃən] *sb* Besteuerung *f*

taxing ['tæksɪŋ] *adj* anstrengend

tea [tiː] *sb* Tee *m*

teach [tiːtʃ] *v irr* unterrichten, lehren

teacher ['tiːtʃə] *sb* Lehrer *m*

team [tiːm] *sb* 1. Team *n;* 2. SPORT Mannschaft *f,* Team *n;* 3. *(of horses)* Gespann *n;* *v* 4. *~ up* sich zusammenschließen

tear[1] [tɛə] *v irr* 1. reißen, zerreißen; 2. *(sth)* zerreißen; *~ a hole in sth* ein Loch in etw reißen; *~ one's hair* sich die Haare raufen; *~ sth into pieces* etw in Stücke reißen; 3. *(pull away)* reißen; 4. *~ into sth* etw aufs Schärfste kritisieren; 5. *(fam: rush, dash)* rasen, sausen; *sb* 6. Riss *m;* 7. *wear and ~* Abnützung *f*

- **tear apart** *v irr* zerreißen
- **tear away** *v irr* 1. abreißen, wegreißen; 2. *(fig) tear o.s. away* sich losreißen
- **tear down** *v irr* 1. *(a building)* abreißen; 2. *(a poster)* herunterreißen
- **tear off** *v irr* 1. abreißen; 2. *(one's clothes)* herunterreißen
- **tear out** *v irr* herausreißen
- **tear up** *v irr* zerreißen

tear[2] [tɪə] *sb* Träne *f;* *in ~s* in Tränen aufgelöst; *shed ~s over sth* Tränen über etw vergießen

tearful ['tɪəfʊl] *adj* tränenüberströmt

tearing ['tɛərɪŋ] *adj* fürchterlich

tease [tiːz] *v* 1. *(playfully)* necken; 2. *(ridicule)* aufziehen; *sb* 3. *(fam: person who teases)* Necker *m,* *(woman)* Frau, die nur so tut, als ob sie etwas Sexuelles vorhätte *f*

teaser ['tiːzə] *sb (difficult problem, puzzling thing)* schwere Frage *f,* harte Nuss *f*

teat [tiːt] *sb (nipple)* Brustwarze *f*

technical ['teknɪkəl] *adj* technisch, Fach...

technicality [teknɪ'kælɪtɪ] *sb* 1. *(petty detail)* Formsache *f;* 2. *(state of being technical)* Fachlichkeit *f*

technically ['teknɪkəlɪ] *adv (strictly speaking)* genau genommen, eigentlich
technician [tek'nɪʃən] *sb* Techniker *m*
technique [tek'niːk] *sb* Technik *f*
teddy ['tedɪ] *sb 1. (~ bear)* Teddy *m; 2. (undergarment)* Teddy *m* (einteiliges weibliches Dessous)
teddy bear ['tedɪbɛə] *sb* Teddybär *m*
tedious ['tiːdɪəs] *adj* langweilig
tedium ['tiːdɪəm] *sb* Lang(e)weile *f*
teem [tiːm] *v ~ with* wimmeln von
teen [tiːn] *sb* Teenager *m; to be in one's ~s* Teenager sein
teeny ['tiːnɪ] *adj (fam)* winzig
teeter ['tiːtə] *v* taumeln, schwanken
teethe [tiːð] *v* zahnen
teetotaller ['tiːtəʊtlə] *sb* Abstinenzler *m*

telephone ['telɪfəʊn] *sb 1.* Telefon *n,* Fernsprecher *m; to be on the ~* am Telefon sein; *v 2. (s.o.)* anrufen; *3.* telefonieren

televise ['telɪvaɪz] *v* senden, übertragen
television ['telɪvɪʒən] *sb 1.* Fernsehen *n; 2. (~ set)* Fernseher *m,* Fernsehgerät *n*

tell [tel] *v irr 1. (discern)* wissen; *2. (be sure)* wissen; *you never can ~* man kann nie wissen; *3. (have an effect)* seine Wirkung haben; *4. (sth) (say)* sagen; *~ the truth* die Wahrheit sagen; *~ s.o. about sth* jdm von etw erzählen; *You're ~ing me!* Wem sagst du das! *5. (a story)* erzählen; *6. (a secret)* verraten; *~ on s.o.* jdn verpetzen *(fam); 7. (recognize)* erkennen, *(distinguish)* unterscheiden; *8. ~ s.o. to do sth* jdm sagen, er solle was tun

• **tell off** *v irr tell s.o. off* jdn ausschimpfen, mit jdm schimpfen
teller ['telə] *sb 1. (in a bank)* Kassierer *m; 2. (of a story)* Erzähler *m; 3. POL* Stimmenzähler *m*
telltale ['telteɪl] *adj* verräterisch
telly ['telɪ] *sb (fam: television)* Fernseher *m*
temerity [tɪ'merɪtɪ] *sb* Kühnheit *f*
temp [temp] *sb (fam)* Aushilfe *f*
temper ['tempə] *sb 1.* Temperament *n,* Naturell *n,* Gemütsart *f; have a quick ~* ein hitziges Temperament haben; *lose one's ~* in Wut geraten, die Beherrschung verlieren; *keep one's ~* sich beherrschen; *2. (mood)* Laune *f,* Stimmung *f; 3. (bad mood)* Wut *f; v 4. (fig)* mildern, mäßigen
temperance ['tempərəns] *sb* Mäßigung *f,* Zurückhaltung *f,* Mäßigkeit *f*
temperature ['temprɪtʃə] *sb* Temperatur *f; take s.o.'s ~* jds Temperatur messen; *He has a ~.* Er hat Fieber.
tempered ['tempəd] *adj* gehärtet
tempest ['tempɪst] *sb METEO* Sturm *m,* Unwetter *n*
tempestuous [tem'pestjʊəs] *adj 1.* stürmisch; *2. (person)* ungestüm
template ['templɪt] *sb* Schablone *f*
temporality [tempə'rælɪtɪ] *sb* zeitliche Befristung *f*
temporarily [tempə'rerɪlɪ] *adv* vorübergehend
temporary ['tempərərɪ] *adj 1. (provisional)* vorläufig, provisorisch; *2. (passing)* vorübergehend; *sb 3. (~ employee)* Aushilfe *f,* Aushilfskraft *f*
temporize ['tempəraɪz] *v* ausweichen, Zeit schinden
tempt [tempt] *v 1.* versuchen, in Versuchung führen; *~ fate* das Schicksal herausfordern; *to be ~ed to do sth* versucht sein, etw zu tun; *~ s.o. to do sth* jdn verlocken, etw zu tun; *2. (successfully)* verführen
ten [ten] *num* zehn
tenable ['tenəbl] *adj 1.* vertretbar; *2. MIL* haltbar
tenacious [tɪ'neɪʃəs] *adj 1.* zäh; *2. (obstinate)* hartnäckig
tenacity [tɪ'næsɪtɪ] *sb* Zähigkeit *f*
tenancy ['tenənsɪ] *sb* Mietverhältnis *n,* Pachtverhältnis *n*
tenant ['tenənt] *sb 1.* Mieter *m; 2. (of a farm)* Pächter *m*
tend [tend] *v 1. ~ to do sth (person)* dazu neigen, etw zu tun, dazu tendieren, etw zu tun; *2. ~ to do sth (thing)* die Tendenz haben, etw zu tun; *3. ~ toward (person, views)* tendieren zu, *(line)* führen nach; *4. (a garden)* pflegen; *5. (a machine)* bedienen
tender ['tendə] *adj 1.* zart; *at a ~ age* im zarten Kindesalter; *2. (sore)* empfindlich; *3. (person)* zärtlich; *sb 4. ECO* Angebot *n,* Offerte *f; invite ~s for a job (UK)* Angebote für eine Arbeit einholen; *5. legal ~ FIN* gesetzliches Zahlungsmittel *n; v 6.* anbieten; *7. (a resignation)* einreichen
tenement ['tenɪmənt] *sb 1.* Mietshaus *n; 2. (in a negative sense)* Mietskaserne *f*
tenfold ['tenfəʊld] *adj* zehnfach
tense [tens] *adj 1.* gespannt; *2. (scene in a film)* spannungsgeladen; *v 3. (~ up)* sich anspannen, sich spannen; *sb 4. GRAMM* Zeit *f; past ~* Vergangenheit *f*

T

tensible ['tensəbl] *adj* dehnbar, streckbar
tension ['tenʃən] *sb 1.* Spannung *f; 2. PHYS* Druck *m*
tensive ['tensɪv] *adj* spannend, streckend
tent [tent] *sb* Zelt *n*
tentation [ten'teɪʃən] *sb (way of adjusting)* Einstellung durch versuchsweises Herantasten *f*
tentative ['tentətɪv] *adj 1. (not definite)* vorläufig; *2. (hesitant)* vorsichtig, zögernd
tenter ['tentə] *sb* Spannhaken *m*
tenterhook ['tentəhʊk] *sb 1. to be on ~s* wie auf glühenden Kohlen sitzen; *2. keep s.o. on ~s* jdn auf die Folter spannen, jdn zappeln lassen
tenuous ['tenjʊəs] *adj (fig)* schwach
tenure ['tenjʊə] *sb 1. (time in office)* Amtszeit *f; 2. (US: for a professor)* unkündbare Anstellung *f*
tepefy ['tepɪfaɪ] *v 1.* lauwarm werden; *2. (~ sth)* lauwarm machen
tepid ['tepɪd] *adj* lauwarm

term [tɜːm] *sb 1. (period)* Zeit *f,* Dauer *f; 2. ~ of imprisonment* Gefängnisstrafe *f,* Freiheitsstrafe *f; 3. school ~ (semester)* Semester *n, (trimester)* Trimester *n, (quarter)* Vierteljahr *n; 4. (limit)* Frist *f; 5. (expression)* Ausdruck *m; a contradiction in ~s* ein Widerspruch in sich; *~ of endearment* Kosewort *m; 6. in ~s of ...* in Hinsicht auf ..., was ... betrifft; *7. ~s pl (conditions)* Bedingungen *pl; come to ~s* sich einigen; *come to ~s with sth (fig)* sich mit etw abfinden; *8. ~s pl (relations)* Beziehungen *pl; to be on bad ~s with s.o.* sich mit jdm schlecht verstehen; *They aren't on speaking ~s.* Sie sprechen nicht miteinander. *9. MATH* Glied *n; v 10.* nennen, bezeichnen

termagant ['tɜːməgənt] *sb* Furie *f*
terminable ['tɜːmɪnəbl] *adj* befristet, begrenzt
terminal ['tɜːmɪnəl] *sb 1.* Terminal *m; 2. (railway ~)* Endstation *f; 3. TECH* Anschlussklemme *f; 4. (of a battery)* Pol *m; adj 5. MED* unheilbar
terminate ['tɜːmɪneɪt] *v 1.* enden; *2. (contract)* ablaufen; *3. (sth)* beenden, beschließen; *4. (a contract)* kündigen
terminus ['tɜːmɪnəs] *sb* Endstation *f*
termless ['tɜːmlɪs] *adj* unbefristet
terrace ['terəs] *sb 1.* Terrasse *f; 2. (UK: row of houses)* Häuserreihe *f; 3. ~s pl (UK) SPORT* Ränge *pl*
terrible ['terɪbl] *adj* schrecklich, furchtbar
terrific [tə'rɪfɪk] *adj 1. (enormous)* ungeheuer; *2. (fam: excellent)* großartig, fantastisch, toll *(fam)*
terrify ['terɪfaɪ] *v ~ s.o.* jdn erschrecken, jdn in Angst und Schrecken versetzen
territory ['terɪtərɪ] *sb 1.* Gebiet *n; 2. POL, ZOOL* Territorium *n; 3. (sales ~) ECO* Bezirk *m,* Bereich *m*
terror ['terə] *sb 1.* Schrecken *m,* Entsetzen *n; 2. (person or thing causing ~)* Schrecken *n; 3. (fam: brat)* Ungeheuer *n*
terrorism ['terərɪzəm] *sb* Terrorismus *m*
terrorize ['terəraɪz] *v* terrorisieren
terry cloth ['terɪklɒθ] *sb* Frottee *n/m*
terse [tɜːs] *adj* kurz angebunden, knapp

test [test] *v 1.* testen, prüfen; *2. (examine)* untersuchen; *sb 3.* Test *m,* Prüfung *f,* Probe *f; put sth to the ~* etw auf die Probe stellen; *stand the ~ of time* die Zeit überdauern; *4. (check)* Kontrolle *f; 5. (UK) SPORT* Testmatch *n,* internationaler Vergleichskampf *m*

• test out *v* ausprobieren
testify ['testɪfaɪ] *v 1. JUR* Zeugnis ablegen; *2. (sth) JUR* aussagen; *3. (fig)* bezeugen
testimonial [testɪ'məʊnɪəl] *sb (character recommendation)* Empfehlungsschreiben *n*
testimony ['testɪmənɪ] *sb* Aussage *f*
test tube ['testtjuːb] *sb* Reagenzglas *n*
testy ['testɪ] *adj* gereizt, reizbar
tetchy ['tetʃɪ] *adj* gereizt, reizbar
tether ['teðə] *v 1.* anbinden; *sb 2. to be at the end of one's ~* fix und fertig sein
text [tekst] *sb* Text *m*
textiles ['tekstaɪlz] *pl* Textilien *pl*
texture ['tekstʃə] *sb 1.* Beschaffenheit *f,* Textur *f; 2. (of food)* Textur *f*
Thames [temz] *sb GEO* Themse *f; He won't set the ~ on fire.* Der reißt keine Bäume aus.
than [ðæn] *konj* als

thank [θæŋk] *v 1.* danken, sich bedanken bei; *have s.o. to ~ for sth* jdm etw zu verdanken haben; *interj 2. ~ you* danke; *~ you very much* vielen Dank

thanks [θæŋks] *interj 1. (fam)* danke; *pl 2.* Dank *m; give ~ to God* Gott Dank sagen; *3. ~ to* dank; *It was a failure ~ to her.* Ihretwegen war es ein Misserfolg. *Yes, it worked, no ~ to you.* Ja, es hat geklappt, und das habe ich nicht dir zu verdanken.
thank-you [θæŋk juː] *sb* Dankeschön *n*

T

that [ðæt] *pron 1. (demonstrative pronoun)* das; *like ~* so; *after ~* danach; *How much are those?* Wie viel kosten die da? *~ which* das, was; *~ is to say* das heißt; *and ... at ~* und dabei ..., *(in addition)* und außerdem ...; *~'s it* das ist es; *~'s it (you're doing it correctly)* gut so; *~'s it (~'s all)* das wär's; *2. (relative pronoun)* der/die/das; *some articles ~ I wrote* einige Berichte, die ich schrieb; *adj 3.* der/die/das, jene(r,s); *~ morning* an jenem Morgen; *What's the name of ~ new Bruce Willis film?* Wie heißt dieser neue Film mit Bruce Willis? *adv 4. (fam)* so; *It's not ~ difficult.* So schwierig ist es auch wieder nicht. *He's big, but not ~ strong.* Er ist zwar groß, aber nicht sehr kräftig. *I couldn't even swallow it, it tasted ~ bad.* Es hat so schlecht geschmeckt, dass ich es nicht einmal hinunterschlucken konnte. *konj 5.* dass; *6. not ~ ...* nicht etwa, dass ...

thatch [θætʃ] *sb 1. (material)* Stroh *n,* Reet *n; 2. (hair)* Mähne *f,* Schopf *m*
thaw [θɔː] *v 1. (meat)* auftauen; *2. (snow)* tauen; *sb 3.* Tauwetter *n*

the [ðə, ðiː] *art* der/die/das; *~ ... ~ ...* je ..., desto ...; *~ poor* die Armen; *so much ~ better* umso besser

theatre ['θɪətə] *sb 1.* Theater *n; 2. operating ~ MED* Operationssaal *m; 3. ~ of operations MIL* Schauplatz der Handlungen *m*
thee [ðiː] *pron* dich, euch
theft [ðeft] *sb* Diebstahl *m*
their [ðɛə] *pron* ihr(e)
theirs [ðɛəz] *pron* ihre(r,s)
them [ðem] *pron 1. (direct object)* sie; *2. (indirect object)* ihnen
theme [θiːm] *sb 1. (topic)* Thema *n; MUS 2.* Thema *n; (from a TV show)* Kennmelodie *f; (from a film)* Titelmelodie *f*
themselves [ðem'selvz] *pron* sich; *they ~* sie selbst

then [ðen] *adv 1. (at that time)* da; *from ~ on* von da an; *~ and there* auf der Stelle; *by ~* inzwischen, bis dahin; *2. (in those days)* damals; *3. (after that)* dann; *4. (in that case)* dann; *Then you didn't do it?* Sie haben es also nicht getan? *5. (furthermore)* dann, außerdem; *6. now ~* nun; *adj 7.* damalig; *the ~ chairman* der damalige Vorsitzende

thence [ðens] *adv 1. (from that place)* daher; *2. (for that reason)* infolgedessen

theology [θɪ'ɒlədʒɪ] *sb* Theologie *f*
theorize ['θɪəraɪz] *v ~ that ...* die Theorie aufstellen, dass ...
theory ['θɪərɪ] *sb* Theorie *f; in ~* theoretisch
therapy ['θerəpɪ] *sb* Therapie *f*

there [ðɛə] *adv 1.* dort, da; *over ~* dort; *He's not all ~. (fam)* Er hat nicht alle Tassen im Schrank. *2. (toward that direction)* dorthin, dahin; *~ and back* hin und zurück; *3. (on this matter)* da; *4. ~ is* es gibt, es ist; *There is no speed limit on German motorways, is ~?* Auf deutschen Autobahnen gibt es keine Geschwindigkeitsbegrenzung, oder? *interj 5. There, ~!* Schon gut!

thereabouts [ðɛərə'baʊts] *adv 1. (in that area)* dort in der Nähe; *2. (approximately that much)* so ungefähr
thereafter [ðɛər'ɑːftə] *adv* danach
thereby [ðɛə'baɪ] *adv* dadurch, damit
therefore ['ðɛəfɔː] *adv/konj* deshalb, deswegen, also
thereof [ðɛər'ɒv] *adv ... ~* dessen/deren ..., ... davon
thereupon [ðɛərə'pɒn] *adv* daraufhin
thermos ['θɜːməs] *sb* Thermosflasche *f*
these [ðiːz] *(see "this")*
thesis ['θiːsɪs] *sb 1.* These *f; 2. (student's)* Diplomarbeit *f; 3. (doctoral ~)* Dissertation *f,* Doktorarbeit *f (fam)*

they [ðeɪ] *pron 1.* sie; *2. (people in general)* man; *They're coming out with a film about Joan of Arc.* Es wird demnächst einen Film über Jeanne d'Arc geben.

thick [θɪk] *adj 1.* dick; *a board three centimetres ~* ein drei Zentimeter dickes Brett; *2. (hair, fog, hedges)* dicht; *3. (syrup)* dickflüssig; *4. (crowd)* dicht gedrängt; *5. (accent)* stark; *adv 6. lay it on ~ (fam)* dick auftragen; *sb 7. in the ~ of things* voll dabei, mittendrin; *8. through ~ and thin* durch dick und dünn
thicket ['θɪkɪt] *sb* Dickicht *n*
thick-headed [θɪk'hedɪd] *adj (fig)* dumm
thickness ['θɪknɪs] *sb* Dicke *f,* Dichte *f*
thickset ['θɪkset] *adj* gedrungen
thief [θiːf] *sb* Dieb *m; as thick as thieves (fam) (UK)* unzertrennlich, sehr vertraut
thieve [θiːv] *v* stehlen
thieving ['θiːvɪŋ] *adj* diebisch
thievish ['θiːvɪʃ] *adj* diebisch
thigh [θaɪ] *sb ANAT* Oberschenkel *m*
thimble ['θɪmbl] *sb* Fingerhut *m*
thimbleful ['θɪmblfʊl] *sb* Fingerhutvoll *m*

thin [θɪn] *adj 1.* dünn; *vanish into ~ air* sich in Luft auflösen *2. (hair)* schütter; *3. (plot)* schwach; *v 4. (hair)* schütter werden; *5. (paint)* verdünnen

• **thin out** *v (crowd)* kleiner werden

thing [θɪŋ] *sb 1.* Ding *n; to be seeing ~s (fam)* sich etw einbilden; *2. ~s pl (belongings)* Sachen *pl; 3. (affair, matter)* Sache *f; know a ~ or two about sth* sich mit etw auskennen; *the best ~ to do* das Beste, was man tun kann; *first ~ in the morning* als Erstes morgen früh; *for one ~* einerseits; *It's just one of those ~s.* Da kann man halt nichts machen. *It's a good ~ you came.* Es ist gut, dass Sie gekommen sind. *the very ~* genau das Richtige; *4. have a ~ about sth (fam)* von etw besessen sein; *5. I say, old ~... (fam) (UK)* Na, du altes Haus!

think [θɪŋk] *v irr 1.* denken; *2. (sth)* denken, meinen, glauben

• **think about** *v irr 1.* denken an; *2. (have as one's opinion of)* halten von; *3. (tentatively plan)* vorhaben, daran denken; *4. (reflect upon)* nachdenken über

• **think ahead** *v irr* vorausdenken

• **think of** *v irr 1.* denken an; *2. (have an opinion of)* halten von; *3. (devise)* sich ausdenken

• **think out** *v irr* durchdenken

• **think over** *v irr* sich überlegen

• **think up** *v irr* ausdenken

third [θɜːd] *adj 1.* dritte(r,s); *sb 2. (fraction)* Drittel *n; 3. ~ party* Dritte(r) *m/f*

thirdly ['θɜːdlɪ] *adv* drittens

thirst [θɜːst] *sb 1.* Durst *m; die of ~* verdursten; *2. ~ for knowledge* Wissensdurst *m; v 3. ~ for* dürsten nach

thirteen ['θɜː'tiːn] *num* dreizehn

thirty ['θɜːtɪ] *num* dreißig

this [ðɪs] *pron 1.* dies, das; *like ~* so; *adj 2. ~ one* dies(e,er,es); *3.* diese(r,s); *these days* heutzutage; *~ evening* heute Abend; *~ time* diesmal; *adv 4.* so; *~ big* so groß; *~ far* bis hierher

thither ['ðɪðə] *adv* dahin, dorthin

thorn [θɔːn] *sb BOT* Dorn *m; He's a ~ in my side.* Er ist mir ein Dorn im Auge.

thorough ['θʌrə] *adj 1.* gründlich; *2. (knowledge)* umfassend

thoroughly ['θʌrəlɪ] *adv 1.* gründlich; *2. (through and through)* durch und durch

those [ðəʊz] *(see "that")*

though [ðəʊ] *konj 1.* obwohl, obgleich; *as ~* als ob; *adv 2.* aber, allerdings, immerhin; *He never did it, ~.* Er hat es aber nie getan. *She'll keep on trying, ~.* Sie wird es aber weiterhin versuchen.

thought [θɔːt] *sb 1. (act of thinking)* Denken *n; 2. (idea, opinion)* Gedanke *m; 3. (sudden inspiration)* Einfall *m; 4. (consideration)* Nachdenken *n; have second ~s* Zweifel bekommen; *Give it some ~.* Denk mal darüber nach. *on second ~* bei näherer Überlegung

thousand ['θaʊzənd] *num* tausend

thrash [θræʃ] *v 1.* verprügeln; *2. (fig: defeat)* vernichtend schlagen

thread [θred] *v 1. (a needle)* einfädeln; *2. (a necklace)* aufziehen; *3. ~ one's way through sth (fig)* sich durch etw hindurchschlängeln; *sb 4.* Faden *m; hang by a ~* am seidenen Faden hängen; *5. pick up the ~(s)* den Faden wieder aufnehmen; *6. (for sewing)* Garn *n; 7. (of a screw) TECH* Gewinde *n*

threadbare ['θredbɛə] *adj* fadenscheinig

thready ['θredɪ] *adj* fadenartig, faserig

threat [θret] *sb 1.* Drohung *f; 2. (danger)* Bedrohung *f,* Gefahr *f*

threaten ['θretn] *v 1.* drohen; *2. (s.o.)* bedrohen, drohen; *~ s.o. with sth* jdm mit etw drohen; *3. (violence)* androhen; *4. (to be a danger to)* gefährden

three [θriː] *num* drei

threesome ['θriːsʌm] *sb* Trio *n*

thresh [θreʃ] *v* dreschen

threshold ['θreʃhəʊld] *sb 1.* Schwelle *f; 2. (of a door)* Türschwelle *f,* Schwelle *f*

thrice [θraɪs] *adv* dreimal

thrift [θrɪft] *sb* Sparsamkeit *f*

thrill [θrɪl] *v 1.* begeistern, entzücken; *to be ~ed* begeistert sein; *2. (an audience)* packen; *sb 3.* Erregung *f*

thrive [θraɪv] *v irr (fig: do well)* blühen, Erfolg haben

throat [θrəʊt] *sb 1. (outside)* Hals *m; 2. (inside)* Kehle *f; jump down s.o.'s ~* jdm über den Mund fahren; *3. (animal's)* Rachen *m*

throb [θrɒb] *v* pochen, klopfen, *(with pain)* hämmern

throes [θrəʊz] *pl* heftige Schmerzen *f; in the ~ of ...* in den Qualen der/des ...

throne [θrəʊn] *sb* Thron *m*

throng [θrɒŋ] *sb (of people)* Menschenmenge *f*

throttle ['θrɒtl] *v 1. (s.o.)* erdrosseln, erwür-

T

gen; 2. *(fig: opposition)* ersticken; *sb* 3. *(lever)* Gashebel *m; at full ~* mit Vollgas; 4. *(valve)* Drosselklappe *f*

• **throttle back** *v TECH* den Motor abdrosseln

through [θruː] *prep* 1. durch; 2. *(time)* während, hindurch; 3. *(US: up to and including)* bis einschließlich; *adv* 4. *durch; adj* 5. *to be ~ with sth* mit etw fertig sein; 6. *Darling, you and I are ~.* Schätzchen, es ist aus zwischen uns. 7. *(not stopping)* durchgehend, Durchgangs...

throughout [θruː'aʊt] *prep* 1. überall in; 2. *(time)* den ganzen (die ganze/das ganze) ... hindurch; *adv* 3. ganz; 4. *(time)* die ganze Zeit hindurch

throw [θrəʊ] *v irr* 1. werfen; 2. *(a rider)* abwerfen; 3. *(judo-style)* zum Boden werfen; 4. *(a fit)* bekommen; 5. *(pottery)* töpfern; 6. *(a party)* geben; 7. *(a switch)* betätigen; 8. *~ o.s. at s.o.* sich jdm an den Hals werfen; *sb* 9. Wurf *m*

• **throw about** *v irr* umherwerfen

• **throw away** *v irr* 1. wegwerfen; 2. *throw sth away (fig)* etw durch Nachlässigkeit verlieren; 3. *(fam: money)* verschwenden

• **throw in** *v irr* 1. *SPORT* einwerfen, hinzufügen; *~ the towel* das Handtuch werfen; 2. *(with a purchase)* mit in den Kauf geben, dreingeben

• **throw off** *v irr (a pursuer)* abschütteln

• **throw open** *v irr (a door)* aufreißen

• **throw out** *v irr* 1. *(trash)* wegwerfen; 2. *(a person)* rauswerfen *(fam)*

• **throw together** *v irr (fig: a meal, an essay)* hinhauen *(fam)*

• **throw up** *v irr* 1. *(vomit)* sich übergeben, brechen; 2. *(one's hands)* hochwerfen

throwaway ['θrəʊəweɪ] *adj* 1. *(said casually)* nebenbei bemerkt, nebenbei fallen gelassen; 2. *(that can be thrown away)* Wegwerf..., Einweg...

throw-in ['θrəʊɪn] *sb* 1. *(extra)* Zugabe *f;* 2. *SPORT* Einwurf *m*

thrum [θrʌm] *v* trommeln auf

thrust [θrʌst] *v irr* 1. stoßen, *(with a knife)* stechen; *~ one's hands into one's pockets* die Hände in die Tasche stecken; *~ out one's hand* die Hand ausstrecken; *~ sth on s.o.* jdm etw aufdrängen; *~ s.o. aside* jdn beiseite schieben; *sb* 2. Stoß *m, (in fencing)* Stich *m;* 3. *MIL* Vorstoß *m;* 4. *(of a turbine) TECH* Schub *m*

thruway ['θruːweɪ] *sb (US)* Schnellstraße *f*

thud [θʌd] *sb* dumpfes Geräusch *n*

thug [θʌg] *sb* Schläger *m,* Schlägertyp *m*

thumb [θʌm] *sb* 1. Daumen *m; rule of ~* Faustregel *f; to be all ~s* zwei linke Hände haben; *v* 2. *~ through (a book)* durchblättern; 3. *~ a ride* per Anhalter fahren

thumbtack ['θʌmtæk] *sb* Reißzwecke *f*

thump [θʌmp] *sb* 1. *(noise)* dumpfer Schlag *m;* 2. *(blow)* Schlag *m*

thumping ['θʌmpɪŋ] *adj (fam)* mordsmäßig, kolossal

thunder ['θʌndə] *sb* 1. Donner *m; v* 2. donnern

thundering ['θʌndərɪŋ] *adj* gewaltig

thunderous ['θʌndərəs] *adj* stürmisch, donnernd

Thursday ['θɜːzdeɪ] *sb* Donnerstag *m*

thus [ðʌs] *adv* 1. *(in this way)* so, auf diese Weise, folgendermaßen; 2. *(therefore)* folglich, somit, also; 3. *(to this extent)* solchermaßen, in diesem Maße; *~ far* bis jetzt

thwack [θwæk] *v* schlagen, klatschen

thwart [θwɔːt] *v* vereiteln, durchkreuzen

tic [tɪk] *sb* Tick *m,* nervöses Zucken *n*

tick [tɪk] *sb* 1. *(of a clock)* Ticken *n, (fam: moment)* Moment *m;* 2. *(mark)* Häkchen *n,* Vermerkzeichen *n; sb* 3. *ZOOL* Zecke *f; v* 4. ticken

• **tick off** *v (an item on a list)* abhaken

• **tick over** *v* laufen, in Gang sein

ticker ['tɪkə] *sb* 1. Börsentelegraf *m;* 2. *(fam: heart)* Pumpe *f;* 3. *(fam: watch)* Uhr *f*

ticket ['tɪkɪt] *sb* 1. Karte *f;* 2. *(train ~)* Fahrkarte *f;* 3. *(bus ~)* Fahrschein *m;* 4. *(for reclaiming an item)* Schein *m, (cloakroom ~)* Garderobenmarke *f;* 5. *JUR* Strafzettel *m;* 6. *lottery ~* Lotterielos *n;* 7. *POL* Wahlliste *f*

ticking ['tɪkɪŋ] *sb* Drell *m,* Drillich *m*

tickle ['tɪkl] *v* 1. kitzeln; 2. *(amuse)* amüsieren; 3. *(fig: flatter)* schmeicheln; 4. *~ s.o.'s fancy* jdn neugierig machen, jdn interessieren

tickler ['tɪklə] *sb (problem)* kitzlige Sache *f*

ticklish ['tɪklɪʃ] *adj* kitzelig

tidal wave ['taɪdəlweɪv] *sb* 1. Flutwelle *f;* 2. *(fig)* Welle *f*

tidbit *sb (US) (see "titbit")*

tiddler ['tɪdlə] *sb (fam: person) (UK)* Knirps *m,* Dreikäsehoch *m*

tiddly ['tɪdlɪ] *adj (fam)* beschwipst, angesäuselt

tiddlywinks ['tɪdlɪwɪŋks] *sb* Flohhüpfen *n*

tide [taɪd] *sb* 1. Gezeiten *pl; high ~* Hoch-

T

wasser *n; low* ~ Niedrigwasser *n; v 2. ~ s.o. over (fig)* jdm hinweghelfen über

tidiness ['taɪdɪnɪs] *sb* Ordentlichkeit *f*, Sauberkeit *f*

tidings ['taɪdɪŋz] *pl* Nachricht *f*, Kunde *f*

tidy ['taɪdɪ] *v 1.* in Ordnung bringen; *adj 2.* ordentlich, sauber

• **tidy up** *v (a room)* aufräumen

tie [taɪ] *v 1. (in a competition)* gleich stehen, punktgleich sein, *SPORT* unentschieden spielen; *2. (sth)* binden; *sb 3. (neck~)* Krawatte *f*, Schlips *m; 4. (result of a match)* Unentschieden *n; 5. (UK: football match) SPORT* Ausscheidungsspiel *n; 6. (fig: bond)* Bindung *f*

• **tie down** *v 1.* festbinden; *2. (fig)* binden

• **tie in** *v 1. ~ with* übereinstimmen mit, passen zu; *2. tie sth in with sth* etw mit etw verbinden, etw mit etw koppeln

• **tie on** *v 1.* anbinden; *2. tie one on (fam)* einen trinken

• **tie up** *v 1.* binden; *2. (a prisoner)* fesseln; *3. to be tied up (to be busy)* beschäftigt sein

tier [tɪə] *sb 1. (of a cake)* Etage *f*; *2. (of a stadium)* Rang *m; 3. (fig)* Rang *m*, Stufe *f*

tiff [tɪf] *sb* Kabbelei *f*

tight [taɪt] *adj 1. (clothes, space)* eng; *in a ~ spot (fig)* in der Klemme; *2. (screw, lid, knot)* fest; *3. (taut)* gespannt; *4. (fig: money)* knapp; *5. (schedule)* knapp bemessen; *6. (control)* streng; *7. ...~ (air~, water~)* dicht; *adv 8.* fest, *(taut)* straff; *hold ~* festhalten; *sit ~* sich nicht rühren

tighten ['taɪtn] *v 1. (rope)* sich spannen; *2. (grip)* fester werden; *3. (sth) (a knot, a screw)* anziehen; *4. (a rope)* spannen; *5. (make even tighter than it was)* nachziehen, *(rope)* straffer spannen; *6. (fig: restrictions)* verschärfen

tightknit [taɪt'nɪt] *adj* engmaschig

tight-lipped ['taɪtlɪpt] *adj* verschwiegen

tightrope ['taɪtrəʊp] *sb* Seil *n*

tights ['taɪts] *pl* Strumpfhose *f*

tile [taɪl] *sb 1. (on a wall)* Kachel *f*; *2. (cork, linoleum)* Platte *f*; *3. (on a roof)* Dachziegel *m; 4. (ceramic ~)* Fliese *f*; *v 5. (a bathroom)* Fliesen anbringen in; *6. (a wall)* kacheln; *7. (a roof)* decken

tiler ['taɪlə] *sb* Fliesenleger *m*

till [tɪl] *sb 1.* Ladenkasse *f*; *konj 2. (see "until"); v 3. AGR* bestellen

tiller ['tɪlə] *sb 1. NAUT* Ruderpinne *f*; *2. (plowman) AGR* Landmann *m*

tilt [tɪlt] *v 1.* sich neigen; *2. (fall)* umkippen; *3. (sth)* kippen, schräg stellen; *~ one's chair* mit dem Stuhl wippen; *4. (one's head)* neigen; *sb 5. (slant)* Neigung *f*

tilth [tɪlθ] *sb* Ackerland *n*

timber ['tɪmbə] *sb 1.* Holz *n*, Nutzholz *n*, *(for construction)* Bauholz *n; 2. Timber!* Achtung!

time [taɪm] *sb 1.* Zeit *f*; *for all ~* für alle Zeiten; *he had a hard ~ (doing sth)* es fiel ihm schwer (etw zu tun); *have a good ~* sich amüsieren; *the first ~* das erste Mal; *every ~* jedes Mal; *at ~s* manchmal; *of all ~* aller Zeiten; *take one's ~* sich Zeit lassen; *bide one's ~* abwarten; *from ~ to ~* ab und zu; *by that ~* bis dahin; *at any ~* jederzeit; *a few ~s* ein paar Mal; *on ~* pünktlich; *in good ~* rechtzeitig; *in six weeks' ~* in sechs Wochen; *behind the ~s* altmodisch; *a race against ~* ein Wettlauf mit der Zeit; *ahead of ~* der Zeit voraus; *for the ~ being* zunächst, im Moment; *in no ~ (at all)* im Nu; *keep up with the ~s* mit der Zeit gehen, sich auf dem Laufenden halten; *play for ~* Zeit herausschinden; *at that ~* dann, *(in the past)* damals; *at the same ~* gleichzeitig, zur selben Zeit, *(on the other hand)* andererseits; *in no ~* im Handumdrehen, im Nu; *once upon a ~* es war einmal; *at all ~s* stets, jederzeit; *~ and again, ~ after ~* immer wieder; *for the ~ being* vorläufig, *(as it stands now)* unter den gegenwärtigen Umständen; *two at a ~* zu zweit, jeweils zwei; *Time's up!* Die Zeit ist um! *What ~ is it?* Wie viel Uhr ist es? *take ~* dauern; *Take your ~!* Lass dir Zeit! *2. do ~ (fam: inprison)* sitzen; *3. ~s (in multiplication)* mal; *4. MUS* Takt *m; 5. ~ and a half ECO* fünfzig Prozent Zuschlag; *v 6. (sth)* stoppen, mit der Uhr messen; *7. (choose the ~ to do)* den Zeitpunkt wählen für, den Zeitpunkt bestimmen für

timecard ['taɪmkɑːd] *sb* Stempelkarte *f*

time clock [taɪm klɒk] *sb* Stechuhr *f*

timely ['taɪmlɪ] *adj* rechtzeitig, zur rechten Zeit

timer ['taɪmə] *sb* Zeitmesser *m*

timescale ['taɪmskeɪl] *sb* zeitlicher Rahmen *m*

time sheet ['taɪmʃiːt] *sb* Stempelkarte *f*

time switch ['taɪmswɪtʃ] *sb* Zeitschaltuhr *f*

timetable ['taɪmteɪbl] *sb 1.* Zeittabelle *f*, Fahrplan *m (fam)*; *2. (of arrivals or departures)*

Fahrplan *m,* *(of a plane)* Flugplan *m; 3. (UK: student's)* Stundenplan *m*
time warp ['taɪmwɔːp] *sb* Zeitverzerrung *f*
timeworn ['taɪmwɔːn] *adj 1.* abgenutzt; *2. (cliché)* abgedroschen
timid ['tɪmɪd] *adj* scheu
timidity [tɪ'mɪdɪtɪ] *sb* Scheu *f*
timorous ['tɪmərəs] *adj* furchtsam scheu
tin [tɪn] *sb 1.* Zinn *n; 2. (can)* Dose *f,* Büchse *f; 3. (~plate)* Blech *n; v 4. (can)* in Dosen konservieren
tinder ['tɪndə] *sb* Zunder *m*
tinfoil ['tɪnfɔɪl] *sb* Aluminiumfolie *f*
ting [tɪŋ] *sb* Klingeln *n*
tinge [tɪndʒ] *v 1. ~d with* mit einer Spur von; *sb 2. (of colour)* Hauch *m; 3. (fig)* Spur *f*
tingle ['tɪŋgl] *v* prickeln
tinker ['tɪŋkə] *v ~ with* herumbasteln an, *(mess with)* herumpfuschen an
tinkerer ['tɪŋkərə] *sb* Bastler *m*
tinkle ['tɪŋkl] *v* klingeln, klirren
tin-opener ['tɪnəʊpənə] *sb* Dosenöffner *m,* Büchsenöffner *m*
tinsel ['tɪnzl] *sb* Lametta *n*
tint [tɪnt] *v 1. (colour)* tönen; *sb 2.* Ton *m,* Tönung *f*
tiny ['taɪnɪ] *adj* winzig
tip[1] [tɪp] *sb 1. (end)* Spitze *f; 2. (of a cigarette)* Filter *m*
tip[2] [tɪp] *sb 1. (piece of advice, piece of information)* Tipp *m,* Hinweis *m; 2. (gratuity)* Trinkgeld *n; v 3. (give a gratuity to)* Trinkgeld geben; *4. ~ s.o. off* jdm einen Tipp geben
tip[3] [tɪp] *v 1. (tilt)* kippen; *sb 2. (for rubbish)* Abladeplatz *m; 3. (for coal)* Halde *f*
• tip over *v* umkippen
tip-off ['tɪpɒf] *sb* Tipp *m*
tipple ['tɪpl] *v* saufen, trinken
tipsy ['tɪpsɪ] *adj* beschwipst
tiptoe ['tɪptəʊ] *v* auf den Zehenspitzen gehen, schleichen
tire[1] [taɪə] *v 1.* ermüden, müde werden; *~ of s.o.* jds überdrüssig sein; *2. (s.o.)* ermüden, müde machen
tire[2] [taɪə] *sb (US)* Reifen *m*

tired ['taɪəd] *adj 1.* müde; *2. (hackneyed)* abgegriffen; *3. to be ~ of sth* etw satt haben

tissue ['tɪʃuː] *sb 1. BIO* Gewebe *n; 2. (to blow one's nose)* Papiertaschentuch *n*
titbit ['tɪtbɪt] *sb (UK)* Leckerbissen *m*
titchy ['tɪtʃɪ] *adj (fam)* winzig, klitzeklein
titillate ['tɪtɪleɪt] *v* kitzeln
title ['taɪtl] *sb 1.* Titel *m; 2. (of a chapter)* Überschrift *f; 3. (person's)* Anrede *f, (of nobility)* Adelstitel *m; 4. JUR* Rechtsanspruch *m; (to property) JUR* Eigentumsrecht *n; 5. (document) JUR* Eigentumsurkunde *f*
titter ['tɪtə] *v* kichern
tittle ['tɪtl] *sb* Pünktchen *n,* Tüpfelchen *n*
tizzy ['tɪzɪ] *sb (fam)* Aufregung *f,* Konfusion *f; in a ~* aufgeregt, konfus

to [tuː] *prep 1.* zu; *a quarter ~ three* Viertel vor drei; *live ~ be ninety* neunzig Jahre alt werden; *I've never been ~ Manila.* Ich war noch nie in Manila. *I don't want ~.* Ich will nicht. *2. (until, as far as)* bis; *~ this day* bis zum heutigen Tag; *3. (attach ~)* an; *4. next ~* neben; *5. (when proposing a toast)* auf; *6. (infinitive) ~ jump* springen; *easy ~ understand* leicht zu verstehen

toady ['təʊdɪ] *sb 1.* Speichellecker *m; v 2. ~ to s.o.* vor jdm kriechen
toast [təʊst] *sb 1.* Toast *m; 2. (drink)* Toast *m,* Trinkspruch *m; propose a ~* einen Toast ausbringen; *v 3. (sth)* toasten; *4. ~ s.o. (drink in honour of s.o.)* auf jds Wohl trinken
tobacco [tə'bækəʊ] *sb* Tabak *m*

today [tə'deɪ] *adv 1.* heute; *2. (these days)* heutzutage; *sb 3.* heute

toddle ['tɒdl] *v 1.* wackeln; *2. (walk)* zotteln
toddler ['tɒdlə] *sb* Kleinkind *n*
toddy ['tɒdɪ] *sb* Grog *m*
to-do [tə'duː] *sb* Theater *n,* Aufhebens *n*
toe [təʊ] *v 1.* mit den Zehen berühren; *~ the line (fig)* spuren; *sb 2.* Zehe *f; on one's ~s (fig)* auf Draht
toff [tɒf] *sb (fam) (UK)* feiner Pinkel *m*
tog [tɒg] *v (fam)* ausstaffieren, anziehen

together [tə'geðə] *adv* zusammen; *go ~ (fit)* zusammenpassen; *go ~ (events)* zusammen auftreten; *go ~ (two people)* miteinander gehen

toggle ['tɒgl] *sb (on a rope)* Knebel *m*
toil [tɔɪl] *v 1.* sich abplagen; *~ up a hill* sich einen Berg hinaufquälen; *sb 2.* mühselige Arbeit *f,* Mühe *f*
toilet ['tɔɪlɪt] *sb* Toilette *f*
toilsome ['tɔɪlsəm] *adj* mühselig, mühsam
token ['təʊkən] *sb 1. (coin, counter)* Marke *f; 2. (voucher)* Gutschein *m; 3. (sign)* Zeichen *n; 4. by the same ~* ebenso, aber auch; *adj 5.* Schein..., nominell, symbolisch
tolerable ['tɒlərəbl] *adj 1.* erträglich; *2. (fam: not bad)* passabel

T

tolerate ['tɒləreɪt] *v 1.* dulden, tolerieren; *2. (bear)* ertragen
toleration [tɒlə'reɪʃən] *sb* Duldung *f*
toll[1] [təʊl] *v* läuten
toll[2] [təʊl] *sb 1.* Zoll *m,* Gebühr *f, (for a road)* Straßengebühr *f; 2. (fig) take its ~* arg mitnehmen; *take a ~ of twenty lives* zwanzig Todesopfer fordern
tomato [tə'mɑːtəʊ] *sb* Tomate *f*
tomb [tuːm] *sb 1.* Grab *n; 2. (building)* Grabmal *n*
tomboy ['tɒmbɔɪ] *sb* Wildfang *m*
tomboyish ['tɒmbɔɪɪʃ] *adj* jungenhaft
tombstone ['tuːmstəʊn] *sb* Grabstein *m*
tom-cat ['tɒmkæt] *sb ZOOL* Kater *m*

tomorrow [tə'mɒrəʊ] *adv/sb* morgen; *the day after ~* übermorgen

ton [tʌn] *sb (weight)* Tonne *f*
tone [təʊn] *sb 1.* Ton *m,* Klang *m; 2. (fig)* Ton *m; 3. (colour)* Ton *m; 4. (muscle ~)* Tonus *m; v 5.* einfärben
• **tone down** *v* abmildern, dämpfen
• **tone up** *v* trainieren, kräftigen
toneless ['təʊnlɪs] *adj* eintönig
tongs [tɒŋz] *pl* Zange *f; a pair of ~* eine Zange
tongue [tʌŋ] *sb* Zunge *f; ~ in cheek* augenzwinkernd, ironisch; *make a slip of the ~* sich versprechen; *hold one's ~* den Mund halten; *get one's ~ around sth* etw aussprechen; *It's on the tip of my ~. (fig)* Es liegt mir auf der Zunge.
tongue-tied ['tʌŋtaɪd] *to be ~* kein Wort herausbringen können
tongue twister ['tʌŋtwɪstə] *sb* Zungenbrecher *m*

tonight [tə'naɪt] *adv 1. (this evening)* heute Abend; *2. (late at night)* heute Nacht

tonne [tʌn] *sb (weight)* Tonne *f*

too [tuː] *adv 1. (excessively)* zu; *all ~ well* nur zu gut; *2. (very)* zu; *3. (moreover)* auch

tool [tuːl] *sb* Werkzeug *n,* Gerät *n,* Instrument *n*
toot [tuːt] *v 1. ~ a horn* auf dem Horn blasen; *2. (a car's horn)* blasen

tooth [tuːθ] *sb 1.* Zahn *m; by the skin of one's teeth (fam)* gerade so, haarscharf; *armed to the teeth* bis an die Zähne bewaffnet; *to be long in the ~* nicht mehr der/die Jüngste sein; *fight ~ and nail* erbittert kämpfen; *get one's teeth into sth* sich in etw verbeißen; *have a sweet ~* eine Naschkatze sein; *2. (of a comb)* Zacke *f*

toothsome ['tuːθsəm] *adj (tasty)* schmackhaft, wohlschmeckend
toothy ['tuːθɪ] *adj* zähnezeigend
tootle ['tuːtl] *v (fam: make sounds)* tuten, dudeln

top [tɒp] *v 1. ~ a list* ganz oben auf einer Liste stehen; *2. (surpass)* übertreffen, *(a sum)* übersteigen; *3. (cut off the ~ of)* kappen; *4. (cover)* bedecken; *5. (crown)* krönen; *sb 6. (highest part)* oberer Teil *m,* Spitze *f; 7. (of a mountain)* Gipfel *m; 8. (fig)* Spitze *f; at the ~ of one's voice* aus vollem Halse; *blow one's ~ (fam)* in die Luft gehen; *on ~ of that* darüber hinaus; *to be on ~ of the situation* die Situation unter Kontrolle haben; *9. (lid)* Deckel *m; 10. (upper surface)* Oberfläche *f; 11. (of a car)* Verdeck *n; 12. (article of clothing)* Oberteil *n; adj 13.* oberste(r,s), höchste(r,s); *14. (upper)* obere(r,s); *15. (best)* beste(r,s); *16. (first-rate)* erstklassig, Top... *(fam),* Spitzen...

• **top off** *v (fig)* krönen
• **top up** *v* auffüllen
topcoat ['tɒpkəʊt] *sb* Mantel *m*
top hat [tɒp hæt] *sb* Zylinder *m*
top-heavy ['tɒphevɪ] *adj* kopflastig
topic ['tɒpɪk] *sb* Thema *n*
topical ['tɒpɪkəl] *adj* aktuell
topmost ['tɒpməʊst] *adj* oberste(r,s), höchste(r,s)
topper ['tɒpə] *sb (hat)* Zylinder *m*
topple ['tɒpl] *v 1.* wackeln, stürzen; *2. (sth)* umwerfen; *3. (fig: a government)* stürzen
• **topple over** *v* schwanken und fallen
torch [tɔːtʃ] *sb 1.* Fackel *f; (fig) carry a ~ for s.o.* jdn lieben, ohne geliebt zu werden; *2. (UK: electric ~)* Taschenlampe *f*
torment ['tɔːment] *v 1.* quälen; *sb 2.* Qual *f,* Marter *f*
torpid ['tɔːpɪd] *adj* träge, lethargisch
torpor ['tɔːpə] *sb (numbness)* Erstarrung *f,* Betäubung *f*
torrent ['tɒrənt] *sb 1. (violent stream)* reißender Strom *m; 2. (fig)* Schwall *m*
torrential [tɒ'renʃəl] *adj* sintflutartig
torrid ['tɒrɪd] *adj* heiß, brennend heiß
torsion ['tɔːʃən] *sb* Torsion *f,* Drehung *f,* Verdrehung *f*
tort ['tɔːt] *sb JUR* Delikt *n*

tortuous ['tɔːtjʊəs] *adj* gewunden, verschlungen
torture ['tɔːtʃə] *v 1.* foltern; *2. (fig)* quälen; *sb 3.* Folter *f; 4. (fig)* Qual *f*
toss [tɒs] *v 1. ~ and turn* sich schlaflos im Bett wälzen; *2. (sth)* werfen; *to be ~ed by a horse* vom Pferd abgeworfen werden; *3. ~ a coin* eine Münze hochwerfen; *4. (storm)* schütteln; *5. (a salad)* anmachen
toss-up ['tɒsʌp] *sb (fig) It's a ~.* Die Chancen stehen fifty-fifty.
tot [tɒt] *sb* Kerlchen *n*
total ['təʊtl] *v 1. (add)* zusammenzählen, zusammenrechnen; *2. (amount to)* sich belaufen auf; *adj 3. (whole)* gesamt; *4.* völlig, total, absolut; *sb 5.* Gesamtsumme *f,* Gesamtbetrag *m,* Gesamtmenge *f*
totter ['tɒtə] *v 1. (person)* taumeln; *2. (structure)* wanken

touch [tʌtʃ] *v 1. (one another)* sich berühren; *2. (sth)* berühren, *(in a negative sense)* anrühren; *This is really ~ and go.* Das ist wirklich eine heikle Situation. *3. (grasp)* anfassen; *4. (emotionally)* rühren, bewegen; *sb 5. (sense of ~)* Gefühl *n; 6. (act of ~ing)* Berührung *f,* Berühren *n; 7. (feature)* Zug *m; a nice ~* eine hübsche Note; *8. (trace)* Spur *f; 9. (skill)* Hand *f; 10. (communication)* Kontakt *m,* Verbindung *f; keep in ~ with* in Verbindung bleiben mit; *get in ~ with s.o.* sich mit jdm in Verbindung setzen

•touch down *v (plane)* aufsetzen
•touch on *v (a subject)* ein Thema kurz berühren
•touch up *v 1. (paint)* ausbessern; *2. (a photo)* retuschieren
touched [tʌtʃt] *adj (emotionally effected)* gerührt, bewegt
touching ['tʌtʃɪŋ] *adj* rührend, ergreifend
touchline ['tʌtʃlaɪn] *sb* Seitenlinie *f*
touchpaper ['tʌtʃpeɪpə] *sb* Zündpapier *n*
touchstone ['tʌtʃstəʊn] *sb* Prüfstein *m*
touchy ['tʌtʃɪ] *adj 1. (person)* empfindlich; *2. (subject)* heikel
tough [tʌf] *adj 1. (person, meat)* zäh; *2. (opponent, negotiator, part of town)* hart; *3. (resistant)* widerstandsfähig; *4. (difficult)* schwierig; *~ luck* Pech; *sb 5.* Schlägertyp *m*
toughen ['tʌfn] *v 1.* sich abhärten; *2. (sth)* fester machen; *3. (s.o.)* abhärten
tough-minded ['tʌfmaɪndɪd] *adj* nüchtern, unsensibel
toughness ['tʌfnɪs] *sb* Zähigkeit *f,* Härte *f*
tour [tʊə] *v 1.* eine Reise machen; *2. (band, theatre company)* eine Tournee machen; *3. (sth)* besichtigen; *~ the country* das Land bereisen; *sb 4.* Tour *f,* Reise *f; 5. (guided ~)* Führung *f; 6. (of a building, of a town)* Rundgang *m; 7. (by a band, by a theatre company)* Tournee *f; 8. (inspection)* Inspektion *f*
tour de force ['tʊədə'fɔːs] *sb* Glanzleistung *f*
tourer ['tʊərə] *sb (tourist)* Reisende(r) *m/f*
tourism ['tʊərɪzm] *sb* Fremdenverkehr *m,* Tourismus *m*
tourist ['tʊərɪst] *sb* Tourist/Touristin *m/f*
touristy ['tʊərɪstɪ] *adj (fam)* touristisch
tournament ['tʊənəmənt] *sb* Turnier *n*
tout [taʊt] *v 1. (give betting tips)* Wetttipps geben; *2. (promote)* anpreisen; *3. (spy on)* bespitzeln
tow [təʊ] *v 1. (a car)* abschleppen; *2. (a boat)* schleppen; *3. (a trailer)* ziehen
toward [tə'wɔːd] *prep 1.* auf ... zu; *2. (a time)* gegen; *3. (feelings)* jdm gegenüber
towards *prep (see "toward")*
towboat ['təʊbəʊt] *sb* Schlepper *m*
towel ['taʊəl] *sb* Handtuch *n*
towelling ['taʊəlɪŋ] *sb* Frottee *m*
tower ['taʊə] *sb 1.* Turm *m; v 2.* ragen; *~ over* weit überragen; *3. ~ over (fig)* übertreffen

town [taʊn] *sb* Stadt *f; to be the talk of the ~* Stadtgespräch sein

town crier [taʊn 'kraɪə] *sb* Ausrufer *m*
town house ['taʊnhaʊs] *sb 1. (city residence)* Stadtwohnung *f; 2. (town hall)* Rathaus *n; 3. (terraced house)* Reihenhaus *n*
township ['taʊnʃɪp] *sb* Gemeindebezirk *m*
townspeople ['taʊnzpiːpl] *pl 1.* Bürger *pl; 2. (as opposed to country folk)* Städter *pl*
toxic waste ['tɒksɪk weɪst] *sb* Giftmüll *m*

toy [tɔɪ] *sb 1.* Spielzeug *n; ~s pl* Spielzeug *n,* Spielsachen *pl; v 2. ~ with an idea* mit einem Gedanken spielen

trace [treɪs] *v 1. ~ back to* zurückverfolgen bis zu; *2. (copy)* nachziehen; *(with tracing paper)* durchpausen; *3. (follow the trail of)* verfolgen; *4. (find)* aufspüren, ausfindig machen; *sb 5.* Spur *f*
tracing paper ['treɪsɪŋpeɪpə] *sb* Pauspapier *n*
track [træk] *v 1. (follow)* verfolgen; *sb 2. (path)* Weg *m,* Pfad *m; 3. (trail)* Spur *f,* Fährte *f; throw s.o. off the ~* jdn von der Spur ablenken; *cover one's ~s* seine Spuren verwischen;

T

keep ~ of verfolgen; *on the right ~* auf dem richtigen Wege; *on the wrong ~, off the ~* auf falscher Fährte; *4. make ~s (fam)* sich auf den Weg machen; *5. (train ~)* Gleis *n; 6. (racing ~)* Bahn *f, (for auto racing)* Rennstrecke *f; 7. (~ and field) SPORT* Leichtathletik *f*

•track down *v 1. (a criminal, prey)* zur Strecke bringen; *2. (information)* ausfindig machen

tracker dog ['trækədɒg] *sb* Spürhund *m*

tracking ['trækɪŋ] *sb* Verfolgen *n*

trackless ['trækləs] *adj* weglos

tracksuit ['træksu:t] *sb* Trainingsanzug *m*

tract [trækt] *sb ANAT* Trakt *m*

tractable ['træktəbl] *adj* formbar

tractile ['træktaɪl] *adj* ausziehbar, verlängerbar

traction ['trækʃən] *sb 1. (firm footing)* Griffigkeit *f; 2. MED* Streckverband *m; in ~* im Streckverband

tractor ['træktə] *sb* Traktor *m*

trade [treɪd] *v 1. ECO* handeln, Handel treiben; *~ in sth* mit etw handeln; *2. ~ sth for sth* etw gegen etw tauschen; *~ in one's car* sein Auto in Zahlung geben; *sb 3. (exchange)* Tausch *m; 4. (line of work)* Branche *f; know all the tricks of the ~* alle Kniffe kennen; *by ~* von Beruf; *5. (commerce) ECO* Handel *m,* Gewerbe *n; 6. (craft)* Handwerk *n*

trade balance ['treɪdbæləns] *sb ECO* Handelsbilanz *f*

trade discount ['treɪddɪskaʊnt] *sb ECO* Händlerrabatt *m*

trade school ['treɪdsku:l] *sb* Berufsschule *f*

tradesman ['treɪdzmən] *sb 1.* Händler *m; 2. (craftsman)* Handwerker *m*

trade wind ['treɪdwɪnd] *sb* Passatwind *m*

trading ['treɪdɪŋ] *sb* Handel *m,* Handeln *n*

trading estate ['treɪdɪŋɪsteɪt] *sb* Gewerbegebiet *n*

traduce [trə'dju:s] *v* verleumden

traffic ['træfɪk] *sb 1.* Verkehr *m; 2. (trade)* Handel *m*

tragedy ['trædʒədɪ] *sb* Tragödie *f*

trail [treɪl] *v 1. (drag on the floor)* schleifen; *2. (to be behind)* weit zurückliegen; *3. (drag)* schleppen; *4. (s.o.)* verfolgen, *(secretly)* beschatten; *sb 5.* Spur *f,* Fährte *f; 6. (path)* Weg *m,* Pfad *m*

•trail off *v (voice)* sich verlieren

trailer ['treɪlə] *sb 1.* Anhänger *m; 2. (US: ~ home)* Wohnwagen *m; 3. CINE* Voranzeige *f*

train [treɪn] *v 1. SPORT* trainieren; *2. (s.o.)* ausbilden; *3. (a child)* erziehen; *4. ~ s.o. (a new employee)* jdm etw beibringen; *5. (an animal)* abrichten, dressieren; *6. (aim)* richten; *sb 7.* Zug *m; take a ~ to* mit dem Zug fahren nach; *8. (procession)* Kolonne *f; 9. ~ of thought* Gedankengang *m; lose one's ~ of thought* den Faden verlieren; *10. (series)* Folge *f*

trainee [treɪ'ni:] *sb* Auszubildende(r) *m/f,* Lehrling *m,* Praktikant/Praktikantin *m/f*

trainer ['treɪnə] *sb 1. (of a race horse)* Trainer *m; 2. (animal ~)* Dresseur *m; 3. (instructor)* Ausbilder *m*

traipse [treɪps] *v* latschen

trait [treɪt] *sb* Eigenschaft *f*

traitor ['treɪtə] *sb* Verräter *m*

trajectory [trə'dʒektərɪ] *sb* Flugbahn *f*

tram [træm] *sb (UK)* Straßenbahn *f*

tramp [træmp] *v 1. (stamp)* stampfen; *sb 2. (vagabond)* Landstreicher *m; 3. (fam: loose woman)* Flittchen *n (fam)*

trample ['træmpl] *v (sth)* trampeln

trance [trɑ:ns] *sb* Trance *f*

tranquil ['træŋkwɪl] *adj* ruhig

tranquil(l)ity [træŋ'kwɪlɪtɪ] *sb* Ruhe *f*

transact [træn'zækt] *v ECO* führen, abschließen

transcend [træn'send] *v* übersteigen

transcribe [træn'skraɪb] *v 1.* übertragen, abschreiben; *2. (a speech)* niederschreiben

transcript ['trænskrɪpt] *sb 1.* Kopie *f; 2. (of a tape)* Niederschrift *f; 3. (US: academic record)* Zeugnis *n*

transcription [træn'skrɪpʃən] *sb* Transkription *f,* Niederschrift *f*

transfer [træns'fɜ:] *v 1. (to another bus or train)* umsteigen; *2. ~ to* übergehen zu, überwechseln zu, umstellen auf; *3. (move)* verlegen; *4. (hand over)* übertragen; *5. (money be-tween accounts)* überweisen; *6. (an employee)* versetzen; ['trænsfɜ:] *sb 7. (handing over)* Übertragung *f; 8. (of funds)* Überweisung *f; 9. (of an employee)* Versetzung *f; 10. (to another bus or train)* Umsteigen *n, (ticket)* Umsteigekarte *f; 11. (physical moving)* Verlegung *f*

transfigure [træns'fɪgə] *v* verklären, verwandeln

transfixed [tranz'fɪkst] *adj* starr, wie angewurzelt, versteinert

transform [træns'fɔ:m] *v 1.* umgestalten, umwandeln; *2. (person)* verwandeln

T

transgression [træns'greʃən] *sb* Missetat *f*, Vergehen *n*, *(of a law)* Verstoß *m*
transient ['trænzıənt] *adj* vergänglich, vorübergehend
transit ['trænzıt] *sb* Durchreise *f*; *ECO* Transit *m*; *in ~* unterwegs
transition [træn'zıʃən] *sb* Übergang *m*
transitory ['trænsıtərı] *adj* kurz, flüchtig, vergänglich
translate [trænz'leıt] *v* übersetzen; *~ ideas into action* Gedanken in die Tat umsetzen
translucent [trænz'luːsnt] *adj* lichtdurchlässig
transmission [trænz'mıʃən] *sb* 1. Übertragung *f*; 2. *(of news)* Übermittlung *f*; 3. *(broadcast)* Sendung *f*, Übertragung *f*; 4. *(part of a car)* Getriebe *n*
transmit [trænz'mıt] *v* 1. übertragen; 2. *(news)* übermitteln; 3. *(broadcast)* senden, übertragen; 4. *(through heredity) BIO* vererben
transpire [træns'paıə] *v* 1. *(happen)* passieren; 2. *(become public)* bekannt werden
transport [træn'spɔːt] *v* 1. transportieren, befördern; ['trænspɔːt] *sb* 2. Transport *m*, Beförderung *f*; 3. *(vehicle) MIL* Truppentransporter *m*, *(plane)* Transportflugzeug *n*
transportation [trænspɔː'teıʃən] *sb* 1. Transport *m*, Beförderung *f*; 2. *(means of ~)* Beförderungsmittel *n*
transpose [træns'pəʊz] *v* vertauschen, austauschen
transship [træns'ʃıp] *v* umschlagen
trap [træp] *v* 1. in die Falle locken; 2. *(physically: leave no way out)* einschließen; 3. *(gases)* stauen; 4. *(stop a rolling object)* stoppen; *sb* 5. Falle *f*; 6. *(fam: mouth)* Klappe *f*
trappings ['træpıŋz] *pl* 1. Drum und Dran; 2. *(of wealth, of power)* Insignien *pl*
trash [træʃ] *sb* 1. *(US: rubbish)* Abfall *m*; 2. *(thing of low quality)* Schund *m*

travel ['trævl] *v* 1. reisen; 2. *(move)* sich bewegen; 3. *(light, sound)* sich fortpflanzen; 4. *(sth) (a distance)* zurücklegen; 5. *(a route)* fahren; 6. *(the world)* bereisen; *sb* 7. Reisen *n*; 8. *~s pl* Reisen *pl*

travelogue ['trævəlɒg] *sb* Reisebericht *m*
travel-sick ['trævlsık] *adj* reisekrank
traverse ['trævɜːs] *v* durchqueren
tray [treı] *sb* 1. Tablett *n*; 2. *(for papers)* Ablagekorb *m*
treacherous ['tretʃərəs] *adj* 1. *(person)* heimtückisch; *(action)* verräterisch; 2. *(dangerous)* gefährlich
treachery ['tretʃərı] *sb* Verrat *m*
treacle ['triːkl] *sb* Sirup *m*
tread [tred] *v irr* 1. treten; 2. *(walk)* gehen; *sb* 3. Schritt *m*, Tritt *m*; 4. *(of a shoe, of a tyre)* Profil *n*, Lauffläche *f*
treadmill ['tredmıl] *sb* Tretmühle *f*
treason ['triːzn] *sb* 1. Verrat *m*; 2. *JUR* Landesverrat *m*
treasure ['treʒə] *sb* 1. Schatz *m*; *v* 2. schätzen, hoch schätzen, würdigen
treasurer ['treʒərə] *sb* Kassierer *m*
treasury ['treʒərı] *sb* 1. *(of a club)* Kasse *f*; 2. *Treasury (UK) FIN* Finanzministerium *n*
treat [triːt] *v* 1. *(behave toward)* behandeln; 2. *(regard)* betrachten; 3. *MED, CHEM, TECH* behandeln; 4. *~ o.s. to sth* sich etw gönnen; 5. *~ s.o. to sth* jdm etw spendieren; *sb* 6. besonderes Vergnügen *n*; 7. *It's my ~.* Das geht auf meine Rechnung.
treatise ['triːtıs] *sb* Abhandlung *f*
treatment ['triːtmənt] *sb* Behandlung *f*
treaty ['triːtı] *sb POL* Vertrag *m*
treble ['trebl] *adj* 1. dreifach; 2. *MUS* Oberstimmen..., Diskant...
tree [triː] *sb* Baum *m*
trek [trek] *sb* Treck *m*
trellis ['trelıs] *sb* Gitter *m*, Spalier *m*
tremble ['trembl] *v* 1. zittern; 2. *(ground, building)* beben
tremendous [trə'mendəs] *adj* 1. enorm, riesig, gewaltig; 2. *(fam: very good)* toll
tremor ['tremə] *sb* 1. *(of the earth)* Beben *n*; 2. *(of the body)* Zittern *n*
tremulous ['tremjʊləs] *adj* bebend
trench [trentʃ] *sb* 1. Graben *m*; 2. *MIL* Schützengraben *m*
trenchant ['trentʃənt] *adj* treffend, prägnant
trend [trend] *sb* 1. Trend *m*, Richtung *f*; 2. *(fashion)* Mode *f*, Trend *m*
trepidation [trepı'deıʃən] *sb* Angst *f*
trespass ['trespəs] *v* unbefugt betreten; *"no ~ing"* „Betreten verboten"
tresses ['tresız] *pl* Locken *pl*
trestle ['tresl] *sb* Bock *m*
trestlework ['treslwɜːk] *sb* Stützwerk *n*
triable ['traıəbl] *adj JUR* verhandelbar, verhandlungsfähig
trial ['traıəl] *sb* 1. *JUR* Prozess *m*, Verfahren *n*; 2. *(test)* Probe *f*; *on a ~ basis* probeweise; 3. *(hardship)* Last *f*, Plage *f*
triangle ['traıæŋgl] *sb* Dreieck *n*
triarchy ['traıɑːkı] *sb* Triumvirat *n*
tribe [traıb] *sb* Stamm *m*

tribulations [trɪbjʊ'leɪʃənz] *pl trials and ~* Drangsale *pl,* Schwierigkeiten *pl*
tributary ['trɪbjʊtərɪ] *sb* Nebenfluss *m*
tribute ['trɪbju:t] *sb* Tribut *m,* Huldigung *f; pay ~ to* huldigen
trice [traɪs] *sb (moment)* Handumdrehen *n*
trick [trɪk] *v 1.* täuschen, hereinlegen; *sb 2.* Trick *m; 3. (skilful act)* Kunststück *n; That did the ~.* Damit war es geschafft. *4. (prank)* Streich *m*
trickery ['trɪkərɪ] *sb* Tricks *pl*
trickle ['trɪkl] *v 1.* tröpfeln, rieseln; *sb 2.* Rinnsal *n; 3. (drip)* Tröpfeln *n*
trickster ['trɪkstə] *sb* Gauner *m*
tricksy ['trɪksɪ] *adj* schlau, durchtrieben
tricky ['trɪkɪ] *adj 1. (difficult)* schwierig; *2. (situation)* heikel; *v 3. (person)* durchtrieben, raffiniert
trident ['traɪdənt] *sb* Dreizack *m*
triennial [traɪ'enɪəl] *adj 1. (every three years)* dreijährlich; *2. (lasting three years)* dreijährig
trifle ['traɪfl] *sb 1.* Kleinigkeit *f; v 2. ~ with s.o.* jdn zu leicht nehmen
trifling ['traɪflɪŋ] *adj* unbedeutend, geringfügig
trigger ['trɪgə] *v 1.* auslösen; *sb 2. (of a gun)* Abzug *m; pull the ~* abdrücken
trillion ['trɪljən] *sb 1. (UK)* Trillion *f; 2. (US)* Billion *f*
trim [trɪm] *v 1. (hair)* nachschneiden; *2. (a dog's hair)* trimmen; *3. (a beard, a hedge)* stutzen; *4. (fig: a budget)* kürzen; *5. (a Christmas tree)* ausschmücken; *6. (sails) NAUT* richtig stellen; *sb 7. give sth a ~* etw nachschneiden; *adj 8. (person)* schlank
trimmer ['trɪmə] *sb 1. (cutting machine)* Schneidegerät *n; 2. (opportunist)* Opportunist/Opportunistin *m/f*
trimming ['trɪmɪŋ] *sb 1.* Verzierung *f; 2. ~s pl (accessories)* Zubehör *n; with all the ~s* mit allem Drum und Dran; *3. ~s pl GAST* Garnierung *f*
Trinity ['trɪnɪtɪ] *sb REL* Dreifaltigkeit *f*
trinket ['trɪŋkɪt] *sb* Schmuckstück *n*
trip [trɪp] *v 1. (stumble)* stolpern; *2. ~ s.o.* jdm ein Bein stellen; *sb 3. (excursion)* Ausflug *m; 4. (journey)* Reise *f*
• **trip up** *v 1. (make a mistake)* sich vertun; *2. trip s.o. up* jdm ein Bein stellen; *3. trip s.o. up (fig)* jds Pläne vereiteln
triple ['trɪpl] *v 1.* verdreifachen; *adj 2.* dreifach; *adv 3.* dreimal so viel
triplet ['trɪplɪt] *sb* Drilling *m*
triplicate ['trɪplɪkɪt] *sb in ~* in dreifacher Ausfertigung
tripod ['traɪpɒd] *sb FOTO* Stativ *n*
tripper ['trɪpə] *sb (person who takes a trip)* Ausflügler *m*
trip switch ['trɪpswɪtʃ] *sb* Auslöseschalter *m*
tripwire ['trɪpwaɪə] *sb* Stolperdraht *m*
trite [traɪt] *adj* banal, abgedroschen
triumph ['traɪʌmf] *v 1.* triumphieren, siegen; *sb 2.* Triumph *m*
triumphal [traɪ'ʌmfəl] *adj* triumphal
trivia ['trɪvɪə] *pl* Trivialitäten *pl*
trivial ['trɪvɪəl] *adj* unbedeutend
trolley ['trɒlɪ] *sb 1. (cart)* Handwagen *m, (shopping cart)* Einkaufswagen *m; 2. (for luggage)* Gepäckwagen *m; 3. (US: streetcar)* Straßenbahn *f*
troop [tru:p] *sb 1. ~s MIL* Truppen *pl; 2. (of scouts)* Gruppe *f; v 3. ~ in* hereinströmen
trooper ['tru:pə] *sb 1. (in the cavalry)* Kavallerist *m; 2. (US)* Polizist *m*
trophy ['trəʊfɪ] *sb* Trophäe *f*
tropic ['trɒpɪk] *sb 1.* Wendekreis *m; pl 2. the ~s* die Tropen *pl*
trot [trɒt] *v 1.* traben; *sb 2.* Trab *m*
troth [trəʊθ] *sb* Treueschwur *m,* Treuegelöbnis *n*

trouble ['trʌbl] *sb 1. (difficulties)* Schwierigkeiten *pl,* Ärger *f; to be in ~* in Schwierigkeiten sein; *give s.o. ~* jdm Schwierigkeiten machen; *look for ~ (fam)* Streit suchen; *He's ~. (fam)* Mit ihm wird es Ärger geben. *2. (pains, discomfort)* Leiden *n; 3. (unrest)* Unruhe *f; make ~* Unruhe stiften; *4. (effort)* Mühe *f; take the ~* sich die Mühe machen; *v 5. ~ to do sth* sich bemühen, etw zu tun; *6. (bother)* bemühen, belästigen; *7. (worry)* beunruhigen; *What's troubling you?* Worüber machst du dir Sorgen?

trough [trɒf] *sb (container)* Trog *m*
trounce [traʊns] *v 1.* verprügeln; *2. SPORT* eine Schlappe beibringen
troupe [tru:p] *sb* Truppe *f*
trousers ['traʊzəz] *pl* Hose *f*
trout [traʊt] *sb ZOOL* Forelle *f*
trowel ['traʊəl] *sb* Kelle *f*
truant ['trʊənt] *sb* Schulschwänzer *m*
truce [tru:s] *sb* Waffenstillstand *m*
truck [trʌk] *sb (US)* Lastwagen *m*
truckage ['trʌkɪdʒ] *sb 1. (transport)* Transport *m; 2. (charge)* Transportkosten *pl,* Rollgeld *n*

trucking ['trʌkɪŋ] *sb 1.* Transport *m; 2. (bartering)* Tauschgeschäfte *pl*
truculent ['trʌkjʊlənt] *adj* aufsässig
trudge [trʌdʒ] *v* mühsam stapfen

true [tru:] *adj 1.* wahr; *to be ~ of sth* auf etw zutreffen; *come ~ (wishes)* wahr werden, *(a prediction)* sich verwirklichen, *(fears)* sich bewahren; *hold ~* sich bewahrheiten; *That's ~.* Das stimmt. Das ist wahr. *2. (accurate)* wahrheitsgetreu; *3. (genuine)* echt, wahr, wirklich; *4. (aim)* genau; *5. (faithful)* treu; *He's still ~ to his favourite team.* Er ist seinem Lieblingsteam noch treu.

true-blue [tru:'blu:] *adj* treu
truism ['tru:ɪzm] *sb* Binsenweisheit *f,* Gemeinplatz *m*
truly ['tru:lɪ] *adv 1. (genuinely)* wirklich; *2. Yours ~ ...* Hochachtungsvoll ..., Mit freundlichen Grüßen ...
trump [trʌmp] *v ~ up* erfinden
trumpet ['trʌmpɪt] *sb 1.* Trompete *f; v 2.* trompeten; *3. (fig)* ausposaunen
truncate [trʌŋ'keɪt] *v* stutzen, beschneiden
trundle ['trʌndl] *v* rollen
trunk [trʌŋk] *sb 1. (case)* Koffer *m; 2. (tree ~)* Stamm *m; 3. (US: of a car)* Kofferraum *m; 4. (elephant's)* Rüssel *m; 5. (of one's body) ANAT* Rumpf *m; 6. ~s pl (swimming ~s)* Badehose *f*
trunk call [trʌŋk kɔ:l] *sb (UK)* Ferngespräch *n*
del *m,* Garbe *f*
trust [trʌst] *v 1.* vertrauen; *2. (s.o.)* vertrauen, trauen; *3. (sth)* trauen; *4. (hope)* hoffen; *sb 5.* Vertrauen *n; 6. (charitable ~)* Stiftung *f; 7. JUR* Treuhand *f; 8. ECO* Trust *m*
trusting ['trʌstɪŋ] *adj 1. (person)* gutgläubig; *2. (look)* vertrauensvoll
trustworthiness ['trʌstwɜ:ðɪnɪs] *sb 1. (of sth)* Glaubwürdigkeit *f,* Glaubhaftigkeit *f; 2. (of s.o.)* Vertrauenswürdigkeit *f*
truth [tru:θ] *sb* Wahrheit *f*

try [traɪ] *v 1.* versuchen; *2. (~ out)* ausprobieren; *3. (sth)* versuchen; *4. (sample)* probieren; *5. (s.o.'s patience)* richten; *6. (a case) JUR* verhandeln; *7. (a person) JUR* vor Gericht stellen; *sb 8.* Versuch *m; Give it a ~!* Versuch es doch mal!

• **try on** *v* anprobieren, *(a hat)* aufprobieren
• **try out** *v (sth)* ausprobieren
tub [tʌb] *sb 1.* Wanne *f; 2. (for ice-cream)* Becher *m*
tubby ['tʌbɪ] *adj* dick, kugelrund
tube [tju:b] *sb 1.* Rohr *n; 2. (in a TV)* Röhre *f; 3. (flexible)* Schlauch *m; 4. (of toothpaste, of paint)* Tube *f; 5. (London underground)* U-Bahn *f; 6. ANAT* Röhre *f*
tubular ['tju:bjʊlə] *adj* röhrenförmig
tuck [tʌk] *v* stecken
• **tuck in** *v 1. tuck s.o. in* jdn zudecken; *2. ~ one's shirt* das Hemd in die Hose stecken
Tuesday ['tju:zdeɪ] *sb* Dienstag *m*
tug [tʌg] *v 1.* ziehen, zerren; *sb 2.* Zerren *n*
tuition [tjʊ'ɪʃən] *sb 1.* Unterricht *m; 2. (~ fees)* Unterrichtsgeld *n*
tulip ['tjʊlɪp] *sb BOT* Tulpe *f*
tumble ['tʌmbl] *v 1.* stürzen; *2. (do gymnastics)* Bodenakrobatik machen; *3. (sth)* umwerfen, umstürzen; *sb 4. (fall)* Sturz *m*
tumescent [tju:'mesənt] *adj* anschwellend
tummy ['tʌmɪ] *sb 1. (fam)* Magen *m; 2. (fam: belly)* Bauch *m*
tumultuous [tju:'mʌltjʊəs] *adj* turbulent
tune [tju:n] *v 1. (an instrument)* stimmen; *2. (a radio, an engine)* einstellen; *sb 3.* Melodie *f; change one's ~ (fig)* andere Töne anschlagen; *4. out of ~ (singing)* falsch, *(instrument)* verstimmt
• **tune in** *v* einschalten
• **tune up** *v (an engine)* tunen
turf [tɜ:f] *sb 1.* Rasen *m; 2. (fig: of a gang)* Revier *n; 3. (sod)* Sode *f; 4. (peat)* Torf *m; v 5. ~ out (UK) (fam)* wegschmeißen, rauswefen, rausschmeißen
turgid ['tɜ:dʒɪd] *adj 1. (swollen)* geschwollen; *2. (pompous)* schwülstig
turkey ['tɜ:kɪ] *sb* Truthahn/Truthenne *m/f,* Pute(r) *m/f; talk ~ (US)* sachlich reden
turmoil ['tɜ:mɔɪl] *sb* Tumult *m,* Aufruhr *m*

turn [tɜ:n] *v 1. (revolve)* sich drehen; *2. (person)* wenden, sich umdrehen; *3. (change direction)* abbiegen; *4. (vehicle)* wenden; *(~ off: car)* abbiegen, *(plane, boat)* abdrehen; *5. (become)* werden; *~ into sth* sich in etw verwandeln; *6. ~ to s.o.* sich an jdn wenden; *7. ~ to sth* sich einer Sache zuwenden; *He ~ed to a life of crime.* Er wurde kriminell. *8. (sth)* drehen; *~ the corner* um die Ecke biegen; *9. ~ sth into sth* etw in etw verwandeln; *10. ~ one's attention to sth* seine Aufmerksamkeit einer Sache zuwenden; *11. ~ s.o. loose* jdn loslassen; *12. (~ over)* wenden, *(a record)* umdrehen; *~ the page* umblättern; *sb 13. (movement)* Drehung *f; 14. (in a road)* Kurve

T

f; take a ~ for the worse (fig) sich verschlimmern; *at every ~* auf Schritt und Tritt; *15. ~ of the century* Jahrhundertwende *f; 16. do s.o. a good ~* jdm einen guten Dienst erweisen; *17. ~ of phrase* Formulierung *f; 18. (chance or time to do sth) take ~s* sich abwechseln

•turn away *v 1. (face another direction)* sich abwenden; *2. (send away)* wegschicken
•turn back *v 1.* zurückgehen, umkehren; *2. (a clock)* zurückstellen, *(fig)* zurückdrehen
•turn down *v 1. (refuse)* ablehnen; *2. (set lower: the heat)* herunterdrehen; *(volume)* leiser stellen; *3. (a collar)* herunterklappen
•turn in *v 1. (go to bed)* sich hinhauen *(fam); 2. (a criminal)* verpfeifen *(fam); 3. (homework, a rental car)* abgeben
•turn off *v 1. (of a road)* abbiegen; *2. (a light)* ausmachen; *(radio, machine, water, electricity)* abstellen; *(a TV)* abschalten; *3. turn s.o. off (fam)* jdm die Lust nehmen
•turn on *v 1. (activate) (a TV, a radio)* einschalten; *(heat)* anstellen; *(a light)* an-machen; *2. turn s.o. on (sexually)* jdn anmachen *(fam)*
•turn out *v 1. (progress)* sich entwickeln; *2. (result)* sich herausstellen; *~ to be (person)* sich entpuppen als; *3. (attend)* kommen; *4. (a light)* ausmachen; *5. (produce)* hervorbringen
•turn over *v 1. (person)* sich umdrehen; *2. (car)* sich überschlagen; *3. (sth)* umdrehen, wenden; *4. (hand over)* übergeben
•turn up *v 1. (appear)* auftauchen, aufkreuzen *(fam); 2. (volume, heat)* aufdrehen
turnip ['tɜːnɪp] *sb BOT* Rübe *f*
turnover ['tɜːnəʊvə] *sb 1. (total business) ECO* Umsatz *m; 2. GAST* Tasche *f; 3. (UK: article)* Artikel, der auf die nächste Seite übergreift *m; 4. SPORT* Ballverlust *m*
turntable ['tɜːnteɪbl] *sb 1.* Plattenspieler *m; 2. TECH* Drehscheibe *f*
turpitude ['tɜːpɪtjuːd] *sb* Verderbtheit *f*
turquoise ['tɜːkwɔɪz] *sb 1. (colour)* Türkis *n; 2. MIN* Türkis *m*
turret ['tʌrɪt] *sb 1. MIL* Turm *m; 2. ARCH* Türmchen *n*
turtle ['tɜːtl] *sb ZOOL* Schildkröte *f*
turtleback ['tɜːtlbæk] *sb* Wellenbrecher *m*
turtledove ['tɜːtldʌv] *sb* Turteltaube *f*
tussle ['tʌsl] *v 1.* sich rangeln; *sb 2.* Gerangel *n*
tweak [twiːk] *v ~ s.o.'s ear* jdn am Ohr ziehen
tweaky ['twiːkɪ] *adj* nervös
twee [twiː] *adj (UK)* niedlich, schnuckelig
tweet [twiːt] *v* zwitschern, piepsen
tweezers ['twiːzəz] *pl* Pinzette *f*
twelve [twelv] *num* zwölf
twice [twaɪs] *adv* zweimal; *~ a week* zweimal pro Woche; *~ as much* doppelt so viel; *think ~ about sth* sich etw zweimal überlegen; *He doesn't think ~ about stating his opinion.* Er hat keine Bedenken, seine Meinung zu äußern.
twiddle ['twɪdl] *v* herumdrehen; *~ one's thumbs* Däumchen drehen
twig [twɪg] *sb* Zweig *m*
twiggy ['twɪgɪ] *adj* zweigartig
twilight ['twaɪlaɪt] *sb* Abenddämmerung *f,* Zwielicht *n*
twin [twɪn] *sb 1.* Zwilling *m; 2. (room)* Zweibettzimmer *n; adj 3.* Zwillings...
twine [twaɪn] *sb* Schnur *f,* Bindfaden *m*
twinge [twɪndʒ] *sb* Stich *m*
twinkle ['twɪŋkl] *v 1.* funkeln; *sb 2.* Funkeln *n*
twirl [twɜːl] *v* herumwirbeln
twist [twɪst] *v 1. (road)* sich winden; *2. (sth)* drehen, winden; *~ sth round sth* etw um etw wickeln; *3. (bend out of shape)* verdrehen, verzerren; *4. ~ off (a lid)* abschrauben; *5. ~ s.o.'s arm* jdm den Arm verdrehen, *(fig)* jdn unter Druck setzen; *sb 6.* Drehung *f; 7. (in a road)* Kurve *f; 8. (fig: unusual aspect)* Wendung *f*
twisted ['twɪstɪd] *adj (perverse)* verdreht
twister ['twɪstə] *sb 1. (fam: rogue) (UK)* Gauner *m,* Halunke *m; 2. (fam: tornado) (US)* Wirbelwind *m,* Tornado *m*
twit [twɪt] *sb (UK) (fam)* Trottel *m*
twitch [twɪtʃ] *v 1.* zucken; *sb 2.* Zuckung *f*
twitter ['twɪtə] *v* zwitschern
two [tuː] *num 1.* zwei; *cut in ~* in zwei Teile schneiden; *sb 2.* Zwei *f; just the ~ of us* nur wir beide; *put ~ and ~ together (fig)* seine Schlüsse ziehen; *~ by ~* paarweise
type [taɪp] *v 1. (use a typewriter)* Maschine schreiben, tippen *(fam); 2. (sth)* tippen, mit der Maschine schreiben; *sb 3. (kind)* Art *f; 4. (of person, of character)* Typ *m; 5. (print)* Type *f*
typical ['tɪpɪkəl] *adj* typisch; *to be ~ of* charakterisieren
typify ['tɪpɪfaɪ] *v 1.* ein typisches Beispiel sein für; *2. (person)* verkörpern
typist ['taɪpɪst] *sb* Schreibkraft *f*
tyranny ['tɪrənɪ] *sb* Tyrannei *f*
tyre [taɪə] *sb* Reifen *m*

T

U

ubiquitous [juː'bɪkwɪtəs] *adj* allgegenwärtig, überall zu finden
udder ['ʌdə] *sb BIO* Euter *n*
ugly ['ʌglɪ] *adj* hässlich
ulcer ['ʌlsə] *sb MED* Geschwür *n*
ulcerate ['ʌlsəreɪt] *v 1. (cause an ulcer)* Geschwüre verursachen; *2. (become ulcerous)* eitern
ullage ['ʌlɪdʒ] *sb (leakage)* Flüssigkeitsschwund *m*
ulterior [ʌl'tɪərɪə] *adj ~ motive* Hintergedanke *m*
ultimate ['ʌltɪmɪt] *adj 1. (last)* letzte(r,s), endgültig; *2. (greatest possible)* vollendet, äußerste(r,s)
ultimately ['ʌltɪmɪtlɪ] *adv* schließlich
ultimo ['ʌltɪməʊ] *adv* letzten Monats
ultra ['ʌltrə] *adj* extrem, Erz..., Ultra...
ultraconservative [ʌltrəkən'sɜːvətɪv] *adj* erzkonservativ
ultraism ['ʌltrəɪzəm] *sb* Radikalismus *m*
ultramundane [ʌltrə'mʌndeɪn] *adj* jenseitig
ululate ['ʌljʊleɪt] *v* heulen
umbrage ['ʌmbrɪdʒ] *sb take ~ at* Anstoß nehmen an
umbrageous [ʌm'breɪdʒəs] *adj 1. (shady)* schattig, Schatten spendend; *2. (apt to take offense)* empfindlich
umbrella [ʌm'brelə] *sb 1.* Schirm *m,* Regenschirm *m; 2. (sun ~)* Sonnenschirm *m*
umpire ['ʌmpaɪə] *sb* Schiedsrichter *m*
umpteen ['ʌmptiːn] *adj (fam)* zig, x-fach
umpteenth ['ʌmptiːnθ] *adj (fam)* x-te
unabashed [ʌnə'bæʃt] *adj* unerschrocken
unabated [ʌnə'beɪtɪd] *adj* unvermindert
unable [ʌn'eɪbl] *adj to be ~ to do sth* etw nicht tun können
unabridged [ʌnə'brɪdʒd] *adj* ungekürzt
unacceptable [ʌnək'septəbl] *adj* nicht akzeptabel, unannehmbar
unaccompanied [ʌnə'kʌmpənɪd] *adj* unbegleitet, allein
unaccountable [ʌnə'kaʊntəbl] *adj* unerklärlich, unerklärbar
unaccustomed [ʌnə'kʌstəmd] *adj to be ~ to sth* etw nicht gewohnt sein
unaffected [ʌnə'fektɪd] *adj 1. (sincere)* ungekünstelt, natürlich; *2. (not concerned)* nicht betroffen, nicht beeinflusst
unalarmed [unə'lɑːmd] *adj* nicht erschrocken, nicht geängstigt
unambiguous [ʌnæm'bɪgjʊəs] *adj* unzweideutig
un-American [ʌnə'merɪkən] *adj* unamerikanisch
unanimous [juː'nænɪməs] *adj* einstimmig
unannounced [ʌnə'naʊnst] *adj* unangemeldet
unappetizing [ʌn'æpɪtaɪzɪŋ] *adj 1.* unappetitlich; *2. (fig)* wenig reizvoll
unappreciative [ʌnə'priːʃɪətɪv] *adj 1.* undankbar; *2. (audience)* verständnislos
unapproachable [ʌnə'prəʊtʃəbl] *adj* unnahbar
unappropriated [ʌnə'prəʊprɪeɪtɪd] *adj* frei verfügbar
unarmed [ʌn'ɑːmd] *adj* unbewaffnet
unassailable [ʌnə'seɪləbl] *adj 1.* unangreifbar, unantastbar; *2. (argument)* unanfechtbar
unassisted [ʌnə'sɪstɪd] *adj* ohne Unterstützung, ohne Hilfe
unassuming [ʌnə'sjuːmɪŋ] *adj* anspruchslos, bescheiden
unattached [ʌnə'tætʃt] *adj (without a partner)* ungebunden, frei
unattainable [ʌnə'teɪnəbl] *adj* unerreichbar
unattended [ʌnə'tendɪd] *adj* unbeaufsichtigt, unbewacht
unattractive [ʌnə'træktɪv] *adj (person)* reizlos
unauthorized [ʌn'ɔːθəraɪzd] *adj* unbefugt
unavoidable [ʌnə'vɔɪdəbl] *adj* unvermeidlich
unaware [ʌnə'wɛə] *adj to be ~ of sth* sich einer Sache nicht bewusst sein
unawares [ʌnə'wɛəz] *adv catch s.o. ~* jdn überraschen
unbalanced [ʌn'bælənst] *adj* unausgewogen, aus dem Gleichgewicht
unbearable [ʌn'bɛərəbl] *adj* unerträglich
unbeaten [ʌn'biːtn] *adj* ungeschlagen
unbecoming [ʌnbɪ'kʌmɪŋ] *adj 1. (clothing)* unvorteilhaft; *2. (conduct)* unschicklich
unbeknownst [ʌnbɪ'nəʊnst] *adv ~ to s.o.* ohne jds Wissen
unbelievable [ʌnbɪ'liːvəbl] *adj* unglaublich

unbiased [ʌn'baɪəst] *adj* unvoreingenommen, unparteiisch
unblemished [ʌn'blemɪʃt] *adj* makellos
unbolt [ʌn'bəʊlt] *v* entriegeln
unborn [ʌn'bɔːn] *adj* ungeboren
unbounded [ʌn'baʊndɪd] *adj* grenzenlos
unbowed [ʌn'baʊd] *adj (fig)* ungebrochen
unbreakable [ʌn'breɪkəbl] *adj* unzerbrechlich
unbridled [ʌn'braɪdld] *adj (fig)* zügellos
unbroken [ʌn'brəʊkən] *adj 1. (intact)* intakt, unversehrt; *2. (continuous)* ununterbrochen; *3. (animal)* ungebändigt
unbuckle [ʌn'bʌkl] *v* aufschnallen
unbutton [ʌn'bʌtn] *v* aufknöpfen
uncalled-for [ʌn'kɔːldfɔː] *adj* unangebracht, fehl am Platze
uncanny [ʌn'kænɪ] *adj* unheimlich
uncap [ʌn'kæp] *v (a bottle)* aufmachen
unceasing [ʌn'siːsɪŋ] *adj* unaufhörlich
uncensored [ʌn'sensəd] *adj* unzensiert
uncertain [ʌn'sɜːtn] *adj 1. (unknown)* ungewiss, unbestimmt; *2. (unclear)* vage; *3. to be ~ of sth* sich einer Sache nicht sicher sein
unchain [ʌn'tʃeɪn] *v* losketten, befreien
uncharted [ʌn'tʃɑːtɪd] *adj* unerforscht
unchecked [ʌn'tʃekt] *adj* ungehemmt
unclad [ʌn'klæd] *adj* unbekleidet
unclassified [ʌn'klæsɪfaɪd] *adj* nicht geheim, frei zugänglich

uncle ['ʌŋkl] *sb* Onkel *m*

unclean [ʌn'kliːn] *adj* unrein, schmutzig
unclog [ʌn'klɒg] *v ~ a drain* die Verstopfung in einem Abfluss beseitigen
uncomfortable [ʌn'kʌmfətəbl] *adj 1.* unbequem, ungemütlich; *2. (unpleasant)* unangenehm
uncommitted [ʌnkə'mɪtɪd] *adj* neutral
uncommon [ʌn'kɒmən] *adj 1.* ungewöhnlich; *2. (outstanding)* außergewöhnlich
uncompromising [ʌn'kɒmprəmaɪzɪŋ] *adj* kompromisslos
unconcerned [ʌnkən'sɜːnd] *adj* gleichgültig, unbeteiligt
unconditional [ʌnkən'dɪʃənl] *adj 1.* bedingungslos; *~ surrender* bedingungslose Kapitulation *f; 2. (offer, agreement)* vorbehaltlos
unconformity [ʌnkən'fɔːmɪtɪ] *sb* Unstimmigkeit *f,* Widersprüchlichkeit *f*
unconnected [ʌnkə'nektɪd] *adj* nicht zusammenhängend, nicht in Verbindung stehend
unconscionable [ʌn'kɒnʃənəbl] *adj* unerhört
unconscious [ʌn'kɒnʃəs] *adj 1.* bewusstlos; *2. (unintentional)* unbewusst, unbeabsichtigt; *to be ~ of sth* sich einer Sache nicht bewusst sein
unconsidered [ʌnkən'sɪdəd] *adj* unberücksichtigt, nicht bedacht
unconstitutional [ʌnkɒnstɪ'tjuʃənəl] *adj JUR* verfassungswidrig
uncontested [ʌnkən'testɪd] *adj 1.* unbestritten; *2. (election)* ohne Gegenkandidat
uncontrollable [ʌnkən'trəʊləbl] *adj 1.* unkontrollierbar; *2. (child)* unbändig; *3. (urge)* unwiderstehlich
unconventional [ʌnkən'venʃənəl] *adj* unkonventionell, außergewöhnlich
uncooperative [ʌnkəʊ'ɒpərətɪv] *adj* wenig hilfreich, stur
uncoordinated [ʌnkəʊ'ɔːdɪneɪtɪd] *adj* unkoordiniert
uncork [ʌn'kɔːk] *v 1.* entkorken; *2. (fig: feelings)* Luft machen; *3. (fig: a yell)* ausstoßen
uncounted [ʌn'kaʊntɪd] *adj* unzählig
uncouple [ʌn'kʌpl] *v 1.* abkoppeln; *2. (a railway carriage)* loskuppeln
uncouth [ʌn'kuːθ] *adj 1. (person)* ungehobelt; *2. (remark)* grob
uncover [ʌn'kʌvə] *v* aufdecken
unctuous ['ʌŋktjʊəs] *adj (fig)* salbungsvoll
uncut [ʌn'kʌt] *adj 1. (film)* ungekürzt; *2. (diamond)* ungeschliffen
undaunted [ʌn'dɔːntɪd] *adj* unerschrocken, unverzagt
undecided [ʌndɪ'saɪdɪd] *adj 1. (person)* unentschlossen; *2. (issue, matter)* unentschieden
undefeated [ʌndɪ'fiːtɪd] *adj* ungeschlagen
undeniable [ʌndɪ'naɪəbl] *adj* unbestreitbar, unleugbar

under ['ʌndə] *prep 1.* unter; *~ construction* im Bau; *2. (fam: less than)* weniger als, unter; *3. (according to)* nach, gemäß; *adv 4.* unten; *go ~* untergehen

underachiever [ʌndərə'tʃiːvə] *sb* einer, der weniger leistet, als man von ihm erwartet
underage [ʌndər'eɪdʒ] *adj* minderjährig
underarm ['ʌndərɑːm] *sb* Achselhöhle *f*
underbid [ʌndə'bɪd] *v irr* unterbieten
underbody ['ʌndəbɒdɪ] *sb (of a car)* Unterboden *m*
undercarriage ['ʌndəkærɪdʒ] *sb (plane's)* Fahrwerk *n*

undercharge [ʌndə'tʃɑːdʒ] *v* zu wenig berechnen
underclothes ['ʌndəkləʊðz] *pl* Unterwäsche *f*
undercoat ['ʌndəkəʊt] *sb* *(of paint)* Grundierung *f*
undercurrent ['ʌndəkʌrənt] *sb* *1.* Unterströmung *f; 2. (undertone)* Unterton *m*
undercut [ʌndə'kʌt] *v irr (prices)* unterbieten
underdeveloped [ʌndədɪ'veləpt] *adj* unterentwickelt
underdone [ʌndə'dʌn] *adj GAST* nicht gar
underestimate [ʌndər'estɪmeɪt] *v* unterschätzen
underexpose [ʌndərɪk'spəʊz] *v* unterbelichten
underfeed [ʌndə'fiːd] *v irr* zu wenig zu essen geben
underfloor ['ʌndəflɔː] *adj* Fußboden...
underfoot [ʌndə'fʊt] *adv* am Boden, unter den Füßen
undergarment ['ʌndəgɑːmənt] *sb* Unterwäsche *pl*
undergo [ʌndə'gəʊ] *v irr 1. (a change)* erleben; *2. ~ an operation* sich einer Operation unterziehen
undergraduate [ʌndə'grædjʊɪt] *sb* Student(in) *m/f*
underground ['ʌndəgraʊnd] *adj 1.* unterirdisch; *2. (fig)* Untergrund... *adv 3. ten metres ~* zehn Meter unter der Erde; *go ~ (fig)* untertauchen; *sb 4. POL* Untergrundbewegung *f,* Untergrund *m; 5. (UK)* U-Bahn *f*
undergrowth ['ʌndəgrəʊθ] *sb* Gestrüpp *n,* Unterholz *n*
underhanded [ʌndə'hændɪd] *adj* hinterhältig, hinterlistig
underlaid [ʌndə'leɪd] *adj* unterlegt, hinterlegt
underlet [ʌndə'let] *v irr (sublet)* untervermieten
underlie [ʌndə'laɪ] *v irr* zugrundeliegen
underline ['ʌndəlaɪn] *v* unterstreichen
underling ['ʌndəlɪŋ] *sb* Handlanger *m*
U **underlying** [ʌndə'laɪɪŋ] *adj 1. (fig)* zu Grunde liegend; *2. (actual)* eigentlich
undermine [ʌndə'maɪn] *v (fig: authority)* unterminieren
undermost ['ʌndəməʊst] *adj* unterste(r,s)
underneath ['ʌndə'niːθ] *prep 1.* unter, unterhalb; *adv 2.* unten, darunter
undernourished ['ʌndənʌrɪʃt] *adj* unterernährt
underpaid [ʌndə'peɪd] *adj* unterbezahlt
underpants ['ʌndəpænts] *pl* Unterhose *f*
underpass ['ʌndəpɑːs] *sb* Unterführung *f*
underpay [ʌndə'peɪ] *v irr* unterbezahlen
underpin [ʌndə'pɪn] *v* untermauern
underpinnings ['ʌndəpɪnɪŋz] *pl* Untermauerung *f*
underplay [ʌndə'pleɪ] *v (understate)* herunterspielen
underprice [ʌndə'praɪs] *v* unter Preis anbieten
underrate [ʌndər'reɪt] *v* unterschätzen
underscore [ʌndə'skɔː] *v* unterstreichen
undershirt ['ʌndəʃɜːt] *sb* Unterhemd *n*
underside ['ʌndəsaɪd] *sb* Unterseite *f*
undersigned [ʌndə'saɪnd] *adj the ~* der/die Unterzeichnete *m/f*
undersized [ʌndə'saɪzd] *adj* zu klein
understaffed [ʌndə'stɑːfd] *adj* unterbesetzt

understand [ʌndə'stænd] *v irr 1.* verstehen; *2. (interpret, take to mean) am I to ~ that ...* soll das etwa heißen, dass ... *3. ~ one another* sich verstehen

understandable [ʌndə'stændəbl] *adj 1.* begreiflich; *2. (intelligible)* verständlich
understanding [ʌndə'stændɪŋ] *adj 1.* verständnisvoll; *sb 2. (sympathy)* Verständnis *n; 3. (knowledge)* Kenntnisse *pl; my ~ of the matter is that ...* wie ich es verstehe, ... *4. (agreement)* Vereinbarung *f,* Abmachung *f; come to an ~ with s.o.* zu einer Einigung mit jdm kommen
understated ['ʌndəsteɪtɪd] *adj* subtil
understood [ʌndə'stʊd] *adj 1. (agreed)* vereinbart, festgesetzt; *2. (assumed)* angenommen
understudy ['ʌndəstʌdɪ] *sb THEAT* zweite Besetzung *f*
undertake [ʌndə'teɪk] *v irr 1.* unternehmen; *2. (a task)* übernehmen; *3. (a risk)* eingehen
undertaker ['ʌndəteɪkə] *sb* Leichenbestatter *m*
undertaking ['ʌndəteɪkɪŋ] *sb 1. (task)* Aufgabe *f; 2. (risky ~, bold ~)* Unterfangen *n*
undertone ['ʌndətəʊn] *sb* Unterton *m*
undervalue [ʌndə'væljuː] *v* unterbewerten
underwater [ʌndə'wɔːtə] *adv* unter Wasser
underwear ['ʌndəweə] *sb* Unterwäsche *f*
underweight ['ʌndəweɪt] *adj* untergewichtig

underworld ['ʌndəwɜːld] *sb* Unterwelt *f*
underwrite [ʌndə'raɪt] *v irr (guarantee) FIN* garantieren
underwriter ['ʌndəraɪtə] *sb* Versicherer *m*
undesigning [ʌndɪ'zaɪnɪŋ] *adj* ohne Hintergedanken, aufrichtig
undesirable [ʌndɪ'zaɪərəbl] *adj 1.* unerwünscht; *sb 2.* unerfreuliches Element *n*
undesired [ʌndɪ'zaɪəd] *adj* unerwünscht
undetected [ʌndɪ'tektɪd] *adv* unentdeckt
undetermined [ʌndɪ'tɜːmɪnd] *adj* unbestimmt
undignified [ʌn'dɪgnɪfaɪd] *adj* würdelos
undirected [ʌndɪ'rektɪd] *adj* ungeleitet, ungelenkt, ungerichtet
undisciplined [ʌn'dɪsɪplɪnd] *adj* undiszipliniert
undisputed [ʌndɪ'spjuːtɪd] *adj* unbestritten
undistinguished [ʌndɪ'stɪŋgwɪʃt] *adj* mittelmäßig, durchschnittlich
undivided [ʌndɪ'vaɪdɪd] *adj (attention)* ungeteilt
undo [ʌn'duː] *v irr 1.* aufmachen, öffnen; *2. (a knot)* lösen; *3. (fig: reverse)* aufheben, rückgängig machen
undoing [ʌn'duːɪŋ] *sb* Verderben *n,* Ruin *m*
undone [ʌn'dʌn] *adj 1. (unfastened)* gelöst, offen; *come ~* aufgehen; *2. (not done)* ungetan, unerledigt
undoubtedly [ʌn'daʊtɪdlɪ] *adv* zweifellos
undreamt-of [ʌn'dremtʌv] *adj* ungeahnt
undress [ʌn'dres] *v 1.* sich ausziehen; *2. (s.o.)* ausziehen
undue [ʌn'duː] *adj* übermäßig, übertrieben
undulate ['ʌndjʊleɪt] *v* wogen, wallen
unduly [ʌn'djuːlɪ] *adv 1. (excessively)* übermäßig, übertrieben; *2. (unreasonable)* unangemessen
undying [ʊn'daɪɪŋ] *adj* unvergänglich
unearned [ʌn'ɜːnd] *adj* unverdient
unearth [ʌn'ɜːθ] *v 1.* ausgraben; *2. (fig)* ausfindig machen, ans Licht bringen
unearthly [ʌn'ɜːθlɪ] *adj* gespenstisch
uneasy [ʌn'iːzɪ] *adj 1. (awkward)* unbehaglich; *2. (worried)* besorgt; *3. (truce)* unsicher; *4. (sleep)* unruhig
uneconomical [ʌniːkə'nɒmɪkl] *adj* unwirtschaftlich, unökonomisch
uneducated [ʌn'edjʊkeɪtɪd] *adj* ungebildet
unemployed [ʌnɪm'plɔɪd] *adj* arbeitslos
unemployment rate [ʌnɪm'plɔɪmənt reɪt] *sb* Arbeitslosenrate *f*
unending [ʌn'endɪŋ] *adj 1. (perpetual)* ewig; *2. (incessant)* unaufhörlich
unequal [ʌn'iːkwəl] *adj* ungleich
unequalled [ʌn'iːkwəld] *adj* unerreicht
unequivocal [ʌnɪ'kwɪvəkəl] *adj* eindeutig
unerring [ʌn'erɪŋ] *adj 1.* unfehlbar; *2. (aim)* treffsicher
unethical [ʌn'eθɪkəl] *adj* unmoralisch
uneven [ʌn'iːvən] *adj 1. (surface)* uneben; *2. (breathing)* unregelmäßig; *3. (quality)* ungleichmäßig
uneventful [ʌniː'ventfʊl] *adj* ereignislos
unexcited [ʌnɪk'saɪtɪd] *adj* gelangweilt, gleichgültig
unexpected [ʌnɪk'spektɪd] *adj* unerwartet, unvermutet
unexplained [ʌnɪk'spleɪnd] *adj 1. (by science)* ungeklärt; *2. (by a person)* unbegründet
unfailing [ʌn'feɪlɪŋ] *adj 1. (unerring)* unfehlbar; *2. (inexhaustible)* unerschöpflich
unfair [ʌn'fɛə] *adj* ungerecht, unfair
unfaithful [ʌn'feɪθfʊl] *adj* untreu
unfamiliar [ʌnfə'mɪljə] *adj* unbekannt, fremd, ungewohnt
unfashionable [ʌn'fæʃənəbl] *adj 1.* unmodern; *2. (subject)* nicht in Mode
unfasten [ʌn'fɑːsn] *v 1.* aufmachen; *2. (detach)* losbinden
unfathomable [ʌn'fæðəməbl] *adj* unergründlich
unfavourable [ʌn'feɪvərəbl] *adj 1. (conditions)* ungünstig; *2. (reply, reaction)* negativ
unfeeling [ʌn'fiːlɪŋ] *adj* gefühllos, herzlos
unfinished [ʌn'fɪnɪʃt] *adj 1.* nicht fertig; *2.* unerledigt; *3.* unvollendet
unfit [ʌn'fɪt] *adj 1.* unfähig, *2.* untauglich; *3.* untauglich, ungeeignet
unflappable [ʌn'flæpəbl] *adj* unerschütterlich
unflattering [ʌn'flætərɪŋ] *adj (clothing, haircut)* unvorteilhaft
unflinching [ʌn'flɪntʃɪŋ] *adj (fig)* unerschrocken
unfold [ʌn'fəʊld] *v 1.* sich entfalten; *2. (plot)* sich entwickeln; *3. (sth)* entfalten; *4. (a newspaper)* ausbreiten; *5. (a plan)* darlegen
unforeseeable [ʌnfɔː'siːəbl] *adj* unvorhersehbar
unforgettable [ʌnfə'getəbl] *adj* unvergesslich
unformed [ʌn'fɔːmd] *adj* unfertig
unfortunate [ʌn'fɔːtʃənɪt] *adj 1.* bedauerlich; *2. (person)* unglücklich

unfounded [ʌn'faʊndɪd] *adj* unbegründet, grundlos
unfreeze [ʌn'fri:z] *v irr (thaw)* auftauen
unfriendly [ʌn'frendlɪ] *adj* unfreundlich
unfruitful [ʌn'fru:tfʊl] *adj* unfruchtbar
unfurl [ʌn'fɜ:l] *v 1.* entfalten; *2. (a sail)* losmachen; *3. (one's plans)* enthüllen; *4. (plot)* sich abwickeln
unfurnished [ʌn'fɜ:nɪʃt] *adj* unmöbliert
ungainly [ʌn'geɪnlɪ] *adj* unbeholfen
ungodly [ʌn'gɒdlɪ] *adj* gottlos; *at an ~ hour (fam)* in aller Herrgottsfrühe
ungrateful [ʌn'greɪtfʊl] *adj* undankbar
ungovernable [ʌn'gʌvənəbl] *adj* unlenkbar, unregierbar
ungrudging [ʌn'grʌdʒɪŋ] *adj* bereitwillig, ohne Murren
unguarded [ʌn'gɑ:dɪd] *adj 1.* unbewacht; *2. (remark)* unachtsam, unvorsichtig
unhandy [ʌn'hændɪ] *adj (not convenient)* unpraktisch
unhappy [ʌn'hæpɪ] *adj 1.* unglücklich; *2. (not satisfied)* unzufrieden
unhealthy [ʌn'helθɪ] *adj 1. (practice, way of life)* ungesund; *2. (person)* nicht gesund; *3. (fig: interest)* krankhaft
unheard [ʌn'hɜ:d] *adj* unbeachtet
unheard-of [ʌn'hɜ:dɒv] *adv* unerhört
unhesitating [ʌn'hezɪteɪtɪŋ] *adj* unverzüglich
unhinge [ʌn'hɪndʒ] *v* aus dem Gleichgewicht bringen
unholy [ʌn'həʊlɪ] *adj 1.* gottlos; *2. (fam: mess)* heillos
unhook [ʌn'hʊk] *v 1.* loshaken; *2. (a dress)* aufhaken
unhoped-for [ʌn'həʊptfɔ:] *adj* unverhofft
unhurried [ʌn'hʌrɪd] *adj* geruhsam
unhurt [ʌn'hɜ:t] *adj* unverletzt
unicorn ['ju:nɪkɔ:n] *sb* Einhorn *n*
unidentified [ʌnaɪ'dentɪfaɪd] *adj* unbekannt
uniform ['ju:nɪfɔ:m] *sb 1.* Uniform *f; adj 2.* einheitlich, gleich
unify ['ju:nɪfaɪ] *v 1.* vereinigen; *2. (a theory)* vereinheitlichen
unimaginable ['ʌnɪ'mædʒɪnəbl] *adj* unvorstellbar
unimaginative [ʌn'ɪmædʒɪnətɪv] *adj* fantasielos, einfallslos
unimportant [ʌnɪm'pɔ:tənt] *adj* unwichtig, unbedeutend
unimproved [ʌnɪm'pru:vd] *adj 1.* nicht verbessert; *2. AGR* unbebaut, nicht kultiviert
uninhabited [ʌnɪn'hæbɪtɪd] *adj* unbewohnt
uninhibited [ʌnɪn'hɪbɪtɪd] *adj 1. (person)* ohne Hemmungen; *2. (laughter)* hemmungslos
uninspired [ʌnɪn'spaɪəd] *adj* fantasielos, einfallslos
uninspiring [ʌnɪn'spaɪrɪŋ] *adj* nicht gerade begeisternd
unintelligent [ʌnɪn'telɪdʒənt] *adj* unklug
unintelligible [ʌnɪn'telɪdʒɪbl] *adj* unverständlich
unintentional [ʌnɪn'tenʃənl] *adj* unabsichtlich, unbeabsichtigt
uninteresting [ʌn'ɪntrɪstɪŋ] *adj* uninteressant
uninterrupted [ʌnɪntə'rʌptɪd] *adj* ununterbrochen
union ['ju:njən] *sb 1. (joining)* Vereinigung *f; POL* Zusammenschluss *m; 2. (group)* Vereinigung *f,* Verband *m,* Verein *m; 3. (labor ~, trade ~)* Gewerkschaft *f*
unique [ju:'ni:k] *adj* einmalig, einzigartig
unit ['ju:nɪt] *sb* Einheit *f*
unitarian [ju:nɪ'tɛərɪən] *sb* Unitarier *m*
unite [ju:'naɪt] *v 1.* sich vereinigen, sich zusammenschließen; *2. (sth)* vereinigen, verbinden, zusammenschließen
united [ju:'naɪtɪd] *adj* vereint, gemeinsam, vereinigt
universal [ju:nɪ'vɜ:səl] *adj 1.* universal, Universal..., Welt... *2. (general)* allgemein; *3. (rule)* allgemein gültig
universe ['ju:nɪvɜ:s] *sb* Weltall
university [ju:nɪ'vɜ:sɪtɪ] *sb* Universität *f,* Hochschule *f*
univocal [ju:nɪ'vəʊkl] *adj* eindeutig, unzweideutig
unjust [ʌn'dʒʌst] *adj* ungerecht
unkempt [ʌn'kemt] *adj 1. (appearance)* ungepflegt; *2. (hair)* ungekämmt
unkind [ʌn'kaɪnd] *adj 1.* unfreundlich; *2. (cruel)* lieblos
unknowing [ʌn'nəʊɪŋ] *adj* unbewusst, unwissentlich
unknown [ʌn'nəʊn] *adj 1.* unbekannt; *sb 2.* Unbekannte(r) *m/f*
unlace [ʌn'leɪs] *v* aufbinden, aufschnüren
unlatch [ʌn'lætʃ] *v* entriegeln
unlawful [ʌn'lɔ:fʊl] *adj* rechtswidrig, gesetzwidrig, ungesetzlich
unleaded [ʌn'ledɪd] *adj* bleifrei
unlearned [ʌn'lɜ:nɪd] *adj* unwissend
unleash [ʌn'li:ʃ] *v (fig)* auslösen

unleavened [ʌn'levnd] *adj* ungesäuert
unless [ʌn'les] *konj* es sei denn
unlicensed [ʌn'laɪsənst] *adj 1. (having no license)* ohne Lizenz; *2. (unauthorized)* unbefugt, unberechtigt
unlike [ʌn'laɪk] *prep 1.* im Gegensatz zu, nicht wie; *adj 2.* verschieden, ungleich
unlikely [ʌn'laɪklɪ] *adj 1.* unwahrscheinlich; *2. (excuse)* unglaubwürdig
unlimited [ʌn'lɪmɪtɪd] *adj 1.* unbegrenzt; *2. ECO* unbeschränkt
unlisted [ʌn'lɪstɪd] *adj* nicht verzeichnet
unload [ʌn'ləʊd] *v 1. (freight)* ausladen; *2. (a ship, a gun)* entladen; *3. (fig: get rid of)* abladen; *4. (a task)* abwälzen; *5. (fig: a punch)* versetzen
unlock [ʌn'lɒk] *v* aufschließen
unlooked-for [ʌn'lʊktfɔː] *adj* unerwartet, unvorhergesehen, unverhofft
unloose [ʌn'luːs] *v* lösen, losmachen
unmade [ʌn'meɪd] *v* ungemacht
unmanly [ʌn'mænlɪ] *adj* unmännlich
unmarked [ʌn'mɑːkt] *adj* nicht gekennzeichnet, nicht markiert
unmarried [ʌn'mærɪd] *adj* ledig
unmask [ʌn'mɑːsk] *v (fig)* entlarven
unmeasured [ʌn'meʒəd] *adj* unermesslich, grenzenlos, unbegrenzt
unmentionable [ʌn'menʃənəbl] *adj 1. (terrible, extremely bad)* miserabel; *2. (taboo)* tabu
unmistakable [ʌnmɪs'teɪkəbl] *adj* unverkennbar
unmitigated [ʌn'mɪtɪgeɪtɪd] *adj (utter)* vollkommen, vollendet, total
unnamed [ʌn'neɪmd] *adj 1. (anonymous)* ungenannt; *2. (nameless)* unbenannt
unnatural [ʌn'nætʃərəl] *adj 1.* unnatürlich; *2. (act)* widernatürlich; *3. (affected)* gekünstelt
unnecessary [ʌn'nesəsərɪ] *adj 1.* unnötig, nicht notwendig; *2. (superfluous)* überflüssig
unnerve [ʌn'nɜːv] *adj* entnerven
unnoticed [ʌn'nəʊtɪst] *adj* unbemerkt
unnumbered [ʌn'nʌmbəd] *adj 1. (countless)* unzählig, zahllos; *2.* nicht nummeriert
unobtrusive [ʌnəb'truːsɪv] *adj 1. (person)* unaufdringlich; *2. (thing)* unauffällig
unoccupied [ʌn'ɒkjʊpaɪd] *adj 1. (seat)* frei; *2. (house)* unbewohnt, leer stehend; *3. (person)* unbeschäftigt
unofficial [ʌnə'fɪʃəl] *adj* inoffiziell
unorganized [ʌn'ɔːgənaɪzd] *adj* unorganisiert, unsystematisch, nicht organisiert
unpack [ʌn'pæk] *v* auspacken
unpalatable [ʌn'pælətəbl] *adj* ungenießbar
unparalleled [ʌn'pærəleld] *adj* beispiellos
unpardonable [ʌn'pɑːdnəbl] *adj* unverzeihlich
unpeg [ʌn'peg] *v 1. (washing)* abnehmen; *2. (prices)* freigeben
unpick [ʌn'pɪk] *v (undo)* auftrennen
unpin [ʌn'pɪn] *v 1. (remove pins from)* Nadeln entfernen aus; *2. (detach)* losmachen
unplaced [ʌn'pleɪst] *adj* nicht platziert
unplanned [ʌn'plænd] *adj* ungeplant
unpleasant [ʌn'pleznt] *adj 1.* unangenehm; *2. (person)* unfreundlich
unplug [ʌn'plʌg] *v ~ sth* den Stecker herausziehen
unpopular [ʌn'pɒpjʊlə] *adj* unbeliebt
unpractised [ʌn'præktɪst] *adj* ungeübt
unprecedented [ʌn'presɪdentɪd] *adj* beispiellos, unerhört
unpredictable [ʌnprɪ'dɪktəbl] *adj 1.* unvorhersehbar; *2.* unberechenbar
unprejudiced [ʌn'predʒʊdɪst] *adj* unparteiisch, unvoreingenommen
unprepared [ʌnprɪ'pɛəd] *adj 1.* unvorbereitet; *2. to be ~ for sth (caught by surprise)* auf etw nicht vorbereitet sein
unpretentious [ʌnprɪ'tenʃəs] *adj* anspruchslos
unpriced [ʌn'praɪst] *adj* nicht ausgezeichnet
unprincipled [ʌn'prɪnsɪpld] *adj* skrupellos
unprintable [ʌn'prɪntəbl] *adj* nicht druckreif
unprofitable [ʌn'prɒfɪtəbl] *adj* wenig einträglich, unrentabel
unprotected [ʌnprə'tektɪd] *adj* schutzlos
unprovided [ʌnprə'vaɪdɪd] *adj* nicht mit etw ausgestattet
unqualified [ʌn'kwɒlɪfaɪd] *adj 1. (praise)* uneingeschränkt; *2. (success)* voll; *3. (candidate)* unqualifiziert, nicht qualifiziert
unquestionably [ʌn'kwestʃənəblɪ] *adv* fraglos, zweifellos
unquestioning [ʌn'kwestʃənɪŋ] *adj* bedingungslos
unravel [ʌn'rævl] *v 1.* sich aufziehen; *2. (fig)* sich entwirren; *3. (sth)* aufziehen; *4. (fig)* entwirren
unread [ʌn'red] *adj 1. (book)* ungelesen; *2. (person)* nicht belesen
unreadable ['ʌnriːdəbl] *adj* unleserlich, unlesbar
unready [vn'redɪ] *adj* nicht fertig

unreal [ʌn'riːl] *adj (fam: incredible)* unglaublich
unreasonable [ʌn'riːznəbl] *adj 1. (demand)* unzumutbar; *2. (person)* unvernünftig
unreckonable [ʌn'rekənəbl] *adj* unschätzbar
unrecognizable [ʌnrekəg'naɪzəbl] *adj* nicht wieder zu erkennen
unrefined [ʌnrɪ'faɪnd] *adj 1. (raw material)* nicht raffiniert; *2. (fig: person)* ungebildet
unrehearsed [ʌnrɪ'hɜːst] *adj 1.* spontan; *2. THEAT* ungeprobt
unrelenting [ʌnrɪ'lentɪŋ] *adj 1. (struggle)* unerbittlich; *2. (person)* unnachgiebig
unreliable [ʌnrɪ'laɪəbl] *adj* unzuverlässig
unremitting [ʌnrɪ'mɪtɪŋ] *adj 1.* unaufhörlich; *2. (untiring)* unermüdlich
unreported [ʌnrɪ'pɔːtɪd] *adj 1. (crime)* nicht gemeldet; *2. (story)* nicht berichtet
unrequited [ʌnrɪ'kwaɪtɪd] *adj (love)* unerwidert
unreserved [ʌnrɪ'zɜːvd] *adj (complete)* uneingeschränkt
unresponsive [ʌnrɪ'spɒnsɪv] *adj* teilnahmslos
unrest [ʌn'rest] *sb* Unruhe *f*
unrestrained [ʌnrɪ'streɪnd] *adj* ungehemmt, uneingeschränkt
unrestricted [ʌnrɪ'strɪktɪd] *adj* unbeschränkt, uneingeschränkt
unrighteous [ʌn'raɪtʃəs] *adj 1. (sinful)* sündig; *2. (unjust)* ungerecht
unripe [ʌn'raɪp] *adj* unreif
unrivalled [ʌn'raɪvəld] *adj* unerreicht, unvergleichlich
unroll [ʌn'rəʊl] *v 1.* sich aufrollen; *2. (sth)* aufrollen
unruffled [ʌn'rʌfld] *adj* gelassen
unruly [ʌn'ruːlɪ] *adj 1. (child)* unbändig; *2. (hair)* widerspenstig
unsafe [ʌn'seɪf] *adj 1. feel ~* sich nicht sicher fühlen; *2. (dangerous)* gefährlich
unsaid [ʌn'sed] *adj* unerwähnt, unausgesprochen; *to be left ~* unerwähnt bleiben
unsalable [ʌn'seɪləbl] *adj* unverkäuflich
unsanitary [ʌn'sænɪtərɪ] *adj* unhygienisch
unsatisfactory [ʌnsætɪs'fæktərɪ] *adj 1.* unbefriedigend; *2. (schoolwork)* mangelhaft; *3. (profits)* nicht ausreichend; *4. (service)* schlecht
unsaturated [ʌn'sætʃəreɪtɪd] *adj* ungesättigt
unsavoury [ʌn'seɪvərɪ] *adj (character)* zwielichtig

unscathed [ʌn'skeɪðd] *adj* unversehrt; *escape ~ (fig)* ungeschoren davonkommen
unscheduled [ʌn'ʃedjʊld] *adj* außerplanmäßig
unschooled [ʌn'skuːld] *adj* ungeschult
unscientific [ʌnsaɪən'tɪfɪk] *adj* unwissenschaftlich
unscramble [ʌn'skræmbl] *v 1. (decode)* entschlüsseln; *2. (fig)* entwirren
unscratched [ʌn'skrætʃt] *adj* unversehrt
unscreened [ʌn'skriːnd] *adj 1. (not protected)* offen, ungeschützt, nicht abgeschirmt; *2. (not checked)* nicht geprüft
unscrew [ʌn'skruː] *v (sth)* abschrauben
unscrupulous [ʌn'skruːpjʊləs] *adj* skrupellos
unseal [ʌn'siːl] *v* öffnen
unseasonably [ʌn'siːznəblɪ] *adv* für die Jahreszeit ungewöhnlich
unseasoned [ʌn'siːzənd] *adj* ungewürzt
unseat [ʌn'siːt] *v 1. (remove from office)* des Postens entheben; *2. (fig) Smith ~ed Jones at the top of the rankings.* Smith hat Jones aus der Spitze der Rangliste verdrängt.
unseemly [ʌn'siːmlɪ] *adj* unziemlich
unsecured [ʌnsɪ'kjʊəd] *adj FIN* ohne Sicherheiten
unseeded [ʌn'siːdɪd] *adj SPORT* unplatziert
unseen [ʌn'siːn] *adj 1.* ungesehen; *sight ~* unbesehen; *2. (unobserved)* unbemerkt; *3. (UK: passage for translation)* unvorbereitet
unselfconscious [ʌnself'kɒnʃəs] *adj* unbefangen
unselfish [ʌn'selfɪʃ] *adj* selbstlos
unset [ʌn'set] *adj 1. (not yet solid)* nicht fest; *2. (of a jewel)* nicht eingefasst
unsettle [ʌn'setl] *v* beunruhigen
unsettled [ʌn'setld] *adj (disturbed)* unruhig
unshakeable [ʌn'ʃeɪkəbl] *adj* unerschütterlich
unsightly [ʌn'saɪtlɪ] *adj* unansehnlich
unsized [ʌn'saɪzd] *adj* unsortiert
unskilled [ʌn'skɪld] *adj* ungelernt
unsnap [ʌn'snæp] *v* aufmachen
unsociable [ʌn'səʊʃəbl] *adj* ungesellig
unsocial [ʌn'səʊʃəl] *adj* unsozial
unsolicited [ʌnsə'lɪsɪtɪd] *adj* unverlangt
unsolved [ʌn'sɒlvd] *adj* ungelöst
unsophisticated [ʌnsə'fɪstɪkeɪtɪd] *adj (person)* schlicht, naiv
unsound [ʌn'saʊnd] *adj 1. (design)* unsolide; *2. (argument)* nicht stichhaltig; *3. (doc-*

trine) unvertretbar; *4. of ~ mind JUR* unzurechnungsfähig
unsparing [ʌn'spɛərɪŋ] *adj 1. (excessive)* großzügig, verschwenderisch; *2. (harsh)* schonungslos
unspeakable [ʌn'spiːkəbl] *adj 1.* unbeschreiblich; *2. (fam: horrible)* entsetzlich
unspoiled [ʌn'spɔɪld] *adj* unverdorben
unspoken [ʌn'spəʊkən] *adj* unausgesprochen, stillschweigend
unstable [ʌn'steɪbl] *adj 1.* nicht stabil; *2. (mentally)* labil; *3. (rocking)* schwankend; *4. CHEM* instabil
unsteady [ʌn'stedɪ] *adj 1. (hand)* unsicher; *2. (voice)* bebend; *3. (market)* schwankend; *4. (ladder)* wackelig
unstick [ʌn'stɪk] *v irr* lösen, losmachen
unstoppable [ʌn'stɒpəbl] *adj* nicht aufzuhalten, unaufhaltsam
unstressed [ʌn'strest] *adj* unbetont
unstructured [ʌn'strʌktʃəd] *adj* unstrukturiert, nicht strukturiert
unstuck [ʌn'stʌk] *adj come ~ (fig)* missglücken, schief gehen
unsuccessful [ʌnsək'sesfʊl] *adj 1.* erfolglos; *2. (person)* nicht erfolgreich; *3. (applicant)* abgewiesen
unsuitable [ʌn'suːtəbl] *adj* unpassend, ungeeignet, unangebracht
unsung [ʌn'sʌŋ] *adj* unbesungen
unsure [ʌn'ʃʊə] *adj* unsicher
unsuspecting [ʌnsəs'pektɪŋ] *adj* ahnungslos, nichts ahnend
untangle [ʌn'tæŋgl] *v* entwirren
untenable [ʌn'tenəbl] *adj* unhaltbar
unthinkable [ʌn'θɪŋkəbl] *adj* undenkbar, unvorstellbar
untidy [ʌn'taɪdɪ] *adj* unordentlich
untie [ʌn'taɪ] *v 1. (shoelaces)* aufbinden; *2. (a package)* aufknoten; *3. (a knot)* lösen; *4. (s.o.)* losbinden

until [ən'tɪl] *prep 1.* bis; *not ~ Friday* erst am Freitag; *konj 2.* bis; *not ~* erst wenn

untimely [ʌn'taɪmlɪ] *adj 1. (premature)* vorzeitig; *2. (inopportune)* unpassend
untitled [ʌn'taɪtld] *adj* ohne Titel
unto ['ʌntʊ] *prep* zu
untold [ʌn'təʊld] *adj 1. (not told)* unerzählt, ungesagt; *2. (uncounted)* ungezählt
untouchable [ʌn'tʌtʃəbl] *adj* unantastbar
untouched [ʌn'tʌtʃt] *adj* unberührt
untoward [ʌntə'wɔːd] *adj 1. (unseemly)* unpassend *2. (unfavourable)* ungünstig
untried [ʌn'traɪd] *adj* unerprobt
untrue [ʌn'truː] *adj 1. (false)* unwahr, falsch; *2. (unfaithful)* untreu
untrustworthy [ʌn'trʌstwɜːðɪ] *adj* unzuverlässig, nicht vertrauenswürdig
unused [ʌn'juːzd] *adj 1. (new)* unbenutzt; *2. (no longer used)* nicht mehr benutzt; [ʌn'juːst] *3. ~ to* nicht gewohnt an
unusual [ʌn'juːʒʊəl] *adj* außergewöhnlich, ungewöhnlich
unvalued [ʌn'væljuːd] *adj* untaxiert
unvarnished [ʌn'vɑːnɪʃt] *adj (truth)* ungeschminkt
unveil [ʌn'veɪl] *v 1.* enthüllen; *2. (one's face)* entschleiern
unwanted [ʌn'wɒːntɪd] *adj* unerwünscht
unwarranted [ʌn'wɒrəntɪd] *adj* ungerechtfertigt
unwashed [ʌn'wɒʃt] *adj* ungewaschen; *the great ~* der Pöbel *m*
unwelcome [ʌn'welkəm] *adj 1.* unwillkommen; *2. (news)* unangenehm
unwell [ʌn'wel] *adj* krank
unwholesome [ʌn'həʊlsəm] *adj* ungesund
unwieldy [ʌn'wiːldɪ] *adj* unhandlich
unwilling [ʌn'wɪlɪŋ] *adj ~ to do sth* nicht bereit, etw zu tun
unwind [ʌn'waɪnd] *v 1. (relax)* sich entspannen; *2. (become unwound)* sich abwickeln; *3. (undo)* abwickeln
unwise [ʌn'waɪz] *adj* unklug
unwished-for [ʌn'wɪʃtfɔː] *adj* unerwünscht
unwitting [ʌn'wɪtɪŋ] *adj* unwissentlich
unwonted [ʌn'wəʊntɪd] *adj* ungewohnt
unworldly [ʌn'wɜːldlɪ] *adj 1. (unearthly)* übernatürlich; *2. (naive)* weltfremd
unworthy [ʌn'wɜːðɪ] *adj* unwürdig; *to be ~ of sth* etw nicht wert sein
unwrap [ʌn'ræp] *v* auspacken
unwritten ['ʌnrɪtn] *adj* ungeschrieben
unyielding [ʌn'jiːldɪŋ] *adj* unnachgiebig
unzip [ʌn'zɪp] *v* den Reißverschluss aufmachen an

up [ʌp] *adv 1. (upward)* nach oben, aufwärts, hinauf/herauf; *~ and down* auf und ab; *ages eight and ~* ab acht Jahre; *2. (northward, to a mountain)* oben; *3. (toward the speaker)* heran; *4. (in a high place)* oben; *5. (not in bed)* auf; *to be ~ and about* wieder gesund auf den Beinen sein; *6. ~ to (as far as)* bis; *~ to now* bisher; *7. What's ~? (how*

U

are you) Wie geht's? *(what's wrong)* Was ist los? *8. to be ~ to sth (to be doing sth)* etw machen, *(mischief)* etw im Schilde führen; *9. to be ~ to s.o. (to be s.o.'s decision)* jds Sache sein, *(depend on s.o.)* von jdm abhängen; *10. to be ~ (to be installed: posters)* angeschlagen sein, *(shelves, framed pictures)* hängen; *11. to be ~ on sth (know all about sth)* sich mit etw auskennen, sich in etw auskennen; *12. feel ~ to sth* sich einer Sache gewachsen fühlen; *13. to be ~ against sth* etw gegenüberstehen; *14. to be hard ~ (fam)* blank sein, ohne Kohle sein; *15. (having been increased)* gestiegen; *16. (done, finished)* vorbei, um; *time is ~* die Zeit ist um; *prep 17.* oben auf; *18. (upward)* hinauf; *sb 19. ~s and downs pl* Höhen und Tiefen *pl; 20. to be on the ~ and ~ (fam)* in Ordnung sein; *v 21. (fam: increase)* erhöhen

up-and-coming [ʌp ænd 'kʌmɪŋ] *adj* kommend
upbeat ['ʌpbiːt] *adj (fam)* positiv
upbraid [ʌp'breɪd] *v* Vorwürfe machen
upbringing ['ʌpbrɪŋɪŋ] *sb* Erziehung *f*
upbuild [ʌp'bɪld] *v* aufbauen, ausbauen
upcoming [ʌp'kʌmɪŋ] *adj* bevorstehend
update [ʌp'deɪt] *v* auf den neuesten Stand bringen
upend [ʌp'end] *v 1. (set on end)* hochkant stellen, umdrehen; *2. (fig)* auf den Kopf stellen; *3. (defeat)* schlagen
up front [ʌp'frʌnt] *adj 1. (person)* offen; *2. (money)* Vorschuss...
upgrade ['ʌpgreɪd] *v 1. (improve)* verbessern; *2. (promote)* befördern
upheaval [ʌp'hiːvəl] *sb (fig)* Umbruch *m,* Aufruhr *m*
uphill ['ʌp'hɪl] *adv 1.* bergauf; *adj 2. to be an ~ climb (fig)* mühsam sein
uphold [ʌp'həʊld] *v 1. (the law)* hüten; *2. (a verdict)* bestätigen
upholster [ʌp'həʊlstə] *v 1.* polstern; *2. (cover)* beziehen
upkeep ['ʌpkiːp] *sb 1.* Instandhaltung *f; 2. (costs)* Instandhaltungskosten *pl*
upland ['ʌplənd] *sb* Hochland *n*
uplift [ʌp'lɪft] *v* erheben
up-market ['ʌpmɑːkɪt] *adj* anspruchsvoll, Oberklasse...
upon [ə'pɒn] *prep (see "on")*
upper classes ['ʌpə 'klɑːsɪz] *pl the ~* die Oberschicht *f*
uppercut ['ʌpəkʌt] *sb* Kinnhaken *m*
upper hand [ʌpə'hænd] *sb the ~* die Oberhand *f*
upper jaw ['ʌpə dʒɔː] *sb* Oberkiefer *m*
uppermost ['ʌpəməʊst] *adj* oberste(r,s); *~ in one's mind* für jdn am wichtigsten
upright ['ʌpraɪt] *adj 1. (erect)* aufrecht; *2. (vertical)* senkrecht; *3. (fig: honest)* aufrecht
uprate [ʌp'reɪt] *v* aufwerten
uprising ['ʌpraɪzɪŋ] *sb* Aufstand *m*
upriver ['ʌprɪvə] *adj* flussaufwärts
uproar ['ʌprɔː] *sb* Tumult *m,* Aufruhr *m*
uproarious [ʌp'rɔːrɪəs] *adj 1. (laughter)* brüllend; *2. (hilarious)* zum Schreien, urkomisch
uproot [ʌp'ruːt] *v* entwurzeln
upscale ['ʌpskeɪl] *adj* vornehm
upset [ʌp'set] *v irr 1. (knock over)* umwerfen, umstoßen; *2. (offend)* verletzen; *3. (excite, distress)* aufregen; *4. (unsettle)* bestürzen, mitnehmen *(fam); 5. (a plan)* umstoßen; *adj 6.* bestürzt, aus der Fassung; ['ʌpset] *sb 7.* Störung *f; 8. (fam) SPORT* unerwarteter Sieg gegen eine hochfavorisierte Mannschaft *f*
upshot ['ʌpʃɒt] *sb to be the ~ of sth* bei etw herauskommen
upside down ['ʌpsaɪd'daʊn] *adj* verkehrt herum
upstage [ʌp'steɪdʒ] *v ~ s.o. (fig)* jdm die Schau stehlen
upstairs [ʌp'stɛəz] *adv 1.* oben, im oberen Stockwerk; *2. (toward the top of the stairs)* nach oben; *adj 3.* im oberen Stockwerk
upstanding [ʌp'stændɪŋ] *adj 1. (honourable)* aufrecht, ehrbar; *2. (erect)* aufrecht, hochaufgerichtet
upstart ['ʌpstɑːt] *sb* Emporkömmling *n*
upstream [ʌp'striːm] *adv* flussaufwärts
upsurge [ʌp'sɜːdʒ] *sb* Zunahme *f*
upswing ['ʌpswɪŋ] *sb (fig)* Aufschwung
uptake ['ʌpteɪk] *sb 1. to be slow on the ~* schwer von Begriff sein; *2. to be quick on the ~* von rascher Auffassungsgabe sein
uptight [ʌp'taɪt] *adj 1.* verklemmt; *2. (nervous)* nervös
up-to-date ['ʌptuː'deɪt] *adj 1. (modern)* modern; *2. (current)* aktuell; *3. (informed)* auf dem Laufenden
uptown ['ʌptaʊn] *adj (US)* zum besseren Viertel gehörend
upturn [ʌp'tɜːn] *v* umdrehen
upward ['ʌpwəd] *adv 1.* aufwärts, nach oben; *adj 2.* Aufwärts..., nach oben
upwind [ʌp'wɪnd] *adv* gegen den Wind
urban ['ɜːbən] *adj* städtisch, Stadt...

urbane [ɜː'beɪn] *adj* weltmännisch, kultiviert, gewandt, urban
urbanite ['ɜːbənaɪt] *sb* Stadtbewohner *m*
urbanity [ɜː'bænɪtɪ] *sb* Urbanität *f*, Weltgewandtheit *f*
urbanize ['ɜːbənaɪz] *v* urbanisieren
urge [ɜːdʒ] *v 1. ~ s.o. on* jdn vorwärts treiben; *2. ~ s.o. to do sth (recommend)* darauf dringen, dass jemand etw tut, *(plead)* jdn dringend bitten, etw zu tun; *3. (advocate)* drängen auf; *sb 4.* Drang *m*, Antrieb *m*
urgency ['ɜːdʒənsɪ] *sb* Dringlichkeit *f*
urgent ['ɜːdʒənt] *adj* dringend
urger ['ɜːdʒə] *sb* Drängler *m*, Antreiber *m*
urinate ['jʊərɪneɪt] *v* urinieren
urine ['jʊərɪn] *sb* Urin *m*, Harn *m*
urn [ɜːn] *sb 1.* Urne *f*; *2. (tea ~)* Teemaschine *f*
us [ʌs] *pron* uns; *both of ~* wir beide; *~ kids* wir Kinder; *It's ~.* Wir sind's.
usable ['juːzəbl] *adj* verwendbar, brauchbar
usage ['juːsɪdʒ] *sb LING* Gebrauch *m*, Anwendung *f*
usance ['juːzəns] *sb ECO* Uso *m*, Usance *f*, Handelsbrauch *m*

use [juːz] *v 1.* benutzen, verwenden, gebrauchen; *~ up* aufbrauchen, verbrauchen; *2. (take advantage of)* ausnutzen, nutzen; [juːs] *sb 3.* Verwendung *f*, Benutzung *f*, Gebrauch *m*; *to be in ~* gebraucht werden; *have the ~ of sth* etw benutzen dürfen; *4. (taking advantage of)* Nutzung *f*; *make ~ of sth* etw nutzen; *5. (usefulness)* Nutzen *m*; *it's no ~ (doing ...)* es ist zwecklos, (... zu tun); *to be of ~* von Nutzen sein, nützlich sein; *6. (particular application)* Verwendung *f*; *put to ~* verwenden, anwenden

used [juːzt] *v 1. ~ to do sth* etw immer früher gemacht haben; *2. (~ to be sth) He ~ to be the best tennis player in the whole city.* Er war früher der beste Tennisspieler der ganzen Stadt. *adj 3. get ~ to sth* sich an etw gewöhnen; *4. to be ~ to sth* an etw gewohnt sein; [juːzd] *5.* gebraucht
used car [juːzd kɑː] *sb* Gebrauchtwagen *m*

useful ['juːsfʊl] *adj* nützlich, brauchbar; *make o.s. ~* sich nützlich machen

usefulness ['juːsfʊlnɪs] *sb* Nützlichkeit *f*, Brauchbarkeit *f*; *have outlived one's ~* ausgedient haben, *(method)* sich überlebt haben
useless ['juːslɪs] *adj 1.* nutzlos; *2. (pointless)* zwecklos, sinnlos; *3. (object)* unbrauchbar; *4. (in vain)* vergeblich
uselessness ['juːslɪsnɪs] *sb* Nutzlosigkeit *f*, Unbrauchbarkeit *f*
user [juːzə] *sb* Benutzer(in) *m/f*
user-friendly ['juːzə'frendlɪ] *adj* benutzerfreundlich, anwenderfreundlich
username ['juːzə 'neɪm] *sb INFORM* Benutzername *m*
usher ['ʌʃə] *sb 1.* Platzanweiser *m*; *v 2. ~ in* hineinführen; *3. ~ in (fig: an era)* einleiten
usherette [ʌʃə'ret] *sb* Platzanweiserin *f*
usual ['juːʒʊəl] *adj* üblich, gewöhnlich; *as ~* wie gewöhnlich
usually ['juːʒʊəlɪ] *adv* normalerweise, gewöhnlich, meistens
usurp [juː'zɜːp] *v* sich widerrechtlich aneignen
usury ['juːʒərɪ] *sb* Wucher *m*
utensil [juː'tensɪl] *sb 1.* Gerät *n*, Werkzeug *n*; *2. kitchen ~s* Küchengeschirr *n*
utilitarian [juːtɪlɪ'tɛərɪən] *adj* nützlich, praktisch
utilitarianism [juːtɪlɪ'tɛərɪənɪzəm] *sb* Utilitarismus *m*
utility [juː'tɪlɪtɪ] *adj 1.* Gebrauchs..., Allzweck...; *sb 2. public ~* öffentlicher Versorgungsbetrieb *m*; *3. public utilities (services)* Leistungen der öffentlichen Versorgungsbetriebe *pl*, *(gas)* Gasversorgung *f*, *(power)* Stromversorgung *f*
utilization [juːtɪlaɪ'zeɪʃn] *sb* Verwendung *f*, Nutzung *f*, Ausnutzung *f*, Gebrauch *m*
utilize ['juːtɪlaɪz] *v 1.* verwenden; *2. (raw materials, waste materials)* verwerten; *3. (take advantage of)* nutzen; *4. (a situation)* ausnutzen
utmost ['ʌtməʊst] *adj 1.* äußerste(r,s), höchste(r,s), größte(r,s); *sb 2. do one's ~* sein äußerstes tun, sein Möglichstes tun; *at the ~* allerhöchstens; *to the ~* aufs Äußerste
utopia [juː'təʊpɪə] *sb (fig)* Utopie *f*
utter¹ ['ʌtə] *v 1. (a sound, a curse)* von sich geben; *2. (express)* äußern, aussprechen
utter² ['ʌtə] *adj* total, vollkommen
utterance ['ʌtərəns] *sb* Äußerung *f*, Ausspruch *m*
utterly ['ʌtəlɪ] *adv* völlig, total, äußerst
uttermost ['ʌtəməʊst] *adj 1. (greatest)* größte(r,s); *2. (extreme)* höchste(r,s), äußerste(r,s)
U-turn ['juːtɜːn] *sb* Kehrtwende *f*

U

V

vacancy ['veɪkənsɪ] *sb 1.* leerer Platz *m,* Lücke *f; 2. (job)* freie Stelle *f; 3. (emptiness)* Leere *f*
vacant ['veɪkənt] *adj 1.* frei, leer, unbesetzt; *2. (land)* unbebaut; *(building)* unbewohnt, unvermietet; *3. (fig: look)* leer
vacate [və'keɪt] *v 1.* räumen; *2. (a seat)* frei machen; *3. (a job)* aufgeben
vacation [və'keɪʃən] *sb 1. (from university)* Semesterferien *pl; 2. (US)* Ferien *pl,* Urlaub *m; 3. (vacating)* Räumung *f*
vacationer [veɪ'keɪʃənə] *sb* Urlauber *m*
vaccinate ['væksɪneɪt] *v* impfen
vaccination [væksɪ'neɪʃən] *sb* Impfung *f*
vaccine ['væksiːn] *sb* Impfstoff *m*
vacillate ['væsɪleɪt] *v* schwanken
vacillating ['væsɪleɪtɪŋ] *adj* schwankend, unentschlossen
vacillator ['væsɪleɪtə] *sb* Zauderer *m*
vacuity [væ'kjuːɪtɪ] *sb* Geistlosigkeit *f,* Leere *f*
vacuous ['vækjʊəs] *adj 1.* leer; *2. (statement)* nichts sagend
vacuousness ['vækjʊəsnɪs] *sb* Leere *f*
vagabond ['vægəbɒnd] *sb* Vagabund *m,* Landstreicher *m*
vagarious [və'gɛərɪəs] *adj* sprunghaft
vagary ['veɪgərɪ] *sb* Kaprice *f,* Laune *f; the vagaries of ...* die Wechselfälle des/der ...
vagrancy ['veɪgrənsɪ] *sb JUR* Landstreicherei *f*
vagrant ['veɪgrənt] *sb* Landstreicher *m*
vague [veɪg] *adj 1.* vage; *2. (answer)* unklar
vain [veɪn] *adj 1. (person)* eitel, eingebildet; *2. (effort)* vergeblich; *in ~* vergeblich
vainglorious [veɪn'glɔːrɪəs] *adj (person)* dünkelhaft
vale [veɪl] *sb* Tal *n*
valediction [vælɪ'dɪkʃən] *sb* Abschiedsworte *pl,* Abschiedsrede *f*
valedictorian [vælədɪk'tɔːrɪən] *sb* Abschiedsredner *m*
valentine ['væləntaɪn] *sb 1. (card)* Valentinskarte *f; 2. (recipient of the ~)* Empfänger eines Valentinsgrußes *m; 3. (sweetheart)* Schatz *m*
valet ['væleɪ] *sb* Diener *m*
valetudinarian [vælɪtjuːdɪ'nɛərɪən] *sb 1. (invalid)* kränklicher Mensch *m; 2. (hypochondriac)* Hypochonder *m*
valiant ['væljənt] *adj* tapfer, mutig, heldenhaft
valid ['vælɪd] *adj 1.* gültig; *2. (argument)* stichhaltig
validity [və'lɪdɪtɪ] *sb 1.* Gültigkeit *f; 2. (of an argument)* Stichhaltigkeit *f*
valise [və'liːz] *sb* Reisetasche *f*
vallation [və'leɪʃən] *sb (rampart)* Schutzwall *m*
valley ['vælɪ] *sb* Tal *n*
valour ['vælə] *sb* Tapferkeit *f*
valuable ['væljʊəbl] *adj 1.* wertvoll; *sb 2.* Wertgegenstand *m*
valuation [væljʊ'eɪʃən] *sb 1. (process)* Schätzung *f,* Bewertung *f; 2. (estimated value)* Schätzwert *m*

> **value** ['væljuː] *v 1. (estimate the value of)* schätzen, abschätzen; *2. (prize, appreciate)* schätzen; *if you ~ your life* wenn Ihnen Ihr Leben lieb ist; *sb 3.* Wert *m*

valve [vælv] *sb 1. TECH* Ventil *n; 2. (in a pipe system)* Hahn *m; 3. ANAT* Klappe *f*
valvular ['vælvjʊlə] *adj* Ventil...
vampire ['væmpaɪə] *sb* Vampir *m*
van [væn] *sb* Lieferwagen *m*
vane [veɪn] *sb weather ~* Wetterfahne *f,* Wetterhahn *m*
vanguard ['vængɑːd] *sb 1.* Vorhut *f; 2. NAUT* Vorgeschwader *n; 3. (fig)* Spitze *f*
vanilla [və'nɪlə] *sb* Vanille *f*
vanish ['vænɪʃ] *v* verschwinden
vanity ['vænɪtɪ] *sb* Eitelkeit *f*
vanquish ['væŋkwɪʃ] *v* bezwingen, besiegen
vanquishment ['væŋkwɪʃmənt] *sb* Bezwingen *n,* Sieg *m*
vantage point ['vɑːntɪdʒ pɔɪnt] *sb* Aussichtspunkt *m*
vapid ['væpɪd] *adj* geistlos, fade
vapour ['veɪpə] *sb* Dunst *m,* Dampf *m*
varia ['vɛərɪə] *sb* gemischte Sammlung *f*
variability [vɛərɪə'bɪlɪtɪ] *sb* Veränderlichkeit *f,* Variabilität *f,* Unbeständigkeit *f*
variable ['vɛərɪəbl] *adj 1.* veränderlich, wechselnd; *2. (adjustable)* regelbar, verstellbar; *sb 3.* Variable *f,* veränderliche Größe *f*
variance ['vɛərɪəns] *sb to be at ~ with* im Widerspruch stehen; *(people)* uneinig sein mit

variant ['vɛərɪənt] *sb* Variante *f*
variation [vɛərɪ'eɪʃən] *sb 1. (varying)* Veränderung *f*, Schwankung *f*; *2. BIO, MATH* Variation *f*; *3. (new twist, different form)* Variation *f*, Variante *f*; *4. MUS* Variation *f*; *~s on a theme* Variationen über ein Thema
varicoloured ['vɛərɪkʌləd] *adj* mehrfarbig
varied ['vɛərɪd] *adj* unterschiedlich
variegate ['vɛərɪgeɪt] *v* bunt gestalten
varietal [və'raɪɪtl] *adj* abwechslungsreich, mannigfaltig
variety [və'raɪətɪ] *sb 1.* Abwechslung *f*; *2. (assortment)* Vielfalt *f*; *3. (selection)* Auswahl *f*; *4. (type)* Art *f*; *5. THEAT* Varietee *n*
various ['vɛərɪəs] *adj* verschieden
varnish ['vɑːnɪʃ] sb *1.* Lack *m*; *v 2.* lackieren
varsity ['vɑːsɪtɪ] *sb 1. (UK: university)* Uni *f* *(fam)*; *2. the ~ (US) SPORT* die erste Mannschaft *f*
vary ['vɛərɪ] *v 1. (diverge)* sich unterscheiden, abweichen; *2. (to be different)* unterschiedlich sein; *3. (fluctuate)* schwanken; *4. (change sth)* verändern; *5. (give variety to)* variieren
vase [vɑːz] *sb* Vase *f*
vassal ['væsl] *sb* Vasall *m*
vast [vɑːst] *adj 1.* riesig; *2. (in area)* ausgedehnt
vastitude ['vɑːstɪtjuːd] *sb* Größe *f*, Weite *f*
vat [væt] *sb 1.* Fass *n*; *2. (without a lid)* Bottich *m*
vaudeville ['vɔːdəvɪl] *sb* Varietee *n*
vault[1] [vɔːlt] *v 1. ~ over sth* über etw springen; *sb 2. (leap)* Sprung *m*
vault[2] [vɔːlt] *sb 1. (cellar)* Gewölbe *n*; *2. (tomb)* Gruft *f*; *3. (of a bank)* Tresorraum *m*
vaunt [vɔːnt] *v* rühmen, preisen
vaunted ['vɔːntɪd] *adj* hochgelobt
veal [viːl] *sb GAST* Kalbfleisch *n*
V-E Day [viː'iːdeɪ] *sb HIST* Tag des Sieges in Europa im zweiten Weltkrieg *m* (8. Mai 1945)
veer [vɪə] *v 1. (car)* ausscheren; *2. (ship)* abdrehen; *3. (wind)* sich drehen
vegetable ['vedʒtəbl] *sb* Gemüse *n*
vegetarian [vedʒɪ'tɛərɪən] *sb 1.* Vegetarier *m*; *adj 2.* vegetarisch
vegetate ['vedʒɪteɪt] *v* vegetieren
vegetation [vedʒɪ'teɪʃən] *sb* Vegetation *f*
vehement ['viːɪmənt] *adj* heftig
vehicle ['viːɪkl] *sb 1.* Fahrzeug *n*; *2. (means)* Medium *n*
vehicular [vɪ'hɪkjʊlə] *adj* Fahrzeug...
veil [veɪl] *sb 1.* Schleier *m*; *v 2.* verschleiern; *3. (fig)* verhüllen
vein [veɪn] *sb 1. ANAT* Vene *f*, Ader *f*; *2. BOT* Rippe *f*; *3. (in wood, in marble)* Maser *f*; *4. MIN* Ader *f*; *5. (fig: style)* Art *f*
velcro ['velkrəʊ] *sb* Klettband *n*
velocity [vɪ'lɒsɪtɪ] *sb* Geschwindigkeit *f*
velvet ['velvɪt] *sb* Samt *m*
velvety ['velvɪtɪ] *adj* samtig
venal ['viːnl] *adj* käuflich, korrupt
vend [vend] *v* verkaufen
vendition [ven'dɪʃən] *sb* Verkauf *m*
vendor ['vendə] *sb 1.* Verkäufer *m*; *2. (machine)* Automat *m*
veneer [və'nɪə] *sb (fig)* Politur *f*
venerable ['venərəbl] *adj* ehrwürdig
venerate ['venəreɪt] *v* verehren, hoch achten
venereal disease [vɪ'nɪərɪəl dɪ'ziːz] *sb MED* Geschlechtskrankheit *f*
Venetian blind [vɪ'niːʃən'blaɪnd] *sb* Jalousie *f*
vengeance ['vendʒəns] *sb* Rache *f*
vengeful ['vendʒfʊl] *adj* rachsüchtig
venison ['venɪsən] *sb 1.* Wildbret *n*; *2. (deer meat)* Rehfleisch *n*
venom ['venəm] *sb* Gift *n*
vent[1] [vent] *sb 1.* Öffnung *f*; *2. give ~ to (feelings)* Luft machen, *(anger)* auslassen; *v 3. (feelings)* Luft machen, *(anger)* auslassen
vent[2] [vent] *sb (in a jacket)* Schlitz *m*
ventilate ['ventɪleɪt] *v* lüften, belüften
ventricle ['ventrɪkəl] *sb ANAT* Kammer *f*, Ventrikel *m*
ventriloquist [ven'trɪləkwɪst] *sb* Bauchredner *m*
venture ['ventʃə] *v 1.* sich wagen; *2. (sth)* aufs Spiel setzen, riskieren; *3. (an opinion, a guess)* wagen; *sb 4.* Unternehmen *n*
venue ['venjuː] *sb (for a match, for a concert)* Schauplatz *m*
veracious [və'reɪʃəs] *adj 1. (sincere)* ehrlich, aufrichtig; *2. (true)* wahrheitsgemäß
veracity [və'ræsɪtɪ] *sb 1. (truthfulness)* Ehrlichkeit *f*, Aufrichtigkeit *f*; *2. (correctness)* Richtigkeit *f*
veranda [və'rændə] *sb* Veranda *f*
verb [vɜːb] *sb* Zeitwort *n*, Verb *n*, Verbum *n*
verbal ['vɜːbəl] *adj 1. (oral)* mündlich; *2. GRAMM* verbal
verbalism ['vɜːbəlɪzəm] *sb (expression)* Ausdruck *m*
verbatim [vɜː'beɪtɪm] *adv* wortwörtlich

verbose [vɜːˈbəʊs] *adj* wortreich
verdant [ˈvɜːdnt] *adj* grün
verdict [ˈvɜːdɪkt] *sb JUR* Urteil *n*
verge [vɜːdʒ] *sb to be on the ~ of ...* am Rande des/der ... sein, *(to be seriously considering sth)* im Begriff sein, etw zu tun
verification [verɪfɪˈkeɪʃən] *sb 1. (check)* Überprüfung *f,* Kontrolle *f; 2. (confirmation)* Bestätigung *f,* Nachweis *m*
verify [ˈverɪfaɪ] *v 1. (check)* prüfen, nachprüfen; *2. (confirm)* bestätigen
verisimilitude [verɪsɪˈmɪlɪtjuːd] *sb* Wahrscheinlichkeit *f*
veritable [ˈverɪtəbl] *adj* wahrhaft, wahr, echt
verity [ˈverɪtɪ] *sb* Wahrheit *f*
vermin [ˈvɜːmɪn] *sb 1. ZOOL* Schädling *m; 2. (insects) ZOOL* Ungeziefer *n; 3. (fam: people)* Pack *n*
vernacular [vəˈnækjʊlə] *sb 1. the ~* die Alltagssprache *f; 2. the ~ (of a certain place)* die Mundart *f; 3. the ~ (of a certain profession)* die Fachsprache *f*
vernal [ˈvɜːnl] *adj* Frühlings...
versatile [ˈvɜːsətaɪl] *adj* vielseitig
versatility [vɜːsəˈtɪlɪtɪ] *sb* Vielseitigkeit *f*
verse [vɜːs] *sb 1. (stanza)* Strophe *f; 2. (of the Bible)* Vers *m; 3. (poetry)* Dichtung *f*
versed [vɜːst] *adj ~ in* bewandert in, versiert in
version [ˈvɜːʃən] *sb 1.* Fassung *f; 2. (account)* Version *f; 3. (of a game)* Variante *f; 4. ECO* Modell *n*
vertical [ˈvɜːtɪkəl] *adj* senkrecht, vertikal
vertigo [ˈvɜːtɪgəʊ] *sb MED* Schwindel *m*
verve [vɜːv] *sb* Schwung *m*

> **very** [ˈverɪ] *adv 1.* sehr; *at the ~ latest* allerspätestens; *do one's ~ best* sein Äußerstes tun; *Very well then!* Nun gut! *2. ~ much (to a great degree)* sehr, *(a large amount)* sehr viel; *adj 3. (extreme) at the ~ beginning* ganz am Anfang; *at the ~ edge* am äußersten Rand; *4. (exact) at that ~ moment* genau in dem Augenblick; *5. (mere) The ~ idea!* Nein, so etwas!

vessel [ˈvesl] *sb 1. (ship)* Schiff *n; 2. (container)* Gefäß *n*
vest [vest] *sb 1. (UK)* Unterhemd *n; 2. (US)* Weste *f*
vestal [ˈvestl] *adj* vestalisch
vested [ˈvestɪd] *adj ~ interest* persönliches Interesse *n*
vestibule [ˈvestɪbjuːl] *sb* Vorhalle *f*
vestige [ˈvestɪdʒ] *sb* Spur *f,* Überbleibsel *n*
vestment [ˈvestmənt] *sb* Gewand *n,* Robe *f*
vestry [ˈvestrɪ] *sb REL* Sakristei *f*
veteran [ˈvetərən] *sb 1.* Veteran *m; 2. SPORT* Routinier *m*
veterinarian [vetərɪˈnɛərɪən] *sb* Tierarzt/Tierärztin *m/f*
veterinary [ˈvetərɪnərɪ] *adj* Veterinär..., tierärztlich
vex [veks] *v 1. (annoy)* ärgern, irritieren; *2. (puzzle)* verwirren
vexation [vekˈseɪʃən] *sb* Ärger *m*
viable [ˈvaɪəbl] *adj (fig)* durchführbar
viaduct [ˈvaɪədʌkt] *sb* Viadukt *m*
vial [ˈvaɪəl] *sb* Fläschchen *n*
vibrate [vaɪˈbreɪt] *v 1.* vibrieren, *(tone)* schwingen; *his voice ~d with ...* seine Stimme bebte vor ...; *2. (sth)* zum Vibrieren bringen
vibration [vaɪˈbreɪʃən] *sb 1.* Vibrieren *n; 2. (of sound)* Schwingung *f; 3. (of a voice)* Beben *n*
vicar [vɪkə] *sb REL* Pfarrer *m*
vicarious [vɪˈkɛərɪəs] *adj* mitempfunden
vice¹ [vaɪs] *sb* Laster *n; ~ squad* Sittenpolizei *f*
vice² [vaɪs] *sb (UK) TECH* Schraubstock *m*
vice³ [vaɪs] *adj* Vize...
vicegerent [vaɪsˈdʒerənt] *sb* Statthalter *m*
vice versa [ˈvaɪsə ˈvɜːsə] *adv* umgekehrt
vicinal [ˈvɪsɪnl] *adj 1. (neighbouring)* benachbart; *2. (near)* nah, umliegend
vicinity [vɪˈsɪnɪtɪ] *sb* Nähe *f,* Umgebung *f*
vicious [ˈvɪʃəs] *adj 1. (animal)* bösartig; *2. (blow, crime)* brutal; *3. (criticism)* gemein
vicissitude [vɪˈsɪsɪtjuːd] *sb the ~s (of sth)* die Wechselfälle, das Auf und Ab
victim [ˈvɪktɪm] *sb* Opfer *n*
victimize [ˈvɪktɪmaɪz] *v 1.* schaden; *2. (s.o. in particular)* schikanieren
Victorian [vɪkˈtɔːrɪən] *adj HIST* viktorianisch
victorious [vɪkˈtɔːrɪəs] *adj* siegreich
victory [ˈvɪktərɪ] *sb* Sieg *m*
victory lap [ˈvɪktərɪlæp] *sb SPORT* Ehrenrunde *f* (nach einem Sieg)
victualler [ˈvɪtələ] *sb (UK)* Schankwirt(in) *m/f*
victuals [ˈvɪtəlz] *pl* Lebensmittel *pl*
video [ˈvɪdɪəʊ] *sb 1.* Video *m; adj 2.* Video...

> **view** [vjuː] *v 1. (examine)* besichtigen; *2. (see)* ansehen; *3. (consider)* betrachten; *sb 4. (watching, range of vision)* Ansicht *f; come*

V

into ~ in Sicht kommen; *keep sth in ~* etw im Auge behalten; *5. (sight)* Aussicht *f; 6. (intention)* Absicht *f; have in ~* beabsichtigen; *7. (perspective of sth)* Ansicht *f; 8. in ~ of* angesichts, im Hinblick auf; *9. (examination)* Besichtigung *f; 10. (fig: opinion)* Ansicht *f; in my ~* aus meiner Sicht; *point of ~* Standpunkt *m; 11. (fig: prospect)* Aussicht *f*

viewfinder ['vjuːfaɪndə] *sb FOTO* Sucher *m*
viewpoint ['vjuːpɔɪnt] *sb* Gesichtspunkt *m,* Standpunkt *m*
vigil ['vɪdʒɪl] *sb* Nachtwache *f; keep ~ over* wachen bei
vigilance ['vɪdʒɪləns] *sb* Wachsamkeit *f*
vigilant ['vɪdʒɪlənt] *adj* wachsam
vigilante [vɪdʒɪ'læntɪ] *sb* Ordnungshüter, der den Vollzug des Gesetzes in die eigene Hand nimmt *m*
vigorous ['vɪgərəs] *adj* kräftig, energisch
vigour ['vɪgə] *sb* Kraft *f,* Energie *f*
Viking ['vaɪkɪŋ] *sb HIST* Wikinger *m*
vile [vaɪl] *adj 1. (smell)* übel; *2. (temper, weather)* scheußlich; *3. (person)* gemein
vilify ['vɪlɪfaɪ] *v* diffamieren, verleumden
villa ['vɪlə] *sb 1.* Villa *f; 2. (UK)* Einfamilienhaus *n,* Doppelhaushälfte *f*
village ['vɪlɪdʒ] *sb* Dorf *n*
villain ['vɪlən] *sb 1. (scoundrel)* Schurke *m; 2. (of a story)* Bösewicht *m; 3. (fam: criminal)* Verbrecher *m*
villainous ['vɪlənəs] *adj* böse, schurkisch
villainy ['vɪlənɪ] *sb* Gemeinheit *f,* Niederträchtigkeit *f*
vindicate ['vɪndɪkeɪt] *v 1.* rechtfertigen; *2. (a claim)* geltend machen
vindictive [vɪn'dɪktɪv] *adj* nachtragend, rachsüchtig
vine [vaɪn] *sb BOT* Weinstock *m,* Wein *m,* Rebe *f*
vinegar ['vɪnɪgə] *sb* Essig *m*
vineyard ['vɪnjəd] *sb* Weingarten *m, (on a hill)* Weinberg *m*
vintage ['vɪntɪdʒ] *sb (year of wine)* Jahrgang *m*
violate ['vaɪəleɪt] *v 1. (a contract, a treaty, an oath)* verletzen; *2. (a law)* übertreten; *3. ~ s.o.'s privacy* in jds Privatsphäre eindringen; *4. (rape)* vergewaltigen
violation [vaɪə'leɪʃən] *sb 1. (of a contract)* Verletzung *f; 2. (of a law)* Gesetzübertretung *f; 3. (rape)* Vergewaltigung *f*
violence ['vaɪələns] *sb 1.* Gewalt *f; 2. (forcefulness)* Heftigkeit *f*
violent ['vaɪələnt] *adj 1.* gewalttätig; *2. (forceful)* heftig, stark, gewaltig
violet ['vaɪəlɪt] *adj 1.* violett; *sb 2. BOT* Veilchen *n*
viper ['vaɪpə] *sb ZOOL* Viper *f*
virago [vɪ'rɑːgəʊ] *sb* Xanthippe *f*
virgin ['vɜːdʒɪn] *adj 1.* unberührt; *sb 2.* Jungfrau *f*
Virgo ['vɜːgəʊ] *sb* Jungfrau *f*
virile ['vɪraɪl] *adj* männlich
virility [vɪ'rɪlɪtɪ] *sb 1.* Männlichkeit *f; 2. (sexual potency)* Potenz *f*
virtu [vɜː'tuː] *sb 1. ART (objets d'art)* Kunstgegenstände *pl; 2. (taste for art)* Kunstverstand *m*
virtual ['vɜːtʃʊəl] *adj to be a ~ ...* praktisch ein/eine ... sein, so gut wie ein/eine ... sein
virtually ['vɜːtʃʊəlɪ] *adv* fast, beinahe, praktisch
virtue ['vɜːtʃuː] *sb 1.* Tugend *f; make a ~ of necessity* aus der Not eine Tugend machen; *2. (chastity)* Tugendhaftigkeit *f; 3. by ~ of* auf Grund, kraft
virtuosity [vɜːtʃʊ'ɒsɪtɪ] *sb* Virtuosität *f*
virtuoso [vɜːtʃʊ'əʊzəʊ] *sb* Virtuose *m*
virtuous ['vɜːtʃʊəs] *adj* tugendhaft
virulent ['vɪrʊlənt] *adj* virulent
visa ['viːzə] *sb* Visum *n*
viscid ['vɪsɪd] *adj* zähflüssig
viscous ['vɪskəs] *adj* zähflüssig
vise [vaɪs] *sb (US)* Schraubstock *m*
visibility [vɪzɪ'bɪlɪtɪ] *sb 1.* Sichtbarkeit *f; 2. (distance one can see)* Sichtweite *f; 3. (conditions)* Sichtverhältnisse *pl*
visible ['vɪzəbl] *adj 1.* sichtbar; *2. (obvious)* sichtlich
vision ['vɪʒən] *sb 1. (ability to see)* Sehvermögen *n; line of ~* Gesichtslinie *f,* Gesichtsachse *f; 2. (foresight)* visionäre Kraft *f,* Weltblick *m; 3. (in a dream, supernatural)* Vision *f; 4. (conception)* Vorstellung *f*
visionary ['vɪʒənərɪ] *adj 1. (visional)* visionär; *2. (impractical)* unrealistisch, fantastisch

visit ['vɪzɪt] *v 1.* einen Besuch machen; *2. (s.o., sth)* besuchen; *sb 3.* Besuch *m; pay s.o. a ~* jdn besuchen

visitation [vɪzɪ'teɪʃən] *sb (visit of God)* Heimsuchung *f*
visiting team ['vɪzɪtɪŋ tiːm] *sb* Gastmannschaft *f*

V

visitor ['vɪzɪtə] *sb* Besucher *m*, Gast *m*
visor ['vaɪzə] *sb* 1. *(cap)* Schildkappe *f*; 2. *(in a car)* Sonnenblende *f*
visored ['vaɪzəd] *adj* durch ein Visier geschützt, durch eine Blende geschützt
visorless ['vaɪzəlɪs] *adj* schirmlos
vista ['vɪstə] *sb* Aussicht *f*, Blick *m*
visual ['vɪzjʊəl] *adj* visuell, Seh...
visualize ['vɪzjʊəlaɪz] *v* sich vorstellen
vital ['vaɪtl] *adj* 1. *(essential for life)* lebenswichtig; 2. *(very important)* unerlässlich; 3. *(pertaining to life)* vital, Lebens...
vitalism ['vaɪtəlɪzəm] *sb* Vitalismus *m*
vitality [vaɪ'tælɪtɪ] *sb* Vitalität *f*, Lebendigkeit *f*
vitalize ['vaɪtəlaɪz] *v* beleben
vitamin ['vɪtəmɪn] *sb* Vitamin *n*
vitiate ['vɪʃɪeɪt] *v* beeinträchtigen, verderben
viticulture ['vɪtɪkʌltʃə] *sb AGR* Weinbau *m*
vitriolic [vɪtrɪ'ɒlɪk] *adj (fig)* beißend, giftig
viva ['vaɪvə] *sb (UK)* mündliche Prüfung *f*
vivacious [vɪ'veɪʃəs] *adj* lebhaft
vivacity [vɪ'væsɪtɪ] *sb* Lebhaftigkeit *f*
vivid ['vɪvɪd] *adj* 1. *(clear)* deutlich; 2. *(description, imagination)* lebhaft; 3. *(bright)* hell
vivify ['vɪvɪfaɪ] *v* beleben
vixen ['vɪksn] *sb (fig: woman)* Drachen *m*
vocabulary [vəʊ'kæbjʊlərɪ] *sb* Wortschatz *m*, Vokabular *n*
vocal ['vəʊkəl] *adj* 1. Stimm...; 2. *(verbal)* mündlich; 3. *(vociferous)* lautstark
vocal cords ['vəʊkəlkɔːdz] *pl* Stimmbänder *pl*
vocation [vəʊ'keɪʃən] *sb* 1. *(profession)* Beruf *m*; 2. *(calling)* Berufung *f*; 3. *(aptitude)* Begabung *f*
vocational [vəʊ'keɪʃənl] *adj* Berufs...
vociferous [vəʊ'sɪfərəs] *adj* 1. laut; 2. *(protest)* lautstark
vodka ['vɒdkə] *sb* Wodka *m*
vogue [vəʊg] *sb* Mode *f*; *come into ~* in Mode kommen

voice [vɔɪs] *v* 1. äußern; *sb* 2. Stimme *f*; *raise one's ~* seine Stimme erheben, *(speak up)* lauter sprechen; *with one ~* einstimmig; *give ~ to sth* etw öffentlich zum Ausdruck bringen; 3. *(fig: say)* Stimmrecht *n*; 4. *GRAMM* Genus *n*; *passive ~* Passiv *n*

voice-over ['vɔɪsəʊvə] *sb* Offstimme *f*
void [vɔɪd] *adj* 1. ungültig; 2. *~ of* ohne; 3. *(empty)* leer; *sb* 4. Leere *f*; 5. *(fig)* Lücke *f*; *fill the ~* die Lücke schließen
voidable ['vɔɪdəbl] *adj* aufhebbar, anfechtbar
volatile ['vɒlətaɪl] *adj* 1. *(chemicals)* flüchtig, *(oil)* ätherisch; 2. *(person)* launisch
volatility [vɒlə'tɪlɪtɪ] *sb* Flüchtigkeit *f*
volcano [vɒl'keɪnəʊ] *sb* Vulkan *m*
vole [vəʊl] *sb* Wühlmaus *f*
volition [və'lɪʃən] *sb* Wille *m*; *of its own ~* von selbst
volley ['vɒlɪ] *sb* 1. Salve *f*, Hagel *m*; 2. *(fig)* Hagel *m*, Flut *f*; 3. *(in tennis) SPORT* Volley *m*
volt [vəʊlt] *sb* Volt *n*
voltage ['vəʊltɪdʒ] *sb* Spannung *f*
volume ['vɒljuːm] *sb* 1. *(measure)* Volumen *n*; 2. *(fig: of business)* Umfang *m*; 3. *(loudness)* Lautstärke *f*; 4. *(book)* Band *m*
voluntary ['vɒləntərɪ] *adj* freiwillig
volunteer [vɒlən'tɪə] *sb* 1. Freiwillige(r) *m/f*; *v* 2. sich freiwillig melden; 3. *(sth)* anbieten
voluptuous [və'lʌptjʊəs] *adj* 1. *(woman, movement)* sinnlich; 2. *(body)* üppig
vomit ['vɒmɪt] *v* sich erbrechen
voracious [və'reɪʃəs] *adj* 1. gefräßig; 2. *(fig)* unersättlich
vortex ['vɔːteks] *sb (motion of a liquid or gas)* Wirbel *m*, Strudel *m*
votary ['vəʊtərɪ] *sb* Anhänger *m*, Jünger *m*

vote [vəʊt] *v* 1. wählen; *~ on* abstimmen über; *~ down* niederstimmen; 2. *(a party)* wählen; 3. *(fam: name, judge)* wählen zu; *sb* 4. *(election, act of voting)* Abstimmung *f*, Wahl *f*; *take a ~ on sth* über eine Sache abstimmen lassen; 5. *(one ~)* Stimme *f*; 6. *(result of voting)* Abstimmungsergebnis *n*, Wahlergebnis *n*; 7. *(right to ~)* Wahlrecht *n*

votive ['vəʊtɪv] *adj* Weih..., Votiv...
vouch [vaʊtʃ] *v ~ for* bürgen für
voucher ['vaʊtʃə] *sb* 1. *(coupon)* Gutschein *m*; 2. *(receipt)* Beleg *m*
vouchsafe [vaʊtʃ'seɪf] *v* gewähren
vow [vaʊ] *v* 1. geloben, schwören; *sb* 2. Versprechen *n*, Gelöbnis *n*; 3. *REL* Gelübde *n*
vowel ['vaʊəl] *sb* Vokal *m*, Selbstlaut *m*
voyage ['vɔɪɪdʒ] *sb* Reise *f*
vulgarity [vʌl'gærɪtɪ] *sb* Vulgarität *f*, Geschmacklosigkeit *f*
vulnerability [vʌlnərə'bɪlɪtɪ] *sb* 1. Verletzbarkeit *f*, Verwundbarkeit *f*; 2. *(fig)* Anfälligkeit *f*
vulnerable ['vʌlnərəbl] *adj* 1. verletzbar, verwundbar; 2. *(fig: to criticism, to temptation)* anfällig
vulture ['vʌltʃə] *sb* Geier *m*

W

wad [wɒd] *sb 1.* Knäuel *n,* Bausch *m; 2. (of banknotes)* Bündel *n*
waddle ['wɒdl] *v* watscheln
wade [weɪd] *v* waten; *~ through (fig)* sich durchkämpfen durch
waders ['weɪdəz] *pl* Wasserstiefel *pl*
wafer ['weɪfə] *sb 1.* Waffel *f; 2. REL* Hostie *f*
wafer-thin ['weɪfə'θɪn] *adj* hauchdünn
waft [wɒft] *v* wehen
wag [wæg] *v 1.* wedeln; *set tongues ~ging* viel Gerede verursachen; *2. (sth)* wedeln mit; *sb 3. (joker)* Witzbold *m*
wage [weɪdʒ] *sb 1. (~s)* Lohn *m; v 2. ~ war* Krieg führen
wage-earner ['weɪdʒɜːnə] *sb ECO* Lohnempfänger *m*
wager ['weɪdʒə] *v 1.* wetten; *sb 2.* Wette *f*
waggle ['wægl] *v 1.* hin und her bewegen, schwenken; *2. (a tail)* wedeln mit
waggon ['wægən] *sb* Wagen *m*
waif [weɪf] *sb* verlassenes Kind *n*
wail [weɪl] *v 1.* heulen; *2. (mourner)* klagen; *3. (complain)* jammern
wainwright ['weɪnraɪt] *sb* Wagenbauer *m*
waist [weɪst] *sb* Taille *f*

wait [weɪt] *v 1.* warten; *~ for* warten auf; *Wait and see!* Abwarten und Tee trinken. *(fam); keep s.o. ~ing* jdn warten lassen; *That can ~.* Das hat Zeit. *I can't ~ (to do sth)* ich kann es kaum noch erwarten (bis ich etw tue); *2. ~ one's turn* warten, bis man an der Reihe kommt; *sb 3.* Wartezeit *f; It was worth the ~. (fam)* Es hat sich gelohnt, darauf zu warten. *4. lie in ~ for s.o.* jdm auflauern

waiter ['weɪtə] *sb* Kellner *m; Waiter!* Herr Ober!
waitress ['weɪtrɪs] *sb* Kellnerin *f*
waive [weɪv] *v 1.* verzichten auf; *2. (a rule)* außer Acht lassen
waiver ['weɪvə] *sb 1. JUR* Verzicht *m; 2. (form, written ~)* Verzichterklärung *f*
wake[1] [weɪk] *sb NAUT* Kielwasser *n; in the ~ of (fig)* im Gefolge
wake[2] [weɪk] *v irr 1.* aufwachen; *2. (s.o.)* erwecken; *sb 3. (for a dead person)* Totenwache *f*
• **wake up** *v irr 1.* aufwachen; *2. (s.o.)* aufwecken, wecken; *3. (fig)* aufrütteln
wakeful ['weɪkfʊl] *adj* schlaflos, wach
wakeless ['weɪklɪs] *adj* fest
waken ['weɪkən] *v* wecken, aufwecken
wale [weɪl] *sb (ridge on the flesh)* Strieme *f*

walk [wɔːk] *v 1.* gehen, laufen, *(as opposed to riding)* zu Fuß gehen; *~ all over s.o. (fig)* jdn wie den letzten Dreck behandeln, *2. (a distance)* laufen, gehen, zurücklegen; *3. (a dog)* ausführen; *4. (lead along)* führen; *~ s.o. home* jdn nach Hause bringen; *5. (gait)* Gang *m; 6. (stroll)* Spaziergang *m; go for a ~, take a ~* spazieren gehen; *7. (path)* Weg *m; 8. (distance to be ~ed)* Strecke *f; 9. ~ of life (fig)* Schicht *f*

• **walk away** *v* davongehen
• **walk off** *v 1. (walk away)* weggehen; *~ with sth* mit etw davonlaufen; *2. (pain, tipsiness)* durch Laufen loswerden
• **walk out** *v 1.* hinausgehen, gehen; *2. ~ on s.o.* jdn verlassen
walkabout ['wɔːkəbaʊt] *sb* Wanderung *f*
walk-in ['wɔːkɪn] *adj* begehbar
walk-on ['wɔːkɒn] *sb (part) THEAT* Statistenrolle *f*
walkout ['wɔːkaʊt] *sb* demonstratives Verlassen eines Raumes *n*
walk-up ['wɔːkʌp] *sb* Gebäude ohne Aufzug *n*
walkway ['wɔːkweɪ] *sb* Gehweg *m*
wall [wɔːl] *sb 1. (outside)* Mauer *f; 2. (part of a building)* Wand *f; drive s.o. up the ~ (fam)* jdn auf die Palme bringen
wallah ['wɒlɑː] *sb (fig)* hohes Tier *n*
wallboard ['wɔːlbɔːd] *sb* Sperrholz *n*
wallet ['wɒlɪt] *sb* Brieftasche *f*
wallop ['wɒləp] *v 1.* eine knallen *(fam),* schlagen; *2. (fig: defeat decisively) SPORT* eine Schlappe beibringen; *sb 3.* wuchtiger Schlag *m*
walloping ['wɒləpɪŋ] *adj (fam)* Mords...
wallow ['wɒləʊ] *v 1.* sich suhlen, sich wälzen; *2. (fig) ~ in* schwelgen in
wallpaper ['wɔːlpeɪpə] *sb 1.* Tapete *f; v 2.* tapezieren
wall-to-wall ['wɔːltuː'wɔːl] *adj ~ carpeting* Teppichboden *m*
wally ['wɒlɪ] *sb (fam: idiot) (UK)* Volltrottel *m,* Idiot *m*
walnut ['wɔːlnʌt] *sb* Walnuss *f*

walrus ['wɔːlrəs] *sb ZOOL* Walross *n*
wan [wɒn] *adj 1. (pallid)* bleich, fahl; *2. (smile)* schwach
wand [wɒnd] *sb 1.* Stab *m; 2. (magic ~)* Zauberstab *m*
wander ['wɒndə] *v 1.* wandern; *~ about* umherwandern; *2. (stray)* irren; *3. (fig: thoughts, eye)* schweifen
wane [weɪn] *v (fig)* schwinden
wangle ['wæŋgl] *v* ergattern, beschaffen, ergaunern
wannabe ['wɒnəbiː] *sb* Möchtegern ... *a cowboy ~* ein Möchtegern-Cowboy

want [wɒnt] *v 1.* wollen, wünschen, mögen; *~ to do sth* etw tun wollen; *2. ~ for (lack) he ~s for ...* es fehlt ihm ...; *3. (sth)* wollen, wünschen, mögen; *(need)* brauchen; *4. (to be searching for)* suchen; *sb 5. (need)* Bedürfnis *n; 6. (wish)* Wünsch *m; 7. (lack)* Mangel *m; for ~ of* mangels; *8. (poverty)* Not *f*

war [wɔː] *sb* Krieg *m; make ~* Krieg führen
warble ['wɔːbl] *v* trällern
ward [wɔːd] *sb 1. (in a hospital)* Station *f; 2. (child)* Mündel *n; v 3. ~ off* abwehren
warden ['wɔːdn] *sb 1.* Direktor *m; 2. (of a prison) (US)* Gefängnisdirektor *m; 3. game ~* Jagdaufseher *m*
warder ['wɔːdə] *sb (UK)* Gefängniswärter *m*
wardrobe ['wɔːdrəʊb] *sb 1.* Garderobe *f; 2. (place for clothes)* Kleiderschrank *m*
wardship ['wɔːdʃɪp] *sb* Vormundschaft *f*
ware [wɛə] *sb* Ware *f,* Erzeugnis *n*
warfare ['wɔːfɛə] *sb* Krieg *m*
wariness ['wɛərɪnɪs] *sb* Vorsicht *f*
warlike ['wɔːlaɪk] *adj* kriegerisch, militant
warlord ['wɔːlɔːd] *sb* Kriegsherr *m*

warm [wɔːm] *adj 1.* warm; *you're getting ~er (fig)* du kommst der Sache näher; *2. (~-hearted)* herzlich; *v 3.* sich erwärmen; *~ to s.o.* sich für jdn erwärmen; *4. (sth)* wärmen

• **warm up** *v 1.* warm werden; *2. (improve, gain momentum)* in Schwung kommen; *3. (before exercising)* sich aufwärmen; *4. (food)* aufwärmen; *5. (an engine)* aufwärmen lassen; *6. (an audience)* in Stimmung bringen
warm-blooded [wɔːm'blʌdɪd] *adj* warmblütig
warmed-over [wɔːmd 'əʊvə] *adj* wieder aufgewärmt
warmonger ['wɔːmʌŋgə] *sb* Kriegshetzer *m*
warmth [wɔːmθ] *sb* Wärme *f*
warn [wɔːn] *v 1.* warnen; *~ against* warnen vor; *2. (give an official warning to)* verwarnen
warp [wɔːp] *v 1.* sich wellen, sich verziehen; *2. (sth)* verziehen, krümmen; *3. (fig: facts, s.o.'s judgement)* verzerren; *4. (s.o.'s character)* nachteilig beeinflussen
warped ['wɔːpt] *adj* verzogen, verzerrt
warrant ['wɒrənt] *sb 1. JUR* Befehl *m; 2. (search ~) JUR* Durchsuchungsbefehl *m; 3. (for arrest) JUR* Haftbefehl *m; v 4. (justify)* berechtigen
warrantor ['wɒrəntɔː] *sb* Garantiegeber *m*
warranty ['wɒrəntɪ] *sb* Garantie *f*
warrior ['wɒrɪə] *sb* Krieger *m*
wart [wɔːt] *sb* Warze *f*
wary ['wɛərɪ] *adj* vorsichtig; *to be ~ of sth* sich vor einer Sache hüten
wash [wɒʃ] *v 1.* waschen; *~ one's hands* sich die Hände waschen; *2. (dishes)* spülen; *3. (tide: carry)* spülen; *4. That excuse won't ~. (fam)* Diese Ausrede zieht nicht. *sb 5. need a ~* gewaschen werden müssen; *6. (laundry)* Wäsche *f; 7. MED* Waschung *f*
• **wash away** *v* wegspülen
• **wash down** *v 1. (wash off)* abwaschen; *2. (food, by drinking)* hinunterspülen
• **wash off** *v (sth)* abwaschen
washed-out [wɒʃd aʊt] *adj* ausgewaschen
washer ['wɒʃə] *sb 1. (for clothes)* Waschmaschine *f; 2. (for dishes)* Geschirrspülmaschine *f; 3. (ring to prevent leakage)* Dichtungsring *m*
washbasin ['wɒʃbeɪsɪn] *sb (washstand)* Waschbecken *n*
washout ['wɒʃaʊt] *sb 1. (fam: event)* Pleite *f,* Desaster *n; 2. (fam: person)* Niete *f*
washy ['wɒʃɪ] *adj (watery)* wässrig
wasp [wɒsp] *sb ZOOL* Wespe *f*
waspish ['wɒspɪʃ] *adj* reizbar
wastage ['weɪstɪdʒ] *sb* Verschwendung *f*
waste [weɪst] *v 1. ~ away* dahinschwinden; *2. (sth)* verschwenden, vergeuden, *(a chance)* vertun; *sb 3.* Verschwendung *f; 4. (rubbish)* Abfall *m; 5. (~ material)* Abfallstoffe *pl; 6. ~s pl (wasteland)* Einöde *f*
wastebasket ['weɪstbɑːskɪt] *sb* Papierkorb *m*
wasted ['weɪstɪd] *adj 1.* verschwendet; *2. (fam: drunk) (US)* volltrunken
waste disposal ['weɪstdɪspəʊzəl] *sb* Abfallbeseitigung *f*
wasteful ['weɪstfʊl] *adj* verschwenderisch
wasteland ['weɪstlænd] *sb* Ödland *n*

wastepaper basket ['weɪstpeɪpəbɑːskɪt] *sb* Papierkorb *m*
waster ['weɪstə] *sb* Verschwender *m*
wasting ['weɪstɪŋ] *adj* schwächend
wastrel ['weɪstrəl] *sb (ne'er-do-well)* Taugenichts *m*

watch [wɒtʃ] *sb 1. (wrist~)* Armbanduhr *f; 2. (pocket~)* Taschenuhr *f; 3. (duty)* Wache *f; keep a close ~ on s.o.* jdn scharf beobachten; *v 4.* zusehen, zuschauen; *5. (a TV show)* sich ansehen; *6. (guard)* aufpassen auf; *7. (sth)* beobachten, zusehen bei; *8. (to be careful of)* achten auf, aufpassen auf

• **watch out** *v ~ for (to be careful of)* aufpassen auf, Acht geben auf
• **watch over** *v* wachen über, aufpassen auf
watchable ['wɒtʃəbl] *adj* sehenswert
watchmaker ['wɒtʃmeɪkə] *sb* Uhrmacher *m*
watchman ['wɒtʃmən] *sb* Wächter *m*
watchtower ['wɒtʃtaʊə] *sb* Wachtturm *m*

water ['wɔːtə] *sb 1.* Wasser *n; hold ~ (fig)* stichhaltig sein; *to be in hot ~ (fig)* in Schwulitäten sein; *throw cold ~ on sth (fam)* die Begeisterung für etw dämpfen; *keep one's head above ~* den Kopf über Wasser halten; *like a fish out of ~* fehl am Platze; *2. ~s pl* Gewässer *n; v 3. (mouth)* wässern; *make s.o.'s mouth ~* jdm den Mund wässrig machen; *4. (eyes)* tränen; *5. (sth) (a plant)* begießen; *6. (livestock)* tränken

• **water down** *v 1.* verwässern, verdünnen; *2. (fig)* entkräften
waterage ['wɔːtərɪdʒ] *sb* Transport auf dem Wasserweg *m*
waterborne ['wɔːtəbɔːn] *adj* auf dem Wasser
water bottle ['wɔːtəbɒtl] *sb* Feldflasche *f*
water cannon ['wɔːtəkænən] *sb* Wasserwerfer *m*
watercolour ['wɔːtəkʌlə] *sb 1. ART* Wasserfarbe *f,* Aquarellfarbe *f; 2. (picture) ART* Aquarell *n*
watered-down [wɔːtəd'daʊn] *adj (fig)* verwässert
waterfall ['wɔːtəfɔːl] *sb* Wasserfall *m*
waterfront ['wɔːtəfrʌnt] *sb 1.* Ufer *n; 2. (part of town)* Hafenviertel *n*
watering can ['wɔːtərɪŋkæn] *sb* Gießkanne *f*
water level ['wɔːtəlevl] *sb* Wasserstand *m*
water line ['wɔːtəlaɪn] *sb* Wasserlinie *f*
waterlogged ['wɔːtəlɒgd] *adj* voll Wasser
water main ['wɔːtəmeɪn] *sb TECH* Hauptwasserleitung *f*
watermark ['wɔːtəmɑːk] *sb (on paper)* Wasserzeichen *n*
watermelon ['wɔːtəmelən] *sb* Wassermelone *f*
waterproof ['wɔːtəpruːf] *adj 1.* wasserundurchlässig, wasserdicht; *2.* wasserundurchlässig machen, wasserdicht machen
water-repellent ['wɔːtə rɪ'pelənt] *adj CHEM* Wasser abstoßend
water-resistant ['wɔːtərɪzɪstənt] *adj* wasserbeständig
watershed ['wɔːtəʃed] *sb (fig)* Wendepunkt *m*
waterside ['wɔːtəsaɪd] *sb* Ufer *n,* Strand *m*
water table ['wɔːtəteɪbl] *sb GEOL* Grundwasserspiegel *m*
water tap ['wɔːtətæp] *sb TECH* Wasserhahn *m*
watertight ['wɔːtətaɪt] *adj* wasserdicht
waterworn ['wɔːtəwɔːn] *adj* vom Wasser geglättet, vom Wasser abgetragen
watery ['wɔːtərɪ] *adj* wässrig, wässerig
watt [wɒt] *sb* Watt *n*
wattage ['wɒtɪdʒ] *sb* Wattleistung *f*
wattle ['wɒtl] *sb 1. (network of branches)* Flechtwerk *n; 2. (Australian acacia) BOT* australische Akazie *f*
wave [weɪv] *v 1. (flag)* wehen; *2. (person)* winken; *3. (sth)* schwenken; *~ one's arms* mit den Armen fuchteln; *~ goodbye to s.o.* jdm zum Abschied zuwinken; *4. ~ s.o. off/aside/to a chair/away* jdn mit einer Handbewegung auffordern, etw zu tun; *She ~d me over.* Die winkte mich zu sich herüber. *sb 5.* Welle *f; 6. (gesture)* Winken *n*
wavelength ['weɪvleŋθ] *sb* Wellenlänge *f; to be on the same ~ (fig)* die gleiche Wellenlänge haben
waver ['weɪvə] *v 1. (courage)* wanken; *2. (in making a decision)* schwanken; *3. (quiver) (light)* flackern, *(voice)* zittern
wax [wæks] *v 1. (apply wax to)* wachsen; *sb 2.* Wachs *n; 3. (ear~)* Ohrenschmalz *n*
waxen ['wæksən] *adj* wächsern

way [weɪ] *sb 1. (manner)* Art *f,* Weise *f; have a ~ with sth* mit etw umgehen können; *do sth the hard ~* etw auf die schwierigste Art machen; *one ~ or another* so oder so; *show s.o. the ~ to do sth* jdm zeigen, wie etw gemacht wird; *have one's ~* seinen Willen be-

W

kommen; *2. to be in a bad ~* in einer schlimmen Lage sein, in schlechter Verfassung sein; *3. (respect)* Hinsicht *f; in no ~* in keiner Weise; *in a ~* in gewisser Hinsicht; *in some ~s* in mancher Hinsicht; *4. (custom)* Art *f; the ~ of the world* der Lauf der Welt; *5. (route, path)* Weg *m; make ~ for s.o.* für jdn Platz machen; *lose one's ~* sich verirren; *They went their separate ~s.* Ihre Wege trennten sich. *pay one's ~* für sich selbst bezahlen; *It's a long ~ from here.* Es liegt weit weg. *all the ~* den ganzen Weg; *get in s.o.'s ~* jdn hindern; *go out of one's ~ to do sth* sich besonders anstrengen, um etw zu tun; *lead the ~* vorangehen; *work one's ~ up* sich hocharbeiten; *the ~ out/in* der Ausgang/der Eingang *m; on the ~ (location)* auf dem Weg, *(movement)* unterwegs; *under ~ (in transit)* unterwegs, in Fahrt; *under ~ (in progress)* im Gang; *make one's ~* seinen Weg gehen; *give ~* nachgeben; *by the ~ (fig)* übrigens; *by ~ of an excuse* als Entschuldigung; *by ~ of example ...* beispielsweise ... *6. right of ~* Vorfahrt *f; 7. (direction)* Richtung *f; the other ~ round* anders herum; *adv 8. (fam)* weit; *~ off* weit entfernt; *~ down* weit unten; *~ back when* vor langer Zeit

waybill ['weɪbɪl] *sb* Frachtbrief *m*
waylay ['weɪleɪ] *v irr* auflauern
way point [weɪ pɔɪnt] *sb* Zwischenstation *f*
wayside ['weɪsaɪd] *sb fall by the ~ (fig)* auf der Strecke bleiben
wayward ['weɪwəd] *adj 1.* eigensinnig; *2. (youth)* verwahrlost; *3. (wind)* unberechenbar

we [wiː] *pron* wir

weak [wiːk] *adj* schwach
weaken ['wiːkən] *v 1. (become weak)* schwach werden; *2. (become even weaker)* schwächer werden; *3. (sth)* schwächen
weak-kneed [wiːk niːd] *adj* schwächlich, feige
weakly ['wiːklɪ] *adj* schwächlich, angeschlagen, labil
weak-minded ['wiːkmaɪndɪd] *adj* willensschwach
weakness ['wiːknɪs] *sb* Schwäche *f*
weak-willed ['wiːkwɪld] *adj* willensschwach
wealth [welθ] *sb 1.* Reichtum *m; 2. (fig: abundance)* Fülle *f*
wealthy ['welθɪ] *adj* reich, wohlhabend
wean [wiːn] *v 1.* entwöhnen; *2. (fig) ~ s.o. of sth* jdm etw abgewöhnen
weapon ['wepən] *sb* Waffe *f*
wear [wɛə] *v irr 1. (become worn)* sich abnutzen, *(clothes)* durchgewetzt werden; *My patience is ~ing thin.* Mir geht langsam die Geduld aus. *His jokes are ~ing thin.* Nun fangen seine Witze an zu nerven. *2. ~ well* strapazierfähig sein, *(article of clothing)* sich gut tragen, *(fam: person)* sich gut halten; *3. (sth) (clothes, a moustache)* anhaben; *4. (make worn)* abnutzen, *(clothes)* durchwetzen; *sb 5. (clothing)* Kleidung *f; 6. (~ and tear)* Abnutzung *f,* Verschleiß *m*
• **wear down** *v irr* abnutzen, abtragen
• **wear off** *v irr (effect)* nachlassen
• **wear on** *v irr* sich dahinschleppen
• **wear out** *v irr 1. wear o.s. out* sich erschöpfen; *2. wear s.o. out* jdn erschöpfen, jdn aufarbeiten; *3. to be worn out* erschöpft sein
wearing ['wɛərɪŋ] *adj* anstrengend, ermüdend
wearisome ['wɪərɪsəm] *adj (tedious)* langweilig
weary ['wɪərɪ] *adj 1.* müde; *2. grow ~ of sth* einer Sache überdrüssig sein; *v 3. ~ of sth* einer Sache überdrüssig sein; *4. (s.o.)* ermüden
weasel ['wiːzl] *sb 1. ZOOL* Wiesel *n; 2. (fam: person)* Schlange *f*

weather ['weðə] *sb 1.* Wetter *n; v 2. (endure)* überstehen

weave [wiːv] *v irr 1. ~ through traffic* sich durch den Verkehr schlängeln; *2. (sth) (thread, cloth)* weben; *3. (baskets)* flechten
web [web] *sb 1.* Netz *n; 3. INFORM the Web (WWW)* das Netz *f*
wed [wed] *v* heiraten
wedding ['wedɪŋ] *sb* Hochzeit *f*
wedge [wedʒ] *sb 1.* Keil *m; drive a ~ between* einen Keil treiben zwischen; *2. (~-shaped piece)* keilförmiges Stück *n; (of cake)* Stück *n, (of cheese)* Ecke *f; 3. MIL* Keil *m,* Keilformation *f; v 4.* verkeilen; *5. (fig) to be ~d between two things* zwischen zwei Dingen eingezwängt sein; *~ sth into sth* etw in etw einzwängen
wedlock ['wedlɒk] *sb* Ehestand *m; born out of ~* unehelich geboren
Wednesday ['wenzdeɪ] *sb* Mittwoch *m*
wee [wiː] *adj 1.* winzig; *2. (small)* klein; *a ~ bit* ein kleines bisschen
weed [wiːd] *sb 1.* Unkraut *n; v 2. (a garden)* jäten

•weed out *v (fig: students, candidates)* aussondern
weed killer ['wiːdkɪlə] *sb* Unkrautvertilgungsmittel *n*
weedy ['wiːdɪ] *adj 1.* voller Unkraut; *2. (person)* schmächtig

week [wiːk] *sb* Woche *f*

weekend ['wiːkend] *sb* Wochenende *n*
weekly ['wiːklɪ] *adj* wöchentlich, Wochen...
weeknight ['wiːknaɪt] *sb* Nacht eines Arbeitstages *f* (außer Wochenende)
weep [wiːp] *v irr* weinen
weigh [weɪ] *v 1.* wiegen; *2. ~ on (fig)* lasten auf; *3. (sth)* wiegen; *4. (fig: pros and cons)* abwägen; *~ one's words* seine Worte abwägen; *5. ~ anchor NAUT* den Anker lichten
•weigh down *v* niederdrücken; *weigh s.o. down* jdn bedrücken, jdn niederdrücken
weight [weɪt] *sb 1.* Gewicht *n; lose ~/gain ~ (person)* abnehmen/zunehmen; *2. (fig: burden)* Last *f*
weird [wɪəd] *adj 1. (uncanny)* unheimlich; *2. (strange)* seltsam

welcome ['welkəm] *v 1. (s.o.)* begrüßen, willkommen heißen; *2. (fig: sth)* begrüßen; *adj 3.* willkommen; *You're ~ to try.* Sie können es gerne versuchen. *4. You're ~!* Bitte! Bitte sehr! Nichts zu danken! *sb 5.* Willkommen *n; a warm ~* ein herzlicher Empfang; *6. wear out one's ~* länger bleiben als man erwünscht ist

weld [weld] *v* schweißen; *~ two things together* zwei Sachen zusammenschweißen
welfare ['welfɛə] *sb 1. (well-being)* Wohl *n; 2. POL* Wohlfahrt *f,* Fürsorge *f; to be on ~ (US)* Sozialhilfe beziehen
well[1] [wel] *sb 1.* Brunnen *m; 2. (oil ~)* Ölquelle *f; 3. (fig: source)* Quelle *f; v 4. ~ up* hervorquellen

well[2] [wel] *adv 1.* gut; *Well done!* Gut gemacht! *She's ~ over seventy.* Sie ist weit über siebzig. *2. as ~* auch, ebenfalls; *as ~ as* sowie; *3. (probably)* wohl; *That may ~ be true.* Das könnte auch stimmen. *adj 4.* gut; *all's ~ that ends ~* Ende gut, alles gut; *5. (healthy)* gesund; *Get ~ soon!* Gute Besserung! *interj 6.* nun, also; *7. (when pondering sth)* tja; *8. Well, ~, ~! (surprised to see s.o.)* Sieh mal einer an!

well-acquainted [welə'kweɪntɪd] *adj to be ~ with sth* sich mit etw gut auskennen, mit etw wohlvertraut sein
well-advised [welәd'vaɪzd] *adj* wohl beraten
well-affected [welə'fektɪd] *adj (favourably disposed)* geneigt
well-balanced [wel'bælәnst] *adj 1.* ausgeglichen; *2. (diet)* ausgewogen
well-behaved [welbɪ'heɪvd] *adj* wohlerzogen, artig
well-being [wel'bɪɪŋ] *sb* Wohl *n*
well-born [wel bɔːn] *adj* aus guter Familie
well-bred [wel bred] *adj* wohlerzogen
well-built [wel bɪlt] *adj (person)* gut gebaut
well-connected [wel kə'nektɪd] *adj* mit guten Beziehungen; *to be ~* gute Beziehungen haben
well-defined [weldɪ'faɪnd] *adj (muscles)* straff, durchtrainiert
well-deserved ['weldɪ'zɜːvd] *adj* wohlverdient
well-developed [weldɪ'veləpt] *adj* gut entwickelt
well-earned ['wel'ɜːnd] *adj* wohlverdient
well-fed ['welfed] *adj* wohlgenährt
well-found [wel'faʊnd] *adj* gut ausgestattet
well-founded [wel 'faʊndɪd] *adj (fear)* begründet
well-groomed ['wel'gruːmd] *adj* gepflegt
well-heeled ['welhiːld] *adj* betucht
well-informed [welɪn'fɔːmd] *adj (person)* gut informiert
well-intentioned ['welɪn'tenʃənd] *adj 1.* wohl gemeint; *2. (person)* wohlmeinend
well-kept ['welkept] *adj (secret)* streng gehütet
well-knit ['welnɪt] *adj* drahtig, kräftig
well-known ['welnəʊn] *adj* bekannt
well-liked ['wellaɪkt] *adj* beliebt
well-mannered ['wel'mænəd] *adj* mit guten Manieren
well-meaning ['welmiːnɪŋ] *adj* wohlmeinend
well-off ['wel'ɒf] *adj (financially)* wohlhabend
well-placed [wel pleɪst] *adj 1. (shot)* gutgezielt; *2. (person)* wohl situiert
well-preserved [wel prɪ'zɜːvd] *adj 1. (painting)* guterhalten; *2. (person)* für sein/ihr Alter gut aussehend, guterhalten
well-proportioned [welprə'pɔːʃənd] *adj* wohl proportioniert
well-read ['wel'red] *adj* belesen

well-respected [welrɪs'pektɪd] *adj (esteemed)* hoch geachtet
well-rounded ['wel'raʊndɪd] *adj 1.* vielseitig; *2. (person: healthily normal)* ausgeglichen
well-set ['welset] *adj* fest etabliert
well-spoken ['welspəʊkən] *adj* sprachgewandt
well-stocked ['welstɒkt] *adj* gut gefüllt, gut ausgestattet
well-thought-of ['welθɔːtɒv] *adj* angesehen
well-thought-out ['welθɔːt'aʊt] *adj* wohl durchdacht
well-thumbed ['welθʌmd] *adj* abgegriffen
well-timed ['weltaɪmd] *adj* zeitlich günstig
well-to-do ['weltə'duː] *adj* wohlhabend
well-worn ['welwɔːn] *adj* abgetragen, abgenützt
welt [welt] *sb (on one's skin)* Striemen *m*
welter ['weltə] *v 1. (in waves)* wogen; *2. (tumble about)* herumtollen
wench [wentʃ] *sb* Weibsbild *n*
werewolf ['wɪəwʊlf] *sb* Werwolf *m*

west [west] *adj 1.* West..., westlich; *adv 2.* nach Westen, westwärts; *sb 3.* Westen *m*

westbound ['westbaʊnd] *adj* in Richtung Westen führend, nach Westen, westwärts
westerly ['westəlɪ] *adj* West..., westlich
western ['westən] *adj 1.* westlich; *sb 2. CINE* Western *m*
westerner ['westənə] *sb 1. (from the western hemisphere)* Abendländer *m; 2. (from the western United States)* Weststaatler *m*
westernize ['westənaɪz] *v POL* verwestlichen
westernmost ['westənməʊst] *adj* westlichste(r,s)
westward ['westwəd] *adj* westwärts

wet [wet] *v 1.* nass machen, befeuchten; *adj 2.* nass; *You're all ~! (fig)* Du irrst dich gewaltig! *3. (climate)* feucht

wet blanket [wet 'blæŋkɪt] *sb* Miesmacher *m,* Spielverderber *m*
wetland ['wetlənd] *sb* Marschland *f*
wetness ['wetnɪs] *sb* Nässe *f*
wet nurse ['wetnɜːs] *sb* Amme *f*
wet suit ['wetsuːt] *sb* Taucheranzug *m*
whacked [wækt] *adj (fam: exhausted) (UK)* kaputt
whacking ['wækɪŋ] *adj (fam)* Mords...
whale [weɪl] *sb ZOOL* Wal *m; a ~ of a ... (fig)* ein Riesen...
wham [wæm] *sb* Knall *m*
wharf [wɔːf] *sb* Kai *m*

what [wɒt] *pron 1.* was; *What's for dinner?* Was gibt's zum Abendessen? *He knows ~'s ~.* Er weiß Bescheid. *What do you take me for?* Wofür hältst du mich eigentlich? *adj 2. (which)* welche(r,s), was für; *3. (all that)* alle, die, alles, was; *~ little I had* das Wenige, das ich hatte; *interj 4. (isn't that right) Nice weather today, ~?* Schönes Wetter heute, nicht wahr?

whatever [wɒt'evə] *pron 1.* was, was auch immer; *2. (no matter what)* egal was; *3. (in a question)* was ... wohl; *adj 4.* egal welche(r,s); *nothing ~* überhaupt nichts
whatnot ['wɒtnɒt] *sb (fam)* was es sonst noch so alles gibt
whatsoever [wɒtsəʊ'evə] *adj 1.* überhaupt; *pron 2.* was auch immer
wheat [wiːt] *sb* Weizen *m*
whee [wiː] *interj* jippie
wheedle ['wiːdl] *v 1.* schmeicheln; *2. ~ sth out of s.o.* etw aus jdm herauskitzeln
wheel [wiːl] *sb 1.* Rad *n; meals on ~s* Essen auf Rädern *n 2. (steering ~)* Lenkrad *n; at the ~* am Steuer; *take the ~* das Steuer übernehmen; *3. (roulette ~)* Drehscheibe *f; 4. (potter's ~)* Töpferscheibe *f*
wheelbarrow ['wiːlbærəʊ] *sb* Schubkarre *f*
wheeler-dealer ['wiːlə'diːlə] *sb (fam)* Geschäftemacher *m*
wheeling and dealing ['wiːlɪŋ ænd 'diːlɪŋ] *sb* Machenschaften *pl*
wheeze [wiːz] *v* pfeifend atmen, keuchen
whelp [welp] *sb* Welpe *m*

when [wen] *adv 1.* wann; *Say ~!* Sag, wenn du genug hast! *2. (relative) on the day ~* an dem Tag, als; *konj 3.* wenn, *(in the past)* als; *4. (as soon as)* sobald; *5. (~ doing sth)* beim; *6. (although)* wo ... doch

whenever [wen'evə] *adv 1. (any time that)* wann immer; *~ you're ready* sobald du fertig bist; *2. (every time that)* immer wenn

where [wɛə] *adv 1.* wo; *2. (to ~)* wohin; *3. (from ~)* woher

whereabouts [wɛərə'baʊts] *adv 1.* wo ungefähr; ['wɛərəbaʊts] *sb 2.* Verbleib *m*

W

whereas [wɛər'æz] *konj 1.* wohingegen, während; *2. JUR* da
whereby [wɛə'baɪ] *adv 1.* wodurch, womit; *2. (relative)* durch welchen
wherefore ['wɛəfɔː] *sb* Warum *n*
wherein [wɛər'ɪn] *adv* worin, in welchem/in welcher
whereof [wɛər'ɒv] *adv* wovon
whereon [wɛər'ɒn] *adv* worauf
whereupon [wɛərə'pɒn] *adv* woraufhin
wherever [wɛər'evə] *adv 1.* wo auch immer, egal wo; *2. (every place where)* überall, wo; *3. Wherever did you find it?* Wo hast du das bloß gefunden?
wherewithal ['wɛəwɪðɔːl] *sb* Mittel *pl,* das nötige Geld *n*
wherrit ['werɪt] *v* ärgern
whet [wet] *v 1. (a blade)* wetzen; *2. (fig: one's appetite)* anregen
whether ['weðə] *konj 1.* ob; *2. (no matter ~)* egal, ob
whew [hwuː] *interj (fam: in relief)* Puh!
whey [weɪ] *sb* Molke *f*
wheyface ['weɪfeɪs] *sb* Bleichgesicht *n*

which [wɪtʃ] *adj 1.* welche(r,s); *pron 2. (relative) (referring to a noun)* der/die/das, welche(r,s); *3. (referring to a clause)* was; *4. (interrogative)* welche(r,s); *Which is ~?* Welche(r,s) ist welche(r,s)?

whichever [wɪtʃ'evə] *adv* welche(r,s) auch immer, ganz gleich welche(r,s)
whiff [wɪf] *sb* Hauch *m*
whiffle ['wɪfl] *v* wehen, blasen
whiffy ['wɪfɪ] *adj (fam) (UK)* stark riechend

while [waɪl] *konj 1.* während; *2. (although)* obwohl; *sb 3.* Weile *f; for quite a ~* ziemlich lange; *to be worth one's ~ to ...* sich für jdn lohnen, zu ... *4. once in a ~* gelegentlich, ab und zu; *v 5. ~ away the time* sich die Zeit vertreiben

whilst [waɪlst] *konj* während
whim [wɪm] *sb* Laune *f*
whimper ['wɪmpə] *v 1.* wimmern; *2. (dog)* winseln; *sb 3.* Wimmern *n; 4. (dog's)* Winseln *n*
whimsy ['wɪmzɪ] *sb* Grille *f,* Schrulle *f,* Spleen *m*
whine [waɪn] *v 1. (complain)* jammern; *2. (child)* quengeln; *3. (dog)* jaulen; *4. (siren)* heulen
whinge [wɪndʒ] *v (fam)* plärren
whining ['waɪnɪŋ] *adj* jammernd, jaulend
whinny ['wɪnɪ] *v* wiehern
whip [wɪp] *v 1. (a horse)* peitschen, *(a person)* auspeitschen; *2. GAST* schlagen; *3. (defeat)* vernichtend schlagen; *4. (make a quick movement) ~ out one's wallet* seine Brieftasche rasch aus der Tasche ziehen; *sb 5.* Peitsche *f*
•whip up *v 1. (incite)* antreiben, anheizen, aufpeitschen; *2. (prepare hurriedly)* schnell machen, *(meal)* schnell zubereiten
whipper-snapper ['wɪpəsnæpə] *sb 1. (fam: child)* Dreikäsehoch *m; 2. (younger man)* Grünschnabel *m*
whipping boy ['wɪpɪŋbɔɪ] *sb* Prügelknabe *m*
whip-round ['wɪpraʊnd] *sb (fam)* Sammeln von Geld *n*
whir [wɜː] *v (machinery)* surren, brummen
whirl [wɜːl] *v (spin)* wirbeln; *~ round (person)* sich rasch umdrehen
whirligig ['wɜːlɪgɪg] *sb 1. (toy)* Kreisel *m; 2. (roundabout)* Karussell *n*
whirling ['wɜːlɪŋ] *adj* wirbelnd
whirlpool ['wɜːlpuːl] *sb 1.* Strudel *m; 2. (device for relaxation)* Whirlpool *m*
whirlwind ['wɜːlwɪnd] *sb* Wirbelwind *m*
whisk [wɪsk] *v 1. ~ sth away* etw schnell entfernen; *He was ~ed away in a limousine.* Eine Limousine sauste schnell mit ihm davon. *sb 2. GAST* Schneebesen *m*
whisker ['wɪskə] *sb* Schnurrhaar *n,* Barthaar *n*
whisper ['wɪspə] *v 1.* flüstern; *2. (wind)* wispern; *sb 3.* Geflüster *n,* Flüstern *n*
whispering campaign ['wɪspərɪŋkæmpeɪn] *sb* Verleumdungscampagne *f*
whistle ['wɪsl] *v 1.* pfeifen; *2. (fig) An arrow ~d through the air.* Ein Pfeil schwirrte durch die Luft. *sb 3. (instrument)* Pfeife *f; wet one's ~ (fig)* einen heben; *4. (sound)* Pfiff *m*
whistle-stop tour ['wɪslstɒptʊə] *sb POL* Wahlreise mit einer Rede in jedem Ort *f*

white [waɪt] *adj 1.* weiß; *2. a ~ lie* eine Höflichkeitslüge *f; sb 3. (colour)* Weiß *n; 4. (of an eye)* das Weiße im Auge *n; 5. (egg)* Eiweiß *n; 6. (person)* Weiße(r) *m/f; 7. ~s pl (~ clothes)* weiße Kleidung *f*

white-collar worker ['waɪtkɒlə'wɜːkə] *sb* Angestellte(r) *m/f,* Büroangestellte(r) *m/f*
white knight [waɪt naɪt] *sb FIN* Investor, der eine Firma von einer Übernahme rettet *m*
white-knuckle [waɪt 'nʌkl] *adj* aufregend, spannend

W

white lie [waɪt laɪ] *sb* Notlüge *f*
white-livered ['waɪtlɪvəd] *adj (cowardly)* feige
whiten ['waɪtn] *v 1. (make white)* weiß machen; *2. (become white)* weiß werden
whiteout ['waɪtaʊt] *sb 1. (snowstorm)* starkes Schneegestöber *n; 2. (fam: correction fluid)* Tipp-Ex *n*
white paper ['waɪtpeɪpə] *sb POL* Weißbuch *n*
whitewash ['waɪtwɒʃ] *v 1.* tünchen; *2. (restore the reputation of)* rein waschen
Whitsun ['wɪtsn] *sb* Pfingsten *n*
whittle ['wɪtl] *v* schnitzen; *~ away at sth (fig)* etw allmählich aufzehren
whiz [wɪz] *v 1.* sausen; *sb 2. (US)* Könner *m*
whiz kid ['wɪzkɪd] *sb* Wunderkind *n*

who [huː] *pron 1.* wer; *(direct object)* wen; *(indirect object)* wem; *2. (relative pronoun)* der/die/das, welche(r,s)

whodunit [huː'dʌnɪt] *sb (fam)* Krimi *m*
whoever [huː'evə] *pron 1.* wer auch immer; *2. (all who)* jeder der; *3. (no matter who)* egal wer
whole [həʊl] *adj 1.* ganz; *a ~ lot of ...* eine ganze Menge ...; *sb 2.* Ganze *n; 3. on the ~* alles in allem, im Großen und Ganzen
wholefood ['həʊlfuːd] *sb* Vollwertkost *f*
wholeheartedly [həʊl'hɑːtɪdlɪ] *adv* mit ganzem Herzen
wholemeal ['həʊlmiːl] *adj* Vollkornmehl *n*
whole milk [həʊl mɪlk] *sb* Vollmilch *f*
wholesale ['həʊlseɪl] *sb 1. ECO* Großhandel *m; adv 2. ECO* im Großhandel; *adj 3. (fig)* Massen..., unterschiedslos
wholesome ['həʊlsəm] *adj* gesund
whole wheat [həʊl wiːt] *sb* Vollkornweizenmehl *n*
wholly ['həʊlɪ] *adv* ganz, gänzlich, völlig
whom [huːm] *pron 1. (interrogative: accusative case)* wen, *(dative case)* wem; *2. (relative: accusative case)* den/die/das/die, *(dative case)* dem/der/dem/denen; *to ~* dem/der/dem/denen; *all of ~* von denen alle
whoop [wuːp] *v 1.* jauchzen, schreien; *2. ~ it up (celebrate)* auf den Putz hauen
whooping cough ['huːpɪŋkɒf] *sb MED* Keuchhusten *m*
whoops [wʊps] *interj* hoppla, hupps
whoosh [wʊʃ] *sb* Rauschen *n,* Zischen *n*
whopper ['wɒpə] *sb* Mordsding *n*
whopping ['wɒpɪŋ] *adj* riesengroß, Mords...
whore [hɔː] *sb* Hure *f*
whorehouse ['hɔːhaʊs] *sb* Bordell *n,* Freudenhaus *n*

whose [huːz] *pron 1.* wessen; *Whose is it?* Wem gehört's? *2. (relative)* dessen/deren/dessen/deren

whosoever [huːsəʊ'evə] *pron* wer auch immer, ganz gleich wer

why [waɪ] *adv 1.* warum, weshalb; *interj 2.* nun, aber

wick [wɪk] *sb 1.* Docht *m; 2. get on s.o.'s ~ (fam) (UK)* jdn auf die Nerven gehen, jdm auf den Senkel gehen
wicked ['wɪkɪd] *adj 1.* böse; *2. (grin, parody)* boshaft
wicker ['wɪkə] *sb* Korbgeflecht *n*
wickerwork ['wɪkəwɜːk] *sb* Korbwaren *pl*
wide [waɪd] *adj 1.* breit; *2. (eyes, selection)* groß; *3. (plain)* weit; *adv 4.* weit; *Open ~!* Weit aufmachen! *5. (not on target)* daneben
wide-awake ['waɪdə'weɪk] *adj* hellwach
wide-eyed ['waɪdaɪd] *adj* mit großen Augen
widen ['waɪdn] *v 1.* breiter werden; *2. (sth)* erweitern; *3. (a street)* verbreitern; *4. (a hole)* ausweiten
wideness ['waɪdnɪs] *sb* Weite *f*
wide-open ['waɪdəʊpn] *adj* weit offen, völlig offen
wide-ranging [waɪd 'reɪndʒɪŋ] *adj* vielfältig
wide-screen ['waɪdskriːn] *adj* Breitwand...
widespread ['waɪdspred] *adj* weit verbreitet
widget ['wɪdʒɪt] *sb (fam)* Ding *n*
widish ['waɪdɪʃ] *adj* ziemlich breit, ziemlich weit
widow ['wɪdəʊ] *sb* Witwe *f*
widowed ['wɪdəʊd] *adj* verwitwet
widower ['wɪdəʊə] *sb* Witwer *m*
width [widθ] *sb* Breite *f*
widthwise ['wɪdθwaɪz] *adv* der Breite nach
wield [wiːld] *v 1.* führen; *2. (power)* ausüben

wife [waɪf] *sb* Frau *f,* Ehefrau *f,* Gattin *f*

wig [wɪg] *sb* Perücke *f*
wigging ['wɪgɪŋ] *sb (fam: scolding) (UK)* Standpauke *f*
wiggle ['wɪgl] *v 1.* wackeln; *2. (sth)* wackeln mit
wiggly ['wɪglɪ] *adj* wackelnd, wackelig

wild [waɪld] *adj 1.* wild; *2. (flower)* wild wachsend; *3. (crazy)* verrückt; *to be ~ about sth (fig)* auf etw scharf sein; *a ~ guess* eine wilde Vermutung; *drive s.o. ~* jdn wahnsinnig machen; *sb 4.* Wildnis *f*
wildcatter ['waɪldkætə] *sb (US)* jmd, der sich auf riskante Geschäfte einlässt
wilderness ['wɪldənɪs] *sb* Wildnis *f*
wildfire ['waɪldfaɪə] *sb spread like ~* sich wie ein Lauffeuer verbreiten
wild flower ['waɪldflaʊə] *sb* Wildblume *f*
wildfowl ['waɪldfaʊl] *sb* Wildgeflügel *n*
wild-goose chase [waɪld'guːs tʃeɪs] *sb* sinnloses Unterfangen *n*
wildish ['waɪldɪʃ] *adj* ziemlich wild
wildlife ['waɪldlaɪf] *sb* Wildtiere *pl*
wildlife preserve ['waɪldlaɪf prɪ'zɜːv] *sb* Tierschutzgebiet *n*
wildness ['waɪldnɪs] *sb* Wildheit *f*
wile [waɪl] *sb* List *f,* Schliche *pl*
wilful ['wɪlfʊl] *adj (deliberate)* vorsätzlich, mutwillig

will[1] [wɪl] *v 1. (future)* werden; *2. Accidents ~ happen.* Unfälle wird es immer geben. *3. would (see "would")*

will[2] [wɪl] *v 1. (cause to happen by force of ~)* erzwingen; *2. (bequeath)* vermachen; *sb 3.* Wille *m; at ~* nach Belieben; *4. (last ~ and testament)* letzter Wille *n,* Testament *n*
willable ['wɪləbl] *adj* zu wollen
willing ['wɪlɪŋ] *adj 1.* bereitwillig; *2. to be ~ to do sth* bereit sein, etw zu tun
willingly ['wɪlɪŋlɪ] *adv* gerne, bereitwillig
willingness ['wɪlɪŋnɪs] *sb* Bereitwilligkeit *f,* Bereitschaft *f*
will-o'-the-wisp ['wɪləðəwɪsp] *sb* Irrlicht *n*
willow ['wɪləʊ] *sb BOT* Weide *f*
willpower ['wɪlpaʊə] *sb* Willenskraft *f*
wilt [wɪlt] *v 1.* verwelken; *2. (fig: person)* schlapp werden; *3. (enthusiasm, courage)* nachlassen
wily ['waɪlɪ] *adj* listig, schlau, raffiniert
wimp [wɪmp] *sb (fam)* Schlappschwanz *m,* Waschlappen *m*
win [wɪn] *v irr 1.* gewinnen, siegen; *2. (sth)* gewinnen; *3. (a scholarship)* bekommen; *4. (praise)* ernten; *sb 5.* Sieg *m*
wince [wɪns] *v* zusammenzucken
winch [wɪntʃ] *sb* Winde *f*
wind[1] [wɪnd] *sb 1.* Wind *m; get ~ of sth (fig)* von etw Wind bekommen, etw spitzkriegen; *2. (breath)* Atem *m; 3. (flatulation)* Blähung *f*
wind[2] [waɪnd] *v irr 1. (road, river)* sich winden, sich schlängeln; *2. (sth)* winden, wickeln, *(onto a reel)* spulen; *3. (a toy, a watch)* aufziehen; *4. ~ sth around sth* etw um etw wickeln
• wind down *v irr (operations)* reduzieren
• wind up *v irr 1. (fam: finish up)* enden; *2. (fam: eventually find o.s. somewhere)* landen *(fam); 3. (a toy)* aufziehen; *4. (bring to an end: a speech)* schließen
windage ['wɪndɪdʒ] *sb (deflection by the wind)* Ablenkung durch den Wind *f*
windblown ['wɪndbləʊn] *adj* windzerzaust
windbreaker ['wɪndbreɪkə] *sb (US)* Windjacke *f*
windcheater ['wɪndtʃiːtə] *sb (UK)* Windjacke *f*
wind-chill ['wɪndtʃɪl] *sb* Windkälte *f*
winded ['wɪndɪd] *adj* außer Atem
windfall ['wɪndfɔːl] *sb* Fallobst *n*
winding ['waɪndɪŋ] *adj 1.* sich schlängelnd; *2. (road)* kurvenreich
windlass ['wɪndləs] *sb* Winde *f*
windmill ['wɪndmɪl] *sb* Windmühle *f*
window ['wɪndəʊ] *sb 1.* Fenster *n; 2. (at a bank)* Schalter *m*
window-dressing ['wɪndəʊdresɪŋ] *sb 1.* Schaufenstergestaltung *f; 2. (fig: front, façade)* Fasade *f,* äußere Erscheinung *f*
window envelope ['wɪndəʊ 'envələʊp] *sb* Fensterbriefumschlag *m*
windowpane ['wɪndəʊpeɪn] *sb* Fensterscheibe *f*
window seat ['wɪndəʊsiːt] *sb* Fensterplatz *m*
windowsill ['wɪndəʊsɪl] *sb* Fensterbank *f,* Fensterbrett *n*
windpipe ['wɪndpaɪp] *sb (trachea)* Luftröhre *f*
wind scale ['wɪndskeɪl] *sb* Windmessskala *f*
windscreen ['wɪndskriːn] *sb (UK)* Windschutzscheibe *f*
windshield ['wɪndʃiːld] *sb (US)* Windschutzscheibe *f*
windsurf ['wɪndsɜːf] *v* surfen
windward ['wɪndwəd] *adj* in Windrichtung
windy ['wɪndɪ] *adj* windig
wine [waɪn] *sb* Wein *m*
wing [wɪŋ] *sb 1.* Flügel *m; 2. ~s pl THEAT* Kulisse *f*
winged [wɪŋd] *adj* geflügelt
wing nut ['wɪŋnʌt] *sb* Flügelmutter *f*

wingspan ['wɪŋspæn] *sb* Spannweite *f*
wink [wɪŋk] *v 1.* zwinkern, blinzeln; *sb 2.* Zwinkern *n,* Blinzeln *n; I didn't sleep a ~.* Ich habe kein Auge zugetan. *as quick as a ~* blitzschnell; *catch forty ~s* ein Nickerchen machen
winner ['wɪnə] *sb 1.* Gewinner *m; 2. (of a match)* Sieger *m; 3. (successful thing)* Erfolg *m*
winsome ['wɪnsəm] *adj 1. (person)* reizend; *2. (smile)* gewinnend

winter ['wɪntə] *sb* Winter *m*

wintry ['wɪntrɪ] *adj* winterlich, eisig, frostig
wipe [waɪp] *v* wischen, *(a surface)* abwischen; *~ one's nose* sich die Nase putzen; *~ sth clean* etw sauberwischen
• **wipe off** *v* abwischen; *Wipe that smile off your face!* Hör auf zu grinsen!
• **wipe out** *v 1. (fam: skiing, surfing) (US)* ausrutschen; *2. (sth) (erase)* löschen; *3. (destroy)* ausrotten, *(an army)* vernichten
wiper ['waɪpə] *sb (windscreen-~)* Scheibenwischer *m*
wire [waɪə] *v 1. (send a telegram to)* telegrafieren; *2. (fix with ~)* mit Draht verbinden; *3. (install or connect electrical wiring)* Leitungen legen in; *sb 4.* Draht *m; 5. (for electricity)* Leitung *f; 6. go down to the ~ (US)* erst ganz am Ende entschieden werden
wireless ['waɪəlɪs] *sb* Rundfunkgerät *n; by ~* über Funk
wiry ['waɪərɪ] *adj (fig)* drahtig
wisdom ['wɪzdəm] *sb* Weisheit *f*
wisdom tooth ['wɪzdəmtuːθ] *sb* Weisheitszahn *m*
wise [waɪz] *adj 1.* weise, klug; *to be ~ to sth (fam)* über etw Bescheid wissen; *adv 2. (suffix)* ...mäßig

wish [wɪʃ] *v 1.* wünschen; *~ s.o. well* jdm alles Gute wünschen; *~ for sth* sich etw wünschen; *~ to do sth* etw tun wollen; *sb 2.* Wunsch *m; best ~es* herzliche Grüße; *make a ~* sich etw wünschen

wisp [wɪsp] *sb 1. ~ of smoke* Rauchkringel *m; 2. (of hair)* Strähne *f; 3. a ~ of a lad* ein kleiner, schmächtiger Junge
wistful ['wɪstfʊl] *adj* wehmütig
W
wit[1] [wɪt] *sb 1. (sense of humor)* Geist *m,* Witz *m; 2. (witty person)* witziger Kopf *m; 3. ~s pl* Verstand *m; scared out of one's ~s* zu Tode erschreckt; *have one's ~s about one* einen klaren Kopf haben; *to be at one's ~s' end* mit seiner Weisheit am Ende sein; *keep one's ~s about one* seine fünf Sinne beieinander haben
wit[2] [wɪt] *v "to ~"* und zwar, nämlich
witch [wɪtʃ] *sb* Hexe *f*
witchcraft ['wɪtʃkrɑːft] *sb* Hexerei *f*

with [wɪð, wɪθ] *prep 1.* mit; *2. (because of)* vor; *3. (on one's person)* bei; *4. (in the company of)* bei

withdraw [wɪð'drɔː] *v 1.* sich zurückziehen; *2. (sth)* zurückziehen; *3. (extract)* entfernen, wegnehmen; *4. (a statement)* zurücknehmen; *5. (money from a bank)* abheben; *6. (troops) MIL* abziehen
withdrawal [wɪð'drɔːəl] *sb 1.* Zurückziehen *n; 2. (of money)* Abhebung *f; 3. (of troops)* Rückzug *n*
wither ['wɪðə] *v 1.* verdorren; *2. (beauty)* vergehen; *3. (hopes)* schwinden; *4. (sth)* verdorren lassen
withhold [wɪð'həʊld] *v irr 1.* vorenthalten; *2. (refuse)* verweigern
within [wɪð'ɪn] *prep 1.* innerhalb; *~ reach* in Reichweite; *~ sight* in Sichtweite; *adv 2. from ~* von drinnen

without [wɪð'aʊt] *prep 1.* ohne; *adv 2.* außen

withstand [wɪð'stænd] *v irr 1.* aushalten; *2. (an attack)* widerstehen
witless ['wɪtlɪs] *adj* schwachsinnig, dumm
witness ['wɪtnɪs] *v 1.* Zeuge sein bei, erleben; *2. (consider)* zum Beispiel nehmen; *3. (by signing)* bestätigen; *sb 4.* Zeuge/Zeugin *m/f; 5. bear ~ to* Zeugnis ablegen über
witter ['wɪtə] *v (fam)* schwafeln, labern
witty ['wɪtɪ] *adj* witzig, geistreich
wizard ['wɪzəd] *sb 1.* Zauberer *m; 2. (fig)* Genie *n*
wizened ['wɪznd] *adj* verschrumpelt
wobble ['wɒbl] *v* wackeln
woe [wəʊ] *sb (trouble)* Kummer *m*
wolf [wʊlf] *sb 1. ZOOL* Wolf *m; cry ~ (fig)* blinden Alarm schlagen; *2. (fam: womanizer)* Schürzenjäger *m*

woman ['wʊmən] *sb* Frau *f*

womanizer ['wʊmənaɪzə] *sb* Schürzenjäger *m*
womanly ['wʊmənlɪ] *adj* fraulich
womb [wuːm] *sb* Gebärmutter *f,* Mutterleib *m*

wonder ['wʌndə] *v 1.* gern wissen mögen, sich fragen; *I ~ why ...* ich möchte gern wissen, warum ... *2. ~ at sth* sich über etw wundern; *sb 3. (feeling)* Verwunderung *f,* Staunen *n,* Erstaunen *n; 4. (miracle)* Wunder *n; the seven ~s of the world* die sieben Weltwunder
wonderful ['wʌndəfʊl] *adj* wunderbar
wont [wəʊnt] *sb as is his ~* wie bei ihm üblich
woo [wuː] *v* umwerben
wood [wʊd] *sb 1.* Holz *n; 2. ~s pl (forest)* Wald *m*
wooden ['wʊdn] *adj* hölzern
woodpecker ['wʊdpekə] *sb* Specht *m*
wool [wʊl] *sb* Wolle *f; pull ~ over s.o.'s eyes* jdm Sand in die Augen streuen
woollen ['wʊlən] *adj* wollen, Woll...
woozy ['wuːzɪ] *adj* benommen, wirr

word [wɜːd] *sb 1.* Wort *n; take s.o.'s ~ for sth* jdm etw glauben; *take s.o. at his ~* jdn beim Wort nehmen; *to be as good as one's ~* sein Wort halten; *~ for ~* Wort für Wort; *in other ~s* mit anderen Worten; *have a ~ with s.o.* mit jdm sprechen; *put into ~s* in Worte fassen; *waste ~s* Worte vergeuden; *2. (news)* Nachricht *f; get ~ of sth* etw erfahren; *leave ~ with s.o.* bei jdm eine Nachricht hinterlassen; *v 3.* formulieren, ausdrücken

wording ['wɜːdɪŋ] *sb* Formulierung *f*
wordy ['wɜːdɪ] *adj* langatmig

work [wɜːk] *v 1.* arbeiten; *~ on* arbeiten an; *2. (function)* funktionieren; *3. (be successful)* klappen; *4. (a lever)* betätigen; *5. (a machine)* bedienen; *6. (bring about)* bewirken; *7. (clay)* kneten; *8. (wood)* bearbeiten; *9. (land) AGR* bearbeiten; *10. (s.o.)* arbeiten lassen, antreiben; *sb 11.* Arbeit *f; to be at ~ on sth* an etw arbeiten; *out of ~* arbeitslos; *make short ~ of sth* mit etw kurzen Prozess machen; *He's at ~.* Er ist in der Arbeit. *12. (~ of art)* Werk *n; pl 13. ~s (machinery)* Getriebe *n; 14. ~s (factory)* Betrieb *m,* Fabrik *f*

• **work in** *v 1. (to a schedule)* einschieben; *2. (lotion)* einarbeiten
• **work off** *v (fat)* abarbeiten
• **work out** *v 1. (succeed)* funktionieren, klappen *(fam); 2. (exercise)* trainieren; *3. (devise)* ausdenken; *4. (figures)* ausrechnen; *5. (solve)* lösen
• **work together** *v* zusammenarbeiten
workbook ['wɜːkbʊk] *sb* Arbeitsheft *n*
worker ['wɜːkə] *sb* Arbeiter *m*
worker bee ['wɜːkə biː] *sb* Arbeiterin *f*
workforce ['wɜːkfɔːs] *sb* Arbeiterschaft *f*
working ['wɜːkɪŋ] *adj* arbeitend, *(hypothesis, model)* Arbeits...
working class ['wɜːkɪŋ klɑːs] *sb* Arbeiterklasse *f*
worksheet ['wɜːkʃiːt] *sb* Arbeitsblatt *n*
workshop ['wɜːkʃɒp] *sb 1.* Werkstatt *f; 2. (fig: seminar)* Seminar *n*

world [wɜːld] *sb* Welt *f; a ~ of difference* ein himmelweiter Unterschied; *out of this ~ (fam)* fantastisch

world champion [wɜːld 'tʃæmpɪən] *sb SPORT* Weltmeister *m*
world-famous [wɜːld 'feɪməs] *adj* weltberühmt
world music ['wɜːldmjuːzɪk] *sb MUS* World Music *f,* internationale Musik *f*
World's Fair [wɜːldz fɛə] *sb* Weltausstellung *f*
world-view ['wɜːldvjuː] *sb* Weltbild *n*
world-weary [wɜːld wɪərɪ] *adj* lebensmüde
world-wide ['wɜːldwaɪd] *adj* weltweit
worm [wɜːm] *sb ZOOL* Wurm *m*
worm-eaten ['wɜːmɪtən] *adj* wurmstichig
worn [wɔːn] *adj 1. (clothing)* abgetragen; *2. (tyre)* abgefahren; *3. ~ out* erschöpft; *4. ~ out (hackneyed)* abgedroschen
worried ['wʌrɪd] *adj* besorgt, beunruhigt
worrisome ['wʌrɪsəm] *adj* beunruhigend, Besorgnis erregend
worry ['wʌrɪ] *v 1.* sich Sorgen machen; *2. (s.o.)* beunruhigen; *3. (bother)* belästigen; *sb 4.* Sorge *f*
worse [wɜːs] *adj* schlechter, schlimmer; *to make matters ~* um die Sache zu verschlimmern
worsen ['wɜːsn] *v 1.* sich verschlechtern, schlechter werden; *2. (sth)* verschlechtern, schlechter machen
worship ['wɜːʃɪp] *v 1.* beten; *2. (s.o.)* anbeten
worst [wɜːst] *adj 1.* schlechteste(r,s), schlimmste(r,s); *sb 2. at ~* schlimmstenfalls; *3. the ~ of it is ...* das Schlimmste daran ist ...
worth [wɜːθ] *adj 1.* wert; *it's not ~ it* es lohnt sich nicht; *~ mentioning* erwähnenswert; *sb 2.* Wert *m*
worthless ['wɜːθlɪs] *adj* wertlos
worthwhile ['wɜːθ'waɪl] *adj* der Mühe wert, lohnend; *to be ~* sich lohnen
worthy ['wɜːðɪ] *adj 1.* ehrenwert; *2. (cause)*

lobenswert; *3. (opponent)* würdig; *4. to be ~ of sth* einer Sache würdig sein, einer Sache wert sein

would [wʊd] *v 1. (conditional)* würden; *Would you mind (doing sth)?* Würden Sie bitte (etw tun)? *2. (conjecture) It ~ seem so.* Es sieht wohl so aus. *3. (habit) You ~!* Das sieht dir ähnlich! *4. (insistence) He ~n't do it.* Er wollte es einfach nicht tun.

would-be ['wʊdbiː] *adj* Möchtegern-...

wound [wuːnd] *v 1.* verwunden; *2. (fig)* verletzen; *sb 3.* Wunde *f*

wrack [ræk] *sb* Zerstörung *f; ~ and ruin* Vor-die-Hunde-Gehen *n*

wraith [reɪθ] *sb* Gespenst *n,* Geist *m*

wrangle ['ræŋgl] *v* streiten, zanken

wrangler ['ræŋglə] *sb 1. (one who argues)* Zänker *m; 2. (US: cowboy)* Cowboy *m*

wrap [ræp] *sb 1.* Umhangtuch *n; 2. (cape)* Cape *n; 3. (scarf)* Schal *m; 4. under ~s (fig)* geheim; *v 5.* einwickeln; *~ sth round sth* etw um etw wickeln; *~ one's arms round s.o.* jdn in die Arme schließen

• **wrap up** *v 1.* einwickeln; *to be wrapped up in one's work* in seine Arbeit vertieft sein; *2. (fam: bring to a close)* abschließen, beenden; *have sth wrapped up (fig)* etw unter Dach und Fach haben

wrapover ['ræpəʊvə] *adj* überlappend

wrapped [ræpt] *adj* eingewickelt

wrapper ['ræpə] *sb* Hülle *f*

wrapping ['ræpɪŋ] *sb* Verpackung *f*

wrapround ['ræpraʊnd] *adj* Rundum...

wrath [rɑːθ] *sb* Zorn *m*

wrathful ['rɑːθfʊl] *adj* wutentbrannt, zornig

wreak [riːk] *v* anrichten; *~ havoc on sth* etw verwüsten

wreath [riːθ] *sb* Kranz *m, (of flowers)* Girlande *f*

wreathe [riːð] *v 1.* sich winden, sich kräuseln; *2. (~ sth)* winden

wreck [rek] *v 1.* zerstören; *2.* zu Schrott fahren, *(a ship)* zum Wrack machen; *3. (fig)* ruinieren, vernichten, zerstören; *sb 4.* Wrack *n; 5. a nervous ~* ein Nervenbündel *n*

wrench [rentʃ] *sb 1. (tool)* Schraubenschlüssel *m; v 2. ~ sth away from s.o. (fig)* jdm etw entwinden

W

wrest [rest] *v* abringen, entreißen; *~ sth away from s.o.* jdm etw entreißen

wrestle ['resl] *v 1. SPORT* ringen; *2. ~ with (fig: a problem)* kämpfen mit

wretch [retʃ] *sb 1. (unfortunate person)* armer Schlucker *m; 2. (scoundrel)* Schurke *m,* Schuft *m*

wretched ['retʃɪd] *adj 1. (person)* elend; *2. (life, conditions)* erbärmlich, miserabel

wriggle ['rɪgl] *v 1. (snake)* sich schlängeln; *2. (child, fish)* zappeln; *~ out of sth* sich aus etw herauswinden

wring [rɪŋ] *v irr 1. ~ sth out* etw auswringen; *2. ~ one's hands* die Hände ringen; *3. ~ s.o.'s neck* jdm den Hals umdrehen

wrinkle ['rɪŋkl] *v 1.* Falten werfen; *2. (face)* runzelig werden; *3. ~ sth* in etw Falten machen, *(crumple)* etw zerknittern; *sb 4.* Falte *f; 5. (in clothes, in paper)* Knitter *m; 6. (in one's face)* Runzel *f,* Falte *f*

wrist [rɪst] *sb* Handgelenk *n*

wristband ['rɪstbænd] *sb 1. (of a watch)* Armband *n; 2. (sweatband)* Schweißband *n*

wristwatch ['rɪstwɒtʃ] *sb* Armbanduhr *f*

writ [rɪt] *sb JUR* gerichtlicher Befehl *m*

write [raɪt] *v irr* schreiben

• **write down** *v irr 1.* aufschreiben; *2. (record)* niederschreiben

• **write off** *v irr* abschreiben

write-off ['raɪtɒf] *sb 1. (tax ~)* Abschreibung *f; 2. (totalled car)* Totalschaden *m*

writer ['raɪtə] *sb 1.* Schreiber *m; 2. (author)* Schriftsteller *m,* Autor/Autorin *m/f*

writhe [raɪð] *v* sich krümmen, sich winden

writing ['raɪtɪŋ] *sb 1.* Schrift *f; in ~* schriftlich; *2. (act of ~)* Schreiben *n*

written ['rɪtn] *adj* schriftlich

wrong [rɒŋ] *adj 1.* falsch; *prove s.o. ~* beweisen, dass jemand im Irrtum ist; *2. to be ~ (statement)* nicht stimmen; *to be ~ (person)* Unrecht haben; *3. (morally)* unrecht; *4. (unfair)* ungerecht, unfair; *adv 5. go ~ (plan)* schief gehen, misslingen; *6. get sth ~ (misunderstand)* etw missverstehen; *v 7. ~ s.o.* jdm Unrecht tun; *He has been ~ed.* Ihm ist Unrecht geschehen. *sb 8.* Unrecht *n*

wrongdoer ['rɒŋduːə] *sb* Übeltäter *m*

wrongful ['rɒŋfʊl] *adj* ungerechtfertigt

wrong-headed ['rɒŋ'hedɪd] *adj (person)* querköpfig

wrongly ['rɒŋlɪ] *adv 1. (accused)* zu Unrecht; *2. (believe)* fälschlicherweise

wrought [rɔːt] *adj* geschmiedet

wrought-iron ['rɔːt'aɪən] *adj* schmiedeeisern

wry [raɪ] *adj (smile)* gequält

X/Y/Z

xenon ['zenɒn] *sb CHEM* Xenon *n*
xenophobe ['zenəfəʊb] *sb* Ausländerfeind(in) *m/f*
xenophobia [zenə'fəʊbɪə] *sb* Ausländerfeindlichkeit *f*, Xenophobie *f*
Xmas *sb (see "Christmas")*
xoanon ['zəʊənɒn] *sb* einfache, gemeißelte antike Statue *f*
X-ray ['eksreɪ] *sb 1. (picture) MED* Röntgenbild *n; 2. (ray) MED* Röntgenstrahl *m; v 3. MED* röntgen
xylography [zaɪ'lɒgrəfɪ] *sb* Holzschneidekunst *f*
xylophone ['zaɪləfəʊn] *sb* Xylofon *n*
yacht [jɒt] *sb* Jacht *f*
yachting ['jɒtɪŋ] *sb* Segeln *n*
yachtsman ['jɒtsmən] *sb* Segler *m*
yahoo [jɑː'huː] *interj 1.* juchhu; ['jɑːhuː] *sb 2.* ungehobelter Kerl *m*, Bauer *m (fig)*
yak [jæk] *sb (fam)* Geschwätz *n*
yam [jæm] *sb (US: sweet potato)* Süßkartoffel *f*
yammer ['jæmə] *v (fam)* jammern
yank [jæŋk] *v* ruckartig ziehen
Yankee ['jæŋkɪ] *sb 1. (American)* Ami *m (fam); 2. (person from the northeastern US)* Neuengländer *m*
yap [jæp] *v* kläffen
yard[1] [jɑːd] *sb 1. (court~, school~)* Hof *m; 2. (US: garden)* Garten *m*
yard[2] [jɑːd] *sb (0.914 metres)* Yard *n*
yardage ['jɑːdɪdʒ] *sb* Anzahl von Yards *f*
yardstick ['jɑːdstɪk] *sb* Maßstock *m*, Maßstab *m*
yarmulke ['jɑːmʊlkə] *sb* Jarmurka *f*
yarn [jɑːn] *sb 1.* Garn *n; 2. (fam: story)* Seemannsgarn *n*
yashmak ['jæʃmæk] *sb* Schleier islamischer Frauen *m*
yaw [jɔː] *v (deviate from the course) NAUT* vom Kurs abkommen
yawn [jɔːn] *v 1.* gähnen; *sb 2.* Gähnen *n*
yeanling ['jiːnlɪŋ] *sb 1. (lamb)* Lamm *n; 2. (kid)* Zicklein *n*

year [jɪə] *sb* Jahr *n; ~ in, ~ out* Jahr für Jahr

yearbook ['jɪəbʊk] *sb* Jahrbuch *n*
yearling ['jɪəlɪŋ] *sb* Jährling *m*
yearlong ['jɪəlɒŋ] *adj* einjährig
yearly ['jɪəlɪ] *adj* jährlich
yearn [jɜːn] *v ~ for* sich sehnen nach
yearning ['jɜːnɪŋ] *sb* Sehnsucht *f*
yeast [jiːst] *sb* Hefe *f*
yell [jel] *v 1.* schreien, brüllen; *2. ~ out* hinausschreien; *sb 3.* Schrei *m*

yellow ['jeləʊ] *adj* gelb

yellow fever ['jeləʊ 'fiːvə] *sb MED* Gelbfieber *n*
yellow jacket ['jeləʊdʒækɪt] *sb* Wespe *f*
yelp [jelp] *v 1.* aufschreien; *2. (animal)* jaulen; *sb 3.* Aufschrei *m; 4. (by an animal)* Jaulen *n*
Yemen ['jemən] *sb GEO* der Jemen *m*
yen [jen] *sb 1. FIN* Yen *m; 2. (yearning)* Verlangen *n*, Sehnsucht *f*
yeoman ['jəʊmən] *sb* Freibauer *m; Yeoman of the Guard* Leibgardist *m*

yes [jes] *interj* ja

yes-man ['jesmæn] *sb (fam)* Jasager *m*

yesterday ['jestədeɪ] *adv* gestern; *the day before ~* vorgestern; *I wasn't born ~.* Ich bin nicht von gestern.

yesteryear ['jestəjɪə] *sb of ~* vergangener Jahre
yet [jet] *adv 1. (thus far)* bis jetzt, bisher; *not ~* noch nicht; *2. (still)* noch; *~ again* noch einmal; *~ another* noch ein(e); *3. (already)* schon; *Are we there ~?* Sind wir schon da? *konj 4.* doch, dennoch, trotzdem
yeti ['jetɪ] *sb the ~* der Yeti *m*, der Schneemensch *m*
yew [juː] *sb BOT* Eibe *f*
Yiddish ['jɪdɪʃ] *sb LING* Jiddisch *n*
yield [jiːld] *v 1. (give way)* nachgeben; *"Yield" (on a road sign)* Vorfahrt gewähren; *2. (a crop, a result)* hervorbringen, ergeben; *3. FIN* abwerfen; *4. (hand over)* hergeben; *sb 5.* Ertrag *m*
yielding ['jiːldɪŋ] *adj* nachgebend, nachgiebig
yippee [jɪ'piː] *interj* juchhu
yobbo ['jɒbəʊ] *sb (fam: lout) (UK)* Rowdy *m*
yodel ['jəʊdl] *v* jodeln
yoga ['jəʊgə] *sb* Joga *n*
yogurt ['jəʊgɜːt] *sb* Jogurt *n/m*
yoke [jəʊk] *sb* Joch *n*
yolk [jəʊk] *sb* Eidotter *m*, Eigelb *n*

yomp [jɒmp] *v* mit schwerem Gepäck einen Geländemarsch machen
yonder ['jɒndə] *adv* dort drüben, da drüben
yonks [jɒŋks] *sb (fam) (UK)* Ewigkeit *f*

you [juː] *pron 1.* Sie; *(indirect object)* Ihnen; *2. (addressing a friend or relative)* du; *(direct object)* dich; *(indirect object)* dir; *3. (two or more friends or relatives)* ihr; *(direct or indirect object)* euch; *4. (fam: one)* man, *(direct object)* einen, *(indirect object)* einem

young [jʌŋ] *adj 1.* jung; *pl 2. the ~* junge Leute *pl,* die Jugend *f; 3. ZOOL* Junge *pl*
youngster ['jʌŋstə] *sb* Junge *m*
your [jʊə] *adj 1.* Ihr/Ihre/Ihr; *2. (addressing friend or relative)* dein/deine/dein; *(familiar plural)* euer/eure/euer; *3. (one's)* sein/seine/sein
yours [jʊəz] *pron 1.* Ihrer/Ihre/Ihres; *2. (addressing a friend or relative)* deiner/deine/deins; *(familiar plural)* eurer/euer/euers; *adv 3. ~ truly (at the end of a letter)* mit freundlichen Grüßen, hochachtungsvoll; *4. ~ truly (fam: me)* meine Wenigkeit *f*
yourself [jə'self] *pron 1.* sich; *2. (addressing a relative or friend) (direct object)* dich; *(indirect object)* dir; *(familiar plural)* euch; *3. (for emphasis) You said so ~.* Sie haben es selbst gesagt. *by ~* selbst, allein

youth [juːθ] *sb 1.* Jugend *f; 2. (boy)* Jugendliche(r) *m*

youth club ['juːθklʌb] *sb* Jugendklub *m*
youthful ['juːθfʊl] *adj* jugendlich
yowl [jaʊl] *v* heulen, jaulen
yo-yo ['jəʊjəʊ] *sb* Jo-Jo *n,* Yo-Yo *n*
ytterbium [ɪ'tɜːbɪʌm] *sb* Ytterbium *n*
yttrium ['ɪtrɪəm] *sb CHEM* Yttrium *n*
yucca ['jʌkə] *sb BOT* Yuccapalme *f*
yucky ['jʌkɪ] *adj (fam)* eklig, ekelhaft, widerlich
Yugoslav ['juːgəslɑːv] *sb HIST* Jugoslawe/Jugoslawin *m/f*
Yugoslavia [juːgə'slɑːvɪə] *sb HIST* Jugoslawien *n*
yuletide ['juːltaɪd] *sb* Weihnachtszeit *f*
yummy ['jʌmɪ] *adj (fam)* lecker
yuppie ['jʌpɪ] *sb* Yuppie *m*
Zaire [zɑː'iːə] *sb GEO* Zaire *n*
Zambia ['zæmbɪə] *sb GEO* Sambia *n*
zaniness ['zeɪnɪnɪs] *sb* Verrücktheit *f*
zany ['zeɪnɪ] *adj* verrückt
zap [zæp] *v* ein Schock versetzen
zeal [ziːl] *sb* Eifer *m*
zealot ['zelət] *sb* Fanatiker *m*
zealotry ['zelətrɪ] *sb* Fanatismus *m*
zealous ['zeləs] *adj* eifrig
zebra ['zebrə] *sb ZOOL* Zebra *n*
zebra crossing ['zebrəkrɒsɪŋ] *sb (UK)* Zebrastreifen *m*
Zen [zen] *sb REL* Zen-Buddhismus *m*
zenith ['zenɪθ] *sb* Zenit *m*
zephyr ['zefə] *sb* Zephir *m*

zero ['zɪərəʊ] *sb 1.* Null *f; 2. (on a scale)* Nullpunkt *m*

zero hour ['zɪərəʊaʊə] *sb the ~* die Stunde X *f*
zero-rated ['zɪərəʊreɪtɪd] *adj FIN* mehrwertsteuerfrei
zest [zest] *sb 1. (verve)* Schwung *m; 2. (enthusiasm)* Begeisterung *f*
zesty ['zestɪ] *adj (in taste)* lecker
zigzag ['zɪgzæg] *sb 1.* Zickzack *m/n; v 2.* im Zickzack gehen
zilch [zɪltʃ] *sb (fam)* Null *f,* Nichts *n*
zillion ['zɪljən] *sb (US: fam) a ~ times* zigmal; *a ~ dollars* zig Milliarden Dollar
Zimbabwe [zɪm'bɑːbwɪ] *sb GEO* Simbabwe *n*
zinc [zɪŋk] *sb CHEM* Zink *m*
zinger ['zɪŋə] *sb (fam: remark)* treffende sarkastische Bemerkung *f*
Zionism ['zaɪənɪzəm] *sb* Zionismus *m*
zip [zɪp] *v 1. (close a zipper)* den Reißverschluß zumachen; *2. (fam: move quickly)* flitzen *(fam)*
ZIP code ['zɪpkəʊd] *sb (US)* Postleitzahl *f*
zipper ['zɪpə] *sb* Reißverschluß *m*
zippy ['zɪpɪ] *adj (fam)* flott
zirconia [zɜː'kəʊnɪə] *sb* Zirkonium *n*
zirconium [zɜː'kəʊnɪəm] *sb CHEM* Zirkonium *n*
zither ['zɪðə] *sb MUS* Zither *f*
zodiac ['zəʊdɪæk] *sb* Tierkreis *m; sign of the ~* Tierkreiszeichen *n*
zombie ['zɒmbɪ] *sb 1.* Zombie *m; 2. (fig)* Roboter *m*
zonal ['zəʊnl] *adj* Zonen...
zone [zəʊn] *sb* Zone *f*
zonked [zɒŋkt] *adj (fam: exhausted)* fertig
zoo [zuː] *sb* Zoo *m,* Tiergarten *m*
zoology [zʊ'ɒlədʒɪ] *sb* Zoologie *f,* Tierkunde *f*
zoom [zuːm] *v (fam: move quickly)* sausen
zoom lens [zuːm lenz] *sb* Zoom *n*
zucchini [zuː'kiːnɪ] *sb 1.* Zucchini *pl; 2. (one ~)* Zucchino *m*

Deutsch – Englisch

A

Aal [aːl] *m ZOOL* eel; *sich winden wie ein ~* try to wiggle out of it

aalen ['aːlən] *v sich ~* laze about, lounge about; *sich in der Sonne ~* bask in the sun

aalglatt ['aːl'glat] *adj (fig)* slick, smooth, slippery

Aas [aːs] *n ZOOL* rotting carcass, carrion

ab [ap] *prep 1. (zeitlich)* from; *~ heute* from today *(UK)*, starting today *(US)*; *von jetzt ~* from now on, henceforth; *vom ersten April ~* from April first onwards; *~ und zu* now and then; *2. (örtlich)* off, from; *von hier ~* from here; *weit ~ von* far from; *auf und ~* up and down; *3. Bestellungen ~ zwanzig Euro* orders of more than twenty euro

abarbeiten ['aparbaɪtən] *v 1.* work off; *2. sich ~* work o.s. to exhaustion, slave away

Abart ['apaːrt] *f* variety

abartig ['apaːrtɪç] *adj* abnormal, deviant

Abbau ['apbau] *m 1. (Verringerung)* reduction, cutback; *2. (Zerlegung)* dismantling; *3. CHEM* decomposition; *4. MIN* mining, exploitation, exhaustion

abbaubar ['apbaubaːr] *adj* degradable, decomposable

abbauen ['apbauən] *v 1. (verringern)* reduce; *2. (zerlegen)* dismantle, pull down, take to pieces; *3. CHEM* dismantle, break down; *4. MIN* mine, work

abbeizen ['apbaɪtsən] *v 1. (Farbe)* strip; *2. (beizen) TECH* dip, pickle, remove

abberufen ['apbəruːfən] *v irr (Diplomat)* recall

abbezahlen ['apbətsaːlən] *v* pay off, repay

abbiegen ['apbiːgən] *v 1.* turn off; *2. (Straße)* branch off

Abbild ['apbɪlt] *n 1. (Ebenbild)* image, effigy, portrait; *2. (Darstellung)* copy, duplicate

abbilden ['apbɪldən] *v* represent, portray, picture; *unten abgebildet* pictured below

Abbildung ['apbɪldʊŋ] *f* representation, illustration, picture

Abbitte ['apbɪtə] *f bei jdm ~ leisten* apologize to s.o.

abblasen ['apblaːzən] *v 1. (wegblasen)* blow off; *2. (entweichen lassen)* release; *3. (fig)* call off

abblättern ['apblɛtərn] *v* peel off, flake off, exfoliate

abblenden ['apblendən] *v 1.* dim; *2. FOTO* darken, stop down

Abblendlicht ['apblɛndlɪçt] *n TECH* dimmer, passing beam *(UK)*, low beam *(US)*

abbrechen ['apbrɛçən] *v irr 1. (Tätigkeit)* cease, stop, break off; *2. (Gebäude)* demolish; *alle Brücken hinter sich ~* burn one's bridges, burn one's boats

abbremsen ['apbrɛmzən] *v* brake

abbrennen ['apbrɛnən] *v irr* burn down

abbringen ['apbrɪŋən] *v irr ~ von* dissuade from, argue out of; *vom rechten Weg ~* lead astray; *jdn von etw ~* make s.o. change his/her mind about sth

abbröckeln ['apbrœkəln] *v 1.* crumble away; *2. (Börsenkurs) FIN* ease off, drop off

Abbruch ['apbrux] *m 1. (eines Gebäudes)* demolition, pulling down, tearing down; *2. (fig)* discontinuance, breaking off

abbuchen ['apbuːxən] *v 1. ECO* deduct, debit; *2. (abschreiben)* write off

Abbuchung ['apbuːxuŋ] *f ECO* debiting

abbürsten ['apbyrstən] *v 1.* brush; *2. etw ~* brush sth off, brush sth away

abchecken ['abtʃɛkən] *v 1.* check; *2.* check off, tick off

Abc-Schütze [aːbeː'tseːʃytsə] *m* alphabetarian

ABC-Waffen [aːbeː'tseːvafən] *pl MIL* NBC weapons

abdämpfen ['apdɛmpfən] *v 1. (Stoß)* cushion, dampen; *2. (Geräusch)* silence, muffle

abdanken ['apdaŋkən] *v 1. (Minister) POL* resign, retire; *2. (König) POL* abdicate

Abdankung ['apdaŋkuŋ] *f 1. (König) POL* abdication; *2. (Minister) POL* resignation, retirement

abdecken ['apdɛkən] *v 1. (Tisch)* clear; *2. (zudecken)* cover; *3. (Dach)* tear off

Abdeckung ['apdɛkuŋ] *f 1. (Bedeckung)* cover, covering; *2. (von Schulden)* settlement

abdichten ['apdɪçtən] *v 1. (verschließen) TECH* seal; *2. (isolieren)* insulate

Abdichtung ['apdɪçtuŋ] *f 1. TECH* sealing; *2. (Isolierung)* insulation

abdrängen ['apdrɛŋən] *v* push aside, force aside, shove aside

abdrehen ['apdreːən] *v 1. (Schiff)* change course, veer off; *2. (zudrehen)* turn off

abdriften ['apdrɪftən] *v* drift off

A

Abdruck ['apdruk] *m* *1. (Nachbildung)* impression, copy, reproduction; *2. (Spur)* imprint, print
abdrücken ['apdrykən] *v* *1. (zudrücken)* choke; *2. (abfeuern)* pull the trigger, fire; *3. (umarmen)* hug, squeeze
abducken ['apdukən] *v SPORT* duck
abebben ['apɛbən] *v 1. (Wasser)* ebb away; *2. (fig)* decline

Abend ['aːbənt] *m 1.* evening; *Es ist noch nicht aller Tage ~.* It's early days yet. *Heiliger ~* Christmas Eve; *adv 2. heute ~* this evening, tonight; *gestern ~* last night

Abenddämmerung ['aːbəntdɛmərUŋ] *f* dusk, evening twilight
Abendessen ['aːbəntɛsən] *n* dinner, supper
Abendland ['aːbəntlant] *n* the West, the Occident
abends ['aːbənts] *adv* in the evening, at night, *(heute abend)* tonight
Abenteuer ['aːbəntɔyər] *n* adventure
Abenteuerfilm ['aːbəntɔyərfɪlm] *m CINE* adventure film, action movie
abenteuerlich ['aːbəntɔyərlɪç] *adj 1.* adventurous; *2. (fig: ungewöhnlich)* strange, wild
abenteuerlustig ['aːbəntɔyərlustɪç] *adj* craving for adventure, yearning for adventure
Abenteurer ['aːbəntɔyrər] *m* adventurer, crook *(fam)*

aber ['aːbər] *konj 1.* but; *2. (zur Verstärkung) Das ist ~ nett von dir!* That's really nice of you! *Aber sicher!* But of course!

Aberglaube ['aːbərglaubə] *m* superstition
abergläubisch ['aːbərglɔybɪʃ] *adj* superstitious
aberkennen ['apɛrkɛnən] *v irr JUR* deprive, disallow, dispossess
Aberkennung ['apɛrkɛnuŋ] *f JUR* deprivation, abjudication, disallowance
abermals ['aːbərmaːls] *adv* again, once more
aberwitzig ['aːbərvɪtsɪç] *adj* insane, mad, crazy
abfahren ['apfaːrən] *v irr* depart, set out, start
Abfahrt ['apfaːrt] *f 1. (Abreise)* departure; *2. NAUT* sailing; *3. (Skiabfahrt) SPORT* descent, run
Abfall ['apfal] *m 1. (Müll)* waste, rubbish, refuse; *2. (Rückgang)* decline, decrease, drop
Abfallbeseitigung ['apfalbəzaɪtɪguŋ] *f* waste disposal, refuse disposal
Abfalleimer ['apfalaɪmər] *m* dustbin *(UK)*, rubbish bin *(UK)*, trash can *(US)*
abfallen ['apfalən] *v irr 1. (Obst)* fall, drop; *2. (übrig bleiben)* to be left over, go to waste
abfällig ['apfɛlɪç] *adj (fig)* disparaging, derogatory
abfangen ['apfaŋən] *v irr* intercept
abfärben ['apfɛrbən] *v 1.* run, lose colour; *2. (fig)* rub off on sth
abfassen ['apfasən] *v 1. (Text)* word, draw up; *2. (fam: jdn erwischen)* catch
abfertigen ['apfɛrtɪgən] *v 1. (fam: Gegner)* deal with; *2. (Zoll)* clear; *3. (Kunde)* attend to, serve
Abfertigung ['apfɛrtɪguŋ] *f 1. (Kunde)* service; *2. (Zoll)* clearance
abfeuern ['apfɔyərn] *v* fire (off), discharge
abfinden ['apfɪndən] *v irr 1. sich ~ mit* come to terms with, settle for, put up with; *2. JUR* settle with, indemnify, pay off; *3. (jdn ~) ECO* pay off, *(Teilhaber)* buy out
Abfindung ['apfɪnduŋ] *f 1. JUR* settlement, indemnification; *2. ECO* settlement, compensation
abflachen ['apflaxən] *v* flatten, level
abflauen ['apflauən] *v 1.* abate, drop, subside; *2. ECO* flag, slacken, slow down
abfliegen ['apfliːgən] *v irr (Flugzeug)* take off, depart
abfließen ['apfliːsən] *v irr* drain off, flow off
Abflug ['apfluːk] *m* take-off, departure
Abfluss ['apflus] *m 1. (Abfließen)* draining away; *2. (Öffnung)* drain
abfordern ['apfɔrdərn] *v (Dinge)* demand
Abfrage ['apfraːgə] *f* inquiry
abfragen ['apfraːgən] *v (in der Schule)* question, quiz *(US)*
Abfuhr ['apfuːr] *f 1. (von Müll)* disposal; *2. (fam: Zurückweisung)* rebuff, turndown
abführen ['apfyːrən] *v 1. (Verbrecher)* take away, take into custody; *2. (Gelder) ECO* pay
abfüllen ['apfylən] *v (in Flaschen)* bottle
Abgabe ['apgaːbə] *f 1. (Ablieferung)* delivery, handing over, handing in; *2. (Steuer) ECO* duty, levy, tax
Abgabetermin ['apgaːbətɛrmiːn] *m* submission date
Abgang ['apgaŋ] *m 1. (von der Schule)* school leaving, graduation *(US)*; *2. (Ausscheidung) MED* passing, *(von Eiter)* discharge; *3. (Fehlgeburt) MED* miscarriage; *4. (Waren) ECO*

outlet, sale, market; 5. *THEAT* exit; 6. *einen ~ machen* make one's exit
Abgangszeugnis ['apgaŋstsɔyknɪs] *n* school-leaving certificate, diploma *(US)*
abgearbeitet ['apgəarbaɪtət] *adj 1. (abgenutzt)* worn out; *2. (überarbeitet)* tired out, exhausted
abgeben ['apgeːbən] *v irr* give up, deliver, hand over; *seine Stimme ~* cast one's vote
abgebrannt ['apgəbrant] *adj (fam: blank)* broke
abgebrüht ['apgəbryːt] *adj (fam)* hard-boiled
abgedroschen ['apgədrɔʃən] *adj (fig)* trite, clichéd, stale
abgeflacht ['apgəflaxt] *adj* flattened, flat-topped
abgegriffen ['apgəgrɪfən] *adj 1. (fig)* stale, overused; *2. (Buch)* well-thumbed
abgehackt ['apgəhakt] *adj 1. (Ast)* chopped off; *2. (Sprechweise)* jerky, abrupt
abgehärtet ['apgəhɛrtət] *adj* hardened
abgekartet ['apgəkartət] *adj eine ~e Sache* a put-up job
abgeklärt ['apgəklɛːrt] *adj 1. (souverän)* serene, mellow; *2. (abgesprochen)* agreed
abgelegen ['apgəleːgən] *adj* remote, distant, out-of-the-way
abgelten ['apgɛltən] *v irr 1. (Schuld)* pay off; *2. (ausgleichen)* compensate
abgeneigt ['apgənaɪkt] *adj* disinclined, averse, reluctant
abgenutzt ['apgənutst] *adj* worn, worn-out
Abgeordnete(r) ['apgəɔrdnətə(r)] *m/f POL* delegate, representative *(US)*, Member of Parliament *(UK)*
Abgeordnetenhaus ['apgəɔrdnətənhaus] *n POL* parliament, Houses of Parliament *(UK)*, House of Representatives *(US)*
abgeschieden ['apgəʃiːdən] *adj* isolated, remote
abgeschlagen ['apgəʃlaːgən] *adj 1. (erschöpft)* worn-out, exhausted; *2. (weit zurückliegend)* far behind
abgeschlossen ['apgəʃlɔsən] *adj 1. (abgesperrt)* locked; *2. (beendet)* completed
abgesehen ['apgəzeːən] *adv ~ von* apart from, irrespective of, except for
abgestanden ['apgəʃtandən] *adj* stale, flat
abgestimmt ['apgəʃtɪmt] *adj 1. (im Einklang)* coordinated; *2. (nach Stimmabgabe)* voted on
abgestorben ['apgəʃtɔrbən] *adj 1. (Pflanze)* dead; *2. (Glied)* numb
abgestumpft ['apgəʃtumpft] *adj 1. (Gegenstand)* dull; *2. (Person)* indifferent
abgewetzt ['apgəvɛtst] *adj (Kleidung)* worn-out, shabby
abgewinnen ['apgəvɪnən] *v irr (Gefallen finden)* find pleasure in, make the best of
abgewöhnen ['apgəvøːnən] *v sich etw ~* give sth up, get out of the habit of doing sth
abgießen ['apgiːsən] *v irr* pour off
abgleiten ['apglaɪtən] *v irr* slip, slide
Abgott ['apgɔt] *m REL* idol
abgöttisch ['apgœtɪʃ] *adj REL* idolatrous
abgrasen ['apgraːzən] *v 1.* graze; *2. (fig)* comb, scour, exploit
abgrenzen ['apgrɛntsən] *v* delineate, demarcate, mark off; *sich ~ (fig)* draw boundaries
Abgrenzung ['apgrɛntsuŋ] *f* demarcation
Abgrund ['apgrunt] *m 1.* precipice; *2. (fig)* abyss, gulf
abgründig ['apgryndɪç] *adj* profound
abhaben ['aphaːbən] *v 1. (einen Teil bekommen)* have a share of; *2. den Hut ~* have one's hat off
abhacken ['aphakən] *v* chop off
abhaken ['aphaːkən] *v 1.* check off, tick off; *2. (fig)* cross off
abhalten ['aphaltən] *v irr 1. (Versammlung)* hold; *2. (hindern)* prevent; *jdn von der Arbeit ~* keep s.o. from working; *jdn davon ~, etw zu tun* prevent s.o. from doing sth
abhandeln ['aphandəln] *v (Thema)* treat, deal with, discuss
Abhandlung ['aphandluŋ] *f* treatise
Abhang ['aphaŋ] *m* slope
abhängen ['aphɛŋən] *v irr 1. von etw ~* depend on sth; *2. jdn ~* shake s.o. off; *3. (Anhänger)* unhitch; *4. (Bild)* take down; *5. (Eisenbahnwagen)* uncouple
abhängig ['aphɛŋɪç] *adj* dependent; *~ sein von* to be dependent on
Abhängigkeit ['aphɛŋɪçkaɪt] *f* dependence
abhärten ['aphɛrtən] *v* harden, inure, toughen
Abhärtung ['aphɛrtuŋ] *f* hardening
abhauen ['aphauən] *v (fam: verschwinden)* push off, beat it (US), scram (US); *Hau ab!* Push off! Beat it! Scram!
abheben ['apheːbən] *v irr 1. (Flugzeug)* take off; *2. (Rakete)* lift off; *3. (Telefonhörer)* pick up; *4. (Geld) FIN* withdraw, take out,

draw; *5. sich ~ von* contrast with, stand out against
abheften ['aphɛftən] *v* file away
abheilen ['aphaɪlən] *v* heal, heal up
abhelfen ['aphɛlfən] *v irr einer Sache ~* remedy sth
abhetzen ['aphɛtsən] *v sich ~* wear o.s. out, tire o.s. out
Abhilfe ['aphɪlfə] *f* remedy, cure
abhold ['aphɔlt] *adv* averse to

abholen ['aphoːlən] *v* collect, pick up, fetch; *Ich hole dich ab.* I'll pick you up.

abholzen ['aphɔltsən] *v* deforest
abhören ['aphøːrən] *v 1. (Telefongespräch)* listen in on; *(mit einem Abhörgerät)* tap; *2. (fragen)* question, test
Abitur [abi'tuːr] *n* school-leaving exam, A-levels *pl (UK)*
abkanten ['apkantən] *v 1. TECH* round off; *2. (biegen)* fold
abkanzeln ['apkantsəln] *v jdn ~ (fig)* call s.o. on the carpet *(US),* give s.o. a good ticking-off
abkaufen ['apkaufən] *v 1.* buy, purchase; *2. (glauben)* buy *(fam)*; *Die Geschichte kaufe ich dir nicht ab.* I won't buy that story.
Abkehr ['apkeːr] *f* estrangement, withdrawal
abkehren ['apkeːrən] *v 1. sich ~* turn away, take no further interest; *2. (Tisch)* sweep
Abklatsch ['apklatʃ] *m (fam)* spitting image
abklingen ['apklɪŋən] *v irr 1. (Lärm)* die away, fade; *2. (Fieber) MED* subside
abklopfen ['apklɔpfən] *v 1. (Schmutz)* knock off; *2. (fig: prüfen)* scrutinize
abknallen ['apknalən] *v (fam: erschießen)* bump off, gun down
abknicken ['apknɪkən] *v 1.* break off, snap off; *2. (Straße)* bend
abknöpfen ['apknœpfən] *v jdm etw ~* get sth off s.o.
abkochen ['apkɔxən] *v* boil, sterilize (by boiling)
abkommen ['apkɔmən] *v 1. (vom Weg)* lose one's way; *2. (vom Thema)* stray from the point
Abkommen ['apkɔmən] *n* agreement, deal
Abkömmling ['apkœmlɪŋ] *m* descendant, offspring
abkratzen ['apkratsən] *v 1.* scratch off, scrape off; *2. (fam: sterben)* kick the bucket, peg out, croak
abkühlen ['apkyːlən] *v 1. (Speisen)* cool off; *2. (Beziehungen)* cool
abkürzen ['apkyrtsən] *v 1. (Wort)* abbreviate; *2. den Weg ~* take a short-cut; *3. (Buch)* abridge
Abkürzung ['apkyrtsuŋ] *f 1. (Wort)* abbreviation; *2. (Weg)* short-cut
abladen ['aplaːdən] *v irr 1. (Wagen)* unload; *2. (Schutt)* dump
ablagern ['aplaːgərn] *v sich ~* deposit
ablassen ['aplasən] *v irr 1. (Dampf)* let off; *2. (Wasser)* drain off, let out
Ablauf ['aplauf] *m 1. (Abfluss)* drain, outlet; *2. (Geschehen)* course, order of events; *3. (Frist) ECO* expiry, expiration *(US)*
ablaufen ['aplaufən] *v irr 1. (Flüssigkeit)* run off, drain; *2. (Zeit)* go by, pass; *3. (Gültigkeit verlieren)* expire; *4. (Frist) ECO* run out; *5. sich die Beine nach etw ~* look for sth high and low
ablecken ['aplɛkən] *v* lick off, lick clean
ablegen ['apleːgən] *v 1. (Kleidung)* take off; *2. eine Gewohnheit ~* break a habit; *3. (Karten)* put down, lay down; *4. (Akten)* file; *5. über etw Rechenschaft ~* account for sth; *6. (Examen)* take; *7. ein Geständnis ~ JUR* confess; *Zeugnis ~* bear witness
ablehnen ['apleːnən] *v* refuse, reject, decline
Ablehnung ['apleːnuŋ] *f 1. (Zurückweisung)* refusal, rejection; *2. (Missbilligung)* disapproval; *auf ~ stoßen* meet with disapproval
ableiten ['aplaɪtən] *v 1. (Wasser)* divert, drain off; *2. (fig: folgern)* derive, deduce; *~ von* draw from
Ableitung ['aplaɪtuŋ] *f 1. (von Wasser)* diversion, drainage; *2. (Folgern)* derivation
ablenken ['aplɛŋkən] *v* divert, distract
Ablenkung ['aplɛŋkuŋ] *f* diversion, distraction
ablesen ['apleːzən] *v irr* read off
ableugnen ['aplɔygnən] *v* deny
abliefern ['apliːfərn] *v* deliver, hand over
ablösen ['apløːzən] *v 1. (einander abwechseln)* alternate, take turns; *2. (Dienst)* replace; *3. (entfernen)* remove, detach, take off; *4. (tilgen) ECO* redeem, pay off
Abluft ['apluft] *f TECH* used air
abmachen ['apmaxən] *v 1. (übereinkommen)* agree on, settle; *2. (entfernen)* take off, undo, detach
abmagern ['apmaːgərn] *v* get thinner, lose weight
abmahnen ['apmaːnən] *v* give a warning

abmelden ['apmɛldən] *v 1. (Zeitung)* cancel; *2. das Telefon ~* have the phone disconnected; *3. sein Auto ~* take one's car off the road; *4. sich ~ (behördlich)* notify the police that one is moving
abmessen ['apmɛsən] *v irr* measure, measure off
abmildern ['apmɪldərn] *v 1. (Aufprall)* soften; *2. (Schock)* lessen
abmontieren ['apmɔnti:rən] *v* dismantle, disassemble, take to pieces
abmurksen ['apmurksən] *v (fam: töten)* bump off
abnabeln ['apna:bəln] *v 1. MED* cut the umbilical cord; *2. (fig) sich ~* free o.s.
abnagen ['apna:gən] *v* gnaw off
Abnahme ['apna:mə] *f 1. (Herunternahme)* taking down; *2. (Verminderung)* decrease, decline, diminution; *3. (Kauf) ECO* purchase; *4. (Gewicht)* loss (of weight); *5. (amtliche) TECH* official acceptance, inspection
abnehmen ['apne:mən] *v irr 1. (Gewicht)* lose weight; *2. (Telefon)* answer; *3. (entgegennehmen)* take, *(abkaufen)* buy; *jdm etw ~* relieve s.o. of sth; *4. (entfernen)* remove, detach, take away; *5. TECH* inspect
Abneigung ['apnaɪguŋ] *f* aversion, dislike
abnorm [ab'nɔrm] *adj* abnormal
Abnormität [apnɔrmi'tɛ:t] *f 1.* abnormality, monstrosity; *2. MED* anomaly, abnormity, abnormality
abnötigen ['apnø:tigən] *v jdm etw ~* force s.o. to do sth
abnutzen ['apnutsən] *v* wear out
abonnieren [abɔ'ni:rən] *v* subscribe to
abordnen ['apɔrdnən] *v* delegate
abpassen ['appasən] *v (fam: auflauern) jdn ~* lie in wait for s.o.
abprallen ['appralən] *v 1. (Ball)* bounce off, rebound; *2. (fig: Beleidigung)* bounce off
abpumpen ['appumpən] *v 1.* pump dry; *2. (Wasser, Öl)* pump off
abrackern ['aprakərn] *v (fam) sich ~* labour, slave, toil
abrasieren ['aprazi:rən] *v* shave off
abraten ['apra:tən] *v irr* advise against
abräumen ['aprɔymən] *v* clear (away)
abreagieren ['apreagi:rən] *v 1.* work off; *2. sich ~* let off steam
abrechnen ['aprɛçnən] *v 1.* settle; *2. (fig) mit jdm ~* get even with s.o. *3. (etw abziehen)* deduct
Abrechnung ['aprɛçnuŋ] *f 1. (Abzug)* deduction; *2. (Aufstellung)* statement; *3. (Rechnung) ECO* bill; *4. (Schlussrechnung)* settlement (of accounts); *5. (fig: Vergeltung)* revenge; *Tag der ~* day of reckoning
Abrede ['apre:də] *f etw in ~ stellen* deny sth
abregen ['apre:gən] *v (fam) sich ~* cool down, simmer down
abreiben ['apraɪbən] *v irr 1. (Schmutz)* rub off; *2. (Fenster)* wipe; *3. (trockenreiben)* rub down
abreisen ['apraɪzən] *v* depart, leave
abreißen ['apraɪsən] *v irr 1. (Gebäude)* pull down, tear down, demolish; *2. (Papier)* tear off, rip off
abriegeln ['apri:gəln] *v (Gebiet)* cordon off, block off
abringen ['aprɪŋən] *v irr 1. jdm etw ~* wrest sth from s.o. *2. sich etw ~* force o.s. to do sth
Abriss ['aprɪs] *m 1. (eines Gebäudes)* demolition; *2. (Zusammenfassung)* summary, outline
abrollen ['aprɔlən] *v* unroll, unreel
abrücken ['aprykən] *v 1. von jdm ~* move away from s.o. *2. (Truppeneinheit) MIL* withdraw
Abruf ['apru:f] *m 1. auf ~* on call; *2. INFORM* retrieval
abrufen ['apru:fən] *v irr 1. ECO* request delivery of; *2. INFORM* retrieve
abrunden ['aprundən] *v* round off; *eine Zahl ~ (nach oben/unten)* round a number up/down
abrupt [ap'rupt] *adj* abrupt, sudden
abrüsten ['aprystən] *v POL* disarm
Abrüstung ['aprystuŋ] *f MIL* disarmament
abrutschen ['aprutʃən] *v 1.* slip; *2. (Wagen)* skid
Absage ['apza:gə] *f 1.* refusal; *2. (auf eine Einladung)* negative reply
absagen ['apza:gən] *v 1.* withdraw; *jdm ~* cancel s.o.'s appointment; *2. etw ~* call sth off, cancel sth
absägen ['apzɛ:gən] *v 1. (Ast)* saw off; *den Ast ~, auf dem man sitzt* cut one's own throat; *2. (fam: jdn absetzen)* dismiss, sack, fire
absahnen ['apza:nən] *v (fam)* cream off
Absatz ['apzats] *m 1. (Abschnitt)* paragraph, section; *2. (Treppenabsatz)* landing; *3. (Schuhabsatz)* heel; *4. ECO* sales
absaugen ['apzaugən] *v irr 1.* suck off; *2. (staubsaugen)* vacuum
abschaben ['apʃa:bən] *v* scrape off
abschaffen ['apʃafən] *v* abolish, do away with, get rid of

abschalten ['apʃaltən] *v (etw ~)* switch off, turn off
abschätzen ['apʃɛtsən] *v* estimate, assess, appraise
abschätzig ['apʃɛtsɪç] *adj* disparaging, derogatory
Abschaum ['apʃaum] *m (fig)* scum; *der ~ der Menschheit* the scum of the earth
Abscheu ['apʃɔy] *f* abhorrence, repulsion, repugnance
abscheulich [ap'ʃɔylɪç] *adj 1.* abominable, atrocious; *Wie ~!* How awful! *2. (Verbrechen)* heinous
abschicken ['apʃɪkən] *v* send, send off, dispatch, mail
abschieben ['apʃiːbən] *v irr 1. (fam: weggehen)* shove off; *2. Verantwortung ~* pass the buck; *3. (ausweisen) POL* deport

Abschied ['apʃiːt] *m* parting, farewell; *~ nehmen von* say good-bye to

abschießen ['apʃiːsən] *v irr 1. (schießen)* fire, fire off, *(Pfeil)* shoot, shoot off, *(Rakete) launch; 2. (Flugzeug) MIL* shoot down
abschirmen ['apʃɪrmən] *v 1.* screen, shield; *2. (fig)* protect
abschlachten ['apʃlaxtən] *v (fam)* kill off
Abschlag ['apʃlaːk] *m 1. (Rate) ECO* part payment; *2. (Preissenkung) ECO* markdown, discount; *3. (Kursabschlag) FIN* marking down; *4. (vom Tor) SPORT* goal kick; *5. (Golf)* tee-off
abschlagen ['apʃlaːgən] *v irr 1. (abschneiden)* cut off, chop down; *2. SPORT (Golf)* tee off, *(Fußball)* punt; *3. (fig: ablehnen)* decline, refuse, turn down
abschlägig ['apʃlɛgɪç] *adj* negative
abschleifen ['apʃlaɪfən] *v irr TECH* grind off, grind down, polish
Abschleppdienst ['apʃlɛpdiːnst] *m* breakdown service, towing service
abschleppen ['apʃlɛpən] *v (Fahrzeug)* tow away
abschließen ['apʃliːsən] *v irr 1. (zuschließen)* lock, lock up; *2. (beenden: Sitzung)* conclude, bring to a close, end; *3. (Geschäft) ECO* transact, conclude; *4. (Vertrag) JUR* conclude

Abschluss ['apʃlus] *m 1. (Beendigung)* end; *zum ~ bringen* bring to a conclusion; *zum ~ kommen* come to an end; *das Wort zum ~* the final word; *2. (Vertragsschluss)* signing of an agreement, conclusion of a contract; *3. (Geschäftsabschluss)* (business) transaction, (business) deal; *4. (Bilanz)* financial statement, annual accounts

Abschlussbilanz ['apʃlusbɪlants] *m ECO* final annual balance sheet
Abschlussprüfung ['apʃlusprуːfuŋ] *f 1. (Schule)* final examination; *2. ECO* audit
Abschlusszeugnis ['apʃlustsɔyknɪs] *n* leaving certificate, diploma *(US)*
abschmecken ['apʃmɛkən] *v 1. (würzen)* season; *2. (kosten)* taste
abschmieren ['apʃmiːrən] *v* grease, lubricate
abschminken ['apʃmɪŋkən] *v 1.* remove one's make-up; *2. Das kannst du dir ~! (fig)* Get it out of your head!
abschmirgeln ['apʃmɪrgəln] *v TECH* sand down
abschnallen ['apʃnalən] *v 1.* unfasten one's belt; *2. (fig)* to be flabbergasted; *Da schnallst du ab!* It's mind-boggling!
abschneiden ['apʃnaɪdən] *v irr 1.* cut, cut off; *jdm das Wort ~* cut s.o. short; *2. gut/schlecht ~ (fig)* come off well/badly, do well/badly
Abschnitt ['apʃnɪt] *m 1. (Kapitel)* section; *2. (Gebiet)* sector; *3. (Zeit)* period
abschnüren ['apʃnyːrən] *v* cut off, throttle
abschöpfen ['apʃœpfən] *v* skim off
abschotten ['apʃɔtən] *v (fig) sich gegen etw ~* cut o.s. off from sth
abschrauben ['apʃraubən] *v* unscrew
abschrecken ['apʃrɛkən] *v irr 1. (abhalten)* deter; *2. GAST* rinse; *3. (Stahl) TECH* quench
abschreiben ['apʃraɪbən] *v irr 1.* copy; *2. ECO* write off
Abschuss ['apʃus] *m 1.* shooting; *2. (einer Rakete)* launching
abschüssig ['apʃysɪç] *adj* sloping
abschütteln ['apʃytəln] *v 1.* shake off; *2. (fam: loswerden)* shake off, get rid of
abschwächen ['apʃvɛçən] *v* weaken, lessen, soften
abschweifen ['apʃvaɪfən] *v (fig)* digress; *vom Thema ~* deviate from the subject
abschwellen ['apʃvɛlən] *v irr MED* go down
abschwören ['apʃvøːrən] *v irr 1. (sich lossagen)* renounce; *2. (negieren)* deny by oath
absehbar ['apzeːbaːr] *adj* foreseeable; *Es ist ~, dass ...* It's clear that ... *Es ist nicht ~, ob ...* There's no telling whether ...

absehen ['apze:ən] *v irr 1. (voraussehen)* foresee; *2. (nicht berücksichtigen)* disregard, not consider
abseilen ['apzaɪlən] *v 1. (Bergsteigen) SPORT* rope down, abseil; *2. (fam) sich ~* make o.s. scarce
abseits ['apzaɪts] *adv 1. (abgelegen)* remote; *2. SPORT* offside
Abseits ['apzaɪts] *n im ~ SPORT* offside
absenden ['apzɛndən] *v irr* send, send off
abservieren ['apzɛrvi:rən] *v 1. (fam)* kick out; *2. (Geschirr)* clear away
absetzen ['apzɛtsən] *v 1. (hinstellen)* set down, put down; *2. jdn ~ (aussteigen lassen)* drop s.o. off; *3. (jdm kündigen)* dismiss; *4. sich gegen etw ~* stand out against sth, contrast with sth; *5. sich ~ (fam: weggehen)* clear out; *6. (verkaufen) ECO* sell; *7. (abschreiben) ECO* deduct; *8. CHEM* deposit
absichern ['apzɪçərn] *v 1.* secure; *2. sich ~* protect o.s. *sich ~ gegen* guard against

Absicht ['apzɪçt] *f* intention, intent; *mit ~* on purpose

absinken ['apzɪŋkən] *v* decline, drop
absitzen ['apzɪtsən] *v irr 1. (vom Pferd)* dismount; *2. eine Strafe ~* serve time, serve a sentence
absolut [apzo'lu:t] *adj* absolute
absolvieren [apzɔl'vi:rən] *v 1. (abschließen)* pass, graduate, complete; *2. (erledigen)* settle
absonderlich [ap'zɔndərlɪç] *adj* peculiar, strange, odd
absondern ['apzɔndərn] *v 1. (trennen)* separate, divide, segregate; *2. sich ~* seclude o.s., isolate o.s.; *3. MED* secrete, excrete, discharge
abspalten ['apʃpaltən] *v 1. (Partei) POL* split off; *2. (Molekül) CHEM* separate
abspeisen ['apʃpaɪzən] *v jdn ~ mit (fig)* put s.o. off with; *jdn mit leeren Versprechungen ~* fob s.o. off with empty promises
abspenstig ['apʃpɛnstɪç] *adj* alienated, estranged
absperren ['apʃpɛrən] *v 1. (zuschließen)* lock, lock up; *2. (Gebiet)* block off, barricade, cordon off
abspielen ['apʃpi:lən] *v 1. (Schallplatte)* play; *2. SPORT* pass; *3. sich ~* happen, take place, occur
absplittern ['apʃplɪtərn] *v 1.* chip off, peel off; *2. (Gruppierung)* split off
Absprache ['apʃpra:xə] *f* agreement, arrangement
absprechen ['apʃprɛçən] *v irr 1. (vereinbaren)* agree, arrange, settle; *2. (aberkennen) JUR* disallow, deny
abspringen ['apʃprɪŋən] *v irr 1. (herunter)* jump down, jump off, *(mit Fallschirm)* bail out; *2. (abplatzen)* come loose
abspritzen ['apʃprɪtsən] *v* hose down
Absprung ['apʃpruŋ] *m* jump, leap, dive
abspulen ['apʃpu:lən] *v 1. (Band) TECH* unreel; *2. (fam: Rede)* rattle off
abspülen ['apʃpy:lən] *v* wash off, rinse off
abstammen ['apʃtamən] *v 1. (Herkunft) ~ von* descend from, to be descended from; *2. (Ursprung) ~ von* originate from, to be derived from
Abstammung ['apʃtamuŋ] *f 1. (Ursprung)* origin, derivation; *2. (Herkunft)* descent, extraction, birth

Abstand ['apʃtant] *m* distance; *~ halten* keep one's distance; *mit ~ (fig)* by far; *von etw ~ nehmen* refrain from doing sth

abstechen ['apʃtɛçən] *v irr 1. (fam)* stand out; *2. (erstechen)* stab
Abstecher ['apʃtɛçər] *m* excursion, trip, detour
abstecken ['apʃtɛkən] *v 1. (markieren)* mark off, stake out, lay out; *2. (Programm)* work out; *3. (Saum)* pin
abstehen ['apʃte:ən] *v irr 1. (Ohren)* stick out; *2. (in einem gewissen Abstand stehen)* to be ... from; *3. (heißes Wasser)* sit; *4. (Bier)* become flat
absteigen ['apʃtaɪgən] *v irr 1.* descend, get down; *2. (einkehren)* stay; *3. SPORT* drop
Absteiger ['apʃtaɪgər] *m SPORT* relegated team
abstellen ['apʃtɛlən] *v 1. (ausschalten)* turn off, shut off; *2. (hinstellen)* put down, set down; *3. (Auto)* park
Abstellgleis ['apʃtɛlglaɪs] *n* sidetrack, siding; *jdn auf das ~ schieben* put s.o. on the scrap heap
Abstellkammer ['apʃtɛlkamər] *f* larder, pantry, storage room
abstempeln ['apʃtɛmpəln] *v 1. (Briefmarke)* stamp; *2. (fig) jdn ~* label s.o.
absterben ['apʃtɛrbən] *v irr 1. MED* go numb, die; *2. BOT* wither, dry up
Abstieg ['apʃti:k] *m 1. (hinuntersteigen)* descent; *2. SPORT* drop, relegation; *beim ~* on the way down; *3. (fig: Niedergang)* decline, fall
abstillen ['apʃtɪlən] *v (Säugling)* wean

A

abstimmen ['apʃtɪmən] *v 1. (aufeinander)* adjust, reconcile, harmonize; *2. (wählen)* vote, take a vote
Abstimmung ['apʃtɪmuŋ] *f 1. (Wahl)* taking a vote, vote, polling; *2. (Anpassung)* adjustment, coordination; *3. (eines Radios)* tuning
Abstinenz [apsti'nents] *f* abstinence
Abstinenzler [apsti'nentslər] *m* teetotaller
abstoßen ['apʃto:sən] *v irr 1. (wegstoßen)* push off; *2. (verkaufen)* get rid of, sell off, dispose of; *3. (beschädigen)* damage, *(verunstalten)* mar, *(Porzellan)* chip
abstoßend ['apʃto:sənt] *adj* repulsive, disgusting, revolting
abstrampeln ['apʃtrampəln] *v (fam) sich ~* take pains, work one's butt off *(fam) (US)*
abstreifen ['apʃtraɪfən] *v* take off, cast off, slip off
abstreiten ['apʃtraɪtən] *v irr* dispute, deny
abstufen ['apʃtu:fən] *v 1. farblich ~* graduate, tone, shade; *2. (staffeln)* form into steps, mark out in portions or degrees
abstumpfen ['apʃtumpfən] *v 1.* blunt, become blunt; *2. (fig)* blunt, deaden, dull
Abstumpfung ['apʃtumpfuŋ] *f* stupefaction
Absturz ['apʃturts] *m 1.* fall, crash, drop; *2. (steiler Abhang)* precipice
abstürzen ['apʃtyrtsən] *v 1.* fall, plunge; *2. (Flugzeug)* crash; *3. (steil abfallen)* descend steeply
abstützen ['apʃtytsən] *v* support, prop up
Abt [apt] *m REL* abbot
abtasten ['aptastən] *v 1.* feel; *2. MED* palpate, feel, scan; *3. INFORM* read, scan
abtauchen ['aptauxən] *v 1.* dive under, dive down; *2. (fig: verschwinden)* disappear, hide
abtauen ['aptauən] *v 1.* thaw out; *2. (Kühlschrank)* defrost
abtauschen ['aptauʃən] *v* exchange
Abtei [ap'taɪ] *f REL* abbey
Abteil [ap'taɪl] *n* compartment
abteilen ['aptaɪlən] *v* divide, partition off, separate
Abteilung [ap'taɪluŋ] *f 1.* department, section; *2. MIL* unit
Äbtissin [ɛp'tɪsɪn] *f* abbess
abtragen ['aptra:gən] *v irr 1.* carry away, carry off; *(Geschirr)* clear away; *2. (abbauen)* take down; *3. (Schulden)* pay off; *4. (abnutzen)* wear out
abträglich ['aptrɛ:klɪç] *adj* harmful, detrimental, adverse
abtransportieren ['aptranspɔrti:rən] *v 1.* transport away, carry off; *2. MIL* evacuate
abtreiben ['aptraɪbən] *v irr MED* abort; *ein Kind ~* have an abortion
Abtreibung ['aptraɪbuŋ] *f MED* abortion
abtrennen ['aptrɛnən] *v* detach, sever, remove
abtreten ['aptre:tən] *v irr 1. (überlassen)* relinquish, transfer, cede; *2. THEAT* exit, make an exit

abtrocknen ['aptrɔknən] *v* dry, dry off

abtrotzen ['aptrɔtsən] *v jdm etw ~* wring sth from s.o., wrest sth from s.o.
abtrünnig ['aptrynɪç] *adj* disloyal, unfaithful
abtun ['abtu:n] *v irr 1. (ausziehen)* take off; *2. (erledigen)* deal with; *3. (übergehen)* dismiss
abwägen ['apvɛ:gən] *v irr* weigh; *seine Worte ~* choose one's words carefully
abwählen ['apvɛ:lən] *v POL* vote out, not re-elect
abwälzen ['apvɛ:ltsən] *v (fig: abschieben)* shift, pass on; *die Schuld auf jdn ~* shift the blame onto s.o.
abwandeln ['apvandəln] *v* vary, modify
abwandern ['apvandərn] *v* migrate

abwarten ['apvartən] *v* wait for, await; *warte es ab* wait and see; *es bleibt abzuwarten* it remains to be seen; *seine Zeit (Gelegenheit) ~* bide one's time

abwärts ['apvɛrts] *adv* downward, down
abwaschbar ['apvaʃba:r] *adj* wipe-clean, washable
abwaschen ['apvaʃən] *v irr* wash up *(UK)*, do the dishes *(US)*
Abwasser ['apvasər] *n* sewage
abwechseln ['apvɛksəln] *v sich ~* take turns, alternate
abwechselnd ['apvɛksəlnt] *adj* alternating
Abwechslung ['apvɛksluŋ] *f 1. (Wechsel)* change, alternation; *2. (Zerstreuung)* variety, diversion, change; *zur ~* for a change
abwechslungsreich ['apvɛksluŋsraɪç] *adj* varied, diversified
Abweg ['apve:k] *m (fig)* wrong way; *auf ~e geraten* take the wrong path, go astray
abwegig ['apve:gɪç] *adj* bizarre, eccentric
Abwehr ['apve:r] *f 1. SPORT* defence; *2. (Abwendung)* defence, protection; *3. (Geheimdienst) MIL* counter-intelligence; *4. (Zurückweisung)* warding off

abwehren ['apve:rən] *v 1. (abwenden)* ward off, avert, prevent; *2. (zurückweisen)* repel, drive away, repulse
Abwehrkraft ['apve:rkraft] *f MED* (the body's) defences *pl*
abweichen ['apvaıçən] *v irr* deviate, digress, diverge
Abweichler ['apvaıçlər] *m POL* dissident
Abweichung ['apvaıçuŋ] *f 1.* deviation, digression, divergence; *2. (Unterschied)* difference, discrepancy, variation
abweisen ['apvaızən] *v irr* refuse, reject, turn down
abweisend ['apvaızənt] *adj* unfriendly, cold, *(Geste)* dismissive
Abweisung ['apvaızuŋ] *f 1.* refusal, rejection, denial; *2. JUR* dismissal
abwenden ['apvɛndən] *v 1. (verhüten)* parry, ward off, stave off; *eine Gefahr ~* avert danger; *2. sich ~* turn away; *3.* turn away; *seinen Blick ~* avert one's eyes
abwerben ['apvɛrbən] *v irr* entice away, woo away
abwerfen ['apvɛrfən] *v irr 1. (hinunterwerfen)* drop, discard, throw off; *2. (einbringen) ECO* yield, return
abwerten ['apve:rtən] *v 1.* devalue; *2. FIN* devaluate, depreciate, devalue
abwertend ['apve:rtənt] *adj* derogatory, derisive, disdainful
abwesend ['apve:zənt] *adj 1.* absent; *2. (fig: geistes~)* distracted, absent-minded
Abwesenheit ['apve:zənhaıt] *f* absence
abwickeln ['apvıkəln] *v (durchführen)* deal with, handle
abwiegeln ['apvi:gəln] *v* calm down
abwimmeln ['apvıməln] *v (fam)* rid o.s. of, get rid of, brush off
Abwind ['apvınd] *m METEO* katabatic wind
abwinken ['apvıŋkən] *v irr* wave off, motion away
abwracken ['apvrakən] *v TECH* dismantle, break up
Abwurf ['apvurf] *m 1. (herunterwerfen)* dropping, throwing off; *2. ECO* yield, profit, return; *3. (von Flugzeug)* jettisoning
abwürgen ['abvyrgən] *v 1.* choke; *2. (Motor)* stall
abzahlen ['aptsa:lən] *v 1. (Raten) ECO* pay off, repay, pay by instalments; *2. (Schulden)* pay off, repay, settle
abzählen ['aptsɛ:lən] *v* count off
abzapfen ['aptsapfən] *v 1.* tap; *2. (Blut ~)* draw; *3. jdm Geld ~* get money out of s.o.
abzappeln ['aptsapəln] *v sich ~ (fam)* fidget like crazy
abzäumen ['aptsɔymən] *v SPORT* unbridle
Abzeichen ['aptsaıçən] *n* badge, mark, decoration
abzeichnen ['aptsaıçnən] *v 1. (abmalen)* sketch, draw, copy; *2. (unterschreiben)* initial, sign, tick off; *3. sich ~* stand out against; *4. sich ~ (drohend bevorstehen)* impend, loom
Abziehbild ['aptsi:bılt] *n* transfer
abziehen ['aptsi:ən] *v irr 1. (entfernen)* pull off, draw off; *ein Bett ~* strip a bed; *2. MATH* subtract; *3. (Rabatt) ECO* deduct; *etwas vom Preis ~* take sth off the price; *4. MIL* march off, withdraw, retreat
abzielen ['aptsi:lən] *v auf etw ~* aim at sth
Abzug ['aptsu:k] *m 1. (Kopie)* copy, duplicate, print; *2. (einer Waffe)* trigger; *3. MATH* subtraction; *4. (Rabatt) ECO* discount, deduction, rebate; *5. MIL* withdrawal
abzüglich ['aptsy:klıç] *prep ECO* less, minus, deducting
abzupfen ['aptsupfən] *v* pick, pluck
abzweigen ['aptsvaıgən] *v 1. (abbiegen)* branch off, fork off; *2. (fam)* put aside secretly for oneself, set aside, earmark
Abzweigung ['aptsvaıguŋ] *f* junction, fork
ach [ax] *interj 1.* oh, ah; *2. ~ so* Oh, I see!/Aha!/So that's it!
Achse ['aksə] *f 1. TECH* axle, axis; *2. MATH* axis; *3. auf ~ (fam)* out and about
Achsel ['aksəl] *f ANAT* shoulder
Achselhöhle ['aksəlhø:lə] *f ANAT* armpit
Achselzucken ['aksəltsukən] *n* shrug of the shoulders
Acht [axt] *f 1. außer ~ lassen* ignore, disregard; *~ geben* take care, pay attention; *2. in ~ nehmen* to be careful about
achtbar ['axtba:r] *adj* respectable, reputable, honourable
achte(r,s) ['axtə(r,s)] *adj* eighth
Achtel ['axtəl] *n* eighth; *ein ~ Pfund* an eighth of a pound
achten ['axtən] *v 1. (beachten)* observe, respect, consider; *2. (schätzen)* respect, esteem, hold in high esteem
ächten ['ɛçtən] *v* ostracize
Achterbahn ['axtərba:n] *f* big dipper, roller-coaster
achtfach ['axtfax] *adj* eightfold
achtlos ['axtlo:s] *adj* careless, heedless
achtsam ['axtza:m] *adj* careful, heedful, mindful

A

Achtsamkeit ['axtzaːmkaɪt] *f* *1.* attentiveness; *2. (Sorgfalt)* care
Achtung ['axtuŋ] *f* *1. (Hochachtung)* respect, esteem, regard; *2. (Beachtung)* attention, heed; *3. (Ausruf)* Careful!/Look out!/Watch out! *4. (Recht) JUR* observance (of laws)
Ächtung ['ɛçtuŋ] *f* ostracism
achtzehn ['axtseːn] *adj* eighteen
achtzig ['axtsɪç] *adj* eighty
Achtziger ['axtsɪgər] *pl* *1. in den ~n sein (Mensch)* to be in one's eighties; *2. die ~ (Jahrzehnt)* the Eighties
ächzen ['ɛçtsən] *v* *1. (Gegenstand)* creak; *2. (Person)* groan, sigh, moan
Acker ['akər] *m* field, soil, land
Ackerbau ['akərbau] *m* agriculture, cultivation of land
ackern ['akərn] *v (fig: schwer arbeiten)* toil
adäquat [adɛ'kvaːt] *adj* adequate, sufficient
addieren [a'diːrən] *v MATH* add, sum up
ade [a'deː] *interj* bye, see you
Adel ['aːdəl] *m* aristocracy, nobility, peerage
adeln ['aːdəln] *v* ennoble, bestow a title on, make s. o. a peer
Ader ['aːdər] *f* *1. MIN* lode, ledge; *2. (fig: Wesenszug)* streak; *eine ~ für etw haben* have a flair for sth; *3. ANAT* blood vessel, vein
Aderlass ['aːdərlas] *m* bleeding; *(fig: Weggang vieler Leute)* exodus *(fig)*
Adlerauge ['aːdlərauɡə] *n* eagle eye
adlig ['aːdlɪç] *adj* titled, of noble birth, aristocratic
adoptieren [adɔp'tiːrən] *v* adopt
Adoption [adɔp'tsjoːn] *f* adoption
Adoptiveltern [adɔp'tiːfɛltərn] *pl* adoptive parents
Adoptivkind [adɔp'tiːfkɪnt] *n* adopted child
Adrenalin [adrɛna'liːn] *n BIO* adrenaline
Adressant [adrɛ'sant] *m* sender, consignor
Adressat [adrɛ'saːt] *m* addressee, consignee
adressieren [adrɛ'siːrən] *v* address
adrett [a'drɛt] *adj* neat, proper, pretty
Advokat [atvo'kaːt] *m* lawyer
Aerodynamik [ɛːrody'naːmɪk] *f PHYS* aerodynamics
Affäre [a'fɛːrə] *f* affair, matter, business

Affe ['afə] *m ZOOL* monkey, ape; *Mich laust der ~.* That takes the biscuit! *(UK),* That takes the cake! *(US); seinem ~n Zucker geben* to be on one's hobby-horse

Affekt [a'fɛkt] *m* emotion, emotional disturbance
Affekthandlung [a'fɛkthandluŋ] *f JUR* act committed in the sudden heat of passion
affektiert [afɛk'tiːrt] *adj* affected, unnatural
affig ['afɪç] *adj (fam)* stuck-up, conceited
Affinität [afini'tɛːt] *f* affinity
Afrika ['afrika] *n GEO* Africa
afrikanisch [afri'kaːnɪʃ] *adj* African
Afroamerikaner(in) ['afroamerikaːnər(ɪn)] *m/f* black American, African-American
Agentur [agɛn'tuːr] *f ECO* agency
aggressiv [agrɛ'siːf] *adj* *1.* aggressive; *2. (Chemikalien) CHEM* corrosive
agieren [a'giːrən] *v ~ als* act as, play the part of *(fig)*
agil [a'giːl] *adj* agile
Ägypten [ɛ'gyptən] *n GEO* Egypt
Ägypter [ɛ'gyptər] *m* Egyptian
ägyptisch [ɛ'gyptɪʃ] *adj* Egyptian
ah [aː] *interj* oh, ah
äh [ɛː] *interj* *1.* uh, er, um; *2. (Ekel ausdrückend)* ugh
aha [a'ha] *interj* aha, ah, oh
Aha-Erlebnis [a'haːɛrleːpnɪs] *n* sudden insight
ahnden ['aːndən] *v* punish
Ahne ['aːnə] *m/f* ancestor
ähneln ['ɛːnəln] *v* resemble, to be similar to
ahnen ['aːnən] *v* *1. (voraussehen)* sense, anticipate, foresee; *2. (befürchten)* suspect, have a foreboding of; *nichts ~d* unsuspecting

ähnlich ['ɛːnlɪç] *adj* similar, like; *Das sieht dir ~! (fig)* That's just like you!

Ähnlichkeit ['ɛːnlɪçkaɪt] *f* similarity, resemblance, likeness; *~ haben mit* bear a resemblance to

Ahnung ['aːnuŋ] *f* *1. (Vorgefühl)* inkling, idea; *keine blasse ~ haben* not have the foggiest idea; *Keine ~!* I have no idea. *2. (Befürchtung)* premonition, foreboding, suspicion

ahnungslos ['aːnuŋsloːs] *adj* *1. (nichts vermutend)* unsuspecting; *2. (nichts wissend)* clueless
Ahnungslosigkeit ['aːnuŋsloːzɪçkaɪt] *f* ignorance
ahnungsvoll ['aːnuŋsfɔl] *adj* full of foreboding, full of presentiments

Ahorn ['a:hɔrn] *m BOT* maple
Ähre ['ɛ:rə] *f BOT* ear
aidsinfiziert ['eɪdzɪnfizi:rt] *adj* infected with AIDS
Aidskranke(r) ['eɪdzkraŋkə(r)] *m/f* person infected with AIDS
Akademie [akade'mi:] *f* academy
Akademiker(in) [aka'de:mɪkər(ɪn)] *m/f* university graduate
akademisch [aka'de:mɪʃ] *adj* academic
akklimatisieren [aklimati'zi:rən] *v sich ~* acclimatize
Akkord [a'kɔrt] *m 1. (Abkommen)* settlement, agreement; *2. (Stücklohn) ECO* piecework; *3. MUS* chord
akkreditieren [akredi'ti:rən] *v 1. POL* accredit; *2. jdn für etw ~ FIN* credit sth to s.o.'s account
akkumulieren [akumu'li:rən] *v 1.* pile up; *ECO* accumulate
akkurat [aku'ra:t] *adj* accurate, exact, precise
Akribie [akri'bi:] *f* meticulousness
Akt [akt] *m 1. (Tat)* act, deed; *2. (Zeremonie)* ceremonial act; *3. JUR* act, deed; *4. (Geschlechtsakt)* coitus; *5. THEAT* act; *6. ART* nude
Akte ['aktə] *f* file, record, document
Aktenablage ['aktənapla:gə] *f* filing
Aktentasche ['aktəntaʃə] *f* briefcase, portfolio
Aktenzeichen ['aktəntsaɪçən] *n* reference number, file number, case number
Akteur [ak'tø:r] *m* performer *(fig)*
Aktie ['aktsjə] *f FIN* share, stock *(US)*
Aktion [ak'tsjo:n] *f 1. (Unternehmung)* campaign, drive; *2. in ~ treten* take action
Aktionär [aktsjo'nɛ:r] *m FIN* shareholder, stockholder *(US)*
aktiv [ak'ti:f] *adj 1.* active; *2. (Bilanz) ECO* favourable
aktivieren [akti'vi:rən] *v 1.* activate; *f 2. ECO* enter on the assets side
Aktivität [aktivi'tɛ:t] *f* activity
aktualisieren [aktuali'zi:rən] *v* update, bring up to date
Aktualität [aktuali'tɛ:t] *f* topicality, relevance (to the present)
aktuell [aktu'ɛl] *adj* current, up to date, topical
akupunktieren [akupuŋk'ti:rən] *v* perform acupuncture
Akustik [a'kustɪk] *f* acoustics
akustisch [a'kustɪʃ] *adj* acoustic, audible
akut [a'ku:t] *adj 1.* acute, serious; *2. (vordringlich)* urgent
Akzent [ak'tsɛnt] *m 1.* accent; *2. (Betonung)* stress, emphasis
akzentuieren [aktsɛntui':rən] *v 1.* accentuate; *2. (fig)* stress, emphasize
akzeptabel [aktsɛp'ta:bəl] *adj* acceptable

> **Alarm** [a'larm] *m* alarm; *~ schlagen* sound the alarm

alarmbereit [a'larmbəraɪt] *adj* on the alert, standing by
alarmieren [alar'mi:rən] *v* alarm, alert
albern ['albərn] *adj* silly, foolish
Algen ['algən] *pl BOT* algae, seaweed
Alimente [ali'mɛntə] *pl JUR* maintenance, support
Alkohol ['alkoho:l] *m* alcohol
alkoholabhängig [alko'ho:laphɛŋɪç] *adj* alcoholic
All [al] *n* universe, space
allabendlich [al'a:bəntlɪç] *adj 1.* nightly; *adv 2.* every evening
alle ['alə] *pron 1.* everybody, everyone; *adj 2.* all the, every; *~ Leute* all the people; *~ Tage* every day; *~ drei Tage* every three days; *vor ~m* above all
alledem [alə'de:m] *pron* all that, all of that; *trotz ~* in spite of all that
Allee [a'le:] *f* avenue
allegorisch [ale'go:rɪʃ] *adj* allegorical

> **allein** [a'laɪn] *adj 1.* alone; *ganz ~* all alone;*~ erziehend* single, being alone, being on one's own *~ stehend* single; *adv 2.* alone, on one's own; *3. ~ der Gedanke ...* the mere thought ...

Alleinerzieher [a'laɪnɛrtsi:ər] *m* single parent
Alleinherrscher [a'laɪnhɛrʃər] *m* autocrat
alleinig [a'laɪnɪç] *adj* only, exclusive, sole
Alleinsein [a'laɪnzaɪn] *n* loneliness, solitude
allemal [alə'ma:l] *adv* every time; *Allemal!* Any time!
allenfalls ['alən'fals] *adv 1. (wenn es nötig ist)* if need be, if necessary; *2. (höchstens)* at the most
allenthalben ['alənt'halbən] *adv* everywhere
allerbeste ['alər'bɛstə] *adj* very best, best ... of all
allerdings [alər'dɪŋs] *adv* indeed, certainly, to be sure; *Ich mag ~ Unrecht haben.* I may of

course be wrong. *Allerdings hat er das getan.* He certainly did do that.
allererste ['alər'ɛrstə] *adj* very first
allerfrühestens ['alər'fry:əstəns] *adv* at the very earliest
allergisch [a'lɛrgɪʃ] *adj MED* allergic
allerhand ['alər'hant] *adj 1. (viel)* a lot of, a good deal of; *2. (vielerlei)* all sorts of, all kinds of; *3. Das ist ~!* Not bad at all!/That's really something! *4. Das ist ~! (empört)* That's the limit!
Allerheiligen [alər'haɪlɪgən] *n REL* All Saints' Day
allerhöchste(r,s) [alər'hø:çstə(r,s)] *adj* very highest; *Es wird ~ Zeit, dass ...* It's high time that ...
allerhöchstens ['alər'hø:çstəns] *adv* at the very most
Allerlei ['alər'laɪ] *n* potpourri, mixture; medley, jumble; *Leipziger ~* mixed vegetables
allerletzte(r,s) [alər'lɛtstə(r,s)] *adj* very last
allerliebst ['alər'li:pst] *adj 1. (Lieblings...)* favourite (of all); *2. (reizend)* delightful
allermeiste(r,s) [alər'maɪstə(r,s)] *adj* most; *am allermeisten* the most; *das ~ davon* almost all of it
Allernötigste [alər'nø:tɪçstə] *n das ~* the bare necessities
allernötigste(r,s) [alər'nø:tɪçstə(r,s)] *adj* most urgently needed
Allerseelen [alər'ze:lən] *n REL* All Souls' Day
allerseits ['alər'zaɪts] *adv* on all sides; *Guten Tag ~!* Hello everyone! *Gute Nacht ~!* Good night everybody!

alles ['aləs] *pron* everything; *~ in allem* all in all; *Alles aussteigen!* Everybody out! *Alles oder nichts!* All or nothing. *Alles zu seiner Zeit!* All in good time.

allesamt ['alə'zamt] *adv* all together, all of them
allgegenwärtig [al'ge:gənvɛrtɪç] *adj* omnipresent, ubiquitous

allgemein [algə'maɪn] *adj 1.* general, universal, common; *im Allgemeinen* in general; *adv 2.* generally, universally, commonly; *~ bildend* educational, general-knowledge; *~ gültig* universal, generally valid

Allgemeinheit [algə'maɪnhaɪt] *f (die Öffentlichkeit)* general public, everyone
Allgemeinplatz [alge'maɪnplats] *m* empty words
Allianz [al'jants] *f* alliance
alliiert [ali'i:rt] *adj POL* allied
alljährlich [al'jɛ:rlɪç] *adj* annual, yearly
allmächtig [al'mɛçtɪç] *adj 1.* omnipotent; *2. (Gott) REL* almighty
allmählich [al'mɛ:lɪç] *adj* gradual
allmonatlich [al'mo:natlɪç] *adj* every month, monthly
Allradantrieb ['alratantri:p] *m TECH* all-wheel drive
Allrounder ['ɔ:l'raʊndə] *m* jack of all trades
allseits ['alzaɪts] *adv* everywhere, on all sides; *~ bekannt* known to all
Alltag ['alta:k] *m 1. der ~* everyday life, daily life; *2. (Werktag)* working day
Alltagssprache ['alta:ksʃpra:xə] *f die ~* the vernacular
Allüre [a'ly:rə] *f* air, manner, bearing, airs and graces
allwissend ['al'vɪsənt] *adj* omniscient
allzu ['altsu] *adv* too, far too
Alm [alm] *f* alpine meadow, alpine pasture
Almosen ['almo:zən] *pl* alms, charity
alphabetisch [alfa'be:tɪʃ] *adj* alphabetical
Alptraum ['alptraum] *m* nightmare

als [als] *konj 1. (gleichzeitig)* when, as; *2. (in der Eigenschaft)* as; *~ ob* as if; *sowohl ... ~ auch ...* both ... and ... *Es gefällt mir zu gut hier, ~ dass ich gehen würde.* I like it too much here to want to leave. *3. (Komparativ)* than

alsbald [als'bald] *adv* at once, directly
alsdann [als'dan] *adv* then
also ['alzo] *konj* so, therefore

alt [alt] *adj* old; *~es Haus (fig)* old chap; *~er Hut (fig)* old hat; *jdn ~ aussehen lassen* make a fool of s.o. *Er ist ganz der ~e.* He hasn't changed a bit.

altbacken ['altbakən] *adj 1. GAST* stale; *2. (fig)* stale, old-fashioned, out of date;
altbekannt ['altbə'kant] *adj* well-known, old familiar
altbewährt ['altbə'vɛ:rt] *adj* proven, time-tested, seasoned

Alte(r) ['altə(r)] *m/f 1. (alter Mann/alte Frau)* old man/old woman; *2. meine Alte (fam)* my old lady; *3. mein Alter (fam)* my old man; *4. (fam: Chef(in))* the boss man/the boss lady *(fam)*

altehrwürdig ['alt'eːrvyrdɪç] *adj* venerable, time-honoured
alteingesessen ['alt'aɪngəzɛsən] *adj* long-established
Alter ['altər] *n* age; *im ~* in one's old age; *im besten ~* in the prime of one's life
älter ['ɛltər] *adj* older; *(bei Familienangehörigen) die ~e Schwester* the elder sister
altern ['altərn] *v* age, grow old, get old
alternativ [altərna'tiːf] *adj* alternative, alternate
Alternative(r) [altərna'tiːfə(r)] *m/f POL* member of an alternative party
altersbedingt ['altərsbədɪŋkt] *adj* caused by age, due to age
altersgerecht ['altərsgərɛçt] *adj* suitable for the age group
Altersheim ['altərshaɪm] *n* old people's home, home for the aged
Altersklasse ['altərsklasə] *f* age group
Altersrente ['altərsrɛntə] *f* old-age pension
altersschwach ['altərsʃvax] *adj 1.* decrepit, infirm; *2. (senil) MED* senile
Altersschwäche ['altərsʃvɛçə] *f* senility
Altertum ['altərtuːm] *n* antiquity, ancient times
Altertümer ['altərtyːmər] *pl* antiquities, ancient relics
altertümlich ['altərtyːmlɪç] *adj* ancient, antiquated
Älteste(r) ['ɛltəstə(r)] *m/f* eldest, senior
Ältestenrat ['ɛltəstənraːt] *m* Council of Elders
althergebracht [alt'heːrgəbraxt] *adj* traditional, time-honoured
altklug ['altkluːk] *adj* precocious
Altlast ['altlast] *f* old hazardous waste
ältlich ['ɛltlɪç] *adj* oldish
Altmaterial ['altmaterjaːl] *n* salvage, junk, salvaged material
altmodisch ['altmoːdɪʃ] *adj* old-fashioned, out of date
Altöl ['altøːl] *m TECH* waste oil, used oil
Altpapier ['altpapiːr] *n* waste paper
Altstadt ['altʃtat] *f* old part of town
Altweibersommer [alt'vaɪbərzɔmər] *m* Indian summer
Alufolie ['alufoːljə] *f* aluminium foil
am *prep (siehe „an")*
Amazonas [ama'tsoːnas] *m GEO* Amazon
Amazone [ama'tsoːnə] *f* Amazon
ambitioniert [ambitsjo'niːrt] *adj* ambitious
ambivalent [ambiva'lɛnt] *adj* ambivalent
Ambivalenz [ambiva'lɛnts] *f* ambivalence
Amboss ['ambɔs] *m TECH* anvil
ambulant [ambu'lant] *adj 1.* ambulant; *2. MED* outpatient, ambulatory, ambulant
Ambulanz [ambu'lants] *f 1. (Abteilung) MED* out-patient department; *2. (Wagen) MED* ambulance
Ameise ['aːmaɪzə] *f ZOOL* ant
Ameisenbär ['aːmaɪzənbɛːr] *m ZOOL* anteater
Amen ['aːmən] *n* amen; *zu allem Ja und ~ sagen* say yes to everything
Amerika [a'meːrika] *n GEO* America
Amerikaner(in) [ameri'kaːnər(ɪn)] *m/f* American
amerikanisch [ameri'kaːnɪʃ] *adj* American
Amme ['amə] *f* nurse, nanny
Amokläufer ['amoklɔyfər] *m* one who runs amok/amuck
amoralisch ['amoraːlɪʃ] *adj* amoral
amourös [amu'røːs] *adj* amorous
Ampel ['ampəl] *f 1.* traffic light; *2. (Blumentopf) BOT* hanging flower-pot
amphibisch [am'fiːbɪʃ] *adj BOT* amphibious
amputieren [ampu'tiːrən] *v MED* amputate
Amsel ['amzəl] *f ZOOL* blackbird
Amt [amt] *n 1. (Behörde)* office, agency, bureau; *2. (Stellung)* office, position, post
amtieren [am'tiːrən] *v* hold office, to be in office
amtlich ['amtlɪç] *adj* official
Amtsanmaßung ['amtsanmaːsuŋ] *f JUR* usurpation of authority, assumption of authority
Amtsantritt ['amtsantrɪt] *m POL* entering into office, assumption of office
Amtsarzt ['amtsartst] *m* medical officer
Amtsbezirk ['amtsbətsɪrk] *m* (local administration) district
Amtsblatt ['amtsblat] *n* official gazette
Amtsdeutsch ['amtsdɔytʃ] *n* officialese *(fam)*
Amtseid ['amtsaɪt] *m JUR* oath of office
Amtsgericht ['amtsgərɪçt] *n JUR* local court, County Court *(UK)*, Municipal Court *(US)*
Amtshandlung ['amtshandluŋ] *f* official act
Amtsinhaber(in) ['amtsɪnhaːbər(ɪn)] *m/f* officeholder

A

Amtskirche ['amtskɪrçə] *f REL* official church
Amtsmissbrauch ['amtsmisbraux] *m* abuse of authority
amtsmüde ['amtsmyːdə] *adj* weary of one's office
Amtsschimmel ['amtsʃɪməl] *m (fam)* red tape, bureaucracy
Amtszeit ['amtstsaɪt] *f* time in office, tenure
Amulett [amu'lɛt] *n* amulet, talisman, charm
amüsant [amy'zant] *adj* amusing, entertaining
amüsieren [amy'ziːrən] *v sich ~* have fun, enjoy oneself, have a good time

an [an] *prep 1. (örtlich)* on, at, by; *ein Bild ~ der Wand* a picture on the wall; *jmd ist ~ der Tür* s.o. is at the door; *~ der Tür sitzen* sit by the door; *2. (zeitlich)* in, on; *am Abend* in the evening; *~ einem schönen Morgen* on a fine morning; *am zweiundzwanzigsten Juni* on June twenty-second; *am Anfang* at the beginning; *3. (gerichtet ~)* to; *~ den Direktor* to the director; *4. von diesem Zeitpunkt ~* from this moment on; *5. (Vorhandensein) ein großes Angebot ~ Waren* a large selection of goods; *arm ~ Fett* low in fat; *6. (ungefähr) ~ die ...* about ..., around ... *7. ~ etw denken* think about sth

anachronistisch [anakro'nɪstɪʃ] *adj* anachronistic
Analphabet ['analfabeːt] *m* illiterate
Analyse [ana'lyːzə] *f* analysis
analysieren [analy'ziːrən] *v* analyse
Ananas ['ananas] *f BOT* pineapple
Anarchie [anar'çiː] *f POL* anarchy
anatomisch [ana'toːmɪʃ] *adj* anatomical
anbaggern ['anbagərn] *v jdn ~ (fam)* chat s.o. up, hit on s.o. *(US)*
anbahnen ['anbaːnən] *v sich ~* to be on the way, pave the way for
Anbahnung ['anbaːnuŋ] *f* preparation, opening
anbändeln ['anbɛndəln] *v mit jdm ~ (fam)* flirt with s.o.
Anbau ['anbau] *m 1. (Gebäude)* extension, annex; *2. AGR* cultivation
anbauen ['anbauən] *v 1. (Gebäude)* build an extension; *2. AGR* cultivate, grow, raise
anbehalten ['anbəhaltən] *v irr* keep on
anbei [an'baɪ] *adv* enclosed, herewith, attached
anbeißen ['anbaɪsən] *v irr 1. (beißen)* bite, nibble; *2. (fam)* take the bait
anbelangen ['anbəlaŋən] *v* concern, regard; *was mich anbelangt* as far as I am concerned, as for me
anberaumen ['anbəraumən] *v einen Termin ~* set a time
anbeten ['anbeːtən] *v* adore, worship
Anbetracht ['anbətraxt] *m in ~* in view of, in consideration of, on account of
Anbetung ['anbeːtuŋ] *f REL* worship, adoration
anbiedern ['anbiːdərn] *v sich ~* curry favour with s.o., suck up to s.o. *(fam)*
anbieten ['anbiːtən] *v irr* offer
Anbieter ['anbiːtər] *m 1. (einer Ware) ECO* supplier; *2. (einer Dienstleistung)* service provider
anbinden ['anbɪndən] *v irr* tie up, tether
Anbindung ['anbɪnduŋ] *f* connection; *(Verkehr)* link
Anblick ['anblɪk] *m 1.* sight; *2. (Landschaft)* view
anblicken ['anblɪkən] *v* look at, glance at, view
anblinken ['anblɪŋkən] *v 1. (im Straßenverkehr)* flash one's headlights at; *2. jdn ~* wink at s.o.
anbohren ['anboːrən] *v TECH* drill into, bore into
anbrechen ['anbrɛçən] *v irr 1. (Packung)* open, start on; *2. Die Nacht bricht an.* It is getting dark. *Der Tag bricht an.* Day is dawning.
anbrennen ['anbrɛnən] *v irr* burn, catch fire, set on fire
anbringen ['anbrɪŋən] *v irr 1. (befestigen)* fasten, mount, put up; *2. (Vorschlag, Korrektur)* make; *3. (fam: herbringen)* bring
anbrummen ['anbrumən] *v jdn ~ (fam)* grumble at s.o.
Andacht ['andaxt] *f REL* devotion
andächtig ['andɛçtɪk] *adj 1.* serious, attentive, solemn; ['andɛxtɪç] *2. REL* devout, pious
andachtsvoll ['andaxtsfɔl] *adj* devout, pious
andauern ['andauərn] *v* go on, continue, persist
Andenken ['andɛŋkən] *n 1. (Erinnerung)* remembrance; *2. (Souvenir)* keepsake, token, souvenir

andere(r,s) ['andərə(r,s)] *pron 1. (Exemplar gleicher Art)* another; *zum einen ... und* *zum anderen ...* for one thing ... and for another; *2. (anderer Art)* different, other; *etwas anderes* something different; *3. andere (Leute)* others, other people

andererseits ['andərərzaɪts] *adv* on the other hand
andermal ['andərmaːl] *adv ein ~* another time, some other time
ändern ['ɛndərn] *v 1.* change, modify, amend; *2. sich ~* change
andernfalls ['andərnfals] *adv* otherwise
anderntags ['andərntaːks] *adv* the next day, the following day
anders ['andərs] *adv 1.* differently; *es sich ~ überlegen* change one's mind; *~ denkend* dissenting, dissident; *~ lautend* different, differently phrased; *Er ist ganz ~ als ich.* He and I are very different. *2. (sonst)* else; *niemand ~* nobody else
andersherum ['andərshɛrum] *adv* the other way around
anderthalb ['andərthalp] *num* one and a half
anderthalbfach [andərt'halpfax] *adj* one and a half times
anderthalbmal [andərt'halpmaːl] *adv* one and a half times
Änderung ['ɛndəruŋ] *f* change, alteration; *eine ~ mit sich bringen* bring about a change
anderweitig ['andərvaɪtɪç] *adv 1.* otherwise; *~ besetzt werden* to be filled by s.o. else; *adj 2.* other, further
andeuten ['andɔytən] *v* insinuate, imply, hint
Andeutung ['andɔytuŋ] *f* insinuation, suggestion, implication
andeutungsweise ['andɔytuŋsvaɪzə] *adv* indirectly, allusively, in passing
andichten ['andɪçtən] *v jdm etw ~* accuse s.o. of sth
Andrang ['andraŋ] *m* rush, crush, crowd
andrehen ['andreːən] *v 1. (einschalten)* turn on; *2. (fam) jdm etw ~* palm sth off on s.o.
androhen ['androːən] *v* threaten, menace
Androhung ['androːuŋ] *f* threat, menace
anecken ['anɛkən] *v (fam)* annoy, cause annoyance, irritate; *bei jdm ~* rub s.o. the wrong way
aneignen ['anaɪgnən] *v sich ~* acquire, learn; *sich eine Meinung ~* adopt an opinion
Aneignung ['anaɪgnuŋ] *f* appropriation, assumption
aneinander [anaɪ'nandər] *adv* together, to one another; *~ fügen* join together, link; *~ geraten* quarrel, clash; *~ grenzen* border; *~ grenzend* adjoining, adjacent; *~ reihen* arrange in a row; *~ reihen (Perlen)* string
anekeln ['aneːkəln] *v (fam)* disgust, revolt, nauseate
anerkennen ['anɛrkɛnən] *v irr* recognize, acknowledge, admit
anerkennend ['anɛrkɛnənt] *adj* appreciative, approving
anerkennenswert ['anɛrkɛnənsveːrt] *adj* commendable, praiseworthy, deserving recognition
Anerkennung ['anɛrkɛnuŋ] *f* recognition, acknowledgement, acceptance
anfachen ['anfaxən] *v 1. (Feuer)* fan; *2. (fig: anspornen)* incite, rouse, spur on
anfahren ['anfaːrən] *v irr 1. (zu fahren beginnen)* start; *2. (sich nähern)* approach; *3. (fahren gegen)* hit, run into; *4. (fig: schimpfen)* snap at, fly at, jump on
Anfahrt ['anfaːrt] *f 1. (Fahrt)* journey, drive; *2. (Zufahrt)* drive, approach
anfallen ['anfalən] *v irr 1. (überfallen)* attack, assail, assault; *2. (Arbeit)* come up
anfällig ['anfɛlɪç] *adj für etw ~ sein* to be susceptible to sth, to be prone to sth
Anfälligkeit ['anfɛlɪçkaɪt] *f* susceptibility, proneness

Anfang ['anfaŋ] *m* beginning, start; *~ der Woche* at the beginning of the week

anfangen ['anfaŋən] *v irr* begin, start
anfängerhaft ['anfɛŋərhaft] *adj* amateurish
anfänglich ['anfɛŋlɪç] *adj 1.* early, initial, original; *adv 2.* at first, initially, in the beginning
anfangs ['anfaŋs] *adv* at first, initially, at the beginning
Anfangsbuchstabe ['anfaŋsbuːxʃtaːbə] *m* initial, initial letter, first letter
anfassen ['anfasən] *v 1. (berühren)* touch; *2. (greifen)* grasp, seize, hold; *3. mit ~ (fam: helfen)* give a hand
anfauchen ['anfauxən] *v 1. (Katze)* spit at; *2. (fam: Menschen)* shout at, bark at
anfechtbar ['anfɛçtbaːr] *adj 1.* disputable, open to question; *2. JUR* contestable
Anfechtbarkeit ['anfɛçtbaːrkaɪt] *f* contestability
anfechten ['anfɛçtən] *v irr 1.* challenge-contest, dispute; *2. JUR* challenge, appeal

Anfeindung ['anfaɪnduŋ] *f* malice, ill-will
anfertigen ['anfɛrtɪgən] *v 1.* make; *2. (Schriftstück)* draw up, draft
anfeuchten ['anfɔyçtən] *v* dampen, moisten, wet
anfeuern ['anfɔyərn] *v (fig)* encourage, animate, incite
anflehen ['anfle:ən] *v* plead, implore
Anflug ['anflu:k] *m 1. (eines Flugzeuges)* approach; *2. (fig: Hauch)* trace, suggestion, touch
anfordern ['anfɔrdərn] *v* demand, ask for
Anforderung ['anfɔrdəruŋ] *f 1. (Anspruch)* demand, requirement, standard; *2. (Bestellung)* request; *3. MIL* requisition; *4. ECO* demand
Anfrage ['anfra:gə] *f 1.* inquiry, enquiry; *2. POL* question
anfragen ['anfra:gən] *v* inquire, enquire, ask
anfreunden ['anfrɔyndən] *v sich ~* become friends; *sich mit jdm ~* make friends with s.o.
anfügen ['anfy:gən] *v 1. (hinzufügen)* add; *2. (beilegen)* join, attach, enclose
anfühlen ['anfy:lən] *v sich ~* feel
anführen ['anfy:rən] *v 1. (führen)* lead, conduct; *2. (zitieren)* quote, cite, state
Anführer ['anfy:rər] *m* leader
Anführungszeichen ['anfy:ruŋstsaɪçən] *n* quotation marks, inverted commas
Angabe ['anga:bə] *f 1.* statement, declaration; *2. (fam: Prahlerei)* showing off, bragging, boasting; *pl 3. ~n (Daten) TECH* data *pl,* details *pl,* information
angeben ['ange:bən] *v irr 1.* state, declare, indicate; *2. (fam: prahlen)* show off, brag, boast
Angeber ['ange:bər] *m (fam)* show-off, braggart
angeberisch ['ange:bərɪʃ] *adj* pretentious
Angebetete(r) ['angəbe:tətə] *m/f* beloved, dearest
angeblich ['ange:plɪç] *adj* alleged, supposed, ostensible
angeboren ['angəbo:rən] *adj 1.* innate, inborn; *2. MED* congenital

> **Angebot** ['angəbo:t] *n* offer, tender, bid; *~ und Nachfrage* supply and demand

angebracht ['angəbraxt] *adj* appropriate, fitting
angebrochen ['angəbrɔxən] *adj 1. (Knochen)* fractured; *2. (fig: Abend)* half-started; *3. (Büchse)* opened
angebunden ['angəbundən] *adj kurz ~ (fig)* brusque, curt
angegeben ['angəge:bən] *adj 1. (bezeichnet)* indicated; *v 2. (geprahlt)* boasted
angegossen ['angəgɔsən] *adj wie ~ passen* fit like a glove
angegraut ['angəgraut] *adj 1.* greying, graying *(US); 2. (fig: Mensch)* grown old
angegriffen ['angəgrɪfən] *adj 1. MIL* under fire; *2. (Gesundheit)* shaken, affected, in a bad state
angeheiratet ['angəhaɪra:tət] *adj* related by marriage
angeheitert ['angəhaɪtərt] *adj* tipsy
angehen ['ange:ən] *v irr 1. (beginnen)* begin, commence, start; *2. (fam: Licht)* go on; *3. (betreffen)* concern, regard; *Das geht dich nichts an.* That is none of your business. That's no concern; *of yours. 4. jdm um etw ~* ask s.o. for sth; *5. (anwachsen) BOT* take root
angehend ['ange:ənt] *adj 1.* incipient, prospective; *2. (Künstler)* budding; *3. (Vater)* expectant
angehören ['angəhø:rən] *v* belong to
Angehörige(r) ['angəhø:rɪgə(r)] *m/f 1.* member; *2. (Verwandter)* relative
angeklagt ['angəkla:kt] *adj JUR* accused; *wegen Mordes ~ sein* to be charged with murder
Angeklagte(r) ['angəkla:ktə(r)] *m/f JUR* accused, defendant
angeknackst ['angəknakst] *adj* damaged; *sich ~ fühlen* feel under the weather
angekränkelt ['angəkrɛŋkəlt] *adj (leicht krank)* sickly, ailing
Angel ['aŋəl] *f 1. (Türangel)* hinge; *zwischen Tür und ~* in passing; *die Welt aus den ~n heben* turn the world upside down; *aus den ~n gehen* come off the hinges; *2. SPORT* fishing rod, fishing tackle
angelegen ['angəle:gən] *adj sich etw ~ sein lassen* see to sth, make sth one's business
Angelegenheit ['angəle:gənhaɪt] *f* matter, affair, concern; *Das ist nicht deine ~.* That's none of your concern.
angelegentlich ['angəle:gəntlɪç] *adv* thoroughly
angeln ['aŋəln] *v* fish, go fishing
Angelpunkt ['aŋəlpuŋkt] *m 1.* pivot; *2.* central issue
angemessen ['angəmɛsən] *adj* appropriate, suitable, reasonable
Angemessenheit ['angəmɛsənhaɪt] *f* appropriateness, aptness, suitability

angenehm ['angəneːm] *adj* pleasant, agreeable, pleasing

angenommen ['angənɔmən] *adj 1. (geschätzt)* estimated, assumed; *2. (adoptiert)* adopted; *konj 3.* assuming; *~ ich mache es ...* assuming I do it ...
angepasst ['angəpast] *adj 1.* adapted; *2. (fig)* adjusted
angeregt ['angəreːkt] *adj 1.* lively, animated, stimulated; *adv 2.* animatedly
angereichert ['angəraɪçərt] *adj* enriched
angeschlagen ['angəʃlaːgən] *adj 1. (Geschirr)* chipped; *2. (erschöpft)* exhausted, beat *(fam)*
angesehen ['angəzeːən] *adj ~ sein* respectable, prestigious, distinguished
Angesicht ['angəzɪçt] *n* face, countenance; *von ~ zu ~* face to face
angesichts ['angəzɪçts] *prep 1.* in the presence of; *2. (fig: im Hinblick auf)* in view of, considering
angespannt ['angəʃpant] *adj 1.* tense, strained; *2. (Aufmerksamkeit)* close
angestellt ['angəʃtɛlt] *adj* employed
Angestellte(r) ['angəʃtɛltə(r)] *m/f* (salaried) employee, white collar worker
angestrengt ['angəʃtrɛŋt] *adj 1. (erschöpft)* exhausted; *2. (bemüht)* intense
angetan ['angətaːn] *adj 1. ~ sein von* to be taken with; *2. dazu ~ sein* to be suitable for
angewiesen ['angəviːzən] *adj auf jdn ~ sein* to be dependent on s.o.
angewöhnen ['angəvøːnən] *v 1. jdm etw ~* get s.o. used to sth, accustom s.o. to sth; *2. sich etw ~* get accustomed to sth, get used to sth
Angewohnheit ['angəvoːnhaɪt] *f* habit
angewurzelt ['angəvurtsəlt] *adj wie ~* rooted to the spot; *wie ~ dastehen* stand there like a stuffed dummy
angliedern ['angliːdərn] *v 1.* join, link up; *2. (Betrieb) ECO* affiliate
Angliederung ['angliːdəruŋ] *f* affiliation, incorporation
anglikanisch [aŋgli'kaːnɪʃ] *adj REL* Anglican
angreifen ['angraɪfən] *v irr 1.* attack; *2. (berühren)* touch, handle; *3. (anpacken) CHEM* seize
angrenzen ['angrɛntsən] *v* adjoin, border on
Angriff ['angrɪf] *m* attack, assault; *etw in ~nehmen* take on sth

Angst [aŋst] *f* fear, fright, terror; *aus ~ vor* for fear of; *~ haben* to be afraid

angsterfüllt ['aŋstɛrfylt] *adj* frightened
Angsthase ['aŋsthaːzə] *m (fam)* scaredy-cat
ängstigen ['ɛŋstɪgən] *v 1. jdn ~* alarm s.o., frighten s.o. *2. sich ~* to be frightened, to be scared, to be afraid
ängstlich ['ɛŋstlɪç] *adj* nervous, anxious, timid
Angstschweiß ['aŋstʃvaɪs] *m der ~* a cold sweat
angstvoll ['aŋstfɔl] *adj* fearful, terrified
angurten ['angurtən] *v sich ~* fasten one's safety belt
anhaben ['anhaːbən] *v irr 1.* have on, wear; *2. Der Wind kann mir nichts ~.* The wind doesn't bother me. *Er kann mir nichts ~.* He can't harm me.
anhalten ['anhaltən] *v irr 1. (stehen bleiben)* stop, pull up, halt; *2. (stoppen)* stop; *3. (fortdauern)* continue, last, go on
Anhalter ['anhaltər] *m* hitch-hiker
Anhaltspunkt ['anhaltspuŋkt] *m* clue, indication, guide
anhand [an'hant] *prep* by means of, with the help of, on the basis of
Anhang ['anhaŋ] *m 1. (in einem Buch)* appendix, supplement; *2. (Anhängerschaft)* following
anhängen ['anhɛŋən] *v 1.* hang up, attach, join; *2. jdm etw ~* blame sth on s.o.
Anhänger ['anhɛŋər] *m 1. (Wagen)* trailer; *2. (Schild)* name-tag; *3. (Schmuck)* pendant; *4. (Befürworter)* adherent, supporter, follower
anhänglich ['anhɛŋlɪç] *adj* devoted, faithful
Anhängsel ['anhɛŋsəl] *n 1. (Schildchen)* tag; *2. (am Weihnachtsbaum)* ornament; *3. (fig: Mensch)* hanger-on
anhauchen ['anhauxən] *v jdn ~* breathe on s.o.
anhauen ['anhauən] *v (fam) jdn ~* tap s.o. for sth
anhäufen ['anhɔyfən] *v* accumulate, pile up
anheben ['anheːbən] *v irr 1. (hochheben)* lift up, heave; *2. (erhöhen)* raise, increase
Anhebung ['anheːbuŋ] *f* increase
anheften ['anhɛftən] *v* attach, affix, tack on
anheimelnd ['anhaɪməlnt] *adj* cosy, pleasant

A

anheuern ['anhɔyərn] *v* engage, hire
Anhieb ['anhiːp] *m auf ~* right from the start, from the word go
anhimmeln ['anhɪməln] *v* worship, idolize
Anhöhe ['anhøːə] *f* elevation, hill
anhören ['anhøːrən] *v 1.* listen to; *2. (anmerken)* tell; *Ich höre ihr an, dass sie Amerikanerin ist.* I can tell that she's American; *3. (fig) sich ~* sound; *Das hört sich gut an.* That sounds good.
Anhörung ['anhøːruŋ] *f JUR* hearing
Animateur [anima'tøːr] *m* animator
animieren [ani'miːrən] *v* animate, incite, instigate
ankämpfen ['ankɛmpfən] *v* battle against, struggle against, fight against
Ankauf ['ankauf] *m* purchase, acquisition
ankaufen ['ankaufən] *v* purchase, acquire
Anker ['aŋkər] *m* anchor
ankern ['aŋkərn] *v* drop anchor, anchor
anketten ['ankɛtən] *v* chain
Anklage ['anklaːgə] *f 1. (Beschuldigung)* accusation, imputation; *2. JUR* charge, accusation, indictment
anklagen ['anklaːgən] *v 1. (beschuldigen)* accuse; *2. JUR* charge with, indict with, accuse of; *3. (zu Unrecht beschuldigen)* denounce
Ankläger ['anklɛːgər] *m JUR* prosecutor, plaintiff, accuser
Anklang ['anklaŋ] *m* sound, suggestion, approval
ankleiden ['anklaɪdən] *v sich ~* get dressed, dress
anklingen ['anklɪŋən] *v irr etw ~ lassen* evoke sth
anknüpfen ['anknypfən] *v an etw ~* carry on (where one left off)
Anknüpfungspunkt ['anknypfuŋspuŋkt] *m* common interest

> **ankommen** ['ankɔmən] *v 1.* arrive; *2. (Zustimmung finden)* to be received; *Damit kommst du nicht an.* You won't have any luck with that. *Das ist gut angekommen.* That was well received. *3. auf etw ~* depend on sth

Ankömmling ['ankœmlɪŋ] *m* newcomer, new arrival
ankoppeln ['ankɔpəln] *v* couple, link up, hitch up
ankratzen ['ankratsən] *v* scratch
ankreiden ['ankraɪdən] *v 1.* chalk up; *2. jdm etw ~ (fig)* hold sth against s.o.
ankreuzen ['ankrɔytsən] *v* mark with a cross, tick, check off *(US)*
ankündigen ['ankyndɪgən] *v 1.* announce, advertise; *2. (auf etw hinweisen)* to be a sign of
Ankündigung ['ankyndɪguŋ] *f* announcement, notification
Ankunft ['ankunft] *f* arrival
ankurbeln ['ankurbəln] *v (fig: beleben)* stimulate, pep up, boost
anlächeln ['anlɛçəln] *v* smile at, give s.o. a smile
anlachen ['anlaxən] *v 1. (fig: anziehen)* tempt; *2.* smile at, beam at, laugh at
Anlage ['anlaːgə] *f 1. (Fabrik)* plant, works, factory; *2. (Parkanlage)* park; *3. (Veranlagung)* predisposition, tendency, inclination; *4. (Geldanlage) FIN* investment; *5. (Briefanlage) ECO* enclosure
Anlass ['anlas] *m 1. (Gelegenheit)* occasion; *~ geben zu* give cause for; *2. (Grund)* cause, reason
anlassen ['anlasən] *v irr 1. (Motor)* start; *2. (anbehalten)* keep on, leave on; *3. (eingeschaltet lassen)* leave on
anlaufen ['anlaufən] *v irr 1.* start; *2. (beschlagen: Metall)* tarnish, oxide; *(Fensterscheibe, Brille)* steam up
Anlaufstelle ['anlaufʃtɛlə] *f* point of contact
Anlaufzeit ['anlauftsaɪt] *f* warming-up period, time to get started
anlegen ['anleːgən] *v 1. (Schiff)* dock, moor, berth; *2. eine Akte ~* start a file; *3. (Leiter)* lay against, put against; *4. (Garten)* lay out; *5. (Geld) FIN* invest; *6. (anziehen)* put on
Anlegeplatz ['anleːgəplats] *m* moorings *pl,* landing place, berth
anlehnen ['anleːnən] *v 1. (Gegenstand)* lean against; *2. (Tür)* leave ajar; *3. sich ~* lean against
anleiern ['anlaɪərn] *v (fam)* initiate
Anleihe ['anlaɪə] *f ECO* loan, loan stock, debenture
anleiten ['anlaɪtən] *v* instruct, guide
Anleitung ['anlaɪtuŋ] *f* instruction(s), guidance, schooling
anlernen ['anlɛrnən] *v* train
anliefern ['anliːfərn] *v* supply, deliver
Anlieferung ['anliːfəruŋ] *f* supply, delivery
anliegen ['anliːgən] *v irr 1. (bevorstehen)* to be on the agenda; *2. (angrenzen)* border, to be adjacent to
Anliegen ['anliːgən] *n 1.* request; *2. (Sorge)* matter of concern
anliegend ['anliːgənt] *adj (beiliegend)* enclosed

Anlieger ['anli:gər] *m* neighbour, resident, adjoining owner
anlocken ['anlɔkən] *v 1.* attract; *2. (Tiere)* lure
anlügen ['anly:gən] *v irr* lie to
anmachen ['anmaxən] *v 1. (würzen)* dress (a salad), spice, season; *(fam) jdn ~* make a pass at s.o.; *v 2. (fam: ansprechen)* make a pass at, come on to; *3. (befestigen)* fix, fasten; *4. (einschalten)* turn on, switch on
anmahnen ['anma:nən] *v etw ~* send a reminder about sth
anmalen ['anma:lən] *v* paint
Anmarsch ['anmarʃ] *m 1. (Näherkommen) MIL* approach; *2. (Wegstrecke) MIL* walk; *3. (fig)* advance; *im ~* on the way
anmaßen ['anma:sən] *v sich etw ~* claim a right to sth, arrogate sth to o.s.
anmaßend ['anma:sənt] *adj* presumptuous, arrogant
Anmaßung ['anma:suŋ] *f* presumptuousness, arrogance
anmeckern ['anmɛkərn] *v (fam)* grumble at
anmelden ['anmɛldən] *v 1.* register; *2. (ankündigen)* announce; *3. sich ~* register o.s.; *4. sich ~ (amtlich)* give formal notice of address, report change of address, give formal notice of arrival; *5. sich ~ (beim Arzt)* make an appointment
anmeldepflichtig ['anmɛldəpflɪçtɪç] *adj* subject to registration
Anmeldung ['anmɛlduŋ] *f 1.* announcement, application; *2. (Einschreibung)* registration, enrolment; *3. (amtliche ~)* official notification of arrival
anmerken ['anmɛrkən] *v 1.* observe, notice; *2. (Kommentar geben)* remark
Anmerkung ['anmɛrkuŋ] *f* remark, comment, observation
anmotzen ['anmɔtsən] *v (fam)* grumble at, bark at
anmustern ['anmustərn] *v NAUT* sign on
Anmut ['anmu:t] *f* grace, attractiveness, charm
anmuten ['anmu:tən] *v* seem, appear
anmutig ['anmu:tɪç] *adj* graceful, charming
annageln ['anna:gəln] *v* nail on
annähern ['annɛ:ərn] *v sich ~* approach
annähernd ['annɛ:ərnt] *adv 1.* approximately; *nicht ~* not nearly; *adj 2.* approximate
Annäherung ['annɛ:əruŋ] *f* approach, approximation
Annäherungsversuch ['annɛ:əruŋsfɛrzu:x] *m* advance, approach, pass *(fam)*
Annahme ['anna:mə] *f 1. (Entgegennahme)* acceptance; *2. (Zustimmung)* acceptance, approval; *3. (fig: Vermutung)* assumption, supposition, hypothesis; *4. POL* adoption, passing; *5. ECO* receipt
annehmbar ['anne:mba:r] *adj* acceptable
annehmen ['anne:mən] *v irr 1. (entgegennehmen)* accept, take receipt of; *2. (zustimmen)* accept, subscribe to; *3. (fig: vermuten)* assume, suppose, presume
annehmlich ['anne:mlɪç] *adj* convenient
Annehmlichkeit ['anne:mlɪçkaɪt] *f 1.* convenience; *2. (Wohnkomfort)* amenities, comforts
annektieren [anɛk'ti:rən] *v POL* annex
Annexion [anɛks'jo:n] *f POL* annexation
Annonce [a'nɔ̃:sə] *f* advertisement
annoncieren [anɔ̃'si:rən] *v* advertise
annullieren [anu'li:rən] *v* annul, cancel
anöden ['anø:dən] *v 1. (fam: langweilen)* bore; *2. (fam: nerven) jdn ~* get on s.o.'s nerves
anomal [ano'ma:l] *adj 1.* anomalous, irregular; *2. MED* abnormal
anordnen ['anɔrdnən] *v 1. (befehlen)* command, decree, order; *2. (ordnen)* arrange, put in order
Anordnung ['anɔrdnuŋ] *f 1. (Befehl)* order, instruction, direction; *2. (Ordnung)* arrangement, grouping, structure
anorganisch ['anɔrganɪʃ] *adj* inorganic
anormal ['anɔrma:l] *adj* abnormal
anpacken ['anpakən] *v 1.* grab, grasp; *2. (eine Aufgabe)* attack *(fig)*, tackle
anpassen ['anpasən] *v 1. sich ~* adapt o.s. to, conform to; *2. (fig)* adapt to, adjust to, suit
anpeilen ['anpaɪlən] *v 1.* head for; *2. (fig)* eye
Anpfiff ['anpfɪf] *m 1. SPORT* starting whistle, whistle to start play; *2. (fam: Schimpfen)* dressing-down, bawling out
anpflanzen ['anpflantsən] *v* plant, grow
anpirschen ['anpɪrʃən] *v* creep up
anpöbeln ['anpøbəln] *v* verbally accost, to be rude to
anprangern ['anpraŋərn] *v* pillory, criticize maliciously, denounce
anpreisen ['anpraɪzən] *v irr* promote, boost, push
anprobieren ['anprobi:rən] *v* try on
anquatschen ['ankvatʃən] *v* speak to
anraten ['anra:tən] *v irr* advise, recommend

A

A

anrechnen ['anrɛçnən] *v 1. (berechnen)* charge for; *2. (gutschreiben)* take into account; *3. jdm etw hoch ~* think highly of s.o. for sth
Anrecht ['anrɛçt] *n* right, title, interest
Anrede ['anreːdə] *f* form of address, speech
anreden ['anreːdən] *v* speak to, address
anregen ['anreːgən] *v 1. (vorschlagen)* suggest, propose; *2. (beleben)* stimulate
Anregung ['anreːguŋ] *f 1. (Vorschlag)* suggestion, proposal; *2. (Veranlassung)* stimulation
anreichern ['anraɪçərn] *v* enrich
Anreise ['anraɪzə] *f* journey (to one's destination), arrival
anreisen ['anraɪzən] *v* journey (to one's destination), arrive
anreißen ['anraɪsən] *v irr 1. (Packung)* start, open; *2. (erwähnen)* mention; *3. (vorzeichnen) TECH* mark
Anreiz ['anraɪts] *m* stimulus, incentive, impulse
anrempeln ['anrɛmpəln] *v 1. (anstoßen)* bump into; *2. (fig)* provoke
anrennen ['anrɛnən] *v irr 1. angerannt kommen* come running; *2. gegen etw ~ MIL* storm sth; *3. gegen etw ~ (Vorurteile)* smash, bust; *4. (versehentlich stoßen gegen)* run into sth; *5. gegen etw ~* run into sth
Anrichte ['anrɪçtə] *f* sideboard, dresser
anrichten ['anrɪçtən] *v 1. (Essen)* prepare, serve up, dish up; *2. (verursachen)* cause
anrüchig ['anryːçɪç] *adj (Person)* notorious; *(Sache)* disreputable, shady
Anrüchigkeit ['anryçɪçkaɪt] *f* bad reputation, ill repute
anrücken ['anrykən] *v 1.* move closer, move in; *2. (fig: ankommen)* turn up

Anruf ['anruːf] *m* call

Anrufbeantworter ['anruːfbəantvɔrtər] *m* answering machine
anrufen ['anruːfən] *v irr 1. (rufen)* call; *2. (telefonieren)* telephone, call *(US)*
Anrufung ['anruːfuŋ] *f 1. JUR* appeal; *2. REL* invocation
anrühren ['anryːrən] *v 1. (vermischen)* mix, stir; *2. (fig: rühren)* move (emotionally); *3. (berühren)* touch
Ansage ['anzaːgə] *f* announcement
ansagen ['anzaːgən] *v* announce, declare, proclaim
ansägen ['anzɛːgən] *v 1. (Holz)* saw into; *2. (fig)* try to ruin s.o.'s reputation
Ansager(in) ['anzaːgər(ɪn)] *m/f* announcer
ansammeln ['anzaməln] *v sich ~* gather, accumulate
ansässig ['anzɛsɪç] *adj* resident
Ansatz ['anzats] *m 1. (Anfang)* outset, starting point, beginning; *Das ist im ~ richtig.* That is basically correct. *2. (Ablagerung)* deposit, sediment; *3. (Haaransatz)* roots (of hair); *4. (Anzeichen)* sign, indication
ansatzweise ['anzatsvaɪzə] *adv* for the start
ansaugen ['anzaugən] *v TECH* suck up, draw in
anschaffen ['anʃafən] *v* procure, acquire, purchase
Anschaffung ['anʃafuŋ] *f* acquisition, purchase, procurement
anschalten ['anʃaltən] *v* switch on, turn on
anschauen ['anʃauən] *v* view, look at
anschaulich ['anʃaulɪç] *adj* concrete, vivid, descriptive
Anschauung ['anʃauuŋ] *f* view, outlook, perception
Anschauungsunterricht ['anʃauuŋsuntərrɪçt] *m* visual instruction
Anschein ['anʃaɪn] *m* appearance, look, semblance; *allem ~ nach* to all appearances
anscheinend ['anʃaɪnənt] *adv* apparently
anschicken ['anʃɪkən] *v sich ~, etw zu tun* prepare oneself to do sth, set about sth, set to work on sth
anschieben ['anʃiːbən] *v irr etw ~* give sth a push
anschießen ['anʃiːsən] *v 1. (mit einer Waffe)* wound by a shot; *2. (Tor)* shoot at
Anschiss ['anʃɪs] *m* bollocking *(UK)*, chewing-out *(US)*
Anschlag ['anʃlaːk] *m 1. (Plakat)* poster, placard; *2. (Schreibmaschinenanschlag)* stroke; *3. (Attentat) POL* attempt on a person's life, assassination attempt
Anschlagbrett ['anʃlaːkbrɛt] *n* notice board, bulletin board *(US)*
anschlagen ['anʃlaːgən] *v irr 1. (anstoßen)* knock, strike; *2. (aushängen)* put (a sign) up; *3. (befestigen)* affix, fasten, post
anschleichen ['anʃlaɪçən] *v irr sich an etw ~* creep up on sth, come creeping up on sth
anschließen ['anʃliːsən] *v irr 1. (verbinden)* attach, connect, link; *2. sich jdm ~* join s.o. *Darf ich mich Ihnen ~?* May I join you? *3. sich jdm ~ (zustimmen)* side with s.o.; *4. (fig: anfügen)* add, annex
anschließend ['anʃliːsənt] *adj 1. (räumlich)* adjoining, adjacent; *2. (zeitlich)* subse-

quent, following, ensuing; *adv* 3. *(räumlich)* next to, adjacent to; 4. *(zeitlich)* subsequently

Anschluss ['anʃlus] *m* 1. connection; 2. *(fig: Bekanntschaft)* social contact, making friends; *Er findet leicht ~.* He makes friends easily.

anschmiegen ['anʃmi:gən] *v* cuddle up to, cling to

anschnallen ['anʃnalən] *v* 1. buckle; *sich ~* fasten one's seatbelt; 2. *(Skier)* put on

anschneiden ['anʃnaɪdən] *v irr* 1. *(schneiden)* cut; 2. *(fig: Thema)* bring up, raise, broach

anschrauben ['anʃraubən] *v TECH* screw on

anschreiben ['anʃraɪbən] *v irr* 1. *(schreiben)* write, write to; 2. *(fam: ~ lassen)* charge (to an account), buy on credit

anschreien ['anʃraɪən] *v* shout at, scream at

anschuldigen ['anʃuldɪgən] *v* accuse, charge

Anschuldigung ['anʃuldɪguŋ] *f* accusation, charge

anschwärzen ['anʃvɛrtsən] *v (fig)* cast aspersions on, slander

anschweißen ['anʃvaɪsən] *v TECH* weld on

anschwellen ['anʃvɛlən] *v irr* 1. *(anwachsen)* swell up, rise, increase; 2. *MED* swell, bulge

anschwemmen ['anʃvɛmən] *v* wash up

Anschwemmung ['anʃvɛmuŋ] *f* deposits

anschwindeln ['anʃvɪndəln] *v (fig)* tell a fib, tell a white lie

Ansehen ['anze:ən] *n* 1. *(Äußeres)* appearance; 2. *(Ruf)* reputation, *(Achtung)* prestige

ansehen ['anze:ən] *v irr* 1. look at; *sich etw ~* look at sth; 2. *Man sieht ihm an, dass ...* You can see that he ...

ansehnlich ['anze:nlɪç] *adj* 1. *(fig)* considerable, respectable; 2. presentable, good-looking

anseilen ['anzaɪlən] *v* rope

ansetzen ['anzɛtsən] *v* 1. *Fett ~* grow fat; 2. *jdn auf eine Person ~* put s.o. on a person; 3. *(festlegen)* set

Ansicht ['anzɪçt] *f* 1. *(Meinung)* opinion, view; *der ~ sein, dass ...* to be of the opinion that ... 2. *(Aussicht)* view, sight

Ansichtskarte ['anzɪçtskartə] *f* postcard

ansiedeln ['anzi:dəln] *v* settle

Ansinnen ['anzɪnən] *n* 1. *(Bitte)* request; 2. *(Idee)* idea

ansonsten [an'zɔnstən] *adv* otherwise, apart from that

anspannen ['anʃpanən] *v* 1. *(Kräfte)* strain; 2. *(Pferd)* harness

Anspielung ['anʃpi:luŋ] *f* insinuation, hint, allusion

anspitzen ['anʃpɪtsən] *v* 1. *(Bleistift)* sharpen; 2. *jdn ~ (fam)* egg s.o. on

anspornen ['anʃpɔrnən] *v* encourage, incite, stimulate

Ansprache ['anʃpra:xə] *f* speech, address

ansprechbar ['anʃprɛçba:r] *adj* 1. *(gut gelaunt)* in a good mood; 2. *(Patient)* responsive

ansprechen ['anʃprɛçən] *v irr* 1. *(reagieren)* react to, respond to; 2. speak to, address; 3. *(bedrängen)* accost; 4. *(fig: gefallen)* appeal to

anspringen ['anʃprɪŋən] *v irr* 1. *(Auto)* start; 2. *(hochspringen)* jump up

anspritzen ['anʃprɪtsən] *v* sprinkle, splash; spray

Anspruch ['anʃprux] *m* claim, demand, expectation; *etw in ~ nehmen* claim sth, take advantage of sth

Anspruchslosigkeit ['anʃpruxslo:zɪçkaɪt] *f* modesty, simplicity

anspruchsvoll ['anʃpruxsfɔl] *adj* demanding, exacting, fastidious

anstacheln ['anʃtaxəln] *v* 1. *(antreiben)* stimulate; 2. *(provozieren)* provoke

Anstalt ['anʃtalt] *f* institution

Anstand ['anʃtant] *m* 1. *(Bedenken)* objection; 2. manners, decency, good behaviour

anständig ['anʃtɛndɪç] *adj* proper, decent, respectable

anstarren ['anʃtarən] *v* stare at, glare at

anstatt [an'ʃtat] *prep* 1. instead of; *konj* 2. instead of

anstauen ['anʃtauən] *v* 1. *(Flüssigkeit)* accumulate, rise, swell; 2. *(fig: Emotionen)* to be bottled up

anstechen ['anʃtɛçən] *v irr* 1. prick; 2. *(Fass)* tap

anstecken ['anʃtɛkən] *v* 1. *(Brosche)* fasten, pin on; 2. *(anzünden)* set on fire, *(Zigarette)* light; 3. *MED* infect; *sich mit etw ~* to catch sth

anstehen ['anʃte:ən] *v irr* 1. *(bevorstehen)* to be impending; 2. *(Schlange stehen)* queue *(UK)*, stand in line, line up

A

ansteigen ['anʃtaɪgən] *v irr 1.* go up, increase, rise; *2. (Weg)* ascend
anstelle [an'ʃtɛlə] *prep* instead of, in place of
anstellen ['anʃtɛlən] *v 1. (einschalten)* turn on, switch on; *2. (beschäftigen)* hire, employ, take on; *3. sich ~* queue *(UK),* line up, stand in line; *4. (unternehmen)* do
Anstellung ['anʃtɛluŋ] *f 1. (Einstellung)* employment, engagement, hiring; *2. (Stellung)* job, position, post
ansteuern ['anʃtɔyərn] *v* head for
Anstieg ['anʃti:k] *m 1. (Steigung)* ascent; *2. (Erhöhung)* increase, rise
anstieren ['anʃti:rən] *v* stare at, glare at
anstiften ['anʃtɪftən] *v* cause, bring about, instigate
Anstifter ['anʃtɪftər] *m 1.* instigator; *2. (Anführer)* ringleader
Anstiftung ['anʃtɪftuŋ] *f 1.* encouragement; *2. JUR* inducement
anstimmen ['anʃtɪmən] *v* strike up, break out into
Anstoß ['anʃto:s] *m 1. (Anregung)* impulse, inducement, initiative; *2. (Skandal)* offence, scandal; *3. SPORT* kick-off
anstoßen ['anʃto:sən] *v irr 1. (stoßen)* push, bump, nudge; *sich das Knie ~ an* bump one's knee against; *2. (zuprosten)* toast, drink a toast; *3. (in Bewegung setzen)* push
anstößig ['anʃtø:sɪç] *adj* indecent, improper
anstrahlen ['anʃtra:lən] *v 1. (Lampe)* illuminate; *2. jdn ~ (fig: jdn glücklich ansehen)* beam at s.o.
anstreben ['anʃtre:bən] *v* strive for
anstrengen ['anʃtrɛŋən] *v sich ~* make an effort, exert o.s.
anstrengend ['anʃtrɛŋənt] *adj* tiring, exhausting, arduous
Anstrengung ['anʃtrɛŋuŋ] *f* exertion, effort, strain
Ansturm ['anʃturm] *m* onslaught, onset, attack
anstürmen ['anʃtyrmən] *v* attack, assault
Anteil ['antaɪl] *m 1.* share, portion, proportion; *2. ECO* interest
anteilig ['antaɪlɪç] *adj* proportionate
Anteilnahme ['antaɪlna:mə] *f* sympathy, concern
Antialkoholiker [antialko'ho:lɪkər] *m* teetotaller
antiautoritär [antiautori'tɛ:r] *adj* anti-authoritarian
Antibabypille [anti'be:bipɪlə] *f MED* birth control pill
antifaschistisch [antifa'ʃɪstɪʃ] *adj POL* antifascist
Antiheld ['antihɛlt] *m* anti-hero
antik [an'ti:k] *adj 1.* antique; *2. HIST* ancient
Antike [an'ti:kə] *f HIST* antiquity
antippen ['antɪpən] *v 1.* tap, touch lightly; *2. (Thema)* touch on
Antiquariat [antikva'rja:t] *n 1.* second-hand bookshop; *2. modernes ~* cut-outs *pl* (new books sold at a marked-down price)
antiquiert [anti'kvi:rt] *adj* antiquated, obsolete
Antiquitäten [antikvi'tɛ:tən] *pl* antiques
antisemitisch [antize'mi:tɪʃ] *adj POL* anti-Semitic
Antisemitismus [antizemi'tɪsmus] *m POL* anti-Semitism
Antlitz ['antlɪts] *n* face
antörnen ['antœrnən] *v (fam)* turn on
Antrag ['antra:k] *m 1. (Gesuch)* application, request; *2. (Vorschlag)* proposal, motion
Antragsformular ['antra:ksfɔrmula:r] *n* application form
Antragsteller(in) ['antra:kʃtɛlər(ɪŋ)] *m/f* applicant, proposer, claimant
antreffen ['antrɛfən] *v irr* find, meet, catch, come across
antreiben ['antraɪbən] *v irr 1.* urge on, stimulate; *2. TECH* power, propel
Antreiber ['antraɪbər] *m* slave-driver
antreten ['antre:tən] *v irr 1. (Stelle)* take up, assume; *2. (Reise)* set out on, embark on, leave on
Antrieb ['antri:p] *m 1. TECH* traction, drive, driving; *2. (fig)* motivation, impetus, incentive; *aus eigenem ~* of one's own accord
Antriebskraft ['antri:pskraft] *f 1. TECH* driving power, propulsion; *2. (fig)* motivation, driving factor, driving force
Antrittsrede ['antrɪtsre:də] *f* inaugural speech
antun ['antu:n] *v irr 1. (anziehen)* put on; *2. jdm etw ~* do sth to s.o.; *3. es jdm ~ (jdm gefallen)* appeal to s.o.
Antwort ['antvɔrt] *f* answer, reply

antworten ['antvɔrtən] *v* answer, reply

anvertrauen ['anfɛrtrauən] *v 1. jdm etw ~ (Sache)* entrust s.b. with sth; *2. jdm etw ~ (Geheimnis)* confide sth to s.o.
anvisieren ['anvizi:rən] *v* aim at, sight

anwachsen ['anvaksən] *v irr* 1. *(zunehmen)* grow, increase; 2. *(Wurzeln schlagen)* take root
Anwalt ['anvalt] *m* lawyer, solicitor, attorney *(US)*
Anwärter ['anvɛrtər] *m* 1. *(Amtsanwärter)* *POL* candidate; 2. *JUR* claimant
anweisen ['anvaɪzən] *v irr* 1. *(anordnen)* instruct, direct, order; 2. *FIN* remit, assign, transfer
Anweisung ['anvaɪzuŋ] *f* 1. *(Anordnung)* instruction, direction, order; 2. *FIN* transfer, remittance
anwendbar ['anvɛntbaːr] *adj* applicable, suitable
anwenden ['anvɛndən] *v irr* apply, use
anwerben ['anvɛrbən] *v irr* 1. attract; 2. *MIL* recruit
Anwesen ['anveːzən] *n* property, estate, premises
anwesend ['anveːzənt] *adj* present
anwidern ['anviːdərn] *v* repel, disgust
Anwohner ['anvoːnər] *m* resident
Anzahl ['antsaːl] *f* number, quantity
anzahlen ['antsaːlən] *v* make a down payment on
Anzahlung ['antsaːluŋ] *f* down payment
Anzeichen ['antsaɪçən] *n* sign, indication, symptom
Anzeige ['antsaɪgə] *f* 1. *(Annonce)* advertisement; 2. *JUR* report, legal proceedings *pl*; *gegen jdn ~ erstatten* report s.o. to the authorities
anzeigen ['antsaɪgən] *v* 1. show, announce, advertise; 2. *jdn ~ JUR* press charges against s.o.
Anzeigetafel ['antsaɪgətaːfəl] *f* 1. indicator board; 2. *SPORT* scoreboard
anzetteln ['antsɛtəln] *v (fig: anstiften)* instigate
anziehen ['antsiːən] *v irr* 1. *(Kleidung)* put on; 2. *(Schraube) TECH* tighten, screw in; 3. *(fig)* attract, interest
anziehend ['antsiːənt] *adj* attractive, appealing
Anziehungskraft ['anziːuŋskraft] *f* 1. attraction; 2. *(fig)* attraction, appeal
Anzug ['antsuːk] *m* 1. suit; 2. *(Anrücken)* approach, advance
anzüglich ['antsyːklɪç] *adj* personal, pointed
anzünden ['antsyndən] *v* light, ignite, set alight; *etw ~* set fire to sth
anzweifeln ['antsvaɪfəln] *v* doubt, question, call in question
apart [a'part] *adj* distinctive, unusual, striking
apathisch [a'paːtɪʃ] *adj* apathetic, listless, indifferent

Apfel ['apfəl] *m* apple; *in den sauren ~ beissen müssen* swallow the pill

apokalyptisch [apoka'lyptɪʃ] *adj REL* apocalyptic
Apostel [a'pɔstəl] *m* apostle
Apostroph [apɔ'stroːf] *m* apostrophe
apostrophieren [apɔstro'fiːrən] *v jdn als etw ~* call s.o. sth, refer to s.o. as sth
Apotheke [apo'teːkə] *f* chemist's shop *(UK)*, pharmacy *(US)*
Apotheker(in) [apo'teːkər(ɪn)] *m/f* chemist, pharmacist
Apparat [apa'raːt] *m* 1. machine, device, instrument; 2. *(Telefon)* phone; *Am ~!* Speaking! This is he! This is she!
appellieren [apɛ'liːrən] *v ~ an* appeal to
Appetit [ape'tiːt] *m* appetite
appetitanregend [ape'tiːtanreːgənt] *adj* appetizing, mouth-watering
applaudieren [aplau'diːrən] *v* applaud
Applaus [a'plaus] *m* applause
approbiert [apro'biːrt] *adj MED* licensed
Aprikose [apri'koːzə] *f* apricot
April [a'prɪl] *m* April; *jdn in den ~ schicken* play an April Fool's joke on s.o.
apropos [apro'poː] *adv* by the way
Aquarell [akva'rɛl] *n ART* watercolour
Aquarellfarbe [akva'rɛlfarbə] *f ART* watercolour paint
Äquator [ɛ'kvaːtɔr] *m GEO* equator
Äquivalent [ɛkviva'lɛnt] *n* equivalent
Ära ['ɛːra] *f* era
Araber ['arabər] *m* Arab

Arbeit ['arbaɪt] *f* 1. work, labour; 2. *(Berufstätigkeit)* employment; 3. *(Schule, Studium)* paper

arbeiten ['arbaɪtən] *v* work, labour
Arbeiter(in) ['arbaɪtər(ɪn)] *m/f* worker, employee, labourer
Arbeitgeber(in) [arbaɪt'geːbər(ɪn)] *m/f* employer
Arbeitnehmer(in) [arbaɪt'neːmər(ɪn)] *m/f* employee, worker
Arbeitsamt ['arbaɪtsamt] *n* employment office, labour exchange, employment exchange
Arbeitskampf ['arbaɪtskampf] *m POL* trade dispute

Arbeitskraft ['arbaɪtskraft] *f 1. (Person)* worker; *2. (Fähigkeit)* working capacity
Arbeitslager ['arbaɪtslaːgər] *n POL* labour camp
arbeitslos ['arbaɪtsloːs] *adj* unemployed, jobless, out of work
Arbeitsmarkt ['arbaɪtsmarkt] *m* job market
Arbeitsstelle ['arbaɪtsʃtɛlə] *f 1.* place of work; *2. (Stellung)* job
Arbeitssuche ['arbaɪtszuːxə] *f ECO* looking for work, job search
Arbeitstag ['arbaɪtstaːk] *m* workday, working day
arbeitsunfähig ['arbaɪtsunfɛːɪç] *adj* unable to work, disabled, unfit for work
Arbeitszeit ['arbaɪtstsaɪt] *f* working hours
Arbeitszimmer ['arbaɪtstsɪmər] *n* study, workroom
archaisch [ar'çaːɪʃ] *adj* archaic
Archäologe [arçɛo'loːgə] *m* archaeologist
Arche ['arçə] *f* ark
Archipel [arçi'peːl] *m GEO* archipelago
Architektur [arçɪtɛk'tuːr] *f* architecture
Archiv [ar'çiːf] *n* archive
Areal [are'aːl] *n* area
arg [arg] *adj 1.* bad, terrible; *adv 2. (fam: sehr)* terribly, awfully
Ärger ['ɛrgər] *m* aggravation, annoyance, anger
ärgerlich ['ɛrgərlɪç] *adj* angry, irritated, aggravated
ärgern ['ɛrgərn] *v 1.* annoy, irritate, make angry; *2. sich ~* to be annoyed, to be angry
Ärgernis ['ɛrgərnɪs] *n* nuisance, worry
Arglist ['arglɪst] *f* malice
arglos ['argloːs] *adj* guileless, harmless, innocent
argumentieren [argumɛn'tiːrən] *v* argue, reason
Argwohn ['arkvoːn] *m* suspicion, mistrust
argwöhnen ['arkvøːnən] *v* suspect, to be suspicious of
arm [arm] *adj* poor

Arm [arm] *m* arm; *jdn auf den ~ nehmen* pull s.o.'s leg; *jdm in die ~e laufen* bump into s.o. *einen langen ~ haben (fig)* have a lot of pull; *jdm unter die ~e greifen (fig)* help s.o. out

Armaturenbrett [arma'tuːrənbrɛt] *n* dashboard, fascia panel *(UK)*
Armband ['armbant] *n 1.* bracelet; *2. (für die Uhr)* strap
Armbanduhr ['armbantuːr] *f* wristwatch
Armbrust ['armbrust] *f* crossbow
Arme(r) ['armə(r)] *m/f* poor person
Armee [ar'meː] *f MIL* army
Ärmel ['ɛrməl] *m* sleeve; *etw aus dem ~ schütteln (fig)* pull sth out of thin air; *etw im ~ haben* have sth up one's sleeve
Ärmelkanal ['ɛrməlkanaːl] *m GEO* English Channel
Armlehne ['armleːnə] *f* armrest
Armleuchter ['armlɔyçtər] *m 1.* candelabrum; *2. (als Schimpfwort)* ass
ärmlich ['ɛrmlɪç] *adj* poor, meagre, humble
armselig ['armseːlɪç] *adj* poor, miserable, wretched
Armut ['armuːt] *f* poverty, destitution, indigence
Aroma [a'roːma] *n 1.* aroma; *2. (Geschmack)* flavour; *3. (Geruch)* fragrance
arrangieren [arɑ̃'ʒiːrən] *v* arrange
Arrest [a'rɛst] *m* detention
Arroganz [aro'gants] *f* arrogance
Arsch [arʃ] *m (fam)* arse *(UK)*, ass *(US)*
Art [aːrt] *f 1.* kind, way, manner; *2. ZOOL* species; *aus der ~ schlagen (fig)* take after nobody in the family
artig ['artɪç] *adj* good, well-behaved
Artikel [ar'tɪkəl] *m 1. (Bericht)* article; *2. GRAMM* article; *3. ECO* product, commodity, good
artikulieren [artɪku'liːrən] *v* articulate
artistisch [ar'tɪstɪʃ] *adj* artistic, acrobatic
Arznei [aːrts'naɪ] *f* medicine

Arzt [artst] *m* doctor, physician

As [as] *n* ace
Asbest [as'bɛst] *m MIN* asbestos
Asche ['aʃə] *f 1.* ash, cinders; *2. (sterbliche Überreste)* ashes
Aschenbecher ['aʃənbɛçər] *m* ashtray
Aschenputtel ['aʃənputəl] *n* Cinderella
Aschermittwoch [aʃər'mɪtvɔx] *m* Ash Wednesday
aschfahl ['aʃ'faːl] *adj* ashen
asiatisch [azi'aːtɪʃ] *adj* Asian
Asien ['aːzjən] *n GEO* Asia
asketisch [as'keːtɪʃ] *adj* ascetic
Äskulapstab [ɛsku'laːpʃtaːp] *m* caduceus
asozial ['aːzotsjaːl] *adj* antisocial
asphaltieren [asfal'tiːrən] *v* asphalt
Aspik [as'piːk] *m GAST* aspic, aspic jelly
Aspirant(in) [aspi'rant(ɪn)] *m/f* candidate
assimilieren [asimi'liːrən] *v* assimilate
assistieren [asɪs'tiːrən] *v* assist, aid

assoziieren [asotsi'iːrən] *v* associate
Ast [ast] *m* limb, branch; *den ~ absägen, auf dem man sitzt* bite the hand that feeds you; *sich einen ~ lachen* to be in stiches; *auf dem absteigenden ~ sein* to be going downhill
ästhetisch [ɛs'teːtɪʃ] *adj* aesthetic, aesthetical
Astloch ['astlɔx] *n* knothole
astrein ['astraɪn] *adj (echt)* genuine; *nicht ganz ~ (fig)* not quite on the level
Astrologie [astrolo'giː] *f* astrology
astronomisch [astro'noːmɪʃ] *adj 1.* astronomical; *2. (fig: Zahl)* astronomical, enormous
Asyl [a'zyːl] *n* asylum, refuge
asymmetrisch ['azymeːtrɪʃ] *adj 1.* asymmetrical; *2.* dissymmetrical
Aszendent [astsɛn'dɛnt] *m* ascendant
Atelier [atəl'jeː] *n* studio, atelier
Atem ['aːtəm] *m 1.* breath; *2. (Atmen)* breathing; *den ~ anhalten* hold one's breath; *jdm den ~ verschlagen* take s.o.'s breath away
atemberaubend ['aːtəmbəraubənt] *adj* breathtaking
atemlos ['aːtəmloːs] *adj* breathless
Atheismus [ate'ɪsmus] *m* atheism
athletisch [at'leːtɪʃ] *adj* athletic
atmen ['aːtmən] *v* breathe
Atmosphäre [atmɔs'fɛːrə] *f* atmosphere
atmosphärisch [atmɔs'fɛːrɪʃ] *adj* atmospheric, atmospherical
Atmung ['aːtmuŋ] *f* breathing, respiration
atomar [ato'maːr] *adj* atomic, nuclear
Attacke [a'takə] *f* attack
Attentat [atən'taːt] *n* assassination, attempt on a person's life
Attest [a'tɛst] *n* attestation, certificate
attestieren [atɛs'tiːrən] *v* attest, certify
attraktiv [atrak'tiːf] *adj* attractive
Attrappe [a'trapə] *f* dummy
Attribut [atri'buːt] *n 1.* characteristic; *2. GRAMM* attribute
atypisch ['atyːpɪʃ] *adj* atypical
ätzen ['ɛtsən] *v CHEM* corrode
ätzend ['ɛtsənt] *adj 1.* caustic, corrosive; *2. (fam: furchtbar)* awful
auch [aux] *konj 1.* also, as well, too; *2. (sogar)* even; *adv 3. (tatsächlich) So war das ~!* That's how it was! *4. (verstärkend) was ~ immer geschieht ...* no matter what happens ... *wie dem ~ sei* be that as it may; *Wenn ~!* So what?
Audienz [au'djɛnts] *f POL* audience, hearing

auf [auf] *prep 1.* on, upon, onto; *~ Englisch* in English; *~ die Universität gehen* go to university; *~ diese Weise* in this way; *~ einer Hochzeit* at a wedding; *~ der Welt* in the world; *~ meinem Zimmer* in my room; *~ der Gitarre spielen* play guitar; *~ jdn böse sein* to be angry with s.o., to be angry at s.o. *sich ~ etwas vorbereiten* prepare for sth; *adv 2. (offen)* open; *~ sein* to be open; *3. (nach oben)* up; *~ und ab* up and down; *prep 4. ~ eine Woche* for a week; *5. von klein ~* from childhood, since childhood *(US); adj 6. (wach)* up, awake

aufarbeiten ['aufarbaɪtən] *v 1. (Material)* refurbish; *2. (erledigen)* catch up on
aufatmen ['aufaːtmən] *v* draw a deep breath; *erleichtert ~* heave a sigh of relief
aufbacken ['aufbakən] *virr* warm up, toast
aufbahren ['aufbaːrən] *v* lay out in state
Aufbau ['aufbau] *m 1. (Anordnung)* structure, arrangement, composition; *2. (Struktur)* formation, construction
aufbauen ['aufbauən] *v 1. (montieren)* construct, build, erect; *2. (fig)* organize, structure; *etw auf etw ~* base sth on sth
aufbauschen ['aufbauʃən] *v (fig)* exaggerate, overstate
aufbegehren ['aufbəgeːrən] *v* rebel, revolt
aufbereiten ['aufbəraɪtən] *v* process, prepare, treat; *wieder ~* reprocess
Aufbereitung ['aufbəraɪtuŋ] *f 1. (Vorbereitung)* processing; *2. (radioaktives Material)* reconditioning
aufbessern ['aufbɛsərn] *v* increase
aufbewahren ['aufbəvaːrən] *v* keep, preserve, set aside
Aufbewahrung ['aufbəvaːruŋ] *f* preservation, storage
aufbieten ['aufbiːtən] *v irr* call up, summon
aufbinden ['aufbɪndən] *v irr 1. (Knoten öffnen)* unknot; *2. jdm einen Bären ~ (fig)* dupe s.o.
aufblähen ['aufblɛːən] *v 1. (Bauch)* swell; *2. (Frosch)* puff up; *3. (fig: prahlen)* boast
aufblasen ['aufblaːzən] *v irr* blow up, inflate
aufbleiben ['aufblaɪbən] *v irr 1.* stay up; *2. (fam: offen bleiben)* stay open
aufblenden ['aufblɛndən] *v* turn the headlights on full beam
aufblicken ['aufblɪkən] *v* look up, raise one's eyes, glance up

A

aufblitzen ['aufblɪtsən] *v 1. (Licht)* flash; *2. (plötzlich auftauchen)* show up
aufblühen ['aufblyːən] *v* blossom, bloom, thrive
aufbrausen ['aufbrauzən] *v 1.* bubble up; *2. (Meer)* surge; *3. (fig)* flare up
aufbrechen ['aufbrɛçən] *v irr 1. (öffnen)* break open, force open, prise open; *2. (fig)* set off, set out
aufbringen ['aufbrɪŋən] *v irr 1. jdn gegen sich ~* provoke s.o.; *2. (Schiff) NAUT* capture
Aufbruch ['aufbrux] *m* departure, start, setting out; *politischer ~* fundamental change (in politics)
aufbrühen ['aufbryːən] *v* brew up
aufbürden ['aufbyrdən] *v jdm etw ~* burden s.o. with sth
aufdecken ['aufdɛkən] *v 1. (bloßlegen)* expose, lay bare; *2. (fig: Geheimnis)* disclose, reveal, unveil
aufdrängen ['aufdrɛŋən] *v jdm etw ~* force sth on s.o.
aufdrehen ['aufdreːən] *v 1. (öffnen)* turn on; *2. (Lautstärke)* turn up; *3. (aufziehen)* wind up; *4. (lockern)* loosen; *5. (aufdröseln)* unravel; *6. (aufrollen: Haar)* put in curlers; *(Schnurrbart)* turn up; *7. (lebhaft werden)* get going
aufdringlich ['aufdrɪŋlɪç] *adj* obtrusive, pushy, importunate
Aufdruck ['aufdruk] *m* imprint, print
aufeinander [aufaɪn'andər] *adv 1. (örtlich)* one on top of the other; *~ legen* pile up; *~ treffen* meet; *2. (zeitlich)* one after the other; *~ folgen* follow one another, follow in succesion
Aufenthalt ['aufɛnthalt] *m 1.* stay; *2. (Ort)* residence; *3. (des Zuges)* stop
Aufenthaltsort ['aufɛnthaltsɔrt] *m* whereabouts
Aufenthaltsraum ['aufɛnthaltsraum] *m* lounge
auferlegen ['aufɛrleːgən] *v jdm etw ~* impose sth on s.o.
Auferstehung ['aufɛrʃteːuŋ] *f REL* resurrection
aufessen ['aufɛsən] *v irr* eat up
auffahren ['auffaːrən] *v irr 1. (vorfahren)* drive up; *2. auf etw ~* drive onto sth; *3. auf etw ~ (gegen etw stoßen)* run into sth; *4. dicht ~* tailgate *(fam)*; *5. (aufbrausen)* flare up; *6. aus dem Schlaf ~* awake with a start; *7. (aufsteigen) REL* ascend; *8. (~ lassen)* bring on
Auffahrt ['auffaːrt] *f 1. (zu einem Haus)* drive, driveway *(US); 2. (zur Autobahn)* approach, access road, freeway entrance *(US)*
auffallen ['auffalən] *v irr* to be noticeable, to be conspicuous, to be evident
auffällig ['auffɛlɪç] *adj 1.* noticeable, conspicuous; *2. (Kleider)* flashy
auffangen ['auffaŋən] *v irr 1.* catch; *2. (fig) einen Blick ~* catch s.o.'s eye; *3. einen Hieb ~* parry a blow
auffassen ['auffasən] *v (geistig)* understand, grasp
Auffassung ['auffasuŋ] *f* opinion, conception, view
auffordern ['auffɔrdərn] *v* invite, ask, request
aufforsten ['auffɔrstən] *v* reforest
auffressen ['auffrɛsən] *v irr* eat up
auffrischen ['auffrɪʃən] *v 1.* freshen up; *2. (Möbel)* restore; *3. (Kenntnisse)* brush up on; *4. (Gedächtnis)* refresh; *5. (Wind)* pick up
aufführen ['auffyːrən] *v THEAT* perform, stage
auffüllen ['auffylən] *v* refill, replenish
Aufgabe ['aufgaːbə] *f 1. (Arbeit)* task, assignment, responsibility; *mit einer ~ betraut sein* to be charged with a task; *2. (Arbeit) MIL* mission; *3. (Verzicht)* giving up, abandonment; *4. (Verzicht) MIL* surrender; *5. (Versand)* dispatch, posting, mailing *(US)*
Aufgang ['aufgaŋ] *m 1.* rising, ascent; *2. (Treppe)* stairs
aufgeben ['aufgeːbən] *v irr 1. (versenden)* post, mail *(US)*, dispatch; *2. (verzichten)* give up, surrender, abandon; *3. (beauftragen)* assign, order
aufgeblasen ['aufgəblaːzən] *adj 1. (aufgepumpt)* inflated; *2. (fig: angeberisch)* arrogant, conceited
Aufgebot ['aufgəboːt] *n 1. (Anzahl)* array, mass; *2. (von Menschen)* contingent; *3. (Eheaufgebot)* banns of marriage
aufgebracht ['aufgəbraxt] *adj* angry, furious
aufgedonnert ['aufgədɔnərt] *adj (fam)* dolled up, dressed to kill; *~ sein* to be dressed to the nines
aufgedreht ['aufgədreːt] *adj 1. (Lautstärke)* at full volume; *2. (fig: Mensch)* in high spirits
aufgedunsen ['aufgədunzən] *adj* bloated, swollen

aufgehen ['aufgeːən] *v irr 1.* open, burst open; *2. (Teig)* rise; *3. (Sonne)* rise; *4. ~ wie eine Dampfnudel* pile on weight

aufgeklärt ['aufgəklɛːrt] *adj 1. (informiert)* well-informed; *2. (sexuell)* knowing the facts of life
aufgelegt ['aufgəleːkt] *adj* in the mood, disposed, inclined
aufgeräumt ['aufgərɔymt] *adj 1. (Zimmer)* tidied up; *2. (guter Stimmung)* in good humour, cheerful
aufgeregt ['aufgəreːkt] *adj* excited, nervous
aufgeschlossen ['aufgəʃlɔsən] *adj (fig: Person)* open-minded, broad-minded, receptive
aufgeweckt ['aufgəvɛkt] *adj* bright, sharp, clever
aufgreifen ['aufgraɪfən] *v irr* pick up, snatch up, take up
aufgrund [auf'grunt] *prep* because of, on the basis of, by virtue of
aufhalten ['aufhaltən] *v irr 1. (Tür)* hold open, keep open; *seine Hand ~ (fig)* hold out one's hand *(fig); 2. (jdn ~)* detain, delay, keep; *3. sich ~ (an einem Ort)* live in, reside in, *(vorübergehend)* to be in
aufhängen ['aufhɛŋən] *v 1. sich ~* hang o.s. *2.* hang up, suspend
Aufhänger ['aufhɛŋər] *m 1.* hook, hanger; *2. (fig)* hook
aufheben ['aufheːbən] *v irr 1. (beenden)* cancel, stop, do away with; *2. (aufbewahren)* save, keep, reserve; *3. (vom Boden)* pick up, lift up
aufheitern ['aufhaɪtərn] *v* cheer up, brighten up, encourage
aufheizen ['aufhaɪtsən] *v 1. (Wohnung)* heat up; *2. (fig: Stimmung)* cheer up
aufhelfen ['aufhɛlfən] *v irr jdm ~* help s.o. getting up, help s.o. up
aufhellen ['aufhɛlən] *v 1.* brighten, light up; *2. (fig: klären)* shed light on
aufhetzen ['aufhɛtsən] *v* incite, instigate
aufheulen ['aufhɔylən] *v 1. (vor Schmerz)* cry; *2. (Motor) TECH* roar
aufholen ['aufhoːlən] *v 1.* catch up; *2. (Zeit)* make up (time)
aufhorchen ['aufhɔrçən] *v* prick up one's ears, listen attentively
aufhören ['aufhøːrən] *v* stop, end; *Hör auf damit!* Stop it!
aufkaufen ['aufkaufən] *v* buy up
aufklären ['aufklɛːrən] *v* clear up, enlighten, inform; *jdn über etw ~* inform s.o. about sth
Aufklärung ['aufklɛːruŋ] *f 1.* explanation; *sexuelle ~* sex education; *2. HIST* Enlightenment; *3. MIL* reconnaissance
aufkleben ['aufkleːbən] *v* stick on
Aufkommen ['aufkɔmən] *n 1. (Entstehung)* rise, origin; *2. ECO* yield, revenue
aufkommen ['aufkɔmən] *v irr 1. (heraufziehen)* rise, get up; *2. (entstehen)* arise, come into use
aufladen ['auflaːdən] *v irr 1. (beladen)* load; *2. (fig: aufbürden)* burden; *3. (Batterie) TECH* charge
Auflage ['auflaːgə] *f 1. (Buch)* edition; *2. (Bedingung)* condition
auflauern ['auflauərn] *v jdm ~* lie in wait for s.o., *(angreifen)* waylay s.o.
Auflauf ['auflauf] *m 1. (Menschen)* crowd, commotion; *2. GAST* soufflé
aufleben ['aufleːbən] *v 1. (lebhafter werden)* come to life; *2. (wieder beginnen)* revive
auflegen ['aufleːgən] *v 1.* put on, impose *(fig); 2. (Buch)* publish
auflehnen ['aufleːnən] *v 1. die Arme ~* lean one's arms (on sth); *2. sich ~ (fig)* rebel
auflesen ['aufleːzən] *v irr* pick up *(fig),* gather, collect
aufleuchten ['auflɔyçtən] *v* light up
auflisten ['auflɪstən] *v* list
auflockern ['auflɔkərn] *v 1.* loosen up; *2. (entspannen)* make more relaxed
Auflockerung ['auflɔkəruŋ] *f* ease, relaxation
auflodern ['aufloːdərn] *v* flare up, burst into flames
auflösen ['aufløːzən] *v 1. (Pulver)* dissolve; *2. (Geschäft) ECO* liquidate, dissolve
Auflösung ['aufløːzuŋ] *f 1. (Rätsel)* solution; *2. (Geschäft) ECO* dissolution, liquidation
aufmachen ['aufmaxən] *v* open, undo, unfasten
Aufmachung ['aufmaxuŋ] *f 1. (Kleidung)* get-up; *2. (einer Zeitschrift)* layout
aufmerksam ['aufmɛrkzaːm] *adj* attentive, observant
Aufmerksamkeit ['aufmɛrkzaːmkaɪt] *f 1. (Vorsicht)* attentiveness, attention; *die ~ auf sich ziehen* attract attention; *die ~ lenken auf* call attention to; *2. (Geschenk)* little present
aufmüpfig ['aufmypfɪç] *adj* rebellious
Aufnahme ['aufnaːmə] *f 1. (Empfang)* reception, welcome; *2. (in eine Organisation)* admission, admittance; *3. (Nahrung)* intake; *4. FOTO* exposure, photograph, shot; *5. CINE* shot
Aufnahmeprüfung ['aufnaːməpryːfuŋ] *f* entrance examination
aufnehmen ['aufneːmən] *v irr 1. (empfangen)* receive; *2. (beginnen)* enter into, take up,

A

embark on; *3. (fotografieren)* take a picture of, photograph; *4. (fassen)* take in, assimilate, absorb; *5. es mit jdm ~* challenge s.o.

aufopfern ['aufɔpfərn] *v sich ~* sacrifice o.s.

aufpassen ['aufpasən] *v* pay attention, look out, take care

Aufpasser(in) ['aufpasər(ɪn)] *m/f 1. (Beaufsichtigende(r))* watchdog; *2. (Beobachter(in))* spy

aufpeitschen ['aufpaɪtʃən] *v (fig: Stimmung)* excite

aufpolieren ['aufpoliːrən] *v* polish up

Aufprall ['aufpral] *m* impact

aufprallen ['aufpralən] *v ~ auf 1. (Ball)* bounce against; *2. (Auto)* collide with; *3. (zerschmettern)* smash against

aufpumpen ['aufpumpən] *v* pump up, inflate

aufputschen ['aufputʃən] *v 1.* pep up, rouse; *2. (dopen)* dope

aufraffen ['aufrafən] *v sich ~* pick o.s. up, pull o.s. together

aufräumen ['aufrɔymən] *v* clean up, tidy up, clear up

aufrecht ['aufrɛçt] *adj* upright, erect

aufrechterhalten ['aufrɛçtɛrhaltən] *v irr* maintain, uphold, keep up

aufregen ['aufreːgən] *v 1. jdn ~* excite s.o., get on s.o.'s nerves; *2. sich ~* get upset, get worked up, become agitated

aufreiben ['aufraɪbən] *v irr 1. (vernichten)* rub out, wipe out; *2. (erschöpfen)* wear out; *3. (Haut)* chafe

aufreibend ['aufraɪbənt] *adj* exhausting

aufreihen ['aufraɪən] *v 1. (place in one row)* line up; *2. (auf Schnur, Faden)* thread

aufreißen ['aufraɪsən] *v irr 1.* tear open, rip open; *2. (Tür)* throw open; *3. (Mund, Augen)* open wide; *4. (fam: Mädchen)* pick up

aufreizend ['aufraɪtsənt] *adj* provocative

aufrichten ['aufrɪçtən] *v 1. (hochstellen)* set upright, raise, erect; *2. (fig)* comfort, console, cheer up

aufrichtig ['aufrɪçtɪç] *adj* honest, sincere

Aufruf ['aufruːf] *m* summons, challenge, call

aufrufen ['aufruːfən] *v irr 1. (Zeugen)* summon; *2. (Namen)* call; *3. INFORM* call up, retrieve

Aufruhr ['aufruːr] *m 1. POL* riot, revolt; *2. (Tumult)* commotion

aufrührerisch ['aufryːrərɪʃ] *adj* seditious, inflammatory

aufrunden ['aufrundən] *v MATH* round up

aufrüsten ['aufrystən] *v POL* rearm, arm

aufsässig ['aufzɛsɪç] *adj* rebellious

Aufsatz ['aufzats] *m 1. (Abhandlung)* essay, composition; *2. (oberer Teil)* top

aufschauen ['aufʃauən] *v 1.* glance up, look up; *2. zu jdm ~* look up to s.o., admire s.o.

aufscheuchen ['aufʃɔyçən] *v* rouse, startle

aufschichten ['aufʃɪçtən] *v* pile up, stack up

aufschieben ['aufʃiːbən] *v irr 1. (verschieben)* postpone, put off; *2. (Tür)* push open

Aufschlag ['aufʃlaːk] *m 1. (Kleidung)* cuff, *(Mantelaufschlag)* lapel, *(an der Hose)* turn-up; *2. (beim Tennis) SPORT* serve; *3. (Preisaufschlag) ECO* surcharge, extra charge

aufschlagen ['aufʃlaːgən] *v irr 1. (öffnen)* open, break open; *2. (montieren)* put up, erect; *3. (Tennis) SPORT* serve

aufschließen ['aufʃliːsən] *v irr 1.* unlock; *2. (fig)* reveal, disclose

Aufschluss ['aufʃlus] *m* disclosure, explanation, information

aufschlussreich ['aufʃlusraɪç] *adj* instructive, revealing, illuminating

aufschnappen ['aufʃnapən] *v 1.* snap up; *2. (öffnen)* spring open

aufschneiden ['aufʃnaɪdən] *v irr 1. (schneiden)* cut open; *2. (fig: angeben)* brag, exaggerate

Aufschneider ['aufʃnaɪdər] *m* braggart, boaster

aufschrauben ['aufʃraubən] *v* unscrew

Aufschrei ['aufʃraɪ] *m* outcry, scream, yell

aufschreiben ['aufʃraɪbən] *v irr 1.* write down, note; *2. (Polizei)* book

aufschreien ['aufʃraɪən] *v* shout out

Aufschrift ['aufʃrɪft] *f* inscription

Aufschub ['aufʃuːp] *m* postponement, delay

aufschürfen ['aufʃyrfən] *v* graze

Aufschwung ['aufʃvuŋ] *m ECO* recovery, boom, upswing

aufsehen ['aufzeːən] *v irr 1.* glance up, look up; *2. zu jdm ~* look up to s.o., admire s.o.

Aufsehen ['aufzeːən] *n* sensation, stir; *~ erregend* sensational

Aufseher(in) ['aufzeːər(ɪn)] *m/f 1.* supervisor, inspector; *2. (eines Parkplatzes, eines Museums)* attendant

aufsetzen ['aufzɛtsən] *v 1. (Schreiben)* draft, draw up, compose; *2.* put on

Aufsicht ['aufzɪçt] *f* supervision
aufsitzen ['aufzɪtsən] *v irr 1. (Pferd)* mount; *2. bei jdm ~* to be taken in by s.o.
aufspielen ['aufʃpiːlən] *v sich ~* put on an act
aufspringen ['aufʃprɪŋən] *v irr* jump up
aufspüren ['aufʃpyːrən] *v* track down, trace
aufstacheln ['aufʃtaxəln] *v* egg on, incite, rouse
Aufstand ['aufʃtant] *m* rebellion, revolt, uprising
Aufständische(r) ['aufʃtɛndɪʃə(r)] *m/f POL* rebel

aufstehen ['aufʃteːən] *v irr 1.* get up, stand up; *spät ~* get up late; *2. (sich empören)* revolt, rise up

aufsteigen ['aufʃtaɪgən] *v irr 1.* climb; *2. (im Beruf)* advance, to be promoted; *3. (Ballon)* go up; *4. (aufs Pferd)* mount
aufstellen ['aufʃtɛlən] *v 1. (montieren)* set up, mount, erect; *2. (Kandidaten)* put forward, nominate; *3. (Mannschaft)* set up
Aufstieg ['aufʃtiːk] *m 1. (Entwicklung)* rise, improvement; *2. (bei einem Berg)* climb, ascent; *3. (Karriere)* advancement, promotion
aufstoßen ['aufʃtoːsən] *v irr 1. (öffnen)* push open, fling open; *2. (rülpsen)* burp, belch
aufstrebend ['aufʃtreːbənt] *adj* rising, emergent
aufstützen ['aufʃtytsən] *v sich ~* support o.s., prop o.s. up
aufsuchen ['aufzuːxən] *v jdn ~* look s.o. up, go to see s.o.
auftakeln ['auftaːkəln] *v aufgetakelt sein* to be dressed up to the nines
Auftakt ['auftakt] *m* beginning, prelude, initial phase
auftanken ['auftaŋkən] *v* refuel
auftauchen ['auftauxən] *v 1.* surface; *2. (fig)* appear, turn up
auftauen ['auftauən] *v 1.* defrost; *2. (fig)* come out of one's shell
aufteilen ['auftaɪlən] *v* divide up
auftischen ['auftɪʃən] *v* dish up, serve up
Auftrag ['auftraːk] *m 1. (Aufgabe)* assignment, instruction, orders *pl; 2. ECO* order, job, contract
auftragen ['auftraːgən] *v irr 1. (Speisen)* serve; *2. (beauftragen)* instruct, direct, order; *3. (bestreichen)* apply; *4. dick ~* lay it on thick
Auftraggeber ['auftraːkgeːbər] *m ECO* client, customer
Auftragnehmer ['auftraːkneːmər] *m ECO* contractor, company accepting an order
auftreiben ['auftraɪbən] *v irr 1. (beschaffen)* get hold of, hunt down, chase down; *2. (Staub)* raise; *3. (aufblähen)* bloat; *4. (Vieh)* drive
auftreten ['auftreːtən] *v irr 1. (erscheinen)* appear; *2. THEAT* appear, perform, enter
Auftritt ['auftrɪt] *m 1. (Erscheinen)* appearance; *2. THEAT* entrance, performance
auftun ['auftuːn] *v irr (fam: sich eröffnen) sich ~* open
aufwachen ['aufvaxən] *v* wake up, awaken
aufwachsen ['aufvaksən] *v irr* grow up, to be brought up
Aufwand ['aufvant] *m 1. (Einsatz)* effort; *2. (Prunk)* ostentatious splendour, extravagance; *3. (Kosten) ECO* expense(s), cost, expenditure
aufwärmen ['aufvɛrmən] *v 1.* warm up, reheat; *2. (fig)* revive, renew
aufwärts ['aufvɛrts] *adv* upward, up, upwards
aufwecken ['aufvɛkən] *v* awake, waken
aufweichen ['aufvaɪçən] *v 1.* soften; *2. (im Wasser)* soak
aufweisen ['aufvaɪzən] *v irr* show, exhibit, feature
aufwenden ['aufvɛndən] *v irr 1. (Zeit)* take, spend; *2. (Geld)* spend, expend
aufwerten ['aufvɛrtən] *v FIN* revalue
Aufwertung ['aufveːrtuŋ] *f 1.* upgrading; *2. (Währung) FIN* revaluation
aufwiegeln ['aufviːgəln] *v* stir up, incite
Aufwiegelung ['aufviːgəluŋ] *f POL* agitation
Aufwind ['aufvɪnt] *m 1. METEO* upwind; *2. (fig)* upswing
aufwirbeln ['aufvɪrbəln] *v 1.* whirl up; *2. (Staub)* stir up
aufwischen ['aufvɪʃən] *v* wipe up, mop up
aufwühlen ['aufvyːlən] *v* dig up, agitate, excite
aufzählen ['auftsɛːlən] *v* enumerate, detail, list
aufzehren ['auftseːrən] *v (aufessen)* consume
aufzeichnen ['auftsaɪçnən] *v 1. (notieren)* write down, record; *2. (festhalten)* record; *3. (zeichnen)* draw up, sketch, design
Aufzeichnung ['auftsaɪçnuŋ] *f 1. (Musik, Video)* recording; *2. (Notiz)* note, record, memorandum; *3. (Zeichnung)* sketch, drawing
aufzeigen ['auftsaɪgən] *v* show, indicate
aufziehen ['auftsiːən] *v irr 1. (großziehen)* bring up, raise, rear; *2. (Uhr)* wind; *3. (öffnen)*

A

pull open, *(Vorhang)* draw, *(Schleife)* undo; *4. jdn ~* pull s.o.'s leg
Aufzucht ['auftsuxt] *f ZOOL* breeding
Aufzug ['auftsu:k] *m 1. (Aufmachung)* get-up, attire; *2. (Fahrstuhl) TECH* lift *(UK)*, elevator *(US)*
aufzwingen ['auftsvɪŋən] *v irr jdm etw ~* force sth on s.o.
Augapfel ['aukapfəl] *m ANAT* eyeball

Auge ['augə] *n* eye; *unter vier ~n* in private; *aus den ~n, aus dem Sinn* out of sight, out of mind; *ein ~ zudrücken* turn a blind eye on sth; *ins ~ gehen* go wrong; *~n machen* gape; *ein Dorn im ~ sein* to be a thorn in one's side; *sich die ~n ausweinen* cry one's eyes out; *ein ~ auf jdn werfen* make eyes at s.o. *etw ins ~ fassen* have an eye on sth; *ins ~ stechen* catch s.o.'s eye; *die ~n vor etw verschließen* shut one's eyes to sth; *seinen ~n nicht trauen können* not to be able to believe one's eyes

Augenarzt ['augənartst] *m* ophthalmologist, eye doctor
Augenblick ['augənblɪk] *m* moment, instant; *im ~* at the moment; *~ mal!* Just a minute!
augenblicklich ['augənblɪklɪç] *adj* immediate, instantaneous
augenfällig ['augənfɛlɪç] *adj* eye-catching, obvious
Augenmaß ['augənma:s] *n ein gutes ~* a good eye (for distances); *nach ~* approximately
Augenmerk ['augənmɛrk] *n* attention, eye *(fig)*
Augenschein ['augənʃaɪn] *m 1.* appearances *pl; 2. (Wahrnehmung)* look
Augenwinkel ['augənvɪŋkəl] *m* corner of one's eye; *Ich beobachtete ihn aus den ~n.* I watched him out of the corner of my eye.
Augenwischerei ['augənvɪʃəraɪ] *f (fig)* minimization, playing down
Augenzeuge ['augəntsɔygə] *m JUR* eye-witness
Augenzwinkern ['augəntsvɪŋkərn] *n* wink
August [au'gust] *m 1. (Monat) August; 2. dummer ~* clown
Auktion [auk'tsjo:n] *f* auction, open sale
Aula ['aula] *f* assembly hall

aus [aus] *prep 1.* out of, from; *~ welchem Grund?* For what reason? *~ Spaß* for fun; *~ Rache* in revenge; *Er hat es ~ Mitleid getan.* He did it out of pity. *2. (Stoff, Material)* made of; *adv 3.* out; *von mir ~* as far as I'm concerned; *4. von dort ~* from there; *vom Fenster ~* from the window; *5. (vorbei)* over; *v 6. ~ sein (zu Ende sein)* to be over; *7. auf etw ~ sein* to be keen on sth

ausarbeiten ['ausarbaɪtən] *v 1.* work out, develop; *2. (schriftlich niederlegen)* draw up
ausarten ['ausartən] *v* get out of control, get out of hand
ausatmen ['ausa:tmən] *v* breathe out, exhale
ausbaden ['ausba:dən] *v (fig)* take the consequences, suffer
ausbaggern ['ausbagərn] *v TECH* dig out, excavate
Ausbau ['ausbau] *m 1. (eines Gebäudes)* completion, extension; *2. (von Beziehungen)* development, expansion, consolidation; *3. (eines Motors)* removal
ausbauen ['ausbauən] *v 1. (Gebäude)* extend, enlarge; *2. (Beziehungen)* cultivate, improve; *3. (herausnehmen)* remove
ausbessern ['ausbɛsərn] *v 1.* repair, mend; *2. (Fehler)* correct; *3. (Gemälde)* restore
ausbeulen ['ausbɔylən] *v* remove dents in, *(durch Hämmern)* hammer out dents in
Ausbeute ['ausbɔytə] *f ECO* yield, profit, output
ausbeuten ['ausbɔytən] *v 1.* exploit, take advantage of; *2. (Bodenschätze)* work
Ausbeutung ['ausbɔytuŋ] *f* exploitation
ausbilden ['ausbɪldən] *v* train, teach, instruct
ausblasen ['ausbla:zən] *v irr* blow out, exhaust
ausbleiben ['ausblaɪbən] *v irr 1. (nicht eintreffen)* not happen; *2. (nicht nach Hause kommen)* stay out
ausbleichen ['ausblaɪçən] *v* bleach out
Ausblick ['ausblɪk] *m* outlook
ausbooten ['ausbo:tən] *v 1.* put into boats; *2. (fig)* oust
ausborgen ['ausbɔrgən] *v 1. (bei jdm etw ~)* borrow; *2. (jdm etw ~)* lend
ausbrechen ['ausbrɛçən] *v irr 1. (herausbrechen)* break out, burst out; *2. (entfliehen)* break out, break loose; *aus dem Gefängnis ~* break out of prison; *3. (plötzlich aufkommen)* break out, erupt; *in Tränen ~* burst into tears
ausbreiten ['ausbraɪtən] *v 1. (etw ~)* spread out; *2. sich ~* spread; *3. sich ~ (erstrecken)* extend; *4. sich ~ (sich breit machen)* spread out

Ausbreitung ['ausbraɪtuŋ] *f* expansion, spreading
Ausbruch ['ausbrux] *m 1. (Flucht)* breakout, escape; *2. (plötzlicher Beginn)* outbreak, eruption; *3. (Vulkan)* eruption
Ausbruchsversuch ['ausbruxsfɛrzu:x] *m* attempted escape, escape attempt
ausbrüten ['ausbry:tən] *v 1.* hatch; *2. (fig)* contrive, devise
Ausbuchtung ['ausbuxtuŋ] *f* bulge, projection
ausbürgern ['ausbyrgərn] *v* expatriate
ausbürsten ['ausbyrstən] *v* brush
Ausdauer ['ausdauər] *f* endurance, perseverance, stamina
ausdehnen ['ausde:nən] *v 1. (zeitlich)* extend, prolong; *2. (örtlich)* extend
Ausdehnung ['ausde:nuŋ] *f 1. (örtlich)* extension, stretching; *2. (Umfang)* expanse; *3. (zeitlich)* extension, prolonging
ausdenken ['ausdɛŋkən] *v irr 1. sich etw ~ (erfinden)* invent; *2. sich ~* make up, contrive, imagine
Ausdruck ['ausdruk] *m 1. (Wort)* expression, term, phrase; *2. (Gesichtsausdruck)* facial expression; *3. (Druck)* print
ausdrucken ['ausdrukən] *v* print
ausdrücken ['ausdrykən] *v 1.* squeeze out, *(Früchte)* press; *2. (äußerlich zeigen)* convey; *3. (äußern)* express, put into words, articulate

> **auseinander** [ausaɪn'andər] *adv* apart; *~ brechen* break in two, break apart; *~ bringen* separate; *sich ~ entwickeln* develop in different directions; *~ fallen* fall apart; *~ gehen* go apart, separate, part; *~ halten* keep apart, distinguish; *zwei Dinge ~ halten können* tell two things apart; *~ nehmen* take apart, dismantle, disassemble; *~ reißen* tear apart; *(Streitende) ~ reißen* separate; *sich mit jdm ~ setzen* argue with s.o., have it out with s.o. *sich mit etw ~ setzen* examine sth

Auseinandersetzung [ausaɪn'andərzɛtsuŋ] *f 1. (Streit)* argument, conflict; *2. (sich befassen mit)* examination
auserlesen ['ausɛrle:zən] *adj* select, exquisite
auserwählt ['ausɛrvɛ:lt] *adj* selected
ausfahrbar ['ausfa:rba:r] *adj* extendable, telescopic
ausfahren ['ausfa:rən] *v irr 1. (einen Ausflug machen)* go for a ride; *2. (Zeitung)* deliver; *3. (nach außen gleiten lassen) TECH* extend
Ausfahrt ['ausfa:rt] *f 1. (Ausgang, Autobahnausfahrt)* exit; *2. (Abfahrt)* departure; *3. (Spazierfahrt)* excursion
Ausfall ['ausfal] *m 1. (Störung)* breakdown, failure, stoppage; *2. (Haare)* hair loss; *3. (Verlust)* loss
ausfallen ['ausfalən] *v irr 1. (von Haaren)* come out, fall out; *Ihm fallen die Haare aus.* He is losing his hair. *2. (nicht stattfinden)* to be cancelled, fail to take place; *3. (Maschine)* fail, break down
ausfallend ['ausfalənt] *adj* rude, abusive, insulting
ausfällig ['ausfɛlɪç] *adj* insulting
Ausfallstraße ['ausfalʃtra:sə] *f* arterial road
ausfechten ['ausfɛçtən] *v irr* fight out
ausfertigen ['ausfɛrtɪgən] *v* draw up, draft, issue
ausfindig ['ausfɪndɪç] *adj 1. ~ machen* find; *2. ~ machen (aufspüren)* locate
ausfließen ['ausfli:sən] *v irr* flow out
ausflippen ['ausflɪpən] *v (fam)* flip out
Ausflüchte ['ausflyçtə] *pl* subterfuge, excuses
Ausflug ['ausflu:k] *m* excursion, trip, outing
Ausfluss ['ausflus] *m MED* discharge, outflow, effluence
ausfragen ['ausfra:gən] *v* interrogate, question
ausfressen ['ausfre:sən] *v irr (fam) etw ~* do sth wrong
Ausfuhr ['ausfu:r] *f ECO* export, exportation
ausführen ['ausfy:rən] *v 1. (durchführen)* carry out, execute, implement; *2. (spazieren führen)* take out, take for a walk; *3. ECO* export
ausführlich ['ausfy:rlɪç] *adj 1.* detailed, extensive, comprehensive; *adv 2.* in detail, fully
Ausführlichkeit [aus'fy:rlɪçkaɪt] *f* detail, comprehensiveness
Ausführung ['ausfy:ruŋ] *f 1. (Darlegung)* explanation; *2. (einer Aufgabe)* execution, implementation, carrying out
ausfüllen ['ausfylən] *v* fill out, fill in, complete
Ausgabe ['ausga:bə] *f 1. (Geldausgabe)* expenditure, expense, spending; *2. (Gepäckausgabe)* baggage claim; *3. (Buchausgabe)* edition; *die neue ~ einer Zeitschrift* the latest issue of a magazine
Ausgang ['ausgaŋ] *m 1.* exit, way out; *2. (Ende)* ending, outcome

A

Ausgangssperre ['ausgaŋsʃpɛrə] *f* curfew
ausgeben ['ausgeːbən] *v irr 1. (Geld)* spend; *2. (verteilen)* distribute; *3. (Aktien)* issue; *4. etw als etw ~* pass sth off as sth
ausgebleicht ['ausgəblaɪçt] *adj* bleached
ausgebucht ['ausgəbuːxt] *adj* booked up, full
Ausgeglichenheit ['ausgəglɪçənhaɪt] *f 1.* balance, stability; *2. (eines Menschen)* levelheadedness
ausgehen ['ausgeːən] *v irr 1. (weggehen)* have an evening out, go out; *2. (enden)* end, turn out; *3. (erlöschen)* go out; *4. von etw ~ (fig)* proceed on an assumption; *Wir gehen davon aus, dass ...* We will proceed on the assumption that ... *5. (Vorräte)* run out, run short
ausgießen ['ausgiːsən] *v irr* pour out
Ausgleich ['ausglaɪç] *m* compensation, balancing, evening out
ausgleichen ['ausglaɪçən] *v irr 1. SPORT* even the score, tie the game; *2. (fig)* even out, settle; *3. ECO* equalize, compensate, settle
ausgraben ['ausgraːbən] *v irr 1.* dig up; *2. (Altertümer)* excavate
ausgrenzen ['ausgrɛntsən] *v 1. (begrenzen)* limit; *2. (isolieren)* exclusion, leave aside, ignore
Ausguss ['ausgus] *m 1.* spout, drain; *2. (Becken)* sink

aushalten ['aushaltən] *v irr* bear, endure, tolerate

aushandeln ['aushandəln] *v* negotiate
aushändigen ['aushɛndɪgən] *v* hand over, deliver
Aushang ['aushaŋ] *m* notice, poster
aushängen ['aushɛŋən] *v irr 1. (Anzeige)* to be posted; *2. (sth: Anzeige)* post; *3. (aus den Angeln heben)* unhinge
ausharren ['ausharən] *v* persevere, hold out
ausheben ['ausheːbən] *v irr 1. (Erde ~)* dig, uproot; *2. MIL* levy, raise; *3. (Tür)* unhinge
aushecken ['aushɛkən] *v* hatch, brew, devise
ausheilen ['aushaɪlən] *v 1.* heal completely; *2. (etw ~)* cure, heal
aushelfen ['aushɛlfən] *v irr* help out
Aushilfe ['aushɪlfə] *f* help, aid, temporary assistance
aushöhlen ['aushøːlən] *v 1. (hohl machen)* hollow out; *2. (untergraben)* undermine
Aushölung ['aushøːluŋ] *f* hollow, hollowing out, erosion, undermining, weakening
aushorchen ['aushɔrçən] *v* sound out
aushungern ['aushuŋərn] *v* starve out
auskennen ['auskɛnən] *v irr sich ~* know one's way around, *(fam)* know the ropes; *sich mit etw ~* have a thorough knowledge of sth
ausklammern ['ausklamərn] *v* exclude
Ausklang ['ausklaŋ] *m* end, finish, finale
ausklappen ['ausklapən] *v* fold out
ausklingen ['ausklɪŋən] *v irr* fade away
ausklügeln ['auskly:gəln] *v* work out, think out
ausknipsen ['ausknɪpsən] *v (fam)* switch off
auskommen ['auskɔmən] *v irr 1.* make do, manage; *Ich könnte ohne ihn ~.* I could do without him. *2. (vertragen)* get along; *mit jmd auskommen* get along with s.o.
Auskommen ['auskɔmən] *n* subsistence, livelihood, sufficient means
auskosten ['auskɔstən] *v (genießen)* enjoy
auskundschaften ['auskuntʃaftən] *v 1.* explore, scout; *2. MIL* spy out, reconnoitre
Auskunft ['auskunft] *f 1. (Information)* information, details, particulars; *2. (in einem Büro)* information desk; *3. (am Telefon)* Directory Enquiries *(UK)*, directory assistance *(US)*
auslachen ['auslaxən] *v* laugh at
ausladen ['auslaːdən] *v irr 1. (Gepäck)* unload; *2. (fam) jdn ~* uninvite s.o.
ausladend ['auslaːdənt] *adj (breit)* wide
Auslage ['auslaːgə] *f 1. (Schaufenster)* display, shop window; *2. (Geld)* expenditure, disbursement, outlay
auslagern ['auslaːgərn] *v ECO* dislocate
Ausland ['auslant] *n im ~* abroad
Ausländer(in) ['auslɛndər(ɪn)] *m* foreigner, alien
ausländisch ['auslɛndɪʃ] *adj* foreign
auslassen ['auslasən] *v irr 1. (unterlassen)* leave out, omit; *2. (Zorn ~)* vent, work off, let out; *3. sich über etw ~* speak one's mind about sth
auslasten ['auslastən] *v 1.* utilize fully, make full use of; *2. (Maschine)* use to capacity
auslaufen ['auslaufən] *v irr 1. (Flüssigkeit)* leak, run out, flow out; *2. (Schiff)* put out to sea, set sail, leave port; *3. (fig: ausgehen)* turn out
auslaugen ['auslaugən] *v 1.* wash out; *2. wie ausgelaugt sein (fam)* to be worn out
ausleben ['ausleːbən] *v sich ~* live it up
ausleeren ['ausleːrən] *v* empty, drain, pour out

auslegen ['ausle:gən] *v 1. (Waren)* display; *2. (Geld)* lend; *3. (deuten)* interpret, explain, construe
Auslegung ['ausle:guŋ] *f* definition
ausleihen ['auslaɪən] *v irr 1. jdm etw ~* lend sth to s.o. *2. sich etw ~* borrow sth
auslesen ['ausle:zən] *v irr 1.* select, pick out, choose; *2. (Buch)* finish
ausliefern ['ausli:fərn] *v* deliver, hand over
auslöffeln ['auslœfəln] *v 1.* spoon out; *2. etw ~, was man sich eingebrockt hat* face the music
auslöschen ['auslœʃən] *v 1. (Feuer)* extinguish, put out; *2. (Text)* delete
auslösen ['auslø:zən] *v 1. (loskaufen)* redeem; *2. (in Gang setzen)* release, trigger, set off; *3. (fig: verursachen)* cause, produce
auslosen ['auslo:zən] *v* draw lots for
ausloten ['auslo:tən] *v 1. NAUT* sound; *2. (fig)* sound out
auslüften ['auslyftən] *v* air out, get some fresh air
ausmachen ['ausmaxən] *v 1. (Feuer, Zigarette)* put out; *2. (Licht)* switch off, turn off; *3. (übereinkommen)* agree, arrange; *4. (sich belaufen auf)* amount to, come to; *5. (bedeuten)* matter, make a difference; *Macht es Ihnen etwas aus?* Does it matter to you? Would you mind?
ausmalen ['ausma:lən] *v 1. (bunt anmalen)* paint; *2. (fig: sich vorstellen)* imagine, picture
Ausmaß ['ausma:s] *n* extent, dimension, scope
ausmerzen ['ausmertsən] *v 1. (aussondern)* cull; *2. (vernichten)* kill; *3. (streichen)* expunge
ausmessen ['ausmɛsən] *v irr* measure
ausmisten ['ausmɪstən] *v 1.* clean out; *2. (fig)* clear
Ausnahme ['ausna:mə] *f* exception
Ausnahmezustand ['ausna:mətsuʃtant] *m* state of emergency
ausnahmsweise ['ausna:msvaɪzə] *adv* for once, by way of exception, exceptionally
ausnehmen ['ausne:mən] *v irr 1. (ausschließen)* except, exclude; *2. (Tiere)* gut, *(Fisch)* clean; *3. (fig: jdn ~)* exploit, fleece
ausnüchtern ['ausnyçtərn] *v* sober up
ausnützen ['ausnytsən] *v 1. (ausbeuten)* exploit; *2. (gebrauchen)* use
auspacken ['auspakən] *v 1.* unpack; *2. (alles sagen)* talk, speak one's mind, give vent to one's feelings
ausparken ['ausparkən] *v* drive out
auspeitschen ['auspaɪtʃən] *v* whip, flog
Ausprägung ['ausprɛ:guŋ] *f 1. (Deutlichkeit)* markedness; *2. (einer Münze)* mintage
auspressen ['ausprɛsən] *v* squeeze out
ausprobieren ['ausprobi:rən] *v* try, try out, test
Auspuff ['auspuf] *m TECH* exhaust
ausquartieren ['auskvarti:rən] *v* accommodate elsewhere, lodge elsewhere
ausquetschen ['auskvɛtʃən] *v 1.* press out, squeeze out; *2. jdn ~ (fig)* pump s.o., cross-examine s.o.
ausradieren ['ausradi:rən] *v* erase, delete, scratch out
ausrangieren ['ausraŋʒi:rən] *v* discard, dispose of, *(Fahrzeug)* scrap
ausrasten ['ausrastən] *v 1. TECH* come out, to be disengaged; *2. (fig: Fassung verlieren)* freak out, blow one's top, flip
ausrauben ['ausraubən] *v* rob
ausräumen ['ausrɔymən] *v 1. (Gegenstände)* clear out, remove; *Ich räumte die Kiste aus.* I emptied the box. *2. (fig: Zweifel)* remove, clear up
ausrechnen ['ausreçnən] *v* calculate, compute
Ausrede ['ausre:də] *f* excuse, pretext
ausreden ['ausre:dən] *v 1. (zu Ende reden) Lass mich bitte ~!* Please let me finish! *2. jdm etw ~* talk s.o. out of sth; *3. sich ~* have one's say, speak one's mind; *4. sich ~ (sich her~)* make excuses
ausreichen ['ausraɪçən] *v* suffice, do, to be sufficient; *Das reicht aus.* That will do.
Ausreise ['ausraɪzə] *f* departure, exit
ausreisen ['ausraɪzən] *v* leave the country
ausreißen ['ausraɪsən] *v irr 1.* rip out, tear out, pull out; *(Zahn, Unkraut)* pull; *2. (sich lösen)* come off; *3. (davonlaufen)* run away; *4. SPORT* break away
Ausreißer ['ausraɪsər] *m 1.* runaway; *2. MIL* deserter
ausreiten ['ausraɪtən] *v irr* ride out
ausrenken ['ausrɛŋkən] *v sich etw ~* dislocate sth, put sth out of joint
ausrichten ['ausrɪçtən] *v 1. (aufstellen)* align; *2. (veranstalten)* organize, arrange; *3. (benachrichtigen)* deliver a message, give a message; *Richte ihm viele Grüße aus.* Give him my regards. *4. (erreichen)* achieve; *5. (aufstellen) MIL* dress ranks
ausrotten ['ausrɔtən] *v 1. (Pflanzen, Tiere)* exterminate, wipe out, root out; *2. (fig)* eradicate, destroy, exterminate

A

Ausrottung ['ausrɔtuŋ] *f* extermination
Ausruf ['ausruːf] *m* cry, exclamation
ausrufen ['ausruːfən] *v irr* call out, cry out, exclaim
Ausrufezeichen ['ausruːfətsaɪçən] *n* exclamation mark, exclamation point
ausruhen ['ausruːən] *v* rest, take a rest
ausrüsten ['ausrystən] *v 1.* equip, fit out; *2. MIL* arm
ausrutschen ['ausrutʃən] *v* slip; *Ihm rutscht leicht die Hand aus. (fig)* He has a quick temper.
Aussage ['auszaːgə] *f 1.* statement, declaration; *2. JUR* testimony, statement, evidence
aussagekräftig ['auszaːgəkrɛftɪç] *adj* meaningful
aussagen ['auszaːgən] *v 1.* declare, state; *2. JUR* testify
ausschaben ['ausʃaːbən] *v 1.* scrape out; *2.* flesh
ausschachten ['ausʃaxtən] *v* excavate, dig
ausschalten ['ausʃaltən] *v 1. (abstellen)* turn off, switch off, disconnect; *2. (fig)* eliminate
ausschauen ['ausʃauən] *v 1. ~ nach* look out for; *2. (aussehen)* look
ausscheiden ['ausʃaɪdən] *v irr 1. (ausschließen)* eliminate, rule out; *2. SPORT* to be eliminated, to be knocked out; *3. MED* eliminate, excrete, discharge
ausscheren ['ausʃeːrən] *v* swerve, fall out of line
ausschlachten ['ausʃlaxtən] *v 1.* gut, cut up; *2. (fig)* make the most of, exploit
ausschlafen ['ausʃlaːfən] *v irr* have enough sleep, sleep in *(fam)*
Ausschlag ['ausʃlaːk] *m 1. MED* rash; *2. den ~ geben* tip the balance
ausschlagen ['ausʃlaːgən] *v irr 1. (Fenster)* knock out; *2. (Pferd)* kick out; *3. (Angebot)* turn down
ausschlaggebend ['ausʃlaːkgeːbənt] *adj* decisive, determining
ausschließen ['ausʃliːsən] *v irr 1. (jdn ~)* exclude, expel; *2. (aussperren)* lock out, shut out; *3. (Möglichkeit)* rule out
ausschließlich ['ausʃliːslɪç] *adv 1.* exclusively; *adj 2.* exclusive; *prep 3.* not including
ausschlüpfen ['ausʃlypfən] *v* hatch out
ausschlürfen ['ausʃlyrfən] *v* slurp
ausschmücken ['ausʃmykən] *v* decorate, deck out
ausschneiden ['ausʃnaɪdən] *v irr 1.* cut out; *2. (Baum)* prune
Ausschnitt ['ausʃnɪt] *m 1. (eines Kleides)* neck; *ein tiefer ~* a low neckline; *2. (Zeitungsausschnitt)* clipping, cutting; *3. (Detail)* excerpt, section, extract
ausschöpfen ['ausʃœpfən] *v 1.* scoop out, empty; *2. (fig)* exhaust
ausschreiben ['ausʃraɪbən] *v irr 1. (Stelle)* advertise a vacancy; *2. (vollständig schreiben)* write in full; *3. (Scheck) FIN* issue, write out, make out
Ausschreibung ['ausʃraɪbuŋ] *f (Bekanntmachung)* announcement, advertisement
Ausschreitung ['ausʃraɪtuŋ] *f 1. (Aufruhr) POL* riot; *2. (Ausschweifung)* excess
Ausschuss ['ausʃus] *m 1. (Kommission)* committee, commission; *2. (Abfall)* refuse, waste
ausschütten ['ausʃytən] *v 1.* pour out, empty, empty out; *2. (fig) jdm sein Herz ~* pour one's heart out to s.o. *3. (Dividenden) ECO* distribute, pay
ausschwärmen ['ausʃvɛrmən] *v 1. (Bienen)* swarm; *2. MIL* fan out
ausschweifend ['ausʃvaɪfənt] *adj* extravagant, excessive
Ausschweifung ['ausʃvaɪfuŋ] *f* dissipation
aussehen ['auszeːən] *v irr* look, appear; *so alt ~ wie man ist* look one's age; *Es sieht nach Regen aus.* It looks like rain. *Du siehst gut aus!* You look good! *gut ~d* good-looking
Aussehen ['auszeːən] *n* appearance
außen ['ausən] *adv* outside
Außenminister(in) ['ausənmɪnɪstər(ɪn)] *m/f POL* foreign minister, Foreign Secretary *(UK)*, Secretary of State *(US)*
Außenministerium ['ausənmɪnɪsteːrɪum] *n POL* foreign ministry, Foreign Office *(UK)*, State Department *(US)*
Außenpolitik ['ausənpolitiːk] *f POL* foreign policy, foreign affairs
außenpolitisch ['ausənpoliːtɪʃ] *adj POL* foreign-affairs, of foreign policy
Außenseiter(in) ['ausənzaɪtər(ɪn)] *m/f* outsider
außer ['ausər] *prep 1. (räumlich)* out of, outside; *~ sich sein* to be beside o.s. *2. (ausgenommen)* except (for), other than, but; *3. ~ Atem* out of breath
außerdem ['ausərdeːm] *konj* besides, moreover, furthermore
äußere ['ɔysərə] *adj 1.* exterior, outer; *2. MED* external
Äußere ['ɔysərə] *n 1.* outside, exterior; *2. (Aussehen)* appearance

außerehelich ['ausəreːəlɪç] *adj 1.* extramarital; *2. (Kind)* illegitimate
außergewöhnlich ['ausərgəvøːnlɪç] *adj* unusual, extraordinary, uncommon
außerhalb ['ausərhalp] *prep 1.* outside, outside of; *adv 2.* outside
außerirdisch ['ausərɪrdɪʃ] *adj* extraterrestrial
äußerlich ['ɔysərlɪç] *adj* external, outward
Äußerlichkeit ['ɔysərlɪçkaɪt] *f 1.* outward appearance; *pl 2. ~en* superficialities
äußern ['ɔysərn] *v* express, voice, utter; *sich zu etw ~* say sth about sth
außerordentlich ['ausərɔrdəntlɪç] *adj* extraordinary, exceptional
äußerst ['ɔysərst] *adv* extremely
äußerste(r,s) ['ɔysərstə(r,s)] *adj 1. (räumlich)* farthest, outermost, remotest; *2. (zeitlich)* latest possible; *3. (fig)* extreme, utmost, utter
äußerstenfalls ['ɔysərstənfals] *adv* at most; *Es würde ~ drei Tage dauern.* It would take three days at the outside. *(fam)*
Äußerung ['ɔysəruŋ] *f* remark, comment
aussetzen ['auszɛtsən] *v 1. (Motor)* stall, cut out; *2. (Tier)* abandon; *3. (Arbeit)* stop, interrupt; *4. (Urteil) JUR* suspend
Aussetzer ['auszɛtsər] *m 1. (Motor)* misfiring; *2. (geistig)* mental error
Aussicht ['auszɪçt] *f 1. (Ausblick)* view, outlook; *2. (fig)* chance, prospect, outlook
aussichtslos ['auszɪçtsloːs] *adj* hopeless
Aussichtspunkt ['auszɪçtspuŋkt] *m* viewpoint, vantage point
aussichtsreich ['auszɪçtsraɪç] *adj* promising
aussieben ['ausziːbən] *v 1.* filter, screen out; *2. (fig)* pick out, select
aussiedeln ['ausziːdəln] *v* resettle
Aussiedler ['ausziːdlər] *m* emigrant
aussitzen ['auszɪtsən] *v irr etw ~* sit through sth
aussöhnen ['auszøːnən] *v* reconcile
Aussöhnung ['auszøːnuŋ] *f* reconciliation
aussondern ['auszɔndərn] *v* separate, select, pick out
aussortieren ['auszɔrtiːrən] *v* sort out
ausspannen ['ausʃpanən] *v 1. (sich ausruhen)* relax, take it easy; *2. (fam) jdm seine Freundin ~* steal s.o.'s girl; *3. (durch schmeicheln erhalten) jdm etw ~* talk s.o. out of sth; *4. (Pferde)* unharness; *5. (etw ~) (ausbreiten)* spread out; *6. (aus der Schreibmaschine)* take out
aussparen ['ausʃpaːrən] *v* leave empty, leave blank
Aussparung ['ausʃpaːruŋ] *f* gap
ausspeien ['ausʃpaɪən] *v irr* spit out
aussperren ['ausʃpɛrən] *v 1. (ausschließen)* lock out, shut out; *2. (Streik) ECO* lock out
ausspielen ['ausʃpiːlən] *v 1. ausgespielt haben* to be finished *(fig); 2. (Karte: ins Spiel bringen)* play; *3. (auslosen)* give as a prize; *4. jdn gegen einen anderen ~* play s.o. off against s.o. else
Ausspielung ['ausʃpiːluŋ] *f* drawing
ausspionieren ['ausʃpioniːrən] *v* spy out
Aussprache ['ausʃpraːxə] *f 1. (Gespräch)* discussion, talk; *2. (Aussprechen)* pronunciation, diction
aussprechen ['ausʃprɛçən] *v irr 1. sich ~* speak one's mind; *sich mit jdm ~* talk things out with s.o.; *2. (äußern)* express, utter; *3. LING* pronounce, enunciate, articulate
ausspucken ['ausʃpukən] *v 1.* spit out; *2. (fig: Geld)* cough up
ausspülen ['ausʃpyːlən] *v* wash out, rinse
Ausstand ['ausʃtant] *m 1. (Streik) ECO* strike; *2. (Ausscheiden)* departure from a job; *seinen ~ geben* have a going-away party
ausstanzen ['ausʃtantsən] *v TECH* punch out
ausstatten ['ausʃtatən] *v 1. (einrichten)* fit out, furnish, equip; *2. (fig: begaben)* endow, vest
Ausstattung ['ausʃtatuŋ] *f 1. (Einrichtung)* furnishings, fixtures, fittings; *2. (Ausrüstung)* equipment, outfit
ausstechen ['ausʃtɛçən] *v irr 1. (Gebäck)* cut out; *2. (übertreffen)* outdo, excel
ausstecken ['ausʃtɛkən] *v TECH* disconnect, unplug
ausstehen ['ausʃteːən] *v irr 1. (ertragen)* bear, stand, endure; *2. (noch fehlen)* to be pending, *(Zahlung)* to be outstanding
aussteigen ['ausʃtaɪgən] *v irr 1.* get out; *2. (fig)* drop out (of society)
Aussteiger ['ausʃtaɪgər] *m* dropout (from society)
ausstellen ['ausʃtɛlən] *v 1. (Waren)* display, lay out, exhibit; *2. (Dokumente)* issue, draw up, make out
Aussteller ['ausʃtɛlər] *m ECO* exhibitor
Ausstellung ['ausʃtɛluŋ] *f 1. (Waren)* display, exhibition, show; *2. (Dokumente)* drawing-up, issue, making-out
Ausstellungsdatum ['ausʃtɛluŋsdaːtum] *n* date of issue
aussterben ['ausʃtɛrbən] *v irr* die out, become extinct

A

Aussteuer ['ausʃtɔyər] *f* dowry
Ausstieg ['ausʃtiːk] *m 1.* exit, escape hatch; *2. (fig)* withdrawal
ausstopfen ['ausʃtɔpfən] *v* stuff
ausstoßen ['ausʃtoːsən] *v irr 1. (etw ~)* emit, eject; *2. (jdn ~)* expel; *aus der Kirche ~* excommunicate
ausstrahlen ['ausʃtraːlən] *v 1. (übertragen)* transmit; *2. (Wärme)* radiate, emit, give off; *3. (fig: Gelassenheit)* radiate, exude
Ausstrahlung ['ausʃtraːluŋ] *f (fig)* charisma, radiation
ausstrecken ['ausʃtrɛkən] *v* extend, stretch out, hold out (hand)
ausstreuen ['ausʃtrɔyən] *v 1.* scatter, spread; *2. (fig: Gerücht)* circulate
ausströmen ['ausʃtrøːmən] *v 1.* stream out, flow out; *2. (Gas)* escape
aussuchen ['auszuːxən] *v* pick out, select, choose
Austausch ['austauʃ] *m 1.* exchange; *im ~ gegen* in exchange for; *2. (Ersatz) TECH* replacement
austauschbar ['austauʃbaːr] *adj* exchangeable, interchangeable
Austauschbarkeit ['austauʃbaːrkaɪt] *f* interchangeability
austauschen ['austauʃən] *v 1.* exchange, swap; *2. (ersetzen) TECH* replace, exchange, substitute
Austauschmotor ['austauʃmoːtɔr] *m TECH* replacement engine
Austauschstudent(in) ['austauʃʃtudɛnt(ɪn)] *m/f* exchange student
austeilen ['austaɪlən] *v 1.* distribute, hand out; *2. (Medikamente ~) MED* dispense
austoben ['austoːbən] *v 1. Zorn ~* let out anger, vent anger; *2. sich ~* let o.s. go, let off steam *(fam)*, go wild
austragen ['austraːgən] *v irr 1. (Wettkampf)* hold; *2. (Streit)* settle; *3. (Pakete)* deliver
Austragung ['austraːguŋ] *f 1. (Lieferung)* delivery; *2. (eines Ereignisses)* holding
austreiben ['austraɪbən] *v irr 1. (Geister)* exorcise; *2. (Flausen) jdm etw ~* cure s.o. of sth
austreten ['austreːtən] *v irr 1. (ausströmen)* escape, overflow; *2. (aus einem Verein)* leave, *(formell)* resign; *3. (zur Toilette gehen)* go to the bathroom, excuse o.s., go to the loo *(UK)*
austricksen ['austrɪksən] *v (fam) jdn ~* trick s.o.
austrinken ['austrɪŋkən] *v irr* drink up, finish
Austritt ['austrɪt] *m 1.* withdrawal, leaving; *2. POL* resignation
austrocknen ['austrɔknən] *v* dry out, dry up, parch, drain
austüfteln ['austyftəln] *v* work out, puzzle out
ausüben ['ausyːbən] *v 1. (Beruf)* practise; *2. (Tätigkeit)* perform; *ein Amt ~* hold an office
ausufern ['ausuːfərn] *v 1.* overflow; *2. (fig: ausarten)* get out of hand
Ausverkauf ['ausfɛrkauf] *m* sale, clearance sale
ausverkauft ['ausfɛrkauft] *adj* sold out
auswachsen ['auswaksən] *v 1. (Pflanze)* go to seed; *2. Das ist zum ~!* It's enough to drive you round the bend!
Auswahl ['ausvaːl] *f* choice, selection; *etw zur ~ haben* have sth to choose from, have one's choice of sth
auswählen ['ausvɛːlən] *v* select, choose, pick
auswandern ['ausvandərn] *v* emigrate, migrate
auswärtig ['ausvɛrtɪç] *adj 1.* out-of-town; *~e Besucher* visitors from out of town; *2. (ausländisch)* foreign
auswärts ['ausvɛrts] *adv 1. (nicht zu Hause)* away from home, out of town; *2. (Richtung)* outward
auswechselbar ['ausvɛksəlbaːr] *adj* replaceable
auswechseln ['ausvɛksəln] *v* replace, change, exchange
Ausweg ['ausveːk] *m* way out, outlet, exit
ausweichen ['ausvaɪçən] *v irr* avoid, evade, dodge
Ausweichmöglichkeit ['ausvaɪçmøːklɪçkaɪt] *f* alternative, loophole *(fam)*
ausweinen ['ausvaɪnən] *v sich die Augen ~* cry one's eyes out
Ausweis ['ausvaɪs] *m* identification, pass, identity card
ausweisen ['ausvaɪzən] *v irr 1. sich ~* identify o.s., prove one's identity; *2. jdn ~* expel, deport
Ausweiskontrolle ['ausvaɪskɔntrɔlə] *f* checking of identity papers
Ausweisung ['ausvaɪzuŋ] *f* deportation, expulsion
ausweiten ['ausvaɪtən] *v* extend, widen, stretch
auswendig ['ausvɛndɪç] *adj 1. ~ lernen* memorize; *2. (außen)* outside

auswerten ['ausveːrtən] *v* *1. (ausnützen)* exploit, make full use of; *2. (bewerten)* evaluate, interpret
Auswertung ['ausveːrtuŋ] *f* *1.* evaluation, interpretation; *2. (Verwertung)* exploitation, utilization
auswirken ['ausvɪrkən] *v* *sich ~* have an effect
auswischen ['auswɪʃən] *v* *jdm eins ~* play a nasty trick on s.o.
Auswuchs ['ausvuːks] *m* *1. MED* growth; *2. (fig)* excess
auswuchten ['ausvuːktən] *v* *TECH (Reifen)* balance
auszahlen ['austsaːlən] *v* *1.* pay; *2. sich ~* pay off, to be worthwhile
Auszahlung ['austsaːluŋ] *f* payment, disbursement
auszehren ['austseːrən] *v* exhaust; *jdn ~* drain s.o.
auszeichnen ['austsaɪçnən] *v* *1. (würdigen)* honour, decorate, distinguish; *2. (Waren) ECO* mark
Auszeichnung ['austsaɪçnuŋ] *f* decoration
Auszeit ['austsaɪt] *f SPORT* time-out
ausziehbar ['austsiːbaːr] *adj* extensible, telescopic
ausziehen ['austsiːən] *v irr* *1. (Kleidung)* take off; *sich ~* undress; *2. (Wohnung wechseln)* move out
Auszubildende(r) ['austsubɪldəndə(r)] *m/f* trainee, apprentice
Auszug ['austsuːk] *m* *1. (Zusammenfassung)* summary; *2. (Kontoauszug)* statement (of account); *3. (Umzug)* removal
autark [au'tark] *adj ECO* self-supporting, self-sufficient
authentisch [au'tɛntɪʃ] *adj* authentic
autistisch [au'tɪstɪʃ] *adj MED* autistic
Auto ['auto] *n* car, automobile; *~ fahren* drive
Autobahn ['autobaːn] *f* motorway, freeway *(US)*
Autobombe ['autobɔmbə] *f* car bomb
Autodidakt [autodɪ'dakt] *m* autodidact
Autofahrer(in) ['autofaːrər(ɪn)] *m/f* driver, motorist
Autofahrt ['autofaːrt] *f* drive
autogen [auto'geːn] *adj* autogenous
Autogramm [auto'gram] *n* autograph
Autogrammjäger [auto'gramjɛːgər] *m* autograph hunter
Autokino ['autokiːno] *n* drive-in theatre,drive-in cinema
Automat [auto'maːt] *m* machine
Automatik [auto'maːtɪk] *f TECH* automatic action
Automation [automa'tsjoːn] *f TECH* automation
automatisch [auto'maːtɪʃ] *adj* automatic
Automatisierung [automati'ziːruŋ] *f* automation
Automechaniker ['automeçaːnɪkər] *m* auto mechanic
Automobilindustrie [automo'biːlɪndustriː] *f* automobile industry
autonom [auto'noːm] *adj* autonomous, self-governing
Autonomie [autono'miː] *f POL* autonomy
Autonomiebewegung [autono'miːbəveːguŋ] *f POL* autonomy movement
Autonummer ['autonumər] *f (fam: Autokennzeichen)* licence number
Autopilot ['autopiloːt] *m TECH* autopilot
Autopsie [autop'siː] *f MED* autopsy
Autor(in) ['autɔr/au'toːrɪn] *m/f* author, writer
Autoreifen ['autoraɪfən] *m* tyre, tire *(US)*
autorisieren [autori'ziːrən] *v* authorize
autoritär [autori'tɛːr] *adj* authoritarian
Axt [akst] *f* axe, hatchet

B

Baby ['beːbi] *n* baby
babysitten ['beːbisɪtən] *v* babysit
Bach [bax] *m 1.* brook; *2. den ~ hinunter sein (fam)* go down the drain
Backe ['bakə] *f 1. (Wange)* cheek; *2. (Hinterbacke)* buttock, cheek *(fam)*
backen ['bakən] *v irr* bake
Backenbart ['bakənbaːrt] *m* side whiskers *pl,* sideburns *pl (US)*
Backenzahn ['bakəntsaːn] *m ANAT* molar
Bäcker ['bɛkər] *m* baker
Bäckerei [bɛkə'raɪ] *f* bakery, baker's shop
Backfisch ['bakfɪʃ] *m 1.* fried fish; *2. (fam: Mädchen)* teeny-bopper *(fam)*
Backstein ['bakʃtaɪn] *m* brick
Backwaren ['bakvaːrən] *pl* baked goods

Bad [baːt] *n 1.* bath; *das ~ in der Menge nehmen* go on a walkabout; *das Kind mit dem ~e ausschütten* throw out the baby with the bathwater; *2. (Badezimmer)* bathroom

Badeanzug ['baːdəantsuːk] *m* bathing suit
Badehose ['baːdəhoːzə] *f* bathing trunks *pl,* swimming trunks *pl*
Badekappe ['baːdəkapə] *f* bathing cap
Bademantel ['baːdəmantəl] *m* bathrobe
Bademeister ['baːdəmaɪstər] *m* pool attendant
baden ['baːdən] *v 1. (in der Wanne)* bathe, have a bath; *2. (schwimmen)* swim, bathe
Bagatellbetrag [baga'tɛlbətraːk] *m* petty amount
Bagatelle [baga'tɛlə] *f* bagatelle
bagatellisieren [bagatɛlɪ'ziːrən] *v* trivialize, make light of, minimize
Bagatellsache [baga'tɛlzaxə] *f* petty case
Bagger ['bagər] *m TECH* excavator
baggern ['bagərn] *v* dig, excavate
Bahn [baːn] *f 1.* path; *2. (Eisenbahn)* railway, railroad *(US); 3. (Straßenbahn)* tramway, streetcar *(US); 4. (Fahrbahn)* lane; *5. (Umlaufbahn) ASTR* orbit; *6. (fig) freie ~ haben* get the go-ahead; *auf die schiefe ~ kommen* leave the straight and narrow; *jdn aus der ~ werfen* throw s.o. off the track; *etw in die richtige ~ lenken* channel sth properly
bahnbrechend ['baːnbrɛçənt] *adj* pioneering, trailblazing
Bahndamm ['baːndam] *m* railway embankment
bahnen ['baːnən] *v etw den Weg ~* clear a path for sth, clear the way for sth; *sich einen Weg ~* work one's way
Bahnfahrkarte ['baːnfaːrkartə] *f* railway ticket, train ticket
Bahnhof ['baːnhoːf] *m 1.* railway station, railroad station *(US); 2. Ich verstehe immer nur ~.* It's all Greek to me.
Bahnschranke ['baːnʃraŋkə] *f* level-crossing barrier
Bahnsteig ['baːnʃtaɪk] *m* platform
Bahre ['baːrə] *f 1. (für Tote)* bier; *2. (Krankenbahre)* stretcher
Bake ['baːkə] *f 1.* marker; *2. (im Luftverkehr)* beacon
Bakterie [bak'teːrjə] *f BIO* bacteria
bakteriell [bakte'rjɛl] *adj BIO* bacterial
balancieren [balɑ̃'siːrən] *v* balance

bald [balt] *adv* soon, shortly, presently

baldig ['baldɪç] *adj Ich hoffe auf ein ~es Wiedersehen.* I hope we see each other again soon. *eine ~e Genesung* a speedy recovery
baldmöglichst ['baltmøːklɪçst] *adv* as soon as possible
Balg[1] [balk] *m (Kind)* brat
Balg[2] [balk] *m (Tierhaut)* skin, pelt
Balg[3] [balk] *m FOTO* bellows *pl*
balgen ['balgən] *v sich ~* wrestle, tussle
Balkan ['balkaːn] *m GEO* the Balkans *pl*
Balken ['balkən] *m* beam
Balkenwaage ['balkənvaːgə] *f* balance, beam and scales
Balkon [bal'kɔŋ] *m* balcony
Ball [bal] *m 1.* ball; *am ~ sein* to be on the ball; *am ~ bleiben* keep one's eyes on the ball; *jdm die Bälle zuwerfen (fig)* give s.o. cues; *2. (Tanz)* ball
Ballade [bal'laːdə] *f LIT* ballad
Ballen ['balən] *m 1. ECO* bale; *2. ANAT* ball of the foot, torus
ballen ['balən] *v 1.* pack into a ball; *2. (Faust)* clench; *3. sich ~* gather
Ballett [ba'lɛt] *n THEAT* ballet
Ballkleid ['balklaɪt] *n* ball-gown, ball-dress
Ballon [ba'lɔŋ] *m* balloon
Ballungsgebiet ['baluŋsgəbiːt] *n* overcrowded area

banal [ba'naːl] *adj* banal, commonplace, trivial
Banalität [banali'tɛːt] *f* banality, triviality
Banause [ba'nauzə] *m* philistine, narrow-minded person, low-brow
Band [bant] *m 1. (Buch)* volume; *Bände sprechen* speak volumes; *n 2. (Streifen)* band, ribbon; *3. (Tonband)* audio tape; *4. (fig)* bond, link, shackles *pl; 5. am laufenden ~ (fig)* constantly
Bandbreite ['bantbraɪtə] *f 1. ECO* margin; *2. TECH* band width
Bande ['bandə] *f (Gruppe)* gang, band
bändigen ['bɛndɪgən] *v 1.* tame; *2. (fig)* restrain; *seine Gefühle ~* curb one's emotions
Bandmaß ['bantmaːs] *n TECH* tape measure
Bandscheibe ['bantʃaɪbə] *f ANAT* intervertebral disk
bange ['baŋə] *adj* anxious, uneasy, worried
bangen ['baŋən] *v 1.* worry, to be worried, to be anxious; *2. (Angst haben)* to be afraid
Bank[1] [baŋk] *f 1. (Sitzbank)* bench, seat; *2. etw auf die lange ~ schieben (fig)* put sth off; *3. durch die ~* every single one
Bank[2] [baŋk] *f FIN* bank
Bankautomat ['baŋkautomaːt] *m FIN* automatic cash dispenser
Bankfiliale ['baŋkfɪljaːlə] *f FIN* branch bank
Bankleitzahl ['baŋklaɪttsaːl] *f FIN* bank code number, sort code *(UK)*, bank identification number *(US)*
Banknote ['baŋknoːtə] *f FIN* banknote, bill *(US)*
Bankraub ['baŋkraup] *m* bank holdup, bank robbery
Bankräuber ['baŋkrɔybər] *m* bank robber
bankrott [baŋk'rɔt] *adj FIN* bankrupt
Bankrott [baŋk'rɔt] *m FIN* bankruptcy, insolvency
Bankverbindung ['baŋkfɛrbɪnduŋ] *f 1. FIN* banking details *pl; 2. (Konto)* bank account
Bankwesen ['baŋkveːzən] *n FIN* banking
Bann [ban] *m* spell; *jdn in seinen ~ ziehen* cast a spell over s.o.
bannen ['banən] *v 1. (fesseln)* captivate, fascinate; *2. (vertreiben)* banish; *(Gefahr)* ward off; *(böse Geister)* exorcise; *3. (festhalten)* capture
bar [baːr] *adj* cash; *gegen ~* for cash

Bär [bɛːr] *m* bear; *jdm einen ~en aufbinden (fig)* pull s.o.'s leg; *Da ist der ~ los.* Things are really happening there.

Baracke [ba'rakə] *f* hut, shack, shed
Barbar [bar'bar] *m 1.* barbarian; *2. HIST* Barbarian
Barbarei [barba'raɪ] *f* barbarism
barbarisch [bar'baːrɪʃ] *adj* barbaric
barbusig ['baːrbuːzɪç] *adj* bare-breasted
barfuß ['baːrfuːs] *adv* barefoot
Bargeld ['baːrgɛlt] *n* cash
bargeldlos ['baːrgɛltloːs] *adj FIN* non-cash, cashless
barmherzig [barm'hɛrtsɪç] *adj* merciful, compassionate
Barmherzigkeit [barm'hɛrtsɪçkaɪt] *f* mercy, compassion
Barock [ba'rɔk] *m/n ART* baroque
Barren ['barən] *m (Goldbarren)* bar of gold, ingot
Barrikade [bari'kaːdə] *f* barricade
barsch [barʃ] *adj* brusque, curt, rude
Bart [baːrt] *m* beard; *um des Kaisers ~ streiten (fig)* split hairs
Bartenwal ['bartənvaːl] *m ZOOL* whalebone, whale, baleen whale
Bartstoppel ['baːrtʃtɔpəl] *f ~n pl* stubble
Barvermögen ['baːrfɛrmøːgən] *n FIN* cash assets *pl,* liquid assets *pl*
Base[1] ['baːzə] *f CHEM* base
Base[2] ['baːzə] *f (Kusine)* cousin
basieren [ba'ziːrən] *v ~ auf* to be based on
Basilikum [ba'ziːlikum] *m/n BOT* basil
Basis ['baːzɪs] *f 1.* basis; *2. MIL* base
basisch ['baːzɪʃ] *adj CHEM* basic
Basisdemokratie ['baːzɪsdemokratiː] *f POL* grass roots democracy
Baske/Baskin ['baskə/'baskɪn] *m/f* Basque
Baskenmütze ['baskənmytsə] *f* beret
Bassin [ba'sɛ̃] *n* basin, reservoir
Bassist/Bassistin [ba'sɪst/ba'sɪstɪn] *m/f 1. (Spieler) MUS* bass player; *2. (Sänger) MUS* bass singer
Bast [bast] *m BOT* bast
Bastard ['bastart] *m 1. (fam)* bastard; *2. ZOOL* cross breed, mongrel
basteln ['bastəln] *v* do handicrafts
Bastler ['bastlər] *m* do-it-yourself type, amateur craftsman
Batterie [batə'riː] *f TECH* battery
Batzen ['batsən] *m ein ~ Geld (fam)* loads of money

B

Bau [bau] *m 1. (Konstruktion)* building, construction; *im ~* under construction; *2. (Tierbau)* burrow, den
Bauarbeiter ['bauarbaɪtər] *m* construction worker
Bauch [baux] *m* stomach, belly *(fam)*, tummy *(fam)*; *eine Wut im ~ haben* to be hopping mad; *sich den ~ voll schlagen* stuff o.s. *sich den ~ vor Lachen halten* split one's sides laughing; *mit etw auf den ~ fallen (fig)* come a cropper
bauchig ['bauxɪç] *adj* bulging, bulgy, bulbous
Bauchnabel ['bauxna:bəl] *m ANAT* navel
Bauchredner ['bauxre:dnər] *m* ventriloquist
Bauchschmerzen ['bauxʃmɛrtsən] *pl* stomach-ache, belly ache, stomach pain
Bauchtanz ['bauxtants] *m* belly dance
Bauchweh ['bauxve:] *n* stomach-ache, tummy-ache *(fam)*
bauen ['bauən] *v* build, construct
Bauer ['bauər] *m 1.* farmer; *2. (Schachfigur)* pawn
Bäuerin ['bɔyərɪn] *f 1.* farmer's wife; *2. (Landwirtin)* farmer
bäuerlich ['bɔyərlɪç] *adj* rustic, rural
Bauernfänger ['bauərnfɛŋər] *m* swindler, con man
Bauernhof ['bauərnho:f] *m* farm
Bauernkrieg ['bauərnkri:k] *m HIST* Peasants' War
baufällig ['baufɛlɪç] *adj* dilapidated
Baugerüst ['baugəryst] *n* scaffolding
Baugewerbe ['baugəvɛrbə] *n* construction industry, building trade
Bauholz ['bauhɔlts] *n* timber
Bauindustrie ['bauɪndustri:] *f* construction industry
Bauingenieur ['bauɪnʒenjø:r] *m* civil engineer, structural engineer
Baukasten ['baukastən] *m* box of building blocks
Bauklotz ['bauklɔts] *m* bulding block; *Er staunte Bauklötze. (fam)* He became wide-eyed.
baulich ['baulɪç] *adj* architectural, constructional

Baum [baum] *m* tree; *Ich könnte Bäume ausreißen. (fig)* I feel like a world beater. *Es ist zum auf die Bäume klettern.* It's enough to drive you up the wall.

Baumaterial ['baumaterja:l] *n* construction material
baumeln ['bauməln] *v* dangle, swing
Baumkrone ['baumkro:nə] *f BOT* treetop
Baumrinde ['baumrɪndə] *f BOT* bark of a tree
Baumschule ['baumʃu:lə] *f* tree nursery
Baumstamm ['baumʃtam] *m* tree trunk, *(gefällter ~)* log
Baumstumpf ['baumʃtumpf] *m* tree stump
Baumwolle ['baumvɔlə] *f* cotton
Bauplan ['baupla:n] *m* architect's plan
Bauplatz ['bauplats] *m* building site
Bausatz ['bauzats] *m* kit
Bausch [bauʃ] *m 1. (Wattebausch)* ball, swab; *2. (Polster)* pad; *3. in ~ und Bogen* lock, stock and barrel
Baustein ['bauʃtaɪn] *m 1.* brick, stone; *2. (Bauklotz)* building block; *3. (fig)* building block
Baustelle ['bauʃtɛlə] *f* construction site, building site
Baustil ['bauʃti:l] *m* style of architecture
Bautrupp ['bautrup] *m* construction unit
Bauunternehmen ['bauuntərne:mən] *n* construction firm
Bauunternehmer ['bauuntərne:mər] *m* builder, building contractor
Bauweise ['bauvaɪzə] *f* design, construction
Bauwerk ['bauvɛrk] *n* building
bayerisch ['baɪərɪʃ] *adj* Bavarian
Bayern ['baɪərn] *n GEO* Bavaria
Bazillus [ba'tsɪlus] *m BIO* bacillus
beabsichtigen [bə'apzɪçtɪgən] *v* intend, mean; *Was beabsichtigst du zu tun?* What do you intend to do?
beachten [bə'axtən] *v* pay attention to, heed, observe
beachtenswert [bə'axtənsve:rt] *adj* remarkable, noteworthy
beachtlich [bə'axtlɪç] *adj* considerable, remarkable
Beachtung [bə'axtuŋ] *f* attention, observation, consideration
Beamte(r)/Beamtin [bə'amtə(r)/bə'amtɪn] *m/f* civil servant, public servant, official
beängstigend [bə'ɛŋstɪgənt] *adj* alarming, frightening
beanspruchen [bə'anʃpruxən] *v* claim, demand, require
beanstanden [bə'anʃtandən] *v* object, complain, challenge
Beanstandung [bə'anʃtanduŋ] *f* objection, complaint

beantragen [bə'antra:gən] *v* *1.* apply for; *2. (vorschlagen)* propose
beantworten [bə'antvɔrtən] *v* answer, reply to
bearbeiten [bə'arbaɪtən] *v* *1. (erledigen)* handle, manage; *2. TECH* work, process; *3. AGR* cultivate, till, work; *4. (Theaterstück) THEAT* adapt; *5. neu bearbeitete Auflage* revised edition
Bearbeitung [bə'arbaɪtuŋ] *f* *1.* treatment, processing; *2. in ~* in preparation; *3. AGR* working, cultivation
beatmen [bə'a:tmən] *v* supply with air, give artificial respiration to
beaufsichtigen [bə'aufzɪçtɪgən] *v* supervise, control, oversee
beauftragen [bə'auftra:gən] *v* charge, commission, instruct
Beauftragte(r) [bə'auftra:ktə(r)] *m/f* *1.* representative; *2. POL* commissioner
bebauen [bə'bauən] *v* *1. (landwirtschaftlich)* farm; *2. (Gebäude errichten auf)* build on
Bebauung [bə'bauuŋ] *f* development, building
beben ['be:bən] *v* quake, shake, tremble
Beben ['be:bən] *n (Erdbeben)* earthquake
Becher ['bɛçər] *m* cup, mug, tumbler
bechern ['bɛçərn] *v (fam)* booze, knock one back
Becken ['bɛkən] *n* *1. (Waschbecken)* wash basin, sink; *2. (Schwimmbecken)* swimming pool; *3. ANAT* pelvis
bedacht [bə'daxt] *adj auf etw ~* thinking about sth, intent on sth
bedächtig [bə'dɛçtɪç] *adj* cautious, wary, circumspect
bedanken [bə'daŋkən] *v sich ~* say thank you, express one's thanks; *Ich bedanke mich.* Thank you.
Bedarf [bə'darf] *m* *1.* need; *2. ECO* demand
bedauerlich [bə'dauərlɪç] *adj* regrettable, unfortunate
bedauern [bə'dauərn] *v* *1.* regret; *2. (jdn bemitleiden)* feel sorry for, pity
bedauernswert [bə'dauərnsve:rt] *adj* pitiable, pitiful, deplorable
bedecken [bə'dɛkən] *v* cover
bedenken [bə'dɛŋkən] *v irr* *1. (erwägen)* consider, take into consideration, think over; *2. (beachten)* reckon with, keep in mind
bedenkenlos [bə'dɛŋkənlo:s] *adj* *1.* unhesitating; *adv* *2.* without hesitation
Bedenkenlosigkeit [bə'dɛŋkənlo:zɪçkaɪt] *f* unscrupulousness
bedenkenswert [bə'dɛŋkənsve:rt] *adj* remarkable
bedenklich [bə'dɛŋklɪç] *adj* *1. (verdächtig)* dubious; *2. (ernst)* critical; *3. (heikel)* delicate
Bedenkzeit [bə'dɛŋktsaɪt] *f* time to think about sth, time to think sth over
bedeuten [bə'dɔytən] *v* mean, signify
bedeutend [bə'dɔytənt] *adj* important, significant
Bedeutung [bə'dɔytuŋ] *f* meaning, significance, importance
bedeutungslos [bə'dɔytuŋslo:s] *adj* *1. (ohne Sinn)* meaningless; *2. (unwichtig)* insignificant
Bedeutungslosigkeit [bə'dɔytuŋslo:zɪçkaɪt] *f* irrelevance
bedeutungsvoll [bə'dɔytuŋsfɔl] *adj* *1.* important; *2. (Person)* famous

> **bedienen** [bə'di:nən] *v* *1. jdn ~* wait on s.o., serve s.o., attend to s.o. *2. sich ~* serve o.s., help o.s. *3. TECH* operate

bedient [bə'di:nt] *adj ~ sein (fig)* have had enough
Bedienung [bə'di:nuŋ] *f* *1.* service; *2. (Kellner(in))* waiter/waitress; *3. TECH* operation, control
bedingen [bə'dɪŋən] *v (verursachen)* cause
bedingt [bə'dɪŋkt] *adj* *1.* conditional; *~ durch* contingent on; *2. (beschränkt)* limited; *nur ~ richtig* partially right
Bedingung [bə'dɪŋuŋ] *f* condition, provision, term
bedingungslos [bə'dɪŋuŋslo:s] *adj* unconditional
bedrängen [bə'drɛŋən] *v* harass, threaten
Bedrängnis [bə'drɛŋnɪs] *f* need, distress, affliction
bedrängt [bə'drɛŋt] *adj* hard-pressed
bedrohen [bə'dro:ən] *v* threaten, menace
bedrucken [bə'drukən] *v* print
bedrücken [bə'drykən] *v* *1.* depress, worry; *2. (unterdrücken)* oppress
Beduine [bedu'i:nə] *m* Bedouin
bedürfen [bə'dyrfən] *v irr* need, require
bedürftig [bə'dyrftɪç] *adj* needy, indigent
beeilen [bə'aɪlən] *v sich ~* hurry, rush; *Beeil dich!* Hurry up!
beeindrucken [bə'aɪndrukən] *v* impress
beeinflussbar [bə'aɪnflusba:r] *adj* impressionable
beeinflussen [bə'aɪnflusən] *v* influence
beeinträchtigen [bə'aɪntrɛçtɪgən] *v* impair, prejudice, detract from

Beeinträchtigung [bə'aɪntrɛçtɪguŋ] *f* impairment, damage, detriment
beenden [bə'ɛndən] *v* end, finish, wind up
beengen [bə'ɛŋən] *v* *1.* confine; *2. (fig)* hinder
beengt [bə'ɛŋt] *adj* confined, cramped
beerben [bə'ɛrbən] *v jdn ~* to be s.o.'s heir, succeed to s.o.'s estate
beerdigen [bə'eːrdɪgən] *v* bury
Beerdigung [bə'eːrdɪguŋ] *f* funeral, burial
Beere ['beːrə] *f BOT* berry
Beet [beːt] *n* (flower) bed, (vegetable) patch
befähigen [bə'fɛːɪgən] *v* enable, qualify
Befähigung [bə'fɛːɪguŋ] *f* *1.* capacity, competence, aptitude; *2. (Voraussetzung)* qualifications *pl*
befahrbar [bə'faːrbaːr] *adj* *1.* passable; *2. NAUT* navigable
befahren [bə'faːrən] *v irr 1.* drive on; *adj 2. (Straße)* travelled
befallen [bə'falən] *v irr* affect, seize
befangen [bə'faŋən] *v ~ sein* to be biased, to be prejudiced
Befangenheit [bə'faŋənhaɪt] *f* *1.* self-consciousness, embarrassment; *2. (Voreingenommenheit)* prejudice, partiality
befassen [bə'fasən] *v sich ~ mit* deal with, attend to, handle
befehlen [bə'feːlən] *v irr* order, command
befehlshaberisch [bə'feːlshaːbərɪʃ] *adj* bossy *(fam)*, dictatorial
befestigen [bə'fɛstɪgən] *v* fix, secure, fasten
Befestigung [bə'fɛstɪguŋ] *f 1.* attachment, fastening, strengthening; *2. MIL* fortification
befeuchten [bə'fɔyçtən] *v* dampen, moisten, wet
befinden [bə'fɪndən] *v irr sich ~* to be (somewhere)
Befinden [bə'fɪndən] *n MED* state of health
befindlich [bə'fɪntlɪç] *adj dort ~* located there
beflecken [bə'flɛkən] *v* *1.* stain; *2. (fig)* sully
beflissen [bə'flɪsən] *adj* eager, keen
beflügeln [bə'flyːgəln] *v* *1.* quicken; *2. (fig)* uplift
befolgen [bə'fɔlgən] *v* *1.* follow, comply with; *2. (Vorschriften)* observe; *3. (Befehl)* obey
befördern [bə'fœrdərn] *v* *1. (transportieren)* transport, convey, carry; *2. (dienstlich aufrücken lassen)* promote, advance
Beförderung [bə'fœrdəruŋ] *f* *1. (Waren) ECO* transport, conveying, shipping; *2. (eines Angestellten, eines Offiziers)* promotion, advancement
befragen [bə'fraːgən] *v* *1.* question; *2. (zurate ziehen)* consult
Befragung [bə'fraːguŋ] *f 1.* personal interview, questioning; *2. (Zeuge) JUR* interrogation; *3. (Rat)* consultation
befreien [bə'fraɪən] *v* *1.* release, free; *2. JUR* acquit, discharge; *3. (von Steuern)* exempt
Befreier(in) [bə'fraɪər(ɪn)] *m/f POL* liberator
befremden [bə'frɛmdən] *v* astonish, appear strange to
befreunden [bə'frɔyndən] *v 1. sich mit jdm ~* make friends with s.o. *2. sich mit etw ~* come to like sth, get used to sth
befreundet [bə'frɔyndət] *adj* on intimate terms
befrieden [bə'friːdən] *v 1. POL* bring peace to; *v 2. jdn ~* pacify s.o.
befriedigen [bə'friːdɪgən] *v* satisfy, please, gratify
befristen [bə'frɪstən] *v* limit
befristet [bə'frɪstət] *adj* limited
befruchten [bə'fruxtən] *v BIO* fertilize
Befruchtung [bə'fruxtuŋ] *f 1. BIO* fertilization, impregnation; *2. künstliche ~ MED* artificial insemination
Befugnis [bə'fuːknɪs] *f 1.* power, authority; *2. JUR* jurisdiction
befugt [bə'fuːkt] *adj* authorized, entitled, competent
Befund [bə'funt] *m MED* findings *pl,* evidence, result
befürchten [bə'fyrçtən] *v* fear, be afraid of
Befürchtung [bə'fyrçtuŋ] *f* apprehension, fear, misgiving
befürworten [bə'fyːrvɔrtən] *v* support, advocate, recommend
Befürworter(in) [bə'fyːrvɔrtər(ɪn)] *m/f* supporter, advocate
begabt [bə'gaːpt] *adj* talented, gifted, able
Begabung [bə'gaːbuŋ] *f* talent, gift, aptitude
begeben [bə'geːbən] *v irr sich ~* go to, proceed to, set out on
Begebenheit [bə'geːbənhaɪt] *f* event, happening
begegnen [bə'geːgnən] *v* *1. jdm ~* meet s.o., run into s.o. *2. sich ~* meet
Begegnung [bə'geːgnuŋ] *f* meeting, encounter

begehen [bə'geːən] *v irr 1. (Verbrechen)* commit, perpetrate; *2. (Fest)* celebrate
begehren [bə'geːrən] *v* desire, covet, crave
Begehrlichkeit [bə'geːrlɪçkaɪt] *f* lustfulness, greed
begehrt [bə'geːrt] *adj* sought-after, in demand
begeistern [bə'gaɪstərn] *v 1. jdn ~* inspire, fill with enthusiasm; *2. sich ~* become enthusiastic
Begierde [bə'giːrdə] *f* desire, craving, longing
begierig [bə'giːrɪç] *adj* eager, impatient, anxious; *auf etw ~ sein* to be eager for sth
begießen [bə'giːsən] *v irr 1.* water, wet; *2. (Braten)* baste
Beginn [bə'gɪn] *m* beginning, start
beginnen [bə'gɪnən] *v irr* start, begin
beglaubigen [bə'glaubɪgən] *v* attest, certify, authenticate
Beglaubigung [bə'glaubɪguŋ] *f JUR* authentication, certification, attestation
begleichen [bə'glaɪçən] *v irr ECO* pay, settle
begleiten [bə'glaɪtən] *v* accompany, escort
Begleiter(in) [bə'glaɪtər(ɪn)] *m/f* companion
Begleitung [bə'glaɪtuŋ] *f* company
beglückwünschen [bə'glykvynʃən] *v jdn ~ zu etw* congratulate s.o. on sth
begnadet [bə'gnaːdət] *adj* inspired
begnadigen [bə'gnaːdɪgən] *v JUR* pardon, grant pardon
Begnadigung [bə'gnaːdɪguŋ] *f JUR* pardon, reprieve
begnügen [bə'gnyːgən] *v sich mit etw ~* content oneself with sth, to be satisfied with sth
begraben [bə'graːbən] *v irr 1. (beerdigen)* bury; *2. (fig)* bury; *etw ~ können* give sth up, forget about sth
Begräbnis [bə'grɛpnɪs] *n* funeral, burial
begradigen [bə'graːdɪgən] *v* straighten
begreifen [bə'graɪfən] *v irr* understand, comprehend, grasp; *Er hat es endlich begriffen.* He finally got it.
begreiflich [bə'graɪflɪç] *adj* understandable, intelligible, conceivable
begrenzen [bə'grɛntsən] *v 1.* limit; *2. (die Grenze bilden für etw)* form the boundary of sth

Begriff [bə'grɪf] *m 1. (Vorstellung)* concept, idea, notion; *Ist dir das ein ~?* Do you know what that is? *für meine ~e* as far as I'm concerned; *2. (Ausdruck)* term; *3. im ~ sein, etw zu tun* to be about to do sth

begrifflich [bə'grɪflɪç] *adj* conceptual, abstract
begriffsstutzig [bə'grɪfsʃtutsɪç] *adj* slow *(fig)*, dense *(fig)*
begründen [bə'gryndən] *v 1.* justify, substantiate; *2. (gründen)* found, establish
Begründer(in) [bə'gryndər(ɪn)] *m/f* founder
begründet [bə'gryndət] *adj* substantiated, well-founded, justifiable
Begründung [bə'grynduŋ] *f 1.* reason, explanation; *2. (Gründung)* establishment, founding
begrüßen [bə'gryːsən] *v* welcome, greet, receive
Begrüßung [bə'gryːsuŋ] *f* welcome, reception, greeting
begünstigen [bə'gynstɪgən] *v* favour, support, encourage
begutachten [bə'guːtaxtən] *v* examine, give a professional opinion on
begütert [bə'gyːtərt] *adj* wealthy, rich
behäbig [bə'hɛːbɪç] *adj 1. (Gestalt)* portly; *2. (geruhsam)* easy-going
Behäbigkeit [bə'hɛːbɪçkaɪt] *f* placidity, leisureliness
behaftet [bə'haftet] *adj 1. ~ sein mit* to be burdened with; *2. ~ sein mit (Krankheit)* to be afflicted with; *3. ~ sein mit (Makel)* to be tainted with
Behagen [bə'haːgən] *n 1.* comfort; *2. (Vergnügen)* pleasure, relish; *3. (Zufriedenheit)* contentment
behaglich [bə'haːklɪç] *adj* comfortable, cosy
Behaglichkeit [bə'haːklɪçkaɪt] *f* comfort, ease, cosiness
behalten [bə'haltən] *v irr* keep, retain
Behälter [bə'hɛltər] *m* container
behände [bə'hɛndə] *adj* quick, agile, nimble
behandeln [bə'handəln] *v 1.* treat, deal with, handle; *2. MED* treat
Behandlung [bə'handluŋ] *f 1.* treatment, handling; *2. MED* treatment
behängen [bə'hɛŋən] *v* hang, drape, cover
beharren [bə'harən] *v ~ auf* insist on
beharrlich [bə'harlɪç] *adj* persistent, insistent, persevering
Beharrlichkeit [bə'harlɪçkaɪt] *f* persistence, insistence, perseverance

B

B

behaupten [bə'hauptən] *v 1.* maintain, claim, contend; *2. (Stellung)* maintain; *3. sich ~* hold one's own, assert o.s., hold one's ground
Behauptung [bə'hauptuŋ] *f* claim, assertion, statement
Behausung [bə'hauzuŋ] *f* housing, accommodation
beheben [bə'heːbən] *v irr* rectify, repair, mend
Behelf [bə'hɛlf] *m* expedient, device, makeshift
behelfen [bə'hɛlfən] *v irr sich ~* manage, make do
behelfsmäßig [bə'hɛlfsmɛːsɪç] *adj* makeshift, temporary, provisional
behelligen [bə'hɛlɪgən] *v* bother, trouble
beherbergen [bə'hɛrbɛrgən] *v* house, put up, lodge
beherrschen [bə'hɛrʃən] *v 1.* dominate; *2. sich ~* control o.s. *3. (können)* master; *Er beherrscht die englische Sprache.* He has a strong command of English.
Beherrschtheit [bə'hɛrʃthaɪt] *f* discipline
Beherrschung [bə'hɛrʃuŋ] *f 1. (Selbstbeherrschung)* self-control, self-discipline; *die ~ verlieren* blow up, fly off the handle; *2. POL* dominance, control; *3. (fig: Können)* mastery, grasp
beherzigen [bə'hɛrtsɪgən] *v* take to heart, heed
beherzt [bə'hɛrtst] *adj* plucky, brave
behilflich [bə'hɪlflɪç] *adj jdm ~ sein* to be of assistance, to be helpful, to be of service; *Kann ich Ihnen ~ sein?* May I help you?
behindern [bə'hɪndərn] *v* hinder, hamper, impede
behindert [bə'hɪndərt] *adj* handicapped
Behinderung [bə'hɪndəruŋ] *f 1.* hindrance, impediment, obstruction; *2. MED* disability, handicap
Behörde [bə'hœːrdə] *f* authority, office, bureau
behördlich [bə'høːrtlɪç] *adj* official
behüten [bə'hyːtən] *v* guard, protect, preserve
behutsam [bə'huːtzaːm] *adj* careful, cautious, wary
Behutsamkeit [bə'huːtzaːmkaɪt] *f* care, carefulness, cautiousness

bei [baɪ] *prep 1. (örtlich)* near, at, by; *Ich habe es nicht ~ mir.* I don't have it with me. *~ uns zu Hause* at our house; *2. (zeitlich)* at, upon; *~ Nacht* by night; *3. (während)* while; *4. ~ (einer Tätigkeit) sein* to be doing sth; *~m Auswählen der Artikel* on selecting the articles; *5. Bei mir war es genauso.* It was the same for me. *6. ~ aller Vorsicht* taking all precautions

beibehalten ['baɪbəhaltən] *v irr* keep, maintain
Beibehaltung ['baɪbəhaltuŋ] *f* maintenance, retention, keeping
Beiboot ['baɪboːt] *n NAUT* dinghy
beibringen ['baɪbrɪŋən] *v irr 1. (beschaffen)* bring forward, present, produce; *2. (lehren)* teach
beichten ['baɪçtən] *v REL* confess, go to confession
beide ['baɪdə] *pron 1.* both, the two; *wir ~* the two of us; *alle ~* both; *adj 2.* both, the two
beiderlei ['baɪdərlaɪ] *adj* of both kinds, of both sorts, either sort
beiderseitig ['baɪdərzaɪtɪç] *adj* on both sides; *in ~em Einvernehmen* by mutual agreement; *ein ~es Abkommen* a bilateral treaty
beiderseits ['baɪdər'zaɪts] *adv 1.* on both sides; *prep 2.* on both sides of
beidhändig ['baɪthɛndɪç] *adj 1.* two-handed; *2. (mit beiden Händen gleich geschickt)* ambidextrous
beidseitig ['baɪtzaɪtɪç] *adj* on both sides
beieinander [baɪaɪn'andər] *adv* together
Beifahrer(in) ['baɪfaːrər(ɪn)] *m/f* passenger, *(bei einem Lastwagen)* co-driver
Beifall ['baɪfal] *m 1. (Applaus)* applause, cheers *pl; 2. (Billigung)* approval, acclaim
beifällig ['baɪfɛlɪç] *adj* approving
beifügen ['baɪfyːgən] *v 1.* add; *2. (mitschicken)* enclose
Beigabe ['baɪgaːbə] *f* addition, enclosure
beigeben ['baɪgeːbən] *v irr 1. (hinzufügen)* add; *2. klein ~ (fig: nachgeben)* give in, back down
Beigeschmack ['baɪgəʃmak] *m* aftertaste
Beihilfe ['baɪhɪlfə] *f 1.* allowance, grant, subsidy; *2. JUR* aiding and abetting, acting as an accessory
beikommen ['baɪkɔmən] *v irr jdm ~ (die Oberhand über jdn gewinnen)* get the better of s.o.
Beil [baɪl] *n* hatchet
Beilage ['baɪlaːgə] *f 1. GAST* side dish; *2. (Zeitungsbeilage)* supplement
beiläufig ['baɪlɔyfɪç] *adj 1.* casual, passing; *adv 2.* casually, in passing

beilegen ['baɪleːgən] *v 1. (hinzufügen)* insert, enclose; *2. (fig: schlichten)* settle, resolve
beileibe [baɪ'laɪbə] *adv* certainly
Beileid ['baɪlaɪt] *n* sympathy; *jdm sein ~ aussprechen* express one's condolences to s.o.
beiliegen ['baɪliːgən] *v irr 1. (beigefügt sein)* to be enclosed, to be appended, to be attached to; *2. (beischlafen)* sleep with
beiliegend ['baɪliːgənt] *adj* enclosed
beim [baɪm] *prep* („bei dem") (siehe „bei")
beimessen ['baɪmɛsən] *v irr* attribute, put down to
beimischen ['baɪmɪʃən] *v* add, mix in

Bein [baɪn] *n* leg; *auf den ~en sein* to be on one's feet; *jdm auf die ~e helfen (fig)* help s.o. out; *mit einem ~ im Grabe stehen (fig)* have one foot in the grave; *mit den ~en fest im Leben stehen* have both feet on the ground; *auf eigenen ~en stehen* stand on one's own feet; *sich auf die ~e machen* get moving; *jdm ~e machen* get s.o. moving; *sich die ~e vertreten* stretch one's legs; *die ~e unter den Arm nehmen* take to one's heels; *sich die ~e in den Leib stehen* cool one's heels; *sich kein ~ ausreißen* not strain o.s. *von einem ~ auf das andere treten* shift from one leg to another

beinahe [baɪ'naːə] *adv* almost, nearly
Beiname ['baɪnaːmə] *m* epithet
Beinbruch ['baɪnbrux] *m MED* leg fracture; *Das ist kein ~!* It's not the end of the world.
beinhalten [bə'ɪnhaltən] *v 1.* contain, hold; *2. (Brief)* say
beipflichten ['baɪpflɪçtən] *v* agree
Beirat ['baɪrat] *m* advisory council
beirren [bə'ɪrən] *v* mislead
beisammen [baɪ'zamən] *adv* together
Beischlaf ['baɪʃlaːf] *m* sexual intercourse, coitus
beiseite [baɪ'zaɪtə] *adv* aside; *Spaß ~* joking aside; *~ schaffen* get rid of
Beisetzung ['baɪzɛtsuŋ] *f* funeral, burial
Beisitz ['baɪzɪts] *m* membership of a jury, seat on a commission, seat in a court
Beisitzer ['baɪzɪtsər] *m* assessor
Beispiel ['baɪʃpiːl] *n* example, instance; *zum ~* for example; *sich ein ~ an jdm nehmen* take example of s.o. *ohne ~ sein* to be unheard-of; *mit gutem ~ vorangehen* set an example
beispielhaft ['baɪʃpiːlhaft] *adj* exemplary, model
beispiellos ['baɪʃpiːlloːs] *adj* unparalleled, unprecedented, unheard-of
beispielsweise ['baɪʃpiːlzvaɪsə] *adv* for example, for instance, by way of example
beißen ['baɪsən] *v irr 1. (jucken)* itch; *2. (Schmerzen)* sting; *3.* bite
beißend ['baɪsənt] *adj 1. (Geruch)* biting, pungent, sharp; *2. (fig: Spott)* caustic, sarcastic
Beißzange ['baɪstsaŋə] *f TECH* pincers *pl,* pliers
beistehen ['baɪʃteːən] *v irr* help, aid, assist
beisteuern ['baɪʃtɔyərn] *v* contribute, pitch in *(fam)*
Beitrag ['baɪtraːk] *m 1.* contribution; *2. (Zeitungsartikel)* article; *3. (Versicherungsbeitrag)* premium
beitragen ['baɪtraːgən] *v irr* contribute, supply, add to
beitreten ['baɪtreːtən] *v irr* join, become a member of
Beitritt ['baɪtrɪt] *m* joining, entry
beizeiten [baɪ'tsaɪtən] *adv 1. (rechtzeitig)* in good time; *2. (früh)* early
beizen ['baɪtsən] *v 1. (Holz)* stain; *2. GAST* pickle; *3. (auf die Beizjagd gehen)* hawk
bejahen [bə'jaːən] *v 1. (Frage)* say yes to, affirm; *2. (billigen)* approve of, accept
bejahrt [bə'jaːrt] *adj* aged, elderly, advanced in years
bejammern [bə'jamərn] *v* bewail, lament
bejubeln [bə'juːbəln] *v* cheer
bekämpfen [bə'kɛmpfən] *v* fight against, combat, wage war against

bekannt [bə'kant] *adj* familiar, known; *~ geben* make public, announce; *~ machen* make known, report; *~ machen (ankündigen)* announce

Bekannte(r) [bə'kantə(r)] *m/f* acquaintance, friend
Bekanntheit [bə'kanthaɪt] *f* fame
bekanntlich [bə'kantlɪç] *adv 1.* as is well-known, as you know; *2. (negativ)* notoriously
Bekanntmachung [bə'kantmaxuŋ] *f* announcement
Bekanntschaft [bə'kantʃaft] *f* acquaintance; *jds ~ machen* make s.o.'s acquaintance
bekehren [bə'keːrən] *v 1. (fig: überzeugen)* convince, bring round; *2. REL* convert
bekennen [bə'kɛnən] *v irr 1. (zugeben)* admit, confess; *2. REL* profess
Bekenntnis [bə'kɛntnɪs] *n 1. (Zugeben)* confession, admission, avowal; *2. (Konfession) REL* denomination

B

beklagen [bə'kla:gən] *v* 1. *(etw ~)* lament, deplore, bemoan; *jds Tod ~* mourn s.o.'s death; 2. *sich ~* complain
beklagenswert [bə'kla:gənswe:rt] *adj* lamentable, deplorable, regrettable
Beklagte(r) [bə'kla:ktə(r)] *m/f JUR* defendant
bekleckern [bə'klɛkərn] *v* stain, splatter; *Du hast dich ja nicht gerade mit Ruhm beklekkert.* You haven't exactly; *covered yourself with glory.*
bekleiden [bə'klaɪdən] *v* 1. clothe, dress; 2. *(Amt)* hold (an office)
Bekleidung [bə'klaɪduŋ] *f* 1. clothing, clothes *pl;* 2. *(eines Amtes)* tenure
beklemmend [bə'klɛmənt] *adj* stifling, oppressive
Beklemmung [bə'klɛmuŋ] *f* apprehension, trepidation, feeling of oppression
beklommen [be'klɔmən] *adj* anxious, uneasy
Beklommenheit [bə'klɔmənhaɪt] *f* anxiety, uneasiness
bekommen [bə'kɔmən] *v irr* 1. *(erhalten)* receive, get; *Fieber ~* develop a fever; 2. *(finden)* get, find; 3. *(erlangen)* obtain; 4. *(einen Preis ~)* to be awarded
bekömmlich [bə'kœmlɪç] *adj* 1. digestible, healthy; 2. *(wohltuend)* beneficial
bekräftigen [bə'krɛftɪgən] *v* confirm, corroborate
bekriegen [bə'kri:gən] *v POL* to be at war with
bekritteln [bə'krɪtəln] *v* criticize, find fault with
bekritzeln [bə'krɪtsəln] *v* scribble on
bekümmern [bə'kymərn] *v* worry, alarm, trouble
bekunden [bə'kundən] *v* demonstrate, manifest, reveal
belächeln [bə'lɛçəln] *v* smile at
beladen [bə'la:dən] *v irr* 1. load; 2. *(fig)* burden, weigh down
Belag [bə'la:k] *m* 1. *(Schicht)* layer, coating, film; 2. *(Brotbelag)* filling
belagern [bə'la:gərn] *v* besiege
Belagerung [bə'la:gəruŋ] *f MIL* siege, besieging
Belang [bə'laŋ] *m* interest; *nicht von ~* unimportant
belangen [bə'laŋən] *v JUR* prosecute, take legal action
belanglos [bə'laŋlo:s] *adj* irrelevant, insignificant, unimportant
belassen [bə'lasən] *v irr* leave; *es dabei ~* leave it at that
belastbar [bə'lastba:r] *adj (Mensch)* capable of taking stress, able to take pressure
belasten [bə'lastən] *v* 1. load, burden, encumber; 2. *(bedrücken)* worry, weigh on; 3. *(beanspruchen)* burden, strain; 4. *(Konto) FIN* debit, charge to; 5. *JUR* charge, incriminate; 6. *(Haus) FIN* mortgage, encumber
belastend [bə'lastənt] *adj* incriminating
belästigen [bə'lɛstɪgən] *v* 1. harass, bother, pester; 2. *(körperlich)* molest
Belästigung [bə'lɛstɪguŋ] *f* harassment, annoyance, bothering
Belastung [bə'lastuŋ] *f* 1. burden, load, weight; 2. *(Steuer) FIN* burden; 3. *(Konto) FIN* debit; 4. *JUR* incrimination, charge; 5. *(Hypothek)* mortgage
Belastungszeuge [bə'lastuŋstsɔygə] *m JUR* witness for the prosecution
belauern [bə'lauərn] *v* lie in wait for, spy on
belaufen [bə'laufən] *v irr sich ~ auf ECO* amount to, come to, add up to; *sich auf hundert Dollar ~* amount to one hundred dollars
belauschen [bə'lauʃən] *v* listen in on, eavesdrop on
beleben [bə'le:bən] *v* stimulate
belebt [bə'le:pt] *adj* lively, animated, vivacious
Beleg [bə'le:k] *m* 1. voucher, receipt; 2. *(Beweis) JUR* proof, evidence
belegbar [bə'le:kba:r] *adj* attestable
belegen [bə'le:gən] *v* 1. *(Platz)* occupy; 2. *(Kurs)* enrol for, register for, sign up for; 3. *(Brot) mit etw ~* put sth on; 4. *(beweisen) FIN* account for; 5. *(beweisen) JUR* prove, substantiate, furnish proof of
Belegschaft [bə'le:kʃaft] *f* staff, personnel, work force
belehren [bə'le:rən] *v* instruct, advise, inform
Belehrung [bə'le:ruŋ] *f* instruction, explanation
beleibt [bə'laɪpt] *adj* stout, corpulent, fat
beleidigen [bə'laɪdɪgən] *v* insult, offend
Beleidigung [bə'laɪdɪguŋ] *f* insult
belesen [bə'le:zən] *adj* erudite, well-read
beleuchten [bə'lɔyçtən] *v* 1. illuminate, light up; 2. *(fig)* shed light on, illuminate
belgisch ['bɛlgɪʃ] *adj* Belgian
belichten [bə'lɪçtən] *v FOTO* expose
Belieben [bə'li:bən] *n nach ~* at one's discretion, at one's choice, at one's convenience;

Ganz nach ~. Any way you want. Just as you please.
beliebig [bə'liːbɪç] *adj 1.* any; *jeder ~e* anybody, anyone; *adv 2. ~ viel* as much as you want; *~ oft* as often as you like
beliebt [bə'liːpt] *adj* popular
beliefern [bə'liːfərn] *v* supply, furnish, provide

bellen ['bɛlən] *v* bark

Belletristik [bɛle'trɪstɪk] *f LIT* fiction and poetry
belohnen [bə'loːnən] *v* reward
belüften [bə'lyftən] *v* aerate
Belüftung [bə'lyftuŋ] *f* ventilation, airing
belügen [bə'lyːgən] *v irr* lie to, deceive
belustigen [bə'lustɪgən] *v* delight, amuse, entertain
bemächtigen [bə'mɛçtɪgən] *v* seize, take control of; *Furcht bemächtigte sich seiner.* He was overcome by fear.
bemalen [bə'maːlən] *v* paint
bemängeln [bə'mɛŋəln] *v* find fault with
bemannt [bə'mant] *adj* manned
bemerkbar [bə'mɛrkbaːr] *adj* noticeable; *sich ~ machen* make o.s. noticed
bemerken [bə'mɛrkən] *v 1. (äußern)* remark, observe, note; *2. (wahrnehmen)* notice, note, observe
Bemerkung [bə'mɛrkuŋ] *f 1. (Äußerung)* remark, observation, comment; *2. (Anmerkung)* note, comment
bemessen [bə'mɛsən] *v irr 1.* proportion, allocate; *2. (einteilen)* calculate
bemitleiden [bə'mɪtlaɪdən] *v* pity, commiserate with; *jdn ~* have compassion for s.o., feel sorry for s.o.
bemitleidenswert [bə'mitlaɪdənsvɛːrt] *adj* pitiable
bemittelt [bə'mɪtəlt] *adj* well-to-do, well-off
bemühen [bə'myːən] *v sich ~* take pains, try hard
Bemühung [bə'myːuŋ] *f* endeavour, effort
benachrichtigen [bə'naːxrɪçtɪgən] *v* inform, notify, advise
Benachrichtigung [bə'naːxrɪçtɪguŋ] *f* notification, notice
benachteiligen [bə'naːxtaɪlɪgən] *v* handicap, put at a disadvantage, discriminate
benebeln [bə'neːbəln] *v* befog
benebelt [bə'neːbəlt] *adj* dazed, fogged
Benehmen [bə'neːmən] *n* behaviour, demeanour, manners *pl*
benehmen [bə'neːmən] *v irr sich ~* behave, conduct o.s.
beneiden [bə'naɪdən] *v* envy; *jdn um etw ~* envy s.o. for sth
beneidenswert [bə'naɪdənsvɛːrt] *adj* enviable
benennen [bə'nɛnən] *v irr 1. (einen Namen geben)* name; *2. (für ein Amt)* nominate
benetzen [bə'nɛtsən] *v* moisten, wet
Bengel ['bɛŋəl] *m* rascal
benommen [bə'nɔmən] *adj* dazed, dizzy
benoten [bə'noːtən] *v* mark, grade *(US)*
benötigen [bə'nøːtɪgən] *v* need, require
Benotung [bə'noːtuŋ] *f* marks *pl*, grading
benutzbar [bə'nutsbaːr] *adj* usable
benutzen [bə'nutsən] *v* use, make use of
Benutzung [bə'nutsuŋ] *f* use
Benzin [bɛn'tsiːn] *n* petrol, gasoline *(US)*, gas *(fam) (US)*
beobachten [bə'oːbaxtən] *v* observe, watch, keep an eye on
Beobachter(in) [bə'oːbaxtər(ɪn)] *m/f* observer
Beobachtung [bə'oːbaxtuŋ] *f 1. (Feststellung)* observation; *2. MED* observation
Bepflanzung [bə'pflantsuŋ] *f 1. (Bepflanzen)* planting; *2. (Grünanlage)* plantation

bequem [bə'kveːm] *adj 1. (behaglich)* comfortable, convenient (time); *2. (träge)* lazy, indolent

bequemen [bə'kveːmən] *v sich ~, etw zu tun* take the trouble to do sth
Bequemlichkeit [bə'kveːmlɪçkaɪt] *f 1. (Behaglichkeit)* comfort, ease; *2. (Trägheit)* laziness, indolence
beraten [bə'raːtən] *v irr 1. (Rat erteilen)* advise, give advice, counsel; *2. (besprechen)* discuss; *3. sich ~* confer, deliberate
beratschlagen [bə'raːtʃlaːgən] *v irr* confer
Beratung [bə'raːtuŋ] *f 1.* consultation; *2. (Rat)* counsel, advice
berauben [bə'raubən] *v* rob, deprive of
berauschen [bə'rauʃən] *v 1.* intoxicate; *2. sich ~* get drunk; *3. sich ~ an (fig)* fall in love with
berechenbar [bə'rɛçənbaːr] *adj 1. (abschätzbar)* calculable, computable; *2. MATH* calculable
Berechenbarkeit [bə'rɛçənbaːrkaɪt] *f 1.* predictability; *2. MATH* calculability
berechnen [bə'rɛçnən] *v 1.* calculate, work out, compute; *2. jdm etw ~* charge s.o. for sth

B

berechnend [bə'rɛçnənt] *adj (fig)* calculating
Berechnung [bə'rɛçnuŋ] *f* calculation, computation; *meiner ~ nach* according to my calculations
berechtigen [bə'rɛçtɪgən] *v* entitle to, give a right to, authorize
Berechtigte(r) [bə'rɛçtɪçtə(r)] *m/f* party entitled
Berechtigung [bə'rɛçtɪguŋ] *f 1. (Begründetsein)* justification; *2. (Befugnis)* authorization, entitlement
beredsam [bə're:tza:m] *adj* eloquent
Bereich [bə'raɪç] *m 1. (Gebiet)* area; *2. (Fachbereich)* field, sphere, area; *im ~ des Möglichen* within the bounds of possibility
bereichern [bə'raɪçərn] *v 1.* enrich; *2. sich ~* line one's pockets *(fam)*
bereinigen [bə'raɪnɪgən] *v* settle, resolve, clear up
Bereinigung [bə'raɪnɪguŋ] *f* settlement
bereit [bə'raɪt] *adj 1.* prepared, ready; *2. (gewillt)* willing
bereiten [bə'raɪtən] *v 1. (zubereiten)* prepare, make; *2. (zufügen)* give, cause
bereithalten [bə'raɪthaltən] *v irr* have ready
bereitlegen [bə'raɪtle:gən] *v* prepare
bereitliegen [bə'raɪtli:gən] *v irr* to be ready
bereitmachen [bə'raɪtmaxən] *v* prepare, get ready
bereits [bə'raɪts] *adv* already
Bereitschaft [bə'raɪtʃaft] *f 1.* readiness; *2. ~ haben* to be on call; *3. (Einheit)* squad
bereitstehen [bə'raɪtʃte:ən] *v irr* to be ready, to be available
bereitstellen [bə'raɪtʃtɛlən] *v* make available, provide
bereitwillig [bə'raɪtvɪlɪç] *adj* willing, eager, ready
Bereitwilligkeit [bə'raɪtvɪlɪçkaɪt] *f* willingness, eagerness, readiness
bereuen [bə'rɔyən] *v 1. (bedauern)* regret, to be sorry for; *2. REL* repent

Berg [bɛrk] *m* mountain, *(kleinerer ~)* hill; *über alle ~e sein* to be miles away; *über den ~ sein (fig)* to be out of the wood; *etw hinter dem ~ halten (fig)* keep quiet about sth

bergab [bɛrk'ap] *adv* downhill
Bergarbeiter ['bɛrkarbaɪtər] *m* miner
bergauf [bɛrk'auf] *adv* uphill
Bergbau ['bɛrkbau] *m MIN* mining
bergen ['bɛrgən] *v irr 1. (retten)* rescue, save; *ein Schiff ~* salvage a ship; *2. (fig: enthalten)* harbour, hold
Bergsteigen ['bɛrkʃtaɪgən] *n* mountain-climbing, mountaineering
Bergung ['bɛrguŋ] *f 1. (von Menschen)* rescue; *2. (von Schiffen)* salvage
Bericht [bə'rɪçt] *m* report, account
berichten [bə'rɪçtən] *v* report
Berichterstattung [bə'rɪçtɛrʃtatuŋ] *f 1.* reporting, *(Bericht)* report; *2. (in der Presse)* coverage
berichtigen [bə'rɪçtɪgən] *v* correct, rectify, set right
Berichtigung [bə'rɪçtɪguŋ] *f* correction
Berieselung [bə'ri:zəluŋ] *f 1. (mit Wasser)* watering, irrigation; *2. (mit Musik)* immersion
Bernstein ['bɛrnʃtaɪn] *m MIN* amber
bersten ['bɛrstən] *v irr* burst, explode
berüchtigt [bə'ryçtɪçt] *adj* infamous, notorious
berücksichtigen [bə'rykzɪçtɪgən] *v* consider, bear in mind, take into account
Berücksichtigung [bə'rykzɪçtɪguŋ] *f* consideration
Beruf [bə'ru:f] *m* profession, occupation, trade; *Was ist er von ~?* What does he do for a living?
beruflich [bə'ru:flɪç] *adj* professional, occupational
berufsbedingt [bə'ru:fsbədɪŋkt] *adj* professional, occupational, due to one's occupation
Berufskleidung [bə'ru:fsklaɪduŋ] *f* working clothes *pl*
Berufskrankheit [bə'ru:fskraŋkhaɪt] *f* occupational disease
Berufsleben [bə'ru:fsle:bən] *n* professional life
Berufsrisiko [bə'ru:fsri:ziko] *n* occupational hazard
Berufsschule [bə'ru:fsʃu:lə] *f* vocational school
berufstätig [bə'ru:fstɛ:tɪç] *adj* working, (gainfully) employed
Berufstätigkeit [bə'ru:fstɛ:tɪçkaɪt] *f ECO* employment
Berufsverbot [bə'ru:fsfɛrbo:t] *n jdm ~ erteilen* ban s.o. from a profession
Berufung [bə'ru:fuŋ] *f 1. (Lebensaufgabe)* vocation; *2. (Ernennung)* nomination, appointment; *3. JUR* appeal; *4. REL* calling
beruhen [bə'ru:ən] *v ~ auf* to be based on, to be founded on, to be due to

beruhigen [bə'ruːɪgən] *v 1. (jdn ~)* calm, soothe, quiet; *2. sich ~* calm down, set one's mind at ease, compose o.s.
beruhigend [bə'ruːɪgənt] *adj* reassuring, calming, soothing
Beruhigung [bə'ruːɪguŋ] *f* reassurance, consolation, relief
Beruhigungsmittel [bə'ruːɪguŋsmɪtəl] *n MED* sedative
berühmt [bə'ryːmt] *adj* famous, renowned, celebrated
berühren [bə'ryːrən] *v 1. (anfassen)* touch, handle; *2. (fig: emotional ~)* move, affect
Berührung [bə'ryːruŋ] *f* touch, contact
Berührungsangst [bə'ryːruŋsaŋst] *f* reservedness
besagen [bə'zaːgən] *v* say, mean, signify
besänftigen [bə'zɛnftɪgən] *v* calm down, soothe, alleviate
Besatzung [bə'zatsuŋ] *f 1. (Mannschaft)* crew; *2. (~struppen) MIL* occupation troops *pl,* occupation forces *pl,* garrison
beschädigen [bə'ʃɛːdɪgən] *v* damage, harm, injure
beschaffen [bə'ʃafən] *v* procure, obtain, get
Beschaffenheit [bə'ʃafənhaɪt] *f* condition, state, nature
beschäftigen [bə'ʃɛftɪgən] *v 1. (jdn ~)* occupy, engage, employ; *2. sich mit etw ~* concern o.s. with sth, occupy o.s. with sth, engage in sth; *damit beschäftigt sein, etw zu tun* to be busy doing sth
Beschäftigung [bə'ʃɛftɪguŋ] *f 1.* occupation, employment, pursuit; *2. (geistige ~)* preoccupation; *3. (Arbeit)* employment
beschämen [bə'ʃɛːmən] *v jdn ~* humiliate s.o., make s.o. feel ashamed
beschatten [bə'ʃatən] *v 1. (beobachten)* shadow, tail; *2. (Schatten geben)* shade
beschaulich [bə'ʃaulɪç] *adj 1.* contemplative, pensive; *2. (ruhig)* tranquil
Beschaulichkeit [bə'ʃaulɪçkaɪt] *f* peacefulness
Bescheid [bə'ʃaɪt] *m 1. (Auskunft)* information; *Ich weiß ~.* I know about it. *Ich sage Ihnen ~.* I'll let you know. *2. (Nachricht)* message; *3. JUR* reply, notification
bescheiden [bə'ʃaɪdən] *adj* modest, unassuming
Bescheidenheit [bə'ʃaɪdənhaɪt] *f* modesty, humility, unpretentiousness
bescheinigen [bə'ʃaɪnɪgən] *v* certify, attest, vouch for
Bescheinigung [bə'ʃaɪnɪguŋ] *f 1. (Dokument)* certificate; *2. (das Bescheinigen)* certification; *3. MED* attestation; *4. ECO* voucher
beschenken [bə'ʃɛŋkən] *v* give a present to
Bescherung [bə'ʃeːruŋ] *f 1. (an Weihnachten)* distribution of Christmas presents; *2. eine schöne ~ (fam: neg. Ereignis)* A fine mess!
bescheuert [bə'ʃɔyərt] *adj* stupid, dumb *(fam)*
beschichten [bə'ʃɪçtən] *v TECH* coat
Beschilderung [bə'ʃɪldəruŋ] *f* road signs *pl,* signposts *pl*
beschimpfen [bə'ʃɪmpfən] *v jdn ~* swear at s.o., call s.o. names, abuse s.o. (verbally)
Beschimpfung [bə'ʃɪmpfuŋ] *f (Beleidigung)* insult
beschirmen [bə'ʃɪrmən] *v* shield
Beschlag [bə'ʃlaːk] *m 1. (Metallstück)* fitting, mounting; *2. (öberzug: auf Glas)* condensation; *3. etw mit ~ belegen* monopolize sth
beschlagen [bə'ʃlaːgən] *v irr 1. (Tür)* put fittings on; *2. (Tier)* shoe; *3. (sich ~) (Glas)* steam up; *adj irr 4. (Kenntnisse habend)* proficient, knowledgeable; *in einer Sache gut ~ sein* know the ropes
Beschlagnahme [bə'ʃlaːknaːmə] *f* confiscation, seizure
beschlagnahmen [bə'ʃlaːknaːmən] *v* confiscate, seize
beschleunigen [bə'ʃlɔynɪgən] *v* accelerate, speed up
beschließen [bə'ʃliːsən] *v irr 1. (entscheiden)* decide, resolve; *2. (beenden)* terminate, end, conclude
Beschluss [bə'ʃlus] *m* decision, determination, resolution
beschlussfähig [bə'ʃlusfɛːɪç] *adj ~ sein* to be a quorum, have a quorum
beschmieren [bə'ʃmiːrən] *v 1.* smear; *2. (Brot)* spread; *3. (bekritzeln)* scribble
beschmutzen [bə'ʃmutsən] *v 1.* dirty, soil, get dirty; *2. (fig)* defile, sully
beschönigen [bə'ʃøːnɪgən] *v* gloss over
beschränken [bə'ʃrɛŋkən] *v 1. (einschränken)* confine, limit, restrict; *2. sich ~ auf* confine o.s. to, restrict o.s. to, limit o.s. to
beschränkt [bə'ʃrɛŋkt] *adj 1. (eng)* narrow; *2. (engstirnig)* narrow-minded; *3. (eingeschränkt)* limited, restricted
Beschränkung [bə'ʃrɛŋkuŋ] *f* limitation, restriction
beschreiben [bə'ʃraɪbən] *v irr 1. (fig)* describe; *2. (Papier ~)* write on, inscribe

Beschreibung [bə'ʃraɪbuŋ] *f* description, portrayal, representation; *der ~ von ... entsprechen* answer to the description of ... *Das spottet jeder ~!* That defies description! That beggars description!
beschriften [bə'ʃrɪftən] *v* write on, inscribe, mark
beschuldigen [bə'ʃuldɪgən] *v* accuse of, charge with, blame for
Beschuldigung [bə'ʃuldɪguŋ] *f* accusation, charge
Beschuss [bə'ʃus] *m unter ~ geraten* come under attack
beschützen [bə'ʃytsən] *v* protect, screen, shelter
Beschwerde [bə'ʃveːrdə] *f 1.* complaint, grievance; *pl 2. (Schmerzen)* complaint, trouble, discomfort; *f 3. JUR* appeal
beschweren [bə'ʃveːrən] *v sich ~* complain; *sich ~ über* complain about
beschwerlich [bə'ʃveːrlɪç] *adj* arduous, difficult, troublesome
beschwichtigen [bə'ʃvɪçtɪgən] *v* appease
beschwören [bə'ʃvøːrən] *v irr 1. (anflehen)* entreat, implore; *2. JUR* swear to, take an oath on
beseitigen [bə'zaɪtɪgən] *v 1. (Zweifel)* remove; *2. (entfernen)* remove, get rid of, dispose of; *3. (fam: töten)* knock off, do in, do away with
Beseitigung [bə'zaɪtɪguŋ] *f* removal, elimination, disposal
Besen ['beːzən] *m* broom; *Wenn das wahr ist, fresse ich einen ~!* If that's true, I'll eat my hat!
besessen [bə'zɛsən] *adj* obsessed; *von bösen Geistern ~* possessed by evil spirits
Besessenheit [bə'zɛsənhaɪt] *f* obsession
besetzen [bə'zɛtsən] *v 1.* occupy, fill; *2. THEAT* cast
besetzt [bə'zɛtst] *adj 1. TEL* engaged, busy *(US); 2. (Toilette)* occupied
besichtigen [bə'zɪçtɪgən] *v* view, look at, examine
Besichtigung [bə'zɪçtɪguŋ] *f 1. (eines Museums usw.)* visit; *2. (eines Hauses)* viewing; *3. (amtlich)* inspection
besiedeln [bə'ziːdəln] *v* settle, colonize
besiegeln [bə'ziːgəln] *v* seal, confirm
besiegen [bə'ziːgən] *v* beat, defeat
besinnen [bə'zɪnən] *v irr sich ~* remember, recall; *sich eines anderen ~* think better of sth
besinnlich [bə'zɪnlɪç] *adj* thoughtful, reflective, contemplative
Besinnung [bə'zɪnuŋ] *f 1. (Bewusstsein)* consciousness; *2. (Überlegung)* consideration, reflection
besinnungslos [bə'zɪnuŋsloːs] *adj 1.* unconscious; *2. (fig)* thoughtless, inconsiderate
Besitz [bə'zɪts] *m 1.* possession; *in jds ~ gelangen* come into s.o.'s possession; *2. (Immobilien)* property, estate

besitzen [bə'zɪtsən] *v irr* possess, own

Besitzer(in) [bə'zɪtsər(ɪn)] *m/f* owner
besoffen [bə'zɔfən] *adj (fam)* drunk, plastered, smashed, pissed *(UK)*
besondere(r,s) [bə'zɔndərə(r,s)] *adj 1.* special; *2. (bestimmt)* particular
Besonderheit [bə'zɔndərhaɪt] *f* unusual characteristic, distinctiveness, peculiarity
besonders [bə'zɔndərs] *adv 1. (sehr)* particularly, especially; *2. (vor allem)* above all, most of all, chiefly; *3. (ausdrücklich)* especially, in particular, expressly
besonnen [bə'zɔnən] *adj* collected, sober, thoughtful
Besonnenheit [bə'zɔnənhaɪt] *f* circumspection, cautiousness
besorgen [bə'zɔrgən] *v 1. (beschaffen)* provide, supply, obtain; *2. (ausführen)* attend to, see to, effect; *3. es jdm ~ (fig)* sort s.o. out
Besorgnis [bə'zɔrknɪs] *f* concern, worry, anxiety; *~ erregend* worrying, alarming
besorgt [bə'zɔrkt] *adj* alarmed, worried, concerned; *~ sein wegen* to be concerned about
Besorgung [bə'zɔrguŋ] *f 1. (Kauf)* errand, shopping; *2. (Erledigung)* attending to, arrangement of, handling of
bespannen [bə'ʃpanən] *v 1. (mit Material überziehen)* cover; *2. MUS* string (an instrument)
bespitzeln [bə'ʃpɪtsəln] *v jdn ~* spy on s.o.
besprechen [bə'ʃprɛçən] *v irr 1.* discuss, talk over; *2. (rezensieren)* review
Besprechung [bə'ʃprɛçuŋ] *f 1.* discussion, meeting; *2. (Rezension)* review
bessere(r,s) ['bɛsər(r,s)] *adj* better; *die ~ Hälfte (fig)* one's better half
bessern ['bɛsərn] *v sich ~* improve
Besserwisser(in) ['bɛsərvɪsər(ɪn)] *m/f* know-it-all
Bestand [bə'ʃtant] *m 1. (Fortdauer)* continued existence; *von ~ sein* to be lasting; *2. (Kassenbestand) FIN* cash assets *pl; 3. (Vorrat) ECO* stock, stores *pl,* supply

beständig [bəˈʃtɛndɪç] *adj 1. (dauerhaft)* constant, steady, continuous; *2. (widerstandsfähig)* resistant
Beständigkeit [bəˈʃtɛndɪçkaɪt] *f 1. (Dauer)* constancy, steadiness, permanence; *2. (Widerstandskraft)* resistance
Bestandteil [bəˈʃtanttaɪl] *m* part, component, ingredient *(fig)*
bestärken [bəˈʃtɛrkən] *v* confirm, reinforce, strengthen
bestätigen [bəˈʃtɛːtɪgən] *v* confirm, acknowledge, certify
Bestätigung [bəˈʃtɛːtɪguŋ] *f* confirmation, acknowledgement, ratification
bestatten [bəˈʃtatən] *v* bury
Bestattungsinstitut [bəˈʃtatuŋsɪnstituːt] *n* undertaker's, funeral home *(US)*
bestaunen [bəˈʃtaunən] *v* gaze at in admiration, look at with astonishment
beste(r,s) [ˈbɛstə(r,s)] *adj* best; *jdn zum Besten halten* pull s.o.'s leg; *etw zum Besten geben* entertain with sth; *Mit ihm steht es nicht zum Besten.* Things don't look too promising for him.
bestechen [bəˈʃtɛçən] *v 1.* bribe, corrupt; *irr 2. (beeindrucken)* captivate, attract
bestechlich [bəˈʃtɛçlɪç] *adj* bribable, corruptible
Bestechlichkeit [bəˈʃtɛçlɪçkaɪt] *f* corruptibility
Bestechung [bəˈʃtɛçuŋ] *f* bribery, corruption
Besteck [bəˈʃtɛk] *n* cutlery, silverware *(US)*
bestehen [bəˈʃteːən] *v irr 1. (vorhanden sein)* exist, to be in existence; *Es ~ noch Fragen.* There are still questions. *2. ~ aus* consist of, to be composed of; *3. ~ auf* insist upon, insist on; *4. (Prüfung)* pass
bestehlen [bəˈʃteːlən] *v irr* rob, steal from
besteigen [bəˈʃtaɪgən] *v irr* climb, mount
bestellen [bəˈʃtɛlən] *v 1. (in Auftrag geben)* order, place an order, commission; *nicht viel zu ~ haben (fig)* not have much to say; *wie bestellt und nicht abgeholt (fig)* like orphan Annie; *2. (ernennen) POL* appoint
Bestellung [bəˈʃtɛluŋ] *f 1. (Auftrag)* order; *2. (Ernennung)* appointment, nomination
bestenfalls [ˈbɛstənˈfals] *adv* at best
bestens [ˈbɛstəns] *adv* very well
besteuern [bəˈʃtɔyərn] *v* tax, impose a tax
bestialisch [bɛstjˈaːlɪʃ] *adj* bestial
Bestie [ˈbɛstjə] *f 1.* beast; *2. (fig)* brute
bestimmbar [bəˈʃtɪmbaːr] *adj* determinable
bestimmen [bəˈʃtɪmən] *v 1. (festlegen)* determine, decide; *2. (definieren)* define; *3. (zuweisen)* appoint, assign, appropriate

bestimmt [bəˈʃtɪmt] *adj 1. (entschieden)* determined, definite, resolute; *2. ~ für* destined for; *3. (gewiss)* certain; *adv 4. (sicherlich)* certainly, definitely

Bestimmtheit [bəˈʃtɪmthaɪt] *f 1. (Entschiedenheit)* determination, resolve; *2. (Gewissheit)* certainty, definiteness
Bestimmung [bəˈʃtɪmuŋ] *f 1. (Festlegung)* decision, determination, definition; *2. (Vorschrift)* provision, decree, regulations *pl; 3. (Schicksal)* destiny, decree of fate; *4. (Zweck)* purpose
bestmöglich [ˈbɛstmøːklɪç] *adj 1.* best possible; *adv 2.* as well as possible
bestrafen [bəˈʃtraːfən] *v* punish, penalize
Bestrafung [bəˈʃtraːfuŋ] *f* punishment, penalty
bestrahlen [bəˈʃtraːlən] *v 1.* shine on; *2. MED* give radiotherapy
Bestrahlung [bəˈʃtraːluŋ] *f 1.* illumination; *2. MED* radiotherapy
Bestreben [bəˈʃtreːbən] *n* endeavour
bestrebt [bəˈʃtreːpt] *adj ~ sein, etw zu tun* endeavour to do sth
Bestrebung [bəˈʃtreːbuŋ] *f* endeavour
bestreichen [bəˈʃtraɪçən] *v irr (Brot)* spread
bestreiten [bəˈʃtraɪtən] *v irr 1. (streitig machen)* contest, dispute, challenge; *2. (finanzieren)* cover, defray, carry
bestreuen [bəˈʃtrɔyən] *v ~ mit* strew with, cover with
bestürmen [bəˈʃtyrmən] *v* storm, besiege, assail
bestürzt [bəˈʃtyrtst] *adj ~ sein* to be dismayed, to be perplexed, to be taken aback
Bestürzung [bəˈʃtyrtsuŋ] *f* consternation, bewilderment, dismay
Bestzeit [ˈbɛsttsaɪt] *f SPORT* record time
Besuch [bəˈzuːx] *m 1.* visit; *2. (Gäste)* guests *pl*
besuchen [bəˈzuːxən] *v 1. jdn ~* visit s.o., pay a visit to s.o. *2. (besichtigen)* visit; *3. (Schule)* attend
Besucher(in) [bəˈzuːxər(ɪn)] *m/f 1.* guest, visitor; *2. (einer Ausstellung)* visitor, viewer
betagt [bəˈtaːkt] *adj* elderly, aged, old
betanken [bəˈtaŋkən] *v* fuel, tank up *(UK)*, fill up (with gas) *(US)*
betasten [bəˈtastən] *v* touch, feel

betätigen [bəˈtɛːtɪgən] *v* 1. *TECH* operate, activate, work; 2. *sich ~* work, busy o.s. *sich ~ als* act as, work as
Betätigung [bəˈtɛːtɪguŋ] *f* 1. operation; 2. *(Tätigkeit)* activity
betäuben [bəˈtɔybən] *v MED* anaesthetize
beteiligen [bəˈtaɪlɪgən] *v* 1. *sich ~* participate, take part, join; 2. *jdn an etw ~* give a person a share, make a person a partner, let s.o. take part
Beteiligte(r) [bəˈtaɪlɪçtə(r)] *m/f* 1. participant; 2. *(Betroffene(r))* person involved, person concerned
beten [ˈbeːtən] *v REL* pray
beteuern [bəˈtɔyərn] *v* swear, assert, affirm solemnly
Beteuerung [bəˈtɔyəruŋ] *f* protestation, assurance
betiteln [bəˈtitəln] *v* 1. title, entitle; *jdn mit etw ~* call s.o. sth; 2. *(Zeitungsartikel)* headline
Beton [beˈtɔ̃ŋ] *m* concrete, cement
betonen [bəˈtoːnən] *v* emphasize, stress
betonieren [betɔˈniːrən] *v* concrete
Betracht [bəˈtraxt] *m* consideration; *in ~ ziehen* take into consideration; *nicht in ~ kommen* to be out of the question
betrachten [bəˈtraxtən] *v* 1. *(anschauen)* look at, view, watch; 2. *(fig: beurteilen)* consider, view, regard
Betrachter(in) [bəˈtraxtər(ɪn)] *m/f* observer, onlooker
beträchtlich [bəˈtrɛçtlɪç] *adj* considerable, substantial
Betrachtung [bəˈtraxtuŋ] *f* 1. *(Anschauen)* view, inspection; 2. *(fig: öberlegung)* reflection, consideration, contemplation
Betrachtungsweise [bəˈtraxtuŋsvaɪzə] *f* way of looking at sth
Betrag [bəˈtraːk] *m* amount, sum
betragen [bəˈtraːgən] *v irr* 1. *(sich belaufen auf)* amount to, add up to, come to; 2. *sich ~* behave
Betragen [bəˈtraːgən] *n* behaviour
betrauen [bəˈtrauən] *v jdn mit etw ~* entrust sth to s.o.
betrauern [bəˈtrauərn] *v* mourn
Betreff [bəˈtrɛf] *m* subject, subject matter; *in ~ einer Sache* with regard to sth
betreffen [bəˈtrɛfən] *v irr (angehen)* affect, concern, regard; *Betrifft das mich?* Does that apply to me? *was dich betrifft ...* as for you ..., as far as you are concerned ...
betreffend [bəˈtrɛfənt] *prep* 1. regarding, concerning; *adj* 2. *(einschlägig)* relevant; 3. *(erwähnt)* in question
Betreffende(r) [bəˈtrɛfəndə(r)] *m/f* person concerned
betreffs [bəˈtrɛfs] *prep* regarding
betreiben [bəˈtraɪbən] *v irr* 1. *(leiten)* operate, manage, run; 2. *(ausüben)* do, pursue
Betreiber(in) [bəˈtraɪbər(ɪn)] *m/f ECO* operator
betreten [bəˈtreːtən] *v* 1. *(hineingehen)* enter, go into; 2. *(unbefugt ~)* trespass; *adj* 3. *~ sein (fig)* to be embarrassed
Betreten [bəˈtreːtən] *n* entrance, entering, trespassing; *~ verboten!* No trespassing!
Betretenheit [bəˈtreːtənhaɪt] *f* embarrassment
betreuen [bəˈtrɔyən] *v* 1. look after, attend to; 2. *(Sachgebiet)* to be in charge of; 3. *(Kunden)* serve
Betreuer/in [bəˈtrɔyər(ɪn)] *m/f* 1. attendant; 2. *SPORT* coach
Betreuung [bəˈtrɔyuŋ] *f* 1. looking after; 2. *(der Kunden)* service
Betrieb [bəˈtriːp] *m* 1. *(Treiben)* bustle, activity; 2. *(Firma) ECO* business, enterprise, firm; 3. *(Werk) ECO* factory, works; 4. *(Tätigkeit)* operation; *außer ~* out of order; *etw in ~ nehmen* start using sth, put sth into operation
betrieblich [bəˈtriːplɪç] *adj ECO* operational, operating, internal
betriebsam [bəˈtriːpzaːm] *adj* busy, diligent, industrious
Betriebsangehörige(r) [bəˈtriːpsangəhøːrɪgə(r)] *m/f* employee
Betriebsausflug [bəˈtriːpsausfluːk] *m* company outing
betriebsbereit [bəˈtriːpsbəraɪt] *adj TECH* operational, ready for use, operative
betriebsblind [bəˈtriːpsblɪnt] *adj* blind to one's company's faults
betriebsintern [bəˈtriːpsɪntɛrn] *adj* 1. internal; *adv* 2. within the company
Betriebsklima [bəˈtriːpskliːma] *n* working conditions *pl*
Betriebskosten [bəˈtriːpskɔstən] *pl ECO* operating costs *pl*, working expenses *pl*
Betriebsrat [bəˈtriːpsraːt] *m ECO* works council
betriebssicher [bəˈtriːpszɪçər] *adj* safe to operate
Betriebsunfall [bəˈtriːpsunfal] *m* industrial accident, accident at work
Betriebswirt [bəˈtriːpsvɪrt] *m* business economist, management expert
Betriebswirtschaft [bəˈtriːpsvɪrtʃaft] *f ECO* business economics

betrinken [bə'trɪŋkən] *v irr sich ~* get drunk
betroffen [bə'trɔfən] *adj 1. (berührt)* affected, concerned; *2. (heimgesucht)* afflicted, stricken; *3. (bestürzt)* perplexed
Betroffenheit [bə'trɔfənhaɪt] *f* shock
betrübt [bə'try:pt] *adj* sad, distressed, grieved
Betrug [bə'tru:k] *m* fraud, deceit, deception
betrügen [bə'try:gən] *v irr* cheat, deceive, defraud
Betrüger(in) [bə'try:gər(ɪn)] *m/f* cheat, swindler, fraud
betrügerisch [bə'try:gərɪʃ] *adj 1. (Person)* deceitful, cheating; *2. (Dinge)* fraudulent
betrunken [bə'truŋkən] *adj* drunk, intoxicated

Bett [bɛt] *n 1.* bed; *ins ~ gehen* go to bed; *2. (Flussbett)* bed

Bettbezug ['bɛtbətsu:k] *m* quilt cover
Bettdecke ['bɛtdɛkə] *f* bed-cover, bedspread, blanket
bettelarm ['bɛtəl'arm] *adj* destitute, poverty-stricken
betteln ['bɛtəln] *v* beg
Bettkante ['bɛtkantə] *f* edge of the bed
bettlägerig ['bɛtlɛ:gərɪç] *adj* bedridden, confined to one's bed
Bettlaken ['bɛtla:kən] *n* sheet
Bettler(in) ['bɛtlər(ɪn)] *m/f* beggar
Bettnässer ['bɛtnɛsər] *m* bed-wetter
Bettruhe ['bɛtru:ə] *f* bed rest
Bettschwere ['bɛtʃve:rə] *f die nötige ~ haben (fig)* to be ready for bed
betucht [bə'tu:xt] *adj* wealthy, well-off
beugen ['bɔygən] *v 1. (biegen)* bend, flex; *2. (fig: brechen)* bow, bend; *vom Alter gebeugt* bowed by age; *3. sich ~* bend over, stoop; *4. (fig: sich fügen)* bow, submit, yield
Beule ['bɔylə] *f 1. (Delle)* dent; *2. MED* lump, bump, swelling
beunruhigen [bə'unru:ɪgən] *v 1. (jdn ~)* disconcert, disturb, trouble; *2. sich ~ wegen* worry about
beurlauben [bə'u:rlaubən] *v 1.* grant leave, give leave; *2. (suspendieren)* suspend
beurteilen [bə'urtaɪlən] *v 1.* judge; *2. (abschätzen)* estimate
Beurteilung [bə'urtaɪluŋ] *f* assessment, judgement, judgment *(US)*, opinion
Beute ['bɔytə] *f 1.* booty, loot, spoils *pl; 2. (Opfer)* prey

Beutel ['bɔytəl] *m* bag

beuteln ['bɔytəln] *v 1. (schütteln)* shake; *2. (Hose: sich bauschen)* bag
bevölkern [bə'fœlkərn] *v 1.* populate; *2. (fig)* crowd; *3. sich ~* become inhabited; *4. sich ~ (fig)* fill up
Bevölkerung [bə'fœlkəruŋ] *f* population
Bevölkerungsschicht [bə'fœlkəruŋsʃɪçt] *f* class (of society)
Bevölkerungswachstum [bə'fœlkəruŋsvakstu:m] *n* population growth
bevollmächtigen [bə'fɔlmɛçtɪgən] *v JUR* authorize, empower, give power of attorney
bevor [bə'fo:r] *konj* before
bevormunden [bə'fo:rmundən] *v jdn ~* make s.o.'s decisions for him/her
bevorstehen [bə'fo:rʃte:ən] *v irr* to be imminent, impend, await
bevorzugen [bə'fo:rtsu:gən] *v* prefer, favour, give priority to
bewachen [bə'vaxən] *v* guard, watch over
Bewachung [bə'vaxuŋ] *f* guard; *unter ~* under guard
bewaffnen [bə'vafnən] *v* arm; *sich mit etw ~* arm o.s. with sth
bewahren [bə'va:rən] *v 1. (aufheben)* keep, preserve; *2. (fig: beibehalten)* keep
bewähren [bə'vɛ:rən] *v sich ~* stand the test, prove worthwhile, prove o.s.
bewahrheiten [bə'va:rhaɪtən] *v sich ~* come true, prove to be true
bewährt [bə'vɛ:rt] *adj 1. (Person)* reliable, trustworthy; *2. (Sache)* proven, successful, tested
Bewahrung [bə'va:ruŋ] *f* preservation, protection
Bewährung [bə'vɛ:ruŋ] *f JUR* probation
bewältigen [bə'vɛltɪgən] *v 1. (Problem)* cope with, overcome; *2. (Aufgabe)* accomplish, master
Bewältigung [bə'vɛltɪguŋ] *f 1. (Problem)* solving, overcoming, mastering; *2. (Aufgabe)* accomplishment
bewandert [bə'vandərt] *adj in etw ~ sein* to be skilled at sth, to be experienced at sth, to be well-versed in sth
bewässern [bə'vɛsərn] *v 1.* water; *2. (Landwirtschaft)* irrigate
Bewässerung [bə'vɛsəruŋ] *f* irrigation
bewegen [bə've:gən] *v 1.* move; *2. sich ~* move; *3. (fig: rühren)* move, affect; *4. sich ~ SPORT* exercise
bewegend [bə've:gənt] *adj (fig)* moving, touching

B

Beweggrund [bə'veːkgrunt] *m* motive, incentive
beweglich [bə'veːklɪç] *adj 1.* movable, mobile; *2. (elastisch)* flexible; *3. (flink)* agile, nimble; *4. (fig: flexibel)* versatile, resourceful
bewegt [bə'veːkt] *adj 1. (Meer)* rough, troubled; *2. (Leben)* turbulent, eventful
Bewegung [bə'veːguŋ] *f 1.* movement, motion; *körperliche ~* exercise; *Keine ~!* Don't move! *2. (Gebärde)* gesture;
beweihräuchern [bə'vaɪrɔyçərn] *v (fam)* praise to the skies

Beweis [bə'vaɪs] *m* proof, evidence

Beweisaufnahme [bə'vaɪsaufnaːmə] *f JUR* taking of evidence, hearing of evidence
Beweisbarkeit [bə'vaɪsbaːrkaɪt] *f* provableness
beweisen [bə'vaɪzən] *v irr 1.* prove, substantiate; *2. (fig: zeigen)* demonstrate, show
beweiskräftig [bə'vaɪszkrɛftɪç] *adj* conclusive
Beweisstück [bə'vaɪsʃtyk] *n JUR* piece of evidence
bewenden [bə'vɛndən] *v Wir wollen es dabei ~ lassen.* We'll leave it at that.
bewerben [bə'vɛrbən] *v irr sich ~ um* apply for
Bewerber(in) [bə'vɛrbər(ɪn)] *m/f* applicant, candidate
Bewerbung [bə'vɛrbuŋ] *f* application
Bewerbungsunterlagen [bə'vɛrbuŋsuntərlaːgən] *pl* application materials *pl*
bewerfen [bə'vɛrfən] *v irr A mit B ~* throw B at A; *jdn mit Schmutz ~ (fig)* sling mud at s.o.
bewerkstelligen [bə'vɛrkʃtɛlɪgən] *v 1. (erreichen)* bring off, manage to do; *2. (durchführen)* carry out
bewerten [bə'vɛrtən] *v* assess, evaluate, appraise
Bewertung [bə'vɛrtuŋ] *f 1.* evaluation, assessment; *2. (Feststellung des Werts)* valuation, appraisal
bewilligen [bə'vɪlɪgən] *v* permit, grant, agree to
Bewilligung [bə'vɪlɪguŋ] *f* allowance, granting, permission, grant
bewirken [bə'vɪrkən] *v* effect, cause, bring about
bewirten [bə'vɪrtən] *v* entertain to a meal, feed
bewirtschaften [bə'vɪrtʃaftən] *v 1. (verwalten)* manage, run, conduct; *2. (bestellen) AGR* cultivate, till
Bewirtschaftung [bə'vɪrtʃaftuŋ] *f 1. (Verwaltung)* management, running; *2. (landwirtschaftliche ~) AGR* cultivation; *3. (staatliche)* rationing, control
bewohnbar [bə'voːnbaːr] *adj* inhabitable
bewohnen [bə'voːnən] *v* inhabit, live in, reside in
Bewohner(in) [bə'voːnər(ɪn)] *m/f* inhabitant, occupant, resident
bewölken [bə'vœlkən] *v sich ~ METEO* cloud
bewölkt [bə'vœlkt] *adj* cloudy, overcast
Bewunderer [bə'vundərər] *m* admirer
bewundern [bə'vundərn] *v* admire, marvel at
bewundernswert [bə'vundərnsvɛrt] *adj* admirable, wonderful
Bewunderung [bə'vundəruŋ] *f* admiration
bewusst [bə'vust] *adj 1.* conscious, aware; *jdm etw ~ machen* make s.o. aware of sth; *2. (absichtlich)* intentional, deliberate
bewusstlos [bə'vustloːs] *adj* unconscious
Bewusstlosigkeit [bə'vustloːzɪçkaɪt] *f* unconsciousness; *bis zur ~ (fig)* ad nauseam
bewusstmachen [bə'vustmaxən] *v jdm etw ~* make s.o. aware of sth
Bewusstsein [bə'vustzaɪn] *n* consciousness, awareness
bezahlen [bə'tsaːlən] *v* pay, pay for
Bezahlung [bə'tsaːluŋ] *f 1.* payment; *2. (Lohn)* pay
bezähmen [bə'tsɛːmən] *v* tame, control, curb
bezaubern [bə'tsaubərn] *v* enchant, charm, fascinate
bezeichnen [bə'tsaɪçnən] *v 1. (benennen)* designate, label, call; *2. (angeben)* indicate; *3. (kennzeichnen)* mark
bezeichnend [bə'tsaɪçnənt] *adj* indicative, significant, characteristic
Bezeichnung [bə'tsaɪçnuŋ] *f 1. (Name)* term, expression; *2. (Benennung)* designation; *3. (Zeichen)* marking
bezeigen [bə'tsaɪgən] *v* show, express
bezeugen [bə'tsɔygən] *v JUR* testify to, bear witness to
bezichtigen [bə'tsɪçtɪgən] *v* accuse of, charge with
beziehen [bə'tsiːən] *v irr 1. (überziehen)* cover; *mit Saiten ~* string; *2. (einziehen)* move into, occupy, take up residence in; *3. (Gehalt)* receive, draw; *4. (abonnieren)* subscribe to, get, take; *5. sich ~ auf* refer to, relate to

Beziehung [bə'tsiːuŋ] *f* relationship, connection, relation; *gute ~en haben* to be well-connected
beziehungsweise [bə'tsiːuŋsvaɪzə] *konj 1. (im anderen Fall)* or, respectively; *bekannt als X ~ Z* known as X and Z respectively; *2. (genauer gesagt)* or rather; *Sie konnte es nicht tun, ~ wollte es nicht tun.* She couldn't do it, or rather didn't want to do it.
beziffern [bə'tsɪfərn] *v 1.* number; *2. (schätzen)* estimate; *3. sich ~ auf* amount to
Bezirk [bə'tsɪrk] *m* district, region, area
bezirzen [bə'tsɪrtsən] *v* entice
bezogen [bə'tsoːgən] *adj ~ auf* with regard to
Bezug [bə'tsuːk] *m 1. (Kissenbezug)* pillow-case, pillow-slip; *2. (Überzug)* cover, covering; *3. (Kauf)* procurement, purchase, supply
bezüglich [bə'tsyːklɪç] *prep* with reference to, regarding, concerning; *Bezüglich Ihres Schreibens ...* Regarding your letter ...
Bezugnahme [bə'tsuːknaːmə] *f* reference; *unter ~ auf* with reference to
bezugsfertig [bə'tsuːksfɛrtɪç] *adj* ready for occupancy
Bezugsperson [bə'tsuːkspɛrzoːn] *f* role model
bezuschussen [bə'tsuːʃusən] *v* subsidize
bezwecken [bə'tsvɛkən] *v* intend, aim at, have in view
bezweifeln [bə'tsvaɪfəln] *v* doubt, question
bezwingbar [bə'tsvɪŋbaːr] *adj* conquerable
bezwingen [bə'tsvɪŋən] *v irr* overcome, subdue, master
Bezwinger(in) [bə'tsvɪŋər(ɪn)] *m/f* conqueror, winner
bibbern ['bɪbərn] *v* shiver, shake, tremble
Bibel ['biːbəl] *f REL* Bible
Biber ['biːbər] *m ZOOL* beaver
Bibliografie [bibliogra'fiː] *f* bibliography
Bibliothek [biblio'teːk] *f* library
Bibliothekar(in) [bibliote'kaːr(ɪn)] *m/f* librarian
biblisch ['biːblɪʃ] *adj REL* biblical
bieder ['biːdər] *adj* honest, upright, prim and proper
biegen ['biːgən] *v irr 1.* bend; *auf Biegen und Brechen* come hell or high water; *gerade ~* straighten out; *2. (Mensch, Wagen)* turn; *Er bog um die Ecke.* He turned the corner.
biegsam ['biːkzaːm] *adj* flexible, malleable, pliable
Biegsamkeit ['biːkzaːmkaɪt] *f* flexibility
Biegung ['biːguŋ] *f* bend, curve
Biene ['biːnə] *f 1. ZOOL* bee; *2. (fam: Mädchen)* bird *(UK)*, chick *(US)*
Bienenstock ['biːnənʃtɔk] *m* beehive
Bier [biːr] *n* beer; *Das ist nicht mein ~! (fam)* That's not my thing! That's not my pigeon!
Bierbrauer ['biːrbrauər] *m* brewer
Bierdeckel ['biːrdɛkəl] *m* beer mat *(UK)*, coaster (made of cardboard)
Bierzelt ['biːrtsɛlt] *n* beer tent
Biest [biːst] *n 1. (Tier)* beast; *2. (Person)* beast, brute
bieten ['biːtən] *v irr 1.* offer; *eine Gelegenheit bot sich* an opportunity presented itself; *2. (dar~)* present
Bigamie [biːga'miː] *f* bigamy
bigott [bi'gɔt] *adj* bigoted
Bilanz [bi'lants] *f 1. FIN* balance-sheet, financial statement, balance; *2. (fig)* result, outcome; *die ~ ziehen aus* take stock of
bilanzieren [bilan'tsiːrən] *v* balance (accounts)

> **Bild** [bɪlt] *n 1.* picture; *2. (fig: Ansicht)* sight; *ein ~ für die Götter* What a sight! *sich ein ~ von jdm machen* have an impression of s.o. *im ~e über etw sein* to be in the picture

Bildarchiv ['bɪltarçiːf] *n* photo archive
Bildausschnitt ['bɪltausʃnɪt] *m* detail
Bildband ['bɪltbant] *m* coffee-table book, illustrated volume, book of plates
Bildbericht ['bɪltbərɪçt] *m* illustrated report
Bildbetrachter ['bɪltbətraxtər] *m* viewer
bilden ['bɪldən] *v 1.* form; *2. sich ~ (lernen)* educate o.s. *3. sich ~ (entstehen)* form, arise
Bildfläche ['bɪltflɛçə] *f 1.* screen; *2. (fig) auf der ~ erscheinen* come on the scene; *von der ~ verschwinden* drop out of sight
Bildgeschichte ['bɪltgəʃɪçtə] *f* story in pictures
Bildhauerkunst ['bɪlthauərkunst] *f ART* art of sculpture
bildlich ['bɪltlɪç] *adj* figurative, metaphoric
Bildnis ['bɪldnɪs] *n* portrait
Bildröhre ['bɪltrøːrə] *f TECH* picture tube
Bildschärfe ['bɪltʃɛrfə] *f TECH* image sharpness
Bildschirm ['bɪltʃɪrm] *m* screen
Bildschirmtext ['bɪltʃɪrmtɛkst] *m INFORM* viewdata
Bildschirmzeitung ['bɪltʃɪrmtsaɪtuŋ] *f TECH* one-way videotext system

B

Bildstörung ['bɪltʃtøːruŋ] *f TECH* trouble with the TV picture
Bildtelefon ['bɪlttelefoːn] *n TEL* videophone, picturephone
Bildung ['bɪlduŋ] *f 1. (Gestaltung)* formation, forming, shaping; *2. (Schulbildung)* education
Bildungsurlaub ['bɪlduŋsuːrlaup] *m* sabbatical, paid educational leave
Bildungswesen ['bɪlduŋsveːzən] *n* education
Bildunterschrift ['bɪltuntərʃrɪft] *f* caption
Bildwörterbuch ['bɪltvœrtərbuːx] *n* illustrated dictionary
Billard ['bɪljart] *n* billiards
Billiarde [bɪl'jardə] *f* a thousand billions *(UK),* quadrillion *(US)*
billig ['bɪlɪç] *adj 1. (preiswert)* cheap, inexpensive; *2. (angemessen)* just, right, fair
billigen ['bɪlɪgən] *v* approve, consent to, agree to
Billigware ['bɪlɪçvaːrə] *f ECO* markeddown product
Billion [bil'joːn] *f* billion *(UK),* trillion *(US)*
Binde ['bɪndə] *f 1. (Damenbinde)* sanitary towel, sanitary napkin *(US); 2. MED* bandage; *3. sich einen hinter die ~ gießen (fam)* knock one back
Bindegewebe ['bɪndəgəveːbə] *n ANAT* connective tissue
Bindehaut ['bɪndəhaut] *f ANAT* conjunctiva
binden ['bɪndən] *v irr* bind, tie
Bindestrich ['bɪndəʃtrɪç] *m* hyphen
Bindewort ['bɪndəwɔrt] *n GRAMM* conjunction
Bindfaden ['bɪndfaːdən] *m* string, twine; *Es regnet Bindfäden. (fam)* It's raining cats and dogs.
Bindung ['bɪnduŋ] *f 1. (Verpflichtung)* engagement, obligation, commitment; *2. (Skibindung)* binding; *3. (Verbundenheit)* bond
binnen ['bɪnən] *prep* within; *~ kurzem* before long
Binnengewässer ['bɪnəngəvɛsər] *n* inland waters *pl,* domestic waters *pl*
Binse ['bɪnzə] *f BOT* rush; *in die ~n gehen (fig: misslingen)* flop, go down the drain
Binsenweisheit ['bɪnzənvaɪshaɪt] *f* truism
Biobauer ['biobauər] *m AGR* ecological farmer
Biochemie ['bioçe'miː] *f* biochemistry
Biochemiker(in) [bio'çeːmɪkər(ɪn)] *m/f* biochemist
biochemisch [bio'çeːɪʃ] *adj* biochemical
Biogas ['biːogaːs] *n* methane gas
Biograf(in) [bio'graːf(ɪn)] *m/f LIT* biographer
Biografie [biogra'fiː] *f* biography
Biokost ['biːokɔst] *f* health food
Biologe [bio'loːgə] *m* biologist
Biologie [biolo'giː] *f* biology
biologisch [bio'loːgɪʃ] *adj* biological
Birke ['bɪrkə] *f BOT* birch
Birkenholz ['bɪrkənhɔlts] *n* birchwood
Birnbaum ['bɪrnbaum] *m BOT* pear tree
Birne ['bɪrnə] *f 1. (Obst)* pear; *2. (Glühbirne)* light bulb
birnenförmig ['bɪrnənfœrmɪç] *adj* pearshaped
bis [bɪs] *prep 1. (zeitlich)* until; *Bis später!* See you later! *Montag ~ Freitag geöffnet* open Monday through Friday; *2. (nicht später als)* by; *3. (örtlich)* to, up to, as far as; *Bis dorthin sind es zwei Kilometer.* It's two kilometres away. *4. ~ auf* except; *~ auf (einschließlich)* down to; *Das Stadion war ~ auf den letzten Platz ausverkauft.* The stadium was sold out down to the last seat. *5. (ungefähr)* to, or; *drei ~ vier Tage* three or four days; *adv 6. ~ zu (nicht mehr als)* up to; *konj 7.* till, until, before
Bischof ['bɪʃɔf] *m REL* bishop
bischöflich ['bɪʃøflɪç] *adj REL* episcopal
Bischofssitz ['bɪʃɔfszɪts] *m* cathedral town
Bisexualität ['biːzɛksualitɛːt] *f* bisexuality
bisexuell ['biːzɛksuɛl] *adj* bisexual
bisher [bɪs'heːr] *adv* so far, as yet, up to now
bisherig [bɪs'heːrɪç] *adj* up to now, previous, hitherto existing
bislang [bɪs'laŋ] *adv* so far, as yet, hitherto
Biss [bɪs] *m* bite
bisschen ['bɪsçən] *adv 1. ein ~* a little, a bit, slightly; *adj 2.* a little; *adv 3. Ach du liebes ~!* Oh dear!
Bisschen ['bɪsçən] *n ein ~* a little bit, a little
Bissen ['bɪsən] *m* bite; *jdm keinen ~ gönnen* begrudge s.o. the very air he breathes; *keinen ~ anrühren* not touch a thing
bissig ['bɪsɪç] *adj 1.* vicious; *ein ~er Hund* a dog that bites; *2. (fig)* biting, cutting
Bissigkeit ['bɪsɪçkaɪt] *f* viciousness
bisweilen [bɪs'vaɪlən] *adv* occasionally

bitte ['bɪtə] *interj 1.* please; *2. (Bejahung)* of course, please do, help yourself; *3. (~ schön) (Antwort auf Dank)* you're welcome, not at all; *4. (von Verkäufer) Bitte schön?* May I help you?

Bitte ['bɪtə] *f* request
bitten ['bɪtən] *v irr* ask, request; *jdn um etw ~* ask that s.o. do sth
bitter ['bɪtər] *adj* bitter
Bitter ['bɪtər] *m (Getränk)* bitters *pl*
bitterernst [bɪtər'ɛrnst] *adj* dead serious
bitterkalt [bɪtər'kalt] *adj* bitterly cold
Bitterkeit ['bɪtərkaɪt] *f* bitterness
bitterlich ['bɪtərlɪç] *adj 1.* slightly bitter; *adv 2.* bitterly
Bitternis ['bɪtərnɪs] *f 1.* bitterness; *2. (bittere Sache)* hardship
Bittgesuch ['bɪtgəzuːx] *n* petition
Bittsteller ['bɪtʃtɛlər] *m* petitioner
bitzeln ['bɪtsəln] *v 1. (prickeln)* tingle; *2. (Wein)* sparkle
bizarr [bi'tsar] *adj* bizarre
Bizeps ['biːtsɛps] *m ANAT* biceps
blähen ['blɛːən] *v MED* cause flatulence
Blähungen ['blɛːuŋən] *pl MED* flatulence
blamabel [bla'maːbəl] *adj* shameful, humiliating, disgraceful
Blamage [bla'maːʒə] *f* disgrace, shame, humiliation
blamieren [bla'miːrən] *v 1. jdn ~* make a fool of s.o., disgrace s.o., bring shame on s.o. *2. sich ~* make a fool of o.s., bring shame upon o.s.
blank [blaŋk] *adj 1. (nackt)* bare; *2. (glänzend)* shining; *3. (fig: rein)* sheer, pure
blanko ['blaŋko] *adj FIN* blank
Blase ['blaːzə] *f 1.* bubble; *2. MED* blister; *3. ANAT* bladder
blasen ['blaːzən] *v irr 1.* blow; *2. (spielen) MUS* play
Blasenentzündung ['blaːzənɛntsyndʊŋ] *f MED* inflammation of the bladder
Blasenleiden ['blaːzənlaɪdən] *n MED* bladder trouble
Bläser ['blɛːzər] *m MUS* player of a wind instrument
blasiert [bla'ziːrt] *adj* condescending
Blasinstrument ['blaːsɪnstrumɛnt] *n MUS* wind instrument
Blaskapelle ['blaːskapɛlə] *f MUS* brass band
Blasmusik ['blaːsmuziːk] *f MUS* brass-band music, music for wind instruments-
Blasphemie [blasfe'miː] *f REL* blasphemy
blasphemisch [blas'feːmɪʃ] *adj REL* blasphemous
blass [blas] *adj 1.* pale; *2. (cheeks)* pallid; *~ werden* grow pale
Blässe ['blɛsə] *f* paleness, pallor

Blatt [blat] *n 1. (Papier)* sheet, piece; *2. (fig) ein unbeschriebenes ~ (fig)* a dark horse *(fig); Das ~ hat sich gewendet. (fig)* The tide has turned. *(fig); kein ~ vor den Mund nehmen* not mince words; *3. BOT* leaf

Blatteinzug ['blataɪntsuːk] *m* paper feed-in feature
blättern ['blɛtərn] *v* leaf through, turn the pages
Blätterteig ['blɛtərtaɪk] *m* puff-pastry
Blattgold ['blatgɔlt] *n ART* gold leaf
Blattwerk ['blatvɛrk] *n BOT* foliage
blau [blau] *adj 1.* blue; *jdm das Blaue vom Himmel versprechen* promise s.o. the moon; *2. (fig: betrunken)* drunk
Blau [blau] *n* blue
blauäugig ['blauɔygɪç] *adj 1.* blue-eyed; *2. (fig)* starry-eyed, naive
Blaubeere ['blaubeːrə] *f BOT* bilberry *(UK),* blueberry *(US)*
Blauhelm ['blauhɛlm] *m* blue helmet (United Nations soldier)
bläulich ['blɔylɪç] *adj* bluish
Blaulicht ['blaulɪçt] *n* blue light
blaumachen ['blaumaxən] *v (fam: nicht arbeiten)* skip work
Blaumann ['blauman] *m* boiler suit
Blaumeise ['blaumaɪzə] *f ZOOL* blue tit
Blaupause ['blaupauzə] *f* blueprint
Blech [blɛç] *n* sheet of metal, tin-plate
Blechblasinstrument ['blɛçblaːsɪnstrumɛnt] *n MUS* brass wind instrument
Blechdose ['blɛçdoːzə] *f* tin *(UK),* tin can *(US)*
blechen ['blɛçən] *v (fam: bezahlen)* pay up, shell out, fork over
Blechlawine ['blɛçlaviːnə] *f (fig)* avalanche of cars
Blechschaden ['blɛçʃaːdən] *m TECH* slight material damage, body-work damage
Blei [blaɪ] *n 1.* lead; *jdm wie ~ in den Gliedern liegen* weigh s.o. down; *2. (Schrot)* shot
Bleibe ['blaɪbə] *f* shelter, lodgings, accommodation
bleiben ['blaɪbən] *v irr 1. (in einem Zustand)* stay, remain, continue to be; *2. (verweilen)* stay, remain

bleich ['blaɪç] *adj* pale, faint
bleichen ['blaɪçən] *v* bleach
bleifrei ['blaɪfraɪ] *adj (Benzin)* unleaded
bleihaltig ['blaɪhaltɪç] *adj (Benzin)* leaded, regular *(US)*
Bleistift ['blaɪʃtɪft] *m* pencil
Blende ['blɛndə] *f 1. (Abschirmung)* screen, guard; *2. FOTO* aperture, stop, diaphragm
blenden ['blɛndən] *v 1. (Licht)* dazzle, glare; *2. (fig: täuschen)* dazzle, blind
blendend ['blɛndənt] *adj 1. (leuchtend)* dazzling, glaring; *2. (fig: bezaubernd)* wonderful, dazzling, gorgeous
Blendeneinstellung ['blɛndənaɪnʃtɛluŋ] *f FOTO* lens aperture setting
Blick [blɪk] *m 1. (Schauen)* look; *einen schnellen ~ auf etw werfen* dart a glance at sth; *auf den ersten ~* at first sight; *den bösen ~ haben* have the evil eye; *jdn keines ~es würdigen* refuse to look at s.o. *einen ~ für etw haben* have an eye for sth; *einen ~ hinter die Kulissen werfen* have a look behind the scenes; *2. (Aussicht)* view, outlook
blicken ['blɪkən] *v* look, glance
Blickfang ['blɪkfaŋ] *m* eye-catcher
Blickfeld ['blɪkfɛlt] *n* sight
Blickwinkel ['blɪkvɪŋkəl] *m 1.* visual angle; *2. (fig: Standpunkt)* viewpoint
blind [blɪnt] *adj* blind; *~ fliegen* fly blind; *~ schreiben* touch typing
Blinddarm ['blɪntdarm] *m ANAT* appendix
Blinde(r) ['blɪndə(r)] *m/f* blind person
Blindenhund ['blɪndənhunt] *m* guide-dog for the blind, seeing-eye dog *(US)*
Blindenschrift ['blɪndənʃrɪft] *f* Braille
Blindgänger ['blɪntgɛŋər] *m* dud
Blindheit ['blɪnthaɪt] *f* blindness
Blindschleiche ['blɪntʃlaɪçə] *f ZOOL* slow-worm
Blindwütigkeit ['blɪntvyːtɪçkaɪt] *f* rage
blinken ['blɪŋkən] *v* flash, gleam
Blinklicht ['blɪŋklɪçt] *n TECH* blinker, direction indicator
blinzeln ['blɪntsəln] *v 1.* blink; *2. (geblendet ~)* squint; *3. (zwinkern)* wink
Blitz [blɪts] *m 1.* lightning; *wie der ~* like a bat out of hell; *wie ein ~ aus heiterem Himmel* like a bolt from the blue; *2. (~strahl)* flash of lightning
Blitzableiter ['blɪtsaplaɪtər] *m* lightning rod, lightning conductor
blitzen ['blɪtsən] *v* flash, sparkle; *Es blitzt und donnert.* There is thunder and lightning.
Blitzer ['blɪtsər] *m (fam)* streaker
Blitzlicht ['blɪtslɪçt] *n FOTO* flashlight *(UK)*, flash *(US)*
Block [blɔk] *m 1. (Papier)* pad, block; *2. (Gebäude)* block
Blockflöte ['blɔkfløːtə] *f MUS* recorder
blockfrei ['blɔkfraɪ] *adj POL* nonaligned
blockieren [blɔ'kiːrən] *v* block
Blockschrift ['blɔkʃrɪft] *f* block letters *pl*
blöd [bløːt] *adj 1.* stupid, foolish; *2. (albern)* silly
Blödheit ['bløːthaɪt] *f* foolishness, stupidity
Blödsinn ['bløːtzɪn] *m* nonsense, rubbish
blöken ['bløːkən] *v* bleat
blond [blɔnt] *adj* blond, blonde; *~ gefärbt* dyed blond
bloß [bloːs] *adv 1.* just, merely, simply; *adj 2. (unbedeckt)* bare, naked; *3. (fig)* mere
Blöße ['blæːsə] *f 1.* nakedness; *2. (beim Fechten)* opening; *Keine ~ geben!* Don't let your guard down! *3. (Lichtung)* clearing
bloßlegen ['bloːsleːgən] *v* expose
bloßstellen ['bloːsʃtɛlən] *v* show up, expose
Bloßstellung ['bloːsʃtɛluŋ] *f* exposure
blühen ['blyːən] *v 1.* flower, bloom, blossom; *Das kann dir auch noch ~.* That may happen to you too. *2. jdm ~ (fig) Dann blüht dir aber was.* Then you'll be in for it. *Das kann dir auch noch ~.* That may happen to you too.
blühend ['blyːənt] *adj (fig: Geschäft)* blooming, flourishing
Blume ['bluːmə] *f 1.* flower; *2. durch die ~ sprechen* put sth in a roundabout way
blumig ['bluːmɪç] *adj* flowery
Bluse ['bluːzə] *f* blouse

Blut [bluːt] *n* blood; *böses ~ schaffen* make bad blood (between persons); *blaues ~ haben* to be blue-blooded; *~ geleckt haben* have tasted blood; *~ und Wasser schwitzen* sweat blood; *~ sehen wollen* to be bloodthirsty; *Das liegt ihm im ~.* It's in his blood. *Ruhig ~!* Keep calm!

blutarm ['bluːtarm] *adj MED* anaemic
Blutbad ['bluːtbaːt] *n (fig)* bloodbath
Blutbahn ['bluːtbaːn] *f MED* bloodstream
Blutbild ['bluːtbɪlt] *n MED* blood picture
blutdürstig ['bluːtdyrstɪç] *adj* bloodthirsty
Blüte ['blyːtə] *f 1.* blossom, bloom; *2. (fig)* flower; *in der ~ seiner Jahre* in the flower of his youth
bluten ['bluːtən] *v* bleed
Bluter ['bluːtər] *m MED* haemophiliac, bleeder

Bluterguss ['blu:tɛrgus] *m MED* bruise, haemorrhage
Blütezeit ['bly:tətsaɪt] *f 1. die ~ von etw BOT* the time sth is in blossom; *2. (fig)* heyday
Blutgefäß ['blu:tgəfɛ:s] *n ANAT* blood vessel
blutig ['blu:tɪç] *adj* bloody
blutjung [blu:t'juŋ] *adj* very young
Blutschande ['blu:tʃandə] *f* incest
Blutung ['blu:tuŋ] *f MED* haemorrhage, bleeding
Blutvergießen ['blu:tfɛrgi:sən] *n* bloodshed, slaughter
Bö [bø:] *f* gust, squall
Bob [bɔb] *m SPORT* bobsleigh, bobsled
Bock [bɔk] *m 1. SPORT* vaulting horse; *2. ZOOL* buck; *3. einen ~ schießen (fig)* make a howler
bocken ['bɔkən] *v 1. (Tier)* refuse to move; *2. (schmollen)* sulk
Bockspringen ['bɔkʃprɪŋən] *n* leapfrog
Boden ['bo:dən] *m 1. (Erde)* soil, ground; *Vor Scham wäre ich am liebsten in den ~ versunken.* I wished the ground would open and swallow me up. *2. (Fußboden)* floor; *3. (Grund)* land, ground; *4. (fig: Halt) festen ~ unter den Füßen haben* to be on terra firma; *den ~ unter den Füßen verlieren* lose one's footing; *5. am ~ zerstört sein* to be absolutely shattered; *6. an ~ gewinnen* gain ground
bodenlos ['bo:dənlo:s] *adj 1.* bottomless; *2. (fig)* outrageous, indescribable
Bodenpersonal ['bo:dənpɛrzona:l] *n* ground staff, ground crew
Bodensatz ['bo:dənzats] *m 1.* sediment; *2. (von Kaffee)* grounds *pl*
Bodenschätze ['bo:dənʃɛtsə] *pl* minerals *pl*, natural resources *pl*
bodenständig ['bo:dənʃtɛndɪç] *adj 1.* native, indigenous; *2. (seit langem ansässig)* long-established
Bogen ['bo:gən] *m 1. (Kurve)* bend, curve; *einen ~ um etw machen* give sth a wide berth; *jdn in hohem ~ hinauswerfen* give s.o. the boot, send s.o. flying out; *2. (Waffe)* bow; *den ~ überspannen* overstep the mark; *3. (Papier)* sheet of paper; *4. ARCH* arch; *5. den ~ heraushaben* have the knack
böhmisch ['bø:mɪʃ] *adj* Bohemian; *Das sind für mich ~e Dörfer.* It's all Greek to me. *Das kommt mir ~ vor.* It's a mystery to me.

Bohne ['bo:nə] *f 1. (Hülsenfrucht) BOT* bean; *Du hast wohl ~n in den Ohren?* Are you deaf? *2. (Kaffeebohne) BOT* coffee bean; *3. Nicht die ~. (fam)* Not at all., Not a scrap.

Bohnenstange ['bo:nənʃtaŋə] *f* beanpole
Bohnenstroh ['bo:nənʃtro:] *n dumm wie ~ sein* to be as thick as two short planks
bohnern ['bo:nərn] *v* wax, polish
bohren ['bo:rən] *v* drill, bore
Bohrer ['bo:rər] *m TECH* drill
Bohrinsel ['bo:rɪnzəl] *f* drilling platform
Bohrung ['bo:ruŋ] *f TECH* bore hole
böig ['bø:ɪç] *adj METEO* gusty
Boje ['bo:jə] *f* buoy
Bolivianer [boli'vja:nər] *m* Bolivian
Bollwerk ['bɔlvɛrk] *n* bulwark, *(fig)* bastion
Bolzen ['bɔltsən] *m TECH* pin, bolt
bombardieren [bɔmbar'di:rən] *v* bomb, bombard
Bombe ['bɔmbə] *f* bomb; *eine ~ platzen lassen (fig)* drop a bombshell
Bombenangriff ['bɔmbənangrɪf] *m MIL* bomb attack, bombing raid
Bombenerfolg ['bɔmbənɛr'fɔlk] *m* huge success, smash hit
Bombengeschäft ['bɔmbəngəʃɛft] *n (fam)* gold mine, booming business
bombensicher [bɔmbən'zɪçər] *adj (fam)* dead sure, a sure thing
Bon [bɔ̃ŋ] *m 1.* credit note, credit voucher; *2. (Kassenbon)* receipt
Bonbon [bɔ̃'bɔ̃] *n* sweet
Bonze ['bɔntsə] *m (fam)* bigwig, big shot
Boot [bo:t] *n* boat
Bord[1] [bɔrt] *n 1. (Brett)* shelf; *m 2. (Rand)* rim, brim
Bord[2] [bɔrt] *m an ~* on board; *etw über ~ werfen (fig)* throw sth to the wind
Bordell [bɔr'dɛl] *n* brothel
Bordkarte ['bɔrtkartə] *f* boarding card, boarding pass *(US)*
Bordstein ['bɔrtʃtaɪn] *m* kerb, kerbstone, curb *(US)*
borgen ['bɔrgən] *v 1. (entleihen)* borrow; *2. (verleihen)* lend
borniert [bɔr'ni:rt] *adj 1. (engstirnig)* narrow-minded; *2. (dumm)* dense, obtuse
Börse ['bœrzə] *f 1. (Geldbörse)* wallet, purse; *2. FIN* exchange, market
Börsenbericht ['bœrzənbərɪçt] *m FIN* stock-exchange news
Borste ['bɔrstə] *f* bristle
Borstentier ['bɔrstənti:r] *n ZOOL* swine
borstig ['bɔrstɪç] *adj 1.* bristly; *2. (fig)* gruff

Borte ['bɔrtə] *f* 1. border, trimming; 2. *(Besatzborte)* braid
bösartig ['bøːsartɪç] *adj* 1. malicious, mean, nasty; 2. *MED* malignant
Bösartigkeit ['bøːsartɪçkaɪt] *f* 1. maliciousness, evilness, wickedness; 2. *MED* malignancy
Böschung ['bœʃuŋ] *f* slope, embankment
böse ['bøːzə] *adj* 1. *(verärgert)* angry, cross, mad *(US)*; 2. *(schlimm)* bad, nasty
Böse ['bøːzə] *n* evil
Bösewicht ['bøːzəvɪçt] *m* villain
boshaft ['boːshaft] *adj* nasty, mean, wicked
Bosheit ['boːshaɪt] *f* 1. malice, wickedness; 2. *MED* malignancy
böswillig ['bøːsvɪlɪç] *adj* 1. malevolent, malicious; 2. *JUR* wilful, malicious
Böswilligkeit ['bøːsvɪlɪçkaɪt] *f* malice
Botanik [bo'taːnɪk] *f* botany
botanisch [bo'taːnɪʃ] *adj* botanical
Bote ['boːtə] *m* 1. messenger; 2. *(Kurier)* courier; 3. *(Laufbursche)* errand-boy
Botengang ['boːtəngaŋ] *m* errand
Botschaft ['boːtʃaft] *f* 1. *(Nachricht)* message, news; 2. *POL* embassy
Botschafter(in) ['boːtʃaftər(ɪn)] *m/f POL* ambassador
Boulevardblatt [bulə'vaːrblat] *n* tabloid
Boxhandschuh ['bɔkshantʃuː] *m SPORT* boxing glove
Boxkampf ['bɔkskampf] *m SPORT* boxing match, fight, bout
boykottieren [bɔykɔ'tiːrən] *v* boycott
brach [braːx] *adj AGR* fallow, untilled
brachliegen ['braːxliːgən] *v irr AGR* lie fallow
Brackwasser ['brakvasər] *n* brackish water
Branche ['brɑ̃ʃə] *f ECO* branch, line, business
Brand [brant] *m* fire
brandaktuell ['brantaktu'ɛl] *adj* the very latest, ultra-new
Brandanschlag ['brantanʃlaːk] *m* fire bomb attack
Brandbekämpfung ['brantbəkɛmpfuŋ] *f* fire fighting
Brandblase ['brantblaːzə] *f* burn blister
brandeilig [brant'aɪlɪç] *adj (fam)* extremely urgent
Brandmal ['brantmaːl] *n* 1. brand; 2. *(fig)* stigma
brandmarken ['brantmarkən] *v (fig)* brand, denounce
brandneu ['brant'nɔy] *adj* brand new
Brandsalbe ['brantzalbə] *f MED* burn ointment
Brandschaden ['brantʃaːdən] *m* fire damage, damage caused by fire
Brandstifter ['brantʃtɪftər] *m* arsonist
Brandstiftung ['brantʃtɪftuŋ] *f* arson
Brandung ['branduŋ] *f* surf, waves *pl*, surge
Brandursache ['brantuːrzaxə] *f* cause of fire
Brandwunde ['brandvundə] *f MED* burn
Branntwein ['brantvaɪn] *m* spirits
braten ['braːtən] *v irr* 1. *(im Ofen) GAST* roast; 2. *(in Fett) GAST* fry

Braten ['braːtən] *m GAST* roast; *den ~ riechen (fig)* smell a rat

Bratspieß ['braːtʃpiːs] *m* spit
Bratwurst ['braːtvurst] *f* 1. *(zum Braten)* frying sausage, bratwurst; 2. *(gebraten)* fried sausage, bratwurst
Brauch [braux] *m* custom, habit, tradition
brauchbar ['brauxbaːr] *adj* useful
Brauchbarkeit ['brauxbaːrkaɪt] *f* usability
brauchen ['brauxən] *v* 1. *(nötig haben)* need, require, to be in need of; 2. *(müssen)* need to, have to; 3. *(benutzen)* use
Brauchtum ['brauxtuːm] *n* customs *pl*, traditions *pl*
Braue ['brauə] *f* brow
brauen ['brauən] *v* brew
Brauerei [brauə'raɪ] *f* brewery
braun [braun] *adj* 1. brown; 2. *(sonnengebräunt)* brown, tan, tanned *~ gebrannt* tanned, bronzed
Bräune ['brɔynə] *f* brownness, brown colour
bräunen ['brɔynən] *v* brown, turn brown; *sich in der Sonne ~ lassen* get a tan
Brause ['brauzə] *f* 1. *(Getränk)* soda-pop; 2. *(Dusche)* shower
brausen ['brauzən] *v* 1. *(rasen)* roar, rage; 2. *(duschen)* take a shower, shower, have a shower
Brausepulver ['brauzəpulvər] *n* effervescent powder, soda-powder
Braut [braut] *f* bride
Brautführer ['brautfyːrər] *m* person who gives away the bride
Bräutigam ['brɔytɪgam] *m* bridegroom
Brautjungfer ['brautjuŋfər] *f* bridesmaid
Brautkleid ['brautklaɪt] *n* wedding dress

Brautpaar ['brautpa:r] *n* bride and bridegroom
Brautstrauß ['brautʃtraus] *m* wedding bouquet
brav [bra:f] *adj* good, well-behaved
bravurös [bravu'rø:s] *adj (meisterhaft)* brilliant
brechen ['brɛçən] *v irr 1.* break; *(Knochen)* break, fracture; *2. (fig: Vertrag)* breach; *3. (sich übergeben)* vomit, throw up; *4. (abbrechen)* break off
Brechmittel ['brɛçmɪtəl] *n MED* vomitive, vomitory
Brechreiz ['brɛçraɪts] *m* nausea
Brechstange ['brɛçʃtaŋə] *f 1. TECH* lever, crowbar; *2. (fig) etw mit der ~ erreichen wollen*
Brei [braɪ] *m* mash, pap, pulp; *um den heißen ~ herumreden (fig)* beat about the bush, beat around the bush; *(US); jdm ~ ums Maul schmieren (fam)* butter s.o. up

breit [braɪt] *adj 1.* broad, wide; *sich ~ machen* spread o.s. out; *sich ~ machen (fig)* act as if one owned the place, behave ostentatiously; *~ gefächert* diversified; *2. (Stoffe)* wide; *3. (ausgedehnt)* broad, extensive

breitbeinig ['braɪtbaɪnɪç] *adj* straddle-legged
Breite ['braɪtə] *f 1.* width, breadth; *in die ~ gehen* fill out; *2. GEO* latitude
Breitengrad ['braɪtəngra:t] *m GEO* degree of latitude
breitschultrig ['braɪtʃultrɪç] *adj* broad-shouldered
breittreten ['braɪttre:tən] *v (fam: Thema)* dwell upon, go on and on about, discuss ad infinitum
Bremse ['brɛmzə] *f 1. TECH* brake; *2. (Fliege) ZOOL* horse-fly
bremsen ['brɛmzən] *v 1.* brake, apply the brakes; *2. Ich kann mich ~! (fig)* Not likely!/No fear!
Bremsung ['brɛmzuŋ] *f* braking action
brennbar ['brɛnba:r] *adj* combustible
Brennelement ['brɛnelemɛnt] *n PHYS* fuel element, fuel assembly
brennen ['brɛnən] *v irr 1.* burn, blaze; *vor Verlangen ~ (fig)* burn with desire; *2. (Licht)* burn; *3. (Schnaps)* distil; *4. (Wunde)* cauterize
Brenner ['brɛnər] *m TECH* burner
Brennholz ['brɛnhɔlts] *n* firewood
Brennstoff ['brɛnʃtɔf] *m* fuel
Brennweite ['brɛnvaɪtə] *f FOTO* focal distance
brenzlig ['brɛntslɪç] *adj (fig)* precarious, touch-and-go, risky
Bresche ['brɛʃə] *f (fig)* breach; *eine ~ schlagen* breach (sth); *in die ~ springen* jump in (for s.o.)
Brett [brɛt] *n* board, plank, shelf; *ein ~ vor dem Kopf haben (fig)* to be a blockhead
Brettspiel ['brɛtʃpi:l] *n* board game
Brezel ['bre:tsəl] *f* pretzel
Brief [bri:f] *m* letter; *blauer ~* letter of dismissal, pink slip *(US); jdm ~ und Siegel geben* give s.o. one's word of honour
Briefbeschwerer ['bri:fbəʃve:rər] *m* paperweight
Briefblock ['bri:fblɔk] *m* writing pad
Briefbogen ['bri:fbo:gən] *m* sheet of stationery
Briefkasten ['bri:fkastən] *m* letter-box, mailbox *(US)*
Briefkastenfirma ['bri:fkastənfɪrma] *f ECO* dummy corporation, bogus company
Briefkopf ['bri:fkɔpf] *m* letterhead
brieflich ['bri:flɪç] *adj* by letter, in writing
Brieftasche ['bri:ftaʃə] *f* wallet
Brieftaube ['bri:ftaubə] *f* carrier pigeon
Briefträger ['bri:ftrɛ:gər] *m* postman, mailman *(US)*
Briefwahl ['bri:fva:l] *f POL* postal ballot, absentee ballot *(US)*
Brillanz [brɪl'jants] *f* brilliance
Brille ['brɪlə] *f* glasses *pl,* spectacles *pl*
brillieren [brɪl'ji:rən] *v* sparkle, to be brilliant

bringen ['brɪŋən] *v irr 1.* bring, take; *ins Spiel ~* bring into play; *2. (begleiten)* take; *3. (veröffentlichen)* publish, print; *4. (einbringen* bring, produce; *Das bringt nichts.* That doesn't do any good. That's pointless. *5. (Gewinn)* yield; *6. Er wird es niemals zu etw ~.* He'll never amount to anything.

brisant [bri'zant] *adj* explosive
Brisanz [bri'zants] *f* explosiveness
Brise ['bri:zə] *f* breeze
Brite ['bri:tə] *m* Briton, Englishman
Britin ['bri:tɪn] *f* Briton, Englishwoman
britisch ['bri:tɪʃ] *adj* British
Britische Inseln ['bri:tɪʃə 'ɪnzəln] *pl die Britischen Inseln* the British Isles *pl*
bröckeln ['brœkəln] *v* crumble
Brocken ['brɔkən] *m 1.* chunk, lump; *Das war ein harter ~.* That was a hard nut to crack. *2. (fam: Bissen)* mouthful; *3. (fig)* scrap, bit, snippet

bronzezeitlich ['brɔ̃sətsaɪtlɪç] *adj HIST* from the Bronze Age
Brosche ['brɔʃə] *f* brooch, pin
Broschüre [brɔ'ʃyːrə] *f* brochure, pamphlet, booklet
bröseln ['brøːzəln] *v* crumble

Brot [broːt] *n* bread

Brotaufstrich ['broːtaufʃtrɪç] *m* spread
Brötchen ['brøːtçən] *n* roll
brotlos ['broːtloːs] *adj 1.* unemployed; *2. (fig: nicht einträglich)* unprofitable
Bruch [brux] *m 1.* break, rupture, breakage; *zu ~ gehen* go to pieces; *2. (Knochenbruch) MED* fracture; *3. MATH* fraction; *4. (Vertragsbruch) JUR* breach of contract
bruchfest ['bruxfɛst] *adj* breakproof
brüchig ['bryçɪç] *adj* fragile, brittle
Bruchlandung ['bruxlandυŋ] *f* crash-landing
bruchrechnen ['bruxrɛçnən] *v MATH* calculate in fractions
Bruchschaden ['bruxʃaːdən] *m* breakage
bruchsicher ['bruxzɪçər] *adj* unbreakable
Bruchstelle ['bruxʃtɛlə] *f* point of fracture
Bruchstrich ['bruxʃtrɪç] *m MATH* fraction bar
Bruchstück ['bruxʃtyk] *n* fragment, piece
bruchstückhaft ['bruxʃtykhaft] *adj* fragmentary
Bruchteil ['bruxtaɪl] *m* fraction; *~ einer Sekunde* fraction of a second, split-second
Brücke ['brykə] *f 1.* bridge; *alle ~n hinter sich abbrechen (fig)* burn one's bridges; *2. (Teppich)* rug; *3. (Zahnersatz) MED* bridge
Bruder ['bruːdər] *m* brother
brüderlich ['bryːdərlɪç] *adj* brotherly, fraternal
Brüderlichkeit ['bryːdərlɪçkaɪt] *f* brotherliness
Brühe ['bryːə] *f 1.* broth; *2. (schmutzige Flüssigkeit)* slop, slush
Brühwürfel ['bryːvyrfəl] *m GAST* bouillon cube
brüllen ['brylən] *v* scream, yell, roar; *wie am Spieß ~* scream one's head off; *zum Brüllen sein* to be a scream
Brummbär ['brumbɛːr] *m (fam)* grouch, curmudgeon
brummen ['brumən] *v* hum, buzz, grumble
brummig ['brumɪç] *adj* grumbling, growling, cross
brünett [bry'nɛt] *adj* brunette
Brunft [brunft] *f ZOOL* rut, heat
Brunnen ['brunən] *m* spring, well
brüskieren [brys'kiːrən] *v* treat brusquely, snub, affront
Brust [brust] *f 1. ANAT* chest, breast; *2. (weibliche ~)* breast, bosom; *3. (fig)* breast, heart; *einen zur ~ nehmen* knock one back; *mit geschwellter ~* proud as a peacock; *sich in die ~ werfen* put on airs
Brustbein ['brustbaɪn] *n ANAT* breastbone, sternum
brüsten ['brystən] *v sich ~* boast, brag
Brustkasten ['brustkastən] *m* chest
Brustkorb ['brustkɔrp] *m ANAT* thorax
Brüstung ['brystuŋ] *f* parapet, balustrade
Brustwarze ['brustvartsə] *f ANAT* nipple
Brut [bruːt] *f* brood, spawn
brutal [bru'taːl] *adj* brutal, cruel
Brutalität [brutalɪ'tɛːt] *f* brutality
brüten ['bryːtən] *v 1.* incubate; *2. (fig) ~ über* brood over
Brüter ['bryːtər] *m TECH* breeder (reactor); *schneller ~* fast-breeder reactor
Brutkasten ['bruːtkastən] *m* incubator
brutto ['bruto] *adj* gross
Bruttoeinkommen ['brutoaɪnkɔmən] *n* gross income
Bube [buːbə] *m* boy
Bubenstreich ['buːbənʃtraɪç] *m 1.* foul deed; *2. (harmloser Streich)* childish prank
Bubi ['buːbi] *m (fam)* sonny, laddie

Buch [buːx] *n 1.* book; *wie es im ~e steht (fig)* a perfect example; *ein ~ mit sieben Siegeln* a closed book; *wie ein ~ reden* talk one's head off *(fam); Für mich ist er ein offenes ~.* I can read him like a book. *2. (Drehbuch)* screenplay, script

Buchbinder ['buːxbɪndər] *m* bookbinder
Buchdruck ['buːxdruk] *m 1.* book printing; *2. (Druckverfahren)* letterpress printing
Buchdruckerei [buːxdrukə'raɪ] *f* printer
Buche ['buːxə] *f BOT* beech
Bucheinband ['buːxaɪnbant] *m* binding (of a book)
buchen ['buːxən] *v* book, enter into the books, record
Bücherei [byːçə'raɪ] *f* library
Büchernarr ['byːçərnar] *m* person crazy about books, bibliomaniac
Bücherregal ['byːçərregaːl] *n* bookcase
buchführen ['buːxfyːrən] *v* keep accounts
Buchhalter(in) ['buːxhaltər(ɪn)] *m/f* accountant, bookkeeper

Buchhaltung ['buːxhaltuŋ] *f* bookkeeping, accounting
Buchhandel ['buːxhandəl] *m* book trade
Buchhändler(in) ['buːxhɛndlər(ɪn)] *m/f* bookseller
Buchhandlung ['buːxhandluŋ] *f* bookshop, bookstore *(US)*
Buchprüfung ['buːxpryːfuŋ] *f ECO* audit
Buchse ['buksə] *f TECH* box, case
Büchse ['byksə] *f 1.* tin, can *(US)*, jar; *2. (Gewehr)* rifle
Büchsenöffner ['byksənœfnər] *m* tin-opener, can opener *(US)*
Buchstabe ['buːxʃtaːbə] *m* letter; *sich auf seine vier ~n setzen* sit o.s. down *(fam)*
buchstabieren [buːxʃta'biːrən] *v* spell
buchstäblich ['buːxʃtɛːplɪç] *adj 1.* literal; *adv 2.* literally
Bucht [buxt] *f* bay, cove
Buchung ['buːxuŋ] *f 1. (Reservierung)* reservation, booking; *2. ECO* entry
Buckel ['bukəl] *m 1.* hump, hunch; *2. (buckliger Rücken)* hunchback, humpback; *3. (Schneebuckel)* mogul; *4. (fam: Rücken)* back; *einen breiten ~ haben* to be thick-skinned; *etw auf dem ~ haben* have notched up sth; *Rutsch mir den ~ runter!* Get lost!
bücken ['bykən] *v sich ~* bend down, stoop
bucklig ['buklɪç] *adj* hunchbacked
Bückling ['byklɪŋ] *m 1.* bow; *2. (Hering)* smoked herring
Buddhismus [bu'dɪsmus] *m REL* Buddhism
Bude ['buːdə] *f 1.* hut, stall, booth; *2. (fam: Wohnung)* pad; *jdm auf die ~ rücken* drop in at s.o.'s place; *jdm die ~ einrennen* to be constantly on s.o.'s doorstep; *die ~ auf den Kopf stellen* turn the place upside down; *Ich habe heute Abend sturmfreie ~.* I've got the place to myself tonight. *Mir fällt die ~ auf den Kopf.* I'm sick of the sight of these four walls.
büffeln ['byfəln] *v* cram, swot *(UK)*
Bug [buːk] *m NAUT* bow
Bügel ['byːgəl] *m 1.* bow; *2. (Kleiderbügel)* hanger, coat-hanger; *3. (Steigbügel)* stirrup
Bügelfalte ['byːgəlfaltə] *f* crease
bügelfrei ['byːgəlfraɪ] *adj* wash-and-wear, drip-dry
bügeln ['byːgəln] *v* iron
bugsieren [buk'siːrən] *v 1. (Schiff)* tow; *2. (jdn ~)* steer
Buhmann ['buːman] *m* bogey-man
Bühne ['byːnə] *f* stage, raised platform; *über die ~ sein* have taken place; *etw glatt über die ~ bringen* see that things go off smoothly
Bühnenbild ['byːnənbɪlt] *n THEAT* set, scene
Bühnenbildner ['byːnənbɪltnər] *m THEAT* set designer, stage designer
Bühnenkulisse ['byːnənkulɪsə] *f THEAT* wings *pl*
bühnenreif ['byːnənraɪf] *adj (Stück) THEAT* playable, actable
bulgarisch [bul'gaːrɪʃ] *adj* Bulgarian
Bulimie [buli'miː] *f MED* bulimia
Bullauge ['bulaugə] *n NAUT* porthole
Bulldogge ['buldɔgə] *f ZOOL* bulldog
Bulle ['bulə] *m 1. ZOOL* bull; *2. (fam: Polizist)* cop, copper
bullig ['bulɪç] *adj* stout, hefty, strong
Bumerang ['buːməraŋ] *m* boomerang
Bummel ['buməl] *m* stroll, saunter
bummeln ['buməln] *v 1. (faulenzen)* loaf, take it easy, idle; *2. (schlendern)* stroll, saunter
Bummelstreik ['buməlʃtraɪk] *m* go-slow
Bummelzug ['buməltsuːk] *m (fam)* slow train
bumsen ['bumzən] *v 1. (stoßen)* bang, bump; *2. (fam)* screw
Bund [bunt] *m 1. (Verbindung)* bond; *2. (Vereinigung)* association; *POL* alliance; *mit jdm im ~e stehen (fig)* join forces with s.o. *3. (fam: Bundeswehr)* army; *4. (Rockbund)* waistband; *5. den ~ fürs Leben schließen* tie the knot, take the plunge
Bündchen ['byntçən] *n 1.* neckband; *2. (am Ärmel)* sleeveband
Bündel ['byndəl] *n* bundle, bunch; *sein ~ schnüren* pack one's bags; *jeder hat sein ~ zu tragen* everybody has his cross to bear
Bundeskanzler ['bundəskantslər] *m POL* Federal Chancellor
Bundeskriminalamt [bundəskrɪmi'naːlamt] *n* Federal Office of Criminal Investigation
Bundesland ['bundəslant] *n POL* Land, state
Bundesminister(in) ['bundəsminɪstər(ɪn)] *m/f POL* Federal Minister
Bundesministerium ['bundəsminɪsteːrɪum] *n POL* Federal Ministry
Bundespräsident ['bundəsprɛzidɛnt] *m POL* Federal President
Bundesrat ['bundəsraːt] *m POL* upper house of the German Parliament
Bundesregierung ['bundəsregiːruŋ] *f POL* Federal Government

B

Bundesrepublik ['bundəsrepubliːk] *f* *POL* Federal Republic (of Germany)
bundesrepublikanisch ['bundəsrepublikaːnɪʃ] *adj* of the Federal Republic (of Germany)
Bundesstaat ['bundəsʃtaːt] *m* federal state
Bundesstraße ['bundəsʃtraːsə] *f* federal motorway, federal road
Bundestag ['bundəstaːk] *m* *POL* lower house of the German Parliament
bundesweit ['bundəsvaɪt] *adj* nationwide
bündig ['byndɪç] *adj* *1. (kurz)* succinct, concise; *2. TECH* flush, level
Bündnis ['byntnɪs] *n* *POL* alliance, league
bunt [bunt] *adj* *1.* coloured, colourful; *2. (gemischt)* mixed; *3. Mir wird es jetzt zu ~!* That's going too far! *Es zu ~ treiben* go too far, overstep the mark; *4. (abwechslungsreich)* varied; *eine ~e Menge* an assorted crowd, a motley crowd; *in ~er Reihenfolge* in a varied sequence
Bürde ['byrdə] *f* burden, load
Burg [burk] *f* castle
Bürge ['byrgə] *m* guarantor, sponsor
bürgen ['byrgən] *v* guarantee, vouch for; *jdm für etw ~* to be answerable to s.o. for sth; *für jdn ~* stand surety for s.o.
Bürger(in) ['byrgər(ɪn)] *m/f* citizen
Bürgerkrieg ['byrgərkriːk] *m* civil war
bürgerlich ['byrgərlɪç] *adj* *1. (mittelständisch)* middle-class, bourgeois; *2. (gesetzlich) JUR* civil, civic
Bürgermeister ['byrgərmaɪstər] *m* mayor
bürgernah ['byrgərnaː] *adj* grassroots; close to the people
Bürgerrecht ['byrgərrɛçt] *n* civil rights *pl*
Bürgerschaft ['byrgərʃaft] *f* *POL* citizenry
Bürgersteig ['byrgərʃtaɪk] *m* pavement, sidewalk *(US)*
Bürgertum ['byrgərtuːm] *n* *1.* middle classes *pl; 2. HIST* bourgeoisie
Bürgschaft ['byrkʃaft] *f* *1. (gegenüber Gläubigern)* security, surety; *2. (Haftungssumme)* penalty; *~ für jdn leisten* stand surety for s.o., act as guarantor for s.o., *(fig)* vouch for s.o.
Büro [by'roː] *n* office
Büroangestellte(r) [by'roːangəʃtɛltə(r)] *m/f* office clerk, white collar worker *(US)*, office employee
Bürohengst [by'roːhɛŋst] *m* *(fam)* pen-pusher
Büroklammer [by'roːklamər] *f* paper clip
Bürokratie [byrokra'tiː] *f* bureaucracy
Bursche ['burʃə] *m* *1.* boy, lad, chap; *2. (Kerl)* fellow, guy
Burschenschaft ['burʃənʃaft] *f* students' association, fraternity
burschikos [burʃi'koːs] *adj* tomboyish, boyish, pert
Bürste ['byrstə] *f* brush
bürsten ['byrstən] *v* brush
Bus [bus] *m* bus
Busbahnhof ['busbaːnhoːf] *m* bus terminal
Busch [buʃ] *m* *1.* bush; *2. (Urwald)* jungle, bush; *3. Da ist etw im ~. (fig)* Something's up.
Büschel ['byʃəl] *n* *1.* bunch, bundle; *2. (Haar, Gras)* tuft
Busen ['buːzən] *m* *ANAT* bosom, breast; *am ~ der Natur (fig)* in the open countryside
Buße ['buːsə] *f* penance, penitence, repentance
büßen ['byːsən] *v* *1.* pay for, atone for; *2. REL* do penance for
Bußgeld ['buːsgɛlt] *n* fine
Bußgeldbescheid ['buːsgɛltbəʃaɪt] *m* notification of a fine
Büste ['byːstə] *f* *ART* bust
Büstenhalter ['byːstənhaltər] *m* brassiere, bra *(fam)*
Busunternehmen ['busuntərneːmən] *n* bus company

Butter ['butər] *f* butter; *sich nicht die ~ vom Brot nehmen lassen (fig)* to be able to stick up for o.s. *Alles in ~.* Everything's just fine.

byzantinisch [bytsan'tiːnɪʃ] *adj* *HIST* Byzantine
Byzanz [by'tsants] *n* *HIST* Byzantium

C

campen ['kɛmpən] *v* camp
Camping ['kɛmpɪŋ] *n* camping
Campinganhänger ['kɛmpɪŋanhɛŋər] *m* camping trailer
Campingartikel ['kɛmpɪŋartɪkəl] *m* piece of camping equipment
Campingführer ['kɛmpɪŋfyːrər] *m* camping guide
Campingplatz ['kɛmpɪŋplats] *m* camping site, campground *(US)*
CD-Spieler [tse'deːʃpiːlər] *m* CD player (compact disc player)
Cellophan [tʃɛlo'faːn] *n MUS* cellophane
Celsius ['tsɛlzjus] *n* centigrade, Celsius
Cembalo ['tʃɛmbalo] *n MUS* harpsichord, cembalo
Chamäleon [ka'mɛːljon] *n ZOOL* chameleon
Champagner [ʃam'panjər] *m* champagne
Champignon ['ʃampɪnjɔ̃] *m* mushroom
Chance ['ʃɑ̃sə] *f* chance, opportunity; *eine gute ~ haben* stand a fair chance; *nicht den Hauch einer ~ haben* not have a ghost of a chance
Chancengleichheit ['ʃɑ̃sənglaɪçhaɪt] *f* equal opportunity
Chaot [ka'oːt] *m* chaotic person
chaotisch [ka'oːtɪʃ] *adj* chaotic
Charade [ʃa'raːdə] *f* charade
Charakter [ka'raktər] *m* character
Charaktereigenschaft [ka'raktəraɪgənʃaft] *f* character trait
Charakterfehler [ka'raktərfeːlər] *m* character flaw
charakterfest [ka'raktərfɛst] *adj* of strong character, of firm character, staunch
charakterisieren [karaktəri'ziːrən] *v* characterize
Charakteristik [karaktə'rɪstɪk] *f* characteristic
charakteristisch [karaktər'ɪstɪʃ] *adj* characteristic
charakterlos [ka'raktərloːs] *adj* without character
Charakterlosigkeit [ka'raktərloːzɪçkaɪt] *f* lack of character
Charakterschwäche [ka'raktərʃvɛçə] *f* weakness of character
Charakterstärke [ka'raktərʃtɛrkə] *f* strength of character
Charakterzug [ka'raktərtsuːk] *m* characteristic, trait, feature
charismatisch [karɪs'maːtɪʃ] *adj* charismatic
charmant [ʃar'mant] *adj* charming
Charme ['ʃarm] *n* charm
Charmeur [ʃar'mør] *n* charmer
Charta ['karta] *f POL* charter
Charterflug ['tʃartərfluːk] *m* charter flight
Chartermaschine ['tʃartərmaʃiːnə] *f ECO* chartered aircraft
chartern ['tʃartərn] *v* charter
chauffieren [ʃɔ'fiːrən] *v* drive
Chauvinismus [ʃovi'nɪsmus] *m* chauvinism, jingoism
Chauvinist [ʃovi'nɪst] *m* chauvinist *(Macho)*
chauvinistisch [ʃovi'nɪstɪʃ] *adj* chauvinistic
checken ['tʃɛkən] *v 1. TECH* test, check; *2. (fam: prüfen)* control; *3. (fam: verstehen)* get, understand

> **Chef** [ʃɛf] *m 1.* boss, chief, head; *Er ist mein ~.* He's my boss. *2. (fam) He, ~!* Hey, guy! *(UK),* Hey, buddy! *(US)*

Chefarzt ['ʃɛfartst] *m* head physician
Chefredakteur(in) ['ʃɛfredaktøːr(ɪn)] *m/f* editor-in-chief
Chefsekretär(in) ['ʃɛfzekretɛːr(ɪn)] *m/f* executive secretary
Cheftrainer ['ʃɛftreɪnər] *m SPORT* head coach
Chemie [çe'miː] *f* chemistry
Chemiefaser [çe'miːfaːzər] *f* chemical fibre, man-made fibre
Chemieindustrie [çe'miːindustriː] *f ECO* chemical industry
Chemielabor [çe'miːlaboːr] *n CHEM* chemical laboratory
Chemikalie [çemɪ'kaːljə] *f* chemical
chemisch ['çeːmɪʃ] *adj* chemical
chemische Reinigung ['çeːmɪʃə 'raɪnɪguŋ] *f* dry-cleaning
chemotherapeutisch ['çeːmoteːrapɔytɪʃ] *adj MED* chemotherapeutical
Chemotherapie ['çeːmoteːrapiː] *f MED* chemotherapy
Chiffre ['ʃɪfrə] *f 1.* cipher, code; *2. (in Zeitungsanzeigen)* box number

chiffrieren [ʃɪ'friːrən] *v* cipher, encode, code
chilenisch [tʃɪ'leːnɪʃ] *adj* Chilean
Chimäre [çi'mɛːrə] *f* chimera, chimaera
China ['çiːna] *n GEO* China
Chinakohl ['çiːnakoːl] *m GAST* Chinese cabbage
Chinarinde ['çiːnarɪndə] *f* cinchona, Peruvian bark
Chinese/Chinesin [çɪ'neːzə/çɪ'neːzɪn] *m* Chinese
chinesisch [çɪ'neːzɪʃ] *adj* Chinese
Chinin [çɪ'niːn] *n MED* quinine
Chip [tʃɪp] *m 1. (Kartoffelchip)* crisp *(UK)*, potato chip *(US); 2. (Spielchip)* chip; *3. INFORM* chip
Chipkarte ['tʃɪpkartə] *f INFORM* chip card
Chiropraktiker [çiro'praktɪkər] *m MED* chiropractor
Chirurg(in) [çi'rurg(ɪn)] *m/f* surgeon
Chirurgie [çirur'giː] *f* surgery
chirurgisch [çi'rurgɪʃ] *adj* surgical
Chlor [kloːr] *n CHEM* chlorine
chloren ['kloːrən] *v* chlorinate
chlorhaltig ['kloːrhaltɪç] *adj CHEM* chloric, chlorous
Chlorung ['kloːruŋ] *f CHEM* chlorination
Cholera ['koːləra] *f MED* cholera
Choleraepidemie ['koːləraɛpɪde'miː] *f MED* cholera epidemic
Choleriker [ko'leːrɪkər] *m* choleric person
cholerisch [ko'leːrɪʃ] *adj* choleric
Cholesterin [koləstə'riːn] *n CHEM* cholesterol; *n MED* cholesterol
Chor [koːr] *m* choir
Choral [ko'raːl] *m MUS* chorale
Choreograf(in) [koːrjɔ'graːf(ɪn)] *m/f THEAT* choreographer
Choreografie [koːrjɔgra'fiː] *f* choreography
choreografieren [koːrjɔgra'fiːrən] *v THEAT* choreograph
Chorgesang ['koːrgəzaŋ] *m MUS* choral singing, choir singing
Chorleiter(in) ['koːrlaɪtər(ɪn)] *m/f* choir leader
Christ(in) [krɪst(ɪn)] *m/f REL* Christian

Christbaum ['krɪstbaum] *m* Christmas tree

Christdemokrat(in) ['krɪstdemokraːt(ɪn)] *m/f POL* Christian Democrat
christdemokratisch ['krɪstdemokraːtɪʃ] *adj POL* Christian Democratic
Christenheit ['krɪstənhaɪt] *f REL* Christendom
Christentum ['krɪstəntuːm] *n* Christianity
Christenverfolgung ['krɪstənfɛrfɔlguŋ] *f REL* persecution of Christians
Christi Himmelfahrt ['krɪstɪ 'hɪməlfaːrt] *f REL* Ascension, Feast of the Ascension
Christkind ['krɪstkɪnt] *n das ~* the Christ child, baby Jesus
christlich ['krɪstlɪç] *adj REL* Christian
Christus ['krɪstus] *m REL* Christ
Chronik ['kroːnɪk] *f* chronicle
chronisch ['kroːnɪʃ] *adj 1.* chronic; *adv 2.* chronically
Chronist(in) [kro'nɪst(ɪn)] *m/f HIST* chronicler, recorder of events
chronologisch [krono'loːgɪʃ] *adj* chronological
Cidre ['siːdrə] *m GAST* cider
Cineast [siːne'ast] *m 1. (Fan)* film buff; *2. (Filmemacher)* filmmaker
circa ['tsɪrka] *adv 1.* approximately, about; *2. (bei Datumsangaben)* circa
Claqueur [kla'køːr] *m* paid applauder
clean [kliːn] *adj (fam: ohne Alkohol oder Drogen)* clean
Clique ['klɪkə] *f 1.* clique; *2. (im positiven Sinne)* group
Clou [kluː] *m* chief attraction, highlight
coachen ['kəʊːtʃən] *v SPORT* coach
Comic ['komɪk] *m* comic strip
Comicheft ['kɔmɪkhɛft] *n* comic book, comic
Computerdiagnostik [kom'pjuːtərdiagnɔstɪk] *f MED* computer diagnostics
computergesteuert [kom'pjuːtərgəʃtɔyərt] *adj* computer-controlled
computergestützt [kom'pjuːtərgəʃtytst] *adj TECH* computer-aided
Computergrafik [kom'pjuːtərgraːfɪk] *f INFORM* computer graphics
Couchtisch ['kautʃtɪʃ] *m* coffee table
Coupon [kuː'pɔ̃ː] *m* coupon, voucher
Cousin/Cousine [ku'zɛ̃/ku'ziːnə] *m/f* cousin
Crack [kræk] *m 1. (Sportler)* ace, star; *2. (Rauschgift)* crack
Creme ['kreːmə] *f* cream
cremefarben ['kreːmfarbən] *adj* cream-coloured
cremig ['kreːmiç] *adj* creamy
Currywurst ['kœrivurst] *f GAST* sausage covered in curry and ketchup
C-Waffe ['tseːvafə] *f MIL* chemical weapon

D

da [daː] *adv 1. (dort)* there; *~ draußen* out there; *Da ist er ja!* There he is! *Da siehst du's!* There you have it! *Wer ist ~?* Who's there? *2. (hier)* here, present; *3. (zeitlich)* then, at that time, at that moment; *konj 4.* as, since; *Da wir kein Geld hatten, haben wir nichts gekauft.* We didn't buy anything, as we had no money.
dabei [da'baɪ] *adv 1.* thereby, therewith, by that; *2. (anwesend)* there, present; *Ich war ~, als sie es taten.* I was with them when they did it. I was there; *when they did it. Ich habe kein Geld ~.* I don't have any money on me. *3. (nahe)* nearby, close by; *4. (zur gleichen Zeit)* at the same time, in doing so; *Ich höre ~ immer Musik.* I always listen to music when I'm doing that. *5. ~ sein* be along, be there; *~ sein, etw zu tun* to be in the process of doing sth; *Ich war gerade ~, es anzuschalten.* I was just about to turn it on. *6. (doch)* yet, nevertheless; *7. (außerdem)* as well, besides
dabeibleiben [da'baɪblaɪbən] *v irr 1.* keep doing sth, stay with sth, stick with sth; *2. Es bleibt dabei!* That's settled!
dabeihaben [da'baɪhaːbən] *v irr etw ~ (fig: mit sich führen)* have sth with one
dabeistehen [da'baɪʃteːən] *v irr* stand nearby
dableiben ['daːblaɪbən] *v irr* stay, remain

Dach [dax] *n 1.* roof; *kein ~ über dem Kopf haben* have no roof over one's head; *mit jdm unter einem ~ leben* live under the same roof as s.o. *unter ~ und Fach* all wrapped up, in the bag; *2. eins aufs ~ bekommen* get a tikking-off, to be called on the carpet; *3. jdm aufs ~ steigen* haul s.o. over the coals

Dachboden ['daxboːdən] *m* attic, loft, top floor
Dachdecker ['daxdɛkər] *m* roofer
Dachfenster ['daxfɛnstər] *n* skylight, dormer-window
Dachgeschoss ['daxgəʃɔs] *m* top floor, top storey
Dachgesellschaft ['daxgəzɛlʃaft] *f ECO* holding company, parent company
Dachorganisation ['daxɔrganizatsjoːn] *f* roof organization
Dachpappe ['daxpapə] *f* roofing felt, tar paper
Dachrinne ['daxrɪnə] *f* gutter
Dachs ['daks] *m ZOOL* badger
Dachschaden ['daxʃaːdən] *m (fig) einen ~ haben* to be not quite right in the upper storey, to be missing sth upstairs *(fam)*
Dachständer ['daxsʃtɛndər] *m* roof-rack
Dachstuhl ['daxsʃtuːl] *m* roof truss
Dachverband ['daxfɛrbant] *m* umbrella organization
Dachwohnung ['daxvoːnuŋ] *f 1.* attic apartment; *2. (Penthouse)* penthouse
Dackel ['dakəl] *m ZOOL* dachshund
dadaistisch [dada'ɪstɪʃ] *adj ART* Dadaist
dadurch ['daːdurç] *adv 1. (örtlich)* through there, through that; *2. (folglich)* thereby, with that, because of that; *3. (auf diese Weise)* thus, in that way, thereby
dafür [da'fyːr] *adv 1.* for it, for that; *Er kann nichts ~.* He can't help it. *etw ~ können (schuldig sein)* to be s.o.'s fault; *2. ~ aber* and yet, but on the other hand; *3. (als Ausgleich)* in return, in exchange, for that
dagegen [da'geːgən] *konj 1.* against it; *adv 2. (im Vergleich)* compared to it, in comparison; *3. (dafür)* however, on the other hand; *4.* whereas, on the other hand, however
dagegenhalten [da'geːgənhaltən] *v irr* argue against
dagegensetzen [da'geːgənzɛtsən] *v (fig)* hold against
dagegenstellen [da'geːgənʃtɛlən] *v (gegenüberstellen)* oppose
daheim [da'haɪm] *adv* at home
daher [da'heːr] *adv 1. (örtlich)* from there; *2. (kausal)* hence, from that, from this; *konj 3.* therefore, for this reason
dahergelaufen [da'heːrgəlaufən] *m jeder Dahergelaufene* any Johnny-come-lately
daherkommen [da'heːrkɔmən] *v irr 1.* come along; *2. (auftreten)* look; *Er kommt daher wie ein Landstreicher.* He looks like a tramp. *Sie kommt daher wie die Gräfin von Thurn und Taxis.* She acts like she's the countess of Thurn und Taxis.
daherreden [da'heːrreːdən] *v (fig)* talk nonsense
dahin [da'hɪn] *adv* there
dahindämmern [da'hɪndɛmərn] *v (fig)* doze
dahingegen [dahɪn'geːgən] *konj* however, on the other hand

D

dahingehend ['da:hɪnge:ənt] *adv* to that effect, to the extent that
dahingestellt [da'hɪngəʃtelt] *adj* not considered; *etw ~ sein lassen* leave sth undecided, leave sth open; *es bleibt ~, ob* it remains to be seen whether
dahinleben [da'hɪnle:bən] *v 1.* exist; *2. (ohne Aufgabe leben)* vegetate
dahinraffen [da'hɪnrafən] *v (fig)* carry off
dahinschwinden [da'hɪnʃwɪndən] *v irr 1.* dwindle; *2. (Mensch)* waste away
dahinsiechen [da'hɪnzi:çən] *v* waste away
dahinter [da'hɪntər] *adv 1.* behind it; *2. (fig)* at the bottom of it; *sich ~ knien* get down to it; *sich ~ klemmen* hold one's nose to the grindstone, set to it; *~ stecken* to be behind it, to be at the bottom of it; *~ stehen* back it, support it
dalassen ['da:lasən] *v irr (fig: an einem Ort zurücklassen)* leave behind
daliegen ['da:li:gən] *v irr (fig)* lie there
damalig ['da:malɪç] *adj* then, at that time, at the time; *der ~e Weltmeister* the world champion at the time
damals ['da:mals] *adv* then, at that time, in those days
Dame ['da:mə] *f 1.* lady; *eine ~ von Welt sein* to be a woman of the world; *2. ~ spielen* play draughts, play checkers *(US)*; *3. (Schachfigur)* queen
Damenbekanntschaft ['da:mənbəkantʃaft] *f* lady friend
Damenbinde ['da:mənbɪndə] *f* sanitary towel, sanitary napkin *(US)*
Damenfahrrad ['da:mənfa:ra:t] *n* lady's bicycle
Damenfriseur ['da:mənfrɪzø:r] *m* hairdresser
damenhaft ['da:mənhaft] *adj* ladylike
Damespiel ['da:məʃpi:l] *n* draughts, chekkers *(US)*
damit [da'mɪt] *konj 1.* with it; *adv 2. (dadurch)* thereby, by that; *3.* in order to, so that, so as to
dämlich ['dɛ:mlɪç] *adj (fam)* stupid, dumb
Damm [dam] *m 1.* dam, dike, embankment; *2. wieder auf dem ~ sein* to be back on one's feet again
dämmen ['dɛmən] *v 1.* dam up, dike; *2. (fig)* check, curb, restrain
Dämmerlicht ['dɛmərlɪçt] *n 1. (morgens)* twilight, dawn; *2. (abends)* twilight, dusk
dämmern ['dɛmərn] *v 1. (morgens)* dawn; *2. (abends)* fall; *3. (im Halbschlaf sein)* doze
Dämmerschlaf ['dɛmərʃla:f] *m 1.* doze; *2. MED* twilight sleep
Dämmerung ['dɛməruŋ] *f 1. (abends)* dusk, twilight; *2. (morgens)* dawn, daybreak
Dämmerzustand ['dɛmərtsu:ʃtant] *m* semi-conscious state
Dämmung ['dɛmuŋ] *f TECH* insulation
Dämon ['dɛ:mɔn] *m* demon
dämonisch [dɛ'mo:nɪʃ] *adj* demonic

Dampf [dampf] *m* steam; *~ ablassen (fig)* let off steam; *~ dahinter machen* put on pressure

Dampfbad ['dampfba:t] *n* steam bath
dampfen ['dampfən] *v* steam
dämpfen ['dɛmpfən] *v 1. (verringern)* soften, subdue; *2. (Ton)* muffle; *3. GAST* steam, stew
Dampfer ['dampfər] *m* steamboat, steamer; *auf dem falschen ~ sein (fig)* to be barking up the wrong tree
Dämpfer ['dɛmpfər] *m* damper; *jdm einen ~ aufsetzen* take s.o. down a peg or two; *einen ~ bekommen* get a ticking-off, to be brought down to earth; *(fam: Rückschlag)* rap the knuckles
Dampfheizung ['dampfhaɪtsuŋ] *f TECH* steam heating
Dampfkessel ['dampfkɛsəl] *m* steam-boiler
Dampfkochtopf ['dampfkɔxtɔpf] *m* pressure cooker, steamer
Dämpfung ['dɛmpfuŋ] *f 1. (Verringerung)* softening, muffling; *2. PHYS* attenuation
Dampfwalze ['dampfvaltsə] *f* steamroller
danach [da'na:x] *adv 1. (zeitlich)* afterwards, after that, thereafter; *2. (dementsprechend)* accordingly
Däne/Dänin ['dɛ:nə/'dɛ:nɪn] *m/f* Dane
daneben [da'ne:bən] *adv 1. (örtlich)* beside it, next to it; *2. (fig: außerdem)* besides, moreover, furthermore
danebenbenehmen [da'ne:bənbəne:mən] *v irr sich ~ (fam)* make a fool of oneself, behave badly
danebengehen [da'ne:bənge:ən] *v irr 1.* miss; *2. (fig)* fail, misfire
danebenhauen [da'ne:bənhauən] *v 1.* miss; *2. (fig)* miss the mark
danebenliegen [da'ne:bənli:gən] *v irr (fig)* to be mistaken, to be off the beam
danebentreffen [da'ne:bəntrɛfən] *v irr (fig)* miss the point
Dänemark ['dɛ:nəmark] *n GEO* Denmark

dänisch ['dɛːnɪʃ] *adj* Danish
dank [daŋk] *prep* thanks to, owing to, due to
Dank [daŋk] *m* thanks, gratitude; *Vielen ~!* Thank you very much! *Gott sei ~!* Thank God!
dankbar ['daŋkbaːr] *adj 1.* grateful, thankful; *2. (lukrativ)* rewarding, lucrative
Dankbarkeit ['daŋkbaːrkaɪt] *f* gratitude, thankfulness
danke ['daŋkə] *interj* thank you, thanks

danken ['daŋkən] *v* thank, express thanks to

dankenswert ['daŋkənsveːrt] *adj* commendable, praiseworthy, meritorious
Dankeschön ['daŋkəʃøːn] *n* thank-you
Danksagung ['daŋkzaːguŋ] *f* expression of thanks
Dankschreiben ['daŋkʃraɪbən] *n* thank-you letter
dann [dan] *adv 1.* then, after that; *~ und wann* now and then, every so often; *2. (in dem Falle)* then, in that case
daran [da'ran] *adv 1.* on it, to it, at it; *Ich denke ~.* I am thinking about it. I will keep it in mind. *2. ~ hängt es (fam)* it depends on it; *~ glauben müssen* kick the bucket *(fam)*; *gut ~ tun* to be well advised to do sth; *Da ist etwas ~.* There is a kernel of truth to it. *Sie ist gut bei ihm ~.* He treats her well.
darangeben [da'rangeːbən] *v irr (fig)* sacrifice
darangehen [da'rangeːən] *v* get down to it
daranhalten [da'ranhaltən] *v irr sich ~* get a move on, get with it
daranmachen [da'ranmaxən] *v sich ~ (fig)* set about, get down to
daransetzen [da'ranzɛtsən] *v 1. (wagen)* risk; *2. sich ~* sit down to it
darauf [da'rauf] *adv 1. (örtlich)* on it, upon it; *jdn ~ aufmerksam machen, dass* call s.o.'s attention to the fact that; *gut drauf sein (fam)* to be on the ball; *nichts drauf haben (fam)* to be a dim bulb; *2. (zeitlich)* after that; *~ folgend* ensuing; *3. (folglich)* whereupon
daraufhin [darauf'hɪn] *adv 1. (zeitlich)* upon that, after that, thereupon; *2. (folglich)* as a result, consequently, on the strength of it
daraus [da'raus] *adv* out of it, of it
darbieten ['daːrbiːtən] *v irr 1. (anbieten)* offer, present; *2. (aufführen)* perform, present
Darbietung ['daːrbiːtuŋ] *f 1. (Angebot)* offer, presentation; *2. (Aufführung)* performance, presentation
darbringen ['daːrbrɪŋən] *v irr* give, offer
darein [da'raɪn] *adv* in there, into it, therein
dareinfinden [da'raɪnfɪndən] *v irr sich ~* learn to accept it, resign o.s. to it, come to terms with it
dareinreden [da'raɪnreːdən] *v* interfere
darin [da'rɪn] *adv 1. (örtlich)* in it, *(Plural)* in them; *mitten ~* in between; *2. (diesbezüglich)* in this, in that respect
darlegen ['daːrleːgən] *v* set forth, explain, demonstrate
Darlehen ['daːrleːən] *n ECO* loan
Darm [darm] *m* intestines *pl,* bowels *pl*
Darmtätigkeit ['darmtɛːtɪçkaɪt] *f MED* bowel movement
Darmträgheit ['darmtrɛːkhaɪt] *f MED* constipation
darreichen ['daːrraɪçən] *v* offer, present
darstellbar ['daːrʃtɛlbaːr] *adj* representable
darstellen ['daːrʃtɛlən] *v 1. (beschreiben)* depict, portray, represent; *2. (fig: bedeuten)* represent, symbolize; *3. CINE* play, portray
Darsteller(in) ['daːrʃtɛlər(ɪn)] *m/f CINE* actor
darstellerisch ['daːrʃtɛlərɪʃ] *adj eine ausgezeichnete ~e Leistung* an outstanding performance, outstanding acting
Darstellung ['daːrʃtɛluŋ] *f 1. (Beschreibung)* description, representation, depiction; *2. CINE* portrayal, performance
darüber [da'ryːbər] *adv 1. (örtlich)* above it, over it; *2. (quer über)* across it; *3. (zu diesem Thema)* about it; *4. ~ hinaus* beyond it; *5. ~ hinaus (fig)* in addition to that, on top of that, apart from that; *v irr 6. ~ stehen (fig)* to be above such things
darum [da'rum] *konj 1. (örtlich)* (a)round it; *2. (kausal)* that is why, for that reason, on that account; *adv*
darunter [da'runtər] *adv 1. (örtlich)* below, underneath, beneath; *2. (mengenmäßig)* among them; *~ fallen* fall under, to be included in, fall within; *~ liegen* to be below it, to be lower
darwinistisch [darvi'nɪstɪʃ] *adj BIO* Darwinian
das [das] *art 1.* the; *2. (demonstrativ)* that, this; *pron 3. (relativ)* which, that, who
Dasein ['daːzaɪn] *n* existence, being
dasitzen ['daːzɪtsən] *v irr* sit there
dasjenige ['dasjeːnɪgə] *pron* the one, the
dass [das] *konj* that
dasselbe [das'zɛlbə] *pron 1.* the same thing; *2. (adjektivisch)* the same

D

D

dastehen ['daːʃteːən] *v irr* stand there
Datei [da'taɪ] *f* record, file
Daten ['daːtən] *pl* *1.* data; *2. (Zeitangaben)* dates
Datenautobahn ['daːtənautobaːn] *f INFORM* information highway
Datenerfassung ['daːtənɛrfasuŋ] *f INFORM* data collection, data acquisition, data logging
Datenträger ['daːtəntrɛːgər] *m INFORM* data medium, data carrier
datieren [da'tiːrən] *v* date
Datierung [da'tiːruŋ] *f* dating
Dativ ['daːtiːf] *m* dative, dative case
dato ['daːtoː] *adv bis ~* to date, till now
Dattel ['datəl] *f BOT* date
Datum ['daːtum] *n* date
Datumsangabe ['daːtumsangaːbə] *f* dating, date
Datumsgrenze ['daːtumsgrɛnzə] *f* international date line
Datumsstempel ['daːtumsʃtɛmpəl] *m* date stamp, dater
Dauer ['dauər] *f* duration; *auf ~* permanently; *Auf die ~ wird es langweilig.* It gets boring after a while. *von ~ sein* to be long-lasting; *nicht von ~ sein* to be short-lived; *für die ~ eines Jahres* for a period of one year
dauerarbeitslos ['dauərarbaɪtsloːs] *adj ECO* long-term unemployed
Dauerauftrag ['dauərauftrak] *m ECO* standing order, banker's order
Dauerbeschäftigung ['dauərbəʃɛftɪguŋ] *f ECO* constant employment
Dauerbrenner ['dauərbrɛnər] *m* *1.* slow-combustion stove; *2. (Erfolg)* perennial favourite, long-running success
dauerhaft ['dauərhaft] *adj* *1. (anhaltend)* durable, lasting, permanent; *2. (widerstandsfähig)* solid, strong, durable
Dauerkarte ['dauərkartə] *f* season ticket
Dauerlauf ['dauərlauf] *m SPORT* long-distance run, endurance run

dauern ['dauərn] *v* last, continue, go on for; *Es dauert lange.* It takes a long time.

dauernd ['dauərnt] *adv* *1. (ständig)* constantly, continuously, incessantly; *Er stört mich ~.* He keeps bothering me. *adj* *2.* lasting, permanent, continuous
Dauerzustand ['dauərtsuːʃtant] *m* permanence, permanent state
Däumchen ['dɔymçən] *n ~ drehen* twiddle one's thumbs
Daumen ['daumən] *m ANAT* thumb; *über den ~ gepeilt* as a rule of thumb; *den ~ auf etw halten* have dibs on sth *(fam)*; *per ~ fahren* thumb a ride; *jdm den ~ aufs Auge drücken* get s.o. under one's thumb; *Ich werde (dir) die ~ drücken.* I'll keep my fingers crossed.
daumenbreit ['daumənbraɪt] *adj* broad as your thumb
Daumenlutscher ['daumənlutʃər] *m* thumb-sucker
Daumenschraube ['daumənʃraubə] *f* *jdm die ~n anlegen (fig)* put the screws on s.o.
Däumling ['dɔymlɪŋ] *m* *1. (eines Handschuhs)* thumb; *2. (Märchengestalt)* Tom Thumb
Daune ['daunə] *f* down
Daunenbett ['daunənbɛt] *n* feather-bed, down quilt
davon [da'fɔn] *adv* *1. (örtlich)* from it, from there; *2. (Teil von etw)* of it; *Sie gab mir ein Stück ~.* She gave me a piece of it.
davonfahren [da'fɔnfaːrən] *v irr* drive away, drive off
davongehen [da'fɔngeːən] *v irr* walk away
davonkommen [da'fɔnkɔmən] *v irr (fig)* get off lightly, have a narrow escape, get away with it
davonlassen [da'fɔnlasən] *v irr die Finger ~* keep one's hands off sth
davonlaufen [da'fɔnlaufən] *v irr* run off, run away
davonmachen [da'fɔnmaxən] *v sich ~* sneak away, slip away
davonstehlen [da'fɔnʃteːlən] *v irr* steal away
davontragen [da'fɔntraːgən] *v irr* *1. (wegtragen)* carry off; *2. (fig: Schaden)* incur, sustain, suffer; *3. (fig: Sieg)* win; *4. (Krankheit)* catch
davor [da'foːr] *adv* *1. (örtlich)* in front of it; *2. (zeitlich)* before that, before then, previously; *~ stehen* stand in front of it
dazu [da'tsuː] *adv* *1.* to that, to it; *Dazu habe ich keine Lust.* I don't want to do that. *im Vergleich ~* compared to that; *2. (Zweck)* for that, for it; *3. (außerdem)* in addition, besides, moreover
dazugeben [da'tsuːgeːbən] *v irr* add
dazugehören [da'tsuːgəhøːrən] *v* belong, to be part of it
dazugehörig [da'tsuːgəhøːrɪç] *adj* belonging to it, pertinent, appropriate

dazukommen [da'tsuːkɔmən] *v irr 1.* come along, arrive on the scene; *2. Kommt noch etw dazu?* Will there be anything else? *3. (Zeit finden)* get around to it; *Er kam nie dazu.* He never got around to it.
dazulernen [da'tsuːlɛrnən] *v (fig)* learn new things
dazurechnen [da'tsuːrɛçnən] *v 1.* add in; *2. (fig)* factor in
dazutun [da'tsuːtuːn] *v irr* add
dazuverdienen [da'tsuːfɛrdiːnən] *v* earn additionally, earn on the side
dazwischen [da'tsvɪʃən] *adv 1. (örtlich)* between them, in between; *2. (zeitlich)* in between
dazwischenfunken [da'tsvɪʃənfuŋkən] *v* intervene, interfere
dazwischenkommen [da'tsvɪʃənkɔmən] *v irr (fig)* come between, intervene
dazwischenliegen [da'tsvɪʃənliːgən] *v irr* lie between, lie in between
dazwischenreden [da'tsvɪʃənreːdən] *v* interrupt
dazwischenrufen [da'tsvɪʃənruːfən] *v irr* interrupt
dazwischentreten [da'tsvɪʃəntreːtən] *v irr* intervene
dealen ['diːlən] *v (fam: mit Rauschgift handeln)* deal
Debakel [de'baːkəl] *n* debacle
Debatte [de'batə] *f* debate
debattieren [deba'tiːrən] *v* debate
debil [de'biːl] *adj* feeble-minded, weak
Debüt [de'byː] *n* debut
Debütant(in) [debyː'tant(ɪn)] *m/f* person making his debut
debütieren [deby'tiːrən] *v* make one's debut
dechiffrieren [deʃɪ'friːrən] *v* decode, decipher
Deck [dɛk] *n* deck
Deckadresse ['dɛkadrɛsə] *f* address of convenience, cover address
Deckblatt ['dɛkblat] *n 1.* cover; *2. (einer Zigarre)* wrapper; *3. (Einlageblatt)* overlay

> **Decke** ['dɛkə] *f 1. (Bettdecke)* bed-cover, bedspread; *mit jdm unter eine ~ stecken* to be hand in glove with s.o., to be in cahoots with s.o. *(US); 2. (Tischdecke)* tablecloth; *3. (Zimmerdecke)* ceiling; *sich nach der ~ strecken* make ends meet; *vor Freude an die ~ springen* to be pleased as punch; *an die ~ gehen* hit the roof; *Mir fällt langsam die ~ auf den Kopf.* I feel shut in.

Deckel ['dɛkəl] *m 1.* cover, lid, cap; *2. Der wird eins auf den ~ bekommen.* He's going to be put in his place.
decken ['dɛkən] *v 1. (zudecken)* cover; *2. den Tisch ~* lay the table, set the table *(US); 3. (Bedarf)* meet, cover; *4. (schützen)* shield, protect, cover; *5. (Scheck)* cover
Deckhaar ['dɛkhaːr] *n* top hair
Deckmantel ['dɛkmantəl] *m* guise
Deckname ['dɛknaːmə] *m* assumed name, alias
Deckung ['dɛkuŋ] *f 1.* cover, covering; *in ~ gehen* take cover; *2. (Schutz)* protection
Deckungsbetrag ['dɛkuŋsbətraːk] *m ECO* amount covered, insured sum
deckungsgleich ['dɛkuŋsglaɪç] *adj* identical
decodieren [deko'diːrən] *v* decode
defekt [de'fɛkt] *adj* defective, faulty
Defekt [de'fɛkt] *m 1.* defect, fault; *2. PSYCH* deficiency
defensiv [defɛn'ziːf] *adj 1.* defensive; *adv 2.* defensively, on the defensive
Defensivtaktik [defɛn'ziːftaktɪk] *f 1.* defensive measures; *2. SPORT* defensive tactics
definierbar [defɪ'niːrbaːr] *adj* definable
definieren [defɪ'niːrən] *v* define
definitiv [defɪnɪ'tiːf] *adv 1.* definitive, final; *adj 2.* definitely, for certain
Defizit ['deːfɪtsɪt] *n* deficit
defizitär [deːfɪtsɪ'tɛːr] *adj 1.* adverse; *2. FIN* in the deficit
deformieren [defɔr'miːrən] *v* deform
deftig ['dɛftɪç] *adj 1.* heavy, solid; *2. (Essen)* solid, substantial
Deftigkeit ['dɛftɪçkaɪt] *f 1.* soundness, thoroughness; *2. GAST* heartiness
degenerieren [degenə'riːrən] *v* degenerate
degoutant [degu'tant] *adj* disgusting
degradieren [degra'diːrən] *v 1.* degrade; *2. MIL* demote
dehnbar ['deːnbaːr] *adj 1.* elastic, flexible, malleable; *2. (fig)* flexible, loose, ambiguous
Dehnbarkeit ['deːnbaːrkaɪt] *f 1.* flexibility, pliability, elasticity; *2. (fig)* ambiguity, vagueness
dehnen ['deːnən] *v 1. (strecken)* stretch, distend; *2. (verlängern)* extend, lengthen; *3. (erweitern)* widen, expand
Dehnung ['deːnuŋ] *f 1. (Strecken)* stretching; *2. (Verlängerung)* lengthening, extension; *3. (Erweiterung)* expansion

D

Deich [daɪç] *m* dike
Deichbruch ['daɪçbrux] *m* dike breach
Deichsel ['daɪksəl] *f* shaft, pole, thill
deichseln ['daɪksəln] *v (fam)* manage, pull off
dein [daɪn] *adj 1.* your; *pron 2.* yours, for your part
deinerseits ['daɪnərzaɪts] *adv* on your part, for your part
deinesgleichen ['daɪnəs'glaɪçən] *pron* your own kind, people like you, *(abschätzig)* the likes of you
deinetwegen ['daɪnətveːgən] *adv* because of you, for your sake, on your account
deinige ['daɪnigə] *pron der/die/das ~* yours; *immer der ~* yours ever
Dekade [de'kaːdə] *f* decade
dekadent [deka'dɛnt] *adj* decadent
Dekadenz [deka'dɛnts] *f* decadence
Dekan [de'kaːn] *m* dean
deklamieren [dekla'miːrən] *v LIT* declaim, recite
Deklaration [deklara'tsjoːn] *f POL* declaration
deklarieren [dekla'riːrən] *v* declare
deklassieren [dekla'siːrən] *v 1.* downgrade; *2. SPORT* outclass
Deklination [deklina'tsjoːn] *f* declination
deklinieren [dekli'niːrən] *v* decline
Dekolletee [dekɔl'teː] *n* cleavage, low nekkline, decolletage
Dekolonisation [dekoloniza'tsjoːn] *f POL* decolonization
dekontaminieren [dekɔntamɪ'niːrən] *v* decontaminate
Dekorateur [dekɔra'tøːr] *m* decorator, interior designer, interior decorator
dekorieren [deko'riːrən] *v* decorate
Dekret [de'kreːt] *n JUR* decree
Delegationsleiter [delega'tsjoːnslaɪtər] *m* head of the delegation
delegieren [dele'giːrən] *v* delegate
Delegierte(r) [dele'giːrtə(r)] *m/f POL* delegate
Delfin [dɛl'fiːn] *m ZOOL* dolphin
delikat [delɪ'kaːt] *adj 1.* delicate, dainty; *2. (Speise)* delicious; *3. (Problem)* delicate, touchy
Delikt [de'lɪkt] *n JUR* offence, crime, civil wrong
Delinquent [delɪŋ'kvɛnt] *m* delinquent, offender
delirieren [deli'riːrən] *v MED* to be delirious
deliziös [deli'tsjøːs] *adj* delicious
Delle ['dɛlə] *f* dent
deltaförmig ['dɛltafœrmɪç] *adj* deltaic
dem [deːm] *art 1.* the, to the; *pron 2. (Dativ des Demonstrativpronomens)* that, to that; *(Mensch)* to him; *3. (Dativ des Relativpronomens)* which, to which; *(Mensch)* whom, to whom; *4. (fam: ihm)* him
Demagogie [demago'giː] *f POL* demagogy
demagogisch [dema'goːgɪʃ] *adj* demagogic
Demarkationslinie [demarka'tsjoːnsliːnjə] *f POL* demarcation line
demaskieren [demas'kiːrən] *v* unmask
Demaskierung [demas'kiːruŋ] *f* unmasking
Dementi [de'mɛnti] *n* official denial
dementieren [demɛn'tiːrən] *v* deny officially
dementsprechend ['deːmɛnt'ʃprɛçənt] *adj 1.* corresponding; *adv 2.* accordingly, correspondingly
demgegenüber ['deːmgeːgən'yːbər] *adv 1. (im Vergleich dazu)* compared to that, compared to this; *2. (andererseits)* on the other hand
demgemäß ['deːmgəmɛːs] *adv* accordingly
demilitarisieren [demilitari'ziːrən] *v POL* demilitarization
demnach ['deːmnaːx] *adv* accordingly, consequently
demnächst ['deːmnɛːçst] *adv* soon, shortly, before long; *~ im Kino* coming soon
demobilisieren [demobili'ziːrən] *v* demobilize
Demokrat [demo'kraːt] *m POL* democrat
Demokratie [demokra'tiː] *f POL* democracy
demokratisch [demo'kraːtɪʃ] *adj POL* democratic
demokratisieren [demokrati'ziːrən] *v POL* democratize
Demokratisierung [demokrati'ziːruŋ] *f POL* democratization
demolieren [demo'liːrən] *v* demolish
Demolierung [demo'liːruŋ] *f* demolition, destruction
demonstrativ [demɔnstra'tiːf] *adj* demonstrative, pointed
Demonstrativpronomen [demɔnstra'tiːfpronoːmən] *n GRAMM* demonstrative pronoun

demonstrieren [demɔn'striːrən] *v 1. (darlegen)* demonstrate, illustrate, show; *2. (bei einer Demonstration mitmachen)* demonstrate
Demontage [demɔn'taːʒə] *f* disassembly, dismantling
demontieren [demɔn'tiːrən] *v* dismantle, disassemble
Demontierung [demɔn'tiːruŋ] *f* disassembly, dismantling
demoralisieren [demoralɪ'ziːrən] *v* demoralize
Demoralisierung [demoralɪ'ziːruŋ] *f* demoralization
Demoskopie [demɔsko'piː] *f* public opinion research
demoskopisch [demɔs'koːpɪʃ] *adj* demoscopic
demselben [deːm'zɛlbən] *pron* the same
Demut ['deːmuːt] *f* humility, humbleness, meekness
demütig ['deːmyːtɪç] *adj* humble, meek, modest
demütigen ['deːmyːtɪgən] *v 1.* humble; *2. (erniedrigen)* humiliate
Demütigung ['deːmyːtɪguŋ] *f* humiliation, degradation
demzufolge ['deːmtsu'fɔlgə] *adv* accordingly, consequently
den [deːn] *art 1.* the; *pron 2. (Akkusativ des Demonstrativpronomens)* that; *3. (Akkusativ des Relativpronomens)* which; *4. (Mensch)* whom; *5. (fam: ihn)* him
Den Haag [den haːk] *n GEO* The Hague
denaturieren [denatu'riːrən] *v CHEM* denature
Dendrit [dɛn'drɪt]] *m MED* dendrite
Denkansatz ['dɛŋkanzats] *m* intellectual approach
Denkanstoß ['dɛŋkanʃtoːs] *m* food for thought
Denkart ['dɛŋkaːrt] *f* mentality, way of thinking
denkbar ['dɛŋkbaːr] *adj* conceivable, imaginable, possible

denken ['dɛŋkən] *v irr* think; *Wo denkst du hin?* What can you be thinking of? *Ich denke nicht daran!* That's out of the question. *Das dachte ich mir.* I thought as much. *Es gab mir zu ~.* It made me think. *anders ~d* dissenting, dissident

Denken ['dɛŋkən] *n* thinking, thought, reasoning
Denker ['dɛŋkər] *m PHIL* thinker, philosopher
Denkerstirn ['dɛŋkərʃtɪrn] *f* high forehead
Denkfähigkeit ['dɛŋkfɛːɪçkaɪt] *f* ability to think, faculty of thought
denkfaul ['dɛŋkfaul] *adj* mentally lazy, too lazy to think
Denkfehler ['dɛŋkfeːlər] *m* fallacy, flaw in one's reasoning, false reasoning
Denkmal ['dɛŋkmaːl] *n* monument, memorial, statue; *sich ein ~ setzen (fig)* ensure o.s. a place in history
Denkmalpflege ['dɛŋkmaːlpfleːgə] *f* preservation of historical monuments
Denkmalschutz ['dɛŋkmaːlʃuts] *m* protection of historical monuments
Denkpause ['dɛŋkpauzə] *f* pause for thought
Denkschrift ['dɛŋkʃrɪft] *f* memorandum, written statement
Denksportaufgabe ['dɛnkʃpɔrtaufgaːbə] *f* brain-teaser
denkste ['dɛŋkstə] *interj (fam)* That's what you think!/So you thought!
Denkstein ['dɛŋkʃtaɪn] *m* stone monument
Denkvermögen ['dɛŋkfɛrmøːgən] *n* intelligence, intellectual ability, ability to think
Denkweise ['dɛŋkvaɪzə] *f* way of thinking
denkwürdig ['dɛŋkvyrdɪç] *adj* memorable, noteworthy, remarkable
Denkwürdigkeit ['dɛŋkvyrdɪçkaɪt] *f* memorable event
Denkzettel ['dɛŋktsɛtəl] *m (fig)* unpleasant reminder; *jdm einen ~ verpassen* give s.o. what for *(fam)*
denn [dɛn] *konj 1.* because, for; *2. (vergleichend)* than; *mehr ~ je* more than ever; *adv 3. es sei ~* unless; *4. (verstärkend) Siehst du das ~ nicht?* Don't you see that? *Wieso ~ nicht?* Why not?
dennoch ['dɛnɔx] *konj* nevertheless, however, yet
Dentallabor [dɛn'taːllaboːr] *n MED* dental laboratory
Denunziant [denun'tsjant] *m* informer, denouncer
Denunziantentum [denun'tsjantəntuːm] *n* denunciations, denouncing
Denunziation [denuntsja'tsjoːn] *f POL* denunciation
denunzieren [denun'tsiːrən] *v POL* denounce, inform against
Depesche [de'pɛʃə] *f* official dispatch
deplatziert ['deplatsiːrt] *adj* misplaced
Deponie [depo'niː] *f* dump, disposal site, refuse tip

D

deponieren [depo'niːrən] *v* deposit, leave
Deportation [depɔrta'tsjoːn] *f POL* deportation
deportieren [depɔr'tiːrən] *v* deport
Depot [de'poː] *n* depot, warehouse, storehouse
Depp [dɛp] *m* idiot, dope *(fam)*
Depression [deprɛs'joːn] *f* depression; *in ~en verfallen* fall into depression
depressiv [deprə'siːf] *adj* depressive, down in the dumps
Depressivität [deprɛsivi'tɛːt] *f* depressiveness
deprimieren [deprɪ'miːrən] *v* depress
deprimierend [deprɪ'miːrənt] *adj* depressing
deprimiert [deprɪ'miːrt] *adj* depressed
der [deːr] *art 1.* the; *pron 2. (Demonstrativpronomen)* that, the one; *(Mensch)* he; *3. (Relativpronomen)* that, which; *(Mensch)* who; *art 4. (gen von „die“)* of the
derart ['deːraːrt] *adv* so, in such a manner, to such a degree
derartig ['deːraːrtɪç] *adj 1.* such, of that kind; *adv 2.* so, that, such; *Er war ~ verängstigt, dass...* He was so scared that ...
derb [dɛrp] *adj* coarse, rough
Derbheit ['dɛrphaɪt] *f* coarseness
deren ['deːrən] *pron 1. (Relativpronomen)* whose; *(einer Sache)* of which; *2. (Possessivpronomen)* her; *seine Stieftochter und ~ Kinder* his stepdaughter and her children; *(einer Sache)* its; *(Plural)* their
derentwillen [deːrənt'vɪlən] *adv 1. (wegen der Personen) um ~* for their sake; *2. (wegen der Frau) um ~* for her sake
dergleichen [deːr'glaɪçən] *adj 1.* of that kind, such, like that; *pron 2.* such things; *nichts ~* nothing of the kind
Derivat [deri'vaːt] *n CHEM* derivative
derjenige ['deːrjeːnɪgə] *pron* the one, he; *~, der meine Jacke gestohlen hat* the one who stole my jacket
Dermatologe [dɛrmato'loːgə] *m MED* dermatologist
dermatologisch [dɛrmato'loːgɪʃ] *adj MED* dermatological
derselbe [deːr'zɛlbə] *adj* the same
derzeit ['deːrtsaɪt] *adv* at present, at the moment
derzeitig ['deːrtsaɪtɪç] *adj* current
des [dɛs] *art (gen von der/das)* of the
Deserteur [dezɛr'tøːr] *m MIL* deserter
desertieren [dezɛr'tiːrən] *v MIL* desert
desgleichen [dɛs'glaɪçən] *konj* likewise, also, as well

deshalb ['dɛshalp] *konj* for that reason, therefore; *~ bin ich hierher gekommen.* That's why I came here.

Designerdroge [di'zaɪnərdroːgə] *f* designer drug
desillusionieren [dɛsɪluzjoː'niːrən] *v* disillusion
Desinfektion [desɪnfɛk'tsjoːn] *f MED* disinfection
Desinfektionsmittel [desɪnfɛk'tsjoːnsmɪtəl] *n MED* disinfectant
desinfizieren [desɪnfi'tsiːrən] *v* disinfect
Desinformation [dɛsɪnfɔrma'tsjoːn] *f* misinformation, disinformation
Desinteresse ['desɪntərɛsə] *n* disinterest, indifference
desinteressiert ['dɛsɪntərɛsiːrt] *adj* disinterested, indifferent
desolat [deso'laːt] *adj* desolate
despotisch [dɛs'poːtɪʃ] *adj POL* despotic, tyrannical
dessen ['dɛsən] *pron 1. (Relativpronomen)* whose, of which, of whom; *2. (Demonstrativpronomen)* that; *Dessen kannst du gewiss sein.* You can be sure of that. *Er erinnert sich ~ nicht.* He doesn't remember that. *~ ungeachtet* nevertheless, (that) notwithstanding; *3. (Possessivpronomen)* his; *sein Geschäftspartner und ~ Frau* his business partner and the partner's wife, his business partner and the latter's wife; *(einer Sache)* its
dessentwegen ['dɛsənt'veːgən] *adv 1. (demonstrativ)* for that reason; *2. (relativ)* for which reason
dessentwillen ['dɛsənt'vɪlən] *adv um ~* for his sake
Dessin [dɛ'sɛ̃ː] *n* design
Dessous [dɛ'suː] *n* lingerie
Destabilisierung [deʃtabili'ziːruŋ] *f POL* destabilization
destillieren [dɛstɪ'liːrən] *v* distil, distill
desto ['dɛsto] *adv* that much, so much; *je ... ~ ...* the more ... the more ...
destruktiv [destruk'tiːf] *adj* destructive
Destruktivität [destruktivi'tɛːt] *f* destructiveness
deswegen ['dɛsveːgən] *konj* for that reason, because of that
detailgetreu [deː'taɪgətrɔy] *adj* accurate
Detailkenntnis [de'taɪkɛntnɪs] *f* detailed knowledge

detailliert [deːtaɪ'jiːrt] *adj 1.* detailed; *adv 2.* in detail
Detektei [detɛk'taɪ] *f* detective agency
Detektiv [detɛk'tiːf] *m* detective
detonieren [deto'niːrən] *v* detonate
deuten ['dɔytən] *v 1. (auslegen)* interpret, construe; *2. auf etw ~* point to sth
deutlich ['dɔytlɪç] *adj* clear
Deutlichkeit ['dɔytlɪçkaɪt] *f* clarity
deutsch [dɔytʃ] *adj* German
Deutschland ['dɔytʃlant] *n* Germany
deutschsprachig ['dɔytʃʃpraːxɪç] *adj 1. (Gebiet)* German-speaking; *2. (Zeitung)* German language
deutschstämmig ['dɔytʃʃtɛmɪç] *adj* of German origin
Deutschtum ['dɔytʃtum] *n 1.* Germanness; *2. (die Deutschen)* Germans *pl*
Deutung ['dɔytuŋ] *f* interpretation, explanation
Devise [de'viːzə] *f* motto
Devisen [de'viːzən] *pl FIN* foreign currency, foreign exchange
Devisenhandel [de'viːzənhandəl] *m FIN* currency trading
Devisenkurs [de'viːzənkurs] *m* exchange rate
devot [de'voːt] *adj* humble, devout
Dezember [de'tsɛmbər] *m* December
dezent [de'tsɛnt] *adj* discreet, unobtrusive, modest
dezentralisieren [detsɛntralɪ'ziːrən] *v* decentralize
Dezentralisierung [detsɛntralɪ'ziːruŋ] *f POL* decentralization
Dezernat [detsɛr'naːt] *n* department
Dezibel [detsi'bɛl] *n* decibel
dezidiert [detsi'diːrt] *adj* decided
Dezimalsystem [detsi'maːlzysteːm] *n MATH* decimal system
Dezimeter [detsi'meːtər] *m* decimetre, decimeter *(US)*
dezimieren [detsi'miːrən] *v* decimate
Dezimierung [detsi'miːruŋ] *f* decimation
Dia ['diːa] *n* slide
diabetisch [dia'beːtɪʃ] *adj MED* diabetic
diabolisch [dia'boːlɪʃ] *adj* diabolical
Diadem [dia'deːm] *n* diadem, tiara
Diagnose [dia'gnoːzə] *f* diagnosis
diagnostisch [dia'gnɔstɪʃ] *adj MED* diagnostic
diagnostizieren [diagnɔstɪ'tsiːrən] *v* diagnose
Diagonale [diago'naːlə] *f* diagonal
Diagramm [dia'gram] *n* diagram
Diakon [dia'koːn] *m REL* deacon
Diakonie [diako'niː] *f REL* social welfare work
Dialekt [dia'lɛkt] *m* dialect
dialektfrei [dia'lɛktfraɪ] *adj* without a trace of dialect
Dialektik [dia'lɛktɪk] *f PHIL* dialectic
dialektisch [dia'lɛktɪʃ] *adj PHIL* dialectical
Dialog [dia'loːk] *m* dialogue
Dialogbereitschaft [dia'loːkbəraɪtʃaft] *f* readiness to talk
dialogfähig [dia'loːkfɛːɪç] *adj INFORM* capable of two-way communication
Dialyse [dia'lyːzə] *f MED* dialysis
Diamant [dia'mant] *m MIN* diamond
Diät [di'ɛːt] *f* diet
Diäten [di'ɛːtən] *pl POL* parliamentary allowance
dich [dɪç] *pron 1.* you; *2. (reflexiv)* yourself
dicht [dɪçt] *adj 1. (kompakt)* dense, compact, thick; *~ bevölkert* densely populated; *~ bewachsen* dense; *~ gedrängt* tightly packed, crowded; *2. (undurchlässig)* tight, impermeable; *Du bist wohl nicht ganz ~. (fam)* You must be nuts. *adv 3. (nahe)* closely
Dichte ['dɪçtə] *f 1. (Kompaktheit)* density, compactness, concentration; *2. (Undurchlässigkeit)* tightness
dichten ['dɪçtən] *v 1. LIT* write poetry; *2. TECH* seal, make watertight
Dichter(in) ['dɪçtər(ɪn)] *m/f* poet
dichterisch ['dɪçtərɪʃ] *adj* poetic
dichthalten ['dɪçthaltən] *v irr (fam)* keep a secret, keep mum, hold one's tongue
Dichtkunst ['dɪçtkunst] *f LIT* poetry
dichtmachen ['dɪçtmaxən] *v 1. (fam: schließen)* close; *2. (beim Fußball) SPORT* close up in front of goal
Dichtung ['dɪçtuŋ] *f 1. LIT* poetry; *2. (Einzeldichtung) LIT* poem; *3. TECH* seal, packing
Dichtungsring ['dɪçtuŋsrɪŋ] *m TECH* packing ring, joint disk, joint gasket

dick [dɪk] *adj 1. (Gegenstand)* thick, big; *2. (Person)* fat; *3. (Flüssigkeit)* thick, syrupy; *4. etw ~e haben (fam)* to be sick of sth; *5. mit jdm durch ~ und dünn gehen* go through thick and thin with s.o.

Dickdarm ['dɪkdarm] *m ANAT* large intestine
Dicke ['dɪkə] *f (Material)* thickness
dickfellig ['dɪkfɛlɪç] *adj (fam)* thick-skinned

D

D

dickflüssig ['dɪkfly:sɪç] *adj* glutinous, viscous
Dickicht ['dɪkɪçt] *n* thicket
Dickkopf ['dɪkkɔpf] *m* pigheaded person, obstinate person
dicklich ['dɪklɪç] *adj* fattish, plump, chubby
Dickmilch ['dɪkmɪlç] *f* curd
didaktisch [di'daktɪʃ] *adj* didactic
die [di:] *art 1.* the; *pron 2. (demonstrativ)* that, the one; *(Mensch)* she; *(Plural)* those, the ones; *3. (relativ)* that, which; *(Mensch)* who, whom
Dieb(in) [di:p(ɪn)] *m/f* thief
Dieberei [di:bə'raɪ] *f* small-time theft, petty theft
Diebesgut ['di:bəsgu:t] *n* loot, stolen goods
diebisch ['di:bɪʃ] *adj 1.* thievish, light-fingered; *adv 2.* like a thief
Diebstahl ['di:pʃta:l] *m* theft
Diebstahlsicherung ['di:pʃta:lzɪçəruŋ] *f* anti-theft device
Diebstahlversicherung ['di:pʃta:lfɛrzɪçəruŋ] *f* insurance against theft
diejenige ['di:je:nɪgə] *pron* the one, she
Diele ['di:lə] *f (Vorraum)* entrance hall, vestibule
dienen ['di:nən] *v* serve
Diener ['di:nər] *m* servant, attendant
Dienerin ['di:nərɪn] *f* maid
dienlich ['di:nlɪç] *adj* helpful, useful
Dienst ['di:nst] *m 1.* service, duty, office; *sich in den ~ einer Sache stellen* embrace a cause; *jdm gute ~e leisten* serve s.o. well; *im ~* on duty; *~ habend* on duty; *2. Öffentlicher ~* civil service
Dienstag ['di:nsta:k] *m* Tuesday
Dienstalter ['di:nstaltər] *n* length of service
Dienstälteste(r) ['di:nstɛltəstə(r)] *m/f* senior member
Dienstantritt ['di:nstantrɪt] *m* commencement of service, assumption of one's duties
Dienstausweis ['di:nstausvaɪs] *m* identification card
dienstbeflissen ['di:nstbəflɪsən] *adj* zealous, officious
dienstbereit ['di:nstbəraɪt] *adj* obliging
Dienstbote ['di:nstbo:tə] *m* servant
diensteifrig ['di:nstaɪfrɪç] *adj* zealous, assiduous
dienstfrei ['di:nstfraɪ] *adj ~er Tag* day off; *~ sein* to be off duty
Dienstgeheimnis ['di:nstgəhaɪmnɪs] *n* official secret
Dienstgrad ['di:nstgra:t] *m MIL* rank
Dienstleistung ['di:nstlaɪstuŋ] *f* service
dienstlich ['di:nstlɪç] *adj 1.* official; *adv 2.* officially, on official business, on business
diensttauglich ['di:nsttauglɪç] *adj* fit for service
Dienstunfähigkeit ['di:nstunfɛ:ɪçkaɪt] *f* incapacity to work
Dienstwaffe ['di:nstvafə] *f* issued weapon
Dienstweg ['di:nstve:k] *m* official channels, authorized channels
Dienstwohnung ['di:nstvo:nuŋ] *f* official residence; *f* company flat, company apartment *(US)*
dies [di:s] *adj* this
diesbezüglich ['di:sbətsy:klɪç] *adj* relating to this, relevant, regarding this

diese(r,s) ['di:zə(r,s)] *adj 1.* this; *2. (Plural)* these; *pron 3.* this one

dieselbe [di:'zɛlbə] *pron* the same one
diesig ['di:zɪç] *adj* hazy, misty
diesjährig ['di:sjɛ:rɪç] *adj* of this year, this year's
diesmal ['di:sma:l] *adv* this time
diesseitig ['di:szaɪtɪç] *adj 1.* on this side; *2. REL* worldly
diesseits ['di:szaɪts] *prep* on this side of
Dietrich ['di:trɪç] *m* skeleton key, picklock
diffamieren [dɪfa'mi:rən] *v* defame, slander
Diffamierung [dɪfa'mi:ruŋ] *f* slandering
Differenz [dɪfə'rɛnts] *f 1. (Unterschied)* difference; *2. (Streit)* dispute, difference of opinion
Differenzial [dɪfərɛn'tsja:l] *n* differential
Differenzialrechnung [dɪfərɛn'tsja:lrɛçnuŋ] *f MATH* differential calculus
differenzieren [dɪfərɛn'tsi:rən] *v* differentiate
Differenziertheit [dɪfərɛn'tsi:rthaɪt] *f* differentiation
differieren [dɪfə'ri:rən] *v* differ
diffus [dɪ'fu:s] *adj 1.* diffuse; *2. (unklar)* hazy
digitalisieren [digitali'zi:rən] *v TECH* digitalize
Diktat [dɪk'ta:t] *n 1.* dictation; *2. (Zwang)* dictate
Diktator [dɪk'ta:tɔr] *m POL* dictator
diktatorisch [dɪkta'to:rɪʃ] *adj POL* dictatorial
Diktatur [dikta'tu:r] *f POL* dictatorship
diktieren [dɪk'ti:rən] *v* dictate
Diktiergerät [dɪk'ti:rgərɛ:t] *n* dictaphone
Dilettant [dɪlɛ'tant] *m* amateur, dilettante

dilettantieren [dılɛtan'tiːrən] *v* to work in a dilettante fashion
dilettantisch [dılɛ'tantıʃ] *adj* amateurish

Ding [dıŋ] *n 1.* thing; *guter ~e sein* to be in high spirits; *unverrichteter ~e* without having accomplished anything; *über den ~en stehen* to be above things; *jdm ein ~ verpassen* get s.o. *(fam)*, show s.o. *(fam)*; *Das geht nicht mit rechten ~en zu.* There's something fishy about that. *2. ein ~ drehen (fam)* pull a job

dingfest ['dıŋfɛst] *adj jdn ~ machen* arrest s.o., take s.o. into custody
dinglich ['dıŋlıç] *adj 1.* real; *2. JUR* in rem
Dingsbums ['dıŋsbums] *m/f/n 1. (fam)* whatchamacallit, thingamajig, thingamabob; *m/f 2. (Person)* what's-his-name, what's-her-name
Dingsda ['dıŋsdaː] *n 1.* whatchamacallit, thingamajig, thingamabob; *m/f 2. (Person)* what's-his-name, what's-her-name
Dingskirchen [dıŋs'kırçən] *n Er wohnt draußen in ~. (fam)* He lives out in that town, whatever it's called.
Dinkel ['dıŋkəl] *m BOT* spelt
Dinosaurier [dino'zauriər] *m* dinosaur
Diözese [diø'tseːzə] *f REL* diocese
Diplom [di'ploːm] *n* diploma, certificate
Diplomand(in) [diplo'mant/diplo'mandın] *m/f* graduand
Diplomarbeit [di'ploːmarbaıt] *f* dissertation, thesis
Diplomat(in) [diplo'maːt(ın)] *m/f POL* diplomat
Diplomatenlaufbahn [diplo'maːtənlaufbaːn] *f POL* diplomat career
Diplomatie [diploma'tiː] *f POL* diplomacy
diplomatisch [diplo'maːtıʃ] *adj* diplomatic
Diplomingenieur [di'ploːmınʒenjøːr] *m* academically trained engineer
Diplomkauffrau [di'ploːmkauffrau] *f ECO* Bachelor of Commerce
Diplomkaufmann [di'ploːmkaufman] *m* Bachelor of Commerce
Diplomphysiker(in) [di'ploːmfyːzıkər(ın)] *m/f* Bachelor of Science (in Physics)
dir [diːr] *pron 1.* you, to you; *2. (reflexiv)* yourself
direkt [di'rɛkt] *adj 1.* direct, immediate; *adv 2.* directly; *~ neben* right next to
Direktflug [di'rɛktfluːk] *m* direct flight, non-stop flight
Direktion [dirɛk'tsjoːn] *f* direction
Direktive [dirɛk'tiːvə] *f* directive, general instruction
Direktmandat [di'rɛktmandaːt] *n POL* election by a simple majority of one's constituents
Direktor(in) [di'rɛktɔr(ın)] *m/f 1.* director, manager; *2. (Schulleiter)* headmaster/headmistress, principal *(US)*
Direktorat [dirɛktɔ'raːt] *n 1.* directorship; *2. (Zimmer)* director's office
Direktorium [dirɛk'toːrjum] *n* directorate, board of directors
Direktübertragung [di'rɛktybərtraːguŋ] *f TEL* live transmission
Direktverkauf [di'rɛktfɛrkauf] *m ECO* direct selling
Dirigent [diri'gɛnt] *m* conductor
Dirigentenstab [diri'gɛntənʃtaːp] *m MUS* conductor's baton
dirigieren [diri'giːrən] *v 1.* direct, manage; *2. MUS* conduct
dirigistisch [diri'gıstıʃ] *adj POL* planned
Dirndl ['dırndl] *n 1. (Kleid)* dirndl; *2. (Mädchen)* girl, lass
Dirne ['dırnə] *f (Nutte)* prostitute, whore
Disharmonie [dısharmo'niː] *f* discord
disharmonisch ['dısharmoːnıʃ] *adj 1. MUS* disharmonious; *2.* dissonant
Diskont [dıs'kɔnt] *m ECO* discount
diskontieren [dıskɔn'tiːrən] *v ECO* discount
diskontinuierlich [dıskɔntinu'iːrlıç] *adj* discontinuous
Diskontinuität [dıskɔntinui'tɛːt] *f* discontinuity
Diskrepanz [dıskre'pants] *f* discrepancy
diskret [dıs'kreːt] *adj 1.* discreet, tactful; *2. MATH* discrete
Diskretion [dıskre'tsjoːn] *f 1.* discretion; *2. (vertrauliche Behandlung)* confidentiality
diskriminieren [dıskrımı'niːrən] *v* discriminate against
Diskriminierung [dıskrımı'niːruŋ] *f* discrimination
Diskurs [dıs'kurs] *m* discourse
Diskussion [dıskus'joːn] *f* discussion, debate, argument
Diskussionsleiter [dıskus'joːnslaıtər] *m* moderator
Diskussionsthema [dıskus'joːnsteːmaː] *n* topic of discussion
diskutabel [dısku'taːbəl] *adj* worth discussing, debatable

D

diskutieren [dɪsku'tiːrən] *v* discuss, debate

disponieren [dɪspɔ'niːrən] *v 1.* make arrangements for; *2. über etw ~* have sth at one's disposal

Disposition [dɪspɔzɪ'tsjoːn] *f 1. (Vorbereitung)* preparations, arrangements; *2. (Verfügung) jdm zur ~ stehen* to be at s.o.'s disposal; *jdn zur ~ stellen* send s.o. into temporary retirement; *3. (Gliederung)* layout, plan; *4. (Empfänglichkeit)* susceptibility

Dispositionskredit [dɪspɔzɪ'tsjoːnskrediːt] *m ECO* drawing credit, overdraft facility

disproportioniert [dɪsprɔpɔrtsjo'niːrt] *adj* disproportionate

Disput [dɪs'puːt] *m* dispute

disqualifizieren [dɪskvalɪfɪ'tsiːrən] *v* disqualify

Dissonanz [dɪso'nants] *f 1.* discord; *2. MUS* dissonance

Distanz [dɪs'tants] *f* distance; *jdn auf ~ halten* keep s.o. at a distance

distanzieren [dɪstan'tsiːrən] *v sich ~* distance o.s.

distanziert [dɪstan'tsiːrt] *adj* distant, detached

Distel ['dɪstəl] *f BOT* thistle

distinguiert [dɪstɪŋ'giːrt] *adj* distinguished

Distinguiertheit [dɪstɪŋ'giːrthaɪt] *f* distinction

Distrikt ['dɪstrɪkt] *m* district

Disziplin [dɪstsi'pliːn] *f* discipline

Disziplinarverfahren [dɪstsi'plinaːrfɛrfaːrən] *n JUR* disciplinary action

disziplinieren [dɪstsipli'niːrən] *v* discipline

Diszipliniertheit [dɪstsipli'niːrthaɪt] *f* discipline

disziplinlos [dɪstsi'pliːnloːs] *adj* undisciplined

Disziplinlosigkeit [dɪstsi'pliːnloːzɪçkaɪt] *f* lack of discipline

divergieren [divɛr'giːrən] *v* diverge

divers [di'vɛrs] *adj* various

Dividende [divi'dɛndə] *f ECO* dividend

dividieren [divi'diːrən] *v MATH* divide

> **doch** [dɔx] *adv 1. „Du möchtest also nicht mitmachen?“ „Doch!“* “So you don't want to join in?” “Yes, I do!”; *2. Er kommt also ~ mit?* He's coming along after all? *3. (bekanntlich)* of course; *konj 4.* yet, but, still

Docht [dɔxt] *m* wick

Dogge ['dɔgə] *f ZOOL* mastiff

Dogmatiker [dɔg'maːtɪkər] *m* dogmatist

dogmatisch [dɔg'maːtɪʃ] *adj* dogmatic

Dogmatismus [dɔgma'tɪsmus] *m* dogmatism

Dohle ['doːlə] *f ZOOL* jackdaw

Doktor ['dɔktɔr] *m* doctor

Doktorand(in) [dɔktɔ'rant/dɔktɔ'randɪn] *m/f* doctorand

Doktorarbeit ['dɔktɔrarbaɪt] *f* doctoral thesis

Doktorexamen ['dɔktɔrɛksaːmən] *n* examination for a doctorate

Doktorgrad ['dɔktɔrgraːt] *m* doctorate, doctoral degree

Doktorhut ['dɔktɔrhuːt] *m 1.* cap (signifying the holder of a doctorate); *2. (fig)* doctorate

Doktortitel ['dɔktɔrtɪtəl] *m* doctorate

Doktorwürde ['dɔktɔrvyrdə] *f* doctorate

Doktrin [dɔk'triːn] *f* doctrine

doktrinär [dɔktri'nɛːr] *adj* doctrinaire

Dokument [doku'mɛnt] *n* document

Dokumentarfilm [dokumɛn'taːrfɪlm] *m CINE* documentary

dokumentarisch [dokumɛn'taːrɪʃ] *adj* documentary

Dokumentation [dokumɛnta'tsjoːn] *f* documentary report

dokumentieren [dokumɛn'tiːrən] *v 1.* document; *2. (fig)* demonstrate, reveal, show

Dolch [dɔlç] *m* dagger

Dollar ['dɔlar] *m* dollar

dolmetschen ['dɔlmɛtʃən] *v* interpret

Dolmetscher(in) ['dɔlmɛtʃər(ɪn)] *m/f* interpreter

Dom [doːm] *m* cathedral

domestizieren [domɛstɪ'tsiːrən] *v ZOOL* domesticate

Dominanz [domɪ'nants] *f* dominance

dominieren [domi'niːrən] *v* dominate, have the upper hand

Dominikaner(in) [domini'kaːnər(ɪn)] *m/f REL* Dominican

Domizil [domi'tsiːl] *n* domicile

Dompteur/Dompteuse [domp'tøːr/domp'tøːzə] *m/f* tamer, animal trainer

Donau ['doːnau] *f GEO* Danube

Donner ['dɔnər] *m* thunder; *wie vom ~ gerührt* thunderstruck

donnern ['dɔnərn] *v 1.* thunder; *2. (fig)* rage, roar

Donnerschlag ['dɔnərʃlaːk] *m* thunderclap, crash of thunder

Donnerstag ['dɔnərsta:k] *m* Thursday
Donnerwetter ['dɔnərvɛtər] *n 1. (fam)* row; *2. (als Fluch) Zum ~!* Damn!/Blast!
doof [do:f] *adj 1. (fam: dumm)* stupid, dumb *(US); 2. (fam: langweilig)* boring, a drag
dopen ['do:pən] *v SPORT* dope
Doppel ['dɔpəl] *n 1. (Duplikat)* duplicate; *2. SPORT* doubles
Doppelbeschluss ['dɔpəlbəʃlus] *m POL* bilateral agreement
Doppeldecker ['dɔpəldɛkər] *m 1.* double-decker; *2. (Flugzeug)* biplane
doppeldeutig ['dɔpəldɔytɪç] *adj* ambiguous, equivocal, with a double meaning
Doppeldeutigkeit ['dɔpəldɔytɪçkaɪt] *f* ambiguity
Doppelgänger ['dɔpəlgɛŋər] *m* doppelgänger, double
Doppelhaushalt ['dɔpəlhaushalt] *m* dual residences
Doppelname ['dɔpəlna:mə] *m* hyphenated name
Doppelpunkt ['dɔpəlpuŋkt] *m GRAMM* colon
doppelsinnig ['dɔpəlzɪnɪç] *adj* ambiguous
doppelt ['dɔpəlt] *adj 1.* double; *adv 2. ~ sehen* see double
Doppelverdiener ['dɔpəlfɛrdi:nər] *m* double wage-earner
doppelzüngig ['dɔpəltsyŋɪç] *adj* two-faced, double-dealing
Dorf [dɔrf] *n* village
Dorfbewohner ['dɔrfbəvo:nər] *m* villager
Dorn [dɔrn] *m 1. TECH* awl; *2. BOT* thorn; *jdm ein ~ im Auge sein* to be a thorn in s.o.'s side
dornig ['dɔrnɪç] *adj* thorny, prickly
dörren ['dœrən] *v* dry
dort [dɔrt] *adv* there; *~ drüben* over there
dorther ['dɔrthe:r]] *adv* from there
dorthin ['dɔrthɪn] *adv* there, that way
dortig ['dɔrtɪç] *adj die ~en Lebensverhältnisse* the living conditions there
Dose ['do:zə] *f 1.* tin, can *(US), (mit Deckel)* jar; *2. TECH* box
dösen ['dø:zən] *v* doze
Dosenmilch ['do:zənmɪlç] *f* evaporated milk, condensed milk
Dosenöffner ['do:zənœfnər] *m* tin-opener, can opener *(US)*
Dosenwurst ['do:zənvurst] *f* canned sausage
dosieren [do'zi:rən] *v* administer in doses, dose, proportion
Dosierung [do'zi:ruŋ] *f MED* dosage, dose
Dosis ['do:zɪs] *f* dose
dotieren [dɔ'ti:rən] *v* endow, fund
Dotierung [dɔ'ti:ruŋ] *f 1. ECO* donation, grant; *2. (von Posten) ECO* remuneration
Dotter ['dɔtər] *m* yolk, egg yolk
Dozent(in) [do'tsɛnt(ɪn)] *m/f* lecturer, assistant professor *(US)*
dozieren [do'tsi:rən] *v 1.* give lectures; *2. (fig: belehrend vorbringen)* hold forth
Drache ['draxə] *m* dragon
Drachen ['draxən] *m (Spielzeug)* kite
Drachenfliegen ['draxənfli:gən] *n SPORT* hang-gliding
Draht [dra:t] *m 1.* wire; *einen guten ~ zu jdm haben* get on well with s.o. *2. auf ~ sein (fig)* to be on the ball; *jdn auf ~ bringen* bring s.o. up to scratch
Drahtesel ['dra:te:zəl] *m (fam)* bicycle, boneshaker *(fam)*
drahtig ['dra:tɪç] *adj (fig)* wiry
drahtlos ['dra:tlo:s] *adj TECH* wireless
Drahtseilakt ['dra:tzaɪlakt] *m (fig)* tightrope act
Drahtseilbahn ['dra:tzaɪlba:n] *n* cablecar
Drahtzange ['dra:ttsaŋə] *f* wire-cutters *pl*
Drahtzaun ['dra:ttsaun] *m* wire fence
Drahtzieher ['dra:ttsi:ər] *m der ~ sein (fam)* pull the strings
drall [dral] *adj (Mädchen)* sturdy, buxom
Dramatiker [dra'ma:tɪkər] *m LIT* dramatist, playwright
dramatisch [dra'ma:tɪʃ] *adj 1.* dramatic; *adv 2.* dramatically
dramatisieren [dramatɪ'zi:rən] *v 1.* dramatize; *2. (fig)* exaggerate
dran *adv (siehe „daran")*
Drang [draŋ] *m* urge
drängeln ['drɛŋəln] *v 1.* push, jostle; *2. (bedrängen)* pester
drängen ['drɛŋən] *v 1. (fig)* press, urge; *2.* press, push, force
Drangsal ['draŋza:l] *f* distress, agony
drangsalieren [draŋza'li:rən] *v* harass
drankommen ['drankɔmən] *v irr 1. (an der Reihe sein)* take one's turn; *Ich komme dran.* It is my turn. *2. (abgefragt werden)* to be questioned, *(in der Schule)* to be called on
drastisch ['drastɪʃ] *adj* drastic
drauf *adv (siehe „darauf")*
Draufgänger ['draufgɛŋər] *m 1. (Wagehals)* daredevil; *2. (bei Frauen)* wolf, Casanova, he-man; *3. (Erfolgsmensch)* person who goes for it, go-getter *(US)*

D

draufgängerisch ['draufgɛŋərɪʃ] *adj* go-ahead, go-getting *(US)*
draufgehen ['draufgeːən] *v irr (fam: sterben)* die, kick the bucket
draufhaben ['draufhaːbən] *v irr (fam) etw ~* to be smart
drauflos [drauf'loːs] *adv* recklessly, single-mindedly
drauflosreden [drauf'loːsreːdən] *v* talk away, ramble
draufmachen ['draufmaxən] *v einen ~* paint the town red *(fam)*
draufzahlen ['drauftsaːlən] *v (fig)* to be out of pocket
draußen ['drausən] *adv* outside
Drechsler ['drɛkslər] *m* turner, lathe-turner
Dreck [drɛk] *m 1.* dirt, muck, mud; *stehen vor ~* to be absolutely filthy; *2. (Schund)* rubbish; *3. (fig) ~ am Stecken haben* have skeletons in one's closet; *der letzte ~ sein* to be the lowest of the low; *jdn aus dem ~ ziehen* pull s.o. out of the gutter
dreckig ['drɛkɪç] *adj* dirty, filthy, grimy
Drecksack ['drɛkzak] *m (fam)* dirty bastard
Drecksarbeit ['drɛksarbaɪt] *f* dirty work
Dreckskerl ['drɛkskɛrl] *m (fam)* louse, dirty swine
Drehachse ['dreːaksə] *f TECH* rotary axis, pivot
Dreharbeiten ['dreːarbaɪtən] *pl CINE* shooting, filming
drehbar ['dreːbaːr] *adj* revolving, rotating, swivelling
Drehbuch ['dreːbuːx] *n CINE* script
Drehbuchautor(in) ['dreːbuːxautɔr(ɪn)] *m/f CINE* scriptwriter

> **drehen** ['dreːən] *v 1.* turn; *2. (ver~)* twist; *3. (sich schnell ~)* spin; *4. (um seinen Mittelpunkt)* revolve; *5. CINE* shoot, film; *6. (Zigarette)* roll

Dreher ['dreːər] *m TECH* turner
Drehknopf ['dreːknɔpf] *m* knob
Drehkreuz ['dreːkrɔyts] *n* turnstile
Drehscheibe ['dreːʃaɪbə] *f TECH* turntable, turning platform
Drehstrom ['dreːʃtroːm] *m TECH* three-phase current
Drehtür ['dreːtyːr] *f* revolving door
Drehung ['dreːuŋ] *f 1.* turn; *2. (Umdrehung)* revolution; *3. (um eine Achse)* rotation
Drehwurm ['dreːvurm] *m (fam)* dizziness, giddiness
Drehzahl ['dreːtsaːl] *f 1. TECH* speed, number of revolutions; *2. (pro Minute)* revolutions per minute
Drehzahlmesser ['dreːtsaːlmɛsər] *m* tachometer
drei [draɪ] *num* three; *~ viertel* three quarters; *Aller guten Dinge sind ~.* Good things come in threes.
dreidimensional ['draɪdimɛnzjonaːl] *adj* three-dimensional
Dreieck ['draɪɛk] *n MATH* triangle
dreieckig ['draɪɛkɪç] *adj* triangular
Dreiecksverhältnis ['draɪɛksfɛrhɛltnɪs] *n 1.* triangular relationship, triangle; *2. (der Liebe)* love triangle
dreifach ['draɪfax] *adj* threefold
Dreifaltigkeit [draɪ'faltɪçkaɪt] *f REL* Trinity
Dreifuß ['draɪfuːs] *m* tripod
Dreikäsehoch [draɪ'kɛːzəhoːx] *m* pipsqueak
Dreiklang ['draɪklaŋ] *m MUS* triad
dreimal ['draɪmaːl] *adv* three times; *Dreimal darfst du raten. (fam)* I'll give you three guesses.
dreimalig ['draɪmaːlɪç] *adj* three times
Dreimeilenzone [draɪ'maɪləntsoːnə] *f NAUT* three-mile zone
Dreisatz ['draɪzats] *m MATH* rule of three
Dreisprung ['draɪʃpruŋ] *m SPORT* triple jump
dreißig ['draɪsɪç] *num* thirty
Dreißiger ['draɪsɪgər] *pl 1. in den ~n sein (Mensch)* to be in one's thirties; *2. die ~ (Jahrzehnt)* the Thirties
dreist [draɪst] *adj* cheeky, bold, forward, impudent
Dreistigkeit ['draɪstɪgkaɪt] *f* boldness, cheek *(fam)*
dreiteilig ['draɪtaɪlɪç] *adj 1.* three-part; *2. (Kostüm)* three-piece
dreizehn ['draɪtseːn] *num* thirteen; *Jetzt schlägt's ~!* That's enough! Now I'm fed up!
dreschen ['drɛʃən] *v irr* thrash, thresh
dressieren [drɛ'siːrən] *v* train, condition, *(Pferd)* break in
Dressur [drɛ'suːr] *f* training, breaking in, *(~ reiten)* dressage
dribbeln ['drɪbəln] *v SPORT* dribble
driften ['drɪftən] *v* drift
drillen ['drɪlən] *v 1.* drill; *2. (verdrehen)* twist
Drillinge ['drɪlɪŋə] *pl* triplets
drin *adv (fam) (siehe „darin")*
dringen ['drɪŋən] *v irr 1.* penetrate, pass through; *2. (Wasser)* seep through; *3. in jdn ~*press s.o., urge s.o. *4. auf etw ~* insist on sth

dringend ['drɪŋənt] *adj* *1.* urgent, pressing, imperative; *2. (Gründe)* compelling
dringlich ['drɪŋlɪç] *adj* urgent
Dringlichkeit ['drɪŋlɪçkaɪt] *f* urgency
drinnen ['drɪnən] *adv* inside
dritte(r,s) ['drɪtə(r,s)] *adj* third; *der lachende Dritte* the real winner
Drittel ['drɪtəl] *n* third
Droge ['dro:gə] *f* drug
drogenabhängig ['dro:gənaphɛŋɪç] *adj* drug-addicted, addicted to drugs
Drogenabhängige(r) ['dro:gənaphɛŋɪgə(r)] *m/f* drug addict
Drogenhändler ['dro:gənhɛndlər] *m* drug dealer
Drogenkartell ['dro:gənkartɛl] *n* drug cartel
Drogenkonsum ['dro:gənkɔnzu:m] *m* drug consumption
Drogenmissbrauch ['dro:gənmɪsbraux] *m* drug abuse
Drogenszene ['dro:gənstse:nə] *f* drug culture
Drogerie [dro:gə'ri:] *f* chemist's, drugstore *(US)*
Drohbrief ['dro:bri:f] *m* threatening letter
drohen ['dro:ən] *v* threaten
Drohne ['dro:nə] *f ZOOL* drone
dröhnen ['drø:nən] *v* resound, roar, boom, drone
Drohung ['dro:uŋ] *f* threat
drollig ['drɔlɪç] *adj* funny, amusing, droll, cute
Dromedar [dromə'dar] *n ZOOL* dromedary, Arabian camel
Droschke ['drɔʃkə] *f* cab
Drossel ['drɔsəl] *f ZOOL* thrush
drosseln ['drɔsəln] *v TECH* choke, throttle
drüben ['dry:bən] *adv* on the other side, over there
Druck [druk] *m* *1.* pressure; *2. (Belastung)* burden, load; *unter ~ stehen* to be under pressure; *jdn unter ~ setzen* put pressure on s.o. *3. (Flächendruck)* compression
Druckbuchstabe ['drukbuxʃta:bə] *m* block letter
Drückeberger ['drykəbɛrgər] *m (fam)* malingerer, shirker
drucken ['drukən] *v* print
drücken ['drykən] *v* *1.* press; *2. (Preise) ECO* force down; *3. (umarmen)* squeeze; *4. (fig: bedrücken)* depress
drückend ['drykənt] *adj* *1. (schwer)* heavy; *2. (Hitze)* gloomy
Drucker ['drukər] *m* *1. (Person)* printer; *2. (Gerät) INFORM* printer
Drücker ['drykər] *m* *1.* button; *Er kommt immer auf den letzten ~.* He always shows up at the last minute. *am ~ sitzen (fig)* to be at the controls; *2. (Klinke)* handle; *3. (Türschloss)* latch
Druckerei [drukə'raɪ] *f* printer
Druckerschwärze ['drukərʃvɛrtsə] *f* printer's ink
Druckfehler ['drukfe:lər] *m* misprint
druckfertig ['drukfɛrtɪç] *adj* ready to go to press
druckfrisch ['drukfrɪʃ] *adj* *1.* hot off the presses, fresh from the press; *2. (fig)* fresh from the press, latest
Druckknopf ['drukknɔpf] *m* *1. (am Kleid)* snap (fastener); *2. TECH* push-button
Druckluft ['drukluft] *f TECH* compressed air
Druckmittel ['drukmɪtəl] *n* means of exercising pressure, lever
druckreif ['drukraɪf] *adj* ready for printing
Drucksache ['drukzaxə] *f* printed matter
Drumherum [drumhɛ'rum] *n (fam)* trappings *pl*
drunter *adv* *1. (siehe „darunter")* *2. ~ und drüber* higgledy-piggledy, haywire
Drüse ['dry:zə] *f ANAT* gland
Dschungel ['dʒuŋəl] *m* jungle

du [du:] *pron* you; *„Du, Michael ..."* "Say, Michael ..."

dual [du'a:l] *adj* dual
Dualismus [dua'lɪsmus] *m* dualism
Dübel ['dy:bəl] *m TECH* plug
dubios [dubi'o:s] *adj* dubious
ducken ['dukən] *v* duck
Duckmäuser ['dukmɔyzər] *m* cringer, spineless fellow
Dudelsack ['du:dəlzak] *m* bagpipes *pl*
Duell [du'ɛl] *n* duel
Duett [du'ɛt] *n MUS* duet
Duft [duft] *m* fragrance, aroma
duften ['duftən] *v* smell sweet, to be fragrant, to be scented
duftig ['duftɪç] *adj* scented, fragrant
Duftnote ['duftno:tə] *f* special scent, special fragrance
Duftstoff ['duftʃtɔf] *m* *1.* perfume, scent; *2. BIO* odorous substance
Duftwolke ['duftvɔlkə] *f* cloud of perfume
dulden ['duldən] *v* *1. (hinnehmen)* tolerate, put up with, permit; *2. (ertragen)* bear, endure

D

duldsam ['duldzam] *adj* tolerant
Duldung ['duldʊŋ] *f* tolerance
dumm [dum] *adj* stupid, dumb *(fam)*, foolish; *jdn für ~ verkaufen* play s.o. for a fool; *jdm ~ kommen* get funny with s.o. *Das ist mir zu ~. (fam)* That's just too much for me.
dummdreist ['dumdraɪst] *adj (fam)* impudent

D

Dumme(r) ['dumə(r)] *m/f* fool; *der Dumme sein* come off worst; *einen Dummen finden* find s.o. stupid enough
dummerweise ['dumərvaɪzə] *adv* unfortunately
Dummheit ['dumhaɪt] *f* stupidity, foolishness, idiocy
Dummkopf ['dumkɔpf] *m* idiot, fool, nitwit
dümmlich ['dymlɪç] *adj* fairly stupid, pretty stupid
dumpf [dumpf] *adj 1. (Klang)* hollow; *2. (Schmerz)* dull
Düne ['dy:nə] *f* dune
Dung [duŋ] *m AGR* dung, manure
düngen ['dyŋən] *v AGR* spread fertilizer, spread manure

dunkel ['duŋkəl] *adj 1.* dark, obscure; *2. (unklar)* vague; *3. im ~n tappen* to be left in the dark

Dunkel ['duŋkəl] *n* darkness; *Im ~n ist gut munkeln.* Darkness is the friend of lovers.
Dünkel ['dyŋkəl] *m* arrogance
dünkelhaft ['dyŋkəlhaft] *adj* conceited, arrogant
dunkelhäutig ['duŋkəlhɔytɪç] *adj* dark-skinned
Dunkelheit ['duŋkəlhaɪt] *f* darkness
Dunkelkammer ['duŋkəlkamər] *f FOTO* darkroom
dunkelrot ['duŋkəlro:t] *adj* dark red, deep red
Dunkelziffer ['duŋkəltsɪfər] *f* estimated number of unreported cases
dünn [dyn] *adj* thin; *~ gesät* few and far between
Dünndarm ['dyndarm] *m ANAT* small intestine
dünnflüssig ['dynflysɪç] *adj* liquid, watery, light
Dunst [dunst] *m 1.* vapour, steam; *2. (Rauch)* smoke; *3. keinen blassen ~ von etw haben* not have the foggiest idea of sth
dünsten ['dynstən] *v GAST* steam, stew, braise
dunstig ['dunstɪç] *adj 1. (Wetter)* misty; *2. (Raum)* stuffy
Dunstkreis ['dunstkraɪs] *m 1.* atmosphere, aura; *2. (fig)* sphere of influence
Duplikat [dupli'ka:t] *n* duplicate
Dur [du:r] *n MUS* major

durch [durç] *prep 1. (örtlich)* through; *~ die Straßen gehen* walk the streets; *~ die ganze Welt* all over the world; *Hier darf man nicht ~!* No way through here! *~ und ~* through and through; *Das geht mir ~ und ~.* It goes right through me. *2. (zeitlich)* throughout, for; *3. (mittels)* through, by means of; *4. (kausal)* by; *5. (geteilt ~)* divided by; *neun ~ drei* nine divided by three

durcharbeiten ['durçarbaɪtən] *v 1.* work without stopping; *2. etw ~* work through sth; *3. sich durch etw ~* work one's way through sth
durchatmen ['durça:tmən] *v* breathe deeply
durchaus [durç'aus] *adv* thoroughly, entirely, absolutely
durchbiegen ['durçbi:gən] *v irr sich ~* sag
durchblättern ['durçblɛtərn] *v* page through, glance through
Durchblick ['durçblɪk] *m (fig)* understanding, control (of a situation)
durchblicken ['durçblɪkən] *v 1. (hindurchblicken)* look through; *2. (fam: verstehen)* understand; *3. etw ~ lassen* hint at sth, intimate
Durchblutung [durç'blu:tuŋ] *f MED* circulation
durchbohren [durç'bo:rən] *v* bore through, pierce
durchbrechen ['durçbrɛçən] *v irr (fig: durchstoßen)* break through; [durç'brɛçən] *v irr 2. (fig: übertreffen)* break through
durchbrennen ['durçbrɛnən] *v irr 1. (Sicherung)* blow; *2. (fig: davonlaufen)* run away, bolt, run off
durchbringen ['durçbrɪŋən] *v irr 1.* get through, get by; *2. (Kinder)* bring up; *3. (verschwenden)* squander
durchdenken [durç'dɛŋkən] *v irr* think through, think out
durchdrängen ['durçdrɛŋən] *v 1.* force through; *2. sich ~* force one's way through
durchdrehen ['durçdre:ən] *v 1. (Räder)* spin, skid; *2. (fam)* crack up, freak out, go bananas
durchdringen [durç'drɪŋən] *v irr* penetrate
durcheinander [durçaɪn'andər] *adj 1. (unordentlich)* mixed up, messed up, muddled;

~ bringen/~ werfen mix up, make a mess of, muddle; *~ reden* talk all at once; *~ rufen* shout at the same time, shout all at once; *2. (fam: verwirrt)* confused, mixed up; *zwei Sachen ~ bringen* confuse two things; *~ werfen (fig)* mix up, confuse

Durcheinander [durçaɪn'andər] *n* confusion, muddle, disorder, mess

durchfahren [durç'fa:rən] *v irr 1.* drive through; *2. (ohne Stopp)* drive without stopping, drive without a break, drive straight through

Durchfahrt ['durçfa:rt] *f 1.* passage; *2. (Tor)* gateway

Durchfall ['durçfal] *m MED* diarrhoea, diarrhea *(US)*

Durchfallquote ['durçfalkvo:tə] *f* failure rate

durchfallen ['durçfalən] *v irr (bei einer Prüfung)* fail

durchfechten ['durçfɛçtən] *v irr 1. etw ~* fight to get sth through; *2. sich ~* fight one's way through

durchfinden ['durçfɪndən] *v irr* find one's way

durchfließen ['durçfli:sən] *v irr* flow through

durchfluten [durç'flutən] *v* flow through, flood through, stream through

durchforsten [durç'fɔrstən] *v (fig)* search through, rummage through

durchfragen ['durçfra:gən] *v sich ~ (fam)* find sth by asking around

durchführbar ['durçfyrba:r] *adj* feasible, practicable, workable

durchführen ['durçfy:rən] *v 1. (leiten)* guide through, lead through; *2. (ausführen)* carry out, implement, execute

Durchführung ['durçfy:ruŋ] *f* carrying out, execution, implementation

Durchgang ['durçgaŋ] *m 1. (Weg)* passage; *2. (Runde) SPORT* round

durchgängig ['durçgɛŋɪç] *adj* general, universal, usual

Durchgangsstraße ['durçgaŋsʃtra:sə] *f* through road

Durchgangsverkehr ['durçgaŋsfɛrke:r] *m* through traffic

durchgeben ['durçge:bən] *v irr eine Meldung ~* make an announcement; *Der Sprecher gab die Nachrichten durch.* The announcer read the news. *Ich werde es Ihnen telefonisch ~.* I'll read it to you over the phone.

durchgehen ['durçge:ən] *v irr 1. (überprüfen)* examine, go through; *2. (genehmigt werden)* to be carried, to be passed, to be adopted; *3. (fam: weglaufen)* bolt, run away, *(Liebende)* elope

durchgehend ['durçge:ənt] *adj* continuous

durchgeistigt [durç'gaɪstɪgt] *adj* highly intellectual

durchgreifen ['durçgraɪfən] *v irr 1.* reach through; *2. (fig)* take drastic measures

durchhalten ['durçhaltən] *v irr* endure, hold out, last out

durchhelfen ['durçhɛlfən] *v irr* help s.o. through

durchkämpfen ['durçkɛmpfən] *v 1.* carry on fighting; *2. etw ~* push sth through; *3. sich ~* fight one's way through

durchkommen ['durçkɔmən] *v irr 1.* come through, get through; *2. (finanziell)* get by; *3. (sich zurechtfinden)* manage; *4. (bei jdm)* get somewhere; *5. mit etw ~* get by with sth

durchkreuzen ['durçkrɔytsən] *v 1.* cross out; *2. (fig: Pläne)* frustrate

Durchlass ['durçlas] *m 1.* passage; *~ erhalten* to be allowed to pass; *2. (Leitung)* duct

durchlassen ['durçlasən] *v irr* let s.o. through, let pass

durchlässig ['durçlɛsɪç] *adj* permeable; *Das Dach ist ~.* The roof leaks.

Durchlässigkeit ['durçlɛsɪçkaɪt] *f* permeability

durchlaufen [durç'laufən] *v irr 1.* run through; *2. (Flüssigkeit)* leak

durchleben [durç'le:bən] *v (fig)* live through, experience

durchlesen ['durçle:zən] *v irr* read through

durchleuchten [durç'lɔyçtən] *v 1. (fig: überprüfen)* examine, investigate, probe; *2. (aufklären)* clear up; *3. MED* x-ray

durchlüften ['durçlyftən] *v* ventilate, air out thoroughly

durchmachen ['durçmaxən] *v 1. die ganze Nacht ~* keep going all night; *2. (etw ~)* go through; *3. (Wandlung)* undergo

Durchmesser ['durçmɛsər] *m* diameter

durchnässen [durç'nɛsən] *v* soak

durchorganisieren ['durçɔrgani'zi:rən] *v* organize thoroughly

durchpausen ['durçpauzən] *v* trace

durchqueren [durç'kve:rən] *v* cross

Durchreiche ['durçraɪçə] *f* hatch

D

durchringen ['durçrɪŋən] *v irr sich zu etw ~* make up one's mind to do sth (after much thought)
durchschauen ['durçʃauən] *v 1.* look through; [durç'ʃauən] *2. (erkennen)* see through; *Du bist durchschaut.* I see right through you. I've got your number. *(fam)*
durchschlafen ['durçʃlaːfən] *v irr* sleep through
Durchschlag ['durçʃlaːk] *m* (carbon) copy
durchschlagen [durç'ʃlaːgən] *v irr 1.* penetrate, pierce, go through; *2. (zerteilen)* cut in two; *3. (durchpassieren)* strain; *4. sich ~* fight one's way through
Durchschlagskraft ['durçʃlaːkskraft] *f 1.* penetrating power; *2. (fig)* effectiveness, force
durchschneiden ['durçʃnaɪdən] *v irr 1.* cut through, cut in two; *2.* cut through; *3. (fig: Schrei)* pierce
Durchschnitt ['durçʃnɪt] *m* average
durchschnittlich ['durçʃnɪtlɪç] *adj 1.* average, ordinary; *adv 2.* on average
durchsehen ['durçzeːən] *v irr* look through
durchsetzen ['durçzɛtsən] *v 1. sich ~* prevail, assert o.s. *2. sich ~ (Erzeugnis)* prove its worth
Durchsicht ['durçzɪçt] *f* looking through, examination, inspection
durchsichtig ['durçzɪçtɪç] *adj 1.* transparent, clear; *2. (fig)* clear, lucid
durchsickern ['durçzɪkərn] *v 1.* seep through; *2. (Nachricht)* leak out
durchstehen ['durçʃteːən] *v irr (fig)* see through
durchstellen ['durçʃtɛlən] *v (fig: telefonisch) TEL* put through
durchstöbern [durç'ʃtøːbərn] *v* rummage through
durchstreichen ['durçʃtraɪçən] *v irr* cross out, delete
durchstreifen [durç'ʃtraɪfən] *v* wander through, roam through
durchsuchen [durç'zuːxən] *v* search, go through; *jdn ~* frisk s.o.
durchtrennen [durç'trɛnən] *v* divide, split
durchtrieben [durç'triːbən] *adj* sly, crafty, sneaky
durchwachen [durç'waxen] *v die Nacht ~* stay awake all night
Durchwahl ['durçvaːl] *f TEL* extension, direct dialing
durchweg ['durçveːk] *adv* without exception
durchwühlen [durç'vyːlən] *v (durchsuchen)* rummage through, ransack
durchzählen ['durçtsɛːlən] *v 1.* count off, number off; *2. (etw ~)* count
durchziehen ['durçtsiːən] *v irr 1.* come through, go through, pass through; *2. (Luft) Es zieht durch.* There's a draught in here., There's a draft in here. *(US)*; *3. (etw ~)* pull through; *(Plan)* push through; [durç'tsiːən] *4.* pass through, traverse; *Adern ~ den Marmor.* The marble is streaked with veins.
Durchzug ['durçtsuːk] *m 1. (das Durchziehen)* passage; *2. (Luftbewegung)* draught, draft

> **dürfen** ['dyrfən] *v irr 1.* may, can, to be allowed to, to be permitted to; *Darf ich das tun?* May I do it? *Das darf doch nicht wahr sein!* That can't be! *2. (Vermutung) das dürfte ...* that is probably ..., that must be ...

dürftig ['dyrftɪç] *adj 1.* meagre, inadequate, scanty; *2. (Einkommen)* paltry
dürr [dyr] *adj 1. (mager)* skinny, gaunt; *2. (Boden)* arid, barren
Dürre ['dyrə] *f 1.* barrenness; *2. (Regenmangel)* drought; *3. (Person)* gauntness
Durst [durst] *m* thirst; *~ haben* to be thirsty
dürsten ['dyrstən] *v 1. Mich dürstet.* I'm thirsty. *2. ~ nach* thirst for, to be thirsting for
durstig ['durstɪç] *adj* thirsty
Dusche ['duːʃə] *f* shower
duschen ['duːʃən] *v* shower, take a shower, have a shower
Düse ['dyːzə] *f TECH* jet, nozzle
Dusel ['duːzəl] *m 1. (Glück)* dumb luck; *2. (Schlaftrunkenheit, Schwindel)* daze
Düsenflugzeug ['dyːzənfluːktsɔyk] *n* jet plane
düster ['dyːstər] *adv 1.* gloomy, dark; *Unsere Aussichten sind ~.* Our prospects are dismal. *2.* dismally, gloomily; *adj*
Düsterkeit ['dyːstərkaɪt] *f* gloominess dimness
Dutzend ['dutsənt] *n* dozen
dutzendfach ['dutsəntfax] *adv* by the dozen
Dynamik [dy'naːmɪk] *f* dynamics
dynamisch [dy'naːmɪʃ] *adj* dynamic
Dynamit [dyna'miːt] *n* dynamite
Dynastie [dynas'tiː] *f HIST* dynasty
D-Zug ['deːtsuːk] *m* express train

E

Ebbe ['ɛbə] *f* ebb tide, low tide, ebb
eben ['eːbən] *adj 1.* even, flat, level; *adv 2. (vor kurzer Zeit)* just, just now, just a moment ago; *3. (bestätigend)* exactly, that's just it
Ebenbild ['eːbənbɪlt] *n* image
ebenbürtig ['eːbənbyrtɪç] *adj* of equal birth, of equal rank; *wir sind einander ~* we are equal(s)
Ebenbürtigkeit ['eːbənbyrtɪçkaɪt] *f* equality of birth, equality of status
ebendeshalb [eːbən'dɛshalp] *adv* for that very reason
Ebene ['eːbənə] *f 1. (fig)* level, plane; *2. GEO* plain
ebenerdig ['eːbəneːrdɪç] *adj* ground-floor, at ground level, on the first floor *(US)*
ebenfalls ['eːbənfals] *adv* also, likewise, as well
Ebenholz ['eːbənhɔlts] *n* ebony
Ebenmaß ['eːbənmaːs] *n* symmetry, beautiful proportions *pl,* evenness
ebenmäßig ['eːbənmɛːsɪç] *adj* regular, harmonious
ebenso ['eːbənzoː] *adv* equally, just as; *~ gut* just as well; *~ lang* just as long; *~sehr* just as much; *~ wenig* just as little, no more
Eber ['eːbər] *m ZOOL* boar
Eberesche ['eːbərɛʃə] *f BOT* rowan
ebnen ['eːbnən] *v 1.* level, make level, smooth; *2. (fig)* pave the way
Echo ['ɛço] *n 1.* echo; *2. (fig)* response
Echolot ['ɛçoloːt] *n NAUT* depth finder, acoustic sounder
Echse ['ɛksə] *f ZOOL* lizard

> **echt** [ɛçt] *adj 1.* real, genuine, authentic; *adv 2. (fam)* really

Eckbank ['ɛkbaŋk] *f* corner bench
Eckdaten ['ɛkdaːtən] *pl ECO* basic data

> **Ecke** ['ɛkə] *f* corner; *um die ~* round the corner; *jdn um die ~ bringen* bump s.o. off *(fam)*; *mit jdm über fünf ~n verwandt sein* to be a distant relation of s.o.; *Es fehlt an allen ~n und Enden.* We're short of everything.

eckig ['ɛkɪç] *adj 1.* angular, square; *2. (fig: unbeholfen)* awkward
Eckpfeiler ['ɛkpfaɪlər] *m* corner pillar, cornerstone
Eckstein ['ɛkʃtaɪn] *m 1.* cornerstone; *2. (Karo)* diamonds *pl*
edel ['eːdəl] *adj 1. (adlig)* noble; *2. (Wein)* high-class, superior; *3. (hochwertig)* precious
Edelmann ['eːdəlman] *m* nobleman
Edelmetall ['eːdəlmetal] *n* precious metal
edelmütig ['eːdəlmyːtɪç] *adj* noble, magnanimous
Efeu ['eːfɔy] *m BOT* ivy
Effekt [e'fɛkt] *m* effect
Effekten [e'fɛktən] *pl ECO* securities *pl*
Effektenbörse [e'fɛktənbœrzə] *f ECO* stock exchange
Effektenhandel [e'fɛktənhandəl] *m ECO* securities trading
effektvoll [e'fɛktfɔl] *adj* effective, impressive, striking
effizient [ɛfi'tsjɛnt] *adj* efficient

> **egal** [e'gaːl] *adj 1. (fam: gleichmäßig)* alike; *2. Das ist mir ~.* I don't care. It doesn't matter to me. It makes no difference to me.

egalisieren [egaːli'ziːrən] *v* equalize
egalitär [egali'tɛːr] *adj* egalitarian
eh [eː] *adv 1. seit ~ und je* since time immemorial; *2. (sowieso)* anyway, anyhow
ehe ['eːə] *konj* before
Ehe ['eːə] *f* marriage
eheähnlich ['eːəɛːnlɪç] *adj* quasi-marital
Ehebruch ['eːəbrux] *m* adultery
Ehefrau ['eːəfrau] *f* wife, married woman, spouse
ehelich ['eːəlɪç] *adj 1.* conjugal, matrimonial; *2. (Kind)* legitimate
ehelichen ['eːəlɪçən] *v* marry, wed
ehemalig ['eːəmaːlɪç] *adj* former, ex-...
ehemals ['eːəmaːls] *adv* formerly, in the past, in former times
Ehemann ['eːəman] *m* husband, married man, spouse
Ehepaar ['eːəpaːr] *n* married couple
eher ['eːər] *adv 1. (früher)* sooner, earlier; *2. (lieber)* rather, sooner
eheste(r,s) ['eːəstə(r,s)] *adj So funktioniert es am ehesten.* It's most likely to work that way.
ehestens ['eːəstəns] *adv* at the earliest
ehrbar ['eːrbaːr] *adj* honourable, reputable, respectable

E

E

Ehre ['e:rə] *f* honour; *etw in ~n halten* treasure sth; *sich alle ~ machen* do o.s. credit; *jdm die letzte ~ erweisen* lay s.o. to rest; *jdn bei seiner ~ packen* appeal to s.o.'s sense of honour; *zur ~ Gottes* to the glory of God; *Habe die ~!* Pleased to meet you!
ehren ['e:rən] *v* honour
ehrenamtlich ['e:rənamtlıç] *adj 1.* unpaid, honorary; *adv 2.* without payment, in an honorary capacity
Ehrenrettung ['e:rənrɛtuŋ] *f* defence of one's reputation, face-saving
ehrenrührig ['e:rənry:rıç] *adj* defamatory
Ehrenrunde ['e:rənrundə] *f 1. SPORT* round of honour, victory lap *(US); eine ~ drehen* take a lap of honour; *2. eine ~ drehen (fam: eine Klasse wiederholen)* repeat a class
ehrerbietig ['e:rɛrbi:tıç] *adj* respectful, reverential
Ehrfurcht ['e:rfurçt] *f* awe, reverence; *~ gebietend* awe-inspiring, awesome; *von ~ ergriffen* overawed
ehrfürchtig ['e:rfyrçtıç] *adj* awestruck, reverential
ehrgeizig ['e:rgaıtsıç] *adj* ambitious
ehrlich ['e:rlıç] *adj 1.* honest; *Ehrlich?* Really? *adv 2.* honestly; *~ gesagt* to be honest
Ehrlichkeit ['e:rlıçkaıt] *f* honesty, uprightness, fairness
ehrlos ['e:rlo:s] *adj* dishonourable, disgraceful, infamous
Ehrung ['e:ruŋ] *f* honour, tribute, homage
ehrwürdig ['e:rvyrdıç] *adj* venerable

Ei [aı] *n* egg; *wie aus dem ~ gepellt* as neat as a pin; *wie auf ~ern gehen* walk gingerly; *sich gleichen wie ein ~ dem anderen* to be as like as two peas in a pod; *jdn wie ein rohes ~ behandeln* handle s.o. with kid gloves

Eibe ['aıbə] *f BOT* yew tree
Eid [aıt] *m JUR* oath
eidesstattlich ['aıdəsʃtatlıç] *adj JUR* in
eiern ['aıərn] *v* wobble
Eifer ['aıfər] *m* eagerness, keenness, zeal
eifern ['aıfərn] *v* strive
eifersüchtig ['aıfərzyçtıç] *adj* jealous
eiförmig ['aıfœrmıç] *adj* egg-shaped, oval
eifrig ['aıfrıç] *adj 1.* eager, zealous, avid; *adv 2.* eagerly, zealously, avidly

eigen ['aıgən] *adj 1.* own, separate, particular; *2. (seltsam)* peculiar

Eigenart ['aıgəna:rt] *f 1.* individuality; *2. (Wesensmerkmal)* idiosyncrasy, quirk, peculiarity
eigenartig ['aıgəna:rtıç] *adj* peculiar, queer, strange
Eigenfinanzierung ['aıgənfinantsi:ruŋ] *f ECO* self-financing, equity financing
eigenhändig ['aıgənhɛndıç] *adj* with one's own hands, personal
Eigenheim ['aıgənhaım] *n* owner-occupied home, a home of one's own
Eigenheit ['aıgənhaıt] *f* peculiarity, characteristic, oddity
eigenmächtig ['aıgənmɛçtıç] *adj* arbitrary, high-handed, done on one's own authority
Eigenname ['aıgənna:mə] *m* proper name
Eigennutz ['aıgənnuts] *m* self-interest
eigennützig ['aıgənnytsıç] *adj* selfish
eigens ['aıgəns] *adv* especially
Eigenschaft ['aıgənʃaft] *f* characteristic, quality, attribute
Eigensinn ['aıgənzın] *m* obstinacy, stubbornness
eigensinnig ['aıgənzınıç] *adj* headstrong, stubborn, obstinate
eigentlich ['aıgəntlıç] *adj 1.* actual, real; *adv 2.* actually, really
Eigentum ['aıgəntu:m] *n* property, possession, ownership
Eigentümer ['aıgənty:mər] *m* owner
eigentümlich ['aıgənty:mlıç] *adj* peculiar, characteristic
eigentümlicherweise ['aıgənty:mlıçərvaızə] *adv* strangely enough, curiously enough
Eigentümlichkeit ['aıgənty:mlıçkaıt] *f* peculiarity, characteristic, oddity
Eigentumswohnung ['aıgəntu:msvo:nuŋ] *f* freehold flat *(UK)*, condominium *(US)*
eigenverantwortlich ['aıgənfɛrantvɔrtlıç] *adj* responsible
eigenwillig ['aıgənvılıç] *adj* with a mind of one's own, highly individual
eignen ['aıgnən] *v sich ~ für* to be suited for
Eignung ['aıgnuŋ] *f 1.* suitability; *2. (Befähigung)* aptitude
Eile ['aılə] *f* hurry, rush, haste; *in ~ sein* to be in a hurry
eilen ['aılən] *v* hurry, rush, hasten
eilig ['aılıç] *adj* hurried, rushed, hasty; *es ~ haben* to be in a hurry
eiligst ['aılıçst] *adv* urgently, as fast as possible
Eiltempo ['aıltɛmpo] *n im ~* at high speed

Eimer ['aımər] *m* bucket, pail

ein [aɪn] *art* a, an
einander [aɪn'andər] *adv* one another, each other
einarbeiten ['aɪnarbaɪtən] *v 1. etw ~* work sth in; *2. sich ~* familiarize o.s. with one's work, make o.s. acquainted with one's work
einäschern ['aɪnɛʃərn] *v 1.* burn to ashes; *2. (Leichnam)* cremate
einatmen ['aɪnaːtmən] *v* breathe in, inhale
einäugig ['aɪnɔygɪç] *adj* one-eyed, monocular
einbalsamieren ['aɪnbalzamiːrən] *v* embalm
Einband ['aɪnbant] *m* binding
Einbau ['aɪnbau] *m* installation, insertion
einbauen ['aɪnbauən] *v* install, build in, fit
einbehalten ['aɪnbəhaltən] *v irr* keep back, retain
einberufen ['aɪnbəruːfən] *v irr 1. (Versammlung)* convene, call, summon; *2. MIL* call up, summon, draft
einbetten ['aɪnbɛtən] *v 1.* embed, imbed; *2. (Rohr)* lay
einbeziehen ['aɪnbətsiːən] *v irr* include, incorporate, integrate
einbiegen ['aɪnbiːgən] *v irr 1.* bend inward, turn inward; *2. (in eine Straße)* turn into; *rechts ~* turn off to the right
einbilden ['aɪnbɪldən] *v sich ~* imagine, fancy; *Er bildet sich ein, dass ...* He's under the impression that ... He's under the delusion that ...
einbinden ['aɪnbɪndən] *v irr 1. (Buch)* bind; *2. (fig)* include, integrate, involve
einbläuen ['aɪnblɔyən] *v (fam) jdm etw ~* beat sth into s.o.
einblenden ['aɪnblɛndən] *v CINE* fade in, intercut, insert
Einblick ['aɪnblɪk] *m* insight
einbrechen ['aɪnbrɛçən] *v irr 1.* break in; *2. (durchbrechen)* break down, smash in; *3. (fig: beginnen)* set in
Einbrecher ['aɪnbrɛçər] *m* burglar
einbringen ['aɪnbrɪŋən] *v irr* bring in
einbürgern ['aɪnbyrgərn] *v POL* naturalize
Einbuße ['aɪnbuːsə] *f* loss, damage
einbüßen ['aɪnbyːsən] *v 1. (Geld)* lose; *2. (Recht)* for feit
eindecken ['aɪndɛkən] *v 1. sich mit etw ~* stock up on sth, lay in a supply of sth; *2. jdn mit etw ~* provide s.o. with sth, swamp s.o. with sth
eindeutig ['aɪndɔytɪç] *adj 1.* clear, unmistakable; *adv 2.* clearly, unmistakably
eindringen ['aɪndrɪŋən] *v irr 1.* intrude, penetrate, enter forcibly; *2. MIL* invade
eindringlich ['aɪndrɪŋlɪç] *adj* insistent
Eindringlichkeit ['aɪndrɪŋlɪçkaɪt] *f* urgency
Eindruck ['aɪndruk] *m* impression
eindrücken ['aɪndrykən] *v 1.* push in; *2. (Fenster)* break in
eindrucksvoll ['aɪndruksfɔl] *adj* impressive, imposing, striking
eine(r,s) ['aɪnə] *art 1.* a, an; *pron 2.* one; *3. (jemand)* someone, somebody
einebnen ['aɪneːbnən] *v* level, flatten
eineinhalb [aɪnaɪn'halp] *num* one and a half
einengen ['aɪnɛŋən] *v* constrain
Einengung ['aɪnɛŋuŋ] *f* restriction, confinement
einerlei [aɪnər'laɪ] *adj* the same, one and the same; *Das ist mir ~.* It's all the same to me.
Einerlei ['aɪnərlaɪ] *n* monotony, routine
einerseits ['aɪnərzaɪts] *adv* on the one hand

einfach ['aɪnfax] *adj 1.* simple, plain, easy; *2. ~e Fahrkarte* single ticket *(UK),* one-way ticket *(US); adv 3.* simply, plainly, easily

Einfachheit ['aɪnfaxhaɪt] *f* simplicity
einfädeln ['aɪnfɛːdəln] *v 1.* thread; *2. (fig)* contrive, arrange, set up
einfahren ['aɪnfaːrən] *v irr 1. (Auto)* drive in; *2. NAUT* sail in; *3. (fig: Sieg)* win
Einfahrt ['aɪnfaːrt] *f 1. (Ankunft)* arrival; *2. (Zufahrt)* drive, entrance, approach
Einfall ['aɪnfal] *m 1. (Idee)* idea, notion, thought; *2. MIL* invasion, raid
einfallen ['aɪnfalən] *v irr 1. jdm ~* occur to one; *Lass dir etwas ~.* Figure something out. *Was fällt dir ein?* Are you crazy? *Nun fällt mir etwas ein.* Something just occurred to me. *(in Erinnerung kommen)* come to one; *Langsam fiel es ihr wieder ein.* Slowly it came back to her. *2. (überfallen)* invade, raid; *3. (einstürzen)* collapse; *4. (Licht)* shine in
einfallslos ['aɪnfalsloːs] *adj* unimaginative
Einfallslosigkeit ['aɪnfalsloːzɪçkaɪt] *f* unimaginativeness
einfallsreich ['aɪnfalsraɪç] *adj* imaginative, resourceful
Einfallsreichtum ['aɪnfalsraɪçtuːm] *m* wealth of ideas
Einfalt ['aɪnfalt] *f* innocence, simplicity

E

einfangen ['aɪnfaŋən] *v irr 1.* seize, hook; *2. (fig: Krankheit)* catch
einfärben ['aɪnfɛrbən] *v* dye
einfarbig ['aɪnfarbɪç] *adj* plain
einfassen ['aɪnfasən] *v 1.* frame, border; *2. (Bild)* mount; *3. (Edelstein)* set
Einfassung ['aɪnfasuŋ] *f* setting, trimming, border
einfetten ['aɪnfɛtən] *v 1.* grease; *2. (Haut)* rub cream into

E

einfinden ['aɪnfɪndən] *v irr sich ~* arrive
einflechten ['aɪnflɛçtən] *v irr 1.* twist, plait, twine; *2. (fig)* insert, throw in, introduce
einfliegen ['aɪnfli:gən] *v irr* fly in
einfließen ['aɪnfli:sən] *v irr 1.* flow in; *2. (fig: mit in etw eingehen)* influence
einflößen ['aɪnflø:sən] *v 1. jdm etw ~* give sth to s.o., administer sth; *2. (fig) jdm etw ~* instil sth in s.o.
Einflugschneise ['aɪnflu:kʃnaɪzə] *f* flight path
Einfluss ['aɪnflus] *m 1.* influence; *2. (das Einfließen)* influx
einflüstern ['aɪnflystərn] *v jdm etw ~* whisper sth to s.o.
einfordern ['aɪnfɔrdərn] *v FIN* call in, collect
einförmig ['aɪnfœrmɪç] *adj* uniform
Einfriedung ['aɪnfri:duŋ] *f* enclosure
einfrieren ['aɪnfri:rən] *v irr* freeze
einfügen ['aɪnfy:gən] *v* insert
einfühlen ['aɪnfy:lən] *v sich ~ in* acquire insight into
einfühlsam ['aɪnfy:lza:m] *adj* sympathetic, understanding, sensitive
Einfühlungsvermögen ['aɪnfy:luŋsfɛrmø:gən] *n* empathy, understanding
einführen ['aɪnfy:rən] *v 1. (etw Neues ~)* introduce, initiate; *2. (hineinschieben)* insert, introduce; *3. (importieren) ECO* import
Einführung ['aɪnfy:ruŋ] *f 1. (von etw Neuem)* introduction; *2. (Hineinschieben)* insertion, introduction; *3. (Import) ECO* import, importation
einfüllen ['aɪnfylən] *v* fill, pour into
Eingabe ['aɪnga:bə] *f 1. (Antrag) POL* petition, application, request; *2. (Daten) INFORM* input, entry

> **Eingang** ['aɪngaŋ] *m 1.* entrance; *2. (Wareneingang) ECO* receipt of goods; *3. (Geldeingang) ECO* receipt

eingängig ['aɪngɛŋɪç] *adj* easy to grasp, catchy
eingangs ['aɪngaŋs] *adv 1.* initially, at the beginning; *prep 2.* at the beginning of
Eingangsstempel ['aɪngaŋsʃtɛmpəl] *m ECO* receipt stamp
eingeben ['aɪnge:bən] *v irr 1. (einreichen)* submit, hand in; *2. (verabreichen) MED* administer; *3. (Daten) INFORM* input, enter
eingebildet ['aɪngəbɪldət] *adj 1. (überheblich)* conceited, vain, big-headed; *2. (unwirklich)* imaginary, imagined
Eingeborene(r) ['aɪngəbo:rənə(r)] *m/f* native
Eingebung ['aɪnge:buŋ] *f (fig)* inspiration
eingedenk ['aɪngədɛŋk] *adj einer Sache ~* remembering sth
eingefahren ['aɪngəfa:rən] *adj (fig)* well-worn, routine
eingefallen ['aɪngəfalən] *adj 1. (Gesicht)* haggard; *2. (Augen)* sunken; *3. (Wangen)* hollow
eingefleischt ['aɪngəflaɪʃt] *adj 1.* dyed-in-the-wool; *~er Junggeselle* confirmed bachelor; *2. (Gewohnheit)* ingrained
eingehen ['aɪnge:ən] *v irr 1. (ankommen)* arrive, come in; *2. (Pflanze)* die; *3. (kleiner werden)* shrink; *4. (auf einen Vorschlag)* agree to, consent to; *5. (Verpflichtung)* enter into, embark on
eingehend ['aɪnge:ənt] *adj (ausführlich)* detailed, thorough, in-depth
eingenommen ['aɪngənɔmən] *adj für jdn ~ sein* to be taken with s.o.; *gegen jdn ~ sein* to be biased against s.o.
eingerahmt ['aɪngəra:mt] *adj* framed
eingeschlossen ['aɪngəʃlɔsən] *adj 1. (eingesperrt)* locked in; *2. (umgeben)* enclosed; *3. (inbegriffen)* included
eingespielt ['aɪngəʃpi:lt] *adj 1.* used to working together; *2. SPORT* used to playing together
eingestehen ['aɪngəʃte:ən] *v irr* admit, confess, avow
eingetragen ['aɪngətra:gən] *adj* registered, entered
Eingeweide ['aɪngəvaɪdə] *n ANAT* entrails *pl*, intestines *pl*
Eingeweihte(r) ['aɪngəvaɪtə(r)] *m/f* initiate, person in the know *(fam)*, insider *(fam)*
eingewöhnen ['aɪngəvø:nən] *v sich ~* get accustomed to, acclimatize o.s., settle in
eingießen ['aɪngi:sən] *v irr* pour in, pour
eingleisig ['aɪnglaɪzɪç] *adj 1. (Strecke)* single-line, one-track, single-lane; *2. (fig)* single-minded

eingraben ['aɪngrabən] *v irr 1.* bury; *2. (eingravieren)* engrave; *3. sich ~ MIL* dig o.s. in; *4. sich ~ (sich einprägen)* etch itself
eingreifen ['aɪngraɪfən] *v irr 1. (einschreiten)* intervene, step in; *2. TECH* engage, catch, lock
Eingriff ['aɪngrɪf] *m 1. (Einschreiten)* intervention, interference; *2. TECH* meshing, gearing; *3. MED* operation, surgical intervention, surgery
einhaken ['aɪnhaːkən] *v 1. (unterbrechen)* jump in *(fig)*; *2. (etw ~)* hook in; *3. sich bei jdm ~* link arms with s.o.
einhalten ['aɪnhaltən] *v 1. (befolgen)* observe, stick to, adhere to; *2. (Versprechen)* keep; *3. (beibehalten)* follow, keep to; *4. (anhalten)* stop
Einhaltung ['aɪnhaltuŋ] *f 1. (Befolgung)* observance of, compliance to; *2. (Beibehaltung)* holding to, adherence to
einhändig ['aɪnhɛndɪç] *adj 1. (mit einer Hand)* single-handed; *2. (handamputiert)* one-handed
einhängen ['aɪnhɛŋən] *v 1. (auflegen)* hang up; *2. (Tür)* hang; *3. sich bei jdm ~* link arms with s.o.; *Komm, häng dich ein!* Here, take my arm!
einheften ['aɪnhɛftən] *v (Akten)* file
einheimisch ['aɪnhaɪmɪʃ] *adj 1.* native, indigenous; *2. (Mannschaft, Industrie)* local
Einheit ['aɪnhaɪt] *f 1.* unity; *2. (eine ~)* unit
einheitlich ['aɪnhaɪtlɪç] *adj* uniform, homogeneous
Einheitlichkeit ['aɪnhaɪtlɪçkaɪt] *f* uniformity, homogeneity
einheizen ['aɪnhaɪtsən] *v 1.* turn on the heating; *2. (Feuer machen)* make a fire; *3. etw ~* heat sth up; *4. jdm ~ (fig)* give s.o. hell
einhellig ['aɪnhɛlɪç] *adj* unanimous
einhergehen [aɪn'heːrgeːən] *v irr 1.* walk; *2. ~ mit (fig)* to be accompanied by
einholen ['aɪnhoːlən] *v 1. (Läufer)* catch up to; *2. (Vorsprung, Zeit)* make up; *3. (empfangen)* receive; *4. (Netze)* haul in; *5. (Fahne)* lower; *6. (erbitten)* ask for
Einhorn ['aɪnhɔrn] *n* unicorn
einhüllen ['aɪnhylən] *v* wrap, envelop, cover
einig ['aɪnɪç] *adj 1. sich über etw ~ werden* come to an agreement on sth; *wir sind uns ~, dass ...* we agree that ....; *2. (geeint)* united
einige ['aɪnɪgə] *pron 1.* some, a little; *2. (Plural)* some, a few, several
einigeln ['aɪniːgəln] *v 1. sich ~* dig o.s. in; *2. sich ~ MIL* take up a position of all-round defence
einigen ['aɪnɪgən] *v sich ~* come to an agreement, agree, come to terms; *sich ~ über* agree on
einigermaßen [aɪnɪgər'maːsən] *adv* somewhat, to some extent, to some degree
Einigkeit ['aɪnɪçkaɪt] *f* unity, harmony
Einigung ['aɪnɪguŋ] *f* agreement, understanding, settlement
einimpfen ['aɪnɪmpfən] *v 1.* inoculate; *2. (fig)* indoctrinate
einjagen ['aɪnjaːgən] *v jdm Angst ~* scare s.o., give s.o. a scare
einjährig ['aɪnjɛːrɪg] *adj 1.* one-year; *2. (Kind)* one-year-old; *3. (Planze)* annual
einkalkulieren ['aɪnkalkuliːrən] *v* take into account
einkassieren ['aɪnkasiːrən] *v* cash, cash in, collect
Einkauf ['aɪnkauf] *m* purchase, shopping
einkaufen ['aɪnkaufən] *v* buy, purchase; *sich ~ in* buy o.s. into; *~ gehen* go shopping
einkehren ['aɪnkeːrən] *v 1. (im Gasthaus)* stop at an inn; *2. (fig: kommen)* come
Einkerbung ['aɪnkɛrbuŋ] *f* notch
einkesseln ['aɪnkɛsəln] *v MIL* encircle, surround
einklagen ['aɪnklaːgən] *v* sue for
einklammern ['aɪnklamərn] *v* put in parentheses, bracket
Einklang ['aɪnklaŋ] *m* harmony, unison
einklemmen ['aɪnklɛmən] *v etw in etw ~* catch sth in sth, squeeze sth in sth
einklinken ['aɪnklɪŋkən] *v 1. (Tür)* latch; *2. sich bei etw ~ (fig: mitmachen)* take part in sth
einknicken ['aɪnknɪkən] *v 1.* break; *2. (Knie)* buckle, give way; *3. (etw ~)* snap; *4. (Papier)* crease
Einkommen ['aɪnkɔmən] *n* income, earnings
einkreisen ['aɪnkraɪzən] *v* encircle, surround
Einkreisung ['aɪnkraɪzuŋ] *f* encirclement
einkuppeln ['aɪnkupəln] *v* engage, couple
einladen ['aɪnlaːdən] *v irr 1. (Gäste)* invite; *2. (Gepäck)* load
Einlage ['aɪnlaːgə] *f 1. (Programmeinlage)* interlude; *2. (Suppeneinlage)* soup ingredients, garnish; *3. ECO* investment; *4. (Spareinlage)* deposit
einlagern ['aɪnlaːgərn] *v* store
Einlass ['aɪnlas] *m 1.* admittance; *2. (Tür)* door

E

E

einlassen ['aɪnlasən] *v irr 1. (hereinlassen)* admit; *2. (Wasser einlaufen lassen)* run; *3. sich ~ mit* get involved in, get involved with
einlaufen ['aɪnlaufən] *v irr 1. (Mannschaft)* run in; *2. (hineinfließen)* run in; *3. (in den Hafen) NAUT* enter; *4. (Stoff)* shrink; *5. (eingehen)* come in, arrive; *6. (Schuhe)* break in; *7. jdm das Haus ~* pester s.o.; *8. sich ~* get going
einleben ['aɪnle:bən] *v sich ~* settle in
einlegen ['aɪnle:gən] *v 1.* put in; *Protest ~* lodge a protest; *eine Pause ~* take a break; *2. (Geld)* deposit; *3. (Haar)* put in rollers, set; *4. (Holz)* inlay; *5. (Heringe)* pickle
einleiten ['aɪnlaɪtən] *v 1. (einführen)* introduce, initiate, usher in; *2. (beginnen)* begin, open, start
einlesen ['aɪnle:zən] *v irr 1. sich ~ in* familiarise o.s. with the style of; *2. INFORM* read in
einleuchten ['aɪnlɔyçtən] *v jdm ~ (fig)* to be clear to s.o.; *Das leuchtet ein.* Yes, I see. Right.
einleuchtend ['aɪnlɔyçtənt] *adj* convincing, plausible
einliefern ['aɪnli:fərn] *v 1. (ins Krankenhaus)* hospitalize, take to the hospital; *2. (ins Gefängnis)* send to, put in
Einlieferung ['aɪnli:fəruŋ] *f (ins Krankenhaus)* admission
einlösen ['aɪnlø:zən] *v 1. (Scheck)* cash; *2. (Versprechen)* keep, redeem
einmachen ['aɪnmaxən] *v (Früchte) GAST* preserve

> **einmal** ['aɪnma:l] *adv 1.* once; *noch ~* again, once more; *Es war ~ ...* There once was ...; *2. (in Zukunft)* one day; *3. auf ~ (gleichzeitig)* at once; *4. auf ~ (plötzlich)* suddenly, all of a sudden; *5. nicht ~* not even

Einmaleins ['aɪnma:laɪns] *n 1.* multiplication table; *2. (fig: Grundwissen)* ABC
einmalig ['aɪnma:lɪç] *adj 1.* first and final; *2. (Gelegenheit)* unique
einmischen ['aɪnmɪʃən] *v sich ~* interfere, butt in *(fam)*, intervene
Einmündung ['aɪnmynduŋ] *f 1. (eines Flusses)* estuary; *2. (einer Straße)* junction
einmütig ['aɪnmy:tɪç] *adj* unanimous
Einmütigkeit ['aɪnmy:tɪçkaɪt] *f* unanimity, unity
einnähen ['aɪnnɛ:ən] *v* sew in
Einnahme ['aɪnna:mə] *f 1. (Ertrag)* receipts *pl*, proceeds *pl*, earnings *pl*; *2. MIL* capture, occupation
einnehmen ['aɪnne:mən] *v irr 1. (verdienen)* earn; *2. (Arznei)* take; *3. seinen Platz ~* take one's seat; *4. MIL* capture; *(Land)* occupy
einnicken ['aɪnnɪkən] *v* nod off
einnisten ['aɪnnɪstən] *v sich ~ (fig)* settle in, make o.s. at home
Einöde ['aɪnø:də] *f* wilderness, desert
einordnen ['aɪnɔrdnən] *v 1.* arrange, put into proper order; *(in Akten)* file; *2. sich ~* fall into line, drop into place, take one's place
einpacken ['aɪnpakən] *v* pack, wrap; *Damit kannst du ~. (fig)* You may as well pack it in.
einpferchen ['aɪnpfɛrçən] *v (fig)* coop up
einplanen ['aɪnpla:nən] *v* include in the plan, plan on
einprägen ['aɪnprɛ:gən] *v sich etw ~* learn sth by heart, memorize sth
einrahmen ['aɪnra:mən] *v* frame
einräumen ['aɪnrɔymən] *v 1. (wegräumen)* clear away; *2. (füllen) (Regal)* fill; *(Zimmer)* arrange; *3. (zugeben)* admit, grant, concede
einreichen ['aɪnraɪçən] *v* submit, present, hand in
einreihig ['aɪnraɪhɪç] *adj (Jackett)* single-breasted
Einreise ['aɪnraɪzə] *f* entry
einreisen ['aɪnraɪzən] *v* enter
einreißen ['aɪnraɪsən] *v irr 1.* tear; *2. etw ~ lassen (fig)* fall into a negative habit
einrenken ['aɪnrɛŋkən] *v 1. MED* set; *2. (fig)* straighten out
einrichten ['aɪnrɪçtən] *v* equip, set up
Einrichtung ['aɪnrɪçtuŋ] *f 1.* setting up, establishment, fitting out; *2. (Möbel)* furnishing
einrühren ['aɪnry:rən] *v* stir in
eins [aɪns] *num 1.* one; *adv 2. (etwas)* one thing
einsam ['aɪnza:m] *adj* lonely, solitary
einsammeln ['aɪnzaməln] *v* gather in, collect

> **Einsatz** ['aɪnzats] *m 1. (beim Glücksspiel)* stake; *(beim Kartenspiel)* ante; *2. (Kapitaleinsatz)* investment; *3. (Anwendung)* employment, use, application; *4. (Topfeinsatz)* inset; *5. (Hingabe)* effort, commitment, dedication; *6. MIL* mission, action

einsatzbereit ['aɪnzatsbəraɪt] *adj* ready for use; *(Mensch)* ready for action
Einsatzbereitschaft ['aɪnzatsbəraɪtʃaft] *f* readiness
Einsatzleiter ['aɪnzatslaɪtər] *m* director of operations

einschalten ['aɪnʃaltən] *v 1. (anschalten)* turn on, switch on; *2. (hinzuziehen)* bring in, call in; *3. sich ~* intervene, interfere
Einschaltquote ['aɪnʃaltkvoːtə] *f (im Fernsehen)* ratings *pl*
einschätzen ['aɪnʃɛtsən] *v* assess, estimate; *jdn sehr hoch ~* have a high opinion of s.o.
Einschätzung ['aɪnʃɛtsuŋ] *f* assessment
einschenken ['aɪnʃɛŋkən] *v* pour
einschieben ['aɪnʃiːbən] *v irr 1.* push in, slide in; *2. (Satz)* insert; *3. (in einen Zeitplan) Vielleicht kann ich Sie noch ~.* Perhaps I can still fit you in.
einschlafen ['aɪnʃlaːfən] *v irr* fall asleep, go to sleep
einschläfern ['aɪnʃlɛːfərn] *v 1.* put to sleep; *2. (Gewissen)* quiet, soothe
Einschlag ['aɪnʃlaːk] *m 1.* stroke; *2. MIL* impact
einschlagen ['aɪnʃlaːgən] *v irr 1. (Nagel)* drive, drive in; *2. (Fenster)* break, smash; *3. (Richtung)* take; *Moskau schlägt einen härteren Kurs ein.* Moscow is taking a harder line. *4. (Blitz)* strike; *wie ein Blitz ~* to be devastating
einschlägig ['aɪnʃlɛːgɪç] *adj* pertinent
einschleichen ['aɪnʃlaɪçən] *v irr 1. sich ~* sneak in; *2. sich ~ (fig: Fehler)* creep in
einschleppen ['aɪnʃlɛpən] *v (Krankheit)* bring in, import
einschleusen ['aɪnʃlɔyzən] *v etw ~* smuggle sth in, sneak sth in
einschließen ['aɪnʃliːsən] *v irr 1.* lock in, shut in, imprison; *2. (fig)* include, comprise
einschließlich ['aɪnʃliːslɪç] *prep 1.* including, inclusive of; *adv 2.* inclusively
einschmeicheln ['aɪnʃmaɪçəln] *v sich bei jdm ~* ingratiate o.s. with s.o.
einschneidend ['aɪnʃnaɪdənt] *adj (fig)* drastic, radical
Einschnitt ['aɪnʃnɪt] *m 1. (Schnitt)* incision, cut; *2. (fig)* turning-point, decisive moment, critical point
einschränken ['aɪnʃrɛŋkən] *v* restrict, reduce, cut down
Einschränkung ['aɪnʃrɛŋkuŋ] *f 1.* limitation, restriction; *2. (Vorbehalt)* reservation
Einschreibebrief ['aɪnʃraɪbəbriːf] *m* registered letter
einschreiben ['aɪnʃraɪbən] *v sich ~* register, enrol, enlist
Einschreibung ['aɪnʃraɪbuŋ] *f* registration, enrolment, entry
einschreiten ['aɪnʃraɪtən] *v irr* take steps, take action
einschrumpfen ['aɪnʃrumpfən] *v* shrivel up
einschüchtern ['aɪnʃyçtərn] *v* intimidate
Einschulung ['aɪnʃuːluŋ] *f* enrolment in school
einschweißen ['aɪnʃvaɪsən] *v 1. (Metall)* weld in; *2. (Buch)* shrink-wrap
einsehen ['aɪnzeːən] *v irr 1. (Einblick nehmen)* look into, examine; *2. (fig: verstehen)* understand, see, recognize
Einsehen ['aɪnzeːən] *n ein ~ haben* show some mercy
einseifen ['aɪnzaɪfən] *v 1.* soap; *2. (fam: betrügen)* dupe, take in
einseitig ['aɪnzaɪtɪç] *adj* one-sided, unilateral
einsenden ['aɪnzɛndən] *v irr* send in
Einsender ['aɪnzɛndər] *m* sender
Einsendung ['aɪnzɛnduŋ] *f* letter, contribution
Einser ['aɪnzər] *m (Schulnote)* A
einsetzen ['aɪnzɛtsən] *v 1. (einfügen)* insert; *2. (anwenden)* employ, use, utilize; *3. (Amt übertragen)* appoint, install (in office); *4. (riskieren)* risk, put at stake
Einsetzung ['aɪnzɛtsuŋ] *f* insertion
einsichtig ['aɪnzɪçtɪç] *adj* reasonable, sensible, of insight
Einsichtnahme ['aɪnzɪçtnaːmə] *f* inspection
einsichtsvoll ['aɪnzɪçtsfɔl] *adj* understanding
Einsiedler ['aɪnziːdlər] *m* hermit, recluse
Einsilbigkeit ['aɪnzɪlbɪçkaɪt] *f* monosyllabism, taciturnity
einsortieren ['aɪnzɔrtiːrən] *v* sort in
einsparen ['aɪnʃpaːrən] *v* economize, save money
einsperren ['aɪnʃpɛrən] *v* lock in, shut in, confine
einsprachig ['aɪnʃpraːxɪç] *adj* monolingual
einspringen ['aɪnʃprɪŋən] *v irr (fam: aushelfen)* step in, help out
einspritzen ['aɪnʃprɪtsən] *v* inject
Einspruch ['aɪnʃprux] *m* objection, protest
einspurig ['aɪnʃpuːrɪç] *adj 1. (Straße)* single-lane; *2. (Gleis)* one-track
einst ['aɪnst] *adv 1. (Vergangenheit)* once, at one time; *2. (Zukunft)* someday, one day
einstampfen ['aɪnʃtampfən] *v TECH* pulp, crush
einstauben ['aɪnʃtaubən] *v* become dusty, to be covered with dust

einstecken ['aɪnʃtɛkən] *v irr 1. (in die Tasche)* pocket, put in one's pocket; *2. (~ und mitnehmen)* take along; *3. (Stecker)* plug in; *4. (fig: hinnehmen)* take
einsteigen ['aɪnʃtaɪgən] *v irr* get in
einstellbar ['aɪnʃtɛlbaːr] *adj* adjustable

einstellen ['aɪnʃtɛlən] *v 1. (Arbeitskräfte)* employ, engage; *2. (beenden)* stop, cease, leave off; *3. (Rekord)* tie, equal; *4. (regulieren)* adjust, regulate; *5. sich auf etw ~ (sich etw anpassen)* adjust to sth

Einstellung ['aɪnʃtɛluŋ] *f 1. (Arbeitskräfte)* employment; *2. (Beendigung)* cessation, suspension; *3. (eines Rekords)* equalling; *4. (Regulierung)* setting, adjustment; *5. (Denkhaltung)* attitude, frame of mind
Einstieg ['aɪnʃtiːk] *m* start, introduction
einstig ['aɪnstɪç] *adj* former
einstimmig ['aɪnʃtɪmɪç] *adj 1. (fig)* unanimous; *2. MUS* unison
Einstimmigkeit ['aɪnʃtɪmɪçkaɪt] *f 1. (fig)* unanimity, accord, agreement; *2. MUS* unison
einstöckig ['aɪnʃtœkɪç] *adj* one-storey, one-story *(US)*
einströmen ['aɪnʃtrøːmən] *v* stream in
einstudieren ['aɪnʃtudiːrən] *v* rehearse
einstufen ['aɪnʃtuːfən] *v* grade, classify, rate
einstufig ['aɪnʃtuːfɪç] *adj* single-stage, simple
Einstufung ['aɪnʃtuːfuŋ] *f* classification
einstürmen ['aɪnʃtyrmən] *v ~ auf* rush at
Einsturz ['aɪnʃturts] *m 1.* collapse; *2. (Boden)* cave-in
einstürzen ['aɪnʃtyrtsən] *v 1.* collapse; *2. (Boden)* cave in; *3. auf jdn ~ (fig)* overwhelm s.o.
einstweilig ['aɪnstvaɪlɪç] *adj* temporary, provisional, interim; *~e Verfügung* temporary injunction
eintauschen ['aɪntauʃən] *v* exchange, swap
einteilen ['aɪntaɪlən] *v 1.* divide; *2. (verteilen)* distribute
Einteilung ['aɪntaɪluŋ] *f 1.* division, sectioning; *2. (in Klassen)* classification
Eintrag ['aɪntraːk] *m* entry
eintragen ['aɪntraːgən] *v irr* enter, register, record
einträglich ['aɪntrɛːkliç] *adj* profitable
Einträglichkeit ['aɪntrɛːklɪçkaɪt] *f* profitability, lucrativeness
Eintragung ['aɪntraːguŋ] *f* registration
eintreffen ['aɪntrɛfən] *v irr 1.* arrive; *2. (geschehen)* happen; *3. (sich erfüllen)* come true
eintreiben ['aɪntraɪbən] *v irr 1. (Hühner)* drive in; *2. (Gelder)* collect

eintreten ['aɪntreːtən] *v irr 1. (beitreten)* enter; *2. für jdn ~* intercede for s.o., side with s.o., stand up for s.o.; *3. (eintreffen)* come to pass, happen, occur; *4. (hineingehen)* enter, go into

Eintritt ['aɪntrɪt] *m 1. (Beitritt)* entry; *2. (Betreten)* entrance, entering
einüben ['aɪnyːbən] *v 1.* practise, practice *(US)*; *2. mit jdm etw ~* drill s.o. in sth, coach s.o. in sth
einverleiben ['aɪnfɛrlaɪbən] *v 1.* incorporate; *2. (fam: sich Essen ~)* put away, polish off
Einvernehmen ['aɪnfɛrneːmən] *n* agreement, understanding
einverstanden ['aɪnfɛrʃtandən] *v mit etw ~ sein* agree with sth, consent to sth, to be agreeable to sth; *Einverstanden!* Agreed!
Einverständnis ['aɪnfɛrʃtɛntnɪs] *n* agreement, consent, approval
Einwand ['aɪnvant] *m* objection
einwandern ['aɪnvandərn] *v* immigrate
einwandfrei ['aɪnvantfraɪ] *adj* faultless, impeccable, irreproachable
Einwegflasche ['aɪnveːkflaʃə] *f* non-returnable bottle
einweichen ['aɪnvaɪçən] *v* soak
einweihen ['aɪnvaɪən] *v* inaugurate
einweisen ['aɪnvaɪzən] *v irr 1. (anleiten)* introduce, instruct; *2. ~ in (einliefern)* commit to, admit to
Einweisung ['aɪnvaɪzuŋ] *f 1. (Instruktionen)* instructions *pl*; *2. MED* reference to hospital
einwenden ['aɪnvɛndən] *v irr ~ gegen* object to, protest against
einwerfen ['aɪnvɛrfən] *v irr 1.* throw in; *2. (Münze)* insert; *3. (Post)* post, mail *(US)*; *4. (einschlagen)* smash, break
einwickeln ['aɪnvɪkəln] *v 1.* wrap, envelop; *2. (fig)* hoax, dupe; *jdn ~* wrap s.o. round one's little finger
einwilligen ['aɪnvɪlɪgən] *v* agree, consent, approve
einwirken ['aɪnvɪrkən] *v* act, have an effect; *auf jdn ~* influence s.o.
Einwohner ['aɪnvoːnər] *m* inhabitant, resident

Einwurf ['aɪnvurf] *m 1. (Bemerkung)* interjection; *2. (Öffnung)* slot, slit; *3. SPORT* throw-in
einzahlen ['aɪntsaːlən] *v* pay in, deposit
einzäunen ['aɪntsɔynən] *v* fence in
einzeichnen ['aɪntsaɪçnən] *v* draw in
einzeilig ['aɪntsaɪlɪç] *adj* single-line
Einzelfall ['aɪntsəlfal] *m* individual case, particular case
Einzelgänger ['aɪntsəlgɛŋər] *m* loner
Einzelhaft ['aɪntsəlhaft] *f* solitary confinement
Einzelhändler ['aɪntsəlhɛndlər] *m ECO* retailer
Einzelheit ['aɪntsəlhaɪt] *f* detail, particular; *sich mit ~en befassen* go into detail
Einzelkämpfer ['aɪntsəlkɛmpfər] *m 1. (fig)* pioneer; *2. MIL* ranger
Einzelkind ['aɪntsəlkɪnt] *n* only child
einzeln ['aɪntsəln] *adj 1.* individual, single, particular; *im Einzelnen* in detail; *adv 2.* individually, separately, one by one
einziehen ['aɪntsiːən] *v 1. (Wohnung)* move in; *2. (beschlagnahmen)* confiscate, impound, withdraw; *3. Auskünfte über etw ~* gather information about sth; *4. (einbauen)* put in, insert; *5. (kassieren) ECO* collect, call in; *6. (aus dem Verkehr ziehen) ECO* call in; *7. MIL* call up, draft *(US)*
einzig ['aɪntsɪç] *adj* only, one, sole
einzigartig ['aɪntsɪçartɪç] *adj* unique, singular, unparalleled
Einzug ['aɪntsuːk] *m 1. (in eine Wohnung)* moving in; *2. (Beschlagnahme)* confiscation, seizure, impounding; *3. (von Informationen)* collection; *4. TECH* drawing in, pulling in; *5. (von Geld,Steuern) ECO* collection, cashing; *6. (Einmarsch) MIL* marching in
einzwängen ['aɪntsvɛŋən] *v 1.* squeeze in, jam in; *2. (fig)* constrain

Eis [aɪs] *n 1.* ice; *~ laufen* ice-skate, *zu ~ werden* turn to ice; *etw auf ~ legen (fig)* put sth on the shelf; *das ~ brechen (fig)* break the ice; *2. (Speiseeis)* ice-cream

Eisbär ['aɪsbɛːr] *m ZOOL* polar bear
Eisberg ['aɪsbɛrk] *m GEOL* iceberg
Eisbrecher ['aɪsbrɛçər] *m* ice-breaker
Eiscafé ['aɪskafeː] *n 1. (Eisdiele)* ice-cream parlour; *m 2. (Getränk)* iced coffee
Eiscreme ['aɪskreːm] *f* ice-cream
Eisen ['aɪzən] *n* iron; *zum alten ~ gehören* to be left on the scrap heap; *mehrere ~ im Feuer haben* have a few irons in the fire
Eisenbahn ['aɪzənbaːn] *f* railway; *Es ist höchste ~!* It's high time!
Eisenerz ['aɪzənɛrts] *n MIN* iron ore
eisenhaltig ['aɪzənhaltɪç] *adj* ferrous
eisern ['aɪzərn] *adj 1. (aus Eisen)* iron; *2. (fig)* resolute, unyielding, stony; *adv 3. (fig)* unflinchingly, resolutely, unremittingly
Eisfach ['aɪsfax] *n* ice compartment
Eisfläche ['aɪsflɛçə] *f* surface of the ice, ice surface, frozen surface
eisfrei ['aɪsfraɪ] *adj* ice-free
Eisglätte ['aɪsglɛtə] *f METEO* black ice
eisig ['aɪzɪç] *adj 1. (kalt)* icy, freezing; *2. (fig)* frosty, cold, cutting
eiskalt ['aɪskalt] *adj (fig: kalt und berechnend)* cold-blooded, callous
Eiskunstlauf ['aɪskunstlauf] *m* figure-skating
Eislauf ['aɪslauf] *m* ice-skating
Eismeer ['aɪsmeːr] *n* polar sea; *Nördliches ~* Arctic Ocean; *Südliches ~* Antarctic Ocean
Eispickel ['aɪspɪkəl] *m* ice pick
Eisprung ['aɪʃpruŋ] *m BIO* ovulation
Eisscholle ['aɪsʃɔlə] *f* ice-raft, floating sheet of ice
Eisschrank ['aɪsʃraŋk] *m* refrigerator
Eiszapfen ['aɪstsapfən] *m* icicle
Eiszeit ['aɪstsaɪt] *f GEOL* Ice Age
eitel ['aɪtəl] *adj 1.* vain; *2. (eingebildet)* conceited
Eitelkeit ['aɪtəlkaɪt] *f 1.* vanity; *2. (Fruchtlosigkeit)* futility
Eiter ['aɪtər] *m MED* pus
eitern ['aɪtərn] *v MED* fester, discharge pus
Eiweiß ['aɪvaɪs] *n 1. (vom Ei)* egg-white; *2. BIO* protein, albumen
Eizelle ['aɪtsɛlə] *f BIO* egg cell, ovum
Ekel ['eːkəl] *m* disgust, repulsion; *~ erregend* disgusting, repulsive repugnant
ekelhaft ['eːkəlhaft] *adj 1.* disgusting, revolting, nauseating; *2. (unangenehm)* nasty, horrible
ekeln ['eːkəln] *v sich ~ vor* to be sickened by, to be disgusted by
Eklat [e'klaː] *m (Aufsehen)* stir, sensation
eklatant [ekla'tant] *adj 1.* sensational; *2. (offenkundig)* blatant, flagrant
elastisch [e'lastɪʃ] *adj* elastic, flexible
Elastizität [elastɪtsɪ'tɛːt] *f* elasticity
Elch [ɛlç] *m ZOOL* elk, moose *(US)*
Elefant [ele'fant] *m ZOOL* elephant; *wie der ~ im Porzellanladen* like a bull in a china shop
elegant [ele'gant] *adj* elegant, graceful, smart

E

E

elektrifizieren [elɛktrifi'tsiːrən] *v* electrify
Elektrifizierung [elɛktrifi'tsiːruŋ] *f TECH* electrification
Elektrik [e'lɛktrɪk] *f 1. TECH* electrical equipment; *2. (Elektrotechnik)* electrical engineering
Elektriker [e'lɛktrɪkər] *m* electrician
elektrisch [e'lɛktrɪʃ] *adj* electric, electrical
Elektrizität [elɛktritsi'tɛːt] *f* electricity, electric current
Elektrizitätswerk [elɛktritsi'tɛːtsvɛrk] *n* power station, generating plant
Elektronik [elɛk'troːnɪk] *f* electronics
Elektroschrott [e'lɛktroʃrɔt] *m* discarded electrical appliances
Elektrotechnik [e'lɛktrotɛçnɪk] *f TECH* electrical engineering
Elektrotechniker [e'lɛktrotɛçnɪkər] *m* electrician
elektrotechnisch [e'lɛktrotɛçnɪʃ] *adj TECH* electrotechnical
Element [ele'mɛnt] *n* element; *in seinem ~ sein* take to sth like a duck to water, to be in one's element
elementar [elemɛn'taːr] *adj* elementary
elend ['eːlɛnt] *adj* miserable
Elend ['eːlɛnt] *n* misery, distress; *wie ein Häufchen ~* with one's tail between one's legs
Elendsviertel ['eːlɛntsfɪrtəl] *n* slum
elf [ɛlf] *num* eleven
Elfe ['ɛlfə] *f* elf
Elfenbein ['ɛlfənbaɪn] *n* ivory
Eliminierung [elimi'niːruŋ] *f* elimination
elitär [elɪ'tɛːr] *adj* elitist
Ellbogen ['ɛlboːgən] *m ANAT* elbow
Elle ['ɛlə] *f ANAT* ulna
Ellenbogen ['ɛləboːgen] *m (siehe „Ellbogen")*
Elster ['ɛlstər] *f ZOOL* magpie
elterlich ['ɛltərlɪç] *adj* parental

> **Eltern** ['ɛltərn] *pl* parents *pl*; *Das ist nicht von schlechten ~. (fam)* That's not bad at all.

Elternabend ['ɛltərnaːbənt] *m* parents' night, parent-teacher meeting
Elternhaus ['ɛltərnhaus] *n 1.* parental home; *2. (fig)* background
Elternteil ['ɛltərntaɪl] *m* parent
Email [e'maːj] *n* enamel
Emanze [e'mantsə] *f* women's libber *(fam)*
Emanzipation [emantsɪpa'tsjoːn] *f (der Frau)* Women's Liberation, emancipation
Emission [emɪs'joːn] *f 1. ECO* issue, issuing; *2. PHYS* emission
Empfang [ɛm'pfaŋ] *m 1. (Erhalt)* receipt; *2. (Begrüßung)* reception, welcome; *3. (Veranstaltung)* reception; *4. (Rezeption)* reception area; *5. (TV) TECH* reception
empfangen [ɛm'pfaŋən] *v irr 1.* receive; *2. (begrüßen)* welcome, greet, meet
Empfänger [ɛm'pfɛŋər] *m 1. (Adressat)* addressee, recipient; *2. (Gerät) TECH* receiver
empfänglich [ɛm'pfɛŋlɪç] *adj 1.* susceptible; *2. (aufnahmebereit)* receptive
Empfängnis [ɛm'pfɛŋnɪs] *f BIO* conception
empfängnisverhütend [ɛm'pfɛŋnɪsfɛrhyːtənt] *adj* contraceptive
empfangsberechtigt [ɛm'pfaŋsbərɛçtɪçt] *adj* authorized to receive
Empfangsdame [ɛm'pfaŋsdaːmə] *f* receptionist
empfehlen [ɛm'pfeːlən] *v irr* recommend
Empfehlung [ɛm'pfeːluŋ] *f* recommendation
Empfehlungsschreiben [ɛm'pfeːluŋsʃraɪbən] *n* letter of recommendation, reference *(UK)*, letter of introduction
empfinden [ɛm'pfɪndən] *v irr* feel, sense
empfindlich [ɛm'pfɪntlɪç] *adj 1.* sensitive, delicate; *2. (reizbar)* touchy, sensitive; *3. (stark spürbar)* severe
Empfindsamkeit [ɛm'pfɪntzaːmkaɪt] *f* sentimentality
Empfindung [ɛm'pfɪnduŋ] *f* feeling
empören [ɛm'pøːrən] *v 1. sich ~ gegen* revolt against; *2. sich ~ (fig)* to be outraged, to be appalled
empörend [ɛm'pøːrənt] *adj* shocking, outrageous
emporkommen [ɛm'poːrkɔmən] *v irr* get on, come up
Emporkömmling [ɛm'poːrkœmlɪŋ] *m* upstart
emporragen [ɛm'poːraːgən] *v* tower
Empörung [ɛm'pøːruŋ] *f 1. (Unwille)* indignation, outrage; *2. (Aufstand)* revolt
emsig ['ɛmzɪç] *adj* busy, industrious, active
Enddreißiger ['ɛntdraɪsɪgər] *m* man in his late thirties

> **Ende** ['ɛndə] *n* end; *zu ~ gehen* come to an end; *am ~ sein* to be at the end of one's tether; *kein ~ finden* go on and on; *zu einem guten ~ führen* to be all for the best; *ein bö-*

ses ~ nehmen come to a bad end; *einer Sache ein ~ bereiten* put an end to sth; *Das dicke ~ kommt noch.* The worst is yet to come. *Er ist ~ Sechzig.* He is in his late sixties.

Endeffekt ['ɛndefɛkt] *m im ~* in the final analysis, ultimately
enden ['ɛndən] *v* end; *Dieser Zug endet hier.* This train does not go any further.
endgültig ['ɛntgyltɪç] *adj 1.* final, definitive, definite; *adv 2.* once and for all
Endgültigkeit ['ɛntgyltɪçkaɪt] *f* finality, irrevocability
endlagern ['ɛntla:gərn] *v PHYS* permanently dump, permanently dispose of
Endlagerung ['ɛntla:gəruŋ] *f* permanent storage (of radioactive waste)
endlich ['ɛntlɪç] *adj 1.* finite; *adv 2.* finally, at last
endlos ['ɛntlo:s] *adj 1.* endless, never-ending, infinite; *adv 2.* endlessly, infinitely, unceasingly
Endverbraucher ['ɛntfɛrbrauxər] *m ECO* consumer
Endziffer ['ɛnttsɪfər] *f MATH* last digit
Energie [enɛr'gi:] *f* energy
energiearm [enɛr'gi:arm] *adj PHYS* low-energy
Energieverbrauch [enɛr'gi:fɛrbraux] *m* energy consumption
Energieversorgung [enɛr'gi:fɛrzɔrguŋ] *f* energy supply
Energiewirtschaft [enɛr'gi:vɪrtʃaft] *f* power-producing industry
energisch [e'nɛrgɪʃ] *adj 1.* energetic, strong, vigorous; *adv 2.* emphatically, resolutely, vigorously
eng [ɛŋ] *adj* tight, narrow; *~ anliegend* tight-fitting; *~ befreundet* close; *Das darfst du nicht so ~ sehen.* Don't take it so seriously.
Engagement [ɑ̃gaʒ'mɑ̃] *n 1. (Einsatz)* commitment, involvement; *2. (Anstellung)* engagement
engagieren [ɑ̃nga'ʒi:rən] *n 1. jdn ~* employ s.o., engage s.o., hire s.o.; *2. sich ~* commit o.s.
engagiert [ɑ̃nga'ʒi:rt] *adj* committed
Enge ['ɛŋə] *f* narrowness, tightness; *jdn in die ~ treiben* corner s.o.; drive s.o. into a corner
Engel ['ɛŋəl] *m* angel
Engelszungen ['ɛŋəlstsuŋən] *pl mit ~ reden (fig)* use all one's powers of persuasion
engherzig ['ɛŋhɛrtsɪç] *adj* parochial, narrow-minded
England ['ɛŋlant] *n GEO* England
Engländer [ɛŋ'lɛndər] *m 1. (Person)* Englishman, Brit; *2. TECH* monkey wrench, screw wrench
englisch ['ɛŋlɪʃ] *adj* English
Englisch ['ɛŋlɪʃ] *n LING* English
engmaschig ['ɛŋmaʃɪç] *adj* fine-meshed
Engpass ['ɛŋpas] *m* narrow pass; *Ich habe gerade einen finanziellen ~. (fig)* Money is tight for me at the moment.
engstirnig ['ɛŋʃtɪrnɪç] *adj* narrow-minded
Enkel ['ɛŋkəl] *m* grandson; *unsere ~* our grandchildren
Enkelin ['ɛŋkəlɪn] *f* granddaughter
Enkelkind ['ɛŋkəlkɪnd] *n* grandchild
enorm [e'nɔrm] *adj 1.* enormous, huge, immense; *adv 2.* enormously, tremendously
entarten [ɛnt'artən] *v* degenerate
entbehren [ɛnt'be:rən] *v 1.* lack; *2. (verzichten)* do without; *3. (vermissen)* miss
entbehrlich [ɛnt'be:rlɪç] *adj* dispensable, unnecessary
Entbehrung [ɛnt'be:ruŋ] *f* hardship, want, need
entbinden [ɛnt'bɪndən] *v irr 1. (befreien)* liberate, release, deliver; *2. (Baby) MED* deliver
Entbindung [ɛnt'bɪnduŋ] *f 1. (Befreiung)* exemption, exoneration, release; *2. MED* delivery, childbirth
Entbindungsstation [ɛnt'bɪnduŋsʃtatsjo:n] *f MED* maternity ward
entblößen [ɛnt'blø:sən] *v* uncover, bare
entbrennen [ɛnt'brɛnən] *v irr* flare up
entdecken [ɛnt'dɛkən] *v* discover, find, detect
Entdecker [ɛnt'dɛkər] *m* discoverer

Ente ['ɛntə] *f 1. ZOOL* duck; *eine lahme ~ (fig)* a slowcoach, a slowpoke; *2. (fig: Zeitungsente)* false report, hoax

entehren [ɛnt'e:rən] *v* dishonour, disgrace
enteignen [ɛnt'aɪgnən] *v JUR* expropriate
enterben [ɛnt'ɛrbən] *v* disinherit
Enterich ['ɛntərɪç] *m ZOOL* drake
entfachen [ɛnt'faxən] *v 1. (Feuer)* kindle; *2. (fig: Streit)* arouse, provoke
entfallen [ɛnt'falən] *v irr 1. jdm ~* drop, slip from one's hands; *2. (ausfallen)* to be cancelled; *3. jdm ~ (fig: vergessen)* slip one's mind, escape; *Sein Name ist mir ~.* His name escapes me.

E

E

entfalten [ɛnt'faltən] *v* develop, display
entfärben [ɛnt'fɛrbən] *v* decolour, bleach
Entfärber [ɛnt'fɛrbər] *m* colour remover, dye remover
entfernen [ɛnt'fɛrnən] *v 1. (wegnehmen)* remove, take away, take out; *2. sich ~* leave, go away
entfernt [ɛnt'fɛrnt] *adj* distant, remote
Entfernung [ɛnt'fɛrnuŋ] *f 1. (Distanz)* distance; *2. (Wegnahme)* removal; *~ aus dem Amt* removal from office
entfesseln [ɛnt'fɛsəln] *v (fig)* provoke
entflammen [ɛnt'flamən] *v 1. (entzünden)* inflame, ignite; *2. (fig: für jdn)* rouse
entfliehen [ɛnt'fliːən] *v irr* escape, flee
entfremden [ɛnt'frɛmdən] *v 1.* alienate, estrange; *2. etw von seinem Zweck ~* use sth for the wrong purpose; *3. sich ~* become alienated, become estranged; *Sie hat sich mir durch ihre lange Abwesenheit entfremdet.* Her long absence has made her a stranger to me.
Entfremdung [ɛnt'frɛmduŋ] *f* alienation, estrangement
entführen [ɛnt'fyːrən] *v* kidnap, abduct
entgegen [ɛnt'geːgən] *prep 1. (örtlich)* toward, against, towards; *2. (wider)* contrary to, against, in opposition to
entgegenblicken [ɛnt'geːgənblɪkən] *v 1.* anticipate, look forward to; *2. (fig)* face
entgegengehen [ɛnt'geːgəngeːən] *v irr 1.* go to meet; *2. (fig)* approach
entgegengesetzt [ɛnt'geːgəngəzɛtst] *adj* opposite
entgegenhalten [ɛnt'geːgənhaltən] *v irr 1.* hold out; *2. (fig: einwenden)* say by way of objection, object to
entgegenkommen [ɛnt'geːgənkɔmən] *v irr 1.* come to meet, approach; *2. (fig: eingehen)* to be prepared to compromise, to be obliging; *3. einer Sache ~* suit sth
Entgegenkommen [ɛnt'geːgənkɔmən] *n* obligingness, accommodating manner, helpfulness
entgegennehmen [ɛnt'geːgənneːmən] *v irr* accept
entgegensehen [ɛnt'geːgənzeːən] *v irr 1.* await; *2. einer Sache ~ müssen* have to face sth; *3. Wir sehen Ihrer Antwort gern entgegen.* We look forward to your reply.
entgegensetzen [ɛnt'geːgənzɛtsən] *v 1. Widerstand ~* put up resistance; *2. einer Sache etw ~* counter sth with sth, respond to sth with sth
entgegentreten [ɛnt'geːgəntreːtən] *v irr 1. jdm ~* confront s.o.; *2. einer Sache ~* oppose sth, take steps against sth
entgegenwirken [ɛnt'geːgənvɪrkən] *v* counteract, oppose
entgegnen [ɛnt'geːgnən] *v* reply, answer
entgehen [ɛnt'geːən] *v irr* escape, elude
entgeistert [ɛnt'gaɪstərt] *adj* flabbergasted *(fam)*, dumbfounded
Entgelt [ɛnt'gɛlt] *n* compensation, payment, remuneration
entgleisen [ɛnt'glaɪzən] *v 1. (Zug)* derail; *2. (fig)* slip up, make a faux pas
enthaaren [ɛnt'haːrən] *v* depilate, remove hair from
enthalten [ɛnt'haltən] *v irr 1. (beeinhalten)* contain, hold, comprise; *2. sich einer Sache ~* abstain from sth, refrain from sth; *sich des Rauchens ~* abstain from smoking
enthaltsam [ɛnt'haltzaːm] *adj 1.* abstinent, abstemious; *adv 2.* abstemiously
enthärten [ɛnt'hɛrtən] *v* soften
enthaupten [ɛnt'hauptən] *v* decapitate, behead
entheben [ɛnt'heːbən] *v irr 1. (der Verantwortung)* dispense, exempt, release; *2. (eines Amtes)* remove, dismiss
enthüllen [ɛnt'hylən] *v 1. (Denkmal)* unveil; *2. (fig)* disclose, reveal
Enthüllung [ɛnt'hyluŋ] *f 1. (Denkmal)* unveiling; *2. (fig)* disclosure, revelation
entjungfern [ɛnt'juŋfərn] *v* deflower
entkalken [ɛnt'kalkən] *v* decalcify
Entkalkungsmittel [ɛnt'kalkuŋsmɪtəl] *n* antiliming agent
entkernen [ɛnt'kɛrnən] *v* stone, seed; *(Äpfel)* core
entkleiden [ɛnt'klaɪdən] *v sich ~* undress, get undressed, strip
entkoffeiniert [ɛntkɔfei'niːrt] *adj* decaffeinated
entkommen [ɛnt'kɔmən] *v irr* get away, escape
entkorken [ɛnt'kɔrkən] *v* uncork
entkräften [ɛnt'krɛftən] *v 1.* devitalize, weaken; *2. (widerlegen)* refute; *3. (fig)* invalidate, make null and void
Entkräftung [ɛnt'krɛftuŋ] *f* weakness
entladen [ɛnt'laːdən] *v irr 1. (abladen)* unload; *2. (fig: befreien)* pour out one's feelings
entlang [ɛnt'laŋ] *prep* along, down; *die Straße ~* down the street
entlarven [ɛnt'larfən] *v* expose, unmask

entlassen [ɛnt'lasən] *v irr 1. (Arbeitskraft)* dismiss, fire *(fam)*, sack *(fam)*; *2. (Gefangene)* release; *3. (Patienten)* discharge; *4. MIL* discharge, dismiss

Entlassung [ɛnt'lasuŋ] *f 1. (einer Arbeitskraft)* dismissal; *2. (eines Gefangenen)* release; *3. (eines Patienten)* discharge; *4. MIL* discharge, dismissal

entlasten [ɛnt'lastən] *v 1.* reduce the pressure on, relieve the strain on; *2. (Angeklagten) JUR* exonerate

entlastend [ɛnt'lastənt] *adj 1.* relieving, freeing; *2. JUR* exonerating

Entlastung [ɛnt'lastuŋ] *f 1.* relief; *Wir schicken Ihnen Ihre Unterlagen zu unserer ~ zurück.* We are returning your documents to you for your files. *2. (eines Angeklagten) JUR* exoneration; *zu seiner ~ führte er an, dass ...* in his defence he stated that ...

Entlastungszeuge [ɛnt'lastuŋstsɔygə] *m JUR* witness for the defence

entleeren [ɛnt'leːrən] *v* empty

Entleerung [ɛnt'leːruŋ] *f 1. (eines Gefäßes)* drainage; *2. BIO* evacuation

entlegen [ɛnt'leːgən] *adj* distant, isolated

entlocken [ɛnt'lɔkən] *v 1. jdm etw ~* coax sth out of s.o.; *2. jdm etw ~ (Geständnis, Geheimnis)* worm sth out of s.o.

entlohnen [ɛnt'loːnən] *v* pay off, remunerate

Entlohnung [ɛnt'loːnuŋ] *f* remuneration, paying, paying off

Entlüftung [ɛnt'lyftuŋ] *f TECH* ventilation

entmachten [ɛnt'maxtən] *v jdn ~* deprive s.o. of his power

Entmachtung [ɛnt'maxtuŋ] *f POL* deprivation of power

entmilitarisieren [ɛntmilitari'ziːrən] *v POL* demilitarize

entmündigen [ɛnt'myndɪgən] *v JUR* declare incapable of managing his own affairs

Entmündigung [ɛnt'myndɪguŋ] *f JUR* legal incapacitation

entmutigen [ɛnt'muːtɪgən] *v* discourage, dishearten; *~, etw zu tun* discourage from doing sth

Entnahme [ɛnt'naːmə] *f 1.* taking, extraction, drawing; *2. (von Geld)* withdrawal

Entnazifizierung [ɛntnatsifi'tsiːruŋ] *f POL* denazification

entnehmen [ɛnt'neːmən] *v irr 1. (herausnehmen)* take out, withdraw; *2. (fig: schließen)* conclude, gather, deduce

entpuppen [ɛnt'pupən] *v sich ~ als (fig)* reveal o.s. to be, turn out to be

enträtseln [ɛnt'rɛːtsəln] *v* unravel, solve, decipher

entrichten [ɛnt'rɪçtən] *v* pay

entrinnen [ɛnt'rɪnən] *v irr* escape

entrücken [ɛnt'rykən] *v jdn einer Sache ~* remove s.o. from sth, whisk s.o. away from sth

entrüsten [ɛnt'rystən] *v 1.* fill with indignation, outrage; *2. sich ~* to be indignant, to be outraged

Entrüstung [ɛnt'rystuŋ] *f* indignation

entschädigen [ɛnt'ʃɛːdɪgən] *v* compensate

entschärfen [ɛnt'ʃɛrfən] *v 1. (Bombe)* defuse, deactivate; *2. (fig: Situation)* defuse, ease, take the bite out of

entscheiden [ɛnt'ʃaɪdən] *v irr* decide, determine, settle; *sich gegen etw ~* decide against sth; *Sie entschied sich für das rote Kleid.* She decided on the red dress.

entscheidend [ɛnt'ʃaɪdənt] *adj* decisive, crucial

Entscheidung [ɛnt'ʃaɪduŋ] *f* decision; *eine ~ treffen* make a decision

entschieden [ɛnt'ʃiːdən] *adj 1.* decided, definite, settled; *adv 2.* decidedly, definitely, positively

Entschiedenheit [ɛnt'ʃiːdənhaɪt] *f* determination, resoluteness, decisiveness

entschließen [ɛnt'ʃliːsən] *v irr sich ~* decide, make up one's mind, determine

Entschließung [ɛnt'ʃliːsuŋ] *f* resolution

entschlossen [ɛnt'ʃlɔsən] *adj 1.* determined, resolved, resolute; *adv 2.* with determination, resolutely

Entschluss [ɛnt'ʃlus] *m* resolution, decision

Entschlusskraft [ɛnt'ʃluskraft] *f* determination, resolve, strength of purpose

entschuldigen [ɛnt'ʃuldɪgən] *v 1. etw ~* excuse; *2. sich ~* apologize; *3. sich ~ (sich abmelden)* excuse o.s., ask to be excused

Entschuldigung [ɛnt'ʃuldɪguŋ] *f 1. (Abbitte)* apology; *~!* Excuse me! Sorry! *2. (Ausrede)* excuse

entsenden [ɛnt'zɛndən] *v irr* dispatch, send out

entsetzen [ɛnt'zɛtsən] *v* appal, dismay, shock

Entsetzen [ɛnt'zɛtsən] *n* dismay, fright, horror

entsetzlich [ɛnt'zɛtslɪç] *adj* dreadful, frightful, ghastly

E

entsinnen [ɛnt'zɪnən] *v irr sich ~* remember, recall, recollect
entsorgen [ɛnt'zɔrgən] *v Abfall ~* dispose of waste
Entsorgung [ɛnt'zɔrguŋ] *f* waste management
entspannen [ɛnt'ʃpanən] *v sich ~* relax
entsprechen [ɛnt'ʃprɛçən] *v irr* correspond to, to be in accordance with, tally with
entsprechend [ɛnt'ʃprɛçənt] *adj 1.* corresponding; *2. (angemessen)* adequate
Entsprechung [ɛnt'ʃprɛçuŋ] *f 1.* correspondence; *2. (Äquivalent)* equivalent
entspringen [ɛnt'ʃprɪŋən] *v irr 1. (Fluss)* flow from; *2. (herrühren)* originate from, originate in, stem from
entstammen [ɛnt'ʃtamən] *v einer Sache ~* come from sth
entstehen [ɛnt'ʃteːən] *v irr 1.* come into being; *2. (geschaffen werden)* to be created; *3. (sich entwickeln)* develop; *4. (verursacht werden)* result
Entstehung [ɛnt'ʃteːuŋ] *f 1.* coming into being, genesis; *(Ursprung)* origin; *2. (Bildung)* formation
entstellen [ɛnt'ʃtɛlən] *v* disfigure, distort
enttäuschen [ɛnt'tɔyʃən] *v* disappoint
entthronen [ɛnt'troːnən] *v POL* dethrone
entvölkern [ɛnt'fœlkərn] *v* depopulate
entwachsen [ɛnt'vaksən] *v irr* outgrow
entwaffnen [ɛnt'vafnən] *v* disarm
entwarnen [ɛnt'varnən] *v* sound the all-clear
Entwarnung [ɛnt'varnuŋ] *f* the all-clear
entwässern [ɛnt'vɛsərn] *v* drain

entweder ['ɛntveːdər] *konj ~ ... oder* either ... or

entweichen [ɛnt'vaɪçən] *v irr* escape
entweihen [ɛnt'vaɪən] *v REL* desecrate
Entweihung [ɛnt'vaɪuŋ] *f REL* desecration
entwenden [ɛnt'vɛndən] *v irr* steal, pilfer
entwerfen [ɛnt'vɛrfən] *v irr* design, draft
entwerten [ɛnt'vɛrtən] *v 1. (Fahrkarte)* cancel; *2. (Geld)* devalue; *3. (fig)* devalue, depreciate
entwickeln [ɛnt'vɪkəln] *v* develop, evolve
Entwicklung [ɛnt'vɪkluŋ] *f* development, evolution
entwicklungsfähig [ɛnt'vɪkluŋsfɛːɪç] *adj Es ist ~.* It has potential.
entwicklungsgeschichtlich [ɛnt'vɪkluŋsgəʃɪçtlɪç] *adj BIO* developmental, phylogenetic
Entwicklungshelfer [ɛnt'vɪkluŋshɛlfər] *m* development aid volunteer, VSO worker *(UK)*, Peace Corps worker *(US)*
entwinden [ɛnt'vɪndən] *v irr jdm etw ~* wrench sth from s.o.
entwirren [ɛnt'vɪrən] *v 1.* disentangle; *2. (fig)* unravel
entwischen [ɛnt'vɪʃən] *v* get away, escape
entwöhnen [ɛnt'vøːnən] *v* wean
entwürdigend [ɛnt'vyrdɪgənt] *adj* degrading
Entwurf [ɛnt'vurf] *m* design, plan, draft
entwurzeln [ɛnt'vurtsəln] *v* uproot
entziehen [ɛnt'tsiːən] *v irr 1. sich einer Sache ~* avoid sth, escape sth, evade sth; *Das entzieht sich meiner Kenntnis.* I don't know anything about that. *Es entzieht sich jeder Berechnung.* It's beyond calculation. *2. (etw ~)* take away; *jdm den Alkohol ~* deprive s.o. of alcohol; *3. (Unterstützung, Erlaubnis)* withdraw
Entziehungskur [ɛnt'tsiːuŋskuːr] *f MED* detoxification treatment, withdrawal treatment
entziffern [ɛnt'tsɪfərn] *v* decipher
entzücken [ɛnt'tsykən] *v* delight
Entzug [ɛnt'tsuːk] *m MED* withdrawal
entzündbar [ɛnt'tsyndbaːr] *adj* inflammable
entzünden [ɛnt'tsyndən] *v 1. (Feuer)* kindle, light, set on fire; *2. sich ~ MED* become inflamed
entzwei [ɛnt'tsvaɪ] *adv* in two, apart, in half
entzweien [ɛnt'tsvaɪən] *v* divide, separate, split
entzweigehen [ɛnt'tsvaɪgeːən] *v* fall to pieces, break, go to pieces
Entzweiung [ɛnt'tsvaɪuŋ] *f 1.* division, split; *2. (Streit)* quarrel
Epik ['eːpɪk] *f LIT* epic poetry
Epoche [e'pɔxə] *f HIST* epoch
Epos ['epɔs] *n* epic

er [eːr] *pron 1. (Person)* he; *2. (Sache)* it

erachten [ɛr'axtən] *v* consider, deem, think
Erachten [ɛr'axtən] *n meines ~s* in my opinion
erahnen [ɛr'aːnən] *v* anticipate
erarbeiten [ɛr'arbaɪtən] *v* obtain by hard work, acquire
Erbanlagen ['ɛrpanlaːgən] *pl BIO* hereditary disposition

erbarmen [ɛr'barmən] *v sich ~* have mercy, have pity
Erbarmen [ɛr'barmən] *n* compassion, mercy, pity
erbärmlich [ɛr'bɛrmlɪç] *adj* miserable, wretched, poor
erbauen [ɛr'bauən] *v 1.* build, erect; *2. (fig)* edify
Erbauer [ɛr'bauər] *m 1.* builder, constructor; *2. (Gründer)* founder
erbaulich [ɛr'baulɪç] *adj* edifying, uplifting, elevating
Erbauung [ɛr'bauuŋ] *f 1. (Gebäude)* construction; *2. REL* edification
Erbe ['ɛrbə] *n 1.* inheritance, heritage; *m 2.* heir
erbeben [ɛr'beːbən] *v* quake, tremble, shake
erben ['ɛrbən] *v* inherit
erbeuten [ɛr'bɔytən] *v* capture, carry off
Erbfolge ['ɛrpfɔlgə] *f* (hereditary) succession, line of succession
erbieten [ɛr'biːtən] *v irr sich ~, etw zu tun* offer to do sth
Erbin ['ɛrbɪn] *f* heiress
erbitten [ɛr'bɪtən] *v irr 1. sich etw von jdm ~* ask s.o. for sth, request sth of s.o. *2. sich ~ lassen* yield, relent
erbittern [ɛr'bɪtərn] *v* embitter, anger
erbittert [ɛr'bɪtərt] *adj 1.* bitter; *2. (heftig)* fierce, furious
erblassen[1] [ɛr'blasən] *v (blass werden)* turn pale
erblassen[2] ['ɛrplasən] *v (hinterlassen)* leave
Erblasser ['ɛrplasər] *m* person who leaves an inheritance, the deceased
erblich ['ɛrplɪç] *adj* hereditary
Erblichkeit ['ɛrplɪçkaɪt] *f* heredity
erblinden [ɛr'blɪndən] *v* go blind
Erblindung [ɛr'blɪnduŋ] *f* loss of eyesight
Erbmasse ['ɛrpmasə] *f 1. BIO* hereditary mass, genes; *2. JUR* estate of the deceased
erbrechen [ɛr'brɛçən] *v irr 1. (öffnen)* break open, force open; *2. MED* vomit
Erbrechen [ɛr'brɛçən] *n 1.* vomiting; *2. bis zum ~ (fig)* ad nauseam
Erbse ['ɛrpsə] *f* pea
Erbstück ['ɛrpʃtyk] *n* heirloom
Erbsünde ['ɛrpzyndə] *f REL* original sin
Erdbeben ['eːrtbeːbən] *n* earthquake
Erdbeere ['eːrtbeːrə] *f BOT* strawberry
Erdboden ['eːrtboːdən] *m* ground, soil; *etw dem ~ gleichmachen* raze sth to the ground; *vom ~ verschwinden* vanish from the face of the earth

Erde ['eːrdə] *f 1. (Boden)* earth, ground, soil; *jdn unter die ~ bringen* to be the death of s.o.; *auf der ~ bleiben (fig)* stay down-to-earth; *etw aus der ~ stampfen (fig)* set sth up from scratch; *2. (Erdball)* Earth, the earth

erden ['eːrdən] *v TECH* earth, ground *(US)*
erdenklich [ɛr'dɛŋklɪç] *adj* conceivable, imaginable
Erdgas ['eːrtgaːs] *n* natural gas
Erdgeschoss ['eːrtgəʃɔs] *n* ground floor, first floor *(US)*
erdichten [ɛr'dɪçtən] *v* fabricate, invent
erdig ['eːrdɪç] *adj* earthy
Erdkunde ['eːrtkundə] *f* geography
Erdnuss ['eːrtnus] *f* peanut
Erdöl ['eːrtøːl] *n* crude oil, petroleum; *~ exportierend* oil exporting
Erdreich ['eːrtraɪç] *n* earth, soil
erdrosseln [ɛr'drɔsəln] *v* strangle, throttle
erdrücken [ɛr'drykən] *v 1.* crush (to death); *ein ~des Gefühl* a stifling feeling; *2. (fig)* overwhelm
Erdrutsch ['eːrtrutʃ] *m* landslide, landslip
Erdteil ['eːrttaɪl] *m* continent
erdulden [ɛr'duldən] *v* tolerate, endure
ereifern [ɛr'aɪfərn] *v sich ~* get excited, get worked up
ereignen [ɛr'aɪgnən] *v sich ~* happen, take place, occur
Ereignis [ɛr'aɪgnɪs] *n* event, incident, occurrence
ereilen [ɛr'aɪlən] *v* overtake
Eremit [ere'miːt] *m* hermit
ererbt [ɛr'ɛrpt] *adj* inherited
erfahren [ɛr'faːrən] *v irr 1. (erleben)* experience; *2. (mitgeteilt bekommen)* hear, learn; *adj 3.* experienced, skilled, expert
Erfahrung [ɛr'faːruŋ] *f* experience; *in ~ bringen* find out
erfassen [ɛr'fasən] *v 1. (greifen)* seize, grasp, hold; *2. (in Statistik)* register, record; *3. (fig: verstehen)* grasp
Erfassung [ɛr'fasuŋ] *f (von Statistiken)* registration, recording

erfinden [ɛr'fɪndən] *v irr 1.* invent, devise; *2. (erdichten)* concoct, fabricate

Erfinder [ɛr'fɪndər] *m* inventor
Erfolg [ɛr'fɔlk] *m* success; *~ versprechend* promising
erfolgen [ɛr'fɔlgən] *v* ensue, happen, arise

E

erfolglos [ɛr'fɔlkloːs] *adj* unsuccessful, fruitless
Erfolglosigkeit [ɛr'fɔlkloːzɪçkaɪt] *f* ineffectiveness, lack of success
erfolgreich [ɛr'fɔlkraɪç] *adj* successful
Erfolgserlebnis [ɛr'fɔlksɛrleːpnɪs] *n* experiencing success, sense of achievement
erforderlich [ɛr'fɔrdərlɪç] *adj* necessary, required
erfordern [ɛr'fɔrdərn] *v* require, demand, need
erforschen [ɛr'fɔrʃən] *v 1.* explore; *2. (prüfen)* examine, investigate
erfragen [ɛr'fraːgən] *v* find out (by asking), ask, inquire
erfreuen [ɛr'frɔyən] *v* delight, rejoice
erfreulich [ɛr'frɔylɪç] *adj* pleasant, welcome
erfreut [ɛr'frɔyt] *adj* happy, delighted
erfrieren [ɛr'friːrən] *v irr 1. (Person)* freeze to death; *2. (Pflanze)* to be killed by frost
Erfrierung [ɛr'friːruŋ] *f MED* frostbite
erfrischen [ɛr'frɪʃən] *v sich ~* refresh o.s.
erfüllbar [ɛr'fylbaːr] *adj* satisfiable
erfüllen [ɛr'fylən] *v 1. (Pflicht)* fulfil, carry out; *2. (Wunsch)* fulfil
erfüllt [ɛr'fylt] *adj ein ~es Leben* a fulfilling life
Erfüllung [ɛr'fyluŋ] *f 1. (Pflicht)* performance, fulfilment, accomplishment; *2. (Wunsch)* fulfilment, realization
ergänzen [ɛr'gɛntsən] *v 1.* supplement; *2. (vervollständigen)* complete
ergeben [ɛr'geːbən] *v irr 1.* result in; *2. (sich erweisen)* reveal; *3. (abwerfen)* yield; *4. (betragen)* amount to; *5. sich ~* result, ensue; *6. sich ~ (aufgeben)* surrender; *7. sich einer Sache ~* devote o.s. to sth
Ergebenheit [ɛr'geːbənhaɪt] *f* devotion
ergebenst [ɛr'geːbənst] *adj* respectfully
Ergebnis [ɛr'geːpnɪs] *n 1.* result, outcome; *2. (Folgen)* consequences *pl*; *3. (Wirkung)* effect
ergebnislos [ɛr'geːpnɪsloːs] *adj* fruitless, ineffective, without success
ergehen [ɛr'geːən] *v irr 1. Wie ist es ihm ergangen?* How did he do? How did he fare? *2. (erteilt werden)* to be issued, go out; *3. etw über sich ~ lassen* endure sth, submit to sth; *4. sich ~ in (fig)* indulge in; *5. sich an der Luft ~* go for a stroll in the fresh air
ergiebig [ɛr'giːbɪç] *adj* productive, lucrative, rich
ergießen [ɛr'giːsən] *v irr sich ~ in* flow into
ergötzen [ɛr'gœtsən] *v 1.* amuse; *2. sich an etw ~* to be amused by sth
ergrauen [ɛr'grauən] *v (fig: altern)* grow old
ergreifen [ɛr'graɪfən] *v irr 1. (greifen)* seize, grasp, grip; *2. Maßnahmen ~* take measures; *3. (festnehmen)* seize, capture, apprehend; *4. (fig: bewegen)* move, affect, thrill
ergreifend [ɛr'graɪfənt] *adj (fig)* moving, touching, stirring
Ergreifung [ɛr'graɪfuŋ] *f* capture, seizure
Ergriffenheit [ɛr'grɪfənhaɪt] *f* emotion
ergründen [ɛr'gryndən] *v 1.* get to the bottom of; *2. (erforschen)* probe
erhaben [ɛr'haːbən] *adj 1.* raised; *2. (über anderen stehend)* exalted; *3. über etw ~ sein* to be above sth *(fig)*; *4. (Anblick)* sublime
erhalten [ɛr'haltən] *v irr 1. (bekommen)* receive, get; *2. (bewahren)* keep, preserve
erhaltenswert [ɛr'haltənsveːrt] *adj* worth maintaining
erhältlich [ɛr'hɛltlɪç] *adj* obtainable
Erhaltung [ɛr'haltuŋ] *f* maintenance, preservation, conservation
erhängen [ɛr'hɛŋən] *v sich ~* hang o.s.
erhärten [ɛr'hɛrtən] *v 1.* harden; *2. (bestätigen)* substantiate, confirm
erhaschen [ɛr'haʃən] *v* catch, snatch
erheben [ɛr'heːbən] *v irr 1. (hochheben)* lift up, raise; *2. sich ~* get up, rise; *3. (Steuern) ECO* levy, impose; *4. (Klage) JUR* file (a complaint), bring an action against
erhebend [ɛr'heːbənt] *adj* elevating
erheblich [ɛr'heːplɪç] *adj* considerable
Erhebung [ɛr'heːbuŋ] *f 1. (Berg)* elevation; *2. (Statistik)* survey, census; *3. (Steuer) ECO* imposition, levy; *4. JUR* investigation, inquiry
erheitern [ɛr'haɪtərn] *v 1.* amuse, entertain; *2. sich ~* cheer up
erhellen [ɛr'hɛlən] *v 1.* light up, illuminate; *2. (fig: aufklären)* make evident; *3. sich ~* light up
erhitzen [ɛr'hɪtsən] *v 1.* heat, heat up; *2. sich ~* heat up
erhoffen [ɛr'hɔfən] *v* hope for
erhöhen [ɛr'høːən] *v 1.* increase, raise, elevate; *2. (Preise) ECO* raise, increase
erholen [ɛr'hoːlən] *v sich ~* recover, recuperate, get well
Erholung [ɛr'hoːluŋ] *f* recuperation, recreation, relaxation
erholungsbedürftig [ɛr'hoːluŋsbədyrftɪç] *adj* in need of a rest

Erholungspause [ɛr'hoːluŋspauzə] *f* rest, breather
erhören [ɛr'høːrən] *v* answer
erinnern [ɛr'ɪnərn] *v 1. jdn ~* remind s.o.; *2. sich ~* remember, recall, recollect
Erinnerung [ɛr'ɪnəruŋ] *f* remembrance, recollection, memory
Erinnerungswert [ɛr'ɪnəruŋsveːrt] *m* sentimental value
erkalten [ɛr'kaltən] *v 1.* cool down; *2. (fig: Gefühle)* cool off
erkälten [ɛr'kɛltən] *v sich ~* catch (a) cold
erkämpfen [ɛr'kɛmpfən] *v* win, gain
erkaufen [ɛr'kaufən] *v* buy
erkennbar [ɛr'kɛnbaːr] *adj 1.* recognizable; *2. (sichtbar)* visible
erkennen [ɛr'kɛnən] *v irr 1.* recognize; *2. (einsehen)* realize; *3. (entdecken)* discover, find out
erkenntlich [ɛr'kɛntlɪç] *adj* grateful, thankful
Erkenntnis [ɛr'kɛntnɪs] *f 1. (Einsicht)* realization; *2. (Wissen)* knowledge; *3. (Verständnis)* recognition
Erker ['ɛrkər] *m* bay
Erklärbarkeit [ɛr'klɛːrbaːrkaɪt] *f* possibility to explain
erklären [ɛr'klɛːrən] *v 1. (verdeutlichen)* explain, define, account for; *2. (verkünden)* declare, state
erklärt [ɛr'klɛːrt] *adj* declared, acknowledged
erklärtermaßen [ɛr'klɛːrtərmaːsən] *adv* as previously explained, as previously stated
Erklärung [ɛr'klɛːruŋ] *f 1. (Verdeutlichung)* explanation, definition, interpretation; *2. (Verkündung)* declaration, statement
erklimmen [ɛr'klɪmən] *v irr* scale
erklingen [ɛr'klɪŋən] *v irr* ring out, resound
erkranken [ɛr'kraŋkən] *v* to be taken ill
Erkrankung [ɛr'kraŋkuŋ] *f MED* illness, disease, disorder
erkunden [ɛr'kundən] *v 1.* scout; *2. (feststellen)* ascertain
erkundigen [ɛr'kundɪgən] *v sich ~* inquire
Erkundigung [ɛr'kundɪguŋ] *f* inquiry
erlahmen [ɛr'laːmən] *v 1.* tire, grow weary; *2. (nachlassen)* weaken, wane
erlangen [ɛr'laŋən] *v* obtain, achieve, acquire
Erlass [ɛr'las] *m 1. (Verordnung)* decree, ordinance, edict; *2. (Befreiung)* release, dispensation, exemption; *3. (einer Sünde)* remission
erlassen [ɛr'lasən] *v irr 1. (verordnen)* enact, pass, issue; *2. (Strafe) JUR* remit; *(Gebühren)* waive; *(Verpflichtung)* exempt, release
erlauben [ɛr'laubən] *v* allow, permit; *Was ~ Sie sich?* What on earth do you think you're doing?
erläutern [ɛr'lɔytərn] *v* explain, clarify
erleben [ɛr'leːbən] *v* experience
Erlebnis [ɛr'leːpnɪs] *n 1.* experience; *2. (Ereignis)* event, occurrence
erledigen [ɛr'leːdɪgən] *v* handle, deal with, take care of
erledigt [ɛr'leːdɪçt] *adj 1. (abgeschlossen)* completed; *2. (ruiniert)* finished, through with
Erledigung [ɛr'leːdɪguŋ] *f* handling, dealing with, carrying out
erlegen [ɛr'leːgən] *v (Wild)* kill, catch, capture
erleichtern [ɛr'laɪçtərn] *v* relieve, ease, alleviate
erleiden [ɛr'laɪdən] *v irr 1. (erdulden)* suffer, endure; *2. (Verlust)* sustain
erlernen [ɛr'lɛrnən] *v* learn
erlesen [ɛr'leːzən] *adj* select, exquisite
erleuchten [ɛr'lɔyçtən] *v* illuminate, light
erliegen [ɛr'liːgən] *v irr 1. (einem Gegner)* to be defeated by; *2. (einer Krankheit)* succumb to, die of
Erlös [ɛr'løːs] *m ECO* proceeds *pl,* revenue
erloschen [ɛr'lɔʃən] *adj 1. (Vulkan)* extinct; *2. (fig: Gefühle)* dead
erlöschen [ɛr'lœʃən] *v 1.* go out, to be extinguished; *2. (Vertrag)* expire; *3. (fig)* die out, become extinct
erlösen [ɛr'løːzən] *v* deliver, release, redeem
Erlöser [ɛr'løːzər] *m REL* Redeemer
Erlösung [ɛr'løːzuŋ] *f 1.* deliverance, release; *2. REL* redemption, salvation
ermächtigen [ɛr'mɛçtɪgən] *v* authorize, empower
Ermächtigung [ɛr'mɛçtɪguŋ] *f 1.* authorization, power; *2. (Urkunde)* warrant, licence
ermahnen [ɛr'maːnən] *v* admonish
ermangeln [ɛr'maŋəln] *v* lack, want for
ermäßigen [ɛr'mɛːsɪgən] *v* reduce, lower
Ermäßigung [ɛr'mɛːsɪguŋ] *f* reduction, discount
ermatten [ɛr'matən] *v* tire, become exhausted
Ermessen [ɛr'mɛsən] *n 1. (Einschätzung)* estimation; *nach menschlichem ~* as far as it is possible to tell; *2. (Gutdünken)* discretion

ermessen [ɛr'mɛsən] *v irr 1. (abschätzen)* estimate, judge; *2. (erfassen)* comprehend, fathom
Ermessensspielraum [ɛr'mɛsənsʃpiːlraum] *m* discretion
ermitteln [ɛr'mɪtəln] *v 1.* determine, ascertain, find out; *2. JUR* investigate, inquire into
Ermittlung [ɛr'mɪtluŋ] *f 1.* determination, ascertaining; *2. (Erkundigung)* inquiry, investigation; *3. (Entdeckung)* discovery

E

ermöglichen [ɛr'møːklɪçən] *v* enable, make possible
ermorden [ɛr'mɔrdən] *v* murder
ermüden [ɛr'myːdən] *v* tire, weary
Ermüdung [ɛr'myːduŋ] *f 1.* weariness, fatigue, exhaustion; *2. (Material) TECH* fatigue
ermuntern [ɛr'muntərn] *v 1. (aufheitern)* cheer up; *2. (ermutigen)* encourage; *3. (erfrischen)* stimulate, liven up, invigorate; *seine Gegenwart wirkt ~d auf mich* his presence has an enlivening effect on me
ermutigen [ɛr'muːtɪgən] *v* encourage, give courage, embolden
ernähren [ɛr'nɛːrən] *v* feed, nourish
Ernährung [ɛr'nɛːruŋ] *f 1.* nourishment, feeding; *2. (Kost)* diet; *3. MED* nutrition
ernennen [ɛr'nɛnən] *v irr* nominate, appoint, designate
Ernennung [ɛr'nɛnuŋ] *f* nomination, appointment, designation
erneuern [ɛr'nɔyərn] *v 1.* renew; *2. (wieder beleben)* revive; *3. (renovieren)* renovate
erneut [ɛr'nɔyt] *adj 1.* fresh, new, repeated; *adv 2.* once again, again, once more
erniedrigen [ɛr'niːdrɪgən] *v* degrade, humiliate, humble
Erniedrigung [ɛr'niːdrɪguŋ] *f 1.* humiliation, degradation; *2. ECO* reduction

ernst [ɛrnst] *adj 1.* serious; *2. (streng)* severe; *3. (bedenklich)* grave; *adv 4.* seriously; *~ zu nehmend* to be taken seriously; *Er meint es ~.* He's serious.

Ernst [ɛrnst] *m 1.* seriousness; *der ~ des Lebens* the real world; *mit etw ~ machen* get down to business with sth; *Das ist doch nicht dein ~!* You can't be serious! *2. (Bedenklichkeit)* gravity; *3. (Strenge)* severity
Ernte ['ɛrntə] *f 1. (Tätigkeit)* harvest; *2. (Ertrag)* crop
ernten ['ɛrntən] *v 1.* harvest, reap; *2. (fig)* reap, gain
ernüchtern [ɛr'nyçtərn] *v 1.* sober up; *2. (fig)* disillusion, bring down to earth
Ernüchterung [ɛr'nyçtəruŋ] *f (fig)* sobering, disillusionment, disenchantment
erobern [ɛr'oːbərn] *v* conquer, capture
Eroberung [ɛr'oːbəruŋ] *f* conquest, capture
eröffnen [ɛr'œfnən] *v 1.* open; *2. jdm etw ~* reveal sth to s.o., break the news about sth to s.o.
Eröffnung [ɛr'œfnuŋ] *f 1.* opening; *2. (Einweihung)* inauguration; *3. (Mitteilung)* revelation, notification, disclosure
erörtern [ɛr'œrtərn] *v* discuss, argue, debate
Erotik [e'roːtɪk] *f* eroticism
erpicht [ɛr'pɪçt] *adj auf etw ~ sein* to be intent on sth, to be bent on sth, to be keen on sth
erpressen [ɛr'prɛsən] *v jdn ~* blackmail s.o.
erpresserisch [ɛr'prɛsərɪʃ] *adj* extorsive
erproben [ɛr'proːbən] *v* test, put to the test
erquickend [ɛr'kvɪkənt] *adj* refreshing, invigorating
erraten [ɛr'raːtən] *v irr* guess
errechnen [ɛr'rɛçnən] *v* calculate, work out, compute
erregbar [ɛr'reːkbaːr] *adj* excitable
erregen [ɛr'reːgən] *v 1. (Aufsehen)* cause, provoke, arouse; *2. (aufregen)* excite, agitate, upset; *3. sich ~* get upset, get excited, get all worked up *(fam)*
Erreger [ɛr'reːgər] *m MED* germ, causative organism
Erregung [ɛr'reːguŋ] *f* excitement, stimulation
erreichen [ɛr'raɪçən] *v 1.* reach; *2. (fig)* reach, attain, achieve; *3. (fig: erlangen)* obtain
errichten [ɛr'rɪçtən] *v 1.* build, construct, erect; *2. (gründen)* open, set up, establish
Errichtung [ɛr'rɪçtuŋ] *f 1.* construction, erection, building; *2. (Gründung)* establishment, foundation
erringen [ɛr'rɪŋən] *v irr* achieve, gain, win
erröten [ɛr'røːtən] *v 1.* turn red; *2.* blush
Errungenschaft [ɛr'ruŋənʃaft] *f* achievement, triumph
Ersatz [ɛr'zats] *m 1. (Vergütung)* compensation; *2. (Austauschstoff)* substitute, ersatz; *3. (Ersetzendes)* replacement, alternative; *4. (Entschädigung)* indemnification
PSYCH substitute act, act of compensation
Ersatzmann [ɛr'zatsman] *m* substitute, replacement
Ersatzreifen [ɛr'zatsraɪfən] *m* spare tyre, spare tire *(US)*
ersäufen [ɛr'zɔyfən] *v (fam)* drown (s.o.)

erschaffen [ɛr'ʃafən] *v irr* create
erscheinen [ɛr'ʃaɪnən] *v irr 1. (sich sehen lassen)* appear, make an appearance, turn up; *2. (veröffentlicht werden)* to be published, appear, come out; *3. (vor Gericht)* appear; *4. (scheinen)* seem, appear
Erscheinung [ɛr'ʃaɪnuŋ] *f 1. (Phänomen)* phenomenon; *2. (Aussehen)* appearance, look; *3. in ~ treten* appear
erschießen [ɛr'ʃiːsən] *v irr* shoot dead
Erschießung [ɛr'ʃiːsuŋ] *f* execution by shooting
erschlaffen [ɛr'ʃlafən] *v 1.* go limp; *2. (Seil)* go slack; *3. (ermüden)* tire; *4. (Interesse)* wane; *5. (etw ~ lassen) MED* relax
erschlagen [ɛr'ʃlaːgən] *v irr 1.* kill; *adj 2. ~ sein (erschöpft)* to be dead tired *(fam); 3. (verblüfft)* thunderstruck
erschließbar [ɛr'ʃliːsbaːr] *adj 1. (Rohstoffe)* exploitable; *2. (Gedanken)* inferable
erschließen [ɛr'ʃliːsən] *v irr 1. (Baugelände)* develop; *2. (Märkte) ECO* open up; *3. (folgern)* infer
erschöpfen [ɛr'ʃœpfən] *v 1.* exhaust; *2. sich ~* exhaust o.s.; *3. sich in etw ~* to be limited to sth
erschrecken [ɛr'ʃrɛkən] *v irr 1.* scare, frighten; *jdn ~, damit er etw tut* frighten s.o. into doing sth; *2. (plötzlich)* alarm, startle
erschüttern [ɛr'ʃytərn] *v 1.* shake, make tremble; *2. (fig: psychologisch)* upset, shock
erschütternd [ɛr'ʃytərnt] *adj 1.* distressing, disturbing, shocking; *2. (ergreifend)* moving
Erschütterung [ɛr'ʃytəruŋ] *f 1.* vibration, shaking; *2. MED* concussion; *3. (fig)* shock, inner turmoil
erschweren [ɛr'ʃveːrən] *v 1.* make difficult, complicate; *2. (hemmen)* hinder
Erschwernis [ɛr'ʃveːrnɪs] *f* difficulty, additional burden
erschwingen [ɛr'ʃvɪŋən] *v irr* afford
erschwinglich [ɛr'ʃvɪŋlɪç] *adj* attainable, affordable, within one's means
ersehen [ɛr'zeːən] *v irr* see
ersehnen [ɛr'zeːnən] *v* long for
ersetzen [ɛr'zɛtsən] *v 1. (austauschen)* replace; *2. (entschädigen)* compensate for; *(Unkosten)* reimburse for
ersichtlich [ɛr'zɪçtlɪç] *adj* obvious, clear, evident
ersinnen [ɛr'zɪnən] *v irr* devise, invent
ersparen [ɛr'ʃpaːrən] *v* save
Ersparnis [ɛr'ʃpaːrnɪs] *f 1.* saving; *Dieser Weg bedeutet eine ~ von fünf Minuten.* One can save five minutes going this way. *2. ~se pl (erspartes Geld)* savings *pl*
erst [eːrst] *adv 1.* first; *2. (nur)* only, just
erstarren [ɛr'ʃtarən] *v 1.* stiffen; *2. (vor Kälte)* go numb; *3. (Zement)* set; *4. (Flüssigkeit)* solidify; *5. (Fett)* congeal; *6. (fig: person)* freeze; *(vor Schreck)* to be paralyzed
erstatten [ɛr'ʃtatən] *v 1. (Kosten)* reimburse; *2. Anzeige ~* file charges; *3. Bericht ~* report
Erstattung [ɛr'ʃtatuŋ] *f (Kosten)* repayment, refund
Erstaunen [ɛr'ʃtaunən] *n* astonishment, amazement, surprise
erste(r,s) ['eːrstə(r,s)] *num* first
erstechen [ɛr'ʃtɛçən] *v irr* stab to death
ersteigen [ɛr'ʃtaɪgən] *v irr* climb
ersteigern [ɛr'ʃtaɪgərn] *v* buy at an auction
erstellen [ɛr'ʃtɛlən] *v 1.* create; *2. (Rechnung, Übersicht)* draw up
Erstellung [ɛr'ʃtɛluŋ] *f* creation
erstens ['eːrstəns] *adv* first of all, in the first place, firstly
Erstgeborene(r) ['eːrstgəboːrənə(r)] *m/f* first-born
ersticken [ɛr'ʃtɪkən] *v 1.* suffocate; *in Arbeit ~* to be up to one's neck in work; *2. an etw ~* to choke on sth; *3. (Flammen)* smother
Erstickungsgefahr [ɛr'ʃtɪkuŋsgəfaːr] *f MED* danger of choking
Erstickungstod [ɛr'ʃtɪkuŋstoːt] *m MED* death from suffocation, death by choking
erstklassig ['eːrstklasɪç] *adj* first-class, first-rate, prime
erstmals ['eːrstmaːls] *adv* for the first time
erstreben [ɛr'ʃtreːbən] *v* aspire to, strive for
erstrecken [ɛr'ʃtrɛkən] *v 1. sich ~* stretch, extend; *2. sich ~ auf (betreffen)* apply to, concern
erstürmen [ɛr'ʃtyrmən] *v MIL* take by storm
Erstzulassung ['eːrsttsuːlasuŋ] *f* initial registration
ersuchen [ɛr'zuːxən] *v* request
ertappen [ɛr'tapən] *v* catch; *jdn auf frischer Tat ~* catch s.o. red-handed
erteilen [ɛr'taɪlən] *v 1. (geben)* administer, give; *2. (gewähren)* grant
ertönen [ɛr'tøːnən] *v* ring out, sound
Ertrag [ɛr'traːk] *m ECO* return, profit, proceeds *pl*

E

ertragen [ɛr'tra:gən] *v irr* bear, endure
erträglich [ɛr'trɛ:klɪç] *adj* bearable, tolerable, endurable
ertragreich [ɛr'tra:kraɪç] *adj* productive, profitable, lucrative
ertränken [ɛr'trɛŋkən] *v* drown (s.o.)
erträumen [ɛr'trɔymən] *v sich etw ~* dream about sth, dream of having sth
ertrinken [ɛr'trɪŋkən] *v irr* drown
erübrigen [ɛr'y:brɪgən] *v 1. (Geld)* save; *2. (Zeit)* spare; *3. sich ~* to be unnecessary
erwachen [ɛr'vaxən] *v* wake up, awaken; *~ aus* awake from
Erwachen [ɛr'vaxən] *n* awakening, dawn
erwachsen [ɛr'vaksən] *adj* adult
Erwachsene(r) [ɛr'vaksənə(r)] *m/f* adult, grown-up
erwägen [ɛr'vɛ:gən] *v irr* consider, think about, ponder
Erwägung [ɛr'vɛ:guŋ] *f* consideration; *in ~ ziehen* take into consideration
erwähnen [ɛr'vɛ:nən] *v* mention, name
Erwähnung [ɛr'vɛ:nuŋ] *f* mention, reference
erwärmen [ɛr'vɛrmən] *v 1.* warm up; *2. (fig: sich für jdn oder etw ~)* warm to, take to
Erwärmung [ɛr'vɛrmuŋ] *f* heating up
erwarten [ɛr'va:rtən] *v* expect, anticipate
Erwartung [ɛr'vartuŋ] *f* expectation, anticipation
erwecken [ɛr'vɛkən] *v 1. (wecken)* wake; *2. (fig)* awaken, arouse; *3. vom Tode ~* raise from the dead
erwehren [ɛr've:rən] *v sich ~* resist, fend off; *Er konnte sich eines Lächelns nicht ~.* He couldn't help smiling.
erweichen [ɛr'vaɪçən] *v 1.* soften; *2. (fig: überreden)* move
erweisen [ɛr'vaɪzən] *v irr* prove, show; *jdm etw ~* do sth for s.o.; *sich ~ als* prove to be
erweitern [ɛr'vaɪtərn] *v 1.* expand, widen, extend; *2. (Kleid)* let out
Erweiterung [ɛr'vaɪtəruŋ] *f* extension, expansion, distension
erweiterungsfähig [ɛr'vaɪtəruŋsfɛ:ɪç] *adj* expandable
Erwerb [ɛr'vɛrp] *m 1. (Beruf)* livelihood, living; *2. (Kauf) ECO* purchase, acquisition
erwerben [ɛr'vɛrbən] *v irr 1.* acquire, obtain; *2. (durch Arbeit)* earn; *3. (kaufen)* purchase, buy
erwerbsfähig [ɛr'vɛrpsfɛ:ɪç] *adj* able to work, capable of gainful employment, capable of earning a living
erwidern [ɛr'vi:dərn] *v 1. (antworten)* reply, answer, respond; *2. (Gleiches zurückgeben)* reciprocate
Erwiderung [ɛr'vi:dəruŋ] *f* reply, answer
erwirken [ɛr'vɪrkən] *v* effect, obtain
erwischen [ɛr'vɪʃən] *v* catch, get hold of; *jdn bei etw ~* catch s.o. doing sth
erwünscht [ɛr'vynʃt] *adj* desired
erwürgen [ɛr'vyrgən] *v* strangle
Erz [ɛrts] *n MIN* ore
erzählen [ɛr'tsɛ:lən] *v* tell, relate
Erzähler [ɛr'tsɛ:lər] *m LIT* narrator
erzählerisch [ɛr'tsɛ:lərɪʃ] *adj LIT* narrative
Erzählung [ɛr'tsɛ:luŋ] *f* tale, story, narrative
Erzbischof ['ɛrtsbɪʃɔf] *m REL* archbishop
erzeugen [ɛr'tsɔygən] *v 1. (herstellen)* produce, manufacture, make; *2. (hervorrufen)* evoke, bring about, give rise to
Erzfeind ['ɛrtsfaɪnt] *m* arch-enemy
Erzgauner ['ɛrtsgaunər] *m* out-and-out blackguard, arch-rogue
erziehen [ɛr'tsi:ən] *v irr* educate, train, bring up
Erzieher [ɛr'tsi:ər] *m* educator, tutor, instructor
Erziehung [ɛr'tsi:uŋ] *f* upbringing, education, training
erzielen [ɛr'tsi:lən] *v* achieve, realize, reach
erzkonservativ ['ɛrtskɔnzɛrvati:f] *adj* ultra-conservative
erzwingen [ɛr'tsvɪŋən] *v irr* force, obtain by force

es [ɛs] *pron 1.* it; *2. (Kind, Mädchen)* he/she

Esche ['ɛʃə] *f BOT* ash-tree
Esel ['e:zəl] *m* donkey
Eselsbrücke ['e:zəlsbrykə] *f 1.* mnemonic device; *2. (Spickzettel)* crib
Eselsohr ['e:zəlso:r] *n* dog-ear
Espe ['ɛspə] *f BOT* aspen
Espenlaub ['ɛspənlaup] *n zittern wie ~* shake like a leaf
essbar ['ɛsba:r] *adj* edible
Esse ['ɛsə] *f 1. (Schornstein)* chimney; *2. (offene Feuerstelle)* hearth
Essecke ['ɛsɛkə] *f* eating area

Essen ['ɛsən] *n 1.* food; *2. (Mahlzeit)* meal; *3. (Gericht)* dish

essen ['ɛsən] *v irr* eat; *auswärts ~* eat out
Essgeschirr ['ɛsgəʃɪr] *n* dishes *pl*, crockery
Essig ['ɛsɪç] *m* vinegar
Essiggurke ['ɛsɪçgurkə] *f* pickled gherkin

Esskastanie ['ɛskastaːnjə] *f BOT* chestnut
Esstisch ['ɛstɪʃ] *m* dining-table
Esswaren ['ɛsvaːrən] *pl* food
Estrich ['ɛstrɪç] *m 1.* plastered stone floor, plastered stone flooring; *2. (Dachboden)* attic
etablieren [eta'bliːrən] *v sich ~* establish o.s., settle down; *(geschäftlich)* set up
Etage [e'taːʒə] *f* floor, storey
Etappe [e'tapə] *f (fig: Teilstrecke)* stage
etappenweise [e'tapənvaɪzə] *adj* gradual, step-by-step
Etat [e'taː] *m* budget
etepetete [eːtəpe'teːtə] *adj* finicky, fussy
Ethik ['eːtɪk] *f* ethics, morality
ethisch ['eːtɪʃ] *adj* ethical, moral
Etikett [eti'kɛt] *n* label, tag
etikettieren [etikɛ'tiːrən] *v* label, tag
etliche ['ɛtlɪçə] *pron* some, a few
Etui [e'tviː] *n* case
etwa ['ɛtva] *adv* approximately, about, roughly
etwaig ['ɛtvaɪç] *adj* possible; *~e Schwierigkeiten* any problems that might arise
etwas ['ɛtvas] *pron 1.* something, anything; *~ Besonderes* sth special; *Ich habe nie so ~ gesehen.* I have never seen anything like it. *adv 2.* somewhat, rather, a little
euch [ɔyç] *pron* you
euer ['ɔyər] *pron* your
Eule ['ɔylə] *f ZOOL* owl
eure(r,s) ['ɔyrə(r,s)] *pron* your
eurerseits ['ɔyrerzaɪts] *adv* on your part
Euro ['ɔyro] *m FIN* euro
Europa [ɔy'roːpa] *n GEO* Europe
Europäer [ɔyro'pɛːər] *m* European
europäisch [ɔyro'pɛːɪʃ] *adj* European
Europäische Gemeinschaft [ɔyro'pɛːɪʃə gə'maɪnʃaft] *f POL* European Community
Europarat [ɔy'roːparaːt] *m POL* Council of Europe
europaweit [ɔyroːpa'vaɪt] *adj* Europe-wide
Euter ['ɔytər] *n ZOOL* udder
evakuieren [evaku'iːrən] *v* evacuate
Evakuierung [evaku'iːruŋ] *f* evacuation
evangelisch [evan'geːlɪʃ] *adj REL* evangelical, Protestant
Evangelium [evan'geːljum] *n REL* gospel
Eventualität [evɛntuali'tɛːt] *f* eventuality
eventuell [evɛntu'ɛl] *adj 1.* possible, potential; *adv 2.* possibly, perhaps, maybe
Evolution [evolu'tsjoːn] *f* evolution
evolutionär [evolutsjo'nɛːr] *adj* evolutionary
ewig ['eːvɪç] *adj* eternal, endless, everlasting; *~ und drei Tage* forever and a day
Ewigkeit ['eːvɪçkaɪt] *f* eternity
exakt [ɛ'ksakt] *adj 1.* exact, precise, accurate; *adv 2.* exactly, accurately, precisely
Exaktheit [ɛ'ksakthaɪt] *f* exactness, accuracy
Examen [ɛ'ksaːmən] *n* examination, exam *(fam)*
Exempel [ɛ'ksɛmpəl] *n* example, instance; *an jdm ein ~ statuieren* make an example of s.o.
Exemplar [ɛksɛm'plaːr] *n* copy, specimen
exerzieren [ɛkser'tsiːrən] *v* drill
exkommunizieren [ɛkskɔmuni'tsiːrən] *v REL* excommunicate
Exkurs [ɛks'kurs] *m 1. (Abschweifung)* excursion; *2. (Anhang)* appendix
exmatrikulieren [ɛksmatriku'liːrən] *v sich ~ lassen* take one's name off the books
expedieren [ɛkspe'diːrən] *v* dispatch, send
explodieren [ɛksplo'diːrən] *v* explode
explosiv [ɛksplo'ziːf] *adj* explosive
Explosivität [ɛksplozivi'tɛːt] *f 1.* explosive effect; *2. (fig) SPORT* dynamic effect
Exponat [ɛkspo'naːt] *n ART* exhibit
exportieren [ɛkspɔr'tiːrən] *v ECO* export
extra ['ɛkstra] *adj 1.* extra, additional; *adv 2.* additionally, especially; *3. (absichtlich)* on purpose; *Ich habe es ~ so gemacht.* I did it that way on purpose.
Extrablatt ['ɛkstrablat] *n (Sonderausgabe)* special edition
Extraklasse ['ɛkstraklasə] *f ... der ~* exceptional ...
Extrakt [ɛks'trakt] *m* extract
Extrawurst ['ɛkstravurst] *f (fam)* special treatment
Extremität [ɛkstremi'tɛːt] *f 1. (äußerstes Ende)* extremity; *2. ~en pl (Gliedmaßen) ANAT* extremities *pl,* limbs *pl*

E

F

Fabel ['faːbəl] *f* fable
fabelhaft ['faːbəlhaft] *adj* phenomenal, wonderful, fabulous
Fabrik [fa'briːk] *f* factory, works, plant
Fabrikant [fabri'kant] *m* factory owner, manufacturer
Fabrikarbeit [fab'riːkarbaɪt] *f* *1.* factory work; *2. (Erzeugnis)* factory-made goods *pl*
Fabrikat [fabri'kaːt] *n* manufactured article, product, make
Fabrikation [fabrika'tsjoːn] *f* *ECO* manufacture
Fabrikationsfehler [fabrika'tsjoːnsfeːlər] *m* manufacturing defect
fabrikmäßig [fa'briːkmɛːsɪç] *adj* *ECO* industrial
fabrizieren [fabri'tsiːrən] *v* concoct
Facette [fa'sɛtə] *f* facet
Fach [fax] *n* *1. (Ablagefach)* compartment, partition; *2. (Unterrichtsfach)* subject; *3. (Wissensgebiet)* branch, field
Facharbeiter ['faxarbaɪtər] *m* skilled worker, craftsman
Facharzt ['faxartst] *m* *MED* specialist
Fachausbildung ['faxausbɪlduŋ] *f* professional education, specialized training, technical training
Fachausdruck ['faxausdruk] *m* technical term
Fachbereich ['faxbəraɪç] *m* special field, speciality
Fachbuch ['faxbuːx] *n* technical book
Fächer ['fɛçər] *m* fan
Fachgebiet ['faxgəbiːt] *n* special field; *sein ~* his area of expertise
Fachgeschäft ['faxgəʃɛft] *n* specialized dealer
Fachhandel ['faxhandəl] *m* specialty shops *pl*, specialized trade
Fachhochschule ['faxhoːxʃuːlə] *f* technical college
Fachkenntnis ['faxkɛntnɪs] *f* specialized knowledge
fachkundig ['faxkundɪç] *adj* *1.* with a knowledge of the subject; *2. (fachmännisch)* expert
fachlich ['faxlɪç] *adj* technical, specialized, professional
Fachliteratur ['faxlitəratuːr] *f* specialized literature, technical literature
fachmännisch ['faxmɛnɪʃ] *adj* expert
Fachpresse ['faxprɛsə] *f* trade press
Fachrichtung ['faxrɪçtuŋ] *f* field, subject
Fachschule ['faxʃuːlə] *f* technical college
fachsimpeln ['faxzɪmpəln] *v* talk shop
Fachsprache ['faxʃpraːxə] *f* technical language, technical terminology
Fachwerkhaus ['faxvɛrkhaus] *n* half-timbered house
Fackel ['fakəl] *f* torch
fade ['faːdə] *adj* *1. (geschmacklos)* tasteless, insipid; *2. (langweilig)* boring, dull
Faden ['faːdən] *m* thread; *den ~ verlieren* lose the thread
fadenscheinig ['faːdənʃaɪnɪç] *adj (fig)* flimsy, threadbare
Fagott [fa'gɔt] *n* *MUS* bassoon
fähig ['fɛːɪç] *adj* capable, competent, able; *zu allem ~ sein* to be capable of anything
Fähigkeit ['fɛːɪçkaɪt] *f* *1.* ability, capability; *2. (praktisches Können)* skill
fahl [faːl] *adj* pale, pallid, wan
fahnden ['faːndən] *v ~ nach* search for
Fahnder ['faːndər] *m* investigator
Fahndung ['faːnduŋ] *f* search
Fahndungsfoto ['faːnduŋsfoːtoː] *n* photo of a wanted person
Fahndungsliste ['faːnduŋslɪstə] *f* wanted persons file
Fahne ['faːnə] *f* flag, banner; *die ~ hochhalten* keep the flag flying; *die ~ nach dem Winde drehen* swim with the tide; *mit fliegenden ~n zu jdm übergehen* go over to s.o. in a blaze of publicity
Fahrbahn ['faːrbaːn] *f* *1. (Spur)* lane; *2.* roadway, carriageway
Fahrbahnmarkierung ['faːrbaːnmarkiːruŋ] *f* lane marking
Fahrbahnverengung ['faːrbaːnfɛrɛŋuŋ] *f* narrowed section of road
fahrbereit ['faːrbəraɪt] *adj* in running order, in working order
Fähre ['fɛːrə] *f* ferry
Fahreigenschaften ['faːraɪgənʃaftən] *pl* handling qualities

fahren ['faːrən] *v irr 1.* travel, go; *Ich weiß nicht, was in mich ge~ ist.* I don't know what got into me; *2. (steuern)* drive, *3. jdm durchs Haar ~* run one's fingers through s.o.'s hair

Fahrer ['faːrər] *m* driver, chauffeur
Fahrerflucht ['faːrərfluxt] *f JUR* hit-and-run offence
fahrerisch ['faːrərɪʃ] *adj* driving
Fahrersitz ['faːrərzɪts] *m* driver's seat
Fahrgast ['faːrgast] *m* passenger
Fahrgeld ['faːrgɛlt] *n* fare
Fahrgestell ['faːrgəʃtɛl] *n* chassis
fahrig ['faːrɪç] *adj* fidgety, nervous
Fahrkarte ['faːrkartə] *f* ticket
Fahrkosten ['faːrkɔstən] *pl* travelling expenses
fahrlässig ['faːrlɛsɪç] *adj 1.* negligent, careless; *2. JUR* negligent
Fahrlässigkeit ['faːrlɛsɪçkaɪt] *f 1.* carelessness, negligence; *2. JUR* negligence, carelessness, recklessness
Fahrlehrer ['faːrleːrər] *m* driving instructor
Fahrplan ['faːrplaːn] *m* schedule, timetable
fahrplanmäßig ['faːrplaːnmɛːsɪç] *adj 1.* scheduled; *adv 2.* on schedule, on time
Fahrpreis ['faːrpraɪs] *m* fare
Fahrprüfung ['faːrpryːfuŋ] *f* driving test
Fahrrad ['faːraːt] *n* bicycle
Fahrschein ['faːrʃaɪn] *m* ticket
Fahrschule ['faːrʃuːlə] *f* driving school
Fahrschüler ['faːrʃyːlər] *m* learner, student driver
Fahrspur ['faːrʃpuːr] *f* lane
Fahrstuhl ['faːrʃtuːl] *m* lift, elevator *(US)*
Fahrt [faːrt] *f 1.* drive, ride; *2. (Schifahrt)* run
fahrtauglich ['faːrtauklɪç] *adj* fit for driving
Fährte ['fɛːrtə] *f 1.* track, trail; *jdn auf die falsche ~ führen* lead s.o. up the garden path; *2. (gewittert)* scent
Fahrtrichtung ['faːrtrɪçtuŋ] *f* direction
fahrtüchtig ['faːrtyçtɪç] *adj 1. (Person)* able to drive; *2. (Auto)* in running order, in working order
Fahrverbot ['faːrfɛrboːt] *n 1. (Durchfahrverbot)* no thoroughfare, no entry; *2. (Führerscheinentzug)* driving ban, loss of one's driving licence
Fahrwasser ['faːrvasər] *n 1. NAUT* navigational channel; *2. (fig) in jds ~ fahren* to be on the same page with s.o.; *in jds ~ schwimmen* follow in s.o.'s wake; *in jds ~ geraten* get in with s.o.
Fahrwerk ['faːrvɛrk] *n (Flugzeug) TECH* landing gear
Fahrzeug ['faːrtsɔyk] *n* vehicle
fair [fɛːr] *adj 1.* fair; *adv 2.* fairly
Fäkalien [fɛ'kaːljən] *pl* faeces
Fakt [fakt] *m* fact
Fall [fal] *m 1. (Sturz)* fall, tumble; *2. (Umstand)* case, event, occasion; *im ~e, dass* in case; *für alle Fälle* just in case; *auf alle Fälle* by all means, certainly; *ein hoffnungsloser ~* a dead loss; *jds ~ sein* to be s.o.'s cup of tea; *3. (fig: Niedergang)* fall, downfall, decline; *jdn zu ~ bringen (fig)* bring about s.o.'s downfall; *4. JUR* case, matter
Fallbeispiel ['falbaɪʃpiːl] *n* case study, sample case
Falle ['falə] *f* trap; *jdm eine ~ stellen* set a trap for s.o.; *jdn in eine ~ locken* lure s.o. into a trap

fallen ['falən] *v irr 1. (stürzen)* fall, tumble, stumble; *etw ~ lassen* drop sth; *(fig) jdn ~ lassen* drop s.o.; *2. (fig: sinken)* drop, go down, slump; *3. (im Krieg ~)* be killed; *4. (Bemerkung)* be made

fällen ['fɛlən] *v 1. (Baum)* chop down, cut down; *2. (eine Entscheidung ~)* make a decision; *3. (Urteil) JUR* pass judgement
fällig ['fɛlɪç] *adj ECO* due, matured, payable; *~ werden* become due
Fälligkeit ['fɛlɪçkaɪt] *f ECO* maturity
Fallobst ['faloːpst] *n* windfalls *pl*
falls [fals] *konj* in case, if, supposing
Fallschirm ['falʃɪrm] *m* parachute
Fallschirmspringer ['falʃɪrmʃprɪŋər] *m 1.* parachutist; *2. SPORT* skydiver
Falltür ['faltyːr] *f* trap-door
Fallwind ['falvɪnt] *m METEO* fall wind, katabatic wind
falsch [falʃ] *adj 1.* wrong; *Da bin ich an den Falschen geraten.* I should have known him better. *2. (unwahr)* false, untrue; *3. (unecht)* false, fake, bogus; *4. (Geld)* counterfeit; *5. (fig: unaufrichtig)* false, deceitful, insincere; *~ spielen* cheat; *~ liegen* to be wrong
Falschaussage ['falʃauszaːgə] *f JUR* false statement, false testimony
fälschen ['fɛlʃən] *v* falsify, fake, forge, *(Banknoten)* counterfeit
Fälscher ['fɛlʃər] *m 1.* forger; *2. (von Banknoten)* counterfeiter
Falschheit ['falʃhaɪt] *f 1.* falseness, falsity; *2. (einer Person)* insincerity
fälschlich ['fɛlʃlɪç] *adj* false, wrong, erroneous
fälschlicherweise ['fɛlʃlɪçərvaɪzə] *adv* falsely, wrongly, erroneously

F

Falschmeldung ['falʃmelduŋ] *f* false report
Falschspieler ['falʃʃpiːlər] *m* card sharper, card cheat
Fälschung ['fɛlʃuŋ] *f* fake, falsification, forgery
fälschungssicher ['fɛlʃuŋszɪçər] *adj* forge-proof
faltbar ['faltbaːr] *adj* collapsible, collapsing
Faltblatt ['faltblat] *n* leaflet
Falte ['faltə] *f 1.* fold; *2. (Haut)* wrinkle; *3. (Stoffe)* crease
falten ['faltən] *v 1.* fold; *2. (Hände)* fold, clasp
faltig ['faltɪç] *adj 1.* folded; *2. (Haut)* wrinkled; *3. (zerknittert)* creased
Faltschiebedach ['faltʃiːbədax] *n* foldable slidung roof
Falz [falts] *f* fold
falzen ['faltsən] *v* fold
familiär [famil'jɛːr] *adj* familiar

Familie [fa'miːljə] *f* family; *Es bleibt in der ~.* It'll stay in the family

Familienbetrieb [fa'miːljənbətriːp] *m* family-run company
Familienname [fa'miːljənnaːmə] *m* surname, last name *(US)*
Familienoberhaupt [fa'miːljənoːbərhaupt] *n* head of the family
Familienpackung [fa'miːljənpakuŋ] *f* family-size package
Familienstand [fa'miːljənʃtant] *m* marital status
famos [fa'moːs] *adj* brilliant, splendid
Fang [faŋ] *m 1.* catch; *2. (Todesstoß)* coup de grâce; *3. (Kralle) ZOOL* talon; *jdm in die Fänge geraten* fall into s.o.'s clutches; *4. (Falle)* trap; *5. (Reißzahn) ZOOL* fang; *6. auf ~ gehen* go hunting
fangen ['faŋən] *v irr* catch
Fänger ['fɛŋər] *m SPORT* catcher
Fangfrage ['faŋfraːgə] *f* trick question
Fantasie [fanta'ziː] *f* fantasy, imagination
fantasieren [fanta'ziːrən] *v* fantasize
fantasievoll [fanta'ziːvol] *adj* fanciful
fantastisch [fan'tastɪʃ] *adj* fantastic
Fantasyroman ['fɛntəziromaːn] *m LIT* fantasy novel
Farbabstufung ['farpapʃtuːfuŋ] *f* colour gradation, colour graduation, shade
Farbband ['farpbant] *n* ink ribbon
Farbe ['farbə] *f 1.* colour; *~ bekennen* show one's true colours; *2. (Gesichtsfarbe)* complexion
farbecht ['farpɛçt] *adj* colourfast
färben ['fɛrbən] *v* dye
farbenblind ['farbənblɪnt] *adj* colourblind
farbenfroh ['farbənfroː] *adj* colourful
farbig ['farbɪç] *adj* coloured
Farbige(r) ['farbɪgə(r)] *m/f* coloured person *(UK)*, person of colour *(US)*
Farbkasten ['farpkastən] *m* paint box
Farbkopierer ['farpkopiːrər] *m* colour copier
farblos ['farploːs] *adj 1. (Sache)* colourless, dull; *2. (Person)* pale, pallid, colourless
Farbstift ['farpʃtɪft] *m 1.* coloured pen; *2. (Buntstift)* crayon, coloured pencil
Farbstoff ['farpʃtof] *m* colouring, pigment, dye
Farbton ['farptoːn] *m* shade
Färbung ['fɛrbuŋ] *f* colouring, tone
Farce [fars] *f* farce
Farnkraut ['farnkraut] *n BOT* fern
Fasan [fa'zaːn] *m ZOOL* pheasant
Fasching ['faʃɪŋ] *m* Shrovetide carnival, Fasching
Faselei [faːzə'laɪ] *f* drivel, twaddle
faseln ['faːzəln] *v* babble, blather
Faser ['faːzər] *f* fibre; *mit jeder ~ ihres Herzens* with every fibre of her being
faserig ['faːzərɪç] *adj* fibrous
faserschonend ['faːzərʃoːnənt] *adj* gentle to fibres
Fass [fas] *n* barrel, cask, *(kleines)* keg; *ein ~ ohne Boden sein* to be a constant drain on one's resources; *Das schlägt dem ~ den Boden aus.* That's the last straw!
Fassade [fa'saːdə] *f* facade, front
Fassadenkletterer [fa'saːdənklɛtərər] *m* cat burglar, second-story man *(US)*
Fassbier ['fasbiːr] *n GAST* draught-beer, draft beer *(US)*
fassen ['fasən] *v 1. (greifen)* grasp, take hold of, clutch; *zu ~ kriegen* get hold of; *2. (fangen)* catch; *3. (beinhalten)* contain; *4. (begreifen)* comprehend, grasp; *Das ist ja nicht zu ~!* That's unbelievable! *5. (fig) sich ~* collect o.s., compose o.s., recover
fasslich ['faslɪç] *adj* comprehensible, understandable; *schwer ~* hard to understand
Fassung ['fasuŋ] *f 1. (Lampe)* holder; *2. (Schmuck)* setting, mounting; *3. (Selbstbeherrschung)* composure, self-control

fassungslos ['fasuŋsloːs] *adj* stunned, staggered, aghast
Fassungslosigkeit ['fasuŋsloːzɪçkaɪt] *f* bewilderment
Fassungsvermögen ['fasuŋsfɛrmøːgən] *n* mental capacity, comprehensive faculty, grasp
fast [fast] *adv* almost, nearly
fasten ['fastən] *v* fast
Fastenzeit ['fastəntsaɪt] *f REL* Lent
Fastnacht ['fastnaxt] *f* carnival
fatal [fa'taːl] *adj 1. (peinlich)* embarrassing; *2. (verhängnisvoll)* fatal, fateful
fauchen ['fauxən] *v* hiss
faul [faul] *adj 1. (verdorben)* rotten, bad; *2. (träge)* lazy, indolent, idle; *3. (fam: bedenklich)* suspect, shady
faulen ['faulən] *v* decay, rot
faulenzen ['faulɛntsən] *v* to be lazy, loaf, take it easy
Faulenzer ['faulɛntsər] *m* loafer, lazybones *(fam)*
Faulheit ['faulhaɪt] *f* laziness, idleness; *vor ~ stinken* to be bone-idle
faulig ['faulɪç] *adj 1.* rotten, going bad; *2. (Wasser)* stale; *3. (Geruch)* foul
Fäulnis ['fɔylnɪs] *f* decomposition, decay, putrefaction
Faultier ['faultiːr] *n 1. ZOOL* sloth; *2. (fam: Mensch)* lazybones

Faust [faust] *f* fist; *die ~ im Nacken spüren* have s.o. breathing down one's neck; *auf eigene ~* off one's own bat *(UK)*, on one's own; *mit der ~ auf den Tisch hauen (fig)* put one's foot down

Fäustchen ['fɔystçən] *n sich ins ~ lachen* laugh up one's sleeve
faustdick ['faust'dɪk] *adj es ~ hinter den Ohren haben* to be a sly old dog
Faustfeuerwaffe ['faustfɔyərvafə] *f* handgun
Fausthandschuh ['fausthandʃuː] *m* mitten
Fausthieb ['fausthiːp] *m* punch
favorisieren [favori'ziːrən] *v* favour
Favorit [favo'riːt] *m* favourite
Fax [faks] *n* fax, facsimile transmission
faxen ['faksən] *v* fax
Faxen ['faksən] *pl (fam)* silly pranks; *~ im Kopf haben* to be full of crazy ideas
Fazit ['faːtsɪt] *n* net result; *das ~ aus etw ziehen* sum sth up
Februar ['feːbruar] *m* February
Fechten ['fɛçtən] *n SPORT* fencing
fechten ['fɛçtən] *v irr 1. SPORT* fence; *2. (fam: betteln)* beg
Fechter ['fɛçtər] *m 1. HIST* fighter; *2. SPORT* fencer
Feder ['feːdər] *f 1. (Schreibfeder)* quill-pen, nib; *2. (Bettfeder)* bed spring; *in den ~n* in bed; *Er kommt morgens nicht aus den ~n.* He finds it hard to get up in the mornings. *3. TECH* spring; *4. ZOOL* feather, quill; *~n lassen müssen (fig)* suffer in the process; *sich mit fremden ~n schmücken (fig)* take credit for s.o. else's work, deck o.s. in borrowed plumes
federführend ['feːdərfyːrənt] *adj* in charge
Federhalter ['feːdərhaltər] *m 1.* pen holder; *2. (Füller)* fountain pen
federleicht ['feːdər'laɪçt] *adj* light as a feather
Federlesen ['feːdərleːzən] *n ohne viel ~s* without any ado; *nicht viel ~s machen mit* waste no time with
Federmäppchen ['feːdərmɛpçən] *n* pencil case
Federmesser ['feːdərmɛsər] *n* penknife
federn ['feːdərn] *v 1.* bounce, to be springy; *2. (mit Federung ausstatten)* fit with springs; *3. (rupfen)* pluck; *4. (als Strafe) HIST* feather; *5. sich ~* moult, shed its feathers
Federstrich ['feːdərʃtrɪç] *m* stroke of the pen
Federung ['feːdəruŋ] *f 1. TECH* springs, springiness, elasticity; *2. (eines Autos)* suspension
Federvieh ['feːdərfiː] *n* poultry
Federzeichnung ['feːdərtsaɪçnuŋ] *f* pen-and-ink drawing
Fee [feː] *f* fairy
Fegefeuer ['feːgəfɔyər] *n REL* purgatory
fegen ['feːgən] *v* sweep
Fehde ['feːdə] *f* feud
fehl [feːl] *adv ~ am Platz* out of place
Fehlanzeige ['feːlantsaɪgə] *f* negative report
fehlbar ['feːlbaːr] *adj* fallible
fehlbesetzen ['feːlbəzɛtsən] *v* miscast
Fehlbesetzung ['feːlbəzɛtsuŋ] *f 1. THEAT* miscasting; *2. (Mensch) Er war eine ~.* He was miscast.
Fehlbetrag ['feːlbətraːk] *m ECO* deficit, shortfall, shortage
Fehldiagnose ['feːldiagnoːzə] *f* misdiagnosis

F

fehlen ['feːlən] *v 1.* to be missing, to be lacking; *Es fehlen noch zwanzig Minuten bis ...* There are twenty minutes left until ...; *Das fehlt mir gerade noch.* That's the last straw! *2. Du fehlst mir.* I miss you. *3. Weit gefehlt!* Not at all!

Fehlentwicklung ['feːlɛntvɪkluŋ] *f 1. MED* faulty development; *2. (Abweichung)* aberration, undesirable trend
Fehler ['feːlər] *m 1.* mistake, error; *2. (Defekt)* defect, fault, imperfection
fehlerfrei ['feːlərfraɪ] *adj* error-free
fehlerhaft ['feːlərhaft] *adj* faulty, defective, unsound
fehlerlos ['feːlərloːs] *adj* faultless, flawless
Fehlgeburt ['feːlgəburt] *f MED* miscarriage, abortion
Fehlgriff ['feːlgrɪf] *m* mistake
Fehlschlag ['feːlʃlaːk] *m 1.* miss; *2. (fig: Misserfolg)* failure
fehlschlagen ['feːlʃlaːgən] *v irr 1.* miss; *2. (fig)* fail, go wrong
Fehlschuss ['feːlʃus] *m* miss
Fehlstart ['feːlʃtart] *m SPORT* false start
fehltreten ['feːltreːtən] *v irr* make a false step
Fehltritt ['feːltrɪt] *m* slip
Fehlurteil ['feːlurtaɪl] *n JUR* miscarriage of justice
Fehlverhalten ['feːlfɛrhaltən] *n* inappropriate behaviour, lapse
Fehlzündung ['feːltsyndun] *f (beim Auto)* backfire, misfire
Feier ['faɪər] *f 1.* celebration, party; *2. (öffentliche ~)* ceremony
Feierabend ['faɪəraːbənt] *m* finishing time, quitting time; *~ machen* finish work, stop working
feierlich ['faɪərlɪç] *adj* solemn, ceremonial; *Das ist schon nicht mehr ~!* That's really too much!
Feierlichkeit ['faɪərlɪçkaɪt] *f 1.* solemnity, ceremony; *2. ~en pl* festivities *pl*
feiern ['faɪərn] *v* celebrate
Feiertag ['faɪərtaːk] *m* holiday
feig [faɪk] *adj* cowardly
Feige ['faɪgə] *f BOT* fig
Feigenblatt ['faɪgənblat] *n BOT* fig-leaf
Feigheit ['faɪkhaɪt] *f* cowardice
Feigling ['faɪklɪŋ] *m* coward
feilbieten ['faɪlbiːtən] *v irr* offer for sale
Feile ['faɪlə] *f* file
feilen ['faɪlən] *v* file
feilschen ['faɪlʃən] *v* bargain, haggle, dicker *(US)*
fein [faɪn] *adj 1.* fine; *2. (zart)* delicate, fragile, frail; *3. (vornehm)* elegant, smart; *4. (präzise)* fine, precision; *5. ~ heraus sein* to be well out of it
Feind [faɪnt] *m* enemy, foe
feindlich ['faɪntlɪç] *adj 1.* hostile, antagonistic; *adv 2.* antagonistically
Feindschaft ['faɪntʃaft] *f* animosity, hostility, enmity
feindselig ['faɪntzeːlɪç] *adj* hostile, unfriendly
Feineinstellung ['faɪnaɪnʃtɛluŋ] *f TECH* fine adjustment, fine-tuning
feinfühlig ['faɪnfyːlɪç] *adj* sensitive, tactful
Feingefühl ['faɪngəfyːl] *n* sensitivity
Feinheit ['faɪnhaɪt] *f 1.* fineness; *2. (Zartheit)* delicacy
Feinkost ['faɪnkɔst] *f GAST* delicatessen
feinmaschig ['faɪnmaʃɪç] *adj* close-meshed
Feinmechanik ['faɪnmeçaːnɪk] *f TECH* high-precision engineering
Feinmechaniker ['faɪnmeçaːnɪkər] *m* precision mechanic
Feinschmecker ['faɪnʃmɛkər] *m* gourmet
feinsinnig ['faɪnzɪnɪç] *adj* subtle
Feinstrumpfhose ['faɪnʃtrumpfhoːzə] *f* tights
Feinwaschmittel ['faɪnvaʃmɪtəl] *n* gentle detergent, mild detergent
feist [faɪst] *adj* fat, stout

Feld [fɛlt] *n 1.* field; *das ~ behaupten* dominate the game; *2. (fig: Gebiet)* field, area; *ein weites ~ sein* to be too complex to discuss here; *jdm das ~ überlassen* hand over to s.o.; *das ~ räumen* admit defeat; *gegen jdn zu ~e ziehen* fight against s.o.

Felge ['fɛlgə] *f (Rad)* rim
Fell [fɛl] *n* coat, fur; *ein dickes ~ haben* to be thick-skinned; *jdm das ~ gerben* give s.o. a good hiding, tan s.o.'s hide; *Ihm juckt das ~.* He's asking for a good hiding. He's asking for it. *(fam)*
Fels [fɛls] *m* rock; *ein ~ in der Brandung sein* to be as firm as a rock
Felsblock ['fɛlsblɔk] *m* boulder
Felsen ['fɛlzən] *m 1.* rock; *2. (Klippe)* cliff
felsenfest ['fɛlzenfɛst] *adj* firm, unshakable

Felsspalte ['fɛlsʃpaltə] *f* crevice
Felswand ['fɛlsvant] *f* rock face
feminin [femɪ'niːn] *adj* feminine
Fenster ['fɛnstər] *n* window
Fensterbank ['fɛnstərbaŋk] *f* window-sill
Fensterbriefumschlag ['fɛnstərbriːfumʃlaːk] *m* window envelope
Fensterflügel ['fɛnstərflyːgəl] *m* window casement
Fensterkitt ['fɛnstərkɪt] *m* glazier's putty
Fensterladen ['fɛnstərlaːdən] *m* shutter
Fensterrahmen ['fɛnstərraːmən] *m* window sash
Fensterscheibe ['fɛnstərʃaɪbə] *f* window pane
Fenstersims ['fɛnstərzɪms] *m/n* window-sill
Ferien ['feːrjən] *pl* holidays, vacation *(US); die großen ~* the summer holidays, the long vacation
Ferkel ['fɛrkəl] *n 1. (fig)* pig, dirty person; *2. ZOOL* piglet

fern [fɛrn] *adj 1.* far, distant, remote; *2. (zeitlich)* far-off; *prep 3.* far from, far away from; *~ halten* keep away; *jdn von sich ~ halten* keep s.o. at a distance; *~ liegen* to be distant; *(fig) es liegt mir fern, zu...* far be it from me to...; *~ liegend* distant, remote

Fernbedienung ['fɛrnbədiːnuŋ] *f* remote control
fernbleiben ['fɛrnblaɪbən] *v irr* stay away, keep away
Ferne ['fɛrnə] *f* distance
ferner ['fɛrnər] *konj 1.* furthermore, moreover; *adj 2. unter ~ liefen* among the also-rans; *3. (künftig)* in future
Fernfahrer ['fɛrnfaːrər] *m* long-distance lorry driver, long-haul truck driver
Ferngespräch ['fɛrngəʃprɛːç] *n* long-distance call, trunk call
Fernglas ['fɛrnglaːs] *n* binoculars *pl,* field glasses *pl*
Fernheizung ['fɛrnhaɪtsuŋ] *f* district heating
Fernkurs ['fɛrnkurs] *m* correspondence course
Fernlicht ['fɛrnlɪçt] *n (eines Autos)* full beam, high beam

fernsehen ['fɛrnzeːən] *v irr* watch television

Fernsehreportage ['fɛrnzeːreportaːʒə] *f* television coverage
Fernsehschirm ['fɛrnzeːʃɪrm] *m* television screen
Fernsehspiel ['fɛrnzeːʃpiːl] *n* teleplay
Fernsprechamt ['fɛrnʃprɛçamt] *n* telephone exchange, operator *(US)*
Fernziel ['fɛrntsiːl] *n* long-term objective
Ferse ['fɛrzə] *f 1. ANAT* heel; *2. (fig)* heel; *sich an jds ~n heften* dog s.o.'s footsteps; *jdm auf den ~n bleiben* to be close on s.o.'s heels
Fersengeld ['fɛrzəngɛlt] *n jdm ~ geben* turn tail and run

fertig ['fɛrtɪç] *adj 1. (beendet)* finished, complete; *mit einer Sache ~ werden* cope with sth; *mit jdm ~ sein* to be through with s.o.; *2. (bereit)* ready, prepared; *3. (fam: erschöpft)* exhausted; *~ bringen* finish, get done; *(im Stande sein)* manage; *etw ~ machen* prepare sth, get sth ready

Fertiggericht ['fɛrtɪçgərɪçt] *n GAST* ready-made dish, instant food, pre-cooked dish
Fertighaus ['fɛrtɪçhaus] *n* pre-fabricated house
Fertigkeit ['fɛrtɪçkaɪt] *f* skill; *er hat eine große ~ darin* he is very skilled at it
Fertigprodukt ['fɛrtɪçprɔdukt] *n ECO* finished product
Fertigstellung ['fɛrtɪçʃtɛluŋ] *f* completion
Fertigung ['fɛrtɪguŋ] *f* manufacture, production, manufacturing
fesch [fɛʃ] *adj 1.* stylish; *2. (lieb) Sei ~!* Be good!
Fessel ['fɛsəl] *f 1.* bond, shackle; *2. (fig)* bonds *pl; 3. ANAT* ankle
fesseln ['fɛsəln] *v 1.* chain, shackle; *2. (binden)* bind; *3. (mit Handschellen)* handcuff; *4. (fig: stark interessieren)* captivate, rivet, fascinate; *jdn ans Bett ~ (fig)* to keep sb in bed; *jdn ans Haus ~ (fig)* to tie sb to the house; *jdn an sich ~ (fig)* to bind s.o. to oneself
fest [fɛst] *adj 1. (hart)* solid, hard, firm; *2. (stark)* solid, stable, substantial; *3. (dicht)* tight, close; *4. (gleich bleibend)* stable, constant, permanent; *Ich habe keine ~e Freundin.* I don't have a steady girlfriend.
Fest [fɛst] *n* party, festival, celebration
Festakt ['fɛstakt] *m* ceremonial act
Festangestellte(r) ['fɛstangəʃtɛltə(r)] *m/f* permanent employee
festbinden ['fɛstbɪndən] *v irr* tie up, fasten
Festessen ['fɛstɛsən] *n* feast, banquet

F

festfahren ['fɛstfaːrən] *v irr 1.* get stuck; *2. NAUT* run aground; *3. (fig)* get bogged down
festhalten ['fɛsthaltən] *v irr 1.* hold on, hold tight; *2. (sich merken)* retain, register, make a mental note; *3. JUR* detain; *4. (aufzeichnen)* record; *5. sich ~* hold on
festigen ['fɛstɪgən] *v 1. (stärken)* stabilize, fortify, harden; *2. sich ~* become stronger, become stable
Festiger ['fɛstɪgər] *m* setting lotion
Festigkeit ['fɛstɪçkaɪt] *f* firmness, hardness

F

festkleben ['fɛstkleːbən] *v 1.* to be glued; *2. (etw ~)* glue
Festland ['fɛstlant] *n* mainland, continent
festlegen ['fɛstleːgən] *v 1.* set, fix, specify; *2. (verpflichten)* commit; *3. sich ~* commit o.s.
festlich ['fɛstlɪç] *adj* festive
festmachen ['fɛstmaxən] *v 1. (befestigen)* attach; *2. (Boot)* moor; *3. (vereinbaren)* arrange; *4. etw an etw ~* link sth to sth
festnageln ['fɛstnaːgəln] *v 1.* nail down; *2. jdn ~* pin s.o. down; *jdn auf etw ~* nail s.o. down to sth
Festnahme ['fɛstnaːmə] *f* arrest, apprehension
festnehmen ['fɛstneːmən] *v irr* arrest
Festplatte ['fɛstplatə] *f INFORM* hard disk
festsetzen ['fɛstzɛtsən] *v* lay down, fix, determine
Festsetzung ['fɛstzɛtsuŋ] *f* setting, determination
festsitzen ['fɛstzɪtsən] *v irr* to be stuck, get stuck
feststehen ['fɛstʃteːən] *v irr 1. (sicher sein)* to be certain; *eines steht fest* one thing's for sure; *2. (Termin)* to be set
Feststellbremse ['fɛstʃtɛlbrɛmzə] *f* parking brake
feststellen ['fɛstʃtɛlən] *v 1. (wahrnehmen, sagen)* observe; *2. (erkennen)* detect, discover; *3. (ermitteln)* establish
Feststellung ['fɛstʃtɛluŋ] *f 1. (Bemerkung)* observation, remark, statement; *2. (Erkenntnis)* conclusion; *3. (Ermitteln)* establishment, ascertainment
Festtag ['fɛsttaːk] *m 1.* holiday; *2. REL* feast; *3. (Tag mit einem besonderen Ereignis)* red-letter day
Festung ['fɛstuŋ] *f* fortress
festverzinslich ['fɛstfɛrtsɪnslɪç] *adj FIN* fixed-interest bearing
fett [fɛt] *adj 1.* fat; *2. (Essen) GAST* fatty, greasy; *3. (Schrift)* bold
Fett [fɛt] *n* fat, grease; *sein ~ abbekommen* learn one's lesson; *das ~ abschöpfen* take the cream of everything; *Der hat sein ~ weg.* That's taught him a lesson.
Fettansatz ['fɛtanzats] *m* layer of fat
fettarm ['fɛtarm] *adj* low-fat
fetten ['fɛtən] *v 1.* to be greasy; *2. etw ~* grease sth
Fettnäpfchen ['fɛtnɛpfçən] *n ins ~ treten* put one's foot in it *(fam)*
Fettpolster ['fɛtpɔlstər] *n ANAT* subcutaneous fat
Fettschicht ['fɛtʃɪçt] *f* layer of fat
Fettstift ['fɛtʃtɪft] *m* grease pencil
Fetzen ['fɛtsən] *m 1.* shred; *2. (Lumpen)* rag; *…, dass die ~ nur so fliegen (fam)…* like mad
feucht [fɔyçt] *adj 1.* damp, humid, moist; *2. (klebrig, kalt)* clammy
Feuchtbiotop ['fɔyçtbiotoːp] *m/n BIO* humid biotope
Feuchtigkeit ['fɔyçtɪçkaɪt] *f* humidity, dampness, moisture

> **Feuer** ['fɔyər] *n* fire; *~ und Flamme sein* to be wild with enthusiasm; *~ fangen* catch fire; *hinter etw ~ machen* build a fire under sth; *mit dem ~ spielen* play with fire; *für jdn durchs ~ gehen* go through fire and water for s.o.; *Haben Sie ~?* Have you got a light?

Feueralarm ['fɔyəralaːrm] *m* fire alarm
feuerbeständig ['fɔyərbəʃtɛndɪç] *adj* fire-resistant, fireproof
Feuerbestattung ['fɔyərbəʃtatuŋ] *f* cremation
Feuereifer ['fɔyəraɪfər] *m* zeal, ardour
feuerfest ['fɔyərfɛst] *adj 1.* fire-proof; *2. (Geschirr)* heat-resistant, oven-proof
feuergefährlich ['fɔyərgəfɛːrlɪç] *adj* flammable, combustible, inflammable
Feuerholz ['fɔyərhɔlts] *n* firewood
Feuerleiter ['fɔyərlaɪtər] *f 1.* fireman's ladder; *2. (Nottreppe)* fire escape
Feuerlöscher ['fɔyərlœʃər] *m* fire extinguisher
Feuermelder ['fɔyərmɛldər] *m* fire alarm, fire detector
feuern ['fɔyərn] *v 1. jdn ~ (fam)* fire s.o.; *2. jdm eine ~* clout s.o.
Feuerprobe ['fɔyərproːbə] *f (fig)* acid test; *die ~ bestehen* pass the crucial test
Feuersgefahr ['fɔyərsgəfaːr] *f* danger of fire, fire hazard
feuersicher ['fɔyərzɪçər] *adj* fire-proof

Feuerspritze ['fɔyərʃprɪtsə] *f* fire hose
Feuerstein ['fɔyərʃtaɪn] *m MIN* flint
Feuerstelle ['fɔyərʃtɛlə] *f* fireplace, hearth
Feuerwehr ['fɔyərveːr] *f* fire brigade, fire department *(US)*
Feuerwehrmann ['fɔyərveːrman] *m* fireman, firefighter
Feuerwerk ['fɔyərvɛrk] *n* fireworks *pl*
Feuerzeug ['fɔyərtsɔyk] *n* lighter, cigarette lighter
feurig ['fɔyrɪç] *adj 1.* fiery; *2. (Wein)* strong
Fibel ['fiːbəl] *f (Buch)* primer
Fichte ['fɪçtə] *f BOT* spruce, pine
fidel [fi'deːl] *adj* jolly, merry
Fieber ['fiːbər] *n* fever, high temperature
fiebern ['fiːbərn] *v 1.* have a fever, have a temperature; *2. (fig) ~ nach* long for, yearn for
fiebrig ['fiːbrɪç] *adj* feverish
fies [fiːs] *adj (fam)* nasty
Figur [fi'guːr] *f 1. (Körper)* figure; *eine gute ~ machen* cut a fine figure; *2. (Statue) ART* figure, statue; *(kleine Statue)* figurine, statuette; *3. (in einer Geschichte)* character
fiktiv [fɪk'tiːf] *adj* fictitious
Filiale [fil'jaːlə] *f ECO* branch, branch office
Filigranarbeit [fɪli'graːnarbaɪt] *f* filigree work
Film [fɪlm] *m 1. (dünne Schicht)* film, thin coating; *2. CINE* film
filmen ['fɪlmən] *v* film, shoot
Filter ['fɪltər] *m/n* filter
filterfein ['fɪltərfaɪn] *adj* filtered
filtern ['fɪltərn] *v* filter, strain
Filterung ['fɪltəruŋ] *f* filtration
Filz [fɪlts] *m* felt
filzig ['fɪltsɪç] *adj 1. (wie Filz)* felt-like; *2. (fam: geizig)* stingy
Filzlaus ['fɪltslaus] *f ZOOL* crab louse
Filzstift ['fɪltsʃtɪft] *m* felt-tipped pen
Finanzamt [fɪ'nantsamt] *n* Inland Revenue *(UK),* tax office
Finanzbuchhaltung [fɪ'nantsbuːxhaltuŋ] *f ECO* financial accounting
Finanzen [fɪ'nantsən] *pl* finances
finanziell [fɪnan'tsjɛl] *adj* financial
Finanzier [fɪnan'tsjeː] *m* financier
finanzieren [fɪnan'tsiːrən] *v* finance
Finanzierung [fɪnan'tsiːruŋ] *f* financing
Finanzminister [fɪ'nantsministər] *m POL* Finance Minister, Chancellor of the Exchequer *(UK),* Secretary of the Treasury *(US)*
Finanzwesen [fɪ'nantsveːzən] *n* finance
Findelkind ['fɪndəlkɪnt] *n* abandoned child, foundling
finden ['fɪndən] *v irr 1.* find; *Freude an etw ~* to take pleasure in sth; *2. (dafürhalten)* find, think, consider; *Finden Sie nicht?* Don't you think so? *3. sich ~ (auftauchen)* turn up; *Es wird sich schon alles finden.* Everything will be all right.
Finder ['fɪndər] *m* finder
Finderlohn ['fɪndərloːn] *m* finder's reward
findig ['fɪndɪç] *adj* resourceful, ingenious

Finger ['fɪŋər] *m ANAT* finger; *jdn um den kleinen ~ wickeln* twist s.o. round one's little finger; *keinen ~ krumm machen* not lift a finger; *lange ~ machen* to be light-fingered; *den ~ draufhaben* not let sth out of one's hands; *die ~ im Spiel haben* have one's finger in the pie; *sich nicht die ~ schmutzig machen* not get one's hands dirty; *sich die ~ verbrennen* burn one's fingers; *jdm auf die ~ klopfen* give s.o. a rap on the knuckles; *jdm auf die ~ schauen* keep an eye on s.o.; *sich etw aus den ~n saugen* pull sth out of thin air; *etw mit dem kleinen ~ machen können* know sth backwards; *nur mit dem kleinen ~ zu winken brauchen* have s.o. twisted round one's little finger; *mit dem ~ auf jdn zeigen* point the finger at s.o.; *Lass die ~ von ihr!* Keep your hands off her! *Das kannst du dir an zehn ~n abzählen.* That's plain to see; *Warte bis ich ihn zwischen die ~ bekomme!* Wait till I get my hands on him!

Fingerabdruck ['fɪŋərapdruk] *m* fingerprint
fingerbreit ['fɪŋərbraɪt] *adj* as wide as a finger, the width of a finger
Fingerfertigkeit ['fɪŋərfɛrtɪçkaɪt] *f* dexterity, manual skill
Fingerhut ['fɪŋərhuːt] *m 1.* thimble; *2. BOT* foxglove
Fingerkuppe ['fɪŋərkupə] *f* fingertip
Fingernagel ['fɪŋərnaːgəl] *m* fingernail
Fingerspitzengefühl ['fɪŋərʃpɪtsəngəfyːl] *n* instinctive feel, subtle intuition
Fingerzeig ['fɪŋərtsaɪk] *m 1.* hint; *2. (~ Gottes)* sign
fingieren [fɪŋ'giːrən] *v* fake, feign, simulate
Fink [fɪŋk] *m ZOOL* finch
finnisch ['fɪnɪʃ] *adj* Finnish
finster ['fɪnstər] *adj 1. (dunkel)* dark, obscure; *2. (grimmig)* gloomy, grim, sinister
Finsternis ['fɪnstərnɪs] *f* darkness, obscurity
Firlefanz ['fɪrləfants] *m (Unsinn)* nonsense, tomfoolery, clowning around

Firma ['fɪrma] *f ECO* firm, company

Firmament [fɪrma'mɛnt] *n* firmament
firmen ['fɪrmən] *v REL* confirm
Firmenchef/Firmenchefin ['fɪrmənʃɛf/'fɪrmənʃɛfɪn] *m/f ECO* head of the firm, head of the company
Firmenregister ['fɪrmənregɪstər] *n ECO* register of companies
Firmpate/Firmpatin ['fɪrmpa:tə/'fɪrmpa:tɪn] *m/f* confirmand's sponsor
Firmung ['fɪrmuŋ] *f REL* Confirmation

F

Fisch [fɪʃ] *m 1. ZOOL* fish; *ein dicker ~ (fig)* a big fish; *weder ~ noch Fleisch sein* to be neither fish nor fowl; *Das sind kleine ~e.* They are just small fry; *2. (Tierkreiszeichen)* Pisces
Fischbestand ['fɪʃbəʃtant] *m* fish resources, fish population
fischen ['fɪʃən] *v* fish
Fischer ['fɪʃər] *m* fisherman
Fischgeschäft ['fɪʃgəʃɛft] *n* fish-monger's, fish shop, seafood shop
Fischgräte ['fɪʃgrɛ:tə] *f* fish bone
Fischkutter ['fɪʃkutər] *m NAUT* trawler
Fiskus ['fɪskus] *m* treasury, fiscal authorities, Exchequer *(UK)*
Fittich ['fɪtɪç] *m 1.* wing, pinion; *2. jdn unter die ~e nehmen* take s.o. under one's wing
fix [fɪks] *adj 1. (feststehend)* fixed; *~e Idee* obsession; *2. (schnell)* quick; *3. (aufgeweckt)* sharp; *4. ~ und fertig (bereit)* ready; *5. ~ und fertig (erschöpft)* worn out
fixen ['fɪksən] *v (fam: sich Rauschgift spritzen)* shoot
Fixer ['fɪksər] *m 1. (fam: Süchtiger)* junkie; *2. FIN* bear seller
fixieren [fɪk'si:rən] *v 1.* fix; *2. (anstarren)* fix one's eyes upon, stare at
Fixum ['fɪksum] *n* fixed sum, basic salary
Fjord [fjɔrt] *m GEO* fjord, fiord
FKK-Strand [ɛfka:'ka:ʃtrant] *m* beach for nudists
flach [flax] *adj* flat, even, level
Flachdach ['flaxdax] *n* flat roof
Fläche ['flɛçə] *f* surface
Flächenbrand ['flɛçənbrant] *m* area conflagration
flächendeckend ['flɛçəndɛkənt] *adj* spacious
Flächeninhalt ['flɛçənɪnhalt] *m* area
Flächenmaß ['flɛçənma:s] *n MATH* surface measure
flächig ['flɛçɪç] *adj* two-dimensional
Flachküste ['flaxkystə] *f GEO* flat coast
Flachland ['flaxlant] *n* flat land, plain, lowland
Flachs [flaks] *m BOT* flax
flackern ['flakərn] *v* flicker
Fladen ['fla:dən] *m 1. (Pfannkuchen)* pancake; *2. (Brot)* round flat loaf; *3. (Kuhfladen)* cowpat
Fladenbrot ['fla:dənbro:t] *n GAST* flat bread
Flagge ['flagə] *f* flag; *~ zeigen* nail one's colours to the mast; *unter falscher ~ segeln* sail under false colours
Flaggenmast ['flagənmast] *m* flag pole
Flame ['fla:mə] *m* Fleming
flämisch ['flɛ:mɪʃ] *adj* Flemish
Flamme ['flamə] *f* flame; *in ~n stehen* to be in flames
Flammenmeer ['flamənme:r] *n (fig)* sea of flames
Flammenwerfer ['flamənvɛrfər] *m* flamethrower
Flasche ['flaʃə] *f 1.* bottle; *zu tief in die ~ geschaut haben* have had a few too many; *2. (fam: Versager)* dud, flop, washout
Flaschenhals ['flaʃənhals] *m* neck of a bottle
Flaschenpfand ['flaʃənpfant] *n* bottle deposit
Flaschenwein ['flaʃənvaɪn] *m* bottled wine
Flaschenzug ['flaʃəntsu:k] *m TECH* pulley
flatterhaft ['flatərhaft] *adj 1.* flighty; *2. (unstet)* inconstant, fickle
Flatterhaftigkeit ['flatərhaftɪçkaɪt] *f* flightiness, muddle-headedness
flau [flau] *adj* weak, listless, faint
Flaum [flaum] *m 1.* soft feathers; *2. (Bartwuchs)* peach fuzz *(fam)*
flaumig ['flaumɪç] *adj* fluffy
flauschig ['flauʃɪç] *adj* fluffy
Flausen ['flauzən] *pl* fibs; *Er hat nur ~ im Kopf.* His head is stuffed with silly ideas.
Flaute ['flautə] *f 1. (Windstille)* calm, lull in the wind; *2. ECO* slump, recession, slackness
Flechte ['flɛçtə] *f 1. MED* psoriasis; *2. BOT* lichen
flechten ['flɛçtən] *v irr 1.* weave; *2. (Haare)* braid
Fleck [flɛk] *m 1. (Schmutzfleck)* spot, stain, mark; *einen ~ auf der weißen Weste haben* have a black mark on one's record; *2. (blauer ~)* bruise; *3. (Stofffleck)* patch; *4. (Ort)* spot; *am falschen ~* in the wrong place; *vom ~ weg* on

the spot; *nicht vom ~ kommen* make no headway
fleckig ['flɛkɪç] *adj* spotted, stained
Fledermaus ['fle:dərmaus] *f ZOOL* bat
Flegel ['fle:gəl] *m (fig)* lout, uncouth fellow
flegelhaft ['fle:gəlhaft] *adj* ill-bred, ill-mannered, rude
Flegeljahre ['fle:gəlja:rə] *pl* awkward adolescent phase, awkward age
flehen ['fle:ən] *v* beg, beseech, implore
flehentlich ['fle:əntlɪç] *adj* imploring, beseeching

Fleisch [flaɪʃ] *n 1. (zum Essen) GAST* meat; *2. ANAT* flesh; *in ~ und Blut übergehen* become second nature; *vom ~ fallen* lose a lot of weight; *sich ins eigene ~ schneiden* cut off one's nose to spite one's face; *sein eigen ~ und Blut* his own flesh and blood

Fleischbrühe ['flaɪʃbry:ə] *f* meat-broth, meat stock, bouillon
Fleischer ['flaɪʃər] *m* butcher
fleischlich ['flaɪʃlɪç] *adj 1. (aus Fleisch)* meaty, fleshy; *2. (körperlich) REL* of the flesh
Fleischwolf ['flaɪʃvɔlf] *m* meat-mincer, meat grinder *(US)*
Fleiß [flaɪs] *m* diligence, industry, assiduousness
fleißig ['flaɪsɪç] *adj* diligent, hard-working, industrious
fletschen ['flɛtʃən] *v die Zähne ~* bare one's teeth
flexibel [flɛk'si:bəl] *adj* flexible
flexibilisieren [flɛksibɪlɪ'zi:rən] *v* make more flexible
Flexibilisierung [flɛksibɪlɪ'zi:ruŋ] *f* making more flexible
Flexibilität [flɛksibɪlɪ'tɛ:t] *f* flexibility, versatility
flicken ['flɪkən] *v* mend, repair, patch
Flickwerk ['flɪkvɛrk] *n* patchwork
Flieder ['fli:dər] *m BOT* lilac

Fliege ['fli:gə] *f 1.* fly; *zwei ~n mit einer Klappe schlagen (fig)* kill two birds with one stone; *2. (Kleidungsstück)* bow tie; *3. eine ~ machen* beat it

fliegen ['fli:gən] *v irr* fly
Fliegenfänger ['fli:gənfɛŋər] *m* flypaper
Flieger ['fli:gər] *m 1. (Pilot)* pilot; *2. (Soldat der Fliegertruppe)* airman; *3. (Radrennfahrer) SPORT* sprinter; *4. (fam: Flugzeug)* plane
Fliegeralarm ['fli:gəralarm] *m* air-raid warning, air-raid alert
fliehen ['fli:ən] *v irr* flee, run away; *zu jdm ~* seek refuge with s.o.
Fliese ['fli:zə] *f* tile
fliesen ['fli:zən] *v* tile
Fließband ['fli:sbant] *n 1.* conveyor belt; *2. (als Einrichtung)* assembly line
fließen ['fli:sən] *v irr* flow
fließend ['fli:sənt] *adj 1. (Sprache)* fluent; *adv 2. Er spricht ~ Englisch.* He speaks English fluently.
flimmern ['flɪmərn] *v* flicker, twinkle
flink [flɪŋk] *adj* quick, nimble, agile
Flinte ['flɪntə] *f (Schrotflinte)* shotgun; *die ~ ins Korn werfen (fig)* throw in the towel
Flittchen ['flɪtçən] *n* tart, slut
Flitter ['flɪtər] *m 1.* sequins *pl,* spangles *pl; 2. (minderwertiger Schmuck)* baubles *pl*
Flitterwochen ['flɪtərvɔxən] *pl* honeymoon
flitzen ['flɪtsən] *v* zip, dash
Flocke ['flɔkə] *f* flake
Floh [flo:] *m ZOOL* flea; *jdm einen ~ ins Ohr setzen* put an idea in s.o.'s head
Flohmarkt ['flo:markt] *m* flea market
Flohzirkus ['flo:tsɪrkus] *m* flea circus
Florett [flo'rɛt] *n SPORT* foil
florieren [flo'ri:rən] *v* flourish, thrive, prosper
Floskel ['flɔskəl] *f* rhetorical embellishment, platitude, mere words *pl*
Floß [flo:s] *n* raft
Flosse ['flɔsə] *f 1. (Taucherflosse)* flipper; *2. ZOOL* fin
Floßfahrt ['flo:sfa:rt] *f* rafting excursion, rafting trip, rafting
Flöte ['flø:tə] *f* flute
flöten ['flø:tən] *v ~ gehen* go down the drain
Flötist/Flötistin [flø:'tɪst/flø:'tistɪn] *m/f MUS* flutist, flautist
flott [flɔt] *adj 1. (schnell)* brisk, quick, speedy; *2. (schick)* elegant, smart; *3. (Mann)* dashing
Flotte ['flɔtə] *f* fleet
Flottenstützpunkt ['flɔtənstytspuŋkt] *m NAUT* naval base
Fluch [flu:x] *m* curse, profanity, swear-word
fluchen ['flu:xən] *v* curse, swear
Flucht [fluxt] *f* flight, escape; *die ~ ergreifen* take flight; *jdn in die ~ schlagen* put s.o. to flight
fluchtartig ['fluxtartɪç] *adj* hurried, sudden

F

flüchten ['flyçtən] *v* flee, run away
flüchtig ['flyçtɪç] *adj 1. (fliehend)* fugitive, runaway; *2. (kurz)* fleeting, passing, momentary; *3. (oberflächlich)* superficial, cursory, sketchy
Flüchtigkeit ['flyçtɪçkaɪt] *f 1.* brevity; *2. (Oberflächlichkeit)* superficiality
Flüchtigkeitsfehler ['flyçtɪçkaɪtsfe:lər] *m* careless mistake
Flüchtling ['flyçtlɪŋ] *m 1.* fugitive, runaway; *2. POL* refugee

F

Fluchtpunkt ['fluxtpuŋkt] *m ART* vanishing point
Fluchtversuch ['fluxtfɛrzu:x] *m* escape attempt, attempt to escape
Fluchtweg ['fluxtve:k] *m* escape route
Flug [flu:k] *m* flight; *Die Zeit verging wie im ~e.* Time just flew by.
Flugabwehr ['flu:kapvɛ:r] *f MIL* antiaircraft defence
Flugbahn ['flu:kba:n] *f* flight path, trajectory
Flugbenzin ['flu:kbɛntsi:n] *n TECH* aircraft fuel
Flugblatt ['flu:kblat] *n* leaflet, handbill
Flugdauer ['flu:kdauər] *f* duration of the flight, flight duration
Flügel ['fly:gəl] *m 1.* wing; *jdm die ~ stutzen* clip s.o.'s wings; *2. (Klavier) MUS* grand piano
Flügelschraube ['fly:gəlʃraubə] *f TECH* butterfly screw
Flügeltür ['fly:gəlty:r] *f 1. (mit zwei Flügeln)* double door; *2. (Verandatür)* French window
Fluggast ['flu:kgast] *m* passenger, airline passenger
flügge ['flygə] *adj ZOOL* fully-fledged; *~ werden (fig)* begin to stand on one's own feet
Fluggesellschaft ['flu:kgəzɛlʃaft] *f* airline
Flughafen ['flu:kha:fən] *m* airport
Fluglinie ['flu:kli:njə] *f 1. (Strecke)* air route; *2. (Fluggesellschaft)* airline
Fluglotse ['flu:klo:tsə] *m* air traffic controller
Flugplan ['flu:kpla:n] *m* flight schedule, timetable
Flugplatz ['flu:kplats] *m* airfield
Flugreise ['flu:kraɪzə] *f* plane trip, journey by air, trip by air
Flugschrift ['flu:kʃrɪft] *f* pamphlet
Flugsicherung ['flu:kzɪçəruŋ] *f* air traffic-control
Flugstunde ['flu:kʃtundə] *f* flying hour
Flugverbindung ['flu:kvɛrbɪnduŋ] *f* flight connection
Flugverkehr ['flu:kvɛrke:r] *m* air traffic
Flugwesen ['flu:kve:zən] *n* aviation
Flugzeug ['flu:ktsɔyk] *n* airplane, plane, aircraft
Flugzeugabsturz ['flu:ktsɔykapʃturts] *m* plane crash
Flugzeugbau ['flu:ktsɔykbau] *m* aircraft construction
Flugzeugentführer ['flu:ktsɔykɛntfy:rər] *m* hijacker
Flunkerei [fluŋkə'raɪ] *f 1.* fibbing; *2. (kleine Lüge)* fib
flunkern ['fluŋkərn] *v* fib, tell fibs
Flur[1] [flu:r] *m (Gang)* corridor, passage
Flur[2] [flu:r] *f 1.* open fields*; allein auf weiter ~* all alone; *2. AGR* farmland
Fluss [flus] *m 1. (Fließen)* flow, flowing, running; *2. GEO* river, stream
flussabwärts [flus'apvɛrts] *adj* downstream, down the river
Flussarm ['flusarm] *m GEO* arm of a river
flussaufwärts [flus'aufvɛrts] *adj* upstream, up the river
Flussbett ['flusbɛt] *n* riverbed
Flussdelta ['flusdɛlta] *n GEO* river delta
flüssig ['flysɪç] *adj 1. (nicht fest)* fluid, liquid; *2. (fig: fließend)* fluent
Flüssiggas ['flysɪçga:s] *n CHEM* liquefied gas
Flüssigkeit ['flysɪçkaɪt] *f 1. (Zustand)* fluidity, liquidity; *2. (flüssiger Stoff)* liquid
Flusslandschaft ['fluslantʃaft] *f* riverside
Flusslauf ['fluslauf] *m* course of a river
Flussmündung ['flusmynduŋ] *f* mouth of a river, estuary
Flusspferd ['fluspfe:rt] *n ZOOL* hippopotamus
Flussufer ['flusu:fər] *n* river-bank, riverside
flüstern ['flystərn] *v* whisper
Flüsterton ['flystərto:n] *m* whisper
Flut [flu:t] *f* flood
Flutlicht ['flu:tlɪçt] *n* floodlight
Flutwelle ['flu:tvɛlə] *f* tidal wave
föderal [fødə'ra:l] *adj POL* federal
Föderalismus [fødəra'lɪsmus] *m POL* federalism
Föderation [fødəra'tsjo:n] *f POL* federation
Fohlen ['fo:lən] *n 1. ZOOL* foal, colt; *2. (Hengstfohlen)* foal, colt
Folge ['fɔlgə] *f 1. (Auswirkung)* result, effect, consequence; *2. (Reihenfolge)* sequence,

order, succession; *3. (Fortsetzung)* sequel, continuation

folgen ['fɔlgən] *v 1. (hinterhergehen)* follow, pursue; *2. (gehorchen)* obey, follow, comply with; *3. (aufeinander~)* follow, succeed

folgend ['fɔlgənt] *adj* following, subsequent
folgendermaßen ['fɔlgəndər'maːsən] *adv* as follows, like this
folgenreich ['fɔlgənraɪç] *adj ~ sein* have many consequences
folgenschwer ['fɔlgənʃveːr] *adj* with serious consequences
folgerichtig ['fɔlgərɪçtɪç] *adj* logical, consistent
folgern ['fɔlgərn] *v* conclude, deduce, gather
Folgerung ['fɔlgəruŋ] *f* deduction, inference, conclusion
folgewidrig ['fɔlgəvɪdrɪç] *adj* logically inconsistent
folglich ['fɔlklɪç] *konj* consequently, therefore, hence
folgsam ['fɔlkzaːm] *adj* obedient
Folgsamkeit ['fɔlkzaːmkaɪt] *f* obedience
Folie ['foːljə] *f* foil
Folter ['fɔltər] *f 1.* torture; *jdn auf die ~ spannen (fig)* keep s.o. in suspense; *2. (~bank)* rack
Folterkammer ['fɔltərkamər] *f 1.* torture chamber; *2. (fig: Kraftraum)* weight room
foltern ['fɔltərn] *v* torture
Folterung ['fɔltəruŋ] *f* torture
Föhn [føːn] *m* blow-dryer, hair-dryer
Fond [fɔ̃] *m 1. (eines Autos)* back of the car, back seat; *2. THEAT* back of the theatre
foppen ['fɔpən] *v 1. jdn ~* tease s.o., pull s.o.'s leg, kid s.o.; *2. (täuschen)* fool
forcieren [fɔr'siːrən] *v* force
forciert [fɔr'siːrt] *adj* forced
Förderband ['fœrdərbant] *n* conveyor belt
Förderer ['fœrdərər] *m* promoter, patron, supporter
förderlich ['fœrdərlɪç] *adj* beneficial, conducive, favourable
fordern ['fɔrdərn] *v 1.* demand; *2. (herausfordern)* challenge
fördern ['fœrdərn] *v 1. (unterstützen)* support, promote, further; *2. (abbauen)* mine, extract, haul
Forderung ['fɔrdəruŋ] *f 1. (Verlangen)* demand, requirement; *2. (Herausforderung)* challenge; *3. (Geldforderung) ECO* claim, debt
Förderung ['fœrdəruŋ] *f 1. (Unterstützung)* promotion, advancement, support; *2. (Abbau) MIN* extraction; *3. (Menge) MIN* production, output
Forelle [fo'rɛlə] *f ZOOL* trout
Form [fɔrm] *f 1.* form, shape; *zu großer ~ auflaufen* to be in great shape; *2. (Stil)* form, style; *in aller ~* in due and proper form; *3. (Gussform)* mould, casting mould, mold *(US)*
Formalität [fɔrmali'tɛːt] *f* formality
Format [fɔr'maːt] *n 1. (Maß)* format, shape, size; *2. (fig)* stature
Formation [fɔrma'tsjoːn] *f* formation
formbar ['fɔrmbaːr] *adj* pliable, workable
Formbarkeit ['fɔrmbaːrkaɪt] *f* workability, mouldability
Formel ['fɔrməl] *f* formula
formell [fɔr'mɛl] *adj 1.* formal, stiff; *adv 2.* in a formal manner, ceremoniously, formally
formen ['fɔrmən] *v* form, shape, mould
formieren [fɔr'miːrən] *v 1.* form; *2. MIL* line up
förmlich ['fœrmlɪç] *adj 1.* formal, stiff; *adv 2. (buchstäblich)* literally
Förmlichkeit ['fœrmlɪçkaɪt] *f* formality, conventionality
formlos ['fɔrmloːs] *adj 1.* shapeless, formless; *2. (fig)* informal, unconventional, unceremonious; *adv 3.* without shape or form; *4. (fig)* informally
Formlosigkeit ['fɔrmloːzɪçkaɪt] *f* formlessness
formschön ['fɔrmʃøːn] *adj* stylish, elegant
Formular [fɔrmu'laːr] *n* form
formulieren [fɔrmu'liːrən] *v* word, phrase, formulate
Formulierung [fɔrmu'liːruŋ] *f* wording, phrasing
formvollendet ['fɔrmfɔlɛndət] *adj* perfect
forsch [fɔrʃ] *adj 1.* dynamic; *2. (flott)* smart; *3. (wagemutig)* bold
forschen ['fɔrʃən] *v 1.* investigate, inquire after, search for; *2. (wissenschaftlich)* research
Forscher ['fɔrʃər] *m (wissenschaftlicher ~)* researcher, research scientist
Forschung ['fɔrʃuŋ] *f* research, study, investigation
Forst [fɔrst] *m* forest

Förster ['fœrstər] *m* forester
Forstwirtschaft ['fɔrstvɪrtʃaft] *f AGR* forestry
fort [fɔrt] *adv* away, gone; *Er ist schon ~.* He has already left. *... und so ~ ...* and so on and so forth
fortbestehen ['fɔrtbəʃteːən] *v irr* endure, continue to exist, continue
Fortbewegung ['fɔrtbəveːguŋ] *f* movement
fortbilden ['fɔrtbɪldən] *v sich ~* continue one's studies, obtain further education

F

Fortbildung ['fɔrtbɪlduŋ] *f* further education, advanced training
fortdauern ['fɔrtdauərn] *v* continue
fortentwickeln ['fɔrtɛntvɪkəln] *v* develop further
fortfahren ['fɔrtfaːrən] *v irr 1. (wegfahren)* drive away, drive off; *2. (fortsetzen)* continue; *Fahren Sie bitte fort!* Please go on! Please continue!
fortführen ['fɔrtfyːrən] *v 1.* continue, carry on; *2. (wegführen)* lead away
Fortgang ['fɔrtgaŋ] *m 1.* departure; *2. (Weiterentwicklung)* further development, continuation
fortgehen ['fɔrtgeːən] *v irr* go away, leave
fortgesetzt ['fɔrtgəzɛtst] *adj* continued
fortjagen ['fɔrtjaːgən] *v* chase away, throw out, kick out
fortkommen ['fɔrtkɔmən] *v irr 1. (wegkommen)* get away; *Mach, dass du fortkommst!* Now disappear! *2. (vorankommen)* get ahead
fortlaufen ['fɔrtlaufən] *v irr* run away
fortlaufend ['fɔrtlaufənt] *adj 1.* continuous, ongoing; *adv 2.* continuously
fortpflanzen ['fɔrtpflantsən] *v 1. sich ~* reproduce, propagate; *2. sich ~ (Krankheit, Gerücht)* spread
fortreißen ['fɔrtraɪsən] *v irr 1.* snatch away; *2. (Strom)* carry away
fortschaffen ['fɔrtʃafən] *v* remove
fortschreiten ['fɔrtʃraɪtən] *v irr* advance, move forward, make progress
fortsetzen ['fɔrtzɛtsən] *v* carry on, go on, continue
Fortsetzung ['fɔrtzɛtsuŋ] *f* continuation, resumption; *~ folgt* to be continued
fortwährend ['fɔrtvɛːrənt] *adj* constant, continuous, incessant
Foto ['foːto] *n* photograph, picture, photo
Fotoapparat ['foːtoaparaːt] *m* camera
fotogen [foːto'geːn] *adj* photogenic
Fotograf [foːto'graːf] *m* photographer
fotokopieren [foːtoko'piːrən] *v* photocopy, make a photocopy
Fracht [fraxt] *f 1. (Ware) ECO* cargo, freight; *2. (Preis) ECO* freight
Frachtbrief ['fraxtbriːf] *m ECO* consignment note, bill of lading
Frachter ['fraxtər] *m* cargo ship, freighter
frachtfrei ['fraxtfraɪ] *adj ECO* freight paid, carriage paid
Frachtraum ['fraxtraum] *m NAUT* cargo compartment
Frachtschiff ['fraxtʃɪf] *n NAUT* freighter
Frack [frak] *m* tails *(fam)*, swallow-tailed coat

Frage ['fraːgə] *f 1.* question; *etw in ~ stellen* question sth; *außer ~ stehen* to be beyond any doubt; *2. (Angelegenheit)* question, matter, issue; *eine ~ der Zeit* a matter of time; *in ~ kommen* to be considered; *Das kommt nicht in ~.* That's out of the question.

Fragebogen ['fraːgəboːgən] *m* questionnaire
fragen ['fraːgən] *v* ask; *nach etw ~* ask for sth; *jdn nach seinem Namen ~* ask s.o. his name
fragend ['fraːgənt] *adj* questioning, inquiring
Fragestunde ['fraːgəʃtundə] *f* question time
Fragezeichen ['fraːgətsaɪçən] *n* question mark
fraglich ['fraːklɪç] *adj* questionable, doubtful
fraglos ['fraːkloːs] *adj* without question, without a doubt
fragwürdig ['fraːkvyrdɪç] *adj* dubious, doubtful, questionable
Fraktion [frak'tsjoːn] *f POL* parliamentary group
Fraktionsvorsitzende(r) [frak'tsjoːnsfoːrzɪtsəndə(r)] *m/f POL* chairman of the parliamentary group, floor leader *(US)*
frankieren [fraŋ'kiːrən] *v* put postage on
fränkisch ['frɛŋkɪʃ] *adj* Franconian
Frankokanadier ['fraŋkokanaːdjər] *m* French Canadian
Frankreich ['fraŋkraɪç] *n GEO* France
Franse ['franzə] *f 1.* fringe; *2. (loser Faden)* loose thread
Franziskaner [frantsɪs'kaːnər] *m REL* Franciscan
französisch [fran'tsøːzɪʃ] *adj* French

Französisch ['fran'tsøːsiʃ] *n* French
Fräse ['frɛːzə] *f 1. TECH* milling cutter; *2. AGR* rotary hoe
fräsen ['frɛːzən] *v 1.* mill; *2. (Holz)* shape
Fraß [fras] *m 1.* feed, food; *2. (fam: schlechtes Essen)* slop, swill
Fratze ['fratsə] *f 1. (Grimasse)* grimace; *2. (fam: Gesicht)* mug; *3. (entstelltes Gesicht)* grotesque face

Frau [frau] *f 1.* woman; *eine ~ von Welt sein* to be a woman of the world; *2. (Ehe~)* wife; *3. (Anrede)* Mrs.; *(ledige ~)* Miss

Frauenarzt ['frauənartst] *m* gynaecologist
Frauenbeauftragte(r) ['frauənbəauftraːgtə(r)] *m/f* women's representative
Frauenbewegung ['frauənbəveːguŋ] *f* women's lib *(fam)*, women's liberation
frauenfeindlich ['frauənfaɪntlɪç] *adj* misogynistic, mysogynous
Frauenhaus ['frauənhaus] *n* home for battered women
Frauenklinik ['frauənkliːnɪk] *f* gynaecological clinic
Fräulein ['frɔylaɪn] *n* Miss
fraulich ['fraulɪç] *adj* womanly
frech [frɛç] *adj* impertinent, sassy *(US)*, impudent, cheeky
Frechheit ['frɛçhaɪt] *f 1.* impudence, insolence; *2. Das ist aber eine ~!* What nerve!
Fregatte [fre'gatə] *f NAUT* frigate

frei [fraɪ] *adj 1. (ungebunden)* free, independent; *2. (nicht besetzt)* vacant, free, unoccupied; *Ist hier noch ~? (Sitzplatz)* Is this seat available? *3. (kostenlos)* free, complimentary

Freibad ['fraɪbaːt] *n* outdoor swimming pool, open-air swimming pool, open-air baths
freibekommen ['fraɪbəkɔmən] *v irr 1. (aus der Haft)* get free; *2. (von der Arbeit)* to be given time off; *zwei Tage ~* to be given two days off
freiberuflich ['fraɪbəruːflɪç] *adj 1.* self-employed, freelance; *adv 2.* freelance
Freidenker ['fraɪdɛŋkər] *m* free thinker
Freifrau ['fraɪfrau] *f* baroness
Freigabe ['fraɪgaːbə] *f* release
freigeben ['fraɪgeːbən] *v irr 1.* clear, release, open; *2. (entlassen)* release; *3. (beurlauben) jdm ~* give s.o. time off
freihaben ['fraɪhaːbən] *v irr* have off, have a holiday
freihalten ['fraɪhaltən] *v irr 1. (Platz)* hold; *2. jdn ~* pay the bill for s.o.; *3. „Ausfahrt ~"* "keep driveway clear"
freihändig ['fraɪhɛndɪg] *adv 1.* without holding on; *2. (Schießen)* without support; *3. (Verkauf)* directly, in the open market, over the counter *(US); adj 4. (zeichnen)* freehand
Freiheit ['fraɪhaɪt] *f* freedom, liberty, independence; *Ich schenke dir die ~.* I am giving you your freedom; *dichterische ~* poetic licence; *persönliche ~* personal freedom; *~ der Presse* freedom of the press
Freiheitsberaubung ['fraɪhaɪtsbəraubuŋ] *f JUR* false imprisonment, unlawful detention, deprivation of liberty
Freiheitsbewegung ['fraɪhaɪtsbəveːguŋ] *f POL* struggle for freedom, struggle for political independence
Freiheitsdrang ['fraɪhaɪtsdraŋ] *m* desire for freedom
Freiheitsentzug ['fraɪhaɪtsɛntsuːk] *m JUR* imprisonment
Freiheitskampf ['fraɪhaɪtskampf] *m POL* fight for freedom
freiheitsliebend ['fraɪhaɪtsliːbənt] *adj* freedom-loving
Freiheitsstatue ['fraɪhaɪtsʃtaːtuə] *f die ~* the Statue of Liberty
Freiheitsstrafe ['fraɪhaɪtsʃtrafə] *f JUR* imprisonment, prison sentence, term of imprisonment
Freiherr ['fraɪhɛr] *m* baron
Freikarte ['fraɪkartə] *f* free ticket
Freikörperkultur ['fraɪkœrpərkultuːr] *f* nudism
freilassen ['fraɪlasən] *v irr* release, free, set free
freilegen ['fraɪleːgən] *v* expose, uncover
freilich ['fraɪlɪç] *adv 1. (einräumend)* it is true, indeed, of course; *2. (bestätigend)* certainly, of course, sure
Freilichtbühne ['fraɪlɪçtbyːnə] *f THEAT* open-air stage
freimachen ['fraɪmaxən] *v 1. (frankieren)* stamp; *2. (entkleiden) sich ~* undress, get undressed; *3. (befreien) sich ~* extricate o.s., shake o.s. free, free o.s.
freimütig ['fraɪmyːtɪç] *adj 1.* candid, frank, outspoken; *adv 2.* candidly, frankly, openly
Freiraum ['fraɪraum] *m* personal space, breathing room (fig)
freisprechen ['fraɪʃprɛçən] *v irr 1.* acquit; *2. (von Schuld)* exonerate; *3. jdn von einem*

F

Verdacht ~ clear s.o. of suspicion; *4. (Lehrling)* declare that an apprentice has qualified to become a journeyman
Freispruch ['fraɪʃprux] *m JUR* acquittal, verdict of not guilty
freistehen ['fraɪʃteːən] *v irr 1. (Haus)* to be vacant; *2. SPORT* to be open; *3. es steht jdm frei, etw zu tun* s.o. is free to do sth
freistellen ['fraɪʃtɛlən] *v 1. jdn von etw ~* release; *2. jdm etw ~* leave sth up to s.o.; *3. sich ~ SPORT* run clear, get open

F

Freistoß ['fraɪʃtoːs] *m SPORT* free kick
Freitag ['fraɪtaːk] *m* Friday
freitags ['fraɪtaːks] *adv* every Friday, on Fridays
Freitod ['fraɪtoːt] *m* suicide
freiwillig ['fraɪvɪlɪç] *adj 1.* voluntary; *adv 2.* voluntarily
Freiwillige(r) ['fraɪvɪlɪgə(r)] *m/f* volunteer
Freiwilligkeit ['fraɪvɪlɪçkaɪt] *f* voluntary nature; *Die Teilnahme basiert auf ~.* Participation is voluntary.
Freizeichen ['fraɪtsaɪçən] *n TEL* dial tone
Freizeit ['fraɪtsaɪt] *f* free time, spare time, leisure time
Freizeitbeschäftigung ['fraɪtsaɪtsbəʃɛftɪguŋ] *f* recreational activities, leisure pursuits
freizügig ['fraɪtsyːgɪç] *adj 1.* free to move; *2. (moralisch ~)* permissive; *3. (reichlich)* liberal
fremd [frɛmt] *adj 1. (unbekannt)* strange, unknown; *2. (anderen gehörig)* s.o. else's, not one's own; *3. (ausländisch)* foreign
fremdartig ['frɛmtaːrtɪç] *adj* strange, exotic
Fremdartigkeit ['frɛmtaːrtɪçkaɪt] *f* oddness, strangeness
Fremde(r) ['frɛmdə(r)] *m/f* stranger
Fremdenführer ['frɛmdənfyːrər] *m 1. (Buch)* guide, guidebook; *2. (Person)* tour guide
Fremdenheim ['frɛmdənhaɪm] *n* boarding house
Fremdenlegion ['frɛmdənlegjoːn] *f* Foreign Legion
Fremdenverkehr ['frɛmdənfɛrkeːr] *m* tourism
Fremdenzimmer ['frɛmdəntsɪmər] *n 1.* guest room, spare room; *2. (im Gasthaus)* room to let
Fremdfinanzierung ['frɛmtfɪnantsiːruŋ] *f ECO* outside financing
fremdgehen ['frɛmtgeːən] *v irr (fam)* to be unfaithful
Fremdherrschaft ['frɛmthɛrʃaft] *f POL* foreign domination
Fremdkörper ['frɛmtk rpər] *m 1.* foreign body, foreign substance; *2. (fig) Er fühlt sich als ~.* He feels out of place.
fremdländisch ['frɛmtlɛndɪʃ] *adj 1.* foreign; *2. (exotisch)* exotic
Fremdsprache ['frɛmtʃpraːxə] *f* foreign language
Fremdverschulden ['frɛmtfɛrʃuldən] *n* third-party fault
fressen ['frɛsən] *1.* eat, devour, gobble up; *2. Das war ein gefundenes Fressen für ihn.* That was just what he wanted. *jdn zum Fressen gern haben* to be mad about s.o., to be crazy about s.o.; *3. (ätzen)* corrode
Fressen ['frɛsən] *n 1. (für Tiere)* food; *2. (Fresserei)* gobbling
Fressgier ['frɛsgiːr] *f 1.* voracity; *2. (eines Menschen)* gluttony
Freude ['frɔydə] *f* joy, happiness, delight
Freudenfeuer ['frɔydənfɔyər] *n* bonfire
Freudenhaus ['frɔydənhaus] *n* whorehouse, brothel
Freudentaumel ['frɔydəntauməl] *m* raptures *pl*
freudig ['frɔydɪç] *adj 1.* joyous, happy, cheerful; *adv 2.* gleefully, joyfully, cheerfully
freudlos ['frɔytloːs] *adj* joyless, dismal, gloomy
freuen ['frɔyən] *v sich ~* to be happy, to be glad, to be pleased; *Ich freue mich darauf.* I'm looking forward to it; *Das freut mich.* I'm glad.

Freund [frɔynt] *m 1.* friend; *2. (Liebhaber)* boyfriend

Freundin ['frɔyndɪn] *f 1.* friend; *2. (Liebhaberin)* girlfriend
freundlich ['frɔyntlɪç] *adj* friendly, kind
Freundschaft ['frɔyntʃaft] *f* friendship
freundschaftlich ['frɔyntʃaftlɪç] *adj 1.* friendly; *adv 2.* in a friendly manner; *jdm ~ auf die Schulter klopfen* give s.o. a friendly pat on the back
Frevel ['freːfəl] *m 1.* sacrilege, sin; *2. (Untat)* crime, outrage
frevelhaft ['freːfəlhaft] *adj 1.* sacrilegious, sinful; *2. (kriminell)* criminal
Frevler ['freːflər] *m* sinner, offender
Frieden ['friːdən] *m* peace; *dem ~ nicht trauen* smell a rat
Friedensnobelpreis [friːdənsno'bɛlpraɪs] *m* Nobel Peace Prize

friedfertig ['friːtfɛrtɪç] *adj* peaceful, peace-loving
Friedhof ['friːthoːf] *m* cemetery, graveyard
friedlich ['friːtlɪç] *adj 1.* peaceful; *2. (ungestört)* tranquil
frieren ['friːrən] *v irr 1. (Person)* feel cold, to be freezing; *2. (Wasser)* freeze
Fries [friːs] *m* frieze
friesisch ['friːzɪʃ] *adj* Frisian
Frikadelle [frɪka'dɛlə] *f* rissole, hamburger patty
frisch [frɪʃ] *adj* fresh
Frische ['frɪʃə] *f in alter ~* as lively as ever
Frischhaltebeutel ['frɪʃhaltəbɔytəl] *m* airtight bag
Frischluft ['frɪʃluft] *f* fresh air
frisieren [frɪ'ziːrən] *v 1.* have one's hair done; *sich ~* do one's hair; *2. (fig)* fiddle with, *(fam)* doctor, *(Wagen)* soup up; *die Bilanzen ~* cook the books
Frisör(in) [frɪ'zøːr(In)] *m/f* hairdresser, *(für Herren)* barber
Frisörsalon [frɪ'zøːrzalɔ̃] *m 1.* hairdresser's shop; *2. (für Männer)* barber shop
Frist [frɪst] *f 1. (Zeitraum)* period; *2. (äußerste ~)* deadline
fristen ['frɪstən] *v ein kümmerliches Dasein ~* scrape out a living
fristgerecht ['frɪstgərɛçt] *adj* in due time, before deadline
fristlos ['frɪstloːs] *adv* without notice
Frisur [fri'zuːr] *f* hairstyle, hairdo
Fritteuse [frɪ'tøːzə] *f GAST* deep-frying pan
frittieren [frɪ'tiːrən] *v GAST* deep-fry
frivol [fri'voːl] *adj 1. (schlüpfrig)* risqué; *2. (leichtfertig)* frivolous
Frivolität [frivoli'tɛːt] *f 1. (Schlüpfrigkeit)* suggestiveness; *2. (Äußerung)* risqué remark; *3. (Leichtfertigkeit)* frivolity
froh [froː] *adj* happy, glad, cheerful
fröhlich ['frøːlɪç] *adj* merry, cheerful, jovial, gay
Fröhlichkeit ['frøːlɪçkaɪt] *f* gaiety, cheerfulness, merriment
frohlocken [fro'lokən] *v 1.* rejoice, exult; *2. (schadenfreudig)* gloat
Frohnatur ['froːnatuːr] *f* cheerful nature, cheerful disposition
Frohsinn ['froːzɪn] *m* good cheer, cheerfulness
fromm [frɔm] *adj REL* pious, devout, religious
Frömmelei [frœmə'laɪ] *f* false piety
frömmeln ['frœməln] *v REL* to be bigoted
Frömmigkeit ['frœmɪçkaɪt] *f REL* piety, devoutness
Fronleichnam [froːn'laɪçnaːm] *m REL* Corpus Christi
Frontalzusammenstoß [frɔn'taːltsuzamənʃtoːs] *m* head-on collision
Frontantrieb ['frɔntantriːp] *m TECH* front-wheel drive

Frosch [frɔʃ] *m* frog; *einen ~ im Hals haben* have a frog in one's throat

Froschperspektive ['frɔʃpɛrspɛktiːvə] *f* worm's-eye view
Frost [frɔst] *m* frost
frösteln ['frœstəln] *v* shiver
frostig ['frɔstɪç] *adj 1. (kalt)* frosty, chilly; *2. (fig)* frosty, cold, icy
Frostschutz ['frɔstʃuts] *m* antifreeze
Frottee [frɔ'teː] *n* terrycloth
frottieren [frɔ'tiːrən] *adj* rub down
Frucht [fruxt] *f 1.* fruit; *2. (fig)* product, result
fruchtbar ['fruxtbaːr] *adj 1.* fertile; *2. (fig)* fruitful, productive; *3. (Schriftsteller)* prolific
fruchtig ['fruxtɪç] *adj* fruity
Fruchtsaft ['fruxtzaft] *m* fruit juice
Fruchtwasser ['fruxtvasər] *n MED* amniotic fluid
früh [fryː] *adj 1.* early; *adv 2.* early
Frühaufsteher ['fryːaufʃteːər] *m* early riser, early bird *(fam)*
Frühe ['fryːə] *f 1. in der ~* early in the morning; *in aller ~* at the crack of dawn; *2. (Anfang)* dawn
früher ['fryːər] *adj 1.* earlier; *2. (ehemalig)* former, past; *in ~en Zeiten* in former times; *adv 3.* earlier, sooner; *~ oder später* sooner or later; *4. (ehemals)* formerly, before; *Ich habe sie ~ mal gekannt.* I used to know her.
Früherkennung ['fryːɛrkɛnuŋ] *f MED* early recognition diagnosis
Frühgeburt ['fryːgəburt] *f MED* premature birth
Frühinvalide ['fryːɪnvaliːdə] *m* person disabled before retirement age
Frühjahr ['fryːjaːr] *n* spring
Frühjahrsputz ['fryːjaːrsputs] *m* spring cleaning
Frühling ['fryːlɪŋ] *m* spring
frühmorgens [fryː'mɔrgəns] *adv* early in the morning
frühreif ['fryːraɪf] *adj (fig)* precocious
Frührentner ['fryːrɛntnər] *m* person taking early retirement

Frühstadium ['fry:ʃta:djum] *n* early stage
Frühstück ['fry:ʃtyk] *n* breakfast
Frühwarnsystem ['fry:varnzyste:m] *n* *MIL* early-warning system
frühzeitig ['fry:tsaɪtɪç] *adj 1.* early; *2. (vorzeitig)* premature; *adv 3.* early; *4. (vorzeitig)* prematurely
Frust [frust] *m (fam)* frustration
frustrieren [frus'tri:rən] *v* frustrate
Fuchs [fuks] *m ZOOL* fox
fuchsrot ['fuksro:t] *adj 1.* red, ginger; *2. (Pferd)* sorrel

F

Fuchsschwanz ['fuksʃvants] *m 1. ZOOL* foxtail; *2. TECH* straight-back hand saw
Fuchtel ['fuxtəl] *f jdn unter der ~ haben* have s.o. under one's thumb
fuchteln ['fuxtəln] *v ~ mit* wave about; *mit den Händen ~* gesticulate
Fuge ['fu:gə] *f 1.* joint; *aus den ~n geraten* go to pieces; *2. MUS* fugue
fügen ['fy:gən] *v 1. sich ~ (nachgeben)* give in, comply; *2. sich ~ (sich anpassen)* conform, fit in
fügsam ['fy:kza:m] *adj* obedient, compliant, docile
Fügung ['fy:guŋ] *f (des Schicksals)* act of providence
fühlbar ['fy:lba:r] *adj 1. (tastbar)* palpable; *2. (spürbar)* perceptible; *3. (deutlich)* marked
fühlen ['fy:lən] *v* feel, sense
Fühler ['fy:lər] *m* feeler, antenna
Fühlung ['fy:luŋ] *f* touch, contact

führen ['fy:rən] *v 1.* lead, direct, guide; *2. (leiten)* manage, lead, run; *3. (Ware)* carry

Führer ['fy:rər] *m 1. (Chef)* leader; *2. (Fahrer)* driver; *3. (Fremdenführer)* tourist guide
führerlos ['fy:rərlo:s] *adj* leaderless
Führerschein ['fy:rərʃaɪn] *m* driving licence, driver's license *(US)*
Führung ['fy:ruŋ] *f 1. (Leitung)* control, management, leadership; *2. (Benehmen)* behaviour, conduct; *3. (Fremdenführung)* sightseeing tour
Führungskraft ['fy:ruŋskraft] *f* manager, executive
Führungszeugnis ['fy:ruŋstsɔyknɪs] *n* police certificate stating that the bearer has no criminal record
Fuhrunternehmen ['fu:runtərne:mən] *n* haulage company, trucking company *(US)*
Fuhrwerk ['fu:rvɛrk] *n 1.* waggon; *2. (Pferde~)* horse and cart
Fülle ['fylə] *f 1.* abundance, profusion; *2. (volles Maß)* fullness; *3. (Leibesumfang)* corpulence
füllen ['fylən] *v* fill
Füllfederhalter ['fylfe:dərhaltər] *m* fountain pen
Füllmaterial ['fylmaterja:l] *n* filler
Füllung ['fyluŋ] *f 1. (das Füllen)* filling; *2. (Polsterung)* stuffing; *3. (Zahn~) MED* filling; *4. GAST* stuffing
fummeln ['fuməln] *v (fam)* fumble
Fund [funt] *m 1.* finding, discovery; *2. (Gefundenes)* find
Fundament [funda'mɛnt] *n 1. (eines Hauses)* foundation; *2. (fig: Grundlage)* basis, foundation, groundwork
Fundbüro ['funtbyro:] *n* lost property office, lost-and-found department *(US)*
Fundgrube ['funtgru:bə] *f* mine, bonanza
fundiert [fun'di:rt] *adj* solid, sound, well-founded
fündig ['fyndɪç] *adj ~ werden* find sth
Fundort ['fundɔrt] *m* place of discovery, place sth was found
Fundus ['fundus] *m THEAT* general equipment
fünf [fynf] *num* five; *alle ~e gerade sein lassen* let sth slide; *~ Minuten vor zwölf (fig)* the eleventh hour
Fünfeck ['fynfɛk] *n* pentagon
fünftens ['fynftəns] *adv* fifthly, in fifth place
fünfzehn ['fynftse:n] *num* fifteen
fünfzig ['fynftsɪç] *num* fifty
Fünfziger ['fynftsɪgər] *m 1. (Geldschein)* fifty-mark note; *pl 2. in den ~n sein (Mensch)* to be in one's fifties; *3. die ~ (Jahrzehnt)* the Fifties
fungieren [fuŋ'gi:rən] *v ~ als* function as, act as
Funk [fuŋk] *m* wireless, radio
Funkanlage ['fuŋkanla:gə] *f* radio equipment, radio set
Funke ['fuŋkə] *m* spark
funkeln ['fuŋkəln] *v* sparkle, twinkle, scintillate
funken ['fuŋkən] *v 1. (übermitteln)* transmit, radio; *2. Es hat bei ihm gefunkt.* He figured it out; *3. (fam: funktionieren)* work; *4. (Funken von sich geben)* spark, give off sparks
Funker ['fuŋkər] *m* radio operator, wireless operator
Funkfrequenz ['fuŋkfrɛkvɛnts] *f TECH* radio frequency

Funkgerät ['fuŋkgərɛːt] *n* radio equipment, wireless equipment
Funkkontakt ['fuŋkkɔntakt] *m* radio contact
Funkspruch ['fuŋkʃprux] *m* radio message
Funkstille ['fuŋkʃtɪlə] *f* *1. TECH* radio silence; *2. (fig)* dead air
Funkstörung ['fuŋkʃtøːruŋ] *f TECH* radio interference
Funktaxi ['fuŋktaksi] *n* taxi equipped with a radio
funktionieren [fuŋktjo'niːrən] *v* function, work, operate; *Dieses Gerät funktioniert nicht.* This device doesn't work.
funktionstüchtig [fuŋk'tsjoːnstyçtɪç] *adj* efficient, functional
Funkturm ['fuŋkturm] *m* radio tower

für [fyːr] *prep 1.* for; *sich ~ etw entscheiden* decide in favour of sth; *2. was ~ ...* what kind of ..., what sort of ...; *3. an und ~ sich* strictly speaking; *Das ist eine Sache ~ sich.* That's a different story. *4. Tag ~ Tag* every day

Fürbitte ['fyːrbɪtə] *f* intercession; *bei jdm eine ~ tun* plead with s.o.
Furche ['furçə] *f* furrow, drill, rut
Furcht [furçt] *f* fear, dread, terror
furchtbar ['furçtbaːr] *adj* terrible
fürchten ['fyrçtən] *v* fear, to be afraid of, to be frightened of
fürchterlich ['fyrçtərlɪç] *adj* dreadful, frightful, ghastly
furchtlos ['furçtloːs] *adj* fearless, dauntless
furchtsam ['furçtzaːm] *adj* fearful, apprehensive
füreinander [fyːraɪ'nandər] *adv* for each other
Furie ['fuːrjə] *f* fury
Furnierholz [fur'niːrhɔlts] *n* veneer
Furore [fu'roːrə] *f/n ~ machen* cause a sensation
Fürsorge ['fyːrzɔrgə] *f 1.* care; *2. (öffentliche ~)* public service
fürsorglich ['fyːrzɔrglɪç] *adj* caring, considerate
Fürsprache ['fyːrʃpraːxə] *f ~ für jdn einlegen* put in a good word for s.o.
Fürsprecher ['fyːrʃprɛçər] *m* advocate
Fürst [fyrst] *m* prince, sovereign ruler
Fürstenhaus ['fyrstənhaus] *n* dynasty
Fürstentum ['fyrstəntuːm] *n* principality
fürstlich ['fyrstlɪç] *adj 1.* princely; *2. (fig: üppig)* regal, stately, royal
Furunkel [fu'ruŋkəl] *m MED* boil
Fürwort ['fyːrvɔrt] *n GRAMM* pronoun
fusionieren [fuzjo'niːrən] *v 1. ECO* merge, consolidate; *2. TECH* combine

Fuß [fuːs] *m 1.* foot; *zu ~* on foot; *~ fassen* gain a foothold; *auf freiem ~ sein* to be at large; *auf großem ~ leben* live like a lord; *mit einem ~ im Grabe stehen* have one foot in the grave; *mit dem linken ~ zuerst aufstehen* get up on the wrong side of the bed; *kalte Füße bekommen (fig)* get cold feet; *jdm auf die Füße treten* step on s.o.'s toes; *sich auf eigene ~ stellen* strike out on one's own, paddle one's own canoe; *auf die Füße fallen* fall on one's feet; *etw mit Füßen treten* trample sth; *jdm zu Füßen liegen* go down on one's knees before s.o.; *2. (Sockel)* base, pedestal; *3. (Zoll)* foot

Fußball ['fuːsbal] *m 1. (Spiel)* football, soccer *(US); 2. (Ball)* football, soccer ball *(US)*
Fußballfeld ['fuːsbalfɛlt] *n SPORT* football pitch, soccer field *(US)*
Fußboden ['fuːsboːdən] *m* floor
Fussel ['fusəl] *m/f* bit of fluff
fusseln ['fusəln] *v* fluff
Fußgänger ['fuːsgɛŋər] *m* pedestrian
Fußgängerampel ['fuːsgɛŋərampəl] *f* pedestrian crossing light
Fußgelenk ['fuːsgəleŋk] *n* ankle
Fußmarsch ['fuːsmarʃ] *m* walk
Fußnote ['fuːsnoːtə] *f* footnote
Fußpflege ['fuːspfleːgə] *f* pedicure
Fußpilz ['fuːspɪlts] *m MED* athlete's foot
Fußsohle ['fuːszoːlə] *f* sole of the foot
Fußspur ['fuːsʃpuːr] *f* footprint
Fußstapfen ['fuːsʃtapfən] *m* footstep; *in jds ~ treten* follow in s.o.'s footsteps
Fußtritt ['fuːstrɪt] *m (Stoß)* kick
Fußvolk ['fuːsfɔlk] *n* foot-soldiers, infantry; *unters ~ geraten* come down in the world
Fußweg ['fuːsveːk] *m* footpath
Futter ['futər] *n 1. (Vieh~)* feed, fodder; *2. (Essen)* food, grub *(fam)*, chow *(fam) (US); 3. (Material)* lining
Futteral ['futəraːl] *n* case
füttern ['fytərn] *v 1.* feed; *2. (Kleidungsstück ~)* line
Futur [fu'tuːr] *n GRAMM* future tense

F

G

Gabe ['ga:bə] *f* gift
Gabel ['ga:bəl] *f* fork
Gabelstapler ['ga:bəlʃta:plər] *m TECH* fork-lift
Gabelung ['ga:bəluŋ] *f* fork, parting
gaffen ['gafən] *v* gape, gawk
Gage ['ga:ʒə] *f* fee
gähnen ['gɛ:nən] *v* yawn
Galerie [galə'ri:] *f* gallery
Galerist/Galeristin [galə'rɪst/galə'rɪstɪn] *m/f (Galerieleiter)* gallery owner
Galgen ['galgən] *m* gallows *pl*; *jdn an den ~ bringen* send s.o. to the gallows
Galgenfrist ['galgənfrɪst] *f* stay of execution; *jdm eine ~ geben* grant s.o. a brief respite
Galgenhumor ['galgənhumo:r] *m* gallows humour
Galgenvogel ['galgənfo:gəl] *m* rogue
Gälisch ['gɛ:lɪʃ] *n* Gaelic
Galle ['galə] *f ANAT* gall; *Da läuft mir die ~ über. (fig)* That makes my blood boil.
Gammler ['gamlər] *m (fam)* bum, loafer, dosser *(UK)*
gang [gaŋ] *adj ~ und gäbe sein* to be customary, to be the usual thing, to be standard procedure

Gang [gaŋ] *m 1. (Gehen)* gait, walk; *2. (Verlauf)* course, trend; *eine Sache in ~ halten* keep sth going, keep the ball rolling; *in ~ sein* to be in full swing; *in ~ kommen* get underway; *etw in ~ setzen* get sth going; *seinen ~ gehen* take its course; *Da ist was im ~e.* Something's up *(fam)*; *3. (Flur)* passage, corridor; *4. (eines Autos)* gear; *in einen höheren/niedrigeren ~ schalten* gear up/down; *einen ~ zulegen* shift up a gear; *einen ~ zurückschalten* shift down a gear; *5. GAST* course

Gangart ['gaŋa:rt] *f 1.* gait, walk; *2. (Tempo)* pace
gangbar ['gaŋba:r] *adj 1.* passable; *2. (fig)* practicable
Gängelband ['gɛŋəlbant] *n jdn am ~ führen (fig)* lead s.o. by the nose
gängeln ['gɛŋəln] *v jdn ~* lead s.o. by the nose
gängig ['gɛŋɪç] *adj (üblich)* common
Gangschaltung ['gaŋʃaltuŋ] *f* gearchange, gear shift *(US)*
Ganove [ga'no:və] *m* crook
Gans [gans] *f ZOOL* goose; *eine dumme ~* a silly goose
Gänseblümchen ['gɛnzəbly:mçən] *n BOT* daisy
Gänsebraten ['gɛnszəbra:tən] *m GAST* roast goose
Gänsefüßchen ['gɛnzəfy:sçən] *pl* quotation marks, inverted commas *(UK)*
Gänsehaut ['gɛnzəhaut] *f* gooseflesh, goose pimples, goose bumps; *eine ~ bekommen* get gooseflesh, get goose bumps *(US)*
Gänsemarsch ['gɛnzəmarʃ] *m im ~* in single file
Gänserich ['gɛnzərɪç] *m* gander

ganz [gants] *adj 1.* entire, whole, complete; *adv 2. (völlig)* entirely, fully, completely; *3. (-sehr)* very, quite; *4. ~ und gar nicht* not one bit, not in the least

Ganze ['gantsə] *n das ~* the whole thing; *Es geht ums ~.* It's sink or swim. *aufs ~ gehen* go all out
Ganzheit ['gantshaɪt] *f* entirety
ganzheitlich ['gantshaɪtlɪç] *adj* in its entirety
ganzjährig ['gantsjɛ:rɪç] *adj* year-round
gänzlich ['gɛntslɪç] *adj 1.* total, complete; *adv 2.* totally, completely
ganztägig ['gantstɛ:gɪç] *adj* all-day, full-time
ganztags ['gantsta:ks] *adv 1.* all day; *2. (arbeiten)* full-time
Ganztagsschule ['gantsta:ksʃu:lə] *f* whole-day school
gar [ga:r] *adj 1. (gekocht)* well-done; *adv 2. (überhaupt)* at all; *~ nicht* not at all; *~ nicht übel* not bad at all; *~ nichts* nothing (at all)
Garantie [garan'ti:] *f* guarantee; *Unter ~.* That's certain.
garantieren [garan'ti:rən] *v* guarantee
Garaus ['ga:raus] *m jdm den ~ machen* finish s.o. off
Garbe ['garbə] *f 1. (Korngarbe)* sheaf; *2. (fig: Schüsse)* burst of fire
Garderobe [gardə'ro:bə] *f 1.* wardrobe; *2. (Kleiderablage im Kino usw)* cloak-room, coatcheck area *(US)*
Garderobenschrank [gardə'ro:bənʃraŋk] *m* wardrobe

Gardine [gar'diːnə] *f* curtain; *hinter schwedischen ~n* behind bars
Gardinenpredigt [gar'diːnənpreːdɪgt] *f* *(fam)* dressing-down, talking-to; *jdm eine ~ halten* give s.o. a good dressing-down
Gardinenstange [gar'diːnənʃtaŋə] *f* curtain rod
gären ['gɛːrən] *v irr* ferment
Garn [garn] *n* yarn, thread (for sewing)
garnieren [gar'niːrən] *v* trim, garnish
Garnison [garni'zoːn] *f* *MIL* garrison
Garnitur [garni'tuːr] *f* *1. (Wäsche, Möbel)* set; *2. die erste ~* the top people *(fam)*; *zur zweiten ~ gehören* to be a notch below the best *(-fam)*
garstig ['garstɪç] *adj* ugly, nasty
Garten ['gartən] *m* *1.* garden; *2. (Ziergarten)* garden, yard *(US)*
Gartenbau ['gartənbau] *m* horticulture
Gärtner ['gɛrtnər] *m* gardener
Gärtnerei [gɛrtnə'raɪ] *f* *1. (Betrieb)* garden-centre, nursery; *2. (Tätigkeit)* gardening, horticulture
Gärung ['gɛːruŋ] *f* fermentation
Gas [gaːs] *n* gas
Gasflasche ['gaːsflaʃə] *f* gas cylinder
gasförmig ['gaːsfœrmɪç] *adj* gaseous
Gaspedal ['gaːspedaːl] *n* accelerator, gas pedal *(US)*
Gasse ['gasə] *f* alley, lane
Gassenjunge ['gasənjuŋə] *m* street urchin

Gast [gast] *m* guest; *bei jdm zu ~ sein* to be s.o.'s guest

Gastarbeiter ['gastarbaɪtər] *m* immigrant worker
Gastdozent/Gastdozentin ['gastdotsɛnt/'gastdotsɛntɪn] *m/f* guest lecturer
gastfreundlich ['gastfrɔyntlɪç] *adj* hospitable
Gastfreundschaft ['gastfrɔyntʃaft] *f* hospitality
Gastgeber ['gastgeːbər] *m* host
Gasthaus ['gasthaus] *n* *1.* restaurant; *2. (mit Unterkunft)* inn
Gasthof ['gasthoːf] *m* *GAST* restaurant, guest-house
Gasthörer ['gasthøːrər] *m* guest student
gastieren [gas'tiːrən] *v* *THEAT* make a guest appearance, perform as a guest star
Gastspiel ['gastʃpiːl] *n* *1. SPORT* away match*); 2. THEAT* guest per-formance
Gaststätte ['gastʃtɛtə] *f* restaurant, public-house *(UK)*, pub
Gattung ['gatuŋ] *f* *1.* type, kind, sort; *2. BIO* species; *3. LIT* genre
Gaukler ['gauklər] *m* *1.* juggler; *2. (Scharlatan)* charlatan, impostor, trickster
Gaul [gaul] *m* nag; *Einem geschenkten ~ schaut man nicht ins Maul. (fig)* Don't look a gift horse in the mouth.
Gaumen ['gaumən] *m* *ANAT* palate; *einen feinen ~ haben* to be a gourmet
Gaumenfreude ['gaumənfrɔydə] *f* delicacy
Gauner ['gaunər] *m* rogue, trickster, scoundrel
geächtet [gə'ɛçtət] *adj* shunned
Geächtete(r) [gə'ɛçtətə(r)] *m/f* *1.* outlaw; *2. (fig)* outcast
Gebälk [gə'bɛlk] *n* timberwork, timbers *pl; Es knistert im ~. (fig)* There is trouble brewing.
Gebärde [gə'bɛːrdə] *f* gesture
gebärden [gə'bɛːrdən] *v* *sich ~* behave, act, conduct oneself
gebären [gə'bɛːrən] *v irr* bear, give birth to
Gebäude [gə'bɔydə] *n* building

geben ['geːbən] *v irr* *1.* give; *Ich gäbe viel darum, das zu wissen.* I'd give a lot to know that. *Wo gibt's denn so was?* That's unbelievable! *2. es gibt* there is/there are; *3. einen Laut von sich ~* make a sound; *4. Dem werd' ich's aber ~!* I'll show him! *5. auf etw nichts ~* not think much of sth; *6. sich ~ (sich benehmen)* act, behave; *7. sich geschlagen ~* concede defeat

Gebet [gə'beːt] *n* *REL* prayer; *jdn ins ~ nehmen* take s.o. to task
Gebiet [gə'biːt] *n* *1.* area, district, territory; *2. (fig: Sachgebiet)* field, area, subject
gebieten [gə'biːtən] *v irr* *1.* demand; *2. (befehlen)* command; *3. über etw ~* command sth; *4. (Gefühl)* control, restrain
Gebieter [gə'biːtər] *m* lord, master
gebieterisch [gə'biːtərɪʃ] *adj* commanding, dictatorial, imperious
Gebilde [gə'bɪldə] *n* formation, form
gebildet [gə'bɪldət] *adj* educated, cultivated
Gebinde [gə'bɪndə] *n (Blumengebinde)* garland, wreath
Gebirge [gə'bɪrgə] *n* mountains
Gebirgsmassiv [gə'bɪrksmasiːf] *n* *GEO* massif
Gebiss [gə'bɪs] *n* *1. ANAT* set of teeth; *2. (künstliches ~)* dentures, false teeth
Gebläse [gə'blɛːzə] *n* *TECH* fan
geblümt [gə'blyːmt] *adj* flowered

G

geboren [gə'boːrən] *adj* born; *Sie ist eine ~e Müller.* Her maiden name is Müller.
geborgen [gə'bɔrgən] *adj 1. (sicher)* safe, sheltered; *2. (Wrack)* salvaged
Geborgenheit [gə'bɔrgənhaɪt] *f* security, safety
Gebot [gə'boːt] *n 1. (Befehl)* command, order; *2. REL* commandment
gebraten [gə'braːtən] *adj 1.* fried; *2. (im Ofen)* roast
Gebräu [gə'brɔy] *n* brew, concoction
gebrauchen [gə'brauxən] *v* use, make use of, employ; *Das kann ich gut ~.* I could really use that.
gebräuchlich [gə'brɔyçlɪç] *adj* common, commonly used
gebraucht [gə'brauxt] *adj* used, second-hand
Gebrechen [gə'brɛçən] *n MED* ailment, infirmity, affliction
gebrechlich [gə'brɛçlɪç] *adj* frail, fragile
gebrochen [gə'brɔxən] *adj 1. (zerbrochen)* broken; *2. (sprechen)* broken; *3. (psychisch)* broken down
Gebrüder [gə'bryːdər] *pl* brothers
Gebrüll [gə'bryl] *n* roar, screaming, shouting
Gebühr [gə'byːr] *f* fee, charge
gebührend [gə'byːrənt] *adj* due, proper
gebunden [gə'bundən] *adj 1. (gefesselt)* tied; *2. (fig: in einer Zweierbeziehung)* tied down; *3. (fig) Mir sind die Hände ~.* My hands are tied.

Geburt [gə'burt] *f* birth; *Das war eine schwere ~! (fig)* That took some doing!

geburtenschwach [gə'burtənʃvax] *adj* with a low birth rate
geburtenstark [gə'burtənʃtark] *adj* with a high birth rate, having a high birth rate
Geburtenüberschuss [gə'burtənyːbərʃus] *m* excess of births, surplus of births over deaths
gebürtig [gə'byrtɪç] *adj* native, by birth, born; *ein ~er Deutscher* a native of Germany, born in Germany, German by birth
Geburtsanzeige [gə'burtsantsaɪgə] *f* announcement of birth, registration of birth
Geburtsdatum ['gəburtsdaːtum] *n* date of birth
Geburtsfehler [gə'burtsfeːlər] *m* birth defect, congenital defect
Geburtshelfer [gə'burtshɛlfər] *m MED* obstetrician
Geburtshilfe ['gəburtshɪlfə] *f* midwifery, obstetrics
Geburtsjahr [gə'burtsjaːr] *n* year of birth
Geburtsort [gə'burtsɔrt] *m* place of birth
Geburtstag [gə'burtstaːk] *m* birthday
Gebüsch [gə'byʃ] *n* bushes, shrubbery
Gedächtnis [gə'dɛçtnɪs] *n* memory
Gedächtnislücke [gə'dɛçtnɪslykə] *f 1.* memory gap; *2. MED* partial amnesia
Gedächtnisschwund [gə'dɛçtnɪsʃvunt] *m* amnesia, loss of memory
Gedächtnisstütze [gə'dɛçtnɪsʃtytsə] *f* memory aid, mnemonic device

Gedanke [gə'daŋkə] *m* thought, idea; *~n lesen können* to be able to read s.o.'s thoughts; *mit dem ~n spielen* toy with the idea; *seine ~n beisammen haben* have one's thoughts concentrated; *etw ganz in ~n tun* do sth without thinking

Gedankenfreiheit [gə'daŋkənfraɪhaɪt] *f* freedom of thought
Gedankengang [gə'daŋkəngaŋ] *m* train of thought
gedankenlos [gə'daŋkənloːs] *adj* thoughtless, unthinking
Gedankenlosigkeit [gə'daŋkənloːzɪçkaɪt] *f* thoughtlessness
Gedankensprung [gə'daŋkənʃpruŋ] *m* mental leap
Gedankenstrich [gə'daŋkənʃtrɪç] *m* dash
Gedankenübertragung [gə'daŋkənyːbərtraːguŋ] *f* telepathy
gedankenverloren [gə'daŋkənfɛrloːrən] *adj* lost in thought, absent-minded
gedankenvoll [gə'daŋkənfɔl] *adj* thoughtful, pensive
gedanklich [gə'daŋklɪç] *adj* intellectual, mental
Gedeck [gə'dɛk] *n* cover
gedeihen [gə'daɪən] *v irr* thrive, grow, flourish
gedenken [gə'dɛŋkən] *v irr 1. (erinnern)* remember, think of; *2. (vorhaben)* intend, mean, propose to do
Gedenkfeier [gə'dɛŋkfaɪər] *f (kirchliche ~)* memorial service
Gedenktafel [gə'dɛŋktaːfəl] *f* commemorative tablet, commemorative plaque
Gedicht [gə'dɪçt] *n* poem; *ein ~ sein (gut schmecken)* taste heavenly
gediegen [gə'diːgən] *adj 1. (Metall)* sterling; *2. (geschmackvoll)* tasteful; *3. (haltbar)* solid
Gedränge [gə'drɛŋə] *n (Menge)* crowd
Gedrängel [gə'drɛŋəl] *n (fam)* pushing, jostling

gedrängt [gə'drɛŋt] *adj* crowded
gedrungen [gə'drʊŋən] *adj* squat, thickset, short and thickset
Geduld [gə'dʊlt] *f* patience
Geduldsspiel [gə'dʊltsʃpi:l] *n* puzzle
gedunsen [gə'dʊnzən] *adj* bloated
geehrt [gə'e:rt] *adj Sehr ~er Herr Meier!* Dear Mr. Meier, …
geeignet [gə'aɪgnət] *adj* suitable, appropriate, fitting

Gefahr [gə'fa:r] *f* danger; *~ laufen, etw zu tun* run the risk of doing sth; *auf eigene ~* at one's own risk

gefährden [gə'fɛ:rdən] *v* endanger, imperil, jeopardize
gefährlich [gə'fɛ:rlɪç] *adj* dangerous
Gefährlichkeit [gə'fɛ:rlɪçkaɪt] *f* danger
gefahrlos [gə'fa:rlo:s] *adj* without danger, safe
Gefahrlosigkeit [gə'fa:rlo:zɪçkaɪt] *f* harmlessness, safety
Gefährt [gə'fɛ:rt] *n* vehicle
Gefährte [gə'fɛ:rtə] *m* companion
Gefälle [gə'fɛlə] *n* gradient, incline
gefallen [gə'falən] *v irr* please, appeal to; *Es gefällt mir.* I like it. *sich etw ~ lassen* put up with sth
Gefallen [gə'falən] *m 1. (Freundschaftsdienst)* favour; *Würden Sie mir einen ~ tun?* Would you do me a favour? *n 2.* delight, pleasure; *~ finden an* take a fancy to
Gefallener [gə'falənər] *m 1.* fallen person, casualty; *2. MIL* soldier killed in action
gefällig [gə'fɛlɪç] *adj 1. (zuvorkommend)* obliging, accommodating; *2. (angenehm)* agreeable, attractive
Gefälligkeit [gə'fɛlɪçkaɪt] *f 1.* kindness, obligingness; *2. (Gefallen)* favour
gefälligst [gə'fɛlɪkst] *adv* if you please
Gefangene(r) [gə'faŋənə(r)] *m/f 1.* prisoner; *2. MIL* prisoner of war, captive; *~ machen* to take prisoners
Gefängnis [gə'fɛŋnɪs] *n* prison, jail, gaol *(UK)*
Gefängnisstrafe [gə'fɛŋnɪsʃtra:fə] *f* prison sentence, term of imprisonment
Gefängniswärter [gə'fɛŋnɪsvɛrtər] *m* jailer, prison guard
Gefäß [gə'fɛ:s] *n 1.* container; *2. ANAT* vessel
gefasst [gə'fast] *adj* calm, composed, prepared, ready; *du kannst dich auf was ~ machen! (fam)* I'll give you s.th. to think about!; *Ich bin auf das Schlimmste ~.* I'm prepared for the worst. *Auf so was muss man eben ~ sein.* Accidents will happen.
Gefecht [gə'fɛçt] *n MIL* fighting, combat, action; *jdn außer ~ setzen* put s.o. out of action
gefechtsbereit [gə'fɛçtsbəraɪt] *adj MIL* ready for action
gefeit [gə'faɪt] *adj ~ sein gegen* to be immune to
gefiedert [gə'fi:dərt] *adj ZOOL* feathered
Geflecht [gə'flɛçt] *n* network
gefleckt [gə'flɛkt] *adj* spotted, speckled
Geflimmer [gə'flɪmər] *n* flickering, sparkling, twinkling
geflissentlich [gə'flɪsəntlɪç] *adj* deliberate, intentional, premeditated
Geflügel [gə'fly:gəl] *n* poultry, fowl
Geflüster [gə'flystər] *n* whispering
Gefolge [gə'fɔlgə] *n* followers, entourage
Gefolgschaft [gə'fɔlkʃaft] *f 1. (Treue)* allegiance; *2. (Leute)* followers *pl; 3. (fig)* following
gefragt [gə'fra:kt] *adj ~ sein* to be in demand
gefräßig [gə'frɛsɪç] *adj* voracious, greedy
gefrieren [gə'fri:rən] *v irr* freeze
gefriergetrocknet [gə'fri:rgətrɔknət] *adj* freeze-dried
Gefüge [gə'fy:gə] *n* structure, framework
gefügig [gə'fy:gɪç] *adj 1.* flexible, pliable; *2. (Charakter)* compliant, submissive, docile
Gefügigkeit [gə'fy:gɪçkaɪt] *f* obedience

Gefühl [gə'fy:l] *n 1. (körperlich)* feeling, sensation, sense; *mit gemischten ~en* with mixed feelings; *das höchste der ~e* the pinnacle, the utmost you can expect; *2. (seelisch)* perception, feeling, emotion; *3. (Ahnung)* notion, hunch, feeling; *etw im ~ haben* know sth instinctively

gefühllos [gə'fy:llo:s] *adj 1. (körperlich)* numb; *2. (seelisch)* insensitive, hard-hearted, callous
Gefühllosigkeit [gə'fy:llo:zɪçkaɪt] *f* insensibility, lack of feeling
gefühlsbetont [gə'fy:lsbəto:nt] *adj* emotional
Gefühlsduselei [gəfy:lsduzə'laɪ] *f* sloppy sentimentality
Gefühlsregung [gə'fy:lsre:gʊŋ] *f* emotion
Gefühlssache [gə'fy:lszaxə] *f* matter of feeling
gefühlvoll [gə'fy:lfɔl] *adj 1. ~ singen* sing with feeling; *2. (empfindsam)* sensitive

G

gegebenenfalls [gəˈgeːbənənfals] *adv* should the occasion arise, if applicable, if necessary
Gegebenheit [gəˈgeːbənhaɪt] *f* fact, reality, situation

gegen [ˈgeːgən] *prep 1. (zeitlich)* about, around, toward; *2. (örtlich)* against; *3. (zu ... hin) ~ Westen fahren* go west; *4. (wider)* against, contrary to; *ein Mittel ~ Kopfschmerzen* medicine for headaches; *etw ~ jdn haben* have sth against s.o.; *5. (im Austausch)* for, in exchange for, in return for; *~ Quittung* against a receipt; *6. (Vergleich)* compared with, compared to

G

Gegenbesuch [ˈgeːgənbəzuːx] *m* return visit
Gegend [ˈgeːgənt] *f 1.* area, region; *die ~ unsicher machen* knock about the district; *2. (Wohngegend)* neighbourhood
gegeneinander [ˈgeːgənaɪnandər] *adv* against each other, against one another
Gegenfrage [ˈgeːgənfraːgə] *f eine ~ stellen* answer a question with a question
Gegenkandidat [ˈgeːgənkandidaːt] *m POL* opponent, rival candidate, opposition candidate
gegenläufig [ˈgeːgənlɔyfɪç] *adj* contrary, opposite
Gegenleistung [ˈgeːgənlaɪstuŋ] *f* quid pro quo, service in return
Gegenliebe [ˈgeːgənliːbə] *f 1.* requited love; *2. (Anklang)* approval
Gegenmaßnahme [ˈgeːgənmasnaːmə] *f* counter-measure, preventive measure
Gegenmittel [ˈgeːgənmɪtəl] *n MED* remedy; *(gegen Gift)* antidote
Gegenprobe [ˈgeːgənproːbə] *f MATH* checking, verification
Gegensatz [ˈgeːgənzats] *m 1.* contrast; *einen ~ bilden zu* contrast with; *im ~ zu* unlike; *2. (Gegenteil)* opposite
gegensätzlich [ˈgeːgənzɛtslɪç] *adj 1.* opposing, contradictory, contrary; *adv 2.* differently, in different ways, antagonistically
Gegensätzlichkeit [ˈgeːgənzɛtslɪçkaɪt] *f* contrasting nature
gegenseitig [ˈgeːgənzaɪtɪç] *adj 1.* mutual, reciprocal; *adv 2.* mutually, reciprocally
Gegenseitigkeit [ˈgeːgənzaɪtɪçkaɪt] *f* mutuality, reciprocity
Gegenspieler [ˈgeːgənʃpiːlər] *m SPORT* opposing player, opponent
Gegenstand [ˈgeːgənʃtant] *m 1.* object; *2. (Thema)* subject
gegenständlich [ˈgeːgənʃtɛntlɪç] *adj ART* representational
gegenstandslos [ˈgeːgənʃtantsloːs] *adj 1. (nicht zur Sache gehörend)* immaterial; *2. (grundlos)* groundless; *3. ART* abstract
Gegenstimme [ˈgeːgənʃtɪmə] *f POL* opposing vote, dissenting vote
Gegenstück [ˈgeːgənʃtyk] *n* counterpart, equivalent
Gegenteil [ˈgeːgəntaɪl] *n* opposite, contrary
gegenteilig [ˈgeːgəntaɪlɪç] *adj* opposite, contrary
gegenüber [geːgənˈyːbər] *prep 1. (örtlich)* opposite, facing; *Er wohnt mir ~.* He lives across from me. *2. (im Hinblick)* in relation to; *Sie war mir ~ sehr freundlich.* She was very nice to me. *3. (im Vergleich)* in comparison with, compared with
Gegenüber [geːgənˈyːbər] *n 1. (Person)* opposite number; *2. (Haus)* house across the street
gegenüberstehen [geːgənˈyːbərʃteːən] *v irr 1.* face; *2. (fig)* face, confront
gegenüberstellen [geːgənˈyːbərʃtɛlən] *v 1. (vergleichen)* compare; *2. (konfrontieren)* bring face-to-face with
Gegenüberstellung [geːgənˈyːbərʃtɛluŋ] *f 1. (Vergleich)* comparison; *2. (Konfrontation)* confrontation
Gegenverkehr [ˈgeːgənfɛrkeːr] *m* oncoming traffic, *(Verkehrsschild)* two-way traffic
Gegenwart [ˈgeːgənvart] *f 1.* present; *2. GRAMM* present tense; *3. (Anwesenheit)* presence
gegenwärtig [ˈgeːgənvɛrtɪç] *adj 1. (jetzig)* present, current; *2. (anwesend)* present
gegenwartsbezogen [ˈgeːgənvartsbətsoːgən] *adj* related to the present
Gegenwehr [ˈgeːgənveːr] *f* resistance
Gegenwert [ˈgeːgənvɛrt] *m* equivalent, equivalent value
Gegenwind [ˈgeːgənvɪnt] *m* head-wind
gegenzeichnen [ˈgeːgəntsaɪçnən] *v* countersign
Gegenzug [ˈgeːgəntsuːk] *m* countermove
Gegner [ˈgeːgnər] *m 1.* opponent, adversary; *2. MIL* enemy
gegnerisch [ˈgeːgnərɪʃ] *adj* opposing, enemy, hostile
Gegnerschaft [ˈgeːgnərʃaft] *f* opponents
Gehabe [gəˈhaːbə] *n* affected behaviour
gehaben [gəˈhaːbən] *v irr sich ~* behave; *Gehab dich wohl!* Farewell!
Gehalt [gəˈhalt] *n 1. (Lohn)* salary, pay; *2. (Inhalt)* content

gehaltlos [gə'haltloːs] *adj 1. (Essen)* unnourishing; *2. (fig)* empty, lacking in substance
Gehaltsempfänger [gə'haltsɛmpfɛŋər] *m ECO* salary earner, salaried employee
gehässig [gə'hɛsɪç] *adj* spiteful, malicious
Gehässigkeit [gə'hɛsɪçkaɪt] *f* spite, malice
Gehäuse [gə'hɔyzə] *n 1.* case, box; *2. (Schneckenhaus)* shell
gehbehindert ['geːbəhɪndərt] *adj* hampered in walking, disabled
Gehege [gə'heːgə] *n 1.* enclosure; *jdm ins ~ kommen (fig)* step on s.o.'s toes; *2. (Wildgehege)* game preserve
geheim [gə'haɪm] *adj 1.* secret; *2. (heimlich)* clandestine; *3. (vertraulich)* confidential, private
Geheimhaltung [gə'haɪmhaltuŋ] *f* secrecy
Geheimnis [gə'haɪmnɪs] *n 1.* secret; *ein offenes ~* an open secret; *2. (Rätselhaftes)* mystery; *ein ~ verraten* disclose a secret; *ich habe kein ~ vor dir* I have no secrets from you; *kein ~ aus etw machen* make no secret of sth
Geheimnisträger [gə'haɪmnɪstrɛːgər] *m* person entrusted with secrets
Geheimnistuer [gə'haɪmnɪstuːər] *m* mystery-monger
geheimnisvoll [gə'haɪmnɪsfɔl] *adj* mysterious
Geheimnummer [gə'haɪmnumər] *f* personal identification number
Geheimratsecken [gə'haɪmratsɛkən] *pl (fam)* receding hairline
Geheimrezept [gə'haɪmretsɛpt] *n 1.* secret recipe; *2. (fig)* trick
Geheimtipp [gə'haɪmtɪp] *m* secret tip, insider tip
gehemmt [gə'hɛmt] *adj ~ sein* to be inhibited, to be self-conscious
Gehemmtheit [gə'hɛmthaɪt] *f* inhibition

> **gehen** ['geːən] *v irr 1.* go; *Gehen wir!* Let's go! *Wie geht's?* How's it going? *in sich ~* decide to mend one's ways; *2. (zu Fuß)* walk; *3. (möglich sein)* work; *4. Es geht. (es ist mittelmäßig)* It's all right. *5. es geht um ...* it's about ...; *Worum geht's?* What's this about? *6. vor sich ~* happen

Geher ['geːər] *m SPORT* walker
geheuer [gə'hɔyər] *adj nicht ~* uncanny, eerie, mysterious
Gehgips ['geːgɪps] *m MED* leg cast
Gehilfe/Gehilfin [gə'hɪlfə/gə'hɪlfɪn] *m/f* assistant
Gehirn [gə'hɪrn] *n ANAT* brain
Gehirnerschütterung [gə'hɪrnɛrʃyːtəruŋ] *f MED* concussion
Gehirnschlag [gə'hɪrnʃlaːk] *m MED* cerebral vascular stroke
Gehirnwäsche [gə'hɪrnvɛʃə] *f* brain-washing
Gehölz [gə'hœlts] *n 1.* wood, copse; *2. (Dikkicht)* undergrowth
Gehör [gə'høːr] *n* hearing; *~ finden* get a hearing; *jdm ~ schenken* lend s.o. an ear; *sich ~ verschaffen* make o.s. heard; *um ~ bitten* request a hearing
gehorchen [gə'hɔrçən] *v* obey
gehören [gə'høːrən] *v 1.* belong to; *2. sich ~* to be proper
gehörlos [gə'høːrloːs] *adj MED* deaf
Gehörlosigkeit [gə'høːrloːzɪçkaɪt] *f* deafness
gehorsam [gə'hoːrzaːm] *adj* obedient
Gehsteig ['geːʃtaɪk] *m* pavement, sidewalk *(US)*
Gehweg ['geːveːk] *m* path
Geier ['gaɪər] *m ZOOL* vulture; *Weiß der ~!* God knows!
Geige ['gaɪgə] *f MUS* violin; *die erste ~ spielen (fig)* call the tune; *nach jds ~ tanzen* dance to s.o.'s tune; *Für ihn hängt der Himmel voller ~n.* He's on cloud nine.
Geiger ['gaɪgər] *m MUS* violinist
geil [gaɪl] *adj 1. (erregt)* randy, horny *(US); 2. (fam: toll)* awesome, cool
Geisel ['gaɪzəl] *f* hostage
geißeln ['gaɪsəln] *v 1.* whip; *2. (fig)* chastise, castigate
Geist [gaɪst] *m 1. (Seele)* spirit, soul; *2. (Verstand)* mind; *3. (Gespenst)* ghost, spirit, apparition; *von allen guten ~ern verlassen sein* have taken leave of one's senses; *4. den ~ aufgeben (fig)* conk out *(fam)*
Geisterbahn ['gaɪstərbaːn] *f* ghost train
Geisterbeschwörung ['gaɪstərbəʃvøːruŋ] *f* exorcism, evocation of spirits
Geistesabwesenheit ['gaɪstəsapveːzənhaɪt] *f* absent-mindedness
Geistesblitz ['gaɪstəsblɪts] *m* inspiration, brain wave *(UK)*, brainstorm *(US)*
geistesgegenwärtig ['gaɪstəsgeːgənvɛrtɪç] *adj 1.* having presence of mind, alert; *adv 2.* with presence of mind, alertly
geistesgestört ['gaɪstəsgəʃtøːrt] *adj MED* mentally deranged, mentally disturbed
geisteskrank ['gaɪstəskraŋk] *adj* mentally ill

G

geistig ['gaɪstɪç] *adj* intellectual, mental, spiritual
geistlich ['gaɪstlɪç] *adj 1.* spiritual, religious; *2. (kirchlich)* ecclesiastical
Geistlichkeit ['gaɪstlɪçkaɪt] *f REL* clergy
geistlos ['gaɪstloːs] *adj* dull, insipid, stupid
geistreich ['gaɪstraɪç] *adj* bright, witty, intelligent, clever
geistvoll ['gaɪstfɔl] *adj* intellectual, profound
Geiz [gaɪts] *m* stinginess, meanness
Geizhals ['gaɪtshals] *m* skinflint, miser
geizig ['gaɪtsɪç] *adj* stingy, tight-fisted
Gejammer [gə'jamər] *n* wailing, moaning and groaning

Gekicher [gə'kɪçər] *n* giggling, sniggering
Geklimper [gə'klɪmpər] *n 1. (fam: am Klavier)* tinkling; *2. (auf der Gitarre)* twanging; *3. (von Münzen)* jingling
geknickt [gə'knɪkt] *adj 1. (abgebrochen)* broken off, snapped off; *2. (fig)* depressed, sad, low
Gekreische [gə'kraɪʃə] *n (fam)* shouting
Gekritzel [gə'krɪtsəl] *n* scribbling, scribble, scrawl
gekünstelt [gə'kynstəlt] *adj* artificial; *~e Sprache* affected way of speaking
Gelächter [gə'lɛçtər] *n* laughter
geladen [gə'laːdən] *adj 1.* loaded; *2. PHYS* charged
Gelage [gə'laːgə] *n 1.* feast; *2. (Saufgelage)* drinking bout
gelähmt [gə'lɛːmt] *adj MED* paralyzed
Gelähmte(r) [gə'lɛːmtə(r)] *m/f* paralytic
Gelände [gə'lɛndə] *n 1.* grounds; *2. (Landschaft)* terrain
Geländer [gə'lɛndər] *n* railing, bannisters
gelangen [gə'laŋən] *v zu etw ~* arrive at, reach, come to
gelangweilt [gə'laŋvaɪlt] *adj* bored
gelassen [gə'lasən] *adj* relaxed, composed, calm
geläufig [gə'lɔyfɪç] *adj* common, current, usual, familiar
gelaunt [gə'launt] *adj schlecht ~* in a bad mood; *gut ~* in a good mood
geläutert [gə'lɔytərt] *adj (fig)* enlightened, purified
gelb [gɛlp] *adj* yellow
gelblich ['gɛlplɪç] *adj* yellowish

Geld [gɛlt] *n* money; *~ wie Heu haben* have pots of money; *das ~ unter die Leute bringen* go on a spending spree; *etw zu ~ machen* make money out of sth; *Das geht ganz schön ins ~.* It all adds up. *nicht mit ~ zu bezahlen sein* to be priceless; *in ~ schwimmen* to be rolling in money; *sich für ~ sehen lassen können* to be a true original; *Ihm rinnt das ~ durch die Finger.* A fool and his money are soon parted. *~ stinkt nicht.* Money is money.

Geldangelegenheit ['gɛltangəleːgənhaɪt] *f* money matter, financial matter
Geldautomat ['gɛltautomaːt] *m* cash dispenser, automatic teller machine *(US)*
Geldbeutel ['gɛltbɔytəl] *m* purse
Geldbuße ['gɛltbuːsə] *f* fine
Geldentwertung ['gɛltɛntvɛrtuŋ] *f ECO* money devaluation
Geldgeber ['gɛltgeːbər] *m 1.* financial backer, lender; *2. (fam: Arbeitgeber)* employer
geldgierig ['gɛltgiːrɪç] *adj* greedy for money
Geldnot ['gɛltnoːt] *f* shortage of money
Geldschein ['gɛltʃaɪn] *m* bank note, bill *(US)*
Geldschrank ['gɛltʃraŋk] *m* safe
Geldstrafe ['gɛltʃtraːfə] *f* fine
Geldstück ['gɛltʃtyk] *n* coin
Geldwäsche ['gɛltvɛʃə] *f* money-laundering
Geldwechsel ['gɛltvɛksəl] *m* currency exchange
Gelee [ʒe'leː] *n* jelly
gelegen [gə'leːgən] *adj 1. (liegend)* situated, located; *2. (fig) ~ kommen* to be convenient, to be opportune, to be suitable
Gelegenheit [gə'leːgənhaɪt] *f 1. (gute ~)* opportunity, chance; *die ~ beim Schopfe pakken* take the bull by the horns; *2. (Anlass)* occasion
Gelegenheitsarbeit [gə'leːgənhaɪtsarbaɪt] *f* odd job, casual work
gelegentlich [gə'leːgəntlɪç] *adj 1.* occasional; *adv 2.* occasionally, once in a while, now and then
gelehrig [gə'leːrɪç] *adj (klug)* quick to learn, apt, clever
gelehrsam [gə'leːrzaːm] *adj* learned
Gelehrsamkeit [gə'leːrzamkaɪt] *f* learning, erudition, scholarship
gelehrt [gə'leːrt] *adj* learned
Gelehrte(r) [gə'leːrtə(r)] *m/f* scholar, man/woman of learning
geleiten [gə'laɪtən] *v* escort, accompany
Geleitzug [gə'laɪttsuːk] *m* convoy
Gelenk [gə'lɛŋk] *n 1. ANAT* joint; *2. TECH* joint, link, articulation

gelenkig [gə'lɛŋkɪç] *adj* supple, flexible, pliable
Gelenkkapsel [gə'lɛŋkkapsəl] *f ANAT* articular capsule
gelernt [gə'lɛrnt] *adj* trained
Geliebte(r) [gə'li:ptə(r)] *m/f* lover
gelinde [gə'lɪndə] *adj 1.* mild, gentle; *adv 2. ~ gesagt* to put it mildly
gelingen [gə'lɪŋən] *v irr* succeed; *Es gelang mir nicht, zu ...* I wasn't able to ...
Gelingen [gə'lɪŋən] *n* success, successful outcome
gellen ['gɛlən] *v* ring out
gellend ['gɛlənt] *adj 1.* shrill; *adv 2.* in a shrill tone of voice
geloben [gə'lo:bən] *v* promise, vow
gelockt [gə'lɔkt] *adj* curly
gelöst [gə'lø:st] *adj 1. (entspannt)* relaxed; *2. (enträtselt)* solved; *3. (Knoten)* undone
gelten ['gɛltən] *v irr 1. (gültig sein)* to be valid; *2. ~ als* count as, to be considered; *3. (Gesetz)* to be in force, to be effective, apply
geltend ['gɛltənt] *adj* valid, applicable, in force
Geltung ['gɛltuŋ] *f 1. (Gültigkeit)* validity; *2. (Ansehen)* standing, worth, status; *jdm ~ verschaffen* help s.o. gain recognition; *etw zur ~ bringen* show off sth to its best advantage; *zur ~ kommen* gain recognition
Geltungsbedürfnis ['gɛltuŋsbədyrfnɪs] *n* craving for recognition, egotism, desire to show off
gelungen [gə'luŋən] *adj* successful
Gelüste [gə'lystə] *pl* craving, longing, desire
gemächlich [gə'mɛ:çlɪç] *adj* leisurely, slow, unhurried
Gemälde [gə'mɛ:ldə] *n* painting, picture
gemasert [gə'ma:zərt] *adj (Holz)* grained
gemäß [gə'mɛ:s] *prep* according to, in accordance with
gemäßigt [gə'mɛ:sɪçt] *adj* moderate
Gemäuer [gə'mɔyər] *n* walls
gemein [gə'maɪn] *adj 1. (böse)* mean, nasty, base; *2. (gewöhnlich)* common, ordinary
Gemeinde [gə'maɪndə] *f 1. (Gemeinschaft)* community; *2. POL* local authority, municipality
gemeingefährlich [gə'maɪngəfɛ:rlɪç] *adj* dangerous to public safety, posing a menace to society
Gemeingut [gə'maɪngu:t] *n* common property
Gemeinheit [gə'maɪnhaɪt] *f 1.* meanness; *2. eine ~* a mean thing
gemeinhin [gə'maɪnhɪn] *adv* generally
Gemeinkosten [gə'maɪnkɔstən] *pl ECO* overhead (expenses)
gemeinnützig [gə'maɪnnytsɪç] *adj* charitable
Gemeinplatz [gə'maɪnplats] *m* platitude, truism
gemeinsam [gə'maɪnza:m] *adj 1.* common, mutual, joint; *adv 2.* together, jointly
Gemeinsamkeit [gə'maɪnza:mkaɪt] *f* mutuality, common ground, things in common
Gemeinschaft [gə'maɪnʃaft] *f 1.* community, association; *2. POL* union; *3. ~ Unabhängiger Staaten* Commonwealth of Independent States
Gemeinwesen [gə'maɪnve:zən] *n* community
Gemeinwohl [gə'maɪnvo:l] *n* common welfare, public interest
Gemenge [gə'mɛŋə] *n* mixture
gemessen [gə'mɛsən] *adj 1.* measured; *2. (an~)* appropriate
Gemessenheit [gə'mɛsənhaɪt] *f* deliberateness
Gemetzel [gə'mɛtsəl] *n* butchery, massacre, slaughter
gemischt [gə'mɪʃt] *adj* mixed; *mit ~en Gefühlen* with mixed feelings
Gemurmel [gə'murməl] *n* murmuring, mumbling
Gemüse [gə'my:zə] *n* vegetable; *junges ~ (fig)* youngsters, small fry
gemustert [gə'mustərt] *adj* patterned
Gemüt [gə'my:t] *n* nature, disposition, temperament; *sich etw zu ~e führen* indulge in sth; *jdm aufs ~ schlagen* get s.o. down; *etw fürs ~* sth for the soul; *jds ~ bewegen* stir s.o.'s emotions/heart
gemütlich [gə'my:tlɪç] *adj 1. (zwanglos)* informal, relaxed; *2. (freundlich)* friendly; *3. (Zimmer)* comfortable, cosy
Gemütlichkeit [gə'my:tlɪçkaɪt] *f 1.* cosiness, snugness; *2. (Person)* sociability, good nature
Gemütsart [gə'my:tsa:rt] *f* nature, disposition, character
gemütskrank [gə'my:tskraŋk] *adj MED* emotionally disturbed
Gemütsruhe [gə'my:tsru:ə] *f* peace of mind, placidity
Gen [ge:n] *n BIO* gene

genau [gə'nau] *adj 1.* exact, precise, accurate; *2. (sorgfältig)* careful

G

Genauigkeit [gə'nauɪçkaɪt] *f* accuracy, precision, exactness
genauso [gə'nauzoː] *adv 1.* just the same as; *2. (vor Adjektiv)* just as; *~ ... wie* just as ... as; *3. Mir geht es ~.* It's the same way for me.
genehmigen [gə'neːmɪgən] *v* approve, authorize, grant; *sich einen ~* have one for the road *(fam)*
Genehmigung [gə'neːmɪguŋ] *f 1.* approval, authorization, permission; *2. (Schein)* permit
geneigt [gə'naɪgt] *adj* willing; *~er Leser!* Gentle reader! *ein ~es Ohr* a willing ear; *zu etw ~ sein* to be inclined to do sth
Generaldirektor [genə'raːldirɛktɔr] *m* chief executive, general manager
Generalprobe [genə'raːlproːbə] *f* dress rehearsal
Generalstreik [genə'raːlʃtraɪk] *m* national strike, general strike
Generalüberholung [genə'raːlyːbərhoːluŋ] *f TECH* general overhaul
Generalversammlung [genə'raːlfɛrzamluŋ] *f* general meeting
Generalvertretung [genə'raːlfɛrtreːtuŋ] *f ECO* sole agency
Generalvollmacht [genə'raːlfɔlmaxt] *f JUR* general power of attorney
Generation [genəra'tsjoːn] *f* generation
generell [gɛnə'rɛl] *adj* general
generös [genə'røːs] *adj* generous
genesen [gə'neːzən] *v irr 1.* recover; *2. (gebären) eines Kindes ~* give birth to a child
Genesung [gə'neːzuŋ] *f* recuperation, recovery, convalescence
genial [gen'jaːl] *adj* brilliant, ingenious
Genialität [genjalɪ'tɛːt] *f* genius, originality
Genick [gə'nɪk] *n* neck, nape of the neck; *sich das ~ brechen* break one's neck
Genie [ʒe'niː] *n* genius
genieren [ʒe'niːrən] *v sich ~* to be embarrassed, to be shy
genießbar [gə'niːsbaːr] *adj 1.* edible; *2. (fig)* enjoyable
genießen [gə'niːsən] *v irr 1.* enjoy; *2. (fig: etw erhalten)* enjoy, have the benefit of; *3. (trinken)* drink; *4. (essen)* eat
Genießer [gə'niːsər] *m* epicure, gourmet, connoisseur
genießerisch [gə'niːsərɪʃ] *adv etw ~ tun* enjoy sth to the fullest
Genitalien [geni'taːljən] *pl ANAT* genitals
genormt [gə'nɔrmt] *adj* normed, standardized, standard
Genosse [gə'nɔsə] *m* comrade
Genossenschaft [gə'nɔsənʃaft] *f* cooperative
genug [gə'nuːk] *adv* enough, sufficient, sufficiently; *Ich habe ~ davon.* I've had it with that. *gut ~* good enough
Genüge [gə'nyːgə] *f zur ~* enough; *jdm ~ tun* satisfy s.o.; *jds Ansprüchen ~ tun* fulfil s.o.'s demands; *zu etw ~ tun* to be inclined to do sth
genügen [gə'nyːgən] *v* suffice, to be sufficient, to be enough
genügend [gə'nyːgənt] *adj* sufficient
genügsam [gə'nyːkzaːm] *adj* modest, undemanding, frugal
Genügsamkeit [gə'nyːkzaːmkaɪt] *f* modesty
Genugtuung [gə'nuːktuːuŋ] *f* satisfaction, gratification
Genuss [gə'nus] *m 1. (von Nahrung)* consumption; *2. (Freude)* enjoyment, delight, pleasure; *in den ~ von etw kommen* enjoy sth
genüsslich [gə'nyslɪç] *adj 1.* enjoyable, pleasurable; *adv 2.* with great relish, with great pleasure
Genussmittel [gə'nusmɪtəl] *n* semi-luxury item (alcohol, coffee, tea, tobacco)
geöffnet [gə'œfnət] *adj* open
geordnet [gə'ɔrdnət] *adj* sorted, arranged
Gepäck [gə'pɛk] *n* luggage, baggage *(US)*
Gepäckträger [gə'pɛktrɛːgər] *m (Person)* porter
Gepard [ge'part] *m ZOOL* cheetah
gepflegt [gə'pfleːkt] *adj 1. (Person)* well-groomed; *2. (Sache)* well-looked-after, cared-for; *3. (fig: Sprache)* cultivated
Gepflogenheit [gə'pfloːgənhaɪt] *f* custom, practice, habit
Geplapper [gə'plapər] *n* chattering, babbling
Geplauder [gə'plaudər] *n* chit-chat

gerade [gə'raːdə] *adj 1.* straight; *2. (Zahl)* even; *3. (fig: aufrichtig)* honest; *adv 4. (genau)* just, exactly, precisely; *~ gegenüber* directly opposite; *Es war nicht ~ ein Riesenerfolg.* It was not exactly a huge success. *5. (eben)* just; *Er wollte ~ gehen.* He was just about to leave. *6. (knapp)* just; *~ noch zur rechten Zeit* just in time

Gerade [gə'raːdə] *f MATH* (straight) line
geradeaus [gəraːdə'aus] *adv* straight ahead, straight on
geradeheraus [gəraːdəhɛ'raus] *adv* frankly

G

geradeso [gə'ra:dəzo:] *adv* just like that
geradewegs [gə'ra:dəve:ks] *adv* directly, straight
geradezu [gə'ra:dətsu:] *adv* perfectly, simply, downright; *das ist ~ Wahnsinn* that's sheer madness
geradlinig [gə'ra:tli:nɪç] *adj (fig)* straightforward, honest, frank
Geradlinigkeit [gə'ra:tli:nɪçkaɪt] *f* straightness
Gerangel [gə'raŋəl] *n* wrangling, jockeying
Geraschel [gə'raʃəl] *n* rustling
Gerät [gə'rɛ:t] *n 1.* piece of equipment, device, appliance; *2. (Werkzeug)* tool, utensil
geraten[1] [gə'ra:tən] *v irr 1. (ausfallen)* turn out; *2. (sich entwickeln)* thrive; *3. (zufällig gelangen)* get, come; *an den Richtigen ~* come to the right person; *in Schulden ~* fall into debt; *4. (stoßen auf)* come across, happen upon; *in jds Hände ~* fall into s.o.'s hands; *in Angst ~* get scared; *in Gefangenschaft ~* be taken prisoner; *in eine Falle ~* fall into a trap; *in Brand ~* catch fire; take after s.o.
geraten[2] [gə'ra:tən] *adj* advisable
Geratewohl [gə'ra:təvo:l] *n aufs ~* on the off chance, at random
Gerätschaft [gə'rɛ:tʃaft] *f* apparatus
geräumig [gə'rɔymɪç] *adj* spacious, large
Geräusch [gə'rɔyʃ] *n* sound
geräuscharm [gə'rɔyʃarm] *adj* quiet, low-noise, silent
geräuschlos [gə'rɔyʃlo:s] *adj* noiseless, soundless, quiet; *~ öffnete sie die Tür* without a sound she opened the door
geräuschvoll [gə'rɔyʃfɔl] *adj* noisy, loud
gerben ['gɛrbən] *v* tan
gerecht [gə'rɛçt] *adj 1.* fair, just; *2. (unparteiisch)* impartial, unbiased
gerechtfertigt [gə'rɛçtfɛrtɪçt] *adj* justifiable, justified, warranted
Gerechtigkeit [gə'rɛçtɪçkaɪt] *f* justice; *einer Sache ~ widerfahren lassen* do justice to sth
Gerede [gə're:də] *n 1.* talk; *2. (Gerücht)* rumour, hearsay; *3. (Klatsch)* gossip; *jdn ins ~ bringen* spread rumours about s.o.; *ins ~ kommen* get o.s. talked about
geregelt [gə're:gəlt] *adj* orderly, well-regulated
gereizt [gə'raɪtst] *adj 1. (verärgert)* irritated; *2. (reizbar)* irritable, edgy, touchy
Gereiztheit [gə'raɪtsthaɪt] *f* irritability, irritation, petulance
Gericht [gə'rɪçt] *n 1. JUR* court, court of justice, court of law; *vor ~ stellen* bring to trial; *vor ~ stehen* stand trial; *mit jdm ins ~ gehen (fig)* judge s.o. harshly; *2. GAST* dish
gerichtlich [gə'rɪçtlɪç] *adj 1. JUR* legal, judicial; *adv 2. JUR* legally, judicially; *gegen jdn ~ vorgehen* take legal action against s.o.
Gerichtsbarkeit [gə'rɪçtsba:rkaɪt] *f JUR* jurisdiction
Gerichtsmedizin [gə'rɪçtsmeditsi:n] *f JUR* forensic medicine
Gerichtssaal [gə'rɪçtsza:l] *m* courtroom
Gerichtsverfahren [gə'rɪçtsfɛrfa:rən] *n JUR* legal proceedings
Gerichtsverhandlung [gə'rɪçtsfɛrhandluŋ] *f JUR* hearing, trial
Gerichtsvollzieher [gə'rɪçtsfɔltsi:ər] *m JUR* bailiff
geriffelt [gə'rɪfəlt] *adj* grooved
gering [gə'rɪŋ] *adj 1. (wenig)* little, small, slight; *nicht im ~sten* not in the least; *die ~ste Möglichkeit* the slightest chance; *2. (niedrig)* low, inferior; *kein Geringerer als* none other than; *3. (kurz)* brief, short
geringelt [gə'rɪŋəlt] *adj* ringed
geringfügig [gə'rɪŋfy:gɪç] *adj 1.* slight, negligible, petty; *adv 2.* slightly
Geringfügigkeit [gə'rɪŋfy:gɪçkaɪt] *f* smallness, insignificance, slightness; triviality
geringhalten [gə'rɪŋhaltən] *v irr* keep down
geringschätzig [gə'rɪŋʃɛtsɪç] *adj* contemptuous
Geringschätzung [gə'rɪŋʃɛtsuŋ] *f* contempt, disdain, low regard
gerinnen [gə'rɪnən] *v irr 1. (Blut)* coagulate, clot; *2. (Milch)* curdle
Gerinnsel [gə'rɪnzəl] *n (Blutgerinnsel) MED* blood clot
Gerinnung [gə'rɪnuŋ] *f 1. MED* coagulation; *2. (von Milch)* curdling
Gerippe [gə'rɪpə] *n ANAT* skeleton
gerippt [gə'rɪpt] *adj* ribbed, corrugated
gerissen [gə'rɪsən] *adj* sly, crafty, cunning
Gerissenheit [gə'rɪsənhaɪt] *f* craftiness, cunning
Germane/Germanin [gɛr'ma:nə/gɛr'ma:nɪn] *m/f HIST* ancient German
germanisch [gɛr'ma:nɪʃ] *adj* Germanic

> **gern** [gɛrn] *adv* gladly, with pleasure, happily; *jdn sehr ~ haben* to hold s.o. dear; *etw ~ tun* like doing sth

Geröllhalde [gə'rœlhaldə] *f* scree
geröstet [gə'rœstət] *adj GAST* roasted

G

Gerste ['gɛrstə] *f* *BOT* barley
Gerstenkorn ['gɛrstənkɔrn] *n* 1. *BOT* barley corn, grain of barley; 2. *MED* stye
Gerte ['gɛrtə] *f* 1. switch; 2. *(Reitgerte)* riding crop
gertenschlank ['gɛrtən'ʃlaŋk] *adj* slim, slender, willowy
Geruch [gə'rux] *m* 1. smell; 2. *(angenehmer ~)* fragrance, scent; 3. *(übler ~)* odour, stench; 4. *(Mundgeruch)* bad breath; 5. *(Körpergeruch)* body odour
Geruchsbelästigung [gə'ruxsbəlɛstɪguŋ] *f* annoying smell
Geruchssinn [gə'ruxszɪn] *m* sense of smell

G

Gerücht [gə'ryçt] *n* rumour
gerüchtweise [gə'ryçtvaɪzə] *adj* as a rumour
gerührt [gə'ry:rt] *adj (fig)* moved, touched
geruhsam [gə'ru:za:m] *adj* calm, peaceful, quiet
Geruhsamkeit [gə'ru:za:mkaɪt] *f* quietness, tranquillity
Gerümpel [gə'rympəl] *n* junk
Gerundium [ge'rund] *n* *GRAMM* gerund
Gerüst [gə'ryst] *n* 1. *(Baugerüst)* scaffolding; 2. *(fig)* frame, framework, skeleton
gesalzen [gə'zaltsən] *adj* 1. *GAST* salted; 2. *(fig: Preise)* astronomical
gesamt [gə'zamt] *adj* entire, total, whole
Gesamtansicht [gə'zamtanzɪçt] *f* overall view
Gesamtausgabe [gə'zamtausga:bə] *f* *LIT* complete edition
Gesamtbetrag [gə'zamtbətra:k] *m* full amount, sum total, total
gesamtdeutsch [gə'zamtdɔytʃ] *adj* of East and West Germany
Gesamteindruck [gə'zamtaɪndruk] *m* overall impression
Gesamtheit [gə'zamthaɪt] *f* entirety, totality
Gesandte(r)/Gesandtin [gə'zantə(r)/ge-'zantɪn] *m/f* *POL* envoy
Gesandtschaft [gə'zantʃaft] *f* *POL* legation, mission
Gesang [gə'zaŋ] *m* 1. *(Singen)* singing; 2. *(Lied)* song; *(Vogelgesang)* birdsong
Gesangbuch [gə'zaŋbu:x] *n* *REL* hymnal, hymn-book
Gesangsunterricht [gə'zaŋsuntərɪçt] *m* *MUS* singing lessons
Gesangverein [gə'zaŋvəraɪn] *m* *MUS* choral society, glee club *(US)*
Gesäß [gə'zɛ:s] *n* buttocks *pl*
gesättigt [gə'zɛtɪçt] *adj* 1. *(satt)* satiated, having had enough; 2. *CHEM* saturated
Geschäft [gə'ʃɛft] *n* 1. business; *ein ~ mit etw machen* do very well with sth; 2. *(Laden)* shop, store; 3. *(Transaktion)* transaction, deal, operation
Geschäftemacher [gə'ʃɛftəmaxər] *m* *(fam)* profiteer
geschäftig [gə'ʃɛftɪç] *adj* active, busy
Geschäftigkeit [gə'ʃɛftɪçkaɪt] *f* bustling, activity
geschäftlich [gə'ʃɛftlɪç] *adj* 1. business, commercial; *~e Angelegenheit* business matter; *adv* 2. on business, commercially
Geschäftsabschluss [gə'ʃɛftsapʃlus] *m* 1. *ECO* conclusion of a transaction, conclusion of a deal; 2. *(Bilanz) ECO* financial statement, annual statement of accounts
Geschäftsauflösung [gə'ʃɛftsauflø:zuŋ] *f* *ECO* going out of business, termination of a business
Geschäftsbedingungen [gə'ʃɛftsbədɪŋuŋən] *pl* *ECO* terms and conditions of business
Geschäftsbericht [gə'ʃɛftsbərɪçt] *m* *ECO* business report; *jährlicher ~* annual report
Geschäftseröffnung [gə'ʃɛftsɛrœfnuŋ] *f* 1. *ECO* commencement of business; 2. *(eines Ladens)* shop opening, store opening
Geschäftsfrau [gə'ʃɛftsfrau] *f* *ECO* businesswoman
Geschäftsführer [gə'ʃɛftsfy:rər] *m* *ECO* managing director, manager
Geschäftsführung [gə'ʃɛftsfy:ruŋ] *f* 1. *ECO* business management; 2. *(Personen)* management
Geschäftsinhaber [gə'ʃɛftsɪnha:bər] *m* *ECO* proprietor
Geschäftsjahr [gə'ʃɛftsja:r] *n* *ECO* financial year, business year
Geschäftsleitung [gə'ʃɛftslaɪtuŋ] *f* *ECO* management
Geschäftsmann [gə'ʃɛftsman] *m* *ECO* businessman
Geschäftsschluss [gə'ʃɛftsʃlus] *m* closing time
Geschäftsstelle [gə'ʃɛftsʃtɛlə] *f* 1. office; 2. *(Filiale)* branch office
geschäftstüchtig [gə'ʃɛftstyçtɪç] *adj* smart, efficient, diligent
Geschäftsumsatz [gə'ʃɛftsumzats] *m* *ECO* business turnover
geschäftsunfähig [gə'ʃɛftsunfɛ:ɪç] *adj* *JUR* legally incapacitated, legally incompetent

geschehen [gəˈʃeːən] *v irr* happen, occur, take place; *Gern ~!* My pleasure! *Das geschieht dir recht.* It serves you right. *Um ihn ist es ~.* He's had it.
gescheit [gəˈʃaɪt] *adj 1. (klug, intelligent)* clever, smart, bright; *Du bist wohl nicht recht ~!* You must be out of your mind! *2. (ordentlich)* decent, proper, good
Geschenk [gəˈʃɛŋk] *n* gift, present; *ein ~ des Himmels* a godsend
Geschenkartikel [gəˈʃɛŋkartɪkəl] *m* gift
Geschenkpapier [gəˈʃɛŋkpapiːr] *n* gift-wrapping paper
Geschichte [gəˈʃɪçtə] *f 1. (Vergangenheit)* history; *~ machen* make history; *2. (Erzählung)* story, tale; *3. (Angelegenheit)* matter, business
geschichtlich [gəˈʃɪçtlɪç] *adj 1.* historical; *2. (~ bedeutsam)* historic
Geschichtsbewusstsein [gəˈʃɪçtsbəvustzaɪn] *n* consciousness of history
Geschichtsbuch [gəˈʃɪçtsbuːx] *n* history book
Geschichtsklitterung [gəˈʃɪçtsklɪtəruŋ] *f* perversion of history
Geschichtsschreiber [gəˈʃɪçtsʃraɪbər] *m* historian
Geschichtsschreibung [gəˈʃɪçtsʃraɪbuŋ] *f* history
geschichtsträchtig [gəˈʃɪçtstrɛçtɪç] *adj* historic
Geschichtsunterricht [gəˈʃɪçtsuntərɪçt] *m* history lessons
Geschick [gəˈʃɪk] *n (Schicksal)* destiny, fate, fortune
Geschicklichkeit [gəˈʃɪklɪçkaɪt] *f* dexterity, skill, cleverness
geschickt [gəˈʃɪkt] *adj* clever, skilful, adept
geschieden [gəˈʃiːdən] *adj* divorced
Geschirr [gəˈʃɪr] *n 1. (Küchengeschirr)* kitchen utensils *pl; 2. (Tafelgeschirr)* dishes *pl; 3. sich ins ~ legen* pull out all the stops
Geschirrspülmaschine [gəˈʃɪrʃpyːlmaʃiːnə] *f* dishwasher
Geschlecht [gəˈʃlɛçt] *n 1. (weiblich/männlich)* sex; *2. LING* gender; *3. (Adelsgeschlecht)* lineage, ancestry, descent; *4. (Gattung)* race
geschlechtlich [gəˈʃlɛçtlɪç] *adj* sexual
Geschlechtsakt [gəˈʃlɛçtsakt] *m* sex act
Geschlechtskrankheit [gəˈʃlɛçtskraŋkhaɪt] *f MED* venereal disease
geschlechtsreif [gəˈʃlɛçtsraɪf] *adj BIO* sexually mature
geschlechtsspezifisch [gəˈʃlɛçtsʃpetsiːfɪʃ] *adj* gender-specific
Geschlechtstrieb [gəˈʃlɛçtstriːp] *m* sex drive
Geschlechtsverkehr [gəˈʃlɛçtsfɛrkeːr] *m* sexual intercourse
geschliffen [gəˈʃlɪfən] *adj 1. (Edelstein)* cut; *2. (fig: Rede)* polished, refined
geschlossen [gəˈʃlɔsən] *adj* closed
Geschlossenheit [gəˈʃlɔsənhaɪt] *f 1. (-Form)* compactness; *2. (Einheit)* unity
Geschmack [gəˈʃmak] *m 1. (Speisen)* taste, flavour; *2. (Sinn für Schönes)* taste *auf den ~ von etw kommen* acquire a taste for sth
geschmacklos [gəˈʃmakloːs] *adj 1. (fade)* dull, insipid; *2. (fig: hässlich)* tasteless, unbecoming; *3. (fig: taktlos)* in bad taste, tactless
Geschmacklosigkeit [gəˈʃmakloːzɪçkaɪt] *f 1.* tastelessness; *2. (fig: Taktlosigkeit)* bad taste, crudeness
geschmackvoll [gəˈʃmakfɔl] *adj (fig)* tasteful, elegant, smart
geschmeidig [gəˈʃmaɪdɪç] *adj 1.* lithe, supple; *2. (elastisch)* pliant; *3. (glatt)* smooth; *4. (gewandt)* adroit
Geschmeidigkeit [gəˈʃmaɪdɪçkaɪt] *f 1.* litheness; *2. (Elastizität)* pliancy; *3. (Glätte)* smoothness; *4. (Gewandtheit)* adroitness
Geschöpf [gəˈʃœpf] *n* creature
Geschoss [gəˈʃɔs] *n 1. (Stockwerk)* storey, story *(US)*, floor; *2. (Projektil)* projectile; *(Kugel)* bullet; *(Rakete)* missile
Geschrei [gəˈʃraɪ] *n* shouting, yelling, screaming
Geschütz [gəˈʃyts] *n MIL* guns, artillery; *ein schweres ~ auffahren* bring up one's big guns, bring in the heavy artillery
geschützt [gəˈʃytst] *adj 1.* protected, sheltered; *2. gesetzlich ~ JUR* legally protected
Geschwader [gəˈʃvaːdər] *n MIL* squadron
Geschwafel [gəˈʃvaːfəl] *n (fam)* chatter, gossip
Geschwätz [gəˈʃvɛts] *n* chatter, idle talk, prattle
geschwätzig [gəˈʃvɛtsɪç] *adj* talkative, garrulous
geschweige [gəˈʃvaɪgə] *konj ~ denn* not to mention, to say nothing of
geschwind [gəˈʃvɪnt] *adj* swift, fast, quick
Geschwindigkeit [gəˈʃvɪndɪçkaɪt] *f 1.* speed, quickness; *2. PHYS* velocity
Geschwister [gəˈʃvɪstər] *pl* siblings, brothers and sisters
geschwisterlich [gəˈʃvɪstərlɪç] *adj 1.* brotherly/sisterly; *adv 2.* like brothers/like sisters, like brother and sister

G

geschwollen [gə'ʃvɔlən] *adj* swollen
Geschworene(r) [gə'ʃvoːrənə(r)] *m/f JUR* juror
Geschwür [gə'ʃvyːr] *n MED* ulcer, abscess
Gesellenprüfung [gə'zɛlənpryːfuŋ] *f* apprentice's examination
gesellig [gə'zɛlɪç] *adj 1. (Person)* sociable, convivial, social; *2. ~es Beisammensein* social gathering
Gesellschaft [gə'zɛlʃaft] *f 1.* society; *2. (Begleitung)* company, companionship; *jdm ~ leisten* keep s.o. company; *sich in guter ~ befinden* to be in good company; *3. ECO* company; *~ mit beschränkter Haftung* private limited liability company, corporation *(US)*
Gesellschafter [gə'zɛlʃaftər] *m ECO* partner, associate, *(Teilhaber)* shareholder
gesellschaftlich [gə'zɛlʃaftlɪç] *adj* social
Gesellschaftsvertrag [gə'zɛlʃaftsfɛrtraːk] *m ECO* articles of association, partnership agreement, shareholders' agreement
Gesetz [gə'zɛts] *n* law
Gesetzbuch [gə'zɛtsbuːx] *n 1. JUR* code; *2. (bürgerliches ~) JUR* Civil Code; *3. (Strafgesetzbuch) JUR* Criminal Code, Penal Code
Gesetzentwurf [gə'zɛtsɛntvurf] *m POL* bill
Gesetzesänderung [gə'zɛtsəsɛndəruŋ] *f POL* amendment
gesetzgebend [gə'zɛtsgeːbənt] *adj POL* legislative
Gesetzgebung [gə'zɛtsgeːbuŋ] *f POL* legislation
gesetzlich [gə'zɛtslɪç] *adj 1.* legal, statutory; *adv 2.* legally
gesetzlos [gə'zɛtsloːs] *adj* lawless
gesetzmäßig [gə'zɛtsmɛːsɪç] *adj* lawful, legal, legitimate
gesetzt [gə'zɛtst] *adj 1. (ruhig)* steady, settled; *prep 2. ~ den Fall ...* assuming ...
gesetzwidrig [gə'zɛtsviːdrɪç] *adj* unlawful, illegal, contrary to law

> **Gesicht** [gə'zɪçt] *n* face; *sein ~ wahren* save face; *den Tatsachen ins ~ sehen* face facts; *jdm nicht ins ~ sehen können* not be able to look s.o. in the eye; *das ~ verlieren* lose face; *jdm ins ~ springen* go for sth; *sein wahres ~ zeigen* show one's true colours; *jdm im ~ geschrieben stehen* to be written all over s.o.'s face; *jdm etw ins ~ sagen* say sth to s.o.'s face; *ein langes ~ machen* pull a long face; *jdm wie aus dem ~ geschnitten sein* to be the spitting image of s.o.

Gesichtsausdruck [gə'zɪçtsausdruk] *m* facial expression
Gesichtsfarbe [gə'zɪçtsfaːrbə] *f* complexion
Gesichtskreis [gə'zɪçtskraɪs] *m 1.* sight; *2. (fig)* horizon
Gesichtswasser [gə'zɪçtsvasər] *n* skin tonic
Gesichtspunkt [gə'zɪçtspuŋkt] *m* aspect, point of view
Gesichtszüge [gə'zɪçtstsyːgə] *pl* features
Gesinde [gə'zɪndə] *n* servants *pl*
Gesindel [gə'zɪndəl] *n* riff-raff, rabble
Gesinnung [gə'zɪnuŋ] *f* attitude
Gesinnungswechsel [gə'zɪnuŋsvɛksəl] *m* change of opinion, change of mind
gesittet [gə'zɪtət] *adj 1. (Person)* well-behaved, polite, courteous; *2. (zivilisiert)* civilized
gespalten [gə'ʃpaltən] *adj 1.* split; *2. (fig: psychisch)* divided
Gespann [gə'ʃpan] *n 1. (Pferdegespann)* team; *2. (fig)* pair
gespannt [gə'ʃpant] *adj 1.* tight, taut; *2. (fig: Beziehung)* tense, strained; *3. (fig: erwartungsvoll)* curious, full of expectation; *~ sein auf etw* to be anxious to see sth
Gespenst [gə'ʃpɛnst] *n* ghost, phantom; *~ sehen* imagine things
gespenstisch [gə'ʃpɛnstɪʃ] *adj (fig)* haunting, ghastly, eerie
gesperrt [gə'ʃpɛrt] *adj 1. (verboten)* barred, blocked; *2. (Konto) ECO* blocked, frozen
Gespinst [gə'ʃpɪnst] *n 1.* web; *2. (einer Raupe)* cocoon; *3. (Garn)* spun yarn
Gespött [gə'ʃpœt] *n* jeering, mockery, derision; *jdn zum ~ machen* make s.o. a laughing-stock; *zum ~ werden* become a laughing-stock

> **Gespräch** [gə'ʃprɛːç] *n* conversation, talk, discussion; *im ~ sein* to be under discussion; *mit jdm im ~ bleiben* keep in touch with s.o.

gesprächig [gə'ʃprɛːçɪç] *adj* talkative, communicative
Gesprächsstoff [gə'ʃprɛçsʃtɔf] *m* topic, subject of a conversation
gesprungen [gə'ʃpruŋən] *adj* cracked, burst
Gespür [gə'ʃpyːr] *n* sense, feeling
Gestalt [gə'ʃtalt] *f 1. (Figur)* shape, figure; *2. (Aussehen)* appearance, shape; *3. (Körperbau)* stature; *4. (fig) in ~* in the shape of
gestalten [gə'ʃtaltən] *v 1. (formen)* shape, mould, model; *2. (verwirklichen)* create; *3. (einrichten)* fashion, furnish, design
gestalterisch [gə'ʃtaltərɪʃ] *adj* creative

Gestaltung [gə'ʃtaltuŋ] *f* *1. (Formgebung)* forming, moulding, shaping; *2. (Verwirklichung)* creation, dramatization, arrangement; *3. (Einrichtung)* fashioning, designing
gestanden [gə'ʃtandən] *adj 1.* accomplished; *2. ~es Mannsbild* mature and experienced man
geständig [gə'ʃtɛndɪç] *adj ~ sein JUR* to have confessed
Geständnis [gə'ʃtɛntnɪs] *n* confession
Gestank [gə'ʃtaŋk] *m* stench, stink
gestatten [gə'ʃtatən] *v* allow, permit
Geste ['gɛstə] *f* gesture
gestehen [gə'ʃteːən] *v irr* admit, confess
Gestein [gə'ʃtaɪn] *n MIN* rock
Gestell [gə'ʃtɛl] *n 1.* stand; *2. (Rahmen)* frame
gestern ['gɛstərn] *adv* yesterday; *Sie ist nicht von ~.* She wasn't born yesterday.
Gestik ['gɛstɪk] *f* gestures
gestikulieren [gɛstɪku'liːrən] *v* gesticulate
Gestirn [gə'ʃtɪrn] *n ASTR* star, constellation
gestohlen [gə'ʃtoːlən] *adj* stolen; *Er kann mir ~ bleiben.* He can get lost. *(fam)*
gestreift [gə'ʃtraɪft] *adj* striped
gestrig ['gɛstrɪg] *adj* of yesterday; *die ~e Zeitung* yesterday's newspaper; *der ~e Abend* yesterday evening; *am ~en Tage* yesterday; *die ewig ~en* the die-hard reactionaries
Gestrüpp [gə'ʃtryp] *n 1. BOT* undergrowth; *2. (fig)* jungle
Gestüt [gə'ʃtyːt] *n* stud farm
Gesuch [gə'zuːx] *n* application, petition, request

gesund [gə'zunt] *adj 1. (Person)* healthy; *2. (geistig)* sane; *3. (Nahrungsmittel)* healthy, wholesome, nutritious

gesunden [gə'zundən] *v* recover, get well
Gesundheit [gə'zunthaɪt] *f* health; *~!* Bless you!
gesundheitlich [gə'zunthaɪtlɪç] *adj* as far as health is concerned; *Wie geht's dir ~?* How's your health?
gesundheitsschädlich [gə'zunthaɪtsʃɛːdlɪç] *adj* detrimental to one's health
Gesundheitszustand [gə'zunthaɪtstsuʃtant] *m* state of health, physical condition
gesundstoßen [gə'zuntʃtoːsən] *v irr sich ~* line one's pockets
getauft [gə'tauft] *adj 1. REL* baptized; *2. (benannt)* christened
geteilt [gə'taɪlt] *adj 1.* split, divided; *2. (Meinung)* divided
Getöse [gə'tøːzə] *n* din, racket, row
getragen [gə'traːgən] *adj 1. (Kleidung)* old; *2. (feierlich)* stately
Getränk [gə'trɛŋk] *n* drink, beverage
Getränkeautomat [gə'trɛŋkəautomaːt] *m* drink dispenser, drink vending machine
getrauen [gə'trauən] *v sich ~* dare, venture
Getreide [gə'traɪdə] *n AGR* grain, cereals *pl,* corn *(UK)*
getrennt [gə'trɛnt] *adj* separate
Getrenntschreibung [gə'trɛntʃraɪbuŋ] *f GRAMM* writing two words separately
getreu [gə'trɔy] *adj* loyal, faithful; *~ einer Sache* in accordance with sth
Getriebe [gə'triːbə] *n 1. TECH* gear, transmission, gearing; *2. (fig)* hustle and bustle
getrost [gə'troːst] *adj 1.* confident; *adv 2. (unbesorgt)* safely, always, without hesitation
Getue [gə'tuːə] *n 1.* ado, fuss, to-do; *2. (umständliches Gehaben)* affectation
Getümmel [gə'tyməl] *n (fam)* turmoil, tumult
Geviert [gə'fiːrt] *n (Quadrat)* square
Gewächs [gə'vɛks] *n 1. MED* growth, tumour; *2. BOT* plant
gewachsen [gə'vaksən] *v (fig) einer Sache ~ sein* to be a match for sth, to be able to cope with sth, measure up to sth
Gewächshaus [gə'vɛkshaus] *n* greenhouse, hothouse
gewachst [gə'vakst] *adj* waxed
gewagt [gə'vaːkt] *adj* bold, daring, risky
Gewähr [gə'vɛːr] *f* guarantee, security, warranty; *~ leisten* guarantee, warrant, ensure; *ohne ~* no liability assumed
gewähren [gə'vɛːrən] *v* grant, allow, concede; *Vorteil ~* offer an advantage; *jdn ~ lassen* let s.o. do as he/she like
Gewährleistungsfrist [gə'vɛːrlaɪstuŋsfrɪst] *f* period of guarantee, warranty period
Gewahrsam [gə'vaːrzaːm] *m* custody, safekeeping, care; *jdn in ~ nehmen* take s.o. into custody
Gewährsmann [gə'vɛːrsman] *m* source
Gewalt [gə'valt] *f 1.* violence, force; *mit aller ~* with all one's might; *2. (Macht)* command, control, power; *höhere ~* force majeure; *sich in der ~ haben* have o.s. under control
Gewaltanwendung [gə'valtanvɛnduŋ] *f* use of violence, use of force
Gewaltenteilung [gə'valtəntaɪluŋ] *f POL* separation of powers
gewaltig [gə'valtɪç] *adj 1.* mighty, powerful; *2. (riesig)* vast; *3. (heftig)* vehement, violent; *adv 4.* immensely, tremendously

G

Gewaltkur [gəˈvaltkuːr] *f* *1.* drastic measures, radical treatment; *2.* *(fam: Hungerkur)* crash diet
Gewaltlosigkeit [gəˈvaltloːzɪçkaɪt] *f* nonviolence
gewaltsam [gəˈvaltzaːm] *adj* *1.* forceful, forcible; *adv* *2.* forcefully, with violence, forcibly
gewalttätig [gəˈvalttɛtɪç] *adj* violent
Gewaltverbrecher [gəˈvaltfərbrɛçər] *m* violent criminal
Gewaltverzicht [gəˈvaltfɛrtsɪçt] *m* nonaggression
Gewand [gəˈvant] *n* *1.* gown; *2.* *(fig: äußere Erscheinung)* look
gewandt [gəˈvant] *adj* *1.* skilful, skillful *(US); ~ sein in* to be good at; *2.* *(flink)* agile, deft, nimble; *3.* *(wendig)* versatile
Gewandtheit [gəˈvanthaɪt] *f* *1.* skill; *2.* *(des Ausdrucks)* elegance
Gewäsch [gəˈvɛʃ] *n* claptrap, balderdash, twaddle
Gewebe [gəˈveːbə] *n* *1.* *(Stoff)* fabric, texture; *2.* *BIO* tissue
Gewehr [gəˈveːr] *n* rifle; *~ bei Fuß stehen (fig)* to be at the ready
Gewehrlauf [gəˈveːrlauf] *m* barrel
Geweih [gəˈvaɪ] *n* antlers, horns
Gewerbe [gəˈvɛrbə] *n* *1.* *ECO* trade, business, industry; *2.* *(Handwerk)* craft
Gewerbebetrieb [gəˈvɛrbəbətriːp] *m ECO* business enterprise, commercial undertaking, commercial enterprise
Gewerbetreibende(r) [gəˈvɛrbətraɪbəndə(r)] *m/f ECO* trader
gewerblich [gəˈvɛrblɪç] *adj* industrial, commercial
Gewerkschaft [gəˈvɛrkʃaft] *f* trade union, union
Gewerkschaftler [gəˈvɛrkʃaftlər] *m* trade unionist, union member
gewerkschaftlich [gəˈvɛrkʃaftlɪç] *adj ECO* union
Gewerkschaftsbund [gəˈvɛrkʃaftsbunt] *m* federation of trade unions

Gewicht [gəˈvɪçt] *n* *1.* weight; *an ~ zunehmen* gain weight; *2.* *(fig: Wichtigkeit)* importance, significance; *ins ~ fallen* to be crucial; *auf etw ~ legen* attach importance to sth

gewichten [gəˈvɪçtən] *v etw stärker ~* emphasize sth more, put more emphasis on sth
gewichtheben [gəˈvɪçtheːbən] *v irr SPORT* lift weights
gewichtig [gəˈvɪçtɪç] *adj* *1.* weighty; *2.* *(einflussreich)* influential; *3.* *(wichtig tuend)* self-important
gewillt [gəˈvɪlt] *v ~ sein, etw zu tun* to be willing to do sth, *(bereit sein)* to be prepared to do sth
Gewimmel [gəˈvɪməl] *n* *1.* swarm; *2.* *(Menge)* throng
Gewinde [gəˈvɪndə] *n* *(Schraubengewinde) TECH* thread
Gewinn [gəˈvɪn] *m* *1.* *(Spiel)* prize, winnings; *2.* *ECO* profit, gain, earnings; *3.* *(fig: Nutzen)* advantage, benefit, gain; *wie gewonnen, so zerronnen* easy come easy go; *~ bringend* profitable, lucrative, gainful
gewinnen [gəˈvɪnən] *v irr* *1.* *(siegen)* win; *2.* *(verdienen)* gain, make a profit; *3.* *(fig: profitieren)* gain, benefit; *die Oberhand ~* gain the upper hand; *4.* *(fördern) MIN* mine, extract, derive
gewinnend [gəˈvɪnənt] *adj* *(fig)* engaging, winning
Gewinner(in) [gəˈvɪnər(ɪn)] *m/f* winner
Gewirr [gəˈvɪr] *n* *1.* *(Durcheinander)* confusion, jumble; *2.* *(Straßengewirr)* maze
gewiss [gəˈvɪs] *adj* *1.* certain; *adv* *2.* certainly
Gewissen [gəˈvɪsən] *n* conscience; *jdm ins ~ reden* appeal to s.o.'s conscience; *ein gutes ~* a clear conscience; *etw auf dem ~ haben* have sth on one's conscience; *jdn auf dem ~ haben* have s.o. on one's conscience
gewissenhaft [gəˈvɪsənhaft] *adj* conscientious, scrupulous
Gewissenhaftigkeit [gəˈvɪsənhaftɪçkaɪt] *f* conscientiousness, scrupulousness
gewissenlos [gəˈvɪsənloːs] *adj* *1.* unscrupulous; *2.* *(verantwortungslos)* reckless, irresponsible
Gewissenlosigkeit [gəˈvɪsənloːzɪçkaɪt] *f* unscrupulousness
Gewissensbisse [gəˈvɪsənsbɪsə] *pl* qualms, remorse
Gewissensfrage [gəˈvɪsənsfraːgə] *f* question of conscience, moral issue
Gewissenskonflikt [gəˈvɪsənskɔnflɪkt] *m* inner conflict
gewissermaßen [gəˈvɪsərmaːsən] *adv* *1.* *(in gewissem Maße)* to a certain extent; *2.* *(sozusagen)* so to speak, as it were
Gewissheit [gəˈvɪshaɪt] *f* certainty
Gewitter [gəˈvɪtər] *n* thunderstorm
Gewitterschauer [gəˈvɪtərʃauər] *m* thundershower

Gewitterstimmung [gə'vɪtərʃtɪmuŋ] *f (fig)* tense atmosphere
Gewitterwolke [gə'vɪtərvɔlkə] *f METEO* thundercloud, storm cloud
gewittrig [gə'vɪtrɪç] *adj METEO* thundery, stormy
gewogen [gə'voːgən] *adj 1. (Gewicht)* weighed; *2. (jdn gerne haben) jdm ~ sein* to be fond of s.o., to be friendly towards s.o.

gewöhnen [gə'vøːnən] *v sich ~ an* get used to, accustom o.s. to, get into the habit of

Gewohnheit [gə'voːnhaɪt] *f* habit, custom, practice
gewohnheitsmäßig [gə'voːnhaɪtsmɛsɪç] *adj 1.* habitual; *adv 2.* habitually, by force of habit
Gewohnheitsmensch [gə'voːnhaɪtsmɛnʃ] *m* creature of habit
Gewohnheitsrecht [gə'voːnhaɪtsrɛçt] *n JUR* common law, customary right
gewöhnlich [gə'vøːnlɪç] *adj 1. (gebräuchlich)* customary, habitual; *2. (normal)* usual, ordinary; *3. (unfein)* common, vulgar; *adv 4. (üblicherweise)* normally, usually
Gewöhnlichkeit [gə'vøːnlɪçkaɪt] *f 1.* commonness; *2. (niederer Charakter)* vulgarity
gewohnt [gə'voːnt] *adj 1.* usual; *2. etw ~ sein* to be used to sth, to be accustomed to sth
Gewöhnung [gə'vøːnuŋ] *f* getting used to, becoming accustomed to
Gewölbe [gə'vœlbə] *n* vault, dome
Gewühl [gə'vyːl] *n (Gedränge)* crowd, throng
Gewürze [gə'vyrtsə] *pl* spices, seasoning
gezackt [gə'tsakt] *adj* jagged, toothed, serrated
Gezanke [gə'tsaŋkə] *n* quarrelling, squabbling
Gezappel [gə'tsapəl] *n (fam)* fidgeting
gezeichnet [gə'tsaɪçnət] *adj (fig)* marked
Gezeiten [gə'tsaɪtən] *pl* tides
Gezeitenkraftwerk [gə'tsaɪtənkraftvɛrk] *n TECH* tidal power station
gezielt [gə'tsiːlt] *adj 1.* pointed, purposeful, aiming at a particular result; *adv 2.* directly
geziert [gə'tsiːrt] *adj (fig)* affected
Gezwitscher [gə'tsvɪtʃər] *n* chirping, twittering
gezwungen [gə'tsvuŋən] *adj 1.* forced; *2. (Stimmung)* forced, stiff
gezwungenermaßen [gə'tsvuŋənərmaːsən] *adv* of necessity
Gicht [gɪçt] *f MED* gout
Giebel ['giːbəl] *m* gable
Gier [giːr] *f* greed
gierig ['giːrɪç] *adj* greedy
gießen ['giːsən] *v irr 1. (einschenken)* pour; *2. (Blumen)* water; *3. in Strömen ~* to be raining cats and dogs *(fam)*; *4. (schmelzen) (Statue oder Glocke) TECH* found
Gießerei [giːsə'raɪ] *f TECH* foundry
Gießkanne ['giːskanə] *f* watering can

Gift [gɪft] *n 1.* poison; *~ für jdn sein* to be very bad for s.o. *~ und Galle spucken* breathe fire and brimstone; *Darauf kannst du ~ nehmen.* You can bet your life on that. *2. (Schlangengift)* venom

Giftgas ['gɪftgaːs] *n CHEM* poison gas
giftig ['gɪftɪç] *adj* poisonous, toxic
Giftmüll ['gɪftmyl] *m* toxic waste, hazardous waste
Giftschlange ['gɪftʃlaŋə] *f ZOOL* poisonous snake
Giftstoffe ['gɪftʃtɔfə] *pl* toxins
Giftzahn ['gɪfttsaːn] *m 1. (fig)* malicious person, venomous person; *2. ZOOL* poison fang
Ginster ['gɪnstər] *m BOT* broom
Gipfel ['gɪpfəl] *m 1. GEOL* summit, peak, top; *2. POL* summit; *3. (fig: Höhepunkt)* peak, climax, apex; *Das ist der ~!* That's the limit!
Gipfelkonferenz ['gɪpfəlkɔnferɛnts] *f POL* summit, summit conference
gipfeln ['gɪpfəln] *v in etw ~* culminate in sth
Gips ['gɪps] *m 1. MED* plaster; *2. (~verband)* cast; *3. MIN* gypsum
Gipsbein ['gɪpsbaɪn] *n* leg in plaster
Gipsverband ['gɪpsfɛrbant] *m MED* plaster cast
Giraffe [gi'rafə] *f ZOOL* giraffe
Girlande [gɪr'landə] *f* garland, festoon
Giro ['ʒiːro] *n ECO* giro, endorsement, credit transfer
Girokonto ['ʒiːrokɔnto] *n ECO* current account, giro account
girren ['gɪrən] *v* coo
Gischt [gɪʃt] *f* foam, froth
Gitarre [gi'tarə] *f MUS* guitar
Gitter ['gɪtər] *n 1. (Zaun)* fence; *2. (Eisengitter)* bars; *hinter ~n sitzen* to be behind bars; *jdn hinter ~ bringen* put s.o. behind bars; *3. (Gatterwerk)* trellis
Gitterbett ['gɪtərbɛt] *n* cot *(UK)*, crib *(US)*
Gitterrost ['gɪtərrɔst] *m* grate, grill
Glaceehandschuh [gla'seːhantʃuː] *m jdn mit ~en anfassen* handle s.o. with kid gloves
Glanz [glants] *m* shine, lustre; *mit ~ und Gloria* in grand style

G

glänzen ['glɛntsən] *v* shine, gleam
glänzend ['glɛntsənt] *adj 1.* shining, gleaming, shiny; *2. (fig)* brilliant, dazzling
Glanzleistung ['glantslaɪstuŋ] *f* brilliant achievement, masterly achievement
Glanzpapier ['glantspapiːr] *n* glazed paper
Glanzzeit ['glantstsaɪt] *f* heyday, prime
Glas [glaːs] *n 1. (Material)* glass; *2. (Trinkglas)* glass; *ein ~ Wasser* a glass of water; *zu tief ins ~ schauen* have a few too many, have one over the eight *(UK)*, *ein ~ über den Durst trinken* have one too many, have one over the eight *(UK)*
Glaser ['glaːzər] *m* glazier
gläsern ['glɛːzərn] *adj 1.* of glass, glass; *2. (fig: starr)* glassy
Glasfaser ['glaːsfaːzər] *f* glass fibre, fibreglass
glasig ['glaːzɪç] *adj* glassy, glazed
glasklar ['glaːsklaːr] *adj* crystal-clear
Glasperle ['glaːspɛrlə] *f* glass pearl
Glasscheibe ['glaːsʃaɪbə] *f* glass pane
Glasschüssel ['glaːsʃysəl] *f* glass bowl
Glasur [gla'zuːr] *f 1. TECH* glaze, enamel; *2. GAST* icing, frosting
Glaswolle ['glaːsvɔlə] *f* glass wool

glatt [glat] *adj 1. (faltenlos)* straight, unruffled, smooth; *2. (rutschig)* slippery; *3. (fig: mühelos)* smooth, straightforward, easy; *4. (fig: heuchlerisch)* slick, slippery, glib; *5. (fig: eindeutig)* straightforward, clear, outright; *~ streichen* smooth out

Glätte ['glɛtə] *f 1. (Schneeglätte)* slipperiness; *2. (Ebenheit)* smoothness
Glatteis ['glataɪs] *n* black ice; *jdn aufs ~ führen* lead s.o. up the garden path
Glatteisbildung ['glataɪsbɪlduŋ] *f METEO* formation of ice
glätten ['glɛtən] *v 1. (glattmachen)* smooth out; *2. (fig: beruhigen)* sort out (quarrel), calm
Glatze ['glatsə] *f* bald head
Glatzkopf ['glatskɔpf] *m 1.* bald person; *2. (Kopf)* bald head
glatzköpfig ['glatskœpfɪç] *adj* bald
Glaube ['glaubə] *m REL* belief, faith, creed; *in gutem ~n* in good faith
glauben ['glaubən] *v 1.* believe; *Das glaube ich dir nicht.* I don't believe you. *jdm etw ~ machen* make s.o. believe sth; *Das ist doch nicht zu ~!* That's unbelievable; *2. (meinen, annehmen)* think
Glaubensbekenntnis ['glaubənsbəkɛntnɪs] *n REL* creed, profession of faith
glaubhaft ['glauphaft] *adj* credible, plausible, believable
Glaubhaftigkeit ['glauphaftɪçkaɪt] *f* credibility
gläubig ['glɔybɪç] *adj REL* believing, religious
Gläubiger ['glɔybɪgər] *m ECO* creditor
Gläubigkeit ['glɔybɪçkaɪt] *f REL* belief, religious faith
glaubwürdig ['glaupvyrdɪç] *adj* credible, plausible

gleich [glaɪç] *adj 1.* equal, the same; *aufs ~e hinauslaufen* boil down to the same thing; *Gleiches mit Gleichem vergelten* give tit for tat; *zur ~en Zeit* at the same time; *in ~em Abstand* at an equal distance; *ist mir ganz ~!* it's all the same to me! *adv 2.* equally, alike; *3. (bald)* in a minute, presently; *Wir sind ~ da.* We'll be there in just a moment. *4. (sofort)* immediately, at once, right away

gleichaltrig ['glaɪçaltrɪç] *adj* of the same age
gleichartig ['glaɪçaːrtɪç] *adj 1.* of the same kind; *2. (ähnlich)* similar
gleichbedeutend ['glaɪçbədɔytənt] *adj 1.* synonymous; *2. (fig)* equivalent
gleichberechtigt ['glaɪçbərɛçtɪçt] *adj* having equal rights
gleichen ['glaɪçən] *v irr* equal, to be like, resemble
gleichfalls ['glaɪçfals] *adv* also, likewise, as well
gleichfarbig ['glaɪçfarbɪç] *adj* of the same colour
gleichförmig ['glaɪçfœrmɪç] *adj* regular, even
Gleichförmigkeit ['glaɪçfœrmɪçkaɪt] *f* regularity
gleichgeschlechtlich ['glaɪçgəʃlɛçtlɪç] *adj* of the same sex
gleichgestellt ['glaɪçgəʃtɛlt] *adj* of equal standing, on the same footing, equal to
Gleichgewicht ['glaɪçgəvɪçt] *n 1.* balance; *jdn aus dem ~ bringen* disconcert s.o., throw s.o. off balance; *das ~ verlieren* lose one's balance; *2. MED* equilibrium
Gleichgewichtsstörung ['glaɪçgəvɪçtsʃtøːruŋ] *f MED* disequilibrium, imbalance, balance impairment
gleichgültig ['glaɪçgyltɪç] *adj 1.* indifferent; *2. (unwesentlich)* immaterial, of no consequence
Gleichgültigkeit ['glaɪçgyltɪçkaɪt] *f* indifference, apathy, nonchalance

Gleichheit ['glaɪçhaɪt] *f* *1.* equality; *2.* *(Übereinstimmung)* uniformity; *3.* *(Ähnlichkeit)* similarity
Gleichheitsprinzip ['glaɪçhaɪtsprɪntsiːp] *n* principle of equality
Gleichklang ['glaɪçklaŋ] *m* harmony, unison
gleichkommen ['glaɪçkɔmən] *v irr jdm ~* to be a match for s.o., to be s.o's equal
gleichlaufend ['glaɪçlaufənd] *adj* parallel
gleichmäßig ['glaɪçmɛːsɪç] *adj* even, regular, steady
Gleichmäßigkeit ['glaɪçmɛːsɪçkaɪt] *f* symmetry
Gleichmut ['glaɪçmuːt] *m* calmness, indifference
gleichmütig ['glaɪçmyːtɪç] *adj* even-tempered, calm, composed
gleichnamig ['glaɪçnaːmɪç] *adj* *1.* of the same name; *2.* *~e Brüche MATH* fractions with a common denominator
Gleichnis ['glaɪçnɪs] *n* *1.* simile; *2.* *(Allegorie)* allegory
gleichrangig ['glaɪçraŋɪç] *adj* of equal rank, at the same level
gleichsam ['glaɪçzam] *adv* more or less, so to speak, as it were
gleichschalten ['glaɪçʃaltən] *v* coordinate, bring into line
gleichsetzen ['glaɪçzɛtsən] *v* equate
Gleichstellung ['glaɪçʃtɛluŋ] *f* equality
Gleichstrom ['glaɪçʃtroːm] *m TECH* continuous current
Gleichung ['glaɪçuŋ] *f MATH* equation
gleichwertig ['glaɪçvertɪç] *adj* equivalent, of equal value, equally good
Gleichwertigkeit ['glaɪçveːrtɪçkaɪt] *f* equality
gleichwohl [glaɪç'voːl] *adv* however, nevertheless, for all that
gleichzeitig ['glaɪçtsaɪtɪç] *adj* simultaneous, concurrent
Gleis [glaɪs] *n* *1.* track, rail, line; *2.* *(fig)* rut; *jdn aus dem ~ werfen* put s.o. off his stroke; *etw ins rechte ~ bringen* set sth to rights
gleiten ['glaɪtən] *v irr* glide
Gleitmittel ['glaɪtmɪtəl] *n* lubricant
Gleitzeit ['glaɪttsaɪt] *f* flextime
Gletscher ['glɛtʃər] *m* glacier
Gletscherspalte ['glɛtʃərʃpaltə] *f* crevasse
Glied [gliːt] *n* *1.* *(Bestandteil)* division, part, section; *2.* *(Kettenglied)* link; *3.* *(Körperteil) ANAT* limb, member; *Der Schreck steckt ihr noch in den ~ern.* She's still shaking from the shock. *jdm in die ~er fahren* go right through s.o. *4.* *(~teil) ANAT* joint; *5.* *(männliches ~) ANAT* penis
gliedern ['gliːdərn] *v* *1.* *(aufteilen)* divide; *2.* *(anordnen)* arrange, put together, structure
Gliederschmerzen ['gliːdərʃmɛrtsən] *pl MED* rheumatism
Gliederung ['gliːdəruŋ] *f* *1.* *(Aufbau)* formation, organization, structure; *2.* *(Anordnung)* arrangement, disposition
Gliedmaßen ['gliːtmaːsən] *pl ANAT* limbs, extremities
glimmen ['glɪmən] *v irr* glow, smoulder
glimpflich ['glɪmpflɪç] *adj* *1.* gentle, mild; *adv* *2.* *~ davonkommen* get off lightly
glitschig ['glɪtʃɪç] *adj (fam)* slippery, slithery
glitzern ['glɪtsərn] *v* glitter, sparkle, glisten
Globus ['gloːbus] *m* globe
Glocke ['glɔkə] *f* bell; *etw an die große ~ hängen* tell the whole world about sth, bandy sth out
Glockenblume ['glɔkənbluːmə] *f BOT* campanula
Glockengeläute ['glɔkəngəlɔytə] *n* peal of bells, ringing of bells, chiming of bells
Glockenschlag ['glɔkənʃlaːk] *m* stroke of the clock
Glockenspiel ['glɔkənʃpiːl] *n* *1.* *(im Turm)* chimes, carillon; *2.* *(Instrument) MUS* glockenspiel
Glockenturm ['glɔkənturm] *m* belfry, bell tower
Glöckner ['glœknər] *m* bell-ringer
glorifizieren [glorifi'tsiːrən] *v* glorify
Glossar [glɔ'saːr] *n* glossary
Glosse ['glɔsə] *f* *(Zeitungsglosse)* commentary
glotzen ['glɔtsən] *v (fam)* gape, stare

Glück [glyk] *n* *1.* luck, fortune; *sein ~ versuchen* try one's luck; *Er hat mehr ~ als Verstand.* He's more lucky than smart. *auf gut ~* at random; *noch nichts von seinem ~ wissen* not know anything about it yet; *2.* *(Glücklichsein)* happiness

Glucke ['glukə] *f* sitting hen
glücken ['glykən] *v* succeed, work, turn out well
gluckern ['glukərn] *v* gurgle
glücklich ['glyklɪç] *adj* *1.* fortunate, lucky; *2.* *~ sein* to be happy
glücklicherweise [glyklɪçər'vaɪzə] *adv* fortunately, luckily
Glücksbringer ['glyksbrɪŋər] *m* *(Gegenstand)* good-luck charm, talisman

G

G

glückselig [glyk'ze:lɪç] *adj* blissful, happy
glucksen ['gluksən] *v 1.* gurgle; *2. (Henne)* cluck; *3. (lachen)* chuckle
Glücksfall ['glyksfal] *m* stroke of luck
Glücksgefühl ['glyksgəfy:l] *n* happiness, blissfulness
Glückskind ['glykskɪnt] *n* child of fortune, lucky person
Glückspilz ['glykspɪlts] *m* lucky devil, lucky dog
Glückssache ['glykszaxə] *f* matter of luck
Glücksspiel ['glyksʃpi:l] *n* game of chance
glückstrahlend ['glykʃtra:lənt] *adj* beaming, radiant
Glückwunsch ['glykvunʃ] *m* congratulations *pl*, felicitations *pl; Herzlichen ~ zum Geburtstag!* Happy Birthday!
Glückwunschkarte ['glykvunʃkartə] *f* congratulatory card, greeting card
Glühbirne ['gly:bɪrnə] *f* light bulb
glühen ['gly:ən] *v* glow, to be aglow
glühend ['gly:ənt] *adj 1.* glowing, aglow; *adv 2. (fig)* passionately, fervently
Glühwein ['gly:vaɪn] *m GAST* mulled wine
Glühwürmchen ['gly:vyrmçən] *n ZOOL* glow-worm
Glut [glu:t] *f 1. (Feuer)* glow, blaze; *2. (Hitze)* glow, heat; *3. (fig)* ardour, fervour
Gnade ['gna:də] *f 1. (Nachsicht)* mercy; *2. REL* grace, mercy; *3. JUR* pardon, clemency; *~ vor Recht ergehen lassen* temper justice with mercy
Gnadenerlass ['gna:dənɛrlas] *m JUR* general pardon, amnesty
Gnadenfrist ['gna:dənfrɪst] *f* grace period
Gnadengesuch ['gna:dəngəzu:x] *n JUR* petition for pardon, petition for clemency
gnadenlos ['gna:dənlo:s] *adj* merciless
Gnadenstoß ['gna:dənʃto:s] *m jdm den ~ geben* put s.o. out of his misery
gnädig ['gnɛ:dɪç] *adj 1.* merciful, gracious, lenient; *2. (wohlwollend)* kind; *3. ~e Frau* madam, ma'am
Gold [gɔlt] *n* gold; *~ wert sein* to be as good as gold
Goldbarren ['gɔltbarən] *m* gold bar
golden ['gɔldən] *adj* gold
Goldgräber ['gɔltgrɛ:bər] *m* gold-digger
Goldgrube ['gɔltgru:bə] *f* gold-mine, bonanza *(US)*
goldig ['gɔldɪç] *adj 1.* golden; *2. (fig)* sweet, darling, cute *(US)*
goldrichtig ['gɔlt'rɪçtɪç] *adj* exactly right, absolutely right
Goldschmied ['gɔltʃmi:t] *m* goldsmith
Goldschmuck ['gɔltʃmuk] *m* gold jewellery
Goldwaage ['gɔltva:gə] *f jedes Wort auf die ~ legen* weigh one's words
Goldwährung ['gɔltvɛ:ruŋ] *f* gold standard, gold currency
Golf[1] [gɔlf] *n SPORT* golf
Golf[2] [gɔlf] *m GEO* gulf
Golfkrieg ['gɔlfkri:g] *m* Gulf War
Golfkrise ['gɔlfkri:zə] *f* Persian Gulf crisis
Golfplatz ['gɔlfplats] *m* golf course
Golfschläger ['gɔlfʃlɛ:gər] *m* golf-club
Golfstaaten ['gɔlfʃta:tən] *pl POL* countries of the Gulf
Golfstrom ['gɔlfʃtro:m] *m GEO* Gulf Stream
gönnen ['gœnən] *v 1. sich etw ~* treat o.s. to sth, permit o.s. sth; *2. jdm etw ~* grant s.o. sth, not begrudge s.o. sth
Gönner ['gœnər] *m* patron
gönnerhaft ['gœnərhaft] *adj* condescending, patronizing
Gör [gø:r] *n 1.* kid; *2. (Balg)* brat
gordisch ['gɔrdɪʃ] *adj ~er Knoten* Gordian knot
Gosse ['gɔsə] *f* gutter; *in der ~ enden* land in the gutter; *jdn aus der ~ auflesen* pull s.o. out of the gutter
gotisch ['go:tɪʃ] *adj* Gothic

Gott [gɔt] *m 1.* god, deity; *wie ein junger ~* like a young god; *von allen Göttern verlassen sein* have taken leave of one's senses; *2. (als Name)* God; *den lieben ~ einen frommen Mann sein lassen* take things as they come; *leider ~es* alas; *In ~es Namen!* For God's sake! *bei ~* by God; *~ bewahre!* Heaven forbid! *Gnade dir ~!* God help you! *~ und die Welt* everybody and his brother, everybody under the sun

Götterspeise ['gœtərʃpaɪzə] *f GAST* jelly, Jell-O *(US)*
Gottesdienst ['gɔtəsdi:nst] *m* public worship, church service
gottesfürchtig ['gɔtəsfyrçtɪç] *adj* god-fearing
Gottesgabe ['gɔtəsga:bə] *f* gift from God, divine gift
Gottheit ['gɔthaɪt] *f REL* deity
Göttin ['gœtɪn] *f* goddess
göttlich ['gœtlɪç] *adj* divine
gottlob [gɔt'lo:p] *interj* Thank God!
gottlos ['gɔtlo:s] *adj 1.* godless, impious, ungodly; *adv 2.* impiously
Götze ['gœtsə] *m* idol, false god
Götzendienst ['gœtsəndi:nst] *m* idolatry

Gouverneur [guvɛr'nøːr] *m POL* governor
Grab [graːp] *n* grave, *(Gruft)* tomb; *sich sein eigenes ~ schaufeln* dig one's own grave; *jdn ins ~ bringen* to be the death of s.o. *Er hat sein Geheimnis mit ins ~ genommen.* He took his secret to his grave. The secret died with him. *sich im ~ umdrehen (fig)* roll over in one's grave
Grabbeigabe ['graːpbaɪgaːbə] *f* grave furnishings
graben ['graːbən] *v irr* dig
Graben ['graːbən] *m 1.* ditch; *2. (Burggraben)* moat; *3. MIL* trench
Grabesstille ['graːbəsʃtɪlə] *f* dead silence
Grabmal ['graːpmaːl] *n 1.* tomb; *2. (Grabstein)* gravestone; *3. (Ehrenmal)* monument
Grabrede ['graːpreːdə] *f* funeral address
Grabstätte ['graːpʃtɛtə] *f* burial place, tomb
Grabstein ['graːpʃtaɪn] *m* tombstone, gravestone, headstone
Grabung ['graːbuŋ] *f* excavation
Grad [graːt] *m 1.* degree, extent; *sich um hundertachtzig ~ drehen* do a 180-degree turn; *2. (Abstufung)* grade, standard, rank; *3. (Maßeinheit)* degree; *siebzehn ~ Fahrenheit* seventeen degrees Fahrenheit
Gradmesser ['graːtmɛsər] *m (fig)* barometer, gauge, yardstick
graduell [gradu'ɛl] *adj* gradual
graduiert [gradu'iːrt] *adj* graduated
Graf [graːf] *m* count
Graffiti [gra'fɪti] *pl* graffiti
Gräfin ['grɛːfɪn] *f* countess
Grafschaft ['graːfʃaft] *f* earldom, county
Gram [graːm] *m* grief, sorrow, trouble
grämen ['grɛːmən] *v sich ~* grieve, worry
Gramm [gram] *n* gramme
Grammatik [gra'matɪk] *f* grammar
grammatisch [gra'matɪʃ] *adj* grammatical
Granat [gra'naːt] *m MIN* garnet
Granate [gra'naːtə] *f (Handgranate) MIL* hand grenade
Granatwerfer [gra'naːtvɛrfər] *m MIL* mortar
grandios [grandɪ'oːs] *adj 1.* grand, magnificent, splendid; *adv 2.* pompously, magnificently
Granit [gra'niːt] *m MIN* granite; *bei jdm auf ~ beißen* to come up against a brick wall with s.o.
Granulat [granu'laːt] *n TECH* granules
Grafik ['graːfik] *f* graphics
Grafiker ['graːfikər] *m* graphic artist
grafisch ['graːfɪʃ] *adj* graphic

> **Gras** [graːs] *n* grass; *ins ~ beißen* bite the dust *(fam)*; *~ über etw wachsen lassen* let the dust settle on sth

grasen ['graːzən] *v* graze
Grasfläche ['graːsflɛçə] *f* grassy area
Grasfleck ['graːsflɛk] *m* grass stain
Grashalm ['graːshalm] *m* blade of grass
grassieren [gra'siːrən] *v 1.* to be rampant, prevail, rage; *2. (Krankheit)* to be going around
grässlich ['grɛslɪç] *adj* ghastly, frightful, hideous
Grat [graːt] *m 1. (Bergkamm)* ridge; *2. (überstehende Kante)* edge, *(feiner)* burr
Gräte ['grɛːtə] *f* fish-bone
Gratifikation [gratɪfɪka'tsjoːn] *f* bonus
gratis ['graːtɪs] *adj* gratis, free (of charge)
Gratisprobe ['graːtɪsproːbə] *f* free sample
Gratisvorstellung ['graːtɪsfoːrʃtɛluŋ] *f THEAT* free performance
grätschen ['grɛːtʃən] *v (spreizen)* spread
Gratulant [gratu'lant] *m* well-wisher
Gratulation [gratula'tsjoːn] *f* congratulations *pl*
gratulieren [gratu'liːrən] *v* congratulate
Gratwanderung ['graːtvandəruŋ] *f (fig)* treading on thin ice
grau [grau] *adj 1.* grey; *2. (düster)* grey, dismal, gloomy
grauen ['grauən] *v (Furcht haben) Mir graut vor ...* I dread ...
Grauen ['grauən] *n* horror
grauenhaft ['grauənhaft] *adj* dreadful, horrible, ghastly
grauhaarig ['grauhaːrɪç] *adj* grey-haired
Graupe ['graupə] *f* grain of pearl barley
graupeln ['graupəln] *v Es graupelt.* Sleet is falling.
Graupelschauer ['graupəlʃauər] *m METEO* shower of soft hail, sleet
grausam ['grauzaːm] *adj* cruel, brutal
Grausamkeit ['grauzaːmkaɪt] *f* cruelty, brutality
grausen ['grauzən] *v jdm ~* give s.o. the creeps
grausig ['grauzɪç] *adj* horrible, ghastly
gravieren [gra'viːrən] *v* engrave
gravierend [gra'viːrənt] *adj* serious, grave
gravitätisch [gravi'tɛːtɪʃ] *adj* dignified
Gravur [gra'vuːr] *f* engraving
Grazie ['graːtsjə] *f* grace, elegance, gracefulness
grazil [gra'tsiːl] *adj* slender
graziös [gra'tsjøːs] *adj* graceful

greifbar ['graɪfbaːr] *adj 1. in ~er Nähe* within easy reach; *2. (zur Verfügung)* available; *3. (fig: konkret)* tangible
greifen ['graɪfən] *v irr* seize, grasp, grab; *zum Greifen nah sein* to be within reach
Greis [graɪs] *m* old man
greisenhaft ['graɪzənhaft] *adj* senile
grell [grɛl] *adj 1.* dazzling; *2. (Stimme)* shrill; *3. (fig)* loud, glaring
Gremium ['greːmjum] *n 1. (Körperschaft) POL* body; *2. (Ausschuss)* committee
Grenzbeamte(r)/Grenzbeamtin ['grɛntsbəamtə(r)/'grɛntsbəamtɪn] *m/f* border official
Grenzbereich ['grɛntsbəraɪç] *m (fig)* fringe, limits
Grenzbezirk ['grɛntsbətsɪrk] *m* border district, frontier district

Grenze ['grɛntsə] *f 1.* border, frontier; *2. (fig)* limit, boundary, bounds; *keine ~n kennen* know no bounds; *sich in ~n halten* to be limited

grenzen ['grɛntsən] *v 1.* border, adjoin; *2. (fig)* border
grenzenlos ['grɛntsənloːs] *adj 1.* boundless, unlimited; *adv 2. (fig)* immensely, beyond measure
Grenzenlosigkeit ['grɛntsənloːzɪçkaɪt] *f* limitlessness
Grenzfall ['grɛntsfal] *m* borderline case
Grenzfluss ['grɛntsflus] *m* river forming a border
Grenzwert ['grɛntsveːrt] *m* limit
Grieche/Griechin ['griːçə/'griːçɪn] *m/f* Greek
Griechenland ['griːçənlant] *n GEO* Greece
griechisch ['griːçɪʃ] *adj* Greek
grienen ['griːnən] *v* grin, smirk
griesgrämig ['griːsgrɛːmɪç] *adj (fam)* grouchy, grumpy, sullen
Griff [grɪf] *m 1. (Zugriff)* grab; *einen ~ nach etw machen* reach for sth; *2. (Handbewegung)* motion; *etw im ~ haben* have sth under control; *etw in den ~ bekommen* master sth; *3. (Stiel)* shaft, handle; *(Türgriff)* door handle; *das ist ein ~ nach den Sternen* that's just reaching for the stars; *mit festem ~* firmly; *mit etw einen glücklichen ~ tun* make a wise choice with sth
griffbereit ['grɪfbəraɪt] *adj* within reach
griffig ['grɪfɪç] *adj 1. (handlich)* handy; *2. (nicht rutschig)* easy to get a good grip on; *3. (Rad, Maschine)* gripping well

grillen ['grɪlən] *v* grill
Grillfest ['grɪlfɛst] *n* grill party
Grimasse [grɪ'masə] *f* grimace
grimmig ['grɪmɪç] *adj 1.* grim; *2. (zornig)* furious; *3. (sehr schlimm)* severe, harsh
grinsen ['grɪnzən] *v (fam)* grin, *(höhnisch)* smirk
Grippe ['grɪpə] *f MED* influenza, the flu
grob [groːp] *adj 1. (derb)* crude, coarse; *aus dem Gröbsten heraus sein* to be over the worst; *2. (rau)* rough, coarse; *3. (fig: unhöflich)* rude; *4. (fig: ungefähr)* rough
Grobheit ['groːphaɪt] *f 1. (Benehmen)* crudeness, rudeness; *2. jdm ~en sagen* use foul language to s.o.
Grobian ['groːbiaːn] *m* lout, boor
grobmaschig ['groːpmaʃɪç] *adj* coarse-meshed
grobschlächtig ['groːpʃlɛçtɪç] *adj* uncouth
Groll [grɔl] *m* grudge, bitterness, ill-will
grollen ['grɔlən] *v* grumble, frown, to be sullen
Gros [groː] *n* bulk, majority
Groschen ['grɔʃən] *m HIST* penny; *Bei ihm fällt der ~ pfennigweise.* He's a little slow on the uptake.

groß [groːs] *adj 1.* big, large, great; *2. (~gewachsen)* tall; *3. (fig: älter)* grown up, older; *unser Größter* our oldest son, our eldest son; *4. (Hitze)* intense; *5. (fig: berühmt)* great

Großaktionär ['groːsaktsjonɛːr] *m FIN* major shareholder
großartig ['groːsaːrtɪç] *adj* excellent, superb, magnificent
Großbuchstabe ['groːsbuːxʃtaːbə] *m* capital letter
Größe ['grøːsə] *f 1.* size; *2. ASTR* magnitude; *3. (fig: Wichtigkeit)* greatness, magnitude, eminence; *4. Er ist eine unbekannte ~.* He's an unknown quantity.
Großeinkauf ['groːsaɪnkauf] *m ECO* bulk purchase, quantity purchase
Großeltern ['groːsɛltərn] *pl* grandparents
Größenordnung ['grøːsənɔrtnuŋ] *f* scale, order of magnitude, magnitude
großenteils ['groːsəntaɪls] *adv* largely, to a large extent
Größenwahn ['grøːsənvaːn] *m* megalomania, delusions of grandeur
großflächig ['groːsflɛçɪç] *adj* extensive (in area)
Großgrundbesitzer ['groːsgruntbəzɪtsər] *m* owner of a large estate

Großhandel ['gro:shandəl] *m ECO* wholesale
Großhändler ['gro:shɛ:ndlər] *m ECO* wholesaler
Großherzigkeit ['gro:shɛrtsɪçkaɪt] *f* generosity
Großherzog/Großherzogin ['gro:shɛrtso:k/'gro:shɛrtso:gɪn] *m/f* grand duke/grand duchess
Großhirn ['gro:shɪrn] *n ANAT* cerebrum
Großindustrie ['gro:sɪndustri:] *f* large-scale industry
Großmacht ['gro:smaxt] *f POL* superpower
Großmaul ['gro:smaul] *n* big-mouth, loudmouth
großmütig ['gro:smy:tɪç] *adj* generous
Großmutter ['gro:smutər] *f* grandmother
Großraumbüro ['gro:sraumbyro:] *n ECO* open-plan office
Großraumflugzeug ['gro:sraumflu:ktsɔyk] *n* jumbo jet
Großrechner ['gro:srɛçnər] *m INFORM* mainframe computer
Großstadt ['gro:sʃtat] *f* big city
Großtante ['gro:stantə] *f* great-aunt
größtenteils ['grø:stəntaɪls] *adv* for the most part, mainly, mostly
großtun ['gro:stu:n] *v irr 1. sich ~* brag, boast; *2. mit etw ~* brag about sth, boast about sth
Großvater ['gro:sfa:tər] *m* grandfather
Großwild ['gro:svɪlt] *n* big game
großziehen ['gro:stsi:ən] *v irr* raise, rear, bring up
großzügig ['gro:stsy:gɪç] *adj 1.* generous; *2. (weiträumig)* spacious
Großzügigkeit ['gro:stsy:gɪçkaɪt] *f* generosity
grotesk [gro'tɛsk] *adj* grotesque
Grübchen ['gry:bçən] *n* dimple
Grube ['gru:bə] *f 1.* hole, pit; *2. MIN* pit, mine, quarry
grübeln ['gry:bəln] *v 1.* ponder; *2. (brüten)* brood
Grubenarbeiter ['gru:bənarbaɪtər] *m ECO* miner
Gruft [gruft] *f* tomb, vault, grave
grün [gry:n] *adj* green; *jdn ~ und blau schlagen* beat s.o. black and blue; *Das ist dasselbe in Grün.* That's six of one and half a dozen of the other. *die Grünen POL* the Green Party
Grünanlage ['gry:nanla:gə] *f* (public) gardens, park, common *(UK)*

Grund [grunt] *m 1. (Erdboden)* ground, land, soil; *festen ~ unter den Füßen haben* to be on terra firma; *2. (Meeresboden)* bottom of the sea; *3. (Motiv)* reason, grounds *pl,* cause; *einer Sache auf den ~ gehen* get to the bottom of sth; *4. im ~e genommen* actually

Grundausstattung ['gruntausʃtatuŋ] *f* basic equipment
Grundbegriff ['gruntbəgrɪf] *m* fundamental, basic concept
Grundbesitz ['gruntbəzɪts] *m* real estate, land
gründen ['gryndən] *v* found, establish
grundfalsch ['grunt'falʃ] *adj* utterly wrong, absolutely false
Grundfläche ['gruntflɛçə] *f* base
Grundgedanke ['gruntgədaŋkə] *m* basic idea
Grundgesetz ['gruntgəzɛts] *n POL* constitution; *(das deutsche ~) POL* Basic Law
grundieren [grun'di:rən] *v* prime
Grundierung [grun'di:ruŋ] *f* priming
Grundlage ['gruntla:gə] *f* basis, groundwork, foundation
grundlegend ['gruntle:gənt] *adj* fundamental, basic
gründlich ['gryntlɪç] *adj 1.* thorough; *2. (sorgfältig)* careful
Gründlichkeit ['gryntlɪçkaɪt] *f* thoroughness
grundlos ['gruntlo:s] *adj 1.* unfounded, without reason; *adv 2.* without reason, for no reason
Grundnahrungsmittel ['gruntna:ruŋsmɪtəl] *n* basic foodstuffs
Grundrecht ['gruntrɛçt] *n POL* constitutional right
Grundsatz ['gruntzats] *m* principle, rule
grundsätzlich ['gruntzɛtslɪç] *adj 1.* fundamental, basic; *adv 2.* fundamentally, *(im Prinzip)* in principle
Grundschule ['gruntʃu:lə] *f* primary school
Grundstein ['gruntʃtaɪn] *m 1.* foundation-stone; *den ~ zu etw legen* lay the groundwork for sth; *2. (fig)* foundation
Grundstück ['gruntʃtyk] *n* property, piece of land, plot of land
Gründung ['grynduŋ] *f* foundation, establishment, formation
Grünfläche ['gry:nflɛçə] *f* green
Gruppe ['grupə] *f* group
gruppieren [gru'pi:rən] *v* group, arrange in a group

G

Gruselfilm ['gru:zəlfɪlm] *m CINE* horror film, horror movie *(US)*
gruselig ['gru:zəlɪç] *adj* spooky, scary

Gruß [gru:s] *m* greeting, salutation

grüßen ['gry:sən] *v* greet
gucken ['gukən] *v* look, peek
gültig ['gyltɪç] *adj* valid, in force
Gültigkeit ['gyltɪçkaɪt] *f* validity, legality
Gummi ['gumi] *m* rubber
Gummibärchen ['gumibɛ:rçən] *n* gummy bear
Gummierung [gu'mi:ruŋ] *f (gummierte Fläche)* gum
Gunst [gunst] *f* favour, partiality; *zu jds ~en* in s.o.'s favour, to s.o.'s advantage
günstig ['gynstɪç] *adj* favourable, convenient, advantageous
Gurgel ['gurgəl] *f* throat; *jdm die ~ zudrücken* strangle s.o.; *sein Geld durch die ~ jagen (fam)* drink away one's money
gurgeln ['gurgəln] *v 1.* gargle; *2. (Geräusch)* gurgle
Gurke ['gurkə] *f 1.* cucumber; *2. (Essiggurke)* gherkin, pickle
Gurt [gurt] *m 1.* belt; *2. (Sicherheitsgurt)* safety belt, seat belt
Gürtel ['gyrtəl] *m* belt, girdle; *den ~ enger schnallen* tighten one's belt
Guss [gus] *m 1. (Gießen)* casting; *2. (Regenguss)* downpour, heavy shower; *3. (Zuckerguss) GAST* icing
Gusseisen ['gusaɪzən] *n* cast iron

gut [gu:t] *adj 1.* good; *es mit etw ~ sein lassen* leave sth at that; *Du hast ja ~ lachen.* It's all very well for you to laugh. *~ daran tun, etw zu tun* to be well-advised to do sth; *für etw ~ sein* to be good for sth; *Alles hat sein Gutes.* Every cloud has a silver lining. *zu viel des Guten sein* to be too much of a good thing; *Du bist ~!* You're really something! *adv 2.* well; *~ aussehend* good-looking; *~ bezahlt* well-paid; *~ gehen* go well, turn out well; *Mir geht's gut.* I'm fine. *Lass es dir ~ gehen!* Take care of yourself! *~ gelaunt* in a good mood; *Gut gemacht!* Well done! *~ und gern* easily; *3. (in Ordnung)* OK, all right

Gut [gu:t] *n 1. (Gutshof)* estate, farm; *2. (Besitz)* belongings, property, assets; *3. (Ware) ECO* goods
Gutachter ['gu:taxtər] *m 1.* expert; *2. (Versicherung)* valuator
gutartig ['gu:ta:rtɪç] *adj 1.* good-natured, harmless; *2. MED* benign
gutbürgerlich ['gu:tbyrgərlɪç] *adj* simple, plain, wholesome
Gutdünken ['gu:tdyŋkən] *n* discretion, judgement
Güte ['gy:tə] *f 1.* goodness, kindness, *(Gottes ~)* loving-kindness; *Würden Sie die ~ haben, zu ...* Would you have the goodness/kindness to ...; *2. (Qualität)* quality, excellence
Güterbahnhof ['gy:tərba:nho:f] *m* freight depot
Güterverkehr ['gy:tərfɛrke:r] *m* goods traffic, movement of goods, goods transport
Güterzug ['gy:tərtsu:k] *m* goods train, freight train *(US)*
gutgläubig ['gu:tglɔybɪç] *adv 1.* in good faith; *adj 2. (Mensch)* trusting, *(leichtgläubig)* credulous
Gutgläubigkeit ['gu:tglɔybɪçkaɪt] *f* good faith
Guthaben ['gu:tha:bən] *n ECO* assets, credit, credit balance
gutheißen ['gu:thaɪsən] *v irr* approve
gutherzig ['gu:thɛrtsɪç] *adj* good, kind-hearted
gütig ['gy:tɪç] *adj* kind
gütlich ['gy:tlɪç] *adj 1.* amicable, friendly; *2. sich an etw ~ tun* have one's fill of sth
gutmütig ['gu:tmy:tɪç] *adj* good-natured
Gutmütigkeit ['gu:tmy:tɪçkaɪt] *f* good nature, good humour
Gutschein ['gu:tʃaɪn] *m* coupon, voucher, *(für Umtausch)* credit note
gutschreiben ['gu:tʃraɪbən] *v irr* credit
Gutschrift ['gu:tʃrɪft] *f* credit entry, credit, credit voucher
Gutsherr ['gu:tshɛr] *m* lord of the manor, squire
Gutshof ['gu:tsho:f] *m* estate
gutwillig ['gu:tvɪlɪç] *adj* obliging, willing, well-meaning
Gymnasiallehrer [gymna'zja:lle:rər] *m* grammar school teacher *(UK)*, high school teacher *(US)*
Gymnasiast/Gymnasiastin [gymna:zj'ast/gymna:zj'astɪn] *m/f* student at a "Gymnasium" (secondary school)
Gymnasium [gym'na:zjum] *n* nine-year secondary school
Gymnastik [gym'nastɪk] *f SPORT* gymnastics

H

Haar [haːr] *n* hair; *~e auf den Zähnen haben* have a sharp tongue; *ein ~ in der Suppe finden* find a fly in the ointment; *sich die ~e raufen* tear one's hair; *jdm kein ~ krümmen* not touch a hair on s.o.'s head; *sich wegen etw keine grauen ~e wachsen lassen* not trouble one's head about sth; *an einem ~ hängen* to be hanging by a thread, to be touch and go; *jdm die ~e vom Kopf fressen* eat s.o. out of house and home; *an den ~en herbeigezogen* far-fetched; *sich wegen etw in die ~e geraten* clash over sth; *sich in den ~en liegen* to be quarrelling; *um ein ~* by a hair's breadth

Haarausfall ['haːrausfal] *m* loss of hair
haargenau ['haːrgə'nau] *adj* exact, precise, meticulous
haarig ['haːrɪç] *adj* hairy
Haarklammer ['haːrklamər] *f* hair slide, barrette *(US)*
haarklein ['haːr'klaɪn] *adj 1.* detailed, minute; *adv 2.* in detail, minutely
Haarnadelkurve ['haːrnaːdəlkurvə] *f* hairpin turn
haarscharf ['haːrʃarf] *adj 1.* very close; *2. (Beschreibung)* exact; *3. (Gedächtnis)* very sharp
Haarspalterei [haːrʃpaltə'raɪ] *f* splitting hairs
Haarspange ['haːrʃpaŋə] *f* hair slide *(UK)*, barrette *(US)*
haarsträubend ['haːrʃtrɔybənt] *adj (fig)* outrageous, monstrous, shocking
Habe ['haːbə] *f* belongings, possessions

haben ['haːbən] *v irr 1.* have; *Das hat etw für sich.* There's much to be said for that. *Recht ~* to be right; *noch zu ~ sein* have no strings attached, to be available; *für etw zu ~ sein* to be game for sth; *etw gegen jdn ~* have sth against s.o.; *etw hinter sich ~* have got sth over and done with; *etw mit jdm ~* to be carrying on with s.o.; *etw von etw ~* get sth out of sth; *wie gehabt* as usual; *2. geschlossen ~* to be closed

Habgier ['haːpgiːr] *f* greed, avarice
habgierig ['haːpgiːrɪç] *adj* greedy
habhaft ['haːphaft] *adj jds ~ werden* get hold of s.o.
Habseligkeiten ['haːpzeːlɪçkaɪtən] *pl* belongings, possessions, personal effects
Hachse ['haksə] *f 1.* leg; *2. (fam: Fuß)* foot
Hacke ['hakə] *f 1. (Absatz)* high heel; *2. (Werkzeug)* hoe, pick, pickaxe; *3. ANAT* heel
hacken ['hakən] *v 1. (Holz)* chop; *2. (Erde)* hoe
Hackfleisch ['hakflaɪʃ] *n* minced meat, ground meat *(US)*; *aus jdm ~ machen* make mincemeat of s.o.
Hackordnung ['hakɔrdnuŋ] *f* pecking order
hadern ['haːdərn] *v* quarrel
Hafen ['haːfən] *m* harbour, port, docks *pl*
Hafenamt ['haːfənamt] *n NAUT* port authority
Hafenanlagen ['haːfənanlaːgən] *pl NAUT* docks
Hafenarbeiter ['haːfənarbaɪtər] *m* docker, longshoreman *(US)*
Hafenviertel ['haːfənfɪrtəl] *n* dock area, waterfront, docklands *pl*
Hafer ['haːfər] *m BOT* oats *pl*
Haferflocken ['haːfərflɔkən] *pl* rolled oats
Haft [haft] *f JUR* imprisonment, detention, confinement
Haftanstalt ['haftanʃtalt] *f JUR* prison
haftbar ['haftbaːr] *adj 1.* liable, legally responsible; *2. jdn ~ machen* hold s.o. responsible, make s.o. responsible
Haftbefehl ['haftbəfeːl] *m* arrest warrant, warrant for s.o.'s arrest
haften ['haftən] *v 1. (kleben)* stick to, adhere to, cling to; *2. (bürgen)* to be liable, to be answerable, to be responsible
Haftentlassung ['haftɛntlasuŋ] *f JUR* release from custody
Häftling ['hɛftlɪŋ] *m* prisoner
Haftpflicht ['haftpflɪçt] *f JUR* third party liability
haftpflichtversichert ['haftpflɪçtfɛrzɪçərt] *adj* insured by third-party indemnity insurance
Haftpflichtversicherung ['haftpflɪçtfɛrzɪçəruŋ] *f JUR* third party insurance
Haftschalen ['haftʃaːlən] *pl MED* contact lenses
Haftstrafe ['haftʃtraːfə] *f JUR* prison sentence, imprisonment

H

Haftung ['haftuŋ] *f JUR* liability, responsibility
Haftverschonung ['haftfɛrʃoːnuŋ] *f JUR* being spared from imprisonment
Hagebutte ['haːgəbutə] *f BOT* rose-hip
Hagel ['haːgəl] *m* hail
Hagelkorn ['haːgəlkɔrn] *n* hailstone
hageln ['haːgəln] *v* hail
hager ['haːgər] *adj* gaunt, haggard, skinny
Hahn [haːn] *m 1. (Wasserhahn)* water-tap, faucet *(US); 2. ZOOL* cock; *Kein ~ kräht danach.* Nobody gives two hoots about it.
Hähnchen ['hɛːnçən] *n GAST* chicken
Hahnenkampf ['haːnənkampf] *m* cock-fight
Hai [haɪ] *m ZOOL* shark
Hain [haɪn] *m* grove
häkeln ['hɛːkəln] *v* crochet
Häkelnadel ['hɛkəlnaːdəl] *f* crochet-needle, crochet-hook
Haken ['haːkən] *m 1.* hook, peg; *2. (fig)* snag, hitch; *einen ~ schlagen* dart sideways
Hakenkreuz ['haːkənkrɔyts] *n POL* swastika

halb [halp] *adj* half; *~ voll* half full; *eine ~ Stunde* half an hour; *~ so viel* half as much; *Er ist nur eine ~e Portion. (fam)* He's a half-pint.

Halbaffe ['halpafə] *m ZOOL* lemur
Halbbruder ['halpbruːdər] *m* half-brother
halbdunkel ['halpduŋkəl] *adj* dim, dusky
halbfertig ['halpfɛrtɪç] *adj* half-done, half-finished
halbherzig ['halphɛrtsɪç] *adj* halfhearted
halbieren [hal'biːrən] *v 1.* halve, cut in two; *2. MATH* bisect
Halbinsel ['halpɪnzəl] *f* peninsula
Halbjahr ['halpjaːr] *n* half-year, six months
halbjährlich ['halpjɛːrlɪç] *adj 1.* half-yearly; *adv 2.* twice a year, every six months
Halbkreis ['halpkraɪs] *m* semicircle, half-circle
Halbkugel ['halpkuːgəl] *f* hemisphere
halblaut ['halplaut] *adj* low, subdued
halbmast ['halpmast] *adv* at half mast
Halbmond ['halpmoːnt] *m 1. ASTR* half-moon; *2. (Symbol)* crescent
halbpart ['halppart] *adj ~ machen* split fifty-fifty, go halves
Halbpension ['halppɛnsjoːn] *f* half board, room with breakfast and one other meal
Halbschlaf ['halpʃlaːf] *m* light sleep; *im ~* half asleep
Halbschwester ['halpʃvɛstər] *f* half-sister
halbtags ['halptaːks] *adv* part-time, half-days
Halbtagsbeschäftigung ['halptaːksbəʃɛftɪguŋ] *f* part-time employment
Halbwaise ['halpvaɪzə] *m/f* child who has lost one parent, fatherless child/motherless child
halbwegs ['halpveːks] *adv* halfway
halbwüchsig ['halpvyːksɪç] *adj* adolescent, teenage
Halbzeit ['halptsaɪt] *f 1. (Pause) SPORT* half-time; *2. (Spielhälfte) SPORT* half
Halde ['haldə] *f 1. (Hang)* slope; *2. (Abbauhalde)* slag heap; *3. auf ~ nehmen (Ware)* stockpile
Hälfte ['hɛlftə] *f* half
Halfter ['halftər] *m/n 1. (Pferdehalfter)* halter; *2. (für Pistole)* holster
Halle ['halə] *f 1.* hall; *2. (Empfangshalle eines Hotels)* lobby; *3. SPORT* indoor court
hallen ['halən] *v* echo, resound, reverberate
Hallenbad ['halənbaːt] *n* indoor swimming pool
Hallenfußball ['halənfuːsbal] *m SPORT* indoor football, indoor soccer *(US)*
Hallenhandball ['halənhantbal] *m SPORT* handball *(UK)*, team handball *(US)*
hallo ['haloː] *interj 1.* hello, hullo, hi; *2. (um jdn auf etw aufmerksam zu machen)* hey, hello; *3. (am Telefon)* hello
Halm [halm] *m* stalk, stem; *(Grashalm)* blade of grass

Hals [hals] *m 1. ANAT* neck; *jdm den ~ kosten* cost s.o. his neck; *den ~ aus der Schlinge ziehen* get out of a tight spot; *Sie kriegt den ~ nicht voll.* She's never satisfied. *sich jdm an den ~ werfen* throw o.s. at s.o.; *bis über den ~ in Schulden stecken* to be up to one's ears in debt; *jdm jdn auf den ~ schicken* set s.o. on s.o.; *etw in den falschen ~ bekommen* get the wrong end of the stick; *Bleib mir nur vom ~!* Get off my back! *sich etw vom ~ halten* get rid of sth; *~ über Kopf* head over heels; *2. (Kehle) ANAT* throat; *3. (Flaschenhals)* neck

Halsabschneider ['halsabʃnaɪdər] *m* cut-throat
Halsband ['halsbant] *n 1. (Hundehalsband)* dog collar; *2. (Schmuck)* necklace
halsbrecherisch ['halsbrɛçərɪʃ] *adj 1. (fig)* breakneck, hair-raising; *adv 2.* at breakneck speed

Halskette ['halskɛtə] *f* neck chain
Hals-Nasen-Ohren-Arzt ['hals'naːzən-'oːrənartst] *m MED* ear, nose and throat specialist
Halsschlagader ['halsʃlaːkaːdər] *f ANAT* carotid artery
Halsschmerzen ['halsʃmɛrtsən] *pl MED* a sore throat
halsstarrig ['halsʃtarɪç] *adj 1.* headstrong, obstinate, stubborn; *adv 2.* stubbornly, obstinately
Halstuch ['halstuːx] *n* scarf
halt[1] [halt] *interj* stop
halt[2] [halt] *adv* just
Halt [halt] *m 1.* hold; *2. (Stütze)* support; *ohne inneren ~* insecure; *3. (Aufenthalt)* stop, halt; *~ machen* stop, halt
haltbar ['haltbaːr] *adj 1. (widerstandsfähig)* durable, stable, strong; *2. (fig: Theorie)* tenable; *3. (unverderblich)* not perishable; *mindestens ~ bis 21. Juli* use by July 21st
Haltbarkeit ['haltbaːrkaɪt] *f 1.* durability; *2. (von Lebensmitteln)* shelf life
Haltbarkeitsdatum ['haltbaːrkaɪtsdaːtum] *n* use-by date, sell-by date

halten ['haltən] *v irr 1. (festhalten)* hold, clutch; *2. (Rede)* make, hold; *3. (dauern)* keep, last; *sich vor Lachen nicht ~ können* split one's sides laughing; *4. wenig von etw ~* think little of sth; *etw für etw ~* believe sth to be sth; *5. den Kurs ~* hold one's course; *6. sein Wort ~* keep one's word; *7. den Mund ~* keep quiet; *8. (Zug)* stop; *9. sich ... ~ (so bleiben, wie man ist)* keep; *10. sich an etw ~* adhere to sth

Halter ['haltər] *m 1. (Griff)* handle; *2. (Eigentümer)* owner
Haltestelle ['haltəʃtɛlə] *f* stop
Halteverbot ['haltəfɛrboːt] *n 1.* no stopping, stopping prohibition; *2. (Stelle)* no stopping zone
haltlos ['haltloːs] *adj 1. (unbeständig)* unstable, unsteady; *2. (unbegründet)* groundless, unfounded, baseless
Haltlosigkeit ['haltloːzɪçkaɪt] *f 1.* instability; *2. (Unbegründetheit)* groundlessness
Haltung ['haltuŋ] *f 1. (Körperhaltung)* posture, carriage; *~ annehmen* stand at attention; *2. (Verhalten)* attitude, approach; *3. (Selbstbeherrschung)* composure
Haltungsfehler ['haltuŋsfeːlər] *m ANAT* faulty posture
Halunke [ha'luŋkə] *m (fam)* scoundrel
hämisch ['hɛːmɪʃ] *adj 1.* malicious, spiteful, sneering; *adv 2. sich ~ freuen* gloat
Hammel ['haməl] *m ZOOL* wether
Hammelsprung ['haməlʃpruŋ] *m POL* division
Hammer ['hamər] *m* hammer; *unter den ~ kommen* come under the hammer; *einen ~ haben* to be round the bend
Hampelmann ['hampəlman] *m 1.* jumping jack; *2. (Kasper)* clown

Hand [hant] *f* hand; *jds ~ ergreifen* clasp s.o.'s hand; *Er ist gleich bei der ~.* He's close at hand. *seine ~ im Spiel haben* have a hand in sth; *Er hat zwei linke Hände.* He's all thumbs. *jdm freie ~ lassen* allow s.o. a free hand; *zur rechten ~* on the right-hand side; *etw in die ~ nehmen* take charge of sth; *etw zur ~ nehmen* pick sth up; *jds rechte ~ sein* to be s.o.'s right-hand man; *~ in ~* hand in hand; *eine ~ voll* handful; *sich für etw die ~ abhacken lassen* stake one's life on sth; *bei etw mit ~ anlegen* lend a hand with sth; *seine ~ aufhalten* hold out one's hand *(fig)*; *~ und Fuß haben* make sense; *die ~ gegen jdn erheben* lay hand on s.o.; *die ~ auf etw halten* keep a tight rein on sth; *die ~ für etw ins Feuer legen* vouch for sth; *freie ~ bei etw haben* get a free hand with sth; *eine glückliche ~ haben* have the magic touch; *auf der ~ liegen* to be obvious; *Informationen aus erster ~* first-hand information; *mit der linken ~ (fig)* with one's eyes shut; *sich in der ~ haben* have o.s. under control; *Das lässt sich nicht von der ~ weisen.* There's no getting away from it. *jdm zur ~ gehen* give s.o. a hand; *etw zur ~ haben* have sth handy; *etw gegen jdn in der ~ haben* have the goods on s.o. *(fam)*, have a hold on s.o.; *hinter vorgehaltener ~* on the quiet; *von der ~ in den Mund* hand to mouth; *Ihm rutscht leicht die ~ aus.* He has a quick temper. *in guten Händen sein* to be in good hands; *Es ist mir in die Hände gefallen. (fig)* It fell into my hands. *in die Hände spucken (fig)* roll up one's sleeves; *mit Händen und Füßen reden* gesture wildly; *seine Hände in den Schoß legen* sit and twiddle one's thumbs; *sich mit Händen und Füßen wehren* fight tooth and nail; *die Hände über dem Kopf zusammenschlagen* throw up one's hands in horror

Handarbeit ['hantarbaɪt] *f 1.* work done by hand; *2. (Nähen, Sticken)* needlework; *3. (körperliche Arbeit)* manual work

Handarbeiter ['hantarbaɪtər] *f* manual labourer
Handbesen ['hantbeːzən] *m* brush
Handbewegung ['hantbəveːguŋ] *f* movement of the hand, gesture
Handbreit ['hantbraɪt] *f* hand's breadth
Handbremse ['hantbrɛmzə] *f* hand-brake
Handbuch ['hantbuːx] *n* manual, handbook
Händedruck ['hɛndədruk] *m* handshake
Handel ['handəl] *m 1. ECO* trade, dealing, commerce; *2. (Laden) ECO* shop
handeln ['handəln] *v 1. (tätig sein)* act; *für jdn ~* act for s.o.; *nach jds Rat ~* act on s.o.'s advice; *2. (Handel treiben)* trade, deal, do business; *3. (feilschen)* bargain; *4. sich ~ um* to be a matter of, concern, to be a question of

H

händeringend ['hɛndərɪŋənt] *adv (fig)* wringing one's hands, despairingly
Händeschütteln ['hɛndəʃytəln] *n* handshake, shaking hands
Handfertigkeit ['hantfɛrtɪçkaɪt] *f* dexterity
handfest ['hantfɛst] *adj 1. (robust)* robust, strong, sturdy; *2. (fig)* substantial, concrete
Handfläche ['hantflɛçə] *f* palm
handgearbeitet ['hantgəarbaɪtət] *adj* handmade
Handgelenk ['hantgəlɛŋk] *n* wrist; *aus dem ~ heraus* off the cuff
Handgemenge ['hantgəmɛŋə] *n* scuffle
Handgepäck ['hantgəpɛk] *n* small luggage, hand baggage *(US)*
handgreiflich ['hantgraɪflɪç] *adj ~ werden* apply physical force, become violent
Handgriff ['hantgrɪf] *m 1. (Griff)* handle; *2. (kleine Mühe)* lifting a finger, flick of the wrist
handhaben ['hanthaːbən] *v* handle
Handhabung ['hanthaːbuŋ] *f 1.* handling; *2. (einer Maschine)* operation; *3. (des Gesetzes)* administration
Handkoffer ['hantkɔfər] *m* small suitcase
Handlanger ['hantlaŋər] *m (verächtlich)* underling, henchman, stooge
Händler ['hɛndlər] *m* dealer, merchant
handlich ['hantlɪç] *adj* handy, easy to handle
Handlung ['handluŋ] *f 1. (Tat)* act, action, deed; *2. (Laden)* trade, business, shop; *3. (Geschehen) LIT* story, plot
Handlungsbedarf ['handluŋsbədarf] *m* a need to take action
handlungsfähig ['handluŋsfɛːɪç] *adj JUR* authorized to act
Handlungsweise ['handluŋsvaɪzə] *f* behaviour, conduct, procedure
Handschellen ['hantʃɛlən] *pl* handcuffs
Handschrift ['hantʃrɪft] *f* handwriting
handschriftlich ['hantʃrɪftlɪç] *adj* handwritten
Handschuh ['hantʃuː] *m* glove
Handschuhfach ['hantʃuːfax] *n* glove compartment
handsigniert ['hantzɪgniːrt] *adj* handsigned
Handtasche ['hanttaʃə] *f* handbag
Handtuch ['hanttuːx] *n* towel
Handumdrehen ['hantumdreːən] *n im ~* in no time, before you know it, in a jiffy *(fam)*
Handwerk ['hantvɛrk] *n* trade, craft; *jdm ins ~ pfuschen* interfere with s.o.'s work
Handwerker ['hantvɛrkər] *m* craftsman, tradesman
handwerklich ['hantvɛrklɪç] *adj* technical, craftsman's ...
Handwerkskammer ['hantvɛrkskamər] *f ECO* trade chamber
Handzeichen ['hanttzaɪçən] *n* hand signal
Handzettel ['hanttsɛtəl] *m* leaflet
Hanf [hanf] *m BOT* hemp
Hang [haŋ] *m 1. (Abhang)* slope, slant, inclination; *2. (fig: Neigung)* inclination, leaning, tendency
Hängebrücke ['hɛŋəbrykə] *f* suspension bridge
Hängebusen ['hɛŋəbuːzən] *m (fam)* sagging breasts
Hängematte ['hɛŋəmatə] *f* hammock

hängen ['hɛŋən] *v irr 1. (befestigt sein)* hang; *2. (herabhängen)* hang, to be suspended, hang down; *3. (aufhängen)* hang up, suspend; *4. an jdm ~ (fig: gern haben)* to be attached to s.o., to be fond of s.o.; *mit Hängen und Würgen* by the skin of one's teeth; *5. ~ bleiben* get stuck, get caught; *An mir bleibt alles hängen.* I get stuck with everything. *im Gedächtnis ~ bleiben* stick in one's memory; *in der Schule ~ bleiben* to be held back; *an einem Ort ~ bleiben* to be held up; *(Blick)* rest; *6. ~ lassen (fig) jdn ~* let s.o. down

hänseln ['hɛnzəln] *v jdn ~* tease s.o., pull s.o.'s leg
Hanswurst ['hansvurst] *m 1.* clown; *2. (fig)* buffoon, clown

Hantel ['hantəl] *f* dumbbell
hantieren [han'tiːrən] *v (herum~)* tinker, fiddle about
hapern ['haːpərn] *v 1. (fam) es hapert an etw* sth is lacking; *2. Bei ihm hapert es mit der Aussprache.* His pronunciation is shaky. His pronunciation is weak.
Happen ['hapən] *m* mouthful, piece, bite
Harfe ['harfə] *f MUS* harp
Harke ['harkə] *f* rake
harmlos ['harmloːs] *adj (ungefährlich)* harmless, innocent, inoffensive
Harmlosigkeit ['harmloːzıçkaıt] *f (Ungefährlichkeit)* harmlessness, innocuousness
harmonieren [harmo'niːrən] *v* harmonize
Harn [harn] *m* urine
Harpune [har'puːnə] *f* harpoon
harren ['harən] *v* await, wait for, look forward to
harsch [harʃ] *adj* harsh
hart [hart] *adj 1.* hard, firm, solid; *2. (streng)* strict, harsh, severe
Härte ['hɛrtə] *f 1.* hardness; *2. (Strenge)* strictness, hard-heartedness, toughness
Härtefall ['hɛrtəfal] *m* case of hardship, hardship
hartherzig ['harthɛrtsıç] *adj* hard-hearted, heartless
Hartherzigkeit ['harthɛrtsıçkaıt] *f* hard-heartedness, hardness
hartköpfig ['hartkœpfıç] *adj 1.* obstinate; *2. (schwer von Begriff)* thick-headed
hartnäckig ['hartnɛkıç] *adj* obstinate, persistent, stubborn
Hartnäckigkeit ['hartnɛkıçkaıt] *f* stubbornness, obstinacy, persistence
Harz [harts] *m* resin
Hasardeur [hazar'døːr] *m* gambler
Hasardspiel [ha'zartʃpiːl] *n 1.* game of chance; *2. (fig)* gamble
haschen ['haʃən] *v* catch, snatch; *nach Komplimenten ~* fish for compliments; *sich ~* play tag
Haschisch ['haʃıʃ] *n* hashish
Hase ['haːzə] *m ZOOL* hare, rabbit *(US); ein alter ~ sein* to be an old hand
Haselnuss ['haːzəlnus] *f BOT* hazelnut
Hasenfuß ['haːzənfuːs] *m (fig)* coward
Hasenscharte ['haːzənʃartə] *f MED* harelip
Hass [has] *m* hatred, hate
hassen ['hasən] *v* hate, detest, loathe
hassenswert ['hasənsveːrt] *adj* hateful, detestable
hasserfüllt ['hasɛrfylt] *adj* filled with hatred, spiteful
hässlich ['hɛslıç] *adj* ugly
hasten ['hastən] *v* hurry, rush, race
hastig ['hastıç] *adj 1.* hasty, hurried; *adv 2.* hastily, hurriedly
hätscheln ['hɛtʃəln] *v 1.* caress, fondle, pet; *2. (verzärteln)* pamper
Haube ['haubə] *f 1.* bonnet; *2. (Mütze)* cap; *3. (eines Autos)* bonnet *(UK)*, hood *(US); 4. jdn unter die ~ bringen* marry s.o. off
Hauch [haux] *m 1. (Atem)* breath; *2. (Luft)* breath of air, breeze; *3. (Duft)* whiff; *4. (geringe Menge)* touch, tinge
hauchdünn ['hauxdyn] *adj* wafer-thin, paper-thin
hauchen ['hauxən] *v* breathe
hauchzart ['haux'tsaːrt] *adj* wafer-thin, extremely delicate
Haudegen ['haudeːgən] *m 1.* broadsword; *2. (fig)* old warhorse
hauen ['hauən] *v irr* hit, strike
Haufen ['haufən] *m 1.* heap, pile, mass; *2. (Schar)* crowd; *3. (fam) ein ~ Arbeit* a ton of work; *jdn über den ~ fahren* knock s.o. down; *etw über den ~ werfen* put the kibosh on sth
häufen ['hɔyfən] *v* heap, pile up
haufenweise ['haufənvaızə] *adv 1.* in heaps; *2. (Menschen)* in droves
häufig ['hɔyfıç] *adj 1.* frequent; *adv 2.* often, frequently
Häufigkeit ['hɔyfıçkaıt] *f* frequency
Häufung ['hɔyfuŋ] *f* accumulation
Haupt [haupt] *n* head
hauptamtlich ['hauptamtlıç] *adj* full-time
Hauptanschluss ['hauptanʃlus] *m 1. (Telefon)* main extension; *2. TECH* main station, main terminal
Hauptaugenmerk ['hauptaugənmɛrk] *n sein ~ auf etw richten* pay special attention to sth
hauptberuflich ['hauptbəruːflıç] *adj* full-time
Hauptfach ['hauptfax] *n* main subject, major *(US)*
Hauptfigur ['hauptfiguːr] *f LIT* main character, central figure, principal character
Häuptling ['hɔyptlıŋ] *m* chief
Hauptmann ['hauptman] *m* captain
Hauptquartier ['hauptkvartiːr] *n* headquarters
Hauptrolle ['hauptrɔlə] *f CINE* leading role, lead

H

Hauptsache ['hauptzaxə] *f* main thing, main point, main issue
hauptsächlich ['hauptzɛçlɪç] *adj 1.* principal, primary, main; *adv 2.* mainly, above all, principally
Hauptsaison ['hauptsɛzɔ̃] *f* high season, peak season
Hauptsatz ['hauptzats] *m 1. GRAMM* main clause; *2. (allein stehend) GRAMM* sentence; *3. PHYS* first law
Hauptschlagader ['hauptʃlaːkaːdər] *f ANAT* aorta
Hauptschule ['hauptʃuːlə] *f* upper classes of a German elementary school
Hauptstadt ['hauptʃtat] *f* capital
hauptstädtisch ['hauptʃtɛtɪʃ] *adj* of a capital
Hauptstraße ['hauptʃtraːsə] *f* main street, main road
Hauptverkehrszeit ['hauptfɛrkeːrstsaɪt] *f* rush hour, peak hours
Hauptversammlung ['hauptfɛrzamluŋ] *f* general meeting, meeting of shareholders
Hauptverwaltung ['hauptfɛrvaltuŋ] *f* central administrative office, head office, headquarters
Hauptwohnsitz ['hauptvoːnzɪts] *m* principal residence
Hauptwort ['hauptvɔrt] *m GRAMM* noun

Haus [haus] *n 1.* house; *zu ~e* at home; *jdm das ~ einrennen* pester s.o.; *jdm das ~ verbieten* ban s.o. from the premises; *mit der Tür ins ~ fallen* blurt out the news; *ins ~ stehen* to be just around the corner *(fig)*; *jdm ins ~ schneien* drop in on s.o.; *Sie ist außer ~.* She's not in. *nach ~e* home; *nach ~e kommen* get home; *2. (Gebäude)* building; *Sie ist außer ~.* She's not in.

Hausangestellte(r) ['hausangəʃtɛltə(r)] *m/f* domestic servant
Hausarbeit ['hausarbaɪt] *f 1.* housework; *2. (Hausaufgaben)* homework
Hausarrest ['hausarɛst] *m* house arrest
Hausarzt ['hausartst] *m* family doctor, *(im Kurhaus)* resident doctor
Hausaufgaben ['hausaufgaːbən] *pl* homework
hausbacken ['hausbakən] *adj (fig)* frumpish, plain, homespun
Hausbesetzer ['hausbəzɛtsər] *m* squatter
Hausbesitzer ['hausbəzɪtsər] *m 1.* house owner; *2. (Vermieter/Vermieterin)* landlord/landlady
Hausbewohner ['hausbəvoːnər] *m* occupant, tenant
Häuschen ['hɔysçən] *n* cottage; *aus dem ~ sein (fig)* to be beside o.s. with joy
Hausdurchsuchung ['hausdurçzuːçuŋ] *f JUR* house search, search of a building, *(in mehreren Häusern)* house-to-house search
hausen ['hauzən] *v 1. (wohnen)* live; *2. (Zerstörungen anrichten)* ravage
Häuserblock ['hɔyzərblɔk] *m* block
Hausflur ['hausfluːr] *m* entrance hall, hallway
Hausfrau ['hausfrau] *f* housewife
Hausgebrauch ['hausgəbraux] *m für den ~* domestic use
hausgemacht ['hausgəmaxt] *adj* homemade
Haushalt ['haushalt] *m 1.* household; *2. (Staatshaushalt) POL* budget
haushalten ['haushaltən] *v irr 1.* keep house; *2. (sparsam sein)* budget, economize
Haushälterin ['haushɛltərɪn] *f* housekeeper
Haushaltsdebatte ['haushaltsdebatə] *f POL* budget debate
Haushaltsführung ['haushaltsfyːruŋ] *f* housekeeping, maintenance of a household
Haushaltsgerät ['haushaltsgərɛːt] *n* household appliance
Haushaltskasse ['haushaltskasə] *n* family budget
Haushaltsmittel ['haushaltsmɪtəl] *pl POL* budgetary means
Haushaltswaren ['haushaltsvaːrən] *pl* household articles
Hausherr/Hausherrin ['hausher/'hausherɪn] *m/f 1. (Familienoberhaupt)* man of the house/lady of the house; *2. (Gastgeber)* host/hostess; *3. (Vermieter)* landlord/landlady; *4. die Hausherren SPORT* the home team
hausieren [hau'ziːrən] *v* peddle, hawk
Hausierer [hau'ziːrər] *m* pedlar, hawker, peddler *(US)*
häuslich ['hɔyslɪç] *adj 1.* domestic; *2. (an ~en Dingen interessiert)* domesticated
Häuslichkeit ['hɔyslɪçkaɪt] *f 1. (hauswirtschaftliche Tätigkeit)* domesticity; *2. (Zuhause)* home
Hausmädchen ['hausmɛdçən] *n* maid, housemaid
Hausmannskost ['hausmanskɔst] *f* plain cooking
Hausmeister ['hausmaɪstər] *m* caretaker, janitor

Hausratversicherung ['hausraːtfɛrzɪçəruŋ] *f* household contents insurance
Hausschuh ['hausʃuː] *m* slipper
Haustier ['haustiːr] *n* domestic animal
Hausverbot ['hausfɛrboːt] *n* order to stay away, off-limits order
Hausverwaltung ['hausfɛrvaltuŋ] *f* property management

Haut [haut] *f ANAT* skin; *nur noch ~ und Knochen sein* to be all skin and bones; *seine eigene ~ retten* save one's own skin; *sich seiner ~ wehren* put up stubborn resistance; *sich auf die faule ~ legen* take it easy; *aus der ~ fahren* fly off the handle; *Er kann nicht aus seiner ~ heraus.* A leopard can't change his spots. *Ich möchte nicht in deiner ~ stecken.* I wouldn't like to be in your shoes. *mit heiler ~ davonkommen* get out by the skin of one's teeth; *mit ~ und Haaren* completely; *jdm unter die ~ gehen* get under s.o.'s skin

Hautabschürfung ['hautapʃyrfuŋ] *f MED* graze, skin lesion, abrasion
Hautausschlag ['hautausʃlaːk] *m MED* rash
häuten ['hɔytən] *v* skin
hauteng ['hautɛŋ] *adj* skin-tight
Hautfarbe ['hautfarbə] *f* skin colour
Hautkrankheit ['hautkraŋkhaɪt] *f MED* skin disease
hautnah ['hautnaː] *adj* first-hand
Hautpflege ['hautpfleːgə] *f* skin care
hautverträglich ['hautfɛrtrɛːklɪç] *adj* allergy-tested
Havarie [hava'riː] *f NAUT* damage to a ship
Hebamme ['heːbamə] *f* midwife
Hebebühne ['heːbəbyːnə] *f TECH* lift, platform lift, lifting stage
Hebel ['heːbəl] *m TECH* lever; *alle ~ in Bewegung setzen* pull out all the stops; *am längeren ~ sitzen* to be in the stronger position
Hebelwirkung ['heːbəlvɪrkuŋ] *f* leverage, lever action
heben ['heːbən] *v irr 1. (hochheben)* lift, raise; *einen ~* knock one back *(fam); 2. (steigern)* raise, enhance, improve
Hebung ['heːbuŋ] *f 1. (fig: Verbesserung)* improvement; *2. (Bergung)* recovery; *3. (Bewegung nach oben)* elevation, rise
Hecht [heçt] *m ZOOL* pike
hechten ['hɛçtən] *v* dive
Hechtsprung ['heçtʃpruŋ] *m 1.* headlong dive; *2. (beim Schwimmen) SPORT* racing dive; *3. (beim Turnen) SPORT* forward dive
Heck [hɛk] *n 1. (Auto)* tail, rear; *2. (Schiff)* stern
Heckantrieb ['hɛkantriːp] *m TECH* rear-wheel drive
Hecke ['hɛkə] *f BOT* hedge
Heckenrose ['hɛkənroːzə] *f BOT* dog-rose
Heckenschütze ['hɛkənʃytsə] *m* sniper
Heckklappe ['hɛkklapə] *f TECH* hatchback
Heer [heːr] *n MIL* army
Heerführer ['heːrfyːrər] *m MIL* army commander
Hefe ['heːfə] *f* yeast
Heft [hɛft] *n 1. (Zeitschrift)* magazine; *2. (Broschüre)* booklet; *3. (Übungsheft)* exercise-book, workbook
heften ['hɛftən] *v 1. (befestigen)* attach, fix, pin; *2. (nähen)* tack, stitch
Hefter ['hɛftər] *m* file, *(Heftmaschine)* stapler
heftig ['hɛftɪç] *adj 1.* severe, vehement, fierce; *adv 2.* severely, vehemently, intensely
Heftklammer ['hɛftklamər] *f* paper clip, staple
Heftpflaster ['hɛftpflastər] *n* adhesive plaster
hegen ['heːgən] *v 1. (pflegen)* care for; *2. (empfinden)* harbour, harbor *(US)*
Hehl [heːl] *m keinen ~ aus etw machen* make no secret of sth, make no bones about sth
Hehler ['heːlər] *m* fence *(fam),* receiver of stolen goods
Hehlerei [heːlə'raɪ] *f JUR* receiving stolen goods
Heide[1] ['haɪdə] *m* heathen, pagan
Heide[2] ['haɪdə] *f* heath, moor, moorland
Heidelbeere ['haɪdəlbeːrə] *f BOT* bilberry, blueberry *(US),* huckleberry *(US)*
Heidenangst [haɪdən'aŋst] *f ~ vor etw haben* to be scared stiff of sth
Heidentum ['haɪdəntum] *n* heathenism, paganism
heidnisch ['haɪdnɪʃ] *adj REL* heathen, pagan
heikel ['haɪkəl] *adj 1. (Angelegenheit)* delicate, tricky, awkward; *2. (Person: wählerisch)* fussy, fastidious, particular
heil [haɪl] *adj* whole, uninjured, unscathed
Heil [haɪl] *n 1. REL* salvation; *2.* well-being, welfare, good; *interj 3. HIST* hail
Heiland ['haɪlant] *m REL* Saviour
Heilanstalt ['haɪlanʃtalt] *f* sanatorium, home
heilbar ['haɪlbaːr] *adj* curable

H

heilen ['haılən] *v 1.* heal, to be cured; *2. (jdn ~)* cure, heal
heilig ['haılıç] *adj REL* holy; *~ sprechen* canonize
Heiligabend [haılıç'a:bənt] *m REL* Christmas Eve
Heilige(r) ['haılıgə(r)] *m/f REL* saint
Heiligenbild ['haılıgənbılt] *n REL* picture of a saint
Heiligenschein ['haılıgənʃaın] *m REL* halo, aura
Heiligtum ['haılıgtu:m] *n* holy place, *(Gegenstand)* sacred relic
Heilkraft ['haılkraft] *f MED* healing power
heilkräftig ['haılkrɛftıç] *adj MED* curative, effective
Heilkunde ['haılkundə] *f MED* medicine, medical science
heillos ['haıllo:s] *adj (fam)* hopeless, desperate, incredible
Heilmittel ['haılmıtəl] *n 1. MED* medicine, drug, remedy; *2. (fig)* remedy, cure
Heilpflanze ['haılpflantsə] *f MED* medicinal herb
Heilpraktiker ['haılpraktıkər] *m* practitioner of alternative medicine
Heilquelle ['haılkvɛlə] *f* medicinal spring
Heilsarmee ['haılsarme:] *f* Salvation Army
Heilung ['haıluŋ] *f MED* curing, healing, cure
Heilverfahren ['haılfɛrfa:rən] *n* treatment
Heim [haım] *n* home
Heimarbeit ['haımarbaıt] *f* cottage industry
Heimat ['haımat] *f* native country, home, home country
Heimatfilm ['haımatfılm] *m CINE* sentimental film in a regional setting
Heimatkunde ['haımatkundə] *f* local history and geography
heimatlich ['haımatlıç] *adj* of home, native
heimatlos ['haımatlo:s] *adj* homeless
Heimatstadt ['haımatʃtat] *f* hometown
Heimatvertriebene(r) ['haımatfɛrtri:bənə(r)] *m/f* displaced person
heimbegleiten ['haımbəglaıtən] *v* accompany home, see home
heimbringen ['haımbrıŋən] *v irr* bring home
Heimchen ['haımçən] *n 1. (Grille)* house cricket; *2. (fig) ~ am Herd* housewife
Heimfahrt ['haımfa:rt] *f 1.* the way home, journey home; *2. NAUT* return voyage
heimisch ['haımıʃ] *adj 1. (heimatlich)* home; *2. (vertraut)* familiar
heimkehren ['haımke:rən] *v* return home
Heimkind ['haımkınt] *n* child in an institution
Heimleiter ['haımlaıtər] *m* director of a home, warden
heimleuchten ['haımlɔyçtən] *v jdm ~* tell s.o. off
heimlich ['haımlıç] *adj 1. (verstohlen)* surreptitious, clandestine, furtive; *2. (geheim)* secret; *adv 3.* secretly, surreptitiously, furtively
Heimlichkeit ['haımlıçkaıt] *f* secrecy
Heimlichtuer ['haımlıçtu:ər] *m* secretive person
Heimsuchung ['haımzu:xuŋ] *f 1. (Schicksalsschlag)* affliction; *2. Mariä ~ REL* the visitation of Mary
Heimtücke ['haımtykə] *f* malice, treachery
Heimweh ['haımve:] *n 1.* homesickness; *2. (nach Vergangenem)* nostalgia
Heimwerker ['haımvɛrkər] *m* hobbyist, do-it-yourselfer
heimzahlen ['haımtsa:lən] *v* pay back, get back at, get even with
Heinzelmännchen ['haıntsəlmɛnçən] *n* friendly elf
heiraten ['haıra:tən] *v* marry
Heiratsantrag ['haıra:tsantra:k] *m* marriage proposal
Heiratsanzeige ['haıra:tsantsaıgə] *f 1.* marriage announcement, notice of marriage; *2. (Suchanzeige)* advertisement for a marriage partner
heiratsfähig ['haıratsfɛ:ıç] *adj* marriageable, nubile
Heiratsschwindler ['haıra:tsʃvındlər] *m* marriage impostor
heiser ['haızər] *adj* hoarse, husky

> **heiß** [haıs] *adj 1.* hot; *ein ~es Eisen (fig)* a hot potato; *~e Luft* hot air; *Da läuft es einem ~ und kalt über den Rücken.* It sends shivers running down your spine. *2. (heftig)* heated, vehement, passionate; *~ ersehnt* fervently longed for; *~ geliebt* dearly beloved; *~ umstritten* very controversial, hotly debated, hotly disputed; *~ umkämpft* embattled

heißblütig ['haısblytıç] *adj* hot-blooded, hot-tempered

H

heißen ['haɪsən] *v irr 1. (nennen)* call, name; *2. (bezeichnet werden)* to be named, to be called; *3. (bedeuten)* mean, signify; *4. jdn willkommen ~* welcome s.o.; *5. es heißt (man sagt)* they say
Heißhunger ['haɪshuŋər] *m* craving, ravenous appetite
heißlaufen ['haɪslaufən] *v irr TECH* run hot, overheat
heiter ['haɪtər] *adj 1. (fröhlich)* cheerful, jolly, bright; *2. (sonnig)* bright, cheerful, fair; *Das kann ja ~ werden!* Now we're in for it!
heizen ['haɪtsən] *v* heat
Heizkeller ['haɪtskɛlər] *m* furnace room, boiler room
Heizkessel ['haɪtskɛsəl] *m* heating boiler, heating furnace
Heizkissen ['haɪtskɪsən] *n* heating pad
Heizkörper ['haɪtskœrpər] *m* radiator, heater
Heizung ['haɪtsuŋ] *f* heating
Hektar ['hɛktar] *n* hectare
Hektoliter ['hɛktoliːtər] *m* hectolitre
Held [hɛlt] *m* hero
heldenhaft ['hɛldənhaft] *adj 1.* heroic, valiant; *adv 2.* heroically, valiantly
heldenmütig ['hɛldənmyːtɪç] *adj* heroic
Heldentat ['hɛldəntaːt] *f* heroic deed, feat
Heldentod ['hɛldəntoːt] *m 1.* hero's death; *2. den ~ sterben MIL* to be killed in action
Heldentum ['hɛldəntum] *n* heroism

helfen ['hɛlfən] *v irr* help, assist

Helfer ['hɛlfər] *m* helper, assistant
Helfershelfer ['hɛlfərshɛlfər] *m* accessory
hell [hɛl] *adj 1. (Licht)* bright, light; *2. (Klang)* clear, ringing, resonant; *3. (fig: aufgeweckt)* bright, intelligent, shrewd
hellblau ['hɛlblau] *adj* light blue
Heller ['hɛlər] *m* penny; *auf ~ und Pfennig* down to the last farthing; *seinen letzten ~ weggeben* spend one's last penny
hellhörig ['hɛlhøːrɪç] *adj 1. (schalldurchlässig)* not sound-proof; *2. (fig: wachsam)* attentive, alert, sharp-eared *(fam)*
Hellhörigkeit ['hɛlhøːrɪçkaɪt] *f 1. (scharfes Gehör)* good ears; *2. (Schalldurchlässigkeit)* poor soundproofing; *3. (fig: Aufmerksamkeit)* alertness, attentiveness
Helligkeit ['hɛlɪçkaɪt] *f* brightness, brilliance, lightness
Hellseher ['hɛlzeːər] *m* clairvoyant, visionary
hellseherisch ['hɛlzeːərɪʃ] *adj (fam: prophetisch)* visionary
hellsichtig ['hɛlzɪçtɪç] *adj (fig)* shrewd
hellwach ['hɛl'vax] *adj* wide-awake
Helm [hɛlm] *m* helmet
Hemd [hɛmt] *n* shirt; *sein letztes ~ hergeben* give the shirt off one's back; *kein ~ mehr auf dem Leib haben* have lost one's shirt
hemdsärmelig ['hɛmtsɛrməlɪç] *adj 1.* shirt-sleeved; *2. (fig)* casual
hemmen ['hɛmən] *v* impede, hinder, obstruct
Hemmnis ['hɛmnɪs] *n* hindrance, obstacle
hemmungslos ['hɛmuŋsloːs] *adj 1.* uninhibited, unrestrained; *adv 2.* without restraint; *~ weinen* cry uncontrollably
Hemmungslosigkeit ['hɛmuŋsloːzɪçkaɪt] *f* lack of restraint
Hengst [hɛŋst] *m ZOOL* stallion
Henkel ['hɛŋkəl] *m* handle
Henker ['hɛŋkər] *m* hangman, executioner
Henkersmahlzeit ['hɛŋkərsmaːltsaɪt] *f (fig)* last meal
Henne ['hɛnə] *f ZOOL* hen

her [heːr] *adv 1. (örtlich)* from; *Wo hat sie das ~?* Where did she get that from? *Wo sind Sie ~?* Where do you come from? *hinter jdm ~ sein* to be after s.o.; *2. (zeitlich)* since, ago; *3. (in Aufforderung)* here; *Her damit!* Give me that! *Komm ~!* Come here! *4. Mit ihm ist es nicht weit ~.* He's nothing to write home about. *5. (Standpunkt) von der Idee ~* as far as the idea is concerned

herab [hɛ'rap] *adv* down, downward
herabhängen [hɛ'raphɛŋən] *v irr* hang down
herablassen [hɛ'raplasən] *v irr* let down, lower
herablassend [hɛ'raplasənt] *adj* condescending, patronising, supercilious
herabsehen [hɛ'rapzeːən] *v irr (fig)* look down on
herabsetzen [hɛ'rapzɛtsən] *v 1. (vermindern)* lower, reduce, cut; *2. (herabwürdigen)* belittle, disparage
herabsetzend [hɛ'rapzɛtsənt] *adj 1.* disparaging, derogatory; *adv 2.* disparagingly, in disparagement
Herabsetzung [hɛ'rapzɛtsuŋ] *f 1. (Preis)* reduction; *2. (fig: eines Menschen)* belittlement, disparagement
herabsteigen [hɛ'rapʃtaɪgən] *v irr* get down, descend

H

H

herabstürzen [hɛˈrapʃtyrtsən] *v* fall down, come crashing down, crash down
herabwürdigen [hɛˈrapvyːrdɪgən] *v 1.* belittle, disparage; *2. sich ~* demean o.s., lower o.s.
heran [hɛˈran] *adv 1. (örtlich)* here; *2. (zeitlich)* near
heranfahren [hɛˈranfaːrən] *v irr 1.* pull up, drive up; *2. (mit der Kamera) CINE* move in close
heranführen [hɛˈranfyːrən] *v jdn an etw ~* lead s.o. up to sth
herankommen [hɛˈrankɔmən] *v irr 1.* approach, draw near; *2. (ergreifen) an etw ~* get hold of sth
heranlassen [hɛˈranlasən] *v irr* let get near
heranschleichen [hɛˈranʃlaɪçən] *v irr ~ an* creep up on, steal up on, sidle up to
herantasten [hɛˈrantastən] *v sich an etw ~* approach sth cautiously
herantragen [hɛˈrantraːgən] *v irr 1.* bring over; *2. etw an jdn ~ (fig)* put sth to s.o., bring sth up to s.o.
heranwachsen [hɛˈranvaksən] *v irr* grow up
Heranwachsende [hɛˈranvaksəndə] *pl* adolescents *pl*
herauf [hɛˈrauf] *adv* up
heraufbeschwören [hɛˈraufbəʃvøːrən] *v irr* conjure up, bring on
heraufholen [hɛˈraufhoːlən] *v* produce, bring out
heraufsetzen [hɛˈraufzɛtsən] *v (erhöhen)* increase, raise
heraufsteigen [hɛˈraufʃtaɪgən] *v irr* climb up, mount
heraufziehen [hɛˈrauftsiːən] *v irr 1. (etw ~)* pull up, move up; *2. (Gewitter)* approach
heraus [hɛˈraus] *adv* out
herausarbeiten [hɛˈrausarbaɪtən] *v etw ~* work sth out
herausbekommen [hɛˈrausbəkɔmən] *v irr 1. (Wechselgeld)* receive change, get change; *2. (fig: herausfinden)* find out, get to the bottom of
herausbeugen [hɛˈrausbɔygən] *v sich ~* bend out
herausbilden [hɛˈrausbɪldən] *v sich ~* develop, take shape
herausbrechen [hɛˈrausbrɛçən] *v irr* break out
herausbringen [hɛˈrausbrɪŋən] *v irr 1.* bring out, take out; *2. (fam: entfernen)* remove, take out; *3. (veröffentlichen)* bring out, publish; *4. (fig: herausfinden)* squeeze out
herausfinden [hɛˈrausfɪndən] *v irr* find out
herausfordern [hɛˈrausfɔrdərn] *v 1.* challenge; *2. (Trotz bieten)* defy; *3. (provozieren)* provoke
herausgeben [hɛˈrausgeːbən] *v irr 1.* hand out; *2. (Buch)* publish, *(als Bearbeiter)* edit
Herausgeber(in) [hɛˈrausgeːbər(ɪn)] *m/f 1.* publisher; *2. (Redakteur(in))* editor
heraushalten [hɛˈraushaltən] *v irr 1.* hold out; *2. sich ~* keep out, stay out
herausholen [hɛˈraushoːlən] *v 1. (herausnehmen)* take out, get out; *2. jdn aus etw ~* get s.o. out of sth; *3. (Gewinn erzielen) Da lässt sich nichts ~.* You can't make any money on that.
herauskommen [hɛˈrauskɔmən] *v irr 1.* come out; *2. (Buch)* appear, to be published; *3. (bekannt werden)* transpire, emerge; *4. (fig: erscheinen)* emerge, come out; *Das kommt aufs Gleiche heraus.* It boils down to the same thing.
herauskristallisieren [hɛˈrauskrɪstaliziːrən] *v sich ~* become clear, transpire
herausragen [hɛˈrausraːgən] *v 1.* protrude; *2. (fig)* stand out
herausreden [hɛˈrausreːdən] *v sich ~* make excuses
herausreißen [hɛˈrausraɪsən] *v irr* pull out, rip out, tear out
herausschauen [hɛˈrausʃauən] *v 1.* look out; *2. (hervorschauen)* show
herausstellen [hɛˈrausʃtɛlən] *v 1.* put outside; *2. (hervorheben)* emphasize; *3. sich ~ als* prove to be; *es stellte sich heraus, dass ...* it turned out that ...
herausstreichen [hɛˈrausʃtraɪçən] *v irr 1. (streichen)* delete; *2. (hervorheben)* praise to the skies
heraussuchen [hɛˈrauszuːxən] *v* choose, select, pick out
heraustreten [hɛˈraustreːtən] *v irr 1.* step out, come out, protrude; *2. (Adern)* protrude, stand out, stick out
herauswerfen [hɛˈrausvɛrfən] *v irr* throw out
herauswinden [hɛˈrausvɪndən] *v irr sich ~ aus* wriggle out of, extricate o.s. from
herausziehen [hɛˈraustsiːən] *v irr* pull out, draw out, extract
herb [hɛrp] *adj 1. (Geschmack)* harsh, sharp; *2. (fig: Kritik)* harsh; *3. (fig: Schönheit)* plain, austere

herbei [hɛr'baɪ] *adv* along, over
herbeieilen [hɛr'baɪaɪlən] *v* hurry over
herbeiführen [hɛr'baɪfyːrən] *v 1.* lead up; *2. (fig)* cause, induce, give rise to
herbeischaffen [hɛr'baɪʃafən] *v irr* produce, procure
herbeisehnen [hɛr'baɪzeːnən] *v* yearn for, long for
Herberge ['hɛrbɛrgə] *f 1.* lodging; *2. (Jugendherberge)* youth hostel
herbestellen ['heːrbəʃtɛlən] *v* ask to come, summon
herbringen ['heːrbrɪŋən] *v irr* bring over, bring round, bring here
Herbst [hɛrpst] *m* autumn, fall *(US)*
Herbstzeitlose ['hɛrpsttsaɪtloːzə] *f BOT* meadow saffron
Herd [heːrt] *m* hearth, cooking-stove
Herde ['heːrdə] *f* herd, drove; *mit der ~ laufen* follow the crowd
herein [hɛ'raɪn] *adv 1.* in; *2. Herein!* Come in!
hereinbitten [hɛ'raɪnbɪtən] *v irr* ask in, invite in
hereinbrechen [hɛ'raɪnbrɛçən] *v irr (fig)* close in, set in, befall
hereinfallen [hɛ'raɪnfalən] *v irr 1.* fall in; *2. (fig: getäuscht werden)* fall for, to be taken in
hereinholen [hɛ'raɪnhoːlən] *v 1. (hereinbringen)* fetch in, make up for; *2. (aufholen)* make up for
hereinkommen [hɛ'raɪnkɔmən] *v irr* come in, walk in; *Komm nur herein!* Come on in!
hereinlassen [hɛ'raɪnlasən] *v irr* let in
hereinlegen [hɛ'raɪnleːgən] *v (jdn ~)* trick, dupe
hereinrufen [hɛ'raɪnruːfən] *v irr jdn ~* call s.o. in
hereintreten [hɛ'raɪntreːtən] *v irr (in etw reintreten)* step into
herfahren ['heːrfaːrən] *v irr 1.* drive here; *2. Ich bin mit dem Zug hergefahren.* I came here by train. *3. hinter jdm ~* follow s.o., drive behind s.o., drive after s.o.
Herfahrt ['heːrfaːrt] *f die ~* the trip here
herfallen ['heːrfalən] *v irr 1. über jdn ~* attack s.o.; *2. über etw ~* pounce upon sth
Hergang ['heːrgaŋ] *m* course of events
hergeben ['heːrgeːbən] *v irr* hand over, give, give up
herhalten ['heːrhaltən] *v 1. (die Folgen tragen)* suffer; *2. ~ als (benutzt werden)* serve as; *3. (etw ~)* hold out
herholen ['heːrhoːlən] *v 1.* fetch; *2. (fig) weit hergeholt* farfetched; *3. FOTO* bring into focus
herkommen ['heːrkɔmən] *v irr 1. (näher kommen)* come near, approach; *2. (herstammen)* originate, derive from, to be due to
herkömmlich ['heːrkœmlɪç] *adj* customary, conventional, traditional
Herkunft ['heːrkunft] *f* origin, descent, source
herleiten ['heːrlaɪtən] *v 1.* bring here; *2. (folgern)* derive; *3. sich von etw ~* come from sth, to be derived from sth
Herold ['heːrɔlt] *m 1.* herald; *2. (fig)* harbinger

> **Herr** [hɛr] *m 1. (Mann)* gentleman; *2. (vor Eigennamen)* Mr., Mister; *~ Doktor Huber* Doctor Huber; *3. (Gebieter)* lord, master, ruler, sovereign; *der ~ im eigenen Haus sein* wear the trousers *(fam); über jdn ~ werden* to master s.o.

herrenlos ['hɛrənloːs] *adj 1.* abandoned, ownerless; *2. (Hund)* stray
herrichten ['heːrrɪçtən] *v* prepare, put in order, do up
Herrin ['hɛrɪn] *f* mistress
herrisch ['hɛrɪʃ] *adj* arrogant, domineering, haughty
herrlich ['hɛrlɪç] *adj 1.* wonderful, delightful, glorious; *2. (reizend)* lovely, gorgeous
Herrlichkeit ['hɛrlɪçkaɪt] *f* excellence, magnificence, splendour
Herrschaft ['hɛrʃaft] *f* power, supremacy, rule
herrschaftlich ['hɛrʃaftlɪç] *adj (vornehm)* grand, elegant
herrschen ['hɛrʃən] *v 1. (regieren)* dominate, rule, reign over; *2. (bestehen)* prevail, to be
Herrscher ['hɛrʃər] *m* ruler, sovereign
Herrschsucht ['hɛrʃzuxt] *f 1.* thirst for power, imperiousness; *2. (fig)* domineering nature, imperiousness
herrühren ['heːrryːrən] *v* emanate from, spring from, derive from; *Das rührt von seinem Unfall her.* That dates back to his accident.
hersagen ['heːrzaːgən] *v* recite
herschauen ['heːrʃauən] *v* here, look over here; *Da schau her!* What do you know!
herstammen ['heːrʃtamən] *v ~ von* come from

H

herstellen ['herʃtɛlən] *v 1. (erzeugen)* produce, make, manufacture; *2. (fig: realisieren)* create, establish
Hersteller ['herʃtɛlər] *m* producer, manufacturer, maker
Herstellung ['herʃtɛluŋ] *f 1. (Erzeugung)* production, manufacture; *2. (Realisierung)* establishment, bringing about
herüber [hɛ'ryːbər] *adv* across, over here
herüberkommen [hɛ'ryːbərkɔmən] *v irr* come over, come round
herübersteigen [hɛ'ryːbərʃtaɪgən] *v irr* step across, step over
herum [hɛ'rum] *adv* round, around, about
herumalbern [hɛ'rumalbərn] *v* fool around, clown around

H

herumbekommen [hɛ'rumbəkɔmən] *v irr 1. (jdn ~)* bring round; *2. (Zeit)* pass, spend, kill *(fam)*
herumführen [hɛ'rumfyːrən] *v* show round, take round, show around
herumkommen [hɛ'rumkɔmən] *v irr 1. (reisen)* get around; *2. (fig) um etw ~* avoid sth, get around sth
herumkriegen [hɛ'rumkriːgən] *v jdn ~* win s.o. over
herumlaufen [hɛ'rumlaufən] *v irr* run around, go around
herumreichen [hɛ'rumraɪçən] *v* hand round, pass round
herumsitzen [hɛ'rumzɪtsən] *v irr* sit around
herumsprechen [hɛ'rumʃprɛçən] *v irr sich ~* get around, go around
Herumtreiber [hɛ'rumtraɪbər] *m 1.* loafer; *2. (Mensch ohne festen Wohnsitz)* vagabond, drifter
herunter [hɛ'runtər] *adv* down
herunterdrücken [hɛ'runtərdrykən] *v* press down, force down
herunterfallen [hɛ'runtərfalən] *v irr* fall down, drop
heruntergekommen [hɛ'runtərgəkɔmən] *adj* neglected, run-down
herunterklappen [hɛ'runtərklapən] *v* fold down, turn down
herunterkommen [hɛ'runtərkɔmən] *v irr 1.* come down; *2. (fig)* deteriorate, go downhill
heruntermachen [hɛ'runtərmaxən] *v 1.* lower; *2. (kritisieren)* pull to pieces
herunterreißen [hɛ'runtərraɪsən] *v irr 1.* tear down, tear off; *2. (heftig stoßen)* knock over; *3. (kritisieren)* rip
herunterschlucken [hɛ'runtərʃlukən] *v* swallow
herunterspielen [hɛ'runtərʃpiːlən] *v (fam) etw ~* play sth down
herunterwerfen [hɛ'runtərvɛrfən] *v irr* throw down
hervor [hɛr'foːr] *adv* out, forward
hervorbringen [hɛr'foːrbrɪŋən] *v irr 1. (erzeugen)* produce, generate; *2. (sagen)* utter
hervorgehen [hɛr'foːrgeːən] *v irr 1. aus etw ~ Aus der Ehe gingen drei Kinder hervor.* The marriage produced three children. *Er ging aus dem Wettkampf als Sieger hervor.* He emerged as the winner of the competition. *2. (zu folgern sein)* follow
hervorheben [hɛr'foːrheːbən] *v irr* emphasize, stress, underline
hervorholen [hɛr'foːrhoːlən] *v* get out of
hervorragen [hɛr'foːrraːgən] *v 1.* stand out, stick out; *2. (fig)* stand out
hervorragend [hɛr'foːrraːgənt] *adj 1. (ausgezeichnet)* outstanding, excellent, first-rate; *2. (fig)* eminent, distinguished
hervorrufen [hɛr'foːrruːfən] *v irr (fig)* provoke, produce, bring about
hervorstechen [hɛr'foːrʃtɛçən] *v irr (fig)* stand out, excel

Herz [hɛrts] *n* heart; *ein ~ und eine Seele sein* to be inseparable; *jdm sein ~ ausschütten* pour out one's heart to s.o.; *jdm das ~ brechen* break s.o.'s heart; *sich ein ~ nehmen* pluck up one's courage; *das ~ auf der Zunge tragen* wear one's heart on one's sleeve; *jdm sein ~ schenken* lose one's heart to s.o.; *jdm das ~ schwermachen* sadden s.o.; *seinem ~en Luft machen* get sth off one's chest; *Das liegt mir sehr am ~en.* That's very important to me. *jdm ans ~ wachsen* grow on s.o.; *etw auf dem ~en haben* have sth on one's mind; *Du sprichst mir aus dem ~en.* You've taken the words right out of my mouth. *aus tiefstem ~en* from the bottom of one's heart; *jdn in sein ~ schließen* become fond of s.o.; *jdn ins ~ treffen* cut s.o. to the quick; *etw nicht übers ~ bringen* not have the heart to do sth

Herzensbrecher ['hɛrtsənsbrɛçər] *m* lady-killer, ladies' man
herzergreifend ['hɛrtsɛrgraɪfənt] *adj* moving, touching, heart-rending
herzhaft ['hɛrtshaft] *adj 1. (Geschmack)* full, strong; *2. (Lachen)* hearty, warm, vigorous
herzig ['hɛrtsɪç] *adj* sweet, cute *(US)*, delightful

Herzinfarkt ['hɛrtsɪnfarkt] *m* heart attack, cardiac infarction
Herzkammer ['hɛrtskamər] *f ANAT* heart ventricle
Herzklopfen ['hɛrtsklɔpfən] *n* palpitations
herzkrank ['hɛrtskraŋk] *adj ~ sein MED* have a heart condition
Herzkrankheit ['hɛrtskraŋkhaɪt] *f MED* heart disease
herzlich ['hɛrtslɪç] *adj* cordial, warm, sincere
Herzlichkeit ['hɛrtslɪçkaɪt] *f* warmth, cordiality
herzlos ['hɛrtsloːs] *adj* heartless, cold, callous
Herzlosigkeit ['hɛrtsloːzɪçkaɪt] *f* heartlessness
Herzog ['hɛrtsoːk] *m* duke
Herzogin ['hɛrtsoːgɪn] *f* duchess
herzoglich ['hɛrtsoːklɪç] *adj* of the duke, of a duke, ducal
Herzogtum ['hɛrtsoːktum] *n* dukedom, duchy
Herzschlag ['hɛrtsʃlaːk] *m 1. (einzelner)* heartbeat; *2. MED* pulse, heartbeat
Herzschrittmacher ['hɛrtsʃrɪtmaxər] *m MED* pacemaker
Herzschwäche ['hɛrtsʃvɛçə] *f MED* cardiac insufficiency
Herzstillstand ['hɛrtsʃtɪlʃtant] *m MED* cardiac arrest
Herzstück ['hɛrtsʃtyk] *n* core, heart
hetzen ['hɛtsən] *v 1. (eilen)* hurry, race, rush; *2. (fig)* agitate, excite feelings
Hetzkampagne ['hɛtskampanjə] *f POL* virulent campaign
Heu [hɔy] *n BOT* hay
Heuchelei [hɔyçə'laɪ] *f* hypocrisy, insincerity, deceit
heucheln ['hɔyçəln] *v 1.* to be hypocritical; *2. (sich verstellen)* feign, simulate, fake
Heuchler(in) ['hɔyçlər(ɪn)] *m/f* hypocrite
heuer ['hɔyər] *adv* this year
heulen ['hɔylən] *v 1. (fam: weinen)* bawl, wail, howl; *zum ~ sein* to be enough to make you cry; *2. (Sirene)* wail

heute ['hɔytə] *adv* today; *~ vor einer Woche* a week ago today; *~ Abend* this evening

heutzutage ['hɔytsutaːgə] *adv* nowadays, these days
Hexe ['hɛksə] *f* witch
Hexenkessel ['hɛksənkɛsəl] *m (fig)* pandemonium, mess
Hexenschuss ['hɛksənʃus] *m MED* lumbago
Hieb [hiːp] *m* blow, knock, hit

hier [hiːr] *adv* here

hierauf ['hiːrauf] *adv 1. (örtlich)* on; *2. (Erwiderung)* to this; *3. (zeitlich)* upon, then
hieraus ['hiːraus] *adv* out of this, from this
hierbei ['hiːrbaɪ] *adv* at this, on this occasion, herewith
hierdurch ['hiːrdurç] *adv (kausal)* by this means, by this, hereby
hierher ['hiːrheːr] *adv* here, this way, over here
hierlassen ['hiːrlasən] *v irr* leave here
hiermit ['hiːrmɪt] *adv* herewith
hiervon ['hiːrfɔn] *adv* hereof, of this
hierzu ['hiːrtsuː] *adv* in addition to, to this
hiesig ['hiːzɪç] *adj* local, of this place
Hilfe ['hɪlfə] *f 1.* help, aid, assistance; *jdm zu ~ kommen* come to s.o.'s aid; *2. Erste ~* first aid; *3. (sozial)* social security, social welfare; *4. (Katastrophenhilfe)* aid, relief; *interj 5.* help
Hilferuf ['hɪlfəruːf] *m* cry for help
hilflos ['hɪlfloːs] *adj* helpless
hilfreich ['hɪlfraɪç] *adj* helpful
Hilfsaktion ['hɪlfsaktsjoːn] *f* relief campaign
hilfsbedürftig ['hɪlfsbədyrftɪç] *adj* in need of help
hilfsbereit ['hɪlfsbəraɪt] *adj* helpful, ready to help
Hilfskraft ['hɪlfskraft] *f* assistant
Hilfsmittel ['hɪlfsmɪtəl] *n* aid

Himmel ['hɪməl] *m 1. (Firmament)* sky, firmament; *2. REL* heaven; *aus heiterem ~ kommen* come out of the blue; *der ~ auf Erden* heaven on earth; *jdm den ~ auf Erden versprechen* promise s.o. heaven on earth; *aus allen ~n fallen* come down to earth with a bump; *im siebten ~ sein* to be in seventh heaven; *Das schreit zum ~.* That's an absolute scandal. *Ach du lieber Himmel!* Good heavens! *Weiß der ~!* God knows! *Um ~s willen!* For goodness' sake!

Himmelbett ['hɪməlbɛt] *n* four-poster bed
Himmelfahrt ['hɪməlfaːrt] *f 1. Christi ~ REL* Ascension Day; *2. Mariä ~ REL* Feast of Assumption
himmlisch ['hɪmlɪʃ] *adj* heavenly
hin [hɪn] *adv* there; *~ und wieder* every now and then; *~ und her* back and forth; *~ und*

H

zurück there and back; *Wo geht er ~?* Where is he going? *~ und her* back and forth; *nach langem Hin und Her* after quite some dithering

hinab [hɪn'ap] *adv* down

hinauf [hɪn'auf] *adv* up

hinaufgehen [hɪn'aufgeːən] *v irr* go up

hinaufsteigen [hɪn'aufʃtaɪgən] *v irr* climb up, mount, go up

hinaus [hɪn'aus] *adv* out

hinausbegleiten [hɪ'nausbəglaɪtən] *v jdn ~* see s.o. out

hinausgehen [hɪn'ausgeːən] *v irr* go out, leave

hinauslaufen [hɪn'auslaufən] *v irr 1.* run out; *2. (fig) auf etw ~* amount to sth, boil down to sth

H

hinausschieben [hɪn'ausʃiːbən] *v irr* postpone, defer, delay

hinauswerfen [hɪn'ausvɛrfən] *v irr* throw out; *einen Blick ~* glance outside

hinauswollen [hɪn'ausvɔlən] *v irr (fig) Worauf willst du hinaus?* What are you getting at?

hinauszögern [hɪ'naustsøːgərn] *v 1. etw ~* delay, put off; *2. sich ~* to be delayed

Hinblick ['hɪnblɪk] *m im ~ auf* in view of, considering

hinbringen ['hɪnbrɪŋən] *v irr* take there

hinderlich ['hɪndərlɪç] *adj ~ sein* to be in the way, to be a nuisance

hindern ['hɪndərn] *v* impede, hinder, obstruct

Hindernis ['hɪndərnɪs] *n* obstruction, impediment, hindrance

hindurch [hɪn'durç] *adv 1. (örtlich)* through; *2. (zeitlich)* throughout

hinein [hɪn'aɪn] *adv* in, into

hineingehen [hɪn'aɪngeːən] *v irr* go in, enter, step in

hineingeraten [hɪn'aɪngəraːtən] *v irr in etw ~* get into sth, become involved in sth

hineinpassen [hɪn'aɪnpasən] *v* fit

hineinplatzen [hɪn'aɪnplatsən] *v* burst in, barge in

hineinreden [hɪn'aɪnreːdən] *v 1. jdm ~* meddle in s.o.'s affairs; *2. sich in Wut ~* work o.s. up into a rage

hineinstecken [hɪn'aɪnʃtɛkən] *v irr 1.* put in, insert, stick in; *2. (fig: investieren)* invest, put money into sth

hineinsteigern [hɪn'aɪnʃtaɪgərn] *v sich in etw ~* talk o.s. into sth, psych o.s. into thinking sth *(fam)*

hineinversetzen [hɪn'aɪnfɛrzɛtsən] *v sich ~* put o.s. in s.o.'s place

hineinziehen [hɪn'aɪntsiːən] *v irr 1.* pull in, drag in; *2. (fig) jdn in etw ~* drag s.o. into sth, involve s.o. in sth

Hinfahrt ['hɪnfaːrt] *f* outward journey, the way there

hinfallen ['hɪnfalən] *v irr* fall, drop

hinfällig ['hɪnfɛlɪç] *adj (ungültig)* invalid

Hinflug ['hɪnfluːk] *m* outward flight

Hingabe ['hɪngaːbə] *f* devotion, abandon

hingegen [hɪn'geːgən] *konj* however, on the other hand, whereas

hingehen ['hɪngeːən] *v irr 1.* go there; *~ zu* go to; *Wo gehst du hin?* Where are you going? *2. (sterben)* pass away; *3. (vorübergehen)* pass, go by; *4. (erträglich sein)* do, pass

hingerissen ['hɪngərɪsən] *v von etw ~ sein* to be fascinated by sth

hinhalten ['hɪnhaltən] *v irr 1.* hold out; *2. jdn ~* put s.o. off, keep s.o. dangling, stall s.o.

hinken ['hɪŋkən] *v* limp

hinkommen ['hɪnkɔmən] *v irr 1.* get there, arrive; *2. (erreichen können)* reach (sth); *3. (klappen)* turn out all right; *4. (auskommen)* make do; *5. (hingehören)* go

hinlänglich ['hɪnlɛŋlɪç] *adj* sufficient, adequate

hinlegen ['hɪnleːgən] *v 1. etw ~* put sth down; *2. sich ~* lie down, rest

hinnehmen ['hɪnneːmən] *v irr* accept, tolerate, endure

hinreichend ['hɪnraɪçənt] *adj* sufficient

hinreißen ['hɪnraɪsən] *v hin- und hergerissen sein* to be torn between two possibilities

hinrichten ['hɪnrɪçtən] *v* execute

Hinrichtung ['hɪnrɪçtuŋ] *f* execution

hinschicken ['hɪnʃɪkən] *v* send there

hinsehen ['hɪnzeːən] *v irr* look at it, look that way

hinsetzen ['hɪnzɛtsən] *v sich ~* sit down, take a seat

Hinsicht ['hɪnzɪçt] *f in gewisser ~* in some respects

hinsichtlich ['hɪnzɪçtlɪç] *prep* regarding, concerning, with regard to

hinstellen ['hɪnʃtɛlən] *v 1.* place, set down, put down; *2. etw als etw ~ (fig)* represent sth to be sth, make sth out to be sth

hinten ['hɪntən] *adv* behind, at the back, at the rear; *Ich weiß nicht mehr wo ~ und vorne ist!* I don't know whether I'm coming or going!

hinter ['hɪntər] *prep* behind; *etw ~ sich lassen* get sth over and done with; *~ den anderen zurückbleiben* lag behind the others

Hinterachse ['hɪntəraksə] *f (eines Autos)* rear axle

Hinterbein ['hɪntərbaɪn] *n* hind leg; *sich auf die ~e stellen (fig)* raise a fuss

Hinterbliebene ['hɪntərbli:bənə] *pl* survivors, surviving dependents

hinterbringen ['hɪntərbrɪŋən] *v irr 1. (schlucken)* get down; [hɪntər'brɪŋən] *2. jdm etw ~* secretly inform s.o. of sth

hintere(r,s) ['hɪntərə(r,s)] *adj* back, rear, hind

hintereinander [hɪntəraɪ'nandər] *adv* one after another, in succession

Hintereingang ['hɪntəraɪngaŋ] *m* rear entrance

hinterfragen [hɪntər'fra:gən] *v* analyze, question

Hintergedanke ['hɪntərgədaŋkə] *m* ulterior motive

hintergehen ['hɪntərge:ən] *v irr jdn ~* deceive s.o., cheat on s.o.

Hintergrund ['hɪntərgrunt] *m 1.* background; *in den ~ treten* to be pushed into the background, take a back seat *(fam); 2. (fig)* background, setting

Hinterhalt ['hɪntərhalt] *m* ambush; *noch etw im ~ haben* have sth up one's sleeve; *ohne ~* unreservedly

hinterhältig ['hɪntərhɛltɪç] *adj* deceitful, underhanded, insidious

hinterher [hɪntər'he:r] *adv 1. (örtlich)* behind, after; *2. (zeitlich)* after, afterward(s)

hinterherlaufen [hɪntər'he:rlaufən] *v irr* run behind, run after

Hinterkopf ['hɪntərkɔpf] *m* back of the head

hinterlassen [hɪntər'lasən] *v irr* leave (behind); *eine Nachricht ~* leave a message

Hinterlassenschaft [hɪntər'lasənʃaft] *f* inheritance, estate

hinterlegen [hɪntər'le:gən] *v* deposit, place on deposit

Hinterlist ['hɪntərlɪst] *f* craftiness, trick

hinterlistig ['hɪntərlɪstɪç] *adj* deceitful, back-stabbing, underhanded

Hintern ['hɪntərn] *m (fam)* behind, backside, bottom; *sich auf den ~ setzen (arbeiten)* buckle down to work

hinterrücks ['hɪntərryks] *adv* from behind, from the back

Hinterteil ['hɪntərtaɪl] *n 1.* back part, rear part; *2. (Gesäß)* backside *(fam),* behind

hinterziehen [hɪntər'tsi:ən] *v irr (Steuern)* evade taxes, defraud the revenue *(UK)*

hinüber [hɪ'ny:bər] *adv* over, across

hinüberwerfen [hɪ'ny:bərvɛrfən] *v irr etw ~* throw sth over

hinunter [hɪ'nuntər] *adv* down, downward; *die Straße ~* down the street

hinunterblicken [hɪ'nuntərblɪkən] *v* look down

hinuntereilen [hɪ'nuntəraɪlən] *v* rush down

hinuntergehen [hɪ'nuntərge:ən] *v irr* go down, walk down

hinunterschlucken [hɪ'nuntərʃlukən] *v 1.* swallow; *2. (fig)* swallow, take

hinunterwerfen [hɪ'nuntərvɛrfən] *v irr* throw down

Hinweg ['hɪnwe:k] *m* way there

hinweghelfen [hɪn'vɛkhɛlfən] *v irr jdm über etw ~* help s.o. get over sth

hinwegkommen [hɪn'vɛkkɔmən] *v irr über etw ~* get over sth

hinwegsehen [hɪn'vɛkze:ən] *v irr 1. über etw ~* see over sth; *2. (fig) über etw ~* overlook sth

hinwegsetzen [hɪn'vɛkzɛtsən] *v sich ~* dismiss, disregard, override

hinwegtrösten [hɪn'vɛktrø:stən] *v jdn über etw ~* help s.o. get over sth

Hinweis ['hɪnvaɪs] *m 1. (Rat)* tip, piece of advice; *2. (Anzeichen)* indication, clue; *3. (Anspielung)* allusion; *4. (Benachrichtigung)* notice

hinweisen ['hɪnvaɪzən] *v irr auf etw ~* refer to sth, point sth out, indicate sth

hinwerfen ['hɪnvɛrfən] *v irr 1.* throw down; *2. (Worte)* toss off; *3. sich ~* throw o.s. down

hinziehen ['hɪntsi:ən] *v irr 1.* move there; *~ nach* move to; *2. etw ~* draw sth out; *3. sich ~* drag on

hinzu [hɪn'tsu:] *adv* in addition, moreover, besides

hinzufügen [hɪn'tsu:fy:gən] *v* add

hinzuziehen [hɪn'tsu:tsi:ən] *v irr* consult, call in

Hirn [hɪrn] *n ANAT* brain; *sich das ~ zermartern* rack one's brains

Hirngespinst ['hɪrngəʃpɪnst] *n* fantasy

hirnverbrannt ['hɪrnfɛrbrant] *adj* harebrained, hairbrained

Hirsch [hɪrʃ] *m ZOOL* stag, deer

Hirse ['hɪrzə] *f BOT* millet

Hirte [hɪrt] *m* shepherd, herdsman

Hirtenhund ['hɪrtənhunt] *m* sheepdog

H

hissen ['hɪsən] *v* hoist
Hitliste ['hɪtlɪstə] *f MUS* charts

Hitze ['hɪtsə] *f* heat; *in der ~ des Gefechts* in the heat of the moment

hitzig ['hɪtsɪç] *adj* choleric, hot-tempered
hitzköpfig ['hɪtskœpfɪç] *adj* hotheaded
Hitzschlag ['hɪtsʃlaːk] *m MED* heatstroke
Hobel ['hoːbəl] *m 1. (Küchenhobel)* cutter, slicer; *2. TECH* plane
hobeln ['hoːbəln] *v 1. (Gemüse)* shred; *2. TECH* plane

hoch [hoːx] *adj* high, tall; *jdm etw ~ und heilig versprechen* promise sth solemnly to s.o.; *Das ist mir zu ~!* That's just beyond me!

H

Hochachtung ['hoːxaxtuŋ] *f* respect, esteem
hochachtungsvoll ['hoːxaxtuŋsfɔl] *adv (Brief)* Yours faithfully, Yours sincerely, Yours truly
hochanständig ['hoːxanʃtɛndɪç] *adj* highly respectable, very decent
Hochbau ['hoːxbau] *m* structural engineering, building construction
Hochbetrieb ['hoːxbətriːp] *m 1.* frantic activity; *2. (Zeit des ~es)* peak time, *(im Verkehr)* rush hour
Hochebene ['hoːxeːbənə] *f* plateau
hocherfreut ['hoːxɛrfrɔyt] *adj 1.* overjoyed; *adv 2.* with great joy
hochfahren ['hoːxfaːrən] *v irr 1.* ride up; *2. aus dem Schlaf ~* awake with a start; *3. (plötzlich aufbrausen)* flare up; *4. (jdn ~)* drive up
hochfahrend ['hoːxfaːrənt] *adj (überheblich)* arrogant, haughty
Hochfinanz ['hoːxfɪnants] *f FIN* high finance
Hochform ['hoːxfɔrm] *f* top form
Hochgenuss ['hoːxgənus] *m* great delight, great enjoyment, great treat
hochgewachsen ['hoːxgəvaksən] *adj* tall
Hochglanz ['hoːxglants] *m etw auf ~ bringen* polish sth until it gleams
hochgradig ['hoːxgraːdɪç] *adj 1.* intense, extreme; *2. (fig)* intense, extreme, great
Hochhaus ['hoːxhaus] *n* high-rise, *(Wolkenkratzer)* skyscraper
hochinteressant ['hoːxɪntərəsant] *adj* extremely interesting, most interesting
hochkant ['hoːxkant] *adj jdn ~ hinauswerfen* kick s.o. out on his ear
hochkarätig ['hoːxkarɛːtɪç] *adj 1.* high-carat; *2. (fig)* first-class
hochklappen ['hoːxklapən] *v* fold up, pull up, raise
Hochkonjunktur ['hoːxkɔnjuŋktuːr] *f 1. ECO* boom; *2. (fig)* prosperity
hochleben ['hoːxleːbən] *v jdn ~ lassen* give s.o. three cheers
Hochleistung ['hoːxlaɪstuŋ] *f 1.* high achievement, top performance, first-class performance; *2.* high output, heavy duty, high efficiency
Hochmut ['hoːxmuːt] *m* arrogance
hochmütig ['hoːxmyːtɪç] *adj* arrogant
Hochmütigkeit ['hoːxmyːtɪçkaɪt] *f* arrogance
hochnäsig ['hoːxnɛːzɪç] *adj* snooty
hochnehmen ['hoːxneːmən] *v irr jdn ~* pull s.o.'s leg
Hochofen ['hoːxoːfən] *m TECH* blast furnace
hochrangig ['hoːxraŋɪç] *adj 1. (berühmt)* prestigious; *2. (mit hohem Rang)* high-ranking
Hochrechnung ['hoːxrɛçnuŋ] *f* projection
hochrüsten ['hoːxrystən] *v* upgrade
Hochsaison ['hoːxzɛzɔ̃] *f* high season
Hochschule ['hoːxʃuːlə] *f* university, college, institution of higher education
Hochschulreife ['hoːxʃuːlraɪfə] *f* Advanced levels *(UK),* high school diploma *(US)*
Hochsommer ['hoːxzɔmər] *m* midsummer
höchst [høːçst] *adv* highly, greatly, extremely
Hochstapler ['hoːxʃtaplər] *m* confidence man, swindler, fraud
höchste(r,s) ['høːçstə(r,s)] *adj* highest, maximum, peak
höchstens ['høːçstəns] *adv* at the most, at best, at the utmost
höchstpersönlich ['høːçstpɛr'zøːnlɪç] *adj 1.* strictly personal, personal; *adv 2.* himself/herself
höchstwahrscheinlich ['høːçstvaːrʃaɪnlɪç] *adv* in all probability, most likely, most probably
Hochtouren ['hoːxturən] *f auf ~ laufen* in full swing
hochtrabend ['hoːxtraːbənt] *adj* high-flown, flowery, grandiloquent
hochwertig ['hoːxvertɪç] *adj* high-grade
Hochwürden ['hoːxvyrdən] *m REL* Reverend, *(römisch-katholisch)* Father
Hochzeit ['hɔxtsaɪt] *f* wedding

Hochzeitsreise ['hɔxtsaɪtsraɪzə] *f* honeymoon
Hocke ['hɔkə] *f* *1.* crouch, squat; *2. (Sprung)* squat vault
hocken ['hɔkən] *v* *1.* crouch, squat; *2. (fam: sitzen)* sit
Hocker ['hɔkər] *m* stool
Höcker ['hœkər] *m* bump, hump, protuberance
Hoden ['hoːdən] *pl ANAT* testicles *pl*

Hof [hoːf] *m* *1. (Hinterhof)* yard; *2. (Königshof)* court; *3. (Bauernhof)* farm, farmyard; *4. jdm den ~ machen* court s.o.

Hofdame ['hoːfdaːmə] *f* lady-in-waiting
hoffen ['hɔfən] *v* hope
hoffentlich ['hɔfəntlɪç] *adv* hopefully; *Hoffentlich regnet es morgen nicht.* I hope it doesn't rain tomorrow.
Hoffnung ['hɔfnuŋ] *f* hope; *seine ~en auf etw setzen* pin one's hopes on sth; *jds ~en zerschlagen* dash s.o.'s hopes; *guter ~ sein* to be expecting
hoffnungslos ['hɔfnuŋsloːs] *adj* hopeless
hoffnungsvoll ['hɔfnuŋsfɔl] *adj* hopeful, promising
höflich ['høːflɪç] *adj* polite, courteous, civil
Höflichkeit ['høːflɪçkaɪt] *f* politeness, courtesy
Höhe ['høːə] *f* height, altitude; *auf der ~ sein* to be in good form; *in die ~ gehen (fig)* hit the ceiling; *Das ist doch die ~!* That's the last straw!
Höhenangst ['høːənaŋst] *f* fear of heights
Höhenflug ['høːənfluːk] *m* *1.* altitude flight; *2. (fig)* flight of fancy, lofty thoughts
Höhensonne ['høːənzɔnə] *f* *1. (im Gebirge)* mountain sun; *2. (Lampe)* sun lamp, ultraviolet lamp
Höhepunkt ['høːəpuŋkt] *m* *1.* climax; *2. (einer Veranstaltung)* high point, highlight
höher ['høːər] *adj* higher
hohl [hoːl] *adj* *1.* hollow; *2. (fig: gehaltlos)* hollow, empty, unsubstantial
Höhle ['høːlə] *f* *1.* cave, cavern; *2. (von Raubtieren)* den; *sich in die ~ des Löwen wagen* beard the lion in his den; *3. (von Kaninchen)* burrow
Hohlkopf ['hoːlkɔpf] *m (fam)* numbskull
Hohlkörper ['hoːlkœrpər] *m* hollow body
Hohlmaß ['hoːlmaːs] *n* measure of capacity
Hohlraum ['hoːlraum] *m* vacuum, empty space
hohlwangig ['hoːlvaŋɪç] *adj* hollow-cheeked
Hohn [hoːn] *m* *1.* scorn, disdain; *2. (Spott)* mockery, derision
höhnen ['høːnən] *v* jeer, scoff
höhnisch ['høːnɪʃ] *adj* derisive, mocking, sardonic
hökern ['høːkərn] *v* peddle
holen ['hoːlən] *v* fetch, get; *Bei ihm ist nichts zu ~.* You won't get anything out of him.
Hölle ['hœlə] *f* hell; *Hier ist die ~ los. (fig)* All hell has broken loose here. *jdm die ~ heiß machen* give s.o. hell; *jdm das Leben zur ~ machen* make s.o.'s life hell
höllisch ['hœlɪʃ] *adj* *1. (fam)* terrible; *adv* *2.* like hell
Holm [hɔlm] *m* bar
holperig ['hɔlpərɪç] *adj* *1.* bumpy, jolty, rough; *2. (fig: stockend)* jolting, *(Rede)* halting
holpern ['hɔlpərn] *v* *1.* bump, jolt; *2. (stolpern)* stumble
Holunder [ho'lundər] *m BOT* elder
Holz [hɔlts] *n* wood, *(Bauholz)* timber; *~ in den Wald tragen (fig)* carry coals to Newcastle
hölzern ['hœltsərn] *adj* wooden
Holzfäller ['hɔltsfɛlər] *m* lumberjack
holzfrei ['hɔltsfraɪ] *adj* wood-free
Holzkiste ['hɔltskɪstə] *f* wooden crate
Holzkohle ['hɔltskoːlə] *f* charcoal
Holzweg ['hɔltsveːk] *m auf dem ~ sein (fig)* to be on the wrong track
Holzwirtschaft ['hɔltsvɪrtʃaft] *f* timber industry
Holzwolle ['hɔltsvɔlə] *f* wood-wool, excelsior *(US)*
Homosexualität [homozɛksualɪ'tɛːt] *f* homosexuality
homosexuell [homozɛksu'ɛl] *adj* homosexual, gay
Honig ['hoːnɪç] *m* honey; *jdm ~ ums Maul schmieren (fig)* butter s.o. up
Honigwabe ['hoːnɪçvaːbə] *f* honeycomb
Honorar [hono'raːr] *n* fee
honorieren [hono'riːrən] *v* *1. (bezahlen)* pay for, remunerate for; *2. (anerkennen)* honour, recognize
Hopfen ['hɔpfən] *m* *1. BOT* hop; *Bei ihr ist ~ und Malz verloren.* She's hopeless. *2. (beim Brauen)* hops *pl*
hörbar ['høːrbaːr] *adj* audible
horchen ['hɔrçən] *v* listen
Horde ['hɔrdə] *f* horde

H

hören ['høːrən] *v 1.* hear; *Das lässt sich ~!* Now you're talking! *etw von sich ~ lassen* get in touch; *von jdm ~* hear from s.o.; *etw von jdm zu ~ bekommen* get told off by s.o. *Da vergeht einem Hören und Sehen!* You don't know if you're coming or going! *2. (zuhören)* listen to

Hörensagen ['høːrənzaːgən] *n etw vom ~ kennen* know sth by hearsay
Hörer ['høːrər] *m 1. (Person)* listener; *2. (Telefonhörer)* receiver
Hörfehler ['høːrfeːlər] *m 1.* mistake due to mishearing; *2. MED* hearing defect
Hörfunk ['høːrfuŋk] *m* radio
Hörgerät ['høːrgərɛːt] *n* hearing aid
hörgeschädigt ['høːrgəʃɛːdɪçt] *adj* hearing-impaired
hörig ['høːrɪç] *adj* enslaved, in bondage
Hörigkeit ['høːrɪçkaɪt] *f* bondage
Horizont [hori'tsɔnt] *m* horizon, skyline
Hörmuschel ['høːrmuʃəl] *f TEL* ear-piece
Horn [hɔrn] *n* horn; *ins gleiche ~ blasen* chime in; *sich die Hörner abstoßen* sow one's wild oats; *jdm Hörner aufsetzen* cuckold s.o.
Hörnchen ['hœrnçən] *n GAST* croissant
Hornhaut ['hɔrnhaut] *f 1. (Schwiele)* callus; *2. (des Auges) ANAT* cornea
Hornisse [hɔr'nɪsə] *f ZOOL* hornet
Hornist(in) [hɔr'nɪst(ɪn)] *m/f MUS* horn player
Hornvieh ['hɔrnfiː] *n ZOOL* horned cattle
Hörsaal ['høːrsaːl] *m* auditorium
Hörspiel ['høːrʃpiːl] *n* radio play
Hort [hɔrt] *m 1. (Zuflucht)* refuge, shelter; *2. (Kinderhort)* day-nursery
horten ['hɔrtən] *v* hoard, stockpile
Hörweite ['høːrvaɪtə] *f* earshot
Höschen ['høːsçən] *n 1. (einer Dame)* panties; *2. (eines Kindes)* underpants

Hose ['hoːzə] *f* trousers, pants *(US); die ~n anhaben (fig)* wear the trousers; *jdm die ~n strammziehen* give s.o. a good hiding; *in die ~ gehen* to be a complete wash-out; *sich in die ~ machen* wet one's pants

Hosenbein ['hoːzənbaɪn] *n* trouser leg
Hosenboden ['hoːzənboːdən] *m sich auf den ~ setzen* buckle down to work
Hosentasche ['hoːzəntaʃə] *f* trouser pocket, pants pocket *(US); etw wie seine ~ kennen* know sth like the back of one's hand
Hosenträger ['hoːzəntrɛːgər] *m* braces *pl (UK),* suspenders *pl (US)*
Hotelbetrieb [ho'tɛlbətriːp] *m 1.* hotel business; *2. (Hotelleitung)* hotel management
Hotelbett [ho'tɛlbɛt] *n* hotel bed
Hub [huːp] *m 1. (Heben)* heave, lift; *2. TECH* stroke, travel, throw
Hubraum ['huːpraum] *m* cubic capacity
hübsch [hypʃ] *adj 1.* pretty, nice, fine; *2. (Person)* good-looking
Hubschrauber ['huːpʃraubər] *m* helicopter
Huf [huːf] *m ZOOL* hoof
Hufeisen ['huːfaɪzən] *n* horseshoe
Hüfte ['hyftə] *f ANAT* hip
hüfthoch ['hyfthoːx] *adj* waist-high, up to one's hips
Hügel ['hyːgəl] *m* hill, mound, hillock
Huhn [huːn] *n ZOOL* chicken, *(Gattung)* fowl; *mit den Hühnern ins Bett gehen* go to bed early; *mit den Hühnern aufstehen* get up at the crack of dawn
Hühnchen ['hyːnçən] *n* chicken; *mit jdm ein ~ zu rupfen haben* have a bone to pick with s.o.
huldigen ['huldɪgən] *v 1.* pay homage to, render homage to; *2. (einer Ansicht)* embrace an opinion, subscribe to a point of view
Huldigung ['huldɪguŋ] *f 1.* homage; *2. (Beifall)* ovation, enthusiastic reception
Hülle ['hylə] *f 1.* wrapper, covering; *2. (Gehäuse)* case; *3. (fig) in ~ und Fülle* in abundance
hüllen ['hylən] *v* wrap, cover, envelop
Hülse ['hylzə] *f 1. (Behälter)* case, sleeve; *2. (Waffen~)* case; *3. BOT* hull, husk, shell
Hülsenfrucht ['hylzənfruxt] *f* legume
human [hu'maːn] *adj* humane
humanisieren [humani'ziːrən] *v* humanize
Humanisierung [humani'ziːruŋ] *f* humanization
Humanität [humanɪ'tɛːt] *f* humanity
Hummel ['huməl] *f ZOOL* bumble-bee; *~n im Hintern haben* have a bee in one's bonnet
Hummer ['humər] *m ZOOL* lobster
Humor [hu'moːr] *m* humour
humoristisch [humo'rɪstɪʃ] *adj 1.* humorous; *adv 2.* with humour
humorlos [hu'moːrloːs] *adj* humourless
Humorlosigkeit [hu'moːrloːzɪçkaɪt] *f* lack of humour
humorvoll [hu'moːrfɔl] *adj* humorous, full of humour
humpeln ['humpəln] *v* hobble, limp

Hund [hunt] *m* dog; *vor die ~e gehen (verkommen)* go to the dogs; *auf den ~ kommen* go to the dogs

hundeelend [hundə'eːlɛnt] *adv sich ~ fühlen (fam)* feel miserable, feel rotten, feel lousy
Hundemarke ['hundəmarkə] *f* dog tag
hundemüde ['hundə'myːdə] *adj (fam)* dog-tired
hundert ['hundərt] *num* one hundred
Hundertjahrfeier [hundərt'jaːrfaɪər] *f* centenary, centennial *(US)*
hundertprozentig ['hundərtprotsɛntɪç] *adj 1.* a hundred percent; *adv 2. (fig: völlig)* completely; *3. (sicher)* definitely
Hundewetter ['hundəvɛtər] *n (fam)* foul weather, beastly weather
Hundezwinger ['hundətsvɪŋər] *m* kennel
hundsgemein [hundsgə'maɪn] *adj 1. (fam: Mensch)* mean, low-down; *2. (Wetter, Schmerz)* hellish
Hüne ['hyːnə] *m* giant
hünenhaft ['hyːnənhaft] *adj* giant
Hunger ['huŋər] *m* hunger
Hungergefühl ['huŋərgəfyːl] *n* hunger pangs, sensation of hunger
Hungerleider ['huŋərlaɪdər] *m* starveling
Hungerlohn ['huŋərloːn] *m* starvation wages, a pittance
hungern ['huŋərn] *v 1.* hunger, go hungry; *2. (fig) ~ nach* crave for, long for, yearn for
Hungersnot ['huŋərsnoːt] *f* famine
Hungerstreik ['huŋərʃtraɪk] *m* hunger strike
Hungertod ['huŋərtoːt] *m den ~ sterben* die of starvation
Hungertuch ['huŋərtuːx] *n am ~ nagen* to be on the breadline
hungrig ['huŋrɪç] *adj* hungry; *~ wie ein Wolf* hungry as a bear
Hunne ['hunə] *m HIST* Hun
Hupe ['huːpə] *f* horn
hupen ['huːpən] *v* honk the horn, sound the horn, hoot
hüpfen ['hypfən] *v 1.* hop, skip; *2. (springen)* jump, leap
Hürde ['hyrdə] *f* hurdle, obstacle
Hürdenlauf ['hyrdənlauf] *m (Wettkampf) SPORT* hurdles, hurdle race
Hure ['huːrə] *f* whore, prostitute
hurtig ['hurtɪç] *adj 1. (flink)* quick, nimble; *2. (munter)* alert
huschen ['huʃən] *v* scurry, scuttle, whisk
hüsteln ['hyːstəln] *v* cough slightly, hem
husten ['huːstən] *v* cough; *Dem werde ich was ~!* He can get lost!
Husten ['huːstən] *m MED* cough

Hut [huːt] *m* hat; *ein alter ~ sein (fam)* to be old hat; *vor jdm den ~ ziehen* take off one's hat to s.o.; *Das kannst du dir an den ~ stecken!* You can keep it! *mit jdm nichts am ~ haben* not want to have anything to do with s.o.; *etw unter einen ~ bringen* reconcile sth; *jdm eins auf den ~ geben* give s.o. a dressing-down, give s.o. a rocket *(UK)*

hüten ['hyːtən] *v 1.* watch over, guard; *2. (aufpassen auf)* look after
Hüter ['hyːtər] *m* guardian, protector
Hutkrempe ['huːtkrɛmpə] *f* brim of a hat
Hütte ['hytə] *f 1. (Häuschen)* hut, shed, shack; *2. (Eisenhütte/Stahlhütte)* forge, foundry, smelting-house
Hüttenkäse ['hytənkɛːzə] *m GAST* cottage cheese
Hyäne [hy'ɛːnə] *f ZOOL* hyena
Hyazinthe [hyat'sɪntə] *f BOT* hyacinth
Hydrant [hy'drant] *m* hydrant, fire-plug
Hydraulik [hy'draulɪk] *f PHYS* hydraulics
hydraulisch [hy'draulɪʃ] *adj PHYS* hydraulic
Hydrokultur [hydrokul'tuːr] *f* hydroponics
Hygiene [hyg'jeːnə] *f* hygiene
hygienisch [hyg'jeːnɪʃ] *adj* hygienic
Hymne ['hymnə] *f* hymn
hyperkorrekt [hypə'rkɔrɛkt] *adj* ultracorrect
hypermodern [hypərmo'dɛrn] *adj* ultramodern, hypermodern
hypersensibel ['hypərzɛnziːbəl] *adj* hypersensitive
Hypnose [hyp'noːzə] *f* hypnosis
hypnotisch [hyp'noːtɪʃ] *adj* hypnotic
Hypnotiseur [hypnoːti'zøːr] *m* hypnotist
hypnotisieren [hypnoːti'ziːrən] *v* hypnotize
Hypotenuse [hypote'nuːzə] *f MATH* hypotenuse
Hypothek [hypo'teːk] *f* mortgage
Hypothese [hypo'teːzə] *f* hypothesis
hypothetisch [hypo'teːtɪʃ] *adj 1.* hypothetical, hypothetic; *adv 2.* hypothetically
Hysterie [hyste'riː] *f* hysteria, hysterics
hysterisch [hys'teːrɪʃ] *adj* hysterical

H

I

ich [ɪç] *pron* I; *mein zweites* ~ my alter-ego; *Ich nicht!* Not me!

Ich [ɪç] *n* self; *sein zweites* ~ one's alter-ego
Icherzähler ['ɪçɛrtsɛːlər] *m LIT* first-person narrator
Ichform ['ɪçfɔrm] *f* first person
Ideal [ide'aːl] *n* ideal, model, standard
idealisieren [ideali'ziːrən] *v* idealize
Ideallösung [ide'aːlløːzuŋ] *f* ideal solution
Idee [i'deː] *f* idea, concept, notion; *wie kommen Sie denn auf die* ~ whatever gave you that idea; *nicht die leiseste* ~ *von etw haben* not have the faintest idea of sth
ideell [ide'ɛl] *adj* theoretical
ideenlos [i'deːənloːs] *adj* lacking ideas, without imagination
Ideenreichtum [i'deːənraɪçtuːm] *m* resourcefulness, wealth of ideas
identifizieren [idɛntifi'tsiːrən] *v* identify
identisch [i'dɛntɪʃ] *adj* identical
Identität [idɛnti'tɛːt] *f* identity
Idiot [id'joːt] *m* idiot, fool, imbecile
idiotisch [id'joːtɪʃ] *adj* idiotic, foolish
idyllisch [i'dylɪʃ] *adj* idyllic, pastoral, picturesque
I-förmig ['iːfœrmɪç] *adj* I-shaped
Igel ['iːgəl] *m ZOOL* hedgehog
Iglu ['iːglu] *m* igloo
Ignoranz [igno'rants] *f* ignorance
ignorieren [igno'riːrən] *v* ignore, take no notice of
ihm [iːm] *pron 1.* him, to him; *2. (bei Dingen und Tieren)* it, to it
ihn [iːn] *pron 1.* him; *2. (bei Dingen und Tieren)* it
ihnen ['iːnən] *pron* them, to them
Ihnen ['iːnən] *pron* you, to you

ihr [iːr] *pron 1.* her, to her; *2. (bei Dingen und Tieren)* it, to it; *3. (Nominativ Plural von „du“)* you

Ihr [iːr] *pron* your
ihre(r,s) ['iːrə(r,s)] *pron 1. (von mehreren)* their, theirs; *2. (einer Person)* her(s); *3. (eines Tiers)* its
Ihre(r,s) ['iːrə(r,s)] *pron* your(s)
ihrerseits ['iːrərzaɪts] *adv 1. (bei einer Person)* on her part, for her part; *2. (bei mehreren)* for their part, on their part
Ihrerseits ['iːrərzaɪts] *adv* for your part, on your part
ihresgleichen ['iːrəs'glaɪçən] *adv 1. (Frau)* people like her; *2. (mehrere Personen)* people like them
Ihresgleichen ['iːrəs'glaɪçən] *adv* people like you
ihretwegen ['iːrətveːgən] *adv 1.* on her account, because of her; *2. (ihr zuliebe)* for her sake; *3. (Plural)* on their account, because of them; *4. (ihnen zuliebe)* for their sake(s)
Ihretwegen ['iːrətveːgən] *adv 1.* on your account, because of you; *2. (Ihnen zuliebe)* for your sake
Illegalität [ɪlegali'tɛːt] *f JUR* illegality
illegitim [ɪlegi'tiːm] *adj* illegitimate
illoyal ['ɪlɔy'jaːl] *adj* disloyal
Illoyalität [ɪlɔyjali'tɛːt] *f* disloyalty
illusorisch [ɪlu'zoːrɪʃ] *adj* illusory
illuster [ɪ'lustər] *adj* illustrious
illustrieren [ɪlu'striːrən] *v* illustrate, make clear
Illustrierte [ɪlu'striːrtə] *f* illustrated magazine, glossy magazine
Iltis ['ɪltɪs] *m ZOOL* polecat
im [im] *prep* in the; ~ *Kino* at the cinema; ~ *Alter von zweiundachtzig Jahren* at the age of eighty-two
Imagepflege ['ɪmɪdʒpfleːgə] *f* maintenance of one's image, cultivation of one's image
imaginär [imagi'nɛːr] *adj* imaginary
Imbiss ['ɪmbɪs] *m* snack
Imitat [ɪmɪ'taːt] *n* imitation
imitieren [ɪmɪ'tiːrən] *v* imitate
Imker ['ɪmkər] *m* bee-keeper
Immatrikulation [ɪmatrikula'tsjoːn] *f* matriculation, enrolment
immatrikulieren [ɪmatriku'liːrən] *v* enrol
immens [ɪ'mɛns] *adj* immense
Immensität [ɪmɛnzi'tɛːt] *f* immensity

immer ['ɪmər] *adv 1.* always; *auf* ~ *und ewig* for ever and ever; *2.* ~ *schneller* faster and faster; ~ *öfter* more and more often; ~ *wieder* again and again; *3.* ~ *noch* still; *4. wo* ~ wherever, no matter where; *was* ~ whatever, no matter what; *wie auch* ~ however; *Wie auch* ~ ... Whatever the case ...; *5. Immer mit der Ruhe!* Calm down!

immerfort ['imərfɔrt] *adv* constantly
Immergrün ['ɪmərgryːn] *n BOT* evergreen
immerhin ['ɪmərhɪn] *adv 1. (schließlich)* after all; *2. (trotz allem)* nevertheless, still
immigrieren [ɪmi'griːrən] *v* immigrate
immobil ['ɪmobiːl] *adj* immobile
Immobilien [ɪmo'biːljən] *pl* real estate, property
Immunität [ɪmuːni'tɛːt] *f* immunity
Immunschwäche [ɪ'muːnʃvɛçə] *f MED* immune deficiency
Imperativ ['ɪmperatiːf] *m 1. GRAMM* imperative; *2. kategorischer ~ PHIL* categorical imperative
Imperativsatz ['ɪmperatiːfzats] *m* imperative sentence
Imperfekt ['ɪmpɛrfɛkt] *n GRAMM* imperfect tense
Imperialismus [ɪmperja'lɪsmus] *m POL* imperialism
Imperium [ɪm'pɛrjum] *n* empire
Impertinenz [ɪmpɛrti'nɛnts] *f* impertinence
impfen ['ɪmpfən] *v MED* vaccinate, inoculate
Impfstoff ['ɪmpfʃtɔf] *m* vaccine
Impfung ['ɪmpfuŋ] *f* vaccination, inoculation
Implantat [ɪmplan'taːt] *n MED* implant
implizieren [ɪmpli'tsiːrən] *v* imply
implodieren [ɪmplo'diːrən] *v* implode
imponieren [ɪmpo'niːrən] *v 1.* to be impressive, command respect; *2. (jdm ~)* impress
imponierend [impo'niːrənt] *adj* imposing, impressive
importabhängig [ɪm'pɔrtaphɛŋɪç] *adj ECO* import-dependent
Importeur [ɪmpɔr'tøːr] *m* importer
importieren [ɪmpɔr'tiːrən] *v* import
imposant [ɪmpo'zant] *adj* imposing, striking, impressive
imprägnieren [ɪmprɛg'niːrən] *v* impregnate, *(wasserdicht machen)* waterproof
impressionistisch [ɪmprɛsjo'nɪstɪʃ] *adj ART* impressionist
Impressum [ɪm'prɛsum] *n* imprint
improvisieren [ɪmprovi'ziːrən] *v* improvise
Impuls [ɪm'puls] *m* impulse, thrust, stimulus
impulsiv [ɪmpul'siːf] *adj* impulsive; *~e Entschlüsse* spur of the moment/impulsive decisions

in [ɪn] *prep 1. (örtlich)* in; *~ die Stadt gehen* go to town; *2. (zeitlich)* in; *adj 3. ~ sein (fam: modern sein)* to be in *(fam)*

inakzeptabel ['ɪnaktsɛptaːbəl] *adj* unacceptable
Inanspruchnahme [ɪn'anʃpruxnaːmə] *f 1.* claims *pl,* demands *pl; 2. (Benutzung)* use; *3. (geistige)* preoccupation
Inbegriff ['ɪnbəgrɪf] *m* essence, embodiment, epitome
inbegriffen ['ɪnbəgrɪfən] *adj* included, inclusive, implicit
Inbesitznahme [ɪnbə'zɪtsnaːmə] *f 1. (Einnahme)* occupation; *2. (Übernahme)* taking possession
Inbetriebnahme [ɪnbə'triːpnaːmə] *f* implementation, initiation, starting
Inbrunst ['ɪnbrunst] *f* ardour, passion, fervour
inbrünstig ['ɪnbrynstɪç] *adj* ardent, fervent, passionate
indem [ɪn'deːm] *konj 1. (Gleichzeitigkeit)* as, while; *2. (Mittel)* by
Inder [ɪn'dər] *m* Indian
indessen [ɪn'dɛsən] *adv 1.* meanwhile, in the meantime, at that moment; *konj 2.* whereas
Indianer [ɪn'djaːnər] *m* (American) Indian
indianisch [ɪn'djaːnɪʃ] *adj* (American) Indian
Indien ['ɪndjən] *n GEO* India
Indio ['ɪndjo] *m* Indian
indisch ['ɪndɪʃ] *adj* Indian
indiskret ['ɪndɪskreːt] *adj* indiscreet, tactless
indiskutabel ['ɪndiskutaːbəl] *adj 1. (nicht der Erörterung wert)* out of the question; *2. (sehr schlecht)* unspeakably bad
indisponiert ['ɪndɪsponiːrt] *adj* indisposed
Individualismus [ɪndividua'lɪsmus] *m* individualism
individualistisch [ɪndividua'lɪstɪʃ] *adj* individualistic
Individualität [ɪndividuali'tɛːt] *f* individuality
individuell [ɪndividu'ɛl] *adj* individual, particular
Individuum [ɪndi'viːduum] *n* individual
Indiz [ɪn'diːts] *n* indication, evidence
indoeuropäisch ['ɪndoɔyropɛːɪʃ] *adj* Indo-European
indogermanisch ['ɪndogɛrmaːnɪʃ] *adj* Indo-European

I

industrialisieren [ɪndustriali'ziːrən] *v* *ECO* industrialize
Industrialisierung [ɪndustrialɪ'ziːruŋ] *f* industrialization
Industrie [ɪndus'triː] *f* industry
industriell [ɪndustri'ɛl] *adj* industrial
Industriemüll [ɪndus'triːmyl] *m* *ECO* industrial waste
Industriestandort [ɪndus'triːʃtantɔrt] *m* location of industry
Industrie- und Handelskammer [ɪndus'triːunt'handəlskamər] *f* Chamber of Industry and Commerce
Industrieunternehmen [ɪndus'triːuntərneːmən] *n* industrial undertaking, industrial concern
ineffektiv ['ɪnɛfɛktiːf] *adj* ineffective, ineffectual, inefficient
Ineffektivität [ɪnɛfɛktivi'tɛːt] *f* ineffectiveness
ineinander [ɪnaɪ'nandər] *adj* into each other, into one another; *~ fließen* flow into one another; *~ greifen* interlock, gear into each other, mesh; *~ stecken* interlock; *~ passen* fit into each other/fit together; *~ schieben* telescope
infam [ɪn'faːm] *adj* infamous
Infamie [ɪnfa'miː] *f* infamy; *das ist eine ~* that's infamous
Infantilität [ɪnfantili'tɛːt] *f* infantility
Infarkt [ɪn'farkt] *m* *MED* infarction
Infektionsgefahr [ɪnfɛk'tsjoːnsgəfaːr] *f* *MED* danger of infection
Infektionskrankheit [ɪnfek'tsjoːnskraŋkhaɪt] *f* *MED* infectious disease
infiltrieren [ɪnfɪl'triːrən] *v* *POL* infiltrate
Infinitiv ['infinitiːf] *m* *GRAMM* infinitive
infizieren [ɪnfi'tsiːrən] *v* infect, get infected
in flagranti [in fla'granti] *adv* red-handed, in the act, in flagrante delicto
inflationär [ɪnflatsjo'nɛːr] *adj* inflationary
infolge [ɪn'fɔlgə] *prep* as a result of, because of, due to
infolgedessen [ɪnfɔlgə'dɛsən] *konj* consequently, as a result
Informatik [ɪnfɔr'maːtɪk] *f* information science, informatics
Informatiker [ɪnfɔr'maːtɪkər] *m* information specialist, information technologist
Informationsblatt [ɪnfɔrma'tsjoːnsblat] *n* information sheet
Informationsfluss [ɪnfɔrma'tsjoːnsflus] *m* flow of information
informativ [ɪnfɔrma'tiːf] *adj* informative
informell [ɪnfɔr'mɛl] *adj* informal
informieren [ɪnfɔr'miːrən] *v* inform, instruct
Infrarot ['ɪnfraroːt] *n* *PHYS* infrared
Infrastruktur ['ɪnfraʃtruktuːr] *f* infrastructure
Infusion [ɪnfus'joːn] *f* *MED* infusion, drip
Ingenieur [ɪnʒɛn'jøːr] *m* engineer
Ingenieurwesen [ɪnʒən'jøːrveːzən] *n* engineering
Ingredienz [ɪngre'djɛnts] *f* ingredient
Ingrimm ['ɪngrɪm] *m* wrath, rage
Ingwer ['ɪŋvər] *m* *GAST* ginger
Inhaber ['ɪnhaːbər] *m* *1. (Besitzer)* owner, possessor, holder; *2. (Eigentümer)* owner, proprietor; *3. (Amtsinhaber)* holder
inhaftieren [ɪnhaf'tiːrən] *v* imprison, put in prison, place under arrest
inhaftiert [ɪnhaf'tiːrt] *adj* in custody, in prison
Inhaftierung [ɪnhaf'tiːruŋ] *f* arrest
inhalieren [ɪnha'liːrən] *v* *MED* inhale
Inhalt ['ɪnhalt] *m* *1.* contents; *2. (fig)* content, essence, substance
inhaltlich ['ɪnhaltlɪç] *adv* with regard to content, in substance
Inhaltsangabe ['ɪnhaltsangaːbə] *f* *1.* statement of contents; *2. (eines Werkes)* summary
inhaltslos ['ɪnhaltsloːs] *adj* empty, unsubstantial, meaningless
inhaltsreich ['ɪnhaltsraɪç] *adj* *1.* rich in content; *2. (Leben)* full
Inhaltsverzeichnis ['ɪnhaltsfɛrtsaɪçnɪs] *n* table of contents
Initialen [ɪnɪ'tsjaːlən] *pl* initials
initiativ [ɪnɪtsja'tiːf] *adj* initiative
initiieren [ɪnɪ'tsiiːrən] *v* initiate
injizieren [ɪnji'tsiːrən] *v* *MED* inject
Inkasso [ɪn'kaso] *n* *FIN* collection
inklusive [ɪnklu'ziːvə] *prep* including, inclusive of
Inkonsequenz [ɪnkɔnzə'kvɛnts] *f* inconsistency
In-Kraft-Treten [ɪn'krafttreːtən] *n* coming into effect, entering into force; *Tag des ~s* effective date
Inland ['ɪnlant] *n* *1.* home country; *2. (das Innere des Landes)* inland
inländisch ['ɪnlɛndɪʃ] *adj* domestic, native, home
inmitten [ɪn'mɪtən] *prep* in the midst of, amid, in the middle of

I

innehaben ['ɪnəha:bən] *v irr* own, hold, occupy
innehalten ['ɪnəhaltən] *v irr 1.* halt, pause, stop; *2. (einhalten)* observe
innen ['ɪnən] *adv* inside, within; *nach ~* inward; *von ~* from within
Innenaufnahme ['ɪnənaufna:mə] *f 1. CINE* indoor shot; *2. FOTO* indoor photograph
Innenausschuss ['ɪnənausʃus] *m* central committee
Innenausstattung ['ɪnənausʃtatuŋ] *f 1.* interior decoration; *2. (eines Autos)* interior design
Innendienst ['ɪnəndi:nst] *m* work done in the office, office duty
Innenhof ['ɪnənho:f] *m* inner courtyard
Innenleben ['ɪnənle:bən] *n (fig) jds ~* one's feelings, one's emotions, one's thoughts
Innenminister ['ɪnənministər] *m POL* Minister of the Interior, Home Secretary *(UK),* Secretary of the Interior *(US)*
Innenministerium ['ɪnənminɪste:rjum] *n POL* Ministry of the Interior, Home Office *(UK),* Department of the Interior *(US)*
Innenpolitik ['ɪnənpoliti:k] *f POL* domestic policy, internal politics, home policy
innenpolitisch ['ɪnənpoli:tɪʃ] *adj POL* internal, domestic, relating to domestic affairs
Innenraum ['ɪnənraum] *m* interior
Innenseite ['ɪnənzaɪtə] *f* inner side, inside
Innenstadt ['ɪnənʃtat] *f* city centre, centre of town, downtown
Innentasche ['ɪnəntaʃə] *f* inside pocket
inner(e,er,es) ['ɪnər(ə,ər,əs)] *adj 1.* inner, internal, interior; *2. (fig)* intrinsic, inner
innerbetrieblich ['ɪnərbətri:plɪç] *adj* internal, in-house
Innereien [ɪnər'aɪən] *pl GAST* innards, giblets
innerhalb ['ɪnərhalp] *prep 1. (örtlich)* within, inside (of); *2. (zeitlich)* within
innerlich ['ɪnərlɪç] *adj 1.* inner; *2. MED* internal
Innerlichkeit ['ɪnərlɪçkaɪt] *f* soulfulness
innerparteilich ['ɪnərpartaɪlɪç] *adj POL* within a party, internal
innerstaatlich ['ɪnərʃta:tlɪç] *adj POL* domestic
innewohnen ['ɪnəvo:nən] *v* to be inherent in
innig ['ɪnɪç] *adj* intimate, close, intense
Innung ['ɪnuŋ] *f* guild
inoffiziell [ɪnɔfi'tsjɛl] *adj* unofficial, informal
ins [ɪns] *prep* in the, into the; *~ Kino gehen* to the cinema
Insasse ['ɪnzasə] *m 1. (einer Anstalt)* inmate; *2. (Fahrgast)* passenger, occupant
Insassenversicherung ['ɪnzasənfɛrzɪçəruŋ] *f* passenger insurance
insbesondere [ɪnsbə'zɔndərə] *adv* especially, particularly, in particular
Inschrift ['ɪnʃrɪft] *f* inscription
Insekt [ɪn'zɛkt] *n* insect
Insektenpulver [ɪn'zɛktənpulvər] *n* insecticide, insect powder
Insektenstich [ɪn'zɛktənʃtɪç] *m 1.* insect sting; *2. (von Mücken, Ameisen, Flöhen)* insect bite
Insektenvertilgungsmittel [ɪn'zɛktənfɛrtɪlguŋsmɪtəl] *f* insecticide

Insel ['ɪnzəl] *f* island; *Ich bin reif für die ~!* I need a holiday! I need a vacation! *(US)*

Inselbewohner ['ɪnzəlbəvo:nər] *m* islander
Inselgruppe ['ɪnzəlgrupə] *f GEO* group of islands, archipelago
Inselstaat ['ɪnzəlʃta:t] *m POL* island state
Inselwelt ['ɪnzəlvɛlt] *f* archipelago
Inserat [ɪnzə'ra:t] *n* advertisement
inserieren [ɪnzə'ri:rən] *v* advertise
insgeheim [ɪnsgə'haɪm] *adv* secretly
insgesamt [ɪnsgə'zamt] *adv* altogether, in all, all in all, collectively
insistieren [ɪnzɪs'ti:rən] *v* insist
insofern [ɪnzo'fɛrn] *konj 1.* so long, as; *adv 2.* so far, to that extent, in that respect
Insolvenz ['ɪnzɔlvɛnts] *f ECO* insolvency
Inspektionsreise [ɪnspɛk'tsjo:nsraɪzə] *f* tour of inspection
Inspektor [ɪn'spɛktɔr] *m 1.* inspector; *2. (Aufseher)* superintendent
inspirieren [ɪnspi'ri:rən] *v* inspire
inspizieren [ɪnspi'tsi:rən] *v* inspect
instabil ['ɪnʃtabi:l] *adj* instable
Instabilität ['ɪnʃtabili'tɛ:t] *f* instability
Installateur [ɪnstala'tø:r] *m 1.* plumber, fitter; *2. (Elektroinstallateur)* electrician
installieren [ɪnsta'li:rən] *v* install, fit
Instandhaltung [ɪn'ʃtanthaltuŋ] *f* maintenance, upkeep
inständig ['ɪnʃtɛndɪç] *adj 1.* urgent; *adv 2.* beseechingly, urgently
Instandsetzung [ɪn'ʃtantzɛtsuŋ] *f* repair, restoration, reconditioning
Instanz [ɪn'stants] *f 1.* authority; *2. JUR* court

Instinkthandlung [ɪn'stɪŋkthandlʊŋ] *f* action on instinct
instinktiv [ɪnstɪŋk'tiːf] *adj* instinctive
Institut [ɪnsti'tuːt] *n* institute, establishment, institution
institutionell [ɪnstitutsjo'nɛl] *adj POL* institutional
instruieren [ɪnstru'iːrən] *v 1. (Anweisungen geben)* instruct; *2. (informieren)* inform
instruktiv [ɪnstruk'tiːf] *adj* instructive
Instrument [ɪnstru'mɛnt] *n* instrument, tool, implement
Instrumentalbegleitung [ɪnstrumɛn'taːlbəglaɪtuŋ] *f MUS* instrumental accompaniment
Insulaner [ɪnzu'laːnər] *m* islander
inszenieren [ɪnstse'niːrən] *v THEAT* produce, stage, put on

I

Inszenierung [ɪnstse'niːruŋ] *f* production, staging
intakt [ɪn'takt] *adj* intact
integer [ɪn'teːgər] *adj ein integrer Mann* a man of integrity
Integration [ɪntegra'tsjoːn] *f* integration
integrieren [ɪnte'griːrən] *v* integrate
Integrität [ɪntegri'tɛːt] *f* integrity
Intellekt [ɪntɛ'lɛkt] *m* intellect
intellektuell [ɪntɛlɛktu'ɛl] *adj* intellectual
Intellektuelle(r) [ɪntɛlɛktu'ɛlə(r)] *m/f* intellectual
Intelligenz [ɪntɛli'gɛnts] *f* intelligence; *Es wird seiner ~ zugeschrieben.* It is attributed to his intelligence.
Intelligenzleistung [ɪntɛli'gɛntslaɪstuŋ] *f* show of intelligence
Intelligenztest [ɪntɛli'gɛntstɛst] *m* mental test
Intendant [ɪntɛn'dant] *m THEAT* director
Intensität [ɪntɛnzi'tɛːt] *f* intensity
intensiv [ɪntɛn'ziːf] *adj* intensive, intense
intensivieren [ɪntɛnzi'viːrən] *v* intensify
Intensivierung [ɪntɛnzi'viːruŋ] *f* intensifying, intensification
Intensivkurs [ɪntɛn'ziːfkurs] *m* intensive course
Intensivstation [ɪntɛn'ziːfʃtatsjoːn] *f MED* intensive care unit
Interaktion [ɪntərak'tsjoːn] *f* interaction
interaktiv [ɪntərak'tiːf] *adj* interactive
interessant [ɪntərɛ'sant] *adj* interesting
interessanterweise [ɪntərɛsantər'vaɪzə] *adv* interestingly enough
Interesse [ɪntə'rɛsə] *n* interest; *im ~ von* on behalf of
interesselos [ɪntə'rɛsəloːs] *adj* uninterested, indifferent, listless
Interessenausgleich [ɪntə'rɛsənausglaɪç] *m* balancing of interests, conciliation of interests
Interessengebiet [ɪntə'rɛsəngəbiːt] *n* interests, area of interest
Interessenkonflikt [ɪntə'rɛsənkɔnflɪkt] *m* conflict of interest
Interessent [ɪntərɛ'sɛnt] *m* person interested, interested party
interessieren [ɪntərɛ'siːrən] *v* interest
interkonfessionell [ɪntərkɔnfɛsjo'nɛl] *adj REL* interdenominational
interkontinental [ɪntərkɔntɪnɛn'taːl] *adj* intercontinental
intern [ɪn'tɛrn] *adj* internal
Internat [ɪntɛr'naːt] *n* boarding-school
interplanetarisch [ɪntərplane'taːrɪʃ] *adj ASTR* interplanetary
Interpret [ɪntɛr'preːt] *m* interpreter (of music)
interpretieren [ɪntɛrprɛ'tiːrən] *v* interpret
Interpunktion [ɪntɛrpuŋk'tsjoːn] *f* punctuation
Interregio-Zug [ɪntər'reːgiotsuːk] *m* express train
Intervall [ɪntɛr'val] *m* interval
intervenieren [ɪntɛrve'niːrən] *v* intervene
Intervention [ɪntɛrven'tsjoːn] *f* intervention
interviewen [ɪntɛr'vjuːən] *v* interview
intim [ɪn'tiːm] *adj* intimate
Intimität [ɪntimi'tɛːt] *f* intimacy
Intimsphäre [ɪn'tiːmsfɛːrə] *f* privacy, private life
Intoleranz [ɪntolə'rants] *f* intolerance
intransitiv ['ɪntranzitiːf] *adj* intransitive
intravenös [ɪntrave'nøːs] *adj MED* intravenous
intrigant [ɪntri'gant] *adj* scheming
Intrigant/Intrigantin [ɪntri'gant/ɪntri'gantɪn] *m/f* intriguer
Intrige [ɪn'triːgə] *f* intrigue, scheme
intrigieren [ɪntri'giːrən] *v* intrigue
intus ['ɪntus] *adj etw ~ haben (Getränk)* have downed sth
Invalide [ɪnva'liːdə] *m* invalid, disabled person
Invalidenrente [ɪnva'liːdənrɛntə] *f* disability pension
Inventar [ɪnvɛn'taːr] *n* inventory
Inventur [ɪnvɛn'tuːr] *f* stock-taking, inventory

investieren [ɪnvɛ'stiːrən] *v* invest
Investition [ɪnvɛsti'tsjoːn] *f* investment
Investmentfonds [ɪn'vɛstmɛntfɔ̃] *m* *ECO* investment fund, unit trust *(UK)*, mutual trust *(US)*
inwiefern [ɪnvi'fɛrn] *adv* in what way
inwieweit [ɪnvi'vaɪt] *adv* to what extent, in what way
Inzest ['ɪntsɛst] *m* incest
Inzucht ['ɪntsuxt] *f* inbreeding
inzwischen [ɪn'tsvɪʃən] *adv* in the meantime, meanwhile, by then
Irak [i'raːk] *m der ~* Iraq
Iraker [i'raːkər] *m* Iraqi
irakisch [i'raːkɪʃ] *adj* Iraqi
Iran [i'raːn] *m der ~* Iran
Iraner [i'raːnər] *m* Iranian
iranisch [i'raːnɪʃ] *adj* Iranian
irden ['ɪrdən] *adj 1.* earthen; *2. (Geschirr)* earthenware
irdisch ['ɪrdɪʃ] *adj 1.* terrestrial, earthly; *2. (weltlich)* worldly
irgend ['ɪrgənt] *adv* if possible, whatever, whenever; *~ etwas* something, anything; *~ jemand* somebody, someone, anyone
irgendein ['ɪrgəntaɪn] *adj* some, any
irgendwann ['ɪrgəntvan] *adv* sometime
irgendwelche(r,s) ['ɪrgəndvɛlçə(r,s)] *pron* some; *Ich glaube nicht, dass es ~ Probleme geben wird.* I don't think there will be any problems.
irgendwie ['ɪrgəntviː] *adv* somehow, in some way, one way or another
irgendwo ['ɪrgəntvoː] *adv* somewhere, anywhere
irisch ['iːrɪʃ] *adj* Irish
Irland ['ɪrlant] *n GEO* Ireland, *(Republik ~)* Eire
Irokese [iro'keːzə] *m* Iroquois
Irokesenschnitt [ɪrɔ'keːzənʃnɪt] *m* Mohawk, Mohican
Ironie [iro'niː] *f* irony
ironisch [i'roːnɪʃ] *adj* ironic
Irrationalität [ɪratsjonali'tɛːt] *f* irrationality
irre ['ɪrə] *adj 1.* mad, deranged, confused; *2. (fam: merkwürdig)* crazy, far-out; *adv 3. (fam: außerordentlich)* incredibly
Irre(r) ['ɪrə(r)] *m/f* lunatic, madman/madwoman, insane person
irreführen ['ɪrəfyːrən] *v* mislead
irregehen ['ɪrəgeːən] *v irr 1. (sich verlaufen)* lose one's way; *2. (sich irren)* get on the wrong track
irregulär ['ɪregulɛːr] *adj* irregular
irremachen ['ɪrəmaxən] *v* confuse
irren ['ɪrən] *v 1. (sich ~)* to be wrong, to be mistaken; *2. (ratlos hin und her gehen)* wander
Irrenanstalt ['ɪrənanʃtalt] *f* lunatic asylum
Irrenarzt ['ɪrənartst] *m (fam)* shrink, headshrinker
Irrenhaus ['ɪrənhaus] *n* madhouse, lunatic asylum
Irrfahrt ['ɪrfaːrt] *f* odyssey
Irrgarten ['ɪrgartən] *m 1.* maze; *2. (fig)* labyrinth
irrgläubig ['ɪrglɔybɪç] *adj* heretical
irrig ['ɪrɪç] *adj* false
irritieren [ɪri'tiːrən] *v 1.* irritate; *2. (verwirren)* confuse, muddle
Irrlehre ['ɪrleːrə] *f REL* false doctrine
Irrlicht ['ɪrlɪçt] *n* will-o'-the-wisp
Irrsinn ['ɪrzɪn] *m* madness
irrsinnig ['ɪrzɪnɪç] *adj 1. MED* insane; *2. (fig)* insane, crazy, mad
Irrtum ['ɪrtum] *m* error, mistake, misconception; *sich im ~ befinden* to be mistaken, to be on the wrong track
irrtümlich ['ɪrtyːmlɪç] *adj* erroneous
Irrweg ['ɪrveːk] *m (fig)* wrong way; *auf ~e geraten* go astray
Ischias ['ɪʃias] *m ANAT* sciatica
islamisch [ɪs'laːmɪʃ] *adj REL* Islamic
islamistisch [ɪsla'mɪstɪʃ] *adj* Islamic
Islamit [ɪsla'mɪt] *m* Muslim
Isolation [izola'tsjoːn] *f 1. TECH* insulation; *2. (Absondern)* isolation
Isolationshaft [izola'tsjoːnshaft] *f JUR* solitary confinement
Isolierband [izo'liːrbant] *n TECH* insulating tape
isolieren [izo'liːrən] *v 1. TECH* insulate; *2. (absondern)* isolate
Isoliertheit [izo'liːrthaɪt] *f* isolation
Isolierung [izo'liːruŋ] *f 1. TECH* insulation; *2. (fig)* isolation
isotonisch [izo'toːnɪʃ] *adj* isotonic
Israeli [isra'eːli] *m* Israeli
israelisch [ɪsra'eːlɪʃ] *n* Israeli
israelitisch [ɪsrae'liːtɪʃ] *adj* Israelite
Iststärke ['ɪstʃtɛrkə] *f MIL* effective strength
Italien [i'taːljən] *n GEO* Italy
Italiener [ital'jeːnər] *m* Italian
italienisch [ital'jeːnɪʃ] *adj* Italian
Italienisch [ital'jeːnɪʃ] *n* Italian
I-Tüpfelchen ['iːtupfəlçən] *n* dot on the i; *bis aufs ~* down to the last detail

J

ja [jaː] *adv 1.* yes; *2. (einräumend) Es ist ~ nicht so schlimm.* It really isn't so bad.

Jacht [jaxt] *f* yacht
Jachtklub ['jaxtklup] *m* yacht club
Jacke ['jakə] *f 1. (Stoffjacke)* jacket; *~ wie Hose sein* to be six of one and half a dozen of the other; *die ~ vollkriegen* get a thrashing; *2. (Strickjacke)* cardigan
Jackentasche ['jakəntaʃə] *f* jacket pocket
Jackett [ʒa'kɛt] *n* jacket
Jackpot ['dʒækpɔt] *m* jackpot
Jade ['jaːdə] *m/f MIN* jade
Jagd [jaːkt] *f 1.* hunt; *2. (Verfolgung)* chase, pursuit
Jagdbomber ['jaːktbɔmbər] *m MIL* fighter-bomber
Jagdflieger ['jaːktfliːgər] *m MIL* fighter pilot
Jagdflinte ['jaːktflɪntə] *f* hunting rifle, shotgun
Jagdflugzeug ['jaːktfluːktsɔyk] *n MIL* fighter
Jagdgeschwader ['jaːktgəʃvaːdər] *n MIL* fighter group
Jagdgewehr ['jaːktgəveːr] *n* hunting rifle, sporting rifle, shotgun
Jagdgründe ['jaːktgryndə] *pl in die ewigen ~ eingehen* go to the happy hunting grounds
Jagdrevier ['jaːktreviːr] *n* hunting ground, shooting ground
Jagdschein ['jaːktʃaɪn] *m* hunting licence
jagen ['jaːgən] *v* hunt, stalk, shoot; *Damit kannst du mich ~.* I wouldn't take it if you paid me.
Jäger ['jɛːgər] *m* hunter
Jägerlatein ['jɛːgərlataɪn] *n* tall tales of one's hunting exploits
Jaguar ['jaːguaːr] *m* jaguar
jäh [jɛː] *adj 1. (plötzlich)* sudden, abrupt; *2. (steil)* steep, precipitous
jählings ['jɛːlɪŋs] *adv* abruptly

Jahr [jaːr] *n* year; *in die ~e kommen* to be getting on in years; *in den besten ~en* in the prime of life

jahrelang ['jaːrəlaŋ] *adj 1.* lasting for years; *~e Erfahrung* years of experience; *adv 2.* for years
jähren ['jɛːrən] *v heute jährt sich der Tag an dem ...* it's a year ago today that ...; *heute jährt es sich zum vierten Mal, dass ...* today makes it four years since ...
Jahresabonnement ['jaːrəsabɔnəmɑ̃] *n* year's subscription
Jahresabschluss ['jaːrəsapʃlus] *m ECO* annual statement of accounts
Jahresbeginn ['jaːrəsbəgɪn] *m am ~* at the beginning of the year
Jahresbericht ['jaːrəsbərɪçt] *m ECO* annual report
Jahreseinkommen ['jaːrəsaɪnkɔmən] *n* annual income
Jahresende ['jaːrəsɛndə] *n* end of the year
Jahreskarte ['jaːrəskartə] *f* year-round pass
Jahrestag ['jaːrəstaːk] *m* anniversary
Jahresurlaub ['jaːrəsuːrlaup] *m* holidays per year, vacation per year *(US)*
Jahreswagen ['jaːrəsvaːgən] *m* one-year-old car
Jahreswechsel ['jaːrəsvɛksəl] *m* turn of the year
Jahreswende ['jaːrəsvɛndə] *f zur ~* at the start of the new year
Jahreszahl ['jaːrəstsaːl] *f* year; *~en lernen* learn dates; *Ich kann mir ~en schlecht merken.* I'm not good at memorizing dates.
Jahreszeit ['jaːrəstsaɪt] *f* season, time of year
jahreszeitlich ['jaːrəstsaɪtlɪç] *adj* seasonal
Jahrgang ['jaːrgaŋ] *m 1.* year; *2. (Menschen)* all persons born in a certain year; *Birgit Schmidt, ~ 1967* Birgit Schmidt, born 1967; *Du und ich sind der gleiche ~.* You and I were born the same year.
Jahrhundert [jaːr'hundərt] *n* century
jahrhundertelang [jaːr'hundərtəlaŋ] *adj* lasting for centuries, for centuries
Jahrhundertereignis [jaːr'hundərtɛraɪknɪs] *n (fig)* monumental event
Jahrhundertmitte [jaːr'hundərtmɪtə] *f* middle of the century
Jahrhundertwende [jaːr'hundərtvɛndə] *f* turn of the century
jährlich ['jɛːrlɪç] *adj 1.* annual, yearly; *adv 2.* annually, every year
Jahrmarkt ['jaːrmarkt] *m* fair, annual fair

Jahrtausend [jaːr'tauzənt] *n* millenium
Jahrzehnt [jaːr'tseːnt] *n* decade
Jähzorn ['jɛːtsɔrn] *m* quick temper, hot-headedness, *(plötzlicher Ausbruch)* sudden anger
jähzornig ['jɛːtsɔrnɪç] *adj* hot-tempered, quick-tempered, choleric
Jak [jak] *m ZOOL* yak
Jalousie [ʒalu'ziː] *f* (Venetian) blind
Jalousieschrank [ʒalu'ziːʃraŋk] *m* roll-top cabinet
Jamaika [ja'maɪka] *n GEO* Jamaica
Jamaikaner [jamaɪ'kaːnər] *m* Jamaican
jamaikanisch [jamaɪ'kaːnɪʃ] *adj* Jamaican
Jammer ['jamər] *m 1. (Klagen)* lamentation, distress, woe; *2. (Elend)* misery, distress, calamity; *ein ~ sein* to be a crying shame
Jammergestalt ['jamərgəʃtalt] *f* wretched figure
jämmerlich ['jɛmərlɪç] *adj 1.* miserable, lamentable, sorry; *adv 2.* miserably, wretchedly, woefully
Jämmerlichkeit ['jɛmərlɪçkaɪt] *f* miserableness
jammern ['jamərn] *v* lament, complain, wail
jammerschade ['jamər'ʃaːdə] *adj Es ist ~.* It is a great shame.
jammervoll ['jamərfɔl] *adj* wretched, miserable
Januar ['januaːr] *m* January
Japan ['jaːpan] *n GEO* Japan
Japaner [ja'paːnər] *m* Japanese
japanisch [ja'paːnɪʃ] *adj* Japanese
japsen ['japsən] *v (fam)* gasp for breath, pant
Jargon [ʒar'gɔ̃] *m* jargon
Jasager ['jaːzaːgər] *m* yes-man, stooge
Jasmin [jas'miːn] *m BOT* jasmine
Jaspis ['jaspɪs] *m MIN* jasper
Jastimme ['jaːʃtɪmə] *f* vote in favour
jäten ['jɛːtən] *v* weed
Jauche ['jauxə] *f* liquid manure
Jauchegrube ['jauxəgruːbə] *f* cesspool, cesspit
jauchzen ['jauxtsən] *v* shout with joy, cheer, rejoice
Jauchzer ['jauxtsər] *m* shout of joy
jaulen ['jaulən] *v* whine
jawohl [ja'voːl] *interj* yes, yes indeed
Jawort ['jaːvɔrt] *n 1. jdm das ~ geben* say yes to s.o. (who has proposed marriage); *2. jdm das ~ geben (bei der Trauung)* say "I do"
Jazzgymnastik ['dʒæzgymnastɪk] *f SPORT* jazzercise
Jazzkeller ['dʒæzkɛlər] *m MUS* basement jazz club
Jazztrompeter ['dʒæztrɔmpeːtər] *m MUS* jazz trumpeter
je [jeː] *adv 1.* ever; *denn ~* than ever; *prep 2.* per, each; *Sie zahlten ~ zehn Mark.* Each one paid ten marks. *~ Person drei Stück* three per person; *konj 3. ~ ... desto ...* the ... the ...; *~ mehr, desto besser* the more the better; *4. ~ nachdem, ...* depending on ... *„Je nachdem."* "That depends."
Jeansjacke ['dʒiːnsjakə] *f* jeans jacket
Jeansstoff ['dʒiːnsʃtɔf] *m* denim
jede(r,s) ['jeːdə(r,s)] *adj 1.* each, every; *pron 2.* everyone, everybody
jedenfalls ['jeːdənfals] *adv* in any case, at any rate, anyway
jedermann ['jeːdərman] *pron 1.* everyone, everybody; *Es ist nicht ~s Sache.* It's not for everyone. *2. (jeder Beliebige)* anyone, anybody
jederzeit ['jeːdərtsaɪt] *adv* at all times, always, at any time
jedes Mal ['jeːdəsmaːl] *adv* every time, each time, *(immer)* always; *~ wenn* whenever
jedoch [je'dɔx] *konj* yet, still, however
jedweder *pron (siehe „jeder")*
jeglicher ['jeːklɪçər] *pron* every, any
jeher ['jeː'her] *adv seit ~* always, all along
jemals ['jeːmals] *adv* ever
jemand ['jeːmant] *pron* somebody, someone, anybody
Jemen ['jeːmən] *m GEO* Yemen
Jemenit [jeme'niːt] *m* Yemeni
jemenitisch [jeme'niːtɪʃ] *adj* Yemeni
jene(r,s) ['jeːnə(r,s)] *pron* that one; *in ~n Tagen* in those days
jenseitig ['jeːnzaɪtɪç] *adj 1.* on the other side of, opposite; *2. REL* otherworldly
Jenseitigkeit ['jeːnzaɪtɪçkaɪt] *f REL* otherworldliness
jenseits ['jeːnzaɪts] *prep* beyond, on the other side of
Jenseits ['jeːnzaɪts] *n* the hereafter, the beyond, the life to come; *jdn ins ~ befördern* send s.o. to meet his maker
Jesuit [jezu'iːt] *m REL* Jesuit
Jesuitenpater [jezu'iːtənpaːtər] *m REL* Jesuit priest
Jeton [ʒə'tɔ̃ː] *m* token, jeton
jetten ['dʒɛtən] *v* jet
jetzig ['jɛtsɪç] *adj* current, present

J

jetzt [jɛtst] *adv* now, at present, at the moment; *bis ~* as yet; *~ gleich* right away; *Was ist ~ los?* What's going on now?
Jetzt [jɛtst] *n das ~* today, the present time, now
jeweilig ['jeːvaɪlɪç] *adj 1.* respective; *2. (vorherrschend)* prevailing
jeweils ['jeːvaɪls] *adv* respectively, at a time, in each case; *~ zwei zusammen* two at a time
jiddisch ['jɪdɪʃ] *adj* Yiddish
jobben ['dʒɔbən] *v* do temporary jobs
Joch [jɔx] *n* yoke
Jochbein ['jɔxbaɪn] *n* cheekbone
Jockei ['dʒɔkeɪ] *m* jockey
Jod [joːt] *n CHEM* iodine
jodeln ['joːdəln] *v* yodel
jodhaltig ['joːthaltɪç] *adj CHEM* iodic, containing iodine
Joga ['joːga] *m/n* Yoga
joggen ['dʒɔgən] *v SPORT* jog
Jogginganzug ['dʒɔgɪŋantsuːk] *m SPORT* track suit, jogging suit
Joggingschuhe ['dʒɔgɪŋʃuːə] *pl SPORT* jogging shoes
Jogurt ['joːgurt] *n GAST* yogurt
Johannisbeere [jo'hanɪsbeːrə] *f (rote ~) BOT* redcurrant
Johannistag [jo'hanɪstaːk] *m* Midsummer Day (June 24th)
johlen ['joːlən] *v* howl, yell
Jolle ['jɔlə] *f NAUT* dinghy
Jongleur [ʒɔŋ'gløːr] *m* juggler
jonglieren [ʒɔŋ'gliːrən] *v* juggle
Jordanien [jor'daːnjən] *n* Jordan
Jordanier [jor'daːnjər] *m* Jordanian
jordanisch [jor'daːnɪʃ] *adj* Jordanian
Journal [ʒur'naːl] *n* journal
Journalismus [ʒurna'lɪsmus] *m* journalism
Journalist [ʒurna'lɪst] *m* journalist
journalistisch [ʒurna'lɪstɪʃ] *adj* journalistic
jovial [jo'vjaːl] *adj* jovial, merry, cheerful
Jovialität [jovjali'tɛːt] *f* joviality
Jubel ['juːbəl] *m* jubilation, exultation, merry-making
jubeln ['juːbəln] *v* rejoice, shout with joy
Jubilar [juːbi'laːr] *m* person celebrating an anniversary
Jubiläum [juːbi'lɛːum] *n* anniversary, jubilee
jucken ['jukən] *v 1.* itch; *2. (sich kratzen)* scratch o.s.
Juckpulver ['jukpulvər] *n* itching powder
Juckreiz ['jukraɪts] *m MED* itching
Judaistik [juda'ɪstɪk] *f* Jewish studies
Jude ['juːdə] *m* Jew
Judenstern ['juːdənʃtɛrn] *m REL* Star of David
Judentum ['juːdəntuːm] *n REL* Judaism
Judenverfolgung ['juːdənfɛrfɔlguŋ] *f* pogrom, persecution of the Jews
Judikative [judika'tiːvə] *f POL* judicative
Jüdin ['jyːdɪn] *f* Jewish woman; *Sie ist ~.* She's Jewish.
jüdisch ['jyːdɪʃ] *adj* Jewish
Judo ['juːdo] *n SPORT* judo
Judoka [ju'doːka] *m SPORT* judoka
Jugend ['juːgənt] *f* youth
Jugendamt ['juːgəntamt] *n* youth welfare department
Jugendarbeitslosigkeit ['juːgəntarbaɪtsloːzɪçkaɪt] *f* youth unemployment
Jugendbewegung ['juːgəntbəveːguŋ] *f* youth movement
Jugenderinnerung ['juːgəntɛrɪnəruŋ] *f* memories of one's childhood, recollections of one's youth
jugendfrei ['juːgəntfraɪ] *adj* suitable for young people, carrying a U certificate *(UK)*, rated PG *(US)*
Jugendfreund/Jugendfreundin ['juːgəntfrɔynt/'juːgəntfrɔyndɪn] *m/f* friend from school days
Jugendgruppe ['juːgəntgrupə] *f* youth group
Jugendherberge ['juːgənthɛrbɛrgə] *f* youth hostel
Jugendkriminalität ['juːgəntkrɪminalitɛːt] *f* juvenile delinquency
jugendlich ['juːgəntlɪç] *adj* juvenile, adolescent, youthful
Jugendliche(r) ['juːgəntlɪçə(r)] *m/f* adolescent, young person, youth
Jugendlichkeit ['juːgəntlɪçkaɪt] *f* youthfulness
Jugendliebe ['juːgəntliːbə] *f 1.* young love; *2. (Geliebte)* sweetheart of one's youth, old flame; *3. (erste Liebe)* first love
Jugendorganisation ['juːgəntɔrganizatsjoːn] *f* youth organization
Jugendrichter ['juːgəntrɪçtər] *m JUR* judge of the juvenile court
Jugendschutzgesetz ['juːgəntʃutsgəzɛts] *n JUR* Protection of Young Persons Act
Jugendstil ['juːgəntʃtiːl] *m ART* Art Nouveau

J

Jugendstrafanstalt ['juːgəntʃtraːfanʃtalt] *f JUR* juvenile prison, reform school
Jugendstreich ['juːgəntʃtraɪç] *m* youthful escapade
Jugendsünde ['juːgəntzyndə] *f* sin of one's youth
Jugendwerk ['juːgəntveːrk] *n 1.* early work; *2. LIT* juvenilia
Jugendzeit ['juːgənttsaɪt] *f* youth, early life
Jugendzentrum ['juːgənttsɛntrum] *n* youth centre
Jugoslawe [juːgo'slaːvə] *m* Yugoslav
Jugoslawien [juːgo'slaːvjən] *n HIST* Yugoslavia
jugoslawisch [juːgo'slaːvɪʃ] *adj HIST* Yugoslav
Juli ['juːli] *m* July
jung [juŋ] *adj* young; *der Jüngste Tag* Doomsday
Junge ['juŋə] *m 1.* boy; *n 2. ZOOL* young animal, young
jungenhaft ['juŋənhaft] *adj* boyish
Jünger ['jyŋər] *m REL* disciple
Jungfer ['juŋfər] *f alte ~* old maid, old spinster
Jungfernfahrt ['juŋfərnfaːrt] *f* maiden journey
Jungfernhäutchen ['juŋfərnhɔytçən] *n ANAT* hymen
Jungfrau ['juŋfrau] *f* virgin
jungfräulich ['juŋfrɔylɪç] *adj 1.* virginal; *2. (fig)* virgin
Jungfräulichkeit ['juŋfrɔylɪçkaɪt] *f* virginity
Junggeselle ['juŋgəzɛlə] *m* bachelor
Junggesellendasein ['juŋgəzɛləndaːzaɪn] *n* bachelor's life, life as a bachelor
Jüngling ['jyŋlɪŋ] *m* lad, youngster, young fellow
jüngst [jyŋst] *adv (neulich)* recently, lately, of late
jüngste(r,s) ['jyŋstə(r,s)] *adj 1.* youngest; *2. (Sachen)* latest, most recent; *3. der Jüngste Tag* Doomsday
Jungsteinzeit ['juŋʃtaɪntsaɪt] *f HIST* New Stone Age, Neolithic period
jungsteinzeitlich ['juŋʃtaɪntsaɪtlɪç] *adj HIST* of the New Stone Age, Neolithic
Jungtier ['juŋtiːr] *n ZOOL* young animal
Jungunternehmer ['juŋuntərneːmər] *m ECO* young entrepreneur
Jungverheiratete(r) ['juŋfɛrhaɪratətə(r)] *m/f* newlywed
Jungwähler ['juŋvɛːlər] *m* young voter
Juni ['juːni] *m* June
Junikäfer ['juːnikɛːfər] *m ZOOL* June-bug
Junior ['juːnjɔr] *m* junior
Juniorchef ['juːnjɔrʃɛf] *m* junior director, junior partner
Juniorpartner ['juːnjɔrpartnər] *m ECO* junior partner
Junker ['juŋkər] *m HIST* Junker
Junta ['xunta] *f POL* junta
Jura ['juːra] *n* law
Jurastudent/Jurastudentin ['juːraʃtudɛnt/'juːraʃtudɛntɪn] *m/f* law student
Jurisdiktion [jurɪsdɪk'tsjoːn] *f JUR* jurisdiction
Jurist/Juristin [ju'rɪst/ju'rɪstɪn] *m/f* lawyer, legal expert
juristisch [ju'rɪstɪʃ] *adj* legal
Juror/Jurorin ['juːrɔr/ju'roːrɪn] *m/f JUR* juror
Jury [ʒy'riː] *f* jury, panel of judges
just [just] *adj* just
justieren [jus'tiːrən] *v 1.* adjust; *2. (Typografie)* justify
Justiz [jus'tiːts] *f* administration of justice, judiciary, judicature
Justizbeamte(r)/Justizbeamtin [jus'tiːtsbəamtə(r)/jus'tiːtsbəamtɪn] *m/f* judicial officer, officer of the court, court clerk
Justizbehörde [jus'tiːtsbəhøːrdə] *f* judicial authority
Justizirrtum [jus'tiːtsɪrtum] *m* miscarriage of justice
Justizminister [jus'tiːtsminɪstər] *m POL* Minister of Justice, Lord Chancellor *(UK),* Attorney General *(US)*
Justizministerium [jus'tiːtsminɪsterjum] *n* Ministry of Justice
Justizmord [jus'tiːtsmɔrt] *m JUR* judicial murder
Jute ['juːtə] *f BOT* jute
Jutesack ['juːtəzak] *m* jute sack
Jutetasche ['juːtətaʃə] *f* jute bag
Juwel [ju'veːl] *n* jewel, gem; *mit ~en behängt* laden with jewels
Juwelendiebstahl [ju'veːləndiːpʃtaːl] *m* jewel theft
Juwelier [juvə'liːr] *m* jeweller
Juweliergeschäft [juvə'liːrgəʃɛft] *n* jeweller, jewelry store *(US)*
Jux [juks] *m* joke, lark, fun; *aus lauter ~ und Tollerei* just for kicks; *sich einen ~ mit jdm erlauben* play a joke on s.o.
juxen ['juksən] *v* make fun

K

Kabarett [kaba'rɛt] *n* *THEAT* cabaret
Kabarettist [kabarə'tɪst] *m* *THEAT* cabaret performer, cabaret artist
kabarettistisch [kabarɛ'tɪstɪʃ] *adj* of a cabaret, of a revue
Kabel ['ka:bəl] *n* cable
Kabeljau ['ka:bəljau] *m* *ZOOL* codfish, cod
Kabine [ka'bi:nə] *f* 1. *(kleiner Raum)* cubicle; 2. *NAUT* cabin
Kabinett [kabi'nɛt] *n* *POL* cabinet
kacheln ['kaxəln] *v* tile
Kachelofen ['kaxəlo:fən] *m* tile stove
Kadaver [ka'da:vər] *m* carcass
Kadenz [ka'dɛnts] *f* *MUS* cadence
Kader ['ka:dər] *m* 1. cadre; 2. *SPORT* squad
Kadett [ka'dɛt] *m* *MIL* cadet
Käfer ['kɛ:fər] *m* *ZOOL* bug, beetle

K

Kaffee ['kafe:] *m* coffee; *Das ist alles kalter ~!* *(fig)* That's old news! That's all old hat!

Kaffeebohne ['kafebo:nə] *f* coffee bean
Kaffeeersatz ['kafeɛrzats] *m* coffee substitute *Kaffeeextrakt*
Kaffeefahrt ['kafefa:rt] *f* bus ride with sales demonstration, junket
Kaffeeklatsch ['kafeklatʃ] *m* hen-party *(UK)*, coffee klatsch *(US)*
Kaffeelöffel ['kafelœfəl] *m* teaspoon
Kaffeesatz ['kafezats] *m* coffee grounds
Käfig ['kɛ:fɪç] *m* cage; *im goldenen ~ sitzen* *(fig)* to be a bird in a gilded cage
kahl [ka:l] *adj* 1. *(unbewachsen)* bare; 2. *(glatzköpfig)* bald; 3. *(ohne Blätter)* bare, leafless; 4. *(leer)* bleak, barren; 5. *(Wand)* bare; *~ fressen* strip
Kahlkopf ['ka:lkɔpf] *m* 1. bald head; 2. *(Mensch)* bald person
Kahlköpfigkeit ['ka:lkœpfɪçkaɪt] *f* baldness
Kahlschlag ['ka:lʃla:k] *m* 1. clearing; 2. *(fig: radikale Verringerung)* clean sweep
Kahn [ka:n] *m* boat, skiff, barge
Kai [kaɪ] *m* quay, wharf
Kaiser ['kaɪzər] *m* emperor
kaiserlich ['kaɪzərlɪç] *adj* imperial
Kaiserreich ['kaɪzərraɪç] *n* empire
Kaiserschnitt ['kaɪzərʃnɪt] *m* *MED* Caesarian section
Kajak ['ka:jak] *n* *SPORT* kayak
Kajal [ka'ja:l] *m* eyeliner
Kajüte [ka'jy:tə] *f* cabin
Kakadu ['kakadu] *m* *ZOOL* cockatoo
Kakao [ka'kau] *m* 1. *BOT* cocoa; *jdn durch den ~ ziehen (fig: jdn schlecht machen)* run s.o. down, bad-mouth s.o. *(US)*; *(veralbern)* make fun of s.o.; 2. *GAST* hot chocolate
Kalauer ['ka:lauər] *m* 1. *(fam)* corny joke, stale joke; 2. *(Wortspiel)* bad pun
Kalb ['kalp] *n* *ZOOL* calf
Kalbfleisch ['kalpflaɪʃ] *n* *GAST* veal
Kalender [ka'lɛndər] *m* calendar; *etw rot im ~ anstreichen* make sth a red-letter day
Kaliber [ka'li:bər] *n* 1. calibre; *eine Flinte vom ~ zwölf* a twelve bore shotgun; 2. *TECH* gauge
Kalif [ka'li:f] *m* *HIST* caliph
Kalium ['ka:ljum] *n* *CHEM* potassium
Kalk [kalk] *m* *CHEM* lime
Kalkstein ['kalkʃtaɪn] *m* limestone
Kalkül [kal'ky:l] *n* calculation
kalkulieren [kalku'li:rən] *v* calculate
Kalorie [kalo'ri:] *f* *PHYS* calorie
kalorienarm [kalo'ri:ənarm] *adj* low-calorie

kalt [kalt] *adj* cold; *Kalter Krieg* cold war; *~ stellen (fig)* neutralize; *~ bleiben (besonnen bleiben)* keep cool; *~e Füße kriegen (fig)* get cold feet; *jdm die ~e Schulter zeigen (fig)* give s.o. the cold shoulder

kaltblütig ['kaltbly:tɪç] *adj* cold-blooded
Kälte ['kɛltə] *f* 1. cold; 2. *(fig)* coolness, coldness, callousness
kaltherzig ['kalthɛrtsɪç] *adj* cold-hearted
Kaltluft ['kaltluft] *f* cold front, arctic front
Kaltmiete ['kaltmi:tə] *f* rent not including heating charges
kaltschnäuzig ['kaltʃnɔytsɪç] *adj* *(fam)* callous, cold
Kaltschnäuzigkeit ['kaltʃnɔytsɪçkaɪt] *f* callousness, coldheartedness
Kaltstart ['kaltʃtart] *m* *TECH* cold start
Kamel [ka'me:l] *n* *ZOOL* camel
Kamelhaar [ka'me:lha:r] *n* camel's hair
Kamerad [kamə'ra:t] *m* comrade, companion, mate *(fam)*
Kameradschaft [kamə'ra:tʃaft] *f* comradeship, camaraderie
kameradschaftlich [kamə'ra:tʃaftlɪç] *adj* comradely, companionable

Kameramann ['kamәraman] *m* cameraman
Kamille [ka'mɪlә] *f BOT* camomile
Kamin [ka'miːn] *m 1. (Feuerstelle)* fireplace; *2. (Schornstein)* chimney
Kaminkehrer [ka'miːnkeːrәr] *m* chimneysweep
Kamm [kam] *m 1. (Haarkamm)* comb; *alles über einen ~ scheren* treat everything alike; *2. (Bergkamm)* crest, ridge; *3. BIO* comb; *Ihm schwillt der ~!* He's getting cocky!
kämmen ['kɛmәn] *v* comb
Kammer ['kamәr] *f 1.* chamber, small room; *2. POL* chamber (of parliament); *3. (Herzkammer) ANAT* ventricle, chamber of the heart
Kammerdiener ['kamәrdiːnәr] *m* valet
Kammerjäger ['kamәrjɛːgәr] *m* exterminator
Kammersänger ['kamәrzɛŋәr] *m MUS* concert singer
Kammerspiel ['kamәrʃpiːl] *n 1. (Schauspiel)* play for a studio theatre; *2. (Theater)* studio theatre
Kammerzofe ['kamәrtsoːfә] *f* chambermaid
Kampagne [kam'panjә] *f* campaign
Kampf [kampf] *m 1.* fight, struggle; *2. (Wettkampf)* competition, contest; *3. (Schlacht)* battle
kämpfen ['kɛmpfәn] *v* fight, battle, struggle; *um etw ~* fight for sth
Kämpfer ['kɛmpfәr] *m 1.* fighter; *2. (Wettkämpfer)* contestant
kämpferisch ['kɛmpfәrɪʃ] *adj 1.* pugnacious, belligerent, aggressive; *2. POL* militant
Kampfrichter ['kampfrɪçtәr] *m SPORT* referee, judge
kampfunfähig ['kampfunfɛːɪç] *adj* disabled, incapable of combat, out of action
kampieren [kam'piːrәn] *v* camp
Kanal [ka'naːl] *m* channel, waterway, canal; *den ~ voll haben* to be fed up to one's teeth
Kanaldeckel [ka'naːldɛkәl] *m* manhole cover
Kanalisation [kanaliza'tsjoːn] *f* canalization, drainage, sewerage
kanalisieren [kanali'ziːrәn] *v 1. (Fluss)* canalize; *2. (Stadt)* lay sewers in
Kanarienvogel [ka'naːrjәnfoːgәl] *m ZOOL* canary
Kandare [kan'daːrә] *f jdn an die ~ nehmen* keep s.o. on a tight rein; *jdn an der ~ haben* have s.o. under one's thumb
kandidieren [kandi'diːrәn] *v* stand as a candidate, run *(US)*
kandiert [kan'diːrt] *adj* candied
Kaninchen [ka'niːnçәn] *n ZOOL* rabbit
Kanister [ka'nɪstәr] *m* canister
Kanne ['kanә] *f* jug, pot
Kannibale [kani'baːlә] *m* cannibal
Kanone [ka'noːnә] *f 1.* gun; *2. (Geschütz) HIST* cannon
Kante ['kantә] *f 1.* edge; *etw auf die hohe ~ legen* save sth for a rainy day; *etw auf der hohen ~ haben* have sth saved up for a rainy day; *2. (Rand)* border
kanten ['kantәn] *v 1.* tilt; *2. (randen)* edge
kantig ['kantɪç] *adj* angular, edged
Kantine [kan'tiːnә] *f* canteen
Kanu ['kaːnu] *n* canoe
Kanüle [ka'nyːlә] *f MED* cannula
Kanzel ['kantsәl] *f REL* pulpit
Kanzlei [kants'laɪ] *f 1.* office, chambers; *2. POL* chancellery
Kanzler ['kantslәr] *m POL* chancellor
Kanzleramt ['kantslәramt] *n POL* chancellorship
Kap [kap] *n GEO* cape
Kapazität [kapatsi'tɛːt] *f 1.* capacity; *2. (Person)* authority, eminent specialist
Kapelle [ka'pɛlә] *f 1. REL* chapel; *2. MUS* band, orchestra
kapern ['kaːpәrn] *v (fam)* capture, seize, catch
kapieren [ka'piːrәn] *v (fam)* understand, get *(fam)*, grasp
kapital [kapi'taːl] *adj* principal, capital
Kapital [kapi'taːl] *n* capital; *~ aus etw schlagen* capitalize on sth
Kapitalismus [kapita'lɪsmus] *m* capitalism
kapitalkräftig [kapi'taːlkrɛftɪç] *adj ECO* financially powerful, well-funded
Kapitalverbrechen [kapi'taːlfɛrbrɛçәn] *n JUR* capital crime
Kapitän [kapi'tɛːn] *m* captain
Kapitel [ka'pɪtәl] *n* chapter
kapitelweise [ka'pɪtәlvaɪzә] *adj* chapter-by-chapter
kapitulieren [kapitu'liːrәn] *v* capitulate, surrender
Kaplan [kap'laːn] *m REL* chaplain
Kappe ['kapә] *f* cap; *etw auf seine ~ nehmen* take the rap for sth *(fam)*
kappen ['kapәn] *v* cut, trim, chop
Kapsel ['kapsәl] *f* capsule
kaputt [ka'put] *adj 1.* broken; *2. (fam: müde)* tired, exhausted, whacked

K

kaputtgehen [ka'putge:ən] *v irr* break, to be ruined
kaputtlachen [ka'putlaxən] *v (fam) sich ~* laugh one's head off, die laughing
kaputtmachen [ka'putmaxən] *v 1. etw ~* break; *2. sich ~* wear o.s. out
kaputtschlagen [ka'putʃla:gən] *v irr* smash to bits, smash
Kapuze [ka'pu:tsə] *f* hood, cowl, cap
Karabiner [kara'bi:nər] *m MIL* carbine
Karacho [ka'raxo] *n (fam) mit ~* at full speed
Karaffe [ka'rafə] *f* decanter, carafe
Karambolage [karambo'la:ʒə] *f 1.* collision, crash; *2. (Massenkarambolage)* pile-up
Karamell [kara'mɛl] *m* caramel
Karat [ka'ra:t] *n* carat
Karawane [kara'va:nə] *f* caravan
Kardinal [kardi'na:l] *m REL* cardinal
Kardinalfehler [kardi'na:lfe:lər] *m* cardinal mistake, cardinal error
Karenz [ka'rɛnts] *f 1.* waiting period; *2. MED* period of rest

K

Karenztage [ka'rɛntsta:gə] *pl ECO* qualifying period
Karfreitag [ka:r'fraɪta:k] *m REL* Good Friday
karg [kark] *adj* scanty, paltry, meagre
Kargheit ['karkhaɪt] *f* meagreness, barrenness
kärglich ['kɛ:rglɪç] *adj* meagre, sparse, scanty
karibisch [ka'ri:bɪʃ] *adj* Caribbean
Karikatur [karika'tu:r] *f* caricature, cartoon
kariert [ka'ri:rt] *adj* checked, chequered
karikieren [kari'ki:rən] *v* caricature
kariös [ka'rjø:s] *adj MED* carious, decayed
karitativ [karita'ti:f] *adj* charitable
Karneval ['karnəval] *m* carnival
Karo ['ka:ro] *n 1.* diamond; *2. (Muster)* check; *3. (Kartenspiel)* diamonds *pl*
Karoass ['ka:roas] *n* ace of diamonds
Karosserie [karɔsə'ri:] *f TECH* bodywork, body (of a car)
Karosseriebau [karɔsə'ri:bau] *m TECH* car body construction
Karotte [ka'rɔtə] *f BOT* carrot
Karree [ka're:] *n im ~ springen* get really mad
Karren ['karən] *m* cart; *den ~ aus dem Dreck ziehen* get things sorted out; *jdm an den ~ fahren* take s.o. to task
Karriere [ka'rjɛ:rə] *f* career; *~ machen* get ahead

Karte ['kartə] *f 1. (Eintrittskarte)* ticket; *2. (Ansichtskarte)* postcard; *3. (Speisekarte)* menu; *4. (Spielkarte)* card, playing card; *alle ~n in der Hand haben* hold all the cards; *schlechte ~n haben* have a bad hand, *(fig)* not be in good shape; *seine ~n offen auf den Tisch legen* put one's cards on the table; *alles auf eine ~ setzen* put all one's eggs in one basket; *jdm in die ~n schauen (fig)* see what s.o. has up his sleeve; *mit offenen ~n spielen* put one's cards on the table; *mit gezinkten ~n spielen* not play fair; *5. (Landkarte)* map

Kartei [kar'taɪ] *f* catalogue, card-register, card-index
Karteikarte [kar'taɪkartə] *f* index card, file card
Karteikasten [kar'taɪkastən] *m* card-index box, box of index cards
Karteileiche [kar'taɪlaɪçə] *f (fig)* mere name in the files
Kartell [kar'tɛl] *n ECO* cartel
Kartellamt [kar'tɛlamt] *n ECO* monopolies commission, antitrust commission
Kartenhaus ['kartənhaus] *n 1.* house of cards; *2. NAUT* chart room
Kartenleger ['kartənle:gər] *m* fortune-teller (who uses cards)
Kartenspiel ['kartənʃpi:l] *n* card game
Kartentelefon ['kartəntelefo:n] *n* cardphone
Kartenvorverkauf [kartən'fo:rfɛrkauf] *m* advance ticket sales
Kartoffel [kar'tɔfəl] *f BOT* potato; *jdn fallen lassen wie eine heiße ~* drop s.o. like a hot potato
Karton [kar'tɔŋ] *m 1. (Material)* cardboard; *2. (Schachtel)* cardboard box
Kartonage [karto'na:ʒə] *f* cardboard container
kartoniert [karto'ni:rt] *adj (Buch)* paperbound
Karussell [karu'sɛl] *n* merry-go-round
Karwoche ['ka:rvɔxə] *f REL* Holy Week
Karzinom [ka:rtsi'no:m] *n MED* carcinoma
kaschieren [ka'ʃi:rən] *v (Papier)* laminate
Kaschmir ['kaʃmi:r] *m* cashmere
Käse ['kɛ:zə] *m 1. GAST* cheese; *2. (fam: Unsinn)* nonsense, rubbish, rot
Käsereibe ['kɛ:zəraɪbə] *f* cheese-grater
Kaserne [ka'zɛrnə] *f MIL* barracks
Kasper ['kaspər] *m* clown
Kasperletheater ['kaspərltea:tər] *n THEAT* Punch and Judy show

Kasse ['kasə] *f* *1. (Registrierkasse)* cash register; *2. (~nschalter)* cashier's desk; *3. (Geldkasse)* cash-box; *bei ~ sein* to be flush; *nicht bei ~ sein* to be out of cash; *jdn zur ~ bitten* ask s.o. to pay up; *4. (Ladenkasse)* till; *tief in die ~ greifen müssen* have to dip into the till; *5. (Krankenkasse)* health insurance (fund); *6. (Sparkasse)* savings bank

Kassenbestand ['kasənbəʃtant] *m* cash in hand, cash assets *pl*, cash holdings *pl*
Kassenbon ['kasənbɔ̃] *m* receipt
Kassenmagnet ['kasənmagne:t] *m (fig) CINE* box-office draw
Kassenschalter ['kasənʃaltər] *m 1.* cashier's desk; *2. (in einer Bank)* teller's window; *3. THEAT* box office
Kassenzettel ['kasəntsɛtəl] *m* receipt
Kassette [ka'sɛtə] *f* cassette
kassieren [ka'si:rən] *v* collect, take the money
Kassierer [ka'si:rər] *m* cashier
Kastanie [kas'ta:njə] *f BOT* chestnut; *für jdn die ~n aus dem Feuer holen* do s.o.'s dirty work
Kästchen ['kɛstçən] *n 1. (kleine Kiste)* little box; *2. (auf Schreibpapier)* box, square
Kasten ['kastən] *m* box, case; *etw auf dem ~ haben* have one's head screwed on the right way; *etw im ~ haben CINE* have sth in the can
Kastenwagen ['kastənva:gən] *m* van, panel truck *(US)*
Katakombe [kata'kɔmbə] *f* catacomb
katalogisieren [katalogi'zi:rən] *v* catalogue
Katalysator [kataly'za:tor] *m 1. TECH* catalytic converter; *2. CHEM* catalyst
Katarr [ka'tar] *m MED* catarrh
katastrophal [katastro'fa:l] *adj* disastrous, catastrophic
Katastrophe [kata'stro:fə] *f* disaster, catastrophe
Katastrophenalarm [katas'tro:fənalarm] *m* disaster alert, emergency alert
Katechismus [katɛ'çɪsmus] *m REL* catechism
Kategorie [katego'ri:] *f* category
kategorisch [kate'go:rɪʃ] *adj* categorical
Kater ['ka:tər] *m 1. (fam)* hangover; *2. ZOOL* tom-cat
Katheder [ka'te:dər] *m* lectern
katholisch [ka'to:lɪʃ] *adj REL* Catholic
Katholizismus [katoli'tsɪsmus] *m REL* Catholicism

Katze ['katsə] *f* cat; *die ~ im Sack kaufen* buy a pig in a poke; *die ~ aus dem Sack lassen* let the cat out of the bag; *mit jdm Katz und Maus spielen* play cat and mouse with s.o.; *für die Katz sein* to be for the birds

Kauderwelsch ['kaudərvɛlʃ] *n 1.* jargon, lingo; *2. (unverständliche Sprache)* gibberish
kauen ['kauən] *v* chew
kauern ['kauərn] *v* cower, squat, huddle
Kauf [kauf] *m* purchase, buy *(fam)*; *etw in ~ nehmen* put up with sth

kaufen ['kaufən] *v 1.* purchase, buy; *2. sich jdn ~* call s.o. on the carpet *(fig)*

Kauffrau ['kauffrau] *f ECO* businesswoman
Kaufhaus ['kaufhaus] *n* department store
Kaufkraft ['kaufkraft] *f ECO* purchasing power, spending power
käuflich ['k'yflɪç] *adj 1.* for sale, purchasable; *2. (fig: bestechlich)* bribable, venal, corrupt
Kaufmann ['kaufman] *m* businessman
kaufmännisch ['kaufmɛnɪʃ] *adj* commercial, business
Kaufpreis ['kaufpraɪs] *m* purchase price
Kaugummi ['kaugumi] *m* chewing-gum
kaum [kaum] *adv 1.* hardly, scarcely, barely; *konj 2.* hardly, scarcely
Kaution [kau'tsjo:n] *f* deposit, guarantee, security
Kautschuk ['kautʃuk] *m* caoutchouc, India rubber
Kauz [kauts] *m 1. (fig)* strange fellow, oddball, misfit; *2. ZOOL* screech-owl
kauzig ['kautsɪç] *adj* odd, queer
Kavalier [kava'li:r] *m* gentleman
Kavaliersdelikt [kava'li:rsdelɪkt] *n* offence not considered to be dishonourable, peccadillo
Kavallerie [kavalə'ri:] *f MIL* cavalry
keck [kɛk] *adj* cheeky, daring, forward
Kegel ['ke:gəl] *m 1.* cone; *2. (zum Spiel)* skittle, *(beim Bowling)* pin
kegeln ['ke:gəln] *v 1.* play at skittles; *2. (beim Bowling)* bowl *(US)*
Kehle ['ke:lə] *f ANAT* throat; *Das schnürte mir die ~ zu.* I was speechless. *sich die ~ aus dem Hals schreien* shout at the top of one's lungs; *eine trockene ~ haben* need a drink; *etw in die falsche ~ bekommen* take sth the wrong way; *Jetzt geht es ihm an die ~.* He's had it.

K

Kehlkopf ['keːlkɔpf] *m ANAT* larynx
Kehraus ['keːraus] *m* last dance
Kehre ['keːrə] *f* bend, turning
kehren ['keːrən] *v 1. (drehen)* turn; *in sich gekehrt (versunken)* lost in thought, *(verschlossen)* introverted; *2. (fegen)* sweep, brush
Kehricht ['keːrɪçt] *m* sweepings *pl,* rubbish
Kehrschaufel ['keːrʃaufəl] *f* dustpan
Kehrseite ['keːrzaɪtə] *f 1. (Rückseite)* reverse, back; *2. (fig)* reverse side, other side; *die ~ der Medaille* the other side of the coin
kehrtmachen ['keːrtmaxən] *v* turn back, turn round
keifen ['kaɪfən] *v 1.* scold; *2. (zanken)* bicker, squabble
Keil [kaɪl] *m* wedge
keilförmig ['kaɪlfœrmɪç] *adj* wedge-shaped
Keilriemen ['kaɪlriːmən] *m (eines Autos)* fan-belt
Keim [kaɪm] *m* germ, seed; *etw im ~ ersticken* nip sth in the bud
Keimdrüse ['kaɪmdryːzə] *f BIO* gonad
keimen ['kaɪmən] *v* germinate, sprout, bud
keimfrei ['kaɪmfraɪ] *adj* sterile, germ-proof
Keimzelle ['kaɪmtsɛlə] *f 1. BIO* germ-cell, bud-cell; *2. (fig)* basic unit
kein(e) [kaɪn(ə)] *adj* no, not any, not one; *Ich habe kein Geld.* I have no money. I do not have any money.
keiner ['kaɪnər] *pron 1.* none, not any; *2. (niemand)* nobody, no one; *Es war ~ da.* There was nobody there.
keinerlei ['kaɪnərlaɪ] *adj* no, no ... of any kind, no ... at all; *Es macht ~ Mühe.* It is no trouble at all.
keinesfalls ['kaɪnəsfals] *adv* under no circumstances, on no account, by no means
keineswegs ['kaɪnəsveːks] *adv* by no means, not at all, in no way
Keks [keːks] *m* biscuit *(UK),* cookie *(US); jdm auf den ~ gehen* get on s.o.'s wick, get on s.o.'s nerves
Kelch [kɛlç] *m* cup, goblet
Kelle ['kɛlə] *f 1. (Schöpfkelle)* ladle, scoop; *2. (Maurerkelle)* trowel
Keller ['kɛlər] *m* basement, cellar
Kellerei [kɛlə'raɪ] *f (Lagerraum)* wine-cellars
Kellerwohnung ['kɛlərvoːnuŋ] *f* basement flat
Kellner ['kɛlnər] *m* waiter, barman
keltern ['kɛltərn] *v* press
Kenndaten ['kɛndaːtən] *pl* characteristics *pl,* characteristic values *pl*

K

kennen ['kɛnən] *v irr 1.* know; *2. (vertraut sein mit)* to be familiar with, know, to be acquainted with; *Da kennt er gar nichts!* Nothing will stop him!; *~ lernen* get to know, become acquainted with; meet (for the first time); *nur oberflächlich ~* know but slightly

Kenner ['kɛnər] *m 1.* expert, authority; *2. (bei Geschmackssachen)* connoisseur
kenntlich ['kɛntlɪç] *adj* recognizable, distinguishable, discernible; *etw ~ machen* mark sth
Kenntnis ['kɛntnɪs] *f* knowledge, acquaintance with sth; *etw zur ~ nehmen* take note of sth; *Das entzieht sich meiner ~.* I don't know anything about it. *jdn von etw in ~ setzen* inform s.o. of sth
Kennwort ['kɛnvɔrt] *n* password
Kennzeichen ['kɛntsaɪçən] *n 1. (Merkmal)* distinguishing attribute, characteristic mark, sign; *2. (Auto)* registration plate, licence number, registration number
kennzeichnen ['kɛntsaɪçnən] *v 1.* mark; *2. (charakterisieren)* characterize, distinguish
Kennziffer ['kɛntsɪfər] *f* code number, identification number
kentern ['kɛntərn] *v NAUT* capsize, overturn
Keramik [ke'raːmɪk] *f* ceramics
Kerbe ['kɛrbə] *f* jag, notch, nick; *in die gleiche ~ hauen* take the same line
kerben ['kɛrbən] *v 1.* notch; *2. (Inschrift)* carve
Kerker ['kɛrkər] *m 1.* prison, jail; *2. (Verlies)* dungeon
Kerl [kɛrl] *m (fam)* chap, guy, fellow
Kern [kɛrn] *m 1. (Obstkern)* seed, kernel, pit; *2. (fig: Mittelpunkt)* core, heart, central point; *der harte ~* the hard core; *3. (fig: Wesentliche)* essence, heart, main substance
Kernenergie ['kɛrnenɛrgiː] *f PHYS* nuclear energy
kerngesund [kɛrngə'zunt] *adj* fit as a fiddle, in great health, completely fit
kernig ['kɛrnɪç] *adj 1. (robust)* robust, powerful; *2. (Sprüche)* pithy
Kernseife ['kɛrnzaɪfə] *f* laundry soap, grained soap
Kernzeit ['kɛrntsaɪt] *f* peak hours
Kerosin [kero'ziːn] *n TECH* kerosene
Kerze ['kɛrtsə] *f 1.* candle; *2. (Zündkerze)* spark plug
kerzengerade ['kɛrtsəngəraːdə] *adj* bolt upright

kess ['kɛs] *adj* jaunty, saucy
Kessel ['kɛsəl] *m* *1. (Kochgefäß)* kettle; *2. (Heizkessel)* boiler, heater
Ketschup ['kɛtʃap] *m/n* ketchup

Kette ['kɛtə] *f* *1.* chain; *jdn an die ~ legen* tie s.o. down; *an der ~ liegen* to be in chains; *2. (Halskette)* necklace; *3. (Serie)* series, string

Ketzer ['kɛtsər] *m REL* heretic
ketzerisch ['kɛtsərɪʃ] *adj REL* heretical
keuchen ['kɔyçən] *v* pant, puff, gasp
Keuchhusten ['kɔyçhuːstən] *m MED* whooping cough
Keule ['kɔylə] *f* *1.* club, bludgeon; *2. GAST* leg, joint, shoulder
keusch ['kɔyʃ] *adj* chaste
kichern ['kɪçərn] *v* giggle, snigger
kicken ['kɪkən] *v* *1. (fam)* kick; *2. (Fußball spielen) SPORT* play football, play soccer *(US)*
kidnappen ['kɪtnɛpən] *v* kidnap
Kiebitz ['kiːbɪts] *m* *1. (Vogel)* lapwing, peewit; *2. (Zuschauer beim Kartenspiel)* kibitzer *(fam)*
Kiefer[1] ['kiːfər] *m ANAT* jaw
Kiefer[2] ['kiːfər] *f BOT* pine-tree
Kiel [kiːl] *m NAUT* keel
Kielwasser ['kiːlvasər] *n* wake; *in jds ~ schwimmen* follow in s.o.'s wake
Kieme ['kiːmə] *f ZOOL* gill; *etw zwischen die ~n bekommen* get a bite to eat
Kies [kiːs] *m* *1.* gravel; *2. (fam: Geld)* dough
Kieselstein ['kiːzəlʃtaɪn] *m* pebble
Kiesweg ['kiːsveːk] *m* gravel path
kiffen ['kɪfən] *v (fam)* smoke dope
kilometerlang [kilo'meːtərlaŋ] *adj* several kilometres long, for kilometres on end
Kilometerpauschale [kilo'meːtərpauʃaːlə] *f* lump-sum kilometre allowance
Kilometerzähler [kilo'meːtərtsɛːlər] *m (eines Autos)* odometer, mileage indicator
Kimme ['kɪmə] *f (einer Handfeuerwaffe)* back sight

Kind [kɪnt] *n* child; *~er und Narren sagen die Wahrheit* children and fools speak the truth; *kein ~ von Traurigkeit sein* to enjoy life; *bei jdm lieb ~ spielen* ingratiate o.s. with s.o., bow and scrape to s.o.; *das ~ beim Namen nennen* call a spade a spade; *mit ~ und Kegel* with bag and baggage; *Wir werden das ~ schon schaukeln!* We'll manage somehow!

Kinderarzt ['kɪndərartst] *m* pediatrician
Kinderermäßigung ['kɪndərɛrmɛːsɪguŋ] *f* children's price
Kindererziehung ['kɪndərɛrtsiːuŋ] *f* education of children
kinderfeindlich ['kɪndərfaɪntlɪç] *adj* anti-children, hating children
Kindergarten ['kɪndərgartən] *m* kindergarten, nursery-school
Kindergeld ['kɪndərgɛlt] *n* family allowance, child benefit
Kinderheim ['kɪndərhaɪm] *n* children's home
Kinderhort ['kɪndərhɔrt] *m* day-nursery
kinderleicht [kɪndər'laɪçt] *adj* very easy; *Es ist ~.* It's child's play.
kinderlos ['kɪndərloːs] *adj* childless
Kindermädchen ['kɪndərmɛːtçən] *n* nanny
Kinderspiel ['kɪndərʃpiːl] *n* *1.* children's game; *2. ein ~ (fig)* child's play
Kinderwagen ['kɪndərvaːgən] *m* pram *(UK)*, baby carriage *(US)*
Kinderzimmer ['kɪndərtsɪmər] *n* nursery
Kindesmisshandlung ['kɪndəsmɪshandluŋ] *f* child abuse
kindgerecht ['kɪntgərɛçt] *adj* appropriate for a child, meeting a child's requirements
Kindheit ['kɪnthaɪt] *f* childhood, infancy
kindisch ['kɪndɪʃ] *adj* childish
kindlich ['kɪndlɪç] *adj* *1.* childlike, simple, innocent; *adv 2.* like a child
Kinkerlitzchen ['kɪŋkərlɪtsçən] *n ~ machen* mess about
Kinn [kɪn] *n* chin
Kinnhaken ['kɪnhaːkən] *m* hook to the chin, *(Aufwärtshaken)* uppercut
Kinnlade ['kɪnlaːdə] *f* jaw-bone, jaw
Kino ['kiːno] *n* cinema
Kippe ['kɪpə] *f* *1.(fig) auf der ~ stehen* to be up in the air; *2. (fam: Zigarettenrest)* dog-end *(UK)*, stub, butt *(US)*
kippen ['kɪpən] *v* tilt, tip, topple
Kippfenster ['kɪpfɛnstər] *n* pivot-hung window
Kippschalter ['kɪpʃaltər] *m TECH* flip switch

Kirche ['kɪrçə] *f* church

Kirchendiener ['kɪrçəndiːnər] *m* sexton
Kirchenlied ['kɪrçənliːt] *n* hymn
kirchlich ['kɪrçlɪç] *adj* (of the) church, ecclesiastical
Kirchturm ['kɪrçturm] *m* steeple

K

Kirchweih ['kɪrçvaɪ] *f REL* parish fair

Kirsche ['kɪrʃə] *f BOT* cherry; *Mit ihm ist nicht gut ~n essen!* It's best not to tangle with him!

Kissen ['kɪsən] *n 1.* cushion; *2. (Kopfkissen)* pillow

Kiste ['kɪstə] *f* box, chest, case

kitschig ['kɪtʃɪç] *adj* gaudy, bad-taste, tawdry

Kitt [kɪt] *m 1. (Klebkitt)* cement; *2. (Fensterkitt)* putty

Kittchen ['kɪtçən] *n (fam)* slammer, clink; *jdn ins ~ bringen* put s.o. behind bars

Kittel ['kɪtəl] *m 1.* smock, tunic; *2. (Überwurf)* overall

kitten ['kɪtən] *v (fig)* mend, repair, patch up

kitzelig ['kɪtsəlɪç] *adj* ticklish

klaffen ['klafən] *v* gape, yawn

kläffen ['klɛfən] *v* bark, yap

Klage ['kla:gə] *f 1.* complaint, lament; *2. JUR* grievance, charge, suit

Klagelaut ['kla:gəlaut] *m* groan, moan

K

klagen ['kla:gən] *v 1.* complain, lament, moan; *über Schmerzen ~* complain of pains; *2. JUR* take legal action, sue

kläglich ['klɛ:klɪç] *adj* miserable, woeful, lamentable

Klamauk [kla'mauk] *m 1.* hullabaloo; *2. (Aufregung)* to-do

klamm [klam] *adj* damp

Klamm [klam] *f GEO* glen, ravine, canyon

Klammer ['klamər] *f 1. (Büroklammer)* paper clip; *2. (Wäscheklammer)* clothes-peg, clothespin *(US); 3. (Zeichen)* bracket, parenthesis

klammern ['klamərn] *v 1.* clip, peg, clamp; *2. sich ~ an* cling to

Klamotten [kla'mɔtən] *pl* gear, things, kit *(UK),* duds

Klang [klaŋ] *m 1.* sound, ring; *2. (Klangfarbe)* tone, timbre

klangvoll ['klaŋfɔl] *adj 1.* musical, tuneful, sonorous; *2. (fig)* fine-sounding

Klappe ['klapə] *f 1.* flap; *2. (fam)* mouth

klappen ['klapən] *v (fig: gelingen)* succeed, work (out), turn out well

klapperig ['klapərɪç] *adj 1. (Sache)* shaky, rickety, wobbly; *2. (Person)* decrepit, shaky, frail

klappern ['klapərn] *v 1.* rattle; *2. (Zähne)* chatter

Klappmesser ['klapmɛsər] *n* switchblade knife, jackknife, clasp knife

Klaps [klaps] *m* slap, smack

Klapsmühle ['klapsmy:lə] *f (fam)* nut house, loony bin

klar [kla:r] *adj* clear; *sich über etw im Klaren sein* fully understand sth; *„Klar."* "Right."

Kläranlage ['klɛ:ranla:gə] *f* sewage treatment plant, purification plant

klären ['klɛ:rən] *v 1. (reinigen)* purify; *2. (Situation)* clear up, clarify

klargehen ['kla:rge:ən] *v irr (fam)* to be all right

Klarheit ['kla:rhaɪt] *f 1.* clarity; *sich über etw ~ verschaffen* to find out about sth, to get clear about sth, *(Sachlage)* to clarify sth; *jdm etw in aller ~ sagen;* tell s.o. sth in plain language *2. (des Wassers, der Luft)* clearness

Klarinette [klari'nɛtə] *f MUS* clarinet

klarkommen ['kla:rkɔmən] *v irr* manage, get by

klarmachen ['kla:rmaxən] *v 1. (erklären)* make clear, explain; *2. (bereitmachen)* make ready

Klärschlamm ['klɛ:rʃlam] *m* sludge

Klarsichthülle ['kla:rzɪçthylə] *f* clear plastic folder

klarstellen ['kla:rʃtɛlən] *v* make clear, clarify

Klarstellung ['kla:rʃtɛluŋ] *f* clearing up (of a matter), settling

Klärung ['klɛ:ruŋ] *f 1. (Reinigung)* purification, clarification, clearing; *2. (Klarstellung)* clearing up, elucidation, clarification

Klasse ['klasə] *f* class

klassenbewusst ['klasənbəvust] *adj* class-conscious

Klassenkamerad ['klasənkaməra:t] *m* classmate

Klassensprecher ['klasənʃprɛçər] *m* class president

Klassifizierung [klasifi'tsi:ruŋ] *f* classification

Klassik ['klasɪk] *f 1. (Zeitabschnitt) HIST* classicism, classical period; *2. (Stil)* classicism; *3. MUS* classical music

Klassizismus [klasi'tsɪsmus] *m* classicism

Klatsch [klatʃ] *m (fam)* gossip

klatschen ['klatʃən] *v 1. (Geräusch)* smack, flap; *jdm eine ~* hit s.o.; *2. (Regen)* splash; *3. (Beifall ~)* clap, applaud; *4. (negativ reden)* gossip

klatschnass ['klatʃ'nas] *adj* soaking wet
Klaue ['klauə] *f* *1.* claw, talon; *2. (Huf)* hoof; *3. (fam: Hand)* paw; *4. (fam: schlechte Schrift)* scrawl
klauen ['klauən] *v (fam)* rip off, swipe, nick
Klausel ['klauzəl] *f JUR* clause, proviso, stipulation
Klausur [klau'zu:r] *f* *1. (Prüfung)* examination paper; *2. (Abgeschiedenheit)* seclusion
Klavier [kla'vi:r] *n MUS* piano

kleben ['kle:bən] *v* *1. (haften)* stick to, adhere to, cling to; *Bilder in ein Album ~* paste pictures into an album *2. (ankleben)* stick; *jdm eine ~* paste s.o. *(fam)*

Klebestreifen ['kle:bəʃtraɪfən] *m* adhesive tape
klebrig ['kle:brɪç] *adj* sticky, adhesive
Klebstoff ['kle:pʃtɔf] *m* adhesive, glue
kleckern ['klɛkərn] *v (fam)* make a mess
Klecks ['klɛks] *m* splash, spot, blotch
Klee [kle:] *m BOT* clover; *etw über den grünen ~ loben* praise sth to the skies, sing hosannas about sth *(fig)*
Kleeblatt ['kle:blat] *n BOT* clover
Kleid [klaɪt] *n* dress, gown
kleiden ['klaɪdən] *v* *1. sich ~* dress; *2. (gut aussehen)* suit, to be becoming
Kleiderschrank ['klaɪdərʃraŋk] *m* wardrobe
Kleiderständer ['klaɪdərʃtɛndər] *m* rack, hat stand, clothes-tree
kleidsam ['klaɪtza:m] *adj* becoming
Kleidung ['klaɪduŋ] *f* clothing, clothes *pl*
Kleidungsstück ['klaɪduŋsʃtyk] *n* article of clothing, garment
Kleie [klaɪə] *f BOT* bran

klein [klaɪn] *adj* small, little; *von ~ an* since childhood; *~ kariert* petty, narrow-minded; *bis ins Kleinste* right down to the smallest detail, in minute detail

Kleinanzeige ['klaɪnantsaɪgə] *f* classified advertisement
Kleinbuchstabe ['klaɪnbu:xʃta:bə] *m* lower-case letter, small letter
kleinbürgerlich ['klaɪnbyrgərlɪç] *adj* petit-bourgeois, lower middle-class
Kleinfamilie ['klaɪnfami:ljə] *f* nuclear family
Kleingeld ['klaɪngɛlt] *n* change (coins)
kleingläubig ['klaɪnglɔybɪç] *adj* of little faith
Kleinigkeit ['klaɪnɪçkaɪt] *f* little thing, trifle
Kleinkind ['klaɪnkɪnt] *n* infant
Kleinkrieg ['klaɪnkri:k] *m* *1. MIL* guerrilla warfare; *2. (fig)* petty squabbling
kleinlaut ['klaɪnlaut] *adj* abashed, sheepish, subdued
kleinlich ['klaɪnlɪç] *adj* *1. (engstirnig)* narrow-minded, petty, pedantic; *2. (geizig)* mean, petty
kleinmütig ['klaɪnmy:tɪç] *adj* faint-hearted
Kleinod ['klaɪno:t] *n* jewel, gem
Kleinwagen ['klaɪnva:gən] *m* compact car
kleistern ['klaɪstərn] *v* paste
Klemme ['klɛmə] *f* *1.* clip, clamp; *2. (fig)* fix, jam, mess; *3. (Zwickmühle)* dilemma; *in der ~ sitzen* to be in a tight spot
klemmen ['klɛmən] *v* *1. (festsitzen)* jam; *2. (einzwängen)* squeeze, cramp
Klempner ['klɛmpnər] *m* plumber
klerikal [kleri'ka:l] *adj REL* clerical
Klerus ['kle:rus] *m REL* clergy
Klette ['klɛtə] *f* *1. BOT* bur; *2. (fam)* leech
klettern ['klɛtərn] *v* climb
Klettertour ['klɛtərtu:r] *f* climbing tour
klicken ['klɪkən] *n* click
Klient [kli'ɛnt] *m* client
Klima ['kli:ma] *n* climate; *sich dem ~ anpassen* adapt o.s. to the climate
klimpern ['klɪmpərn] *v* *1.* clink, jingle; *2. (schlecht Klavier spielen)* bang away; *3. mit den Wimpern ~* flutter one's eyelashes
Klinge ['klɪŋə] *f* blade; *eine scharfe ~ führen* to be a dangerous opponent; *jdn über die ~ springen lassen* bump s.o. off *(fam)*
Klingel ['klɪŋəl] *f* bell
Klingelbeutel ['klɪŋəlbɔytəl] *m REL* collection-bag
klingeln ['klɪŋəln] *v* *1.* ring; *2. Jetzt klingelt's bei mir!* Now I've got it!
klingen ['klɪŋən] *v irr* sound, ring
Klinik ['kli:nɪk] *f* clinic
klinisch ['kli:nɪʃ] *adj* clinical
Klinke ['klɪŋkə] *f* door-handle, door-latch; *sich bei jdm die ~ in die Hand geben* queue up to see s.o.; *~n putzen* go from door to door
Klippe ['klɪpə] *f* *1.* cliff, rock; *2. (fig)* obstacle, dangerous situation
klirren ['klɪrən] *v* *1. (Glas)* clink; *2. (Kette)* clank; *3. (Fensterscheibe)* rattle
klirrend ['klɪrənt] *adj* *1. (Ton)* shrill, ringing; *2. (Kälte)* crisp, tingling
Klischee [klɪ'ʃe:] *n* *1.* printing block, cut (for printing), plate; *2. (fig)* cliché
klischeehaft [klɪ'ʃe:haft] *adj* stereotyped
Klistier [kli'sti:r] *n MED* enema

Klo [kloː] *n (fam)* loo *(UK)*, john *(US)*
Kloake [klo'aːkə] *f 1.* sewer; *2. BIO* cloaca
klobig ['kloːbɪç] *adj* chunky, massive, bulky
klonen ['kloːnən] *v BIO* clone
klopfen ['klɔpfən] *v 1. (Herz)* beat, throb; *2. (Motor)* knock; *3. (etw ~)* knock; *4. (Teppich)* beat
Klopfzeichen ['klɔpftsaɪçən] *n* knock
Klosett [klo'zɛt] *n* lavatory, w.c.
Kloster ['kloːstər] *n 1. (Nonnenkloster) REL* convent; *2. (Mönchskloster) REL* monastery
Klotz [klɔts] *m 1.* block, chunk; *sich einen ~ ans Bein binden* tie a millstone round one's neck; *einen ~ am Bein haben* have a millstone round one's neck; *2. (Spielklotz)* block; *3. (Mensch)* clod, hulk, lout
Klubsessel ['klupzɛsəl] *m* lounge chair
Kluft [kluft] *f 1. (Abgrund)* gap, rift, chasm; *2. (fig: Gegensatz) Zwischen ihnen besteht eine große ~.* There is a deep rift between them. *3. (fam: Kleidung)* outfit, gear, garb

klug [kluːk] *adj* clever, shrewd; *aus jdm nicht ~ werden* to be unable to make head or tail of s.o.

Klugheit ['kluːkhaɪt] *f* cleverness, shrewdness, good sense
Klumpen ['klumpən] *m 1.* clump, lump; *2. (Blutklumpen)* clot; *3. (Goldklumpen)* nugget; *4. (Leute)* cluster
Klumpfuß ['klumpfuːs] *m* club-foot
knabbern ['knabərn] *v* nibble, gnaw
Knabe ['knaːbə] *m* boy, lad
Knäckebrot ['knɛkəbroːt] *n* crispbread
knacken ['knakən] *v 1. (knarren)* creak; *2. (Nüsse)* crack; *3. (fam: aufbrechen)* break into
knackig ['knakɪç] *adj 1. (Wurst)* crunchy; *2. (fam: Mädchen)* well-built
Knall [knal] *m* bang, crack, slam; *Der hat einen ~.* He must be nuts.
Knalleffekt ['knalefɛkt] *m* bombshell *(fig)*
knallen ['knalən] *v 1.* bang, pop, slam; *jdm eine ~* clout s.o.; *2. (Peitsche)* crack
knalleng [knal'ɛŋ] *adj (fam)* skin-tight
knallhart [knal'hart] *adj* relentless, hard, tough
Knallkörper ['knalkœrpər] *m* firecracker, banger *(UK)*, maroon *(UK)*
knapp [knap] *adv 1.* barely, just; *adj 2. (gering)* scarce, insufficient, scanty; *3. (eng)* tight, a close fit; *4. (fig: kurz gefasst)* succinct, concise, brief; *jdn ~ halten* keep s.o. short; *mit ~er Not* only just, by the skin of one's teeth
Knappheit ['knaphaɪt] *f 1.* shortage, scarcity, meagreness; *2. (fig: des Ausdrucks)* conciseness
knarren ['knarən] *v* creak
Knast [knast] *m (fam)* clink, slammer
knattern ['knatərn] *v 1.* crackle; *2. (Maschinengewehr)* rattle
Knäuel ['knɔyəl] *n 1. (Wollknäuel)* ball of wool; *2. (fig: Menschenknäuel)* crowd, throng
Knauf [knauf] *m* knob
knauserig ['knauzərɪç] *adj (fam)* stingy, tight-fisted, mean
knausern ['knauzərn] *v (fam) mit etw ~* to be sparing with sth, to be tight-fisted with sth
knautschen ['knautʃən] *v* crease, wrinkle
ə] *f (Auto)* crusher zone, collapsible zone
Knebel ['kneːbəl] *m 1. (Stab)* short stick; *2. (Mundknebel)* gag
knebeln ['kneːbəln] *v* gag
Knecht [knɛçt] *m* servant, farm-hand
knechten ['knɛçtən] *v* make a slave of, tyrannize
Knechtschaft ['knɛçtʃaft] *f 1.* servitude; *2. HIST* serfdom
kneifen ['knaɪfən] *v irr 1. (zwicken)* pinch; *2. (fam: sich drücken)* back out, shirk, chicken out
Kneifzange ['knaɪftsaŋə] *f* cutting pliers, pincers
kneten ['kneːtən] *v* knead, mould
Knetmasse ['kneːtmasə] *f* modelling clay
Knick [knɪk] *m 1. (Straßenknick)* sharp bend; *2. (Papierknick)* fold, crease; *Du hast wohl einen ~ in der Optik!* Can't you see straight?
knicken ['knɪkən] *v 1. (falten)* fold; *2. (abknicken)* break off, snap off
knickrig ['knɪkrɪç] *adj (fam)* stingy, penny-pinching
Knicks [knɪks] *m* curtsy

Knie [kniː] *n ANAT* knee; *auf die ~ fallen* fall to one's knees; *weiche ~ bekommen* go weak at the knees

Kniebeuge ['kniːbɔygə] *f* knee bend
kniefrei ['kniːfraɪ] *adj* above-the-knee
knien ['kniːən] *v* kneel
Kniestrumpf ['kniːʃtrumpf] *m 1.* knee-length sock; *2. (für Damen)* stocking
knietief ['kniːtiːf] *adj* up to the knees
Kniff [knɪf] *m 1. (Trick)* trick; *2. (Knick)* crease
kniffelig ['knɪfəlɪç] *adj (fam)* tricky, difficult
knipsen ['knɪpsən] *v 1. (fotografieren)* take a snapshot, snap; *2. (Fahrkarte)* punch, clip

Knirps [knɪrps] *m 1. (Kind)* tiny chap, whipper-snapper, squirt; *2. (kleiner Mensch)* little fellow, pipsqueak, shortie
knirschen ['knɪrʃən] *v 1. (Schnee)* crunch; *2. (mit den Zähnen)* grind
knistern ['knɪstərn] *v 1.* crackle; *2. (fig) Es knistert vor Spannung.* The atmosphere is electric.
knitterfrei ['knɪtərfraɪ] *adj* wrinkleproof, creaseproof
knitterig ['knɪtərɪç] *adj* wrinkled, creased
knittern ['knɪtərn] *v 1.* crease, wrinkle; *2. (Papier)* crumple
knobeln ['kno:bəln] *v 1. (nachdenken)* puzzle over sth; *2. (würfeln)* throw dice; *3. (Stein, Schere, Papier)* play rock-paper-scissors
Knoblauch ['kno:blaux] *m* garlic
Knöchel ['knœçəl] *m 1. (Fußknöchel) ANAT* ankle; *2. (Fingerknöchel) ANAT* knuckle
knöchellang ['knœçəllaŋ] *adj* ankle-length, down to the ankles
Knochen ['knɔxən] *m* bone
Knochenbau ['knɔxənbau] *m ANAT* build, bone structure
Knochenbruch ['knɔxənbrux] *m MED* fracture (of a bone)
Knochengerüst ['knɔxəngəryst] *n ANAT* skeleton
knochentrocken [knɔxən'trɔkən] *adj (fig: unbeeindruckt)* as hard as stone
knöchern ['knœçərn] *adj* bony
Knolle ['knɔlə] *f BOT* bulb
Knopf [knɔpf] *m* button
knöpfen ['knœpfən] *v* button
Knopfloch ['knɔpflɔx] *n* buttonhole
knorpelig ['knɔrpəlɪç] *adj* cartilaginous
knorrig ['knɔrɪç] *adj 1. (Baum)* gnarled; *2. (Holz)* knotty; *3. (fig: eigenwillig)* surly
Knospe ['knɔspə] *f BOT* bud
knoten ['kno:tən] *v* knot

Knoten ['kno:tən] *m 1.* knot; *2. MED* lump; *3. PHYS* node

Knotenpunkt ['kno:tənpuŋkt] *m* junction, centre, focal point
Knüller ['knylər] *m (fam)* hit, success
knüpfen ['knypfən] *v 1. (binden)* tie, knot; *2. (Teppich)* weave; *3. (fig: Beziehung)* form
Knüppel ['knypəl] *m 1. (Stock)* stick, club; *2. (Schalthebel)* control stick, gear stick, gear-shift
knurren ['knurən] *v 1. (Hund)* growl, snarl; *2. (fig: meckern)* grumble, growl; *3. (fig: Magen)* rumble, growl
knusprig ['knusprɪç] *adj* crispy
knutschen ['knu:tʃən] *v (fam)* smooch, kiss
koalieren [koa'li:rən] *v POL* enter into a coalition, form a coalition
Kobold ['ko:bɔlt] *m* goblin, imp, hobgoblin
Koch [kɔx] *m* cook

kochen ['kɔxən] *v 1. (zubereiten)* cook; *2. (sieden)* boil, simmer; *vor Wut ~ (fig)* to be boiling with rage, to be seething

Kocher ['kɔxər] *m* cooker
Köcher ['kœçər] *m* quiver
Köchin ['kœçɪn] *f* cook
Kochlöffel ['kɔxlœfəl] *m* cooking-spoon, wooden spoon
Kochrezept ['kɔxretsɛpt] *n* recipe
Kochtopf ['kɔxtɔpf] *m 1.* pot; *2. (mit Stiel)* saucepan
ködern ['kø:dərn] *v* bait
Koffein [kɔfe'i:n] *n* caffeine

Koffer ['kɔfər] *m* suitcase, trunk

Kofferraum ['kɔfərraum] *m* boot *(UK)*, trunk *(US)*
Kognak ['kɔnjak] *m 1. GAST* brandy; *2. (in ~ hergestellt)* cognac
Kohl [ko:l] *m BOT* cabbage
Kohle ['ko:lə] *f 1.* coal; *2. (fam: Geld)* dough
Kohlekraftwerk ['ko:ləkraftvɛrk] *n TECH* coal-burning power plant
Kohlenbergwerk ['ko:lənbɛrkvɛrk] *n* coal mine
Koje ['ko:jə] *f* bunk
Kokain [koka'i:n] *n* cocaine
kokett [ko'kɛt] *adj* coquettish, flirtatious
kokettieren [kokɛ'ti:rən] *v* flirt
Kokon [ko'kɔ̃:] *m ZOOL* cocoon
Kokosnuss ['ko:kɔsnus] *f BOT* coconut
Koks [ko:ks] *m* coke
Kolben ['kɔlbən] *m 1. (Motor)* piston; *2. (Gewehr)* butt; *3. (Mais)* cob
Kolik [ko:'lɪk] *f MED* colic
kollabieren [kɔla'bi:rən] *v MED* collapse
kollaborieren [kɔlabo'ri:rən] *v POL* collaborate
Kollege [kɔ'le:gə] *m* colleague
kollegial [kɔle'gjal] *adj* cooperative
Kollegium [kɔ'le:gjum] *n 1.* staff; *2. (Ausschuss)* committee
Kollekte [kɔ'lɛktə] *f REL* collection
Koller ['kɔlər] *m (Wutausbruch)* rage
kollern ['kɔlərn] *v (kullern)* roll
kollidieren [kɔli'di:rən] *v* collide

K

Kollision [kɔlizj'oːn] *f 1.* collision; *2. (fig)* conflict, clash
Kolonialismus [kolonja'lɪsmus] *m POL* colonialism
Kolonie [kolo'niː] *f POL* colony
Kolonne [ko'lɔnə] *f 1.* column; *2. (Arbeitstruppkolonne)* gang; *3. MIL* convoy
Kolonnenspringer [ko'lɔnənʃprɪŋər] *m* queue-jumper *(UK),* person who butts in line *(US)*
Koloss [ko'lɔs] *m* colossus, giant
kolossal [kolo'saːl] *adj* colossal, immense, huge
Kombination [kɔmbina'tsjoːn] *f 1. (Verknüpfung)* combination; *2. (Vermutung)* conjecture; *3. (Kleidung)* outfit
kombinieren [kɔmbi'niːrən] *v 1.* combine; *2. (vermuten)* infer, deduce, conclude
Kombüse [kɔm'byːzə] *f NAUT* galley
Komet [ko'meːt] *m ASTR* comet
Komfort [kɔm'foːr] *m* comfort, ease
komfortabel [kɔmfɔr'taːbəl] *adj 1.* comfortable; *adv 2.* comfortably
Komik ['koːmɪk] *f* humour, comedy
komisch ['koːmɪʃ] *adj 1. (spaßig)* funny, humorous, amusing; *2. (eigenartig)* strange, odd, peculiar
Komitee [kɔmi'teː] *n* committee
Komma ['kɔma] *n* comma
Kommandant [kɔman'dant] *m MIL* commander, commanding officer
kommandieren [kɔman'diːrən] *v* command, order
Kommanditgesellschaft [kɔman'ditgəzɛlʃaft] *f ECO* limited partnership
Kommando [kɔ'mando] *n 1. (Befehl)* command, order; *2. über etw das ~ führen* command sth, to be in command of sth

> **kommen** ['kɔmən] *v irr* come; *aus der Kälte ~* come in from the cold; *ums Leben ~* lose one's life; *zu nichts ~* come to nothing; *zu sich ~* regain consciousness; *Wie kommst du darauf?* What made you think of that? *etw ~ lassen* send for sth

Kommen ['kɔmən] *n im ~ sein* to be on the rise
Kommentar [kɔmen'taːr] *m* commentary, comment, remark
Kommerz [kɔ'mɛrts] *m* commerce
kommerzialisieren [kɔmɛrtsjali'ziːrən] *v* commercialize
Kommilitone [kɔmili'toːnə] *m* fellow student
Kommissar [kɔmɪ'saːr] *m 1. (in der Regierung)* commissioner; *2. (Polizeikommissar)* inspector, *(leitender ~)* superintendent
Kommode [kɔ'moːdə] *f* chest of drawers
kommunal [kɔmu'naːl] *adj* local
Kommune [kɔ'muːnə] *f 1. (Wohngemeinschaft)* commune; *2. (Gemeinde) POL* community, municipality
Kommunikation [kɔmunika'tsjoːn] *f* communication
kommunikativ [kɔmunika'tiːf] *adj* communicative
Kommunion [kɔmun'joːn] *f REL* Communion
Kommunismus [kɔmu'nɪsmus] *m POL* communism
kommunizieren [kɔmuni'tsiːrən] *v 1.* communicate; *2. REL* receive the sacrament
Komödiant [kɔmød'jant] *m* player, actor
Komödie [kɔ'møːdjə] *f* comedy
Kompagnon [kɔmpa'njɔ̃] *m ECO* partner, associate
Komparse [kɔm'parzə] *m CINE* extra
kompensieren [kɔmpen'ziːrən] *v* compensate, offset
kompetent [kɔmpə'tɛnt] *adj* competent, qualified
komplett [kɔm'plɛt] *adj* complete, entire
Komplexität [kɔmplɛksi'tɛːt] *f* complexity
Komplize [kɔm'pliːtsə] *m* accomplice
komplizieren [kɔmpli'tsiːrən] *v* complicate
kompliziert [kɔmpli'tsiːrt] *adj* complicated, intricate, complex
Komplott [kɔm'plɔt] *n POL* plot, conspiracy, intrigue
Komponente [kɔmpo'nɛntə] *f* component
komponieren [kɔmpo'niːrən] *v MUS* compose, write
Komponist [kɔmpo'nɪst] *m MUS* composer
kompostieren [kɔmpɔs'tiːrən] *v* compost
komprimieren [kɔmpri'miːrən] *v 1.* compress; *2. (fig)* condense
Komprimierung [kɔmpri'miːruŋ] *f TECH* compression
Kompromiss [kɔmpro'mɪs] *m* compromise; *in einer Sache einen ~ schließen* compromise over sth
Kompromissbereitschaft [kɔmpro'mɪsbəraɪtʃaft] *f* willingness to compromise
kompromittieren [kɔmpromɪ'tiːrən] *v* compromise
Kondensator [kɔndɛn'zaːtor] *m TECH* capacitor, condenser

Kondenswasser [kɔn'dɛnsvasər] *n* condensation
Konditor [kɔn'diːtɔr] *m* confectioner
Konditorei [kɔndito'raɪ] *f* pastry shop
kondolieren [kɔndo'liːrən] *v jdm ~* offer condolences to s.o.
Kondom [kɔn'doːm] *n* condom
Konfekt [kɔn'fɛkt] *n GAST* confectionery
Konfektion [kɔnfɛk'tsjoːn] *f 1.* manufacture of ready-made clothes, ready-to-wear production; *2. (Industrie)* clothing industry; *3. (Bekleidung)* ready-to-wear clothes *pl*
Konfektionsgröße [kɔnfɛk'tsjoːnsgrøːsə] *f* standard size
Konferenz [kɔnfe'rɛnts] *f* conference, meeting
Konferenzschaltung [kɔnfe'rɛntsʃaltuŋ] *f* conference call
Konferenzteilnehmer [kɔnfe'rɛntstaɪlneːmər] *m* conference participant
Konfession [kɔnfɛs'joːn] *f REL* creed, confession of faith, denomination
konfessionell [kɔnfɛsjo'nɛl] *adj* denominational
Konfirmand [kɔnfɪr'mant] *m REL* candidate for confirmation
konfiszieren [kɔnfɪs'tsiːrən] *v* confiscate
Konfitüre [kɔnfi'tyːrə] *f GAST* jam
Konföderation [kɔnfødəra'tsjoːn] *f POL* confederation
konform [kɔn'fɔrm] *adj* concurring
konfrontieren [kɔnfrɔn'tiːrən] *v* confront
konfus [kɔn'fuːs] *adj* confused, muddled
Kongresshalle [kɔn'grɛshalə] *f* conference hall
König ['køːnɪç] *m* king
Königin ['køːnɪgɪn] *f* queen
königlich ['køːnɪklɪç] *adj* royal
Königreich ['køːnɪkraɪç] *n* kingdom
Königtum ['køːnɪktuːm] *n POL* monarchy
Konjugation [kɔnjuga'tsjoːn] *f GRAMM* conjugation
konjugieren [kɔnju'giːrən] *v* conjugate
Konjunktion [kɔnjuŋk'tsjoːn] *f GRAMM* conjunction
Konjunktiv ['kɔnjuŋktiːf] *m LING* subjunctive
Konjunktur [kɔnjuŋk'tuːr] *f* economy, economic situation
Konjunkturentwicklung [kɔnjuŋk'tuːrɛntvɪkluŋ] *f* economic trend
konkret [kɔn'kreːt] *adj* concrete
konkretisieren [kɔnkreti'ziːrən] *v* make specific, concretize
Konkurrent [kɔnku'rɛnt] *m* competitor, rival
Konkurrenz [kɔnku'rɛnts] *f* competition; *jdm ~ machen* compete with s.o.
konkurrenzfähig [kɔnku'rɛntsfɛːɪç] *adj* competitive, able to compete
konkurrieren [kɔnku'riːrən] *v* compete
Konkurs [kɔn'kurs] *m JUR* bankruptcy
können ['kœnən] *v irr 1. (in der Lage sein)* to be able to, can; *2. (beherrschen, wissen)* know, master, understand; *3. (dürfen)* to be allowed to, to be permitted to, may
Können ['kœnən] *n* ability, skill
Konsens [kɔn'zɛns] *m 1. (Einwilligung)* consent; *2. (Übereinstimmung)* consensus
konsequent [kɔnze'kvɛnt] *adj 1. (grundsatzgetreu)* consistent; *2. (folgerichtig)* logical
Konsequenz [kɔnze'kvɛnts] *f 1. (Folgerichtigkeit)* logic, consistency; *2. (Folge)* consequence, result
konservativ [kɔnzɛrva'tiːf] *adj* conservative
Konservative(r) [kɔnzɛrva'tiːvə(r)] *m/f POL* Conservative
Konservatorium [kɔnzɛrva'toːrjum] *n MUS* conservatory
Konserve [kɔn'zɛrvə] *f* tinned food, canned food *(US)*
Konservendose [kɔn'zɛrvəndoːzə] *f* tin, can *(US)*
konservieren [kɔnzɛr'viːrən] *v 1.* preserve, conserve; *2. (in Büchsen)* tin, can *(US)*
Konservierungsmittel [kɔnzɛr'viːruŋsmɪtəl] *n* preservative
Konsistenz [kɔnzɪs'tɛnts] *f* consistency
Konsole [kɔn'zoːlə] *f* console, bracket
konsolidieren [kɔnzoli'diːrən] *v* consolidate
Konspiration [kɔnspira'tsjoːn] *f POL* conspiracy
konspirativ [kɔnspira'tiːf] *adj* conspiratorial
konstituieren [kɔnstitu'iːrən] *v* constitute
konstitutionell [kɔnstitutsjo'nɛl] *adj POL* constitutional
konstruieren [kɔnstru'iːrən] *v 1.* construct, design, build; *2. (fig)* construe
Konstrukteur [kɔnstruk'tøːr] *m TECH* technical designer
Konstruktion [kɔnstruk'tsjoːn] *f* construction, design
Konsulat [kɔnzu'laːt] *n POL* consulate
konsultieren [kɔnzul'tiːrən] *v* consult
Konsum [kɔn'zuːm] *m* consumption

K

Konsumdenken [kɔn'zuːmdɛŋkən] *n* consumer orientation
konsumieren [kɔnzu'miːrən] *v* consume
Kontakt [kɔn'takt] *m* contact
Kontaktaufnahme [kɔn'taktaufnaːmə] *f* establishing contact
kontaktfreudig [kɔn'taktfrɔydɪç] *adj* sociable, outgoing
kontaktieren [kɔntak'tiːrən] *v* contact
Kontaktlinsen [kɔn'taktlɪnzən] *pl* contact lenses
Kontamination [kɔntamina'tsjoːn] *f* contamination, pollution
kontern ['kɔntərn] *v* counter
Kontinentalklima [kɔntinɛn'taːlkliːma] *n METEO* continental climate
Kontingent [kɔntɪŋ'gɛnt] *n 1. MIL* contingent; *2. (Zuteilung)* quota, share
kontinuierlich [kɔntinu'iːrlɪç] *adj* continuous
Kontinuität [kɔntinui'tɛːt] *f* continuity
Konto ['kɔnto] *n* account
Kontoauszug ['kɔntoaustsuːk] *m* statement of account, bank statement
Kontoinhaber ['kɔntoɪnhaːbər] *m* account holder
Kontonummer ['kɔntonumər] *f* account number
Kontostand ['kɔntoʃtant] *m* account balance
Kontra ['kɔntra] *n* (sharp) retort
Kontrahent [kɔntra'hɛnt] *m 1. (Gegner)* opponent; *2. (Vertragspartner) JUR* contracting party
konträr [kɔn'trɛːr] *adj* contrary, opposite
kontrastreich [kɔn'trastraɪç] *adj* rich in contrast, full of contrast
Kontrolle [kɔn'trɔlə] *f* control, inspection, check
Kontrolleuchte [kɔn'trɔllɔyçtə] *f TECH* warning light
kontrollieren [kɔntrɔ'liːrən] *v 1.* check; *2. (beherrschen)* control
kontrovers [kɔntro'vɛrs] *adj* controversial
Kontroverse [kɔntro'vɛrzə] *f* controversy, dispute
Kontur [kɔn'tuːr] *f* contour, outline
Konvention [kɔnvɛn'tsjoːn] *f 1. (Brauch)* convention, custom; *2. POL* convention, agreement
Konventionalstrafe [kɔnvɛntsjo'naːlʃtraːfə] *f JUR* penalty for breach of contract
konventionell [kɔnvɛntsjo'nɛl] *adj* conventional
konvertieren [kɔnvɛr'tiːrən] *v* convert
Konvoi ['kɔnvɔy] *m MIL* convoy
Konzentration [kɔntsɛntra'tsjoːn] *f (Zusammendrängung)* concentration, density
Konzentrationslager [kɔntsɛntra'tsjoːnslaːgər] *n* concentration camp
Konzentrationsschwäche [kɔntsɛntra'tsjoːnsʃvɛçə] *f* lack of concentration, poor concentration
konzentrieren [kɔntsɛn'triːrən] *v 1.* concentrate; *2. sich ~* concentrate, focus; *sich auf etw ~* concentrate on sth
konzentrisch [kɔn'tsɛntrɪʃ] *adj* concentric
Konzept [kɔn'tsɛpt] *n 1. (Vorstellung)* idea, concept; *2. (Entwurf)* rough copy, draft, notes
Konzeption [kɔntsɛp'tsjoːn] *f* conception
Konzern [kɔn'tsɛrn] *m ECO* group, conglomerate *(US)*
Konzert [kɔn'tsɛrt] *n MUS* concert
konzertiert [kɔntsɛr'tiːrt] *adj POL* concerted
Konzession [kɔntsɛ'sjoːn] *f 1. (Erlaubnis)* licence, concession; *2. (Zugeständnis)* concession
Konzil [kɔn'tsiːl] *n REL* council
konzipieren [kɔntsi'piːrən] *v* draw up, draft, conceive
Koordinaten [koɔrdi'naːtən] *pl MATH* coordinates
koordinieren [koɔrdi'niːrən] *v* coordinate

> **Kopf** [kɔpf] *m* head; *sich den ~ zerbrechen über ...* rack one's brains over ...

Kopfarbeit ['kɔpfarbaɪt] *f* brain work
Kopfball ['kɔpfbal] *m SPORT* header
köpfen ['kœpfən] *v 1. (enthaupten)* behead; *2. (Blumen)* cut off the tips; *3. (Fußball) SPORT* head
Kopfende ['kɔpfɛndə] *n* head (of a bed)
Kopfhaut ['kɔpfhaut] *f ANAT* scalp
Kopfhörer ['kɔpfhøːrər] *m* headphones *pl,* earphones *pl,* headset
kopflos ['kɔpfloːs] *adj 1.* headless; *2. (fig)* thoughtless, panicky
Kopfrechnen ['kɔpfrɛçnən] *n* mental arithmetic
Kopfsalat ['kɔpfzalaːt] *m BOT* lettuce
Kopfschmerzen ['kɔpfʃmɛrtsən] *pl MED* headache
Kopfschutz ['kɔpfʃuts] *m* headgear
Kopfsprung ['kɔpfʃpruŋ] *m SPORT* (headfirst) dive
Kopfsteinpflaster ['kɔpfʃtaɪnpflastər] *n* cobblestones *pl*

K

Kopfstütze ['kɔpfʃtytsə] *f* headrest
Kopftuch ['kɔpftu:x] *n* scarf
kopfüber [kɔpf'y:bər] *adv* headlong, head first
Kopfzerbrechen ['kɔpftsɛrbrɛçən] *n* headaches
kopieren [ko'pi:rən] *v* copy
Koppel ['kɔpəl] *f* 1. *(Weide)* field, meadow, paddock; 2. *(Gürtel)* belt
koppeln ['kɔpəln] *v* 1. couple, join, link; 2. *(Ziele)* combine; 3. *(Hunde)* leash together; 4. *(Pferde)* string together; 5. *(Wörter)* hyphenate
Korallenriff [ko'ralənrɪf] *n GEO* coral reef
Korb [kɔrp] *m* basket
Korbmöbel ['kɔrpmø:bəl] *pl* wicker furniture
Korbwurf ['kɔrpvurf] *m SPORT* shot
Kord [kɔrt] *m* corduroy
Kordel ['kɔrdəl] *f* cord
Korken ['kɔrkən] *m* cork
Korkenzieher ['kɔrkəntsi:ər] *m* corkscrew
Korn [kɔrn] *n* 1. *(Getreide)* corn; 2. *(Sandkorn)* grain
körnig ['kœrnɪç] *adj* grainy, gritty, granular
Kornkammer ['kɔrnkamər] *f* granary

Körper ['kœrpər] *m* body

Körperbau ['kœrpərbau] *m* build, physique
körperbehindert ['kœrpərbəhɪndərt] *adj* handicapped, physically disabled
Körperfülle ['kœrpərfylə] *f* corpulence
Körpergröße ['kœrpərgrø:sə] *f* height, stature, size
körperlich ['kœrpərlɪç] *adj* physical
Körperpflege ['kœrpərpfle:gə] *f* personal hygiene
Körperschaft ['kœrpərʃaft] *f* corporation, corporate body
Körperverletzung ['kœrpərfɛrlɛtsuŋ] *f JUR* bodily harm, personal injury
Korrektur [kɔrɛk'tu:r] *f* 1. correction; 2. *(~lesen)* proofreading
korrespondieren [kɔrɛspɔn'di:rən] *v* correspond
Korridor ['kɔrido:r] *m* corridor, passage
korrigieren [kɔri'gi:rən] *v* correct
Korruption [kɔrup'tsjo:n] *f* corruption
Kosak [ko'zak] *m HIST* Cossack
kosen ['ko:zən] *v (liebkosen)* caress, cuddle
Kosename ['ko:zəna:mə] *m* pet name
Kosewort ['ko:zəvɔrt] *n* term of endearment
Kosmetik [kɔs'me:tɪk] *f* cosmetics
Kosmetikerin [kɔs'me:tɪkərɪn] *f* beautician
Kosmos ['kɔsmɔs] *m* cosmos, universe
kostbar ['kɔstba:r] *adj* precious, valuable, expensive
Kostbarkeit ['kɔstba:rkaɪt] *f* 1. value, preciousness; 2. *(Gegenstand)* valuable item
kosten ['kɔstən] *v* 1. *(Preis)* cost; 2. *(versuchen)* taste
Kosten ['kɔstən] *pl* costs, expenses, charges
kostendeckend ['kɔstəndɛkənt] *adj ECO* covering one's costs
Kostenvoranschlag ['kɔstənvo:ranʃla:k] *m* estimate of cost
Kostgänger ['kɔstgɛŋər] *m* boarder
Kostgeld ['kɔstgɛlt] *n* board
köstlich ['kœstlɪç] *adj* 1. *(hervorragend)* delicious, savoury, exquisite; 2. *(amüsant)* delightful, charming
Kostprobe ['kɔstpro:bə] *f* sample
kostspielig ['kɔstʃpi:lɪç] *adj* expensive, costly
Kostüm [kɔ'sty:m] *n* 1. *(Kleidungsstück)* suit; 2. *(Maskenkostüm)* costume
Kostümball [kɔ'sty:mbal] *m* fancy-dress ball
Kostümierung [kɔsty'mi:ruŋ] *f* dressing up
Kot [ko:t] *m* excrement
Kotelett [kɔt'lɛt] *n GAST* cutlet, chop
Koteletten [kɔt'lɛtən] *pl (Frisur)* side whiskers *(UK)*, sideburns *(US)*
Kotflügel ['ko:tfly:gəl] *m (eines Autos)* mudguard, fender *(US)*
kotzen ['kɔtsən] *v (fam)* puke, barf *(US)*, throw up
Krabbe ['krabə] *f* 1. crab; 2. *(Garnele)* shrimp
krabbeln ['krabəln] *v* crawl
Krach [krax] *m* 1. *(Lärm)* noise, row *(UK)*, racket; 2. *(Streit)* fight, quarrel, row *(UK); 3. mit Ach und ~* by the skin of one's teeth, barely
krachen ['kraxən] *v* 1. *(knallen)* bang; 2. *(fam) sich ~* quarrel, have a row
krächzen ['krɛçtsən] *v* 1. croak; 2. *(Vogel)* caw
kraft [kraft] *prep* by virtue of

Kraft [kraft] *f* power, strength, force

Kraftaufwand ['kraftaufvant] *m* effort, expenditure of energy
Kraftausdruck ['kraftausdruk] *m* swearword, four-letter word

K

Kraftbrühe ['kraftbryːə] *f* strong broth
Kräfteverhältnis ['krɛftəfɛrhɛltnɪs] *n* relative strength
Kraftfahrer ['kraftfaːrər] *m* driver, motorist
Kraftfahrzeug ['kraftfaːrtsɔyk] *n* motor vehicle
kräftig ['krɛftɪç] *adj 1.* strong, powerful; *adv 2. (zur Verstärkung)* really
kräftigen ['krɛftɪgən] *v* strengthen
Kräftigung ['krɛftɪguŋ] *f* strengthening
kraftlos ['kraftloːs] *adj 1.* without strength, feeble, weak; *2. JUR* invalid
Kraftprobe ['kraftproːbə] *f 1.* test of strength; *2. (zwischen zwei Rivalen)* showdown
Kraftstoff ['kraftʃtɔf] *m* fuel
kraftvoll ['kraftfɔl] *adj* strong, powerful
Kraftwerk ['kraftvɛrk] *n* power plant, power station, generating plant
Kragen ['kraːgən] *m* collar
Kragenknopf ['kraːgənknɔpf] *m* collar stud, collar button *(US)*
Krähe ['krɛːə] *f ZOOL* crow
Krähenfüße ['krɛːənfyːsə] *pl 1.* crow's feet; *2. (Geschriebenes)* scrawl
Krake ['kraːkə] *f ZOOL* octopus
Kralle ['kralə] *f ZOOL* claw, talon
Kram [kraːm] *m (fam)* stuff, odds and ends, junk
kramen ['kraːmən] *v* rummage
Krampf [krampf] *m MED* cramp, spasm, convulsion
Krampfader ['krampfaːdər] *f MED* varicose vein
krampfhaft ['krampfhaft] *adj 1.* spasmodic; *2. (fig)* feverish, desperate; *3. (Lachen)* forced
Kran [kraːn] *m 1.* crane; *2. (Zapfhahn)* tap
Kranich ['kraːnɪç] *m ZOOL* crane

krank [kraŋk] *adj* ill, sick *(US)*, unwell; *~ werden* fall ill

Kranke(r) ['kraŋkə(r)] *m/f* sick person
kränkeln ['krɛŋkəln] *v* to be ailing, to be in poor health
kranken ['kraŋkən] *v an etw ~* suffer from sth
kränken ['krɛŋkən] *v* hurt (s.o.'s feelings), wound, offend; *Es kränkt mich, dass ...* It grieves me that ...
Krankenbericht ['kraŋkənbərɪçt] *m MED* medical report
Krankenbesuch ['kraŋkənbəzuːx] *m* doctor's visit, call on a patient
Krankengeld ['kraŋkəngɛlt] *n* sickness benefit; *(von einer Firma)* sick pay
Krankengymnastik ['kraŋkəngymnastɪk] *f* physiotherapy
Krankenhaus ['kraŋkənhaus] *n* hospital
Krankenkasse ['kraŋkənkasə] *f* health insurance; *(Gesellschaft)* health insurance company
Krankenpflege ['kraŋkənpfleːgə] *f* nursing
Krankenpfleger ['kraŋkənpfleːgər] *m* (male) nurse
Krankenschein ['kraŋkənʃaɪn] *m* health insurance certificate
Krankenschwester ['kraŋkənʃvɛstər] *f* nurse
Krankentransport ['kraŋkəntranspɔrt] *m MED* ambulance service
krankhaft ['kraŋkhaft] *adj 1. MED* diseased, sick; *2. (fig)* pathological
Krankheit ['kraŋkhaɪt] *f* sickness, illness, disease
kränklich ['krɛŋklɪç] *adj* sickly
krankmelden ['kraŋkmɛldən] *v sich ~* call in sick *(fam)*, inform one's employer of one's illness
krankschreiben ['kraŋkʃraɪbən] *v irr* certify as ill
Kränkung ['krɛŋkuŋ] *f* slight, insult; *etw als ~ empfinden* take offence at sth
Kranz [krants] *m* wreath, garland
krass [kras] *adj* crass, gross
Krater ['kraːtər] *m GEOL* crater
kratzbürstig ['kratsbyrstɪç] *adj* irritable, peevish
kratzen ['kratsən] *v* scratch
Kraul [kraul] *n SPORT* crawl
kraulen ['kraulən] *v 1. (schwimmen)* crawl; *2. (streicheln)* stroke, pet, tickle; *jdn am Kinn ~* to chuck s.o. under the chin
kraus [kraus] *adj 1. (gelockt)* frizzy, curly; *2. (Gedanken)* muddled, confused
kräuseln ['krɔyzəln] *v 1. (Haar)* curl, frizz; *2. (Wasser)* ripple

Kraut [kraut] *n 1.* herb; *2. (Kohl)* cabbage

Krawall [kra'val] *m* racket, row, noise
Krawatte [kra'vatə] *f* tie
Kreation [krea'tsjoːn] *f* creation
kreativ [krea'tiːf] *adj* creative
Kreativität [kreativi'tɛːt] *f* creativity
Kreatur [krea'tuːr] *f* creature
Krebs [kreːps] *m 1. ZOOL* crab; *2. (Flusskrebs) ZOOL* crayfish; *3. MED,*

(Tierkreiszeichen) cancer; ~ *erregend* carcinogenic

Kredit [kre'diːt] *m ECO* loan, credit

Kreide ['kraɪdə] *f* chalk

kreieren [kre'iːrən] *v* create

Kreis [kraɪs] *m 1.* circle; *2. (Verwaltung)* county, administrative district; *3. (Freundeskreis)* circle of friends

kreischen ['kraɪʃən] *v* screech, squeal

Kreisel ['kraɪzəl] *m* top

kreisen ['kraɪzən] *v* circle, circulate

kreisförmig ['kraɪsfœrmɪç] *adj* circular

Kreislauf ['kraɪslauf] *m 1.* circulation; *2. (fig)* cycle

Kreislaufstörung ['kraɪslaufʃtøːruŋ] *f MED* circulatory trouble

Kreissäge ['kraɪszɛːgə] *f* circular saw, disk saw

Kreißsaal ['kraɪszaːl] *m MED* delivery room

Kreisstadt ['kraɪsʃtat] *f* county town *(UK)*, county seat *(US)*

Kreisumfang ['kraɪsumfaŋ] *m MATH* circumference

Kreisverkehr ['kraɪsfɛrkeːr] *m* roundabout (traffic), rotary traffic *(US)*

Krempe ['krɛmpə] *f (Hutkrempe)* brim

Krempel ['krɛmpəl] *m (fam)* stuff, junk

krempeln ['krɛmpəln] *v (hoch~)* roll up

krepieren [kre'piːrən] *v 1. (fam: eingehen)* die; *2. (fam: elend sterben)* die a wretched death

Kreuz [krɔyts] *n 1.* cross; *2. ANAT* small of the back

Kreuzband ['krɔytsbant] *n ANAT* crucial ligament

kreuzen ['krɔytsən] *v 1.* cross; *2. NAUT* cruise; *3. (zickzack fahren) NAUT* tack

Kreuzfahrer ['krɔytsfaːrər] *m HIST* crusader

Kreuzfahrt ['krɔytsfaːrt] *f* cruise

Kreuzfeuer ['krɔytsfɔyər] *n* crossfire

Kreuzgang ['krɔytsgaŋ] *m* cloister

Kreuzigung ['krɔytsɪguŋ] *f REL* crucifixion

Kreuzschmerz ['krɔytsʃmɛrts] *m ~en pl MED* back pains *pl*

Kreuzung ['krɔytsuŋ] *f 1. (Straßenkreuzung)* crossing, cross-roads, junction; *2. BIO* crossing, interbreeding

Kreuzverhör ['krɔytsfɛrhøːr] *n JUR* cross-examination

Kreuzweg ['krɔytsveːk] *m 1. REL* stations of the Cross; *2. (fig)* cross-roads

kreuzweise ['krɔytsvaɪzə] *adv* crosswise, crossways; *Du kannst mich ~! (fam)* Go to hell!

Kreuzworträtsel ['krɔytsvɔrtrɛːtsəl] *n* crossword puzzle

kribbelig ['krɪbəlɪç] *adj (fam)* nervy, jumpy, fretful

kribbeln ['krɪbəln] *v* tingle

kriechen ['kriːçən] *v irr* crawl, creep

kriecherisch ['kriːçərɪʃ] *adj (fig)* fawning

Kriechtier ['kriːçtiːr] *n ZOOL* reptile

Krieg [kriːk] *m* war; *einem Land den ~ erklären* declare war on a country; ~ *führend* belligerent; *in den ~ ziehen* to go to war; *in ~ und Frieden* in war and peace

kriegen ['kriːgən] *v 1. (bekommen)* get, receive, obtain; *2. (fangen)* catch, get, seize

Krieger ['kriːgər] *m* warrior

Kriegerdenkmal ['kriːgərdɛŋkmaːl] *n* war memorial

kriegerisch ['kriːgərɪʃ] *adj* militant, belligerent

Kriegsbeil ['kriːksbaɪl] *n* tomahawk; *das ~ begraben* bury the hatchet

kriegsbeschädigt ['kriːksbəʃɛːdɪçt] *adj* disabled (on active duty)

Kriegsdienst ['kriːksdiːnst] *m* military service

Kriegsdienstverweigerer ['kriːksdiːnstfɛrvaɪgərər] *m* conscientious objector

Kriegsdienstverweigerung ['kriːksdiːnstfɛrvaɪgəruŋ] *f* objection to active duty

Kriegsgefangenschaft ['kriːksgəfaŋənʃaft] *f* (war) captivity; *in ~ sein* to be a prisoner of war

Kriegsgegner ['kriːksgeːgnər] *m* enemy

Kriegsgericht ['kriːksgərɪçt] *n* court martial

Kriegsinvalide ['kriːksɪnvaliːdə] *m* disabled veteran

Kriegslist ['kriːkslɪst] *f* stratagem

Kriegsopfer ['kriːksɔpfər] *n* war victim

Kriegsschauplatz ['kriːksʃauplats] *m* theatre of war

Kriegsteilnehmer ['kriːkstaɪlneːmər] *m 1.* combatant; *2. (ehemaliger Soldat)* ex-serviceman, veteran *(US)*

Kriegsverbrecher ['kriːksfɛrbrɛçər] *m* war criminal

kriegsversehrt ['kriːksvɛrzeːrt] *adj MIL* disabled while on active duty

Krimi ['krɪmi] *m 1.* crime thriller; *2. (rätselhaft)* murder mystery, whodunit *(fam)*

Kriminalbeamter [krɪmi'naːlbəamtər] *m* detective

K

Kriminalfilm [krɪmi'na:lfɪlm] *m 1.* crime film; *2. (Detektivgeschichte)* detective film
Kriminalität [krɪminali'tɛ:t] *f* crime
Kriminalpolizei [krɪmi'na:lpolitsaɪ] *f* criminal police, detective force, criminal investigation department
Kriminalroman [krɪmi'na:lroma:n] *m 1.* crime novel; *2. (Detektivgeschichte)* detective novel
kriminell [krɪmi'nɛl] *adj* criminal
Krippe ['krɪpə] *f 1. (Kinderkrippe)* crib, cot *(UK); 2. (Futterkrippe)* crib; *3. REL* manger
kriseln ['kri:zəln] *v* come to a crisis
krisenfest ['kri:zənfɛst] *adj* immune to crises, stable
Krisenstab ['kri:zənʃta:p] *m* crisis management group
Kristall [krɪs'tal] *m/n* crystal
Kriterium [kri'te:rjum] *n* criterion
Kritik [kri'ti:k] *f 1. (Tadel)* criticism; *2. (Beurteilung)* review
Kritiker ['kri:tikər] *m* critic

K

kritiklos [kri'ti:klo:s] *adj* uncritical, unquestioning
kritisch ['kri:tɪʃ] *adj* critical
kritisieren [kriti'zi:rən] *v* criticize, review
kritteln ['krɪtəln] *v* carp, find fault
Kritzelei [krɪtsə'laɪ] *f* scribble, scrawl
kritzeln ['krɪtsəln] *v* scribble, scrawl
Krokodilstränen [kroko'di:lstrɛ:nən] *pl* crocodile tears
Krokus ['kro:kus] *m BOT* crocus
Krone ['kro:nə] *f* crown
krönen ['krø:nən] *v* crown
Kronkorken ['kro:nkɔrkən] *m* crown cap
Kronleuchter ['kro:nlɔyçtər] *m* chandelier
Kronprinz ['kro:nprɪnts] *m* crown prince
Krönung ['krø:nuŋ] *f 1.* crowning, coronation; *2. (fig)* consummation, icing on the cake *(fam)*
Kronzeuge ['kro:ntsɔygə] *m JUR* chief witness, person who turns Queen's evidence *(UK)*, person who turns State's evidence *(US)*
Kropf [krɔpf] *m 1. (eines Vogels)* crop, maw; *2. MED* goitre, goiter *(US)*
Kröte ['krø:tə] *f ZOOL* toad
Krücke ['krykə] *f* crutch
Krug [kru:k] *m 1.* jug; *2. (Bierkrug)* mug, stein *(US)*
Krume ['kru:mə] *f 1.* crumb; *2. (Schicht des Erdbodens)* topsoil
Krümel ['kry:məl] *m* crumb
krümeln ['kry:məln] *v* crumble

krumm [krum] *adj 1.* crooked, bent; *2. (verdreht)* twisted; *etw ~ nehmen* take offence at sth; *keinen Finger ~ machen* not to lift a finger; *~ gehen* walk with a stoop

krümmen ['krymən] *v* bend, twist, curve
Krümmer ['krymər] *m TECH* elbow, ell
Krümmung ['krymuŋ] *f 1. (Wölbung)* curvature, curve; *2. (Biegung)* bend, twist, winding
Krüppel ['krypəl] *m* cripple
Kruste ['krustə] *f GAST* crust
Kübel ['ky:bəl] *m* bucket, pail; *wie aus ~n regnen (fig)* to be raining cats and dogs
Küche ['kyçə] *f 1. (Raum)* kitchen; *2. (Kochkunst)* cuisine, cooking
Kuchen ['ku:xən] *m GAST* cake
Küchenherd ['kyçənhe:rt] *m 1.* range; *2. (mit Gas)* gas cooker
Küchenmaschine ['kyçənmaʃi:nə] *f* kitchen appliance
Kuckucksuhr ['kukuksu:r] *f* cuckoo clock
Kufe ['ku:fə] *f 1. (Gleitschiene)* runner; *2. (eines Flugzeuges)* skid
Kugel ['ku:gəl] *f 1. MIL* bullet, shell; *2. (Ball)* ball; *die ~ ins Rollen bringen* start the ball rolling; *3. MATH* sphere; *4. (Kanonenkugel)* cannonball
kugelförmig ['ku:gəlfœrmɪç] *adj* spherical, globular
Kugelschreiber ['ku:gəlʃraɪbər] *m* ballpoint pen, biro *(UK)*
kugelsicher ['ku:gəlzɪçər] *adj* bulletproof
Kugelstoßen ['ku:gəlsto:sən] *n SPORT* shot-put
Kuh [ku:] *f* cow
kühl [ky:l] *adj 1.* cool; *2. (fig: abweisend)* cold
kühlen ['ky:lən] *v 1.* cool; *2. (Lebensmittel)* refrigerate
Kühlerhaube ['ky:lərhaubə] *f (eines Autos)* radiator cover
Kühlflüssigkeit ['ky:lflysɪçkaɪt] *f TECH* coolant
Kühlschrank ['ky:lʃraŋk] *m* refrigerator
Kühltasche ['ky:ltaʃə] *f* cooler
Kühltruhe ['ky:ltru:ə] *f* freezer, deep-freeze
Kühlung ['ky:luŋ] *f* refrigeration
kühn [ky:n] *adj 1.* bold, daring; *2. (keck)* audacious
Kühnheit ['ky:nhaɪt] *f 1.* boldness, daring; *2. (Keckheit)* audacity
Küken ['ky:kən] *n ZOOL* chick
kulant [ku'lant] *adj 1.* accomodating; *2. (Bedingungen)* fair

Kulanz [ku'lants] *f* fair dealing, fairness in trade, accommodating behaviour
kulinarisch [kuli'naːrɪʃ] *adj* culinary
Kulisse [ku'lɪsə] *f 1. (fig)* background, setting; *hinter den ~n* behind the scenes; *2. THEAT* wings, side-scene
kullern ['kulərn] *v* roll
kulminieren [kulmi'niːrən] *v* culminate
kultisch ['kultɪʃ] *adj* ritual
kultivieren [kulti'viːrən] *v* cultivate
kultiviert [kulti'viːrt] *adj* cultivated, refined, civilized
Kultur [kul'tuːr] *f 1. (Kunst und Wissenschaft)* culture; *2. (Lebensform)* civilization; *3. BIO* culture
kulturell [kultu'rɛl] *adj* cultural
Kulturgeschichte [kul'tuːrgəʃɪçtə] *f* history of civilization
kulturgeschichtlich [kul'tuːrgəʃɪçtlɪç] *adj* relating to cultural history
Kulturgut [kul'tuːrguːt] *n* cultural assets, national treasures
Kulturpflanze [kul'tuːrpflantsə] *f* cultivated plant
Kultusministerium ['kultusmɪnɪsteːrjum] *n POL* ministry of education and cultural affairs
Kümmel ['kyməl] *m BOT* caraway (seed)
Kummer ['kumər] *m 1. (Betrübtheit)* sorrow, grief; *2. (Unruhe)* worry, trouble
kümmerlich ['kymərlɪç] *adj* miserable, wretched, meagre

kümmern ['kymərn] *v 1.* worry, trouble, bother; *2. sich ~ um* care for, look after, attend to; *Kümmere dich um deine Sachen!* Mind your own business!

kummervoll ['kumərfɔl] *adj* grief-stricken, troubled, sorrowful
Kumpan [kum'paːn] *m* pal, chum, mate *(UK)*
Kumpel ['kumpəl] *m 1. (Bergmann)* miner; *2. (fam)* pal, chum, mate *(UK)*
kündbar ['kyntbaːr] *adj* terminable
Kunde ['kundə] *m* client, customer
Kundenkreis ['kundənkraɪs] *m ECO* clientele
Kundgebung ['kuntgeːbuŋ] *f* declaration, statement, notice
kundig ['kundɪç] *adj* well-informed; *des Englischen ~ sein* to be able to speak English
kündigen ['kyndɪgən] *v 1. (Arbeitnehmer)* quit, give notice; *2. (Arbeitgeber)* dismiss, fire, sack; *3. (Vertrag)* terminate, cancel
Kündigung ['kyndɪguŋ] *f 1. (Vertrag)* termination, cancellation; *2. (Stellung)* notice, resignation
Kundschaft ['kuntʃaft] *f* customers, clientele
künftig ['kynftɪç] *adj 1.* future, coming, prospective; *adv 2.* in future, from now on, henceforth

Kunst [kunst] *f* art

Kunstdünger ['kunstdyŋər] *m AGR* artificial fertilizer
Kunstfaser ['kunstfaːzər] *f* man-made fibre, synthetic fibre
Kunstfehler ['kunstfeːlər] *m MED* malpractice, professional mistake
kunstfertig ['kunstfɛrtɪç] *adj* skilful, expert
Kunstgewerbe ['kunstgəvɛrbə] *n* arts and crafts *pl*
Kunstgriff ['kunstgrɪf] *m* trick, dodge
Kunstleder ['kunstleːdər] *n* imitation leather
Künstler ['kynstlər] *m* artist
künstlerisch ['kynstlərɪʃ] *adj 1.* artistic; *adv 2.* artistically
Künstlername ['kynstlərnaːmə] *m 1. (eines Schauspielers)* pseudonym, stage name; *2. (eines Schriftstellers)* pseudonym, pen name, nom de plume
künstlich ['kynstlɪç] *adj* artificial, synthetic, man-made
Künstlichkeit ['kynstlɪçkaɪt] *f* artificiality
Kunstmaler ['kunstmaːlər] *m* artist
Kunststoff ['kunstʃtɔf] *m* plastic, synthetic material, artificial material
Kunststück ['kunstʃtyk] *n* achievement, clever feat, trick
kunstvoll ['kunstfɔl] *adj* artistic, elaborate
Kunstwerk ['kunstvɛrk] *n* work of art
kunterbunt ['kuntərbunt] *adj 1. (vielfarbig)* many-coloured; *2. (Gruppe)* motley; *3. ein ~es Durcheinander* wild confusion
Kupferdraht ['kupfərdraːt] *m* copper wire
Kupfer ['kupfər] *n CHEM* copper
Kuppe ['kupə] *f 1. (Bergkuppe)* rounded hilltop; *2. (Fingerkuppe)* fingertip
Kuppel ['kupəl] *f* dome
Kuppelei [kupə'laɪ] *f JUR* procuration, procuring
kuppeln ['kupəln] *v 1. (fam)* match-make; *2. (verbinden)* couple, connect; *3. (Auto)* operate the clutch, put into gear
Kuppler ['kuplər] *m* procurer

Kur [kuːr] *f MED* cure, treatment
Kür [kyːr] *f 1. SPORT* voluntary exercise; *2. (beim Eiskunstlauf)* free skating
Kuratorium [kura'toːrjum] *n* board of trustees
Kurbel ['kurbəl] *f* crank, winch
kurbeln ['kurbəln] *v* crank
Kürbis ['kyrbɪs] *m BOT* pumpkin
kurdisch ['kurdɪʃ] *adj* Kurd
küren ['kyːrən] *v irr* choose
kurieren [ku'riːrən] *v* cure
kurios [kur'joːs] *adj* curious, odd, queer
Kurort ['kuːrɔrt] *m* spa, health resort
Kurpfuscher ['kuːrpfuʃər] *m* quack
Kurs [kurs] *m 1. (Kursus)* course; *bei jdm hoch im ~ stehen* to be popular with s.o.; *2. (Richtung)* course; *3. (Aktienkurs) FIN* price
Kürschner ['kyrʃnər] *m* furrier
Kursgewinn ['kursgəvɪn] *m FIN* market profit
kursieren [kur'ziːrən] *v* circulate, to be in circulation
kursiv [kur'ziːf] *adj* italic, in italics

K

Kursivschrift [kur'ziːfʃrɪft] *f* italics *pl*
Kursteilnehmer ['kurstaɪlneːmər] *m* participant in a course
Kurswechsel ['kursvɛksəl] *m POL* change of line, change of policy
Kurswert ['kursveːrt] *m* market value
Kurve ['kurfə] *f* curve, bend, turn
kurven ['kurfən] *v (fam: herumkurven)* drive around
kurvenförmig ['kurfənfœrmɪç] *adj* curved
kurvenreich ['kurfənraɪç] *adj 1.* winding, twisting; *2. (Figur)* curvaceous
kurvig ['kurfɪç] *adj* curved

kurz [kurts] *adj 1.* short; *adv 2.* briefly; *3. (bald)* shortly

Kurzarbeit ['kurtsarbaɪt] *f* short time, short-time work
kurzärmelig ['kurtsɛrməlɪç] *adj* short-sleeved
kurzatmig ['kurtsaːtmɪç] *adj MED* short-winded
Kürze ['kyrtsə] *f (zeitlich)* shortness, brevity; *in ~* shortly
kürzen ['kyrtsən] *v 1.* shorten; *2. (herabsetzen)* cut down, reduce, curtail
kurzerhand ['kurtsərhant] *adv* without hesitation, on the spot, at once; *etw ~ ablehnen* reject sth out of hand
Kurzfassung ['kurtsfasuŋ] *f* abridged version
kurzfristig ['kurtsfrɪstɪç] *adj 1.* shortterm; *adv 2.* at short notice; *etw ~ erledigen* do sth without delay; *~ seine Pläne ändern* change one's plans at short notice; *~ gesehen* looked at it in the short term
Kurzgeschichte ['kurtsgəʃɪçtə] *f* short story
Kurzhaarschnitt ['kurtshaːrʃnɪt] *m* short haircut
kurzlebig ['kurtsleːbɪç] *adj* short-lived
Kurzlebigkeit ['kurtsleːbɪçkaɪt] *f* short life
kürzlich ['kyrtslɪç] *adv* recently, a short time ago
Kurzmeldung ['kurtsmɛlduŋ] *f* news flash
Kurzschluss ['kurtsʃlus] *m 1. TECH* short circuit; *2. (fig)* moment of madness
kurzsichtig ['kurtszɪçtɪç] *adj 1. MED* myopic, short-sighted, nearsighted *(US); 2. (fig)* short-sighted
Kurzstreckenwaffen ['kurtsʃtrɛkənvafən] *pl MIL* short-range weapons
kurzum [kurts'um] *adv* in short
Kürzung ['kyrtsuŋ] *f 1.* cut, reduction; *2. (eines Buches)* abridgement
kurzweilig ['kurtsvaɪlɪç] *adj* entertaining
kurzzeitig ['kurtstsaɪtɪç] *adj 1.* short, short-term, brief; *adv 2.* briefly
kuscheln ['kuʃəln] *v* cuddle
Kuscheltier ['kuʃəltiːr] *n* stuffed animal
Kusine [ku'ziːnə] *f* (female) cousin
Kuss [kus] *m* kiss
kussecht ['kusɛçt] *adj* kiss-proof
küssen ['kysən] *v* kiss
Küste ['kystə] *f* coast, shore
Küster ['kystər] *m REL* sexton
Kutsche ['kutʃə] *f* coach, carriage
Kutscher ['kutʃər] *m* coachman
Kutte ['kutə] *f REL* habit, frock
Kutter ['kutər] *m NAUT* cutter
Kuvert [ku'veːr] *n* envelope, cover

L

laben ['la:bən] *v sich an etw ~* gloat over sth
labil [la'bi:l] *adj* weak, unstable
Labilität [labili'tɛ:t] *f* instability
Labor [la'bo:r] *n* laboratory, lab *(fam)*
laborieren [labo'ri:rən] *v* labour at; *~ an einer Krankheit* to be wrestling with an illness
Labsal ['la:pza:l] *n* refreshment
Lache[1] ['la:xə] *f* puddle, pool
Lache[2] ['laxə] *f (fam: Lachen)* laugh
lächeln ['lɛçəln] *v* smile

lachen ['laxən] *v* laugh; *nichts zu ~ haben* have a hard time of it; *zum Lachen sein* to be ridiculous, to be absurd; *sich vor Lachen biegen* split one's sides laughing; *in ~ ausbrechen* burst into laughter

Lachen ['laxən] *n* laughter, laugh; *Dir wird das ~ noch vergehen!* You won't be smiling for long!
lächerlich ['lɛçərlıç] *adj* ridiculous, laughable, ludicrous
Lachs [laks] *m ZOOL* salmon
Lack [lak] *m* varnish, lacquer
lackieren [la'ki:rən] *v* paint, varnish
Lackiererei [laki:rə'raı] *f* paint shop
Lackierung [la'ki:ruŋ] *f 1. (der Lack)* coat of lacquer, coat of varnish; *2. (das Lackieren)* lacquering, varnishing
Lackschuh ['lakʃu:] *m* patent leather shoe
Ladebühne ['la:dəby:nə] *f* loading platform, elevating platform
Ladefläche ['la:dəflɛçə] *f* loading surface
Ladegerät ['la:dəgərɛ:t] *n TECH* battery charger
Ladehemmung ['la:dəhɛmuŋ] *f* jam
laden ['la:dən] *v irr 1.* load; *einen ge~ haben* to be pretty tanked up *(fam)*; *2. (Batterie)* charge; *3. JUR* summon, cite
Laden ['la:dən] *m 1.* shop; *den ~ schmeißen* run the show; *Er kann seinen ~ dichtmachen.* He might as well close up shop. *2. (Fensterladen)* shutter
Ladendieb ['la:dəndi:p] *m* shoplifter
Ladenhüter ['la:dənhy:tər] *m (fig)* dead stock, unsaleable merchandise
Ladenkasse ['la:dənkasə] *f* till
Ladenschluss ['la:dənʃlus] *m* closing time
Ladentisch ['la:dəntıʃ] *m* counter
Ladeplatz ['la:dəplats] *m* loading area
Laderaum ['la:dəraum] *m* loading space
lädieren [lɛ'di:rən] *v* injure, damage, hurt
Ladung ['la:duŋ] *f 1.* load, cargo, freight; *2. (elektrische ~)* charge, amount of electricity; *3. JUR* summons
Lage ['la:gə] *f 1. (Position)* position, state, condition; *Dazu bin ich nicht in der ~.* I am not in a position to do that. *2. (Situation)* situation, location; *an der ~ verzweifeln* despair of the situation; *Herr der ~ sein* have the situation under control; *die ~ peilen* survey the situation, find out how the land lies; *je nach ~ der Dinge* depending on the situation; *nach ~ der Dinge* as it stands; *3. (Schicht)* layer, coat
Lager ['la:gər] *n 1.* camp; *2. (Bett)* bed, couch; *3. (Warenlager) ECO* store, stock, inventory; *auf ~ haben (fig)* have in store; *4. TECH* bearing
Lagerbestand ['la:gərbəʃtant] *m ECO* stock, goods in stock, stock on hand
Lagerfeuer ['la:gərfɔyər] *n* campfire
Lagerhalle ['la:gərhalə] *f* warehouse
Lagerhaltung ['la:gərhaltuŋ] *f* keeping of stock
lagern ['la:gərn] *v ECO* store, stock, put in storage
Lagerraum ['la:gərraum] *m* storage room
Lagerung ['la:gəruŋ] *f ECO* storage, storing, warehousing
Lagune [la'gu:nə] *f* lagoon
lahm [la:m] *adj 1. (fam: langweilig)* dull, boring, dreary; *2. (gelähmt) MED* paralyzed; *3. (hinkend) MED* lame; *er hat ein ~es Bein* he is lame in one leg, he has a gammy leg
lahmen ['la:mən] *v* to be lame
lähmen ['lɛ:mən] *v* paralyze, cripple
Laib [laıp] *m 1. (Brotlaib)* loaf; *2. (Käselaib)* whole
laichen ['laıçən] *v BIO* spawn
Laie ['laıə] *m 1.* amateur, layman, novice; *2. REL* lay priest
Lakai [la'kaı] *m* lackey
Laken ['la:kən] *n (Bettlaken)* sheet
Lakritze [la'krıtsə] *f* licorice, liquorice
Lamelle [la'mɛlə] *f 1.* lamella; *2. (eines Heizkörpers)* rib
lamentieren [lamɛn'ti:rən] *v* lament, wail
Lametta [la'mɛta] *n 1. (Christbaumschmuck)* tinsel; *2. (fam: militärische Auszeichnungen)* decorations

Lamm ['lam] *n* *ZOOL* lamb
lammfromm ['lam'frɔm] *adj* innocent, meek as a lamb
Lampe ['lampə] *f* lamp
Lampenfieber ['lampənfiːbər] *n* stage fright
Lampion ['lampjɔ̃] *m* Chinese lantern
lancieren [lɑ̃'siːrən] *v* *1.* launch (a product); *2. jdn in etw ~* get s.o. into sth

Land [lant] *n* *1.* land; *wieder ~ sehen* see a way out; *jdn an ~ ziehen* win s.o. over; *~ gewinnen* gain ground; *2. (Staat)* country, state; *3. (Grundstück)* property, land; *4. (ländliche Gegend)* country, countryside

Landarbeit ['lantarbaɪt] *f* farm work
landauf [lant'auf] *adv* *~, landab* all over the country
Landbesitz ['lantbəzɪts] *m* real estate; *~ haben* own land
Landbevölkerung ['lantbəfœlkəruŋ] *f* rural population
Landebahn ['landəbaːn] *f* landing strip, runway
landeinwärts [lant'aɪnvɛrts] *adv* inland
landen ['landən] *v* *1. (Flugzeug)* land; *2. (Schiff)* dock; *3. (fam)* land
Landenge ['lantɛŋə] *f* isthmus
Landeplatz ['landəplats] *m* *1. NAUT* landing place; *2. (eines Flugzeuges)* place to land
Ländereien [lɛndə'raɪən] *pl* estates
Landesgrenze ['landəsgrɛntsə] *f* national border, frontier
Landeshauptstadt ['landəshauptʃtat] *f* capital
Landesinnere ['landəsɪnərə] *n* interior
Landeskunde ['landəskundə] *f* regional studies
Landesregierung ['landəsrɛgiːruŋ] *f* *POL* central government, state government, provincial government
Landessprache ['landəsʃpraːxə] *f* language of the country, native language
landesüblich ['landəsyːplɪç] *adj* common in the country, normal for the country
Landesverrat ['landəsfɛrraːt] *m* *JUR* treason
Landeswährung ['landəsvɛːruŋ] *f* national currency
landesweit ['landəsvaɪt] *adj* nationwide
Landflucht ['lantfluxt] *f* migration from country to city, drift to the cities
Landfriedensbruch ['lantfriːdənsbrux] *m* *JUR* breach of the peace
Landgericht ['lantgərɪçt] *m* *JUR* regional court, provincial court
Landgut ['lantguːt] *n* estate
Landkarte ['lantkartə] *f* map
Landkreis ['lantkraɪs] *m* *POL* rural district, county
landläufig ['lantlɔyfɪç] *adj* popular, customary, conventional
Landleben ['lantleːbən] *n* rural life
ländlich ['lɛndlɪç] *adj* rural, rustic, country-like
Ländlichkeit ['lɛndlɪçkaɪt] *f* rural character
Landluft ['lantluft] *f* country air
Landpartie ['lantpartiː] *f* country outing
Landplage ['lantplaːgə] *f* scourge
Landrat ['lantraːt] *m* *POL* district administrator, country warden
Landratte ['lantratə] *f* landlubber *(fam)*
Landregen ['lantreːgən] *m* steady rain
Landschaft ['lantʃaft] *f* countryside, landscape, scenery
landschaftlich ['lantʃaftlɪç] *adj* of the countryside
Landsitz ['lantzɪts] *m* country residence
Landsmann ['lantsman] *m* countryman, compatriot
Landsmännin ['lantsmɛnɪn] *f* countrywoman, compatriot
Landstraße ['lantʃtraːsə] *f* country road, state highway *(US)*
Landstreicher ['lantʃtraɪçər] *m* vagabond, tramp
Landstreitkräfte ['lantʃtraɪtkrɛftə] *pl* *MIL* ground forces
Landtag ['lanttaːk] *m* *POL* parliament of a state
Landtagswahl ['lanttaːksvaːl] *f* *POL* state regional elections
Landung ['landuŋ] *f* *1.* landing; *2. (in den Hafen) NAUT* docking
Landungsbrücke ['landuŋsbrykə] *f* jetty, pier
Landungssteg ['landuŋsʃteːk] *m* landing stage
landwärts ['landvɛrts] *adv* landward
Landweg ['lantveːk] *m* *auf dem ~* overland
Landwirt ['lantvɪrt] *m* farmer
Landwirtschaft ['lantvɪrtʃaft] *f* agriculture, farming
landwirtschaftlich ['lantvɪrtʃaftlɪç] *adj* agricultural, farming
Landzunge ['lanttsuŋə] *f* *GEO* spit of land
lang [laŋ] *adj* *1. (örtlich)* long; *2. (zeitlich)* long, protracted, prolonged

langärmelig ['laŋɛrməlɪç] *adj* long-sleeved
langatmig ['laŋaːtmɪç] *adj* long-winded

lange ['laŋə] *adv 1.* long; *es nicht mehr ~ machen* not be able to go on for long; *2. (fig: bei weitem) schon ~ nicht* not by a long shot

Länge ['lɛŋə] *f 1.* length; *in voller ~* at full length; *der ~ nach* lengthwise; *sich in die ~ ziehen* drag on; *auf die ~* in the long run; *etw in die ~ ziehen* make sth go on and on, drag sth out; *2. (langweilige Stelle)* slow spot; *3. (Größe)* height; *4. (Abstand vom Meridian)* longitude
langen ['laŋən] *v 1. (genügen)* suffice; *Jetzt langt es!* I've had enough! *2. (greifen)* reach for, grasp, seize; *jdm eine ~* wallop s.o.; *ich werde ihn mir schon ~!* I'll teach him a thing or two!
Längengrad ['lɛŋəngraːt] *m GEO* degree of longitude
längerfristig ['lɛŋərfrɪstɪç] *adj* more long-term
langfingerig ['laŋfɪŋərɪç] *adj 1.* long-fingered; *2. (diebisch)* light-fingered
langfristig ['laŋfrɪstɪç] *adj* long-term
langjährig ['laŋjɛːrɪç] *adj* of many years, of long standing
Langlauf ['laŋlauf] *m SPORT* cross-country skiing
langlebig ['laŋleːbɪç] *adj* long-lived
Langlebigkeit ['laŋleːbɪçkaɪt] *f* longevity
länglich ['lɛŋlɪç] *adj* oblong, longish
längs [lɛŋs] *prep 1.* along, alongside of; *adv 2.* lengthwise
Längsachse ['lɛŋsaksə] *f* longitudinal axis
langsam ['laŋzaːm] *adj* slow
Langsamkeit ['laŋzaːmkaɪt] *f* slowness
Langschläfer ['laŋʃlɛːfər] *m* late riser
längsseits ['lɛŋszaɪts] *prep* alongside
längst [lɛŋst] *adv 1. (schon lange)* for a long time; *2. ~ nicht* not nearly, nothing like
längstens ['lɛŋstəns] *adv 1. (höchstens)* at the most; *2. (spätestens)* at the latest
Langstreckenrakete ['laŋʃtrɛkənrakeːtə] *f MIL* long-range missile
Languste [laŋ'gustə] *f ZOOL* spiny lobster, crayfish
langweilen ['laŋvaɪlən] *v sich ~* to be bored; *jdn tödlich ~* to bore s.o. to death
langweilig ['laŋvaɪlɪç] *adj* boring, dull
Langweiligkeit ['laŋvaɪlɪçkaɪt] *f* boredom
langwierig ['laŋviːrɪç] *adj* wearisome, protracted
Langzeitarbeitslose(r) ['laŋtsaɪtarbaɪtsloːzə(r)] *m/f ECO* long-term unemployed person
Langzeitgedächtnis ['laŋtsaɪtgədɛçtnɪs] *n* long-term memory
Lanze ['lantsə] *f* spear, lance
lapidar [lapi'daːr] *adj* succinct
Lappalie [la'paːljə] *f* small concern, triviality, bagatelle
Lappen ['lapən] *m* rag, cloth; *jdm durch die ~ gehen* give s.o. the slip
Lärm [lɛrm] *m* noise, racket, din; *viel ~ um nichts* much ado about nothing; *~ schlagen* make a lot of fuss
lärmempfindlich ['lɛrmɛmpfɪntlɪç] *adj* sensitive to noise
lärmen ['lɛrmən] *v* make noise, to be noisy, make a racket *(fam)*
larmoyant [larmwa'jɑ̃] *adj* lachrymose
Larve ['larvə] *f 1. ZOOL* larva; *2. (Maske)* mask
lasch [laʃ] *adj 1. (lässig)* lax, slack; *2. (schlaff)* limp
Laschheit ['laʃhaɪt] *f* slackness

lassen ['lasən] *v irr 1. (zulassen)* allow, let, permit; *2. (veranlassen)* make, cause, order to be done; *etw tun ~* have sth done; *3. (aufhören)* stop, give up; *Lass das!* Drop it! *es nicht ~ können* not be able to stop doing sth; *4. (zurück~)* leave; *5. Das lässt sich machen.* That can be done. *6. Das muss man ihr ~.* You've got to hand it to her.

lässig ['lɛsɪç] *adj 1. (nachlässig)* careless, negligent; *2. (ungezwungen)* casual; *3. (fam: gekonnt)* cool
Lässigkeit ['lɛsɪçkaɪt] *f 1.* casualness, nonchalance; *2. (Vernachlässigung)* carelessness
Last [last] *f 1.* burden, load; *jdm zur ~ fallen* to be a burden to s.o.; *jdm etw zur ~ legen* accuse s.o. of sth; *mit jdm seine liebe ~ haben* have no end of trouble with s.o.; *2. ~en pl* expense, costs
lasten ['lastən] *v (fig) ~ auf* weigh on
Lastenaufzug ['lastənauftsuːk] *m* goods lift, freight elevator *(US)*
lasterhaft ['lastərhaft] *adj* depraved, lascivious, dissolute
lästerlich ['lɛstərlɪç] *adj 1.* slanderous; *2. (gottes~)* blasphemous
lästern ['lɛstərn] *v 1.* malign, defame, slander; *2. REL* blaspheme
lästig ['lɛstɪç] *adj* annoying, troublesome, tiresome
Lästigkeit ['lɛstɪçkaɪt] *f* annoyance
Lastschrift ['lastʃrɪft] *f ECO* debit entry
Lastwagen ['lastvaːgən] *m* lorry *(UK)*, truck *(US)*

L

Lastzug ['lasttsu:k] *m* pulley
lasziv [las'tsi:f] *adj* lascivious
Latein [la'taın] *n* Latin; *mit seinem ~ am Ende sein* to be at one's wits' end
Laterne [la'tɛrnə] *f* *1.* lantern; *2. (Straßenlaterne)* streetlight
Laternenpfahl [la'tɛrnənpfa:l] *m* lamppost; *ein Wink mit dem ~* a broad hint
latschen ['la:tʃən] *v* shuffle along, traipse along
Latschen ['la:tʃən] *m aus den ~ kippen* to be flabbergasted
Latte ['latə] *f* *1.* slat; *2. SPORT* bar
Lattenkiste ['latənkıstə] *f* crate
Lattenrost ['latənrɔst] *m* duckboards
Lattenzaun ['latəntsaun] *m* lattice fence
Latzhose ['latsho:zə] *f* bib overalls
lau [lau] *adj* *1. (lauwarm)* lukewarm, tepid; *2. (mild)* mild
Laub [laup] *n* leaves, foliage, leafage
Laube ['laubə] *f* *1. (Gang)* arbour; *2. (Gartenhäuschen)* summerhouse
Laubengang ['laubəngaŋ] *m* arboured walk
Laubfrosch ['laupfrɔʃ] *m ZOOL* tree frog
Laubsäge ['laupzɛ:gə] *f TECH* scroll saw
Laubwald ['laupvalt] *m BOT* deciduous wood, hardwood forest
Lauch [laux] *m BOT* leek
lauern ['lauərn] *v* lurk, lie in wait
Lauf [lauf] *m* *1. (Laufen)* run; *2. (Gewehrlauf)* barrel; *3. (fig: Verlauf)* course; *seinen ~ nehmen* take its course
Laufbahn ['laufba:n] *f* *1. (fig)* career; *2. SPORT* track
Laufbursche ['laufburʃə] *m* errand-boy, messenger boy

laufen ['laufən] *v irr* *1. (rennen)* run; *2. (gehen)* walk; *3. (fließen)* run, flow, leak; *4. (gültig sein)* run, last

laufend ['laufənt] *adj* *1.* running, current; *jdn auf dem Laufenden halten* keep s.o. informed; *mit etw auf dem Laufenden sein* to be up-to-date on sth; *2. (Nummern)* consecutive
Lauffeuer ['lauffɔyər] *n sich wie ein ~ ausbreiten* spread like wildfire
Laufgitter ['laufgıtər] *n* playpen
läufig ['lɔyfıç] *adj ZOOL* in season, in heat
Laufmasche ['laufmaʃə] *f* ladder (in a stocking), run *(US)*
Laufpass ['laufpas] *m jdm den ~ geben* give s.o. his walking papers; *den ~ bekommen* get the boot, to be shown the door, get the push
Laufplanke ['laufplaŋkə] *f NAUT* gangplank
Laufschritt ['laufʃrıt] *m* *1.* trot; *2. MIL* double-time
Laufsteg ['laufʃte:k] *m* *1.* catwalk; *2. (Fußgängerbrücke)* footbridge
Laufwerk ['laufvɛrk] *n INFORM* drive
Laufwettbewerb ['laufvɛtbəvɛrp] *m SPORT* race
Laufzeit ['lauftsaıt] *f ECO* term, duration, life
Lauge ['laugə] *f* *1. CHEM* lye, caustic solution; *2. (Seifenlauge)* soapy water, soap-suds
Laune ['launə] *f* mood, temper; *~ machen* to be good fun; *jdn bei ~ halten* keep s.o. happy; *jdm die ~ verderben* put s.o. in a bad mood
launenhaft ['launənhaft] *adj* temperamental, whimsical, capricious
launisch ['launıʃ] *adj* *1.* moody; *2. (veränderlich)* fickle
Laus [laus] *f ZOOL* louse; *Dem ist wohl eine ~ über die Leber gelaufen! (fig)* What's bitten him?
Lausbub ['lausbu:p] *m (fam)* rogue, rascal
Lauschangriff ['lauʃangrıf] *m POL* bugging operation
lauschen ['lauʃən] *v* *1. (zuhören)* listen; *2. (horchen)* eavesdrop
lauschig ['lauʃıç] *adj* snug, cosy, peaceful
lausig ['lauzıç] *adj* *1. (armselig)* lousy, rotten, mean; *2. (Kälte)* beastly
laut [laut] *adj* *1.* loud; *2. (geräuschvoll)* noisy, clamorous; *prep* *3.* according to, as per
Laut [laut] *m* *1. (Ton)* sound, tone; *2. (Geräusch)* noise
lauten ['lautən] *v (besagen)* read; *Die Antwort kann nur „Ja" ~.* The answer can only be a yes.
läuten ['lɔytən] *v* ring; *von etw ~ hören* hear a rumour about sth
lauter ['lautər] *adv (nichts als)* a lot of, nothing but
läutern ['lɔytərn] *v* purify
lautlos ['lautlo:s] *adj* soundless, silent, noiseless
Lautschrift ['lautʃrıft] *f* phonetic transcription
Lautsprecher ['lautʃprɛçər] *m* loudspeaker
Lautstärke ['lautʃtɛrkə] *f* volume, loudness
lauwarm ['lauvarm] *adj* lukewarm, tepid
Lawine [la'vi:nə] *f* avalanche
Lazarett [latsa'rɛt] *n MIL* military hospital, infirmary
leasen ['li:zən] *v* lease
leben ['le:bən] *v* live

Leben ['le:bən] *n* life; *etw für sein ~ gern tun* love doing sth; *etw ins ~ rufen* bring sth into being; *mit dem ~ davonkommen* escape with one's life; *jdm nach dem ~ trachten* to be out to kill s.o.; *nie im ~* not on your life; *sich das ~ nehmen* commit suicide

lebendig [le'bɛndɪç] *adj 1. (lebend)* alive, living; *2. (lebhaft)* lively, active

Lebensabend ['le:bənsa:bənt] *m* declining years, late years of life, twilight of one's life

Lebensalter ['le:bənsaltər] *n* age

Lebensart ['le:bənsa:rt] *f 1.* way of living; *2. (gute Umgangsformen)* manners *pl; 3. (Stil)* style

Lebensaufgabe ['le:bənsaufga:bə] *f* life's work, aim in life

lebensbedrohend ['le:bənsbədro:ənt] *adj* life-threatening

Lebensdauer ['le:bənsdauər] *f 1.* life-span; *2. TECH* life

Lebensende ['le:bənsɛndə] *n* end of one's life, end of one's days

Lebenserfahrung ['le:bənsɛrfa:ruŋ] *f* practical experience

Lebenserwartung ['le:bənsɛrvartuŋ] *f* life expectancy

lebensfremd ['le:bənsfrɛmt] *adj* remote from everyday life, ignorant of the world

Lebensfreude ['le:bənsfrɔydə] *f* joy in living, zest, delight in life

Lebensgefahr ['le:bənsgəfa:r] *f* mortal danger

lebensgefährlich ['le:bənsgəfɛ:rlɪç] *adj* life-threatening, perilous

Lebensgefährte ['le:bənsgəfɛ:rtə] *m* partner (for life)

lebensgroß ['le:bənsgro:s] *adj* full-size

Lebensgröße ['le:bənsgrø:sə] *f* actual size; *in ~* life-size(d); *in voller ~ (fig)* as large as life

Lebenshaltungskosten ['le:bənshaltuŋskɔstən] *pl* cost of living

Lebenskraft ['le:bənskraft] *f* vitality

Lebenskünstler ['le:bənskynstlər] *m* master of the art of living

lebenslänglich ['le:bənslɛŋlɪç] *adj* lifelong, lifetime

Lebenslauf ['le:bənslauf] *m* curriculum vitae, résumé *(US)*

Lebenslicht ['le:bənslɪçt] *n jdm das ~ ausblasen* snuff out s.o.'s life

lebenslustig ['le:bənslustɪç] *adj* cheerful, enjoying life

Lebensmittel ['le:bənsmɪtəl] *n 1.* food; *2. (als Kaufware)* groceries

lebensmüde ['le:bənsmy:də] *adj* tired of life, suicidal

lebensnotwendig ['le:bənsno:tvɛndɪç] *adj* vital

Lebensretter ['le:bənsrɛtər] *m* life-saver

Lebensstandard ['le:bənsʃtandart] *m* standard of living

Lebensunterhalt ['le:bənsuntərhalt] *m* livelihood, subsistence, a living

Lebensversicherung ['le:bənsfɛrzɪçəruŋ] *f* life insurance, life assurance *(UK)*

lebenswichtig ['le:bənsvɪçtɪç] *adj* vital, of vital importance

Lebenszeit ['le:bənstsaɪt] *f* lifetime, life

Leber ['le:bər] *f ANAT* liver; *frei von der ~ weg* quite frankly

Leberfleck ['le:bərflɛk] *m 1. (Muttermal)* mole; *2. (Hautfärbung)* liver spot

Leberknödel ['le:bərknø:dəl] *m GAST* dumpling made of minced liver, liver dumpling

Leberwurst ['le:bərvurst] *f* liver sausage, liverwurst *(US); die beleidigte ~ spielen (fam)* to be in a huff

Leberzirrhose ['le:bərtsɪro:zə] *f MED* cirrhosis of the liver

Lebewesen ['le:bəve:zən] *n* living thing

Lebewohl [le:bə'vo:l] *n* farewell; *jdm ~ sagen* say goodbye to s.o.

lebhaft ['le:phaft] *adj 1. (munter)* lively, vivacious, cheerful; *2. (rege)* active, brisk, keen; *3. (begeistert)* eager, lively, keen; *4. (Farben)* bright

Lebhaftigkeit ['le:phaftɪçkaɪt] *f 1. (Munterkeit)* liveliness, vivaciousness; *2. (Aktivität)* activity, briskness; *3. (Begeisterung)* eagerness, liveliness; *4. (von Farben)* brightness

Lebkuchen ['le:pku:xən] *m* gingerbread

leblos ['le:plo:s] *adj* lifeless, inanimate, inert

lechzen ['lɛçtsən] *v nach etw ~* yearn for sth, crave sth

Leck [lɛk] *n* leak

lecken ['lɛkən] *v 1. (schlecken)* lick, lap up; *2. (auslaufen)* leak, spring a leak, ooze out

lecker ['lɛkər] *adj* tasty, delicious, savoury

Leckerbissen ['lɛkərbɪsən] *m* delicacy, treat, titbit *(UK)*

leckschlagen ['lɛkʃla:gən] *v irr NAUT* spring a leak

Leder ['le:dər] *n* leather; *jdm ans ~ wollen* want to get one's hands on s.o.

ledern ['le:dərn] *adj 1.* leather; *2. (zäh)* leathery

L

ledig ['le:dɪç] *adj* 1. single, unmarried; 2. *einer Sache ~ sein* to be rid of sth, to be free of sth
Ledige(r) ['le:dɪgə(r)] *m/f* single, single person, unmarried person
lediglich ['le:dɪglɪç] *adv* merely, just
leer [le:r] *adj* 1. *(nichts enthaltend)* empty, hollow; 2. *(frei)* vacant, unoccupied, free; 3. *(unbeschrieben)* blank, empty
Leere ['le:rə] *f* emptiness, vacuum, void
leeren ['le:rən] *v* empty
Leergewicht ['le:rgəvɪçt] *n* unloaded weight, tare weight
Leergut ['le:rgu:t] *n* empties *pl*
Leerstelle ['le:rʃtɛlə] *f INFORM* space
Leertaste ['le:rtastə] *f* space bar
Leerung ['le:ruŋ] *f* 1. emptying; 2. *(eines Briefkastens)* collection
legal [le'ga:l] *adj* legal, legitimate
legalisieren [legali'zi:rən] *v* legalize
Legalisierung [legali'zi:ruŋ] *f* legalization
Legalität [legali'tɛ:t] *f* legality
Legasthenie [legaste'ni:] *f* dyslexia
Legat [le'ga:t] *n (Vermächtnis) JUR* legacy
Legehenne ['le:gəhɛnə] *f* laying hen
legen ['le:gən] *v* 1. lay, put, place; 2. *sich ~ (Mensch)* lie down
legendär [legɛn'dɛ:r] *adj* legendary, fabled, *(obskur)* apocryphal
Legende [le'gɛndə] *f* legend
leger [le'ʒe:r] *adj* 1. *(salopp)* casual, informal, relaxed; 2. *(breit)* loose-fitting; 3. *(bequem)* comfortable
Legierung [le'gi:ruŋ] *f MET* alloy
legislativ [legisla'ti:f] *adj POL* legislative
Legislative [legisla'ti:və] *f POL* legislative power, legislature
Legislaturperiode [legisla'tu:rperjo:də] *f POL* legislative period, session
legitim [le:gi'ti:m] *adj* legitimate, lawful
legitimieren [legiti'mi:rən] *v sich ~* prove one's identity; *(Beziehung)* legitimize; *(berechtigen)* entitle; *(Erlaubnis geben)* authorize
Legitimität [legitimi'tɛ:t] *f* legitimacy
Leguan ['le:guan] *m ZOOL* iguana
Lehm [le:m] *m* clay
lehmfarben ['le:mfarbən] *adj* clay-coloured, amber, auburn
lehmig ['le:mɪç] *adj* 1. *(lehmhaltig)* clayey, loamy; 2. *(mit Lehm beschmiert)* muddy; 3. *(lehmartig)* earthy
Lehne ['le:nə] *f* 1. *(Armlehne)* armrest; 2. *(Rückenlehne)* back, back-rest

L

lehnen ['le:nən] *v* 1. *~ an* lean against, rest against; *etw gegen etw ~* prop sth up against sth; 2. *sich ~ an* lean against, rest on
Lehnstuhl ['le:nʃtu:l] *m* easy chair
Lehramt ['le:ramt] *n* 1. *(Beruf)* teaching, teaching career, teaching profession; 2. *(Stelle)* teaching position; 3. *(Beamtenstatus)* state accreditation as a teacher
Lehrberuf ['le:rbəru:f] *m* 1. *(Beruf des Lehrers)* teaching career, teaching profession; 2. *(lehrzeitabhängiger Beruf)* occupation requiring vocational training, occupation requiring an apprenticeship
Lehrbuch ['le:rbu:x] *n* textbook

> **Lehre** ['le:rə] *f* 1. *(Lehrsatz)* doctrine, theory; *(Richtschnur)* rule; 2. *(Ausbildung)* apprenticeship; *Bei dem kannst du noch in die ~ gehen.* He could teach you a thing or two. 3. *(Maßlehre) TECH* gauge; 4. *(fig: Ermahnung)* lesson; *Lass dir das eine ~ sein!* Let that be a lesson to you!

lehren ['le:rən] *v* teach, instruct
Lehrer ['le:rər] *m* 1. *(Grundschule)* teacher, instructor; 2. *(höhere Schule)* lecturer, professor
Lehrfach ['le:rfax] *n* subject
Lehrgang ['le:rgaŋ] *m* course, class, training course
Lehrgeld ['le:rgɛlt] *n ~ zahlen (fig)* learn sth the hard way, pay dearly for experience
Lehrkörper ['le:rkœrpər] *m* teaching staff, faculty *(US)*
Lehrplan ['le:rpla:n] *m* curriculum, syllabus
lehrreich ['le:rraɪç] *adj* instructive
Lehrsatz ['le:rzats] *m* theorem
Lehrstelle ['le:rʃtɛlə] *f* apprenticeship
Lehrstoff ['le:rʃtɔf] *m* 1. subject matter; 2. *(eines Jahres)* syllabus
Lehrstuhl ['le:rʃtu:l] *m* professorship, chair
Lehrverbot ['le:rfɛrbo:t] *n ~ bekommen* to be barred from teaching, to be forbidden to teach
Leib [laɪp] *m* body; *sich jdn vom ~e halten* keep s.o. at a distance; *etw zu ~e rücken* tackle sth *(fig)*; *jdm wie auf den ~ zugeschnitten sein* to be tailor-made for s.o.; *etw am eigenen ~ erfahren* get first-hand experience of sth; *mit ~ und Seele* with one's whole heart
leiben ['laɪbən] *v Das ist sie wie sie leibt und lebt!* That's the real her! *(fam)* That's her all the way! *(fam)*
Leibesfülle ['laɪbəsfylə] *f* corpulence
Leibeskräfte ['laɪbəskrɛftə] *pl aus ~n* with all one's might

Leibesübungen ['laɪbəsyːbuŋən] *pl 1.* exercises; *2. (Sportunterricht)* physical education
Leibesvisitation ['laɪbəsvizitatsjoːn] *f* body search
Leibgericht ['laɪpgərɪçt] *n* favourite dish
leibhaftig ['laɪphaftɪç] *adj 1.* personified, incarnate; *die ~e Güte* goodness personified; *adv 2.* in person, in the flesh
leiblich ['laɪplɪç] *adj* bodily, physical; *das ~e Wohl* physical well-being; *Ein Büfett sorgte für das ~e Wohl.* A buffet took care of everyone's refreshment needs.
Leiblichkeit ['laɪplɪçkaɪt] *f* corporeity
Leibrente ['laɪprɛntə] *f* life annuity
Leibschmerzen ['laɪpʃmɛrtsən] *pl* stomach pains *pl*
Leibwächter ['laɪpvɛçtər] *m* bodyguard
Leiche ['laɪçə] *f* corpse, dead body; *~n im Keller haben* have a skeleton in one's cupboard, have a skeleton in one's closet *(US); über ~n gehen* stop at nothing; *Nur über meine ~!* Over my dead body!
Leichenbeschauer ['laɪçənbəʃauər] *m 1.* doctor conducting a postmortem; *2. (bei unnatürlichen Todesfällen)* coroner
Leichenbestatter ['laɪçənbəʃtatər] *m* undertaker
leichenblass ['laɪçənblas] *adj* deathly pale, white as a sheet
Leichenhalle ['laɪçənhalə] *f* mortuary
Leichenschauhaus [laɪçən'ʃauhaus] *n* morgue
Leichentuch ['laɪçəntuːx] *n* shroud
Leichenwagen ['laɪçənvaːgən] *m* hearse
Leichnam ['laɪçnam] *m* corpse, dead body

leicht [laɪçt] *adj 1. (nicht schwer)* light; *2. (nicht schwierig)* easy; *Du hast ~ reden!* It's all very well for you to talk! *Das ist ~ gesagt.* It's easy enough to say that. *ein ~es sein* to be a simple matter; *3. (geringfügig)* slight; *adv 4. (nicht schwierig)* easily, without difficulty; *5. (geringfügig)* slightly

Leichtathlet/Leichtathletin ['laɪçtatleːt/'laɪçtatleːtɪn] *m/f SPORT* athlete *(UK),* track-and-field athlete *(US)*
Leichtbauweise ['laɪçtbauvaɪzə] *f* light construction technique
leichtfertig ['laɪçtfɛrtɪç] *adj 1.* thoughtless, rash; *2. (frivol)* frivolous
leichtfüßig ['laɪçtfyːsɪç] *adj LIT* light-footed
leichtgläubig ['laɪçtglɔybɪç] *adj* gullible, credulous
leichthin ['laɪçthɪn] *adv* casually
Leichtigkeit ['laɪçtɪçkaɪt] *f (Ungezwungenheit)* ease, easiness; *mit ~* easily, with no trouble at all
leichtlebig ['laɪçtleːbɪç] *adj* easygoing
Leichtsinn ['laɪçtzɪn] *m* carelessness, recklessness, foolishness; *sträflicher ~* criminal negligence; *unverzeihlicher ~* unforgivable stupidity; *das ist ein ~* that's foolish/silly; *so ein ~!* how silly/thoughtless (can you get)!
leid [laɪt] *adv Es tut mir ~.* I'm sorry. *Das wird dir noch ~ tun.* You'll regret this.
Leid [laɪt] *n 1. (Schaden)* harm, injury; *2. (Betrübnis)* sorrow, grief; *jdm sein ~ klagen* tell s.o. one's troubles, cry on s.o.'s shoulder
leiden ['laɪdən] *v irr 1. (ertragen müssen)* suffer; *2. (ertragen)* endure, bear; *Ich kann ihn nicht ~.* I can't stand him. *3. (dulden)* tolerate, suffer; *4. Sie kann dich ~.* She likes you.
Leiden ['laɪdən] *n 1. (Kummer)* suffering; *2. MED* affection, complaint, condition
Leidenschaft ['laɪdənʃaft] *f* passion; *etw mit ~ tun* do sth with passionate enthusiasm; *frei von jeder ~* dispassionate
Leidensweg ['laɪdənsveːk] *m 1. (Zeit des Leidens)* trials and tribulations, period of suffering, life of suffering; *2. (~ Christi) REL* passion, way of the cross, stations of the cross
leider ['laɪdər] *adv* unfortunately
leidlich ['laɪdlɪç] *adj* tolerable
Leidtragende(r) ['laɪttraːgəndə(r)] *m/f 1. (Trauernde(r))* mourner, bereaved person; *2. (Geschädigte(r))* victim
Leierkasten ['laɪərkastən] *m* barrel-organ
Leierkastenmann ['laɪərkastənman] *m* organ-grinder
leiern ['laɪərn] *v 1. (kurbeln)* grind; *2. (Kassette)* whine
Leiharbeit ['laɪarbaɪt] *f* casual labour
leihen ['laɪən] *v irr 1. (verleihen)* lend; *2. sich etw ~* borrow sth
Leihgabe ['laɪgaːbə] *f* loan
Leihgebühr ['laɪgəbyːr] *f* lending fee, rental
Leihmutter ['laɪmutər] *f* surrogate mother
leihweise ['laɪvaɪzə] *adv* on loan
Leim [laɪm] *m* glue; *jdm auf den ~ gehen* fall for s.o.'s tricks; *aus dem ~ gehen* fall apart
leimen ['laɪmən] *v 1. (kleben)* glue, stick; *2. (fam) jdn ~* con s.o., take s.o. for a ride
Leine ['laɪnə] *f 1.* line, cord; *Zieh ~!* Beat it! Push off! *(UK); 2. (Hundeleine)* lead, leash; *an der langen ~ sein* have free rein

L

Leinen ['laɪnən] *n* linen
Leinsamen ['laɪnzaːmən] *m GAST* linseed
Leintuch ['laɪntuːx] *n* linen sheet
Leinwand ['laɪnvant] *f 1. ART* canvas; *2. CINE* screen
leise ['laɪzə] *adj 1. (nicht laut)* quiet, soft, faint; *2. (Stimme)* low; *3. (ruhig)* soft, gentle; *4. (schwach)* faint, slight
Leiste ['laɪstə] *f 1.* ledge, border, rail; *2. ANAT* groin
leisten ['laɪstən] *v 1.* perform, accomplish, achieve; *2. sich etw ~* allow o.s. sth; *sich etw ~ können* to be able to afford sth; *sich etw ~ (sich gönnen)* treat o.s. to sth
Leistung ['laɪstuŋ] *f 1.* performance, achievement; *2. TECH* power, capacity, output
Leistungsdruck ['laɪstuŋsdruk] *m* pressure to perform
leistungsfähig ['laɪstuŋsfɛːɪç] *adj* efficient, capable, productive
Leistungsfähigkeit ['laɪstuŋsfɛːɪçkaɪt] *f* efficiency, capacity, capability
Leistungsgesellschaft ['laɪstuŋsgəzɛlʃaft] *f* performance-oriented society
Leistungssport ['laɪstuŋsʃpɔrt] *m* competitive sports
Leistungssteigerung ['laɪstuŋsʃtaɪgəruŋ] *f* improvement of performance
Leistungstest ['laɪstuŋstɛst] *m 1. (in der Schule)* achievement test; *2. TECH* performance test
Leitartikel ['laɪtartɪkəl] *m* leading article *(UK)*, editorial *(US)*
Leitbild ['laɪtbɪlt] *n* ideal, image
leiten ['laɪtən] *v 1. (führen)* lead; *2. (lenken)* guide, direct, conduct; *3. TECH* conduct, transmit
leitend ['laɪtənt] *adj 1.* leading; *2. ECO* managing; *~e Angestellte* executive; *3. PHYS* conductive
Leitgedanke ['laɪtgədaŋkə] *m* main theme, central idea, keynote
Leitplanke ['laɪtplaŋkə] *f* safety fence, crash-barrier
Leitspruch ['laɪtʃprux] *m* motto
Leitung ['laɪtuŋ] *f 1. (Geschäftsleitung)* management; *2. (Rohrleitung)* pipeline; *3. (Kabel)* wire, line; *ein lange ~ haben (fig)* to be slow on the uptake
Leitungsmast ['laɪtuŋsmast] *m 1. (aus Holz) TECH* telegraph pole; *2. (aus Beton) TECH* pylon
Leitungsnetz ['laɪtuŋsnɛts] *n 1. (Versorgungsnetz) TECH* utility system; *2. (Stromnetz) TECH* power network, power grid
Leitungsrohr ['laɪtuŋsroːr] *n TECH* pipe, conduit, main
Leitungswasser ['laɪtuŋsvasər] *n* tap water
Leitwerk ['laɪtvɛrk] *n TECH* control unit, *(des Flugzeuges)* tail unit
Leitzins ['laɪttsɪns] *m FIN* base rate
Lektion [lɛk'tsjoːn] *f* lesson
Lektor ['lɛktor] *m 1.* lecturer; *2. (Verlagslektor)* reader
Lektorat [lɛkto'raːt] *n 1. (Verlagsabteilung)* editorial department; *2. (Gutachten)* evaluation (of a manuscript)
Lektüre [lɛk'tyːrə] *f* reading material, reading
Lende ['lɛndə] *f* loin
Lendenwirbel ['lɛndənvɪrbəl] *m ANAT* lumbar vertebra
lenkbar ['lɛŋkbaːr] *adj 1. TECH* steerable, manoeuvrable; *(Rakete)* guided; *2. (Mensch)* manageable
lenken ['lɛŋkən] *v 1. (steuern)* steer; *2. (Aufmerksamkeit, Blick)* turn, catch, attract; *3. (leiten)* direct, guide, channel
Lenker ['lɛŋkər] *m 1. (am Auto)* steering wheel; *2. (am Fahrrad, am Motorrad)* handlebars; *3. (Maschinenteil zur Führung eines Punktes) TECH* steering gear, guide; *4. (Fahrer)* driver; *5. (fig: koordinierende Person)* leader, head, guide
Lenkrad ['lɛŋkraːt] *n (eines Autos)* steering wheel
Lenkstange ['lɛŋkʃtaŋə] *f* handlebars
Lenkung ['lɛŋkuŋ] *f (eines Autos)* steering
Lerche ['lɛrçə] *f ZOOL* lark
Lerneifer ['lɛrnaɪfər] *m* eagerness to learn
lernen ['lɛrnən] *v* learn, study
lernfähig ['lɛrnfɛːɪç] *adj* capable of learning
lesbar ['leːsbaːr] *adj 1. (leserlich)* legible; *2. (Stil)* readable
Lesbarkeit ['leːsbaːrkaɪt] *f 1. (Leserlichkeit)* legibility; *2. (Stil)* readability
lesbisch ['lɛsbɪʃ] *adj* lesbian
Lesebrille ['leːzəbrɪlə] *f* reading glasses *pl*
Lesebuch ['leːzəbuːx] *n* reader
lesen ['leːzən] *v irr 1.* read; *2. (sammeln)* gather, pick
Leser ['leːzər] *m 1.* reader; *2. (Sammler)* gatherer, picker
Leserbrief ['leːzərbriːf] *m* letter to the editor, letter from a reader
Leserkreis ['leːzərkraɪs] *m* readership
leserlich ['leːzərlɪç] *adj* legible
Lesestoff ['leːzəʃtɔf] *m* reading material
Lesezeichen ['leːzətsaɪçən] *n* bookmark

L

Lesung ['leːzuŋ] *f* reading
letzte(r,s) ['lɛtstə(r,s)] *adj 1.* last, ultimate, final; *zu guter Letzt* at long last; *das Letzte sein* to be the worst there is; *bis aufs letzte* utterly; *2. (vorig)* last, most recent, latest
letztendlich ['lɛtst'ɛntlɪç] *adv* ultimately, eventually
letztens ['lɛtstəns] *adv* recently, lately
letztgenannt ['lɛtstgənant] *adj* latter
letztlich ['lɛtslɪç] *adv* ultimately
Leuchte ['lɔyçtə] *f 1.* light, lamp; *2. (fig)* star, shining light; *keine große ~ sein* to be a dim bulb
leuchten ['lɔyçtən] *v* shine
Leuchter ['lɔyçtər] *m 1.* candlestick; *2. (mehrarmiger)* chandelier
Leuchtfeuer ['lɔyçtfɔyər] *n* navigational light
Leuchtkäfer ['lɔyçtkɛːfər] *m* firefly
Leuchtkugel ['lɔyçtkuːgəl] *f* flare
Leuchtreklame ['lɔyçtreklaːmə] *f* luminous advertising, neon sign
Leuchtsignal ['lɔyçtzɪgnaːl] *n* warning signal
Leuchtturm ['lɔyçtturm] *m* lighthouse
leugnen ['lɔygnən] *v* deny
Leumund ['lɔymunt] *m* renown, reputation
Leumundszeugnis ['lɔymuntstsɔyknɪs] *n* certificate of good character, character reference

Leute ['lɔytə] *pl* people; *unter die ~ kommen* get out and meet people

Leutnant ['lɔytnant] *m MIL* lieutenant
leutselig ['lɔytzeːlɪç] *adj* sociable, affable, gracious
Leutseligkeit ['lɔytzeːlɪçkaɪt] *f 1. (Kontaktfreudigkeit)* affability, geniality, graciousness, joviality; *2. (gegenüber Untergebenen)* chumminess
Leviten [leː'vitən] *pl jdm die ~ lesen (fig)* tell s.o. where to get off
Lexikon ['lɛksikɔn] *n 1. (Enzyklopädie)* encyclopedia; *2. (Wörterbuch)* dictionary
Libelle [li'bɛlə] *f ZOOL* dragonfly
liberal [libə'raːl] *adj* liberal
Liberale(r) [libe'raːlə(r)] *m/f* Liberal
liberalisieren [liberaːli'ziːrən] *v 1. (freier gestalten) POL* liberalize; *2. (beseitigen) ECO* abolish
licht [lɪçt] *adj 1. (hell)* light, bright; *2. (nicht dicht)* thin, transparent
Licht [lɪçt] *n* light; *ans ~ kommen* come to light; *kein großes ~ sein* to be a dim bulb; *sich ins rechte ~ setzen* blow one's own horn; *jdn hinters ~ führen* hoodwink s.o.; *kein gutes ~ auf jdn werfen* show s.o. in an unfavourable light; *Da ging mir ein ~ auf.* Suddenly it dawned on me.
Lichtblick ['lɪçtblɪk] *m (fam)* ray of hope, gleam of hope
lichtempfindlich ['lɪçtɛmpfɪndlɪç] *adj* light-sensitive, sensitive to light
lichten ['lɪçtən] *v 1. (Wald)* clear; *2. sich ~* thin out, dwindle; *3. sich ~ (Nebel)* lift; *4. den Anker ~ NAUT* weigh anchor
Lichterkette ['lɪçtərkɛtə] *f* candlelight demonstration
Lichtermeer ['lɪçtərmeːr] *n (fig)* sea of lights
Lichtschacht ['lɪçtʃaxt] *m 1. (vor Kellerfenstern) TECH* light well; *2. (glasgedeckt) TECH* air well; *3. FOTO* focusing hood
Lichtschalter ['lɪçtʃaltər] *m* light switch
Lichtschranke ['lɪçtʃraŋkə] *f* light barrier, photoelectric barrier
Lichtstrahl ['lɪçtʃtraːl] *m* light beam, ray
Lichtung ['lɪçtuŋ] *f (Waldlichtung)* clearing
Lid [liːt] *n ANAT* eyelid

lieb [liːp] *adj 1.* kind, good, dear; *jdm ~ und teuer sein* to be dear to s.o.; *2. ... mein Lieber!* ... my friend! *3. am ~sten würde ich ...* I would prefer to ...; *~ haben* love like, to be fond of; *~ gewinnen* grow fond of, become attached to, come to like

liebäugeln ['liːpɔygəln] *v ~ mit* have one's eye on; *mit einem Gedanken ~* toy with an idea
Liebe ['liːbə] *f* love; *bei aller ~* with all due respect; *~ auf den ersten Blick* love at first sight
liebebedürftig ['liːbəbədyrftɪç] *adj* in need of love, in need of affection
lieben ['liːbən] *v* love
liebenswert ['liːbənsveːrt] *adj* lovable
liebenswürdig ['liːbənsvyrdɪç] *adj* amiable, kind
Liebenswürdigkeit ['liːbənsvyrdɪçkaɪt] *f* kindness, amiability
lieber ['liːbər] *adv* rather, more willingly, sooner
Liebeserklärung ['liːbəsɛrklɛːruŋ] *f* declaration of love
Liebesheirat ['liːbəshaɪraːt] *f* marrying for love
Liebeskummer ['liːbəskumər] *m* lovesickness; *~ haben* to be lovesick
Liebesnacht ['liːbəsnaxt] *f* night of love

L

Liebespaar ['liːbəspaːr] *n* lovers *pl*, couple
liebevoll ['liːbəfɔl] *adj* loving, fond, affectionate
Liebhaber ['liːphaːbər] *m 1. (Geliebter)* lover; *2. (Kenner)* lover, connoisseur, fan; *3. (Sammler)* collector
liebkosen ['liːpkoːzən] *v* caress
lieblich ['liːplɪç] *adj 1. (anmutig)* lovely; *2. (Wein)* mellow; *3. (wohlklingend) MUS* sweet; *4. (Duft)* sweet, pleasing
Lieblichkeit ['liːplɪçkaɪt] *f 1. (Anmut)* loveliness, winsomeness; *2. (von Wein) GAST* mellowness; *3. (Wohlklang) MUS* sweetness; *4. (eines Duftes)* sweetness
Liebling ['liːplɪŋ] *m 1.* darling, sweetheart; *2. (Günstling)* favourite
lieblos ['liːploːs] *adj* unkind, unloving, unfeeling
Lieblosigkeit ['liːploːzɪçkaɪt] *f* unkindness
Liebreiz ['liːpraɪts] *m* charm, grace, attractiveness
liebreizend ['liːpraɪtsənt] *adj 1. (Person)* charming, enchanting, attractive, winsome; *2. (Bewegung)* graceful; *3. (Aussehen)* delightful
Liebste(r) ['liːpstə(r)] *m/f* sweetheart, love, darling
Lied [liːt] *n* song; *immer wieder das alte ~ anstimmen* to tell the same old story over and over again; *das Ende vom ~ (fig)* the upshot of it; *Davon kann ich ein ~ singen.* I could tell you a thing or two about that.
liederlich ['liːdərlɪç] *adj 1. (unordentlich)* slovenly, scruffy; *2. (nachlässig)* negligent, careless; *3. (unmoralisch)* immoral
Liederlichkeit ['liːdərlɪçkaɪt] *f 1. (Unordnung)* slovenliness, sloppiness; *2. (moralische)* debauchery, looseness
Liedermacher ['liːdərmaxər] *m MUS* songwriter
Lieferant [liːfə'rant] *m* supplier
lieferbar ['liːfərbaːr] *adj* deliverable, available
liefern ['liːfərn] *v 1.* supply, deliver, provide; *2. Ich bin geliefert.* I've had it.
Lieferung ['liːfəruŋ] *f* delivery, supply; *bei ~ zu bezahlen* payable on delivery
Lieferwagen ['liːfərvaːgən] *m* van
Liege ['liːgə] *f* couch; *(Camping~)* camp bed, *(für Garten)* lounger

liegen ['liːgən] *v irr 1.* lie; *2. (sich befinden)* to be, to be situated, to be located; *3. an etw ~ (seine Ursache haben)* to be because of sth; *4. Es liegt mir viel daran.* It matters a lot to me. *5. richtig ~* to be absolutely right, *~ bleiben (Mensch)* keep lying down, *(im Bett bleiben)* stay in bed, *(Schnee)* stay on the ground, *(vergessen werden)* to be left, *(Auto)* conk out *(fam)*; *~ lassen (vergessen)* leave behind; *alles stehen und ~ lassen* leave everything behind

liegend ['liːgənt] *adj 1.* lying down; *adv 2. ~ aufbewahren* store lying down, store flat; *~ lagern* store on its side
Liegesitz ['liːgəzɪts] *m* reclining seat
Liegestuhl ['liːgəʃtuːl] *m* deck-chair
Liegestütz ['liːgəstyts] *f* push-up
Liegewagen ['liːgəvaːgən] *m* couchette car
liften ['lɪftən] *v 1.* lift; *2. sich das Gesicht ~ lassen* have a face-lift
Liga ['liːga] *f* league
Likör [li'køːr] *m* liqueur
lila ['liːla] *adj* lilac
Lilie ['liːljə] *f BOT* lily
Liliputaner [lilipu'taːnər] *m 1.* Lilliputian; *2. (fig)* midget, small person
Limonade [limo'naːdə] *f 1.* fruit juice; *2. (Brause)* soft drink; *3. (Zitronenlimonade)* lemonade
Limone [li'moːnə] *f* lime
Linde ['lɪndə] *f BOT* lime-tree
lindern ['lɪndərn] *v 1.* soften, soothe, alleviate; *2. (Übel)* mitigate
Linderung ['lɪndəruŋ] *f* alleviation, soothing, softening
Lineal [line'aːl] *n* ruler; *als hätte sie ein ~ verschluckt* as stiff as a ramrod
Linguistik [lɪŋ'gwɪstɪk] *f* linguistics *pl*
linguistisch [lɪŋ'gwɪstɪʃ] *adj* linguistic
Linie ['liːnjə] *f* line; *in erster ~* primarily, first of all; *auf der ganzen ~* all along the line
Linienflug ['liːnjənfluːk] *m* scheduled flight
linientreu ['liːnjəntrɔy] *adj* true to the party line
Linienverkehr ['liːnjənfɛrkeːr] *m* scheduled service, regular traffic
linke(r,s) ['lɪŋkə(r,s)] *adj 1.* left; *2. ~ Seite (Stoff, Kleidung)* the wrong side, the reverse
Linke(r) ['lɪŋkə(r)] *m/f POL* leftist, leftwinger
linkisch ['lɪŋkɪʃ] *adj* clumsy, awkward, ungainly

links ['lɪŋks] *adv* on the left, left; *jdn ~ liegen lassen* give s.o. the cold shoulder; *Das mache ich mit ~.* I could do that with my eyes shut. I could do that blindfolded.

linkshändig ['lɪŋkshɛndɪç] *adj* left-handed
Linkskurve ['lɪŋkskurvə] *f (Straße)* left-hand bend, left-hand turn, left-hand curve
Linolschnitt [li'noːlʃnɪt] *m ART* linocut
Linse ['lɪnzə] *f 1. BOT* lentil; *2. (in der Optik)* lens
Lippe ['lɪpə] *f* lip; *eine dicke ~ riskieren* talk big; *Ich konnte es nicht über die ~n bringen.* I couldn't bring myself to say that. *leicht von den ~n gehen* pass over s.o.'s lips with ease
Lippenbekenntnis ['lɪpənbəkɛntnɪs] *n (fig) ~ zu etw ablegen* pay sth lip service
Lippenstift ['lɪpənʃtɪft] *m* lipstick
liquid [lɪ'kviːt] *adj 1. (Mittel)* liquid; *2. (Person)* solvent
liquidieren [lɪkvɪ'diːrən] *v ECO* liquidate, wind up *(UK)*
Liquidität [lɪkvɪdi'tɛːt] *f 1. (Zahlungsfähigkeit) ECO* liquidity, solvency; *2. (Zahlungsmittel) ECO* liquid assets
lispeln ['lɪspəln] *v* lisp
Lissabon ['lɪsabon] *n GEO* Lisbon
List [lɪst] *f* cunning, craftiness, trickery
Liste ['lɪstə] *f* list
listig ['lɪstɪç] *adj* cunning, sly, crafty
Litanei [lita'naɪ] *f 1. (fam)* long-winded story, rigmarole; *2. REL* litany
Liter ['liːtər] *m* litre, liter *(US)*
literarisch [lɪtə'raːrɪʃ] *adj* literary
Literat/Literatin [lɪtə'raːt/lɪtə'raːtɪn] *m/f LIT* man of letters/woman of letters, writer, literary figure
Literatur [litəra'tuːr] *f* literature
Literaturverzeichnis [litəra'tuːrfɛrtsaɪçnɪs] *n* bibliography
literweise ['liːtərvaɪzə] *adj 1.* by the litre; *2. (fig)* by the gallon
Litfasssäule ['lɪtfaszɔylə] *f* advertising pillar
Lithograf [lɪto'graːf] *m* lithographer
Litze ['lɪtsə] *n 1.* braid; *2. TECH* stranded wire
Livesendung ['laɪfzɛnduŋ] *f* live transmission, live programme, live broadcast
Lizenz [li'tsɛnts] *f* licence, license *(US)*
Lob [loːp] *n* praise, commendation
loben ['loːbən] *v* praise, commend
lobenswert ['loːbənsvɛrt] *adj* praiseworthy, commendable, laudable

> **Loch** [lɔx] *n* hole; *aus dem letzten ~ pfeifen* to be on one's last legs; *jdm ein ~ in den Bauch reden* bend s.o.'s ear; *ein ~ in die Luft starren* stare into space

lochen ['lɔxən] *v* make a hole, punch a hole
Locher ['lɔxər] *m* perforator, hole-puncher
löchern ['lœçərn] *v jdn ~ (fam)* pester s.o. with questions
löchrig ['lœçrɪç] *adj* full of holes, holey
Lochstreifen ['lɔxʃtraɪfən] *m* punched tape
Locke ['lɔkə] *f* curl, lock of hair
locken ['lɔkən] *v 1. (Haare)* curl; *2. (fig)* tempt, bait, allure
Lockenkopf ['lɔkənkɔpf] *m* curly head
Lockenwickler ['lɔkənvɪklər] *m* curler
locker ['lɔkər] *adj 1. (lose)* loose, slack; *2. (entspannt)* at ease, relaxed; *3. (fig: ungezwungen)* informal, easy-going
Lockerheit ['lɔkərhaɪt] *f 1. (eines Gewebes)* looseness; *2. (der Erde)* looseness, fluffiness; *3. (eines Seiles)* slackness; *4. (eines Kuchens)* lightness, fluffiness; *5. (eines Wesens)* looseness, laxity
lockerlassen ['lɔkərlasən] *v nicht ~* keep at it
Lockerung ['lɔkəruŋ] *f 1. (Seil)* loosening, slackening; *2. (Vorschrift)* relaxation
Lockruf ['lɔkruːf] *m 1. (eines Tieres) ZOOL* call, mating call; *2. (des Jägers)* birdcall
Lockvogel ['lɔkfoːgəl] *m (fig)* lure, decoy
lodern ['loːdərn] *v* blaze, flare
Löffel ['lœfəl] *m* spoon
löffeln ['lœfəln] *v 1. (mit dem Löffel essen)* eat with a spoon; *2. (fam: begreifen)* get; *Hast du's gelöffelt?* Got it?
Logbuch ['lɔkbuːx] *n NAUT* log, ship's log
Loge ['loːʒə] *f 1. THEAT* box; *2. (Vereinigung)* lodge
logieren [lo'ʒiːrən] *v* lodge
Logik ['loːgɪk] *f* logic
Logis [lo'ʒiː] *n* quarters, accommodation, lodging; *Kost und ~* room and board
logisch ['loːgɪʃ] *adj 1.* logical; *adv 2. Logisch!* Naturally! Of course!
Logopäde/Logopädin [logo'pɛːdə/logo'pɛːdɪn] *m/f* logopaedist, speech therapist
Lohn [loːn] *m 1. (Bezahlung)* wage(s), pay, earnings; *2. (Belohnung)* reward, recompense
Lohnausgleich ['loːnausglaɪç] *m* levelling of wages, cost of living adjustment
Lohnempfänger ['loːnɛmpfɛŋər] *m* wage earner
lohnen ['loːnən] *v sich ~* to be worth it, pay, to be worthwhile
lohnenswert ['loːnənsveːrt] *adj* worthwhile
Lokal [lo'kaːl] *n (Gaststätte)* restaurant, bar, pub

L

Lokalität [lokali'tɛːt] *f* *1. (örtliche Beschaffenheit)* locality; *2. (Raum)* premises; *3. (Toilette)* toilet, bathroom *(US)*
Lokalpatriotismus [lo'kaːlpatrɪotɪsmus] *m* parochialism
Lokalredaktion [lo'kaːlredaktsjoːn] *f* local news department, city desk *(US)*
Lokomotive [lokomo'tiːvə] *f* locomotive engine
Lorbeer ['lɔrbeːr] *m BOT* laurel; *~en ernten* cover o.s. in glory; *sich auf seinen ~en ausruhen* rest on one's laurels

los [loːs] *adj 1.* loose; *2. etw ~ sein* to be rid of sth; *3. es ist etw ~* something is going on; *Dort ist nichts ~.* There's nothing happening there. *Was ist denn hier ~?* What's going on here? *Was ist mit ihr ~?* What's with her? *(fam) Was ist ~?* What's up? *Mit ihm ist nicht viel ~.* He's nothing to write home about. *interj 4.* Go! *adv 5. Wir müssen ~!* We've got to go!

Los [loːs] *n 1. (Lotterielos)* lottery-ticket; *mit jdm das große ~ gezogen haben* have hit the jackpot with s.o.; *2. (Schicksal)* lot, fate, destiny
lösbar ['løːsbar] *adj 1. (Problem)* solvable; *2. CHEM* soluble
losbinden ['loːsbɪndən] *v irr* untie, unbind
losbrechen ['loːsbrɛçən] *v irr 1.* break out; *2. etw ~* break sth off
Löscharbeiten ['lœʃarbaɪtən] *pl* firefighting operations
löschen ['lœʃən] *v 1. (Feuer)* extinguish, put out; *2. (Licht)* turn off, switch off; *3. (Fracht)* unload; *4. (Durst)* quench; *5. INFORM* delete, erase
Löschtaste ['lœʃtastə] *f INFORM* delete key
lose ['loːzə] *adj* loose
Lösegeld ['løːzəgɛlt] *n* ransom
losen ['loːzən] *v 1.* draw lots, raffle; *2. (mit der Münze ~)* toss a coin
lösen ['løːzən] *v 1. (losbinden)* untie, undo; *2. (klären)* solve, clear up, deal with; *3. (beenden)* break, sever; *4. (zergehen lassen)* dissolve, melt; *5. (kaufen)* buy, get
Losentscheid ['loːsɛntʃaɪt] *m* selection by drawing
losfahren ['loːsfaːrən] *v irr* drive off
losgehen ['loːsgeːən] *v irr 1. (weggehen)* set off; *2. (Schuss)* go off; *3. auf jdn ~* go at s.o.; *4. (anfangen)* start; *Gleich geht's los.* It's about to start.
loskaufen ['loːskaufən] *v 1. sich ~* buy one's freedom; *2. (eine entführte Person)* ransom
loskommen ['loːskɔmən] *v irr* get free, get away

L

loslassen ['loːslasən] *v irr* let go
loslaufen ['loːslaufən] *v irr 1. (losgehen)* start walking; *2. (losrennen)* start running; *auf etw ~* run towards sth
löslich ['løːslɪç] *adj 1.* soluble, dissolvable; *2. (Kaffee)* instant
Löslichkeit ['løːslɪçkaɪt] *f* solubility
loslösen ['loːsløːzən] *v* remove; *sich ~* come off; *sich von der Familie ~* split away from one's family
losreißen ['loːsraɪsən] *v irr 1.* break loose, pull off; *2. (fig)* tear away
lossagen ['loːszaːgən] *v sich von jdm ~* dissociate o.s. from s.o.
lossprechen ['loːsʃprɛçən] *v irr 1.* acquit, free; *2. REL* absolve
losstürzen ['loːsʃtyrtsən] *v 1.* rush off; *2. auf jdn ~* fly at s.o.
Lösung ['løːzuŋ] *f 1. (Losmachen)* loosening; *2. (Klärung)* solution, answer; *3. (Beendigung)* separation, severing; *4. CHEM* solution
Lösungsmittel ['løːzuŋsmɪtəl] *n* solvent
loswerden ['loːsveːrdən] *v irr (fam)* get rid of
Lot [loːt] *n MATH* perpendicular (line); *etw wieder ins rechte ~ bringen* put sth right; *ins ~ kommen* to be straightened out
löten ['løːtən] *v* solder
lotrecht ['loːtrɛçt] *adj* vertical
Lotse ['loːtsə] *m* pilot
lotsen ['loːtsən] *v 1.* pilot; *2. (fig)* drag along
Lotterie [lɔtə'riː] *f* lottery
Löwe ['løːvə] *m 1. ZOOL* lion; *2. (Tierkreiszeichen)* Leo
Löwenanteil ['løːvənantaɪl] *m* lion's share
Löwenmaul ['løːvənmaul] *n BOT* snapdragon
Löwenzahn ['løːvəntsaːn] *m BOT* dandelion
Löwin ['løːvɪn] *f* lioness
loyal [lo'jaːl] *adj* loyal, staunch
Loyalität [lojaːlɪ'tɛːt] *f* loyalty
Luchs [luks] *m ZOOL* lynx
Lücke ['lykə] *f* gap
Lückenbüßer ['lykənbyːsər] *m* stopgap
lückenhaft ['lykənhaft] *adj 1.* full of gaps; *2. (unvollständig)* incomplete, deficient
lückenlos ['lykənloːs] *adj* complete, perfect, without any gaps
Lückenlosigkeit ['lykənloːzɪçkaɪt] *f* completeness, perfection

Luft [luft] *f* air; *Die ~ ist rein (fig).* The coast is clear. *etw in die ~ sprengen* blow sth up; *dicke ~* tense atmosphere; *jdn wie ~ behandeln* give s.o. the cold shoulder; *jdm die ~ abdre-*

hen ruin s.o.; *die ~ anhalten* hold one's breath; *jdn an die frische ~ befördern* throw s.o. out; *aus der ~ gegriffen sein* to be pure invention; *in der ~ hängen* to be in limbo; *in die ~ gehen (fig)* blow up; *Da bleibt mir die ~ weg!* That takes the biscuit! That takes the cake! *seinem Ärger ~ machen* give vent to one's anger

Luftangriff ['luftangrɪf] *m MIL* air-raid
Luftaufnahme ['luftaufnaːmə] *f* aerial photograph
Luftbild ['luftbɪlt] *n FOTO* aerial photograph
Luftblase ['luftblaːzə] *f* air bubble
Luftbrücke ['luftbrykə] *f* airlift
Lüftchen ['lyftçən] *n* breeze
luftdicht ['luftdɪçt] *adj* airtight
Luftdruck ['luftdruk] *m* air pressure
lüften ['lyftən] *v 1. (Raum, Kleider)* air out; *2. (fig: enthüllen)* disclose, reveal, unveil
Luftfahrt ['luftfaːrt] *f* aeronautics *pl*
Luftfeuchtigkeit ['luftfɔyçtɪçkaɪt] *f* humidity
luftgekühlt ['luftgəkyːlt] *adj TECH* air-cooled
luftgetrocknet ['luftgətrɔknət] *adj* dry-cured
Luftgewehr ['luftgəveːr] *n* air rifle
luftig ['luftɪç] *adj 1.* airy; *2. in ~er Höhe* at a great height
luftleer ['luftleːr] *adj* containing no air; *~er Raum* vacuum
Luftlinie ['luftliːnjə] *f (Entfernung)* linear distance; *in der ~* as the crow flies
Luftloch ['luftlɔx] *n 1.* air hole; *2. (fam: Fallwind)* air pocket
Luftmatratze ['luftmatratsə] *f* air mattress, Lilo *(UK)*
Luftröhre ['luftrøːrə] *f ANAT* windpipe
Luftschacht ['luftʃaxt] *m* air shaft, ventilation shaft
Luftschiff ['luftʃɪf] *n* airship, dirigible
Luftschlange ['luftʃlaŋə] *f* streamer
Luftschutzkeller ['luftʃutskɛlər] *m* air-raid shelter
Luftsprung ['luftʃpruŋ] *m* leap in the air; *vor Freude einen ~ machen* jump for joy
Lüftung ['lyftuŋ] *f* ventilation
Luftveränderung ['luftfɛrɛndəruŋ] *f 1.* change of climate; *2. (fig)* change of scenery
Luftzug ['lufttsuːk] *m* breeze, draught
Lüge ['lyːgə] *f* lie

lügen ['lyːgən] *v irr* lie, tell lies; *wie gedruckt ~* to be a bold-faced liar, to be a lying so-and-so

lügenhaft ['lyːgənhaft] *adj 1. (unwahr)* false, untrue; *2. (lügnerisch)* lying, untruthful
Lügenmaul ['lyːgənmaul] *n (fam)* liar
Lügner ['lyːgnər] *m* liar
Luke ['luːkə] *f 1.* hatch; *2. (Dachluke)* dormer-window
lukrativ [lukra'tiːf] *adj* lucrative, profitable
Lümmel ['lyməl] *m* lout, boor
Lump [lump] *m 1. (gewissenloser Mensch)* rat *(fam)*; *2. (Schlingel)* rascal
lumpen ['lumpən] *v sich nicht ~ lassen* to be generous
Lumpen ['lumpən] *m* rag
Lunge ['luŋə] *f ANAT* lung
Lunte ['luntə] *f 1. (Zündschnur)* fuse, match; *~ riechen (Verdacht schöpfen)* smell a rat; *(Gefahr wittern)* sense danger; *2. (Schwanz des Fuchses)* brush, tail
Lupe ['luːpə] *f* magnifying-glass; *Solche Leute kannst du mit der ~ suchen.* Such people are few and far between. *jdn unter die ~ nehmen* take a close look at s.o.
lupenrein ['luːpənraɪn] *adj (fig)* unblemished, flawless
Lust [lust] *f 1. (Freude)* joy, pleasure, delight; *nach ~ und Laune* as the mood takes you; *2. (Verlangen)* lust, desire
lüstern ['lystərn] *adj* greedy, lecherous, wanton
Lustgefühl ['lustgəfyːl] *n 1.* feeling of pleasure, pleasurable sensation; *2. (Wollust)* desire
lustig ['lustɪç] *adj 1. (komisch)* funny, amusing, comical; *2. (fröhlich)* jolly, merry
Lustigkeit ['lustɪçkaɪt] *f 1. (Fröhlichkeit)* merriness, jollity, gaiety, conviviality; *2. (Komik)* funniness
lustlos ['lustloːs] *adj* listless, dull, lifeless
Lustlosigkeit ['lustloːzɪçkaɪt] *f 1.* listlessness, apathy, lack of interest, lack of enthusiasm; *2. FIN* dullness, slackness, flatness, inactivity
lustvoll ['lustfɔl] *adj 1.* lustful, lusty; *adv 2.* with relish
lutherisch ['lutərɪʃ] *adj REL* Lutheran
lutschen ['lutʃən] *v* suck
Lutscher ['lutʃər] *m* lollipop
luxuriös [luksur'jøːs] *adv 1.* luxuriously; *adj 2.* luxurious
Luxus ['luksus] *m* luxury
Lymphdrüse ['lympfdryːzə] *f ANAT* lymphatic node, lymph node
Lynchjustiz ['lynçjustiːts] *f* lynch law, frontier justice *(US)*
Lyrik ['lyːrɪk] *f LIT* lyric poetry

M

Machart ['maxa:rt] *f* style, design
machbar ['maxbar] *adj* feasible, possible

machen ['maxən] *v 1.* make; *Mach's gut!* Good luck! Take care of yourself! *(US); sich etw ~ lassen* have sth made; *Mit dem kann man's ja ~.* He'll put up with it. *2. (verursachen)* cause; *jdm Kopfschmerzen ~* give s.o. a headache; *3. (tun)* do; *Was ~ Sie da?* What are you doing? *Mach schon!* Hurry up! *4. (ausmachen)* matter; *Macht nichts!* It doesn't matter! *sich wenig aus etw ~* not be very keen on sth; *Mach dir nichts daraus!* Don't let it bother you!

Machenschaften ['maxənʃaftən] *pl* intrigues, machinations
Macht [maxt] *f 1. (Stärke)* power, strength, force; *~ ausüben auf* exercise power over; *2. (Herrschaft)* command, control, dominion; *3. (Einfluss)* power, influence
Machthaber ['maxtha:bər] *m* ruler, potentate
mächtig ['mɛçtɪç] *adj 1. (stark)* powerful, strong, mighty; *2. (gewaltig)* mighty, formidable, considerable; *3. (einflussreich)* powerful, strong; *seiner selbst nicht mehr ~ sein* lose one's self-control; *4. (fig: sehr groß)* huge, immense, massive; *adv 5. (fig)* very, considerably, mighty
Mächtigkeit ['mɛçtɪçkaɪt] *f 1. (Mächtigsein)* mightiness, powerfulness; *2. (Dicke einer Erdschicht) GEO* thickness, strength
Macke ['makə] *f (Verrücktheit)* quirk; *eine ~ haben* to be nutty
Mädchen ['mɛ:tçən] *n* girl; *~ für alles* dogsbody *(UK)*, gofer *(US)*
mädchenhaft ['mɛ:tçənhaft] *adj 1.* girlish; *adv 2.* like a girl
Mädchenhandel ['mɛ:tçənhandəl] *m* white slave trade, white slave traffic
Mädchenname ['mɛ:tçənna:mə] *m* maiden name
Made ['ma:də] *f ZOOL* maggot, grub
Mädel ['mɛ:dəl] *n* girl, lass
madig ['ma:dɪç] *adj 1.* maggoty; *2. (Obst)* worm-eaten; *3. jdm etw ~ machen* spoil sth for s.o.; *4. jdn ~ machen* knock s.o. *(fam)*
Magazin [maga'tsi:n] *n 1. (Lager)* warehouse, storehouse; *2. (Waffe)* magazine; *3. (Zeitschrift)* magazine
Magd [ma:kt] *f* maid, maiden, handmaid
Magen ['ma:gən] *m ANAT* stomach; *jdm auf den ~ schlagen* turn s.o.'s stomach; *da dreht sich mir der ~ um* That turns my stomach!
Magenbeschwerden ['ma:gənbəʃve:rdən] *pl MED* stomach pains, stomach discomfort
mager ['ma:gər] *adj 1. (dünn)* thin, skinny; *2. (abgemagert)* emaciated; *3. (dürftig)* meagre, paltry, poor
Magermilch ['ma:gərmɪlç] *f* skimmed milk, skim milk
Magie [ma'gi:] *f* magic
Magier ['ma:gjər] *m* magician, wizard
magisch ['ma:gɪʃ] *adj* magic, magical
Magnetband [mag'ne:tbant] *n* magnetic tape
magnetisch [mag'ne:tɪʃ] *adj* magnetic
Magnetismus [magne'tɪsmus] *m* magnetism
Mähdrescher ['mɛ:drɛʃər] *m* combine harvester, harvester-thresher
mähen ['mɛ:ən] *v 1.* cut; *2. (Rasen)* mow; *3. (Getreide)* reap
mahlen ['ma:lən] *v irr* grind, mill
Mahlzeit ['ma:ltsaɪt] *f* meal
Mähne ['mɛ:nə] *f* mane
mahnen ['ma:nən] *v 1. (warnen)* admonish, warn; *2. (auffordern)* urge
Mahngebühr ['ma:ngəby:r] *f* dunning charge, reminder fee
Mahnmal ['ma:nma:l] *n* monument, memorial
Mahnung ['ma:nuŋ] *f 1. (Warnung)* warning, admonition; *2. (Aufforderung)* reminder, request for payment, demand for payment
Mai [maɪ] *m* May
Maibaum ['maɪbaum] *m* may-pole
Maiglöckchen ['maɪglœkçən] *n BOT* lily of the valley
Maikäfer ['maɪkɛ:fər] *m ZOOL* May-bug
Mailand ['maɪlant] *n* Milan
mailändisch ['maɪlɛndɪʃ] *adj* Milanese
Mais [maɪs] *m BOT* sweet corn, maize, corn *(US)*
Maiskolben ['maɪskɔlbən] *m BOT* corn on the cob
Maismehl ['maɪsme:l] *n GAST* cornmeal, corn flour
Majestät [majɛs'tɛ:t] *f* majesty

majestätisch [majɛs'tɛːtɪʃ] *adj 1.* majestic; *adv 2.* majestically

Makel ['maːkəl] *m 1.* spot, stain, blemish; *2. (Fehler)* flaw

Makellosigkeit ['maːkəlloːzɪçkaɪt] *f 1. (Fehlerlosigkeit)* faultlessness, impeccability, perfection; *2. (moralisch)* unimpeachability; *3. (Reinheit)* spotlessness, stainlessness; *4. (Haut)* flawlessness; *~ der Haut* unblemished complexion; *5. (Kleidung)* immaculateness, impeccability

mäkeln ['mɛːkəln] *v ~ an* find fault with, critizise

Makler ['maːklər] *m* agent

Maklergebühr ['maːklərgəbyːr] *f* broker's commission

Makrele [ma'kreːlə] *f ZOOL* mackerel

Makulatur [makula'tuːr] *f 1.* wastepaper; *2. (fig)* rubbish; *~ reden* talk nonsense

mal [maːl] *adv 1. (fam: einmal) Komm ~ her!* Come here! *Guck ~!* Look! *Das ist nun ~ so.* That's just the way it is. *Schauen wir ~.* Let's see. *nicht ~* not even; *2. (früher)* once; *Warst du schon ~ in Paris?* Have you ever been to Paris? *3. (in Zukunft)* some day; *4. (multipliziert mit)* times

Mal [maːl] *n 1. (Zeichen)* mark, *(Kennzeichen)* sign; *2. (Muttermal)* mole; *3. (fig)* stigma; *4. (Zeitpunkt)* time; *mit einem ~* all at once; *von ~ zu ~* all the time; *ein für alle ~* once and for all

malen ['maːlən] *v 1.* paint; *2. (zeichnen)* draw

Malerei [maːlə'raɪ] *f* painting

malerisch ['maːlərɪʃ] *adj* picturesque, scenic

Malheur [ma'løːr] *n* misfortune; *Das ist kein ~.* That's not serious.

Malkasten ['maːlkastən] *m* paint kit, paintbox

malnehmen ['maːlneːmən] *v irr MATH* multiply

Maltechnik ['maːltɛçnɪk] *f ART* painting technique

Malve ['malvə] *f 1. (Pflanze der Gattung Malvaceae) BOT* mallow; *2. BOT* hollyhock

Malz [malts] *n* malt

Malzeichen ['maːltsaɪçən] *n MATH* multiplication sign

Mama ['mama] *f (fam)* mama, mummy *(UK)*, mommy *(US)*

Mammutbaum ['mamutbaum] *m BOT* sequoia, giant redwood

mampfen ['mampfən] *v* munch, chomp

man [man] *pron* one, people, you *(fam); ~ kann nie wissen* you never can tell, one never knows; *~ hat mir gesagt* I was told, s.o. told me; *~ sagt* they say, it is said, people say

manch [manç] *pron 1.* some, several; *2. ~ ein* many a

mancherlei ['mançərlaɪ] *adv* all sorts of, all kinds of, various

manchmal ['mançmaːl] *adv* sometimes

Mandant [man'dant] *m JUR* client

Mandat [man'daːt] *n 1. JUR* authorization, brief, retainer; *2. POL* mandate

Mandel ['mandəl] *f 1. BOT* almond; *2. ANAT* tonsil

Manege [ma'neːʒə] *f* circus ring

Mangel[1] ['maŋəl] *m 1. (Fehlen)* lack, deficiency, want; *2. (Fehler)* defect, shortcoming, fault

Mangel[2] ['maŋəl] *f (Heißmangel)* mangle; *jdn in die ~ nehmen* give s.o. a grilling

mangelhaft ['maŋəlhaft] *adj 1. (unvollständig)* lacking, deficient, imperfect; *2. (fehlerhaft)* defective, faulty; *3. (Schulnote)* unsatisfactory

mangeln ['maŋəln] *v 1. (fehlen)* to be lacking, to be wanting; *2. (Wäsche)* mangle

Mängelrüge ['mɛŋgəlryːgə] *f ECO* complaint letter, notification of a defective product

mangels ['maŋəls] *prep* for want of

Mangelware ['maŋəlvaːrə] *f* product in short supply; *~ sein (fig)* to be in short supply

Manieren [ma'niːrən] *pl* manners

manierlich [ma'niːrlɪç] *adj 1.* mannerly, civil, polite; *adv 2.* politely, well-manneredly

manifestieren [manɪfɛs'tiːrən] *v 1.* demonstrate; *2. sich ~* manifest itself

Maniküre [mani'kyːrə] *f* manicure

manipulieren [manipu'liːrən] *v* manipulate

Manko ['maŋko] *n 1. (Mangel)* flaw; *2. (Fehlbetrag) ECO* deficit

Mann [man] *m 1.* man; *der kleine ~* the common people, the common man; *der ~ auf der Straße* the man in the street; *ein ~ von Welt* a man of the world; *ein toter ~ sein* to be done for, to be a goner; *den starken ~ markieren* come the strong man; *seinen ~ stehen* hold one's own; *mit ~ und Maus untergehen* go down with all hands; *etw an den ~ bringen* get rid of sth; *etw an den ~ bringen (verkaufen)* find a buyer for sth; *2. (Ehemann)* husband

M

Männchen ['mɛnçən] *n 1. (kleiner Mann)* little man; *~ malen* doodle; *2. ~ bauen (Soldat)* snap to attention; *3. (Tier)* male; *4. ~ machen (Hund)* sit up on its hind legs
männerfeindlich ['mɛnərfaɪntlɪç] *adj* man-hating, man-bashing
Männerstimme ['mɛnərʃtɪmə] *f 1.* masculine voice; *2. (Gesang) MUS* male voice
mannhaft ['manhaft] *adj 1.* manly; *m 2. (entschlossen)* resolute; *adj 3. (tapfer)* valiant
mannigfach ['manɪçfax] *adv* varied, diverse, various; *auf ~er Weise* in various ways
mannigfaltig ['manɪçfaltɪç] *adj* diverse, multifarious, manifold
männlich ['mɛnlɪç] *adj* masculine, male
Männlichkeit ['mɛnlɪçkaɪt] *f* masculinity
Mannschaft ['manʃaft] *f 1. SPORT* team; *2. (Besatzung)* crew
manövrieren [manø'vriːrən] *v* manoeuvre, maneuver *(US)*
manövrierunfähig [manø'vriːrunfɛːɪç] *adj* disabled, unmanoeuvrable
Mansarde [man'zardə] *f* attic, garret
Manschette [man'ʃɛtə] *f 1. (Hemd)* cuff; *2. (um Blumentöpfe)* frill; *3. (Dichtung)* packing, collar
Manschettenknopf [man'ʃɛtənknɔpf] *m* cuff-link, stud
Mantel ['mantəl] *m 1. (Kleidungsstück)* coat; *2. TECH* case, casing, shell
Manteltarif ['mantəltariːf] *m ECO* collective agreement
manuell [manu'ɛːl] *adj 1.* manual; *adv 2.* manually
Manuskript [manus'krɪpt] *n* manuscript
Mappe ['mapə] *f 1. (Tasche)* case, briefcase; *2. (Sammelmappe)* folder, portfolio
f ['maːratɔnlauf] *m SPORT* marathon
Marathonläufer ['maːratɔnlɔyfər] *m* marathon runner
Märchen ['mɛːrçən] *n 1.* fairy-tale; *2. (fig)* tall tale
märchenhaft ['mɛːrçənhaft] *adj* fabulous, legendary, fantastic
Märchenstunde ['mɛːrçənʃtundə] *f* story hour
Marder ['mardər] *m ZOOL* marten
Margarine [marga'riːnə] *f GAST* margarine
Marge ['marʒə] *f ECO* margin
Margerite [margə'riːtə] *f BOT* marguerite
Marginalie [margi'naːljə] *f* marginal note
marginalisieren [marginali'ziːrən] *v* marginalize

M

Marienkäfer [ma'riːənkɛːfər] *m ZOOL* lady-bird *(UK)*, ladybug *(US)*
Marine [ma'riːnə] *f* navy
Marinestützpunkt [ma'riːnəʃtytspuŋkt] *m MIL* naval base
Marionette [mario'nɛtə] *f* puppet
Marionettenregierung [marjo'nɛtənregiːruŋ] *f (fig) POL* puppet government
maritim [mari'tiːm] *adj* maritime
Mark[1] [mark] *f 1. HIST (Deutsche ~)* Deutsche Mark, German mark; *2. (Grenzland)* borderland
Mark[2] [mark] *n 1. (von Früchten)* pulp; *2. ANAT* marrow; *jdm durch ~ und Bein dringen* set one's teeth on edge; *jdm das ~ aus den Knochen saugen* bleed s.o. dry; *bis ins ~* to the quick
markant [mar'kant] *adj* marked, striking, prominent
Marke ['markə] *f ECO* brand
Markenartikel ['markənartɪkəl] *m ECO* name brand
Markenschutz ['markənʃuts] *m ECO* trademark protection
markerschütternd ['markɛrʃytərnt] *adj* blood-curdling
markieren [mar'kiːrən] *v 1.* mark; *2. (fam: vortäuschen)* pretend
Markierung [mar'kiːruŋ] *f* marking, mark, marker
markig ['markɪç] *adj 1.* solid; *2. (Sprüche)* pithy
Markise [mar'kiːzə] *f* blind, awning

Markt [markt] *m* market

Markthalle ['markthalə] *f* indoor market
Marktwirtschaft ['marktvɪrtʃaft] *f ECO* free market economy, free enterprise economy
Marmelade [marmə'laːdə] *f* jam, preserves *pl; (von Zitrusfrüchten)* marmalade
Marmor ['marmor] *m* marble
Marone [ma'roːnə] *f* sweet chestnut
Marotte [ma'rɔtə] *f* quirk, whim
Marsch[1] [marʃ] *m* march; *jdm den ~ blasen* give s.o. a piece of one's mind
Marsch[2] [marʃ] *f* marsh
marschieren [mar'ʃiːrən] *v* march
Marschland ['marʃlant] *n* marshland
Marschroute ['marʃruːtə] *f* route
Marschverpflegung ['marʃfɛrpfleːguŋ] *f MIL* field rations
Marsmensch ['marsmɛnʃ] *m* Martian
Marssonde ['marssɔndə] *f* Mars probe

martern ['martərn] *v* torture, torment
Märtyrer ['mɛrtyrər] *m REL* martyr
Marxismus [mark'sɪsmus] *m POL* Marxism
März [mɛrts] *m* March
Masche ['maʃə] *f 1. (Handarbeit)* stitch; *2. (fig: Trick)* trick, act, ploy; *3. (Mode)* craze
Maschendraht ['maʃəndraːt] *m* netting wire, screen wire
Maschine [ma'ʃiːnə] *f 1.* machine; *2. (Motor)* engine
maschinell [maʃi'nɛl] *adj 1.* mechanical; *adv 2.* mechanically
Maschinenschlosser [ma'ʃiːnənʃlɔsər] *m* mechanic, fitter
Maschinist [maʃi'nɪst] *m* machinist, mechanic
Masern ['maːzərn] *pl MED* measles
Maske ['maskə] *f* mask; *die ~ fallen lassen* show one's true face; *jdm die ~ vom Gesicht reißen* unmask s.o.
Maskenball ['maskənbal] *m* masked ball, masquerade party
Maskenbildner ['maskənbɪltnər] *m* make-up artist
Maskerade [maskə'raːdə] *f 1.* masquerade; *2. (Maskenball)* masked ball; *3. (fig: Täuschung)* front
maskieren [mas'kiːrən] *v sich ~* disguise o.s., put on a mask, masquerade
Maskottchen [mas'kɔtçən] *n* mascot
maskulin ['maskuliːn] *adj* masculine
Masochismus [mazɔ'xɪsmus] *m* masochism

Maß [maːs] *n 1.* measurement; *mit zweierlei ~ messen* apply a double standard; *über alle ~en* beyond measure; *nach ~* made-to-measure; *Das ~ ist voll!* That's the last straw! *~ halten* be moderate, keep within bounds, observe moderation; *2. (Ausmaß)* extent; *3. (~krug)* one-litre mug

Massagesalon [ma'saːʒəzalɔ̃] *m* massage parlour
Massaker [ma'saːkər] *n* massacre, slaughter, blood-bath
Maßanzug ['maːsantsuːk] *m* tailor-made suit
Maßarbeit ['maːsarbaɪt] *f* work made to measure; *Das war ~. (fig)* That was a neat bit of work.
Maßband ['maːsbant] *n* tape measure, measuring tape
Masse ['masə] *f 1. (Stoff)* mass, substance, matter; *2. (große Menge)* large quantity, mass, bulk; *3. (Volksmenge)* crowd, mass of people
Maßeinheit ['maːsaɪnhaɪt] *f* unit of measurement
massenhaft ['masənhaft] *adj 1.* massive, abundant, numerous; *adv 2.* in masses, in crowds, massively
maßgebend ['maːsgeːbənt] *adj 1.* authoritative, decisive; *2. (einflussreich)* influential
maßgeblich ['maːsgeːplɪç] *adj* decisive, definitive
massieren [ma'siːrən] *v* massage
massig ['masɪç] *adj 1.* massive; *adv 2. (sehr viel)* tons of
mäßig ['mɛːsɪç] *adj* moderate, mediocre, temperate
mäßigen ['mɛːsigən] *v 1.* moderate; *2. (Ungeduld usw)* restrain, keep within bounds; *3. (mildern)* mitigate; *4. sich ~* control o.s., restrain o.s.
massiv [ma'siːf] *adj 1.* solid, massive; *2. (heftig)* heavy, severe
Massiv [ma'siːf] *n GEO* massif
Maßkrug ['maːskruːk] *m* one-litre mug
maßlos ['maːsloːs] *adj 1.* boundless, extreme; *2. (übermäßig)* excessive
Maßlosigkeit ['maːsloːzɪçkaɪt] *f 1.* boundlessness, extremeness; *2. (Übermaß)* excessiveness
Maßnahme ['maːsnaːmə] *f* measure, step, action
maßregeln ['maːsreːgəln] *v* reprimand, discipline
Maßstab ['maːsʃtaːp] *m 1.* measuring rod, yardstick; *2. (fig)* measure
maßstabsgerecht ['maːsʃtaːpsgərɛçt] *adj* true to scale, scale
maßvoll ['maːsfɔl] *adj* moderate
Mast[1] [mast] *m 1. (Schiffsmast)* mast; *2. (Telefonmast)* telephone mast, telegraphpole, telephone pole *(US); 3. (Fahnenmast)* flagpole
Mast[2] [mast] *f 1. (Mästen)* fattening; *2. (Futter)* fattening feed
Mastdarm ['mastdarm] *m ANAT* rectum
mästen ['mɛstən] *v* fatten, feed
masturbieren [mastur'biːrən] *v* masturbate
Materialkosten [mate'rjaːlkɔstən] *pl* materials cost, cost of materials
Materie [ma'teːrjə] *f* matter
materiell [mate'rjɛl] *adj 1.* material; *adv 2.* materially
Mathematik [matema'tiːk] *f* mathematics

M

Mathematiker [mate'maːtɪkər] *m* mathematician
mathematisch [mate'maːtɪʃ] *adj* mathematical
Matratze [ma'tratsə] *f* mattress
Mätresse [mɛ'trɛsə] *f* mistress
Matrize [ma'triːtsə] *f* matrix, stencil
Matrone [ma'troːnə] *f* matron
Matrose [ma'troːzə] *m* sailor, seaman
Matsch [matʃ] *m* slush
matschig ['matʃɪç] *adj 1.* mushy; *2. (Schnee)* slushy

matt [mat] *adj 1. (schwach)* tired, exhausted, worn; *jdn ~ setzen* checkmate s.o.; *2. (trübe)* dim, dull

Matte ['matə] *f* mat; *jdn auf die ~ legen* take s.o. for a ride; *auf der ~ stehen* to be there and ready for action
Mattigkeit ['matɪçkaɪt] *f* weariness
Mattscheibe ['matʃaɪbə] *f 1. FOTO* focussing screen; *eine ~ haben* to be out of it *(fam)*; *2. (fam: Fernseher)* box *(UK)*, tube *(US)*; *3. (fig) ~ haben* have a mental block
Mätzchen ['mɛtsçən] *n ~ machen* mess about
Mauer ['mauər] *f* wall; *Es ist, als ob man gegen eine ~ redet.* It's like talking to a brick wall.
Mauerblümchen ['mauərblyːmçən] *n (fam)* wallflower
Mauerwerk ['mauərvɛrk] *n* masonry
Maul [maul] *n 1.* mouth; *Halt's ~!* Shut up! Shut your trap! *den Leuten aufs ~ schauen* listen to the man in the street; *jdm das ~ stopfen* shut s.o. up; *2. (Schnauze)* muzzle
maulen ['maulən] *v* grumble
Maulesel ['mauleːzəl] *m ZOOL* mule
maulfaul ['maulfaul] *adj* too lazy to talk, uncommunicative
Maulheld ['maulhɛlt] *m* loudmouth, braggart
Maulkorb ['maulkɔrp] *m 1.* muzzle; *2. (fig)* gag, muzzle
Maulwurf ['maulvurf] *m ZOOL* mole
Maurer ['maurər] *m* mason, bricklayer

Maus [maus] *f ZOOL* mouse

Mauschelei [mauʃə'laɪ] *f* wheeling and dealing
Mäuschen ['mɔysçən] *n* little mouse; *Da möchte ich mal ~ spielen.* I'd like to be a fly on the wall.
Mausefalle ['mauzəfalə] *f* mousetrap
mausern ['mauzərn] *v 1. sich ~* moult; *2. sich zu etw ~ (fig)* develop into sth
mausetot ['mauzə'toːt] *adj ~ sein* to be dead as a doornail
Mautgebühr ['mautgəbyːr] *f* toll
maximal [maksi'maːl] *adv 1.* at most, a maximum of; *adj 2.* maximum
Maximalgewicht [maksi'maːlgəvɪçt] *n* maximum weight
Maxime [mak'siːmə] *f* maxim
Mäzen [mɛ'tseːn] *m ART* patron, patron of the arts
Mechanik [me'çaːnɪk] *f 1.* mechanics; *2. (Triebwerk)* mechanism
Mechaniker [me'çaːnɪkər] *m* mechanic
mechanisch [me'çaːnɪʃ] *adj* mechanical
Mechanismus [meçaː'nɪsmus] *m* mechanism
meckern ['mɛkərn] *v 1. (Tier)* bleat; *2. (fig: nörgeln)* grumble, carp, nag
Medaillon [medal'jɔ̃] *n 1. (Schmuck)* medallion, locket; *2. GAST* medallion
Medien ['meːdjən] *pl* media *pl*
Medienlandschaft ['meːdjənlantʃaft] *f (fig)* media constellation
Medikament [medika'mɛnt] *n MED* drug, medicine, remedy
medikamentös [medikamɛn'tøːs] *adj MED* medicinal, pharmacologic, drug
mediterran [meditɛ'raːn] *adj GEO* Mediterranean
meditieren [medi'tiːrən] *v* meditate
Medizin [medi'tsiːn] *f 1. (Heilkunde)* medicine; *2. (Medikament)* medicine, drug, remedy
Mediziner [medi'tsiːnər] *m 1. MED* physician, doctor; *2. (Medizinstudent) MED* student of medicine
medizinisch [medi'tsiːnɪʃ] *adj 1. (arzneilich)* medicinal; *2. (ärztlich)* medical
Meer [meːr] *n* ocean, sea
Meerbusen ['meːrbuːzən] *m* bay, gulf
Meerenge ['meːreŋə] *f* strait, channel
Meeresbiologie ['meːrəsbiologiː] *f BIO* marine biology
Meeresbucht ['meːrəsbuxt] *f* bay, bight
Meeresfrüchte ['meːrəsfryçtə] *pl* seafood
Meeresgrund ['meːrəsgrunt] *m* sea bottom, sea floor
Meeresspiegel ['meːrəsʃpiːgəl] *m* sea-level
Meeresströmung ['meːrəsʃtrøːmuŋ] *f* ocean current
Meerestiefe ['meːrəstiːfə] *f* depth

M

Meerkatze ['meːrkatsə] *f ZOOL* long-tailed monkey
Meerrettich ['meːrrɛtɪç] *m* horseradish
Meerschaum ['meːrʃaum] *m MIN* meerschaum
Meerschweinchen ['meːrʃvaɪnçən] *n ZOOL* guinea pig
Megafon [mega'foːn] *n* megaphone
Megatonne ['megatɔnə] *f* megaton
Mehl [meːl] *n* flour

mehr [meːr] *adv* more; *nicht ~* no longer, not anymore; *~ oder weniger* more or less; *immer ~* more and more; *Ich habe keinen Hunger ~.* I'm no longer hungry. *~ und ~* more and more; *~ oder minder* more or less; *nicht ~ und nicht weniger* no more no less

mehrdeutig ['meːrdɔytɪç] *adj* ambiguous
Mehrdeutigkeit ['meːrdɔytɪçkaɪt] *f* ambiguity
mehren ['meːrən] *v* increase
mehrere ['meːrərə] *adj 1.* several; *2. (einige)* a few; *3. (verschiedene)* various
mehrfach ['meːrfax] *adj 1.* multiple, manifold; *2. (wiederholt)* repeated
mehrfarbig ['meːrfarbɪç] *adj* multicoloured
Mehrheit ['meːrhaɪt] *f* majority
mehrjährig ['meːrjɛːrɪç] *adj* of several years, several years'...
Mehrkämpfer(in) ['meːrkɛmpfər(ɪn)] *m/f SPORT* all-round athlete
mehrmalig ['meːrmaːlɪç] *adj* repeated
mehrmals ['meːrmaːls] *adv* repeatedly, several times, more than once
mehrsprachig ['meːrʃpraːxɪç] *adj* multilingual, polyglot
mehrstellig ['meːrʃtɛlɪç] *adj* multidigit
Mehrwegflasche ['meːrveːkflaʃə] *f* returnable bottle
Mehrwertsteuer ['meːrvertʃtɔyər] *f FIN* value-added tax
Mehrzahl ['meːrtsaːl] *f 1. GRAMM* plural; *2. (Mehrheit)* majority
Mehrzweckgerät ['meːrtsvɛkgərɛːt] *n* multipurpose tool
meiden ['maɪdən] *v irr* avoid
Meile ['maɪlə] *f* mile
Meilenstein ['maɪlənʃtaɪn] *m (fig)* milestone, landmark
meilenweit ['maɪlənvaɪt] *adv* for miles
Meiler ['maɪlər] *m 1. (Atommeiler)* nuclear reactor, atomic pile; *2. (Kohlenmeiler)* charcoal kiln
mein(e) ['maɪn(ə)] *pron 1.* my; *2. (das Meinige)* mine
Meineid ['maɪnaɪt] *m JUR* perjury

meinen ['maɪnən] *v 1. (glauben, denken)* think, believe; *Meinst du?* Do you think so? *Das will ich ~!* I should think so! *2. (vermuten)* suppose; *3. (sagen wollen)* mean; *4. (mit einer bestimmten Absicht tun)* mean, intend

meinerseits ['maɪnərzaɪts] *adv* for my part, as for me, as far as I am concerned
meinetwegen ['maɪnətveːgən] *adv 1.* for my sake, on my behalf; *2. (ich habe nichts dagegen)* as far as I'm concerned
Meinung ['maɪnuŋ] *f* opinion, view; *Ich bin anderer ~.* I disagree. *Ganz meine ~!* I couldn't agree more! *jdm gehörig die ~ sagen* give s.o. a piece of one's mind
Meinungsfreiheit ['maɪnuŋsfraɪhaɪt] *f* freedom of opinion
Meinungsumfrage ['maɪnuŋsumfraːgə] *f* opinion poll
Meinungsverschiedenheit ['maɪnuŋsferʃiːdənhaɪt] *f* difference of opinion, disagreement
Meißel ['maɪsəl] *m* chisel
meist [maɪst] *adj 1.* most; *adv 2. (~ens)* usually, generally, most of the time, mostly
meistbietend ['maɪstbiːtənt] *adj* highest-bidding
meistens ['maɪstəns] *adv* usually, generally, most of the time, mostly
meistenteils ['maɪstəntaɪls] *adv* mostly, for the most part
Meister ['maɪstər] *m 1.* master; *2. (Handwerker)* master craftsman; *3. SPORT* champion
meisterhaft ['maɪstərhaft] *adj 1.* masterly; *adv 2.* brilliantly, to perfection
meistern ['maɪstərn] *v* master
Meisterprüfung ['maɪstərpryːfuŋ] *f* master craftsman qualifying examination
Meisterschaft ['maɪstərʃaft] *f SPORT* championship
Meisterstück ['maɪstərʃtyk] *n* masterpiece
melancholisch [melaŋ'koːlɪʃ] *adj* melancholy
Melanesien [mela'neːzjən] *n GEO* Melanesia
Melange [me'lɑ̃ʒə] *f 1.* mixture, blend; *2. (Milchkaffee)* coffee with milk
Melanom [mela'noːm] *n MED* melanoma
Meldebehörde ['mɛldəbəhœrdə] *f* registration office

M

melden ['mɛldən] *v 1. (mitteilen)* report; *2. (ankündigen)* announce; *nichts zu ~ haben (fig)* have no say; *3. (anmelden)* register; *4. sich ~* report, announce one's presence; *5. sich ~ (mit jdm in Verbindung setzen)* get in touch (with s.o.); *6. sich ~ (am Telefon)* answer

meldepflichtig ['mɛldəpflɪçtɪç] *adj 1.* required to register; *2. MED* notifiable

Meldung ['mɛlduŋ] *f 1. (Anmeldung)* registration; *2. (Ankündigung)* notification; *3. (Mitteilung)* information; *4. (Presse, Radio, Fernsehen)* news bulletin

Melodie [mɛlo'diː] *f* melody

melodiös [melo'djøːs] *adj MUS* melodic

melodramatisch [melodra'maːtɪʃ] *adj* melodramatic

Melone [me'loːnə] *f 1. (Honigmelone)* melon; *2. (Wassermelone)* watermelon

Membran [mɛm'braːn] *f 1.* membrane; *2. TECH* diaphragm

Memme ['mɛmə] *f* coward, sissy *(fam)*

Memoiren [me'mwaːrən] *pl* memoirs

Menge ['mɛŋə] *f 1. (bestimmte Anzahl)* amount, quantity; *2. (große Anzahl)* mass, lot, load; *eine ganze ~ von* a great deal of; *jede ~* a whole bunch of; *3. (Volksmenge)* crowd of people, throng

M

Mengenangabe ['mɛŋənangaːbə] *f* specification of quantity

Mengenlehre ['mɛŋənleːrə] *f MATH* set theory

mengenmäßig ['mɛŋənmɛːsɪç] *adj 1.* quantitative; *adv 2.* quantitatively, in terms of quantity

Mengenrabatt ['mɛŋənrabat] *m ECO* quantity discount, bulk discount

Mensa ['mɛnza] *f* university canteen, university cafeteria

Mensch [mɛnʃ] *m 1.* human being, man; *Ich bin auch nur ein ~.* I'm only human. *wie der erste ~* as though one hasn't a clue; *nur noch ein halber ~ sein* to be run down; *ein neuer ~ werden* turn over a new leaf; *von ~ zu ~* man to man; *2. (Person)* person; *kein ~* nobody, no one; *interj 3.* Man!

Menschenaffe ['mɛnʃənafə] *m ZOOL* anthropoid ape, great ape

Menschenauflauf ['mɛnʃənauflauf] *m* crowd

Menschenfresser ['mɛnʃənfrɛsər] *m* cannibal

Menschenfreund ['mɛnʃənfrɔynt] *m* philanthropist

Menschenführung ['mɛnʃənfyːruŋ] *f* leadership, management

Menschengedenken ['mɛnʃəngədɛŋkən] *n seit ~* in living memory, since time immemorial

Menschenhandel ['mɛnʃənhandəl] *m* slave trade

Menschenkenntnis ['mɛnʃənkɛntnɪs] *f* knowledge of human nature

menschenleer ['mɛnʃənleːr] *adj* deserted

Menschenliebe ['mɛnʃənliːbə] *f* philanthropy, love of one's fellow man

Menschenmenge ['mɛnʃənmɛŋə] *f* crowd

menschenmöglich [mɛnʃən'møːklɪç] *adj alles Menschenmögliche tun* move heaven and earth, do everything in one's power

Menschenrechte ['mɛnʃənrɛçtə] *pl* human rights

Menschenseele ['mɛnʃənzeːlə] *f* human soul; *keine ~* not a living soul

Menschenskind ['mɛnʃənskɪnt] *interj* Good heavens!

menschenunwürdig ['mɛnʃənunvyrdɪç] *adj* beneath human dignity, inhumane

Menschenwürde ['mɛnʃənvyrdə] *f* human dignity

menschenwürdig ['mɛnʃənvyrdɪç] *adj* humane, decent; *~e Wohnung* dwelling fit for human habitation

Menschheit ['mɛnʃhaɪt] *f* humanity, mankind

menschlich ['mɛnʃlɪç] *adj 1.* human; *adv 2. (human)* humane

Menschlichkeit ['mɛnʃlɪçkaɪt] *f* humanity, human nature, humaneness

Mentalität [mentali'tɛːt] *f* mentality

Merkblatt ['mɛrkblat] *n* leaflet, sheet with instructions

merken ['mɛrkən] *v 1. (wahrnehmen)* notice, perceive, *(fühlen)* feel; *2. sich etw ~* retain, note, remember

merklich ['mɛrklɪç] *adj 1.* noticeable, perceptible; *adv 2.* noticeably, perceptibly

Merkmal ['mɛrkmaːl] *n* mark, token, characteristic

merkwürdig ['mɛrkvyrdɪç] *adj* strange, curious, odd

merkwürdigerweise [mɛrkvyrdɪgər'vaɪzə] *adv* strangely enough, oddly enough

Merkwürdigkeit ['mɛrkvyrdɪçkaɪt] *f* strangeness, peculiarity

Merkzettel ['mɛrktsɛtəl] *m* slip of paper with notes

meschugge [me'ʃugə] *adj* nuts *(fam)*
messbar ['mɛsbaːr] *adj* measurable
Messbecher ['mɛsbɛçər] *m* measuring beaker
Messdaten ['mɛsdaːtən] *pl* measurements
Messe ['mɛsə] *f* *1. (Ausstellung)* fair, trade show; *2. REL* mass
Messegelände ['mɛsəgəlɛndə] *n* exhibition grounds
messen ['mɛsən] *v irr 1.* measure; *2. (fig) sich ~ mit* measure o.s. against; *sich mit jdm ~ können* to be a match for s.o.
Messen ['mɛsən] *n* measuring
Messer ['mɛsər] *n* knife; *auf des ~s Schneide stehen* hang in the balance; *jdm ins offene ~ laufen* walk straight into the trap; *jdm das ~ an die Kehle setzen (fig)* put a gun to s.o.'s head; *bis aufs ~* to the finish; *unters ~ kommen* go under the knife
messerscharf ['mɛsərʃarf] *adj 1.* razor-sharp, knife-edged; *2. (fig: Verstand)* acute, razor-sharp
Messerschmied ['mɛsərʃmiːt] *m* cutler
Messerspitze ['mɛsərʃpɪtsə] *f* *1.* point of a knife; *2. (Maßangabe)* pinch
Messerstich ['mɛsərʃtɪç] *m 1.* stab with a knife, thrust with a knife; *2. (Wunde)* stab wound
Messestand ['mɛsəʃtant] *m* booth at a trade show
Messing ['mɛsɪŋ] *n MET* brass
Messung ['mɛsuŋ] *f* measurement
Messwert ['mɛsveːrt] *m* measured value, reading
Metallarbeiter [me'talarbaɪtər] *m ECO* metalworker
Metalllegierung [me'tallegiːruŋ] *f TECH* metal alloy
Metalliclackierung [me'talɪklakiːruŋ] *f* metallic painting, metallic coating
Metallindustrie [me'talɪndustriː] *f ECO* metalworking industry
metallisch [me'talɪʃ] *adj* metallic
metaphorisch [meta'foːrɪʃ] *adj* metaphoric, metaphorical
Meteorologe [meteoro'loːgə] *m* meteorologist
Meter ['meːtər] *m* metre, meter *(US)*
Metermaß ['meːtərmaːs] *n 1. (Stab)* metre rule; *2. (Bandmaß)* tape measure, measuring tape
Methode [me'toːdə] *f* method
methodisch [me'toːdɪʃ] *adj 1.* methodical; *adv 2.* methodically
Metro ['meːtro] *f* metro, underground, subway *(US)*
Metropole [metro'poːlə] *f* metropolis
Metzger ['mɛtsgər] *m* butcher
Metzgerei [mɛtsgə'raɪ] *f* butcher's shop, butcher shop *(US)*
Meuchelmörder ['mɔyçəlmœrdər] *m* assassin
Meute ['mɔytə] *f 1. (Hunde)* pack; *2. (Menschen)* crowd, gang
Meuterei [mɔytə'raɪ] *f MIL* mutiny
meutern ['mɔytərn] *v 1. (Gehorsam verweigern)* mutiny, mutineer; *2. (fig: murren)* grumble, moan
miauen [mi'auən] *v* meow, mew
mich [mɪç] *pron* me; *(~ selbst)* myself
Michel ['mɪçəl] *m der deutsche ~* honest Fritz
mickerig ['mɪkərɪç] *adj* paltry, pathetic
Miederwaren ['miːdərvaːrən] *pl* lingerie
miefen ['miːfən] *v 1. (fam)* smell bad, stink; *2. (verbrauchte Luft)* smell musty
Miene ['miːnə] *f* (facial) expression; *keine ~ verziehen* not bat an eyelid
mies [miːs] *adj (fam)* lousy, crummy, rotten
miesepetrig ['miːzəpeːtrɪç] *adj* grouchy
Miesmuschel ['miːsmuʃəl] *f ZOOL* mussel
Miete ['miːtə] *f 1. (Mieten)* lease, tenancy; *die halbe ~ sein (fig)* to be half the battle; *2. (Mietzins)* rent
mieten ['miːtən] *v* rent, hire
Mieter(in) ['miːtər(ɪn)] *m/f 1.* tenant; *2. (Untermieter)* lodger
Mieterschutz ['miːtərʃuts] *m* protection of tenants
Mietpreis ['miːtpraɪs] *m* rent
Mietpreisbindung ['miːtpreɪsbɪnduŋ] *f* rent control
Mietshaus ['miːtshaus] *n* block of flats *(UK)*, apartment house *(US)*
Mietvertrag ['miːtfɛrtraːk] *m* tenancy agreement, lease
Mietwagen ['miːtvaːgən] *m* hire car, rented car
Mieze ['miːtsə] *f 1. (Katze)* pussy; *2. (fam: Mädchen)* bird *(UK)*, chick *(US)*
Migräne [mi'grɛːnə] *f MED* migraine
Mikroelektronik [miːkroelɛk'troːnɪk] *f TECH* microelectronics
Mikrokosmos [miːkro'koːsmos] *m* microcosm
Mikrowellenherd ['miːkrovɛlənheːrt] *m* microwave oven
Milbe ['mɪlbə] *f* mite

M

Milch [mɪlç] *f* milk

Milchkaffee ['mɪlçkafeː] *m GAST* coffee with milk, café au lait
Milchstraße ['mɪlçʃtraːsə] *f ASTR* Milky Way
Milchzahn ['mɪlçtsaːn] *m* milk tooth
mild [mɪlt] *adj 1. (Wesen)* soft, gentle, kind; *2. (Wetter)* mild, temperate
Milde ['mɪldə] *f 1. (Wetter)* mildness; *2. (Wesen)* gentleness, tenderness
mildern ['mɪldərn] *v 1. (abschwächen)* soften, reduce, mitigate; *2. (lindern)* soothe, alleviate
mildherzig ['mɪlthɛrtsɪç] *adj* compassionate
mildtätig ['mɪlttɛːtɪç] *adj* charitable
Milieu [mɪ'ljøː] *n* environment, milieu
Militär [mili'tɛːr] *n* military, army
Militärbündnis [mili'tɛːrbyntnɪs] *n* military alliance
Militärdiktatur [mili'tɛːrdɪktatuːr] *f* military dictatorship
Militärflughafen [mili'tɛːrfluːkhaːfən] *m MIL* airbase
militärisch [mili'tɛːrɪʃ] *adj* military
Militärputsch [mili'tɛːrputʃ] *m* military coup

M

Militärregierung [mili'tɛːrregiːruŋ] *f POL* military government
Miliz [mi'liːts] *f 1.* militia; *2. (in kommunistischen Ländern)* police
Milliardär(in) [mɪljar'dɛːr(ɪn)] *m/f* billionaire
Milliarde [mil'jardə] *f* thousand millions *(UK)*, billion *(US)*
Millionär(in) [mɪljo'nɛːr(ɪn)] *m/f* millionaire
Milz [mɪlts] *f ANAT* spleen
Mimik ['miːmɪk] *f* mimicry, mimic art
minderbegabt ['mɪndərbəgaːpt] *adj* less gifted
minderbemittelt ['mɪndərbəmɪtəlt] *adj 1. (finanziell ~)* less well-off; *2. (geistig schwach)* educationally substandard, retarded, slow, mentally less gifted
Minderheit ['mɪndərhaɪt] *f* minority
minderjährig ['mɪndərjɛːrɪç] *adj* underage
Minderjährige(r) ['mɪndərjɛːrɪgə(r)] *m/f* minor
mindern ['mɪndərn] *v 1. (verringern)* diminish, lessen, reduce; *2. (mildern)* alleviate
Minderung ['mɪndəruŋ] *f* reduction, diminishing
minderwertig ['mɪndərveːrtɪç] *adj* inferior, substandard
mindeste(r,s) ['mɪndəstə(r,s)] *adj* least, smallest, lowest
mindestens ['mɪndəstəns] *adv* at least
Mine ['miːnə] *f 1. (Sprengkörper)* mine; *2. (Bergwerk)* mine; *3. (Kugelschreiber)* cartridge, refill
Minenfeld ['miːnənfɛlt] *n MIL* minefield
Mineralölkonzern [mine'raːløːlkɔntsɛrn] *m* oil company
Mineralwasser [minə'raːlvasər] *n* mineral water, club soda *(US)*
Minirock ['mɪnirɔk] *m* miniskirt
Minister(in) [mi'nɪstər(ɪn)] *m/f POL* minister
ministeriell [minɪste'rjɛl] *adj POL* ministerial
Ministerium [minɪ'steːrjum] *n POL* min-istry
Ministerpräsident(in) [mi'nɪstərprɛzidɛnt(ɪn)] *m/f 1. POL* prime minister; *2. (eines Bundeslandes) POL* minister president
Minus ['miːnus] *n ECO* deficit
Minuspol ['miːnuspoːl] *m* negative pole
Minusrekord ['miːnusrekɔrt] *m* record of consecutive losses *(UK)*, record of losses in one season *(UK)*, record for consecutive losses *(US)*, record for losses in one season *(US)*
Minuszeichen ['miːnustsaɪçən] *n MATH* minus sign, negative sign

Minute [mi'nuːtə] *f* minute; *in letzter ~* at the last minute; *auf die ~ genau* on the dot

minutenlang [mi'nuːtənlaŋ] *adj 1.* lasting minutes; *adv 2.* for minutes
mir [miːr] *pron 1.* me, to me; *ein Freund von ~* a friend of mine; *Sie gab es ~.* She gave it to me. *von ~ aus* as far as I'm concerned; *2. (reflexiv)* myself
mischen ['mɪʃən] *v* mix
Mischling ['mɪʃlɪŋ] *m 1. (von Menschen)* of mixed blood; *2. (abschätzig)* half-breed, half-caste
Mischung ['mɪʃuŋ] *f 1. (Mischen)* mixture, blend; *2. (Gemenge)* mingling
Mischwald ['mɪʃvalt] *m* mixed (deciduous and coniferous) forest
miserabel [mizə'raːbəl] *adj* miserable, wretched, rotten
Misere [mi'zeːrə] *f* misery, wretchedness
missachten [mɪs'axtən] *v (ignorieren)* disregard, neglect
Missachtung [mɪs'axtuŋ] *f (Geringschätzung)* disrespect, contempt, disdain

Missbildung ['mɪsbɪldʊŋ] *f* deformity, malformation
missbilligen [mɪs'bɪlɪgən] *v* disapprove of, frown upon, object to
Missbrauch ['mɪsbraux] *m* abuse, misuse
missbrauchen [mɪs'brauxən] *v 1.* abuse; *2. (falsch gebrauchen)* misuse
missbräuchlich ['mɪsbrɔyçlɪç] *adj 1.* abusive; *2. (falsch gebrauchend)* wrongful, improper
missdeuten [mɪs'dɔytən] *v* misinterpret
Misserfolg ['mɪsɛrfɔlk] *m* failure
Missernte ['mɪsɛrntə] *f AGR* crop failure
Missetat ['mɪsəta:t] *f* misdeed
Missetäter ['mɪsətɛtər] *m* wrongdoer, culprit
missfallen [mɪs'falən] *v irr* displease
Missfallen ['mɪsfalən] *n* disapproval, displeasure, dislike
missgebildet ['mɪsgəbɪldət] *adj* deformed
Missgeschick ['mɪsgəʃɪk] *n* mishap, misfortune, bad luck
missgestimmt ['mɪsgəʃtimt] *adj* ill-humoured, grouchy
missglücken [mɪs'glykən] *v* fail
missgönnen [mɪs'gœnən] *v* begrudge, resent
Missgunst ['mɪsgunst] *f* envy, grudge, ill-will
missgünstig ['mɪsgynstɪç] *adj* resentful, grudging
misshandeln [mɪs'handəln] *v* abuse, maltreat, ill-treat
Missionar [misjo'na:r] *m REL* missionary
missionieren [mɪsjo'ni:rən] *v REL* missionize, proselytize
Missklang ['mɪsklaŋ] *m* dissonance, disharmony
Misskredit ['mɪskredi:t] *m* discredit; *in ~ kommen* fall into disrepute
misslich ['mɪslɪç] *adj* awkward, disagreeable
misslingen [mɪs'lɪŋən] *v irr* fail, go wrong
Misslingen [mɪs'lɪŋən] *n* failure
Missmut ['mɪsmu:t] *m* discontent, displeasure
missmutig ['mɪsmu:tɪç] *adj* ill-humoured, grouchy
missraten [mɪs'ra:tən] *v irr* go wrong, turn out badly
Missstand ['mɪsʃtant] *m* disgrace, deplorable state of affairs
Missstimmung ['mɪsʃtɪmuŋ] *f* discord, dissension, ill-humour
misstrauen [mɪs'trauən] *v* mistrust, distrust, to be suspicious of
Misstrauen ['mɪstrauən] *n* distrust, mistrust, suspicion
Misstrauensvotum ['mɪstrauənsvo:tum] *n POL* vote of no confidence
missvergnügt ['mɪsfɛrgny:gt] *adj* disgruntled, displeased
Missverhältnis ['mɪsfɛrhɛltnɪs] *n* imbalance, disproportion, incongruity
missverständlich ['mɪsfɛrʃtɛntlɪç] *adj* ambiguous, unclear
missverstehen ['mɪsfɛrʃte:ən] *v irr* misunderstand, mistake, misconstrue
Misswahl ['mɪsva:l] *f* beauty contest
Misswirtschaft ['mɪsvɪrtʃaft] *f* mismanagement
Mist [mɪst] *m 1. (Pferdemist)* dung, droppings, manure; *Das ist nicht auf meinem ~ gewachsen.* I didn't think of that myself. *2. (fig: Unsinn)* nonsense, rubbish, rot; *~!* Crap! *(fam); ~ bauen* mess up, screw up
Mistkerl ['mɪstkɛrl] *m (fam)* bastard

> **mit** [mɪt] *prep* with; *~ fünf Jahren* at age five; *Montag ~ Freitag* Monday through Friday; *eine Dose ~ Keksen* a tin of biscuits; *~ der Post* by post, by mail; *~ achtzehn Jahren* at age eighteen; *Ich habe das ~ berücksichtigt.* I thought of that as well. I took that into account.

Mitarbeit ['mɪtarbaɪt] *f* collaboration, participation, assistance
mitarbeiten ['mɪtarbaɪtən] *v* collaborate, participate, assist
Mitarbeiter(in) ['mɪtarbaɪtər(ɪn)] *m/f 1.* coworker; *freier ~* freelancer; *2. (Angestellter)* employee; *3. (an Projekt)* collaborator
Mitbegründer(in) ['mɪtbəgryndər(ɪn)] *m/f* co-founder
mitbekommen ['mɪtbəkɔmən] *v irr 1. etw ~* get sth to take with one; *2. (fam: verstehen)* get *(fam)*
Mitbenutzung ['mɪtbənutsuŋ] *f* sharing
Mitbestimmung ['mɪtbəʃtɪmuŋ] *f* codetermination, workers' participation
Mitbewerber(in) ['mɪtbəvɛrbər(ɪn)] *m/f* other applicant, competitor; *Leider entschieden sie sich für einen ~.* Unfortunately they chose another applicant.
Mitbewohner(in) ['mɪtbəvo:nər(ɪn)] *m/f* fellow resident
mitbringen ['mɪtbrɪŋən] *v irr* bring along, bring

M

Mitbürger(in) ['mɪtbyrgər(ɪn)] *m/f* fellow citizen
mitdenken ['mɪtdɛŋkən] *v irr 1. (gedanklich folgen)* follow; *2. (überlegen)* figure sth out for o.s.
miteinander [mɪtaɪn'andər] *adv 1.* together, jointly; *2. (gleichzeitig)* at the same time
miterleben ['mɪtɛrle:bən] *v* experience (together with others)
Mitesser ['mɪtɛsər] *m* blackhead
mitfahren ['mɪtfa:rən] *v irr (mit jdm ~)* ride with s.o., go with s.o., travel with s.o.
Mitfahrgelegenheit ['mɪtfa:rgəle:gənhaɪt] *f eine ~* a lift, a ride
mitfühlend ['mɪtfy:lənt] *adj 1.* compassionate, sympathetic; *adv 2.* sympathetically, compassionately
mitführen ['mɪtfy:rən] *v (dabeihaben)* carry
mitgeben ['mɪtge:bən] *v irr jdm etw ~* give s.o. sth to take along; *jdm jdn ~* send s.o. along with s.o.
Mitgefühl ['mɪtgəfy:l] *n* sympathy, compassion
mitgehen ['mɪtge:ən] *v irr* go along, accompany s.o.; *etw ~ lassen* swipe sth
mitgenommen ['mɪtgənɔmən] *adj (fig: erschöpft)* all in *(UK)*, worn out
Mitgift ['mɪtgɪft] *f* dowry
Mitglied ['mɪtgli:t] *n* member
Mitgliederversammlung ['mɪtgli:dərfɛrzamluŋ] *f* general meeting
Mitgliedsland ['mɪtgli:tslant] *n* member country
Mithilfe ['mɪthɪlfə] *f* assistance, aid
mithin [mɪt'hɪn] *adv* therefore, consequently
Mitinhaber(in) ['mɪtinha:bər(ɪn)] *m/f* co-owner
mitkommen ['mɪtkɔmən] *v 1.* come along; *2. (fam: begreifen)* understand, follow
Mitläufer ['mɪtlɔyfər] *m 1.* follower; *2. POL* nominal member
Mitlaut ['mɪtlaut] *m GRAMM* consonant
Mitleid ['mɪtlaɪt] *n* pity, compassion
Mitleidenschaft ['mɪtlaɪdənʃaft] *f etw in ~ ziehen* affect sth as well
mitleidig ['mɪtlaɪdɪç] *adj 1.* pitying, sympathetic; *adv 2.* sympathetically, with pity
mitleidslos ['mɪtlaɪtslo:s] *adj 1.* pitiless, unfeeling; *adv 2.* pitilessly
mitmachen ['mɪtmaxən] *v 1. (sich beteiligen)* participate, take part; *2. (fig: leiden)* live through, go through
Mitmensch ['mɪtmɛnʃ] *m* fellow man
mitmenschlich ['mɪtmɛnʃlɪç] *adj* interpersonal
mitnehmen ['mɪtne:mən] *v irr 1.* take along; *2. (fig: strapazieren)* wear out, weaken
mitrechnen ['mɪtrɛçnən] *v* count, include
mitreden ['mɪtre:dən] *v 1.* join in the conversation; *2. ein Wörtchen ~* have a say in sth
mitreißen ['mɪtraɪsən] *v irr* enthral, enthrall *(US)*
mitreißend ['mɪtraɪsənt] *adj* stirring
mitschreiben ['mɪtʃraɪbən] *v irr 1.* take notes; *2. etw ~* write sth down
Mitschuld ['mɪtʃult] *f* share of the blame, partial guilt, complicity
mitschuldig ['mɪtʃuldɪç] *adj* jointly guilty, an accessory to sth
Mitschüler(in) ['mɪtʃy:lər(ɪn)] *m/f 1.* fellow student, schoolmate; *2. (in derselben Klasse)* classmate
mitschwingen ['mɪtʃvɪŋən] *v irr In seinen Worten schwang ... mit.* His words had a tone of ...
mitspielen ['mɪtʃpi:lən] *v 1.* play, play too; *2. (in einem Theaterstück)* act; *3. (wichtig sein)* play a part, to be involved; *4. jdm übel ~* treat s.o. badly, *(körperlich)* rough s.o. up
Mitspieler(in) ['mɪtʃpi:lər(ɪn)] *m/f 1.* other player; *2. (Mannschaftssport) SPORT* teammate
Mitspracherecht ['mɪtʃpraxərɛçt] *n* share in decision-making
mittag ['mɪta:k] *adv 1. heute ~* at midday today, today at lunchtime, today around noon; *2. gestern ~* yesterday at midday
Mittag ['mɪta:k] *m* midday, *(zwölf Uhr mittags)* noon
mittags ['mɪta:ks] *adv* at lunchtime, *(zwölf Uhr ~)* at noon
Mittagshitze ['mɪta:kshɪtsə] *f* midday heat
Mittagspause ['mɪta:kspauzə] *f* lunch break
Mittagstisch ['mɪta:kstɪʃ] *m* lunch table; *am ~ sitzen* to be at the table having lunch; *den ~ decken* lay the table for lunch, set the table for lunch *(US)*
Mittagszeit ['mɪta:kstsaɪt] *f* midday, lunchtime

Mitte ['mɪtə] *f* middle; *die goldene ~ wählen* choose the happy medium

mitteilen ['mɪttaɪlən] *v* inform, notify, let know
mitteilsam ['mɪttaɪlza:m] *adj* communicative, forthcoming, talkative

Mitteilung ['mɪttaɪluŋ] *f* notification, communication, information
Mittel ['mɪtəl] *n 1. (Hilfsmittel)* means, resources *pl; ~ zum Zweck sein* to be a means to an end; *~ und Wege suchen* look for ways and means; *2. (Heilmittel)* remedy, medicine; *3. im ~* on average; *pl 4. (Geld)* means, funds, money
Mittelalter ['mɪtəlaltər] *n* Middle Ages *pl*
mittelalterlich ['mɪtəlaltərlɪç] *adj* medieval
Mittelamerika [mɪtəla'meːrika] *n GEO* Central America
mittelamerikanisch ['mɪtəlamerikaːnɪʃ] *adj* Central American
mittelbar ['mɪtəlbaːr] *adj 1.* indirect; *adv 2.* indirectly
Mitteleuropa ['mɪtəlɔyroːpa] *n* Central Europe
mitteleuropäisch ['mɪtəlɔyropɛːɪʃ] *adj* Central European
mittelfristig ['mɪtəlfrɪstɪç] *adj* medium-term, medium-range
Mittelgebirge ['mɪtəlgəbɪrgə] *n* low mountain range
Mittelgewicht ['mɪtəlgəvɪçt] *n* middleweight
mittelgroß ['mɪtəlgroːs] *adj* medium-sized
Mittelklasse ['mɪtəlklasə] *f* middle class
mittellos ['mɪtəlloːs] *adj* penniless, destitute, without means of support
mittelmäßig ['mɪtəlmɛːsɪç] *adj 1. (durchschnittlich)* average; *2. (pejorativ)* mediocre
Mittelmeer ['mɪtəlmeːr] *n GEO* Mediterranean
Mittelpunkt ['mɪtəlpuŋkt] *m 1.* centre, focus, heart; *2. (fig)* centre of attention
mittels ['mɪtəls] *prep* by means of, through, with the assistance of
Mittelscheitel ['mɪtəlʃaɪtəl] *m* centre part *(UK),* part in the middle *(US)*
Mittelsmann ['mɪtəlsman] *m* intermediary, go-between, mediator
mittelständisch ['mɪtəlʃtɛndɪʃ] *adj* middle-class
Mittelstreifen ['mɪtəlʃtraɪfən] *m* centre strip *(UK),* median strip *(US)*
Mittelstürmer ['mɪtəlʃtyːrmər] *m SPORT* centre forward
Mittelweg ['mɪtəlveːk] *m (fig)* middle course, compromise
mitten ['mɪtən] *adv ~ in/bei/an/auf* in the middle of; *~ aus* from amid; *~ darin* right in the middle of it; *~ ins Gesicht* right in the face; *~ unter uns* in our midst; *~ durch* right through the middle
mittendrin [mɪtən'drɪn] *adv* in the middle, right in the middle; *in etw ~ sein* to be right in the middle of sth
Mitternacht ['mɪtərnaxt] *f* midnight
mittlere(r,s) ['mɪtlərə(r,s)] *adj* middle, central, *(durchschnittlich)* average
mittlerweile ['mɪtlərvaɪlə] *adv* in the meantime, meanwhile
Mittwoch ['mɪtvɔx] *m* Wednesday
mitunter [mɪt'untər] *adv* now and then, sometimes, occasionally
mitverantwortlich ['mɪtfɛrantvɔrtlɪç] *adj* jointly responsible
mitwirken ['mɪtvɪrkən] *v* contribute, to be involved, take part
Mitwirkung ['mɪtvɪrkuŋ] *f 1.* involvement, participation; *2. (Zusammenarbeit)* cooperation
Mitwisser ['mɪtvɪsər] *m JUR* accessory, party to sth
mixen ['mɪksən] *v* mix
Möbel ['møːbəl] *n 1. (~stück)* piece of furniture; *pl 2.* furniture
Möbelwagen ['møːbəlvaːgən] *m* moving van
mobil [mo'biːl] *adj 1.* mobile; *~ machen* mobilize; *2. (flink)* active; *3. FIN* movable
Mobilfunk [mo'biːlfuŋk] *m* mobile communication
mobilisieren [mobili'ziːrən] *v* mobilize
Mobilität [mobili'tɛːt] *f* mobility
Mobilmachung [mo'biːlmaxuŋ] *f MIL* mobilization
Mobiltelefon [mo'biːltelefoːn] *n TEL* mobile phone
möblieren [mø'bliːrən] *v* furnish
Möchtegern ['mœçtəgɛrn] *m ~-...* would-be ..., *ein ~-Cowboy* a would-be cowboy, a cowboy wannabe *(fam)*
Mode ['moːdə] *f* fashion; *in ~ kommen* come into fashion
modebewusst ['moːdəbəvust] *adj* style-conscious, fashion-conscious
Modedesigner(in) ['moːdədɪzaɪnər(ɪn)] *m/f* fashion designer
Modell [mo'dɛl] *n* model; *~ stehen* pose
Modellbau [mo'dɛlbau] *m* model making
modellieren [modɛ'liːrən] *v* model, mould, fashion
Modellversuch [mo'dɛlfɛrzuːx] *m* test
Modem ['moːdəm] *m/n INFORM* modem
moderieren [mode'riːrən] *v* moderate

M

moderig ['moːdərɪç] *adj 1.* musty; *2. (faulig)* putrid
modern [mo'dɛrn] *adj 1.* modern; *2. (modisch)* fashionable
Moderne [mo'dɛrnə] *f* modern age, modern times
modernisieren [modɛrni'ziːrən] *v* modernize
Modeschmuck ['moːdəʃmuk] *m* costume jewellery
modifizieren [modifi'tsiːrən] *v* modify
modisch ['moːdɪʃ] *adj 1.* fashionable, stylish; *adv 2.* fashionably, according to the latest fashion
Modul [mo'duːl] *n* module
Modulbauweise [mo'duːlbauvaɪzə] *f* modular design
Modus ['moːdus] *m* mode
Mofa ['moːfa] *n* moped, motorized bicycle
mogeln ['moːgəln] *v* cheat

mögen ['møːgən] *v irr 1. (gern haben)* like; *2. (wollen)* want to, wish to, desire to; *3. (können) Er mag Recht haben.* He may be right.

möglich ['møːklɪç] *adj 1.* possible; *2. (ausführbar)* feasible
möglicherweise ['møːklɪçərvaɪzə] *adv* possibly
Möglichkeit ['møːklɪçkaɪt] *f 1.* possibility; *2. (Gelegenheit)* opportunity; *3. (Ausführbarkeit)* feasibility
möglichst ['møːklɪçst] *adv* if possible; *~ bald* as soon as possible; *~ schnell* as quickly as possible
Mohikaner [mohi'kaːnər] *m* Mohican; *der letzte ~* the last of the Mohicans
Mohn [moːn] *m BOT* poppy
Möhre ['møːrə] *f BOT* carrot
mokieren [mo'kiːrən] *v sich ~ über* mock, sneer at
Mole ['moːlə] *f NAUT* mole, pier, jetty
Molekül [mole'kyːl] *n CHEM* molecule
molekular [moleku'laːr] *adj CHEM* molecular
Molke ['mɔlkə] *f GAST* whey
Molkerei [mɔlkə'raɪ] *f* dairy, creamery
Moll [mɔl] *n MUS* minor
mollig ['mɔlɪç] *adj 1. (behaglich)* comfortable, snug; *2. (dick)* plump, roly-poly
Moment [mo'mɛnt] *m 1.* moment, instant; *Das ist im ~ alles.* That's all for the time being. *Einen ~, bitte.* One moment, please. *n 2. PHYS* moment, momentum

momentan [momɛn'taːn] *adj 1.* momentary; *adv 2.* momentarily; *3. (im Augenblick)* at the moment
Momentaufnahme [mo'mɛntaufnaːmə] *f 1. FOTO* instantaneous exposure; *2. (fig: Stand in bestimmtem Moment)* situation at the moment
Monarchie [monar'çiː] *f* monarchy
monarchisch [mo'narçɪʃ] *adj POL* monarchical
Monat ['moːnat] *m* month
monatelang ['moːnatəlaŋ] *adj 1.* lasting for months; *adv 2.* for months
monatlich ['moːnatlɪç] *adj/adv* monthly
Mönch [mœnç] *m REL* monk
Mönchsorden ['mœnçsɔrdən] *m* monastic order

Mond [moːnt] *m* moon; *jdn auf den ~ schießen* send s.o. to Coventry; *hinter dem ~ leben* live in a fool's paradise

mondän [mon'dɛːn] *adj* elegant, fashionable
Mondbahn ['moːntbaːn] *f ASTR* lunar orbit
Mondfinsternis ['moːntfɪnstərnɪs] *f* lunar eclipse, eclipse of the moon
Mondschein ['moːntʃaɪn] *m* moonlight
mondsüchtig ['moːntzyçtɪç] *adj* moonstruck, somnambulous
Monolog [mono'loːk] *m* monologue
Monopol [mono'poːl] *n* monopoly
monoton [mono'toːn] *adj 1.* monotonous; *adv 2.* monotonously
Monotonie [monoto'niː] *f* monotony
Montag ['moːntaːk] *m* Monday
Montage [mɔn'taːʒə] *f 1. (Einrichten)* installation; *2. CINE* montage
Montagehalle [mɔn'taːʒəhalə] *f TECH* assembly shop, assembly building
Montanindustrie [mɔn'taːnɪndustriː] *f ECO* coal and steel industry
Monteur [mɔn'tøːr] *m* fitter, assembler
montieren [mɔn'tiːrən] *v 1.* mount, fit; *2. (zusammenbauen)* assemble
Monumentalfilm [monumɛn'taːlfɪlm] *m CINE* epic film, Cecil B. de Mille production *(fam)*, monumental film
Moor [moːr] *n* moor, bog, swamp
Moos [moːs] *n* moss
Mops [mɔps] *m* pug
mopsen ['mɔpsən] *v 1. sich ~* to be bored; *2. (mausen)* pinch *(fam)*, swipe *(US)*
Moral [mo'raːl] *f* morality, morals, ethics

moralisch [mo'raːlɪʃ] *adj 1.* moral; *adv 2.* morally
moralisieren [morali'ziːrən] *v* moralize
Moralpredigt [mo'raːlpreːdɪkt] *f* sermon, lecture, homily; *jdm eine ~ halten* give s.o. a sermon
Morast [mo'rast] *m* morass, swamp, marsh
morbid [mɔr'biːt] *adj* degenerate, decaying, moribund, doomed
Morbidität [mɔrbidi'tɛːt] *f 1. (Brüchigkeit)* degenerate state, unhealthy state; *2. MED* morbidity
Mord [mɔrt] *m* murder
Mordanschlag ['mɔrtanʃlaːk] *m* murder attempt, attempt on a person's life, assassination attempt
Morddrohung ['mɔrtdroːuŋ] *f* death threat
Mörder ['mœrdər] *m* murderer
mörderisch ['mœrdərɪʃ] *adj 1.* murderous, deadly; *2. (fig: furchtbar)* dreadful, terrible
Mordfall ['mɔrtfal] *m* murder case
Mordkommission ['mɔrtkɔmɪsjoːn] *f* homicide squad, homicide division *(US)*
Mordprozess ['mɔrtprotsɛs] *m* murder trial
Mordskerl ['mɔrts'kɛrl] *m (Riese)* huge fellow
mordsmäßig ['mɔrtsmɛːsɪç] *adj 1. (fam)* extreme, terrible; *adv 2. (fam)* extremely, hugely
Mordsspaß [mɔrts'ʃpaːs] *m ein ~* great fun
Mordverdacht ['mɔrtfɛrdaxt] *m* suspicion of murder
Mordversuch ['mɔrtfɛrzuːx] *m 1.* attempted murder; *2. (versuchtes Attentat)* assassination attempt
morgen ['mɔrgən] *adv* tomorrow; *~ in einer Woche* a week from tomorrow

Morgen ['mɔrgən] *m* morning; *Guten ~!* Good morning!

Morgendämmerung ['mɔrgəndɛməruŋ] *f* dawn, daybreak
morgendlich ['mɔrgəntlɪç] *adj* morning
Morgenland ['mɔrgənlant] *n* the Orient, the East
Morgenmantel ['mɔrgənmantəl] *m* dressing gown, robe
Morgenrock ['mɔrgənrɔk] *m* dressing-gown, robe
Morgenrot ['mɔrgənroːt] *n* dawn, rosy dawn
morgens ['mɔrgəns] *adv* in the morning, every morning; *~ um vier Uhr* at four o'clock in the morning
Mormone [mɔr'moːnə] *m REL* Mormon
Morphium ['mɔrfjum] *n MED* morphine
morsch [mɔrʃ] *adj* rotten, decayed
morsen ['mɔrzən] *v NAUT* send in Morse code
Morsezeichen ['mɔrzətsaɪçən] *n NAUT* ɰorse symbol
Mörtel ['mœrtəl] *m* mortar
Moschee [mo'ʃeː] *f* mosque
Moschusochse ['mɔʃusɔksə] *m ZOOL* musk-ox
Moskito [mɔs'kiːto] *m ZOOL* mosquito
Most [mɔst] *m 1. (unvergorener Fruchtsaft)* fruit juice; *2. (vergorener Fruchtsaft)* fruit wine; *(Apfelmost)* cider
Motiv [mo'tiːf] *n* motive
motivieren [moti'viːrən] *v* motivate
Motor ['moːtɔr] *m* engine, motor
Motorik [mo'toːrɪk] *f 1. (Bewegungen) MED* motor functions; *2. (Lehre) MED* study of motor functions
Motorrad ['moːtɔrraːt] *n* motorcycle, motor bike *(fam)*
Motorroller ['moːtɔrrɔlər] *m* motor scooter
Motte ['mɔtə] *f* moth
Möwe ['møːvə] *f ZOOL* seagull
Mücke ['mykə] *f* gnat, mosquito, midge; *eine ~ machen* beat it, buzz off; *aus einer ~ einen Elefanten machen* make a mountain out of a molehill
Mucken ['mukən] *pl seine ~ haben* have its snags
müde ['myːdə] *adj* tired, weary, drowsy
Müdigkeit ['myːdɪçkaɪt] *f* tiredness, fatigue, weariness
muffelig ['mufəlɪç] *adj* grumpy
muffeln[1] ['mufəln] *v 1. (kauen)* munch; *2. (mürrisch sein)* to be grumpy
muffeln[2] ['mufəln] *v (faulig riechen)* smell musty
muffig ['mufɪç] *adj 1.* musty; *2. (muffelig)* grumpy

Mühe ['myːə] *f* effort, trouble, pains *pl; sich ~ geben* make an effort; *die ~ wert sein* to be worth it; *mit Müh und Not* by the skin of one's teeth

mühelos ['myːəloːs] *adj 1.* effortless, easy, without trouble; *adv 2.* effortlessly, easily
mühen ['myːən] *v sich ~* exert oneself, trouble oneself

M

mühevoll ['myːəfɔl] *adj 1.* troublesome, hard, difficult; *adv 2.* with great effort, with difficulty
Mühle ['myːlə] *f 1.* mill; *2. (Kaffeemühle)* coffee grinder
Mühsal ['myːzaːl] *f* hardship, toil, trouble
mühsam ['myːzaːm] *adj 1.* laborious, arduous; *adv 2.* with difficulty, with great effort, laboriously
mühselig ['myːzeːlɪç] *adj* arduous, exhausting
Mulde ['muldə] *f* tray, trough, hollow
Müll [myl] *m* waste, rubbish, refuse
Müllabfuhr ['mylapfuːr] *f* rubbish collection, garbage collection *(US)*
Müllbeutel ['mylbɔytəl] *m* bin liner *(UK)*, garbage can liner *(US)*
Mullbinde ['mulbɪndə] *f* gauze bandage
Müllcontainer ['mylkɔnteɪnər] *m* rubbish skip, dumpster *(US)*
Mülldeponie ['myldeponiː] *f* rubbish dump, waste disposal site
Mülleimer ['mylaɪmər] *m* dustbin *(UK)*, rubbish bin *(UK)*, garbage can *(US)*
Müller ['mylər] *m* miller
Müllkippe ['mylkɪpə] *f* rubbish dump, garbage dump *(US)*

M

Müllschlucker ['mylʃlukər] *m* garbage chute
Mülltonne ['myltɔnə] *f* dustbin *(UK)*, garbage can *(US)*
Müllverbrennung ['mylfɛrbrɛnuŋ] *f* refuse incineration
Müllvermeidung ['mylfɛrmaɪduŋ] *f* avoidance of excess rubbish
Müllwagen ['mylvaːgən] *m* dust-cart *(UK)*, garbage truck *(US)*
mulmig ['mulmɪç] *adj (fam)* queasy, uneasy, jittery
multikulturell [multikultu'rɛl] *adj* multicultural
multiplizieren [multipli'tsiːərn] *v MATH* multiply
Mumie ['muːmjə] *f* mummy
mumifizieren [mumifi'tsiːrən] *v* mummify

Mund [munt] *m* mouth; *sich den ~ verbrennen* put one's foot in it; *den ~ nicht aufbekommen* not open one's mouth; *den ~ vollnehmen* shoot off one's mouth; *einen großen ~ haben (fig)* have a big mouth; *den ~ halten* keep one's mouth shut; *sich den ~ fusselig reden* talk until one is blue in the face; *jdm den ~ verbieten* order s.o. to be quiet; *jdm den ~ wässrig machen* make s.o.'s mouth water; *nicht auf den ~ gefallen sein* never be at a loss for words; *in aller ~e sein* to be on everyone's lips; *jdm nach dem ~ reden* say what s.o. wants to hear; *jdm über den ~ fahren* cut s.o. short; *von ~ zu ~ gehen* to be passed on from person to person

Mundart ['muntaːrt] *f* dialect, vernacular
Mündel ['myndəl] *n JUR* ward
münden ['myndən] *v* flow into, run into, end in
mundfaul ['muntfaul] *adj* too lazy to speak, uncommunicative
mundgerecht ['muntgərɛçt] *adj 1.* bite-sized; *2. jdm etw ~ machen* make sth palatable to s.o.
Mundharmonika ['muntharmoːnɪka] *f* harmonica, mouth-organ
Mundhöhle ['munthøːlə] *f* oral cavity
mündig ['myndɪç] *adj* of age
Mündigkeit ['myndɪçkaɪt] *f JUR* majority
mündlich ['myndlɪç] *adj 1.* oral, vocal; *adv 2.* orally, verbally
Mundpflege ['muntpfleːgə] *f* oral hygiene
Mundstück ['muntʃtyk] *n 1.* mouthpiece; *2. (einer Zigarette)* tip
mundtot ['munttoːt] *adj ~ machen* silence, muzzle, gag
Mündung ['mynduŋ] *f 1. (Gewehrmündung)* muzzle; *2. (Flussmündung)* mouth
Mundwasser ['muntvasər] *n* mouthwash
Mundwerk ['muntveːrk] *n ein gutes ~ haben (fam)* have the gift of gab
Munition [muni'tsjoːn] *f* ammunition
Munitionsfabrik [muni'tsjoːnsfabriːk] *f* munitions factory
munkeln ['muŋkəln] *v* whisper, rumour
munter ['muntər] *adj 1. (vergnügt)* merry; *2. (lebhaft)* lively; *gesund und ~* hale and hearty; *3. (wach)* awake
Munterkeit ['muntərkaɪt] *f* liveliness, cheerfulness
Muntermacher ['muntərmaxər] *m 1. (fam: Aufputschmittel)* pep pill, stimulant; *2. (fam: geistig Anregendes)* pep talk
Münzautomat ['myntsautomaːt] *m* coin-operated machine
Münze ['myntsə] *f 1.* coin; *für bare ~ nehmen* take at face value; *jdm etw mit gleicher ~ heimzahlen* pay s.o. back in his own coin; *2. (Münzanstalt)* mint
münzen ['myntsən] *v (fig) Das ist auf ihn gemünzt.* That's aimed at him.

mürbe ['myrbə] *adj 1. (brüchig)* crumbly; *2. (zart)* tender; *3. (Obst)* soft; *4. (morsch)* rotten; *5. (fig)* worn
murmeln ['murməln] *v* murmur, mutter, speak below one's breath
Murmeltier ['murməltiːr] *n ZOOL* marmot
murren ['murən] *v* growl, grumble, murmur
mürrisch ['myrɪʃ] *adj* peevish, grumpy, surly
Mus [muːs] *n 1.* mash, stewed fruit; *2. (Apfelmus)* applesauce
Muschel ['muʃəl] *f 1. ZOOL* mussel; *2. (Venusmuschel) ZOOL* clam
Muschelschale ['muʃəlʃaːlə] *f* shell, clamshell, conch
Musik [mu'ziːk] *f* music
musikalisch [muzi'kaːlɪʃ] *adj* musical
Musikantenknochen [muzi'kantənknɔxən] *m* funny bone
Musikbox [mu'ziːkbɔks] *f* juke-box
Musiker ['muːzikər] *m* musician
Musikunterricht [mu'ziːkuntərɪçt] *m 1. (Schulfach)* music; *2. (Stunden)* music lessons
musisch ['muːzɪʃ] *adj* art-loving, artistic
musizieren [muzi'tsiːrən] *v* make music, play an instrument, play music
Muskatnuss [mus'kaːtnus] *f BOT* nutmeg
Muskulatur [muskula'tuːr] *f* musculature
muskulös [musku'løːs] *adj* muscular
Muss [mus] *n ein ~* a must
Muße ['muːsə] *f* leisure, ease
Mussehe ['museːə] *f* shotgun wedding *(fam)*

müssen ['mysən] *v irr* have to, must *(nur in der Gegenwart); ich muss* I have to, I must; *Das hat sie nicht tun ~.* She didn't have to do it. *Ich muss zum Arzt.* I need to see a doctor.

müßig ['myːsɪç] *adj (untätig)* idle, lazy
Muster ['mustər] *n 1. (Vorlage)* pattern; *2. (Probe)* sample, specimen; *3. (Design)* pattern, design; *4. (Vorbild)* model
mustergültig ['mustərgyltɪç] *adj 1.* exemplary; *adv 2.* in an exemplary manner
mustern ['mustərn] *v 1.* eye, look over; *2. (Truppen) MIL* inspect; *3. jdn ~ (für Wehrdienst)* give s.o. a physical
Musterung ['mustəruŋ] *f MIL* inspection, examination
Mut [muːt] *m 1.* courage, bravery; *allen ~ zusammennehmen* summon all one's courage; *frohen ~es sein* to be in good spirits; *mit frohem ~* in good spirits; *2. (Schneid)* pluck; *Nur ~!* Cheer up!
mutig ['muːtɪç] *adj 1.* courageous, brave; *adv 2.* courageously, bravely
mutlos ['muːtloːs] *adj 1.* discouraged, despondent, dejected; *adv 2.* despondently, dejectedly
mutmaßen ['muːtmaːsən] *v* surmise, presume, guess
Mutmaßung ['muːtmaːsuŋ] *f* conjecture, speculation

Mutter ['mutər] *f 1.* mother; *Ich fühle mich hier wie bei ~n.* I feel quite at home here. *2. (Schraubenmutter) TECH* nut

mütterlich ['mytərlɪç] *adj 1.* motherly, maternal; *adv 2.* maternally
Mütterlichkeit ['mytərlɪçkaɪt] *f* motherliness, mother's feelings
Muttermal ['mutərmaːl] *n* birthmark, mole
Mutterschaft ['mutərʃaft] *f* motherhood, maternity
mutterseelenallein [mutər'zeːləna'laɪn] *adj* all alone, completely alone
Muttersprache ['mutərʃpraːxə] *f* native language, mother tongue
Muttertag ['mutərtaːk] *m* Mother's Day
mutwillig ['muːtvɪlɪç] *adj* wanton, wilful, deliberate

Mütze ['mytsə] *f* cap, hat; *eine ~ voll Schlaf bekommen* have forty winks

mysteriös [myster'jøːs] *adj* mysterious
Mysterium [mys'teːrjum] *n* mystery
Mystik ['mystɪk] *f* mysticism
mystisch ['mystɪʃ] *adj* mystical, mystic
Mythenbildung ['myːtənbɪlduŋ] *f* invention of myths, creation of myths
Mythologie [mytolo'giː] *f* mythology
mythologisch [myto'loːgɪʃ] *adj* mythological
Mythos ['myːtɔs] *m* myth

M

N

na [na] *interj* well
Nabe ['na:bə] *f* hub
Nabel ['na:bəl] *m* navel
Nabelbruch ['na:bəlbrux] *m MED* umbilical hernia
Nabelschnur ['na:bəlʃnu:r] *f ANAT* umbilical cord

nach [na:x] *prep 1. (zeitlich)* after; *~ wie vor* still; *Mir ~!* Follow me! *2. (gemäß)* according to, in accordance with; *~ etw benannt sein* to be named after sth; *3. (örtlich)* to, toward(s); *~ oben* upward(s); *~ unten* downward(s); *~ hinten* backward(s); *4. ~ und ~* gradually, little by little; *5. ~ etw fragen* ask about sth

nachäffen ['na:xɛfən] *v (fam)* ape
nachahmen ['na:xa:mən] *v* imitate, copy
nachahmenswert ['na:xa:mənsve:rt] *adj* exemplary
Nachahmung ['na:xa:muŋ] *f* imitation, copy, replica
Nachbar ['naxba:r] *m* neighbour
Nachbarschaft ['naxba:rʃaft] *f* neighbourhood
Nachbarstaat ['na:xba:rʃta:t] *m* neighbouring country, neighbouring state
Nachbeben ['na:xbe:bən] *n* aftershock
nachberechnen ['na:xbərɛçnən] *v* make a supplementary charge
nachbereiten ['na:xbəraɪtən] *v (auswerten)* evaluate, revise
Nachbereitung ['na:xbəraɪtuŋ] *f (Auswertung)* follow-up evaluation, revision
nachbessern ['na:xbɛsərn] *v* touch up, apply finishing touches to
nachbestellen ['na:xbəʃtɛlən] *v* reorder, repeat an order, place a repeat order
nachbilden ['na:xbɪldən] *v* copy, reproduce, imitate
nachblicken ['na:xblɪkən] *v* look after, follow with one's eyes
nachbohren ['na:xbo:rən] *v 1. (Loch)* redrill; *2. (fig: nachfragen)* ask again, keep asking
nachdem [na:x'de:m] *konj* after
nachdenken ['na:xdɛŋkən] *v irr* think, reflect, ponder
nachdenklich ['na:xdɛŋklɪç] *adj* thoughtful, pensive
Nachdenklichkeit ['na:xdɛŋklɪçkaɪt] *f* pensiveness

Nachdruck ['na:xdruk] *m 1. (Betonung)* stress, emphasis; *einer Sache ~ verleihen* lay stress on sth; *2. (Kopie)* reprint, reproduction
nachdrücklich ['na:xdryklɪç] *adj* emphatic, firm, expressive
nacheifern ['na:xaɪfərn] *v* emulate
nacheinander [na:xaɪ'nandər] *adv* one after another, one after the other, in succession
nachempfinden ['na:xɛmpfɪndən] *v irr 1.* feel; *Das kann ich ihm ~.* I understand how he feels. *2. (Gedicht)* relate to
nacherzählen ['na:xɛrtsɛ:lən] *v* retell
Nachfahre ['na:xfa:rə] *m* descendant
nachfahren ['na:xfa:rən] *v irr* follow, go after
Nachfolge ['na:xfɔlgə] *f* succession
nachfolgen ['na:xfɔlgən] *v* follow, succeed
nachforschen ['na:xfɔrʃən] *v* investigate
Nachforschung ['na:xfɔrʃuŋ] *f* inquiry, investigation
Nachfrage ['na:xfra:gə] *f 1. (Erkundigung)* inquiry, enquiry; *2. (Bedarf) ECO* demand
nachfragen ['na:xfra:gən] *v* enquire, inquire, ask
nachfühlen ['na:xfy:lən] *v jdm etw ~* understand s.o.'s feelings about sth
nachfüllen ['na:xfylən] *v* refill, fill up, replenish

nachgeben ['na:xge:bən] *v irr 1. (erschlaffen)* give way, sag, sink; *2. (fig)* surrender, give in, yield

Nachgebühr ['na:xgəby:r] *f* surcharge, additional postage
Nachgeburt ['na:xgəburt] *f 1. MED* afterbirth; *2. (Muttermund)* placenta
nachgehen ['na:xge:ən] *v irr 1. (Uhr)* to be slow; *2. (folgen)* follow, go after; *3. (erforschen)* investigate, follow up, look into
Nachgeschmack ['na:xgəʃmak] *m* aftertaste
nachgiebig ['na:xgi:bɪç] *adj (fig)* indulgent, yielding, compliant
Nachgiebigkeit ['na:xgi:bɪçkaɪt] *f* indulgence, compliance, forbearance
nachgießen ['na:xgi:sən] *v irr 1.* add, pour in more; *2. jdm ~* fill up s.o.'s cup, top up s.o.'s cup; *jdm Kaffee ~* warm up s.o.'s coffee
nachgrübeln ['na:xgry:bəln] *v ~ über* ponder over, muse about

N

nachhaltig ['na:xhaltɪç] *adj 1.* lasting, enduring, persistent; *adv 2.* persistently, for an extended period
nachhelfen ['na:xhɛlfən] *v irr* assist, help, give s.o. a hand
nachher [na:x'he:r] *adv* afterwards, later, subsequently
Nachhilfe ['na:xhɪlfə] *f 1.* help, assistance; *2. (~unterricht)* tutoring
Nachholbedarf ['na:xho:lbədarf] *m 1.* need to catch up; *2. ECO* backlog demand
nachholen ['na:xho:lən] *v* catch up on, make up for
Nachklang ['na:xklaŋ] *m* reverberation
nachklingen ['na:xklɪŋən] *v irr* linger
Nachkomme ['na:xkɔmə] *m* descendant, offspring
nachkommen ['na:xkɔmən] *v irr 1.* follow on, come after, join; *2. (fig: einem Wunsch)* comply with; *3. (einem Versprechen)* keep; *4. (Verbindlichkeiten)* meet; *5. (einer Pflicht)* fulfil, fulfill *(US)*
Nachkriegszeit ['na:xkri:kstsaɪt] *f* post-war period
Nachlass ['na:xlas] *m 1. (Erbe)* estate; *2. (Preisnachlass)* reduction, discount
nachlassen ['na:xlasən] *v irr 1. (Preis)* decline, ease off, slacken; *2. (lockern)* loosen, slacken, relax; *3. (aufhören)* discontinue, leave off
nachlässig ['na:xlɛsɪç] *adj 1.* negligent, careless, remiss; *adv 2.* negligently, carelessly
Nachlässigkeit ['na:xlɛsɪçkaɪt] *f* negligence, carelessness, remissness
nachlaufen ['na:xlaufən] *v irr* run after, chase
nachlegen ['na:xle:gən] *v* put on more
nachliefern ['na:xli:fərn] *v* furnish an additional supply, deliver subsequently
nachlösen ['na:xlø:zən] *v* pay on the train
nachmachen ['na:xmaxən] *v 1.* imitate, copy; *2. (fälschen)* forge, *(Geld)* counterfeit
Nachmittag ['na:xmɪta:k] *m* afternoon
nachmittags ['na:xmɪta:ks] *adv* in the afternoon
Nachname ['na:xna:mə] *m* last name, surname, family name
Nachporto ['na:xpɔrto] *n* postage due
nachprüfen ['na:xpry:fən] *v* check, make sure, verify
Nachrede ['na:xre:də] *f üble ~* slander, defamation
nachreichen ['na:xraɪçən] *v* hand in later, submit later
nachreisen ['na:xraɪzən] *v* follow
Nachricht ['na:xrɪçt] *f* message, piece of news
Nachrichten ['na:xrɪçtən] *pl* news
nachrücken ['na:xrykən] *v 1.* move up; *2. (an jds Stelle)* succeed to; *3. (Truppen)* advance
Nachruf ['na:xru:f] *m* obituary
nachrüsten ['na:xrystən] *v 1. (Gerät) TECH* upgrade, modernize, refit; *2. MIL* upgrade
nachsagen ['na:xza:gən] *v 1.* repeat; *2. jdm etw ~* accuse s.o. of sth
Nachsaison ['na:xzɛzɔ̃] *f* postseason
Nachsatz ['na:xzats] *m (fig)* afterthought
Nachschlag ['na:xʃla:k] *m 1. (fam: Essen)* second helping; *2. MUS* nachschlag
nachschlagen ['na:xʃla:gən] *v irr (im Wörterbuch)* look up
Nachschlagewerk ['na:xʃla:gəvɛrk] *n* reference book
Nachschlüssel ['na:xʃlysəl] *m 1.* duplicate key; *2. (Dietrich)* skeleton key
Nachschrift ['na:xʃrɪft] *f 1. (Protokoll)* transcript; *2. (Postskriptum)* postscript
Nachschub ['na:xʃu:p] *m* supply, reinforcements
nachsehen ['na:xze:ən] *v irr 1. (kontrollieren)* look, check; *2. (nachblicken)* gaze after; *3. (fig: verzeihen)* forgive; *jdm seine Fehler ~* excuse s.o.'s mistakes
Nachsehen ['na:xze:ən] *n 1. (Verzeihung)* forgiveness, leniency; *2. (Nachteil) das ~ haben* to be the loser, lose out
nachsenden ['na:xzɛndən] *v irr* forward, redirect
nachsetzen ['na:xzɛtsən] *v jdm ~ (jdn schnell verfolgen)* chase s.o.
Nachsicht ['na:xzɪçt] *f* forbearance, indulgence, leniency
nachsichtig ['na:xzɪçtɪç] *adj 1.* indulgent, lenient; *adv 2.* indulgently, leniently
nachsitzen ['na:xzɪtsən] *v irr* to be kept back, to be given detention
Nachsommer ['na:xzɔmər] *m* late summer, Indian summer
Nachspann ['na:xʃpan] *m CINE* closing credits
Nachspiel ['na:xʃpi:l] *n 1.* epilogue; *2. (fig)* aftermath
nachspionieren ['na:xʃpioni:rən] *v* spy on
nachsprechen ['na:xʃprɛçən] *v irr* repeat
nachspülen ['na:xʃpy:lən] *v* rinse
Nächstbeste(r,s) ['nɛ:çstbɛstə(r,s)] *adj* next best; *der/die/das ~ ...* the first ... one sees, the first ... that comes along

N

nächste(r,s) ['nɛːçstə(r,s)] *adj 1. (Zeit, Reihenfolge)* next; *2. (nächstgelegen)* nearest
Nächste(r,s) ['nɛːçstə(r,s)] *m/f/n* next, next one
nachstellen ['naːxʃtɛlən] *v 1. (regulieren)* adjust, reset; *2. (fig) jdm ~* pursue s.o.
Nächstenliebe ['nɛːçstənliːbə] *f* compassion, charity
nächstens ['nɛːçstəns] *adv* soon, shortly, presently
nachsuchen ['naːxzuːxən] *v 1.* look, search; *2. um etw ~* request sth

Nacht [naxt] *f* night; *die ~ zum Tage machen* turn night into day, pull an all-nighter *(US); sich die ~ um die Ohren schlagen* push through until dawn; *jdm schlaflose Nächte bereiten* keep s.o. awake all night; *über ~* overnight

Nachteil ['naːxtaɪl] *m* disadvantage, drawback
nachteilig ['naːxtaɪlɪç] *adj* disadvantageous, detrimental, harmful
Nachtgeschirr ['naxtgəʃɪr] *n* chamber pot
Nachthemd ['naxthɛmt] *n 1. (für Männer)* nightshirt; *2. (für Frauen)* nightgown
Nachtigall ['naxtɪgal] *f ZOOL* nightingale
nächtigen ['nɛçtɪgən] *v* spend the night
nächtlich ['nɛːçtlɪç] *adj* nightly, nocturnal
Nachtrag ['naːxtraːk] *m* supplement, postscript
nachtragen ['naːxtraːgən] *v irr 1. (hinterhertragen)* carry after; *2. (ergänzen)* add, supplement; *3. (fig) jdm etw ~* hold sth against s.o., resent s.o. for sth
nachträglich ['naːxtrɛːklɪç] *adj 1.* additional, supplementary, subsequent; *adv 2.* further, subsequently, later.
nachtrauern ['naːxtrauərn] *v* bemoan the loss of, pine for
Nachtruhe ['naxtruːə] *f 1. (Schlaf)* night's sleep; *2. (Anstaltsvorschrift)* lights out
nachts [naxts] *adv* at night
Nachttarif ['naxttariːf] *m* off-peak rate, night rate
Nachttisch ['naxttɪʃ] *m* night-table, bedside table, nightstand *(US)*
Nachuntersuchung ['naːxuntərzuːxuŋ] *f MED* check-up, follow-up examination
nachvollziehen ['naːxfɔltsiːən] *v irr* understand (s.o.'s thoughts or behaviour)
Nachwehen ['naːxveːən] *pl 1. (nach der Geburt) MED* afterpains *pl; 2. (fig: Folgewirkung)* repercussions *pl,* painful aftermath
nachweinen ['naːxvaɪnən] *v* bemoan, cry over
Nachweis ['naːxvaɪs] *m* proof, evidence
nachweisen ['naːxvaɪzən] *v irr* prove, demonstrate, show
Nachwelt ['naːxvɛlt] *f* posterity, future generations *pl*
nachwirken ['naːxvɪrkən] *v* have an after-effect, to be felt afterwards
Nachwirkung ['naːxvɪrkuŋ] *f* after-effect
Nachwort ['naːxvɔrt] *n* epilogue
Nachwuchs ['naːxvuːks] *m* coming generation, young talent, new blood
Nachwuchskräfte ['naːxvuːkskrɛftə] *pl* junior staff, junior employees
nachzahlen ['naːxtsaːlən] *v* pay afterwards, make a back payment
nachzählen ['naːxtsɛːlən] *v* check, recount
Nachzahlung ['naːxtsaːluŋ] *f* supplementary payment
nachziehen ['naːxtsiːən] *v irr 1. (hinterherziehen)* tow, drag; *2. (Schraube)* tighten
Nachzügler ['naːxtsyːglər] *m* straggler, latecomer, late arrival
Nacken ['nakən] *m ANAT* nape of the neck; *den Kopf in den ~ werfen* throw one's head back; *jdm im ~ sitzen* breathe down s.o.'s neck; *Er hatte die Polizei im ~.* The police were hard on his heels. *jdm den ~ stärken* back s.o. up; *Ihm sitzt der Schalk im ~.* He's in a devilish mood.
Nackenschlag ['nakənʃlaːk] *m (fig)* drawback
Nackenstütze ['nakənʃtytsə] *f* headrest
Nackenwirbel ['nakənvɪrbəl] *m ANAT* cervical vertebra
nackt [nakt] *adj* naked, nude, bare
Nacktbaden ['naktbaːdən] *n* swimming in the nude, skinny dipping *(US)*
Nacktheit ['nakthaɪt] *f 1. (eines Menschen)* nakedness, nudity; *2. (einer Landschaft)* starkness
Nacktschnecke ['naktʃnɛkə] *f ZOOL* slug
Nadel ['naːdəl] *f* needle, pin
Nadelbaum ['naːdəlbaum] *m BOT* coniferous tree
Nadelöhr ['naːdəløːr] *n* eye of a needle
Nadelstich ['naːdəlʃtɪç] *m 1. (beim Nähen)* stitch, needle prick; *2. (fig)* snide remark, needle, pinprick
Nadelstreifen ['naːdəlʃtraɪfən] *pl* pinstripes
Nagel ['naːgəl] *m 1.* nail; *den ~ auf den Kopf treffen (fig)* hit the nail on the head; *etw an den ~ hängen* chuck in sth, give up sth; *Nägel mit Köpfen machen* do the job properly; *2. (Finger-*

N

nagel) finger-nail; *jdm unter den Nägeln brennen* to be desparately urgent for s.o.; *sich etw unter den ~ reißen* pinch sth
Nagelhaut ['naːgəlhaut] *f ANAT* cuticle
nageln ['naːgəln] *v* nail
nagelneu ['naːgəl'nɔy] *adj* brand-new
nagen ['naːgən] *v* gnaw
Nagetier ['naːgətiːr] *n ZOOL* rodent

nah(e) [naː(ə)] *adj 1.* near, close, nearby; *jdm zu ~ treten* offend s.o.; *jdm ~ sein* to be close to s.o.; *adv 2.* close, near; *jdm etw ~ bringen* impress sth on s.o., bring sth home to s.o.; *~ gehen* affect; *jdm ~ kommen* get to know s.o.; *~ legen* recommend, urge, advise; *~ liegen* to be obvious; *der Schluss liegt ~* the conclusion suggests itself; *~ liegend (fig)* obvious; *3. (zeitlich) Weihnachten steht ~ bevor* christmas is just around the corner; *~ bevorstehend* approaching; *prep 3.* near, close to

Nahaufnahme ['naːaufnaːmə] *f* close-up
Nähe ['nɛːə] *f 1. (Nahesein)* nearness, proximity, closeness; *2. (Umgebung)* vicinity, neighbourhood; *in der ~* nearby; *in meiner ~* near me; *aus der ~* from close to, at close quarters; *3. (zeitlich)* closeness
nahen ['naːən] *v* approach, draw near
nähen ['nɛːən] *v* sew
Näherin ['nɛːərɪn] *f* seamstress
nähern ['nɛːərn] *v sich ~* approach, draw near, come nearer
nähertreten ['nɛːərtreːtən] *v irr einer Sache ~* get closer to sth, familiarize o.s. with sth
nahezu ['naːə'tsuː] *adv* almost, nearly, next to
Nähgarn ['nɛːgarn] *n* sewing cotton, sewing thread
Nahkampf ['naːkampf] *m MIL* close combat, hand-to-hand combat
Nährboden ['nɛːrboːdən] *m 1.* fertile soil; *2. (fig: für Gedanken)* hotbed, breeding ground
nähren ['nɛːrən] *v 1.* nourish, feed; *2. (Verdacht)* nurture
nahrhaft ['naːrhaft] *adj* nutritious, wholesome, nourishing
Nahrung ['naːruŋ] *f* nutrition, food, nourishment
Nahrungsaufnahme ['naːruŋsaufnaːmə] *f BIO* food intake
Nahrungsmangel ['naːruŋsmaŋəl] *m BIO* shortage of food
Nahrungsmittel ['naːruŋsmɪtəl] *n* food
Nahrungsquelle ['naːruŋskvɛlə] *f BIO* food source
Naht [naːt] *f* seam; *aus allen Nähten platzen* to be bursting at the seams
nahtlos ['naːtloːs] *adj* seamless
Nahtstelle ['naːtʃtɛlə] *f* seam
Nahverkehr ['naːfɛrkeːr] *m* local traffic
Nahverkehrszug ['naːfɛrkeːrstsuːk] *m* commuter train
Nahziel ['naːtsiːl] *n* short-term goal, short-term objective
naiv [na'iːf] *adj* naive
Naivität [naivi'tɛːt] *f* naiveté
Name ['naːmə] *m* name; *die Dinge beim ~n nennen* call a spade a spade; *in seinem ~n* on his behalf; *sich einen guten ~n machen* make a name for o.s.; *einen guten ~n haben* have a good reputation
Namengebung ['naːməngeːbuŋ] *f* naming
namenlos ['naːmənloːs] *adj* nameless
namens ['naːməns] *adv 1.* named, by the name of; *prep 2.* in the name of, on behalf of
Namensschild ['naːmənsʃɪlt] *n* nameplate
Namenstag ['naːmənstaːk] *m* name-day
Namensvetter ['naːmənsfɛtər] *m* namesake
Namenszug ['naːmənstsuːk] *m 1.* signature; *2. (Monogramm)* monogram
namentlich ['naːməntlɪç] *adj 1.* by name; *adv 2.* by name; *3. (besonders)* particularly, especially
namhaft ['naːmhaft] *adj* distinguished, renowned, noted
nämlich ['nɛːmlɪç] *konj* that is to say, because; *Am Freitag kann ich nicht dabei sein, meine Freundin hat ~ Geburtstag.* I can't be there on Friday, it's my girlfriend's birthday you see.
Napf [napf] *m* bowl, dish
Narbe ['narbə] *f* scar
narbig ['narbɪç] *adj* scarred
Narkose [nar'koːzə] *f MED* anaesthesia
Narkotikum [nar'koːtikum] *n* narcotic
Narr [nar] *m* fool, idiot, imbecile; *sich zum ~en machen* make a fool of o.s.; *jdn zum ~en halten* make a fool of s.o.; *an jdm einen ~en gefressen haben* have taken a great fancy to s.o.
Narrenhaus ['narənhaus] *n* madhouse
Narrenstreich ['narənʃtraɪç] *m 1.* stupid thing to do; *2. (Streich)* prank
narzisstisch [nar'tsɪstɪʃ] *adj* narcissistic
naschen ['naʃən] *v* nibble
naschhaft ['naʃhaft] *adj 1.* fond of sweets, fond of snacks, sweet-toothed; *2. (bei herzhaften Dingen)* fond of snacks; *3. ein ~er Mensch* a nibbler

N

Naschsucht ['naʃzuxt] *f* 1. craving for sweets, compulsive eating; 2. *(nach herzhaften Dingen)* compulsive eating

Nase ['naːzə] *f* nose; *auf die ~ fallen* fall flat on one's face; *die ~ voll haben* to be fed up; *jdm etw unter die ~ reiben* rub s.o.'s nose in sth; *jdn an der ~ herumführen (fam)* pull the wool over s.o.'s eyes; *die ~ rümpfen* turn up one's nose

näseln ['nɛːzəln] *v* talk through one's nose
naseweis ['naːzəvaɪs] *adj* 1. saucy, cheeky, impertinent; 2. *(neugierig)* nosey
Nashorn ['naːshɔrn] *n ZOOL* rhinoceros
nass [nas] *adj* wet
Nässe ['nɛsə] *f* dampness, wetness, moisture
nässen ['nɛsən] *v (einer Wunde)* discharge
Nation [na'tsjoːn] *f* nation
national [natsjo'naːl] *adj* national
nationalistisch [natsjona'lɪstɪʃ] *adj POL* nationalistic
Nationalität [natsjonali'tɛːt] *f* nationality
Nationalsozialismus [natsjo'naːlzotsɪalɪsmus] *m POL* National Socialism, Nazism
nationalsozialistisch [natsjo'naːlzotsjalɪstɪʃ] *adj POL* National Socialist, Nazi
Nationalstaat [natsjo'naːlʃtaːt] *m POL* nation-state
Natter ['natər] *f* 1. adder, viper; 2. *(fig)* snake
Natur [na'tuːr] *f* nature
Naturalien [natu'raːljən] *pl* food, natural products
naturalisieren [naturali'ziːrən] *v* naturalize
Naturell [natu'rɛl] *n* disposition, nature
naturfarben [na'tuːrfarbən] *adj* natural-coloured, in original colour
Naturforscher [na'tuːrfɔrʃər] *m* naturalist, scientist
naturgemäß [na'tuːrgəmɛːs] *adj* 1. natural; *adv* 2. naturally
Naturgesetz [na'tuːrgəzɛts] *n* law of nature
naturgetreu [na'tuːrgətrɔy] *adj* true to life, lifelike
Naturheilkunde [na'tuːrhaɪlkundə] *f MED* treatment by natural remedies
natürlich [na'tyːrlɪç] *adj* 1. natural; *adv* 2. *Natürlich!* Of course!
Natürlichkeit [na'tyːrlɪçkaɪt] *f* naturalness, unaffectedness, simplicity
naturnah [na'tuːrnaː] *adj* close to nature
naturrein [na'tuːrraɪn] *adj* pure, natural, unadulterated
Naturreligion [na'tuːrreligjoːn] *f REL* nature-worship
Naturschutz [na'tuːrʃuts] *m* preservation of nature, conservation of nature
Naturzustand [na'tuːrtsuːʃtant] *m* natural state, primitive state
Nautik ['nautɪk] *f* nautical science
Navigation [naviga'tsjoːn] *f* navigation
Nazidiktatur ['naːtsidɪktatuːr] *f POL* Nazi dictatorship, Nazi regime
Nebel ['neːbəl] *m* fog, mist, haze

neben ['neːbən] *prep* next to, beside, by; *~ anderen Dingen* among other things

nebenan [neːbən'an] *adv* next door
nebenberuflich ['neːbənbəruːflɪç] *adj* part-time
nebeneinander ['neːbənaɪnandər] *adv* next to each other, side by side; *~ stellen* juxtapose, place adjacently; *~ sitzen* sit side by side, sit next to each other
Nebenfach ['neːbənfax] *n* subsidiary subject *(UK)*, minor *(US)*
Nebenfigur ['neːbənfiguːr] *f LIT* supporting character
Nebenfluss ['neːbənflus] *m* tributary
Nebengeräusch ['neːbəngərɔyʃ] *n* extraneous noise
nebenher [neːbən'heːr] *adv* in addition, on the side, as well
Nebenhöhle ['neːbənhøːlə] *f ANAT* sinus
Nebenkosten ['neːbənkɔstən] *pl* incidental expenses, ancillary costs
Nebenprodukt ['neːbənprodukt] *n* by-product
nebensächlich ['neːbənzɛçlɪç] *adj* secondary, incidental, unimportant
Nebensatz ['neːbənzats] *m GRAMM* subordinate clause
Nebenstraße ['neːbənʃtraːsə] *f* 1. side street; 2. *(Landstraße)* by-road
Nebenwirkung ['neːbənvɪrkuŋ] *f* side effect, secondary effect
necken ['nɛkən] *v* tease
neckisch ['nɛkɪʃ] *adj* 1. teasing, playful, mischievous; 2. *(Kleidungsstück)* coquettish, saucy
Neffe ['nɛfə] *m* nephew
Negativität [negativi'tɛːt] *f* negativity, negativeness
negieren [ne'giːrən] *v* negate, deny
nehmen ['neːmən] *v irr* take; *sich etw nicht ~ lassen* insist on sth; *etw auf sich ~* accept sth, take on sth; *einen zur Brust ~* have a drink
Neid [naɪt] *m* envy; *vor ~ platzen* go green with envy

N

Neider ['naɪdər] *m* envious person, envier
neidisch ['naɪdɪʃ] *adj* envious, jealous
neidlos ['naɪdloːs] *adj* without envy
Neige ['naɪgə] *f Die Vorräte gehen zur ~.* We're running out of stocks.
neigen ['naɪgən] *v 1.* incline, bow, bend; *2. (- fig)* to be inclined, tend
Neigung ['naɪguŋ] *f 1.* inclination; *2. (geneigte Fläche)* incline, slope, gradient; *3. (fig)* inclination, tendency, proneness
nein [naɪn] *adv* no
Neinstimme ['naɪnʃtɪmə] *f POL* no-vote, nay
Nektar ['nɛktar] *m* nectar
Nektarine [nɛkta'riːnə] *f BOT* nectarine
Nelke ['nɛlkə] *f BOT* carnation, pink

nennen ['nɛnən] *v irr 1.* name; *2. (heißen)* name, call; *3. (erwähnen)* mention; *4. sich ~* to be called

nennenswert ['nɛnənsveːrt] *adj* considerable, worth mentioning, significant
Nenner ['nɛnər] *m MATH* denominator; *gemeinsamer ~* common denominator; *einen gemeinsamen ~ finden (fig)* find a common denominator
Nennwert ['nɛnveːrt] *m FIN* nominal value, face-value
Neonazismus [neona'tsɪsmus] *m POL* neo-Nazism
Nepp [nɛp] *m* ripoff
Nerv [nɛrf] *m 1. ANAT* nerve; *2. (fig)* nerve; *den ~ haben* have the nerve; *jdm auf die ~en gehen* get on s.o.'s nerves; *~en wie Drahtseile haben* have nerves of steel; *die ~en verlieren* lose control; *mit den ~en herunter sein* to be cracking up
nerven ['nɛrfən] *v (fam)* make nervous; *jdn ~* get on s.o.'s nerves
Nervenanspannung ['nɛrfənanʃpanuŋ] *f* nervous tension, nervous strain
Nervenarzt ['nɛrfənartst] *m* neurologist
nervenaufreibend ['nɛrfənaufraɪbənt] *adj* nerve-racking, trying
Nervenbelastung ['nɛrfənbəlastuŋ] *f (fig)* strain on the nerves
Nervenbündel ['nɛrfənbyndəl] *n (fig)* nervous wreck, bundle of nerves
Nervenentzündung ['nɛrfənɛnttsynduŋ] *f MED* neuritis
Nervengas ['nɛrfəngaːs] *n CHEM* nerve gas
Nervengift ['nɛrfəngɪft] *n CHEM* neurotoxin
Nervenheilanstalt ['nɛrfənhaɪlanʃtalt] *f* mental hospital
Nervenkitzel ['nɛrfənkɪtsəl] *m* thrill
nervenkrank ['nɛrfənkraŋk] *adj* neuropathic, neurotic
Nervenkrieg ['nɛrfənkriːk] *m (fig)* war of nerves
nervenleidend ['nɛrfənlaɪdənt] *adj* neurotic
Nervensache ['nɛrfənzaxə] *f* matter of nerves
Nervenschwäche ['nɛrfənʃvɛçə] *f* weak nerves *pl,* neurasthenia
nervenstark ['nɛrfənʃtaːrk] *adj Er ist ~.* He has strong nerves.
Nervensystem ['nɛrfənzysteːm] *n ANAT* nervous system
Nervenzusammenbruch ['nɛrfəntsuzamənbrux] *m MED* nervous breakdown
nervig ['nɛrfɪç] *adj (fam: ärgerlich)* irritating
nervlich ['nɛrflɪç] *adj (fig)* nervous
nervös [nɛr'vøːs] *adj 1.* nervous; *2. (reizbar)* irritable; *3. (überdreht)* on edge; *4. (erregbar)* excitable
Nervosität [nɛrvozi'tɛːt] *f* nervousness
nervtötend ['nɛrftøːtənt] *adj (fig)* nerve-racking, nerve-wracking
Nerzmantel ['nɛrtsmantəl] *m* mink coat
Nessel ['nɛsəl] *f* nettle; *sich in die ~n setzen* get into hot water
Nest [nɛst] *n* nest; *(fig) sich ins gemachte ~ setzen* marry into money
nesteln ['nɛstəln] *v an etw ~* fiddle with sth, fumble with sth
Nesthäkchen ['nɛsthɛːkçən] *n 1.* nestling; *2. (fig: das jüngste Kind)* the baby of the family
Nestwärme ['nɛstvɛrmə] *f (fig)* family warmth, supportive home environment
nett [nɛt] *adj 1.* nice; *adv 2.* nicely
netterweise ['nɛtər'vaɪzə] *adv* kindly
netto ['nɛto] *adv ECO* net
Netz [nɛts] *n* net, network; *jdm ins ~ gehen* fall into s.o.'s trap
Netzanschluss ['nɛtsanʃlus] *m TECH* mains connection, power supply line
netzartig ['nɛtsaːrtɪç] *adj* netlike, reticulated

neu [nɔy] *adj* new; *aufs Neue* from scratch; *Auf ein Neues!* Here's the next time! *von Neuem* afresh

Neuanfang ['nɔyanfaŋ] *m* new start
neuartig ['nɔyaːrtɪç] *adj* novel, original
Neuartigkeit ['nɔyaːrtɪçkaɪt] *f* novelty

N

Neubau ['nɔybau] *m* new construction
Neubauwohnung ['nɔybauvo:nuŋ] *f* modern flat *(UK)*, modern apartment *(US)*
Neubeginn ['nɔybəgɪn] *m* new beginning
Neubildung ['nɔybɪlduŋ] *f 1.* new creation, new entity; *2. (einer Regierung)* formation; *3. (Wortgut)* neologism; *4. (Geschwulst) MED* neoplasm
Neuentwicklung ['nɔyɛntvɪkluŋ] *f* innovation, recent development, new development
neuerdings ['nɔyərdɪŋs] *adv* lately, of late
Neueröffnung ['nɔyɛrœfnuŋ] *f 1.* opening; *2. (Wiedereröffnung)* reopening
Neuerscheinung ['nɔyɛrʃaɪnuŋ] *f 1.* new release; *2. (Neuheit)* new phenomenon
Neuerung ['nɔyəruŋ] *f* innovation, change, reform
Neufundland [nɔy'funtlant] *n GEO* Newfoundland
Neugeborene ['nɔygəbo:rənə] *n* newborn child
Neugestaltung ['nɔygəʃtaltuŋ] *f* rearrangement, redesign
Neugier ['nɔygi:r] *f* curiosity, inquisitiveness
neugierig ['nɔygi:rɪç] *adj 1.* curious, inquisitive; *2. (eindrängend)* nosey
Neuheit ['nɔyhaɪt] *f* novelty
Neuhochdeutsch ['nɔyho:xdɔytʃ] *n LING* Modern High German
Neuigkeit ['nɔyɪçkaɪt] *f* item of news; *~en* news
Neujahr ['nɔyja:r] *n* new year
Neuland ['nɔylant] *n 1.* new territory, new ground, virgin soil; *2. (fig)* untouched ground, new ground
neulich ['nɔylɪç] *adv* recently, the other day
Neuling ['nɔylɪŋ] *m* beginner, novice, newcomer
Neunmalkluger ['nɔynma:lklu:gər] *m (fam)* know-it-all, wiseacre, smart-aleck
neunzehn ['nɔyntse:n] *num* nineteen
Neunziger ['nɔyntsɪger] *pl 1. in den ~n sein (Mensch)* to be in one's nineties; *2. die ~ (Jahrzehnt)* the Nineties
neuralgisch [nɔy'ralgɪʃ] *adj 1. MED* neuralgic; *2. (fig: problematisch)* crucial, critical; *~er Punkt (Problem)* crux, *(zu klärender Punkt)* sticking point
Neuregelung ['nɔyre:gəluŋ] *f* new regulations
neureich ['nɔyraɪç] *adj* nouveau riche
Neuschnee ['nɔyʃne:] *m* fresh snow, freshsnowfall, new snow, newly fallen snow
neutral [nɔy'tra:l] *adj 1.* neutral; *adv 2.* neutral, neutrally
Neutralität [nɔytrali'tɛ:t] *f* neutrality
Neutrum ['nɔytrum] *n GRAMM* neuter
Neuverschuldung ['nɔyfɛrʃulduŋ] *f* incurring new debt
Neuwert ['nɔyve:rt] *m 1.* value when new; *2. (eines versicherten Gegenstandes)* replacement value
neuwertig ['nɔyve:rtɪç] *adj* as good as new, like new
Neuzeit ['nɔytsaɪt] *f* modern times *pl*
nicht [nɪçt] *adv* not; *Ich ~!* Not me! *Bitte ~!* Please don't! *etw ~ tun* not do something; *„Hast du Hunger?" „Nein." „Nicht?"* "Are you hungry?" "No." "You're not?" *Nicht? (Nicht wahr?)* Right?; *~ amtlich* unofficial
Nichte ['nɪçtə] *f* niece
Nichterfüllung ['nɪçtɛrfyluŋ] *f* non-compliance, non-performance, non-fulfilment
Nichterscheinen ['nɪçtɛrʃaɪnən] *n* failure to appear
Nichtgefallen ['nɪçtgəfalən] *m* dissatisfaction; *bei ~* if you are not completely satisfied
nichtig ['nɪçtɪç] *adj* null and void, void, invalid
Nichtigkeit ['nɪçtɪçkaɪt] *f* invalidity, nullity
Nichtraucher ['nɪçtrauxər] *m* non-smoker

> **nichts** [nɪçts] *pron* nothing, not anything; *~ ahnend* unsuspecting; *~ sagend* meaningless, insignificiant, futile; *~ von Bedeutung* nothing of any importance; *~ Neues* nothing new; *~ Besseres* nothing better; *Nichts da!* No you don't! *Nichts für ungut.* No hard feelings. *Von ~ kommt ~.* Nothing ventured, nothing gained.

Nichts [nɪçts] *n 1.* nothingness; *aus dem ~* out of nowhere; *vor dem ~ stehen* to be left with nothing; *2. (Mensch)* nonentity
nichtsdestotrotz [nɪçtsdɛsto'trɔts] *adv* nevertheless, nonetheless
nichtsdestoweniger [nɪçtsdɛsto've:nɪgər] *adv* nevertheless, nonetheless
nichtsesshaft [nɪçt'zɛshaft] *adj* vagrant
nichtsnutzig ['nɪçtsnutsɪç] *adj* good-for-nothing, no-good, no-account
Nichtstun ['nɪçtstu:n] *n* idleness
nicken ['nɪkən] *v* nod
Nickerchen ['nɪkərçən] *n (fam)* nap, snooze
nie [ni:] *adv* never; *~ und nimmer* never ever
nieder ['ni:dər] *adj 1.* low, minor; *2. (gemein)* common; *adv 3.* down, low

N

Niedergang ['niːdərgaŋ] *m (fig)* fall, decline
niedergeschlagen ['niːdərgəʃlaːgən] *adj* dejected, despondent
niederkämpfen ['niːdərkɛmpfən] *v* defeat, overcome, subdue
niederknien ['niːdərkniːən] *v* kneel, kneel down
niederkommen ['niːdərkɔmən] *v irr (gebären)* give birth, deliver
Niederkunft ['niːdərkunft] *f* delivery (of a child)
Niederlage ['niːdərlaːgə] *f 1.* defeat; *2. SPORT* loss, defeat
niederlassen ['niːdərlasən] *v irr 1. (herunterlassen)* let down; *2. sich ~ (hinsetzen)* sit down; *3. sich ~ (Wohnsitz nehmen)* settle down; *4. sich ~ (Geschäft eröffnen)* set up shop
Niederlassung ['niːdərlasuŋ] *f ECO* site, location, place of business
niederlegen ['niːdərleːgən] *v 1.* lay down, put down; *2. (Mauer)* pull down; *3. (fig: Amt)* resign; *4. sich ~* lie down
Niederlegung ['niːdərleːguŋ] *f 1. (eines Kranzes)* laying; *2. (eines Amtes) POL* resignation; *3. (der Arbeit) ECO* stoppage; *4. (schriftliche Darlegung)* putting down
niedermachen ['niːdərmaxən] *v* massacre, kill
Niederschlag ['niːdərʃlaːk] *m METEO* precipitation, rain
niederschlagen ['niːdərʃlaːgən] *v irr 1. (Feind)* strike down; *2. (fig: Zweifel)* suppress, crush, put an end to; *3. (Augen)* cast down, lower
niederschmettern ['niːdərʃmɛtərn] *v* shatter
niederschmetternd ['niːdərʃmɛtərnt] *adj* shattering, devastating
niederschreiben ['niːdərʃraɪbən] *v irr* write down, record
Niederschrift ['niːdərʃrɪft] *f* written record, notes; *(einer Sitzung)* minutes
niederstrecken ['niːdərʃtrɛkən] *v jdn ~* knock s.o. down, lay s.o. flat
Niedertracht ['niːdərtraxt] *f* meanness, baseness
niederträchtig ['niːdərtrɛçtɪç] *adj* base, vile, low
Niederträchtigkeit ['niːdərtrɛçtɪçkaɪt] *f* maliciousness, abominable conduct, despicable behaviour
Niederung ['niːdəruŋ] *f* low ground, lowland, flatland
niederwerfen ['niːdərvɛrfən] *v irr 1. (fig: besiegen)* defeat, subdue; *2. (unterdrücken)* put down, suppress
niedlich ['niːtlɪç] *adj* cute, sweet, pretty
niedrig ['niːdrɪç] *adj 1.* low; *2. (fig)* low, base, vile
niemals ['niːmaːls] *adv* never
niemand ['niːmant] *pron* nobody, no one
Niemand ['niːmant] *m ein ~* a nobody
Niemandsland ['niːmantslant] *n* no man's land
Niere ['niːrə] *f 1. GAST* kidney; *2. ANAT* kidney; *jdm an die ~n gehen* shake s.o. *(fig)*
nieseln ['niːzəln] *v* drizzle
niesen ['niːzən] *v* sneeze
Niete ['niːtə] *f 1. (Niet) TECH* rivet; *2. (Los) eine ~ ziehen* draw a blank; *3. (fig: Mensch)* dud
nieten ['niːtən] *v* rivet
Nihilismus [nihi'lɪsmus] *m PHIL* nihilism
Nikolaus ['nɪkolaus] *m (der Weihnachtsmann)* Santa Claus
Nikotin [niko'tiːn] *n* nicotine
nikotinhaltig [niko'tiːnhaltɪç] *adj* containing nicotine
Nimbus ['nɪmbus] *m 1.* nimbus, halo; *2. (fig)* aura
nimmer ['nɪmər] *adv 1.* never; *2. (nicht mehr)* no more, not any more
Nimmerwiedersehen [nɪmər'viːdərzeːən] *n auf ~ verschwinden* disappear never to be seen again; *Auf ~!* Goodbye for ever!
Nippel ['nɪpəl] *m 1. (Brustwarze)* nipple; *2. (Verschluss)* tab
nippen ['nɪpən] *v* sip
nirgends ['nɪrgənts] *adv* nowhere, not anywhere
nirgendwo ['nɪrgəntvoː] *adv* nowhere, not anywhere
Nische ['niːʃə] *f* niche, recess
nisten ['nɪstən] *v* nest
Niveau [ni'voː] *n* level; *~ haben (fig)* to be of a high standard
niveaulos [ni'voːloːs] *adj* mediocre, of little merit
niveauvoll [ni'voːfɔl] *adj* of a high standard, high-class
nivellieren [nivɛ'liːrən] *v* level, grade
Nivellierung [nivɛ'liːruŋ] *f* levelling, levelling out
Nixe ['nɪksə] *f* water-nymph, mermaid
nobel ['noːbəl] *adj 1.* noble, distinguished; *2. (fein)* posh; *3. (kostspielig)* extravagant
Nobelpreis [no'bɛlpraɪs] *m* Nobel prize

N

noch [nɔx] *adv 1.* still, yet, even; *~ nicht* not yet; *2. (außerdem) ~ eine* another; *auch ~* too, also; *~ etwas* something else, another thing; *~ mal, ~ einmal* again; *3. gerade ~* only just; *Das hat gerade ~ gefehlt!* That's all we needed. *4. (mit dem Komparativ)* even ...; *~ langsamer* even slower; *konj 5. weder ... ~ ...* neither ... nor ...

nochmalig ['nɔxmaːlɪç] *adj* renewed, repeated, second
nochmals ['nɔxmaːls] *adv* once more, once again
Nomade [no'maːdə] *m* nomad
Nomen ['noːmən] *n GRAMM* declinable word
Nominallohn [nomi'naːlloːn] *m ECO* nominal wage
Nominativ ['nominatiːf] *m GRAMM* nominative (case)
nominell [nomi'nɛl] *adj 1.* nominal; *adv 2.* nominally
nominieren [nomi'niːrən] *v* nominate
Nominierung [nomi'niːruŋ] *f* nomination
Nonkonformismus [nɔnkɔnfɔr'mɪsmus] *m* non-conformism
Nonne ['nɔnə] *f REL* nun
Nonsens ['nɔnzɛns] *m* nonsense
norddeutsch ['nɔrtdɔytʃ] *adj* northern German, north German
Norddeutschland ['nɔrtdɔytʃlant] *n GEO* northern Germany
Norden ['nɔrdən] *m* north
Nordeuropa ['nɔrtɔyropa] *n GEO* northern Europe
nordeuropäisch ['nɔrtɔyropɛːɪʃ] *adj* north European, northern European
nördlich ['nœrtlɪç] *adj 1.* northern; *adv 2. ~ von München* north of Munich
Nordlicht ['nɔrtlɪçt] *n 1.* northern lights *pl; 2. (Norddeutscher)* Northerner
Nordpol ['nɔrtpoːl] *m* North Pole
Nordsee ['nɔrtzeː] *f* North Sea
Nörgelei [nœrgə'laɪ] *f* nagging, grumbling
nörgeln ['nœrgəln] *v* nag, grumble, carp
Nörgler ['nœrglər] *m* complainer, fault-finder, nag
Norm [nɔrm] *f 1.* norm, standard; *2. (Regel)* rule
normal [nɔr'maːl] *adj* normal, regular, standard
Normalbenzin [nɔr'maːlbɛntsiːn] *n* two-star petrol *(UK),* regular gasoline *(US)*
normalerweise [nɔr'maːlərvaɪzə] *adv* normally, usually
Normalfall [nɔr'maːlfal] *m* normal case, standard case; *im ~* normally
Normalgewicht [nɔr'maːlgəvɪçt] *n* normal weight
normalisieren [nɔrmali'ziːrən] *v* normalize
Normalisierung [nɔrmali'ziːruŋ] *f* standardization
Normalverbraucher [nɔr'maːlfɛrbrauxər] *m* average consumer; *Otto ~* Joe Bloggs *(UK),* John Doe *(US)*
normativ [nɔrma'tiːf] *adj* normative, standard
normieren [nɔr'miːrən] *v* standardize
Nostalgie [nɔstal'giː] *f* nostalgia
Not [noːt] *f 1. (Armut)* indigence, poverty; *seine liebe ~ mit jdm haben* have no end of trouble with s.o.; *2. (Mangel)* need; *wo ~ am Mann ist* in an emergency; *3. (Gefahr)* danger, distress, peril; *mit knapper ~* by the skin of one's teeth
Notar [no'taːr] *m JUR* notary
notariell [notar'jɛl] *adj 1. JUR* notarial; *adv 2. ~ beglaubigt JUR* notarized
Notarzt ['noːtartst] *m* emergency doctor
Notdienst ['noːtdiːnst] *m* damage control, emergency service
Notdurft ['noːtdurft] *f* nature's call *(fam); seine ~ verrichten* relieve o.s. *(fam)*
notdürftig ['noːtdyrftɪç] *adj 1.* makeshift, stopgap; *etw ~ ausbessern* make temporary repairs to sth; *2. (knapp ausreichend)* scanty, meagre
Note ['noːtə] *f 1. (Schule)* mark, grade *(US); 2. (Banknote)* bank-note, bill; *3. MUS* note; *mit einer amerikanischen ~ (fig)* with an American touch
Notenbank ['noːtənbaŋk] *f ECO* central bank
Notendurchschnitt ['noːtəndurçʃnɪt] *m* average mark, average grade *(US)*
Notenständer ['noːtənʃtɛndər] *m MUS* music stand

Notfall ['noːtfal] *m* emergency

notfalls ['noːtfals] *adv* in an emergency, in case of need, if need be
notgedrungen ['noːtgədruŋən] *adj* compulsory, necessary, forced
notieren [no'tiːrən] *v 1.* note, make a note of; *2. FIN* quote, list
Notierung [no'tiːruŋ] *f 1.* notation; *2. FIN* quotation

N

nötig ['nø:tɪç] *adj* *1.* required, necessary, urgent; *Du hast es gerade ~!* You're one to talk! *adv* *2. (unbedingt)* urgently
nötigen ['nø:tɪgən] *v* *1. (dringend bitten)* urge; *2. (durch Drohung zwingen)* coerce; *3. (zwingen)* force, compel, *sich ~ lassen* need prompting, need urging
nötigenfalls ['nø:tɪgənfals] *adv* if needed, if necessary, as required, if required
Nötigung ['nø:tɪguŋ] *f* compulsion
Notiz [no'ti:ts] *f* *1. (Angabe)* note; *2. (Zeitungsnotiz)* announcement; *~ von jdm nehmen* take notice of s.o.
Notizblock [no'ti:tsblɔk] *m* note-pad, jotter
Notizbuch [no'ti:tsbu:x] *n* notebook
Notlage ['no:tla:gə] *f* crisis, plight, predicament
notlanden ['no:tlandən] *v* make an emergency landing
Notlösung ['no:tlø:zuŋ] *f* makeshift solution
Notlüge ['no:tly:gə] *f* white lie
notorisch [no'to:rɪʃ] *adj* notorious
Notruf ['no:tru:f] *m* *1.* emergency call; *2. (Nummer)* emergency number; *3. NAUT* distress signal
Notsitz ['no:tzɪts] *m* fold-down seat
Notstand ['no:tʃtant] *m* crisis, state of emergency, public emergency
Notwehr ['no:tve:r] *f* self-defence
notwendig ['no:tvɛndɪç] *adj* *1.* necessary; *ein ~es Übel sein* to be a necessary evil; *2. (wesentlich)* essential
Notwendigkeit [no:t'vɛndɪçkaɪt] *f* necessity
November [no'vɛmbər] *m* November
Novum ['no:vum] *n* novelty, first *(fam)*
nuancenreich [ny'ã:sənraɪç] *adj* full of nuances
nüchtern ['nyçtərn] *adj* *1. (ohne Alkohol)* sober; *2. (ohne Essen)* with an empty stomach; *auf ~en Magen* on an empty stomach; *3. (sachlich)* level-headed, sensible, matter-of-fact
Nüchternheit ['nyçtərnhaɪt] *f* *1. (Unbetrunkenheit)* sobriety, soberness; *2. (Sachlichkeit)* rationality, objectivity; *3. (Fadheit)* blandness; *4. (leerer Magen) bei ~* with an empty stomach
nuckeln ['nukəln] *v* suck, sip
Nudelholz ['nu:dəlhɔlts] *n* rolling pin
Nudeln ['nu:dəln] *pl* noodles
nudistisch [nu'dɪstɪʃ] *adj* nudist
Nuklearmacht [nukle'a:rmaxt] *f* *POL* nuclear power
Null [nul] *f* zero, nought; *gleich null sein* to be next to nothing; *in ~ Komma nichts* in the twinkling of an eye
nullachtfünfzehn [nulaxt'fynftse:n] *adj* *(fam)* run-of-the-mill
Nullpunkt ['nulpuŋkt] *m* *1.* zero; *den ~ erreichen (fig)* hit rock bottom; *2. (Gefrierpunkt)* freezing-point
Nullrunde ['nulrundə] *f* *ECO* wage freeze
Nulltarif ['nultari:f] *m* *(für Verkehrsmittel)* fare-free transport, free travel
nummerieren [numə'ri:rən] *v* number, ticket, label
Nummerierung [numə'ri:ruŋ] *f* numbering
numerisch [nu'mɛrɪʃ] *adj* numerical

> **Nummer** ['numər] *f* *1. (Zahl)* number, figure; *auf ~ sicher gehen* play it safe; *2. (Größe)* size; *Das ist wohl eine ~ zu groß für dich. (fam)* You're out of your league there. *3. (Exemplar)* issue; *4. eine ~ abziehen* put on an act

nun [nu:n] *adv* *1.* now, at present; *2. Das ist ~ mal so.* That's just how it is. *3. (zur Fortsetzung der Rede)* well
nunmehr ['nu:n'me:r] *adv* *1. (jetzt)* now; *2. (von jetzt an)* from now on, as of now
nur [nu:r] *adv* only, just, merely; *nicht ~ ... sondern auch ...* not only ... but also ...
nuscheln ['nuʃəln] *v* mumble, mutter
Nuss [nus] *f* nut; *eine harte ~ zu knacken haben* to have a tough nut to crack
Nutte ['nutə] *f* *(fam)* whore, tart *(UK)*
Nutzanwendung ['nutsanvɛnduŋ] *f* *1. (praktische Anwendung)* practical application; *2. (moralischer Wert)* moral
nutzbar ['nutsba:r] *adj* useful; *~ machen* harness
nutzen ['nutsən] *v* *1.* to be of use, to be useful; *2. (etw ~)* use, utilize
Nutzen ['nutsən] *m* *1.* use; *von ~ sein* to be of use; *2. (Vorteil)* advantage, benefit
nützen ['nytsən] *v* *(siehe „nutzen")*
nützlich ['nytslɪç] *adj* useful, helpful, beneficial; *sich als ~ erweisen* prove one's usefulness
Nutznießer ['nutsni:sər] *m* beneficiary
Nutzung ['nutsuŋ] *f* use, utilization
Nylonstrumpf ['naɪlɔnʃtrumpf] *m* nylon, nylon stocking, nylon hose
Nymphe ['nymfə] *f* nymph
nymphoman [nymfo'ma:n] *adj* nymphomaniac, nymphomaniacal

O

Oase [o'aːzə] *f* oasis
ob [ɔp] *konj* whether, if
Obacht ['oːbaxt] *f* attention; *auf etw ~ geben* pay attention to sth
Obdach ['ɔpdax] *n* shelter
obdachlos ['ɔpdaxloːs] *adj* homeless
Obdachlose(r) ['ɔpdaxloːzə(r)] *m/f* homeless person
Obduktion [ɔpduk'tsjoːn] *f MED* autopsy, post-mortem (examination)
obduzieren [ɔpdu'tsiːrən] *v MED* perform an autopsy
O-beinig ['oːbaɪnɪç] *adj* bow-legged
Obelisk [obe'lɪsk] *m* obelisk

oben ['oːbən] *adv 1. (am oberen Ende)* at the top; *von ~* from above; *von ~ bis unten* from top to bottom; *„~-ohne"* topless; *siehe ~* see above; *2. (in der Höhe)* up; *3. (im Hause)* upstairs; *~ stehend* above, above-mentioned

obenan [oːbən'an] *adv* at the top; *~ stehen* be at the top
obenauf [oːbən'auf] *adv 1.* on top; *2. (munter)* cheerful
obendrein [oːbən'draɪn] *adv* besides, on top of everything else, over and above
obenhin [oːbən'hɪn] *adv* superficially; *etw ~ sagen* say sth casually
Ober ['oːbər] *m (Kellner)* waiter
Oberarm ['oːbərarm] *m* upper arm
Oberarzt/Oberärztin ['oːbərartst/oːbərɛːrtstɪn] *m/f* senior physician
Oberbefehl ['oːbərbəfeːl] *m MIL* supreme command
Oberbegriff ['oːbərbəgrɪf] *m* generic term, collective term
Oberbekleidung ['oːbərbəklaɪduŋ] *f* outer clothing, outerwear
Oberbürgermeister [oːbər'byrgərmaɪstər] *m* mayor; *(von einer englischen Großstadt)* Lord Mayor
obere(r,s) ['oːbərə(r,s)] *adj* higher, upper, superior
Oberfläche ['oːbərflɛçə] *f* surface
Oberflächenstruktur ['oːbərflɛçənʃtruktuːr] *f* surface structure
oberflächlich ['oːbərflɛçlɪç] *adj 1.* superficial; *2. (seicht)* shallow; *adv 3.* superficially
Oberflächlichkeit ['oːbərflɛçlɪçkaɪt] *f* superficiality, shallowness
Obergeschoss ['oːbərgəʃɔs] *n* upper storey, upper level, upper floor; *zweites ~* second floor *(UK),* second storey *(UK),* third floor *(US),* third story *(US)*
oberhalb ['oːbərhalp] *prep 1.* above; *adv 2.* above
Oberhand ['oːbərhant] *f die ~ gewinnen* gain the upper hand; *die ~ haben* have the upper hand
Oberhaupt ['oːbərhaupt] *n* head, chief
Oberhaus ['oːbərhaus] *n POL* upper house
Oberin ['oːbərɪn] *f REL* Mother Superior
oberirdisch ['oːbərɪrdɪʃ] *adj* above ground
Oberkante ['oːbərkantə] *f* top
Oberkellner ['oːbərkɛlnər] *m* head-waiter
Oberkiefer ['oːbərkiːfər] *m ANAT* upper jaw
Oberkommando ['oːbərkɔmando] *n MIL* high command, supreme command
Oberkörper ['oːbərkœrpər] *m ANAT* upper part of the body; *(Brust)* chest
Oberleitung ['oːbərlaɪtuŋ] *f TECH* overhead wires *pl,* overhead cable
Oberlicht ['oːbərlɪçt] *n 1.* skylight; *2. (über einer Tür)* fanlight
Oberliga ['oːbərliːga] *f SPORT* third division
Oberlippe ['oːbərlɪpə] *f ANAT* upper lip
Oberschenkel ['oːbərʃɛŋkəl] *m ANAT* thigh
Oberschicht ['oːbərʃɪçt] *f (Gesellschaftsschicht)* upper class
Oberschule ['oːbərʃuːlə] *f* secondary school
Oberst ['oːbərst] *m MIL* colonel
oberste(r,s) ['oːbərstə(r,s)] *adj* uppermost, topmost, highest
Oberstufe ['oːbərʃtuːfə] *f 1. (elfte bis dreizehnte Klasse)* stage II secondary education, upper secondary education, senior high school *(US),* grades eleven to thirteen; *2. (Schüler der ~)* stage II secondary education students *(UK),* upperclassmen *(US)*
Oberteil ['oːbərtaɪl] *n 1.* upper part; *2. (Kleidungsstück)* top
Oberwasser ['oːbərvasər] *n ~ haben* have the upper hand
obgleich [ɔp'glaɪç] *konj* although
Obhut ['ɔphuːt] *f* keeping, protection, safekeeping
obige(r,s) ['oːbɪgə(r,s)] *adv* above, above-mentioned
Objekt [ɔp'jɛkt] *n* object

objektiv [ɔpjɛk'tiːf] *adj* objective, impartial
Objektiv [ɔpjɛk'tiːf] *n FOTO* lens, objective
Objektivität [ɔpjɛktivi'tɛːt] *f* objectivity, impartiality, objectiveness
Objektträger [ɔp'jɛkttrɛːgər] *m* slide
Oblate [o'blaːtə] *f 1. GAST* wafer; *2. REL* host
obliegen [ɔp'liːgən] *v irr* to be incumbent upon; *Es obliegt ihm.* He is reponsible for it.
obligatorisch [ɔbliga'toːrɪʃ] *adj* obligatory, compulsory, mandatory
Obmann ['ɔbman] *m 1. (Vorsitzender)* chairman; *2. (Vertreter)* representative
Obrigkeit ['oːbrɪçkaɪt] *f* authorities *pl*
obrigkeitlich ['oːbrɪçkaɪtlɪç] *adj* government
Obrigkeitsdenken ['oːbrɪçkaɪtsdɛŋkən] *n* authoritarian thinking, authoritarian mentality
obschon [ɔp'ʃoːn] *konj* though, although
Observatorium [ɔpzɛrva'toːrjum] *n ASTRO* observatory
observieren [ɔpzɛr'viːrən] *v* observe
obskur [ɔps'kuːr] *adj* obscure, mysterious
Obskurität [ɔpskuri'tɛːt] *f* obscurity
Obst [oːpst] *n* fruit
Obstanbau ['oːpstanbau] *m AGR* fruit-growing
Obstgarten ['oːpstgartən] *m* orchard
obszön [ɔps'tsøːn] *adj* obscene
obwohl [ɔp'voːl] *konj* although
Ochse ['ɔksə] *m ZOOL* bullock, ox; *dastehen wie der ~ vorm Berg* stand there like a dying duck in a thunderstorm
ocker ['ɔkər] *adj* ochre
Ocker ['ɔkər] *n* ochre
öde ['øːdə] *adj 1.* deserted, desolate; *2. (fig)* dreary, dull, boring
Öde ['øːdə] *f 1. (Gegend)* wasteland; *2. (Langweiligkeit)* monotony
Ödem [ø'deːm] *n MED* oedema, edema *(US)*
oder ['oːdər] *konj 1.* or; *2. (fragend) ..., ~? ...,* right?
ödipal [ødi'paːl] *adj* oedipal
Ofen ['oːfən] *m 1. (Backofen)* oven; *2. (Heizofen)* furnace; *hinter dem ~ hocken* to be a stay-at-home; *ein Schuss in den ~* a complete waste of time; *Der ~ ist aus.* That does it.
Ofenrohr ['oːfənroːr] *n* stove pipe
offen ['ɔfən] *adj 1. (geöffnet)* open; *2. (fig: aufrichtig)* frank, open; *3. (fig: unentschieden)* open; *4. (fig: nicht besetzt)* vacant; *5. ~ bleiben* stay open; *(Ende)* remain to be seen, remain open, remain unsolved; *6. ~ halten* leave open; *(unbesetzt lassen)* hold open; *sich etw ~ halten* reserve decision on sth, keep sth open; *7. ~ legen (fig)* disclose; *8. ~ stehen* to be open; *(fig: Rechnung)* to be outstanding, to be owing
offenbar ['ɔfənbaːr] *adj 1.* obvious, apparent, evident; *adv 2.* obviously, evidently, apparently
offenbaren [ɔfən'baːrən] *v* reveal, disclose, make known
Offenbarung [ɔfən'baːruŋ] *f 1. (Enthüllung)* revelation; *2. REL* Revelation
Offenheit ['ɔfənhaɪt] *f* openness, frankness, directness
offenherzig ['ɔfənhɛrtsɪç] *adj 1.* open-hearted; *2. (fam: Dekolletee)* revealing
offenkundig ['ɔfənkundɪç] *adj* public, obvious, blatant
offensichtlich ['ɔfənzɪçtlɪç] *adj 1.* obvious, evident; *adv 2.* obviously, evidently
offensiv [ɔfən'ziːf] *adj 1.* offensive; *adv 2.* offensively
öffentlich ['œfəntlɪç] *adj 1.* public; *adv 2.* publicly
Öffentlichkeit ['œfəntlɪçkaɪt] *f* public; *die breite ~* the public at large; *in aller ~* in public; *an die ~ bringen* bring into the open, *an die ~ treten* appear before the public
offerieren [ɔfə'riːrən] *v* offer
offiziell [ɔfit'sjɛl] *adj 1.* official; *adv 2.* officially
Offizier [ɔfi'tsiːr] *m MIL* officer
offiziös [ɔfi'tsjøːs] *adj* semiofficial
öffnen ['œfnən] *v 1.* open; *2. sich ~* open up, to be opened
Öffnung ['œfnuŋ] *f* opening, gap
Öffnungszeiten ['œfnuŋstsaɪtən] *pl* opening hours, hours of business
Offstimme ['ɔfʃtɪmə] *f CINE* offscreen voice, voiceover

oft [ɔft] *adv* often, frequently

öfter ['œftər] *adv* often, frequently; *immer ~* more and more
öfters ['œftərs] *adv* several times
oftmalig ['ɔftmaːlɪç] *adj* repeated, frequent
oftmals ['ɔftmaːls] *adv* many a time, often, frequently

ohne ['oːnə] *prep* without

ohnedies [oːnə'diːs] *adv* anyway, anyhow
ohnegleichen [oːnə'glaɪçən] *adv* unparalleled, without peer

O

ohnehin ['oːnəhɪn] *adv* anyway
Ohnmacht ['oːnmaxt] *f* *1.* unconsciousness, faint; *2. (Machtlosigkeit)* powerlessness
ohnmächtig ['oːnmɛçtɪç] *adj 1. (bewusstlos)* unconscious; *~ werden* faint; *2. (fig: machtlos)* powerless, weak, helpless

Ohr [oːr] *n* ear; *ganz ~ sein* to be all ears; *bis über beide ~en in Arbeit stecken* to be up to one's ears in work; *auf taube ~en stoßen* fall on deaf ears; *jdm in den ~en liegen* keep on at s.o.; *mit halbem ~ zuhören* listen with half an ear; *ein offenes ~ haben* lend a willing ear; *~en wie ein Luchs haben* have good ears; *jdn übers ~ hauen* take s.o. for a ride; *die ~en hängen lassen* to be down in the mouth; *es faustdick hinter den ~en haben* to be a sly old dog; *noch nicht trocken hinter den ~en sein* to be wet behind the ears; *jdm das Fell über die ~en ziehen* pull the wool over s.o.'s eyes; *sich aufs ~ hauen* hit the hay, hit the sack; *viel um die ~en haben* have a lot on one's plate

ohrenbetäubend ['oːrənbətɔybənt] *adj* deafening, ear-shattering, ear-splitting
Ohrensausen ['oːrənzauzən] *n* buzzing in the ears, ringing in the ears
Ohrenschmalz ['oːrənʃmalts] *n* ear wax
Ohrenschmerzen ['oːrənʃmɛrtsən] *pl* earache
Ohrensessel ['oːrənzɛsəl] *m* wing chair, winged chair, draft chair, lug chair
Ohrfeige ['oːrfaɪgə] *f* box on the ear, slap in the face
Ohrklipp ['oːrklɪp] *m* earclip
Ohrläppchen ['oːrlɛpçən] *n ANAT* earlobe
Ohrring ['oːrrɪŋ] *m* earring
Ohrwurm ['oːrvurm] *m (fam)* catchy tune
okkult [ɔ'kult] *adj* occult
Okkultismus [ɔkul'tɪsmus] *m* occultism
Okkupation [ɔkupa'tsjoːn] *f MIL* occupation
okkupieren [ɔku'piːrən] *v MIL* occupy
Ökoladen ['øːkolaːdən] *m (fam)* wholefood shop, organic food shop
Ökologie [økolo'giː] *f* ecology
ökologisch [øko'loːgɪʃ] *adj* ecological
Ökonomie [økono'miː] *f* economy
ökonomisch [øko'noːmɪʃ] *adj* economic
Ökosystem ['øːkozysteːm] *n BIO* ecological system
Oktober [ɔk'toːbər] *m* October
Oktoberfest [ɔk'toːbərfɛst] *n* Oktoberfest
Ökumene [øku'meːnə] *f REL (Bewegung)* ecumenic movement
ökumenisch [øku'meːnɪʃ] *adj REL* ecumenical
Öl [øːl] *n* oil
Ölbaum ['øːlbaum] *m BOT* olive tree
Ölbild ['øːlbɪlt] *n ART* oil painting
Öldruck ['øːldruk] *m TECH* oil pressure
ölen ['øːlən] *v* oil, grease, lubricate
Ölfarbe ['øːlfarbə] *f* oil-paint
Ölfleck ['øːlflɛk] *m* oil stain
Ölförderung ['øːlfœrdəruŋ] *f* oil extraction, oil production
ölig ['øːlɪç] *adj* oily
Oligarchie [oligar'çiː] *f POL* oligarchy
Ölkrise ['øːlkriːzə] *f ECO* oil crisis
Ölofen ['øːloːfən] *m* oil stove, oil heater
Ölpest ['øːlpɛst] *f* black tide, oil pollution
Ölpreis ['øːlpraɪs] *m* price of oil
Ölraffinerie ['øːlrafinəriː] *f ECO* oil refinery
Öltanker ['øːltaŋkər] *m* oil tanker
Ölung ['øːluŋ] *f Letzte ~ REL* Extreme Unction
Ölwechsel ['øːlvɛksəl] *m* oil change
Olymp [o'lymp] *m der ~* Mount Olympus
Olympiade [olym'pjaːdə] *f SPORT* Olympics *pl*
Olympiasieg [o'lympjaziːk] *m SPORT* victory at the Olympics
Ölzeug ['øːltsɔyk] *n* oilskins *pl*
Ölzweig ['øːltsvaɪk] *m* olive branch
Oma ['oːma] *f* grandma, granny
ominös [omi'nøːs] *adj* ominous
Omnibus ['ɔmnibus] *m* bus
onanieren [ona'niːrən] *v* masturbate

Onkel ['ɔŋkəl] *m* uncle

Opa ['oːpa] *m* grand-dad, grandpa
Oper ['oːpər] *f 1. (Werk)* opera; *2. (Gebäude)* opera house
Operation [opera'tsjoːn] *f MED* operation, surgery
operativ [opera'tiːf] *adj 1. MED* surgical, operative; *2. MIL* operational, strategic
Operator [opə'raːtɔr] *m INFORM* operator, computer operator
Operette [ope'rɛtə] *f* operetta
operieren [ope'riːrən] *v* operate
Opfer ['ɔpfər] *n 1. (Person)* victim; *2. (Verzicht)* sacrifice
opferbereit ['ɔpfərbəraɪt] *adj* self-sacrificing
Opferbereitschaft ['ɔpfərbəraɪtʃaft] *f* spirit of sacrifice, willingness to make sacrifices
Opfergabe ['ɔpfərgaːbə] *f* offering

O

Opferlamm ['ɔpfərlam] *n 1.* sacrificial lamb; *2. REL* the Lamb
opfern ['ɔpfərn] *v 1. (verzichten)* sacrifice; *2. (spenden)* make an offering; *3. sich ~ (fig)* sacrifice o.s.
Opfertod ['ɔpfərto:t] *m 1. (bei religiösem Ritus) REL* sacrificial death; *2. (zur Rettung anderer)* supreme sacrifice, self-sacrifice
opponieren [ɔpo'ni:rən] *v* oppose
opportun [ɔpɔr'tu:n] *adj* opportune, expedient
opportunistisch [ɔpɔrtu'nɪstɪʃ] *adj* opportunistic
Optik ['ɔptɪk] *f* optics
optimal [ɔpti'ma:l] *adj 1.* ideal, optimal; *adv 2.* to an optimum, optimally
optimieren [ɔpti'mi:rən] *v* optimize, optimalize
Optimierung [ɔpti'mi:ruŋ] *f* optimization
Optimismus [ɔpti'mɪsmus] *m* optimism
optimistisch [ɔpti'mɪstɪʃ] *adj 1.* optimistic; *adv 2.* optimistically
Option [ɔp'tsjo:n] *f* option, choice
optisch ['ɔptɪʃ] *adj 1.* optical; *adv 2.* optically
Orakel [o'ra:kəl] *n HIST* oracle
Orange [o'rɑ̃ʒə] *f BOT* orange
Oratorium [ora'to:rjum] *n MUS* oratorio
Orchester [ɔr'kɛstər] *n* orchestra
Orchidee [ɔrçi'de:] *f BOT* orchid
Orden ['ɔrdən] *m 1. (Auszeichnung)* order, distinction; *2. REL* order
Ordensverleihung ['ɔrdənsfɛrlaɪuŋ] *f* awarding of an order
ordentlich ['ɔrdəntlɪç] *adj 1. (ordnungsliebend)* tidy, neat, orderly; *2. (aufgeräumt)* tidy, neat; *3. (sorgfältig)* methodical, careful, sound; *adv 4. (richtig)* properly, well
Ordinalzahl [ɔrdi'na:ltsa:l] *f MATH* ordinal number
ordinär [ɔrdi'nɛ:r] *adj* common, vulgar, ordinary, low
ordnen ['ɔrdnən] *v* order, arrange, organize
Ordner ['ɔrdnər] *m 1. (Hefter)* folder, file; *2. (Person)* steward
Ordnung ['ɔrdnuŋ] *f 1.* order, tidiness; *in ~* all right; *etwas in ~ bringen* put sth in order; *2. (das Ordnen)* arrangement, arranging
Ordnungsamt ['ɔrdnuŋsamt] *n* town clerk's office
ordnungsgemäß ['ɔrdnuŋsgəmɛ:s] *adj 1.* correct, proper; *adv 2.* correctly, according to the regulations, properly
ordnungshalber ['ɔrdnuŋshalbər] *adv* for order's sake
Ordnungshüter ['ɔrdnuŋshy:tər] *m* guardian of the peace
Ordnungsliebe ['ɔrdnuŋsli:bə] *f* love of order
Ordnungsruf ['ɔrdnuŋsru:f] *m* call to order
Ordnungsstrafe ['ɔrdnuŋsʃtra:fə] *f JUR* administrative fine, disciplinary penalty
ordnungswidrig ['ɔrdnuŋsvi:drɪç] *adj 1.* irregular, illegal; *adv 2.* contrary to regulations, illegally
Ordnungszahl ['ɔrdnuŋstsa:l] *f* ordinal number
Ordonanz [ɔrdo'nants] *f MIL* orderly
Organisation [ɔrganiza'tsjo:n] *f* organization
Organisator [ɔrgani'za:tɔr] *m* organizer
organisatorisch [ɔrganiza'to:rɪʃ] *adj* organizational
organisch [ɔr'ga:nɪʃ] *adj* organic, structural
organisieren [ɔrgani'zi:rən] *v* organize
organisiert [ɔrgani'zi:rt] *adj* organized
Organisierung [ɔrgani'zi:ruŋ] *f* organization
Organismus [ɔrga'nɪsmus] *m* organism
Organspender [ɔr'ga:nʃpɛndər] *m MED* organ donor
Orgasmus [ɔr'gasmus] *m* orgasm
Orgel ['ɔrgəl] *f MUS* organ
orgiastisch [ɔr'gjastɪʃ] *adj* orgiastic
Orgie ['ɔrgjə] *f* orgy
orientalisch [ɔrjɛn'ta:lɪʃ] *adj* oriental
orientieren [ɔrjɛn'ti:rən] *v* orient, orientate, set right
Orientierung [ɔrjɛn'ti:ruŋ] *f* orientation
Orientierungssinn [ɔrjɛn'ti:ruŋszɪn] *m* sense of direction, instinct for direction, ability to find one's way; *einen schlechten ~ haben* have a poor sense of direction
original [origi'na:l] *adj* original
Original [origi'na:l] *n* original
originalgetreu [origi'na:lgətrɔy] *adj* true to the original
Originalität [originali'tɛ:t] *f 1. (Echtheit)* originality, authenticity; *2. (Besonderheit)* oddity, peculiarity, individuality
originell [origi'nɛl] *adj* original
Orkan [ɔr'ka:n] *m* hurricane
orkanartig [ɔr'ka:na:rtɪç] *adj METEO* hurricane-force
Orkanstärke [ɔr'ka:nʃtɛrkə] *f METEO* hurricane force

Ornament [ɔrna'mɛnt] *n* ornament
ornamental [ɔrnamɛn'taːl] *adj ART* ornamental
Ornithologe [ɔrnito'loːgə] *m* ornithologist

Ort [ɔrt] *m 1. (Stelle)* place, spot; *an ~ und Stelle* on the spot; *2. (Ortschaft)* place, town

orten ['ɔrtən] *v* locate, fix the position of
orthodox [ɔrto'dɔks] *adj* orthodox
Orthodoxie [ɔrtodɔ'ksiː] *f REL* orthodoxy
Orthografie [ɔrtogra'fiː] *f* spelling, orthography
orthografisch [ɔrto'graːfɪʃ] *adj* spelling, orthographical
Orthopäde [ɔrto'pɛːdə] *m* orthopaedist, orthopaedic specialist
Orthopädie [ɔrtopɛ'diː] *f MED* orthopaedics
orthopädisch [ɔrto'pɛːdɪʃ] *adj MED* orthopaedic, orthopedic
örtlich ['øːrtlɪç] *adj 1.* local; *adv 2.* locally
Örtlichkeiten ['øːrtlɪçkaɪtən] *pl* localities
Ortsangabe ['ɔrtsangaːbə] *f 1.* indication of place; *2. (auf einem Brief)* address
ortsansässig ['ɔrtsanzɛsɪç] *adj* resident, local
Ortsbestimmung ['ɔrtsbəʃtɪmuŋ] *f (fig)* bearings *pl*
Ortschaft ['ɔrtʃaft] *f* town, place, village
ortsfremd ['ɔrtsfrɛmt] *adj* visiting, not from the area
Ortsgespräch ['ɔrtsgəʃprɛːç] *n TEL* local call
Ortskern ['ɔrtskɛrn] *m* middle of town, town centre
ortskundig ['ɔrtskundɪç] *adj ~ sein* know the area, know one's way around
Ortsnetz ['ɔrtsnɛts] *n TEL* local telephone exchange network
Ortsteil ['ɔrtstaɪl] *m* part of town, section of town
Ortsumgehung ['ɔrtsumgeːuŋ] *f* bypass
Ortsverkehr ['ɔrtsfɛrkeːr] *m 1.* local traffic; *2. TEL* local calls *pl*
Ortszeit ['ɔrtstsaɪt] *f* local time
Ortung ['ɔrtuŋ] *f* localization, locating
Öse ['øːzə] *f* eye, loop, eyelet
Osmose [ɔs'moːzə] *f BIO* osmosis
Ossi ['ɔsi] *m (fam)* Easterner, East German
Ost [ɔst] *m* East
Ostafrika [ɔst'afrika] *n GEO* East Africa
ostafrikanisch ['ɔstafrikaːnɪʃ] *adj* East African
ostasiatisch ['ɔstazjaːtɪʃ] *adj* East Asian
Ostblock ['ɔstblɔk] *m POL* Eastern bloc
Osten ['ɔstən] *m* east; *Naher ~ GEO* Middle East, Near East; *Mittlerer ~ GEO* area stretching from Iran and Iraq to India; *Ferner ~ GEO* Far East
Osterglocke ['oːstərglɔkə] *f BOT* daffodil
Osterhase ['oːstərhaːzə] *m* Easter bunny
Osterinsel ['oːstərɪnzəl] *f die ~ GEO* Easter Island
Ostermontag [oːstər'moːntaːk] *m REL* Easter Monday
Ostern ['oːstərn] *n* Easter
Österreich ['øːstərraɪç] *n GEO* Austria
Ostersonntag [oːstər'zɔntaːk] *m REL* Easter Sunday
Osteuropa ['ɔstɔyroːpa] *n GEO* Eastern Europe
osteuropäisch ['ɔstɔyropɛːɪʃ] *adj* East European, eastern European
östlich ['œstlɪç] *adj* eastern, easterly
Ostpolitik ['ɔstpolitiːk] *f POL* policy towards Eastern Europe
Östrogen [œstro'geːn] *n BIO* oestrogen *(UK)*, estrogen *(US)*
Ostsee ['ɔstzeː] *f GEO* Baltic Sea
O-Ton ['oːtoːn] *m (Originalton)* original soundtrack
Otter ['ɔtər] *m 1. ZOOL* otter; *f 2. (Schlange) ZOOL* adder, viper
Ottomotor ['ɔtomoːtɔr] *m TECH* spark ignition motor, Otto engine
out [aut] *adj (fam: nicht mehr aktuell)* out
outen ['autən] *v* disclose the homosexuality of; *sich ~* come out *(fam)*
Ouvertüre [uvɛr'tyːrə] *f MUS* overture
Ovation [ova'tsjoːn] *f* ovation
Overall ['oːvərɔːl] *m* overall
Overheadprojektor ['oːvərhɛdprojɛktɔr] *m* overhead projector
Oxid [ɔk'syːt] *n CHEM* oxide
oxidieren [ɔksy'diːrən] *v CHEM* oxidize
Ozean ['oːtseaːn] *m GEO* ocean
Ozeanien [otse'aːnjən] *n GEO* Oceania
ozeanisch [otse'aːnɪʃ] *adj 1. GEO* oceanic; *2. (von Ozeanien)* Oceanian
Ozelot ['oːtselɔt] *m ZOOL* ocelot
Ozon [o'tsoːn] *n CHEM* ozone
Ozongehalt [o'tsoːngəhalt] *m CHEM* ozone level
ozonhaltig [o'tsoːnhaltɪç] *adj CHEM* ozonic, containing ozone
Ozonloch [o'tsoːnlɔx] *n* hole in the ozone layer, ozone hole *(fam)*
Ozonschicht [o'tsoːnʃɪçt] *f* ozone layer

P

paar [paːr] *adj ein ~* a few, some

Paar [paːr] *n 1.* pair; *2. (Mann und Frau)* couple

paaren ['paːrən] *v 1.* pair, couple, match; *2. sich ~* copulate

Paarung ['paːruŋ] *f 1.* pairing, coupling; *2. (Begattung)* copulation

paarweise ['paːrvaɪzə] *adv* in pairs, two by two

Pacht [paxt] *f 1. (Überlassung)* lease; *2. (Entgelt)* rent

pachten ['paxtən] *v* lease, take on lease, rent

Pächter ['pɛçtər] *m* leaseholder, lessee, tenant

Pachtvertrag ['paxtfɛrtraːk] *m ECO* lease, lease agreement, concession

Pachtzins ['paxttsɪns] *m ECO* rent

Pack [pak] *n (fam)* rabble, riff-raff

Päckchen ['pɛkçən] *n* small parcel

Packeis ['pakaɪs] *n* pack ice

packen ['pakən] *v 1. (einpacken)* pack; *2. (greifen)* seize, grab, clutch; *3. (fig: mitreißen)* grip, thrill, enthrall

Packpapier ['pakpapiːr] *n* wrapping paper, packing paper

Packung ['pakuŋ] *f 1.* packet, pack; *2. MED* pack

Pädagoge/Pädagogin [pɛda'goːgə/pɛda'goːgɪn] *m/f* pedagogue, educator

Pädagogik [pɛda'goːgɪk] *f* pedagogy

pädagogisch [pɛda'goːgɪʃ] *adj* pedagogical, educational

Paddelboot ['padəlboːt] *n* canoe

paddeln ['padəln] *v* paddle

Page ['paːʒə] *m* page

Pailletten [paɪ'jɛtən] *pl* sequins

Paket [pa'keːt] *n* package, packet, parcel

Pakt [pakt] *m* pact, covenant

paktieren [pak'tiːrən] *v* conclude a pact, make an agreement, make a deal

Palast [pa'last] *m* palace

Palästina [palɛ'stiːna] *n GEO* Palestine

Palästinenser [palɛstɪ'nɛnzər] *m* Palestinian

Palette [pa'lɛtə] *f 1. (Auswahl)* selection, choice, range; *2. TECH* pallet; *3. ART* palette

Palme ['palmə] *f BOT* palm; palm-tree; *jdn auf die ~ bringen* drive s.o. up the wall *(fam)*

Palmkätzchen ['palmkɛtsçən] *n BOT* pussy willow, catkin

Palmsonntag ['palmzɔntaːk] *m REL* Palm Sunday

Palmzweig ['palmtsvaɪg] *m* palm-branch

panieren [pa'niːrən] *v GAST* bread, coat with bread crumbs

Panik ['paːnɪk] *f* panic

panikartig ['paːnɪkartɪç] *adj* panic-stricken, panicky

Panikmache ['paːnɪkmaxə] *f* scaremongering, alarmism, panicmongering

panisch ['paːnɪʃ] *adj 1.* panic; *2. (Person)* panic-stricken

Panne ['panə] *f 1. (Schaden)* breakdown, failure; *2. (Missgeschick)* mishap

pannenfrei ['panənfraɪ] *adj* trouble-free

panschen ['panʃən] *v 1. (verfälschen)* tamper with; *2. (spielen)* splash, paddle

Pantoffel [pan'tɔfəl] *m* slipper

Pantoffelheld [pan'tɔfəlhɛlt] *m (fam)* henpecked husband

pantomimisch [panto'miːmɪʃ] *adj THEAT* pantomimic, in mime

Panzer ['pantsər] *m 1. ZOOL* shell; *2. (Schutzpanzer) ZOOL* (biological) armour; *3. (Kampfwagen) MIL* tank; *4. (deutscher Kampfwagen) HIST* panzer

Panzerung ['pantsəruŋ] *f 1. MIL* armour plating; *2. ZOOL* shell, armour, shield

Panzerwagen ['pantsərvaːgən] *m* armoured car

Papa ['papa] *m* papa, pa, daddy

Papagei [papa'gaɪ] *m ZOOL* parrot

Papier [pa'piːr] *n 1.* paper; *2. (Dokument)* document, paper; *3. (Wertpapier) FIN* security, share

Papierindustrie [pa'piːrɪndustriː] *f ECO* paper industry

Papierkorb [pa'piːrkɔrp] *m* waste-paper basket, waste-basket

Papierkrieg [pa'piːrkriːk] *m* paper war, red tape

Papierschnitzel [pa'piːrʃnɪtsəl] *m 1.* shred of paper; *2. (Konfetti)* confetti

Papierwaren [pa'piːrvaːrən] *pl* stationery

Pappdeckel ['papdɛkəl] *m* cardboard

Pappe ['papə] *f* cardboard

Pappel ['papəl] *f BOT* poplar

pappen ['papən] *v* stick
Pappkarton ['papkartɔŋ] *m* cardboard box
Pappmachee ['papmaʃeː] *f* paper-maché
Papst [paːpst] *m REL* Pope
päpstlich ['pɛːpstlɪç] *adj REL* papal, pontifical
Papsttum ['paːpsttum] *n* papacy
Parabel [pa'raːbəl] *f 1. MATH* parabola; *2. LIT* parable
Parade [pa'raːdə] *f 1.* parade, display; *2. (eines Torhüters) SPORT* save
Paradepferd [pa'raːdəpfeːrt] *n (fig)* showpiece
Paradies [para'diːs] *n* paradise; *das ~ auf Erden* heaven on earth
paradiesisch [para'diːzɪʃ] *adj (fig)* heavenly
Paradiesvogel [para'diːsfoːgəl] *m ZOOL* bird of paradise
paradox [para'dɔks] *adj* paradoxical
Paragrafenreiter [para'graːfənraɪtər] *m* stickler for the rules, pedant
Parallele [para'leːlə] *f* parallel
parasitär [parazi'tɛːr] *adj* parasitic
parat [pa'raːt] *adj* ready, prepared
Parcours [par'kuːr] *m 1. (beim Pferdesport) SPORT* show-jumping course; *2. (beim Motorsport) SPORT* cross-country course
Parenthese [parɛn'teːzə] *f* parenthesis; *in ~ setzen* put in parentheses
Parfüm [par'fyːm] *n* perfume, scent
Parfümerie [parfymə'riː] *f* perfumery
parfümieren [parfy'miːrən] *v* scent, perfume
parieren [pa'riːrən] *v 1. (abwehren)* parry, ward off, keep off; *2. (gehorchen)* obey
Parität [pari'tɛːt] *f* parity, equality
paritätisch [pari'tɛːtɪʃ] *adj* on an equal footing, in equal numbers
parken ['parkən] *v* park
Parkett [par'kɛt] *n 1. (Fußboden)* parquet; *2. THEAT* stalls
Parkhaus ['parkhaus] *n* parking garage, car park
Parkplatz ['parkplats] *m 1.* car park, parking lot *(US); 2. (Parklücke)* parking space
Parkschein ['parkʃaɪn] *m* meter ticket, pay-and-display ticket
Parksünder ['parkzyndər] *m* parking offender
Parlament [parla'mɛnt] *n POL* parliament
Parlamentär [parlamɛn'tɛːr] *m* peace envoy, negotiator
Parlamentarier [parlamɛn'taːriər] *m POL* parliamentarian, member of parliament
parlamentarisch [parlamɛn'taːrɪʃ] *adj POL* parliamentary
Parodie [paro'diː] *f* parody
parodieren [paro'diːrən] *v* parody
Parole [pa'roːlə] *f 1. (Schlagwort)* slogan, catch phrase, motto; *2. MIL* password, watchword
Paroli [pa'roːli] *n jdm ~ bieten (Widerstand leisten)* stand up to s.o.
Partei [par'taɪ] *f POL* party
Parteichef [par'taɪʃɛf] *m POL* head of the party
Parteigänger [par'taɪgɛŋər] *m* partisan
parteiisch [par'taɪɪʃ] *adj* partial, biassed, prejudiced
parteilich [par'taɪlɪç] *adj* party; *~e Angelegenheiten* party matters
Parteilichkeit [par'taɪlɪçkaɪt] *f* partiality, bias
parteilos [par'taɪloːs] *adj POL* independent, neutral
Parteinahme [par'taɪnaːmə] *f* taking of sides, partisanship, siding with s.o.
Parteitag [par'taɪtaːk] *m POL* party convention, party congress
Parterre [par'tɛr] *n 1. (Erdgeschoss)* ground floor, first floor *(US); 2. THEAT* pit
Partie [par'tiː] *f 1. (Spiel)* game, match; *(Fechten)* round; *2. (Teil)* part; *mit von der ~ sein* to be in on sth; *3. (Heirat) eine gute ~ sein* to be a good catch; *eine gute ~ machen* marry money *(fam)*
partiell [par'tsjɛl] *adj* partial
Partikel [par'tikəl] *n 1. PHYS* particle; *f 2. GRAMM* particle
partizipieren [partitsi'piːrən] *v* participate
Partner(in) ['partnər(ɪn)] *m/f 1. (Ehepartner)* spouse, partner; *2. (Geschäftspartner)* business partner, associate; *3. (Vertragspartner)* party (to a contract)
Partnerschaft ['partnərʃaft] *f* partnership
Partnerstadt ['partnərʃtat] *f* twin town *(UK),* sister city *(US)*
Party ['paːrti] *f* party
Parzelle [par'tsɛlə] *f* parcel (of land)
Pass [pas] *m 1. (Ausweis)* passport; *2. (Bergpass) GEO* pass
passabel [pa'saːbəl] *adj* passable, fair
Passage [pa'saːʒə] *f 1. (Durchgang)* passage, passageway; *2. (Überfahrt) NAUT* crossing, passage

Passagier [pasa'ʒiːr] *m* passenger; *blinder ~* stowaway
Passant [pa'sant] *m* passer-by, pedestrian
Passbild ['pasbɪlt] *n* passport photo
passen ['pasən] *v 1. (die richtige Größe haben)* fit; *2. (Kleidung: geeignet sein)* to be becoming; *3. (angemessen sein)* to be suitable, to be appropriate; *4. (recht sein)* suit s.o., to be convenient; *5. (fig) ~ müssen* have to pass on sth
passend ['pasənt] *adj 1.* fitting, suitable, appropriate; *adv 2.* suitably, appropriately
Passform ['pasfɔrm] *f TECH* key form
passierbar [pa'siːrbaːr] *adj* passable

passieren [pa'siːrən] *v 1. (geschehen)* happen, occur, take place; *2. (durchgehen)* go through; *jdn ~ lassen* let s.o. pass; *3. GAST* strain, *(Mehl)* sift

Passierschein [pa'siːrʃaɪn] *m* pass, permit
passioniert [pasjo'niːrt] *adj* enthusiastic, keen
passiv ['pasiːf] *adj 1.* passive; *adv 2.* passively
Passivität [pasivi'tɛːt] *f* passivity, passiveness
Passstelle ['pasʃtɛlə] *f* passport office
Passstraße ['pasʃtraːsə] *f* road over a pass, mountain pass
Passung ['pasuŋ] *f TECH* fit
Passus ['pasus] *m* passage
Paste ['pastə] *f* paste
Pastellfarbe [pa'stɛlfarbə] *f 1. (Farbton)* pastel colour; *2. (Pastellstift)* pastel
Pastor ['pastɔr] *m REL* vicar, minister, pastor
Pate ['paːtə] *m* godfather
Patenkind ['paːtənkɪnt] *n* godchild
Patenonkel ['paːtənɔŋkəl] *m* godfather
Patenschaft ['paːtənʃaft] *f REL* duties as a godparent, sponsorship
patent [pa'tɛnt] *adj* ingenious, clever, neat
Patentante ['paːtəntantə] *f* godmother
patentieren [patɛn'tiːrən] *v JUR* patent
Patentrezept [pa'tɛntretsɛpt] *n (fig)* patent remedy, easy answer
Patentverschluss [pa'tɛntfɛrʃlus] *m (bei Arzneimitteln)* childproof cap
Pater ['paːtər] *m REL* father
pathetisch [pa'teːtɪʃ] *adj* emotional, histrionic
Patient(in) [pa'tsjɛnt(ɪn)] *m/f* patient
Patin ['paːtɪn] *f* godmother
patriarchalisch [patriar'çaːlɪʃ] *adj* patriarchal
patriotisch [patri'oːtɪʃ] *adj* patriotic
Patriotismus [patrio'tɪsmus] *m* patriotism
Patronat [patro'naːt] *n* patronage
Patrone [pa'troːnə] *f 1. (für eine Waffe)* cartridge, bullet; *2. (Tintenpatrone)* cartridge
Patronengurt [pa'troːnəngurt] *m MIL* cartridge belt
Patrouille [pa'truljə] *f MIL* patrol
Patsche ['patʃə] *f 1. (Notlage)* jam *(fam)*, fix; *in der ~ sitzen* to be in a jam; *jdm aus der ~ helfen* get s.o. out of a jam; *jdn in der ~ lassen* leave s.o. in the lurch; *2. (Händchen)* paw *(fam)*
patschnass ['patʃ'nas] *adj* soaking wet
patt [pat] *adj* stalemated, in stalemate
Patt [pat] *n 1. (beim Schach)* stalemate; *2. (fig)* stalemate
patzen ['patsən] *v* slip up, bungle, botch up, goof *(US)*
patzig ['patsɪç] *adj (fam)* snotty
Pauke ['paukə] *f MUS* kettle-drum; *auf die ~ hauen (fig)* paint the town red; *mit ~n und Trompeten* with a bang
pauken ['paukən] *v 1. MUS* play the timpani; *2. (fam)* cram, swot *(UK)*
Paukenschlag ['paukənʃlaːk] *m* drum beat
Pauker ['paukər] *m (fam)* crammer
Pausbacken ['pausbakən] *pl* chubby cheeks
pauschal [pau'ʃaːl] *adj 1.* lump-sum, overall; *adv 2.* on a flat-rate basis; *3. (fig)* lumped together, lock, stock and barrel
Pauschale [pau'ʃaːlə] *f* lump sum payment, flat charge
pauschalisieren [pauʃali'ziːrən] *v* lump together
Pauschalpreis [pau'ʃaːlpraɪs] *m* flat rate, lump-sum price
Pauschalsumme [pau'ʃaːlzumə] *f* lump sum
Pause ['pauzə] *f 1.* break, interval, interruption; *2. (Ruhe)* rest
pausen ['pauzən] *v* trace
Pausenbrot ['pauzənbroːt] *n* snack
pausenlos ['pauzənloːs] *adj 1.* non-stop, continuous, incessant; *adv 2.* non-stop, continuously, incessantly
pausieren [pau'ziːrən] *v* pause, stop
Pavian ['paːviaːn] *m ZOOL* baboon
Pavillon ['pavɪljɔ̃] *m* pavilion

P

Pech [pɛç] *n 1. (fig: Missgeschick)* misfortune, bad luck; ~ *haben* have tough luck; to be out of luck; *2. (Klebemittel)* pitch; *wie ~ und Schwefel zusammenhalten* to stick together through thick and thin

pechschwarz ['pɛç'ʃvarts] *adj (fam)* pitch-black
Pedanterie [pedantə'riː] *f* pedantry
Pegel ['peːgəl] *m* water level
peilen ['paɪlən] *v 1. (Richtung)* plot; *2. die Lage ~* get one's bearings
Pein [paɪn] *f* agony, suffering
peinigen ['paɪnɪgən] *v* torment, torture, harass
peinlich ['paɪnlɪç] *adj 1. (unangenehm)* awkward, embarrassing; *2. (genau)* meticulous, painstaking
Peinlichkeit ['paɪnlɪçkaɪt] *f 1. (Verlegenheit)* embarrassment; *2. (Genauigkeit)* meticulousness, scrupulousness
peitschen ['paɪtʃən] *v 1. (schlagen)* whip, flog, lash; *2. (fig)* beat, lash, whip
Peitschenhieb ['paɪtʃənhiːp] *m* lash
Pelle ['pɛlə] *f GAST* peel, skin; *jdm auf die ~ rücken* breathe down s.o.'s neck
Pellkartoffeln ['pɛlkartɔfəln] *pl GAST* potatoes in their jackets *(UK)*, potatoes in their skins *(US)*
Pelz [pɛlts] *m 1. (Fell)* fur; *jdm auf den ~ rücken* get too close to s.o. for comfort; *jdm einen auf den ~ brennen* singe s.o.'s hide; *2. (~mantel)* fur coat, fur
pelzig ['pɛltsɪç] *adj* furry
Pendant [pɑ̃'dɑ̃ː] *n* counterpart
Pendel ['pɛndəl] *n* pendulum
pendeln ['pɛndəln] *v 1. (baumeln)* swing, sway; *2. (fig)* commute, go back and forth
Pendeltür ['pɛndəltyːr] *f* swinging door, swing door
Pendler ['pɛndlər] *m* commuter
penetrant [pɛnə'trant] *adj* penetrating, *(Gestank)* pungent
peng [pɛŋ] *interj* bang
penibel [pe'niːbəl] *adj 1.* fussy, pernickety *(fam)*; *2. (peinlich)* painful
pennen ['pɛnən] *v (fam)* sleep
Penner ['pɛnər] *m 1. (fam: Obdachloser)* tramp, bum, street person; *2. (fam: unaufmerksamer Mensch)* sluggard, sleepyhead
Pension [pɛn'zjoːn] *f 1. (Ruhestand)* retirement; *2. (Rente)* retirement pension; *3. (Fremdenheim)* boarding-house, guest-house, lodging-house

P

pensionieren [pɛnzjo'niːrən] *v* pension off, retire; *sich ~ lassen* retire
Pensionsalter [pɛn'zjoːnsaltər] *n* retirement age
Pensionsgast [pɛn'zjoːnsgast] *m* boarder
Pensum ['pɛnzum] *n 1.* workload; *2. (in der Schule)* curriculum

per [pɛr] *prep* by, per; *~ Adresse* care of; *~ Fax* by fax

perfekt [pɛr'fɛkt] *adj 1.* perfect; *adv 2.* perfectly
Perfekt ['pɛrfɛkt] *n GRAMM* perfect tense
Perfektion [pɛrfɛk'tsjoːn] *f* perfection
Perfektionismus [pɛrfɛktsjo'nɪsmus] *m* perfectionism
perforieren [pɛrfo'riːrən] *v* perforate
Pergament [pɛrga'mɛnt] *n* parchment
Periode [per'joːdə] *f 1.* period; *2. (Menstruation)* period
Periodensystem [pe'rjoːdənzysteːm] *n CHEM* periodic table, periodic system
periodisch [per'joːdɪʃ] *adj 1.* periodical; *adv 2.* periodically
peripher [peri'feːr] *adj 1.* peripheral; *adv 2.* peripherally
Perle ['pɛrlə] *f* pearl
perlen ['pɛrlən] *v 1. (Schweiß)* bead; *2. (Sekt)* sparkle; *3. (Lachen)* ripple; *4. (rollen)* trickle
Perlmutt ['pɛrlmut] *n* mother of pearl
permanent [pɛrma'nɛnt] *adj 1.* permanent; *adv 2.* permanently
perplex [pɛr'plɛks] *adj* dumbfounded, perplexed, bewildered
Persianer [pɛr'zjaːnər] *m* coat of the Persian lamb, coat made of fur of Persian lamb
Persien ['pɛrziən] *n GEO* Persia

Person [pɛr'zoːn] *f* person; *etw in ~ sein* to be sth personified

Personal [pɛrzo'naːl] *n* staff, personnel, employees
Personalakte [pɛrzo'naːlaktə] *f* personal file
Personalausweis [pɛrzo'naːlausvaɪs] *m* identity card
Personalpronomen [pɛrzo'naːlpronoːmən] *n GRAMM* personal pronoun
personell [pɛrzo'nɛl] *adj 1. (das Personal betreffend)* personnel; *2. (eine Person betreffend)* personal

Personengesellschaft [pɛr'zoːnəngəzɛlʃaft] *f ECO* partnership
Personenkraftwagen [pɛr'zoːnənkraftvaːgən] *m* motor car, automobile
Personenkreis [pɛr'soːnənkraɪs] *m* group of people
Personenschaden [pɛr'zoːnənʃaːdən] *m* personal injury, bodily harm, bodily injury
Personenwagen [pɛr'soːnənvaːgən] *m* car
Personenzug [pɛr'soːnəntsuːk] *m 1.* passenger train; *2. (im Gegensatz zum Schnellzug)* slow train
personifizieren [pɛrzonifi'tsiːrən] *v* personify
persönlich [pɛr'zøːnlɪç] *adj 1.* personal, private; *adv 2.* personally; *etw ~ nehmen* take sth personally
Persönlichkeit [pɛr'zøːnlɪçkaɪt] *f* personality
Perspektive [pɛrspɛk'tiːvə] *f 1.* perspective; *2. (fig: Zukunftsausblick)* prospects *pl*
perspektivisch [pɛrspɛk'tiːvɪʃ] *adj 1.* perspective; *adv 2.* in perspective
Perücke [pɛ'rykə] *f* wig
pervers [pɛr'vɛrs] *adj* perverted
pervertieren [pɛrvɛr'tiːrən] *v* pervert
Pessimismus [pɛsi'mɪsmus] *m* pessimism
pessimistisch [pɛsi'mɪstɪʃ] *adj* pessimistic
Pest [pɛst] *f MED* plague
Petroleum [pe'troːleum] *n* petroleum, paraffin
petzen ['pɛtsən] *v* tell; *Er hat gepetzt(, dass wir etw taten).* He told on us (for doing sth).
Pfad [pfaːt] *m* path, track; *auf dem ~ der Tugend wandeln* follow the path of virtue
Pfahl [pfaːl] *m* post, stake
Pfand [pfant] *n 1.* pledge, pawn, security; *2. (Flaschenpfand)* deposit
Pfandbrief ['pfantbriːf] *m FIN* mortgage bond, mortgage debenture
pfänden ['pfɛndən] *v JUR* impound, seize
Pfandflasche ['pfantflaʃə] *f* two-way bottle, bottle with deposit on it
Pfandhaus ['pfanthaus] *n* pawn shop
Pfändung ['pfɛnduŋ] *f JUR* attachment of property, levy of attachment, seizure
Pfarramt ['pfaramt] *n REL* rectory, parsonage
Pfarrei [pfa'raɪ] *f 1. (Pfarrbezirk) REL* parish; *2. (Pfarramt) REL* church office; *3. (Pfarrhaus) REL* parsonage, rectory, vicarage
Pfarrer ['pfarər] *m 1. REL* vicar; *2. (katholisch)* parish priest
Pfau [pfau] *m ZOOL* peacock
Pfeffer ['pfɛfər] *m* pepper
Pfefferkuchen ['pfɛfərkuːxən] *m GAST* gingerbread
Pfefferminz ['pfɛfərmɪnts] *f BOT* peppermint
pfeffern ['pfɛfərn] *v 1.* pepper, season with pepper; *2. (fig: werfen)* chuck; *3. (fam) jdm eine ~* pelt s.o.
Pfeife ['pfaɪfə] *f 1. (Trillerpfeife)* whistle; *nach jds ~ tanzen* to be at s.o.'s beck and call; *2. (Tabakpfeife)* pipe; *Den kann ich in der ~ rauchen.* He's no match for me. *3. (fam: unfähiger Mensch)* dud

> **pfeifen** ['pfaɪfən] *v irr* whistle; *sich eins ~* pretend not to care; *jdm etw ~* give s.o. a piece of one's mind; *auf etw ~* not give a damn about sth

Pfeil [pfaɪl] *m* arrow
Pfeiler ['pfaɪlər] *m* pillar, column, post
pfeilschnell [pfaɪl'ʃnɛl] *adj* lightning-fast, swift as an arrow
Pfennig ['pfɛnɪç] *m HIST* penny; *keinen ~ wert sein* not be worth a penny
Pfennigfuchser ['pfɛnɪçfukzər] *m (fam)* penny-pincher
pferchen ['pfɛrçən] *v* cram, pack

> **Pferd** [pfeːrt] *n* horse; *das ~ am Schwanz aufzäumen* put the cart before the horse; *sich aufs hohe ~ setzen* get on one's high horse; *aufs richtige ~ setzen* back the right horse; *Mit dem kann man ~e stehlen.* He's a good sport. *Mach die ~e nicht scheu!* Keep your shirt on!

Pferdekoppel ['pfeːrdəkɔpəl] *f* paddock, corral *(US)*
Pferderennbahn ['pfeːrdərɛnbaːn] *f* race-course, race track *(US)*
Pferdeschwanz ['pfeːrdəʃvants] *m (Frisur)* pony tail
Pfiff [pfɪf] *m 1. (Pfeifen)* whistle; *2. (fig: Schick)* flair, style
Pfifferling ['pfɪfərlɪŋ] *m BOT* chanterelle; *keinen ~ wert sein* not be worth a bean
pfiffig ['pfɪfɪç] *adj* smart, sharp
Pfiffigkeit ['pfɪfɪçkaɪt] *f* cleverness, ingenuity, resourcefulness, shrewdness
Pfiffikus ['pfɪfɪkus] *m* sly dog, smarty
Pfingsten ['pfɪŋstən] *n REL* Pentecost, Whitsun

P

Pfingstmontag [pfɪŋst'moːntaːk] *m REL* Whitmonday
Pfingstrose ['pfɪŋstroːzə] *f BOT* peony
Pfingstsonntag [pfɪŋst'zɔntaːk] *m REL* Whitsunday, the Day of Pentecost
Pfirsich ['pfɪrzɪʃ] *m BOT* peach
Pflanze ['pflantsə] *f* plant
pflanzen ['pflantsən] *v* plant
Pflanzenart ['pflantsənaːrt] *f* plant species, species of plant
Pflanzenfett ['pflantsənfɛt] *n* vegetable fat
Pflanzenschutzmittel ['pflantsənʃutsmɪtəl] *n* pesticide
pflanzlich ['pflantslɪç] *adj* vegetable, herbal
Pflaster ['pflastər] *n 1. (Straßenpflaster)* pavement; *ein teures ~ sein* to be pricey; *ein heißes ~ sein* to be a dangerous spot; *2. (Wundpflaster)* (adhesive) plaster
Pflaume ['pflaumə] *f BOT* plum
Pflege ['pfleːgə] *f 1.* care, *(des Kranken)* nursing; *2. (von Maschinen)* maintenance; *3. (von Beziehungen)* cultivation
pflegebedürftig ['pfleːgəbədyrftɪç] *adj* needing care
Pflegeeltern ['pfleːgəɛltərn] *pl* foster-parents
Pflegeheim ['pfleːgəhaɪm] *n* nursing-home
Pflegekind ['pfleːgəkɪnt] *n* foster-child
pflegeleicht ['pfleːgəlaɪçt] *adj* wash-and-wear, easy-care
pflegen ['pfleːgən] *v 1.* care for, attend to, look after; *2. (Kranke)* nurse
Pflegenotstand ['pfleːgənoːtʃtant] *m* critical shortage of nursing staff
Pfleger ['pfleːgər] *m 1.* (male) nurse; *2. JUR* curator, trustee
Pflegerin ['pfleːgərɪn] *f* nurse
Pflegeversicherung ['pfleːgəfɛrzɪçəruŋ] *f* long-term-care insurance
Pflicht [pflɪçt] *f* duty, obligation
pflichtbewusst ['pflɪçtbəvust] *adj 1.* responsible, conscious of one's duties, dutiful; *adv 2.* responsibly, dutifully, conscientiously
Pflichtbewusstsein ['pflɪçtbəvustzaɪn] *n* sense of duty
Pflichterfüllung ['pflɪçtɛrfyluŋ] *f* performance of one's duty
Pflichtfach ['pflɪçtfax] *n* required subject, obligatory subject
pflichtgemäß ['pflɪçtgəmɛːs] *adv* according to one's duty
Pflichtteil ['pflɪçttaɪl] *m JUR* compulsory portion, obligatory share
Pflichtübung ['pflɪçtyːbuŋ] *f* compulsory exercise
pflichtvergessen ['pflɪçtfɛrgɛsən] *adj* irresponsible, derelict in one's duty
pflichtversichert ['pflɪçtfɛrzɪçərt] *adj* compulsorily insured
Pflichtversicherung ['pflɪçtfɛrzɪçeruŋ] *f* compulsory insurance
Pflichtverteidiger ['pflɪçtfɛrtaɪdɪgər] *m* court-appointed lawyer
Pflock [pflɔk] *m* peg, stake
pflücken ['pflykən] *v 1.* pick, gather; *2. (rupfen)* pluck
Pflug [pfluːk] *m AGR* plough
pflügen ['pflyːgən] *v AGR* plough
Pforte ['pfɔrtə] *f* door, gate
Pförtner ['pfœrtnər] *m* porter, doorman, gate-keeper
Pfosten ['pfɔstən] *m* post
Pfote ['pfoːtə] *f* paw; *sich die ~n verbrennen* burn one's fingers; *jdm eins auf die ~n geben* give s.o. a rap on the knuckles
pfropfen ['pfrɔpfən] *v 1. (hineindrücken)* cram, stuff; *2. (Flasche)* cork
Pfropfen ['pfrɔpfən] *m 1.* stopper; *2. (Kork)* cork; *3. (Bausch)* plug; *4. (Blutpfropfen) MED* clot
Pfuhl [pfuːl] *m 1.* mudhole; *2. (fig)* mire, slough
pfui [pfui] *interj 1.* Shame! *2. (Missbilligung)* Tut-tut! *3. (Ekel)* Ugh!
Pfund [pfunt] *n 1. (Maßeinheit)* pound; *2. (Währungseinheit)* pound sterling
pfundig ['pfundɪç] *adj (fam: großartig)* fantastic, great
pfuschen ['pfuʃən] *v* botch, bungle, slip up
Pfütze ['pfytsə] *f* puddle, pool
Phänomen [fɛno'meːn] *n* phenomenon
phänomenal [fɛno'menaːl] *adj* phenomenal
Phantom [fan'toːm] *n* phantom, vision, figment of the imagination
Pharisäer [fari'zɛːər] *m* Pharisee
Pharmaka ['farmaka] *pl MED* drugs *pl,* pharmaceuticals *pl*
pharmazeutisch [farma'tsɔytɪʃ] *adj* pharmaceutical
Pharmazie [farma'tsiː] *f* pharmaceutics
Phase ['faːzə] *f* phase; stage; *in dieser ~* at this stage, during this phase; *in die entscheidende ~ treten* enter the critical stage

P

Philharmonie [filharmo'niː] *f MUS* philharmonic hall
philisterhaft [fi'lɪstərhat] *adj* philistine
Philologie [filolo'giː] *f* philology, literature
Philosoph(in) [filo'zoːf(ɪn)] *m/f* philosopher
Philosophie [filozo'fiː] *f* philosophy
philosophieren [filozo'fiːrən] *v* philosophize
philosophisch [filo'zoːfɪʃ] *adj* philosophical
Phlegma ['flɛgma] *n* apathy, torpor, lethargy
phlegmatisch [flɛg'maːtɪʃ] *adj* phlegmatic
Phobie [fo'biː] *f PSYCH* phobia
Phonetik [fo'neːtɪk] *f* phonetics
phonetisch [fo'neːtɪʃ] *adj* phonetic
phosphathaltig [fɔs'faːthaltɪç] *adj CHEM* containing phosphate, phosphatic
Phosphor ['fɔsfoːr] *m CHEM* phosphorus
Phrase ['fraːzə] *f 1. LING* phrase; *2. (fig: leere Redensart)* empty phrase, cliché; *leere ~n dreschen* waffle *(UK)*, blather away *(US)*
phrasenhaft ['fraːsənhaft] *adj* empty *(fig)*
pH-Wert [pe'haveːrt] *m CHEM* pH value
Physik [fy'zɪːk] *f* physics
physikalisch [fyːzi'kaːlɪʃ] *adj* physical, physics …
Physiologie [fyːzjolo'giː] *f* physiology
physiologisch [fyːzjo'loːgɪʃ] *adj* physiological
Physiotherapeut(in) ['fyːzjoterapɔyt(ɪn)] *m/f MED* physiotherapist
Physis ['fyːzɪs] *f MED* physique
physisch ['fyːzɪʃ] *adj 1.* physical; *adv 2.* physically
Pi [piː] *n MATH* pi; *~ mal Daumen (fam)* roughly
picheln ['pɪçəln] *v (fam)* booze; *einen ~ (fam)* knock one back
Pickel ['pɪkəl] *m 1. (Pustel)* pimple; *2. (Werkzeug)* pick-axe; *3. (Eispickel)* ice-pick
pickelig ['pɪkəlɪç] *adj* pimply
picken ['pɪkən] *v* pick, peck
Picknick ['pɪknɪk] *n* picnic
piekfein ['piːkfaɪn] *adj 1. (fam)* posh, smart; *2. (Restaurant)* swish
Pieps [piːps] *m* peep, squeak
piepsen ['piːpsən] *v 1.* peep, squeak; *2. (Funkgerät)* beep; *3. (Vogel)* chirp
piesacken ['piːzakən] *v (fam)* pester, torment
Pietät [pie'tɛːt] *f* piety
pietätlos [pie'tɛːtloːs] *adj* irreverent, impious
pietätvoll [pie'tɛːtfɔl] *adj* pious, reverent
pikant [pi'kant] *adj 1.* piquant; *2. (Witz)* risqué
piksen ['piːksən] *v (fam)* sting, pinch
Pilger ['pɪlgər] *m* pilgrim
Pilgerfahrt ['pɪlgərfaːrt] *f* pilgrimage
pilgern ['pɪlgərn] *v 1.* make a pilgrimage; *2. durch die Stadt ~* wander through the city
Pilz [pɪlts] *m 1. BOT* fungus; *2. (Speisepilz)* mushroom; *wie ~e aus dem Boden schießen (fig)* mushroom
Pilzerkrankung ['pɪltsɛrkraŋkuŋ] *f MED* fungus disease, mycosis
pimpelig ['pɪmpəlɪç] *adj* wimpy *(fam)*
pingelig ['pɪŋəlɪç] *adj (fam)* finicky, choosy
Pingeligkeit ['pɪŋəlɪçkaɪt] *f* fussiness, punctiliousness
Pinienkern ['piːnjənkɛrn] *m BOT* pine-kernel
pinkeln ['pɪŋkəln] *v (fam)* pee
Pinsel ['pɪnzəl] *m* brush
pinseln ['pɪnzəln] *v 1.* paint; *2. (sorgfältig schreiben)* pen *(fam)*, write
Pinselstrich ['pɪnzəlʃtrɪç] *m ART* brushstroke
Pinzette [pɪn'tsɛtə] *f* tweezers, pincers
Pionier [pio'niːr] *m* pioneer
Pioniergeist [pio'niːrgaɪst] *m (fig)* pioneering spirit
Pirat [pi'raːt] *m* pirate
Piste ['pɪstə] *f 1.* track, course; *2. (Rollfeld)* runway
Pistole [pɪs'toːlə] *f* pistol; *jdm die ~ auf die Brust setzen (fig)* hold a gun to s.o.'s head; *wie aus der ~ geschossen* like a shot
Pistolenlauf [pɪs'toːlənlauf] *m* barrel (of a pistol)
Plackerei [plakɛ'raɪ] *f* grind *(fam)*
plädieren [plɛ'diːrən] *v* plead (in court)
Plädoyer [plɛdoa'jeː] *n JUR* address to the jury, closing argument, summation *(US)*
Plage ['plaːgə] *f 1.* plague; *2. (fig)* nuisance
plagen ['plaːgən] *v 1. sich ~* torment o.s.; *2. sich ~ (arbeiten)* toil
Plagiat [plag'jaːt] *n* plagiarism
Plakat [pla'kaːt] *n* poster, placard
plakatieren [plaka'tiːrən] *v 1.* announce with posters; *2. (fig)* broadcast
plakativ [plaka'tiːf] *adj* striking, emblazoned
Plakatwand [pla'kaːtvant] *f* billboard

P

Plakatwerbung [pla'ka:tvɛrbuŋ] *f* poster advertising, outdoor advertising
Plakette [pla'kɛtə] *f 1.* plaque; *2. (Abzeichen)* badge; *3. (Gedenkmünze)* commemorative coin
plan [pla:n] *adj* plain, level

Plan¹ [pla:n] *m 1.* plan; *nach ~ verlaufen* go according to plan; *2. (Stadtplan)* map

Plan² [pla:n] *m (Kampfpflatz) jdn auf den ~ rufen* bring s.o. into the arena
Plane ['pla:nə] *f 1.* cover, tarpaulin, canvas; *2. (Schutzdach)* awning
planen ['pla:nən] *v* plan
planetarisch [plane'ta:rɪʃ] *adj* planetary
Planetarium [plane'ta:rjum] *n* planetarium
Planetensystem [pla'ne:tənzyste:m] *n ASTR* solar system
Planierraupe [pla'ni:rraupə] *f* bulldozer
plänkeln ['plɛŋkəln] *v* skirmish
planlos ['pla:nlo:s] *adj 1.* aimless, planless, purposeless; *adv 2.* aimlessly, planlessly, unsystematically
Planlosigkeit ['pla:nlo:zɪçkaɪt] *f* lack of planning
planmäßig ['pla:nmɛ:sɪç] *adj 1.* according to plan, planned, scheduled; *adv 2.* according to plan, on schedule
Planmäßigkeit ['pla:nmɛ:sɪçkaɪt] *f 1. (Methodik)* methodicalness; *2. (Pünktlichkeit)* punctuality; *3. (Regelmäßigkeit)* regularity
Planquadrat ['pla:nkvadra:t] *n GEO* grid square, map square
Plantschbecken ['planʃbɛkən] *n* wading pool, paddling pool
plantschen ['planʃən] *v* splash about
Planspiel ['pla:nʃpi:l] *n* map exercise, simulation
Plantage [plan'ta:ʒə] *f* plantation
Planung ['pla:nuŋ] *f* planning, layout, policy-making
Planwirtschaft ['pla:nvɪrtʃaft] *f ECO* planned economy
plapperhaft ['plapərhaft] *adj* chatty, gabby, garrulous, babbling
Plappermaul ['plapərmaul] *n* blabbermouth
plappern ['plapərn] *v* chatter, babble, prattle
plärren ['plɛrən] *v 1.* bawl; *2. (unschön schreien)* shriek; *3. (singen)* screech
Plastik ['plastɪk] *n 1. (Kunststoff)* plastics; *f 2. ART* sculpture
Plastikfolie ['plastɪkfo:ljə] *f* plastic foil, plastic film, plastic sheeting
plastisch ['plastɪʃ] *adj 1. (knetbar)* plastic, kneadable, malleable; *2. (fig)* three-dimensional, graphic
Plastizität [plastitsi'tɛ:t] *f 1. (Formbarkeit)* plasticity, malleability; *2. (Bildhaftigkeit)* graphicness, vividness
Platin ['pla:ti:n] *n CHEM* platinum
Platine [pla'ti:nə] *f 1. TECH* lifter; *2. INFORM* board
Plattitüde [plati'ty:də] *f* platitude
platschen ['platʃən] *v* splash; *gegen das Ufer ~* lap at the shore
plätschern ['plɛtʃərn] *v* trickle, ripple
platt [plat] *adj 1.* flat, level; *2. (fig: geistlos)* flat, dull, plain
Platte ['platə] *f 1. (Holzplatte/Metallplatte)* plate; *2. (Schallplatte)* record; *eine andere ~ auflegen (fig)* change the subject; *3. (Steinplatte)* flagstone; *4. (Tortenplatte)* dish, plate; *5. (Fliese)* tile
Plattenspieler ['platənʃpi:lər] *m* record-player, turntable
Plattform ['platfɔrm] *f* platform
Plattfuss ['platfu:s] *m 1. (fam: Reifenpanne)* flat tyre, flat; *2. MED* flat-foot
Plattheit ['plathaɪt] *f 1.* flatness; *2. (Redensart)* platitude
plattnasig ['platna:ziç] *adj* flat-nosed

Platz [plats] *m 1. (Stelle)* place; *~ tauschen mit* change places with; *Nehmen Sie ~.* Take a seat. Have a seat *(US). ein ~ an der Sonne* a place in the sun; *fehl am ~ sein* to be out of place; *~ behalten* remain seated; *jdn auf die Plätze verweisen* beat s.o.; *~ sparend* economical space-saving; *2. (freier Raum)* room, space; *3. (Marktplatz)* marketplace; *4. (umbaute Fläche)* square; *5. (Spielfeld)* (playing) field, pitch; *(Tennis, Basketball, Handball)* court; *6. (Golf)* course

Platzangst ['platsaŋst] *f PSYCH 1.* agoraphobia; *2. (Beklemmung)* claustrophobia
Platzanweiser(in) ['platsanvaɪzər(ɪn)] *m/f* usher(ette)
Platzbedarf ['platsbədarf] *m* space requirements *pl*
Plätzchen ['plɛtsçən] *n 1. (kleiner Platz)* small place, small spot; *2. (Gebäck) GAST* biscuit *(UK)*, cookie *(US)*
platzen ['platsən] *v* burst, explode
Platzkarte ['platskartə] *f* seat reservation, ticket for a reserved seat

P

Platzmangel ['platsmaŋəl] *m* lack of space, shortage of space
Platzpatrone ['platspatroːnə] *f* blank cartridge; *mit ~n schießen* fire blanks
Platzverweis ['platsfɛrvaɪs] *m SPORT* ejection, sending-off
Platzwunde ['platsvundə] *f MED* laceration
plaudern ['plaudərn] *v* chat, talk
Plaudertasche ['plaudərtaʃə] *f* chatterbox
Plausibilität [plauzibili'tɛːt] *f* plausibility
Plauze [plautze] *f auf der ~ liegen* to be laid up; *es auf der ~ haben* to be chesty *(UK),* to be under the weather
platzieren [pla'tsiːrən] *v* place, locate, position
pleite ['plaɪtə] *adj* broke, bankrupt; *~ sein* not have a bean; *~ gehen* go bust, go broke
Pleite ['plaɪtə] *f* bankruptcy; *~ machen* go bankrupt
Pleitegeier ['plaɪtəgaɪər] *m* vulture of bankruptcy
Plenarsaal [ple'naːrzaːl] *m* plenary hall, assembly room
Plenum ['pleːnum] *n* plenary session, full session
Plombe ['plɔmbə] *f 1.* lead seal; *2. (Zahnplombe) MED* filling, inlay
plombieren [plɔm'biːrən] *v 1.* seal; *2. (Zahn)* fill, stop, plug
plötzlich ['plœtslɪç] *adj 1.* sudden, abrupt; *adv 2.* suddenly, abruptly
Plötzlichkeit ['plœtslɪçkaɪt] *f* suddenness
Pluderhose ['pluːdərhoːzə] *f* harem pants *pl,* pantaloons *pl*
plump [plump] *adj 1. (unförmig)* plump, lumpy; *2. (ungeschickt)* clumsy, lumbering, ungainly; *3. (fig: Bemerkung)* crude
Plumpheit ['plumphaɪt] *f* awkwardness, clumsiness
plumpsen ['plumpsən] *v* plop, thud; *durchs Examen ~* blow the exam
Plunder ['plundər] *m 1.* junk, rubbish, trash; *2. GAST* Danish pastry
Plünderer ['plyndərər] *m* looter, pillager, plunderer
plündern ['plyndərn] *v* plunder, ravage, raid
Plünderung ['plyndəruŋ] *f* pillage, plundering, ransacking
Plural ['pluːraːl] *m GRAMM* plural
Pluralismus [pluːra'lɪsmus] *m POL* pluralism
pluralistisch [pluːra'lɪstɪʃ] *adj POL* pluralistic, pluralist
plus [plus] *adv 1. (Grad)* plus; *bei ~ zehn Grad* at ten degrees above (zero); *2. MATH* plus
Plus [plus] *n 1. (Überschuss)* surplus; *2. (fig)* advantage, asset, plus *(fam)*
Plüsch [plyːʃ] *m* plush
Plüschtier ['plyːʃtiːr] *n* fluffy stuffed animal
Pluspol ['pluspoːl] *m TECH* positive pole
Pluspunkt ['pluspuŋkt] *m 1.* point; *2. (fig)* advantage
Plusquamperfekt ['pluskvampɛrfɛkt] *n GRAMM* pluperfect, past perfect
Pluszeichen ['plustsaɪçən] *n MATH* plus sign
Po [poː] *m (fam)* bottom, behind, bum *(UK)*
Pöbel ['pøːbəl] *m* mob, rabble
pöbelhaft ['pøːbəlhaft] *adj* uncouth, vulgar
pöbeln ['pøːbəln] *v (fam)* curse
pochen ['pɔxən] *v 1. (klopfen)* knock, rap; *2. (fig: bestehen auf)* insist on, stand up for
Pocken ['pɔkən] *pl MED* smallpox, variola
pockennarbig ['pɔkənnarbɪç] *adj* pockmarked
Podest [po'dɛst] *n* podium, platform
Podiumsdiskussion ['poːdjumdɪskusjoːn] *f* panel discussion
Poesie [poe'ziː] *f* poetry
Poesiealbum [poe'ziːalbum] *n* autograph book
poetisch [po'eːtɪʃ] *adj* poetic
Pointe [po'ɛ̃ːtə] *f 1. (eines Witzes)* punchline; *2. (einer Geschichte)* point
pointiert [poɛ̃'tiːrt] *adj* highlighted, emphasized
Pokalsieger [po'kaːlziːgər] *m SPORT* cup winner; *Pokal der ~* Cup Winners' Cup
Pokalspiel [po'kaːlʃpiːl] *n SPORT* cup-tie *(UK),* tournament game
pökeln ['pøːkəln] *v* pickle
Poker ['poːkər] *m (Kartenspiel)* poker
pokern ['poːkərn] *v 1.* play poker; *2. (fig)* gamble
Pol [poːl] *m* pole; *der ruhende ~ sein* to be a calming influence
Polareis [po'laːraɪs] *n* polar ice cap
polarisieren [polari'ziːrən] *v* polarize
Polarität [polari'tɛːt] *f* polarity
Polarkreis [po'laːrkraɪs] *m GEO* polar circle; *nördlicher ~* Arctic Circle; *südlicher ~* Antarctic Circle

P

Polarmeer [po'la:rme:r] *n GEO* polar sea
Polarstern [po'la:rʃtɛrn] *m ASTR* North Star, Polaris, Pole Star
Pole/Polin ['po:lə/'po:lɪn] *m/f* Pole
Polemik [po'le:mɪk] *f* polemics, controversy
polemisch [po'le:mɪʃ] *adj* polemic
polemisieren [polemi'zi:rən] *v* polemicize
Polen ['po:lən] *n GEO* Poland
Police [po'li:sə] *f* policy
Polier [po'li:r] *m* site foreman
polieren [po'li:rən] *v* polish
Poliermittel [po'li:rmɪtəl] *n* polish
Politesse [poli'tɛsə] *f* meter maid, female traffic warden
Politik [poli'ti:k] *f 1.* politics; *2. (eine bestimmte ~)* policy
Politiker(in) [po'li:tikər(ɪn)] *m/f* politician
Politikverdrossenheit [poli'ti:kfɛrdrɔsənhaɪt] *f* being fed up with politics
politisch [po'li:tɪʃ] *adj* political
politisieren [politi'zi:rən] *v* politicize, talk politics
Politologe/Politologin [polito'lo:gə/polito'lo:gɪn] *m/f* political scientist
Politologie [politolo'gi:] *f* political science
Politur [poli'tu:r] *f* polish, gloss, burnish

Polizei [poli'tsaɪ] *f* police

Polizeiapparat [poli'tsaɪapara:t] *m* law enforcement resources *pl,* police force
Polizeibeamte(r)/Polizeibeamtin [poli'tsaɪbəamtə(r)/poli'tsaɪbəamtɪn] *m/f* police officer
Polizeichef [poli'tsaɪʃɛf] *m* chief constable *(UK),* chief of police *(US)*
polizeilich [poli'tsaɪlɪç] *adv 1.* by the police, with the police; *adj 2.* police
Polizeipräsident(in) [poli'tsaɪprɛzidɛnt(ɪn)] *m/f* police commissioner
Polizeisirene [poli'tsaɪzɪre:nə] *f* siren (of a police car)
Polizeistunde [poli'tsaɪʃtundə] *f* closing time
Polkappe ['po:lkapə] *f* polar cap
Pollen ['pɔlən] *m BOT* pollen
Polster ['pɔlstər] *n 1.* pad; *2. (Kissen)* cushion
Polstermöbel ['pɔlstərmø:bəl] *pl* upholstered furniture
polstern ['pɔlstərn] *v* upholster
Polstersessel ['pɔlstərzɛsəl] *m* armchair, easy chair, upholstered chair
Polsterung ['pɔlstəruŋ] *f* upholstery
Polterabend ['pɔltəra:bənt] *m* party on the eve of a wedding
Poltergeist ['pɔltərgaɪst] *m* poltergeist
poltern ['pɔltərn] *v 1.* make a racket, crash; *an die Tür ~* bang on the door; *2. (schimpfen)* carry on *(fam); 3. (sich fortbewegen)* rumble, clatter; *Kartoffeln polterten vom Wagen.* Potatoes tumbled noisily from the cart.
Polyp [po'ly:p] *m 1. (fam: Polizist)* bobby *(UK),* copper, cop; *2. MED ~en pl* adenoids; *3. ZOOL* octopus, polyp
pomadig [po'ma:dɪç] *adj 1. (mit Pomade eingerieben)* greasy; *2. (fam: träge)* sluggish
Pommes frites [pɔm'frɪt] *pl GAST* chips *(UK),* French fries *(US)*
pomphaft ['pɔmphaft] *adj* grandiose
pompös [pɔm'pø:s] *adj* pompous, spectacular, grand
Pony ['pɔni] *m 1. (Frisur)* fringe, bangs *pl (US); n 2. ZOOL* pony
Popo [po'po:] *m (fam)* bottom, behind, bum *(UK)*
poppig ['pɔpɪç] *adj* trendy
Popszene ['pɔpstse:nə] *f* pop music scene
populär [popu'lɛ:r] *adj* popular
Popularität [popularɪ'tɛ:t] *f* popularity
populärwissenschaftlich [popu'lɛ:rvɪsənʃaftlɪç] *adj* popular-science
populistisch [popu'lɪstɪʃ] *adj POL* populist
Pore ['po:rə] *f ANAT* pore
Pornografie [pɔrnogra'fi:] *f* pornography
pornografisch [pɔrno'gra:fɪʃ] *adj* pornographic
porös [po'rø:s] *adj* porous, spongy
Portier [pɔr'tje:] *m* porter, door-keeper, doorman
Portion [pɔr'tsjo:n] *f 1.* portion; *2. (beim Essen)* helping, serving, portion
Porto ['pɔrto] *n* postage
portofrei ['pɔrtofraɪ] *adj 1.* post-paid, prepaid, postage-free; *adv 2.* post-paid
portopflichtig ['pɔrtopflɪçtɪç] *adj* subject to postage
Portugiese/Portugiesin [pɔrtu'gi:zə/pɔrtu'gi:zɪn] *m/f* Portuguese
portugiesisch [pɔrtu'gi:zɪʃ] *adj* Portuguese
Portwein ['pɔrtvaɪn] *m* port
Porzellan [pɔrtsə'la:n] *n* porcelain, china

P

Porzellanladen [pɔrtsəˈlaːnlaːdən] *m* china shop; *wie der Elefant im ~* like a bull in a china shop
Posaune [pɔˈzaunə] *f MUS* trombone
Pose [ˈpoːzə] *f* pose, attitude
posieren [poˈziːrən] *v* pose
positiv [ˈpozitiːf] *adj 1.* positive; *2. (bejahend)* affirmative
Positiv [ˈpozitiːf] *n FOTO* positive
Positur [poziˈtuːr] *f* posture
Posse [ˈpɔsə] *f* farce
possenhaft [ˈpɔsənhaft] *adj* farcical, clownish
Possessivpronomen [pɔsɛsiːfpronoːmən] *n GRAMM* possessive pronoun
possierlich [pɔˈsiːrlɪç] *adj* playful
Post [pɔst] *f 1.* post, mail; *2. (~amt)* post office; *3. (~dienst)* postal service
postalisch [pɔsˈtaːlɪʃ] *adj* postal; *auf ~em Weg* by mail
Postamt [ˈpɔstamt] *n* post office
Postbank [ˈpɔstbaŋk] *f* post office bank
Postbeamte(r)/Postbeamtin [ˈpɔstbəamtə(r)/pɔstbəamtɪn] *m/f* postal worker
Postbote [ˈpɔstboːtə] *m* postman, mailman *(US)*
Posten [ˈpɔstən] *m 1. (Anstellung)* position, post, job; *(fam) auf dem ~ sein* to be on the job; *2. (Warenmenge)* quantity, lot; *3. (Einzelziffer)* item, entry; *4. (Wache)* sentry, guard, sentinel; *5. (fig) auf verlorenem ~ stehen* to be fighting a losing battle
Postfach [ˈpɔstfax] *n* post office box, P.O. box
posthum [pɔsˈtuːm] *adj* posthumous
postieren [pɔsˈtiːrən] *v* post, station, position
Postkarte [ˈpɔstkartə] *f* postcard
Postleitzahl [ˈpɔstlaɪttsaːl] *f* postal code, postcode, ZIP code *(US)*
Postskriptum [pɔstˈskrɪptum] *n* postscript
Poststempel [ˈpɔstʃtɛmpəl] *m* postmark
postwendend [ˈpɔstvɛndənt] *adv* by return of post, by return mail *(US)*
potent [poˈtɛnt] *adj* potent
Potenzial [potɛnˈtsjaːl] *n* potential
potenziell [potɛnˈtsjɛl] *adj* potential
Potenz [poˈtɛnts] *f 1. (Macht)* potency, power; *2. MATH* power
potenzieren [potɛnˈtsiːrən] *v MATH* increase geometrically
Potenzschwäche [poˈtɛntsʃvɛçə] *f* impaired potency
PR-Abteilung [peːˈɛraptaɪluŋ] *f* PR department
Pracht [praxt] *f* splendour, magnificence, grandeur
Prachtexemplar [ˈpraxtɛksɛmplaːr] *n* superb specimen, fine specimen
prächtig [ˈprɛçtɪç] *adj 1.* splendid, magnificent; *adv 2.* splendidly, magnificently
Prachtstraße [ˈpraxtʃtraːsə] *f* boulevard, flashy avenue
prachtvoll [ˈpraxtfɔl] *adj* splendid, grand
prädestiniert [prɛdəstiˈniːrt] *adj* predestined
Prädikat [prɛdiˈkaːt] *n 1. (Bewertung)* rating, grade, mark; *2. (Grammatik)* predicate
Präferenz [prɛfeˈrɛnts] *f* preference
prägen [ˈprɛːgən] *v 1. (Münzen)* mint, coin, stamp; *2. (fig)* determine, identify, characterize; *3. (Wort)* coin
pragmatisch [prakˈmaːtɪʃ] *adj 1.* pragmatic; *adv 2.* pragmatically
Pragmatismus [pragmaˈtɪsmus] *m* pragmatism
prägnant [prɛgˈnant] *adj 1.* concise, succinct; *adv 2.* concisely, succinctly
Prägung [ˈprɛːguŋ] *f 1. (Münzen)* stamping, minting, coinage; *2. (fig)* stamp, character, type
prahlen [ˈpraːlən] *v* boast, brag
Prahlerei [praːləˈraɪ] *f 1.* bragging, boasting; *2. (Äußerung)* boast
praktikabel [praktɪˈkaːbəl] *adj* practicable
Praktikant(in) [praktɪˈkant(ɪn)] *m/f* trainee, intern
Praktiker [ˈpraktɪkər] *m* practician, s.o. with practical experience
Praktikum [ˈpraktɪkum] *n* practical course, internship
praktisch [ˈpraktɪʃ] *adj 1.* practical, useful; *adv 2.* practically, to all practical purposes *(UK)*, for all practical purposes *(US)*
praktizieren [praktiˈtsiːrən] *v* practise, practice *(US)*
Prälat [prɛˈlaːt] *m REL* prelate
prall [pral] *adj 1.* full, bulging; *2. (Sonne)* blazing; *3. (gespannt)* tight, taut
prallen [ˈpralən] *v 1. ~ gegen* crash into, strike, collide with; *2. ~ gegen (Sonne)* beat down on
Prämie [ˈprɛːmjə] *f 1.* premium; *2. (Preis)* prize; *3. ECO* bonus
prämieren [prɛˈmiːrən] *v* award a prize
Prämierung [prɛˈmiːruŋ] *f* awarding

P

Prämisse [prɛ'mɪsə] *f* premise
prangen ['praŋən] *v 1. (an auffallender Stelle stehen)* to be prominently displayed; *2. (sich zeigen)* to be resplendent
Pranger ['praŋər] *m (fig) an den ~ stellen* pillory; *Er steht am ~.* He is being pilloried.
Pranke ['praŋkə] *f ZOOL* paw
Präparat [prɛpa'ra:t] *n* preparation
präparieren [prɛpa'ri:rən] *v* prepare
Präposition [prɛpozi'tsjo:n] *f GRAMM* preposition
Prärie ['prɛri:] *f* prairie, savannah
Präsens ['prɛzɛns] *n GRAMM* present (tense)
präsent [prɛ'zɛnt] *adj* present
Präsent [prɛ'zɛnt] *n* present, gift
präsentieren [prɛzən'ti:rən] *v* present
Präsenz [prɛ'zɛns] *f (Anwesenheit)* presence
Präservativ [prɛzərva'ti:f] *n* contraceptive
Präsident(in) [prɛzi'dɛnt(ɪn)] *m/f* president
präsidieren [prɛzi'di:rən] *v* preside; *etw ~* preside over sth
Präsidium [prɛ'zi:djum] *n 1. (Vorsitz)* presidency, chairmanship; *2. (Polizeipräsidium)* police headquarters
prasseln ['prasəln] *v 1.* beat down; *2. (fig)* rain down; *3. (Feuer)* crackle
prassen ['prasən] *v* live extravagantly
Prävention [prɛvɛn'tsjo:n] *f* prevention
Präventivmaßnahme [prɛvən'ti:fmasna:mə] *f* preventive measure
Praxis ['praksɪs] *f 1. (tatsächliche Anwendung)* practice; *in der ~* in practice; *2. (Erfahrung)* experience; *3. (Arztpraxis)* practice
praxisbezogen ['praksɪsbətso:gən] *adj* practical, practice-oriented
praxisnah ['praksɪsna:] *adj* practical, practice-related
Präzedenzfall [prɛtsə'dɛntsfal] *m* precedent, judicial precedent, test case
präzise [prɛ'tsi:zə] *adj 1.* precise, exact; *adv 2.* precisely
präzisieren [prɛtsi'zi:rən] *v* define narrowly, specify
Präzision [prɛtsiz'jo:n] *f* precision, exactness, accuracy
predigen ['pre:dɪgən] *v 1. REL* preach; *2. (fig)* lecture, preach
Prediger ['pre:dɪgər] *m REL* preacher
Predigt ['pre:dɪçt] *f 1. REL* sermon; *2. (fig)* lecture, harangue

Preis [praɪs] *m 1. (Wertangabe)* price; *um jeden ~* at all costs; *um keinen ~* not at any price; *2. (Auszeichnung)* prize, award, reward

Preisanstieg ['praɪsanʃti:k] *m* price increase, rise in prices *pl*
Preisausschreiben ['praɪsausʃraɪbən] *n* competition
Preiselbeere ['praɪzəlbe:rə] *f BOT* cranberry
Preisempfehlung ['praɪsɛmpfe:luŋ] *f ECO* price recommendation; *unverbindliche ~* suggested retail price
preisen ['praɪzən] *v irr* praise, extol
Preiserhöhung ['praɪsɛrhø:uŋ] *f* price increase
Preisfrage ['praɪsfra:gə] *f (fig)* big question, vital question
Preisgabe ['praɪsga:bə] *f 1.* surrender, abandonment; *2. (eines Geheimnisses)* divulgence
preisgeben ['praɪsge:bən] *v irr 1. (aufgeben)* give up, surrender, abandon; *2. (enthüllen)* reveal, betray; *3. (aussetzen)* expose
preisgekrönt ['praɪsgəkrø:nt] *adj* prizewinning
preisgünstig ['praɪsgynstɪç] *adj* reasonably priced, worth the money, favourably priced
Preislage ['praɪsla:gə] *f ECO* price, price range
Preisliste ['praɪslɪstə] *f* price list, list of prices
Preisrückgang ['praɪsrykgaŋ] *m* drop in prices, fall in prices, price recession
Preisschild ['praɪsʃɪlt] *n* price tag, price label
Preisträger ['praɪstrɛ:gər] *m* prizewinner
preiswert ['praɪsve:rt] *adj* reasonable, worth the money
prekär [pre'kɛ:r] *adj 1.* precarious; *2. (peinlich)* embarrassing, awkward
prellen ['prɛlən] *v 1. jdn ~* cheat s.o.; *2. die Zeche ~* avoid paying the bill; *3. sich etw ~* bruise sth; *4. (etw ~) (abprallen lassen)* bounce
Prellung ['prɛluŋ] *f MED* contusion, bruise
Premiere [prəm'je:rə] *f THEAT* premiere
Premierminister(in) [prəm'je:minɪstər(ɪn)] *m/f POL* prime minister
Presse ['prɛsə] *f 1. (Druckerpresse)* press; *2. TECH* stamping machine, stamping press
Presseagentur ['prɛsəagɛntu:r] *f* wire service *(US)*, news agency

Presseamt ['prɛsəamt] *n* press office
Pressechef ['prɛsəʃɛf] *m* press officer, press-relations officer, public-relations officer
Presseempfang ['prɛsəɛmpfaŋ] *m* press reception
Presseerklärung ['prɛsəɛrklɛːruŋ] *f 1. (mündlich)* statement to the press; *2. (schriftlich)* press release
pressen ['prɛsən] *v* press, squeeze
Pressesprecher ['prɛsəʃprɛçər] *m* spokesman
Pressluft ['prɛsluft] *f* compressed air
Prestigedenken [prɛs'tiːʒdɛŋkən] *n* status-seeking
prickeln ['prɪkəln] *v* tingle, tickle
prickelnd ['prɪkəlnt] *adj* tingling, tickling, titillating
Priester ['priːstər] *m REL* priest
priesterlich ['priːstərlɪç] *adj REL* priestly, clerical
Priesterweihe ['priːstərvaɪə] *f REL* ordination, consecration
prima ['priːma] *adj 1.* great, splendid, first-rate; *adv 2.* splendidly, very well
primär [pri'mɛːr] *adj* primary
Primat [pri'maːt] *m 1. (Menschenaffe)* primate; *n 2. (Vorrang)* primacy, priority
Primel ['priːməl] *f BOT* primula, primrose
primitiv [primi'tiːf] *adj 1.* primitive; *adv 2.* primitively
Primitive(r) [primi'tiːvə(r)] *m/f* primitive
Primitivität [primitivi'tɛːt] *f* primitiveness
Primus ['priːmus] *m* top pupil
Primzahl ['priːmtsaːl] *f MATH* prime number
Printmedien ['prɪntmeːdjən] *pl* print media
Prinz [prɪnts] *m* prince
Prinzessin [prɪn'tsɛsɪn] *f* princess
Prinzip [prɪn'tsiːp] *n* principle; *im ~* in principle, basically, actually
prinzipiell [prɪntsi'pjɛl] *adj 1.* general; *adv 2.* on principle, generally
Prinzipienlosigkeit [prɪn'tsiːpjənloːzɪçkaɪt] *f* lack of principles
Priorität [priːɔri'tɛːt] *f* priority
Prise ['priːzə] *f (kleine Menge)* pinch
Prisma ['prɪsmaː] *n* prism
Pritsche ['prɪtʃə] *f* plank bed
Pritschenwagen ['prɪtʃənvaːgən] *m* flatbed truck
privat [pri'vaːt] *adj 1.* private; *adv 2.* privately
Privatadresse [pri'vaːtadrɛsə] *f* home address
Privatfernsehen [pri'vaːtfɛrnseːhən] *n* commercial television
Privatgespräch [pri'vaːtgəsprɛːç] *n 1.* private conversation; *2. (am Telefon)* personal call
Privatinitiative [pri'vaːtɪnɪtsjatiːvə] *f* one's own initiative
privatisieren [privati'ziːrən] *v ECO* privatize, transfer to private ownership, denationalize *(UK)*
Privatisierung [privati'ziːruŋ] *f ECO* privatization
privatwirtschaftlich [pri'vaːtvɪrtʃaftlɪç] *adj ECO* private-enterprise
Privileg [privi'leːk] *n* privilege
privilegiert [privilə'giːrt] *adj* privileged
pro [proː] *prep* per
Pro[1] [proː] *n das ~ und Kontra* the arguments for and against
Pro[2] [proː] *m (Golftrainer) SPORT* golf pro

Probe ['proːbə] *f 1. (Versuch)* experiment, test, trial; *jdn auf die ~ stellen* put s.o. on the test; *2. (Muster)* sample, specimen, pattern; *3. THEAT* rehearsal

Probeaufnahme ['proːbəaufnaːmə] *f 1.* test recording; *2. CINE* screen test
Probeexemplar ['proːbəɛksəmplaːr] *n* sample copy
proben ['proːbən] *v* rehearse
probeweise ['proːbəvaɪzə] *adv* on a trial basis, as a test
Probezeit ['proːbətsaɪt] *f* probationary period, trial period
probieren [pro'biːrən] *v 1. (versuchen)* try, test, sample; *2. (kosten)* taste, sample
Problem [pro'bleːm] *n* problem
Problematik [proble'maːtɪk] *f* problematic nature, problematics *pl*
problematisch [proble'maːtɪʃ] *adj* problematic
problematisieren [problemati'ziːrən] *v* make a problem out of, make an issue of
Problemfall [pro'bleːmfal] *m* problem case
Produkt [pro'dukt] *n 1.* product; *2. (landwirtschaftliche ~e)* produce
Produktion [produk'tsjoːn] *f* production, output
Produktionsgüter [produk'tsjoːnsgyːtər] *pl ECO* producer goods, producers' capital goods

P

produktiv [produk'tiːf] *adj 1.* productive; *adv 2.* productively
Produktivität [produktivi'tɛːt] *f ECO* productivity, productiveness, productive efficiency
Produzent(in) [produ'tsɛnt(ɪn)] *m/f* producer, manufacturer
produzieren [produ'tsiːrən] *v* produce, manufacture
profan [pro'faːn] *adj 1.* profane; secular; *2.* ordinary
Professur [profɛ'suːr] *f* professorship
Profi ['proːfi] *m* pro *(fam)*
Profil [pro'fiːl] *n 1.* profile; *2. TECH* profile, profile section
profilieren [profi'liːrən] *v sich ~* distinguish oneself
Profilierung [profi'liːruŋ] *f 1. (Umriss)* outline; *2. (einer Person)* making a mark, building an image
profillos [pro'fiːlloːs] *adj (Persönlichkeit)* lacking a defined image, low-key, low-profile
profitieren [profi'tiːrən] *v* profit, benefit, take advantage of
Profitjäger [pro'fiːtjɛgər] *m* profiteer
Prognose [prog'noːzə] *f* prognosis, prediction, forecast
prognostizieren [prognɔsti'tsiːrən] *v* prognosticate, predict
Programm [pro'gram] *n* programme; *ein ~ in Angriff nehmen* embark on a project
programmatisch [progra'maːtɪʃ] *adj* policy, programmatic
programmgemäß [pro'gramgəmɛːs] *adj 1.* according to programme, programmed; *adv 2.* according to programme, as scheduled
projizieren [proji'tsiːrən] *v* project
proklamieren [prokla'miːrən] *v* proclaim
Prolet [pro'leːt] *m (fam)* prole
Proletarier [prole'taːrjər] *m* proletarian
proletarisch [prole'taːrɪʃ] *adj* proletarian
Prolog [pro'loːk] *m* prologue
promenieren [promə'niːrən] *v* stroll
Promille [pro'mɪlə] *n* thousandth, blood-alcohol concentration, per mille
Promillegrenze [pro'mɪləgrɛntsə] *f* maximum legal alcohol concentration, blood-alcohol-content limit
Prominenz [promi'nɛnts] *f* celebrities *pl,* notables *pl,* VIPs *pl*
Promotion [promo'tsjoːn] *f 1. (Doktorwürde)* conferral of a doctorate; *2. (Erhalt)* taking of a doctor's degree
promovieren [promo'viːrən] *v 1.* confer a doctor's degree, graduate; *2. (erhalten)* take a doctor's degree
prompt [prɔmt] *adj 1.* prompt; *adv 2.* promptly
propagandistisch [propagan'dɪstɪʃ] *adj POL* propaganda, propagandist
propagieren [propa'giːrən] *v* make publicity for
prophetisch [pro'feːtɪʃ] *adj* prophetic
prophezeien [profe'tsaɪən] *v* prophesy, predict
proportional [propɔrtsjo'naːl] *adj 1.* proportional, proportionate; *adv 2.* proportionally, proportionately
Prosa ['proːza] *f LIT* prose
prosaisch [pro'zaːɪʃ] *adj (nüchtern)* prosaic, matter-of-fact, down-to-earth
Prospekt [pro'spɛkt] *m (Reklameschrift)* brochure, prospectus
Prosperität [prosperi'tɛːt] *f* prosperity
prost [proːst] *interj* cheers
Prostata ['prɔstata] *f ANAT* prostate, prostate gland
Prostituierte [prostitu'iːrtə] *f* prostitute
Protektion [protɛk'tsjoːn] *f 1.* protection; *2. (Begünstigung)* patronage
Protektionismus [protɛktsjoː'nɪsmus] *m ECO* protectionism
protestieren [protɛs'tiːrən] *v* protest
Prothese [pro'teːzə] *f MED* prosthesis, artificial limb, *(Gebiss)* denture
Protokoll [proto'kɔl] *n 1.* protocol, record; *2. JUR* record, minutes *pl*
Protokollführer [proto'kɔlfyːrər] *m 1.* secretary; *2. JUR* clerk of the court
protokollieren [protokɔ'liːrən] *v 1.* record, keep a record of; *2. (bei einer Sitzung)* take the minutes, *(bei der Polizei)* take a statement
Protz [prɔts] *m 1.* show-off; *2. (Protzerei)* showing off
protzig ['prɔtsɪç] *adj* pretentious, pompous, ostentatious
Proviant [prov'jant] *m* provisions, supplies
Provinz [pro'vɪnts] *f* province
provinziell [provɪn'tsjɛl] *adj* provincial
Provinzstadt [pro'vɪntsʃtat] *f* small town, provincial town
Provision [provi'zjoːn] *f ECO* commission
provisorisch [provi'zoːrɪʃ] *adj 1.* provisional, temporary; *adv 2.* provisionally, temporarily

P

Provisorium [provi'zo:rjum] *n 1. (Zwischenlösung)* interim solution, stopgap measure, provisional arrangement; *2. (vorübergehender Zahnersatz) MED* temporary dentures *pl,* temporary plate
provokant [provo'kant] *adj* provocative
Provokateur [provoka'tø:r] *m* instigator, agitator, agent provocateur
provozieren [provo'tsi:rən] *v* provoke
provozierend [provo'tsi:rənt] *adj 1.* provoking; *adv 2.* provokingly
Prozedur [protse'du:r] *f* difficult procedure, lengthy procedure
Prozent [pro'tsɛnt] *n* per cent, percentage
Prozentsatz [pro'tsɛntzats] *m* percentage
prozentual [protsɛntu'a:l] *adj 1.* on a percentage basis; *adv 2.* expressed as percentage, on a percentage basis
Prozess [pro'tsɛs] *m 1. (Vorgang)* process; *jdm den ~ machen* bring an action against s.o.; *kurzen ~ mit jdm machen* make short work of s.o.; *2. JUR* legal action, proceedings; *3. (Strafverfahren) JUR* trial
prozessieren [protsɛ'si:rən] *v JUR* go to court, carry on a lawsuit, litigate
Prozession [protsɛ'sjo:n] *f* procession
prüde ['pry:də] *adj* prudish, strait-laced, stuffy
Prüderie [pry:də'ri:] *f* prudery
prüfen ['pry:fən] *v* examine, check, test
Prüfer ['pry:fər] *m 1.* examiner; *2. ECO* inspector; *3. (Rechnungsprüfer) ECO* auditor
Prüfgerät ['pry:fgərɛ:t] *n* testing apparatus
Prüfling ['pry:flɪŋ] *m* candidate, examinee
Prüfstand ['pry:fʃtant] *m (fig) auf dem ~ sein* to be under close scrutiny, to be on the spot
Prüfstein ['pry:fʃtaɪn] *m* test
Prüfung ['pry:fuŋ] *f 1.* examination, test; *2. ECO* inspection
Prüfungsangst ['pry:fuŋsaŋst] *f* exam nerves *pl*
Prüfungsausschuss ['pr:fuŋsausʃus] *m* examining board, examining body
Prüfungsfach ['pry:fuŋsfax] *n* subject for which an examination is required, subject for which an examination is offered
Prüfungsunterlagen ['pry:fuŋsuntərla:gən] *pl* examination papers
Prüfungszeugnis ['pry:fuŋstsɔyknɪs] *n* certificate, diploma
Prügel ['pry:gəl] *m 1.* cudgel, stick; *pl 2.* thrashing, licking
Prügelknabe ['pry:gəlkna:bə] *m* whipping boy
prügeln ['pry:gəln] *v 1. jdn ~* beat s.o. up, give s.o. a thrashing, clobber s.o.; *2. sich ~* fight
Prügelstrafe ['pry:gəlʃtra:fə] *f* corporal punishment
Prunk [pruŋk] *m* splendour, pomp, ostentation
prunkvoll ['pruŋkfɔl] *adj 1.* ostentatious, pretentious, splendid; *adv 2.* pompously, ostentatiously
prusten ['pru:stən] *v 1.* snort; *2. (spritzend blasen)* spew
Psalm [psalm] *m REL* psalm
Psychiatrie [psyçja'tri:] *f MED* psychiatry
psychiatrisch [psy'çja:trɪʃ] *adj MED* psychiatric
psychisch ['psy:çɪʃ] *adj* emotional, psychological, *(Phänomen)* psychic
Psychologe/Psychologin [psyço'lo:gə/psyço'lo:gɪn] *m/f* psychologist
Psychologie [psyçolo'gi:] *f* psychology
psychologisch [psyço'lo:gɪʃ] *adj 1.* psychological; *adv 2.* psychologically
Psychose [psy'ço:zə] *f* psychosis
psychosomatisch [psyçozo'ma:tɪʃ] *adj* psychosomatic
Psychoterror ['psy:çotɛrɔr] *m* psychological terror
pubertär [pubɛr'tɛ:r] *adj* in puberty, adolescent
Pubertät [pubɛr'tɛ:t] *f* puberty
pubertieren [pubɛr'ti:rən] *v* to be going through puberty
publik [pu'bli:k] *adj* known
Publikum ['publɪkum] *n 1. (Zuschauer, Zuhörer)* audience; *2. SPORT* spectators *pl; 3. (Öffentlichkeit)* public; *4. (Menge)* crowd
Publikumserfolg ['publɪkumsɛrfɔlk] *m* audience success, success with the public
Publikumsliebling ['publɪkumsli:plɪŋ] *m* darling of the public, crowd favourite
publikumswirksam ['publɪkumsvɪrkza:m] *adj* appealing to the public; *~ sein* to be good public relations
publizieren [publi'tsi:rən] *v* publish
Publizist(in) [publi'tsɪst(ɪn)] *m/f* journalist
Pudel ['pu:dəl] *m ZOOL* poodle; *wie ein begossener ~ dastehen* stand there like a dying duck in a thunderstorm
Puder ['pu:dər] *m* powder
Puderdose ['pu:dərdo:zə] *f 1.* powder tin; *2. (für die Handtasche)* compact

P

pudern ['puːdərn] *v* powder
puffen ['pufən] *v 1.* pop, go bang; *2. (Rauch)* puff; *3. (stoßen)* thump; *4. (in die Seite)* prod, poke, nudge
Pufferzone ['pufərtsoːnə] *f* buffer zone
Pulle ['pulə] *f 1.* bottle; *2. volle ~ (fam)* at top speed, all out
Pullover [pu'loːvər] *m* jumper *(UK)*, sweater, pullover
Puls [puls] *m* pulse; *jdm auf den ~ fühlen (fig)* try to find out what makes s.o. tick
Pulsader ['pulsaːdər] *f ANAT* artery
pulsieren [pul'ziːrən] *v* pulsate, throb
Pulsschlag ['pulsʃlaːk] *m MED* pulse beat
Pult [pult] *n* desk

> **Pulver** ['pulvər] *n* powder; *sein ~ verschossen haben* have shot s.o.'s bolt

pulverig ['pulvərɪç] *adj* powdery
pulverisieren [pulvəri'ziːrən] *v* pulverize
pummelig ['pumɛlɪç] *adj* plump, round
Pump [pump] *m* credit
Pumpe ['pumpə] *f* pump

> **Punkt** [puŋkt] *m 1.* point, spot; *an einem toten ~ angekommen sein* to be at a dead end; *einen wunden ~ berühren* touch a sore point; *etw auf den ~ bringen* get to the heart of the matter; *Das ist der springende ~.* That's just the point. *2. (Tupfen)* dot; *3. (Bewertungseinheit)* mark, score

punkten ['puŋktən] *v 1.* score; *2. (mit Punkten mustern)* dot
punktgleich ['puŋktglaɪç] *adj* tied
punktieren [puŋk'tiːrən] *v 1. MED* puncture; *2. MUS* dot
Punktion [puŋts'joːn] *f MED* puncture
pünktlich ['pyŋktlɪç] *adv 1.* punctually, on time; *~ wie der Maurer* on the dot; *adj 2.* punctual
punktuell [puŋktu'ɛl] *adv* selectively; *sich dazu ~ äußern* address only certain points
Pupille [pu'pɪlə] *f ANAT* pupil
Puppe ['pupə] *f 1. (Spielzeug)* doll; *die ~n tanzen lassen* live it up; *2. ZOOL* pupa, chrysalis; *3. bis in die ~n* until the cows come home
Puppenstube ['pupənʃtuːbə] *f* doll's house, doll house *(US)*
Puppentheater ['pupənteaːtər] *n 1. (Puppenspiel)* puppet show; *2. (Theater für Puppenspiele)* puppet theatre *(UK)*
pur [puːr] *adj 1.* pure; *2. (Whisky)* straight
pürieren [py'riːrən] *v GAST* puree, mash
puristisch [pu'rɪstɪʃ] *adj* purist
puritanisch [puri'taːnɪʃ] *adj* Puritan
Puritanismus [purita'nɪsmus] *m REL* Puritanism
purpurrot ['purpurroːt] *adj* purple
Purzelbaum ['purtsəlbaum] *m* somersault
purzeln ['purtsəln] *v* tumble, topple
pusselig ['pusəlɪç] *adj* finicky *(fam)*
Puste ['puːstə] *f* puff, breath
pusten ['puːstən] *v 1.* blow; *2. (atmen)* puff, pant
Pute ['puːtə] *f ZOOL* turkey (hen)
Putsch [putʃ] *m POL* putsch, coup, insurrection
putschen ['putʃən] *v POL* stage a coup
Putschist [put'ʃist] *m POL* insurgent, insurrectionist
Putschversuch ['putʃfɛrzuːx] *m POL* attempted coup d'état
Putz [puts] *m 1. (Zier)* finery, attire, ornaments; *2. (Mörtel)* plaster; *auf den ~ hauen (ausgelassen sein)* paint the town red, *(angeben)* show off, brag
putzen ['putsən] *v 1.* clean; *2. (scheuern)* scrub; *3. (polieren)* polish
Putzfrau ['putsfrau] *f* cleaning lady, charwoman *(UK)*
putzig ['putsɪç] *adj* sweet, quaint
Putzlappen ['putslapən] *m* cleaning rag
Putzmittel ['putsmɪtəl] *n* cleaning agent
Putzzeug ['putstsɔyk] *n* cleaning utensils
Pygmäe [py'gmɛːə] *m* Pygmy, Pigmy
Pyjama [py'dʒaːma] *m* pyjamas *pl (UK)*, pajamas *pl (US)*
Pyjamajacke [py'dʒaːmajakə] *f* pyjama shirt, pajama shirt *(US)*
Pyramide [pyra'miːdə] *f* pyramid
pyramidenförmig [pyra'miːdənfœrmɪç] *adj* pyramid-shaped
pyrotechnisch [pyro'tɛçnɪʃ] *adj* pyrotechnic
Pyrrhussieg ['pyrusziːk] *m* Pyrrhic victory
Python ['pyːtɔn] *f ZOOL* python

P

Q

Quacksalber ['kvakzalbər] *m (fam)* quack
Quader ['kva:dər] *m 1. MATH* cube; *2. (Quaderstein)* ashlar, square stone block, freestone
Quaderstein ['kva:dərʃtaɪn] *m* ashlar, square stone block, freestone
Quadrat [kva'dra:t] *n* square; *im ~ springen* get really hopping mad
quadratisch [kva'dra:tɪʃ] *adj* square
Quadratkilometer [kva'dra:tki:lome:tər] *m* square kilometre
Quadratmeter [kva'dra:tme:tər] *m* square metre
Quadratwurzel [kva'dra:tvurtsəl] *f MATH* square root
Quadratzahl [kva'dra:ttsa:l] *f MATH* square (number)
Quadratzentimeter [kva'dra:ttsɛntime:tər] *m* square centimetre
quaken ['kva:kən] *v 1.* croak, quack; *2. (Mensch)* squawk
Quaken ['kva:kən] *n 1.* quacking; *2. (eines Menschen)* squawking
quäken ['kvɛ:kən] *v 1.* whine; *2. (Radio)* squawk
Quäker ['kvɛ:kər] *m* Quaker
Qual [kva:l] *f* torment, pain, agony
quälen ['kvɛ:lən] *v* torture, torment
Quälerei [kvɛ:lə'raɪ] *f 1.* tormenting, torture; *2. (fig: mühsame Arbeit)* toil, pain
quälerisch ['kvɛ:lərɪʃ] *adj* torturous
Quälgeist ['kvɛ:lgaɪst] *m* nuisance, pest
Qualifikation [kvalifika'tsjo:n] *f* qualification, capacity, ability
qualifizieren [kvalifi'tsi:rən] *v sich ~* qualify
qualifiziert [kvalifi'tsi:rt] *adj* qualified
Qualität [kvali'tɛ:t] *f* quality
qualitativ [kvalita'ti:f] *adj 1.* qualitative; *adv 2.* qualitatively
Qualitätsarbeit [kvali'tɛ:tsarbaɪt] *f* quality work
Qualitätsbezeichnung [kvali'tɛ:tsbətsaɪçnuŋ] *f* designation of quality, grade
Qualitätswein [kvali'tɛ:tsvaɪn] *m* wine of certified quality
Qualle ['kvalə] *f ZOOL* jellyfish
Qualm [kvalm] *m* smoke
qualmen ['kvalmən] *v (fam)* smoke, puff
qualmig ['kvalmɪç] *adj* smoky
qualvoll ['kva:lfɔl] *adj* painful, excruciating, agonizing
Quantentheorie ['kvantənteori:] *f PHYS* quantum theory
Quantität [kvanti'tɛ:t] *f* quantity, amount
quantitativ [kvantita'ti:f] *adj* quantitative
Quantum ['kvantum] *n* quantum, quantity, ration
Quarantäne [karan'tɛ:nə] *f MED* quarantine
Quark [kvark] *m 1. GAST* curd cheese; *2. (fig: Quatsch)* nonsense
Quarkspeise ['kvarkʃpaɪzə] *f GAST* pudding made with curd cheese
Quarktasche ['kvarktaʃə] *f GAST* curd cheese turnover
Quartal [kvar'ta:l] *n* quarter
Quartalsende [kvar'ta:lsɛndə] *n* end of the quarter
Quartett [kvar'tɛt] *n* quartet
Quartier [kvar'ti:r] *n* district, quarters, lodging
Quarz [kvarts] *m MIN* quartz
Quarzglas ['kvartsgla:s] *n* quartz glass
Quarzuhr ['kvartsu:r] *f* quartz clock
Quasar [kva'zar] *m ASTR* quasar
quasi ['kva:zi] *adv* sort of, in a way
quasseln ['kvasəln] *v (fam)* prattle, drivel, talk nonsense
Quasselstrippe ['kvasəlʃtrɪpə] *f (Person)* chatterbox, blabbermouth
Quaste ['kvastə] *f 1. (Troddel)* tassel; *2. (Schwanz~)* tuft; *3. (für Cheerleader)* pompon
Quatsch [kvatʃ] *m (fam)* nonsense, rubbish *(UK),* drivel
quatschen ['kvatʃən] *v 1. (fam: töricht reden)* talk nonsense, blather, prattle; *2. (fam: sich unterhalten)* chat
Quatschkopf ['kvatʃkɔpf] *m 1.* windbag *(fam)*; *2. (Dummkopf)* idiot, twit, fool
Quecksilber ['kvɛkzɪlbər] *n CHEM* mercury
quecksilberhaltig ['kvɛkzɪlbərhaltɪç] *adj* mercurial
Quecksilbersäule ['kvɛkzɪlbərzɔylə] *f* mercury column
Quellbewölkung ['kvɛlbəvœlkuŋ] *f METEO* cumulus clouds
Quelle ['kvɛlə] *f 1.* fountain, well, spring; *2. (fig)* source, origin; *an der ~ sitzen* to be well-placed

quellen ['kvɛlən] *v irr 1. (anschwellen)* swell; *2. (hervor~)* gush forth, spurt out; *3. (Tränen)* well up; *4. (Augen, Bauch)* bulge out
Quellenangabe ['kvɛlənanga:bə] *f* bibliography, list of references, list of works consulted
Quellenforschung ['kvɛlənfɔrʃuŋ] *f* study of sources
Quellenmaterial ['kvɛlənmaterja:l] *n* source materials
Quellensteuer ['kvɛlənʃtɔyər] *f FIN* tax collected at the source, withholding tax
Quellenstudium ['kvɛlənʃtu:djum] *n* study of sources
Quellwasser ['kvɛlvasər] *n* spring water
Quengelei [kvɛŋə'laɪ] *f (fam)* whining, moaning
quengelig ['kvɛŋəlɪç] *adj* whining, niggly
quengeln ['kvɛŋəln] *v (fam)* whine, moan, niggle
Quäntchen ['kvɛntçən] *n* little bit of

quer [kve:r] *adv* crosswise; *~ durch* straight through; *~ gestreift* horizontally striped; *~ legen* lay crosswise; *sich ~ legen* to be obstructive; *~ schließen (fam)* spoil things, make trouble, throw a spanner in the works *(UK)*

Querdenker ['kve:rdɛŋkər] *m* original thinker, open-minded thinker, individual *(fam)*
Quere ['kve:rə] *f* width, diagonal, cross direction; *Er kommt mir in die ~.* He gets in my way.
querfeldein ['kve:rfɛltaɪn] *adv* cross-country
Querflöte ['kve:rflø:tə] *f MUS* German flute
Querformat ['kve:rfɔrma:t] *n* oblong format, landscape
Querkopf ['kve:rkɔpf] *m (fam)* crank, wrong-headed person, awkward customer
Querlatte ['kve:rlatə] *f (des Tores) SPORT* crossbar
Querschläger ['kve:rʃlɛ:gər] *m* ricochet
Querschnitt ['kve:rʃnɪt] *m* cross section, cross-cut
querschnittsgelähmt ['kve:rʃnɪtsgəlɛ:mt] *adj MED* paraplegic
Querschnittslähmung ['kve:rʃnɪtslɛ:muŋ] *f MED* paraplegia
Querstraße ['kve:rʃtra:sə] *f* cross-street, cross-road; *drei ~n von hier entfernt* three blocks from here
Querstrich ['kve:rʃtrɪç] *m 1.* horizontal line; *2. (Gedankenstrich)* dash; *3. einen ~ durch etw machen* cross sth out, *(fig)* thwart sth
quertreiben ['kve:rtraɪbən] *v irr (fig)* to get in the way, to be obstinate
Quertreiber ['kve:rtraɪbər] *m* obstructionist
Querulant [kveru'lant] *m* querulous person, grumbler, grouch *(US)*, troublemaker
querulieren [kveru'li:rən] *v* gripe, grumble, grouse
Querverbindung ['kve:rfɛrbɪnduŋ] *f* cross-connection, lateral line, grid connection
Querverweis ['kve:rfɛrvaɪs] *m* cross-reference
quetschen ['kvɛtʃən] *v 1.* squeeze; *2. (zer~)* crush; *3. (kneifen)* pinch
Quetschung ['kvɛtʃuŋ] *f MED* contusion
Quetschwunde ['kvɛtʃvundə] *f MED* contusion
Queue [kø:] *m (Menschenschlange)* queue
Quiche [kɪʃ] *f GAST* quiche
quicklebendig ['kvɪklebɛndɪç] *adj (fam)* spirited, spry, alive and kicking
quieken ['kvi:kən] *v* squeak
quieksen ['kvi:ksən] *v (siehe „quieken")*
quietschen ['kvi:tʃən] *v 1.* squeak, creak; *2. (Kind)* squeal
quietschvergnügt [kvi:tʃvɛr'gny:kt] *adj* pleased as Punch, happy as a clam
Quinte [kvɪnt] *f MUS* fifth
Quintessenz ['kvɪntɛsɛnts] *f* quintessence
Quintett [kvɪn'tɛt] *n MUS* quintet
Quirl [kvɪrl] *m (Gerät)* whisk, beater
quirlen ['kvɪrlən] *v* whisk
quirlig ['kvɪrlɪç] *adj* lively, mercurial, fidgety
quitt [kvɪt] *adj* quits *(UK)*, square, even; *mit jdm ~ werden* get quits with s.o. *(UK)*
Quitte ['kvɪtə] *f BOT* quince
Quittenmarmelade ['kvɪtənmarməla:də] *f GAST* quince marmalade
quittieren [kvɪ'ti:rən] *v (bestätigen)* receipt, give a receipt, acknowledge receipt
Quittung ['kvɪtuŋ] *f* receipt, voucher
Quittungsblock ['kvɪtuŋsblɔk] *m* receipt pad
Quiz [kvɪs] *n* quiz
Quizfrage ['kvɪsfra:gə] *f* quiz question
Quote ['kvo:tə] *f 1.* quota; *2. (Verhältnisziffer)* rate; *3. (Anteil)* proportional share
Quotenregelung ['kvo:tənre:gəluŋ] *f POL* quota system
Quotient [kvotsi'ɛnt] *m MATH* quotient

R

Rabatt [ra'bat] *m ECO* discount, rebate, allowance
Rabatz [ra'bats] *m* racket, row
Rabauke [ra'baukə] *m* rowdy
Rabe ['ra:bə] *m ZOOL* raven
Rabeneltern ['ra:bənɛltərn] *pl (fam)* uncaring parents, negligent parents, cruel parents
rabenschwarz ['ra:bənʃvarts] *adj* jet-black
rabiat [rabi'a:t] *adj* furious, raving, rabid
Rache ['raxə] *f* revenge, vengeance; *an jdm ~ nehmen* take revenge on s.o. *die ~ des kleinen Mannes* the revenge of the average Joe; *~ ist süß.* Revenge is sweet.
Racheakt ['raxəakt] *m* act of revenge, act of vengeance, vengeful act
Rachen ['raxən] *m ANAT* throat, pharynx; *jdm den ~ stopfen* shut s.o. up; *den ~ nicht vollkriegen* to be absolutely insatiable; *jdm etw in den ~ werfen* shove sth down s.o.'s throat; *etw in den falschen ~ bekommen* get hold of the wrong end of the stick
rächen ['rɛ:çən] *v* take revenge for, avenge; *sich ~* take one's revenge; *sich für etw an jdm ~* avenge o.s. on s.o. for sth
Rächer ['rɛ:çər] *m* avenger
Rachitis [ra'xi:tɪs] *f MED* rickets
Rachsucht ['raxzuxt] *f* vindictiveness, vengefulness
rachsüchtig ['raxzyçtɪç] *adj* revengeful, resentful, vindictive
rackern ['rakərn] *v (fam: arbeiten)* slave away, toil

Rad [ra:t] *n 1.* wheel; *das fünfte ~ am Wagen sein* to be the odd man out; *ein ~ abhaben (fig)* to be out of one's mind; *unter die Räder kommen (fig)* go to the dogs; *2. (Fahrrad)* bike; *~ fahren* cycle, ride a bicycle

Radarkontrolle [ra'da:rkɔntrɔlə] *f* radar speed check
radebrechen ['ra:dəbrɛçən] *v* speak a language badly
radeln ['ra:dəln] *v* cycle, bike *(fam)*
Rädelsführer ['rɛ:dəlsfy:rər] *m* ringleader
rädern ['rɛ:dərn] *v sich wie gerädert fühlen* to feel absolutely whacked *(fam),* to be totally beat *(US)*
Räderwerk ['rɛ:dərvɛrk] *n* mechanism, gears *pl,* wheels *pl*
Radfahrer ['ra:tfa:rər] *m* cyclist
radieren [ra'di:rən] *v 1.* erase; *2. ART* etch
Radiergummi [ra'di:rgumi] *m* eraser, rubber *(UK)*
radikal [radi'ka:l] *adj 1.* radical, extreme; *adv 2.* radically
Radikalisierung [radikali'zi:ruŋ] *f POL* radicalization
Radikalkur [radi'ka:lku:r] *f* radical cure radioactivity
Radtour ['ra:ttu:r] *f* bicycle tour
Radwanderung ['ra:tvandəruŋ] *f 1. (Tagesausflug)* bike ride, bike trip; *2. (Fahrradurlaub)* bike touring, bike tour
Radweg ['ra:tve:k] *m* bike path, bike route
raffen ['rafən] *v 1.* snap up, snatch up; *2. (in Falten legen)* gather; *3. (langes Kleid)* gather up
raffgierig ['rafgi:rɪç] *adj* greedy, grasping
Raffinerie [rafinə'ri:] *f CHEM* refinery
Raffinesse [rafi'nɛsə] *f 1. (Schlauheit)* finesse, cunning, craftiness; *2. mit allen ~n* with all the trimmings *(fig)*
raffiniert [rafi'ni:rt] *adj 1. (verfeinert)* refined; *2. (schlau)* shrewd, cunning, crafty
ragen ['ra:gən] *v* tower, rise; *aus etw ~* project from sth
rahmen ['ra:mən] *v* frame
Rahmen ['ra:mən] *m 1. (Fensterrahmen)* frame; *2. (Bilderrahmen)* frame; *3. (fig)* frame, setting; *aus dem ~ fallen* to be out of the ordinary; *nicht in den ~ passen* to be out of place; *im ~ einer Sache* as part of sth; *im ~ bleiben* keep within bounds
Rakete [ra'ke:tə] *f* missile, rocket
rammen ['ramən] *v* ram
Rampe ['rampə] *f 1. (Laderampe)* platform, ramp; *2. (Bühnenrampe) THEAT* apron, forestage
Rampenlicht ['rampənlɪçt] *n THEAT* footlights; *im ~ stehen (fig)* to be in the limelight
ramponieren [rampo'ni:rən] *v* knock about, ruin
Ramsch [ramʃ] *m* junk, rubbish, jumble

Rand [rant] *m* edge, border, brink; *außer ~ und Band* out of hand; *mit etw zu ~e kommen* to be able to cope with sth

randalieren [randa'li:rən] *v* riot, rampage
Randalierer [randa'li:rər] *m* hooligan, troublemaker

Randgruppe ['rantgrupə] *f* fringe group
randvoll ['rantfɔl] *adj* full to the brim
Rang [raŋ] *m 1.* rank; *alles, was ~ und Namen hat* everybody who's anybody; *jdm den ~ ablaufen* get the better of s.o. *2. (Qualität)* quality, grade, rate; *3. THEAT* tier (of boxes), row of seats; *4. SPORT* place
rangieren [raŋ'ʒiːrən] *v 1. (Eisenbahn)* shunt, switch *(US); 2. (Rang einnehmen)* rank; *an erster Stelle ~* rank first, to be in first place
ranken ['raŋkən] *v* creep, entwine, climb (by growing upward)
Ranzen ['rantsən] *m 1. (Schulranzen)* satchel; *2. (fam: Bauch) sich den ~ voll schlagen* stuff one's face
ranzig ['rantsɪç] *adj* rancid, rank
rar [raːr] *adj* rare, scarce; *sich ~ machen* rarely put in appearance
Rarität [rari'tɛːt] *f* rarity, curiosity
rasch [raʃ] *adj 1.* quick, swift, brisk; *2. (übereilt)* rash, hasty
rascheln ['raʃəln] *v* rustle, whisper, murmur
rasen ['raːzən] *v 1. (sich schnell bewegen)* race, rush; *2. (vor Zorn)* rage, storm
Rasen ['raːzən] *m BOT* lawn, turf; *jdn unter den ~ bringen (fig)* to be the death of s.o. *(fig)*
rasend ['raːzənt] *adj 1. (sehr schnell)* frantic, frenetic; *2. (sehr stark)* desperate, terrible, furious; *3. (wütend)* raging, furious; *~ vor Wut sein* to be fuming (with rage); *adv 4. (sehr stark)* desperately, terribly, furiously; *5. (wütend)* furiously
Rasenfläche ['raːzənflɛçə] *f* lawn
Raserei [razə'raɪ] *f 1. (Wut)* fury, frenzy, rage; *2. (mit dem Auto)* speeding
Rasierapparat [ra'ziːraparaːt] *m 1.* razor; *2. (elektrischer ~)* shaver, electric razor
rasieren [ra'ziːrən] *v 1.* shave; *2. sich ~* shave
raspeln ['raspəln] *v* grate
Rasse ['rasə] *f* race
rasseln ['rasəln] *v 1.* rattle; *mit dem Säbel ~ (fig)* rattle one's sabre; *Panzer rasselten durch die Stadt.* Tanks rumbled through the city. *2. durchs Examen ~ (fam)* flunk one's exam
rassig ['rasɪç] *adj* racy, smart
Rassismus [ra'sɪsmus] *m* racism
Rassist [ra'sɪst] *m* racist
Rast [rast] *f 1.* rest; *ohne ~ und Ruh* without respite; *2. MIL* halt
rasten ['rastən] *v 1.* take a rest; *2. MIL* halt
rastlos ['rastloːs] *adj 1. (pausenlos)* endless; *2. (ruhelos)* restless, fidgety; *3. (unermüdlich)* indefatigable; *adv 4. (pausenlos)* endlessly

Rat [raːt] *m 1. (Ratschlag)* advice, counsel; *mit sich zu ~e gehen* think things over; *jdn zu ~e ziehen* consult s.o. *jdm mit ~ und Tat zur Seite stehen* to support s.o. in word and deed; *~ suchend* seeking advice, seeking counsel; *2. (Kollegium)* council; *3. (Titel)* councillor

Rate ['raːtə] *f 1. FIN* instalment; *2. (Verhältnisziffer)* rate
raten ['raːtən] *v irr 1. (erraten)* guess; *2. (empfehlen)* recommend; *jdm zu etw ~* advise s.o. to do sth; *3. (Rat geben)* advise, counsel
Ratgeber ['raːtgeːbər] *m 1.* advisor, counselor; *2. (Buch)* how-to book
Rathaus ['raːthaus] *n* town hall, city hall *(US)*
rationalisieren [ratsjonali'ziːrən] *v ECO* rationalize
Rationalisierung [ratsjonali'ziːruŋ] *f* rationalization, efficiency measure
rationell [ratsjo'nɛl] *adj 1. ECO* efficient; *2. (wirtschaftlich) ECO* economical
rationieren [ratsjo'niːrən] *v* ration
Rationierung [ratsjo'niːruŋ] *f (von Lebensmitteln)* rationing
ratlos ['raːtloːs] *adj ~ sein* not know what to do, to be at a loss
Ratlosigkeit ['raːtloːzɪçkaɪt] *f* helplessness
ratsam ['raːtzːam] *adj* advisable, prudent
Ratschlag ['raːtʃlaːk] *m* piece of advice; *Ratschläge geben*give some advise
Rätsel ['rɛːtsəl] *n 1.* puzzle; *jdm ein ~ sein* to be a mystery to s.o. *jdm ein ~ aufgeben (fig)* to ask s.o. a riddle, *(fig)* to be a riddle to s.o. *in ~n sprechen (fig)* talk in riddles *(fig); vor einem ~ stehen* to be completely baffled; *2. (Worträtsel)* riddle; *3. (Geheimnis)* enigma, mystery
rätseln ['rɛːtsəln] *v* puzzle over sth, rack one's brain
rattern ['ratərn] *v* rattle, rumble
rau [rau] *adj 1. (nicht glatt)* rough; *2. (grob)* coarse, rude, rugged; *3. (Hals)* sore; *4. (Stimme)* hoarse; *5. (fig: barsch)* harsh, gruff
Raub [raup] *m 1. (Diebstahl)* robbery; *2. (Entführung)* kidnapping
rauben ['raubən] *v 1. (stehlen)* rob; *2. (entführen)* kidnap
Räuber ['rɔybər] *m* thief, robber
Raubgier ['raupgiːr] *f* rapacity

Raubüberfall ['raupy:bərfal] *m* *1.* robbery; *2. (auf offener Straße)* mugging
rauchen ['rauxən] *v* smoke; *mir raucht der Kopf (fig)* my head's spinning
räuchern ['rɔyçərn] *v* smoke
rauchfrei ['rauxfraɪ] *adj* smokeless
rauchig ['rauxɪç] *adj* smoky
räudig ['rɔydiç] *adj* mangy
raufen ['raufən] *v* *1. (sich ~)* scuffle, tussle, fight; *2. sich die Haare ~* tear one's hair
Rauferei [raufə'raɪ] *f* scuffle, roughhouse, brawl

Raum [raum] *m* *1. (Zimmer)* room; *eine Frage in den ~ stellen* to pose a question; *im ~ stehen (fig)* to be unsolved; *etw im ~ stehen lassen* leave sth hanging in midair; *2. (Platz)* space, room; *3. (Gebiet)* area

räumen ['rɔymən] *v* *1. (verlassen)* leave, move from, vacate; *2. (evakuieren)* evacuate; *3. (entfernen)* remove, clear
raumgreifend ['raumgraɪfənt] *adj* long, far-reaching
Rauminhalt ['raumɪnhalt] *m* volume, cubic capacity
räumlich ['rɔymlɪç] *adj* *1.* spatial; *adv* *2.* spatially
Räumlichkeiten ['rɔymlɪçkaɪtən] *pl* premises
Räumung ['rɔymuŋ] *f* *1. (Verlassen)* clearing, removing, removal; *2. (Evakuierung)* evacuation; *3. (Entfernung)* removal
raunen ['raunən] *v* whisper, murmur
Raupe ['raupə] *f ZOOL* caterpillar
raus [raus] *adv (siehe „heraus", „hinaus")*
Rausch [rauʃ] *m* *1. (Alkohol)* intoxication; *2. (Begeisterung)* ecstasy, rapture
rauschen ['rauʃən] *v* *1. (Bach)* murmur, gurgle; *2. (Blätter)* rustle
Rauschgift ['rauʃgɪft] *n* narcotic, drug
rausfliegen ['rausfli:gən] *v irr (fam)* to be given the boot, to be kicked out
Rausschmeißer ['rausʃmaɪsər] *m* *1.* chucker-out, bouncer *(US)*; *2. (fam: letzter Tanz)* last dance
Rausschmiss ['rausʃmɪs] *m* *1.* heave-ho *(fam)*; *2. (Entlassung)* ouster
Razzia ['ratsja] *f* (police) raid
Reagenzglas [rea'gɛntsgla:s] *n* test tube
reagieren [rea'gi:rən] *v* react; *auf etwas ~* react to sth
Reaktion [reak'tsjo:n] *f* reaction
reaktionär [reaktsjo'nɛ:r] *adj POL* reactionary
Reaktionsvermögen [reak'tsjo:nsfɛrmø:gən] *n* ability to react, responsiveness
Reaktor [re'aktɔr] *m* reactor
real [re'a:l] *adj* *1.* real, substantial, actual; *adv* *2.* really, actually
realisierbar [reali'zi:rba:r] *adj* practicable, feasible, achievable

realisieren [reali'zi:rən] *v* *1. (Pläne)* carry out; *2. FIN* realize, convert into money; *3. THEAT* perform

Realisierung [reali'zi:ruŋ] *f* realization, liquidation, conversion into money
Realismus [rea'lɪsmus] *m* realism
realistisch [rea'lɪstɪʃ] *adj* *1.* realistic; *adv* *2.* realistically
Realität [reali'tɛ:t] *f* reality
realitätsfremd [reali'tɛ:tsfrɛmt] *adj* *ein ~er Mensch* a person who is out of touch with reality
Realschule [re'a:lʃu:lə] *f* six-year secondary school
Reanimation [reanima'tsjo:n] *f MED* resuscitation
Rebe ['re:bə] *f BOT* vine, shoot
Rebell [re'bɛl] *m* rebel, insurgent
rebellieren [rebɛ'li:rən] *v* rebel, revolt
rebellisch [re'bɛlɪʃ] *adj* rebellious, mutinous
Rechen ['rɛçən] *m* rake
Rechenschaft ['rɛçənʃaft] *f* account; *jdn zur ~ ziehen* hold s.o. responsible; *über etw ~ ablegen* account for sth
Rechenschaftsbericht ['rɛçənʃaftsbərɪçt] *m* report, status report, accounting
Rechenschieber ['rɛçənʃi:bər] *m* slide rule
Recherche [re'ʃɛrʃə] *f* investigation, enquiry
recherchieren [reʃɛr'ʃi:rən] *v* investigate

rechnen ['rɛçnən] *v* calculate, compute; *auf etw ~* count on sth; *mit etw ~* expect sth; *(zählen)* count

rechnerisch ['rɛçnərɪʃ] *adj* mathematical
Rechnung ['rɛçnuŋ] *f* *1.* invoice, bill; *auf eigene ~* on one's own account; *Die ~ stimmt.* The bill comes out right. *jdm etw in ~ stellen* bill s.o. for sth; *mit jdm eine ~ begleichen (fig)* settle a score with s.o.; *einer Sache ~ tragen* take sth into account; *Das kommt auf meine ~.* It's on me. *Aber er hatte die ~ ohne den Wirt gemacht.* But there was one thing he had forgotten. *Diese ~ geht nicht auf.* That won't

R

work out. *2. MATH* calculation, arithmetic; *Diese ~ geht nicht auf.* That won't work out. *3. (als Aufgabe) MATH* sum

recht [rɛçt] *adj 1.* right; *jdm etw ~ machen* please s.o. *Alles, was ~ ist!* There is a limit! *Das geschieht ihm ~!* That serves him right! *2. (passend) wenn es dir ~ ist* if it's all right with you; *Das kommt mir gerade recht!* That's just what I needed! *3. (wirklich)* real; *adv 4. (sehr)* quite

Recht [rɛçt] *n 1.* law; *2. (Anspruch)* right; *jds gutes ~ sein* to be s.o.'s right; *~ sprechen* administer justice; *sein ~ fordern* demand sth as a right; *zu ~* rightly; *~ haben* to be right; *jdm ~ geben* agree with s.o.
rechte(r,s) ['rɛçtə(r,s)] *adj* right
Rechteck ['rɛçtɛk] *n* rectangle
rechteckig ['rɛçtɛkɪç] *adj* rectangular
rechtens ['rɛçtəns] *adv* legally, legal
rechtfertigen ['rɛçtfɛrtɪgən] *v* justify, excuse
Rechtfertigung ['rɛçtfɛrtɪguŋ] *f* justification
rechthaberisch ['rɛçthaːbərɪʃ] *adj* dogmatic, opinionated, know-all
rechtlich ['rɛçtlɪç] *adj 1. JUR* legal, lawful; *adv 2. JUR* legally, lawfully
rechtlos ['rɛçtloːs] *adj 1.* without rights; *2. (gesetzlos)* lawless
rechtmäßig ['rɛçtmɛːsɪç] *adj 1.* lawful; *adv 2.* in a lawful manner
rechts [rɛçts] *adv* to the right, on the right, right; *weder ~ noch links schauen (fig)* have tunnel vision
Rechtsanwalt ['rɛçtsanvalt] *m* lawyer, solicitor *(UK)*, attorney *(US)*
rechtschaffen ['rɛçtʃafən] *adj 1.* upright, honest; *adv 2.* really
Rechtschreibung ['rɛçtʃraɪbuŋ] *f* spelling
Rechtsextremismus ['rɛçtsɛkstremɪsmus] *m* right-wing extremism
rechtsgültig ['rɛçtsgyltɪç] *adj JUR* legally valid, legal
Rechtshänder ['rɛçtshɛndər] *m* right-handed person, right-hander
rechtskräftig ['rɛçtskrɛːftɪç] *adj JUR* legally binding, *(Urteil)* final
Rechtsprechung ['rɛçtʃprɛçuŋ] *f 1. JUR* administration of justice, judicial decision, court rulings; *2. (Gerichtsbarkeit)* jurisdiction
Rechtsstaat ['rɛçtsʃtaːt] *m POL* constitutional state, state governed by the rule of law

R

rechtswidrig ['rɛçtsviːdrɪç] *adj 1. JUR* unlawful, illegal; *adv 2. JUR* unlawfully, illegally
rechtwinklig ['rɛçtvɪŋklɪç] *adj* rectangular
rechtzeitig ['rɛçttsaɪtɪç] *adj 1.* punctual, timely, opportune; *adv 2.* in good time, at the right time, duly
Reck [rɛk] *n SPORT* high bar, horizontal bar
recken ['rɛkən] *v 1. (Hals)* crane; *2. sich ~* stretch o.s.
Redakteur(in) [redak'tøːr(ɪn)] *m/f* editor
Redaktion [redak'tsjoːn] *f 1. (Tätigkeit)* editing; *2. (Büro)* editorial offices *pl; 3. (Nachrichtenredaktion)* newsroom
Rede ['reːdə] *f* speech, talk, conversation; *Es ist nicht der ~ wert.* It's not worth talking about. *jdm ~ und Antwort stehen* explain o.s. to s.o. *jdm in die ~ fallen* cut s.o. short, interrupt s.o.
redegewandt ['reːdəgəvant] *adj* eloquent

reden ['reːdən] *v* speak, talk; *mit sich ~ lassen* to be amenable to arguments; *von sich ~ machen* hit the headlines; *~ wie ein Buch* talk one's head off

Redensart ['reːdənsart] *f* expression, phrase
redigieren [redi'giːrən] *v* edit
redlich ['reːtlɪç] *adj 1.* honest, upright, sincere; *adv 2. Er hat sich ~ bemüht.* He took great pains.
Redlichkeit ['reːtlɪçkaɪt] *f* honesty, integrity, uprightness
Redner ['reːdnər] *m* speaker
redselig ['reːtzeːlɪç] *adj* talkative, garrulous
Redseligkeit ['reːtzeːlɪçkaɪt] *f* loquaciousness, talkativeness
reduzieren [redu'tsiːrən] *v* reduce, cut
Reeder ['reːdər] *m* shipowner
Reederei [reːdə'raɪ] *f* shipping company, shipping line
reell [re'ɛl] *adj (ehrlich)* honest, straight
Referat [refe'raːt] *n* report, paper
Referendar [referɛn'daːr] *m (Studienreferendar)* student teacher
Referendariat [referɛnda'rjaːt] *n* training
Referent [refe'rɛnt] *m 1. (Redner)* speaker, orator, reader of a paper; *2. (Sachbearbeiter)* consultant, expert
Referenz [refe'rɛnts] *f* reference
referieren [refe'riːrən] *v* report
reflektieren [reflɛk'tiːrən] *v 1. (zurückstrahlen)* reflect; *2. (nachdenken)* reflect

Reflexion [reflɛ'ksjoːn] *f 1. (von Licht)* reflection; *2. (fig: Überlegung)* reflection, consideration
Reformhaus [re'fɔrmhaus] *n* health-food shop *(UK)*, health food store *(US)*
reformieren [refɔr'miːrən] *v* reform
Regal [re'gaːl] *n* shelf
rege ['reːgə] *adj* alert, active, animated
Regel ['reːgəl] *f 1.* rule, principle, code; *in der ~* usually; *nach allen ~n der Kunst* well and truly; *2. (Menstruation)* period
regellos ['reːgəlloːs] *adj 1.* disorderly; *2. (ungeregelt)* irregular
regelmäßig ['reːgəlmɛːsɪç] *adj 1.* regular; *adv 2.* regularly
regeln ['reːgəln] *v* regulate, control, arrange, *(Probleme)* sort out
regelrecht ['reːgəlrɛçt] *adj (fam)* downright
Regelung ['reːgəluŋ] *f* regulation, settlement
regelwidrig ['reːgəlviːdrɪç] *adj* against the rules, improper
regen ['reːgən] *v sich ~* stir, move

Regen ['reːgən] *m* rain; *jdn im ~ stehen lassen* leave s.o. out in the cold, leave s.o. in the lurch; *vom ~ in die Traufe kommen* fall out of the frying pan into the fire

regenarm ['reːgənarm] *adj* dry, rainless
Regenbogen ['reːgənboːgən] *m METEO* rainbow
Regendach ['reːgəndax] *n* canopy
regenerieren [regene'riːrən] *v* regenerate
Regenguss ['reːgəngus] *m* downpour
Regenrinne ['reːgənrɪnə] *f* gutter, trough
Regentschaft [re'gɛntʃaft] *f POL* reign, regency
Regenwurm ['reːgənvurm] *m* earthworm
Regenzeit ['reːgəntsaɪt] *f* rainy season
Regie [re'ʒiː] *f CINE* direction
regieren [re'giːrən] *v 1. (Politiker) POL* govern; *2. (Fürst) POL* reign, rule
Regierung [re'giːruŋ] *f POL* government
Regierungsbezirk [re'giːruŋsbətsɪrk] *m* administrative district
Regimekritiker [re'ʒiːmkriːtikər] *m POL* dissident
Regionalismus [regjona'lɪsmus] *m* regionalism
Regionalprogramm [regjo'naːlprogram] *n 1. (Sender)* regional station, regional channel, regional network; *2. (Sendung)* regional broadcast, regional telecast
Registratur [regɪstra'tuːr] *f 1. (Abteilung)* records office; *2. (Aktenschrank)* filing cabinet; *3. MUS* stops *pl*
registrieren [regɪs'triːrən] *v* register, record
Reglement [reglə'mɑ̃ː] *n* regulations *pl,* conventions *pl*
reglementieren [reglemɛn'tiːrən] *v* regulate
reglos ['reːgloːs] *adj* motionless
regnen ['reːgnən] *v* rain
regnerisch ['reːgnərɪʃ] *adj* rainy
Regress [re'grɛs] *m JUR* recourse
regsam ['reːkzaːm] *adj* lively, active
regulär [regu'lɛːr] *adj 1.* regular; *adv 2.* regularly
regulierbar [regu'liːrbaːr] *adj* adjustable
regulieren [regu'liːrən] *v* regulate, adjust
Regulierung [regu'liːruŋ] *f* regulation, adjustment
Regung ['reːguŋ] *f 1. (Bewegung)* movement, motion, stirring; *2. (Gefühlsregung)* emotion, impulse
Regungslosigkeit ['reːguŋsloːzɪçkaɪt] *f* motionlessness
Reh [reː] *n ZOOL* deer, roe
rehabilitieren [rehabili'tiːrən] *v* rehabilitate
reiben ['raɪbən] *v irr 1.* rub; *2. (zerkleinern)* grate, grind
Reibung ['raɪbuŋ] *f* friction
reibungslos ['raɪbuŋsloːs] *adj (fig)* smooth, trouble-free, easy
reich [raɪç] *adj 1.* rich, wealthy; *2. (reichlich)* abundant
Reich [raɪç] *n* empire
reichen ['raɪçən] *v 1. (geben)* hand, pass, give; *2. (ausreichen)* suffice; *Mir reicht es!* That's just about the limit! *3. (sich erstrecken)* extend, reach
reichhaltig ['raɪçhaltɪç] *adj* extensive, rich
reichlich ['raɪçlɪç] *adj 1.* ample, abundant; *2. man braucht eine ~e Stunde* you need a good hour *(fam)*; *adv 3. (ziemlich)* pretty
Reichtum ['raɪçtuːm] *m 1.* wealth; *2. (Fülle)* abundance, profusion, richness
Reichweite ['raɪçvaɪtə] *f* reach, range; *in ~* within arm's reach
reif [raɪf] *adj 1.* ripe; *für etw ~ sein* to be ready for sth; *2. (fig)* mature
Reif [raɪf] *m (Raureif)* frost
Reife ['raɪfə] *f 1. (Obst)* ripeness; *2. (fig)* maturity; *3. mittlere ~* intermediate secondary school certificate
reifen ['raɪfən] *v* ripen, mature

R

Reifen ['raɪfən] *m 1.* ring; *2. (Radreifen)* tyre, tire *(US); 3. (Spielreifen, Fassring)* hoop
Reifeprüfung ['raɪfəpryːfuŋ] *f* school-leaving exam, A-levels *pl (UK)*
reiflich ['raɪflɪç] *adj 1.* mature; *adv 2. sich etw ~ überlegen* consider sth carefully

Reihe ['raɪə] *f 1. (von Dingen)* row, series; *etw auf die ~ bringen* get sth together; *etw aus der ~ bringen* mess sth up; *außer der ~* out of turn; *der ~ nach* in turn; *2. (von Menschen)* row, queue; *in Reih und Glied* lined up; *aus der ~ tanzen* step out of line; *an die ~ kommen* to have one's turn; *3. (Serie)* series

Reihenfolge ['raɪənfɔlgə] *f* order, sequence, order of succession
Reihenhaus ['raɪənhaus] *n* terraced house *(UK)*, townhouse *(US)*
Reim [raɪm] *m* rhyme; *sich einen ~ auf etw machen (fig)* get an inkling of sth
reimen ['raɪmən] *v* rhyme, make a rhyme
rein[1] [raɪn] *adj 1.* pure; *2. (nichts als)* pure, sheer, utter; *3. (sauber)* clean, clear, pure; *mit jdm ins Reine kommen* clear the air with s.o., sort things out with s.o. *etw ins Reine schreiben* rewrite sth neatly
rein[2] [raɪn] *adv (fam) (siehe „herein", „hinein")*
Reinfall ['raɪnfal] *m* fiasco, failure, letdown
Reinheit ['raɪnhaɪt] *f 1.* purity; *2. (Sauberkeit)* cleanness
reinigen ['raɪnɪgən] *v* clean, purge
Reinigung ['raɪnɪguŋ] *f 1. (Reinigen)* cleaning, washing; *2. (Geschäft)* dry-cleaners *pl*
Reinigungsmittel ['raɪnɪguŋsmɪtəl] *n* cleaning agent, cleaner, detergent
reinlich ['raɪnlɪç] *adj* clean, tidy, neat
reinrassig ['raɪnrasɪç] *adj* purebred, pure-blooded
Reis [raɪs] *m* rice
Reise ['raɪzə] *f* trip, journey; *sich auf eine ~ machen* to set out on a trip; *seine letzte ~ antreten (fig)* pass away
Reisebus ['raɪzəbus] *m* coach, bus
Reiseführer ['raɪzəfyːrər] *m 1. (Person)* guide; *2. (Buch)* travel guide

reisen ['raɪzən] *v* travel

Reisende(r) ['raɪzəndə(r)] *m/f 1.* traveller; *2. (Urlauber(in))* tourist
Reisepass ['raɪzəpas] *m* passport
Reisig ['raɪzɪç] *m* brushwood
Reißbrett ['raɪsbrɛt] *n* drawing board
reißen ['raɪsən] *v irr 1. (zerreißen)* tear, rip; *2. (ziehen)* drag, pull, tug
reißerisch ['raɪsərɪʃ] *adj* sensational
reißfest ['raɪsfɛst] *adj* tearproof
Reißleine ['raɪslaɪnə] *f* ripcord
Reißnagel ['raɪsnaːgəl] *m* drawing pin *(UK)*, thumbtack *(US)*
Reißverschluss ['raɪsfɛrʃlus] *m* zipper
reiten ['raɪtən] *v irr* ride
Reiter ['raɪtər] *m* rider, horseman
Reithose ['raɪthoːzə] *f* jodhpurs *pl,* riding-breeches *pl*
Reitweg ['raɪtvɛk] *m* bridle-path
Reiz [raɪts] *m 1. (Reizung)* irritation; *2. (Aufreizung)* provocation; *3. (Anreiz)* stimulation, incitement; *4. (Anmut)* grace, attractiveness, charm
reizbar ['raɪtsbaːr] *adj* irritable, sensitive, touchy
reizen ['raɪtsən] *v 1. (irritieren)* irritate, provoke; *2. (anregen)* stimulate
reizend ['raɪtsənt] *adj 1.* charming, enchanting, delightful; *adv 2.* delightfully, charmingly
reizlos ['raɪtsloːs] *adj* unattractive
Reizung ['raɪtsuŋ] *f 1.* irritation, provocation; *2. (Anregung)* stimulation
reizvoll ['raɪtsfɔl] *adj* attractive, charming, fascinating
Reklamation [reklama'tsjoːn] *f* complaint
Reklame [re'klaːmə] *f 1.* advertising, publicity; *2. (Einzelwerbung)* advertisement
reklamieren [rekla'miːrən] *v (beanstanden)* complain about, object to
rekonstruieren [rekɔnstru'iːrən] *v* reconstruct
rekrutieren [rekru'tiːrən] *v 1. MIL* recruit, draft; *2. (fig)* recruit
Rektor ['rɛktɔr] *m (einer Schule)* headmaster, principal *(US)*
Relais [rə'lɛː] *n TECH* relay
relativ ['relatiːf] *adj 1.* relative; *adv 2.* relatively
relativieren [relati'viːrən] *v* qualify
religiös [reli'gjøːs] *adj* religious
Religiosität [religjozi'tɛːt] *f* religiousness
Relikt [re'lɪkt] *n* relic
Reling ['reːlɪŋ] *f* rail
Reliquie [re'liːkviə] *f* relic
Reminiszenz [reminɪs'tsɛnts] *f* memory
Remis [rə'miː] *n* draw, tie
rempeln ['rɛmpəln] *v* elbow, jostle
Ren [reːn] *n ZOOL* reindeer
Rendite [rɛn'diːtə] *f ECO* yield, return
rennen ['rɛnən] *v irr 1.* run; *2. (rasen)* rush; *3. SPORT* race

Rennen ['rɛnən] *n* race, running; *das ~ machen* come out on top

Renommee [renɔ'meː] *n* reputation
renommiert [renɔ'miːrt] *adj* renowned, famous
renovieren [renɔ'viːrən] *v* renovate, redecorate
Renovierung [renɔ'viːruŋ] *f* renovation
rentabel [rɛn'taːbəl] *adj* profitable, lucrative, profit-earning
Rente ['rɛntə] *f 1. (Altersrente)* pension; *2. (aus Versicherung)* annuity
rentieren [rɛn'tiːrən] *v sich ~* to be worthwhile, to be profitable, yield a profit
Rentner ['rɛntnər] *m* pensioner, recipient of a pension
Reparatur [repara'tuːr] *f* repair
reparieren [repa'riːrən] *v* repair, mend, fix
Reportage [repɔr'taːʒə] *f* report, coverage
Reporter(in) [re'pɔrtər(ɪn)] *m/f* reporter
Repräsentant(in) [reprɛzɛn'tant(ɪn)] *m/f* representative
repräsentativ [reprɛzɛnta'tiːf] *adj* representative
repräsentieren [reprɛzɛn'tiːrən] *v* represent, act as representative for
Repressalie [reprɛ'saːliə] *f* reprisal
reproduzieren [reprodu'tsiːrən] *v* reproduce
Reptil [rɛp'tiːl] *n ZOOL* reptile
Republik [repu'bliːk] *f* republic
Republikaner [republi'kaːnər] *m 1. (Anhänger der Republik) POL* republican; *2. (Parteimitglied) POL* Republican; *3. (deutsche Rechtspartei) POL* member of the German Republican Party
requirieren [rekvi'riːrən] *v 1. (besorgen)* requisition; *2. (beschlagnahmen)* commandeer
Requisiten [rekvi'ziːtən] *pl 1.* requisites; *2. THEAT* props *(fam)*
reservieren [rezɛr'viːrən] *v* reserve, book
Residenz [rezi'dɛnts] *f 1.* residence; *2. (~stadt)* capital
resignieren [rezɪg'niːrən] *v* resign
resistent [rezɪs'tɛnt] *adj* resistant
resolut [rezo'luːt] *adj 1.* resolute, determined; *adv 2.* resolutely
Resozialisierung [rezotsjali'ziːruŋ] *f 1.* rehabilitation; *2. (ehemaliger Häftlinge)* social adjustment
respektieren [rɛspɛk'tiːrən] *v* respect
respektlos [rɛs'pɛktloːs] *adj 1.* disrespectful, irreverent; *adv 2.* disrespectfully
respektvoll [rɛs'pɛktfɔl] *adj 1.* respectful; *adv 2.* respectfully
Ressentiment [rɛsɑ̃ti'mɑ̃] *n* resentment
Ressort [rɛ'soːr] *n 1.* department; *2. (Verantwortlichkeit)* responsibility
Rest [rɛst] *m 1.* rest, remains *pl; der ~ der Welt* everyone else; *sich den ~ geben (fig)* make o.s. really ill; *2. MATH* remainder; *3. CHEM* residue
restaurieren [rɛstau'riːrən] *v* restore, renovate
restlich ['rɛstlɪç] *adj* remaining
restlos ['rɛstloːs] *adj 1.* complete, final; *adv 2.* thoroughly, completely, in full
resultieren [rezul'tiːrən] *v* result
resümieren [rezy'miːrən] *v* summarize

retten ['rɛtən] *v 1.* save, rescue; *sich vor etw kaum ~ können* to be swamped with sth; *Bist du noch zu ~?* Have you lost it? *(fam)*, Are you out of your; *mind? 2. (Güter)* recover

Rettung ['rɛtuŋ] *f 1.* rescue; *2. (von Gütern)* recovery; *3. (Befreiung)* deliverance
Rettungsboot ['rɛtuŋsboːt] *n* lifeboat
Rettungsring ['rɛtuŋsrɪŋ] *m* life-belt, life preserver *(US)*
retuschieren [retu'ʃiːrən] *v 1. FOTO* retouch; *2. (fig: beschönigen)* polish
Reue ['rɔyə] *f 1.* remorse, repentance; *2. (Bedauern)* regret
reuevoll ['rɔyəfɔl] *adj* repentant
reumütig ['rɔymyːtɪç] *adj* repentant, penitent, contrite
Revanche [re'vɑ̃ːʃ] *f* revenge
revanchieren [revɑ̃ː'ʃiːrən] *v 1. sich ~ (rächen)* take revenge, get one's own back *(UK); 2. sich ~ (erwidern)* reciprocate, make up for, repay
Revers [re'vɛːr] *n 1. (Aufschlag)* lapel; *2. (einer Münze)* reverse
revidieren [revi'diːrən] *v 1. (prüfen)* examine, check; *2. (ändern)* revise
Revier [re'viːr] *n 1. (Gebiet)* district, quarter, section; *2. (Polizeirevier)* precinct, district; *3. (Dienststelle)* station
revoltieren [revɔl'tiːrən] *v* revolt
revolutionär [revɔlutsjo'nɛːr] *adj* revolutionary
Revue [re'vy] *f 1.* review; *etw ~ passieren lassen* pass sth in review; *2. THEAT* revue
Rezensent(in) [retsɛn'zɛnt(ɪn)] *m/f* reviewer, reader
rezensieren [retsɛn'ziːrən] *v* review
Rezension [retsɛn'zjoːn] *f* review, critique

R

Rezept [re'tsɛpt] *n 1. MED* prescription; *2. GAST* recipe
rezeptfrei [re'tsɛptfraɪ] *adj MED* over-the-counter
Rezeption [retsɛp'tsjo:n] *f 1. (im Hotel)* reception; *2. (eines Rechts)* adoption
Rezession [retsɛ'sjo:n] *f ECO* recession
rezitieren [retsi'ti:rən] *v* recite
R-Gespräch ['ɛrgəʃprɛ:ç] *n TEL* reversed-charge call, collect call *(US)*
rhetorisch [re'to:rɪʃ] *adj* rhetorical
rhythmisch ['rytmɪʃ] *adj* rhythmic, rhythmical
Rhythmus ['rytmus] *m* rhythm
richten ['rɪçtən] *v 1. (herrichten)* arrange; *2. (urteilen)* judge, try, sentence; *3. sich nach etw ~* proceed according to sth; *4. (in Ordnung bringen)* mend, repair, set right
Richter(in) ['rɪçtər(ɪn)] *m/f JUR* judge; *jdn vor den ~ bringen* to take s.o. to court

richtig ['rɪçtɪç] *adj 1.* right, correct; *nicht ganz ~ sein (fam: Mensch)* to be not quite right in the head; *~ stellen* set right, rectify; *~ stellen (fig)* correct; *2. (sehr)* really

Richtigkeit ['rɪçtɪçkaɪt] *f* correctness, accuracy; *seine ~ haben* to be in order
Richtung ['rɪçtuŋ] *f 1.* direction; *2. (Kurs)* course; *3. (Weg)* route; *4. (Einstellung)* orientation
richtungsweisend ['rɪçtuŋsvaɪzənd] *adj 1.* guiding, pointing the way; *2. (fig)* landmark
Richtwert ['rɪçtve:rt] *m* approximate value
riechen ['ri:çən] *v irr* smell; *jdn nicht ~ können (fig)* not to be able to stand s.o.
Riecher ['ri:çər] *m (fam)* nose; *den richtigen ~ für etw haben* have a nose for sth
Riege ['ri:gə] *f* row, section
Riegel ['ri:gəl] *m 1.* bolt; *etw einen ~ vorschieben* put a stop to sth; *2. (Schokolade)* bar
Riemen ['ri:mən] *m 1.* strap, belt; *sich am ~ reißen* pull o.s. together; *den ~ enger schnallen* tighten one's belt; *2. SPORT* oar; *sich in die ~ legen* pull out all the stops
Riese ['ri:zə] *m* giant
rieseln ['ri:zəln] *v 1.* trickle; *2. (Regen)* drizzle; *3. (Schnee)* fall lightly
riesengroß ['ri:zəngro:s] *adj* huge, gigantic, enormous
riesig ['ri:zɪç] *adj* huge, immense
Riff [rɪf] *n* reef
rigoros [rigo'ro:s] *adj 1.* rigorous, strict; *adv 2.* rigorously, strictly
Rille ['rɪlə] *f 1.* groove; *2. TECH* flute

R

Rind ['rɪnt] *n ZOOL 1. (Kuh)* cow; *2. (Stier)* bull, bullock
Rinde ['rɪndə] *f 1. (Käserinde)* rind; *2. (Brotrinde)* crust; *3. BOT* bark, cortex
Rinderwahnsinn ['rɪndərva:nzɪn] *m* mad cow disease
Rindfleisch ['rɪntflaɪʃ] *n GAST* beef
Rindvieh ['rɪntfi:] *n 1.* cattle; *2. (fam: Dummkopf)* idiot

Ring [rɪŋ] *m 1. (Schmuck)* ring; *2. (Kreis)* ring, circle; *3. (Straße)* ring-road

ringeln ['rɪŋəln] *v 1.* curl; *2. (Pflanze)* entwine; *3. sich ~ (Schlange)* coil
Ringen ['rɪŋən] *n 1. SPORT* wrestling; *2. (fig)* struggle
ringförmig ['rɪŋfœrmɪç] *adj* ring-shaped, annular
Ringrichter ['rɪŋrɪçtər] *m SPORT* referee
ringsherum ['rɪŋshɛrum] *adv 1.* all round, all the way around; *2. (überall)* on all sides
Rinne ['rɪnə] *f* trough, gutter, furrow
rinnen ['rɪnən] *v irr* run, flow, leak
Rinnsal ['rɪnza:l] *n 1. (kleiner Bach)* streamlet, rivulet; *2. (von Schweiß)* trickle
Rippe ['rɪpə] *f 1. ANAT* rib; *sich etw aus den ~ schneiden* squeeze blood out of a stone; *2. GAST* rib
Risiko ['ri:ziko] *n* risk; *Er geht nie ein ~ ein.* He never takes a chance. *Risiken abwägen* weigh the risks
riskant [rɪs'kant] *adj* risky
riskieren [rɪs'ki:rən] *v* risk
Riss [rɪs] *m* rip, tear, split
rissig ['rɪsɪç] *adj* cracked, flawed, split
Ritt [rɪt] *m* ride
Ritter ['rɪtər] *m* knight
ritterlich ['rɪtərlɪç] *adj 1. HIST* knightly; *2. (fig)* chivalrous
rittlings ['rɪtlɪŋs] *adv ~ auf* astride
rituell [ritu'ɛl] *adj* ritual
Ritze ['rɪtsə] *f* crack, crevice
ritzen ['rɪtsən] *v 1. etw ~* scratch sth; *etw in etw ~* scratch sth into sth; *Die Sache ist geritzt. (fig)* It's in the bag. *2. sich ~* scratch o.s.
Rivale [ri'va:lə] *m* rival
rivalisieren [rivali'zi:rən] *v* compete, vie
Rivalität [rivali'tɛ:t] *f* rivalry
robben ['rɔbən] *v* crawl, wriggle
Robe ['ro:bə] *f 1. (Abendrobe)* gown, dress, robe; *2. (Amtsrobe)* robe, gown
röcheln ['rœçəln] *v* rattle (in one's throat)
Rock [rɔk] *m* skirt
rodeln ['ro:dəln] *v SPORT* luge

roden ['roːdən] *v 1. (Land)* clear; *2. (Baum)* root out
Roggen ['rɔgən] *m BOT* rye
roh [roː] *adj 1. (nicht gekocht)* raw; *2. (nicht bearbeitet)* crude, rough, *(Eisen)* unwrought; *3. (fig)* coarse, crude, rude
Rohbau ['roːbau] *m (Bauabschnitt) ARCH* shell (of a house)
Rohentwurf ['roːɛntvurf] *m* rough draft, rough sketch
Rohheit ['roːhaɪt] *f 1.* rawness; *2. (Gefühllosigkeit)* roughness, brutality; *3. (rohe Handlung)* act of brutality
Rohling ['roːlɪŋ] *m 1.* brute; *2. TECH* blank, slug
Rohr [roːr] *n 1. (Leitung)* pipe, tube; *2. BOT* reed, cane
Röhre ['røːrə] *f 1. (Rohr)* tube, pipe; *in die ~ gucken (fig)* to be left out in the cold; *2. (Backrohr)* oven
Rohrleitung ['roːrlaɪtuŋ] *f* pipe, conduit
Rohrzucker ['roːrtsukər] *m* cane sugar
Rohstoff ['roːʃtɔf] *m* raw material

Rolle ['rɔlə] *f 1.* roll, coil; *von der ~ sein (fam)* to be mixed up; *2. THEAT* role, part; *aus der ~ fallen* forget o.s. *sich in jds ~ hineinversetzen* put o.s. in s.o.'s shoes; *Das spielt keine ~.* That's of no consequence.

rollen ['rɔlən] *v* roll; *ins Rollen kommen* get under way; *etw ins Rollen bringen* get sth going, kick off sth
Roller ['rɔlər] *m 1. (Motorroller)* scooter; *2. (Tretroller)* scooter
Rollfeld ['rɔlfɛlt] *n* landing strip
Rollkragen ['rɔlkraːgən] *m* polo-neck, turtleneck *(US)*
Rollladen ['rɔllaːdən] *m* roller blind, sliding shutter
Rollsplit ['rɔlʃplɪt] *m* loose chippings *pl*
Rollstuhl ['rɔlʃtuːl] *m* wheelchair
Rolltreppe ['rɔltrɛpə] *f* escalator
Roman [ro'maːn] *m* novel
Romantik [ro'mantɪk] *f* romanticism
romantisch [ro'mantɪʃ] *adj 1.* romantic; *adv 2.* romantically
Romanze [ro'mantsə] *f* romance
römisch-katholisch [røːmɪʃka'toːlɪʃ] *adj REL* Roman Catholic
röntgen ['rœntgən] *v* X-ray, take an X-ray of
rosa ['roːza] *adj* pink
rosig ['roːzɪç] *adj* rosy
Ross [rɔs] *n* horse, steed; *auf dem hohen ~ sitzen* to be on one's high horse; *von seinem hohen ~ herunterkommen* come down off one's high horse
Rost [rɔst] *m 1. (Bratrost)* grill, grid; *2. (Eisenoxid) CHEM* rust
rosten ['rɔstən] *v* rust
rösten ['rœstən] *v 1.* roast; *2. (Brot)* toast
rostfrei ['rɔstfraɪ] *adj 1.* rust-proof; *2. (Stahl)* stainless
rostig ['rɔstɪç] *adj* rusty

rot [roːt] *adj* red

Rot [roːt] *n 1.* red; *2. bei ~* when the light is red
rot-blond ['roːtblɔnt] *adj 1.* reddish-blond; *2. (Haar eines Mannes)* sandy; *3. (Haar einer Frau)* strawberry blonde
röten ['røːtən] *v 1. etw ~* colour sth red; *2. sich ~* redden, turn red
rothaarig ['roːthaːrɪç] *adj* red-headed
rotieren [ro'tiːrən] *v 1. (fam)* run round in circles; *2. TECH* rotate, revolve
Rotkäppchen ['roːtkɛpçən] *n* Little Red Riding Hood
rötlich ['røːtlɪç] *adj* reddish
rotsehen ['roːtzeːən] *v irr (fam: wütend sein)* see red
Routinier [ruti'njeː] *m* old hand
routiniert [ruti'niːrt] *adj* experienced
Rübe ['ryːbə] *f BOT* turnip; *eins auf die ~ bekommen* get hit on the nogging *(fam)*
Rubel ['ruːbəl] *m FIN* rouble, rubel *(US); Der ~ rollt. (fig)* The money's rolling in.
Rubin [ru'biːn] *m* ruby
Rubrik [ru'briːk] *f 1.* rubric; *2. (Titel)* heading; *3. (Kategorie)* category
ruchlos ['ruːxloːs] *adj* wicked, infamous, foul
Ruck [ruk] *m* jerk, jolt; *sich einen ~ geben* pull o.s. together; *in einem ~* in one go
Rückansicht ['rykanzɪçt] *f* rear view
ruckartig ['rukaːrtɪç] *adj* jerky, jumpy
Rückbesinnung ['rykbəzɪnuŋ] *f* recollection
Rückbildung ['rykbɪlduŋ] *f 1. MED* degeneration; *2. LING* back-formation
Rückblende ['rykblɛndə] *f* flashback
Rückblick ['rykblɪk] *m* look back; *im ~* in retrospect
rückdatieren ['rykdatiːrən] *v* backdate

Rücken ['rykən] *m ANAT* back; *mit dem ~ zur Wand stehen (fig)* have one's back to the wall *(fig); etw hinter jds ~ tun (fig)* do sth behind s.o.'s back *(fig); jdm den ~ zukehren*

R

turn one's back on s.o. *sich den ~ frei halten* cover o.s.

Rückendeckung ['rykəndɛkuŋ] *f (fig)* backing, support
Rückenlehne ['rykənle:nə] *f* back-rest
Rückenschwimmen ['rykənʃvɪmən] *n SPORT* backstroke
Rückenwind ['rykənvɪnt] *m* tail wind
rückerstatten ['rykɛrʃtatən] *v* refund, reimburse
Rückfall ['rykfal] *m* relapse
Rückflug ['rykflu:k] *m* return flight
Rückfrage ['rykfra:gə] *f* question, further inquiry
Rückgabe ['rykga:bə] *f* return, restitution, restoration
Rückgang ['rykgaŋ] *m* decline, drop, decrease
rückgängig ['rykgɛŋɪç] *adj ~ machen* cancel, undo
Rückgewinnung ['rykgəvɪnuŋ] *f* recovery, reclamation
Rückgrat ['rykgra:t] *n ANAT* spine, vertebral column, spinal column; *kein ~ haben (fig)* have no backbone
Rückhalt ['rykhalt] *m* support, backing
rückhaltlos ['rykhaltlo:s] *adj 1.* unreserved, frank; *adv 2.* unreservedly, totally, without restraint
Rückkehr ['rykke:r] *f* return
rückläufig ['ryklɔyfɪç] *adj* declining
rücklings ['ryklɪŋs] *adv 1. (rückwärts)* backwards, facing back; *2. (von hinten)* from behind; *3. (mit dem Rücken)* with one's back
Rucksack ['rukzak] *m* backpack, rucksack
Rückschlag ['rykʃla:k] *m 1. (der Schusswaffe)* recoil; *2. SPORT* back-pass; *3. (fig)* setback

R

Rückschluss ['rykʃlus] *m* conclusion; *den ~ ziehen, dass ...* conclude that ...
Rückschritt ['rykʃrɪt] *m* regression, step back
Rückseite ['rykzaɪtə] *f 1.* reverse, back; *2. (der Schallplatte)* flip side
Rücksicht ['rykzɪçt] *f* consideration, regard, respect; *ohne ~ auf Verluste* regardless of the consequences; *auf jdn ~ nehmen* show consideration for s.o.
rücksichtslos ['rykzɪçtslo:s] *adj 1.* inconsiderate, reckless, thoughtless; *adv 2.* inconsiderately, thoughtlessly, recklessly
Rücksichtslosigkeit ['rykzɪçtslo:zɪçkaɪt] *f 1.* thoughtlessness; *2. (Härte)* ruthlessness
rücksichtsvoll ['rykzɪçtsfɔl] *adj* thoughtful, considerate
Rücksitz ['rykzɪts] *m* back seat
Rücksprache ['rykʃpra:xə] *f* consultation; *mit jdm ~ halten* consult with s.o.
Rückstand ['rykʃtant] *m 1. (Außenstände)* arrears *pl; 2. (Lieferrückstand, Arbeitsrückstand)* backlog; *3. (Abfallprodukt)* residue; *4. (Rest)* remains *pl; 5. SPORT* deficit; *im ~ sein* to be behind, to be trailing
rückständig ['rykʃtɛndiç] *adj 1.* backward; *2. (Zahlung)* overdue, outstanding; *3. (fig: überholt)* outdated
Rücktritt ['ryktrɪt] *m 1. (Amtsniederlegung)* resignation, retirement; *2. (am Fahrrad)* back-pedal brake
Rückvergütung ['rykfɛrgytuŋ] *f* refund
Rückwand ['rykvant] *f 1. (eines Hauses)* back wall; *2. (eines Schrankes)* back
rückwärts ['rykvɛrts] *adv* backwards
Rückwärtsgang ['rykvɛrtsgaŋ] *m* reverse gear
ruckweise ['rukvaɪzə] *adj 1.* jerky; *adv 2.* jerkily, by fits and starts
rückwirkend ['rykvɪrkənt] *adj* retroactive
Rückzahlung ['ryktsa:luŋ] *f* repayment, refund, reimbursement
Rückzieher ['ryktsi:ər] *m 1. SPORT* bicycle kick, overhead kick; *2. einen ~ machen (fam)* back out
Ruder ['ru:dər] *n 1. (Steuerruder)* helm, tiller, rudder; *ans ~ kommen* come to power; *am ~ sein* to be at the helm; *2. (Riemen)* oar
Ruderboot ['ru:dərbo:t] *n* rowing-boat, rowboat *(US)*
Ruderer ['ru:dərər] *m 1.* rower, oarsman; *2. SPORT* rower, rowing team member, crew team member
rudern ['ru:dərn] *v* row, paddle
rudimentär [rudimɛn'tɛ:r] *adj* rudimentary
Ruf [ru:f] *m 1.* call, cry, shout; *2. (Ansehen)* reputation, repute, renown; *3. (Aufforderung)* call, summons

rufen ['ru:fən] *v irr* call, shout, cry out; *ins Gedächtnis ~* call to mind; *zur Ordnung ~* call to order; *Der Arzt wurde (zu einem Patienten) gerufen.* The doctor was called away.

rufschädigend ['ru:fʃɛ:dɪgənt] *adj* defamatory
Rufweite ['ru:fvaɪtə] *f* shouting distance, earshot
Rüge ['ry:gə] *f* reprimand, reproof, rebuke

rügen ['ry:gən] *v 1.* reprimand, rebuke; *2. (kritisieren)* find fault with

Ruhe ['ru:ə] *f 1. (Stille)* silence, stillness, tranquillity; *etw in ~ lassen* let sth alone; *die ~ vor dem Sturm* the calm before the storm; *die ~ selbst sein* to be as cool as a cucumber; *jdn aus der ~ bringen* unnerve s.o. *~ geben* to be quiet; *seine ~ haben wollen* want to be left in peace; *in aller ~* calmly, at one's leisure; *2. (Ausruhen)* rest; *zur ~ kommen* get some peace, get a chance to rest; *sich zur ~ setzen* retire; *3. (Bewegungslosigkeit)* stillness; *4. (Frieden)* peace, calmness, tranquillity; *jdn zur letzten ~ geleiten* lay s.o. to rest

ruhebedürftig ['ru:əbədyrftɪç] *adj* needing rest, in need of rest
Ruhelage ['ru:əla:gə] *f* neutral position, resting position; *in der ~* at rest
ruhelos ['ru:əlo:s] *adj* restless
ruhen ['ru:ən] *v 1. (ausruhen)* rest, take a rest; *~ lassen (fig)* let lie, leave alone; *2. (stillstehen)* come to a standstill, to be interrupted, cease; *3. ~ auf (lasten)* lean on, rest on
ruhig ['ru:ɪç] *adj 1. (still)* quiet, tranquil, calm; *2. (bewegungslos)* motionless, still; *3. (friedvoll)* peaceful, calm, tranquil
Ruhm [ru:m] *m* glory, fame, renown
rühmen ['ry:mən] *v* praise, speak highly of; *sich einer Sache ~* boast of sth
ruhmlos ['ru:mlo:s] *adj* inglorious
ruhmreich ['ru:mraɪç] *adj* glorious
Rührei ['ry:raɪ] *n GAST* scrambled eggs

rühren ['ry:rən] *v 1. (bewegen)* stir, move; *sich kaum noch ~ können* to be hardly able to move; *2. (umrühren)* stir; *3. (fig)* move, touch, affect

rührend ['ry:rənt] *adj 1.* touching, moving, emotional; *adv 2.* touchingly
rührig ['ry:rɪç] *adj 1.* active, enterprising, busy; *2. (flink)* nimble
rührselig ['ry:rze:lɪç] *adj* sentimental, tear-jerking, maudlin
Rührseligkeit ['ry:rze:lɪçkaɪt] *f* sentimentality, mushiness
Rührung ['ry:ruŋ] *f* emotion, feeling
ruinieren [rui'ni:rən] *v* ruin
rülpsen ['rylpsən] *v* burp, belch
Rummel ['ruməl] *m 1. (Lärm)* racket, din, row *(UK)*; *2. (Jahrmarkt)* fair
rumoren [ru'mo:rən] *v* rumble, make a noise
Rumpelkammer ['rumpəlkamər] *f* storage room
Rumpf [rumpf] *m 1. (Schiffsrumpf)* hull; *2. (Flugzeugrumpf)* body, fuselage; *3. ANAT* trunk
rümpfen ['rympfən] *v die Nase ~ über etw* turn up one's nose at sth

rund [runt] *adj 1.* round, circular; *adv 2. (zirka)* approximately, roughly

Runde ['rundə] *f 1.* round; *eine ~ schmeißen* stand a round; *etw über die ~n bringen* pull sth off; *über die ~n kommen* make ends meet; *2. (Personenkreis)* company; *3. (Rundgang)* round; *die ~ machen* ciculate; *4. (des Polizisten)* beat; *5. (um die Rennbahn)* lap
runden ['rundən] *v* round off
Rundfunk ['runtfuŋk] *m 1. (Übertragung)* broadcasting, radio; *2. (Anstalt)* broadcasting corporation, broadcasting organisation
rundgehen ['runtgehən] *v irr Da geht es rund!* It's really hopping there!
rundheraus ['runthɛraus] *adv* flatly, bluntly, plainly
rundherum ['runthɛrum] *adv* all round
rundlich ['runtlɪç] *adj* roundish, plump
Rundschau ['runtʃau] *f 1.* panorama; *2. (TV)* journal, review
Rundschreiben ['runtʃraɪbən] *n* circular
Rundung ['runduŋ] *f* curve
runter ['runtər] *adv (fam) (siehe „herunter", „hinunter")*
Runzel ['runtsəl] *f* wrinkle
runzelig ['runtsɛlɪç] *adj* wrinkled
runzeln ['runtsəln] *v* wrinkle, crease; *die Stirn ~* knit one's brows
rupfen ['rupfən] *v 1.* pull; *2. (Geflügel)* pluck; *3. jdn ~ (fig)* fleece s.o.
ruppig ['rupɪç] *adj 1.* coarse, rude; *2. (zerrupft)* scruffy
Rüsche ['ry:ʃə] *f* frill
Ruß [ru:s] *m* soot
rußig ['ru:sɪç] *adj* sooty
rüsten ['rystən] *v 1.* arm; *2. (etw ~)* prepare
rüstig ['rystɪç] *adj* stout, robust, vigorous
rustikal [rusti'ka:l] *adj* rustic
Rüstung ['rystuŋ] *f 1. (Ritterrüstung)* armour; *2. (Bewaffnung) MIL* equipment, armament
Rute ['ru:tə] *f 1. (Zweig)* twig, branch; *2. (Angelrute)* fishing-rod
Rutschbahn ['rutʃba:n] *f* slide, chute
rutschen ['rutʃən] *v 1.* slide, slither; *2. (herunter~)* slip
rutschfest ['rutʃfɛst] *adj* non-skid
rutschig ['rutʃɪç] *adj* slippery, slithery
rütteln ['rytəln] *v* shake

S

Saal [zaːl] *m* hall
Saalordner ['zaːlɔrdnər] *m* usher
Saat [zaːt] *f 1.* seed; *2. (junges Getreide)* green corn; *3. (Säen)* sowing
Saatgut ['zaːtguːt] *n AGR* seeds
sabbern ['zabərn] *v* drool, slobber
Säbel ['zɛːbəl] *m* sabre, sword
säbeln ['zɛːbəln] *v* saw, cut, hack
sabotieren [zabo'tiːrən] *v* sabotage
Sachanlagen ['zaxanlaːgən] *pl ECO* fixed assets, tangible assets, physical assets
Sachbearbeiter(in) ['zaxbəarbaɪtər(ɪn)] *m/f ECO* official in charge, clerk in charge
Sachbereich ['zaxbəraɪç] *m* area, subject area, field
Sachbeschädigung ['zaxbəʃɛːdɪguŋ] *f* damage to property
Sachbuch ['zaxbuːx] *n* non-fiction book
sachdienlich ['zaxdiːnlɪç] *adj 1.* helpful, relevant; *2. (nützlich)* useful

Sache ['zaxə] *f 1. (Gegenstand)* object, thing; *2. (Angelegenheit)* matter, affair, business; *gemeinsame ~ machen mit* join forces with; *zur ~ kommen* get down to business, get to the point; *nicht jedermanns ~ sein* not be everyone's cup of tea; *sich seiner ~ sicher sein* know what one is doing; *bei der ~ sein* have one's mind on what one is doing; *nichts zur ~ tun* to be beside the point; *3. JUR* case, lawsuit, action

Sachgebiet ['zaxgəbiːt] *n* field, subject
sachgemäß ['zaxgəmɛːs] *adj 1.* appropriate, proper; *adv 2.* appropriately, properly
sachkundig ['zaxkundɪç] *adj* informed, knowledgeable
Sachlage ['zaxlaːgə] *f* situation, state of affairs
Sachleistung ['zaxlaɪstuŋ] *f* payment in kind
sachlich ['zaxlɪç] *adj 1.* factual, material, practical; *2. (objektiv)* objective; *3. (nüchtern)* matter-of-fact
sächlich ['zɛçlɪç] *adj GRAMM* neuter
Sachlichkeit ['zaxlɪçkaɪt] *f* objectivity, impartiality
sacht [zaxt] *adj 1.* soft, gentle; *2. (behutsam)* cautious, careful; *3. Sachte, ~e!* Easy! Gently! *adv 4. sich jdm ~ nähern* cautiously approach s.o.

Sachverhalt ['zaxfɛrhalt] *m* facts *pl,* situation, circumstances *pl*
Sachverstand ['zaxfɛrʃtant] *m* expertise
Sachverständige(r) ['zaxfɛrʃtɛndɪgə(r)] *m/f 1.* expert, authority, specialist; *2. JUR* expert witness
Sack ['zak] *m* sack, bag; *jdn in den ~ stekken* walk all over s.o.; *etw im ~ haben* have sth in the bag; *mit ~ und Pack* with bag and baggage
Sackgasse ['zakgasə] *f 1.* blind alley, cul-de-sac; *2. (fig)* dead-end street
Sackkarre ['zakkarə] *f* handcart
Sadismus [za'dɪsmus] *m* sadism
sadistisch [za'dɪstɪʃ] *adj* sadistic
säen ['zɛːən] *v* sow
Saft [zaft] *m 1. (Obstsaft)* juice; *2. (Bratensaft)* gravy; *3. ohne ~ und Kraft* lifeless
saftig ['zaftɪç] *adj 1.* juicy; *2. (fig: Brief)* potent; *3. (Witz)* spicy; *4. (Rechnung)* steep
Saftpresse ['zaftprɛsə] *f* juicer
Sage ['zaːgə] *f* legend, myth
Säge ['zɛːgə] *f* saw

sagen ['zaːgən] *v* say; *jdm etw ~* tell s.o. sth; *wie gesagt* as I said, like I said *(fam)*; *Sag mal ...* Say ....; *die Wahrheit ~* tell the truth; *sage und schreibe* believe it or not, no less than; *sich nichts mehr zu ~ haben* have nothing left to say to each other

sägen ['zɛːgən] *v* saw
Sagengestalt ['zaːgəngəʃtalt] *f* legendary figure, mythological figure
sagenhaft ['zaːgənhaft] *adj 1.* mythical, legendary; *2. (fig)* fabulous, terrific
Sägespäne ['zɛːgəʃpɛːnə] *pl* sawdust
Sahne ['zaːnə] *f GAST* cream
Sahnetorte ['zaːnətɔrtə] *f GAST* layer cake
sahnig ['zaːnɪç] *adj* creamy
Saison [zɛ'zɔ̃] *f* season
saisonabhängig [zɛ'zɔːaphɛŋɪç] *adj* seasonal
Saisonarbeit [zɛ'zɔ̃arbaɪt] *f* seasonal work
saisonbereinigt [zɛ'zɔ̃bəraɪnɪçt] *adj* seasonally adjusted
Saite ['zaɪtə] *f* string; *andere ~n aufziehen (fig)* get tough; *in jdm eine ~ zum Klingen bringen* strike a chord with s.o.
Sakristei [zakrɪ'staɪ] *f REL* vestry, sacristy
säkular [zɛːku'laːr] *adj (weltlich)* secular

Salär [za'lɛːr] *n* salary
Salat [za'laːt] *m* salad; *Da haben wir den ~. (fig)* Now we're in a fine mess.
Salbe ['zalbə] *f* ointment, salve
salben ['zalbən] *v 1.* rub salve into; *2. jdn ~ (weihen)* anoint s.o.
saldieren [zal'diːrən] *v* balance
Saldo ['zaldo] *m ECO* balance
salomonisch [zalo'moːnɪʃ] *adj* Solomonic
salonfähig [za'lɔ̃ːfɛːɪç] *adj* presentable, socially acceptable
Salonlöwe [za'lɔ̃ːløːvə] *m* social lion
salopp [za'lɔp] *adj 1. (ungezwungen)* casual, nonchalant; *2. (nachlässig)* sloppy, slovenly
Salto ['zalto] *m* somersault; *~ mortale* death-defying leap
Salve ['zalvə] *f 1.* salvo; *2. (Ehrensalve)* salute; *3. (von Applaus)* burst
Salz [zalts] *n* salt; *~ auf jds Wunden streuen* rub salt in s.o.'s wounds; *Sie gönnt einem nicht einmal das ~ in der Suppe.* She even begrudges you the air you breathe.
salzen ['zaltsən] *v* salt
Salzstange ['zaltsʃtaŋə] *f* pretzel stick
Samen ['zaːmən] *m 1. (Saat) BOT* seed; *2. BIO* sperm, semen
Samenkorn ['zaːmənkɔrn] *n BOT* seed
sämig ['zɛːmɪç] *adj* thick, creamy
Sammellager ['zaməllaːgər] *n 1.* collecting point; *2. (für Flüchtlinge)* camp
sammeln ['zaməln] *v 1.* collect, *(anhäufen)* accumulate; *2. (auf~)* gather, pick; *3. sich ~ (sich an~)* gather, assemble; *4. sich ~ (fig)* collect o.s., gather o.s.
Sammler ['zamlər] *m* collector, hoarder
Sammlung ['zamluŋ] *f 1.* collection; *2. (Blütenlese)* selection; *3. (Zusammenstellung)* compilation; *4. (fig: Konzentration)* concentration, composure, collectedness
Samstag ['zamstaːk] *m* Saturday
samt [zamt] *prep 1.* including, together with; *adv 2. ~ und sonders* all of them, the lot *(fam)*
Samt [zamt] *m* velvet
sämtlich ['zɛmtlɪç] *adj* every, all, entire; *~e Werke* the complete works

> **Sand** [zant] *m* sand; *im ~e verlaufen* come to nothing; *etw in den ~ setzen* blow sth *(fam); etw auf ~ gebaut haben* have built sth upon shaky ground

Sandale [zan'daːlə] *f* sandal
Sandbank ['zantbaŋk] *f* sandbar
Sandboden ['zantboːdən] *m* sandy soil
sandig ['zandɪç] *adj* sandy
Sandkasten ['zantkastən] *m* sandbox
Sandkorn ['zantkɔrn] *n* grain of sand
Sandstrand ['zantʃtrant] *m* sandy beach
sanft [zanft] *adj* soft, gentle, smooth
Sänfte ['zɛnftə] *f HIST* sedan chair
Sanftmut ['zanftmuːt] *f* softness, gentleness, sweetness of character
sanftmütig ['zanftmyːtɪç] *adj* soft, gentle, sweet
Sänger ['zɛŋər] *m* singer
sanieren [za'niːrən] *v 1. (Stadtteil)* redevelop; *2. (räumen)* clear; *3. (heilen)* cure
Sanierung [za'niːruŋ] *f 1.* restoration; *2. (Elendsviertel)* clearance
Sanierungsmaßnahmen [za'niːruŋsmaːsnaːmən] *pl* redevelopment measures, urban renewal
sanitär [zani'tɛːr] *adj* sanitary
Sanitäranlage [zani'tɛːranlaːgə] *f* sanitary facilities *pl*
Sanitäter [zani'tɛːtər] *m 1.* first-aid man; *2. (in Krankenwagen)* ambulance man
Sanitätsdienst [zani'tɛːtsdiːnst] *m MED* medical service
Sanka ['zaŋka] *m (fam)* ambulance
Sankt [zaŋkt] *adj* saint
Sanktion [zaŋk'tsjoːn] *f* sanction, penalty
sanktionieren [zaŋktsjo'niːrən] *v* sanction
Sarg [zark] *m* coffin
Sargdeckel ['zarkdɛkəl] *m* coffin lid
Sarkasmus [zar'kasmus] *m* sarcasm
sarkastisch [zar'kastɪʃ] *adj* sarcastic
satanisch [za'taːnɪʃ] *adj* satanic
Satellit [zatə'liːt] *m* satellite
satirisch [za'tiːrɪʃ] *adj* satirical, satiric

> **satt** [zat] *adj 1.* satisfied, having had enough to eat; *2. (voll)* full; *3. jdn ~ haben (fig)* to be fed up with s.o.; *4. (Farben)* rich, deep

Sattel ['zatəl] *m* saddle; *jdn aus dem ~ heben* unseat s.o.
sattelfest ['zatəlfɛst] *adj* firm in the saddle; *in etw ~ sein (fig)* have a firm grasp of sth
Sattelgurt ['zatəlgurt] *m* girth
satteln ['zatəln] *v* saddle
Sattelschlepper ['zatəlʃlɛpər] *m* articulated lorry *(UK)*, semi-truck *(US)*
sättigen ['zɛtɪgən] *v 1.* satisfy one's hunger, satiate; *2. CHEM* saturate
sättigend ['zɛtɪgənt] *adj* filling, substantial
Sättigung ['zɛtɪguŋ] *f 1.* satiation; *2. CHEM* saturation; *3. ECO* saturation

S

Satz [zats] *m 1. GRAMM* sentence; *2. (im Druckwesen: das Setzen)* typesetting; *3. (Menge)* set, batch; *4. SPORT* set; *5. (fester Betrag)* rate
Satzung ['zatsuŋ] *f* constitution, statutes *pl*, bylaws *pl*
satzungsgemäß ['zatsuŋsgəmɛːs] *adv* according to the rules, according to the statutes, according to the bylaws
Satzzeichen ['zatstsaɪçən] *n* punctuation mark
Sau [zau] *f 1. ZOOL* sow; *die ~ rauslassen* let it all hang out *(fam)*; *jdn zur ~ machen* take s.o. to pieces; *unter aller ~ sein* to be bloody awful; *2. (fam: Person)* dirty pig, swine
sauber ['zaubər] *adj* clean, tidy, neat
Sauberkeit ['zaubərkaɪt] *f* cleanliness, tidiness, neatness
säubern ['zɔybərn] *v 1.* clean; *2. POL* purge
Säuberung ['zɔybəruŋ] *f 1.* cleaning, clearing, purging; *2. (Aktion) POL* purge

sauer ['zauər] *adj 1.* sour; *Gib ihm Saures!* Let him have it! *2. CHEM* acid; *3. (fig: Person)* cross, annoyed

Sauerei [zauə'raɪ] *f (fam)* filth, mess
säuerlich ['zɔyərlɪç] *adj 1. GAST* tart, slightly sour, sourish, acidulous; *2. (fig: verärgert)* peeved, miffed
Sauerstoff ['zauərʃtɔf] *m CHEM* oxygen
saufen ['zaufən] *v irr 1. (Tier)* drink; *2. (fam)* booze, hit the bottle, drink hard
Säufer ['zɔyfər] *m* boozer, drinker, drunkard
saugen ['zaugən] *v irr 1.* suck; *2. (staub~)* vacuum
säugen ['zɔygən] *v* nurse, suckle
Säugetier ['zɔygətiːr] *n ZOOL* mammal
saugfähig ['zaugfɛːɪç] *adj* absorbent, absorptive
Saugfähigkeit ['zaugfɛːɪçkaɪt] *f* absorbency, absorptivity
Säugling ['zɔyklɪŋ] *m* infant
Säule ['zɔylə] *f* pillar, column
Saum [zaum] *m 1. (beim Nähen)* hem; *2. (Naht)* seam; *3. (Rand)* edge, border
säumig ['zɔymɪç] *adj 1.* tardy; *2. (Schuldner)* defaulting
saumselig ['zaumzeːlɪç] *adj* dawdling, sluggish
Säure ['zɔyrə] *f 1. CHEM* acid; *2. (Geschmack)* sourness, acidity
säurebeständig ['zɔyrəbəʃtɛndɪç] *adj* acid-resistant
säuseln ['zɔyzəln] *v 1. (Blätter)* rustle; *2. (Wind)* murmur; *3. (fig: sagen)* purr
sausen ['zauzən] *v 1. (Mensch)* dash, zip, rush; *2. (Wind)* whistle; *3. (Ohren)* buzz
Saustall ['zauʃtal] *m 1.* pigsty; *2. (schlecht geführtes Geschäft)* mess
S-Bahn ['ɛsbaːn] *f* local rail system, suburban railway
schaben ['ʃaːbən] *v 1.* grate, rasp; *2. (zerschneiden)* mince
Schaber ['ʃaːbər] *m* scraper
Schabernack ['ʃaːbərnak] *m* practical joke, trick, prank; *jdm einen ~ spielen* play a joke on s.o.
schäbig ['ʃɛːbɪç] *adj 1. (armselig)* shabby, scruffy; *2. (abgetragen)* worn, shabby; *3. (fig: mies)* mean, nasty, low
Schablone [ʃa'bloːnə] *f 1. (Malschablone)* stencil; *2. (Muster)* template; *3. (fam: herkömmliche Form)* routine
Schach [ʃax] *n 1.* chess; *2. jdn in ~ halten* hold s.o. in check
schachern ['ʃaxərn] *v* haggle
schachmatt [ʃax'mat] *adj 1.* checkmated, mated; *jdn ~ setzen* checkmate s.o.; *Schachmatt!* Checkmate! *2. (fam: erschöpft)* beat
Schacht [ʃaxt] *m* shaft, pit, ravine
Schachtel ['ʃaxtəl] *f 1.* box; *2. alte ~ (fam)* old bag
Schachzug ['ʃaxtsuːk] *m 1. (im Schachspiel)* move; *2. (fig: Vorgehensweise)* gambit, move

schade ['ʃaːdə] *adj* a pity, a shame; *sich für nichts zu ~ sein* consider nothing beneath one

Schädel ['ʃɛːdəl] *m 1.* skull; *sich den ~ einrennen* bang one's head against the wall; *Ihm brummt der ~.* His head is throbbing. *2. (fam: Kopf)* head
schaden ['ʃaːdən] *v* harm, damage, hurt; *zu Schaden kommen* come to harm
Schaden ['ʃaːdən] *m 1.* damage, loss, harm; *2. (Personenschaden)* injury
Schadenfreude ['ʃaːdənfrɔydə] *f* malicious joy, joy over the misfortunes of others, Schadenfreude
schadenfroh ['ʃaːdənfroːl] *adj* gloating
schadhaft ['ʃaːthaft] *adj 1.* damaged; *2. (mangelhaft)* defective, faulty
schädigen ['ʃɛːdɪgən] *v 1.* damage; *2. (jdn ~)* harm
Schädigung ['ʃɛːdɪguŋ] *f* damage, harm
schädlich ['ʃɛːtlɪç] *adj* harmful, damaging, detrimental
Schädlichkeit ['ʃɛːtlɪçkaɪt] *f* harmfulness, noxiousness, injuriousness

Schädling ['ʃɛːtlɪŋ] *m* insect, vermin, pest
schadlos ['ʃaːtloːs] *adj sich an etw ~ halten* take advantage of sth (to make up for sth else)
Schadstoffbelastung ['ʃaːtʃtɔfbəlastuŋ] *f* pollution
Schaf [ʃaːf] *n ZOOL* sheep; *das schwarze ~ sein* to be the black sheep
Schäfer ['ʃɛːfər] *m* shepherd
Schäferstündchen ['ʃɛːfərʃtyntçən] *n* bit of hanky-panky
Schaffell ['ʃaːffɛl] *n* sheepskin

schaffen ['ʃafən] *v irr 1. (zu Stande bringen)* manage, accomplish, succeed; *Wir haben's geschafft.* We've done it. We did it. *(US) 2. (herstellen)* make; *sich an etw zu ~ machen* busy o.s. with sth; *für etw wie geschaffen sein* to be cut out for sth; *3. (fig: bewirken)* bring about, cause; *Damit hat er nichts zu ~.* That has nothing to do with him.

Schaffensdrang ['ʃafənsdraŋ] *m 1.* creative urge, desire to create; *2. (Arbeitslust)* zest for one's work
Schaffner ['ʃafnər] *m 1. (im Zug)* guard *(UK)*, conductor *(US); 2. (Verwalter)* steward
Schafherde ['ʃaːfheːrdə] *f* flock of sheep
Schaft [ʃaft] *m 1.* shaft; *2. (eines Gewehrs)* stock; *3. (einer Blume)* stalk; *4. (eines Stiefels)* leg
schäkern ['ʃɛːkərn] *v 1.* joke; *2. (flirten)* flirt
schal [ʃaːl] *adj* flat, stale
Schal [ʃaːl] *m* scarf, shawl, wrap
Schale ['ʃaːlə] *f 1.* peel, skin, shell; *sich in ~ werfen (fig)* dress up to the nines; *2. (Schüssel)* bowl, dish
schälen ['ʃɛːlən] *v 1. (Tomate, Mandel)* skin; *2. (Erbsen, Eier, Nüsse)* shell; *3. (Obst, Kartoffeln)* peel; *4. (Getreide)* husk
Schalk [ʃalk] *m* rogue, rascal, joker
schalkhaft ['ʃalkhaft] *adj* roguish
schalldämmend ['ʃaldɛmənt] *adj* soundproof
Schalldämpfer ['ʃaldɛmpfər] *m 1. TECH* sound absorber; *2. (an Schusswaffen)* silencer; *3. (Auto)* silencer *(UK)*, muffler *(US)*
schalldicht ['ʃaldɪçt] *adj* soundproof
schallen ['ʃalən] *v irr* resound, echo, ring
Schallgeschwindigkeit ['ʃalgəʃvɪndɪçkaɪt] *f* speed of sound
Schallmauer ['ʃalmauər] *f* sound barrier
Schallplatte ['ʃalplatə] *f* record
Schallwelle ['ʃalvɛlə] *f* sound wave
Schaltbrett ['ʃaltbrɛt] *n* control panel, switchboard
schalten ['ʃaltən] *v 1. (einschalten/ausschalten)* switch on/off, turn on/off; *2. (Auto)* change gears, shift gears; *3. (fig: begreifen)* get it, catch on
Schalter ['ʃaltər] *m 1. (Vorrichtung)* switch; *2. (Bankschalter)* window, counter
Schaltgetriebe ['ʃaltgətriːbə] *n TECH* shift transmission, gear box
Schalthebel ['ʃaltheːbəl] *m (im Auto)* gear lever, gearshift
Schaltjahr ['ʃaltjaːr] *n* leap-year
Scham [ʃaːm] *f* shame
schämen ['ʃɛːmən] *v sich ~* feel ashamed, to be embarrassed
Schamhaar ['ʃaːmhaːr] *n* pubic hair
schamhaft ['ʃaːmhaft] *adj 1.* modest, *(verschämt)* bashful; *adv 2.* modestly, bashfully
Schamhaftigkeit ['ʃaːmhaftɪçkaɪt] *f 1. (schamhaftes Wesen)* self-consciousness, bashfulness; *2. (schamhafte Art)* coyness, prudishness, modesty
schamlos ['ʃaːmloːs] *adj* shameless, indecent
Schande ['ʃandə] *f* disgrace
schänden ['ʃɛndən] *v 1.* dishonour, disgrace; *2. (entweihen)* desecrate, defile; *3. (vergewaltigen)* rape, violate; *4. (ein Kind ~)* abuse
Schandfleck ['ʃantflɛk] *m 1.* blemish, taint; *2. (Schande)* disgrace
schändlich ['ʃɛndlɪç] *adj 1.* shameful, disgraceful; *adv 2.* shamefully, disgracefully
Schändung ['ʃɛnduŋ] *f 1. (Entweihung)* desecration, sacrilege; *2. (Vergewaltigung)* violation, rape
Schar [ʃaːr] *f 1.* troop, band; *2. (Menge)* crowd; *3. (von Gänsen)* flock
scharf [ʃarf] *adj 1.* sharp; *2. (Gewürz)* hot, spicy; *3. (Munition)* live; *4. ~ auf etw sein* to be keen on sth; *5. (fam: geil)* randy, horny *(US)*
Schärfe ['ʃɛrfə] *f* sharpness, acuity
schärfen ['ʃɛrfən] *v* sharpen
scharfkantig ['ʃarfkantɪç] *adj* sharp-edged
Scharfmacher ['ʃarfmaxər] *m* agitator, rabble-rouser
Scharfschütze ['ʃarfʃytsə] *m* sharpshooter, marksman
scharfsichtig ['ʃarfzɪçtɪç] *adj 1.* sharp-eyed; *2. (fig)* perceptive
Scharfsinn ['ʃarfzɪn] *m* astuteness, sharpness, acumen
scharfsinnig ['ʃarfzɪnɪç] *adj* astute, perceptive, discerning

S

Scharlach ['ʃarlax] *m MED* scarlet fever
scharlachrot ['ʃarlaxroːt] *adj* scarlet
Scharlatan ['ʃarlataːn] *m* charlatan
Scharnier [ʃar'niːr] *n TECH* hinge
Schärpe ['ʃɛrpə] *f* sash
Scharte ['ʃartə] *f 1.* notch, nick; *eine ~ wieder auswetzen (fig)* patch things up; *2. (Spalt)* gap; *3. (Riss)* crack

> **Schatten** ['ʃatən] *m* shadow, shade; *nur noch der ~ seiner selbst sein* to be only a shadow of one's former self; *einen ~ auf etw werfen* cast a shadow on sth; *sich vor seinem eigenen ~ fürchten* to be afraid of one's own shadow; *nicht über seinen eigenen ~ springen können* not be able to overcome one's own nature

Schattenriss ['ʃatənrɪs] *m* silhouette
Schattenseite ['ʃatənzaɪtə] *f 1. (fig)* dark side; *auf der ~ des Lebens stehen* experience the dark side of life; *2. (fig: Nachteil)* drawback, disadvantage
Schattierung [ʃa'tiːruŋ] *f* shade, nuance, tinge
schattig ['ʃatɪç] *adj* shady
Schatulle [ʃa'tulə] *f* box, chest
Schatz [ʃats] *m 1. (Kostbarkeit)* treasure; *2. (als Kosewort)* darling, sweetheart, sweetie
Schatzamt ['ʃatsamt] *n* Treasury
schätzen ['ʃɛtsən] *v 1. (ungefähr berechnen)* estimate; *2. (annehmen)* suppose, reckon; *3. (hochachten)* esteem, appreciate
Schatzkammer ['ʃatskamər] *f* treasure chamber, treasure vault
Schätzung ['ʃɛtsuŋ] *f 1. (ungefähre Berechnung)* estimate, valuation; *2. (Annahme)* estimation; *3. (Hochachtung)* esteem
schätzungsweise ['ʃɛtsuŋsvaɪzə] *adv* approximately
Schau [ʃau] *f* show, spectacle, view; *jdm die ~ stehlen* steal the show from s.o.; *eine ~ abziehen* put on an act; *etw zur ~ stellen* sport sth
Schaubild ['ʃaubɪlt] *n* figure, chart, diagram
Schauder ['ʃaudər] *m* shudder, shiver
schauderhaft ['ʃaudərhaft] *adj* horrible, terrible, awful
schaudern ['ʃaudərn] *v* shudder
schauen ['ʃauən] *v* look
Schauer ['ʃauər] *m 1. (Regen)* shower; *2. (Frösteln)* shudder, shiver; *3. (Schreck)* horror
schauerartig ['ʃauərartɪç] *adj* showery; *~e Regenfälle* intermittent rain
schauerlich ['ʃauərlɪç] *adj* ghastly, gruesome
Schaufel ['ʃaufəl] *f* shovel
schaufeln ['ʃaufəln] *v* shovel
Schaufenster ['ʃaufɛnstər] *n* shop window
Schaufensterbummel ['ʃaufɛnstərbuməl] *m* window-shopping
Schaukel ['ʃaukəl] *f* swing
schaukeln ['ʃaukəln] *v* swing, rock, *(schwanken)* sway
Schaulustige(r) ['ʃaulustɪgə(r)] *m/f (auf der Straße)* onlooker, curious bystander
Schaum [ʃaum] *m* foam
schäumen ['ʃɔymən] *v 1.* foam, froth; *2. (Sekt)* bubble, sparkle
Schauplatz ['ʃauplats] *m* scene, setting
schaurig ['ʃaurɪç] *adj* scary, awful, horrid
Schauspiel ['ʃauʃpiːl] *n 1. THEAT* play, drama; *2. (fig)* spectacle
schauspielerisch ['ʃauʃpiːlərɪʃ] *adj 1.* acting; *adv 2.* as far as acting is concerned
Schauspielhaus ['ʃauʃpiːlhaus] *n* theatre
Schausteller ['ʃauʃtɛlər] *m* exhibitor
Scheck [ʃɛk] *m* cheque, check *(US); einen ~ einlösen* cash a cheque
Scheckbetrüger ['ʃɛkbətryːgər] *m* cheque forger, check fraud *(US)*
scheckig ['ʃɛkɪç] *adj 1.* spotted; *2. (Pferd)* piebald
scheel [ʃeːl] *adj 1.* cross-eyed, squinting; *2. (fig: misstrauisch)* suspicious, distrustful; *3. (neidisch)* envious
scheibchenweise ['ʃaɪpçənvaɪzə] *adv* in slices, piecemeal
Scheibe ['ʃaɪbə] *f 1.* disc; *2. (Wurstscheibe)* slice; *sich von jdm eine ~ abschneiden können* to be able to take a leaf out of s.o.'s book; *3. (Fensterscheibe)* window pane; *4. (Windschutzscheibe)* windscreen, windshield *(US)*
Scheibenwischer ['ʃaɪbənvɪʃər] *m* windscreen wiper, windshield wiper *(US)*
Scheich [ʃaɪç] *m* sheik
Scheide ['ʃaɪdə] *f 1. (Messerscheide)* sheath, scabbard; *2. ANAT* vagina
scheiden ['ʃaɪdən] *v irr 1.* divide, separate, part; *2. (Ehe)* divorce; *sich ~ lassen* to be divorced
Scheideweg ['ʃaɪdəveːk] *m 1.* crossroad; *2. (fig)* crossroads
Scheidung ['ʃaɪduŋ] *f* divorce
Schein [ʃaɪn] *m 1. (Banknote)* banknote, bill *(US); 2. (Licht)* light, glare; *3. (Bescheinigung)* certificate; *4. (fig: Anschein)* appearance, semblance; *den ~ wahren* keep up appearances; *etw nur zum ~ tun* do sth for appearances' sake

S

Scheinargument ['ʃaɪnargumɛnt] *n* spurious argument, specious argument
scheinbar ['ʃaɪnbaːr] *adj 1.* seeming, apparent; *2. (vorgegeben)* ostensible; *adv 3.* seemingly, ostensibly
Scheinehe ['ʃaɪneːə] *f* pro forma marriage, marriage in name only

scheinen ['ʃaɪnən] *v irr 1. (leuchten)* shine, gleam, glitter; *2. (fig: Anschein haben)* seem, appear

Scheinfirma ['ʃaɪnfɪrma] *f ECO* shell company
Scheingrund ['ʃaɪngrunt] *m 1.* apparent reason; *2. (Vorwand)* pretext
scheinheilig ['ʃaɪnhaɪlɪç] *adj* hypocritical
Scheinheiligkeit ['ʃaɪnhaɪlɪçkaɪt] *f* hypocrisy
Scheintod ['ʃaɪntoːt] *m* apparent death, suspended animation
Scheinwerfer ['ʃaɪnvɛrfər] *m 1. (eines Autos)* headlight; *2. THEAT* spotlight; *3. (Suchscheinwerfer)* searchlight
Scheiße ['ʃaɪsə] *f (fam)* shit
Scheitel ['ʃaɪtəl] *m 1. ANAT* crown of the head; *vom ~ bis zur Sohle* from top to toe; *2. (Haarscheitel)* parting *(UK)*, part *(US)*
Scheitelpunkt ['ʃaɪtəlpuŋkt] *m* summit, zenith, vertex
Scheiterhaufen ['ʃaɪtərhaufən] *m 1.* funeral pyre; *2. (zum Verbrennen von Ketzern)* stake
scheitern ['ʃaɪtərn] *v (fig)* fail
Schelle ['ʃɛlə] *f 1. (Glocke)* bell; *2. (Ohrfeige)* box on the ear, slap in the face; *3. (Handschelle)* handcuff; *4. TECH* clamp
Schelm [ʃɛlm] *m* scoundrel, rascal, knave
schelmisch ['ʃɛlmɪʃ] *adj 1.* roguish, sly, teasing; *adv 2.* impishly, mischievously, elvishly
schelten ['ʃɛltən] *v irr* scold, reprimand, chide
Schema ['ʃeːma] *n 1.* scheme, plan; *nach ~ F* according to a fixed routine; *2. (Darstellung)* diagram
schematisch [ʃe'maːtɪʃ] *adj* schematic, diagrammatic
schematisieren [ʃeːmati'ziːrən] *v* systematize, outline
Schemel ['ʃeːməl] *m* stool
Schemen ['ʃeːmən] *m 1.* shadow, silhouette; *2. (Gespenst)* spectre
schemenhaft ['ʃeːmənhaft] *adj* shadowy
Schenkel ['ʃɛŋkəl] *m ANAT* thigh

schenken ['ʃɛŋkən] *v 1.* make a present of, give, donate; *halb geschenkt sein* to be dead cheap *(fam)*, to be dirt cheap *(fam)*; *2. (eingießen)* pour

Schenkung ['ʃɛŋkuŋ] *f JUR* gift, donation
Scherbe ['ʃɛrbə] *f* fragment, broken piece
Schere ['ʃeːrə] *f 1.* scissors *pl*; *2. (große ~)* shears *pl*; *3. (Krebsschere)* claw
scheren[1] ['ʃeːrən] *v irr (schneiden)* shear, clip, cut
scheren[2] ['ʃeːrən] *v 1.* concern; *Das schert mich überhaupt nicht.* I couldn't care less. *2. Scher dich zum Teufel!* Go to hell!
Schererei [ʃeːrə'raɪ] *f* trouble, bother, row

Scherz [ʃɛrts] *m* joke, jest, fun

scherzen ['ʃɛrtsən] *v* joke, jest, make fun
Scherzfrage ['ʃɛrtsfraːgə] *f* riddle
scherzhaft ['ʃɛrtshaft] *adj 1.* playful, facetious, joking; *adv 2.* jokingly
scheu [ʃɔy] *adj* shy, timid, coy
Scheu [ʃɔy] *f* shyness, timidity
scheuchen ['ʃɔyçən] *v* shoo, scare off, frighten off
scheuen ['ʃɔyən] *v 1. (meiden)* avoid, shun, to be afraid of; *2. (Pferd)* shy
scheuern ['ʃɔyərn] *v 1.* scrub, scour; *2. jdm eine ~* slug s.o.
Scheuklappen ['ʃɔyklapən] *pl* blinkers *(UK)*, blinders *(US)*
Scheune ['ʃɔynə] *f* barn, shed
scheußlich ['ʃɔyslɪç] *adj 1.* dreadful; *adv 2.* dreadfully
Scheußlichkeit ['ʃɔyslɪçkaɪt] *f 1.* dreadfulness, atrociousness; *2. (scheußliche Sache)* abomination, atrocity
Schicht [ʃɪçt] *f 1.* layer; *2. (Klasse)* class; *3. (Arbeitsschicht)* shift
Schichtarbeit ['ʃɪçtarbaɪt] *f* shift work
Schichtwechsel ['ʃɪçtvɛksəl] *m* change of shift
schick [ʃɪk] *adj 1.* chic, smart, stylish; *adv 2.* elegantly, smartly, stylishly
schicken ['ʃɪkən] *v 1.* send; *2. sich ~ (sich gehören)* to be proper
schicklich ['ʃɪklɪç] *adj* proper, becoming, fitting
Schicksal ['ʃɪkzaːl] *n* fate, destiny, fortune; *jdn seinem ~ überlassen* abandon s.o. to his fate; *~ spielen* play at fate
schicksalhaft ['ʃɪkzaːlhaft] *adj* fateful
Schicksalsfrage ['ʃɪkzaːlsfraːgə] *f* all-important question

Schicksalsschlag ['ʃɪkzaːlsʃlaːk] *m* stroke of fate
schieben ['ʃiːbən] *v irr* push, shove, slide
Schieber ['ʃiːbər] *m 1.* bolt slide, slide; *2. (Betrüger)* profiteer, racketeer
Schiebetür ['ʃiːbətyːr] *f* sliding door
Schiebung ['ʃiːbuŋ] *f 1.* manipulation, pulling of strings; *2. (Schiebergeschäfte)* underhand dealings *pl*
Schiedsgericht ['ʃiːtsgərɪçt] *n JUR* court of arbitration, arbitral court
Schiedsrichter ['ʃiːtsrɪçtər] *m SPORT* referee, umpire, judge
Schiedsspruch ['ʃiːtsʃprux] *m JUR* arbitration award, arbitral award

schief [ʃiːf] *adj 1.* slanting, skew, crooked; *jdn ~ ansehen* look askance at s.o.; *2. (nach einer Seite geneigt)* leaning, lopsided; *3. ~ gehen (fig)* go wrong; *4. ~ laufen (fig)* go awry, go wrong

Schiefer ['ʃiːfər] *m 1. MIN* slate; *2. (Splitter)* splinter
schielen ['ʃiːlən] *v* squint
Schienbein ['ʃiːnbaɪn] *n ANAT* shin-bone
Schiene ['ʃiːnə] *f 1. (Bahnschiene)* rail; *2. MED* splint
schier [ʃiːr] *adj* pure, sheer
Schießbude ['ʃiːsbuːdə] *f* shooting gallery
schießen ['ʃiːsən] *v irr 1. (Waffe)* shoot; *2. (Ball)* shoot; *Das ist ja zum Schießen!* That's a scream!
Schiff [ʃɪf] *n* ship, vessel; *klar ~ machen* clear things up
Schifffahrt ['ʃɪffaːrt] *f* navigation, shipping
schiffbar ['ʃɪfbaːr] *adj* navigable
Schiffbau ['ʃɪfbau] *m* shipbuilding
Schiffbruch ['ʃɪfbrux] *m* shipwreck
schiffbrüchig ['ʃɪfbryçɪç] *adj* shipwrecked
Schiffbrüchige(r) ['ʃɪfbryçɪgə(r)] *m/f* castaway, shipwrecked person
Schiffswerft ['ʃɪfsvɛrft] *f* shipyard
Schikane [ʃi'kaːnə] *f* harassment, bullying; *mit allen ~n* with all the trimmings
schikanieren [ʃika'niːrən] *v* bully, harass
Schild [ʃɪlt] *m 1. (Schutzschild)* shield; *etw im ~e führen* to be up to sth; *n 2. (Türschild)* nameplate; *3. (Straßenschild)* road sign
schildern ['ʃɪldərn] *v* depict, describe, delineate
Schilderung ['ʃɪldəruŋ] *f* description, portrait, representation
Schildkröte ['ʃɪltkrøːtə] *f 1. (Landschildkröte) ZOOL* tortoise; *2. (Wasserkröte)* turtle
Schilf [ʃɪlf] *n* reed
schillern ['ʃɪlərn] *v* change colours, shimmer
schillernd ['ʃɪlərnt] *adj* shimmering, iridescent, sparkling
Schimmel ['ʃɪməl] *m 1. BOT* mould, mildew; *2. (Pferd) ZOOL* grey
schimmelig ['ʃɪməlɪç] *adj* mouldy, musty
schimmeln ['ʃɪməln] *v* go mouldy, mould
Schimmer ['ʃɪmər] *m* glitter, glimmer, faint light
schimmern ['ʃɪmərn] *v* gleam, glimmer, glisten
Schimpanse [ʃɪm'panzə] *m ZOOL* chimpanzee
Schimpf [ʃɪmpf] *m* insult, affront

schimpfen ['ʃɪmpfən] *v* carry on, grumble, swear; *mit jdm ~* scold s.o.

schimpflich ['ʃɪmpflɪç] *adj 1. (schmachvoll)* disgraceful, dishonourable, humiliating; *2. (beleidigend)* insulting
Schimpfname ['ʃɪmpfnaːmə] *m* bad name
Schimpfwort ['ʃɪmpfvɔrt] *n* swear-word
Schindel ['ʃɪndəl] *f* shingle
schinden ['ʃɪndən] *v irr 1.* overwork, drive hard; *2. (herausholen) Eindruck ~* show off; *Zeit ~* play for time; *3. sich ~* slave, toil
Schinken ['ʃɪŋkən] *m GAST* ham
Schippe ['ʃɪpə] *f* shovel; *jdn auf die ~ nehmen* pull s.o.'s leg
schippen ['ʃɪpən] *v* shovel
Schirm [ʃɪrm] *m 1. (Regenschirm)* umbrella; *2. (Sonnenschirm)* parasol, sunshade
Schirmherr ['ʃɪrmhɛr] *m* patron
schizophren [ʃitso'freːn] *adj 1. MED* schizophrenic; *2. (fig: widersinnig)* contradictory
Schlacht [ʃlaxt] *f* battle
schlachten ['ʃlaxtən] *v* kill, slaughter, butcher
Schlachtfeld ['ʃlaxtfɛlt] *n* battlefield
Schlacke ['ʃlakə] *f 1. (von Metall)* slag; *2. (Asche)* cinders *pl*; *3. MED* waste products *pl*
Schlaf [ʃlaːf] *m* sleep
Schlafanzug ['ʃlaːfantsuːk] *m* pyjamas *pl*
Schläfe ['ʃlɛːfə] *f ANAT* temple
schlafen ['ʃlaːfən] *v irr* sleep
schlaff [ʃlaf] *adj* weak, loose, slack, limp
Schlaffheit ['ʃlafhaɪt] *f 1. (des Körpers)* limpness, flabbiness; *2. (des Verhaltens)* laxity
Schlaflied ['ʃlaːfliːt] *n* lullaby
Schlaflosigkeit ['ʃlaːfloːzɪçkaɪt] *f* insomnia, sleeplessness
Schlafmütze ['ʃlaːfmytsə] *f (fig)* sleepyhead
schläfrig ['ʃlɛːfrɪç] *adj* sleepy, drowsy

S

Schläfrigkeit ['ʃlɛːfrɪçkaɪt] *f* sleepiness, drowsiness
Schlaftablette ['ʃlaːftablɛtə] *f* sleeping pill
schlaftrunken ['ʃlaːftruŋkən] *adj 1.* drowsy; *adv 2.* drowsily
Schlafwagen ['ʃlaːfvaːgən] *m* sleeper, sleeping-car
schlafwandeln ['ʃlaːfvandəln] *v* sleepwalk, walk in one's sleep
Schlafzimmer ['ʃlaːftsɪmər] *n* bedroom
Schlag [ʃlaːk] *m 1. (Treffer)* hit; *2. (Hieb)* blow; *jdm einen ~ versetzen* to deliver a blow to s.o.; *wie vom ~ getroffen* thunderstruck; *3. (Pochen)* knock; *4. (elektrischer ~)* shock; *5. (fig: schwerer ~)* heavy blow; *6. ~ auf ~* one after the other; *auf einen ~* all at once; *7. keinen ~ tun* not do a stroke of work
Schlaganfall ['ʃlaːkanfal] *m MED* stroke
schlagartig ['ʃlaːkartɪç] *adj 1.* sudden, abrupt; *adv 2.* suddenly, abruptly, all of a sudden

schlagen ['ʃlaːgən] *v irr 1. (hauen)* hit, strike, beat; *2. (Uhr)* strike; *3. (fig: besiegen)* beat

Schlager ['ʃlaːgər] *m* hit
Schläger ['ʃlɛːgər] *m 1. (~typ)* thug; *SPORT 2. (beim Hockey)* stick; *(beim Golf)* club; *(beim Tennis)* racquet, racket *(US); (beim Kricket, beim Baseball)* bat; *(beim Tischtennis)* paddle, bat
Schlägerei [ʃlɛːgə'raɪ] *f* fight, brawl
schlagfertig ['ʃlaːkfɛrtɪç] *adj* quick-witted, quick at repartee
Schlagfertigkeit ['ʃlaːkfɛrtɪçkaɪt] *f* wittiness, ready wit
Schlaginstrument ['ʃlaːkɪnstrumɛnt] *n MUS* percussion instrument
schlagkräftig ['ʃlaːkkrɛftɪç] *adj (fig)* convincing, conclusive, persuasive
Schlagloch ['ʃlaːklɔx] *n* pothole
Schlagsahne ['ʃlaːkzaːnə] *f* whipped cream
Schlagseite ['ʃlaːkzaɪtə] *f NAUT* list; *~ haben* to be stumbling drunk, to be half-seas over
Schlagwort ['ʃlaːkvɔrt] *n (Parole)* slogan, catchphrase
Schlagzeile ['ʃlaːktsaɪlə] *f* headline
Schlagzeug ['ʃlaːktsɔyk] *n 1. MUS* drums *pl; 2. (in einem Orchester) MUS* percussion
schlaksig ['ʃlakzɪç] *adj* lanky, gawky
Schlamm [ʃlam] *m* mud, sludge
schlammig ['ʃlamɪç] *adj* muddy
Schlampe ['ʃlampə] *f 1. (liederliche Frau)* slut; *2. (unordentliche Frau)* slob
Schlamperei [ʃlampə'raɪ] *f* sloppiness
schlampig ['ʃlampɪç] *adj 1.* slovenly, sloppy; *2. (liederlich)* slatternly
Schlange ['ʃlaŋə] *f 1. ZOOL* snake; *2. (Menschenschlange)* queue, line *(US)*; *~ stehen* queue up *(UK)*, line up *(US)*
schlängeln ['ʃlɛŋəln] *v 1. sich ~* wind, twist; *2. sich ~* wriggle
Schlangengift ['ʃlaŋəngɪft] *n* snake venom
schlank [ʃlaŋk] *adj* slim, slender
Schlappheit ['ʃlaphaɪt] *f* listlessness, lethargy
schlappmachen ['ʃlapmaxən] *v (fam)* wilt, flag
Schlappohr ['ʃlapoːr] *n* floppy ear
Schlaraffenland ['ʃlarafənlant] *n* land of milk and honey

schlau [ʃlau] *adj* clever, sly, cunning; *aus jdm nicht ~ werden* not be able to make head or tail of s.o.; *sich ~ machen* get information

Schlauch [ʃlaux] *m* hose, tube; *auf dem ~ stehen* to be clueless *(fam)*
Schlauchboot ['ʃlauxboːt] *n 1.* rubber boat; *2. (Rettungsfloß)* life raft
schlauchen ['ʃlauçən] *v (anstrengen)* take it out of s.o.
Schlaufe ['ʃlaufə] *f* loop
Schlauheit ['ʃlauhaɪt] *f* cleverness, shrewdness

schlecht [ʃlɛçt] *adj 1.* bad; *adv 2.* badly; *3. ~ bezahlt* low-paying, low-paid, poorly paid; *4. ~ gehen* to be unwell; *5. ~ gelaunt* ill-humoured; *6. jdn ~ machen* backbite

schlechterdings ['ʃlɛçtərdɪŋs] *adv* absolutely, downright
schlechthin ['ʃlɛçthɪn] *adv 1.* absolutely, pure and simple; *2. (überhaupt)* in general; *3. Er ist der ... ~.* He is the epitome of the ...
Schlechtigkeit ['ʃlɛçtigkaɪt] *f* wickedness, baseness, depravity
schlecken ['ʃlɛkən] *v* lick
schleichen ['ʃlaɪçən] *v irr* sneak, creep, slink
schleichend ['ʃlaɪçənt] *adj 1.* prowling, sneaking, creeping; *2. (Krankheit)* lingering
Schleichweg ['ʃlaɪçveːk] *m* secret path, concealed route
Schleier ['ʃlaɪər] *m* veil, film, haze
schleierhaft ['ʃlaɪərhaft] *adj* mysterious, obscure, incomprehensible

S

Schleife ['ʃlaɪfə] *f* 1. loop; 2. *(Bandschleife)* bow; 3. *(Schlinge)* noose
schleifen ['ʃlaɪfən] *v irr* 1. *(schleppen)* drag; 2. *(schärfen)* whet, grind; 3. *TECH* grind, polish; 4. *(Glas, Edelsteine) TECH* cut
schleimig ['ʃlaɪmɪç] *adj* slimy
schlemmen ['ʃlɛmən] *v* revel, indulge in delicacies, feast
schlendern ['ʃlɛndərn] *v* meander, saunter, amble
Schlendrian ['ʃlɛndriaːn] *m* 1. *(alter Trott)* routine, beaten track; 2. *(fig)* dawdling, casualness, sloppy way of working
Schlenker ['ʃlɛŋkər] *m* 1. *(Ausweichen)* swerve; 2. *(Umweg)* detour
Schleppdampfer ['ʃlɛpdampfər] *m* tugboat
Schleppe ['ʃlɛpə] *f* 1. *(eines Kleides)* train; 2. *(beim Jagen)* drag
schleppen ['ʃlɛpən] *v* 1. *(schwer tragen)* lug; 2. *(ab~)* tow, tug, drag
schleppend ['ʃlɛpənt] *adj* slow, languid, sluggish
Schleppnetz ['ʃlɛpnɛts] *n* trawl, dragnet
Schlepptau ['ʃlɛptau] *m* tow-rope; *jdn ins ~ nehmen* take s.o. in tow
Schleuder ['ʃlɔydər] *f* 1. catapult, sling shot; 2. *(Wäscheschleuder)* spin-drier
Schleudergefahr ['ʃlɔydərgəfaːr] *f* danger of skidding; 2. *(Verkehrsschild)* slippery when wet
schleudern ['ʃlɔydərn] *v* 1. *(Wäsche)* spin; 2. *(Auto)* skid, swerve; 3. *(werfen)* sling, fling, hurl
Schleuderpreis ['ʃlɔydərpraɪs] *m ECO* give-away price, rock-bottom price
Schleudersitz ['ʃlɔydərzɪts] *m* 1. ejector seat; 2. *(fig)* hot seat
schleunigst ['ʃlɔynɪgst] *adv* on the double, at once, straight away *(UK)*
Schleuse ['ʃlɔyzə] *f* 1. lock; 2. *(zur Wasserregulierung)* sluice, floodgate
schleusen ['ʃlɔyzən] *v* 1. *NAUT* pass through a lock; 2. *(Wasser)* channel; 3. *(fig)* steer; 4. *(heimlich)* smuggle, sneak
schlicht [ʃlɪçt] *adj* 1. simple, plain, unpretentious; *adv* 2. simply
schlichten ['ʃlɪçtən] *v* 1. *(Holz)* plane; 2. *(Streit)* arbitrate, adjust, settle
Schlieren ['ʃliːrən] *pl* streaks
schließen ['ʃliːsən] *v irr* 1. *(zumachen)* close, shut; *eine Fabrik ~* close down a factory; 2. *(Vertrag)* conclude, sign; 3. *(beenden)* finish, end, wind up; 4. *(folgern)* conclude, infer

S

Schließfach ['ʃliːsfax] *n* 1. locker; 2. *(Bankschließfach)* safe deposit box; 3. *(Postschließfach)* post-office box
schließlich ['ʃliːslɪç] *adv* 1. finally, in the end; 2. *(fig)* after all
Schliff [ʃlɪf] *m* 1. cut; 2. *(das Schleifen)* cutting; 3. *(fig)* polish

schlimm [ʃlɪm] *adj* bad; *halb so ~ sein* not be so bad

schlimmstenfalls ['ʃlɪmstənfals] *adv* at worst, if worse comes to worst
Schlinge ['ʃlɪŋə] *f* 1. loop; 2. *(am Galgen)* noose; *jdm die ~ um den Hals legen* hold a gun to s.o.'s head *(fig)*; 3. *(Falle)* snare
Schlingel ['ʃlɪŋəl] *m* rascal
schlingen ['ʃlɪŋən] *v irr* 1. sling, wrap; 2. *(binden)* tie; 3. *(flechten)* plait; 4. *sich um etw ~* coil o.s. around sth
Schlips [ʃlɪps] *m* tie, necktie
Schlitten ['ʃlɪtən] *m* 1. sledge *(UK)*, sled *(US)*; *mit jdm ~ fahren (fig)* give s.o. a hard time; 2. *(Rodelschlitten)* toboggan; 3. *(Pferdeschlitten)* sleigh
schlittern ['ʃlɪtərn] *v* 1. *(zum Vergnügen)* slide; 2. *(ausrutschen)* slip; 3. *(Fahrzeug)* skid
Schlittschuh ['ʃlɪtʃuː] *m* skate
Schlitz [ʃlɪts] *m* 1. slit, slot; 2. *(Hose)* fly
Schlitzohr ['ʃlɪtsoːr] *n (fam)* sly fox, sly dog
Schloss [ʃlɔs] *n* 1. *(Verschluss)* lock; *hinter ~ und Riegel* behind bars; 2. *(Gebäude)* castle, palace
Schlosser ['ʃlɔsər] *m* 1. locksmith; 2. *(Maschinenschlosser)* mechanic
Schlot [ʃloːt] *m* chimney
schlottern ['ʃlɔtərn] *v* 1. *(zittern)* shake, tremble; 2. *(zu große Kleidung)* hang loosely, to be baggy
Schlucht [ʃluxt] *f* ravine, gully, gorge
schluchzen ['ʃluxtsən] *v* weep, sob
Schluck [ʃluk] *m* swig, swallow, gulp
Schluckauf ['ʃlukauf] *m* hiccup, hiccough
schlucken ['ʃlukən] *v* swallow, gulp
schludern ['ʃluːdərn] *v (fam)* work sloppily, do slipshod work
schlummern ['ʃlumərn] *v* slumber, doze, snooze
Schlund [ʃlunt] *m* 1. *ANAT* pharynx, gullet; 2. *(fig: Abgrund)* chasm, gulf
schlüpfen ['ʃlypfən] *v* 1. slip; 2. *ZOOL* hatch
Schlüpfer ['ʃlypfər] *m* knickers *pl (UK)*, panties *pl*
Schlupfloch ['ʃlupflɔx] *n* 1. hole; 2. *(fig)* loophole; 3. *(Schlupfwinkel)* hiding place

schlüpfrig ['ʃlypfrɪç] *adj 1.* slippery; *2. (fig: obszön)* risqué, slippery *(UK)*, off-color *(US)*
schlurfen ['ʃlurfən] *v* shuffle
schlürfen ['ʃlyrfən] *v 1.* slurp; *2. (genießerisch trinken)* sip

Schluss [ʃlus] *m* end

Schlüssel ['ʃlysəl] *m* key
Schlüsselbein ['ʃlysəlbaɪn] *n ANAT* collarbone
Schlüsseldienst ['ʃlysəldiːnst] *m 1. (Schlüsselfertigung)* key-cutting service; *2. (Notdienst)* 24-hour locksmith service, emergency locksmith service
Schlüsselkind ['ʃlysəlkɪnt] *n* latchkey kid
schlussfolgern ['ʃlusfɔlgərn] *v* conclude, infer, deduce
Schlussfolgerung ['ʃlusfɔlgəruŋ] *f* conclusion, inference
schlüssig ['ʃlysɪç] *adj* conclusive
Schlusslicht ['ʃluslɪçt] *n 1. (eines Autos)* taillight, tail lamp; *2. (fig)* last
Schmach [ʃmaːx] *f 1.* disgrace, shame; *2. (Demütigung)* humiliation
schmachten ['ʃmaxtən] *v 1. (leiden)* languish; *2. ~ nach etw* pine for sth, yearn for sth
schmächtig ['ʃmɛçtɪç] *adj* slight, thin
schmachvoll ['ʃmaːxfɔl] *adj* disgraceful, ignominious
schmackhaft ['ʃmakhaft] *adj* savoury, palatable, flavourful
schmähen ['ʃmɛːən] *v* abuse, revile, disdain, disparage
schmählich ['ʃmɛːlɪç] *adj 1. (schändlich)* disgraceful, shameful; *2. (jämmerlich)* miserable, wretched
schmal [ʃmaːl] *adj* narrow, slim, thin
schmälern ['ʃmɛːlərn] *v* diminish, lessen, reduce
Schmalz [ʃmalts] *n GAST* grease, lard, fat
schmalzig ['ʃmaltsɪç] *adj 1.* greasy; *2. (fig)* schmaltzy *(fam)*, maudlin
schmarotzen ['ʃmarɔtsən] *v (fam)* scrounge, sponge
Schmarotzer [ʃma'rɔtsər] *m (fam)* sponger, freeloader *(US)*
schmecken ['ʃmɛkən] *v 1. ~ nach* taste of; *2. gut ~* taste good; *Hat's geschmeckt?* Did you like it?
Schmeichelei [ʃmaɪçə'laɪ] *f* flattery
schmeißen ['ʃmaɪsən] *v irr 1.* throw; *2. (mit etw fertig werden)* handle; *3. eine Vorstellung ~* muff a performance
schmelzen ['ʃmɛltsən] *v irr* melt
Schmerz [ʃmɛrts] *m 1.* pain, ache; *2. (Kummer)* grief, sorrow
schmerzen ['ʃmɛrtsən] *v* hurt, ache, pain
Schmerzensgeld ['ʃmɛrtsənsgɛlt] *n* compensation for pain and suffering
schmerzerfüllt ['ʃmɛrtsɛrfylt] *adj* grief-stricken
schmerzfrei ['ʃmɛrtsfraɪ] *adj* free from pain
schmerzhaft ['ʃmɛrtshaft] *adj* painful
schmerzlich ['ʃmɛrtslɪç] *adj* painful
schmerzlindernd ['ʃmɛrtslɪndərnt] *adj* pain-relieving, soothing
schmerzlos ['ʃmɛrtsloːs] *adj* painless
Schmerzmittel ['ʃmɛrtsmɪtəl] *n* pain-reliever, pain-killer
Schmetterling ['ʃmɛtərlɪŋ] *m* butterfly
schmettern ['ʃmɛtərn] *v 1.* smash, dash; *die Tür ins Schloss ~* slam the door; *2. (etw laut spielen)* blast; *3. (singen)* belt out
Schmied [ʃmiːt] *m* blacksmith
schmieden ['ʃmiːdən] *v 1.* forge; *2. (fig: Pläne ~)* hatch, forge, concoct
schmiegsam ['ʃmiːkzaːm] *adj* pliant, supple
Schmiere¹ ['ʃmiːrə] *f 1. TECH* lubricant; *2. (schlechtes Theater) THEAT* hole-in-the-wall theatre, fleapit *(UK)*
Schmiere² ['ʃmiːrə] *f bei etw ~ stehen* to be a lookout
schmieren ['ʃmiːrən] *v 1. (bestreichen)* smear, spread; *2. (einfetten)* grease, oil, lubricate; *Es lief wie geschmiert.* It went like clockwork. *3. (fam: bestechen)* bribe; *4. (kritzeln)* scribble, scrawl
Schmiergeld ['ʃmiːrgɛlt] *n* bribe money, bribe
schmierig ['ʃmiːrɪç] *adj 1. (fettig)* greasy; *2. (fig: gemein)* sordid, mean; *3. (fig: unanständig)* dirty, filthy
Schmierigkeit ['ʃmiːrɪçkaɪt] *f 1.* greasiness; *2. (fig: kriecherischer Charakter)* creepiness, sliminess, oiliness, unctuousness
Schminkset ['ʃmɪŋkzɛt] *n* cosmetic kit
Schminktisch ['ʃmɪŋktɪʃ] *m* dresser
schmirgeln ['ʃmɪrgəln] *v* emery
Schmiss [ʃmɪs] *m 1.* gash, cut; *2. (Narbe)* scar; *3. (fig)* pep, élan, zip
Schmöker ['ʃmøːkər] *m 1. (altes Buch)* old book; *2. (leichte Unterhaltungsliteratur)* light reading; *3. (Schundroman)* trashy novel
schmökern ['ʃmøːkərn] *v* browse, read
schmollen ['ʃmɔlən] *v* sulk, pout
schmoren ['ʃmoːrən] *v* roast

Schmu [ʃmuː] *m ~ machen* cheat
Schmuck [ʃmuk] *m* jewellery
schmücken ['ʃmykən] *v* decorate, trim, dress
Schmuggel ['ʃmugəl] *m* smuggling
schmuggeln ['ʃmugəln] *v* smuggle, bootleg
Schmuggelware ['ʃmugəlwaːrə] *f* smuggled goods, contraband
schmunzeln ['ʃmuntsəln] *v* grin, smile
schmusen ['ʃmuːzən] *v* cuddle
Schmutz [ʃmuts] *m 1.* dirt, filth; *jdn mit ~ bewerfen* throw dirt at s.o.; *jdn wie ~ behandeln* treat s.o. like dirt; *2. (Schlamm)* mud; *3. (Obszönes)* smut
Schnabel ['ʃnaːbəl] *m* beak, bill; *den ~ halten* keep quiet
Schnalle ['ʃnalə] *f* buckle
schnallen ['ʃnalən] *v 1.* buckle, fasten; *2. (mit Riemen)* snap; *3. (enger ~/weiter ~)* tighten/loosen; *4. (begreifen)* catch on
schnalzen ['ʃnaltsən] *v* crack, click; *mit der Zunge ~* make a clicking noise with one's tongue; *mit den Fingern ~* snap one's fingers
schnappen ['ʃnapən] *v 1. (zu~/auf~)* snap closed/open; *2. (erwischen)* catch, snatch; *3. (beißen)* snap; *4. (packen)* grab; *5. nach Luft ~* gasp
Schnappschuss ['ʃnapʃus] *m FOTO* snapshot
Schnapsidee ['ʃnapsideː] *f (fam)* mad idea, crackpot idea, crazy idea
schnarchen ['ʃnarçən] *v* snore
schnattern ['ʃnatərn] *v 1. (Ente)* quack; *2. (Gans)* gobble; *3. (fig)* chatter
schnauben ['ʃnaubən] *v irr 1.* snort; *2. (keuchen)* pant; *3. sich die Nase ~* blow one's nose
schnaufen ['ʃnaufən] *v* pant, breathe heavily
Schnauze ['ʃnautsə] *f* snout, muzzle; *die ~ voll haben* to be fed up; *Halt die ~!* Shut up! *eine große ~ haben* to be a loudmouth
schnäuzen ['ʃnɔytsən] *v sich ~* blow one's nose
Schnauzer ['ʃnautsər] *m 1. (Bart)* walrus moustache; *2. ZOOL* schnauzer
Schnecke ['ʃnɛkə] *f ZOOL* snail, slug; *jdn zur ~ machen* make s.o. feel small

Schnee [ʃneː] *m* snow; *~ von gestern sein* to be old hat

Schneeballsystem ['ʃneːbalzysteːm] *n ECO* pyramid selling
Schneebesen ['ʃneːbeːzən] *m GAST* whisk, egg-beater
Schneetreiben ['ʃneːtraɪbən] *n METEO* drifting, snow drifting
Schneide ['ʃnaɪdə] *f* blade, cutting edge

schneiden ['ʃnaɪdən] *v irr 1.* cut; *sich die Nägel ~* clip one's nails; *eine Kurve ~* cut a corner; *2. (fig) jdn ~* cut s.o. dead *(UK)*, snub s.o.

Schneider(in) ['ʃnaɪdər(ɪn)] *m/f 1. (Beruf)* tailor; *2. aus dem ~ sein* to be out of the woods; *3. (Gerät)* cutter
Schneiderei [ʃnaɪde'raɪ] *f 1.* tailoring; *2. (für Damen)* dressmaking; *3. (Werkstatt)* tailor's shop
Schneidezahn ['ʃnaɪdətsaːn] *m ANAT* incisor
schneidig ['ʃnaɪdɪç] *adj 1. (fesch)* dashing; *2. (mutig)* plucky, gutsy
schneien ['ʃnaɪən] *v* snow
schnell [ʃnɛl] *adj 1.* quick, fast, rapid; *adv 2.* promptly, quickly, fast
schnelllebig ['ʃnɛlleːbɪç] *adj* fast
Schnellhefter ['ʃnɛlhɛftər] *m* binder
Schnellstraße ['ʃnɛlʃtraːsə] *f* motorway, expressway *(US)*
Schnellverfahren ['ʃnɛlfɛrfaːrən] *n 1. JUR* summary trial, expedited procedure, summary proceedings; *2. (fig: rasche Abwicklung)* expeditious handling, rapid processing
Schnellzug ['ʃnɛltsuːk] *m* express train
schnippen ['ʃnɪpən] *v mit den Fingern ~* snap one's fingers
schnippisch ['ʃnɪpɪʃ] *adj 1.* sharp, pert, snooty; *adv 2.* sharply, snappishly
Schnipsel ['ʃnɪpsəl] *m/n* shred, scrap, bit, piece
Schnitt [ʃnɪt] *m 1.* cut; *2. MED* incision; *3. (Muster)* pattern; *4. (fam: Durchschnitt) im ~* on average; *5. CINE* editing
Schnittblume ['ʃnɪtbluːmə] *f* cut flower
schnittig ['ʃnɪtɪç] *adj 1.* smart, racy, stylish; *adv 2.* smartly
Schnittwunde ['ʃnɪtvundə] *f MED* cut, gash
Schnitzel ['ʃnɪtsəl] *n 1. (Papierschnitzel)* scrap of paper; *2. GAST* cutlet; *Wiener ~* breaded veal cutlet, Wiener schnitzel
Schnitzeljagd ['ʃnɪtsəljaːkt] *f* paper chase
schnitzen ['ʃnɪtsən] *v* cut, carve
Schnitzer ['ʃnɪtsər] *m* blunder; *einen ~ machen* drop a brick, goof
schnodderig ['ʃnɔdərɪç] *adj* snotty *(fam)*, flippant
schnöde ['ʃnøːdə] *adj 1. (verachtenswert)* despicable, contemptible; *2. (gemein)* vile, base
Schnorchel ['ʃnɔrçəl] *m* snorkel

S

Schnörkel ['ʃnœrkəl] *m 1.* scroll; *2. (beim Schreiben)* flourish
schnörkellos ['ʃnœrkəllo:s] *adj* unfrilled, succinct, unembellished
schnüffeln ['ʃnyfəln] *v 1.* sniff, sniffle; *2. (fam: spionieren)* spy
Schnüffler ['ʃnyflər] *m 1.* snoop; *2. (Detektiv)* sleuth
Schnuller ['ʃnulər] *m* comforter, dummy, pacifier *(US)*
Schnupftabak ['ʃnupftabak] *m* snuff
schnuppern ['ʃnupərn] *v* sniff
Schnur [ʃnu:r] *f 1.* string; *2. (Kordel)* cord; *3. (Litze)* braid
schnüren ['ʃny:rən] *v* tie, lace, fasten
schnurren ['ʃnurən] *v 1.* hum, whir, buzz; *2. (Katze)* purr
schnurstracks ['ʃnu:rʃtraks] *adv* directly, straight; *~ zugehen auf* make a beeline for
Schober ['ʃo:bər] *m 1.* haystack, hayrick; *2. (überdachter Platz)* field barn
Schock [ʃɔk] *m* shock
Schöffe ['ʃœfə] *m JUR* lay judge, juror
Schokolade [ʃoko'la:də] *f 1. (Tafel ~)* chocolate; *2. (Heiße ~)* hot chocolate
Scholle ['ʃɔlə] *f 1. (Erdscholle)* lump, clod; *2. (Eisscholle)* floe; *3. ZOOL* plaice
schon [ʃo:n] *adv 1. (bereits)* already; *Hast du ~ gefrühstückt?* Have you had breakfast yet? Have you already had breakfast? *Komm ~!* Come on! *~ immer* always; *2. (zuvor)* before; *3. (bestimmt)* all right; *Das ist ~ möglich.* That's not impossible. *Er wird es ~ schaffen.* He'll manage, all right. *4. (nur) ~ der Gedanke daran ...* the mere thought of it ...

schön [ʃø:n] *adj 1.* beautiful; *2. (hübsch)* pretty; *3. (angenehm)* pleasant; *4. (beträchtlich)* good; *eine ganz ~e Arbeit* quite a bit of work; *adv 5. Sei ~ brav!* Be a good boy!/Be a good girl! *~ warm* nice and warm

schonen ['ʃo:nən] *v 1.* go easy on, spare, save; *2. sich ~* take care of o.s., look after o.s.
Schönfärberei ['ʃø:nfɛrbəraɪ] *f (fig)* glossing things over
Schonfrist ['ʃo:nfrɪst] *f* period of grace
Schongang ['ʃo:ngaŋ] *m* delicate cycle
schöngeistig ['ʃø:ngaɪstɪç] *adj* aesthetic
Schönheit ['ʃø:nhaɪt] *f* beauty
Schonkost ['ʃo:nkɔst] *f* light diet
schönreden ['ʃø:nre:dən] *v (fig)* sweet-talk, soft-soap
Schonung ['ʃo:nuŋ] *f* sparing, exemption, favouring
schonungslos ['ʃo:nuŋslo:s] *adj* unsparing, relentless, merciless
Schonungslosigkeit ['ʃo:nuŋslo:zɪçkaɪt] *f 1.* ruthlessness, mercilessness; *2. (Offenheit)* bluntness
Schopf [ʃɔpf] *m 1. (Haarbüschel)* tuft of hair, shock of hair; *2. (eines Vogels)* tuft, crest
schöpfen ['ʃœpfən] *v 1.* scoop; *2. (Brühe)* ladle; *3. (für sich entnehmen)* derive; *Mut aus etw ~* draw courage from sth; *Atem ~* take a breath; *4. (schaffen)* create
Schöpfer ['ʃœpfər] *m* creator
Schöpfung ['ʃœpfuŋ] *f* creation
Schorf [ʃɔrf] *m* scab
Schorle ['ʃɔrlə] *f* spritzer
Schornstein ['ʃɔrnʃtaɪn] *m* chimney
Schornsteinfeger ['ʃɔrnʃtaɪnfe:gər] *m* chimney-sweep
Schoß [ʃo:s] *m* lap
schraffieren [ʃra'fi:rən] *v* cross-hatch
schräg [ʃrɛ:k] *adj 1.* slanting, oblique; *2. (~ verlaufend)* diagonal; *3. (~ abfallend)* sloping; *adv 4.* at an angle; *5. (~ verlaufend)* diagonally
Schräge ['ʃrɛ:gə] *f* slope, obliquity
Schrägstrich ['ʃrɛ:kʃtrɪç] *m* slash
Schramme ['ʃramə] *f* scrape, scratch, abrasion
Schrank [ʃraŋk] *m 1.* cupboard, closet *(US)*; *2. (Kleiderschrank)* wardrobe; *3. (fam: großer Mann)* hulk
Schrankbett ['ʃraŋkbɛt] *n* hideaway bed
Schranke ['ʃraŋkə] *f* barrier; *jdn in seine ~n verweisen* put s.o. in his place
Schranktür ['ʃraŋkty:r] *f* closet door
Schraube ['ʃraubə] *f 1.* screw; *(mit einem eckigen Kopf)* bolt; *die ~ überdrehen* go too far; *eine ~ ohne Ende* a vicious circle; *Bei dir ist doch eine ~ locker!* You must have a screw loose! *2. (Schiffsschraube)* propeller
schrauben ['ʃraubən] *v* screw
Schreck [ʃrɛk] *m* fright, scare, shock; *Ach du ~!* Oh my God!
Schreckbild ['ʃrɛkbɪlt] *n 1.* ghastly sight; *2. (Albtraum)* nightmare
Schreckensbilanz ['ʃrɛkənsbilants] *f* toll, casualty toll
schreckhaft ['ʃrɛkhaft] *adj* nervous, fearful, shy
schrecklich ['ʃrɛklɪç] *adj* terrible
Schrecklichkeit ['ʃrɛklɪçkaɪt] *f* dreadfulness, frightfulness, horridness
Schreckschuss ['ʃrɛkʃus] *m* warning shot
Schrei [ʃraɪ] *m* cry, scream, shriek; *der letzte ~* all the rage

S

schreiben ['ʃraɪbən] *v irr* write

Schreiben ['ʃraɪbən] *n 1. (Brief)* letter; *2. (Tätigkeit)* writing
Schreiber ['ʃraɪbər] *m 1.* writer; *2. (Angestellter)* clerk; *3. TECH* recorder
schreibfaul ['ʃraɪpfaul] *adj* lazy about writing letters
Schreibfeder ['ʃraɪpfeːdər] *f 1.* pen; *m 2. (Gänsefeder)* quill
Schreibkraft ['ʃraɪpkraft] *f 1.* clerical staff; *2. (Stenotypist)* typist
Schreibmaschine ['ʃraɪpmaʃiːnə] *f* typewriter
Schreibtisch ['ʃraɪptɪʃ] *m* desk
Schreibunterlage ['ʃraɪpuntərlaːgə] *f (Schreibtischunterlage)* desk pad
Schreibwaren ['ʃraɪpvaːrən] *pl* stationery, writing materials
Schreibweise ['ʃraɪpvaɪzə] *f* spelling
Schreibzeug ['ʃraɪptsɔyk] *n* writing utensils *pl*
schreien ['ʃraɪən] *v* scream, cry, shriek
Schreihals ['ʃraɪhals] *m* bawler, screamer
Schreiner ['ʃraɪnər] *m 1.* carpenter, joiner; *2. (Kunstschreiner)* cabinet-maker
schreiten ['ʃraɪtən] *v irr 1.* stride; *2. zur Tat ~* act; *3. (stolzieren)* strut
Schrieb [ʃriːp] *m (fam)* note, missive
Schrift [ʃrɪft] *f 1.* writing; *2. die Heilige ~* Scripture
Schriftart ['ʃrɪftart] *f 1.* type, lettering style; *2. INFORM* font
Schriftbild ['ʃrɪftbɪlt] *n 1. (einer Handschrift)* character of handwriting; *2. (einer Drucktype) TECH* typeface
Schriftenreihe ['ʃrɪftənraɪə] *f LIT* series
Schriftführer ['ʃrɪftfyːrər] *m* secretary (of a club)
schriftlich ['ʃrɪftlɪç] *adj 1.* written; *adv 2.* in writing
Schriftsteller(in) ['ʃrɪftʃtɛlər(ɪn)] *m/f* author, writer
schriftstellerisch ['ʃrɪftʃtɛlərɪʃ] *adj 1.* literary; *adv 2.* as an author
Schriftzeichen ['ʃrɪfttsaɪçən] *n* character
schrill [ʃrɪl] *adj* shrill, strident, acute

Schritt [ʃrɪt] *m 1.* step, stride, pace; *auf ~ und Tritt* wherever one goes; *mit jdm ~ halten* keep up with s.o.; *einen ~ zu weit gehen* go a bit too far; *~ für ~* step by step; *den ersten ~ tun* make the first step; *2. (fig)* step, measure, move

Schrittlänge ['ʃrɪtlɛŋə] *f 1. (Entfernung)* pace; *2. (des Hosenbeins)* inseam, length
schrittweise ['ʃrɪtvaɪzə] *adv* step by step, progressively
schroff [ʃrɔf] *adj 1. (Felsen)* steep, precipitous; *2. (fig: kurz angebunden)* curt, brusque, abrupt
Schrot [ʃroːt] *m/n 1. (gemahlenes Getreide)* wholemeal *(UK)*, whole wheat flour *(US)*; *2. (Munition aus Bleistückchen)* shot
schroten ['ʃroːtən] *v* grind coarsely
Schrotflinte ['ʃroːtflɪntə] *f* shotgun
Schrott [ʃrɔt] *m* scrap metal
schrubben ['ʃrubən] *v* scrub
schrumpfen ['ʃrumpfən] *v 1. (eingehen)* shrink; *2. (fig: vermindern)* decline, shrink, dwindle
Schub [ʃuːp] *m 1.* shove, push; *2. (Schubkraft) PHYS* thrust
Schubkarre ['ʃuːpkarə] *f* wheelbarrow
Schublade ['ʃuːplaːdə] *f* drawer
schubsen ['ʃupsən] *v* push, shove
schüchtern ['ʃyçtərn] *adj* shy, timid
Schuft [ʃuft] *m* scoundrel, rascal, rogue
schuften ['ʃuftən] *v* toil, slave
Schuh [ʃuː] *m* shoe; *jdm etw in die ~e schieben* blame s.o. for sth
Schuhsohle ['ʃuːzoːlə] *f* sole
Schulabgänger ['ʃuːlapgɛŋər] *m* school-leaver
Schulabschluss ['ʃuːlapʃlus] *m* school qualification *(UK)*, diploma *(US)*
Schulaufgaben ['ʃuːlaufgaːbən] *pl* homework
Schulbank ['ʃuːlbaŋk] *f* school desk
Schulbildung ['ʃuːlbɪldun] *f* schooling, education
Schuld [ʃult] *f 1.* guilt; *jdm die ~ geben* put the blame on s.o.; *2. (Geldschuld)* debt; *3. tief in jds ~ stehen* to be greatly indebted to s.o.; *an etw ~ haben* to be to blame for sth
schuldbewusst ['ʃultbəvust] *adj* conscience-stricken, conscious of guilt
schulden ['ʃuldən] *v* owe
Schulden ['ʃuldən] *pl ECO* debts, liabilities
Schuldgefühl ['ʃultgəfyːl] *n* feeling of guilt
schuldig ['ʃuldɪç] *adj 1. (Geld) ECO* due, owing; *2. JUR* guilty
schuldlos ['ʃultloːs] *adj 1.* innocent, guiltless; *adv 2.* innocently, guiltlessly
Schuldlosigkeit ['ʃultloːzɪçkaɪt] *f* innocence
Schuldner ['ʃultnər] *m ECO* debtor, party liable

S

Schuldschein ['ʃultʃaɪn] *m ECO* promissory note
Schuldspruch ['ʃultʃprux] *m JUR* conviction

Schule ['ʃuːlə] *f* school; *die ~ schwänzen* play truant

Schüler(in) ['ʃyːlər(ɪn)] *m/f 1.* pupil, schoolboy/schoolgirl; *2. (einer Oberschule)* student; *3. (Jünger)* disciple
schulfrei ['ʃuːlfraɪ] *adj* no school; *wir haben ~* there is no school
schulpflichtig ['ʃuːlpflɪçtɪç] *adj* of school age
Schulranzen ['ʃuːlrantsən] *m* satchel
Schulstunde ['ʃuːlʃtundə] *f* lesson
Schulter ['ʃultər] *f* shoulder; *jdm die kalte ~ zeigen* give s.o. the cold shoulder; *etw auf die leichte ~ nehmen* not take sth seriously; *etw auf seine ~n nehmen* take responsibility for sth
Schulterblatt ['ʃultərblat] *n ANAT* shoulder blade
Schulung ['ʃuːluŋ] *f* schooling, training
Schulwesen ['ʃuːlveːzən] *n* education, educational system
Schulzeit ['ʃuːltsaɪt] *f* school days
Schulzeugnis ['ʃuːltsɔyknɪs] *n* school-report *(UK),* report card *(US)*
schummeln ['ʃuməln] *v* cheat
Schund [ʃunt] *m* trash, junk, rubbish
Schundroman ['ʃuntromaːn] *m* trashy novel, pulp novel
schunkeln ['ʃuŋkəln] *v* link arms and sway
Schuppe ['ʃupə] *f 1. (Haarschuppe)* dandruff; *2. (Fischschuppe) ZOOL* scale; *3. Es fiel ihm wie ~n von den Augen. (fig)* Suddenly he saw the light.
Schuppen ['ʃupən] *m (Gebäude)* shed
schüren ['ʃyːrən] *v 1. (das Feuer ~)* poke; *2. (fig: einen Streit ~)* fan, instigate
schürfen ['ʃyrfən] *v 1. MIN* prospect; *2. (fig)* dig; *3. (etw ~) MIN* mine; *4. sich ~* graze o.s.; *sich am Knie ~* skin one's knee
Schürfwunde ['ʃyrfvundə] *f* abrasion, skin wound, skinning
Schurke ['ʃurkə] *m* scoundrel, rogue
Schurwolle ['ʃuːrvɔlə] *f* virgin wool
Schürze ['ʃyrtsə] *f* apron
Schürzenjäger ['ʃyrtsənjɛːgər] *m (fam)* skirt-chaser, womanizer, philanderer
Schuss [ʃus] *m* shot; *weitab vom ~* at the back of beyond, in the middle of nowhere; *ein ~ in den Ofen sein* to be a complete waste of time; *ein ~ ins Schwarze* a bullseye; *etw in ~ bringen* knock sth into shape; *einen ~ haben* to be crackers
schussbereit ['ʃusbəraɪt] *adj* ready to fire
Schüssel ['ʃysəl] *f* bowl, dish
schusselig ['ʃusəlɪç] *adj (zerstreut)* scatter-brained
Schuster ['ʃuːstər] *m* shoemaker, cobbler; *auf ~s Rappen* on foot, on shank's pony
Schutt [ʃut] *m 1.* rubbish, refuse, trash; *2. (Trümmer)* rubble, debris
Schüttelfrost ['ʃytəlfrɔst] *m MED* chills *pl,* shivering attack
schütteln ['ʃytəln] *v* shake
schütten ['ʃytən] *v* pour
Schutthalde ['ʃuthaldə] *f* rubbish dump
Schutz [ʃuts] *m* protection, defence; *jdn in ~ nehmen* stand up for s.o.
schutzbedürftig ['ʃutsbədyrftɪç] *adj* in need of protection
Schutzblech ['ʃutsblɛç] *n (eines Autos)* mud-guard, fender *(US)*
Schutzbrille ['ʃutsbrɪlə] *f* protective goggles
Schütze ['ʃytsə] *m 1.* gunman, shooter; *2. (Tierkreiszeichen)* Sagittarius
schützen ['ʃytsən] *v* protect, defend
Schutzengel ['ʃutsɛŋəl] *m* guardian angel
Schützenhilfe ['ʃytsənhɪlfə] *f jdm ~ leisten* back s.o. up, support s.o.
Schützling ['ʃytslɪŋ] *m* protégé, charge
schutzlos ['ʃutsloːs] *adj* defenceless, unprotected, helpless
Schutzpatron ['ʃutspatroːn] *m REL* patron saint
schwach [ʃvax] *adj* weak, feeble, frail
Schwäche ['ʃvɛçə] *f* weakness, feebleness, faintness
schwachköpfig ['ʃvaxkœpfɪç] *adj* stupid, idiotic
schwächlich ['ʃvɛçlɪç] *adj* frail, feeble, sickly
Schwächling ['ʃvɛçlɪŋ] *m* weakling
Schwachsinn ['ʃvaxzɪn] *m 1. (fig)* rubbish *(UK),* nonsense, idiocy; *2. MED* feeble-mindedness
Schwachstelle ['ʃvaxʃtɛlə] *f* weak spot, weak point
Schwager/Schwägerin ['ʃvaːgər/ʃvɛːgərɪn] *m/f* brother-in-law/sister-in-law
Schwalbe ['ʃvalbə] *f ZOOL* swallow
Schwall [ʃval] *m* flood, surge
Schwamm [ʃvam] *m* sponge; *~ drüber!* Forget it!

S

schwammig ['ʃvamɪç] *adj 1. (schwammartig)* spongy; *2. (vom Schwamm befallen)* mildewed; *3. (aufgedunsen)* puffy, bloated; *4. (vage)* fuzzy, woolly
Schwan [ʃvaːn] *m ZOOL* swan; *Mein lieber ~!* My goodness!
schwanger ['ʃvaŋər] *adj* pregnant
schwängern ['ʃvɛŋərn] *v (fam) jdn ~* get s.o. pregnant
schwanken ['ʃvaŋkən] *v 1. (taumeln)* sway, waver, stagger; *2. (abweichen)* fluctuate; *3. (fig: zaudern)* hesitate, waver, falter
Schwankung ['ʃvaŋkuŋ] *f (Abweichung)* fluctuation, variation
Schwanz [ʃvants] *m 1.* tail; *kein ~ (fam)* not a soul; *jdn auf den ~ treten* step on s.o.'s toes; *den ~ einziehen* put one's tail between one's legs; *2. (fam: Penis)* penis
schwänzeln ['ʃvɛntsəln] *v 1.* wag its tail; *2. (fig: tänzelnd gehen)* sashay
schwänzen ['ʃvɛntsən] *v (fam)* cut school, play truant, *(fam)* play hooky *(US)*
Schwanzflosse ['ʃvantsflɔsə] *f ZOOL* tail fin, caudal fin
schwären ['ʃvɛːrən] *v 1. (Wunde) MED* fester; *2. (fig: Konflikt)* rankle, smoulder, simmer
Schwarm [ʃvarm] *m 1. (Menschenschwarm)* crowd; *2. (Vogelschwarm)* flock; *3. (Bienenschwarm)* swarm; *4. (Fischschwarm)* shoal, school; *5. (fig: Angebeteter)* idol, hero
schwärmen ['ʃvɛrmən] *v (fig) für jdn ~* adore s.o., worship s.o., to be smitten with s.o.
Schwärmer ['ʃvɛrmər] *m 1. (Begeisterter)* enthusiast; *2. (Träumer)* dreamer; *3. (Feuerwerkskörper)* jumping jack; *4. (Nachtfalter) ZOOL* hawk-moth
schwärmerisch ['ʃvɛrmərɪʃ] *adj* enthusiastic, enraptured, infatuated
Schwarte ['ʃvartə] *f 1. (Haut)* skin; *2. (Buch)* old tome; *3. (Speckschwarte)* rind of bacon

S

schwarz [ʃvarts] *adj* black; *~ auf weiß* in black and white; *sich ~ ärgern* to be fuming mad; *~ sehen (fig)* to be pessimistic; *Du kannst warten, bis du ~ wirst!* You can wait until the cows come home!

Schwarzarbeit ['ʃvartsarbaɪt] *f* illicit work, *(fam)* moonlighting
Schwarze(r) ['ʃvartsə(r)] *m/f* black person
Schwarzfahrer ['ʃvartsfaːrər] *m* fare dodger, s.o. who rides without paying
schwatzen ['ʃvatsən] *v 1. (klatschen)* gossip; *2. (plaudern)* chat; *3. (plappern)* prattle
schwatzhaft ['ʃvatshaft] *adj* talkative, gabby
schweben ['ʃveːbən] *v 1.* to be suspended, hang, hover; *2. (fig)* glide, sail, to be floating
Schweigeminute ['ʃvaɪgəminuːtə] *f* moment of silence
schweigen ['ʃvaɪgən] *v irr* to be silent, keep silent; *ganz zu ~ von ...* to say nothing of ...; *~ wie ein Grab* keep really quiet
Schweigepflicht ['ʃvaɪgəpflɪçt] *f* confidentiality
Schwein [ʃvaɪn] *n 1. ZOOL* pig, swine; *kein ~ (fig)* not a soul; *2. (Fleisch) GAST* pork; *3. (fig: Glück)* luck
Schweinerei [ʃvaɪnə'raɪ] *f 1.* mess, filth; *2. (Zote)* obscenity; *3. (Gemeinheit)* vile deed
Schweinestall ['ʃvaɪnəʃtal] *m* pigsty
Schweiß [ʃvaɪs] *m* sweat, perspiration; *im ~e meines Angesichts* by the sweat of my brow
schwelgen ['ʃvɛlgən] *v ~ in* revel in, wallow in
Schwelgerei [ʃvɛlgə'raɪ] *f 1.* high living; *2. (Schlemmerei)* feasting
Schwelle ['ʃvɛlə] *f 1. (Eisenbahnschwelle)* sleeper; *2. (Übergang)* threshold
schwellen ['ʃvɛlən] *v irr* swell
Schwellung ['ʃvɛluŋ] *f MED* swelling
schwenkbar ['ʃvɛŋkbaːr] *adj* swivel, swivelling, traversable, trainable
schwenken ['ʃvɛŋkən] *v 1.* swing, *(Hut)* wave; *2. CINE* pan

schwer [ʃveːr] *adj 1.* heavy; *2. (schwierig)* difficult, hard, tough; *~ verständlich* hard to understand; *3. (ernst)* grave, serious, severe; *~e Verluste* heavy losses; *~ wiegend* serious, grave; *adv 4. (schwierig)* with difficulty; *~ erziehbar* difficult; *es jdm ~ machen* make sth difficult for s.o.; *~ verdaulich* indigestible, difficult to digest, hard to digest; *5. (mühsam)* with great effort

Schwerarbeit ['ʃveːrarbaɪt] *f* heavy work, heavy labour
Schwerbehinderte(r) ['ʃveːrbəhɪndərtə(r)] *m/f* handicapped person
Schwere ['ʃveːrə] *f (fig)* seriousness
schwerelos ['ʃveːrəloːs] *adj* weightless
Schwerfälligkeit ['ʃveːrfɛlɪçkaɪt] *f* ponderousness, cumbersomeness, clumsiness, heaviness, dullness
schwerhörig ['ʃveːrhøːrɪç] *adj MED* hard of hearing
Schwerhörigkeit ['ʃveːrhøːrɪçkaɪt] *f* impaired hearing
Schwermut ['ʃveːrmuːt] *f* melancholy

Schwerpunkt ['ʃveːrpuŋkt] *m* 1. *(Nachdruck)* emphasis, focus; 2. centre of gravity; 3. *(fig: Zentrum)* focal point
Schwert ['ʃveːrt] *n* sword
Schwester ['ʃvɛstər] *f* 1. sister; 2. *(Krankenschwester)* nurse
schwesterlich ['ʃvɛstərliç] *adj* sisterly
Schwiegereltern ['ʃviːgərɛltərn] *pl* in-laws *(fam)*, parents-in-law
Schwiegermutter ['ʃviːgərmutər] *f* mother-in-law
Schwiegersohn ['ʃviːgərzoːn] *m* son-in-law
Schwiegertochter ['ʃviːgərtɔxtər] *f* daughter-in-law
Schwiegervater ['ʃviːgərfaːtər] *m* father-in-law
Schwiele ['ʃviːlə] *f ANAT* callus
schwierig ['ʃviːrɪç] *adj* difficult, hard, tough, complicated
Schwierigkeit ['ʃviːrɪçkaɪt] *f* difficulty
Schwimmbad ['ʃvɪmbaːt] *n* swimming pool
schwimmen ['ʃvɪmən] *v irr* 1. swim; 2. *(Sachen)* float, drift
Schwimmweste ['ʃvɪmvɛstə] *f* life jacket, life vest
Schwindel ['ʃvɪndəl] *m* 1. *(Betrug)* swindle, fraud, cheat; 2. *MED* dizziness, vertigo; 3. *~ erregend* causing dizziness
Schwindelanfall ['ʃvɪndəlanfal] *m* dizzy spell
schwindeln ['ʃvɪndəln] *v* 1. *(lügen)* lie, fib; 2. *(betrügen)* cheat, swindle
schwinden ['ʃvɪndən] *v irr* 1. dwindle; 2. *(schrumpfen)* shrink; 3. *(ganz vergehen)* disappear, fade away
Schwindler ['ʃvɪndlər] *m* swindler, con man; liar
schwindlig ['ʃvɪndlɪç] *adj* dizzy, giddy
schwingen ['ʃvɪŋən] *v irr* 1. swing; 2. *(vibrieren)* vibrate
Schwingtür ['ʃvɪŋtyːr] *f* swinging door
Schwingung ['ʃvɪŋuŋ] *f PHYS* vibration, oscillation, pulsation
Schwips ['ʃvɪps] *m* tipsiness; *einen ~ haben* feel tipsy
schwirren ['ʃvɪrən] *v* 1. whir, hum; 2. *(Mücken)* buzz
schwitzen ['ʃvɪtsən] *v* sweat, perspire
schwören ['ʃvøːrən] *v irr* 1. swear; 2. *JUR* take the bath
schwul [ʃvuːl] *adj (fam)* gay
schwül [ʃvyːl] *adj* 1. sultry, close, stifling; 2. *(heiß)* sweltering
schwülstig ['ʃvylstɪç] *adj* bombastic, pompous
Schwund [ʃvunt] *m* 1. dwindling, fading, decrease; 2. *(Schrumpfen)* shrinkage
Schwung [ʃvuŋ] *m* 1. sweep, swing; *etw in ~ bringen* get sth going; *in ~ kommen* get going; *in ~ sein* to be in full swing; 2. *(fig: Tatkraft)* impetus, verve, élan
schwunghaft ['ʃvuŋhaft] *adj* flourishing, brisk, roaring
schwungvoll ['ʃvuŋfɔl] *adj* 1. energetic, spirited, full of enthusiasm; *adv* 2. energetically, enthusiastically
Schwur [ʃvuːr] *m* oath
Schwurgericht ['ʃvuːrgərɪçt] *n JUR* jury
Sechziger ['zɛçtsɪgər] *pl* 1. *in den ~n sein Mensch*; to be in one's sixties; 2. *die ~ (Jahrzehnt)* the Sixties

See [zeː] *m* 1. lake; *f* 2. sea, ocean

Seefahrt ['zeːfaːrt] *f* navigation at sea
seefest ['zeːfɛst] *adj* 1. seaworthy; 2. *(Mensch)* not subject to seasickness
Seefracht ['zeːfraçt] *f* sea freight
Seegang ['zeːgaŋ] *m NAUT* seas *pl*
seekrank ['zeːkraŋk] *adj* seasick
Seelachs ['zeːlaks] *m ZOOL* pollack
Seele ['zeːlə] *f* soul; *sich etwas von der ~ reden* get sth off one's chest; *sich die ~ aus dem Leib reden* talk one's head off; *jdm auf der ~ brennen* weigh heavily on one's mind; *jdm aus der ~ sprechen* take the words out of s.o's mouth; *eine ~ von einem Menschen* a good soul
Seelenruhe ['zeːlənruːə] *f* peace of mind, composure
seelisch ['zeːlɪʃ] *adj* psychic, spiritual, mental
Seemann ['zeːman] *m* seaman, sailor
seemännisch ['zeːmɛnɪʃ] *adj* seamanlike, seaman's
Seemannsgarn ['zeːmansgarn] *n* sailor's yarn
Seemeile ['zeːmaɪlə] *f NAUT* nautical mile
Seereise ['zeːraɪzə] *f* sea voyage, ocean voyage, sea cruise
Seerose ['zeːroːzə] *f BOT* water lily
Seeschlange ['zeːʃlaŋə] *f* 1. *(Fabeltier)* sea serpent; 2. *ZOOL* sea snake
Seestern ['zeːʃtɛrn] *m ZOOL* starfish
seetüchtig ['zeːtyçtɪç] *adj* seaworthy
Seezunge ['zeːtsuŋə] *f GAST* sole
Segel ['zeːgəl] *n* sail; *mit vollen ~n* full speed-ahead

S

Segelboot ['ze:gəlbo:t] *n* sailing-boat, sailboat *(US)*
Segelflug ['ze:gəlflu:k] *m* glider flight, gliding
Segelflugzeug ['ze:gəlflu:ktsɔyk] *n* glider
segeln ['ze:gəln] *v* sail
Segeltuch ['ze:gəltux] *n* canvas
Segen ['ze:gən] *m* blessing; *jds ~ haben* have s.o.'s blessing
Segler ['ze:glər] *m 1.* sailor, yachtsman; *2. (Segelboot)* sailing-boat, sailboat *(US); 3. (Segelflugzeug)* glider; *4. (Vogel) ZOOL* swift, black martin
segnen ['ze:gnən] *v* bless; *das Zeitliche ~ (fig)* breathe one's last
sehbehindert ['ze:bəhɪndərt] *adj* vision-impaired
sehen ['ze:ən] *v irr 1.* see; *Wir ~ uns nächste Woche.* I'll see you next week. *sich ~ lassen können (fig)* to be respectable; *etw nicht mehr ~ können* to be sick of sth; *2. (hin~)* look
Sehen ['ze:ən] *n jdn vom ~ kennen* know s.o. by sight
sehenswert ['ze:ənsve:rt] *adj* worth seeing, remarkable
Seher ['ze:ər] *m* seer
Sehkraft ['ze:kraft] *f* eyesight, vision
Sehne ['ze:nə] *f ANAT* tendon, sinew
sehnen ['ze:nən] *v sich ~ nach* long for, yearn for, hunger for
Sehnerv ['ze:nɛrf] *m ANAT* optic nerve
sehnlich ['ze:nliç] *adj 1.* longing; *2. (glühend)* ardent
Sehnsucht ['ze:nzuçt] *f* yearning, intense longing, desire

sehr [ze:r] *adv* very, very much, a lot; *Es macht ~ viel Spaß.* It's a lot of fun. *zu ~* too much

Sehschwäche ['ze:ʃvɛçə] *f* vision impairment, reduced vision
seicht [zaɪçt] *adj* shallow
Seide ['zaɪdə] *f* silk
seidig ['zaɪdiç] *adj* silky
Seife ['zaɪfə] *f* soap
Seil [zaɪl] *n* rope, cable; *auf dem ~ tanzen* to be walking a tightrope
Seilbahn ['zaɪlba:n] *f* cable railway
Seilschaft ['zaɪlʃaft] *f 1. (beim Bergsteigen) SPORT* rope; *2. (fig) POL* old-boy network
Seilspringen ['zaɪlʃprɪŋən] *n* jumping rope, rope-skipping
Seiltänzer ['zaɪltɛntsər] *m* tightrope walker, high-wire performer

sein[1] [zaɪn] *v irr* to be, *(bestehen)* exist; *wenn das nicht wäre* were it not for that; *etw ~ lassen* leave sth alone; *Wie dem auch sei* ...Be that as it may ...; *es sei denn, dass ...* unless ...; *Mir ist, als ob ...* I have a feeling that ...; *Mir ist nicht danach.* I don't feel like it. *Sei doch nicht so!* Don't be difficult!

sein[2] [zaɪn] *pron 1.* his; *2. (einer Sache)* its; *3. (eines Mädchens)* her
Sein [zaɪn] *n* existence, being
seinerseits ['zaɪnərzaɪts] *pron* on his part, for his part
seinesgleichen [zaɪnəs'glaɪçən] *pron* his kind, his like; *Er sucht ~.* He has no equal.
seinetwegen [zaɪnət've:gən] *adv* because of him, for his sake, on his account

seit [zaɪt] *prep 1. (Zeitpunkt)* since; *~ 1996* since 1996; *2. (während)* for; *Ich bin ~ elf Monaten hier.* I have been here for eleven months. *konj 3.* since

seitdem [zaɪt'de:m] *konj 1.* since; *adv 2.* since then, since that time, ever since

Seite ['zaɪtə] *f 1.* side; *etw auf die ~ gelegt haben* have sth saved up for a rainy day; *jdm nicht von der ~ weichen* not move from s.o.'s side; *auf jds ~ stehen* to be on s.o.'s side; *sich von seiner besten ~ zeigen* put one's best foot forward; *jdm zur ~ stehen* stand by s.o.; *etw von der leichten ~ nehmen* not take sth seriously; *2. (Buchseite)* page; *3. (fig: Aspekt)* side, aspect, facet

seitenlang ['zaɪtənlaŋ] *adj* several pages long, covering pages
seitenverkehrt ['zaɪtənfɛrke:rt] *adj* the wrong way around
Seitenwind ['zaɪtənvɪnd] *m* crosswind
seither ['zaɪthɛ:r] *adv since, since then*
seitlich ['zaɪtlɪç] *adj 1.* side, lateral; *adv 2.* sideways, laterally
seitwärts ['zaɪtwɛ:rts] *adv* side
Sekretär [zekre'tɛ:r] *m 1. (Person)* secretary; *2. (Schreibtisch)* desk, writing table
Sekretärin [zekre'tɛ:rɪn] *f* secretary
Sekretariat [zekreta'rja:t] *n* secretary's office, secretariat *(UK)*
Sekt [zɛkt] *m* sparkling wine, champagne
Sekte ['zɛktə] *f REL* sect
Sektor ['zɛktɔr] *m* sector, branch
sekundär [zekun'dɛ:r] *adj* secondary

sekundenlang [ze'kundənlaŋ] *adj 1. (eine Sekunde lang)* one-second; *2. (mehrere Sekunden lang)* for a few seconds, for several seconds
Sekundenzeiger [ze'kundəntsaɪgər] *m* second hand
selbst [zɛlpst] *pron 1. sie ~* she herself; *ich ~* I myself; *Sie ~ (pl)* you yourselves; *2. (ohne fremde Hilfe)* by o.s.; *Das mache ich lieber ~.* I'd rather do it myself. *von ~* by itself, *(Mensch)* by o.s.; *adv 3.* even; *~ wenn* even if
Selbstachtung ['zɛlpstaxtuŋ] *f* self-respect, self-esteem
Selbstständige(r) ['zɛlpʃtɛndɪgə(r)] *m/f ECO* self-employed person
Selbstständigkeit ['zɛlpʃtɛndɪçkaɪt] *f* independence
Selbstauslöser ['zɛlpstausløːzər] *m FOTO* delayed action, automatic shutter, self-timer
Selbstbeherrschung ['zɛlpstbəhɛrʃuŋ] *f* self-control, self-restraint
Selbstbestimmung ['zɛlpstbəʃtɪmuŋ] *f* self-determination, autonomy
Selbstbeteiligung ['zɛlpstbətaɪlɪguŋ] *f* deductible, copayment *(US)*
Selbstbetrug ['zɛlpstbətruːk] *m* self-deception
selbstbewusst ['zɛlpstbəvust] *adj* self-confident, self-assured
Selbsterfahrung ['zɛlpstɛrfaːruŋ] *f* self-discovery
Selbsterhaltungstrieb ['zɛlpstɛrhaltuŋstriːp] *m* instinct of self-preservation
Selbsterkenntnis ['zɛlpstɛrkɛntnɪs] *f 1.* self-knowledge, knowledge of one's limitations; *2. MED* autognosis
Selbsterniedrigung ['zɛlpstɛrniːdrɪguŋ] *f* self-abasement
selbstgefällig ['zɛlpstgəfɛlɪç] *adj* self-satisfied, complacent, smug
selbstgenügsam ['zɛlpstgənyːkzaːm] *adj* self-sufficient
selbstgerecht ['zɛlpstgərɛçt] *adj* self-righteous
Selbstgespräch ['zɛlpstgəʃprɛːç] *n* monologue; *~ e führen* talk to o.s.
selbstherrlich ['zɛlpsthɛrlɪç] *adj* autocratic
Selbsthilfe ['zɛlpsthɪlfə] *f* self-help
Selbstjustiz ['zɛlpstjustiːts] *f* vigilantism, taking the law into one's own hands
selbstklebend ['zɛlpstkleːbənt] *adj* self-adhesive
Selbstkritik ['zɛlpstkritiːk] *f* self-criticism
selbstlos ['zɛlpstloːs] *adj 1.* selfless, unselfish, altruistic; *adv 2.* selflessly, unselfishly, altruistically
Selbstmitleid ['zɛlpstmɪtlaɪt] *n* self-pity
Selbstmord ['zɛlpstmɔrt] *m* suicide; *~ begehen* commit suicide
Selbstporträt ['zɛlpstpɔrtrɛː] *n* self-portrait
selbstredend ['zɛlpstreːdənt] *adv* naturally, of course
Selbstschutz ['zɛlpstʃuts] *m* self-defence
selbstsicher ['zɛlpstzɪçər] *adj* self-confident, self-assured
selbsttätig ['zɛlpsttɛːtɪç] *adj 1.* automatic; *2. (eigenständig)* independent
Selbsttäuschung ['zɛlpsttɔyʃuŋ] *f* self-delusion
Selbstüberschätzung ['zɛlpstyːbərʃɛtsuŋ] *f* delusions of grandeur, exaggerated opinion of o.s.
Selbstüberwindung ['zɛlpstyːbərvɪnduŋ] *f* feat of willpower
selbstvergessen ['zɛlpstfɛrgəsən] *adj* absent-minded
selbstverständlich ['zɛlpstfɛrʃtɛntlɪç] *adj 1.* self-evident, obvious; *adv 2.* of course, naturally
Selbstverteidigung ['zɛlpstfɛrtaɪdɪguŋ] *f* self-defence
Selbstvertrauen ['zɛlpstfɛrtrauən] *n* self-confidence, self-assuredness
Selbstverwaltung ['zɛlpstfɛrvaltuŋ] *f POL* self-government
Selbstverwirklichung ['zɛlpstfɛrvɪrklɪçuŋ] *f* self-realization, self-fulfilment
selbstzufrieden ['zɛlpsttsufriːdən] *adj* self-satisfied
Selbstzweck ['zɛlpsttsvɛk] *m* end in itself; *als ~* for its own sake
selig ['zeːlɪç] *adj 1.* blissful, happy; *2. REL* blessed; *~ sprechen* beatify
Seligkeit ['zeːlɪçkaɪt] *f 1.* bliss, blissfulness, happiness; *2. REL* salvation, eternal bliss, beatitude

selten ['zɛltən] *adj 1.* rare; *adv 2.* rarely, seldom

Seltenheit ['zɛltənhaɪt] *f* rarity, rareness; *Das ist keine ~.* That's not uncommon.
seltsam ['zɛltzaːm] *adj* strange, odd, peculiar
seltsamerweise [zɛltzaːmər'vaɪzə] *adv* strangely, oddly
Semester [ze'mɛstər] *n* semester, term
Seminararbeit [zemi'naːrarbaɪt] *f* term paper

S

Senat [ze'naːt] *m POL* senate
Sendebereich ['zɛndəbəraɪç] *m (Radio/TV)* transmitter range, listening area/viewing area
Sendegebiet ['zɛndəgəbiːt] *n* transmission area
senden ['zɛndən] *v irr 1. (Brief)* send; *2. (Radio/TV)* transmit, broadcast
Sender ['zɛndər] *m 1. (Radio/TV)* station, channel, programme; *2. (Gerät zum Senden)* transmitter
Sendereihe ['zɛndəraɪə] *f (Radio/TV)* series
Sendeschluss ['zɛndəʃlus] *m* sign-off time
Sendung ['zɛnduŋ] *f 1. (Versand)* shipment, consignment; *2. (eines Programms)* broadcasting; *3. (Programm)* programme
Senf [zɛnf] *m* mustard; *seinen ~ dazugeben* stick an oar in, put in one's two cents' worth *(US)*
sengen ['zɛŋən] *v 1.* scorch; *2. (etw ~)* singe, scorch
senil [ze'niːl] *adj* senile
Senilität [zenili'tɛːt] *f* senility
Seniorenheim [zen'joːrənhaɪm] *n* senior citizens' home
Senke ['zɛŋkə] *f* depression, hollow
senken ['zɛŋkən] *v 1.* lower, let down; *2. (den Kopf)* bow
Senkfuß ['zɛŋkfuːs] *m MED* fallen arch
Senkgrube ['zɛŋkgruːbə] *f* cesspool
senkrecht ['zɛŋkrɛçt] *adj 1.* vertical; *2. MATH* perpendicular
Senkrechtstarter ['zɛŋkrɛçtʃtartər] *m 1. (Flugzeug)* vertical take-off aircraft; *2. (fig)* person on the fast track
Senkung ['zɛŋkuŋ] *f* sinking, lowering
sensationell [zɛnzatsjo'nɛl] *adj* sensational
Sensationsmeldung [zenza'tsjoːnsmɛlduŋ] *f* sensational account
Sensationspresse [zɛnza'tsjoːnsprɛsə] *f* yellow press, tabloid press
sensibel [zɛn'ziːbəl] *adj* sensitive
Sensibilität [zɛnzibili'tɛːt] *f* sensitivity
Sentimentalität [zɛntimɛntali'tɛːt] *f* sentimentality
separat [zepa'raːt] *adj 1.* separate; *adv 2.* separately
Separatismus [zepara'tɪsmus] *m POL* separatism
separatistisch [zepara'tɪstɪʃ] *adj POL* separatist, breakaway
Separee [zeːpa'reː] *n 1. (Nische)* private booth; *2. (Zimmer)* private room
September [zɛp'tɛmbər] *m* September
Sequenz [ze'kvɛnts] *f* sequence
Serie ['zeːrjə] *f* series
seriell [zeː'rjɛl] *adj INFORM* serial
Serienanfertigung ['zeːrjənanfɛrtɪguŋ] *f ECO* serial production
serienmäßig ['zeːrjənmɛːsɪç] *adj 1.* serial; *adv 2.* in series
Serienproduktion ['zeːrjənprɔduktsjoːn] *f* mass production
serienreif ['zeːrjənraɪf] *adj* ready for series production, ready for multiple production
seriös [zeː'rjøːs] *adj 1.* serious; *2. (anständig)* respectable; *3. (Firma)* reliable
Service ['zœrvɪs] *m 1. (Kundendienst)* service; [zɛːr'viːs] *n 2. (Geschirr)* service, set
Servicenetz ['zœrvɪsnɛts] *n* service network
servieren [zɛr'viːrən] *v 1.* serve; *2. (aufwarten)* wait on
Servierwagen [zɛr'viːrvaːgən] *m* cart
Serviette [zɛr'vjɛtə] *f* napkin
Servolenkung ['zɛrvoleŋkuŋ] *f* power steering
Sessel ['zɛsəl] *m* armchair
Sessellehne ['zɛsəlleːnə] *f 1. (Rückenlehne)* chair back; *2. (Armlehne)* armrest
Sessellift ['zɛsəllɪft] *m* chair-lift
sesshaft ['zɛshaft] *adj* settled, established, sedentary

setzen ['zɛtsən] *v 1.* put, place; *sich eine Mütze auf den Kopf ~* put on a hat; *seine Hoffnung auf etw ~* place one's hopes on sth; *Gleich setzt es was!* You'll get a good hiding in a minute! *2. (festlegen)* set; *3. (wetten) auf etw ~* bet on sth; *4. (Text)* typeset, compose; *5. sich ~* sit down, take a seat, to be seated

Setzer ['zɛtsər] *m* typesetter, compositor
Setzerei [zɛtsə'raɪ] *f* composing room
Setzling ['zɛtslɪŋ] *m BOT* seedling, sapling
Seuche ['zɔyçə] *f MED* epidemic
seufzen ['zɔyftsən] *v 1.* sigh; *2. (stöhnen)* groan
Seufzer ['zɔyftsər] *m* sigh, moan, groan
sexistisch [zɛ'ksɪstɪʃ] *adj* sexist
Sextourismus ['zɛkstuːrɪsmus] *m* sex tourism
Sexualität [zeksuali'tɛːt] *f* sexuality
Sexualverbrechen [zɛksu'aːlfɛrbrɛçən] *n* sex crime, sexual offence
sexuell [zɛksu'ɛl] *adj 1.* sexual; *adv 2.* sexually
sezieren [ze'tsiːrən] *v MED* dissect

sich [zɪç] *pron 1.* oneself/himself/herself/itself/yourself/yourselves/themselves; *zu ~ kommen* regain consciousness; *Das ist eine Sache für ~.* That's another story. *2. (einander)* each other; *Sie kennen ~ seit Jahren.* They've known each other for years.
Sichel ['zɪçəl] *f 1.* sickle; *2. (Mondsichel)* crescent
sicher ['zɪçər] *adj 1.* certain, sure; *Das ist ~.* That's for certain. *2. (gefahrlos)* safe, secure; *adv 3. (zweifellos)* certainly; *4. (gefahrlos)* safely, securely
sichergehen ['zɪçərgeːən] *v irr* make sure, to be on the safe side
Sicherheit ['zɪçərhaɪt] *f 1. (Gewissheit)* certainty; *mit ~* certainly; *2. (Schutz)* safety, security; *sich in ~ wiegen* have a (false) sense of security; *3. (Gewähr) ECO* collateral, security
Sicherheitsbindung ['zɪçərhaɪtsbɪnduŋ] *f (am Ski)* safety binding
Sicherheitsglas ['zɪçərhaɪtsglaːs] *n* safety glass
Sicherheitsgründe ['zɪçərhaɪtsgryndə] *pl* safety reasons; *aus ~n* for reasons of safety
Sicherheitsgurt ['zɪçərhaɪtsgurt] *m* safety belt, seat belt
sicherheitshalber ['zɪçərhaɪtshalbər] *adv* to be on the safe side, as a precaution
Sicherheitskopie ['zɪçərhaɪtskopiː] *f INFORM* backup copy
sicherlich ['zɪçərlɪç] *adv* surely, certainly
sichern ['zɪçərn] *v* secure, guarantee
sicherstellen ['zɪçərʃtɛlən] *v 1. (sichern)* secure, safeguard; *2. (garantieren)* ensure; *3. (beschlagnahmen)* confiscate, seize
Sicherung ['zɪçəruŋ] *f 1. (Sichern)* securing, safeguarding; *2. (Schmelzsicherung) TECH* fuse, cut-out; *Bei ihm ist die ~ durchgebrannt.* He blew a fuse. *3. (Vorrichtung) TECH* safety device; *4. (an einer Schusswaffe)* safety catch
Sicherungskasten ['zɪçəruŋskastən] *m* fuse box
Sicht [zɪçt] *f* sight, *(Sehweite)* range of vision; *auf lange ~* in the long run
sichtbar ['zɪçtbaːr] *adj 1.* visible; *2. (offenbar)* evident
sichten ['zɪçtən] *v 1. (erblicken)* see; *2. (prüfen)* inspect, review
sichtlich ['zɪçtlɪç] *adj* visible, obvious, evident
Sichtung ['zɪçtuŋ] *f 1. (Erblicken)* sighting; *2. (Überprüfung)* inspection, review
Sichtvermerk ['zɪçtfɛrmɛrk] *m* indication that one has looked over a document
sickern ['zɪkərn] *v* seep, ooze, leak

sie [ziː] *pron 1. (feminin)* she; *(Akkusativ)* her; *2. (Sache)* it; *3. (Plural)* they; *(Akkusativ Plural)* them

Sie [ziː] *pron 1. (Singular)* you; *2. (Plural)* you
Sieb ['ziːp] *n* sieve, strainer; *ein Gedächtnis wie ein ~ (fig)* a memory like a sieve
sieben[1] ['ziːbən] *v* sift, strain, screen
sieben[2] ['ziːbən] *num* seven
Siebenschläfer ['ziːbənʃlɛːfər] *m 1. (Tag)* June 27th (day that, if rainy, means seven weeks of rain); *2. ZOOL* dormouse
siechen ['ziːçən] *v* waste away, languish, vegetate
siedeln ['ziːdəln] *v* settle
sieden ['ziːdən] *v irr* boil, simmer
Siedepunkt ['ziːdəpuŋkt] *m* boiling point
Siedlung ['ziːdluŋ] *f* settlement, colony

Sieg [ziːk] *m* victory, win

Siegel ['ziːgəl] *n* seal
siegen ['ziːgən] *v* win
Sieger ['ziːgər] *m* winner
siegessicher ['ziːgəszɪçər] *adj* confident of victory
Siegestreffer ['ziːgəstrɛfər] *m SPORT* winning goal
sieglos ['ziːkloːs] *adj* winless
Siegprämie ['ziːkprɛːmjə] *f* bonus for winning, winner's bonus
siegreich ['ziːkraɪç] *adj* victorious, triumphant
siezen ['ziːtsən] *v jdn ~* call a person "Sie", use the formal form of address to s.o.
signalisieren [zɪgnali'ziːrən] *v* signal
signieren [zɪg'niːrən] *v* sign
Silbe ['zɪlbə] *f* syllable
Silbenrätsel ['zɪlbənrɛːtsəl] *n* word game based on syllables
Silber ['zɪlbər] *n* silver
Silberblick ['zɪlbərblɪk] *m (fam)* squint
silbern ['zɪlbərn] *adj* silver
simpel ['zɪmpəl] *adj* simple, plain
simplifizieren [zɪmplifi'tsiːrən] *v* simplify
Sims [zɪms] *n* ledge, shelf
Simulant [zimu'lant] *m* malingerer
simulieren [zimu'liːrən] *v* simulate, feign
simultan [zimul'taːn] *adj* simultaneous
Simultandolmetscher [zimul'taːndɔlmɛtʃər] *m* simultaneous interpreter
Sinfonie [zɪnfo'niː] *f MUS* symphony
Sinfonieorchester [zɪnfo'niːɔrkɛstər] *n MUS* symphony orchestra

Singapur ['zɪŋgapu:r] *n GEO* Singapore
Singdrossel ['zɪŋdrɔsəl] *f ZOOL* song thrush
singen ['zɪŋən] *v irr* sing
Single ['sɪŋgl] *f 1. (Tonträger)* single; *m 2. (alleinlebende Person)* single
Singsang ['zɪŋzaŋ] *m (Liedchen)* ditty
Singular ['zɪŋgula:r] *m GRAMM* singular
singulär [zɪŋgu'lɛ:r] *adj* singular
Singvogel ['zɪŋfo:gəl] *m ZOOL* songbird, singing bird
sinken ['zɪŋkən] *v irr 1.* sink, drop; *2. (Preise)* fall, drop, go down; *3. (Schiff) NAUT* sink; *4. (fig)* come down

Sinn [zɪn] *m 1. (Bedeutung)* sense, meaning, significance; *im übertragenen ~* in the figurative sense; *Das ergibt keinen ~.* That makes no sense. *2. (Zweck)* point, purpose; *3. (Empfinden)* sense; *der sechste ~* the sixth sense; *Er hat seine fünf ~e nicht mehr beisammen.* He's not all there. *nicht mehr Herr seiner ~e sein* have lost one's self-control; *Das geht mir nicht mehr aus dem ~.* I can't stop thinking about it. *Es kam mir in den ~.* It occurred to me. *Das ist nicht im ~e des Erfinders.* That's not quite what was intended. *Er benahm sich wie von ~en.* He behaved as if he were out of his mind. *Danach steht mir nicht der ~.* That's not what I'm after. *sich etw aus dem ~ schlagen* get sth out of one's mind; *etw im ~ haben* have sth in mind; *4. (Empfänglichkeit)* feeling, sense

sinnentleert ['zɪnɛntle:rt] *adj* deprived of meaning, hollow
sinnentstellend ['zɪnɛntʃtɛlənt] *adj ~ sein* distort the meaning
Sinnesänderung ['zɪnəsɛndəruŋ] *f* change of mind, change of heart *(fam)*
Sinnesart ['zɪnəsart] *f* disposition, way of thinking, mentality
Sinneseindruck ['zɪnəsaɪndruk] *m* sensation
Sinnesorgan ['zɪnəsɔrga:n] *n BIO* sensory organ
Sinnestäuschung ['zɪnəstɔyʃuŋ] *f* hallucination
sinngemäß ['zɪngəmɛ:s] *adv etw ~ wiedergeben* give the gist of sth
sinnieren [zi'ni:rən] *v* brood, ruminate
sinnig ['zɪnɪç] *adj* smart, clever, brilliant
sinnigerweise [zɪnɪgər'vaɪzə] *adv* aptly
sinnlich ['zɪnlɪç] *adj 1.* sensuous; *2. (erotisch)* sensual
Sinnlichkeit ['zɪnlɪçkaɪt] *f 1.* sensuousness; *2. (Erotik)* sensuality
sinnlos ['zɪnlo:s] *adj* senseless, pointless, futile
Sinnlosigkeit ['zɪnlo:zɪçkaɪt] *f* senselessness, pointlessness
sinnverwandt ['zɪnfɛrvant] *adj* synonymous
sinnvoll ['zɪnfɔl] *adj 1. (vernünftig)* sensible; *2. (Satz)* meaningful; *3. (nützlich)* useful
sinnwidrig ['zɪnvi:drɪç] *adj* absurd, preposterous
Sintflut ['zɪntflu:t] *f REL* deluge
sintflutartig ['zɪntflu:ta:rtɪç] *adj METEO* diluvial
Sippe ['zɪpə] *f* clan, tribe
Sippschaft ['zɪpʃaft] *f 1. (Verwandschaft)* relations *pl; 2. (Bande)* gang
Sirene [zi're:nə] *f* siren
Sitte ['zɪtə] *f 1. (Brauch)* custom, habit; *2. (Sittlichkeit)* morals *pl,* morality
Sittengemälde ['zɪtəngəmɛ:ldə] *n (fig)* portrayal of customs, slice of life
Sittenpolizei ['zɪtənpolitsaɪ] *f* vice squad
Sittenverfall ['zɪtənfɛrfal] *m* moral decay, degeneracy
sittenwidrig ['zɪtənvi:drɪç] *adj* unethical, immoral
sittlich ['zɪtlɪç] *adj* moral, ethical
Sittlichkeit ['zɪtlɪçkaɪt] *f* morality
Sittlichkeitsverbrecher ['zɪtlɪçkaɪtsfɛrbrɛçər] *m* sex criminal
sittsam ['zɪtza:m] *adj 1.* modest, demure, well-behaved; *adv 2.* modestly, demurely
Sitz [zɪts] *m 1. (Platz)* seat, chair, place to sit; *2. (Wohnsitz)* residence; *3. (Firmensitz) ECO* headquarters
Sitzblockade ['zɪtsblɔka:də] *f* sit-in

sitzen ['zɪtsən] *v irr 1.* sit, to be seated; *einen ~ haben* have had one drink too many; *2. (fam: im Gefängnis ~)* serve time, do time; *3. (Hieb)* to be on the mark, to be on target; *Das hat gesessen!* That hit home! *4. ~ bleiben (in der Schule)* fail a year at school, have to repeat a year, to be held back a year; *5. jdn ~ lassen* stand s.o. up; *(fig)* leave s.o. in the lurch; *eine Beleidigung nicht auf sich ~ lassen* not stand for an insult

Sitzfleisch ['zɪtsflaɪʃ] *n 1. ~ haben* to be able to sit still; *2. (Ausdauer haben)* have perseverance
Sitzgelegenheit ['zɪtsgəle:gənhaɪt] *f* seating

S

Sitzordnung ['zɪtsɔrdnuŋ] *f* seating arrangement
Sitzplatz ['zɪtsplats] *m* seat
Sitzstreik ['zɪtsʃtraɪk] *m* sit-down strike
Sitzung ['zɪtsuŋ] *f* session, meeting, sitting, conference
Skala ['ska:la] *f* scale
Skalpell [skal'pɛl] *n MED* scalpel
skalpieren [skal'pi:rən] *v* scalp
Skandal [skan'da:l] *m* scandal
skandalös [skanda'lø:s] *adj* scandalous, shocking
Skelett [ske'lɛt] *n ANAT* skeleton
Skepsis ['skɛpsɪs] *f* scepticism, skepticism *(US)*
Skeptiker ['skɛptɪkər] *m* sceptic, skeptic *(US)*
skeptisch ['skɛptɪʃ] *adj* sceptical, skeptical *(US)*
Ski [ʃi:] *m* ski; *~ fahren* ski
Skizze ['skɪtsə] *f 1. (Zeichnung)* sketch; *2. (Entwurf)* outline
skizzieren [skɪ'tsi:rən] *v 1.* sketch; *2. (Plan)* sketch out
Sklave ['skla:və] *m* slave
Sklavenhandel ['skla:vənhandəl] *m* slave trade
Sklavin ['skla:vɪn] *f* slave
Sklaverei [skla:və'raɪ] *f* slavery
sklavisch ['skla:vɪʃ] *adj* slavish
Skonto ['skɔnto] *n/m ECO* discount
Skorbut [skɔr'bu:t] *m MED* scurvy
Skorpion [skɔr'pjo:n] *m ZOOL* scorpion *n; 2. (Tierkreiszeichen)* Scorpio
Skrupel ['skru:pəl] *m* scruple
skrupellos ['skru:pəllo:s] *adj 1.* unscrupulous; *adv 2.* unscrupulously
Skrupellosigkeit ['skru:pəllo:zɪçkaɪt] *f* unscrupulousness
Skulptur [skulp'tu:r] *f ART* sculpture
skurril [sku'ri:l] *adj 1.* farcical, ludicrous, weird; *adv 2.* ludicrously, weirdly
Smaragd [sma'rakt] *m MIN* emerald
Smoking ['smo:kɪŋ] *m 1.* dinner-jacket, tuxedo *(US); 2. (auf Einladungen)* black tie
snobistisch [sno'bɪstɪʃ] *adj* snobbish
snowboarden ['snəʊbɔ:dən] *v SPORT* snowboard
so [zo:] *adv 1. (in dieser Weise)* so, like this, in this way; *und ~ weiter* etcetera; *~ oder ~* one way or another; *~ viel* so much, as much; *doppelt ~ viel* twice as much; *~ wie* as much as; *~ viel ich weiß* as far as I know; *~ weit* as far as; *Wir sind ~ weit.* We're ready. *Es ist wahrscheinlich besser ~.* It's probably better that way. *Sei doch nicht ~!* Don't be that way! *Weiter ~!* Keep it up! *Mir ist es ~, als ob ...* I feel as if ...; *Na ~ was!* Well, well! What do you know! Gosh! *nicht ~ ganz* not quite; *2. (dermaßen)* such, so, to such a degree; *So ein Quatsch!* What nonsense! *So ein Pech!* Rotten luck! *um ~ besser* so much the better; *~ ... wie* as ... as; *Es tut mir ~ leid!* I'm so sorry! *ein ~ großes Haus* such a large house; *Es hat ihm ~ gefallen, dass* ... He liked it so much that ...; *3. (ohnehin)* as it is; *4. (schätzungsweise)* about, around; *oder ~* or so; *~ in zwei Stunden* in about two hours; *5. (wie er sagt) ~ Schmidt* according to Schmidt; *konj 6. (folglich)* so, therefore, consequently; *~ dass* so that, such that; *7. (wenn)* if, provided that; *interj 8. (wirklich)* oh, really, is that so; *9. (abschließend)* well, right, now then; *10. ~ genannt* as it is called; so-called
sobald [zo'balt] *konj* as soon as, when; *~ du irgend kannst* as soon as you possibly can
Socke ['zɔkə] *f* sock; *sich auf die ~n machen* get a move on; *von den ~n sein* to be dumbfounded; *Mir qualmen schon die ~n!* My feet are all blisters!
Sodbrennen ['zo:tbrɛnən] *n* heartburn
soeben [zo'e:bən] *adv* just, just now
sofern [zo'fɛrn] *konj* if, provided that, in case
sofort [zo'fɔrt] *adv* immediately, at once, straight away
sofortig [zo'fɔrtɪç] *adj* immediate, prompt
Sofortmaßnahme [zo'fɔrtma:sna:mə] *f* immediate action, prompt measure
Sog [zo:k] *m* suction, undertow, wake
sogar [zo'ga:r] *adv* even
sogleich [zo'glaɪç] *adv* immediately, at once, straight away
Sohle ['zo:lə] *f 1. (Schuhsohle)* sole; *auf leisen ~n* stealthily; *eine kesse ~ aufs Parkett legen* tear up the dance floor *(fam)*; *sich an jds ~n heften* dog s.o.'s footsteps; *2. (Fußsohle) ANAT* sole (of the foot); *3. MIN* level, bottom

Sohn [zo:n] *m* son

Sohnemann ['zo:nəman] *m* son, sonny
solange [zo'laŋə] *konj* as long as, so long as
Solarauto [zo'la:rauto] *n* solar-power car
solche(r,s) ['zɔlçə(r,s)] *pron 1.* such; *adj 2.* such; *~ Menschen* such people, people like that
Sold [zɔlt] *m MIL* pay
Soldat [zɔl'da:t] *m* soldier

S

Soldatenfriedhof [zɔl'daːtənfriːthoːf] *m* military cemetery
soldatisch [zɔl'daːtɪʃ] *adj 1. (militärisch) MIL* military; *2. (einem Soldaten gemäß)* soldierly
Söldner ['zœldnər] *m* mercenary
Sole ['zoːlə] *f* brine, salt water
solidarisch [zoli'daːrɪʃ] *adj* solidly united; *sich mit jdm ~ fühlen* feel solidarity with s.o.
solidarisieren [zolidari'ziːrən] *v sich ~* express solidarity, demonstrate solidarity; *sich ~ mit* endorse, back, support
Solidarität [zolidari'tɛːt] *f* solidarity
Solidaritätszuschlag [zolidari'tɛːtstsuːʃlaːk] *m POL* tax benefitting economic recovery of the former East Germany
Solidarpakt [zoli'daːrpakt] *m POL* pact of solidarity (between East and West Germany)
solide [zo'liːdə] *adj 1.* solid, sturdy; *2. (Firma)* sound; *3. (anständig)* respectable; *adv 4.* solidly
Solidität [zolidi'tɛːt] *f 1. (Charakter)* respectability, wholesomeness; *2. (Bauweise)* solidity, sturdiness; *3. (Fundiertheit)* solidity, soundness
Solist [zo'lɪst] *m MUS* soloist
Soll [zɔl] *n FIN* debit

sollen ['zɔlən] *v irr 1.* should, to be to; *Sie sagte ihm, er solle nach Hause gehen.* She told him he was to go home. She told him he should go home. *Er hätte aufpassen ~.* He should have paid attention. *2. (bei Erwartung)* to be supposed to; *Was soll das?* What's the idea? *Was soll das heißen?* What's that supposed to mean? *3. (eigentlich ~)* ought to

Sollstärke ['zɔlʃtɛrkə] *f 1. ECO* full strength; *2. MIL* required strength
somit [zo'mɪt] *konj* consequently, therefore, so

S

Sommer ['zɔmər] *m* summer
sommerlich ['zɔmərlɪç] *adj* summery
Sommerloch ['zɔmərlɔx] *n (fam)* silly season *(UK)*, dog days *(US)*
Sommersprossen ['zɔmərʃprɔsən] *pl* freckles
Sommerzeit ['zɔmərtsaɪt] *f 1.* summertime; *2. (Zeitverschiebung während der Sommermonate)* daylight saving time
Sonate [zo'naːtə] *f MUS* sonata
Sonde ['zɔndə] *f TECH* probe
sonderbar ['zɔndərbaːr] *adj 1.* strange, peculiar, odd; *adv 2.* strangely, oddly, peculiarly
Sonderbeauftragte(r) ['zɔndərbəauftraːktə(r)] *m/f* special representative, special emissary
sonderlich ['zɔndərlɪç] *adj 1.* special; *adv 2.* particularly, especially
Sonderling ['zɔndərlɪŋ] *m* eccentric, freak, outsider
Sondermüll ['zɔndərmyl] *m* special (toxic) waste
sondern ['zɔndərn] *konj* but, but rather; *nicht nur ..., ~ auch ...* not only ... but also ...
Sonderrecht ['zɔndərrɛçt] *n* privilege
sondieren [zɔn'diːrən] *v 1.* study, probe; *2. NAUT* sound
Sondierung [zɔn'diːruŋ] *f* sounding
Sonnabend ['zɔnaːbənt] *m* Saturday
Sonne ['zɔnə] *f* sun
sonnen ['zɔnən] *v sich ~* sun o.s., sunbathe, bask in the sun
Sonnenanbeter ['zɔnənanbeːtər] *m* sun-worshipper
Sonnenaufgang ['zɔnənaufgaŋ] *m* sunrise
Sonnenbad ['zɔnənbaːt] *n* sunbathing; *ein ~ nehmen* sunbathe
Sonnenblume ['zɔnənbluːmə] *f BOT* sunflower
Sonnenbrand ['zɔnənbrant] *m* sunburn
Sonnenbräune ['zɔnənbrɔynə] *f* suntan
Sonnenbrille ['zɔnənbrɪlə] *f* sunglasses *pl*
Sonnencreme ['zɔnənkreːmə] *f* suntan lotion
sonnenklar ['zɔnənklaːr] *adj (fig)* clear as day, crystal-clear, obvious
Sonnenlicht ['zɔnənlɪçt] *n* sunlight
Sonnenöl ['zɔnənøːl] *n* suntan oil, tanning oil
Sonnenschein ['zɔnənʃaɪn] *m* sunshine
Sonnenschirm ['zɔnənʃɪrm] *m 1.* sunshade; *2. (für Damen)* parasol
Sonnenstich ['zɔnənʃtɪç] *m MED* sunstroke
Sonnenstrahl ['zɔnənʃtraːl] *m* ray of sunshine, sunbeam
Sonnensystem ['zɔnənzysteːm] *n ASTR* solar system
Sonnenuhr ['zɔnənuːr] *f* sundial
Sonnenuntergang ['zɔnənuntərgaŋ] *m* sunset
Sonnenwende ['zɔnənvɛndə] *f* solstice
sonnig ['zɔnɪç] *adj 1.* sunny; *2. (fig)* bright, sunny
Sonntag ['zɔntaːk] *m* Sunday
sonntäglich ['zɔntɛːklɪç] *adj* Sunday; *~ gekleidet sein* to be wearing one's Sunday best
Sonntagsjäger ['zɔntaːksjɛːgər] *m* weekend warrior *(fam)*

sonst [zɔnst] *adv* 1. *(andernfalls)* otherwise; 2. *(gewöhnlich)* generally, usually, normally; 3. *(außerdem)* besides, moreover; *Sonst noch was?* Anything else? *konj* 4. otherwise, or else
sonstig ['zɔnstɪç] *adj* other
sooft [zo'ɔft] *konj* whenever, as often as, no matter how often
Sopran [zo'pra:n] *m MUS* soprano
Sopranistin [zopra'nɪstɪn] *f MUS* soprano
Sorge ['zɔrgə] *f* 1. *(Kummer)* sorrow, anguish, worry; 2. *(Pflege)* care

sorgen ['zɔrgən] *v* 1. *~ um* worry about; 2. *~ für jdn* look after, care for, take care of; 3. *~ für etw* attend to sth, see to sth

sorgenfrei ['zɔrgənfraɪ] *adj* worry-free, carefree
Sorgenkind ['zɔrgənkɪnt] *n (fig)* problem, (biggest) headache
sorgenvoll ['zɔrgənfɔl] *adj* 1. anxious, uneasy, troubled; *adv* 2. anxiously, uneasily
Sorgerecht ['zɔrgərɛçt] *n JUR* custody
Sorgfalt ['zɔrkfalt] *f* 1. care; 2. *(Aufmerksamkeit)* attention; 3. *(Genauigkeit)* precision; 4. *(Gewissenhaftigkeit)* conscientiousness
sorgfältig ['zɔrkfɛltɪç] *adj* 1. careful, painstaking, precise; *adv* 2. carefully, painstakingly
sorglos ['zɔrklo:s] *adj* 1. carefree; 2. *(nachlässig)* negligent
Sorglosigkeit ['zɔrklo:zɪçkaɪt] *f* lightheartedness
sorgsam ['zɔrkza:m] *adj* 1. careful, heedful; *adv* 2. carefully, heedfully
Sorte ['zɔrtə] *f* 1. sort, kind, species; 2. *(Marke)* brand
sortieren [zɔr'ti:rən] *v* 1. sort; 2. *(nach Qualität)* grade
Sortiment [zɔrti'mɛnt] *n* assortment, range, variety
sosehr [zo'ze:r] *konj* however much, no matter how much
Soße ['zo:sə] *f* 1. sauce; 2. *(Bratensoße)* gravy
Souffleur [su'flø:r] *m THEAT* prompter
soufflieren [su'fli:rən] *v THEAT* prompt
souverän [suvə'rɛ:n] *adj* 1. sovereign; 2. *(überlegen)* superior
Souveränität [su:vərɛ:ni'tɛ:t] *f POL* sovereignty
sowie [zo'vi:] *konj* 1. *(und auch)* as well as; 2. *(sobald)* as soon as, the moment
sowieso [zovi'zo:] *adv* anyway, anyhow, in any case
sowohl [zo'vo:l] *konj ~ ... als (auch) ...* both ... and ...
sozial [zo'tsja:l] *adj* 1. social; *adv* 2. socially
Sozialabbau [zo'tsja:lɑbbau] *m* cutbacks in the social welfare system
Sozialabgaben [zo'tsja:lapga:bən] *pl* social welfare contributions
Sozialamt [zo'tsja:lamt] *n* social welfare office
Sozialarbeiter(in) [zo'tsja:larbaɪtər(ɪn)] *m/f* social worker
Sozialdemokratie [zo'tsja:ldemokrati:] *f POL* social democracy
sozialdemokratisch [zo'tsja:ldemokra:tɪʃ] *adj POL* social-democratic
Sozialgericht [zo'tsja:lgərɪçt] *n JUR* social court, social security court
Sozialgesetzgebung [zo'tsja:lgəzɛtsge:buŋ] *f* social legislation
Sozialhilfe [zo'tsja:lhɪlfə] *f* social welfare assistance
Sozialisation [zotsjaliza'tsjo:n] *f* socialization
Sozialismus [zo'tsjalɪsmus] *m POL* socialism
Sozialist [zo'tsjalɪst] *m POL* socialist
sozialkritisch [zo'tsja:lkri:tɪʃ] *adj* critical of society, sociocritical
Sozialstaat [zo'tsja:lʃta:t] *m* welfare state
Sozialversicherung [zo'tsja:lfɛrzɪçəruŋ] *f* social insurance, Social Security *(US)*
Sozialwohnung [zo'tsja:lvo:nuŋ] *f* subsidized dwelling, public housing unit
sozusagen ['zo:tsuza:gən] *adv* so to speak, as it were
Spachtel ['ʃpaxtəl] *m* 1. *(Werkzeug)* spatula; 2. *(Füllstoff)* filler
spachteln ['ʃpaxtəln] *v* 1. putty; 2. *(fam: essen)* tuck away, tuck in
Spagat [ʃpa'ga:t] *m* splits *pl; einen ~ machen* do the splits
spähen ['ʃpɛ:ən] *v* 1. peer, peek; 2. *MIL* scout
Späher ['ʃpɛ:ər] *m* 1. scout; 2. *(Posten) MIL* lookout
Spalier [ʃpa'li:r] *n* 1. trellis, espalier; 2. *(fig: Ehrengasse)* lane
Spalt [ʃpalt] *m* split, rift, crack; *die Tür einen ~ öffnen* open the door a crack
spaltbar ['ʃpaltba:r] *adj* 1. fissile, capable of being split, cleavable; 2. *(atomar) PHYS* fissionable
Spalte ['ʃpaltə] *f* 1. crack; 2. *(Zeitungsspalte)* column

spalten ['ʃpaltən] *v irr* split
Spaltung ['ʃpaltuŋ] *f 1. (Auseinanderbrechen)* splitting; *2. (fig: Teilung)* split; *3. PHYS* fission
Span [ʃpaːn] *m* chip
Spanferkel ['ʃpaːnfɛrkəl] *n GAST* sucking pig
Spange ['ʃpaŋə] *f 1. (Haarspange)* hair slide, barrette *(US); 2. (Schließe)* buckle, clasp
Spann ['ʃpan] *m ANAT* instep
Spanne ['ʃpanə] *f 1. (Zeitraum)* span, space; *2. (Unterschied)* gap; *3. (Preisspanne) ECO* range
spannen ['ʃpanən] *v 1.* stretch; *2. (Seil)* tighten; *3. (Gewehr)* cock
spannend ['ʃpanənt] *adj* exciting, thrilling, gripping, suspenseful
Spannkraft ['ʃpankraft] *f 1. PHYS* tension; *2. (fig)* vigour
Spannung ['ʃpanuŋ] *f 1. TECH* voltage, tension; *2. (fig)* tension, suspense, excitement
Spannungsgebiet ['ʃpanuŋsgəbiːt] *n POL* area of tension
spannungsgeladen ['ʃpanuŋsgəlaːdən] *adj* tense
Spannweite ['ʃpanvaɪtə] *f 1.* range, span; *2. (von Vogelflügeln, von Flugzeugen)* wingspan
Sparbuch ['ʃpaːrbuːx] *n* savings book
Spareinlage ['ʃpaːraɪnlaːgə] *f ECO* savings deposit
sparen ['ʃpaːrən] *v* save, economize
Sparer ['ʃpaːrər] *m* saver
Spargel ['ʃpargəl] *m BOT* asparagus
Sparkasse ['ʃpaːrkasə] *f* savings bank
spärlich ['ʃpɛːrlɪç] *adj 1.* scant, frugal, sparse; *2. (Haupthaar)* thin; *adv 3.* sparsely, thinly
Sparmaßnahme ['ʃpaːrmaːsnaːmə] *f* economy measure

S

Sparpolitik ['ʃpaːrpolitiːk] *f* austerity policy, budgetary restraint
Sparren ['ʃparən] *m* rafter; *Er hat einen ~ zu viel. (fam)* He has a screw loose.
sparsam ['ʃpaːrzaːm] *adv 1.* economically, frugally; *adj 2.* economical, thrifty, frugal
Sparsamkeit ['ʃpaːrzaːmkaɪt] *f* economy, thrift, frugality
spartanisch [ʃpar'taːnɪʃ] *adj 1.* Spartan; *adv 2.* like a Spartan
Sparte ['ʃpartə] *f 1.* sector, section, branch; *2. (einer Versicherung)* class; *3. (einer Zeitung)* section

Spaß [ʃpaːs] *m 1. (Witz)* joke; *sich einen ~ aus etw machen* take pleasure in sth; *seinen ~ mit jdm treiben* pull s.o.'s leg; *2. (Vergnügen)* fun, amusement; *~ beiseite* all joking aside; *kein ~ mehr sein* to be beyond a joke; *ein teurer ~ sein* to be an expensive affair, cost a pretty penny; *Da hört der ~ aber auf!* That's enough now!

spaßen ['ʃpaːsən] *v* make fun, joke; *Mit ihm ist nicht zu ~!* He's not to be trifled with!
spaßeshalber ['ʃpaːsəshalbər] *adv* for fun
spaßig ['ʃpaːsɪç] *adj* funny, amusing
Spaßvogel ['ʃpaːsfoːgəl] *m* joker, comedian
spastisch ['ʃpastɪʃ] *adj MED* spastic
spät [ʃpɛːt] *adj 1.* late; *Wie ~ ist es?* What time is it? *adv 2.* late
spätabends [ʃpɛːt'aːbənts] *adv* late in the evening
Spätdienst ['ʃpɛːtdiːnst] *m* late shift
Spaten ['ʃpaːtən] *m* spade
später ['ʃpɛːtər] *adv 1.* later, later on; *2. (anschließend)* subsequently, afterwards
spätestens ['ʃpɛːtəstəns] *adv* at the latest, not later than
Spätfolge ['ʃpɛːtfɔlgə] *f* belated repercussion
Spatz [ʃpats] *m 1. ZOOL* sparrow; *essen wie ein ~* peck at one's food; *2. (fam: Kind)* mite
Spätzle ['ʃpɛtslə] *pl GAST* spaetzle (small pieces of pasta)
spazieren [ʃpa'tsiːrən] *v* stroll; *~ fahren* go for a ride; *~ gehen* go for a walk, take a stroll
Spazierfahrt [ʃpa'tsiːrfaːrt] *f* drive, pleasure trip
Spaziergang [ʃpa'tsiːrgaŋ] *m* walk, stroll
Spaziergänger [ʃpa'tsiːrgɛŋər] *m* walker, stroller
Spazierweg [ʃpa'tsiːrveːk] *m* walk
Specht [ʃpɛçt] *m ZOOL* woodpecker
Speck [ʃpɛk] *m GAST* bacon
speckig ['ʃpɛkɪç] *adj 1. (Papier)* greasy, soiled; *2. (dick)* lardy, porky
Speckschwarte ['ʃpɛkʃvartə] *f* bacon rind
Spediteur [ʃpedi'tøːr] *m* forwarding agent, shipper
Spedition [ʃpedi'tsjoːn] *f 1. ECO* forwarding, shipping; *2. (Firma)* forwarding agency, shipping agency
Speer [ʃpeːr] *m* spear, lance
Speiche ['ʃpaɪçə] *f (Radspeiche)* spoke
Speichel ['ʃpaɪçəl] *m* saliva, spittle

Speichellecker ['ʃpaɪçəllɛkər] *m (fam)* sycophant, bootlicker *(fam)*
Speicher ['ʃpaɪçər] *m 1. (Lager)* store, storage space; *2. (Dachboden)* attic; *3. INFORM* memory
speien ['ʃpaɪən] *v irr 1. (spucken)* spit; *2. (erbrechen)* vomit
Speise ['ʃpaɪzə] *f 1.* food; *2. (Gericht)* dish
Speisekammer ['ʃpaɪzəkamər] *f* larder, pantry
Speisekarte ['ʃpaɪzəkartə] *f* menu
speisen ['ʃpaɪzən] *v 1. (essen)* eat; *2. (zuführen)* feed, supply with, provide
Speisenfolge ['ʃpaɪzənfɔlgə] *f* order of courses, menu
Speiseöl ['ʃpaɪzəøːl] *n* edible oil, cooking oil
Speiserest ['ʃpaɪzərɛst] *m 1.* uneaten food; *2. (zwischen den Zähnen)* food particle
Speiseröhre ['ʃpaɪzərøːrə] *f ANAT* gullet
Speisesaal ['ʃpaɪzəzaːl] *m* dining hall, dining room
Spektakel [ʃpɛk'taːkəl] *n 1. (Lärm)* noise, racket; *2. (Aufregung)* fuss
spektakulär [ʃpɛktaku'lɛːr] *adj* spectacular
Spektrum ['ʃpɛktrum] *n (fig)* spectrum
Spekulant [ʃpɛku'lant] *m FIN* speculator, speculative dealer
Spekulation [ʃpɛkula'tsjoːn] *f* speculation
Spekulationsgeschäft [ʃpɛkula'tsjoːnsgəʃɛːft] *n FIN* speculative transaction, speculative operation
spekulativ [ʃpɛkula'tiːf] *adj* speculative
spekulieren [ʃpɛku'liːrən] *v FIN* speculate
spendabel [ʃpɛn'daːbəl] *adj* generous
Spende ['ʃpɛndə] *f* donation, contribution, gift
spenden ['ʃpɛndən] *v* donate, contribute; *Blut ~* donate blood
Spendenaktion ['ʃpɛndənaktsjoːn] *f* charity drive, appeal for donations
Spendenkonto ['ʃpɛndənkɔnto] *n* donations account, charity account
Spender ['ʃpɛndər] *m 1.* contributor, giver; *2. (Blutspender)* donor; *3. (Maschine)* dispenser
spendieren [ʃpɛn'diːrən] *v 1.* give liberally; *2. jdm etw ~* treat s.o. to sth
Sperber ['ʃpɛrbər] *m ZOOL* sparrow hawk
Sperenzchen [ʃpɛ'rɛntsçən] *pl Mach keine ~! (fam)* Don't be difficult!
Sperling ['ʃpɛrlɪŋ] *m ZOOL* sparrow
Sperma ['ʃpɛrma] *n BIO* sperm
Sperrbezirk ['ʃpɛrbətsɪrk] *m* prohibited area, restricted area
Sperre ['ʃpɛrə] *f 1. (Verbot)* ban; *2. (Vorrichtung)* locking device; *3. (Hindernis)* barrier; *4. (Embargo) POL* embargo
sperren ['ʃpɛrən] *v 1. (abriegeln)* barricade, block off, lock; *2. (verbieten)* forbid, prohibit; *3. (Konto) FIN* block; *4. (Sportler)* suspend
Sperrholz ['ʃpɛrhɔlts] *n* plywood
sperrig ['ʃpɛrɪç] *adj* bulky
Sperrkonto ['ʃpɛrkɔnto] *n ECO* blocked account, frozen account
Sperrmüll ['ʃpɛrmyl] *m* bulky refuse
Sperrsitz ['ʃpɛrzɪts] *m 1. (im Kino)* back seats *pl; 2. (im Zirkus)* front seats *pl*
Sperrstunde ['ʃpɛrʃtundə] *f* closing time
Sperrzone ['ʃpɛrtsoːnə] *f* prohibited area
Spesen ['ʃpeːzən] *pl* expenses
spesenfrei ['ʃpeːzənfraɪ] *adj* expenses-paid
Spesenrechnung ['ʃpeːzənrɛçnuŋ] *f* expense report
spezial [ʃpe'tsjaːl] *adj* special, particular
Spezialgebiet [ʃpe'tsjaːlgəbiːt] *n (fig)* speciality, specialty *(US)*
Spezialgeschäft [ʃpet'sjaːlgəʃɛft] *n* specialty shop
spezialisieren [ʃpetsjali'ziːrən] *v sich auf etw ~* specialize in sth
Spezialisierung [ʃpetsjali'ziːruŋ] *f* specialization
Spezialist [ʃpetsja'lɪst] *m* specialist
Spezialität [ʃpetsjali'tɛːt] *f* speciality, specialty *(US)*
speziell [ʃpe'tsjɛl] *adj 1.* special, particular, specific; *adv 2.* especially, particularly, specifically
Spezies ['ʃpeːtsjɛs] *f BIO* species
spezifisch [ʃpe'tsiːfɪʃ] *adj* specific
spezifizieren [ʃpetsifi'tsiːrən] *v* specify
Spezifizierung [ʃpetsifi'tsiːruŋ] *f* specification
Sphäre ['sfɛːrə] *f 1. (fig)* sphere, domain; *2. ASTR* sphere
spicken ['ʃpɪkən] *v 1. (abschreiben)* copy, crib; *2. GAST* lard
Spickzettel ['ʃpɪktsɛtəl] *m* crib note
Spiegel ['ʃpiːgəl] *m* mirror; *jdm den ~ vorhalten* hold up a mirror to s.o.
Spiegelbild ['ʃpiːgəlbɪlt] *n* reflection, *(fig)* mirror image
spiegelbildlich ['ʃpiːgəlbɪltlɪç] *adj* mirror-image
spiegelblank ['ʃpiːgəlblaŋk] *adj* mirror-like

Spiegelei ['ʃpi:gəlaɪ] *n GAST* fried egg
spiegelglatt ['ʃpi:gəlglat] *adj* glassy, as smooth as glass
spiegeln ['ʃpi:gəln] *v sich ~* to be reflected
spiegelverkehrt ['ʃpi:gəlfɛrke:rt] *adj* mirrorwise

Spiel [ʃpi:l] *n 1.* game; *ein ~ mit dem Feuer* playing with fire; *mit jdm leichtes ~ haben* have one's way with s.o.; *das ~ zu weit treiben* go too far; *etw aufs ~ setzen* risk sth; *auf dem ~ stehen* to be at stake; *jdn aus dem ~ lassen* leave s.o. out of it; *etw ins ~ bringen* bring sth into play; *mit im ~ sein* to be in on it, to be involved; *2. (das Spielen)* playing; *3. (Stück) THEAT* play; *4. SPORT* match, game

Spielart ['ʃpi:lart] *f* variety
Spielautomat ['ʃpi:lautoma:t] *m* gambling machine
Spielbeginn ['ʃpi:lbəgɪn] *m 1. SPORT* start of play; *2. (beim Fußball, beim American Football)* kickoff; *3. (beim Basketball)* tipoff
Spieldose ['ʃpi:ldo:zə] *f* musical box, music box *(US)*
spielen ['ʃpi:lən] *v 1.* play; *2. THEAT* act
Spieler ['ʃpi:lər] *m 1.* player; *2. (Glücksspieler)* gambler
Spielerei [ʃpi:lə'raɪ] *f 1. (das Spielen)* playing; *2. (Herumspielen)* playing games
spielerisch ['ʃpi:lərɪʃ] *adv (fig: problemlos)* effortlessly, with ease
Spielfeld ['ʃpi:lfɛlt] *n 1. SPORT* field, ground, pitch *(UK); 2. (Basketball, Tennis)* court
Spielfigur ['ʃpi:lfigu:r] *f* piece, man
Spielfilm ['ʃpi:lfɪlm] *m CINE* feature film, motion picture
Spielhälfte ['ʃpi:lhɛlftə] *f SPORT* half
Spielkamerad ['ʃpi:lkaməra:t] *m* playmate
Spielmarke ['ʃpi:lmarkə] *f* chip, counter, token
Spielplatz ['ʃpi:lplats] *m* playground
Spielraum ['ʃpi:lraum] *m 1.* room; *2. TECH* clearance; *3. (fig)* leeway, room
Spielregeln ['ʃpi:lre:gəln] *pl* rules of the game
Spielsachen ['ʃpi:lzaxən] *pl* playthings, toys
Spielschuld ['ʃpi:lʃult] *f* gambling debt
Spielsucht ['ʃpi:lsuxt] *f* compulsive gambling
Spieltisch ['ʃpi:ltɪʃ] *m* card table, gaming table
Spielverderber ['ʃpi:lfɛrdɛrbər] *m* spoilsport
Spielwaren ['ʃpi:lva:rən] *pl* toys
Spielwarengeschäft ['ʃpi:lva:rəngəʃɛ:ft] *n* toy shop, toy store *(US)*
Spielzeit ['ʃpi:ltsaɪt] *f 1.* season; *2. (eines Theaterstücks)* run; *3. (Dauer eines Spiels) SPORT* length of the match, length of the game; *die normale ~* normal time
Spielzeug ['ʃpi:ltsɔyk] *n* toy, toys *pl*
Spielzimmer ['ʃpi:ltsɪmər] *n (für Kinder)* playroom
Spieß [ʃpi:s] *m 1. (Speer)* spear, lance, pike; *den ~ umdrehen (fig)* turn the tables; *2. (Bratspieß)* skewer
Spießbürger ['ʃpi:sbyrgər] *m (fig)* prig, narrow-minded person
Spießer ['ʃpi:sər] *m (fam)* prig, Philistine
Spießgeselle ['ʃpi:sgəzɛlə] *m 1.* crony; *2. (Komplize)* accomplice
spießig ['ʃpi:sɪç] *adj* philistine, narrow-minded, square *(fam)*
Spießigkeit ['ʃpi:sɪçkaɪt] *f* bourgeois attitude, bourgeois behaviour, Philistinism
Spießrute ['ʃpi:sru:tə] *f ~n laufen* run the gauntlet
Spind [ʃpɪnt] *m* locker
spindeldürr [ʃpɪndəl'dyr] *adj* spindly, rail-thin
Spinne ['ʃpɪnə] *f ZOOL* spider
spinnen ['ʃpɪnən] *v irr 1.* spin; *2. (fig)* to be crazy, to be mad, to be nuts; *Du spinnst wohl!* You must be nuts! *Spinnst du?* Are you crazy?
Spinnennetz ['ʃpɪnənnɛts] *n* spider's web, spider web *(US)*
Spinnrad ['ʃpɪnra:t] *n* spinning-wheel
Spion [ʃpi'o:n] *m* spy
Spionage [ʃpio'na:ʒə] *f* spying, espionage
Spionagering [ʃpio'na:ʒərɪŋ] *m* spy ring, espionage ring
spionieren [ʃpio'ni:rən] *v* spy
Spirale [ʃpi'ra:lə] *f 1.* spiral; *2. MED* coil
spirituell [ʃpiritu'ɛl] *adj* spiritual
Spirituosen [ʃpiritu'o:zən] *pl* spirits, alcoholic drinks
spitz [ʃpɪts] *adj 1.* pointed, sharp; *2. (fig)* sarcastic, biting
Spitzbube ['ʃpɪtsbu:bə] *m* rascal, rogue, scoundrel
spitzbübisch ['ʃpɪtsbybɪʃ] *adj 1.* mischievous; *adv 2.* mischievously

Spitze ['ʃpɪtsə] *f 1.* peak, point, top; *etw auf die ~ treiben* take sth to extremes; *2. (-Bergspitze)* peak, summit, top; *3. (Stoff)* lace; *4. (fig)* head, vanguard, spearhead; *5. (fam: prima) ~ sein* to be great

S

Spitzel ['ʃpɪtsəl] *m* *1.* informer, *(fam)* stool pigeon; *2.* *(Spion)* spy
spitzen ['ʃpɪtsən] *v* *1.* point; *2.* *(Bleistift)* sharpen
spitzfindig ['ʃpɪtsfɪndɪç] *adj* hair-splitting, nit-picking, pedantic
Spitzhacke ['ʃpɪtshakə] *f* pickaxe
Spitzname ['ʃpɪtsnaːmə] *m* nickname
Spitzwegerich ['ʃpɪtsveːgərɪç] *m* *BOT* ribwort
splittern ['ʃplɪtərn] *v* splinter
splitternackt ['ʃplɪtərnakt] *adj* stark naked
sponsern ['ʃpɔnzərn] *v* sponsor
spontan [ʃpɔn'taːn] *adj* spontaneous
Spontaneität [ʃpɔntanei'tɛːt] *f* spontaneity
sporadisch [ʃpo'raːdɪʃ] *adj* sporadic
Sporn ['ʃpɔrn] *m* *1.* spur; *2.* *NAUT* ram; *3.* *(eines Flugzeuges)* tail skid
Sport [ʃpɔrt] *m* sports *pl,* sport
Sportartikel ['ʃpɔrtartɪkəl] *pl* sporting goods
Sportflugzeug ['ʃpɔrtfluːktsɔyk] *n* sport plane
Sportgerät ['ʃpɔrtgərɛːt] *n* athletic equipment
Sportgeschäft ['ʃpɔrtgəʃɛft] *n* sports shop, sporting goods store *(US)*
Sporthalle ['ʃpɔrthalə] *f* gymnasium
Sportler ['ʃpɔrtlər] *m* athlete, sportsman
sportlich ['ʃpɔrtlɪç] *adj* sporting, athletic
Sportplatz ['ʃpɔrtplats] *m* playing field, sports ground *(UK)*
Sportverein ['ʃpɔrtfɛraɪn] *m* sports club, athletic club
Sportverletzung ['ʃpɔrtfɛrlɛtsuŋ] *f* athletic injury
Spott [ʃpɔt] *m* mockery, scorn, ridicule
spottbillig ['ʃpɔt'bɪlɪç] *adj (fam)* dirt-cheap
spotten ['ʃpɔtən] *v* mock, jeer, ridicule
spöttisch ['ʃpœtɪʃ] *adj* jeering, mocking
Sprachbarriere ['ʃpraːxbarjɛːrə] *f* language barrier
Sprache ['ʃpraːxə] *f* language, speech; *die ~ auf etw bringen* broach sth; *nicht mit der ~ herausrücken* beat about the bush; *zur ~ kommen* to be discussed, to be brought up; *die gleiche ~ sprechen* speak the same language; *eine deutliche ~ sprechen* not mince words; *Raus mit der ~!* Out with it! *Da verschlug es ihm die ~.* It took his breath away.
Sprachfehler ['ʃpraːxfeːlər] *m* speech defect, speech impediment
Sprachführer ['ʃpraːxfyːrər] *m* phrasebook
Sprachgebrauch ['ʃpraːxgəbraux] *m* usage
sprachgewandt ['ʃpraːxgəvant] *adj* eloquent, clever with words
Sprachkenntnisse ['ʃpraːxkɛntnɪsə] *pl* knowledge of languages, proficiency in a foreign language
sprachkundig ['ʃpraːxkundɪç] *adj* *1.* proficient in a foreign language; *2.* *(in einer bestimmten Sprache) ~ sein* know the language
sprachlos ['ʃpraːxloːs] *adj (fig)* speechless
Sprachrohr ['ʃpraːxroːr] *n* *1.* megaphone; *2.* *jds ~ sein (fig)* to be s.o.'s mouthpiece
Sprachunterricht ['ʃpraːxuntərrɪçt] *m* language classes, language instruction
Sprachwissenschaft ['ʃpraːxvɪsənʃaft] *f* linguistics
Spraydose ['ʃpreɪdoːzə] *f* spray can
sprayen ['ʃpreɪən] *v* spray
Sprechanlage ['ʃprɛçanlaːgə] *f* intercom
Sprechblase ['ʃprɛçblaːzə] *f* balloon

sprechen ['ʃprɛçən] *v irr* *1.* speak, talk; *an jds Stelle ~* answer for s.o.; *Das spricht für ihn.* That's a point in his favour. *für sich selbst ~* speak for itself; *auf jdn gut zu ~ sein* to be on good terms with s.o.; *Wir ~ uns noch!* You haven't heard the end of this! *„Sprich ..." (das heißt ...)* in other words, that is to say; *2.* *(sagen)* say

Sprecher ['ʃprɛçər] *m* *1.* *(Ansager)* announcer, speaker; *2.* *(Wortführer)* spokesman
Sprechstunde ['ʃprɛçʃtundə] *f* consultation hours *pl,* office hours *pl*
Sprechstundenhilfe ['ʃprɛçʃtundənhɪlfə] *f* receptionist
Sprechzimmer ['ʃprɛçtsɪmər] *n* consulting room
spreizen ['ʃpraɪtsən] *v* *1.* spread; *2.* *sich ~* put on airs; *3.* *sich ~ (sich sträuben)* struggle, balk
Sprengbombe ['ʃprɛŋbɔmbə] *f* high-explosive bomb
Sprengel ['ʃprɛŋəl] *m* *1.* *REL* diocese; *2.* *(eines Pfarrers) REL* parish
sprengen ['ʃprɛŋən] *v* blow up, *(auf~)* burst open, *(bespritzen)* sprinkle
Sprengkörper ['ʃprɛŋkœrpər] *m* explosive device
Sprengladung ['ʃprɛŋlaːduŋ] *f* explosive charge
Sprengstoff ['ʃprɛŋʃtɔf] *m* explosive
Sprengstoffattentat ['ʃprɛŋʃtɔfatəntaːt] *n* bomb attack
Sprengung ['ʃprɛŋuŋ] *f* blasting, demolition

Sprenkel [ˈʃprɛŋkəl] *m* spot, speck
Spreu [ʃprɔy] *f* chaff; *die ~ vom Weizen trennen* separate the wheat from the chaff
Sprichwort [ˈʃprɪçvɔrt] *n* proverb, saying
sprichwörtlich [ˈʃprɪçvœrtlɪç] *adj* proverbial
sprießen [ˈʃpriːsən] *v irr* sprout, come up, spring up
Springbrunnen [ˈʃprɪŋbrunən] *m* fountain
springen [ˈʃprɪŋən] *v irr 1. (hüpfen)* jump, leap; *2. (fig: bersten)* burst
Springer [ˈʃprɪŋər] *m 1. (beim Turmspringen) SPORT* diver; *2. (beim Hochsprung) SPORT* vaulter; *3. (beim Weitsprung) SPORT* jumper; *4. (Schachfigur)* knight
Springseil [ˈʃprɪŋzaɪl] *n* skipping-rope, jump rope *(US)*
sprinten [ˈʃprɪntən] *v* sprint
Spritze [ˈʃprɪtsə] *f 1. (Injektion)* shot, injection; *2. (Gerät)* syringe
spritzen [ˈʃprɪtsən] *v 1.* spray; *2. (in einem Strahl)* squirt; *3. (verspritzen)* splash; *4. (bespritzen)* sprinkle; *5. MED* inject
Spritzer [ˈʃprɪtsər] *m 1. (Fixer)* shooter; *2. (Wasserstrahl)* splash, dab
spritzig [ˈʃprɪtsɪç] *adj 1. (Wein)* tangy; *2. (Auto)* peppy; *3. (Schauspiel)* lively, sprightly; *4. (ideenreich)* inventive, unconventional, creative
Spritzigkeit [ˈʃprɪtsɪçkaɪt] *f 1. (von Wein)* liveliness, peppiness; *2. (eines Autos)* sprightliness; *3. (eines Schauspiels)* liveliness; *4. (Ideenreichtum)* inventiveness
Spritztour [ˈʃprɪtstuːr] *f* trip, outing, jaunt
spröde [ˈʃprøːdə] *adj 1. (Material)* brittle; *2. (fig: abweisend)* reserved, standoffish
Spross [ʃprɔs] *m 1.* sprout, shoot; *2. (Nachkomme)* scion, offspring
Sprosse [ˈʃprɔsə] *f* rung
Sprossenwand [ˈʃprɔsənvant] *f SPORT* wall bars *pl*
S
Sprössling [ˈʃprœslɪŋ] *m (fig)* offspring, descendant
Sprotte [ˈʃprɔtə] *f ZOOL* sprat
Spruch [ʃprux] *m 1.* saying; *2. Sprüche pl* (empty) talk; *große Sprüche klopfen* talk big *(fam)*; *3. (Wahlspruch)* slogan; *4. die Sprüche Salomons pl REL* the Proverbs; *5. JUR* sentence, judgement, verdict
Spruchband [ˈʃpruxbant] *n* banner
spruchreif [ˈʃpruxraɪf] *adj* ripe for a decision, ready to be discussed
Sprudel [ˈʃpruːdəl] *m 1. (Wasser)* mineral water, club soda *(US)*; *2. (Limonade)* soda pop
sprudeln [ˈʃpruːdəln] *v* bubble, fizz
Sprühdose [ˈʃpryːdoːzə] *f* spray can
sprühen [ˈʃpryːən] *v 1.* spray, shower; *2. (fig)* flash, sparkle
Sprühregen [ˈʃpryːreːgən] *m* drizzling rain, drizzle
Sprung [ʃpruŋ] *m 1. (Springen)* jump, leap; *den ~ ins kalte Wasser wagen* take the plunge; *auf dem ~ sein, etw zu tun* to be just about to do sth; *nur auf einen ~* just for a little chat; *keine großen Sprünge machen können* not be able to afford much; *jdm auf die Sprünge helfen* get s.o. going; *2. (fig: Riss)* crack, fissure; *einen ~ in der Schüssel haben* to be soft in the head
sprungbereit [ˈʃpruŋbəraɪt] *adj 1. SPORT* ready to jump, poised to jump; *2. (fig)* ready to go
Sprungbrett [ˈʃpruŋbrɛt] *n 1.* diving board, springboard; *2. (fig)* springboard, stepping-stone
Sprungfeder [ˈʃpruŋfeːdər] *f* spring
Sprunggelenk [ˈʃpruŋgəlɛŋk] *n ANAT* ankle joint
sprunghaft [ˈʃpruŋhaft] *adj* jumpy, volatile, jerky
Sprungkraft [ˈʃpruŋkraft] *f* jumping capacity, leaping power
Sprungschanze [ˈʃpruŋʃantsə] *f* ski-jump
Sprungtuch [ˈʃpruŋtuːx] *n* (safety) net
spucken [ˈʃpukən] *v* spit
Spucknapf [ˈʃpuknapf] *m* spittoon, cuspidor *(US)*
Spuk [ʃpuːk] *m 1. (Lärm)* uproar, racket; *2. (Geistererscheinung)* ghost
spuken [ˈʃpuːkən] *v* haunt
Spülbecken [ˈʃpyːlbɛkən] *n* kitchen sink
Spule [ˈʃpuːlə] *f 1.* reel, spool; *2. TECH* coil, spool, bobbin
spulen [ˈʃpuːlən] *v* wind, reel, spool
spülen [ˈʃpyːlən] *v* wash, rinse
Spülmaschine [ˈʃpyːlmaʃiːnə] *f* dishwasher
Spülmittel [ˈʃpyːlmɪtəl] *n* detergent, washing-up liquid
Spülung [ˈʃpyːluŋ] *f 1. (Toilettenspülung)* flush; *die ~ betätigen* flush; *2. MED (Ohrspülung, ~ einer Wunde)* irrigation, *(Magenspülung)* wash

Spur [ʃpuːr] *f 1. (Abdruck)* trace; *eine heiße ~* a firm lead; *jdm auf die ~ kommen* get wind of s.o.; *jdm auf der ~ bleiben* stay hot on s.o.'s trail; *2. (Fußspur)* footprint; *in jds ~en treten* follow in s.o.'s footsteps; *3. (Fahrspur)* track; *4. (fig: kleine Menge)* trace; *nicht die ~* not at all

spürbar ['ʃpyːrbaːr] *adj 1.* noticeable; *adv 2.* noticeably
spüren ['ʃpyːrən] *v* feel, notice, sense
Spurenelemente ['ʃpuːrənelemɛntə] *pl BIO* trace elements
Spurensicherung ['ʃpuːrənzɪçəruŋ] *f* securing of evidence
Spürhund ['ʃpyːrhunt] *m* bloodhound, tracker dog
spurlos ['ʃpuːrloːs] *adv* without a trace
Spurrille ['ʃpuːrrɪlə] *f* rut
Spürsinn ['ʃpyːrzɪn] *m (fig)* nose, feel
Spurweite ['ʃpuːrvaɪtə] *f 1. (der Eisenbahn)* gauge; *2. (des Autos)* track
sputen ['ʃpuːtən] *v sich ~* hurry
Staat [ʃtaːt] *m 1.* state; *2. (Prunk) Damit kann man keinen ~ machen.* That's nothing to write home about.
staatenlos ['ʃtaːtənloːs] *adj* stateless
staatlich ['ʃtaːtlɪç] *adj 1.* state, public, governmental; *adv 2.* by the state
Staatsakt ['ʃtaːtsakt] *m* act of state; *Du machst aus allem gleich einen ~. (fig)* You make a federal case out of everything.
Staatsangehörige(r) ['ʃtaːtsangəhøːrɪgə(r)] *m/f* citizen, subject, national
Staatsangehörigkeit ['ʃtaːtsangəhørɪçkaɪt] *f* nationality, citizenship, national status
Staatsanwalt ['ʃtaːtsanvalt] *m JUR* public prosecutor, Crown Prosecutor *(UK)*, district attorney *(US)*
Staatsbeamte(r)/Staatsbeamtin ['ʃtaːtsbəamtə(r)/'ʃtaːtsbəamtɪn] *m/f* civil servant, government official, state official
Staatsbesuch ['ʃtaːtsbəzuːx] *m* state visit
Staatsbürger ['ʃtaːtsbyrgər] *m* citizen, subject *(UK)*
Staatsbürgerschaft ['ʃtaːtsbyrgərʃaft] *f* nationality, citizenship *(US)*
Staatsdienst ['ʃtaːtsdiːnst] *m* civil service, public service *(US)*
staatseigen ['ʃtaːtsaɪgən] *adj* state-owned
Staatsexamen ['ʃtaːtsɛksaːmən] *n* state examination
staatsfeindlich ['ʃtaːtsfaɪntlɪç] *adj* subversive
Staatsform ['ʃtaːtsfɔrm] *f POL* polity, type of state, form of government
Staatsgeheimnis ['ʃtaːtsgəhaɪmnɪs] *n* state secret
Staatsgewalt ['ʃtaːtsgəvalt] *f* public authority
Staatsgrenze ['ʃtaːtsgrɛntsə] *f POL* international border
Staatskasse ['ʃtaːtskasə] *f* treasury
Staatskunst ['ʃtaːtskunst] *f POL* statecraft
Staatsmann ['ʃtaːtsman] *m* statesman
staatsmännisch ['ʃtaːtsmɛnɪʃ] *adj POL* statesmanlike
Staatsoberhaupt ['ʃtaːtsoːbərhaupt] *n* head of state
Staatsorgan ['ʃtaːtsɔrgaːn] *n POL* government body
Staatssekretär ['ʃtaːtszekretɛːr] *m POL* undersecretary of state
Staatsstreich ['ʃtaːtsʃtraɪç] *m POL* coup d'état, coup
Stab [ʃtaːp] *m 1. (Stock)* staff, stick, rod; *über jdn den ~ brechen* condemn s.o.; *2. (fig: Führungsstab, Mitarbeiterstab)* staff
Stabhochsprung ['ʃtaːphoːxʃpruŋ] *m SPORT* pole vault
stabil [ʃta'biːl] *adj 1. (robust)* stable; *2. (konstant)* steady
stabilisieren [ʃtabili'ziːrən] *v* stabilize
Stabilisierung [ʃtabili'ziːruŋ] *f* stabilization
Stabilität [ʃtabili'tɛːt] *f* stability
Stabtaschenlampe ['ʃtaːptaʃənlampə] *f* torch *(UK)*, flashlight *(US)*
Stachel ['ʃtaxəl] *m 1. BOT* thorn; *2. ZOOL* quill
Stachelbeere ['ʃtaxəlbeːrə] *f BOT* gooseberry
Stacheldraht ['ʃtaxəldraːt] *m* barbed wire
stachelig ['ʃtaxəlɪç] *adj 1. (kratzig)* bristly, scratchy; *2. (dornig)* thorny, prickly
Stachelschwein ['ʃtaxəlʃvaɪn] *n ZOOL* porcupine
Stadion ['ʃtaːdjɔn] *n* stadium
Stadionsprecher ['ʃtaːdjɔnʃprɛçər] *m SPORT* public address announcer
Stadium ['ʃtaːdjum] *n* stage, phase
Stadt [ʃtat] *f* town, city
stadtauswärts [ʃtat'ausvɛrts] *adv* outbound
Stadtautobahn ['ʃtatautobaːn] *f* urban motorway *(UK)*, freeway *(US)*, expressway *(US)*
Stadtbummel ['ʃtatbuməl] *m* stroll around town
Städtebau ['ʃtɛtəbau] *m* urban development
städtebaulich ['ʃtɛːtəbaulɪç] *adj* urban planning, city planning
Stadterneuerung ['ʃtatɛrnɔyəruŋ] *f* urban renewal
Stadtgebiet ['ʃtatgəbiːt] *n* municipal area, area covered by the city; *im ~* within the city limits

städtisch ['ʃtɛtɪʃ] *adj* municipal
Stadtmauer ['ʃtatmauər] *f* city wall
Stadtmitte ['ʃtatmɪtə] *f* 1. centre of town; 2. *(einer Großstadt)* city centre
Stadtplan ['ʃtatpla:n] *m* map (of the town)
Stadtplanung ['ʃtatpla:nuŋ] *f* urban planning
Stadtrand ['ʃtatrant] *m* outskirts of town
Stadtrat ['ʃtatra:t] *m* 1. *POL* town council, city council; 2. *(Mitglied des ~es) POL* town councilman/town councilwoman, city councilman/city councilwoman
Stadtstreicher ['ʃtatʃtraɪçər] *m* tramp, bum
Stadtteil ['ʃtattaɪl] *m* part of town, district
Stadtverwaltung ['ʃtatfɛrvaltuŋ] *f* administration of a town, administration of a city
Stadtviertel ['ʃtatfɪrtəl] *n* quarter, part of town
Stadtwerke ['ʃtatvɛrkə] *pl* municipal utilities
Staffel ['ʃtafəl] *f* 1. *MIL* squadron; 2. *(Mannschaft) SPORT* relay team; 3. *(Rennen) SPORT* relay; 4. *(Stufe)* step; 5. *(einer Leiter)* rung
Staffelei [ʃtafə'laɪ] *f* easel
Staffellauf ['ʃtafəllauf] *m SPORT* relay, relay race
Staffelung ['ʃtafəluŋ] *f* graduation, gradation, grading
stagnieren [ʃtag'ni:rən] *v ECO* stagnate
Stahl [ʃta:l] *m* steel
Stahlbeton ['ʃta:lbetɔ̃] *m* reinforced concrete
Stahlblech ['ʃta:lblɛç] *n* sheet steel
stählen ['ʃtɛ:lən] *v* steel
stählern ['ʃtɛ:lərn] *adj* steel
Stall [ʃtal] *m* stable, barn
Stamm [ʃtam] *m* 1. *(Baumstamm)* stem, trunk; 2. *(Volksstamm)* tribe
Stammaktie ['ʃtamaktsjə] *f ECO* ordinary share
Stammbaum ['ʃtambaum] *m* family tree
Stammbesetzung ['ʃtambəzɛtsuŋ] *f THEAT* regular cast
stammeln ['ʃtaməln] *v* stammer
stammen ['ʃtamən] *v ~ aus, ~ von* come from, to be descended from, spring from, stem from
stammesgeschichtlich ['ʃtaməsgəʃɪçtlɪç] *adj BIO* phylogenetic
Stammgast ['ʃtamgast] *m* regular guest, regular customer, regular *(fam)*
Stammhalter ['ʃtamhaltər] *m* son and heir
stämmig ['ʃtɛmɪç] *adj* stocky, burly, sturdy
Stammkapital ['ʃtamkapita:l] *n ECO* original stock, original capital, share capital
Stammlokal ['ʃtamloka:l] *n* local *(UK)*, regular hangout *(US)*
Stammtisch ['ʃtamtɪʃ] *m* 1. table reserved for regulars; 2. *(Gruppe)* group of regulars
Stammtischpolitiker ['ʃtamtɪʃpoli:tikər] *m (fam)* armchair politician
Stammvater ['ʃtamfa:tər] *m* progenitor
Stammwähler ['ʃtamvɛ:lər] *m POL* staunch supporter, party faithful
stampfen ['ʃtampfən] *v* 1. stamp, stomp; 2. *(Maschinenteil)* pound; 3. *(Schiff: sich auf und nieder bewegen)* pitch

Stand [ʃtant] *m* 1. *(Stehen)* standing, stand; 2. *(Messestand)* booth, stand; 3. *(Situation)* position, situation; *auf dem neuesten ~ sein* to be up to date; *der ~ der Dinge* the situation; *bei jdm einen guten ~ haben* to be in s.o.'s good books, to be in s.o.'s good graces; 4. *(Rang)* rank, class, status; 5. *(Höhe)* level

Standbild ['ʃtantbɪlt] *n* statue
Ständer ['ʃtɛndər] *m* 1. *(Hutständer)* stand; 2. *(Schallplattenständer)* rack; 3. *(fam: Erektion)* hard-on
Standesamt ['ʃtandəsamt] *n* registry office
Standesbeamte(r)/Standesbeamtin ['ʃtandəsbəamtə(r)/'ʃtandəsbəamtɪn] *m/f* registrar
standesbewusst ['ʃtandəsbəvust] *adj* class-conscious
Standesdünkel ['ʃtandəsdyŋkəl] *m* snobbery
standesgemäß ['ʃtandəsgəmɛ:s] *adj* 1. befitting one's station; *adv* 2. in a manner befitting one's station
Standesperson ['ʃtandəspɛrzo:n] *f* person of distinction
standfest ['ʃtantfɛst] *adj* 1. stable, steady; 2. *(fig: standhaft)* steadfast
standhaft ['ʃtanthaft] *adj* 1. firm, steadfast, resolute; *adv* 2. resolutely, firmly
Standhaftigkeit ['ʃtanthaftɪçkaɪt] *f* firmness, constancy, perseverance
standhalten ['ʃtanthaltən] *v irr* 1. stand firm; 2. *etw ~* withstand sth
ständig ['ʃtɛndɪç] *adj* 1. permanent, regular; *adv* 2. always, constantly
Standlicht ['ʃtantlɪçt] *n* parking light
Standort ['ʃtantɔrt] *m* location, station, stand

S

Standpunkt ['ʃtantpuŋkt] *m* standpoint, point of view, angle
Standrecht ['ʃtantrɛçt] *n MIL* martial law
Standspur ['ʃtantʃpuːr] *f* hard shoulder *(UK)*, shoulder *(US)*
Standuhr ['ʃtantuːr] *f* grandfather clock, hall clock
Stange ['ʃtaŋə] *f* pole, bar, rod; *jdn bei der ~ halten* keep s.o. up to scratch; *bei der ~ bleiben* stick it out; *von der ~* off the peg, off the rack; *eine ~ Geld* a pretty penny
Stängel ['ʃtɛŋəl] *m BOT* stalk, stem; *fast vom ~ fallen (fam)* to be flabbergasted
stänkern ['ʃtɛŋkərn] *v (grob Unfrieden stiften)* stir things up *(fam)*
Stanniolpapier [ʃta'njoːlpapiːr] *n* aluminium foil, aluminum foil *(US)*
stanzen ['ʃtantsən] *v* stamp, punch
Stapel ['ʃtaːpəl] *m* pile, heap, stack; *vom ~ laufen* to be launched; *etw vom ~ lassen* launch sth
Stapellauf ['ʃtaːpəllauf] *m NAUT* launching
stapeln ['ʃtaːpəln] *v* pile up, stockpile
Stapelplatz ['ʃtaːpəlplats] *m* store, depot
stapfen ['ʃtapfən] *v* tread, trudge, plod
Staplerfahrer ['ʃtaːplərfaːrər] *m* forklift operator
Star[1] [staːr] *m* star
Star[2] [ʃtaːr] *m MED* cataract
Star[3] [ʃtaːr] *m ZOOL* starling

stark [ʃtark] *adj 1.* strong; *2. (heftig)* severe; *3. (beleibt)* large; *4. (Erkältung)* bad; *5. (dick)* thick; *6. (fam: hervorragend)* great

Stärke ['ʃtɛrkə] *f 1.* strength, force, power; *2. (Wäschestärke)* starch; *3. GAST* starch
stärken ['ʃtɛrkən] *v 1.* strengthen, fortify; *2. (Wäsche)* starch
Starkstrom ['ʃtarkʃtroːm] *m TECH* high voltage
Stärkung ['ʃtɛrkuŋ] *f 1. (Festigung)* strengthening, fortifying, fortification; *2. (Erfrischung)* refreshment
Stärkungsmittel ['ʃtɛrkuŋsmɪtəl] *n* tonic, restorative
starr [ʃtar] *adj 1.* stiff, rigid, fixed; *2. (fig) ~ vor Staunen* dumbfounded
Starre ['ʃtarə] *f* stiffness, rigidity
starren ['ʃtarən] *v* stare
starrköpfig ['ʃtarkœpfɪç] *adj* headstrong, stubborn, obstinate
Starrsinn ['ʃtarzɪn] *m* stubbornness, obstinacy
starrsinnig ['ʃtarzɪnɪç] *adj* stubborn, obstinate, rigid, rigorous
Start [ʃtart] *m 1. (Flugzeug)* take-off; *2. SPORT* start; *3. (fig)* beginning, start
Startautomatik ['ʃtartautomaːtɪk] *f TECH* automatic choke
startbereit ['ʃtartbəraɪt] *adj* ready for take-off
Startblock ['ʃtartblɔk] *m SPORT* starting block
starten ['ʃtartən] *v 1. (abreisen)* start; *2. (Auto)* start; *3. (aktivieren)* begin, initiate
Starter ['ʃtartər] *m 1. (Teilnehmer) SPORT* competitor; *2. (Startschiedsrichter) SPORT* starter
Starthilfe ['ʃtarthɪlfə] *f 1. (für ein Unternehmen)* launching aid, starting-up aid; *2. (in der Raumfahrt) TECH* booster rocket; *3. (für ein Kraftfahrzeug)* starting by jumper cable
Station [ʃta'tsjoːn] *f 1. (Haltestelle)* station, stop; *~ machen* stop off; *2. (Krankenstation)* ward
stationär [ʃtatsjo'nɛːr] *adj MED* inpatient, stationary
Stationierung [ʃtatsjo'niːruŋ] *f MIL* stationing, basing, deployment
Stationstaste [ʃta'tsjoːnstastə] *f TECH* preset tuning button
statisch ['ʃtaːtɪʃ] *adj 1. (unbeweglich)* static; *2. (im Bauwesen)* structural
Statist [ʃta'tɪst] *m 1. CINE* extra; *2. THEAT* super
Statistik [ʃta'tɪstɪk] *f* statistics
Statistiker ['ʃta'tɪstɪkər] *m* statistician
statistisch [ʃta'tɪstɪʃ] *adj 1.* statistical; *adv 2.* statistically
Stativ [ʃta'tiːf] *n 1.* stand, support; *2. FOTO* tripod
statt [ʃtat] *prep* instead of
Statt [ʃtat] *f* stead, place; *an Zahlungs ~* in lieu of payment; *an Kindes ~ annehmen* adopt
Stätte ['ʃtɛtə] *f* place
stattfinden ['ʃtatfɪndən] *v irr* take place, happen
statthaft ['ʃtathaft] *adj* permitted, allowed, admissible
Statthalter ['ʃtathaltər] *m HIST* governor
stattlich ['ʃtatlɪç] *adj 1. (ansehnlich)* stately, handsome, splendid; *2. (zahlreich)* considerable
statuieren [ʃtatu'iːrən] *v ein Exempel an jdm ~* make an example of s.o.
Statur [ʃta'tuːr] *f* stature, figure, build
Status ['ʃtaːtus] *m* status, state
Statut [ʃta'tuːt] *n JUR* statute, regulation
Stau [ʃtau] *m 1.* traffic jam; *2. (von Wasser)* damming-up

S

Staub [ʃtaup] *m* dust; ~ *aufwirbeln* cause a stir; *sich aus dem ~ machen* make o.s. scarce
staubbedeckt ['ʃtaupbədɛkt] *adj* dust-covered
Staubecken ['ʃtaubɛkən] *n* reservoir
stauben ['ʃtaubən] *v 1.* to be dusty; *2. (aufwirbeln)* raise clouds of dust
stäuben ['ʃtɔybən] *v 1.* dust; *2. (sprühen)* spray
staubig ['ʃtaubɪç] *adj* dusty
Staubsauger ['ʃtaupzaugər] *m* vacuum cleaner
Staubtuch ['ʃtauptuːx] *n* duster
stauchen ['ʃtauxən] *v 1.* compress; *2. (heftig stoßen)* ram
Staudamm ['ʃtaudam] *m* high dam
Staude ['ʃtaudə] *f 1. BOT* perennial; *2. (Busch)* shrub; *3. (Bananenstaude, Tabakstaude)* plant
Staumauer ['ʃtaumauər] *f* dam wall
staunen ['ʃtaunən] *v* to be amazed, to be astonished
Staunen ['ʃtaunən] *n* amazement, astonishment
Stauraum ['ʃtauraum] *m* storage space
Stausee ['ʃtauzeː] *m* reservoir, artificial lake
Stauung ['ʃtauuŋ] *f 1. (Verkehrsstau)* traffic jam; *2. (Stockung)* pile-up, accumulation; *3. (von Wasser)* build-up; *4. MED* congestion
stechen ['ʃtɛçən] *v irr 1.* prick; *2. (Insekt)* sting; *3. (Mücken, Moskitos)* bite; *4. (mit einem Messer)* stab
Stechmücke ['ʃtɛçmykə] *f* mosquito, gna
Stechuhr ['ʃtɛkuːr] *f* time clock
Steckbrief ['ʃtɛkbriːf] *m* "wanted" poster
Steckdose ['ʃtɛkdoːzə] *f* socket
stecken ['ʃtɛkən] *v irr 1. (hinein~, schieben)* stick in; *2. (mit Nadeln)* pin; *3. (fam: sich befinden)* to be; *4. jdm etw ~* give s.o. a piece of one's mind; *5. ~ bleiben* to be stuck; *6. ~ lassen* leave in
S
Stecker ['ʃtɛkər] *m* plug
Stecknadel ['ʃtɛknaːdəl] *f* pin
Stegreif ['ʃteːkraɪf] *m aus dem ~* improvised, impromptu

stehen ['ʃteːən] *v irr 1. (aufrecht ~)* stand; *2. (sich befinden)* to be; *Wie steht's?* How are things? *unter der Dusche ~* to be in the shower; *unter Druck ~* to be under pressure; *3. (in einer Zeitung)* say; *4. ~ bleiben* remain standing; stop; *(Zeit)* stand still; *5. ~ lassen* leave, leave be; *jdn ~ lassen (fig)* leave s.o. standing there

Stehimbiss ['ʃteːɪmbɪs] *m* stand-up snack bar
Stehlampe ['ʃteːlampə] *f 1.* standard lamp; *2. (auf dem Fußboden stehend)* floor lamp
stehlen ['ʃteːlən] *v irr* steal
Stehplatz ['ʃteːplats] *m* standing place
Stehvermögen ['ʃteːfɛrmøːgən] *n* staying power, stamina
steif [ʃtaɪf] *adj 1.* stiff; *2. (fig: förmlich)* stiff, formal
Steigbügel ['ʃtaɪkbyːgəl] *m* stirrup
steigen ['ʃtaɪgən] *v irr* climb, mount, ascend
steigend ['ʃtaɪgənt] *adj* rising, ascending, mounting
steigern ['ʃtaɪgərn] *v 1. (erhöhen)* increase, raise; *2. LING* compare, form the comparative and superlative of
Steigerung ['ʃtaɪgəruŋ] *f (Erhöhung)* increase, raising
Steigung ['ʃtaɪguŋ] *f* gradient, slope, ascent
steil [ʃtaɪl] *adj 1.* steep; *adv 2.* steeply
Steilhang ['ʃtaɪlhaŋ] *m* steep slope
Steilküste ['ʃtaɪlkystə] *f GEO* bluff
Stein [ʃtaɪn] *m 1.* stone, rock; *der ~ des Anstoßes sein* to be the cause of sth; *den ~ ins Rollen bringen* set the ball rolling; *bei jdm einen ~ im Brett haben* to be in s.o.'s good books; *keinen ~ auf dem anderen lassen* smash everything to pieces; *den ersten ~ werfen* cast the first stone at s.o.; *jdm ~e in den Weg legen* put obstructions in s.o.'s way; *Da fällt mir ein ~ vom Herzen!* That's a great load off my mind! *2. (Edelstein)* gem
steinalt ['ʃtaɪn'alt] *adj* old as the hills
Steinbock ['ʃtaɪnbɔk] *m 1.* ibex; *2. (Tierkreiszeichen)* Capricorn
Steinbruch ['ʃtaɪnbrux] *m* quarry
Steindruck ['ʃtaɪndruk] *m* lithography
steinern ['ʃtaɪnərn] *adj 1.* stone; *2. (fig: Gesicht)* stony; *~es Herz* heart of stone
Steingut ['ʃtaɪnguːt] *n* earthenware, stoneware
Steinhaufen ['ʃtaɪnhaufən] *m* pile of stones, rock pile
steinig ['ʃtaɪnɪç] *adj* stony, rocky
steinigen ['ʃtaɪnɪgən] *v* stone
Steinkohle ['ʃtaɪnkoːlə] *f MIN* hard coal
Steinmetz ['ʃtaɪnmɛts] *m* stonemason
steinreich [ʃtaɪn'raɪç] *adj (fam)* rolling in money, filthy rich
Steinschlag ['ʃtaɪnʃlaːk] *m* rockfall, rock slide *(US)*

Steinwüste ['ʃtaɪnvyːstə] *f* *1. (in der Natur)* rock-floored desert, rock-strewn desert, hammada; *2. (Betonwüste)* concrete jungle
Steinzeit ['ʃtaɪntsaɪt] *f HIST* Stone Age
Stelldichein ['ʃtɛldɪçaɪn] *n* appointment, rendezvous
Stelle ['ʃtɛlə] *f* *1. (Ort)* place, spot; *auf der ~* on the spot; *auf der ~ treten* get nowhere; *2. (Anstellung)* position, job; *3. (Dienst~)* authority, office, agency

stellen ['ʃtɛlən] *v* *1.* put, place; *2. (Wecker)* set; *3. eine Frage ~* ask a question; *4. sich ~ (begeben)* stand; *5. sich einem Herausforderer ~* take on a challenger; *6. sich gut mit jdm ~* put o.s. on good terms with s.o.; *7. auf sich gestellt sein* have to fend for o.s.

Stellenangebot ['ʃtɛlənangəboːt] *n* position offered, vacancy
Stellengesuch ['ʃtɛləngəzuːx] *n* situation wanted
Stellenmarkt ['ʃtɛlənmarkt] *m ECO* job market
Stellenvermittlung ['ʃtɛlənfɛrmɪtluŋ] *f ECO* job placement
stellenweise ['stɛlənvaɪzə] *adv* in places, here and there
Stellenwert ['ʃtɛlənvɛrt] *m (fig)* status, rating, importance
Stellplatz ['ʃtɛlplats] *m (Parkplatz)* parking space
Stellung ['ʃtɛluŋ] *f* *1. (Haltung)* posture, attitude; *zu etw ~ nehmen* give one's opinion on sth, comment on sth; *die ~ halten* hold the fort *(fam)*; *2. (Anstellung)* position, post, job
Stellungnahme ['ʃtɛluŋnaːmə] *f* comment, opinion, point of view
stellvertretend ['ʃtɛlfɛrtreːtənt] *adj* representative, deputy, acting
Stellvertreter(in) ['ʃtɛlfɛrtreːtər(ɪn)] *m/f* representative, agent, deputy
Stellvertretung ['ʃtɛlfɛrtreːtuŋ] *f* representation, proxy
stelzen ['ʃtɛltsən] *v* stalk
Stenogramm ['ʃtɛnogram] *n* shorthand notes *pl*
Stemmeisen ['ʃtɛmaɪzən] *n TECH* crowbar
stemmen ['ʃtɛmən] *v* *1. (heben)* lift; *einen ~ (fam)* knock one back; *2. (fest drücken)* press; *3. (stützen)* prop; *4. (anheben)* lever up; *5. (meißeln)* chisel; *6. sich gegen etw ~* brace o.s. against sth, *(fig)* resist sth; *7. (beim Ski laufen) SPORT* stem
Stempel ['ʃtɛmpəl] *m* stamp, postmark; *jdm seinen ~ aufdrücken (fig)* leave one's mark on s.o.; *den ~ von jdm tragen (fig)* bear the stamp of s.o.
Stempelgeld ['ʃtɛmpəlgɛlt] *n* dole money *(fam)*
Stempelkissen ['ʃtɛmpəlkɪsən] *n* ink-pad
stempeln ['ʃtɛmpəln] *v* stamp, mark; *~ gehen* to be on the dole
stenografieren [ʃtenogra'fiːrən] *v* stenograph, write shorthand, write in shorthand
Stenotypistin [ʃtenoty'pɪstɪn] *f* shorthand typist
Steppdecke ['ʃtɛpdɛkə] *f* quilt
Steppjacke ['ʃtɛpjakə] *f* quilted jacket
Stepptanz ['ʃtɛptants] *m* tap dance
Sterbebett ['ʃtɛrbəbɛt] *n* deathbed
Sterbefall ['ʃtɛrbəfal] *m* death
Sterbegeld ['ʃtɛrbəgɛlt] *n* death benefit
Sterbehilfe ['ʃtɛrbəhɪlfə] *f* euthanasia

sterben ['ʃtɛrbən] *v irr* die

Sterbesakramente ['ʃtɛrbəzakramɛntə] *pl REL* last rites *pl*, last sacraments *pl*
Sterbeurkunde ['ʃtɛrbəuːrkundə] *f* death certificate
sterblich ['ʃtɛrblɪç] *adj* mortal
Sterblichkeit ['ʃtɛrplɪçkaɪt] *f* mortality
stereotyp [ʃtereo'tyːp] *adj* *1.* stereotype; *adv* *2.* in a stereotyped manner
steril [ʃte'riːl] *adj* sterile, barren, unfruitful
Sterilisation [ʃteriliza'tsjoːn] *f MED* sterilization
sterilisieren [ʃterili'ziːrən] *v* sterilize
Sterilität [ʃterili'tɛːt] *f* sterility

Stern [ʃtɛrn] *m* star; *~e sehen (fig)* see stars; *für jdn die ~e vom Himmel holen* go to the ends of the earth and back for s.o.; *nach den ~en greifen* reach for the stars; *in den ~en (geschrieben) stehen* to be (written) in the stars; *unter einem denkbar gutem ~* under a lucky star

Sternbild ['ʃtɛrnbɪlt] *n* constellation
sternenklar ['ʃtɛrnənklaːr] *adj* starry, starlit
sternförmig ['ʃtɛrnfœrmɪç] *adj* star-shaped, stellate
Sternschnuppe ['ʃtɛrnʃnupə] *f* shooting star, falling star
Sternstunde ['ʃtɛrnʃtundə] *f (fig)* great moment, shining moment
Sternwarte ['ʃtɛrnvartə] *f* observatory
stetig ['ʃteːtɪç] *adj* *1.* constant; *2.(gleichmäßig)* steady

Stetigkeit ['ʃteːtɪçkaɪt] *f* constancy, steadiness, continuity
stets [ʃteːts] *adv* always
Steuer ['ʃtɔyər] *f 1. FIN* tax; *n 2. (eines Autos)* steering wheel; *3. NAUT* rudder
Steueraufkommen ['ʃtɔyəraufkɔmən] *n ECO* tax yield, tax revenue, receipts from taxes
steuerbar ['ʃtɔyərbaːr] *adj 1. (lenkbar)* controllable, steerable, manoeuvrable; *2. (steuerpflichtig)* taxable
steuerbegünstigt ['ʃtɔyərbəgynstɪçt] *adj* tax sheltered, eligible for tax relief
Steuerberater(in) ['ʃtɔyərbəraːtər(ɪn)] *m/f ECO* tax advisor, tax consultant
Steuerbescheid [ʃtɔyərbəʃaɪt] *m ECO* notice of tax assessment
steuerbord ['ʃtɔyərbɔrt] *adv NAUT* starboard
Steuerklasse ['ʃtɔyərklasə] *f ECO* tax bracket
Steuerknüppel ['ʃtɔyərknypəl] *m* control stick, joystick *(fam)*
steuerlich ['ʃtɔyərlɪç] *adj 1.* tax; *adv 2.* for tax purposes, for tax reasons
Steuermann ['ʃtɔyərman] *m 1. NAUT* helmsman; *2. (als Rang)* mate
steuern ['ʃtɔyərn] *v 1. (lenken)* steer; *2. (regulieren)* control; *3. INFORM* control
Steuernummer ['ʃtɔyərnumər] *f ECO* taxpayer's reference number
Steuerparadies ['ʃtɔyərparadiːs] *n ECO* tax haven
steuerpflichtig ['ʃtɔyərpflɪçtɪç] *adj ECO* taxable, subject to tax
Steuerung ['ʃtɔyəruŋ] *f 1. (das Steuern)* steering; *2. (fig)* control, regulation, management
Steuerzahler ['ʃtɔyərtsaːlər] *m ECO* taxpayer
Steuerzeichen ['ʃtɔyərtsaɪçən] *n INFORM* control character
Stich [ʃtɪç] *m 1. (Wespen~)* sting; *2. (Näh~)* stitch; *3. (Messer~)* stab; *4. ART* engraving, cut; *5. jdn im ~ lassen* leave s.o. in the lurch; *6. Du hast wohl einen ~?* You must be mad!
Stichelei [ʃtɪçə'laɪ] *f* taunt, jibe, snide remark
sticheln ['ʃtɪçəln] *v (fig)* taunt, needle, tease
stichhaltig ['ʃtɪçhaltɪç] *adj* valid, solid, sound
Stichprobe ['ʃtɪçproːbə] *f* spot check, random test
Stichtag ['ʃtɪçtaːk] *m* effective date, key date
Stichwahl ['ʃtɪçvaːl] *f POL* second ballot, tie-breaking vote
Stichwort ['ʃtɪçvɔrt] *n 1. (in einem Wörterbuch)* headword; *2. THEAT* cue; *3. (fig)* key word
sticken ['ʃtɪkən] *v* embroider
stickig ['ʃtɪkɪç] *adj* stuffy, close, suffocating
Stiefel ['ʃtiːfəl] *m* boot; *jdm die ~ lecken* lick s.o.'s boots
Stiefeltern ['ʃtiːfɛltərn] *pl* step-parents
Stiefmutter ['ʃtiːfmutər] *f* stepmother
Stiefmütterchen ['ʃtiːfmytərçən] *n BOT* pansy
stiefmütterlich ['ʃtiːfmytərlɪç] *adj (fig: nachlässig)* negligent, neglectful; *jdn ~ behandeln* treat s.o. as a stepchild, treat s.o. shabbily
Stiefvater ['ʃtiːffaːtər] *m* stepfather
Stiel [ʃtiːl] *m* handle, stem, stalk
Stier [ʃtiːr] *m 1. ZOOL* bull; *den ~ bei den Hörnern packen* take the bull by the horns; *2. (Tierkreiszeichen)* Taurus
stieren ['ʃtiːrən] *v* stare
Stierkampf ['ʃtiːrkampf] *m* bullfight
Stift[1] [ʃtɪft] *m 1. (Nagel ohne Kopf)* pin; *2. (Bleistift)* pencil; *3. (Filzstift)* pen, felt-tipped pen
Stift[2] [ʃtɪft] *1.* charitable foundation; *2. (Seminar)* seminary; *3. (Kloster)* convent
stiften ['ʃtɪftən] *v 1. (schenken)* give, make a present of, endow; *2. (gründen)* establish, found; *3. (fig: verursachen)* cause, provoke, create
Stiftung ['ʃtɪftuŋ] *f 1. (Schenkung)* donation, bequest; *2. (Gründung)* establishment, foundation
Stil [ʃtiːl] *m* style
Stilblüte ['ʃtiːlblyːtə] *f* stylistic howler *(fam)*
stilgerecht ['stiːlgərɛçt] *adj* in proper style, in keeping with the style
stilisieren [ʃtili'ziːrən] *v* stylize
Stilist [ʃti'lɪst] *m* stylist
stilistisch [ʃti'lɪstɪʃ] *adj* stylistic

still [ʃtɪl] *adj 1. (geräuschlos)* silent, quiet, calm; *2. (friedlich)* peaceful, calm; *3. (ruhig)* quiet, tranquil

Stille ['ʃtɪlə] *f 1.* silence; *2. (Frieden)* peace, calm; *3. (Ruhe)* tranquility
Stillleben ['ʃtɪlleːbən] *n ART* still-life
stilllegen ['ʃtɪlleːgən] *v* shut down, close down
Stilllegung ['ʃtɪlleːguŋ] *f* shutdown, closure
stillen ['ʃtɪlən] *v 1. (säugen)* breast-feed; *2. (Bedürfnis)* satisfy, gratify
stillhalten ['ʃtɪlhaltən] *v irr* keep still
stillos ['ʃtiːlloːs] *adj* tasteless, inappropriate

S

Stillstand ['ʃtɪlʃtant] *m* standstill, stop, stagnation
stillstehen ['ʃtɪlʃteːən] *v irr 1. MIL* stand at attention; *2. (Person)* stand still; *3. (Maschine)* to be idle
Stillzeit ['ʃtɪltsaɪt] *f 1. (Stillperiode) MED* nursing period, lactation period; *2. (Tageszeit, zu der gestillt wird)* nursing time
Stilmittel ['ʃtiːlmɪtəl] *n* stylistic device
Stilrichtung ['ʃtiːlrɪçtuŋ] *f ART* style, trend
stilvoll ['ʃtiːlfɔl] *adj 1.* in good style, stylish, in good taste; *adv 2.* stylishly, tastefully
Stimmabgabe ['ʃtɪmapgaːbə] *f POL* voting, vote
Stimmband ['ʃtɪmbant] *n ANAT* vocal cord
stimmberechtigt ['ʃtɪmbərɛçtɪçt] *adj POL* entitled to vote
Stimmbruch ['ʃtɪmbrux] *m* breaking of the voice
Stimme ['ʃtɪmə] *f 1.* voice; *seine ~ wieder finden* regain one's voice; *2. (Wahlstimme) POL* vote
stimmen ['ʃtɪmən] *v 1. (wahr sein)* to be right, to be true, to be correct; *das stimmt* that's right; *2. (Instrument) MUS* tune
Stimmenanteil ['ʃtɪmənantaɪl] *m POL* share of the votes, percentage of the votes
Stimmengewirr ['ʃtɪməngəvɪr] *n* din, cacophony
Stimmenmehrheit ['ʃtɪmənmeːrhaɪt] *f POL* majority of votes
Stimmenthaltung ['ʃtɪmɛnthaltuŋ] *f POL* abstention
Stimmgabel ['ʃtɪmgaːbəl] *f MUS* tuning fork
stimmhaft ['ʃtɪmhaft] *adj* voiced
Stimmlage ['ʃtɪmlaːgə] *f* register, pitch
stimmlich ['ʃtɪmlɪç] *adj* vocal
Stimmrecht ['ʃtɪmrɛçt] *n ECO* right to vote, suffrage
Stimmung ['ʃtɪmuŋ] *f 1.* mood, disposition, spirit; *2. (bei der Truppe)* morale; *3. (Atmosphäre)* atmosphere
Stimmzettel ['ʃtɪmtsɛtəl] *m POL* ballot, voting paper
Stinkbombe ['ʃtɪŋkbɔmbə] *f* stink bomb
stinken ['ʃtɪŋkən] *v irr* stink, smell bad
Stipendiat [ʃtɪpɛn'djaːt] *m* scholarship holder
Stipendium [ʃtɪ'pɛndjum] *n* scholarship
stippen ['ʃtɪpən] *v* dunk, dip
Stippvisite ['ʃtɪpviziːtə] *f* quick visit
Stirn [ʃtɪrn] *f* forehead; *die ~ runzeln* furrow one's brow; *die ~ haben, etw zu tun* have the gall to do sth; *jdm die ~ bieten* stand up to s.o.; *sich an die ~ fassen* shake one's head in disbelief; *jdm auf der ~ geschrieben stehen* to be written on s.o.'s face
Stirnband ['ʃtɪrnbant] *n* bandana
Stirnglatze ['ʃtɪrnglatsə] *f* high forehead
Stirnhöhle ['ʃtɪrnhøːlə] *f ANAT* frontal sinus
Stirnrunzeln ['ʃtɪrnruntsəln] *n* frown
stöbern ['ʃtøːbərn] *v 1. (herumsuchen)* rummage about; *2. (sauber machen)* clean; *3. Es stöbert.* There is a flurry of snow.
stochern ['ʃtɔxərn] *v* poke about; *im Essen ~* pick at one's food; *in den Zähnen ~* pick one's teeth

Stock [ʃtɔk] *m 1. (Stab)* stick; *am ~ gehen* to be in a bad way; *über ~ und Stein* uphill and down dale; *2. (Etage)* floor, storey, story *(US)*

stockbetrunken [ʃtɔkbə'truŋkən] *adj* dead drunk
stockblind [ʃtɔk'blɪnt] *adj* blind as a bat
stockdunkel [ʃtɔk'duŋkəl] *adj* pitch dark
stocken ['ʃtɔkən] *v 1. (zum Stillstand kommen)* come to a standstill, stop; *2. (Blut)* coagulate; *3. (Milch)* curdle; *4. (Herz)* skip a beat; *5. (Geschäfte)* drop off; *6. (Stockflecke bekommen)* turn mouldy
Stockwerk ['ʃtɔkvɛrk] *n* storey, floor
Stoff [ʃtɔf] *m 1. (Textil)* material, cloth; *2. (Materie)* matter, substance; *3. (fam: Rauschgift)* dope, stuff
stofflich ['ʃtɔflɪç] *adj* material
Stofftier ['ʃtɔftiːr] *n* stuffed animal
Stoffwechsel ['ʃtɔfvɛksəl] *m BIO* metabolism
stöhnen ['ʃtøːnən] *v* groan, moan
stolpern ['ʃtɔlpərn] *v* stumble, trip
stolz [ʃtɔlts] *adj 1.* proud; *Ich bin ~ auf dich.* I'm proud of you. *2. (hochmütig)* haughty; *3. (anmaßend)* arrogant
Stolz [ʃtɔlts] *m 1.* pride; *2. (Anmaßung)* arrogance
stolzieren [ʃtɔl'tsiːrən] *v* strut, swagger
stopfen ['ʃtɔpfən] *v 1. (füllen)* stuff, cram, fill; *2. (flicken)* patch up, mend; *3. (Strümpfe)* darn
stoppen ['ʃtɔpən] *v 1. (anhalten)* stop; *2. (messen)* time, clock
Stöpsel ['ʃtœpzəl] *m* stopper, cork
Stör [ʃtøːr] *m ZOOL* sturgeon
störanfällig ['ʃtøːranfɛlɪç] *adj* breakdown -prone
Störanfälligkeit ['ʃtøːranfɛlɪçkaɪt] *f* breakdown proneness

S

Storch [ʃtɔrç] *m ZOOL* stork
stören ['ʃtøːrən] *v* disturb, trouble, bother
störend ['ʃtøːrənt] *adj* disturbing, disruptive
Störenfried ['ʃtørənfriːt] *m* troublemaker, mischief-maker, intruder
Störfaktor ['ʃtøːrfaktɔr] *m* interference factor
Störfall ['ʃtøːrfal] *m TECH* breakdown, accident, malfunction
stornieren [ʃtɔr'niːrən] *v ECO* cancel
Stornierung [ʃtɔr'niːruŋ] *f* cancellation
Storno ['ʃtɔrno] *m 1. ECO* contra entry, reversal; *2. (Auftragsstorno) ECO* cancellation
störrisch ['ʃtœrɪʃ] *adj 1.* stubborn, obstinate, headstrong; *adv 2.* obstinately, pigheadedly, wilfully
Störung ['ʃtøːruŋ] *f* disturbance, inconvenience, annoyance
Stoß [ʃtoːs] *m 1.* push; *2. (Hieb)* knock, blow; *3. (Anprall)* impact; *4. (mit einer Waffe)* thrust; *5. (Stapel)* pile
Stoßdämpfer ['ʃtoːsdɛmpfər] *m TECH* shock absorber
stoßempfindlich ['ʃtoːsɛmpfɪntlɪç] *adj* sensitive to shock, susceptible to shock
stoßen ['ʃtoːsən] *v irr 1.* push, shove, knock; *2. auf etw ~* come across sth
stoßfest ['ʃtoːsfɛst] *adj* shock-resisting, shock-proof
Stoßstange ['ʃtoːsʃtaŋə] *f (eines Autos)* bumper
Stoßverkehr ['ʃtoːsfɛrkeːr] *m* rush-hour traffic
Stoßzahn ['ʃtoːstsaːn] *m ZOOL* tusk
stottern ['ʃtɔtərn] *v* stutter, stammer
Strafanstalt ['ʃtraːfanʃtalt] *f JUR* penal institution
Strafanzeige ['ʃtraːfantsaɪgə] *f JUR* criminal charge; *~ erstatten gegen* bring a criminal charge against
Strafarbeit ['ʃtraːfarbaɪt] *f* extra work (as punishment)
strafbar ['ʃtraːfbaːr] *adj JUR* punishable, subject to prosecution
Strafe ['ʃtraːfə] *f 1.* penalty, punishment; *2. JUR* sentence, penalty
strafen ['ʃtraːfən] *v* punish
straff [ʃtraf] *adj 1. (gespannt)* tight, tense, taut; *2. (streng)* severe, strict; *3. (kurz)* concise
straffällig ['ʃtraːffɛlɪç] *adj ~ werden* commit a criminal offence
straffen ['ʃtrafən] *v 1.* tighten; *2. (fig: einen Text kürzen)* compress, condense
straffrei ['ʃtraːffraɪ] *adj JUR* unpunished
Straffreiheit ['ʃtraːffraɪhaɪt] *f JUR* impunity
Strafgefangene(r) ['ʃtrafgəfaŋənə(r)] *m/f* prisoner, convict
Strafgesetz ['ʃtraːfgəzɛts] *n* criminal law
Strafgesetzbuch ['ʃtraːfgəzɛtsbuːx] *n JUR* Penal Code, Criminal Code
Straflager ['ʃtraːflaːgər] *n* detention camp, penal camp, prison camp
sträflich ['ʃtrɛːflɪç] *adj 1.* criminal, punishable, *2. (unverzeihlich)* unpardonable
Sträfling ['ʃtrɛːflɪŋ] *m* prisoner, convict
straflos ['straːfloːs] *adj* unpunished
Strafmaß ['ʃtraːfmaːs] *n JUR* sentence
strafmildernd ['ʃtraːfmɪldərnt] *adj JUR* extenuating, mitigating
Strafporto ['ʃtraːfpɔrto] *n* surcharge, postage due
Strafpredigt ['ʃtraːfpredɪçt] *f* reprimand, lecture
Strafprozess ['ʃtraːfprotsɛs] *m JUR* criminal proceedings
Strafraum ['ʃtraːfraum] *m SPORT* penalty area
Straftat ['ʃtraːftaːt] *f JUR* criminal offence, punishable act
Straftäter ['ʃtraːftɛːtər] *m JUR* criminal offender
Strafverfahren ['ʃtraːffɛrfaːrən] *n JUR* criminal proceedings
Strafvollzug ['ʃtraːffɔltsuːk] *m 1. (System) JUR* penal system, prison system; *2. (Bestrafung) JUR* imprisonment, incarceration
Strafzettel ['ʃtraːftsɛtəl] *m 1.* traffic ticket, speeding ticket; *2. (für Falschparken)* parking ticket
Strahl [ʃtraːl] *m 1. (Sonnenstrahl)* ray; *2. (Wasserstrahl)* jet, spout
strahlen ['ʃtraːlən] *v* radiate, beam, shine
Strahler ['ʃtraːlər] *m* spotlight
Strähne ['ʃtrɛːnə] *f 1.* strand; *2. (Kette von Ereignissen)* string, streak
strähnig ['ʃtrɛːnɪç] *adj* straggly
stramm [ʃtram] *adj 1. (fest sitzend)* tight; *2. (kräftig)* strapping, robust; *3. (Haltung)* erect; *adv 4. ~ arbeiten (fam)* work hard
strampeln ['ʃtrampəln] *v 1.* kick; *2. (beim Radfahren)* pedal
Strand [ʃtrant] *m* beach, shore
stranden ['ʃtrandən] *v* to be stranded
Strang [ʃtraŋ] *m* rope, cord; *am gleichen Strang ziehen* to be after the same thing; *wenn alle Stränge reißen* if worst comes to worst

S

strangulieren [ʃtraŋgu'liːrən] *v* strangle
Strapaze [ʃtra'patsə] *f* strain, overexertion, fatigue
strapazieren [ʃtrapa'tsiːrən] *v* strain, fatigue, tax
strapazierfähig [ʃtrapa'tsiːrfɛːɪç] *adj* sturdy, resilient, heavy-duty
strapaziös [ʃtrapa'tsjøːs] *adj* exhausting, trying

Straße ['ʃtraːsə] *f* 1. road; 2. *(einer Stadt)* street; *über die ~ gehen* cross the street; *jdn auf die ~ werfen* turn s.o. out; *jdn auf die ~ werfen (jdn entlassen)* sack s.o.; *auf der ~ liegen* to be on the street; *auf die ~ gehen (der Prostitution nachgehen)* walk the streets; 3. *(Meerenge)* GEO strait

Straßenbahn ['ʃtraːsənbaːn] *f* tram *(UK)*, streetcar *(US)*
Straßenbau ['ʃtraːsənbau] *m* road construction
Straßenbeleuchtung ['ʃtraːsənbəlɔyçtuŋ] *f* street lighting, roadway lighting
Straßenbild ['ʃtraːsənbɪlt] *n* street scene
Straßengebühr ['ʃtraːsəngəbyːr] *f* toll
Straßengraben ['ʃtraːsəngraːbən] *m* ditch
Straßenhändler ['ʃtraːsənhɛndlər] *m* street vendor
Straßenlärm ['ʃtraːsənlɛrm] *m* street noise
Straßennetz ['ʃtraːsənnɛts] *n* road network, road system
Strategie [ʃtrate'giː] *f* strategy
strategisch [ʃtra'teːgɪʃ] *adj* strategic
sträuben ['ʃtrɔybən] *v sich ~* resist, oppose, fight against
Strauch [ʃtraux] *m* BOT bush, shrub
Strauß[1] [ʃtraus] *m (Blumenstrauß)* bunch, bouquet
Strauß[2] [ʃtraus] *m* ZOOL ostrich
Strebe ['ʃtreːbə] *f* brace, strut
Streber ['ʃtreːbər] *m (fam)* swotter *(UK)*, curve killer *(US)*
strebsam ['ʃtreːpzam] *adj* assiduous, industrious
Strecke ['ʃtrɛkə] *f* 1. stretch; *auf der ~ bleiben* fall by the wayside; *jdn zur ~ bringen* hunt down and capture s.o.; 2. *(Entfernung)* distance
strecken ['ʃtrɛkən] *v* stretch

Streich [ʃtraɪç] *m* 1. *(Schlag)* blow; *auf einen ~* at a stroke; 2. *(Schabernack)* prank; *jdm einen ~ spielen* play a joke on s.o.

streicheln ['ʃtraɪçəln] *v* caress, pet
streichen ['ʃtraɪçən] *v irr* 1. *(berühren)* stroke, rub gently; 2. *(auf~)* spread; 3. *(an~)* paint; 4. *(durch~)* cross out, delete, strike out; 5. *(Plan)* cancel; 6. *(annullieren)* cancel
Streichholz ['ʃtraɪçhɔlts] *n* match
Streife ['ʃtraɪfə] *f (Polizei)* patrol
Streifen ['ʃtraɪfən] *m* 1. *(Band)* strip; 2. *(Linie)* stripe, streak; 3. *(fam: Film)* picture
Streifenwagen ['ʃtraɪfənvaːgən] *m* patrol car, squad car
Streiflicht ['ʃtraɪflɪçt] *n (fig) ein ~ auf etw werfen* highlight sth
Streifzug ['ʃtraɪftsuːk] *m* 1. reconnaissance; 2. *(Überblick)* brief survey; 3. *(Bummel)* wanderings
Streik [ʃtraɪk] *m* strike
streiken ['ʃtraɪkən] *v* strike
Streikposten ['ʃtraɪkpɔstən] *m* ECO picketer
Streit [ʃtraɪt] *m* 1. *(Unstimmigkeit)* disagreement, difference; 2. *(Wort~)* argument, dispute, quarrel
streitbar ['ʃtraɪtbaːr] *adj* 1. *(streitlustig)* pugnacious, belligerent; 2. *(tapfer)* valiant
streiten ['ʃtraɪtən] *v irr* 1. *(mit Worten)* argue, have a dispute, quarrel; *sich ~ über* argue about; 2. *(kämpfen)* fight, struggle
Streitfrage ['ʃtraɪtfraːgə] *f* dispute, point of controversy, issue
Streitgegenstand ['ʃraɪtgeːgənʃtant] *m* matter in dispute
Streitkräfte ['ʃtraɪtkrɛftə] *pl* MIL armed forces, armed services, troops
streitlustig ['ʃtraɪtlustɪç] *adj* argumentative, pugnacious
streitsüchtig ['ʃtraɪtzyçtɪç] *adj* belligerent, quarrelsome
Streitwert ['ʃtraɪtvɛrt] *m* JUR amount in dispute
streng [ʃtrɛŋ] *adj* 1. strict, severe, exacting; *adv* 2. strictly, severely; *~ vertraulich* strictly confidential; *~ genommen* strictly speaking
Strenge ['ʃtrɛŋə] *f* 1. strictness, severity; 2. *(der Form)* austerity, economy; 3. *(des Wetters)* harshness; 4. *(des Geschmacks)* acridity, pungency
strenggläubig ['ʃtrɛŋglɔybɪç] *adj* orthodox, strict
strengstens ['ʃtrɛŋstəns] *adv* absolutely
Streu [ʃtrɔy] *f* straw or sawdust spread on the ground
streuen ['ʃtrɔyən] *v* 1. strew, scatter; 2. *(Mist)* spread

S

Streuung ['ʃtrɔyuŋ] *f* *1.* strewing, scattering; *2. PHYS* dispersion, scattering

Strich [ʃtrɪç] *m* *1.* stroke, line; *jdm einen ~ durch die Rechnung machen (fig)* thwart s.o.'s plan; *gegen den ~ gehen* go against the grain; *nach ~ und Faden* really, with a vengeance; *Ziehen wir doch einen ~ darunter.* Let's let bygones be bygones. *2. (Pinsel~)* stroke; *3. (Prostitution)* prostitution; *auf den ~ gehen* walk the streets

Strichkode ['ʃtrɪçkoːd] *m INFORM* bar code, UPC code *(US)*
Strichmännchen ['ʃtrɪçmænçən] *n* matchstick man
Strichpunkt ['ʃtrɪçpuŋkt] *m* semicolon
strichweise ['ʃtrɪçvaɪzə] *adj* in places, here and there
Strick [ʃtrɪk] *m* rope, cord; *wenn alle ~e reißen* if worst comes to worst; *jdm aus etw einen ~ drehen* slant sth against s.o.
stricken ['ʃtrɪkən] *v* knit
Strickjacke ['ʃtrɪkjakə] *f* cardigan
Strickleiter ['ʃtrɪklaɪtər] *f* rope ladder
Striemen ['ʃtriːmən] *m* welt
strikt [ʃtrɪkt] *adj 1.* strict; *adv 2.* strictly, literally
strittig ['ʃtrɪtɪç] *adj* controversial, debatable
Stroh [ʃtroː] *n* straw; *~ im Kopf haben* to have rocks in one's head, to be as thick as they come
Strohdach ['ʃtroːdax] *n* thatched roof
Strohhalm ['ʃtroːhalm] *m* straw; *sich an einen ~ klammern* clutch at straws
Strohmann ['ʃtroːman] *m (fig)* scarecrow
Strohwitwe ['ʃtroːvɪtvə] *f* grass-widow
Strom [ʃtroːm] *m 1. (Fluss)* river, stream; *2. (elektrischer ~) TECH* current; *3. (Strömung)* current, stream; *mit dem ~ schwimmen* swim with the tide
Stromausfall ['ʃtroːmausfal] *m* power failure, power outage
strömen ['ʃtrøːmən] *v 1.* stream, flow; *2. (heraus~)* pour
Stromkreis ['ʃtroːmkraɪs] *m TECH* circuit
stromlinienförmig ['ʃtroːmliːnjənfœrmɪç] *adj* streamlined
Strömung ['ʃtrøːmuŋ] *f* current, stream, drift
Stromzähler ['stroːmtsɛːlər] *m TECH* current meter
Strophe ['ʃtroːfə] *f* verse, stanza
Struktur [ʃtruk'tuːr] *f* structure
strukturell [ʃtruktu'rɛl] *adj 1.* structural; *adv 2.* structurally

strukturieren [ʃtruktu'riːrən] *v* structure
Strumpf [ʃtrumpf] *m 1.* sock; *2. (Damenstrumpf)* stocking
Strumpfband ['ʃtrumpfbant] *n* garter
Strumpfhose ['ʃtrumpfhoːzə] *f* tights *pl*
Struwwelpeter ['ʃtruvəlpeːtər] *m LIT* shockheaded Peter
Stube ['ʃtuːbə] *f* room, chamber
Stubenarrest ['ʃtuːbənarɛst] *m 1.* confinement to one's room; *2. MIL* confinement to quarters
Stubenhocker ['ʃtuːbənhɔkər] *m* stay-at-home

Stück [ʃtyk] *n 1.* piece, bit; *ein ~ Brot* a piece of bread; *große ~e auf jdn halten* think the world of s.o.; *2. (Abschnitt)* part, portion, fragment; *3. THEAT* play

Stücklohn ['ʃtykloːn] *m ECO* piece-work wage
stückweise ['ʃtykvaɪzə] *adv 1.* bit by bit, little by little, piecemeal; *2. ~ verkaufen ECO* sell individually
Stückzahl ['ʃtyktsaːl] *f* number of pieces, quantity
Student [ʃtu'dɛnt] *m* student
Studentenausweis [ʃtu'dɛntənausvaɪs] *m* student ID card
Studentenheim [ʃtu'dɛntənhaɪm] *n* residence hall, dormitory *(US)*
Studentenverbindung [ʃtu'dɛntənfɛrbɪnduŋ] *f* students' society, fraternity *(US)*
studentisch [ʃtu'dɛntɪʃ] *adj* student, of students
Studie ['ʃtuːdjə] *f* study
Studienrat ['ʃtuːdjənraːt] *m* teacher at a secondary school
studieren [ʃtu'diːrən] *v* study, attend university
Studierzimmer [ʃtu'diːrtsɪmər] *n* study
Studium ['ʃtuːdjum] *n* studies *pl*
Stufe ['ʃtuːfə] *f 1. (Treppenstufe)* step; *2. (Phase)* phase, stage
Stufenheck ['ʃtuːfənhɛk] *n* notchback
stufenlos ['ʃtuːfənloːs] *adj* continuous
stufenweise ['ʃtuːfənvaɪzə] *adv* by steps, gradually, progressively
stufig ['ʃtuːfɪç] *adj* stepped, terraced

Stuhl [ʃtuːl] *m* chair, seat; *zwischen zwei Stühlen sitzen (fig)* sit on the fence; *Ich bin fast vom ~ gefallen.* You could have knocked me over with a feather. *Das reißt einen nicht gerade vom ~.* It's nothing to write home about.

S

Stuhlgang ['ʃtu:lgaŋ] *m MED* bowel movement
stülpen ['ʃtylpən] *v 1. etw über etw ~* put sth over sth; *den Hut auf den Kopf ~* clap on one's hat; *2. nach außen ~* turn inside out
stumm [ʃtum] *adj 1.* dumb, mute; *2. (schweigend)* silent
Stummel ['ʃtuməl] *m 1.* stump; *2. (einer Zigarette)* fag *(UK),* butt *(US)*
Stummfilm ['ʃtumfɪlm] *m* silent film
Stümper ['ʃtympər] *m (fam: Versager)* bungler, amateur
stümperhaft ['ʃtympərhaft] *adj 1.* botched, clumsy, bungling; *adv 2.* clumsily, incompetently
stumpf [ʃtumpf] *adj 1. (nicht scharf)* blunt; *2. (fig: glanzlos)* dull, subdued; *3. (fig: teilnahmslos)* apathetic
Stumpf [ʃtumpf] *m 1. (eines Baumes)* stump; *2. (einer Extremität)* stump
stumpfsinnig ['ʃtumpfzɪnɪç] *adj 1. (Person)* dull, dim-witted; *2. (Arbeit)* tedious, monotonous, stupefying

Stunde ['ʃtundə] *f 1.* hour; *2. (Unterricht)* lesson; *3. (fig)* hour, moment; *die ~ der Wahrheit* the moment of truth; *Seine letzte ~ hat geschlagen.* His time is up.

stunden ['ʃtundən] *v jdm etw ~ ECO* give s.o. time to pay sth
Stundenkilometer ['ʃtundənki:lome:tər] *pl* kilometres per hour
stundenlang ['ʃtundənlaŋ] *adj 1.* lasting hours; *adv 2.* for hours
Stundenlohn ['ʃtundənlo:n] *m ECO* hourly wage
Stundenplan ['ʃtundənplan] *m* timetable, schedule
Stundentakt ['ʃtundəntakt] *m im ~* at hourly intervals
Stundenzeiger ['ʃtundəntsaɪgər] *m* hour hand
stündlich ['ʃtyntlɪç] *adj 1.* hourly; *adv 2.* hourly, by the hour, on the hour
Stundung ['ʃtunduŋ] *f ECO* extension
stur [ʃtu:r] *adj* pig-headed, stubborn, obstinate
Sturheit ['ʃtu:rhaɪt] *f* stubbornness, obstinacy, pigheadedness
Sturm [ʃturm] *m 1.* storm; *2. ~ und Drang LIT* Sturm und Drang (Storm and Stress)
stürmen ['ʃtyrmən] *v 1.* storm; *2. (Wind)* rage; *3. (Stürmer spielen) SPORT* play forward
stürmisch ['ʃtyrmɪʃ] *adj 1. (Wetter)* stormy; *2. (fig)* turbulent, tempestuous, frantic; *3. (leidenschaftlich)* passionate
Sturz [ʃturts] *m* fall, tumble
stürzen ['ʃtyrtsən] *v 1.* fall, tumble; *2. (rennen)* rush, dash; *Er kam ins Zimmer gestürzt.* He burst into the room. *3. (durch Coup)* overthrow
Sturzflug ['ʃturtsflu:k] *m* dive, nose-dive
Sturzhelm ['ʃturtshɛlm] *m* crash helmet
Stute ['ʃtu:tə] *f ZOOL* mare
Stütze ['ʃtytsə] *f 1.* support, prop; *die ~n der Gesellschaft* the pillars of society; *2. (fig: Unterstützung)* support
stutzen ['ʃtutsən] *v 1. (erstaunt sein)* stop short; *2. (kürzen)* trim
stützen ['ʃtytsən] *v 1. (halten)* prop, support; *2. (fig: unter~)* back up, support
stutzig ['ʃtutsɪç] *adj ~ werden* become suspicious
Stützpunkt ['ʃtytspuŋkt] *m MIL* base
Subjekt [zup'jɛkt] *n* subject
subjektiv [zupjɛk'ti:f] *adj 1.* subjective; *adv 2.* subjectively
Subkultur ['zupkultu:r] *f* subculture
Substantiv ['zupstanti:f] *n GRAMM* noun
Substanz [zup'stants] *f CHEM* substance, material
substanziell [zupstan'tsjɛl] *adj* substantial
Substrat [zup'stra:t] *n 1.* substratum; *2. TECH* substrate
subtil [sup'ti:l] *adj* subtle
Subtraktion [zuptrak'tsjo:n] *f MATH* subtraction
Subvention [zupvɛn'tsjo:n] *f ECO* subsidy
subventionieren [zupvɛntsjo'ni:rən] *v* subsidize
Suchaktion ['zu:xaktsjo:n] *f* search
Suche ['zu:xə] *f* search, quest

suchen ['zu:xən] *v 1. etw ~, nach etw ~* look for sth, seek sth, search for sth; *2. Du hast hier nichts zu ~. (fig)* You have no business being here. *seinesgleichen ~* to be unparalleled

Suchlauf ['zu:xlauf] *m TECH* search
Sucht [zuxt] *f MED* addiction
Suchtgefahr ['zuxtgəfa:r] *f* danger of habit formation, danger of addiction
süchtig [zyçtɪç] *adj MED* addicted
Suchtrupp ['zu:xtrup] *m* search party
Süden ['zy:dən] *m* south
Südeuropa ['zy:tɔyro:pa] *n GEO* southern Europe

S

Südfrucht ['zy:tfruxt] *f* tropical fruit
Süditalien ['zy:tɪta:ljən] *n GEO* southern Italy
südländisch ['zy:tlɛndɪʃ] *adj* Mediterranean
südlich ['zy:dlɪç] *adj 1.* southern, southerly, south; *adv 2.* south; *~ von* south of
Südost [zy:t'ɔst] *m* southeast
Südpol ['zy:tpo:l] *m GEO* South Pole
Südsee ['zy:tze:] *f GEO* South Pacific, South Seas
Südseeinsel ['zy:tze:ɪnzəl] *f* South Sea island
Südseite ['zy:tzaɪtə] *f* south side
Südwest [zy:t'vɛst] *m* southwest
süffig ['zyfɪç] *adj* tasty, mellow
süffisant [zyfi'zant] *adj* smug, complacent
Suggestivfrage [zugɛs'ti:ffra:gə] *f* leading question
Sühne ['zy:nə] *f* atonement, expiation
Sulfat [zul'fa:t] *n CHEM* sulfate, sulphate
Sülze ['zyltsə] *f* aspic, head cheese *(US)*
Summe ['zumə] *f* sum, amount
summen ['zumən] *v* hum, buzz
summieren [zu'mi:rən] *v* sum up, add up
Sumpf [zumpf] *m* swamp, marsh, bog
Sumpfgebiet ['zumpfgəbi:t] *n* swamp land
Sünde ['zyndə] *f* sin
Sündenbock ['zyndənbɔk] *m* scapegoat
sündhaft ['zynthaft] *adj 1.* sinful; *adv 2. ~ teuer* ridiculously expensive
sündigen ['zyndɪgən] *v REL* sin, commit a sin
Suppe ['zupə] *f GAST* soup, broth; *jdm die ~ versalzen (fig)* spoil s.o.'s fun
Surfbrett ['zø:rfbrɛt] *n SPORT* surfboard
surfen ['zø:rfən] *v SPORT* surf
surrealistisch [zyrea'lɪstɪʃ] *adj* surrealist, surreal, surrealistic
surren ['zurən] *v 1.* whir, hum; *2. (Insekt)* buzz
Surrogat [zuro'ga:t] *n* substitute
suspendieren [zuspɛn'di:rən] *v* suspend

süß [zy:s] *adj 1. (Geschmack)* sweet; *2. (niedlich)* sweet, cute

Süßholz ['zy:shɔlts] *n BOT* liquorice; *~ raspeln (fam)* whisper sweet nothings
Süßigkeiten ['zy:sɪçkaɪtən] *pl* sweets
Süßstoff ['zy:sʃtɔf] *m* sweetener
Süßwasser ['sy:svasər] *n* freshwater
symbolisch [zym'bo:lɪʃ] *adj* symbolic
symbolisieren [zymboli'zi:rən] *v* symbolize
Symmetrie [zyme'tri:] *f MATH* symmetry
symmetrisch [zy'me:trɪʃ] *adj 1.* symmetric; *adv 2.* symmetrically
Sympathie [zympa'ti:] *f* sympathy
sympathisch [zym'pa:tɪʃ] *adj* likable, nice, appealing; *Er ist mir ~.* I like him.
sympatisieren [zympati'zi:rən] *v ~ mit* sympathize with
Symptom [zymp'to:m] *n* symptom
symptomatisch [zympto'ma:tɪʃ] *adj* symptomatic
Synagoge [zyna'go:gə] *f REL* synagogue
synchron [zyn'kro:n] *adj* synchronous
Synchronisation [zynkroniza'tsjo:n] *f CINE* dubbing
synchronisieren [zynkroni'zi:rən] *v 1. CINE* dub; *2. (Getriebe) TECH* synchronise
systematisch [zyste'ma:tɪʃ] *adj* systematic
Szenario [stse'na:rjo] *n* scenario
Szene ['stse:nə] *f 1.* scene; *2. CINE* scene, sequence, *(~naufnahme)* shot
Szenerie [stse:nə'ri:] *f* scenery

S

T

Tabak ['tabak] *m* tobacco
Tabakdose ['tabakdoːzə] *m 1.* tobacco tin; *2. (für Schnupftabak)* snuff-box
tabellarisch [tabɛ'laːrɪʃ] *adj* tabular, arranged in tables
Tabelle [ta'bɛlə] *f 1.* table, chart; *2. SPORT* table *(UK)*, standings *pl*
Tabernakel [tabɛr'naːkəl] *m REL* tabernacle
Tablett [ta'blɛt] *n* tray
Tablette [ta'blɛtə] *f MED* tablet, pill
tabu [ta'buː] *adj* taboo
Tacheles ['taxələs] *mit jdm ~ reden* tell s.o. what's what, talk turkey with s.o. *(US)*
Tachometer [taxo'meːtər] *m* speedometer
Tadel ['taːdəl] *m* reproach, reproof, criticism
tadellos ['taːdəlloːs] *adj 1.* faultless, blameless, irreproachable; *adv 2.* perfectly, flawlessly, faultlessly
tadeln ['taːdəln] *v 1.* rebuke; *2. (bekritteln)* find fault with
Tafel ['taːfəl] *f 1. (Schultafel)* blackboard, chalkboard; *2. (Schalttafel) TECH* switchboard; *3. (gedeckter Tisch)* dinner table; *4. (Schokoladentafel)* bar
tafeln ['taːfəln] *v* dine, sit at table
täfeln ['tɛːfəln] *v* panel
Täfelung ['tɛːfəluŋ] *f* panelling

Tag [taːk] *m* day; *Guten ~!* Hello! *jeden zweiten ~* every other day; *einen freien ~ haben* have a day off; *Das ist nicht mein ~.* This isn't my day. *den ganzen ~* all day long; *~ für ~, ~ um ~* day after day; *vor acht ~en* a week ago; *bis auf den heutigen ~* to this day; *etw an den ~ bringen* bring sth to light; *etw an den ~ legen* display sth; *an den ~ kommen* come to light; *unter ~e* below ground; *in den ~ hineinleben* live from day to day; *den lieben langen ~* all day long

tagaus [taːk'aus] *adv ~, tagein* day in, day out
Tagebuch ['taːgəbuːx] *n* diary, journal
tagelang ['taːgəlaŋ] *adj 1.* lasting for days; *adv 2.* for days, day after day
Tagelöhner ['taːgələːnər] *m* day labourer
tagen ['taːgən] *v 1. (Tag werden)* dawn; *2. (eine Tagung abhalten)* meet, sit
Tagesablauf ['taːgəsaplauf] *m* daily routine
Tagesanbruch ['taːgəsanbrux] *m* daybreak, dawn
Tageseinnahme ['taːgəsaɪnnaːmə] *f* day's receipts *pl*
Tagesgespräch ['taːgəsgəʃprɛːç] *n* topic of the day
Tageskarte ['taːgəskartə] *f 1. (Ticket)* day ticket; *2. (Speiseplan)* today's specials
Tageslicht ['taːgəslɪçt] *n* daylight; *das ~ scheuen* to be a creature of the night; *ans ~ kommen* come to light
Tagesordnung ['taːgəsɔrdnuŋ] *f* agenda; *an der ~ sein (fig)* to be the order of the day; *zur ~ übergehen* carry on as usual
Tageszeit ['taːgəstsaɪt] *f* time of day
Tageszeitung ['taːgəstsaɪtuŋ] *f* daily paper
tageweise ['taːgəvaɪzə] *adv* on a daily basis, by the day
täglich ['tɛːklɪç] *adj* daily, every day
tags [taːks] *adv 1. ~ darauf* the next day; *2. ~ zuvor* the previous day, the day before
tagsüber ['taːksyːbər] *adv* during the day, in the daytime
Tagtraum ['taːktraum] *m* daydream
Tagung ['taːguŋ] *f* meeting, conference, session
Taifun [taɪ'fuːn] *m METEO* typhoon
Taille ['taljə] *f* waist
tailliert [taɪ'jiːrt] *adj* slim-fit, narrow-waisted
Takt [takt] *m 1. (Feingefühl)* tact; *2. MUS* time, bar; *den ~ angeben* call the tune; *aus dem ~ kommen* lose the beat, to be put off one's stroke *(fig)*; *jdn aus dem ~ bringen* put s.o. off his stroke
taktieren [tak'tiːrən] *v* manoeuvre, maneuver *(US)*
Taktik ['taktɪk] *f* tactics
Taktiker ['taktɪkər] *m* tactician
taktisch ['taktɪʃ] *adj 1.* tactical, operational; *adv 2.* tactically
taktlos ['taktloːs] *adj 1.* tactless; *adv 2.* tactlessly
taktvoll ['taktfɔl] *adj 1.* tactful, discreet, diplomatic; *adv 2.* tactfully, discreetly
Tal [taːl] *n* valley
talentiert [talɛn'tiːrt] *adj* talented, gifted
Talfahrt ['taːlfaːrt] *f 1.* descent; *2. (fig)* decline
Talsohle ['taːlzoːlə] *f 1.* valley floor; *2. (fig)* low, depression; *in der ~* at rock bottom
talwärts ['taːlvɛrts] *adv* down into the valley

Tangente [taŋ'gɛntə] *f 1. MATH* tangent; *2. (Umgehungsstraße)* ring road, bypass
tangieren [taŋ'giːrən] *v (fig)* affect, concern
Tank [taŋk] *m* tank
tanken ['taŋkən] *v* refuel, fill up, get petrol *(UK),* get gas *(US); voll ~* fill up
Tankfüllung ['taŋkfyluŋ] *f* tank
Tanksäule ['taŋkzɔylə] *f* petrol pump *(UK),* gas pump *(US)*
Tankstelle ['taŋkʃtɛlə] *f* petrol station *(UK),* gas station *(US)*
Tankwart ['taŋkvart] *m* petrol pump attendant *(UK),* gas station attendant *(US)*
Tanne ['tanə] *f BOT* firtree

Tante ['tantə] *f 1.* aunt; *2. (fam: Frau)* female *(fam)*

tantenhaft ['tantənhaft] *adj* old-maidish, like an old maid
Tantieme [tan'tjeːmə] *f 1.* percentage, share in profits; *2. (für einen Autor)* royalty; *3. (Aufsichtsratstantieme) ECO* directors' fee

Tanz [tants] *m* dance

tänzeln ['tɛntsəln] *v 1.* dance, skip; *2. (Pferd)* step delicately
tanzen ['tantsən] *v* dance; *nach jds Pfeife ~ (fig)* dance to s.o.'s tune *(fig)*
Tänzer(in) ['tɛntsər(ɪn)] *m/f* dancer
tänzerisch ['tɛntsərɪʃ] *adj* dance
Tapete [ta'peːtə] *f* wallpaper; *die ~n wechseln (fig)* have a change of scenery
tapezieren [tapə'tsiːrən] *v* wallpaper
tapfer ['tapfər] *adj 1.* brave, courageous, plucky; *2. (heldenhaft)* valiant
Tapferkeit ['tapfərkaɪt] *f* bravery, valour
tappen ['tapən] *v 1. (gehen)* pad; *2. in eine Pfütze ~* step into a puddle; *3. (tasten) nach etw ~* grope for sth
täppisch ['tɛpɪʃ] *adj* clumsy, awkward
tapsen ['tapsən] *v 1.* plod, lumber; *2. (Kind)* toddle
Tarantel [ta'rantəl] *f ZOOL* tarantula; *wie von der ~ gestochen* as if one had been stung
Tarif [ta'riːf] *m* tariff, rate, scale of charges
Tarifgruppe [ta'riːfgrupə] *f ECO* pay grade
Tarifkonflikt [ta'riːfkɔnflɪkt] *m ECO* conflict over wages
tarnen ['tarnən] *v* mask, camouflage, screen
Tarnung ['tarnuŋ] *f* masking, screening, camouflage
Tasche ['taʃə] *f 1. (Handtasche)* handbag, purse *(US); 2. (Aktentasche)* briefcase; *3. (Hosentasche)* pocket; *jdn in die ~ stecken (fam)* to be more than a match for s.o. *jdm auf der ~ liegen (fig)* live off s.o. *tief in die ~ greifen müssen (fig)* have to fork out a lot of cash *(fam); etw aus eigener ~ bezahlen* pay for sth out of one's own pocket; *jdm Geld aus der ~ ziehen (fig)* get s.o. to part with his money; *etw in die eigene ~ stecken (fig)* line one's pockets
Taschenbuch ['taʃənbuːx] *n* paperback book
Taschendieb(in) ['taʃəndiːp(ɪn)] *m/f* pickpocket
Taschenlampe ['taʃənlampə] *f* torch *(UK),* flashlight *(US)*
Taschentuch ['taʃəntuːx] *n* handkerchief
Tasse ['tasə] *f* cup, mug; *nicht alle ~n im Schrank haben (fig)* to be not all there *(fam),* to be round the bend; *eine trübe ~ (fam)* a killjoy
Tastatur [tasta'tuːr] *f* keyboard
Taste ['tastə] *f* key, button
tasten ['tastən] *v* feel, touch; *nach etw ~* grope for sth
Tastsinn ['tastzɪn] *m* sense of touch

Tat [taːt] *f 1. (Handlung)* act, deed, action; *jdn auf frischer ~ ertappen* catch s.o. in the act (of doing sth); *2. (Straftat)* criminal act, criminal offence; *3. in der ~* indeed; *4. in der ~ (wider Erwarten)* actually, in point of fact

Tatbestand ['taːtbəʃtant] *m 1.* state of affairs, fact of the matter; *2. JUR* facts of the case
Tatendrang ['taːtəndraŋ] *m* thirst for action, desire to do things, enterprising spirit
tatenlos ['taːtənloːs] *adj* inactive
Täter ['tɛːtər] *m* perpetrator, culprit
tätig ['tɛːtɪç] *adj 1.* active, busy; *2. ~ sein* work; *Als was sind Sie ~?* What do you do?
tätigen ['tɛːtɪgən] *v* transact
Tätigkeit ['tɛːtɪçkaɪt] *f 1.* activity; *2. (Beruf)* occupation, job
Tätigkeitswort ['tɛːtɪçkaɪtsvɔrt] *n* verb
Tatkraft ['taːtkraft] *f* energy, vigour, enterprise
tatkräftig ['taːtkrɛftɪç] *adj 1.* active, energetic; *adv 2.* actively, energetically
Tätlichkeiten ['tɛːtlɪçkaɪtən] *pl* violence
Tatmotiv ['taːtmotiːf] *n JUR* motive
Tatort ['taːtɔrt] *m* scene of the crime
tätowieren [tɛːto'viːrən] *v* tattoo
Tätowierung [tɛːto'viːruŋ] *f* tattoo
Tatsache ['taːtzaxə] *f* fact, matter of fact; *jdn vor vollendete ~n stellen* confront s.o. with a fait accompli; *vollendete ~n schaffen* create a fait accompli; *~!* Really!

T

tatsächlich ['taːtzɛçlɪç] *adj 1.* actual, real; *adv 2.* actually, in fact, as a matter of fact; *Tatsächlich?* Really?
tätscheln ['tɛtʃəln] *v* pat
Tau[1] [tau] *m* dew
Tau[2] [tau] *n (Seil)* rope, cable
taub [taup] *adj 1.* deaf; *2. (ohne Gefühl)* numb
Taube ['taubə] *f ZOOL* pigeon
Taubheit ['tauphaɪt] *f MED* deafness, numbness
taubstumm ['taupʃtum] *adj* deaf and dumb
Tauchboot ['tauxboːt] *n NAUT* submersible, submarine
tauchen ['tauxən] *v* dive, plunge, dip
Taucher ['tauxər] *m* diver
Taucherbrille ['tauxərbrɪlə] *f* goggles *pl*
tauen ['tauən] *v 1. (Schnee, Eis)* thaw; *2. NAUT* tow
Taufe ['taufə] *f REL* christening, baptism; *etw aus der ~ heben* launch sth
taufen ['taufən] *v REL* christen, baptize
Taufname ['taufnaːmə] *m* Christian name
Taufpate ['taufpaːtə] *m REL* godfather
Taufschein ['taufʃaɪn] *m REL* certificate of baptism
taugen ['taugən] *v* to be suitable, to be fit, to be good for sth
Taugenichts ['taugənɪçts] *m (fam)* good-for-nothing, ne'er-do-well
tauglich ['tauklɪç] *adj* suitable, fit, useful
Tauglichkeit ['tauklɪçkaɪt] *f* fitness, suitability
Taumel ['tauməl] *m 1.* dizziness, giddiness; *2. (Verzückung)* ecstasy, rapture, frenzy
taumeln ['tauməln] *v* reel, lurch, stagger
Tausch [tauʃ] *m* trade, exchange, swap
tauschen ['tauʃən] *v* trade, exchange, swap
täuschen ['tɔyʃən] *v 1. (jdn ~)* deceive, delude, trick; *2. sich ~* delude o.s., to be mistaken
Tauschhandel ['tauʃhandəl] *m* barter
Täuschung ['tɔyʃuŋ] *f 1.* deception; *2. (Selbsttäuschung)* delusion
tausend ['tauzənt] *num* thousand
tausendfach ['tauzəntfax] *adv* thousandfold; *etw ~ zurückgeben* return sth a thousand times over
Tausendfüßler ['tauzəntfyːslər] *m ZOOL* millipede
Tautropfen ['tautrɔpfən] *m* dew drop
Tauwasser ['tauvasər] *n* condensation
Tauwetter ['tauvɛtər] *n* thaw
Tauziehen ['tautsiːən] *n (fig)* tug-of-war
taxieren [ta'ksiːrən] *v 1.* appraise, value; *2. (Wert)* estimate
Taxifahrer ['taksifaːrər] *m* taxi driver, cab driver, cabbie *(fam)*
Teamfähigkeit ['tiːmfɛːɪçkaɪt] *f* ability to be part of a team
Teamgeist ['tiːmgaɪst] *m* team spirit
Technik ['tɛçnɪk] *f 1.* technology; *2. (Aufbau)* mechanics *pl; 3. (Verfahren)* technique
Techniker(in) ['tɛçnɪkər(ɪn)] *m/f* technician
technisch ['tɛçnɪʃ] *adj* technical
Technisierung [tɛçni'ziːruŋ] *f* mechanization
Techtelmechtel [tɛçtəl'mɛçtəl] *n (fam)* flirtation
Tee [teː] *m* tea
Teekessel ['teːkɛsəl] *m* kettle
Teeküche ['teːkyçə] *f* kitchenette
Teer [teːr] *m* tar
teeren ['teːrən] *v* tar
Teich [taɪç] *m* pond, pool
Teig [taɪk] *m* dough, batter
Teigwaren ['taɪkvaːrən] *pl* noodles

Teil [taɪl] *m 1.* part; *sich seinen ~ denken* have one's own thoughts on the matter; *für meinen ~* I for my part; *2. (Anteil)* portion; *seinen ~ kriegen* get one's share; *seinen ~ weghaben* have had one's share; *3. (Abschnitt)* section; *4. (Bestandteil)* element

Teilaspekt ['taɪlaspɛkt] *m* aspect, part of the story
teilbar ['taɪlbaːr] *adj* divisible, separable
Teilbetrag ['taɪlbətraːk] *m* partial amount, instalment, fraction
Teilchen ['taɪlçən] *n* particle
teilen ['taɪlən] *v 1. (trennen)* separate, divide, split; *2. (fig: gemeinsam haben)* share
Teilerfolg ['taɪlɛrfɔlk] *m* partial success
teilhaben ['taɪlhaːbən] *v irr ~ an* participate in, share in, have a part in
Teilhaber ['taɪlhaːbər] *m ECO* partner, associate
Teilnahme ['taɪlnaːmə] *f* participation, attendance
teilnahmslos ['taɪlnaːmsloːs] *adj 1.* unconcerned, indifferent; *adv 2.* indifferently
Teilnahmslosigkeit ['taɪlnaːmsloːzɪçkaɪt] *f* indifference
teilnehmen ['taɪlneːmən] *v irr* participate, take part
Teilnehmer(in) ['taɪlneːmər(ɪn)] *m/f 1.* participant; *2. TEL* subscriber, party
teils [taɪls] *adv* partly, partially; *Teils, ~!* Yes and no!

T

Teilung ['taɪluŋ] *f* division
teilweise ['taɪlvaɪzə] *adv 1.* partly, partially, in part; *2. (manchmal)* sometimes
Teilzahlung ['taɪltsaːluŋ] *f* instalment payment, part payment
Teilzeitbeschäftigung ['taɪltsaɪtbəʃɛftɪguŋ] *f* part-time employment
Teint [tɛ̃] *m* complexion
Telefax ['telefaks] *n* fax, facsimile transmission

Telefon [tele'foːn] *n* telephone, phone; *ans ~ gehen* answer the telephone

telefonieren [telefo'niːrən] *v* telephone, phone, make a telephone call
telefonisch [tele'foːnɪʃ] *adj 1.* by telephone; *adv 2.* on the telephone, by telephone
Telefonseelsorge [tele'foːnzeːlsɔrgə] *f* telephone counselling, helpline
Telefonzelle [tele'foːntsɛlə] *f* call-box *(UK),* pay phone *(US)*
Telefonzentrale [tele'foːntsɛntraːlə] *f* exchange, switchboard
telegrafieren [telegra'fiːrən] *v* telegraph, wire, send a telegram
Telegrammstil [tele'gramʃtiːl] *m* staccato style
telepathisch [tele'paːtɪʃ] *adj* telepathic
Teller ['tɛlər] *m 1. (flach)* plate, dinner-plate; *2. (tief)* soup-plate
Tempel ['tɛmpəl] *m* temple
Temperament [tempera'mɛnt] *n 1.* temperament, disposition; *2. (Lebhaftigkeit)* vivacity
temperamentvoll [tempera'mɛntfɔl] *adj* spirited
Temperatur [tempera'tuːr] *f* temperature
temperieren [tɛmpə'riːrən] *v* moderate the temperature of, keep at a moderate temperature, keep at the right temperature
Tempo ['tɛmpo] *n* speed, pace; *~ machen* get a move on
Tempolimit ['tɛmpoːlɪmɪt] *n* speed limit
temporär [tɛmpo'rɛːr] *adj* temporary
Tendenz [tɛn'dɛnts] *f* tendency
tendenziell [tɛndɛn'tsjɛl] *adj* tendency-reflecting
tendenziös [tɛndɛn'tsjøːs] *adj* tendentious
tendieren [tɛn'diːrən] *v* tend, to be inclined, show a tendency
Teppich ['tɛpɪç] *m* carpet; *etw unter den ~ kehren (fig)* push sth under the rug; *auf dem ~ bleiben (fig)* keep one's feet on the ground, stay down-to-earth
Teppichboden ['tɛpɪçboːdən] *m* wall-to-wall carpeting
Termin [tɛr'miːn] *m 1. (Datum)* date; *2. (Frist)* term, deadline; *3. (Verabredung)* appointment; *4. (Verhandlung) JUR* hearing
Termindruck [tɛr'miːndruk] *m* deadline pressure
termingerecht [tɛr'miːngərɛçt] *adj 1.* on schedule, punctual; *adv 2.* on schedule, at the right time, punctually
Terminkalender [tɛr'miːnkalɛndər] *m 1.* appointment book, appointment calendar; *2. JUR* docket
terminlich [tɛr'miːnlɪç] *adj 1.* schedule, scheduling; *adv 2.* in terms of scheduling
Terrasse [tɛ'rasə] *f* terrace
Terrine [tɛ'rinə] *f* tureen
territorial [tɛrito'rjaːl] *adj* territorial
Territorium [tɛri'toːrjum] *n* territory
Terrorakt ['tɛrɔrakt] *m POL* act of terror, terrorist attack
terrorisieren [tɛrɔri'ziːrən] *v* terrorize
Terrorismus [tɛrɔ'rɪsmus] *m* terrorism
Terrorist(in) [tɛrɔ'rɪst(ɪn)] *m/f* terrorist
Testament [tɛsta'mɛnt] *n* testament, will; *Der kann sein ~ machen. (fig)* He's had it.
testamentarisch [tɛstamɛn'taːrɪʃ] *adj 1.* testamentary; *adv 2.* by will
testen ['tɛstən] *v* test
Testreihe ['tɛstraɪə] *f* battery of tests
Teststrecke ['tɛstʃtrɛkə] *f* testing grounds (for vehicles)

teuer ['tɔyər] *adj 1.* expensive, costly; *2. (fig)* dear, cherished; *Das wird dich ~ zu stehen kommen!* You'll pay dearly for that!

Teuerung ['tɔyəruŋ] *f* inflation
Teufel ['tɔyfəl] *m* devil; *den ~ an die Wand malen* tempt fate; *den ~ im Leib haben* to be wild and uncontrollable; *sich den ~ um etw scheren* not give a damn about sth; *in ~s Küche kommen* get into a hell of a mess; *auf ~ komm raus arbeiten* work like the devil; *jdn zum ~ schicken* tell s.o. to go to hell, tell s.o. to get lost; *Da war der ~ los.* All hell was let loose. *Scher dich zum ~!* Get lost! *Ihn reitet der ~.* He's got the devil in him.
Teufelskreis ['tɔyfəlskraɪs] *m (fig)* vicious circle
teuflisch ['tɔyflɪʃ] *adj* devilish, diabolical
texten ['tɛkstən] *v 1. (Werbetext)* write copy; *2. (Schlagertext)* write lyrics
Texter ['tɛkstər] *m 1. (Werbetexter)* copywriter; *2. MUS* songwriter, lyricist

T

textil [tɛks'tiːl] *adj* textile
Textilien [tɛks'tiːljən] *pl* textiles
Textstelle ['tɛkstʃtɛlə] *f* passage
Textverarbeitung ['tɛkstfɛrarbaɪtuŋ] *f* *INFORM* word processing
Theater [te'aːtər] *n* *1. (Schauspielhaus)* theatre; *Sie spielt nur ~.* She's just putting it on. *2. (fig: Aufregung)* fuss, din, scene
Theaterkasse [te'aːtərkasə] *f* box-office
Theaterprobe [te'aːtərproːbə] *f* *THEAT* rehearsal
Theaterstück [te'aːtərʃtyk] *n* play
theatralisch [tea'traːlɪʃ] *adj 1. (fig)* melodramatic, theatrical; *adv 2. (fig)* melodramatically
Theke ['teːkə] *f* counter, bar
Thema ['teːma] *n 1.* subject, topic; *2. MUS* theme
Thematik [te'maːtɪk] *f* subject matter
thematisch [te'maːtɪʃ] *adj* thematic
Theologie [teolo'giː] *f* theology
theologisch [teo'loːgɪʃ] *adj REL* theological
Theoretiker(in) [teo'reːtɪkər(ɪn)] *m/f* theoretician
theoretisch [teo'reːtɪʃ] *adj 1.* theoretic, theoretical; *adv 2.* theoretically, in theory
Theorie [teo'riː] *f* theory
Therapeut [tera'pɔyt] *m* therapist
therapeutisch [tera'pɔytɪʃ] *adj MED* therapeutical
Therapie [tera'piː] *f* therapy
Thermoskanne ['tɛrmɔskanə] *f* thermos, vacuum flask
These ['teːzə] *f* thesis, hypothesis
thesenartig ['teːzənartɪç] *adj* outline
Thron [troːn] *m* throne; *von seinem ~ herabsteigen (fig)* come down off one's high horse *(fig)*; *jdn vom ~ stoßen* dethrone s.o.
Thronfolger(in) ['troːnfɔlgər(ɪn)] *m/f* successor to the throne
Tick [tɪk] *m 1. MED* tic; *2. (Angewohnheit)* quirk, whim
ticken ['tɪkən] *v* tick; *Der tickt wohl nicht mehr richtig.* He must have gone batty. He must be round the twist.

tief [tiːf] *adj 1.* deep; *~ gehend* deep; *~ gehend (Schmerz)* intense; *~ gehend (gründlich)* thorough; *im ~sten Niederbayern (fam)* in the heart of Lower Bavaria; *2. (Temperatur)* low; *3. (fig: tief schürfend)* profound, deep; *adv 4. (stark)* heavily, deeply; *5. (schlafen)* soundly

Tief [tiːf] *n* low
Tiefe ['tiːfə] *f* depth
Tiefebene ['tiːfeːbənə] *f* lowland; *die Oberrheinische ~* the Upper Rhine Valley
Tiefenschärfe ['tiːfənʃɛrfə] *f* depth of field
Tiefflug ['tiːffluːk] *m* low-altitude flight
tiefgreifend ['tiːfgraɪfənt] *adj* profound, penetrating, far-reaching
Tiefkühlfach ['tiːfkyːlfax] *n* deep-freeze compartment
Tiefkühlkost ['tiːfkyːlkɔst] *f* frozen food
Tiefpunkt ['tiːfpuŋkt] *m* low
tiefschürfend ['tiːfʃyrfənt] *adj* profound, thorough
tiefsinnig ['tiːfzɪnɪç] *adj* deep, profound
Tiefstand ['tiːfʃtant] *m* low, low point
tiefstapeln ['tiːfʃtaːpəln] *v (fig)* sell o.s. short
Tiegel ['tiːgəl] *m 1. (Schmelztiegel)* crucible; *2. (Pfanne)* saucepan; *3. (~druckpresse)* platen
Tier [tiːr] *n* animal; *ein hohes ~ (fam)* a big shot
Tierarzt ['tiːrartst] *m* veterinarian, veterinary surgeon
Tierheim ['tiːrhaɪm] *n* animal home
tierisch ['tiːrɪʃ] *adj 1.* animal; *2. (unmenschlich)* bestial; *adv 3. ~ viel Arbeit* a hell of a lot of work
Tierkreis ['tiːrkraɪs] *m* zodiac
Tierkreiszeichen ['tiːrkraɪstsaɪçən] *n* sign of the zodiac
Tierpfleger(in) ['tiːrpfleːgər(ɪn)] *m/f* zookeeper, trainer
Tierquälerei [tiːrkvɛːlə'raɪ] *f* cruelty to animals
Tierreich ['tiːrraɪç] *n* animal kingdom
tilgen ['tɪlgən] *v ECO* redeem, repay, pay off
Tilgung ['tɪlguŋ] *f ECO* repayment, redemption, amortization
Tinte ['tɪntə] *f* ink; *in der ~ sitzen (fam)* to be in the soup
Tintenfass ['tɪntənfas] *n 1.* inkpot; *2. (eingelassen)* inkwell
Tintenfisch ['tɪntənfɪʃ] *m 1.* squid, cuttlefish; *2. (achtarmig)* octopus
Tipp [tɪp] *m 1. (fam: Rat)* tip, clue; *2. (bei einer Wette)* bet
tippen ['tɪpən] *v 1. (berühren)* tap, touch gently; *2. (Maschine schreiben)* type; *3. (vermuten)* make a guess; *4. (wetten)* put money on, lay a bet on

Tisch [tɪʃ] *m* table; *reinen ~ machen* make a clean sweep; *am grünen ~ (fig)* at the conference table; *eine Konferenz am runden ~* a round-table conference; *jdn über den ~ ziehen* take s.o. to the cleaners; *unter den ~ fallen* go by the board; *jdn unter den ~ trinken* drink s.o under the table; *bei ~* at table, eating

Tischgesellschaft ['tɪʃgəzɛlʃaft] *f* dinner party
Tischler ['tɪʃlər] *m* joiner
Titel ['tiːtəl] *m* title
Titelrolle ['tiːtəlrɔlə] *f CINE* title role
titulieren [titu'liːrən] *v 1.* call, address; *2. (Buch)* title, entitle
Toast [toːst] *m* toast; *einen ~ auf jdn ausbringen* propose a toast to s.o.
toben ['toːbən] *v 1. (tollen)* romp; *2. (stürmen)* rage, roar; *3. (wütend sein)* rage
Tobsuchtsanfall ['toːpzuxtsanfal] *m* fit of madness, rage

Tochter ['tɔxtər] *f* daughter

Tochtergesellschaft ['tɔxtərgəzɛlʃaft] *f ECO* subsidiary, affiliate
Tod [toːt] *m* death; *den ~ vor Augen* at death's door; *tausend ~e sterben* die a thousand deaths, to be worried stiff; *jdn auf den ~ nicht leiden können* hate s.o. like poison, hate s.o.'s guts; *(US); mit dem ~e ringen* fight for one's life; *in den ~ gehen* sacrifice one's life; *zu ~e kommen* meet one's death
todernst ['toːtɛrnst] *adj* deadly serious
Todesangst ['toːdəsaŋst] *f 1.* fear of death; *2. (große Angst)* mortal dread
Todesanzeige ['toːdəsantsaɪgə] *f* obituary
Todeskampf ['toːdəskampf] *m* death throes
Todesstrafe ['toːdəsʃtraːfə] *f JUR* capital punishment, death penalty
Todesurteil ['toːdəsurtaɪl] *n* death sentence
Todfeind ['toːtfaɪnt] *m* mortal enemy
todkrank ['toːtkraŋk] *adj* terminally ill
todlangweilig ['toːtlaŋvaɪlɪç] *adj (fam)* deadly dull
tödlich ['tøːtlɪç] *adj 1.* fatal, deadly, lethal; *adv 2.* fatally, mortally, lethally
todmüde ['toːtmyːdə] *adj* dead tired
todschick ['toːtʃɪk] *adj* very chic, ultrastylish
todsicher ['toːtzɪçər] *adj* dead certain
Todsünde ['toːtzyndə] *f REL* deadly sin, mortal sin
Toilette [toa'lɛtə] *f (WC)* lavatory, toilet, men's room/ladies' room

Toilettenartikel [toa'lɛtənartɪkəl] *pl* toiletries
Toleranz [tɔlɔ'rants] *f* tolerance
tolerieren [tɔlə'riːrən] *v* tolerate
toll [tɔl] *adj 1. (fam: super)* great, fantastic, terrific; *2. (verrückt)* mad, crazy, wild
tollen ['tɔlən] *v* frolic, romp, scamper
Tollheit ['tɔlhaɪt] *f 1.* madness; *2. (Tat)* folly
tollkühn ['tɔlkyːn] *adj 1.* foolhardy, rash, reckless; *adv 2.* rashly, recklessly
Tollkühnheit ['tɔlkyːnhaɪt] *f* foolhardiness
Tollpatsch ['tɔlpatʃ] *m* stumblebum
tollpatschig ['tɔlpatʃɪç] *adj (fam)* clumsy, awkward, ham-handed
Tollpatschigkeit ['tɔlpatʃɪçkaɪt] *f* awkwardness, clumsiness
Tollwut ['tɔlvuːt] *f MED* rabies
Tomate [to'maːtə] *f BOT* tomato; *eine treulose ~ sein* to be unreliable; *~n auf den Augen haben* fail to see sth
Tombola ['tɔmbola] *f* tombola *(UK),* lottery, raffle

Ton[1] [toːn] *m 1. (Laut)* sound, tone; *jdn in den höchsten Tönen loben (fam)* praise s.o. to the skies; *große Töne spucken (fam)* talk big; *2. MUS* tone, note; *den ~ angeben* call the tune; *einen anderen ~ anschlagen* change one's tune; *3. (Umgangston)* tone, fashion; *sich im ~ vergreifen* speak out of turn

Ton[2] [toːn] *m (Lehm)* clay
tonangebend ['toːnangeːbənt] *adj* setting the tone
Tonart ['toːnart] *f 1. MUS* key; *eine andere ~ anschlagen* change one's tune; *2. (fig)* tone
Tonband ['toːnbant] *n* tape
tönen ['tøːnən] *v 1. (klingen)* sound, ring; *2. (färben)* tint, tone; *3. (fig: prahlen)* boast
Tonfall ['toːnfal] *m* intonation, tone of voice
Tonlage ['toːnlaːgə] *f MUS* pitch
Tonleiter ['toːnlaɪtər] *f MUS* scale
Tonne ['tɔnə] *f 1. (Gefäß)* barrel, cask, tub; *2. (Maßeinheit)* ton
Tönung ['tøːnuŋ] *f* tint, tone

Topf [tɔpf] *m* pot, *(Kochtopf)* saucepan; *alles in einen ~ werfen* lump everything together; *wie ~ und Deckel zusammenpassen* suit each other down to the ground

Töpfer ['tœpfər] *m 1.* potter; *2. (Ofensetzer)* stove fitter
töpfern ['tœpfərn] *v* make pottery
Tor[1] [toːr] *n 1. (Tür)* gate, door, gateway; *2. SPORT* goal; *3. (Treffer)* goal

T

Tor² ['to:r] *m (Dummkopf)* fool
Toreinfahrt ['to:raınfa:rt] *f* entrance gate
Torf [tɔrf] *m* turf, peat
Torheit ['to:rhaıt] *f* foolishness, silliness
töricht ['tø:rıçt] *adj 1.* foolish, silly; *adv 2.* foolishly
Törin ['tœ:rın] *f* fool
torkeln ['tɔrkəln] *v* stagger, totter, reel
Tornister [tɔr'nıstər] *m* knapsack
torpedieren [tɔrpe'di:rən] *v* torpedo
Torpfosten ['to:rpfɔstən] *m 1.* gatepost; *2. SPORT* goalpost
Torte ['tɔrtə] *f GAST* cake, tart
Tortur [tɔr'tu:r] *f* torture
Torwart ['to:rvart] *m SPORT* goalkeeper, goalie *(fam)*
tosen ['to:zən] *v* roar, rage, storm
Toskana [tɔs'ka:na] *f die ~ GEO* Tuscany
tot [to:t] *adj* dead; *mehr ~ als lebendig* more dead than alive; *sich ~ stellen* play dead
total [to'ta:l] *adj 1.* total, complete; *adv 2.* totally, completely, utterly
Totale [to'ta:lə] *f CINE* far shot, long shot
totalitär [totali'tɛ:r] *adj 1.* totalitarian; *adv 2.* in a totalitarian manner
Totalitarismus [totalita'rısmus] *m POL* totalitarianism
Totalschaden [to'ta:lʃa:dən] *m* write-off, total wreck; *einen ~ verursachen* smash a car, total a car *(US)*
totarbeiten ['to:tarbaıtən] *v sich ~ (fam)* work o.s. to death
Tote(r) ['to:tə(r)] *m/f* dead person
töten ['tø:tən] *v* kill
Totenbett ['to:tənbɛt] *n* deathbed
totenblass [to:tən'blas] *adj* deathly pale
Totengräber ['to:təngrɛ:bər] *m* gravedigger
Totenkopf ['to:tənkɔpf] *m* skull
Totenstarre ['to:tənʃtarə] *f* rigor mortis
totenstill ['to:tən'ʃtıl] *adj (fig)* deathly quiet
Totenstille ['to:tən'ʃtılə] *f* dead calm, deadly silence
Totenwache ['to:tənvaxə] *f* wake
Totgeburt ['to:tgəburt] *f* still birth
totlachen ['to:tlaxən] *v sich ~* die laughing, laugh one's head off
totschießen ['to:tʃi:sən] *v irr* shoot dead
Totschlag ['to:tʃla:k] *m JUR* manslaughter, second-degree murder
totschlagen ['to:tʃla:gən] *v irr* kill; *Zeit ~* kill time
toupieren [tu'pi:rən] *v* tease
Tour [tu:r] *f 1.* tour; *auf vollen ~en laufen* to be in full swing; *jdn auf ~en bringen* spur s.o. into action; *2. (Umdrehung)* turn; *in einer ~ (fig)* without stopping; *3. (Fahrt)* trip; *4. (fig)* way, manner; *krumme ~en* shady dealings; *5. (beim Stricken)* round
Tourismus [tu'rısmus] *m* tourism
touristisch [tu'rıstıʃ] *adj* tourist, travel
Tournee [tur'ne:] *f* tour
toxisch ['tɔksıʃ] *adj MED* toxic
Trab [tra:p] *m* trot; *jdn auf ~ bringen* make s.o. get a move on; *auf ~ sein* to be on the go
Trabant [tra'bant] *m* satellite
traben ['tra:bən] *v* trot
Tracht [traxt] *f 1. (Traglast)* load; *2. (Kleidung)* folkloric costume
trachten ['traxtən] *v 1. nach etw ~* aim at sth, strive for sth, aspire to sth; *2. (~ etw zu tun)* endeavour, try
trächtig ['trɛçtıç] *adj ZOOL* pregnant; *(Kuh)* in calf; *(Pferd)* in foal
tradieren [tra'di:rən] *v* transmit, hand down, pass on
traditionell [traditsjo:'nɛl] *adj* traditional; *adv* traditionally
traditionsbewusst [tradi'tsjo:nsbəvust] *adj* tradition-conscious
tragbar ['tra:kba:r] *adj 1. (Apparat)* portable; *2. (Mode)* wearable; *3. (fig)* tolerable, tenable, sustainable
Trage ['tra:gə] *f* stretcher, litter
träge ['trɛ:gə] *adj 1.* lazy, idle; *2. PHYS* inert

> **tragen** ['tra:gən] *v irr 1.* carry; *für etw Sorge ~* see to sth; *2. (am Körper ~)* wear

Träger ['trɛ:gər] *m 1. (Inhaber)* holder, bearer; *2. (Stütze)* support; *3. (an Kleidung)* strap; *4. (von Lasten)* carrier, porter, bearer
Tragfläche ['tra:kflɛçə] *f 1.* wing; *2. (eines Bootes)* hydrofoil
Tragflächenboot ['tra:kflɛçənbo:t] *n* hydrofoil, hydroplane
Trägheit ['trɛ:khaıt] *f 1.* laziness, indolence, lethargy; *2. PHYS* inertia
Tragik ['tra:gık] *f* tragedy
tragisch ['tra:gıʃ] *adj* tragic
Traglast ['tra:klast] *f* burden
Tragödie [tra'gø:djə] *f* tragedy
Tragriemen ['tra:kri:mən] *m* carrying strap
Tragweite ['tra:kvaıtə] *f 1.* range; *2. (fig)* magnitude, scope, implications *pl*
Trainer(in) ['trɛ:nər(ın)] *m/f SPORT* coach
trainieren [trɛ:'ni:rən] *v* train
Trainingsanzug ['trɛ:nıŋsantsu:k] *m* track suit

T

traktieren [trak'ti:rən] *v* mistreat, mishandle, torment
Traktor ['traktɔr] *m AGR* tractor
trällern ['trɛlərn] *v* hum, warble, trill
trampeln ['trampəln] *v* trample
Trampelpfad ['trampəlpfa:t] *m* beaten path, beaten track
trampen ['trɛmpən] *v* hitch-hike
Tramper(in) ['trɛmpər(ɪn)] *m/f* hitch-hiker
Tran [tra:n] *m* train oil; *im ~ sein* to be in a daze
Träne ['trɛ:nə] *f* tear; *in ~n ausbrechen* burst into tears
tränen ['trɛ:nən] *v* water
Tränendrüse ['trɛ:nəndry:zə] *f ANAT* lachrymal gland; *Der Film drückt auf die ~. (fig)* The film is a real tear-jerker.
Tränke ['trɛŋkə] *f* watering hole
tränken ['trɛŋkən] *v 1. (Tiere)* water; *2. (imprägnieren)* impregnate
Transaktion [tranzakts'jo:n] *f* transaction
transatlantisch [transat'lantɪʃ] *adj* transatlantic
transchieren [trɑ̃n'ʃi:rən] *v* carve, cut up
transitiv ['transiti:f] *adj* transitive
Transparenz [transpa'rɛnts] *f* transparency
Transpiration [transpira'tsjo:n] *f* perspiration
transpirieren [transpi'ri:rən] *v* perspire
Transplantation [transplanta'tsjo:n] *f MED* transplant, transplantation, *(von Haut)* graft
Transportbehälter [trans'pɔrtbəhɛltər] *m* container
Transporter [trans'pɔrtər] *m 1. (Lastwagen)* van; *2. (Schiff)* transport; *3. (Flugzeug)* cargo plane
transportfähig [trans'pɔrtfɛ:ɪç] *adj* transportable, fit for transport
transportieren [transpor'ti:rən] *v* transport
Transportunternehmen [trans'portuntərne:mən] *n* haulage company
transzendent [transtsɛn'dɛnt] *adj* transcendent
Trapez [tra'pe:ts] *n 1. (Turnen)* trapeze; *2. MATH* trapezium, trapezoid *(US)*
Trasse ['trasə] *f* route
Tratsch [tra:tʃ] *m (fam)* gossip
tratschen ['tra:tʃən] *v (fam)* gossip
Traube ['traubə] *f BOT* grape
Traubenzucker ['traubəntsukər] *m* glucose, dextrose
trauen ['trauən] *v 1. (verheiraten)* marry; *2. (vertrauen)* trust; *3. sich ~* dare
Trauer ['trauər] *f* mourning, sadness, grief
Trauerfall ['trauərfal] *m* death
Trauerkleidung ['trauərklaɪduŋ] *f* mourning
Trauermarsch ['trauərmarʃ] *m* funeral march
trauern ['trauərn] *v* grieve, mourn
Trauerspiel ['trauərʃpi:l] *n THEAT* tragedy
Trauerweide ['trauərvaɪdə] *f BOT* weeping willow
Traufe ['traufə] *f* eaves *pl; vom Regen in die ~ kommen* leap out of the frying pan into the fire
träufeln ['trɔyfəln] *v 1.* drip, drop; *2. (etw ~)* drip
traulich ['traulɪç] *adj* cosy

> **Traum** [traum] *m* dream; *Das würde mir nicht im ~ einfallen!* I wouldn't dream of it! *Aus der ~!* It's all over! Back to reality!

traumatisch [trau'ma:tɪʃ] *adj* traumatic
Traumbild ['traumbɪlt] *n* vision
Traumdeutung ['traumdɔytuŋ] *f* dream interpretation, interpretation of dreams
träumen ['trɔymən] *v* dream; *Das hätte sie sich nicht ~ lassen.* She would never have imagined that; *possible.*
Träumer ['trɔymər] *m* dreamer
Träumerei [trɔymə'raɪ] *f* daydreaming, reverie
traumhaft ['traumhaft] *adj 1. (wie im Traum)* dreamlike; *2. (fig)* wonderful, fantastic
Traumpaar ['traumpa:r] *n* perfect couple
Traumtänzer ['traumtɛntsər] *m (fig)* dreamer
traurig ['traurɪç] *adj* sad
Trauung ['trauuŋ] *f 1. (kirchlich)* church wedding; *2. (standesamtlich)* marriage ceremony
Treff [trɛf] *m 1.* meeting; *2. (~punkt)* meeting place
treffen ['trɛfən] *v irr 1.* hit, strike; *2. (begegnen)* meet, encounter, run into
Treffen ['trɛfən] *n* meeting, gathering
treffend ['trɛfənt] *adj* pertinent, apt, appropriate
Treffer ['trɛfər] *m 1.* hit; *2. (fig: Glückstreffer)* lucky hit; *3. (Tor) SPORT* goal
treffsicher ['trɛfzɪçər] *adj 1.* accurate; *~ sein* to be on the mark; *2. (fig)* always on target
Treffsicherheit ['trɛfzɪçərhaɪt] *f* accuracy
Treibeis ['traɪpaɪs] *n* drift ice
treiben ['traɪbən] *v irr 1. (antreiben)* drive,

incite, urge; *sich zum Äußersten getrieben sehen* to be driven to extremes; 2. *(Unsinn, Unfug)* to be up to; 3. *(fig: betreiben)* do, carry on; *es zu weit ~* go too far; 4. *(Beruf)* pursue; 5. *(im Wasser ~)* float
Treiben ['traıbən] *n* activity, stir, bustle
Treibgas ['traıpga:s] *n* propellant
Treibgut ['traıpgu:t] *n* flotsam
Treibhaus ['traıphaus] *n* greenhouse, hothouse
Treibjagd ['traıpja:kt] *f* beat
Treibsand ['traıpzant] *m* quicksand
trennbar ['trɛnba:r] *adj* separable
trennen ['trɛnən] *v* separate, divide, split
Trennung ['trɛnuŋ] *f* separation, division, partition
Trennwand ['trɛnvant] *f* partition
Treppe ['trɛpə] *f* staircase, flight of steps; *die ~ hinauffallen* to be kicked upstairs *(fam)*
Treppengeländer ['trɛpəngəlɛndər] *n* banister
Treppenhaus ['trɛpənhaus] *n* staircase
Treppenstufe ['trɛpənʃtu:fə] *f* step
Tresen ['tre:zən] *m* *GAST* bar, counter
Tresor [tre'zo:r] *m* 1. strongroom, vault; 2. *(Panzerschrank)* safe
Tresorraum [tre'zo:rraum] *m* vault
Tretboot ['tre:tbo:t] *n* pedal boat
treten ['tre:tən] *v irr* 1. *(gehen)* tread, walk, step; *in jds Fußstapfen ~* follow in s.o.'s footsteps; *kürzer ~ (fig)* ease up; 2. *(Fußtritt geben)* kick
treu [trɔy] *adj* faithful, true, loyal
Treue ['trɔyə] *f* faithfulness, fidelity
treuherzig ['trɔyhɛrtsıç] *adj* 1. *(offen)* candid; 2. *(ohne Falsch)* guileless; 3. *(naiv)* naive
Tribüne [tri'by:nə] *f* 1. platform; 2. *(Zuschauertribüne)* stands *pl,* terraces *pl (UK)*
Tribut [tri'bu:t] *m* tribute; *jdm ~ zollen (fig)* pay tribute to s.o.
Trichter ['trıçtər] *m* funnel
trichterförmig ['trıçtərfœrmıç] *adj* conical, cone-shaped, funnel-shaped
Trickfilm ['trıkfılm] *m* *CINE* animated cartoon
Trickkiste ['trıkkıstə] *f (fig)* bag of tricks
trickreich ['trıkraıç] *adj* tricky
Trieb [tri:p] *m* 1. *BOT* shoot; 2. *(Drang)* drive, instinct, inclination
triebhaft ['tri:phaft] *adj* compulsive, instinctive
Triebkraft ['tri:pkraft] *f* driving power, driving force, motive power
Triebtäter ['tri:ptɛtər] *m* sex offender
Triebwagen ['tri:pva:gən] *m* railcar
Triebwerk ['tri:pvɛrk] *n* driving mechanism, power unit
triefen ['tri:fən] *v irr* 1. drip; 2. *(Nase)* run
triefnass ['tri:f'nas] *adj* dripping wet, soaking wet
triftig ['trıftıç] *adj* 1. valid; 2. *(einleuchtend)* plausible; 3. *(überzeugend)* convincing, conclusive
Trikot [trı'ko:] *n* 1. shirt, sweater; 2. *SPORT* jersey
trillern ['trılərn] *v* trill, warble
trimmen ['trımən] *v* 1. *sich ~ (Sport treiben)* keep fit; 2. *(fam: herrichten)* do up
trinkbar ['trıŋkba:r] *adj* drinkable
trinken ['trıŋkən] *v irr* drink; *auf jds Gesundheit ~* drink to s.o.'s health; *einen ~ gehen* go for a quick drink
trinkfest ['trıŋkfɛst] *adj ~ sein* to be able to hold one's liquor
Trinkgeld ['trıŋkgɛlt] *n* tip
Trinkspruch ['trıŋkʃprux] *m* toast
trippeln ['trıpəln] *v* 1. patter; 2. *(Basketball)* dribble
trist [trıst] *adj* dreary, dismal, bleak
Tritt [trıt] *m* 1. step, pace, footstep; 2. *(Fußtritt)* kick
Trittbrett ['trıtbrɛt] *n* 1. step, footboard; 2. *(am Auto)* running-board
trittfest ['trıtfɛst] *adj* 1. *(Leiter)* secure, stable; 2. *(Teppich)* durable, long-wearing
Trittleiter ['trıtlaıtər] *f* stepladder
triumphal [trium'fa:l] *adj* glorious
Triumphbogen ['triumpfbo:gən] *m* triumphal arch
triumphieren [trium'fi:rən] *v* triumph, exult, to be jubilant
Trivialität [trivjali'tɛ:t] *f* triviality
Trivialliteratur [tri'vjallitəratu:r] *f* light fiction
trocken ['trɔkən] *adj* 1. dry; *auf dem Trockenen sitzen* to be left high and dry; 2. *(dürr)* arid
Trockenheit ['trɔkənhaıt] *f* 1. dryness; 2. *(Trockenperiode)* drought
trockenlegen ['trɔkənle:gən] *v* 1. *(Land)* drain; 2. *(Säugling)* change
Trockenraum ['trɔkənraum] *m* drying room
trocknen ['trɔknən] *v* dry
Troddel ['trɔdəl] *f* tassel
Trödel ['trø:dəl] *m* 1. second-hand goods *pl;* 2. *(Schund)* junk
trödeln ['trø:dəln] *v* 1. *(mit Trödel handeln)* deal in second-hand goods; 2. *(langsam sein)* dawdle, loiter, dilly-dally

Trödler ['trøːdlər] *m 1.* dawdler, slow-coach *(UK),* slowpoke *(US); 2. (Händler)* second-hand dealer, junk dealer
Trog [troːk] *m* trough
Trommel ['trɔməl] *f MUS* drum
Trommelfell ['trɔməlfɛl] *n ANAT* ear-drum
trommeln ['trɔməln] *v* drum
Trommelwirbel ['trɔməlvɪrbəl] *m MUS* drum roll
Trompete [trɔm'peːtə] *f MUS* trumpet
trompeten [trɔm'peːtən] *v* trumpet
Tropen ['troːpən] *pl GEO* tropics
Tropenhelm ['troːpənhɛlm] *m* topi, topee, sun helmet
Tropf [trɔpf] *m 1. (Dummkopf)* simpleton, dunce, ninny; *2. MED* drip
tröpfeln ['trœpfəln] *v* drip
tropfen ['trɔpfən] *v* drip

Tropfen ['trɔpfən] *m* drop; *ein ~ auf dem heißen Stein sein* to be a drop in the ocean, to be a drop in the bucket

Tropfstein ['trɔpfʃtaɪn] *m 1. (am Boden)* stalagmite; *2. (an der Decke)* stalactite
Tropfsteinhöhle ['trɔpfʃtaɪnhøːlə] *f* stalactite cave
Trophäe [tro'fɛːə] *f* trophy
tropisch ['troːpɪʃ] *adj* tropical
Trost [troːst] *m* consolation, comfort; *nicht ganz bei ~ sein (fam)* to be off one's rocker
trösten ['trøːstən] *v* console, comfort
tröstlich ['trøːstlɪç] *adj* consoling, comforting, cheering
trostlos ['troːstloːs] *adj 1. (Mensch)* inconsolable; *2. (Lage)* hopeless; *3. (Gegend)* dismal, bleak, dreary
Trostlosigkeit ['troːstloːzɪçkaɪt] *f* desolation, hopelessness, dreariness
Trott [trɔt] *m (fig)* routine
Trottel ['trɔtəl] *m (fam)* fool, idiot
trotten ['trɔtən] *v* trot
trotz [trɔts] *prep* despite, in spite of, notwithstanding; *~ der Hitze* despite the heat; the heat notwithstanding
Trotz [trɔts] *m* defiance, obstinacy; *etw zum ~* contrary to sth; *jdm zum ~* in defiance of s.o.

trotzdem ['trɔtsdeːm] *konj 1.* nevertheless, nonetheless, all the same; *adv 2.* still, nevertheless, all the same

trotzen ['trɔtsən] *v 1. (widerstehen)* defy; *2. (schmollen)* sulk, mope
trotzig ['trɔtsɪç] *adj 1. (schmollend)* sulky, sullen; *2. (eigensinnig)* defiant, obstinate
Trotzkopf ['trɔtskɔpf] *m (fam)* stubborn person, pig-headed person
trotzköpfig ['trɔtskœpfɪç] *adj* obstinate, defiant, cantankerous
trüb [tryːp] *adj 1. (undurchsichtig)* murky, dull, clouded; *2. (matt)* dim, dull; *3. (regnerisch)* murky
Trubel ['truːbəl] *m* racket, turmoil, confusion
trüben ['tryːbən] *v 1. (Flüssigkeit)* make thick, make muddy, cloud; *2. (fig: Stimmung)* spoil, darken, cast a cloud on
Trübsal ['tryːpzaːl] *f 1.* affliction; *2. (Leid)* grief; *3. (Not)* distress; *4. (Elend)* misery; *~ blasen* wallow in misery
trübselig ['tryːpzeːlɪç] *adj* sad, dismal, lamentable
Trübseligkeit ['tryːpzeːlɪçkaɪt] *f* gloom, gloominess, bleakness, misery
Trübsinn ['tryːpzɪn] *m* sadness, gloom, melancholy
trübsinnig ['tryːpzɪnɪç] *adj* sad, dismal, gloomy
Trübung ['tryːbuŋ] *f 1. (des Wassers)* clouding, turbidity; *2. (fig: des Bewusstseins)* impairment
trudeln ['truːdəln] *v 1. (Ball)* roll down; *2. (Flugzeug)* spin
Trüffel ['tryfəl] *m BOT* truffle
Trug [truːk] *m 1.* deception; *Lug und ~* lies and deception; *2. (der Sinne)* delusion
Trugbild ['truːkbɪlt] *n* hallucination
trügen ['tryːgən] *v irr* deceive, delude
trügerisch ['tryːgərɪʃ] *adj* deceitful, deceptive, delusive
Trugschluss ['truːkʃlus] *m* fallacy, false conclusion
Truhe ['truːə] *f* chest, trunk
Trümmer ['trymər] *pl* debris, rubble, ruins; *in ~ sinken* to be shattered; *in ~n liegen* lie in ruins
Trumpf [trumpf] *m (fig)* trump; *~ sein* to be the thing; *einen ~ ausspielen* play one's trump card; *die Trümpfe aus der Hand geben* waste one's trump card
Trunkenbold ['truŋkənbɔlt] *m* drunkard
Trunkenheit ['truŋkənhaɪt] *f* drunkenness, intoxication
Trupp [trup] *m 1. (Arbeitstrupp)* crew, team; *2. MIL* squad
Truppe ['trupə] *f 1. MIL* troops *pl; von der schnellen ~ sein (fam)* to be a speedy Gonzalez; *2. THEAT* company
Truthahn ['truːthaːn] *m* turkey

T

Tschad [tʃat] *m GEO* Chad
Tscheche ['tʃɛçə] *m* Czech
tschechisch ['tʃɛçɪʃ] *adj* Czech
tschüss [tʃyːs] *interj* bye, so long, see you
Tube ['tuːbə] *f* tube; *auf die ~ drücken (fig)* get a move on
Tuberkulose [tubɛrku'loːzə] *f MED* tuberculosis
Tuch [tuːx] *n 1. (Lappen)* cloth; *2. (Stoff)* woollen fabric; *3. (Halstuch)* scarf; *4. ein rotes ~ für jdn sein* make s.o. see red
Tuchfühlung ['tuːxfyːluŋ] *f* physical contact
tüchtig ['tyçtɪç] *adj 1.* capable, efficient; *2. (fam: ziemlich groß)* pretty big; *adv 3. (fam)* thoroughly; *jdn ~ verprügeln* give s.o. a real beating
Tüchtigkeit ['tyçtɪçkaɪt] *f* ability, efficiency, competence; *sportliche ~* sporting prowess
Tücke ['tykə] *f 1.* malice, spite; *2. (Hinterlist)* insidiousness, treachery
tückisch ['tykɪʃ] *adj 1.* malicious, spiteful
tüfteln ['tyftəln] *v 1. an etw ~* puzzle over sth; *2. (basteln)* tinker with sth
Tüftler ['tyftlər] *m (fam)* tinkerer
Tugend ['tuːgənt] *f* virtue; *aus der Not eine ~ machen* make a virtue of necessity
tugendhaft ['tuːgənthaft] *adj* virtuous
Tugendhaftigkeit ['tuːgənthaftɪçkaɪt] *f* virtuousness
Tüll [tyl] *m* tulle
Tulpe ['tulpə] *f BOT* tulip
tummeln ['tuməln] *v 1. sich ~* bustle about; *2. sich ~ (Kinder)* romp; *3. sich ~ (sich beeilen)* hurry
Tümmler ['tymlər] *m 1. (Delfin) ZOOL* bottle-nosed dolphin; *2. (Taube)* tumbler
Tumor ['tuːmor] *m MED* tumour, growth
Tümpel ['tympəl] *m* puddle, pool, pond
Tumult [tu'mult] *m* tumult, commotion, turmoil

tun [tuːn] *v irr* do; *so ~ als ob ...* pretend that ... *es tut nichts* it doesn't matter; *viel zu ~ haben* to be very busy; *Ich habe zu ~.* I have things to do. *mit etw nichts zu ~ haben* have nothing to do with sth; *es mit jdm zu ~ bekommen* have to deal with s.o. *mit jdm nichts mehr zu ~ haben wollen* want to have nothing more to do with s.o.

Tun [tuːn] *n* behaviour, conduct
tünchen ['tynçən] *v* whitewash
Tunfisch ['tuːnfɪʃ] *m ZOOL* tuna (fish)
Tunichtgut ['tuːnɪçtguːt] *m* good-for-nothing, ne'er-do-well
tunken ['tuŋkən] *v* dip, dunk
tunlichst ['tuːnlɪçst] *adv* if possible
Tüpfel ['typfəl] *m* dot, spot
tupfen ['tupfən] *v* dab, dot
Tupfen ['tupfən] *m* dot, spot, point

Tür [tyːr] *f* door; *jdm die ~ weisen (fig)* show s.o. the door; *vor der ~ stehen (fig)* to be near at hand; *jdm eine ~ öffnen (fig)* pave the way for s.o. *jdm die ~ vor der Nase zuschlagen* shut the door in s.o.'s face; *jdn vor die ~ setzen* kick s.o. out

Türflügel ['tyːrflyːgəl] *m* leaf of a door
türkis [tyr'kiːs] *adj* turquoise
Turm [turm] *m 1.* tower; *2. (Kirchturm)* steeple
türmen ['tyrmən] *v 1. (schichten)* pile up; *2. (fig: ausreißen)* clear out, skedaddle, take to one's heels
Turnen ['turnən] *n SPORT* gymnastics
Turner(in) ['turnər(ɪn)] *m/f SPORT* gymnast
Turnhalle ['turnhalə] *f* gymnasium
Turnier [tur'niːr] *n* tournament
Turnschuh ['turnʃuː] *m* gym-shoe
Türschwelle ['tyːrʃvɛlə] *f* threshold
Türsteher ['tyːrʃteːər] *m* bouncer
turteln ['turtəln] *v* coo
Tusch [tuʃ] *m MUS* flourish
Tusche ['tuʃə] *f* India ink
tuscheln ['tuʃəln] *v* whisper
Tüte ['tyːtə] *f 1.* bag; *2. (Eistüte)* cone, cornet *(UK)*
tuten ['tuːtən] *v* hoot, blow the horn
Typ [tyːp] *m 1. (Kerl)* guy, chap, fellow, bloke *(UK); 2.* type
Type ['tyːpə] *f 1.* type; *2. (schrulliger Mensch)* queer fish, weirdo, character
Typhus ['tyːfus] *m MED* typhoid
typisch ['tyːpɪʃ] *adj* typical
Typologie [typolo'giː] *f* typology, system of human types
Tyrann [ty'ran] *m* tyrant, despot
Tyrannei [tyra'naɪ] *f* tyranny
tyrannisch [ty'ranɪʃ] *adj* tyrannical, despotic
tyrannisieren [tyrani'ziːrən] *v* tyrannize, domineer, oppress

U

U-Bahn ['u:ba:n] *f* underground *(UK)*, subway *(US)*, *(in London)* tube
übel ['y:bəl] *adj 1.* bad, evil, nasty; *~ gelaunt* bad-tempered, cross; *~ gesinnt* ill-disposed; *~ nehmen* resent, to be offended by, take amiss; *~ riechend* evil-smelling, bad-smelling; *jdm ~ wollen* bear s.o. ill will, wish s.o. ill; *nicht ~* not bad; *2. (krank)* sick, ill; *Mir ist ~.* I feel sick.

Übel ['y:bəl] *n 1.* evil, trouble; *das kleinere von zwei ~n wählen* choose the lesser of two evils; *ein notwendiges ~ sein* to be a necessary evil; *zu allem ~* to make matters worse; *2. (Missstand)* grievance

Übelkeit ['y:bəlkaɪt] *f* nausea, sickness
Übeltäter ['y:bəltɛ:tər] *m 1.* criminal, evildoer, wrongdoer; *2. (scherzhaft)* culprit
üben ['y:bən] *v 1.* practise; *2. (zum Ausdruck bringen)* exercise

über ['y:bər] *prep 1.* over, above; *~ der Arbeit einschlafen* fall asleep over one's work *2. (zeitlich)* during; *3. (quer ~)* across; *4. (mehr als)* over; *~ und ~* all over; *5. (fig: von)* about, concerning; *sich ~ etw ärgern* to be annoyed about sth, to be angry about sth; *Ich habe das langsam ~ .* I'm getting sick of this. *6. etw ~ sich bringen* to bring o.s. to do sth; *7. ~ jdn etw bekommen* get sth from s.o.; *8. (jdm übergeord-net sein) ~ jdm stehen* to be superior to s.o.; *9. Das geht mir ~ alles.* That's what is dearest to me. *10. ~ Hamburg fahren* to go via Hamburg

überall ['y:bəral] *adv* everywhere, all over; *~ in der Welt* everywhere in the world; *er ist ~ zu gebrauchen* he can do everything; *~ und nirgends zu Hause sein* to be at home everywhere and nowhere.
überallhin [y:bəral'hɪn] *adv* everywhere
überanstrengen [y:bər'anʃtrɛŋən] *v* overstrain, overexert
überarbeiten [y:bər'arbaɪtən] *v 1. (etw ~)* revise; *2. sich ~* overwork o.s.
überaus ['y:bəraus] *adv* exceedingly, extremely
Überbein ['y:bərbaɪn] *n MED* ganglion
Überbelastung ['y:bərbəlastuŋ] *f* overloading, overtaxing, overworking, strain
überbelichten ['y:bərbəlɪçtən] *v* overexpose
überbetonen ['y:bərbəto:nən] *v* overemphasize
überbewerten ['y:bərbəvertən] *v 1.* overvalue; *2. (fig)* overrate
überbieten [y:bər'bi:tən] *v irr 1. (Preis)* overbid, outbid; *2. (Leistung)* outdo, beat, surpass
Überblick ['y:bərblɪk] *m 1. (Aussicht)* general view; *2. (Zusammenfassung)* summary, outline, sketch; *3. (fig)* control
überblicken [y:bər'blɪkən] *v 1.* survey, overlook; *2. (fig)* control, to be in control of
überbringen [y:bər'brɪŋən] *v irr* bring, deliver
überdachen [y:bər'daxən] *v* cover with a roof, put a roof over
überdauern [y:bər'dauərn] *v* survive
überdecken [y:bər'dɛkən] *v 1.* cover; *2. (fig)* cover up
überdehnen [y:bər'de:nən] *v* overextend
überdenken [y:bər'dɛŋkən] *v irr 1.* think over, reflect on, ponder; *2. (nochmals ~)* rethink
überdeutlich ['y:bərdɔytlɪç] *adj* all too clear, all too obvious
überdies [y:bər'di:s] *adv* besides, moreover
überdimensional [y:bərdimentsjo:'na:l] *adj* oversized
Überdosis ['y:bərdo:zɪs] *f* overdose
Überdruss ['y:bərdrus] *m* weariness (of sth), disgust (with sth)
überdurchschnittlich ['y:bərdurçʃnɪtlɪç] *adj* above average
übereifrig ['y:bəraɪfrɪç] *adj* overzealous
übereignen [y:bər'aɪknən] *v jdm etw ~* make sth over to s.o., transfer sth to s.o.
übereilen [ybər'aɪlən] *v* rush
übereinander ['y:bəraɪnandər] *adv* one above the other, one on top of the other; *~ legen* lay one upon another
übereinkommen [y:bər'aɪnkɔmən] *v irr* agree, come to an agreement, come to an understanding
übereinstimmen [y:bər'aɪnʃtɪmən] *v (einig sein)* agree; *(gleich sein)* tally, coincide, match
übereinstimmend [y:bər'aɪnʃtɪmənt] *adj* corresponding, concurring, matching
überempfindlich ['y:bərɛmpfɪndlɪç] *adj* oversensitive, hypersensitive
überfahren [y:bər'fa:rən] *v irr (jdn, Tier)* run over

Überfahrt ['y:bərfa:rt] *f NAUT* passage
Überfall ['y:bərfal] *m* assault, sudden attack
überfallen [y:bər'falən] *v irr 1.* attack; *2. (fig: unerwartet besuchen)* burst in on; *3. (überkommen)* come over
überfällig ['y:bərfɛlɪç] *adj 1. (zu spät)* overdue; *2. (abgelaufen)* expired, overdue
überfliegen [y:bər'fli:gən] *v irr 1.* fly over; *2. (fig: mit den Augen)* skim, glance over
überfließen ['y:bərfli:sən] *v* overflow
Überflug ['y:bərflu:k] *m* overflight
überflügeln [y:bər'fly:gəln] *v 1. MIL* outflank; *2.* surpass, outstrip
Überfluss ['y:bərflus] *m 1.* abundance, profusion; *zu allem ~* to top it all; *2. (Exzess)* excess
überfluten [y:bər'flu:tən] *v* flood, inundate
überfordern [y:bər'fɔrdərn] *v* overtax, demand too much of
überführen [y:bər'fy:rən] *v 1. (transportieren)* transport, transfer; *2. (Schuld nachweisen)* convict, find guilty; *jdn einer Sache ~* convict s.o. of sth
Überführung [y:bər'fy:ruŋ] *f 1. (Transport)* transport, transportation; *2. (Schuldnachweis)* conviction; *3. (Brücke)* bridge, overpass
Überfülle ['y:bərfylə] *f* profusion, superabundance
Überfunktion ['y:bərfuŋktsjo:n] *f* hyperactivity, hyperfunctioning
Übergabe ['y:bərga:bə] *f 1.* handing over; *2. MIL* surrender
Übergang ['y:bərgaŋ] *m 1.* crossing, passage; *2. (fig)* transition, change
übergeben [y:bər'ge:bən] *v irr 1. (etw ~)* deliver, hand over; *jdm etw ~* deliver sth over to s.o.; *2. sich ~* vomit
übergehen ['y:bərge:ən] *v irr 1. (ausbreiten)* spread; *2. (auf Thema, System)* switch; *3. auf jdn ~ (vererbt werden)* pass to s.o.; *4. in etw ~ (verwandeln)* turn into sth; *5. zu jdm ~* go over to s.o.; [y:bər'ge:ən] *6. (auslassen)* pass over, skip; *7. (nicht beachten)* ignore
übergenau ['y:bərgənau] *adj* pernickety, finical
übergeordnet ['y:bərgəɔrdnət] *adj* superior, higher
Übergewicht ['y:bərgəvɪçt] *n 1.* overweight; *an ~ leiden, ~ haben* to be overweight; *2. (fig)* preponderance, superiority; *das ~ bekommen (fig)* become predominant
übergreifen ['y:bərgraɪfən] *v irr 1.* cross one's hands; *2. auf etw ~* spread to sth; *3. auf etw ~ (Rechte)* encroach upon sth, infringe upon sth
Übergröße ['y:bərgrø:sə] *f 1. ~ haben* to be oversized; *2. (Kleidung)* oversize, outsize
überhängen ['y:bərhɛŋən] *v irr 1.* hang over; *2. (über die Schulter hängen)* sling over one's shoulder, *(Mantel)* hang around one's shoulders
überhäufen [y:bər'hɔyfən] *v* swamp, deluge, overwhelm, inundate
überhaupt [y:bər'haupt] *adv 1. (Verneinungen, in Fragen)* at all; *~ nicht* not at all; *2. (im Allgemeinen)* in general, on the whole; *Er ist der beste Spieler ~.* He's the best player there is. *3. (eigentlich)* actually
überheblich [y:bər'he:plɪç] *adj* arrogant, superior
überhöht [y:bər'hø:t] *adj* excessive
überholen [y:bər'ho:lən] *v 1. (vorbeifahren)* overtake; *2. (überprüfen)* overhaul
überholt [y:bər'ho:lt] *adj* obsolete, outdated, out-of-date
überhören [y:bər'hø:rən] *v 1. (nicht hören)* not hear; *2. (hören aber nicht beachten)* ignore; *Das möchte ich überhört haben!* I'll pretend I didn't hear that!
überirdisch ['y:bərɪrdɪʃ] *adj 1.* celestial, heavenly; *2. (unwirklich)* supernatural
überkippen ['y:bərkɪpən] *v* tip over, topple over
Überkleidung ['y:bərklaɪduŋ] *n* outerwear
überkochen ['y:bərkɔxən] *v* boil over
überkommen [y:bər'kɔmən] *v irr 1. jdn ~ (Gefühl)* seize s.o., come over s.o.; *2. ~ sein* have been handed down
überladen [y:bər'la:dən] *v irr* overload
Überlagerung [y:bər'la:gəruŋ] *f* superimposition, overlapping
Überlandfahrt [y:bər'lantfa:rt] *f* cross-country drive
Überlänge ['y:bərlɛŋə] *f* excessive length
überlappen [y:bər'lapən] *v* overlap
überlassen [y:bər'lasən] *v irr jdm etw ~* leave sth to s.o.
Überlassung [y:bər'lasuŋ] *f* leaving, yielding
überlaufen ['y:bərlaufən] *v irr 1. (Gefäß)* flow over, run over; *2. (fig: zum Gegner)* change sides, desert to the enemy; [y:bər'laufən] *adj 3. (überfüllt)* overflowing
Überläufer ['y:bərlɔyfər] *m 1.* deserter; *2. POL* defector
überleben [y:bər'le:bən] *v 1.* survive; *2. (länger leben als)* outlive
Überlebende(r) [y:bər'le:bəndə(r)] *m/f* survivor

U

überlegen [yːbər'leːgən] *v 1.* think over, consider, reflect upon; *es sich anders ~* change one's mind; *Das werde ich mir ~.* I'll think about it.; *adj 2.* superior

Überlegenheit [yːbər'leːgənhaɪt] *f* superiority
Überlegung [yːbər'leːguŋ] *f* consideration, deliberation, reflection
überlesen [yːbər'leːzən] *v irr 1. (übersehen) etw ~* overlook sth while reading; *2. (flüchtig durchlesen)* skim
überliefern [yːbər'liːfərn] *v* deliver, hand down
überlisten [yːbər'lɪstən] *v* outwit, outsmart, outfox
übermächtig ['yːbərmɛçtɪç] *adj* superior, overwhelming, overpowering
übermannen [yːbər'manən] *v* overcome
Übermaß ['yːbərmaːs] *n* excess
übermäßig ['yːbərmɛːsɪç] *adj* excessive
Übermensch ['yːbərmɛnʃ] *m* superman
übermenschlich ['yːbərmɛnʃlɪç] *adj* superhuman
übermitteln [yːbər'mɪtəln] *v* transmit, convey, deliver
übermorgen ['yːbərmɔrgən] *adv* the day after tomorrow
übermüdet [yːbər'myːdət] *adj* overtired
übermütig ['yːbərmyːtɪç] *adj 1.* in high spirits, playful; *2. (überheblich)* haughty
übernächste(r,s) ['yːbərnɛːçstə(r,s)] *adj ~ ... ...* after next, next ... but one; *die ~ Woche* the week after next
Übernachtung [yːbər'naxtuŋ] *f* overnight stay
Übernahme ['yːbərnaːmə] *f 1. (Entgegennehmen)* taking-over, taking possession; *2. (Amtsübernahme)* entering
übernatürlich ['yːbərnatyːrlɪç] *adj* supernatural, miraculous
übernehmen [yːbər'neːmən] *v irr 1. (entgegennehmen)* accept; *2. (Amt)* take over; *3. sich ~* overstrain, overextend, undertake too much
überordnen ['yːbərɔrdnən] *v 1.* give priority to; *2. jmd ist jdm übergeordnet* s.o. ranks above s.o.
überparteilich ['yːbərpartaɪlɪç] *adj* nonparty, above party politics, crossbench *(UK)*
überprüfbar [yːbər'pryːfbaːr] *v* verifiable
überprüfen [yːbər'pryːfən] *v* check, examine, inspect
überquellen ['yːbərkvɛlən] *v irr 1.* overflow, boil over; *2. (fig)* bubble over
überqueren [yːbər'kveːrən] *v* cross
überragen [yːbər'raːgən] *v 1.* project, jut out; *2. (fig)* surpass, excel, outstrip

überraschen [yːbər'raʃən] *v* surprise, startle

überreagieren ['yːbərreagiːrən] *v* overreact
überreden [yːbər'reːdən] *v* persuade, talk round
überreichen [yːbər'raɪçən] *v* deliver, present, hand over
überreizt [yːbər'raɪtst] *adj* overstrung, overwrought
überrennen [yːbər'rɛnən] *v irr 1.* overrun; *2. (fig: mit Vorschlägen)* overwhelm
Überrest ['yːbərɛst] *m* rest, remains
überrumpeln [yːbər'rumpəln] *v* surprise, take by surprise, catch off guard
überrunden [yːbər'rundən] *v SPORT* lap
übersättigt [yːbər'zɛtɪçt] *adj 1. (Markt)* glutted; *2. (fig) ~ von (fam)* fed up with, sick and tired of; *3. CHEM* supersaturated
übersäuern [yːbər'zɔyərn] *v MED* overacidify
überschatten [yːbər'ʃatən] *v (fig)* overshadow, eclipse
überschätzen [yːbər'ʃɛtsən] *v* overestimate, overrate; *sich ~* think too highly of o.s.
Überschaubarkeit [yːbər'ʃaubaːrkaɪt] *f* comprehensibility, clarity
überschauen [yːbər'ʃauən] *v (fig)* overlook, survey
überschäumen ['yːbərʃɔymən] *v 1.* foam over, froth over; *2. (fig: vor Freude)* brim, bubble
überschäumend ['yːbərʃɔymənt] *adj (fig)* exuberant, effervescent
überschlafen [yːbərʃlaːfən] *v irr etw ~* sleep on sth *(fig)*
überschlagen [yːbər'ʃlaːgən] *v 1. sich ~* turn over, roll over; *2. (fig: vor Freude) sich ~* get carried away; *3. (ausrechnen)* estimate, approximate
überschlagen [yːbər'ʃlaːgən] *v irr 1. (Kosten)* make a rough estimate; *2. (Auto)* overturn; *3. (Buchseite)* skip, miss
überschlägig [yːbər'ʃlɛgɪç] *adj* approximate, rough
überschnappen ['yːbərʃnapən] *v (fam)* crack up, go mad
überschneiden [yːbər'ʃnaɪdən] *v irr 1. sich ~ (kreuzen)* intersect, cross; *2. sich ~ (zusammentreffen)* overlap, *(völlig)* coincide

U

überschreiben [yːbər'ʃraɪbən] *v irr 1. (betiteln)* head, entitle, superscribe; *2. JUR* transfer by deed, convey; *3. INFORM* write over
überschreiten [yːbər'ʃraɪtən] *v irr 1. (überqueren)* cross, pass over, go across; *2. (fig: übertreten)* exceed, go beyond, *(Gesetz)* infringe
Überschreitung [yːbər'ʃraɪtuŋ] *f 1. (Überquerung)* crossing; *2. (fig: Übertretung)* exceeding, infringement
Überschrift ['yːbərʃrɪft] *f* heading, headline, title
Überschuss ['yːbərʃus] *m* surplus, excess
überschütten [yːbər'ʃytən] *v 1. A mit B ~* cover A with B, pour B onto A; *2. jdn mit etw ~ (fig)* shower s.o. with sth, heap sth on s.o.
überschwänglich ['yːbərʃvɛŋlɪç] *adj* exuberant, enthusiastic, effusive
überschwappen ['yːbərʃvapən] *v* slop over, splash over
überschwemmen [yːbər'ʃvɛmən] *v* flood, overflow, submerge
Übersee ['yːbərzeː] *f in ~* overseas; *von ~* from overseas
übersehbar [yːbər'zeːbaːr] *adj* visible, discernible
übersehen [yːbər'zeːən] *v irr 1. (nicht sehen)* overlook, fail to notice; *2. (überschauen)* look over
übersenden [yːbər'zɛndən] *v irr* send, forward, transmit

übersetzen [yːbər'zɛtsən] *v 1. (Sprache)* translate; ['yːbərzɛtsən] *2. (Gewässer)* cross

Übersetzer [yːbər'zɛtsər] *m* translator
Übersetzung [yːbər'zɛtsuŋ] *f 1. (Sprache)* translation; *2. TECH* transmission, gear
Übersicht ['yːbərzɪçt] *f 1. (Überblick)* general picture, overall view; *2. (Zusammenfassung)* outline, summary, review
übersichtlich ['yːbərzɪçtlɪç] *adj* understandable at a glance, clear
übersiedeln ['yːbərziːdəln] *v* emigrate
übersinnlich ['yːbərzɪnlɪç] *adj* supernatural, transcendental, metaphysical
überspannt [yːbər'ʃpant] *adj 1. (verschroben)* eccentric; *2. (übertrieben)* extravagant
überspielen [yːbər'ʃpiːlən] *v 1. (Musik, Dateien)* copy; *2. (fig: verbergen)* hide, conceal, cover up
überspitzt [yːbər'ʃpɪtst] *adj 1. (übertrieben)* exaggerated; *2. (Argument)* overstated
überspringen [yːbər'ʃprɪŋən] *v irr 1.* leap over, jump across; *2. (fig)* skip, omit, miss
übersprudeln ['yːbərʃpruːdəln] *v (fig)* bubble over
überstehen [yːbər'ʃteːən] *v irr (fig)* surmount, survive, get over
übersteigen [yːbər'ʃtaɪgən] *v irr 1.* climb over; *2. (größer sein als)* exceed, go beyond
überstimmen [yːbər'ʃtɪmən] *v* outvote, vote down
überstrapazieren ['yːbərʃtrapatsiːrən] *v* wear out
überstreifen ['yːbərʃtraɪfən] *v etw ~* slip sth on
überströmen [yːbər'ʃtrøːmən] *v 1.* flood; ['yːbərʃtrøːmən] *2. (überlaufen)* overflow
Überstunde ['yːbərʃtundə] *f* overtime; *~n machen* work overtime, put in overtime
überstürzen [yːbər'ʃtyrtsən] *v 1.* hurry, rush; *2. sich ~ (Person)* act rashly; *3. sich ~ (Ereignisse)* follow in rapid succession
übertariflich ['yːbərtariːflɪç] *adj* merit
Übertrag ['yːbərtraːk] *m* sum carried over
übertragbar [yːbər'traːkbaːr] *adj 1. (ansteckend) MED* infectious, catching, contagious; *2. (Papiere) ECO* assignable, transferable, conveyable
übertragen [yːbər'traːgən] *v 1. (Auftrag)* transfer, transmit; *2. (Rundfunk)* transmit, broadcast; *3. (anstecken) MED* to be transmitted; *Die Krankheit übertrug sich auf ihn.* He caught the disease. *4. (Papiere)* assign, transfer
Übertragung [yːbər'traːguŋ] *f 1. MED* transmission, spreading; *2. ECO* transfer, assignment; *3. (Rundfunk)* transmission, broadcast; *4. (Auftrag)* assignment
übertreffen [yːbər'trɛfən] *v irr* surpass, excel, exceed
übertreiben [yːbər'traɪbən] *v irr* exaggerate, overdo, carry too far
übertreten [yːbər'treːtən] *v irr (Gesetz)* violate
übertrieben [yːbər'triːbən] *adj 1.* exaggerated, excessive, extreme; *adv 2.* excessively
Übertritt ['yːbərtrɪt] *m 1. (fig)* crossing; *2. POL* defection; *3. REL* conversion
übertrumpfen [yːbər'trumpfən] *v (fig)* go one up on, outdo
übertünchen [yːbər'tynçən] *v (fig)* whitewash
übervölkert [yːbər'fœlkərt] *adj* overpopulated
überwachen [yːbər'vaxən] *v* guard, supervise, monitor
Überwachung [yːbər'vaxuŋ] *f* supervision, surveillance, observation

überwältigen [yːbər'vɛltɪɡən] *v* overwhelm, overpower, overcome
überwechseln ['yːbərvɛksəln] *v 1. (örtlich, beruflich)* transfer, relocate, move; *2. (geistig, politisch)* switch, go over, realign o.s.
überweisen [yːbər'vaɪzən] *v irr 1. (Patient)* refer; *2. FIN* transfer
Überweisung [yːbər'vaɪzuŋ] *f 1. (eines Patienten)* referral; *2. (von Geld)* transfer
überwerfen ['yːbərvɛrfən] *v irr 1.* put on, slip on; [yːbər'vɛrfən] *2. sich ~* quarrel
überwiegen [yːbər'viːɡən] *v irr* outweigh, predominate
überwindbar [yːbər'vɪntbaːr] *adj* surmountable
überwinden [yːbər'vɪndən] *v irr 1.* overcome, conquer; *2. sich ~, etw zu tun* bring o.s. to do sth, prevail upon o.s. to do sth
überwintern [yːbər'vɪntərn] *v* pass the winter, hibernate
überwuchern [yːbər'vuçərn] *v* overgrow, overrun
Überwurf ['yːbərvurf] *m (Umhang)* wrap
Überzahl ['yːbərtsaːl] *f* majority, numerical superiority
überzählig ['yːbərtsɛːlɪç] *adj* surplus, excess, superfluous, left over
überzeugen [yːbər'tsɔyɡən] *v 1.* convince; *2. (überreden)* persuade; *3. JUR* satisfy
überzeugend [yːbər'tsɔyɡənt] *adj 1.* convincing; *2. (zwingend)* compelling
überziehen ['yːbərtsiːən] *v irr 1. (anziehen)* slip on, put on, pull over; *jdm ein paar ~* clout s.o.; *2. (verkleiden)* cover, line; [yːbər'tsiːən] *3. (Konto) ECO* overdraw
überzüchtet [yːbər'tsyçtət] *adj* overbred
Überzug ['yːbərtsuːk] *m 1.* cover; *2. (Kissenüberzug)* pillowslip, pillowcase *(US); 3. (Beschichtung)* coating
üblich ['yːplɪç] *adj* usual, normal, customary; *wie ~* as usual
üblicherweise [yːplɪçər'vaɪzə] *adv* usually, normally, generally
U-Boot ['uːboːt] *n* submarine

übrig ['yːbrɪç] *adj* left over, remaining, other; *keine Zeit ~ haben* have no time to spare; *etwas ~ haben für* have a soft spot for; *der ~e Teil des Landes* the rest of the country; *für jdn etw ~ haben* to like s.o.; *im Übrigen* otherwise; *~ bleiben* remain, to be left over; *~ lassen* leave

übrigens ['yːbrɪɡəns] *adv 1. (beiläufig)* by the way, incidentally; *2. (schließlich)* after all

U

Übung ['yːbuŋ] *f 1.* practice; *2. (Einzelübung)* exercise; *3. MIL* exercise
Ufer ['uːfər] *n 1. (Seeufer)* shore; *2. (Flussufer)* bank
uferlos ['uːfərloːs] *adj* endless, boundless; *ins Uferlose gehen* get out of hand

Uhr [uːr] *f 1.* clock; *Wie viel ~ ist es?* What time is it? *Das Flugzeug kommt um fünf ~ an.* The plane is due at five o'clock. *rund um die ~* round the clock; *Seine ~ ist abgelaufen. (fig)* His time is up. *2. (Armbanduhr, Taschenuhr)* watch

Uhrwerk ['uːrvɛrk] *n* clockwork, clock mechanism
Uhrzeiger ['uːrtsaɪɡər] *m* hand (of a clock)
Uhrzeigersinn ['uːrtsaɪɡərzɪn] *m im ~* clockwise
Uhrzeit ['uːrtsaɪt] *f* time (of day)
Uhu ['uːhuː] *m ZOOL* eagle-owl
Ulk [ulk] *m* fun, practical joke, lark
ulken ['ulkən] *v (fam)* clown around, joke around
ultimativ [ultima'tiːf] *adj* threatening, or-else; *~ fordern* demand in the form of an ultimatum

um [um] *prep 1. (örtlich)* around, about; *~ ... herum* round ..., around ...; *~ sich greifen* spread; *~ ... Willen* for the sake of ...; *~ und ~* all around; *Es steht schlecht ~ ihn.* Things look bad for him. *Es geht ~s Geld.* It's a money matter. *Das ist ~ zehn Mark teurer.* That costs ten marks more. *2. (Ziel bezeichnend)* for; *der Kampf ~ den Pokal* the battle for the cup; *3. (genau)* at; *Um drei Uhr fängt's an.* It starts at three o'clock. *4. (zur ungefähren Zeitangabe)* around, near, about; *5. (Maß bezeichnend)* by; *~ die Hälfte* by half; *adv 6. (vorüber)* up, over; *7. (ungefähr)* about, around; *~ die 100 Kilogramm* around 100 kilogrammes; *konj 8. ~ zu* to, in order to; *9. (desto) ~ so besser* so much the better

umarmen [um'armən] *v* embrace, hug
Umbau ['umbau] *m 1. (Änderungen)* alterations *pl; 2. (eines Gebäudes)* remodelling; *3. (zu einem neuen Zweck)* conversion; *4. (verbessernd)* modification
umbauen ['umbauən] *v* remodel
umbenennen ['umbənɛnən] *v irr* rename
umbiegen ['umbiːɡən] *v 1.* bend; *2. (zurückgehen)* turn around
umbilden [um'bɪldən] *v* transform, remodel, rearrange

umbinden ['umbɪndən] *v irr 1. sich etw ~* tie sth on, put sth on; [um'bɪndən] *2.* wrap round
umblättern ['umblɛtərn] *v* turn the page
umbringen ['umbrɪŋən] *v irr* kill, murder
Umbruch ['umbrux] *m (fig)* upheaval, revolution
umbuchen ['umbu:xən] *v 1. (Konto)* transfer to another account; *2. (Reservierung)* change a reservation
umdenken ['umdɛŋkən] *v irr* change one's views, change one's way of thinking
umdisponieren ['umdɪsponi:rən] *v* make new arrangements
umdrehen ['umdre:ən] *v 1.* turn round *(UK),* turn around; *jdm den Hals ~* wring s.o.'s neck; *2. (von innen nach außen)* turn inside out; *3. (fig)* twist
umeinander [umaɪ'nandər] *adv sich ~ kümmern* take care of each other
umfahren ['umfa:rən] *v irr 1. (einen Umweg fahren)* go out of one's way; *2. jdn ~* run over s.o.; [um'fa:rən] *3. (Stadt)* drive around; *4. NAUT (Kap)* round, *(Welt)* sail round
umfallen ['umfalən] *v irr* fall over, fall down, topple over; *tot ~* drop dead
Umfang ['umfaŋ] *m 1. (Flächeninhalt)* capacity; *2. (fig: Ausmaß)* scope, scale
umfangreich ['umfaŋraɪç] *adj* extensive, wide, voluminous
umfassen [um'fasən] *v (enthalten)* contain, include
Umfeld ['umfɛlt] *n* surrounding area
umfliegen [um'fli:gən] *v irr* fly around
umfließen [um'fli:sən] *v irr* flow around
umformen ['umfɔrmən] *v 1.* remodel, reshape; *2. TECH* convert, transform
Umfrage ['umfra:gə] *f* survey, poll
Umgang ['umgaŋ] *m 1.* contact, association, dealings; *2. (Bekanntenkreis)* acquaintances
umgänglich ['umgɛŋlɪç] *adj* sociable, affable, pleasant
Umgangssprache ['umgaŋsʃpra:xə] *f* colloquial language
umgeben [um'ge:bən] *v irr* surround
Umgebung [um'ge:buŋ] *f 1. (einer Stadt)* surroundings, outskirts, environs; *2. (Bekannte)* circle, people close to one; *3. (einer Person)* environment
umgehen ['umge:ən] *v irr 1. (im Umlauf sein)* go round, circulate; *2. (behandeln)* deal with, treat, handle; *Kannst du mit diesem Werkzeug ~?* Do you know how to use this tool? [um'ge:ən] *3. (vermeiden)* avoid, elude, evade; *4. (Gesetz)* circumvent
umgehend ['umge:ənt] *adj 1.* immediate; *adv 2.* immediately, at once
Umgehungsstraße [um'ge:uŋsʃtra:sə] *f 1.* bypass; *2. (Umleitung)* detour
umgekehrt ['umgəke:rt] *adj 1.* reverse, reversed; *adv 2.* vice versa, the other way around, inversely; *3. (dagegen)* conversely; *adj 4. (entgegengesetzt)* opposite, contrary
umgestalten ['umgəʃtaltən] *v* reshape, reformat, redesign
umgießen ['umgi:sən] *v irr 1. (vergießen)* spill; *2. (umfüllen)* pour
umgraben ['umgra:bən] *v* dig up, turn up
umgreifen ['umgraɪfən] *v irr (umfassen)* encompass, enclose
umgrenzen [um'grɛntsən] *v 1.* surround, encircle; *2. (fig)* define
umgruppieren ['umgrupi:rən] *v* regroup, rearrange
Umhang ['umhaŋ] *m* shawl, cape, wrap
umhängen ['umhɛŋən] *v irr sich etw ~* put sth on, drape sth around one
umhauen ['umhauən] *v irr 1.* knock over, bowl over; *2. (Baum)* chop down, cut down
umhegen [um'he:gən] *v* pamper, coddle
umher [um'he:r] *adv* all round, round about, about
umhergehen [um'he:rge:ən] *v irr* roam
umhören ['umhø:rən] *v sich ~* ask around
umhüllen [um'hylən] *v etw mit etw ~* wrap sth in sth, shroud sth in sth
umkämpft [um'kɛmpft] *adj* contested
Umkehr ['umke:r] *f* turning back, return, *(Änderung)* change
umkehrbar ['umke:rba:r] *adj* reversible

umkehren ['umke:rən] *v 1.* turn round, *(umstoßen)* overturn; *2. (von innen nach außen)* turn inside out

umkippen ['umkɪpən] *v 1.* tip over, upset, knock over; *2. (fig: ohnmächtig werden)* faint; *3. (fig: Meinung ändern)* come round, give in; *4. (Gewässer)* become devoid of life because of overpollution
umklammern [um'klamɛrn] *v* cling to, embrace, wrap one's arms around
umklappen ['umklapən] *v* fold down
Umkleidekabine ['umklaɪdəkabi:nə] *f* changing-room, *(in Kleidungsgeschäft)* fitting-room
umkleiden ['umklaɪdən] *v sich ~* change (clothes)
umknicken ['umknɪkən] *v 1. (Papier)* fold; *2. mit dem Fuß ~* sprain one's ankle

U

umkommen ['umkɔmən] *v irr* die, to be killed, perish
Umkreis ['umkraɪs] *m* circumference, vicinity, area; *im ~ von drei Kilometern* within a radius of three kilometres
umkreisen [um'kraɪzən] *v 1.* circle round, revolve round; *2. (Raumfahrt)* orbit
umkrempeln ['umkrɛmpəln] *v 1. (Ärmel)* turn up; *2. (Ärmel: mehrmals)* roll up; *3. (fig: ändern)* change round, shake up
umladen ['umlaːdən] *v irr 1.* reload; *2. NAUT* transship
umlagern [um'laːgərn] *v* surround, besiege, crowd around
Umlauf ['umlauf] *m in ~* in circulation; *etw in ~ bringen* circulate sth; *in ~ kommen* to be circulated
Umlaufbahn ['umlaufbaːn] *f ASTR* orbit
umlegen ['umleːgən] *v 1. (verlegen)* move; *2. (zur Seite legen)* set aside; *3. (verteilen) die Kosten auf alle Beteiligten ~* make everyone who is involved share in the costs; *4. (fam: töten)* bump off, kill; *5. sich etw ~* put on sth; *6. (Verband)* apply; *7. (niederstrecken)* lay out *(fam)*; *8. (Hebel)* throw; *9. (Kragen)* turn down; *10. (ein Mädchen verführen)* lay *(fam)*
umleiten ['umlaɪtən] *v* divert, reroute, detour
umlernen ['umlɛrnən] *v 1. (sich umschulen)* retrain; *2. (umdenken)* revise one's views
umliegend ['umliːgənt] *adj* surrounding
ummelden ['ummɛldən] *v* reregister
umnachtet [um'naxtət] *adj (fig)* disturbed, deranged, bewildered; *geistig ~* mentally disturbed
umpflanzen ['umpflantsən] *v 1.* transplant; [um'pflantsən] *2. etw mit Bäumen ~* plant trees around sth
umpolen ['umpoːlən] *v (fam)* convert
umprogrammieren ['umprogramiːrən] *v INFORM* reprogram
Umrandung [um'randuŋ] *f* border
umrechnen ['umrɛçnən] *v* convert
Umrechnung ['umrɛçnuŋ] *f* conversion
Umrechnungskurs ['umrɛçnuŋskurs] *m* exchange rate, rate of exchange
umreißen ['umraɪsən] *v irr 1. (niederreißen)* pull down; [um'raɪsən] *2. (fig: kurz schildern)* outline, summarize
umringen [um'rɪŋən] *v irr* gather around, surround
Umriss ['umrɪs] *m* outline, contour, shape
umrühren ['umryːrən] *v* stir
umrüsten ['umrystən] *v 1. TECH* retool, adapt, convert; *2. MIL* re-equip

U

umsägen ['umzɛːgən] *v* saw down
umsatteln ['umzatəln] *v 1. (fig: Beruf)* change one's profession; *2. (Ausbildung)* change to another course of study
Umsatz ['umzats] *m ECO* turnover, sales
umschalten ['umʃaltən] *v 1. (Fahrzeug) TECH* change gears, shift gears; *2. (fig)* switch over, change over
umschauen ['umʃauən] *v 1.* look around; *2. (zurückblicken)* look back
umschichten ['umʃɪçtən] *v* rearrange, regroup
umschiffen [um'ʃɪfən] *v 1.* transfer; ['umʃɪfən] *2. (Fracht)* transship
Umschlag ['umʃlaːk] *m 1. (Kuvert)* envelope; *2. (Umladung)* transshipment, reloading; *3. MED* compress; *4. (fig: Wechsel)* change, turn; *5. (Schutzhülle)* cover, wrapping
umschlagen ['umʃlaːgən] *v irr 1. (umblättern)* turn over; *2. (umladen)* transfer, transship; *3. (fig: wechseln)* change (abruptly)
Umschlagplatz ['umʃlaːkplats] *m 1.* reloading point; *2. (Handelsplatz)* trade centre
umschließen [um'ʃliːsən] *v irr 1.* surround, enclose; *2. (mit den Armen)* embrace; *3. (fig)* include
umschlingen [um'ʃlɪŋən] *v irr 1.* embrace; *2. etw ~ (Pflanze)* twine around sth
umschmeicheln [um'ʃmaɪçəln] *v* smother with flattery, court, woo, curry favour with
umschmeißen ['umʃmaɪsən] *v irr* knock over, upset
umschnallen ['umʃnalən] *v* buckle on
umschreiben ['umʃraɪbən] *v irr 1. (nochmals schreiben)* rewrite; *2. (abschreiben, übertragen)* transcribe; *3. JUR* transfer; [um'ʃraɪbən] *4. (anders ausdrücken)* paraphrase
umschulen ['umʃuːlən] *v 1.* retrain; *2. (auf andere Schule)* change schools
umschütten ['umʃytən] *v 1. (in ein anderes Gefäß)* pour; *2. (umstoßen)* spill
umschwenken ['umʃvɛnkən] *v 1.* swing out; *2. (fig)* change one's mind
Umschwung ['umʃvuŋ] *m (fig)* reversal, swing, sudden change
Umsetzbarkeit ['umzɛtsbaːrkaɪt] *f ECO* marketability, salability, sellability

umsetzen ['umzɛtsən] *v 1. sich ~ (auf einen anderen Platz)* change places; *2. etw in etw ~ (verwandeln)* turn sth into sth; *3. (verkaufen)* turn over, sell

Umsicht ['umzɪçt] *f* prudence, circumspection

umsichtig ['umzɪçtɪç] *adj* prudent, circumspect

umsonst [um'zɔnst] *adv 1. (unentgeltlich)* free, for nothing, gratis; *2. (vergeblich)* in vain, to no avail, uselessly; *3. (erfolglos)* without success

umsorgen [um'zɔrgən] *v jdn ~* care for s.o., look after s.o., take care of s.o.
umspannen [um'ʃpanən] *v 1.* encompass; *2. (Zeitraum)* span; ['umʃpanən] *3. (Strom) TECH* transform
umspielen [um'ʃpiːlən] *v 1. (Gegenspieler) SPORT* dribble around; *2. Ein Lächeln umspielte ihr Gesicht.* A smile graced her face.
Umstand ['umʃtant] *m 1.* circumstance, condition; *unter Umständen* possibly; *keine Umstände machen* not go to any trouble; *unter keinen Umständen* on no account; *2. in anderen Umständen (fam)* in the family way, expecting
umständlich ['umʃtɛndlɪç] *adj* involved, complicated, troublesome
Umständlichkeit ['umʃtɛndlɪçkaɪt] *f* elaborateness, troublesomeness, awkwardness
umsteigen ['umʃtaɪgən] *v irr* change, transfer
umstellen ['umʃtɛlən] *v 1. (Möbel)* rearrange; *2. (umorganisieren)* reorganize; *3. sich ~ (anpassen)* accommodate o.s., adapt, adjust
Umstellung ['umʃtɛluŋ] *f 1. (Umorganisierung)* reorganization; *2. (Anpassung)* adaptation
umstimmen ['umʃtɪmən] *v (fig) jdn ~* change s.o.'s mind, bring s.o. round
umstoßen ['umʃtɔsən] *v irr 1.* knock down, knock over, overturn; *2. (fig)* annul, revoke, reverse
umstritten [um'ʃtrɪtən] *adj* disputed, controversial
Umstrukturierung ['umʃtrukturiːruŋ] *f* restructuring, reorganization
umstülpen ['umʃtylpən] *v 1. (Eimer)* turn upside down; *2. (Tasche)* turn inside out
Umsturz ['umʃturts] *m* overthrow, coup, putsch
Umtausch ['umtauʃ] *m 1.* exchange; *2. (in eine andere Währung)* conversion
umtauschen ['umtauʃən] *v* exchange, convert
umtopfen ['umtɔpfən] *v (Pflanze)* repot
umverteilen ['umfɛrtaɪlən] *v ECO* redistribute
umwälzen ['umvɛltsən] *v 1.* roll over; *2. (ändern)* revolutionize
Umwälzung ['umvɛltsuŋ] *f* radical change, revamping
umwandeln ['umvandəln] *v* convert, change, transform
Umwandlung ['umvandluŋ] *f* conversion, transformation
umwechseln ['umvɛksəln] *v* change, exchange
Umweg ['umveːk] *m* detour, roundabout way
umwehen ['umveːən] *v 1.* blow over; [um'veːən] *2.* blow round
Umwelt ['umvɛlt] *f* environment
umweltfreundlich ['umvɛltfrɔyndlɪç] *adj* non-polluting, harmless to the environment
Umweltschutz ['umvɛltʃuts] *m* protection of the environment, pollution control, conservation
Umweltverschmutzung ['umvɛltfɛrʃmutsuŋ] *f* pollution (of the environment)
umwerben [um'vɛrbən] *v irr* court, woo
umwerfen ['umvɛrfən] *v irr 1.* knock over; *2. (zunichte machen)* upset; *3. sich etw ~* slip sth on
umwickeln [um'vɪkəln] *v* wrap round, wind round
umwölken [um'vœlkən] *v sich ~* cloud over, darken
umwühlen ['umvyːlən] *v 1. (umgraben)* dig up; *2. (in Unordnung bringen)* rummage through

umziehen ['umtsiːən] *v irr 1. (umkleiden)* change (clothes); *2. (Wohnung wechseln)* move

umzingeln [um'tsɪŋəln] *v* surround, encircle
Umzug ['umtsuːk] *m 1. (Wohnungswechsel)* move; *2. (Festzug)* procession
unabänderlich [unap'ɛnderlɪç] *adj* unalterable, unchangeable, irrevocable
unabdingbar ['unapdɪŋbaːr] *adj* inalienable, inevitable, indispensable
unabhängig ['unaphɛŋɪç] *adj* independent
Unabhängigkeit ['unaphɛŋɪçkaɪt] *f* independence, self-sufficiency
unabkömmlich ['unapkœmlɪç] *adj* indispensable
unablässig ['unaplɛsɪç] *adj* incessant, non-stop, continual
unabsehbar [unap'zeːbaːr] *adj* unforeseeable, *(unermesslich)* immeasurable
unabsichtlich ['unapzɪçtlɪç] *adj* unintentional
unabwendbar [unap'vɛntbaːr] *adj* inevitable, unavoidable

unachtsam ['unaxtza:m] *adj 1.* inattentive; *2. (nachlässig)* careless; *3. (unbedacht)* thoughtless
unanfechtbar [unan'fɛçtba:r] *adj* incontestable, irrefutable
unangebracht ['unangəbraxt] *adj* inappropriate, out of place, uncalled-for
unangefochten ['unangəfɔxtən] *adj* unchallenged
unangemeldet ['unangəmɛldət] *adj* unannounced
unangemessen ['unangəmɛsən] *adj 1.* unsuitable; *2. (unschicklich)* improper; *3. (nicht übereinstimmend)* incongruous
unangenehm ['unangəne:m] *adj* unpleasant, disagreeable, distasteful
unannehmbar ['unanne:mba:r] *adj* unacceptable
Unannehmlichkeit ['unanne:mlıçkaıt] *f* inconvenience, unpleasantness
unansehnlich ['unanze:nlıç] *adj 1.* unsightly; *2. (Mädchen)* plain
unanständig ['unanʃtɛndıç] *adj 1. (ungezogen)* ill-mannered; *2. (vulgär)* indecent; *3. (obszön)* dirty
unantastbar ['unantastba:r] *adj 1.* inviolable; *2. (Ruf)* unimpeachable
unappetitlich ['unapeti:tlıç] *adj* unappetizing
Unart ['una:rt] *f 1.* bad habit; *2. (Grobheit)* rudeness
unartig ['una:rtıç] *adj* naughty, ill-mannered, ill-behaved
unaufdringlich ['unaufdrıŋlıç] *adj* unassuming, unobtrusive
unauffällig ['unauffɛlıç] *adj* inconspicuous, unobtrusive
unauffindbar ['unauffıntba:r] *adj* nowhere to be found, undiscoverable, untraceable
unaufgeklärt ['unaufgəklɛ:rt] *adj 1. (Mensch)* ignorant, naive, innocent, unenlightened; *2. (Verbrechen)* unsolved
unaufhaltsam ['unaufhaltzam] *adj* unstoppable
unaufhörlich ['unaufhø:rlıç] *adj 1.* incessant, constant, ceaseless; *adv 2.* incessantly, constantly
unaufmerksam ['unaufmɛrkzam] *adj* inattentive
unaufrichtig ['unaufrıçtıç] *adj* insincere, dishonest
unaufschiebbar [unauf'ʃi:pba:r] *adj* not to be postponed, not to be delayed, urgent
unausführbar ['unausfy:rba:r] *adj* impracticable, unworkable
unausgebildet ['unausgəbıldət] *adj* untrained, unskilled
unausgefüllt ['unausgəfylt] *adj (fig)* unfulfilled
unausgeglichen ['unausgəglıçən] *adj 1.* unbalanced; *2. (Mensch)* unstable, *(launisch)* moody
unaussprechlich ['unausʃprɛçlıç] *adj 1.* indescribable, inexpressible; *2. (unsagbar)* unspeakable
unausstehlich ['unausʃte:lıç] *adj* insufferable, intolerable
unausweichlich [unaus'vaıçlıç] *adj* inevitable, unavoidable
unbändig ['unbɛndıç] *adj 1.* uncontrollable, unrestrained; *adv 2.* beyond measure
unbarmherzig ['unbarmhɛrtsıç] *adj* merciless, unrelenting, relentless
unbeabsichtigt ['unbəapzıçtıçt] *adj 1.* unintentional, inadvertent, unwitting; *adv 2.* unintentionally, inadvertently, unwittingly
unbeachtet ['unbəaxtət] *adj* unnoticed
unbeantwortet ['unbəantvɔrtət] *adj* unanswered
unbedacht ['unbədaxt] *adj 1.* thoughtless, rash; *adv 2.* thoughtlessly, rashly
unbedarft ['unbədarft] *adj* inexperienced, naive
unbedenklich ['unbədɛŋklıç] *adj 1. (Sache)* harmless, unobjectionable; *2. (Person)* unhesitating; *adv 3.* without hesitation, without thinking twice; *4. (ungefährlich)* quite safely
unbedeutend ['unbədɔytənt] *adj* insignificant, unimportant, inconsequential

unbedingt ['unbədıŋt] *adv 1.* absolutely, definitely, certainly; *nicht ~* not necessarily; *adj 2.* unconditional, absolute, unqualified

unbeeindruckt ['unbəaındrukt] *adj* unimpressed
unbefahrbar ['unbəfa:rba:r] *adj* impassable
unbefangen ['unbəfaŋən] *adj 1.* unbiased, impartial, objective; *2. (ohne Hemmungen)* uninhibited
Unbefangenheit ['unbəfaŋənhaıt] *f* ease, impartiality, objectivity
unbefriedigend ['unbəfri:dıgənt] *adj* unsatisfactory
unbefriedigt ['unbəfri:dıçt] *adj 1.* unsatisfied; *2. (unzufrieden)* dissatisfied; *3. (Lust)* unfulfilled

U

unbefristet ['unbəfrɪstət] *adj* for an indefinite period, permanent
unbefugt ['unbəfuːkt] *adj* unauthorized
unbegabt ['unbəgaːpt] *adj* untalented, not gifted
unbegreiflich ['unbəgraɪflɪç] *adj* incomprehensible, inconceivable
unbegrenzt ['unbəgrɛntst] *adj* unlimited, boundless
unbegründet ['unbəgryndət] *adj* groundless, unfounded
Unbehagen ['unbəhaːgən] *n* uneasiness
unbehaglich ['unbəhaːklɪç] *adj* uncomfortable, uneasy
unbehelligt ['unbəhɛlɪçt] *adj* unchallenged, unmolested
unbeherrscht ['unbəhɛrʃt] *adj* unrestrained, uncontrolled
Unbeherrschtheit ['unbəhɛrʃthaɪt] *f* lack of self-control, lack of control
unbeholfen ['unbəhɔlfən] *adj 1.* clumsy, awkward; *adv 2.* clumsily, awkwardly
unbeirrbar [unbə'ɪrbaːr] *adj* unwavering, unflinching
unbekannt ['unbəkant] *adj* unknown, unfamiliar
unbekleidet ['unbəklaɪdət] *adj* undressed, unclothed
unbekümmert ['unbəkymərt] *adj 1.* carefree, easy-going, unconcerned; *adv 2.* without worrying, nonchalantly, recklessly
unbelehrbar ['unbəleːrbaːr] *adj 1.* fixed in one's views; *2. ~ sein* take no advice, fail to listen to reason
unbeliebt ['unbəliːpt] *adj* unpopular, disliked
unbemerkt ['unbəmɛrkt] *adj 1.* unnoticed, unseen; *adv 2.* without being noticed, without detection
unbequem ['unbəkveːm] *adj* uncomfortable, inconvenient, troublesome
Unbequemlichkeit ['unbəkveːmlɪçkaɪt] *f* inconvenience, awkwardness
unberechenbar ['unbərɛçənbaːr] *adj* incalculable, unpredictable
unbescheiden ['unbəʃaɪdən] *adj 1.* immodest; *2. (anspruchsvoll)* presumptuous
unbescholten ['unbəʃɔltən] *adj* respectable, blameless, irreproachable
unbeschränkt ['unbəʃrɛŋkt] *adj 1.* unlimited, unrestricted, absolute; *adv 2.* unrestrictedly, fully
unbeschreiblich ['unbəʃraɪplɪç] *adj* indescribable
unbeschwert ['unbəʃveːrt] *adj 1.* unburdened, unencumbered; *2. (Melodien)* light
Unbeschwertheit ['unbəʃveːrthaɪt] *f* nonchalance, lack of concern
unbesetzt ['unbəzɛtst] *adj* unoccupied, vacant
unbesiegbar [unbə'ziːkbaːr] *adj* invincible
Unbesiegbarkeit [unbə'ziːkbaːrkaɪt] *f* invincibility
unbesonnen ['unbəzɔnən] *adj 1.* thoughtless, inconsiderate, heedless; *adv 2.* recklessly, thoughtlessly, inconsiderately
unbesorgt ['unbəzɔrgt] *adj 1.* carefree, easy, unconcerned; *adv 2.* without concern, without worrying
unbeständig ['unbəʃtɛndɪç] *adj 1. (veränderlich)* unsteady, unstable; *2. (wankelmütig)* fickle, inconstant
unbestätigt ['unbəʃtɛːtɪçt] *adj* unconfirmed
unbestechlich ['unbəʃtɛçlɪç] *adj* incorruptible, unbribable
Unbestechlichkeit ['unbəʃtɛçlɪçkaɪt] *f* incorruptibility, integrity
unbestimmt ['unbəʃtɪmt] *adj 1.* uncertain, indefinite, undecided; *2. (undeutlich)* vague
unbestreitbar ['unbəʃtraɪtbaːr] *adj* indisputable, unquestionable
unbeteiligt ['unbətaɪlɪçt] *adj 1. (nicht teilnehmend)* not involved; *2. (gleichgültig)* indifferent
unbetont ['unbətoːnt] *adj* unaccented, unemphasized
unbeugsam ['unbɔykzaːm] *adj* unbending, uncompromising, inflexible
unbewacht ['unbəvaxt] *adj* unwatched, unguarded
unbewaffnet ['unbəvafnət] *adj* unarmed
unbewältigt ['unbəvɛltɪçt] *adj (fig)* unmastered, unresolved, yet to be dealt with
unbeweglich ['unbəveːklɪç] *adj* motionless, immovable
unbewohnt ['unbəvoːnt] *adj* uninhabited, unoccupied
unbewusst ['unbəvust] *adj 1.* unaware, unconscious, instinctive; *adv 2.* unconsciously, instinctively
unbezahlbar [unbə'tsaːlbaːr] *adj 1. (nicht zu bezahlen)* unaffordable, prohibitively expensive; *2. (fig: unentbehrlich)* invaluable; *Du bist ~!* You're one in a million!
unbezähmbar [unbə'tsɛːmbaːr] *adj* irrepressible, uncontrollable
unbezweifelbar [unbə'tsvaɪfəlbaːr] *adj* indubitable, unchallengeable, indisputable

unbrauchbar ['unbrauxba:r] *adj* useless, of no use
unbürokratisch ['unbyrɔkratɪʃ] *adj* unbureaucratic
und [unt] *konj* and; *Na ~?* So what? *~ so weiter* etcetera
undankbar ['undaŋkba:r] *adj 1.* ungrateful, unappreciative; *2. (Aufgabe)* thankless
undemokratisch ['undemokra:tɪʃ] *adj POL* undemocratic
undenkbar [un'dɛŋkba:r] *adj* unthinkable, unimaginable, inconceivable
undenklich ['undɛŋklɪç] *adj seit ~en Zeiten* since time immemorial
undeutlich ['undɔytlɪç] *adj* unclear, indistinct, blurred
undicht ['undɪçt] *adj* not tight, leaking
Unding ['undɪŋ] *n* absurdity
undiszipliniert ['undɪstsiplini:rt] *adj* undisciplined
undurchdringlich ['undurçdrɪŋlɪç] *adj* impenetrable, impervious
undurchführbar ['undurçfy:rba:r] *adj* impracticable, infeasible
undurchlässig ['undurçlɛsɪç] *adj* impermeable
undurchsichtig ['undurçzɪçtɪç] *adj 1.* opaque, not transparent; *2. (fig)* obscure, unclear
uneben ['une:bən] *adj* uneven, bumpy
unecht ['unɛçt] *adj* false, bogus, artificial
unehelich ['une:əlɪç] *adj (Kind)* illegitimate
unehrlich ['une:rlɪç] *adj* dishonest
Unehrlichkeit ['une:rlɪçkaɪt] *f* dishonesty
uneigennützig ['unaɪgənnytsɪç] *adj 1.* unselfish; *adv 2.* unselfishly
uneinig ['unaɪnɪç] *adj* divided, disunited, disagreeing
Uneinigkeit ['unaɪnɪçkaɪt] *f* discord, disunion, division
unempfänglich ['unɛmpfɛŋlɪç] *adj* unsusceptible, indifferent, insensitive
unempfindlich ['unɛmpfɪndlɪç] *adj* insensitive, immune; *~ für jedes Gefühl* dead to any emotion
unendlich ['unɛntlɪç] *adj* endless, infinite
Unendlichkeit ['unɛntlɪçkaɪt] *f* infinity
unentbehrlich ['unɛntbe:rlɪç] *adj* indispensable, necessary, essential
unentgeltlich ['unɛntgɛltlɪç] *adj 1.* free of charge; *adv 2.* free of charge, gratis
unentschieden ['unɛntʃi:dən] *adj 1.* undecided; *2. SPORT* tied, drawn
Unentschieden ['unɛntʃi:dən] *n SPORT* draw, tie
unentschlossen ['unɛntʃlɔsən] *adj* irresolute, wavering, undecided
Unentschlossenheit ['unɛntʃlɔsənhaɪt] *f* indecision
unentwegt ['unɛntve:kt] *adj 1.* unflinching, unwavering, undeviating; *adv 2.* unwaveringly, unflinchingly
unerbittlich ['unɛrbɪtlɪç] *adj 1.* relentless, unrelenting, pitiless; *adv 2.* relentlessly
Unerbittlichkeit ['unɛrbɪtlɪçkaɪt] *f* relentlessness
unerfahren ['unɛrfa:rən] *adj* inexperienced
unerforschlich ['unɛrfɔrʃlɪç] *adj* inscrutable
unerfreulich ['unɛrfrɔylɪç] *adj* unpleasant, disagreeable, shameful
unerfüllbar ['unɛrfylba:r] *adj* unrealizable
unergiebig ['unɛrgi:bɪç] *adj* unproductive
unergründlich ['unɛrgryntlɪç] *adj* unfathomable
unerheblich ['unɛrhe:plɪç] *adj* insignificant, irrelevant, unimportant
unerhört ['unɛrhø:rt] *adj 1. (einmalig)* unprecedented, unheard-of; *2. (fig: empörend)* outrageous, shocking, scandalous
unerklärlich ['unɛrklɛrlɪç] *adj* inexplicable
unerlässlich ['unɛrlɛslɪç] *adj* indispensable, essential, absolutely necessary
unerlaubt ['unɛrlaupt] *adj* forbidden, prohibited, illegal
unermesslich ['unɛrmɛslɪç] *adj 1.* immeasurable, immense, vast; *adv 2.* immensely, vastly
unermüdlich ['unɛrmy:tlɪç] *adj* untiring, indefatigable
unerreichbar ['unɛrraɪçba:r] *adj* unattainable, unachievable
unersättlich ['unɛrszɛtlɪç] *adj* insatiable
unerschrocken ['unɛrʃrɔkən] *adj 1.* dauntless, intrepid, unflinching; *adv 2.* dauntlessly, unflinchingly
unerschütterlich ['unɛrʃytərlɪç] *adj* unshakeable, imperturbable, staunch
unerschwinglich ['unɛrʃvɪŋlɪç] *adj* prohibitive, unaffordable, exorbitant
unersetzbar ['unɛrzɛtsba:r] *adj* irreplaceable
unerträglich ['unɛrtrɛ:klɪç] *adj 1.* unbearable, intolerable; *adv 2.* intolerably, unbearably
unerwähnt ['unɛrvɛ:nt] *adj* unmentioned
unerwartet ['unɛrvartət] *adj 1.* unexpected, unforeseen; *adv 2.* unexpectedly
unerwünscht ['unɛrvynʃt] *adj* unwanted, unwelcome, undesirable

unfähig ['unfɛːɪç] *adj* incapable, unable, unfit
Unfähigkeit ['unfɛːɪçkaɪt] *f* incompetence, inability

Unfall ['unfal] *m* accident

Unfallflucht ['unfalfluxt] *f* hit-and-run
unfallfrei ['unfalfraɪ] *adj* accident-free
Unfallstation ['unfalʃtatsjoːn] *f* first aid post, casualty ward
unfassbar [un'fasbaːr] *adj* incomprehensible, inconceivable
unfehlbar ['unfeːlbaːr] *adj 1.* infallible; *2. (Instinkt)* unfailing; *adv 3. (ganz sicher)* without fail
Unfehlbarkeit ['unfeːlbaːrkaɪt] *f* infallibility
unfein ['unfaɪn] *adj* unrefined, uncouth, ill-mannered
unfolgsam ['unfɔlkzaːm] *adj* disobedient
unförmig ['unfœrmɪç] *adj 1. (Gestalt)* shapeless; *2. (Beine)* deformed, misshapen
unfrankiert ['unfraŋkiːrt] *adj* unpaid, not prepaid
unfreiwillig ['unfraɪvɪlɪç] *adj 1.* involuntary, compulsory; *adv 2.* involuntarily
unfreundlich ['unfrɔyndlɪç] *adj 1.* unfriendly, unkind, ungracious; *adv 2.* unkindly
unfruchtbar ['unfruxtbaːr] *adj* barren, sterile, infertile
Unfug ['unfuːk] *m 1.* mischief; *2. (Unsinn)* nonsense
ungeachtet ['ungəaxtət] *prep* notwithstanding, regardless of, despite
ungeahnt ['ungəaːnt] *adj* unimagined, unexpected, undreamed-of
ungebildet ['ungəbɪldət] *adj* uneducated
ungeboren ['ungəboːrən] *adj MED* unborn
ungebräuchlich ['ungəbrɔyçlɪç] *adj* seldom-used, uncommon, unconventional
ungebunden ['ungəbundən] *adj 1. (partnerlos)* unattached; *2. (Buch)* unbound; *3. (Wähler) POL* independent; *4. (Blumen)* untied; *5. (Suppe)* unthickened
ungedeckt ['ungədɛkt] *adj (Scheck)* bad, not covered
Ungeduld ['ungədult] *f* impatience
ungeduldig ['ungəduldɪç] *adj 1.* impatient; *adv 2.* impatiently
ungeeignet ['ungəaɪgnət] *adj* unsuitable, unfit, unsuited

ungefähr ['ungəfɛːr] *adj 1.* approximate, rough; *adv 2.* approximately, roughly, about

ungefährlich ['ungəfɛːrlɪç] *adj* safe, not dangerous, harmless
ungehalten ['ungəhaltən] *adj* angry, indignant
ungeheuer ['ungəhɔyər] *adj 1.* enormous; *adv 2. (fam)* tremendously
Ungeheuer ['ungəhɔyər] *n* monster
ungeheuerlich [ungə'hɔyərlɪç] *adj 1.* monstrous; *2. (empörend)* outrageous
Ungehorsam ['ungəhoːrzaːm] *m* disobedience
ungeklärt ['ungəklɛːrt] *adj 1. (unklar)* unclear, obscure; *2. (nicht gereinigt)* unpurified; *3. (Frage)* unsolved, open
ungekürzt ['ungəkyrtst] *adj 1.* unabridged; *2. CINE* uncut
ungelegen ['ungəleːgən] *adj 1.* inconvenient, inopportune, untimely; *adv 2.* at the wrong time, inconveniently
ungelenk ['ungəlɛŋk] *adj* uncoordinated, awkward
ungemein ['ungəmaɪn] *adj 1.* uncommon, extraordinary; *adv 2.* extremely, immensely, exceedingly
ungemütlich ['ungəmyːtlɪç] *adj* uncomfortable, unpleasant
ungenau ['ungənau] *adj* inexact, inaccurate
ungeniert ['unʒeniːrt] *adj 1.* free and easy, uninhibited; *adv 2.* freely, openly
ungenießbar ['ungəniːsbaːr] *adj 1. (nicht essbar)* inedible; *2. (unerträglich)* unbearable, intolerable
ungenügend ['ungənygənt] *adj* insufficient, inadequate
ungerade ['ungəraːdə] *adj* odd, uneven
ungeraten ['ungəraːtən] *adj* badly brought up
ungerecht ['ungərɛçt] *adj* unjust, unfair
ungerechtfertigt ['ungərɛçtfɛrtɪçt] *adj* unjustifiable, unjustified
Ungerechtigkeit ['ungərɛçtɪçkaɪt] *f* injustice
ungern ['ungɛrn] *adv* reluctantly
ungeschickt ['ungəʃɪkt] *adj 1.* clumsy, awkward; *adv 2.* awkwardly
ungeschlacht ['ungəʃlaxt] *adj* hulking
ungeschliffen ['ungəʃlɪfən] *adj 1.* unpolished; *2. (Edelstein)* uncut; *3. (fig)* unvarnished
ungeschoren ['ungəʃoːrən] *adj ~ davonkommen* escape scot-free
ungeschrieben ['ungəʃriːbən] *adj ein ~es Gesetz sein* to be an unwritten rule
ungeschützt ['ungəʃytst] *adj* unprotected, unsheltered, exposed, unguarded

U

ungesetzlich ['ungəzɛtslɪç] *adj* illegal, illicit, unlawful
ungestört ['ungəʃtøːrt] *adj* undisturbed
ungestüm ['ungəʃtyːm] *adj* impetuous
Ungestüm ['ungəʃtyːm] *m* impetuousness, impulsiveness

ungesund ['ungəzunt] *adj 1. (nicht gesund)* unhealthy, unwholesome, harmful to one's health; *2. (schädlich)* unhealthy, unwholesome

ungeteilt ['ungətaɪlt] *adj* undivided
Ungetüm ['ungətyːm] *n* monster
ungewaschen ['ungəvaʃən] *adj 1. (Obst)* unwashed; *2. (Mensch)* grubby, unclean
ungewiss ['ungəvɪs] *adj* uncertain, doubtful, dubious
Ungewissheit ['ungəvɪshaɪt] *f* uncertainty
ungewöhnlich ['ungəvøːnlɪç] *adj 1.* unusual, uncommon, extraordinary; *adv 2.* unusually; *3. (äußerst)* exceptionally
ungewohnt ['ungəvoːnt] *adj 1.* unfamiliar, strange; *2. (unüblich)* unusual
Ungeziefer ['ungətsiːfər] *n* vermin
ungezogen ['ungətsoːgən] *adj* naughty, disobedient, rude
ungezwungen ['ungətsvuŋən] *adj 1. (fig)* natural, casual, unaffected; *adv 2. (fig)* naturally, casually, spontaneously
ungiftig ['ungɪftɪç] *adj* non-toxic, non-poisonous
Unglaube ['unglaubə] *m 1.* disbelief; *2. REL* lack of faith
unglaublich ['unglauplɪç] *adj 1.* unbelievable, incredible; *adv 2.* unbelievably, incredibly, beyond belief
unglaubwürdig ['unglaupvyrdɪç] *adj 1.* implausible; *2. (Mensch)* unreliable
ungleich ['unglaɪç] *adj* uneven
ungleichmäßig ['unglaɪçmɛːsɪç] *adj* uneven, unequal, irregular
Unglück ['unglyk] *n 1. (Missgeschick)* mishap; *jdn ins ~ stürzen* to be s.o.'s undoing; *ins ~ rennen* rush headlong into disaster; *zu allem ~* to crown it all; *2. (Pech)* misfortune, bad luck; *3. (Unfall)* accident, disaster
unglücklich ['unglyklɪç] *adj 1.* unhappy; *2. (vom Pech verfolgt)* unlucky
unglücklicherweise ['unglyklɪçərvaɪzə] *adv* unfortunately
unglückselig ['unglykzeːlɪç] *adj* ill-starred, miserable, wretched
Ungnade ['ungnaːdə] *f* disgrace, disfavour; *in ~ fallen* fall into disgrace; *bei jdm in ~ fallen* fall out of favour with s.o.

ungültig ['ungyltɪç] *adj* invalid, void
ungünstig ['ungynstɪç] *adj 1.* unfavourable, inopportune; *adv 2.* unfavourably
unhaltbar ['unhaltbaːr] *adj 1. (Argument)* untenable; *2. SPORT* unstoppable
unhandlich ['unhantlɪç] *adj* unwieldy, unmanageable
Unheil ['unhaɪl] *n* evil, mischief, harm
unheilbar ['unhaɪlbaːr] *adj 1.* incurable, irreparable; *adv 2.* incurably
unheilvoll ['unhaɪlfɔl] *adj* disastrous
unheimlich ['unhaɪmlɪç] *adj 1.* eerie, uncanny, haunted; *adv 2. (sehr)* terribly, awfully, incredibly
unhöflich ['unhøːflɪç] *adj 1.* impolite, rude, uncivil; *adv 2.* impolitely, rudely
Unhöflichkeit ['unhøːflɪçkaɪt] *f* impoliteness, rudeness
unhygienisch ['unhygjeːnɪʃ] *adj* unhygienic, unsanitary
Uniform ['unifɔrm] *f* uniform
uninteressant ['unɪntərɛsant] *adj* uninteresting, not of interest
Universität [univɛrzi'tɛːt] *f* university
Universum [uni'vɛrzum] *n* universe
unkenntlich ['unkɛntlɪç] *adj* indiscernible, unrecognizable
Unkenntlichkeit ['unkɛntlɪçkaɪt] *f* indiscernible condition, disfigurement
Unkenntnis ['unkɛntnɪs] *f* ignorance
Unkenruf ['uŋkənruːf] *m* prophecy of doom
unklar ['unklaːr] *adj 1.* unclear; *adv 2.* unclearly
Unklarheit ['unklaːrhaɪt] *f* vagueness, uncertainty, obscurity
unklug ['unkluːk] *adj* unwise, ill-advised
unkompliziert ['unklɔmplitsiːrt] *adj* uncomplicated, simple
Unkompliziertheit ['unkɔmplitsiːrthaɪt] *f* uncomplicatedness, straightforwardness
unkontrollierbar ['unkɔntrɔliːrbaːr] *adj* unverifiable, unconfirmable
unkonzentriert ['unkɔntsɛntriːrt] *adj* unfocused
Unkonzentriertheit ['unkɔntsɛntriːrthaɪt] *f* lack of concentration, lack of focus
Unkosten ['unkɔstən] *pl* expenses, costs; *sich in ~ stürzen* go to a great deal of expense
Unkraut ['unkraut] *n* weeds
unkritisch ['unkriːtɪʃ] *adj* uncritical
unkündbar [un'kyntbaːr] *adj 1.* permanent, binding, not terminable; *2. (Staatspapier)* irredeemable

unlängst ['unlɛŋst] *adv* lately, of late, recently
unlauter ['unlautər] *adj* dishonest, shady
unleserlich ['unle:zərlɪç] *adj* illegible
unlogisch ['unlo:gɪʃ] *adj* illogical
unlösbar ['unlø:sba:r] *adj 1.* unsolvable, inexplicable; *2. CHEM* insoluble
unmäßig ['unmɛ:sɪç] *adj 1.* immoderate, excessive, inordinate; *adv 2.* excessively, immoderately
Unmäßigkeit ['unmɛ:sɪçkaɪt] *f* immoderation
Unmensch ['unmɛnʃ] *m* monster, brute; *Ich bin ja kein ~.* I'm not inhuman, you know.
unmenschlich ['unmɛnʃlɪç] *adj* inhuman
unmerklich ['unmɛrklɪç] *adj 1.* imperceptible; *adv 2.* imperceptibly
unmissverständlich ['unmɪsfɛrʃtɛndlɪç] *adj 1.* unmistakeable, clear; *adv 2.* unmistakeably, clearly
unmittelbar ['unmɪtəlba:r] *adj 1.* immediate, direct; *adv 2.* immediately, directly
unmöglich [un'mø:klɪç] *adj 1.* impossible; *2. jdn ~ machen* ruin s.o.'s reputation
Unmöglichkeit [un'mø:klɪçkaɪt] *f* impossibility; *Das ist ein Ding der ~.* That's impossible.
unmündig ['unmyndɪç] *adj* minor
Unmündigkeit ['unmyndɪçkaɪt] *f JUR* minority
unmusikalisch ['unmuzika:lɪʃ] *adj* unmusical
Unmut ['unmu:t] *m* ill humour, annoyance
unnachahmlich ['unna:xa:mlɪç] *adj* inimitable
unnachgiebig ['unnaxgi:bɪç] *adj (fig)* inflexible, obstinate, uncompromising
unnachsichtig ['unnaxzɪçtɪç] *adj* severe, unrelenting
unnahbar [un'na:ba:r] *adj* unapproachable
Unnahbarkeit [un'na:ba:rkaɪt] *f* aloofness, unapproachability
unnatürlich ['unnaty:rlɪç] *adj* unnatural
Unnatürlichkeit ['unnaty:rlɪçkaɪt] *f* unnaturalness
unnötig ['unnø:tɪç] *adj* unnecessary, needless
unnütz ['unnyts] *adj* useless, pointless
unnützerweise [unnytsər'vaɪzə] *adv* unnecessarily, needlessly
unordentlich ['unɔrdəntlɪç] *adj* untidy, disorderly
Unordnung ['unɔrdnuŋ] *f* disorder, untidiness, disarray
unparteiisch ['unpartaɪɪʃ] *adj* impartial, unprejudiced, unbiased
Unparteiische(r) ['unpartaɪɪʃə(r)] *m/f 1.* arbiter; *2. SPORT* official, referee, umpire
unpassend ['unpasənt] *adj* unsuitable, inappropriate, unseemly
unpässlich ['unpɛslɪç] *adj* unwell, out of sorts
Unpässlichkeit ['unpɛslɪçkaɪt] *f* indisposition, incapacity
unpersönlich ['unpɛrzø:nlɪç] *adj* impersonal
unpopulär ['unpopulɛ:r] *adj* unpopular
unpraktisch ['unpraktɪʃ] *adj* unpractical *(UK)*, impractical *(US)*
unpünktlich ['unpyŋktlɪç] *adj* not punctual, not on time
Unpünktlichkeit ['unpyŋktlɪçkaɪt] *f* unpunctuality
Unrat ['unra:t] *m* refuse, filth; *~ wittern (fig)* smell a rat
unrealistisch ['unrealɪstɪʃ] *adj* unrealistic

> **unrecht** ['unrɛçt] *adj* wrong, unjust, unfair; *jdm ~ tun* do s.o. an injustice; *Sie haben nicht ganz ~ mit ihrer Bemerkung.* There's some truth to what you're saying. *jdm ~ geben* point out that s.o. is wrong

Unrecht ['unrɛçt] *n* wrong, injustice; *jdn ins ~ setzen* put s.o. in the wrong
unrechtmäßig ['unrɛçtmɛ:sɪç] *adj* illegal, unlawful
unreell ['unreɛl] *adj 1.* unfair; *2. (unredlich)* dishonest; *3. (unzuverlässig)* unreliable
unregelmäßig ['unre:gəlmɛ:sɪç] *adj 1.* irregular; *adv 2.* irregularly
Unregelmäßigkeit ['unre:gəlmɛ:sɪçkaɪt] *f* irregularity
unregierbar ['unregi:rba:r] *adj POL* ungovernable, unruly
unreif ['unraɪf] *adj 1.* unripe; *2. (fig)* immature
Unreife ['unraɪfə] *f 1.* unripeness; *2. (fig)* immaturity
Unreinheit ['unraɪnhaɪt] *f* impurity
unrentabel ['unrɛnta:bəl] *adj ECO* unprofitable
unrettbar [un'rɛtba:r] *adv 1. ~ verloren* irretrievably lost; *2. ~ verloren (Mensch)* beyond hope
unrichtig ['unrɪçtɪç] *adj* incorrect, erroneous, inaccurate
unromantisch ['unromantɪʃ] *adj* unromantic
Unruhe ['unru:ə] *f 1. (Störung)* disturbance; *2. (Besorgnis)* uneasiness, anxiety, trouble
Unruheherd ['unru:əhɛrt] *m* trouble spot

unruhig ['unruːɪç] *adj 1. (ruhelos)* restless; *2. (besorgt)* uneasy, alarmed, unsettled
unrühmlich ['unryːmlɪç] *adj* inglorious, disgraceful
uns [uns] *pron 1.* us, to us; *bei ~* at our place; *unter ~* between you and me; *2. (einander)* each other; *Wir kennen ~ seit drei Jahren.* We've known each other for three years. *3. (Reflexivpronomen)* ourselves, each other
unsachgemäß ['unzaxgəmɛːs] *adj* improper, inexpert
unsachlich ['unzaxlɪç] *adj 1. (nicht objektiv)* subjective; *2. (nicht zur Sache gehörend)* irrelevant
unsanft ['unzanft] *adj* ungentle, rough, rude, unceremonious
unschädlich ['unʃɛːtlɪç] *adj* harmless, innocuous; *jdn ~ machen (fig)* render s.o. harmless, eliminate s.o.
unscharf ['unʃarf] *adj FOTO* poorly focused, fuzzy, blurry
unscheinbar ['unʃaɪnbaːr] *adj* insignificant, inconspicuous, nondescript
unschlüssig ['unʃlysɪç] *adj* uncertain, undetermined, irresolute
Unschuld ['unʃult] *f 1.* innocence; *2. (Keuschheit)* purity, chastity
unschuldig ['unʃuldɪç] *adj 1.* innocent; *2. (keusch)* chaste
unselbstständig ['unzɛlpʃtɛndɪç] *adj* dependent
Unselbstständigkeit ['unzɛlpʃtɛndɪçkaɪt] *f* lack of self-sufficiency
unsere(r,s) ['unzərə(r,s)] *pron* our, ours
unseriös ['unzeːrjøːs] *adj* not respectable, not serious
unsicher ['unzɪçər] *adj 1.* unsure; *einen Ort ~ machen* infest the area; *2. (gefährlich)* unsafe
Unsicherheit ['unzɪçərhaɪt] *f 1.* insecurity; *2. (Zweifelhaftigkeit)* uncertainty, dubiousness
unsichtbar ['unzɪçtbaːr] *adj* invisible; *sich ~ machen* make o.s. scarce
Unsinn ['unzɪn] *m* nonsense, absurdity
unsinnig ['unzɪnɪç] *adj* foolish, absurd, nonsensical
Unsitte ['unzɪtə] *f* bad custom, bad habit
unsittlich ['unzɪtlɪç] *adj* immoral, indecent
unsolide ['unzoliːdə] *adj 1.* not solid, unstable; *2. (Firma)* unreliable; *3. (Lebensweise)* fast, loose, free-living
unspektakulär ['unʃpɛktakulɛːr] *adj* unspectacular
unsterblich ['unʃtɛrplɪç] *adj 1.* immortal; *adv 2. (sehr)* utterly; *~ verliebt* madly in love
Unsterblichkeit ['unʃtɛrplɪçkaɪt] *f* immortality
unstet ['unʃteːt] *adj* unsteady, restless, shifty
Unstimmigkeit ['unʃtɪmɪçkaɪt] *f 1.* inconsistency, discrepancy; *2. (Meinungsverschiedenheit)* difference of opinion
unstreitig ['unʃtraɪtɪç] *adj* incontestable, unquestionable
Unsumme ['unzumə] *f* vast amount, enormous sum
unsympathisch ['unzympaːtɪʃ] *adj* unpleasant, unappealing, disagreeable
untätig ['untɛːtɪç] *adj* inactive, idle, indolent
untauglich ['untauklɪç] *adj 1.* unfit, unsuited, unsuitable; *2. MIL* unfit, disabled

unten ['untən] *adv 1.* below; *nach ~* down, downwards; *da ~* down there; *2. (im Hause)* downstairs; *3. (am unteren Ende)* at the bottom

unter ['untər] *prep 1.* under; *~ der Telefonnummer ...* on phone number ...; *~ einem Thema stehen* deal with a subject; *~ großer Anstrengung* with great effort; *2. (zwischen, inmitten)* among; *~ uns* between you and me; *Das bleibt ~ uns.* That's just between you and me. *~ anderem* among other things, among others; *3. (weniger als)* less than, under; *4. (zeitlich) ~ der Woche* during the week

Unterarm ['untərarm] *m ANAT* forearm
unterbelichtet ['untərbəlɪçtət] *adj 1. FOTO* underexposed; *2. (fig: dumm)* dim, dimwitted
Unterbeschäftigung ['untərbəʃɛftɪguŋ] *f ECO* underemployment
unterbesetzt ['untərbəzɛtst] *adj* understaffed
unterbewerten ['untərbəvertən] *v* undervalue
unterbewusst ['untərbəvust] *adj* subconscious
unterbinden [untər'bɪndən] *v irr (fig)* stop
unterbrechen [untər'brɛçən] *v irr* interrupt
Unterbrechung [untər'brɛçuŋ] *f* interruption
unterbreiten [untər'braɪtən] *v* submit
unterbringen ['untərbrɪŋən] *v irr* accommodate, lodge
Unterbringung ['untərbrɪŋuŋ] *f* accommodation, placement
unterdessen [untər'dɛsən] *adv* meanwhile, in the meantime

U

unterdrücken [untər'drykən] *v 1. (etw ~)* suppress, stifle; *2. (jdn ~)* oppress, suppress
Unterdrückung [untər'drykuŋ] *f* suppression, oppression
unterdurchschnittlich ['untərdurçʃnɪtlɪç] *adj* below-average
untere(r,s) ['untərə(r,s)] *adj* lower
untereinander ['untəraɪnandər] *adv* each other, among one another, mutually
unterentwickelt ['untərɛntvɪkəlt] *adj* underdeveloped
Unterentwicklung ['untərɛntvɪkluŋ] *f POL* underdevelopment
unterernährt ['untərɛrnɛːrt] *adj* undernourished
Unterernährung ['untərɛrnɛːruŋ] *f* malnutrition
unterfordern [untər'fɔrdərn] *v* demand too little of, ask too little of, expect too little of
Unterführung [untər'fyːruŋ] *f* underpass, subway *(UK)*
Unterfunktion ['untərfunktsjoːn] *f* insufficient function
Untergang ['untərgaŋ] *m 1. (Zusammenbruch)* fall, downfall, collapse; *2. (Sinken)* sinking; *3. (Niedergang)* fall, decline; *4. (der Sonne)* sunset
Untergebene(r) [untər'geːbənə(r)] *m/f* subordinate
untergehen ['untərgeːən] *v irr 1. (zusammenbrechen)* fall; *2. (sinken)* sink; *3. (niedergehen)* decline; *4. (Sonne, Mond)* set
untergeordnet ['untərgəɔrdnət] *adj* subordinate, secondary
Untergeschoss ['untərgəʃɔs] *n* basement
Untergewicht ['untərgəvɪçt] *n ~ haben* to be underweight
untergraben [untər'graːbən] *v irr 1. (unterminieren)* undermine; *2. (aushöhlen)* erode
Untergrenze ['untərgrɛntsə] *f* lower limit, low mark
Untergrund ['untərgrunt] *m 1.* subsoil; *2. (Farbschicht)* undercoat; *3. POL* underground
Untergrundkämpfer ['untərgruntkɛmpfər] *m POL* partisan, member of the underground
unterhalb ['untərhalp] *prep* below, under, underneath
Unterhalt ['untərhalt] *m 1. (Lebensunterhalt)* subsistence, livelihood; *seinen ~ verdienen* earn one's living; *2. (~sbeitrag)* maintenance, *(für geschiedene Ehefrau)* alimony; *3. (Instandhaltung)* upkeep

unterhalten [untər'haltən] *v irr 1. (versorgen)* maintain, support; *2. (vergnügen)* entertain, amuse; *3. sich ~ (vergnügen)* enjoy o.s., amuse o.s; *4. sich ~ (plaudern)* talk, converse, make conversation; *sich mit jdm ~ über* converse with s.o. about

unterhaltsam [untər'haltzam] *adj* entertaining
Unterhaltsamkeit [untər'haltzaːmkaɪt] *f* entertainment value
Unterhaltung [untər'haltuŋ] *f 1. (Versorgung)* maintenance, upkeep; *2. (Vergnügen)* entertainment; *3. (Plaudern)* conversation, talk; *eine ~ beginnen* enter into conversation
Unterhändler ['untərhɛndlər] *m* negotiator, mediator
Unterhaus ['untərhaus] *n POL* Lower House, House of Commons *(UK)*
Unterhemd ['untərhɛmt] *n* vest, undershirt *(US)*
unterhöhlen [untər'høːlən] *v (fig)* undermine
Unterhose ['untərhoːzə] *f* underpants
unterirdisch ['untərɪrdɪʃ] *adj* subterranean, underground
unterjochen [untər'jɔxən] *v* subjugate
Unterkiefer ['untərkiːfər] *m ANAT* lower jaw
unterkommen ['untərkɔmən] *v irr 1. (Unterkunft finden)* find lodgings, find accommodation; *2. (Stellung finden)* find a job, find employment
unterkriegen ['untərkriːgən] *v jdn ~* get the better of s.o.; *Lass dich nicht ~!* Don't let it get you down!
Unterkunft ['untərkunft] *f* lodgings, accommodation, shelter
Unterlage ['untərlaːgə] *f 1.* foundation, base; *2. ~n pl (Dokumente)* documents *pl,* materials *pl,* papers *pl*
unterlassen [untər'lasən] *v irr* omit, fail to do, stop
Unterlassungssünde [untər'lasuŋszyndə] *f* sin of omission
Unterlauf ['untərlauf] *m (eines Flusses)* lower part, lower reaches *pl*
unterlegen ['untərleːgən] *v 1.* put underneath; *2. (mit einer Unterlage versehen)* line, pad [untər'leːgən] *3. (fig)* attribute; *einer Sache einen anderen Sinn ~* read another meaning into sth; *adj 4. jdm ~ sein* to be inferior to s.o.
Unterleib ['untərlaɪp] *m ANAT* lower abdomen

U

unterliegen [untər'liːgən] *v irr 1. (besiegt werden)* to be defeated by, lose to; *2. (betroffen sein)* to be subject to
Unterlippe ['untərlɪpə] *f ANAT* lower lip
Untermalung [untər'maːluŋ] *f (fig)* accompaniment
untermauern [untər'mauərn] *v (fig)* underpin, substantiate, support
untermengen ['untərmɛŋən] *v* mix in
Untermiete ['untərmiːtə] *f* subletting, sublease, subtenancy
Untermieter ['untərmiːtər] *m* tenant, lodger
untermischen ['untərmɪʃən] *v* mix in
Unternehmen [untər'neːmən] *n 1. (Firma)* business, enterprise; *2. (Vorhaben)* undertaking, venture
unternehmen [untər'neːmən] *v irr* undertake, attempt
Unternehmer [untər'neːmər] *m* entrepreneur, industrialist, contractor
Unternehmungsgeist [untər'neːmuŋsgaɪst] *m* enterprise
unterordnen ['untərɔrdnən] *v 1.* subordinate; *2. jdn jdm ~* place s.o. under s.o.
Unterredung [untər'reːduŋ] *f* conference, interview, business talk

Unterricht ['untərrɪçt] *m* instruction, lessons *pl*

unterrichten [untər'rɪçtən] *v 1. (lehren)* teach, instruct; *2. (informieren)* inform, warn
Unterrichtsfach ['untərrɪçtsfax] *n* subject
Unterrichtsstunde ['untərrɪçtsʃtundə] *f* lesson
Unterrock ['untərrɔk] *m* slip, petticoat
untersagen [untər'zaːgən] *v* forbid, prohibit
Untersatz ['untərzats] *m 1.* mat; *2. (für Gläser)* coaster; *3. (Gestell)* stand; *4. fahrbarer ~ (fam)* wheels *pl (fig)*; *5. (Logik)* minor premise
unterschätzen [untər'ʃɛtsən] *v* underestimate, undervalue, underrate
unterscheiden [untər'ʃaɪdən] *v irr* distinguish, differentiate
Unterscheidung [untər'ʃaɪduŋ] *f* differentiation, distinction
Unterschenkel ['untərʃɛŋkəl] *m ANAT* shank, lower leg
Unterschicht ['untərʃɪçt] *f* lower class
Unterschied ['untərʃiːt] *m 1.* difference; *2. (Unterscheidung)* distinction
unterschiedlich ['untərʃiːtlɪç] *adj* different, diverse
unterschiedslos ['untərʃiːtsloːs] *adj* the same
unterschlagen [untər'ʃlaːgən] *v irr (Geld)* embezzle
Unterschlagung [untər'ʃlaːguŋ] *f* embezzlement
Unterschlupf ['untərʃlupf] *m* shelter, refuge
unterschreiben [untər'ʃraɪbən] *v irr* sign
Unterschrift ['untərʃrɪft] *f* signature
unterschwellig ['untərʃvɛlɪç] *adj* subliminal
Unterschriftenaktion ['untərʃrɪftənaktsjoːn] *f* circulation of a petition
unterschriftsberechtigt ['untərʃrɪftsbərɛçtɪçt] *adj* authorized to sign
unterschriftsreif ['untərʃrɪftsraɪf] *adj* ready for signing, ready to be signed, final
Untersetzer ['untərzɛtsər] *m* mat, coaster, *(für Töpfe)* saucer
untersetzt [untər'zɛtst] *adj* stocky, squat, stout
unterste(r,s) ['untərstə(r,s)] *adj* lowest, last; *das ~ zu oberst kehren* turn everything upside down
unterstehen [untər'ʃteːən] *v irr 1. jdm ~ (fig)* be subordinated to; *2. sich ~ etw zu tun* dare to do sth
unterstellen ['untərʃtɛlən] *v 1. sich ~* take shelter; [untər'ʃtɛlən] *2. (voraussetzen)* assume; *3. jdm etw ~ (unterordnen)* put s.o. in charge of sth; *4. jdm etw ~ (unterschieben)* insinuate that s.o. has done sth
Unterstellung [untər'ʃtɛluŋ] *f* insinuation
unterstreichen [untər'ʃtraɪçən] *v irr 1.* underline, underscore; *2. (fig)* emphasize, stress
Unterstufe ['untərʃtuːfə] *f (in der Schule)* Stage I secondary education *(UK)*, junior high school *(US)*
unterstützen [untər'ʃtytsən] *v 1.* support, prop; *2. (fig)* support, assist, back up
untersuchen [untər'zuːxən] *v 1.* examine, investigate, check; *2. MED* examine, test, check
Untersuchung [untər'zuːxuŋ] *f 1.* examination, investigation, inquiry; *2. MED* examination
Untertan ['untərtaːn] *m* subject
Untertasse ['untərtasə] *f* saucer
untertauchen ['untərtauxən] *v 1. (eintauchen)* dip, duck; *2. (fig: verschwinden)* disappear, go underground; *3. TECH* immerse
Unterteil ['untərtaɪl] *m* lower part, base
unterteilen [untər'taɪlən] *v* subdivide
Unterteilung [untər'taɪluŋ] *f* subdivision, breakdown

Untertitel ['untərtɪtəl] *m* subtitle
Unterton ['untərto:n] *m* undertone
untertreiben [untər'traɪbən] *v irr* understate
untervermieten ['untərfɛrmi:tən] *v* sublet
unterversichert ['untərfɛrzɪçərt] *adj* underinsured
unterversorgt ['untərfɛrzɔrgt] *adj* undersupplied
Unterversorgung ['untərfɛrzɔrguŋ] *f* undersupply
Untervermietung ['untərfɛrmi:tuŋ] *f* sublease
unterwandern [untər'vandərn] *v* infiltrate
Unterwäsche ['untərvɛʃə] *f* underwear, underclothes, *(Damenunterwäsche)* lingerie
Unterwasseraufnahme [untər'vasərauf-na:mə] *f 1. FOTO* underwater photography; *2. (einzelne Aufnahme)* underwater photograph
Unterwassermassage ['untərvasərma-sa:ʒə] *f MED* underwater massage
unterwegs [untər've:ks] *adv* on the way, en route, in transit; *~ nach* bound for
unterweisen [untər'vaɪzən] *v irr* instruct
Unterwelt ['untərvɛlt] *f* underworld
unterwerfen [untər'vɛrfən] *v irr 1.* subdue; *2. (unterziehen)* subject to; *3. sich einer Sache ~* submit to sth
Unterwerfung [untər'vɛrfuŋ] *f 1. (Untertanmachen) POL* subjection, subjugation; *2. (Unterordnung)* submission, surrender
unterwürfig ['untərvyrfɪç] *adj* submissive, obsequious
Unterwürfigkeit ['untərvyrfɪçkaɪt] *f* submissiveness, subservience
unterzeichnen [untər'tsaɪçnən] *v* sign
Unterzeichnete(r) [untər'tsaɪçnətə(r)] *m/f* undersigned
unterziehen [untər'tsi:ən] *v irr 1. sich einer Sache ~* undergo sth; *sich einer Prüfung ~* take a test; *2. jdn einer Sache ~* subject s.o. to sth; ['untərtsi:ən] *3. (Kleidungsstück)* put on underneath
Untiefe ['unti:fə] *f 1. (seichte Stelle)* shallow; *2. (große Tiefe)* abyss
untilgbar [un'tɪlkba:r] *adj 1. FIN* irredeemable; *2. (fig)* indelible
untragbar ['untra:kba:r] *adj* intolerable, unbearable, *(Preise)* prohibitive
untrennbar [un'trɛnba:r] *adj* inseparable
untreu ['untrɔy] *adj* unfaithful, disloyal
Untreue ['untrɔyə] *f* unfaithfulness, disloyalty
untröstlich ['untrø:stlɪç] *adj* inconsolable, disconsolate, comfortless
untrüglich [un'try:klɪç] *adj 1. (Merkmal)* unmistakable; *2. (Instinkt)* unfailing
Untugend ['untu:gənt] *f* vice, bad habit
untypisch ['unty:pɪʃ] *adj* untypical
unüberhörbar [uny:bər'hø:rba:r] *adj* not to be overheard
unüberlegt ['uny:bərle:kt] *adj 1.* ill-considered; *2. (Mensch)* rash
unüberschaubar [uny:bər'ʃauba:r] *adj* confused, unclear
unübersehbar [uny:bər'ze:ba:r] *adj 1. (nicht übersehbar)* vast; *2. (unschätzbar)* incalculable; *3. (auffällig)* conspicuous
unübersichtlich ['uny:bərzɪçtlɪç] *adj 1. (Kurve)* blind; *2. (verworren)* confused, unclear
Unübersichtlichkeit ['uny:bərzɪçtlɪçkaɪt] *f* incomprehensibility, unclearness
unübertrefflich [uny:bər'trɛflɪç] *adj* unsurpassable
unüberwindbar [uny:bər'vɪntba:r] *adj* insurmountable
unüblich ['uny:plɪç] *adj* uncommon
unumgänglich ['unumgɛŋlɪç] *adj* unavoidable, essential, indispensable
unumschränkt [unum'ʃrɛŋkt] *adj* unlimited, absolute
unumstößlich [unum'ʃtø:slɪç] *adj* uncontestable, irrefutable
unumstritten [unum'ʃtrɪtən] *v* undisputed
unumwunden ['unumvundən] *adv* frankly, without beating around the bush *(fig)*
ununterbrochen ['ununtərbrɔxən] *adj 1.* continuous, uninterrupted; *adv 2.* continuously, without interruption
unveränderlich [unfɛr'ɛndərlɪç] *adj* unchangeable, unalterable, immutable
unverändert ['unfɛrɛndərt] *adj* unchanged, unaltered
unverantwortlich [unfɛr'antvɔrtlɪç] *adj* irresponsible
unverbesserlich [unfɛr'bɛsərlɪç] *adj* incorrigible
unverbindlich ['unfɛrbɪntlɪç] *adj 1.* not binding; *~e Preisempfehlung* suggested retail price; *adv 2.* without obligation, without guarantee
unverblümt [unfɛr'bly:mt] *adj* blunt
unverdaulich ['unfɛrdaulɪç] *adj* indigestible
unverdient ['unfɛrdi:nt] *adj* undeserved, unmerited
unvereinbar [unfɛr'aɪnba:r] *adj* incompatible, inconsistent

U

Unvereinbarkeit [unfɛr'aɪnba:rkaɪt] *f* incompatibility
unverfälscht ['unfɛrfɛlʃt] *adj 1.* pure; *2. (Bericht)* unfalsified; *3. (Lebensmittel)* unadulterated
unverfroren ['unfɛrfro:rən] *adj (fig)* impudent, insolent, brazen
Unverfrorenheit ['unfɛrfro:rənhaɪt] *f* impudence
unvergänglich ['unfɛrgɛŋlɪç] *adj* immortal, undying, unpassing
unvergesslich [unfɛr'gɛslɪç] *adj* unforgettable
unverheiratet ['unfɛrhaɪra:tət] *adj* unmarried
unverhofft ['unfɛrhɔft] *adj* unexpected
unverkäuflich ['unfɛrkɔyflɪç] *adj 1.* unsaleable; *2. (nicht feil)* not for sale
unverkennbar [unfɛr'kɛnba:r] *adj* unmistakeable
unvermeidlich ['unfɛrmaɪdlɪç] *adj* inevitable, unavoidable
unvermindert ['unfɛrmɪndərt] *adj* undiminished, unabated
unvermittelt ['unfɛrmɪtəlt] *adj* sudden, abrupt
Unvermögen ['unfɛrmø:gən] *n* inability, incapability, incapacity
unvermutet ['unfɛrmu:tət] *adj* unexpected
Unvernunft ['unfɛrnunft] *f* irrationality, unreasonableness
unvernünftig ['unfɛrnynftɪç] *adj* unreasonable, irrational

unverschämt ['unfɛrʃɛ:mt] *adj* outrageous, impudent, shameless

unversehens ['unfɛrze:əns] *adv* unexpectedly, suddenly
unversöhnlich ['unfɛrzø:nlɪç] *adj* implacable, irreconcilable
unverständlich ['unfɛrʃtɛntlɪç] *adj* unintelligible, incomprehensible
Unverträglichkeit ['unfɛrtrɛ:klɪçkaɪt] *f* incompatibility
unverwechselbar [unfɛr'vɛksəlba:r] *adj* unmistakable

U

unverwüstlich ['unfɛrvy:stlɪç] *adj* indestructible
unverzeihlich ['unfɛrtsaɪlɪç] *adj* inexcusable, unpardonable
unverzichtbar [unfɛr'tsɪçtba:r] *adj* indispensable
unverzüglich ['unfɛrtsy:klɪç] *adj* immediate, prompt, instantaneous
unvollkommen ['unfɔlkɔmən] *adj 1.* imperfect; *2. (unvollständig)* incomplete
Unvollkommenheit ['unfɔlkɔmənhaɪt] *f* imperfection
unvollständig ['unfɔlʃtɛndɪç] *adj* incomplete
Unvollständigkeit ['unfɔlʃtɛndɪçkaɪt] *f* incompleteness
unvorbereitet ['unfo:rbəraɪtət] *adj 1.* unprepared; *2. (Rede)* extemporaneous
unvoreingenommen ['unfo:raɪngənɔmən] *adj 1.* unbiased, unprejudiced, impartial; *adv 2.* impartially, without prejudice
unvorhergesehen ['unfo:rhe:rgəze:ən] *adj* unforeseen, unanticipated
unvorsichtig ['unfo:rzɪçtɪç] *adj* careless
unvorstellbar ['unfo:rʃtɛlba:r] *adj* unimaginable, inconceivable, unthinkable
unvorteilhaft ['unfo:rtaɪlhaft] *adj 1.* unfavourable, disadvantageous; *2. (Kleid, Frisur)* unflattering, unbecoming
unwahr ['unva:r] *adj* untrue, false
Unwahrheit ['unva:rhaɪt] *f* untruth, falsehood
unwahrscheinlich ['unva:rʃaɪnlɪç] *adj* improbable, unlikely
unweigerlich ['unvaɪgərlɪç] *adj 1.* inevitable; *adv 2.* inevitably
Unwesen ['unwɛsən] *n sein ~ treiben* to be up to mischief
unwesentlich ['unve:zəntlɪç] *adj* unimportant, insignificant
Unwetter ['unvɛtər] *n* bad weather, stormy weather, thunderstorm
unwichtig ['unvɪçtɪç] *adj* unimportant, irrelevant, inconsequential
unwiderruflich [unvi:dər'ruflɪç] *adj* irrevocable, irreversible
unwiderstehlich ['unvi:dərʃte:lɪç] *adj* irresistible
unwillig ['unvɪlɪç] *adj 1.* unwilling, reluctant; *2. (ungehalten)* indignant
unwillkürlich ['unvɪlky:rlɪç] *adj* involuntary
unwirklich ['unvɪrklɪç] *adj* unreal, fictitious
unwirksam ['unvɪrkza:m] *adj 1.* ineffective, inoperative; *2. JUR* null and void
unwirsch ['unvɪrʃ] *adj* surly, gruff
unwirtlich ['unvɪrtlɪç] *adj 1. (einsam)* desolate; *2. (ungastlich)* inhospitable
Unwirtlichkeit ['unvɪrtlɪçkaɪt] *f 1. (Einsamkeit)* desolateness; *2. (Ungastlichkeit)* inhospitality
unwirtschaftlich ['unvɪrtʃaftlɪç] *adj ECO* uneconomical, inefficient

Unwirtschaftlichkeit ['unvɪrtʃaftlɪçkaɪt] *f* *ECO* inefficiency, wastefulness
unwissend ['unvɪsənt] *adj* ignorant
Unwissenheit ['unvɪsənhaɪt] *f* ignorance
unwohl ['unvo:l] *adv* unwell
Unwohlsein ['unvo:lzaɪn] *n* indisposition
unwürdig ['unvyrdɪç] *adj* 1. unworthy; 2. *(ohne Würde)* undignified, unseemly
unzählig ['untsɛ:lɪç] *adj* innumerable, countless
Unze ['untsə] *f* ounce
Unzeit ['untsaɪt] *f zur ~* at the wrong time, at an inopportune moment
unzeitgemäß ['untsaɪtgəmɛ:s] *adj* 1. anachronistic, old-fashioned, obsolete; 2. *METEO* unseasonal
unzerbrechlich [untsɛr'brɛçlɪç] *adj* unbreakable
unzertrennlich [untsɛr'trɛnlɪç] *adj* inseparable
Unzucht ['untsuxt] *f* sexual offence
unzüchtig ['untsyçtɪç] *adj* indecent, obscene
unzufrieden ['untsufri:dən] *adj* dissatisfied, discontented
Unzufriedenheit ['untsufri:dənhaɪt] *f* dissatisfaction, discontent
unzugänglich ['untsugɛŋlɪç] *adj* 1. inaccessible; 2. *(fig: verschlossen)* unapproachable
unzulänglich ['untsulɛŋlɪç] *adj* insufficient, inadequate
Unzulänglichkeit ['untsulɛŋlɪçkaɪt] *f* inadequacy, deficiency, insufficiency
unzulässig ['untsulɛsɪç] *adj* inadmissible
unzumutbar ['untsumu:tba:r] *adj* unfair, unjust, unreasonable
unzurechnungsfähig ['untsurɛçnuŋsfɛ:ɪç] *adj* of unsound mind, mentally incompetent, insane
Unzurechnungsfähigkeit ['untsurɛçnuŋsfɛ:ɪçkaɪt] *f* mental incompetence, not being of sound mind, insanity
unzureichend ['untsuraɪçənt] *adj* insufficient, inadequate
unzuträglich ['untsutrɛ:klɪç] *adj* unhealthy
unzutreffend ['untsutrɛfənt] *adj* 1. inappropriate; 2. *(unwahr)* incorrect; *~es bitte streichen* please cross out anything not applicable
unzuverlässig ['untsufɛrlɛsɪç] *adj* unreliable, untrustworthy
Unzuverlässigkeit ['untsufɛrlɛsɪçkaɪt] *f* unreliability
unzweckmäßig ['untsvɛkmɛ:sɪç] *adj* 1. impractical; 2. *(ungeeignet)* inappropriate, unsuitable
Unzweckmäßigkeit ['untsvɛkmɛ:sɪçkaɪt] *f* inappropriateness, inexpediency
üppig ['ypɪç] *adj* 1. sumptuous, abundant; 2. *(Figur)* voluptuous; 3. *(Vegetation)* lush
Urabstimmung ['u:rapʃtɪmuŋ] *f* *ECO* strike vote
Urahnen ['ura:nən] *pl* forebears *pl*
uralt ['u:ralt] *adj* ancient, very old
Uraufführung ['u:rauffy:ruŋ] *f* *THEAT* world premiere
urbar ['u:rba:r] *adj* 1. *~ machen (Land)* cultivate; 2. *~ machen (Wald)* clear
Urbild ['u:rbɪlt] *n* prototype, original
Ureinwohner ['u:raɪnvo:nər] *m* original inhabitant, native; *(in Australien)* aborigine, *(in Neuseeland)* maori
Urenkel ['u:rɛŋkəl] *m* great-grandson
Urenkelin ['u:rɛŋkəlɪn] *f* great-granddaughter
Urgroßeltern ['u:rgro:sɛltərn] *pl* great-grandparents *pl*
Urheber ['u:rhe:bər] *m* author, originator
Urheberrecht ['u:rhe:bərɛçt] *n* *JUR* copyright
urig ['u:rɪç] *adj* earthy, elemental, quaint
Urin [u'ri:n] *m* urine; *etw im ~ spüren (fig)* feel sth in one's bones
Urknall ['u:rknal] *m* *ASTR* big bang
urkomisch [u:rkomɪʃ] *adj* hilarious
Urkunde ['u:rkundə] *f* certificate, document, deed
Urkundenfälschung ['u:rkundənfɛlʃuŋ] *f* falsification of documents
urkundlich ['u:rkuntlɪç] *adj* 1. documentary; *adv* 2. authentically; *~ belegt* documented
Urlaub ['u:rlaup] *m* holidays *pl*, vacation *(US)*
Urlauber ['u:rlaubər] *m* holidaymaker *(UK)*, vacationer *(US)*
Urlaubsgeld ['u:rlaupsgɛlt] *n* holiday allowance
Urlaubsort ['u:rlaupsɔrt] *m* holiday resort, vacation resort *(US)*
Urlaubsschein ['u:rlaupsʃaɪn] *m* furlough certificate *(UK)*, leave papers *pl (US)*
Urlaubsvertretung ['u:rlaupsfɛrtre:tuŋ] *f* replacement (for s.o. who is on holiday/on vacation)
Urlaubszeit ['u:rlaupstsaɪt] *f* holiday season

U

Urmensch ['u:rmɛnʃ] *m* prehistoric man
Urne ['urnə] *f* urn
Urologe/Urologin [uro'lo:gə/uro'lo:gɪn] *m/f MED* urologist
urologisch [uro'lo:gɪʃ] *adj MED* urological
urplötzlich [u:r'plœtslɪç] *adv 1.* all of a sudden; *adj 2.* very sudden, abrupt
Ursache ['u:rzaxə] *f* cause; *Keine ~!* Don't mention it!
ursächlich ['ursɛçlɪç] *adj* causal; *~ für etw sein* to be the cause of sth
Ursprung ['u:rʃpruŋ] *m* origin, source
ursprünglich ['urʃpryŋlɪç] *adj 1.* original; *adv 2.* originally
Ursprünglichkeit ['u:rʃpryŋlɪçkaɪt] *f* original quality
Ursprungsland ['u:rʃpruŋslant] *n* country of origin
Ursprungszeugnis ['u:rʃpruŋstsɔyknɪs] *n* certificate of origin
Urteil ['urtaɪl] *n 1.* judgement, opinion, view; *2. JUR* judgement, sentence, verdict
urteilen ['urtaɪlən] *v 1.* judge, give an opinion; *2. JUR* pass a sentence, judge
Urteilsfindung ['urtaɪlsfɪnduŋ] *f JUR* judgement
Urteilsspruch ['urtaɪlsʃprux] *m JUR* judgement, sentence, verdict
Urteilsverkündung ['urtaɪlsfɛrkynduŋ] *f JUR* pronouncement of a judgement, pronouncement of a sentence
Urteilsvermögen ['urtaɪlsfɛrmø:gən] *n* discernment, faculty of judgement, reasoning
urtümlich ['u:rty:mlɪç] *adj* earthy, elemental, quaint
Urwald ['u:rvalt] *m BOT* virgin forest; *(in den Tropen)* jungle
urwüchsig ['u:rvy:kzɪç] *adj* natural
Urzeit ['u:rtsaɪt] *f* the dawn of time, prehistoric times *pl; seit ~en (fig)* for ages
Usbeke/Usbekin [us'be:kə/us'be:kɪn] *m/f* Uzbek
usbekisch [us'be:kɪʃ] *adj* Uzbek
Usbekistan [us'be:kɪsta:n] *n GEO* Uzbekistan
Usurpator [uzur'pa:tɔr] *m POL* usurper
Utensilien [utɛn'zi:ljən] *pl* utensils *pl*
Utopie [uto'pi:] *f* Utopia
utopisch [u'to:pɪʃ] *adj* Utopian
UV-Lampe [u:'vaulampə] *f* ultraviolet lamp
UV-Strahlung [u:'vauʃtra:luŋ] *f PHYS* ultraviolet radiation

V

Vagabund [vaga'bunt] *m* vagabond, vagrant
vagabundieren [vagabun'diːrən] *v* tramp about, lead a vagabond life
vage ['vaːgə] *adj* vague
Vakanz [va'kants] *f* vacancy
Vakuumverpackung ['vaːkuumfɛrpakuŋ] *f* vacuum packaging
Valuta [va'luːta] *f ECO* currency
Vampir [vam'piːr] *m* vampire
Vandalismus [vanda'lɪsmus] *m* vandalism
variabel [vari'aːbəl] *adj* variable
variieren [vari'iːrən] *v* vary

Vater ['faːtər] *m* father; ~ *Staat* the State; *der himmlische ~* our heavenly Father; *zu seinen Vätern heimgehen* pass away

Vaterland ['faːtərlant] *n 1.* native country, fatherland; *2. (Deutschland)* fatherland
Vaterlandsliebe ['faːtərlantsliːbə] *f* patriotism
väterlich ['fɛːtərlɪç] *adj 1.* paternal, fatherly; *adv 2.* paternally
väterlicherseits ['fɛːtərlɪçərzaɪts] *adv* on one's father's side; *Großmutter ~* paternal grandmother
Vaterschaft ['faːtərʃaft] *f* fatherhood, paternity
Vaterunser [faːtər'unzər] *n das ~ REL* the Lord's Prayer
Vati ['faːtiː] *m* daddy
Vatikan [vatɪ'kaːn] *m* Vatican
vegetarisch [vege'taːrɪʃ] *adj* vegetarian
Vegetation [vegeta'tsjoːn] *f* vegetation
vegetativ [vegeta'tiːf] *adj ANAT* vegetative
vegetieren [vege'tiːrən] *v* vegetate
Vehemenz [vehə'mɛnts] *f* vehemence, impetuosity
Vene ['veːnə] *f ANAT* vein
Ventil [vɛn'tiːl] *n 1. TECH* valve; *2. (fig)* vent, outlet
verabreden [fɛr'apreːdən] *v 1.* agree upon, arrange; *2. sich ~* make an appointment, arrange to meet; *sich ~ mit* make a date with
Verabredung [fɛr'apreːduŋ] *f 1. (Abmachung)* agreement, arrangement; *2. (Treffen)* appointment
verabreichen [fɛr'apraɪçən] *v 1.* administer; *2. jdm eine Tracht Prügel ~* give s.o. a beating
verabscheuen [fɛr'apʃɔyən] *v* abhor, detest, loathe
verabscheuungswürdig [fɛr'apʃɔyuŋsvyrdɪç] *adj* abominable, abhorrent, loathsome
verabschieden [fɛr'apʃiːdən] *v 1.* dismiss, discharge, discard; *2. sich ~* say goodbye, take one's leave; *3. (Gesetz)* pass
Verabschiedung [fɛr'apʃiːduŋ] *f 1.* dismissal, discharge; *2. (Gesetz)* passing, passage
verachten [fɛr'axtən] *v* despise, disdain, hold in contempt
verächtlich [fɛr'ɛçtlɪç] *adj 1.* contemptuous, scornful; *2. (verachtenswert)* despicable, contemptible, base
Verachtung [fɛr'axtuŋ] *f* contempt, scorn, disdain; *jdn mit ~ strafen* treat s.o. with contempt
verallgemeinern [fɛralgə'maɪnərn] *v* generalize
veraltet [fɛr'altət] *adj* obsolete, antiquated, out of date

verändern [vɛr'ɛndərn] *v* change, alter, vary

Veränderung [vɛr'ɛndəruŋ] *f* change, alteration
verängstigt [vɛr'ɛŋstɪçt] *adj* frightened, scared
Verängstigung [vɛr'ɛŋstɪguŋ] *f* intimidation
veranlagt [fɛr'anlaːkt] *adj 1. (erblich ~)* inclined; *2. (steuerlich ~)* assessed, rated
Veranlagung [fɛr'anlaːguŋ] *f* disposition, tendency, predisposition
veranlassen [fɛr'anlasən] *v* cause, bring about, arrange for
Veranlassung [fɛr'anlasuŋ] *f* cause, occasion, initiative
veranschaulichen [fɛr'anʃaulɪçən] *v* illustrate
veranschlagen [fɛr'anʃlaːgən] *v irr* estimate
veranstalten [fɛr'anʃtaltən] *v* organize, arrange, stage
Veranstaltung [fɛr'anʃtaltuŋ] *f 1.* event; *2. (das Veranstalten)* organization, arrangement
verantworten [fɛr'antvɔrtən] *v* answer for, take responsibility for, to be accountable for; *für etw ~* answer for sth

verantwortlich [fɛr'antvɔrtlɪç] *adj 1.* responsible, answerable; *2. JUR* liable
Verantwortlichkeit [fɛr'antvɔrtlɪçkaɪt] *f* responsibility, liability, accountability
Verantwortung [fɛr'antvɔrtuŋ] *f* responsibility; *jdn für etw zur ~ ziehen* call s.o. to account for sth
verantwortungsbewusst [fɛr'antvɔrtuŋsbəvust] *adj* responsible
verantwortungslos [fɛr'antvɔrtuŋsloːs] *adj* irresponsible
veräppeln [fɛr'ɛpəln] *v jdn ~* pull s.o.'s leg
verarbeiten [fɛr'arbaɪtən] *v 1. (bearbeiten)* manufacture, process; *2. (fig)* ponder over, assimilate; *3. (Daten) INFORM* process
Verarbeitung [fɛr'arbaɪtuŋ] *f 1. (Bearbeitung)* manufacturing, processing, working; *2. (Daten) INFORM* processing
verärgern [fɛr'ɛrgərn] *v* annoy, vex
verärgert [fɛr'ɛrgərt] *adj* annoyed, cross
Verärgerung [fɛr'ɛrgəruŋ] *f* annoyance, irritation
verarmen [fɛr'armən] *v* become poor, to be reduced to poverty
Verarmung [fɛr'armuŋ] *f* impoverishment
verarzten [fɛr'artstən] *v* attend to, sort out, *(mit Verband)* patch up
verausgaben [fɛr'ausgaːbən] *v 1. sich ~ (finanziell)* overspend; *2. sich ~ (körperlich)* overexert o.s., spend all one's energy, burn o.s. out
verballhornen [fɛr'balhɔrnən] *v* distort (a word), transmogrify
Verband [fɛr'bant] *m 1. (Vereinigung)* association, federation, union; *2. MED* bandage, dressing
Verbandmaterial [fɛr'bantmatərjal] *n* dressing material
verbannen [fɛr'banən] *v* banish, exile
Verbannung [fɛr'banuŋ] *f* banishment, exile
verbarrikadieren [fɛrbarɪka'diːrən] *v* barricade, block
verbauen [fɛr'bauən] *v 1.* obstruct; *2. (fig)* spoil
verbeamten [fɛrbə'amtən] *v 1.* bureaucratize; *2. jdn ~* confer the rank of civil servant on s.o.
verbeißen [fɛr'baisən] *v* keep at sth; *sich etw ~* suppress sth
verbergen [fɛr'bɛrgən] *v irr* hide, conceal
verbessern [fɛr'bɛsərn] *v 1.* improve, change for the better; *2. (korrigieren)* correct, revise
Verbesserung [fɛr'bɛsəruŋ] *f 1.* improvement; *2. (Korrektur)* correction, amendment, revision
verbeugen [fɛr'bɔygən] *v sich ~* bow
Verbeugung [fɛr'bɔyguŋ] *f* bow
verbeulen [fɛr'bɔylən] *v* dent
verbiegen [fɛr'biːgən] *v irr* bend, twist
verbieten [fɛr'biːtən] *v irr* prohibit, forbid
verbilligen [fɛr'bɪlɪgən] *v* lower the price of, *(Preis)* reduce
verbinden [fɛr'bɪndən] *v irr 1. (zusammenfügen)* connect, join, link; *2. TEL* connect; *3. MED* bandage, dress
verbindlich [fɛr'bɪntlɪç] *adj 1. (gefällig)* obliging; *2. (höflich)* polite; *3. (verpflichtend)* binding, obligatory, compulsory
Verbindlichkeit [fɛr'bɪntlɪçkaɪt] *f 1. (Höflichkeit)* politeness; *2. (Gefälligkeit)* obligingness; *3. (Verpflichtung)* commitment, obligation
Verbindung [fɛr'bɪnduŋ] *f 1.* connection; *2. (Beziehung)* contact, connection; *in ~ stehen mit* to be in contact with; *sich mit jdm in ~ setzen* get in touch with s.o.; *3. CHEM* compound, composition; *4. TEL* connection, line; *5. (Zusammenarbeit)* liaison; *6. (Zugverbindung)* connection
Verbindungsmann [fɛr'bɪnduŋsman] *m* intermediary, go-between, liaison
verbissen [fɛr'bɪsən] *adj 1.* dogged, stubborn, determined; *etw nicht ~ sehen* not take sth seriously; *2. (nicht nachgebend)* unrelenting; *3. (Gesicht)* grim
Verbissenheit [fɛr'bɪsənhaɪt] *f* grimness
verbittern [fɛr'bɪtərn] *v* embitter
verbittert [fɛr'bɪtərt] *adj* bitter, embittered
Verbitterung [fɛr'bɪtəruŋ] *f* bitterness
verblassen [fɛr'blasən] *v 1.* turn pale; *2. (Stoff)* fade
Verbleib [fɛr'blaɪp] *m* whereabouts *pl*
verbleiben [fɛr'blaɪbən] *v irr 1. (bleiben)* remain; *2. (vereinbaren)* tentatively agree
verbleit [fɛr'blaɪt] *adj* leaded
verblenden [fɛr'blɛndən] *v 1. (verkleiden)* face; *2. jdn ~* blind s.o.
Verblendung [fɛr'blɛnduŋ] *f (fig)* blinding, bedazzlement
verblichen [fɛr'blɪçən] *adj* faded
verblüffen [fɛr'blyfən] *v* astonish, flabbergast
Verblüffung [fɛr'blyfuŋ] *f* bafflement, amazement, perplexity
verblühen [fɛr'blyːən] *v* fade

V

verbluten [fɛr'bluːtən] *v* bleed to death
verbogen [fɛr'boːgən] *adj* bent, warped, deformed
verbohrt [fɛr'boːrt] *adj* pigheaded, obstinate
verborgen [fɛr'bɔrgən] *adj* hidden, concealed, secret
Verbot [fɛr'boːt] *n* prohibition, ban
verboten [fɛr'boːtən] *adj* prohibited, forbidden; *Sie sieht einfach ~ aus! (fam)* She looks a sight!
Verbrauch [fɛr'braux] *m* consumption
verbrauchen [fɛr'brauxən] *v 1.* consume, use up; *2. (ausgeben)* spend
Verbraucher [fɛr'brauxər] *m* consumer
verbrechen [fɛr'brɛçən] *v irr* commit a crime
Verbrechen [fɛr'brɛçən] *n 1.* crime, offence; *2. (schweres ~) JUR* felony
Verbrecher(in) [fɛr'brɛçər(ɪn)] *m/f 1.* criminal; *2. (Schwerverbrecher(in))* felon
verbrecherisch [fɛr'brɛçərɪʃ] *adj 1.* criminal; *adv 2.* criminally
Verbrechertum [fɛr'brɛcərtuːm] *n 1. (Verbrechen)* crime; *2. (Gesamtheit der Verbrecher)* criminals, the underworld
verbreiten [fɛr'braɪtən] *v 1.* spread; *2. (Lehre)* propagate; *3. (Licht)* diffuse
verbreitern [fɛr'braɪtərn] *v* broaden, widen
Verbreiterung [fɛr'braɪtəruŋ] *f* widening, broadening
Verbreitung [fɛr'braɪtuŋ] *f* spreading, circulation, distribution; *~ finden* reach a wide public
verbrennen [fɛr'brɛnən] *v irr 1.* burn, incinerate; *2. (Leiche)* cremate
Verbrennung [fɛr'brɛnuŋ] *f 1. (Müllverbrennung)* incineration; *2. (Einäscherung)* cremation; *3. MED* burn; *4. (beim Motor) TECH* combustion
verbriefen [fɛr'briːfən] *v* document
verbringen [fɛr'brɪŋən] *v irr* spend, pass
verbrüdern [fɛr'bryːdərn] *v sich ~* fraternize
verbrühen [fɛr'bryːən] *v sich ~* scald o.s.
verbuchen [fɛr'buːxən] *v* enter, register
verbünden [fɛr'byndən] *v sich ~* ally o.s.
Verbundenheit [fɛr'bundənhaɪt] *f* solidarity
verbündet [fɛr'byndət] *adj* allied
Verbündete(r) [fɛr'byndətə(r)] *m/f* ally
erbürgen [fɛr'byrgən] *v sich für etw ~* vouch for sth
verbüßen [fɛr'byːsən] *v* serve a sentence, serve one's time

Verdacht [fɛr'daxt] *m* suspicion; *über jeden ~ erhaben sein* to be above suspicion; *~ schöpfen* become suspicious; *etw auf ~ tun* try sth and hope it works

verdächtig [fɛr'dɛçtɪç] *adj* suspicious, suspect, questionable
verdächtigen [fɛr'dɛçtɪgən] *v* suspect, throw suspicion on
Verdächtigung [fɛr'dɛçtɪguŋ] *f* suspicion
verdammen [fɛr'damən] *v* condemn, damn, doom
verdampfen [fɛr'dampfən] *v* evaporate, vaporize
verdanken [fɛr'daŋkən] *v jdm etw ~* to be indebted to s.o. for sth, *(fig)* have s.o. to thank for sth
verdauen [fɛr'dauən] *v* digest
Verdauung [fɛr'dauuŋ] *f* digestion
verdecken [fɛr'dɛkən] *v 1. (verbergen)* hide, screen; *2. (zudecken)* cover
verderben [fɛr'dɛrbən] *v irr 1. (zerstören)* ruin, destroy, wreck; *es sich mit jdm ~* fall out of favour with s.o.; *2. (schlecht werden)* decay, spoil; *3. (fig: negativ beeinflussen)* corrupt, pervert, deprave
Verderben [fɛr'dɛrbən] *n* ruin
verderblich [fɛr'dɛrplɪç] *adj 1.* pernicious, corrupting; *2. (Lebensmittel)* perishable
Verderblichkeit [fɛr'dɛrplɪçkaɪt] *f 1. (von Lebensmitteln)* perishability; *2. (von Sitten)* perniciousness
verdeutlichen [fɛr'dɔytlɪçən] *v* make clear, illustrate
verdichten [fɛr'dɪçtən] *v 1. TECH* condense, compress, render compact; *2. (fig)* intensify, increase, heighten
verdicken [fɛr'dɪkən] *v 1.* thicken; *2. (Blut)* coagulate; *3. (Milch)* curdle

verdienen [fɛr'diːnən] *v 1. (Geld)* earn; *2. (Lob)* merit, deserve; *Er verdient es nicht anders.* It serves him right.

Verdienst [fɛr'diːnst] *m 1.* earnings, income; *2. (Gehalt)* salary; *n 3. (Anspruch auf Anerkennung)* merit
Verdienstausfall [fɛr'diːnstausfal] *m* loss of earnings, loss of salary
Verdienstmöglichkeit [fɛr'diːnstmøːklɪçkaɪt] *f* income opportunity
Verdienstorden [fɛr'diːnstɔrdən] *m* Order of Merit
Verdienstspanne [fɛr'diːnstʃpanə] *f ECO* profit margin

V

verdient [fɛr'diːnt] *adj 1. (erarbeitet)* earned; *2. (Lob)* meritorious; *3. (Strafe)* just
verdoppeln [fɛr'dɔpəln] *v* double
Verdoppelung [fɛr'dɔpəluŋ] *f* doubling
verdorben [fɛr'dɔrbən] *adj 1. (ungenießbar)* off, spoiled, bad; *2. (fig)* corrupt, depraved
verdorren [fɛr'dɔrən] *v* wither, dry up
verdrängen [fɛr'drɛŋən] *v 1.* push away, drive away; *Gedanken ~* dismiss thoughts from one's mind; *2. PSYCH* repress; *3. PHYS* displace; *4. MIL* dislodge
Verdrängung [fɛr'drɛŋuŋ] *f 1.* displacement; *2. PSYCH* repression
verdrehen [fɛr'dreːən] *v 1.* twist, wrench; *jdm den Kopf ~ (fig)* turn s.o.'s head; *2. (verknacksen)* sprain; *3. (fig)* misrepresent, distort
verdreht [fɛr'dreːt] *adj (fig)* warped, twisted
verdreifachen [fɛr'draɪfaxən] *v* triple
verdrießlich [fɛr'driːslɪç] *adj 1. (Sache)* tiresome, annoying; *2. (schlecht gelaunt)* morose, gloomy
Verdrossenheit [fɛr'drɔsənhaɪt] *f* listlessness, reluctance
Verdruss [fɛr'drus] *m* displeasure, frustration, annoyance
verdunkeln [fɛr'duŋkəln] *v 1. (abdunkeln)* darken; *2. (fig: verschleiern)* obscure, blur
Verdunkelung [fɛr'duŋkəluŋ] *f 1. (Abdunkeln)* darkening, blackout, obscuring; *2. JUR* suppression of evidence
verdünnen [fɛr'dynən] *v 1.* thin; *2. (Flüssiges)* dilute
verdunsten [fɛr'dunstən] *v* evaporate
verdursten [fɛ'durstən] *v* die of thirst
verdutzt [fɛr'dutst] *adj* nonplused, dumbfounded, taken aback
verebben [fɛr'ɛbən] *v (fig)* wane, ebb
veredeln [fɛr'eːdəln] *v* refine, improve
Veredelung [fɛr'eːdəluŋ] *f* ennoblement, exaltation, refinement
verehren [fɛr'eːrən] *v* honour, admire
Verehrer(in) [fɛr'eːrər(ɪn)] *m/f* admirer
Verehrung [fɛr'eːruŋ] *f* admiration, respect, reverence
vereidigen [fɛr'aɪdɪgən] *v jdn ~* put a person under oath, swear s.o. in
vereidigt [fɛr'aɪdɪçt] *adj JUR* sworn
Vereidigung [fɛr'aɪdɪguŋ] *f* swearing-in
Verein [fɛr'aɪn] *m 1.* association, society; *2. (geselliger ~)* club
vereinbar [fɛr'aɪnbaːr] *adj* compatible

vereinbaren [fɛr'aɪnbaːrən] *v* agree; *etw ~* agree upon sth

Vereinbarung [fɛr'aɪnbaːruŋ] *f* agreement, arrangement
vereinen [fɛr'aɪnən] *v* unite, join, combine
vereinfachen [fɛr'aɪnfaxən] *v* simplify
vereinheitlichen [fɛr'aɪnhaɪtlɪçən] *v* standardize
vereinigen [fɛr'aɪnɪgən] *v* unite, join, fuse
Vereinigung [fɛr'aɪnɪguŋ] *f 1.* union, merger, consolidation; *2. POL* coalition, alliance
vereinnahmen [fɛr'aɪnnaːmən] *v* take in, collect
vereinsamen [fɛr'aɪnzamən] *v* become lonely, become isolated
vereint [fɛr'aɪnt] *adj* united, joint, combined
vereinzelt [fɛr'aɪntsəlt] *adj 1.* isolated, sporadic, odd; *adv 2.* here and there, now and then, sporadically
vereisen [fɛr'aɪzən] *v 1. (Fluss) METEO* freeze over; *2. (Fläche) METEO* ice up; *3. MED* refrigerate, freeze
vereiteln [fɛr'aɪtəln] *v* thwart, defeat, frustrate
Vereitelung [fɛr'aɪtəluŋ] *f* frustration, defeat
vereitert [fɛr'aɪtərt] *adj ~ sein MED* to be septic; *~e Mandeln haben* have tonsillitis
verekeln [fɛr'eːkəln] *v jdm etw ~* spoil sth for s.o., ruin sth for s.o.
verelenden [fɛr'eːlɛndən] *v* to be pauperized, to be reduced to poverty
verenden [fɛr'ɛndən] *v* perish, die
verengen [fɛr'ɛŋən] *v 1.* narrow; *2. (zusammenziehen)* contract
Verengung [fɛr'ɛŋuŋ] *f* narrowing, contraction
vererbbar [fɛr'ɛrpbaːr] *adj* inheritable
vererben [fɛr'ɛrbən] *v 1. (Güter)* leave by will, bequeath; *2. BIO* transmit, hand down
vererblich [fɛr'ɛrplɪç] *adj 1. (Güter)* inheritable; *2. BIO* hereditary
Vererbung [fɛr'ɛrbuŋ] *f 1. (Güter)* inheritance; *2. BIO* hereditary transmission, heredity, inheritance
verewigen [fɛr'eːvɪgən] *v 1.* immortalize; *2. (Zustand)* perpetuate
Verewigung [fɛr'eːvɪguŋ] *f* perpetuation
verfahren [fɛr'faːrən] *v irr 1. (vorgehen)* proceed; *2. sich ~* lose one's way, get lost
Verfahren [fɛr'faːrən] *n 1. (Vorgehen)* procedure, process; *2. (Methode)* method, practice; *3. JUR* proceedings, procedure, suit
Verfall [fɛr'fal] *m 1. (Gebäude)* dilapidation, disrepair, decay; *2. (Fristablauf) FIN* maturity, expiry, expiration; *3. (Untergang)* decline, downfall

verfallen [fɛr'falən] *v irr* 1. *(Gebäude)* decay, become dilapidated; 2. *(ungültig werden)* expire, lapse; 3. *(hörig werden)* fall under s.o.'s spell
verfälschen [fɛr'fɛlʃən] *v* falsify
Verfälschung [fɛr'fɛlʃuŋ] *f* falsification, adulteration
verfänglich [fɛr'fɛŋlɪç] *adj* 1. *(Frage)* tricky; 2. *(Situation)* awkward
verfärben [fɛr'fɛrbən] *v sich ~* discolour *(UK),* discolor *(US)*
verfassen [fɛr'fasən] *v* 1. compose, write; 2. *(Urkunde)* draw up
Verfasser(in) [fɛr'fasər(ɪn)] *m/f* 1. author, writer; 2. *MUS* composer
Verfassung [fɛr'fasuŋ] *f* 1. *(Zustand)* state, condition; *in schlechter ~* in bad shape; 2. *(seelische ~)* frame of mind; 3. *(Grundgesetz) POL* constitution
verfassungsmäßig [fɛr'fasuŋsmɛːsiç] *adj* constitutional
verfassungswidrig [fɛr'fasuŋsviːdrɪç] *adj* unconstitutional
verfaulen [fɛr'faulən] *v* rot
verfechten [fɛr'fɛçtən] *v irr* stand up for, defend, advocate
verfehlen [fɛr'feːlən] *v* miss
Verfehlung [fɛr'feːluŋ] *f* lapse, failure
verfeindet [fɛr'faɪndət] *adj* hostile
verfeinern [fɛr'faɪnərn] *v* refine, improve, purify
Verfeinerung [fɛr'faɪnəruŋ] *f* refinement
verfestigen [fɛr'fɛstɪgən] *v sich ~* rigidify
verfeuern [fɛr'fɔyərn] *v* burn
verfilmen [fɛr'fɪlmən] *v* 1. *CINE* film; 2. *(zum Film umgestalten)* adapt for the screen
verfilzen [fɛr'fɪltsən] *v* felt, *(Haare)* mat
verfinstern [fɛr'fɪnstɛrn] *v sich ~* darken
verflachen [fɛr'flaxən] *v* 1. *(flach machen)* flatten; 2. *(flach werden)* become flat; 3. *(oberflächlich werden)* become superficial
Verflechtung [fɛr'flɛçtuŋ] *f* 1. intertwining, interlacing; 2. *(fig)* entanglement; 3. *POL* integration
verfliegen [fɛr'fliːgən] *v irr* 1. *(Zeit)* fly; 2. *(Duft)* evaporate, wear off
verfließen [fɛr'fliːsən] *v irr* 1. go by, pass; 2. *(fig: in einander übergehen)* become blurred
verfluchen [fɛr'fluːxən] *v* curse, damn
verflüssigen [fɛr'flysɪgən] *v* liquefy

verfolgen [fɛr'fɔlgən] *v* 1. pursue, follow; 2. *(ungerecht)* persecute; *vom Pech verfolgt sein* have a string of bad luck

Verfolger(in) [fɛr'fɔlgər(ɪn)] *m/f* pursuer
Verfolgte(r) [fɛr'fɔlktə(r)] *m/f* persecuted person
Verfolgung [fɛr'fɔlguŋ] *f* 1. pursuit; 2. *(ungerechte)* prosecution
verformen [fɛr'fɔrmən] *v* deform, disfigure
verfrachten [fɛr'fraxtən] *v* freight, ship, load
verfroren [fɛr'froːrən] *adj* 1. sensitive to cold; 2. *(durchgefroren)* freezing cold
verfrüht [fɛr'fryːt] *adj* premature
verfügbar [fɛr'fyːkbaːr] *adj* available; *~ haben* have at one's disposal
verfügen [fɛr'fyːgən] *v* 1. *(anordnen)* order, decree; 2. *~ über* have at one's disposal, have use of
Verfügung [fɛr'fyːguŋ] *f* 1. *zur ~ stehen* to be available; *jdm zur ~ stehen* to be at s.o.'s disposal; *jdm etw zur ~ stellen* place sth at s.o.'s disposal; *sich zur ~ halten* keep ready; *sich zur ~ stellen* offer one's services; *etw zur ~ haben* have sth at one's disposal; 2. *(Erlass)* decree, order
verführen [fɛr'fyːrən] *v* seduce, entice, tempt
Verführer(in) [fɛr'fyːrər(ɪn)] *m/f* seducer/ seductress
verführerisch [fɛr'fyːrərɪʃ] *adj* 1. tempting, enticing, seductive; *adv* 2. seductively, enticingly
Verführung [fɛr'fyːruŋ] *f* seduction, enticement, temptation
Vergabe [fɛr'gaːbə] *f* allocation, awarding
vergällen [fɛr'gɛlən] *v* sour, spoil; *jdm die Freude ~* spoil s.o.'s fun
vergammeln [fɛr'gaməln] *v* 1. decay, rot; 2. *(verlottern)* go to the dogs
vergangene(r,s) [fɛr'gaŋənə(r,s)] *adj* past, former
Vergangenheit [fɛr'gaŋənhaɪt] *f* past
vergänglich [fɛr'gɛŋglɪç] *adj* transitory, fleeting
vergeben [fɛr'geːbən] *v irr* 1. give away; 2. *(Auftrag, Preis)* award; 3. *(verzeihen)* forgive, pardon
vergeblich [fɛr'geːblɪç] *adj* 1. futile, unavailing, useless; *adv* 2. in vain, to no avail
Vergebung [fɛr'geːbuŋ] *f (Verzeihung)* forgiveness, pardoning
vergegenwärtigen [fɛrgeːgən'vɛrtɪgən] *v sich etw ~* visualize sth, imagine sth
vergehen [fɛr'geːən] *v irr* 1. *(Zeit)* pass, go by; 2. *(Schmerz)* subside, pass; 3. *sich ~ an-* assault, violate

V

Vergehen [fɛr'geːən] *n JUR* offence, misdemeanour
vergelten [fɛr'gɛltən] *v irr 1.* repay, reward; *2. (heimzahlen)* retaliate for
Vergeltung [fɛr'gɛltuŋ] *f 1. (Rache)* retaliation, retribution, reprisal; *2. (geldliche Belohnung)* reward

vergessen [fɛr'gɛsən] *v irr* forget

Vergessen [fɛr'gɛsən] *n* forgetting
vergesslich [fɛr'gɛslɪç] *adj* forgetful
vergeuden [fɛr'gɔydən] *v* waste, squander
vergewaltigen [fɛrgə'valtɪgən] *v* rape
vergewissern [fɛrgə'vɪsərn] *v sich ~* make sure, reassure o.s.
vergießen [fɛr'giːsən] *v irr 1. (Tränen, Blut)* shed; *2. (verschütten)* spill
vergiften [fɛr'gɪftən] *v 1.* poison; *2. (verseuchen)* contaminate
vergilben [fɛr'gɪlbən] *v* turn yellow
verglasen [fɛr'glaːzən] *v* glaze
Vergleich [fɛr'glaɪç] *m 1.* comparison; *im ~ zu* in comparison with, compared to; *2. JUR* settlement
vergleichen [fɛr'glaɪçən] *v irr* compare, *(sich ~)* settle
Vergleichsjahr [fɛr'glaɪçsjaːr] *n* base year
vergleichsweise [fɛr'glaɪçsvaɪzə] *adv* by way of comparison, comparatively
verglühen [fɛr'glyːən] *v 1.* burn out, cease glowing; *2. (sich erhitzen und zerfallen)* burn up
vergnügen [fɛr'gnyːgən] *v sich ~* enjoy o.s., amuse o.s.

Vergnügen [fɛr'gnyːgən] *n* pleasure, enjoyment, fun; *sich aus etw ein ~ machen* take delight in sth; *Es ist mir ein ~.* It's a pleasure. *Das ist ein teures ~!* That's an expensive business!

vergnüglich [fɛr'gnyːklɪç] *adj* enjoyable, pleasurable, amusing
vergnügt [fɛr'gnyːkt] *adj* happy, cheerful, merry
vergolden [fɛr'gɔldən] *v* gild
vergönnen [fɛr'gœnən] *v* permit; *Es war ihm nicht vergönnt.* He was not lucky enough.
vergöttern [fɛr'gœtərn] *v* worship, idolize
vergraben [fɛr'graːbən] *v irr* bury; *sich in die Arbeit ~* bury o.s. in work
vergrämen [fɛr'grɛːmən] *v (kränken)* offend
vergrätzen [fɛr'grɛtsən] *v* annoy, vex
vergraulen [fɛr'graulən] *v* put off, scare off
vergreifen [fɛr'graɪfən] *v irr 1. (am Instrument) sich ~ MUS* play the wrong note; *2. sich ~ (auf der Schreibmaschine)* hit the wrong key; *3. (beim Turnen) sich ~* miss one's grip; *4. (an fremdem Eigentum) sich ~* misappropriate; *5. (an einem Kind) sich ~* assault
vergriffen [fɛr'grɪfən] *adj 1.* unavailable; *2. (Buch)* out of print
vergrößern [fɛr'grøːsərn] *v* enlarge
Vergünstigung [fɛr'gynstiguŋ] *f 1.* privilege, favour; *2. (Preisermäßigung)* reduction
vergüten [fɛr'gyːtən] *v* reimburse, compensate
verhaften [fɛr'haftən] *v* arrest, take into custody; *Sie sind verhaftet!* You are under arrest!
Verhaftung [fɛr'haftuŋ] *f* arrest
verhalten [fɛr'haltən] *v irr 1. sich ~* behave, act, conduct o.s. *sich auffällig ~* make o.s. conspicuous; *adj 2.* restrained
Verhalten [fɛr'haltən] *n 1.* behaviour, conduct, deportment; *2. (Haltung)* attitude
verhaltensgestört [fɛr'haltənsgəʃtøːrt] *adj* disturbed
Verhältnis [fɛr'hɛltnɪs] *n 1. (Proportion)* proportion, ratio; *2. (Beziehung)* relationship; *3. (Umstand)* circumstance, condition; *über seine ~se leben* live beyond one's means
verhältnismäßig [fɛr'hɛltnɪsmɛːsɪç] *adv 1.* relatively, comparatively; *2. (proportional)* proportionally
verhandeln [fɛr'handəln] *v* negotiate
Verhandlung [fɛr'handluŋ] *f 1.* negotiation; *2. (Beratung)* discussion; *3. JUR* court hearing, trial
verhängen [fɛr'hɛŋən] *v irr 1. (verhüllen)* cover, veil; *2. (fig: Strafe)* impose
Verhängnis [fɛr'hɛŋnɪs] *n 1.* fate; *2. (Katastrophe)* disaster
verhängnisvoll [fɛr'hɛŋnɪsfɔl] *adj* ominous, ill-fated, doomed
verharmlosen [fɛr'harmloːzən] *v* play down
verhärmt [fɛr'hɛrmt] *adj* haggard
verharren [fɛr'harən] *v* remain, persist
verhärten [fɛr'hɛrtən] *v* harden
Verhärtung [fɛr'hɛrtuŋ] *f* hardening
verhaspeln [fɛr'haspəln] *v (fam) sich ~* get muddled, get tangled
verhasst [fɛr'hast] *adj* hated, hateful
verhätscheln [fɛr'hɛtʃəln] *v* spoil, pamper, cosset
Verhau [fɛr'hau] *m (fam)* mess
verhauen [fɛr'hauən] *v irr 1.* beat up; *2. (schlecht machen)* bungle, muff; *3. sich ~ (sich irren)* goof

verheeren [fɛr'heːrən] *v* devastate
verhehlen [fɛr'heːlən] *v* conceal, hide
verheimlichen [fɛr'haɪmlɪçən] *v* keep secret, conceal; *etw vor jdm ~* conceal sth from s.o.
verheiratet [fɛr'haɪraːtət] *adj* married
verheißen [fɛr'haɪsən] *v irr* promise
verheißungsvoll [fɛr'haɪsuŋsfɔl] *adj* promising, auspicious
verheizen [fɛr'haɪtsən] *v 1.* use for heating; *2. jdn ~ (fam)* send s.o. to the slaughter, sacrifice s.o.
verhelfen [fɛr'hɛlfən] *v irr jdm zu etw ~* help s.o. get sth
verherrlichen [fɛr'hɛrlɪçən] *v* glorify
verhexen [fɛr'hɛksən] *v* bewitch; *Das ist ja wie verhext.* There's a jinx on it.
verhindern [fɛr'hɪndərn] *v* prevent, hinder, obstruct
verhindert [fɛr'hɪndərt] *adj 1. (unterbunden)* prevented; *2. (am Erscheinen)* unable to be there, unable to attend; *3. (frustriert)* would-be
verhöhnen [fɛr'høːnən] *v* scoff at, jeer at, ridicule
Verhör [fɛr'høːr] *n JUR* examination, interrogation, questioning;
verhören [fɛr'høːrən] *v 1. JUR* interrogate, examine, question; *2. sich ~* misunderstand
verhüllen [fɛr'hylən] *v* cover
Verhüllung [fɛr'hyluŋ] *f* covering, masking, wrapping
verhungern [fɛr'huŋərn] *v* starve, die of hunger
verhüten [fɛr'hyːtən] *v* prevent, avert
Verhütung [fɛr'hyːtuŋ] *f 1.* prevention, protection (against); *2. (Empfängnisverhütung)* contraception
verirren [fɛr'ɪrən] *v sich ~* get lost, lose one's way, go astray
verjagen [fɛr'jaːgən] *v 1.* chase away, drive away; *2. (Kummer)* dispel
Verjährung [fɛr'jɛːruŋ] *f JUR* statutory limitation
verjubeln [fɛr'juːbəln] *v (fam) sein Geld ~* blow one's money
verjüngen [fɛr'jyŋən] *v 1.* make younger, make young again, rejuvenate; *2. sich ~* become junger; *3. (dünner werden)* taper
Verjüngung [fɛr'jyŋuŋ] *f* rejuvenation
verkannt [fɛr'kant] *adj* unrecognized
verkanten [fɛr'kantən] *v* tilt, incline
verkatert [fɛr'kaːtərt] *adj (fam)* hung over
Verkauf [fɛr'kauf] *m* sale, selling

verkaufen [fɛr'kaufən] *v* sell

Verkäufer(in) [fɛr'kɔyfər(ɪn)] *m/f 1.* seller, vendor; *2. (in einem Geschäft)* salesman/saleswoman
verkäuflich [fɛr'kɔyflɪç] *adj* saleable
Verkaufspreis [fɛr'kaufspraɪs] *m* selling price

Verkehr [fɛr'keːr] *m 1.* traffic, transport; *jdn aus dem ~ ziehen* eliminate s.o.; *2. (Kontakt)* contact; *3. (Geschlechtsverkehr)* intercourse

Verkehrsader [fɛr'keːrsaːdər] *f* arterial road
verkehrsberuhigt [fɛr'keːrsbəruːɪçt] *adj ~e Zone* limited traffic zone
verkehrsgünstig [fɛr'keːrsgynstɪç] *adj* conveniently located
Verkehrsministerium [fɛr'keːrsministerjum] *n POL* Ministry of Transport
Verkehrsverbindung [fɛr'keːrsfɛrbɪnduŋ] *f* connection

verkehrt [fɛr'keːrt] *adj 1. (~herum)* reversed, backwards; *2. (falsch)* wrong, incorrect; *Das wäre nicht ~. (fig)* That would be good. *3. (auf dem Kopf)* upside down; *4. (nach außen gestülpt)* inside out

Verkehrtheit [fɛr'keːrthaɪt] *f 1.* being backwards, being on the wrong side; *2. (Falschheit)* wrongness, incorrectness; *3. (auf dem Kopf)* being upside-down; *4. (nach außen gestülpt)* being inside-out
Verkehrung [fɛr'keːruŋ] *f* reversal, switching
verkennen [fɛr'kɛnən] *v irr* mistake, fail to recognize, misjudge
Verkettung [fɛr'kɛtuŋ] *f (fig)* interconnection
verklagen [fɛr'klaːgən] *v JUR* sue, bring action against
verklappen [fɛr'klapən] *v* sink (refuse) in the ocean
verklären [fɛr'klɛːrən] *v* transfigure
Verklärung [fɛr'klɛːruŋ] *f* transfiguration
verkleben [fɛr'kleːbən] *v 1.* stick together; *2. MED* plaster over
verkleiden [fɛr'klaɪdən] *v 1. (maskieren)* dress up, disguise o.s.; *2. (täfeln)* panel
Verkleidung [fɛr'klaɪduŋ] *f 1. (Maskierung)* disguise, costume; *2. (öberzug) TECH* covering, lining, panelling
verkleinern [fɛr'klaɪnərn] *v 1.* diminish, reduce, lessen; *2. (fig: schlecht machen)* belittle
verklemmt [fɛr'klɛmt] *adj 1.* jammed; *2. (fig)* inhibited

V

verklingen [fɛr'klɪŋən] *v irr* fade, fade away, die out
verklumpen [fɛr'klumpən] *v* lump, get lumpy
verknacken [fɛr'knakən] *v jdn ~* put s.o. behind bars
verknacksen [fɛr'knakzən] *v* sprain
verknallen [fɛr'knalən] *v (fam) sich ~* fall for s.o., go head over heels
verknappen [fɛr'knapən] *v* cut back, cut down
verknautschen [fɛr'knautʃən] *v* crumple, crush
verkneifen [fɛr'knaɪfən] *v irr sich etw ~* deny o.s. sth, do without sth
verknittern [fɛr'knɪtərn] *v* wrinkle, crease
verknoten [fɛr'kno:tən] *v* knot, tie, entangle
verknüpfen [fɛr'knypfən] *v 1. (verknoten)* tie, knot; *2. (fig)* connect, combine
verkohlen [fɛr'ko:lən] *v 1.* carbonize, char; *2. (fig)* pull s.b.'s leg, put s.b. on, have s.b. on
verkommen [fɛr'kɔmən] *v irr* decay, rot, go to ruin
verkorken [fɛr'kɔrkən] *v* cork
verkorksen [fɛr'kɔrkzən] *v (fam)* make a mess of, blow, muck up; *Das hast du verkorkst.* You blew it.
verkörpern [fɛr'kœrpərn] *v* embody, personify
verköstigen [fɛr'kœstɪgən] *v* feed, provide with food
verkraften [fɛr'kraftən] *v (bewältigen)* cope with, manage, handle
verkrampfen [fɛr'krampfən] *v sich ~* tense up
verkrampft [fɛr'krampft] *adj (fig)* tense, uptight
verkriechen [fɛr'kri:çən] *v irr sich ~* hide, cower, creep into hiding
verkrüppelt [fɛr'krypəlt] *adj MED* crippled
verkrusten [fɛr'krustən] *v 1.* become encrusted; *2. MED* encrust, scab
Verkrustung [fɛr'krustuŋ] *f 1.* encrustation, incrustation; *2. MED* encrustation, incrustation, scabbing
verkühlen [fɛr'ky:lən] *v sich ~* catch cold
verkümmern [fɛr'kymərn] *v* wither away, waste away, atrophy
verkünden [fɛr'kyndən] *v* announce, make known, proclaim
Verkündigung [fɛr'kyndɪguŋ] *f* announcement, proclamation
verkuppeln [fɛr'kupəln] *v 1. (fig)* matchmake, bring together; *2. (Zuhälter)* procure
verkürzen [fɛr'kyrtsən] *v* shorten, reduce, cut
verlachen [fɛr'laxən] *v (jdn ~)* ridicule, deride, laugh at
verladen [fɛr'la:dən] *v irr* load, ship, freight
Verlag [fɛr'la:k] *m* publishing house, publishers *pl,* publishing firm
verlagern [fɛr'la:gərn] *v* shift, displace

> **verlangen** [fɛr'laŋən] *v 1.* demand; *viel von jdm ~* ask a lot of s.o.; *2. (erfordern)* require; *3. (wünschen)* want; *4. ~ nach* ask for; *5. ~ nach (sich sehnen nach)* crave

Verlangen [fɛr'laŋən] *n 1.* desire; *2. (Sehnen)* longing; *3. (Forderung)* demand, request
verlängern [fɛr'lɛŋərn] *v 1.* lengthen; *2. (zeitlich)* extend, prolong; *3. (verdünnen)* extend, dilute
Verlängerung [fɛr'lɛŋəruŋ] *f 1.* lengthening, elongation; *2. (zeitlich)* prolongation, extension; *3. SPORT* extra time *(UK),* overtime *(US); 4. (Fußball: nachgespielte Zeit)* injury time
verlangsamen [fɛr'laŋgzamən] *v* slow down; *die Geschwindigkeit ~* reduce speed
Verlass [fɛr'las] *m* reliance; *Auf ihn ist kein ~.* There is no relying on him.
verlassen [fɛr'lasən] *adj 1.* abandoned, forsaken; *2. (Gegend)* deserted; *v irr 3.* leave, relinquish, abandon; *4. sich auf etw ~* rely on sth; *Darauf kannst du dich ~.* You can be sure of that.
verlässlich [fɛr'lɛslɪç] *adj* reliable, dependable, trustworthy
Verlauf [fɛr'lauf] *m 1. (Ablauf)* lapse, expiration; *im ~ von ...* in the course of ... *2. (Entwicklung)* course, progress; *einen guten ~ nehmen* go well
verlaufen [fɛr'laufən] *v irr 1. (ablaufen)* expire, elapse, pass; *2. (sich entwickeln)* turn out, develop; *3. sich ~ (sich verirren)* lose one's way, go astray, get lost
Verlaufsform [fɛr'laufsfɔrm] *f GRAMM* progressive form; *~ Präsens* present continuous, present progressive
verlautbaren [fɛr'lautba:rən] *v* announce
Verlautbarung [fɛr'lautba:ruŋ] *f* statement
verlauten [fɛr'lautən] *v 1.* become known, to be reported; *2. (andeuten)* hint, intimate
verleben [fɛr'le:bən] *v* spend, pass
verlebt [fɛr'le:pt] *adj (fig)* worn out, used up, spent
verlegen [fɛr'le:gən] *v 1. (Wohnsitz)* move, transfer; *2. (Termin)* postpone, put off; *3. (verlieren)* misplace; *4. (Buch)* publish; *5. (Kabel) TECH* lay, install; *adj 6.* embarrassed, self-

V

conscious, awkward; *v 7. um etw nie ~ sein* never be at a loss for sth
Verlegenheit [fɛr'le:gənhaɪt] *f 1.* embarrassment; *2. (unangenehme Lage)* awkward situation
Verlegenheitslösung [fɛr'le:gənhaɪtslø:zuŋ] *f* stopgap measure
Verlegung [fɛr'le:guŋ] *f 1. (Wohnsitz)* transfer; *2. (Buch)* publishing, publication; *3. (Termin)* postponement; *4. (Verlieren)* misplacing; *5. (Kabel) TECH* laying, instalment
verleiden [fɛr'laɪdən] *v* spoil
Verleih [fɛr'laɪ] *m 1.* hire business, rental shop; *2. (Gesellschaft) CINE* distributor; *3. (das Verleihen) CINE* distribution
verleihen [fɛr'laɪən] *v irr 1. (borgen)* lend; *2. (vermieten)* hire out, rent out; *3. (Preis)* award
verleiten [fɛr'laɪtən] *v* mislead, lead astray
verlernen [fɛr'lɛrnən] *v* forget
verletzbar [fɛr'lɛtsba:r] *adj* vulnerable

verletzen [fɛr'lɛtsən] *v 1. (verwunden)* hurt, injure, wound; *2. (fig: kränken)* hurt, offend; *3. (fig: übertreten)* infringe upon, breach

verletzend [fɛr'lɛtsənt] *adj (fig)* cutting, offending
Verletzung [fɛr'lɛtsuŋ] *f 1. (Wunde)* injury, wound; *2. (fig: Kränkung)* hurt feelings; *3. (fig: öbertretung)* infringement, violation
verleugnen [fɛr'lɔygnən] *v 1.* deny; *Er ließ sich ~.* He said to say he wasn't home. *2. (Freund, Kind)* disown
verleumden [fɛr'lɔymdən] *v* slander, defame, malign
Verleumdung [fɛr'lɔymduŋ] *f* defamation, slander, libel
verlieben [fɛr'li:bən] *v sich ~* fall in love; *sich in jdn ~* fall in love with s.o.
verliebt [fɛr'li:pt] *adj* in love

verlieren [fɛr'li:rən] *v irr* lose; *nichts zu ~ haben* have nothing to lose

Verlierer(in) [fɛr'li:rər(ɪn)] *m/f* loser
Verlies [fɛr'li:s] *n* dungeon
verloben [fɛr'lo:bən] *v sich ~* become engaged, get engaged *(fam)*
Verlobte(r) [fɛr'lo:ptə(r)] *m/f* fiancé/fiancée
Verlobung [fɛr'lo:buŋ] *f* engagement
verlocken [fɛr'lɔkən] *v* tempt, entice
verlogen [fɛr'lo:gən] *adj 1. (Mensch)* lying, mendacious; *2. (Versprechung)* false
verloren [fɛr'lo:rən] *adj 1. (fig: vergeblich)* vain, futile, losing; *2. (einsam)* lonely, solitary; *3. ~ gehen* to be lost, get lost; *v 4. ~ gehen An ihm ist ein Musiker verloren gegangen.* He would have made a great; *musician.*
Verlorenheit [fɛr'lo:rənhaɪt] *f* forlornness
verlosen [fɛr'lo:zən] *v* raffle
Verlosung [fɛr'lo:zuŋ] *f* raffle, lottery
Verlust [fɛr'lust] *m 1.* loss, damage; *2. (Todesfall)* bereavement
vermachen [fɛr'maxən] *v* bequeath, will, leave
Vermächtnis [fɛr'mɛçtnɪs] *n* bequest, legacy
vermarkten [fɛr'marktən] *v 1.* market, place on the market; *2. (fig)* commercialize
Vermarktung [fɛr'marktuŋ] *f* marketing
vermehren [fɛr'me:rən] *v 1.* increase; *2. sich ~ (sich fortpflanzen)* reproduce, multiply, propagate
Vermehrung [fɛr'me:ruŋ] *f 1.* increase, multiplication; *2. (Fortpflanzung)* reproduction, propagation
vermeiden [fɛr'maɪdən] *v irr* avoid, evade, escape from
vermeintlich [fɛr'maɪntlɪç] *adj* supposed, alleged, reputed
vermelden [fɛr'mɛldən] *v* report, announce
Vermerk [fɛr'mɛrk] *m* note, entry, remark
vermerken [fɛr'mɛrkən] *v* note, make a note
vermessen [fɛr'mɛsən] *v irr 1.* measure, survey; *adj 2.* impudent, presumptuous, bold
Vermessenheit [fɛr'mɛsənhaɪt] *f* impudence, presumption, boldness
Vermessung [fɛr'mɛsuŋ] *f* measurement
vermieten [fɛr'mi:tən] *v* let, rent *(US)*
Vermieter(in) [fɛr'mi:tər(ɪn)] *m/f (einer Wohnung)* landlord/landlady
Vermietung [fɛr'mi:tuŋ] *f* letting, renting, lease
vermindern [fɛr'mɪndərn] *v* reduce, diminish, lessen
Verminderung [fɛr'mɪndəruŋ] *f* reduction, decrease

vermissen [fɛr'mɪsən] *v* miss

vermitteln [fɛr'mɪtəln] *v 1.* mediate, act as intermediary, negotiate; *2. (beschaffen)* obtain
Vermittler(in) [fɛr'mɪtlər(ɪn)] *m/f* mediator, intermediary, agent
Vermittlung [fɛr'mɪtluŋ] *f 1. (Vermitteln)* arrangement, negotiation; *2. (Telefonvermitt-*

lung) exchange; *3. (Telefonvermittlung) (Mensch)* operator; *4. (Telefonvermittlung in einer Firma)* switchboard; *5. (Stellenvermittlung)* agency
vermodern [fɛr'moːdərn] *v* rot, decay
vermögen [fɛr'møːgən] *v irr etw zu tun ~* to be able to do sth
Vermögen [fɛr'møːgən] *n 1. (Können)* ability, faculty, power; *2. (Besitz)* assets, wealth, fortune; *ein ~ machen* make a fortune;
vermuten [fɛr'muːtən] *v* suppose, surmise, presume
vermutlich [fɛr'muːtlɪç] *adj 1.* presumable, probable, likely; *adv 2.* probably, presumably
Vermutung [fɛr'muːtuŋ] *f* presumption, supposition
vernachlässigen [fɛr'naːxlɛsɪgən] *v* neglect
vernarrt [fɛr'nart] *adj* infatuated
vernebeln [fɛr'neːbəln] *v (fig)* obscure, confuse, muddy
vernehmen [fɛr'neːmən] *v irr 1. (hören)* hear; *2. (verhören) JUR* examine, interrogate, question
Vernehmen [fɛr'neːmən] *n dem ~ nach* allegedly
vernehmlich [fɛr'neːmlɪç] *adj 1.* audible; *2. (laut)* loud
Vernehmung [fɛr'neːmuŋ] *f JUR* questioning, interrogation, examination
verneigen [fɛr'naɪgən] *v sich ~* bow
verneinen [fɛr'naɪnən] *v 1. (nein sagen)* answer in the negative, say no; *2. (ablehnen)* decline; *3. (leugnen)* deny
Verneinung [fɛr'naɪnuŋ] *f* negation, denial
vernetzen [fɛr'nɛtsən] *v 1.* integrate; *2. INFORM* network
vernichten [fɛr'nɪçtən] *v 1.* destroy, annihilate, obliterate; *2. (ausrotten)* exterminate
vernichtend [fɛr'nɪçtənt] *adj 1.* devastating; *2. (fig: Niederlage, Schlag, Antwort)* crushing; *3. (Kritik)* scathing
verniedlichen [fɛr'niːdlɪçən] *v* minimize, play down

> **Vernunft** [fɛr'nunft] *f* reason, good sense; *jdn zur ~ bringen* bring s.o. to his senses; *~ annehmen* see reason; *zur ~ kommen* come to one's senses

vernünftig [fɛr'nynftɪç] *adj* rational, sensible
vernünftigerweise [fɛr'nynftɪgərvaɪzə] *adv* from a rational point of view; *etw ~ tun* have the good sense to do sth
veröden [fɛr'øːdən] *v 1. (Landschaft)* become desolate; *2. MED* sclerose
veröffentlichen [fɛr'œfəntlɪçən] *v* publish, make public
verordnen [fɛr'ɔrdnən] *v 1. (bestimmen)* decree, order; *2. MED* prescribe
Verordnung [fɛr'ɔrdnuŋ] *f 1. (Bestimmung)* decree, order, regulation; *2. MED* prescription
verpachten [fɛr'paxtən] *v* let, lease
Verpächter [fɛr'pɛçtər] *m* lessor, landlord
Verpachtung [fɛr'paxtuŋ] *f* leasing, renting
verpacken [fɛr'pakən] *v* package, pack
verpassen [fɛr'pasən] *v 1. (versäumen)* miss; *2. (fam: geben)* give; *jdm eine ~* hang one on s.o.
verpatzen [fɛr'patsən] *v* spoil, mess up, screw up
verpesten [fɛr'pɛstən] *v (fig)* contaminate, poison
verpetzen [fɛr'pɛtsən] *v* tell on *(fam)*
verpfänden [fɛr'pfɛndən] *v 1. (in der Pfandleihe)* pawn; *sein Wort ~* pledge one's word; *2. (hypothekarisch)* mortgage
Verpfändung [fɛr'pfɛnduŋ] *f* pawning, hocking
verpfeifen [fɛr'pfaɪfən] *v irr jdn ~ (fam)* squeal on s.o.
Verpflegung [fɛr'pfleːguŋ] *f* food, board, rations *pl*
verpflichten [fɛr'pflɪçtən] *v 1.* oblige, engage; *2. (unterschriftlich)* sign on
Verpflichtung [fɛr'pflɪçtuŋ] *f 1.* commitment, obligation, undertaking; *2. FIN* liabilty
verpfuschen [fɛr'pfuʃən] *v (fam)* bungle, botch, make a mess of
verplanen [fɛr'plaːnən] *v 1. (falsch planen) sich ~* get the plans wrong; *2. (ausbuchen)* fill up, book solid
verplappern [fɛr'plapərn] *v (fam) sich ~* let sth slip, give sth away
verplempern [fɛr'plɛmpərn] *v (fam)* waste, squander foolishly, fritter away
verpönt [fɛr'pøːnt] *adj* taboo, prohibited, looked down upon
verprügeln [fɛr'pryːgəln] *v* beat up, thrash
verpuffen [fɛr'pufən] *v 1.* go pop; *2. (fig)* go up in smoke, fall flat
verpulvern [fɛr'pulvərn] *v (fam)* fritter away, blow
Verputz [fɛr'puts] *m* plaster
verputzen [fɛr'putsən] *v 1. (Mauer)* plaster; *2. (fam: essen)* polish off
Verrat [fɛr'raːt] *m 1.* betrayal; *2. POL* treason
verraten [fɛr'raːtən] *v irr* divulge, give away, betray; *~ und verkauft* sold down the river

Verräter(in) [fɛr'rɛːtər(ɪn)] *m/f* traitor
verräterisch [fɛr'rɛːtərɪʃ] *adj* treacherous, disloyal, traitorous
verrechnen [fɛr'rɛçnən] *v 1. sich ~* miscalculate; *2.* set off against, charge against
verreisen [fɛr'raɪzən] *v* go on a trip, go away
verrenken [fɛr'rɛŋkən] *v* dislocate, put out of joint
Verrenkung [fɛr'rɛŋkuŋ] *f 1.* distortion; *2. MED* dislocation
verrennen [fɛr'rɛnən] *v irr sich ~ (fig)* get stuck
verrichten [fɛr'rɪçtən] *v* execute, carry out
verriegeln [fɛr'riːgəln] *v* bolt, lock, bar
verrinnen [fɛr'rɪnən] *v irr* trickle away
Verriss [fɛr'rɪs] *m THEAT* scathing review, pan *(fam)*
verrohen [fɛr'roːən] *v* become brutal
verrosten [fɛr'rɔstən] *v* rust
verrotten [fɛr'rɔtən] *v* decay, rot, decompose
verrucht [fɛr'ruːxt] *adj 1.* despicable; *2. (Verbrechen)* heinous
verrücken [fɛr'rykən] *v* shift, displace

verrückt [fɛr'rykt] *adj 1.* crazy, mad, insane; *wie ~* like mad; *auf etw ~ sein* to be mad about sth; *~ spielen* go crazy; *adv 2.* madly, insanely

Verrücktheit [fɛr'rykthaɪt] *f* madness, craziness, insanity
Verruf [fɛr'ruːf] *m* discredit; *in ~ kommen* fall into disrepute; *jdn in ~ bringen* ruin s.o.'s reputation
verrufen [fɛr'ruːfən] *adj* ill-reputed, notorious, disreputable
verrühren [fɛr'ryːrən] *v* mix, stir
verrutschen [fɛr'rutʃən] *v* slip
Vers [fɛrs] *m* verse; *sich auf etw keinen ~ machen können* see no rhyme or reason in sth; *~e schmieden* write poems
versagen [fɛr'zaːgən] *v 1. (scheitern)* fail; *2. (verweigern)* deny, refuse; *3. sich etw ~* abstain from sth, refrain from doing sth
Versagen [fɛr'zaːgən] *n* failure, breakdown
Versager [fɛr'zaːgər] *m* failure
versalzen [fɛr'zaltsən] *v 1. (Essen)* put too much salt on; *2. jdm etw ~* spoil sth for s.o.
versammeln [fɛr'zaməln] *v* assemble, gather, come together
Versammlung [fɛr'zamluŋ] *f* meeting, gathering, assembly
Versand [fɛr'zant] *m* shipment, delivery, dispatch

versäumen [fɛr'zɔymən] *v* fail to (do sth), miss, neglect; *nichts zu ~ haben* have no time to lose

Versäumnis [fɛr'zɔymnɪs] *n 1. (Unterlassung)* default, failure, negligence; *2. (Verspätung)* loss of time
verschaffen [fɛr'ʃafən] *v irr* procure, provide, get
verschämt [fɛr'ʃɛːmt] *adj* bashful, shamefaced, prudish, coy
verschandeln [fɛr'ʃandəln] *v* ruin, spoil
verschanzen [fɛr'ʃantsən] *v 1. MIL* entrench, barricade; *2. (fig) sich ~* take cover, take shelter
verschärfen [fɛr'ʃɛrfən] *v 1.* intensify, sharpen; *2. (verschlimmern)* exacerbate
verschätzen [fɛr'ʃɛtsən] *v sich ~* miscalculate
verschenken [fɛr'ʃɛŋkən] *v* give away
verschicken [fɛr'ʃɪkən] *v* send off, consign, dispatch
verschieben [fɛr'ʃiːbən] *v irr 1. (verrkcken)* shift, displace, move; *2. (aufschieben)* postpone
verschieden [fɛr'ʃiːdən] *adj* different, unlike, distinct; *~e* various
Verschiedenheit [fɛr'ʃiːdənhaɪt] *f* difference, diversity, variety
verschiedentlich [fɛr'ʃiːdəntlɪç] *adv* on various occasions
verschiffen [fɛr'ʃɪfən] *v* ship, transport
verschimmeln [fɛr'ʃɪməln] *v* get mouldy
verschlafen [fɛr'ʃlaːfən] *adj 1.* sleepy; *v irr 2.* oversleep
verschlagen [fɛr'ʃlaːgən] *adj 1. (schlau)* artful, sly; *2. (lauwarm)* tepid, lukewarm
Verschlagenheit [fɛr'ʃlaːgənhaɪt] *f* cunning, craftiness, slyness
verschlampen [fɛr'ʃlampən] *v 1.* go to seed; *2. (Mensch)* neglect o.s. *3. (verlieren)* lose, go and lose; *4. (vergessen)* forget
verschlechtern [fɛr'ʃlɛçtərn] *v 1.* make worse; *2. sich ~* deteriorate, worsen
Verschlechterung [fɛr'ʃlɛçtəruŋ] *f* deterioration, worsening
verschleiern [fɛr'ʃlaɪərn] *v* veil
Verschleiß [fɛr'ʃlaɪs] *m* wear (and tear)
verschleißen [fɛr'ʃlaɪsən] *v irr* wear out
verschleppen [fɛr'ʃlɛpən] *v 1.* carry off; *2. (entführen)* abduct; *3. (verbreiten)* spread; *4. (in die Länge ziehen)* protract, delay
verschließbar [fɛr'ʃliːsbaːr] *adj* closeable, lockable

verschließen [fɛr'ʃliːsən] *v irr* shut, close, seal; *die Augen vor etw ~* close one's eyes to sth
verschlimmern [fɛr'ʃlɪmərn] *v 1. (etw ~)* make worse, add to, aggravate; *2. sich ~* get worse, deteriorate
verschlossen [fɛr'ʃlɔsən] *adj (fig)* reserved, cagey, secretive
verschlucken [fɛr'ʃlukən] *v 1.* swallow; *2. sich ~* swallow the wrong way
Verschluss [fɛr'ʃlus] *m 1.* fastener, catch, seal; *2. (Schloss)* lock
verschlüsseln [fɛr'ʃlysəln] *v* encode
verschmähen [fɛr'ʃmɛːən] *v* scorn, disdain, despise
verschmelzen [fɛr'ʃmɛltsən] *v irr 1.* fuse, blend; *2. (Firmen)* merge
verschmerzen [fɛr'ʃmɛrtsən] *v* get over
verschmitzt [fɛr'ʃmɪtst] *adj* sly, roguish
verschmutzen [fɛr'ʃmutsən] *v* dirty, soil, get dirty
Verschmutzung [fɛr'ʃmutsuŋ] *f 1.* dirtying, soiling; *2. (von Wasser, Luft, Umwelt)* pollution, contamination
verschnaufen [fɛr'ʃnaufən] *v* take a breather, take a rest, pause for breath
verschnupft [fɛr'ʃnupft] *adj 1. ~ sein* have a cold; *2. ~ sein (fig: eingeschnappt sein)* to be peeved.
verschollen [fɛr'ʃɔlən] *adj* missing, presumed dead
verschonen [fɛr'ʃoːnən] *v* spare
Verschönerung [fɛr'ʃøːnəruŋ] *f* embellishment, improvement
Verschonung [fɛr'ʃoːnuŋ] *f* sparing, exemption
verschossen [fɛr'ʃɔsən] *adj 1. (Farbe)* faded; *2. in jdn ~ sein (fam)* to be crazy about s.o.
verschränken [fɛr'ʃrɛŋkən] *v* cross, fold; *die Arme (vor der Brust) ~* fold one's arms
verschreiben [fɛr'ʃraɪbən] *v irr 1. (verordnen) MED* prescribe; *2. sich ~* make a mistake in writing; *3. sich einer Sache ~* devote o.s. to sth
verschreien [fɛr'ʃraɪən] *v* denounce, decry, lambast
verschroben [fɛr'ʃroːbən] *adj* eccentric, odd
verschrotten [fɛr'ʃrɔtən] *v* scrap
Verschrottung [fɛr'ʃrɔtuŋ] *f* scrapping, junking
verschüchtern [fɛr'ʃyçtərn] *v* intimidate
verschüchtert [fɛr'ʃyçtərt] *adj* intimidated, scared
verschulden [fɛr'ʃuldən] *v 1. (verursachen)* to be responsible for, to be to blame for; *2. ECO* get into debt
Verschulden [fɛr'ʃuldən] *n* fault
Verschuldung [fɛr'ʃulduŋ] *f ECO* indebtedness
verschütten [fɛr'ʃytən] *v 1.* spill; *2. verschüttet werden* to be buried (by an avalanche)
verschwägert [fɛr'ʃvɛːgərt] *adj* related by marriage
verschweigen [fɛr'ʃvaɪgən] *v irr* keep secret, conceal
verschwenden [fɛr'ʃvɛndən] *v* waste
Verschwender [fɛr'ʃvɛndər] *m* squanderer, spendthrift
verschwenderisch [fɛr'ʃvɛndərɪʃ] *adj 1.* wasteful; *2. (üppig)* extravagant, lavish
Verschwendungssucht [fɛr'ʃvɛnduŋszuxt] *f* extravagance, profligacy, prodigality
verschwiegen [fɛr'ʃviːgən] *adj* secretive, reserved, discreet
Verschwiegenheit [fɛr'ʃviːgənhaɪt] *f 1.* discretion, secrecy; *2. (eines Ortes)* seclusion
verschwinden [fɛr'ʃvɪndən] *v irr* disappear, vanish, fade
verschwommen [fɛr'ʃvɔmən] *adj* blurred, indistinct
verschworen [fɛr'ʃvoːrən] *adj* sworn, dedicated, devoted
verschwören [fɛr'ʃvøːrən] *v irr sich ~* form a conspiracy, conspire; *sich gegen jdn ~* conspire against s.b.
Verschwörer(in) [fɛr'ʃvøːrər(ɪn)] *m/f* conspirator
Verschwörung [fɛr'ʃvøːruŋ] *f* conspiracy
versehen [fɛr'zeːən] *v irr 1. (erfüllen, ausüben) (Dienst)* perform; *2. (Amt)* occupy; *3. etw mit etw ~* fit sth with sth, put sth on sth; *4. jdn mit etw ~* provide s.o. with sth, supply s.o. with sth; *5. jdn ~ REL* administer the last rites to s.o.; *6. sich ~* make a mistake; *7. sich es ~* expect it, to be ready for it
Versehen [fɛr'zeːən] *n 1. (Irrtum)* mistake, error; *2. aus ~* inadvertently, by mistake
versehentlich [fɛr'zeːəntlɪç] *adv* inadvertently, by mistake
verselbstständigen [fɛr'zɛlpʃtɛndɪgən] *v sich ~* become independent
versenden [fɛr'zɛndən] *v irr* dispatch, send, forward
versengen [fɛr'zɛŋən] *v* scorch, singe
versenken [fɛr'zɛŋkən] *v 1. (Schiff)* sink, submerge; *2. (fig) sich in etw ~* become immersed in sth, become engrossed in sth
Versenkung [fɛr'zɛŋkuŋ] *f 1. (Schiff)* sinking, submersion; *2. (fig) ~ in etw* immersion,

absorption; *3. in der ~ verschwinden* fade into oblivion
versessen [fɛr'zɛsən] *adj ~ auf* crazy about; *auf eine Idee ~* obsessed with an idea

versetzen [fɛr'zɛtsən] *v 1. (Beamter)* transfer; *2. (Schüler)* promote; *3. sich in jds Lage ~* put o.s. in s.o.'s place; *4. (verpfänden)* pawn, pledge; *5. jdn ~ (fig: nicht erscheinen)* stand s.o. up; *6. jdn in Angst ~* strike fear into s.o.

Versetzung [fɛr'zɛtsuŋ] *f 1. (Beamter)* transfer, move; *2. (Schüler)* promotion, move; *3. (Verpfändung)* pawning, pledging
verseuchen [fɛr'zɔyçən] *v* contaminate, pollute, infect
versichern [fɛr'zɪçərn] *v 1. (bestätigen)* assure; *2. (beteuern)* affirm; *3. (Versicherung abschließen)* assure *(UK),* insure
Versicherung [fɛr'zɪçəruŋ] *f 1. (Bestätigung)* assurance; *2. (Eigentumsversicherung)* insurance; *3. (Lebensversicherung)* assurance, life insurance *(US)*
versickern [fɛr'zɪkərn] *v 1.* ooze away, seep away; *2. (Interesse)* peter out
versiegeln [fɛr'ziːgəln] *v* seal
Versiegelung [fɛr'ziːgəluŋ] *f* sealing
versilbern [fɛr'zɪlbərn] *v 1.* paint silver; *2. (mit Silber überziehen)* silver-plate; *3. (fam: verkaufen)* convert to cash
versinken [fɛr'zɪŋkən] *v irr* sink, become submerged
versinnbildlichen [fɛr'zɪnbɪltlɪçən] *v* symbolize, illustrate, allegorize, typify
versklaven [fɛr'sklaːvən] *v* enslave
versöhnen [fɛr'zøːnən] *v* reconcile
versöhnlich [fɛr'zøːnlɪç] *adj 1.* forgiving, conciliatory, placable; *adv 2.* forgivingly, in a conciliatory way
versorgen [fɛr'zɔrgən] *v 1. (unterhalten)* maintain, take care of, provide for; *2. (beschaffen)* provide, supply; *3. (pflegen)* care for
Versorgung [fɛr'zɔrguŋ] *f 1. (Unterhalt)* maintenance, support; *2. (Beschaffung)* provision, supply; *3. (Pflege)* care
verspannt [fɛr'ʃpant] *adj MED* strained
Verspannung [fɛr'ʃpanuŋ] *f MED* strain
verspäten [fɛr'ʃpɛːtən] *v 1. sich ~* to be late; *2. sich ~ (aufgehalten werden)* to be delayed
Verspätung [fɛr'ʃpɛːtuŋ] *f 1.* lateness; *2. (Verzögerung)* delay
versperren [fɛr'ʃpɛrən] *v 1.* block, barricade; *2. (Aussicht)* block, obstruct; *3. (Weg)* block
verspielen [fɛr'ʃpiːlən] *v Er hat bei mir verspielt.* I'm through with him.
verspotten [fɛr'spɔtən] *v* mock, scoff at, deride
versprechen [fɛr'ʃprɛçən] *v irr 1.* promise; *2. sich ~ (beim Reden)* stumble over a word; *3. sich ~ (etwas Nicht-Gemeintes sagen)* make a slip of the tongue
Versprechen [fɛr'ʃprɛçən] *n* promise
Versprecher [fɛr'ʃprɛçər] *m* slip of the tongue
verspüren [fɛr'ʃpyːrən] *v* feel, experience
verstaatlichen [fɛr'ʃtaːtlɪçən] *v* nationalize, socialize
Verstaatlichung [fɛr'ʃtaːtlɪçuŋ] *f POL* nationalization, transfer to state ownership
Verstädterung [fɛr'ʃtɛːtəruŋ] *f* urbanization

Verstand [fɛr'ʃtant] *m 1. (Vernunft)* reason; *den ~ verlieren* lose one's mind, go mad; *jdm den ~ rauben* drive s.o. crazy; *Da fehlt einem doch der ~.* The mind boggles! *Das geht über meinen ~.* That's beyond me. *2. (Geist)* mind, intellect; *3. (Urteilskraft)* judgement, judgment *(US)*

verstandesmäßig [fɛr'ʃtandəsmɛːsɪç] *adj* intellectual, rational
verständig [fɛr'ʃtɛndɪç] *adj* intelligent, reasonable, sensible
verständigen [fɛr'ʃtɛndɪgən] *v* inform, notify, advise; *Ich habe ihn verständigt.* I let him know.
Verständigung [fɛr'ʃtɛndɪguŋ] *f 1.* notification; *2. (Einigung)* agreement
verständlich [fɛr'ʃtɛntlɪç] *adj* understandable, intelligible, clear; *sich ~ machen* make o.s. understood
Verständlichkeit [fɛr'ʃtɛndlɪçkaɪt] *f* comprehensibility, intelligibility
Verständnis [fɛr'ʃtɛntnɪs] *n 1.* understanding; *2. (Mitgefühl)* sympathy; *3. (Würdigung)* appreciation
verständnislos [fɛr'ʃtɛntnɪsloːs] *adj 1.* uncomprehending; *2. (nicht würdigend)* unappreciative; *3. (nicht mitfühlend)* unsympathetic
verständnisvoll [fɛr'ʃtɛntnɪsfɔl] *adj* understanding, sympathetic, appreciative
verstärken [fɛr'ʃtɛrkən] *v 1.* strengthen, fortify; *2. (fig)* augment, amplify, intensify
Verstärkung [fɛr'ʃtɛrkuŋ] *f 1.* strengthening; *pl 2. ~en* reinforcements

verstauchen [fɛrˈʃtauxən] *v* sprain
Verstauchung [fɛrˈʃtauxuŋ] *f MED* sprain, spraining
verstauen [fɛrˈʃtauən] *v* stow away, tuck away, pack away
Versteck [fɛrˈʃtɛk] *n* hiding place, hideout; *~ spielen* play hide-and-seek
verstecken [fɛrˈʃtɛkən] *v irr* hide, conceal; *sich neben jdm ~ müssen* to be no match for s.o. *sich vor jdm nicht zu ~ brauchen* to be a match for s.o.
Versteckspiel [fɛrˈʃtɛkʃpiːl] *n* game of hide-and-seek

verstehen [fɛrˈʃteːən] *v irr* understand

Verstehen [fɛrˈʃteːən] *n* comprehension
versteifen [fɛrˈʃtaɪfən] *v 1. sich ~* harden, stiffen; *2. sich ~ auf* insist on
versteigen [fɛrˈʃtaɪgən] *v irr 1. (beim Bergsteigen) sich ~* get lost in the mountains; *2. sich zu einer Behauptung ~* go so far as to assert sth
versteigern [fɛrˈʃtaɪgərn] *v* auction, sell by auction
Versteigerung [fɛrˈʃtaɪgəruŋ] *f* auction, public sale
versteinert [fɛrˈʃtaɪnərt] *adj 1.* fossilized, petrified; *2. (fig) wie ~* petrified, thunderstruck, dumbfounded
verstellbar [fɛrˈʃtɛlbaːr] *adj* adjustable
verstellen [fɛrˈʃtɛlən] *v 1.* move, shift, adjust; *2. (regulieren)* regulate, adjust; *3. (fig) sich ~* pretend, feign
Verstellung [fɛrˈʃtɛluŋ] *f* pretending, feigning
versteuern [fɛrˈʃtɔyərn] *v* pay tax on
verstimmen [fɛrˈʃtɪmən] *v 1.* put out of tune; *2. sich ~* get out of tune
verstimmt [fɛrˈʃtɪmt] *adj 1. (fig)* annoyed, cross, disgruntled; *2. MUS* out of tune
Verstimmung [fɛrˈʃtɪmuŋ] *f* ill-will, resentment, disgruntlement
verstockt [fɛrˈʃtɔkt] *adj* obstinate
verstohlen [fɛrˈʃtoːlən] *adj* furtive, surreptitious, clandestine
verstopft [fɛrˈʃtɔpft] *adj 1. (Straße)* congested; *2. (hartleibig) MED* constipated
Verstopfung [fɛrˈʃtɔpfuŋ] *f 1.* congestion, obstruction; *2. MED* constipation
Verstorbene(r) [fɛrˈʃtɔrbənə(r)] *m/f* deceased
verstören [fɛrˈʃtøːrən] *v* upset, distress
verstört [fɛrˈʃtøːrt] *adj* disturbed, distracted, distraught

Verstoß [fɛrˈʃtoːs] *m* offence, breach, infringement
verstoßen [fɛrˈʃtoːsən] *v irr 1. (verjagen)* cast off, disown; *2. gegen etw ~* infringe upon sth, violate sth
verstreichen [fɛrˈʃtraɪçən] *v irr 1. (vergehen)* pass, elapse; *2. (etw ~)* spread; *3. (Salbe)* apply; *4. (verbrauchen)* use up
verstreuen [fɛrˈʃtrɔyən] *v 1.* scatter, spread; *2. (fig)* scatter, disperse
verstricken [fɛrˈʃtrɪkən] *v (fig) sich ~ in* get entangled in, get involved in, get caught up in
verstümmeln [fɛrˈʃtyməln] *v* mutilate, maim
Verstümmelung [fɛrˈʃtyməluŋ] *f* maiming, mutilation
Versuch [fɛrˈzuːx] *m 1.* attempt, try, effort; *2. (Experiment)* experiment
versuchen [fɛrˈzuːxən] *v 1.* try, attempt; *2. (kosten)* taste
Versuchsperson [fɛrˈzuːxspɛrzoːn] *f* subject
versuchsweise [fɛrˈzuːxsvaɪzə] *adv* on a trial basis, as an experiment
Versuchung [fɛrˈzuːxuŋ] *f* temptation
versündigen [fɛrˈzyndɪgən] *v sich ~* sin
versunken [fɛrˈzuŋkən] *adj (fig)* absorbed, immersed, engrossed; *in Gedanken ~* lost in thought
Versunkenheit [fɛrˈzuŋkənhaɪt] *f (fig)* absorption, preoccupation
versüßen [fɛrˈzyːsən] *v* sweeten *(fig)*
vertauschen [fɛrˈtauʃən] *v 1.* exchange, swap; *2. (verwechseln)* mistake for
verteidigen [fɛrˈtaɪdɪgən] *v* defend
Verteidiger(in) [fɛrˈtaɪdɪgər(ɪn)] *m/f 1.* defender; *2. JUR* defending counsel, counsel for the defence
Verteidigung [fɛrˈtaɪdɪguŋ] *f* defence, defense *(US)*
Verteidigungsminister(in) [fɛrˈtaɪdiːguŋsmɪnɪstər(ɪn)] *m/f POL* Minister of Defence, Secretary of Defense *(US)*
verteilen [fɛrˈtaɪlən] *v 1. (austeilen)* distribute, hand out, pass out; *2. (aufteilen)* allot, allocate
Verteiler [fɛrˈtaɪlər] *m* distributor
Verteilung [fɛrˈtaɪluŋ] *f 1. (Austeilen)* distribution, dissemination, dispersion; *2. (Verteilen)* apportionment, allocation, allotment
Verteuerung [fɛrˈtɔyəruŋ] *f* rise in price, price increase
verteufeln [fɛrˈtɔyfəln] *v* condemn, disparage, vilify, denigrate

vertiefen [fɛr'tiːfən] *v* deepen
Vertiefung [fɛr'tiːfuŋ] *f 1. (im Boden)* depression; *2. (einer Freundschaft)* deepening, intensification
vertikal [vɛrtɪ'kaːl] *adj 1.* vertical; *adv 2.* vertically
vertilgen [fɛr'tɪlgən] *v 1. (vernichten)* kill, exterminate, wipe out; *2. (fig: essen)* polish off, demolish
Vertrag [fɛr'traːk] *m 1. ECO* contract; *2. POL* treaty
vertragen [fɛr'traːgən] *v 1.* take, stand, endure; *Wein vertrage ich.* Wine agrees with me. *2. sich ~* get along, get on, understand one another
vertraglich [fɛr'traːklɪç] *adj 1.* contractual; *adv 2.* according to contract
verträglich [fɛr'trɛːklɪç] *adj 1. (umgänglich)* congenial, compatible, good-natured; *2. (bekömmlich)* easy to digest, digestible
Verträglichkeit [fɛr'trɛːklɪçkaɪt] *f 1. (Umgänglichkeit)* goodnaturedness, compatibility; *2. (Bekömmlichkeit)* digestibility
vertrauen [fɛr'trauən] *v* trust, rely on, have confidence in
Vertrauen [fɛr'trauən] *n* trust, confidence; *jdn ins ~ ziehen* confide in s.o. *~ erweckend* inspiring confidence
Vertrauensbeweis [fɛr'trauənsbəvaɪs] *m* token of trust
vertrauensbildend [fɛr'trauənsbɪldənt] *adj* trust-building, confidence-building
Vertrauensbruch [fɛr'trauənsbrux] *m* breach of s.o.'s trust
vertrauensselig [fɛr'trauənszeːlɪç] *adj* credulous, naive
vertrauensvoll [fɛr'trauənsfɔl] *adj* trusting
vertrauenswürdig [fɛr'trauənsvyrdɪç] *adj* trustworthy
vertraulich [fɛr'traulɪç] *adj 1.* confidential; *adv 2.* in confidence, confidentially
Vertraulichkeit [fɛr'traulɪçkaɪt] *f 1.* confidentiality; *2. ~en (Zudringlichkeit)* familiarity
verträumt [fɛr'trɔymt] *adj 1.* dreamy, starry-eyed; *2. (Städtchen)* sleepy
Verträumtheit [fɛr'trɔymthaɪt] *f* absent-mindedness
vertraut [fɛr'traut] *adj 1.* familiar, intimate; *sich mit etw ~ machen* familiarize o.s. with sth; *2. (Freund)* close
Vertrautheit [fɛr'trauthaɪt] *f* intimacy, familiarity
vertreiben [fɛr'traɪbən] *v irr 1. (verjagen)* drive away, chase away; *2. (Zeit)* pass; *3. (verkaufen) ECO* sell, market
Vertreibung [fɛr'traɪbuŋ] *f* expulsion
vertretbar [fɛr'treːtbaːr] *adj* justifiable, tenable
vertreten [fɛr'treːtən] *v irr 1.* represent, act on behalf of; *2. (ersetzen)* substitute for, replace, act for; *3. sich die Füße ~* stretch one's legs
Vertreter(in) [fɛr'treːtər(ɪn)] *m/f 1. (Repräsentant(in))* representative, delegate; *2. (Stellvertreter(in))* deputy, proxy
Vertretung [fɛr'treːtuŋ] *f 1. (Repräsentanz)* agency, representation; *2. (Stellvertretung)* replacement; *3. (Vertreten)* representation
Vertrieb [fɛr'triːp] *m ECO* marketing, sale, distribution
vertrösten [fɛr'trøːstən] *v (hinhalten)* put off
vertun [fɛr'tuːn] *v irr 1. (verschwenden)* waste; *2. sich ~* make a mistake
vertuschen [fɛr'tuʃən] *v* cover up, hush up, conceal
verübeln [fɛr'yːbəln] *v* resent, take amiss; *Das kann ich Ihnen nicht ~.* I can't blame you for that.
verüben [fɛr'yːbən] *v* commit
verunglimpfen [fɛr'unglɪmpfən] *v* disparage
verunglücken [fɛr'unglykən] *v* have an accident, meet with an accident
Verunglückte(r) [fɛr'unglyktə(r)] *m/f* victim, casualty
verunreinigen [fɛr'unraɪnɪgən] *v 1.* soil; *2. (Luft, Wasser)* contaminate, pollute
verunsichern [fɛr'unzɪçərn] *v jdn ~* make s.o. unsure, rattle s.o. *(fam)*, disconcert s.o.
Verunsicherung [fɛr'unzɪçəruŋ] *f* uncertainty
verunstalten [fɛr'unʃtaltən] *v* disfigure, deface, deform
veruntreuen [fɛr'untrɔyən] *v* embezzle, misappropriate
Veruntreuung [fɛr'untrɔyuŋ] *f* embezzlement, misappropriation
verursachen [fɛr'urzaxən] *v* cause
Verursacher [fɛr'urzaxər] *m* causer
verurteilen [fɛr'urtaɪlən] *v* condemn, *(für schuldig befinden)* convict, *(zu Strafe)* sentence
Verurteilung [fɛr'urtaɪluŋ] *f* condemnation, conviction, sentencing
vervielfältigen [fɛr'fiːlfɛltɪgən] *v 1.* multiply; *2. (nachbilden)* reproduce, duplicate
vervollkommnen [fɛr'fɔlkɔmnən] *v* perfect, carry to perfection, improve upon

vervollständigen [fɛr'fɔlʃtɛndɪgən] *v* complete
verwählen [fɛr'vɛːlən] *v sich ~* dial the wrong number
verwahren [fɛr'vaːrən] *v* take care of, preserve
verwahrlost [fɛr'vaːrloːst] *adj 1.* neglected, uncared-for; *2. (äußeres)* unkempt
Verwahrlosung [fɛr'vaːrloːzuŋ] *f* neglect
Verwahrung [fɛr'vaːruŋ] *f 1.* keeping, guard; *etw in ~ nehmen* accept sth for safekeeping; *2. (Obhut)* custody; *3. (Erhaltung)* preservation
verwaist [fɛr'vaɪst] *adj* orphaned
verwalten [fɛr'valtən] *v* administer, manage
Verwaltung [fɛr'valtuŋ] *f* administration, management
verwandeln [fɛr'vandəln] *v* change, transform, convert
verwandt [fɛr'vant] *adj* related
Verwandte(r) [fɛr'vantə(r)] *m/f* relative, relation
Verwandtschaft [fɛr'vantʃaft] *f 1.* relationship; *2. (die Verwandten)* relatives *pl,* relations *pl*
Verwandtschaftsgrad [fɛr'vantʃaftsgraːt] *m* relationship
verwarnen [fɛr'varnən] *v* warn, reprimand, caution
Verwarnung [fɛr'varnuŋ] *f* warning, admonition, reprimand
verwässern [fɛr'vɛsərn] *v (fig)* water down, dilute

> **verwechseln** [fɛr'vɛksəln] *v* mistake, mix up, confuse; *jdn mit jdm ~* confuse s.o. with s.o.; *jdm zum Verwechseln ähnlich sein* to be the spitting image of s.o.

Verwechslung [fɛr'vɛksluŋ] *f* confusion, mistake
verwegen [fɛr'veːgən] *adj* adventurous, risky, daring
Verwegenheit [fɛr'veːgənhaɪt] *f* daring, boldness
verwehren [fɛr'veːrən] *v jdm etw ~* prevent s.o. from doing sth
Verwehung [fɛr'veːuŋ] *f* drift
verweichlicht [fɛr'vaɪçlɪçt] *adj* sissified, wimpy *(fam)*; *~er Mensch* weakling
verweigern [fɛr'vaɪgərn] *v* refuse, deny, disobey
verweilen [fɛr'vaɪlən] *v* stay, linger
Verweis [fɛr'vaɪs] *m 1. (Hinweis)* reference; *2. (Rüge)* reproof, reprimand, rebuke
verweisen [fɛr'vaɪzən] *v 1. (des Landes ~)* banish, exile; *2. (~ auf)* refer to
verwelken [fɛr'vɛlkən] *v* wither, wilt
verwenden [fɛr'vɛndən] *v irr* use, utilize, employ; *wieder ~* reuse
Verwendung [fɛr'vɛnduŋ] *f* use, application, utilization; *für etw ~ finden* find a purpose for sth
verwerfen [fɛr'vɛrfən] *v irr (fig)* reject, dismiss
verwerflich [fɛr'vɛrflɪç] *adj* reprehensible
Verwertbarkeit [fɛr'veːrtbaːrkaɪt] *f* usability, usefulness
verwerten [fɛr'vɛrtən] *v 1. (benutzen)* make use of, utilize; *2. (wieder ~)* reprocess, recycle; *3. (auswerten)* exploit
Verwertung [fɛr'vɛrtuŋ] *f 1. (Benutzung)* use; *2. (Wiederverwertung)* recycling, reprocessing; *3. (Auswertung)* exploitation, utilization
verwesen [fɛr'veːzən] *v* decay, rot
verwickeln [fɛr'vɪkəln] *v (fig)* involve, entangle, embroil; *in eine Sache verwickelt sein* to be caught up in sth
verwildern [fɛr'vɪldərn] *v* grow wild, run to seed
verwinkelt [fɛr'vɪŋkəlt] *adj* full of nooks and crannies
verwirklichen [fɛr'vɪrklɪçən] *v* realize, put into effect, make come true
verwirren [fɛr'vɪrən] *v 1.* entangle; *2. (fig)* confuse, bewilder, perplex
verwirrt [fɛr'vɪrt] *adj* confused, puzzled, disconcerted
Verwirrung [fɛr'vɪruŋ] *f 1. (fig)* confusion, bewilderment, disarray; *2.* entanglement
verwischen [fɛr'vɪʃən] *v 1.* smudge, smear; *2. sich ~* become blurred
Verwitterung [fɛr'vɪtəruŋ] *f* weathering
verwitwet [fɛr'vɪtvət] *adj* widowed
verwöhnen [fɛr'vøːnən] *v* spoil, pamper
verworren [fɛr'vɔrən] *adj* mixed-up, confused, vague
Verworrenheit [fɛr'vɔrənhaɪt] *f* confusion, complicatedness, intricacy
verwundbar [fɛr'vuntbaːr] *adj* vulnerable
verwunden [fɛr'vundən] *v* wound, injure, hurt
verwunderlich [fɛr'vuŋdərlɪç] *adj* strange, astonishing
verwundern [fɛr'vundərn] *v* amaze, astonish
Verwunderung [fɛr'vundəruŋ] *f* surprise, astonishment, amazement

verwünschen [fɛr'vynʃən] *v* *1.* curse; *2.* *(verzaubern)* enchant, cast a spell on
verwüsten [fɛr'vy:stən] *v* devastate, wreck, ravage
Verwüstung [fɛr'vy:stuŋ] *f* devastation, desolation
verzagen [fɛr'tsa:gən] *v* lose heart, despair
verzagt [fɛr'tsa:kt] *adj* disheartened, despondent
verzählen [fɛr'tsɛ:lən] *v* *sich ~* miscount, count wrong
verzaubern [fɛr'tsaubərn] *v* bewitch, enchant
Verzehr [fɛr'tse:r] *m* consumption
verzehren [fɛr'tse:rən] *v* *1.* *(essen)* consume, eat; *2.* *(aufbrauchen)* absorb, sap; *3.* *(fig)* *sich ~* eat one's heart out, languish; *sich ~ nach* pine for
verzeichnen [fɛr'tsaıçnən] *v* register, record, list

verzeihen [fɛr'tsaıən] *v irr* pardon, forgive

Verzeihung [fɛr'tsaıuŋ] *f* *1.* pardon, forgiveness; *interj* *2.* sorry, excuse me
verzerren [fɛr'tsɛrən] *v* *1.* distort; *2.* *sich etw ~* pull sth, strain sth; *3.* *sich ~* become distorted
verzetteln [fɛr'tsɛtəln] *v* *1.* *(auf einzelne Zettel schreiben)* catalogue; *2.* *(Geld)* fritter away; *3.* *(vergeuden)* waste; *sich ~* squander one's strength
Verzicht [fɛr'tsıçt] *m* renunciation, relinquishment
verzichten [fɛr'tsıçtən] *v* *1.* *auf etw ~ (ohne etw auskommen)* do without sth, forego sth; *2.* *auf etw ~ (etw aufgeben)* give up sth
verziehen [fɛr'tsi:ən] *v irr* *1.* *das Gesicht ~* make a face; *2.* *(Pflanzen: einige herausziehen)* thin out; *3.* *(verwöhnen)* spoil; *4.* *sich ~ (Gesicht)* contort; *5.* *sich ~ (die Form verlieren)* stretch, *(Holz)* warp; *6.* *sich ~ (sich entfernen)* disappear; *Verzieh dich!* Get lost! *7.* *sich ~ (vorübergehen)* pass; *8.* *sich ~ (Nebel)* disperse; *9.* *(an einen anderen Ort ziehen)* move
verzieren [fɛr'tsi:rən] *v* *1.* decorate, adorn; *2.* *(durch Besatz)* trim
verzinsen [fɛr'tsınzən] *v* *ECO* pay interest on
Verzinsung [fɛr'tsınzuŋ] *f* *ECO* payment of interest, interest yield
verzögern [fɛr'tsø:gərn] *v* delay
verzollen [fɛr'tsɔlən] *v* pay duty on, declare
Verzückung [fɛr'tsykuŋ] *f* ecstasy, rapture
Verzug [fɛr'tsu:k] *m* delay, default; *mit etw in ~ geraten* fall behind with sth; *mit etw in ~ sein* to be behind in sth, to be in arrears with sth; *Es ist Gefahr in ~.* There is danger ahead.
verzweifeln [fɛr'tsvaıfəln] *v* despair
verzweifelt [fɛr'tsvaıfəlt] *adj* *1.* desperate, despairing; *adv* *2.* in a desperate way, desperately
Verzweiflung [fɛr'tsvaıfluŋ] *f* despair, desperation; *zur ~ bringen* drive to despair
verzweigen [fɛr'tsvaıgən] *v* *1.* branch out; *2.* *(Straße)* branch off
Verzweigung [fɛr'tsvaıguŋ] *f* branching, ramification, bifurcation
verzwickt [fɛr'tsvıkt] *adj* tricky, intricate
veterinär [veteri'nɛ:r] *adj* *MED* veterinary
Veterinär(in) [veteri'nɛ:r(ın)] *m/f* *MED* veterinarian
Vetter ['fɛtər] *m* cousin
Vetternwirtschaft ['fɛtərnvırtʃaft] *f* nepotism
vibrieren [vi'bri:rən] *v* vibrate
Videoaufzeichnung ['videoauftsaıçnuŋ] *f* videotaping
Vieh [fi:] *n* cattle, livestock
Viehzucht ['fi:tsuxt] *f* *AGR* animal husbandry, stock raising
Viehzüchter [fi:tsyçtər] *m* cattle breeder, rancher

viel(e) ['fi:l(ə)] *adj* *1.* much, many, plenty of; *~ beschäftigt* very busy; *adv* *2.* much, a lot, a great deal; *so ~* so much, as much; *doppelt so ~* *twice as much; so ~ wie* as much as; *pron* *3.* many

vieldeutig [fi:ldɔytıç] *adj* ambiguous
Vieldeutigkeit ['fi:ldɔytıçkaıt] *f* ambiguity
vielfach ['fi:lfax] *adj* *1.* multiple, manifold; *adv* *2.* *(fam: häufig)* frequently, many times
Vielfalt ['fi:lfalt] *f* variety, diversity
vielfältig ['fi:lfɛltıç] *adj* manifold, varied, diverse
vielleicht [fi'laıçt] *adv* *1.* perhaps, maybe, possibly; *2.* *(verstärkend)*
vielmals ['fi:lma:ls] *adv* many times, often; *Ich danke Ihnen ~.* Thank you very much.
vielmehr ['fi:lme:r] *adv* rather
vielseitig ['fi:lzaıtıç] *adj* *1.* many-sided, varied; *2.* *(Mensch, Verwendung)* versatile
Vielseitigkeit ['fi:lzaıtıçkaıt] *f* versatility
Vielzahl ['fi:ltsa:l] *f* multitude
vier [fi:r] *num* four; *alle ~e von sich strecken* stretch one's limbs; *auf allen Vieren* on all fours

V

vierbeinig ['fiːrbaɪnɪç] *adj* four-legged
Viereck ['fiːrɛk] *n 1.* quadrilateral; *2. (Rechteck)* rectangle
viereckig ['fiːrɛkɪç] *adj* square, quadrangular
vierfach ['fiːrfax] *adj 1.* fourfold, quadruple; *adv 2.* fourfold
vierstellig ['fiːrʃtɛlɪç] *adj* four-digit
Viertel ['fɪrtəl] *n 1. (Stadtteil)* quarter, district, part of town; *2. MATH* quarter
vierteljährlich ['fɪrtəljɛːrlɪç] *adj 1.* quarterly; *adv 2.* quarterly, by the quarter
Viertelstunde ['fɪrtəl'ʃtundə] *f* quarter of an hour
viertelstündlich ['fɪrtəlʃtyntlɪç] *adj* every fifteen minutes, quarter-hourly
viertürig ['fiːrtyːrɪç] *adj* four-door
Vierziger ['fɪrtsɪgər] *pl 1. in den ~n sein (Mensch)* to be in one's forties; *2. die ~ (Jahrzehnt)* the Forties
Vikar [vi'kaːr] *m* curate
virtuos [vɪrtu'oːs] *adj MUS* virtuosic
Visier [vi'ziːr] *n 1.* gun sight; *2. HIST* visor; *mit offenem ~ kämpfen* lay one's cards on the table
visionär [vizjo'nɛːr] *adj* visionary
Visite [vi'ziːtə] *f* visit, house call
Visitenkarte [vi'ziːtənkartə] *f* visiting card *(UK),* business card
visuell [vizu'ɛl] *adj* visual
Visum ['viːzum] *n* visa
Vitalität [vitali'tɛːt] *f* vitality, vigour
vitaminreich [vita'miːnraɪç] *adj* vitamin-rich, rich in vitamins
Vizepräsident ['fiːtsəprɛzɪdɛnt] *m* vice-president
Vogel ['foːgəl] *m ZOOL* bird; *Das schießt den ~ ab.* That takes the biscuit! *einen ~ haben* to be not quite right in the head, to be round the bend; *jdm den ~ zeigen* tap one's forehead
Vogelperspektive ['foːgəlpɛrspɛktiːvə] *f* bird's eye view
Vogelscheuche ['foːgəlʃɔyçə] *f* scarecrow
Vogel-Strauß-Politik [foːgəl'ʃtrauspoliːtiːk] *f ~ treiben* bury one's head in the sand
Vokabel [vo'kaːbəl] *f* word
Vokabular [vokaːbu'laːr] *n* vocabulary
Vokal [vo'kaːl] *m* vowel
Vokalmusik [vo'kaːlmuziːk] *f MUS* vocal music
Volk [fɔlk] *n 1.* people, nation; *2. (Rasse)* race; *fahrendes ~* gypsies *(fig)*
Völkerfamilie ['fœlkərfamiːljə] *f* family of nations
Völkerkunde ['fœlkərkundə] *f* ethnology
Völkermord ['fœlkərmɔrt] *m* genocide
Völkerrecht ['fœlkərrɛçt] *n* international law, law of nations
Volksabstimmung ['fɔlksapʃtɪmuŋ] *f POL* referendum, plebiscite
Volksfest ['fɔlksfɛst] *n* public festival, fair, carnival
Volkshochschule ['fɔlkshoːxʃuːlə] *f* adult education centre
Volkskunde ['fɔlkskundə] *f* folklore
Volksrepublik ['fɔlksrepubliːk] *f POL* people's republic
volkstümlich ['fɔlkstyːmlɪç] *adj 1.* national; *2. (beliebt)* popular
Volkswirtschaft ['fɔlksvɪrtʃaft] *f* national economy, political economy
Volkszählung ['fɔlkstsɛːluŋ] *f* census

> **voll** [fɔl] *adj 1.* full; *jdn nicht für ~ nehmen* not take s.o. seriously; *aus dem Vollen schöpfen* draw on plenty of resources; *in die Vollen gehen* go all out; *~ schreiben* fill; *jede ~e Stunde* every hour on the hour; *2. (Erfolg)* complete; *3. jdn nicht für ~ nehmen* not take s.o. seriously; *adv 4.* fully, totally; *~ gestopft* packed, jammed

vollauf ['fɔlauf] *adv* fully; *~ genug haben* have had quite enough; *~ zu tun haben* have quite enough to do
Vollblut ['fɔlbluːt] *n ZOOL* thoroughbred
Vollbremsung ['fɔlbrɛmsuŋ] *f* braking to a complete stop, full brake application
vollbringen [fɔl'brɪŋən] *v irr* accomplish, achieve
vollenden [fɔl'ɛndən] *v* finish, complete
vollends ['fɔlɛnts] *adv 1.* completely; *2. (auch noch)* on top of that
Vollendung [fɔl'ɛnduŋ] *f 1.* completion; *2. (Vollkommenheit)* perfection
vollführen [fɔl'fyːrən] *v 1.* execute, do; *2. (Lärm)* make
Vollgas ['fɔlgaːs] *n* full speed, full throttle, flat out *(UK); ~ geben* step on it *(fam)*
völlig ['fœlɪç] *adj 1.* complete, entire, full; *adv 2.* completely, absolutely, entirely
volljährig ['fɔljɛːrɪç] *adj* of age, major
Volljährigkeit ['fɔljɛːrɪçkaɪt] *f* full age, majority *(UK)*
Vollkaskoversicherung ['fɔlkaskɔfɛrzɪçəruŋ] *f* fully comprehensive insurance
vollkommen [fɔl'kɔmən] *adj 1.* perfect; *2. (vollständig)* complete, absolute; *adv 3.* completely

Vollkommenheit [fɔl'kɔmənhaɪt] *f* perfection, completeness
Vollmacht ['fɔlmaxt] *f* *1.* authority; *2. JUR* power of attorney; *jdm eine ~ erteilen* give s.o. power of attorney
Vollmilch ['fɔlmɪlç] *f GAST* whole milk, unskimmed milk, full-cream milk
Vollpension ['fɔlpɛnzjoːn] *f* full board
vollschlank ['fɔlʃlaŋk] *adj* full-figured
vollständig ['fɔlʃtɛndɪç] *adj 1.* complete; *2. (ganz)* entire, total; *adv 3.* entirely, quite, wholly
vollstrecken [fɔl'ʃtrɛkən] *v JUR* execute, enforce
Vollstrecker [fɔl'ʃtrɛkər] *m 1. JUR* executor; *2. (fam)* enforcer
Vollstreckung [fɔl'ʃtrɛkuŋ] *f JUR* execution, enforcement
Volltreffer ['fɔltrɛfər] *m* direct hit, bull's eye
vollwertig ['fɔlveːrtɪç] *adj* perfect, high quality
Vollwertkost ['fɔlvɛrtkɔst] *f GAST* wholemeal diet, wholemeal food
vollzählig ['fɔltsɛːlɪç] *adj 1.* complete, full; *adv 2.* in full force, in full strength
Vollzähligkeit ['fɔltsɛːlɪçkaɪt] *f* completeness
vollziehen [fɔl'tsiːən] *v irr* execute, carry out, enforce
Volontär(in) [volɔn'tɛːr(ɪn)] *m/f* intern, trainee
Volontariat [volɔnta'riaːt] *n* internship, post as a trainee
Volumen [vo'luːmən] *n* volume, bulk
voluminös [volumi'nøːs] *adj* voluminous, copious

von [fɔn] *prep 1. (örtlich)* from; *nördlich ~ Berlin* north of Berlin; *2. (zeitlich)* from; *~ jeher* all along; *3. (Herkunft)* from; *4. (Thema)* about; *5. (Teil)* of; *ein Freund ~ mir* a friend of mine; *~ mir aus* for all I care; *6. (Urheberschaft ausdrückend)* by

vonnöten [fɔn'nøːtən] *adv* needed

vor [foːr] *prep 1. (örtlich)* in front of, before; *~ der Tür* outside the door; *2. (zeitlich)* before, prior to, previous to; *nach wie ~* still; *3. (kausal)* because of, through, on account of; *~ allen Dingen* above all; *~ Freude* with joy; *4. (gegenüber)* opposite; *etw ~ sich haben (fig)* face sth; *5. (Zeitpunkt in der Vergangenheit)* ago; *~ vier Jahren* four years ago

vorab [foːr'ap] *adv* first of all, to begin
Vorahnung ['foːraːnuŋ] *f* premonition
voran [fo'ran] *adv 1. (als Erste(r))* first, in front; *2. (vorwärts)* forward
vorangehen [fo'rangeːən] *v irr 1. (räumlich)* walk ahead, lead the way; *2. jdm ~* precede; *einer Sache ~* precede sth; *3. (im Rang)* precede
vorankommen [fo'rankɔmən] *v* progress, make headway, advance
Vorankündigung ['foːrankyndɪguŋ] *f* initial announcement, preliminary announcement
voranmelden ['foːranmɛldən] *v 1.* give advance notice of; *2. sich ~* register in advance
voranstellen [fo'ranʃtɛlən] *v* place in front of
vorantreiben [fo'rantraɪbən] *v irr* drive forward, give a push
Voranzeige ['foːrantsaɪgə] *f 1.* advance notice; *2. CINE* trailer, preview *(US)*
Vorarbeit ['foːrarbaɪt] *f* preparations *pl,* groundwork
Vorarbeiter ['foːrarbaɪtər] *m ECO* foreman
voraus [for'aus] *adv 1. (örtlich)* in front, ahead; ['foraus] *2. im Voraus* in advance, beforehand
vorauseilen [fo'rausaɪlən] *v* hurry on ahead
vorausgehen [for'ausgeːən] *v irr* walk in front of, precede, go before
vorausgesetzt [for'ausgəzɛtst] *konj* provided that, assuming, presupposing
vorauslaufen [fo'rauslaufən] *v irr* walk on ahead
vorausschauen [for'ausʃauən] *v* look ahead
voraussehen [for'auszeːən] *v irr* foresee, anticipate, see coming; *etw ~* see sth coming
voraussetzen [for'auszɛtsən] *v 1.* assume, presume, take for granted; *2. (erfordern)* require
Voraussetzung [for'auszɛtsuŋ] *f 1. (Vorbedingung)* prerequisite, condition, requirement; *2. (Annahme)* assumption, supposition
Voraussicht [fo'rauszɪçt] *f* foresight; *in der ~* anticipating; *aller ~ nach* in all probability
voraussichtlich [for'auszɪçtlɪç] *adj 1.* probable; *adv 2.* probably, presumably; *Er wird ~ gewinnen.* It looks like he will win.
Vorauszahlung [for'austsaːluŋ] *f* prepayment, payment in advance, advance payment
Vorbehalt ['foːrbəhalt] *m* reservation; *unter dem ~, dass* provided that

vorbehalten ['foːrbəhaltən] *v irr* reserve; *alle Rechte ~* all rights reserved; *jdm ~ bleiben* to be reserved for
vorbehaltlich ['foːrbəhaltlɪç] *prep* subject to
vorbehaltlos ['foːrbəhaltloːs] *adj* without reservations, with no reservations
vorbei [for'baɪ] *adv 1. (örtlich)* past, by; *2. (zeitlich)* past, over, finished
vorbeibringen [for'baɪbrɪŋən] *v irr* bring by, drop off
vorbeifahren [for'baɪfaːrən] *v irr 1.* pass, drive past; *2. NAUT* sail past
vorbeifließen [for'baɪfliːsən] *v irr* flow by
vorbeigehen [foːr'baɪgeːən] *v irr* pass
vorbeikommen [foːr'baɪkɔmən] *v 1. (vorbeigehen können)* get past; *2. (besuchen)* stop by, drop by, drop in
vorbeilassen [for'baɪlasən] *v irr* let by
vorbeischauen [for'baɪʃauən] *v* drop by, drop in
vorbeischießen [for'baɪʃiːsən] *v irr* miss, miss the mark, shoot off target
vorbelastet ['foːrbəlastət] *adj* handicapped, at a disadvantage
Vorbemerkung ['foːrbəmɛrkuŋ] *f* preliminary remark
vorbereiten ['foːrbəraɪtən] *v* prepare; *sich auf etw ~* prepare for sth
Vorbereitung ['foːrbəraɪtuŋ] *f* preparation
Vorbereitungskurs ['foːrbəraɪtuŋskurs] *m* preparatory course
Vorbesitzer ['foːrbəzɪtsər] *m* previous owner
vorbestellen ['foːrbəʃtɛlən] *v* order in advance, reserve, make a reservation
Vorbestellung ['foːrbəʃtɛluŋ] *f* advance order, advance booking
vorbestimmt ['foːrbəʃtɪmt] *adj* predetermined, predestined
vorbestraft ['foːrbəʃtraːft] *adj JUR* previously convicted
Vorbestrafte(r) ['foːrbəʃtraːftə(r)] *m/f JUR* previously convicted person
vorbeugen ['foːrbɔygən] *v 1.* prevent, preclude; *2. sich ~* bend forward, lean forward
Vorbeugung ['foːrbɔyguŋ] *f* prevention
Vorbild ['foːrbɪlt] *n* model, example
vorbildlich ['foːrbɪltlɪç] *adj 1.* exemplary; *adv 2.* in an exemplary manner
Vorbildlichkeit ['foːrbɪltlɪçkaɪt] *f* exemplariness
Vorbildung ['foːrbɪlduŋ] *f* previous experience, educational background
Vorbote ['foːrboːtə] *m 1.* herald; *2. (fig)* herald, forerunner
vorbringen ['foːrbrɪŋən] *v irr* bring forward, present, produce
vorchristlich ['foːrkrɪstlɪç] *adj HIST* pre-Christian
Vordach ['foːrdax] *n* canopy
vordatieren ['foːrdatiːrən] *v 1.* postdate; *2. (Ereignis)* predate
Vordenker ['foːrdɛŋkər] *m* mentor
Vorderachse ['fɔrdəraksə] *f* front axle
Vorderasien ['fɔrdər'aːzjən] *n GEO* the Near East
Vorderausgang ['fɔrdərausgaŋ] *m* front exit, front door
Vorderbein ['fɔrdərbaɪn] *n ZOOL* foreleg
vordere(r,s) ['fɔrdərə(r,s)] *adj* front, fore, forward
Vorderfront ['fɔrdərfrɔnt] *f* frontage, front face
Vordergrund ['fɔrdərgrunt] *m 1.* foreground; *etw in den ~ stellen* give sth prominence; *jdn in den ~ spielen* play up s.o.; *2. (fig) in den ~ treten* come to the fore; *im ~ stehen* to be in the spotlight
vordergründig ['fɔrdərgryndɪç] *adj 1.* obvious; *2. (oberflächlich)* superficial
Vordermann ['fɔrdərman] *m 1.* person in front of one; *2. etw auf ~ bringen* get sth shipshape; *jdn auf ~ bringen* make s.o. toe the line
Vorderseite ['fɔrdərzaɪtə] *f* front, face
vorderste(r,s) ['fɔrdərstə(r,s)] *adj* front
Vorderteil ['fɔrdərtaɪl] *n* front, front part, front end
Vordertür ['fɔrdərtyːr] *f* front door
vordrängen ['foːrdrɛŋən] *v sich ~* press forward, push forward; *sich in einer Schlange ~* queue-barge *(fam) (UK)*
vordringen ['foːrdrɪŋən] *v irr* advance, push ahead, gain ground
Vordringen ['foːrdrɪŋən] *n 1.* advance, forging ahead, pressing forward; *2. MIL* advance
vordringlich ['foːrdrɪŋlɪç] *adj 1.* pressing, urgent, most important; *adv 2.* urgently
vorehelich ['foːreːəlɪç] *adj* premarital
voreilig ['foːraɪlɪç] *adj* hasty, rash
Voreiligkeit ['foːraɪlɪçkaɪt] *f* rashness, hastiness
voreingenommen ['foːraɪngənɔmən] *adj 1.* prejudiced, biassed; *adv 2.* in a biassed way
vorenthalten ['foːrɛnthaltən] *v irr* withhold, hold back
Vorenthaltung ['foːrɛnthaltuŋ] *f* withholding

Vorentscheidung ['foːrɛntʃaɪduŋ] *f 1.* preliminary decision; *2. JUR* precedent
vorerst ['foːr'eːrst] *adv* first of all, firstly, to begin with
vorfabriziert ['foːrfabritsiːrt] *adj* prefabricated
Vorfahr ['foːrfaːr] *m* ancestor
Vorfahrt ['foːrfaːrt] *f* right-of-way
Vorfahrtstraße ['foːrfaːrtʃtraːsə] *f* major road
Vorfall ['foːrfal] *m* event, occurrence, incident
vorfallen ['foːrfalən] *v irr 1. (fallen)* fall forward; *2. (geschehen)* happen, occur
vorfinanzieren ['foːrfɪnantsiːrən] *v ECO* provide advance financing
vorfinden ['foːrfɪndən] *v irr* find (waiting for one)
Vorfreude ['foːrfrɔydə] *f* anticipation, anticipated joy
vorführen ['foːrfyːrən] *v 1. (präsentieren)* perform, produce, present; *2. (Angeklagten)* produce, bring forward; *3. (Film)* show
Vorführung ['foːrfyːruŋ] *f 1. (Präsentation)* display, demonstration, presentation; *2. (eines Angeklagten)* production; *3. (Film)* showing
Vorgabe ['foːrgaːbə] *f 1. SPORT* handicap; *2. (Richtlinie)* instruction
Vorgang ['foːrgaŋ] *m 1. (Geschehen)* occurrence, event; *2. (technischer ~)* process, procedure; *3. (Akte)* file, record
Vorgänger(in) ['foːrgɛŋər(ɪn)] *m/f* predecessor
vorgaukeln ['foːrgaukəln] *v jdm etw ~* trick s.o. into believing sth
vorgeben ['foːrgeːbən] *v 1. (anweisen)* instruct; *2. (fig: fälschlich behaupten)* pretend
vorgeblich ['foːrgeːplɪç] *adj* alleged, ostensible
vorgefasst ['foːrgəfast] *adj* preconceived
Vorgefühl ['foːrgəfyːl] *n* premonition, presentiment

> **vorgehen** ['foːrgeːən] *v irr 1. (handeln)* proceed; *2. (geschehen)* go on, happen; *Was geht hier vor?* What's going on here? *3. (vorausgehen)* precede; *4. (wichtiger sein)* have priority, take precedence; *5. (Uhr)* to be fast

Vorgehen ['foːrgeːən] *n* procedure, action
Vorgehensweise ['foːrgeːənsvaɪzə] *f 1.* way of acting; *2. (Verhalten)* conduct, behaviour; *3. (Methoden)* methods *pl*
Vorgeschichte ['foːrgəʃɪçtə] *f 1. (vorherige Begebenheiten)* background; *2. (Prähistorie) HIST* prehistory, prehistoric times
vorgeschichtlich ['foːrgəʃɪçtlɪç] *adj* prehistoric
Vorgeschmack ['foːrgəʃmak] *m* foretaste
Vorgesetzte(r) ['foːrgəzɛtstə(r)] *m/f* superior
vorgestern ['foːrgɛstərn] *adv* the day before yesterday
vorgreifen ['foːrgraɪfən] *v irr einer Sache ~* anticipate sth
vorhaben ['foːrhaːbən] *v irr* intend, have in mind, have planned
Vorhaben ['foːrhaːbən] *n* intention, design
Vorhalle ['foːrhalə] *f* entrance hall, vestibule, foyer
vorhalten ['foːrhaltən] *v irr* (vorwerfen) reproach
Vorhaltung ['foːrhaltuŋ] *f* reproach
vorhanden [for'handən] *adj 1. (bestehend)* existing; *2. (verfügbar)* available
Vorhang ['foːrhaŋ] *m* curtain
Vorhängeschloss ['foːrhɛŋəʃlɔs] *n* padlock
vorher ['foːrheːr] *adv 1.* before, previously; *2. (voraus)* beforehand
vorhergehen [foːr'heːrgeːən] *v irr* precede, to be before
vorhergehend [foːr'heːrgeːənt] *adj* previous, preceding
vorherig ['foːrheːrɪç] *adj* previous
Vorherrschaft ['foːrhɛrʃaft] *f* supremacy; *(Hegemonie)* hegemony
vorherrschen ['foːrhɛrʃən] *v* prevail
vorherrschend ['foːrhɛrʃənt] *adj* predominant, prevalent
vorhersagen [foːr'heːrzaːgən] *v* predict, forecast
vorhersehen [foːr'heːrzeːən] *v irr* foresee
vorhin [foːr'hɪn] *adv* a moment ago, just now, a little while ago
vorig ['foːrɪç] *adj 1. (vergangen)* last; *2. (vorhergegangen)* former, preceding, previous
Vorjahr ['voːrjaːr] *n das ~* the previous year, last year, the preceding year

> **vorkommen** ['foːrkɔmən] *v irr 1. (erscheinen)* seem, appear; *2. (geschehen)* happen, take place, occur; *3. (vorhanden sein)* to be found, to be common

Vorkommen ['foːrkɔmən] *n (Vorhandensein)* presence
Vorkommnis ['foːrkɔmnɪs] *n* event, occurrence, incident
Vorkriegszeit ['foːrkriːkstsaɪt] *f* pre-war period

vorladen ['foːrlaːdən] *v irr* *JUR* summon, cite, serve a summons on
Vorladung ['foːrlaːduŋ] *f* *JUR* summons
Vorlage ['foːrlaːgə] *f* *1. (Vorlegen)* presentation, submission, production; *2. (Muster)* original; *3. (Gesetzesvorlage) POL* bill; *4. SPORT* forward pass
vorlassen ['foːrlasən] *v irr* *1.* let by; *2. (zu sich kommen lassen)* let in
Vorläufer ['foːrlɔyfər] *m* forerunner, precursor
vorläufig ['foːrlɔyfɪç] *adj* *1.* temporary, provisional; *adv* *2.* for the time being, temporarily
Vorläufigkeit ['foːrlɔyfɪçkaɪt] *f* temporariness, tentativeness, provisional nature
Vorleben ['foːrleːbən] *n* past
vorlegen ['foːrleːgən] *v* *1.* place in front; *2. (fig)* present, submit, display
vorlehnen ['foːrleːnən] *v* lean forward
Vorleistung ['foːrlaɪstuŋ] *f* advance, prior concession
vorlesen ['foːrleːzən] *v irr* read aloud
Vorlesung ['foːrleːzuŋ] *f* lecture
vorletzte(r,s) ['foːrlɛtstə(r,s)] *adj* last but one, penultimate, next-to-last
Vorliebe ['foːrliːbə] *f* preference, partiality, liking
vorliegen ['foːrliːgən] *v irr* to be available, to be present; *etw liegt jdm vor* s.o. has sth
vorliegend ['foːrliːgənt] *adj* present, in question, in hand

vormachen ['foːrmaxən] *v (fig)* pretend

Vormachtstellung ['foːrmaxtʃtɛluŋ] *f* supremacy
vormals ['foːrmaːls] *adv* formerly
Vormarsch ['foːrmarʃ] *m* *MIL* advance
vormerken ['foːrmɛrkən] *v* note, make a note of, mark down
Vormerkung ['foːrmɛrkuŋ] *f* order, advance order
Vormieter ['foːrmiːtər] *m* preceding tenant, predecessor in the flat *(US)*, predecessor in the apartment *(UK)*
Vormittag ['foːrmɪtaːk] *m* morning
vormittäglich ['foːrmɪtɛːklɪç] *adj* morning
vormittags ['foːrmɪtaːks] *adv* in the morning
Vormund ['foːrmunt] *m* guardian
Vormundschaft ['foːrmuntʃaft] *f* guardianship
vorn(e) [fɔrn(ə)] *adv* in front; *von ~ bis hinten* from start to finish; *von ~ (von neuem)* from the beginning
Vorname ['foːrnaːmə] *m* first name, Christian name
vornehm ['foːrneːm] *adj* high-class, posh, stylish, elegant; *~ tun* put on airs
vornehmen ['foːrneːmən] *v irr* *1. (tun)* undertake; *2. sich etw ~* intend to do sth, have made up one's mind to do sth; *3. sich jdn ~* have a word with s.o., give s.o. a talking-to, take s.o. to task
Vornehmheit ['foːrneːmhaɪt] *f* nobility, refinement, poshness, exclusiveness
vorneigen ['foːrnaɪgən] *v* *sich ~* lean forward, bow
Vorort ['foːrɔrt] *m* suburb
Vorrang ['foːrraŋ] *m* priority, precedence
vorrangig ['foːrraŋɪç] *adj* *1.* having priority; *adv* *2. etw ~ behandeln* give priority to sth
Vorrangigkeit ['foːrraŋɪçkaɪt] *f* priority
Vorrangstellung ['foːrraŋʃtɛluŋ] *f* position of prime importance, preeminence
Vorrat ['foːrraːt] *m* store, stock, supply
vorrätig ['foːrrɛːtɪç] *adj* in stock, on hand, available
Vorratskammer ['foːrraːtskamər] *f* *1.* storeroom; *2. (Speisekammer)* pantry, larder
Vorrecht ['foːrrɛçt] *n* privilege, preferential right, prerogative
Vorrede ['foːrreːdə] *f* *1. (Vorwort)* introduction, preface; *2. (einleitende Rede)* introductory speech, introductory remarks
Vorredner ['foːrreːdnər] *m* previous speaker
Vorrichtung ['foːrrɪçtuŋ] *f* device, appliance
vorrücken ['foːrrykən] *v* move forward, advance; *zu vorgerückter* Stunde at a late hour
vorsagen ['foːrzaːgən] *v* *jdm etw ~* recite sth to s.o. *jdm die Antwort ~* tell s.o. the answer
Vorsatz ['foːrzats] *m* intent, intention, premeditation
vorsätzlich ['foːrzɛtslɪç] *adj* *1.* deliberate, intentional; *adv* *2.* deliberately, intentionally
Vorsätzlichkeit ['foːrzɛtslɪçkaɪt] *f* deliberateness, premeditation, aforethought
Vorschau ['foːrʃau] *f* preview
Vorschein ['foːrʃaɪn] *m* *zum ~ kommen* come to light, turn up, appear
vorschieben ['foːrʃiːbən] *v irr* *1.* move forward, push forward; *2. (Termin)* move up; *3. (vorschützen)* plead (as an excuse); *4. jdn ~* use s.o. as a front
Vorschlag ['foːrʃlaːk] *m* suggestion, proposal

V

vorschlagen ['fo:rʃla:gən] *v irr* propose, suggest
vorschnell ['fo:rʃnɛl] *adj* hasty
vorschreiben ['fo:rʃraɪbən] *v irr (fig)* prescribe, order, direct; *jdm etw ~* dictate sth to s.o.
Vorschrift ['fo:rʃrɪft] *f 1.* regulation, rule; *2. (Anweisung)* instruction
vorschriftsmäßig ['fo:rʃrɪftsmɛ:sɪç] *adj 1.* regulation, correct, proper; *adv 2.* in due form, according to regulations, as prescribed
Vorschulalter ['fo:rʃu:laltər] *n* preschool age
Vorschule ['fo:rʃu:lə] *f 1.* preparatory school; *2. (kindergartenähnliche Schule)* nursery school
Vorschuss ['fo:rʃus] *m* advance
vorschützen ['fo:rʃytsən] *v* plead (as an excuse)
vorschweben ['fo:rʃve:bən] *v Mir schwebt ... vor.* I picture ..., I am thinking of ...
vorsehen ['fo:rze:ən] *v irr 1.* provide for, make provisions for; *2. sich ~* take care, to be careful, watch out
Vorsehung ['fo:rze:uŋ] *f REL* providence
vorsetzen ['fo:rzɛtsən] *v 1.* move forward; *2. einer Sache etw ~* put sth before sth, put sth in front of sth; *3. jdm etw ~ (anbieten)* offer s.o. sth; *4. jdm etw ~ (geben)* put sth in front of s.o.; *5. jdm jdn ~* put s.o. in charge of s.o.; *6. sich ~* move forward
Vorsicht ['fo:rzɪçt] *f* care, caution; *~!* Careful! *„~ Stufe!“* "Mind the step!“
vorsichtig ['fo:rzɪçtɪç] *adj 1.* careful, cautious; *2. (wachsam)* wary; *3. (überlegt)* prudent
vorsichtshalber ['fo:rzɪçtshalbər] *adv* to be on the safe side, by way of precaution
Vorsichtsmaßnahme ['fo:rzɪçtsmasna:mə] *f* precautionary measure, precaution
Vorsilbe ['fo:rzɪlbə] *f GRAMM* prefix
Vorsitz ['fo:rzɪts] *m* chair, chairmanship, presidency
Vorsitzende(r) ['fo:rzɪtsəndə(r)] *m/f* chairman/chairwoman, president
Vorsorge ['fo:rzɔrgə] *f* provision for the future, precaution
vorsorgen ['fo:rzɔrgən] *v* take precautions, provide for
vorsorglich ['fo:rzɔrklɪç] *adj 1.* precautionary; *adv 2.* as a precaution
Vorspann ['fo:rʃpan] *m 1. (Zugtiere)* front team; *2. (Einleitung)* introduction; *3. (eines Films)* opening credits *pl*
Vorspeise ['fo:rʃpaɪzə] *f GAST* appetizer, starter
vorspiegeln ['fo:rʃpi:gəln] *v* pretend, feign
Vorspiegelung ['fo:rʃpi:gəluŋ] *f* pretence; *~ falscher Tatsachen* false pretences
vorsprechen ['fo:rʃprɛçən] *v irr 1.* recite; *2. THEAT* audition; *3. jdm etw ~* pronounce sth for s.o.
Vorsprung ['fo:rʃpruŋ] *m 1. (Felsvorsprung)* ledge; *2. (Hausvorsprung)* projection, overhang; *3. (fig)* lead, advantage, start
Vorstadt ['fo:rʃtat] *f* suburb
Vorstand ['fo:rʃtant] *m 1.* board, board of directors, management board; *2. (~smitglied)* member of the board, director; *(erster ~)* managing director
vorstehen ['fo:rʃte:ən] *v irr 1. (vorspringen)* jut out, project, stick out; *2. (leiten)* to be in charge of, manage
vorstellbar ['fo:rʃtɛlba:r] *adj* conceivable
vorstellen ['fo:rʃtɛlən] *v 1. (fig) sich ~* introduce o.s., present o.s.; *2. (fig: sich etw ~)* imagine, conceive; *Stell dir mal vor!* Fancy that! Imagine that!
Vorstellung ['fo:rʃtɛluŋ] *f 1. (Bekanntmachen)* introduction, presentation; *2. (Gedanke)* idea, fancy; *3. (Darbietung)* performance
Vorstellungskraft ['fo:rʃtɛluŋskraft] *f* imagination
Vorstellungstermin ['fo:rʃtɛluŋstɛrmi:n] *m* interview
vorstoßen ['fo:rʃto:sən] *v* push forward
Vorstrafe ['fo:rʃtra:fə] *f JUR* previous conviction, criminal record
vorstrecken ['fo:rʃtrɛkən] *v 1.* stretch forward, stretch out; *2. (Geld leihen)* lend
Vorstufe ['fo:rʃtu:fə] *f* first step, initial stage
Vortag ['fo:rta:k] *m der ~* the previous day, the day before
vortäuschen ['fo:rtɔyʃən] *v* pretend, feign, simulate
Vortäuschung ['fo:rtɔyʃuŋ] *f* feigning, simulation, faking

> **Vorteil** ['fo:rtaɪl] *m 1.* advantage; *jdm einen ~ geben* give s.o. an advantage; *sich zu jds ~ erweisen* prove to s.o.'s advantage; *einen ~ ziehen aus* take advantage of; *seinen ~ wahren* further one's interests; *von ~* advantageous; *2. (Gewinn)* profit, gain

vorteilhaft ['fo:rtaɪlhaft] *adj* advantageous, profitable, lucrative
Vortrag ['fo:rtra:k] *m 1. (Vorlesung)* lecture; *2. (Bericht)* talk; *3. (Darbietung)* performance; *4. (eines Gedichtes)* recitation

V

vortragen ['fo:rtra:gən] *v (fig)* perform, recite, deliver
vortrefflich [fo:r'trɛflɪç] *adj* excellent, admirable, splendid
vortreten ['fo:rtre:tən] *v irr 1.* step forward, come forward; *2. (herausragen)* project, protrude
Vortritt ['fo:rtrɪt] *m* precedence, priority; *jdm den ~ lassen* let s.o. go first
vorüber [fo'ry:bər] *adv 1. (örtlich)* by, past; *2. (zeitlich)* over, gone by, finished
vorübergehen [fo'ry:bərge:ən] *v irr* pass, blow over
vorübergehend [fo'ry:bərge:ənt] *adj 1.* momentary, temporary; *adv 2.* momentarily, temporarily
vorüberziehen [fo'ry:bərtsi:ən] *v irr* go by, pass by
Vorurteil ['fo:rurtaɪl] *n* prejudice, bias
vorurteilslos ['fo:rurtaɪlslo:s] *adj* unprejudiced
vorverurteilen ['fo:rfɛrurtaɪlən] *v* prejudge, pretry, precondemn
Vorverurteilung ['fo:rfɛrurtaɪluŋ] *f* prior condemnation, conviction without a trial
Vorwahl ['fo:rva:l] *f 1. TEL* dialling code, area code *(US); 2. POL* preliminary election, primary election *(US)*
Vorwand ['fo:rvant] *m* pretext, pretence, excuse
Vorwarnung ['fo:rvarnuŋ] *f* advance warning, early warning

> **vorwärts** ['fɔrvɛrts] *adv* forward, onward, on; *~ bringen* advance; *~ gehen* go forward, progress, make progress; *~ kommen* make headway, make progress; *im Leben/Beruf ~ kommen* get on in life/one's job

Vorwärtsgang ['fɔrvɛrtsgaŋ] *m (beim Auto)* forward gear, drive *(fam)*
Vorwäsche ['fo:rvɛʃə] *f* prewash
vorwegnehmen [for'vɛkne:mən] *v irr* anticipate
vorweisen ['fo:rvaɪzən] *v irr* show, produce, exhibit
vorwerfen ['fo:rvɛrfən] *v irr 1. jdm etw ~ (beschuldigen)* accuse s.o. of sth; *2. (tadeln)* reproach s.o. for sth.
vorwiegend ['fo:rvi:gənt] *adv* for the most part, predominantly
vorwitzig ['fo:rvɪtsɪç] *adj 1. (vorlaut)* forward, pert; *2. (neugierig)* inquisitive, prying
Vorwort ['fo:rvɔrt] *n* preface

> **Vorwurf** ['fo:rvurf] *m* reproach, accusation, allegation; *jdm einen ~ machen für etw* reproach s.o. for sth

vorwurfsvoll ['fo:rvurfsfɔl] *adj* reproachful, upbraiding
Vorzeichen ['fo:rtsaɪçən] *n 1.* sign; *mit umgekehrten ~* the other way round; *2. MED* symptom
vorzeigbar ['fo:rtsaɪkba:r] *adj* presentable
vorzeigen ['fo:rtsaɪgən] *v* show, produce, present
vorzeitig ['fo:rtsaɪtɪç] *adj 1.* premature, early; *2. (Sterben)* untimely
vorziehen ['fo:rtsi:ən] *v 1.* pull forward, pull out; *2. (fig)* prefer
Vorzimmer ['fo:rtsɪmər] *n 1.* antechamber, anteroom; *2. (eines Büros)* outer office
Vorzug ['fo:rtsu:k] *m 1. (Vorteil)* advantage; *2. (Vorrang)* preference; *jdm den ~ geben* give s.o. preference; *3. (gute Eigenschaft)* asset, merit
vorzüglich [fo:r'tsy:klɪç] *adj* excellent, superb, exquisite
Vorzüglichkeit [fo:r'tsy:klɪçkaɪt] *f* exquisiteness
Vorzugsaktie ['fo:rtsu:ksaktsjə] *f FIN* preference share, preference stock
vorzugsweise ['fo:rtsu:ksvaɪzə] *adv* as a matter of preference
votieren [vo'ti:rən] *v* vote
Votivbild [vo'ti:fbɪlt] *n REL* votive picture
Votum ['vo:tum] *n POL* vote
vulgär [vul'gɛ:r] *adj* vulgar, common
Vulgarität [vulgari'tɛ:t] *f* vulgarity
Vulkan [vul'ka:n] *m GEO* volcano; *ein Tanz auf dem ~ (fig)* skating on thin ice

W

Waage ['vaːgə] *f 1.* scales *pl,* balance; *sich gegenseitig die ~ halten* offset each other; *2. (Sternzeichen)* Libra
waagerecht ['vaːgərɛçt] *adj* horizontal
Waagschale ['vaːkʃaːlə] *f 1.* scale; *2. (fig) in die ~ werfen* bring to bear; *etw auf die ~ legen* take sth literally; *jedes Wort auf die ~ legen* weigh every word
Wabe ['vaːbə] *f* honeycomb
wach [vax] *adj 1.* awake; *2. (rege)* alert; *v 3. ~ halten* keep awake; *(fig)* keep alive
Wache ['vaxə] *f* guard, watch, sentry; *~ stehen* to be on guard
wachen ['vaxən] *v 1.* to be awake; *2. (Acht geben auf)* watch over
Wacholderbeere ['vaxɔldərbeːrə] *f BOT* juniper-berry
Wacholderschnaps [va'xɔldərʃnaps] *m GAST* juniper brandy, gin
Wachposten ['vaxpɔstən] *m MIL* sentry, guard
wachrufen ['vaxruːfən] *v irr 1. (Erinnerungen)* call to mind; *2. (Interesse)* rouse
wachrütteln ['vaxrytəln] *v 1.* rouse, shake up; *2. (Gewissen)* stir
Wachs [vaks] *n* wax
wachsam ['vaxzaːm] *adj* watchful, vigilant, alert
Wachsamkeit ['vaxzaːmkaɪt] *f* alertness, vigilance, watchfulness
wachsen ['vaksən] *v irr 1.* grow; *2. (zunehmen)* increase, mount; *3. (polieren)* wax
Wachstum ['vakstuːm] *n 1.* growth; *m 2. (Zunahme)* increase
Wachstumsrate ['vakstuːmsraːtə] *f ECO* growth rate
Wachtel ['vaxtəl] *f ZOOL* quail
Wächter ['vɛçtər] *m* watchman, keeper, guard
wackelig ['vakəlɪç] *adj* shaky, unsteady, rickety
Wackelkontakt ['vakəlkɔntakt] *m TECH* loose contact, defective contact
wackeln ['vakəln] *v* shake, totter
Wade ['vaːdə] *f ANAT* calf
Wadenbein ['vaːdənbaɪn] *n ANAT* fibula
Wadenkrampf ['vaːdənkrampf] *m MED* calf cramp
Waffe ['vafə] *f* weapon; *die ~n strecken* surrender; *jdn zu den ~n rufen* call s.o. to arms
Waffel ['vafəl] *f 1.* waffle; *einen an der ~ haben (fam)* to be out of one's mind; *2. (Eiswaffel)* wafer
Waffenschein ['vafənʃaɪn] *m* firearms certificate, gun licence
Waffenstillstand ['vafənʃtɪlʃtant] *m MIL* armistice
Wagemut ['vaːgəmuːt] *m* daring, boldness, spirit of adventure
wagemutig ['vaːgəmuːtɪç] *adj* bold, daring, adventurous
wagen ['vaːgən] *v 1. (sich getrauen)* dare; *2. (riskieren)* risk

Wagen ['vaːgən] *m 1. (Auto)* car; *2. (Pferdewagen)* cart, waggon; *sich nicht vor jds ~ spannen lassen (fig)* not allow o.s. to be used; *3. (Kinderwagen)* pram, baby carriage *(US); 4. (Leiterwagen)* hand-cart

Wagenheber ['vaːgənheːbər] *m TECH* jack
waghalsig ['vaːkhalzɪç] *adj* daring, rash
Waghalsigkeit ['vaːkhalzɪçkaɪt] *f* foolhardiness
Wagnis ['vaːknɪs] *n* venture, risky undertaking, hazard
Wahl [vaːl] *f 1. (Auswahl)* choice; *erste ~* top quality; *2. POL* election
wählbar ['vɛːlbaːr] *adj* eligible (for office)
wahlberechtigt ['vaːlbərɛçtɪçt] *adj POL* entitled to vote, eligible to vote
Wahlberechtigte(r) ['vaːlbərɛçtɪçtə(r)] *m/f POL* eligible voter
Wahlbeteiligung ['vaːlbətaɪlɪguŋ] *f POL* turnout
wählen ['vɛːlən] *v 1. (auswählen)* choose, select; *2. (Nummer ~)* dial; *3. (stimmen für)* vote for; *4. (durch Wahl ermitteln)* elect
Wähler ['vɛːlər] *m* voter
Wahlergebnis ['vaːlɛrgəpnɪs] *n POL* election result, outcome of an election
wählerisch ['vɛːlərɪʃ] *adj* choosy, particular
Wählerschaft ['vɛːlərʃaft] *f POL* electorate
Wahlfach ['vaːlfax] *n* optional subject, elective *(US)*
Wahlheimat ['vaːlhaɪmat] *f* adopted country
Wahlkreis ['vaːlkraɪs] *m POL* constituency, electoral district

W

Wahllokal ['vaːllokaːl] *n POL* polling place
wahllos ['vaːlloːs] *adj 1.* indiscriminate; *adv 2.* indiscriminately
Wahlrecht ['vaːlrɛçt] *n POL* right to vote, suffrage, franchise
wahlweise ['vaːlvaɪzə] *adv* alternatively, optionally
Wahnsinn ['vaːnzɪn] *m* insanity, madness, lunacy; *heller ~* sheer madness
wahnsinnig ['vaːnzɪnɪç] *adj 1.* mad, insane, crazy; *2. (fam: furchtbar)* extreme, immense, terrible; *adv 3.* madly; *4. (fam: sehr)* terribly, extremely, awfully
Wahnvorstellung ['vaːnfoːrʃtɛluŋ] *f* delusion, hallucination
wahr [vaːr] *adj* true; *(echt)* genuine; *Das darf doch nicht ~ sein!* I don't believe it!
wahren ['vaːrən] *v 1. (schützen)* guard, watch over, safeguard; *2. (bewahren)* maintain
währen ['vɛːrən] *v* last
während ['vɛːrənt] *prep 1.* during; *konj 2.* while, whereas
wahrhaben ['vaːrhaːbən] *v etw nicht ~ wollen* refuse to believe sth, to be unable to accept sth
wahrhaftig [vaːr'haftɪç] *adj 1.* truthful; *adv 2.* truly

Wahrheit ['vaːrhaɪt] *f* truth

wahrheitsgetreu ['vaːrhaɪtsgətrɔy] *adj* true, truthful, faithful
wahrnehmen ['vaːrneːmən] *v irr 1. (bemerken)* notice, perceive; *2. (nutzen)* make use of
Wahrnehmung ['vaːrneːmuŋ] *f* perception, observation
wahrsagen ['vaːrzaːgən] *v* predict, tell fortunes, prophesy
Wahrsagerin ['vaːrzaːgərɪn] *f* fortune-teller
wahrscheinlich [vaːr'ʃaɪnlɪç] *adv 1.* probably; *adj 2.* probable, likely
Wahrscheinlichkeit [vaːr'ʃaɪnlɪçkaɪt] *f* probability, likelihood
Wahrung ['vaːruŋ] *f 1. (Schutz)* protection, safeguarding; *2. (Bewahrung)* maintenance
Währung ['vɛːruŋ] *f FIN* currency
Währungsabkommen ['vɛːruŋsapkɔmən] *n ECO* currency agreement
Wahrzeichen ['vaːrtsaɪçən] *n* symbol, emblem
Waise ['vaɪzə] *f* orphan
Waisenhaus ['vaɪzənhaus] *n* orphanage
Wal [vaːl] *m ZOOL* whale
Wald [valt] *m* wood, forest; *den ~ vor lauter Bäumen nicht sehen* not be able to see the forest for the trees
Waldsterben ['valtʃtɛrbən] *n* dying-off of the forests
Waldung ['valduŋ] *f* woodlands *pl*, wood
Wall [val] *m 1.* embankment; *2. MIL* rampart
Wallfahrer ['valfaːrər] *m REL* pilgrim
Wallfahrt ['valfaːrt] *f REL* pilgrimage
Walze ['valtsə] *f 1. (Dampfwalze) TECH* steamroller; *2. (Blechwalze) TECH* plate roll
walzen ['valtsən] *v 1. (rollen)* roll; *2. (fam: Walzer tanzen)* waltz
wälzen ['vɛltsən] *v 1. (rollen)* roll; *2. (Bücher ~)* pore over, thumb through; *3. (nachdenken)* turn over in one's mind; *4. sich ~* roll; *(schlaflos im Bett)* toss and turn
Wälzer [vɛːltsər] *m (fam)* huge tome, bulky tome

Wand [vant] *f* wall; *jdn an die ~ drücken* push s.o. into the background; *Es ist, als ob man gegen die ~ redet.* It's like talking to a brick wall. *jdn an die ~ spielen* upstage s.o.; *in den eigenen vier Wänden* in one's own four walls; *Da kann man die Wände hochgehen!* It's enough to drive you up the wall!

Wandel ['vandəl] *m 1.* change; *2. (Lebenswandel)* way of life; *3. (Betragenswandel)* behaviour
wandelbar ['vandəlbaːr] *adj* changeable
Wandelbarkeit ['vandəlbaːrkaɪt] *f* changeability
wandeln ['vandəln] *v 1. (ändern)* change; *2. (gehen)* walk, wander
Wanderer ['vandərər] *m* wanderer, traveller
Wanderkarte ['vandərkartə] *f* hiking map
wandern ['vandərn] *v* wander, stroll, hike
Wandertag ['vandərtaːk] *m* class hike day
Wanderung ['vandəruŋ] *f 1.* walk, hike; *2. (von Völkern, von Tieren)* migration
Wanderweg ['vandərveːk] *m* hiking trail
Wandgemälde ['vantgəmɛːldə] *n ART* mural
Wandlung ['vandluŋ] *f 1.* change, transformation; *2. REL* consecration (mass); *3. JUR* cancellation (of a sale)
wandlungsfähig ['vandluŋsfɛːɪç] *adj* adaptable, versatile
Wandlungsfähigkeit ['vandluŋsfɛːɪçkaɪt] *f* adaptability, versatility
Wandschirm ['vantʃɪrm] *m* screen
Wandschrank ['vantʃraŋk] *m* wall cupboard, closet *(US)*

Wandtafel ['vantta:fəl] *f* blackboard, chalkboard *(US)*
Wandteppich ['vanttɛpɪç] *m* tapestry
Wange ['vaŋə] *f ANAT* cheek
wankelmütig ['vaŋkəlmy:tɪç] *adj* fickle, irresolute
wanken ['vaŋkən] *v 1. (taumeln)* stagger; *2. (fig)* waver, vacillate; *jdn ins Wanken bringen* make s.o. waver
wann [van] *adv* when; *dann und ~* now and then
Wanne ['vanə] *f* tub
Wanze ['vantsə] *f 1. ZOOL* bug; *2. (Abhörgerät)* bug
Wappen ['vapən] *n* coat of arms, crest
wappnen ['vapnən] *v sich ~* arm o.s., prepare o.s.; *sich gegen etw ~* prepare o.s. for sth
Ware ['va:rə] *f* merchandise, product
Warenhaus ['va:rənhaus] *n* department store
warm [varm] *adj* warm; *mit jdm ~ werden* break the ice with s.o.; *~ halten* keep warm; *~ laufen* warm up
Wärme ['vɛrmə] *f* warmth, heat
wärmen ['vɛrmən] *v* warm, heat
Wärmflasche ['vɛrmflaʃə] *f* hot-water bottle
warmherzig ['varmhɛrtsɪç] *adj 1.* warm-hearted; *adv 2.* warm-heartedly
Warndreieck ['varndraɪɛk] *n (eines Autos)* warning triangle
warnen ['varnən] *v* warn, caution
Warnung ['varnuŋ] *f* warning, caution, admonition
Warte ['vartə] *f von meiner ~ aus* from my point of view
Warteliste ['vartəlɪstə] *f* waiting list

warten ['vartən] *v 1.* wait; *~ auf* wait for; *2. (instandhalten) TECH* maintain, service

Wärter ['vɛrtər] *m 1.* keeper, attendant, watchman; *2. (Gefängniswärter)* warder *(UK)*, guard
Wartezeit ['vartətsaɪt] *f 1. (im Wartezimmer)* wait; *2. (bei der Sozialversicherung)* qualifying period
Wartezimmer ['vartətsɪmər] *n* waiting room
Wartung ['vartuŋ] *f TECH* service, maintenance, servicing
wartungsfreundlich ['vartuŋsfrɔyntlɪç] *adj TECH* easy-to-maintain, easy-to-service
warum [va'rum] *adv* why; *Warum nicht?* Why not?
Warum [va'rum] *n das ~* why
Warze ['vartsə] *f MED* wart
was [vas] *pron 1. (interrogativ)* what; *~ für ...?* what sort of ...? *2. (relativ)* which, what; *das, ~* that which; *ich weiß nicht, ~ ich sagen soll* I don't know what to say; *3. (fam: etwas)* something; *Na so ~!* What do you know! I'll be darned!
waschbar ['vaʃba:r] *adj* washable
Waschbecken ['vaʃbɛkən] *n* sink, wash basin, hand-basin
Waschbeutel ['vaʃbɔytəl] *m* toilet bag
Wäsche ['vɛʃə] *f 1. (Waschen)* wash, washing; *2. (Gewaschenes)* washing, laundry; *dumm aus der ~ schauen (fam)* look stupid; *3. (Unterwäsche)* underclothes, underwear
waschecht ['vaʃɛçt] *adj 1.* colourfast; *2. (fig)* genuine, real, honest-to-goodness
Wäscheklammer ['vɛʃəklamər] *f* clothespeg, clothespin *(US)*
waschen ['vaʃən] *v irr 1. (etw ~)* wash; *2. sich ~* wash o.s., have a wash; *sich gewaschen haben (fam)* make itself felt
Wäscherei [vɛʃə'raɪ] *f* laundry
Waschlappen ['vaʃlapən] *m 1.* facecloth *(UK)*, washcloth *(US)*; *2. (fig)* wimp, sissy
Waschmaschine ['vaʃmaʃi:nə] *f* washing machine
Waschmittel ['vaʃmɪtəl] *n* detergent
Waschsalon ['vaʃsalɔ̃] *m* launderette; laundromat *(US)*
Waschzeug ['vaʃtsɔyk] *n* toiletries *pl*, toilet items

Wasser ['vasər] *n* water; *ein Schlag ins ~* a flop; *jdm das ~ abgraben* take the bread from s.o.'s mouth; *ins ~ fallen* fall through; *nahe am ~ gebaut haben* to be a cry-baby; *Sie kann ihm nicht das ~ reichen.* She can't hold a candle to him. *mit allen ~n gewaschen sein* know every trick in the book; *~ abweisend* water-repellent

Wasserball ['vasərbal] *m 1. SPORT* water polo; *2. (Ball) SPORT* water-polo ball; *3. (großer Ball für Kinder)* beach-ball
Wasserdampf ['vasərdampf] *m* steam, vapour
wasserdicht ['vasərdɪçt] *adj* waterproof, water-resistant
Wasserfall ['vasərfal] *m* waterfall
Wasserfarbe ['vasərfarbə] *f ART* watercolour
wasserfest ['vasərfɛst] *adj* waterproof
wasserlöslich ['vasərlø:slɪç] *adj* water-soluble

W

Wassermangel ['vasərmaŋəl] *m* shortage soluble of water
Wassermann ['vasərman] *m (Tierkreiszeichen)* Aquarius
Wasserwaage ['vasərva:gə] *f TECH* level
Wasserwerk ['vasərvɛrk] *n* waterworks *pl*
wässrig ['vɛsrɪç] *adj* watery; *jdm den Mund ~ machen* make s.o.'s mouth water
waten ['va:tən] *v* wade
Watsche ['va:tʃə] *f* slap in the face
watscheln ['va:tʃəln] *v* waddle
Watt [vat] *n 1. (Maßeinheit) PHYS* watt; *2. (Wattenmeer) GEOL* tidal mud-flats
Watte ['vatə] *f* cotton wool
wattiert [va'ti:rt] *adj 1. (Jacke)* lined; *2. (Dekke)* quilted; *3. (Umschlag)* padded
weben ['ve:bən] *v irr* weave
Weberei [ve:bə'raɪ] *f 1.* weaving, texture, tissue; *2. (Fabrik)* weaving mill
Wechsel ['vɛksəl] *m 1. (Änderung)* change; *2. (abwechselnd)* alternation; *3. (Geldwechsel) FIN* exchange; *4. (Zahlungsmittel) FIN* promissory note, bill
Wechselgeld ['vɛksəlgɛlt] *n* change
Wechseljahre ['vɛksəlja:rə] *pl MED* menopause
Wechselkurs ['vɛksəlkurs] *m FIN* exchange rate
wechseln ['vɛksəln] *v* change, exchange, vary
wechselseitig ['vɛksəlzaɪtɪç] *adj* reciprocal
wecken ['vɛkən] *v 1. (aufwecken)* wake (up); *2. (hervorrufen)* rouse, inspire, stir
Wecker ['vɛkər] *m* alarm clock; *jdm auf den ~ fallen* get on s.o.'s wick, get on s.o.'s nerves
wedeln ['ve:dəln] *v 1. (Schwanz)* wag; *2. (beim Skisport) SPORT* wedel
weder ['ve:dər] *konj ~ ... noch ...* neither ... nor ...

weg [vɛk] *adv* gone; *Weg damit!* Put that away! Get that out of here! *hin und ~ sein* to be swept away by sth, to be wild about sth

Weg [ve:k] *m 1.* path, way, lane; *den ~ des geringsten Widerstandes gehen* take the path of least resistance; *eigene ~e gehen* have it one's own way; *einer Sache den ~ ebnen* pave the way for sth; *jdn aus dem ~ räumen* get rid of s.o.; *jdn auf den rechten ~ führen* put s.o. back on the right track; *jdm etw mit auf den ~ geben* give s.o. sth for the journey; *etw in die ~e leiten* get sth going; *2. (Strecke)* way; *Geh mir aus dem ~!* Get out of my way! *sich auf den ~ machen* set off; *3. (fig: Art und Weise)* way, manner, method
Wegbereiter ['ve:kbəraɪtər] *m* pioneer
wegbleiben ['vɛkblaɪbən] *v irr* stay away; *(ausgelassen werden)* to be omitted
wegbringen ['vɛkbrɪŋən] *v irr 1. (fortbringen)* take away; *2. (entfernen)* remove
wegen ['ve:gən] *prep 1.* because of, on account of, owing to; *2. (fam) Von ~!* My foot! *Von ~! (um etwas zu verbieten)* No chance!
wegfahren ['vɛkfa:rən] *v irr* leave, go away
wegfallen ['vɛkfalən] *v irr* to be omitted, to be dropped, to be abolished
weggeben ['vɛkge:bən] *v irr* give away
weggehen ['vɛkge:ən] *v irr* go away, leave
weghaben ['vɛkhabən] *v irr 1. (erledigt haben)* have finished; *2. (beherrschen)* have the hang of; *3. (verstehen)* have got; *4. etw ~ wollen* want to get rid of sth
wegkommen ['vɛkkɔmən] *v irr 1.* get away; *2. (verloren gehen)* to be lost; *3. schlecht ~* come off badly; *4. über etw ~* get over sth
weglassen ['vɛklasən] *v irr 1. (auslassen)* omit, leave out; *2. (gehen lassen)* let go
weglegen ['vɛkle:gən] *v* put aside
wegnehmen ['vɛkne:mən] *v irr 1.* take away; *2. (entfernen)* remove
wegräumen ['vɛkrɔymən] *v* clear away, remove
wegrennen ['vɛkrɛnən] *v irr* run away, run off
wegschicken ['vɛkʃɪkən] *v 1. (fortschicken)* send away, send off; *2. (aufgeben)* post, mail *(US)*, dispatch
wegtreten ['vɛktre:tən] *v irr 1. MIL* fall out; *Wegtreten!* Dismiss! *2. weggetreten sein (fig)* to be in a daze
wegtun ['vɛktu:n] *v irr* put away; *Tu die Hände weg!* Hands off!
Wegweiser ['ve:kvaɪzər] *m* road sign
wegwerfen ['vɛkvɛrfən] *v irr* throw away, discard
wegziehen ['vɛktsi:ən] *v irr 1.* pull away; *2. (an einen anderen Ort ziehen)* move
weh [ve:] *adj* sore, painful; *~ tun* hurt
Weh [ve:] *n mit viel ~ und Ach* with much moaning and groaning
wehe ['ve:ə] *interj* alas; *~ mir* woe is me; *Wehe, wenn du das tust.* If you do that you'll be sorry.
wehen ['ve:ən] *v 1.* blow; *2. (flattern)* flutter, wave
Wehen ['ve:ən] *pl MED* labour pains *pl*

W

wehleidig ['veːlaɪdɪç] *adj (voller Selbstmitleid)* sorry for o.s., self-pitying
Wehmut ['veːmut] *f* melancholy, wistfulness; *(über Vergangenes)* nostalgia
wehmütig ['veːmyːtɪç] *adj* melancholy, wistful
Wehr[1] [veːr] *f sich zur ~ setzen* defend o.s.
Wehr[2] [veːr] *n (Staudamm)* dam
Wehrdienst ['veːrdiːnst] *m MIL* military service
Wehrdienstverweigerer ['veːrdiːnstfɛrvaɪgərər] *m MIL* conscientious objector
wehren ['veːrən] *v sich ~* defend o.s., fight back, put up resistance
wehrfähig ['veːrfɛːɪç] *adj* fit for military service, able-bodied
wehrlos ['veːrloːs] *adj* defenceless
Wehrlosigkeit ['veːrloːzɪçkaɪt] *f* defencelessness
Weib [vaɪp] *n 1.* woman, female; *2. (Gattin)* wife
Weibchen ['vaɪpçən] *n ZOOL* female
weibisch ['vaɪbɪʃ] *adj* effeminate
weiblich ['vaɪplɪç] *adj* female, feminine
Weiblichkeit ['vaɪplɪçkaɪt] *f* femininity
weich [vaɪç] *adj 1.* soft; *2. (fig)* soft, tender, gentle
Weiche ['vaɪçə] *f 1. (Weichheit)* softness; *2. (Körperteil)* flank, side; *3. (Eisenbahn) TECH* points, switch *(US); die ~n für etw stellen* set the course for sth
weichen ['vaɪçən] *v irr* give way, make way, yield
Weichheit ['vaɪçhaɪt] *f* softness
weichherzig ['vaɪçhɛrtsɪç] *adj* soft, tender-hearted
weichlich ['vaɪçlɪç] *adj 1.* soft; *2. (fig)* weak
Weide ['vaɪdə] *f 1. (Baum) BOT* willow; *2. (Wiese)* meadow, pasture
weiden ['vaɪdən] *v 1. (Tiere)* graze; *2. sich an etw ~* revel in sth, relish sth
weigern ['vaɪgərn] *v sich ~* refuse
weihen ['vaɪən] *v 1.* consecrate; *2. (widmen)* dedicate; *3. (zum Priester)* ordain
Weiher ['vaɪər] *m* pond
Weihnachten ['vaɪnaxtən] *n* Christmas
weihnachtlich ['vaɪnaxtlɪç] *adj* Christmas
Weihnachtsabend ['vaɪnaxtsaːbənt] *m* Christmas Eve
Weihnachtsbaum ['vaɪnaxtsbaum] *m* Christmas tree
Weihrauch ['vaɪraux] *m REL* frankincense
Weihwasser ['vaɪvasər] *n REL* holy water
weil [vaɪl] *konj* because, since
Weile ['vaɪlə] *f* while, period of time

Wein [vaɪn] *m 1.* wine; *jdm reinen ~ einschenken (fig)* tell s.o. the unvarnished truth; *2. BOT* vine

Weinberg ['vaɪnbɛrk] *m* vineyard
Weinbrand ['vaɪnbrant] *m* brandy
weinen ['vaɪnən] *v* cry, weep, shed tears; *sich in den Schlaf ~* cry o.s. to sleep
weinerlich ['vaɪnərlɪç] *adj* whining, whiny
Weinerlichkeit ['vaɪnərlɪçkaɪt] *f* whininess
Weinlese ['vaɪnleːzə] *f* vintage
Weinrebe ['vaɪnreːbə] *f* vine
Weintraube ['vaɪntraubə] *f* grape
weise ['vaɪzə] *adj 1.* wise, prudent; *adv 2.* wisely, prudently
Weise ['vaɪzə] *f 1. (Art und ~)* manner, way, mode; *in keinster ~* by no means, in no way; *2. (Lied)* tune, melody
weisen ['vaɪzən] *v irr 1.* point; *2. jdm etw ~* show s.o. sth; *3. etw von sich ~* reject sth; *4. jdn von der Schule ~* expel s.o.
Weisheit ['vaɪshaɪt] *f 1.* wisdom; *mit seiner ~ am Ende sein* to be at one's wits' end; *2. (weiser Spruch)* wise saying
weismachen ['vaɪsmaxən] *v jdm etw ~* make s.o. believe sth; *Das kannst du mir nicht ~.* You can't expect me to believe that.
weiß [vaɪs] *adj* white
weißen ['vaɪsən] *v* whiten
Weißglut ['vaɪsgluːt] *f jdn zur ~ bringen (fig)* make s.o. see red
Weisung ['vaɪzuŋ] *f* order, direction, instruction

weit [vaɪt] *adj 1. (breit)* broad, wide, large; *2. (lang)* long; *3. (fern)* distant, remote; *~ und breit* far and wide; *zu ~ gehen* to go too far; *adv 4.* far; *5. ~ entfernt* far off, far away; *6. (um vieles)* far; *bei ~em nicht* not at all, not by a long shot; *7. ~ blickend* far-sighted; *8. ~ gereist* travelled, widely travelled; *9. ~ reichend* far-reaching; *10. ~ verbreitet* wide-spread, prevalent; *11. ~ verzweigt* highly ramified

weitab ['vaɪtap] *adv ~ von* far away from
weitaus ['vaɪtaus] *adv* by far, far and away
Weitblick ['vaɪtblɪk] *m* farsightedness, vision
Weite ['vaɪtə] *f 1. (Breite)* width, breadth, wideness; *2. (Länge)* length; *3. (Entfernung)* distance; *das ~ suchen (fig)* take to one's heels
weiten ['vaɪtən] *v 1.* widen, broaden; *2. sich ~* widen, broaden; *3. sich ~ (fig: Herz)* swell

weiter ['vaɪtər] *adj 1. (Komparativ von „weit")* wider; *2. (fig)* further; *3. (zusätzlich)* more, additional, further; *ohne ~es* just like that, without any problems; *bis auf ~es* until further notice; *adv 4. (~ weg)* further away, further off; *5. (außerdem)* furthermore, in addition; *Weiter!* Go on!
weiterarbeiten ['vaɪtərarbaɪtən] *v* carry on, persist
weiterbilden ['vaɪtərbɪldən] *v sich ~* continue one's education
weiterentwickeln ['vaɪtərɛntvɪkəln] *v* continue to develop
weiterführen ['vaɪtərfy:rən] *v* carry on, keep up
weitergeben ['vaɪtərge:bən] *v irr* hand on, pass down, pass on
weitergehen ['vaɪtərge:ən] *v irr* move on, walk on, proceed, continue
weiterhin ['vaɪtərhɪn] *adv 1. (immer noch)* still; *2. (künftig)* in future; *3. (außerdem)* furthermore
weiterkommen ['vaɪtərkɔmən] *v* get ahead, make progress
weiterleiten ['vaɪtərlaɪtən] *v* pass on
weitermachen ['vaɪtərmaxən] *v* continue, go on, carry on
weitersagen ['vaɪtərza:gən] *v* repeat, pass on, pass the word
weiterschlafen ['vaɪtərʃla:fən] *v irr 1.* continue to sleep; *2. (wieder einschlafen)* go back to sleep
weitgehend ['vaɪtge:ənt] *adj 1.* far-reaching, vast; *adv 2.* to a large extent, largely
weitherzig ['vaɪthɛrtsɪç] *adj* big-hearted, charitable
weitläufig ['vaɪtlɔyfɪç] *adj 1.* wide, large; *2. (fig: ausführlich)* extensive, detailed, elaborate; *3. (fig: entfernt)* distant
Weitläufigkeit ['vaɪtlɔyfɪçkaɪt] *f 1.* wideness, spaciousness, expansiveness; *2. (Ausführlichkeit)* extensiveness; *3. (fig: der Verwandtschaft)* distance
weitschweifig ['vaɪtʃvaɪfɪç] *adj* long-winded, verbose
weitsichtig ['vaɪtzɪçtɪç] *adj 1. MED* long-sighted, far-sighted *(US)*, hypermetropic; *2. (fig)* far-sighted
Weitsichtigkeit ['vaɪtzɪçtɪçkaɪt] *f* long-sightedness, farsightedness
Weitsprung ['vaɪtʃprʊŋ] *m SPORT* long jump
Weizen ['vaɪtsən] *m BOT* wheat
welch [vɛlç] *pron* which
welche(r,s) ['vɛlçə(r,s)] *pron 1. (relativ)* which, who, whom; *2. (interrogativ)* which, what, which one
welk [vɛlk] *adj 1. (verblüht)* withered, faded, wilted; *2. (schlaff)* flaccid, flabby
welken ['vɛlkən] *v 1. (verblühen)* wither, wilt; *2. (erschlaffen)* grow weak, slacken
Wellblech ['vɛlblɛç] *n* corrugated iron
Welle ['vɛlə] *f 1.* wave; *2. (Antriebswelle) TECH* shaft
wellen ['vɛlən] *v (Haare)* wave; *sich ~* to be wavy
Wellenbad ['vɛlənba:d] *n* wave pool
wellenförmig ['vɛlənfœrmɪç] *adj* wavy
Wellengang ['vɛləngaŋ] *m* swell, waves
Wellenlänge ['vɛlənlɛŋə] *f PHYS* wavelength; *die gleiche ~ haben* to be on the same wavelength
wellig ['vɛlɪç] *adj* wavy, undulating

> **Welt** [vɛlt] *f* world; *zur ~ bringen* give birth to; *Das kostet nicht die ~.* It doesn't cost an arm and a leg. *Das ist nicht die ~.* It's not all that important. *etw in die ~ setzen* give birth to sth; *mit sich und der ~ zufrieden sein* to be at one with the world; *Für sie brach die ~ zusammen.* The bottom fell out of her world.

Weltall ['vɛltal] *n* universe, cosmos
Weltanschauung ['vɛltanʃauuŋ] *f* world view, philosophy of life
weltberühmt ['vɛltbəry:mt] *adj* world-famous, world-renowned
weltbewegend ['vɛltbəve:gənt] *adj* earth-shaking
Weltbild ['vɛltbɪlt] *n* world view, conception of the world, philosophy
weltfremd ['vɛltfrɛmt] *adj* unworldly
Weltfremdheit ['vɛltfrɛmthaɪt] *f* unworldliness, naiveté
Weltgeschichte ['vɛltgəʃɪçtə] *f 1.* history of the world; *2. (fam: Welt) in der ~ herumfahren* traipse about the globe
weltgeschichtlich ['vɛltgəʃɪçtlɪç] *adj* of the history of the world; *von ~er Bedeutung* world-history-making
weltgewandt ['vɛltgəvant] *adj* sophisticated, worldly
weltlich ['vɛltlɪç] *adj 1.* worldly, mundane; *2. (nicht kirchlich)* secular
Weltmacht ['vɛltmaxt] *f POL* world power
weltmännisch ['vɛltmɛnɪʃ] *adj* urbane, sophisticated, cosmopolitan
weltoffen ['vɛltɔfən] *adj* cosmopolitan
Weltpresse ['vɛltprɛsə] *f* international press

Weltraum ['vɛltraum] *m* space
Weltreich ['vɛltraɪç] *n* empire
Weltreise ['vɛltraɪzə] *f* trip round the world
Weltschmerz ['vɛltʃmɛrts] *m* world-weariness, weltschmerz
Weltstadt ['vɛltʃtat] *f* metropolis
Weltuntergang ['vɛltuntərgaŋ] *m* end of the world
weltweit ['vɛltvaɪt] *adj 1.* world-wide; *adv 2.* world-wide
wem [veːm] *pron* to whom, of whom, by whom
wen [veːn] *pron* whom, who *(fam)*
Wende ['vɛndə] *f 1.* turn; *2. (Veränderung)* change
Wendekreis ['vɛndəkraɪs] *m 1. GEO* tropic; *2. (eines Autos) TECH* turning circle
Wendeltreppe ['vɛndəltrɛpə] *f* spiral staircase
wenden ['vɛndən] *v irr 1.* turn; *Bitte ~! (Seite)* please turn over; *2. sich ~ an* consult, see, turn to
wendig ['vɛndɪç] *adj 1.* flexible, manageable; *2. (flink)* nimble, resourceful, adaptable
Wendigkeit ['vɛndɪçkaɪt] *f 1.* flexibility; *2. (Flinkheit)* nimbleness
Wendung ['vɛnduŋ] *f 1.* turn; *2. (Veränderung)* change; *3. (Redewendung)* expression, phrase
wenig ['veːnɪç] *adj 1.* little, few; *adv 2.* a little; *(selten)* not often
wenige ['veːnɪgə] *adj/pron* few
wenigstens ['veːnɪçstəns] *adv* at least
wenn [vɛn] *konj 1. (konditional)* if, in case; *2. (zeitlich)* when
wer [veːr] *pron* who; *~ von euch* which of you
Werbefernsehen ['vɛrbəfɛrnzeːən] *n* commercial television
Werbegeschenk ['vɛrbəgəʃɛŋk] *n* promotional gift, complimentary gift
werben ['vɛrbən] *v irr 1.* advertise, promote; *2. POL* canvass
Werbeprospekt ['vɛrbəprospɛkt] *m* advertising prospectus
Werbespot ['vɛrbəspɔt] *m* commercial
Werbetrommel ['vɛrbətrɔməl] *f für etw die ~ rühren* plug sth
werbewirksam ['vɛrbəvɪrkzaːm] *adj* effective; *ein ~er Auftritt* good advertising, a good publicity stunt
Werbung ['vɛrbuŋ] *f 1.* advertising, publicity, promotion; *2. (Fernsehwerbung)* commercial; *3. (eines Verehrers)* courtship
Werdegang ['veːrdəgaŋ] *m* evolution, background

werden ['veːrdən] *v irr 1.* become, get; *aus jdm ~* become of s.o., happen to s.o.; *2. (ausfallen)* turn out; *3. (Passiv)* to be; *geliebt ~* to be loved; *es wurde gesungen* there was singing; *4. (Futur)* will; *Ich werde es tun.* I will do it.

werfen ['vɛrfən] *v* throw, toss; *eine Münze ~* toss a coin; *von sich ~* cast off, throw away; *mit etw um sich ~* to be lavish with sth; *(Kenntnisse) show sth off*
Werfer ['vɛrfər] *m* thrower
Werft [vɛrft] *f* dockyard, shipyard
Werk [vɛrk] *n 1. (Fabrik)* plant, works, factory; *2. (Kunstwerk)* work
Werkbank ['vɛrkbaŋk] *f* workbench
werken ['vɛrkən] *v* work
Werkstatt ['vɛrkʃtat] *f* workshop
Werkstoff ['vɛrkʃtɔf] *m* material
Werkstück ['vɛrkʃtyk] *n* workpiece, object to be worked on
Werktag ['vɛrktaːk] *m 1.* workday, working day; *2. (Wochentag)* weekday
werktags ['vɛrktaːks] *adv* on weekdays
Werkzeug ['vɛrktsɔyk] *n* tool

wert [veːrt] *adj 1.* worth; *nicht der Mühe ~ sein* not be worth the trouble; *nicht der Rede ~* not worth talking about; *2. (würdig)* worthy; *3. (lieb)* dear, precious

Wert [veːrt] *m* value, worth
Wertarbeit ['veːrtarbaɪt] *f* quality work, high-class workmanship
werten ['veːrtən] *v* value, appraise
wertfrei ['veːrtfraɪ] *adj* unbiased, objective
wertlos ['veːrtloːs] *adj* worthless, valueless
Wertlosigkeit ['veːrtloːzɪçkaɪt] *f* worthlessness
Wertminderung ['veːrtmɪndəruŋ] *f* depreciation
Wertpaket ['veːrtpakeːt] *n* insured parcel
Wertschätzung ['veːrtʃɛtsuŋ] *f* regard, appreciation, esteem
Wertsteigerung ['veːrtʃtaɪgəruŋ] *f* increase in value
Wertstoffsammlung ['veːrtʃtɔfzamluŋ] *f* collection of recyclables
Wertung ['veːrtuŋ] *f* valuation
wertvoll ['veːrtfɔl] *adj* valuable, precious
Wertvorstellung ['veːrtfoːrʃtɛluŋ] *f* moral concept
Wesen ['veːzən] *n 1. (Lebewesen)* creature, being, living thing; *2. (Charakter)* nature, character, disposition

wesentlich ['veːzəntlɪç] *adj 1.* essential, fundamental, material; *adv 2.* by far, considerably, fundamentally
weshalb [vɛs'halp] *adv 1.* why, for what reason; *konj 2.* and that's why, which is why
Wespe ['vɛspə] *f ZOOL* wasp
Wespennest ['vɛspənnɛst] *n 1. ZOOL* wasp nest; *2. (fig)* hornet's nest; *in ein ~ stechen* stir up a hornets' nest
wessen ['vɛsən] *pron* whose
Weste ['vɛstə] *f* waistcoat, vest *(US); eine weiße ~ haben (fig)* have a clean record
Westen ['vɛstən] *m 1.* west; *2. der ~ POL* the West
Westeuropa ['vɛstɔyroːpa] *n* Western Europe
westlich ['vɛstlɪç] *adj 1.* westerly, western; *adv 2. ~ von Wien* west of Vienna
Westmächte ['vɛstmɛxtə] *pl POL* western powers
westwärts ['vɛstvɛrts] *adj* westward
Wettbewerb ['vɛtbəvɛrp] *m 1.* competition, contest; *2. unlauterer ~ ECO* unfair competition
wettbewerbsfähig ['vɛtbəvɛrpsfɛːɪç] *adj* competitive
Wettbewerbsfähigkeit ['vɛtbəvɛrpsfɛːɪçkaɪt] *f ECO* competitiveness
Wettbüro ['vɛtbyroː] *n* betting office
Wette ['vɛtə] *f* bet, wager
wetteifern ['vɛtaɪfərn] *v* compete; *mit jdm ~* compete with s.o.; *um etw ~* compete for sth, contend for sth
wetten ['vɛtən] *v* bet, wager
Wetter ['vɛtər] *n* weather
wetterfest ['vɛtərfɛst] *adj* weatherproof
wetterfühlig ['vɛtərfyːlɪç] *adj* sensitive to changes in the weather
Wettkampf ['vɛtkampf] *m 1. SPORT* contest, match, competition; *2. (Einzelkampf)* event
Wettkämpfer ['vɛtkɛmpfər] *m SPORT* competitor
Wettlauf ['vɛtlauf] *m* race
wettmachen ['vɛtmaxən] *v 1.* compensate for, make up for; *2. (Verlust)* recoup
Wettrüsten ['vɛtrystən] *n POL* arms race
Wettstreit ['vɛtʃtraɪt] *m* contest, match

> **wichtig** ['vɪçtɪç] *adj* important; *Wichtigeres zu tun haben* have more important things to do; *sich ~ machen* to be self-important

W

Wichtigkeit ['vɪçtɪçkaɪt] *f* importance
Wichtigtuer ['vɪçtɪçtuər] *m (fam)* pompous ass
wichtigtuerisch ['vɪçtɪçtuərɪʃ] *adj (fam)* self-important, pompous
Wickel ['vɪkəl] *m 1.* roll; *2. feuchter ~* wet compress; *3. jdn beim ~ kriegen* grab s.o. by the scruff of the neck
wickeln ['vɪkəln] *v 1.* roll, wind, coil; *2. (Baby)* change
Widder ['vɪdər] *m 1. ZOOL* ram; *2. (Sternzeichen)* Aries
wider ['viːdər] *prep* against, contrary to; *das Für und Wider* the pros and cons
widerfahren [viːdər'faːrən] *v irr* happen to, befall
Widerhall ['viːdərhal] *m* echo, reverberation
widerhallen ['viːdərhalən] *v* ring, resound, echo
widerlegen [viːdər'leːgən] *v* refute, disprove
widerlich ['viːdərlɪç] *adj* disgusting, revolting, repulsive
widerrechtlich ['viːdərrɛçtlɪç] *adj 1.* unlawful, contrary to law; *adv 2.* unlawfully, contrary to law
Widerrede ['viːdərreːdə] *f 1.* contradiction, objection; *2. (freche ~)* backtalk; *Keine ~!* No arguments!
Widerruf ['viːdərruːf] *m* revocation, cancellation
widerrufen [viːdər'ruːfən] *v irr 1. (zurücknehmen)* revoke, cancel, withdraw; *2. (dementieren)* repudiate, disavow, revoke
Widersacher ['viːdərzaxər] *m* adversary, opponent, antagonist
widersetzen [viːdər'zɛtsən] *v sich ~* resist, oppose, defy
widerspenstig ['viːdərʃpɛnstɪç] *adj* unruly, unmanageable
Widerspenstigkeit ['viːdərʃpɛnstɪçkaɪt] *f* unruliness, stubbornness, unmanageableness
widerspiegeln ['viːdərʃpiːgəln] *v* reflect, mirror
widersprechen [viːdər'ʃprɛçən] *v irr* contradict, oppose
Widerspruch ['viːdərʃprux] *m* contradiction, discrepancy
widersprüchlich ['viːdərʃpryçlɪç] *adj* contradictory, conflicting, inconsistent
Widersprüchlichkeit ['viːdərʃpryçlɪçkaɪt] *f* contradictoriness
Widerstand ['viːdərʃtant] *m* resistance, opposition; *jdm ~ leisten* resist s.o.
widerstandsfähig ['viːdərʃtantsfɛːɪç] *adj* resistant, heavy-duty, resisting

Widerstandsfähigkeit ['viːdərʃtantsfɛːɪçkaɪt] *f* resistance
Widerstandskraft ['viːdərʃtantskraft] *f* power of resistance, stamina, resisting force
widerstehen [viːdər'ʃteːən] *v irr* resist, withstand
widerstreben [viːdər'ʃtreːbən] *v 1. jdm ~* oppose s.o.; *2. Das widerstrebt mir.* It's not my nature to do that. I am reluctant to do that.
widerstrebend [viːdər'ʃtreːbənt] *adj 1.* reluctant; *adv 2.* with reluctance
Widerstreit ['viːdərʃtraɪt] *m* conflict
widerwärtig ['viːdərvɛrtɪç] *adj 1.* objectionable, unpleasant, disagreeable; *2. (scheußlich)* repulsive
Widerwärtigkeit ['viːdərvɛrtɪçkaɪt] *f 1.* unpleasantness; *2. (Scheußlichkeit)* repulsiveness
Widerwille ['viːdərvɪlə] *m* reluctance, aversion, distaste
widerwillig ['viːdərvɪlɪç] *adj* reluctant, unwilling, grudging
widmen ['vɪtmən] *v 1.* dedicate, devote; *2. sich einer Sache ~* dedicate o.s. to sth, devote o.s. to sth
Widmung ['vɪtmuŋ] *f* dedication
widrig ['viːdrɪç] *adj* adverse, unfavourable
widrigenfalls ['viːdrɪgənfals] *adv* failing which, otherwise, if this is not the case
wie [viː] *adv 1.* how; *Wie wär's mit ...?* How about ...? *Wie bitte?* Excuse me? *Wie heißen Sie?* What's your name? *konj 2. (vergleichend)* as, like *(fam); ~ gesagt* as has been said, as I said; *3. ~ zum Beispiel* such as; *4. ~ viel* how much; *~ viele* how much
wieder ['viːdər] *adv 1.* again, once more; *immer ~* again and again; *hin und ~* now and again; *Das ist ~ was anderes.* That's something else entirely. *2. ~ aufbereiten TECH* reprocess; *3. ~ beleben* revice, reanimate, resuscitate; *4. ~ erkennen* recognize; *5. ~ finden* find again, recover; *6. ~ gutmachen* make good, make amends; *7. ~ sehen* see again; *8. ~ verwenden* reuse; *9. ~ verwerten* reuse, recycle
Wiederaufbereitungsanlage [viːdər'aufbəraɪtuŋsanlaːgə] *f TECH* reprocessing plant
Wiederbeginn ['viːdərbəgɪn] *m* recommencement
wiederbekommen ['viːdərbəkɔmən] *v irr* get back
Wiederbelebung ['viːdərbəleːbuŋ] *f MED* resuscitation
Wiedereingliederung [viːdər'aɪngliːdəruŋ] *f* reintegration
wiedererlangen ['viːdərɛrlaŋən] *v* regain, recover
Wiedereröffnung ['viːdərɛrœfnuŋ] *f* reopening
wiedererstatten ['viːdərɛrʃtatən] *v* refund, reimburse
Wiedererstattung ['viːdərɛrʃtatuŋ] *f* reimbursement, refunding
Wiedergabe ['viːdərgaːbə] *f 1. (Rückgabe)* return; *2. (Darstellung)* rendering, reproduction
wiedergeben ['viːdərgeːbən] *v irr 1. (zurückgeben)* return, give back; *2. (darstellen)* render; *3. (Rolle)* interpret
Wiedergutmachung [viːdər'guːtmaxuŋ] *f 1.* compensation, amends *pl; 2. POL* reparations *pl*
wiederherstellen [viːdər'herʃtɛlən] *v* reestablish, restore
wiederholen [viːdər'hoːlən] *v* repeat
wiederholt [viːdər'hoːlt] *adj 1.* repeated; *adv 2.* repeatedly
Wiederholung [viːdər'hoːluŋ] *f 1.* repetition; *2. (eines Ereignisses)* recurrence
wiederkäuen ['viːdərkɔyən] *v 1.* chew the cud, ruminate; *2. (fig)* rehash
wiederkehren ['viːdərkeːrən] *v 1. (zurückkommen)* return; *2. (sich wiederholen)* recur
wiederkommen ['viːdərkɔmən] *v irr* come back, return
Wiedersehen ['viːdərzeːən] *n* reunion; *Auf ~!* Goodbye!
wiederum ['viːdərum] *adv 1. (nochmals)* again; *2. (andererseits)* on the other hand; *3. ich ~ ... (meinerseits)* for my part
Wiederverwertung ['viːdərfɛrveːrtuŋ] *f* reuse, recycling
Wiederwahl ['viːdərvaːl] *f* re-election; *sich zur ~ stellen* stand for re-election
Wiege ['viːgə] *f* cradle; *von der ~ bis zur Bahre* from the womb to the tomb; *Das ist ihm schon in die ~ gelegt worden.* He was born with it.
wiegen ['viːgən] *v irr 1. (Gewicht)* weigh; *2. (schaukeln)* rock; *3. (zerkleinern) GAST* chop
Wiegenfest ['viːgənfɛst] *n (Geburtstag)* birthday
Wiegenlied ['viːgənliːt] *n* lullaby
wiehern ['viːərn] *v 1.* neigh, whinny; *2. (lachen)* guffaw
Wiese ['viːzə] *f* meadow
Wiesel ['viːzəl] *n ZOOL* weasel
wieselflink [viːzəl'flɪŋk] *adj* lighting-quick, quick as a flash

Wikinger ['vɪkɪŋər] *m HIST* Viking
wild [vɪlt] *adj 1.* wild; *Das ist halb so ~.* It's not that bad. *2. (Tiere)* wild, fierce, ferocious; *~ lebend* living in the wild; *3. (fig: wütend)* angry, furious, rabid
Wild [vɪlt] *n ZOOL 1.* game *2. (Hochwild)* venison
Wilde(r) ['vɪldə(r)] *m/f 1.* savage; *2. (fig)* maniac
Wilderer ['vɪldərər] *m* poacher
wildern ['vɪldərn] *v* poach
wildfremd [vɪlt'frɛmt] *adj* totally unknown; *~ er Mensch* complete stranger
Wildheit ['vɪlthaɪt] *f* savagery, wildness
Wildleder ['vɪltle:dər] *n* suede
Wildnis ['vɪltnɪs] *f* wilderness, wild
Wildschwein ['vɪltʃvaɪn] *n ZOOL* wild boar/wild sow
Wildwasser ['vɪltvasər] *n* white water, torrent
Wille ['vɪlə] *m* will
willenlos ['vɪlənlo:s] *adj* weak-willed, spineless
Willenskraft ['vɪlənskraft] *f* willpower, strong will
willensschwach ['vɪlənsʃvax] *adj* weak-willed
willensstark ['vɪlənsʃtark] *adj* strong-willed
Willensstärke ['vɪlənsʃtɛrkə] *f* willpower
willentlich ['vɪləntlɪç] *adj* willful, wilful, intentional
willig ['vɪlɪç] *adj* willing
willkommen [vɪl'kɔmən] *adj* welcome
Willkür ['vɪlky:r] *f* arbitrariness
willkürlich ['vɪlky:rlɪç] *adj 1.* arbitrary, high-handed; *2. (Herrscher) POL* autocratic
wimmeln ['vɪməln] *v* swarm, teem; *~ von* to be swarming with, to be teeming with
wimmern ['vɪmərn] *v* whimper
Wimper ['vɪmpər] *f* eyelash; *ohne mit der ~ zu zucken* without batting an eyelid

Wind [vɪnt] *m* wind, breeze; *der ~ legt sich* the wind is dying away; *gegen den ~* against the wind, into the wind; *~ von etw bekommen* get wind of sth; *in den ~ reden* waste one's breath; *etw in den ~ schlagen* turn a deaf ear to sth; *jdm den ~ aus den Segeln nehmen* take the wind out of s.o.'s sails; *etw in den ~ schreiben* kiss sth goodbye; *~ machen* make a fuss; *mit dem ~ segeln* go with the flow *(fam)*, bend with the wind; *Er weiß, woher der ~ weht.* He knows which way the wind blows.

Windböe ['vɪntbø:ə] *f* gust
Winde ['vɪndə] *f 1.* winch; *2. BOT* bindweed
Windel ['vɪndəl] *f* nappy *(UK)*, diaper *(US)*
winden ['vɪndən] *v irr 1. Es windet.* The wind is blowing. *2. (mit einer Winde befördern)* winch; *3. (wegnehmen)* wrench away, wrest away; *4. (wickeln)* wind; *5. sich ~ (Sache)* wind itself; *6. (Mensch: vor Schmerzen)* writhe; *7. (Wurm)* wriggle; *8. (Bach)* wind
windgeschützt ['vɪntgəʃytst] *adj* sheltered, sheltered from the wind, lee
Windhose ['vɪntho:zə] *f METEO* whirlwind
windig ['vɪndɪç] *adj* windy, stormy
Windschatten ['vɪntʃatən] *m* lee
windschnittig ['vɪntʃnɪtɪç] *adj* streamlined
Windschutzscheibe ['vɪntʃutsʃaɪbə] *f (eines Autos)* windscreen, windshield *(US)*
Windstärke ['vɪntʃtɛrkə] *f* wind force
Windstille ['vɪntʃtɪlə] *f* calm
Windstoß ['vɪntʃto:s] *m* gust, blast
Windsurfen ['vɪntsœrfən] *n SPORT* windsurfing, sailboarding
Windung ['vɪnduŋ] *f 1. (Abweichung von der Geraden)* bend, turn; *2. (einer Schraube)* thread; *3. (einer Spule)* coil; *4. (Umdrehung)* revolution
Wink [vɪŋk] *m 1.* sign; *2. (mit dem Kopf)* nod; *3. (mit der Hand)* wave; *4. (fig)* hint
Winkel ['vɪŋkəl] *m 1. MATH* angle; *2. (fig: Plätzchen)* nook, corner
winkelig ['vɪŋkəlɪç] *adj* full of corners
winken ['vɪŋkən] *v irr 1.* wave; *jdm ~, etw zu tun* signal s.o. to do sth; *2. (fig)* beckon
Winter ['vɪntər] *m* winter
Wintereinbruch ['vɪntəraɪnbrux] *m* first attack of winter, onset of winter
Wintergarten ['vɪntərgartən] *m* closed-in porch, conservatory
winterlich ['vɪntərlɪç] *adj* wintery
wintertauglich ['vɪntərtauklɪç] *adj* winter-hardy, winter
Winzer ['vɪntsər] *m* wine-grower
winzig ['vɪntsɪç] *adj* tiny, minute, wee
Winzigkeit ['vɪntsɪçkaɪt] *f* tininess, teeniness
Wipfel ['vɪpfəl] *m* treetop
Wippe ['vɪpə] *f* seesaw
wippen ['vɪpən] *v* seesaw, rock

wir [vi:r] *pron* we; *~ drei* the three of us

Wirbel ['vɪrbəl] *m ANAT* vertebra
wirbeln ['vɪrbəln] *v* whirl
Wirbelsäule ['vɪrbəlsɔylə] *f ANAT* spine, vertebral column

W

Wirbelwind ['vɪrbəlvɪnt] *m* *1. METEO* whirlwind, cyclone, tornado; *2. (fig: Mensch)* live wire
wirken ['vɪrkən] *v* *1. (tätig sein)* work, to be at work; *2. (wirksam sein)* to be effective, have an effect, operate; *3. (Eindruck erwecken)* have an effect, have an influence
wirklich ['vɪrklɪç] *adj* *1.* real, actual, true; *adv* *2.* really, actually
Wirklichkeit ['vɪrklɪçkaɪt] *f* reality, real life, truth; *jdn in die ~ zurückholen* bring s.o. down to earth
wirklichkeitsfern ['vɪrklɪçkaɪtsfɛrn] *adj* unrealistic
wirklichkeitsgetreu ['vɪrklɪçkaɪtsgətrɔy] *adj* realistic, true-to-life
wirksam ['vɪrkzaːm] *adj* effective
Wirksamkeit ['vɪrkzaːmkaɪt] *f* effectiveness, efficacy
Wirkstoff ['vɪrkʃtɔf] *m MED* active ingredient, active agent
Wirkung ['vɪrkuŋ] *f* *1.* effect; *Ursache und ~* cause and effect; *2. (Folge)* consequence; *3. (Eindruck)* impression
wirkungslos ['vɪrkuŋsloːs] *adj* ineffectual, ineffective
Wirkungslosigkeit ['vɪrkuŋsloːzɪçkaɪt] *f* ineffectiveness
wirkungsvoll ['vɪrkuŋsfɔl] *adj* *1.* effective; *adv* *2.* effectively
wirr [vɪr] *adj* confused
Wirren ['vɪrən] *pl POL* confusion, turmoil
Wirrwarr ['vɪrvar] *m* *1.* confusion, jumble, mess; *2. (von Fäden)* tangle; *3. (von Stimmen)* hubbub
Wirt [vɪrt] *m* host, landlord, innkeeper
Wirtschaft ['vɪrtʃaft] *f* *1. (Gasthaus)* inn, public house *(UK)*, pub; *2. ECO (Volkswirtschaft)* economy; *(Handel)* industry
wirtschaften ['vɪrtʃaftən] *v* *1. (den Haushalt führen)* keep house; *2. (sparsam sein)* economize; *3. (gut ~)* manage well; *4. (sich zu schaffen machen)* busy o.s.
wirtschaftlich ['vɪrtʃaftlɪç] *adj* *1.* economic; *2. (sparsam)* economical
Wirtschaftlichkeit ['vɪrtʃaftlɪçkaɪt] *f* economic efficiency, profitability
Wirtschaftsminister ['vɪrtʃaftsmɪnɪstər] *m POL* Minister of the Economy, Economics Minister
Wisch [vɪʃ] *m (fam)* piece of paper
wischen ['vɪʃən] *v* *1.* wipe; *2. (auf~)* mop
wischfest ['vɪʃfɛst] *adj* wipeable, smudgeproof
Wischlappen ['vɪʃlapən] *m* wipe (cloth)
wispern ['vɪspərn] *v* whisper
Wissbegierde ['vɪsbəgiːrdə] *f* thirst for knowledge, eagerness to learn
wissbegierig ['vɪsbəgiːrɪç] *adj* eager to learn, curious, inquisitive

> **wissen** ['vɪsən] *v irr* know; *so viel ich weiß* as far as I know; *nicht dass ich wüsste* not as far as I know; *etw genau ~* know sth for a fact; *von jdm nichts ~ wollen* not want to have anything to do with s.o.; *es ~ wollen* fancy one's chances

Wissen ['vɪsən] *n* knowledge
Wissenschaft ['vɪsənʃaft] *f* science
Wissenschaftler(in) ['vɪsənʃaftlər(ɪn)] *m/f* scientist
wissenschaftlich ['vɪsənʃaftlɪç] *adj* *1.* scientific; *adv* *2.* scientifically
wissentlich ['vɪsəntlɪç] *adj* knowing, conscious
wittern ['vɪtərn] *v* *1.* scent, smell; *2. (fig)* suspect, get wind of
Witterung ['vɪtəruŋ] *f* *1. (Wetter)* weather; *2. (Wittern)* scent
Witwe ['vɪtvə] *f* widow
Witwer ['vɪtvər] *m* widower

> **Witz** [vɪts] *m* joke; *~e reißen* crack jokes; *Mach keine ~e!* Don't be funny!

Witzbold ['vɪtsbɔlt] *m* joker
Witzfigur ['vɪtsfiguːr] *f* joke, laughingstock, butt of jokes
witzig ['vɪtsɪç] *adj* funny, witty, amusing
witzlos ['vɪtsloːs] *adj* *1. (zwecklos)* pointless, futile, useless; *2. (ohne Witz)* unfunny
wo [voː] *adv* where
woanders [vo'andərs] *adv* elsewhere, somewhere else
wobei [vo'baɪ] *adv* *1. (interrogativ)* at what; *Wobei bist du gerade?* What are you doing at the moment? *Wobei ist das passiert?* How did that happen? *2. (relativ)* at which, in which; *~ ich noch hinzufügen möchte* to which I would like to add
Woche ['vɔxə] *f* week
Wochenbett ['vɔxənbɛt] *n MED* childbed
Wochenende ['vɔxənɛndə] *n* weekend
wochenlang ['vɔxənlaŋ] *adj* *1.* lasting weeks; *adv* *2.* for weeks
Wochenlohn ['vɔxənloːn] *m* weekly wage, weekly pay
Wochentag ['vɔxəntaːk] *m* *1.* weekday; *2. (bestimmter)* day of the week

wochentags ['vɔxəntaːks] *adv* on weekdays
wöchentlich ['vœçəntlɪç] *adj 1.* weekly; *adv 2.* weekly, every week; *3. (wochenweise)* by the week
wodurch [vo'durç] *adv 1. (relativ)* by which, through which; *2. (interrogativ)* by what, how
wofür [vo'fyːr] *adv* for what, why
Woge ['voːgə] *f 1. (Welle)* wave; *2. (fig)* surge
wogegen [vo'geːgən] *adv 1.* against which; *2. (fragend)* against what; *konj 3.* whereas, while, whilst
wogen ['voːgən] *v 1.* surge; *2. (Ähren)* wave; *3. (Busen)* heave; *4. (Kampf)* rage
woher [vo'heːr] *adv* from where, where ... from; *Woher hast du das?* Where did you get that from?
wohin [vo'hɪn] *adv* where

wohl [voːl] *adv 1. (wahrscheinlich)* presumably, probably, no doubt; *2. (gut)* well; *~ bekannt* well-known, familiar; *3. (etwa)* about; *4. (sicher)* indeed; *Das ist ~ möglich.* That is indeed possible. *5. ~ tun* do good; *6. ~ wollend* benevolent, kind

Wohl [voːl] *n* welfare, well-being, prosperity; *Zum ~!* Cheers!
Wohlbefinden ['voːlbəfɪndən] *n* good health, well-being
Wohlbehagen ['voːlbəhaːgən] *n* comfort, pleasure
wohlbehalten ['voːlbəhaltən] *adj* safe and sound, unscathed
wohlerzogen ['voːlɛrtsoːgən] *adj* well-behaved, well-bred, well-mannered
Wohlfahrt ['voːlfaːrt] *f* welfare
Wohlgefallen ['voːlgəfalən] *n* delight, satisfaction, pleasure
wohlgeformt ['voːlgəfɔrmt] *adj* well-shaped, shapely
wohlgemerkt ['voːlgəmɛrkt] *adv* mind you
wohlgenährt ['voːlgənɛːrt] *adj* well-fed
wohlgesinnt ['voːlgəzɪnt] *adj* well-disposed, friendly
wohlhabend ['voːlhaːbənt] *adj* wealthy, well-to-do
Wohlhabenheit ['voːlhaːbənhaɪt] *f* prosperity, affluence
wohlig ['voːlɪç] *adj* comfortable, at ease, pleasant
wohlriechend ['voːlriːçənt] *adj* fragrant
wohlschmeckend ['voːlʃmɛkənt] *adj* tasty, savoury, palatable
Wohlstand ['voːlʃtant] *m* prosperity, wealth, affluence
Wohlstandsgesellschaft ['voːlʃtantsgəzɛlʃaft] *f* affluent society
Wohltat ['voːltaːt] *f* kindness, good deed, charity
Wohltäter ['voːltɛːtər] *m* benefactor
wohltätig ['voːltɛːtɪç] *adj* charitable
Wohltätigkeit ['voːltɛːtɪçkaɪt] *f* charity, charitableness
wohltuend ['voːltuːənt] *adj* agreeable, pleasant, soothing
wohlverdient ['voːlfɛrdiːnt] *adj* well-deserved
wohlweislich ['voːlvaɪslɪç] *adv* wisely, prudently
Wohlwollen ['voːlvɔlən] *n* goodwill, benevolence
Wohnblock ['voːnblɔk] *m* block of flats *(UK),* apartment complex *(US)*

wohnen ['voːnən] *v 1.* live, reside; *2. (vorübergehend)* stay

Wohnfläche ['voːnflɛçə] *f* floor space
Wohngebiet ['voːngəbiːt] *n* residential area
Wohngeld ['voːngɛlt] *n* rent subsidy, housing subsidy
wohnhaft ['voːnhaft] *adv* resident
Wohnhaus ['voːnhaus] *n 1.* residential building; *2. (Etagenhaus)* block of flats, apartment house *(US)*
Wohnheim ['voːnhaɪm] *n* hostel, home, dormitory *(US)*
Wohnküche ['voːnkyçə] *f* kitchen-cum-living room
wohnlich ['voːnlɪç] *adj 1.* comfortable, cosy; *adv 2.* comfortably, cosily
Wohnlichkeit ['voːnlɪçkaɪt] *f* livability, cosiness
Wohnmobil ['voːnmobiːl] *n* mobile home, camper *(US)*
Wohnort ['voːnɔrt] *m* place of residence
Wohnraum ['voːnraum] *m 1. (Wohnzimmer)* living room, sitting room; *2. (bewohnter Raum)* housing, living space
Wohnsitz ['voːnzɪts] *m* place of residence
Wohnung ['voːnuŋ] *f* flat, apartment *(US)*
Wohnungsnot ['voːnuŋsnoːt] *f* serious housing shortage
Wohnungssuche ['voːnuŋszuːxə] *f* flat-hunting *(UK),* apartment hunting *(US)*
Wohnviertel ['voːnfɪrtəl] *n* residential area, residential district
Wohnwagen ['voːnvaːgən] *m* caravan *(UK),* trailer *(US)*

Wohnzimmer ['vo:ntsɪmər] *n* sitting room, drawing room, living room *(US)*
wölben ['vœlbən] *v sich ~* curve, arch
Wölbung ['vœlbuŋ] *f* curvature, arch
Wolf [vɔlf] *m 1. ZOOL* wolf; *unter die Wölfe kommen* to be thrown to the wolves; *ein ~ im Schafspelz* a wolf in sheep's clothing; *2. (Fleischwolf)* mincer, meat grinder *(US); jdn durch den ~ drehen (fig)* put sth through the wringer
Wolke ['vɔlkə] *f* cloud; *aus allen ~n fallen* to be thunderstruck; *über allen ~n schweben* have one's head in the clouds; *auf ~ sieben schweben* to be in seventh heaven
Wolkenbruch ['vɔlkənbrux] *m* cloudburst
Wolkenkratzer ['vɔlkənkratsər] *m* skyscraper
wolkenlos ['vɔlkənlo:s] *adj* cloudless, clear
wolkig ['vɔlkɪç] *adj* cloudy
Wolle ['vɔlə] *f* wool; *sich in die ~ kriegen* have a row
wollen ['vɔlən] *v irr 1. (wünschen)* want, wish, desire; *Was willst du sonst noch?* What more do you want? *wie du willst* suit yourself; *2. (beabsichtigen)* intend, mean
Wollust ['vɔlust] *f 1.* lust; *2. (Sinnlichkeit)* sensuality
wollüstig ['vɔlystɪç] *adj* sensual, lustful
womit [vo'mɪt] *adv 1. (relativ)* with which, whereby; *2. (fragend)* with what, by what
womöglich [vo'mø:klɪç] *adv* possibly, perhaps
wonach [vo'na:x] *adv 1. (relativ)* after which, whereupon; *2. (gemäß)* according to which; *3. (fragend)* what
Wonne ['vɔnə] *f* delight, bliss, pleasure
woran [vo'ran] *adv 1. (fragend)* by what, on what, of what; *Woran denkst du?* What are you thinking of? *2. (relativ)* by which, at which, against which
worauf [vo'rauf] *adv 1. (relativ)* on which; *2. (wonach)* whereupon; *3. (fragend)* on what; *Worauf wartest du?* What are you waiting for?
woraufhin [vorauf'hɪn] *adv* whereupon
woraus [vo'raus] *adv 1. (relativ)* out of which, from which, whence; *2. (fragend)* from what
worin [vo'rɪn] *adv 1. (relativ)* in which, wherein; *2. (fragend)* in what

Wort [vɔrt] *n 1. (Äußerung)* word; *mit jdm ~e wechseln* exchange words with s.o.; *in ~ und Schrift* written and spoken; *Man versteht kein ~.* One can't understand a word. *schöne ~e* mere words; *das ~ haben* speak; *das letzte ~ haben* have the last word; *im wahrsten Sinne des ~es* in the truest sense of the word; *das ~ ergreifen* start to speak; *jdm das ~ entziehen* cut s.o. off *(fam);* ask s.o. to finish speaking; *jdm das ~ verbieten* forbid s.o. to speak; *für jdn ein gutes ~ einlegen* put in a good word for s.o.; *jdm das ~ aus dem Munde nehmen* take the words right out of s.o.'s mouth; *jdm das ~ im Munde verdrehen* twist s.o.'s words; *kein ~ über etw verlieren* not say a thing about sth; *jdm ins ~ fallen* interrupt s.o.; *sich zu ~ melden, ums ~ bitten* ask for leave to speak; *2. (Vokabel)* word

wortbrüchig ['vɔrtbryçɪç] *adj ~ werden* break one's word
Wörterbuch ['vœrtərbu:x] *n* dictionary
Wortführer ['vɔrtfy:rər] *m* speaker, spokesman
wortgetreu ['vɔrtgətrɔy] *adj* literal
wortgewandt ['vɔrtgəvant] *adj* eloquent, glib
wortkarg ['vɔrtkark] *adj* taciturn
Wortlaut ['vɔrtlaut] *m* wording, text, exact terms
wörtlich ['vœrtlɪç] *adj 1.* literal, verbal; *adv 2.* literally, word for word
wortlos ['vɔrtlo:s] *adj 1.* speechless; *adv 2.* without (saying) a word
wortreich ['vɔrtraɪç] *adj* wordy, verbose
Wortspiel ['vɔrtʃpi:l] *n* play on words, pun
Wortwechsel ['vɔrtvɛksəl] *m* verbal exchange, dispute
worüber [vo'ry:bər] *adv 1. (relativ)* over which, about which; *2. (fragend)* about what, at what, of what
worum [vo'rum] *adv 1. (relativ)* about which, for which; *2. (fragend)* about what, for what; *Worum handelt es sich?* What is it about?
worunter [vo'runtər] *adv 1. (relativ)* under which, among which; *2. (fragend)* under what, among what
wovon [vo'fɔn] *adv 1. (relativ)* of which, whereof, from which; *Ich weiß, ~ ich rede.* I know what I'm talking about. *2. (fragend)* about what, of what
wovor [vo'fo:r] *adv 1. (relativ)* before which, of which; *2. (fragend)* before what; *Wovor hat sie Angst?* What is she afraid of?
wozu [vo'tsu:] *adv 1. (fragend)* for what, why; *2. (relativ)* for which, why
Wrack [vrak] *n* wreck
wuchern ['vu:xərn] *v 1.* grow rampant, proliferate; *2. (Kaufmann)* profiteer

Wucherung ['vu:xəruŋ] *f* *MED* proliferation, growth
Wuchs [vu:ks] *m* *1. (Wachsen)* growth, development; *2. (Körperbau)* figure, physique, build
Wucht [vuxt] *f* force, brunt, impact
wuchtig ['vuxtıç] *adj* massive
wühlen ['vy:lən] *v* *1. (graben)* burrow; *2. (suchen)* rummage
Wühltisch ['vy:ltıʃ] *m* rummage counter, bargain table
wund [vunt] *adj* *1.* sore; *sich die Füße nach etw ~ laufen* look for sth high and low; *2. (fig: Herz)* wounded
Wunde ['vundə] *f* wound
Wunder ['vundər] *n* miracle; *sein blaues ~ erleben* get the shock of one's life
wunderbar ['vundərba:r] *adj* *1.* wonderful, marvellous, fantastic; *adv* *2.* marvellously, wonderfully
Wunderkerze ['vundərkɛrtsə] *f* sparkler
Wunderkind ['vundərkınt] *n* Wunderkind, child prodigy
wunderlich ['vundərlıç] *adj* strange, odd, peculiar
Wunderlichkeit ['vundərlıçkaıt] *f* queerness, peculiarity
Wundermittel ['vundərmıtəl] *n* miracle drug, wonder drug
wundern ['vundərn] *v* *sich ~* to be surprised, to be amazed
wundersam ['vundərza:m] *adj* wondrous, miraculous
wundervoll ['vundərfɔl] *adj* wonderful, mar
Wunsch [vunʃ] *m* *1.* wish, desire; *2. (Glückwunsch)* felicitation, best wishes *pl*
Wunschdenken ['vunʃdɛŋkən] *n* wishful thinking
wünschen ['vynʃən] *v* *1.* wish, desire; *2. (wollen)* want
wünschenswert ['vynʃənsve:rt] *adj* desirable
wunschgemäß ['vunʃgəmɛ:s] *adj* *1.* requested; *adv* *2.* as requested
Wunschtraum ['vunʃtraum] *m* *1.* dream; *2. (frommer Wunsch)* wishful thinking
Würde ['vyrdə] *f* *1.* dignity, honour; *2. (Titel)* title, degree, honour; *3. (Doktorwürde)* doctorate
Würdelosigkeit ['vyrdəlo:zıçkaıt] *f* lack of dignity
Würdenträger ['vyrdəntrɛ:gər] *m* dignitary
würdevoll ['vyrdəfɔl] *adj* dignified
würdig ['vyrdıç] *adj* *1.* worthy, deserving; *2. (würdevoll)* dignified
würdigen ['vyrdıgən] *v* *1.* appreciate, value; *2. (loben)* honour, pay tribute to
Würdigung ['vyrdıguŋ] *f* *1. (Achtung)* appreciation; *2. (Bewertung)* appraisal, consideration
Wurf [vurf] *m* *1.* throw; *2. ZOOL* litter
Würfel ['vyrfəl] *m* *1. (Spielwürfel)* die; *~ pl* *Die ~ sind gefallen.* The die is cast. *2. MATH* cube
würfeln ['vyrfəln] *v* throw dice, toss dice
Wurfsendung ['vurfzɛnduŋ] *f* bulk mailing, mass mailing
Würgegriff ['vyrgəgrıf] *m* stranglehold
würgen ['vyrgən] *v* *1.* strangle, throttle, choke; *2. (mühsam schlucken)* gulp
Würger ['vyrgər] *m* *1.* strangler; *2. ZOOL* shrike, butcherbird
Wurm [vurm] *m* *ZOOL* worm; *Da ist der ~ drin. (fam)* There's something wrong with it.
Wurst [vurst] *f* sausage; *Das ist mir ~. (fam)* It's all the same to me. I don't care.
Würstchen ['vyrstçən] *n* *1. GAST* small sausage; *2. (fam: unbedeutender Mensch)* nobody
wursteln ['vurstəln] *v* muddle along
Würze ['vyrtsə] *f* spice, seasoning
Wurzel ['vurtsəl] *f* root
wurzeln ['vurtsəln] *v* *1.* take root; *2. (fig)* to be rooted in
würzen ['vyrtsən] *v* spice, season, flavour
würzig ['vyrtsıç] *adj* spicy
Wust [vu:st] *m* *1.* mess; *2. (Haufen)* heap; *3. (Kram)* junk
wüst [vy:st] *adj* *1. (öde)* waste, desert, desolate; *2. (ausschweifend)* wild, dissolute; *3. (widerwärtig)* vile, ugly
Wüste ['vy:stə] *f* desert
Wüstling ['vy:stlıŋ] *m* lecher
Wut [vu:t] *f* rage, fury; *seine ~ herunterschlucken* choke back one's rage; *vor ~ in die Luft gehen* explode with fury; *in ~ geraten* fly into a rage
Wutausbruch ['vu:tausbrux] *m* *1.* outburst of fury, outburst of rage; *2. (launischer ~)* tantrum
wüten ['vy:tən] *v* rage
wütend ['vy:tənt] *adj* furious, enraged, angry
wutschnaubend ['vu:tʃnaubənd] *adj* snorting with rage

W

X/Y/Z

x-Achse ['ɪksaksə] *f MATH* x-axis
X-Beine ['ɪksbaɪnə] *pl* knock-knees *pl; ~ haben* to be knock-kneed
x-beinig ['ɪksbaɪnɪç] *adj* knock-kneed
x-beliebig ['ɪksbəli:bɪç] *adj* any, any old, any whatever
Xenon ['kse:nɔn] *n CHEM* xenon
Xenophobie [ksenofo'bi:] *f* xenophobia
x-fach ['ɪksfax] *adj 1.* umpteen *(fam); adv 2.* again and again
x-förmig ['ɪksfœrmɪç] *adj* x-shaped
x-mal [ɪks'ma:l] *adv* over and over again, time and again
X-Strahlen ['ɪksʃtra:lən] *pl PHYS* X-rays
Xylophon [ksylo'fo:n] *n MUS* xylophone
y-Achse ['ypsilɔnaksə] *f MATH* Y-axis
Yak [jak] *n ZOOL* yak
Yoga ['jo:ga] *m/n* yoga
Yogaübung ['jo:gay:buŋ] *f* yoga exercise
Ypsilon ['ypzilɔn] *n 1.* (the letter) Y; *2. (griechischer Buchstabe)* upsilon
Yuppie ['jupi:] *m* yuppie (young urban professional)
zack [tsak] *interj* boom, bam, whoosh; *Zack, ~!* Chop, chop! *auf Zack sein* to be on one's toes; *jdn auf Zack bringen* knock s.o. into shape
Zacke ['tsakə] *f 1.* point; *2. (von Kamm)* tooth; *3. (von Gabel)* prong
Zacken ['tsakən] *m Das wird ihm keinen ~ aus der Krone brechen.* That won't hurt him. That won't kill him. *(fam)*
zackig ['tsakɪç] *adj 1. (gezackt)* jagged; *2. (Stern)* pointed; *3. (fig: schneidig)* smart
Zackigkeit ['tsakɪçkaɪt] *f 1. (gezackt)* jaggedness; *2. (bei einem Stern)* pointedness
zaghaft ['tsa:khaft] *adj* timid
Zaghaftigkeit ['tsa:khaftɪçkaɪt] *f* timidity
zäh [tsɛ:] *adj 1.* tough; *2. (ausdauernd)* tenacious
zähflüssig ['tsɛ:flysɪç] *adj 1.* viscous; *2. (Verkehr)* slow-moving
Zähigkeit ['tsɛ:ɪçkaɪt] *f* tenacity, toughness, doggedness
Zahl [tsa:l] *f 1.* number; *rote ~en schreiben* to be in the red; *schwarze ~en schreiben* to be in the black; *2. (Ziffer)* figure; *3. (Stelle)* digit
zahlbar ['tsa:lba:r] *adj* payable
zählbar ['tsɛ:lba:r] *adj* countable
Zählbarkeit ['tsɛ:lba:rkaɪt] *f* countability
zahlen ['tsa:lən] *v* pay; *Zahlen! (im Gasthaus)* The bill, please! The check, please! *(US)*
zählen ['tsɛ:lən] *v* count
Zahlenangabe ['tsa:lənanga:bə] *f* citing of figures
Zahlengedächtnis ['tsa:ləngədɛçtnɪs] *n* ability to remember numbers
Zahlenkombination ['tsa:lənkɔmbinatsjo:n] *f* combination of numbers
Zahlenschloss ['tsa:lənʃlɔs] *n* combination lock
Zähler ['tsɛ:lər] *m 1. MATH* numerator; *2. (Messgerät) TECH* meter, counter
zahllos ['tsa:llo:s] *adj* countless
zahlreich ['tsa:lraɪç] *adj 1.* numerous; *adv 2.* in great quantities, in large numbers
Zahlung ['tsa:luŋ] *f* payment
Zahlungsaufforderung ['tsa:luŋsauffɔrdəruŋ] *f* request for payment
Zahlungsbedingungen ['tsa:luŋsbədɪŋuŋən] *pl ECO* terms of payment
Zahlungsbilanz ['tsa:luŋsbɪlants] *f ECO* balance of payments
zahlungsfähig ['tsa:luŋsfɛ:ɪç] *adj ECO* solvent, able to pay
Zahlungsfrist ['tsaluŋsfrɪst] *f ECO* time allowed for payment
Zahlungsmittel ['tsa:luŋsmɪtəl] *n* means of payment
zahlungsunfähig ['tsa:luŋsunfɛ:ɪç] *adj ECO* insolvent, unable to pay
Zahlungsunfähigkeit ['tsa:luŋsunfɛ:ɪçkaɪt] *f ECO* insolvency, inability to pay
Zahlwort ['tsa:lvɔrt] *n* numeral
zahm [tsa:m] *adj 1.* tame; *adv 2.* tamely
zähmbar ['tsɛ:mba:r] *adj* tamable, tameable
zähmen ['tsɛ:mən] *v 1.* tame; *2. (fig)* curb, restrain
Zahmheit ['tsa:mhaɪt] *f* tameness
Zähmung ['tsɛ:muŋ] *f* taming

Zahn [tsa:n] *m* tooth; *jdm auf den ~ fühlen* sound s.o. out; *jdm den ~ ziehen* put an idea out of s.o.'s head; *einen ~ zulegen* step on it *(fam)*; *die Zähne zusammenbeißen* clench one's teeth; *sich an jdm die Zähne ausbeißen* find s.o. too tough a nut to crack; *bewaffnet bis an die Zähne* armed to the teeth

Zahnarzt ['tsa:nartst] *m* dentist
Zahnbehandlung ['tsa:nbəhandluŋ] *f MED* dental care
Zahnbelag ['tsa:nbəla:k] *m MED* plaque, tartar
Zahnbürste ['tsa:nbyrstə] *f* toothbrush
zahnen ['tsa:nən] *v* teethe
Zahnersatz ['tsa:nɛrzats] *m MED* dentures, false teeth
Zahnfäule ['tsa:nfɔylə] *f MED* tooth decay
Zahnfleisch ['tsa:nflaɪʃ] *n ANAT* gums *pl*, gum
Zahnhals ['tsa:nhals] *m ANAT* neck of a tooth
Zahnimplantat ['tsa:nɪmplanta:t] *n* dental implant
Zahnkrem ['tsa:nkre:mə] *f* toothpaste
Zahnlücke ['tsa:nlykə] *f* gap in one's teeth
Zahnmedizin ['tsa:nmeditsi:n] *f MED* dentistry
Zahnpasta ['tsa:npasta] *f* toothpaste
Zahnpflege ['tsa:npfle:gə] *f* dental care
Zahnrad ['tsa:nra:t] *n TECH* cogwheel, gear
Zahnschmerzen ['tsa:nʃmɛrtsən] *pl* toothache
Zahnstein ['tsa:nʃtaɪn] *m MED* tartar
Zahnstocher ['tsa:nʃtɔxər] *m* toothpick
Zahnwurzel ['tsa:nvurtsəl] *f ANAT* root of a tooth
Zange ['tsaŋə] *f* tongs *pl*, pliers *pl; jdn in die ~ nehmen* corner s.o.
Zank [tsaŋk] *m* quarrel, row
Zankapfel ['tsaŋkapfəl] *m* bone of contention
zanken ['tsaŋkən] *v* quarrel, have a row, squabble
zänkisch ['tsɛ:ŋkɪʃ] *adj 1.* quarrelsome; *2. (tadelsüchtig)* nagging
Zapfen ['tsapfən] *n 1. BOT* cone; *2. (Eiszapfen)* icicle; *3. (Verbindungsstück)* tenon; *4. ANAT* cone; *5. (Fasszapfen)* spigot, bung
Zapfenstreich ['tsapfənʃtraɪç] *m 1.* curfew; *2. (Signal)* last post *(UK)*, taps *(US)*
Zapfhahn ['tsapfha:n] *m* tap
Zapfsäule ['tsapfzɔylə] *f* petrol pump *(UK)*, gas pump *(UK)*
zappelig ['tsapəlɪç] *adj* fidgety, restless
zappeln ['tsapəln] *v 1.* wriggle; *jdn ~ lassen* keep s.o. on tenterhooks; *2. (vor Unruhe)* fidget
Zar/Zarin [tsa:r/'tsa:rɪn] *m/f HIST* czar/czarina, tsar/tsarina
zart [tsart] *adj 1.* tender; *2. (Ton, Haut)* soft; *3. (Fleisch, Alter)* tender; *4. (zerbrechlich)* delicate
zartbitter ['tsa:rtbɪtər] *adj* bittersweet
Zartgefühl ['tsa:rtgəfy:l] *n* sensitivity
Zartheit ['tsa:rthaɪt] *f 1.* tenderness, softness; *2. (Zerbrechlichkeit)* delicateness
zärtlich ['tsɛrtlɪç] *adj 1.* tender; *2. (liebevoll)* affectionate
Zärtlichkeit ['tsɛrtlɪçkaɪt] *f 1.* tenderness, affection; *2. (Liebkosung)* caress; *3. jdm ~en ins Ohr flüstern* whisper sweet nothings in s.o.'s ear
Zauber ['tsaubər] *m 1. (Magie)* magic; *(Zauberbann)* spell; *fauler ~* humbug; *2. (fig)* enchantment, charm
Zauberei [tsaubə'raɪ] *f* magic
Zauberer ['tsaubərər] *m* magician
Zauberformel ['tsaubərfɔrməl] *f* magic words, spell, incantation
zauberhaft ['tsaubərhaft] *adj (fig)* enchanting, magical
Zauberkraft ['tsaubərkraft] *f* magical power
zaubern ['tsaubərn] *v 1.* practise magic; *2. (etw ~)* conjure up, produce by magic
Zauberspruch ['tsaubərʃprux] *m* magic words, spell, incantation
Zauberstab ['tsaubərʃta:p] *m* magic wand
Zauderer ['tsaudərər] *m* vacillator
zaudern ['tsaudərn] *v* waver, hesitate
Zaum [tsaum] *m* bridle; *sich im ~ halten* restrain o.s.
zäumen ['tsɔymən] *v* bridle
Zaumzeug ['tsaumtsɔyk] *n* bridle, bit and bridle
Zaun [tsaun] *m* fence, *(Hecke)* hedge; *einen Streit vom ~ brechen* start a quarrel
Zaungast ['tsaungast] *m* onlooker
Zaunkönig ['tsaunkø:nɪç] *m ZOOL* wren
Zaunpfahl ['tsaunpfa:l] *m ein Wink mit dem ~* a broad hint
Zebra ['tse:bra] *n ZOOL* zebra
Zebrastreifen ['tse:braʃtraɪfən] *m* zebra crossing, crosswalk *(US)*
Zeche ['tsɛçə] *f 1. (Rechnung)* bill, check *(US)*, tab *(US); die ~ bezahlen müssen* have to foot the bill; *die ~ prellen* leave without paying the bill*; 2. (Bergwerk)* mine, pit
Zecke [tsɛkə] *f ZOOL* tick
Zeder ['tse:dər] *f BOT* cedar
Zehe ['tse:ə] *f* toe
Zehenspitze ['tse:ənʃpɪtsə] *f* tip of the toe; *auf den ~n* on tiptoe(s)
zehn [tse:n] *num* ten
Zehnkampf ['tse:nkampf] *m SPORT* decathlon
Zehntel ['tse:ntəl] *n MATH* tenth

Zehntelsekunde ['tseːntəlzekundə] *f* tenth of a second
zehren ['tseːrən] *v 1. von etw ~* live off sth, feed on sth; *2. an etw ~* wear sth out, sap sth, ruin sth, weaken sth
Zeichen ['tsaɪçən] *n 1.* sign, mark, symbol; *ein ~ setzen* make one's mark; *ein ~ der Zeit* a sign of the times; *2. INFORM* character, symbol
Zeichenblock ['tsaɪçənblɔk] *m* drawing pad, sketch pad
Zeichensprache ['tsaɪçənʃpraːxə] *f* sign language
Zeichentrickfilm ['tsaɪçəntrɪkfɪlm] *m* animated cartoon
zeichnen ['tsaɪçnən] *v 1.* draw, *(entwerfen)* design; *2. (markieren)* mark; *3. (unterschreiben)* sign; *4. (entwerfen)* design; *5. (Rindvieh) AGR* brand; *6. (fig: Plan entwerfen)* sketch, plot; *7. (fig) FIN* subscribe
Zeichnung ['tsaɪçnuŋ] *f 1.* drawing; *2. ZOOL* markings *pl*; *3. FIN* subscription
Zeigefinger ['tsaɪgəfɪŋər] *m ANAT* index finger, forefinger
zeigen ['tsaɪgən] *v* show, indicate
Zeiger ['tsaɪgər] *m (Uhrzeiger)* hand
Zeigestock ['tsaɪgəʃtɔk] *m* pointer
Zeile ['tsaɪlə] *f* line
Zeilenabstand ['tsaɪlənapʃtant] *m* line spacing
Zeisig ['tsaɪsɪç] *m ZOOL* siskin

Zeit [tsaɪt] *f 1.* time; *zu seiner ~* in due course; *aller ~en* of all time; *das hat ~* there is plenty of time for that; *in letzter ~* lately; *zurzeit* at present; *zur gleichen ~* at the same time; *die ganze ~ über* the whole time; *es wird langsam ~, dass ...* it's about time that ...; *sich mit etw die ~ vertreiben* pass the time doing sth; *die ~ totschlagen* kill time; *sich für etw ~ nehmen* take time for sth; *Hier bin ich die längste ~ gewesen.* It's high time I was leaving. *Lass dir ~.* Take your time. *Das hat ~.* That can wait. *Es ist allerhöchste ~.* It's high time. *Ach du liebe ~!* Good heavens! *2. (Epoche)* age, epoch

Zeitabschnitt ['tsaɪtapʃnɪt] *m* period
Zeitalter ['tsaɪtaltər] *n* age, millenium
Zeitansage ['tsaɪtanzaːgə] *f* time check
Zeitarbeit ['tsaɪtarbaɪt] *f* temporary work
Zeitaufnahme ['tsaɪtaufnaːmə] *f FOTO* time exposure
Zeitaufwand ['tsaɪtaufvant] *m* investment of time, time required, time consumed
Zeitbombe ['tsaɪtbɔmbə] *f* time bomb
Zeitdruck ['tsaɪtdruk] *m* deadline pressure, time pressure
Zeitersparnis ['tsaɪtɛrʃpaːrnɪs] *f* time saved
Zeitgefühl ['tsaɪtgəfyːl] *n* sense of time
Zeitgeist ['tsaɪtgaɪst] *m* spirit of the times, Zeitgeist
zeitgemäß ['tsaɪtgəmɛːs] *adj* timely, up to date, modern
Zeitgenosse ['tsaɪtgənɔsə] *m 1.* contemporary; *2. ein merkwürdiger ~ (fam)* a strange character
zeitgenössisch ['tsaɪtgənœsɪʃ] *adj* contemporary
Zeitgeschichte ['tsaɪtgəʃɪçtə] *f HIST* contemporary history
zeitig ['tsaɪtɪç] *adj* early
Zeitkarte ['tsaɪtkartə] *f* pass
zeitlebens [tsaɪt'leːbəns] *adj* all one's life
zeitlich ['tsaɪtlɪç] *adj 1.* temporal, chronological; *das Zeitliche segnen* pass away; *adv 2.* as to time
zeitlos ['tsaɪtloːs] *adj 1. (ewig)* eternal, ageless; *2. (klassisch)* dateless, classical
Zeitlupe ['tsaɪtluːpə] *f* slow motion
Zeitmesser ['tsaɪtmɛsər] *m* chronometer
zeitnah ['tsaɪtnaː] *adj* modern, up-to-date, relevant to present times
Zeitpunkt ['tsaɪtpuŋkt] *m* moment, time, point in time
Zeitraffer ['tsaɪtrafər] *m* time-lapse photography
zeitraubend ['tsaɪtraubənt] *adj* time-consuming
Zeitraum ['tsaɪtraum] *m* space of time, period
Zeitschrift ['tsaɪtʃrɪft] *f* magazine, journal, periodical
Zeitung ['tsaɪtuŋ] *f* newspaper
Zeitungsanzeige ['tsaɪtuŋsantsaɪgə] *f* newspaper advertisement
Zeitungsartikel ['tsaɪtuŋsartɪkəl] *m* newspaper article
Zeitungsausschnitt ['tsaɪtuŋsausʃnɪt] *m* newspaper cutting, newspaper clipping *(US)*
Zeitungsente ['tsaɪtuŋsɛntə] *f* hoax
Zeitungsinserat ['tsaɪtuŋsɪnzəraːt] *n* newspaper advertisement
Zeitungskiosk ['tsaɪtuŋskiɔsk] *m* newsstall, newsstand *(US)*
Zeitungsleser ['tsaɪtuŋsleːzər] *m* newspaper reader
Zeitungspapier ['taɪtuŋspapiːr] *n* newsprint

Zeitverschwendung ['tsaɪtfɛrʃvɛnduŋ] *f* waste of time
Zeitvertrag ['tsaɪtfɛrtra:k] *m* fixed-term contract, fixed-duration contract, short-term contract
Zeitvertreib ['tsaɪtfɛrtraɪp] *m* way of passing the time, pastime
zeitweilig ['tsaɪtvaɪlɪç] *adj 1.* temporary; *adv 2.* temporarily
zeitweise ['tsaɪtvaɪsə] *adv (ab und zu)* now and then, at times
Zeitwort ['tsaɪtvɔrt] *n* verb
Zeitzeuge ['tsaɪttsɔygə] *m* witness of the times
Zeitzünder ['tsaɪttsyndər] *m* time fuse
Zelle ['tsɛlə] *f* cell
Zellenbildung ['tsɛlənbɪlduŋ] *f BIO* cell formation
Zellkern ['tsɛlkɛrn] *m BIO* cell nucleus
Zellophan [tsɛlo'fa:n] *n* cellophane
Zellstoff ['tsɛlʃtɔf] *m* cellulose
Zellulitis [tsɛlu'li:tɪs] *f MED* cellulitis
Zelluloid [tsɛlu'lɔyt] *n* celluloid
Zelt [tsɛlt] *n* tent; *seine ~e abbrechen* move on; *die ~e irgendwo aufschlagen* settle down somewhere
zelten ['tsɛltən] *v* camp
Zeltplatz ['tsɛltplats] *m* camping site, camping ground
Zement [tse'mɛnt] *m* cement
zementieren [tsemɛn'ti:rən] *v* cement
Zenbuddhismus ['zɛnbudɪsmus] *m REL* Zen Buddhism
Zenit [tse'ni:t] *m* zenith
zensieren [tsɛn'zi:rən] *v 1. (Schule)* mark, grade *(US); 2. POL* censor
Zensor ['tsɛnzɔr] *m* censor
Zensur [tsɛn'zu:r] *f 1. (Schule)* mark, grade; *2. POL* censorship
Zensus ['tsɛnzus] *m* census
Zentiliter ['tsɛntili:tər] *m* centilitre
Zentimeter ['tsɛntime:tər] *m* centimetre
Zentner ['tsɛntnər] *m* metric hundredweight
Zentnergewicht ['tsɛntnərgəvɪçt] *n* metric hundredweight
Zentnerlast ['tsɛntnərlast] *f* heavy burden
zentnerweise ['tsɛntnərvaɪzə] *adv* by the hundreds of pounds
zentral [tsɛn'tra:l] *adj 1.* central; *adv 2.* centrally
Zentralafrika [tsɛn'tra:lafrika] *n GEO* Central Africa
zentralafrikanisch [tsɛn'tra:lafrika:nɪʃ] *adj* Central African
Zentralbank [tsɛn'tra:lbaŋk] *f FIN* central bank
Zentrale [tsɛn'tra:lə] *f* central office, head office, headquarters
Zentralheizung [tsɛn'tra:lhaɪtsuŋ] *f* central heating
Zentralismus [tsɛntra'lɪsmus] *m POL* centralism
zentralistisch [tsɛntra'lɪstɪʃ] *adj POL* centralist
Zentralverband [tsɛn'tra:lfɛrbant] *m* central federation, national federation, national association
Zentralverriegelung [tsɛn'tra:lfɛrri:gəluŋ] *f* central locking
zentrieren [tsɛn'tri:rən] *v* centre, center *(US)*
zentrifugal [tsɛntrifu'ga:l] *adj PHYS* centrifugal
Zentrifugalkraft [tsɛntrifu'ga:lkraft] *f PHYS* centrifugal force
Zentrifuge [tsɛntri'fu:gə] *f* centrifuge
Zentrum ['tsɛntrum] *n* centre, center *(US)*
Zeppelin ['tsɛpəli:n] *m* zeppelin, airship
Zepter ['tsɛptər] *n* sceptre, scepter *(US); das ~ schwingen* wield the sceptre
zerbeißen [tsɛr'baɪsən] *v irr* chew, chew up, chew through
zerbrechen [tsɛr'brɛçən] *v irr 1.* break, smash, shatter; *2. (fig)* go to pieces
zerbrechlich [tsɛr'brɛçlɪç] *adj* fragile, brittle
Zerbrechlichkeit [tsɛr'brɛçlɪçkaɪt] *f 1. (von Geschirr)* fragility; *2. (eines Menschen)* frailness
zerbröckeln ['tsɛrbrœkəln] *v* crumble
zerdrücken [tsɛr'drykən] *v* squash, crush
Zeremonie [tseremo'ni:] *f* ceremony
zeremoniell [tserəmon'jel] *adj* ceremonial
Zeremoniell [tseremon'jɛl] *n* ceremonial, protocol
zerfahren [tsɛr'fa:rən] *adj (fig: unkonzentriert)* distracted, absent-minded
Zerfahrenheit [tsɛr'fa:rənhaɪt] *f* absentmindedness, muddleheadedness
Zerfall [tsɛr'fal] *m* decay, ruin, disintegration
zerfallen [tsɛr'falən] *v irr* decay, disintegrate, go to pieces
zerfetzen [tsɛr'fɛtsən] *v 1.* rip up, tear to pieces, tear to shreds; *2. (fig: kritisieren)* rip, tear to pieces
zerfleischen [tsɛr'flaɪʃən] *v 1.* maul, mangle; *2. sich ~ (fig)* torment o.s.

zerfließen [tsɛr'fliːsən] *v irr* melt
zerfressen [tsɛr'frɛsən] *v irr 1.* eat away; *2. CHEM* corrode
zergehen [tsɛr'geːən] *v irr* dissolve, melt, dwindle
zergliedern [tsɛr'gliːdərn] *v 1.* dissect; *2. (fig)* analyze, break down
zerhacken [tsɛr'hakən] *v* chop up
zerkauen [tsɛr'kauən] *v* chew up
zerkleinern [tsɛr'klaɪnərn] *v 1. (Steine)* crush; *2. (Gemüse)* mince; *3. (Holz)* chop up; *4. (zerbrechen)* break up
Zerkleinerung [tsɛr'klaɪnəruŋ] *f* cutting up, chopping up
zerklüftet [tsɛr'klyftət] *adj* rugged, fissured
zerknirscht [tsɛr'knɪrʃt] *adj* remorseful
zerknittern [tsɛr'knɪtərn] *v* crease
zerknittert [tsɛr'knɪtərt] *adj* creased, wrinkled
zerknüllen [tsɛr'knylən] *v* crumple
zerlegbar [tsɛr'leːkbaːr] *adj* detachable; *~e Maschine* machine which is easy to disassemble
zerlegen [tsɛr'leːgən] *v 1.* dismantle, take apart; *2. BIO* dissect
Zerlegung [tsɛr'leːguŋ] *f 1.* disassembly, dismantling, taking apart; *2. (von Wild)* carving up
zerlumpt [tsɛr'lumpt] *adj* ragged, tattered
zermalmen [tsɛr'malmən] *v 1.* crush; *2. (kräftig zerkauen)* crunch
zermürben [tsɛr'myrbən] *v* wear down
zermürbend [tsɛr'myrbənt] *adj* wearing, trying, gruelling
zernagen [tsɛr'naːgən] *v* chew up, chew to pieces, gnaw up
zerquetschen [tsɛr'kvɛtʃən] *v 1.* crush, squash; *2. (Kartoffel)* mash
Zerrbild ['tsɛrbɪlt] *n 1.* distorted picture; *2. (fig)* caricature, travesty
zerreiben [tsɛr'raɪbən] *v irr* grind, pulverize, crumble
zerreißen [tsɛr'raɪsən] *v irr 1.* tear; *2. (absichtlich)* tear up; *3. (Herz)* break
Zerreißprobe [tsɛr'raɪsproːbə] *f (fig)* ordeal, endurance test
zerren ['tsɛrən] *v 1.* pull, tug; *2. (schleppen)* drag
zerrinnen [tsɛr'rɪnən] *v irr 1.* melt; *2. (fig)* dissolve, melt, vanish
zerrissen [tsɛr'rɪsən] *adj* torn, tattered
Zerrissenheit [tsɛr'rɪsənhaɪt] *f (fig)* inner conflict
Zerrung ['tsɛruŋ] *f MED* strain, pull
zerrüttet [tsɛr'rytət] *adj* broken
zersägen [tsɛr'zɛːgən] *v* saw up
zerschellen [tsɛr'ʃɛlən] *v 1.* smash; *2. NAUT* to be wrecked
zerschlagen [tsɛr'ʃlaːgən] *v irr 1.* smash to pieces, knock to pieces; *2. (auseinander schlagen)* break up; *3. sich ~ (Pläne)* come to nothing; *adj 4. (erschöpft)* worn out, whacked *(UK)*
Zerschlagung [tsɛr'ʃlaːguŋ] *f* suppression, crushing
zerschmettern [tsɛr'ʃmɛtərn] *v* shatter
zerschneiden [tsɛr'ʃnaɪdən] *v irr* cut, cut up
zersetzen [tsɛr'zɛtsən] *v 1.* undermine, subvert; *2. CHEM* decompose
Zersetzung [tsɛr'zɛtsuŋ] *f 1.* subversion; *2. CHEM* decomposition
zersplittern [tsɛr'ʃplɪtərn] *v* shatter, fragment
Zersplitterung [tsɛr'ʃplɪtəruŋ] *f* fragmentation, shattering
zerspringen [tsɛr'ʃprɪŋən] *v irr* burst, explode, snap
Zerstäuber [tsɛr'ʃtɔybər] *m* atomizer
zerstören [tsɛr'ʃtøːrən] *v* destroy, wreck, ruin
Zerstörung [tsɛr'ʃtøːruŋ] *f* destruction
zerstreuen [tsɛr'ʃtrɔyən] *v 1.* scatter, disperse; *2. (fig)* dispel, drive away, dissipate
zerstreut [tsɛr'ʃtrɔyt] *adj 1.* scattered, dispersed; *2. (fig)* absent-minded, distracted, preoccupied
Zerstreutheit [tsɛr'ʃtrɔythaɪt] *f* absent-mindedness
Zerstreuung [tsɛr'ʃtrɔyuŋ] *f 1.* dispersion; *2. (fig: Ablenkung)* diversion
zerstückeln [tsɛr'ʃtykəln] *v* cut up
Zertifikat [tsɛrtifi'kaːt] *n* certificate
zertrampeln [tsɛr'trampəln] *v* trample
zertrümmern [tsɛr'trymərn] *v 1.* smash, wreck; *2. (Atom) PHYS* split
Zerwürfnis [tsɛr'vyrfnɪs] *n* quarrel, discord
Zeter ['tseːtər] *n ~ und Mordio schreien* scream bloody murder
Zettel ['tsɛtəl] *m 1.* scrap of paper, slip of paper; *2. (Notizzettel)* note
Zettelkasten ['tsɛtəlkastən] *m* card index

Zeug [tsɔyk] *n* stuff, *(Sachen)* things; *Du hast das ~ dazu.* You're cut out for that. *dummes ~* rubbish, stuff and nonsense; *jdm etw am ~ flicken* find fault with s.o.; *sich ins ~ legen* pull out all the stops

Zeuge/Zeugin ['tsɔygə/'tsɔygɪn] *m/f* witness
zeugen ['tsɔygən] *v 1. (aussagen)* give evidence, testify; *2. (Kind)* father, beget
Zeugenaussage ['tsɔygənausza:gə] *f JUR* evidence, testimony
Zeugenbefragung ['tsɔygənbəfra:guŋ] *f* questioning of witnesses
Zeugnis ['tsɔyknɪs] *n 1. (Schulzeugnis)* report, report card *(US); 2. (Bescheinigung)* certificate, testimonial; *3. ~ ablegen* give evidence, attest, give proof; *~ ablegen von* give evidence of; *~ ablegen gegen* give evidence against
Zeugnisausgabe ['tsɔyknɪsausga:bə] *f* issuing of report cards on the last school day
Zeugung ['tsɔyguŋ] *f* procreation, fathering
zeugungsfähig ['tsɔyguŋsfɛ:ɪç] *adj BIO* procreative, capable of fathering, fertile
zeugungsunfähig ['tsɔyguŋsunfɛ:ɪç] *adj BIO* incapable of fathering, infertile, sterile
Zichorie [tsɪ'ço:riə] *f BOT* chicory
Zickzack ['tsɪktsak] *m* zigzag
Zickzackkurs ['tsɪktsakkurs] *m* zigzag course
Ziege ['tsi:gə] *f ZOOL* goat
Ziegel ['tsi:gəl] *m 1. (Backstein)* brick; *2. (Dachziegel)* tile
Ziegelstein ['tsi:gəlʃtaɪn] *m* brick
Ziegenbart ['tsi:gənbart] *m 1. (eines Menschen)* goatee; *2. (Pilz) BOT* goat's-beard mushroom
Ziegenkäse ['tsi:gənkɛ:zə] *m GAST* goat's milk cheese
Ziegenmilch ['tsi:gənmɪlç] *f GAST* goat's milk
ziehen ['tsi:ən] *v irr 1.* pull; *2. (Karte abheben)* draw; *3. nach sich ~* involve, entail; *4. (Waffe)* draw; *5. einen Strich ~* draw a line; *6. (den Wohnsitz verlegen)* move
Ziehharmonika ['tsi:harmo:nɪka] *f MUS* accordion, concertina
Ziehung ['tsi:uŋ] *f* drawing
Ziel [tsi:l] *n 1. (örtlich)* destination; *über das ~ hinausschießen* overstep the mark; *2. SPORT* finish; *3. (fig: Absicht)* aim, purpose, objective; *4. MIL* target, objective
zielbewusst ['tsi:lbəvust] *adj 1.* single-minded, purposeful; *adv 2.* single-mindedly
zielen ['tsi:lən] *v ~ auf* aim at, point at
Zielfernrohr ['tsi:lfɛrnro:r] *n* telescopic sight
Ziellinie ['tsi:li:njə] *f* finish line
ziellos ['tsi:llo:s] *adj* aimless, purposeless, haphazard
Zielscheibe ['tsi:lʃaɪbə] *f* target
Zielsetzung ['tsi:lzɛtsuŋ] *f* objective
zielsicher ['tsi:lzɪçər] *adj 1. (Schütze)* accurate; *2. (das Ziel kennend)* purposeful
zielstrebig ['tsi:lʃtre:bɪç] *adj 1.* purposeful, single-minded; *adv 2.* purposefully
Zielstrebigkeit ['tsi:lʃtre:bɪçkaɪt] *f* determination, single-mindedness
Zielvorrichtung ['tsi:lfo:rrɪçtuŋ] *f* sighting system
ziemlich ['tsi:mlɪç] *adv 1.* pretty, fairly, reasonably; *adj 2.* considerable, fair; *3. (geziemend)* becoming
Zier [tsi:r] *f* ornament, decoration
Zierde ['tsi:rdə] *f* ornament, decoration, embellishment
zieren ['tsi:rən] *v 1. sich ~ (sich gekünstelt benehmen)* give o.s. airs; *2. sich ~ (sich bitten lassen)* need a lot of pressing
Zierfisch ['tsi:rfɪʃ] *m* tropical fish
zierlich ['tsi:rlɪç] *adj 1. (zart)* dainty; *2. (dünn)* slight; *3. (schmuck)* pretty; *4. (anmutig)* graceful
Zierlichkeit ['tsi:rlɪçkaɪt] *f* daintiness, grace
Zierpflanze ['tsi:rpflantsə] *f* ornamental plant, decorative plant, tropical plant
Ziffer ['tsɪfər] *f* figure, numeral
Zifferblatt ['tsɪfərblat] *n* dial, face (of a clock)
Zigarette [tsiga'rɛtə] *f* cigarette
Zigarettenasche [tsiga'rɛtənaʃə] *f* cigarette ashes
Zigarettenautomat [tsiga'rɛtənautoma:t] *m* cigarette machine
Zigarettenetui [tsiga'rɛtənetvi:] *n* cigarette case
Zigarettenpackung [tsiga'rɛtənpakuŋ] *f* cigarette packet, cigarette pack *(US)*
Zigarettenpause [tsiga'rɛtənpauzə] *f* break for a cigarette, break for a smoke
Zigarettenrauch [tsiga'rɛtənraux] *m* cigarette smoke
Zigarettenraucher [tsiga'rɛtənrauxər] *m* cigarette smoker
Zigarettenschachtel [tsiga'rɛtənʃaxtəl] *f* cigarette pack
Zigarettenspitze [tsiga'rɛtənʃpɪtsə] *f* cigarette holder
Zigarettenstummel [tsiga'rɛtənʃtuməl] *m* fag-end *(UK)*, cigarette butt *(US)*
Zigarre [tsi'garə] *f* cigar
Zigarrenkiste [tsi'garənkɪstə] *f* cigar box

Zigarrenstummel [tsi'garənʃtuməl] *m* cigar butt
Zigeuner [tsi'gɔynər] *m* gypsy
Zigeunermusik [tsi'gɔynərmuzi:k] *f* gypsy music
Zimmer ['tsɪmər] *n* room
Zimmerantenne ['tsɪmərantɛnə] *f* indoor antenna, indoor aerial
Zimmerbrand ['tsɪmərbrant] *m* one-room fire
Zimmerdecke ['tsɪmərdɛkə] *f* ceiling
Zimmermädchen ['tsɪmərmɛ:tçən] *n* maid, chambermaid
Zimmermann ['tsɪmərman] *m* carpenter
zimmern ['tsɪmərn] *v* construct from wood
Zimmernummer ['tsɪmərnumər] *f* room number
zimperlich ['tsɪmpərlɪç] *adj 1. (prüde)* prissy; *2. (heikel)* squeamish; *3. (empfindlich)* hypersensitive
Zimperlichkeit ['tsɪmpərlɪçkaɪt] *f* squeamishness
Zimt [tsɪmt] *m GAST* cinnamon
Zink [tsɪŋk] *m CHEM* zinc
Zinke ['tsɪŋkə] *f 1. (Gabelzinke)* prong; *2. (Kammzinke)* tooth
Zinn [tsɪn] *n CHEM* tin
Zinne ['tsɪnə] *f (von einer Burg)* battlement
Zinnkrug ['tsɪnkru:k] *m* pewter mug
zinnoberrot [tsɪ'no:bərro:t] *adj* vermilion
Zinnoberrot [tsɪ'no:bərro:t] *n* vermilion
Zinnsoldat ['tsɪnzɔlda:t] *m* tin soldier
Zinnteller ['tsɪntɛlər] *m* pewter plate
Zinsbesteuerung ['tsɪnsbəʃtɔyəruŋ] *f POL* taxation of interest
Zinsen ['tsɪnzən] *pl FIN* interest
Zinserhöhung ['tsɪnsɛrhø:uŋ] *f FIN* interest rate increase
Zinseszins ['tsɪnzəstsɪns] *m FIN* compound interest
Zinsfuß ['tsɪnsfu:s] *m FIN* interest rate
zinslos ['tsɪnslo:s] *adj ECO* interest-free, non-interest-bearing
Zinssatz ['tsɪnszats] *m ECO* interest rate, rate of interest
Zinssenkung ['tsɪnszɛŋkuŋ] *f ECO* interest rate decrease
Zipfel ['tsɪpfəl] *m 1.* tip, end; *2. (einer Mütze)* point; *3. (von einem Tuch)* corner
Zipfelmütze ['tsɪpfəlmytse] *f* pointed hat, pointed cap
Zirkel ['tsɪrkəl] *m* circle
Zirkulation [tsɪrkula'tsjo:n] *f* circulation
zirkulieren [tsɪrku'li:rən] *v* circulate
Zirkusdirektor ['tsɪrkusdirɛktɔr] *m* circus director, ringmaster
Zirkuszelt ['tsɪrkustsɛlt] *n 1.* circus tent; *2. (Hauptzelt)* big top
zirpen ['tsɪrpən] *v* chirp
Zirrhose [tsɪ'ro:zə] *f MED* cirrhosis
zischen ['tsɪʃən] *v 1.* hiss; *2. (Sache)* fizz
Zischlaut ['tsɪʃlaut] *m LING* sibilant
Zisterne [tsɪs'tɛrnə] *f* cistern, water tank
Zitat [tsi'ta:t] *n* quotation, quote *(fam)*
Zither ['tsɪtər] *f MUS* zither
zitieren [tsi'ti:rən] *v 1. (anführend)* quote, cite; *2. JUR* summon
Zitronat [tsitro'na:t] *n GAST* candied lemon peel
Zitrone [tsi'tro:nə] *f* lemon; *jdn ausquetschen wie eine ~* squeeze s.o. dry
Zitronenfalter [tsi'tro:nənfaltər] *m ZOOL* brimstone butterfly
Zitronenlimonade [tsi'tro:nənlimona:də] *f* lemonade
Zitronensaft [tsi'tro:nənzaft] *m* lemon juice
Zitronenschale [tsi'tro:nənʃa:lə] *f* lemon peel
Zitrusfrucht ['tsitrusfruxt] *f* citrus fruit
Zitrusfrüchte ['tsi:trusfryçtə] *pl* citrus fruits
zitterig ['tsɪtərɪç] *adj* shaky
zittern ['tsɪtərn] *v* tremble, shake, quiver
Zitterpartie ['tsɪtərpar'ti:] *f SPORT* nailbiter
Zitze ['tsɪtsə] *f ZOOL* teat
zivil [tsi'vi:l] *adj 1.* civil; *2. (anständig)* reasonable
Zivil [tsi'vi:l] *n* plain clothes
Zivilberuf [tsi'vi:lbəru:f] *m* civilian occupation
Zivilbevölkerung [tsi'vi:lbəfœlkəruŋ] *f* civilian population
Zivilcourage [tsi'vi:lkura:ʒə] *f* courage of one's convictions
Zivildienst [tsi'vi:ldi:nst] *m* civil alternative service, community service done as an alternative to military service
Zivilisation [tsiviliza'tsjo:n] *f* civilization
zivilisatorisch [tsiviliza'to:rɪʃ] *adj* of civilization
zivilisieren [tsivili'zi:rən] *v* civilize
zivilisiert [tsivili'zi:rt] *adj* civilized
Zivilist [tsivi'lɪst] *m* civilian
zivilistisch [tsivi'lɪstɪʃ] *adj* civilian
Zivilkleidung [tsi'vi:lbəklaɪduŋ] *f* plain clothes *pl*, civilian clothes *pl*

Zivilrecht [tsi'vi:lrɛçt] *n JUR* civil law
Zobel ['tso:bəl] *m ZOOL* sable
Zofe ['tso:fə] *f* lady's maid
zögerlich ['tsø:gərlɪç] *adj* hesitant
zögern ['tsø:gərn] *v* hesitate, hold back, delay
Zögern ['tsø:gərn] *n* hesitation
zögernd ['tsø:gərnt] *adj 1.* hesitating; *adv 2.* hesitatingly
Zögling ['tsø:kliŋ] *m* pupil
Zölibat [tsøli'ba:t] *n REL* celibacy
Zoll [tsɔl] *m 1. (Behörde)* customs; *2. (Gebühr)* customs duty, duty; *3. (Maßeinheit)* inch
Zollabfertigung ['tsɔlapfɛrtɪguŋ] *f* customs clearance
Zollamt ['tsɔlamt] *n* customs office
Zollbeamte ['tsɔlbəamtə] *m* customs official, customs officer
Zollerklärung ['tsɔlɛrklɛ:ruŋ] *f* customs declaration
zollfrei ['tsɔlfraɪ] *adj* duty-free
Zollkontrolle ['tsɔlkontrɔlə] *f* customs control, customs inspection
zollpflichtig ['tsɔlpflɪçtɪç] *adj* dutiable, subject to customs
Zollstock ['tsɔlʃtɔk] *m* ruler, yardstick
Zolltarif ['tsɔltari:f] *m* customs tariff
Zombie ['tsɔmbi:] *m* zombie
Zone ['tso:nə] *f* zone
Zoo [tso:] *m* zoo
Zoohandlung ['tso:handluŋ] *f* pet shop
zoologisch [tsoo'lo:gɪʃ] *adj* zoologic, zoological
zoomen ['zu:mən] *v FOTO* zoom
Zopf [tsɔpf] *m 1.* plait, tress; *2. (von kleinen Mädchen)* pigtail
Zorn [tsɔrn] *m* anger, wrath
zornig ['tsɔrnɪç] *adj 1.* angry, irate, mad; *adv 2.* irately, angrily
Zote ['tso:tə] *f* dirty joke
zottig ['tsɔtɪç] *adj* shaggy

zu [tsu:] *prep 1.* to; *~ dieser Zeit* at this time; *~m Geburtstag* for one's birthday; *~ Fuß* on foot; *~m Beispiel* for example; *~ jdm hinübersehen* look across at s.o.; *Das Zimmer liegt ~r Straße.* The room looks out onto the street. *der Dom ~ Köln* Cologne Cathedral; *~ beiden Seiten* on both sides; *Bitte ~ Tisch!* Dinner is served! *~m Monatsende kündigen* give notice effective at the end of the month; *~m Glück* luckily; *jdm ~ Hilfe kommen* come to s.o.'s aid;*~r Belohnung* as a reward; *~ etw werden (Mensch)* make sth of o.s.; *jdn ~m Vorsitzenden wählen* elect s.o. chairman; *~r Beruhigung* to calm the nerves; *~ Grunde gehen* to be ruined, perish; *etw einer Sache ~ Grunde legen* base sth on sth; *einer Sache ~ Grunde liegen* to be at the bottom of sth, form the basis of sth; *~ Grunde richten* ruin, destroy, wreck; *~ Gunsten* in favour of, for the benefit of; *~ Gunsten von jdm ausgehen* come out in favour of s.o.; *konj 2.* to; *adv 3. (allzu)* too; *4. (fam: geschlossen)* closed

Zubehör ['tsu:bəhø:r] *n* accessories *pl*, attachments *pl*
zubeißen ['tsu:baɪsən] *v irr* bite hard
zubereiten ['tsu:bəraɪtən] *v* prepare
zubilligen ['tsu:bɪlɪgən] *v* allow, grant, concede
zubinden ['tsu:bɪndən] *v irr 1.* tie up; *2. (Schuhe)* tie, lace up
zublinzeln ['tsu:blɪntsəln] *v jdm ~* wink at s.o.
zubringen ['tsu:brɪŋən] *v irr (verbringen)* spend
Zubringerstraße ['tsu:brɪŋərʃtra:sə] *f* access road, feeder road, slip road *(UK)*
Zucchini [tsu'ki:ni] *pl GAST* zucchini
Zucht [tsuxt] *f 1. (Tierzucht)* breed; *2. (Fischzucht)* farm; *3. (Pflanzenzucht)* cultivation, growing; *4. (Disziplin)* discipline; *5. (das Züchten)* breeding
züchten ['tsyçtən] *v 1. (Tiere)* breed, raise; *2. (Pflanzen)* cultivate, grow
Züchter ['tsyçtər] *m 1. (Tierzüchter)* breeder; *2. (Pflanzenzüchter)* grower, cultivator
Zuchthaus ['tsuxthaus] *n* prison for capital offenders, penitentiary *(US)*
Zuchthäusler ['tsuxthɔyslər] *m* convict
Zuchthengst ['tsuxthɛŋst] *m* stud horse, stallion
zuchtlos ['tsuxtlo:s] *adj* undisciplined
Züchtung ['tsyçtuŋ] *f 1. (Züchten)* breeding; *2. (Zuchtart)* strain, variety, breed
zucken ['tsukən] *v* twitch, jerk, quiver
zücken ['tsykən] *v 1. (fassen, nehmen)* pick up; *2. (hervorziehen)* take out; *3. (Schwert)* draw
Zuckerdose ['tsukərdo:zə] *f* sugar basin *(UK)*, sugar bowl *(US)*
Zuckererbse ['tsukərɛrpsə] *f GAST* sugar pea, mange-tout
Zuckerguss ['tsukərgus] *m GAST* icing, frosting
zuckerkrank ['tsukərkraŋk] *adj* diabetic
Zuckerkrankheit ['tsu:kərkraŋkhaɪt] *f MED* diabetes

Zuckerlecken ['tsukərlɛkən] *n Es war kein ~.* It was no picnic.
zuckern ['tsukərn] *v* put sugar in, sugar
Zuckerrohr ['tsukərro:r] *n BOT* sugar cane
Zuckerwatte ['tsukərvatə] *f* candy floss *(UK),* cotton candy *(US)*
Zuckung ['tsukuŋ] *f 1.* twitch, jerk, spasm; *letzte ~en* death throes; *2. (krampfhafte)* convulsion
zudecken ['tsu:dɛkən] *v 1.* cover, cover up; *2. (fig)* cover up
zudem ['tsude:m] *adv* besides, moreover, furthermore
zudrehen ['tsu:dre:ən] *v* turn off
zudringlich ['tsu:drɪŋlɪç] *adj* pushy, intrusive
Zudringlichkeit ['tsu:drɪŋlɪçkaɪt] *f* intrusiveness, importunity, obtrusiveness
zudrücken ['tsu:drykən] *v* push shut; *ein Auge ~* look the other way
zueinander [tsuaɪn'andər] *adv* to each other, to one another
zuerkennen ['tsu:ɛrkɛnən] *v irr 1.* award, confer; *2. (Strafe)* impose
zuerst [tsu'erst] *adv 1. (zu Anfang)* at first; *~ einmal* first of all; *2. (zum ersten Mal)* first, for the first time; *3. (als Erster)* first
Zufahrt ['tsu:fa:rt] *f* driveway; *„~ frei halten"* "Keep entrance clear"
Zufahrtsstraße ['tsu:fa:rtsʃtra:sə] *f* access road
Zufall ['tsu:fal] *m 1.* chance, accident; *2. (Zusammentreffen)* coincidence
zufällig ['tsu:fɛlɪç] *adj 1.* coincidental, chance, accidental; *adv 2.* coincidentally, by chance; *3. (in Fragen)* by any chance
zufälligerweise ['tsu:fɛlɪgərvaɪzə] *adv* by chance
Zufälligkeit ['tsu:fɛlɪçkaɪt] *f* accidental nature, randomness
Zufallstreffer ['tsu:falstrɛfər] *m* chance hit, fluke
zufassen ['tsu:fasən] *v 1.* grab it, take hold of it; *2. (helfen)* lend a hand
Zuflucht ['tsu:fluxt] *f* refuge, shelter, sanctuary
Zufluchtsort ['tsu:fluxtsɔrt] *m* place of refuge, haven
Zufluss ['tsu:flus] *m 1.* influx; *2. (Zufuhr)* supply; *3. (Nebenfluss)* tributary
zuflüstern ['tsu:flystərn] *v jdm etw ~* whisper sth to s.o.
zufolge [tsu'fɔlgə] *prep 1. etw ~ (gemäß)* according to sth; *2. etw ~ (auf Grund)* as a result of sth
zufrieden [tsu'fri:dən] *adj* satisfied, content; *sich mit etw ~ geben* content o.s. with sth, to be content with sth, to be satisfied with sth; *jdn ~ lassen* leave s.o. alone; *~ stellen* satisfy, content
Zufriedenheit [tsu'fri:dənhaɪt] *f* contentedness, contentment, satisfaction *zu meiner ~* to my satisfaction; *zur allgemeinen ~* to everyone's satisfaction
Zufriedenstellung [tsu'fri:dənʃtɛluŋ] *f* satisfaction
zufrieren ['tsu:fri:rən] *v irr* freeze up, freeze over
Zufuhr ['tsu:fu:r] *f* supply

Zug [tsu:k] *m 1. (Eisenbahn)* train; *mit dem ~ fahren* go by train; *im falschen ~ sitzen* to be on the wrong track; *Dieser ~ ist abgefahren. (fig)* It's too late now. *2. (Umzug)* move; *3. (Luftzug)* draught *(UK),* draft *(US); 4. (Wesenszug)* trait; *5. zum ~e kommen* get a chance; *etw in vollen Zügen genießen* enjoy sth to the fullest; *in den letzten Zügen liegen* to be at one's last gasp

Zugabe ['tsu:ga:bə] *f 1.* extra, bonus; *2. (Konzertzugabe)* encore
Zugabteil ['tsu:kaptaɪl] *n* train compartment, railway compartment
Zugang ['tsu:gaŋ] *m 1. (Eingang)* entrance, entry; *2. (Zutritt)* admittance access; *3. (Warenzugang) ECO* supply, receipt
zugänglich ['tsu:gɛŋlɪç] *adj 1. (erreichbar)* accessible; *2. (verfügbar)* available; *3. (fig)* approachable
Zuganschluss ['tsu:kanʃlus] *m* train connection
Zugbegleiter ['tsu:kbəglaɪtər] *m* guard *(UK),* conductor *(US)*
zugeben ['tsu:ge:bən] *v irr (einräumen)* concede, confess, admit
zugegen [tsu'ge:gən] *adj ~ sein* to be present
zugehen ['tsu:ge:ən] *v irr 1. (fam: rasch gehen)* get a move on; *2. (weitergehen)* move on; *Geh zu!* Move it! Go! *3. (sich schließen lassen)* close, shut; *4. auf etw ~* head for sth; *5. (sich einem Zeitpunkt nähern)* approach; *Es geht auf den Sommer zu.* Summer is approaching. *Er geht auf die Sechzig zu.* He's approaching sixty. *6. (geschehen, ablaufen)* happen; *Hier geht es ja zu!* This place is really hopping! *7. jdm ~ (Brief)* to be sent to s.o., reach s.o.

zugehörig ['tsu:gəhø:rɪç] *adj 1.* accompanying; *2. (verbunden)* affiliated
Zugehörigkeit ['tsu:gəhø:rɪçkaɪt] *f* affiliation, membership
zugeknöpft ['tsu:gəknœpft] *adj (fig)* tight-lipped, buttoned-up, restrained
Zügel ['tsy:gəl] *m* rein; *die ~ fest in der Hand haben* have things firmly under control; *die ~ straffer halten* keep a tighter rein; *die ~ schleifen lassen* let things take their course
zügellos ['tsy:gəllo:s] *adj (fig)* unbridled, rampant, unrestrained
Zügellosigkeit ['tsy:gəllo:zɪçkaɪt] *f* intemperance, unrestrainedness
Zugeständnis ['tsu:gəʃtɛntnɪs] *n* concession
zugestehen ['tsugəʃte:ən] *v* admit, confess, grant, acknowledge *zugestanden, Sie haben Recht*; you're right, I grant you that, I admit you're right; *man gestand ihm zu, dass ...* it was admitted that, it was acknowledged that
zugetan ['tsu:gəta:n] *adj einer Sache ~ sein* to be fond of sth, to be enamoured of sth
Zugewinn ['tsu:gəvɪn] *m (während einer Ehe)* assets acquired during marriage
Zugführer ['tsu:kfy:rər] *m* train guard, conductor *(US)*
zugig ['tsu:gɪç] *adj* draughty, drafty *(US)*
zügig ['tsy:gɪç] *adj 1.* swift, brisk, smart; *2. (Handschrift)* smooth
Zügigkeit ['tsy:gɪçkaɪt] *f* swiftness, expeditiousness
zugkräftig ['tsu:kkrɛftɪç] *adj 1. (Plakat)* eye-catching; *2. (Titel)* catchy; *3. (Theaterstück)* of wide appeal
zugleich [tsu'glaɪç] *adv* at once, at the same time
Zugluft ['tsu:kluft] *f* draught, draft *(US)*
Zugmaschine ['tsu:kmaʃi:nə] *f* tractor
zugreifen ['tsu:graɪfən] *v 1.* grab it; *2. (bei Tisch) Greif zu!* Help yourself! *3. (helfen)* lend a hand; *4. (stramm arbeiten)* get down to work
Zugriff ['tsu:grɪf] *m 1. INFORM* access; *2. durch raschen ~* by stepping in quickly, by acting fast; *sich dem ~ der Polizei entziehen* evade justice
Zugunglück ['tsu:kunglyk] *n* train accident
zugute [tsu'gu:tə] *adv 1. jdm etw ~ halten* make allowances for sth, grant s.o. sth; *2. sich etw auf etw ~ halten* pride o.s. on sth; *3. einer Sache ~ kommen* come in useful for sth, benefit sth
Zugverbindung ['tsu:kfɛrbinduŋ] *f* train connection
zuhalten ['tsu:haltən] *v irr* keep closed, stop; *sich die Nase ~* hold one's nose
Zuhälter ['tsu:hɛltər] *m* pimp *(fam)*, procurer
zuhause [tsu'hauzə] *adv* home, at home
Zuhause [tsu'hauzə] *n* home
zuhören ['tsu:hø:rən] *v* listen
Zuhörer ['tsu:hø:rər] *m* listener
zujubeln ['tsu:ju:bəln] *v* cheer
zuklappen ['tsu:klapən] *v* clap shut
zukleben ['tsu:kle:bən] *v* seal up, stick
zuknöpfen ['tsu:knœpfən] *v* button up
Zukunft ['tsu:kunft] *f* future
zukünftig ['tsu:kynftɪç] *adj 1.* future; *adv 2.* from now on, in future
Zukunftsangst ['tsu:kunftsaŋst] *f* anxiety about the future
zulächeln ['tsu:lɛçəln] *v* smile at
Zulage ['tsu:la:gə] *f 1.* additional pay, bonus; *2. (Gehaltserhöhung)* rise *(UK)*, raise *(US)*
zulänglich ['tsu:lɛŋlɪç] *adj* adequate, sufficient
zulassen ['tsu:lasən] *v irr 1. (geschlossen lassen)* leave shut, leave closed; *2. (gestatten)* allow, permit, consent to; *3. (Auto)* register; *4. (hereinlassen)* admit
zulässig ['tsu:lɛsɪç] *adj* permissible, allowed, admissible
Zulässigkeit ['tsu:lɛsɪçkaɪt] *f* permissibility
Zulassung ['tsu:lasuŋ] *f 1. (eines Autos)* registration; *2. (Erlaubnis)* permission, approval
Zulassungsstelle ['tsu:lasuŋsʃtɛlə] *f* registration office
Zulauf ['tsu:lauf] *m* popularity; *großen ~ haben* to be very popular, to be in great demand
zulegen ['tsu:le:gən] *v 1. sich etw ~* acquire sth; *2. (fam: an Gewicht zunehmen)* gain weight, put on weight; *3. (fam: Anstrengungen verstärken)* redouble efforts, step it up a notch
zuleiten ['tsu:laɪtən] *v* send, forward
Zuleitung ['tsu:laɪtuŋ] *f* supply
zuletzt [tsu'lɛtst] *adv 1.* lastly, finally; *2. (als Letzter, zum letzten Mal)* last
zuliebe [tsu'li:bə] *adv etw jdm ~ tun* do sth for s.o.'s sake
Zulieferer ['tsu:li:fərər] *m ECO* supplier, component supplier, subcontractor
Zulieferung ['tsu:li:fəruŋ] *f* supply
zumachen ['tsu:maxən] *v* close, shut
zumal [tsu'ma:l] *adv 1.* especially, particularly, above all; *konj 2.* all the more since, particularly as, especially since

zumeist [tsu'maɪst] *adv* mostly, for the most part
zumindest [tsu'mindəst] *adv* at least
zumutbar ['tsuːmuːtbaːr] *adj* reasonable
Zumutbarkeit ['tsuːmuːtbaːrkaɪt] *f* reasonableness
zumuten ['tsuːmuːtən] *v jdm etw ~* expect sth of s.o., demand sth of s.o.; *sich zu viel ~* bite off more than one can chew
Zumutung ['tsuːmuːtuŋ] *f* unreasonable demand, unreasonable expectation
zunächst [tsu'nɛːçst] *adv 1.* initially, first of all; *2.(vorläufig)* for the time being, for the moment
Zunahme ['tsuːnaːmə] *f* increase, growth, rise
Zuname ['tsuːnaːmə] *m* family name, surname
zünden ['tsyndən] *v* ignite, light, spark, catch light, catch fire
Zündholz ['tsynthɔlts] *n* match; *ein ~ anreißen* strike a match
Zündkerze ['tsyntkɛrtsə] *f (eines Autos)* sparking plug *(UK)*, spark plug *(US)*
Zündschlüssel ['tsyndʃlysəl] *m* ignition key
Zündung ['tsynduŋ] *f (eines Autos)* ignition
zunehmen ['tsuːneːmən] *v irr 1.* increase, grow, rise; *2. (an Gewicht)* gain weight, put on weight
Zuneigung ['tsuːnaɪguŋ] *f* affection; *~ zu jdm fassen* take a liking to s.o., grow fond of s.o.; *eine starke ~ zu jdm empfinden* feel strong affection towards s.o.
Zunge ['tsuŋə] *f* tongue; *die ~ im Zaum halten* hold one's tongue; *jdm die ~ lösen* get s.o. to talk; *sich auf die ~ beißen* bite one's tongue; *es brennt jdm auf der ~* s.o. is itching to say sth; *Das geht mir schwer von der ~.* The words don't come easy to me.
züngeln ['tsyŋəln] *v 1. (Schlange)* dart its tongue in and out; *2. (Flamme)* lick
Zungenbrecher ['tsuŋənbrɛçər] *m* tongue twister
zungenfertig ['tsuŋənfɛrtɪç] *adj* silver-tongued
Zungenspitze ['tsungənʃpɪtsə] *f* tip of the tongue
zunichte [tsu'nɪçtə] *v ~ machen* annihilate, ruin, destroy
zuordnen ['tsuːɔrdnən] *v* classify, assign to
Zuordnung ['tsuːɔrdnuŋ] *f* classification, assignment
zupfen ['tsupfən] *v 1.* tug; *2. (etw ~)* pluck; *3. (Unkraut)* pull
zurechnungsfähig ['tsuːrɛçnuŋsfɛːɪç] *adj JUR* compos mentis, of sound mind
Zurechnungsfähigkeit ['tsuːrɛçnuŋsfɛːɪçkaɪt] *f JUR* mental capacity, soundness of mind
zurechtbiegen [tsu'rɛçtbiːgən] *v irr 1.* bend into shape; *2. (fig: eine Sache)* straighten out
zurechtfinden [tsu'rɛçtfɪndən] *v irr sich ~* find one's way
zurechtkommen [tsu'rɛçtkɔmən] *v irr 1. mit etw ~ (fertig werden)* cope with sth, manage sth; *2. (rechtzeitig kommen)* arrive in time, come in time
zurechtlegen [tsu'rɛçtleːgən] *v 1. jdm etw ~* lay sth out for s.o.; *2. sich etw ~ (sich ausdenken)* work sth out, dream up sth
zurechtmachen [tsu'rɛçtmaxən] *v 1.* make ready, prepare; *2. sich ~* get ready
zurechtrücken [tsu'rɛçtrykən] *v* put in place
zurechtweisen [tsu'rɛçtvaɪzən] *v irr* reprimand, rebuke
Zurechtweisung [tsu'rɛçtvaɪzuŋ] *f* reprimand, rebuke
zureden ['tsuːreːdən] *v 1. jdm ~* try to persuade s.o.; *2. (ermutigen)* encourage s.o.
zureichend ['tsuːraɪçənt] *adj* adequate, sufficient
zureiten ['tsuːraɪtən] *v irr 1. (ein Pferd)* break in; *2. (auf etw)* ride towards
zurichten ['tsuːrɪçtən] *v jdn ~* injure s.o.
zürnen ['tsyrnən] *v* to be angry; *jdm ~* to be angry with s.o.
zurück [tsu'ryk] *adv* back, backwards, behind
Zurück [tsu'ryk] *n* going back; *Es gibt kein ~ mehr.* There's no going back now.
zurückbehalten [tsu'rykbəhaltən] *v irr* retain, detain, keep back
zurückbezahlen [tsu'rykbətsaːlən] *v* pay back, repay, reimburse
zurückbilden [tsu'rykbɪldən] *v sich ~* regress
zurückbleiben [tsu'rykblaɪbən] *v irr 1.* lag behind; *geistig zurückgeblieben* mentally retarded; *2. (dableiben)* stay behind, remain behind; *„Bitte ~!" (bei der U-Bahn)* "Please stand back." *3. (Schmerz)* remain
zurückblicken [tsu'rykblɪkən] *v* look back
zurückbringen [tsu'rykbrɪŋən] *v irr* return, bring back, replace

zurückdenken [tsu'rykdɛŋkən] *v irr* think back, reminisce
zurückdrängen [tsu'rykdrɛŋən] *v* drive back, push back
zurückerhalten [tsu'rykɛrhaltən] *v irr* have returned, get back
zurückerobern [tsu'rykɛroːbərn] *v* reconquer, recover
zurückerstatten [tsu'rykɛrʃtatən] *v* refund, pay back, reimburse
zurückfahren [tsu'rykfaːrən] *v irr 1.* return; *2. (als Fahrer)* drive back
zurückfliegen [tsu'rykfliːgən] *v irr* fly back
zurückfordern [tsu'rykfɔrdərn] *v etw ~* ask for sth back, demand sth back
zurückführen [tsu'rykfyːrən] *v 1.* lead back, take back; *2. (fig: ableiten aus)* reduce to, attribute to, trace back to
zurückgeben [tsu'rykgeːbən] *v irr* give back, return
zurückgeblieben [tsu'rykgəbliːbən] *adj 1. (geistig)* mentally retarded; *2. (körperlich)* physically retarded
zurückgehen [tsu'rykgeːən] *v irr 1.* go back, turn back, return; *2. (sinken)* fall, drop, decline; *3. (fig) ~ auf* go back to; *bis auf das siebzehnte Jahrhundert ~* date back to the seventeenth century
zurückgewinnen [tsu'rykgəvɪnən] *v irr 1.* win back, regain, recoup; *2. (Gebiet) MIL* recapture, recover
zurückgezogen [tsu'rykgətsoːgən] *adj 1.* retired, solitary, withdrawn; *adv 2.* privately; *~ leben* live a secluded life
Zurückgezogenheit [tsu'rykgətsoːgənhaɪt] *f* seclusion
zurückgreifen [tsu'rykgraɪfən] *v irr 1. (beim Erzählen)* go back; *2. auf etw ~* fall back on sth, resort to sth
zurückhalten [tsu'rykhaltən] *v irr 1. etw ~* hold sth back, suppress sth; *2. sich ~* hold back, keep back
zurückhaltend [tsu'rykhaltənt] *adj 1.* reserved, restrained; *adv 2.* with restraint
Zurückhaltung [tsu'rykhaltuŋ] *f* reserve, restraint, aloofness
zurückholen [tsu'rykhoːlən] *v* fetch back
zurückkehren [tsu'rykkeːrən] *v* come back, return, go back
zurückklappen [tsu'rykklapən] *v* fold back
zurückkommen [tsu'rykkɔmən] *v irr* return, come back
zurücklassen [tsu'ryklasən] *v irr* leave behind
zurücklegen [tsu'rykleːgən] *v 1.* replace, put back; *2. (Strecke)* cover; *3. (sparen)* save, put aside; *4. (reservieren)* put aside
zurückliegen [tsu'rykliːgən] *v irr Der Unfall liegt ein Jahr zurück.* The accident happened a year ago.
zurückmüssen [tsu'rykmysən] *v irr* have to return
zurücknehmen [tsu'rykneːmən] *v irr 1.* take back; *2. (widerrufen)* withdraw, take back
zurückrufen [tsu'rykruːfən] *v irr 1.* call back; *2. ins Gedächtnis ~* call to mind; *3. jdn ins Leben ~* bring s.o. back to life
zurückschalten [tsu'rykʃaltən] *v 1. (beim Auto)* downshift; *2. (verringern)* lower
zurückschlagen [tsu'rykʃlaːgən] *v irr 1.* hit back; *2. (fig)* strike back
zurückschrecken [tsu'rykʃrɛkən] *v irr 1.* flinch, recoil; *vor nichts ~* stop at nothing; *2. jdn ~* intimidate s.o.
zurücksenden [tsu'rykzɛndən] *v irr* send back, return
zurücksetzen [tsu'rykzɛtsən] *v 1. (mit dem Auto)* move back, back up; *2. (zurückstellen)* move back; *3. (fig: benachteiligen)* neglect s.o.
Zurücksetzung [tsu'rykzɛtsuŋ] *f* neglect
zurückstecken [tsu'rykʃtɛkən] *v* put back
zurückstellen [tsu'rykʃtɛlən] *v 1.* set back, put back; *2. (Heizung)* turn down; *3. (Interessen)* put aside; *4. jdn vom Wehrdienst ~ MIL* defer s.o.'s military service; *5. (Waren)* put aside
Zurückstellung [tsu'rykʃtɛluŋ] *f* deferment
zurücktreten [tsu'ryktreːtən] *v irr 1.* step back, stand back; *2. (Rücktritt erklären)* resign, retire
zurückweichen [tsu'rykvaɪçən] *v irr* draw back
zurückweisen [tsu'rykvaɪzən] *v irr* reject, refuse
Zurückweisung [tsu'rykvaɪzuŋ] *f* rejection, refusal
zurückzahlen [tsu'ryktsaːlən] *v* pay back, repay
Zurückzahlung [tsu'ryktsaːluŋ] *f* repayment
zurückziehen [tsu'ryktsiːən] *v irr 1.* pull back, draw back; *2. sich ~* retire, withdraw
zurufen ['tsuːruːfən] *v irr 1. jdm etw ~* call sth out to s.o., shout sth at s.o.; *2. jdm anfeuernd ~* cheer for s.o.
Zusage ['tsuːzaːgə] *f 1. (Verpflichtung)* commitment; *2. (Versprechen)* promise; *3. (Zustimmung)* assent

zusagen ['tsuːzaːgən] *v* *1.* confirm, *(versprechen)* promise; *2. (fig: gefallen)* appeal to, please, suit
zusammen [tsu'zamən] *adv* *1. (gemeinsam)* together, jointly, in common; *2. (insgesamt)* all in all, altogether
Zusammenarbeit [tsu'zamənarbaɪt] *f* cooperation, collaboration
zusammenarbeiten [tsu'zamənarbaɪtən] *v* work together, cooperate, collaborate
Zusammenbau [tsu'zamənbau] *m* assembly
zusammenbauen [tsu'zamənbauən] *v* assemble
zusammenbeißen [tsu'zamənbaɪsən] *v irr die Zähne ~* clench one's teeth, set one's teeth; *(fig)* grit one's teeth
zusammenbinden [tsu'zamənbɪndən] *v irr* tie together
zusammenbleiben [tsu'zamənblaɪbən] *v irr* stay together
zusammenbrechen [tsu'zamənbrɛçən] *v irr* collapse, break down
zusammenbringen [tsu'zamənbrɪŋən] *v irr* bring together
Zusammenbruch [tsu'zamənbrux] *m* collapse, breakdown
zusammendrücken [tsu'zamәndrykәn] *v* press together
zusammenfahren [tsu'zamənfaːrən] *v irr* *1. (vor Schreck)* give a start; *2. (fam: jdn überfahren)* run over
zusammenfallen [tsu'zamənfalən] *v irr* *1.* collapse, fall to pieces; *2. (fig: zeitlich)* coincide
zusammenfassen [tsu'zamənfasən] *v* *1. (das Fazit ziehen)* summarize; *2. (vereinigen)* unite
zusammenfassend [tsu'zamənfasənt] *adv* in summary
Zusammenfassung [tsu'zamənfasuŋ] *f* summary, synopsis
zusammenfügen [tsu'zamənfyːgən] *v* join, unite, put together
zusammengehören [tsu'zaməngəhøːrən] *v* belong together
Zusammengehörigkeit [tsu'zaməngəhøːrɪçkaɪt] *f* unity
Zusammengehörigkeitsgefühl [tsu'zaməngəhøːrɪçkaɪtsgəfyːl] *n* *1.* feeling of solidarity; *2. (in einer Mannschaft)* team spirit
zusammengesetzt [tsu'zaməngəzɛtst] *adj* *1. aus etw ~ sein* to be composed of sth, to be made of sth; *2. GRAMM* compound
zusammenhalten [tsu'zamənhaltən] *v irr* hold together, keep together, stick
Zusammenhang [tsu'zamənhaŋ] *m* *1.* connection; *2. (im Text)* context; *3. (von Ideen)* coherence
zusammenhängen [tsu'zamənhɛŋən] *v irr* to be connected
zusammenhängend [tsu'zamənhɛŋənt] *adj* coherent
zusammenhangslos [tsu'zamənhaŋsloːs] *adj* incoherent, disjointed, unrelated
zusammenkehren [tsu'zamənkeːrən] *v* sweep together
zusammenklappbar [tsu'zamənklapbaːr] *adj* folding, collapsible
zusammenkleben [tsu'zamənkleːbən] *v* stick together
Zusammenkunft [tsu'zamənkunft] *f* meeting, gathering, assembly
zusammenlaufen [tsu'zamənlaufən] *v irr* *1. (zusammenfließen)* run together; *2. (Straßen)* converge, meet; *3. MATH* intersect
zusammenleben [tsu'zamənleːbən] *v* live together
Zusammenleben [tsu'zamənleːbən] *n* cohabitation
zusammenlegen [tsu'zamənleːgən] *v* *1. (vereinigen)* merge, unite, consolidate; *2. (falten)* fold up, put together
zusammennehmen [tsu'zamənneːmən] *v irr sich ~* get a grip on o.s., collect o.s., pull o.s. together
zusammenpacken [tsu'zamənpakən] *v* *1.* pack; *2. (zusammen verpacken)* pack together
zusammenpassen [tsu'zamənpasən] *v* fit together, match, suit each other
Zusammenprall [tsu'zamənpral] *m* collision
zusammenprallen [tsu'zamənpralən] *v* collide
zusammenreißen [tsu'zamənraɪsən] *v irr sich ~* pull o.s. together; *Reiß dich zusammen!* Pull yourself together!
zusammenschlagen [tsu'zamənʃlaːgən] *v irr* *1. über jdm ~* engulf s.o.; *2. jdn ~* beat s.o. up; *3. die Hände überm Kopf ~ (fam)* throw up one's hands; *4. (aneinander schlagen) etw ~* knock things together; *5. (zusammenlegen)* fold up; *6. etw ~ (zerstören, beschädigen)* smash sth
zusammenschließen [tsu'zamənʃliːsən] *v irr sich ~* get together, team up
Zusammenschluss [tsu'zamənʃlus] *m* union, alliance, merger, joining together, combining, amalgamation

Zusammensein [tsu'zamənzaɪn] *n* being together
zusammensetzen [tsu'zamənzɛtsən] *v 1. sich ~ aus* consist of, to be comprised of; *2. sich ~ (fig: sich besprechen)* get together; *sich gemütlich ~* have a cosy get-together
Zusammensetzung [tsu'zamənzɛtsuŋ] *f 1.* composition, make-up, construction; *2. (Wort)* compound
zusammensitzen [tsu'zamənzɪtsən] *v irr* sit together
zusammenstellen [tsu'zamənʃtɛlən] *v 1. (fig)* make up, put together, combine; *2. (Daten)* compile
Zusammenstellung [tsu'zamənʃtɛluŋ] *f (fig)* combination, compilation, assembly
Zusammenstoß [tsu'zamənʃtoːs] *m 1.* collision, crash; *2. (Streit)* clash
zusammenstoßen [tsu'zamənʃtoːsən] *v irr 1.* collide, crash; *2. (sich streiten)* clash
zusammentragen [tsu'zaməntraːgən] *v irr 1.* collect, gather; *2. (fig)* compile, accumulate
zusammentreffen [tsu'zaməntrɛfən] *v irr* meet, coincide
Zusammentreffen [tsu'zaməntrɛfən] *n 1.* meeting, encounter; *2. (der Umstände)* coincidence
zusammenwachsen [tsu'zamənvaksən] *v irr* grow together
zusammenzählen [tsu'zaməntsɛːlən] *v* add up
zusammenziehen [tsu'zaməntsiːən] *v irr 1.* pull together, draw together; *2. (zusammenzählen)* add together
zusammenzucken [tsu'zaməntsukən] *v* start, jump, flinch
Zusatz ['tsuːzats] *m 1.* addition, supplement; *2. CHEM* additive
zusätzlich ['tsuːzɛtslɪç] *adj 1.* additional, supplementary; *adv 2.* additionally, in addition
Zusatzversicherung ['tsuːzatsfɛrzɪçəruŋ] *f* additional insurance
Zusatzzahl ['tsuːzatstsaːl] *f* seventh number in the lottery
zuschauen ['tsuːʃauən] *v* look on, watch
Zuschauer ['tsuːʃauər] *m 1.* spectator, member of the audience; *2. (Beistehender)* onlooker
Zuschauertribüne ['tsuːʃauərtribyːnə] *f* grandstand, bleachers, stands
zuschicken ['tsuːʃɪkən] *v* send, *(mit der Post)* mail; *sich etwas ~ lassen* send for sth; *etw zugeschickt bekommen* receive sth (by post), get sth sent to one
Zuschlag ['tsuːʃlaːk] *m 1.* extra charge, surcharge; *2. TECH* addition
zuschlagen ['tsuːʃlaːgən] *v irr 1. (eine Tür)* slam, bang shut; *die Tür hinter sich ~* slam the door behind one; *2. (mit der Faust)* punch; *3. (fam: eine Gelegenheit ergreifen)* jump at the opportunity, seize the opportunity
zuschlagspflichtig ['tsuːʃlaːkspflɪçtɪç] *adj* subject to a supplementary charge
zuschließen ['tsuːʃliːsən] *v irr* lock up, close
zuschnappen ['tsuːʃnapən] *v 1. (zubeißen)* snap; *2. (schließen)* snap shut, click shut
zuschneiden ['tsuːʃnaɪdən] *v irr* tailor; *Das Konzept war wie auf ihn zugeschnitten.* The idea was tailor-made for him.
Zuschrift ['tsuːʃrɪft] *f* letter, *(auf Anzeige)* reply, *(amtlich)* communication
Zuschuss ['tsuːʃus] *m* allowance, contribution, subsidy
zusehen ['tsuːzeːən] *v irr* look on, watch
zusehends ['tsuːzeːənts] *adv* visibly, noticeably
zusetzen ['tsuːzɛtsən] *v 1. (auf den Herd setzen)* put on; *2. Geld ~* lose money; *3. (hinzufügen)* add; *4. jdm ~ (drängen)* pester s.o., badger s.o.; *5. jdm ~ (Feind)* harass s.o.; *6. jdm ~ (Hitze)* take a lot out of s.o.
zusichern ['tsuːzɪçərn] *v jdm etw ~* assure s.o. of sth
Zusicherung ['tsuːzɪçəruŋ] *f* assurance, guarantee
zuspielen ['tsuːʃpiːlən] *v 1. jdm den Ball ~ SPORT* pass the ball to s.o.; *2. jdm etw ~* pass sth to s.o.
zuspitzen ['tsuːʃpɪtsən] *v 1. (Bleistift)* sharpen; *2. (fig) sich ~* come to a head, come to a point, become critical
Zuspitzung ['tsuːʃpɪtsuŋ] *f* aggravation, intensification
Zuspruch ['tsuːʃprux] *m 1. (Trost)* words of comfort; *2. (Aufmunterung)* encouragement; *3. (Beliebtheit)* popularity

Zustand ['tsuʃtant] *m 1.* condition, state; *Zustände kriegen* have a fit; *2. (Lage)* situation

zuständig ['tsuːʃtɛndɪç] *adj 1. (verantwortlich)* responsible; *2. (entsprechend)* appropriate, relevant
Zuständigkeit ['tsuːʃtɛndɪçkaɪt] *f* competence, jurisdiction, responsibility
zustatten [tsu'ʃtatən] *adv jdm ~ kommen* to be useful to s.o.
zustechen ['tsuːʃtɛçən] *v irr* take a stab

zusteigen ['tsu:ʃtaɪgən] *v irr 1.* get in, get on; *2. Ist noch jemand zugestiegen? (Frage des Schaffners)* Tickets, please!
zustellen ['tsu:ʃtɛlən] *v 1.* block, obstruct; *2. (liefern)* deliver, hand over
Zusteller ['tsu:ʃtɛlər] *m 1.* deliverer; *2. (Postbote)* letter carrier, postman, mailman
Zustellgebühr ['tsu:ʃtɛlgəby:r] *f* delivery fee, delivery charge
Zustellung ['tsu:ʃtɛluŋ] *f* delivery
zusteuern ['tsu:ʃtɔyərn] *v auf etw ~* head for sth
zustimmen ['tsu:ʃtɪmən] *v* agree, consent, approve
Zustimmung ['tsu:ʃtɪmuŋ] *f* agreement, consent, approval
zustoßen ['tsu:ʃto:sən] *v irr jdm ~* happen to s.o., befall s.o.
Zustrom ['tsu:ʃtro:m] *m 1.* flow, flux; *2. (hineinströmend)* influx; *3. (Andrang)* crowd, throng; *großen ~ haben* to be very popular, have crowds of people coming to them/it
Zutaten ['tsu:ta:tən] *pl* ingredients *pl*, raw material
Zuteilung ['tsu:taɪluŋ] *f* assignment, allotment, allocation
zutragen ['tsu:tra:gən] *v irr 1. sich ~* happen; *2. (weitererzählen)* report, pass on
zutrauen ['tsu:trauən] *v jdm etw ~* think s.o. capable of sth
zutraulich ['tsu:traulɪç] *adj* confiding, affectionate
zutreffen ['tsu:trɛfən] *v irr 1.* prove right, to be accurate; *2. (gelten)* apply
Zutritt ['tsu:trɪt] *m* access, admission; admittance, entry; *kein ~/~ verboten* no admittance, no entry; *freien ~ zu einer Veranstaltung haben* to be admitted to an event free of charge; *sich ~ verschaffen* gain admission, gain admittance; *jdm ~ gewähren* admit sb; *jdm den ~ verwehren* refuse s.o. admission/admittance
zuunterst [tsu'untɛrst] *adv* right at the bottom, way at the bottom
Zuverdienst ['tsu:fɛrdi:nst] *m* additional income, additional earnings
zuverlässig ['tsu:fɛrlɛsɪç] *adj* reliable, dependable, trustworthy
Zuverlässigkeit ['tsu:fɛrlɛsɪçkaɪt] *f* reliability, dependability, trustworthiness
Zuversicht ['tsu:fɛrzɪçt] *f* confidence, trust, hope
zuversichtlich ['tsu:fɛrzɪçtlɪç] *adj 1.* confident, optimistic; *adv 2.* confidently, optimistically
zuvor [tsu'fo:r] *adv* before, formerly, previously
zuvorkommen [tsu'fo:rkɔmən] *v irr 1. einer Sache ~* anticipate sth; *2. jdm ~* beat s.o. to sth
zuvorkommend [tsu'fo:rkɔmənt] *adj* obliging, kind, courteous
Zuwachs ['tsu:vaks] *m 1. ECO* growth; *2. (fam: Baby)* addition to the family
Zuwanderung ['tsu:vandəruŋ] *f* immigration
zuweilen [tsu:'vaɪlən] *adv* sometimes, at times, now and then
zuweisen ['tsu:vaɪzən] *v irr* assign, allocate, allot
Zuweisung ['tsu:vaɪzuŋ] *f* assignment, transfer from profits
zuwenden ['tsu:vɛndən] *v irr 1.* turn toward; *jdm das Gesicht ~* turn to face sb, turn one's face towards s.o.; *die der Straße zugewandten Fenster* the windows facing the street *2. (völlig widmen)* devote, *jdm seine ganze Liebe ~* bestow all one's affection on s.o.
Zuwendung ['tsu:vɛnduŋ] *f (Geldbeitrag)* grant, contribution, donation
zuwerfen ['tsu:vɛrfən] *v irr 1. die Tür ~* slam the door; *2. jdm etw ~* throw sth to s.o.; *jdm einen Blick ~* glance at s.o., shoot a glance at s.o.
zuwider [tsu'vi:dər] *adv 1. (entgegen)* contrary to, against; *prep 2.* contrary to, against, opposed to
zuwiderhandeln [tsu'vi:dərhandəln] *v 1. einer Sache ~* act contrary to sth, go against sth; *2. (einer Vorschift)* violate
zuwinken ['tsu:vɪŋkən] *v irr jdm ~* wave to s.o.
zuziehen ['tsu:tsi:ən] *v irr 1. (hierher ziehen)* move here, move to the area; *2. etw ~* pull sth shut; *3. (Knoten)* pull tight; *4. jdn ~* consult s.o.; *5. sich etw ~* incur sth; *sich eine Verletzung ~* sustain an injury; *sich eine Krankheit ~* contract an illness
zuzüglich ['tsutsy:klɪç] *prep* plus
zuzwinkern ['tsu:tsvɪŋkərn] *v jdm ~* wink at s.o.
Zwang [tsvaŋ] *m 1.* compulsion; *2. (Verpflichtung)* obligation; *3. (Gewalt)* force; *4. (hemmender ~)* constraint
zwängen ['tsvɛŋən] *v* force
zwanghaft ['tsvaŋhaft] *adj* compulsive
zwanglos ['tsvaŋlo:s] *adj 1.* informal, casual, relaxed; *adv 2.* informally, at ease

Zwangsarbeit ['tsvaŋsarbaɪt] *f 1. (im Zuchthaus)* hard labour; *2. (von Kriegsgefangenen)* forced labour
Zwangsjacke ['tsvaŋsjakə] *f* straitjacket; *jdn in eine ~ stecken (fig)* tie s.o.'s hands
Zwangslage ['tsvaŋsla:gə] *f* predicament
zwangsläufig ['tsvaŋslɔyfɪç] *adj 1.* necessary, obligatory; *adv 2.* of necessity
Zwangsläufigkeit ['tsvaŋslɔyfɪçkaɪt] *f* inevitability
Zwangsvollstreckung ['tsvaŋsfɔlʃtrɛkuŋ] *f JUR* enforcement
zwanzig ['tsvantsɪç] *num* twenty
Zwanziger ['tsvantsɪgər] *m 1. (Geldschein)* twenty mark note *(UK),* twenty mark bill *(US); 2. in den ~n sein (Mensch)* to be in one's twenties; *pl 3. die ~ (Jahrzehnt)* the Twenties
zwar [tsva:r] *konj 1. und ~* that is to say, namely; *Kommen Sie her, und ~ sofort!* Come here, and I mean right away! *2.* indeed, admittedly, certainly; *Es war ~ enttäuschend, aber ...* It was indeed disappointing, but ...
Zweck [tsvɛk] *m 1.* purpose, aim, end; *Der ~ heiligt die Mittel.* The end justifies the means. *2. (Sinn)* point
zweckdienlich ['tsvɛkdi:nlɪç] *adj 1.* useful; *2. (einschlägig)* relevant, appropriate
Zweckdienlichkeit ['tsvɛkdi:nlɪçkaɪt] *f 1. (Nützlichkeit)* usefulness; *2. (Angemessenheit)* appropriateness
zweckentfremden ['tsvɛkɛntfrɛmdən] *v* misappropriate, redesignate
zweckentfremdet ['tsvɛkənfrɛmdət] *adj* diverted from its intended use, misused
Zweckentfremdung ['tsvɛkɛntfrɛmduŋ] *f* use for a purpose other than the original designation
zweckgebunden ['tsvɛkgəbundən] *adj* earmarked, appropriated, bound to a specific purpose
zwecklos ['tsvɛklo:s] *adj 1.* pointless, useless, futile; *adv 2.* pointlessly, aimlessly
Zwecklosigkeit ['tsvɛklo:zɪçkaɪt] *f* pointlessness
zweckmäßig ['tsvɛkmɛ:sɪç] *adj* expedient, practical, proper
Zweckmäßigkeit ['tsvɛkmɛ:sɪçkaɪt] *f* appropriateness, functionality
Zweckoptimismus ['tsvɛkɔptɪmɪsmus] *m* calculated optimism
zwecks [tsvɛks] *prep* for the purpose of
zwei [tsvaɪ] *num* two
zweideutig ['tsvaɪdɔytɪç] *adj 1.* ambiguous, equivocal; *2. (schlüpfrig)* suggestive
Zweideutigkeit ['tsvaɪdɔytɪçkaɪt] *f 1. (Mehrdeutigkeit)* ambiguity; *2. (Anzüglichkeit)* suggestiveness
Zweierreihe ['tsvaɪərraɪə] *f* double file, two-abreast line
zweifach ['tsvaɪfax] *adj* double, twofold

Zweifel ['tsvaɪfəl] *m* doubt

zweifelhaft ['tsvaɪfəlhaft] *adj* doubtful, dubious
zweifellos ['tsvaɪfəllo:s] *adv* no doubt, without a doubt
zweifeln ['tsvaɪfəln] *v* doubt
Zweifelsfall ['tsvaɪfəlsfal] *m* borderline case; *im ~* when in doubt
Zweig [tsvaɪk] *m 1. BOT* branch, twig, sprig; *auf keinen grünen ~ kommen* get nowhere; *2. (fig)* branch, department, section
Zweigniederlassung ['tsvaɪkni:dərlasuŋ] *f* branch
Zweigstelle ['tsvaɪkʃtɛlə] *f* branch office
Zweikampf ['tsvaɪkampf] *m SPORT* duel
Zweikanalton ['tsvaɪkana:lto:n] *m* dual soundtrack
zweimal ['tsvaɪma:l] *adv* twice
zweimalig ['tsvaɪma:lɪç] *adj* once-repeated
Zweireiher ['tsvaɪraɪər] *m* double-breasted suit
zweireihig ['tsvaɪraɪɪç] *adj 1.* in two rows; *2. (Jackett)* double-breasted
zweischneidig ['tsvaɪʃnaɪdɪç] *adj* two-edged, double-edged
zweiseitig ['tsvaɪzaɪtɪç] *adj 1.* two-sided, bilateral; *adv 2.* bilaterally
zweisprachig ['tsvaɪʃpra:xɪç] *adj* bilingual
Zweisprachigkeit ['tsvaɪʃpra:xɪçkaɪt] *f* bilingualism
zweispurig ['tsvaɪʃpu:rɪç] *adj* two-lane
zweistellig ['tsvaɪʃtɛlɪç] *adj* double-digit
zweistufig ['tsvaɪʃtu:fɪç] *adj* two-stage
zweitbeste(r,s) ['tsvaɪtbɛstə(r,s)] *adj* second-best
zweite(r,s) ['tsvaɪtə(r,s)] *adj* second
zweiteilig ['tsvaɪtaɪlɪç] *adj 1. (Anzug)* two-piece; *2. (Serie)* two-part, two-instalment; *3. (zweibändig)* two-volume
zweitens ['tsvaɪtəns] *adv* secondly
zweitklassig ['tsvaɪtklasɪç] *adj* second-class
Zweitklassigkeit ['tsvaɪtklasɪçkaɪt] *f* second-class status, inferior quality
zweitrangig ['tsvaɪtraŋɪç] *adj* second-rate
Zweitschlüssel ['tsvaɪtʃlysəl] *m* spare key, duplicate key

Zweitstimme ['tsvaɪtʃtɪmə] *f POL* second vote
Zweitwagen ['tsvaɪtva:gən] *m* second car
Zweitwohnung ['tsvaɪtvo:nuŋ] *f* second flat *(UK)*, second apartment *(US)*
Zwerchfell ['tsvɛrçfɛl] *n ANAT* diaphragm
Zwerg [tsvɛrk] *m* dwarf
Zwergwuchs ['tsvɛrkvu:ks] *m MED* nanism, dwarfism
Zwetschge ['tsvɛtʃkə] *f BOT* plum
zwicken ['tsvɪkən] *v 1.* pinch; *2. (beißen)* nip
Zwicker ['tsvɪkər] *m (Kneifer)* pince-nez
Zwickmühle ['tsvɪkmy:lə] *f (fig)* dilemma, predicament
Zwieback ['tsvɪ:bak] *m GAST* rusk, zwieback
Zwiebel ['tsvi:bəl] *f* onion
Zwiebeldach ['tsvi:bəldax] *m* onion-dome
Zwiebelkuchen ['tsvi:bəlku:xən] *m GAST* onion quiche
Zwiebelsuppe ['tsvi:bəlzupə] *f GAST* onion soup
Zwielicht ['tsvi:lɪçt] *n* twilight
zwielichtig ['tsvi:lɪçtɪç] *adj* dubious, shady
Zwiespalt ['tsvi:ʃpalt] *m* conflict, discord
zwiespältig ['tsvi:ʃpɛltɪç] *adj* conflicting, mixed, split
Zwiesprache ['tsvi:ʃpra:xə] *f* dialogue
Zwietracht ['tsvi:traxt] *f* discord
Zwilling ['tsvɪlɪŋ] *m 1.* twin; *2. (Tierkreiszeichen) Taurus*
Zwillingsbruder ['tsvɪlɪŋsbru:dər] *m* twin brother
Zwillingsschwester ['tsvɪlɪŋsʃvɛstər] *f* twin sister
Zwinge ['tsvɪŋə] *f 1. (Werkzeug)* clamp; *2. (Stockzwinge)* tip; *3. (am Werkzeuggriff)* ferrule
zwingen ['tsvɪŋən] *v irr* force, compel
zwingend ['tsvɪŋənt] *adj 1. (Grund)* compelling; *2. (Maßnahme)* coercive; *3. (Notwendigkeit)* urgent, imperative
Zwinger ['tsvɪŋər] *m (Hundekäfig)* kennel
zwinkern ['tsvɪŋkərn] *v 1.* blink; *2. (um jdm etw anzudeuten)* wink
Zwirn [tsvɪrn] *m* thread

zwischen ['tsvɪʃən] *prep 1.* between; *2. (darunter sein)* among

Zwischenbilanz ['tsvɪʃənbɪlants] *f* interim results
zwischendurch ['tsvɪʃəndurç] *adv 1. (zeitlich)* in between, *(gelegentlich)* at intervals, *(inzwischen)* in the meantime; *2. (örtlich)* through
Zwischenergebnis ['tsvɪʃənɛrge:pnɪs] *n* interim findings, preliminary results
Zwischenfall ['tsvɪʃənfal] *m* incident
Zwischenhändler ['tsvɪʃənhɛndlər] *m* middleman
Zwischenmahlzeit ['tsvɪʃənma:ltsaɪt] *f* snack
zwischenmenschlich ['tsvɪʃənmɛnʃlɪç] *adj* interpersonal
Zwischenpause ['tsvɪʃənpauzə] *f* short break
Zwischenraum ['tsvɪʃənraum] *m* space, gap
Zwischenzeit ['tsvɪʃəntsaɪt] *f* interval; *in der ~* in the meantime, meanwhile
Zwischenzeugnis ['tsvɪʃəntsɔyknɪs] *n 1. (in der Schule)* mid-year report, interim report, card *(US)*; *2. (im Personalwesen)* performance appraisal
Zwist [tsvɪst] *m* disagreement, discord, quarrel
zwitschern ['tsvɪtʃərn] *v* twitter, chirp
Zwitter ['tsvɪtər] *m BIO* hermaphrodite
zwölf [tsvœlf] *num* twelve
Zwölf [tsvœlf] *f* twelve
zwölfte(r,s) ['tsvœlftə(r,s)] *adj* twelfth
Zyankali [tsyaŋ'ka:li:] *n CHEM* potassium cyanide
zyklisch ['tsyklɪʃ] *adj* cyclic
Zyklon [tsy'klo:n] *m METEO* cyclone
Zyklop [tsy'klo:p] *m* cyclops
Zyklus ['tsy:klus] *m* cycle
Zylinder [tsy'lɪndər] *m 1. (Hut)* top hat; *2. TECH* cylinder
Zylinderkopf [tsy'lɪndərkɔpf] *m TECH* cylinder head
Zyniker ['tsy:nɪkər] *m* cynic
zynisch ['tsy:nɪʃ] *adj 1.* cynical; *adv 2.* cynically
Zynismus [tsy'nɪsmus] *m* cynicism
Zypresse [tsy'prɛsə] *f BOT* cypress
Zyste ['tsystə] *f MED* cyst

Englische Grammatik

Das Adjektiv

Das Adjektiv (Eigenschaftswort) wird gebraucht, um ein Substantiv näher zu bestimmen; im Englischen verändert das Adjektiv seine Form nicht.

This car is expensive.	Dieses Auto ist teuer.
This is an expensive car.	Dies ist ein teures Auto.

Die Steigerung des Adjektivs

Grundform	Komparativ	Superlativ
tall	*taller*	*tallest*
cheap	*cheaper*	*cheapest*
happy	*happier*	*happiest*

Alle einsilbigen Adjektive und alle zweisilbigen Adjektive, die auf *-y* enden, werden durch das Anhängen von *-er* und *-est* gesteigert. Alle anderen Adjektive, d.h. alle zweisilbigen, die nicht auf *-y* enden und alle drei- und mehrsilbigen Adjektive werden mit *more* und *most* gesteigert:

stupid	*more stupid*	*most stupid*
dangerous	*more dangerous*	*most dangerous*

Bei der Steigerung mit *-er* und *-est* treten folgende Veränderungen der Schreibweise auf: Folgt am Wortende einem Konsonanten ein *y*, so wird dieses in der Steigerung zu *i*. Folgt einem kurzen Vokal ein Konsonant am Wortende, so wird dieser verdoppelt. Endet das Adjektiv auf ein *e*, das nicht gesprochen wird, so entfällt dieses:

easy	*easier*	*easiest*
big	*bigger*	*biggest*
pure	*purer*	*purest*

Folgende Adjektive werden unregelmäßig gesteigert:

good	*better*	*best*
bad	*worse*	*worst*
much	*more*	*most*
many	*more*	*most*
little	*less*	*least*

Das Adverb

Die abgeleiteten Adverbien

Die abgeleiteten Adverbien werden durch das Anhängen von *-ly* an das Adjektiv gebildet:

slow	*slowly*	langsam
nice	*nicely*	nett

Endet das Adjektiv auf *-y,* so wird *-y* zu *-i*:

easy	*easily*	leicht

Endet das Adjektiv auf *-le* und steht davor ein Konsonant, so entfällt das *-e*:

simple	*simply*	einfach

Endet das Adjektiv auf *-ic*, wird *-ally* angehängt:

basic	*basically*	grundsätzlich

Endet das Adjektiv auf *-ll*, wird nur ein *-y* angehängt:

full	*fully*	voll

Die ursprünglichen Adverbien

Neben den abgeleiteten Adverbien gibt es die sogenannten ursprünglichen Adverbien, die nicht von einem Adjektiv abgeleitet werden (z. B. *yesterday* – gestern, *here* – hier).
Von den ursprünglichen Adverbien können einige auch als Adjektiv verwendet werden. Eine einzige Form dient hier also als Adjektiv und als Adverb:

It is a daily newspaper.	Es ist eine Tageszeitung.
It appears daily.	Sie erscheint täglich.

Die wichtigsten davon sind:

fast	schnell	*straight*	gerade
long	lang	*daily*	täglich
low	niedrig	*weekly*	wöchentlich
monthly	monatlich		

Unregelmäßig gebildete Adverbien und Sonderformen

Eine wichtige Besonderheit stellen Adverbien dar, die die gleiche Form wie das entsprechende Adjektiv haben, zusätzlich jedoch noch eine mit *-ly* gebildete Form besitzen. Diese Gruppe ist besonders wichtig, weil die mit *-ly* abgeleiteten Adverbien eine andere Bedeutung haben. Zu dieser Gruppe zählen:

Adjektiv und Adverb		Adverb	
hard	schwer/hart	*hardly*	kaum
late	spät	*lately*	kürzlich
fair	fair	*fairly*	ziemlich

Die Steigerung der Adverbien

Alle einsilbigen Adverbien werden mit *-er* und *-est* gesteigert:

Grundform	Komparativ	Superlativ
early früh	*earlier* früher	*earliest* am frühesten

Alle anderen Adverbien werden mit *more* und *most* gesteigert:

carefully vorsichtig	*more carefully* vorsichtiger	*most carefully* am vorsichtigsten

Folgende Adverbien werden unregelmäßig gesteigert:

well gut	*better* besser	*best* am besten
much viel	*more* mehr	*most* am meisten
badly schlecht	*worse* schlechter	*worst* am schlechtesten
a little ein wenig	*less* weniger	*least* am wenigsten

Die amerikanische Rechtschreibung

Bei vielen Wörtern, deren *ae* oder *oe* mit dem Laut [iː] ausgesprochen wird, entfällt im amerikanischen Englisch das *a* bzw. das *o*:

diarrhoea (UK)	*diarrhea* (US)

In nichtbetonten Silben mit einem ursprünglich doppelten *l* steht im amerikanischen Englisch nur ein *l*:

travelled (UK)	*traveled* (US)

Bei betonten Silben, die auf *-l* enden, hat amerikanisches Englisch ein doppeltes *l*:

fulfil (UK)	*fulfill* (US)

Wörter, die im britischen Englisch auf *-our* enden, werden im amerikanischen Englisch mit *-or* geschrieben, wenn dieser Laut [ə] ausgesprochen wird:

colour (UK)	*color* (US)

Die Endung *-re* wird im amerikanischen Englisch zu *-er*, wenn vor dem *-re* ein Konsonant steht:

centre (UK)	*center* (US)

Der Artikel

Der bestimmte Artikel

Für den bestimmten Artikel gibt es im Englischen nur eine einzige Form, die für Feminina und Maskulina, sowie im Singular und im Plural gleich ist.

Singular	Plural
the tree der Baum	*the trees* die Bäume

Abstrakta (z. B. *life, love, peace*), Stoffnamen (z. B. *ice, milk*) und Gattungsnamen (z. B. *children, women*) stehen ohne den bestimmten Artikel, wenn sie im allgemeinen Sinn gebraucht werden, und mit bestimmtem Artikel, wenn sie näher bestimmt sind:

Life is hard.	Das Leben ist schwer.
The life of a politician can be very dangerous.	Das Leben eines Politikers kann sehr gefährlich sein.

Besonderheiten beim Gebrauch des bestimmten Artikels

Wie im Deutschen haben manche geografische Bezeichnungen keinen bestimmten Artikel.

Bei *all, both, half, twice, double* wird der bestimmte Artikel nachgestellt.

Der unbestimmte Artikel

Der unbestimmte Artikel lautet *a* und wird nur bei der Einzahl von zählbaren Begriffen gebraucht (z. B. *a house*).

Vor Vokalen lautet der unbestimmte Artikel *an*. Ausschlaggebend ist dabei nicht der Buchstabe, mit dem das folgende Wort beginnt, sondern dessen Aussprache (z. B. *an old house*).

Besonderheiten beim Gebrauch des unbestimmten Artikels

Abweichend vom Deutschen steht im Englischen der unbestimmte Artikel bei Berufsbezeichnungen und bei Konfessionen:

He is a teacher.	Er ist Lehrer.

Nach *half, quite, rather, such* steht der unbestimmte Artikel:

half a bottle of milk	eine halbe Flasche Milch

Bei Ausrufen steht nach *what* und bei zählbaren Substantiven der unbestimmte Artikel:

What a lovely day!	Was für ein schöner Tag!

Das Substantiv

Pluralbildung

Gewöhnlich wird der Plural eines Substantivs gebildet, indem man *-s* an die Singularform anhängt:

ship – ships *table – tables*

Dennoch gibt es einige Ausnahmen. Endet das Substantiv auf einen Zischlaut (*-s, -x, -ch, -sh, -z*), hängt man *-es* an das Wort an:

bus – buses *tax – taxes*

Wenn das Substantiv auf einen Konsonanten und *-y* endet, so wird *-y* im Plural zu *-ies*. Endet das Substantiv auf einen Vokal und *-y*, so wird im Plural *-s* angehängt:

hobby – hobbies	Aber: *boy – boys*
lady – ladies	*valley – valleys*

Die Pluralform der Substantive, die auf *-f* oder *-fe* enden, wird normalerweise gebildet, indem man das *-f* oder *-fe* durch *-ves* ersetzt:

half – halves	Aber: *belief – beliefs*
wife – wives	*chief – chiefs*

Substantive, die auf *-o* enden, bilden den Plural entweder mit *-os* oder mit *-oes*:

radio – radios	Aber: *potato – potatoes*
piano – pianos	*tomato – tomatoes*

Unregelmäßige Pluralformen

Neben den verschiedenen Formen der Pluralbildung mit *-s* gibt es im Englischen eine ganze Reihe von unregelmäßigen Pluralformen wie z. B.:

Singular	Plural	Singular	Plural
man	*men*	*mouse*	*mice*
woman	*women*	*goose*	*geese*
foot	*feet*	*ox*	*oxen*
tooth	*teeth*	*child*	*children*

Substantive, die im Plural die gleiche Form besitzen

Es gibt im Englischen Substantive, die im Singular und im Plural die gleiche Form besitzen. Das ist beispielsweise bei einigen Tiernamen der Fall:

sheep	das Schaf/die Schafe
deer	der Hirsch/die Hirsche

Das Verb

Verbarten und Verbformen

Die Verben *to have, to be* und *to do*

Die Hilfsverben *do, be* und *have* haben eine besonders wichtige Funktion, weil mit ihnen die Fragen, die Verneinung, alle zusammengesetzten Zeiten und das Passiv gebildet werden können. Darüber hinaus sind diese drei Verben auch Vollverben.

to have

Infinitiv		Imperfekt		Partizip Perfekt	
have	haben	*had*	hatte	*had*	gehabt

Gegenwart		Kurzform	Verneinung	Kurzform
I have	ich habe	*I've*	*I have not*	*I haven't*
you have	du hast			
he has	er hat	*he's*	*he has not*	*he hasn't*
she has	sie hat			
it has	es hat			
we have	wir haben			
you have	ihr habt			
they have	sie haben			

Imperfekt		Kurzform	Verneinung	Kurzform
I had	ich hatte	*I'd*	*I had not*	*I hadn't*
you had	du hattest			
he had	er hatte			
she had	sie hatte			
it had	es hatte			
we had	wir hatten			
you had	ihr hattet			
they had	sie hatten			

Die Verwendung von *to have* als Hilfsverb

Die Formen der Gegenwart von *have* werden für die Bildung des Perfekts verwendet: *I have learnt.*
Mit der Imperfektform *had* wird das Plusquamperfekt gebildet: *I had learnt.*

to be

Infinitiv	Imperfekt	Partizip Perfekt
to be sein	*was/were* war/waren	*been* gewesen

Gegenwart		Kurzform	Verneinung	Kurzform
I am	ich bin	*I'm*	*I am not*	*I'm not*
you are	du bist	*you're*	*you are not*	*you aren't*
he is	er ist	*he's*	*he is not*	*he isn't*
she is	sie ist	*she's*	*she is not*	*she isn't*
it is	es ist	*it's*	*it is not*	*it isn't*
we are	wir sind	*we're*	*we are not*	*we aren't*
you are	ihr seid	*you're*	*you are not*	*you aren't*
they are	sie sind	*they're*	*they are not*	*they aren't*
Imperfekt			Verneinung	Kurzform
I was	ich war		*I was not*	*I wasn't*
you were	du warst		*you were not*	*you weren't*
he was	er war		*he was not*	*he wasn't*
she was	sie war		*she was not*	*she wasn't*
it was	es war		*it was not*	*it wasn't*
we were	wir waren		*we were not*	*we weren't*
you were	ihr wart		*you were not*	*you weren't*
they were	sie waren		*they were not*	*they weren't*

Die Verwendung von *to be* als Hilfsverb

Mit *to be* werden die Verlaufsform *(progressive form)* und das Passiv gebildet: *He is working. It is made of wood.*

to do

Infinitiv		Imperfekt	Partizip Perfekt
do	tun	*did* tat	*done* getan
Imperfekt		Verneinung	Kurzform
I did	ich tat	*I did not*	*I didn't*
you did	du tatst	etc.	etc.

Die Verwendung von *to do* als Hilfsverb

do und die Vergangenheitsform *did* werden für die Bildung der Fragen und der Verneinung bei Vollverben verwendet.

Die Vollverben

Jedes Vollverb besitzt drei Formen, mit denen sich alle Zeiten und Aussageweisen bilden lassen. Diese Formen sind Infinitiv, Imperfekt und Partizip Perfekt. Durch die unterschiedliche Bildung des Imperfekts und des Partizips Perfekt lassen sich die Vollverben in zwei Gruppen einteilen:

Die regelmäßigen Vollverben bilden das Imperfekt und das Partizip Perfekt mit der Endung *-ed*:

Infinitiv	Imperfekt	Partizip Perfekt
wait	*waited*	*waited*

Die unregelmäßigen Vollverben bilden das Imperfekt und das Partizip Perfekt mit eigenen Formen (siehe Tabelle S. 804–807).

Das Präsens

Bejahte Form	Verneinte Form	Frage
I take	*I don't take*	*Do I take?*
you take	*you don't take*	
he/she/it takes	*he/she/it doesn't take*	*Does he take?*
we take	*we don't take*	*Do we take?*
you take	*you don't take*	
they take	*they don't take*	

Das Imperfekt

Das Imperfekt wird bei den regelmäßigen Verben durch Anhängen von *-ed* an das Verb gebildet. Bei den unregelmäßigen Verben werden besondere Formen für das Imperfekt verwendet. Die Formen des Imperfekts bleiben in allen Personen unverändert.

Das Perfekt

Das Perfekt wird gebildet aus dem Präsens des Hilfsverbs *have* und dem Partizip Perfekt des Vollverbs.

Das Plusquamperfekt

Das Plusquamperfekt wird gebildet mit der Past Tense-Form *had* des Hilfsverbs *have* und dem Partizip Perfekt des Vollverbs.

Das Futur I *(Will-Future)*

Das *Will-Future* wird in allen Zeiten mit *will* und dem Infinitiv des Verbs gebildet.

Das Futur II *(Future Perfect)*

Das Futur II wird gebildet mit *will* und dem Infinitiv des Perfekts.

Der Konditional I

Der Konditional I wird gebildet mit *would* und dem Infinitiv des Verbs.

Der Konditional II

Der Konditional II wird gebildet mit *would, have* und dem Partizip Perfekt des Vollverbs.

Die Verlaufsform *(Progressive Form)*

Die Verlaufsform wird mit den jeweiligen Formen von *to be* und dem Partizip Präsens gebildet.

Präsens	Imperfekt	Perfekt
I am writing. Ich schreibe gerade.	*I was writing.* Ich schrieb gerade.	*I have been writing.* Ich habe geschrieben.
Plusquamperfekt	Futur I	Futur II
I had been writing. Ich hatte geschrieben.	*I will be writing.* Ich werde schreiben.	*I will have been writing.* Ich werde geschrieben haben.
Konditional I	Konditional II	
I would be writing. Ich würde schreiben.	*I would have been writing.* Ich hätte geschrieben.	

Die Zahlen

Die Grundzahlen

0	*nought, zero*	13	*thirteen*	50	*fifty*
1	*one*	14	*fourteen*	60	*sixty*
2	*two*	15	*fifteen*	70	*seventy*
3	*three*	16	*sixteen*	80	*eighty*
4	*four*	17	*seventeen*	90	*ninety*
5	*five*	18	*eighteen*	100	*one hundred*
6	*six*	19	*nineteen*	101	*one hundred and one*
7	*seven*	20	*twenty*	200	*two hundred*
8	*eight*	21	*twenty-one*	1,000	*one thousand*
9	*nine*	22	*twenty-two*	1,001	*one thousand and one*
10	*ten*	etc.		1,000,000	*one million*
11	*eleven*	30	*thirty*		
12	*twelve*	40	*forty*		

Die Ordnungszahlen

1st	*first*	14th	*fourteenth*	27th	*twenty-seventh*
2nd	*second*	15th	*fifteenth*	28th	*twenty-eighth*
3rd	*third*	16th	*sixteenth*	29th	*twenty-ninth*
4th	*fourth*	17th	*seventeenth*	30th	*thirtieth*
5th	*fifth*	18th	*eighteenth*	40th	*fortieth*
6th	*sixth*	19th	*nineteenth*	50th	*fiftieth*
7th	*seventh*	20th	*twentieth*	60th	*sixtieth*
8th	*eighth*	21st	*twenty-first*	70th	*seventieth*
9th	*ninth*	22nd	*twenty-second*	80th	*eightieth*
10th	*tenth*	23rd	*twenty-third*	90th	*ninetieth*
11th	*eleventh*	24th	*twenty-fourth*	100th	*(one) hundredth*
12th	*twelfth*	25th	*twenty-fifth*	1,000th	*(one) thousandth*
13th	*thirteenth*	26th	*twenty-sixth*		

Unregelmäßige Verben im Englischen

Infinitiv	Präteritum	Partizip
arise	arose	arisen
awake	awoke	awoken
be	was/were	been
bear	bore	borne/born
beat	beat	beaten
become	became	become
beget	begot	begotten
begin	began	begun
bend	bent	bent
beseech	besought	besought
bet	bet/betted	bet/betted
bid	bade	bidden
bind	bound	bound
bite	bit	bitten
bleed	bled	bled
blow	blew	blown
break	broke	broken
breed	bred	bred
bring	brought	brought
build	built	built
burn	burnt/burned	burnt/burned
burst	burst	burst
buy	bought	bought
can	could	-
cast	cast	cast
catch	caught	caught
chide	chid	chidden/chid
choose	chose	chosen
cleave	clove/cleft	cloven/cleft
cleave (adhere)	cleaved/clave	cleaved
cling	clung	clung
come	came	come
cost	cost	cost
creep	crept	crept
cut	cut	cut
deal	dealt	dealt
dig	dug	dug
do	did	done
draw	drew	drawn
dream	dreamt/dreamed	dreamt/dreamed
drink	drank	drunk
drive	drove	driven
dwell	dwelt	dwelt
eat	ate	eaten
fall	fell	fallen
feed	fed	fed

feel	felt	felt
fight	fought	fought
find	found	found
flee	fled	fled
fling	flung	flung
fly	flew	flown
forbid	forbade	forbidden
forget	forgot	forgotten
forsake	forsook	forsaken
freeze	froze	frozen
get	got	got (*US* gotten)
give	gave	given
go	went	gone
grind	ground	ground
grow	grew	grown
hang	hung	hung
have	had	had
hear	heard	heard
heave	heaved/hove	heaved/hove
hide	hid	hid
hit	hit	hit
hold	held	held
hurt	hurt	hurt
keep	kept	kept
knit	knit/knitted	knit/knitted
know	knew	known
lay	laid	laid
lead	led	led
lean	leant/leaned	leant/leaned
leap	leapt	leapt
learn	learnt/learned	learnt/learned
leave	left	left
lend	lent	lent
let	let	let
lie	lay	lain
light	lit	lit
lose	lost	lost
make	made	made
may	might	-
mean	meant	meant
meet	met	met
mow	mowed	mowed/mown
pay	paid	paid
put	put	put
quit	quit	quit
read	read	read
rend	rent	rent
rid	rid	rid
ride	rode	ridden
ring	rang	rung
rise	rose	risen
run	ran	run

say	said	said
see	saw	seen
seek	sought	sought
sell	sold	sold
send	sent	sent
set	set	set
sew	sewed	sewn
shake	shook	shaken
shave	shaved	shaved/shaven
shed	shed	shed
shine	shone	shone
shoe	shod	shod
shoot	shot	shot
show	showed	shown
shrink	shrank	shrunk
shut	shut	shut
sing	sang	sung
sink	sank	sunk
sit	sat	sat
slay	slayed	slain
sleep	slept	slept
slide	slid	slid
sling	slung	slung
slink	slunk	slunk
slit	slit	slit
smell	smelt/smelled	smelt/smelled
smite	smote	smitten
speak	spoke	spoken
speed	sped	sped
spell	spelt/spelled	spelt/spelled
spend	spent	spent
spin	span	spun
spit	spat	spat
split	split	split
spoil	spoilt/spoiled	spoilt/spoiled
spread	spread	spread
spring	sprang	sprung
stand	stood	stood
steal	stole	stolen
stick	stuck	stuck
sting	stang	stung
stink	stank	stunk
strew	strewed	strewed/strewn
stride	strode	stridden
strike	struck	struck
string	strung	strung
strive	strove	striven
swear	swore	sworn
sweep	swept	swept
swell	swelled	swollen/swelled
swim	swam	swum
swing	swang	swung

take	took	taken
teach	taught	taught
tear	tore	torn
tell	told	told
think	thought	thought
throw	threw	thrown
thrust	thrust	thrust
tread	trod	trodden
understand	understood	understood
wake	woke	woken
wear	wore	worn
weave	wove	woven
weep	wept	wept
win	won	won
wind	wound	wound
wring	wrung	wrung
write	wrote	written

German Grammar

Adjectives

If an adjective is used as an attribute, that is, if it immediately precedes the noun it describes, the adjective must agree with the noun in gender, number and case. If an adjective is used as a predicate adjective or as an adverb it is not declined.

The Declension of Adjectives

There are three types of adjective declension: strong, weak and mixed. An adjective takes a strong declension if it stands alone in front of a noun, if it follows a number that is used as an adjective, or if it follows the words *etwas* or *mehr*, or the words *solch, manch, welch, wenig, viel* when these are used without endings.

singular	nominative	genitive	dative	accusative
masculine	*neuer Hut*	*neuen Hutes*	*neuem Hut(e)*	*neuen Hut*
feminine	*neue Frau*	*neuer Frau*	*neuer Frau*	*neue Frau*
neuter	*neues Auto*	*neuen Autos*	*neuem Auto*	*neues Auto*
plural	*neue*	*neuer*	*neuen*	*neue*

An adjective takes a weak declension if it follows a definite article or a declined pronoun. *(der kleine Mann; dieser kleine Mann; welcher große Junge)*

singular	nominative	genitive	dative	accusative
masculine	*neue Hut*	*neuen Hutes*	*neuen Hut(e)*	*neuen Hut*
feminine	*neue Frau*	*neuen Frau*	*neuen Frau*	*neue Frau*
neuter	*neue Auto*	*neuen Autos*	*neuen Auto*	*neue Auto*
plural	*neuen*	*neuen*	*neuen*	*neuen*

An adjective takes a mixed declension if it follows an indefinite article or a pronoun which has no case ending.

singular	nominative	genitive	dative	accusative
masculine	*neuer Hut*	*neuen Hutes*	*neuen Hut*	*neuen Hut*
feminine	*neue Frau*	*neuen Frau*	*neuen Frau*	*neue Frau*
neuter	*neues Auto*	*neuen Auto*	*neuen Auto*	*neues Auto*
plural	*neuen*	*neuen*	*neuen*	*neuen*

The Comparative Adjective

The comparative form of the adjective is formed by adding *-er* (or umlaut and *-er*) to the stem of the adjective. The superlative is formed by adding *-est* or *-st* to the stem of the adjective. If the superlative is not followed by a noun, it is preceded by *am*. *(weit, alt; weiter, länger, älter; weiteste(-r,-s), längste(-r,-s), älteste(-r,-s). Er lief am weitesten.)*

Irregular comparative forms: *gut, besser, am besten; viel, mehr, am meisten; wenig, weniger* or *minder, am wenigsten; hoch, höher, am höchsten; nah, näher, am nächsten.*

Adverbs

Unlike in English, adverbs derived from adjectives are used without added endings. For example, *langsam* in German can mean "slow" or "slowly".

Comparative Form of Adverbs

The comparative form of the adverb corresponds to the comparative form of the adjective and is also used without an ending. In addition to the adverbs derived from adjectives, the following adverbs have comparative forms:

oft – öfter – am öftesten
bald – eher – am ehesten/ehestens
gern – lieber – am liebsten
wohl – wohler/besser – am wohlsten/am besten
sehr – mehr – am meisten/meist/meistens

Articles

The Definite Article

number	case	masculine	feminine	neuter
singular	nominative	*der*	*die*	*das*
	genitive	*des*	*der*	*des*
	dative	*dem*	*der*	*dem*
	accusative	*den*	*die*	*das*
plural	nominative	*die*	*die*	*die*
	genitive	*der*	*der*	*der*
	dative	*den*	*den*	*den*
	accusative	*die*	*die*	*die*

The Indefinite Article

number	case	masculine	feminine	neuter
singular	nominative	*ein*	*eine*	*ein*
	genitive	*eines*	*einer*	*eines*
	dative	*einem*	*einer*	*einem*
	accusative	*einen*	*eine*	*ein*

There is no plural form of the indefinite article.

Cases

There are four cases in German.

- The nominative case is used for the subject of a sentence or following the verb *sein* (to be). The nominative case is never used following a preposition.
- The accusative case is used for direct objects.
- The dative case is used for indirect objects.
- The genitive case is the equivalent of the possessive in English.

Prepositions determining cases

Prepositions assign a certain case (accusative, dative or genitive) to the word or the group of words which they precede.

Prepositions with the accusative case

durch	*gegen*	*um*
für	*ohne*	

Prepositions with the dative case

aus	*gemäß*	*seit*
außer	*mit*	*von*
bei	*nach*	*zu*
entgegen	*nebst*	
gegenüber	*samt*	

Prepositions with accusative or dative case

Several frequently used prepositions of place are used with the dative case when referring to the location of something, and with the accusative case when motion is referred to:

preposition	accusative case	dative case
an	*Lehne die Leiter an die Wand.* Lean the ladder against the wall.	*Die Leiter lehnt an der Wand.* The ladder is leaning against the wall.
auf	*Du kannst dich auf den Stuhl dort setzen.* You can sit in that chair there.	*Auf diesem Stuhl sitzt Frau Weber.* Mrs Weber is sitting in this chair.
hinter	*Schau hinter das Bild.* Look behind the picture.	*Der Safe ist hinter dem Bild.* The safe is behind the picture.
in	*Tritt nicht in die Pfütze.* Don't step in the puddle.	*Der Brief ist in diesem Ordner abgelegt.* The letter is filed in this folder.
neben	*Stell den Koffer neben das andere Gepäck.* Put the suitcase next to the other luggage.	*Sein Lieblingsplatz war immer neben dem Ofen.* His favourite place was always next to the oven.
über	*Die Wolken ziehen über die Berge.* The clouds are drifting over the mountains.	*Wir flogen über den Wolken dahin.* We flew along over the clouds.
unter	*Kriech unter den Tisch.* Crawl under the table.	*Such unter dem Tisch.* Look under the table.

vor	*Stell die Schuhe vor die Tür.* Put the shoes in front of the door.	*Der Sommer steht vor der Tür.* Summer is just around the corner.
zwischen	*Stell den Tisch zwischen die Stühle!* Put the table between the chairs!	*Zwischen den Bäumen wuchsen Pilze.* Mushrooms were growing among the trees.

Prepositions with the genitive case

außerhalb	*laut*	*um ... willen*
dank	*mangels*	*ungeachtet*
diesseits	*mittels*	*unterhalb*
...halber	*oberhalb*	*unweit*
innerhalb	*statt*	*während*
jenseits	*trotz*	*wegen*

With most of these prepositions the genetive case is only used if there is an inflected pronoun, an adjective or an article between the preposition and the noun. Otherwise it is followed by the dative case, or the preposition *von* (from) is added, which is then also followed by the dative case.

trotz starker Schneefälle (genitive) *infolge des Unwetters* (genitive)	*trotz Schneefällen* (dative) *infolge von Unwetter* (dative)

Pronouns

singular	personal pronoun nominative case		possessive pronoun nominative case	
1st person	*ich*	I	*mein*	my
2nd person	*du*	you	*dein*	your
3rd person	*er, sie, es*	he, she, it	*sein, ihr, sein*	his, her, its
plural				
1st person	*wir*	we	*unser*	our
2nd person	*ihr*	you	*euer*	your
3rd person	*sie*	they	*ihr*	their
singular	**personal pronoun dative case**		**personal pronoun accusative case**	
1st person	*mir*	to me	*mich*	me
2nd person	*dir*	to you	*dich*	you
3rd person	*ihm, ihr, ihm*	to him, her, it	*sich*	him, her, it
plural				
1st person	*uns*	to us	*uns*	us
2nd person	*euch*	to you	*euch*	you
3rd person	*ihnen*	to them	*sie*	them

Forms of Address

If speaking to one or more people, one differentiates between the familiar and the formal forms of address.

The familiar form of address – the personal pronouns of the 2nd person *(du, ihr)* – is only used for people with whom one is on a first-name basis.

When addressing strangers or anyone with whom one is not on a first-name basis, the ormal forms of address are used:

	personal pron. (sing. + pl.)
nominative	*Sie*
dative	*Ihnen*
accusative	*Sie*

The formal mode of address is used with the verb forms of the 3rd person plural.

Nouns

The Gender of Nouns

German has three genders which are indicated by the article the noun receives: *der Mann* (masculine), *die Frau* (feminine), *das Haus* (neuter).

The Number of Nouns

The plural form of a noun is formed either by adding an ending to the singular form (*-e, -en, -n, -s*) and an umlaut to the stem vowel or by adding the ending *-e* or *-er*:

singular	plural	singular	plural	singular	plural
das Heft	*die Hefte*	*die Küche*	*die Küchen*	*das Brett*	*die Bretter*
die Kur	*die Kuren*	*das Auto*	*die Autos*	*die Tochter*	*die Töchter*
die Mutter	*die Mütter*	*die Not*	*die Nöte*	*das Buch*	*die Bücher*

Numbers

cardinal numbers		**ordinal numbers**	
0	*null*	1.	*erste*
1	*eins*	2.	*zweite*
2	*zwei*	3.	*dritte*
3	*drei*	4.	*vierte*
4	*vier*	5.	*fünfte*
5	*fünf*	6.	*sechste*
6	*sechs*	7.	*sieb(en)te*
7	*sieben*	8.	*achte*
8	*acht*	9.	*neunte*
9	*neun*	10.	*zehnte*

10	*zehn*	11.	*elfte*
11	*elf*	12.	*zwölfte*
12	*zwölf*	13.	*dreizehnte*
13	*dreizehn*	14.	*vierzehnte*
14	*vierzehn*	15.	*fünfzehnte*
15	*fünfzehn*	16.	*sechzehnte*
16	*sechzehn*	17.	*siebzehnte*
17	*siebzehn*	18.	*achtzehnte*
18	*achtzehn*	19.	*neunzehnte*
19	*neunzehn*	20.	*zwanzigste*
20	*zwanzig*	21.	*einundzwanzigste*
21	*einundzwanzig*	22.	*zweiundzwanzigste*
22	*zweiundzwanzig*	23.	*dreiundzwanzigste*
23	*dreiundzwanzig*	24.	*vierundzwanzigste*
30	*dreißig*	25.	*fünfundzwanzigste*
40	*vierzig*	26.	*sechsundzwanzigste*
50	*fünfzig*	27.	*siebenundzwanzigste*
60	*sechzig*	28.	*achtundzwanzigste*
70	*siebzig*	29.	*neunundzwanzigste*
80	*achtzig*	30.	*dreißigste*
90	*neunzig*	40.	*vierzigste*
100	*(ein)hundert*	50.	*fünfzigste*
101	*hundert(und)eins*	60.	*sechzigste*
230	*zweihundert(und)dreißig*	70.	*siebzigste*
538	*fünfhundert(und)achtundreißig*	80.	*achtzigste*
1 000	*(ein)tausend*	90.	*neunzigste*
10 000	*zehntausend*	100.	*(ein)hundertste*
100 000	*(ein)hunderttausend*	230.	*zweihundert(und)dreißigste*
1 000 000	*eine Million*	1 000.	*(ein)tausendste*

0 is always read as *null.* Numbers less than one million are written as one word.

Verbs

The Conjugation of Regular Verbs

To form the present tense, drop the *-en* or *-n* from the infinitive and add *-e, -st, -t, -en, -t, -en:*

stellen	put
ich stelle	I put
du stellst	you put
er/sie/es stellt	he/she/it puts
wir stellen	we put
ihr stellt	you put
sie stellen	they put

If the stem (the part of the infinitive before *-en*) ends in *-chn, -d, -dn, -fn, -gn, -t, -tm,* drop the *-en* from the infinitive and add *-e, -est, -et, -en, -et, -en:*

rechnen	calculate
ich rechne	I calculate
du rechnest	you calculate
er/sie/es rechnet	he/she/it calculates
wir rechnen	we calculate
ihr rechnet	you calculate
sie rechnen	they calculate

Verbs with stems that end in *-s, -x* or *-z* simply add a *-t* to the stem in the 2nd person.

Conjugation of Irregular Verbs

The forms of irregular verbs are featured in the table on pages 816–819. The forms of the frequently used irregular verbs listed below should be memorized:

sein	be	*haben*	have
ich bin	I am	*ich habe*	I have
du bist	you are	*du hast*	you have
er/sie/es ist	he/she/it is	*er/sie/es hat*	he/she/it has
wir sind	we are	*wir haben*	we have
ihr seid	you are	*ihr habt*	you have
sie sind	they are	*sie haben*	they have
werden	become	*wissen*	know
ich werde	I become	*ich weiß*	I know
du wirst	you become	*du weißt*	you know
er/sie/es wird	he/she/it becomes	*er/sie/es weiß*	he/she/it knows
wir werden	we become	*wir wissen*	we know
ihr werdet	you become	*ihr wisst*	you know
sie werden	they become	*sie wissen*	they know
tun	do		
ich tue	I do		
du tust	you do		
er/sie/es tut	he/she/it does		
wir tun	we do		
ihr tut	you do		
sie tun	they do		

The Future Tense of Regular Verbs

The future tense is formed using the stem of the verbs and the appropriate present tense form of *werden:*

ich	*werde stellen*
du	*wirst stellen*
er/sie/es	*wird stellen*
wir	*werden stellen*
ihr	*werdet stellen*
sie	*werden stellen*

The Imperfect of Regular Verbs

The imperfect is formed by adding the following endings to the stem of the verb:

-te	*ich stellte*
-test	*du stelltest*
-te	*er/sie/es stellte*
-ten	*wir stellten*
-tet	*ihr stelltet*
-ten	*sie stellten*

The Present Perfect

The present perfect is formed with the present tense of *haben* or *sein* and the participle:

ich	*habe gestellt*
du	*hast gestellt*
er/sie/es	*hat gestellt*
wir	*haben gestellt*
ihr	*habt gestellt*
sie	*haben gestellt*

Many verbs involving a change of location or condition form the present perfect with *sein* rather than *haben:*

ich	*bin gereist*
du	*bist gereist*
er/sie/es	*ist gereist*
wir	*sind gereist*
ihr	*seid gereist*
sie	*sind gereist*

The Participle of Regular Verbs

The participle of regular verbs is formed by adding the prefix *ge-* to the 3rd person singular form of the verb. *stellen* becomes *gestellt, suchen* becomes *gesucht.* Verbs that end in *-ieren* form the participle with the 3rd person singular form of the verb (without adding *ge-*): *informieren* becomes *informiert.*

Verbs with Separable Prefixes

In the case of verbs with separable prefixes, the prefix always is placed at the end of the sentence. If the verb itself is not at the end of the sentence, the prefix is separated from the rest of the verb and placed there. The most common of these prefixes are:

ab-, an-, auf-, aus-, ein-, fort-, heim-, her-, heraus-, hinaus-, hin-, mit-, nach-, nieder-, vor-, weg-, zu-, zurück-, zusammen-.

zumachen	close
Ich machte es zu.	I closed it.
Ich habe es zugemacht.	I closed it.

German Irregular Verbs

Infinitive	Past Tense	Past Participle	Present Tense 1st + 2nd pers. sing.
backen	backte/buk	gebacken	ich backe, du bäckst
befehlen	befahl	befohlen	ich befehle, du befiehlst
befleißen	befliss	beflissen	ich befleiße, du befleißt
beginnen	begann	begonnen	ich beginne, du beginnst
beißen	biss	gebissen	ich beiße, du beißt
bergen	barg	geborgen	ich berge, du birgst
bersten	barst	geborsten	ich berste, du birst
bewegen (veranlassen)	bewog	bewogen	ich bewege, du bewegst
biegen	bog	gebogen	ich biege, du biegst
bieten	bot	geboten	ich biete, du bietest
binden	band	gebunden	ich binde, du bindest
bitten	bat	gebeten	ich bitte, du bittest
blasen	blies	geblasen	ich blase, du bläst
bleiben	blieb	geblieben	ich bleibe, du bleibst
bleichen (hell werden)	blich	geblichen	ich bleiche, du bleichst
braten	briet	gebraten	ich brate, du brätst
brechen	brach	gebrochen	ich breche, du brichst
brennen	brannte	gebrannt	ich brenne, du brennst
bringen	brachte	gebracht	ich bringe, du bringst
denken	dachte	gedacht	ich denke, du denkst
dreschen	drosch	gedroschen	ich dresche, du drischst
dringen	drang	gedrungen	ich dringe, du dringst
dünken	dünkte	gedünkt	mich dünkt, dich dünkt
dürfen	durfte	gedurft	ich darf, du darfst
empfangen	empfing	empfangen	ich empfange, du empfängst
empfehlen	empfahl	empfohlen	ich empfehle, du empfiehlst
empfinden	empfand	empfunden	ich empfinde, du empfindest
erbleichen	erblich	erblichen	ich erbleiche, du erbleichst
erlöschen	erlosch	erloschen	ich erlösche, du erlöschst
erschrecken	erschrak	erschrocken	ich erschrecke, du erschrickst
essen	aß	gegessen	ich esse, du isst
fahren	fuhr	gefahren	ich fahre, du fährst
fallen	fiel	gefallen	ich falle, du fällst
fangen	fing	gefangen	ich fange, du fängst
fechten	focht	gefochten	ich fechte, du fich(t)st
finden	fand	gefunden	ich finde, du findest
flechten	flocht	geflochten	ich flechte, du flich(t)st
fliegen	flog	geflogen	ich fliege, du fliegst
fliehen	floh	geflohen	ich fliehe, du fliehst
fließen	floss	geflossen	ich fließe, du fließt

fressen	fraß	gefressen	ich fresse, du frisst
frieren	fror	gefroren	ich friere, du frierst
gären	gor	gegoren	es gärt
gebären	gebar	geboren	ich gebäre, du gebärst/gebierst
geben	gab	gegeben	ich gebe, du gibst
gedeihen	gedieh	gediehen	ich gedeihe, du gedeihst
gehen	ging	gegangen	ich gehe, du gehst
gelingen	gelang	gelungen	es gelingt
gelten	galt	gegolten	ich gelte, du giltst
genesen	genas	genesen	ich genese, du genest
genießen	genoss	genossen	ich genieße, du genießt
geschehen	es geschah	geschehen	es geschieht
gewinnen	gewann	gewonnen	ich gewinne, du gewinnst
gießen	goss	gegossen	ich gieße, du gießt
gleichen	glich	geglichen	ich gleiche, du gleichst
gleiten	glitt	geglitten	ich gleite, du gleitest
glimmen	glomm	geglommen	es glimmt
graben	grub	gegraben	ich grabe, du gräbst
haben	hatte	gehabt	ich habe, du hast
halten	hielt	gehalten	ich halte, du hältst
hängen	hing	gehangen	ich hänge, du hängst
hauen	hieb/haute	gehauen	ich haue, du haust
heben	hob	gehoben	ich hebe, du hebst
heißen	hieß	geheißen	ich heiße, du heißt
helfen	half	geholfen	ich helfe, du hilfst
kennen	kannte	gekannt	ich kenne, du kennst
klimmen	klomm	geklommen	ich klimme, du klimmst
klingen	klang	geklungen	ich klinge, du klingst
kneifen	kniff	gekniffen	ich kneife, du kneifst
kommen	kam	gekommen	ich komme, du kommst
können	konnte	gekonnt	ich kann, du kannst
kriechen	kroch	gekrochen	ich krieche, du kriechst
laden	lud	geladen	ich lade, du lädst
lassen	ließ	gelassen	ich lasse, du lässt
laufen	lief	gelaufen	ich laufe, du läufst
leiden	litt	gelitten	ich leide, du leidest
leihen	lieh	geliehen	ich leihe, du leihst
lesen	las	gelesen	ich lese, du liest
liegen	lag	gelegen	ich liege, du liegst
löschen	losch	geloschen	ich lösche, du lischst
lügen	log	gelogen	ich lüge, du lügst
mahlen	mahlte	gemahlen	ich mahle, du mahlst
meiden	mied	gemieden	ich meide, du meidest
melken	molk	gemolken/ gemelkt	ich melke, du melkst
messen	maß	gemessen	ich messe, du misst
misslingen	es misslang	misslungen	es misslingt
mögen	mochte	gemocht	ich mag, du magst
müssen	musste	gemusst	ich muss, du musst
nehmen	nahm	genommen	ich nehme, du nimmst
nennen	nannte	genannt	ich nenne, du nennst
pfeifen	pfiff	gepfiffen	ich pfeife, du pfeifst

preisen	pries	gepriesen	ich preise, du preist
quellen	quoll	gequollen	ich quelle, du quillst
raten	riet	geraten	ich rate, du rätst
reiben	rieb	gerieben	ich reibe, du reibst
reiß	riss	gerissen	ich reiße, du reißt
reiten	ritt	geritten	ich reite, du reitest
rennen	rannte	gerannt	ich renne, du rennst
riechen	roch	gerochen	ich rieche, du riechst
ringen	rang	gerungen	ich ringe, du ringst
rinnen	rann	geronnen	es rinnt
rufen	rief	gerufen	ich rufe, du rufst
saufen	soff	gesoffen	ich saufe, du säufst
saugen	sog	gesogen	ich sauge, du saugst
schaffen	schuf	geschaffen	ich schaffe, du schaffst
scheiden	schied	geschieden	ich scheide, du scheidest
scheinen	schien	geschienen	ich scheine, du scheinst
schelten	scholt	gescholten	ich schelte, du schiltst
scheren	schor	geschoren	ich schere, du scherst
schieben	schob	geschoben	ich schiebe, du schiebst
schießen	schoss	geschossen	ich schieße, du schießt
schinden	schund/ schindete	geschunden	ich schinde, du schindest
schlafen	schlief	geschlafen	ich schlafe, du schläfst
schlagen	schlug	geschlagen	ich schlage, du schlägst
schleichen	schlich	geschlichen	ich schleiche, du schleichst
schleifen	schliff	geschliffen	ich schleife, du schleifst
schließen	schloss	geschlossen	ich schließe, du schließt
schlingen	schlang	geschlungen	ich schlinge, du schlingst
schmeißen	schmiss	geschmissen	ich schmeiße, du schmeißt
schmelzen	schmolz	geschmolzen	ich schmelze, du schmilzt
schneiden	schnitt	geschnitten	ich schneide, du schneidest
schrecken	schrak	erschrocken	ich schrecke, du schrickst
schreiben	schrieb	geschrieben	ich schreibe, du schreibst
schreien	schrie	geschrien	ich schreie, du schreist
schreiten	schritt	geschritten	ich schreite, du schreitest
schweigen	schwieg	geschwiegen	ich schweige, du schweigst
schwellen	schwoll	geschwollen	ich schwelle, du schwillst
schwimmen	schwamm	geschwommen	ich schwimme, du schwimmst
schwinden	schwand	geschwunden	ich schwinde, du schwindest
schwingen	schwang	geschwungen	ich schwinge, du schwingst
schwören	schwor	geschworen	ich schwöre, du schwörst

sehen	sah	gesehen	ich sehe, du siehst
sein	war	gewesen	ich bin, du bist
senden	sandte	gesandt	ich sende, du sendest
singen	sang	gesungen	ich singe, du singst
sinken	sank	gesunken	ich sinke, du sinkst
sinnen	sann	gesonnen	ich sinne, du sinnst
sitzen	saß	gesessen	ich sitze, du sitzt
speien	spie	gespien	ich speie, du speist
spinnen	spann	gesponnen	ich spinne, du spinnst
sprechen	sprach	gesprochen	ich spreche, du sprichst
sprießen	spross	gesprossen	ich sprieße, du sprieß(es)t
springen	sprang	gesprungen	ich springe, du springst
stechen	stach	gestochen	ich steche, du stichst
stehen	stand	gestanden	ich stehe, du stehst
stehlen	stahl	gestohlen	ich stehle, du stiehlst
steigen	stieg	gestiegen	ich steige, du steigst
sterben	starb	gestorben	ich sterbe, du stirbst
stieben	stob	gestoben	ich stiebe, du stiebst
stinken	stank	gestunken	ich stinke, du stinkst
stoßen	stieß	gestoßen	ich stoße, du stößt
streichen	strich	gestrichen	ich streiche, du streichst
streiten	stritt	gestritten	ich streite, du streitest
tragen	trug	getragen	ich trage, du trägst
treffen	traf	getroffen	ich treffe, du triffst
treiben	trieb	getrieben	ich treibe, du treibst
treten	trat	getreten	ich trete, du trittst
trinken	trank	getrunken	ich trinke, du trinkst
trügen	trog	getrogen	ich trüge, du trügst
tun	tat	getan	ich tu(e), du tust
verderben	verdarb	verdorben	ich verderbe, du verdirbst
verdrießen	verdross	verdrossen	ich verdrieße, du verdrießt
vergessen	vergaß	vergessen	ich vergesse, du vergisst
verlieren	verlor	verloren	ich verliere, du verlierst
wachsen	wuchs	gewachsen	ich wachse, du wächst
wägen	wog	gewogen	ich wäge, du wägst
waschen	wusch	gewaschen	ich wasche, du wäschst
weichen	wich	gewichen	ich weiche, du weichst
weisen	wies	gewiesen	ich weise, du weist
wenden	wandte/ wendete	gewandt/ gewendet	ich wende, du wendest
werben	warb	geworben	ich werbe, du wirbst
werden	wurde	geworden	ich werde, du wirst
werfen	warf	geworfen	ich werfe, du wirfst
wiegen	wog	gewogen	ich wiege, du wiegst
winden	wand	gewunden	ich winde, du windest
wissen	wusste	gewusst	ich weiß, du weißt
wollen	wollte	gewollt	ich will, du willst
ziehen	zog	gezogen	ich ziehe, du ziehst
zwingen	zwang	gezwungen	ich zwinge, du zwingst

Wichtige Abkürzungen im Englischen

abbrev.	*abbreviation*	Abkürzung
AC	*alternating current*	Wechselstrom
AD	*anno Domini*	A.D.
a.m.	*ante meridiem*	vormittags
amt.	*amount*	Menge
approx.	*approximately*	ca.
attn.	*to the attention of*	z. Hd.
Ave.	*Avenue*	Allee
b.	*born*	geboren
B.A.	*Bachelor of Arts*	akademischer Grad vor dem M.A.
BBC	*British Broadcasting Corporation*	BBC
BC	*before Christ*	v. Chr.
BR	*British Rail*	Britische Eisenbahngesellschaft
Bros.	*brothers*	Gebrüder
Capt.	*Captain*	Kapitän
cd	*cash discount*	Rabatt für Barzahlung
CD	*compact disc*	CD
CEO	*Chief Executive Officer*	Generaldirektor
CET	*Central European Time*	MEZ
cf.	*confer*	vgl.
CIA	*Central Intelligence Agency*	CIA (der amerikanische Geheimdienst)
c/o	*care of*	bei, c/o
Co.	*company*	Fa.
C.O.D.	*cash on delivery*	per Nachnahme
CV	*Curriculum vitae*	Lebenslauf
D.A.	*district attorney*	Staatsanwalt
dir.	*director*	Direktor
dbl.	*double*	doppel
D.C.	*direct current*	Gleichstrom
Dept.	*department*	Abteilung
E.C.	*European Community*	Europäische Gemeinschaft
EDP	*Electronic Data Processing*	EDV
EEMU	*European Economics and Monetary Union*	EWWU, Europäische Wirtschafts- und Währungsunion
e.g.	*exempli gratia*	z. B.
encl.	*1. enclosed*	anbei
	2. enclosure	Anlage
esp.	*especially*	besonders
etc.	*et cetera*	usw.
EU	*European Union*	Europäische Union
FBI	*Federal Bureau of Investigation*	FBI (Bundespolizei in den USA)
ft.	*foot*	Fuß
GNP	*gross national product*	Bruttosozialprodukt
HP	*Hire Purchase*	Ratenkauf
H.R.H.	*His/Her Royal Highness*	Seine/Ihre Königliche Hoheit
ID	*identification*	Ausweis

i.e.	*id est*	das heißt
inc.	*incorporated*	eingetragen
incl.	*including*	einschließlich, inklusive
IOU	*I owe you*	Schuldschein
IQ	*intelligence quotient*	Intelligenzquotient
Jr.	*junior*	Junior
lb.	*pound*	Pfund
Ld	*Lord*	Herr (Teil eines Titels)
Ltd.	*limited*	GmbH
MD	*Medicinae Doctor*	Dr. med.
m.p.h.	*miles per hour*	Meilen pro Stunde
Mr	*Mister*	Herr
Mrs	*(nur als Abkürzung)*	Frau
Ms	*(nur als Abkürzung)*	Frau (auch für Unverheiratete)
Mt	*mount*	Teil des Namens vor einem Berg
n/a	*not applicable*	nicht zutreffend
NATO	*North Atlantic Treaty Organization*	NATO
NB	*nota bene*	bitte beachten
no.	*number*	Nr.
oz.	*ounce*	Unze
p.	*1. page*	S.
	2. pence	Penny
p.a.	*per annum*	jährlich
PC	*personal computer*	Personalcomputer
pd	*paid*	bezahlt
p.m.	*post meridiem*	nachmittags, abends
p.o.	*post office*	Post
pp.	*pages*	Seiten
PTO	*please turn over*	bitte wenden
Rd.	*road*	Str.
Ref.	*reference*	Bezug
ret.	*retired*	in Ruhestand
ROM	*read-only memory*	ROM
rpm	*revolutions per minute*	Umdrehungen pro Minute
RSVP	*répondez s'il vous plaît*	u.A.w.g.
RV	*recreational vehicle*	Wohnmobil
sq.	*square*	Quadrat
Sr.	*Senior*	Senior (nach einem Namen)
St.	*1. Saint*	St.
	2. Street	Str.
TV	*television*	Fernsehen
U.K.	*United Kingdom*	Vereinigtes Königreich (England, Schottland, Wales, Nordirland)
USA	*United States of America*	USA
VAT	*value-added tax*	MwSt.
VCR	*video cassette recorder*	Videorekorder
vol	*volume*	Band
VP	*vice president*	Vizepräsident
vs.	*versus*	gegen
yd.	*yard*	Yard
ZIP code	*Zone Improvement Plan*	Postleitzahl

Important German Abbreviations

Abb.	*Abbildung*	illustration
Abk.	*Abkürzung*	abbreviation
Abs.	*Absender*	sender
Abschn.	*Abschnitt*	paragraph
Abt.	*Abteilung*	department
Adr.	*Adresse*	address
AG	*Aktiengesellschaft*	joint stock company
allg.	*allgemein*	general
Anl.	*Anlage*	enclosure
Anm.	*Anmerkung*	note
AZUBI	*Auszubildende(r)*	trainee, apprentice
Betr.	*Betreff*	reference
bezgl.	*bezüglich*	with regard to
Bj.	*Baujahr*	year of construction
BLZ	*Bankleitzahl*	sort code, (US) bank identification number
BRD	*Bundesrepublik Deutschland*	Federal Republic of Germany
b. w.	*bitte wenden*	please turn over
bzw.	*beziehungsweise*	or, or rather, respectively
ca.	*circa*	approx.
DB	*Deutsche Bahn*	German Railways
d. h.	*das heißt*	i.e.
d. i.	*das ist*	that is
DIN	*Deutsche Industrienorm*	German Industrial Standard
Dipl. Ing.	*Diplomingenieur*	academically trained engineer
Dipl. Kfm.	*Diplomkaufmann*	person with a degree in commerce
Dr.	*Doktor*	Dr
Dr. med.	*Doktor medicinae*	MD
dt.	*deutsche(r,s)*	German
Dtzd.	*Dutzend*	dozen
ebf.	*ebenfalls*	as well
EDV	*Elektronische Datenverarbeitung*	EDP
einschl.	*einschließlich*	including
engl.	*englisch*	English
EU	*Europäische Union*	European Union
EUR	*Euro*	Euro
ev.	*evangelisch*	Protestant
e. V.	*eingetragener Verein*	registered society
evtl.	*eventuell*	possibly, perhaps
EWWU	*Europäische Wirtschafts- und Währungsunion*	EEMU European Economic and Monetary Union
Fa.	*Firma*	firm
FCKW	*Fluorchlorkohlenwasserstoff*	fluorocarbon
ff.	*folgende Seiten*	in the following
Fr.	*Frau*	Mrs/Ms/Miss
geb.	*geboren*	born
Gebr.	*Gebrüder*	Bros.
ggf.	*gegebenenfalls*	if necessary

Ges.	*Gesellschaft*	Co.
GmbH	*Gesellschaft mit beschränkter Haftung*	Ltd.
Hbf	*Hauptbahnhof*	central railway station
Hbj.	*Halbjahr*	half year
hlg.	*heilig*	holy
HP	*Halbpension*	half board
Hr.	*Herr*	Mr
i. A.	*im Auftrag*	on behalf of
inkl.	*inklusive*	incl.
i. R.	*im Ruhestand*	retired
i. V.	*in Vertretung*	on behalf of
Jh.	*Jahrhundert*	century
kath.	*katholisch*	Catholic
Kfz	*Kraftfahrzeug*	motor vehicle
KG	*Kommanditgesellschaft*	limited partnership
Kto.	*Konto*	account
Lkw	*Lastkraftwagen*	lorry, truck (US)
MEZ	*Mitteleuropäische Zeit*	CET
mtl.	*monatlich*	monthly
Mrd.	*Milliarde*	thousand million (UK)/billion (US)
Mwst.	*Mehrwertsteuer*	value-added tax
n. Chr.	*nach Christus*	AD
Nr.	*Nummer*	no.
n. V.	*nach Vereinbarung*	by arrangement
Pkt.	*Punkt*	point
Pkw	*Personenkraftwagen*	motor car, automobile
PLZ	*Postleitzahl*	postal code, ZIP code (US)
PS	*Pferdestärke*	horsepower
P. S.	*post scriptum*	P. S.
rd.	*rund*	approx.
s.	*siehe*	see
S.	*Seite*	page
s. o.	*siehe oben*	see above
SSV	*Sommerschlussverkauf*	summer sale
Std.	*Stunde*	hour
Str.	*Straße*	St.
s. u.	*siehe unten*	see below
TÜV	*Technischer Überwachungsverein*	Association for Technical Inspection
u.	*und*	and
u. a.	*unter anderem*	among other things
usw.	*und so weiter*	etc.
u. U.	*unter Umständen*	circumstances permitting
u. v. a.	*und viele(s) andere*	and much/many more
v. Chr.	*vor Christus*	BC
vgl.	*vergleiche*	cf.
Wdh.	*Wiederholung*	repetition
WSV	*Winterschlussverkauf*	winter sale
z. B.	*zum Beispiel*	e.g.
z. Hd.	*zu Händen*	attn.
z. T.	*zum Teil*	partly
zzt.	*zurzeit*	at present

Maße und Gewichte

Längenmaße

1 mm		*0.03937 inches*
1 cm	10 mm	*0.3937 inches*
1 m	100 cm	*3.2808 feet*
1 km	1000 m	*0.62138 miles*
1 inch		2,54 cm
1 foot	*12 inches*	30,48 cm
1 yard	*3 feet*	91,44 cm
1 mile	*5280 feet*	1,61 km
1 acre		4046,9 qm

Handelsgewichte

1 Tonne	1.000 kg	*0.984 ton (UK)* *1.102 tons (US)*
1 dt. Pfund	0,5 kg	
1 ounce		28,35 g
1 pound	*16 ounces*	453,59 g
1 ton	*2,240 s. (UK)* *2,000 lbs. (US)*	1016,05 kg *(UK)* 907,19 kg *(US)*
1 stone	*14 pounds*	6,35 kg

Flüssigkeitsmaße

1 l	*1.7607 pints (UK)* *0.8804 quarts (UK)* *0.2201 gallons (UK)*	*2.1134 pints (US)* *1.0567 quarts (US)* *0.2642 gallons (US)*
1 gill	0,142 l *(UK)*	0,118 l *(US)*
1 pint	0,568 l *(UK)*	0,473 l *(US)*
1 quart 2 pints	1,136 l *(UK)*	0,946 l *(US)*
1 gallon 4 quarts	4,546 l *(UK)*	3,785 l *(US)*

Temperaturumrechnung

Grad Celsius in Grad Fahrenheit: Grad Celsius mal 9 geteilt durch 5 plus 32
Grad Fahrenheit in Grad Celsius: Grad Fahrenheit minus 32 mal 5 geteilt durch 9

Celsius °C	Fahrenheit °F	Celsius °C	Fahrenheit °F	Celsius °C	Fahrenheit °F
-20	-4	0	32	25	77
-17,8	0	5	41	30	86
-15	5	10	50	35	95
-10	14	15	59	37,8	100
-5	23	20	68		

Each headword is highlighted in blue

Pronunciation is given in international phonetic alphabet (IPA)

Main spoken emphasis is indicated

A swung dash replaces the headword

Indication of word class is given

The gender of German nouns is given

Arabic numerals separate different meanings of a headword

Italicized sense glosses in brackets

Figurative meanings are indicated in italics

Irregular verbs are marked

Differences between British English (UK) and American English (US) are marked

majestätisch [majɛs'tɛːtɪʃ] *adj 1.* majestic; *adv 2.* majestically

Makel ['maːkəl] *m 1.* spot, stain, blemish; *2. (Fehler)* flaw

Makellosigkeit ['maːkəlloːzɪçkaɪt] *f 1. (Fehlerlosigkeit)* faultlessness, impeccability, perfection; *2. (moralisch)* unimpeachability; *3. (Reinheit)* spotlessness, stainlessness; *4. (Haut)* flawlessness; *~ der Haut* unblemished complexion; *5. (Kleidung)* immaculateness, impeccability

mäkeln ['mɛːkəln] *v ~ an* find fault with, criticize

Makler ['maːklər] *m* agent, broker

Maklergebühr ['maːklərgəbyːr] *f* broker's commission

Makrele [ma'kreːlə] *f ZOOL* mackerel

Makulatur [makula'tuːr] *f 1.* wastepaper; *2. (fig)* rubbish; *~ reden* talk nonsense

mal [maːl] *adv 1. (fam: einmal) Komm ~ her!* Come here! *Guck ~!* Look! *Das ist nun ~ so.* That's just the way it is. *Schauen wir ~.* Let's see. *nicht ~* not even; *2. (früher)* once; *Warst du schon ~ in Paris?* Have you ever been to Paris? *3. (in Zukunft)* some day; *4. (multipliziert mit)* times

Mal [maːl] *n 1. (Zeichen)* mark, *(Kennzeichen)* sign; *2. (Muttermal)* mole; *3. (fig)* stigma; *4. (Zeitpunkt)* time; *mit einem ~* all at once; *von ~ zu ~* all the time; *ein für alle ~* once and for all

malen ['maːlən] *v 1.* paint; *2. (zeichnen)* draw

Malerei [maːlə'raɪ] *f* painting

malerisch ['maːlərɪʃ] *adj* picturesque, scenic

Malheur [ma'løːr] *n* misfortune; *Das ist kein ~.* That's not serious.

Malkasten ['maːlkastən] *m* paint kit, paintbox

malnehmen ['maːlneːmən] *v irr MATH* multiply

Maltechnik ['maːltɛçnɪk] *f ART* painting technique

Malve ['malvə] *f 1. (Pflanze der Gattung Malvaceae) BOT* mallow; *2. BOT* hollyhock

Malz [malts] *n* malt

Malzeichen ['maːltsaɪçən] *n MATH* multiplication sign

Mama ['mama] *f (fam)* mama, mummy *(UK)*, mommy *(US)*

Mammutbaum ['mamutbaum] *m BOT* sequoia, giant redwood